日本史総合年表

［第三版］

加藤友康・瀬野精一郎
鳥海 靖・丸山雍成
編

吉川弘文館

第 三 版 序

本書の初版は『国史大辞典』が1997年に完結したあと，いわばその年表編として，21世紀初頭2001年に刊行され，ついで2005年には第二版が刊行された．その後，14年を経て，令和改元を機に，第三版を刊行することとした．

第二版刊行以降の期間は年号でいえば平成年間の後半と重なる．この時代で，私たちにとって忘れることができないのは東日本大震災である．このとき発生した福島第一原子力発電所の事故は今なお解決されておらず，私たちの心に暗い影を落としている．この震災は被災地以外の国民にも，映像を通じ刻々と状況の推移が伝えられ，強烈な記憶となった．その後も日本列島は地震・豪雨の天災が続いている．

目を転ずれば，この期間の問題としてコンピュータの影響をあげなければならない．その進化は時を逐ってますます急速度となり，全世界のあらゆる分野に圧倒的な影響を与えつつある．それにより生活の種々の面の利便性が飛躍的に増す一方で，近年，国内でも人々の口にのぼるようになった「フェイク・ニュース」をはじめとする，暗黒面も巨大化している．

多くの人々には想像もできなかった状況が眼前にあるとき，史料に則って史実を確定した年表がますます求められているといえよう．

本書には，上記のような状況にある，2005年以降2019年５月１日までの15年間の政治・経済・社会・文化および世界の諸事項を増補した．それとともに，2004年以前の部分についても検討を加え，若干の補訂を施した．特に考古学関連記事については石川日出志・若狭徹両氏のご協力を仰いだ．

本書がこれまでの各版以上に，読者諸氏の日本史理解の一助となることを願ってやまない．

2019年７月

加藤　友康
瀬野精一郎
鳥 海　 靖
丸山　雍成

第 一 版 序

21世紀を迎え，あらゆる分野に及ぶデジタル化に伴い社会やものの価値観は急速にその姿を変えつつある．1979年(昭和54)に刊行を開始した『国史大辞典』は，1997年(平成９)に全15巻17冊の刊行を終えた．幸い大方の読者からも好評をもって迎えられ，20世紀の日本史研究の成果を総括する意味合いからも意義深い刊行であった．しかしながらこの大辞典には，年表を付けることができなかった．刊行後，各方面の方々から歴史研究の指標となる年表刊行の要望が強く寄せられた．今日の歴史学および隣接分野の発展には著しいものがあり，ことに考古学や戦後の現代史などは，社会学・人類学などの研究成果と相まって，歴史学の範疇ではもはや捉えることが困難なほどの進歩をとげている．総合的な年表で本格的な内容を備えたものが現在ないこととも併せて，2000年を期しての総合年表の刊行が企画された．これに伴い，国史大辞典編集委員であった加藤友康(古代)，瀬野精一郎(中世)，丸山雍成(近世)，鳥海靖(近代)が編集委員となり1999年に至る歴史の流れを総括する年表を編集することとなった．

まず，項目候補のカードを採取したが，その数は10万項目をはるかに超えた．その中から２万5000余項目を厳選した．さらに『国史大辞典』編纂の成果を盛り込む意味合いから，同大辞典の記述内容から物故に関する項目約8500，典籍史料の成立に関する項目約2600を加えた．また相つぐ考古学的な発掘の成果，現代のめまぐるしく変わる政情などをも盛り込んだ内容とし，考古学関連の項目については，石川日出志氏の協力を仰いだ．

本年表を構成するにあたっては，年表の基本的要素である年号・暦に関する情報を，琉球・朝鮮・中国を含めた東アジアの王朝までを含めて出来るだけ詳しく盛り込むよう心掛けた．政治情勢の動向を示すためには天皇・要職欄を設けたが，紙面の都合で本文に表示できないものについては巻末備要に一覧表を掲げた．この一覧表は『国史大辞典』掲載の表をベースに作成した．なお，古代・中世の項目については典拠を示したが，別に『大日本史料』収録の編冊次を示し利用者の便を図った．索引としては，年号索引と語句索引を収録した．

本年表が，日本史研究者はもとより一般の歴史愛好家の方々の座右の書となることが出来れば幸いである．

2001年４月

加藤　友康
瀬野精一郎
鳥海　靖
丸山　雍成

凡　　例

1　本年表には，2019年５月１日令和改元までの政治・経済・社会・文化全般にわたる項目を収録した．

2　日本国内に関する項目は，593年(推古元)以降は便宜「政治・経済」「社会・文化」欄に分けて掲げた．国外の重要事項については世界欄に掲げた．

3　1867年(慶応３)以前の日本国内の項目には原則として文末の(　)内に典拠を示した．典拠書名のうち頻出するものは略称を用いた(巻末典拠一覧を参照)．

日本書紀＝紀，続日本紀＝続紀，日本後紀＝後紀，続日本後紀＝続後，日本文徳天皇実録＝文徳実録，日本三代実録＝三実，吾妻鏡＝吾，太平記＝太，徳川実紀＝実紀，など

4　１項目の記述の末尾は「。」とし，項目内の句点は「．」とした．

5　日本・中国の年号欄及び要職欄，《大の月》に掲げた数字のうち○で囲んだものは閏月を示す．

中国の複数の王朝間に閏月の異同がない場合は，中国王朝欄のうちの左端に掲げた王朝欄のみに閏月を表記した．中国の閏月については陳垣『中西回史日暦』(台北，芸文印書館，1972年)によった．

正月は原則として１(月)とした．ただし中国周の暦では，11月＝正月，12月＝臘月，正月＝１月である．

6　西暦欄の ▼▲ は，その年の記事がそれぞれ後・前の見開きにもあることを示す．

7　年号・国王欄等の元年は，その表示を略した．称元法については，琉球(1350年以降)は『球陽』，朝鮮は『三国史記』『高麗史』『朝鮮王朝実録』，渤海は孫玉良編著『渤海史料全編』(長春，吉林文史出版社，1992年)によった．

8　593年(推古天皇元)以降の西暦欄には，和暦の１月１日に相当する西暦の月日(1581年以前ユリウス暦，1582年の改暦以後はグレゴリオ暦)を加えた．

なお，対外交渉が頻繁となる1853年(嘉永６)以降1872年(明治５)12月３日の改暦までの間の国内項目の日付には，それぞれにグレゴリオ暦の月日を括弧内に付記した．

以下に，グレゴリオ暦のユリウス暦に対する日にち差を示す．

500. 2. 28－ 600. 2. 26	＋２	1100. 2. 23－1300. 2. 21	＋７
600. 2. 27－ 700. 2. 25	＋３	1300. 2. 22－1400. 2. 20	＋８
700. 2. 26－ 900. 2. 24	＋４	1400. 2. 21－1500. 2. 19	＋９
900. 2. 25－1000. 2. 23	＋５	1500. 2. 20－1700. 2. 18	＋10
1000. 2. 24－1100. 2. 22	＋６	1700. 2. 19－1800. 2. 17	＋11

9　「年号(書紀紀年)　干支」欄には，改元の月日及び閏月を加えた．なお，明治以前は改元後の新年号のみを示したが，大正以後の改元は改元の日で区切って新旧両年号を示した．

月の大小については，「社会・文化」欄に，大の月(30日)のみを掲げた．これ以外はすべて小の月(29日)である．月の大小や干支の日付表記への変換は内田正男編著『日本暦日原典』(雄山閣)に拠ったが，新日本古典文学大系『続日本紀』(岩波書店)の補注などで補訂したところもある．

南北朝時代の年号は北朝・南朝の順に掲げた．

10　天皇の即位について，称制と即位，践祚と即位に明白な区別がある場合には，称制・践祚のときから在位とした．また「天皇」号が使用される以前についても『日本書紀』等により天皇と表記した場合がある．

11　【死没】欄を設け，その年の主要な死没者を月日順にまとめ，没年齢・備考を括弧内に注記した．年齢は，中国・朝鮮人及び1949年(昭和24)以前に没した日本人の年齢は，かぞえ年齢とし，その他は満年齢とした．

12　887年(仁和３)以降には，大日本史料欄を設けて『大日本史料』(東京大学出版会)の編次(数字を□で囲んだ)・冊次を示した．但し2006年(平成18)以降の刊行分及び補遺・別巻は表示を略した．これらは巻末の典拠一覧の大日本史料収載内容一覧を参照されたい．

13　考古学の絶対年代は確定できないが，現在の研究水準により，後期旧石器時代・縄文草創期・縄文早期・縄文前期・縄文中期・縄文後期・縄文晩期・弥生早期・弥生前期・弥生中期・弥生後期・古墳時代前期・古墳時代中期・古墳時代後期それぞれにおおよその年代をあてた．

14　巻末に典拠一覧・索引と備要を付した．

語句索引はできる限り詳細に採取し，『国史大辞典』に立項の語句には，索引語の頭に★印を付して同辞典との連動をはかった．

本年表を編纂するにあたり，先行の諸年表，特に『大日本年表』(大日本出版株式会社)，『日本文化史年表　上』(春秋社)，『日本史年表　増補版』『日本文化総合年表』(岩波書店)，『年表　日本歴史』(筑摩書房)，及び各種年鑑類などを参考とした．

日本史総合年表

第　三　版

時代	西暦	日本
前～中期旧石器時代		
後期旧石器時代	約3万5000年前	後期旧石器文化始まる．石刃技法・瀬戸内技法など石器素材を量産する技法が普及．ナイフ形石器が特徴的．旧石器文化では珍しく磨製石斧が用いられる。
	約3万年前	狩猟集団の集合によって環状のムラ(ブロック群)が形成される．礫を焼いて調理に用い始める(群馬県下触牛伏遺跡・長野県日向林Ｂ遺跡・貫ノ木遺跡など)。八ヶ岳周辺等の黒曜石など石器材料が広域に流通し始める。
	約2万年前	ヨーロッパ・シベリアの後期旧石器文化に顕著な石製ビーナス像の類似品が出現(鹿児島県耳取遺跡・大分県岩戸遺跡)。
	約1万8000年前	日本列島弧で確実な旧石器時代人・港川人が沖縄地方で活動。
	約1万6000年前	槍先形尖頭器が中部高地から各地に広まる。
	約1万5000年前～	温暖化に伴って，対馬・朝鮮海峡が拡幅し，日本海に暖流が入りこみ，冬期の降雪など日本列島の環境が大きく変化．この環境変化により，ナウマンゾウ・オオツノジカなどの大型動物が絶滅し，日本列島人類の狩猟対象が小型動物主体に移行。
	約1万4000年前	細石器(細石刃)文化が日本列島全域に広がる．骨や木の柄に細石刃をはめ込んで槍とする。北海道白滝産黒曜石がシベリア沿海州に運ばれる。
縄文時代草創期	前1万1000	**この頃** 丸のみ形石斧・大型尖頭器が大陸から伝来するとともに，耐熱容器である土器が出現．放射性炭素AMS法によると1万6000年前に遡るという．縄文時代始まる(青森県大平山元遺跡・長野県神子柴遺跡・神奈川県寺尾遺跡など)。
	前1万	**この頃** 九州から東北まで広く隆起線文土器が用いられる(神奈川県花見山遺跡・長崎県福井洞窟など)。石鏃を装着した弓矢による狩猟が普及。
	前9000	**この頃** 南九州では竪穴住居・炉穴・ドングリ貯蔵穴が普及し，定住的生活が各地に広まる(鹿児島県東黒土田遺跡・掃除山遺跡など)。
縄文時代早期	前7000	**この頃** 小型の土偶が作られ始める。狩猟用にイヌの飼育が始まる(神奈川県夏島貝塚)。
	前6000～前5000	**この頃** 北海道にシベリアと関係のある石刃鏃文化が広まる。
	前4500	丸木舟が盛んに作られ，漆の使用が始まる。
	前4300	**この頃** 鹿児島県硫黄島付近の鬼界カルデラ爆発し，南九州の縄文文化が大打撃を受ける。

西　暦	世　　　界
約440万年前	アフリカに類人猿から猿人への過渡的なアルデピテクス=ラミダスが登場。
約400万年前～350万年前	アフリカに猿人(アウストラロピテクス=アファレンシス)が登場。
約240万年前	アフリカに猿人から進化したホモ=ハビリスが登場．石器を作り始める。
約180万年前～160万年前	アフリカに原人(ホモ=エレクトス)が登場し，アジアにも進出し始める。
約180万年前～70万年前	原人が東南アジアに至る(ジャワ原人)。
約115万年前～70万年前	原人が東アジアに至る(藍田原人)。
約25万年前～20万年前	ユーラシア各地で原人が旧人化。
約20万年前～15万年前	アフリカで新人(現代型ホモ=サピエンス)が登場し，やがて各地に拡散する(新人アフリカ起源説)。
前8000	イラク北東部カリム=シャヒル遺跡で初期農耕・牧畜を示す多くの石器などが出土。
前7000	**この頃** 中国長江中下流域で稲作が始まる(湖南省彭頭山遺跡)。
前6000～前5000	**この頃** 中国黄河中流域に雑穀(アワ)栽培が始まる(河北省磁山遺跡・河南省裴李崗遺跡)。

時代	西暦	日本
縄文時代前期	前4000	**この頃** 環状集落・馬蹄形貝塚・環状列石が作られ始める．陥穴猟が盛んに行われる。縄文海進がピークに達する。玦状耳飾・管玉・ヘラ状垂飾などの装身具が広まる。
	前3500	**この頃** 朝鮮半島櫛目文土器と関係の深い曾畑式土器が九州に展開する。
縄文時代中期	前3000	**この頃** 東日本で人口が急増する．巨大な貝塚や環状集落が造営される（青森県三内丸山遺跡・千葉県加曾利貝塚など）。糸魚川産硬玉が大珠に加工され（新潟県長者ヶ原遺跡・富山県境Ａ遺跡など），東日本一帯に流通する。関東・中部地方で立体的文様の土器が作られる。
	前2500	**この頃** 土偶・石棒などの呪具が盛んに用いられる．東北地方に抜歯風習始まる。
縄文時代後期	前2000	縄文後～晩期に人口減少．環状集落も激減する。**この頃** 環状列石（ストーンサークル）をもつ墓地・記念物が東北・北海道で盛んに造営される（秋田県大湯遺跡など）。土器の形は用途に応じた分化が進み，文様に磨消縄文が盛行。東北日本太平洋岸で離頭銛を用いた外洋漁撈が盛んとなる（宮城県沼津貝塚など）。
	前1500	**この頃** 抜歯風習が東日本一帯に普及する。東日本各地にトチの実加工施設が作られる。関東地方霞ヶ浦沿岸で土器製塩が始まり，晩期には仙台湾周辺にも伝わる（茨城県広畑遺跡など）。
縄文時代晩期	前1000	**この頃** 東北地方の亀ヶ岡文化をはじめ各種の呪具が極度に発達する．籃胎漆器など漆器も発達。

西暦	世界
前3000	この頃，メソポタミアでシュメール人による都市文明が発展。 西シベリア・アルタイ地方でアファナシェヴォ青銅器文化(～前2000年ごろ)。
前2800	**この頃** シュメール初期王朝時代。
前2600	**この頃** エジプト第4王朝，ギーザにピラミッドと神殿などを建造。
前2300	**この頃** インダス文明成立(～前1800年頃)。
前2000	中央アジア・南シベリアでアンドロノヴォ青銅器文化(～前700年)。
前1750	**この頃** バビロン第1王朝ハンムラビ王，ハンムラビ法典を制定。 ヒッタイト王国興る。
前1600	**この頃** 殷興る。 ギリシア本土でミケーネ文明が興る。
前1300	**この頃** エジプト第19王朝のラメス2世，西アジアでヒッタイトと戦う。
前1200	**この頃** アーリア人インド西北部へ侵入.『リグ=ヴェーダ』成立。
前1050	**この頃** 殷滅び，周興る。
前1000	**この頃** イスラエル王国興る。 内陸アジアの草原地帯で遊牧生活が出現。 北部ペルーにチャビン文化が形成。
前900	**この頃** アフリカのナイル上流にクシュ王国興る。
前800	**この頃** メキシコ湾岸地方でオルメカ文明興る。
前770	周平王，洛陽に東遷(東周).呉・越・楚・宋・秦・晋・斉・燕など諸侯分立の春秋時代開始(～前403年)。
前750	**この頃** ギリシャ各地にポリスが成立。
前668	アッシリアのアッシュール=バニパル王，エジプトを併合しオリエントを統一。
前600	スキタイ人，内陸アジアのアルタイ東部から移動.この頃までに黒海北部のキンメリア人を逐う。
前539	アケメネス朝ペルシャ帝国成立(～前331年)。
前509	**この頃** ローマで王政を廃止して共和政を開始するという。
前443	ギリシアのアテネでペリクレス時代始まる(～前429年)。
前431	ペロポネソス戦争開始(～前404年)。
前403	晋，韓・魏・趙の三国に分裂.戦国時代開始(～前221年)。

時代	西暦	日　　本
弥生時代早期	前400	**この頃**(弥生時代開始年代は前10世紀に遡るとみる意見がある) 北部九州で水稲耕作が本格化する(福岡県板付遺跡). 渡来人による技術伝達. 弥生時代始まる(縄文時代晩期後半とみる見解も)。北部九州に環濠集落が出現し，前300年以後西日本各地に広まる(福岡県那珂遺跡)。九州北西部に朝鮮半島的墓制の支石墓が出現する。
弥生時代前期	前300	**この頃**(弥生時代前期開始は前8～7世紀に遡るとみる意見がある) 北部九州に青銅器再加工品が移入される(福岡県今川遺跡)。北部九州に方形墳丘墓が出現する。燕の明刀銭が沖縄本島にもたらされる(那覇市城嶽貝塚)。
	前250	**この頃** 近畿で方形周溝墓，中部瀬戸内で円形周溝墓が出現. 北部九州では甕棺葬が普及し，東日本では壺棺再葬墓が盛んとなる。東北地方北部の津軽平野でも水田が造成される(青森県砂沢遺跡)。北海道では縄文時代から続縄文時代へ，琉球列島では貝塚時代中期から後期へ移行する. ともに地域の生態系に最も相応しい生業を継続・発展させ，水稲耕作は受容しない。西日本各地の平野部に拠点集落とこれを中心とする集落群が形成される。渡来系形質をもつ弥生人が多数となる(山口県土井ヶ浜遺跡など)。
弥生時代中期	前200	**この頃**(弥生時代中期開始は前4世紀に遡るとみる意見がある) 青銅器と鉄器が本格的に普及し始める。北部九州で，特定個人墓に青銅器の集中副葬が始まる(福岡県吉武高木遺跡)。九州で銅剣・銅矛・銅戈などの武器形青銅器，近畿で銅鐸などの青銅器鋳造が始まる. 北部九州では鉄器の製作も始まる. 青銅器・鉄器とも地金は朝鮮半島産。沖縄本島から北部九州に，九州南部を介してゴホウラ・イモガイ製貝輪が多数もたらされる. 九州からは鉄器などが交換物資とされた。西日本の拠点集落では中心施設として高床式大型建物が造営され始める(奈良県唐古・鍵遺跡)。
	前130	**この頃** 東日本各地に本格的農耕集落が定着する。
	前100	**この頃** 北海道の噴火湾沿岸でオットセイ等の海獣類狩猟が盛んに行われる(有珠モシリ遺跡)。緑色凝灰岩・鉄石英製管玉が北陸から北海道へ多数もたらされる。
	前50	**この頃** 北部九州で，前漢鏡を多数副葬した特定個人墓が出現する. 三雲南小路遺跡は伊都国，須玖岡本遺跡は奴国の王墓と考えられる。鉄器が広く普及し，石器と共存する。瀬戸内海沿岸各地の丘陵上に軍事・監視的性格をもつ高地性集落が営まれる。中部瀬戸内で土器製塩が始まる。
	前50～1	倭人は百余国に分かれ，その一部が楽浪郡に朝貢(漢書地理志)。
弥生時代後期	30	**この頃** 鉄器の普及が徹底し，石器が急速に消滅に向かう。北部九州で，王莽代頃の銅鏡多数を副葬する個人墓が現れる(福岡県井原鑓溝遺跡・佐賀県桜馬場遺跡)。

西暦	年号・三国史記紀年	干支	世　　　界
前400		辛巳	サマルタイ人，ウラル南部から移動．この頃までに黒海北部のスキタイ人を逐う。
前370		辛亥	**この頃** フン族，南ロシア地域に侵入。
前338		癸未	ローマ，ラティウム同盟市を制圧。
前334		丁亥	アレクサンドロス(アレキサンダー)大王，東方遠征を開始(～前324年)。
前300		辛酉	**この頃** 南インド・セイロンに巨石文化(～後１世紀)。 前４世紀後半，黒海北方にアタイオスのスキタイ王国。
前264		丁酉	ポエニ戦争(前264～241年，前218～201年，前149～146年)。
前250		辛亥	中央アジアのアム川流域に自立したバクトリア，ソグディアナを征服。
前248		癸丑	**この頃** イランにパルティア王国(安息)興る。
前221	秦・始皇帝26	庚辰	秦始皇帝，中国を統一(～前206年)。
前209		壬辰	匈奴の冒頓，父を殺し単于となる。
前202	前漢・高祖５	己亥	劉邦(高祖)，項羽を敗死させ，漢を興す(～後８年)。
前194		丁未	燕の衛満，箕氏朝鮮を滅ぼし，衛氏朝鮮を興す。
前171		庚午	パルティアのミトラダテス１世即位し，王国の最盛期を迎える。
前138	前漢・建元３	癸卯	前漢武帝，張騫を大月氏に派遣。
前136	前漢・建元５	乙巳	前漢，五経博士を置き，儒教を正統教学とする。
前129	前漢・元光６	壬子	前漢の衛青，匈奴との戦争を開始。
前111	前漢・元鼎６	庚午	前漢武帝，南越(前203年～)を滅ぼし，交趾・九真・日南などの郡を置く。
前108	前漢・元封３	癸酉	前漢武帝，衛氏朝鮮を滅ぼし，楽浪・真番・臨屯の３郡を置く。
前100		辛巳	**この頃** 高句麗，中国東北地方南部の佟佳江中流域に興る。
前82	前漢・始元５	己亥	前漢昭帝，真番・臨屯２郡を廃す。
前75	前漢・元鳳６	丙午	前漢昭帝，玄菟郡を朝鮮半島から西の蘇子江流域に移す。
前73		戊申	スパルタクスの反乱おこる(～前71年)。
前60	前漢・神爵２	辛酉	前漢，匈奴を降し，西域都護を置く。
前45		丙子	カエサル(シーザー)，ユリウス暦を制定。
前27		甲午	オクタヴィアヌス，アウグストゥス(尊厳者)の尊称を受ける．帝政ローマ開始。
前１		庚申	**前１世紀** 南インドのデカン高原を中心にサータヴァーハナ(アーンドラ)朝興る(～後３世紀)。
8	新・初始１	戊辰	王莽，前漢を滅ぼし，新を興す(～23年)。
9	高句麗・瑠璃明王28	己巳	**この頃** 高句麗，たびたび中国に侵入。 ローマ軍，トイトブルクの森でゲルマン人の奇襲をうけて敗れる。
12	新・始建国４	壬申	新王莽，高句麗侯騶を殺し，高句麗を下句麗と改める。
25	後漢・建武１	乙酉	劉秀(光武帝)，後漢を興す(～220年)。
30	後漢・建武６	庚寅	後漢，楽浪郡東部(嶺東)７県を放棄。
32	高句麗・大武神王15 後漢・建武８	壬辰	高句麗，後漢に朝貢し，王号を復される。
36	後漢・建武12	丙申	光武帝，中国を統一。
40	後漢・建武16	庚子	交趾の徴側・徴弐，後漢の支配に対し反乱(～43年)。
44	後漢・建武20	甲辰	韓の廉斯国の蘇馬諟，楽浪郡に朝貢．後漢，蘇馬諟を漢廉斯邑君とする。
47	高句麗・閔中王４ 後漢・建武23	丁未	高句麗の蚕支落大加の戴升ら，楽浪郡に至り内属。
48	後漢・建武24	戊申	匈奴，南北に分裂．南匈奴，後漢に服属。
49	高句麗・慕本王２ 後漢・建武25	己酉	高句麗，後漢の右北平に侵入。

時代	西暦	日本
(弥生時代後期)	57	倭の奴国王，後漢に朝貢し，光武帝から印綬(福岡県志賀島出土「漢委奴国王」金印)を授けられる(後漢書倭伝)。
	100	**この頃以後** 北部九州で盛んであった甕棺葬が急速に衰退する。**この頃** 丹後半島で鉄器の副葬が盛んとなる(京都府大風呂南遺跡など)。破砕された後漢鏡39面を副葬した福岡県平原遺跡の方形周溝墓がつくられる。
	107	倭国王(倭面土国王)帥升ら，後漢安帝に生口160人を献上(後漢書安帝紀・倭伝)。 **この頃** 倭と韓・濊，朝鮮の弁韓・辰韓産出の鉄を輸入(魏志韓伝)。
	147～188	**この頃** 桓帝・霊帝の間，倭国大いに乱れ，たがいに攻撃しあい長年盟主なし(魏志倭人伝・後漢書倭伝)。倭の諸国，卑弥呼を共立し女王とする．卑弥呼は鬼道にすぐれ，未婚で，弟が国政を助けたという(魏志倭人伝)。
	184～188	倭国大乱の年代にあたる後漢「中平□年」の銘文を有する奈良県東大寺山古墳出土鉄刀がある。
	200	**この前後から** 大型弥生墳丘墓が出現する．墳丘の平面形は，瀬戸内周辺では双方中円形(岡山県楯築遺跡)や前方後円形(京都府園部黒田遺跡)，山陰では四隅突出形(島根県西谷遺跡)，東海地方では前方後方形(愛知県西上免遺跡)と，地域ごとに個性的．吉備地域では墳丘墓に特殊壺・特殊器台を配置する。**この頃から** 銅鐸や武器形青銅器祭祀が急速に衰退に向かう。**この頃** 甕棺に文字の可能性高い線刻出現(福岡県三雲遺跡)。続縄文文化の北海道の東西地域差が解消される．江別(後北)C_2-D式土器は千島列島や東北地方にも分布を拡大する(新潟県兵衛遺跡・秋田県寒川Ⅱ遺跡)．北海道石狩低地にはサハリンに分布する鈴谷式土器がもたらされる。続縄文文化でも，鉄器の普及によって石器が激減する。北海道に北アジア系の洞窟壁画が現れる(フゴッペ洞窟・手宮洞窟)。
	238	呉「赤烏元年」(238年)の銘文を有する画文帯神獣鏡(山梨県狐塚古墳出土)がある。
	239	**6.－** 倭女王卑弥呼，大夫難升米らを帯方郡に派遣し，魏明帝への朝献を願う．郡太守劉夏，難升米らを魏都洛陽に送らせる(魏志倭人伝)。**12.－** 明帝，卑弥呼を親魏倭王として金印紫綬を与え，難升米を率善中郎将，次使牛利を率善校尉として銀印青綬を与える．また卑弥呼に銅鏡100枚などを賜う(魏志倭人伝)。魏「景初三年」(239)の銘文を有する画文帯神獣鏡(大阪府黄金塚古墳出土)・三角縁神獣鏡(島根県神原神社古墳出土)がある。
	240	帯方郡太守弓遵，使を倭国に派遣し，詔書・印綬を与える．倭王，使に託して上表し，詔恩に答謝する(魏志倭人伝)。魏「□始元年」(正始元，240年)の銘文を有する三角縁神獣鏡(群馬県蟹沢古墳・兵庫県森尾古墳出土)がある。
	243	倭王，魏に大夫伊声耆・掖邪狗ら８人を派遣し，生口・倭錦・絳青縑などを献じる．魏の少帝，掖邪狗らを率善中郎将とし，印綬を与える(魏志少帝紀・同倭人伝)。
	244	呉「□烏七年」(赤烏７，244年)の銘文を有する画文帯神獣鏡(兵庫県安倉古墳出土)がある。
	245	魏の少帝，倭の難升米に黄幢を賜い，帯方郡に仮授させる。

西暦	年号・三国史記紀年	干支	世　　界
57	後漢・中元 2	丁巳	
64		甲子	ローマ皇帝ネロ，ローマ市大火を機にキリスト教を迫害．ペテロ・パウロが殉教したという。
73	後漢・永平16	癸酉	後漢明帝，班超を西域に派遣。
91	後漢・永元 3	辛卯	北匈奴，後漢の攻撃を受け，イリ地方に移動。
96		丙申	ローマ，五賢帝時代始まる(～180年)。
100		庚子	**この頃** 南インドにチョーラ・チューラ・パーンディヤ朝があり，ローマとの通交・貿易を行う。
105	高句麗・大祖王53	乙巳	高句麗，遼東６県を攻撃。
107	後漢・永初 1	丁未	
110		庚戌	
111	高句麗・大祖王59 後漢・永初 5	辛亥	夫余，楽浪郡に侵入。 高句麗，後漢に入貢。
116		丙辰	ローマ帝国トラヤヌス帝，アッシリアを属州とする(帝国の最大版図)。
121	高句麗・大祖王69 後漢・建光 1	辛酉	後漢の幽州刺使ら，高句麗・馬韓・濊貊を攻撃。
145	高句麗・大祖王93 後漢・永嘉 1	乙酉	**この頃** 高句麗，楽浪郡太守の妻子を掠得。
146		丙戌	**この頃** インドのクシャーナ朝カニシカ王，仏教を保護し，仏典結集を行う。
147	後漢・建和 1	丁亥	
166	後漢・延熹 9	丙午	大秦国王安敦の遣使．日南に至り後漢に入貢。
169	高句麗・新大王 5 後漢・建寧 2	己酉	後漢の玄菟郡の太守耿臨，高句麗を攻撃。
184	後漢・中平 1	甲子	後漢，黄巾の乱起る。**この頃** 韓・濊が強盛となり，楽浪郡の民多数が韓地へ流出。
196	後漢・建安 1	丙子	曹操，後漢献帝を迎えて許を都とする。**この頃** インドシナ半島南東岸に林邑国(チャンパ)興る。
204	後漢・建安 9	甲申	**この頃** 遼東の公孫氏，楽浪郡南部を割き帯方郡を設置。
208	後漢・建安13	戊子	曹操，劉備・孫権の連合軍に長江中流の赤壁で敗れる(赤壁の戦)。
212		壬辰	**この頃** ローマ帝国カラカラ帝，帝国領内の全自由民にローマ市民権を付与。
220	魏・黄初 1	庚子	曹操没．その子曹丕，後漢献帝の禅譲により即位し，魏を興す(～265年)。
221	蜀・章武 1	辛丑	劉備，即位し，蜀を興す(～263年)。
222	呉・黄武 1	壬寅	孫権，呉を興す(～280年)。
226		丙午	パルティア滅び，ササン朝興る(～651年)。
229	呉・黄竜 1	己酉	呉の孫権，皇帝を称する。
235		乙卯	ローマ，軍人皇帝時代始まる(～284年)。
238	魏・景初 2 呉・赤烏 1	戊午	魏，遼東の公孫淵を殺し，楽浪・帯方２郡を接収。
239	魏・景初 3	己未	
240	魏・正始 1	庚申	
243	魏・正始 4	癸亥	
244	高句麗・東川王18 魏・正始 5 呉・赤烏 7	甲子	魏の幽州刺史毌丘倹，高句麗の王都丸都城を攻略。
245	魏・正始 6	乙丑	
246	魏・正始 7	丙寅	魏，韓の那奚など数十国を服属させる。

時代	西暦	日本
(弥生時代後期)	247	倭女王卑弥呼，使を帯方郡に派遣し，狗奴国との交戦を伝える．魏，塞曹掾史張政らを派遣し，難升米に詔書・黄幢を与え，檄をつくり告喩する(魏志倭人伝)。
	248	**魏の正始年中** 卑弥呼没し，径100余歩の冢を作り，奴婢100余人を殉葬．男王を立てるも国中服さず，誅殺しあい1000余人が殺される(魏志倭人伝)。**この頃** 卑弥呼の宗女壱与(または台与，13歳)，王となり国中定まる(魏志倭人伝)。魏使張政ら，檄をもって壱与に告喩する．壱与，掖邪狗ら20人を遣わして張政らを送り，魏帝に男女生口30人・白珠5000などを献上する(魏志倭人伝)。
古墳時代前期	250	**この頃** 奈良県箸墓古墳をはじめとする定型的前方後円墳が出現し，古墳時代が始まる．正円形の後円部と撥形の前方部をもつ墳丘に，埋葬施設として竪穴式石室(石槨)が構築され，割竹形木棺に遺骸が納められ，中国鏡や鉄製武器・工具多数を副葬する特徴がある．４世紀初めには九州南部から東北地方中部まで前方後円墳が分布するようになる。
	266	11.- 倭の女王，使を西晋に派遣し朝貢(神功紀66年条・晋書武帝紀)。
	280	**この頃** 奈良盆地東南部に巨大前方後円墳が連続して造られ，オオヤマト古墳群が形成される．中国鏡が大量副葬され，円筒埴輪が出現する。
	300	**この頃から** 福岡県沖ノ島で祭祀が始まる(～10世紀)。**この頃** 武具(甲冑)が少数ながら導入され，５世紀になると量産される。北海道に本州から土師器がもたらされ，続縄文文化の北大式土器が仙台平野でも出土する。
	350	**この頃** 家形埴輪・鳥形埴輪，次いで盾形・蓋形・武器・武具形等の器財形埴輪が出現する。畿内の最有力古墳分布の中心が，奈良盆地東辺(オオヤマト古墳群)から同盆地北部(佐紀古墳群)や南西部(馬見古墳群)に移る。列島各地の交通の要衝に大型前方後円墳が築造される．海浜に立地する古墳が多く，対外交流のための津の整備が進んだとみられる。
	364	**この年** 百済人久氐ら，加羅諸国中の１国卓淳国を訪ね，倭国との通交の仲介を求める(神功紀46年条)。
	366	斯摩宿禰を卓淳国に派遣，宿禰，百済の通交要請に応えて使者を送る(神功紀46年条)。
	367	百済・新羅，朝貢．新羅が百済の貢物を奪ったため，千熊長彦(『百済記』では職麻那那加比跪)を遣わし新羅を責める(神功紀47年条)。
	369	新羅を撃ち，比自炑・南加羅・㖨国・安羅・多羅・卓淳・加羅の７国を平定し，比利・辟中・布弥支・半古の４邑を降伏させる(神功紀49年条)。
	372	百済肖古王，久氐らを派遣し，七枝刀１口・七子鏡１面などをおくる(神功紀52年条)(「泰和四年」(369年)の銘文がある石上神宮七支刀がこれにあたる)。

西暦	年号・三国史記紀年	干支	世　界
247	魏・正始 8	丁卯	濊の不耐侯，魏に朝貢し不耐濊王となる。
248	魏・正始 9	戊辰	
260		庚辰	ササン朝シャープール１世，エデッサの戦でローマ皇帝を捕虜とする。
261	魏・景元 2	辛巳	韓・濊貊，魏に朝貢。
263	魏・景元 4 蜀・炎興 1	癸未	魏，蜀を滅ぼす。
265	西晋・泰始 1	乙酉	司馬炎(武帝)，魏帝の禅譲を受け，西晋を興す(～316年)。
266	西晋・泰始 2	丙戌	
268	西晋・泰始 4	戊子	西晋，泰始律令を公布。
280	西晋・太康 1	庚子	西晋，呉を滅ぼし，中国を統一。 馬韓・辰韓，西晋に入貢。
284		甲辰	ローマ帝国ディオクレティアヌス帝が即位し，ドミナートゥス(専制君主政)始まる。
287	西晋・太康 8	丁未	**この年以後** 馬韓しばしば西晋に朝貢。
291	西晋・元康 1	辛亥	西晋で八王の乱始まる(～306年)。
300	高句麗・美川王 1	庚申	高句麗美川王，即位するという。**この頃** 朝鮮半島南部で石釧・巴形銅器・筒形銅器・土師器など倭との交流を示す資料が明瞭となる。
302	高句麗・美川王 3 西晋・太安 1	壬戌	高句麗兵３万，西晋の玄菟郡に侵入。
304		甲子	匈奴，山西に漢を興し，五胡十六国時代に入る(～439年)。
310		庚午	西域亀茲の僧仏図澄(ブドチンガ)，洛陽で仏教を弘める。
313	高句麗・美川王14	癸酉	高句麗，楽浪・帯方郡を滅ぼす．この頃より，百済・新羅が台頭。 ローマ皇帝コンスタンティヌス，ミラノ勅令でキリスト教を公認。
316	西晋・建興 4	丙子	匈奴，西晋を滅ぼす。
317	東晋・建武 1	丁丑	司馬睿(元帝)，東晋を興す(～420年)。
320		庚辰	**この頃** 北インドにグプタ朝興る(～550年頃)．仏教文化が隆盛。
325		乙酉	ニカイア公会議で，三位一体説と対立するアリウス派が異端とされ追放。
342	高句麗・故国原王12	壬寅	前燕，高句麗を攻撃，丸都城が陥落。
343	高句麗・故国原王13	癸卯	高句麗，前燕に入貢，前燕，高句麗王を平州牧・遼東帯方２国王とする。
346	百済・近肖古王 1	丙午	百済近肖古王，即位するという。
353		癸丑	**この頃** 敦煌千仏洞(莫高窟)開掘始まる(一説，366年)。
355	高句麗・故国原王25	乙卯	前燕，高句麗王を征東大将軍営州刺史楽浪公とする。
356	新羅・奈勿王 1	丙辰	新羅奈勿王，即位するという。
364	百済・近肖古王19	甲子	
366	百済・近肖古王21	丙寅	
367	新羅・奈勿王12 百済・近肖古王22	丁卯	
369	新羅・奈勿王14 高句麗・故国原王39 百済・近肖古王24	己巳	高句麗，百済を攻めて敗れる。
371	高句麗・獣林王 1 百済・近肖古王26	辛未	百済肖古王，高句麗を攻撃．高句麗故国原王戦死。
372	高句麗・獣林王 2 百済・近肖古王27 東晋・咸安 2	壬申	前秦の僧侶(順道)，仏像・経文を高句麗に伝える。 百済，東晋に入貢，東晋，百済王を鎮東将軍領楽浪太守とする。
373	高句麗・獣林王 3	癸酉	高句麗，初めて律令を定めるという。
375		乙亥	東ゲルマンの一部族西ゴート，フン族の西進を恐れて南下を開始(民族大移動の始まり)。
377	新羅・奈勿王22 高句麗・獣林王 7	丁丑	高句麗・新羅，前秦に朝貢。

時代	西暦	日　本
古墳時代中期	380	**この頃** 大王墓とみられる巨大前方後円墳が奈良盆地から大阪平野に分布の中心が移る．三輪王朝から河内王朝への王朝交替説あり．古市古墳群・百舌鳥古墳群は５世紀末〜６世紀初めまで大型墳が造営される。王の棺として長持形石棺が創出され，首長墓には多量の鉄製武器・武具が副葬される。
	382	葛城襲津彦(『百済記』では沙至比跪)を派遣して新羅を攻める(神功紀62年条)。
	390	４世紀末に北部九州に馬具がもたらされ，５世紀初めには畿内に分布の中心が移り，５世紀後半には生産が始まる。**この頃** 北部九州で横穴式石室が採用される。
	391	倭，渡海して百済・新羅を攻撃する(広開土王碑文)。
	392	百済辰斯王の礼を失することを責め，紀角らを百済に遣わす．辰斯王は殺され，阿花王(阿莘王)が立つ(応神紀３年是歳条・三国史記)。
	397	百済阿花王，倭に対し礼を失する．阿花王，王子直支を派遣して和を請う(応神紀８年条所引百済記・三国史記)。
	399	倭と百済，連合して新羅に侵入．新羅，高句麗に援軍を要請(広開土王碑文)。
	400	高句麗，兵５万を新羅に派遣して倭を撃退．追撃して任那・加羅に至る(広開土王碑文)。**この頃以後** 須恵器生産の開始(大阪府陶邑窯)，大型鍛冶炉の登場(大阪府大県遺跡群)など手工業生産の大変革が達成される．馬匹生産も５世紀前半から渡来人の主導で開始される(大阪府蔀屋北遺跡)．生産地は5世紀後半からは東国(信濃・甲斐・上野)に展開する．技術推進の中核となった渡来人は近畿のみならず，地方首長の膝下にも定着していった。
	402	新羅実聖王，奈勿王の子未斯欣を人質として倭に送る(三国史記)。
	404	倭，もとの帯方郡の地域に出兵し，高句麗軍に撃退される(広開土王碑文)。
	405	**この年** 百済阿花王没す．王子直支を百済に送還し，即位(腆支王)させる(応神紀16年是歳条・三国史記)。
	413	**この年** 倭国，東晋に朝貢(晋書安帝紀・太平御覧)。
	421	倭王讃，宋に朝貢して武帝から叙爵(宋書倭国伝)。
	425	倭王讃，司馬曹達を派遣し，宋に朝貢(宋書倭国伝)。**この頃** 岡山県に畿内に次ぐ大型前方後円墳造山古墳，次いで５世紀中頃から後半に作山古墳・両宮山古墳が造営される。
	430	倭国王，宋に使を派遣し，朝貢(宋書文帝紀)。

西暦	年号·三国史記紀年	干支	世界
380	新羅·奈勿王25 高句麗·獣林王10 百済·近仇首王 6 前秦·建元16	庚辰	前秦，鮮卑·鳥桓·高句麗·百済·新羅などの兵を徴す。ローマ帝国テオドシウス帝，キリスト教を国教とする。
382	新羅·奈勿王27 百済·近仇首王 8	壬午	
383	東晋·太元 8 前秦·建元19	癸未	淝水の戦．前秦苻堅，東晋軍に大敗し，天下統一の機を失う。
384	百済·枕流王 1 東晋·太元 9	甲申	百済，東晋から胡僧を迎え，仏教が興る。
386	北魏·登国 1	丙戌	代王拓跋珪(北魏の始祖道武帝)，魏王を称する。
391	新羅·奈勿王36 高句麗·故国壌王 8 百済·辰斯王 7	辛卯	高句麗広開土王(好太王)即位。
392	高句麗·広開土王 1 百済·阿莘王 1	壬辰	高句麗，百済に侵攻。
395		乙未	テオドシウス帝没し，ローマ帝国東西に分かれる。
396	高句麗·広開土王 5 百済·阿莘王 5	丙申	高句麗広開土王，百済を攻め，58城を陥して人質を取り都に還る。
397	百済·阿莘王 6	丁酉	
398	北魏·天興 1	戊戌	拓跋珪，平城を都として北魏を興す(～534年)。
399	新羅·奈勿王44 高句麗·広開土王 8 百済·阿莘王 8 東晋·隆安 3	己亥	東晋，孫恩·盧循の乱起る(～411年)。東晋の僧法顕，北インドへ旅行(～411年)。
400	高句麗·広開土王 9	庚子	**この頃** インドで『マハーバーラタ』『ラーマーヤナ』がまとめられる。
401	後秦·弘始 3	辛丑	鳩摩羅什，長安に至る。
402	北魏·天興 5	壬寅	柔然，初めて可汗の称を用いる。
404	高句麗·広開土王13	甲辰	
405	百済·腆支王 1	乙巳	
413	高句麗·長寿王 1 東晋·義熙 9	癸丑	高句麗，東晋に朝貢．東晋，高句麗王を使持節都督営州諸軍事征東将軍高句麗王楽浪公とする。
414	高句麗·長寿王 2 東晋·義熙10	甲寅	広開土王碑建立。東晋，法顕，『仏国記』を著す。
416	百済·腆支王12 東晋·義熙12	丙辰	東晋，百済王を使持節都督百済諸軍事鎮東将軍百済王とする。
420	高句麗·長寿王 8 百済·久爾辛王 1 宋·永初 1	庚申	劉裕(武帝)，東晋に代わり宋を興す(～479年)．南北朝時代始まる。宋，高句麗王を征東大将軍，百済王を鎮東大将軍とする。
421	宋·永初 2	辛酉	
422	高句麗·長寿王10 宋·永初 3	壬戌	宋，高句麗王に散騎常侍·督平州諸軍事の号を加える。
424	宋·元嘉 1	甲子	**この年以降442年の間** 宋，畺良耶舎『観無量寿経』訳出。
425	宋·元嘉 2	乙丑	
427	高句麗·長寿王15	丁卯	高句麗，都を丸都から平壌に遷す。
430	百済·毗有王 4 宋·元嘉 7	庚午	百済王，宋に朝貢して爵号を授けられる。
431		辛未	東ローマ皇帝テオドシウス2世召集のエフェソス公会議でネストリウス派を異端として禁止。
435	高句麗·長寿王23 北魏·太延 1	乙亥	高句麗，北魏に朝貢．北魏，高句麗王を都督遼海諸軍事征東将軍領護東夷中郎将遼東郡開国公高句麗王とする。

時代	西暦	日　本
(古墳時代中期)	438	これより先，倭王讃が没し，弟珍立つ．この年，珍，宋に朝貢し，自ら使特節都督倭百済新羅任那秦韓慕韓六国諸軍事安東大将軍倭国王と称し，正式の任命を求める(宋書倭国伝)。4.－ 宋文帝，珍を安東将軍倭国王とする(宋書文帝紀)．珍，また倭隋ら13人に平西・征虜・冠軍・輔国将軍号を賜わるよう求めて許される(宋書倭国伝)。
	443	倭王済，宋に朝貢し，安東将軍倭国王の称を授けられる(宋書倭国伝)。
	450	5世紀中葉の千葉県稲荷台1号墳出土鉄剣に「王賜」の金象嵌銘あり．5世紀後半には宮崎県持田25号墳・京都府幡枝1号墳などの5世紀後半の倣製鏡に「火竟」の線刻があり，文字ある考古資料が増える。**この頃** 日本最大の前方後円墳である大阪府大山古墳(仁徳陵古墳)が築造され，人物埴輪が定着する．これをピークとして前方後円墳は小型化していく。大阪府法円坂遺跡・和歌山県鳴滝遺跡など大和王権直轄とみられる，巨大な倉庫群が港津に造営される。大和・吉備で群集墳が造営され始め，6～7世紀には各地に出現する(奈良県新沢千塚古墳群・和歌山県岩橋千塚古墳群など)．古墳造営層の拡大を示す。鉄製農具の曲刃鎌やU字形鍬・鋤先が現われる。北九州の古墳に石人・石馬が出現する。
	451	宋，倭王済を使持節都督倭新羅任那加羅秦韓慕韓六国諸軍事安東将軍倭国王とし，23人に軍郡の称号を与える(宋書倭国伝)(文帝紀元嘉28年7月条では，安東大将軍に進号とある)。
	460	12. － 倭国，宋に使を派遣し，朝貢(宋書孝武帝紀)。
	461	百済蓋鹵王，弟の昆支君を倭国に遣わす(雄略紀5年条所引百済新撰)。
	462	宋，倭王世子興を安東将軍倭国王とする(宋書孝武帝紀・宋書倭国伝)。
	471	7. － 埼玉県稲荷山古墳出土鉄剣銘「辛亥年七月中……獲加多支鹵大王……」の干支をこの年に当てる説が有力(一説，531年)．熊本県江田船山古墳出土大刀銘文中の王名も「獲加多支鹵大王」と考えられ，ともに倭王武(雄略天皇と推定)とされる．なお，両古墳の築造は5世紀後半。
	477	11. － これより先，倭国王興没し，弟武立つ．武，自ら使持節都督倭百済新羅任那加羅秦韓慕韓七国諸軍事安東大将軍倭国王と称す(宋書倭国伝)。この月，倭国，宋に使を派遣し，朝貢(宋書順帝紀)。久麻那利(熊津)を百済汶洲王に与え，百済を救援する(雄略紀21年条)。
	478	5. － 倭王武，宋に使を遣わし，自らを開府儀同三司と称し，父祖の功業を述べて対高句麗戦での宋の支援を求める．宋，武を使持節都督倭新羅任那加羅秦韓慕韓六国諸軍事安東大将軍倭王とする(宋書順帝紀・宋書倭国伝)。
	479	4. － 百済文斤王没す．昆支王の第2子末多王を百済に送還し，百済王(東城主)とする(雄略紀23年条)。**この年** 南斉，倭王武を鎮東大将軍とする(南斉書倭国伝)。
	480	**この頃** 群馬県三ツ寺Ｉ遺跡で大規模な首長居館が造営される．その北西1キロにある保渡田古墳群中の100メートル級前方後円墳3基がその首長の墓とみられる。畿内の古墳に家形石棺が出現。北九州に装飾古墳が出現。

西暦	年号·三国史記紀年	干支	世　　界
438	宋·元嘉15	戊寅	
439	北魏·太延5	己卯	北魏，北涼を滅ぼし，華北を統一。
443	百済·毗有王17 宋·元嘉20	癸未	百済，宋に朝貢。
444	宋·元嘉21	甲申	**この年以降453年の間** 宋，求那跋陀羅『過去現在因果経』訳出。
445	宋·元嘉22	乙酉	宋，元嘉暦を制定。
446	北魏·太平真君7	丙戌	北魏太武帝，廃仏の詔を出す。
450	新羅·訥祇王34 高句麗·長寿王38	庚寅	この頃から，アングル，サクソン，ジュート，海を渡りブリタニアに侵入。高句麗，新羅を攻撃。
451	宋·元嘉28	辛卯	東ローマ皇帝マルキアヌス招集のカルケドン公会議でキリスト単性論を異端とする。
453		癸巳	アッティラ没し，フン帝国流行病と内紛で滅ぶ。
457	百済·蓋鹵王3 宋·大明1	丁酉	百済，宋に朝貢．宋，百済王を鎮東大将軍とする。
458	百済·蓋鹵王4 宋·大明2	戊戌	宋，百済王の臣11人に諸将軍職を授ける。
460	宋·大明4 北魏·和平1	庚子	**この頃** 雲崗石窟寺院の造営始まる(～494年)。
461	百済·蓋鹵王7	辛丑	
462	宋·大明6	壬寅	
463	高句麗·長寿王51 宋·大明7	癸卯	高句麗，宋に使を派遣して朝貢．宋，高句麗王を車騎大将軍開府儀同三司とする。
471		辛亥	
472	百済·蓋鹵王18 北魏·延興2	壬子	百済，北魏に初めて遣使し上表する。
475	高句麗·長寿王63 百済·文周王1	乙卯	高句麗，兵3万を率いて百済を攻撃．百済の蓋鹵王戦死し，都の漢城陥落。百済，文周王即位し，熊津に遷都。**この頃** 朝鮮半島南西部の栄山江流域に前方後円墳や埴輪様土製品が出現し，6世紀前半まで存続する。
476		丙辰	ゲルマン人傭兵隊長オドアケル，西ローマ帝国を滅ぼし，王を称して東ローマ皇帝に服属。
477	百済·三斤王1 宋·昇明1	丁巳	
478	宋·昇明2	戊午	
479	百済·東城王1 斉·建元1	己未	蕭道成(高帝)，宋に代わり斉(南斉)を興す(～502年)。
480	高句麗·長寿王68 斉·建元2	庚申	斉，高句麗王を驃騎大将軍に進める(南斉書本紀)(同書高句麗伝では建元元年とする)。
481	高句麗·長寿王69 斉·建元3	辛酉	高句麗，斉に朝貢。
484	高句麗·長寿王72	甲子	高句麗，北魏と斉に朝貢。
485	北魏·太和9	乙丑	北魏孝文帝，均田制を実施。
490	百済·東城王12	庚午	斉，百済王を使持節都督百済諸軍事鎮東大将軍百済王とする。
491	高句麗·長寿王79 北魏·太和15	辛未	北魏，高句麗王を使持節都督遼海諸軍事征東将軍領護東夷中郎将遼東郡開国公高句麗王とする。
493		癸酉	テオドリック，イタリアに入りオドアケルを倒し東ゴート王国を興す(～553年)。
494	高句麗·文咨明王3 北魏·太和18	甲戌	北魏孝文帝，都を洛陽に遷す。斉，高句麗王を使持節散騎常侍都督営平二州諸軍事征東大将軍高麗王楽浪公とする。
498		戊寅	**この頃** フランク王国の王クローヴィス，カトリックに改宗。

時代	西暦	書紀紀年 干支	天皇	大臣	大連	日　本
古墳時代後期	500	武烈 2 庚辰	(武烈)		(大伴金村)	**この頃** 群馬県榛名山噴火し，一帯の遺跡群が埋没。**この頃以後** 畿内はじめ西日本一帯から東日本の一部にかけて横穴式石室が普及する．上位層の棺として家形石棺が採用され，一部は西九州から畿内まで運搬される．首長層の副葬品は装飾性の高い金銅製装身具・馬具が卓越する。
	501	3 辛巳				
	502	4 壬午 ⑤				4.－ 梁武帝，倭王武を征東将軍に進号(梁書武帝紀)。
	503	5 癸未				和歌山県隅田八幡神社蔵の倣製人物画像鏡に，「癸未年八月」の紀年銘がある(443年に当てる説なども ある)。
	504	6 甲申				
	505	7 乙酉 ①				
	506	8 丙戌				【死没】 **この年** 武烈天皇。
	507	継体(けいたい) 丁亥	2.4 継体	2.4 巨勢男人	2.4 大伴金村・物部麁鹿火	1.6 大伴金村ら，応神天皇五世孫と伝える男大迹王を越前の三国より迎える(紀)。2.4 男大迹王(継体天皇)，河内樟葉宮で即位(紀)。
	508	2 戊子				
	509	3 己丑				2.－ 百済に使を遣わし，任那県邑に逃入した百済百姓の子孫を百済に送還(紀)。
	510	4 庚寅 ⑥				
	511	5 辛卯				10.－ 山背の筒城(京都府綴喜郡)に都を遷す(紀)。

世　　界	新羅	高句麗	百済	北魏	斉
	智証王	文咨明王 9	東城王 22	宣武帝 景明 1.2	永元 2
	2	10	武寧王	2	和帝 中興 3.-
蕭衍(武帝)，斉に代わり梁を興す(～557年)。 梁，高句麗王を車騎大将軍，百済王を征東大将軍とする。 新羅，北魏に朝貢。	3	11	2	3 ④	梁 武帝 天監 4.8 ④
	4	12	3	4	2
	5	13	4	正始 1.19 ⑫	3
	6	14	5	2	4 ②
	7	15	6	3	5
	8	16	7	4 ⑨	6 ⑩
梁，高句麗王を撫東大将軍開府儀同三司とする。	9	17	8	永平 8.16	7
	10	18	9	2	8
	11	19	10	3 ⑥	9 ⑥
	12	20	11	4	10

時代	西暦	書紀紀年 干支	天皇	大臣	大連	日本
(古墳時代後期)	512	継体 6 壬辰	(継体)	(巨勢男人)	(大伴金村・物部麁鹿火)	12.－ 百済の要請に応じ，任那の4県(上哆唎・下哆唎・娑陀・牟婁)を割譲(紀)。
	513	7 癸巳 ③				6.－ 百済，使を遣わし，五経博士段楊爾をおくる．また伴跛国に略奪された己汶・帯沙の割譲を請う(紀)。11.5 百済に己汶・帯沙を割譲(紀)。
	514	8 甲午				
	515	9 乙未 ⑫				4.－ 物部連が率いる倭国軍，帯沙江で伴跛国軍に敗れ，汶慕羅に逃れる(紀)。
	516	10 丙申				9.－ 百済，段楊爾に代えて五経博士漢高安茂をおくる(紀)。
	517	11 丁酉				
	518	12 戊戌 ⑧				3.9 山背の弟国(京都府乙訓郡)に都を遷す(紀)。
	519	13 己亥				
	520	14 庚子				
	521	15 辛丑 ⑤				
	522	16 壬寅				2.－ 大唐の司馬達止(達等)，来朝．大和国高市郡坂田原に草堂を造り，本尊を安置して帰依礼拝する(扶桑略記)。
	523	17 癸卯				**この年** 百済武寧王没．6世紀後半の群馬県綿貫観音山古墳出土獣帯鏡は同王陵出土鏡と同笵。
	524	18 甲辰 ②				

世　　界	新羅	高句麗	百済	北魏	梁
	智証王 13	文咨明王 21	武寧王 12	延昌 4.25	天監 11
	14	22	13	2 ②	12 ③
伴跛国，子呑・帯沙に城を築き倭に備える。	法興王	23	14	3	13
	2	24	15	4 ⑩ 孝明帝	14 ⑫
	3	25	16	熙平 1.1	15
	4	26	17	2	16
	5	27	18	神亀 2.23 ⑦	17 ⑧
北魏，高句麗王を鎮東将軍領護東夷校尉遼東郡公とする。	6	安臧王	19	2	18
梁，高句麗王を持節都督営平二州諸軍事寧東将軍とする。新羅法興王，律令を制定し，百官公服の制を定めるという。	7	2	20	正光 7.29	普通 1.1
梁，百済王を持節都督百済諸軍事寧東大将軍百済王とする。新羅，梁に初めて朝貢。	8	3	21	2 ⑤	2 ⑤
加耶国王，新羅と通婚。	9	4	22	3	3
北魏，北辺で六鎮の乱起る。	10	5	聖王	4	4
梁，百済王を持節都督百済諸軍事綏東将軍百済王とする。	11	6	2	5 ②	5 ②

時代	西暦	書紀紀年 干支	天皇	大臣	大連	日　　本
(古墳時代後期)	525	継体 19 乙巳	(継体)	(巨勢男人)	(大伴金村・物部麁鹿火)	
	526	20 丙午 ⑩				9.13 磐余(奈良県桜井市)の玉穂に都を遷す(紀)。
	527	21 丁未				6.3 任那復興のため，近江毛野を兵６万とともに遣わす．筑紫国造磐井，新羅と通じ，火(肥)・豊国に拠り，毛野軍を遮る(紀)。
	528	22 戊申				11.11 大将軍物部麁鹿火，磐井と筑紫御井郡で交戦し磐井を斬殺(紀)．北部九州最大(138メートル)の前方後円墳福岡県岩戸山古墳をその墓とみる説が有力。 12.－ 磐井の子筑紫葛子，糟屋屯倉を献上し死罪を免る(紀)。 【死没】11.11 筑紫磐井(豪族)。
	529	23 己酉 ⑥		9.－		**この年** 近江毛野，任那復興に失敗．新羅，任那４村(金官・背伐・安多・委陀)を占領(紀)。 【死没】 9.－ 巨勢男人(官人)。
	530	24 庚戌				**この頃** 北九州地方の古墳に多く見られた石人・石馬，急速に衰退。淀川北岸に今城塚古墳(大阪府)が築かれ，横穴式石室に家形石棺を収め，多量の人物埴輪が並べられる．この古墳を継体天皇の墓とみる説が有力。 【死没】 **この年** 近江毛野(新羅征討将軍)。
	531	25 辛亥	2.7			2.7 天皇没(紀)(一説，28年甲寅歳．『日本書紀』所引『百済本記』は，日本の天皇・太子・皇子が死んだと伝える)。**この年** 欽明天皇即位(上宮聖徳法王帝説)(『日本書紀』では，宣化天皇４年12月５日とする)。 【死没】 2.7 継体天皇。
	532	(欽明１) 壬子 ③				
	533	(欽明２) 癸丑				

世　界	新羅	高句麗	百済	北魏	梁
	法興王 12	安臧王 7	聖王 3	孝昌 6. 10	普通 6
	13	8	4	2 ⑪	7 ⑩
新羅，初めて仏教を公認。東ローマ，ユスティニアヌス帝即位。	14	9	5	3	大通 3. 11
	15	10	6	武泰 1. 8 孝荘帝 建義 4. 14 永安 9. 21	2
ユスティニアヌス法典（ローマ法大全）の編纂開始（～533年）。ベネディクトゥス，モンテ=カッシーノ修道院を創建。法雲没（63，梁の僧侶）。	16	11	7	2 ⑦	中大通 10. 1 ⑥
	17	12	8	建明 10. 30	2
この頃 梁，昭明太子蕭統撰『文選』成るか。	18	安原王	9	節閔帝 普泰 2. 29 廃帝 中興 10. 6	3
南部加羅の金官国主金仇亥，新羅に投降。	19	2	10	孝武帝 太昌 4. 25 永興 12. 28 永熙 12. 28 ②	4 ③
東ローマ，ヴァンダル王国を滅ぼす。	20	3	11	2	5

時代	西暦	書紀紀年 干支	天皇	大臣	大連	日　本
（古墳時代後期）	534	安閑（欽明 3 ）甲寅 ⑫	安閑		（大伴金村・物部麁鹿火）	1.－ 勾金橋（奈良県橿原市）に都を遷す（紀）。4.－ 春日皇后のため，上総に伊甚屯倉を設ける（紀）。**この年** 武蔵国造笠原直使主，同族小杵と国造の地位をめぐり争う．朝廷，使主を国造とし小杵を殺す．使主，武蔵の 4 屯倉を献上（紀）。
	535	2（欽明 4 ）乙卯	12.－			4. 1 勾舎人部・勾靫部を置く（紀）。5. 9 筑紫・豊・火・上毛野などの国々に屯倉を置く（紀）。8. 1 国々に犬養部を置く（紀）。**この頃** 東日本に断夫山古墳（愛知県）・七輿山古墳（群馬県）・埼玉二子山古墳（埼玉県）などの大型前方後円墳が築かれる。 【死没】 12. 17 安閑天皇（70）。
	536	宣化（欽明 5 ）丙辰	宣化	蘇我稲目		1.－ 檜隈（奈良県高市郡明日香村）の廬入野に都を遷す（紀）。5. 1 筑紫那津に官家を建て，諸国屯倉の穀を運ぶ（紀）。 【死没】 7.－ 物部麁鹿火（大連）。
	537	2（欽明 6 ）丁巳 ⑧				10. 1 大伴金村の子磐・狭手彦に任那救援を命じる．狭手彦，任那を鎮め，百済を救う（紀）。
	538	3（欽明 7 ）戊午				**戊午年** 百済聖明王，仏像・経論などを贈る（仏教伝来）（元興寺縁起・上宮聖徳法王帝説）（『日本書紀』では，欽明天皇13年とする）。
	539	4（欽明 8 ）己未	12. 5		12. 5	12. 5 欽明天皇即位（紀）（『上宮聖徳法王帝説』によれば，継体天皇25年）。 【死没】 2. 10 宣化天皇（73）。
	540	欽明 庚申 ④	欽明		物部尾輿	7. 14 磯城嶋（奈良県桜井市金屋付近か）金刺宮に遷る（紀）。8.－ 秦人・漢人らの戸籍を編む（紀）。
	541	2 辛酉				4.－ 任那の日本府吉備某，百済に赴き，任那復興を図る（紀）。
	542	3 壬戌				
	543	4 癸亥 ①				11. 8 津守連を遣わし，百済聖明王に任那復興を要請（紀）。
	544	5 甲子				**1月から11月にかけて** 百済・任那・日本府，任那復興を議る（紀）。
	545	6 乙丑 ⑩				
	546	7 丙寅				

世　界	新羅	高句麗	百済	東魏	北魏	梁
東魏興る(～550年)。　この頃(～541年)，百済，梁に使を遣わし，経義・毛詩博士・工匠・画師などを迎え入る。	法興王 21	安原王 4	聖王 12	孝静帝 天平 10.17 ⑫	永熙 3 ⑫	中大通 6 ⑫
西魏興り(～556年)，北魏は東西に分裂。	22	5	13	2	西魏 文帝 大統 1.1	大同 1.1
新羅，初めて年号を建て建元元年とする。	23	6	14	3	2	2
東ローマ，コンスタンティノープルにセント=ソフィア聖堂を完成。	24	7	15	4 ⑨	3 ⑨	3 ⑨
百済，熊津から所夫里(泗沘)に都を遷す。	25	8	16	元象 1.7	4	4
	26	9	17	興和 11.14	5	5
	真興王	10	18	2 ⑤	6 ⑤	6 ⑤
百済，新羅と和睦。　西魏，六条詔書を発布。	2	11	19	3	7	7
	3	12	20	4	8	8
梁，顧野王撰『玉篇』成る。**この頃**　南インドにチャールキア朝興る。	4	13	21	武定 1.1 ①	9 ①	9 ①
南越帝李賁，万春国を建国。	5	14	22	2	10	10
新羅真興王，国史を撰修。　高句麗，内乱(～546年)。	6	陽原王	23	3 ⑩	11 ⑩	11 ⑩
高句麗，西魏に朝貢。　突厥，鉄勒を破り台頭。	7	2	24	4	12	中大同 4.14

時代	西暦	書紀紀年 干支	天皇	大臣	大連	日本
(古墳時代後期)	547	欽明 8 丁卯	(欽明)	(蘇我稲目)	(物部尾輿)	4.－ 百済，援軍を要請(紀)。
	548	9 戊辰 ⑦				10.－ 百済に370人を派遣し，築城を援助(紀)。
	549	10 己巳				
	550	11 庚午				4.16 百済，高句麗の捕虜を献じる(紀)。**この頃** 倭国内でようやく鉄生産が始まる(京都府遠所遺跡・岡山県大蔵池南遺跡など)。全国の主要古墳から朝鮮半島製の器物(特に新羅製)が多量に出土するようになる。九州を中心として装飾壁画古墳が盛んとなる。九州南部では地下式横穴墓・地下式板石積石室墓など墳丘が不明瞭な独自の墳墓が展開する。装飾付大刀が西日本に分布し，6世紀末になると東日本に分布の中心が移る．軍事編成の動向を反映するとみられる。
	551	12 辛未 ③				**この年** 百済・新羅・任那，高句麗を討つ．百済，6郡を回復(紀)。
	552	13 壬申				10.－ 百済聖明王，釈迦仏・幡蓋・経論を贈る．仏像礼拝の可否について論争が起こる(紀)(『上宮聖徳法王帝説』では，戊午年(538)とする)。
	553	14 癸酉 ⑪				1.12 百済，軍兵の派遣を要請(紀)。5.－ 和泉の茅渟海に浮遊の霊木を拾い仏像を造らせる(紀)。6.－ 百済に医・易・暦博士の交代を求める(紀)。7.4 王辰爾に船の賦を記録させ，船史の姓を賜う(紀)。
	554	15 甲戌				2.－ 百済から五経・易・暦・医博士などが交替派遣される．5月，百済に兵1000人・馬100匹・船40隻を送る(紀)。12.－ 日本・百済両軍，新羅と戦う．百済聖明王敗死(紀)。
	555	16 乙亥				2.－ 百済の余昌(のちの威徳王)，聖明王敗死を報じる(紀)。7.4 吉備五郡に白猪屯倉を置く(紀)。
	556	17 丙子 ⑧				7.6 備前児島に屯倉を置き，葛城山田瑞子を田令とする(紀)。10.－ 倭(大和)国高市郡に韓人・高麗人の屯倉を置き，紀国に海部屯倉を置く(紀)。

世　界	新羅	高句麗	百済	東魏	西魏	梁
	真興王 8	陽原王 3	聖王 25	武定 5	大統 13	太清 4.21
高句麗，南下して百済に侵入．百済，新羅に救援を要請． 百済・新羅軍，高句麗を撃退(三国史記)。 梁，高句麗王を寧東将軍高麗王楽浪公とする。	9	4	26	6 ⑦	14 ⑦	2 ⑦
	10	5	27	7	15	3 簡文帝
東魏滅び，北斉興る(～577年)。 西魏，二十四軍を編成．兵農一致の府兵制始まる。 北斉，高句麗王を使持節侍中驃騎大将軍領護東夷校尉遼東郡開国公高麗王とする。	11	6	28	北斉 文宣帝 天保 5.10	16	大宝 1.1
東ローマ，スペイン南部を領有。	12	7	29	2 ②	17 ④	予章王 天正 8.- ③
突厥，柔然を破り建国。 新羅，百済から漢城・平壌を奪い取る。	13	8	30	3	廃帝 3.-	元帝 承聖 11.12
東ローマ，東ゴート王国を滅ぼす。	14	9	31	4 ⑪	2 ⑫	2 ⑪
西魏，江陵を陥し，後梁を建国(～587年)。	15	10	威徳王	5	恭帝 1.-	3
	16	11	2	6	2	貞陽侯 天成 5.- 敬帝 紹泰 10.22
西魏滅び，北周興る(～581年)。	17	12	3	7 ⑧	3 ⑧	太平 9.1 ⑧

時代	西暦	書紀紀年 干支	天皇	大臣	大連	日　本
（古墳時代後期）	557	欽明 18 丁丑	（欽明）	（蘇我稲目）	（物部尾輿）	
	558	19 戊寅				
	559	20 己卯 ⑤				
	560	21 庚辰				**9.－** 新羅，朝貢（紀）。
	561	22 辛巳				**この年** 新羅の使者，百済の下位に序列されたのを怒り帰国（紀）。
	562	23 壬午 ①				**1.－** 新羅，任那官家を滅ぼす（紀）。**7.－** 新羅征討大将軍紀男麻呂らを遣わす．副将河辺瓊缶が囚われ，征新羅軍敗れる（紀）。**8.－** 大伴狭手彦，高句麗を破る（紀）。 **この年** 和薬使主の祖智聡，内外典・薬書・明堂図等164巻，仏像・伎楽調度を持って入朝（姓氏録）。
	563	24 癸未				
	564	25 甲申 ⑨				
	565	26 乙酉				
	566	27 丙戌				
	567	28 丁亥 ⑥				
	568	29 戊子				
	569	30 己丑				**4.－** 王辰爾の甥胆津が白猪屯倉の田部の丁籍作成に成功したのを賞し，白猪史の姓を賜い田令に任じる（紀）。

世　界	新羅	高句麗	百済	北斉	北周	陳
梁滅び，陳興る(～589年)。	真興王 18	陽原王 13	威徳王 4	天保 8	孝閔帝 1.－ 孝明帝 9.－	武帝 永定 10.10
	19	14	5	9	2	2
	20	平原王	6	10 ④ 廃帝	武成 8.15 ④	3 ④ 文帝
北斉，高句麗王世子湯を使持節領東夷校尉遼東郡公高麗王とする。	21	2	7	乾明 1.1 孝昭帝 皇建 8.3	2 武帝	天嘉 1.1
	22	3	8	武成帝 太寧 11.11 ⑫	保定 1.1	2
陳，百済王を撫東大将軍，高句麗王を寧東将軍とする。	23	4	9	河清 4.6	2 ①	3 ②
突厥，ササン朝と結び，エフタルを挟撃して破る(～567年)。	24	5	10	2	3	4
北斉，河清律令を公布。 新羅，北斉に朝貢。	25	6	11	3 ⑨	4 ⑨	5 ⑩
北斉，新羅王を使持節領東夷校尉楽浪郡公新羅王とする。	26	7	12	後主温公 天統 4.－	5	6
新羅，皇竜寺建立。	27	8	13	2	天和 1.－	天康 2.29 廃帝臨海王
	28	9	14	3 ⑥	2 ⑧	光大 1.1 ⑥
新羅王，黄草嶺・磨雲嶺などに巡狩管境碑を建てる。 北イタリア，ロンバルド王国興る。	29	10	15	4	3	2
	30	11	16	5	4	宣帝 太建 1.－

時代	西暦	書紀紀年 干支	天皇	大臣	大連	日本
（古墳時代後期）	570	欽明 31 庚寅 ③	（欽明）	（蘇我稲目）	（物部尾輿）	4.2 越の人，高句麗使節の漂着を伝える（紀）。7.－ 高句麗使節，近江国を経て山背国に入る（紀）。**この年** 物部尾輿ら，堂舎を焼き，仏像・経典を難波江に流す（元興寺縁起）。**この頃前後** 巨大前方後円墳の奈良県五条野丸山古墳が築かれる．これ以後，大王墓は主に飛鳥に営まれる。 【死没】3.1（**前年の己丑歳とも**）蘇我稲目（大臣）。
	571	32 辛卯	4.－			3.5 新羅に使を派遣．任那滅亡の理由を問う（紀）。4.15 天皇重病．新羅追討と任那復興を遺詔（紀）。 【死没】 4.－ 欽明天皇。
	572	敏達（びだつ） 壬辰 ⑫	4.3 敏達	4.3 蘇我馬子	4.3 物部守屋	4.－ 百済大井に宮を造る（紀）。5.15 高句麗使節入京．王辰爾，その国書を読み解く（紀）。7.－ 高句麗使節帰国（紀）。
	573	2 癸巳				5.3 高句麗使節，越に漂着．饗応せず送還させる（紀）。
	574	3 甲午				5.5 高句麗使節，越に着岸（紀）。10.9 蘇我馬子を吉備に遣わし，白猪屯倉と田部を増益させ，田部の名籍を白猪胆津に授ける（紀）。11.－ 新羅，朝貢（紀）。
	575	4 乙未 ⑧				4.6 新羅・任那・百済に使を派遣（紀）。6.－ 新羅，朝貢（紀）。**この年** 訳語田幸玉宮に遷る（紀）。この頃造営の松江市岡田山１号墳から「各田卩臣」（額田部臣）銘鉄刀が出土。
	576	5 丙申				
	577	6 丁酉				2.1 日祀部（日奉部）・私部を置く（紀）。11.1 百済王，経論と律師・禅師・比丘尼・呪禁師・造仏工・造寺工をおくる．これを難波の大別王の寺に安置（紀）。
	578	7 戊戌 ⑤				3.5 菟道皇女が池辺皇子に犯されたため，伊勢奉仕の任を解く（紀）。
	579	8 己亥				10.－ 新羅，調と仏像をおくる（紀）。
	580	9 庚子				6.－ 新羅，調を献じる．朝廷，納めず返却（紀）。

世　界	新羅	高句麗	百済	北斉	北周	陳
	真興王 31	平原王 12	威徳王 17	武平 1.1 ②	天和 5 ④	太建 2 ④
北斉，高句麗王を使侍節都督東青州諸軍事東青州刺史とする。	32	13	18	2	6	3
	33	14	19	3 ⑪	建徳 3.14	4 ⑫
	34	15	20	4	2 ①	5
北周武帝，道教・仏教を禁圧。	35	16	21	5	3	6
	36	17	22	6 ⑧	4 ⑩	7 ⑨
	真智王	18	23	隆化 12.13 安徳王 徳昌 12.14	5	8
北周，北斉を滅ぼす。 高句麗・百済，北周に朝貢．北周，高句麗王を上開府儀同大将軍遼東郡開国公遼東王とする。 慧思没(63，陳の僧侶)。	2	19	24	幼主高恒 承光 1.1	6	9
	3	20	25		宣政 3.25 ⑥ 宣帝	10 ⑤
	真平王	21	26		静帝 大成 1.1 大象 2.20	11
	2	22	27		2	12

時代	西暦	書紀紀年 干支	天皇	大臣	大連	日本
(古墳時代後期)	581	敏達 10 辛丑 ②	(敏達)	(蘇我馬子)	(物部守屋)	閏2.－ 蝦夷数千が反乱．その首領らを召し，忠誠を誓わせる(紀)。
	582	11 壬寅				10.－ 新羅，調を献じる．朝廷，納めず返却(紀)。
	583	12 癸卯 ⑩				7.1 任那復興のため，百済に仕える火葦北国造の子日羅を召喚(紀)。12.30 来日中の日羅，難波館で従者に殺される(紀)。
	584	13 甲辰				2.8 難波吉士木蓮子を新羅に派遣(紀)。**この年** 蘇我馬子，百済よりもたらされた仏像２躯を安置する．恵便を師とし，司馬達等の娘(善信尼)ら３人を尼とする(紀)(『元興寺縁起』では，前年の癸卯歳とする)．馬子，石川宅に仏殿を造る(紀)。
	585	14 乙巳	9.5 用明			2.15 蘇我馬子，大野丘の北に塔を建て仏舎利を納める(紀)。2.24 馬子病にかかる．疫病流行(紀)。3.30 物部守屋，塔を倒し，仏像・仏殿を焼き，残った仏像を難波の堀江に棄てる(紀)。9.5 磐余池辺双槻宮に遷る(紀)。 【死没】 8.－ 敏達天皇。
	586	用明(ようめい) 丙午 ⑥				5.－ 穴穂部皇子，物部守屋を遣わして先帝の寵臣三輪逆を斬殺させる(紀)。 【死没】 5.－ 三輪逆(廷臣)。
	587	2 丁未	8.2 崇峻		7.－	4.2 天皇，病のため仏教に帰依せんことを群臣に諮る．物部守屋・中臣勝海は反対する．勝海殺され，守屋と馬子，兵を集めて対立(紀)。司馬達等の子鞍部多須奈，天皇のために出家し，丈六仏像と寺を造らんと願う(紀)。6.7 馬子ら，穴穂部皇子を誅殺(紀)。7.－ 馬子・厩戸皇子ら，守屋を滅ぼす．この時，厩戸皇子，四天王寺建立を発願．守屋の奴の半分と宅を同寺の奴・田荘とする(紀)。8.－ 倉椅柴垣宮を造営(紀)。 【死没】 4.2 中臣勝海(廷臣)。4.9 用明天皇。6.7 穴穂部皇子(欽明天皇皇子)。7.－ 物部守屋(大連)。
	588	崇峻(すしゅん) 戊申				**この年** 百済，僧・仏舎利・寺工・鑪盤博士・瓦博士・画工をおくる(紀)。蘇我馬子，善信尼らを百済に派遣(紀)。法興寺(飛鳥寺)を建て始める(紀)。
	589	2 己酉 ③				7.1 近江満(東山道)・宍人鴈(東海道)・阿倍某(北陸道)を遣わし，国境を視察させる(紀)。
	590	3 庚戌				3.－ 善信尼ら百済より還り，桜井寺(豊浦寺)に住む(紀)。**この年** 鞍部多須奈ら出家(紀)。**この頃** 奈良県藤ノ木古墳造営．竜・寅・象・鳳凰・鬼神などの装飾ある金銅製鞍金具が出土。
	591	4 辛亥 ⑫				8.1 任那復興の詔を下す(紀)。11.4 任那復興のため，紀男麻呂・巨勢猿・大伴囓・葛城烏奈良を大将軍とし，２万余の軍を筑紫へ送る(紀)。吉士金を新羅に，難波吉士木蓮子を任那に遣わす(紀)。
	592	5 壬子	12.8 推古			10.－ 法興寺の仏殿・歩廊を建てる(紀)。11.3 蘇我馬子，東漢駒に天皇を殺害させる(紀)。11.－ 馬子，駒を殺害(紀)。12.8 額田部皇女(推古天皇)，飛鳥豊浦宮で即位(紀)。 【死没】 11.3 崇峻天皇。11.－ 東漢駒(廷臣)。

世　界	新羅	高句麗	百済	北周	陳
北周滅び，隋興る(～618年)。 隋，開皇律を公布。 隋，百済王を上開府儀同三司帯方郡公，高句麗王を大将軍遼東郡公とする。	真平王 3	平原王 23	威徳王 28	大定 1.1 隋 文帝 開皇 2.14 ③	太建 13 ②
隋，開皇令を公布。	4	24	29	2	14 後主
隋，開皇律を重修。 突厥，東西に分裂。	5	25	30	3 ⑫	至徳 1.- ⑪
	6	26	31	4	2
	7	27	32	5	3
	8	28	33	6 ⑧	4 ⑦
隋，後梁を滅ぼす。 隋，諸州より毎年３人の貢士を推薦させる(科挙制の開始)。	9	29	34	7	禎明 1.1
	10	30	35	8	2
隋，陳を滅ぼし中国を統一。	11	31	36	9 ④	3 ③
隋，高句麗王を上開府儀同三司遼東郡公とする。 グレゴリウス１世，ローマ教皇となる。	12	嬰陽王	37	10	
新羅真平王，南山新城を築く。	13	2	38	11 ⑫	
隋，均田法を実施。 慧遠没(70，隋の僧侶)。	14	3	39	12	

西暦	書紀紀年 干支	天皇	大臣	政治・経済
593 2.7	推古 癸丑	(推古)	(蘇我馬子)	1.15 法興寺塔心礎に仏舎利を納め，翌16日，刹の柱を建てる(紀)。4.10 厩戸皇子(聖徳太子)を皇太子に立て，摂政とする(紀)。9.- 用明天皇を河内磯長陵に改葬(紀)。**この年** 四天王寺を難波荒陵に造る(紀)。
594 1.27	2 甲寅 ⑨			2.1 三宝興隆の詔を下す．臣・連ら，競って仏舎(寺)を造る(紀)。
595 2.15	3 乙卯			5.10 高句麗僧慧慈渡来，聖徳太子の師となる(紀)。7.- 筑紫に派遣されていた大将軍紀男麻呂ら帰還(紀)。**この年** 百済僧慧聡渡来(紀)。
596 2.4	4 丙辰			10.- 聖徳太子，慧慈・葛城臣と伊予温泉に行き，伊予湯岡碑を建てる(釈日本紀所引碑文)。11.- 法興寺完成．馬子の子善徳を寺司とする．慧慈・慧聡，同寺に住む(紀)。
597 1.24	5 丁巳 ⑤			4.1 百済王，王子阿佐を遣わして朝貢(紀)。11.22 難波吉士磐金を新羅に遣わす(紀)。
598 2.12	6 戊午			4.- 難波吉士磐金帰国し，鵲２羽を献じる(紀)。8.1 新羅，孔雀１羽をおくる(紀)。
599 2.1	7 己未			4.27 地震で舎屋倒壊．各地に地震神を祭らせる(紀)。9.1 百済，駱駝・驢馬・羊・白雉をおくる(紀)。
600 1.21	8 庚申 ①			2.- 新羅と任那とが戦う(紀)。**この年** 大将軍境部某・副将軍穂積某らを遣わし，任那を援けて新羅の５城を攻撃．新羅降伏．難波吉師神を新羅に，難波吉士木蓮子を任那に遣わす．両国，朝貢する．将軍らが新羅より帰還後，新羅再び任那を攻撃(紀)。 隋に使を遣わす(最初の遣隋使)(隋書倭国伝)。**この頃** 前方後円墳の造営が終焉を迎え，支配者層の墳墓は大型の方墳(大阪府伝用明陵古墳・伝推古陵古墳)や円墳(奈良県牧野古墳)となる。 東北地方中部まで横穴式石室をもつ古墳が多く造られる。
601 2.8	9 辛酉			3.5 大伴囓を高句麗に，坂本糠手を百済に遣わし，任那復興を要請(紀)。9.8 新羅の間諜を対馬で捕え，上野国に流す(紀)。11.5 新羅征討を計画(紀)。
602 1.29	10 壬戌 ⑩			2.1 来目皇子を撃新羅将軍とし，神部・国造・伴造らの兵２万5000人を動員(紀)。4.1 来目皇子，筑紫に至り，船舶を集めて軍粮を運ぶ(紀)。6.3 来目皇子，筑紫で病に臥し，新羅征討を中止(紀)。
603 2.16	11 癸亥			2.4 来目皇子，筑紫で没(紀)。4.1 当麻皇子を征新羅将軍とする(紀)。7.6 当麻皇子，播磨国に至る．妻の死により引き返して征討を中止(紀)。10.4 小墾田宮に遷る(紀)。12.5 冠位十二階を制定(紀)。
604 2.6	12 甲子			1.1 冠位十二階を施行(紀)．初めて暦日を用いる(政事要略所引儒伝)。4.3 聖徳太子，憲法十七条を作る(紀)。9.- 朝礼を改め，匍地拝とする(紀)。 黄書画師・山背画師を定める(紀)。
605 1.25	13 乙丑 ⑦			閏7.1 聖徳太子，諸王・諸臣に褶を着用させる(紀)。10.- 聖徳太子，斑鳩宮に移る(紀)。
606 2.13	14 丙寅			5.5 鞍作鳥に近江国坂田郡の水田20町を賜う．鳥，金剛寺(坂田寺)を造る(紀)。

社　会・文　化	世　界	新羅	高句麗	百済	隋
《大の月》2・4・6・8・10・12		真平王 15	嬰陽王 4	威徳王 40	文帝 開皇 13
《大の月》1・3・5・7・9・10・12	新羅，隋に朝貢．隋，新羅王を上開府楽浪郡公とする。	16	5	41	14 ⑩
《大の月》2・4・5・7・9・11	隋，中央集権化をはかり，州県の官を中央派遣とする(郷官廃止)。	17	6	42	15
《大の月》1・3・5・7・9・10・12		18	7	43	16
《大の月》2・4・⑤・7・9・11・12		19	8	44	17 ⑤
《大の月》2・4・6・8・10・12	高句麗，隋の遼西地方に侵入．隋征討軍敗れる。	20	9	恵王	18
《大の月》2・4・5・7・9・11		21	10	法王	19
《大の月》1・2・4・6・8・9・11	ハザール汗国，黒海・カスピ海の北方地域で勢力を伸ばす。	22	11	武王	20 ①
2.－ 聖徳太子，斑鳩宮を建てる(紀)。 《大の月》1・3・5・7・9・11・12	隋，陸法言ら撰『切韻』成る。	23	12	2	仁寿 1.1
10.－ 百済の僧観勒，暦本・天文地理書・遁甲方術書を伝える(紀)。**閏10.15** 高句麗の僧僧隆・雲聡，渡来(紀)。 《大の月》2・4・6・8・10・11		24	13	3	2 ⑩
11.1 秦河勝，聖徳太子の持仏を賜わり，蜂岡寺(広隆寺)を造る(紀)。 **【死没】** **2.4** 来目皇子(用明天皇皇子)。 《大の月》1・3・4・6・8・10・12		25	14	4	3
《大の月》2・4・6・8・9・11	隋煬帝即位。	26	15	5	4 煬帝
4.1 天皇，鞍作鳥に銅・繡の丈六仏像を造らせる．高句麗王，黄金300両をおくる(紀)。 《大の月》1・3・5・7・8・10・11		27	16	6	大業 1.1 ⑦
4.8 この年より，諸寺に4月8日・7月15日の斎会を始めさせる(紀)。**7.－** 聖徳太子，天皇に『勝鬘経』を進講(紀)。**この年** 聖徳太子，天皇に『法華経』を進講．太子に播磨国の水田100町を賜う．太子，これを斑鳩寺(法隆寺)に施入(紀)。 《大の月》1・3・5・7・9・11	インド，ハルシャ=ヴァルダナ(戒日王)即位(～647年ごろ)．玄奘，その治世にインドに行く。	28	17	7	2

西暦	書紀紀年 干支	天皇	大臣	政 治 ・ 経 済
607 2.2	推古 15 丁卯	(推古)	(蘇我馬子)	**2.1** 壬生部を置く(紀)。**2.9** 神祇拝礼の詔を下す(紀)。**7.3** 小野妹子・通事鞍作福利を隋に遣わす(紀)． 国書に「日出づる処の天子，書を日没する処の天子に致す」とあり，煬帝の不興をかう(隋書倭国伝)。**この冬** 倭(大和)・山背・河内に池・溝を作り，国ごとに屯倉を置く(紀)。
608 1.23	16 戊辰 ③			**4.-** 小野妹子，隋使裴世清ら13人とともに帰国(紀・隋書倭国伝)。**8.12** 隋使を朝廷に迎える(紀)。**9.11** 隋使裴世清，帰国する．小野妹子をまた隋に遣わし，学生倭漢福因・高向玄理ら4人，学問僧日文(旻)・南淵請安ら4人を留学させる(紀)。 この頃造営の兵庫県養父郡八鹿町箕谷2号墳から「戊辰年五月」銘鉄刀が出土。
609 2.10	17 己巳			**4.4** 筑紫大宰，百済僧ら85人の肥後漂着を報告(紀)。**4.8** 鞍作鳥，丈六釈迦像を完成．元興寺(飛鳥寺)に安置(元興寺縁起)(『日本書紀』では，同14年とする)。**9.-** 小野妹子ら，隋より帰国(紀)。
610 1.30	18 庚午 ⑪			**1.-** 隋に使を遣わす(隋書倭国伝)。**3.-** 高句麗僧曇徴，彩色・紙・墨・碾磑の製法を伝える(紀)。**10.9** 新羅・任那の使を朝廷に迎える(紀)。
611 2.18	19 辛未			**1.25** 聖徳太子，『勝鬘経義疏』を著す(聖徳太子伝補闕記)。**5.5** 天皇，菟田野で薬猟(紀)。**8.-** 新羅・任那の使，朝貢(紀)。
612 2.7	20 壬申			**5.5** 天皇，羽田で薬猟(紀)。
613 1.27	21 癸酉 ⑧			**9.15** 聖徳太子，『維摩経義疏』を著す(聖徳太子伝補闕記)。**11.-** 掖上池・畝傍池・和珥池を作り，難波より京に至る大道を設ける(紀)。
614 2.15	22 甲戌			**5.5** 薬猟(紀)。**6.13** 犬上御田鍬・矢田部某を隋に遣わす(紀)。**8.-** 蘇我馬子の病気平癒のため，男女1000人を出家させる(紀)。
615 2.4	23 乙亥			**4.15** 聖徳太子，『法華経義疏』を著す(聖徳太子伝補闕記)。**9.-** 犬上御田鍬ら，隋より帰る．百済使，遣隋使に従い来朝(紀)。
616 1.24	24 丙子 ⑤			**3月から7月にかけて** 屋久島の人30人渡来．皆死亡する(紀)。
617 2.11	25 丁丑			
618 2.1	26 戊寅			**8.1** 高句麗使，隋滅亡を伝え，俘虜・武器・土産物・駱駝をおくる(紀)。**この年** 河辺某を安芸国に遣わして船(大船)を造らせる(紀)。
619 1.21	27 己卯 ②			
620 2.9	28 庚辰			**8.-** 屋久島の人2人，伊豆島に漂着(紀)。**この年** 聖徳太子・蘇我馬子，「天皇記及国記臣連伴造国造百八十部并公民等本記」を録す(紀)。
621 1.28	29 辛巳 ⑩			**この年** 新羅，朝貢．初めて上表(紀)。

社　会・文　化	世　界	新羅	高句麗	百済	隋
この年 用明天皇のために金銅薬師如来像を造る(法隆寺薬師像光背銘)(一説，天智9年法隆寺罹災後の擬古作)。 《大の月》1・3・4・6・8・10・12	隋，大業律令を公布。	真平王 29	嬰陽王 18	武王 8	大業 3
《大の月》2・③・5・7・8・10・12		30	19	9	4 ③
《大の月》2・4・6・8・10・11		31	20	10	5
《大の月》1・3・5・7・9・11・12	隋，大運河を完成。 **この頃** ムハンマド(マホメット)，アッラーの啓示を受け預言者と自覚しイスラム教を開く。	32	21	11	6 ⑪
《大の月》2・3・5・7・9・11	隋煬帝，高句麗遠征を発令。 隋，山東・河北で農民蜂起。	33	22	12	7
この年 百済人路子工，御所南庭に須弥山・呉橋を作る．百済人味摩之，伎楽舞を伝える(紀)。 《大の月》1・3・5・7・8・10・12	隋，高句麗遠征(～614年)。	34	23	13	8
《大の月》2・4・6・8・9・10・12	隋，楊玄感ら叛乱．国内の内乱が拡大。	35	24	14	9 ⑨
《大の月》2・4・6・8・10・12		36	25	15	10
11.15 僧慧慈，高句麗に帰る(紀)。 《大の月》2・3・5・7・9・11		37	26	16	11
7.- 新羅，仏像をおくる(紀)． この仏像を蜂岡寺(広隆寺)に置く(聖徳太子伝暦・扶桑略記)。 《大の月》1・3・5・6・7・9・11		38	27	17	12 ⑤
《大の月》1・3・5・7・9・10・12		39	28	18	恭帝 義寧 11.15
《大の月》2・4・6・8・10・12	隋滅び，唐興る(～907年)。	40	栄留王	19	唐 高祖 武徳 5.20
《大の月》2・②・4・6・8・10・12		41	2	20	2 ②
《大の月》2・4・6・7・9・11		42	3	21	3
この頃 中宮寺創建し，菩薩半跏像成るか。 【死没】 **12.21** 穴穂部間人皇女(欽明天皇皇女)。 《大の月》1・3・5・7・9・10・11	新羅，倭典を領客典に改める。 高句麗・新羅・百済，唐に朝貢。	43	4	22	4 ⑩

西暦	書紀紀年 干支	天皇	大臣	政治・経済
622 2.16	推古 30 壬午	(推古)	(蘇我馬子)	2.22 聖徳太子，斑鳩宮で没(法隆寺釈迦如来像光背銘・天寿国曼荼羅繡帳銘)(『日本書紀』では，前年2月5日とする)。
623 2.5	31 癸未			**この年** 新羅，任那を破る．境部雄摩侶らを大将軍とする数万の征新羅軍を派遣．新羅服し，両国(新羅，任那)の調を貢進する(紀)。
624 1.26	32 甲申 ⑦			9.3 寺と僧尼を調査(寺46所，僧816人，尼569人)(紀)。10.1 蘇我馬子，葛城県を要求するも許されず(紀)。
625 2.13	33 乙酉			1.7 高句麗王，僧恵灌をすすめる．恵灌を僧正に任じる(三論宗第一伝)(紀)。
626 2.2	34 丙戌		5.20 蘇我蝦夷	3月～7月 霖雨．大飢饉起こる(紀)。**この年** 蘇我蝦夷を大臣に任じる(扶桑略記)。
627 1.22	35 丁亥 ④			
628 2.10	36 戊子	3.7		3.6 天皇，病重く，田村皇子と山背大兄王に遺言し，翌7日没(紀)。9.－ 群臣，嗣位をめぐり対立．蘇我蝦夷，山背大兄王を推す叔父境部摩理勢を殺し，田村皇子を擁立する(紀)。
629 1.30	舒明(じょめい) 己丑 ⑫	1.4 舒明		1.4 田村皇子(舒明天皇)即位(紀)。4.1 田部某を屋久島に派遣(紀)。
630 2.18	2 庚寅			1.12 宝皇女を皇后とする(紀)。3.1 高句麗・百済使，朝貢(紀)。8.5 犬上御田鍬・薬師恵日を唐に遣わす(第1次遣唐使)(紀)。9.－ 田部某ら屋久島より帰る(紀)。10.12 飛鳥岡本宮に遷る(紀)。**この年** 難波の大郡と三韓館を修理(紀)。**この頃** 畿内支配層の古墳石室が切石積みに規格化する(奈良県岩屋山古墳)。
631 2.7	3 辛卯			3.1 百済王，王子豊璋を人質として日本に送る(紀)。9.19 摂津有間温湯に行幸(紀)。
632 1.27	4 壬辰 ⑧			8.－ 遣唐使犬上御田鍬，唐使高表仁とともに対馬に帰還．この時，学問僧霊雲・僧旻・勝鳥養と新羅送使ら随従(紀)。10.4 唐使らの一行，難波津に着く(紀)。
633 2.14	5 癸巳			1.26 唐使高表仁ら帰国(紀)。

社　会・文　化	世　界	新羅	高句麗	百済	唐
この年 聖徳太子妃橘大郎女，太子のために天寿国曼荼羅繡帳を造る(上宮聖徳法王帝説)。 【死没】 2.22 聖徳太子(49，推古天皇の摂政皇太子)。 《大の月》1・3・5・7・9・11	ムハンマド，メッカからメディナに遷る(ヒジュラ＝聖遷)(イスラム暦紀元)。	真平王 44	栄留王 5	武王 23	武徳 5
3.- 法隆寺金堂釈迦三尊像成る(光背銘)。7.- 新羅・任那の使，仏像・仏舎利等をおくる．仏像は秦寺(広隆寺)，仏舎利等は四天王寺に納める．この時，留学生恵日ら帰国(紀)。 《大の月》1・2・4・6・8・10・12	**この頃** ボヘミアなどのスラヴ諸族，最初のスラヴ国家サモ王国を建国(～658年)。	45	6	24	6
4.17 観勒を僧正，鞍部徳積を僧都，阿曇某を法頭に任じ，僧尼を検校させる(紀)。 《大の月》2・4・6・7・8・10・12	唐，高句麗王を上柱国遼東郡王高麗王，百済王を帯方郡王，新羅王を楽浪郡王とする。唐，武徳律令を公布．均田制を定める。	46	7	25	7 ⑦
《大の月》2・4・6・8・9・11		47	8	26	8
【死没】 5.20 蘇我馬子(大臣)。 《大の月》1・3・5・7・9・11	唐，太宗即位．いわゆる貞観の治始まる(～649年)。	48	9	27	9 太宗
《大の月》1・2・4・5・7・9・11		49	10	28	貞観 1.1 ③
12.15 法隆寺釈迦如来・脇侍菩薩像成る(光背銘)。 【死没】 3.7 推古天皇(75)。9.- 境部摩理勢(聖徳太子近臣)。 《大の月》1・3・5・6・8・10・12	唐，中国を統一。	50	11	29	2
《大の月》2・4・6・8・9・11・⑫		51	12	30	3 ⑫
《大の月》2・4・6・8・10・12	唐，東突厥を滅ぼす。	52	13	31	4
《大の月》1・3・5・7・9・11		53	14	32	5
《大の月》1・3・5・6・8・9・11	ムハンマド没．カリフ制始まる。	善徳王	15	33	6 ⑧
《大の月》1・3・5・7・8・10・12		2	16	34	7

西暦	書紀紀年 干支	天皇	大臣	政治・経済
634 2.4	舒明 6 甲午	（舒明）	（蘇我蝦夷）	
635 1.24	7 乙未 ⑤			**6.10** 百済使，朝貢(紀)。
636 2.12	8 丙申			**6.-** 岡本宮焼け，田中宮に遷る(紀)。**7.1** 大派王，群卿百寮の朝参の怠たりを指摘するが，蘇我蝦夷従わず(紀)。**この年** 大旱のため天下飢える(紀)。
637 1.31	9 丁酉			**この年** 蝦夷反乱．上毛野形名を将軍として攻撃(紀)。
638 1.21	10 戊戌 ②			**10.-** 有間温湯宮に行幸(紀)。**この年** 百済・新羅・任那使，朝貢(紀)。
639 2.9	11 己亥			**7.-** 百済川畔で大宮(百済宮)と大寺(百済大寺)造営を開始(紀)。**9.-** 入唐学問僧恵隠・恵雲，新羅送使に従い帰国(紀)。**12.14** 伊予温湯宮に行幸(紀)。**12.-** 百済川畔に九重塔を建てる(紀)。
640 1.29	12 庚子 ⑪			**4.16** 天皇，伊予国より帰り，厩坂宮に入る(紀)。**5.5** 設斎．恵隠に『無量寿経』を説かせる(紀)。**10.11** 入唐学問僧南淵請安・留学生高向玄理，百済・新羅の朝貢使とともに帰国(紀)。**10.-** 天皇，百済宮に遷る(紀)。
641 2.16	13 辛丑	10.9		**3.15** 蘇我石川麻呂誓願の浄土寺(山田寺)，造営を開始(上宮聖徳法王帝説裏書)。**10.9** 天皇，百済宮で没(紀)。
642 2.5	皇極(こうぎょく) 壬寅	1.15 皇極		**1.15** 皇后宝皇女(皇極天皇)即位．大臣蘇我蝦夷の子入鹿，国政を執り，勢い父に勝る(紀)。**1.29** 百済の弔使，入京(紀)。**2.6** 高句麗使，難波津に到着(紀)。**3.6** 新羅，賀騰極使と弔使を遣わす(紀)。**6.-** 大旱(紀)。**7.-** 蘇我蝦夷，寺々で読経・悔過させ降雨を祈るが効なし(紀)。**8.1** 天皇，南淵の河上で祈雨し，大雨降る(紀)。**9.3** 百済大寺造営のため，近江・越の丁を徴発．また，諸国に船舶を造らせる(紀)。**9.19** 飛鳥板蓋宮造営のため，東は遠江，西は安芸に至る国々より丁を徴発(紀)。**9.21** 越周辺の蝦夷帰順(紀)。**12.21** 小墾田宮に遷る(紀)。**この年** 蘇我蝦夷，祖廟を葛城の高宮に建てる(紀)。
643 1.26	2 癸卯 ⑦			**4.21** 百済王の子翹岐，調使とともに来朝(紀)。**4.28** 飛鳥板蓋宮に遷る(紀)。**6.13** 高句麗使，来朝(紀)。**10.6** 蘇我蝦夷，私に紫冠を入鹿に授けて大臣の位に擬す(紀)。**11.1** 入鹿，斑鳩宮に巨勢徳陀古を遣わし山背大兄王らを襲う．山背大兄王ら生駒山に隠れる．数日後，斑鳩寺に入り，一族とともに自殺(紀)。**この年** 浄土寺(山田寺)金堂成る(上宮聖徳法王帝説裏書)。**この頃** 大王の墳墓が八角形墳となる(伝舒明陵古墳など)。
644 2.13	3 甲辰			**1.1** 中臣鎌子(藤原鎌足)を神祇伯に任じるが固辞．鎌子，法興寺の槻の木の蹴鞠で中大兄皇子に接近(紀)。**7.-** 東国富士川辺の大生部多，常世神として虫を祭り，盛行する．秦河勝，多を討ち，これを鎮める(紀)。**11.-** 蘇我蝦夷・入鹿，甘檮岡に邸宅を並び建てる．城柵・兵庫を作り，変に備える(紀)。

社　会・文　化	世　界	新羅	高句麗	百済	唐
《大の月》2・4・6・8・10・12		善徳王 3	栄留王 17	武王 35	貞観 8
《大の月》1・3・5・6・8・10・12	景教(ネストリウス派キリスト教)，唐に伝わる。	4	18	36	9 ④
《大の月》2・4・5・7・9・11	唐，『隋書』成る。姚察・姚思廉父子撰『陳書』成る。李百薬ら『北斉書』奏上。アラブ軍，東ローマ軍を破り，シリアを制圧。	5	19	37	10
《大の月》1・3・5・7・8・10・12	唐，貞観律令を公布。アラブ軍，イェルサレムを攻略。	6	20	38	11
この年 福亮，聖徳太子のために，弥勒像1躯を造り，法起寺金堂を建立(聖徳太子伝私記所引法起寺塔露盤銘)。 《大の月》2・3・5・7・9・11・12		7	21	39	12 ②
《大の月》2・4・6・8・10・12		8	22	40	13
《大の月》2・4・5・7・9・11・12	唐，高昌国を滅ぼし，安西都護府を交河城に置く。**この頃** ジャワに訶陵国興る。	9	23	41	14 ⑩
【死没】 10.9 舒明天皇(49とも)。 《大の月》2・4・6・8・9・11	唐の文成公主，吐蕃王に嫁す。唐，呂才撰『大唐陰陽書』頒行。アラブ軍，エジプトのバビロンを攻略。	10	24	義慈王	15
《大の月》1・3・5・7・9・11・12	高句麗の泉蓋蘇文，栄留王を殺し，専権をふるう。ニハーヴァンドの戦い．アラブ軍，ササン朝軍を破る。	11	宝臧王	2	16
【死没】 9.11 吉備姫王(皇極・孝徳両天皇母)。11.- 山背大兄王(聖徳太子子)。 《大の月》2・4・6・⑦・9・11		12	2	3	17 ⑥
《大の月》1・3・4・6・8・10・12	唐，高句麗攻撃のため新羅・百済の兵を徴発する．10万の兵で高句麗を攻撃(第1次)。	13	3	4	18

西暦	書紀紀年 干支	天皇	左大臣	右大臣	内臣	政治・経済
645 2. 2	大化(たいか) 6. 19 乙巳	（皇極） 6. 14 孝徳	（大臣蘇我蝦夷） 6. 14 阿倍内麻呂	6. 14 蘇我石川麻呂	6. 14 中臣鎌子（鎌足）	6. 12 中大兄皇子・中臣鎌子ら，蘇我入鹿を大極殿で暗殺(紀)。6. 13 蘇我蝦夷自殺．死に臨み『天皇記』『国記』等を焼く．船恵尺，火中より『国記』を取り出す(乙巳の変)(紀)。6. 14 軽皇子(孝徳天皇)即位．中大兄皇子を皇太子とし，初めて左大臣・右大臣・内臣を立て，僧旻・高向玄理を国博士に任じる(紀)。6. 19 初めて年号を建て，大化とする(紀)。7. 10 高句麗・百済・新羅使，朝貢．百済使，任那使を兼領し，任那の調を献ず(紀)。8. 5 東国等の国司を任命して戸籍作製・校田・武器収公を命じ，また，倭(大和)国6県の造籍・校田を指示する．鍾と匱を置き一般の訴えを聞く．男女の法を定め，良賤の別を厳しく区別する(紀)。8. 8 仏法興隆の詔を下し，僧侶統制のため福亮・僧旻・道登らを十師に，寺院管理のため寺司・寺主・法頭を任命(紀)9. 12 吉野に隠退した古人大兄皇子，謀叛の罪で殺される(一説，11月30日)(紀)。9. 19 諸国の人口を調査(紀)。12. 9 都を難波長柄豊碕に遷す(紀)。
646 1. 22	2 丙午 ③					1. 1 改新の詔を発する．公地公民の原則，行政組織と交通軍事制度，戸籍・計帳・班田収授の法，田の調などの税制の4ヵ条を宣する(紀)。1. - 諸国に兵庫を作らせる(紀)。2. 15 高句麗・百済・任那・新羅使，朝貢(紀)。3. 19 東国の国司・国造の功過を評定し，過の軽重により罰する．官司の屯田を廃止(紀)。3. 20 中大兄皇子，私有の入部と屯倉を天皇に献上(紀)。3. 22 墳墓葬送の制(薄葬令)，奴婢・婚姻・祓除の制を定める(紀)。8. 14 品部の廃止，百官位階の制，男身の調の制を定める(紀)。9. - 高向玄理を新羅に派遣し，人質を取り「任那の調」を廃止する(紀)。**この年** 僧道登，宇治橋を架ける(宇治橋断碑)。
647 2. 10	3 丁未					1. 15 高句麗・新羅使，朝貢(紀)。4. 26 再び品部廃止を命じ，皇子・群臣・百姓に庸調を禄として支給する(紀)。12. 29 皇太子の宮焼ける(紀)。**この年** 七色十三階の冠位を制定(紀)。新羅王子金春秋(のちの武烈王)ら，高向玄理とともに来朝し，人質となる(紀)。渟足柵を設け，柵戸を置く(紀)。
648 1. 30	4 戊申 ⑫					2. 1 高句麗・百済・新羅に学問僧を派遣(紀)。4. 1 七色十三階の冠位を施行．左右大臣は旧制による(紀)。**この年** 新羅使，朝貢(紀)。磐舟柵を設け，柵戸を置く(紀)。
649 2. 17	5 己酉		3. 17 4. 20 巨勢徳陀古	3. 25 4. 20 大伴長徳		2. - 冠位十九階を制定．八省・百官を設置(紀)。3. 24 蘇我日向，蘇我石川麻呂に叛意があると讒言．翌日，石川麻呂，山田寺で自殺(紀)。3. - 蘇我日向を筑紫大宰帥に任命，遠ざける(紀)。5. 1 新羅に使を遣わす(紀)。**この年** 新羅，金多遂を遣わして人質とする(紀)。
650 2. 7	白雉(はくち) 2. 15 庚戌					2. 9 穴戸(長門)国司，白雉を献上(紀)。4. - 新羅使，朝貢(紀)。**この年** 使を安芸国に遣わし，百済船2隻を造らせる(紀)。 **この頃** オホーツク海沿岸に，海獣狩猟・漁撈を主たる生業とするオホーツク文化が成立する．靺鞨文化とも関係が深い。
651 1. 27	2 辛亥 ⑨			7. -		6. - 百済・新羅使，朝貢(紀)。12. 30 味経宮に2100人余の僧尼を招き，一切経を読ませる(紀)。難波長柄豊碕宮に遷る(紀)。**この年** 新羅使の唐服着用を責め，筑紫より追い返す(紀)。

社　会・文　化	世　界	新羅	高句麗	百済	唐
【死没】 6.12 蘇我入鹿(蘇我蝦夷子)。6.13 蘇我蝦夷(大臣)。 9.12(11月30日とも) 古人大兄皇子(舒明天皇皇子)。 《大の月》2・4・6・8・9・11	**この年** 道綽没(84，隋末唐初の僧侶)。唐太宗，高句麗遠征(第2次)。玄奘，インドより唐に帰国。	善徳王 14	宝臧王 4	義慈王 5	貞観 19
《大の月》1・3・4・6・8・10・11	高句麗，唐に謝罪する。唐，弁機編『大唐西域記』成る。	15	5	6	20 ③
《大の月》1・3・5・7・9・11	唐太宗，高句麗遠征(第3次)。**この頃** 新羅，瞻星台を建てる。	真徳王	6	7	21
《大の月》1・3・4・6・8・10・12	唐太宗，高句麗遠征(第4次)。唐太宗撰『帝範』成る。	2	7	8	22 ⑫
この頃 法隆寺玉虫厨子成るか。法隆寺観音菩薩像(百済観音)成るか。 【死没】 3.17 阿倍内麻呂(官人)。3.25 蘇我石川麻呂(官人)。 《大の月》1・3・5・7・8・10・12	新羅，百済軍を破る。新羅，唐の衣服・冠位制を採用。	3	8	9	23 高宗
10.- 丈六繡像・俠侍・八部など36像を造る(紀・大安寺資財帳)。**この年** 漢山口大口，千仏像を刻む(紀)。**この頃** 法隆寺金堂四天王像成る(光背銘)。 《大の月》2・4・6・8・10・11	新羅，唐の年号を用いる。	4	9	10	永徽 1.1
3.14 丈六繡仏像成る(紀)。**この年** 法隆寺旧蔵金銅観音菩薩像成る(「辛亥年」銘)。 【死没】 7.- 大伴長徳(官人)。 《大の月》1・3・5・7・9・10・12	唐，永徽律令を公布。ササン朝滅亡。	5	10	11	2 ⑨

西暦	書紀紀年 干支	天皇	左大臣	右大臣	内臣	政治・経済
652 2.15	白雉 3 壬子	（孝徳）	（巨勢徳陀古）		（中臣鎌足）	**1.1** 天皇，大郡宮に幸し，3月9日還る(紀)。**1.-** 班田収授完了(紀)。**4.15～20** 恵隠を内裏に請じ，『無量寿経』を説かせる(紀)。**4.-** 戸籍を造らせる(紀)．百済・新羅使，朝貢(紀)。**9.-** 難波長柄豊碕宮完成(紀)。
653 2.3	4 癸丑					**5.12** 大使吉士長丹・同高田根麻呂，学問僧道昭ら総勢241人の第2次遣唐使を派遣(紀)。**6.-** 百済・新羅使，朝貢(紀)。 処々の大道を修治(紀)。**7.-** 大使高田根麻呂ら乗船の遣唐船，薩摩竹島付近で沈没(紀)。**この年** 天皇・中大兄皇子，不和．皇子，皇祖母(皇極)・間人皇后・皇弟・公卿大夫・百官人等とともに飛鳥河辺宮に遷る(紀)。
654 1.24	5 甲寅 ⑤	10.10				**1.5** 中臣鎌足に紫冠を授ける(紀)。**2.-** 押使高向玄理・大使河辺麻呂・副使薬師恵日らの第3次遣唐使を派遣(紀)。**4.-** 吐火羅国と舎衛の人，日向に漂着(紀)。**7.24** 西海使吉士長丹ら，百済・新羅の送使とともに唐より帰国(紀)。**10.10** 天皇，病に罹り難波宮で没(紀)。
655 2.12	斉明（さいめい） 乙卯	1.3 斉明				**1.3** 皇極天皇，飛鳥板蓋宮で重祚(紀)。**7.11** 越・陸奥の蝦夷194人，百済の調使150人を饗する(紀)。**8.1** 遣唐使河辺麻呂ら，唐より還る(紀)。**この冬** 飛鳥板蓋宮焼失，飛鳥川原宮に遷る(紀)。**この年** 高句麗・百済・新羅使，朝貢(紀)。
656 2.1	2 丙辰					**8.8** 高句麗使，朝貢(紀)。**9.-** 大使膳葉積らを高句麗に派遣(紀)。**この年** 高句麗・百済・新羅使，朝貢(紀)。 後飛鳥岡本宮に遷る．田身嶺(多武峯)に垣をめぐらせ，両槻宮を建てる．香久山と石上山の間に「狂心の渠」を掘り，石材を運ぶ(紀)。吉野宮を造る(紀)。
657 1.20	3 丁巳 ①					**7.3** 覩貨邏(吐火羅)国人，筑紫に漂着(紀)。**9.-** 有間皇子，狂気をよそおい，牟婁温泉で療養．帰って天皇にその風光を推奨(紀)。**この年** 新羅に使を遣わす．僧智達らを新羅使に付けて渡唐を計るが，新羅これを拒絶(紀)。
658 2.8	4 戊午		1.13			**4.-** 阿倍比羅夫，船師180艘を率い齶田(秋田)・渟代(能代地方か)の蝦夷を攻撃(紀)。**7.4** 渟代・津軽の蝦夷入朝(紀)。**10.15** 天皇，紀温泉(牟婁温泉)に行幸(紀)。**11.5** 蘇我赤兄，有間皇子を市経邸に襲い，謀叛の廉で捕える(紀)。**11.9** 有間皇子を紀温泉に護送．中大兄皇子，有間皇子を訊問(紀)。**11.11** 有間皇子を紀伊国藤白坂で処刑(紀)。**この年** 僧智踰，指南車を造る(紀)。 阿倍比羅夫，粛慎を討つ(紀)。
659 1.29	5 己未 ⑩					**3.-** 阿倍比羅夫，船師180艘を率いて飽田・渟代・津軽の蝦夷を攻め，後方羊蹄に政所を置く(紀)。**7.3** 坂合部石布・津守吉祥らの第4次遣唐使を派遣．蝦夷男女2人を献じる．伊吉博徳，この記録を『伊吉博徳書』として残す(紀)。
660 2.16	6 庚申					**3.-** 阿倍比羅夫，船師200艘を率いて粛慎を攻める(紀)。**9.5** 百済使，新羅・唐軍の侵攻による百済滅亡を伝える(紀)。**10.-** 百済の将鬼室福信，唐人捕虜100人余を献じ，救援と人質の王子余豊璋の返還を要請(紀)。**12.24** 天皇，難波宮に移り百済救援の準備をする(紀)。**この年** 百済救援のため，駿河国に船を造らせる(紀)。

社　会・文　化	世　界	新羅	高句麗	百済	唐
《大の月》2・3・5・7・9・11		真徳王 6	宝臧王 11	義慈王 12	永徽 3
【死没】 6.－ 旻(入唐学問僧)。 《大の月》1・3・5・7・8・10・12		7	12	13	4
【死没】 10.10 孝徳天皇。**この年か** 高向玄理(学者，官人)。 《大の月》2・4・⑤・7・9・10・12	唐，新羅王を開府儀同三司新羅王とする。	太宗	13	14	5 ⑤
《大の月》2・4・6・8・10・12		2	14	15	6
《大の月》2・3・5・7・9・11		3	15	16	顕慶 1.7
7.15 飛鳥寺の西に須弥山の像を作り，盂蘭盆会を設ける(紀)。**この年** 中臣鎌足，山階の陶原の家に精舎を建て，維摩会を行う(扶桑略記)。 《大の月》1・2・4・6・7・9・11	唐，西突厥を滅ぼす。	4	16	17	2 ①
7.－ 僧智通・智達，新羅船で渡唐．玄奘に学び，のち法相宗を伝える(紀・三国仏法伝通縁起)。12.－ 河内国観心寺観音菩薩像(光背は根津美術館蔵)成る(光背銘)。 【死没】 1.13 巨勢徳陀古(官人)。11.11 有間皇子(19，孝徳天皇皇子)。 塩屋鯯魚(官人)。 《大の月》1・3・5・7・9・10・12	唐，高句麗を攻める。 唐，許敬宗ら『文館詞林』成る。	5	17	18	3
1.－ 河内国西琳寺金銅阿弥陀像成る(西琳寺縁起)。7.15 飛鳥の諸寺に『盂蘭盆経』を説かせる(紀)。 《大の月》2・4・6・8・10・11	唐，李延寿『南史』を奏上。李大師・延寿父子撰『北史』奏上。	6	18	19	4 ⑩
5.－ 中大兄皇子，漏剋を造る(紀)。 《大の月》1・2・4・6・8・10・12	唐・新羅連合軍，百済の王城を陥落させ，百済滅亡(紀)。	7	19	20	5

西暦	書紀紀年 干支	天皇	大臣	内臣	政治・経済
661 2.5	斉明 7 辛酉	(斉明) 7.24 天智(称制)		(中臣鎌足)	1.6 天皇・中大兄皇子・大海人皇子，百済救援のため征西の途に就く(紀)。1.14 伊予熟田津の石湯行宮に泊る(紀)。3.25 筑紫那大津に至り，磐瀬行宮に居す．那大津を長津と改名(紀)。5.9 天皇，朝倉橘広庭宮に遷る(紀)。5.23 第４次遣唐使，耽羅(済州島)の人を伴い帰国．耽羅王子，初めて朝貢(紀)。7.24 天皇，朝倉宮で没し，皇太子中大兄皇子，称制(紀)。7.- 中大兄皇子，長津宮に遷り，百済救援のための指揮をとる(紀)。8.- 阿曇比羅夫・阿倍比羅夫らを将軍とし，百済救援に遣わす(紀)。9.- 百済王子余豊璋を百済に送還．兵5000余を豊璋とともに百済に遣わす(紀)。11.7 斉明天皇の殯を飛鳥川原で行う(紀)。
662 1.25	天智(てんじ) 壬戌 ⑦		3.- 蘇我連子		1.27 百済の鬼室福信に矢・糸・綿・布・韋・稲種を送る(紀)。5.- 阿曇比羅夫らを百済に派遣し，豊璋を王位に就かせる(紀)。
663 2.13	2 癸亥				3.- 上毛野稚子・阿倍比羅夫らに，兵２万7000人を付し，新羅に派遣(紀)。6.- 百済王余豊璋，鬼室福信を謀反の疑いで殺害(紀)。8.27・28 日本・百済軍，唐・新羅軍と白村江で戦い大敗．豊璋，高句麗へ逃亡(紀)。9.7 百済の州柔城降伏し，百済の復興戦争は終結．この月，日本軍，百済遺民とともに帰国(紀)。
664 2.2	3 甲子		5.-		2.9 冠位二十六階に改制し，氏上・民部・家部を定める(甲子の宣)(紀)。5.17 唐の百済鎮将劉仁願，郭務悰らを派遣し，表函・献物を進上．入京を許可せず．12月帰国(紀・善隣国宝記所引海外国記)。**この年** 対馬・壱岐・筑紫などに防人・烽を設置し，筑紫に水城を築く(紀)。
665 1.22	4 乙丑 ③				2.- 百済の百姓400人余を，近江国神前郡に移す(紀)。8.- 百済遺臣に，長門国の城(山口県下関市か)，筑紫大野城・椽(基肄)城を築かせる(紀)。 耽羅使来朝(紀)。9.23 唐使劉徳高・郭務悰ら，筑紫に至り，表函を進上．入京し，12月帰国(紀)。**この年** 守大石・坂合部(境部)石積らを唐に派遣(第５次遣唐使)(紀)。
666 2.10	5 丙寅				1.11 高句麗使・耽羅王子，朝貢(紀)。10.26 高句麗使，朝貢(紀)。**この冬** 百済の男女2000余人を東国へ移す(紀)。 僧智由，指南車を献上(紀)。
667 1.30	6 丁卯 ⑪				3.19 大津宮に遷る(紀)。11.9 遣唐使境部石積ら，筑紫に帰着(紀)。11.- 倭(大和)に高安城，讃岐に屋嶋城，対馬に金田城を築く(紀)。
668 2.18	7 戊辰	1.3 (即位)			1.3 中大兄皇子(天智天皇)即位(紀)。2.23 倭姫王を皇后とする(紀)。5.5 天皇，蒲生野で狩猟を催す(紀)。7.- 高句麗，越の路より遣使，進調(紀)。 近江国に官牧を置く(紀)。9.12 新羅使，朝貢(紀)。**この年** 大海人皇子を皇太弟とするか(紀)。 中臣鎌足に律令を撰定させ，条例ほぼ成る(藤氏家伝)。

社　会・文　化	世　界	新羅	高句麗	唐
【死没】 **7.24** 斉明(皇極)天皇(68)。 《大の月》2・4・6・7・9・11	**この頃** 唐，高句麗に遠征。西アジアで，正統カリフ時代が終焉し，ウマイヤ朝成立(〜750)。	文武王	宝臧王 **20**	竜朔 2. 30
《大の月》1・3・5・7・8・9・11		**2**	**21**	**2** ⑦
【死没】 **8.28** 朴市田来津(白村江派遣の武将)。 《大の月》1・3・5・7・9・11		**3**	**22**	**3**
【死没】 **5.-** 蘇我連子(3．-，54歳とも，官人)。 《大の月》1・2・4・6・8・10・12	唐，李鳳『天文要録』奏上。	**4**	**23**	麟徳 1. 1
【死没】 **2.25** 間人皇女(舒明天皇皇女)。**12.23** 定恵(23，僧侶)。 《大の月》2・③・5・6・8・10・12	**この年** 泉蓋蘇文没(高句麗末の執権者)。	**5**	**24**	**2** ③
4.8 河内国野中寺弥勒菩薩像成る(銘)。 【死没】 **この年** 佐伯子麻呂(官人)。 《大の月》2・4・6・8・9・11	唐，高句麗の内紛に乗じ出兵。唐，薩守真『天地瑞祥志』を撰進。	**6**	**25**	乾封 1. 5
《大の月》1・3・5・7・9・11・12	**この年** 道宣没(72，唐代四分律宗の祖)。	**7**	**26**	**2** ⑫
1.17 近江に崇福寺を建立(扶桑略記)。**7.-** 越国，石炭・石油を献上(紀)。**12.-** 船王後墓誌を副葬(船王後墓誌銘)。**この年** 僧道行，草薙剣を盗み新羅に逃亡を図るが，迷い戻る(紀)。 《大の月》1・3・5・7・9・11	唐，高句麗を滅ぼし，平壌に安東都護府を置く。	**8**	**27**	総章 3. 6

西暦	書紀紀年 干支	天皇	内臣	大臣	政治・経済
669 2.6	天智 8 己巳	(天智)	(中臣鎌足) 10.16		1.9 蘇我赤兄を筑紫率とする(紀)。3.11 耽羅王子久麻伎ら，朝貢．18日，帰国(紀)。9.11 新羅使，朝貢(紀)。10.15 中臣鎌足に大織冠と大臣の位を授け，藤原姓を賜う．翌日，鎌足没する(紀)。**この冬** 高安城を修理し，畿内の田租を収納(紀)。**この年** 河内鯨らを唐に派遣(第6次遣唐使)(紀)。 百済の人700余人を近江国蒲生郡に置く(紀)。唐使郭務悰ら2000余人来日か(紀)。
670 1.27	9 庚午 ⑨				2.- 戸籍(庚午年籍)を造り，盗賊・浮浪を禁断(紀)。9.1 阿曇頬垂を新羅に派遣(紀)。**この年** 水碓を造り冶鉄する(紀)。
671 2.15	10 辛未	12.3	1.5 太政大臣大友皇子	1.5 左大臣蘇我赤兄・右大臣中臣金	1.5 大友皇子を太政大臣とし，他に左右大臣・御史大夫を任じる(紀)。1.6 冠位・法度の事を施行(一説に近江令)(紀)。1.9 高句麗使，朝貢(紀)。1.13 唐の百済鎮将，使者を派遣し上表(紀)。6.- 栗隈王を筑紫率とする(紀)。 新羅使，朝貢(紀)。9.- 天皇不予(一説に8月)(紀)。10.17 天皇，後事を大海人皇子に託すが，皇子，固辞し出家(紀)。10.19 大海人皇子，吉野へ向かう(紀)。11.10 対馬国司，唐使郭務悰ら2000人来日の意が伝えられた旨を筑紫大宰府に報告(紀)。11.24 近江宮火災(紀)。11.29 大友皇子，左・右大臣，御史大夫，天皇の前で盟を誓う(紀)。12.3 天皇，近江宮で没(紀)。
672 2.4	天武(てんむ) 壬申		7.23	8.25	6.24 大海人皇子，吉野を脱出し，東国に入る(壬申の乱開始)(紀)。6.25 大海人皇子，伊賀より伊勢に入る．高市皇子合流(紀)。6.26 大海人皇子，天照大神を遙拝．大津皇子合流．近江朝廷，大海人皇子の東国入りを知り動揺し，対策を練る(紀)。7.2 大海人皇子，美濃から大和・近江に向けて進軍開始(紀)。7.22 近江朝廷軍，近江瀬田で大敗(紀)。7.23 大友皇子，山前で自殺(紀)。8.25 近江方群臣を処分．中臣金斬罪，蘇我赤兄・巨勢比等ら配流(紀)。9.12 大海人皇子，伊勢・伊賀を経て倭京に至る．12日，嶋宮に入り，15日，岡本宮に移る(紀)。**この冬** 飛鳥浄御原宮が成り，遷る(紀)。
673 1.23	2 癸酉 ⑥	2.27 天武			2.27 大海人皇子(天武天皇)，飛鳥浄御原宮で即位．鸕野讃良皇女を皇后とする(紀)。3.17 備後国司，白雉を獲え献上(紀)。5.1 大舎人として出仕した後，官人に登用するとする制を定める(紀)。**閏**6.8 耽羅王子久麻伎(久麻藝)ら，朝貢(紀)。**閏**6.15 新羅，賀騰極使・弔先皇喪使を派遣(一説，調使)(紀)。7.- 美濃国に不破関を設置(帝王編年記)。8.20 高句麗使，朝貢(紀)。
674 2.11	3 甲戌				3.7 対馬国，銀を貢上(国内産銀の初見)(紀)。8.3 忍壁(刑部)皇子を石上神宮に派遣して神宝(兵器)を磨かせ，神庫に貯蔵してある諸家の神宝(兵器)を返還させる(紀)。10.9 大伯皇女，泊瀬斎宮より伊勢神宮に向かう(紀)。
675 2.1	4 乙亥				2.9 畿内・近隣諸国に，能く歌う男女・侏儒・伎人を貢上させる(紀)。2.15 甲子年(664年)諸氏に与えた部曲を廃止し，親王・諸王・諸臣・諸寺に与えた山林・池などを収公(紀)。2.- 新羅，王子忠元らを遣わして朝貢(紀)。3.16 栗隈王を兵政官長，大伴御行を大輔とする(紀)。3.- 高句麗・新羅使，朝貢(紀)。4.9 百姓を貧富により上・中・下三等に分け，出挙を中戸以下の百姓に限る(紀)。7.7 大使大伴国麻呂・副使三宅入石を新羅に派遣(紀)。10.3 諸国に使者を派遣して，一切経を求めさせる(紀)。10.20 諸王以下初位以上の者に兵器を備えさせる(紀)。
676 1.21	5 丙子 ②				1.25 国司任用の位階を定める(紀)。4.14 西国にある封戸を東国に変更．畿外の豪族，才能ある庶人の仕官を許可(紀)。5.- 南淵山・細川山一帯と禁野の草木採取を禁止(紀)。8.2 親王以下小錦以上の官人らに食封を給う(紀)。8.16 大祓の用物を国造・郡司に出させる(紀)。9.10 京・畿内の兵器を調べる(紀)。10.10 大使物部麻呂・小使山背百足を新羅に派遣(紀)。11.3 新羅使，朝貢(紀)。11.23 高句麗使，朝貢(紀)。
677 2.8	6 丁丑				4.11 杙田名倉，天皇を非難し伊豆に流される(紀)。5.28 諸国神社の神税を3分し，3分の1を祭祀に用い，3分の2を神主に給う(紀)。6.- 東漢氏の過去の罪状を指弾しながらも許す(紀)。9.7 高市大寺を大官大寺と改称(大安寺資財帳)。9.30 浮浪人の課役を，本籍地・浮浪地の両所で課す(紀)。12.- 小野毛人の墓を造営し葬る(墓誌)。
678 1.28 ▼	7 戊寅 ⑩				10.26 文武官人の位階昇進を，勤務成績によるものと定める(紀)。**この年** 新羅使，筑紫に来着(正使は遭難し不着)(紀)。

社　会・文　化	世　界	新羅	唐
この年 中臣鎌足，山階寺(後の興福寺)を創建するという(興福寺縁起)。 【死没】 **10.16** 藤原(中臣)鎌足(56，藤原氏祖)。 《大の月》1・3・5・6・8・10・12		文武王 9	総章 2
4.30 法隆寺全焼(紀・聖徳太子伝補闕記)。 《大の月》2・4・6・8・9・10・12	高句麗遺民，前年より唐に離反し挙兵，新羅，これを援助する。	10	咸亨 3.1 ⑨
3.3 黄書本実，水臬を献上(紀)。**4.25** 漏剋を用い，初めて鐘鼓を打って時を知らせる(奈良県水落遺跡)(紀)。**5.5** 西小殿で宴し，田儛を奏す(紀)。 【死没】 **12.3** 天智天皇(46)。 《大の月》2・4・6・8・10・12	唐の僧義浄，インドへ渡る(～695年)。 新羅，百済の故地を占領。 東南アジア，スマトラにシュリーヴィジャヤ(室利仏逝)国台頭。	11	2
【死没】 **7.2** 蘇我果安(官人)。**7.23** 大友皇子(25，天智天皇皇子)。**8.-** 中臣金(官人)。**この年** 犬養五十君(官人)。 《大の月》1・3・5・7・9・11		12	3
3.- 川原寺で一切経を写す(紀)。**12.17** 高市大寺(後の大官大寺)を造る司を任命．百済大寺を高市に移し，高市大寺とする(紀・大安寺資財帳)。 《大の月》1・3・5・6・7・9・11		13	4 ⑤
【死没】 **2.28** 紀阿閉麻呂(官人)。 《大の月》1・3・5・7・8・10・12	唐，新羅が百済の故地を占領したため出兵。	14	上元 8.15
1.5 初めて占星台を建てる(紀)。**4.17** 漁・狩猟方法を制限．牛・馬・犬・鶏などの肉食を禁じる(紀)。 《大の月》2・4・6・8・10・12	新羅，唐に謝罪。	15	2
8.17 初めて諸国に放生を行わせる(紀)。**11.20** 諸国に『金光明経』『仁王経』を説かせる(紀)。 【死没】 **6.-** 栗隈王(敏達天皇皇孫)。 物部雄君(大海人皇子舎人)。**7.-** 村国男依(武人，官人)。 《大の月》1・②・4・6・8・10・12	唐，安東都護府を平壌から遼東故城に移し，朝鮮半島の統治を放棄．新羅，半島を統一。	16	儀鳳 11.8 ③
《大の月》2・4・5・7・9・11		17	2
12.4 山田寺本尊丈六仏像(山田寺仏頭)の鋳造が始められる(上宮聖徳法王帝説裏書)。**12.-** 筑紫大地震(紀・豊後国風土記)。		18	3 ⑪

西暦	書紀紀年 干支	天皇	太大政臣	左大臣	政　治・経　済
678 1.28 ▲	天武 7 戊寅 ⑩	（天武）			
679 2.16	8 己卯				2.1 高句麗使，朝貢(紀)。5.6 天皇・皇后，吉野宮で草壁・大津・高市・河嶋(川島)・忍壁・芝基(施基)の諸皇子と，相互の親和と扶助を誓約(紀)。8.1 諸氏の氏女を貢上させる(紀)。10.17 新羅使，朝貢(紀)。11.23 多禰嶋に使者を派遣(紀)。11.- 竜田山・大坂山に初めて関を置く．難波宮に羅城を築く(紀)。
680 2.6	9 庚辰				4.11 橘寺尼房焼ける(紀)。4.- 大寺を除き，官司による諸寺管理を停止し，食封を30年に限る(紀)。5.1『金光明経』を初めて宮中・諸寺で説かせる(紀)。5.13 高句麗使，朝貢(紀)。11.7 百官に国利民福の施策を上申させる(紀)。11.12 皇后の病回復を願い，薬師寺建立を発願(紀・東塔檫銘)。11.24 新羅使，朝貢(紀)。
681 1.25	10 辛巳 ⑦				1.19 畿内・諸国の神社社殿を修理(紀)。2.25 律令編纂を開始．草壁皇子立太子(紀)。3.17 川島皇子・忍壁皇子・中臣大島・平群子首らに帝紀・上古の諸事を記定させる(紀)。4.3 禁式92条を定め，親王以下庶人までの服飾を規定(紀)。7.4 大使采女竹羅・小使当摩公楯を新羅に派遣し，大使佐伯広足・小使小墾田麻呂を高句麗に派遣(紀)。8.20 多禰島から使が帰り，地図を貢上(紀)。9.8 諸氏に氏上を定めさせ，上申させる(紀)。10.20 新羅使，朝貢(紀)。
682 2.13	11 壬午				3.28 親王以下諸人らに位冠などの着用を止めさせる．親王以下諸臣の食封を収公(紀)。6.1 高句麗使朝貢(紀)。7.3 隼人朝貢．大隅隼人と阿多隼人，朝廷で相撲する(紀)。8.22 宮廷の儀礼・言語を規定(紀)。9.2 跪礼・匍匐礼をやめ，立礼を用いさせる(紀)。12.3 諸氏に氏上の選定・上申を催促する(紀)。
683 2.2	12 癸未				2.1 大津皇子，初めて朝政に参画(紀)。3.2 僧正・僧都・律師を任じ，法に従い僧尼を統領させる(紀)。4.15 銅銭を用い，銀銭の使用を禁じる(「富本」銭とする説)(銀銭の使用は禁じたが，銀の使用は許可)(紀)。9.23 倭直など38氏に連姓を賜う(紀)。10.5 三宅吉士など14氏に連姓を賜う(紀)。11.4 諸国に陣法を習わせる(紀)。11.13 新羅使，朝貢(紀)。12.13 伊勢王ら諸臣を諸国に派遣し，国境を定めさせるが年内未了(紀)。12.17 複都制を定め，難波を陪都とし修造を計画する(紀)。
684 1.23	13 甲申 ④				2.28 畿内・信濃に使者を派遣し，造都地を視察させる(紀)。4.20 大使高向麻呂・小使都努牛甘を新羅に派遣(紀)。閏4.5 文武官に兵馬・武器を整えさせる．男女の衣服を定め，婦女の結髪・乗馬の規定を緩める(紀)。5.14 百済から渡来した僧俗男女23人を武蔵国に移す(紀)。5.28 大使三輪引田難波麻呂・小使桑原人足を高句麗に派遣(紀)。10.1 八色の姓(真人・朝臣・宿禰・忌寸・道師・臣・連・稲置)を制定．守山公など13氏に真人姓を賜う(紀)。10.3 前年未了の諸国の堺を定めるため，伊勢王らを派遣(紀)。11.1 大三輪君など52氏に朝臣姓を賜う(紀)。12.2 大伴連など50氏に宿禰姓を賜う(紀)。
685 2.9	14 乙酉				1.21 冠位の制を改め，諸王以上12階，諸臣48階とする(紀)。2.4 唐・新羅・百済・高句麗の147人に爵位を賜う(紀)。6.20 大倭連など11氏に忌寸姓を賜う(紀)。7.26 朝服の色を定める(紀)。9.15 諸道(北陸道は除く)に使者を派遣し，国司・郡司・百姓の消息を巡察させる(紀)。11.4 軍団用装備の兵器・備品の私蔵を禁じ，郡家に収めさせる(紀)。11.27 新羅使，朝貢(紀)。
686 1.30	朱鳥(しゅちょう) 7.20 丙戌 ⑫	9.9 持統（称制）			1.14 難波宮全焼(紀)。5.24 天皇重病．川原寺で薬師経を説かせ，宮中で講説を行わせる(紀)。5.- 河内国志貴評の知識衆，『金剛場陀羅尼経』を書写(奥書)。7.4 天下の調を半減し，徭役を免除(紀)。7.19 貧者の負債は，前年までの分を免除(紀)。9.9 天皇没し，皇后鸕野讃良皇女称制(紀)。10.2 大津皇子の謀反発覚．皇子と加担者30余人を逮捕(紀)。10.3 大津皇子を訳語田の舎で自害させる．妃山辺皇女殉死(紀)。**この年** 近江国園城寺(三井寺)創建(扶桑略記)。
687 2.18	持統(じとう) 丁亥				1.19 新羅に使者を派遣し，天皇の喪を告げる(紀)。3.15 高句麗からの渡来人56人を常陸国に移す(紀)。3.22 新羅からの渡来人14人を下野国に移す(紀)。4.10 筑紫大宰，新羅からの渡来人僧俗22人を献上．武蔵国に移す(紀)。7.2 乙酉年以前の負債の利息を免除(紀)。9.9 天武天皇の国忌斎を京師の諸寺で行う(紀)。9.23 新羅使，朝貢(紀)。10.22 皇太子，公卿以下を率い，檜隈大内陵の築造を開始する(紀)。

社　会・文　化	世　界	新羅	唐
【死没】 4.7 十市皇女(天武天皇皇女)。 《大の月》1・3・5・7・8・10・11		文武王 18	儀鳳 3 ⑪
4.5 諸寺の名を定める(紀)。10.- 老病の僧尼のための舎屋を建てさせる(紀)。 《大の月》1・3・5・7・9・11・12	唐，安南都護府を置く。 新羅の四天王寺造営。	19	調露 6.3
《大の月》2・4・6・8・10・12	カルバラーの戦．ウマイヤ朝軍に包囲されたシーア派第3代イマーム・フサイン敗死。	20	永隆 8.23
5.11 皇祖の御魂をまつる(紀)。**この年** 当麻国見，当麻寺を建立(諸寺縁起集)。 《大の月》2・4・5・7・8・10・12		神文王	開耀 9.30 ⑦
3.13 境部石積らに『新字』44巻を作らせる(紀)。4.23 髪型を男女とも結髪とし，婦女を男夫のように乗馬させる事を定める(紀)。**この年** 行基出家(大僧正舎利瓶記)。 《大の月》2・4・6・7・9・11	東突厥，唐を破り突厥第2可汗帝国を復興。	2	永淳 2.19
1.18 小墾田舞および高句麗・百済・新羅楽を宮中で奏する(紀)。 【死没】 6.3 大伴馬来田(壬申の乱の功臣)。7.5 鏡女王(万葉歌人)。8.5 大伴吹負(壬申の乱の功臣)。 《大の月》1・3・5・7・9・11・12		3	中宗 弘道 12.4
10.14 大地震．土佐国の田畠海中に没し，伊豆島西北に島を生じ，家屋・人畜の被害多数(紀)。 《大の月》2・4・5・7・9・11		4	睿宗 嗣聖 1.1 文明 2.7 光宅 9.6 ⑤
3.25 山田寺本尊丈六仏像(山田寺仏頭)開眼(上宮聖徳法王帝説裏書)。3.27 諸国の家ごとに仏舎を造り，仏像・経を置き，礼拝供養させる(紀)。**この年** 法起寺三重塔建立(塔露盤銘)。 《大の月》1・3・4・6・8・10・12		5	垂拱 1.1
【死没】 3.25 羽田八国(壬申の乱時の将軍)。9.9 天武天皇。10.3 大津皇子(24，天武天皇皇子)。 山辺皇女(天智天皇皇女)。 《大の月》2・4・6・7・9・11・⑫		6	2
《大の月》2・4・6・8・10・11	新羅，文武官僚に田の支給を始める。 フランク王国，アウストラシア宮宰ピピン2世(中ピピン)全王国の宮宰になり，王国の実権を握る。	7	3 ①

西暦	書紀紀年 干支	天皇	太政大臣	左大臣	政治・経済
688 2.7	持統 2 戊子	（持統（称制））			6.11 今年の調を半減する(紀)。8.25 耽羅使，朝貢(紀)。11.11 天武天皇を檜隈大内陵に葬る(紀)。
689 1.26	3 己丑 ⑧				1.3 陸奥国の蝦夷２人，出家を請い許される(紀)。1.9 越の蝦夷僧道信に仏像・仏具などを賜う(紀)。1.18 吉野宮に行幸(紀)。4.13 皇太子草壁皇子没する(紀)。4.20 新羅使来朝．天武天皇の喪を弔い，金銅阿弥陀像などを献上(紀)。6.29 諸司に令(飛鳥浄御原令)22巻を分ち賜う(紀)。閏8.10 諸国司に戸籍作成，浮浪取締り，兵士の武事習得を命じる(紀)。9.10 筑紫に使者を派遣し，位記を送る(紀)。12.8 双六を禁断(紀)。
690 2.14	4 庚寅	1.1 （即位）	7.5 高市皇子	7.5 多治比島	1.1 皇后鸕野讃良皇女(持統天皇)即位(紀)。2.11 新羅の僧俗50人，帰化(紀)。4.14 百官の冠位を進める年限・考課方法・朝服の色改訂(紀)。5.10 百済の男女21人帰化(紀)。5.15 内裏で初めて安居講説を行う(紀)。7.5 高市皇子を太政大臣，丹比(多治比)島を右大臣とし，令の官制により八省百官を遷任(紀)。7.7 朝廷における礼式を定める(７日・９日・14日)(紀)。9.1 戸令に依り，戸籍を作る(庚寅年籍)(紀)。9.23 入唐学問僧ら，新羅送使に送られ帰国(紀)。11.11 勅により初めて元嘉暦と儀鳳暦の併用を決める(紀)。12.19 天皇，藤原の宮地を視察(紀)。 この頃から，伊勢神宮内宮の式年遷宮が行われる(大神宮諸雑事記)。
691 2.4	5 辛卯				3.22 良・賤の区別基準を定める(紀)。4.1 戸籍上奴婢であることを免じられた者の所有を，氏族が主張することを禁じる(紀)。7.3 伊予国，白銀・鈔(あらかね)を献上(紀)。8.13 大三輪氏など18氏に，祖先の墓記を上進させる(紀)。10.8 陵戸の制を定める(紀)。12.8 右大臣以下に新益京の宅地を配分(紀)。
692 1.24	6 壬辰 ⑤				2.19 中納言三輪高市麻呂上表し，伊勢行幸が農事の妨げとなると諫言する(紀)。3.3 高市麻呂，再度諫言するが受入れられず辞職(紀)。3.6～20 伊賀・伊勢・志摩に行幸(紀)。5.23 藤原宮の地鎮祭を行う(紀)。閏5.15 筑紫大宰率に命じ，僧を大隅と阿多に派遣して隼人に仏教を伝えさせる(紀)。9.9『庚寅年籍』に基づく班田を行うため，班田大夫らを四畿内に派遣(紀)。11.8 新羅使，朝貢(紀)。
693 2.11	7 癸巳				1.2 百姓に黄色衣，奴婢に皁衣(黒衣)を着用させる(紀)。1.16 漢人ら，踏歌を奏する(紀)。10.2 親王以下諸臣に，武器・武具を備えさせる(紀)。12.21 諸国に陣法博士らを派遣し，兵法を教習させる(紀)。
694 1.31	8 甲午				3.2 大宅麻呂らを鋳銭司に任じる(紀)。5.11『金光明経』百部を諸国に送り，毎年正月上玄の日に読経させる(紀)。7.4 巡察使を諸国に派遣(紀)。12.6 藤原宮に遷る(紀)。
695 1.21	9 乙未 ②				3.2 新羅使王子金良琳ら，朝貢(紀)。5.21 天皇，隼人の相撲を観る(紀)。9.6 小野毛野らを新羅に派遣(紀)。 **７世紀後半** 「日本」の国号と「天皇」号が正式に定められたと考えられる。
696 2.9	10 丙申		7.10		
697 1.28	文武 丁酉(もんむ) ⑫	8.1 文武			2.16 軽皇子立太子(釈日本紀所引私記)。8.1 持統天皇譲位，軽皇子(文武天皇)即位(紀・続紀)。8.17 今年の田租・雑徭と庸の半分を免除，諸国で毎年放生させる(続紀)。8.20 藤原宮子を夫人とする(続紀)。10.28 新羅使，来朝(続紀)。

社　会・文　化	世　界	新羅	唐
《大の月》1・3・5・7・9・11	唐，玄奘の伝記『大慈恩寺三蔵法師伝』成る。	神文王 8	垂拱 4
4.- 那須国造韋提，評督となる(那須国造碑)。6.2 施基皇子ら7人を撰善言司とする(紀)。 【死没】 4.13 草壁皇子(28，天武天皇皇子)。 《大の月》1・3・4・6・8・9・11	新羅，禄邑を廃止し，百官に租の支給を始める。	9	永昌 1.1 載初 正.1 ⑨
《大の月》1・3・5・6・8・10・12	唐，則天武后即位．国号を周と改める(～705年)(武周革命)。	10	周 則天武后 天授 9.9
2.1 公卿らに毎月の六斎を行わせる(紀)。 【死没】 9.9 川島皇子(35，天智天皇皇子)。 《大の月》2・4・6・8・10・11		11	2
閏5.4 僧観成，鉛粉を作り，絁・綿・布を賜わる(紀)。9.14 神祇官，『神宝書』・鑰・木印を献上(紀)。 《大の月》1・3・5・6・8・11・12		孝昭王	如意 4.1 長寿 9.9 ⑤
3.5 儒道優遇のため，大学博士上百済に食封を賜う(紀)。3.17 桑・紵・梨・栗・蕪菁の栽培を勧め，五穀の助けとする(紀)。10.23 諸国で『仁王経』を講説させる(紀)。 【死没】 この年 中臣大島(官人)。 《大の月》2・3・5・7・9・11		2	2
《大の月》1・3・5・6・8・10・12	周にマニ教が伝わる。	3	延載 5.11 証聖 正.1
《大の月》2・3・5・7・9・10・12		4	天冊万歳 9.9 万歳登封 臘.11 ②
12.1『金光明経』を読ませるため，毎年12月晦日に浄行者10人を得度させる(紀)。 【死没】 7.10 高市皇子(43，天武天皇皇子)。 《大の月》2・4・6・8・10・11		5	万歳通天 3.16
6.26 公卿百寮，天皇の病平癒祈願のために仏像を造る(紀)。7.29 公卿百寮，仏像の開眼会を薬師寺で行う(紀)。 《大の月》2・4・5・8・9・11・12	この頃 西アジア，行政用語のアラビア語化始まる。	6	神功 9.9

西暦	書紀紀年 干支	天皇	左大臣	右大臣	政治・経済
698 2.16	文武 2 戊戌	（文武）		（多治比島）	4.13 文博士ら 8 人を南西諸島に派遣し，国を求めさせる（覓国使）（続紀）。7.7 奴婢の逃亡が多いため笞法を定め，博戯遊手の徒を禁じる（続紀）。12.29 多気大神宮を伊勢国度会郡に移す（続紀）。
699 2.6	3 己亥				3.27 巡察使を畿内に派遣し，非違を検察させる（続紀）。5.24 百姓を妖惑したという讒言により，役小角を伊豆島に流す（続紀）。7.19 多褹・夜久・菴美・度感の人，方物を貢上（続紀）。10.27 巡察使を諸国に派遣し，非違を検察（続紀）。12.20 鋳銭司を置く（続紀）。
700 1.26	4 庚子 ⑦		8.26 多治比島	8.26	2.27 王臣・京畿に勅し，武器を備えさせる（続紀）。3.15 諸王臣に令文の読習，律条の撰成を命じる（続紀）。6.17 刑部親王・藤原不比等らに律令（『大宝律令』）を撰定させ，禄を賜う（続紀）。10.8 初めて製衣冠司を置く（続紀）。
701 2.13	大宝（たいほう） 3.21 辛丑		7.21	3.21 阿倍御主人	1.23 遣唐執節使粟田真人・大使高橋笠間・少録山上憶良らを任命（第 7 次遣唐使）（続紀）。3.21 対馬が金を貢上．これにより大宝の年号を建てる（続紀）。『大宝令』により，官名・位号・服制を改制（続紀）。4.7 下毛野古麻呂らに新令を講説させ，諸王臣に習わせる（続紀）。6.1 僧尼令を大安寺で講説させる（続紀）。6.8 新令による施政を宣言し，七道に新印の見本を頒布する（続紀）。6.11 造薬師寺司を任命（続紀）。8.3『大宝律令』完成し，刑部親王・藤原不比等らに禄を賜う（続紀）。8.8 明法博士を西海道を除く 6 道に派遣し，新令を講説させる（続紀）。
702 2.2	2 壬寅				1.25 僧正・大僧都・少僧都・律師を任命（続紀）。2.1『大宝律』を天下に頒布（続紀）。2.20 諸国の国師を任命（続紀）。3.8 初めて度量を諸国に頒布（大宝令の度量衡制の施行）（続紀）。4.13 諸国国造の氏を定める（続紀）。6.29 遣唐使，筑紫を出発（続紀）。7.10 内外の文武官に新律を読習させる（類聚国史）。7.30 初めて律を講説させる（続紀）。8.1 兵を発して薩摩・多褹を征服し，戸籍を造り，吏を置く（続紀）。8.4 高橋笠間を造大安寺司に任命（続紀）。10.14『大宝律令』を諸国に頒布（続紀）。12.10 初めて美濃国の岐蘇山道（木曾路）を開く（続紀）。12.22 持統太上天皇没（続紀）。
703 1.22	3 癸卯 ④			④.1	1.2 七道に巡察使を派遣し，国司の治績を巡視させる（続紀）。1.20 刑部親王を知太政官事に任命（知太政官事初出）（続紀）。3.16 令による国博士任用法・郡司任用法を改める（続紀）。7.5『庚午年籍』を戸籍の基本台帳とし，改易を禁じる（続紀）。9.22 波多広足を遣新羅大使に任命（続紀）。12.17 持統太上天皇を火葬する．諡号大倭根子天之広野日女尊（続紀）。12.26 太上天皇を檜隈大内陵に合葬（続紀）。
704 2.10	慶雲（けいうん） 5.10 甲辰			1.7 石上麻呂	1.25 跪伏礼を停止する（続紀）。4.9 鍛冶司に諸国の印を鋳造させる（続紀）。5.10 慶雲出現により，改元（続紀）。6.3 諸国兵士を軍団ごとに10番に分け，10日ずつ教練させる（続紀）。7.1 遣唐使粟田真人帰国（続紀）。8.3 遣新羅使波多広足ら帰国（続紀）。10.9 幡文通を遣新羅大使に任命（続紀）。
705 1.30	2 乙巳				4.3 凶作により，今年の出挙の利息を免じ，庸を半減する（続紀）。4.17 大納言 4 人を 2 人に減じ，中納言 3 人を新たに置く（続紀）。9.5 穂積親王を知太政官事に任命（続紀）。10.30 新羅貢調使来朝（続紀）。11.4 五位の食封を位禄に代える（続紀）。
706 1.19	3 丙午 ①				1.17 大射の禄法を定める（続紀）。2.16 四位に食封を給す．七条の事を制定（続紀）。3.14 王公諸臣の山沢占有を禁じる（続紀）。8.21 美努浄麻呂を遣新羅大使に任命（続紀）。9.15 田租法を改め，1 町ごとに成斤15束とする（続紀）。

社　会・文　化	世　界	新羅	渤海	周
3.5 因幡国，銅の鉱石を献上(続紀)。**4.13** 筑前国糟屋評造舂米広国，鐘を鋳造(妙心寺蔵)(銘)。**7.17** 伊予国，白鑞を献上(続紀)。**9.25** 周芳国，銅の鉱石を献上(続紀)。**10.3** 薬師寺の建立ほぼ終る(続紀)。**11.5** 伊勢国，白鑞を献上(続紀)。**12.5** 対馬国に命じ，金を精錬させる(続紀)。 《大の月》1・4・6・8・10・11・12	大祚栄，震国を建てる(後の渤海国)。	孝昭王 7	高王	聖暦 正.1
【死没】 **7.21** 弓削皇子(天武天皇皇子)。 《大の月》2・5・8・9・11・12		8	2	2
2.8 丹波国，錫を献上(続紀)。**3.10** 僧道昭没し，初めて火葬にされる(続紀)。**3.17** 諸国に牧地を定め，牛馬を放牧(続紀)。**この年** 那須国造碑が建てられる(銘)。 【死没】 **3.10** 道昭(72，僧侶)。 《大の月》1・3・6・8・10・11・12		9	3	久視 5.5 ⑦
1.- 役小角を赦免(扶桑略記)。**2.14** 釈奠を行う(釈奠の初例)(続紀)。 【死没】 **1.15** 大伴御行(官人)。**7.21** 多治比島(78，官人)。**12.27** 大伯皇女(41，天武天皇皇女)。 《大の月》2・3・6・9・11・12		10	4	大足 1.3 長安 10.22
【死没】 **12.22** 持統天皇(58)。 《大の月》2・3・5・7・9・12		聖徳王	5	2
この年 壺阪寺(南法華寺)開創(帝王編年記)。 【死没】 **閏4.1** 阿倍御主人(69，官人)。 《大の月》1・3・④・5・7・9・12	唐，義浄翻訳『金光明最勝王経』成る。	2	6	3 ④
《大の月》2・3・5・7・8・10・12		3	7	4
12.19 婦女の髪形を結髻とし，垂髪を禁じる(続紀)。 前年から翌年にかけ，全国で疫病・飢饉・水旱・大風などが頻発(続紀)。 **この頃** 高松塚古墳が造られたか。 【死没】 **5.8** 忍壁親王(天武天皇皇子)。**7.19** 紀麻呂(官人)。**12.20** 葛野王(37，文人)。 《大の月》3・5・7・8・10・11	則天武后退位し，中宗復位(唐朝再興)。 ウマイヤ朝，中央アジアに侵入開始。	4	8	唐 中宗 神竜 1.23
この年 疫病流行し，初めて土牛を作り大儺を行う(続紀)。 【死没】 **2.6** 三輪高市麻呂(50，官人)。 《大の月》1・3・5・7・8・10・11		5	9	2 ①

西暦	年号 干支	天皇	左大臣	右大臣	政 治 ・ 経 済
707 2.7	慶雲 4 丁未	(文武) 6.15 7.17 元明		(石上麻呂)	2.19 諸王臣五位以上に遷都の事を論議させる(続紀)。3.2 遣唐副使巨勢邑治ら帰国(続紀)。5.28 遣新羅使美努浄麻呂，学問僧らとともに帰国(続紀)。7.17 阿閇皇女(元明天皇)，藤原宮大極殿に即位(続紀)。7.21 初めて授刀舎人寮を置く(続紀)。11.12 文武天皇を火葬し，20日，檜隈安古山陵に葬る．諡号倭根子豊祖父天皇(続紀)。
708 1.28	和銅(わどう) 1.11 戊申 ⑧		1.7 石上麻呂	1.7 1.7 藤原不比等	1.11 武蔵国秩父郡の和銅献上により改元(続紀)。2.11 初めて催鋳銭司を置く(続紀)。2.15 平城に都邑を建設する詔を出す(続紀)。5.11 和同銀銭(和同開珎)を発行(続紀)。8.10 和同銅銭(和同開珎)を発行(続紀)。9.20 天皇，平城に巡幸し，地形を観察する(続紀)。9.28 越後国に新たに出羽郡を建てる(続紀)。10.2 伊勢大神宮に奉幣し，平城宮造営を報告(続紀)。
709 2.14	2 己酉				1.25 銀銭の私鋳を禁じ，罰則を定める(続紀)。3.6 陸奥・越後の蝦夷を攻撃するため，巨勢麻呂を陸奥鎮東将軍，佐伯石湯を征越後蝦夷将軍に任命し，諸国の兵士を徴発(続紀)。3.24 初めて造雑物法用司を置く(続紀)。5.20 新羅使，方物を貢上(続紀)。7.1 蝦夷征討のため，諸国の兵器を出羽柵に運送(続紀)。8.2 銀銭を廃止し，銅銭のみ流通させる(続紀)。10.14 畿内・近江国の百姓が，浮浪人・逃亡仕丁を容隠し，私用に使役することを禁じる(続紀)。
710 2.3	3 庚戌				2.29 初めて守山戸を置き，諸山の伐木を禁じる(続紀)。3.10 平城京に遷る(続紀)。3.- 藤原不比等，厩坂寺を平城京に移し，興福寺とする(扶桑略記・興福寺縁起)。9.18 再び銀銭を禁止(続紀)。
711 1.23	4 辛亥 ⑥				1.2 都亭駅(都に近い主要駅)として，山背・河内・摂津・伊賀国に 6 駅を置く(続紀)。3.6 上野国甘良郡の 6 郷を割き，新たに多胡郡を置く(続紀) (多胡碑は 3 月 9 日とする)。5.15 穀 6 升を銭 1 文とする交換比率を定める(続紀)。閏6.14 挑文師を諸国に派遣し，錦綾織の技術を伝習させる(続紀)。7.1 諸司に律令の励行を命じる(続紀)。10.23 品位により絁・糸・銭を支給する禄法を定める．蓄銭叙位令を定める．私鋳銭を禁止し，私鋳銭者は斬刑とする(続紀)。11.22 大税を 3 年間無利息で貸与し，私出挙の利息を 5 割以下とする(続紀)。12.6 王臣の山野占有を禁じ，空閑地の開墾は官許によるものとする(続紀)。
712 2.11	5 壬子				1.23 河内国高安烽を廃止し，同国高見烽・大倭国春日烽を置く(続紀)。5.16 郡司の能 6 条・不 7 条，百姓の能 3 条を示し，国司が郡内巡行の際の評価基準とする(続紀)。5.17 諸司が律令を熟知せず，過失が多いので，非違を正すため，弾正台を月 3 度巡察させる(続紀)。9.19 道首名を遣新羅大使に任命(続紀)。9.23 越後国出羽郡を割き，出羽国を置く(続紀)。10.1 陸奥国最上・置賜両郡を出羽国に編入(続紀)。12.7 調庸などを銭納する場合，銭 5 文で布 1 常に準じる(続紀)。
713 1.31	6 癸丑				2.19 度量・調庸・義倉などに関する五条の事を制定する(続紀)。3.19 郡司少領以上の任用は蓄銭 6 貫文以上の者とし，田の売買は銭を用いる事を定める(続紀)。4.3 丹後国・美作国・大隅国を新たに置く(続紀)。4.16 新格と権衡・度量を諸国に頒布する(続紀)。9.19 和銅 4 年以前の出挙稲・粟の返還を免除(続紀)。10.8 格規定を越える諸寺占有の田野を収公させる(続紀)。**この年** 大蔵省(9 月21日)・民部省(10月27日)・中務省(12月11日)・宮内省(12月20日)などの諸司に史生を新置，増員(続紀)。
714 1.21	7 甲寅 ②				1.3 食封の田租全額を封主に給う優遇措置を始める(続紀)。2.10 紀清人・三宅藤麻呂に国史を撰修させる(続紀)。2.13 出羽国で養蚕を行わせる(続紀)。6.25 皇太子(首皇子)元服(続紀)。9.20 択銭を禁じる(続紀)。10.2 尾張・信濃・上野・越後 4 国の民200戸を出羽の柵戸とする(続紀)。11.11 新羅使，朝貢(続紀)。

社　会・文　化	世　界	新羅	渤海	唐
3.26 牧の牛馬用鉄印を23国に給う(続紀)。12.27 跪伏礼を重ねて禁じ，諸司の弊俗を改め，礼節を守らせる(続紀)。**この年**『王勃詩序』成る。 【死没】 6.15 文武天皇(25)。9.21 文根麻呂(壬申の乱の功臣，舎人)。 《大の月》1・4・7・8・10・11・12		聖徳王 6	高王 10	景竜 9.5
【死没】 5.30 美努王(栗隈王の子，官人)。 《大の月》2・5・8・9・10・11		7	11	2 ⑨
2.2 筑紫観世音寺造営を急がせる(続紀)。 【死没】 12.20 下毛野古麻呂(公卿)。**この頃まで** 柿本人麻呂(万葉歌人)。 《大の月》2・3・6・8・10・11		8	12	3
《大の月》1・2・4・6・9・11	唐，韋后，政権をねらい中宗を毒殺するが，李隆基(後の玄宗)に殺される。初めて節度使を置く。	9	13	温王 唐隆 6.4 睿宗 景雲 7.20
【死没】 閏6.22 中臣意美麻呂(公卿)。 《大の月》1・2・3・5・⑥・8・11	イスラム軍のイベリア半島進攻により，西ゴート王国滅亡。	10	14	2 ⑥
1.28 太安万侶，『古事記』を撰上(古事記序文)。7.15 伊勢など21ヵ国で，初めて綾錦を織る(続紀)。11.15 長屋王，文武天皇のために『大般若経』(和銅経)を書写(奥書)。12.7 諸司官人の衣服の作り方，無位の朝服について定める(続紀)。 《大の月》1・2・4・5・7・9・12		11	15	太極 1.19 延和 5.13 玄宗 先天 8.7
5.2 諸国の郡郷名に好字をあてさせ，風土記の撰進を命じる(続紀)。5.25 山背国に初めて乳牛戸を置く(続紀)。7.6 大倭国宇太郡波坂郷の人，銅鐸を発見して献上(正史における銅鐸の初見)(続紀)。7.7 美濃・信濃国境に吉蘇路を通す(続紀)。 《大の月》2・4・5・7・9・10・12	唐で開元の治が始まる(～741年)。震国の大祚栄，唐より渤海郡王忽汗州都督に冊封され，国号を渤海と改める。慧能没(76，唐僧，禅宗第6祖)。	12	16	開元 12.1
2.26 僧道薬没.「道薬墓誌」を副葬(同銘文)。10.- 維摩会を興福寺に移修する(扶桑略記)。 【死没】 5.1 大伴安麻呂(公卿)。 《大の月》②・4・6・7・9・10・12	カール=マルテル，フランク王国宮宰となる。	13	17	2 ②

西暦	年号干支	天皇	左大臣	右大臣	政治・経済
715 2.9	霊亀(れいき) 9.2 乙卯	(元明) 9.2 元正	(石上麻呂)	(藤原不比等)	**5.1** 浮浪地に３ヵ月以上逗留する浮浪人は，浮浪地で課役を納めさせる(続紀)。**5.19** 義倉の法を改める(続紀)。**5.30** 相模・上総・常陸・上野・武蔵・下野国の富民1000戸を陸奥に移配する(続紀)。**7.27** 尾張国の席田邇近と新羅人74家を美濃国に移貫し，席田郡を新たに建てる(続紀)。**8.28** 左京の人，霊亀を献上(続紀)。**9.2** 天皇譲位．氷高内親王(元正天皇)，平城宮大極殿にて即位．霊亀と改元(続紀)。**10.7** 麦・粟など陸田での雑穀栽培を奨励する(続紀)。
716 1.29	2 丙辰 ⑪				**4.19** 河内国大鳥・和泉・日根３郡を割き，新たに和泉監を置く(続紀)。**5.15** 寺院の合併，寺院財物の管理徹底を図る(続紀)。**5.16** 駿河国など７国の高麗人1799人を武蔵国に移し，高麗郡を置く(続紀)。 大安寺を平城京に移建(続紀)。**8.20** 遣唐押使多治比県守・大使阿部安麻呂・副使藤原宇合らを遣唐使に任命．留学生吉備真備・阿倍仲麻呂，僧玄昉ら随行(第８次遣唐使)(続紀)。**9.23** 陸奥国置賜・最上２郡と信濃ほか４国の百姓各100戸を出羽国に移す(続紀)。**10.20** 諸司官人の薄紗の朝服，六位以下の羅の幞頭を禁じる(続紀)。
717 2.16	養老(ようろう) 11.17 丁巳		3.3		**2.26** 信濃など４国の百姓各100戸を出羽の柵戸に移配する(続紀)。**3.9** 遣唐押使多治比県守に節刀を賜う(続紀)。**4.14** 調・庸の斤両と長短の法を定める(続紀)。**4.23** 百姓の違法な出家，行基らの民間宗教活動を禁じる(続紀)。**5.17** 浮浪人の百姓を王臣家が資人とすること，浮浪人が得度を求めることを禁じる(続紀)。**5.22** 諸国に大計帳など諸帳簿の書式を頒布(続紀)。**11.17** 美濃国の美泉により，養老と改元(続紀)。**この年** 里を郷に改称し，郷の下に里を置く(郷里制の施行．715年とする説もある)(平城宮跡出土木簡)。
718 2.5	2 戊午				**3.20** 小野馬養を遣新羅大使に任命(続紀)。**5.2** 能登・安房・石城・石背の４国を新たに建てる(続紀)。**5.27** 国別に衛士の数を定める(続紀)。**10.10** 僧綱に，優れた僧侶の推挙と，僧侶の勝手な入山や乞食などを禁止することを指示(続紀)。**12.13** 遣唐押使多治比県守ら帰国(続紀)。**この年** 藤原不比等らに律令(『養老律令』)各10巻を撰定させる(類聚三代格)。
719 1.25	3 己未 ⑦				**2.3** 百姓の衣服を右襟とし，職事の主典以上に笏を持たせる事を定める(続紀)。**5.23** 諸国貢調の絹・絁などの規格を定める(続紀)。**6.10** 皇太子首皇子，初めて朝政を聴く(続紀)。**6.16** 正税と雑稲の出挙は穀で納めさせる(続紀)。**7.9** 東海・東山・北陸道の民200戸を出羽柵に移す(続紀)。**7.13** 初めて按察使を置く(続紀)。**閏7.7** 新羅使，調・騾馬を献じる(続紀)。**閏7.11** 白猪広成を遣新羅使に任命(続紀)。**9.8** 河内・摂津・山背国に摂官を置く(続紀)。**10.14** 諸国の軍団と大毅・少毅・兵士などの数を減じ，志摩・若狭・淡路国の兵士をやめる(続紀)。
720 2.13	4 庚申			8.3	**1.23** 渡島津軽津司を靺鞨国に派遣し，風俗を観察させる(続紀)。**3.4** 隼人反乱し，大隅守を殺したため，大伴旅人を征隼人持節大将軍に任命(続紀)。**3.17** 大税の無利息貸与など，民政に関する６項目を定める(続紀)。**5.21** 内印と外印の使用の使い分けを定める．諸国に尺の見本を頒布(続紀)。**8.4** 舎人親王を知太政官事に任命(続紀)。**9.29** 陸奥蝦夷反乱し，按察使を殺害したため，多治比県守を持節征夷将軍，阿倍駿河を持節鎮狄将軍に任命(続紀)。**10.17** 初めて養民司・造器司・造興福寺仏殿司を置く(続紀)。
721 2.1	5 辛酉			1.5 長屋王	**1.29** 銀銭１を銅銭25，銀１両を100銭とする交換比率を定める(続紀)。**6.26** 信濃国を割き，諏方国を置く(続紀)。
722 1.22	6 壬戌 ④				**1.20** 謀反を誣告した多治比三宅麻呂と，天皇を非難した穂積老を配流(続紀)。**2.27** 200銭を銀１両とする交換比率を定める(続紀)。**閏4.25** 陸奥按察使管内の調庸を免ずる．良田100万町歩の開墾を計画，公私出挙の利率を10分の３に減らす(続紀)。**5.10** 津主治麻呂を遣新羅使に任命(続紀)。**7.10** 僧綱の怠慢を戒めて薬師寺常住を命じ，僧尼の統制を図る(続紀)。**9.22** 伊賀・伊勢・尾張・近江・越前・丹波・播磨・紀伊などに，初めて調銭を出させる(続紀)。**11.7** 初めて女医博士を置く(続紀)。

社　会・文　化	世　界	新羅	渤海	唐
4.- 中臣大島発願の粟原寺を造営してきた比売額田，三重宝塔を完成させ七科鑪盤を進上(粟原寺伏鉢銘)。**この年以前**『播磨国風土記』成るか。**この年** 越前国気比神宮寺建立(藤氏家伝)。 【死没】 6.4 長皇子(天武天皇皇子)。7.27 穂積親王(天武天皇皇子)。 《大の月》3・5・7・9・10・11		聖徳王 14	高王 18	開元 3
【死没】 8.11 施基皇子(天智天皇皇子)。 《大の月》1・4・7・9・10・11・12		15	19	4 ⑫
【死没】 3.3 石上麻呂(78，公卿)。 《大の月》1・4・7・9・10・12		16	20	5
9.23 法興寺(元興寺)を平城京に移す(続紀)。12.13 入唐僧道慈帰国(懐風藻)。**この年** 薬師寺を平城京に移す(薬師寺縁起)。 【死没】 4.11 道首名(56か，官人)。 《大の月》1・2・5・8・10・12	唐，孟献忠撰『金剛般若集験記』成る。	17	21	6
9.22 天下の民戸に陸田を給う(続紀)。12.5 初めて婦女の服制を定める(続紀)。 【死没】 2.5 粟田真人(公卿)。 《大の月》1・2・4・6・8・10・12	インド僧金剛智(中国密教の祖)，唐に至る。	18	武王 仁安	7 ⑦
1.4 初めて僧尼に公験を授ける(続紀)。5.21 舎人親王，日本紀(『日本書紀』)30巻・系図1巻を奏上(続紀)。 【死没】 1.27 阿倍宿奈麻呂(公卿)。8.3 藤原不比等(62，63とも，公卿)。 《大の月》1・3・4・6・9・11		19	2	8
3.9 親王以下庶人に至るまでの畜馬の数を制限(続紀)。8.3 天皇，興福寺に北円堂を建立(扶桑略記)。 【死没】 12.7 元明天皇(61)。 《大の月》1・3・4・6・8・9・12		20	3	9
4.21 唐人王元仲，初めて飛舟を造り献上(続紀)。7.19 旱害対策のため，晩稲・蕎麦・大麦・小麦を植えさせる(続紀)。 《大の月》2・4・5・6・8・9・11	新羅，百姓に丁田を給付。 唐，韋述撰『両京新記』成る。	21	4	10 ⑤

西暦	年号 干支	天皇	左大臣	右大臣	政治・経済
723 2. 10	養老 **7** 癸亥	（元正）		（長屋王）	4. 17 三世一身法を定め，開墾を勧める（続紀）。8. 8 新羅使，朝貢（続紀）。10. 8 国博士・医師を按察使在任の国にのみ配置（続紀）。10. 11 左京の人，白亀を献上（続紀）。11. 2 奴婢の口分田班給は，12歳以上とする（続紀）。
724 1. 31	神亀（じんき） 2. 4 甲子	2. 4 聖武	2. 4 長屋王	2. 4	2. 4 天皇，譲位．首皇太子（聖武天皇）即位．白亀出現の祥瑞により神亀と改元（続紀）。3. 25 陸奥国の蝦夷叛乱し，大掾佐伯児屋麻呂を殺害（続紀）。4. 7 蝦夷攻撃のため，藤原宇合を持節大将軍に任命（続紀）。5. 24 出羽の蝦狄を鎮めるため，小野牛養を鎮狄将軍に任命（続紀）。8. 21 土師豊麻呂を遣新羅大使に任命（続紀）。**この年** 多賀城を設置（碑文）。
725 1. 19	**2** 乙丑 ①				**閏**1. 4 陸奥国の俘囚を，伊予に144人，筑紫に578人，和泉監に15人移配する（続紀）。
726 2. 7	**3** 丙寅				5. 24 新羅使来朝（続紀）。8. 30 国司赴任の際の給食・給馬を，任国の遠近により定める（続紀）。9. 12 豊作により，今年の田租を免除（続紀）。
727 1. 27	**4** 丁卯 ⑨				2. 21 諸国に巡察使を派遣（続紀）。9. 21 渤海使高斉徳ら 8 人，出羽国に来着（渤海使初来日）（続紀）。**閏**9. 29 藤原光明子，皇子を出産（続紀）。11. 2 皇子を皇太子とする（続紀）。12. 20 先に派遣していた巡察使の報告にもとづき，諸国司の治績に応じて賞罰を行う。渤海使入京（続紀）。12. 29 渤海使に衣服・冠・履を賜う（続紀）。
728 2. 15	**5** 戊辰				1. 17 渤海使，国書・方物を献上し国交を求める（続紀）。2. 16 引田虫麻呂を送渤海客使に任命，6月5日出発（続紀）。4. 11 陸奥国に白河軍団を新設し，丹取軍団を玉作軍団に改める（続紀）。7. 21 内匠寮・中衛府を設置（類聚三代格）。9. 13 皇太子没（続紀）。
729 2. 3	天平（てんぴょう） 8. 5 己巳		2. 12		2. 10 漆部君足ら，長屋王が国家を傾ける謀反を抱くと密告．11日，王を窮問．12日，王，妻子とともに自尽（続紀）。3. 4 藤原武智麻呂を大納言とする（続紀）。3. 23 口分田を悉く収公し，班給し直す（続紀）。4. 3 異端の学習，幻術の蓄積，厭魅呪咀を禁じる（続紀）。8. 5 祥瑞の亀出現により，天平と改元（続紀）。8. 10 藤原夫人（光明子）を皇后とする（続紀）。11. 7 班田司を任命し，位田・賜田・職田などについて班田実施の細則を整備（続紀）。
730 1. 23	**2** 庚午 ⑥				3. 27 大学寮，組織を改変し，得業生への時服・食料給付などを定める（続紀・令集解）。8. 29 遣渤海使引田虫麻呂ら帰国（続紀）。9. 28 諸国の防人を停止（続紀）。9. 29 安芸・周防での死魂を妖祠する事，都近傍で妖言して，大衆を惑わす事を禁じる（続紀）。
731 2. 11	**3** 辛未				3. 7 諏方国を廃し，信濃国に併合（続紀）。4. - 日本の兵船300艘，新羅東部を襲うが，新羅これを撃破（三国史記新羅本紀）。8. 11 藤原宇合・多治比県守ら 6 人を参議とする（続紀）。11. 22 畿内に惣管，諸道に鎮撫使を置く（続紀）。

社　会・文　化	世　界	新羅	渤海	唐
2.2 満誓を筑紫に派遣し，観世音寺を造営させる(続紀)。**この年** 興福寺に施薬院・悲田院を置き，封戸・水田などを施入(扶桑略記)。 【死没】 7.6 太安万侶(官人)。 《大の月》2・4・6・8・9・11・12		聖徳王 22	仁安 5	開元 11
10.1 僧尼の名籍を勘検し，公験の発給を許す(続紀)。11.8 平城京を壮麗にするため，五位以上と富者の家を瓦葺・朱塗・白壁にさせる(続紀)。 【死没】 6.6 巨勢邑治(公卿)。 《大の月》3・6・8・9・10・12		23	6	12 ⑫
7.17 寺社の清浄維持を命じ，国家平安のため『金光明経』または『最勝王経』を転読させる(続紀)。9.22 除災を願い，3000人を出家させ，左右京内と大倭国の諸寺に経典を転読させる(続紀)。 《大の月》1・3・6・8・9・11・12	唐で衛士にかわり彍騎がおかれ，府兵制が事実上終焉。	24	7	13
6.14 諸国の病人に医薬・食料を給う(続紀)。7.- 天皇，興福寺に東金堂を建立(扶桑略記)。**この年** 行基，山崎橋を造る(扶桑略記)。「金井沢碑」建立(同銘文)。 《大の月》1・4・7・8・11・12	東ローマ帝国，第1次聖像崇拝禁止運動(イコノクラスム)始まる。	25	8	14
2.27 行基を導師として，長谷寺を供養(扶桑略記)。12.11 興福寺観禅院の鐘成る(銘)。 《大の月》1・3・5・8・⑨・11・12	唐，徐堅ら撰『初学記』成る。	26	9	15 ⑨
12.28 国家平安のため，『金光明経』を諸国に10巻ずつ頒布(続紀)。 【死没】 10.20 義淵(法相宗僧侶)。 《大の月》2・3・5・8・10・12		27	10	16
2.9 小治田安万侶の墓誌を副葬(墓誌銘)。6.1『仁王経』を朝堂と畿内・七道の諸国で講説(続紀)。**この年** 道慈に大安寺を改造させる(扶桑略記)。 【死没】 2.12 長屋王(46，高市皇子の子)。　吉備内親王(長屋王室)。 8.9 石川石足(63，公卿)。 《大の月》1・3・5・6・9・11		28	11	17
3.29 薬師寺東塔建立(扶桑略記)。4.17 皇后宮職に施薬院を置く(続紀)。4.28 興福寺五重塔建立(扶桑略記・興福寺縁起)。 【死没】 9.8 多治比池守(公卿)。 《大の月》1・3・4・6・7・9・11	唐，智昇『開元釈教録』成る。**この頃** 北インドにプラティハーラ朝成立。	29	12	18 ⑥
7.29 雅楽寮雑楽生の定員を定める(続紀)。8.7 行基に随う優婆塞・優婆夷で，法に添う修業をし，かつ高齢の者の出家を許す(続紀)。9.8 聖武天皇宸翰『雑集』成る(奥書)。 【死没】 7.25 大伴旅人(67，歌人，公卿)。 《大の月》1・3・5・7・8・10・12		30	13	19

西暦	年号 干支	天皇	左大臣	右大臣	政治・経済
732 2. 1	天平 4 壬申	(聖武)			1. 1 天皇，初めて冕服を着して朝賀儀を行う(続紀)。1. 20 角家主を遣新羅使に任命(続紀)。1. 22 新羅使来朝(続紀)。5. 21 新羅使来朝の年期を3年に1度とする(続紀)。8. 17 東海・東山・山陰・西海各道の節度使を任命(続紀)。遣唐大使多治比広成・副使中臣名代ら遣唐使を任命(第9次遣唐使)(続紀)。
733 1. 21	5 癸酉 ③				4. 3 遣唐使船4船，難波津を出航(続紀)。12. 26 出羽柵を秋田に移し，雄勝村に郡を建てる(続紀)。
734 2. 8	6 甲戌			1. 17 藤原武智麻呂	1. 15 国の等級により国司が官稲を出挙する数の上限を定める(続紀)。1. 18 駅起稲を除く雑色官稲を正税に混合する(続紀)。2. 1 天皇，朱雀門で歌垣を観覧する(続紀)。4. 7 大地震(続紀)。4. 21 諸道節度使を廃止(続紀)。4. 23 諸道の健児・儲士・選士の田租と雑徭の半分を免じる(続紀)。5. 28 京・芳野・和泉・四畿内に大税を1年無利息で貸稲する(続紀)。7. 7 天皇，南苑に文人を集め七夕の詩を作らせる(続紀)。11. 20 遣唐大使多治比広成ら，多禰島に来着(続紀)。11. 21 僧尼得度者の資格を厳にする(続紀)。12. 6 新羅使来朝(続紀)。
735 1. 29	7 乙亥 ⑪				2. 27 王城国と国号を改めた新羅国使を追い返す(続紀)。3. 10 遣唐大使多治比広成，節刀を返上(続紀)。6. 5 寺院合併の政策を停止(続紀)。閏11. 19 鋳銭司を置く(続紀)。
736 2. 16	8 丙子				2. 28 阿倍継麻呂を遣新羅大使に任命(続紀)。5. 12 調庸布の長さ・幅を改訂(続紀)。8. 23 遣唐副使中臣名代ら，唐人・波斯人を率い拝朝(続紀)。11. 17 葛城王らに母姓橘宿禰を賜う．王，諸兄と改名(続紀)。
737 2. 4	9 丁丑		7. 25 武智麻呂 7. 25	7. 25	1. 21 陸奥按察使大野東人の奏請により，陸奥国と出羽柵との間にある雄勝村を征し，直路を通すため，持節大使藤原麻呂らを派遣(続紀)。8. 13 疫病を鎮めるため，今年の田租，公私出挙の利を免じる(続紀)。9. 22 私出挙を禁じる(続紀)。筑紫の防人を帰国させ，筑紫の人に壱岐・対馬を守らせる(続紀)。9. 28 鈴鹿王を知太政官事とし，橘諸兄を大納言とする(続紀)。12. 27 大倭国を大養徳国に改める(続紀)。
738 1. 25	10 戊寅 ⑦			1. 13 橘諸兄	1. 13 阿倍内親王を皇太子とする(続紀)。1.－ 新羅使来朝(続紀)。5. 3 諸国の健児を停止(続紀)。6. 24 新羅使を大宰府で饗応し，入京させず放還(続紀)。8. 26 諸国に国郡図を作成し進上させる(続紀)。10. 25 巡察使を諸国に派遣(続紀)。
739 2. 13	11 己卯				5. 23 諸国郡司の定員を削減(続紀)。5. 25 三関・陸奥・出羽・越後・長門・大宰府管内を除き，諸国の兵士を停止する(類聚三代格)。5. 30 今年の正税出挙の利を免除．今後，封戸の租を封主に全給する(続紀)。6. 17 諸国の駅起稲を正税に混合する(続紀)。7. 13 渤海使己珎蒙ら，出羽国に来着．遣唐使判官平群広成を伴う．10月27日入京(続紀)。12. 10 渤海使，国書・方物を献上(続紀)。

社　会・文　化	世　界	新羅	渤海	唐
【死没】 2.22 阿倍広庭(公卿)。 《大の月》2・5・6・8・9・11・12	唐，蕭嵩ら『唐開元礼』成る。フランク王国，トゥール・ポワティエ間の戦で宮宰カール=マルテルがイスラム軍を撃退。	聖徳王 31	仁安 14	開元 20
2.30『出雲国風土記』成る(巻末署名)。7.6 初めて盂蘭盆会の供物を大膳職に調達させる(続紀)。**この年** 良弁，奈良に羂索院を建立(東大寺要録)。 【死没】 1.11 県犬養三千代(光明皇后母)。**この年か** 山上憶良(74か，歌人)。 《大の月》2・5・7・8・10・11	**この年** 唐，新羅に命じ渤海を攻めさせる。	32	15	21 ③
1.11 皇后，興福寺西金堂を建立し，釈迦丈六像などを安置(扶桑略記)。**この年** 入唐留学生井真成，長安で没(副葬墓誌に「国号日本」の記載)。 《大の月》1・3・6・8・10・11・12		33	16	22
4.26 入唐留学生吉備真備，『唐礼』『太衍暦経』『楽書要録』・楽器・武器などを献上(続紀)。 入唐僧玄昉，経論章疏5000余巻・仏像を献上(扶桑略記)。**この年** 凶作．豌豆瘡(天然痘)流行し，死者多数(続紀)。 【死没】 9.30 新田部親王(天武天皇皇子)。11.14 舎人親王(60，天武天皇皇子)。 《大の月》2・4・7・9・11・⑪		34	17	23 ⑪
5.18 天竺僧菩提僊那・林邑僧仏哲・唐僧道璿ら，大宰府に来着(南天竺婆羅門僧正碑并序)。 【死没】 **この年** 弁正(学問僧)。 《大の月》1・2・4・7・9・11	アラブ軍，サマルカンド地方でソグド・突騎施軍を破る。	35	18	24
3.3 国ごとに釈迦仏1体・挟侍菩薩2体を造らせ，『大般若経』1部を写させる(続紀)。6.1 官人に疫病の者多く，廃朝(続紀)。**この年** 春に筑紫から疫瘡(天然痘)が伝染し，夏から秋にかけ大流行(続紀)。 【死没】 4.17 藤原房前(57，公卿)。6.23 多治比県守(70，公卿)。7.13 藤原麻呂(公卿)。7.25 藤原武智麻呂(58，公卿)。8.5 藤原宇合(44か，公卿)。**この年** 神叡(元興寺僧侶)。 《大の月》1・2・3・5・8・10・12	唐，開元二十五年令を発布。	孝成王	文王 大興	25
《大の月》2・3・5・7・8・10・12	南詔王，唐から雲南王に封せられる。**この年より翌年にかけて** 唐，玄宗勅撰『唐六典』奏上。	2	2	26 ⑧
7.14 五穀豊穣を祈り，諸寺に五穀成熟経の転読と悔過を行わせる(続紀)。8.16 式部省に留められている蔭子孫・位子を大学で学問させる(続紀)。**この年**『備中国大税負死亡人帳』成る。 【死没】 4.7 多治比広成(公卿)。 《大の月》2・4・5・7・9・11		3	3	27

西暦	年号干支	天皇	左大臣	右大臣	政　治・経　済
740 2.2	天平 12 庚辰	(聖武)		(橘諸兄)	1.13 大伴犬養を遣渤海大使に任命，4月20日出発，10月5日帰国(続紀)。3.15 紀必登を遣新羅大使に任命(続紀)。8.20 和泉監を河内国に併合(続紀)。8.29 大宰少弐藤原広嗣，玄昉・吉備真備を除かんとして上表(続紀)。9.3 広嗣，反乱．大野東人を大将軍とし，広嗣征討を命じる(藤原広嗣の乱)(続紀)。10.23 広嗣，肥前国松浦郡値嘉島で捕えられる(続紀)。10.29 天皇，乱を避けるため東国に行幸．伊賀・伊勢・美濃・近江を巡幸し，12月14日，山背国に至る(続紀)。11.1 広嗣・綱手兄弟を斬刑に処す(続紀)。12.15 天皇，山背国恭仁宮に行幸．新都造営を開始(続紀)。**前年末からこの年前半ころ** 郷里制から郡郷制に移行。
741 1.22	13 辛巳 ③				1.1 天皇，恭仁宮で朝賀を受ける(続紀)。1.22 藤原広嗣の与党を処罰(続紀)。**閏**3.15 五位以上の平城京居住を禁じ，恭仁京への移住を促す(続紀)。9.9 造宮のため，大養徳・河内・摂津・山背国の役夫5500人を徴発(続紀)。11.21 新京を大養徳恭仁大宮と号する(続紀)。12.10 安房国を上総国に，能登国を越中国に併合(続紀)。
742 2.10	14 壬午				1.5 大宰府を廃止(続紀)。8.11 近江国紫香楽への行幸を計画し，離宮の造営を開始(続紀)。9.17 諸国に巡察使を派遣．京・畿内の班田使を任命(続紀)。10.17 塩焼王を伊豆国三島に配流(続紀)。
743 1.30	15 癸未		5.5 橘諸兄	5.5	2.11 佐渡国を越後国に併合(続紀)。4.25 筑前に来朝した新羅使が常礼を失したことを責め放還(続紀)。5.27 墾田を私財とし，位階に応じた面積の墾田私有を認める(墾田永年私財法)(続紀)。12.26 初めて筑紫に鎮西府を置く(続紀)。紫香楽宮造営費用調達のため，恭仁宮の造営を停止(続紀)。
744 1.20	16 甲申 ①				**閏**1.1 百官に恭仁・難波いずれを都とすべきかを問う(続紀)。**閏**1.4 市人に都を定むべきところを問う(続紀)。**閏**1.13 安積親王，脚病により没(続紀)。2.12 馬飼・雑戸を解放して平民とし，官奴婢60人を解放して良民とする(続紀)。2.26 難波宮を皇都とする(続紀)。4.21 造兵司・鍛冶司を廃止(続紀)。9.15 巡察使を畿内・七道に派遣(続紀)。
745 2.6	17 乙酉				1.21 行基を大僧正とする(続紀)。4.- 紫香楽宮周辺で山火事頻発(続紀)。5.2 諸司官人，平城を都にする事を望む(続紀)。5.4 四大寺の僧，平城を都にする事を望む(続紀)。5.10 恭仁京の市人，平城に移る(続紀)。5.11 天皇，平城に行幸，諸司百官も移る(続紀)。6.5 大宰府を復置(続紀)。10.5 諸国の正税出挙を論定(続紀)。11.2 玄昉を筑紫に左遷し，観世音寺造営にあたらせる(続紀)。11.27 諸国の公廨稲の数を定める(続紀)。
746 1.26	18 丙戌 ⑨				3.16 寺家の土地買占を厳禁(続紀)。4.5 西海道を除く六道の鎮撫使を任命(続紀)。5.9 諸寺が墾田・園地を買収することを禁じる(続紀)。12.10 七道鎮撫使を停止し，京・畿内・諸国の兵士を復活(続紀)。
747 2.14	19 丁亥				3.16 大養徳国を旧の大倭国の表記に戻す(続紀)。5.3 封主が封戸から受け取る輸納物の量に規準を設定する(続紀)。

社　会・文　化	世　界	新羅	渤海	唐
2.－ 天皇，河内国智識寺の盧舎那仏を拝礼し，大仏造立を発念したとされる(続紀)。5.1光明皇后，一切経論を書写させる(五月一日経)。6.19 国ごとに『法華経』を書写させ，七重塔を建てさせる(続紀)。9.15 乱平定を願い，国ごとに観世音菩薩造像・『観世音経』書写を命じる(続紀)。 【死没】 11.1 藤原広嗣(官人)。 《大の月》1・3・5・7・8・10・12		孝成王 4	大興 4	開元 28
2.7 牛馬の屠殺を禁じる(続紀)。2.14 諸国に国分寺・国分尼寺を建立させ，その名は金光明四天王護国之寺・法華滅罪之寺とする(国分寺建立の詔)(続紀)。8.28 平城京の東・西市を恭仁京に移す(続紀)。 《大の月》2・4・6・7・9・10・12		5	5	29 ④
【死没】 11.2 大野東人(公卿)。 《大の月》2・5・7・9・10・11		景徳王	6	天宝 1.1
10.15 盧舎那仏金銅像の造立を発願(大仏造立の詔)(続紀)。10.19 紫香楽宮に大仏を造営するための寺地を開く(甲賀寺)．行基，大仏造立に参加(続紀)。 《大の月》1・3・6・8・9・11・12		2	7	2
6.17 天皇，大安寺に墾田994町を施入(大安寺資財帳)。7.23 国分寺・尼寺に正税2万束ずつを割き，その出挙の利息を造寺費用に充てる(続紀)。10.3 光明皇后，『楽毅論』を書写(奥書)。11.13 甲賀寺に初めて盧舎那仏の体骨柱を建て，天皇自ら縄を引く(続紀)。 【死没】 閏1.13 安積親王(17，聖武天皇皇子)。10.2 道慈(70有余，大安寺僧侶)。 《大の月》①・3・6・9・10・12	唐，楊太真後宮に入り，翌年貴妃の称号を得る。ウイグル，東突厥を滅ぼし王国建設．可汗を称し，唐に冊封される。	3	8	3 ②
8.23 大養徳国分寺の金光明寺(金鐘寺)に大仏造立地を移す(東大寺要録)。 【死没】 9.4 鈴鹿王(高市皇子子，公卿)。 《大の月》1・2・4・7・10・11		4	9	4
9.29 恭仁宮大極殿を山背国分寺に施入(続紀)。10.6 天皇・太上天皇・皇后，金鐘寺(後の東大寺)に行幸し，盧舎那仏を燃燈供養する(続紀)。 【死没】 6.18 玄昉(法相宗僧侶)。 《大の月》1・2・4・5・8・⑨・11	唐，李瀚撰『蒙求』成るか。	5	10	5 ⑩
2.11 『元興寺伽藍縁起幷流記資財帳』勘録牒上・『法隆寺伽藍縁起幷流記資財帳』成る(識語)。3.－ 光明皇后，天皇の病気平癒を祈り，新薬師寺を建立(東大寺要録)。9.29 東大寺大仏の鋳造を始める(東大寺要録)。11.7 国分寺・尼寺の造営を督促(続紀)。12.14 百姓の造塔を伽藍境内に限り許す(続紀)。 【死没】 6.4 秦島麻呂(造宮省官人)。 《大の月》1・3・4・6・8・10・12		6	11	6

西暦	年号 干支	天皇	左大臣	右大臣	政　治・経　済
748 2.4	天平 20 戊子	(聖武)	(橘諸兄)		8.5 釈奠の服器・儀式を改定(続紀)。
749 1.23	天平感宝(てんぴょうかんぽう) 4.14 天平勝宝(てんぴょうしょうほう) 7.2 己丑 ⑤	7.2 孝謙		4.14 藤原豊成	2.22 陸奥国，黄金を献上(国内初の産金)(続紀)。4.1 天皇，東大寺に行幸．盧舎那仏を礼拝し三宝の奴と自称(続紀)。7.2 天皇譲位．阿倍内親王(孝謙天皇)即位(続紀)。7.13 諸寺の墾田地の限度を定める(続紀)。8.10 紫微中台の長官紫微令に藤原仲麻呂を任じる(続紀)。9.7 紫微中台の四等官人数・官位相当を定める(続紀)。11.19 八幡大神，託宣して京に向かう(続紀)。12.18 八幡大神入京．梨原宮を神宮とする(続紀)。
750 2.11	2 庚寅				9.24 遣唐大使藤原清河・副使大伴古麻呂を任命(第10次遣唐使)(続紀)。
751 2.1	3 辛卯				9.4 私稲・財物を出挙し，宅地園圃を質にとる事を禁じる(類聚三代格)。10.23 太上天皇の病気平癒を祈り，新薬師寺に設斎(続紀)。11.7 吉備真備を遣唐副使に任命(続紀)。
752 1.21	4 壬辰 ③				1.25 山口人麻呂を遣新羅使に任命(続紀)。2.21 雑戸身分から解放し改姓した雑戸を，旧の技能によって官司に組織して使役(続紀)。閏3.9 遣唐使に節力を給う(続紀)。4.9 東大寺盧舎那大仏開眼供養．天皇・太上天皇・光明皇太后，行幸臨席．僧正菩提僊那，大仏を開眼．華厳経講説，種々の楽舞など盛大な法会が行われる(続紀・東大寺要録)。6.14 新羅使の王子金泰廉ら，拝朝し調を献上(続紀)。11.3 佐渡国を再び分置(続紀)。
753 2.8	5 癸巳				1.1 遣唐使，唐の朝賀儀で新羅と席次を争い上位につく(続紀)。2.9 小野田守を遣新羅大使に任命(続紀)。5.25 渤海使拝朝し，信物を貢上(続紀)。8.- 遣新羅使小野田守，新羅国王に引見を拒否され，使の事を行わず帰国(三国史記・続紀)。
754 1.28	6 甲午 ⑩				1.16 遣唐副使大伴古麻呂，唐僧鑑真・法進らを伴い帰国(続紀)。10.14 官人百姓の双六を禁じる(続紀)。10.18 諸国に射田を置く(続紀)。11.1 巡察使を任命(続紀)。11.24 薬師寺僧行信を，厭魅の罪により下野薬師寺に配す(続紀)。11.27 厭魅の罪により，大神杜女を日向国に，大神多麻呂を多褹島に配す(続紀)。
755 2.16	7 乙未				6.24 大宰府管内諸国から国ごとに兵衛・采女1人ずつを貢上させる(続紀)。
756 2.5	8 丙申		2.2		2.2 左大臣橘諸兄致仕(続紀)。5.2 聖武太上天皇没．遺詔により，道祖王を皇太子とする(続紀)。5.19 太上天皇を佐保山陵に葬り，仏式による葬儀を行う(続紀)。6.22 大宰大弐吉備真備に筑前国怡土城を築かせる(続紀)。

社　会・文　化	世　界	新羅	渤海	唐
4.28 太上天皇を佐保山陵で火葬(続紀)。 【死没】 4.21 元正太上天皇(69)。 《大の月》2・4・6・7・9・11		景徳王 7	大興 12	天宝 7
1.14 天皇・皇后，行基を戒師として受戒(扶桑略記)。閏5.20 大安寺など12寺に墾田・稲・絁などを施入(続紀)。 【死没】 2.2 行基(82，僧侶)。 《大の月》1・4・5・6・8・9・11	唐，府兵制を廃止。 アブー=アルアッバース，カリフに就任。	8	13	8 ⑥
【死没】 9.1 石上乙麻呂(公卿)。 《大の月》1・4・6・8・9・10・12	ウマイヤ朝滅亡し，アッバース朝，成立。**この頃** インド，エローラの第16窟カイラーサナータ寺完成。	9	14	9
4.22 菩提僊那を僧正，良弁を少僧都，道璿・隆尊を律師に任じる(続紀)。11.-『懐風藻』成る(序文)。 《大の月》2・5・7・9・10・12	唐，タラス河畔の戦でアッバース軍に破れる。 新羅，仏国寺を建立。 フランク王国小ピピン，メロビング朝を廃し，カロリング朝成立。	10	15	10
《大の月》1・3・5・8・9・11・12		11	16	11 ③
7.27 文室智努，亡夫人茨田郡王のため仏足石を作らせる(仏足石記)。 【死没】 3.30 巨勢奈氐麻呂(公卿)。7.11 紀清人(学者)。 《大の月》1・3・6・9・10・12		12	17	12
4.- 鑑真，東大寺に戒壇を立て，太上天皇・天皇・皇太后らに戒を授く(唐大和上東征伝)。 【死没】 7.19 藤原宮子(文武天皇夫人)。 《大の月》1・2・4・7・10・11・12		13	18	13 ⑪
9.- 東大寺戒壇院建立．翌月13日，落成供養(東大寺要録)。 《大の月》1・3・5・7・10・12	唐，安禄山叛す(安史の乱)(～763年)。	14	19	14
6.3 諸国に使を派遣し，国分寺丈六造像を催検させる(続紀)。 6.21 東大寺に種々の薬を置き，病人の救済に充てる(正倉院文書)。6.21以後 聖武太上天皇の遺品を東大寺・法隆寺など18寺に施入(正倉院文書)。 【死没】 5.2 聖武太上天皇(56)。 《大の月》1・3・4・6・8・10・12	フランク王国の小ピピン，ランゴバルト王国と戦い，獲得した領土を教皇に寄進(ピピンの寄進)。 イベリア半島に後ウマイヤ朝成立し，イスラム帝国，東西に分裂。	15	20	粛宗 至徳 7.12

西暦	年号干支	天皇	大師	大保	政治・経済
757 1.24	天平宝字(てんぴょうほうじ) 8.18 丁酉 ⑧	（孝謙）		（右大臣藤原豊成） 7.12	3.29 皇太子道祖王を廃する（続紀）。4.4 大炊王，立太子（続紀）。18歳以上を中男，22歳以上を正丁と改める（続紀）。5.8 能登・安房・和泉国を再び分置（続紀）。5.20 藤原仲麻呂を紫微内相に任じる（続紀）。『養老律令』を施行（続紀）。6.9 諸氏の長らが私に族人を集めることを禁止するなど勅五条を制定（続紀）。7.4 橘奈良麻呂らの仲麻呂打倒謀議が露見し，奈良麻呂・大伴古麻呂・道祖王・黄文王ら処刑，佐伯全成自経，安宿王ら配流（続紀）。7.12 右大臣藤原豊成を大宰員外帥に左降（続紀）。閏8.21 官大寺に戒本師田を置く（続紀）。閏8.27 防人に坂東諸国兵士を遣わすことを停め，西海道兵士を充てる（続紀）（天平勝宝7歳以前に東国防人の制が復活）。10.11 国司の公廨稲配分比率を定める（続紀）。
758 2.13	2 戊戌	8.1 淳仁		8.25 恵美押勝	1.5 京畿内・七道に問民苦使を派遣（続紀）。2.20 乱を未然に防ぐため，飲酒・集会を禁じる（続紀）。7.3 60歳以上を老丁，65歳以上を耆老に改定（続紀）。8.1 孝謙天皇譲位．大炊王（淳仁天皇）即位（続紀）。8.25 藤原仲麻呂を大保（右大臣）に任じ，恵美押勝の名を賜い，鋳銭・挙稲と家印の使用を許す（続紀）。官名・省名等を唐風に改める（続紀）。9.18 遣渤海大使小野田守，渤海使とともに帰国し，越前国に着く（続紀）。10.25 国司の任期を4年から6年に改め，3年ごとに巡察使を派遣（続紀）。12.10 遣渤海使小野田守，安禄山の乱など唐の情勢を奏上．よって大宰府に防備を命じる（続紀）。
759 2.2	3 己亥				1.3 渤海使，国書・方物を献上（続紀）。5.9 諸国に常平倉を置き，中央に左右平準署を設け掌握させる（続紀）。6.18 大宰府に行軍式を造らせ，新羅征討を計画（続紀）。9.19 新羅征討のため，北陸・山陰・山陽・南海道に命じて船500艘を3年内に造らせる（続紀）。9.27 坂東8国と越前・能登・越後の諸国の浮浪人2000人を雄勝の柵戸とする．相模・上総・下総・常陸・上野・武蔵・下野の7国の兵士が所持する武器を雄勝城・桃生城に貯える（続紀）。12.2 授刀衛を設置（続紀）。
760 1.23	4 庚子 ④		1.4 恵美押勝	1.4	1.4 藤原恵美押勝を大師（太政大臣）とする（続紀）。1.5 渤海使高南申ら，国書・方物・遣唐大使藤原清河の上表文を献上（続紀）。1.21 7道に巡察使を派遣（続紀）。3.16 銅銭万年通宝，銀銭大平元宝，金銭開基勝宝を鋳造（続紀）。6.7 光明皇太后没（続紀）。9.16 新羅使来朝，礼儀を闕くことを理由に，本国に送還（続紀）。
761 2.10	5 辛丑				3.24 葦原王を殺人により多褹島に配流（続紀）。10.13 近江国保良宮に行幸（続紀）。10.22 仲石伴を遣唐大使に，石上宅嗣を副使に任命する（遣唐使船の破損により，石伴・宅嗣は渡唐せず）．高麗大山を遣高麗使に任命（伊吉益麻呂もか）（続紀）。11.17 東海・南海・西海3道に節度使を任じ，船・兵士・水手などを検定させる（続紀）。
762 1.30	6 壬寅 ⑫				4.17 遣唐使船1隻破損のため規模を縮小し，改めて中臣鷹主らを遣唐使に任命（続紀）。6.- この頃，勅旨省創設。7.- 遣唐使，渡海できず，8月9日，中止される（続紀）。10.1 遣渤海使伊吉益麻呂，渤海使王新福以下23人とともに帰国し越前国に着く．閏12月19日入京（続紀）。11.1 多治比小耳を送高麗人使に任命（出発せず）（続紀）。11.16 新羅征討のため，香椎廟に奉幣（続紀）。
763 1.19	7 癸卯				1.3 渤海使，方物を献上（続紀）。1.15 凶作のため，天平宝字5年以前の公私出挙の負債を減免（続紀）。1.17 渤海使，安史の乱など唐の情勢を報告（続紀）。8.1 昨年からの凶作・飢饉により，諸国の田租を免除（続紀）。8.18 山陽・南海両道の節度使を停止（続紀）。9.1 疫死・旱害・正倉神火などの多発は国郡司の怠惰が原因とし，これを戒める（続紀）。

社　会・文　化	世　界	新羅	渤海	唐
4.4 各家に『孝経』を置かせ，孝行人を表彰する(続紀)。8.23 礼楽を興すため，大学寮・雅楽寮などに公廨田を置く(続紀)。8.25 武芸を興すため，六衛府に射騎田を置く(続紀)。 【死没】 1.6 橘諸兄(74，公卿)。7.4 大伴古麻呂(官人)。 佐伯全成(官人)。 道祖王(天武天皇皇孫)。黄文王(長屋王の子)。7.4か 橘奈良麻呂(37，公卿)。 《大の月》2・4・6・7・⑧・10・12	新羅，禄邑を再び設置。	景徳王 16	大興 21	至徳 2 ⑧
3.10 聖武天皇忌月が5月のため，今後端午節会を停める(光仁天皇のもとで復活)(続紀)。 《大の月》3・5・6・8・9・11	新羅，律令博士2人を創置。	17	22	乾元 2.5
6.22 諸国の駅路両辺に果樹を植えさせる(類聚三代格)。8.1 鑑真，戒院を設け，唐律招提寺(のち唐招提寺)と称する(招提寺建立縁起)。11.9 国分僧寺・尼寺の図(伽藍配置，堂塔の指図)を諸国に頒布し，建立を促進(続紀)。**この年以降**『万葉集』成る。 【死没】 7.5 橘古那可智(聖武天皇夫人)。 《大の月》1・4・6・8・9・11・12		18	23	2
【死没】 2.25 菩提僊那(57，渡来僧)。4.－ 隆尊(55，元興寺僧侶)。閏4.18 道璿没(59，唐僧)。6.7 光明皇后(60，聖武天皇皇后)。 《大の月》2・④・7・8・10・11・12	**この年より翌年にかけて** 唐，柳芳撰『唐暦』成る。	19	24	上元 ④.19 ④
1.21 下野薬師寺・筑紫観世音寺に戒壇を建立(東大寺要録)。**この年**『法隆寺東院縁起資財帳』成る(同書奥書)。**この年末から翌年8月にかけて** 石山寺を造営(正倉院文書)。 【死没】 4.9 巨勢堺麻呂(公卿)。 《大の月》2・5・7・9・11		20	25	2
4.8 河内国狭山池の堤が決壊し，修造させる(続紀)。12.1 多賀城碑成る(碑銘文)。**この頃** 天皇の漢風諡号を淡海三船らが撰進(続紀)。 【死没】 9.30 石川年足(75，公卿)。10.14 県犬養広刀自(聖武天皇夫人)。 《大の月》1・2・3・6・9・11・12		21	26	代宗 宝応 4.16
8.18 儀鳳暦を廃し，大衍暦を用いる(続紀)。9.4 少僧都慈訓を解任し，道鏡を少僧都とする(続紀)。 【死没】 5.6 鑑真(76，唐僧)。10.17 山背王(長屋王の子)。 《大の月》1・2・3・6・9・11・12	唐，安史の乱終る。 吐蕃，長安に侵入。	22	27	広徳 7.11 ①

西暦	年号 干支	天皇	大師	右大臣	政治・経済
764 2.7	天平宝字 **8** 甲辰	（淳仁） 10.9 称徳	（恵美押勝） 9.11 9.20 大臣禅師道鏡	9.14 藤原豊成	**7.17** 東海道節度使を停止(続紀)。**7.19** 新羅使来朝(続紀)。**9.2** 恵美押勝を都督四畿内三関近江丹波播磨等国兵事使とする(続紀)。**9.11** 恵美押勝，逆謀発覚し近江国に逃亡．近江で氷上塩焼(塩焼王)を立てて天皇とする(続紀)。**9.18** 恵美押勝，追討軍に破れ，一族・氷上塩焼とともに敗死(続紀)。**9.20** 道鏡を大臣禅師とする(続紀)。**9.22** 恵美押勝の改めた官名を旧に復する(続紀)。**10.9** 淳仁天皇を廃して淡路国に幽閉し，孝謙太上天皇重祚(称徳天皇)(続紀)。**11.12** 西海道節度使を停止(続紀)。
765 1.26	天平神護（てんぴょうじんご） 1.7 乙巳 ⑩		⑩.2 太政大臣禅師道鏡	11.27	**2.3** 授刀衛を近衛府と改称．外衛府の官員を定める．内厩寮を置く(続紀)。**3.5** 寺院を除き，墾田開発を禁止(続紀)。王臣家の武器私有を禁止(続紀)。**8.1** 和気王を謀反の罪で処刑(続紀)。**9.8** 新銭神功開宝を銭造し，万年通宝と並行して流通させる(続紀)。**閏10.2** 道鏡を太政大臣禅師とする(続紀)。
766 2.14	**2** 丙午		10.20 10.20 左大臣藤原永手	1.8 藤原永手 10.20 10.20 吉備真備	**4.7** 大宰府，東国防人の再配置を請う(続紀)。**5.4** 吉備真備の奏により，中壬生門の西に柱を立て，百姓らの訴状を受ける(続紀)。**9.23** 五畿内巡察使と西海道を除く諸道の巡察使を任命(続紀)。**10.4** 員外国司の赴任を禁じる(続紀)。**10.20** 道鏡を法王とする(続紀)。
767 2.4	神護景雲（じんごけいうん） 8.16 丁未				**3.20** 法王宮職を置く(続紀)。**7.10** 内豎省を置く(続紀)。**8.29** 伊勢老人を造西隆寺長官とする(続紀)。**10.15** 陸奥の伊治城成る(続紀)。**この頃** 地方豪族への献物叙位盛行(続紀)。
768 1.24	**2** 戊申 ⑥				**2.28** 筑前の怡土城成る(続紀)。**9.22** 陸奥国の要請により，陸奥国兵士4000人を増員し，他国の鎮兵2500人を停める．陸奥国調庸は同国に収め，10年に１度京に進納させる(続紀)。**10.24** 左右大臣以下８人に新羅交関物購入のための綿を賜う(続紀)。**12.4** 興福寺僧基真を師円興をあなどった罪で飛騨国に配する(続紀)。
769 2.11	**3** 己酉				**1.3** 法王道鏡に大臣以下拝賀(続紀)。**2.17** 陸奥国桃生・伊治両城に移住する百姓を坂東８国から募る(続紀)。**9.25** これより先，中臣習宜阿曾麻呂，道鏡を皇位に即かせよとの宇佐八幡の神託を伝える．天皇，和気清麻呂を宇佐に派遣．清麻呂帰り，皇緒を立てよとの神託を奏上．この日，道鏡，清麻呂を大隅国に，姉広虫を備後国に配流(続紀)。**10.30** 由義宮を西京とし，河内国を河内職とする(続紀)。
770 2.1	宝亀（ほうき） 10.1 庚戌	8.4 10.1 光仁			**3.4** 新羅使，藤原清河・阿倍仲麻呂の書を持参．大宰府にて饗し返す(続紀)。**8.4** 称徳天皇没．白壁王を皇太子とする(続紀)。**8.21** 道鏡を造下野国薬師寺別当として追放(続紀)。**8.26** 河内職を再び河内国とする(続紀)。**9.3** 要司以外の令外官を廃止(続紀)。**9.6** 和気清麻呂・広虫を召還(続紀)。**10.1** 白壁王(光仁天皇)即位(続紀)。**11.6** 井上内親王を皇后とする(続紀)。

社　会・文　化	世　界	新羅	渤海	唐
8.14 大和・河内・山背・近江・丹波・播磨・讃岐などの国に造池使を派遣し，池を築かせる(続紀)。**10.-** この頃，恵美押勝残党がまぎれこむのを恐れ，山林寺院で僧を集め読経悔過を行うことを禁じる(宝亀1年10月28日，許す)(続紀)。**この年** 兵旱のため米価一石1000銭に高騰(続紀)。 【死没】 **9.18** 氷上塩焼(公卿)。藤原朝狩(公卿)。恵美押勝(59，公卿)。 《大の月》2・3・5・7・10・12		景徳王 23	大興 28	広徳 2
10.30 弓削寺に行幸，唐・高麗楽，百済の舞楽を奏す(続紀)。**この年** 天皇，西大寺を創建(扶桑略記・西大寺資財流記帳)。 【死没】 **8.1** 紀益女(巫女)。和気王(官人)。**10.23** 淳仁天皇(33)。**11.27** 藤原豊成(62，公卿)。 《大の月》2・3・5・6・8・10・12		恵恭王	29	永泰 1.1 ⑩
7.23 伊勢大神宮寺に丈六仏像を造らせる(続紀)。 【死没】 **3.12** 藤原真楯(52，公卿)。**6.28** 百済王敬福(69，公卿)。 《大の月》2・3・5・7・8・10・12	アッバース朝の首都，バクダードの円城完成。	2	30	大暦 11.12
1.8 諸国国分寺で吉祥天悔過の法を行わせる(続紀)。**2.7** 大学寮に行幸し，釈奠に臨席(続紀)。**8.4** 筑前国金崎の船瀬を造る功により，宗形深津ら叙位(続紀)。**9.18** 豊前に八幡比売神宮寺を造営(続紀)。 【死没】 **3.18** 泰澄(86，白山開山)。**9.23** 上道斐太都(官人)。**11.17** 山村王(46，官人)。 《大の月》3・5・7・8・10・11		3	31	2
7.30 孔子の号を唐に倣い文宣王と改める(続紀)。**11.9** 春日大明神を三笠山に移す(興福寺略年代記)。 【死没】 **6.28** 高丘比良麻呂(官人)。 《大の月》1・3・6・7・9・10・11	フランク王国，カール(シャルルマーニュ)即位(～814年)。	4	32	3 ⑥
8.21 初めて大宰府に綾師を置く(続紀)。**10.10** 大宰府に『史記』『漢書』などを賜い，学業を興隆させる(続紀)。 【死没】 **10.29** 大和長岡(81，官人)。 《大の月》1・3・7・9・10・11・12		5	33	4
4.21 修栄「南天竺婆羅門僧正碑」成る(年紀)。**4.26** 三重小塔百万塔が完成，露盤下に陀羅尼を納め諸寺に分置(続紀)。**7.15** 疫病・変異を除くため，京内諸寺で『大般若経』を転読させる(続紀)。**10.28** 僧徒の山林修行を許す(続紀)。**この年** 紀伊国粉河寺創建(粉河寺縁起)。吉備真備『私教類聚』成る。 【死没】 **1.-** 阿倍仲麻呂(70，遣唐留学生，唐朝官吏)。**8.4** 称徳(孝謙)天皇(53)。**10.9** 文室浄三(78，公卿)。 《大の月》2・5・8・10・11・12		6	34	5

西暦	年号 干支	天皇	左大臣	右大臣	内臣	政　治・経　済
771 1.21	宝亀 2 辛亥 ③	(光仁)	(藤原永手) 2.22	(吉備真備) 3.13 大中臣清麻呂	3.13 藤原良継	1.23 他戸親王を皇太子とする(続紀)。3.15 内臣の職掌・待遇を大納言と同一とする(続紀)。3.29 和気清麻呂の本位を復す(続紀)。6.27 渤海使壱万福ら325人，出羽国に来着．12月21日入京(続紀)。9.22 左右平準署を廃止(続紀)。10.27 武蔵国の所属を東山道から東海道に改める(続紀)。
772 2.8	3 壬子					1.16 渤海使が献上した渤海王上表文の無礼を責める(続紀)。1.25 渤海使，表文を改修し申謝(続紀)。2.16 内豎省・外衛府を廃止(続紀)。2.29 渤海使帰国．送渤海客使武生鳥守ら，ともに出発(９月20日，能登国に漂着，再出発後，翌年10月13日帰国)(続紀)。3.2 皇后井上内親王，巫蠱の罪により廃される(続紀)。5.27 皇太子他戸親王，母井上内親王の罪により廃される(続紀)。8.12 新・旧銭の交換比率を同価として流通させる(続紀)。10.11 課役を逃れるため陸奥国に逃亡した下野国百姓を検括し，本郷に帰させる(続紀)。10.14 天平神護元年の開墾禁止令を解除(続紀)。
773 1.27	4 癸丑 ⑪					1.2 山部親王を皇太子とする(続紀．戊寅(２日)とあるのは，庚寅(14日)の誤りか)。6.12 渤海使烏須弗ら，能登国に来着(続紀)。6.24 渤海使の表函の違例を責め，入京させず能登より放還(続紀)。
774 2.15	5 甲寅					3.4 新羅使，藤原清河の書を持参し大宰府に来着するが，無礼をとがめ放還(続紀)。3.18 歴任５年以上の員外国司を解任(続紀)。7.23 陸奥按察使兼守鎮守将軍大伴駿河麻呂らに，蝦夷征討を命じる(続紀)。10.4 大伴駿河麻呂，陸奥国遠山村の蝦夷を攻撃(続紀)。
775 2.5	6 乙卯					3.23 蝦夷との争乱により，陸奥国の課役・田租を免除(続紀)。4.27 井上内親王・他戸親王，ともに没(続紀)。6.19 遣唐大使佐伯今毛人らを任命(続紀)。
776 1.26	7 丙辰 ⑧					1.19 七道に検税使を派遣(続紀)。5.2 出羽国志波村の蝦夷が反乱．下総・下野・常陸等の国の騎兵を徴発し防がせる(続紀)。7.14 安房・上総・下総・常陸の船50隻を買上げ，陸奥国に置き，不慮の事態に備える(続紀)。閏8.6 遣唐使船，順風を得ず翌年夏まで船出を延期(続紀)。9.13 陸奥国の俘囚395人を大宰府管内諸国に移配(続紀)。11.26 陸奥国の兵士3000人に胆沢の蝦夷を攻撃させる(続紀)。11.29 出羽国の俘囚358人を大宰府管内諸国・讃岐国に移配(続紀)。12.14 遣唐副使大伴益立を交替させ，小野石根・大神末足を任命(続紀)。12.22 渤海使史都蒙ら，越前国加賀郡に漂着，翌年４月９日，入京(続紀)。
777 2.13	8 丁巳				1.2 内大臣良継 9.18	4.22 渤海使，方物を献上(続紀)。5.23 渤海使帰国，高麗殿継を送使に任命し，ともに出発(続紀)。6.1 遣唐大使佐伯今毛人，病で渡唐できず，副使小野石根に節刀を授く(６月24日に出航)(続紀)。12.14 出羽国の兵士，志波村の蝦夷に敗退(続紀)。

社会・文化	世界	新羅	渤海	唐
閏3.15 威儀法師を6人置く(続紀)。 【死没】 **2.22** 藤原永手(58，公卿)。 《大の月》2・3・4・8・10・11		恵恭王 7	大興 35	大暦 6 ③
3.6 十禅師を補し，供養を充てる(続紀)。**5.7** 藤原浜成，『歌経標式』を献上(同書序)。 【死没】 **4.-** 道鏡(僧侶)。 《大の月》1・2・3・6・8・11・12		8	36	7
3.14 穀価騰貴により，常平法を定める(続紀)。**11.20** 行基開創の6院に田を施入(続紀)。 【死没】 **閏11.16(11月24日とも)** 良弁(85，僧侶)。 《大の月》2・3・5・7・9・⑪・12		9	37	8 ⑪
9.6 諸国に溝池を修造させる(続紀)。**11.10** 陸奥国に漏剋を置く(続紀)。 【死没】 **10.3** 国中公麻呂(仏師)。 《大の月》2・4・5・7・9・11	唐，不空，没。フランク王国，カール大帝，ロンバルド王国を滅ぼす。	10	38	9
【死没】 **4.27** 井上内親王(59，光仁天皇皇后)。 他戸親王(15，光仁天皇皇子)。**5.17** 大津大浦(陰陽師)。**7.1** 藤原蔵下麻呂(42，公卿)。**10.2** 吉備真備(81，学者，公卿)。 《大の月》1・4・5・7・8・10・12		11	39	10
4.12 諸社の怠慢を戒め，掃修と春秋の祭祀を督励する(続紀)。 【死没】 **7.7** 大伴駿河麻呂(公卿)。 《大の月》2・5・7・8・9・10・12		12	40	11 ⑧
【死没】 **8.19** 大伴古慈斐(83，公卿)。**9.18** 藤原良継(62，公卿)。**この年** 慈訓(87，興福寺僧侶)。 《大の月》2・5・8・9・10・12		13	41	12

西暦	年号 干支	天皇	左大臣	右大臣	内大臣	政治・経済
778 2.2	宝亀 9 戊午	(光仁)		(大中臣清麻呂)	3.30 忠臣藤原魚名	9.21 遣渤海使高麗殿継ら，渤海使張仙寿らとともに越前国に帰着(続紀)。10.23 遣唐第 3 船，唐客を伴い帰着(第 4 船は11月10日，第 2 船は11月13日に帰着．第 1 船は遭難漂着し，副使小野石根ら溺死)(続紀)。12.17 布勢清直を送唐客使(翌年 5 月27日，進発)，大網広道を送渤海客使に任命(続紀)。
779 1.22	10 己未 ⑤				1.1 内大臣魚名	1.5 渤海使，方物を献上(2 月 2 日，帰国)(続紀)。2.13 下道長人を遣新羅使に任命(7 月10日，遣唐判官海上三狩・新羅使を伴い帰国)(続紀)。5.3 唐使朝見し，国書・信物を貢上(続紀)。閏5.27 諸国の史生を，大国 5 人，上国 4 人，中国 3 人，下国 2 人とし，国博士・医師を各 1 人ずつと改める(続紀)。8.15 新・旧銭を同価とし，並行して流通させる(続紀)。9.14 出羽国に来着した渤海・鉄利人359人の放還を決める(続紀)。9.28 百姓による財物出挙の利は10割を越すことを禁じる(続紀)。10.17 大宰府滞在中の新羅使・唐使の入京を許可(続紀)。11.29 国司が規定以上の官稲を出挙し，利益を着服することを禁じ，調庸進上の期日を厳守することを命じる(続紀)。
780 2.10	11 庚申					1.5 新羅使，方物を献じる(続紀)。2.2 陸奥国に覚鱉城を造ることを命じる(続紀)。3.16 官を合併し冗官を省く．羸弱な兵士に代えて富裕な百姓で弓馬に堪能な者を兵士とし，他は帰農させる．諸司の仕丁・駕輿丁のうち厮庁と火頭らも帰農させる(続紀)。3.22 陸奥国上治郡大領伊治呰麻呂が反乱を起こし，按察使紀広純を殺害(続紀)。3.28 藤原継縄を征討大使，大伴益立・紀古佐美を副使に任命(続紀)。7.15 因幡・伯耆・出雲・石見・安芸・周防・長門などの縁海諸国に警固を厳しくすることを命じる(続紀)。8.28 大宰府官人の任期を 4 年から 5 年に延長(続紀)。9.23 藤原小黒麻呂を持節征東大使とする(続紀)。10.26 諸国に命じて，課役を逃れるため流離する百姓を検括し，戸籍への編付を厳格に行うことを命じる．また，帰郷を希望する者は帰郷させる(続紀)。
781 1.29	天応(てんおう) 1.1 辛酉	4.3 桓武	6.27 藤原魚名	6.23	6.27	2.30 坂東の 6 国から穀10万斛を陸奥軍所に漕送させる(続紀)。4.3 天皇，病により譲位．山部親王(桓武天皇)即位(続紀)。4.4 皇弟早良親王を皇太子とする(続紀)。5.17 中宮職を置く(続紀)。6.1 員外官を解任し，官人の勤務態度を正す(続紀)。6.24 送唐客使布勢清直ら帰国(続紀)。8.25 藤原小黒麻呂，蝦夷征討を終えて入京(続紀)。12.23 光仁太上天皇没(続紀)。
782 1.18	延暦(えんりやく) 8.19 壬戌 ①		6.14	6.21 藤原田麻呂		閏1.11 氷上川継の謀反露見(続紀)。閏1.14 氷上川継を伊豆国に，母不破内親王を淡路国に配流(続紀)。3.26 天皇を厭魅した罪で，三方王・山上船主・弓削女王を配流(続紀)。4.11 造宮省・勅旨省・造法華寺司・鋳銭司を廃止(続紀)。6.14 藤原魚名，氷上川継に連座し罷免される(続紀)。6.17 大伴家持を陸奥按察使・鎮守将軍に任命(続紀)。12.4 国司に公廨を規定通りに運営することを命じ，交替解由を厳しく取締る(続紀)。

社　会・文　化	世　界	新羅	渤海	唐
【死没】 9.29 法進(70, 唐僧)。 《大の月》1・3・4・9・10・11		恵恭王 14	大興 42	大暦 13
2.8 淡海三船, 『唐大和上東征伝』を撰する(同書奥書)。 【死没】 7.9 藤原百川(48, 公卿)。12.13 藤原縄麻呂(51, 公卿)。 《大の月》1・2・4・7・9・10・11・12		15	43	14 ⑤
1.20 僧侶の不行状・不正を糺す(続紀)。8.18 諸国で造る甲冑を鉄甲から革甲に替えることを命じる(続紀)。12.14 京中で巫覡を招いての淫祀などを禁断(続紀)。12.25『西大寺資財流記帳』成る(同書)。**この頃** 秋篠寺創建か。 【死没】 3.22 紀広純(公卿)。11.28 文室大市(77, 公卿)。 《大の月》2・5・8・10・11・12	唐, 両税法を定める。	宣徳王	44	徳宗 建中 1.1
【死没】 6.6 藤原乙縄(公卿)。6.24 石上宅嗣(53, 文人, 公卿)。10.4 開成(58, 摂津弥勒寺開基)。12.23 光仁天皇(73)。 《大の月》2・4・6・9・11	唐, 長安大秦寺に大秦景教流行中国碑建立。**この頃** カロリング=ルネサンス始まる。	2	45	2
《大の月》1・①・3・4・6・9・11	湛然没(72, 唐僧)。	3	46	3 ①

西暦	年号干支	天皇	右大臣	政治・経済
783 2.6	延暦 2 癸亥	（桓武）	（藤原田麻呂） 3.19 7.19 藤原是公	4.18 藤原乙牟漏を皇后とする（続紀）。6.1 伊治呰麻呂の乱による百姓の疲弊のため，出羽国雄勝・平鹿両郡の税を3年間免除（続紀）。6.10 京畿内の私寺建立，田宅地の喜捨による寺領拡大を禁じる（続紀）。12.6 京内諸寺による銭財出挙の利が10割を越すことを禁じる（続紀）。
784 1.27	3 甲子 ⑨			5.1 国師の遷替年限を6年とする（続紀）。5.16 遷都のため，藤原小黒麻呂・藤原種継らに山背国乙訓郡長岡村を視察させる（続紀）。6.10 藤原種継らを造長岡宮使とし，長岡京の造営を開始（続紀）。7.4 阿波・讃岐・伊予3国に山崎橋の料材を進上させる（続紀）。11.3 国司による公廨田以外の私田経営・墾田開発を禁じる（続紀）。11.11 天皇，長岡京に移る（続紀）。12.13 王臣家・諸司・寺家による山川藪沢占有を禁じる（続紀）。
785 2.14	4 乙丑			5.24 調庸の質の粗悪化を戒め，粗悪品を進めた国司・郡司を処罰することを定める（続紀）。6.24 諸国の戸口を調査し，他国の浮浪者を調べる（類聚三代格）。7.20 長岡京造営のため，諸国百姓31万4000人を和雇する（続紀）。7.24 正税を犯用する国司を解任し，塡納させることを命じる（続紀）。9.23 藤原種継射られ，翌日没（続紀・紀略）。9.24 種継の暗殺犯として，大伴継人らを逮捕し処断する（続紀・紀略）。9.28 皇太子早良親王，種継暗殺に関与の疑いで乙訓寺に幽閉され，後，淡路への移送途中に死亡（紀略）。11.25 安殿親王を皇太子とする（続紀）。
786 2.4	5 丙寅			4.11 国郡司の怠慢を改めさせるため，16条からなる考課基準を定める（続紀）。7.19 太政官院成り，百官初めて朝座に就く（続紀）。8.8 蝦夷征討の兵士の検閲・武器の点検をするため，東海・東山両道に使者を派遣（続紀）。9.18 出羽国，渤海使李元泰らの漂着を報告（翌年2月19日帰国）（続紀）。
787 1.24	6 丁卯 ⑤			1.21 陸奥按察使に，王臣・国司らが蝦夷と交易することを禁断させる（類聚三代格）。10.17 天皇，交野に行幸．藤原継縄の別業を行宮とする（続紀）。
788 2.12	7 戊辰			3.2 蝦夷征討のための軍粮・糒・塩を多賀城に運ぶ（続紀）。3.3 東海・東山・坂東諸国の歩兵・騎兵5万2800余人を翌年3月までに多賀城に集結させる（続紀）。3.16 和気清麻呂の言上により，河内・摂津国境に川を堀り河内川の水を海に通すことを許る（続紀）。7.6 紀古佐美を征東大使とする（続紀）。9.26 長岡京造営に役夫を出す諸国の出挙の利息を5割から3割に減らす（続紀）。12.7 紀古佐美辞見し，節刀を賜う（続紀）。
789 1.31	8 己巳		9.19	3.9 多賀城に諸国の軍が会集し，蝦夷征討を開始（続紀）。3.16 造東大寺司を廃止（続紀）。7.14 伊勢国鈴鹿関・美濃国不破関・越前国愛発関の3関を停廃（続紀）。9.8 紀古佐美，陸奥国から帰り，節刀を返上（続紀）。9.19 征東将軍らの敗戦責任を勘問し，責任者らを処罰（続紀）。

社　会・文　化	世　界	新羅	渤海	唐
4.28 国分寺僧の死闕による交替を厳格に行うことを命じる(続紀)。10.6 国師の定員を，大国・上国は大国師1人・少国師1人，中・下国は国師1人に減らす(続紀)。 【死没】 1.8 道嶋嶋足(武将)。3.19 藤原田麻呂(62，公卿)。7.25 藤原魚名(63，公卿)。 《大の月》1・2・4・6・7・9・12		宣徳王 4	大興 47	建中 4
10.30 京中に盗賊が多く，隣保を作り検察させる(続紀)。 《大の月》2・4・6・7・9・10・11	唐，顔真卿，殺害される。	5	48	興元 1.1 ⑩
1.14 使を派遣して，淀川分流工事を行い，摂津国の三国川に通じさせる(続紀)。5.25 僧尼が法に背き，私的に檀越を定め，人民を欺くことを禁じる(続紀)。7.- 最澄，比叡山に草庵を構える(叡山大師伝)。 【死没】 7.17 淡海三船(64，文人)。8.28 大伴家持(歌人，公卿)。9.24 藤原種継(49，公卿)。10.- 早良親王(36，光仁天皇皇子)。この年 大伴継人(官人)。 《大の月》2・4・6・8・9・10・12		元聖王	49	貞元 1.1
1.21 近江国滋賀郡に梵釈寺を造営(続紀)。 【死没】 1.7 坂上苅田麻呂(59，武人，公卿)。 《大の月》3・5・8・9・11・12	アッバース朝，ハールーン=アッラシード，第5代カリフに即位(～809年)。	2	50	2
11.5 天神を交野に祀る(続紀)。 《大の月》1・3・6・8・10・11		3	51	3 ⑤
11.- 多度神宮寺鎮三綱『多度神宮寺伽藍縁起并資財帳』提出。この年 最澄，比叡山寺を創建(伝教大師行状)。 唐僧思託，『延暦僧録』を撰する(招提千歳伝記)。 【死没】 5.4 藤原旅子(30，桓武天皇夫人)。6.10 石川名足(61，公卿)。7.28 大中臣清麻呂(87，公卿)。 《大の月》1・2・4・7・9・11・12	新羅，読書三品の制度を定め，官吏を登用。	4	52	4
この年『高橋氏文』奏上される(本朝月令)。 【死没】 9.19 藤原是公(63，公卿)。10.17 高麗福信(81，廷臣)。12.28 高野新笠(光仁天皇夫人)。この年 橘清友(32，官人)。 《大の月》1・3・5・8・10・12		5	53	5

西暦	年号干支	天皇	右大臣	政　治・経　済
790 1.20	延暦 9 庚午 ③	（桓武）	2.27 藤原継縄	閏3.4 蝦夷征討に備え，諸国に革甲2000領を 3 年以内に作らせる（続紀）。閏3.29 蝦夷征討のため，東国諸国に軍粮の糒を備えさせる（続紀）。4.5 大宰府に鉄冑2900余枚を作らせる（続紀）。10.2 再び鋳銭司を置く（続紀）。11.3 旧年の正税の欠負・未納を，今後は国司に毎年補塡させる（続紀）。
791 2.8	10 辛未			1.18 東海・東山道に使を派遣し，蝦夷征討のために兵士・武具を検閲させる（続紀）。3.6 吉備真備・大和長岡らが刪定した律令24条を施行（続紀）。3.26 諸国の国司・郡司に甲を作らせる（続紀）。5.28 来年の班田に備え，天平14年・天平勝宝 7 歳などの田図・田籍の通りに改正させる（続紀）。6.25 山背国に使を派遣し，公私の土地の別を明確にさせる（続紀）。7.13 大伴弟麻呂を征夷大使，坂上田村麻呂ら 4 人を副使とする（続紀）。8.5 畿内の班田使を任命（続紀）。10.25 東海・東山 2 道の諸国に征箭 3 万4500余具を作らせる（続紀）。11.3 坂東諸国に軍粮の糒12万余斛を備えさせる（続紀）。
792 1.28	11 壬申 ⑪			6.7 陸奥・出羽・佐渡・大宰府などの辺要地を除き，諸国の兵士を停廃する（類聚三代格）。6.14 諸国に健児を置く（類聚三代格）。
793 2.15	12 癸酉			1.15 遷都のため，藤原小黒麻呂・紀古佐美らに山背国葛野郡宇太村の地を視察させる（紀略）。2.2 使を派遣し，遷都のことを賀茂大神に告げさせる（紀略）。2.17 征東使の名を改め，征夷使とする（紀略）。3.1 葛野に行幸し，新京を巡覧する（紀略）。3.9 摂津職を廃し，摂津国とする（紀略）。3.10 使を派遣し，遷都のことを伊勢大神宮に告げさせる（紀略）。3.12 新京宮城の築造を始める（紀略）。6.23 諸国に新京の諸門を造らせる（紀略）。9.2 新京に宅地を班給する（紀略）。
794 2.5	13 甲戌			1.1 征夷大将軍大伴弟麻呂に節刀を賜う（紀略）。7.1 東西市を新京に移す（紀略）。10.22 天皇，新京に移る（紀略）。10.28 弟麻呂，征討軍の戦果を報告（紀略）。11.8 山背国を山城国と改め，新京を平安京と号する（紀略）。
795 1.26	14 乙亥 ⑦			1.29 征夷大将軍大伴弟麻呂朝見し，節刀を返上（紀略）。4.27 百姓らが田宅園地を寺に売ることを禁じる（類聚三代格）。閏7.1 公廨稲出挙の利息を 3 割に減らす（類聚国史）。閏7.2 畿内七道に派遣する巡察使を任命（翌月，派遣停止）（紀略）。閏7.15 雑徭の日数の上限を60日から30日に半減する（類聚三代格）。8.15 近江国逢坂関を廃止（紀略）。11.22 東国防人を廃し，九州の兵士を充てる（類聚三代格）。11.3 出羽国，渤海使呂定琳ら68人の漂着を報告（類聚国史）。12.26 諸国の逃亡兵士340人を陸奥国に移配し，柵戸とする（紀略）。
796 2.13	15 丙子		7.16	1.1 平安宮大極殿が完成し，天皇が出御し朝賀を受ける（紀略）。4.27 渤海使，国書・方物を献上（紀略）。5.17 渤海使帰国，御長広岳・桑原秋成ら送使となる（紀略）。9.1 非常に備え，山城・河内両国に烽燧を置く（後紀）。10.2 御長広岳ら，渤海から帰国（後紀）。11.8 隆平永宝を鋳造（後紀）。11.21 坂東諸国・出羽・越後の民9000人を陸奥国伊治城に遷し置く（後紀）。

社　会・文　化	世　界	新羅	渤海	唐
この年 秋冬の頃，京・畿内で天然痘流行(続紀)。 【死没】 **2.18** 藤原浜成(67，歌学者，公卿)。**閏3.10** 藤原乙牟漏(31，桓武天皇皇后)。**10.3** 佐伯今毛人(72，公卿)。 《大の月》1・2・③・5・7・10・12	吐蕃，唐の安西都護府を攻略。	元聖王 6	大興 54	貞元 6 ④
4.18 山背国諸寺の塔を修理させる(続紀)。**8.3** 夜盗，伊勢大神宮正殿などを焼く(続紀)。**9.16** 平城宮の諸門を長岡宮に移させる(続紀)。 伊勢・尾張・近江・美濃・若狭・越前・紀伊などの国の百姓が牛を殺し，漢神を祀ることを禁じる(続紀)。 《大の月》2・3・4・6・9・11		7	55	7
6.10 皇太子病臥．早良親王(崇道天皇)の祟りと卜占され，使を淡路国に派遣してその霊に謝す(紀略)。**7.27** 京中で，奢靡を競って，喪儀を行うことを禁じる(類聚三代格)。 《大の月》1・2・5・6・8・9・11		8	56	8 ⑫
4.28 年分度者の漢音を習得していない者は得度を禁じる(紀略)。 【死没】 **10.7** 賢璟(80，興福寺高僧)。 《大の月》1・3・5・7・8・10・12	イングランド，デーン人，リンディスフェーン修道院に来襲(この頃からデーン人のイングランド侵攻始まる)。	9	大元義 成王 中興	9
8.13 藤原継縄ら，『続日本紀』の一部を撰進し，残りの編纂を続ける(類聚国史)。**11.7** 越前国の水田102町を大学寮田20町に加え，勧学田とする(紀略)。 【死没】 **5.28** 藤原帯子(安殿親王妃)。**7.1** 藤原小黒麻呂(62，公卿)。 《大の月》2・5・7・8・10・11・12		10	康王 正暦	10
1.16 宮中で平安京遷都を祝う踏歌を行う(類聚国史)。**4.23** 僧尼の不行状を戒める(紀略)。**8.13** 国師を講師と改め，国ごとに1人置く(類聚三代格)。 【死没】 **8.7** 百済王俊哲(官人)。 《大の月》3・6・⑦・8・10・11・12		11	2	11 ⑧
2.25 南海道の駅路，旧路を廃し新道を通す(紀略)。**3.19** 諸国に命じ，武芸に秀れた者を挙げさせる(紀略)。**5.4** 吉備魚主を山陽道に派遣し，賊を捕えさせる(紀略)。**8.10** 尾張弓張に山城国佐比川橋を造らせる(後紀)。**8.21** 諸国に地図を作らせる(後紀)。**この年** 東寺・西寺・鞍馬寺創建(東宝記)。 【死没】 **7.16** 藤原継縄(70，公卿)。 《大の月》3・6・8・10・11・12		12	3	12

西暦	年号干支	天皇	右大臣	政治・経済
797 2.2	延暦 16 丁丑	(桓武)		3.2 甲斐・相模の国境争いに，使を遣わし裁定する(後紀)。6.6 収租の法を改定(類聚国史)。6.9 删定令格45条を施行(類聚国史)。8.3 親王・王臣家の庄長が私田を営むことを禁じる(類聚三代格)。9.4 藤原内麻呂を勘解由長官とする(この時，勘解由使設置か)(公卿補任)。11.5 坂上田村麻呂を征夷大将軍とする(紀略)。**この年** 筑前国司を廃し大宰府に所属させる(類聚三代格)。
798 1.22	17 戊寅 ⑤		8.16 神王	1.24 神宮司・神主などの任期を6年とする(類聚三代格)。3.16 郡司の譜第任用を停める(類聚国史)。4.24 内蔵賀茂麻呂らを遣渤海使に任命(6年1貢を渤海に提示)(類聚国史)。9.23 京畿以外の吏民が畜銭し，銭貨の流通を妨げることを禁じる(類聚三代格)。12.8 寺・王臣家・豪民らによる山川藪沢占有を禁じる(類聚三代格)。12.27 渤海使大昌泰ら，遣渤海使内蔵賀茂麻呂の帰国に同道して来朝，国書・方物を献上(類聚国史)。
799 2.9	18 己卯			2.15 私出挙を許し，利息を3割とする(後紀)。4.15 渤海使帰国，滋野船白らを送使とする(前年の6年1貢案を撤回)(後紀)。4.16 大伴峰麻呂らを遣新羅使に任命(後紀)。5.29 遣新羅使を停止(後紀)。6.5 飢饉により，美作・備前など11ヵ国の前年の田租を免除(後紀)。
800 1.30	19 庚辰			2.4 蓄銭を献じて爵位を求めることを禁じる(紀略)。4.9 王臣・豪民による山藪占有を禁じる(類聚国史)。7.19 天皇，神泉苑に行幸(神泉苑の初見)(紀略)。7.23 故早良親王を崇道天皇と追称する(紀略)。10.4 山城・大和など6国から1万人を徴発し，葛野川の堤を修理する(紀略)。11.6 坂上田村麻呂に諸国の夷俘を検校させる(紀略)。11.26 畿外の民を京畿の戸籍に貫付することを禁じる(類聚三代格)。12.7 大隅・薩摩2国で班田を行う(類聚国史)。
801 1.18	20 辛巳 ①			2.14 征夷大将軍坂上田村麻呂に節刀を賜う(紀略)。4.8 越前国に命じ，牛を殺し神を祭ることを禁断させる(紀略)。5.13 諸国の入貢路に舟楫・浮橋を設け，貢調の便宜をはかる(紀略)。6.5 畿内班田を12年に1度に改める(類聚三代格)。8.10 遣唐大使藤原葛野麻呂らを任命(紀略)。9.27 坂上田村麻呂，蝦夷征討を言上．10月28日，帰京し節刀を返上(紀略)。
802 2.6	21 壬午			1.9 坂上田村麻呂に陸奥国胆沢城を築造させ，のち鎮守府を移す(紀略)。1.11 駿河など東国10国の浪人4000人を胆沢城に移配する(紀略)。1.13 越後国の米1万6000斛，佐渡国の塩120斛を毎年出羽国雄勝城に運ばせ鎮兵の食粮とする(紀略)。4.15 蝦夷首領阿弖流為・母礼ら，500余人を率い投降(紀略)。6.24 王臣諸家による蝦夷との私交易を禁じる(類聚三代格)。7.10 坂上田村麻呂，蝦夷の首領2人を従え入京(紀略)。
803 1.27	22 癸未 ⑩			3.6 坂上田村麻呂，造志波城使となり辞見(紀略)。4.2 遣唐大使藤原葛野麻呂に節刀を賜い，16日，難波を出航(紀略)。4.21 遣唐使船，暴風雨で破損(紀略)。5.22 遣唐使船，渡航不能となり，大使，節刀を返還(紀略)。10.25 出羽国の田地を開発し，占有することを禁じる(類聚三代格)。11.15 大赦を行う(紀略)。

社　会・文　化	世　界	新羅	渤海	唐
2.13 菅野真道ら,『続日本紀』を完成し撰進(後紀)。5.8 文室波多麻呂に山城国宇治橋を造らせる(紀略)。7.11 公私を問わず男女が会集するとき,その同席を禁じる(類聚三代格)。12.1 空海,『三教指帰』を著す(同書序)。 【死没】 2.- 行表(74,学僧)。4.4 紀古佐美(65,公卿)。4.21 善珠(75,法相宗学僧)。 《大の月》2・4・7・9・11・12		元聖王 13	正暦 4	貞元 13
4.15 年分度者の制を定める(類聚国史)。6.14 僧綱・十大寺三綱・法華寺鎮などの従僧・童子の数を定める(類聚三代格)。 【死没】 3.27 明一(71,法相宗学僧)。5.27 羽栗翼(70,官人)。 《大の月》1・3・5・7・10・11・12		14	5	14 ⑤
6.12 国司に部内の比丘・優婆塞を調査記録し言上させる(後紀)。6.15 大和国司の祭祀怠慢を戒める(後紀)。7.- 崑崙人(自称天竺人),参河に漂着し綿種を伝える(後紀)。12.29 諸国の人民に本系帳を提出させる(後紀)。 【死没】 1.20 和気広虫(70,女官)。2.21 和気清麻呂(67,公卿)。 《大の月》2・3・5・8・10・12	**この頃** ジャワ島にボロブドゥールが建築される。	昭聖王	6	15
3.14 富士山噴火,4月18日まで続く(紀略)。4.12 崑崙人が伝えた綿種を南海道や大宰府管内諸国に植えさせる(類聚国史)。 《大の月》2・3・5・7・9・11	カール大帝,教皇に戴冠され西ローマ皇帝となる。北アフリカにアグラブ朝成立。	哀荘王	7	16
4.15 前年の年分度者の制を改め,20歳以上の者の試度を許す(類聚国史)。7.17 僧道輪,上野国山上に多重石塔を建立(銘)。 《大の月》1・2・4・6・7・9・11	唐,杜佑,『通典』を上進(794年・803年ともいう)。	2	8	17 ①
1.8 富士山噴火(紀略)。1.19 和気広世,高雄山寺に最澄らを招き,初めて法華会を行う(扶桑略記)。5.19 富士山噴火で塞がれた相模国足柄路を廃し,筥荷(箱根)路を開く(紀略)。 《大の月》1・4・5・7・8・10・12	カンボジア,ジャヤヴァルマン2世即位し,アンコール朝成立。	3	9	18
2.13 菅野真道ら,『官曹事類』を奏上(本朝法家文書目録)。2.25『延暦交替式』を施行(同書日付)。5.8 相模国筥荷路を廃し,足柄路を復興(紀略)。 【死没】 2.- 行賀(75,興福寺僧侶)。 《大の月》2・5・7・8・10・⑩・12		4	10	19 ⑩

西暦	年号 干支	天皇	右大臣	政　治・経　済
804 2.15	23 甲申	（桓武）	（神王）	1.19 蝦夷征討のため，武蔵など７国から糒・米を陸奥国中山柵に運ばせる（後紀）。1.28 坂上田村麻呂を再び征夷大将軍とする（後紀）。3.28 遣唐大使藤原葛野麻呂に再び節刀を授ける（後紀）。6.27 能登国に渤海使のための客院を造らせる（後紀）。7.－ 遣唐使船，再出発．最澄・空海・橘逸勢ら同行（扶桑略記・旧唐書）。9.18 大伴岑万里を新羅に派遣（後紀）。11.22 秋田城を廃し，出羽国秋田郡とする（後紀）。
805 2.3	24 乙酉			1.3 定額寺の檀越と偽り，寺家の田地を売買することを禁じる（後紀）。6.8 藤原葛野麻呂・最澄らが乗船した遣唐第一船，対馬に帰着（後紀）。7.1 葛野麻呂，節刀を返上（後紀）。10.19 坂上田村麻呂，清水寺を建立（東宝記）。12.7 藤原緒嗣と菅野真道に天下徳政を相論させ，緒嗣の意見により平安京の造営を停止する（後紀）。12.10 造宮職を廃止（後紀）。
806 1.23	大同（だいどう） 5.18 丙戌 ⑥	3.17 平城	4.24 5.19 藤原内麻呂	3.17 桓武天皇没し，安殿親王（平城天皇）践祚（後紀）。5.6 飢饉のため正税を貸与する（後紀）。5.18 平城天皇即位（後紀）。5.19 賀美能親王を皇太弟とする（後紀）。5.24 六道観察使を置く（後紀）。閏6.8 王臣・寺家による山野占有を禁じる（後紀）。閏6.16 勘解由使を廃止（後紀）。7.7 畿内勅旨田の不正を勘察させる（後紀）。8.22 王臣諸家が，檀越を追放しておのおの寺と称し，寺田を専横にすることを禁じる（後紀）。
807 2.11	2 丁亥			1.20 諸国に桑・漆を植えさせる（類聚三代格）。4.16 参議の号を廃し，観察使を置く（紀略）。4.22 近衛府を改め左近衛府とし，中衛府を改め右近衛府とする（類聚三代格）。5.16 諸国の采女貢上を停める（紀略）。7.24 畿内国司に作田を許す（類聚三代格）。10.19 国司交替の年限を６年に改める（紀略）。10.28 伊予親王の謀反が発覚（紀略）。11.12 伊予親王・母藤原吉子，川原寺で自害（紀略）。11.13 藤原宗成らを配流（紀略）。
808 1.31	3 戊子			5.14 再び筑前国司を置く（後紀）。7.2 畿内班田を再び６年に１度と改める（類聚三代格）。7.22 衛門府を廃し，左右衛士府に併合する（後紀）。8.1 太政官に少納言１人を増員する（後紀）。8.6 諸国に徭帳を進上させる（後紀）。9.16 唐招提寺等に一時的に施入した封戸を停め，穀倉院に納める（穀倉院の初見）（後紀）。
809 1.20	4 己丑 ②	4.1 嵯峨		4.1 平城天皇譲位（後紀）。4.13 賀美能親王（嵯峨天皇）受禅即位（紀略）。4.14 高丘親王を皇太子とする（紀略）。9.27 観察使起請16条を諸国に下す（紀略）。10.1 渤海使高南容ら来日し国書・方物を献上（紀略）。11.12 藤原仲成らを派遣し，平城宮を造る（紀略）。12.4 上皇，平城京に行幸（紀略）。
810 2.8	弘仁（こうにん） 9.19 庚寅			3.10 初めて蔵人所を置き，巨勢野足・藤原冬嗣を頭とする（皇年代略記・公卿補任）。4.8 渤海使帰国（紀略）。6.28 観察使を廃し，参議の号を復活（紀略）。9.6 上皇，平城遷都を命じる（後紀）。9.10 天皇，三関を固め，藤原仲成を拘禁し，尚侍藤原薬子を解任（薬子の変）（後紀）。9.12 上皇，天皇軍に阻まれ平城に還り，出家．薬子自殺（後紀）。9.13 皇太子高丘親王を廃し，大伴親王を皇太弟とする（後紀）。9.29 渤海使高南容，再来日し国書・方物を献上（後紀）。12.4 林東人らを送渤海客使とする．翌年４月27日，辞見，渤海使の帰国に同行し出発（最後の遣渤海使）（後紀）。12.20 鋳銭司，新銭1040貫を進上（後紀）。

社会・文化	世界	新羅	渤海	唐
1.11 僧徒の破戒を誡める(後紀)。1.22 唐招提寺に律の披講を許す(後紀)。3.14 度会宮禰宜五月麻呂ら『止由気宮儀式帳』を奏上。8.28『皇太神宮儀式帳』成る(同跋文)。12.21 牛を殺し，皮を用いることを禁じる(後紀)。 《大の月》2・5・7・9・10・11		哀荘王 5	正暦 11	貞元 20
8.9 最澄を殿上に招き，悔過読経を行う．最澄，唐の仏像を献上(後紀)。9.1 最澄，高雄山寺で灌頂を行う(扶桑略記)。 【死没】 8.27 紀直人(59，官人)。 《大の月》1・3・6・9・10・11・12	新羅，公式20余条を頒布。 恵果没(60，唐代の僧侶)。	6	12	順宗 永貞 8.5 憲宗
1.26 年分度者数を華厳・天台・律業各2人，三論・法相業各3人と定め，天台宗，初めて公認される(後紀)。6.10 諸王・五位以上の子孫で10歳以上の者を，皆大学に入れさせる(後紀)。10.22 空海・橘逸勢ら帰国(扶桑略記・旧唐書)。 【死没】 3.17 桓武天皇(70)。4.24 神王(70，桓武天皇従兄弟，公卿)。 《大の月》2・4・⑥・9・10・11・12	新羅，仏寺の創建を禁じる。	7	13	元和 1.2 ⑥
2.13 斎部広成，『古語拾遺』を選述(同書)。9.28 巫覡の妖言，淫祀などを禁じる(紀略)。 【死没】 11.12 藤原吉子(桓武天皇夫人)。 伊予親王(桓武天皇親王)。 《大の月》2・4・7・9・11		8	14	2
2.4 大学に紀伝博士を置く(紀略)。5.3 安倍真直・出雲広貞ら，『大同類聚方』を撰上(後紀)。11.11 大嘗会の雑楽伎人らが，唐物で飾りたてることを禁じる(後紀)。 【死没】 6.3 藤原乙叡(48，公卿)。 《大の月》1・2・4・5・8・11・12		9	15	3
3.21 雅楽寮の諸楽の楽師の人数を定める(後紀)。**延暦・大同年中** 和気広世，弘文院を置く(後紀)。**この年以降弘仁11年の間** 空海『文鏡秘府論』成る。 【死没】 5.7 高志内親王(21，大伴親王妃)。5.28 大伴弟麻呂(79，公卿)。 《大の月》2・3・4・6・8・10・12		憲徳王	定王 永徳	4 ③
この年 初めて賀茂斎院を置く(一代要記)。 【死没】 9.11 藤原仲成(47，公卿)。9.12 藤原薬子(平城天皇寵人)。 《大の月》2・4・6・7・9・10		2	2	5

西暦	年号干支	天皇	右大臣	政治・経済
811 1.28	弘仁 2 辛卯 ⑫	(嵯峨)	(藤原内麻呂)	1.11 陸奥国に和我・薭縫・斯波３郡を置く(後紀)。2.14 郡司任命に譜第優先の制を復活(後紀)。3.11 諸国に俘囚の計帳を進上させる(後紀)。4.17 文室綿麻呂を征夷将軍とする(後紀)。4.27 遣渤海国使林東人ら辞見(後紀)。5.21 国司に命じ，農民の魚酒の慣行を重ねて禁止させる(後紀)。10.5 文室綿麻呂，戦功を奏上し，捕虜の移配を請う(後紀)。11.28 左右衛士府を左右衛門府と改める(後紀)。12.28 大宰府，対馬周辺の新羅船出没を奏上する．翌３年１月５日，沿海諸国に警固を命じる(後紀)。閏12.11 文室綿麻呂，志波城移転を奏上(後紀)。
812 2.16	3 壬辰		10.6 12.5 藤原園人	5.3 国司が墾田を買占め，公廨田の外に水陸田を経営することを禁じる(後紀)。5.25 删定律令を廃止(後紀)。6.2 諸国に夷俘長を置く(後紀)。
813 2.5	4 癸巳			2.9 新羅人110人，肥前国小近島に来襲し，島民と戦う(紀略)。11.24 諸国の介以上の１人をあてて，夷俘専当とする(類聚国史)。
814 1.25	5 甲午 ⑦			2.10 これより先，出雲国で俘囚反乱(荒橿の乱)．この日，鎮定の功で叙位(類聚国史)。5.8 皇子・皇女に源朝臣の姓を賜う(類聚三代格)。7.24 班田を督励する(後紀)。9.30 渤海使王孝廉ら出雲に来着，方物を献上(後紀・文華秀麗集)。10.13 新羅商人31人，長門国に漂着(後紀)。
815 2.13	6 乙未			1.30 対馬に新羅訳語を置く(後紀)。3.2 弾正台・京職に蕃国使客館の荒廃を調査させる(後紀)。3.20 王臣家・富豪の輩が陸奥・出羽両国の良馬を買い求めることを禁じる(後紀)。7.13 夫人橘嘉智子を皇后とする(檀林皇后)(後紀)。7.25 国司の交替年限を４年とする(後紀)。
816 2.2	7 丙申			2.- 興世書主を左衛門大尉とし，検非違使のことを兼行させる(検非違使の初見)(文徳実録)。3.5 大宰府に命じ，毎年絹3000疋を進上させる(紀略)。5.2 渤海使帰国(類国)。7.15 鋳銭司を廃止(紀略)。8.23 上総国夷灊郡で官物・正倉が焼亡し，税長久米部当人を断罪する(類聚国史)。10.10 帰化した夷俘で年月の経っている者に口分田を授け，６年後から田租を収めさせることとする(類聚国史)。10.13 新羅人180人帰化(紀略)。
817 1.21	8 丁酉 ④			2.15 新羅人43人帰化(紀略)。4.22 新羅人144人帰化(紀略)。7.5 陸奥国，俘囚の投降を奏上(類聚国史)。10.7 常陸国新治郡で不動倉13宇，穀9990斛を焼く(紀略)。

社会・文化	世界	新羅	渤海	唐
この年『歴運記』成る。 【死没】 4.23 藤原雄友(59，公卿)。5.23 坂上田村麻呂(54，武将，公卿)。6.6 勝虞(80，僧侶)。 《大の月》1・4・6・7・9・10・12		憲徳王 3	永徳 3	元和 6 ⑫
2.12 天皇，神泉苑に行幸し，花樹を見る(花宴節，これより始まる)(後紀)。6.3 摂津国に長柄橋を造らせる(後紀)。6.5 摂津国大輪田泊を修築させる(後紀)。 住吉・香取・鹿嶋3神社の造替は，正殿のみ20年ごとに行うことを定める(後紀)。6.7 空海「狸毛筆奉献表」を奉献。**この年，或いは翌年** 空海「風信帖」成るか。 【死没】 8.6 布勢内親王(桓武天皇皇女)。8.23 善議(84，三論宗僧侶)。10.6 藤原内麻呂(57，公卿)。 《大の月》1・4・6・8・9・10・12		4	僖王 朱雀	7
2.3 僧尼の度縁戒牒の制を改定(後紀)。6.1 京畿内で病人を路辺に放置することを禁じる(類聚三代格)。11.25 最澄「久隔帖」成る(同書)。**この年** 藤原冬嗣，興福寺南円堂を造立(興福寺縁起)。 《大の月》2・5・7・9・10・12		5	2	8
6.1 これより先，万多親王ら『新撰姓氏録』を撰上(紀略)。**この年** 小野岑守らにより『凌雲集』成る(同書)。 【死没】 3.1 安澄(52，三論宗学僧)。6.29 菅野真道(74，公卿)。 《大の月》1・3・6・8・9・11・12	懐海没(66，唐の僧侶)。 フランク，カール大帝没。	6	3	9 ⑧
4.22 天皇，近江国滋賀韓崎に行幸(後紀)。6.3 畿内・近江・丹波・播磨などの国に茶を植え，毎年献上させる(後紀)。7.20 万多親王ら，『新撰姓氏録』再撰上(同書上表)。10.25 服色・乗車の制を定める(後紀)。 【死没】 1.7 如宝(律宗渡来僧)。6.27 賀陽豊年(65，文人)。9.4 常騰(76，法相宗学僧)。 《大の月》1・3・6・9・11・12		7	4	10
3.21 最澄，『天台霊応図』『本伝集』『新集聖教序』『涅槃師子吼品』などを献上(紀略)。6.19 空海，修禅道場建立のため高野山の地を請う(性霊集)。 【死没】 4.5 永忠(74，僧侶)。12.14 巨勢野足(68，公卿)。 《大の月》1・3・4・7・10・11		8	5	11
7.17 摂津国で大津波，死者220人(紀略)。12.25 伊勢神宮に多気・度会両郡の雑務を委ねる(類聚三代格)。**この年** 最澄『照権実鏡』を著す。**この頃** 徳一『中辺義鏡』を著す。 【死没】 3.1 勝道(83，日光山開山)。 《大の月》1・3・4・5・7・9・12		9	6	12 ⑤

西暦	年号 干支	天皇	右大臣	政　治・経　済
818 2.9	弘仁 9 戊戌	(嵯峨)	(藤原園人) 12.19	3.7 長門国司を改め，鋳銭使とする(類聚国史)。4.27 殿閣・諸門の名を唐風に改める(紀略)。5.22 初めて斎院司を置く(紀略)。11.1 富寿神宝を鋳造(紀略)。
819 1.29	10 己亥			2.20 畿内の富豪の貯えを調べ，困窮者に貸出させる(紀略)。5.19 南都の僧護命ら，連署して最澄の戒壇設立に反対する(顕戒論)。5.21 国司が賑給などに託して公廨稲を横領し，私服をこやすことを禁じる(類聚三代格)。6.16 唐人周光翰ら，新羅船で来訪し，唐の状勢を伝える(紀略)。11.5 京中の空閑地を申請者に賜う(類聚三代格)。11.20 渤海使李承英ら来日，方物を献上(類聚国史・紀略)。
820 1.19	11 庚子 ①			1.22 渤海使，唐人周光翰らを伴い帰国(紀略)。2.13 遠江・駿河両国に配した新羅人700人が反乱し海に逃走，相模など 7 国の軍に追討させる(紀略)。2.16 大和国高市郡に泉池を築かせる(紀略)。4.7 諸国の介以上の者をもって夷俘専当とする(紀略)。4.9 凶作のため，左右京・畿内は弘仁10年以前，七道諸国は同 9 年以前の未納の租庸調を免除(紀略)。4.21 藤原冬嗣ら『弘仁格』『弘仁式』を奏進(類聚三代格)。4.27 唐人20人，出羽国に漂着(紀略)。5.4 国郡司に命じ，行路病者を収養・治療させる(類聚三代格)。
821 2.6	12 辛丑		1.9 藤原冬嗣	1.5 十条断例を定める(紀略)。1.30 藤原冬嗣ら，『内裏式』を撰上(同書序)。11.13 渤海使王文矩ら来日，方物を献上(類聚国史)。12.2 畿内諸国史生 2 人を減員し，博士・医師を置く(類聚三代格)。
822 1.27	13 壬寅 ⑨			3.28 近江国の穀10万斛を穀倉院に収めさせる(類聚三代格)。7.17 新羅人40人帰化(紀略)。12.28 河内国で営田 1 町ごとに正税30束を出挙する(類聚国史)。
823 2.15	14 癸卯	4.16 淳和		1.20 大和国に新銭100貫を賜い，益田池の築料に充てる(紀略)。2.21 大宰府管内諸国に公営田を設置する(類聚三代格)。3.1 越前国江沼・加賀両郡を割き，加賀国を建てる(紀略)。4.16 嵯峨天皇譲位，大伴親王(淳和天皇)受禅(紀略)。4.18 正良親王を皇太子とする(紀略)。4.27 淳和天皇即位(紀略)。4.28 天皇の諱に触れるため，大伴宿禰を伴宿禰と改める(紀略)。
824 2.4	天長(てんちょう) 1.5 甲辰			5.11 新羅人54人を陸奥国に安置し，口分田を与える(類聚国史)。6.19 防鴨河使・防葛野河使の任期を 3 年とする(類聚三代格)。6.20 渤海使の来訪を12年に 1 度とする(類聚三代格)。8.20 良吏を選ぶ事，巡察使を遣す事などの 6 条を定める(公卿意見六箇条)(本朝文粋)。大宰府管内の新羅人を陸奥の空地に遷す(三実)。9.10 再び勘解由使を置く(類聚国史)。10.1 多褹島司を停め，大隅国に所属させる(紀略)。

社　会・文　化	世　界	新羅	渤海	唐
3.23 朝会の礼，常服などを唐風に改める(紀略)。4.23 太秦広隆寺全焼(紀略)。5.13 最澄，『天台法華宗年分学生式』を制す(天台法華宗年分縁起)。8.27 最澄，『勧奨天台宗年分学生式』を制す(天台法華宗年分縁起)。**この年** 藤原冬嗣ら，『文華秀麗集』を撰上(同書)。 最澄『守護国界章』を著す。**この年より弘仁12年の間** 最澄『決権実論』を著すか。 【死没】 6.17 玄賓(法相宗学僧)。11.10 藤原葛野麻呂(64，公卿)。12.19 藤原園人(63，公卿)。 《大の月》1・3・4・6・8・10・12		憲徳王 10	簡王 太始 宣王 建興	元和 13
3.15 最澄，比叡山の戒壇設立を請う(叡山大師伝)。5.3 空海，金剛峯寺を建立(弘法大師行化記)。**この年** 藤原冬嗣らに『日本後紀』の編纂を命じる(類聚国史)。 景深『迷方示正論』を著す。 《大の月》2・4・6・8・9・11		11	2	14
2.29 最澄，『顕戒論』を進上(叡山大師伝)。5.- 空海撰『文筆眼心抄』成る。11.15 文章生の制度を改め，三位以上の子弟を採用することとする(本朝文粋)。12.25 針生5人を置き，『新修本草経』などを読ませる(紀略)。 《大の月》1・①・5・6・8・9・11		12	3	15 ① 穆宗
3.- 最澄『顕戒論縁起』を撰述。5.27 讃岐国の要請により，空海を万農池築造の別当とする(紀略)。**この年** 藤原冬嗣，勧学院を建立(類聚三代格)。 最澄『法華秀句』成るか。 【死没】 1.10 秋篠安人(70，公卿)。 《大の月》1・4・6・8・9・11・12	唐，吐蕃と会盟を結ぶ。 西アジア，ターヒル朝興る。	13	4	長慶 1.4
2.11 空海に命じ，東大寺真言院を建立させ，国家鎮護のため息災増益の法を行わせる(類聚三代格)。6.11 比叡山に戒壇建立を許す(叡山大師伝)。**この頃**『日本霊異記』成立か。 善珠・護命撰述『大乗法相研神章』成るか。 【死没】 6.4 最澄(56，日本天台宗開祖)。 《大の月》1・5・8・9・10・11・12		14	5	2 ⑩
1.19 東寺を空海に賜う(東宝記)。2.26 比叡山寺を改め，延暦寺の名を賜う(叡山大師伝)。4.14 嵯峨天皇『光定戒牒』成る(同書)。10.10 空海『真言宗所学経律論目録』を朝廷へ提出。**この年** 一乗忠(真忠か)『叡山大師伝』撰。 【死没】 4.24 文室綿麻呂(59，公卿)。 《大の月》2・5・8・9・11・12		15	6	3
6.22 義真を初代天台座主とする(天台座主記)。9.27 和気氏の私寺，神願寺を高雄山寺に併合し，神護寺とする(類聚国史)。 【死没】 7.7 平城上皇(51)。 《大の月》2・3・6・9・11・12		16	7	4 敬宗

西暦	年号 干支	天皇	左大臣	右大臣	政　治・経　済
825 1.23	天長 2 乙巳 ⑦	(淳和)	4.5	(藤原冬嗣) 4.5 4.5	3.30 摂津国江南四郊を和泉国に属させる(紀略)。**閏**7.21 百姓騒動のため，和泉国江南四郊を摂津国にもどす(紀略)。8.27 五畿内七道の巡察使を任命(紀略)。12.3 隠岐国，渤海使高承祖ら103人の来着を報告(紀略)。
826 2.11	3 丙午		藤原冬嗣 7.24	藤原緒嗣	3.1 藤原緒嗣，渤海使は商旅であるとして，その頻繁な来日を非難(類聚国史)。5.8 渤海使入京。14日，帰国のため加賀国へ向う(類聚国史)。9.6 上総・常陸・上野３国を親王任国とする(類聚三代格)。11.3 大宰府管内諸国の兵士を廃し，選士・衛卒を置く(類聚三代格)。11.14 五畿内校田使を任命(紀略)。
827 1.31	4 丁未				2.27 正子内親王を皇后とする(紀略)。6.2 和泉国に易田500町を置く(紀略)。9.26 京中の空閑地を希望者に賜う(類聚三代格)。
828 1.20	5 戊申 ③				1.17 渤海人100余人，但馬国に来着(類聚国史)。1.20 畿内班田使を任命(紀略)。**閏**3.27 萩原王を殺した罪により，大中臣春継を伊豆国に流す(紀略)。11.14 伊勢国員弁郡の空閑地100町を勅旨田とする(以降，勅旨田の設置が盛んに行われる)(類聚国史)。
829 2.8	6 己酉				6.22 国司に班田を行わせるため，書生などを雇わせる(類聚三代格)。
830 1.28	7 庚戌 ⑫				1.3 出羽国で大地震，秋田城・四天王寺など倒壊(類聚国史)。4.2 天皇，大極殿で出雲国造献上の５種の神宝などを見る(紀略)。11.17 神祇・八省・弾正・左右京・春宮・勘解由・六衛・左右兵庫の格式を頒行(類聚国史)。
831 2.16	8 辛亥				2.9 山城国綴喜郡に香達池を新築する(紀略)。8.20 山城・河内国に氷室各３宇を増置する(紀略)。9.7 大宰府に新羅人の交易物を検領させる(類聚三代格)。
832 2.5	9 壬子		11.2	11.2 11.2	4.11 紫野院に行幸，院名を雲林亭と改める(紀略)。5.11 清原夏野の私財で行っていた播磨国魚住船瀬築造を国司に援助させる(類聚三代格)。12.17 公廨稲の出挙利稲の10分の１を，前年の正税欠負・未納の補塡に充てさせる(正税率分・格率分)(類聚符宣抄)。
833 1.25	10 癸丑 ⑦	2.28 仁明	藤原緒嗣	清原夏野	2.15 清原夏野ら，『令義解』を撰進。2.28 淳和天皇譲位，正良親王(仁明天皇)受禅(続後)。2.30 恒貞親王を皇太子とする(続後)。3.6 仁明天皇即位(続後)。7.8 諸国の姓名・地名などで，諱に触れるものを改めさせる(続後)。12.9 諸国における米穀の売買を奨励する(続後)。

社　会・文　化	世　界	新羅	渤海	唐
4.24 東寺講堂を建て始める(東宝記)。**7.6** 葛原親王の子高棟王に平朝臣の姓を賜う(紀略・公卿補任)。 【死没】 **2.14** 智泉(37, 真言宗僧侶)。**7.7** 桑原腹赤(37, 文人)。 《大の月》1・3・5・7・9・11		憲徳王 17	建興 8	宝暦 1.7 ⑦
1.29 民の要望により, 和泉国に命じ池5ヵ所を築かせる(紀略)。 【死没】 **7.24** 藤原冬嗣(52, 公卿)。 《大の月》1・2・3・5・7・10・12		興徳王	9	2 文宗
5.2 延暦寺戒壇院を建立(叡岳要記)。**5.20** 良岑安世ら『経国集』を撰上(紀略)。**5.26** 空海に命じ, 内裏に仏舎利を迎え, 降雨を祈り礼拝する(紀略)。**6.13** 文章生の制度を旧制にもどし, 下級職員・農民などの聡明で賢い者から選ぶこととする(本朝文粋)。**7.12** 大地震起る. 以後, 長期にわたり地震頻発(紀略)。**この年** 実恵, 河内国観心寺を建立(元亨釈書)。 【死没】 **5.8** 勤操(74, 三論宗学僧)。 《大の月》2・3・5・7・8・10・12	アグラブ朝軍, シチリアに侵攻(～878年)。	2	10	大和 2.13
2.25 毎年7月8日に諸国で文殊会を行わせる(類聚三代格)。**12.15** これより先, 空海, 綜芸種智院を創設し, この日, その式を定める(性霊集)。 《大の月》1・4・5・7・8・10・12	新羅, 張宝高, 清海鎮大使となる。	3	11	2 ③
5.27 諸国に灌漑用水車を作らせる(類聚三代格)。 《大の月》3・5・7・8・10・11	イングランド, エグバート, 七王国を統一。	4	12	3
8.11 卜部遠継撰『新撰亀相記』成る。**9.14** 薬師寺に命じ, 毎年最勝王経講会を設けさせる(紀略)。**10.7** 藤原三守ら, 『弘仁格式』を改めて奏進(類聚国史)。**この年** 豊安『戒律伝来記』を淳和天皇に献上。玄叡『三論大義鈔』叡覧。**この頃** 義真『天台法華宗義集』成る。『東大寺諷誦文』成るか。 【死没】 **4.19** 小野岑守(53, 文人, 公卿)。**4.21** 万多親王(43, 桓武天皇皇子)。**7.6** 良峯安世(46, 文人, 公卿)。**11.10** 藤原真夏(57, 平城天皇近臣)。 《大の月》1・4・5・8・10・11・12	チェコ, 大モラヴィア国成立。	5	大彝震 咸和	4 ⑫
この年 滋野貞主ら, 『秘府略』を編纂(文徳実録)。 《大の月》1・4・7・8・10・11・12		6	2	5
4.14 皇后, 雲林亭で農業の風を見る(紀略)。 《大の月》1・5・8・10・11・12		7	3	6
5.11 武蔵国の言上により, 飢病者を救うため, 多摩・入間郡界に悲田所を置く(続後)。相撲節のため, 越前などの国から膂力人を貢進させる(続後)。 【死没】 **7.4** 義真(53, 天台宗僧侶)。**9.19** 南淵弘貞(57, 文人, 公卿)。 《大の月》2・3・6・8・10・11		8	4	7 ⑦

西暦	年号 干支	天皇	左大臣	右大臣	政　治・経　済
834 2.12	承和(じょうわ) 1.3 甲寅	（仁明）	（藤原緒嗣）	（清原夏野）	1.7 仁明天皇，豊楽殿で青馬を見る(白馬節会)(続後)。1.19 大使藤原常嗣・副使小野篁らを遣唐使に任命(第17次遣唐使)(続後)。1.27 検非違使別当を初めて置き，文室秋津を任命(公卿補任)。2.3 畿内班田を再び12年に1度とする(類聚三代格)。4.20 紀伝博士を廃し，文章博士を1人増員(続後)。12.5『令義解』を施行(類聚三代格)。
835 2.1	2 乙卯				1.22 新銭承和昌宝を鋳造させる(続後)。2.30 金剛峯寺を定額寺とする(続後)。3.14 新羅人に備え，壱岐島に傜人330人を置き警護させる(続後)。12.3 小野岑守が建てた宿舎続命院を大宰府に管理させる(続後)。
836 1.22	3 丙辰 ⑤				4.29 遣唐大使藤原常嗣に節刀を賜う(続後)。5.14 遣唐使，難波を出発(続後)。閏5.13 遣唐使新羅漂着の場合に備え，紀三津を遣新羅使に任命(続後)。7.- 遣唐使船遭難，肥前・対馬に漂着(続後)。9.15 遣唐大使・副使ら入京し，節刀を還す(続後)。11.15 石見国の百姓4人を選び，採銅を習わせる(続後)。12.3 遣新羅使紀三津，復命する(続後)。
837 2.9	4 丁巳			10.7	3.15 遣唐大使藤原常嗣に再び節刀を賜う(続後)。3.19 遣唐大使，大宰府に向う。24日，副使小野篁も向う(続後)。4.21 陸奥出羽按察使が百姓の騒擾を奏上(続後)。5.7 京畿諸寺の乱れを正すため，別当を定める(続後)。7.22 遣唐使船再び遭難，壱岐・値賀島に漂着(続後)。8.29 陸奥国課丁3269人の課役を5年間免除(続後)。12.22 これより先，盗賊が春興殿・清涼殿に侵入したため，六衛府に京中を捜索させる(続後)。
838 1.30	5 戊午			1.10 藤原三守	2.12 左右衛門府の府生・看督らを畿内諸国に派遣し，盗賊を逮捕させる(続後)。4.2 大和国の富豪の資財を調査し，困窮者に借貸させる(続後)。6.13 遣唐使船，大宰府を出発．円仁ら同行(入唐求法巡礼行記)。7.1 京中での水田経営を禁じる(続後)。9.14 地子稲を綿と交易して京進し，太政官厨家に納めるため，大宰府管内の地子交易法を定め，綿1屯を直稲8束とする(続後)。12.15 病と称し，遣唐使船乗船を拒否した小野篁を隠岐に配流(続後)。
839 1.19	6 己未 ①				閏1.23 諸国に農桑を勧課する(続後)。3.4 陸奥国百姓3万858人の課役を3年間免除(続後)。3.16 遣唐使船乗船を拒否した知乗船事・留学生らを佐渡に配流(続後)。4.2 右近将監らを伊賀国に派遣し，名張郡山中の私鋳銭を鋳造していた群盗を捕えさせる(続後)。7.13 左右京職・諸国に『庚午年籍』を写して進上させる(続後)。8.24 遣唐大使藤原常嗣，大宰府に帰着(続後)。9.16 常嗣，帰京し，節刀を返還(続後)。10.25 建礼門前にて内蔵寮官人・内侍らに唐物を交易させ，宮市と呼ぶ(続後)。
840 2.7	7 庚申			7.7 8.8 源常	2.12 京城に群盗多発し，六衛府に夜警を行わせる(続後)。2.14 流人小野篁を召還する(続後)。4.22 改正した格式を頒行(続後)。5.6 淳和上皇不予となり，散骨を遺言(続後)。6.16 諸国飢疫により，服御物・常膳を減し，承和2年以前の未進調庸を免ず(続後)。12.27 新羅の張宝高が遣使し，方物を献上したが，臣下との直接交渉はしないため放還(続後)。
841 1.26	8 辛酉 ⑨				2.13 飢饉のため，出羽国百姓2万668人の課役を1年間免除(続後)。2.25 西市東北角の空閑地を右坊城出挙銭所とする(続後)。8.19 大宰府の曹104人を対馬の防人とする(続後)。12.22 長門国，渤海使賀福延ら105人の来着を報告．翌年3月27日，入京(続後)。

社　会・文　化	世　界	新羅	渤海	唐
1.8 空海に中務省で後七日の御修法を初めて行わせる(東寺長者補任)。2.12 金銀薄泥の使用を禁じる(続後)。 【死没】 9.11 護命(85，法相宗学僧)。 《大の月》1・2・4・6・9・11・12		興徳王 9	咸和 5	大和 8
3.21 空海没．生前『篆隷万象名義』前半，並びに『秘蔵宝鑰』を撰す．また晩年，弟子の真済が『性霊集』，『高雄口訣』(空海口述，真済筆記)を編纂(空海僧都伝)。6.29 東海・東山道の河津に渡船を増やし，浮橋・布施屋を造らせる(続後)。10.2 真済，『空海僧都伝』を撰す。 【死没】 3.21 空海(62，真言宗開祖)。6.15 修円(65，法相宗僧侶)。 《大の月》2・4・5・7・10・12		10	6	9
5.9 東大寺真言院に灌頂道場を建てる(続後)。**この頃** 檀林寺を造営(続後)。 《大の月》2・4・5・6・7・9・12		僖康王	7	開成 1.1 ⑤
3.3 実恵，『観心寺縁起実録帳』を勘録。6.6 小野宗成が出羽国最上郡に済苦院を建立することを許す(続後)。6.21 疫病蔓延により，諸国国分寺で『金剛般若経』・薬師悔過を読修させる(類聚国史)。 【死没】 10.7 清原夏野(56，公卿)。10.26 円澄(66，天台宗僧侶)。 《大の月》2・4・6・7・9・10・12		2	8	2
6.26 助教直道広公，清涼殿で『群書治要』を講読(続後)。10.13 五位以下の能書者40人を集め，『金剛寿命陀羅尼経』1000軸を写させる(続後)。 《大の月》3・5・7・8・10・11		閔哀王	9	3
6.15 東寺講堂諸仏開眼供養を行う(続後)。7.21 畿内諸国に蕎麦を植えさせる(続後)。8.12 典薬寮に御薬園を造る(続後)。 【死没】 6.30 藤原沢子(仁明天皇女御)。**この年** 大戸清上(雅楽家)。 《大の月》1・3・6・7・9・10・11		神武王 文聖王	10	4 ①
2.26 畿内諸国に農業を奨励する(続後)。3.19 女人の裳に規制を加え，奢侈を禁じ，倹約を勧める(続後)。4.8 初めて清涼殿で灌仏を行う(続後)。5.2 諸国に黍・稷・稗・麦・大小豆・胡麻などを植えさせる(続後)。12.9 藤原緒嗣ら，『日本後紀』を撰進。 【死没】 4.23 藤原常嗣(45，公卿)。5.8 淳和上皇(55)。7.7 藤原三守(56，公卿)。9.13 豊安(律宗僧侶)。**この年** 玄叡(三論宗学僧)。 《大の月》1・4・7・9・10・11	モンゴル高原，ウイグルの内争にキルギス軍介入し，ウイグル滅亡。	2	11	5 武宗
3.28 大宰府に堤池を修理させる(続後)。 《大の月》1・2・5・8・⑨・10・12		3	12	会昌 1.9 ⑨

西暦	年号 干支	天皇	左大臣	右大臣	政治・経済
842 2.14	承和 9 壬戌	(仁明)	(藤原緒嗣)	(源常)	1.10 新羅人40人，筑紫大津に来着するが，食料を支給して放還する(続後)。4.2 渤海使，国書・方物を献上(続後)。7.15 嵯峨太上天皇没す(続後)。7.17 伴健岑・橘逸勢ら，皇太子を奉じて東国で兵を挙げるという謀反を企み，それが発覚(承和の変)(続後)。7.23 事件との関連から，皇太子恒貞親王を廃し，大納言藤原愛発・中納言藤原吉野・参議文室秋津らを処罰(続後)。7.28 橘逸勢を伊豆，伴健岑を隠岐に流す(逸勢，配流途中に没)(続後)。8.4 道康親王を皇太子とする(続後)。8.15 藤原衛上奏の 4 ヵ条により，新羅人の入国などを禁断する(続後)。8.29 前豊後介中井王が豊後国に土着し，私田を経営して百姓の営みを妨げるため，本郷に送還する(続後)。
843 2.3	10 癸亥		7.23		6.4 諸国の国分寺・尼寺に命じ，死欠者の度縁を進めた後，新補者を定めさせる(続後)。8.22 対馬の請願により，筑紫の人を防人とすることを復活する(続後)。11.16 校畿内田使を任命する(続後)。12.22 前筑前守文室宮田麻呂の謀反が発覚する(続後)。12.29 文室宮田麻呂を伊豆に流す(続後)。
844 1.23	11 甲子 ⑦		7.2 源常	7.2 7.2 橘氏公	2.2 山城・摂津国に校田使を任命する(続後)。10.3 畿内の班田使を任命する(続後)。**この年** 前相模介橘永範，救急院を造り，空閑地を開発し，貧窮者に班給する(類聚三代格)。
845 2.10	12 乙丑				1.8 113歳の尾張浜主，龍尾道上にて自作の和風長寿楽を舞う(続後)。8.7 淡路国石屋浜・播磨国明石浜に初めて船・渡子を置く(続後)。9.19 石川・龍田川を西海に通すため，河内・摂津国に命じ，難波堀川の草木を苅掃させる(続後)。12.5 新羅人，漂流した日本人50余人を伴い来着(続後)。**この頃** 法隆寺僧善愷，檀越の少納言登美直名の不正を官に告訴(法隆寺僧善愷訴訟事件)(続後)。
846 1.31	13 丙寅				3.9 勘王世所の言上により，畿内諸国に命じ，諸家の氏姓出自と皇胤の所在を調べさせる(続後)。8.17 率法を定め，未進の調庸・官物を徴収する(類聚三代格)。12.8 畿内の班田使を任命する(続後)。
847 1.21	14 丁卯 ③			12.19	7.8 唐から仁好・恵蕚ら，唐人47人を伴い帰国，円載の表状を上奏する(続後)。10.2 入唐僧円仁，弟子 2 人・唐人42人を伴い帰国(続後)。10.5 橘奈良麻呂に太政大臣正一位を追贈する(続後)。
848 2.9	嘉祥(かしょう) 6.13 戊辰			1.10 藤原良房	1.4 諸国に身長 6 尺以上の者を貢上させる(続後)。2.3 山城・河内・和泉国などの班田使を任命する(続後)。2.10 上総国で俘囚丸子廻毛らが反乱，坂東諸国に追討させる(続後)。6.5 入唐僧円載に黄金を賜う(続後)。9.19 長年大宝を鋳造する(続後)。12.30 能登国，渤海使王文矩ら100人の来着を報告，翌年 4 月28日入京(続後)。
849 1.28	2 己巳 ⑫				4.5 諸国の穀価を時価に従って改める(続後)。5.2 渤海使，国書・方物を献上(続後)。8.4 唐商人53人，大宰府に来着(続後)。12.13 大宰府，豊後権守登美直名の謀反を報告(続後)。**閏**12.10 天皇，京内を巡幸し，窮者に賑給する(続後)。

社　　会・文　　化	世　　界	新羅	渤海	唐
10.14 嶋田・鴨河原などで髑髏5500余頭を焼かせる(続後)。 10.20 東西の市が販売物の管轄で争う(続後)。 【死没】 7.15 嵯峨上皇(57)。8.13 橘逸勢(官人)。10.17 菅原清公(73,文人)。10.22 阿保親王(51,平城天皇皇子)。 《大の月》1・2・5・8・10・11		文聖王 4	咸和 13	会昌 2
3.25 義倉の品で,東西悲田院の病者・貧窮者に賑給する(続後)。6.1 菅野高年に内史局で日本紀講筵を始めさせる(翌年6月15日終了)(続後)。 【死没】 3.2 文室秋津(57,公卿)。6.11 朝野鹿取(70,文人,公卿)。7.23 藤原緒嗣(70,公卿)。9.16 藤原愛発(57,公卿)。**この年** 仲継(法相宗僧侶)。 《大の月》1・2・4・6・9・11	フランク王国,ヴェルダン条約により兄弟で3分割する。	5	14	3
4.30 滋野貞主,居宅を隣接する西寺に施入し,慈恩院とする(続後)。7.2 仁好に託し,在唐の僧円仁・円載に黄金を賜う(続後)。**閏**7.7 初めて天皇の前で林邑楽を奏する(続後)。 【死没】 3.3 静安(55,法相宗僧侶)。 《大の月》1・2・4・5・7・8・11		6	15	4 ⑦
11.14 鴨河悲田院で養育した孤児18人に新生連の姓を賜う(続後)。 《大の月》1・3・4・6・8・9・11	唐,会昌の廃仏.道教以外の宗教を禁じる。白居易『白氏文集』成る。	7	16	5
12.11 西大寺講堂焼失(続後)。 【死没】 8.12 藤原吉野(61,公卿)。9.27 和気真綱(64,公卿)。 《大の月》2・4・6・7・9・10・12	唐,白居易没。	8	17	6 宣宗
この年 円仁『入唐求法巡礼行記』成るか.また,円仁編『入唐新求聖教目録』を奏進。 葛井親王,清水寺三重塔を建立(清水寺縁起)。**この頃** 義昭編『日本感霊録』成るか。**承和年間** 僧静安,近江国和邇泊を造る(類聚三代格)。**承和年間末ごろ** 太皇太后橘嘉智子,弟氏公と学館院を創設(文徳実録)。 【死没】 10.26 有智子内親王(41,嵯峨天皇皇女)。11.13(12月12日とも) 実恵(62,真言宗僧侶)。12.19 橘氏公(65,公卿)。 《大の月》3・4・6・8・9・10・12		9	18	大中 1.17 ③
8.5 洪水により,河陽橋・宇治橋・茨田堤が損壊(続後)。8.- 恵運,安祥寺を建立(入唐五家伝)。 《大の月》3・6・8・9・10・12		10	19	2
3.26 興福寺大法師ら,天皇の四十賀を祝う(続後)。 《大の月》1・4・7・9・10・12・⑫		11	20	3 ⑪

西暦	年号 干支	天皇	左大臣	右大臣	政　治・経　済
850 2.16	嘉祥 3 庚午	(仁明) 3.21 文徳	(源常)	(藤原良房)	1.26 左右京職・畿内国司に命じ，群盗を捜捕させる(続後)。3.21 仁明天皇没し，道康親王(文徳天皇)践祚(続後・文徳実録)。4.17 文徳天皇即位(文徳実録)。4.26 豪貴の家による山野占有を禁じる(文徳実録)。5.15 橘逸勢に正五位下を追贈し，本郷に帰葬する(文徳実録)。7.17 天皇の外祖父藤原冬嗣に太政大臣を追贈する(続後)。11.25 惟仁親王を皇太子とする(文徳実録)。
851 2.5	仁寿(にんじゅ) 4.28 辛未				2.23 仁明天皇を追慕し，子の常康親王，出家(文徳実録)。
852 1.25	2 壬申 ⑧				3.13 国司・郡司らに池堰を修築させ，農業を勧督する(類聚三代格)。7.19 肥前・豊後国の貧民１万6000余人の課役を免じる(文徳実録)。閏8.16 廩院の米を京師で風害にあった者に賑給する(文徳実録)。
853 2.12	3 癸酉				4.26 天然痘流行により，承和10年以前の未進調庸を免じ，医薬を賜う(文徳実録)。 孫王がかってに畿外に出ることを禁じる(類聚三代格)。5.22 美濃国の穀2100斛を天然痘の患者に給する(文徳実録)。6.11 文徳天皇の皇子女９人に源朝臣の姓を賜う(文徳実録)。7.16 円珍，乗船し唐へ向けて出発(智証大師伝)。10.22 遠江国広瀬河の渡船を二艘増置する(文徳実録)。12.8 災害を静めるため，諸国郡・国分二寺に，毎年陰陽書法を行わせる(文徳実録)。
854 2.1	斉衡(さいこう) 11.30 甲戌		6.13		2.13 災疫を除くため，大和国に灌頂経法を行わせる(文徳実録)。3.23 石見国に，不動稲３万5000余束を飢民のため賑給させる(文徳実録)。4.28 陸奥国凶作により，百姓が困窮，兵士が逃亡し，反乱の恐れがあるため，援兵1000人を派遣する(文徳実録)。5.15 陸奥国に穀１万斛を俘夷のため賑給させる(文徳実録)。
855 1.22	2 乙亥 ④				1.15 陸奥国奥地の俘囚を警備するため，兵2000人を派遣する(文徳実録)。3.13 京畿内以外の民が，京畿内に貫付することを再禁止する(類聚三代格)。3.26 大和国検非違使伊勢諸継が把笏に預る(諸国検非違使把笏の初例)(文徳実録)。6.25 大宰府管内に土着した王臣子孫の検括を徹底させ，本郷還付または現地の戸籍に編附させる(類聚三代格)。
856 2.10	3 丙子				3.9 新羅人30人が大宰府管内に漂着，食料を与え放還する(文徳実録)。4.22 五世王の朝服の色を，諸臣としての位階に応じたものとする(文徳実録)。

社　会・文　化	世　界	新羅	渤海	唐
3.28 良岑宗貞(遍昭)，出家(文徳実録)。9.8 摂津国で八十島祭を行う(八十島祭の初見)(文徳実録)。 【死没】 2.16 藤原富士麻呂(47，官人)。3.21 仁明天皇(41)。4.2 葛井親王(51，桓武天皇皇子)。5.4 橘嘉智子(65，嵯峨天皇皇后)。 《大の月》1・4・7・9・11・12	**この頃** 南インドにチョーラ朝再興。	文聖王 12	咸和 21	大中 4
1.27 有位無位を問わず，天下の諸神を一律に正六位上に叙す(文徳実録)。2.13 清涼殿を移し，嘉祥寺の堂とする(文徳実録)。**この年** 円仁『金剛頂経疏』成る。 【死没】 6.8 道雄(僧侶)。**この年** 円明(真言宗僧侶)。 《大の月》1・3・5・8・10・12		13	22	5
【死没】 2.8 滋野貞主(68，儒者，公卿)。2.25 藤原高房(58，官人)。3.6 円行(54，真言宗僧侶)。12.20 源明(素然)(39，嵯峨天皇皇子)。12.22 小野篁(51，文人，公卿)。 《大の月》1・3・4・6・⑧・10・12		14	23	6 ⑦
2.30 文徳天皇，藤原良房第に行幸し，桜花を見る(文徳実録)。2.- 京師・畿外に天然痘流行，死者多数(文徳実録)。5.4 相模・上総・下総・常陸・上野・陸奥国の6ヵ国に一切経書を写させる(文徳実録)。 【死没】 2.14 藤原関雄(49，官人)。5.13 藤原並藤(62，陰陽家)。6.4 葛原親王(68，桓武天皇皇子)。8.24 百済河成(72，画師)。 《大の月》2・3・5・6・9・11		15	24	7
【死没】 6.13 源常(43，嵯峨天皇皇子)。 《大の月》1・3・5・6・8・10・11・12		16	25	8
2.17 藤原良房らに『続日本後紀』編纂を命じる(文徳実録)。4.10 私に鷹・鷂を養育することを禁じる(文徳実録)。5.23 東大寺が，大仏の頭が落下したことを奏する(文徳実録)。7.20 大宰府，入唐僧円載の上表を伝進する(文徳実録)。9.28 伊豆国大興寺を定額寺とする(文徳実録)。 東大寺大仏の修理を命じる(文徳実録)。 《大の月》4・5・7・8・10・11		17	26	9 ④
3.9 出羽国法隆寺を定額寺とする(文徳実録)。11.3 春澄善縄に『晋書』を講読させ，天皇，受講する(文徳実録)。 【死没】 7.3 藤原長良(55，公卿)。 《大の月》2・5・7・8・9・11・12		18	27	10

西暦	年号干支	天皇	太政大臣	左大臣	右大臣	政治・経済
857 1.29	天安(てんあん) 2.21 丁丑	(文徳)	2.19 藤原良房	2.19 源信	(藤原良房) 2.19 2.19 藤原良相	2.19 藤原良房を太政大臣とする(文徳実録)。3.16 左右近衛・左右兵衛・検非違使・左右馬寮に京南の群盗を捕えさせる(文徳実録)。3.18 六衛府舎人に平城の群盗を捕えさせる(文徳実録)。4.23 近江国に大石・龍花関を設置し，相(逢)坂関を復活する(文徳実録)。6.25 対馬の郡司らが島民を率いて反乱し，国守立野正岑らを殺害したことを大宰府が報告(文徳実録)。
858 1.19	2 戊寅 ②	8.27 清和				2.22 左右近衛少将らに京中の群盗を捜査・逮捕させる(文徳実録)。5.29 穀倉院の穀・民部省廩院の米・大膳職の塩を水害被災の窮民に賑給する(文徳実録)。8.27 文徳天皇没し，惟仁親王(清和天皇)践祚(文徳実録・三実)。11.7 清和天皇即位(九歳，初の幼帝)(三実)。11.25 中宮職を改め，皇太后宮職とする(三実)。12.9 荷前の幣を献上する天智天皇・藤原鎌足などの十陵四墓を定める(三実)。
859 2.7	貞観(じょうがん) 4.15 己卯					1.22 能登国，渤海使烏孝慎ら104人の来着を報告(三実)。4.28 饒益神宝を鋳造する(三実)。5.10 加賀国司らが渤海使の啓牒・信物を進上する(三実)。12.15 粗悪な調庸物を貢進する国司を厳罰に処する(三実)。
860 1.27	2 庚辰 ⑩					10.8 百姓の作業を害すため，大隅国吉多・野神の２牧を廃止する(三実)。10.21 諸国禁野での狩りを禁じる(類聚三代格)。12.8 新たに釈奠式を撰修し，諸国に頒下する(三実)。

社　会・文　化	世　界	新羅	渤海	唐
1.17 開元大衍暦を停め，五紀暦に改める(文徳実録)。6.3 陸奥国極楽寺を定額寺とする(文徳実録)。10.22 故空海に大僧正を追贈(文徳実録)。 《大の月》3・6・8・9・11・12		憲安王	大虔晃	大中 11
3.15 滋野安成に老荘を講読させ，文章生らに受講させる(文徳実録)。4.9 宝皇寺金堂・礼堂，火災で焼失(文徳実録)。5.22 大雨で京中大洪水となり死者多数(文徳実録)。6.22 入唐僧円珍ら帰国し，大宰府に到着(園城寺文書)。8.9 旧延暦寺西宝幢院の鐘(現大雲寺梵鐘)が鋳造される(同銘文)。**天安年中** 双丘寺(後の天安寺)成る(三実)。 【死没】 8.10 光定(80，天台宗僧侶)。8.27 文徳天皇(32)。 《大の月》1・3・6・8・10・11・12	唐，李商隠没。	2	2	12 ②
1.27 諸国の267社の神々に叙位する(三実)。2.7 典薬頭を備中国に派遣し，鍾乳石を採取させる(三実)。2.11 藤原良相，藤原氏の困窮者を居住させる崇親院，病者を収容する延命院を建てる(三実)。3.4 河内・和泉国の間の陶器を焼くための薪山の所属をめぐる争いを調査．4月21日，和泉国の所管と決する(三実)。5.19 道詮，法隆寺東院を修理するため，大和国平群郡の水田7町4段の施入を申請し，許可される(三実)。7.13 諸国に諸寺堂塔の修理を命じる(三実)。8.13 諸国司が鷹・鷂を飼養することを禁じる(三実)。8.- 行教の奏請により，石清水男山に宇佐八幡を勧請するため，宝殿を造る(石清水八幡宮の起り)(朝野群載)。9.3 園城寺再興され，供養が行われる(園城寺伝記)。**この年** 渤海使烏孝慎，『長慶宣明暦経』を進上(三実)。 【死没】 4.23 安倍安仁(67，公卿)。 《大の月》2・4・7・9・11・12	南詔，酋竜即位，帝を自称し，国号を大礼とする。唐，裘甫の乱起こる。	3	3	13 懿宗
4.19 諸国の僧尼に，『仏頂尊勝陀羅尼』を1日21遍唱えさせる(三実)。10.16 学官で『御注孝経』を教授させる(三実)。**この年** 出羽国立石寺創建(立石寺文書)。 【死没】 2.25 真済(61，真言宗僧侶)。5.18 小野恒柯(53，学儒)。5.26 恵亮(59，天台宗僧侶)。10.3 物部広泉(76，医家)。 《大の月》1・3・5・8・10・⑩・12		4	4	咸通 11.2 ⑩

西暦	年号 干支	天皇	太政大臣	左大臣	右大臣	政治・経済
861 2.13	貞観 3 辛巳	(清和)	(藤原良房)	(源信)	(藤原良相)	1.20 出雲国，渤海使李居正ら105人の来着を報告(三実)。3.13 防鴨河使・防葛野河使を廃止する(三実)。3.25 陸奥国の馬を国外に出すことを禁じる(三実)。6.1 大中臣・中臣氏の絶戸・無身戸を除帳し，蔭子孫の資格を偽称することを絶つ(三実)。7.14 伊勢国安濃郡の百姓に不正を訴えられていた国司・郡司ら27人の罪を免じる(三実)。11.16 群盗が多いため，武蔵国の郡ごとに検非違使１人を置く(三実)。
862 2.3	4 壬午					3.8 左右京職に命じて，朱雀大路の各坊門を兵士に守らせる(三実)。3.15 親王・公卿などの家司・別当などを保長とし，京中を守らせる(三実)。3.26 畿内の田租を増し，出挙を停止させる(三実)。4.15 参議以上に時政の是非を討論させる(三実)。5.20 山陽・南海道の諸国に海賊の追捕を命じる(三実)。7.23 唐の商人李延孝ら43人来着，大宰府に安置(三実)。12.27 南淵年名・紀今守などの良吏や，明経の秀才，僧綱に時政に対する意見を奏させる(三実)。
863 1.23	5 癸未 ⑥					1.27 去年冬末より咳逆病が流行したため，京師の飢病者に賑給する(三実)。3.15 諸国の国司が私に鷹鷂を飼養することを再び禁じる(三実)。4.21 博多津に来着した新羅僧３人に粮を支給し，唐船に乗せて放還する(三実)。9.25 奴婢の生益を計帳に記載する時，父母名を注記させる(三実)。11.17 丹後に来着した新羅東方別島の細羅人54人，因幡に来着した新羅人57人に粮を支給し放還する(三実)。
864 2.11	6 甲申					1.1 天皇元服(三実)。1.25 国司が，不課口を籍帳に編附しても，戸口増益の功としないこととする(三実)。1.28 貞観４年３月26日の畿内五国に対する格を旧制に復し，正税出挙を復活し，田租減徴・民徭の増加を定める(三実)。2.17 去年石見国に漂着した新羅人に粮を支給し，放還する(三実)。4.21 諸国からの馬の貢進期限を改定する(三実)。9.4 市籍人が諸司・諸家・諸院に仕えることを禁じる(類聚三代格)。11.4 肥後国大宅牧を廃止する(三実)。
865 1.31	7 乙酉					1.25 親王の年料給分の制を改める(三実)。3.2 諸国が蘇を貢する時期を違えた場合，国司を厳罰に処す(類聚三代格)。3.25 得度者の受戒の制を厳しくする(類聚三代格)。5.16 甲斐・能登など８国に介を置き，飛騨国に掾を置く(三実)。6.10 京畿と近江国の売買の輩が，悪銭を選んで棄てることを禁じる(三実)。6.28 山陽・南海道の諸国に海賊の追捕を命じる(三実)。7.27 来着した唐の商人李延孝ら63人を，大宰府の鴻臚館に安置する(三実)。9.15 弾正台・左右京職・畿内近国に材木の短狭を禁じ，載車法を定める(三実)。12.27 尾張国広野川の河口を掘り開き，美濃国へ流れるようにすることを許す(三実)。

社　会・文　化	世　界	新羅	渤海	唐
3.14 東大寺大仏の修理が成り，供養を行う(三実)。6.16 長慶宣明暦を採用する(三実)。8.16 天皇，大春日雄継を侍講とし，初めて『論語』を講義させる(三実)。 【死没】 9.19 伊都内親王(桓武天皇皇女)。 《大の月》2・3・5・8・10・12		景文王	大虔晃 5	咸通 2
2.16 藤原良縄，葛野郡の別業を道場とし，真如院と名付ける(三実)。7.27 嘉祥寺西院を貞観寺と号する(類聚三代格)。7.- 真如(高岳親王)，宗叡らとともに唐に向う(入唐五家伝)。10.7 伴善男，山城国紀伊郡の別業を道場とし，報恩寺と号する(三実)。 【死没】 8.- 讃岐永直(80，明法家)。 《大の月》1・3・5・6・8・11	ロシア，リューリク，ノヴゴロド公国を建国。	2	6	3
5.20 神泉苑で御霊会を行い，崇道天皇らを祀る(三実)。9.6 真紹の請願により，山城国愛宕郡の道場一院を定額寺とし，禅林寺と号する(三実)。 【死没】 1.3 源定(49，嵯峨天皇皇子)。5.1 正躬王(65，万多親王子)。 《大の月》1・3・4・6・7・9・10	キリュロスとメトディオス，モラヴィア・ボヘミアへギリシア正教を布教。	3	7	4 ⑥
2.16 法印大和尚位・法眼和上位・法橋上人位を新たに定めて，僧綱の位階と対応させる(三実)。2.25 天皇，藤原良房の染殿第に行幸し，桜花を見る(三実)。5.25 駿河国，富士山の噴火を報告(三実)。8.13 唐僧法恵を観世音寺に住まわせ，大宰府の通事とする(三実)。10.3 肥後国阿蘇郡の神霊池が突然沸騰し，翌年2月以降まで続く(三実)。 【死没】 1.14 円仁(71，天台山門派祖)。 《大の月》1・3・5・7・8・10・11		4	8	5
4.15 山城国興隆寺を御願寺とし，戒律・真言の両宗を置く(三実)。6.14 御霊会と称し，私的に衆徒を集め，走馬騎射を行うことを禁じる(三実)。 【死没】 10.26 和邇部大田麻呂(68，雅楽家)。 《大の月》1・4・6・8・9・11・12		5	9	6

西暦	年号 干支	天皇	摂政	太政大臣	左大臣	右大臣	政治・経済
866 1.21	貞観 8 丙戌 ③	（清和）	8.19 藤原良房	（藤原良房）	（源信）	（藤原良相）	1.20 鹿島神宮の使が陸奥国の苗裔神38神に奉幣するため，陸奥国の関を通ることを許す（三実）。1.23 新任・昇任の際の祝宴や集まって酒を飲むことを禁じる（三実）。3.4 観世音寺の家人とされていた笠朝臣麻呂の子孫 3 人を良民として貫付する（三実）。閏3.10 応天門炎上（三実）。4.11 山陽・南海道などの国司に海賊追捕の徹底を命じ，従わない国司を厳罰に処す（三実）。4.17 過所のない唐人が関を通り入京したことにより，豊前・長門の国司を叱責し，以後関の通行を厳しく管理させる（三実）。5.21 京中の空閑地を願い出た人に賜う（三実）。7.9 尾張国広野川の河口開掘による河流変更が尾張・美濃国間の争いとなり，美濃国の郡司が工事の役夫らを殺害し，20日，工事が中止される（三実）。7.15 肥前国の郡司ら，新羅人とともに新羅に渡り造弩術を学び，対馬奪取を企てたことが判明（三実）。8.19 藤原良房に「天下之政」を摂行させる（三実）。9.1 唐の商人張言ら41人，大宰府に来着（三実）。9.22 応天門に放火した罪により，伴善男・中庸父子らを配流する（応天門の変）（三実）。11.17 新羅の来襲に備え，能登・因幡・伯耆・出雲・石見・隠岐・長門国の国司と大宰府に命じて諸神に奉幣し，兵士を訓練させる（三実）。12.8 五畿国で，裁許なく不動穀を用いることを禁じる（三実）。
867 2.9	9 丁亥					10.10	3.27 海賊捜捕のため，5 家に 1 人保長を置き，市・津・要路など人が集まる場所に偵邏を置く（三実）。元興寺僧賢和による播磨国魚住泊修築を国司に援助させる（類聚三代格）。4.17 僧賢和が修築した近江国和邇津の管理を国司に任せる（類聚三代格）。4.22 凶作で穀価が高騰したため，東西京に初めて常平所を置き，官米を廉価で売る（三実）。5.10 畿外吏民が畜銭し，京畿民の利用銭が少なくなっているため，これを禁じる（三実）。5.26 新羅調伏を祈らせるため，四天王像を伯耆・出雲など 5 国に安置する（三実）。8.3 東西京に乞索児（ほかいひと）のための宿屋を 2 宇造り，年終帳に記載させる（三実）。11.10 山陽・南海道諸国などに伊予国宮崎村の海賊追捕を命じる（三実）。12.4 上総国に検非違使を置く（三実）。
868 1.29	10 戊子 ⑫				⑫.28		2.13 応天門再建を始める（三実）。閏12.20 新定内外官交替式（『貞観交替式』）を施行する（三実）。
869 2.15	11 己丑						2.1 貞明親王を皇太子とする（三実）。5.22 新羅海賊が博多津に来襲し，豊前国年貢の絹綿を掠奪する（三実）。9.7『貞観格』を施行する（三実）。12.5 新羅の海賊に備え，諸国の俘囚を大宰府に配置し，分番して守護させる（三実）。12.28 鎮西警固のため，坂上滝守を大宰府に派遣する（三実）。
870 2.5	12 庚寅					1.13 藤原氏宗	1.13 壱岐島に冑・手纏を給する（三実）。1.25 貞観永宝を鋳造する（三実）。2.12 新羅が大船を造り兵士を訓練しているとの報告により，大宰府に命じ縁海の警固を厳重にし，因幡・伯耆・出雲・石見・隠岐国に武具を備えさせる（三実）。2.20 諸王の季禄を減じ，受給者数の定員を定める（三実）。4.5 長門国の馬を国外に出すことを禁じる（三実）。6.7 対馬に選士50人を置く（三実）。9.15 大宰府の貢綿掠取の嫌疑により，新羅人20人を武蔵・上総・陸奥などの諸国に配置する（三実）。11.13 大宰少弐藤原元利麻侶らが新羅国王と通じ，謀反を企てたことが発覚．17日，一味を拘禁し，遣大宰府推問密告使を派遣する（三実）。12.25 赴任しない国司の事力・公廨田を停止するなど，29ヵ条の制を定める（三実）。

社　会・文　化	世　界	新羅	渤海	唐
6.4 僧侶の飲酒・贈物を禁じる(三実)。6.21 延暦寺，式4条を立て，灌頂を修する日に僧侶が怠ること，僧侶が美服を着用することなどを禁制する(三実)。7.14 最澄に伝教大師，円仁に慈覚大師の諡号を賜う(慈覚大師伝)。**この年** 宗叡，帰国(入唐五家伝)。 【死没】 8.15 教信(念仏聖)。11.30 常暁(僧侶，入唐八家の一人)。 《大の月》2・5・7・8・10・11・12		景文王 6	大虔晃 10	咸通 7 ③
6.11『安祥寺伽藍縁起資財帳』を恵運が勘録(同書)。12.29 出羽国最上郡の霊山寺を定額寺とする(三実)。 【死没】 1.17 仲野親王(76，桓武天皇皇子)。5.19 平高棟(64，公卿)。7.12 壱演(65，真言宗僧侶)。10.4 藤原貞敏(61，雅楽家)。10.10 藤原良相(55，公卿)。 《大の月》2・6・8・10・11・12	イラン，サッファール朝が興る。	7	11	8
6.3 円珍を延暦寺座主とする(紀略)。**この頃** 惟宗直本，『令集解』を編すか。 【死没】 2.18 藤原良縄(55，公卿)。4.3 安慧(75，天台座主)。5.16 明詮(60，法相宗僧侶)。閏12.28 源信(59，公卿)。**この年** 伴善男(58，公卿)。 《大の月》2・3・7・9・11・12	アグラブ朝，マルタ島を占領。	8	12	9 ⑫
4.13 藤原氏宗ら，『貞観格』を撰上する(三実)。5.26 陸奥国で大地震と津波が起り，死者多数(三実)。7.14 肥後国，大風雨のため6郡が水没(三実)。8.14 藤原良房ら，『続日本後紀』を撰上(同序)。 【死没】 5.14 常康親王(仁明天皇皇子)。9.23 恵運(72，真言宗僧侶)。 《大の月》1・2・4・6・9・11・12	イラク，ザンジュ(黒人奴隷)の乱が起こる。	9	13	10
【死没】 2.19 春澄善縄(74，漢詩人，公卿)。3.30 菅原岑嗣(78，医家)。 《大の月》2・3・5・7・10・12	フランク，メルセン条約により中部フランクを分割し，東・西フランクに併合。	10	14	11

西暦	年号干支	天皇	摂政	太政大臣	左大臣	右大臣	政　治・経　済
871 1.25	貞観 13 辛卯 ⑧	(清和)	(藤原良房)	(藤原良房)		(藤原氏宗)	4.10 藤原良房を准三宮とする(三実)。8.25 藤原氏宗ら，『貞観式』を撰上する(三実)。閏8.14 洪水対策のため堤を築き，鴨川堤周辺での水陸田耕営を禁じる(三実)。閏8.28 百姓の葬送・放牧の地を，山城国葛野郡と紀伊郡の４ヵ所に限定する(三実)。10.22『貞観式』を施行する(三実)。10.23 越前国の百姓，国守弘宗王が出挙で私腹を肥やしていた事を訴えるが，王が死没したため罪を不問とする(三実)。10.29 応天門の再建成り，饗を設ける(三実)。12.11 渤海使楊成規ら105人，加賀国に来着(三実)。
872 2.13	14 壬辰		9.2	9.2	8.25 源融	2.7 8.25 藤原基経	5.15 渤海使入京(三実)。5.21 京師の人が渤海使と交易することを許す(三実)。7.29 官物出納に関して，国司が不正を行った場合の連坐の罪を停める(三実)。12.13 十陵四墓に藤原良房の愛宕墓を加え，十陵五墓とする(三実)。
873 2.1	15 癸巳						3.11 渤海人崔宗佐らの船２隻が，唐からの帰途，薩摩国甑島郡に漂着．大宰府に向う途中１隻が逃走するが，７月，肥後国天草郡に漂着(三実)。3.19 外敵に備え，因幡・伯耆・出雲・石見・隠岐国と大宰府に警戒させる(三実)。4.21 親王８人・源氏４人を定める(三実)。11.3 太政官候庁が完成する(三実)。11.13 太皇太后・皇太后・春宮坊の封，五位以上の封禄，諸王の季禄などを旧に復す(三実)。12.17 筑前国に警固田・府儲田を置く(三実)。12.22 ９月25日に対馬に漂着した新羅人32人を放還(三実)。
874 1.22	16 甲午 ④						6.3 唐の商人崔岌ら36人，肥前国に来着(三実)。6.4 石見国に漂着した渤海人宗佐ら56人に食料を与え放還(三実)。6.17 大神己井・多治安江らを香薬購入のため唐に派遣する(三実)。8.8 対馬に漂着した新羅人12人を放還(三実)。12.22 在京官人の交替を規定通り厳格に行わせ，違反した者を罰する(三実)。
875 2.10	17 乙未						5.10 下総国で俘囚反乱，武蔵・上総・常陸・下野国の兵士を派遣(三実)。11.16 出羽国，渡島蝦夷の来襲を報告，追討を命じる(三実)。
876 1.30	18 丙申	11.29 陽成	11.29 藤原基経				3.9 肥前国松浦郡庇羅・値嘉郷を合わせて二郡を建て，値嘉島とする(三実)。4.10 大極殿・小安殿など，火災で焼失(三実)。6.3 左右京職に命じ，６年以上計帳を進上しない百姓の口分田を収公させる(三実)。7.14 唐の商人楊清ら31人，筑前荒津に来着(三実)。11.29 清和天皇譲位，貞明親王(陽成天皇)受禅(三実)。12.26 渤海使楊中遠ら105人，出雲国に来着(三実)。
877 1.18	元慶(がんぎょう) 4.16 丁酉 ②						1.3 陽成天皇即位(三実)。1.27 畿内飢饉のため，東西京中に常平司を置き，官米を売る(三実)。6.25 来朝の期を違反したため，信物を受けず渤海使を帰国させる(三実)。7.25 唐の商人崔鐸ら63人，入唐した多治安江らを連れ，筑前国に来着(三実)。
878 2.6	2 戊戌						2.27 盗賊が紫宸殿に侵入する(三実)。3.15 50年ぶりに畿内諸国で校田を行う(三実)。 出羽国の夷俘が反乱し，秋田城などを焼く(三実)。4.28 出羽国夷俘反乱鎮静のため，上野・下野・陸奥国の兵を派遣する(三実)。5.4 出羽国夷俘反乱鎮静のため，藤原保則を出羽権守として派遣する(三実)。6.8 小野春風を鎮守将軍として陸奥に派遣し，出羽国を救援させる(三実)。8.29 夷俘300余人が投降し，以後投降する夷俘が増加(三実)。

社　会・文　化	世　界	新羅	渤海	唐
4.8 出羽国鳥海山噴火(三実)。8.12 筑前国観世音寺五重塔，大風により破損(観世音寺資財帳)。閏8.7 大雨のため，京中大洪水，11日に至っても止まず，水難者多数(三実)。 【死没】 9.28 藤原順子(63，仁明天皇女御)。10.8 賀陽親王(78，桓武天皇皇子)。 《大の月》2・3・5・7・⑧・10・12	イングランド，アルフレッド大王即位。	景文王 11	大玄錫	咸通 12 ⑧
1.- 京中で咳逆病流行し，死者多数(三実)。3.9『貞観寺根本目録』成る。7.11 惟喬親王，病のため出家(三実)。12月以降『貞観儀式』成るか。 【死没】 2.7 藤原氏宗(63，公卿)。4.24 伊伎是雄(54，卜部)。5.5 人康親王(42，仁明天皇皇子)。9.2 藤原良房(69，公卿)。 《大の月》2・4・5・7・9・11・12		12	2	13
この年『広隆寺縁起資財帳』成るか。 【死没】 7.7 真紹(77，真言宗僧侶)。 《大の月》3・5・7・8・10・11・12		13	3	14 僖宗
3.23 貞観寺の道場新成を賀し，大斎会を行う(三実)。4.19 淳和院にて火災(三実)。6.15 僧以船，入唐(三実)。7.2 薩摩国開聞岳噴火(三実)。8.24 京で大風雨，死者多数(三実)。 【死没】 3.17 願暁(三論宗学僧)。5.27 滋岳川人(陰陽家)。 《大の月》4・6・7・9・10・12		14	4	乾符 11.5 ④
1.28 冷然院火災，収蔵の書籍・財宝が灰燼に帰す(三実)。4.27 南淵年名ら，『左右検非違使式』を撰進(本朝法家文書目録)。8.23 神護寺の鐘を鋳造(同銘文)。 【死没】 2.9 道昌(78，真言宗僧侶)。 《大の月》1・5・7・9・10・11	唐，黄巣の乱起こる。中央アジア，サーマーン朝成立。	憲康王	5	2
2.25 淳和太皇太后正子内親王の請により，嵯峨院を大覚寺とする(三実)。6.21 1万3000体の仏画像29鋪を東海・山陰・南海道諸国に分置する(三実)。8.13 石清水八幡護国寺に宇佐八幡宮に准じて神主を置く(三実)。 《大の月》1・2・6・8・10・11		2	6	3
閏2.17 斉詮・安然・玄昭・観漢らの僧，入唐のため大宰府に向う(三実)。12.9 元慶寺を定額寺とし，年分度者3人を置く(三実)。12.21 この日以前，入唐求法僧智聡帰国(三実)。 【死没】 4.8 南淵年名(71，公卿)。11.3 大江音人(67，文人，儒者，公卿)。この年 円載(天台宗僧侶)。 《大の月》1・2・3・6・8・10・12		3	7	4 ②
2.25 善淵愛成，宜陽殿東廂で日本紀講筵を始める(三実・釈日本紀)。4.8 興福寺焼亡(三実)。春から夏にかけて 旱魃による前年からの飢饉が続く(三実)。9.26 風雨雷電により紀伊国府が破壊(三実)。9.29 関東で大地震，死者多数(三実)。 《大の月》1・2・4・7・9・11	イングランド，アルフレッド王，デーン人を撃退。	4	8	5

西暦	年号干支	天皇	摂政	太政大臣	左大臣	右大臣	政治・経済
879 1.26	元慶 3 己亥 ⑩	（陽成）	（藤原基経）		（源融）	（藤原基経）	3.2 藤原保則，夷俘反乱について報告(三実)。10.8 大極殿再建成る(三実)。12.3 左右京・五畿内に班田を実施(三実)。12.4 畿内５国の4000町を割いて官田を置き，その穫稲や地子を公用にあてる(元慶官田の設置)(三実)。
880 2.14	4 庚子			12.4 藤原基経		12.4	2.28 因幡・伯耆・出雲・隠岐国などに命じ，警備を厳しくさせる(三実)。3.16 筑後国で班田が30年停滞，守都御酉の言上により，豊後国に准じ，太政官符を待たず，大宰府への申請のみで班田を行うことを許す(三実)。
881 2.3	5 辛丑						2.8 官田の経営方式を直営と地子制・賃租制の両方式とし，その細則を定める(類聚国史)。3.14 肥前国で班田が40年停滞．筑後・豊後国の例に准じ，太政官符を待たず，大宰府への申請のみで班田を行うことを許す(三実)。3.26 諸国神社の祝部氏人の本系帳を３年に１度進上させる(三実)。5.11 山陽・南海道諸国に命じ，海賊を追捕させる(三実)。5.13 紀貞城らを派遣して，山城・摂津・播磨国の海賊を追捕させる(三実)。6.1 採山城国岡田銅使を廃止(三実)。11.25 官田を分割し，一部を諸司要劇料田・番上料田・月料田とし，各官衙の財源とする(類聚三代格)。
882 1.23	6 壬寅 ⑦					1.10 源多	2.1 藤原基経を准三宮とする(三実)。6.3 遍照が起請した僧綱などに関する７条を所司に頒下(三実)。11.14 渤海使裴頲ら105人，加賀国に来着(三実)。11.28 渤海使と私的に交易することを禁じる(三実)。12.21 嵯峨野での放鷹を禁じる(三実)。
883 2.11	7 癸卯						2.9 上総国の俘囚が反乱，追捕を命じる(三実)。5.2 渤海使，国書・信物を献上(三実)。6.3 筑後守都御酉が国司館で群盗に射殺される．のち掾藤原近成らの陰謀によるものと判明(三実)。10.17 備前国で，国司の公廨稲を割き，その出挙の利を海賊防備兵士の粮にさせる(三実)。11.2 民部省に命じ，諸国の調庸物を検査の後，５日以内に大蔵省に移文を送らせる(三実)。12.22 山城国などの禁野内で百姓が樵蘇(薪をとり草を刈ること)することを許す(三実)。12.25 諸国で非受業の者を博士・医師に任ずること，郡司などの職を私的に譲ることを禁じる(三実)。
884 2.1	8 甲辰	2.4 2.5 光孝	2.4				2.4 陽成天皇退位(三実)。2.5 時康親王(光孝天皇)受禅(三実)。2.23 光孝天皇即位(三実)。5.9 諸道博士らに太政大臣の職掌の有無，唐の何れの官にあたるかを勘奏させる(三実)。6.5 万事をまず太政大臣藤原基経へ諮問し，そののち奏上させる(三実)。6.6 この日以前，石見国守上毛野氏永，邇摩郡大領や百姓に襲撃され，国印・鑰匙・駅鈴などを奪取される(三実)。12.20 十陵五墓を改定(三実)。
885 1.20	仁和(にんな) 2.21 乙巳 ③						6.20 ４月に肥後国へ来着した新羅国使ら48人を放還する(三実)。10.20 大宰府に来着した唐の商人と私的に交易することを禁じる(三実)。12.26 土佐国で班田を行う(三実)。
886 2.8	2 丙午						5.18 任国に赴任しない国守４人の位階を降す(三実)。7.3 外記庁で執政する参議以上の者を記録させ，毎月蔵人所へ報告させる(三実)。10.14 美濃国で班田を行う(三実)。

社　会・文　化	世　界	新羅	渤海	唐
2.22 紀伊国分寺焼失(三実)。2.25 都良香没．生前『都氏文集』を著す。11.13 藤原基経ら，『日本文徳天皇実録』を撰上(同序)。 【死没】 1.3 真雅(79，真言宗僧侶)。2.25 都良香(46，文人)。3.23 正子内親王(70，淳和天皇皇后)。 《大の月》1・2・4・5・8・10・11		憲康王 5	大玄錫 9	乾符 6 ⑩
【死没】 5.28 在原業平(56，歌人)。8.30 菅原是善(69，文人学儒，公卿)。12.4 清和太上天皇(31)。 《大の月》1・3・4・6・8・10・12	唐，黄巣，長安で帝位につき，国号を大斉とする。	6	10	広明 1.1
7.20 円珍，『伝教大師行業記』を撰する(同書)。10.13 在唐僧中瓘，入唐した高岳親王が羅越国で没していたことを報告(三実)。12.11 淳和院に公卿別当を置く(三実)。**この年** 在原行平，奨学院を建立(西宮記)。 【死没】 1.6 慧子内親王(文徳天皇皇女)。 《大の月》2・4・6・7・9・11		7	11	中和 7.11
8.29 元慶2年以降行われた日本紀講筵が前年6月29日に終了し，日本紀竟宴を行う(三実・釈日本紀)。10.25 能登国分寺，落雷により破壊(三実)。 《大の月》1・3・5・7・8・9・11		8	12	2 ⑦
2.21 渤海使に見せるため，林邑楽人107人を大安寺で調習させる(三実)。9.15『観心寺縁起資財帳』成る(同書)。 《大の月》1・3・6・8・9・10・12		9	13	3
5.29 諸寺の修理を命じる(三実)。8.26 尾張国分寺が焼亡したため，愛智郡定額願興寺を国分寺とする(紀略)。9.1 遠江国浜名橋を改作させる(三実)。9.16 近江・丹波国に高瀬舟を3艘ずつ造らせ，神泉苑に送らせる(三実)。**この年** 円珍，『授決集』を著す。 【死没】 3.26 宗叡(76，真言宗僧侶)。9.20 恒貞親王(60，淳和天皇皇子)。 《大の月》2・5・7・9・10・12	唐，黄巣が殺害され，黄巣の乱終わる。	10	14	4
7.12 薩摩国開聞岳噴火(三実)。8.11・12 開聞岳の噴火続く(三実)。 《大の月》1・3・4・7・9・11・12		11	15	光啓 3.14 ③
3.13 雷火により，東寺新造塔焼亡(三実)。8.4 安房国で地震・雷などが頻発し，安房・上総・下総国に警戒させる(三実)。 【死没】 9.16 多自然麻呂(雅楽家)。 《大の月》1・3・5・9・10・12		定康王	16	2

西暦	年号干支	天皇	関白	太政大臣	左大臣	右大臣	政治・経済
887 1.28	仁和 3 丁未 ⑪	（光孝） 8.26 宇多	11.21 藤原基経	（藤原基経）	（源融）	（源多）	2.5 貢蘇の期限に遅れた美濃など11国の国司の位禄・公廨を没収する（三実）。8.25 源定省の臣姓を削り，親王とする（三実）。8.26 定省親王を皇太子とし，天皇没す（三実）．即日，定省親王（宇多天皇）践祚（紀略）。11.17 宇多天皇即位（紀略）。11.21 藤原基経を関白とする．翌月26日，基経，上表して関白を辞退する（紀略・政要）。閏11.27 橘広相起草の勅答で藤原基経を再度関白とするが，勅答で用いられた「阿衡の任」には職掌がないとして基経は出仕を停め，政務が滞る（阿衡の紛議）（紀略・政要）。
888 2.16	4 戊申					10.17	6.1 橘広相・藤原佐世に「阿衡」の解釈について対論させる（政要）。6.2「阿衡」の文は天皇の意に背くとし，前勅を改め，藤原基経を重ねて関白とし，政務につかせる（政要）。7.23 前任国司の調庸などの未進を後任国司に負担させない事，国司任中の未進がある場合は解由を返却させる事の２条を定める（類聚三代格）。10.13 橘広相が詔書を誤作した罪を勘申させる（紀略）。11.27 初めて五位蔵人を置く（職事補任）。
889 2.4	寛平（かんぴょう） 4.27 己酉						4.- 東国で物部氏永を首領とする群盗が蜂起（扶桑略記）。5.13 高望王ら５人に平朝臣の姓を賜う（紀略・源平盛衰記）。
890 1.25	2 庚戌 ⑨		12.14				1.1 四方拝を行う（初例か）（年中行事秘抄）。4.28 寛平大宝を鋳造する（紀略）。6.19 前年の返抄を提出しない貢調郡司は，一定の猶予期間をおいた後，解任することを定める（類聚三代格）。9.15 前任国司任終年の調庸などの未進を，後任国司に弁済させる（政要）。10.3 隠岐国，新羅人35人の漂着を言上（紀略）。10.30 藤原基経の病のため，大赦を行い，度者を賜う（紀略）。
891 2.13	3 辛亥			1.13		3.19 藤原良世	2.26 隠岐国に漂着した新羅人に米・塩などを賜う（紀略）。2.29 菅原道真を蔵人頭とする（職事補任）。5.29 諸司・王臣家の徴物使が，運京されてきた官物を京庫に納める前に綱領郡司から責め取ることを禁じる（類聚三代格）。6.17 院宮王臣家の使が，封戸の未進調庸を徴収するため国司の許可なく諸国に入ることを禁じる（類聚三代格）。7.2 調物を貢納しない畿内百姓の戸田を没収し，国写田とする（類聚三代格）。8.3 開用不動穀の残りは動用に転用せず，そのまま不動穀とすることなどを定める（類聚三代格）。9.11 京の貫人庶王臣の子孫が，畿外諸国に居住し，人民を脅かすことを禁じる（類聚三代格）。

大日本史料	社会・文化	世界	新羅	渤海	唐
8.- 1 1	7.30 京・諸国で大地震，圧死者・津波による溺死者多数，以後断続する(三実)。11.2 伊豆国，新生島の図を献上(紀略)。**この年** 光孝天皇の御願により，高野山に真言堂・多宝塔を建立(東寺長者補任)。 宇多天皇，『宇多天皇宸記』を記す(～寛平9年)。 【死没】 8.26 光孝天皇(58)。11.22 源仁(70，真言宗僧侶)。 《大の月》1・2・4・7・9・11・12		真聖王	大玄錫 17	光啓 3 ⑪
	3.18 在原行平，奨学院を学館とすることを請願(紀略)。8.17 仁和寺を新造し，金堂を供養(紀略・仁和寺堂院記)。9.15 巨勢金岡に命じ，御所南廂東西障子に弘仁以後の詩に秀でた文人像を描かせる(扶桑略記)。 【死没】 2.4 藤原山陰(65，公卿)。10.17 源多(58，仁明天皇皇子)。 《大の月》1・3・5・7・9・11		2	18	文徳 2.22 昭宗
	3.25 尚侍藤原淑子，円成寺を建立(紀略)。11.21 初めて賀茂社臨時祭を行う(紀略)。**この年** 初めて金剛峯寺に座主職を置く(金剛峯寺座主次第)。 《大の月》1・3・5・6・8・10・12		3	19	竜紀 1.1
	8.11 聖宝を貞観寺座主とする(扶桑略記)。10.15 尾張守藤原村椙，『尾張国熱田太神宮縁起』を著す。12.27 天台座主円珍を少僧都とする(僧綱補任)。**この年** 橘広相，『蔵人式』を撰す(西宮記)。 【死没】 1.19 遍照(75，歌人)。5.16 橘広相(54，公卿)。5.23 藤原冬緒(84，公卿)。 《大の月》2・4・6・8・9・10		4	20	大順 1.1 ⑨
	この頃 藤原佐世撰『日本国見在書目録』成るか。 【死没】 1.13 藤原基経(56，公卿)。9.11 真然(真言宗僧侶)。10.29 円珍(78，天台寺門派祖)。 《大の月》1・2・5・7・8・9・11・12	新羅，弓裔，北原の頭目梁吉のもとに参じ，叛乱(892年ともいう)。	5	21	2

西暦	年号干支	天皇	左大臣	右大臣	政治・経済
892 2.2	**寛平** **4** 壬子	（宇多）	（源融）	（藤原良世）	**1.8** 渤海使，出雲国に来着(紀略)。**5.15** 江河池沼を占領することを公私を問わず禁じる(類聚三代格)。**6.24** 渤海国に勅書を賜う(紀略)。
893 1.22	**5** 癸丑 ⑤				**3.3** 長門国に漂着した新羅僧神彦ら３人を放還する(紀略)。**3.-** 在唐僧中瓘，唐商人を通じ唐の凋弊を報告(菅家文草)。**4.2** 敦仁親王を皇太子とする(紀略)。**5.11** 新羅の賊，肥前国松浦郡を襲い，後に飽田郡を襲う(紀略)。**5.17** 未進調庸増加のため，調庸徴収規定数の10分の１を未進調庸分として加徴する(調庸率分)(類聚三代格)。**7.19** 他郷に逃亡した陸奥・出羽国の人を本郷に送還させる(類聚三代格)。**10.25** 長門国阿武郡に漂着した新羅人に来訪の理由を尋問する(紀略)。**11.27** 伊勢豊受太神宮の四方40丈以内に居住することを禁じる(神宮雑例集)。
894 2.10	**6** 甲寅				**2.23** 耕田数に准じ，正税を出挙する(類聚三代格)。**4.14** 新羅の賊の対馬来襲を大宰府が奏上(２月から来襲が頻発)．16日，藤原国経を大宰権帥として平定を命じる．５月７日，逃去(紀略)。**5.-** 渤海使裴頲ら入朝(紀略)。**7.16** 院宮王臣家・諸司の使が，諸国往還の際，船車人馬を強雇することを禁じる(類聚三代格)。**8.21** 菅原道真を遣唐大使，紀長谷雄を遣唐副使に任命(紀略)。**9.17** 対馬に来襲した新羅の賊を，対馬守文室善友らが撃退する(扶桑略記)。**9.19** 出雲・隠岐国に，再び烽燧を置く(類聚三代格)。**9.-** 遣唐使を停止(紀略)。**11.30** 諸国百姓が王臣家人と称し，部内を擾乱することを禁じる(類聚三代格)。**12.29** 渤海使ら105人，伯耆国に到着(紀略・菅家文草)。
895 1.30	**7** 乙卯		8.25		**3.13** 新羅の凶賊に備え，博多警固所に夷俘50人を増置する(類聚三代格)。**3.22** 王臣家の私出挙を禁じる(類聚三代格)。**5.7** 渤海使入京．11日，豊楽院で宴を賜う(紀略)。**11.7** 五位以上の国司が在任期間終了後，任国に留住することを禁じる(類聚三代格)。**12.3** 五位以上・孫王がみだりに畿内を出ることを禁じる(類聚三代格)。**12.22** 検非違使の職掌，誣告人反坐の制を定める(政要)。
896 1.19	**8** 丙辰 ①		7.16 藤原良世 12.25	7.16 7.16 源能有	**閏1.1** 諸国が進納する調庸雑物の数を所司に厳しく検閲させ，綱丁の着服を防止させる(類聚三代格)。**閏1.17** 看督・近衛に施薬院・東西悲田院の病者・孤子の様子，世話人の闕怠などを巡検させる(類聚三代格)。**4.2** 諸宮・王臣家・五位以上の私営田を禁じる．百姓の荒田閑地開墾の規制を緩和し，１町のうち２段耕作すれば良いものとする．院宮王臣家が百姓に代わり，田宅資財を争訟することを禁じる(類聚三代格)。**6.28** 調庸惣返抄を得ない受領国司の解由状を返却し，調庸および例進雑物納入の全責任を受領国司に負わせる(類聚三代格)。**9.7** 散位寮・内薬司・主油司・園池司・左右兵庫・造兵司・鼓吹司などの官司を他の省寮と統廃合する(類聚三代格)。**9.22** 皇太后藤原高子を廃す(紀略)。
897 2.6	**9** 丁巳	7.3 醍醐		6.8	**1.25** 貢進の采女数を諸国ごとに定める(類聚三代格)。**4.19** 任用国司の解由の制を定めて自己に課された任務のみの責任を負わせ，受領国司に一国全体の政務の責任を負わせる(類聚三代格)。**7.3** 皇太子敦仁親王元服．宇多天皇譲位，敦仁親王(醍醐天皇)受禅(紀略)． 上皇，寛平の遺誡を敦仁に賜う(寛平御遺誡)。**7.13** 醍醐天皇即位(紀略)。**12.3** 五畿七道諸神340社に各位一階を授ける(紀略)。**12.23** 初めて弘仁以後の７代の源氏の年爵を定める(河海抄)。**寛平年中** 初めて滝口の武者を置く(西宮記)。
898 1.26	**昌泰**(しょうたい) 4.26 戊午 ⑩				**2.28** 服御・常膳などの物の４分の１を減らす(類聚三代格)。**9.18** 宇多上皇譲位詔に奏請宣行は藤原時平・菅原道真のみが行うべきとあるため，諸納言，政務に不参与．道真，上皇に奏請し，諸納言を政務に参与させる(菅家文草)。**この年から翌年にかけて** 京畿に群盗蜂起(紀略)。
899 2.14	**2** 己未		2.14 藤原時平	2.14 菅原道真	**2.1** 群盗蜂起により，四衛府官人に毎夜京中を巡察させる(紀略)。**2.14** 藤原時平を左大臣，菅原道真を右大臣とする(紀略)。**6.4** 六位以上の院司官人らを保長とし，結保帳に基づき保内を巡察させる(類聚三代格)。**9.19** 上野国で僦馬の党による強盗が蜂起したため，相模国足柄坂・上野国碓氷坂に関を置く(類聚三代格)。

大史日本料	社　会・文　化	世　界	新羅	渤海	唐
1.－ 1 2	**5.1** 源能有・藤原時平らに命じ『日本三代実録』を編修させる(紀略)。**5.10** 菅原道真，『類聚国史』を撰進する(菅家御伝記)。 **この夏** 昌住編纂『新撰字鏡』の草案が成る。 【死没】 **この年** 島田忠臣(65，文人)。 《大の月》3・6・8・9・11・12	新羅，甄萱，武珍州で自立し叛乱。	真聖王 6	大玄錫 22	景福 1.21
	8.15 在唐僧弘挙に衣粮を給する(入唐五家伝)。**9.25** 菅原道真，『新撰万葉集』を撰進(紀略)。 【死没】 **7.19** 在原行平(76，公卿)。 《大の月》2・4・6・8・10・11・12	ブルガリア，シメオン1世即位，第1次ブルガリア王国最盛期。	7	23	2 ⑤
	4.25 大江千里，『句題和歌』(『大江千里集』)を撰進する。**5.12** 貴賤を問わず諸人の乗車を禁じる(政要)。**7.22** 在唐僧中瓘に報牒を与える(菅家文草)。 【死没】 **8.22** 猷憲(68，天台宗僧侶)。 《大の月》2・5・8・9・11・12		8	大瑋瑎	乾寧 1.1
	8.5『大安寺縁起』を撰上(同書)。**8.17** 男子の乗車を許す(政要)。 【死没】 **4.21** 藤原保則(71，公卿)。**8.25** 源融(74，嵯峨天皇皇子)。 《大の月》1・3・5・9・11・12		9	2	2
	3.2 浄福寺に年分度者2人を置く(類聚三代格)。**3.4** 唐人梨懐入京(紀略)。**この年以前** 勧修寺建立(類聚三代格)。 【死没】 **6.30** 藤原胤子(21，宇多天皇女御)。 《大の月》1・2・3・6・8・11・12	**この頃** 新羅，王建(高麗太祖)，弓裔に帰服し，その武将となる。	10	3	3 ①
	5.26 諸国に桑・漆を植えさせることを再び命じる(政要)。**9.－** 醍醐天皇，『醍醐天皇宸記』を記す(～延長7年10月)。 【死没】 **2.20** 惟喬親王(54，文徳天皇皇子)。**6.8** 源能有(53，公卿)。 **この秋** 藤原佐世(51，儒者)。 《大の月》2・3・5・7・9・11		孝恭王	4	4
	2.28 醍醐天皇，紀長谷雄から『群書治要』の講義を受ける(紀略)。**10.20** 宇多上皇，大和・河内・摂津国などに御幸(紀略)。 【死没】 **この年** 在原棟梁(歌人)。 《大の月》1・3・5・6・8・10・11		2	5	光化 8.27 ⑩
	10.15 宇多上皇，東寺で灌頂を受ける(扶桑略記)。**10.24** 宇多上皇，仁和寺で出家(紀略)。**11.24** 宇多法皇，東大寺で受戒(紀略)。**この年** 東寺の両界曼荼羅図(伝真言院曼荼羅)成る(箱書)。 《大の月》1・3・5・7・8・10・12		3	6	2

西暦	年号 干支	天皇	左大臣	右大臣	政治・経済
900 2.4	昌泰 3 庚申	(醍醐)	(藤原時平)	(菅原道真)	1.28 藤原高藤を内大臣とする(紀略)。4.25 諸司諸家で饗宴群飲することを重ねて禁じる(類聚三代格)。5.28 上野国の群盗を追捕(紀略)。8.5 東海・東山道諸国の関の往還者に過所を発給し，関で調べさせる(類聚三代格)。11.21 三善清行，翌年が辛酉革命の年にあたることを奏上(革命)。
901 1.23	延喜(えんぎ) 7.15 辛酉 ⑥			1.25 1.25 源光	1.25 醍醐天皇を廃し斉世親王の擁立を謀ったとして，菅原道真を大宰権帥に左遷(政要)。2.2 斉世親王，道真の左遷により出家(東寺長者補任)。2.14 私に壇法を修することを重ねて禁じる(類聚三代格)。2.15 東国の群盗蜂起により諸社に奉幣する(紀略)。2.22 三善清行，革命勘文を作り改元を請う(革命)。4.- 東国群盗蜂起により，推問追捕使を東国に派遣する(本朝世紀)。閏6.25 諸国に居住する六衛府舎人が，官物の進納を拒否した場合，厳罰に処す(類聚三代格)。12.21 火長と称して百姓を苦しめる院宮王臣家の使者らを罰す(類聚三代格)。
902 2.11	2 壬戌				3.13 内外官の交替延期を1度だけ許す(類聚三代格)。 調庸は精好の物を貢進させる(類聚三代格)。 院宮王臣家の厨，内膳司の臨時の御厨を停める．院宮王臣家による，山川藪沢の占有，百姓からの田地舎宅買取り，荒田閑地の占有，民宅を荘家と号し官物納入拒否と稲穀貯畜を行うことを禁じる(延喜の荘園整理令)(類聚三代格)。 班田を12年に1度行わせる(類聚三代格)。 前司の時破損した官舎・駅家などを後任国司に修造させる(政要)。9.20 越後国守紀有世が藤原有度に暴行された件で，推問使を派遣する(紀略)。9.26 駿河国富士郡の官舎が群盗に焼かれる(扶桑略記)。**この年** 阿波国板野郡田上郷で戸籍が作られる(同書)。
903 2.1	3 癸亥				8.1 院宮王臣家の使が大宰府に行き，官使が交易する前に唐人と直接交易することを禁じる(類聚三代格)。
904 1.21	4 甲子 ③				2.10 崇象親王(のち保明と改名)を皇太子とする(紀略)。3.2 前安芸守伴忠行，京で群盗に射殺される(扶桑略記)。
905 2.7	5 乙丑				7.1 木工寮・穀倉院で穀を売る(西宮記)。8.25 院宮王臣家が，国司に無断で，郡司雑色人らを捕えることを禁じる(類聚三代格)。11.3 院宮王臣家の狩使を禁じる．院宮王臣家・諸司寺が土浪人らの請いにより，使を派遣し訴訟を弁定することを禁じる(類聚三代格)。12.25 正税は式の規定通りの数を出挙することとし，減省分は翌年加挙して填納させる(類聚三代格)。12.29 四度公文を期限通りに進上させる(類聚三代格)。
906 1.28	6 丙寅 ⑫				7.13 隠岐国，新羅船が大風で難破したことを報告(紀略)。9.20 鈴鹿山の群盗16人を誅殺する(紀略)。

大日本史料	社会・文化	世界	新羅	渤海	唐
(1 2)	**6.26** 藤原良世，『興福寺縁起』を撰進。**7.-** 宇多法皇，金峯山に参詣(扶桑略記)。**8.16** 菅原道真，祖父以来三代の家集である『菅家集』『菅相公集』『菅家文草』を奏進する(菅家後集)。**9.-** 奨学院を大学寮南曹とする(紀略)。**10.11** 三善清行，菅原道真に辞職を勧める(本朝文粋)。**10.-** 宇多法皇，高野山・竹生島に御幸(紀略)。**この頃** 『伊勢物語』の原形成るか。**昌泰年中** 昌住，『新撰字鏡』を成稿。 【死没】 **3.12** 藤原高藤(63，公卿)。**4.1** 班子女王(68，光孝天皇女御)。**5.12** 三修(72，東大寺学僧)。**5.23** 藤原明子(73，文徳天皇女御)。**11.18** 藤原良世(77，78また79とも，公卿)。 《大の月》3・5・7・8・10・11	新羅，甄萱，後百済を建国。	孝恭王 4	大瑋瑎 7	光化 3
	8.2 藤原時平・大蔵善行，『日本三代実録』を撰進。**12.13** 宇多法皇，東寺で伝法灌頂を受ける(東宝記)。 【死没】 **この年** 藤原敏行(歌人)。 《大の月》1・3・6・7・9・10・11		5	8	天復 4.24 ⑥
11.- 1 3	**10.20** 三善清行撰『智証大師伝』成る(識語)。**11.19**『天台宗延暦寺座主円珍和尚伝』成り，国史所に進上(同書)。 【死没】 **この年** 小野美材(文人)。 《大の月》1・3・7・8・10・11・12		6	9	2
	1.- 菅原道真，『菅家後集』を撰し，紀長谷雄に贈る。**11.20** 唐人景球ら，羊・白鵝を献上(扶桑略記)。 【死没】 **2.25** 菅原道真(59，学者，公卿)。**12.5** 穆子内親王(光孝天皇皇女，斎院)。 《大の月》2・4・8・10・11・12		7	10	3
	3.- 宇多法皇，仁和寺に御室を造営(仁和寺御伝)。**7.2** 東大寺に佐伯院(香積寺)を移建し，東南院とする(東大寺続要録)。**8.21** 藤原春海，日本紀を講じる(釈日本紀)。**12.19** 北野で雷公を祭らせる(西宮記)。**この年** 興福寺炎上(興福寺別当記)。宇多法皇，延暦寺に御幸し，千光院に御堂を造る(扶桑略記)。 《大の月》2・3・4・8・10・11	新羅，弓裔，摩震国を建て，新羅・後百済・摩震三国並立の後三国時代始まる。	8	11	天祐 ④.11 ④ 哀帝
	1.3 仁和寺に朝覲行幸(紀略)。**4.15** 紀貫之ら，『古今和歌集』を撰進(紀略)。**5.15** 藤原温子出家(紀略)。**8.-** 藤原時平らに命じ『延喜式』の編纂を始めさせる。**10.1**『観世音寺資財帳』を進上(同書)。 《大の月》1・2・4・6・8・11・12		9	12	2
	6.8 大中臣安則ら，『新撰氏族本帳』(『大中臣本系帳』)を進上(同書)。**閏12.17** 延喜4年以降行われた日本紀講筵が10月22日に終了し，この日，日本紀竟宴を行う(釈日本紀)。 【死没】 **3.7** 益信(80，東寺長者)。**7.3** 長意(71，天台宗僧侶)。 《大の月》2・4・5・7・9・12		10	13	3 ⑫

西暦	年号 干支	天皇	左大臣	右大臣	政　治・経　済
907 2.15	延喜 7 丁卯	(醍醐)	(藤原時平)	(源光)	11.3 延喜通宝を使用させる(紀略)。11.13 位禄・季禄・衣服料などにあてるため，25ヵ国に対し別納租穀の数を定める(政要)。
908 2.5	8 戊辰				1.8 伯耆国，渤海使裴璆らの来着を報告(扶桑略記)。5.10 渤海使，方物を献上．翌日，豊楽院で宴す(貞信公記抄)。5.12 宇多法皇，渤海使に書を賜う．15日，天皇，渤海王への勅書を賜う(紀略)。**この夏** 旱魃，百姓の請いにより神泉苑の水門を開く(紀略・祈雨記)。12.27『延喜格』を施行する(紀略)。**この年** 周防国玖珂郡玖珂郷で戸籍が作られる(同書)。
909 1.25	9 己巳 ⑧		4.4		1.27 常平所で米穀を売る(扶桑略記)。7.1 下総国で騒乱が起る(紀略)。7.8 東西津にて，米の価を等しくさせる(紀略)。**閏**8.9 唐人の貨物を検進するための使者派遣をやめ，大宰府に行わせる(扶桑略記)。10.23『延喜格』に捺印する(紀略)。11.27 大宰府，唐人貨物と孔雀を進上(扶桑略記)。
910 2.13	10 庚午				7.1 諸司・諸国に『延喜格』を写させる(別聚符宣抄)。7.10 旱害のため，奉幣，大赦などを行う(紀略)。12.27 太政官厨家の不足米を補うため，三河国など11ヵ国に，例進の塩を舂米に改めるとともに，例進外の地子稲を加えさせる(政要)。
911 2.2	11 辛未				2.15 別納租穀・田租舂米・年料交易雑物を貢進しない諸国の税帳を返却させる(政要)。4.- 大宰大弐に任命(2月15日)された源悦が赴任しないため，位記を没収する(紀略・北山抄)。5.4 勘解由使に命じ，交替式を編纂させる(類聚符宣抄)。7.16 損田による雑稲未納数を計算するための比率を定める(延喜式九条家本裏書)。12.20 畿内5国・近江国の日次御贄の品目を定める(西宮記)。
912 1.22	12 壬申 ⑤				2.- 藤原忠平らに『延喜式』編纂を催促する。8.23 勘解由使，『交替式』編纂の参考とするため，外記曹司にあった『天長格抄』を借り受ける(類聚符宣抄)。12.19 京中の火災(15日)で舎宅を失った人々に米を支給する(扶桑略記)。
913 2.9	13 癸酉			3.12	8.29『延喜儀式』の編纂を命じる(別聚符宣抄)。

大日本史料	社会・文化	世界	新羅	渤海	後梁	契丹
(①3)	3.1 三善清行，『藤原保則伝』を著す(同書)。9.17 荒木田茎貞ら，『太神宮禰宜譜図帳』を進上。10.2 宇多法皇，紀伊国熊野に御幸(扶桑略記)。11.15 藤原時平ら，『延喜格』を奏進(本朝法家文書目録)。**この年** 藤原忠平，『貞信公記』を記す(～天暦2年)。 三善清行撰『藤原保則伝』成る。 醍醐寺を御願所とする(醍醐寺縁起)。 【死没】 6.8 藤原温子(36，宇多天皇女御)。 《大の月》1・2・4・6・7・9・11	唐，朱全忠，唐を滅ぼし後梁を建国(五代十国時代)。	孝恭王 11	大諲譔	太祖 開平 4.22	太祖
	11.17 国司に池溝堰堤を修築させる(政要)。**この秋** 亭子院で行われた前栽合で，初めて延喜楽を奏する(体源抄)。**この年** 亭子院で行われた童相撲で，初めて胡蝶楽を奏する(倭名抄)。 【死没】 10.7 藤原菅根(53，文人，公卿)。 《大の月》2・4・6・7・9・10・12		12	2	2	2
1.- ①4	2.17 在唐僧中瓘に沙金100両を送る(扶桑略記)。10.2 素性を召し，屏風に和歌を書かせる(西宮記・続後撰和歌集)。**この年** 楽器目録が作られる(拾芥抄)。 【死没】 4.4 藤原時平(39，公卿)。7.6 聖宝(78，醍醐寺開山)。 《大の月》3・5・7・⑧・9・10・12	北アフリカ，ファーティマ朝成立。	13	3	3 ⑧	3
	3.21 東寺で初めて御影供を行う(東宝記)。9.25 宇多法皇，延暦寺に御幸し，灌頂を受ける(扶桑略記)。**この年**『越中国官倉納穀交替記』作成される(同書)。 【死没】 3.24 藤原高子(69，清和天皇女御)。 《大の月》2・5・7・9・10・11	フランス，クリュニー修道院建立。	14	4	4	4
	1.7 七種の若菜を供する(公事根源)。1.9 土佐国延光寺の銅鐘鋳造(同銘文)。5.10 大安寺の講堂・坊舎焼失(一代要記)。 《大の月》1・3・7・9・10・11	ノルマン人首長ロロ，ノルマンディー公となり，ノルマンディー公国成立。	15	5	乾化 5.1	5
	【死没】 2.10 紀長谷雄(68，学者，詩人，公卿)。 《大の月》1・2・4・7・9・10・12		神徳王	6	2 ⑤ 郢王	6
	3.13 亭子院で歌合を催す(亭子院歌合)。5.3 寛蓮，『碁式』を撰進する(花鳥余情)。8.21『新撰万葉集』(増補本)成る(同序)。9.9 陽成院で歌合を行う(陽成院歌合)。10.25 醍醐寺を定額寺とする(醍醐寺要書)。 【死没】 3.12 源光(68，仁明天皇皇子)。 《大の月》1・2・5・8・10・12		2	7	鳳暦 1.1 末帝 乾化 3 2.-復称	7

西暦	年号干支	天皇	左大臣	右大臣	政　治・経　済
914 1.29	延喜 14 甲戌	（醍醐）		8.25 藤原忠平	2.15 公卿らに意見封事を奏上させる（貞信公記抄）。4.28 三善清行，『意見十二箇条』を奏上（本朝文粋）。6.1 美服や深紅色の衣服を着用することを禁じる（紀略）。8.8 太政官厨家に納入する地子稲を確保するため，租田への地子田混合の禁止や地子交易法など，地子稲に関する雑事5ヵ条を定める（政要）。8.15 地子交易により太政官厨家に例進する国・品物・数量を規定するなど，太政官厨家に関する雑事5ヵ条を定める（政要）。10.16 勘解由使，『交替式』編纂の参考にするため，外記曹司にあった『官曹事類』『大同抄』を借り受ける（類聚符宣抄）。
915 1.18	15 乙亥 ②				2.10 信濃国，上野介藤原厚載が百姓上毛野基宗らに殺害されたことを報告（紀略）。10.26 疱瘡流行のため，大赦を行い，延喜10年以前の未進調庸と今年の徭の半分を免除（紀略）。12.8 主計・主税寮に諸国受領の功課を勘申させる（類聚符宣抄）。12.17 外記の公文の長案作成を，3年以内に行わせる（類聚符宣抄）。
916 2.6	16 丙子				8.12 下野国の罪人藤原秀郷ら18人を配流する（紀略）。10.22 皇太子保明親王元服（紀略）。10.27 上野国，百姓上毛野貞並らが介藤原厚載を殺害したとき，それに同調した大掾藤原連江を勘問したことを報告（紀略）。12.8 出雲国に配流した上毛野良友ら7人が逃亡し，捜索させる（紀略）。
917 1.26	17 丁丑 ⑩				9.8 大宰府，対馬に賊船が接近したことを報告（紀略）。12.25 三善清行，火災頻発や紅花値の暴騰を理由に，深紅色の衣服を禁止すべき旨を奏上（政要）。
918 2.14	18 戊寅				3.19 深紅色の衣服の着用を禁じる（紀略）。6.20 損田・不堪佃田に関し，国司がよく調査せず詐りの数を報告することを戒め，実数と10分の1以上の差があれば罰する（政要）。7.5 郡司の権員は各2人とし，超過を禁じる（別聚符宣抄）。
919 2.4	19 己卯				5.23 武蔵国，前権介源任が官物を奪い，国府を襲撃したことを報告（扶桑略記）。7.13 諸国の未納田租について，正税に准じて徴納率を10分の1とし，毎年徴取することとする（政要）。7.16 交易唐物使，唐人が大宰府に送った孔雀を内裏に献上（扶桑略記）。11.18 若狭国，渤海使裴璆ら105人の来着を報告．翌年5月8日入京（扶桑略記）。
920 1.24	20 庚辰 ⑥				5.10 渤海使裴璆に正三位を授ける（紀略）。5.11 渤海使，国書・信物を献上（紀略）。**この年** 波斯国へ渡航しようとした唐僧長秀が漂着（扶桑略記）。

大日本史料	社会・文化	世界	新羅	高麗	渤海	後梁	契丹
①4(	5.2 左京，大火災(紀略)。**この年**『諸宗章疏録』成る(同書)。 《大の月》1・2・4・6・8・11		神徳王 3		大諲譔 8	乾化 4	太祖 8
	6.20 旱害，疫病により，大極殿で臨時御読経を行う(紀略)。7.13 出羽国で火山灰が降り，農作物を損う(扶桑略記)。 《大の月》1・2・3・4・6・8・11		4		9	貞明 11.14 ②	9
	9.28 天皇，朱雀院に行幸，競馬があり，宴席で文人に詩を作らせる(紀略)。 【死没】 5.7 貞純親王(清和天皇皇子)。6.26 無空(真言宗僧侶)。 《大の月》1・3・4・6・8・9・11	契丹，耶律阿保機が年号をたて，帝と称する。	5		10	2	神冊 2.11
	11.3 藤原道明・橘澄清，道澄寺の銅鐘を鋳造(同銘文)。12.1 東大寺の講堂・僧房焼失(紀略)。12.19・20 旱天続きで渇水のため，冷然院・神泉苑の水を人々に汲ませる(紀略)。 【死没】 **この年** 布袋和尚(僧侶)。 《大の月》2・4・6・7・9・10・11		景明王		11	3 ⑩	2
7.- ①5	3.1 天皇，東寺と金剛峯寺で所有が争われている『三十帖冊子』を閲覧し，東寺での永代所蔵を命じる(東宝記)。8.15 京で大風雨，死者多数(紀略)。9.17 深根輔仁，『掌中要方』を撰す(紀略)。**この頃** 深根輔仁撰『本草和名』成る。 【死没】 11.3 相応(88，天台宗僧侶)。12.7 三善清行(72，文人，公卿)。 《大の月》2・4・6・8・9・11・12	高麗，王建，弓裔を倒して高麗を建国。	2	太祖 天授	12	4	3
	1.21 大江朝綱，『紀家集』の巻14を書写。11.2『三十帖冊子』の東寺永代所蔵を命じる(東宝記)。 【死没】 **この年** 紀淑望(漢学者)。 《大の月》2・6・8・9・10・12	ドイツ，ザクセン朝成る。	3	2	13	5	4
	5.5 能書を理由に，小野道風の昇殿を許す(蔵人補任)。**春から夏にかけて** 咳病が流行(紀略)。12.14 東大寺阿弥陀堂・薬師堂の雑物を羂索院に納める(東大寺要録)。12.28 高明ら7人の皇子女に源朝臣の姓を賜う(類聚符宣抄)。**この年** 天皇自ら「王昭君」の曲を改作する(体源抄)。 《大の月》1・3・⑥・8・9・11・12		4	3	14	6 ⑥	5

西暦	年号 干支	天皇	左大臣	右大臣	政治・経済
921 2.11	延喜 21 辛巳	（醍醐）		（藤原忠平）	1.2 詔旨勅書の覆奏を遵行させる（別聚符宣抄）。1.25 勘解由使，『延喜交替式』を奏進。
922 1.31	22 壬午				2.2 任国に赴任しない受領を罰する（別聚符宣抄）。6.5 大宰府に命じ，対馬に到来した新羅人を帰らせる（扶桑略記）。9.2 渤海使，越前国に来着（扶桑略記）。10.21 諸国不堪風水使を定める（扶桑略記）。10.22 調庸は，綾・羅・絹・綿など本来の品物を貢進させ，他の物で納めることを申請する解文の提出を禁じる（別聚符宣抄）。
923 1.20	延長（えんちょう） ④.11 癸未 ④				3.21 皇太子保明親王没す（紀略）。4.20 故菅原道真を本官右大臣に復して正二位を贈り，左遷の詔書を破棄する（紀略）。4.26 藤原穏子を皇后とする（紀略）。4.29 故皇太子保明親王の子慶頼王を皇太子とする（紀略）。
924 2.8	2 甲申		1.22 藤原忠平	1.22 1.22 藤原定方	11.12 天皇，唐人将来の唐物を内裏で見る（貞信公記抄）。11.15 藤原忠平らによる『延喜式』の撰修，一応完了（貞信公記抄）。
925 1.27	3 乙酉 ⑫				3.22 受領の赴任遅延による国務停滞を防ぐため，任命の年月を以て初任と号す事を定める（別聚符宣抄）。5.30 京中の盗人捜捕のため，道守屋を作らせる（西宮記）。6.19 皇太子慶頼王没す（紀略）。8.－『延喜式』の撰修を催促する（延喜式序）。10.21 寛明親王を皇太子とする（紀略）。12.14 諸国に風土記を進上させる（類聚符宣抄）。
926 2.15	4 丙戌				5.21 興福寺の僧寛建の入唐求法を許し，また，菅原道真・紀長谷雄・橘広相・都良香らの詩集と小野道風の書を持たせる（扶桑略記）。5.27 神祇官・宮内省に命じ，10年ごとに神社を修理させる（政要）。10.9 重ねて深紅色の衣服の着用を禁じる（政要）。12.8 諸司官人で任命の後，着任しない者，理由をつけて勤務しない者を罰する（別聚符宣抄）。
927 2.5	5 丁亥				12.26 藤原忠平ら，『延喜式』を奏進。
928 1.26	6 戊子 ⑧				**閏**8.28 受領の功過を勘申する時，貢進した調庸絹綿の粗悪品の数を勘文に注載させる（類聚符宣抄）。10.11 諸国乗田の上田を停め，中田・下田・下々田の三分法を定める（政要）。

大日本史料	社会・文化	世界	新羅	高麗	渤海	後梁	契丹
（1 5）	2.7 宇多法皇，春日社に御幸(躬恒集)。8.22 深根輔仁，『養性秘要抄』を撰す(儼避囉抄)。10.27 空海に弘法大師の諡号を賜う(紀略)。11.4 近江国崇福寺焼失(紀略)。 《大の月》1・3・7・9・11・12		景明王 5	天授 4	大諲譔 15	竜徳 5.1	神冊 6
	延喜年間 命蓮，河内国信貴山寺を中興(信貴山寺資財宝物帳)。**延喜年中** 筑前国安楽寺建立(最鎮記文)。 《大の月》1・3・5・8・10・12		6	5	16	2	天賛 2.22
	この年 筑前国筥崎宮造立(石清水八幡宮記録)。 咳病流行。 【死没】 3.21 保明親王(21，醍醐天皇皇子)。9.27 平貞文(歌人)。 《大の月》1・3・4・5・8・10・12	後唐建国，後梁を滅ぼす。	7	6	17	後唐 荘宗 同光 4.25 ④	2
	【死没】 6.19 貞保親王(55，清和天皇皇子)。 《大の月》2・3・5・6・9・11		景哀王	7	18	2	3
	8.23 天皇，故母后のための御法会を勧修寺で行う(紀略)。10.7 唐僧平秀に衣服・食料を給する(扶桑略記)。11.10 興福寺の僧房，焼失(貞信公記抄)。 【死没】 6.11 観賢(72，真言宗僧侶)。6.19 慶頼王(5，醍醐天皇皇太孫)。 《大の月》1・3・5・6・8・10・11		2	8	19	3 ⑫	4
	2.18 清涼殿前に文人を召し，桜花宴を行う(紀略)。4.11 豊受太神宮の四至を定める(神宮雑例集)。12.19 宇多法皇六十賀に御誦経・賑給を行う(扶桑略記)。 《大の月》1・3・5・7・8・10・11	契丹，渤海を滅ぼし，東丹国を建てる。	3	9	20	明宗 天成 4.28	天顕 2.5 太宗
11.-	1.23 寛建，五台山巡礼のため出発(紀略)。4.10 山崎橋壊れる(6月3日，造橋使を任命)(扶桑略記)。10.26 近江国崇福寺の弥勒新像を供養し，法会を行う(紀略)。 東大寺講堂の再建供養を行う(扶桑略記)。12.27 故円珍に智証大師の諡号を賜う(紀略)。 【死没】 9.10 斉世親王(42，宇多天皇皇子)。11.11 増命(85，天台宗僧侶)。 《大の月》2・4・7・8・9・11・12		敬順王	10		2	2
1 6	3.13 檀林寺金堂・諸堂舎焼失(扶桑略記)。6.21 小野道風に命じ，清涼殿南廂の粉壁に漢朝以来の賢君明臣の徳行を書かせる(紀略)。7.11 西大寺の西塔に落雷，焼失(扶桑略記)。11.- 大江朝綱に屛風6帖の題詩を作らせ，小野道風に書かせる(小野道風筆屛風土代)。 《大の月》2・6・8・⑧・10・11・12		2	11		3 ⑧	3

西暦	年号干支	天皇	摂政	太政大臣	左大臣	右大臣	政治・経済
929 2.13	延長 7 己丑	（醍醐）			（藤原忠平）	（藤原定方）	**1.13** 対馬に漂着した新羅商船に食料を支給し送還する（扶桑略記）。**3.13** 太政官厨家財源欠乏のため，伊勢国など６ヵ国の雑田361町余りを乗田とし，その地子を厨家用にあてる（別聚符宣抄）。**5.17** 後百済の甄萱の使者，対馬に来着し朝貢を請う（扶桑略記）。**5.21** 甄萱の使者に食粮を支給し放還する（扶桑略記）。**12.24** もと渤海人の東丹国使裴璆ら，丹後国に来着（紀略）。
930 2.2	8 庚寅	9.22 朱雀	9.22 藤原忠平				**2.14** 路辺の疫病者を施薬院・悲田院などに収容し，食料などを支給（扶桑略記）。**3.2** 東丹国使裴璆，怠状を進める（紀略・本朝文粋）。**9.22** 醍醐天皇譲位，寛明親王（朱雀天皇）受禅，藤原忠平を摂政とする（紀略）。**9.29** 醍醐上皇の病により大赦，同日没す（紀略）。**11.21** 朱雀天皇即位（紀略）。**12.9** 醍醐天皇の国忌を置き，荷前の陵墓を改定し，十陵八墓を定める（紀略・政要）。
931 1.22	承平（じょうへい） 4.26 辛卯 ⑤						**2.8** 京に群盗が多発，近衛府・衛門府・検非違使らに夜警させる（扶桑略記）。**閏5.11** 常平所の穀を売却することを定める（紀略）。**12.2** 群盗横行により，淀・山崎などの五道を警固させる（貞信公記抄）。**12.10** 諸国に命じ，不堪佃田を開発させる（政要）。
932 2.9	2 壬辰					8.4	**4.28** 追捕海賊使のことを定める（貞信公記抄）。**12.16** 備前国，海賊のことを報告（貞信公記抄）。
933 1.29	3 癸巳					2.13 藤原仲平	**1.23** 群盗横行により，衛門府・兵衛府・馬寮などに番をつくり，毎夜巡検を命じる（紀略）。**2.8** 皇太后藤原穏子，封戸300戸と季服などの４分の１を返進する（別聚符宣抄）。**12.17** 海賊追捕のため，南海道諸国に警固使を派遣（扶桑略記）。
934 1.18	4 甲午 ①						**5.1** 京中の庶人以上に命じ，桑を植えさせる（政要）。**5.9** 海賊平定を祈り，山陽・南海道の諸神に奉幣する（紀略）。**7.17** 薩摩国，唐馬を献上する（紀略）。**7.26** 海賊追捕のため，在原相安に諸家・武蔵国の兵士を率いさせ派遣する（扶桑略記）。**10.22** 追捕海賊使を定める（紀略）。**年末** 海賊，伊予国喜多郡の不動穀3000余石を奪う（扶桑略記）。

大日本史料	社会・文化	世界	新羅	高麗	後唐	契丹
(1 6)	**7～8月** 大風・洪水・霖雨(紀略)。**9.-** 小野道風に命じ，紫宸殿賢聖障子を書き改めさせる(紀略)。 《大の月》2・6・8・10・11・12		敬順王 3	天授 12	天成 4	天顕 4
	春から夏にかけて 疫病流行。**6.26** 清涼殿に落雷，大納言藤原清貫ら焼死(紀略)。**この年** 藤原師輔，『九暦』を記す(～天徳4年)。**この頃** 紀貫之，土佐守として在任中『新撰和歌』を撰する。 【死没】 **9.29** 醍醐上皇(46)。 《大の月》2・4・7・9・11・12	高麗，西京に学校を創設する。	4	13	長興 2.21	5
	7.10 宇多法皇，御室の御物を仁和寺宝蔵に納める(仁和寺御室御物実録)。 【死没】 **7.19** 宇多法皇(65)。 《大の月》2・3・5・7・9・11		5	14	2 ⑤	6
	4.- 疫病流行し，賑給・奉幣・読経などを行う(貞信公記抄)。 【死没】 **8.4** 藤原定方(60，公卿)。**この年** 兼覧王(皇族，歌人)。 《大の月》1・2・3・5・8・10・12	イラン，ブワイフ朝成立。	6	15	3	7
	2.- 金剛峯寺奥院の廟塔焼失(高野春秋)。**11.27** 金剛峯寺奥院の廟塔の修理落成供養を行う(高野山奥院興廃記)。 【死没】 **2.18** 藤原兼輔(57，歌人，公卿)。 《大の月》2・3・5・7・9・11		7	16	4 閔帝	8
	閏1.15 陸奥国分寺七重塔，雷火により焼失(紀略)。**9.5** 楽器目録を増補する(拾芥抄)。**10.19** 東大寺西塔，雷火により焼火(扶桑略記)。 《大の月》1・2・4・5・7・9・11		8	17	応順 1.7 末帝 清泰 4.16 ①	9

西暦	年号干支	天皇	摂政	太政大臣	左大臣	右大臣	政　治・経　済
935 2.6	承平 5 乙未	（朱雀）	（藤原忠平）		（藤原忠平）	（藤原仲平）	2.- 平将門，伯父の常陸大掾平国香・前大掾源護と対立．国香を殺害し，野本の戦いで護の子扶・隆・繁らを殺害，国香方の拠点を焼き打ちする（平将門の乱）（将門記）。6.3 検非違使に命じ，東大寺・興福寺の雑人等の乱行を取締らせる（朝野群載）。6.28 海賊平定を祈り，伊勢神宮，京中諸社，山陽・南海道の名神に奉幣（本朝世紀）。10.21 将門，伯父平良正と常陸国新治郡川曲村で戦い大勝（将門記）。12.3 蔵人藤原親盛を唐物使として大宰府に派遣（公忠朝臣集）。12.29 源護の告状により，護と将門らを京に召喚する太政官符を下す（翌年９月７日，将門方に到る）（将門記）。12.30 新羅人殺害の件に関し，大宰府に官符を下す（紀略）。
936 1.27	6 丙申 ⑪			8.19 藤原忠平	8.19		7.13 大宰府，呉越州の人の来着を報告（紀略）。8.19 藤原忠平を太政大臣とする（紀略）。10.26 平将門，伯父平良兼らと戦い，下野国で破る．この後，朝廷からの召喚により上京し，私戦について尋問される（将門記）。11.29 藤原恒佐・平伊望を撰国史所の別当とし，大江朝綱も同所に配属（類聚符宣抄）。
937 2.14	7 丁酉				1.22 藤原仲平	1.22 1.22 藤原恒佐	4.7 平将門，恩詔により罪を許される．５月11日，帰郷する（将門記）。5.5 税帳勘会に関する制を厳しくする（政要）。8.5 陣定で，高麗国牒などについて審議（紀略）。8.6 平将門，常陸・下総国堺の子飼渡で平良兼と戦い，破れる．良兼，常羽御廐を焼き打ちする（将門記）。9.7 重ねて深紅色衣服の着用を禁じる（政要）。9.8 検諸国交替使・不堪佃田損田使などで，任地に赴かない者を罰する（政要）。9.19 平良兼，常陸国に入る，将門，真壁郡服織宿などを焼き，弓袋山で対陣（将門記）。10.8 四度の公文を期限通り進上させる（別聚符宣抄）。11.5 平良兼・源護らを常陸国の敵とし，将門に追捕を命じる太政官符を関東諸国に下す（将門記）。12.14 平良兼，下総国石井営所で将門を夜討するが撃退される（将門記）。
938 2.3	天慶（てんぎょう） 5.22 戊戌					5.5	2・中旬 平貞盛（国香の子），平将門の罪状告発のため京に向う．将門，追跡し信濃国分寺辺りで戦うが，貞盛は逃れ，京で将門を告発（将門記）。2.- 武蔵権守興世王・介源経基と足立郡司武蔵武芝との争いに将門が介入（将門記）。4.15 京で大地震，宮城の垣，内膳司など破壊される．地震，10月までやまず（貞信公記抄・日本高僧伝要文抄）。5.23 武蔵国などに橘近安の追捕を命じる（貞信公記抄）。6.中旬 平貞盛，将門の召喚状を持って，京から東国に向う（将門記）。7.21 大宰府，唐商人が献上した羊を貢上（本朝世紀）。11.3 駿河・伊豆・甲斐・相模諸国に，将門の弟平将武を追捕させる（本朝世紀）。12.26 中務省への戸籍進上の制を守らせ，中務省保存戸籍と大帳返抄を照合させる（政要）。
939 1.23	2 己亥 ⑦						3.3 武蔵介源経基，興世王と平将門の裏切りを疑い，上京して興世王・将門の謀反を告訴（貞信公記抄・将門記）。3.11 大宰府に命じ，高麗使を帰却させる（紀略）。4.17 出羽国，俘囚の反乱を報告（紀略）。5.2 将門，源経基による謀反の訴に対し無実を言上（将門記）。8.11 尾張国，国守共理が射殺されたと報告（紀略）。10.- 将門，陸奥守平維扶とともに奥州に入ろうとする平貞盛を下野国府で攻撃．貞盛逃走（将門記）。11.21 将門，常陸国住人藤原玄明と国守藤原維幾の争いに介入．国府を襲い，維幾を追い立て印鎰を奪う（将門記）。12.11 将門，下野国府を攻め，印鎰を奪い，国司を追放（将門記）。12.15 将門，上野国府を攻略．ここで新皇と称し除目を行う（将門記）。12.21 摂津など７ヵ国に藤原純友召喚の官符が出される（貞信公記抄・本朝世紀）。12.26 純友の郎等藤原文元ら，摂津国須岐駅で備前介藤原子高の一行を襲撃，子高と播磨介島田惟幹を捕える（紀略・純友追討記）。

大日本史料	社会・文化	世界	新羅	高麗	後唐	契丹
(1 6)	2.16 紀貫之，任期を終え土佐国から帰京(土佐日記)。3.6 延暦寺中堂など40余宇焼失(紀略)。5.9 東大寺講堂供養と新仏開眼会を行う(東大寺要録)。8.13 紀伊国粉河寺全焼(粉河寺縁起)。11.- 大江維時，初めて『文選』を講じる(紀略)。**この頃** 紀貫之，『土佐日記』を著す。 【死没】 2.- 平国香(常陸の豪族)。12.24 会理(84，真言宗僧侶)。**この冬** 源周子(醍醐天皇更衣)。 《大の月》1・3・5・7・8・10・12	新羅，敬順王が高麗に投降し滅亡。	敬順王 9	天授 18	清泰 2	天顕 10
1.- 1 7	8.2 藤原忠平，呉越王に書状を贈る(紀略)。12.8 矢田部公望，宜陽殿東廂で日本紀を講じる(紀略・釈日本紀)。 【死没】 7.14 藤原保忠(47，雅楽家，公卿)。 《大の月》2・5・7・8・10・11	後晋建国．契丹の援助で後唐を滅ぼし，契丹に燕雲16州を割譲。高麗，後百済を滅ぼし，朝鮮半島統一。ドイツ，ザクセン朝のオットー1世即位。		19	後晋 高祖 天福 11.14 ⑪	11
	10.13 大宰府に命じ，今年と翌年の大唐暦を写して進上させる(紀略)。11.- 富士山噴火(紀略)。**承平年間** 源順，勤子内親王のため『倭名類聚抄』を撰述。仏師康尚，清水寺塔院大門の多聞天・持国天を造る(清水寺縁起)。 《大の月》1・2・5・7・9・10	雲南に大理国建国。		20	2	12
	8.20 震災を祓うため，仏像・塔婆各1万を補修(日本高僧伝要文抄)。10.- 延暦寺中堂の再建完成(一代要記)。**この年** 空也，京に入り市で阿弥陀号を唱える(元亨釈書)。 【死没】 3.25 平時望(62，公卿)。5.5 藤原恒佐(60，公卿)。11.5 勤子内親王(35，醍醐天皇皇女)。 《大の月》1・2・3・6・8・10・11			21	3	合同
	2.5 大江朝綱，『作文大体』を著述。4.26 日本紀講筵，5月22日まで断続的に行われる(本朝世紀)。**この年** 空也，坐禅練行を始める(本朝世紀)。 【死没】 **この春** 源英明(文人)。6.- 平良兼(東国豪族)。11.23 源宗于(歌人)。 《大の月》1・2・4・7・8・10・12	ヴェトナム，呉権，王と称す(中国支配から自立)。		22	4 ⑦	2

西暦	年号 干支	天皇	摂関	太政大臣	左大臣	右大臣	政治・経済
940 2.11	天慶 3 庚子	(朱雀)	(摂政藤原忠平)	(藤原忠平)	(藤原仲平)		1.1 東海・東山・山陽道などの追捕使に藤原忠舒・小野維幹・小野好古など15人を任命(紀略)。1.12 兵士を宮城十四門に配置して，防護させる(貞信公記抄)。1.19 参議藤原忠文を征東大将軍とする(紀略)。2.3 藤原純友を従五位下に叙す(貞信公記抄)。2.14 平貞盛，下野押領使藤原秀郷らとともに，下総国辛(幸)島で平将門を討つ(将門記)。4.25 藤原秀郷，将門の首を進上(紀略)。6.21 大宰府，高麗国牒を進上(貞信公記抄)。7.- 藤原仲平，書状を呉越王に贈る(紀略)。8.18 海賊の船400余艘，伊予・讃岐を襲撃．続いて28日，備前・備後の兵船100余艘を焼く(師守記・扶桑略記)。8.27 小野好古を追捕山陽南海両道凶賊使とする(師守記)。11.7 周防国，海賊が鋳銭司を焼くと報告(紀略)。
941 1.30	4 辛丑		11.8 関白藤原忠平				1.21 伊予国，海賊の前山城掾藤原三辰の首を進上(師守記)。2.9 讃岐国，藤原純友の次将藤原恒利が投降し，兵庫允宮道忠用とともに伊予国で海賊を破ると報告(紀略・扶桑略記)。5.19 参議藤原忠文を征西大将軍とする(紀略)。5.20 これより先，藤原純友軍，大宰府を焼き略奪．この日，小野好古，博多津で純友軍と対戦し撃破する(本朝世紀・扶桑略記)。6.20 伊予国で，警固使橘遠保，純友を斬る(本朝世紀)。8.18 日向国に来襲した海賊佐伯是基を捕える(本朝世紀)。9.6 源経基，豊後国佐伯院で海賊桑原生行と戦い，捕える(本朝世紀)。9.22 播磨国，石窟山合戦で海賊三善文公を殺すと報告(本朝世紀)。10.19 海賊藤原文元ら，但馬国で殺される(本朝世紀)。
942 1.20	5 壬寅 ③						3.10 意見封事を提出させる(本朝世紀)。4.29 天皇，兵乱平定を謝し賀茂社に行幸(紀略)。11.15 出雲国，隠岐国に新羅船７艘が来着と報告(紀略)。12.29 大帳の調庸課丁総数の10分の１を年中の死者として課を免じる率法を立て，年中の死者の増加に対処し，一定の課丁を確保する(政要)。 逃亡により除帳した百姓の口分田を地子田とし，その地子を交易して除帳百姓分の調庸を進上させる(政要)。
943 2.8	6 癸卯						12.17 山陰道諸国司に命じ，意見封事の進上を督促する(別聚符宣抄)。
944 1.28	7 甲辰 ⑫					4.9 藤原実頼	1.28 意見封事を進上させる(紀略)。2.6 美濃介橘遠保，帰宅途中に斬殺される(紀略)。4.22 成明親王を皇太弟とする(紀略)。8.3 重明親王，意見封事を奉上(北山抄)。9.2 大暴風雨，京内の諸司官舎顚倒．信濃守紀文幹，国府の庁舎の下敷きとなり圧死(紀略・扶桑略記)。
945 2.15	8 乙巳				9.5		1.4 去年諸国司が進上した意見封事を藤原忠平に検討させる(貞信公記抄)。1.6 受領功過定で，不与解由状・実録帳を勘解由使に勘申させ，調庸など貢進物の進納状況だけでなく，正税官物の欠負も評価基準とする(政要)。2.19 諸大夫の封事を公卿に定めさせる(貞信公記抄)。7.26 これより先，6月4日，呉越船３艘，肥前国松浦郡に到着．この日，大宰府これを報告(本朝世紀)。10.20 唐物交易使を定める(本朝世紀)。
946 2.5	9 丙午	4.20 村上	4.20 5.20 関白藤原忠平				4.20 朱雀天皇譲位，成明親王(村上天皇)受禅(紀略)。11.21 大宰大弐小野好古，大船２艘対馬来着を報告(貞信公記抄)。12.7 大宰府管内で，遊蕩放縦の輩で調庸租税徴収の妨げとなる者を捕えさせる(政要)。

大日本史料	社会・文化	世界	高麗	後晋	契丹
(1 7)	11.27 冷泉院西町焼失(紀略)。 【死没】 2.14 平将門(下総の豪族)。2.19 興世王(官人)。2.24 尊意(75，天台宗僧侶)。 《大の月》1・2・4・7・9・11	イラン，詩人ルーダキー没。	天授 23	天福 5	会同 3
9.- 1 8	1.20 延暦寺惣持院焼失(華頂要略)。 【死没】 6.20 藤原純友(瀬戸内海賊首領，官人)。 《大の月》1・2・4・5・8・10・12		24	6	4
	7.3 久米寺東院・大塔，雷火のため焼失(和州久米寺流記)。 【死没】 11.25 済高(73，86とも，真言宗僧侶)。 《大の月》2・③・4・6・8・11・12		25	7 ③ 少帝	5
	12.24 日本紀竟宴を行う(日本紀竟宴和歌)。 【死没】 3.7 藤原敦忠(38，歌人，公卿)。7.26 元良親王(54，陽成天皇皇子)。 《大の月》2・4・6・7・9・11		26	8	6
	1.9 長谷寺全焼(紀略)。5.5 延長6年以来停止の五月節会を再興し，天皇，競馬を覧る(紀略・九暦)。10.- 橘在列，出家(本朝文粋)。 【死没】 7.23 貞崇(79，真言宗僧侶)。11.9 常明親王(39，醍醐天皇皇子)。 《大の月》1・3・6・7・9・10・12		恵宗	開運 7.1 ⑫	7
	8.3 石清水八幡宮護国寺，志多良神の神輿が民衆に囲まれて石清水八幡宮に至った事を報告(本朝世紀)。**この年** 延昌，補陀落寺を建立(門葉記)。 【死没】 9.5 藤原仲平(71，公卿)。**この年** 紀貫之(歌人)。 《大の月》1・4・6・8・9・10・12	趙瑩・張昭遠ら『旧唐書』成る。 ブワイフ朝，バクダードに入城。	2	2	8
	4.11 賀茂祭の用途料不足により，売官料を充てる(貞信公記抄)。9.2 岩船寺阿弥陀如来像成る(同銘文)。**この年以前(天慶7年以降)** 大江維時，『日観集』を撰す(朝野群載)。 《大の月》2・5・7・9・10・12	契丹，後晋を滅ぼす。	定宗	3	9

西暦	年号 干支	天皇	摂関	太大 政臣	左大臣	右大臣	政　治・経　済
947 1. 25	天暦(てんりゃく) 4. 22 丁未 ⑦	(村上)	(関白藤原忠平)	(藤原忠平)	4. 26 藤原実頼	(藤原実頼) 4. 26 4. 26 藤原師輔	**2. 14** 伯耆国，藤原是助が兵卒を率い，百姓物部高茂を襲ったことを報告(紀略)。**2. 18** これより先，鎮守府将軍平貞盛の使，蝦夷の坂丸らに殺される．この日，蝦夷を討滅するかを陸奥国に調査させる(紀略)。**3. 28** 朱雀上皇，東西兵乱による官軍・賊軍戦没者を供養するため，延暦寺で法会を行う(紀略・本朝文粋)。**6. 29** 左右検非違使庁を統合して左政舎を使庁とし，毎日政を行わせる(政要)。**閏7. 16** 検非違使に命じ，畿内・近江・丹波国で，調庸租税を納入しない輩を禁断させる(政要)。**閏7. 24** 藤原秀郷，故平将門兄弟の断罪，功田の支給などにつき申請する(貞信公記抄)。**11. 1** 倹約のことを定める(紀略)。**11. 11** 雑物の価値を減定する(紀略)。**11. 13** 衣服の奢侈や諸祭使の饗禄を禁じる(政要・別聚符宣抄)。
948 2. 13	**2** 戊申						**3. 27** 群盗，右近衛府曹司に侵入(紀略)。**4. 9** 天皇，新造の清涼殿に遷御する(紀略)。**6. 16** 賑給を行う際の狼藉を防ぐため，諸衛官人に盗賊を捜索させる(紀略・北山抄)。**11. 9** 不作であった25ヵ国の損田のことを奏する(紀略)。
949 2. 1	**3** 己酉		8. 14	8. 14			**6. 13** 国司の解由を 2 通から 3 通に増し，式部省と勘解由使のほか，民部省にも下す(類聚符宣抄)。
950 1. 21	**4** 庚戌 ⑤						**2. 10** 受領による調庸などの進納状況を細録し，その多少により功過を定める(政要)。**7. 23** 憲平親王(生後 2 ヵ月)を皇太子とする(紀略)。**7. 26** 期限が過ぎて任国に赴かない受領の処罰を厳重に行わせる(別聚符宣抄)。
951 2. 9	**5** 辛亥						
952 1. 30	**6** 壬子						**5. 15** 京中に桑の植樹を奨励し，伐採を禁じる(政要)。**9. 11** 重要行事の経費調達のため，中央に納入すべき調庸・中男作物・交易雑物などの10分の 1 を別納させる(正蔵率分)(別聚符宣抄)。**9. 23** 諸牧の御馬貢上の期限・数を守らせ，違えた国司・牧監を罰する(政要)。

大日本史料	社会・文化	世界	高麗	後漢	遼
1 8) 6.- 1 9	6.9 菅原道真の祠を北野に建立(北野天神縁起)。6.- この月以後，疱瘡流行(紀略)。閏7.27 藤原実頼，呉越王に書・沙金を贈る(本朝文粋)。**この年** 村上天皇，『村上天皇宸記』を記す(～康保4年)。 【死没】 6.26 藤原忠文(75，公卿)。 《大の月》1・3・6・8・9・11・12	契丹，国号を大遼とする。後漢建国。	定宗 2	高祖 天福 12 2.15復称 ⑦	大同 2.1 世宗 天禄 9.16
	2.2 清涼殿を新造，旧清涼殿の材木を醍醐寺に移す(春記・貞信公記抄)。6.1 群盗，勧学院に侵入(紀略)。6.9 藤原師輔の桃園第で火災(紀略)。12.30 徽子女王，入内(源語秘訣)。**この年** 伯耆国分尼寺焼失，国分寺類焼(続左丞抄)。 【死没】 10.29 源公忠(60，歌人)。 《大の月》1・3・6・9・10・12		3	隠帝 乾祐 2.5	2
	1.2 延暦寺中堂火災(九暦)。3.- 旧清涼殿の材木で醍醐寺法華三昧堂を建立(紀略)。9.- 元慶寺焼失(扶桑略記)。11.10 大安寺西塔，雷火のため焼失(紀略)。11.14 冷然院焼失(紀略)。12.15 故藤原忠平の小一条殿で失火(紀略)。 【死没】 8.14 藤原忠平(70，公卿)。9.29 陽成法皇(82)。 《大の月》1・3・4・7・10・11		4	2	3
	6.- 東大寺羂索院双倉老朽化により，納物を正倉院南蔵に移す(東大寺要録)。9.26 9月が醍醐天皇の忌月に当るため，九日節を廃し10月に残菊宴を行うこととする(本朝文粋)。10.15 朱雀院で火災(園太暦)。11.10 寛空ら，『仁和寺御室御物実録』を作成(同書)。11.20「東大寺封戸荘園幷寺用帳」作成(東南院文書)。**この年** 延暦寺講堂を改造(天台座主記)。 【死没】 5.5 熙子女王(朱雀天皇女御)。 《大の月》1・3・4・⑤・7・9・11	後漢，節度使郭威に滅ぼされる。	光宗	3 ⑤	4
	この秋 空也，十一面観音像を造り，西光寺(現六波羅蜜寺)に安置(空也誄)。10.30 撰和歌所を梨壺におき，清原元輔ら5人に『万葉集』の訓点をつけさせ，『後撰和歌集』を撰修させる(本朝文粋・源順集・栄華物語)。10.- 醍醐寺五重塔完成(醍醐寺雑事記)。**この頃**『大和物語』の原形成る。 《大の月》1・3・4・6・8・10・12	郭威即位し，後周建国。	2	後周 太祖 広順 1.5	穆宗 応暦 9.8
	3.14 朱雀上皇出家(醍醐寺雑事記)。3.- 高麗照明王后，宝物を長谷寺に奉献(長谷寺霊験記)。4.15 朱雀法皇，仁和寺に移る(醍醐寺雑事記)。6.- 金剛峯寺奥院焼失(高野春秋)。12.2 醍醐寺五重塔落慶供養(慶延記)。 【死没】 8.15 朱雀法皇(30)。 《大の月》2・4・6・8・9・11		3	2	2

西暦	年号 干支	天皇	摂関	太政大臣	左大臣	右大臣	政治・経済
953 1.18	天暦 7 癸丑 ①	(村上)			(藤原実頼)	(藤原師輔)	2.13 諸国に神社仏寺の破損を修造させる(扶桑略記)。6.13 受領国司死去の際の検交替使派遣を，後任国司の補任後・赴任以前に行うよう改める(別聚符宣抄)。
954 2.6	8 甲寅						7.20 詔して意見封事を進上させる(類聚符宣抄)。8.9 橘直幹，民部大輔の職を請い，申文を進上(本朝文粋)。11.3 私に兵仗を帯すことを禁じる(法曹至要抄)。**この年** 駿河国益頭郡司伴成正ら，賊に殺害される(朝野群載)。 藤原倫寧，陸奥国に赴任(蜻蛉日記)。
955 1.27	9 乙卯 ⑨						**この年** 駿河介橘忠幹，賊に殺害される(朝野群載)。
956 2.15	10 丙辰						6.13 近江国に強盗殺害が多いため，甲可是茂を追捕使とする(朝野群載)。7.23 旱害のため，服御常膳の削減，恩赦，未進調庸や田租の免除を行う(本朝文粋)。9.28 公卿論奏により，一時的に臣下の封禄10分の 2 を減じる(北山抄)。10.21 治安悪化のため，駿河国の国司・郡司・雑任らの帯剣を許す(朝野群載)。
957 2.3	天徳(てんとく) 10.27 丁巳						7.20 呉越国持礼使盛徳言，書状を奉る(紀略)。12.27 菅原文時，意見封事三箇条を上奏し，奢多の禁止，売官の停止，鴻臚館の復興を請う(本朝文粋)。**この年** 穀価高騰により，穀倉院・木工寮で不動穀を売る(紀略・西宮記)。
958 1.23	2 戊午 ⑦						3.25 延喜通宝を改め，乾元大宝を鋳造(皇朝十二銭の最後)(紀略)。10.27 藤原安子を皇后とする(紀略)。**この年** 園城寺の僧綱らが越奏を企て，公門に参集することを禁じる(朝野群載)。
959 2.11	3 己未						1.12 呉越国持礼使盛徳言，書状を奉る(紀略)。3.13 感神院，清水寺と闘乱(紀略)。4.5 親王以下諸司官人に新銭を賜う(紀略)。12.4 受領功過定のため，勘解由使・主計寮・主税寮に，12月20日までに功過を勘申させる(政要)。

大日本史料	社会・文化	世界	高麗	後周	遼
(1 9) 8. – 1 10	2.11『伊勢国近長谷寺資財帳』成る(同書)。2.12 神祇官後庁焼失(扶桑略記)。7. – 藤原師輔，呉越王に書を贈る(本朝文粋)。10.28 殿上菊合を行う(九条殿記)。**この年** 日延，天台教籍書写送付のため呉越国に渡る(太宰府神社文書)。 【死没】 3.21 藤原元方(66，公卿)。7.2 淳祐(64，真言宗僧侶)。**この頃** 橘在列(詩人)。 《大の月》1・3・5・7・8・9・11		光宗 4	広順 3 ①	応暦 3
	2.21 法性寺の塔を供養(扶桑略記)。3.11 火災のため，冷然院を冷泉院と改める(河海抄・二中歴・拾芥抄)。6.29 大江朝綱を撰国史所別当とする(類聚符宣抄)。10.18 藤原師輔，横川に法華三昧堂を建立，落慶供養を行い，良源に付属する(門葉記)。 【死没】 1.4 藤原穏子(70，醍醐天皇中宮)。9.14 重明親王(49，醍醐天皇皇子)。 《大の月》1・4・6・8・9・11・12		5	顕徳 1.1 世宗	4
	1.4 天皇，故母后藤原穏子のため，宸筆法華経を供養(扶桑略記)。 《大の月》2・5・8・9・10・11・12		6	2 ⑨	5
	この年 大旱魃(扶桑略記)。「坤元録屏風」を作らせる(江談抄)。 《大の月》2・5・8・9・11・12		7	3	6
	2.11 神祇官より出火(紀略)。3.8 元慶寺の僧房・雑舎焼亡(九暦)。5.1 延昌，延暦寺講堂を供養(紀略)。**この年** 日延帰国し，呉越王銭弘俶の宝篋印塔と符天暦を請来(太宰府天満宮文書)。 【死没】 12.9 空晴(80，興福寺学僧)。12.28 大江朝綱(72，学者，公卿)。 《大の月》1・3・6・9・11・12		8	4	7
	3.30 法性寺焼亡(紀略)。 【死没】 7. – 藤原清正(歌人)。**この年** 大中臣頼基(歌人)。 《大の月》1・3・5・7・9・11・12		9	5 ⑦	8
	2.25 藤原師輔，北野社の神殿を増築(菅家御伝記)。5.7 藻壁門の額を小野道風に書かせる(紀略)。8.3 藤原師輔の桃園第雑舎焼亡(紀略)。8.16 清涼殿で，詩合を行う(天徳三年八月十六日闘詩行事略記)。12.7 紫宸殿の前庭に橘を植える(紀略)。 《大の月》2・3・5・7・9・12		10	6 恭帝	9

西暦	年号干支	天皇	摂関	太政大臣	左大臣	右大臣	政治・経済
960 1.31	天徳 4 庚申	(村上)			(藤原実頼)	(藤原師輔) 5.4 8.22 藤原顕忠	9.23 初めて内裏が焼亡(紀略)。10.2 平将門の子入京の噂により，検非違使や源満仲らに捜索させる(扶桑略記)。
961 1.20	応和(おうわ) 2.16 辛酉 ③						1.5 叙位議の式日を 6 日から 5 日に改める(年中行事抄)。1.28 小野道風・藤原佐理に昇殿を許す(扶桑略記)。8.5 式部丞拝任の順番で行っていた叙爵を，着座恪勤によるものに改める(類聚符宣抄)。11.20 天皇，冷泉院より新造内裏に遷御(紀略)。
962 2.8	2 壬戌						4.7 調布 1 端の直を60文以下と定める(法曹類林)。9.26 不堪佃田奏の三度奏を二度奏に改める(西宮記)。
963 1.28	3 癸亥 ⑫						2.28 皇太子憲平親王元服，昌子内親王を妃とする(紀略)。6.7 左京職の移により，畿内諸国に租帳を勘会させ，京戸口分田分は租帳より除き，左京職に地子として収納させ，京職の財源を確保させる(政要)。7.28 旧銭を停め，10月より新銭を使用させる(西宮記)。閏12.14 奨学院に年官を賜う(紀略)。閏12.28 調庸雑物を期限内に貢進させる(政要)。閏12.- 内記局に勅・宣命・叙位・下名などの部類を撰集させる(柱史抄)。**この年以降**『新儀式』成る。
964 2.16	康保(こうほ) 7.10 甲子						
965 2.5	2 乙丑				4.24		8.13 橘仲遠，宜陽殿東廂で日本紀を講じる(釈日本紀)。

大日本史料	社会・文化	世界	高麗	宋	遼
(1 10)	3.17 摂津国四天王寺焼亡(紀略)。3.30 天徳内裏歌合を行う(内裏歌合)。5.4 藤原師輔没．生前『九条年中行事』を著す。9.9 観空，北山蓮台寺(香隆寺)を供養(紀略)。9.29 勧学院庁舎焼亡(紀略)。10.5 大学寮南堂東曹司･算堂など焼亡(紀略)。**天徳年中** 金剛峯寺奥院廟堂再建(高野山奥院興廃記)。 【死没】 5.4 藤原師輔(53，公卿)。 《大の月》1・3・5・6・8・10・12	後周の武将趙匡胤，宋を建国。	光宗 11	太祖 建隆 1.5	応暦 10
12.－	3.4 新造の尊勝院を東大寺の一院とする(東大寺続要録)。3.28 小野道風に内裏殿舎･門などの額を書かせる(扶桑略記)。12.5 藤原高光出家(多武峯略記)。 【死没】 11.4 源経基(官人)。 《大の月》3・4・5・7・8・10・12	宋，節度使の軍事権を削減。 王溥撰『唐会要』，宋太祖へ献上。	12	2 ③	11
1 11	5.29 京で洪水，鴨川堤決壊(紀略)。6.11 止雨を祈り，伊勢など16社に奉幣(紀略)。8.30 大風雨のため，大和･近江国の官舎，東大寺南大門，興福寺維摩堂などが倒壊(紀略)。**この年**『多武峯少将物語』成るか。 《大の月》3・5・7・8・10・11	オットー1世，ローマにて皇帝として戴冠，神聖ローマ帝国成立。	13	3	12
	3.19 天皇，雲林院の多宝塔を供養(紀略)。6.7 大江維時没．生前の天暦年間頃『千載佳句』を撰す。8.21 清涼殿の法華八講で天台宗良源らと法相宗仲算らが一切皆成説と二乗不成仏説にわかれ論争(応和の宗論)(応和宗論記並恩覚奏状)。8.23 空也，鴨川原で『金字般若経』を供養し，夜に万燈会を行う(紀略)。 【死没】 6.7 大江維時(76，学者，公卿)。 《大の月》1・4・6・8・10・11・12		14	乾徳 11.16 ⑫	13
	3.15 大学寮の学生ら，比叡山西坂下で初めて勧学会を行う(扶桑略記)。4.9 飛鳥部常則に命じ，清涼殿西廂の南壁に白沢王像を描かせる(河海抄)。11.5 学館院を大学寮別曹とする(紀略)。11.－ 紫宸殿の前庭に桜を植える(禁秘抄)。 【死没】 1.15 延昌(85，天台宗僧侶)。4.29 藤原安子(38，村上天皇中宮)。 《大の月》1・4・7・9・10・11	宋，参知政事の官職を創設。	15	2	14
	3.5 紫宸殿前庭の桜を見る花宴を催す(紀略)。3.20 近江国崇福寺焼亡(小右記)。7.4 雅楽寮の火災ですべての楽器を焼失(紀略)。10.27 兵庫の火災により累代の戎具が全焼(扶桑略記)。 【死没】 4.24 藤原顕忠(68，公卿)。 《大の月》1・2・5・8・10・11・12	後蜀，宋に降伏し滅亡。	16	3	15

西暦	年号 干支	天皇	摂関	太政大臣	左大臣	右大臣	政治・経済
966 1.25	康保 **3** 丙寅 ⑧	（村上）			（藤原実頼）	1.17 源高明	**9.9** 洪水により，京・畿内に賑給（紀略）。
967 2.12	**4** 丁卯	5.25 冷泉	6.22 関白藤原実頼	12.13 藤原実頼	12.13 12.13 源高明	12.13 12.13 藤原師尹	**4.30** 宿直しない少納言の罰則を改め，労３日を除く（類聚符宣抄）。**5.20** 天皇不予により，26ヵ国に率都婆を建てさせる（紀略）。**5.25** 天皇不予により大赦を行うが，この日没し，憲平親王（冷泉天皇）践祚（紀略）。**9.1** 守平親王を皇太弟とする（紀略）。**9.4** 昌子内親王を皇后とする（紀略）。**10.11** 冷泉天皇即位（紀略）。**11.7** 諸国検交替使を定める（紀略）。
968 2.2	安和（あんな） 8.13 戊辰						**1.17**『延喜式』に請印（紀略）。**5.20** 摂津介在原義行，内裏参所で強盗に刺殺される（紀略）。**6.14** 南都衆徒，八省院に参集し，東大寺と興福寺が大和国田村荘をめぐり乱闘する（紀略）。**8.22** 五月五日節を村上天皇の忌月のため停止し，踏歌・射礼・九月九日節を旧に復す（紀略）。**9.16** 京辺の東西山野の盗賊を捕らえさせる（紀略）。**12.18** 信濃国，藤原千常の乱を報告（紀略）。
969 1.21	**2** 己巳 ⑤	8.13 円融	8.13 摂政藤原実頼		3.26 3.26 藤原師尹 10.13	3.26 3.26 藤原在衡	**2.7** 藤原師尹の家人と藤原兼家の家人が乱闘（紀略）。**2.19** 東宮御所の昭陽舎が放火される（紀略）。**2.28** 外記政を勤行させる（類聚符宣抄）。**3.13** 藤原在衡，粟田山荘で尚歯会を行う（紀略）。**3.25** 源満仲ら，源連・橘繁延らの謀反を密告．源高明・藤原千晴らにも嫌疑が及び，高明を大宰権帥に左遷，繁延らを流罪．また高明の娘聟の為平親王の家司らの昇殿を停止する（安和の変）（紀略）。**4.3** 諸国に命じ安和の変に関わった源連・平貞節らを追討させ，下野国に命じ藤原秀郷の子孫に教喩を加える（紀略）。**8.13** 冷泉天皇譲位，守平親王（円融天皇）受禅，師貞親王を皇太子とする（紀略）。**9.23** 円融天皇即位（紀略）。**11.8** 平貞時を越後国へ配流（紀略）。
970 2.9	天禄（てんろく） 3.25 庚午		5.18 5.20 摂政藤原伊尹	5.18	1.27 藤原在衡 10.10	1.27 1.27 藤原伊尹	**3.15** 服御常膳の４分の１を減らす（紀略）。
971 1.30	**2** 辛未			11.2 藤原伊尹	11.2 源兼明	11.2 11.2 藤原頼忠	**3.8** 石清水臨時祭を行い，以後毎年恒例とする（江家次第）。**7.19** 大和・尾張などの諸国に，国用に充てるため，米・絹・調布などを進上させる（別聚符宣抄）。**10.29** 大宰権帥源高明を召還する（紀略）。

大日本史料	社会・文化	世界	高麗	宋	遼
⎛1 11⎞	8.15 内裏前栽合を催す(西宮記・栄花物語)。8.27 良源を天台座主にする(紀略)。閏8.19 京中洪水,五・六条と桂川が海となる(紀略)。閏8.27 宮中での放牧を厳重に取締る(政要)。10.28 延暦寺で火災,惣持院・講堂・延命院など30宇を焼失(紀略)。12.27 小野道風没.生前『玉泉帖』等を書く。**この年** 源博雅,『博雅笛譜』を撰進 【死没】 12.2 藤原朝忠(57,歌人,公卿)。12.27 小野道風(73,71とも,書家)。 《大の月》2・3・6・⑧・10・11		光宗 17	乾徳 4 ⑧	応暦 16
5.- 1 12	7.9『延喜式』を頒つ(紀略)。**この年** 藤原灌子,延暦寺五智院を建立(山門堂舎記)。 【死没】 3.2 敦実親王(75,宇多天皇皇子)。5.25 村上天皇(42)。7.29 藤原芳子(村上天皇女御)。 《大の月》1・2・4・6・9・11・12		18	5	17
	1.28 延暦寺楞厳三昧院に十禅師・年分度者を置き,法華・常行両三昧を修めさせる(門葉記)。2.27 良源を延暦寺楞厳三昧院の検校とする(門葉記)。6.4 延暦寺六月会に初めて広学竪義を行う(扶桑略記)。**この年**『金剛峯寺建立修行縁起』成る(跋) 【死没】 2.14 小野好古(85,公卿)。 《大の月》2・4・5・7・9・12	ヴェトナム,ディン=ボ=リン(丁部領)が即位し,ダイ=コ=ヴェト(大瞿越)成立(一説に966年)。	19	開宝 11.24	18
8.- 1 13	4.1 源高明の西宮第焼亡(紀略)。 【死没】 2.3 法蔵(62,65とも,法相・真言宗僧侶)。10.15 藤原師尹(50,公卿)。 《大の月》2・3・5・6・7・9・11	ファーティマ朝,イフシード朝を滅ぼしエジプトを征服,新都カーヒラ(カイロ)を建設。	20	2 ⑤	景宗 保寧 2.22
	4.2 冷泉上皇の御所冷泉院が焼亡(紀略)。4.20 延暦寺惣持院焼亡(紀略)。5.18 藤原実頼没.生前『水心記』を記す。6.14 初めて祇園御霊会を行う(二十二社註式)。7.16 良源,「二十六箇条起請」で叡山僧の規律や綱紀粛正を定める(廬山寺文書)。9.8 金峯山寺焼亡(紀略・興福寺略年代記)。12.27 源為憲,『口遊』を撰述。**この年** 源満仲,摂津国に多田院を建立(帝王編年記)。 新薬師寺准胝観音像成る。 【死没】 5.18 藤原実頼(71,公卿)。10.10 藤原在衡(79,公卿)。**この年** 源信明(61,歌人)。 《大の月》2・4・6・7・9・10・12	カイロにアズハル・モスクを起工(のち大学を兼ねる)。	21	3	2
	4.25 延暦寺惣持院の塔,再建供養(紀略)。 《大の月》3・5・7・9・10・11	南漢,宋に降伏し滅亡。	22	4	3

西暦	年号 干支	天皇	摂関	太大 政臣	左大臣	右大臣	内大臣	政治・経済
972 1.19	天禄 3 壬申 ②	(円融)	(摂政藤原伊尹) 10.23	(藤原伊尹) 10.23	(源兼明)	(藤原頼忠)	11.27	1.3 天皇元服(紀略)。9.23 大宰府，対馬に高麗国南原府使が来着したことを報告する(紀略)。10.15 大宰府，対馬に高麗国金海府使が来着したことを報告する(親信卿記)。10.20 大宰府に命じ，高麗国に報符を送らせる(百練抄)。
973 2.6	天延(てんえん) 12.20 癸酉						藤原兼通	4.23 強盗，源満仲宅を囲み放火，300余戸焼亡(親信卿記)。5.3 大和・伊賀など10ヵ国に薬師寺再建を命じる(紀略)。7.1 藤原媓子を皇后とする(紀略)。
974 1.26	2 甲戌 ⑩		3.26 関白藤原兼通	2.28 藤原兼通			2.28	5.23 尾張守藤原連真を百姓の訴えにより罷免する(紀略)。8.28 疱瘡流行により，紫宸殿前庭などで大祓を行う(紀略)。閏10.30 高麗国交易使，財物を具し帰京する(紀略)。
975 2.14	3 乙亥							2.1 信濃・上野・甲斐・武蔵の諸国に検牧使を派遣(類聚符宣抄)。3.1 諸祭使が従者を多数率いることを禁じ，その数を定める．非色の衣袴を諸人が着すことを禁じる(政要)。6.16 六衛府官人ら，諸国が大粮米を納入しないことを愁訴．裁許があるまで陽明門に平張を立て，弓箭を帯して抗議する(紀略)。8.10 公卿以下に意見封事を奉らせる(紀略)。8.27 日食により，安和の変の流人を召還する(紀略)。
976 2.3	貞元(じょうげん) 7.13 丙子							1.2 陸奥国不動穀21宇焼亡，神火によるとされる(紀略)。5.11 内裏焼亡(紀略)。6.9 内裏焼亡により，服御常膳を減じ，天禄３年以前の未進の調庸と徭の半分を免じる(紀略)。7.26 天皇，内裏焼亡のため，藤原兼通の堀河院に遷御(里内裏の初例)(紀略)。12.- 右大臣藤原頼忠に一上(左大臣)が行うべき雑事を行わせる(公卿補任)。
977 1.22	2 丁丑 ⑦		10.11 10.11 関白藤原頼忠	10.11	4.24 4.24 藤原頼忠	4.24 4.24 源雅信		4.21 左大臣源兼明を親王とし，同24日，藤原頼忠を左大臣とする(紀略・栄花物語)。7.29 天皇，新造内裏に遷御(紀略)。10.11 藤原兼通，病により関白を辞任．藤原頼忠に関白を譲り，右大将藤原兼家を治部卿に左遷する(紀略)。**この年** 藤原国光，国源寺を建立し，多武峯の末寺とする(多武峯略記)。
978 2.10	天元(てんげん) 11.29 戊寅			10.2 藤原頼忠	10.2 10.2 源雅信	10.2 10.2 藤原兼家		3.- 備前介橘時望，海賊に殺される(紀略)。4.10 藤原遵子(頼忠の娘)入内(紀略)。5.19 天皇不予により，藤原兼家らの勅勘をゆるす．21日，兼家，勘事の後初めて参内(小記目録・公卿補任)。8.17 藤原詮子(兼家の娘)入内(紀略)。
979 1.31	2 己卯							3.27 初めて石清水八幡宮に行幸(紀略)。5.22 下野国，前武蔵介藤原千常と源肥の合戦について報告(紀略)。7.7 海賊を追捕する(小記目録)。

大日本史料	社会・文化	世界	高麗	宋	遼
1 13 7.- 1 14	1.15 横川，延暦寺から独立(真門孝雄氏所蔵文書)。4.3 延暦寺講堂など5堂の再建供養を行う(天台座主記)。5.3 良源，遺言(『慈恵大師自筆遺告』)を書く。8.28「女四宮歌合」催される(規子内親王家歌合)。**この年** 祇園社を日吉末社とする(二十二社註式)。 平親信，『親信卿記』を記す(～天延2年)。 【死没】 閏2.6 寛空(89，真言宗僧侶)。9.11 空也(70，僧侶)。11.1 藤原伊尹(49，公卿)。 《大の月》1・3・6・7・9・10・11		光宗 23	開宝 5 ②	保寧 4
	2.27 薬師寺，金堂・塔を残し全焼(紀略)。3.13 北野社の御在所・礼殿焼亡(紀略)。 《大の月》1・4・7・9・10・11	宋，殿試を常制とする。	24	6	5
4.- 1 15	5.7 祇園社感神院・観慶寺を延暦寺別院とする(紀略・二十二社註式)。8.10 慶滋保胤ら，勧学会所堂舎建立資金の喜捨を橘倚平らに呼びかける(本朝文粋)。8～9月 疱瘡流行(扶桑略記)。**この年以後**『蜻蛉日記』成る。 【死没】 9.16 藤原義孝(21，歌人，公卿)。 《大の月》1・2・5・8・10・⑩・12		25	7 ⑩	6
	1.14 延暦寺で慈覚大師供を初めて行う(天台座主記)。2.28 武徳殿焼亡(紀略)。11.14 朔平門・右衛門陣屋，放火される(紀略)。 《大の月》1・3・5・9・10・12	南唐(江南国)，宋に降伏し滅亡。	26	8	7
7.- 1 16	1.30 増祐，自ら墓穴に入り念仏しながら往生する(日本往生極楽記)。6.18 大地震，八省院・豊楽院・東寺・西寺・極楽寺・清水寺・円覚寺・近江国分寺などが倒壊，圧死者多数(紀略・扶桑略記)。11.7 北野寺を菅原氏の氏人に領知させる(最鎮記文)。**この年より永延元年の間**『古今和歌六帖』成るか。 《大の月》1・2・4・6・9・11		景宗	太宗 太平興国 12.22	8
雑載	3.21 良源，延暦寺で舎利会を催す(紀略)。7.8 藤原佐理が書いた新造内裏の殿舎・門などの額を奏覧する(紀略)。 【死没】 2.22 賀茂保憲(61，陰陽家)。4.2 寛忠(72，真言宗僧侶)。11.8 藤原兼通(53，公卿)。 《大の月》1・2・4・5・7・9・11	宋，遼との交易を許す。中央アジア，ガズナ朝成立。	2	2 ⑦	9
1 17	2.27 薬師寺講堂再建，最勝会を新造講堂で行う(薬師寺縁起)。**この年** 良源，延暦寺根本中堂の再建を始める(天台座主記)。 《大の月》1・3・4・6・8・9・11	呉越国，宋に降伏し滅亡。	3	3	10
	8.28 故延昌に慈念の諡号を贈る(紀略)。10.21 源順，『弘仁源氏本系帳』を撰す(諸家系図纂)。 【死没】 3.10 光智(86，華厳宗僧侶)。6.3 藤原媓子(33，円融天皇皇后)。10.11 寛静(79，真言宗僧侶)。 《大の月》2・4・6・7・9・10・12	北漢，宋に降伏し滅亡(宋が全国を統一)。	4	4	乾亨 11.25

西暦	年号干支	天皇	摂関	太政大臣	左大臣	右大臣	内大臣	政治・経済
980 1.21	天元 3 庚辰 ③	(円融)	(関白藤原頼忠)	(藤原頼忠)	(源雅信)	(藤原兼家)		閏3.16 近江の俘囚，陽明門外に集り，阿闍梨念禅の弟子が俘囚の長を殴損したことを訴える(紀略)。11.22 内裏焼亡(紀略)。11.28 内裏焼亡により，服御常膳を減じ，未進の調庸と徭の半分を免じる(紀略)。**この年** 宋人来着(小右記)。
981 2.8	4 辛巳							2.20 天皇，初めて平野社に行幸，施無畏寺を神宮寺とする(紀略)。5.11 致平親王，出家(紀略)。7.7 天皇，藤原頼忠の四条坊門大宮第を後院とし(四条後院)遷御(紀略)。10.27 天皇，新造内裏に遷御(紀略)。12.- 円仁門徒ら，法性寺座主に円珍門徒を任じたことを責め，円仁門徒に改めるよう訴える(扶桑略記)。
982 1.28	5 壬午 ⑫							2.7 蜂起した海賊の追討を定める(小右記)。2.23 伊予国，海賊能原兼信らの追討を報告(小右記)。2.28 京中群盗多数出没により，検非違使の職務怠慢を戒める(小右記)。3.11 藤原遵子を皇后とする(小右記)。3.26 来朝して3年に及ぶ宋人を帰国させるに際して給する答金を，陸奥国に貢献させる(小右記)。11.17 内裏焼亡(紀略)。
983 2.16	永観(えいかん) 4.15 癸未							2.21 京・畿内で弓箭・兵仗を帯びる者を検非違使に捕えさせる(紀略)。7.18 異国人，上京(小記目録)。8.1 奝然，宋商人の船で宋に向う，12月21日，皇帝に拝謁(奝然入宋求法巡礼行並瑞像造立記)。
984 2.5	2 甲申	8.27 花山	8.27 関白藤原頼忠					4.3 高麗人の船，筑前国早良郡に来着(小記目録)。5.26 非蔵人で兵仗を帯びる者の罪を，杖80とする(紀略)。8.27 円融天皇譲位，師貞親王(花山天皇)受禅，即日新造内裏に入る．懐仁親王を皇太子とする(紀略)。10.10 花山天皇即位(紀略)。11.28 延喜2年格(延喜の荘園整理令)後の荘園を停止，破銭法を定める(紀略)。12.5 不課・半輸とされている者で，すでに理由を失った者を大帳から勘出して課丁とし，調庸を納めさせる(政要)。12.28 水旱により，公卿らに意見封事を奉らせる(紀略)。
985 1.24	寛和(かんな) 4.27 乙酉 ⑧							2.13 円融上皇，紫野で子の日の遊びを催す(小右記)。3.27 これより先，藤原斉明・保輔兄弟，大江匡衡・藤原季孝を刃傷．この日，派遣した追捕使が，両者とも逃亡したことを報告する(小右記)。4.22 惟文王，近江国で藤原斉明を射殺する(小右記)。5.2 武徳殿の再建を命じる(紀略)。9.19 円融法皇，堀河院から円融院に遷御(紀略)。
986 2.12	2 丙戌	6.23 一条	6.23 6.23 摂政藤原兼家			7.20 7.20 藤原為光		2.26 興福寺の僧ら，備前守藤原理兼の備前国鹿田荘での乱行を訴える(紀略)。3.29 沽価法を定める(紀略)。6.23 花山天皇，花山寺で出家．懐仁親王(一条天皇)受禅(紀略)。7.9 大宰府，宋の商人鄭仁徳来着を報告．同船で奝然帰国(紀略・塵添壒囊鈔)。7.16 居貞親王を皇太子とする(紀略)。7.20 藤原兼家，摂政右大臣の地位のうち，右大臣を辞し，摂政として太政大臣・左大臣の上に立つ(公卿補任)。7.22 一条天皇即位(紀略)。8.25 大宰府に，帰国した奝然を入京させるよう命じる(続左丞抄)。

大日本史料	社会・文化	世界	高麗	宋	遼
(1 17) 7.- 1 18	1.24 大雲寺観音院を御願寺とする(小記目録・諸門跡譜)。7.9 暴風雨のため，宮中の諸門・羅城門など倒壊(紀略)。9.3 良源，延暦寺根本中堂の再建供養を行う(紀略)。10.1 延暦寺文殊楼の再建供養を行う(紀略)。 【死没】 9.28 源博雅(63，雅楽家，公卿)。 《大の月》3・4・6・8・9・11・12	ヴェトナム，前黎朝成立。	景宗 5	太平興国 5 ③	乾亨 2
11.- 1 19	10.21『琴歌譜』書写される(同書奥書)。**この年** 良源，延暦寺東塔常行三昧堂を造立(天台座主記)。 【死没】 9.8 菅原文時(83，儒者，公卿)。 《大の月》3・6・8・9・10・12	宋，渤海を援助し，契丹を討つ。 宋，ヴェトナムに侵攻，敗北し撤退。	6	6	3
⑫.- 1 20	10.- 慶滋保胤，『池亭記』を著す。**この頃** 源高明，『西宮記』を撰述。 【死没】 12.16 源高明(69，醍醐天皇皇子)。 《大の月》1・4・7・9・10・12・⑫	ヴェトナム，チャンパー(林邑)を攻撃。	成宗	7 ⑫	4 聖宗
	3.22 新造した御願寺の円融寺を供養する(紀略)。7.5 故藤原伊尹の一条第焼亡(小記目録)。10.25 藤原兼家，比叡山横川に薬師堂を建立し，供養する(紀略)。11.27 藤原兼家，比叡山横川に恵心院を建立し，この日供養する(紀略)。 【死没】 3.21 定昭(78，真言宗僧侶)。12.13 千観(66，天台宗僧侶)。**この年** 源順(73，歌人)。 《大の月》2・4・7・9・11・12	遼，国号を契丹と改称。宋，『太平御覧』成る。	2	8	契丹 統和 6.10
3.- 1 21	3.15 藤原兼家の東三条第焼亡(紀略)。3.21 伊予三島社の鹿の生贄を停める(伊予三島縁起)。**この夏** 米価高騰(紀略)。11.28 丹波康頼，『医心方』を著す(一代要記)。11.- 源為憲，尊子内親王に『三宝絵詞』を進上(大鏡)。 《大の月》1・3・5・8・10・12		3	雍熙 11.11	2
1.- 1 22 4.- 1 23 是歳 1 24	2.22 皇太后昌子内親王，大雲寺に建立した観音院を供養(小右記)。2.27 藤原兼家の子尋禅を天台座主とする(小右記)。4.- 源信，『往生要集』を著す。8.29 円融上皇，出家(紀略)。**この年** 藤原季孝，播磨国書写山円教寺に法華堂を建立(書写山円教寺旧記)。**この年以降寛仁元年の間** 源信『横川法語』成るか。 【死没】 1.3 良源(74，天台宗僧侶)。7.18 藤原忯子(17，花山天皇女御)。**この年** 徽子女王(57，村上天皇女御)。 《大の月》1・3・4・6・⑧・10・12		4	2 ⑨	3 ⑧
6.- 2 1	3.22 円融法皇，東大寺で受戒(紀略)。7.22 花山法皇，播磨国書写山に赴き，性空に結縁(紀略)。10.10 円融法皇，大井川に行幸，三船の遊びを催す(紀略)。**この年** 花山法皇，熊野に詣でる(栄花物語)。**永観～寛和の頃** 『日本往生極楽記』成るか。 【死没】 5.8 盛明親王(59，醍醐天皇皇子)。 《大の月》2・3・5・7・9・11	宋，契丹に出兵するが大敗。 宋，『文苑英華』完成。	5	3	4

西暦	年号 干支	天皇	摂関	太政 大臣	左大臣	右大臣	内大臣	政　治・経　済
987 2.1	永延(えいえん) 4.5 丁亥	(一条)	(摂政藤原兼家)	(藤原頼忠)	(源雅信)	(藤原為光)		1.30 重ねて兵仗を帯することを禁じる(紀略)。3.5 新制13箇条を定める(紀略)。5.5 新制5箇条を定める(紀略)。5.29 炎旱により，服御常膳を減じ，大赦を行う(紀略)。7.26 美濃国の百姓数百人，陽明門で国守源遠資の延任を請う(紀略)。7.28 天変旱災により，公卿らに意見封事を奉らせる(紀略)。9.7 伊勢神宮の神人数十人，陽明門で国司清邦を訴える(百練抄)。10.26 宋の商人朱仁聡来着(扶桑略記)。11.2 銭貨の流通を検非違使に推進させる(紀略)。11.27 銭貨の流通を諸寺に祈らせる(紀略)。
988 1.22	2 戊子 ⑤							6.13 逃亡中の藤原保輔，藤原顕光宅に籠居，逃亡を図るが捕えられ，自害を図り17日に死亡(紀略・小右記)。11.8 尾張国の郡司・百姓ら，国守藤原元命の非法を訴え，解任を要求(尾張国郡司百姓等解文)。
989 2.9	永祚(えいそ) 8.8 己丑			6.26 12.20 藤原兼家			2.23 藤原道隆	3.22 初めて春日社に行幸(百練抄・小右記)。4.5 尾張守藤原元命を解任，後任に藤原文信を任命(小右記)。9.29 慈覚門徒，余慶の天台座主任命に反対し，宣命使を妨害(紀略・百練抄)。
990 1.30	正暦(しょうりゃく) 11.7 庚寅	→ 5.5 関白藤原兼家 5.8	5.5 5.26 摂政藤原道隆	5.5 ← 5.8 関白藤原道隆 5.26				1.5 天皇元服(紀略)。1.25 藤原定子，入内(紀略)。5.5 藤原兼家の摂政太政大臣を停め，関白とする(公卿補任)。5.8 兼家出家，藤原道隆を関白とする(紀略)。5.10 兼家，二条京極第を法興院とする(一代要記)。5.26 関白藤原道隆を摂政とする(紀略)。10.5 円融上皇中宮藤原遵子を皇后，一条天皇女御藤原定子を中宮とする(皇后・中宮並立の初例)(紀略)。
991 1.19	2 辛卯 ②			9.7 藤原為光		9.7 9.7 源重信	7.23 9.7 藤原道兼	9.16 皇太后藤原詮子出家，女院号を定め東三条院とする(女院号の初例)(紀略)。
992 2.7	3 壬辰			6.16				11.30 阿波国海賊追討使源忠良，海賊16人を討つ(紀略)。
993 1.26	4 癸巳 ⑩		4.22 4.22 関白藤原道隆		7.29			6.26 故右大臣正二位菅原道真に左大臣正一位を贈る(小右記)。8.11 三合の厄年に当り，また疱瘡流行により大赦を行い，調庸を免じる(紀略)。8.21 天変・疱瘡流行により，紫宸殿・建礼門・朱雀門で大祓を行う(紀略)。閏10.20 贈左大臣正一位菅原道真に太政大臣を贈る(本朝世紀・小右記)。
994 2.13	5 甲午				8.28 源重信	8.28 8.28 藤原道兼	8.28 8.28 藤原伊周	2.17 藤原道隆の申請により，積善寺を御願寺とする(紀略)。3.6 源満正らの武者に命じ，盗賊を捜索させる(本朝世紀)。7.6 金剛峯寺の大塔・講堂など焼亡(高野山文書)。10.23 大宰大弐藤原佐理と宇佐八幡宮神人との闘乱を僉議する(紀略)。

大日本史料	社会・文化	世界	高麗	宋	契丹
（②1）	2.11 奝然入京，宋より釈迦如来像，摺本一切経などを請来(紀略)。2.16 良源に慈恵大師の諡号を賜う(紀略)。5.26 播磨国書写山円教寺を花山法皇の御願寺とする(書写山円教寺旧記)。11.17 兵庫寮の倉焼亡(紀略)。 【死没】 9.26 兼明親王(74，醍醐天皇皇子)。 《大の月》1・3・5・6・8・10・12	西フランク王国，カロリング朝断絶，ユーグ=カペーが王になり，カペー朝成立。	成宗 6	雍熙 4	統和 5
	1.15 源信，『往生要集』などを宋の周文徳に贈る(同書跋文)。2.8 奝然の申請により，弟子嘉因らを宋に派遣する(続左丞抄)。 【死没】 6.17 藤原保輔(強盗)。 《大の月》2・4・⑤・7・8・10・11	賛寧『宋高僧伝』成る。キエフ公国ウラジミール大公，ギリシア正教に改宗，国教とする(一説，989年)。	7	端拱 1.17 ⑤	6
	3.7 大江定基(寂照)，入宋を請う(紀略)。3.9 円融法皇，東寺で両部伝法灌頂職位を受ける(紀略・円融院御灌頂記)。8.13 大風雨により，宮城の門や殿舎，社寺，人家が倒壊し，鴨川堤が決壊(紀略)。 【死没】 6.26 藤原頼忠(66，公卿)。11.- 藤原惟成(文人，公卿)。 《大の月》2・5・7・8・9・11・12	契丹，李継遷を夏国王に封じる。	8	2	7
	2.2 西寺焼亡(紀略)。7.- 奝然の弟子ら，宋から帰国(小右記)。 【死没】 2.17 尋禅(48，天台宗僧侶)。6.- 清原元輔(83，歌人)。7.2 藤原兼家(62，公卿)。12.- 平兼盛(歌人)。 《大の月》3・6・8・9・11・12		9	淳化 1.1	8
	2.29 具平親王，『弘決外典抄』を選述(同序)。5.19 藤原佐理「離洛帖」を書く(同書)。9.21 宋の雲黄山の僧行辿，源信に経巻を送る(紀略)。この年 藤原行成，『権記』を記す(～寛弘8年)。 【死没】 2.12 円融法皇(33)。閏2.18 余慶(73，天台宗僧侶)。8.- 大中臣能宣(71，歌人)。 《大の月》1・3・6・8・10・11・12	女真，契丹に臣事する。	10	2 ②	9
	この秋 真正極楽寺(真如堂)の本堂を建立(真如堂縁起)。12.4 筑前国安楽寺，天神(菅原道真)の託宣を注進(天満宮託宣記)。 【死没】 2.- 藤原仲文(71，歌人)。6.16 藤原為光(51，公卿)。 《大の月》2・4・7・9・11・12	宋，王著『淳化閣帖』成る。	11	3	10
7.- ②2	【死没】 7.29 源雅信(74，公卿)。 《大の月》2・3・5・8・10・11	宋，四川で均産一揆(王小波・李順の乱)起こる(～995年)。	12	4 ⑩	11
	1.- 疫病が九州から起り，12月までに全国に蔓延(紀略)。4～7月 疫病による京中の死者多数，五位以上の死者67人，4月24日，看督長らに路頭の病人を薬王寺に運ばせる(紀略・本朝世紀)。 【死没】 3.10 藤原高光(歌人)。7.11 藤原道信(23，歌人)。 《大の月》1・2・4・6・8・10・12		13	5	12

西暦	年号 干支	天皇	摂関	太大 政臣	左大臣	右大臣	内大臣	政治・経済
995 2.3	**長徳**（ちょうとく） 2.22 乙未	（一条）	（関白道隆） 4.3 4.27 関白藤原道兼 5.8		（源重信） 5.8	（藤原道兼） 5.8 6.19 藤原道長	（藤原伊周）	**5.11** 藤原道長に内覧の宣旨を賜う（朝野群載・紀略）。**7.24** 道長と藤原伊周，仗座で論争する（小右記）。**8.10** 高階成忠，陰陽師に道長を呪詛させる（百練抄）。**9.6** 若狭国に来着した宋の商人朱仁聡ら70余人を越前国に移す（紀略・権記）。**10.18** 前年の闘乱により，大宰大弐藤原佐理を罷免（紀略）。
996 1.23	**2** 丙申 ⑦				7.20 藤原道長	7.20 7.20 藤原顕光	4.24	**1.16** 藤原伊周・隆家の従者，花山法皇を射る（紀略）。**4.24** 伊周を大宰権帥，隆家を出雲権守に左遷（紀略・小右記）。**5.1** 中宮藤原定子，出家（小右記）。**閏7.19** 宋人，鵝・羊を献上（翌年 9 月 8 日返給）（紀略）。**11.8** 宋商朱仁聡の罪名を明法博士令宗允正に勘申させる（紀略）。**12.26** 佚書を求めた宋僧源清に送る返牒を大江匡衡・紀斉名に書かせる（紀略）。
997 2.10	**3** 丁酉						7.5 藤原公季	**4.5** 藤原伊周・隆家を召還（小右記）。**6.13** 高麗国からの牒状を公卿らに審議させる（小右記）。**10.1** 大宰府，奄美島海賊の筑前・筑後・薩摩国侵入を報告，高麗国侵入との風説も流れる（小右記・権記）。**11.2** 大宰府，南蛮人（奄美島海賊か）40余人伐獲を報告（紀略）。
998 1.31	**4** 戊戌							**2.21** 備前国鹿田荘の梶取佐伯吉永，運漕中の荷を摂津国長渚浜住人の高先生・秦押領使などに奪われたことを検非違使庁に訴える（北山抄裏文書）。**4.10** 松尾祭で田楽の間に雑人が争い，京人多数死亡，山崎津が放火され舎屋30余家焼亡（紀略）。**12.26** 平維衡と平致頼が闘争．この日，伊勢国司に命じて 2 人を召還（権記）。
999 1.20	**長保**（ちょうほ） 1.13 己亥 ③							**6.14** 内裏焼亡（紀略）。**7.25** 倹約などについての雑事11箇条を定める（新抄格勅符抄）。**9.24** 淡路国百姓の訴えにより，国守讃岐扶範を解任し，前司平久佐を守とする（紀略）。**11.1** 藤原彰子入内（紀略）。**12.13** 美濃国で橘惟頼を殺害した藤原宗忠を拘禁し，国守源為憲を執務停止とする（翌年 2 月22日復帰）（小右記・権記）。**12.27** 平維衡を淡路に移郷し，平致頼を隠岐に流す．また藤原宗忠を佐渡に流す（小右記・権記）。
1000 2.8	**2** 庚子							**2.25** 藤原遵子を皇太后，藤原定子を皇后，藤原彰子を中宮とする（一帝二后の初例）（御堂関白記・権記）。**5.8** 興福寺の僧，大和国司の添下郡の館に乱入（権記）。**10.11** 天皇，新造内裏に遷御（紀略）。
1001 1.27 ▼	**3** 辛丑 ⑫							**11.18** 内裏焼亡（紀略）。**11.25** 公卿・女房らの美服を禁じる（百練抄）。**12.-** 大和国の百姓，愁状を提出（権記）。

大日本史料	社　会・文　化	世　界	高麗	宋	契丹
②2	1.9 冷泉上皇御所の鴨院と藤原道隆・伊周の二条第焼亡(紀略)。 1.- この月以降，疫病流行，死者多数，納言以上2人・4位7人・5位54人，その他有位者多数が死亡(紀略)。4.16 宋僧源清，天台座主暹賀に書状・『法華示珠指』などを送り，『仁王般若経疏』などの佚書を求める(法華経開題奥書)。4.27 疫病により，諸国に六観音像を画かせ，『大般若経』を写させる(類聚符宣抄)。 【死没】 2.27 元杲(82，真言宗僧侶)。4.10 藤原道隆(43，公卿)。4.19 丹波康頼(84，医家)。4.23 藤原済時(55，公卿)。5.2 藤原道綱母(歌人)。5.8 藤原道兼(35，公卿)。 源重信(74，公卿)。5.29 藤原相如(歌人)。 《大の月》2・3・5・7・9・11		成宗14	至道1.1	統和13
	この年 米価高騰，京中火災頻発(紀略)。 【死没】 10.- 高階貴子(歌人)。 《大の月》1・3・5・7・⑦・9・11	宋，任子の官制を定める。	15	2 ⑦	14
9.-	4.- 宋僧源清から贈られた新書5部につき，慈覚・智証両門の僧に論議させる(元亨釈書)。9.20 仏子信弘・女弟子平山，伯耆国三仏寺に鸚鵡花綬鏡を奉納(同銘文)。 【死没】 この年 源満仲(86，88とも，武将)。 《大の月》1・4・6・7・8・10・12	宋，全国を15路に分ける。	16	3 真宗	15
②3	1.22 一条天皇の御願寺円教寺落成供養，天皇行幸(紀略)。 5.- この月以降，疱瘡流行，6～7月，京中死者多数(紀略)。**この年** 金剛峯寺講堂，再建(高野山文書)。 宋僧源清の求めに応じ，経論疏義に返牒を添えて送る(本朝文粋・権記)。 藤原道長，『御堂関白記』を記す(～寛仁5年(治安元年))。**この頃** 『拾遺抄』成るか。**長徳年間** 『扶桑集』成る(江談抄)。 【死没】 6.12 寛朝(83，84とも，真言宗僧侶)。7.25 源扶義(48，公卿)。7.- 藤原佐理(55，公卿)。 高階成忠(76，学者)。12.- 藤原実方(歌人，公卿)。 《大の月》2・5・7・8・10・11	アフガニスタン，ガズナ朝，マフムード即位，インドへ侵入開始。	穆宗	咸平1.1	16
	3.7 富士山噴火，神祇官・陰陽寮にこれを占わせる(本朝世紀)。 【死没】 3.21 雅真(真言宗僧侶)。12.1 昌子内親王(50，冷泉天皇皇后)。12.15 紀斉名(43，文人)。 《大の月》1・3・5・7・9・10・11		2	2 ③	17 ④
10.-	6.- 疫病流行(権記)。10.19 東大寺西塔・正法院，興福寺喜多院，焼亡(東大寺要録)。**この年** 冬から翌年春・夏にかけて，疫病流行，死者多数(紀略)。 【死没】 12.16 藤原定子(25，一条天皇中宮・皇后)。**この年** 源重之(歌人)。 《大の月》1・3・6・8・10・11	宋，王均が反乱を起こす。	3	3	18
②4	1.16 藤原行成に勧学院の作事の監督を命じる(権記)。2.29 行成，世尊寺供養を行う(権記)。4.8 東大寺の平崇，建立した禅定寺に田畑を寄進(禅定寺文書)。5.9 疫病流行により，紫野(今宮神社)に疫神を祭り，御霊会を行う(紀略)。**この頃**	ウイグル，可汗王禄勝，宋に使者を派遣，李継遷征討の援助を乞う。	4	4 ⑫	19 ⑪

西暦	年号 干支	天皇	摂関	太政大臣	左大臣	右大臣	内大臣	政治・経済
1001 1.27 ▲	長保 3 辛丑 ⑫	(一条)			(藤原道長)	(藤原顕光)	(藤原公季)	
1002 2.15	4 壬寅							6.27 漂着した高麗人のことを審議する(百練抄)。9.19 東寺検校ら，丹波国の寺領大山荘４町９段28歩への収納使入勘停止を国司に請う(東寺百合文書)。10.9 諸国司に神社・国分寺・定額寺などを修造させる(類聚符宣抄・政要)。
1003 2.4	5 癸卯							2.8 陣定を行い，平維良が下総国府を焼き打ちして官物を略奪したことを審議する(百練抄)。9.5 平維良追捕についての押領使藤原惟風の解状を審議する(権記)。10.8 天皇，一条院より新造内裏に遷る(紀略)。11.27 宇佐八幡宮神人，上京し，大宰権帥平惟仲の苛政を訴える(百練抄)。
1004 1.25	寛弘(かんこう) 7.20 甲辰 ⑨							2.26 住吉社神人ら，陽明門外で摂津守藤原説孝が神人を打傷したことを訴える(御堂関白記)。3.24 宇佐八幡宮の神人ら，陽明門に参入し重ねて平惟仲の非例を訴える(紀略)。6.8 大宰権帥平惟仲の執務を停止させる(紀略)。11.20 土佐国，出挙規準数の減少を申請(朝野群載)。12.28 大宰権帥平惟仲を解任(紀略)。
1005 2.12	2 乙巳							8.14 大宰府，宋商人曾令文の来着を報告(紀略)。11.13 藤原伊周を朝議に参与させる(小右記)。11.15 内裏焼亡し，神鏡を損傷(紀略)。11.27 天皇，藤原道長の東三条第に移る(紀略)。
1006 2.1	3 丙午							6.20 大和国，興福寺僧蓮聖が僧俗数千人を率い，国内の田畠を損亡したことを訴える(御堂関白記)。7.3 内裏火災で損傷した神鏡改鋳の是非を審議する(御堂関白記)。7.15 興福寺僧徒，蓮聖の無実を訴え，大和守源頼親の解任を求める(御堂関白記)。
1007 1.22	4 丁未 ⑤							7.1 大隅守菅野重忠，大宰府で大蔵満高に射殺される(紀略)。7.23 因幡国の官人・百姓ら，愁訴(権記)。10.29 因幡介因幡千里を殺害した守橘行平の罪状を審議し，明法家に勘申させる(権記)。12.25 行平の罪状を定める(御堂関白記)。
1008 2.10	5 戊申							1.16 藤原伊周を大臣に准じ，封戸を賜う(紀略)。2.27 尾張国の郡司・百姓らが守藤原中清を訴える(御堂関白記)。11.14 凶作のため，信濃国の正税の出挙規準数を３年間減少することを許す(権記)。

大日本史料	社会・文化	世界	高麗	宋	契丹
(②4)	『枕草子』成る。 藤原公任，『新撰髄脳』を著す。 【死没】 閏12. 22 東三条院藤原詮子(40，円融天皇女御)。 《大の月》1・2・4・7・10・11・12		穆宗 4	咸平 4 ⑫	統和 19 ⑪
	3. 6 花山法皇，播磨国書写山円教寺に御幸，巨勢弘高に性空肖像を写させる(朝野群載・書写山円教寺旧記・権記)。11. 5『政事要略』一応完成(小記目録)。12. - 初めて内侍所御神楽を行う(一代要記)。 【死没】 10. 21 慶滋保胤(文人)。 《大の月》1・2・4・7・10・11	宋，西夏王李継遷，宋の霊州を占領。	5	5	20
	4. 8 灌仏会の布施物を銭から紙に改める(権記・西宮記)。7. 3 藤原行成，紫宸殿・承明門の額を書く(権記)。8. 25 寂照，宋に向う(扶桑略記)。 【死没】 6. 9 増賀(87，天台宗僧侶)。 《大の月》1・2・4・6・8・10・12		6	6	21
1. - ② 5	1. - この月以降，『和泉式部日記』成る。3. 13 藤原道長，法興院で万燈会を行う(御堂関白記)。12. 11 行円，行願寺(革堂)の供養を行う(紀略)。 【死没】 10. 23 真興(70，71とも，真言宗僧侶)。 《大の月》2・4・5・7・9・10・12	宋，契丹と和睦(澶淵の盟)。 道原編『景徳伝燈録』成る。	7	景徳 1. 1 ⑨	22
	10. 19 藤原道長，木幡浄妙寺法華三昧堂の供養を行う(御堂関白記)。12. 15 道長，入宋僧寂照の書状を受け取る(御堂関白記)。**この頃**『拾遺和歌集』成るか(寛弘2年6月19日から寛弘4年1月28日までの間)(同書)。 【死没】 3. 14 平惟仲(62，公卿)。**この年(9月26日とも)** 安倍晴明(陰陽家)。 《大の月》2・4・6・7・9・11		8	2	23
	3. 4 東三条第で花宴を行う(御堂関白記)。天皇，東三条第より一条院に移る(紀略)。7. 27 藤原道長，法性寺五大堂を建立(御堂関白記)。10. 20 宋商曾令文，『五臣注文選』『文集』などを道長に贈る(御堂関白記)。 《大の月》1・4・6・7・9・10・12	宋，州郡に常平倉を置く。	9	3	24
12. -	8. 11 藤原道長，金峯山に参詣，金銅経筒を埋納(経筒銘)。8. 17 源為憲，『世俗諺文』を撰する。12. 2 藤原道長，浄妙寺に多宝塔を建立し，供養を行う(御堂関白記)。12. 10 藤原公季，法性寺に三昧堂を建立し供養を行う(紀略)。**この年1月以降寛弘8年6月の間** 藤原道綱母『傅大納言殿母上集』成るか。 【死没】 3. 10 性空(僧侶)。10. 30 覚運(55，天台宗僧侶)。 《大の月》2・5・6・8・9・10・12		10	4 ⑤	25
② 6	**この頃**『源氏物語』の一部が成り，流布する(紫式部日記)。 【死没】 2. 8 花山法皇(41)。7. 8 観修(64，天台宗僧侶)。7. 17 藤原義懐(52，公卿)。 《大の月》2・5・7・9・10・12	宋，真宗，宰相王欽若に偽造させた天書を奉じ，泰山で封禅を行う。	11	大中祥符 1. 6	26

西暦	年号干支	天皇	摂関	太政大臣	左大臣	右大臣	内大臣	政治・経済
1009 1.29	寛弘 6 己酉	(一条)			(藤原道長)	(藤原顕光)	(藤原公季)	2.20 中宮藤原彰子・敦成親王呪詛のことに坐し，藤原伊周の朝参を停止する(政要)。6.13 伊周の朝参を許す(紀略)。9.8 宇佐宮宝蔵焼亡の事，大宰府に来着した宋商の処遇などを議す(紀略)。10.5 一条院焼亡．天皇，織部司庁に移る(紀略)。10.19 天皇，藤原道長の枇杷殿に移る(御堂関白記)。10.28 東寺検校ら，丹波国大山荘の寺田3町の収公免除を国司に申請し，免除される(吉田文書)。
1010 1.18	7 庚戌 ②							3.20 大和国栄山寺領の田畠を民部省が勘注(栄山寺文書)。7.- 海善登，賊に殺される(紀略)。8.13 陣定を行い，国史編修を議す(権記)。8.22 東大寺，大和国衙に寺領香菜荘の園司らの臨時雑役などの免除を申請(東大寺要録)。11.28 天皇，枇杷殿から新造一条院に移る．藤原道長，摺本『注文選』『文集』などを献上(御堂関白記)。
1011 2.6	8 辛亥	6.13 三条						6.13 一条天皇譲位，居貞親王(三条天皇)受禅，敦成親王を皇太子とする(紀略)。8.23 藤原道長に太政官文書を内覧させる(紀略)。9.27 丹波国，主基抜穂使の非法濫行を訴える(小右記)。10.16 三条天皇即位(紀略)。
1012 1.26	長和(ちょうわ) 12.25 壬子 ⑩							1.22 和泉守源経頼，国内諸郡の田堵に荒廃公田を開発させる(田中忠三郎氏所蔵文書)。2.8 設楽神，鎮西より入京．紫野に祀る(百練抄)。2.14 皇太后藤原遵子を太皇太后，中宮藤原彰子を皇太后，女御藤原妍子を中宮とする(紀略)。4.27 女御藤原娍子を皇后とする(紀略)。9.22 陣定を行い，来着した宋人の処遇，大和国百姓による国守藤原輔尹延任申請，加賀国百姓による国守源政職の非法32ヵ条の訴えなどを審議する(御堂関白記)。12.9 加賀国百姓らの訴えを退ける．尾張国の民，国守藤原知光の善状を提出(御堂関白記)。
1013 2.13	2 癸丑							10.15 東寺領丹波国大山荘の荘司，見作田と図外治田の租税免除を国司に申請し，許される(東寺百合文書)。
1014 2.3	3 甲寅							2.9 内裏焼亡(小右記)。3.12 火災のため賭射を停止する(小右記)。
1015 1.23	4 乙卯 ⑥							9.20 天皇，枇杷殿から新造内裏に還す(小右記)。10.27 藤原道長を摂政に准じて除目・官奏をとり行わせる(御堂関白記)。11.16 播磨国，藤原公任の所領有年荘の荘司・寄人らの臨時雑役を今まで通り免除する(朝野群載)。11.17 内裏焼亡(御堂関白記)。
1016 2.11	5 丙辰	1.29 後一条	1.29 摂政藤原道長		12.7			1.29 三条天皇譲位，敦成親王(後一条天皇)受禅，敦明親王を皇太子とし，藤原道長を摂政とする(紀略)。2.7 後一条天皇即位(小右記)。6.2 天皇，上東門第から新造一条院に移る(紀略)。8.25 道長，尾張国郡司・百姓らの守藤原経国に対する訴えを裁定させる(御堂関白記)。

大日本史料	社会・文化	世界	高麗	宋	契丹
(2 6)	12.30 鞍馬寺焼亡(一代要記)。 【死没】 7.28 具平親王(46，村上天皇皇子，文人)。12.24 菅原輔正(85，文学者，公卿)。**この頃** 惟宗允亮(明法家)。 藤原長能(歌人)。 《大の月》1・3・6・9・10・12		穆宗 12	大中祥符 2	統和 27
	6.4 藤原行成，皇太子の命により，手本を書き献上(権記)。**この頃**『紫式部日記』成るか。『本朝麗藻』成るか。 【死没】 1.28 藤原伊周(37，公卿)。4.10 高階業遠(46，官人)。7.24 大江以言(56，文人)。11.7 為平親王(59，村上天皇皇子)。 《大の月》1・2・3・6・9・10・12	契丹，高麗に侵攻。ヴェトナム，李朝成立。ガズナ朝期イラン，詩人フィルドゥシー，『シャー・ナーメ(王の書)』を完成。	顕宗	3 ②	28
7.- 2 7	9.2 京都西京町火災(小右記)。10.6 法興院焼亡(御堂関白記)。 【死没】 6.22 一条法皇(32)。7.11 藤原有国(69，公卿)。8.- 源為憲(文人)。10.2 平致頼(武将)。10.24 冷泉上皇(62)。**寛弘年中** 安養尼(尼僧)。 《大の月》1・3・4・7・10・11	宋，姚鉉撰『唐文粋』成る。	2	4	29
	7.16 大江匡衡没．生前『江吏部集』等を著す。8.- 選子内親王『発心和歌集』を撰する(同書序)。9.11 源信，広隆寺で声明念仏を始める(広隆寺来由記)。**閏**10.17 積善寺焼亡(御堂関白記)。 【死没】 7.16 大江匡衡(61，儒者)。 《大の月》1・3・4・6・8・10・11		3	5 ⑩	開泰 11.1
11.- 2 8	1.16 東三条院焼亡(御堂関白記)。9.14 入宋僧寂照弟子念救，来朝入京．天台山国清寺から延暦寺へ智顗図像などをもたらす(御堂関白記)。**この年** 寂源，大原に勝林院を創建(元亨釈書)。 【死没】 5.- 藤原高遠(65，歌人，公卿)。 《大の月》1・3・5・6・8・10・12	宋，『冊府元亀』成る。	4	6	2
	3.12 内蔵寮・掃部寮などが焼亡(小右記)。5.5 広隆寺薬師仏の開眼日(寅年5月5日庚寅)にちなんで，京中の多数が参詣(小右記)。12.17 花山院焼亡(小右記)。 《大の月》3・4・6・8・9・11		5	7	3
6.- 2 9	3.- この月から秋にかけて，咳病・疫病流行，死者多数(紀略・小右記)。7.15 宋僧念救帰国に際し，藤原道長，寂照に経疏類を注文するための金を託す．20日，出発(御堂関白記・紀略)。 【死没】 4.26 資子内親王(61，村上天皇皇女)。6.7 賀茂光栄(77，陰陽家)。7.- 盛算(真言宗僧侶)。 《大の月》1・4・6・7・8・9・11		6	8 ⑥	4 ⑦
3.- 2 10 8.- 2 11	4.9 行円，粟田山路を整備する(小右記)。4.29 藤原為時，園城寺で出家(小右記)。5.1 三条上皇，眼病のため延暦寺に御幸(紀略)。7.20 上東門第焼亡(御堂関白記)。9.24 上皇御所枇杷殿焼亡(御堂関白記)。**この年** 定誉，高野山の復興運動を開始する(高野興廃記)。 【死没】 3.16 奝然(79，東大寺僧侶)。**この頃** 紫式部(物語作家，歌人)。 《大の月》1・4・6・8・9・11・12	デーン人カヌート，イングランド王となる。	7	9	5

西暦	年号 干支	天皇	摂関	太政大臣	左大臣	右大臣	内大臣	政治・経済
1017 1.31	寛仁(かんにん) 4.23 丁巳	(後一条)	(摂政藤原道長) 3.16 3.16 摂政藤原頼通	12.4 藤原道長	3.4 藤原顕光	(藤原顕光) 3.4 3.4 藤原公季	(藤原公季) 3.4 3.4 藤原頼通	8.3 蝗虫の害を除くため，諸国に仁王般若・最勝王経を転読させる(類聚符宣抄)。8.5 越中国の百姓，国司の善状を提出(左経記)。8.9 敦明親王，皇太子を辞し，敦良親王を皇太子とする(紀略)。8.25 前皇太子敦明親王を上皇に准じ，小一条院とする(紀略)。11.12 伊勢国の百姓，守藤原孝忠の重任を申請(左経記)。11.25 天皇，賀茂社に行幸，山城国愛宕郡内の8郷を寄進(小右記)。12.4 藤原道長を太政大臣とする(紀略)。
1018 1.20	2 戊午 ④			2.9				1.3 後一条天皇元服(御堂関白記)。1.7 皇太后藤原彰子を太皇太后とする(御堂関白記)。2.9 藤原道長，太政大臣を辞す(左経記)。4.28 天皇，一条院から新造内裏に遷す(紀略)。6.27 藤原道長，再建された上東門第に移る．源頼光，家具調度の一切を献上する(小右記)。10.16 中宮藤原妍子を皇太后，女御藤原威子を中宮とする(御堂関白記)。
1019 2.8	3 己未		12.22 12.22 関白藤原頼通					3.28 対馬島，刀伊の賊船50余艘襲来を大宰府に報告．その後，壱岐島・筑前国怡土郡・志摩郡・早良郡・能古島などにも来襲(刀伊の入寇)(朝野群載)。4.13 刀伊，肥前国松浦郡に襲来．大宰権帥藤原隆家ら，これを撃破(朝野群載)。6.19 丹波国氷上郡の百姓，陽明門で愁訴するが，国守藤原頼任に追捕される(紀略・小右記)。7.7 これより先，対馬島判官代長岑諸近，高麗へ渡り，この日，刀伊に捕らえられた女10人を伴って帰国(小右記)。9.22 丹波国の百姓，陽明門で国守藤原頼任の善状を提出(小右記)。
1020 1.28	4 庚申 ⑫							閏12.29 大宰府，南西諸島の賊徒が薩摩国に到来し，人民を虜掠したことを報告(左経記)。
1021 2.15	治安(ちあん) 2.2 辛酉			7.25 藤原公季	5.25 7.25 藤原頼通	7.25 7.25 藤原実資	7.25 7.25 藤原教通	10.14 天皇，春日社に行幸，大和国添上郡を寄進(紀略)。11.2 東寺伝法供家，同領丹波国大山荘田の収公免除を国衙に請い，免除される(東寺百合文書)。
1022 2.4	2 壬戌							
1023 1.25	3 癸亥 ⑨							6.18 藤原道長，職務怠慢の諸司をとがめなかったため，関白藤原頼通を譴責する(小右記)。9.23 大安寺の申請により，同寺領近江国野洲荘・淵荘などの収公・臨時雑役などを免除(京都御所東山御文庫記録)。11.23 紀伊国薬勝寺の申請により，同寺領田の租税・官物・臨時雑役・寄人などを免除(紀伊続風土記)。12.1 大和国添上郡中郷・楊生郷を春日社に寄進(根津嘉一郎氏所蔵文書)。12.23 丹波守藤原資業の苛政により，群盗，資業の京宅を焼く(小右記)。

大日本史料	社会・文化	世界	高麗	宋	契丹
(②11) 7.－ ②12 12.－	3.1 大安寺焼亡(紀略)。5.－ 源信『観心略要集』成る。6.22 興福寺五重塔・東金堂など，落雷により焼失(紀略)。 【死没】 5.9 三条法皇(42)。6.1 藤原遵子(61，円融天皇皇后)。6.10 源信(76，天台宗僧侶)。 《大の月》2・5・8・9・11・12		顕宗 8	天禧 1.1	開泰 6
②13 12.－	閏4.12 円教寺焼亡(小右記)。8.21 藤原行成，『白氏詩巻』を書写(同書奥書)。**この年前後**『和漢朗詠集』成るか。 【死没】 12.17 敦康親王(20，一条天皇皇子)。**この頃** 藤原清廉(官人)。 《大の月》1・3・5・8・9・11・12	ブルガリア帝国，ビザンツ帝国に征服される。	9	2 ④	7
②14 10.－	3.21 藤原道長出家(紀略)。 【死没】 12.22 慶祚(65，天台宗僧侶)。**この年** 源道済(歌人，文人)。 《大の月》1・3・6・9・11・12		10	3	8
②15 8.－ ②16	2.27 藤原道長，無量寿院(後の法成寺)を建立し，9体の阿弥陀仏，勢至・観音菩薩などを安置(紀略・左経記)。3.22 道長，無量寿院の落慶供養を行う(御堂関白記)。12.14 道長，延暦寺で受戒(小右記)。**この年** 春から夏にかけて疱瘡流行(紀略)。**長和・寛仁年中** 藤原公任，『北山抄』を著す。 【死没】 6.18 源賢(44，天台宗僧侶，歌人)。7.4 道命(47，僧侶，歌人)。7.5 明救(75，天台宗僧侶)。10.15 藤原道綱(66，公卿)。 《大の月》1・3・5・7・10・12・⑫		11	4 ⑫	9
4.－ ②17	12.2 源倫子，無量寿院に西北院を建立，供養を行う(小右記)。12.23 宇佐八幡宮焼亡(小右記)。 【死没】 5.25 藤原顕光(78，公卿)。7.19 源頼光(74，武将)。 《大の月》2・3・5・7・9・12		12	5	太平 11.12
1.－ ②18	7.14 藤原道長，無量寿院を法成寺と改め，金堂の供養を行う．天皇行幸(小右記)。7.16 法成寺造仏の功により，仏師定朝を法橋とする(仏師の僧綱補任の初例)(小右記)。11.2 近江国崇福寺焼亡(小右記)。11.23 藤原道長，延暦寺に参詣．翌日，十二神将像を安置供養(左経記)。 【死没】 4.13 平維良(武将)。 《大の月》1・3・5・6・8・10・12		13	乾興 1.1 仁宗	2
3.－ ②19 12.－ ②20	3.10 藤原道長，法成寺で万燈会を行う(小記目録)。5.－ 道長，上東門第に滞在中の彰子のため，田植・田楽を催す(栄花物語)。10.17 道長，金剛峯寺参詣に出発(小右記)。 《大の月》3・5・6・8・9・10・12	宋，益州に交子務をおき，官が交子発行を独占する。	14	天聖 1.1 ⑨	3

西暦	年号干支	天皇	摂関	太政大臣	左大臣	右大臣	内大臣	政治・経済
1024 2.13	万寿(まんじゅ) 7.13 甲子	(後一条)	(関白藤原頼通)	(藤原公季)	(藤原頼通)	(藤原実資)	(藤原教通)	8.21 能登国の百姓，陽明門で国守の善状を提出し，延任を求める(小右記)。9.19 天皇，藤原頼通の高陽院に行幸し，競馬を見る(小右記)。11.2 越前国気比宮神人，陽明門で加賀守但波公親を訴える(小右記)。
1025 2.1	2 乙丑							6.7 陣定を行い，河内国司が尺度池・狭山北池の堤修築のため，2年延任を申請したことについて審議する(類聚符宣抄)。9.17 阿波・伊予国などに治部省の正庁・倉・仏具を修造・補塡させる(小右記)。
1026 1.22	3 丙寅 ⑤							1.19 太皇太后藤原彰子，出家，院号を上東門院とする(左経記)。4.23 これより先，伊賀国の在庁官人・百姓ら，国守藤原親光の非道を訴える．この日，書生らを召問する(左経記・紀略)。8.17 中宮藤原威子の安産を祈るため，仏師定朝らに仏像27体を造らせる(左経記)。
1027 2.10	4 丁卯							2.28 内裏に盗賊が侵入，女官の衣を剝ぎ取る(紀略)。5.8 常陸国の百姓，上京して常陸介藤原信通の善状を提出し，重任を請う(小右記)。8.10 宋人陳文祐・章仁昶ら，肥前国値賀島に来着(小右記)。11.13 藤原道長の病により，非常赦を行い，度者1000人を賜う(小右記)。11.26 天皇，法成寺に行幸し，藤原道長を見舞う(小右記)。
1028 1.30	長元(ちょうげん) 7.25 戊辰							6.21 前上総介平忠常，東国で反乱．検非違使平直方・中原成通らを追討使とする(平忠常の乱)(左経記)。7.26 但馬国の百姓，藤原頼通第門外で夜通し愁訴するが，実は橘俊孝の行為と判明(小右記)。8.1 平忠常の郎等が入京し，検非違使に捕えられる(小右記・左経記)。8.5 忠常追討使平直方・中原成通が進発する(小右記)。8.15 宋商人，対馬に来着(小右記)。8.23 備前国の百姓，陽明門で善状を提出(小右記)。10.13 金峯山の僧100余人，陽明門に会集し，大和守藤原保昌を訴える(左経記)。
1029 1.18	2 己巳 ②			10.17				2.11 備前国の百姓が提出した善状を宣旨により上進させる(小右記)。3.2 宋商人周文裔，藤原実資に書状・進物を贈り，太政官にも書状を進上(小右記)。7.18 伊勢神宮の伊賀神民が伊賀守源光清を訴えたため，検非違使を派遣する(小右記)。12.8 平忠常追討の件を言上しないため，追討使中原成通を解任(紀略)。
1030 2.5	3 庚午							3.27 安房守藤原光業，平忠常の攻撃にあい，印鎰を棄て京に逃げ帰る(紀略)。4.23 諸国司・六位以下の居宅の規模などを制限(紀略)。9.2 甲斐守源頼信・坂東諸国司らに平忠常追討を命じ，勲功のない平直方を召還する(紀略)。12.29 伊勢国の神戸神民を殺害した罪で，伊賀守源光清を伊豆国に配流(紀略)。

大史日本料	社　会・文　化	世　界	高麗	宋	契丹
(②20) 12.-	2.17 京で大火(紀略)。6.26 藤原道長，法成寺薬師堂の供養を行う(小右記)。11.23 近江国勢多橋焼亡(小右記)。 【死没】 12.26 小槻奉親(62，官人)。 《大の月》3・5・7・8・10・11		顕宗 15	天聖 2	太平 4
②21 8.- ②22	5.16 藤原道長・頼通，迦葉仏の化身という霊牛を見るため，近江国関寺に詣でる(左経記)。11.8 五節につき奢侈を禁制(小右記)。**この年** 疱瘡流行(扶桑略記・小右記)。 菅原師長撰『関寺縁起』成る。 【死没】 2.15 渡辺綱(73，武将)。3.25 藤原娍子(54，三条天皇皇后)。7.9 藤原寛子(小一条院女御)。11.- 小式部内侍(歌人)。 《大の月》1・4・6・8・10・11・12	南インドのチョーラ朝，シュリーヴィジャヤ王国(東南アジア)に遠征。	16	3	5
2.- ②23	1.4 藤原公任，出家(紀略)。3.20 法成寺阿弥陀堂供養(紀略)。8.17 京都大風，諸司顚倒(紀略)。**この年**『権記』の記述終る(寛弘8年以後，逸文)。 藤原資房，『春記』を記す(～天喜2年)。 【死没】 12.18 安倍吉平(73，陰陽家)。 《大の月》2・5・7・8・10・11・12	アフガニスタン，ガズナ朝のマフムード，ソームナートを略奪・破壊。	17	4 ⑤	6
3.- ②24 11.- ②25 12.- ②26	1.3 京都大火，法興院・安養院など1000余家焼亡(紀略)。8.23 藤原道長，法成寺釈迦堂の供養を行う(小右記)。**この年** 入宋僧寂照，宋から道長に書状を送る(百練抄)。 【死没】 5.14 藤原顕信(34，藤原道長子，官人)。6.13 源俊賢(68，公卿)。9.14 藤原妍子(34，三条天皇中宮)。12.4 藤原行成(56，公卿)。 藤原道長(62，公卿)。 《大の月》2・5・8・10・11・12		18	5	7
1.- ②27 11.- ②28	9.2 京都大風雨，洪水おこる．豊楽院門・府庁なども顚倒する(左経記)。11.9 枇杷殿焼亡(小右記)。 【死没】 4.13 藤原広業(53，儒者，公卿)。5.24 院源(天台宗僧侶)。 《大の月》2・3・6・9・11・12		19	6	8
	4.4 大中臣輔親，藤原頼通に『広韻』『玉篇』『白氏文集』などを献上する(小右記)。**この年以降** 藤原実資，『小野宮年中行事』を著す。 【死没】 10.17 藤原公季(73，公卿)。 《大の月》2・②・4・6・9・11・12		20	7 ②	9 ③
	8.21 上東門院藤原彰子，法成寺東北院を建立し，供養を行う(小右記)。10.29 藤原頼通，法成寺五重塔の供養を行う(紀略)。**この年** 春以降，疾病流行(類聚符宣抄)。 源師房，『土右記』を記す(～承保3年)。 【死没】 6.11 済信(77，真言宗僧侶)。 《大の月》2・4・5・7・9・12		21	8	10

西暦	年号 干支	天皇	摂関	太政大臣	左大臣	右大臣	内大臣	政治・経済
1031 1.26	長元 4 辛未 ⑩	(後一条)	(関白藤原頼通)		(藤原頼通)	(藤原実資)	(藤原教通)	2.19 大宰府，耽羅人の漂着を報告(小右記)。3.5 これより先，若狭国司，藤原教通・同頼宗所領荘民の濫行を報告．この日，若狭に官使を派遣(小右記)。4.28 源頼信，平忠常の投降を報告(左経記)。6.6 忠常，京へ連行される途中，美濃国で病死(左経記)。6.16 源頼信，忠常の首を携えて入京する(紀略)。
1032 2.14	5 壬申							2.8 平忠常追討の功により，源頼信を美濃守とする(類聚符宣抄)。 菅原孝標，常陸介となる(更級日記)。9.27 杵築社造営の託宣を詐称した罪で，出雲守橘俊孝を佐渡国に配流(紀略・左経記)。
1033 2.3	6 癸酉							
1034 1.23	7 甲戌 ⑥							3.- 対馬島，大隅国漂着の高麗人送還を報告(紀略)。10.24 平忠常の乱の被害により，上総国の官物を 4 年間免じる(左経記)。
1035 2.11	8 乙亥							3.7 園城寺三尾神祭で延暦寺と園城寺の僧ら乱闘，延暦寺の法師が打ち殺される(左経記)。3.29 延暦寺僧，園城寺僧明尊の比叡山上にある坊を焼く(左経記)。
1036 1.31	9 丙子	4.17 後朱雀	4.17 4.17 関白藤原頼通					4.17 後一条天皇没，遺詔により喪を秘して譲位の儀を行う．敦良親王(後朱雀天皇)受禅(左経記)。7.10 後朱雀天皇即位(範国記)。7.11 近江国の百姓，陽明門で国司を訴える(長元九年記)。
1037 1.19	長暦(ちょうりゃく) 4.21 丁丑 ④							1.19 興福寺僧徒，東大寺東南院を破壊(東大寺別当次第)。2.13 禎子内親王を中宮とする(行親記)。3.1 禎子内親王を皇后，藤原嫄子を中宮とする(一代要記)。5.15 前年 3 月，筑前国安楽寺と大宰権帥藤原実成が曲水宴で闘乱したことを安楽寺が訴え，この日，推問使を派遣する(百練抄)。5.20 石清水八幡別宮の神人と争ったことにより，源則理を土佐国に配流する(行親記)。8.17 親仁親王を皇太子とする(百練抄)。
1038 2.7	2 戊寅							2.19 安楽寺と闘乱した罪により，藤原実成を除名し，郎従源致親を隠岐に配流する(百練抄)。10.27 寺門派の園城寺僧明尊の天台座主補任に反対し，延暦寺僧 2， 3 千人が陽明門で訴える(春記・天台座主記)。10.- 但馬国の百姓，陽明門に群集し訴状を提出(春記)。
1039 1.27	3 己卯 ⑫							2.15 伊勢神宮の禰宜ら，神民を率いて上京し，13ヵ条の要求を訴える(太神宮諸雑事記)。2.18 延暦寺僧3000余人，藤原頼通の高倉第門前で，明尊の天台座主補任反対を訴える(扶桑略記)。3.16 延暦寺僧の放火により，頼通の高陽院焼亡(扶桑略記)。6.26 大神宮遷宮執行上の違例により，前祭主大中臣佐国を伊豆国に配流する(百練抄)。6.27 内裏焼亡，天皇，翌日京極土御門殿に遷る(扶桑略記)。

社　会・文　化	世　界	高麗	宋	契丹
1.11 深覚，東大寺西院を建立(東大寺別当次第)。4.29 藤原頼通の東三条殿焼亡(紀略)。9.19 藤原斉信，『慈恵大僧正伝』を著す(同書)。9.25 上東門院藤原彰子，石清水八幡宮・住吉社・四天王寺に参詣(小右記)。10.20 藤原頼通，興福寺東金堂・塔を供養(紀略)。12.3 上東門院御所京極第焼亡(紀略)。**この頃**『上野国交替実録帳』成る。 【死没】 6.6 平忠常(坂東の豪族)。 《大の月》2・3・5・7・8・10・11		顕宗 22	天聖 9 ⑩	興宗 景福 6.15
6.2 安芸守紀宣明，強盗に殺される(紀略)。12.8 九条御厩・法住寺焼亡(紀略)。12.16 富士山噴火(紀略)。12.23 藤原頼通，父道長に代わり入宋僧寂照に返状を送る(紀略)。**この年**『小右記』の記述終る。 《大の月》2・4・6・7・9・10・12		徳宗	明道 11.6	重熙 11.11
10.12 藤原頼通，宇治別業で文人に詩を賦させる(紀略)。11.28 頼通，母源倫子の七十賀を高陽院で行う(紀略)。 【死没】 3.26 藤原惟憲(71，公卿)。 《大の月》3・5・7・9・10・11	宋，劉太后没，仁宗親政開始。	2	2	2
8.9 京都大風雨，宮中殿舎など顛倒，淀・山埼などで洪水起こる．死者多数(左経記)。10.17 円教寺御堂の再建供養を行う(左経記)。**この頃**『栄花物語』正篇成るか。 【死没】 1.24 覚超(75，天台宗僧)。**この年** 寂照(入宋僧)。 《大の月》1・4・⑥・7・9・10・11		3	景祐 1.1 ⑥	3
5.16 藤原頼通，高陽院水閣歌合を催す(左経記)。**この年** 勅により延暦寺に尊持院を建立(天台座主記)。『左経記』日記部分の記述終る。 【死没】 3.23 藤原斉信(69，公卿)。6.22 選子内親王(72，村上天皇皇女)。 《大の月》1・4・7・9・10・11	イベリア半島，アラゴン王国成立。	靖宗	2	4
【死没】 4.17 後一条天皇(29)。9.6 藤原威子(38，後一条天皇中宮)。9.- 藤原保昌(79，官人)。 《大の月》1・2・5・8・10・11		2	3	5
閏4.- 宋の商人慕晏誠ら漂来(百練抄)。6.2 上東門院彰子，故後一条天皇の菩提寺の菩提樹院を供養(扶桑略記)。 《大の月》1・2・3・5・8・10・12		3	4 ④	6
3.17 長谷寺の塔・僧房焼亡(百練抄)。6.15 仏舎利を諸社に奉納(扶桑略記)。 【死没】 6.22 大中臣輔親(85，歌人，公卿)。9.7 慶命(74，天台座主)。 《大の月》1・2・4・6・9・11	西夏(大夏)建国，李元昊，皇帝と称する．この頃，西夏文字が作られる。セルジューク朝成立。	4	宝元 11.18	7
3.12 山門派の教円を天台座主とする(扶桑略記)。5.7 上東門院彰子，剃髪・受戒(扶桑略記)。5.- 園城寺，戒壇設立を請う(春記)。 【死没】 8.28 藤原嫄子(24，後朱雀天皇中宮)。8.24 源経頼(55，公卿)。 《大の月》1・2・4・6・7・10・12	宋，司馬光『集韻』刊。	5	2 ⑫	8

西暦	年号干支	天皇	摂関	太政大臣	左大臣	右大臣	内大臣	政治・経済
1040 2.15	長久(ちょうきゅう) 11.10 庚辰	(後朱雀)	(関白藤原頼通)		(藤原頼通)	(藤原実資)	(藤原教通)	6.3 新立荘園の停止を諸国に命じる(長久の荘園整理令)(春記)。9.9 皇居の京極土御門殿が焼亡，神鏡が罹災(春記)。11.2 京中に放火が続き，検非違使に夜警を命じる(春記)。12.25 天皇，平野社に行幸，帰路，和泉国の百姓が直訴(春記)。
1041 2.4	2 辛巳							5.14 園城寺戒壇設立の可否を諸宗に問うが，延暦寺のみ反対する(元亨釈書)。7.18 節日に公卿・侍臣が美服を着ることを禁じる(樗嚢抄)。12.19 天皇，新造内裏に移る(扶桑略記)。
1042 1.25	3 壬午 ⑨							3.10 園城寺円満院，延暦寺僧徒に焼かれる(扶桑略記)。12.8 内裏焼亡．天皇，翌年3月23日，一条院に移る(扶桑略記)。
1043 2.13	4 癸未							6.8 初めて日吉社に奉幣する(年中行事秘抄)。12.1 一条院が焼亡，天皇，高陽院に移り，21日，東三条院に移る(扶桑略記)。
1044 2.2	寛徳(かんとく) 11.24 甲申							8.7 但馬国に漂着した宋商張守隆を存問するため，中原長国を介に任じるが守源章任がすでに存問したため，赴任を停止(扶桑略記)。10.27 上東門院藤原彰子の病平癒を祈り，一万僧供養を行う(扶桑略記)。
1045 1.21	2 乙酉 ⑤	1.16 後冷泉	1.16 1.16 関白藤原頼通					1.16 後朱雀天皇譲位，親仁親王(後冷泉天皇)受禅，尊仁親王を皇太子とする(扶桑略記)。4.8 後冷泉天皇即位(扶桑略記)。8.29 筑前国の住人清原守武が宋に密航し，貿易したことについて審議する(百練抄)。10.21 前司任中以後の新立荘園を禁止する(寛徳の荘園整理令)(永承5年7月21日太政官符)。
1046 2.9	永承(えいしょう) 4.14 丙戌					1.18		2.28 太政官朝所焼亡，天皇，前年12月16日からここに行幸していたため，大膳職に移り，4月4日，二条第に移る(扶桑略記)。7.10 女御章子内親王を中宮とする(扶桑略記)。10.3 来着した宋人を廻却すべきか審議する(百練抄)。10.8 天皇，二条第から新造内裏に移る(百練抄)。
1047 1.29	2 丁亥					8.1 藤原教通	8.1 8.1 藤原頼宗	12.24 清原守武を宋に密航して貿易した罪で佐渡に配流し，貿易品を没収する(百練抄)。

社　会・文　化	世　界	高麗	宋	契丹
7.26 京・伊勢に台風，八省院・伊勢外宮など倒壊(百練抄)。10.20 藤原頼通の妻隆姫，園城寺常行堂を供養(扶桑略記)。12.6 鷹司殿焼亡(春記)。12.12 天皇，藤原実資から「醍醐天皇宸記(延喜18年記)」を借覧(春記)。12.13 園城寺僧明尊の主房を御願堂とし，円満院と号する(春記)。 【死没】 2.5 延円(絵師，造庭名人)。 《大の月》1・3・4・6・8・9・11		靖宗 6	康定 2.21	重熙 9
1.1 藤原公任没．生前『和漢朗詠集』を撰す。8.16 小一条院敦明親王出家(扶桑略記)。9.13 大安寺焼亡(扶桑略記)。10.14 祇園社焼亡(一代要記)。 【死没】 1.1 藤原公任(76，公卿)。10.1 藤原義忠(文人)。 《大の月》2・4・6・7・9・11・12		7	慶暦 11.20	10
1.24 図書寮焼亡(百練抄)。**この年** 東大寺・手向山神社蔵の舞楽面，皇仁庭・地久・崑崙八仙などが成る(同銘文)。 《大の月》3・5・7・9・⑨・11・12	宋，歳幣を増し，契丹と和を結ぶ。	8	2 ⑨	11
5.8 旱魃のため，仁海，神泉苑で請雨経法を行う(扶桑略記)。**長久年間** 鎮源，『本朝法華験記』を編述(同序)。 【死没】 6.24 藤原公成(45，公卿)。9.14 深覚(89，真言宗僧侶)。 《大の月》3・6・8・9・10・12	宋，慶暦の党議が活発化。	9	3	12
1.- この月から6月まで，疾疫流行(扶桑略記)。3.23 阿古也聖，貴賤に勧進して法華経6万9384部を写させ，延暦寺に納める(扶桑略記)。 【死没】 1.1 藤原隆家(66，公卿)。6.7 源頼実(30，歌人)。9.24 源道方(76，公卿)。 《大の月》1・4・7・9・10・12	宋，西夏と和議。 ビルマ，パガン朝成立。 ヴェトナム，チャンパーへ侵攻。	10	4	13
【死没】 1.18 後朱雀上皇(37)。1.19 藤原定頼(51，歌人)。8.12 心誉(89，天台宗僧侶)。 《大の月》1・3・5・7・9・11・12		11	5 ⑤	14
12.24 興福寺焼亡(扶桑略記)。 【死没】 1.18 藤原実資(90，公卿)。5.16 仁海(96，真言宗僧侶)。6.- 大江挙周(儒者)。 《大の月》1・3・5・8・10・12		12	6	15
2.14 藤原頼通，藤原不比等の廟に告文を奉り，興福寺造営の加護を祈る(朝野群載)。**6・7月** 諸国旱魃(扶桑略記)。7.18 浄瑠璃寺本堂造立(浄瑠璃寺流記事)。 【死没】 1.8 行円(62，天台宗僧侶)。2.2 定誉(91，真言宗僧侶)。6.10 教円(69，天台宗僧侶)。9.3 源顕基(48，公卿)。 《大の月》1・3・4・6・9・11		文宗	7	16

西暦	年号干支	天皇	摂関	太政大臣	左大臣	右大臣	内大臣	政治・経済
1048 1.18	永承 3 戊子 ①	（後冷泉）	（関白藤原頼通）		（藤原頼通）	（藤原教通）	（藤原頼宗）	**8.11** 寺門派の明尊を天台座主とする．明尊，山門派の反対で，３日で辞任（天台座主記）。**8.-** 来着した宋商について審議し，廻却する（百練抄）。**11.2** 内裏焼亡（扶桑略記）。
1049 2.5	4 己丑							**9.-** 高麗の漂流民20人を対馬から帰国させる（東国通鑑）。**12.28** 興福寺僧ら，大和守源頼親第を襲い合戦となる（扶桑略記）。
1050 1.26	5 庚寅 ⑩							**1.20** 伊勢神宮の禰宜ら，神民など700余人を率いて上京し，祭主大中臣永輔らの行状を訴える（太神宮諸雑事記）。**1.25** 興福寺の訴えにより，大和守源頼親を土佐国，子の頼房を隠岐国へ配流する（扶桑略記）。**9.17** 宋人張守隆の帰化を許す（百練抄）。**9.-** 平繁成を出羽守とし，秋田城介を兼任させる（吾妻鏡）。**この年** 陸奥守藤原登任・秋田城介平繁成，俘囚安倍頼良と鬼切部で戦い敗れる（陸奥話記）。
1051 2.14	6 辛卯							**2.13** 女御藤原寛子を皇后とする（扶桑略記）。**7.19** 天皇，新造冷泉院に移る（扶桑略記）。**9.17** 宋商来着の件について審議（百練抄）。**11.20** 伊勢神宮禰宜ら，祭主大中臣永輔の非法を訴える（太神宮諸雑事記）。**この年** 安倍頼良追討のため，源頼義を陸奥守とする（前九年の役，始まる）（本朝続文粋）
1052 2.4	7 壬辰							**5.6** 上東門院藤原彰子の病平癒を祈り大赦．安倍頼良，大赦により追討を逃れ源頼義に服従，名を頼時と改める（扶桑略記・陸奥話記）。**8.2** 伊勢神宮の禰宜ら，神人500余人を率いて入京，祭主大中臣永輔を訴える（春記）。**9.19** 大宰府管内諸国に筑前国香椎宮の再建を命じる（石清水八幡宮記録）。
1053 1.23	天喜（てんき） 1.11 癸巳 ⑦							**1.6** 伊勢大宮司大中臣義任宅の火災で，神戸の文図・田籍などを焼失（太神宮諸雑事記）。**8.26** 東大寺領伊賀国黒田荘の国務を免じる（東大寺文書）。**この年** 陸奥守源頼義に鎮守府将軍を兼任させる（本朝続文粋）。
1054 2.11	2 甲午							**1.8** 高陽院内裏焼亡，天皇，冷泉院に移る．次いで２月16日，藤原頼通の四条第に，９月22日，京極院に移る（百練抄）。**12.8** 京極院内裏焼亡（百練抄）。**12.28** 天皇，藤原頼通の四条第に移る（百練抄）。**この年** 源頼義，胆沢城の鎮守府からの帰途，阿久利川で人馬が殺傷された件を安倍頼時の子貞任の犯行と断定．頼時，一族を結集し頼義と対立（陸奥話記）。
1055 1.31	3 乙未							**3.13** 寛徳２年以後の新立荘園を停止（勘仲記）。**11.26** 東大寺領美濃国大井荘の住人ら，臨時雑役の免除を東大寺に請う（美濃国古文書）。

社　会・文　化	世　界	高麗	宋	契丹
3.2 興福寺の再建供養を行う(春記)。**5.2** 大宰府，新羅暦を献上(扶桑略記)。**8.22** 源心を天台座主とする(天台座主記)。**10.15** 藤原頼通，高野山に参詣(高野山御参詣記)。**11.16** 大宰府，宋暦を献上(扶桑略記)。 【死没】 **閏1.29** 禔子内親王(46，三条天皇皇女)。**4.17** 源頼信(81，武将)。 《大の月》1・2・3・5・7・9・11		文宗 2	慶暦 8 ①	重熙 17
2.18 興福寺北円堂・唐院・伝法院焼亡(扶桑略記)。**3.19** 肥後国阿蘇社焼亡(百練抄)。**6.23** 閑院焼亡(百練抄)。**11.9**『永承四年内裏歌合』を催す。**11.25** 諸国の諸社に仏舎利1粒を送る(扶桑略記)。**この年** 慶盛入宋(入唐記)。 【死没】 **7.22** 源明子(藤原道長室)。**7.26** 皇慶(73，天台宗僧侶)。 《大の月》1・3・5・6・8・10・12		3	皇祐 1.1	18
3.15 藤原頼通，法成寺の新堂を供養する(百練抄)。**3.-** 大宰府，筑前国安楽寺の焼亡を報告(扶桑略記)。**4.26** 藤原頼宗，正子内親王のため絵合を催す(正子内親王絵合)。**6.5** 頼通，祐子内親王のため歌合を催す(祐子内親王家歌合)。 《大の月》2・4・6・8・9・11・12	この年以後，ビールーニー没。	4	2 ⑪	19
2.16 藤原(日野)資業，出家(公卿補任)。**5.5** 内裏根合を催す(百練抄)。**6.5** 宇佐宮弥勒寺焼亡(扶桑略記)。**この年** 冬以降，疾疫流行，翌年に及ぶ(扶桑略記)。 【死没】 **1.8** 敦明親王(58，三条天皇皇子)。 《大の月》2・5・7・8・9・11・12		5	3	20
2.12 筑前国香椎宮焼亡(石清水八幡宮記録)。**3.28** 藤原頼通，宇治別業を寺とし，平等院と号す(扶桑略記)。**5.29** 花園社創建，御霊会が行われる(百練抄)。**8.25** 長谷寺焼亡(扶桑略記)。**9.19** 明尊，近江国新羅明神社で初めて新羅祭を行う(園城寺伝記)。**この年** 末法初年に入る(扶桑略記)。 《大の月》3・6・8・9・11・12	宋，安南広源州の濃智高，広南一帯に進撃。 宋，范仲淹没。	6	4	21
3.4 藤原頼通，平等院阿弥陀堂を供養(定家朝臣記)。**9.20** 聖徳太子の記文が河内国の廟地で発掘される(僧綱補任)。 【死没】 **6.11** 源倫子(90，藤原道長室)。**10.11** 源心(83，天台座主)。 《大の月》2・4・7・8・10・11・12	契丹，西夏と和約。	7	5 ⑦	22
8.11 長谷寺再建供養(百練抄)。**この年** 明尊，新日吉社を創建(園城寺伝記)。 【死没】 **7.20** 藤原道雅(63，歌人，公卿)。 《大の月》2・4・7・9・11・12	ヴェトナム，李朝，大越国と号する。 東方正教会とローマ教会，決定的分離。	8	至和 3.16	23
2.17 興福寺，講堂・僧房など焼失(興福寺略年代記)。**6.7** 冷泉院を壊し，一条院に移建する(百練抄)。**8.23** 東寺の塔，雷のため焼亡(願文集)。**10.25** 円乗寺落慶供養(扶桑略記)。 《大の月》2・3・5・8・10・12	セルジューク朝トルコ，ブワイフ朝を倒し，バクダードに入城。	9	2	道宗 清寧 8.16

西暦	年号 干支	天皇	摂関	太政大臣	左大臣	右大臣	内大臣	政　治　・　経　済
1056 1.20	天喜 4 丙申 ③	(後冷泉)	(関白藤原頼通)		(藤原頼通)	(藤原教通)	(藤原頼宗)	2.22 天皇，藤原頼通の四条第から完成した一条院に移る(百練抄)。閏3.26 東大寺領の伊賀国板蝿・玉滝杣・黒田荘・美濃国大井・茜部荘などの国役を免除する(東南院文書)。8.3 前陸奥守鎮守府将軍源頼義に安倍頼時追討の宣旨を下す(帝王編年記)。12.29 頼義を再度陸奥守とする(百練抄)。
1057 2.7	5 丁酉							7.26 安倍頼時，討死．以後，安倍貞任ら抗戦(百練抄・陸奥話記)。8.10 東海・東山道諸国に命じ，兵糧を陸奥国に運ばせる(扶桑略記)。9.2 源頼義，安倍貞任ら平定のため，諸国の兵士・兵糧を徴用する官符を請う(扶桑略記)。11.- 頼義，貞任に大敗(陸奥話記)。12.25 貞任追討に協力させるため，源斉頼を出羽守とする(扶桑略記)。
1058 1.27	康平（こうへい） 8.29 戊戌 ⑫							2.26 新造内裏・中和院・大極殿など焼亡(百練抄)。**この頃** 伊賀国の東大寺領玉滝荘の荘園化をめぐって，東大寺と国司が争う(東大寺文書)。
1059 2.15	2 己亥							1.8 一条院内裏焼亡，天皇，2月8日に藤原頼通の三条第に移る(百練抄)。6.1 放火頻発のため，衛士に諸門を警備させる(清獬眼抄)。
1060 2.5	3 庚子				7.17 7.17	7.17 7.17	7.17 7.17	7.- 宋商林表ら，越前国敦賀津に漂着(扶桑略記)。8.3 伊勢守藤原義孝を，伊勢神宮御厨を兼ねた郡司の住宅を焼いた罪で隠岐に配流する(太神宮諸雑事記)。8.11 天皇，三条第から新造高陽院に移る(扶桑略記)。
1061 1.24	4 辛丑 ⑧			12.13	藤原教通	藤原頼宗	藤原師実	
1062 2.12	5 壬寅			藤原頼通 9.2				7.- 出羽国の俘囚清原武則，源頼義の求めに応じ，1万余の兵を率い来援(陸奥話記)。8.17 頼義，清原氏の援軍を得，小松柵で安倍宗任を破る(陸奥話記)。9.5 安倍貞任，頼義の本営を攻めるが敗れ衣川柵に退去．その後，衣川関・鳥海柵を頼義に攻略され，厨川柵に籠る(陸奥話記)。9.17 頼義，厨川柵を陥れ，貞任を討つ．後日，安倍宗任ら投降(前九年の役，終る)(陸奥話記)。
1063 2.1	6 癸卯							2.16 京に送られた安倍貞任らの首を西獄門に梟す(水左記)。2.27 貞任追討の功により，源頼義を伊予守，同義家を出羽守，清原武則を鎮守府将軍とする(扶桑略記)。8.- 源頼義，相模国由比郷に石清水八幡宮を勧請し祀る(鶴岡八幡宮寺社務職次第)。10.17 成務天皇陵盗掘の罪で，興福寺僧静範ら16人を諸国に配流する(扶桑略記)。
1064 1.21	7 甲辰 ⑤							3.29 安倍宗任らを伊予国へ配流(朝野群載)。4.23 伊賀国の東大寺領玉滝・黒田荘の造興福寺夫役を免除する(東大寺文書)。9.16 前下野守源頼資，在任中，上総介橘惟行と私闘，この日，惟行の館を焼き，人民を殺害した罪で頼資を佐渡配流とする(扶桑略記)。
1065 2.8	治暦（ちりゃく） 8.2 乙巳					2.3 6.3 藤原師実	6.3 6.3 源師房	9.1 越中国に命じ，新立荘園を停止させる(勘仲記)。10.18 法成寺金堂・薬師堂・観音堂の再建供養を行い，天皇，行幸(扶桑略記)。**この年** 源頼義，伊予守重任の宣旨を請う(本朝続文粋)。

社　会・文　化	世　界	高麗	宋	契丹
閏3.27 清涼殿で和歌管絃の御遊を催す(中殿御会部類記)。**4.30** 皇后藤原寛子,一条院内裏で皇后宮春秋歌合を催す(扶桑略記)。**10.22** 宇治平等院の法華堂落慶供養(伊呂波字類抄)。 《大の月》2・3・4・5・8・10・12		文宗 10	嘉祐 9.12 ③	清寧 2
3.14 上東門院藤原彰子,法成寺八角堂を建立し,落慶供養を行う(扶桑略記)。**11.30** 近江国崇福寺再建供養(扶桑略記)。**この頃** 末法思想・浄土思想が盛んになる。 【死没】 **1.24** 藤原資房(51,公卿)。**7.26** 安倍頼時(陸奥の豪族)。**8.1** 定朝(仏師)。**9.10** 桓舜(80,天台宗僧侶)。 《大の月》2・3・5・7・9・11		11	2	3
2.23 法成寺焼亡(扶桑略記)。**11.28** 天変地妖を除くため,伊勢神宮に奉幣し,宸筆宣命を納める(扶桑略記)。 《大の月》1・3・5・7・8・10・12	宋,王安石,『万言書』を上呈。マーワルディー没(アッバース朝の政治思想家)。	12	3 ⑫	4
5.2 京都,大雨洪水(扶桑略記)。**10.12** 藤原頼通,法成寺阿弥陀堂・五大堂を再建供養(扶桑略記)。 《大の月》1・3・5・7・8・10・12		13	4	5
5.4 興福寺焼亡(扶桑略記)。**この頃** 『更級日記』成立。 《大の月》2・5・7・8・10・11	宋,欧陽脩ら編纂の『新唐書』成る。	14	5	6
7.21 法成寺内の東北院を再建供養し,大赦を行う(扶桑略記)。**10.25** 皇后藤原寛子,平等院多宝塔を建立し,落慶供養を行う(扶桑略記)。**11.23** 藤原頼通の七十賀を法性寺五大堂で太政官が行う(扶桑略記)。**11.25** 備中国吉備津彦社焼亡(扶桑略記)。**11.29** 出雲国杵築社(出雲大社)顚倒(百練抄)。 《大の月》1・3・6・8・9・10・11		15	6 ⑧	7
この年 源俊房,『水左記』を記す(～天仁元年)。 【死没】 **4.10** 藤原実遠(伊賀の領主)。**9.17** 安倍貞任(陸奥の豪族)。 《大の月》1・3・6・8・10・11		16	7	8
3.22 豊楽院焼亡(扶桑略記)。**8.18** 清水寺焼亡(扶桑略記)。**10.29** 勅令により建立された延暦寺実相院の落慶供養を行う(扶桑略記)。**この頃** 『陸奥話記』成る。 【死没】 **6.26** 明尊(93,天台宗僧侶)。**11.11** 覚助(51,天台宗僧侶)。 《大の月》1・2・4・7・9・11		17	8 英宗	9
2.- 筑前国筥崎宮浜殿が大風で顚倒(百練抄)。**5.13** 大宰府観世音寺焼亡(扶桑略記)。**8.11** 清水寺の再建供養を行う(扶桑略記)。**この年** 藤原資良,広隆寺に長勢作の日光・月光菩薩,十二神将像を安置,供養(広隆寺来由記)。**天喜・康平年間** 藤原明衡,『新猿楽記』を著す。**康平年間** 藤原明衡編『本朝文粋』成るか。 《大の月》1・2・3・5・7・10・11		18	治平 1.1 ⑤	10 ⑥
8.15 源頼義,近江国錦織に八幡宮を建立(園城寺伝記)。**この年** 源経信『帥記』を記す(～寛治2年)。 【死没】 **2.3** 藤原頼宗(73,歌人,公卿)。**2.9** 藤原能信(71,公卿)。 《大の月》1・2・4・6・8・10・12	宋,濮議(英宗の実父濮王の地位をめぐる論争)起る。	19	2	咸雍 1.1

西暦	年号 干支	天皇	摂関	太政大臣	左大臣	右大臣	内大臣	政治・経済
1066 1.29	治暦 2 丙午	（後冷泉）	（関白藤原頼通）		（藤原教通）	（藤原師実）	（源師房）	5.1 宋商王満，霊薬などを献上（扶桑略記）。9.8 宋人来貢について審議する（百練抄）。
1067 1.18	3 丁未 ①		12.5					2.6 紀伊国司に命じ，薬勝寺領田20町の租税官物・臨時雑役などを免除する（薬王寺文書）。10.5 天皇，平等院に行幸（扶桑略記）。12.5 藤原頼通，関白を辞任，勅により辞任後も政事諮詢に与らせる（公卿補任）。**この年** 安倍宗任らを伊予国から大宰府に移す（百練抄）。
1068 2.6	4 戊申	4.19 後三条	4.19 関白藤原教通	← 4.17 関白藤原教通				4.17 皇太后禎子内親王を太皇太后，中宮章子内親王を皇太后，皇后藤原寛子を中宮，女御藤原歓子を皇后とする（一代要記）。4.19 後冷泉天皇没，尊仁親王（後三条天皇）践祚（本朝世紀）。7.21 後三条天皇，太政官庁で即位（本朝世紀）。9.4 天皇，藤原教通の二条殿に移る（本朝世紀）。12.11 二条内裏焼亡（本朝世紀）。
1069 1.26	延久（えんきゅう） 4.13 己酉 ⑩			4.19	8.13 8.22 藤原師実	8.22 8.22 源師房	8.22 8.22 藤原信長	2.23 寛徳2年以後の新立荘園及びそれ以前の荘園の券契不明のものや国務に妨げがあるものを停止．全荘園領主に領主名と田畠惣数を提出させる（延久の荘園整理令）（東大寺文書・東南院文書）。4.28 貞仁親王を皇太子とする（中右記）。7.3 女御馨子内親王を中宮とする（中右記）。7.22 初めて御厨子所に精進御菜を供進させる（扶桑略記）。8.1 平維盛・源家宗らに大和国河俣山の強盗を追捕させる（扶桑略記）。閏10.11 初めて記録荘園券契所を太政官庁朝所に置く（百練抄）。
1070 2.14	2 庚戌			3.23 藤原教通				2.7 絹1疋の長さを3両2分と定める（扶桑略記）。4.- 備前国が銅・金青・緑青などの産出を報告したため，官使を派遣しその実否を調べさせる（扶桑略記）。8.1 下野守源義家，陸奥国の印鎰を奪った藤原基通を捕えたことを報告（扶桑略記）。12.26 天皇，円明寺（後の円宗寺）に行幸し，金堂・講堂・法華堂の落慶供養を行う（扶桑略記）。**この年** 宋商潘懐清，大宰府に仏像を献上（続本朝通鑑）。
1071 2.3	3 辛亥			8.10				3.27 初めて修理左右宮城使を置く（百練抄）。5.19 河内国内の醍醐寺領に伊勢造宮料を課すことを停止する（醍醐寺諸雑事記）。6.29 天皇，円宗寺に行幸，常行堂の落慶供養を行う（扶桑略記）。8.28 天皇，四条宮より新造内裏に移る（扶桑略記）。10.29 天皇，初めて日吉社に行幸（扶桑略記）。

社　会・文　化	世　界	高麗	宋	遼
2.6 能因，伊予守藤原実綱の赴任に同行(三島神社文書)。5.15 四条釈迦堂の僧文豪，鳥辺野で焼身する(扶桑略記)。7.2 流人源頼資・僧静範らを免じる(扶桑略記)。10.8 藤原明衡没．生前『明衡往来』等を著す。10.13 藤原師実，平等院に五大堂を建立，落慶供養を行う(扶桑略記)。11.28 大宰府観世音寺講堂の再建供養を行う(扶桑略記)。12.27 主殿寮とその周辺100余戸焼亡(扶桑略記)。 【死没】 10.18 藤原明衡(78か，文人)。 《大の月》2・4・5・7・9・11	契丹，国号を再び遼と改める。 イギリス，ノルマンディ公ギヨーム，イングランドを征服，ウィリアム1世として即位(ノルマン・コンクェスト)。 宋，蘇洵没。	文宗 20	治平 3	咸雍 2
1.10 日吉社焼亡(百練抄)。2.1 出雲国杵築社(出雲大社)を再建(国造家文書)。2.25 興福寺金堂・講堂・東金堂の再建供養を行う(扶桑略記)。 《大の月》1・2・4・6・7・9・11	バクダードにニザーミーヤ学院を創立。	21	4 ③ 神宗	3
この年 大江匡房，『江記』を記す(～天仁元年)。 天皇，『後三条天皇宸記』を記す(～延久4年)。 【死没】 4.19 後冷泉天皇(44)。8.21 藤原生子(55，後朱雀天皇女御)。 《大の月》1・4・6・7・9・10・12		22	熙寧 1.1	4
2.5 仏師円快・絵師秦致貞，聖徳太子童形坐像を造る(同銘文)。2～5月 秦致貞，「聖徳太子絵伝」を描く(法隆寺別当次第)。 《大の月》2・5・7・9・10・11・12	宋，王安石，新法を実施。	23	2 ⑪	5
1.11 成尋，五台山巡礼のための入宋の許可を請う(朝野群載)。3.26 比叡山惣持院焼亡(百練抄)。6.29 園城寺の戒壇設立の可否を諸宗に問う(百練抄)。8.15 石清水八幡宮放生会に勅使を派遣，以後恒例とする(石清水文書)。10.14 祇園社感神院焼亡(扶桑略記)。**この年** 藤原為房，『為房卿記』を記す(～永久2年)。 【死没】 3.18 明快(86，天台宗僧侶)。9.24(8月24日とも) 藤原資業(83，公卿)。 《大の月》2・5・7・9・10・12		24	3	6
2.2 成尋，入宋のため大宰府に赴く(扶桑略記)。6.3 円明寺を円宗寺と改める(百練抄)。9.9 惟宗孝言，『万葉集』や勅撰和歌集を平等院経蔵に納める(本朝続文粋)。 《大の月》1・3・6・9・10・12	セルジューク軍，ビザンツ軍を破りアナトリアへ侵入。	25	4	7

西暦	年号 干支	天皇	摂関	太大 政臣	左大臣	右大臣	内大臣	政　治・経　済
1072 1.23	延久 4 壬子 ⑦	（後三条） 12.8 白河	（関白藤原教通） 12.8 12.8 関白藤原教通		（藤原師実）	（源師房）	（藤原信長）	3.15 成尋，肥前国松浦壁島から出航（扶桑略記）。3.26 天皇，初めて稲荷社・祇園社に行幸（扶桑略記）。4.3 大極殿の再建成る（扶桑略記）。8.10 沽価法を定める（百練抄）。9.5 記録荘園券契所の調査により，石清水八幡宮の荘園34ヵ所中13ヵ所を停止する（石清水文書）。9.29 斗升法を定める（延久の宣旨升）（扶桑略記）。10.25 天皇，円宗寺に行幸，初めて最勝・法華の二会八講を修す（扶桑略記）。12.8 後三条天皇譲位，貞仁親王（白河天皇）受禅，実仁親王を皇太子とする（扶桑略記）。12.29 白河天皇即位（中右記）。
1073 2.10	5 癸丑							1.23 院蔵人所を置く（為房卿記）。2.20 後三条上皇，住吉大社・四天王寺・石清水八幡宮に行幸（扶桑略記）。4.21 後三条上皇，出家（扶桑略記）。
1074 1.30	承保（じょうほ） 8.23 甲寅							1.18 興福寺僧徒，別当法務頼信の房を襲い，寺東の民家を焼く（扶桑略記）。6.16 太皇太后章子内親王を二条院とする（扶桑略記）。6.20 女御藤原賢子を中宮とする（扶桑略記）。
1075 1.20	2 乙卯 ④		9.25 10.15 関白藤原師実					1.26 宋皇帝神宗，入宋僧成尋の弟子らが帰国する際，経論・錦などを付して日本へ贈る（百練抄・水左記）。2.－ 延暦寺と園城寺，戒壇設立をめぐって争う（一代要記）。4.28 播磨国赤穂郡司秦為辰，開発した荒田の領有許可を請う（東寺百合文書）。9.26 藤原師実に内覧の宣旨を下す（水左記）。10.26 宋皇帝からの贈物の納否を陣定で審議し，受納する（水左記）。
1076 2.8	3 丙辰							6.13 後三条天皇の御願寺延暦寺金剛寿院の落慶供養を行う（扶桑略記・水左記）。12.15 上野国に正税の出挙規準数を減少することを許可する（朝野群載）。12.21 天皇，新造六条内裏へ移る（百練抄）。
1077 1.27	承暦（じょうりゃく） 11.17 丁巳 ⑫					2.17		5.5 宋帝へ返書・信物を贈る（百練抄）。12.18 天皇，法勝寺に行幸し金堂・講堂・阿弥陀堂などの落慶供養を行う（水左記）。
1078 2.15	2 戊午							1.25 僧仲廻，成尋の弟子によって届けられた宋皇帝からの贈物の返礼を届けるため，宋商孫忠の船で入宋（玉葉・続資治通鑑長編）。10.25 これより先，仲廻，宋商孫忠の船で帰国，孫忠，宋国明州の牒状・贈物を献上（善隣国宝記・続資治通鑑長編）。この日，宋からの牒・贈物の扱いについて審議（百練抄）
1079 2.5	3 己未							6.2 延暦寺僧1000余人，祇園感神院に赴き，別当の職の譲補を強訴（為房卿記）。6.23 右兵衛尉源重宗，散位同国房と美濃国で合戦（為房卿記）。8.10 相模国住人権大夫為季，押領使景平と合戦し景平を殺害，よって景平一族軍数千，為季を攻撃（水左記）。8.17 源義家に同重宗を追討させる（為房卿記）。9.19 重宗，関白藤原師実に降服を請い，翌日，獄に下される（為房卿記）。

社　会・文　化	世　界	高麗	宋	遼
1.29 藤原頼通，出家(扶桑略記)。11.9 畿内諸国で，私的に鷹・隼を飼い，狩猟を行うことを禁じる(朝野群載)。 《大の月》1・2・4・7・9・10・12	宋，欧陽脩没。	文宗 26	熙寧 5 ⑦	咸雍 8
5.- 源俊賢女『成尋阿闍梨母集』成る。10.- 在宋僧成尋，弟子僧に託し新訳経300余巻を贈進(新羅明神記)。 【死没】 5.7 後三条法皇(40)。 《大の月》1・3・4・7・10・11	宋，周敦頤没。	27	6	9
【死没】 1.7 成尊(63，真言宗僧侶)。2.2 藤原頼通(83，公卿)。10.3 上東門院藤原彰子(87，一条天皇中宮)。 《大の月》1・3・4・6・8・10・12		28	7	10
7.11 法勝寺，木作始め(水左記)。 【死没】 3.- 教禅(絵仏師)。9.25 藤原教通(80，公卿)。10.12 源頼義(88，武将)。 《大の月》2・4・5・6・8・10・12	ドイツ，皇帝ハインリヒ4世と教皇グレゴリウス7世，聖職叙任権をめぐり対立(叙任権闘争)(～1122年)。ヴェトナム，初めて科挙を実施。	29	8 ④	太康 1.1
《大の月》3・4・6・8・9・11	宋，王安石失脚。	30	9	2
2.5 筑前国香椎宮焼亡(扶桑略記)。12.18 藤原通俊，『法勝寺供養記』を記す。**この年** 疱瘡流行(百練抄)。 【死没】 1.28 勝範(82，天台宗僧侶)。2.17 源師房(70，公卿)。7.9 源隆国(74，説話集作者)。10.- 覚助(仏師)。 《大の月》1・4・6・8・9・10・12	ドイツ，皇帝ハインリヒ4世，教皇グレゴリウス7世に破門の許しを請う(カノッサの屈辱)。ヴェトナム，李朝，宋軍を撃退。	31	10	3 ⑫
1.2 石山寺焼亡(水左記)。1.27 興福寺塔の再建供養を行う(扶桑略記)。4.28 内裏歌合を催す(扶桑略記)。10.3 法勝寺で大乗会を始め，6日，白河天皇，行幸(扶桑略記)。 【死没】 12.29 源懿子(女房)。 《大の月》1・4・6・8・9・11・12		32	元豊 1.1 ①	4
2.2 京都大火，源師房第など36町焼亡(百練抄)。2.18 伊勢神宮内宮の外院70余宇焼亡(為房卿記)。4.16『金光明最勝王経音義』成る(識語)。10.5 法成寺の東西塔・講堂などの再建供養を行う(為房卿記)。 《大の月》2・5・8・9・11・12		33	2	5

西暦	年号 干支	天皇	摂関	太政大臣	左大臣	右大臣	内大臣	政　治・経　済
1080 1.25	承暦 **4** 庚申 ⑧	(白河)	(関白藤原師実)	8.14 藤原信長	(藤原師実)	8.14 藤原俊家	(藤原信長) 8.14 8.14 藤原能長	**3.5** 大宰府，高麗が商人王則貞に牒状を付し，国王文宗の治療のための医師派遣を要請してきたことを太政官に報告．以後派遣の是否について10月まで審議(朝野群載・水左記・帥記)。**閏8.26** 宋商孫忠の部下黄逢，帰来が遅い孫忠の消息を問う明州牒を携え越前国敦賀に来着．この日，陣定を行い，敦賀から牒を進上させる(水左記・帥記)。**10.2** 大宰府に命じ，高麗の医師派遣要請を断わる旨を返牒させる(師守記・本朝続文粋)。
1081 2.12	永保(えいほ) 2.10 辛酉							**2.28** 宋商劉琨が来朝したことについて陣定で審議(帥記)。**3.5** 興福寺僧数千人，多武峯を襲い，人家を焼く(扶桑略記)。**3.25** 多武峯の僧徒が入京し，強訴(帥記)。**4.15** 園城寺僧徒，日吉祭を妨害，この頃から園城寺・延暦寺間で抗争が続く(扶桑略記)。**4.28** 延暦寺僧徒，園城寺を襲い合戦となる(扶桑略記)。**9.14** 検非違使や源義家らに園城寺僧徒を追捕させる(扶桑略記)。**9.24** 牛尾山にこもった園城寺僧徒の追捕に源頼俊を派遣(水左記)。**10.14** 天皇，石清水八幡宮に行幸，園城寺僧徒の乱逆に備え，源義家・義綱に警護させる(水左記)。**10.25** 宋国明州牒状について，陣定で審議(水左記・帥記)。
1082 2.1	**2** 壬戌					10.2 12.9 源俊房	11.14	**7.29** 内裏焼亡(扶桑略記)。**9.5** 延暦寺僧戒覚，宋商劉琨の船で宋に密航(渡宋記)。**10.17** 熊野の僧徒300余人，神輿を担いで入京し，尾張国衙の人による僧徒殺害のことを訴える(扶桑略記)。**11.21** 承暦2年に到来した宋国の牒に対する返牒を宋商孫忠に託す(百練抄)。
1083 1.21	**3** 癸亥 ⑥				1.9 1.26 源俊房	1.26 1.26 源顕房	1.26 藤原師通	**2.20** 入道親王性信を二品に叙す(入道親王叙品の初例)(御室相承記)。**9.-** 陸奥守源義家，出羽の清原一族の争いに介入し，清原真衡を助け，清衡・家衡らと戦う(後三年の役，始まる)(吾・奥州後三年記)。**10.1** 天皇，法勝寺に行幸し，九重塔・薬師堂・八角堂を供養(扶桑略記)。
1084 2.9	応徳(おうとく) 2.7 甲子							**2.7** 甲子の年により，応徳と改元(後二条師通記)。**2.11** 天皇，新造三条内裏に移る(後二条師通記)。
1085 1.29	**2** 乙丑							**5.24** 興福寺僧徒，大和国十市郡で狼藉し，民家を焼く(為房卿記)。**10.24** 内裏に放火あり(為房卿記)。**11.8** 皇太弟実仁親王没(扶桑略記)。**この年** 陸奥国で清原家衡・武衡と藤原清衡が争う．源義家，清衡を支援する(奥州後三年記)。

社　会・文　化	世　界	高麗	宋	遼
2.6 高陽院内裏焼亡，白河天皇，内裏に移る(扶桑略記)。6.19 大雨のため，京都洪水(扶桑略記)。10.23 東宮御所の閑院焼亡(水左記)。 《大の月》1・3・6・⑧・10・11・12	宋，官制改革。	文宗 34	元豊 3 ⑨	太康 6 ⑧
2.- 源義家，相模国由比郷の八幡宮を修理(吾)。3.7 丹波雅忠，『医略抄』を撰す(同序)。 【死没】 4.2 長宴(66，天台宗僧侶)。10.6 成尋(71，入宋僧)。 《大の月》2・3・6・9・11・12		35	4	7
2.19 円宗寺で最勝会を行い，以後毎年恒例とする(年中行事秘抄)。**この夏** 諸国旱魃(扶桑略記)。11.27 仁和寺北院を供養(百練抄)。 【死没】 3.23 藤原実綱(70，文人)。10.2 藤原俊家(64，公卿)。11.14 藤原能長(61，公卿)。 《大の月》1・3・4・7・10・12	宋，西夏が永楽城を占領。	36	5	8
3.28 富士山噴火(扶桑略記)。**この年** 藤原師通，『後二条師通記』を記す(～康和元年)。 【死没】 **この年** 清原真衡(陸奥の豪族)。 《大の月》1・3・4・6・7・9・12		順宗	6 ⑥	9
3.16 三条内裏で和歌会を催す(後二条師通記)。3.- 金剛峯寺灌頂院創建(高野春秋)。4.11 園城寺金堂を造営(扶桑略記)。5.6 延暦寺惣持院を供養(百練抄)。7.- 疱瘡流行(為房卿記)。8.22 京都大風(魚魯愚抄)。 【死没】 5.4 頼豪(81，園城寺僧侶)。9.22 藤原賢子(28，白河天皇皇后)。 《大の月》2・3・5・7・8・10・12	宋，司馬光，『資治通鑑』を完成させる。	宣宗	7	10
2.21 筑後国高良大社焼亡(百練抄)。7.- 京中で，福徳神・長福神・白朱社などと称する祠を辻ごとに祀るようになったため，検非違使に淫祀として破却させる(百練抄)。8.29 法勝寺常行堂，醍醐寺円光院を供養(百練抄)。**この秋** 疱瘡流行(十三代要略)。10.1 藤原信長，九条堂を建立(朝野群載)。 【死没】 9.27 性信入道親王(81，御室)。10.21 橘為仲(歌人)。11.8 実仁親王(15，後三条天皇皇子)。 《大の月》3・5・6・8・9・11	宋，新法を廃止し始める。	2	8 哲宗	大安 1.1

西暦	年号干支	天皇	院政	摂関	政治・経済
1086 1.18	応徳 3 丙寅 ②	(白河) 11.26 堀河	11.26 白河	(関白藤原師実) 11.26 11.26 摂政藤原師実	9.28 奥州の兵乱により，源義綱を派遣するか審議(後二条師通記)。11.26 善仁親王を皇太子とし，即日，白河天皇譲位(院政始まる)(扶桑略記)。12.19 堀河天皇即位(後二条師通記)。この冬 源義家，清原(藤原)清衡を助け，清原家衡・同武衡の沼柵を攻めるが敗北(奥州後三年記)。
1087 2.6	寛治(かんじ) 4.7 丁卯				6.22 諸卿に命じ，休日を除き，他の日は必ず参内させる(為房卿記)。7.9 奥州の合戦を停止させるため，官使派遣を定める(為房卿記)。7.25 越前国に来着した宋人の処遇について，陣定で審議，8月16日，廻却を命じる(為房卿記)。8.29 京中での堂舎建立を重ねて禁じる(本朝世紀)。9.23 兄源義家を助けるため，私的に陸奥に向った左兵衛尉源義光を解任する(為房卿記)。12.26 源義家，清原武衡らの斬首を報告(後三年の役終る)(本朝世紀)。
1088 1.27	2 戊辰 ⑩				2.22 白河上皇，高野山に御幸(扶桑略記)。11.30 宇佐八幡宮の神輿を射た前大宰大弐藤原実政を，神人らの訴えにより伊豆に流す(中右記)。
1089 2.14	3 己巳				1.5 天皇元服(後二条師通記)。8.29 伊勢国の醍醐寺領に課した斎宮群行時の所役を，先例により免除する(醍醐寺雑事記)。10.10 前陸奥守源義家のことにつき内々に審議する(後二条師通記)。
1090 2.3	4 庚午			12.20 12.20	1.22 白河上皇，熊野に御幸，紀伊国の田畑100余町を寄進，初めて熊野三山検校を置く(百練抄・寺門伝記補録)。7.13 天皇，賀茂上下社に不輸租田600余町を寄進，御供田とする(百練抄)。11.4 伊勢神宮に宸筆の宣命を奉納(後二条師通記)。12.10 藤原師実，源頼治を尾張守藤原忠教との闘乱のことで喚問(後二条師通記)。12.20 摂政藤原師実を関白とする(後二条師通記)。
1091 1.23	5 辛未 ⑦			関白藤原師実	6.12 源義家が弟義綱と争い，大騒動となったため，諸国に宣旨を下し，義家の随兵の入京と義家への田畑公験の寄進を禁じる(百練抄)。11.15 藤原清衡，藤原師実に陸奥の馬2匹を進上(後二条師通記)。
1092 2.10	6 壬申				3.6 興福寺僧徒，寺の学生を凌轢した山城国賀茂荘民を襲い，民家を焼く(為房卿記)。5.2 若狭国の新立荘園を申請により停止(後二条師通記)。5.5 源義家が立てた諸国荘園を停止(後二条師通記)。6.3 藤原清衡が挙兵を企てているとの陸奥国解を審議する(中右記)。6.27 遼との通交について，陣定で審議(中右記)。9.13 遼から帰国した商人僧明範を検非違使が勘問(中右記)。9.28 延暦寺僧徒，藤原為房・仲実らの下人が日吉社神人を凌轢したことを強訴，よって2人を配流(中右記)。
1093 1.30	7 癸酉				2.22 篤子内親王を皇后とする(後二条師通記)。3.3 白河上皇，諸国に濫立する荘園の停止について藤原師通に諮問する(後二条師通記)。6.27 阿波国に配流していた藤原為房を召還(扶桑略記)。7.- 倭人と宋人が乗る船を高麗が捕え，武器などを没収(高麗史)。8.26 興福寺僧徒，春日社神木を奉じて入京，近江守高階為家の春日社神民への乱行を強訴(神木動座の初例)(百練抄)。8.28 高階為家を土佐国へ配流する(百練抄)。11.3 興福寺僧徒，金峯山を襲う(中右記)。

大日本史料	社会・文化	世界	高麗	宋	遼
11.-	4.7 金剛峯寺「仏涅槃図」成る(同銘文)。6.16 延暦寺円徳院を供養(扶桑略記)。6.- 河内国智識寺が顚倒(扶桑略記)。7.- 鳥羽殿の造営が始まる(扶桑略記)。9.16 藤原通俊,『後拾遺和歌集』を撰進(和歌現在書目録)。10.10 園城寺金堂を供養(扶桑略記)。10.20 東寺五重塔を供養(後二条師通記)。**この年** 藤原伊房著・三条実忠編『東寺塔供養記』成るか。**この頃** 源経信『難後拾遺』成るか。 《大の月》1・3・5・7・8・10・11	イングランド,『ドゥームズデー=ブック』(検地帳)が作成される。 宋,司馬光没。 王安石没。	宣宗 3	元祐 1.1 ②	大安 2
3 1	2.5 鳥羽殿が完成し,白河上皇御幸(中右記)。2.- 隆禅,興福寺に大乗院を創立(興福寺略年代記)。5.19 白河上皇,鳥羽殿から宇治に御幸(為房卿記)。**この年** 藤原宗忠,『中右記』を記す(～保延4年)。 源師時,『長秋記』を記す(～保延2年)。 【死没】 11.14 清原家衡(陸奥の豪族)。 清原武衡(陸奥の豪族)。 《大の月》1・4・7・8・10・11・12		4	2	3
	3.26『成唯識論』刊行(同書奥書)。10.26 興福寺東堂焼亡(百練抄)。 【死没】 2.18 丹波雅忠(68,医家)。**閏**10.5 義範(66,真言宗僧侶)。 《大の月》2・5・8・10・⑩・11		5	3 ⑫	4
	2.5 興福寺東金堂焼亡(百練抄)。4.23 法興院・積善寺焼亡(百練抄)。11.28 仏舎利を諸社に献じる(中右記)。12.22 白河上皇,近江国彦根山西寺に参詣(扶桑略記)。**この年** 近江国彦根山西寺参詣が流行(扶桑略記)。**この年以前**『類聚三代格』成る(後二条師通記)。 《大の月》1・2・5・8・10・11・12		6	4	5
	6.9 天皇,大江匡房を侍読として読書始を行い,『漢書』を読む(為房卿記)。 《大の月》2・3・6・9・11・12	イスマーイル派の一派ニザール派(暗殺者教団),ペルシアのアラムートに拠点を築く。	7	5	6
1.- 3 2	2.17 白河上皇,高野山に参詣(中右記)。3.8 清水寺焼亡(中右記)。8.7 京畿大地震(扶桑略記)。12.13 大隅国正八幡宮焼亡(百練抄・後愚昧記)。 【死没】 11.9 長勢(82,仏師)。12.24 藤原実季(57,公卿)。 《大の月》2・3・5・7・9・11		8	6 ⑧	7
	1.19 藤原師実,興福寺北円堂の再建供養を行う(為房卿記)。3.6 京都大火,師実の三条第など焼亡(為房卿記)。7.2 白河上皇,金峯山に参詣(中右記)。8.4 諸国で大風洪水,伊勢神宮の宝殿など顚倒(中右記)。**この頃**『栄花物語』続編が成立か。 《大の月》1・2・4・5・7・10・12	セルジューク朝の宰相ニザーク=アルムルク,ニザール派に暗殺される。	9	7	8
10.- 3 3	3.20 上皇,春日社に参詣(後二条師通記)。5.5 郁芳門院根合を催す(後二条師通記)。9.20 金峯山金剛蔵王殿焼亡(扶桑略記)。**この冬** 痘瘡流行(中右記)。 【死没】 2.18 藤原実政(75,漢文学者)。5.28 教懐(93,高野聖)。 9.4 馨子内親王(65,後三条天皇皇后)。 《大の月》2・4・5・7・9・10		10	8	9

西暦	年号 干支	天皇	院政	摂関	政 治 ・ 経 済
1094 1.19	嘉保(かほう) 12.15 甲戌 ③	(堀河)	(白河)	(関白藤原師実) 3.8 3.9 関白藤原師通	**3.8** 陸奥守源義綱，出羽守を襲った平師妙・師季を討ち，この日，首級を携えて入京(中右記)。**閏3.8** 伯耆国大山寺僧徒，入京して上皇御所に赴き，天台座主を訴える(中右記)。**4.25** 美作国の申請により，新立荘園の制止を定める(中右記)。**5.25** 権中納言藤原伊房が大宰権帥の時に遼と私貿易を行ったことが判明，解任する(中右記)。**8.17** 白河上皇呪詛の罪により，源惟清らを配流する(中右記)。**10.30** 内裏造営について審議(中右記)。**12.29** 大江公仲を強盗・放火・殺害の罪により配流する(中右記)。
1095 2.8	2 乙亥				**3.-** 白河上皇，高野山大塔の再建を命じる(高野興廃記)。**6.26** 上皇，新造閑院に移る(中右記)。**10.24** 延暦寺僧徒，美濃守源義綱が延暦寺悪僧を追捕したことに抗議し，日吉社神輿を奉じ，義綱の配流を強訴(神輿動座の初例)．藤原師通の命で，義綱・源頼治，僧らを迎撃し殺傷．頼治，康和２年９月に配流(中右記・百練抄)。
1096 1.28	永長(えいちょう) 12.17 丙子		8.9 (法皇)		**8.9** 白河上皇，出家(中右記)。**10.25** 大宰府に来着した宋人について審議(中右記)。**12.27** 能登国，宋人来着を報告(後二条師通記)。
1097 1.16	承徳(じょうとく) 11.21 丁丑 ①				**9.-** 宋国明州の牒状が到来(師守記)。**10.11** 天皇，新造高陽院に移る(中右記)。**12.24** 大宰府に命じ，９月に到来した宋国明州の牒状に返牒させる(師守記)。**12.29** 流人大江公仲を召喚(中右記)。**この年** 平正盛，伊賀国山田・鞆田村の私領を六条院に寄進(東大寺文書)。
1098 2.4	2 戊寅				**4.10** 新造内裏上棟(中右記)。**10.23** 源義家に院の昇殿を許す(中右記)。
1099 1.24	康和(こうわ) 8.28 己卯 ⑨			6.28	**1.3** 白河法皇皇子の仁和寺宮覚行を親王とする(法親王の初例)(後二条師通記)。**5.3** 白河法皇，藤原師通に諸国の兵仗を制止するよう命じる(後二条師通記)。**5.12** 寛徳２年以後の新立荘園を停止(康和の荘園整理令)(後二条師通記・東寺百合文書)。**8.28** 藤原忠実に内覧の宣旨を下す(本朝世紀)。
1100 2.12 ▼	2 庚辰				**6.8** 園城寺僧徒，長吏隆明の房を焼く(中右記)。**6.19** 天皇，高陽院から新造内裏に移る(殿暦)。**8.23** 園城寺僧綱の越訴を停めさせる(朝野群載)。

大日本史料	社会・文化	世界	高麗	宋	遼
③ 3	5.20 源家俊，京中で田楽を行う(中右記)。6.22 京中の道路・溝渠の清掃を命じる(時範朝臣記)。8.19 藤原師実，高陽院七番歌合を催す。10.22 清水寺の再建供養を行う(中右記)。10.24 内裏堀河殿焼亡(中右記)。11.13 長谷寺焼亡(中右記)。**この年** 永超，『東域伝燈目録』を記す。 【死没】 1.16 陽明門院(82，後朱雀天皇皇后)。6.27 能算(宿曜師)。7.14 橘俊綱(67，歌人)。9.3 藤原信長(73，公卿)。9.5 源顕房(58，公卿)。 《大の月》1・3・4・6・7・9・10	宋，新法復活。	宣宗 11	紹聖 4.12 ④	大安 10
	8.28 鳥羽殿で前栽合を催す(中右記)。**この年** 大神惟季撰『懐中譜』成る。 【死没】 12.29 永超(82，興福寺学僧)。 《大の月》1・3・5・7・9・10・11	フランス，クレルモン公会議，教皇ウルバヌス2世，十字軍を提唱。	献宗	2	寿昌 1.1
12.- ③ 4	3.7 住吉社神主津守国基，住吉神社の東に荘厳浄土寺を建立供養(中右記)。3.10 熊野本宮焼亡(百練抄)。6.- この月から，京中で田楽大流行(永長の大田楽)(中右記)。7.12 天皇，内裏閑院殿で侍臣に田楽を行わせて観覧，その後，上皇御所六条殿で白河上皇も観覧(中右記)。9.25 興福寺焼亡(中右記)。11.24 大地震，大極殿・興福寺・薬師寺などが顛倒(後二条師通記)。**この頃** 大江匡房『洛陽田楽記』成るか。 【死没】 2.3 維範(86，82とも，真言宗僧侶)。8.7 郁芳門院(21，堀河天皇准母)。9.13 禖子内親王(58，後朱雀天皇皇女)。9.16 藤原伊房(67，公卿)。 《大の月》1・4・7・9・10・11	第1回十字軍(～'99年)。	粛宗	3	2
	1.21 京都大火，因幡堂など焼亡(中右記)。8.21 白河法皇，故郁芳門院のため醍醐寺に無量光院を建立，落慶供養を行う(中右記)。 高野山大塔を上棟(高野興廃記)。 【死没】 閏1.6 源経信(82，公卿)。 《大の月》1・①・4・7・9・10・11		2	4 ②	3
1.- ③ 5	2.22 京都大火(中右記)。6.2 鴨川氾濫(中右記)。**この年** 明覚撰『梵字形音義』成る(奥書)。 藤原忠実，『殿暦』を記す(～元永元年)。 【死没】 4.16 覚円(68，天台宗僧侶)。 《大の月》1・2・5・8・10・11		3	元符 6.1	4
	1.24 京畿大地震，興福寺西金堂損壊(後二条師通記)。2.29 大江匡房，宇佐御許山で法華三昧を修す(石清水八幡宮記録)。7.25 天変・地震・疾疫などにより，非常赦を行う(本朝世紀)。 【死没】 6.28 藤原師通(38，公卿)。7.23 藤原公経(官人)。8.16 藤原通俊(53，歌人，公卿)。 《大の月》1・2・4・6・9・10・12	十字軍，イェルサレムを占領，イェルサレム王国を建国(～1291年)。	4	2 ⑨	5
	6.15 右舞の多資忠・節方父子，傍輩の山村正貫に殺され，「採桑老」「胡飲酒」の舞が一時絶える(殿暦・古事談)。9.19 大江匡房，筑前国安楽寺内に満願院を建立(江都督納言願文集)。 【死没】 6.15 多資忠(55，雅楽家)。7.24(10日，14日とも) 隆禅(63，興福寺僧侶)。	11世紀末ごろ，ボローニャ大学創立か。	5	3 徽宗	6

西暦	年号干支	天皇	院政	摂関	政治・経済
1100 2.12 ▲	康和 2 庚辰	(堀河)	(白河)		
1101 1.31	3 辛巳				4.- 興福寺僧徒，金峯山と争う．藤原忠実，争いを制止する(殿暦)。7.5 対馬守源義親が九州で乱行，追討使の発遣を定める(殿暦)。12.3 延暦寺の僧徒らが互いに争う(殿暦)。
1102 1.21	4 壬午 ⑤				5.8 延暦寺僧徒，仁源を法成寺長吏とするよう藤原忠実に強請．以後閏5月まで，法成寺長吏補任をめぐって延暦寺・園城寺が争う(殿暦)。6.23 除目の結果，公卿の過半を村上源氏が占める(中右記)。8.5 興福寺僧徒が蜂起(中右記)。8.12 興福寺僧徒の入京を防ぐため，白河法皇，宇治橋を破壊させる(中右記)。9.28 東大寺僧徒，興福寺僧徒の乱行を訴え，八幡神輿を奉じて入京(殿暦)。10.15 平正盛と大中臣親定が荘園をめぐり相論(中右記)。10.19 京中に盗賊が横行，検非違使らに夜警をさせる(殿暦)。12.28 前対馬守源義親を隠岐国に配流する(殿暦)。
1103 2.9	5 癸未				3.25 興福寺僧徒，春日社の神木を奉じて入京，維摩会講師の人選に反対し強訴，藤原忠実の裁許を得て帰す(中右記)。8.17 宗仁親王を皇太子とする(殿暦)。
1104 1.30	長治(ちょうじ) 2.10 甲申				2.15～22 石清水八幡宮僧徒，僧高信の修理別当補任に反対し強訴を企てる．補任撤回により強訴を回避(中右記・為房卿記)。3.- 延暦寺東塔・西塔の僧徒が闘乱．園城寺も内紛(中右記)。6.19 越前国気比宮の神人，陽明門前に群参し，国守高階為家の非法を訴える(中右記)。6.20 宋人来着のことについて審議(中右記)。9.- 紀伊国の悪僧，熊野大衆と称して淀に群参し，国司を訴える(中右記)。10.30 延暦寺僧徒の闘争を鎮めるため，源義家・義綱および検非違使に命じ，悪僧を追捕させる(中右記)。11.25 僧・神人の乱行鎮静を祈願し，伊勢など7社に奉幣(中右記)。
1105 1.18	2 乙酉 ②			12.25	1.1 延暦寺僧徒，円宗寺法華会探題証観の罷免を要求し，祇園神輿を奉じて強訴(殿暦)。1.- 大宰府に命じ，延暦寺大衆の使と称して伯耆国大山寺領の荘園を押領した悪僧を召し送らせる(卅五文集)。5.- 大宰権帥藤原季仲，覚行法親王の命により，高麗から『釈論通玄鈔』などの経疏を求め，奉上する(東寺王代記)。8.20 宋商李充，筑前国博多津に来着(朝野群載)。8.29 延暦寺僧徒ら，藤原季仲が筑前国大山寺竈門宮での抗争を鎮静する際に日吉社神人を殺したため，その罷免を求め強訴．10月28日，季仲を罷免(殿暦・中右記)。12.29 季仲を周防国に配流する(中右記)。
1106 2.6	嘉承(かしょう) 4.9 丙戌			関白藤原忠実	2.17 流人藤原季仲の配所を周防国から常陸国に改め，季仲の2子を解官(中右記)。2.25 清水寺僧徒，定深の別当補任に反対し強訴(中右記)。9.29 祇園社神人，丹波守源季房を訴えるため，内大臣源雅実邸に向う(殿暦)。
1107 1.26 ▼	2 丁亥 ⑩			7.19	2.21 宋人来着のことを審議(中右記)。3.15 藤原清衡，陸奥国平泉に大長寿院を建立(中尊寺経蔵文書)。5.23 京中で飛礫が流行し死者も発生，検非違使に制止させる(中右記)。7.19 堀河天皇没，宗仁親王(鳥羽天皇)践祚，藤原忠実を摂政とする(殿暦・中右

大日本史料	社会・文化	世界	高麗	宋	遼
([3] 5)	《大の月》1・2・4・6・9・11		粛宗 5	元符 3 徽宗	寿昌 6
7.- [3] 6	3.29 鳥羽証金剛院を供養(長秋記)。8.13 御願寺(尊勝寺)を上棟(殿暦)。8.21 大江匡房，筑前国安楽寺に菅原道真を祀る(古今著聞集)。 【死没】 2.13 藤原師実(60，公卿)。6.15(16日とも) 寛意(48，真言宗僧侶)。 《大の月》1・2・4・6・7・10・12	宋，蘇軾没。	6	建中靖国 1.1	天祚帝 乾統 2.1
	1.15 高階宗章，12歳で蔵人となる(中右記)。閏5.2 堀河院艶書合を催す(長秋記)。7.21 天皇，尊勝寺に行幸し，落慶供養を行う(殿暦)。7.27 大風により，筑前国宮崎宮の神殿・宝殿・浜殿が顚倒(石清水文書)。 【死没】 7.7 津守国基(80，歌人)。8.17 藤原歓子(82，後冷泉天皇皇后)。 《大の月》2・4・5・6・8・10・12	宋，蔡京，宰相となり新法を推進。 宋，旧法党の名を刻した元祐党籍碑を建てる(～'06年)。 クロアティア，ハンガリー王，クロアティア王を兼ね，同君連合成立。	7	崇寧 1.1 ⑥	2
5.- [3] 7	1.7 仁和寺北院焼亡(中右記)。6.8 鳥羽殿で田楽を催す(中右記)。7.25 興福寺を再建供養(殿暦)。11.16 京都火災，因幡堂など数百戸焼亡(中右記)。11.25 高野山大塔を再建供養(中右記)。**この年** 永観『往生拾因』成るという。 【死没】 1.25 藤原苡子(28，堀河天皇女御)。3.12 娟子内親王(72，後朱雀天皇皇女)。12.20 高階為章(45，官人)。 《大の月》2・4・6・7・9・11・12		8	2	3
	1.27 六波羅蜜寺焼亡(中右記)。5.15 鳥羽殿で田楽・耕作の遊を催す(中右記)。8.1 天皇，故母后藤原賢子のため，宸筆法華八講を弘徽殿で行う(中右記)。 【死没】 9.14 隆明(86，天台宗僧侶)。 《大の月》3・6・7・9・10・12		9	3	4
2.- [3] 8	2.15 藤原清衡，陸奥国平泉に最初院(中尊寺)を造立(中尊寺経蔵文書)。**この年より翌年にかけて** 『堀河院百首』を奏覧。 【死没】 4.17 源国明(42，官人)。9.17 二条院(80，後冷泉天皇皇后)。11.18 覚行法親王(31，御室)。 《大の月》1・3・6・8・9・10・12		10	4 ②	5 ③
	4.13 賀茂別雷社焼亡(中右記)。6.29 京都大火(中右記)。6.- 京中で田楽流行(中右記)。9.30 故藤原信長の男澄仁，継母との不和から九条堂を出て横川に居住していたが，この日，延暦寺悪僧らに継母の二条第を襲わせる(百練抄・中右記)。12.18 菅原陳経『菅家御伝記』成る(奥書)。**この年** 『東大寺要録』成る(同序)。 【死没】 7.- 藤原敦基(61，文人)。 源義家(68，武将)。11.11 明算(86，真言宗僧侶)。11.17 高階為家(69，官人)。 《大の月》1・4・7・9・10・12		睿宗	5	6
1.- [3] 9	6.21 京中落雷多発，京極殿焼亡(中右記)。6.- 源俊房，平野社神宮寺を建立し供養(江都督納言願文集)。10.14 京都火災(中右記)。	宋，徽宗，「桃鳩図」を描く。 宋，程頤没。 米芾没。	2	大観 1.1 ⑩	7

西暦	年号 干支	天皇	院政	摂関	政　治・経　済
1107 1.26 ▲	嘉承 2 丁亥 ⑩	7.19 鳥羽	(白河)	7.19 摂政藤原忠実	記)。12.1 鳥羽天皇即位，令子内親王を母儀に準じて皇后とする(殿暦)。12.9 天皇，新造六条内裏に移る(殿暦)。12.19 因幡守平正盛を，出雲目代を殺した流人源義親追討のため派遣(殿暦)。
1108 2.14	天仁(てんにん) 8.3 戊子				1.6 平正盛，源義親を出雲で討ち，その功により但馬守に任じられる(中右記)。3.5 大宰府管内の神民・群盗の放火・殺害などの行状について審議する(中右記)。3.23 延暦寺・園城寺僧徒が強訴を企て蜂起(中右記)。4.1 検非違使・源平両氏の武士数万人に，延暦寺僧徒の入京を防がせる(中右記)。8.3 紀伊国の住人が権門勢家の威をかり，海藻雑魚を濫獲することを禁じる(勘仲記)。9.10 興福寺僧徒，多武峯の堂舎を焼く(中右記)。11.- 新立荘園を停止(東寺百合文書)。
1109 2.2	2 己丑				2.17 検非違使源義忠殺害の容疑者源義綱を同為義に追捕させる(殿暦)。2.29 源義綱を佐渡国へ配流(殿暦)。6.8 延暦寺僧徒，摂政藤原忠実邸に群参し，祇園社神人を凌轢した清水寺別当を訴える(百練抄)。
1110 1.22	天永(てんえい) 7.13 庚寅 ⑦				4.26 宋人李侁，源基綱に書状を送る(朝野群載)。6.11 若狭国の宋人楊誦，越前国司の懈怠を訴え，解状を進める(永昌記)。6.21 藤原忠実，長者宣を興福寺に下し，同寺僧徒の兵仗携帯を禁じる(永昌記)。7.30 僧静実らを鳥羽天皇呪詛の罪により流罪とする(百練抄・殿暦)。**この年** 法皇，源俊房・大江匡房らを召し，意見封事を奏上させる(玉葉)。
1111 2.10	2 辛卯				9.3 東大寺御霊会で，東大寺・興福寺僧徒が闘乱(中右記)。9.9 藤原宗忠を延久の例にならい，記録荘園券契所上卿とする(中右記)。10.5 記録荘園券契所事始め(中右記)。11.16 京中で乱行におよぶ延暦寺の悪僧を捕えさせる(殿暦)。11.19 若狭国に来着した宋人林俊のことを審議する(中右記)。 下野守源明国が殺人を犯し，穢気を帯びて入京した罪により，佐渡に配流する(中右記)。
1112 1.31	3 壬辰				3.13 延暦寺僧徒，祇園社に参集し強訴(殿暦)。10.18 下総国香取社の神人，藤原忠実第に至り，門前で国司を訴える(殿暦)。10.19 天皇，新造内裏大炊殿に移る(中右記)。11.2 越前国に来着した宋人について審議する(中右記)。
1113 1.20	永久(えいきゅう) 7.13 癸巳 ③			12.26 12.26	1.1 天皇元服(殿暦)。3.14 盗賊夏焼大夫を捕えた功により，平忠盛に従五位下を授ける(長秋記)。閏3.20 興福寺僧徒，延暦寺系の清水寺別当円勢の罷免を要求し，春日神木を奉じて勧学院に到り強訴．22日，訴えを認め，興福寺系の永縁を補任(永久の強訴)(長秋記)。閏3.29 延暦寺僧徒，興福寺僧徒が強訴の際祇園社領を損亡したことに抗議し清水寺を破壊，興福寺僧実覚の流罪を強訴，両寺間の争闘が激化(中右記)。4.29 検非違使平正盛・源光国らを宇治・西坂下に派遣し，興福寺・延暦寺僧徒の入京・争乱を防がせる(中右記)。10.22 輔仁親王の護持僧仁寛を，天皇暗殺・輔仁親王擁立を企てた罪で伊豆に配流，輔仁親王・源俊房ら謹慎(永久の変)(殿暦)。
1114 2.8	2 甲午			関白藤原忠実	2.14 京中で摺衣を着用する事，博徒を禁じる(中右記)。6.24 検非違使別当に，使庁の雑事に関して，奏上せずに専決させることとする(中右記)。7.6 延暦寺僧徒が山上で兵仗を所持することを禁じる(中右記)。11.8 僧仁寛に連坐した源俊房らを許し，出仕させる(殿暦)。11.9 石清水・祇園社の神人乱闘(中右記)。

大日本史料	社会・文化	世界	高麗	宋	遼
(③9)	【死没】 7.19 堀河天皇(29)。11.14 藤原公実(55，公卿)。**この頃** 藤原顕綱(歌人，官人)。 《大の月》1・3・5・8・10・11・12		睿宗 2	大観 1.1 ⑩	乾統 7
1.- ③10	2.15 源雅実，堀河天皇の遺髪を高野山の廟前に埋納(高野興廃記)。4.- 京中に強盗多発(中右記)。7.21 浅間山噴火，上野国の田畠壊滅(中右記)。9.4 永観，東山で迎講を行う(中右記)。**この頃** 藤原長子『讃岐典侍日記』成る。 【死没】 1.6 源義親(武将)。12.12 院助(仏師)。 《大の月》1・3・5・8・10・12		3	2	8
	7.5 藤原忠実，興福寺北円堂を供養(一代要記)。 《大の月》1・3・4・6・9・11		4	3	9
8.- ③11	5.11 白河法皇，法勝寺で紺紙金泥一切経を供養(江都督納言願文集)。7.- 源俊明，在原行平のために般若寺で経供養を行う(江都督納言願文集)。閏7.- 咳病流行(殿暦)。 【死没】 閏7.13 藤原顕実(62，公卿)。 《大の月》1・3・4・6・⑦・9・11		5	4 ⑧	10
9.- ③12	2.1 六波羅蜜寺焼亡(中右記)。3.4 円成寺の塔，放火で焼亡(中右記)。5.21 白河法皇，法勝寺阿弥陀堂で三十講を始める(中右記)。10.25 10歳の藤原忠隆を丹波守とする(中右記)。11.5 大江匡房没．生前『江家次第』『江談抄』『江都督納言願文集』『本朝神仙伝』「遊女記」等を著す。**この頃** 三善為康撰『拾遺往生伝』成るか。 【死没】 1.10 源国信(43，歌人，公卿)。9.16 藤原敦宗(70，文人)。11.2 永観(79，浄土教僧侶)。11.5 大江匡房(71，漢学者，公卿)。 《大の月》1・3・5・6・8・10・12		6	政和 1.1	天慶 1.1
3.- ③13	5.13 高陽院焼亡(中右記)。6.17 諸社に仏舎利を奉じる(殿暦)。 【死没】 4.24 範俊(75，僧侶)。 《大の月》2・4・6・8・9・11・12		7	2	2
1.- ③14	閏3.16 天変・怪異・疾疫により，伊勢神宮に奉幣(殿暦)。9.25 興福寺焼亡(興福寺略年代記)。10.3 棲霞寺釈迦像を供養(長秋記)。 《大の月》3・5・7・8・9・11・12	アンコール朝，スールヤヴァルマン2世即位．アンコール朝全盛期。	8	3 ④	3
2.- ③15 12.- ③16	3.23 白河法皇の還京・仁和寺御幸に備え，検非違使に京中の道路を修理させる(中右記)。8.3 大炊殿焼亡(中右記)。11.29 白河法皇，法勝寺阿弥陀堂(蓮華蔵院)を供養(中右記)。**この年** 頼実，大和国に永久寺を建立(諸寺縁起集)。 【死没】 8.20 正子内親王(70，淳和天皇皇后)。10.1 篤子内親王(55、堀河天皇皇后)。12.2 源俊明(71，公卿)。 《大の月》3・6・8・10・11・12	女真，猛安謀克制を整える。	9	4	4

西暦	年号 干支	天皇	院政	摂関	政治・経済
1115 1.28	永久 3 乙未	（鳥羽）	（白河）	（関白藤原忠実）	8.27 藤原忠実，富家殿の大改築が成り，この日赴く（殿暦）。11.26 天皇，新造内裏大炊殿に移る（殿暦）。
1116 1.17	4 丙申 ①				3.13 刃傷の罪により，源高行を安芸国に配流（百練抄）。5.16 宋国牒状について審議する（百練抄）。7.12 新制７ヵ条を定める（朝野群載）。8.19 源雅実の土御門第を内裏に定める（殿暦）。10.16 法勝寺のことで強訴を企てた園城寺僧徒を検非違使に制止させる（殿暦）。10.26 白河法皇，熊野に御幸（殿暦）。
1117 2.4	5 丁酉				6.1 興福寺僧徒，丹波雅康が春日神人に乱暴したことにより蜂起（殿暦）。9.- 宋国明州牒が到来（師守記）。11.10 天皇，新造内裏土御門殿に移る（殿暦）。
1118 1.24	元永（げんえい） 4.3 戊戌 ⑨				1.26 藤原璋子を中宮とする（中右記）。3.15 諸道博士に，到来した宋国牒状について勘申させる（師守記・善隣国宝記）。6.8 宋国へ返牒・方物を送るかを審議し，送らないこととする（百練抄・師守記）。7.10 白河法皇，新造白河新御所（白河北殿）に移る（中右記）。閏9.7 白河法皇，熊野に御幸（中右記）。
1119 2.12	2 己亥				3.25 白河法皇，藤原忠実が寄進されて新立した上野国の荘園5000町について，規模の広大さと課役が滞ることを理由に停止させる（中右記）。5.6 京中に強盗多発，平正盛に追捕させる（中右記）。8.14 輔仁親王の子有仁王に源姓を賜う（中右記）。9.27 白河法皇，熊野に御幸（中右記）。12.27 平正盛，西国の賊平直澄を討ち，その首を携え入京，その功により翌年１月６日，従四位下に叙す（長秋記）。
1120 2.1	保安（ほあん） 4.10 庚子				4.29 白河法皇，延暦寺と園城寺の争いについて審議し，僧徒の濫行を制止させる（中右記）。8.23 興福寺僧徒の強訴により，春日社神人に乱暴した和泉守藤原雅隆を罷免（中右記）。11.12 藤原忠実，白河法皇の命じた娘泰子の入内を辞退しながら，鳥羽天皇に求められて承諾．法皇，これを怒り忠実の内覧を停止する（中右記）。
1121 1.21	2 辛丑 ⑤			1.22 3.5 関白藤原忠通	1.17 関白藤原忠実の内覧を復す（公卿補任）。1.22 忠実の上表により，内大臣藤原忠通に内覧の宣旨を下す（公卿補任）。3.26 宋国牒状について，返牒・方物を送るべきか審議する（百練抄）。5.27 園城寺僧が延暦寺修学僧を殺害したため，延暦寺僧徒，観音院などを焼く（百練抄・天台座主記）。閏5.3 延暦寺僧徒，園城寺の塔・僧房などを焼き払う（百練抄）。

大日本史料	社会・文化	世界	高麗	宋	遼	金
③16 12.-	6.1 北野社前で聖人が一切経を供養，多数の貴賤が結縁する(百練抄)。10.7 東寺灌頂を毎年10月13日に行うことを定める(殿暦)。 【死没】 4.2 藤原為房(67，公卿)。11.26 済暹(91，真言宗僧侶)。 《大の月》2・4・7・9・11・12	女真の阿骨打，金を建国。	睿宗 10	政和 5	天慶 5	太祖 収国 1.1
③17 12.-	3.6 藤原忠実，春日社五重塔を供養(殿暦)。6.20 賀茂上社の多宝塔を供養(百練抄)。8.17 大炊殿焼亡(殿暦)。12.20 源顕仲ら7人に100首ずつ和歌を詠進させる(永久四年百首)。**この年** 三善為康，『朝野群載』を撰する(同序)。 【死没】 1.29 増誉(85，寺門派僧侶)。 《大の月》1・2・4・7・9・11・12		11	6 ①	6	2
③18 雑載	1.8 京中火災，法成寺など1000余家焼亡(殿暦)。5.29 内裏で闘鶏・闘草を催す(百練抄)。6.14 炎旱のため，神泉苑で請雨経法を行う(殿暦)。9.1 大風雨で新造内裏・勧学院・法興院など顚倒(殿暦)。11.6 白河法皇，熊野で塔を供養(百練抄)。**この年** 成就院寛助撰『別行』成る。 《大の月》2・3・5・8・10・12		12	7	7	天輔 1.1
③19 5.- ③20 12.-	2.9 大和国大和社焼亡(中右記)。6.16 藤原顕季，柿本人丸供を催す(柿本人丸供の初例)(古今著聞集)。**閏9.1** 藤原重隆没．生前『雲図抄』を著す。10.2・11.13 藤原忠通，歌合を催す(内大臣家歌合・類聚歌合)。12.17 新御願寺最勝寺で落慶供養，天皇行幸(殿暦)。 【死没】 3.26 藤原仲実(62，歌人)。 《大の月》2・3・5・7・9・10・12		13	重和 11.1 ⑨	8	2
③21 4.- ③22 8.- ③23	4.14 仁和寺金堂など焼亡(長秋記)。10.9 白河法皇，熊野で金泥大般若経を供養(百練抄)。11.1 賀茂下社焼亡(中右記)。11.27 白河法皇，源師時に源氏絵を描かせる(長秋記)。12.10 仁和寺金堂を再建供養(本要記)。 【死没】 6.1 藤原季仲(74，公卿)。6.9 頼助(66，仏師)。11.28 輔仁親王(47，後三条天皇皇子)。 《大の月》2・4・5・7・9・11	金，女真文字を作成。	14	宣和 2.4	9	3
1.- ③24 8.- ③25	1.8 法興院焼亡(中右記)。4.19 堀河院焼亡(中右記)。**この年** 筑前国観世音寺を東大寺の末寺とする(東大寺別当次第)。**この年以前** 藤原敦隆編『類聚古集』成る。**この頃** 『大鏡』成立か。 【死没】 7.22 藤原宗通(50，公卿)。 《大の月》1・3・5・7・8・10・12	宋，方臘の乱起こる(～'21年)。宋，『宣和画譜』『宣和書譜』成る。	15	2	10	4
1.- ③26 5.- ③27	6.14 白河法皇，熊野で一切経を供養(熊野権現金剛蔵王宝殿造功日記)。 【死没】 11.12 源俊房(87，公卿)。 《大の月》2・5・6・7・8・10・12		16	3 ⑤	保大 1.1	5

西暦	年号干支	天皇	院政	摂関	政治・経済
1122 2.9	保安 3 壬寅	(鳥羽)	(白河)	(関白藤原忠通)	8.9 延暦寺僧徒，園城寺との闘争から，座主寛慶を追放(百練抄)。
1123 1.29	4 癸卯	1.28 崇徳		1.28 1.28 摂政藤原忠通	1.28 顕仁親王を皇太子とし，鳥羽天皇譲位，顕仁親王(崇徳天皇)受禅(百練抄)。2.19 崇徳天皇即位(中右記)。7.4 延暦寺座主寛慶，越前守平忠盛に訴えられた寺家所司を検非違使に引き渡したことから，僧徒に追却される(天台座主記)。7.18 延暦寺僧徒，日吉社神輿を奉じて入京を企てるが，忠盛・源為義らに撃退される(天台座主記)。8.- 延暦寺・園城寺の僧徒が闘争(園城寺伝記)。9.12 伊賀国の東大寺領を国司と平忠盛が押領したことについて，明法博士に勘申させる(東大寺文書)。11.1 前下野守源仲正，前対馬守源義親と詐称する者を捕え入京(百練抄)。
1124 1.19	天治(てんじ) 4.3 甲辰 ②				10.21 鳥羽上皇，高野山に御幸(中右記目録)。11.24 中宮藤原璋子を待賢門院とする(帝王編年記)。
1125 2.5	2 乙巳				7.18 倹約のことを定める(中右記目録)。12.5 京都大火，六角堂など60余所焼亡(百練抄)。
1126 1.25	大治(だいじ) 1.22 丙午 ⑩				11.7 待賢門院呪詛の嫌疑により，阿闍梨承玄・僧妙心を還俗させ配流する(百練抄)。
1127 2.13	2 丁未				5.19 淡路国に官符を下し，寛徳以後の新立荘園を重ねて停止し，公民が荘園に入り，課役を免れることなどを禁じる(勘仲記)。10.30 白河法皇・鳥羽上皇，高野詣に出立. 11月4日，高野御塔2基を供養(中右記)。
1128 2.3	3 戊申				5.28 源為義，新院武者所友季を殺害した犯人を捕える(中右記目録)。10.22 白河法皇・鳥羽上皇，石清水八幡宮に御幸し，一切経を供養(十三代要略)。

大日本史料	社会・文化	世界	高麗	宋	遼	金
	4.23 白河法皇，法勝寺で五寸塔30万基を供養(百練抄)。7.22 大学寮廟堂頽壊(百練抄)。10.- 寛慶，延暦寺に帰山(歴代皇紀裏書)。12.15 最勝寺灌頂を初めて行う(百練抄)。 【死没】 4.8 源顕通(42，公卿)。10.23 菅原在良(80，歌人)。 《大の月》2・5・7・8・10・11	ドイツ，皇帝・教皇間にウォルムス協約成る，叙任権闘争終結。 金，遼都燕京を占領。	睿宗 17	宣和 4	保大 2	天輔 6
	4.24 愛宕寺焼亡(百練抄)。11.10 六条院焼亡(百練抄)。 【死没】 6.21 豊原時元(66，楽家)。9.6 藤原顕季(69，歌人，公卿)。9.23 明暹(65，雅楽家)。11.3 寛慶(80，天台座主)。 《大の月》1・3・6・8・10・11・12		仁宗	5	3	太宗 天会 9.16
	6.9 良忍，融通念仏を始める(融通円門章)。6.15 初めて祇園臨時祭を行い，以後永式とする(永昌記)。7.19 瞻西，雲居寺で金色八丈阿弥陀如来像を供養(百練抄)。8.20 中尊寺金色堂成る(棟木銘)。**この年** 源俊頼，『金葉和歌集』(初度本)を奏上。**この頃** 三善為康，『掌中歴』を編纂。 《大の月》2・3・6・9・10・11	西夏，金に臣属。	2	6 ③	4	2
	4.17 祇陀林寺焼亡(百練抄)。11.9 白河法皇・鳥羽上皇・待賢門院，熊野に参詣(中右記目録)。12.27 内裏諸門で鬼気祭を行う(百練抄)。**この年** 殺生を厳禁，以後しばしば禁制(帝王編年記・百練抄)。 【死没】 1.15 寛助(69，真言宗僧侶)。4.5 永縁(78，法相宗学僧)。 《大の月》1・2・4・7・10・11	金，遼を滅ぼす。	3	7 欽宗	5	3
	3.7 白河法皇，円勝寺三重東塔を供養(永昌記)。3.24 藤原清衡，中尊寺金堂・三重塔などの落慶供養を行う(中尊寺経蔵文書)。6.21 院の門前で魚網を焼却し，殺生を禁断(百練抄)。10.21 白河法皇，京中の籠鳥を集め，放たせる(百練抄)。12.19 鞍馬寺焼亡(百練抄)。 《大の月》1・2・3・5・8・⑩・11	宋，靖康の変(〜'27年)，金軍が首都開封を占領。高麗，金に服属。	4	靖康 1.1 ⑪		4
	1.12 白河法皇，円勝寺五重塔を供養(中右記)。2.14 大内裏火災，陰陽寮鐘楼・勘解由使庁など焼亡(中右記)。3.19 円勝寺三重西塔を供養(中右記)。**この年(あるいは前年)** 源俊頼，『金葉和歌集』(三奏本)を撰進(袋草子)。**この年** 平知信，『知信朝臣記』を記す(〜長承元年)。 【死没】 2.15 源雅実(69，公卿)。6.20 瞻西(天台宗僧侶)。8.14 藤原寛子(92，後冷泉天皇皇后)。10.20 源義光(83，武将)。 《大の月》1・2・4・6・8・10・12	宋，徽宗・欽宗ら皇族・貴族，金に捕らえられ北方に連行される(北宋滅亡)。 宋，高宗，靖康の変を免れ，南京で即位(南宋成立)。	5	2 南宋 高宗 建炎 5.1		5
	3.13 待賢門院，御願寺の円勝寺を供養(百練抄)。5.11 白河法皇・鳥羽上皇，八条大宮水閣で田植を見る(百練抄)。8.29 源顕仲，摂津国広田社で西宮歌合を催す(西宮歌合)。9.28 白河法皇，法勝寺で小塔18万基を供養(十三代要略)。10.28 延暦寺惣持院焼亡(百練抄)。 【死没】 6.17 藤原通季(39，公卿)。7.13 藤原清衡(73，平泉藤原氏始祖)。 《大の月》2・4・5・7・9・11		6	2		6

西暦	年号 干支	天皇	院政	摂関	政　治・経　済
1129 1.22	大治 4 己酉 ⑦	(崇徳)	(白河)	(摂政藤原忠通) 7.1	1.1 崇徳天皇元服(中右記)。1.16 藤原忠通の娘聖子を女御とする(中右記)。3.- 備前守平忠盛に山陽・南海道の海賊を追捕させる(朝野群載)。11.11 興福寺僧徒が大仏師長円に乱暴したため，検非違使源為義らを南京に派遣，追捕させる(中右記)。
			7.7	7.1	
1130 2.10	5 庚戌		鳥羽	関白藤原忠通	2.21 藤原聖子を中宮とする(中右記)。10.4 延暦寺惣持院を再建供養(中右記)。11.12 検非違使源光信，藤原忠実の鴨院を襲い，かくまわれていた自称源義親を殺害(長秋記)。11.23 源光信を土佐国に配流する(長秋記)。
1131 1.31	天承(てんしょう) 1.29 辛亥				12.22 藤原家忠を左大臣，源有仁を右大臣とする(公卿補任)。
1132 1.20	長承(ちょうしょう) 8.11 壬子 ④				1.14 前太政大臣藤原忠実を，院宣により内覧とする(中右記)。3.13 鳥羽上皇，平忠盛に命じて造らせた得長寿院(三十三間堂)の落慶供養を行う．造営の功により，忠盛の昇殿を許す(中右記)。9.10 院北面で新制14ヵ条を議定(中右記)。10.17 鳥羽上皇，高野山に御幸，この日，大伝法院・密厳院を供養(中右記)。
1133 2.7	2 癸丑				7.21 延暦寺西塔の学徒，中堂の僧と闘争(長秋記)。8.13 大宰府，鳥羽院司平忠盛が自ら下文を作成して院宣と称し，宋船を院領肥前国神崎荘に渡来させ，大宰府を経ず貿易を独占することを計画していると報告(長秋記)。
1134 1.27	3 甲寅 ⑫				3.19 鳥羽上皇女御藤原泰子を皇后とする(中右記)。12.22 大伝法院創立者覚鑁を金剛峯寺座主職に補任，僧徒，これに反発し騒擾(高野春秋)。閏12.12 海賊追捕の功により，平家貞を左衛門尉とする(中右記)。
1135 2.15	保延(ほえん) 4.27 乙卯				2.27 鳥羽上皇，春日若宮別殿遷宮に御幸(中右記)。3.11 興福寺僧を凌轢した東大寺僧らを移郷の罪に処す(中右記)。3.17 鳥羽上皇，京中の民に賑給を行う(中右記)。4.8 平忠盛に海賊追討を命じる(中右記)。6.8以前 忠盛，海賊首僧源智らを捕える(中右記)。8.14 桂津の戸居男，石清水八幡宮放生会に向う勅使らの船を用意する(問丸の初見)(長秋記)。8.19 平忠盛，捕えた海賊を検非違使に渡す(長秋記)。8.21 忠盛の海賊捕縛の功により，子の清盛を従四位下に叙す(長秋記)。

社　会・文　化	世　界	高麗	南宋	金
1.15 京中大火(中右記)。10.14 清閑寺焼亡(百練抄)。11.- 源俊頼没. 生前『散木奇歌集』を著す。 【死没】 1.15 藤原顕隆(58，公卿)。4.1 勝覚(72，真言宗僧侶)。7.7 白河法皇(77)。11.- 源俊頼(75，歌人)。 《大の月》1・3・5・7・8・9・11	宋，苗傅・劉正彦，反乱。	仁宗 7	建炎 3 ⑧	天会 7
7.10 上皇御所大炊御門殿焼亡(中右記)。10.7 私的に鷹鶻を飼うこと，狩猟を行うことを重ねて禁じる(朝野群載)。10.25 待賢門院璋子，法金剛院の落慶供養を行う(中右記)。**この年** 平時信，『時信記』を記す(～天承元年)。 【死没】 9.8 藤原為隆(61，公卿)。 《大の月》1・4・6・7・9・10・12	宋，鐘相の指導する均産一揆が起る。 イタリア，両シチリア王国成立。	8	4	8
7.8 鳥羽泉殿九体阿弥陀堂(成菩提院)の落慶供養を行う(長秋記)。8.8 藤原広兼，『菅家文草』を北野社に奉納(同書奥書)。**この年** 平信範，『兵範記』を記す(～承安元年)。 《大の月》2・5・7・9・10・11	宋，秦檜，宰相となる。	9	紹興 1.1	9
2.28 藤原忠通，法成寺両塔を供養(中右記)。7.23 上皇御所3ヵ所焼亡(百練抄)。9.11 筑前国宗像社焼亡(中右記)。10.7 白河九体阿弥陀堂(宝荘厳院)の落慶供養を行う(中右記)。 【死没】 2.1 良忍(60，61とも，浄土教僧侶，融通念仏宗祖)。10.16 佝子内親王(40，白河天皇皇女)。 《大の月》1・3・5・8・9・10・12	耶律大石，カラ=キタイ(西遼)を建国。	10	2 ④	10
11.18 藤原基俊，藤原忠通の命により『長承二年相撲立詩歌』を撰進(同書跋文)。**この年** 大神基政『竜鳴抄』成る(識語)。**この年より保延5年の間** 三善為康『後拾遺往生伝』成るか。 【死没】 9.1 藤原忠宗(47，公卿)。 《大の月》1・3・6・9・10・12		11	3	11
2.17 六条殿焼亡(中右記)。3.- 洪水により乱れた京中の条里を整備(百練抄)。8.27 行尊，園城寺金堂の再建供養を行う(中右記)。**この年** 風害・水害・飢饉・咳病流行などが起こる(中右記)。寺僧観厳，『東大寺要録』を増補，再編集。 【死没】 7.2 源基子(86，後三条天皇女御)。**閏**12.21 円勢(仏師)。**この年** 源義綱(武将)。 《大の月》1・2・4・7・10・11・⑫		12	4	12
1.28 覚法法親王，仁和寺田中堂を供養(長秋記)。5.18 鳥羽上皇，仁和寺の修復完成供養を行う(中右記)。 【死没】 2.5 行尊(81，僧侶，歌人)。6.21 多忠方(51，雅楽家)。 《大の月》1・3・5・7・10・12	徽宗，金で没す。 高麗，妙清の乱(～'36年)。	13	5 ②	13 熙宗

西暦	年号 干支	天皇	院政	摂関	政治・経済
1136 2.4	保延 2 丙辰	(崇徳)	(鳥羽)	(関白藤原忠通)	3.- 金剛峯寺僧徒，座主覚鑁のことを訴える(高野春秋)。
1137 1.23	3 丁巳 ⑨				2.9 興福寺僧徒，春日神木を奉じて入京強訴(中右記)。2.16 興福寺僧徒の強訴により，定海の僧正職を停め，玄覚を僧正とする(中右記)。9.23 天皇，法金剛院に行幸(中右記)。12.12 伊勢大神宮の禰宜・神人らの訴えにより，平季盛を佐渡に配流する(中右記)。
1138 2.12	4 戊午				2.24 二条東洞院内裏焼亡(百練抄)。4.29 延暦寺僧徒，神輿を奉じて入京，日吉祭馬上衆について強訴(百練抄)。9.26 鳥羽上皇，比叡山に御幸(十三代要略)。11.24 土御門内裏焼亡(百練抄)。
1139 2.1	5 己未				3.8 興福寺僧徒，別当隆覚の住房を焼く(南都大衆入洛記)。3.26 興福寺僧徒の入京を防ぐため，平忠盛らを宇治・淀に派遣(南都大衆入洛記)。7.28 皇后藤原泰子を高陽院とする(十三代要略)。8.17 上皇の皇子体仁親王を皇太子とする(百練抄)。10.26 天皇，御願の成勝寺の落慶供養を行い，行幸する(百練抄)。11.9 興福寺別当隆覚，僧徒と争い軍兵を遣すが敗れる(南都大衆入落記)。12.2 検非違使を南都に派遣し，興福寺別当隆覚の軍兵を捕えさせる．のち，隆覚，別当職を停止される(南都大衆入洛記)。
1140 1.22	6 庚申 ⑤				閏5.5 筑前国大山・香椎・筥崎などの僧徒・神人，大宰府を襲い，数十家を焼き払う(百練抄)。閏5.25 延暦寺僧徒，園城寺を焼く(百練抄)。11.4 天皇，新造土御門内裏に移る(百練抄)。12.8 高野山僧徒，密厳院の覚鑁を襲撃．覚鑁，根来に移る(高野春秋)。
1141 2.9	永治(えいじ) 7.10 辛酉	12.7 近衛	3.10 (法皇)	12.7 12.7 摂政藤原忠通	2.21 藤原得子，白河歓喜光院を供養，鳥羽上皇御幸(百練抄)。3.10 鳥羽上皇，出家(兵範記)。12.7 崇徳天皇譲位，体仁親王(近衛天皇)受禅(百練抄)。12.27 中宮藤原聖子を皇太后，近衛天皇生母女御藤原得子を皇后とする(帝王編年記)。 近衛天皇即位(帝王編年記)。
1142 1.29	康治(こうじ) 4.28 壬戌				3.16 園城寺僧徒，延暦寺を襲って東塔などを焼き，延暦寺僧徒と合戦となる(本朝世紀)。5.5 鳥羽法皇，東大寺で受戒(本朝世紀)。5.12 法皇，延暦寺で受戒(本朝世紀)。8.3 興福寺の悪僧15人を陸奥国へ追放する(台記)。

社　会・文　化	世　界	高麗	南宋	金
3.23 鳥羽上皇，鳥羽勝光明院を供養，天皇行幸(中右記)。9.17 初めて春日若宮祭を行い，以後恒例とする(中右記)。10.15 待賢門院，仁和寺法金剛院三重塔を供養，天皇行幸(百練抄)。12.- 慈恩院焼亡(百練抄)。**この年** 藤原頼長，『台記』を記す(～久寿2年)。 【死没】 4.6 源師時(63，公卿)。5.14 藤原家忠(75，公卿)。10.13 源顕雅(63，公卿)。 《大の月》1・3・4・6・8・10		仁宗 14	紹興 6	天会 14
6.- 藤原忠実述，中原師元筆録『中外抄』の記事始まる。10.15 鳥羽上皇，鳥羽の安楽寿院の落慶供養を行う(中右記)。 【死没】 1.15 真誉(69，真言宗僧侶)。2.11 聖恵法親王(44，白河天皇皇子)。11.25 源能俊(67，公卿)。 《大の月》1・2・4・6・7・9・10	金，斉を廃する。	15	7 ⑩	15
2.23 賀茂社神館・待賢門院御所の四条西洞院などが焼亡(百練抄)。3.5 京都大火(百練抄)。5.16 藤原基衡，金字法華経を書写(同書奥書)。 【死没】 10.14 忠尋(74，天台座主)。 《大の月》1・3・5・6・8・9・11	宋，臨安を首都とする。	16	8	天眷 1.1
2.22 鳥羽上皇，鳥羽東殿三重塔を供養(百練抄)。3.22 待賢門院，仁和寺法金剛院の九体阿弥陀堂(南御堂)を供養(百練抄)。6.25 清水寺橋供養を行う(百練抄)。11.25 待賢門院，法金剛院三昧堂を供養(百練抄)。**この秋より翌年春にかけて** 永厳，『永厳抄』を著す。**この年以降** 蓮禅『三外往生記』成るか。 【死没】 2.21 良禅(92真言宗僧侶)。8.4 三善為康(91，文人)。 《大の月》1・4・6・8・9・10・12		17	9	2
1.23 石清水八幡宮焼亡(百練抄)。閏5.16 行願寺塔・法成寺西塔，落雷で焼失(百練抄)。10.15 佐藤義清(西行)，出家(百練抄)。**保延年間** 藤原清輔『奥儀抄』(初稿本)成るか。 【死没】 9.15 覚猷(鳥羽僧上)(88，画僧)。 《大の月》2・5・6・8・9・11・12		18	10 ⑥	3
1.8 行願寺焼亡(百練抄)。5.5 高陽院藤原泰子，出家(百練抄)。**この年** 覚鑁『五輪九字明秘密釈』成る。**この頃** 久能寺経が書写される。 【死没】 4.20 藤原宗忠(80，公卿)。 《大の月》2・5・8・9・11・12	宋，岳飛，宰相秦檜に処刑される。	19	11	皇統 1.13
2.26 待賢門院藤原璋子，出家(台記)。6.- 西念，『極楽願往生歌』を著す(奥書)。9.2 大雨で鴨川氾濫(本朝世紀)。 【死没】 1.16 藤原基俊(83，歌人)。4.8 信証(45，真言宗僧侶)。 《大の月》1・3・6・9・11・12	金と宋，和議が成立。	20	12	2

西暦	年号干支	天皇	院政	摂関	政　治・経　済
1143 1.18	康治 2 癸亥 ②	(近衛)	(鳥羽)	(摂政藤原忠通)	6. 30 源為義，藤原頼長に臣従する(台記)。
1144 2.6	天養(てんよう) 2.23 甲子				10. 8 興福寺僧徒，大和国守藤原忠清が検注を実施しようとしたことに反発し，蜂起(台記)。10. 17 鳥羽法皇･崇徳上皇，仁和寺に御幸し孔雀明王堂を供養(台記)。10. 20 伊賀国の荘園に対する官物徴収などに関する東大寺と国衙の争いについて，院庁は国衙の主張をほぼ認める(鳥羽院庁下文案)。11. 6 興福寺僧徒，藤原忠通の家司大和守藤原忠清の配流を，藤原頼長に請う(台記)。11. 22 鳥羽法皇，新造白河離宮に移る(台記)。**この年** 南西諸島の人，大宰府に漂着(台記)。
1145 1.25	久安(きゅうあん) 7.22 乙丑 ⑩				3. 4 相模国高座郡大庭御厨における源頼清や源義朝の郎従らの乱行を禁止させる(相模国大庭御厨古文書)。3. 14 興福寺の僧徒，東大寺僧徒と争う(台記)。7. 12 興福寺僧徒，金峯山を襲う(台記)。7. 28 新制 9 ヵ条を宣下(本朝世紀)。9. 13 興福寺僧徒，再び金峯山を襲う(台記)。11. - 硫黄を積載した日本商人の船，宋の温州平陽県に漂着(建炎以来繫年要録)。
1146 2.13	2 丙寅				1. 23 源為義を左衛門大尉に復し，次いで検非違使とする(本朝世紀)。2. 1 平清盛を正四位下に叙す(公卿補任)。4. 15 清水寺僧徒，別当長円と闘争，清水寺焼亡(本朝世紀)。4. 25 この頃，源師任の大和国宇智郡の所領寄進をめぐって金峯山と興福寺が争い，この日，金峯山の僧徒らが師任を捕えるため宇智郡に向い，郡司藤原頼金の軍兵と合戦(本朝世紀)。
1147 2.2	3 丁卯				3. 19 内大臣藤原頼長を一上とする(台記)。3. 29 頼長を橘氏是定とする(台記)。4. 7 延暦寺，園城寺長吏が社務を執行している越前国白山社を延暦寺末寺にすべきことを鳥羽法皇に訴えるが許されず(台記･本朝世紀)。4. 14 鳥羽法皇，延暦寺僧徒の入京に備え，鴨川岸に出兵(台記)。6. 15 祇園臨時祭で，祇園神人が平忠盛･清盛の郎等の武装解除を要求，乱闘になる(祇園闘乱事件)(本朝世紀)。6. 24 高野山，大伝法院と和解(高野春秋)。6. 28 延暦寺僧徒と日吉･祇園神人，祇園闘乱事件での平忠盛･清盛の責任を追及し流刑を要求，入洛･強訴を企む．以後，院にて，両者の罪状をめぐる論議が続く(本朝世紀)。7. 15 平清盛らに対する処分が決定せず，延暦寺僧徒らが再び強訴を企む状況が生じたため，鳥羽法皇，西坂本に武士を派遣(本朝世紀)。7. 24 平清盛の罪を，流罪ではなく贖銅30斤と決める(台記)。8. 12 延暦寺僧徒，祇園闘乱事件での清盛に対する処分や天台座主行玄の言動を不満とし，行玄を追放する(台記)。10. 8 鳥羽法皇，行玄追放の張本僧を捕えさせる(本朝世紀)。10. 30 院宣により，行玄を天台座主に復す(台記)。11. 10 藤原忠通，西海の荘園から貢せられた孔雀と鸚鵡を法皇に献じる(台記)。
1148 1.23	4 戊辰 ⑥				6. 26 土御門内裏焼亡(本朝世紀)。7. 17 藤原忠実，藤原頼長に荘園18ヵ所を譲る(台記)。 藤原忠通の妻宗子，法性寺の辺に新堂(最勝金剛院)を造り供養，天皇･鳥羽法皇ら行幸(台記)。8. 26 法皇，藤原忠実に命じ，興福寺僧徒の入京･強訴の企てを制止させる(台記)。

社　会・文　化	世　界	高麗	南宋	金
1.12 鳥羽法皇，鳥羽炎魔堂で心経会を行う(本朝世紀)。6.21 大宰府観世音寺の堂塔･廻廊，焼失(本朝世紀)。8.6 皇后藤原得子，御願の金剛勝院の落慶供養を行う．法皇御幸(本朝世紀)。 【死没】 11.8 源雅兼(65，公卿)。12.12 覚鑁(49，真言宗僧侶)。 《大の月》1･②･3･6･9･11･12	ポルトガル王国，成立。	仁宗 21	紹興 13 ④	皇統 3
5.8 鳥羽法皇御所白河北殿焼亡(台記)。6.2 崇徳上皇，院宣により，藤原顕輔に『詞花和歌集』の撰集を命じる(袋草紙)。7.22 藤原通憲(信西)出家(台記)。**この年** 清原重憲，『少外記重憲記』を記す(～翌久安元年)。**この年から長寛年間**『色葉字類抄』(二巻本)成る。**この年以降応保2年3月3日の間**『扶桑古文集』成るか。 【死没】 4.21 令子内親王(67，白河天皇皇女)。9.10 実範(顕密学僧)。10.28 藤原敦光(82，文人)。 《大の月》2･3･5･7･10･12		22	14	4
4.2 藤原頼長，大炊御門高倉第に文倉を造る(台記)。4.18 藤原忠実，頼長に『律令格式』『除目叙位官奏格記』などの秘記を譲る(台記)。6.28 鳥羽法皇御願の白河御堂の落慶供養を行う(本朝世紀)。**この年** 江少虞『皇朝類苑』成る。 【死没】 8.22 待賢門院(45，鳥羽天皇皇后)。 《大の月》1･3･4･6･8･⑩･12	高麗，金富軾，『三国史記』を撰する。	23	15 ⑪	5
3.18 京都大火(本朝世紀)。11.28 鳥羽法皇，御願の仏頂堂を供養(百練抄)。 《大の月》2･3･5･7･8･10		24	16	6
2.13 源有仁没．生前『春玉秘抄』『秋玉秘抄』を著す。6.5 藤原実能，徳大寺を供養(台記)。7.18 旱魃により，神泉苑の池を掃除させる(本朝世紀)。8.11 鳥羽法皇，鳥羽新御堂を供養(本朝世紀)。 【死没】 1.4 聖賢(65，真言宗僧侶)。2.13 源有仁(45，公卿)。10.29 坂上明兼(69，明法家)。 《大の月》1･3･5･6･8･10･11	第2次十字軍(～'49年)。	毅宗	17	7
2.17 京都大火，法成寺惣門･法興院など焼亡(台記)。3.29 祇園社焼亡(台記)。閏6.17 藤原基衡，故清衡のために法華経を書写(同経奥書)。 【死没】 1.5 藤原顕頼(55，公卿)。4.- 良恵(60，融通念仏行者)。5.19 宗意(75，真言宗僧侶)。 《大の月》1･4･6･7･8･10･11		2	18 ⑧	8

西暦	年号 干支	天皇	院政	摂関	政　治・経　済
1149 2.10	久安 5 己巳	(近衛)	(鳥羽)	(摂政藤原忠通)	2.15 賀茂下社の氏人，鳥羽法皇の御精進屋の辺で，執行保久の非例を訴える(本朝世紀)。3.12 占卜の相違により，陰陽頭賀茂憲栄と権陰陽博士安倍泰親が論争(本朝世紀)。8.3 皇后藤原得子を美福門院とする(本朝世紀)。10.25 藤原忠通を再び太政大臣とする(太政大臣再任の初例)(本朝世紀)。
1150 1.31	6 庚午			12.9 12.9 関白藤原忠通	1.19 藤原頼長の養女多子を女御とする(台記)。3.14 藤原多子を皇后とする(帝王編年記)。4.28 藤原忠通の養女呈子を女御とする(台記)。6.22 藤原呈子を中宮とする(台記)。7.7 先年清水寺から追放された悪僧ら，清水寺を襲い，寺僧らと合戦(本朝世紀)。8.5 興福寺僧徒・春日社神民ら数千人，入京し強訴(本朝世紀)。8.21 藤原実行を太政大臣，源雅定を右大臣，藤原実能を内大臣とする(本朝世紀)。9.16 延暦寺西塔と横川の闘乱を制止するよう宣旨を下す(台記)。9.25 藤原忠実，同忠通に摂政を同頼長に譲渡するよう説得していたが，この日，忠通は最終的に拒否，忠実激怒する(台記)。9.26 忠実，忠通を義絶し，頼長を氏長者とする(台記)。10.12 忠実，忠通から取り返した家地・荘園を鳥羽法皇に献上(台記)。**この年** 宋客劉文冲来日し，藤原頼長に『五代史記』『唐書』などの史書を贈る(宇槐記抄)。
1151 1.20	仁平(にんぺい) 1.26 辛未 ④				1.10 藤原頼長を内覧とする(台記)。2.23 頼長，興福寺衆徒の武装を禁じる(台記)。4.14 頼長，諸卿を率いて勧学院・施薬院・崇親院を巡検(本朝世紀)。9.20 鳥羽法皇，近衛天皇譲位に関して頼長が策謀をめぐらせていると忠通が奏上したことを，忠実に伝える(宇槐記抄)。9.24 頼長，前年贈られた史書の返礼として，宋客劉文冲に砂金30両を贈る(宇槐記抄)。
1152 2.8	2 壬申				5.12 京中で殺傷事件が頻発，検非違使に警戒させる(宇槐記抄)。
1153 1.27	3 癸酉 ⑫				5.28 藤原頼長を鳥羽院別当とする(兵範記)。

社　会・文　化	世　界	高麗	南宋	金
3.20 天皇，御願の延勝寺の落慶供養を行う(本朝世紀)。5.12 高野山大塔・金堂・灌頂堂など，落雷により焼亡(本朝世紀)。9.22 京極殿御堂に盗賊が入る(本朝世紀)。 《大の月》1・4・7・8・10・11・12		毅宗 3	紹興 19	海陵 天徳 12.11
1.19 広隆寺焼亡(台記)。7.8 高野山金堂を再建供養(高野春秋)。10.- 天台座主行玄の青蓮房を美福門院の御願所にあて，青蓮院と号する(華頂要略)。**この冬** 信西，法皇の密詔をうけて『本朝世紀』の編修を始める(宇槐記抄)。**この年**『久安百首』を詠進。 【死没】 **この年** 長円(仏師)。 《大の月》2・5・8・10・11・12		4	20	2
1.- 藤原忠実述，高階仲行筆録『富家語談』の記事始まる(～応保元年)。4.23 飢饉のため，伊勢など9社に奉幣(本朝世紀)。6.6 四条皇居焼亡(本朝世紀)。7.8 大風雨で宇治橋流失(本朝世紀)。7.12 京都火災，行願寺など焼亡(本朝世紀)。10.18 小六条内裏焼亡(本朝世紀)。12.1 藤原宗友撰述『本朝新修往生伝』成る(序)。**この年** 藤原顕輔，『詞花和歌集』を撰進。 【死没】 8.14 永厳(77，真言宗僧侶)。 《大の月》2・3・5・8・10・11・12		5	21 ④	3
9.10 鳥羽法皇・高陽院・美福門院，四天王寺に参詣(兵範記)。**この年** 兼意撰『弘法大師御伝』成る。 【死没】 11.23 珍海(62，画僧)。 《大の月》2・4・6・9・11・12	神聖ローマ帝国，フリードリヒ1世バルバロッサ，皇帝に即位。	6	22	4
2.14 鳥羽法皇，熊野で金泥一切経を供養(百練抄)。4.15 京都火災，江家10代の書を納めた江家文庫(千草と号す)などが焼亡(本朝世紀)。5.21 鳥羽法皇の命により，東三条院にて，学問料を請う者6人の試験を行う(宇槐記抄)。8.10 藤原頼長，寛仁以後絶えていた釈奠晴儀を復活し行う(百練抄)。9.20 大風雨により新造中の土御門内裏南殿などが倒壊(台記)。9.- 所々に社壇を立て，家々で漢礼を行うことを禁じる(百練抄)。 【死没】 1.15 平忠盛(58，武将)。3.7 寛信(69，73とも，真言宗僧侶)。 12.6 覚法法親王(63，御室)。 《大の月》2・3・5・7・10・12	金，燕京に遷都。	7	23 ⑫	貞元 3.26

西暦	年号 干支	天皇	院政	摂関	政治・経済
1154 2.14	久寿（きゅうじゅ） 10.28 甲戌	(近衛)	(鳥羽)	(関白藤原忠通)	9.7 延暦寺僧徒，加賀国林大夫光家が赦免されたことに抗議し強訴，よって光家を再び拘禁する(兵範記)。11.26 源為朝の鎮西での乱行により，父源為義を解官(台記)。
1155 2.4	2 乙亥	7.23 7.24 後白河		7.23 7.24 関白藤原忠通	4.3 豊後国に居す源為朝の乱行を取締るため，為朝に味方する者を大宰府に禁じ止めさせる(百練抄)。7.24 雅仁親王(後白河天皇)践祚，藤原忠通を関白とし，同頼長の内覧を止める(百練抄)。8.15 鳥羽法皇，鳥羽南北殿・宝荘厳院・得長寿院を美福門院に譲る(台記)。8.16 源義平，武蔵国比企郡大蔵館で叔父義賢と合戦し殺害する(百練抄・吾)。8.27 この頃，近衛天皇の死は藤原忠実・頼長の呪詛によるものという風聞が流れる(台記)。9.23 守仁親王を皇太子とする(兵範記)。10.13 源義朝に院宣を下して信濃国に下向させ，院御領を侵略した弟の頼賢を討たせる(台記)。10.23 後白河天皇即位(台記)。
1156 1.24	保元（ほげん） 4.27 丙子 ⑨		7.2		6.1 鳥羽法皇重病により，崇徳上皇・藤原頼長が法皇没後挙兵するとの風聞が広がる。この日以後，院宣により源義朝ら源平の武士に禁中(高松殿)・鳥羽殿を守らせる(兵範記)。7.2 鳥羽法皇没す(兵範記)。7.10 崇徳上皇，源為義らを白河殿に召集，天皇，源義朝・平清盛らを高松殿に召集，互いに軍勢を整える(兵範記)。7.11 夜明け前，清盛・源義朝ら白河殿を夜襲し，上皇方を破る(保元の乱)．白河殿炎上し，崇徳上皇・頼長逃走(兵範記)。7.14 頼長，流矢の傷により死亡(兵範記)。7.23 崇徳上皇を讃岐国に移し，藤原忠実を知足院に幽閉(兵範記・公卿補任)。7.28 平忠貞らを斬首(死刑の復活)(兵範記)。7.30 源為義らを斬首(兵範記)。8.3 頼長の子息4人と藤原教長らを配流(兵範記)。8.26 源為朝らを捕え，ついで伊豆大島に配流(兵範記・尊卑分脈)。**閏**9.18 新立荘園の停止などを命じる新制7ヵ条を諸国に下す(兵範記)。10.20 記録所を設置(百練抄)。10.27 藤原忻子，中宮となる(兵範記)。11.18 京中で兵仗を帯びることを禁じる(百練抄)。
1157 2.12	2 丁丑				3.29 藤原頼長らの所領を没収し，後院領とする(兵範記)。7.17 軍兵を発した罪で流罪とされた源頼行，領送使を殺害し自害(兵範記)。10.8 天皇，新造大内裏に移る(兵範記)。 新制35ヵ条を下す(兵範記)。10.26 内御書所を置く(皇代記)。
1158 2.1	3 戊寅	8.11 二条	8.11 後白河	8.11 8.11 関白藤原基実	1.22 長元7年以後中絶していた内宴を行う(百練抄)。2.3 准母統子内親王，皇后となる(女院記)。6.18 天台座主最雲法親王らに命じ，僧徒の蜂起を止めさせる(兵範記)。7.17 興福寺僧徒，官使の公田検注を怒り，これに協力した僧信実の房を襲い，合戦(兵範記)。8.11 後白河天皇譲位，守仁親王(二条天皇)受禅．藤原基実，関白・氏長者となる(兵範記)。12.20 二条天皇即位(兵範記)。
1159 1.21	平治（へいじ） 4.20 己卯 ⑤				2.21 姝子内親王，中宮となる(女院記)。12.4 平清盛，熊野詣でに出発(平治物語)。12.9 藤原信頼・源義朝，後白河上皇の三条烏丸御所を襲撃し放火，上皇を一本御書所に移し，天皇とともに内裏に幽閉(平治の乱)(百練抄)。12.13 信西，逃亡途中で自殺(尊卑分脈)。12.25 天皇，帰京した平清盛の六波羅第へ脱出，上皇も仁和寺へ逃れる(百練抄)。12.26 清盛，藤原信頼・源義朝らと六条河原で合戦し，これを破る．義朝・義平・朝長・頼朝ら，東国に逃亡(百練抄・平治物語)。12.27 藤原信頼を捕え，六条河原で斬首(帝王編年記)。

社　会・文　化	世　界	高麗	南宋	金
2.- 大悲山峰定寺建立(大悲山寺縁起)。3.29 祇園橋供養(百練抄)。4.- 紫野今宮社の夜須礼を禁じる(百練抄)。5.29 藤原頼長，京極殿で自筆経を供養(台記)。8.9 鳥羽金剛心院を供養(兵範記)。10.3 延暦寺西塔の法華堂・常行堂，焼亡(百練抄)。 【死没】 5.29 藤原家成(48，公卿)。 《大の月》1・2・4・5・7・10・12	イングランド，ヘンリー2世即位，プランタジネット朝始まる。	毅宗 8	紹興 24	貞元 2
6.- 諸国飢饉(百練抄)。**この頃** 藤原為経，『後葉和歌集』を撰する。 【死没】 5.7 藤原顕輔(66，歌人，公卿)。5.30 兼海(49，真言宗僧侶)。6.26 源義国(上野の豪族)。7.23 近衛天皇(17)。8.16 源義賢(武将)。12.2 熱田大宮司季範(66，源義朝岳父)。12.16 高陽院(61，鳥羽天皇皇后)。 《大の月》2・4・5・7・9・10	この頃，チンギス=ハーン生まれる(生年については1154年・1162年・1167年など多説あり)。 宋，宰相秦檜没。	9	25	3
2.2 信西，『大悲山寺縁起』を著す(識語)。4.29 高野山大塔を供養(仁和寺諸師年譜)。**この年** 常明，高野山金堂の「両界曼荼羅図」を描く(高野春秋)。 【死没】 3.16 賢覚(77，真言宗僧侶)。7.2 鳥羽法皇(54)。7.14 藤原頼長(37，公卿)。7.28 平忠正(武将)。7.30 源為義(61，武将)。8.18 元海(64，真言宗僧侶)。 《大の月》1・3・5・7・8・⑨・11	宋，欽宗，金で没す。	10	26 ⑩	正隆 2.1
8.9 この日以降，翌年8月11日までの間，藤原清輔『袋草紙』上巻成るか(下巻，保元2年8月19日成るか)。11.13 漏刻を置く(百練抄)。 【死没】 5.29 足利義康(足利氏祖)。9.2 藤原実能(62，公卿)。**この年もしくは翌年** 藤原基衡(陸奥の武将)。 《大の月》1・3・5・7・9・10・11		11	27	2
《大の月》1・4・7・9・10・11		12	28	3
2.22 上皇，白河千体阿弥陀堂を平清盛に再建させ，この日落慶供養(山槐記)。11.26 六条院・因幡堂・河原院など焼亡(百練抄)。 【死没】 12.13 藤原通憲(信西)(54，官人)。12.27 藤原信頼(27，公卿)。**この年** 三浦義継(93，武将)。 山内首藤俊通(武将)。 《大の月》1・2・5・7・9・10・11		13	29 ⑥	4

西暦	年号 干支	天皇	院政	摂関	政治・経済
1160 2.9	永暦（えいりゃく） 1.10 庚辰	（二条）	（後白河）	（関白藤原基実）	1.4 源義朝，尾張国内海荘で長田忠致に殺される（帝王編年記・愚管抄）。1.19 源義平，捕えられ斬首（帝王編年記）。2.9 源頼朝を近江国で捕える（清獬眼抄）。2.20 後白河上皇，二条天皇の親政を図って藤原信頼に味方した藤原経宗・惟方を捕えさせる（百練抄）。3.11 経宗を阿波，惟方を下野，源頼朝を伊豆へ配流（清獬眼抄）。4.28 対馬島司，銅採進房と貢銀採丁が高麗国金海府に捕えられた件を報告．この件について，諸道博士に前例を調べさせる（百練抄）。6.13 延暦寺東塔と西塔の僧徒が闘争，東塔敗れる（華頂要略）。6.20 正四位下平清盛を正三位とする（公卿補任）。8.5 平清盛，安芸国厳島神社に参詣（山槐記）。10.12 延暦寺僧徒，神輿を奉じて入京，強訴（百練抄）。12.17 高麗国が対馬商人を捕えた件について審議（山槐記）。
1161 1.28	応保（おうほ） 9.4 辛巳				4.13 後白河上皇，法住寺殿に移る（山槐記）。9.15 平滋子所生の後白河上皇皇子の立太子を企てたとして，平時忠・教盛を解官（百練抄・山槐記）。10.11 紀伊守源為長，兵数百を率い高野山領荒川荘に侵入し，堂舎・民家を焼却（高野山文書）。11.29 上皇の近臣藤原信隆・成親らを解官（山槐記）。
1162 1.17	2 壬午 ②				2.19 藤原育子，中宮となる（山槐記除目部類）。閏2.1 延暦寺僧徒，園城寺の覚忠の天台座主補任に反対し，蜂起（百練抄）。閏2.3 延暦寺僧徒の蜂起により，覚忠に替え重愉を天台座主とする（天台座主記）。3.7 流人藤原経宗らを召還（百練抄）。3.10 流人藤原教長および解官された藤原成親を召還（山槐記）。6.23 天皇呪詛の罪により，後白河上皇の近臣源資賢・平時忠らを配流（百練抄）。
1163 2.5	長寛（ちょうかん） 3.29 癸未				3.3 延暦寺，園城寺僧の延暦寺での受戒・武装禁制を請う（塵添壒嚢抄）。3.29 延暦寺の訴により，天台座主に補任される園城寺僧は延暦寺で受戒させる事とする（百練抄）。5.22 園城寺に宣旨を下し，延暦寺での受戒を命じる（百練抄）。5.29 興福寺，園城寺僧の延暦寺での受戒を停止すべき事，延暦寺を末寺とすべき事を奏上（百練抄）。6.9 延暦寺僧徒，園城寺を焼く（百練抄）。7.25 興福寺僧徒，延暦寺との争いを制止した別当恵信を追放し，住房を焼く．恵信，僧徒と合戦に及ぶが敗れる（百練抄・興福寺別当次第）。
1164 1.26	2 甲申 ⑩				6.27 流人藤原師長・源資賢らを召還（百練抄）。10.5 延暦寺僧徒，中堂衆を禁獄したことにより，座主快修の房を破壊し追放する（天台座主記）。
1165 2.13	永万（えいまん） 6.5 乙酉	6.25 六条		6.25 6.25 摂政藤原基実	1.23 権中納言平清盛に兵部卿を兼任させる（公卿補任）。6.25 二条天皇譲位，順仁親王（六条天皇）受禅（百練抄）。7.27 六条天皇即位（山槐記）。8.7 二条上皇の葬儀で，延暦寺と興福寺の僧徒が墓所の門に寺の額を掛ける榜列について争い，以後両寺の闘争続く（帝王編年記）。8.9 延暦寺僧徒，清水寺を焼払い興福寺に報復（百練抄）。9.14 流人平時忠を召還（百練抄）。10.27 興福寺僧徒，天台座主俊円の配流を強訴（百練抄）。
1166 2.3	仁安（にんあん） 8.27 丙戌			7.26 7.27 摂政藤原基房	3.29 流人源師仲・藤原惟方を召還（百練抄）。10.10 後白河上皇の皇子憲仁親王を皇太子とする（兵範記）。11.11 平清盛，内大臣となる（兵範記）。12.30 源頼政に内昇殿を許す（公卿補任）。

社　会・文　化	世　界	高麗	南宋	金
10.16 今熊野社・新日吉社が創建(百練抄)。 【死没】 1.4 鎌田正清(38，武将)。 源義朝(38，武将)。1.19 源義平(20，武将)。7.9 藤原公教(58，公卿)。11.23 美福門院(44，鳥羽天皇皇后)。 《大の月》1・2・5・8・10・11	宋，金融業者の会子を禁じ，国家が発行。	毅宗 14	紹興 30	正隆 5
7.4 大雨で鴨川が氾濫(山槐記)。 【死没】 8.11 藤原公能(47，公卿)。 《大の月》1・2・4・6・9・11	金，大挙して宋に侵攻．宋軍，初めて火薬を実戦で使用。	15	31	世宗 大定 10.8
この年より長寛2年の間『本朝無題詩』成るか。**この年以降** 藤原伊通『大槐秘抄』成る。 【死没】 1.30 藤原宗輔(86，公卿)。5.27 源雅定(69，歌人，公卿)。6.18 藤原忠実(85，公卿)。7.28 藤原実行(83，公卿)。 《大の月》1・2・3・4・6・9・11		16	32 ② 孝宗	2
4.7 儒者らに，伊勢神宮と熊野権現が同体か否か審議させる(長寛勘文)。12.26 延勝寺阿弥陀堂を供養(百練抄)。 《大の月》1・2・4・6・8・10・12	パリのノートルダム寺院起工。 宋，大慧宗杲没(異説あり)。	17	隆興 1.1	3
1.28 紀伊国日前国懸社，焼亡。2.19 藤原忠通没．生前『法性寺関白記』を記す。9.- 平家一門，法華経などを写経し，厳島神社に奉納(平家納経)。12.17 上皇，平清盛に造営させた蓮華王院を供養，清盛の功により，子の重盛を正三位とする(百練抄・公卿補任)。**この年** 九条兼実『玉葉』を記す(～建仁3年)。 【死没】 2.19 藤原忠通(68，公卿)。8.26 崇徳法皇(46)。 《大の月》2・4・6・7・9・11・12	金，女真文字で漢籍を翻訳。	18	2 ⑪	4
6.13 広隆寺を再建供養(百練抄)。**この年** 中山忠親撰『直物抄』成る。**この頃** 藤原清輔，『続詞花和歌集』を撰するか。 【死没】 2.11 増俊(82，真言宗僧侶)。2.15 藤原伊通(73，公卿)。7.28 二条上皇(23)。 《大の月》2・4・6・8・9・11・12	宋と金の和議成立。	19	乾道 1.1	5
2.26 行願寺を再建供養(百練抄)。12.1 京都大火，千余宇焼亡(安倍泰親朝臣記)。12.22 延暦寺五仏院・実相院・五大堂など焼亡(安倍泰親朝臣記)。**この年** 藤原経房，『吉記』を記す(～建久2年)。 三条実房，『愚昧記』を記す(～建久6年)。 橘以政『橘逸勢伝』成る。 【死没】 6.30 寛遍(67，東寺長者)。7.26 藤原基実(24，公卿)。 《大の月》3・6・7・9・10・12		20	2	6

西暦	年号 干支	天皇	院政	摂関	政治・経済
1167 1.23	仁安 2 丁亥 ⑦	(六条)	(後白河)	(摂政藤原基房)	1.1 延暦寺西塔の僧徒，座主快修の罷免を求め，東塔の僧徒と闘争(華頂要略)。1.19 後白河上皇，法住寺新造御所に移る(兵範記)。2.11 平清盛，太政大臣となる(玉葉)。3.10 前興福寺別当恵信ら，興福寺を襲い，別当尋範の房や喜多院などを焼く(兵範記)。5.10 平重盛に命じ，諸道の賊徒を追討させる(兵範記)。5.15 興福寺前別当恵信を伊豆に配流(兵範記)。5.17 平清盛，太政大臣を辞任(兵範記)。8.10 清盛に播磨国印南野・肥前国杵島郡・肥後国御代郡南郷土比郷などの地を与え，大功田とする(公卿補任)。
1168 2.11	3 戊子	2.19 高倉		2.19 2.19 摂政藤原基房	1.11 高野山本寺僧徒，別院の伝法院僧徒と闘争，堂宇200余坊も破壊(高野春秋)。2.11 平清盛，出家(兵範記)。2.19 六条天皇譲位，憲仁親王(高倉天皇)受禅(玉葉)。3.20 高倉天皇即位(兵範記)。 上皇の女御平滋子，皇太后となる(兵範記)。5.3 高野山での闘争(1月)により，宗賢らを配流(兵範記)。8.10 藤原忠雅を太政大臣，源雅通，内大臣となる(兵範記)。
1169 1.30	嘉応(かおう) 4.8 己丑		6.17 (法皇)		1.14 伊賀・伊勢・美濃・尾張・参河国などの国司に伊勢神宮の再建を命じる(兵範記)。3.13 後白河上皇，高野山に参詣(兵範記)。3.20 後白河上皇，高野山から摂津国福原の平清盛第に御幸(兵範記)。6.17 後白河上皇，出家(玉葉)。12.23 延暦寺僧徒，尾張国目代藤原政友が美濃国平野荘の中堂御油寄人に乱暴した件により，政友と尾張の知行国主藤原成親の処罰を求めて入京し強訴(兵範記)。12.24 成親を備中国に配流し，政友を禁獄する(兵範記)。12.28 成親配流の際，平時忠・平信範に奏事不実があったとして両者を配流し，成親を召還(百練抄)。
1170 1.19	2 庚寅 ④				2.6 延暦寺僧徒の訴えにより，再び藤原成親を解官し，平時忠・信範を召還(百練抄)。4.21 平重盛を権大納言，成親を権中納言に還任する(公卿補任)。4.- 伊豆大島の源為朝，島民に乱暴したことにより，工藤茂光に追補され自害(一説に治承1年)(保元物語)。5.25 藤原秀衡，鎮守府将軍となる(兵範記)。7.3 摂政藤原基房の車，平資盛の車と行き逢った際，基房の舎人が資盛の無礼を責め，その車を壊す(玉葉・平家物語)。9.20 後白河法皇，宋人を見るため，平清盛の福原山荘に御幸(玉葉)。10.21 平重盛，同資盛への乱暴の報復として，武士に藤原基房を襲わせる．基房，参内できず，朝議停滞(玉葉)。12.14 藤原基房，太政大臣となる(玉葉)。
1171 2.7	承安(じょうあん) 4.21 辛卯				1.3 天皇，元服(玉葉)。9.21 興福寺僧徒，興福寺政所の使らに乱暴した前下野守信遠の配流と末寺の荘園50余所を立てることを求めて入京・強訴を企むが，藤原基房によって制止される(玉葉)。10.23 後白河法皇，平清盛の福原別業に御幸(玉葉)。10.- 羊病と称す病が流行(百練抄)。12.14 平清盛の娘徳子，後白河法皇の猶子として入内(玉葉)。12.26 平徳子，女御となる(玉葉)。
1172 1.27	2 壬辰 ⑫			12.27	2.10 平徳子，中宮となる(玉葉)。7.9 伊豆国司，出島に異形の者が来着して島民を殺傷するなどの乱暴を働いたことを報告(玉葉)。8.13 延暦寺僧徒，祇陀林寺を襲い，別当能順の房を破壊(玉葉)。9.16 宋国から法皇・平清盛に贈物(玉葉)。12.21 興福寺僧徒，春日社神人を殺害した平重盛家人の処罰を求め，入京・強訴を企て，27日，上洛(玉葉・百練抄)。
1173 2.14	3 癸巳			12.27 関白藤原基房	3.13 宋国に返牒，後白河法皇・平清盛，進物を贈る(玉葉)。4.29 文覚，高雄神護寺の復興費用に，寺への荘園寄進を後白河法皇に請うが許されず，院中で暴言を吐き捕えられる(玉葉)。5.16 文覚を伊豆に配流(百練抄)。6.25 興福寺僧徒，多武峯を攻め房舎を焼く(玉葉)。11.4 延暦寺と争う南都の僧徒が蜂起したため，武士に禁中を警固させ，平重盛に入京を防がせる(玉葉)。11.11 南都15大寺・諸国末寺荘園を没収(玉葉)。**この年** 平清盛，摂津国兵庫島を築く(帝王編年記)。
1174 2.4	4 甲午				3.16 後白河法皇・建春門院，平清盛の福原別業に御幸，次いで厳島に参詣．平氏一門随行(玉葉)。**この年** 源義経，陸奥国に向う(平治物語)。

社　会・文　化	世　界	高麗	南宋	金
9.27 五条殿焼亡(兵範記)。**この年** 重源，入宋(元亨釈書)。 《大の月》1・4・7・8・9・10・12	イタリア，ロンバルディア都市同盟結成。**この頃** 英，オクスフォード大学成立。	毅宗 21	乾道 3 ⑦	大定 7
2.13 京都大火，人家3000余宇焼亡(百練抄)。4.- 栄西，入宋(元亨釈書)。9.- 栄西・重源，宋より帰国(元亨釈書)。12.21 伊勢神宮焼亡(兵範記)。**仁安年間**『和歌現在書目録』成る(序)。 《大の月》1・4・7・9・11・12	セルビア，ステファン・ネマーニャ，ネマニッチ朝を創始，セルビア統一を開始。	22	4	8
2.5 比叡山横川中堂焼亡(兵範記)。3.- 後白河上皇，『梁塵秘抄口伝集』を巻9まで撰する(本文)。 清原頼業，『春秋左氏伝』の校訂を終える(続本朝通鑑)。4.23 陸奥国中尊寺釈尊院五輪塔成る(五輪塔の初見)。6.- 旱天のため，たびたび祈雨を行う(兵範記)。10.12 比叡山横川中堂再建(山門堂舎記)。 【死没】 12.11 覚性入道親王(41，御室)。 《大の月》1・3・5・8・10・12		23	5	9
4.20 後白河法皇，東大寺で受戒．また正倉院を開き宝物を見る(兵範記)。 【死没】 2.11 藤原宗能(86，公卿)。4.- 源為朝(32，武将)。 《大の月》1・2・4・5・8・10・12	金，全真教の開祖王重陽没す。 高麗，鄭仲夫ら，多くの文臣を殺害，毅宗を廃して明宗を擁立，武臣政権成立。	24	6 ⑤	10
7.11 東北院焼亡(玉葉)。**この年** 覚阿，入宋(善隣国宝記)。 《大の月》1・3・4・7・9・11	エジプト，サラーフ=アッディーン(サラディン)，ファーティマ朝を滅ぼし，アイユーブ朝を興す。	明宗	7	11
3.19 藤原清輔，尚歯会を催す(百練抄)。6.18 心覚，『別尊雑記』を著す(裏書)。**この秋以降** 藤原為経『今鏡』成るか。12.17『広田社二十九番歌合』に藤原俊成が判詞を書き加える(奥書)。 【死没】 9.25 恵信(57，興福寺前法務)。 《大の月》1・3・4・6・8・10・12		2	8	12
4.12 後白河法皇御所法住寺北殿，焼亡(玉葉)。11.18 清水寺焼亡(百練抄)。12.26 六波羅蜜寺焼亡(百練抄)。 【死没】 1.5 藤原光頼(50，公卿)。 《大の月》1・3・5・6・8・10・12		3	9 ①	13
7.27 相撲節会を復活(百練抄・玉葉)。 【死没】 **この年** 湛快(76，熊野別当)。 《大の月》2・4・6・8・9・11		4	淳熙 1.1	14

西暦	年号干支	天皇	院政	摂関	政治・経済
1175 1.24	安元（あんげん） 7.28 乙未 ⑨	（高倉）	（後白河）	（関白藤原基房）	4. 17 高野山本寺と末寺が闘争したため，首謀者を処分（高野春秋）。10. 30 伊賀国名張郡司源俊方，東大寺領黒田荘から国衙が収納していた官物を東大寺が学生供料に充てたことを批難し，興福寺と結び，黒田荘に乱入（東大寺文書）。
1176 2.12	2 丙申				3. 19 藤原為綱を殺害した平盛方を佐渡国へ配流（百練抄）。4. 27 後白河法皇，延暦寺で受戒（玉葉）。7. - 加賀守藤原師高の目代藤原師経，白山宮の僧徒と対立，合戦に及ぶ（平家物語）。10. - 伊豆の河津祐泰，工藤祐経に殺される（吾妻鏡）。
1177 2.1	治承（ちしょう） 8.4 丁酉				3. 5 藤原師長，太政大臣，平重盛，内大臣となる（玉葉）。4. 13 延暦寺僧徒，白山宮と対立する加賀守藤原師高の流罪を強訴，僧徒を防ぐ兵の矢が神輿を射る（玉葉）。4. 20 藤原師高を尾張国に配流（玉葉）。5. 21 延暦寺僧徒による強訴の起因は天台座主明雲にあるとして伊豆国に配流（玉葉）。5. 23 延暦寺衆徒，明雲配流の処分に怒り，明雲を奪還（玉葉）。6. 1 源行綱，院の近臣による平家打倒計画を平清盛に密告，清盛，西光・藤原成親を捕え，西光を斬首（鹿ヶ谷の謀議）（玉葉）。6. 2 成親を備前国に配流（玉葉）。6. 3 俊寛・平康頼らを補える（玉葉）。6. 21 八条殿，放火される（百練抄）。6. - 俊寛・平康頼・藤原成経を鬼界島に配流（帝王編年記）。7. 29 故上皇に崇徳院の諡号を奉り，故藤原頼長に正一位太政大臣を追贈（玉葉）。12. - 京中に強盗が横行（玉葉）。
1178 1.21	2 戊戌 ⑥				閏6. 17 新制17ヵ条を下す（玉葉）。7. 3 流人藤原成経・平康頼を鬼界島より召還（参考源平盛衰記）。9. 20 延暦寺の堂衆と学徒が闘争（参考源平盛衰記）。10. 4 平清盛，院宣を奉じて延暦寺学徒を支援，学徒と共に堂衆を攻撃（参考源平盛衰記）。12. 15 言仁親王（11月12日誕生）を皇太子とする（玉葉）。
1179 2.9	3 己亥		11.20	11.15 11.15 関白藤原基通	5. 14 清水寺と祇園社が闘争，八坂塔焼亡（山槐記）。8. 30 新制32ヵ条を下す（玉葉）。9. 19 新制沽価法に違反する者を検非違使に取締らせる（大夫尉義経畏申記）。10. 3 平教盛，延暦寺堂衆を討ち，近江国の寺領三ヵ荘を焼く（山槐記）。11. 14 平清盛，福原より兵数千騎を率いて入京（玉葉）。11. 15 清盛の奏請により，藤原基房の関白を止め，藤原基通を関白とする（玉葉）。11. 17 太政大臣藤原師長ら法皇の近臣39人を解官（玉葉）。11. 20 平清盛，後白河法皇を鳥羽殿に幽閉，院政を停止し，福原に帰る．この後，平家の知行国が倍増し全国の過半におよぶ（山槐記・平家物語）。
1180 1.29	4 庚子	2.21 安徳	12.18 後白河	2.21 2.21 摂政藤原基通	2. 20 平清盛，大輪田泊の修築を請い許可される（玉葉）。2. 21 高倉天皇譲位，言仁親王（安徳天皇）受禅（玉葉）。4. 9 以仁王，源頼政の勧めにより平清盛追討の令旨を東国諸国に下す（吾）。4. 22 安徳天皇即位（玉葉）。5. 15 以仁王配流の宣旨を出す，以仁王，園城寺に逃亡（玉葉）。5. 26 以仁王・源頼政ら，奈良へ逃れる途上，宇治川で追撃され敗死（玉葉）。6. 2 天皇・後白河法皇・高倉上皇，摂津国福原に行幸（福原遷都）（玉葉）。8. 17 源頼朝，伊豆国で挙兵（吾）。8. 23 頼朝，石橋山合戦で敗北（吾）。8. 28 頼朝，海路で安房国に逃亡（吾）。9. 7 源（木曾）義仲，信濃国で挙兵（吾）。9. 10 源（武田）信義，甲斐国で挙兵（吾）。9. 16 宋船，摂津国大輪田泊に来着（山槐記）。10. 6 頼朝，相模国鎌倉に入る（吾）。10. 20 平維盛軍と源頼朝軍，富士川で対峙，平氏軍大敗（吾）。11. 17 頼朝，和田義盛を侍所別当とする（吾）。 美濃・尾張国の源氏ら蜂起（玉葉）。11. 20 近江国の源氏が蜂起（玉葉）。11. 23 天皇・後白河法皇・高倉上皇，福原を出発，26日，京都に帰る（還都）（玉葉）。12. 11 平清房，延暦寺・園城寺の僧徒を攻め，堂舎を焼く（玉葉）。12. 18 平清盛，法皇の幽閉を解き，院政の再開を要請（玉葉）。12. 28 平重衡，南都を攻め，東大寺・興福寺などを焼き払う（山槐記）。

社　会・文　化	世　界	高麗	南宋	金
この春 源空(法然房)，専修念仏を唱える(法然上人行状画図)。**6.7** 長雨により諸国の作物に被害が出る(玉葉)。**7.23** 藤原兼実，歌合を催す(玉葉)。**9.10** 泉高父『行基年譜』を著す。**9.12** 大風で京中洛外の家屋破損(玉葉)。 【死没】 **2.27** 源雅通(58，公卿)。 《大の月》1・3・6・8・9・10・11		明宗 5	淳熙 2 ⑨	大定 15
3.16 藤原秀衡，故基衡のため紺紙金銀字一切経を書写。**10.19** 運慶，円成寺大日如来坐像を作る(銘)。**11.16** 明円，大覚寺五大明王像を造る(銘)。**この年** 仏厳房聖心，『十念極楽易往集』を撰集(玉葉)。 【死没】 **6.13** 高松院(36，二条天皇中宮)。**7.8** 建春門院(35，後白河天皇女御)。**7.17** 六条上皇(13)。**9.19** 九条院(46，近衛天皇皇后)。 《大の月》1・3・6・8・10・11・12	南宋，朱熹・呂祖謙編著『近思録』成る。 レニャーノの戦い，ロンバルディア都市同盟軍が皇帝フリードリヒ１世を破る。	6	3	16
2.- 疱瘡流行(百練抄)。**4.28** 京都大火，大極殿・朝堂院など左京城の３分の１を焼亡，死者数千人(安元の大火・太郎焼亡)(玉葉)。**7.2** 藤原教長口伝『才葉抄』成る(首書)。**12.17** 法皇，蓮華王院五重塔を建立，供養を行う(玉葉)。**この年** 尼真理『長福寺縁起』成る。 【死没】 **6.1** 藤原師光(西光)(後白河法皇近臣)。**6.20** 藤原清輔(74か，歌学者)。**7.9** 藤原成親(40，公卿)。 《大の月》2・4・7・9・11・12	宋，朱熹，『四書集註』を著す。	7	4	17
3.15 賀茂重保，「別雷社歌合」を催す。**3.-** 藤原俊成『長秋詠藻』成る。**7.15** 栄西，『筑前国誓願寺盂蘭盆一品経縁起』を書く(識語)。**この頃** 源頼政，『頼政家集』を自撰するか。**この年以降** 平康頼，『宝物集』を著す。 《大の月》1・3・5・7・9・11・12		8	5 ⑥	18
3.24 信濃国善光寺焼亡(吾妻鏡)。**12.16** 皇太子言仁親王，平清盛の西八条第に行啓，清盛，皇太子に宋版『太平御覧』を献上(山槐記)。**この年** 『梁塵秘抄』成る。 【死没】 **4.2** 叡空(天台宗学僧)。**6.17** 平盛子(24，藤原基実北政所)。**7.29** 平重盛(42，武将)。**この年か** 俊寛(37，後白河法皇近習)。 《大の月》2・3・5・8・10・12		9	6	19
2.- 藤原定家，『明月記』を記す(～嘉禎元年12月)。**この年** 『吾妻鏡』記述始まる(～文永３年７月20日)。**天養年間より治承年間** 『色葉字類抄』三巻本成る。 【死没】 **5.26** 日胤(天台宗僧侶)。 源頼政(77，武将)。 以仁王(30，後白河天皇皇子)。**8.17** 山木兼隆(武将)。**8.24** 工藤茂光(武将)。**8.27** 三浦義明(89，武将)。**9.27** 蔵俊(77，法相宗学僧)。**10.26** 大庭景親(武将)。**12.21** 藤原重家(53，歌人，公卿)。 《大の月》2・3・5・7・9・11	フランス，フィリップ２世即位。	10	7	20

西暦	年号 干支	天皇	院政	摂関	政治・経済
1181 1.17	**養和**(ようわ) 7.14 辛丑 ②	(安徳)	(後白河)	(摂政藤原基通)	**1.4** 東大寺・興福寺の寺領を没収し，門徒・僧綱以下の官職を解く(玉葉)。 熊野の僧徒，伊勢・志摩国を襲う(玉葉・吾)。**1.19** 平宗盛を五畿内・伊賀・伊勢・近江・丹波国の惣官とする(玉葉)。**2.7** 京中の在家数を京職・検非違使に調べさせる(玉葉)。**2.17** 熊野の僧徒，阿波国を襲う(玉葉)。**閏2.4** 平清盛没す(玉葉)。**閏2.15** 平重衡，源頼朝追討のため東国へ向う(玉葉)。**3.1** 1月に没収した七大寺の所領を旧に復す(興福寺略年代記)。**3.10** 平重衡，尾張国墨俣河で源行家の軍勢を破る(吾)。**8.1** 平宗盛，頼朝が密に院に申し入れた和睦案を拒否(玉葉)。**8.14** 源義仲追討のため，平経正・平通盛を北陸道に派遣する(百練抄・吾)。**8.15** 源氏追討のため，藤原秀衡を陸奥守，平親房を越前守，平助職を越後守とする(玉葉)。**8.-** 重源，宣旨により，東大寺再建のため諸国を勧進することを命じられる(東大寺続要録)。**9.6** 平通盛，越前国で源義仲に敗れる(百練抄)。**10.3** 義仲追討の援軍として，平維盛を派遣する(玉葉)。**11.25** 中宮平徳子，女院宣下，建礼門院となる(玉葉)。
1182 2.5	**寿永**(じゅえい) 5.27 壬寅				**2.25** 平教盛，源義仲追討のため北陸道に向う(吉記)。**3.17** 院宣により，諸国の荘園から兵粮米を徴収(吉記)。**4.26** 文覚，源頼朝と会見(吾)。**9.14** 院宣により，追討使を停止する(吉記)。**10.2** 貧者が，京中の人屋を壊して，薪などにして売却することを禁じる(百練抄)。**10.3** 平宗盛，内大臣となる(玉葉)。**10.9** 源義仲，信濃国筑摩川で城永用を破る(吾)。
1183 1.26	**2** 癸卯 ⑩	→ 8.20 後鳥羽		8.20 8.20 摂政藤原基通 11.21 11.21 摂政藤原師家	**2.23** 小山朝政，源頼朝攻撃を企てた志田義広を下野国野木宮で撃破(吾)。**4.17** 源義仲追討のため，平維盛ら北陸道へ向う(百練抄)。**5.11** 義仲，越中国倶利伽羅峠の戦(礪波山の戦)で維盛の軍勢を破る(玉葉)。**6.1** 義仲，加賀国篠原で平家の軍勢を破る(篠原の戦)(玉葉)。**7.22** 義仲，延暦寺惣持院に到着(吉記)。**7.24** 後白河法皇，密かに比叡山に御幸(吉記)。**7.25** 平氏一門，天皇・神器を奉じ，西国に向う(玉葉)。**7.28** 義仲・源行家入京，法皇，義仲に平家追討を命じる(吉記)。**8.6** 平氏一門を解官(百練抄)。**8.18** 平氏一門から没収した所領の140余ヵ所を源義仲に，90ヵ所を源行家に与える(延慶本平家物語)。**8.20** 院宣により，尊成親王(後鳥羽天皇)践祚(玉葉)。**9.20** 義仲，法皇の命により平氏追討のため出立(玉葉)。**10.14** 頼朝の申請により，東海・東山道の荘園・国衙領の知行を旧に復し，それに不服な者を頼朝が追討することを承認する宣旨を出す(寿永二年十月宣旨)(百練抄)。**閏10.1** 義仲，備中国水島の戦で平知盛・教経らに敗れる(吾妻鏡)。**閏10.15** 義仲，帰京(玉葉)。**閏10.-** 平宗盛，安徳天皇を奉じて讃岐国屋島に陣営を築く(源平盛衰記)。**11.19** 義仲，法皇御所の法住寺殿を襲撃，円恵法親王・明雲ら討死(玉葉)。**11.21** 義仲の要請により，藤原基通の摂政を停止し，藤原師家を摂政内大臣とする(吉記)。**11.-** 義仲，平氏に和平を提案，平氏は拒否(玉葉)。**この冬** 頼朝，義仲追討のため，源範頼・同義経を京に派遣(玉葉)。
1184 2.14	**元暦**(げんりゃく) 4.16 (寿永3) 甲辰			1.22 1.22 摂政藤原基通	**1.10** 源義仲，征夷大将軍となる(吾)。**1.20** 源範頼・同義経，勢多・宇治路で義仲軍を破り入京，義仲，近江国粟津で敗死(吾)。**1.22** 源頼朝に平家追討の宣旨を下す(玉葉)。**この頃** 平家一門，安徳天皇を奉じて摂津国福原に到り，一谷に城郭を構える(吾)。**2.7** 範頼・義経，一谷の戦で平氏軍を破り，平重衡を捕える．平氏一門，屋島に逃れる(吾)。**2.22** 官宣旨を下し，諸国公田・荘園から兵粮米を徴収することを禁じる(玉葉)。**3.7** 平氏から没収した所領500余所を頼朝に与える(延慶本平家物語・愚管抄)。**4.26** 頼朝，義仲の子志水義高を殺す(吾)。**6.5** 範頼，三河守となる(一代要記)。**7.28** 後鳥羽天皇，神器がないまま即位(玉葉)。**8.6** 義経，検非違使・左衛門少尉となる(山槐記・吾)。**9.2** 範頼，平家追討のため西国へ向う(百練抄)。**10.6** 頼朝，公文所を設け，中原(大江)広元を別当とする(吾)。**10.20** 頼朝，問注所を置き，三善康信を執事とする(吾)。

社　会・文　化	世　界	高麗	南宋	金
4.- 京中道路に餓死者が満ちあふれる(吉記)。**この年** 諸国飢饉(百練抄)。 【死没】 **1.14** 高倉上皇(21)。**閏2.4** 平清盛(64，武将)。**閏2.23** 藤原邦綱(60，公卿)。**3.10** 義円(27，僧侶)。**11.6** 覚快法親王(48，天台座主)。**12.5** 皇嘉門院(60，崇徳天皇皇后)。**この年** 城資永(越後の豪族)。 《大の月》1・②・4・5・7・9・11		明宗 11	淳熙 8 ③	大定 21
この年 飢饉のため数万人が死亡(方丈記)。 【死没】 **2.14** 伊東祐親(武将)。**6.24** 心覚(66，真言宗僧侶)。 《大の月》1・3・5・7・8・10・12		12	9	22
2.- 後白河法皇，藤原俊成に『千載和歌集』を撰ばせる(拾芥抄)。**5.18** 陳和卿，東大寺大仏の仏頭鋳造を終える(東大寺続要録)。 【死没】 **2.24** 頼源(絵仏師)。**5.21** 斎藤実盛(武将)。**9.-** 足利俊綱(武将)。**11.19** 明雲(69，天台座主)。**12.22** 平広常(武将)。**この年** 安倍泰親(74，陰陽家)。 《大の月》2・5・7・8・10・11・12	宋，道学を禁じる。 李燾『続資治通鑑長編』成る。	13	10 ⑪	23
2.7 顕昭『柿本朝臣人麻呂勘文』成る(識語)。**6.9** 元暦校本『万葉集』成る(奥書)。**7.-** 京中に強盗横行(山槐記)。 【死没】 **1.20** 源義仲(31，武将)。 今井兼平(武将)。**1.27** 樋口兼光(武将)。**2.7** 平敦盛(16，武将)。 平忠度(41，歌人)。 平盛俊(武将)。平通盛(武将)。**7.19** 佐々木秀義(73，武将)。 《大の月》2・5・7・8・10・11		14	11	24

西暦	年号干支	天皇	院政	摂関	政治・経済
1185 2.2	文治(ぶんじ) 8.14 (寿永 4) 乙巳	3.24 (後鳥羽)	(後白河) ←(安徳)	(摂政藤原基通)	1.10 源義経，平家追討のため西国に向う(百練抄)。2.19 義経，讃岐国屋島で平家軍を破る(屋島の戦)(吾)。3.7 源頼朝，東大寺修造料として米 1 万石・沙金1000両・上絹1000疋などを寄進(吾)。3.24 義経，長門国壇の浦で平家軍を破る，平家滅亡，安徳天皇入水(吾)。4.27 頼朝を従二位とする．以後，公文所を政所と称する(吾)。 神器が内裏に返還される(玉葉)。5.24 頼朝，義経の鎌倉入りを許可せず．義経，大江広元に嘆願状(腰越状)を送る(吾)。6.21 平宗盛・平清宗を斬る(吾)。6.23 平重衡を斬る(吾)。10.17 頼朝の命により，土佐房昌俊ら，義経の六条室町亭を強襲するが失敗し逃亡，のち捕縛され，26日，斬首(吾)。10.18 義経・源行家に頼朝追討の宣旨を下す(玉葉)。11.3 義経・行家，頼朝の攻撃に対抗するため西国に向うが，6 日，摂津国大物浜で難船(玉葉)。11.25 頼朝に義経・行家追討の宣旨を下す(吾)。11.29 頼朝を日本国惣追捕使・同惣地頭に任じ，兵料米の徴収，国地頭の設置を許す(守護・地頭の設置)(吾・玉葉)。12.17 頼朝の要請により，義経に味方した公卿を解官(玉葉)。12.28 頼朝の要請により，九条兼実を内覧とする(玉葉)。12.29 頼朝の要請により，兼実以下10人の議奏公卿を置く(玉葉)。
1186 1.23	2 丙午 ⑦			3.12 3.12 摂政藤原兼実	3.1 北条時政，後白河法皇から拝領した 7 ヵ国の地頭職を辞退(吾)。3.6 源頼朝，源義経の室静に義経の所在について尋問(吾)。3.21 頼朝の奏請により，諸国荘園の兵粮米を停止(吾)。4.22 高野山に院宣を下し，平氏怨霊の冥福を祈らせる(高野春秋)。5.12 源行家を和泉国で捕え，梟首(吾)。閏7.29 義経の室静，男子を出産．頼朝，子を由比浜に棄てさせる(吾)。9.20 義経の家人佐藤忠信らを京都で討つ(玉葉)。11.24 頼朝，謀叛人没収地以外への地頭の介入を禁じる太政官符に従い，現在謀叛人跡を除き地頭を停止(吾)。
1187 2.10	3 丁未				2.28 記録所を置く(玉葉)。2.- 源義経，陸奥国の藤原秀衡のもとに逃れる(吾)。3.6 高野山に院宣を下し，保元以降の戦死者の冥福と義経の追罰を祈らせる(高野春秋)。5.23 九条兼実，公卿らの意見封事17通を法皇に奏上(玉葉)。7.20 長門の海で宝剣を捜索させる(百練抄)。8.19 源頼朝，院宣により，群盗鎮圧のため千葉常胤・下河辺行平を京都に派遣(吾)。12.2 新制 7 ヵ条を下す(玉葉)。 頼朝，京都—鎌倉間の飛脚の行程を 7 日と定める(吾)。

大日本史料	社会・文化	世界	高麗	南宋	金
11.- ④ 1	1.19 文覚，『文覚四十五箇条起請』を定める(識語)。5.21 源頼朝，御堂の仏像を造立するため，奈良から仏師成朝を招く(吾)。5.- 京都で疫病流行(玉葉)。7.9 京都大地震(玉葉)。8.28 東大寺大仏開眼供養を行う(山槐記)。**この年**『管絃音義』成る。**この年より翌年にかけて** 守覚法親王『左記』成るか。 【死没】 1.11 藤原隆季(59，公卿)。2.19 佐藤継信(武将)。3.24 安徳天皇(8)。平知盛(34，武将)。平教盛(58，武将)。平経盛(62，武将)。平時子(60，平清盛室)。平行盛(武将)。平資盛(武将)。6.21 平宗盛(39，武将)。6.23 平重衡(29，武将)。10.26 土佐房昌俊(武将)。12.18 定遍(53，東寺長者)。**この年** 河越重頼(武将)。 《大の月》1・3・6・8・10・11・12		明宗 15	敦煕 12	大定 25
	4.26 重源，伊勢神宮に東大寺大仏殿造営を祈る(俊乗坊参詣記)。5.27 大法房得業慶俊，『東大寺衆徒参詣伊勢大神宮記』を著す(識語)。8.15 源頼朝，西行と会い，和歌・弓馬の道を問う(吾)。 【死没】 3.9 武田信義(59，武将)。5.12 源行家(武将)。6.2 平頼盛(55，武将)。9.20 佐藤忠信(26，28とも，武将)。 《大の月》2・4・7・9・10・11		16	13 ⑦	26
9.- ④ 2	3.- 栄西，再び入宋(興禅護国論)。8.15 源頼朝，鶴岡八幡宮で初めて放生会を行う(吾)。9.20 藤原俊成，『千載和歌集』を奏覧(序)。**この年** 重源，周防国に阿弥陀寺を建立(阿弥陀寺文書)。 【死没】 2.12 平信範(76，公卿)。10.29 藤原秀衡(武将)。 《大の月》1・2・4・8・10・11	アイユーブ朝サラーフ・アッディーン，エルサレムを奪回。第2次ブルガリア帝国成立。	17	14	27

西暦	年号 干支	天皇	院政	摂関	政　治・経　済
1188 1.30	文治 **4** 戊申	（後鳥羽）	（後白河）	（摂政藤原兼実）	**2.2** 源頼朝，公家による地頭の不法禁制の要求を退ける（吾）。**2.21** 藤原基成・同泰衡に宣旨を下し，源義経追討を命じる（玉葉）。**5.17** 中原信房・天野遠景ら，貴海島の平家余党平定を鎌倉に報告（吾）。**8.17** 頼朝の奏請により，諸国の殺生を禁ずる宣旨を下す（吾）。**12.19** 法皇，新造六条殿に移る（定長卿記）。
1189 1.19	**5** 己酉 ④				**2.17** 源頼朝に院宣を下し，内裏の修造を命じる（吾）。**3.11** 藤原頼経を源義経に荷担した罪で，伊豆国に配流（玉葉）。**閏4.30** 藤原泰衡，衣川館の義経を襲撃，義経自害（吾）。**7.19** 頼朝，陸奥国の藤原泰衡追討のため鎌倉を出発（吾）。**8.22** 頼朝，平泉に入る（吾）。**9.3** 泰衡，郎従に討たれる（吾）。**10.24** 頼朝，鎌倉に帰着（吾）。**12.14** 延暦寺僧徒，天台座主全玄を放逐（天台座主記）。
1190 2.7	**建久**（けんきゅう） 4.11 庚戌				**2.12** 奥州藤原氏配下の部将大河兼任らが反乱を起し，足利義兼らに破れる（大河兼任の乱）（吾）。**4.26** 女御藤原任子，中宮となる（玉葉）。**10.3** 源頼朝，京都に赴くため鎌倉を出発（吾）。**11.7** 頼朝入京（吾）。**11.9** 頼朝，法皇・天皇に拝謁，頼朝を権大納言とする（吾）。**11.24** 頼朝，右近衛大将となる（吾）。**12.4** 頼朝，権大納言と右近衛大将の職を辞任（吾）。**12.14** 頼朝，京を出発（吾）。**12.29** 頼朝，鎌倉に帰着（吾）。
1191 1.27	**2** 辛亥 ⑫			12.17 12.17 関白藤原兼実	**1.15** 源頼朝，前右大将家政所を開設し，御家人に与えた下文を回収して政所下文を与えることを定める（吾）。**3.22** 朝廷，新制17条を制定（三代制符）。**3.28** 朝廷，続いて新制36条を制定（建久の新制）（三代制符）。**4.26** 延暦寺衆徒，近江国内で日吉社宮主等を殺傷した佐々木定綱の処罰を要求し神輿を奉じる（玉葉・吾）。**4.30** 定綱父子を流罪に処す（玉葉・吾）。

大日本史料	社会・文化	世界	高麗	南宋	金
(④2)	1.29 興福寺金堂・南円堂，上棟(玉葉)。 【死没】 2.26 源資賢(76，歌人)。2.20 藤原良通(22，公卿)。4.25 千手前(24，白拍子)。7.17 源定房(59，公卿)。 《大の月》1・2・3・6・8・11・12		明宗 18	敦熙 15	大定 28
	6.6 北条時政，奥州追討祈願のため，伊豆国北条に願成就院を建立(吾)。**この夏** 摂津国三宝寺の能忍，求法のため弟子僧を宋に派遣(本朝高僧伝)。9.15 快慶，興福寺旧蔵弥勒菩薩像(現ボストン美術館蔵)を造る(納入品)。9.28 九条兼実，興福寺南円堂で康慶作の不空羂索観音像などを開眼供養(玉葉)。12.9 源頼朝，源義経・藤原泰衡の冥福を祈り，鎌倉に永福寺の建立を始める(吾)。 【死没】 2.24 平時忠(60，62とも，公卿)。2.28 藤原経宗(71，公卿)。**閏**4.14 清原頼業(68，儒学者)。**閏**4.30 源義経(31，武将)。6.26 藤原忠衡(23，武将)。7.20 上西門院(64，後白河天皇准母)。8.10 藤原国衡(武将)。9.3 藤原泰衡(35，25とも，武将)。**この年** 弁慶(僧侶)。 《大の月》2・3・④・6・8・10・12	第3回十字軍(～'92年)。	19	16 ⑤ 光宗	29 章宗
1.- ④3	7.15 源頼朝，勝長寿院で万燈会を行い，平家の冥福を祈る(吾)。2.16 西行没．生前『山家集』を著す。10.19 東大寺の上棟が行われ，法皇御幸(玉葉)。 【死没】 2.16 西行(73，歌人)。3.10 大河兼任(武将)。 《大の月》2・4・5・7・9・11	ドイツ騎士団創設。	20	紹熙 1.1	明昌 1.1
	3.4 鎌倉で大火，幕府・鶴岡八幡宮等炎上(吾)。7.25 信救『筥根山縁起』を著す(奥書)。7.- 栄西，南宋より帰国し，臨済宗を伝える(興禅護国論)。12.19 源頼朝，山城久家らを京に遣し，多好方より神楽を学ばせる(吾)。**この年** 『鶴岡社務記録』の記事始まる(～文和4年)。 【死没】 3.10 藤原長方(52，公卿)。**閏**12.16 藤原実定(53，公卿)。 《大の月》1・4・5・7・8・10・12		21	2	2

西暦	年号干支	天皇	院政	摂関	将軍	政治・経済
1192 2.15	建久 3 壬子	（後鳥羽）	（後白河） 3.13	（関白藤原兼実）	7.12 源頼朝	3.13 後白河法皇没．遺領を処分する（玉葉）。6.20 幕府，美濃国御家人に京都大番役勤仕を命じる（吾）。7.12 源頼朝を征夷大将軍に任じる（吾）。8.5 頼朝，将軍家政所を開設（吾）。 頼朝，御判下文に代えて与えた政所下文への不服を主張した千葉常胤に御判下文を副えて与える（吾）。11.25 熊谷直実，堺相論に敗れ出家（吾）。
1193 2.4	4 癸丑					4.10 朝廷，幕府の奏請により，備前・播磨を東大寺・東寺の造営料国とし，重源・文覚に国務を行わせる（玉葉）。5.8 頼朝，駿河国富士野で狩を催すため，鎌倉を出発（吾）。5.28 曾我祐成・時致，頼朝の催した富士野の巻狩で，父の仇工藤祐経を討つ（吾）。7.4 朝廷，宋銭の通用停止を旨とする宣旨を下す（法曹至要抄）。8.17 頼朝，弟源範頼を伊豆国に流す（吾）。
1194 1.24	5 甲寅 ⑧					2.27 天皇，即位後初めて楽所を置く（玉葉）。3.17 幕府，諸国守護人による国衙領への乱妨を禁じる（吾）。4.10 幕府，鎌倉の道路を修築（吾）。7.5 朝廷，延暦寺衆徒の訴えにより，栄西・能忍らの禅の布教を禁じる（百練抄）。7.20 朝廷，下野国司の訴えにより，宇都宮朝綱らを配流（吾・玉葉）。8.19 幕府，安田義定を梟首（吾）。11.8 幕府，東海道に新駅を増置し，駅夫の員数を定める（吾）。
1195 2.12	6 乙卯					2.14 源頼朝・北条政子・大姫・頼家ら，東大寺再建供養会に臨むため，鎌倉を出発（吾）。3.4 頼朝夫妻ら入京（吾）。3.12 東大寺再建供養会に天皇・頼朝ら臨席（玉葉）。4.1 結城朝光ら，平氏の残党薩摩宗資父子を京都で捕える（吾）。6.25 頼朝ら京都を発つ（吾）。8.28 幕府，東国の荘園の地頭に，強盗・窃盗や博奕などを匿うことを禁じる（吾）。

大日本史料	社会・文化	世界	高麗	南宋	金
(④3) 3.- ④4	3.13 後白河法皇没．生前『梁塵秘抄』を撰する。6.3 荒木田忠仲編述『皇太神宮年中行事』成る。7.19 藤原師長没．生前『仁智要録』を撰す。9.27 重源，播磨国大部荘に浄土寺浄土堂・薬師堂を建立し，同荘内の地を寄進(浄土寺文書)。11.25 頼朝，永福寺落慶供養に臨席(吾)。 【死没】 3.13 後白河法皇(66)。7.19 藤原師長(55，公卿)。11.14 顕真(62，僧侶)。 《大の月》1・4・6・7・9・10・12		明宗 22	紹熙 3 ②	明昌 3
	この秋以降 解脱房貞慶『愚迷発心集』を著すか。12.7 京都六角堂焼亡(百練抄)。 【死没】 2.25 北条時定(49，武将)。5.28 工藤祐経(武将)。8.26 花山院忠雅(70，公卿)。**8月頃** 源範頼(武将)。9.17 公顕(84，園城寺長吏)。 《大の月》2・5・7・9・10・11		23	4	4
	9.22 興福寺再建供養(玉葉)。**この頃** 快慶，播磨国浄土寺の阿弥陀三尊像を造る(神戸大学本浄土寺縁起)。**この年以降正治2年の間** 覚教『舞楽要録』成るか。 【死没】 8.19 安田義定(61，武将)。 《大の月》1・3・6・⑧・9・10・12	ホラズム=シャー朝，セルジューク朝を滅ぼす。	24	5 ⑩ 寧宗	5
9.- ④5	8.10 熊谷直実，頼朝と会見し，仏道や兵法の故実を語る(吾)。11.7 重源，醍醐寺に宋本一切経を納め，経蔵を造る(醍醐寺座主譲補次第)。**この年** 栄西，筑前国博多に聖福寺を建立(元亨釈書)。『華厳祖師伝』撰。 【死没】 3.12 中山忠親(65，公卿)。 《大の月》1・3・7・9・10・12		25	慶元 1.1	6

西暦	年号干支	天皇	院政	摂関	将軍	政治・経済
1196 2.1	建久 7 丙辰	（後鳥羽）		（関白藤原兼実） 11.25 11.25 関白藤原基通	（源頼朝）	6.3 朝廷，重源の請により，畿内・西国の国衙に摂津国魚住・大輪田両泊の修造を命じる（摂津国古文書）。6.25 平知忠ら平氏残党，一条能保襲撃を企て追捕される（明月記）。11.25 九条兼実の関白・氏長者を罷免し，近衛基通が摂政・関白となる（三長記・公卿補任）。**この年** 幕府，武蔵国で国検を行う（吾）。
1197 1.20	8 丁巳 ⑥					3.- 妖言を発した橘兼仲夫妻を流罪に処す（皇帝紀抄）。4.15 幕府，九州諸国の国衙在庁に大田文の注進を命じる（桑幡文書）。6.-**以降** 九州諸国，大田文を作成し幕府に提出（島津家文書）。10.4 幕府，諸国に命じて造立させた８万4000基の塔を供養し，保元以来の諸国叛亡者の冥福を祈る（鎌倉年代記）。
1198 2.8	9 戊午	1.11 土御門	1.11 後鳥羽	1.11 1.11 摂政藤原基通		1.5 天皇，源通親を後院別当（譲位後の院別当）に補任（公卿補任）。1.11 天皇，為仁親王（土御門天皇）に譲位（玉葉）。2.5 幕府，平維盛の子六代を捕えて斬る（鎌倉年代記）。8.16 後鳥羽上皇，初めて熊野に御幸（古記部類）。10.16 興福寺衆徒の訴えにより，和泉守平宗信を解官し，国主平親宗の国務を停止する（古記部類）。12.27 源頼朝，相模川の橋の造営供養に臨んだ帰路に落馬（鎌倉大日記）。
1199 1.28	正治（しょうじ） 4.27 己未				1.13	1.13 源頼朝没（明月記）。1.26 源頼家に宣旨を下して，頼朝の跡を継がせる（吾）。2.14 乱を企てた疑により，後藤基清・中原政経・小野義成を捕える（明月記）。3.19 文覚を佐渡国に配流（百練抄）。4.1 頼家，問注所を郭外に新造（吾）。4.12 幕府，頼家の訴訟親裁を停止し，北条時政ら13人の合議で諸事を裁決することを定める（吾）。4.27 幕府，東国の地頭に荒野開発を命じる（吾）。12.18 幕府，御家人多数の訴えにより，梶原景時を鎌倉から追放（吾）。
1200 1.18	2 庚申 ②					1.20 幕府，上洛を企てた梶原景時を，駿河国清見関で討つ（吾）。5.12 源頼家，念仏を禁じ，念仏僧の袈裟を焼く（吾）。7.9 佐々木経高，兵を集め，京都で騒動を起こす（吾）。8.2 頼家，佐々木経高の淡路等３国守護職を解く（吾）。12.28 頼家，治承以来の新恩地500町超過分の没収を図るが，三善康信に諫止される（吾）。

大日本史料	社　会・文　化	世　界	高麗	南宋	金
④5）	7.5 定慶ら，興福寺東金堂維摩居士像を造る(像内朱漆書銘)。 【死没】 6.22 勝賢(59，真言宗僧侶)。 《大の月》1・2・4・7・10・11	高麗，崔氏，政権を掌握。南宋，偽学の禁，朱熹の官を削る。	明宗 26	慶元 2	承安 11.23
	5.28 高野山一心院不動堂，落慶供養(歴代編年集成)。7.- 藤原俊成，『古来風体抄』(初撰本)を著す(序)。**この年** 文覚，勧進により東寺の堂塔・仏像などを修造(東宝記)。『多武峯略記』成る(奥書)。 近衛家実『猪熊関白記』を記す(～建保5年)。 【死没】 7.14 大姫(源頼朝長女)。10.13 一条能保(51，公卿)。 《大の月》1・2・4・6・7・10・12		27	3 ⑥	2
	3.- 法然房源空，『選択本願念仏集』を著す(選択密要決)。5.- 上覚房行慈『和歌色葉』成る(奥書)。**この年** 栄西，『興禅護国論』を著す。 【死没】 5.8 湛増(69，僧侶)。9.17 一条高能(23，公卿)。10.29 小槻隆職(64，官人)。 院尊(79，仏師)。 《大の月》1・3・4・6・8・11	インノケンティウス3世，教皇となる。	神宗	4	3
1.- ④6	4.- 俊芿，渡宋し，戒律を学ぶ(泉涌寺不可棄法師伝)。6.- 東大寺南大門上棟(東大寺別当次第)。8.8 重源，東大寺法華(三月)堂を修造(棟札)。 【死没】 1.13 源頼朝(53，鎌倉将軍)。3.8 足利義兼(武将)。**10月以前** 小山政光(武将)。 《大の月》1・2・4・6・7・9・11		2	5	4
	閏2.13 北条政子，鎌倉亀谷の地を栄西に寄付し，寿福寺造営を始める(吾)。11.22 後鳥羽院主催「正治初度百首」披講(明月記)。**この冬** 後鳥羽院主催「正治二度百首」披講(明月記)。 【死没】 1.20 梶原景時(武将)。 梶原景季(39，武将)。1.23 三浦義澄(74，武将)。**閏**2.11 吉田経房(58，公卿)。4.26 安達盛長(66，武将)。6.21 岡崎義実(89，武将)。 《大の月》2・3・5・6・8・9・11	パリ大学創設。	3	6 ②	5

西暦	年号干支	天皇	院政	摂関	将軍	政治・経済
1201 2.5	建仁（けんにん） 2.13 辛酉	（土御門）	（後鳥羽）	（摂政藤原基通）		1.23 城長茂，源頼家追討の院宣を請うも，許されず(百練抄)。2.22 城長茂らを吉野で誅す(吾)。4.3 幕府，越後で挙兵した城資盛追討を佐々木盛綱に命じる(吾)。10.5 上皇，熊野御幸に出発(熊野御幸記)。10.6 北条泰時，伊豆国に赴き，出挙米返済を免除し，飢民に賑給(吾)。
1202 1.26	2 壬戌 ⑩			12.25 12.25 摂政九条良経	7.23 源頼家	7.23 源頼家を征夷大将軍に補任(吾)。10.7 院宣を下し，延暦寺・興福寺衆徒の蜂起に発展した，祇園社と清水寺の堺相論を裁決(華頂要略)。閏10.15 幕府，諸国守護人に職権以外の雑務に関わることを禁じる(吾)。12.25 文覚を佐渡国から召還(東寺長者補任)。
1203 2.14	3 癸亥				9.7 9.7 源実朝	5.19 源頼家，源頼朝の弟阿野全成を謀反の疑いで捕える(吾)。5.25 頼家，阿野全成を常陸国へ配流(吾)。6.23 八田知家，頼家の命により，阿野全成を下野で誅す(吾)。8.27 頼家，病のため，惣守護職と関東28国の地頭職を子一幡に，関西38国の地頭職を弟千幡(実朝)に譲る(吾)。9.2 北条時政・政子，比企能員を謀殺し，比企一族と一幡を滅ぼす(比企氏の乱)(吾)。9.6 仁田忠常，頼家の命により北条時政殺害を計るも討たれる(吾)。9.7 頼家死去との奏上により，源実朝を征夷大将軍に補任(猪隈関白記)。9.29 幕府，頼家を伊豆国修善寺に幽閉(吾)。
1204 2.3	元久（げんきゅう） 2.20 甲子					3.9 幕府，伊勢・伊賀平氏蜂起の報を受け，翌日，京都守護平賀朝雅に討伐を命じる(吾)。3.21 院評定，朝雅に追討を命じる(明月記)。5.8 幕府，国司と地頭の得分の配分など3条を定める(吾)。7.18 源頼家，伊豆国修善寺で殺される(吾)。10.18 幕府，諸国の地頭の濫妨を禁じ，本の下司の跡地に知行を限る(吾)。10.14 源実朝との婚姻で下向する坊門信清息女を迎えるため，結城朝光ら上洛(吾)。
1205 1.22	2 乙丑 ⑦					6.22 北条時政ら，畠山重忠を討つ(吾)。閏7.19 時政・妻牧氏，女婿京都守護平賀朝雅の将軍擁立を謀って失敗し，伊豆に隠退(吾)。閏7.20 北条義時，執権となる(吾)。閏7.26 幕府，在京御家人に命じて朝雅を討つ(明月記・吾)。8.5 宇都宮頼綱の謀叛発覚(吾)。8.16 頼綱出家し，翌日，謀叛の企てがないことを申し開くため鎌倉に赴く(吾)。10.- 興福寺，源空らの専修念仏禁断を訴える(興福寺奏状)。**この年** 文覚，鎮西に流され，ついで没す(鎌倉大日記)。

大日本史料	社　会・文　化	世　界	高麗	南宋	金
(④6) 4.- ④7	5.- 藤原俊成，『古来風体抄』(再撰本)を著す。7.27 後鳥羽上皇，和歌所を二条殿に設置(明月記)。8.11 京都・関東などで大風雨(吾)。11.3 上皇，和歌所寄人のうち源通具以下6人に上古以来の和歌撰進を命じる(明月記)。12.27 快慶，東大寺僧形八幡神像を完成(像内銘)。 【死没】 1.25 式子内親王(歌人)。2.22 城長茂(豪族)。3.24 千葉常胤(84，武将)。11.23 高階泰経(72，公卿)。12.24 藤原多子(62，近衛天皇皇后)。 《大の月》1・4・6・8・9・10・12		神宗 4	嘉泰 1.1	泰和 1.1
	3.10 定慶，興福寺梵天像を造る(銘)。3.14 永福寺多宝塔供養，栄西を導師とする(吾)。8.25 守覚法親王没，生前『釈氏往来』を撰作，『北院御室御集』を著す。9.- この月以降，翌年初頭頃までの間，後鳥羽院主催『千五百番歌合』成るか。**この年** 栄西，建仁寺を創建(歴代編年集成)。 重源，伊賀国に新大仏寺を建立(伊水温故)。 【死没】 1.14 新田義重(68，武将)。7.20**頃** 寂蓮(歌人)。8.25 守覚法親王(53，御室)。10.21 源通親(54，公卿)。**この年** 小槻広房(官人)。 《大の月》2・5・8・9・10・11・12	第4回十字軍(～04年)。	5	2 ⑫	2
	10.3 運慶・快慶ら，東大寺南大門金剛力士像を完成(銘・東大寺別当次第)。11.30 東大寺供養，上皇臨幸(東大寺続要録)。11.23 上皇，和歌所で藤原俊成に九十賀宴を賜う(後京極摂政別記)。 【死没】 6.23 阿野全成(51，源頼朝異母弟)。8.6 澄憲(78，天台宗僧侶)。9.2(11月3日とも) 源一幡(6，源頼家子)。9.2 比企能員(武将)。9.6 仁田忠常(37，武将)。11.30 興然(83，真言宗僧侶)。 《大の月》2・6・8・9・11・12		6	3	3
1.- ④8	4.22 栄西『日本仏法中興願文』成る。11.7 法然房源空，『七箇条制誡』を著し，門徒を戒める(二尊院文書)。11.26 源実朝，京都画工に描かせた将門合戦絵を受け取る(吾)。**この年** 源光行『百詠和歌』『蒙求和歌』成る。 【死没】 7.18 源頼家(23，鎌倉将軍)。11.30 藤原俊成(91，歌人)。 《大の月》1・3・7・9・11・12	十字軍，コンスタンティノープルを占領し，ラテン帝国を樹立。	7	4	4
	3.26 藤原定家ら，『新古今和歌集』を撰進(明月記)。6.15 九条良経，詩歌合を院御所で催す(元久詩歌合)。10.2 延暦寺諸堂焼亡(明月記)。 【死没】 2.27 藤原隆信(64，歌人，画家)。4.9 佐々木定綱(64，武将)。5.10 藤原範季(76，公卿)。6.22 畠山重忠(42，武将)。6.23 稲毛重成(武士)。**閏**7.26 平賀朝雅(武将)。**この頃** 文覚(真言宗僧侶)。 《大の月》1・3・4・7・9・11・12		熙宗	開禧 1.1 ⑧	5

西暦	年号 干支	天皇	院政	将軍	執権	政治・経済
1206 2.10	建永（けんえい） 4.27 丙寅	（土御門）	（後鳥羽）	（源実朝）	前年⑦.20 北条義時	1.27 幕府，大罪を犯さぬかぎり，源頼朝恩賞地を没収しない旨を定める（吾）。2.14 上皇，興福寺の訴えにより，源空門徒を流罪に処す（三長記）。5.20 妖言を唱えた源仲国夫妻を追放（猪隈関白記）。
1207 1.30	承元（じょうげん） 10.25 丁卯					2.18 専修念仏を禁じ，源空を土佐国，親鸞を越後国に配流（皇帝紀抄）。3.20 幕府，武蔵守北条時房に同国荒野の開発を命じる（吾）。6.24 幕府，和泉・紀伊両国の守護職を停め，院の熊野詣駅家雑事を勤仕させる（吾）。
1208 1.19	2 戊辰 ④					1.16 問注所出火，将軍家文籍・三善家累代文書など焼失（吾）。2.3 金峯山衆徒，多武峯を襲い，堂舎・鎌足御影を焼く（猪隈関白記）。10.10 北条政子，熊野参詣に出発（吾）。
1209 2.6	3 己巳					3.6 上皇，南都に御幸（百練抄）。7.3 関白近衛家実，党を結び争う興福寺衆徒の両方張本を召喚（猪隈関白記）。11.20 諸国国衙，守護人怠慢による群盗蜂起を幕府に訴える（吾）。11～12月 幕府，近国守護に補任下文等を提出させ，その由来を調査（吾）。
1210 1.27	4 庚午	11.25 順徳				3.14 幕府，武蔵国の大田文を作り，国務の条々を定める（吾）。6.3 幕府，相模国丸子川で喧嘩した土肥・小早河らと松田・河村一族に，闘諍を禁じる（吾）。6.13 幕府，駿河国以西の駅家の結番・夜警と旅人の警固を守護に命じる（吾）。8.9 幕府，寺社領興行のため，その実情調査を守護に命じる（吾）。11.25 天皇，守成親王（順徳天皇）に譲位（御譲位部類記）。12.5 後鳥羽上皇，蓮華王院宝蔵の伊勢大神宮神剣を天皇宝剣とする（御即位由奉幣部類記）。
1211 1.17	建暦（けんりゃく） 3.9 辛未 ①					6.26 幕府，東海道新駅設置を重ねて守護・地頭に命じる（吾）。7.20 後鳥羽上皇，公事竪義を始める（明月記）。12.27 幕府，駿河・武蔵・越後等の諸国に，大田文作成を命じる（吾）。

大日本史料	社　会・文　化	世　界	高麗	南宋	金	蒙古
(④8) 5.- ④9	2.28 熊野本宮焼失(源家長日記)。11.- 明恵，院宣により栂尾神護寺の地を賜り，高山寺を創建(高山寺文書)。 【死没】 3.7 九条良経(38，公卿)。6.5 重源(86，僧侶)。 《大の月》2・3・5・7・10・12	金と南宋，開戦。テムジン，ハン位につく(チンギス=ハン)。インド，デリーを首都に奴隷王朝成立。	煕宗 2	開禧 2	泰和 6	太祖
	5.20 顕昭，『日本紀歌注』を進上(明月記)。7.3 安芸厳島神社焼失(芸藩通志)。7.19 畿内大風雨(猪隈関白記)。8.26 坂上明基，『裁判至要抄』を撰進。 【死没】 2.18 住蓮(浄土宗僧侶)。2.- 安楽(浄土宗僧侶)。4.5 九条兼実(59，公卿)。**この年** 鑁阿(真言宗僧侶)。 《大の月》1・3・4・6・8・11		3	3	7	2
3.- ④10	閏4.15 京都大火(猪隈関白記)。5.15 法勝寺九重塔，落雷で焼失(猪隈関白記)。11.27 閑院内裏焼亡(猪隈関白記)。12.12 幕府，鶴岡に神宮寺を創建供養(吾)。12.17 運慶，興福寺北円堂の造仏開始(猪隈関白記)。 【死没】 9.14 熊谷直実(68，武将)。12.18 中原親能(66，御家人)。 《大の月》1・3・4・5・7・8・10	南宋と金，和議成立。アルビジョワ十字軍(～'29年)。	4	嘉定 1.1 ④	8 衛紹王	3
	4.9 行願寺・誓願寺，焼亡(百練抄)。5.20 幕府，怪異のために梶原景時の供養を行う(吾)。8.13 藤原定家，実朝の歌に合点し，詠歌口伝一巻を送る(吾)。9.13 熊野本宮炎上(熊野夫須美神社記録)。**この年** 九条道家，『玉蘂』を記す(～暦仁元年)。 【死没】 8.12 藤原忻子(76，後白河天皇皇后)。 《大の月》1・3・5・7・8・10・11	西夏の李安全，モンゴルに和を請う。	5	2	大安 1.27	4
	10.15 源実朝，聖徳太子の憲法十七条や四天王寺・法隆寺の重宝等の記を見る(吾)。**この年** 安倍孝重『陰陽博士安倍孝重勘進記』を勘申。 【死没】 4.9 大庭景義(武将)。5.7 坂上明基(73，明法家)。10.7 畠山義純(35，武将)。 《大の月》1・4・6・8・9・11・12		6	3	2	5
1.- ④11	1.- 栄西『喫茶養生記』初治本成る。閏1.21 上皇，蹴鞠裁幭の法式を定める(道家公鞠日記)。4.23 俊芿，宋より帰国し，建仁寺に入る(泉涌寺不可棄法師伝)。10.13 鴨長明，源実朝に謁す。この日，源頼朝忌日に当り詠歌(吾)。12.10 実朝，和漢名将の事蹟を源仲章に注進させる(吾)。**この年末以降，建保4年閏6月以前** 鴨長明『無名抄』成る。 【死没】 6.26 八条院(75，二条天皇准母)。 《大の月》①・4・7・8・10・11・12		7	4 ②	3	6

西暦	年号干支	天皇	院政	将軍	執権	政治・経済
1212 2.5	建暦 2 壬申	(順徳)	(後鳥羽)	(源実朝)	(北条義時)	2.19 幕府，御家人の京都大番役の励行を諸国守護に命じる(吾)。2.23 後鳥羽上皇，園城寺焼払を企てる延暦寺衆徒を制止(明月記)。2.28 源実朝，群議の意見を退け，相模川橋修理を命じる(吾)。3.22 朝廷，新制21条を宣下(建暦の新制)(玉蘂)。5.- 後鳥羽上皇，藤原秀能を鎮西に派遣し，宝剣を捜索させる(尊卑分脈)。9.21 幕府，津料・河手の禁を解き，再び地頭得分とする(吾)。10.22 幕府，関東分国に奉行人を派遣し，庶民の訴えを処理させる(吾)。
1213 1.24	建保(けんぽう) 12.6 癸酉 ⑨					2.16 泉親衡，頼家息千手丸を奉じ乱を謀るも露顕(吾)。5.2 和田義盛，挙兵し幕府を襲撃，翌日敗死(和田合戦)(吾)。5.5 北条義時，侍所別当を兼任(吾)。8.3 後鳥羽上皇，堺相論から清水寺焼払を企てる延暦寺衆徒を制止(明月記)。
1214 2.12	2 甲戌					4.14 延暦寺衆徒，園城寺金堂以下諸堂を焼く(後鳥羽天皇宸記)。8.7 朝廷，在京武士に命じて興福寺衆徒の入洛を防がせる(百練抄)。11.13 京都の幕府御家人，源頼家息栄実を奉じて乱を企てる和田義盛余党を追捕(吾)。12.12 幕府，御家人の官爵は家督人の申請によることと定める(吾)。
1215 2.1	3 乙亥					2.18 幕府，諸国関渡地頭に船賃用途の料田を立てて旅人への煩を除くことを命じる(吾)。3.15 朝廷，軍を派遣して三井別所の城郭を破却し，延暦寺領東坂本を焼いた園城寺衆徒張本を追捕(華頂要略)。7.5 朝廷，源実朝に宣旨を下し，諸寺僧徒の武勇を好むことを禁止させる(醍醐寺新要録)。7.19 幕府，鎌倉諸商人の員数を定める(吾)。
1216 1.21	4 丙子 ⑥					4.9 源実朝，諸人の訴えを聴断(吾)。6.15 東大寺の仏工宋人陳和卿，実朝と対面(吾)。9.20 大江広元，北条義時の意を受け、実朝の将軍職以外の官職辞退を進言(吾)。11.24 実朝，渡宋を計画し，陳和卿に造船を命じる(吾)。
1217 2.8	5 丁丑					3.18 延暦寺衆徒蜂起の風聞により，空阿弥陀仏ら念仏宗徒逃散(仁和寺日次記)。4.17 陳和卿に造らせた唐船浮かばず，源実朝，渡宋を断念(吾)。6.20 北条政子の計により，源頼家の子公暁を鶴岡八幡宮別当とする(吾)。11.8 西園寺公経，後鳥羽上皇の院勘を受け籠居(愚管抄)。12.- 大宰府の民，金国に漂着(金史)。

大日本史料	社会・文化	世界	高麗	南宋	金	蒙古
(④11) 12.- ④12	**1.23** 源空，『一枚起請文』を記す。**3月末** 鴨長明，『方丈記』を著す(広本系奥書)。**4.18** 源実朝，大慈寺を建て，この日上棟(吾)。**11.23** 明恵，『摧邪輪』を著す。**この年** 運慶，興福寺北円堂弥勒仏像・無著像・世親像を完成(銘)。**この年以降** 鴨長明編『発心集』成る。 【死没】 **1.25** 法然房源空(80，浄土宗開祖)。**12.-** 覚憲(82，法相宗学僧)。 《大の月》2・6・8・10・11・12	少年十字軍。	康宗	嘉定 5	崇慶 1.1	太祖 7
	2.2 源実朝，芸能ある近侍18人を学問所番とする(吾)。**4.26** 法勝寺九重塔供養(明月記)。**10.15** 京都，大風・大火で悲田院・六角堂等が焼失(明月記)。**11.8** 藤原定家，相伝秘蔵の『万葉集』を実朝に贈る(明月記)。**12.18**『金槐和歌集』成る(定家本奥書)(一説)。 【死没】 **2.3** 貞慶(59，法相宗学僧)。**5.3** 和田義盛(67，武将)。**5.9** 和田胤長(31，武将)。**12.13** 建礼門院(59，高倉天皇中宮)。 《大の月》2・3・6・9・10・11・12	モンゴル，金の河北・河東を征服。	2	6 ⑨	至寧 5.- 宣宗 貞祐 9.15	8
1.- ④13	**2.4** 栄西，病の源実朝に茶を進め，『喫茶養生記』を献じる(吾)。**7.27** 幕府，大慈寺供養を行う(吾)。**8.7** 鎌倉洪水(吾)。**8.10** 京都大風雨(皇帝紀抄)。**9.13**「東北院職人歌合」成るという(序)。**10.6** 鎌倉地震(吾)。 【死没】 **11.-** 佐々木高綱(武将)。 《大の月》2・4・6・9・11・12	金，汴京(開封)に遷都。	高宗	7	2	9
	6.2 後鳥羽上皇，歌合を催す(四十五番歌合)。**この年以降寛元4年以前** 菅原為長撰述『文鳳抄』成る。 【死没】 **1.6** 北条時政(78，執権)。**7.5** 明庵栄西(75，臨済宗僧侶)。 《大の月》2・3・5・7・10・12	英王ジョン，大憲章(マグナ=カルタ)に署名。	2	8	3	10
4.- ④14	**2.5** 東寺宝蔵の仏舎利等が盗まれる(仁和寺日次記)。**2.-** 後鳥羽上皇，百首和歌(後鳥羽院御集)。**3.18** 藤原定家撰『拾遺愚草』正篇成る(識語)。 【死没】 **3.14** 藤原信清(58，公卿)。**4.2** 殷富門院(70，安徳・後鳥羽准母)。**4.11** 藤原有家(62，歌人)。**閏6.20** 公胤(72，僧侶)。**閏6.-** 鴨長明(62，歌人)。**この年** 高階栄子(後白河法皇寵妃)。 《大の月》2・3・5・6・7・10・12	ドミニコ修道会認可。	3	9 ⑦	4	11
	6.23 当麻寺僧等，曼荼羅を転写(当麻曼荼羅疏)。 【死没】 **3.25** 金光房(63，浄土宗僧侶)。**12.15** 融源(98，真言宗僧侶)。 《大の月》2・4・5・7・9・10		4	10	興定 9.8	12

西暦	年号 干支	天皇	院政	将軍	執権	政　治・経　済
1218 1.28	建保 6 戊寅	（順徳）	（後鳥羽）	（源実朝）	（北条義時）	2.21 北条政子，熊野参詣の途次，入洛（吾）。**この夏** 俊芿，宇都宮信房の仙遊寺寄進を受ける（泉涌寺不可棄法師伝）。7.22 幕府，侍所所司５人を定め，北条泰時を別当とする（吾）。9.21 延暦寺衆徒，石清水八幡宮の別宮筥崎宮及び博多津の領有等を求め強訴（仁和寺日次記）。12.2 源実朝を右大臣に任じる（公卿補任）。
1219 1.18	承久（じょうきゅう） 4.12 己卯 ②			1.27		1.27 源実朝，公暁に殺される．三浦義村，公暁を討つ（吾）。2.22 幕府，駿河国に挙兵した阿野全成の子時元を討つ（吾）。**閏2.1** 北条政子の使上洛，後鳥羽上皇皇子を将軍とすることを奏請（吾）。3.9 上皇の使，摂津国長江・倉橋２荘の地頭職改補を幕府に要求（吾）。3.15 幕府の使北条時房，1000騎を率いて上洛（吾）。6.3 九条道家の子三寅（藤原頼経）に鎌倉下向の宣旨を下す（吾）。7.13 上皇，大内守護源頼茂を討つ（百練抄）。7.19 三寅の鎌倉着に伴い政所始．政子，政務を聴き，北条義時に奉行させる（吾）。
1220 2.6	2 庚辰					4.15 源頼家の子禅暁，京都で誅される（仁和寺日次記）。
1221 1.25	3 辛巳 ⑩	4.20 仲恭 7.9 後堀河	7.6 7.8 後高倉			5.14 後鳥羽上皇，兵を集め，西園寺公経父子を幽閉（吾）。5.15 上皇，京都守護伊賀光季を討ち，北条義時追討の宣旨を下す（承久の乱）（吾）。5.19 北条政子，参集した御家人を激励する（吾）。5.22 幕府，北条泰時らを将とする東海・東山・北陸の３軍を京上させる（吾）。6.15 上皇，上洛した幕府軍に追討宣旨撤回を示す（吾）。6.16 北条時房・泰時，六波羅館に入る（六波羅探題の始め）（吾）。7.1 乱首謀の公卿らを断罪に処す宣旨を下す（吾）。7.2 六波羅，後藤基清ら院西面４人を梟首（吾）。7.12 幕府，葉室光親を駿河国で梟首（吾）。7.13 幕府，後鳥羽法皇（７月８日出家）を隠岐国に流す（吾）。7.21 順徳上皇を佐渡国に流す（百練抄）。8.7 幕府，伊勢神宮等諸社に神領を寄進し，京方に与した公卿・武士の所領を没収して恩賞にあてる（吾）。**閏10.10** 幕府，土御門上皇を土佐国に流す（吾）。
1222 2.13	貞応（じょうおう） 4.13 壬午					4.26 幕府，承久の乱後の守護・地頭の所務を定め，非法を禁じる（吾・近衛家本追加）。4.- 朱雀大路などの巷所耕作を禁じる（承久三年四年日次記）。5.12 高野山良印の請により，大塔修造の勧進を許す（高野山文書）。5.18 幕府，六波羅に守護・地頭の濫妨を糺明する代官を派遣させる（新編追加）。

大日本史料	社会・文化	世界	高麗	南宋	金	蒙古
(④14)	4.21 京都大火，因幡堂等を焼く(仁和寺日次記)。11.10 嵯峨釈迦堂(清涼寺)等焼失(仁和寺日次記)。8.13 中殿(清涼殿)和歌管絃会(中殿御会図)。 【死没】 10.27 長谷部信連(武将)。 《大の月》1・3・5・7・8・10・11		高宗 5	嘉定 11	興定 2	太祖 13
2.- ④ 15	2.10 讃岐神谷神社本殿，造営開始(最古の年次判明神社建築)(棟木銘)。4.2 京都大火，尊勝寺西塔等焼失(仁和寺日次記)。4.23『続古事談』成る(跋)。7.2 藤原定家，『毎月抄』を著すか(奥書)。**この頃**『北野天神縁起』成る(詞書)。 【死没】 1.27 源実朝(28，鎌倉将軍)。 公暁(20，源頼家子)。2.22 阿野時元(武将)。7.13 源頼茂(武将)。9.8 二階堂行光(56，幕府吏僚)。 《大の月》1・3・6・7・9・10・11	チンギス=ハン，大西征に出発。	6	12 ③	3	14
	2.- 上皇，俊芿の「泉涌寺勧進疏」進覧を受け，准絹1万疋を奉加(泉涌寺不可棄法師伝)。3.26 清水寺本堂など焼失(百練抄)。4.13 祇園社焼亡(百練抄)。12.8 内裏殿舎の新造成る(吾)。**この頃** 慈円，『愚管抄』を著す。 【死没】 4.15 禅暁(源頼家子)。9.28 平親範(84，公卿)。 《大の月》1・4・7・9・10・11	金，紅襖反乱。 チンギス=ハン，ホラズム朝征服。	7	13	4	15
5.- ④ 16 7.- ⑤ 1	3.21 藤原定家撰『顕注密勘』成る(奥書)。4.- この頃までに，順徳天皇，『禁秘抄』を著す。7.8 藤原信実，後鳥羽天皇画像(水無瀬神宮所蔵)を描く(吾)。8.- 聖学撰『唯進鈔』成る。**この年以前** 順徳天皇御撰『八雲御抄』原稿本成るか。 【死没】 3.11 飛鳥井雅経(52，公卿)。5.3 惟明親王(43，高倉天皇皇子)。5.15 伊賀光季(武将)。6.14 若狭忠季(武将)。6.15 三浦胤義(武将)。 山田重忠(武将)。6.16 佐々木経高(武将)。7.2 後藤基清(武将)。7.12 藤原(葉室)光親(46，公卿)。7.14 藤原宗行(48，公卿)。7.29 源有雅(46，公卿)。8.3 加藤景廉(武将)。8.9 三善康信(82，幕府吏僚)。10.14 藤原秀康(武将)。 《大の月》1・2・5・8・10・11・12	カンボジア，この頃より，アンコール朝衰退。	8	14 ⑫	5	16
	2.23 清涼寺再建供養(百練抄)。3.**中旬** 慶政，『閑居友』を著す(跋)。 《大の月》1・3・5・8・10・11		9	15	元光 8.9	17

西暦	年号干支	天皇	院政	将軍	執権	政治・経済
1223 2.2	貞応 2 癸未	(後堀河)	(後高倉) 5.14		(北条義時)	1.23 北条政子，畿内・西国の在庁に，承久の乱後新補した守護・地頭の所務非違を注進させる(吾)。4.30 淡路国在庁，大田文を注進(皆川文書)。5.- 幕府，土御門上皇を阿波国に遷す(吾)。6.15 官宣旨を下し新補地頭の得分を定める(吾・新編追加)。6.28 幕府，金峯山衆徒の高野山乱入を禁じる(高野山文書)。
1224 1.22	元仁(げんにん) 11.20 甲申 ⑦				6.13 6.28 北条泰時	2.29 北条朝時，前年冬に越後国寺泊に漂着した高麗人の武具を幕府に進上(吾)。4.11 六波羅，越後国白石浦に漂着後に入京した異国人を追放(百練抄)。6.28 北条政子，北条泰時・時房を三寅の後見とする(執権・連署の始め)(吾)。閏7.3 政子，伊賀氏の謀反を鎮め，藤原実雅の京都送還を決める(吾)。閏7.29 幕府，伊賀光宗の所帯・所領を没収し，泰時の家令を置く(吾)。8.5 専修念仏禁止を宣下(皇代暦)。8.29 幕府，伊賀氏・光宗らを配流(吾)。
1225 2.9	嘉禄(かろく) 4.20 乙酉					1.10 金峯山蔵王堂炎上(武家年代記裏書)。5.- 金峯山衆徒，高野山焼払いを企てるが制止される(明月記)。6.30 これより先，幕府，西園寺公経の一族を禁裏に近侍させる(明月記)。10.29 朝廷，新制36条を宣下(百練抄)。12.20 これより先，幕府，三寅の新御所を宇都宮辻子に造営し，この日，移転(吾)。12.21 幕府，評定衆を置き，鎌倉大番の制を定める(吾)。
1226 1.30	2 丙戌			1.27 藤原頼経		1.26 幕府，博奕を禁じ，出挙の利率を定める(吾・新編追加)。1.27 藤原頼経(三寅)を征夷大将軍に補任(吾)。8.1 幕府，准布を止め，銅銭通用を定める(吾)。8.4 金峯山衆徒，入洛強訴を謀るも，宇治で制止される(明月記)。8.15 朝廷，金峯山と争い退散した高野山衆徒の帰住と同寺覚観の追捕を命じる(高野山文書)。**この年** 対馬島民，高麗沿岸を侵す(対州編年略)。
1227 1.19	安貞(あんてい) 12.10 丁亥 ③					2.15 熊野衆徒蜂起し，神体を奉じて入洛を計る(吾)。閏3.17 幕府，西国の地頭代が六波羅の問注に対捍することを禁じる(吾)。4.22 造営中の内裏焼亡(以後宮城内に再興されず)(百練抄)。4.23 幕府，西国の悪党退治を守護人に命じる(吾)。5.1 これより先，対馬島民，高麗国全羅州を掠略，この日，高麗の牒状，京都に到来(民経記)。5.15 少弐資頼，高麗に侵略する悪徒を処刑し，高麗に返牒(民経記)。6.22 延暦寺衆徒，源空の大谷墳墓を破却(法然上人行状絵図)。7.6 延暦寺の訴により，専修念仏僧隆寛・空阿弥陀仏らを配流(明月記)。
1228 2.8	2 戊子					4.17 興福寺衆徒，多武峯を焼く(吾)。5.7 延暦寺衆徒，多武峯放火の報復として，近江国の興福寺領を没収(百練抄)。11.28 六波羅，高野山僧徒が兵仗を帯することを禁じる(高野山文書)。

大日本史料	社会・文化	世界	高麗	南宋	金	蒙古
(⑤1) 6.- ⑤2	2.- 道元・明全ら，渡宋(正法眼蔵)。4.4『海道記』記述始まる(～同年5月)。**この年** 高野山金剛三昧院建立(高野山文書)。 【死没】 2.21 雅縁(86，興福寺別当)。5.14 後高倉院(45，後堀河天皇父)。5.19 河野通信(68，武将)。6.10 賀茂能久(53，上賀茂社神主)。8.17 覚海(82，真言宗僧侶)。11.27 大友能直(52，御家人)。12.11 運慶(仏師)。 《大の月》1・2・4・6・9・11	フランチェスコ修道会，公認される。	高宗 10	嘉定 16	元光 2 哀宗	太祖 18
	この年 親鸞，『教行信証』を著すか。 【死没】 4.20 静遍(59，僧侶)。6.13 北条義時(62，執権)。6.16 明遍(83，真言宗僧侶)。 《大の月》1・2・4・5・7・9・11	西夏，金と結ぶ。	11	17 ⑧ 理宗	正大 1.1	19
是歳 ⑤3	【死没】 5.27 明全(42，臨済宗僧侶)。6.10 大江広元(78，幕府政所別当)。6.21 山内首藤経俊(89，武将)。7.11 北条政子(69，源頼朝正室)。8.17 三条実房(79，82とも，公卿)。9.25 慈円(71，天台座主)。12.18 佐竹秀義(75，武将)。 《大の月》1・2・4・6・8・10・12	金，李全の乱(～'31年)。ヴェトナム，陳朝成立(～1400年)。	12	宝慶 1.1	2	20
	2.- 定慶，鞍馬寺木造観音(聖観音)像を造る(銘)。6.4 最勝光院焼亡(明月記)。8.26 太政官文殿焼亡(明月記)。8.- 藤原定家，『僻案抄』を著す(奥書)。10.22 長谷寺落慶供養(民経記)。11.8 平泉毛越寺焼亡(吾)。**この年** 藤原経光，『民経記』を記す(～文永9年)。 《大の月》2・4・6・7・9・11		13	2	3	21
7.- ⑤4	**この年** 武蔵国で板碑造立(初見)。 道元帰国(建撕記)。 加藤景正，宋より帰国し瀬戸焼を始めるという(森田久右衛門日記)。 聖覚撰『黒谷源空上人伝』成る。 平経高，『平戸記』を記す(～寛元4年)。 【死没】 1.30 徳大寺公継(53，公卿)。閏3.8 俊芿(62，学僧)。3.16 忠快(69，天台宗僧侶)。6.18 島津忠久(武将)。9.2 源通具(57，歌人，公卿)。12.13 隆寛(80，浄土宗僧侶)。 《大の月》1・3・4・6・8・9・11	西夏滅亡。 バトゥ，金帳汗となる。	14	3 ⑤	4	22
	2.- 浄業，宋より帰国．大蔵経を将来し戒光寺を創建(本朝高僧伝)。11.28 辨長，『末代念仏授手印』を著す(奥書)。 【死没】 1.15 空阿(74，浄土宗僧侶)。8.25 少弐資頼(69，大宰少弐)。9.9 信空(83，浄土宗僧侶)。9.16 七条院(72，高倉天皇後宮)。 《大の月》1・3・6・8・9・10・12	第5回十字軍(～'29年)。	15	紹定 1.1	5	23

西暦	年号干支	天皇	院政	将軍	執権	政治・経済
1229 1.27	寛喜（かんぎ） 3.5 己丑	（後堀河）		（藤原頼経）	（北条泰時）	4.7 朝廷，寛徳以後の新立荘園・加納田畠の停止などを命じる（条事定文書）。 8.25 幕府，源実朝菩提のため，河内国讃良荘を高野山禅定院に寄進（高野山文書）。 9.- 九条道家，長者宣を下し，興福寺僧徒が兵仗を帯することを禁じる（明月記）。
1230 1.16	2 庚寅 ①					6.24 朝廷，米価を１石当り銭１貫文と定める（百練抄）。9.12 朝廷，諸国新立荘園を停止（百練抄）。11.7 幕府，西国地頭が領家との相論の裁許に従わぬ場合は六波羅にこれを注進させる（新編追加）。
1231 2.4	3 辛卯					3.19 北条泰時，伊豆・駿河両国の出挙米を飢民救済に拠出させる（吾）。4.21 幕府，新補地頭の所務および得分の率法を規定（新編追加）。 幕府，洛中諸社祭での殺傷を禁じ，強盗殺害等の処罰法を六波羅に示す（新編追加）。5.13 幕府，諸国守護・地頭・検非違所の所務，守護・地頭と領家・預所との訴訟などのことを定める（新編追加）。5.22 京都飢民の富家襲撃を六波羅に停止させる（皇帝紀抄）。6.6 幕府，地頭らの漂着船押領を禁じる（吾）。6.9 朝廷，山僧・神人の狼藉を禁じる（新編追加）。9.19 窮民らが建物を壊して得た薪で商売することを禁じる（百練抄）。 10.11 土御門上皇，阿波国に没す（皇帝紀抄）。11.3 朝廷，新制42条を宣下（近衛文書）。
1232 1.24	貞永（じょうえい） 4.2 壬辰 ⑨	10.4 四条	10.4 後堀河			2.26 朝廷，飢饉により麦蘗を牛馬飼料とすることを禁じる（民経記）。4.4 幕府，他国在住者を含めた地頭への京都大番役催促を守護に命じる（吾）。4.7 幕府，新補地頭の所務７条を定める（吾）。7.10 幕府評定衆11人，連署起請文を提出（吾）。 7.12 幕府，往阿弥陀仏の鎌倉和賀江島築港を援助（吾）。8.10 北条泰時，御成敗式目51条を公布（貞永式目）（吾）。閏9.1 幕府，畿内・近国および西国の境相論につき，公領は国司の，荘園は領家の沙汰による勅裁と定める（御成敗式目附尾）。 11.29 幕府，六波羅成敗法16条を下す（吾）。
1233 2.11	天福（てんぷく） 4.15 癸巳					2.20 延暦寺内の無動寺衆徒と南谷衆徒，闘争．この日，院宣により和す（明月記）。 3.7 下河辺行秀（智定房），熊野那智浦より補陀落渡海（吾）。4.16 幕府，寛喜２年大風以前の出挙の利息を引き下げる（吾）。8.15 六波羅，犯科人成敗につき17条を幕府に具申，のち幕府これを下す（近衛家本追加）。
1234 1.31	文暦（ぶんりゃく） 11.5 甲午		8.6			5.1 幕府，西国御家人の訴訟につき，承久以前の者を本所成敗とし，守護が非御家人に京都大番役を賦課することを禁じる（新編追加）。7.6 幕府，奉行衆に起請文を提出させる（吾）。**この年か** 幕府，京都大番役について定める（鎌倉年代記）。

大日本史料	社会・文化	世界	高麗	南宋	金	蒙古
(⑤4) 3.- ⑤5	4.12 湛慶，地蔵十輪院阿弥陀像を造立(旧事見聞集記)。 【死没】 8.16 藤原兼子(75，後鳥羽院乳母)。 《大の月》1・4・7・9・10・11	オゴタイ，ハン位につく(〜'41年)。	高宗 16	紹定 2	正大 6	太宗
是歳 ⑤6	6.9 武蔵国に雹，美濃国に雪降る(吾)。7.16 諸国で降霜(この頃，寒冷)(吾)。**8〜9月** 諸国で大風雨(明月記)。**この冬** 気候不順(明月記)。**この年** 葉室定嗣，『葉黄記』を記す(〜建長元年)。 【死没】 7.8 北陸宮(66，以仁王の子)。12.28 藤原基房(86，公卿)。 《大の月》1・2・4・7・9・11・12		17	3 ②	7	2
10.- ⑤7	7.- この頃，餓死者続出(明月記)。8.15 道元，「弁道話」を説示(正法眼蔵)。**この年** 諸国大飢饉(寛喜の飢饉)(明月記・吾)。 【死没】 9.19 成賢(70，真言宗僧侶)。10.11 土御門上皇(37)。 《大の月》1・3・5・8・10・12	モンゴル，高麗に侵入開始。 モンゴル，耶律楚材を中書令とする。カトリック教会の異端審問権，教皇に帰属。	18	4	8	3
7.- ⑤8	10.2 藤原定家，『新勅撰和歌集』の仮名序代と目録を奏進(明月記)。 【死没】 1.19 明恵(60，華厳宗学僧)。 《大の月》1・2・4・6・9・10・12	高麗，江華島に遷都。ナスル朝，アルハンブラ宮殿の造営開始。	19	5 ⑨	開興 1.19 天興 4.14	4
5.- ⑤9	1.- この頃，京都で猿楽流行(明月記)。**この春** 宇治の興正寺建立，道元を開山とする(永平開山道元和尚行録)。7.15 道元，『普勧坐禅儀』を浄書(奥書)。10.- 狛近真，『教訓抄』を撰する(奥書)。**この年** 宗性，『弥勒如来感応抄』を編纂(〜文応元年)。 【死没】 5.29 藤原基通(74，公卿)。9.18 藻壁門院(25，後堀河天皇中宮)。 《大の月》1・3・4・7・9・11	モンゴル，戸口調査(癸巳年籍)。	20	6	2	5
	2.14 北野社焼失(百練抄)。6.30 朝廷，念仏を専修した藤原教雅を配流(高祖遺文録)。**この年** 播磨浄土寺重源像成る(銘)。 【死没】 5.20 仲恭上皇(17)。7.27 竹御所(32，源頼家女)。8.2 宇都宮信房(79，武将)。8.6 後堀河上皇(23)。8.22 尾藤景綱(武将)。**この年** 源家長(歌人)。 《大の月》1・3・4・6・8・10・12	モンゴル，蔡州を攻撃，金滅亡。	21	端平 1.1	3	6

西暦	年号干支	天皇	院政	将軍	執権	政治・経済
1235 1.21	嘉禎(かてい) 9.19 乙未 ⑥	(四条)		(藤原頼経)	(北条泰時)	1.27 幕府，京中・辺土と鎌倉で僧徒が兵仗を帯することを禁じる(吾・侍所沙汰篇)。6.3 六波羅，興福寺領山城国大住荘と石清水八幡宮領薪荘の用水争論のため，実検使を派遣(百練抄)。閏6.21 幕府，訴訟評定の際，親族退座の制を定める(近衛家本追加)。閏6.28 幕府，起請文の失の篇目を定める(御成敗式目追加)。7.23 幕府，殺傷強盗犯の処刑，大番遅怠者の罰法など六波羅の政務を定める(近衛家本追加)。 延暦寺衆徒，日吉神人を殺した佐々木高信の死罪を求め強訴(百練抄)。8.8 朝廷，佐々木高信を豊後国に配流(百練抄)。12.21 興福寺衆徒，石清水八幡宮との用水争論から強訴し，宇治に至る(百練抄)。
1236 2.9	2 丙申					2.14 幕府，後藤基綱を宇治に遣し，興福寺衆徒を説得(吾)。6.24 在京武士が六角西洞院に集まり宍市と号して鹿肉を食すことを禁止する(百練抄)。8.4 幕府，若宮大路に新御所を造営．この日，藤原頼経移る(吾)。10.5 幕府，興福寺衆徒の再蜂起により，大和に守護を置き，衆徒知行の荘園を没収し地頭を置く(吾)。11.14 幕府，南都鎮静により大和の守護・地頭を廃止し，興福寺に返付(吾)。
1237 1.28	3 丁酉					6.25 幕府，社寺・国司・領家の訴訟は御成敗式目に依拠しない旨を定める(吾)。6.30 朝廷，幕府及び諸国に延暦寺悪徒の張本追捕を宣下(百練抄)。8.5 摂津四天王寺内で，執行一族覚順と渡辺党が合戦(吾)。8.7 幕府，翌春の将軍藤原頼経上洛を定める(吾)。
1238 1.18	暦仁(りゃくにん) 11.23 戊戌 ②					1.28 将軍藤原頼経，北条泰時等を率い上洛のため鎌倉を発つ(吾)。2.17 頼経，入洛し六波羅に入る(吾)。2.23 頼経参内(吾)。2.26 朝廷，頼経を検非違使別当に補任(吾)。6.19 幕府，洛中警護のため辻毎に篝屋を設置(吾)。9.9 幕府，下知に従わぬ地頭の改易を定める(新編追加)。9.27 幕府，御家人の成功の減納を禁じ，成功の官職以外に推挙することを停止(御成敗式目追加)。12.16 幕府，御家人の後家への所領譲与について定める(新編追加)。
1239 2.6	延応(えんおう) 2.7 己亥					1.11 幕府，陸奥国の絹布年貢を定め，白河関以東での銭貨流通を停止(吾)。2.14 幕府，宇都宮泰綱に武蔵国鳥山等の開発を命じる(吾)。2.22 後鳥羽法皇，隠岐国で没(百練抄)。4.13 幕府，僧徒兵仗・博奕禁止等を六波羅に命じる(吾)。4.14 幕府，人身売買の禁止等を定める(吾)。7.26 幕府，犯科人の処置，悪党鎮圧，延暦寺山僧の預所・地頭代補任の禁止を六波羅に命じる(吾)。9.11 幕府，諸国の地頭が延暦寺山僧や借上を代官にすることを禁じる(近衛家本追加)。9.30 幕府，御家人後家の改嫁について定める(新編追加)。
1240 1.26	仁治(にんじ) 7.16 庚子 ⑩					1.- 彗星が現われ，幕府は祈禱，朝廷は徳政を実施(吾・平戸記)。2.2 幕府，鎌倉市中の禁制を定め，その執行を保々奉行人に命じる(吾)。2.6 幕府政所焼亡(吾)。3.18 幕府，御家人の過差，御家人郎等の任官を禁じる(吾)。4.3 朝廷，高麗国牒状について議す(百練抄)。5.25 幕府，御家人が公卿を聟とし所領を譲与すること，凡下輩等に私領を売却することを禁じる(吾)。6.11 幕府，兄弟姉妹間の和与物の悔返し，及び雑人訴訟について定める(新編追加・式目追加条々)。11.21 鎌倉に篝屋を設置(吾)。

大日本史料	社会・文化	世界	高麗	南宋	蒙古
(5 9) 5.- [5] 10	5.27 藤原定家，宇都宮頼綱の求めにより，嵯峨中院第の障子色紙形に歌を書写(明月記)。6.29 鎌倉五大堂(明王院)落慶供養(吾)。**この年** 円爾・神子栄尊，入宋(神子禅師年譜)。京畿で疱瘡流行(明月記)。 【死没】 3.5 聖覚(69，天台宗僧侶)。3.28 九条教実(25，公卿)。 《大の月》2・4・6・⑥・8・10・12	モンゴル，戸口調査(乙未年籍)。	高宗 22	端平 2 ⑦	太宗 7
12.- [5] 11	7.- 藤原家隆等詠・後鳥羽院判『遠島御歌合』成る。 【死没】 2.19 実尊(57，法相宗僧侶)。4.6 中原季時(御家人)。5.26 道教(37，真言宗僧侶)。8.25 中条家長(72，武将)。10.- 承円(57，天台座主)。 《大の月》2・5・6・8・9・11	モンゴル，初めて紙幣(交鈔)を発行。	23	3	8
	3.8 朝廷，慈円に慈鎮の諡号を贈る(百練抄)。6.20『消息耳底秘抄』成る(奥書)。10.28 六波羅地蔵堂焼亡，清水坂南方の在家類焼(百練抄)。**この年** 吉田経俊，『経俊卿記』を記す(～建治2年)。**嘉禎年間** 孤雲懐奘，『正法眼蔵随聞記』を著す。 【死没】 4.9 藤原家隆(80，歌人)。**この年** 舜天(72，琉球王)。 《大の月》1・3・6・8・9・11・12	バトゥの西征軍，南ロシアを征し，モスクワを攻撃。	24	嘉熙 1.1	9
10.- [5] 12	閏2.16 鞍馬寺焼亡(百練抄)。3.19 高野山大塔供養(東寺長者補任)。3.23 浄光，勧進して鎌倉大仏堂の事始を行う(吾)。6.- 栄尊，宋より帰国(神子禅師年譜)。 【死没】 閏2.29 辨長(77，浄土宗僧侶)。3.30 小山朝政(武将)。7.29 近衛道経(55，公卿)。9.14 葛西清重(77，御家人)。9.24 定豪(87，真言宗僧侶)。10.4 藤原師家(67，公卿)。12.12 源智(56，浄土宗僧侶)。12.28 源通方(50，公卿)。 《大の月》2・3・6・8・10・11・12	タイ，スコータイ王国，カンボジアから独立。	25	2 ④	10
	【死没】 2.22 後鳥羽法皇(60)。12.5 三浦義村(武将)。 《大の月》2・4・7・9・11・12		26	3	11
9.- [5] 13	【死没】 1.24 北条時房(66，連署)。11.19 長沼宗政(79，武将)。 《大の月》1・3・5・9・⑩・11・12	アフリカ，マリ王国成立。	27	4 ⑫	12

西暦	年号 干支	天皇	院政	将軍	執権	政　治・経　済
1241 2.13	仁治 **2** 辛丑	(四条)		(藤原頼経)	(北条泰時)	**3.20** 幕府，相論文書等の送進精勤を六波羅に命じる(吾)。**5.20** 幕府，評定衆佐藤業時を罷免，26日，鎮西に配流(吾)。**10.22** 幕府，多摩川の水を引き，武蔵野の開墾を計画(吾)。**11.3** 幕府，畿内・西海の悪党蜂起の禁遏，諸国の博奕禁止を評議(吾)。**12.1** 幕府，酒宴等での御家人の過差を禁止(吾)。
1242 2.2	**3** 壬寅	1.9 1.20 後嵯峨			6.15 6.15 北条経時	**1.9** 九条道家，四条天皇の死により，皇嗣を幕府に諮問(民経記)。**1.15** 豊後守護大友氏，新御成敗状を定める(後日之式条)。**1.20** 土御門院皇子(後嵯峨天皇)，元服，践祚(平戸記)。**3.3** 幕府，鎌倉僧徒従者の帯剣を禁じる(近衛家本追加)。**6.15** 北条泰時没し，北条経時，跡を嗣ぐ(民経記)。**7.4** 西園寺公経の渡宋船，銭貨10万貫等を積み帰国(民経記)。**7.13** 高野山奥院僧徒，伝法院を焼く(百練抄)。**9.12** 順徳上皇，佐渡に没(平戸記)．生前『順徳天皇宸記』『八雲御抄』を著す。
1243 1.22	**寛元**(かんげん) 2.26 癸卯 ⑦					**1.25** 高野山伝法院焼亡の科により検校明賢を筑前国，執行代道範を讃岐国に配流(南海流浪記)。**2.26** 幕府，諸人訴訟について奉行人の結番を定める(吾)。**2.29** 幕府，闕所と定める前の地を，御家人が御恩として所望することを禁じる(近衛家本追加)。**4.20** 幕府，越堺下人について定める(新編追加)。**閏7.6** 幕府，洛中の承久没収地を篝屋用地に充てることを六波羅に命じる(吾)。**12.22** 幕府，奴婢雑人の男女子の帰属を定める(新編追加)。
1244 2.10	**2** 甲辰			4.28 4.28 藤原頼嗣		**2.16** 幕府，奴婢養子事など4条の法を定める(吾)。**3.28** 北条経時，訴訟を棄捐された者の庭中言上を取り上げる(吾)。**3・4月** 奈良坂非人，清水坂非人の申状に対し，本寺東大寺に陳状を提出(佐藤家所蔵文書)。**4.28** 藤原頼嗣将軍宣下(吾)。**8.24** 幕府，熊野山と伊勢阿曾山に蜂起した悪党討伐を地頭・御家人に命じる(吾)。**10.13** 幕府，博奕の法を定め，四一半銭などを禁止(新編追加)。**12.26** 政所及び北条経時・時頼邸火事，27日，幕府，前将軍藤原頼経の上洛を延引(吾)。
1245 1.30	**3** 乙巳					**4.22** 幕府，鎌倉保々奉行の沙汰すべき市中の禁制を定める(吾)。**5.3** 幕府，問注所の召喚に応じぬ者，六波羅の召文に応じぬ守護・地頭の処罰を定める(吾)。**6.7** 幕府，鎌倉の民家に松明を置かせる(吾)。**6.-** 若狭国御家人，旧御家人跡の改補を求め幕府に訴える(東寺百合文書)。**7.5** 藤原頼経，久遠寿量院で出家(吾)。**12.17** 幕府，悪党を匿う者の所領没収を諸国守護人に命じる(吾)。
1246 1.19	**4** 丙午 ④	1.29 後深草	1.29 後嵯峨		3.23 3.23 北条時頼	**3.23** 北条経時，病により執権を弟時頼に譲る(吾)。**5.24** これより先，名越光時，藤原頼経を擁して執権時頼排除を謀る．この日，時頼，鎌倉を戒厳(吾)。**6.7** 幕府，後藤基綱らを評定衆から除く(吾)。**6.13** 幕府，名越光時・千葉秀胤を配流(吾)。**7.11** 幕府，頼経を鎌倉から京都へ送る(吾)。**8.27** 幕府，徳政興行や関東申次九条道家の罷免を後嵯峨上皇に奏上(葉黄記)。**11.3** 院評定制を開始(葉黄記)。**12.7** 幕府，悪党等を匿った者の所職改易を，諸国守護・地頭に命じる(吾)。**この年** 宗知宗，阿比留国信を滅ぼし，対馬地頭職に補せられる(太宰管内志)。

大日本史料	社会・文化	世界	高麗	南宋	蒙古
[5] 13	2.7・8 鎌倉地震(吾)。2.12 常陸国鹿島社焼亡(吾)。3.27 鎌倉深沢大仏殿上棟(吾)。4.3 鎌倉大地震，高潮で由比若宮拝殿流失(吾)。6.8 熊野新宮焼亡(百練抄)。7.- 円爾，宋より帰国(聖一国師年譜)。8.20 藤原定家没．生前『詠歌大概』を著す．並びに『下官集』を撰す。11.13 興福寺一乗院・宝蔵など焼失(百練抄)。 【死没】 7.15 退耕行勇(79，兼密禅僧)。8.20 藤原定家(80，歌人)。 《大の月》2・3・6・8・11・12	モンゴル軍，ポーランドとハンガリーに侵入。 ハンザ同盟，始まる。	高宗 28	淳祐 1.1	太宗 13
1.- [5] 14 8.- [5] 15 12.-	3.5 行願寺焼亡(平戸記)。**この年** 『東関紀行』成るか。 【死没】 1.9 四条天皇(12)。1.25 狛近真(66，雅楽家)。3.6 佐々木信綱(62，武将)。5.2 明禅(76，僧侶)。6.15 北条泰時(60，執権)。9.12 順徳上皇(46)。11.6 安覚良祐(83，禅僧)。12.27 近衛家実(64，公卿)。 《大の月》2・3・5・7・9・11		29	2	脱列哥那(称制)
[5] 16 12.- [5] 17	5.3 北条経時，鎌倉佐介谷に蓮華寺(のちの光明寺)を開き，この日，良忠を導師として供養(光明寺開山御伝)。6.16 鎌倉深沢の八丈余の木造阿弥陀坐像を供養(吾)。8.- 九条道家，東福寺を創建し，円爾を住持とする(聖一国師年譜)。 【死没】 1.15 津戸為守(81，武将)。 《大の月》1・3・5・6・8・9・11		30	3 ⑧	2
8.- [5] 18	2.17 源光行没(平戸記)，生前『水源抄』『源氏物語』河内本を著す。7.18 波多野義重，越前に大仏寺(寛元4年6月15日永平寺と改称)を建て，道元を招く(永平広録)。**この年** 『新撰六帖』成るか。 【死没】 2.17 源光行(82，学者)。3.3 信寂(浄土宗僧侶)。3.5 定舜(律宗僧侶)。3.25 三善長衡(77，西園寺家司)。8.29 西園寺公経(74，公卿)。9.27 小槻季継(53，官人)。 《大の月》1・3・5・7・8・10・12	ローマ大学創立。	31	4	3
5.- [5] 19	7.26 京都大地震(平戸記)。12.20 鎌倉大地震(吾)。**この冬** 藤原家隆詠，九条基家撰『壬二集』成る(奥書)。**この頃** 法隆寺僧顕真，『聖徳太子伝私記』を著す(古今目録抄)。 【死没】 4.6 名越朝時(52，武将)。7.7 証入(50，浄土宗僧侶)。 《大の月》2・5・7・8・10・11	教皇，フランチェスコ派修道士プラノ=カルピニをモンゴルに派遣。	32	5	4
3.- [5] 20 11.- [5] 21	3.14 信濃国善光寺供養(吾)。6.6 京都大火，六角堂，因幡堂など焼失(葉黄記)。6.8 建仁寺焼失(葉黄記)。7.14 仙覚，『万葉集』無点歌152首に新点を加える(仙覚律師奏覧状)。**この年** 蘭渓道隆，南宋より来日し，泉涌寺来迎院に止宿(元亨釈書)。 九条道家，東福寺未完のため普門寺を建立し，円爾を住まわす(聖一国師年譜)。 【死没】 3.28 菅原為長(89，儒学者)。**閏**4.1 北条経時(23，執権)。 《大の月》1・3・5・7・9・10・11	定宗グユク(貴由)=ハン即位(～'48年)。 モンゴル軍，京湖江淮州県に侵入。	33	6 ④	定宗

西暦	年号 干支	天皇	院政	将軍	執権	政治・経済
1247 2.7	宝治(ほうじ) 2.28 丁未	(後深草)	(後嵯峨)	(藤原頼嗣)	(北条時頼)	1.19 幕府の要請により一条実経を罷め，近衛兼経を摂政となす(葉黄記)。6.5 北条時頼，三浦泰村・光村らを滅ぼし，ついで千葉秀胤ら与党を滅ぼす(宝治合戦)(吾)。8.3 道元，北条時頼の招きを受け鎌倉に赴く(永平広録)。8.20 幕府，鎌倉の浪人追放を命じる(吾)。11.27 幕府，諸国守護・地頭の内検による過分な所当催促を禁じ，主従対訴の不受理を定める(吾)。12.12 幕府，地頭の押領は年紀法の適用外と定める(新編追加)。12.29 幕府，京都大番役を三ヵ月交代と改定(吾)。
1248 1.28	2 戊申 ⑫					4.29 幕府，鎌倉商人の員数を定める(吾)。5.15 幕府，盗人罪科の軽重および主従の訴訟不受理などのことを定める(吾)。5.20 幕府，雑人訴訟などのことを定める(吾)。7.29 幕府，本所の裁許に不服な御家人の愁訴を受理するよう六波羅に命じる(近衛家追加)。閏12.23 幕府，百姓と地頭との相論の法を定める(吾)。
1249 2.14	建長(けんちょう) 3.18 己酉					6.5 六波羅，幕府の命を受け，西国に大田文調進を命じる(久米田寺文書)。10.8 記録所で沽価法を定める(百練抄)。12.9 幕府，北条政村ら3名を引付頭とし，ついで13日，引付衆5名を任じて三方引付を新設(関東評定衆伝)。
1250 2.3	2 庚戌					3.5 幕府，権門の威をかりた寄沙汰を禁じ，六波羅に山門僧徒の寄沙汰及び大和国悪党の禁圧を命じる(吾)。3.16 幕府，無益の輩の鎌倉追放と農作従事を命じる(吾)。4.20 幕府，鎌倉庶民が夜行の際に弓箭を帯することを禁じる(吾)。4.29 幕府，雑人訴訟の直訴を禁じ，地頭・地主の推挙が必要と定める(吾)。7.5 幕府，質債の法を定める(吾)。7.22 幕府，都鄙の神社・廃陵を再興させる(吾)。8.- 鎌倉山道修理。11.28 幕府，陸奥・常陸・下総に博奕禁止を命じる(吾)。11.29 幕府，諸国守護に鷹狩禁止を命じる(吾)。
1251 1.24	3 辛亥 ⑨					6.27 後深草天皇，新造の閑院内裏に遷幸(経俊卿記)。9.17 幕府，利銭出挙の相論について定める(吾)。12.3 幕府，鎌倉市中の商売区域を定める(吾)。12.26 幕府，謀反の企てにより僧了行らを追捕し翌27日，配流に処する(吾)。
1252 2.12	4 壬子			3.21 / 4.1 宗尊親王		2.20 幕府，将軍藤原頼嗣を廃し，後嵯峨上皇の皇子迎立を奏請する使者を派遣(吾)。3.19 宗尊親王，東下のため京都を出発(吾)。4.1 宗尊親王，鎌倉に到着，同日に将軍宣下(吾・百練抄)。4.3 前将軍頼嗣ら，上洛のため鎌倉を進発(吾)。9.30 幕府，鎌倉・諸国市の沽酒の禁制を定める(吾)。10.14 幕府，牛馬盗人・争論・密懐などの罪科を庶民に示す(吾)。10.16 幕府，一屋一壺の他，造酒を禁じる(吾)。

大史日本料	社会・文化	世界	高麗	南宋	蒙古
⑤21 5.-22 10.-23 是歳24	10.- 法隆寺，三経義疏を開板(刊記)。11.7 寿福寺焼失(吾)。**この頃**「随身庭騎絵巻」成る。 【死没】 4.14 幸西(85，浄土宗僧侶)。6.5 三浦光村(43，武将)。三浦泰村(44，武将)。毛利季光(46，武将)。6.7 千葉秀胤(武将)。9.26 栄朝(83，臨済宗僧侶)。9.28 土御門定通(60，公卿)。11.26 証空(71，浄土宗僧侶)。 《大の月》1・3・6・8・10・11・12		高宗 34	淳祐 7	定宗 2
1.-25 1.-26 10.-27 雑載28	2.24 鞍馬寺再建供養(葉黄記)。**この夏頃**『万代和歌集』初撰本成る(竜門文庫本奥書)。7.25 後嵯峨上皇，藤原為家に『続後撰和歌集』の撰進を命じる(葉黄記)。**この秋頃** 後嵯峨院ら，『宝治百首』を詠進(葉黄記)。10.- 筑前国承天寺焼亡(聖一国師年譜)。 【死没】 1.18 久我通光(62，歌人)。5.18 安達景盛(武将)。7.24 道正庵隆英(78，医僧)。12.5 武田信光(87，武将)。 《大の月》2・4・8・10・11・12	第6回十字軍。ケルン大聖堂の建設開始。	35	8	3
1.-29 5.-30 7.-31 是歳32	2.1 閑院内裏焼亡(岡屋関白記)。3.23 京都大火，蓮華王院など焼亡(岡屋関白記)。11.23 永福寺供養(関東評定衆伝)。12.27 後嵯峨上皇，『現存和歌六帖』を徴す(跋)。**この年** 無本覚心，入宋(元亨釈書)。 【死没】 1.16 道助入道親王(54，御室)。5.19 覚盛(56，律宗僧侶)。6.11 佐藤業時(60，評定衆)。 《大の月》1・2・4・8・10・11		36	9 ②	海迷失 (称制)
	この年 後嵯峨上皇，『朝覲行幸次第』を著す(花園天皇宸記)。親鸞，『唯信鈔文意』の撰述を始める(奥書)。 【死没】 12.20 喜海(73，華厳宗僧侶)。 《大の月》1・2・4・6・8・11・12	エジプト，マムルーク朝興る。	37	10	2
	2.10 鎌倉大火(吾)。2.27 熊野本宮焼亡(百練抄)。8.10 蓮華王院上棟(岡屋関白記)。10.16 吉野水分神社玉依姫像成る(銘)。10.27 藤原為家，『続後撰和歌集』を奏覧(拾芥抄)。**この年** 無関玄悟，入宋(無関和尚塔銘)。 【死没】 6.22 中原師員(67，評定衆)。**この頃** 藤原俊成女(歌人)。**この年** 宗源(84，浄土宗僧侶)。 《大の月》2・3・5・7・9・11・12	モンケ=ハン即位(憲宗)(～'59年)。	38	11 ⑩	憲宗
	8.17 鎌倉深里に金銅八丈の釈迦如来像(鎌倉大仏)の鋳造開始(吾)。10.-『十訓抄』成る(序)。12.4 忍性，常陸国三村寺清涼院に入る(忍性菩薩略行記)。**この年** 静照，入宋(法海禅師行状記)。 【死没】 2.21 九条道家(60，公卿)。5.22 道範(75，真言宗僧侶)。6.8 宣陽門院(72，後白河法皇皇女)。8.28 良遍(57，59とも，僧侶)。 《大の月》2・4・6・7・9・11	憲宗モンケ=ハン，オゴタイ派諸王を分遷。	39	12	2

西暦	年号干支	天皇	院政	将軍	執権	政治・経済
1253 1.31	建長 5 癸丑	(後深草)	(後嵯峨)	(宗尊親王)	(北条時頼)	7.12 朝廷，新制18条を宣下(百練抄)。9.16 幕府，７月の朝廷の新制に加えて関東新制を出す(吾)。10.1 幕府，諸国地頭代の検断について定め，非法を禁じる(式目追加条々)。10.11 幕府，薪や馬草の価格と和賀江津材木の寸法を定める(吾)。
1254 1.21	6 甲寅 ⑤					4.29 幕府，宋船の入泊を五艘に制限(吾)。5.1 幕府，質人の法を定め，以後の質人を禁じる(近衛家本追加)。10.12 幕府，派遣武士の狼藉および人身売買の禁止を六波羅に命じる(吾)。10.17 幕府，薪・馬草の価格制限を相模国で廃止(吾)。
1255 2.9	7 乙卯					2.12 興福寺衆徒，東大寺房舎を破却(興福寺略年代記)。3.8 後嵯峨上皇，熊野に御幸(百練抄)。3.29 幕府，問注難渋の日限・裁決について定める(近衛家本追加)。8.12 幕府，鎌倉中に，贓物の質入れを防ぐため負人の証文作成を定める(新編追加)。
1256 1.29	康元(こうげん) 10.5 丙辰				11.22 11.22 北条長時	6.2 幕府，群盗蜂起により，奥州大道沿いの地頭に警固を命じる(吾)。7.17 宗尊親王，最明寺に創建後初めて参詣(吾)。11.22 北条時頼，執権を長時に譲る(吾)。11.23 時頼，出家．これに倣って出家した者の出仕を止める(吾)。
1257 1.17	正嘉(しょうか) 3.14 丁巳 ③					3.27 園城寺衆徒，戒壇建立の勅許無きに怒り強訴．朝廷，六波羅に鎮圧を要請(経俊卿記)。12.24 幕府，廂番を置く(吾)。12.29 幕府，格子番を置く(吾)。
1258 2.5	2 戊午					3.20 後嵯峨上皇，高野山に御幸(百練抄)。 幕府，明年の将軍上洛を定め，その課役を嫌う庶民の逃散を禁じる(吾)。4.17 延暦寺衆徒，園城寺戒壇建立の宣下に怒り強訴(百練抄)。5.1 朝廷，園城寺戒壇の宣下を停止(百練抄)。9.21 幕府，諸国での悪党蜂起につき，守護に警固を命じる(吾)。
1259 1.25 ▼	正元(しょうげん) 3.26 己未 ⑩					2.9 幕府，前年からの諸国飢饉により，浪人が食料を求めて山野・江海に入ることを地頭が制止するのを禁じる(新式目)。6.18 幕府，重事以外の西国雑務を六波羅の成敗とする(新編追加)。11.26 後深草天皇，恒仁親王(亀山天皇)に譲位(百練抄)。

社　会・文　化	世　界	高麗	南宋	蒙古
3.-『高山寺縁起』成る。4.26 信濃善光寺修造供養(吾)。4.28 日蓮，安房清澄寺で法華信仰弘通を開始(日蓮上人註画讃)。8.28 道元没．生前『正法眼蔵』『宝慶記』などを著す。10.- 高野版『三教指帰』開板。11.25 建長寺供養．蘭渓道隆，導師となる(吾)。 【死没】 6.3 安達義景(44，評定衆)。7.27 湛空(78，浄土宗僧侶)。8.28 道元(54，日本曹洞宗開祖)。12.8 二階堂行盛(73，幕府吏僚)。 《大の月》2・4・5・7・9・10・12	フビライ，大理国を滅ぼす。フラグ，西アジア遠征に出発。 タイ系諸族の南下活発化。	高宗 40	宝祐 1.1	憲宗 3
1.10 鎌倉大火(吾)。1.23 湛慶，蓮華王院千手観音像を造る(銘)。2.-『絵因果経』成る(奥書)。6.- 無本覚心，宋より帰国(善隣国宝記)。10.17 橘成季，『古今著聞集』を著す(跋)。この年 円爾，鎌倉寿福寺に住す(聖一国師年譜)。 【死没】 2.24 結城朝光(88，武将)。11.21 足利義氏(66，武将)。12.18 四条隆衡(83，公卿)。 《大の月》2・5・6・7・9・10・12	フランチェスコ派修道士ルブルック，カラコルムでモンケ=ハンに謁見。	41	2 ⑥	4
2.21 北条時頼，1000人に勧進して建長寺の梵鐘を鋳造(銘)。6.2 東福寺供養(聖一国師年譜)。11.晦日 親鸞「皇太子聖徳奉讃」成る(奥書)。 【死没】 2.10 雅成親王(56，後鳥羽天皇皇子)。6.- 平経高(76，公卿)。 《大の月》2・5・7・9・10・11		42	3	5
8.6 鎌倉大風雨，山崩れで死者多数(吾)。8～9月 赤斑瘡流行(吾・百練抄)。12.11 鎌倉火災，勝長寿院延焼(吾)。 【死没】 8.11 藤原頼経(39，鎌倉将軍)。9.25 藤原頼嗣(18，鎌倉将軍)。10.3 三善康連(64，幕府吏僚)。11.28 後藤基綱(76，武将)。この年 湛慶(84，仏師)。 《大の月》1・3・7・9・10・11	神聖ローマ帝国，大空位時代始まる。	43	4	6
2.28 五条大宮殿炎上し，壬生寺類焼(百練抄)。8.23 鎌倉大地震(吾)。この年 北条時頼，円爾を鎌倉に招き，ついで京都建仁寺住持とする(元亨釈書)。 寒巌義尹，宋より帰国(寒岩禅師略伝)。住信編『私聚百因縁集』成る(跋)。 【死没】 1.25 伊賀光宗(80，武将)。7.5 承明門院(87，後鳥羽天皇寵妃)。10.26 町野康持(52，幕府吏僚)。 《大の月》1・2・③・7・9・10・12		44	5 ④	7
1.17 安達泰盛の甘縄邸火災，寿福寺など類焼(吾)。6.4 鎌倉勝長寿院供養(吾)。6.- 親鸞，『尊号真像銘文』広本を著す．略本は建長7年6月筆。8.1 諸国大風雨，安嘉門倒れる(百練抄)。8.- 諸国損亡(吾)。この年 道範『南海流浪記』成る。 【死没】 3.8 真仏(50，浄土真宗僧侶)。10.4 禅勝房(85，僧侶)。11.- 藤原知家(77，歌人)。この年 善慶(62，仏師)。 《大の月》1・2・4・8・10・11	モンゴル軍，ヴェトナム第1次侵攻に失敗。 モンゴル軍，高麗を征服，双城総管府を置く。 フラグ，アッバース朝を滅ぼし，イル=ハン国を樹立。	45	6	8
2.28 壬生寺地蔵堂供養(百練抄)。5.22 閑院内裏炎上(百練抄)。この年 南浦紹明(大応国師塔銘)，徹通義介(永平寺三祖行業記)，入宋。 諸国で飢饉・疫病流行(正嘉の飢饉)(百練抄)。 日蓮，『守護国家論』を著すか。 【死没】 2.21 浄業(73，律宗僧侶)。5.4 近衛兼経(50，公卿)。11.12 宇	高麗，太子倎をモンゴル帝国に遣る。	46	開慶 1.1 ⑪	9

西暦	年号 干支	天皇	院政	将軍	執権	政治・経済
1259 1.25 ▲	正元 3.26 己未 ⑩	(後深草) 11.26	(後嵯峨)	(宗尊親王)	(北条長時)	
1260 2.13	文応(ぶんおう) 4.13 庚申	亀山				1.4 朝廷，園城寺に三摩耶戒壇を許す(天台座主記)。1.6 延暦寺衆徒，園城寺戒壇の勅許につき強訴(深心院関白記)。1.19 朝廷，園城寺戒壇の勅許を撤回(天台座主記)。1.23 幕府，六斎日・彼岸の殺生を禁じる(吾)。6.4 幕府，重罪の首謀は関東に押送，軽罪者は六波羅成敗とし，飢饉により軽囚を放免させることなどを六波羅に命じる(吾)。8.27 鎌倉の僧徒，日蓮の松葉谷草庵を襲う(本化別頭仏祖統紀)。12.25 幕府，諸国御家人による京上役の路費乱徴を禁じる(吾)。
1261 2.1	弘長(こうちょう) 2.20 辛酉					2.20 幕府，地頭による修理用途・垸飯役の百姓賦課を禁じる(吾)。2.29・30 幕府，仏神事興行等を定め，61ヵ条の関東新制を定める(吾・式目追加条々)。3.13 幕府，政所・問注所等焼失(吾)。3.22 幕府，守護に諸国盗賊・悪党蜂起の禁圧を命じる(武雄神社文書)。5.11 朝廷，辛酉の徳政を行い，21ヵ条の新制を宣下(続史愚抄)。5.12 幕府，日蓮を伊豆伊東に配流(日蓮上人註画讃)。6.22 幕府，謀反を企つ故三浦泰村弟僧良賢を捕える(吾)。10.19 園城寺僧綱ら，幕府評定所に訴える(吾)。12.- 幕府，名主・百姓等の公田売却を停止(新編追加)。
1262 1.22	2 壬戌 ⑦					5.23 幕府，六波羅に山僧の寄沙汰や悪党などの処置を指示(近衛家本追加)。7.1 幕府，新儀の河手徴収を禁じる(新編追加)。
1263 2.10	3 癸亥					2.22 幕府，日蓮を赦免(報恩抄)。4.- 高麗，日本人による沿岸侵略の禁止を要請(対州編年略)。6.23 幕府，将軍上洛を決定し，百姓の賦役を定める(吾)。8.13 朝廷，41ヵ条の新制を宣下(弘長の新制)(公家新制)。8.25 幕府，諸国大風により将軍上洛を延引し，百姓に課役を返付(吾)。9.10 幕府，切銭の使用を禁じる(吾)。
1264 1.31	文永(ぶんえい) 2.28 甲子				8.11 8.11 北条政村	1.2 四天王寺僧徒，別当職の園城寺付属を訴える(続史愚抄)。3.23 延暦寺衆徒，蜂起して諸堂を焼く(天台座主記)。3.25 延暦寺衆徒，四天王寺別当職の園城寺付属に対し強訴(天台座主記)。4.6 朝廷，丹波日吉二宮宮仕殺害に対する延暦寺出訴により，室町実藤を淡路に配流(天台座主記)。4.12 幕府，領主による農時の百姓使役等を禁じる(新編追加)。4.26 幕府，領主による田麦の所当催徴を禁じる(新編追加)。5.2 延暦寺衆徒，授戒を執行した園城寺を焼く(天台座主記)。10.25 幕府，越訴奉行を置く(関東評定衆伝)。
1265 1.19	2 乙丑 ④					3.5 幕府，鎌倉の町屋地を定め，散在・大路上の町屋を禁じる(吾)。4.13 朝廷，延暦寺衆徒の武装などを禁じる(天台座主記)。閏4.2 筥崎宮神人らの神輿を奉じての上洛を制止する院宣を下す(外記日記)。
1266 2.7	3 丙寅			7.4 7.24 惟康王		3.6 幕府，引付を廃し，問注所に訴陳状審査等を移管し，重事を評定衆の聴断とする(吾)。3.28 幕府，社官による社領での供祭用鷹狩以外を禁じる(吾)。6.20 北条時宗，自邸で政村ら3人と密議．僧良基，御所を逐電(吾)。7.4 幕府，将軍宗尊親王を廃する(吾)。7.20 宗尊親王帰京(吾)。7.24 惟康王を征夷大将軍に補任(外記日記)。**この年** 高麗王，蒙古の使を日本に送ることに失敗(東国通鑑)。

社　会・文　化	世　界	高麗	南宋	蒙古
都宮頼綱(88，武将)。 《大の月》1・2・4・6・8・11・12		高宗 46	開慶 1.1 ⑪	憲宗 9
4.29 鎌倉大火(吾)。7.16 日蓮，『立正安国論』を北条時頼に献上(日蓮上人註画讃)。**この年** 真照，入京(本朝高僧伝)． 兀庵普寧，来日(元亨釈書)。 《大の月》1・3・4・6・8・11	フビライ，ハン位につく(世宗)．アリクブガ，これに対抗。 中統元宝交鈔を発行。 マムルーク朝，シリアでモンゴル軍を破る。	元宗	景定 1.1	世祖 中統 5.19
7.22 宗尊親王，後藤基政に関東近古秀歌の撰出を命じる(吾)。**この年** 忍性，鎌倉に入る(元亨釈書)。 【死没】 9.14 深賢(浄土宗僧侶)。11.1 宇都宮泰綱(59，武将)。11.3 北条重時(64，六波羅探題)。 《大の月》1・2・4・6・7・9・11	ラテン帝国滅亡，東ローマ帝国復活。 マムルーク朝，アッバース朝の者をカイロに招き，カリフに推戴。	2	2	2
1.16 日蓮，『四恩鈔』を記す。2.27 叡尊，鎌倉に入る(関東往還記)。11.25 伊勢神宮寺焼失(類聚大補任)。**この年** 蔵山順空，入宋(本朝高僧伝)． 無関玄悟，宋より帰国(無関和尚塔銘)。 日蓮，『教機時国鈔』を撰述するか。**この年より弘安元年の間** 行仙房編『念仏往住伝』成るか。 【死没】 11.28 親鸞(90，浄土真宗開祖)。 《大の月》2・4・6・7・8・9・11	モンゴル，山東で李璮の乱起こる。 アフマド(阿合馬)に財務を総括させる。	3	3 ⑨	3
7.29 宗尊親王，『初心愚草』(散佚)を編む(吾)。8.14 諸国大風雨(吾)。11.24 熊野本宮焼亡(帝王編年記)。 【死没】 9.6 憲深(72，真言宗僧侶)。11.22 北条時頼(37，執権)。 《大の月》2・4・6・8・9・10・12	宋，賈似道，公田法を実施。	4	4	4
3.29 園城寺，延暦寺戒壇院焼亡を機に，私に三摩耶戒を行う(外記日記)。12.9 藤原光俊，宗尊親王の命により『瓊玉和歌集』を撰ぶ(奥書)。 【死没】 5.3 大仏朝直(59，武将)。 証慧(70，浄土宗僧侶)。8.21 北条長時(35，執権)。8.29 修明門院(83，後鳥羽天皇寵妃)。9.10 藤原家良(73，歌人)。12.15 行遍(84，東寺長者)。 《大の月》2・5・8・9・10・12	**この頃** ニコロ兄弟，フビライに謁見。	5	5 度宗	至元 8.16
2.11 筑前国筥崎宮焼亡(外記日記)。7.7 後嵯峨上皇，「白河殿七百首」を催す。12.26 藤原為家ら，後嵯峨上皇に『続古今和歌集』を奏覧(拾芥抄)。**この年** 兀庵普寧，宋に帰国(元亨釈書)。 【死没】 3.22 太田康宗(54，評定衆・問注所執事)。5.20 藤原為継(60，画家)。7.18 清原教隆(67，儒学者)。12.15 藤原信実(89，歌人，画家)。 《大の月》1・3・6・8・9・11・12	イギリス，シモン=ド=モンフォール，議会を召集。	6	咸淳 1.1 ⑤	2
3.12『続古今和歌集竟宴和歌』詠まれる。4.21 鎌倉比企谷で，群集が飛礫，闘諍(吾)。4.27 蓮華王院再建供養(外記日記)。**この年** 白雲慧暁，入宋(仏照禅師塔銘)。 【死没】 4.8 飛鳥井教定(歌人)。 《大の月》1・3・7・9・11・12		7	2	3

西暦	年号 干支	天皇	院政	将軍	執権	政治・経済
1267 1.27	文永 4 丁卯	（亀山）	（後嵯峨）	（惟康王）	（北条政村）	4.- 幕府，越訴奉行を廃止(関東評定衆伝)。9.- 高麗使潘阜，来日(東国通鑑)。12.26 幕府，御家人の所領質入・売買・他人和与の禁止等を定める(近衛家本追加)。幕府，離別後に再嫁した妻等の前夫所領の知行を禁じる(式目追加)。
1268 1.16	5 戊辰 ①		10.5 （法皇）		3.5 3.5 北条時宗	1.- 高麗使潘阜，モンゴル国書を持ち大宰府にいたる(関東評定衆伝)。2.7 幕府，モンゴル・高麗の国書を奏上(深心院関白記)。2.19 朝廷，モンゴルに返書を送らぬ旨を定め，幕府，高麗使をかえす(深心院関白記)。2.27 幕府，西国の守護・御家人に，モンゴル襲来の用心を命じる(新式目)。7.1・4 幕府，御家人所領の貸借・売買について定める(新編追加)。8.25 世仁親王(後宇多)，立太子(吉続記)。10.11 日蓮，得宗御内，禅律寺など11ヵ所に書を送り，諸宗排撃・法華宗帰依等を説く(高祖遺文録)。
1269 2.3	6 己巳					1.10 延暦寺衆徒，強訴して六波羅の兵と衝突(天台座主記)。3.7 モンゴル・高麗の使，対馬に渡り返書を求め，島民を奪って帰る(帝王編年記)。4.27 幕府，引付を復活(関東評定衆伝)。9.17 高麗使，モンゴルの国書を持ち対馬に再来し，島民を返す(本朝文集)。9.29 幕府，使を派し，延暦寺に，連年の強訴等の張本の交名提出を命じる(天台座主記)。
1270 1.23	7 庚午 ⑨			12.20		1.11 モンゴルの船，対馬に到る(鎌倉大日記)。1.- 朝廷，モンゴルへの返牒を作成して幕府に送付．幕府，モンゴルに送らず(本朝文集・五代帝王物語)。5.9 幕府，文永4年の御家人所領の質入・売買・他人和与の禁を破棄(近衛家本追加)。8.29 幕府，本所一円荘園での狼藉禁圧について定める(新編追加)。
1271 2.11	8 辛未			（賜源姓）		6.- 炎旱のため，忍性，祈雨を修す(日蓮上人註画讃)。7.22 忍性，日蓮に嘲られ，これを訴える(日蓮上人註画讃)。9.2 幕府，高麗の牒状を朝廷に奏上(吉続記)。9.12 幕府，日蓮を捕え，ついで佐渡に配流(日蓮上人註画讃)。9.13 幕府，鎮西に所領をもつ御家人に，下向・異国警固・悪党鎮圧を命じる(小代文書)。9.19・25 モンゴル使趙良弼ら，大宰府に至り，国書の写を作り幕府・朝廷に呈出(東福寺文書)。10.23 後嵯峨院で，幕府奏上のモンゴル牒状について評議(吉続記)。12.16 朝廷，伊勢神宮に異国調伏を祈らせる(吉続記)。
1272 2.1	9 壬申		2.17			2.1 これより前，幕府，鎮西御家人による筑前・肥前要害の警固を定める(野上文書)。2.11・15 幕府，鎌倉で北条教時らを，京都で六波羅探題南方北条時輔を誅殺(二月騒動)(鎌倉年代記)。2.17 後嵯峨法皇没(帝王編年記)。5.- 元使趙良弼の使，高麗の牒状を持ち来日(関東評定衆伝)。10.20 幕府，諸国守護に大田文の調進を命じる(東寺百合文書)。
1273 1.21	10 癸酉 ⑤					3.- 元使趙良弼，大宰府に至るが入京できずに帰国(東国通鑑)。6.- 炎旱により，祈雨奉幣使を発遣し，神泉苑で読経(吉続記)。7.12 幕府，御家人の質地の無償返却等を定め，引付衆・奉行人に公正・迅速な訴訟を命じる(近衛家本追加)。8.3 幕府，諸国御家人に所領・質券売買地の注進を命じる(松浦山代文書)。9.27 朝廷，25ヵ条の新制を宣下(三代制符)。10.20 内裏焼亡(一代要記)。

社　会・文　化	世　界	高麗	南宋	蒙古
1.26『馬医草紙』相伝される(東博本奥書)。4.8 徹通義介，永平寺に住す(永平寺三祖行業記)。**この年** 南浦紹明・寒巌義尹，宋より帰国(日本洞上聯燈録)。 吉田経長『吉続記』を記す(～乾元元年)。 【死没】 6.8 二階堂行方(62，武将)。 《大の月》1・3・5・8・10・12		元宗 8	咸淳 3	至元 4
前年12月～1月 後深草上皇，琵琶の秘曲を藤原孝行らから伝授される(後深草天皇宸記)。1.29 凝然『八宗綱要』成る(跋)。3.23 東寺で異国降伏の祈禱(東宝記)。4.13 亀山天皇，宸筆の宣命を伊勢神宮に奉納(五代帝王物語)。**この年** 山叟慧雲，宋より帰国(仏智禅師伝)。 【死没】 7.8 真空(65，学僧)。11.19 近衛基平(23，公卿)。 《大の月》1・2・3・5・7・10・12		9	4 ①	5
4.2 仙覚，『万葉集註釈』を著す(奥書)。**この秋から冬にかけて** 飛鳥井雅有，『嵯峨のかよひ』を著す。**この年** 宋僧大休正念，北条時宗の招きで来日(元亨釈書)。 【死没】 6.7 西園寺実氏(76，公卿)。 《大の月》1・3・5・6・8・11	モンゴル，パスパ文字を制定。	10	5	6
1.2 厳島社・出雲杵築社焼失(帝王編年記)。4.20 東寺塔焼失(帝王編年記)。11.15 阿蘇山噴火(阿蘇家譜)。12.- 北条実時の鎌倉邸・蔵書焼失(群書治要奥書集)。**この年** 房総諸国に疫病流行(本国寺年譜)。 狛朝葛，『続教訓抄』を起筆(同書)。 【死没】 1.27 北条時茂(30，六波羅探題)。5.10 足利泰氏(55，武将)。11.29 二条良実(55，公卿)。 《大の月》1・3・4・6・8・9・11	モンゴル，農桑の制(社制)を定める。 高麗，三別抄，モンゴル軍に抵抗。 宋，黎靖徳編『朱子語類』刊。 第7回十字軍。	11	6 ⑩	7 ⑪
10.-『風葉和歌集』成る(序)。**この年** 西澗子曇，来日(聖一国師譜)。 惣持編『西琳寺文永注記』成る。 【死没】 5.22 浄音(71，浄土宗西谷流祖)。 《大の月》1・3・5・7・8・10・11	フビライ，国号を元と称する。	12	7	元 8
2.- 日蓮，佐渡で『開目鈔』を著す(同書)。**この冬** 覚信尼，京都西吉水に親鸞の遺骨を改葬し，大谷廟堂を建立(本願寺上人親鸞伝絵)。 【死没】 2.11 名越時章(58，武将)。2.15 北条時輔(25，六波羅探題)。2.17 後嵯峨法皇(53)。6.26 葉室定嗣(65，公卿)。12.28 神子栄尊(78，臨済僧)。 《大の月》2・4・6・8・9・11・12	元，中都を大都と改称。 ヴェトナム，『大越史記』成る。	13	8	9
2.11 嵯峨法華堂，落慶供養(東宝記)。4.25 日蓮，『観心本尊抄』を著す。10.12 京都火災，六条殿など焼失(一代要記)。 【死没】 2.14 徳大寺実基(73，公卿)。5.27 北条政村(69，執権)。8.16 洞院実雄(57，公卿)。12.7 頼賢(78，真言宗僧侶)。 《大の月》2・⑤・7・8・10・11・12		14	9 ⑥	10

西暦	年号 干支	天皇	院政	将軍	執権	政治・経済
1274 2.9	文永 11 甲戌	（亀山） 1.26 後宇多	1.26 亀山	（源惟康）	（北条時宗）	2.14 幕府，日蓮を赦免(日蓮上人註画讃)。6.1 幕府，罪科で収公された一期分の法を定める(類従本追加)。 幕府，所領の他人和与を禁じる(式目追加)。10.5・14 元・高麗軍，対馬・壱岐を侵す(八幡愚童訓)。10.20 同軍，筑前に上陸．鎮西御家人，防戦し大宰府に退く．夜，風雨により元軍撤退(文永の役)(八幡愚童訓)。11.1 幕府，西国の守護に，本所一円地の住人・非御家人の動員等を命じる(東寺百合文書・大友文書)。11.2 亀山上皇，異国降伏の祈請のため山陵使を派遣(続史愚抄)。11.6 元軍撤退の報，京都に届く(帝王編年記)。
1275 1.29	建治（けんじ） 4.25 乙亥					2.4 幕府，鎮西御家人による異国警固番役を結番する(比志島文書)。4.15 元使杜世忠ら，長門室津に来る(関東評定衆伝)。5.20 幕府，周防以下４ヵ国に長門警固を命じる(東寺百合文書)。9.7 幕府，元使杜世忠らを鎌倉滝口で斬首(鎌倉年代記)。10.28 紀伊国阿氐河荘民ら，地頭の非法を片仮名書きで訴える(高野山文書)。11.5 幕府の奏請により熙仁親王が立太子(伏見宮記録文書)。11.- 幕府，金沢実政を鎮西に派遣(歴代編年記)。 幕府，京都大番役を軽減(関東評定衆伝)。12.8 幕府，異国征伐を企て，鎮西・西国での梶取・水手の催徴を定める(東寺百合文書)。12.- 紀伊国高野山領で憑子がなされる(初見)(高野山文書)。
1276 1.18	2 丙子 ③					3.5・10 幕府，高麗発向の用意を命じ，博多の石塁造築を鎮西御家人等に賦課(野上文書・深江文書)。7.22 亀山上皇，二条為氏に『続拾遺和歌集』の撰進を命じる(尊卑分脈)。8.24 幕府，山陽・南海道諸国に長門警固を命じる(東寺百合文書)。
1277 2.5	3 丁丑					1.12 道宝，伊勢神宮に参籠して異国降伏を祈る(続史愚抄)。6.8 幕府，宋朝滅亡の報を大宰府より受ける(建治三年記)。10.- 阿仏尼，訴訟のため鎌倉に下向(十六夜日記)。12.19 幕府，六波羅の政務を定める(建治三年記)。
1278 1.25	弘安（こうあん） 2.29 戊寅 ⑩					5.12 園城寺金堂供養が勅会に準じられたことにつき，延暦寺衆徒ら強訴(勘仲記)。7.27 興福寺の訴えにより葉室頼親を安芸に配流(公卿補任)。閏10.13 内裏焼失(勘仲記)。
1279 2.13	2 己卯					5.4 石清水八幡宮神人，赤山神人との相論に関して強訴(公衡公記)。7.29 朝廷，元の牒状を評定し幕府に処置を委ね，幕府，博多で元使を処刑(勘仲記・関東評定衆伝)。10.24 幕府の武士，鎮西下向のため上洛(帝王編年記)。

社　会・文　化	世　界	高麗	南宋	元
5.12 日蓮，鎌倉より甲斐身延へ向かい，久遠寺を建立(日蓮上人註画讃)。**この夏** 一遍，熊野本宮に参詣し，賦算の神勅を受ける(一遍上人絵伝)。**この年** 広橋兼仲，『勘仲記』を記す(～正安2年)。 【死没】 4.15 藤原経光(63，公卿)。8.1 宗尊親王(33，鎌倉将軍)。10.6 宗資国(武将)。10.15 平景隆(壱岐守護代)。 《大の月》2・6・8・10・11・12	イタリア，トマス=アクィナス没。	元宗 15	咸淳 10 恭宗	至元 11
3.21 康円，神護寺愛染明王像を造る(銘)。6.25 経尊，『名語記』を成し北条実時に献上(奥書)。**この年** 承澄『阿娑縛抄』成る。日蓮『神国王御書』『撰時抄』成る(同書)。 【死没】 5.1 藤原為家(78，歌人)。7.17 性信(89，浄土真宗僧侶)。11.11 有厳(90，律宗僧侶)。 《大の月》2・3・7・9・11・12	宋，賈似道，殺される。マルコ=ポーロ，大都に到着し，フビライに仕える。	忠烈王	徳祐 1.1	12
3.- 日蓮，『種々御振舞御書』を著すか。閏3.- 北条時宗，和歌を藤原光俊に撰進させ『現存三十六人詩歌』を成す(奥書)。7.21 日蓮，『報恩抄』を著す(同書)。7.- 釈良季『王沢不渇鈔』成る。 【死没】 4.23 葛山景倫(武将)。6.9 藤原光俊(74，歌人)。10.18 吉田経俊(63，公卿)。10.23 金沢実時(53，武将)。 《大の月》1・3・4・7・9・11・12	兀庵普寧没(臨済宗楊岐派の禅僧)。	2	端宗 景炎 5.1 ③	13
7.26 落雷により興福寺金堂等焼失(建治三年記)。8.- 安達泰盛，『請来目録』『大日経疏』を開板し，高野山金剛三昧院に寄進(高野春秋)。**この年より弘安2年頃**『和漢兼作集』成るか。 【死没】 4.21 慈猛(67，僧侶)。5.2 北条時盛(81，武将)。10.22 円照(57，律僧)。11.3 東巌慧安(53，臨済宗僧侶)。**この頃** 源親行(歌人)。 《大の月》2・3・5・7・10・12	元，ビルマを攻撃。	3	2	14
8.20 東寺塔婆の造営開始(東宝記)。12.23 北条時宗，禅僧招来のため徳詮・宗英を入元させる(円覚寺文書)。12.27 二条為氏撰『続拾遺和歌集』奏覧(尊卑分脈)。**この年**『御義口伝』成るか。西澗子曇，元に帰る(大通禅師行実)。 【死没】 6.8 宗性(77，華厳宗学僧)。7.24 蘭渓道隆(66，渡来僧)。 《大の月》2・3・5・7・9・11・12	元，日本商船の交易を許可。	4	帝昺 祥興 5.1 ⑪	15
1.23『諸寺略記』成る(奥書)。3.6 清涼寺で大念仏会を行う(皇代記)。4.- 院勝撰『石清水八幡宮寺略補任』成る。6.25 元使周福ら，来日(関東評定衆伝)。6.- 無学祖元・鏡堂覚円ら，北条時宗の招きにより来日(元亨釈書)。8.20 時宗，無学祖元を建長寺住持とする(円覚寺文書)。10.- 阿仏尼，『十六夜日記』を記すか(～翌年8月)。**この年**「常陸国大田文」成る(同書)。 【死没】 5.24 京極為教(53，歌人)。11.22 信瑞(僧侶)。 《大の月》2・4・5・7・9・11	元，南宋を滅ぼす。	5	2	16

西暦	年号 干支	天皇	院政	将軍	執権	政治・経済
1280 2.2	弘安 3 庚辰	(後宇多)	(亀山)	(源惟康)	(北条時宗)	2. 21 朝廷，諸寺に異国降伏の祈禱を命じる(高野春秋)。6. 24 延暦寺衆徒，金堂供養勅願の噂に怒り，園城寺に発向(一代要記)。12. 8 幕府，鎮西警固の御家人に守護に従うことを，守護には公正な職務遂行を命じる(大友文書)。
1281 1.22	4 辛巳 ⑦					2. 16 亀山上皇，熊野に御幸(一代要記)。3. 21 幕府，高野山金剛三昧院の荘園・長老職等について定める(金剛三昧院文書)。5. 21 元・高麗等の東路軍，対馬・壱岐に侵攻(八幡愚童訓)。6. 6～13 東路軍，志賀島に上陸できず，江南軍の到着を待つため壱岐に退き，一部は長門に進出(八幡愚童訓)。6～閏7月 石清水八幡宮等で，異国降伏の祈禱が盛んに行われる(続史愚抄)。閏7. 1 鷹島付近に集結した東路軍・江南軍，台風により壊滅(弘安の役)(八幡愚童訓)。閏7. 9 幕府，本所一円地の荘官等の軍事動員を朝廷に奏請(弘安四年日記抄)。閏7. 11 幕府，瀬戸内の海上警備のため，北条時業を播磨に派遣(東寺文書)。10. 4 春日神木，入京(弘安四年春日入洛記)。
1282 2.10	5 壬午					10. - 東大寺衆徒，六波羅による同寺領伊賀国黒田荘等の悪党追捕を命じる院宣発給を求める(東大寺文書)。12. 17～21 興福寺の訴により源具房らを配流に処し，春日神木を帰座させる(勘仲記)。
1283 1.30	6 癸未					1. 6 延暦寺衆徒，神輿を奉じて禁中に乱入(勘仲記)。5. 3 幕府，北条兼時を播磨に派遣(鎌倉年代記)。
1284 1.20	7 甲申 ④				4. 4 7. 7 北条貞時	2. 27 朝廷，宇治川の網代停廃と，叡尊による橋修造を定めた官符を下す(報恩院文書)。4. 4 北条時宗没，一門・評定衆の多くが出家(関東評定衆伝)。4. 13・26 殺生禁断の宣旨・院宣が出される(勘仲記)。5. 20 幕府，新式目38条を制定(新式目)。5. 27 幕府，悪党禁圧の８条を定める(近衛家本追加)。 幕府，御家人所領の質地等の公事・年貢などについて定める(新式目)。5. - 幕府，守護に一宮・国分寺の管領人や関東御領の当知行人等の注進を命令(薩藩旧記・新式目)。6. 3 幕府，津料徴収・押買等を禁じる(新編追加)。6. 20 幕府，六波羅南方北条時国を解任(鎌倉年代記)。7. - 元使王積翁・如智，対馬に渡る(善隣国宝記)。8. 17 幕府，引付衆・奉行人の公正な職務遂行などを定める(近衛家本追加)。8. - 幕府，北条時光を配流(鎌倉年代記)。9. 10 幕府，鎮西の名主職安堵のため，東使と守護が鎮西を三分して博多において訴訟処理に当ることを定める(鎮西特殊合議制訴訟機関の設置)(新編追加)。
1285 2.6	8 乙酉					2. 20 幕府，鎮西の守護に大田文の注進を命じる(薩藩旧記)。10・12月 豊後・但馬の守護，大田文を注進。10. 17 幕府，鎮西御家人が訴訟のため鎌倉に参向することを禁じる(松浦山代文書)。11. 13 朝廷，20ヵ条の新制を宣下(石清水文書)。11. 17 平頼綱，安達泰盛等を滅ぼし、金沢顕時を上総に配流(霜月騒動)(鎌倉年代記)。この年 筑前岩門で武藤景資が反乱を起し、敗死する(岩門合戦)(有浦文書・曾禰崎文書)。

社会・文化	世界	高麗	元
3.14 大和長谷寺焼失(一代要記)。9.24 筑前国筥崎宮焼亡(皇代暦)。10.- 源具顕,『弘安源氏論議』を筆録。11.14 鶴岡八幡宮焼失(鶴岡社務記録)。 【死没】 7.11 九条基家(78,歌人)。8.24 孤雲懐奘(83,曹洞宗僧侶)。10.17 円爾(79,臨済宗僧侶)。12.13 忠成王(59,順徳天皇皇子)。 《大の月》1・3・5・7・8・10・11		忠烈王 6	至元 17
4.- 日蓮,『三大秘法稟承事』を著すか。5.- 小槻顕衡,『弘安四年日記抄』を記す(~同年8月)。 【死没】 6.7 二階堂行綱(66,政所執事)。閏7.13 少弐資能(84,大宰少弐)。8.21 一翁院豪(72,禅宗僧侶)。11.27 北条義政(40,連署)。 《大の月》2・4・7・⑦・9・10・11	元,授時暦を頒布。	7	18 ⑧
10.13 日蓮,武蔵池上で没(日蓮上人註画讃)。12.8 北条時宗,円覚寺を創建し,モンゴル襲来の戦没者を供養(仏光禅師塔銘)。 【死没】 10.13 日蓮(61,日蓮宗開祖)。 《大の月》1・5・7・9・10・11	元,アフマド殺される。イタリア,「シチリアの晩鐘」起こる。	8	19
7.16 幕府,円覚寺を将軍家祈禱所とする(円覚寺文書)。8.- 無住道暁,『沙石集』を著す(巻十末原識語)。**この年** 寒巌義尹,肥後大慈寺を建立(寒岩禅師略伝)。 三条実躬,『実躬卿記』を記す(~延慶3年)。 【死没】 4.8 阿仏尼(女流歌人)。7.13 尊信(56,大乗院僧侶)。**この年** 覚信尼(60,大谷御影堂留守職)。 《大の月》1・2・6・8・10・11・12		9	20
8.7 叡尊,西大寺舎利器を造立(銘)。 【死没】 4.3 唯信(85,浄土真宗僧侶)。4.4 北条時宗(34,執権)。4.18 立信(72,浄土宗僧侶)。閏4.21 島津久経(60,武将)。7.18 一条実経(62,公卿)。10.3 北条時国(六波羅探題)。 《大の月》2・4・6・8・10・11		10	21 ⑤
3.18 松尾社焼失(一代要記)。3.- 法隆寺,十七条憲法を開版(刊記)。7.21 延暦寺講堂供養(帝王編年記)。10.- 高野山石塔婆供養(高野山文書)。12.3 度会行忠撰『伊勢二所太神宮神名秘書』成る。12.22 院中で『弘安礼節』が評定される(同書)。**この年** 円覚寺舎利殿建立。**この年より弘安10年の間** 藤原為兼『為兼卿和歌抄』成るか。 【死没】 3.26 菊池武房(41,武将)。11.17 安達泰盛(55,武将)。**この年** 安達盛宗(武将)。 少弐景資(40,武将)。 《大の月》1・2・4・7・9・11	元、第2回ヴェトナム征討に失敗。	11	22

西暦	年号干支	天皇	院政	将軍	執権	政治・経済
1286 1.26	弘安 9 丙戌 ⑫	（後宇多）	（亀山）	（源惟康）	（北条貞時）	2.5 幕府，御家人が所領に悪党を隠し置くことを禁じる（式目追加条々）。7.16 幕府，鎮西に関する訴訟は，少弐・大友・宇都宮・渋谷４氏の寄合により裁許させる（鎮西談議所の設置）（新編追加）。7.25 幕府，鎮西御家人の女子への所領譲与を禁じ，後家の改嫁について定める（新編追加）。10.19 幕府，弘安の役の恩賞等について大友・少弐氏に処理させる（大友文書）。12.3 亀山上皇，院評定制を改革し，徳政沙汰・雑訴について定める（勘仲記）。12.30 幕府，鎮西の御家人らに異国警固を厳命し，怠慢者の処分を定める（島津家文書）。
1287 2.14	10 丁亥	10.21 伏見	10.21 後深草	10.4 （親王宣下）		5.27 幕府，諸人訴訟の口入について定める（貞応弘安式目）。10.4 朝廷，将軍源惟康に親王宣下（勘仲記）。10.12 幕府，使者を関東申次西園寺実兼の許に遣わし，譲位を申し入れる（勘仲記）。10.21 譲位，後深草上皇，院政を開始（勘仲記）。
1288 2.4	正応（しょうおう） 4.28 戊子					1.26 後深草上皇，石清水八幡宮に御幸し，国家安泰を祈願（伏見天皇宸記）。7.- 幕府，検非違使に補任された御家人の京都公事の勤仕と幕府出仕について定める（二判問答）。8.- 幕府，鎌倉の僧徒の官位叙任を免許によるものと定める（新編追加）。
1289 1.23	2 己丑 ⑩			9.14 10.9 久明親王		4.25 幕府の奏請により，胤仁親王，立太子（公衡公記）。9.7 亀山上皇，出家（吉続記）。9.14 幕府，将軍惟康親王を帰京させる（鎌倉年代記）。10.9 久明親王に征夷大将軍の宣下．翌日，鎌倉に下向（勘仲記）。
1290 2.11	3 庚寅		2.11			2.11 後深草上皇，出家（後深草天皇宸記）。3.10 浅原為頼ら，禁中に乱入して自害（一代要記）。4.18 幕府，御家人の遺跡相論時の法を定める（新編追加）。4.25 朝廷，綸旨・院宣を下し，諸寺社に異国降伏を祈らせる（中臣祐春記・華頂要略）。**この年** 幕府，寺社・鎮西御家人の訴訟の迅速化を命じる（新編追加）。 幕府，御家人の百姓への垸飯役賦課等７ヵ条の禁止を定める（近衛家本追加）。
1291 2.1	4 辛卯					2.3 幕府，諸国一宮・国分寺及び主要な寺社に，異国降伏を祈らせる（勝尾寺文書）。 幕府，使を鎮西に派遣し，軍忠注進の不正の調査を鎮西談議所に命じる（新編追加）。8.20 幕府，寺社や京下りの訴訟の迅速化を奉行人等に命じ，延引の際は得宗御内に訴え出るように定める（新編追加）。10.5 六波羅，紀伊国荒川・名手荘の悪党の尋沙汰を守護代に命じる（高野山文書）。
1292 1.21	5 壬辰 ⑥					3.- 元の楊祥，琉球に侵入（元史類編）。**前年12月～4・8月** 藤原教経ら，春日神木の遷座中に放氏され，帰座後に継氏（興福寺略年代記）。7.- 朝廷，13ヵ条の新制を宣下（園太暦）。 元の燕公南，日本商船に託して牒状を送る（鎌倉年代記）。8.7 幕府，西国御家人の所職を安堵し，本所課役・御家人役を勤仕させるように六波羅に命じる（島津家文書）。10.1 日本商船，元の四明に渡り，交易を求める（元史）。10.- 高麗使金有成ら，来日し国書を呈する（鎌倉年代記・金沢文庫文書）。11.24 幕府，異国征伐の将軍を評定（親玄僧正日記）。12.- 幕府，高麗の国書を奏上，朝廷，返書せぬ旨を定める（師守記）。

社 会 ・ 文 化	世 界	高麗	元
1.9 知道『好夢十因』成る(奥書)。3.- 叡尊,『感身学正記』を著す(奥書)。11.19 宇治橋供養(実躬卿記)。12.5 幕府,源頼朝の遺剣を法華堂に納める(法華堂文書)。 【死没】 9.3 無学祖元(61,渡来僧)。9.14 二条為氏(65,歌人)。12.23 中院通成(65,公卿)。 《大の月》1・2・4・5・8・10・12	元,漢人の武器所持を禁じる.『農桑輯要』,頒布される。	忠烈王 12	至元 23
9.- 相模霊山寺僧ら,『伝法正宗記』等を刊行(刊記)。12.24 円覚寺焼失(鎌倉年代記)。**この年** 三条実任,『継塵記』を記す(~嘉暦元年)。 【死没】 6.26 北条業時(47,連署)。7.6 良忠(89,浄土宗僧侶)。11.18 俊聖(49,念仏僧)。 《大の月》1・3・4・6・8・10・12	ビルマのパガン朝,元の侵入を受け滅ぶ。 元,至元宝鈔を頒行。 ネストリウス派の僧バール=サウマ,イル=ハンの命で英・仏の王や教皇を訪問。	13	24 ②
1.22『山王霊験記』成る(奥書)。4.26 京都で火災,行願寺・誓願寺等焼亡(勘仲記)。6.8 日持・日浄,本門寺日蓮像を造る(銘)。10.- 幕府,中尊寺金色堂を修補(中尊寺光堂文書)。**この年** 近江金剛輪寺本堂建立(銘)。 【死没】 5.20 上真葛(57,雅楽家)。 《大の月》2・4・6・7・9・11	ヴェトナム,元軍を白藤江で破る。	14	25
この年 斎藤基茂『唯浄裏書』成る。 【死没】 4.18(28日とも) 澄覚法親王(71,天台座主)。8.23 一遍(51,時宗開祖)。11.29 大休正念(75,渡来僧)。 《大の月》1・3・5・7・9・10・11	元,ハイドゥ,辺境に侵入。	15	26 ⑩
7.- 海竜王寺鍍金舎利塔,成る(銘)。 【死没】 3.10 浅原為頼(武将)。5.11 太田康有(63,幕府吏僚)。8.25 叡尊(90,律宗僧侶)。12.1 尊助法親王(74,天台座主)。**この年** 北条時定(武将)。 《大の月》1・3・6・8・9・10・12	元,万戸府を江南に増置。	16	27
2.2 熱田社焼亡(帝王編年記)。4.17 八坂の塔焼亡(帝王編年記)。**この年** 亀山法皇,離宮禅林寺殿を寺に改める(南禅寺の起源)(皇代記)。 【死没】 5.26 良胤(80,真言宗僧侶)。11.27 聖守(77,学僧)。12.12 無関玄悟(80,81とも,臨済宗僧侶)。 《大の月》1・5・7・9・10・11	元,『至元新格』を頒行。 サンガ,処刑される。 十字軍最後の拠点アッコン,陥落。スイス,3州が独立抗争を開始。	17	28
3月以降 中務内侍『中務内侍日記』成る。 【死没】 8.2 少弐経資(64,大宰少弐)。9.9 大宮院(68,後嵯峨天皇皇后)。 《大の月》1・3・6・7・9・11・12	元軍,ジャワ遠征(~'93年)。タイ,ラーマカムヘン王碑,建立される。	18	29 ⑥

西暦	年号干支	天皇	院政	将軍	執権	政治・経済
1293 2.8	永仁（えいにん） 8.5 癸巳	（伏見）		（久明親王）	（北条貞時）	3.7 幕府，異国警固のため，北条兼時・北条時家を鎮西に派遣（帝王編年記・島津家文書）。4.22 北条貞時，内管領平頼綱・飯沼資宗らを滅ぼす（平頼綱の乱）（保暦間記）。5.25 幕府，公平な政務，本補地頭の下地中分の許可，罪科の惣領跡の庶子分所領等について定める（近衛家本追加等）。6.1 朝廷，記録所庭中・雑訴沙汰の制を設置（勘仲記）。10.20 幕府，引付を廃止し，執奏を置いて貞時の直断とする（武家年代記）。11.17 興福寺一乗院と大乗院の衆徒ら合戦（一代要記）。
1294 1.28	2 甲午					3.6 北条兼時，筑前・肥前・壱岐に烽火の訓練を命じる（来島文書）。6.29 幕府，霜月騒動の賞罰の沙汰を打切る（新編追加）。7.2 幕府，弘安7年4月以前になされた越訴の裁許に対する越訴等を棄却し，同以前の裁許と異なる同以後の越訴裁許への越訴を認める（近衛家本追加）。7.5 幕府，庶子による所当公事の対捍について定める（新編追加）。7.10 幕府，本所訴訟により所領替となる給人の所遇等を定める（新式目）。8.25 幕府，連署起請文を提出させる（武家年代記）。
1295 1.17	3 乙未 ②					4.17 興福寺衆徒，賀茂祭で狼藉（師守記）。5.- 幕府，寛元年間の例を調べ，下地の配分と公事の割当てについて評定（新編追加）。9.14 伏見天皇，内侍所に告文を奉り，持明院統の皇位継承を祈る（伏見宮記録文書）。10.24 幕府，引付を復活し，重事は北条貞時の直断とする（鎌倉年代記）。
1296 2.5	4 丙申					4.- 幕府，金沢実政を鎮西探題に任じ，御家人訴訟の成敗権を付与（帝王編年記）。5.- 豊後守護大友氏，幕府の命を受け，大道に警固屋を置き，悪党追捕を命じる（野上文書）。9.13 春日社神人，入京して狼藉に及ぶ（中臣祐春記）。11.20 幕府，謀叛を企てた吉見義世を斬る（鎌倉年代記）。
1297 1.25	5 丁酉 ⑩					3.6 幕府，御家人の質券売買地の取戻しに関する法や，利銭出挙の訴訟不受理，越訴禁止等を定める（永仁の徳政令）（東寺百合文書）。4.18 二条富小路内裏，焼亡（帝王編年記）。6.1 幕府，請書・売買地・替銭等について定める（新編追加）。6.14 幕府，興福寺一乗院領に地頭を置く（興福寺略年代記）。7.22 幕府，徳政令を六波羅に伝達（東寺百合文書）。
1298 2.13	6 戊戌	7.22 後伏見	7.22 伏見			1.7 六波羅，京極為兼を捕える（興福寺略年代記）。2.28 幕府，前年の徳政令の内，越訴及び質券売買・利銭出挙の訴訟の禁止を廃す（新編追加・鎌倉年代記）。3.16 幕府，京極為兼を佐渡に配流（一代要記）。4.10 幕府，西大寺等34寺を将軍祈禱所とする（帝王編年記）。8.10 後宇多上皇の皇子（邦治親王）立太子（帝王編年記）。12.1 幕府，九州諸国に大社の修造を命じる（薩藩旧記）。
1299 2.2	正安（しょうあん） 4.25 己亥					1.27 幕府，鎮西評定衆を設置（大友系図）。2.- 幕府，幕府口入の地の外，承久以後の請所は本所の進止とする（新編追加）。4.10 幕府，鎮西引付衆を置く（鎮西引付記）。10.8 元使一山一寧，鎌倉に来て元の国書を幕府に呈す（鎌倉年代記）。

社　会・文　化	世　界	高麗	元
2.9 竹崎季長，『蒙古襲来絵巻』を制作・奉納(奥書)。3.5 山城国妙覚寺焼亡(実躬卿記)。4.13 鎌倉大地震，死者2万3000余に及ぶ(鎌倉年代記)。8.27 天皇，二条為世・京極為兼らに，勅撰集の撰進を命じる(伏見天皇宸記)。 【死没】 4.22 平頼綱(武将)。 《大の月》1・3・5・9・10・12	ジャワ，マジャパヒト王国興る。	忠烈王 19	至元 30
5.6『紫明抄』，将軍に献上される。**この年** 忍性，四天王寺別当に勅任される(元亨釈書)。 日像，上洛し，京都に日蓮宗を弘通(竜華秘書)。 【死没】 8.8 鷹司兼平(67，公卿)。 《大の月》1・2・4・7・9・11		20	31 成宗
9.29 醍醐寺金堂等焼亡(醍醐寺新要録)。9.-『野守鏡』成るか。11.5 鎌倉勝長寿院焼亡(鎌倉年代記)。 【死没】 4.17 憲静(僧侶)。9.18 北条兼時(32，鎮西惣奉行)。 《大の月》1・2・3・5・7・9・11	イギリス，エドワード1世，模範会議を開催。	21	元貞 1.1 ④
2.3 明空，『真曲抄』を編む(円徳寺本識語)。 鶴岡八幡宮焼失(鎌倉年代記)。3.8 三島社焼失(鎌倉年代記)。10.3 興福寺巻『天狗草子』成る(序)。**この年** 北条貞時，心慧を開山として覚園寺を建立(覚園寺文書)。 可菴円恵，入元(延宝伝燈録)。**この年以前** 明空編『宴曲集』成るか。 【死没】 11.20 吉見義世(武将)。 《大の月》1・3・4・6・8・10・12	インド，ハルジー朝アラー=ウッディーン，即位し，南インドに進出(～1316年)。	22	2
2.27 武蔵国称名寺の愛染明王像成る(銘)。 【死没】 7.8 良空(浄土宗僧侶)。8.11 礼阿(浄土宗僧侶)。9.25 波木井実長(76，日蓮檀越)。12.25 白雲慧暁(75，臨済宗僧侶)。 《大の月》2・4・6・7・9・11・12		23	大徳 2.27 ⑫
6.13 朝廷，無学祖元に仏光禅師の号を贈る(帝王編年記)。8.- 忍性，『東征絵伝』を唐招提寺に施入(銘)。9.19 延暦寺の講堂・戒壇等焼亡(帝王編年記)。 【死没】 10.13 無本覚心(92，臨済宗僧侶)。 《大の月》2・5・6・8・9・11	**この頃** マルコ=ポーロの『世界の記述』成る。	24	2
4.- 無住道暁『聖財集』成る(同書)。7.24 下野鑁阿寺大御堂上棟(鑁阿寺文書)。8.23 聖戒(詞書)と円伊(絵)，『一遍上人絵伝』を成す(歓喜光寺本奥書)。**この頃**『平他字類抄』成るか。 【死没】 3.20 富木常忍(84，日蓮檀越)。8.5 英祖(71，琉球国王)。9.13 寂円(93，曹洞宗僧侶)。 《大の月》1・4・6・8・9・11・12	オスマン帝国，興る。	25	3

西暦	年号 干支	天皇	院政	将軍	執権	政 治 ・ 経 済
1300 1.23	正安 **2** 庚子 ⑦	(後伏見)	(伏見)	(久明親王)	(北条貞時)	**3.9** 伏見上皇御所の常盤井殿焼亡(一代要記)。**7.5** 幕府，鎮西探題に堺相論の沙汰を命じ，引付・評定に関する政務条々を示す(近衛家本追加)。**7.10** 幕府，鎮西探題に使を派して，異国使節の取扱と異賊防禦について指示(新編追加)。**10.9** 幕府，越訴を停止(鎌倉年代記)。
1301 2.10	**3** 辛丑	1.21 後二条	1.21 後宇多		8.22 8.22 北条師時	**1.18** 幕府の使，西園寺実兼に譲位を申入れる(吉口伝)。**1.21** 後二条天皇，践祚(吉口伝)。**3.27** 鎮西探題，海賊鎮圧のため船籍の表示と把握，及び早船による追捕を命じる(島津家文書)。**8.23** 北条貞時，出家(鎌倉年代記)。**8.24** 富仁親王，立太子(皇代記)。**8.25** 幕府，北条宗方を越訴頭人とする(鎌倉年代記)。**10.25** 悪党が春日社に乱入，神鏡を奪う(興福寺略年代記)。**11.21** 異国船が薩摩甑島に出現(鎌倉年代記)。**12.-** 幕府，諸社寺に異国降伏を祈らせる(総社文書)。
1302 1.30	乾元(けんげん) 11.21 壬寅					**2.10** 後宇多上皇，親鸞の御影堂敷地(大谷廟堂)を門弟の沙汰とする(本願寺文書)。**3.-** 日高，法華経の流布および異敵降伏の祈禱等を請う(法華経寺文書)。**8.29** 持明院・大覚寺両統，室町院の遺領を折半(実躬卿記)。**この年** 幕府，一向宗僧徒の諸国横行を禁じる(本願寺文書)。
1303 1.19	嘉元(かげん) 8.5 癸卯 ④					**閏4.-** 幕府，京極為兼を佐渡から召還(公卿補任)。**6.12** 幕府，御家人の所領譲与の外題安堵を定める(武家年代記)。**6.-** 幕府，夜討・盗賊等の罰法を定める(新編追加)。**8.19** 興福寺衆徒の訴えにより，延暦寺僧慈俊・頼俊，配流される(興福寺略年代記)。**9.-** 幕府，一向宗と号して群をなし，諸国を横行することを禁止(専修寺文書)。
1304 2.7	**2** 甲辰					**1.11** これより前，幕府，異国警固番役を九州諸国の5番編成，1年交代とする(中村文書)。**6.28** 六波羅，大和で悪行を働いた興福寺衆徒を配流し，その所領に地頭を配す(興福寺略年代記)。**7.8** 後深草法皇，長講堂領を処分(伏見宮記録文書)。**8.24** 大山崎神人，石清水八幡宮に籠る(石清水八幡宮記録)。**9.13** 石清水に閉籠中の大山崎神人，切腹(石清水八幡宮記録)。**9.26** 幕府，興福寺僧徒の訴えにより，流人跡に置いた地頭職を停止(興福寺略年代記)。**12.7** 幕府，北条宗方を侍所所司とする(鎌倉年代記)。
1305 1.26	**3** 乙巳 ⑫					**2.29** 洛中での沽酒を停止(興福寺略年代記)。**4.4** 興福寺衆徒，大和達磨寺を焼く(中臣祐春記)。**4.6** 鎮西探題北条政顕，蒙古合戦の恩賞を配分(二階堂文書)。**4.23** 北条宗方，連署北条時村を殺す(鎌倉年代記)。**5.4** 大仏宗宣，北条宗方を討つ(鎌倉年代記)。**7.22** 宗宣，連署となる(鎌倉年代記)。**11.-** この頃，釼阿，武蔵金沢の瀬戸橋を造る(金沢文庫文書)。 この頃，幕府，訴訟の鎌倉注進を鎮西探題に命じる(青方文書)。

社　会・文　化	世　界	高麗	元
3.18 武蔵国浅草寺，再建される(武蔵国浅草寺縁起)。**閏7.3** 朝廷，叡尊に興正菩薩の号を贈る(帝王編年記)。**11.29** 建長寺供養(鎌倉年代記)。**12.5** 興福寺供養(帝王編年記)。**この年** 無住道暁『妻鏡』成るか(無住国師道跡考)。 【死没】 **1.4** 如信(66，浄土真宗僧侶)。**8.21** 寒巌義尹(84，曹洞宗僧侶)。**9.17** 大友頼泰(79，有力御家人)。 《大の月》2・4・7・8・10・11・12	**この頃** ペルー，チムー帝国おこる．インカ族，クスコに定住。	忠烈王 26	大徳 4 ⑧
2.9 金沢顕時，称名寺の鐘を改鋳(銘)。**2.17** 京都火事，最勝光院類焼(帝王編年記)。**4.19** 日野法界堂焼亡(帝王編年記)。**11.5** 鎌倉大火，大御堂等焼失(見聞私記)。**11.23** 後宇多上皇，二条為世に『新後撰和歌集』の撰定を命じる(拾芥抄)。**12.-** 覚如，『拾遺古徳伝』を撰述(奥書)。**建治元年以降この年の間** 卜部兼方，『釈日本紀』を著す。 【死没】 **3.28** 金沢顕時(54，武将)。**7.9** 山叟慧雲(75，臨済宗僧侶)。 《大の月》2・4・8・9・11・12	オゴタイ=ハン国ハイドゥ没。	27	5
1.- 宗明『室生山御舎利相伝縁起』成る(跋)。**3.6** 凝然，『円照上人行状』を著す(跋)。**12.11** 鎌倉大火，死者500余人(見聞私記)。**この年，あるいは嘉元2年** 梶原性全『頓医抄』成る。 【死没】 **12.7** 金沢実政(54，鎮西探題)。 《大の月》1・3・5・9・11・12	元，雲南土官の宋隆済，反乱。仏王フィリップ4世，三部会を召集。	28	6
2.29 金沢貞顕，『建春門院中納言日記』を書写・校合(有馬秀雄蔵本奥書)。**12.19** 二条為世，『新後撰和歌集』を奏覧(増鏡)。 【死没】 **7.12** 忍性(87，真言律宗僧侶)。 《大の月》1・3・4・6・8・11・12	仏王フィリップ4世，教皇ボニファティウス8世を捕囚(アナーニ事件)。	29	7 ⑤
1.- 真教，相模当麻に住す(遊行上人縁起絵)。**5.15** 金沢貞顕，『百練抄』の書写校合を終了(奥書)。 【死没】 **1.1** 頼瑜(79，真言宗僧侶)。**5.19** 顕意(66，浄土宗僧侶)。**7.16** 後深草法皇(62)。 《大の月》2・3・5・7・9・11		30	8
4.6 鎌倉大地震(鎌倉年代記)。**4.22** 北条貞時邸焼失(鎌倉年代記)。**5.24** 金沢貞顕，『古文孝経』の校合を終える(奥書)。**6.15**『浄土五祖絵伝』成る(奥書)。**7.18** 無住道暁，『雑談集』を著す(奥書)。**12.-**『続門葉和歌集』成る(序)。**この年** 竜山徳見入元(竜山和尚行状)。 三条公茂編『綸旨抄』成る(延享年間，洞院公賢加筆)。 【死没】 **4.23** 北条時村(64，連署)。**5.4** 北条宗方(28，六波羅探題)。**9.15** 亀山法皇(57)。**閏12.27** 度会行忠(70，外宮禰宜)。 《大の月》1・3・5・6・8・10・12	イル=ハン国のオルジェイトゥ=ハン，ローマ教皇に遣使。	31	9

西暦	年号干支	天皇	院政	将軍	執権	政治・経済
1306 2.14	徳治(とくじ) 12.14 丙午	(後二条)	(後宇多)	(久明親王)	(北条師時)	2.20 西園寺公衡，勅勘を許され出仕(公卿補任)。4.25 日本商船，元の慶元(寧波)に到り貿易(元史)。8.- 若狭太良荘民，大損亡による年貢減免を東寺に要求(東寺百合文書)。
1307 2.4	2 丁未					7.26 後宇多上皇出家(実躬卿記)。10.22 鎮西探題北条政顕，弘安の役の恩賞を配分(詫摩文書)。12.20 春日神木入京(興福寺略年代記)。
1308 1.24	延慶(えんきょう) 10.9 戊申 ⑧	8.25 8.26 花園	8.25 8.26 伏見	8.4 8.10 守邦王 9.19 (親王宣下)		1.26 後宇多法皇，東寺で灌頂を受ける(一代要記)。2.3 灌頂の賞として故益信に本覚大師の号を贈る(一代要記)。3.25 幕府，伊予の河野通有に西国・熊野の海賊の追捕と警備を命じる(古蹟文徴)。7.12 春日神木帰座(興福寺略年代記)。8.4 将軍久明親王，帰京(武家年代記)。8.10 守邦王に征夷大将軍の宣下(皇代暦)。8.- この頃，平政連，内管領長崎宗綱に諫状を提出し，得宗北条貞時に献言(平政連諫草)。9.19 尊治親王(後醍醐)立太子，将軍守邦王親王宣下(皇代暦)。10.24 延暦寺衆徒の訴えにより，故益信の本覚大師号を停止(一代要記)。12.22 朝廷，北条貞時の奏請により，建長・円覚両寺を定額寺とする(円覚寺文書)。
1309 2.11	2 己酉					2.26 鎮西探題北条政顕，日本商船より異賊蜂起の報を聞き，宗たる寺社に祈禱を命じる(実相院文書)。2.29 故益信の復号を訴え，東大寺八幡宮の神輿，入京(続史愚抄)。3.3 朝廷に異国襲来の報が届く(皇代暦)。3.8 院評定，条々(延慶法)を定める(京都東山御文庫記録)。4.16 院の文殿に庭中・越訴を置き，法を定める(清原宣賢式目抄)。5.27 幕府，下文・外題で安堵した所領への違乱を禁じ，罰法を定める(鎌倉年代記)。7.20 故益信に本覚大師号を返付(続史愚抄)。7.- 幕府，悪党討伐のため15ヵ国の兵を熊野山に派遣(武家年代記)。
1310 2.1	3 庚戌					2.29 幕府，諸国の寺社に異国降伏を祈らせる(明通寺文書)。7.- 執権・連署・評定衆，自筆起請文を幕府に提出(鎌倉年代記)。11.30 故益信の大師号の東寺辞退により，日吉神輿帰座(花園天皇宸記)。12.30 日吉社，閉籠衆に放火される(花園天皇宸記)。**この年** 幕府，苅田狼藉を検断沙汰の対象と定める(武家年代記)。 大和平野殿荘百姓，逃散(東寺文書)。
1311 1.21	応長(おうちょう) 4.28 辛亥 ⑥				9.22 10.3 大仏宗宣	6.28 興福寺衆徒，多武峯の僧兵と合戦(興福寺略年代記)。10.26 北条貞時没(鎌倉年代記)。11.11 宇治橋焼失(皇代暦)。

社　会・文　化	世　界	高麗	元
2・3月 金沢貞顕,『群書治要』『侍中群要』を書写校合(蓬左文庫本奥書)。**2.25** 虎関師錬,『聚分韻略』の自序を著す(序)。**10.-** 赤斑瘡流行(武家年代記)。**11.18** 親玄,関東在住のまま東寺の寺務となる(東寺長者補任)。**この頃** 久我大納言雅忠女(二条)『とはずがたり』成るか。 【死没】 **4.27** 心慧(律宗僧侶)。**9.26** 鏡堂覚円(63,臨済宗僧侶)。**10.9** 覚山(55,北条時宗室)。**10.28** 西澗子曇(58,臨済宗僧侶)。 《大の月》1・3・5・7・8・10・12		忠烈王 32	大徳 10 ①
3.2 関東大地震(一代要記)。**4.-** 京都金蓮寺本『一遍上人絵伝』成る(奥書)。**この年** 雪村友梅,入元(雪村大和尚行道記)。 【死没】 **4.12** 覚恵(覚如父)。**11.28** 北条久時(36,六波羅探題)。 《大の月》3・5・7・8・10・11	元,馬端臨撰『文献通考』成る.泰定元年,杭州で刊行。	33	11 武宗
この冬『是害房絵巻』成る(曼殊院本奥書)。**この年** 円慧,元より帰国(延宝伝燈目録)。 【死没】 **1.20** 広橋兼仲(65,公卿)。**5.9** 蔵山順空(76,臨済宗僧侶)。**8.23** 憲淳(51,真言宗僧侶)。**8.25** 後二条天皇(24)。**12.29** 南浦紹明(74,臨済宗僧侶)。 《大の月》1・4・6・8・9・11・12		34	至大 1.1 ⑪
1.21 宇佐宮・弥勒寺炎上(西大寺文書)。**3.-** 西園寺公衡の立願により,高階隆兼ら,『春日権現霊験記』を制作(奥書)。**6月以前**『六代御前物語』成るか。**この年** 元僧東明慧日,来日(東明和尚塔銘)。 【死没】 **6.8** 吉田経長(71,公卿)。**9.14** 徹通義介(91,曹洞宗僧侶)。**12.2** 北条貞房(38,武将)。 《大の月》1・3・7・8・10・11・12	仏王フィリップ4世,教皇クレメンス5世をアヴィニョンに移転(教皇のバビロン捕囚)。	忠宣王	2
1.22 筥崎宮焼失(師守記)。**11.6** 鎌倉大火,将軍御所・北条貞時邸・勝長寿院等,焼失(鎌倉年代記)。**この年** 天皇,『花園天皇宸記』を記す(~元弘2年)。**この頃** 勝間田長清撰『夫木和歌抄』成る。 《大の月》2・4・8・10・11・12	オゴタイ=ハン国滅ぶ。	2	3
3~5月 諸国で三日病流行(鎌倉年代記)。**閏6.-**『松崎天神縁起』成る(奥書)。**7.5** 凝然『三国仏法伝通縁起』を著す。**12.26** 故円爾,聖一国師と勅諡される(国師号の初例)(東福寺文書)。**この年** 凝然『浄土法門源流章』を著す。**この年より貞和4年にかけて** 光宗集録『渓嵐拾葉集』成る。 【死没】 **閏6.26** 日弁(73,日蓮宗僧侶)。**7.14** 河野通有(武将)。**9.22** 北条師時(37,執権)。**10.26** 北条貞時(41,執権)。**この頃** 藤原為子(歌人)。 《大の月》2・3・6・8・10・11		3	4 ⑦ 仁宗

西暦	年号 干支	天皇	院政	将軍	執権	政治・経済
1312 2.8	正和(しょうわ) 3.20 壬子	(花園)	(伏見)	(守邦親王)	(大仏宗宣) 5.29 6.2 北条熙時	**8.25** 多武峯の事を訴え，春日神木入京(一代要記)。**12.-** 伏見上皇，院領を処分(伏見宮記録文書)。**この年** 幕府，九州五大社に神領興行令を発し，使者 3 名を派遣し執行させる(国分寺文書)。
1313 1.28	2 癸丑		10.14 後伏見			**10.17** 伏見上皇，出家，京極為兼ら，これに倣う(花園天皇宸記)。**12.7** 後宇多法皇，山城拝師荘・播磨矢野例名等を東寺に施入(東寺文書)。
1314 1.17	3 甲寅 ③					**3.17** 多武峯合戦の南都張本を幕府が召したのに抗議し，春日神木入京(花園天皇宸記)。**閏3.4** 石清水八幡宮神輿，入京(花園天皇宸記)。**閏3.19** 花園天皇，香椎・筥崎・高良・住吉の神々がモンゴル襲来の時に合戦する話を聞く(花園天皇宸記)。**5.1** 日吉神人，六波羅の武士と衝突(花園天皇宸記)。**6.2** 幕府の奏請で天台座主公什を罷免(花園天皇宸記)。**7.28** 幕府，大和に地頭設置(武家年代記)。**9.-** 伊予国弓削島荘民，預所代官の非法と交代を訴え逃散(東寺百合文書)。**10.4** 六波羅，新日吉社喧嘩の張本を捕える(公衡公記)。**11.13** 朝廷，文殿雑訴法を定める(師守記)。
1315 2.5	4 乙卯				8.12 8.12 北条基時	**1.27** 幕府，路次狼藉を検断沙汰に移管し，悪党の交名を起請文で提出することを命じる(近衛家文書)。**11.23** 悪党約100名，兵庫関で守護使と合戦(摂津国古文書)。**12.18** 東大寺八幡宮神輿入京し，兵庫津関米につき強訴(園太暦)。**12.28** 幕府，京極為兼を六波羅に拘禁(一代要記)。
1316 1.26	5 丙辰 ⑩				7.10 7.10 北条高時	**1.-** 幕府，京極為兼を土佐に流す(鎌倉年代記)。**5.6** 幕府，鎮西探題欠員中の鎮西警固を，大友・少弐両氏に命じる(大友文書)。**7.15** 朝廷，疫病流行により諸社寺に祈禱を命じる(続史愚抄)。**10.2** 伏見法皇，告文を幕府に送る(続史愚抄)。**正和の頃** 京都の土倉335軒(実衡公記)。
1317 2.13	文保(ぶんぽう) 2.3 丁巳					**4.9** 幕府，持明院・大覚寺両統の和談による践祚・立太子を提案(文保の御和談)(花園天皇宸記)。**5.25** 幕府，守護の注進状に誓詞を添える旨を定める(武家年代記)。
1318 2.2	2 戊午	2.26 後醍醐	2.26 後宇多			**3.9** 邦良親王(後二条皇子)，立太子(皇代暦)。**5.21** 蝦夷情勢が鎮静化，北条高時，称名寺の法験を賞す(金沢文庫文書)。**6.14** 丹波国大山荘一井谷荘民，年貢の百姓請を契約(東寺百合文書)。**9.12** 後宇多法皇，東寺に散所法師15人を寄進(東寺百合文書)。

社　会・文　化	世　界	高麗	元
3.28 京極為兼,『玉葉和歌集』を奏覧(増鏡)。10.28 比叡山横川中堂焼亡(興福寺年代記)。 【死没】 6.12 大仏宗宣(54, 執権)。10.10 無住道暁(87, 臨済宗僧侶)。 《大の月》1・2・4・6・8・11・12		忠宣王 4	皇慶 1.1
1.9『宗像氏事書』制定(宗像文書)。3.22 善光寺焼失(善光寺縁起)。8.- 神吽『八幡宇佐宮御託宣集』成る。10.- 京極為兼撰『玉葉和歌集』成る。**この冬より** 疱瘡流行(花園天皇宸記)。**この年** 香椎宮焼失(続史愚抄)。 【死没】 4.2 規庵祖円(53, 禅僧)。 《大の月》2・3・5・7・9・12	元, 科挙を復活。王禎「農書」。	5	2
1.24 豊後大分宮焼亡(花園天皇宸記)。2.14 白河大火, 尊勝寺・最勝寺焼亡(花園天皇宸記)。4.22 山叟慧雲に仏智禅師号を宣下(花園天皇宸記)。**この年** 大智, 入元(大智禅師偈頌)。法空撰『聖徳太子平氏伝雑勘文』成る。 【死没】 9.3 日向(62, 日蓮宗僧侶)。 《大の月》2・3・4・6・7・9・11		忠粛王	延祐 1.22 ③
2.10 二条富小路内裏上棟(皇代暦)。3.8 鎌倉大火, 将軍・執権邸, 政所・問注所等焼失(鎌倉年代記)。4.23 京極為兼, 南都に下向し和歌・蹴鞠会を催す(公衡公記)。7.9 建長寺焼亡(鎌倉年代記)。**この年** 遠渓祖雄, 元より帰国(名僧行録)。 【死没】 8.19 北条熙時(37, 執権)。9.25 西園寺公衡(52, 公卿)。 《大の月》2・4・6・7・9・10・12	スイス三州同盟軍, ハプスブルクの軍を破る。	2	2
5～9月 三日病流行(鎌倉年代記)。**この年** 梶原性全編『万安方』初稿成る。 【死没】 3.14 尊観(78, 浄土宗僧侶)。10.20 高峯顕日(76, 臨済宗僧侶)。 《大の月》3・5・7・8・11・12	元, 郭守敬没。	3	3
1.3 京都で大地震, 余震数ヵ月(花園天皇宸記)。1.5 清水寺塔焼亡(花園天皇宸記)。**この年** 一説に澄円が入元(浄土鎮流祖伝)。**この頃** 安倍泰世,『格子月進図』を書写。 【死没】 3.8 日頂(66, 日蓮宗僧侶)。3.29 善統親王(85, 順徳天皇皇子)。9.3 伏見法皇(53)。10.24 一山一寧(71, 臨済宗僧侶)。 《大の月》1・3・5・7・9・10・11	元, 馬端臨『文献通考』。	4	4 ①
10.30 後宇多法皇, 二条為世に『続千載和歌集』の撰進を命じる(尊卑分脈)。**この年** 古先印元・石室善玖ら入元(本朝高僧伝)。 【死没】 6.24 近衛経平(32, 公卿)。 《大の月》1・3・7・9・10・11	イル=ハン国宰相・歴史家ラシード=ウッディーン刑死。	5	5

西暦	年号 干支	天皇	院政	将軍	執権	政治・経済
1319 1.22	元応(げんおう) 4.28 己未 ⑦	(後醍醐)	(後宇多)	(守邦親王)	(北条高時)	1.19 兵庫関返還を訴え，東大寺神輿入京(花園天皇宸記)。**この春** 幕府，悪党追捕のため，山陽・南海道12ヵ国に使者を派遣(峯相記)。4.13～25 延暦寺衆徒，園城寺の戒壇設立の動きに憤激し蜂起，園城寺金堂・戒壇等を焼払う(花園天皇宸記)。5.5 幕府，六波羅管轄6ヵ国を，政所・問注所に移管(鎌倉年代記)。12.18 後宇多法皇，洛中米屋の公事を大炊寮に徴収させる(押小路家文書)。12.- 備後守護代，悪党追捕と号して尾道浦を襲い，民家1000余戸を焼く(高野山文書)。
1320 2.10	2 庚申					9.2 幕府，6ヵ国を六波羅所轄に復する(鎌倉年代記)。10.5 延暦寺の訴えにより，神人を禁獄した別当高階隆長ら検非違使官人を配流(花園天皇宸記)。**この年** 出羽の蝦夷蜂起(鎌倉年代記)。
1321 1.29	元亨(げんこう) 2.23 辛酉		12.9			4.17 朝廷，制符6ヵ条を出し諸社の幣及び訴訟の興行・寄沙汰禁止等を定める(祇園社記)。6.8 東大寺八幡宮神輿帰座(花園天皇宸記)。12.9 後醍醐天皇，院政を停止し，天皇親政にする(花園天皇宸記)。12.- 後醍醐天皇，記録所を置き新関を廃止(神皇正統記)。
1322 1.18	2 壬戌 ⑤					1.12 幕府，地頭による年貢弁済等に関する法を定める(新編追加)。2.19 天皇，洛中酒麹売への課役賦課を造酒司支配とする綸旨を下す(押小路家文書)。**この春** 津軽安東氏の一族相論，得宗内管領長崎高資の当事者双方からの収賄により，蝦夷での合戦に発展(保暦間記)。6.25 覚如，存覚を勘当(存覚一期記)。10.29 幕府，鎮西の諸寺社に，神人の強訴や山伏の狼藉を抑止するため，本神人の交名注進を命じる(実相院文書)。**この年** 天皇，伊勢等供御人の交名注進を命じ(光明寺文書)，またこの頃，洛中神人への諸社の公事賦課を停止(園太暦)。
1323 2.6	3 癸亥					6.16 天皇，大内記日野俊基を蔵人に補任(花園天皇宸記)。7.21 後伏見上皇，大覚寺統の永嘉門院が訴える室町院領の件で幕府に申入れる(花園天皇宸記)。11.6 天皇，日野資朝を鎌倉に派遣(花園天皇宸記)。
1324 1.27	正中(しょうちゅう) 12.9 甲子					2.29 幕府，本所一円地・寺社領の悪党追捕のための守護入部等や，僧侶の在京禁止等の事書を朝廷に申し入れる(華頂要略)。8.25 六波羅，鴨川堤の修築用途を近国御家人に賦課(淡輪文書)。 幕府，称名寺釼阿に遠江天竜川・下総高野川の架橋を命じる(金沢文庫文書)。8.26 天皇，唐物を廷臣に頒賜(続史愚抄)。9.19 六波羅，密告により天皇の討幕計画を知り，土岐頼有等を殺し日野資朝・同俊基を捕える(正中の変)(花園天皇宸記)。9.23 天皇，釈明のため万里小路宣房を勅使として鎌倉に派遣(花園天皇宸記)。10.- 幕府，糾明のため日野資朝・俊基らを鎌倉に連行(花園天皇宸記)。11.16 金沢貞将，六波羅南方として5000騎を率いて上洛(花園天皇宸記)。

社　会・文　化	世　界	高麗	元
1.13 千秋万歳，花園上皇御所で猿楽を演じる(花園天皇宸記)。 2.7 東福寺で火事(皇代暦)。5.- 北条高時母安達氏，夢窓疎石を鎌倉に招く(夢窓国師年譜)。12.1 藤原行長，『荏柄天神縁起』を描く(奥書)。**この年** 霊山道隠，来日(本朝高僧伝)。 吉田兼好『徒然草』前半部成るか。 【死没】 1.27 真教(83，時宗僧侶)。7.2 六条有房(69，歌人)。 《大の月》1・2・4・⑦・9・10・12		忠粛王 6	延祐 6 ⑧
1.- 度会家行撰『類聚神祇本源』成る(序)。4.2 高野山大塔供養(東寺王代記)。8.4 二条為世，『続千載和歌集』を撰進(花園天皇宸記)。**この頃**『法然上人絵伝』(知恩院本)成るか。**この年** 寂室元光・別源円旨・物外可什・天岸慧広ら，入元(本朝高僧伝)。 【死没】 1.21 日朗(76，日蓮宗僧侶)。5.24 北条時敦(40，六波羅探題)。 《大の月》1・2・5・8・10・11	ポーランドに統一王国成立。	7	7 英宗
4.- 後宇多法皇，大覚寺金堂を建立(大覚寺門跡略記)。12.27 月林道皎，入元のため出京(花園天皇宸記)。**この年**『稚児草紙』成るか(奥書)。 【死没】 3.6 如一(60，浄土宗僧侶)。6.23 北条随時(鎮西探題)。9.5 凝然(82，学僧)。11.1 花山院師信(48，公卿)。 《大の月》1・2・4・6・9・11	元，『元典章』刊。 イタリア，ダンテ没。	8	至治 1.1
1.- 花山院師賢，『蟬冕翼抄』を抄出。8.16 虎関師錬，『元亨釈書』を撰進(序文)。 【死没】 1.13 北畠師重(53，公卿)。9.10 西園寺実兼(74，公卿)。9.15 中院通重(53，公卿)。 《大の月》1・2・4・5・6・8・11		9	2 ⑤
2.24「称名寺絵図」成る(裏書)。5.3 鎌倉大地震(武家年代記)。 7.2 天皇，二条為藤に『続後拾遺和歌集』の撰進を下命(拾芥抄)。 9.8 山城正伝寺を勅額寺とする(正伝寺文書)。11.12 常福寺蔵『拾遺古徳伝』成る(奥書)。**元亨年間** 鉄牛継印，入元(本朝高僧伝)。 【死没】 2.15 聖戒(63，時宗僧侶)。3.26 日昭(103，日蓮宗僧侶)。6.30 北条宣時(86，連署)。 《大の月》1・3・4・6・8・9・11	元，大元通制を頒行。	10	3 泰定帝
1.12 存覚，『諸神本懐集』を撰述(跋)。6.25 後宇多法皇没．生前『後宇多天皇宸記』を記す。**この年** 存覚撰『破邪顕正鈔』成る。 【死没】 3.12 昭慶門院(55，亀山天皇皇女)。6.25 後宇多法皇(58)。7.17 二条為藤(50，歌人)。9.19 多治見国長(36，武将)。 《大の月》2・4・6・7・9・10・12	フランシスコ修道会士オドリク，元朝を訪ねる。	11	泰定 1.1

西暦	年号 干支	天皇	将軍	執権	政治・経済
1325 1.16	正中 2 乙丑 ①	(後醍醐)	(守邦親王)	(北条高時)	1.21 花園上皇，量仁親王立太子を関白に奏上させる(花園天皇宸記)。閏1.8 皇太子邦良親王，六条有忠を幕府に派遣(花園天皇宸記)。2.7 幕府使者上洛し，日野資朝の佐渡配流と俊基の赦免を伝える(花園天皇宸記)。4.24 六波羅，松尾社領丹波雀部荘に乱入した景資法師の追捕を両使に命じる(松尾神社文書)。6.6 幕府，蝦夷代官を安東季長から同宗季に代える(鎌倉年代記)。6.- 大乗院前門主覚尊，奈良に乱入し，当門主聖信を追い落す(花園天皇宸記)。7.1 天皇，大徳寺を祈願所とする(大徳寺文書)。7.18 幕府，建長寺造営料船を元に派遣(中村文書)。8.- 幕府，日野資朝を佐渡に配流(鎌倉年代記)。
1326 2.4	嘉暦(かりやく) 4.26 丙寅			3.13 3.16 金沢貞顕 4.24 4.24 赤橋守時	3.13 北条高時出家(鎌倉年代記)。3.16 金沢貞顕，執権就任．これに怒る高時弟泰家以下諸将出家(保暦間記)。3.29 幕府，工藤祐貞を蝦夷征討に派遣(鎌倉年代記)。4.24 貞顕，出家して執権を辞す．代わって赤橋守時，執権となる(保暦間記)。7.24 量仁親王(光厳)立太子(増鏡)。7.26 工藤祐貞，安東季長を捕えて鎌倉に帰還(鎌倉年代記)。9.4 薩摩守護代，帰国した造勝長寿院・建長寺船の護送を地頭御家人に催促(比志島文書)。
1327 1.24	2 丁卯 ⑨				3.8 覚尊と聖信の大乗院門主相論で興福寺衆徒合戦，金堂以下焼失(大乗院日記目録)。6.- 幕府，宇都宮高貞・小田高知を蝦夷追討使として奥州に派遣(鎌倉年代記)。**この年** 東大寺衆徒，両使による伊賀国黒田荘の悪党追捕や住宅・城郭破却の怠慢を度々六波羅に訴える(東大寺文書)。
1328 2.12	3 戊辰				2.25 春日社領播磨福泊関務雑掌，悪党を語らって東大寺領摂津兵庫島に乱入．東大寺衆徒ら，朝廷に列参して出訴(東大寺文書)。4.9 石清水神人，東寺に閉籠して稲荷祭の阻止を謀る(東寺王代記)。9.10 天皇，万里小路宣房を勅使として伊勢神宮に派遣，奉幣させる(嘉暦三年公卿勅使御参宮日記)。10.- 宇都宮高貞ら，奥州合戦を和談で収め，鎌倉に帰還(鎌倉年代記)。**この年** 後伏見上皇，量仁親王登祚を日吉・賀茂・石清水社に祈願(伏見宮記録文書)。
1329 1.31	元徳(げんとく) 8.29 己巳				1.30 金沢貞顕，北条高時を「田楽之外，無他事候」と評する(金沢文庫文書)。10.11 幕府，北条家時(18歳)を評定衆に加える(金沢文庫文書)。
1330 1.20	2 庚午 ⑥				3.8 天皇，南都に行幸(大乗院日記目録)。3.26・27 天皇，日吉社・延暦寺に行幸(日吉社并叡山行幸記)。5.22 記録所，洛中の米価を宣旨枡1斗当り銭100文と公定(東寺執行日記)。6.9 朝廷，沽酒法を定める(東寺執行日記)。6.11 朝廷，二条町に市を設け，公定価で米を売買させる(東寺執行日記)。6.15 朝廷，飢民救済のため，兵庫関以下諸関の升米徴収を8月まで停止(東大寺文書)。6.22 延暦寺衆徒，一向専修の輩の禁圧を朝廷に請う(東寺執行日記)。12.- 幕府，聖護院尊珍法親王を越前へ配流(鎌倉年代記)。

社　会・文　化	世　界	高麗	元
1.3 北条高時第等焼失(花園天皇宸記)。1.- 呑海，清浄光寺を開く(建長寺年代記)。6.26 京都で大雷雨・洪水，死者500人(花園天皇宸記)。8.29 夢窓疎石，南禅寺に入寺(夢窓国師年譜)。9.- 中巌円月，入元(中巌和尚自歴譜)。12.18 二条為定，『続後拾遺和歌集』を撰進(花園天皇宸記)。**正中年間**『石山寺縁起』成るか(詞書)。 【死没】 1.8 禅爾(74，学僧)。閏正.27 通翁鏡円(68，臨済宗僧侶)。2.29 宣瑜(86，律宗僧侶)。6.9 行観(85，浄土宗僧侶)。8.15 瑩山紹瑾(58，曹洞宗僧侶)。10.1 一条内経(35，公卿)。 《大の月》2・4・6・8・9・11・12	インド，ムハンマド=トゥグルク即位，トゥグルク朝盛期。イブン=バットゥータ，世界旅行に出発。	忠粛王 12	泰定 2 ①
8.- 元僧清拙正澄，来日(清拙大鑑禅師塔銘)。9.17 石清水護国寺，炎上(東寺王代記)。 【死没】 3.20 邦良親王(27，皇太子)。10.30 惟康親王(63，鎌倉将軍)。11.18 西園寺実衡(37，公卿)。 《大の月》2・6・8・9・10・12		13	3
1.- 清拙正澄，上京し，北条高時に迎えられ建長寺に住す(清拙大鑑国師塔銘)。2.- 夢窓疎石，浄智寺に住し，ついで瑞泉寺を創建(夢窓国師年譜)。12.6 尊雲法親王(護良親王)，天台座主となる(天台座主記)。**この年** 古源邵元，入元(古源和尚伝)。 【死没】 2.18 呑海(63，時宗僧侶)。9.7 大仏維貞(42，連署)。**この年** 長井宗秀(63，幕府重臣)。 《大の月》1・3・7・9・⑨・11・12		14	4 ⑨
5.26 天皇，故忍性に菩薩号を追贈(僧官補任)。5.- 尊円入道親王撰『拾玉集』の「百種類聚」成る(跋文)。7.17 冷泉為相没．家集『藤谷和歌集』を後人が撰する。**この年** 友山士偲，入元(友山和尚伝)。 【死没】 3.1 良暁(78，浄土宗僧侶)。7.17 冷泉為相(66，歌人)。10.14 久明親王(53，鎌倉将軍)。11.8 冷泉為守(64，歌人)。12.20 日印(65，日蓮宗僧侶)。 《大の月》1・3・7・9・11・12	イスラム法学者イブン=タイミーヤ没。 フランス，ヴァロワ朝，成立。	15	致和 2.27 天順帝 天順 9.- 文宗 天暦 9.13
2.11 尊雲法親王，天台座主を辞す(天台座主記)。5.- 雪村友梅，元より帰国(雪村大和尚行道記)。6.- 元僧明極楚俊・竺仙梵僊，来日(竺仙和尚行道記)。8.- 夢窓疎石，北条高時の請により円覚寺に入寺(夢窓国師年譜)。 【死没】 6.19 安東蓮聖(91，北条氏御内人)。 《大の月》1・3・5・8・10・12		16	2 明宗 文宗 (復位)
2.- 北条高時，明極楚俊を建長寺住持に任じる(鎌倉五山住持籍)。 花園上皇，『誡太子書』を量仁親王に贈る(伏見宮記録文書)。**この春** 月林道皎，元より帰国(月林皎禅師行状)。8.7 天皇，故覚盛に大悲菩薩の諡号を追贈(僧官補任)。12.14 尊澄法親王(宗良親王)，天台座主となる(諸門跡譜)。**この年から翌年の間** 吉田兼好，『徒然草』第33段以下を執筆。**この年** 二階堂貞藤，甲斐恵林寺の開山を夢窓疎石に請う(夢窓国師塔銘)。 【死没】 2.11 禅助(84，真言宗僧侶)。4.1 中原章房(明法家)。7.9 頼宝(52，真言宗僧侶)。9.18 世良親王(後醍醐天皇皇子)。 《大の月》1・3・4・6・8・10・12	元，トゥゲンら雲南の諸王，反乱。 ワラキア公国，成立。	17	至順 5.8 ⑦

西暦	年号・干支 北朝	年号・干支 南朝	天皇 北朝	天皇 南朝	院政	将軍	執権	政治・経済
1331 2.8	元徳 3 辛未	元弘(げんこう) 8.9	(後醍醐) 9.20 光厳		9.20 後伏見	(守邦親王)	(赤橋守時)	5.5 幕府，吉田定房の密告により，長崎高貞らを派遣して日野俊基・文観・円観らを捕える(元弘の乱)(鎌倉年代記)。8.6 北条高時，内管領長崎高資の誅殺を謀るが失敗(鎌倉年代記・保暦間記)。8.9 元弘と改元．改元詔書送られず，幕府元徳を用いる(継塵記)。8.24 天皇，神器を奉じて奈良に行幸(増鏡)。8.27 天皇，笠置寺に行幸(増鏡)。9.5 幕府，大仏貞直・金沢貞冬・足利高氏らを西上させる(鎌倉年代記)。9.11 楠木正成，挙兵し河内国赤坂城に拠る(太)。9.14 桜山茲俊，楠木正成に呼応し備後国で挙兵(太)。9.20 量仁親王(光厳天皇)，後伏見上皇の詔をもって土御門東洞院で践祚．以後ここが内裏となる(皇年代略記)。9.28 笠置陥落．翌日，後醍醐天皇捕えられる(太)。10.6 後醍醐天皇，剣璽を光厳天皇に渡す(花園天皇宸記)。10.21 赤坂城陥落．楠木正成逃る(鎌倉年代記)。
1332 1.28	正慶(しょうきょう) 4.28 壬申	2						1.21 桜山茲俊，吉備津宮で自刃(太)。3.7 幕府，後醍醐天皇を隠岐国に，翌8日，尊良親王を土佐国に，尊澄法親王を讃岐国に流す(武家年代記)。5.3 幕府，足助重範を六条河原で斬る(太)。5.22 幕府，平成輔を相模国早河尻で殺す(常楽記)。6.2 幕府，日野資朝を佐渡国配所で殺す(公卿補任)。6.3 幕府，日野俊基を相模国葛原岡で殺す(常楽記)。6.6 尊雲法親王，熊野山に令旨を伝える(花園天皇宸記)。6.19 幕府，北畠具行を近江国柏原で殺す(尊卑分脈)。8.19 後醍醐天皇，出雲国鰐淵寺に願文を納める(鰐淵寺文書)。11.- 尊雲法親王，還俗して護良と改め，吉野で挙兵．楠木正成，千早城に拠り応じる(太)。
1333 1.17	2 癸酉 ②	3	5.25		5.25	5.21	5.18	1.19 楠木正成，摂津国四天王寺の六波羅軍を攻める(楠木合戦注文)。1.21 赤松則村(円心)，播磨国苔縄城で挙兵(太)。1.- 鎌倉よりの大軍，京都に入る(保暦間記)。2.- 幕府軍，河内国赤坂城を陥す．ついで千早城を攻める(楠木合戦注文)。閏2.1 吉野城陥落．村上義光ら討死(太)。閏2.11 長門探題北条時直，伊予国の土居通増・忽那重清を攻めて敗れる(忽那文書)。閏2.24 後醍醐天皇，隠岐国を脱出(太)。閏2.28 後醍醐天皇，伯耆国名和長年に迎えられ，船上山に拠る(太)。3.12 赤松則村，京都に入り六波羅軍と戦う(太)。3.13 菊池武時，鎮西探題赤橋英時を博多に攻めて敗死(博多日記)。4.8 内蔵寮庫兵火に罹り，歴代の宝器が焼失(続史愚抄)。4.27 幕府軍の将名越高家，久我縄手で千種忠顕らと戦い討死(太)。 足利高氏，丹波国篠村八幡で反幕の意志を固め諸国豪族に密書を送る(太)。4.29 足利高氏，丹波国篠村八幡宮に願文を納める(太)。5.7 足利高氏・赤松則村・千種忠顕ら，六波羅を攻撃．探題北条仲時ら，光厳天皇を奉じて敗走(太)。 六波羅探題北条時益没(太)。5.9 北条仲時，近江国番場で自刃．光厳天皇捕えらる(太)。5.21 新田義貞，鎌倉を攻略．翌22日，北条高時・金沢貞顕以下多数が東勝寺で自刃．北条氏滅ぶ(太)。5.25 後醍醐天皇，光厳天皇を廃し，正慶の年号を停めて元弘に復する(皇代暦)。 鎮西探題赤橋英時自刃(薩藩旧記)。6.5 後醍醐天皇帰京(公卿補任)。6.13 護良親王入京．親王を征夷大将軍とする(増鏡)。6.15 すべての所領領有権を綸旨で再確認する個別安堵法を令する(金剛寺文書)。6.- この頃，記録所・恩賞方を設置(太)。7.23 諸国平均安堵法を発布(総持寺文書)。7.30 摂津国住吉社造営料船，元より帰国(住吉神社文書)。8.5 足利高氏，尊氏と改名(公卿補任)。9.- この頃，雑訴決断所・窪所・武者所を設置(梅松論)。10.20 北畠顕家，義良親王を奉じ，北畠親房らと任地陸奥国へ赴く(神皇正統記)。12.14 足利直義，成良親王を奉じ，任地鎌倉に赴く(武家年代記裏書)。**この年末より翌年にかけて** 北条氏残党，各地で反乱(太，高野山文書，元弘日記裏書)。

大日本史料	社会・文化	世界	高麗	元
	7.3 大地震. 紀伊国千里浜の干潟20余町が陸地となり，富士山頂崩れる(太)。**この年** 覚如，『口伝鈔』を著す。 【死没】 3.9 狛朝葛(85，雅楽家)。9.5 足利貞氏(59，武将)。 《大の月》1・3・5・6・8・11	ステファン=ドゥシャン即位し(～'55年)，大セルビア帝国興る。	忠恵王	至順 2
	4.13 延暦寺火災(花園天皇宸記)。**この年** 中巌円月・一峯通玄，元より帰国(中巌月和尚自歴譜)。 【死没】 1.21 桜山茲俊(武将)。3.21 京極為兼(79，歌人)。5.3 足助重範(武将)。5.22 平成輔(42，後醍醐天皇廷臣)。6.2 日野資朝(43，公卿)。6.3 日野俊基(公卿)。6.19 北畠具行(43，公卿)。10.- 花山院師賢(32，公卿)。12.6 九条忠教(85，公卿)。 《大の月》1・3・5・6・8・10・11		忠粛王 (復位)	3 寧宗
5.- 6 1	1.26 信濃国大法寺三重塔建立(墨書銘)。3.11～4.7 良覚，『博多日記』を記す。10.1 大徳寺を五山に列する(大徳寺日録)。11.- 中巌円月，『原民』『原僧』を天皇に献じ，時弊を論じる(東海一漚集)。 【死没】 閏2.1 村上義光(護良親王従者)。2.7 日興(88，日蓮宗僧侶)。3.13 菊池武時(42か，武将)。4.27 名越高家(武将)。5.7 北条時益(六波羅探題)。5.8 真光(57，時宗当麻派祖)。5.9 北条仲時(28，六波羅探題)。5.18 赤橋守時(執権)。5.20 万里小路季房(公卿)。5.22 北条基時(六波羅探題，執権)。 北条高時(31，執権，得宗)。 金沢貞顕(56，執権)。 安達時顕(武将)。 長崎高資(武将)。 長崎高綱(武将)。5.25 赤橋英時(鎮西探題)。8.16 守邦親王(33，鎌倉将軍)。10.12 義雲(81，曹洞宗僧侶)。11.15 日目(74，日蓮宗僧侶)。12.3 大友貞宗(武将)。 《大の月》2・3・5・7・8・10・11	カジミェシュ3世(大王)，即位し(～'70年)，ポーランド王国の統一を完成。	2	順帝 元統 10.8 ③

西暦	年号・干支 北朝	年号・干支 南朝	天皇 北朝	天皇 南朝	執事	政治・経済
1334 2.5	建武（けんむ） 1.29 甲戌		（後醍醐）			1.12 大内裏造営のため，安芸・周防国を料国とし，地頭に課役．また紙幣発行を計画(太)。1.23 恒良親王を皇太子とする(元弘日記裏書)。3.17 庶民疲弊により，諸国荘園の検注を 2 年間停止(建武記)。3.28 新銭乾坤通宝を鋳造し，紙幣と並用させる(建武記)。5.3 検非違使庁，徳政令を発布(香取文書)。5.7 諸国一・二宮の本家・領家職を停止(建武記)。5.18 雑訴決断所の条規を定める(建武記)。7.9 少弐頼尚ら，北条氏残党規矩高政・糸田貞義を攻めて平定(近藤文書)。8.21 東寺領若狭国太良荘の百姓ら，地頭代の非法を訴える(東寺百合文書)。10.22 護良親王を武者所に拘引(梅松論)。10.－ 雑訴決断所，諸国地頭以下所管の田数を注進させ，正税以下雑物20分の 1 を進納させる(建武記)。11.15 護良親王を鎌倉に配流(元弘日記裏書)。
1335 1.26	2 乙亥 ⑩					6.22 西園寺公宗・日野資名・同氏光らを謀反の廉で捕える(建武二年六月記)。7.22 これより先，北条高時の子時行，信濃国で挙兵．この日，武蔵国に進み足利直義を破る．翌23日，直義，護良親王を殺して鎌倉を脱出(中先代の乱)(梅松論)。8.2 公宗・氏光らを誅殺(尊卑分脈)。8.9 足利尊氏を征東将軍とする(室町家伝)。8.19 尊氏，時行軍を破り鎌倉に入る(梅松論)。8.27 尊氏，鶴岡八幡宮に武蔵国佐々目郷を寄付し，座不冷本地供料所とする(相州文書)。10.15 尊氏，帰洛の命に従わず第を幕府の旧址に造り，この日，ここに移る(三浦文書)。11.2 直義，新田義貞を伐つと称して諸国に兵を募る(結城古文書写・三刀屋文書)。11.18 義貞追討を請う尊氏奏状が京都に届く(元弘日記裏書)。11.19 尊良親王・義貞ら，尊氏・直義追討のため京都を出発(元弘日記裏書)。12.11 官軍，尊氏と駿河国竹下で，直義と伊豆国箱根で戦い敗れる(梅松論・太)。12.13 官軍，伊豆国府で足利軍に敗れ西走．尊氏・直義，西上する(太)。12.22 北畠顕家，義良親王を奉じて陸奥国を発し，足利軍を追って西上(八戸系図)。
1336 2.14	3 丙子	延元（えんげん） 2.29	8.15 光明		高師直	1.10 後醍醐天皇，神器を奉じて近江国東坂本(延暦寺)に行幸(神皇正統記)。1.11 足利尊氏入京(梅松論)。 大隅国国人，世上騒乱により一門一味同心の契状を結ぶ(池端文書)。1.27 新田義貞ら，尊氏と賀茂河原で戦う．翌28日神楽岡，30日糺河原で戦い，尊氏，丹波国に走る(梅松論)。2.7・8 尊氏，小早川祐景ら旗下の将士に元弘以来収公の所領を返す(小早川什書・郡文書・士林証文)。2.10 尊氏，楠木正成と摂津国打出西宮浜で戦う．翌11日，新田義貞らと豊島河原で戦い兵庫に走る(梅松論・太)。2.12 尊氏，海路鎮西に走る．途中，光厳上皇院宣を受ける(梅松論・大友文書)。2.29 菊池武敏，大宰府を攻撃．少弐貞経，有智山城で自殺(梅松論)。3.2 尊氏・直義，武敏を筑前国多々良浜で破る(梅松論)。3.10 義良親王に元服を加え，陸奥太守に任じ，北畠顕家と共に任国に赴かせる(神皇正統記)。4.3 尊氏，筑前国博多より東上，一色道猷に九州の経略を任す(九州管領)(梅松論)。5.25 尊氏・直義，摂津国に至り，兵庫湊川で義貞・正成を破る．正成，弟正季らと自害(梅松論)。5.27 後醍醐天皇，神器を奉じて東坂本(延暦寺)へ行幸(神皇正統記)。5.－ 美濃国東大寺領茜部荘百姓ら，兵乱による荒廃を理由に年貢未進(東大寺文書)。6.5～20 直義ら，延暦寺を攻撃．千種忠顕討死(太)。6.14 尊氏，光厳上皇を奉じて入京(太)。6.30 新田義貞ら，大挙して京都を攻撃．名和長年戦死(梅松論)。8.15 豊仁親王(光明天皇)，尊氏の奏請により践祚(洞院家記)。10.10 後醍醐天皇，東坂本から還京．義貞，恒良・尊良両親王を奉じて越前国に赴く(神皇正統記)。11.2 後醍醐天皇，光明天皇に神器を渡す(勘例雑々)。11.7 尊氏，『建武式目』を制定(室町幕府成立)(同書)。12.21 後醍醐天皇，神器を奉じて吉野に潜幸(南北朝分裂)(保田文書)。

大日本史料	社　会・文　化	世　界	高麗	元
⑥1 10.- ⑥2	1.26 南禅寺を五山の第1とする(諸五山十刹住持籍)。**この春** 中巌円月,『中正子』を著す(序)。8.- 京人,二条河原落書を掲げ時事を諷刺(建武記)。**この年** 道意『東寺塔供養記』成るか。『東金堂細々要記』記され始める(～至徳3年)。**この頃** 後醍醐天皇,『建武年中行事』『日中行事』を著す。 【死没】 1.10 日秀(70,日蓮宗僧侶)。8.16 日華(83,日蓮宗僧侶)。12.28 二階堂貞藤(68,武将)。**この年** 長崎高貞(武将)。 《大の月》2・4・6・8・9・11・12		忠粛王 3	元統 2
	3.28 これより先,後醍醐天皇,北条高時の旧居に宝戒寺を建てその冥福を祈る.この日,足利尊氏,寺領を寄付(相州文書)。 【死没】 1.14 舜昌(81,浄土宗僧侶)。2.4 二条道平(48,公卿)。3.8 天岸慧広(63,臨済宗僧侶)。7.22 岩松経家(武将)。 小山秀朝(武将)。7.23 護良親王(後醍醐天皇皇子)。8.2 西園寺公宗(27,公卿)。10.7 南山士雲(82,臨済宗僧侶)。11.22 双峯宗源(73,臨済宗僧侶)。12.8 空性(41,仏光寺創建)。12.12 二条為冬(歌人)。 《大の月》2・6・8・9・11・12	元,科挙を中止。	4	至元 11.23 ⑫
1.- ⑥3	**この年** 中院通冬,『中院一品記』を記す(～貞和5年)。 山城国大谷の親鸞影堂焼ける(堅田本福寺旧記)。 【死没】 1.11 結城親光(武将)。1.12 大友貞載(武将)。1.27 上杉憲房(武将)。2.29 少弐貞経(64,武将)。3.- 阿蘇惟直(武将,阿蘇宮司)。阿蘇惟成(武将)。4.6 後伏見法皇(49)。4.16 相馬重胤(武将)。5.25 楠木正成(武将)。 楠木正季(武将)。菊池武吉(武将)。6.7 千種忠顕(後醍醐天皇廷臣)。6.30 名和長年(武将)。9.27 明極楚俊(75,臨済宗僧侶)。10.11 土居通増(武将)。 《大の月》1・3・6・8・10・11・12	南インド,ヒンドゥー王国のヴィジャヤナガル王国成立。	5	2

西暦	年号・干支		天皇		将軍	執事	政治・経済
	北朝	南朝	北朝	南朝			
1337 2.2	建武 4 丁丑	延元 2	(光明)	(後醍醐)		(高師直)	1.1 高師泰，新田義貞を越前国金崎城に攻める(諸家文書纂)。1.8 これより先，陸奥国の北党蜂起．この日，北畠顕家，義良親王を奉じ国府を避けて霊山に拠る(元弘日記裏書)。3.6 金崎城陥落．恒良親王は捕えられ，尊良親王・新田義顕ら自害．義貞は敗走(梅松論)。6.11頃 足利尊氏，南朝と内通の嫌疑により，堺浦魚商の売買を停止させる(南行雑録)。7.4 南北両軍，河内・和泉国で戦い，10月に及ぶ(和田文書)。8.11 顕家，義良親王を奉じ霊山より西上(阿蘇文書)。10.7 尊氏，諸国大将・守護人が一時占領した寺社・国衙領および領家職を還付させる(柞原八幡宮文書)。12.23 顕家，鎌倉を攻略．同25日，斯波家長自刃(太)。
1338 1.22	暦応(りゃくおう) 8.28 戊寅 ⑦	3			8.11 足利尊氏		1.2 北畠顕家，鎌倉より西上(鶴岡社務記録)。5.15 顕家，後醍醐天皇に新政批判を呈する(北畠顕家奏状)。5.22 顕家，高師直と和泉国堺浦・石津で戦い敗死(元弘日記裏書・太)。7.25 菊池武重，菊池家憲(菊池氏置文)を定める(菊池神社文書)。閏7.2 新田義貞，斯波高経と越前国藤島に戦い敗死(太)。閏7.26 南朝，北畠顕信を鎮守府将軍とする(神皇正統記)。8.11 北朝，足利尊氏を征夷大将軍とする(公卿補任)。9.- 南朝，懐良親王を征西将軍に任じ，九州へ派遣(一説，延元元年・同4年)(阿蘇家文書)。 義良・宗良両親王と北畠親房ら，伊勢国より東国への航海中遭難．義良親王・北畠顕信は伊勢国に還り，宗良親王は遠江国に，親房は常陸国に着く(神皇正統記)。11.6 親房，結城親朝に救援を促す．以後，数十回に及ぶが，親朝応えず(結城文書)。
1339 2.10	2 己卯	4		8.15 後村上			3.- 義良親王を伊勢国より吉野に還し，皇太子とする(神皇正統記)。4.6 高師泰・師冬，関東平定のため京都を出発(諸家文書纂)。5.19 幕府，諸国守護・御家人の本所領知行を禁じる(建武以来追加)。6.1 これより先，足利直義，1国1基の戦死者慰霊塔婆造立を奏請．この日，光厳上皇，備後国浄土寺・肥前国東妙寺に塔婆を造立させ，天下泰平を祈らせる(浄土寺文書・東妙寺文書)。8.15 後醍醐天皇，義良親王(後村上天皇)に譲位(神皇正統記)。8.16 後醍醐天皇没(神皇正統記・中院一品記)。11.5 肥前松浦一族，恩賞不足のため一揆する(有浦文書・青方文書)。
1340 1.30	3 庚辰	興国(こうこく) 4.28					1.- 南朝，北畠親房に関東8ヵ国の成敗を委任。2.5 九州管領一色道猷，鎮西料所・分国・恩賞などの事を幕府に申請(祇園執行日記背書)。4.15 幕府，武家被官人らの寺社・本所領押領を五方引付に断罪させる(建武以来追加)。4.26 小早川宣平，家臣の安芸国沼田荘市内居住を禁止(小早川家文書)。5.14 北朝，暦応雑訴法を施行(師守記・仁和寺文書)。5.27 高師冬，下総国駒館を陥す．翌28日，南軍が奪回し師冬遁走(結城古文書写)。9.13 斯波高経らの幕府軍，越前国府中を陥す．ついで脇屋義助を攻め破る(天野文書)。10.6 佐々木導誉・秀綱父子，妙法院宮御所を襲い焼く(中院一品記)。10.26 幕府，延暦寺衆徒の訴えにより，導誉・秀綱父子を配流(中院一品記)。10.29 東大寺，寺内での傾城の殺害，山臥の追剝等については落書起請文を徴する(東大寺文書)。12.19 玉井西阿による興福寺領押妨の排除を求め，春日神木入京(中院一品記)。

大日本史料	社会・文化	世界	高麗	元
1.- ⑥ 4	7.1 赤松則村，播磨国赤穂に法雲寺を建て，雪村友梅を住持とする(雪村和尚行道記)。**この年** 平泉中尊寺火災(中尊寺鐘銘)。9.25 覚如『改邪鈔』成る(奥書)。**この年** 元盛『勅撰作者部類』(16巻)刊．康安2年，惟宗光之『勅撰作者部類』(2巻増補)刊(諸本奥書)。**この頃** 関山慧玄，妙心寺を開創(妙心寺六百年史)。**この年か翌年頃** 北畠親房，『元元集』を著す。 【死没】 1.12 瓜生保(武将)。1.22 梶原性全(72，僧医)。1.26 鷹司冬教(33，廷臣)。3.6 気比氏治(武将)。 尊良親王(後醍醐天皇皇子)。 得能通綱(武将)。 新田義顕(南朝武将)。12.22 宗峯妙超(56，大徳寺開山)。12.25 斯波家長(武将)。 《大の月》2・4・7・9・11・12	元，広東で朱光卿，河南で棒胡が反乱。	忠粛王 6	元統 3
	7.5 石清水八幡宮，兵火により焼失(中院一品記)。**この年** 大飢饉．諸国で子女を質入・売却する者多数。 【死没】 1.23 吉田定房(65，公卿)。1.- 堀口貞満(42，武将)。3.21 坊門清忠(公卿)。5.2 日野資名(54，公卿)。5.22 北畠顕家(21，公卿)。 南部師行(武将)。**閏**7.2 新田義貞(武将)。8.5 二条為世(89，歌人)。11.16 釼阿(78，真言密教学僧)。12.- 結城宗広(武将)。**この年** 恒良親王(17，後醍醐天皇皇子)。 《大の月》1・3・5・8・9・11・12		7	4 ⑧
8.- ⑥ 5	3.- 夢窓疎石撰『臨川家訓』成る。**この春** 高師直，『首楞厳義疏注経』を開版(跋)。7.6 これより先，足利尊氏，等持院を創建．この日，足利直義，本尊造立料所を寄付(雨森善四郎所蔵文書・月舟和尚語録)。**この秋** 北畠親房，『神皇正統記』を著す(白山本奥書)。10.5 光厳上皇，尊氏・直義の奏請により，亀山殿を禅刹とし暦応寺(のち，天竜寺)を開く(天竜寺造営記録)。**この年** 中原師守，『師守記』を記す(～応安7年にかけて現存)。 【死没】 1.16 今出川兼季(59，公卿)。1.17 清拙正澄(66，臨済宗僧侶)。1.19 実融(93，真言宗僧侶)。7.27 度会常昌(77，外宮祠官)。8.16 後醍醐天皇(52)。 《大の月》2・3・5・8・10・12	英・仏両軍，ピカルディで開戦．百年戦争始まる(～1453年)。	8	5
1.- ⑥ 6	1.4 阿蘇山噴火(阿蘇学頭坊文書)。2.- 北畠親房，『職原抄』を著す(奥書)。 【死没】 1.24 島津宗久(19，武将)。8.11 如道(88，浄土真宗僧侶)。10.4 東明慧日(69，曹洞宗僧侶)。 《大の月》2・3・5・7・9・11	元，科挙を復活。	忠恵王 (復位)	6

西暦	年号・干支		天皇		将軍	執事	政治・経済
	北朝	南朝	北朝	南朝			
1341 1.18	暦応 4 辛巳 ④	興国 2	(光明)	(後村上)	(足利尊氏)	(高師直)	3.24 塩冶高貞，京都を出奔，幕府の追討を受け，数日後，高貞，播磨で自害(師守記)。5.- 南朝に走った近衛経忠，小山氏らを反北畠親房の藤氏一揆に誘うとの噂が立つ(結城文書)。6.23 高師冬軍，親房の籠る常陸国小田城を攻めて敗退(結城文書)。11.10 小田治久と高師冬の和議により，親房は常陸国関城に，春日顕時は大宝城に移る(結城古文書写)。12.- 師冬，関・大宝両城を攻める(結城文書)。12.23 足利直義，夢窓疎石らと評議し，造天竜寺船の派遣を定める(天竜寺造営記録)。
1342 2.6	康永(こうえい) 4.27 壬午	3					4.23 幕府，五山十刹の位次を定める(扶桑五山記)。5.1 懐良親王，薩摩に着岸(阿蘇家文書)．6.19 懐良親王，島津貞久らを薩摩谷山に破る(阿蘇家文書)。7.- 北朝，文殿に商人を召集し，数度，沽価法を評議(師守記)。9.6 土岐頼遠，御幸中の光厳上皇に，暴言を吐き，車を射る(太平記)。12.1 土岐頼遠，上洛し，臨川寺の夢窓疎石を介して赦免を乞うが，幕府侍所に捕えられ誅殺される(中院一品記)。
1343 1.27	2 癸未	4					4.2 春日顕時ら南朝軍，関城を攻め，結城直朝らを滅ぼす(結城古文書写)。4.29 幕府，武家被官の本所領押領を厳禁(建武以来追加)。6.10 結城親朝，北朝に付き，石塔義房より尊氏御判御教書案を送付される(結城古文書写)。7.3 北畠親房，足利直義と高師直不和風聞を親朝に伝達(結城文書)。8.19 親朝，北朝方として挙兵(結城文書)。11.8 検非違使庁，祇園社綿神人の相論を裁許し，新座の営業を認可(祇園執行日記)。11.11 高師冬，関・大宝両城を攻落し，北畠親房，吉野に戻る(結城文書)。
1344 1.17	3 甲申 ②	5					2.25 高師冬，常陸から鎌倉に帰還(鶴岡社務記録)。3.7～9 春日顕国，大宝城を奪回した後，攻略・生捕られて誅される(鶴岡社務記録)。4.24 幕府，春日顕国の首を六条河原に梟す(師守記)。7.4 幕府，諸国守護人以下の使節遵行の怠慢を禁じる(建武以来追加)。8.15 東大寺衆徒，神輿を奉じて入洛(師守記)。

大日本史料	社会・文化	世界	高麗	元
(⑥6)	7.22 光厳上皇，暦応寺を天竜寺と改号(天竜寺造営記録)。**この秋** 愚中周及，入元(大通禅師語録)。**10.-** 臨川寺，『仏果圜悟禅師心要』を出版(刊記)。 【死没】 1.5 日法(83，日蓮宗僧侶)。3.- 塩冶高貞(武将)。6.2 真観(67，時宗四条派派祖)。**この年** 畑時能(武将)。 毛利時親(武将)。 《大の月》1・3・④・5・7・9・11	ラヨシュ1世(～'82年)，ハンガリー王国の最盛期。	忠恵王 2	至正 1.1 ⑤
1.- ⑥7	3.20 法勝寺焼亡(中院一品記)。4.15 高師直，山城真如寺を建立し，住持の兼任・開山を疎石に請う(夢窓国師年譜)。9.20 大高重成，足利直義の意を受け，竺仙梵僊に『夢中問答集』の跋文を請う。**この秋** 性海霊見，入元(禅林僧伝)。**10.-** 坂十仏，神宮参詣．この時の参詣を『伊勢太神宮参詣記』に著す。 北畠親房，『関城書』を記す。**この頃より** 五山版の最盛期。 【死没】 5.7 永福門院(72，伏見天皇中宮)。6.5 脇屋義助(42，武将)。9.3 大館氏明(武将)。9.23 細川和氏(47，武将)。11.13 日像(74，日蓮宗僧侶)。12.1 土岐頼遠(武将)。12.23 上杉清子(足利尊氏・直義母)。 《大の月》1・3・5・7・8・10・11		3	2
	8.- 天竜寺仏殿成る(夢窓国師語録)。**この年** 無文元選入元(諸祖行実)。 【死没】 11.11 関宗祐(武将)。 《大の月》2・5・7・8・10・11		4	3
1.- ⑥8	**この秋** 大拙祖能入元(大拙和尚年譜)。10.8 足利尊氏・直義ら詠歌紙背に『宝積経要品』を書写し，高野山金剛三昧院に納める(前田家本奥書)。 大高重成，『夢中問答集』を出版。 【死没】 3.9 春日顕国(武将)。 《大の月》1・2・5・7・9・10・11	『金史』成る。	5	4 ②

西暦	年号・干支 北朝	年号・干支 南朝	天皇 北朝	天皇 南朝	将軍	執事	政治・経済
1345 2.3	貞和(じょうわ) 10.21 乙酉	興国 6	(光明)	(後村上)	(足利尊氏)	(高師直)	2.6 光厳上皇，幕府の奏請により，国毎に設置の寺塔の通号を安国寺・利生塔と定める(三国地志)。8.14 光厳上皇，延暦寺衆徒の強訴により，天竜寺供養の臨席を断念(園太暦)。8.29 天竜寺供養．足利尊氏・直義，列席．翌日，光厳上皇，天竜寺に御幸(園太暦)。
1346 1.24	2 丙戌 ⑨	正平(しょうへい) 12.8					2.5 幕府，故戦・防戦の罪科を定める(建武以来追加)。7.23 興福寺衆徒，東大寺に発向(園太暦)。12.7 幕府，一色直氏に九州の寺社興行・訴訟の注進・異賊防禦を指示(入来院文書)。12.13 幕府，地頭らによる国司領家年貢の対捍地の法，私戦等の罪科を定めた諸国狼藉条々及び守護人非法条々を定める(建武以来追加)。12.28 光厳上皇，倹約の制符を文殿に下す(園太暦)。
1347 2.11	3 丁亥	2					6.6 熊野海賊等の南軍，薩摩国東福寺城を攻める(薩藩旧記)。8.19 細川顕氏，和泉・摂津を伺う熊野等南軍の討伐のため天王寺・堺へ発向(園太暦)。9.17 楠木正行，河内国藤井寺で細川顕氏を破る(和田文書)。11.26 正行，摂津住吉・天王寺で顕氏・山名時氏を破る(園太暦)。12.14 懐良親王，肥後国に進出(阿蘇家文書)。
1348 1.31	4 戊子	3	10.27 崇光				1.2 懐良親王，肥後国宇土津に到る(阿蘇家文書)。1.5 高師直，河内国四条畷で楠木正行と戦い，敗死させる(園太暦)。1.26 高師直，大和国橘寺より吉野に発向(小早川家文書)。1.28 師直，吉野蔵王堂等を焼払う(嘉元記)。これより前，後村上天皇，紀伊国に逃れ(阿蘇家文書)， 後に大和国賀名生に移る(太)。3.- 高野山衆徒，宮方・武家方双方に加勢せぬ旨を誓約(高野山文書)。
1349 1.20	5 己丑 ⑥	4				⑥.15 ⑥.20 高師世 8.- 8.- 高師直	4.11 足利直冬，長門探題となり，備後国へ下向(師守記)。閏6.2 足利直義と高師直の不和により京都騒擾(園太暦)。8.13～15 師直，直義の逃れる尊氏邸を囲む．尊氏，直義の政務停止等を約し上杉重能・畠山直宗を越前国に配流し，後に誅す(園太暦)。9.9 尊氏，次子足利基氏を鎌倉に下す(鎌倉公方の始め)(園太暦)。9.10 直冬，備後国鞆で師直の与党の攻撃を受け，四国へ没落(園太暦)。9.16 直冬，肥後に到着，尊氏の命により下向した旨を称し，在地勢力を招く(志岐文書)。10.22 足利義詮，鎌倉より入京(師守記)。12.8 直義，出家(園太暦)。

大日本史料	社会・文化	世界	高麗	元
([6] 8) 5.- [6] 9	4.17 光厳上皇，勅撰集のため，諸人・武家の和歌の執進を命じる(園太暦)。7.- 友山士偲・此山妙在，元より帰国(禅林僧伝)。8.29・30 高階雅仲，この両日の天竜寺供養会を『天竜寺供養記』に著す。 【死没】 2.6 嵩山居中(69，入元禅僧)。2.9 太田時連(77，鎌倉幕府吏僚)。4.25 可翁宗然(臨済宗僧侶)。6.2 証賢(81，浄土宗僧侶)。6.3 慈雲妙意(72，臨済宗僧侶)。 《大の月》1・3・6・8・10・11・12	『宋史』『遼史』成る。	忠穆王	至正 5
8.- [6] 10	7.24 虎関師錬没．生前『済北集』を著す。11.9 光厳上皇親撰『風雅和歌集』序文・巻1成る(園太暦)。11.26 光明天皇，夢窓疎石に夢窓正覚国師と特賜(夢窓国師年譜)。 【死没】 4.13 小山朝郷(武将)。7.24 虎関師錬(69，臨済宗僧侶)。9.11 示導(61，浄土宗学僧)。11.30 湛睿(76，華厳宗僧侶)。12.2 雪村友梅(57，臨済宗僧侶)。 《大の月》2・4・7・9・10・11	イブン=バットゥータ，元の大都に到着。 西アジアで黒死病(ペスト)流行。 ベーメン王カレル1世(～'78年)中世ボヘミアの盛期。	2	6 ⑩
12.- [6] 11	**この年** 『後三年合戦絵巻』成る(巻末・玄恵序文)。 【死没】 5.26 小笠原貞宗(56，武将)。8.16 栄海(70，真言宗僧侶)。**この頃** 結城親朝(武将)。 《大の月》1・2・4・7・9・11	インド，バフマニー朝成立。	3	7
10.- [6] 12	7.16 竺仙梵僊没．生前『天柱集』を著す。11.- この月から貞和6年1月の間，藤原為信・豪信父子筆『天子摂関御影』成るか。**この年** 無我省吾，入元(省吾禅師行実)。 房玄，『房玄法印記』を記す(この年と観応2年が現存)。**この年の末頃** 『峯相記』成るか。 【死没】 1.5 楠木正家(武将)。 楠木正行(武将)。 和田賢秀(武将)。5.9 伊達行朝(58，武将)。7.16 竺仙梵僊(57，臨済宗僧侶)。10.18 万里小路宣房(91，貴族)。11.9 厚東武実(武将)。11.11 花園法皇(52)。 《大の月》1・2・4・5・8・10・12	元，方国珍，台州で挙兵。 プラハ大学成立。	4	8
11.- [6] 13	2.27 清水寺焼失(園太暦)。**2月頃** 光厳上皇親撰『風雅和歌集』成るか(園太暦)。6.11 四条河原で橋勧進の田楽が催され，足利尊氏ら見物．桟敷の転倒で死傷者多数(師守記)。**7月以前** 二条良基『連理秘抄』を著す(奥書)。8.- 春屋妙葩，『雲峯空和尚語録』等を刊行(天竜寺版)。**この年** 杲宝『玉印鈔』成る。 日野名子『竹むきが記』成るか。 【死没】 6.13 良尊(71，念仏聖)。7.6 九条道教(35，公卿)。12.- 畠山直宗(武将)。12.20 上杉重能(武将)。 《大の月》2・4・5・⑥・8・10・12		忠定王	9 ⑦

西暦	年号・干支 北朝	年号・干支 南朝	天皇 北朝	天皇 南朝	将軍	執事	政治・経済
1350 2.8	観応(かんのう) 2.27 庚寅	正平 5	(崇光)	(後村上)	(足利尊氏)	(高師直)	2.- 倭寇の高麗侵犯，始まる(高麗史)。6.21 高師泰，足利直冬追討の院宣を奉じ，京を出発(祇園執行日記)。9.28 少弐頼尚，足利直冬に帰服(松浦文書)。10.16 直冬が九州で挙兵の報，京着(園太暦)。10.26 足利直義，京都を逐電(園太暦)。10.28 足利尊氏，直冬追討のため，高師直らを率いて出京(園太暦)。11.16 光厳上皇，尊氏の申請を受け，直義追討の院宣を下す(園太暦)。11.- 直義，高師直・師泰誅伐の兵を募る(観応の擾乱)(田代文書)。12.10 三河国人，一揆して足利直義に応じる(前田家蔵閲覧筆記)。12.13 直義，3ヵ条の和睦条件を示すが，南朝は帰服のみ許す(観応二年日次記・吉野御事書案)。12.25 高師冬，上杉憲顕討伐のため，足利基氏を奉じて鎌倉を出発．基氏は鎌倉に戻る(醍醐報恩院古文書録)。12.29 尊氏，備前福岡より兵を京都に返す(松浦文書)。**この年** 琉球浦添按司察度，中山王位に就く(中山世鑑)。
1351 1.28	2 辛卯	6	11.7			2.26 10.21 仁木頼章	1.15・16 桃井直常，入京し，足利尊氏・義詮を播磨国に逐う(園太暦)。1.17 高師冬，甲斐国須沢城で自殺(市河文書)。2.8 上杉能憲，関東の兵を率いて上洛(園太暦)。2.12 奥州管領吉良貞家，同管領畠山国氏と父高国を陸奥国岩切城に滅ぼす(結城古文書写)。2.17 足利直義軍，尊氏軍を摂津国打出浜に破る(太)。2.20 尊氏，直義と和睦(園太暦)。2.26 上杉能憲，摂津国で高師直・師泰ら一族を討つ(園太暦)。2.- 高野山領紀伊国鞆淵荘，下司と百姓の確執により荒廃．寺家の仲介で和解(高野山文書)。3.3 幕府，足利直冬を鎮西探題とする(園太暦)。5.15 南朝，幕府の和睦案を拒否(観応二年日次記)。6.13 幕府，寺社本所領等の押領及び使節遵行怠慢を禁じる(建武以来追加)。7.28・30 尊氏，佐々木高氏討伐のため近江国に出陣し，足利義詮，播磨国に出陣(園太暦)。7.30 直義，北陸に逃れる(園太暦)。10.2 山内首藤一族，尊氏支持のため一揆契諾状を結ぶ(山内首藤文書)。10.24 南朝，尊氏・義詮の政権返還・投降の申入れを容れ，直義追討綸旨を下す(園太暦)。11.4 尊氏，関東に進発(園太暦)。11.7 南朝，北朝の天皇・皇太子・年号を廃する(正平一統)(園太暦)。11.15 直義，鎌倉に入る(鶴岡社務記録)。11.21 松浦一族等，所領安堵を求め一揆する(有浦文書)。12.23 南朝，北朝の神器を接収(園太暦)。
1352 1.18	文和(ぶんな) 9.27 壬辰 ②	7	8.17 後光厳				1.5 足利尊氏，足利直義を降し，鎌倉に入る(鶴岡社務記録)。2.25 延暦寺衆徒，祇園社犬神人を使い，日蓮宗の妙顕寺法華堂を破却(祇園執行日記)。2.26 直義，鎌倉で没(太)。 後村上天皇，賀名生を出発(園太暦)。閏2.6 宗良親王，征夷大将軍に補任される(系図纂要)。閏2.18 新田義宗・同義興ら，宗良親王を奉じて鎌倉に入り，尊氏を逐う(園太暦)。閏2.19 後村上天皇，八幡に着く(園太暦)。閏2.20 南軍，足利義詮を近江国に逐う．正平一統破れる(園太暦)。 義興・義宗ら，武蔵国人見原等で尊氏を破る(太)。閏2.28 尊氏，武蔵国小手指原等で宗良親王・義宗らを破る(太)。3.12 尊氏，鎌倉を回復(鶴岡社務記録)。3.15 義詮，京都を回復(祇園執行日記)。5.11 義詮，八幡を攻落．後村上天皇を賀名生に逐う(園太暦)。6.2 南朝，光厳・光明・崇光3上皇と直仁親王を賀名生に移す(園太暦)。7.24 幕府，近江・美濃・尾張3国の本所領の当年一作を半済とし，8月21日，5ヵ国を追加(建武以来追加)。9.18 幕府，将軍家下文拝領者が使節遵行以前に恩賞地へ乱入する事等を禁止(建武以来追加)。11.- 足利直冬，九州から長門国に逃れ，南朝に帰順(園太暦)。

大日本史料	社会・文化	世界	琉球	高麗	元
(6 13) 11.- 6 14	3.25 竜山徳見ら，元より帰国(園太暦)。7.6 足利尊氏，地蔵像(駿河清見寺蔵)を描く。8.- 鎌倉補陀洛寺の鐘，貴賤僧俗1万余人が結縁して成る(鐘銘)。 【死没】 1.11 赤松則村(74，武将)。2.23 坊城俊実(55，公卿)。3.2 玄慧(天台宗学僧)。3.28 明峯素哲(74，曹洞宗僧侶)。4.- 吉田兼好(68，随筆家)。 《大の月》2・4・6・7・9・11	タイ，アユタヤ朝興る。	察度王	忠定王 2	至正 10
5.- 6 15	4.- 愚中周及，元より帰国(大通禅師語録)。10.30 従覚『慕帰絵』を著す。**この年** 太初啓原，入元. 元僧東陵永璵，来日(本朝高僧伝)。 近衛基政『楞伽寺記』成る。**観応年間頃** 宗久『都のつと』成る。 【死没】 1.17 高師冬(武将)。1.19 覚如(82，本願寺創建者)。1.1 千葉貞胤(61，武将)。2.12 畠山高国(47，武将)。2.25 月林道皎(59，五山僧)。2.26 高師直(武将)。 高師泰(武将)。4.8 赤松範資(武将)。9.30 夢窓疎石(77，臨済宗僧侶)。 《大の月》1・3・6・7・9・10・12	元，紅巾の乱起こる。	2	3	11
1.- 6 16 9.- 6 17	9.15 足利尊氏，『大般若経』を開板(古写本大般若経目録)。11.15 尊円入道親王，『入木抄』を著し，後光厳天皇に進覧(奥書)。12.下旬 尊円入道親王，『門葉記』を撰進(端書)。**この年** 乗専『最須敬重絵詞』成る(奥書)。 【死没】 2.26 足利直義(47，武将)。**閏**2.20 細川頼春(49，54とも，武将)。3.9 上杉朝定(32，武将)。5.11 四条隆資(61，公卿)。7.1 宥範(83，真言宗僧侶)。7.5 細川顕氏(武将)。8.13 近衛経忠(51，公卿)。9.10 佐竹貞義(66，武将)。12.11 小田治久(70，武将)。 《大の月》2・4・6・8・9・10・12		3	恭愍王	12 ③

西暦	年号・干支		天皇		将軍	執事	政治・経済
	北朝	南朝	北朝	南朝			
1353 2.5	文和 2 癸巳	正平 8	（後光厳）	（後村上）	（足利尊氏）	（仁木頼章）	**2.2** 菊池武光・少弐頼尚，筑前国針摺原で一色直氏らを破る（深江文書・草野文書）。**2.上旬** 北畠顕能，伊勢国より大和国に入る（園太暦）。**2.-** 紀伊等数ヵ国で南軍蜂起（園太暦等）。**3.-** 足利直冬に備前・美作両国の兵が呼応（園太暦）。**5.4** 奥州管領吉良貞家，北畠顕信の陸奥国宇津峰城を攻略（大国魂神社文書）。**5.20** 足利尊氏，北条時行らを相模国竜口で斬る（鶴岡社務記録）。**6.9** 楠木正儀・山名時氏ら，入京し足利義詮を逐う（園太暦）。**6.13** 義詮，後光厳天皇を奉じて美濃国小島に逃れる（田代文書・土佐国蠹簡集残篇）。**7.26** 義詮，京都回復（園太暦）。**7.29** 尊氏，畠山国清を関東執事に任じ，鎌倉より西上（喜連川判鑑・鶴岡社務記録）。**6～7月** 京都で盗賊が出没し，悲田院・永円寺等を襲う（園太暦）。**7.19** 四条隆俊・時氏軍，大徳寺・白毫寺に乱入，資財を奪う（園太暦）。**9.21** 尊氏・義詮，後光厳天皇を奉じて入京（園太暦）。
1354 1.25	3 甲午 ⑩	9					**3.22** 光厳・光明両法皇と崇光上皇，河内金剛寺に移る（薄草子口決）。**4.-** 倭寇，高麗全羅道で船40余艘を掠奪（高麗史）。**5.9** 松浦一族，訴訟究明を求め一揆する（青方文書）。**5.21** 足利直冬，石見国を発し東上（吉川家文書）。**6.30** 足利尊氏，九州探題一色直氏を通じて九州の兵の与同を募る（薩藩旧記）。**9.22** 足利基氏，関東の禅刹に対して12ヵ条の規式を定める（円覚寺文書）。**9.-** 宗良親王・新田義宗ら，越後国宇加地城を攻囲（三浦和田文書）。**10.18** この前後，足利義詮，直冬討伐のため出陣（東寺百合文書）。**12.24** 直冬，桃井直常らが京都に迫り，尊氏，後光厳天皇を奉じて近江武佐寺に逃れる（柳原家記録）。
1355 2.13	4 乙未	10					**1.16・22** 桃井直常ついで足利直冬ら入京（園太暦）。**1.24** 足利義詮，播磨国より軍を京都に返す（安積文書）。**2.15** 南北両軍，京都で合戦（園太暦）。**2.25** 島津忠兼等53人，一揆契諾状を結ぶ（文化庁所蔵島津家文書）。**3.13** 足利尊氏，京都を回復し，直冬等南軍は八幡に退く（園太暦）。**3.28** 後光厳天皇帰京（園太暦）。**5.18** 紀伊隅田一族等，一揆契諾状を結ぶ（隅田家文書）。**8.18** 懐良親王出陣し，同月中に肥前国府に入る（木屋文書・有馬文書）。**8.-** 宗良親王，信濃国で諏訪祝等と戦う（園太暦）。**8.22** 幕府，争乱国の半済継続と静謐国での寺社本所領返付，及び旧敵方与同者の本領安堵の法を定める（建武以来追加）。**9.11** 駿河守護今川範氏，浅間社造営の徳政を同社領で実施（駿河伊達文書）。**9.18** 伏見の土民，領主四条氏の定使宅に乱入し伏見殿を囲む（園太暦）。**10.-** 懐良親王，豊後国より博多に攻め入り，一色道猷・直氏父子，長門国へ逃れ，その後京都に帰る（木屋文書・薩藩旧記）。
1356 2.2	延文（えんぶん） 3.28 丙申	11					**1.9** この頃，斯波高経，幕府に帰参（園太暦）。**8.23** 佐々木高氏，元弘以来戦没者の追福のため，四条京極４町を金蓮寺に寄進（金蓮寺文書）。**10.13** 一色直氏，長門より筑前麻生山に進むが，翌月，南軍に敗れて長門に退く（麻生文書）。**10.23** 若狭国太良荘民50余名，公文らの非法を連署起請文で訴える（東寺百合文書）。

大日本史料	社会・文化	世界	琉球	高麗	元
(⑥17) 4.- ⑥18	9.22 足利基氏,『大般若経』を開板(刊記)。12.26 足利尊氏,臨川寺を十刹に准じる(臨川寺文書)。 【死没】 5.20 北条時行(武将)。6.13 佐々木秀綱(守護大名)。7.27 柳原資明(57,公卿)。8.27 久我長通(74,公卿)。10.2 俊才(95,東大寺僧)。**この年** 阿蘇惟時(武将)。 《大の月》2・5・7・9・10・11	元の張士誠,挙兵し,大周国を樹立。 朱元璋,紅巾軍に参加。 ラオ人,ランサン王国を樹立。	察度王 4	恭愍王 2	至正 13
4.- ⑥19	12.23 足利尊氏,後醍醐・元弘以来戦没者等の冥福を祈るため一切経を書写し,等持院のちに園城寺に奉納(源威集・三井続燈記)。 【死没】 4.17 北畠親房(62,公卿)。8.20 託何(70,時宗学僧)。 《大の月》1・3・6・9・10・11・12		5	3	14
9.- ⑥20	**この年** 尊円入道親王『釈家官班記』を著す。 【死没】 3.12 三隅兼連(武将)。12.22 道昭(75,園城寺長吏)。**この年** 一鎮(79,時宗僧侶)。 《大の月》1・3・6・9・10・12	元の韓林児,小明王と号し宋国を樹立。 イブン=バットゥータ,『三大陸周遊記』を著す。	6	4	15 ①
12.- ⑥21	1.7 古鏡明千,『勅修百丈清規』を開版(刊記)。3.25 二条良基,『菟玖波集』を撰する(冬から翌年春の間に完成)(序文)。8.25 後光厳天皇,百首和歌(延文百首)の詠進を命じる(園太暦)。**11.28以前** 幕府奉行人諏訪円忠,『諏訪大明神絵詞』を作る(奥書)。**この年** 近衛道嗣,『愚管記』を記す(～永徳3年)。 【死没】 3.1 円観(76,天台宗僧侶)。6.13 斯波家兼(49,武将)。6.29 菊池武澄(武将)。9.23 吉良満義(武将)。 尊円入道親王(59,天台座主)。10.20 宇都宮公綱(55,武将)。 《大の月》1・2・4・7・10・11	ドイツ,カール4世,金印勅書を発布。	7	5	16

西暦	年号・干支 北朝	年号・干支 南朝	天皇 北朝	天皇 南朝	将軍	執事	政治・経済
1357 1.21	延文 2 丁酉 ⑦	正平 12	（後光厳）	（後村上）	（足利尊氏）	（仁木頼章）	2.18 光厳法皇・崇光上皇・直仁親王，帰京（園太暦）。5.- 後村上天皇，河内観心寺に行幸（観心寺文書）。6.15 細川清氏，越前守護職を望むも許されず，阿波国に退去（園太暦）。8.27 倭寇，高麗の昇天府興天寺を襲い，忠宣王・韓国公主の肖像を奪う（高麗史9.26）。9.10 幕府，寺社本所領の返付について定める（建武以来追加）。10.14 大乗院衆徒，一乗院前門主実玄を逐う（園太暦）。10.25 実玄，一乗院方国民越智氏らを率いて南都を攻め，大乗院孝覚を放逐（園太暦）。
1358 2.9	3 戊戌	13			4.30 12.8 足利義詮	5.- 10.10 細川清氏	3.10 足利義詮，足利尊氏の西国進発を諫止（愚管記）。3.11 倭寇，高麗全羅道で300艘余を焼く（高麗史）。4.30 尊氏没（愚管記）。10.10 新田義興，武蔵矢口渡で謀殺される（太）。12.- 懐良親王，豊後国に入り，守護大友氏時と戦う（志賀文書）。
1359 1.30	4 己亥	14					4.16 少弐頼尚，北朝方に転じ，大宰府より出陣（竜造寺文書）。8.6 少弐頼尚，懐良親王を奉ずる菊池武光らと筑後大保原で戦う（筑後川の戦）（竜造寺文書）。11.6 関東執事畠山国清，東国勢を率いて入京（園太暦）。12.19 足利義詮，南方へ発向（園太暦）。12.23 後村上天皇，河内国観心寺に移る（金剛寺聖教類奥書集）。
1360 1.19	5 庚子 ④	15					3.17 畠山国清，河内国金剛寺を焼く（金剛寺古記）。4.11 肥後・筑後の南軍，大宰府に攻め寄る（竜造寺文書）。4.25 興良親王（赤松宮），反して吉野賀名生を攻めるも敗北（大乗院日記目録）。閏4.- 国清ら，紀伊国に進み南方諸城を攻略（森本文書）。5.1 倭寇，高麗江華島を襲い，300余人を殺し，米４万余石を奪う（高麗史閏5.1）。5.9 細川清氏ら幕府軍，楠木正儀の河内国赤坂城を攻落（太・武家雲箋）。7.18 仁木義長，国清・清氏と争い，人質とした足利義詮の脱出で伊勢に没落（愚管記）。8.4 国清，鎌倉へ下向（大乗院日記目録）。9.- 後村上天皇，摂津住吉社に移る（新葉和歌集）。
1361 2.6	康安（こうあん） 3.29 辛丑	16				9.23	8.6・7 菊池武光，筑前油山，香椎等で少弐頼国・少弐冬資・大友氏時らを破り，征西将軍宮懐良親王大宰府に入る（深堀文書）。9.23 細川清氏，幕府に背き若狭国に没落（後愚昧記）。10.3 九州探題斯波氏経，豊後国府中に着く（阿蘇家文書）。10.27 清氏，若狭国で幕府軍に敗れ近江国坂本に没落，後に南朝に属する（後愚昧記）。11.26 足利基氏，鎌倉を出奔し伊豆に楯籠る畠山国清の討伐を命じる（安保文書・太）。12.8 足利義詮，後光厳天皇を奉じて近江に逃れ，清氏・楠木正儀ら入京（後愚昧記）。12.27 南軍，京都を退き，義詮は京都を回復（後愚昧記）。
1362 1.27	貞治（じょうじ） 9.23 壬寅	17				7.23 斯波義将	1.17 後光厳天皇，願文を伊勢神宮に納め，天下泰平を祈らせる（伏見宮記録文書）。2.10 後光厳天皇，還京（愚管記）。5.6以前 幕府，美濃・尾張の本所領半済分を守護土岐頼康に充行う（忠光卿記）。5.22 幕府，桃井直常討伐中の越中守護斯波氏らの軍に兵を増派（前田家所蔵文書・太）。7.24 細川清氏，同頼之の追討を受け讃岐国白峯で敗死（愚管記）。9.1 光厳法皇，法隆寺に参詣，のち吉野で後村上天皇と会見（太）。9.21 菊池武光，筑前国長者原で斯波氏経・少弐冬資を破る（深江文書）。9.- 足利基氏，伊豆の諸城を攻落，畠山国清を降す（太）。11.18 幕府，山名時氏・足利直冬討伐のため，遠江・三河等の軍勢を丹波に送る（東寺百合文書）。

大日本史料	社会・文化	世界	琉球	高麗	元
(⑥21)	閏7.11 北朝，『菟玖波集』を勅撰に准じる(園太暦)。**この年より応安5年の間** 二条良基『筑波問答』成る。 【死没】 6.5 乗専(73，真宗僧侶)。閏7.16 賢俊(59，真言宗僧侶)。閏7.22 広義門院(66，後伏見天皇女御)。10.9 文観(80，真言宗僧侶)。 《大の月》1・2・4・6・8・9・11	オスマン帝国，トラキアからバルカンに進出。 フランス，エティエンヌ＝マルセルの乱(～'58年)。	察度王 8	恭愍王 6	至正 17 ⑨
9.- ⑥22	1.4 天竜寺火災(園太暦)。5.- 大拙祖能，元より帰国(大拙和尚年譜)。 【死没】 4.2 徽安門院(41，光厳天皇妃)。4.30 足利尊氏(54，室町将軍)。8.19 洞院実世(51，公卿)。10.10 新田義興(28，武将)。10.17 無隠元晦(臨済宗僧侶)。12.13 源盛(56，武将)。 《大の月》1・3・4・6・8・10・12	フランス，ジャックリーの乱。	9	7	18
	4.28 二条為定，『新千載和歌集』四季部を奏覧(愚管記)。**この秋・冬** この頃，頓阿『草庵集』正編成るか(続編，貞治5年頃成るか)。12.- 存覚撰『歎徳文』成る。 【死没】 2.16 無極志玄(78，臨済宗僧侶)。4.4 日輪(88，日蓮宗僧侶)。4.29 新待賢門院(59，後醍醐天皇後宮)。8.16 少弐直資(武将)。9.28 慈厳(62，天台座主)。10.13 仁木頼章(61，武将)。 《大の月》2・4・6・8・9・11	紅巾の賊，高麗に侵入。	10	8	19
2.- ⑥23	3.13 肥後国阿蘇社火災(阿蘇神社文書)。4.6 洞院公賢没。生前に『園太暦』を著す。6.7 北朝，『元亨釈書』の大蔵経入蔵を勅許(愚管記)。**この年** 疫病流行(愚管記)。 【死没】 3.14 二条為定(68，歌人)。4.6 洞院公賢(70，公卿)。8.- 南部政長(武将)。12.12 関山慧玄(84，64とも，禅僧，妙心寺開山)。 《大の月》1・4・5・6・8・9・11	元，陳友諒，江州に大漢国を樹立。	11	9	20 ⑤
	1.18 近江守護佐々木氏頼，寂室元光を招き，永源寺を創建(寂室録)。3.8 醍醐寺如意輪堂等焼失(上醍醐寺伽藍炎上記)。6.21 近畿で大地震，7月まで地震続く(愚管記)。10.27 臨川寺火災(後愚昧記)。**この年** 三条公忠，『後愚昧記』を記す(～永徳3年)。 【死没】 5.24 孤峯覚明(91，禅僧)。12.11 乾峯士曇(77，五山僧)。 《大の月》1・4・6・8・9・11・12		12	10	21
1.- ⑥24	5.17 京畿で大地震(康富記)。**この年** 京畿で旱魃(師守記)。 【死没】 4.20 大高重成(武将)。7.7 杲宝(57，真言宗僧侶)。7.24 細川清氏(武将)。11.3 大友氏泰(豊後守護)。**この年** 畠山国清(武将)。 《大の月》2・5・7・9・11・12		13	11	22

西暦	年号・干支		天皇		将軍	執事	政治・経済
	北朝	南朝	北朝	南朝			
1363 1.16	貞治 2 癸卯 ①	正平 18	（後光厳）	（後村上）	（足利義詮）	（斯波義将）	**この春** 幕府方に転じた大内弘世，九州に攻め入るも敗退．斯波氏経，周防に逃れる（薩藩旧記・太）。**8.20** 足利基氏，鎌倉を発し，ついで宇都宮氏綱・芳賀高名を破る（額田小野崎文書・太）。**9.10以前** 足利直冬，備後国に没落し，山名時氏，幕府に帰服（小早川家文書）。**この頃** 大内弘世，上京して，幕府要人等に銭数万貫，新渡の唐物を贈る（太）。
1364 2.4	3 甲辰	19					**この夏** 鎌倉府，行宣政院（禅律方）を設置（空華集）。**7.28** 足利基氏，上野の世良田義政を滅ぼす（鎌倉大日記）。**8.25** 山名時氏，上洛（師守記）。**11.6** 伊予の河野通朝，細川頼之に攻められ自殺（予陽河野家譜）。**12.20** 春日神人，越前守護斯波高経の河口荘押領につき強訴入京（大乗院日記目録）。
1365 1.23	4 乙巳 ⑨	20					**2.5** 幕府，春日社造替棟別銭の徴収を諸国守護に命じる（春日神社文書）。**2.11** 足利義詮，新造の三条坊門殿に移る（在盛卿記）。**2.21** 幕府，内裏造営を奏上（師守記）。**5.10** 懐良親王，河野通堯に伊予守護職を安堵（河野通直文書）。**8.17** 吉野行宮焼亡（南朝事跡抄）。**8.25** 幕府，渋川義行の九州探題就任と下向を報じる（太宰府天満宮文書）。**8.-** この頃から翌年にかけて，両朝講和の風聞（門葉記・吉田家日次記）。
1366 2.11	5 丙午	21				8.8	**4.16** 島津氏久，菊池武光と肥後日岡に戦う（種子島家譜）。**5.22** 懐良親王，河野通直に中国・四国の北軍計策を命じる（河野家譜）。**8.9** 斯波高経・義将ら，佐々木高氏らの讒言を容れた足利義詮の命で越前に没落（吉田家日次記）。**8.12** 春日神木帰座（吉田家日次記）。**8.19** 幕府，守護未補の若狭・摂津の寺社本所領を返付（後愚昧記）。**8.22** 肥前五島宇久・有河住人等，一揆契諾状を結ぶ（青方文書）。**12.16** 高麗使金竜，伯耆に着岸（報恩院文書）。
1367 1.31	6 丁未	22			12.7	管領 11.25 細川頼之	**2.-** 高麗使金竜，幕府に倭寇禁圧を要請（後愚昧記）。**4.21** 医師但馬入道道仙，療病院設立のための渡唐船建造の棟別銭を京都六角で徴収（師守記）。**4.18** 足利義詮，高麗使金逸を接見（善隣国宝記）。**4.29** 幕府，南朝の和睦申入れを拒否（師守記）。**5.23** 北朝，高麗へ返牒せぬ旨を決める（愚管記）。**5.29** 義詮，足利氏満を鎌倉公方とし，佐々木高氏を鎌倉に派遣（愚管記）。**6.7** 義詮，春屋妙葩に僧録の名による高麗への返書作成を命じる（鹿王院文書）。**6.26** 高麗使，幕府返牒を得て帰途につく（後愚昧記）。**6.27** 幕府，山城の武家知行の寺社本所領返付を定める（師守記）。**7.-** 菊池武光，少弐冬資の豊前香春城を攻略（歴代鎮西志）。**11.25** 義詮，政務を足利義満に譲り，細川頼之を管領とする（愚管記）。**12.29** 頼之，５ヵ条の禁制を定める（花営三代記）。

大日本史料	社会・文化	世界	琉球	高麗	元
(⑥24) 3.- ⑥25	2.29 後光厳天皇，足利義詮の奏請により，『新拾遺和歌集』の撰進を二条為明に下命(後愚昧記)。3.- 二条良基・頓阿，『愚問賢註』を著す(奥書)。11.8 春屋妙葩，天竜寺住持となり入寺(智覚普明国師語録)。**この年** 無我省吾，再び入元(省吾禅師行実)。**この頃** 有隣，『福田方』を著すか。 【死没】 閏1.25 中院通冬(49，公卿)。7.3 島津貞久(95，武将)。12.1 日野有範(62，公卿)。12.8 物外可什(78，臨済宗僧侶)。**この年** 日野邦光(44，公卿)。 《大の月》1・2・5・8・9・11・12		察度王 14	恭愍王 12	至正 23 ③
7.- ⑥26	2.20 細川頼之，山城国景徳寺を建立(智覚普明国師語録)。4.20 二条為明，『新拾遺和歌集』四季部を奏覧(拾芥集)。5.- 堺の道祐，『論語集解』を開版(刊記)。6.15 万寿寺火災(師守記)。**この年**『元亨釈書』の出版始まる。 【死没】 3.14 四条隆蔭(68，公卿)。4.3 妙実(68，日蓮宗僧侶)。7.7 光厳法皇(52)。9.29 阿蘇惟澄(武将)。10.10 別源円旨(71，曹洞宗僧侶)。11.26 河野通盛(武将)。 《大の月》1・3・6・9・11・12	高麗の李成桂，女真を破る。	15	13	24
8.- ⑥27	4.26 四天王寺金堂上棟(師守記)。5.22 足利義詮，北条高時の三十三回忌仏事を行う(師守記)。**この年** 春屋妙葩，『夢窓国師語録』等を刊行。 【死没】 1.26 二条師基(65，公家)。4.30 今川範氏(50，武将)。5.6 東陵永璵(81，元の禅僧)。5.4 赤橋登子(60，足利尊氏妻)。6.3 中御門宣明(64，廷臣)。 《大の月》1・3・4・7・⑨・11・12	ウィーン大学設立。	16	14	25 ⑩
	春から夏 疫病流行(古今最要抄)。5.- 由阿，上洛して二条良基に『万葉集』を講じる．これより前『詞林采葉抄』を著す(奥書)。 【死没】 5.4 壬生匡遠(官人)。9.15 鉄舟徳済(臨済宗僧侶)。10.20 峨山韶碩(92，曹洞宗僧侶)。12.10 大智(77，曹洞宗僧侶)。 《大の月》2・3・5・7・9・12	オスマン帝国，アドリアノープルを首都とする。	17	15	26
5.- ⑥28	3.23 足利義詮，『新玉津島社歌合』を催す。3.29 天竜寺焼失(愚管記)。9.- 南禅寺住持定山祖禅，『続正法論』を著し，諸宗を誹謗(同書)。**この年** 忌部正通『神代巻口訣』成る。**貞治年間** 義詮の命により，四辻善成，『河海抄』を撰進(珊瑚秘抄)。 【死没】 4.26 足利基氏(28，鎌倉公方)。5.28 五条頼元(78，南朝廷臣)。7.13 斯波高経(63，武将)。9.1 寂室元光(78，入元禅僧)。9.3 西園寺公重(51，公卿)。12.7 足利義詮(38，室町将軍)。 《大の月》1・3・5・6・8・10・12	明律制定。	18	16	27

西暦	年号・干支 北朝	年号・干支 南朝	天皇 北朝	天皇 南朝	将軍	管領	政治・経済
1368 1.21	応安(おうあん) 2.18 戊申 ⑥	正平 23	(後光厳)	(後村上) 3.11 長慶	12.30	(細川頼之)	2.13 幕府，諸山禅刹住持の入院に関する禁制を定める(建武以来追加)。3.28 関東管領上杉憲顕，武蔵平一揆蜂起を在京中に聞き，関東へ下向(喜連川判鑑)。5.- 異国襲来の噂がたつ(愚管記)。6.11 足利氏満・上杉憲顕ら，平一揆を破り武蔵河越に逐う(花営三代記)。6.17 幕府，皇室領・殿下渡領・寺社一円領以外の諸国本所領での半済施行を定める(応安の半済令)(建武以来追加)。7.26 北朝，『続正法論』に憤り南禅寺破却を図る延暦寺衆徒の慰撫を三門跡に命じる綸旨を出す(山門嗷訴記)。7.- 上杉憲顕，上越国境に挙兵した新田義宗らを破る(喜連川判鑑)。8.29 延暦寺衆徒，日吉神輿を奉じ強訴入京(山門嗷訴記)。9.6 上杉朝房・同憲春，下野国宇都宮城に宇都宮氏綱を降参させる(市河文書・神明記)。11.27 北朝，定山祖禅を遠江に配流(続正法論)。
1369 2.8	2 己酉	24			足利義満		1.2 幕府，楠木正儀の帰服を容れる(花営三代記)。2.15 懐良親王，四国大将良成親王の下向準備を伊予河野氏に命じる(河野家譜)。2.27 侍所，京中での博奕・過差等を禁じる(建武以来追加)。3.16 幕府，一族ら南軍と合戦中の楠木正儀を救援(花営三代記)。3.- 明の洪武帝，楊載らを大宰府に派遣し，懐良親王に国書を呈し，倭寇禁止と朝貢を要求(明実録)。4.20 延暦寺衆徒，神輿を奉じて入京(後愚昧記)。4.28 桃井直常，越中に挙兵し能登に侵入(得田文書)。7.28 幕府，延暦寺衆徒の強訴により，南禅寺楼門を破却(愚管記)。**この年** 倭寇，明の山東を侵す(明史)。
1370 1.28	3 庚戌	建徳(けんとく) 2.5以前					6.23 幕府，今川了俊を九州探題に補任(入江文書)。8.19 後光厳天皇，嫡子の立太子を幕府に諮る(後光厳院宸記)。9.14 ついで崇光上皇も皇子の立太子を幕府に諮る．幕府，聖断による決定を奏聞(後光厳院宸記)。12.15 細川頼之，土岐頼康の誅伐を図るも，頼康は尾張に下向(後愚昧記)。12.16 幕府，延暦寺公人の負物譴責と号する京中での狼藉を禁じる(建武以来追加)。**この年** 倭寇，明の山東・浙江・福建沿岸を侵す(明史)。 明，趙秩を大宰府の懐良親王に派遣(大明太祖実録)。
1371 1.18	4 辛亥 ③	2	3.23 後円融				2.19 九州探題今川了俊，京都を発する(花営三代記)。4.5 石清水八幡宮神人，検校と争い社殿に乱入して自殺，死穢により造替(後愚昧記)。7.2 了俊の息義範，豊後高崎城に入る(入江文書)。7.18 越中守護斯波義将の兵，桃井直常を破る(祇園執行日記)。9.26 後光厳院，暦応の文殿雑訴法の追加条項を定める(後愚昧記)。11.2 幕府，即位用途のため，諸国で段銭，洛中一帯で酒屋，土倉役を賦課(花営三代記)。11.15 この頃，春屋妙葩ら，細川頼之と対立して丹後に退去(空華日用工夫略集)。11.19 了俊弟の今川仲秋，肥前国松浦に上陸(橘中村文書)。12.2 興福寺衆徒，大乗院・一乗院両門主の罷免を要求し，春日神木を奉じて入京(吉田家日次記)。12.19 了俊，豊前国門司に渡る(毛利家文書)。**この年** 懐良親王，祖来を使者とし，臣と称して明に入貢(明実録)。
1372 2.6	5 壬子	文中(ぶんちゅう) 4.-					1.22 北朝，一乗院実玄・大乗院教信両門主らを還俗，遠流に処する(後愚昧記)。4.15 幕府，禅院の両班任期の下限と僧員の数を定める(花営三代記)。5.- 明使仲猷祖闡・無逸克勤，博多に到着，了俊に抑留される(隣交徴書)。7.22 肥前佐志一族，所領安堵を求め一揆する(有浦文書)。8.12 了俊，大宰府を攻略．征西将軍宮懐良親王，筑後高良山に逃れる(入江文書)。11.18 幕府，諸社神人が所務負物等を理由に闘殺した際の訴訟について定める(建武以来追加)。**この年** 琉球国中山王察度，明に入貢(明実録)。
1373 1.25	6 癸丑 ⑩	2					5.6 肥前五島住人等，一揆契諾状を結ぶ(青方文書)。6.29 明使仲猷祖闡・無逸克勤，上洛(花営三代記)。8.6 興福寺衆徒，前関白二条良基を放氏(愚管記)。8.10 細川氏春・楠木正儀ら幕府軍，河内天野行宮を攻略，長慶天皇，吉野に退去(後愚昧記)。8.29 明使，帰途につく．足利義満，答使聞渓良宣らを同行させ，明・高麗人俘虜150人を明に送還(花営三代記・宋文憲公全集)。10.9 幕府，鎌倉五山について定める(建武以来追加)。11.13 北朝，興福寺の強訴により，摂津守護代赤松範顕・同性準を配流(愚管記)。11.25 義満，公卿(参議・左中将)に列する(後愚昧記)。

大日本史料	社会・文化	世界	琉球	高麗	明
1.- [6] 29 8.- [6] 30	2.7 陸仁,『聖福寺仏殿記』を著す。2.- 絶海中津・汝霖良佐,入明(仏智広照浄印翊聖国師年譜)。 【死没】 3.11 後村上天皇(41)。3.21 大友氏時(武将)。7.- 新田義宗(南朝武将)。9.19 上杉憲顕(63,武将)。 《大の月》3・5・6・7・8・10・12	朱元璋,明を建国。 元帝,上都に逃れる(北元)。	察度王 19	恭愍王 17	太祖 洪武 1.4 ⑦
6.- [6] 31	9.3 大風で鎌倉大仏殿が倒壊(鎌倉大日記)。10.10 興福寺衆徒の蜂起により維摩会延引(東金堂細々要記)。 【死没】 2.18 一色範氏(武将)。5.15 徹翁義亨(75,臨済宗僧侶)。6.27 日静(72,日蓮宗僧侶)。 《大の月》3・5・7・8・10・11	明,高麗に対倭寇の防備を命じる。	20	18	2
3.- [6] 32 是歳 [6] 33	4.4 信濃国善光寺炎上(善光寺縁起)。9.20 駿河以東で大風,これにより飢饉となる(後愚昧記)。9.22 元の版工陳孟才・陳伯寿,鎌倉に来着(空華日用工夫略集)。 【死没】 1.5 山名氏冬(武将)。6.7 佐々木氏頼(45,守護大名)。7.5 宇都宮氏綱(45,武将)。11.20 太源宗真(曹洞宗僧侶)。 《大の月》1・4・6・8・10・11・12	明,『元史』完成。 ティムール,サマルカンドを都としてティムール朝を樹立。	21	19	3
③.- [6] 34 是歳 [6] 35	10.15 上杉能憲,鎌倉に報恩寺を創建し,義堂周信を住持とする(空華日用工夫略集)。**この年** 今川了俊『道ゆきぶり』初稿成る。 【死没】 2.28 山名時氏(69,73とも,守護大名)。6.29 明石覚一(琵琶法師)。7.14 久我通相(46,公卿)。7.27 澄円(82,浄土宗僧侶)。11.29 赤松則祐(61,武将)。12.24 少弐頼尚(78,武将)。 《大の月》2・4・7・8・10・11・12		22	20	4 ③
7.- [6] 36	12.- 二条良基,『応安新式』を編修。 【死没】 3.13 頓阿(84,歌人)。5.2 朝倉高景(59,武将)。**この年** 芳賀禅可(武将)。 《大の月》2・5・8・10・11・12	明,浙江・福建の9衛に海船660艘を建造させ,倭寇に備える。	23	21	5
2.- [6] 37 7.- 38 是歳 39	9.2 京畿大風(後愚昧記)。9.28 天竜寺炎上(愚管記)。9.30 実厳,『山密往来』を撰作(奥書)。**この年** 椿庭海寿,明より帰国(延宝伝燈録)。**延文2年以降この年までに** 二条良基,『筑波問答』を著す。 【死没】 1.5 勧修寺経顕(76,公卿)。2.28 存覚(84,真宗僧侶)。8.25 佐々木高氏(78,守護大名)。11.16 菊池武光(武将)。 《大の月》2・3・6・9・11・12	明律成る。	24	22	6 ⑪

西暦	年号・干支 北朝	年号・干支 南朝	天皇 北朝	天皇 南朝	将軍	管領	政治・経済
1374 2.12	応安 7 甲寅	文中 3	(後円融)	(長慶)	(足利義満)	(細川頼之)	2.16 一向勧進僧，四条河原橋を修造(師守記)。6.20 日吉神輿造替遅延に抗議して，日吉・祇園社等の神輿入京(師守記)。6.- 足利義満派遣の使僧，入明するも表文不備のため却けられる(明実録)。8.- 今川了俊，筑前に南軍を攻め，菊池武朝を高良山より肥後に逐う(～12月)(山内首藤家文書)。11.5 北朝，興福寺の強訴により安居院行知・光済らを配流(師守記)。12.17 天竺人，義満に謁見(大乗院日記目録)。12.28 春日神木帰座により，４年間延引した後円融天皇即位式が行われる(師守記)。**この冬** 宗良親王，信濃より吉野に入る(新葉和歌集)。
1375 2.2	永和(えいわ) 2.27 乙卯	天授(てんじゅ) 5.27					1.17 北朝，赤松性準・安居院行知ら流人を赦免(愚管記)。1.- 幕府，敬神・勧農・年貢の理念を布告(花営三代記)。8.25 橋本正督，幕府方に転じ，和泉より紀伊に侵攻(花営三代記)。8.26 今川了俊，肥後水島の陣で少弐冬資を誘殺，島津氏久，これに怒り離反する(薩藩旧記)。**この冬** 大内義弘，探題了俊方に参じ，豊後に渡る(阿蘇家文書)。**この年** 高麗，羅興儒を日本に派遣し，倭寇禁圧を要求(高麗史節要)。
1376 1.22	2 丙辰 ⑦	2					4.- 懐良親王，僧圭庭用を明に派遣(明史)。5.- 今川了俊，子息満範を薩摩・大隅・日向３国の大将として肥後へ派遣(阿蘇家文書)。**この夏** 今川仲秋，博多で菊池武国と戦う(菊池武朝申状・禰寝文書)。7.19 京都芋洗橋で地下人が山名氏被官と衝突．翌日，山名氏，追捕を断念(後愚昧記)。8.4 幕府，足利満詮の九州派遣を決定し，島津氏久・同伊久の討伐を命じる(禰寝文書)。8.12 幕府，了俊を大隅・薩摩守護に補任(禰寝文書)。10.- 足利義満，抑留した高麗使を帰国させる(高麗史節要)。
1377 2.9	3 丁巳	3					1.13 今川仲秋，肥前国蜷打で南軍を破り筑後国に進む(三浦文書・吉川家文書)。6.- 越中守護斯波義将の守護代，争う国人の隠れる細川頼之所領を焼き払う(後愚昧記)。7.27 延暦寺月輪院永覚，金輪院英澄を攻め，翌８月４日，その城を攻略(愚管記)。8.8 斯波義将と細川頼之が対立し，洛中騒然(後愚昧記)。8.12 今川仲秋・大内義弘，肥後で南軍を破る(後愚昧記・毛利家文書)。10.28 南九州の国人61人，今川了俊に応じて一揆契約を結び，島津氏と対抗(禰寝文書)。12.12 摂津守護楠木正儀，堺庄住民の荏胡麻売買停止を遵行(離宮八幡宮文書)。**この冬** 宗良親王，出家(新葉和歌集)。**この年** 播磨国矢野荘で惣荘一揆(東寺百合文書)。 高麗使鄭夢周が博多に来り，了俊に倭寇の禁圧を求める(高麗史)。

大日本史料	社会・文化	世界	琉球	高麗	明
1.- ⑥40 6.- ⑥41 是歳 ⑥42	11.23 円覚寺炎上(空華日用工夫略集)。**この年** 足利義満，今熊野社で観阿弥・世阿弥の猿楽を見る(申楽談儀)。**延文～応安年間**『異制庭訓往来』成るか。 【死没】 1.5 碧潭周皎(84，臨済宗僧侶)。1.24 古先印元(80，五山禅僧)。1.29 後光厳上皇(37)。4.28(29日か) 小島法師(伝『太平記』作者)。5.19 日祐(77，日蓮宗僧侶)。5.26 菊池武政(33，武将)。 《大の月》1・3・4・6・9・11・12	『大明日暦』成る。 ペトラルカ没。	察度王 25	恭愍王 23	洪武 7
1.- ⑥43 6.- ⑥44 12.- ⑥45 雑載 ⑥46	1.8 中巌円月没. 門弟ら，『東海一漚集』を編集。5.27『南朝五百番歌合』催される(判者宗良親王)。6.29 後円融天皇，二条為遠に『新後拾遺和歌集』の撰進を下命(拾芥抄)。**この頃** 延文元年から永和元年，『異制庭訓往来』成るか。 【死没】 1.8 中巌円月(76，臨済宗僧侶)。8.11 渋川義行(28，鎮西管領)。8.26 少弐冬資(43，筑前守護)。 《大の月》2・3・5・7・9・12	大明宝鈔を発行。 イブン=ハルドゥーン，『世界史序説』の執筆を始める。ボッカチオ没。	26	辛禑	8
	この春 絶海中津・汝霖良佐，明より帰国(翊聖国師年譜)。4.15 これより以前，『増鏡』成る。 【死没】 1.23 南部信光(武将)。3.11 山名師義(49，守護大名)。3.21 島津師久(52，薩摩国守護)。3.- 救済(95，連歌師)。9.10 仁木義長(武将)。 《大の月》2・3・5・7・8・9・11		27	2	9 ⑨
	2.18 京都火災，仙洞花御所など焼亡(後愚昧記)。8.10 幕府，臨川寺を五山に列する(花営三代記)。 【死没】 4.- 中院親光(公卿)。8.20 大拙祖能(65，入元僧)。8.- 阿蘇惟武(武将)。 《大の月》2・4・6・7・9・10・12	チャンパー軍，ベトナムに侵攻。	28	3	10

西暦	年号・干支 北朝	年号・干支 南朝	天皇 北朝	天皇 南朝	将軍	管領	政治・経済
1378 1.30	永和 4 戊午	天授 4	(後円融)	(長慶)	(足利義満)	(細川頼之)	3.10 足利義満，室町殿（花御所）に移る（後愚昧記）。3.24 足利義満，権大納言に昇進（公卿補任）。6.- 今川了俊，倭寇討伐のため，使僧信弘と兵69人を高麗に派遣（高麗史）。7.- 鄭夢周が帰国，了俊，俘虜数百人を送還（高麗史）。9.29 了俊，肥後国詫摩原で菊池武朝・良成親王と戦う（吉川家文書・菊池武朝申状）。11.17 細川頼元，南朝に復した橋本正督を破る（花営三代記）。12.20 足利義満，山名義理を紀伊，同氏清を和泉守護に補任し，紀伊に派兵（愚管記・花営三代記）。12.- 紀伊の南軍，守護細川業秀を淡路に逐う（花営三代記・愚管記）。
1379 1.19	康暦（こうりゃく） 3.22 己未 ④	5				④.14 ④.28 斯波義将	1.22 山名義理・氏清ら，橋本正督の和泉土丸城を攻略（花営三代記）。2.22 足利義満，土岐頼康追討を諸国に命じる（花営三代記）。2.27 義満，頼康・京極高秀討伐の兵を発する（後愚昧記）。3.6 義満，近江守護六角亀寿丸に高秀討伐を命じる．翌日，高秀は美濃に没落（後愚昧記）。3.7 足利氏満，謀反を企てるが，上杉憲春の諫死により止む（花営三代記）。3.18 義満，頼康を，ついで翌月13日，高秀を赦免（花営三代記）。閏4.14 義満，高秀ら諸将により花御所に囲まれ，細川頼之に下向を命じる．頼之ら讃岐に没落（康暦の政変）（後愚昧記）。6.9 日吉神輿帰座（愚管記）。7.8 義満，河野通直を伊予守護に補任（明照寺文書）。7.22 幕府，伊勢貞継を政所執事に任じる，以後，伊勢氏が務める（花営三代記）。7.- 今川了俊，俘虜230人余を高麗に送還（高麗史）。9.5 義満，河野通直に細川頼之討伐を命じる（河野文書）。10.10 義満，春屋妙葩を僧録に任じる（鹿王院文書）。11.6 河野通直，細川頼之と戦い，伊予で敗死（予章記）。
1380 2.7	2 庚申	6					1.- 足利義満，十刹・準十刹計16ヵ寺を定める（扶桑五山記）。5.16 小山義政，宇都宮基綱らを攻め滅ぼす（花営三代記）。5.- 懐良親王，明に使僧を派遣するも却けられる（明実録）。6.1 足利氏満，小山義政追討を関東諸将に命じる（迎陽記）。7.17 和泉守護山名氏清，橋本正督を討つ（花営三代記）。9.- 義満，使僧を明に送るも却けられる（明実録）。
1381 1.26	永徳（えいとく） 2.24 辛酉	弘和（こうわ） 6.21以前					3.11～16 後円融天皇，足利義満の室町殿に行幸（愚管記）。4.26 今川仲秋，肥後城野城を攻略（深堀文書）。6.5 細川頼元，上洛して義満・斯波義将らを邸に招く（愚管記）。6.22 仲秋・今川満範，菊池武興の肥後国隈部城を，翌日，良成親王の染土城を攻略（深堀文書）。9.16 義満，斯波義将の管領辞任を慰留（愚管記）。10.7 義満，等持寺で義将・義堂周信・春屋妙葩と五山十刹住持の任期等規式を定める（空華日用工夫略集）。11.17 北朝，京都町地を本主へ返付させる（後愚昧記）。12.12 幕府，禅院諸山の16ヵ条の法式を定める（円覚寺文書）。 上杉朝宗ら，白旗一揆を率いて，小山義政を下野国鷲城に屈服させる（鎌倉大草紙）。この年「日本国王良懐」，僧如瑶を明に派遣．洪武帝，日本国王と将軍に書を送り，非礼を責める（明実録）。
1382 1.15	2 壬戌 ①	2	4.11 後小松				1.26 北朝，足利義満を左大臣に任じる（公卿補任）。閏1.24 楠木正儀，南朝に復帰し，山名氏清と河内平尾で戦い敗死（三刀屋文書）。3.23 小山義政，下野国祇園城を自焼して糟尾城に籠る（明王院文書）。4.13 小山義政，足利氏満軍に攻められ自害（明王院文書）。9.3 紀伊国北山の南軍，熊野速玉大社神官と戦う（南狩遺文）。

社会・文化	世界	琉球	高麗	明
6.7 足利義満，祇園会を見物，世阿弥も同席(後愚昧記)。**この秋** 竹田昌慶，明より帰国(寛政重修諸家譜)。11.18 円覚寺仏殿落慶(空華日用工夫略集)。11.30 臨川寺火災(花営三代記)。**この年** 静見了日撰述『法水分流記』成るか。**永和年間頃**『太平記』成る。 【死没】 4.17 上杉能憲(46，武将)。7.7 中原師茂(67，明法官人)。 《大の月》3・5・7・8・10・11	ローマ教会大分裂(大シスマ)。 フィレンツェでチォンピ蜂起。	察度王 29	辛禑 4	洪武 11
閏4.23 幕府，丹後より帰京した春屋妙葩を南禅寺住持とする(愚管記)。5.17 足利義満，二条良基邸で連歌に興じる(愚管記)。12.4 東寺御影堂炎上(花営三代記)。**この年** 夏より三日病流行(愚管記)。 中臣親世編『祭主補任』成るか。**この頃から応永2年**『今川了俊書札礼』成るか。 【死没】 1.19 柳原忠光(46，公卿)。3.8 上杉憲春(武将)。3.19 馬島清眼(眼科医)。**閏**4.22 三宝院光済(54，東寺長者)。 《大の月》1・4・6・7・9・10・11		30	5	12 ⑤
2.21 足利義満開創の宝幢寺，立柱始(花営三代記)。4.4 義堂周信，建仁寺に入寺(空華日用工夫略集)。6.24 光明法皇没．生前『光明天皇宸記』を記す。 【死没】 3.28 授翁宗弼(85，妙心寺2世)。4.22 尊信(57，勧修寺僧侶)。5.25 竹田昌慶(43，医師)。6.24 光明法皇(60)。11.15 大内弘世(武将)。 《大の月》1・4・7・9・10・11	高麗の李成桂，倭寇を撃退。明，胡惟庸の獄起る．中書省廃止。	31	6	13
4.25 室町殿落成供養(空華日用工夫略集)。9.- 鶴岡社僧頼印，足利氏満・義満の推挙により東寺二長者になる(頼印大僧正行状絵詞)。12.3 宗良親王，『新葉和歌集』を長慶天皇に奏覧(序)。**この年** 長慶天皇，『仙源抄』を著す(跋)。**この年より嘉慶2年の間** 二条良基『百寮訓要抄』成る(奥書)。 【死没】 10.3 赤松光範(62，武将)。**この年** 海老名の南阿弥(謡作曲者)。 《大の月》1・2・5・8・10・11	明，里甲制を制定し，『賦役黄冊』作成を定める。 イギリス，ワット=タイラーの乱。	32	7	14
閏1.24 春日社焼失(永徳二年春日焼失記)。3.17 二条為重，『新後拾遺和歌集』四季部を奏覧(拾芥抄)。11.26 足利義満，相国寺を創建，上棟(空華日用工夫略集)。 【死没】 4.13 小山義政(武将)。7.11 滅宗宗興(73，臨済宗僧侶)。8.7 信瑜(50，真福寺文庫祖)。 《大の月》1・①・3・5・8・10・12	明，科挙復活。	33	8	15 ②

西暦	年号・干支 北朝	年号・干支 南朝	天皇 北朝	天皇 南朝	将軍	管領	政治・経済
1383 2.3	永徳 3 癸亥	弘和 3	(後小松)	(長慶) 10.-以後 後亀山	(足利義満)	(斯波義将)	1.14・16 北朝，足利義満を源氏長者とし，ついで奨学・淳和両院別当とする(足利家官位記)。1.- 明の洪武帝，琉球の中山・山南両王に鍍金銀印を賜与し，三山に休戦を勧告(明実録)。2.1 後円融上皇，正室三条氏に重傷を負わせる(後愚昧記)。2.15 後円融上皇，愛妾按察局と義満の密通を疑い，自殺を図る(後愚昧記)。4.14 肥後の相良前頼，南朝方に転じる(相良家文書)。6.26 北朝，義満を准三后とする(後愚昧記)。7.1 肥前佐志一族，一揆契諾状を結ぶ(有浦文書)。
1384 1.23	至徳(しとく) 2.27 甲子 ⑨	元中(げんちゅう) 11.5以前					2.23 肥前松浦党46人，一揆の契約を結ぶ(松浦山代文書)。**この春** 如瑤を明に派遣(南方紀伝)。7.4 菊池武朝・葉室親善，南朝に累代の戦功を上申(菊池武朝申状・葉室親善申状)。
1385 2.10	2 乙丑	2					2.15 二条為重，夜討される(公卿補任)。2.17 征西将軍宮良成親王，相良前頼を肥前守護に補任(相良家文書)。3.- 新田義則，陸奥での挙兵を図る(鎌倉大草紙)。6.- 南朝の兵，高麗に渡り，援兵を求める(南方紀伝)。7.13 幕府，祇園社に11ヵ条の禁制を発する(八坂神社文書)。8.28～9.2 足利義満，二条良基・近衛兼嗣と南都に参詣(至徳二年記)。9.10 長慶上皇，願文を高野山に納める(高野山文書)。9.- 倭寇150艘，高麗の咸州・洪原などを襲う(高麗史節要)。12.3 山名氏清，山城守護に補任されて入部し，寺社民屋を焼き，国人と合戦(至徳二年記)。12.15 大和本神戸4ヵ郷土民，氏清勢の南下を恐れ，守護制札の国境設置の氏清への取次ぎを春日社に要求(至徳二年記)。
1386 1.31	3 丙寅	3					3.14 興福寺衆徒ら蜂起(東金堂細々要記)。5.14 これより先，足利義満，足利氏満に下総下河辺荘を与える(頼印大僧正行状絵詞)。5.27 小山義政遺児若犬丸，下野祇園城で挙兵し，守護木戸修理亮の軍を破る(鎌倉大草紙)。7.12 氏満，下総古河に進み，若犬丸没落(鎌倉大草紙)。8.25 幕府，山門諸社神人の催促と称した狼藉を禁じ，不当催促を伴う出訴の棄却を定める(建武以来追加)。9.2 赤松氏範，播磨清水で幕府軍と戦い敗死(赤松系図)。10.21 義満，天橋立に遊び帰京(空華日用工夫略集)。
1387 1.21	嘉慶(かきょう) 8.23 丁卯 ⑤	4					4.28 信濃の村上・小笠原・高梨氏，善光寺で挙兵し，守護斯波義種方と合戦(市河文書)。閏5.28 信濃の村上氏ら，平芝の守護所を攻める(市河文書)。7.19 上杉朝宗，足利氏満の命により，小山若犬丸を匿った常陸の小田孝朝を男体城に逐う(鎌倉大草紙)。8.- 高麗の鄭地，対馬・壱岐両島への出兵を提言(高麗史節要)。**この年** 明，福建の海辺に16城を築き，浙東・西にも築城し，倭寇に備える(明史)。

社　会・文　化	世　界	琉球	高麗	明
2.9『竹馬抄』成る(奥書)。9.14・16 足利義満，安聖院を鹿苑院と改め，ついで絶海中津を院主とする(空華日用工夫略集)。10.27 長慶天皇，摂津国内の地を祈禱料所として紀伊国護国寺に寄進(利生護国寺文書)。10.29 二条良基，『十問最秘抄』を大内義弘に書き与える(奥書)。12.13 義満，故夢窓疎石を相国寺開山，春屋妙葩を二世とする(空華日用工夫略集)。 【死没】 3.27 懐良親王(後醍醐天皇皇子)。12.27 三条公忠(60，公卿)。 《大の月》1・2・4・6・9・11		察度王 34	辛禑 9	洪武 16
この春 無文元選，遠江方広寺を創建(無文禅師行状)。5.19 観阿弥没．生前『自然居士』『通小町』『卒塔婆小町』『布留』を著す。8.- 良鎮，『融通念仏縁起』を作る。12.- 二条為重，『新後拾遺和歌集』を再返納(拾芥抄)。 【死没】 5.19 観阿弥(52，能作者)。 今川範国(武将)。9.5 吉良満貞(武将)。12.6 蘭洲良芳(80，臨済宗僧侶)。 《大の月》1・2・4・5・7・9・11	明，科挙条令を頒布。 明，倭寇対策として漁民の入海を禁止。 イギリス，ウィクリフ没。	35	10	17 ⑩
11.20 相国寺仏殿供養(空華日用工夫略集)。 【死没】 2.15 二条為重(61，歌人)。 《大の月》1・3・4・6・8・9・11		36	11	18
7.10 幕府，五山の座位を定め，南禅寺を五山の上とする(円覚寺文書)。11.8 伊予『歯長寺縁起』成る。 【死没】 9.2 赤松氏範(57，武将)。11.3 了実(83，浄土宗僧侶)。 《大の月》2・4・6・7・9・10・12	明洪武帝，林賢の陰謀(洪武13年に日本王の兵を借りた謀反)発覚により，日本と断交。 ポーランド，ヤゲウォ朝成立(～1572年)。 スイスの民衆軍，オーストリア軍を破る。 ドイツ，ハイデルベルク大学創立。	37	12	19
閏5.3 阿蘇山噴火(阿蘇文書)。11.- 二条良基『近来風体抄』成る(奥書)。**この年** 広橋兼宣，『兼宣公記』を記す(～正長1年)。 【死没】 2.20 抜隊得勝(61，臨済宗僧侶)。3.17 近衛道嗣(56，公卿)。**閏5.4** 島津氏久(60，武将)。10.19 細川氏春(武将)。12.25 土岐頼康(70，武将)。 《大の月》3・5・6・8・9・11・12	イギリス，チョーサー，『カンタベリ物語』の執筆開始。	38	13	20 ⑥

西暦	年号・干支		天皇		将軍	管領	政治・経済
	北朝	南朝	北朝	南朝			
1388 2.9	嘉慶 2 戊辰	元中 5	（後小松）	（後亀山）	（足利義満）	（斯波義将）	**この春** 山名氏清，河内で挙兵した楠木正秀を破る（南方紀伝）。**5.9** 尾張守護土岐満貞，康行の土岐惣領を奪うため，康行女婿の詮直と同国黒田で戦う（明徳記）。**5.18** 上杉朝宗，白旗一揆等を率い，常陸男体城を攻略（武州文書）。**6.1** 肥前下松浦住人等，一揆契諾状を結ぶ（青方文書）。**7.-** 今川了俊・春屋妙葩，倭寇の被虜250人を高麗に返還し，大蔵経を求める（高麗史）。倭寇，高麗の光州を陥す（高麗史）。**8.-** 高麗の鄭地，楊広・全羅・慶尚３道の兵を率いて倭寇を撃退（高麗史節要）。**この秋** 足利義満，駿河の富士山を遊覧（南方紀伝）。**この年** 明が北元を滅ぼし，国主の次子地保奴らを琉球に流す（明実録）。
1389 1.28	康応（こうおう） 2.9 己巳	6					**2.-** 高麗の兵船100艘，対馬に襲来し，倭寇船300艘を焼く（高麗史節要）。**3.4** 足利義満，安芸厳島に向け出京（～26日帰京）（鹿苑院殿厳島詣記）。**3.6** 義満，讃岐宇多津に至り，細川頼之と会見（鹿苑院殿厳島詣記）。**8.-** 琉球中山王察度，倭寇の捕虜を高麗に送還（高麗史節要）。**9.16** 義満，高野山に参詣（足利家官位記）。
1390 1.17	明徳（めいとく） 3.26 庚午 ③	7					**3.17** 足利義満，山名氏清・同満幸に，山名時義の遺子時熙・氏幸の討伐を命じる（但馬村岡山名家譜）。**閏3.25** 幕府，土岐康行を美濃で追討する（土岐氏の乱）（四天王法記）。**閏3.-** 幕府，土岐頼世を美濃，仁木満長を尾張の守護に補任（松雲公採集遺編類纂・佐々木文書）。**この春** 河内守護畠山基国と和泉守護山名氏清の軍，河内で南朝方の楠木・和田氏を破る（南方紀伝）。**9.15** 義満，越前気比社参詣のため出京（東寺王代記）。**9.-** 今川了俊，良成親王・菊池武朝を肥後宇土・河尻・南部で破る（深堀文書）。
1391 2.5	2 辛未	8				3.12 4.8 細川頼元	**3.4** 安芸熊谷一族等，一揆契諾状を結ぶ（熊谷家文書）。**4.3** 細川頼之上洛（東寺王代記）。**4.8** 幕府，細川頼元を管領とする（武家年代記）。**9.15～20** 足利義満，春日社等に参詣（明徳二年室町殿春日詣記）。**9.-** 倭寇，明の雷州を侵掠（明史）。**この秋** 今川了俊，肥後八代を攻略し，名和顕興を降伏させる（武雄神社文書）。**10.8** 五条頼治ら南朝軍，豊後守護大友親世の軍を筑後津江で破る（五条文書）。**10.11** 義満，宇治の山名氏清別邸に赴き，山名時熙・氏幸の赦免を図るが，氏清不参により実現せず（明徳記）。**11.8** 義満，出雲の仙洞領を押領する出雲等守護山名満幸を丹後に追放（明徳記）。**12.19** 幕府，山名氏清・満幸の謀反準備を知る（明徳記）。**12.30** 山名氏清・満幸，幕府軍と山城内野で戦い敗北．氏清戦死（明徳の乱）（明徳記）。
1392 1.25	3 壬申 ⑩	9		⑩.5			**1.4** 幕府，山名氏清・満幸らの守護分国を分配し，同時熙を但馬，氏幸を伯耆，大内義弘を和泉・河内守護とする（明徳記）。**1.18** 河内守護畠山基国，楠木正勝らの千早城を攻略（渡辺系図）。**2.13** 大内義弘，紀伊の山名義理討伐のため出京（明徳記）。**2.-** 足利義満，出羽・陸奥を鎌倉府の管轄に加える（喜連川判鑑）。**7.5** 肥前下松浦住人等，一揆契諾状を結ぶ（青方文書）。**8.28** 義満，相国寺落慶供養に臨席（相国寺供養記）。**10.25** 南北両朝の和議が調い，北朝，神器帰座の日を卜定し，大内義弘を吉野に派遣（続神皇正統記）。**閏10.2** 後亀山天皇入京，大覚寺に入る（続神皇正統記）。**閏10.5** 後亀山，後小松天皇に神器を渡す（南北朝の合体）（続神皇正統記）。**12.27** 義満，絶海中津作成の返書を高麗に送り，倭寇禁圧と俘虜送還を約す（善隣国宝記）。**12.-** 義満，法華経万部経会を内野で修し，明徳の乱戦没者を追善（明徳記）。

大日本史料	社会・文化	世界	琉球	高麗	明
	4.4 義堂周信没．生前『空華集』『空華日用工夫略集』を著す。6.13 二条良基没．生前『筑波問答』等を著す。8.13 春屋妙葩没．生前『智覚普明国師語録』等を著す。**この年以降応永9年の間** 四辻善成『珊瑚秘抄』成るか。 【死没】 1.25 一色範光(64，武将)。4.4 義堂周信(64，五山文学僧)。6.13 二条良基(69，公卿)。8.13 春屋妙葩(78，五山僧)。9.9 竜湫周沢(81，臨済宗僧侶)。11.11 実導(80，浄土宗学僧)。 《大の月》3・6・8・9・10・12	スイス，オーストリアから事実上独立。	察度王 39	辛禑 14	洪武 21
	3月以降 今川貞世『鹿苑院殿厳島詣記』成るか。 【死没】 2.29 善如(57，本願寺4世)。3.23 月庵宗光(64，禅僧)。5.4 山名時義(44，武将)。7.6 西園寺実俊(55，公卿)。8.13 庭田重資(85，公卿)。9.25 石室善玖(96，五山僧)。 《大の月》1・3・7・9・10・12	オスマン朝，コソヴォの戦で東欧連合軍を破る。	40	辛昌 恭譲王	22
	7～8月 大雨つづく．前年来飢饉(南方紀伝・武家年代記)。7.8 成阿，『融通念仏縁起』(大念仏寺本)を開版。 【死没】 閏3.22 無文元選(68，臨済宗僧侶)。 《大の月》1・2・4・7・9・11・12	ハーフィズ没(イランの抒情詩人)。	41	2	23 ④
	10.16 京都地震(康富記)。**この年** 飢饉，疫病流行(常楽記)。 【死没】 3.29 伊勢貞継(83，幕臣)。5.5 通幻寂霊(70，曹洞宗僧侶)。10.11 佐々木高秀(守護大名)。11.14 雲渓支山(62，臨済宗僧侶)。12.30 山名氏清(48，武将，守護大名)。**この年** 上杉朝房(関東管領)。 《大の月》1・3・5・8・10・12	北元滅亡。	42	3	24
⑩.- 7 1	8.28 東坊城秀長，『相国寺供養記』を著す。 【死没】 2.28 日什(79，日蓮宗僧侶)。3.2 細川頼之(64，武将，管領)。4.26 頼印(70，真言宗学僧)。5.29 聖憲(86，真言宗僧侶)。6.25 渋川幸子(61，足利義詮正室)。 《大の月》1・3・4・6・9・11・12	高麗滅び，李氏朝鮮建国。	43	朝鮮 太祖	25 ⑫

西暦	年号 干支	天皇	将軍	管領	政　治・経　済
1393 2.12	明徳 4 癸酉	(後小松)	(足利義満)	(細川頼元) 6.5 6.5 斯波義将	2.5 山名満幸，出雲で挙兵(諸家文書纂)。2.9 良成親王，阿蘇惟政に挙兵を催促し九州南朝方の再興を謀る(阿蘇文書)。4.11 足利義満，伊予守護河野通義に，山名氏清救援の伯耆派兵を命じる(諸家文書纂)。11.26 幕府，洛中洛外の土倉・酒屋役の制を定め，寺社権門の両役賦課を禁じる(建武以来追加)。12.13 義満，大内義弘を一族に準ずる(蜷川家文書)。12.- 播磨矢野荘百姓，代官の非法を訴え逃散(東寺百合文書)。
1394 2.1	応永(おうえい) 7.5 甲戌		12.17 12.17 足利義持		1.19 相良前頼，日向都城で戦死(歴代参考)。2.6 後亀山上皇，天竜寺で足利義満と会見(荒暦)。3.15 義満，興福寺常楽会に臨席(兼宣公記)。7.28 幕府，右近衛府駕輿丁への米酒等課役を免除(北野宮三年一請会引付)。8.16 幕府，了俊に島津伊久・元久の討伐を命じる(禰寝氏正統文献雑聚)。9.11～14 義満，日吉社に参詣(日吉社室町殿御社参記)。9.- 琉球中山王察度，朝鮮に逃亡した山南王子の返還を要求(朝鮮王朝実録)。12.17 義満，子義持に将軍職を譲る(兼宣公記)。12.25 義満，太政大臣となる(公卿補任)。
1395 1.22	2 乙亥 ⑦				3.10 侍所頭人京極高詮，山名満幸を京都で誅殺(荒暦)。6.20 足利義満，太政大臣を辞し出家．多くの公家・武家が追従する(荒暦)。7.- 今川了俊，朝鮮に捕虜570余人を送還し，大蔵経贈与に報いる(朝鮮王朝実録)。8.10 これより先，幕府，九州探題今川了俊を京都に召還．この日，遠江半国守護に補任(東寺百合文書)。**この秋** 武蔵佐々目郷・上総佐坪郷の農民，年貢減免を求め強訴・逃散(鶴岡事書日記)。 幕府，倭寇20余人を捕えて明へ送る(南方紀伝)。11.14 幕府，了俊を駿河半国守護に補任し，京都より下向させる(阿蘇家文書)。12.18 肥前五島有河住人等，寄合浦中のことを裁く(青方文書)。
1396 2.10	3 丙子				2.28 足利氏満，陸奥に挙兵した小山若犬丸討伐のため鎌倉を出立(雲頂庵文書)。4.27 九州探題渋川満頼，豊前守護に補任され，国人に下向を通知(佐田文書)。12.9 倭寇船60艘，朝鮮に降伏し，食糧と土地を求める．朝鮮，首領疚六らに官職授与(朝鮮王朝実録)。
1397 1.30	4 丁丑				1.15 小山若犬丸，会津で自害(鎌倉九代後記)。5.26 幕府，大山崎神人の公事・土倉役を免除し，摂津・近江土民の荏胡麻売買を禁止(離宮八幡宮文書)。5.- 朝鮮，降伏後に逃走した倭寇の処罰を対馬守護宗貞茂に要求(朝鮮王朝実録)。8.5 足利義満，使者を明に派遣(足利家官位記)。11.24 近江堅田と菅浦，湖上の魚場の境界を定める(菅浦文書)。12.- 朝鮮，回礼使朴敦之を大内義弘に遣わし，義満と協力した倭寇禁圧を依頼(朝鮮王朝実録)。**この年** 幕府，大内義弘・大友親世らに少弐貞頼・菊池武朝討伐を命じる(阿蘇文書)。
1398 1.19	5 戊寅 ④			④.23 6.20 畠山基国	2.- 琉球国山南王温沙道，中山王武寧に逐われ朝鮮に逃れる(朝鮮王朝実録)。8.- 足利義満，朴敦之の朝鮮帰国に際し，書を送り倭寇禁圧を約する(善隣国宝記)。10.16 大内義弘，九州探題渋川満頼加勢のため出京(迎陽記)。
1399 2.7 ▼	6 己卯				**この春** 鎌倉公方足利満兼，弟満貞(稲村御所)・満直(篠川御所)を陸奥に派遣し，南奥州支配の要とする(鎌倉大草紙)。6.- 大内義弘，朝鮮を侵す倭寇を討つ(朝鮮王朝実録)。7.- 義弘，百済の後裔と称し，土田の給与を朝鮮に要求する(朝鮮王朝実録)。10.13 大内義弘，和泉堺に到着し反意を表す．足利義満，絶海中津に慰撫させるが失敗(応永記)。10.28 義弘，足利満兼の鎌倉進発を興福寺に報じて味方に誘うなど兵を募る(寺門事条々聞書)。11.8 義満，男山八幡に出陣(東院毎日雑々記)。11.21 満兼，武蔵府中ついで下野足利に出陣(鎌倉大草紙)。11.- 丹波の山名時晴，美濃の土岐詮直，近江の京極秀満ら，義弘に呼応(応永記)。12.21 幕府軍，堺城を攻略．大内義弘は討死，弟弘茂は投降(応永の乱)(寺門事条々聞書)。12.- 幕府，義弘の分国を没収し，大内弘茂を

大日本史料	社会・文化	世界	琉球	朝鮮	明
(⑦1)	6～7月 大旱魃(如是院年代記)。8.22 南禅寺全焼(良賢真人記)。 【死没】 4.24 綽如(44，本願寺5世)。4.26 後円融上皇(36)。8.12 無著妙融(61，曹洞宗僧侶)。 《大の月》2・3・5・7・9・11	明，藍玉の獄。	察度王 44	太祖 2	洪武 26
	7.13 今川了俊，朝鮮に捕虜659人を送還，大蔵経を求める(朝鮮王朝実録)。9.24 相国寺炎上(大乗院日記目録)。**この年** 足利氏満，下総円福寺を創建(円福寺記録)。 【死没】 1.19 相良前頼(武将)。8.1 長慶法皇(52)。10.24 上杉憲方(60，関東管領)。 《大の月》1・3・5・6・8・10・12		45	3	27
4.- ⑦2	7.11 足利義満，明より重宝を贈られる(荒暦)。11.2 義満，満済を三宝院門跡とする．ついで12月29日，満済，醍醐寺座主となる(醍醐寺座主拝堂日記)。 【死没】 3.10 山名満幸(武将)。10.5 察度王(75，琉球国王)。 《大の月》2・4・6・8・9・10・12		46	4	28 ⑨
	3.18 高倉永行『法体装束抄』成る。3.- 大内義弘，朝鮮に俘虜を送還し，大蔵経を求める(朝鮮王朝実録)。4.- 足利氏満，義満の求めに応じ，円覚寺の仏舎利を送る(喜連川判鑑)。9.20 義満，延暦寺大講堂供養に臨席し，翌21日，受戒(山門大講堂供養記)。 【死没】 1.17 結城直光(67，官人)。5.- 今出川公直(62，公卿)。 《大の月》2・4・7・8・9・11・12	オスマン帝国，ニコポリスの戦いでヨーロッパ十字軍を破る。	武寧王	5	29
是歳	4.16 足利義満の北山第，立柱上棟(大乗院日記目録)。8.- 小早川春平，安芸仏通寺を創建し，愚中周及を開山とする(大通禅師語録)。11.18 建仁寺炎上(如是院年代記)。12.- 渋川満頼，朝鮮に使を送り大蔵経を求める(朝鮮王朝実録)。 【死没】 1.15 小山若犬丸(武将)。5.7 細川頼元(55，武将，管領)。12.20 九条忠基(53，公卿)。 《大の月》3・6・8・9・11・12	カルマル同盟．北欧3国によるデンマーク連合王国成立。	2	6	30
⑦3	2.-『光明真言功徳絵巻』成るか(奥書)。8.1『大山寺縁起』書写。 【死没】 1.13 崇光法皇(65)。5.14 直仁親王(64，花園天皇皇子)。11.4 足利氏満(40，鎌倉公方)。 《大の月》1・4・6・8・10・11・12	ティムール，デリーを侵略。	3	7	31 ⑤ 恵帝
7.- ⑦4	3.11 興福寺金堂供養，足利義満臨席(東院毎日雑々記)。6.15 洞院公定没．生前『尊卑分脈』『公定公記』を著す。6.- 炎旱のため降雨を祈る(迎陽記)。9.15 足利義満，義詮33回忌のため，建久の東大寺供養に准じ，相国寺七重塔供養を行う(相国寺塔供養記)。 一条経嗣，『相国寺塔供養記』を著す。12.- 堺，戦火で焼ける(応永記)。 【死没】 6.15 洞院公定(60，公卿)。12.21 大内義弘(44，武将)。 《大の月》2・4・7・9・11・12	明，燕王棣，挙兵(靖難の変)。 イギリス，ランカスター朝成立。	4	定宗	建文 1.1

西暦	年号干支	天皇	将軍	管領	政治・経済
1399 2.7 ▲	応永 6 己卯	(後小松)	(足利義持)	(畠山基国)	防長，仁木義員を和泉，畠山基国を紀伊の各守護に任じる(益田文書・前田家所蔵文書・随心院文書)。
1400 1.27	7 庚辰				1.11 足利義満，今川了俊の遠江・駿河両半国守護職を没収し，その討伐を上杉憲定に命じる(古証文・上杉家文書)。3.5 足利満兼，鎌倉に帰る(吉田家日次記)。3.8 稲村御所足利満貞，伊達政宗・蘆名満盛討伐を結城満朝に命じる(結城文書)。4.8 幕府，東寺領洛中散在敷地に対する賀茂社の地口銭催促を停止(東寺文書)。5.10 これより先，渋川満頼，大内盛見と豊前で戦い，この日，阿蘇惟村に来援を促す(阿蘇文書)。7.6 幕府，日向を料国として今川法世に預け置く(薩藩旧記)。7.11 大内弘茂，同盛見退治のため，周防・長門に向け出京(益田文書)。7.- 了俊，降参(尊道親王行状)。9.2 了俊次男上洛．幕府，了俊不参により，再度討伐を命じる(吉田家日次記)。9.24 小笠原長秀，信濃守護として入部するが村上満信・大文字一揆等に敗北(市河文書)。
1401 1.15	8 辛巳 ①				2.29 土御門内裏焼失(迎陽記)。5.13 足利義満，同朋衆祖阿・博多商人肥富を明に派遣(康富記)。8.3 土御門内裏造営始．諸国に造内裏段銭を賦課する(迎陽記・東寺百合文書)。9.16 義満，兵庫で朝鮮船を見る(迎陽記)。**この年** 義満，朝鮮に使を派遣(朝鮮王朝実録)。
1402 2.3	9 壬午				5.14 幕府，信濃を料国とする(市河文書)。5.21 陸奥伊達政宗の反乱．稲村御所足利満貞に加勢のため，上杉氏憲(禅秀)鎌倉を発する(鎌倉大草紙)。6.14 足利義満，春日社頭廻廊用脚として造内裏段銭3000貫を興福寺に寄進(長専五師記写)。8.3 義満，帰国した遣明使祖阿らを乗せた船を見るため兵庫に下向(吉田家日次記)。8.16 義満，明を侵す九州の倭寇禁圧を島津伊久に命じる(薩藩旧記)。9.5 義満，明使天倫道彝・一庵一如を北山第に引見(福照院関白記)。 上杉氏憲，陸奥赤館で伊達政宗を破る．政宗降参(鎌倉大日記)。11.19 天皇，新造の土御門内裏に移る(福照院関白記)。
1403 1.23	10 癸未 ⑩				2.19 足利義満，帰国する明使に堅中圭密らを同行させ，「日本国王」と称した書を持たせる(吉田家日次記・善隣国宝記)。4.25 鎌倉府，新田相模守を相模底倉で殺す(鎌倉大草紙)。9.21 多武峯衆徒，大和宇陀郡に入部し，興福寺衆徒・国民らと戦う(寺門事条々聞書)。10.29 義満，北山第で朝鮮人を引見(吉田家日次記)。**この年** 琉球船，武蔵国六浦に漂着(鎌倉大日記)。
1404 2.11	11 甲申				5.16 足利義満，明使を北山第で引見し，「日本国王之印」・永楽勘合等を受ける(兼宣公記)。6.29 義満，島津元久と同氏久を和解させ，元久の日向・大隅守護を安堵する(山田聖栄自記)。7.- 陸奥仙道の国人20名，傘連判一揆契状を結ぶ(結城古文書)。8.9 幕府，山城の大渡橋修理を守護高師英に命じる(東寺百合文書)。9.23 安芸の国人33名，一揆契諾状を結ぶ(毛利家文書)。
1405 1.31	12 乙酉			7.- 7.25 斯波義重(義教)	5.1 足利義満，明使を引見(東寺王代記)。5.10 義満，九州探題渋川満頼による菊池武朝討伐への協力を阿蘇惟村に命じる(阿蘇文書)。6.- 義満，朝鮮に倭寇捕縛を報じ，朝鮮より礼物を受ける(朝鮮王朝実録)。8.3 義満，帰国する明使の船を見るため兵庫に下向(教言卿記)。12.- 義満，周棠らを朝鮮に派遣し俘虜を送還．太宗，周棠らを引見(朝鮮王朝実録)。
1406 1.20	13 丙戌 ⑥				2.- 足利義満の使周棠，朝鮮に物を贈る．朝鮮使尹銘，来日し義満に物を贈る(朝鮮王朝実録)。5.29 明船が兵庫に着岸．義満これを見る(教言卿記)。6.11 義満，明使兪士吉らを北山第に引見し，国書を受ける(教言卿記・善隣国宝記)。7.23 幕府，北山第新御所の修理段銭を山城に賦課(教言卿記)。12.27 義満室日野康子，後小松天皇准母となり，准三宮宣下を受ける(荒暦)。**この年** 九州探題渋川義俊・対馬守護宗貞茂ら，朝鮮に使を派遣し物を献じる(朝鮮王朝実録)。

大日本史料	社会・文化	世界	琉球	朝鮮	明
([7]4)			武寧王 4	定宗	建文 1.1
	この年 急渓中韋撰『西方寺縁起』成る(奥書)。 世阿弥,『風姿花伝』(巻1～3)を著すか。 【死没】 **1.7** 源翁心昭(72,曹洞宗僧侶)。**2.15** 綾小路敦有(78,宮廷歌曲伝承者)。**3.11** 足利直冬(74,武将,嘉慶元年7月・嘉慶2年7月とも)。**5.7** 日叡(49,日蓮宗僧侶)。**5.21** 九条経教(70,公卿)。**10.24** 尊観(52,時宗僧侶)。**12.21** 大友氏継(武将)。 《大の月》2・3・5・8・10・12	胡季犛,陳朝を滅ぼし,胡朝を興す。 イギリス,チョーサー没。**この頃** マラッカ王国成立。	5	2	2
5.- [7] 5	**1.11** 前駿河守之光ら,備中吉備津神社で法楽一万句連句を催す(吉備津神社文書)。**3.5** 幕府,相国寺を五山第一刹とする(青嶂集)。 【死没】 **閏1.12** 椿庭海寿(84,臨済宗僧侶)。 《大の月》1・2・3・5・8・10・12		6	太宗	3 ③
	2.- 今川了俊,『難太平記』を著す。**1～2月** 彗星出現(吉田家日次記)。**この夏** 旱魃(吉田家日次記)。 【死没】 **5.3** 吉田兼熙(55,神道家)。**9.3** 四辻善成(77,公卿)。 《大の月》2・3・5・7・9・11	明,燕王棣,即位(永楽帝)。 方孝孺刑死(明の儒学者)。 ティムール,アンカラの戦いでオスマン帝国軍を破る。	7	2	成祖 洪武 (7.1復称) 35
1.- [7] 6	**6.3** 相国寺大塔,雷火により焼失(兼宣公記)。**6.-** 足利義満の子義円,青蓮院に入室(兼宣公記)。 【死没】 **5.1** 智通(90,浄土宗僧侶)。 《大の月》1・3・5・6・8・10・11		8	3	永楽 1.1 ⑪
	4.3 足利義満,北山第大塔の普請開始(大乗院日記目録)。**7.-** 明室梵亮,明使の帰国に同行(空華日用工夫略集)。 【死没】 **6.20** 少弐貞頼(33,武将)。**8.2** 上杉憲英(武将)。**10.6** 土岐康行(武将)。 《大の月》1・3・5・7・8・10・12	『ロシア年代記』に「シベリア」の名が初出。	9	4	2
1.- [7] 7	**5.-** 山科教言,『教言卿記』を記す(～応永17年3月)。 【死没】 **4.5** 絶海中津(70,臨済宗僧侶)。**9.11** 国阿(92,時宗僧侶)。**9.14** 伊達政宗(53,武将)。 《大の月》2・5・7・8・10・11	明,鄭和,第1次南海遠征。 ティムール,明遠征途上で没。	10	5	3
6.- [7] 8	**3.10** 北山第新御所,立柱上棟(荒暦)。**7.30** 伊達政宗,陸奥熊野神社の社規を定める(熊野神社文書)。**8.25** 京都で暴風雨(教言卿記)。**9.24** 春日社造替の事始(春日社御造替日記)。 【死没】 **1.17** 畠山基国(55,管領)。**6.7** 一色詮範(武将)。 《大の月》1・3・6・7・9・10・11		尚思紹王	6	4 ⑦

西暦	年号干支	天皇	将軍	管領	政治・経済
1407 2.8	応永 14 丁亥	(後小松)	(足利義持)	(斯波義重)	2.－ 足利義満，朝鮮に使を派遣．この年，島津伊久・伊集院頼久・宗貞茂らも使を派遣(朝鮮王朝実録)。3.5 日野康子に北山院の院号宣下(荒暦)。5.25・26 義満の使堅中圭密ら，明に倭寇を引き渡し，書を献じ，明国書等を拝領(明実録・善隣国宝記)。7.22 堅中圭密ら遣明使，明使と共に帰国し兵庫に着岸(教言卿記)。8.5 義満，明使を北山第に引見(教言卿記)。8.18 前年8月倒壊の太政官庁造営の日時定．諸国段銭を賦課(建内記・東寺百合文書)。8.－ 出雲北島資孝ら，杵築社領内下部の狼藉について法を定める(千家文書)。
1408 1.29	15 戊子				4.25 足利義嗣，内裏で親王に准じて元服(教言卿記)。5.6 足利義満没(教言卿記)。6.7 足利義持，北山第を居所と定める(教言卿記)。6.22 南蛮船，象・鸚鵡等の進物を積み，若狭小浜に着岸(若狭国税所今富名領主代々次第)。7.29 大和で筒井順覚と箸尾為妙が合戦．幕府，調停のため上使を派遣(東院毎日雑々記)。11.3 幕府，闕所地給与の下文発給について定める(建武以来追加)。12.3 幕府，洛中辺土散在の土倉・酒屋役の制を再度公布(古文書集)。12.－ 義持，義満の死を明に通告．永楽帝，義持を日本国王に封ず(明実録)。
1409 1.17	16 己丑 ③			6.7? 6.7 斯波義将 8.10	3.－ 朝鮮使，博多に来航(歴代鎮西志)。6.18 足利義持，伊勢神宮に参詣(教言卿記)。管領斯波義将，足利義満の死と義持将軍襲職を朝鮮に報じ，倭寇制禁と俘虜送還を約して大蔵経を求める(善隣国宝記)。7.5 義持，北山第に明使を引見．明使，故義満に恭献の諡号を贈る国書を呈す(応永年中楽方記・善隣国宝記)。7.22 鎌倉公方足利満兼没．持氏継ぐ(喜連川判鑑)。10.26 義持，北山第より三条坊門の新第に移る(在盛卿記)。11.－ 幕府，諸国・京都諸口の率分関を廃止(教言卿記)。
1410 2.4	17 庚寅			8.10 斯波義淳 2.9? 6.9 畠山満家	2.30 陸奥国五郡の相馬氏ら国人，傘連判一揆契諾状を結ぶ(相馬文書)。4.10 足利義持，高野山に参詣(足利家官位記)。4.－ 義持の使堅中圭密，入明して故義満への諡号賜与の恩を謝す(明実録)。6.9 幕府，管領を斯波義淳から畠山満家に改替(武家御社参記)。6.11 島津元久，上洛し，義持に謁見(島津家文書)。6.－ 元久，伊勢神宮に参詣(山田聖栄自記)。11.27 後亀山法皇，嵯峨を出奔．吉野に入る(大乗院日記目録)。
1411 1.25	18 辛卯 ⑩				7.19 播磨守護赤松義則，大山崎神人の荏胡麻商売への佐用中津河商人の違乱を禁止(離宮八幡宮文書)。7.28 飛騨守護京極高光の弟高数，同国国司姉小路尹綱を討つ(系図纂要)。8.6 島津元久没し，継嗣争い起る(山田聖栄自記)。9.9 足利義持，明使王進の入京を許さず，明使，兵庫より帰国(明との通交中絶)(如是院年代記)。
1412 2.13	19 壬辰	8.29 称光		2.30 3.16 細川満元	3.16 幕府，細川満元を管領に補任(鎌倉大日記)。6.21 南蛮船，若狭小浜に来航(若狭国税所今富名領主代々次第)。9.11 幕府，東寺修造料として，出雲で段銭，尾張等で棟別銭の徴収を各守護に命じる(東寺百合文書)。9.14 後小松上皇，院政を開始(常永入道記)。9.25 日向の伊東祐安，守護島津久豊方の曽井城を攻め，源藤で破る(日向記)。
1413 2.1	20 癸巳				4.18 足利持氏，陸奥大仏城で挙兵した伊達持宗等討伐のため畠山国詮らを派兵(喜連川判鑑)。6.25 延暦寺衆徒，日蓮宗妙本寺具覚の僧正補任につき強訴．犬神人をして法華堂を破却(満済)。12.7 島津久豊，薩摩原良で伊集院頼久を破る(薩藩旧記)。12.21 伊達持宗ら，陸奥大仏城を退く(結城古文書写)。**この年** 山城の宇治橋造替(看聞)。

大日本史料	社会・文化	世界	琉球	朝鮮	明
(7 8) 7.- 7 9	1.5 京都大地震(応永十四年暦日記)。4.- 大内盛見，朝鮮に使を派遣し，大蔵経を求める(興隆寺文書)。11.6 鎌倉円覚寺で火事(喜連川判鑑)。11.9 春日社正遷宮(春日社御造替日記)。 【死没】 1.16 空谷明応(80，五山僧)。3.18 菊池武朝(45，武将)。5.4 島津伊久(61，薩摩国守護)。 《大の月》1・3・6・8・10・11・12	明，胡季犛を捕え，交阯布政司等を置く。	尚思紹王 2	太宗 7	永楽 5
5.- 7 10 11.- 7 11	3月末 花山院長親『耕雲口伝』成る。5.- 足利義満，堅中圭密らを明に派遣し，勧善・内訓の2書を求める(明実録)。6.- 吉山明兆，『涅槃図』(東福寺蔵)を描く。7.2 熊野本宮で火事(武家年代記)。8.12 京都・奈良で大風(東寺執行日記)。 【死没】 5.6 足利義満(51，室町将軍)。5.25 慧春尼(曹洞宗尼僧)。6.26 吉田兼敦(41，神道家)。 《大の月》2・4・7・9・11・12	明，『永楽大典』成る。	3	8	6
7.- 7 12 雑載	2.11 春全『山家要記浅略』成る。 【死没】 4.1 日伝(68，日蓮宗僧侶)。7.22 足利満兼(32，鎌倉公方)。8.25 愚中周及(87，臨済宗僧侶)。9.26 今川泰範(76，武将)。 《大の月》2・3・4・7・9・11		4	9	7 ④
7 13 雑載 7 14	1.21 下野那須山，噴火(東州雑記)。2.28 幕府，天竜寺を五山第一位に復する(扶桑五山記)。2.- 霊通，大内盛見の施財で『蔵乗法数』を開版。8.26 大内盛見，朝鮮に『清凉疏鈔』を求める(不二遺稿)。 【死没】 5.7 斯波義将(61，武将)。12.15 山科教言(83，公卿)。 《大の月》1・2・4・6・8・10・12	永楽帝，第1回漠北親征．韃靼を討つ。	5	10	8
12.- 7 15	5.6 大地震(武家年代記)。閏10.15 興福寺東金堂等，雷火により焼失(東院毎日雑々記)。この年 足利義持・大内盛見，朝鮮に物を贈り大蔵経を求める(朝鮮王朝実録)。 【死没】 3.27 了庵慧明(75，曹洞宗僧侶)。8.6 島津元久(49，守護大名)。 《大の月》2・4・5・7・9・11・12		6	11	9 ⑫
8.- 7 16 8.- 7 17	5.26 京都四条河原で勧進猿楽(山科家礼記)。この年 大沢重胤・大沢久守ら，『山科家礼記』を記す(～明応元年)。この頃 今川了俊『落書露顕』成るか。 【死没】 12.18 上杉憲定(38，武将)。 《大の月》2・4・6・7・9・11		7	12	10
3.- 7 18 12.- 7 19	8.15 仲方円伊没．生前『懶室漫稿』を著す。この頃 有諸『天下南禅寺記』成るか。 【死没】 3.16 日野重光(44，公卿)。5.9 道阿弥(能役者)。8.15 仲方円伊(60，臨済宗僧侶)。 《大の月》1・4・6・7・9・10・12	メフメト1世，オスマン帝国を再統一。	8	13	11

西暦	年号干支	天皇	将軍	管領	政　治・経　済
1414 1.22	応永 21 甲午 ⑦	(称光)	(足利義持)	(細川満元)	5.25 足利持氏，鎌倉中の酒壺別銭1年分を，造営料として円覚寺に寄進(円覚寺文書)。6.9 斯波満種，義持の怒りに触れ，加賀守護職を罷免され，高野山に遁世(満済)。7.8 幕府，延暦寺衆徒の訴えにより，具覚の任僧正口宣を召返し，妙本寺堂舎を分与(満済)。8.6 島津久豊，伊集院頼久の薩摩給黎城を攻略(薩藩旧記)。
1415 2.10	22 乙未				4.7 幕府，北畠満雅討伐のため，一色義範らを伊勢に派兵(満済)。5.2 上杉氏憲(禅秀)，関東管領を辞す(鎌倉大日記)。6.13 幕府，延暦寺衆徒らの訴えにより，近江守護六角満高を流罪に処す．日吉神輿帰座(満済)。8.19 後亀山法皇の弟説成親王の仲介で幕府と北畠の和議成立．幕府軍帰京(大乗院日記目録)。11.21 大嘗会(称光院大嘗会御記)。
1416 1.30	23 丙申				1.13 島津久豊，同久世を鹿児島千手堂で自殺させ，家臣11人の殉死を悔い出家(山田聖栄自記)。6.1 足利義持，武器所持の相国寺僧を捕えて侍所に預置く(看聞)。7.1 仙洞御所焼失(看聞)。9.- 後亀山法皇，吉野より大覚寺に戻る(看聞)。10.2 足利満隆・上杉氏憲ら，鎌倉を襲撃．足利持氏，駿河に逃れる(看聞)。10.29 幕府，駿河守護今川範政・越後守護上杉房方に持氏救援を命じる(看聞)。10.30 足利義嗣，山城高尾に出奔(看聞)。11.9 幕府，侍所に義嗣を拘留させ，近臣日野持光・山科教高らを加賀に配流(看聞)。12.- 幕府，山名時熙に持氏救援を命じる(喜連川判鑑)。
1417 1.18	24 丁酉 ⑤				1.9 足利満隆・上杉氏憲ら，武蔵世谷原で持氏方に敗れ，鎌倉に退く(鎌倉大日記)。1.10 満隆・氏憲ら，鎌倉雪ノ下で自殺(上杉禅秀の乱)(鎌倉大日記)。2.6 鎌倉府，上杉憲宗に甲斐守護武田信満等を討たせる．信満自殺(鎌倉大草紙)。2.7 山城醍醐と山科の郷民が争う．侍所，山科の民家100軒を焼く(看聞)。3.3 上杉憲基，禅秀の乱戦没者の追善のため，円覚寺に所領を寄進(円覚寺文書)。閏5.13 これより先，上野の岩松満純，氏憲残党を糾合し挙兵．この日，捕えられ，斬られる(鎌倉大日記)。6.19 後小松上皇，東洞院の新御所に移る(看聞)。7.28 陸奥岩崎一族等，一揆契諾状を結ぶ(秋田藩家蔵文書)。8.9 幕府，石清水八幡宮燈油料荏胡麻を運ぶ大山崎神人に兵庫南北両関・河上諸関の津料を免除し，関銭徴収分を返付(離宮八幡宮文書)。12.1 足利義量元服(看聞)。
1418 2.6	25 戊戌				1.24 幕府，足利義嗣を殺す(看聞)。2.13 幕府，日野持光を加賀で殺す．ついで，山科教高を殺す(看聞)。4.28 足利持氏，新田・岩松退治のため一色持定を派し，武蔵南一揆を徴す(武州文書)。4.- 熊野社僧，紀伊守護畠山満家の社領違乱に強訴し，田辺で合戦(看聞)。5.28 持氏，上総本一揆征伐のため一色左近将監を派兵(鎌倉大日記)。6.25- 近江大津の馬借ら，祇園社神輿を奉じ，米売買につき強訴(看聞)。11.24 加賀半国守護富樫満成，義嗣通謀が発覚し，高野山に遁世(看聞)。
1419 1.26	26 己亥				2.- 幕府，富樫満成を河内で討つ(看聞)。5.6 足利持氏，上総本一揆の榛谷重氏を屈服させ，ついで鎌倉で殺す(喜連川判鑑)。5.- 朝鮮の使，明・南蛮の来襲を幕府に警告(看聞)。6.20 朝鮮の兵船，対馬に来襲(応永の外寇)(朝鮮王朝実録)。6.26 少弐満貞ら，朝鮮軍を撃退(満済)。7.23 幕府，兵庫来着の明使を帰国させる(満済)。8.15 持氏，禅秀残党討伐への参加を南一揆に催促(武州文書)。10.9 足利義持，山門条々規式を定める(当寺規範)。**この年** 幕府，洛中辺土での北野麴座以外の麴作を禁じ，50軒以上の酒屋麴室を破却(北野神社文書)。

大日本史料	社会・文化	世界	琉球	朝鮮	明
(⑦19) 4.- ⑦20 12.- ⑦21	**6.-** 足利義持，使を朝鮮に送り，大蔵経などを求める(朝鮮王朝実録)。**7.-** 願蓮社嘆誉良肇，下総飯沼に弘教寺を建立(檀林飯沼弘経寺志)。**12.28** 建長寺焼失(満済)。**この年** 藤原時房，『建内記』を記す(～康正元年)。賀茂在方撰『暦林問答集』成る。『融通念仏縁起』(清涼寺本)成る。 【死没】 **4.4** 土岐頼益(64，武将)。**6.16** 小田孝朝(78，武将)。**8.25** 上杉朝宗(76，81とも，関東管領)。 《大の月》2・5・7・8・9・10・12	明，『四書大全』『五経大全』『性理大全』刊。コンスタンツ公会議(～'18年)。明，永楽帝，第2次親征．オイラートを討つ。	尚思紹王 9	太宗 14	永楽 12 ⑨
1.- ⑦22 9.- ⑦23 雑載	**この年** 興福寺東金堂再建(寺門事条々聞書)。経覚，『経覚私要鈔』を記す(～文明4年9月)。**この年以前** 大巧如拙，「瓢鮎図」を描く。 【死没】 **3.3** 坂士仏(88，89とも，医僧)。 《大の月》2・5・7・9・10・11	フス刑死(ボヘミアの宗教改革者)。	10	15	13
⑦24 8.- ⑦25 雑載	**1.9** 北山に造営中の七重塔，雷火で焼失(看聞)。**1.-** 後崇光院，『看聞御記』を記す(～文安5年4月)。 【死没】 **7.17** 宥快(72，真言僧)。**11.15** 長覚(真言宗僧侶)。**11.20** 栄仁親王(66，崇光天皇皇子)。 《大の月》1・3・6・9・10・12		11	16	14
⑦26 2.- ⑦27 9.- ⑦28 雑載	【死没】 **1.10** 足利満隆(武将)。足利持仲(武将)。上杉氏憲(関東管領)。**2.6** 武田信満(武将)。**閏5.13** 岩松満純(武将)。**9.7** 梅山聞本(曹洞宗僧侶)。 《大の月》1・2・4・6・9・10・12		12	17	15 ⑤
⑦29 1.- ⑦30	**3.-** 京都大火(看聞)。**10.6** 相模清浄光寺に，禅秀の乱の慰霊碑「藤沢敵御方供養塔」を建立(碑銘)。**この年** 正徹『なぐさめ草』成る。 【死没】 **1.4** 上杉憲基(27，武将)。**1.24** 足利義嗣(25，武将)。**2.15** 大友親世(武将)。**4.-** 宗貞茂(武将)。**5.14** 足利満詮(55，公卿)。**8.18** 斯波義教(48，管領)。**11.17** 一条経嗣(61，公卿)。**この年** 土岐康政(武将)。**応永19年以降この年** 今川貞世(武将)。 《大の月》1・3・4・7・10・11	ヴェトナム，黎利，挙兵。	13	18	16
	10.- 関東で洪水・大風・旱魃が続き飢饉(喜連川判鑑)。 【死没】 **5.21** 日陣(81，日蓮宗僧侶)。**11.11** 北山院(51，足利義満室)。 《大の月》1・2・4・6・8・10・12	ボヘミア，フス戦争(～'36年)。	14	世宗	17

西暦	年号干支	天皇	将軍	管領	政治・経済
1420 1.16	応永 27 庚子 ①	(称光)	(足利義持)	(細川満元)	6.16 朝鮮使節宋希璟，足利義持に謁見(老松堂日本行録)。7.20 足利持氏，下野の小山満泰に禅秀遺児・残党の討伐を命じる(松平基則氏旧蔵文書)。9.- 義持病む．諸方で平癒を祈る(康富記)。10.8 持氏，医師高天・陰陽助定棟を讃岐に配流，ついで高天を殺す(看聞)。10.11 義持，病気平癒により，20余社に馬を寄進．13日，赦を実施(康富記)。10.23 義持，後小松院執権日野有光・武家伝奏広橋兼宣らの院・室町殿出仕を停止し，籠居させる(看聞)。
1421 2.3	28 辛丑			7.29 / 8.18 畠山満家	6.25 足利義持，子義量の酒飲を戒め，義量祗候36人の連署起請文を徴す(花営三代記)。6.- 常陸の額田義亮が反乱．足利持氏，これを攻める(新編常陸国誌)。8.18 畠山満家，管領に再任(花営三代記)。
1422 1.23	29 壬寅 ⑩				6.13 足利持氏，常陸小栗満重討伐に上杉重方を派遣(松平基則氏所蔵文書)。7.17 長尾忠政，武蔵六浦庄内の常福寺門前に関を設け，関料を称名寺修造料とする(金沢文庫文書)。7.26 幕府，11ヵ条の御成敗条々を定める(建武以来追加)。8.- 持氏，小栗満重・宇都宮持綱らを上杉重方に攻めさせる(喜連川判鑑)。閏10.13 山入与義，上杉房実の追討を受け自害(喜連川判鑑)。12.15 幕府，南禅寺僧殺害により，侍所に寺僧48人を捕えさせ，寺中の兵具を没収(看聞)。
1423 2.11	30 癸卯		3.18 / 3.18 足利義量		3.18 足利義持，征夷大将軍を辞し，義量に将軍宣下(満済)。4.25 義持，仁和寺等持院で出家(満済)。5.7 幕府，兵庫関を東大寺直務とする(東大寺文書)。5.- 朝鮮使，義持に謁見し大蔵経を贈る(看聞)。7.- 義持，諸社寺に関東調伏を祈禱させる(満済)。8.2 足利持氏，常陸小栗城の小栗満重を攻略し，京都扶持衆を攻撃(看聞・鳥名木文書)。8.11 義持，今川範政・桃井某を持氏追討の大将とし，旗を下賜(看聞)。11.22 幕府，南方上野宮の青侍を斬刑に処し，四条隆興らを捕える(看聞)。11.28 持氏，使を上洛させ謝罪(看聞)。**この年** 肥前少弐満貞，九州探題渋川義俊を破る(看聞)。
1424 2.1	31 甲辰				2.5 足利義持，持氏と和睦(満済)。6.14 石清水八幡宮神人ら，護国寺に閉籠し，米売買等について強訴(満済)。10.29 後小松上皇，相国寺に御幸．足利義量供奉(看聞)。11.26 幕府，九州探題渋川義俊を隠居・罷免し，京都に召還(満済)。**この年** 筑紫冬門，渋川義俊を破る(歴代鎮西要略)。
1425 1.20	32 乙巳 ⑥		2.27		2.27 足利義量没(満済)。5.- 朝鮮，義持に返書し，大蔵経版木の贈呈を辞す(善隣国宝記)。7.13 大内盛見，菊池兼朝・少弐満貞ら挙兵の報を受け，九州へ向け出京(看聞)。8.16 足利持氏，武田信長の在京奉公に怒り，上杉房実を甲斐に派兵(喜連川判鑑)。9.8 鎌倉府第火事(喜連川判鑑)。9.26 幕府，洛中洛外の酒屋・土倉らの借主への不当な譴責を禁じ，幕府への出訴を定める(建武以来追加)。10.28 大内盛見，少弐満貞を破る(看聞)。11.21 後小松上皇，新造御所に移徙(薩戒記)。11.30 持氏，義持の猶子となり上洛することを請うも，義持，使僧と対面せず(看聞)。
1426 2.8	33 丙午				1.19 興福寺衆徒，東大寺と争い，尊勝院に放火(満済)。2.7 東大・興福両寺別当を改替(満済)。6.8 近江坂本の馬借ら，山門使節の追捕を受け，内裏乱入等を企てる(満済)。8.25 武田信長，足利持氏に降る(鎌倉大草紙)。
1427 1.28	34 丁未				4.20 幕府，洛中洛外酒屋土倉条々を定める(建武以来追加)。8.14 太政官庁火事(満済)。10.26 足利義持，赤松満祐の播磨守護職を没収し，御料国として赤松持貞に預置く．満祐，自邸を焼き播磨に下国(満済)。10.28 義持，満祐の備前・美作守護職を没収し，山名時熙・一色義貫に満祐征討を命じる(満済)。11.13 赤松持貞，義持侍女との不義が発覚し，切腹(満済)。11.25 満祐降る．義持，満祐を赦免(満済)。**この頃** 洛中洛外の酒屋347軒に上る(北野神社文書)。

社　会・文　化	世　界	琉球	朝鮮	明
2.9 宝幢寺供養，足利義持臨席(看聞)。10.25 宋希璟，漢城に帰る．帰国後，『老松堂日本行録』を著す。**この年** 旱魃・飢饉(年代記残編)。 中原師郷，『師郷記』を記す(長禄2年にかけて現存)。 【死没】 9.27 聖冏(80，浄土宗僧侶)。 《大の月》①・3・5・6・8・10・12	明，唐賽児の反乱。 英・仏，トロワの和約。	尚思紹王 15	世宗 2	永楽 18 ①
11.21 円覚寺火災(武家年代記)。12.2 足利義持・義量，増阿弥の勧進田楽を見物(花営三代記)。**この年** 飢饉，疫病流行(看聞)。 《大の月》2・4・6・8・9・11	明，北京に遷都。	16	3	19
1.12 一条兼良，『公事根源』を著す(一説)。5.- 足利義持，朝鮮に大蔵経を求める(善隣国宝記)。10.21 義持・義量ら，大炊御門河原で増阿弥の勧進田楽を観る(薩戒記目録)。 【死没】 1.- 貞舜(89，天台僧)。閏10.13 山入与義(武将)。 《大の月》1・4・6・8・9・10・11		尚巴志王	4	20 ⑫
5.9 京都・讃岐等で大風雨(満済)。7.22 山城等で暴風雨・洪水(看聞)。7.- 足利義持，朝鮮に返書し大蔵経の版木を求める(善隣国宝記)。 【死没】 5.11 石屋真梁(79，曹洞宗僧侶)。9.14 大岳周崇(79，臨済宗僧侶)。 《大の月》1・4・6・8・9・11・12		2	5	21
1.- 疱瘡流行(看聞)。2.3 岐陽方秀没．生前『不二遺稿』を著す。8.1 足利義持，再度朝鮮に大蔵経の版木を求める(善隣国宝記)。8.10 四条道場金蓮寺焼失(看聞)。 【死没】 2.3 寂済(77，絵師)。 岐陽方秀(64，五山僧)。4.12 後亀山法皇。 《大の月》2・5・8・9・11・12	明，永楽帝，タタール親征中に病死。	3	6	22 仁宗
閏6.17 地震．諸寺で祈禱(満済)。閏6～12月 京都で断続的に地震(満済)。7.下旬 大雨洪水(看聞)。8.14 京都大火，相国寺鹿苑院等焼失(看聞)。 【死没】 2.18 鄂隠慧奯(69，臨済宗僧侶)。2.27 足利義量(19，室町将軍)。 《大の月》1・3・6・8・9・11・12		4	7	洪熙 1.1 ⑦ 宣宗
5.14 洞院満季，『帝王系図』(『本朝皇胤紹運録』)を撰進(薩戒記)。6.18 京都地震(満済)。**この年** 大内盛見，大般若経理趣分1000巻を刊行(続本朝通鑑)。 【死没】 10.16 細川満元(49，管領)。 《大の月》1・3・6・9・11・12		5	8	宣徳 1.1
1.12 称光天皇，初めて禁中で猿楽を催す(満済)。3.29 信濃善光寺火事(薩戒記目録)。5.23 連日の降雨で加茂川洪水．四条・五条橋及び河原の在家が流失(満済)。9.3 近畿・関東等で大風雨，洪水(薩戒記目録・喜連川判鑑)。 【死没】 8.7 傑堂能勝(73，曹洞宗僧侶)。9.21 赤松義則(70，武将)。 《大の月》1・3・5・7・10・12		6	9	2

西暦	年号干支	天皇	将軍	管領	政治・経済
1428 1.17	正長（しょうちょう） 4.27 戊申 ③	（称光） 7.20 7.28 後花園		（畠山満家）	1.17 足利義持危篤，石清水八幡宮神前の鬮引きによる後嗣人選を管領らに指示（満済）。1.18 義持没．管領ら鬮を開封（満済）。1.19 管領ら，鬮の結果を受け青蓮院義円を後嗣に擁立（満済）。5.25 この頃，上杉憲実，足利持氏の上洛の企てを諫止（建内記）。7.6 小倉宮，北畠氏を頼り伊勢に逐電（満済）。8.11 伊勢国司北畠満雅，小倉宮を奉じて挙兵．幕府，伊勢守護土岐持頼・美濃守護土岐持益に討伐を命じる（満済）。9.18 京畿諸国の土民，徳政を要求して蜂起（正長の土一揆）（大乗院日記目録）。10.11 幕府，論人の陳状・証文提出の日限，寄沙汰禁止等の訴訟法を定める（建武以来追加）。11.22 幕府侍所，徳政一揆の狼藉を禁じる（東寺百合文書）。12.21 北畠満雅敗死（大乗院日記目録）。
1429 2.4	永享（えいきょう） 9.5 己酉		3.15 足利義教	8.16 8.24 斯波義淳	1.29 播磨の土民蜂起し，国中の侍と戦う．守護赤松満祐，下向（薩戒記）。1～2月 大和国宇陀郡で沢・秋山氏と土一揆蜂起．興福寺衆徒・国民と戦う（満済）。2.5 この頃，丹波に土一揆蜂起（満済）。3.15 足利義教，将軍宣下を受ける（満済）。4.15 義教判始（満済）。6.19 義教，朝鮮使を引見（満済）。7～8月 幕府，奉行人伺事規式等を定める（建武以来追加）。9.24 幕府，奈良で捕えた楠木光正を六条河原で斬刑（看聞）。10.28 幕府，伊勢守護土岐持頼に北畠教具討伐を催促（満済）。11.13 義教，室町第新造会所に移る（満済）。12.7 幕府，不知行地を押領し，出訴することを禁じる（建武以来追加）。12.27 後花園天皇即位（看聞）。
1430 1.25	2 庚戌 ⑪				2.24 足利義教，足利持氏討伐を企て，管領以下宿老に諫止される（満済）。8.6 持氏，下野那須城に派兵．義教，駿河・信濃・越後に出兵を命じる（満済）。9.30 幕府，洛中洛外酒屋土倉条々を定める（蜷川家文書）。11.6 幕府，借物返済の法を定める（建武以来追加）。11.18 大嘗会（永享大嘗会記）。11.27 小倉宮息教尊，義教の猶子となり勧修寺に入室（満済）。
1431 2.13	3 辛亥				2.27 幕府，大内盛見の申請を容れ，少弐・菊池方に与同する大友持直との和睦を斡旋（満済）。4.16～25 足利義教，高野山に参詣（満済）。6.11・12 畠山満家・山名時熙・細川持之ら，義教に告文を提出し，天下政道の無為を上申（満済）。6.28 大内盛見，大友持直らと筑前萩原で戦い敗死（満済）。7.6 幕府，洛中諸口での米流入妨害や米不売の米商人を捕える（看聞・満済）。7.- 朝鮮より帰国した日本国王使，義教に唐物等を献上（看聞）。8.- 鎌倉府，初めて永享の年号を使用（鎌倉九代後記）。9.- 幕府，請により大徳寺を十刹から外す（大徳寺文書）。10.17 幕府，洛中洛外の土倉の質物について質置・質流の期限を定める（建武以来追加）。11.3 大内持世，大友持直を筑前で破る（看聞）。12.11 義教，室町北小路の新邸に移る（満済）。
1432 2.2	4 壬子			10.10 10.22 細川持之	2.10 大内持世，弟持盛に敗れ，豊前から石見ついで周防に逃れる（満済）。2.27 関東管領上杉憲実の使，上洛．関東にある京方所領の返上等を申入れる（満済）。3.18 幕府，山名時熙に持世を救援させる（満済）。7.20 幕府，洛中辺土散在の土倉・酒屋役の制を再発布（蜷川家文書）。8.17 足利義教，遣明船見物のため兵庫へ下向（看聞）。9.10 義教，富士遊覧と称して駿河に向う（満済）。9.11 大和で土一揆蜂起（満済）。9.24 大和の国民越智・箸尾氏，筒井氏と戦う．土一揆蜂起し越智勢を囲む（満済）。11.30 畠山持国・赤松義雅ら，大和箸尾城を攻略（満済）。
1433 1.22	5 癸丑 ⑦				1.26 足利義教，朝鮮回礼使と会見（薩戒記）。3.1 武田信長，鎌倉を逐電（鎌倉大日記）。3.5 幕府，大内持世に大友持直・少弐満貞治罰の御教書・旗を与える（満済）。4.8 大内持世，弟持盛を討つ（満済）。7.19 延暦寺衆徒，山門奉行飯尾為種らの罪状を陳べ幕府に強訴（看聞）。7.23 山名時熙，洛中乱入を図る近江坂本の馬借と戦う（看聞）。8.12 延暦寺衆徒，強訴不参加の園城寺を襲う（看聞）。8.19 大内持世・武田信繁ら，筑前秋月城を攻略し少弐満貞を討つ（満済）。10.3 幕府，質物盗難時の土倉による弁償等を定める（建武以来追加）。11.27 幕府，山名・斯波氏ら諸勢を延暦寺攻めに発向させる（満済）。12.12 延暦寺降参（満済）。
1434 2.10 ▼	6 甲寅				1.20 九州探題渋川満直，肥前神崎で少弐方と戦い討死（渋川系図）。5.4 世阿弥，配所佐渡に向う（金島書）。5.21 足利義教，兵庫に着いた遣明使道淵らの船見物のため下向（薩戒記）。6.5 義教，明使雷春と会見（満済）。6.12 義教，前参議高倉永藤を配流．義教の朝官処分者70余名に達す（薩戒記）。6.18 大内持世，少弐氏と筑前で戦う．兵火

社　会・文　化	世　界	琉球	朝鮮	明
3.- 幕府，朝鮮に大蔵経を求める(善隣国宝記)。4.- 三日病流行，諸寺社で祈禱(満済)。**この年** 大和柳生の地蔵岩に徳政碑文が刻まれる(碑文)。世阿弥，『拾玉得花』を著す．また，この年以前『九位』を著す。 【死没】 1.18 足利義持(43，室町将軍)。7.20 称光天皇(28)。12.21 北畠満雅(伊勢国司)。 《大の月》1・3・③・5・7・9・12	ヴェトナム，黎利，明支配から独立し，黎朝を開く。	尚巴志王 7	世宗 10	宣徳 3 ④
【死没】 2.18 烏丸豊光(52，公卿)。7.10 花山院長親(80余，歌人)。7.14 細川持元(31，武将)。9.14 広橋兼宣(64，公卿)。9.24 楠木光正(武将)。12.13 大掾満幹(武将)。 《大の月》1・3・5・6・8・10・12	ジャンヌ=ダルク，オルレアンを解放。	8	11	4
6.24 貞成親王，大嘗会記録・神膳御記を後小松上皇に進献(看聞)。8.18 京都に暴風雨(満済)。11.11 観世元能，父世阿弥の芸談を『申楽談儀』に整理。 【死没】 6.17 千葉兼胤(39，武将)。 《大の月》3・5・6・8・9・11・12	この頃，アステカ族，領域拡張開始。	9	12	5 ⑫
3.8 貞成親王，累代相伝の書を進覧(看聞)。 【死没】 6.28 大内盛見(55，武将)。8.20 吉山明兆(80，画僧)。 《大の月》3・5・7・8・10・11	ジャンヌ=ダルク刑死。**この頃** タイのアユタヤ軍，アンコールを占領。	10	13	6
4.2 正徹の草庵が類焼し，歌稿焼失(草根集)。4.28 足利持氏，相模大山寺を造営(相州文書)。9.- 足利義教に供奉した飛鳥井雅世が『富士紀行』を，堯孝が『覧富士記』を著す。 【死没】 6.27 畠山満慶(61，武将)。8.1 観世元雅(能役者)。10.29 清原良賢(儒学者)。 《大の月》1・4・6・8・10・11・12		11	14	7
4.21・23・27 糺河原で勧進猿楽が催され，足利義教見物(看聞)。5.24 祇園塔供養(管見記)。8.- 彗星出現(満済)。9.16 関東で大地震(鎌倉大日記)。 【死没】 1.26 小早川則平(61，武将)。2.22 古幢周勝(64，臨済宗僧侶)。5.27 今川範政(70，武将)。9.19 畠山満家(62，武将)。10.20 後小松法皇(57)。12.1 斯波義淳(37，管領)。 《大の月》2・5・⑦・9・10・11		12	15	8 ⑧
2.9 足利義教の息義勝誕生を控え，貞成親王，『明徳記』『堺記』を贈る(看聞)。2.14 京都大火．万寿寺等焼失(看聞)。3.19 京都大火．六角堂等焼失(看聞)。8.27 貞成親王，『椿葉記』を奏覧(看聞)。	イタリア，メディチ家，フィレンツェの政権掌握。	13	16	9

西暦	年号 干支	天皇	将軍	管領	政　治・経　済
1434 2.10 ▲	永享 6 甲寅	(後花園)	(足利義教)	(細川持之)	で宮崎宮炎上(満済)。8.14 大和の筒井順覚，後南朝方越智維通を攻め敗死(満済)。8.23 延暦寺僧，関東と結び義教を呪詛．幕府，円明院領等を没収(看聞)。9.3 明使雷春ら，兵庫を発つ(看聞)。10.4 延暦寺衆徒，日吉神輿を奉じて強訴(看聞)。11.11 大和大乗院領の土民，渡唐段銭賦課に抗して蜂起(大乗院日記目録)。11.25 土岐持頼ら幕府勢，近江坂本を焼き，延暦寺方を攻撃(満済)。
1435 1.30	7 乙卯				1.- 足利持氏，稲村御所足利満貞の討伐を諸将に命じる(石川文書)。2.4 幕府，弁澄ら山門使節を斬る(満済)。2.5 延暦寺衆徒，根本中堂等を焼き，自殺者多数(満済)。6.29 大内持世・河野通久，大友持直を豊後に攻めて敗れ，通久討死(看聞)。8.28 持氏，岩松持国に常陸の長倉義成を攻めさせる(長倉状)。9.22 幕府，信濃守護小笠原政康に佐竹義憲への合力を命じる(楓軒文書纂)。
1436 1.19	8 丙辰 ⑤				2.15 幕府，出雲守護京極持高らを大内持世加勢のため九州に派遣(看聞)。5.22 幕府，借物請人の弁済について定める(建武以来追加)。5.25 幕府，期限後150日迄に3度の催促を受けた借物未返弁の者について法を定める(建武以来追加)。**閏5.24** 京都桂河原で勧進女猿楽．幕府，僧の観覧を禁じる(東寺執行日記)。6.1 大内持世，少弐嘉頼に敗れる(看聞)。6.11 大内持世ら，大友持直の豊後姫岳城を攻略(看聞)。7.2 遣明使恕中中誓，帰国して室町殿に赴く(蔭凉軒)。12.29 肥前下松浦住人等，一揆契諾状を結ぶ(来島文書)。**この年** 足利持氏，信濃守護小笠原政康と争う村上頼清に加勢を計り，上杉憲実に諫止される(鎌倉大日記)。
1437 2.6	9 丁巳				1.- 大内持世，九州を平定して周防に帰国(看聞)。3.- 足利義教，朝敵討伐でない出陣を諸大名に諫止され，大和に派兵(看聞)。6.3 幕府，不当な庭中出訴を禁じ，次第を定める(建武以来追加)。6.15 上杉憲実，足利持氏による討伐の風聞により，相模国藤沢に退隠(鎌倉九代後記)。7.11 義教弟の大覚寺義昭，野心露見し出奔(東寺執行日記)。8.13 持氏，上杉憲実を関東管領に慰留(喜連川判鑑)。8.- 河内守護畠山持国，楠木氏を討つ(蔭戒記)。12.- 義教，赤松満祐と山名持豊の確執を鎮める(看聞)。
1438 1.26	10 戊午				6.- 足利持氏の子義久元服．上杉憲実が諫めるも，将軍家の偏諱拝領等の先例を無視(喜連川判鑑)。7.- 大覚寺義昭，大和天川に挙兵．幕府，一色義貫らを派兵(看聞)。8.14 上杉憲実，上野平井に退去(永享記)。8.16 持氏，憲実討伐のため武蔵高安寺に出陣(永享の乱)(永享記)。8.28 後花園天皇，幕府の奏請により，持氏治罰の綸旨を下す(安保文書)。 一色義貫ら幕府勢，越智・箸尾氏らを大和多武峯で攻略(看聞)。9.16 幕府，錦御旗を奉じ，斯波持豊・甲斐常治ら，持氏討伐のため下向(看聞)。11.1 三浦時高，鎌倉を攻撃(永享記)。11.5 持氏，捕えられ，武蔵称名寺で出家(永享記)。11.7 長尾忠政，称名寺に上杉憲直・一色直兼を滅ぼす(永享記)。12.- 憲実，持氏の赦免を幕府に度々乞う(看聞)。
1439 1.16	11 己未 ①				2.10 上杉憲実，足利持氏と稲村御所足利満貞を鎌倉永安寺に攻めて自殺させる(永享記)。2.28 持氏の息義久，相模報国寺で自害(永享記)。2.- 幕府，延暦寺根本中堂造営棟別銭を諸国に賦課(建内記)。3・4月 幕府勢，大和国民の越智維通・箸尾次郎左衛門尉を討つ(大乗院日記目録)。6.28 憲実，出家して関東管領を上杉清方に譲る(永享記)。6.- 幕府，訴訟の奉行人による将軍披露の遅延・偏頗を誡め，公正を守らせる(建内記)。10.15 幕府，次第を経ない庭中の禁止等を定める(建武以来追加)。12.26 朝鮮使高得宗・尹仁甫，足利義教に謁見し，国書を渡す(蔭凉軒)。
1440 2.4	12 庚申				2.19 足利義教，朝鮮使に返書を与える(蔭凉軒)。3.3 足利持氏の遺児安王丸・春王丸，常陸木所城に挙兵(石川文書)。3.21 結城氏朝，安王丸・春王丸を下総結城城に迎え入れる(古証文)。5.15 義教，一色義貫・土岐持頼を大和陣中で殺害(東寺執行日記)。6.10 石川持光ら，陸奥の篠川公方足利満直を討つ(石川文書)。6.28 炎旱のため神泉苑の池を掃除(公名公記)。7.29 上杉清方ら，結城城を攻囲(永享記)。10.26 幕府，借物年紀の法，および所当による返済者への所領返付の法を定める(建武以来追加)。

社　会・文　化	世　界	琉球	朝鮮	明
【死没】 11.14 渋川義俊(35，九州探題)。 《大の月》1・2・5・8・10・11・12		尚巴志王 13	世宗 16	宣徳 9
10.13 貞成親王，『古今著聞集』を天皇に進上(看聞)。**この年** 季瓊真蘂・亀泉集証・継之景俊筆録の『蔭涼軒日録』記述始まる(～明応2年) 【死没】 6.13 満済(58，醍醐寺座主)。7.4 山名時熙(69，武将)。 《大の月》2・3・6・9・11・12		14	17	10 英宗
5.30 幕府，相国寺鹿苑院に命じて法華経新板の印刷等を命じる(蔭涼軒)。11.29 法観寺塔・雲居寺など焼失(看聞)。 《大の月》2・3・5・6・9・11・12	明，租税の布，銀代納，始まる。	15	18	正統 1.1 ⑥
4.20 惟肖得巌没．生前『東海瓊華集』を著す。6.14 多忠右，足利義教の意により，胡飲酒の舞曲を久我通行に伝授(看聞)。 【死没】 3.24 勧修寺経成(42，公卿)。4.20 惟肖得巌(78，臨済宗僧侶)。 《大の月》2・4・5・7・9・12		16	19	2
5.- 飢饉・疫病流行．死者多数(看聞)。8.23 飛鳥井雅世，最後の勅撰集『新続古今和歌集』四季部を奏覧(看聞)。 《大の月》2・3・5・7・8・10・12	イタリア，フェララ公会議。パチャクチ，インカ帝国皇帝に即位。	17	20	3
閏1.- 上杉憲実，『五経注疏』を足利学校に寄進し条目を定める(榊原家所蔵文書)。2.- 彗星出現(建内記)。6.27 飛鳥井雅世，『新続古今和歌集』を奏覧(建内記)。 【死没】 2.10 足利満貞(稲村御所)。 足利持氏(42，鎌倉公方)。4.20 尚巴志(68，琉球国王)。 《大の月》2・4・6・7・9・10・12		18	21	4 ②
2.- 斎藤基恒，『斎藤基恒日記』を記す(～康正2年12月)。4.16 八坂法観寺塔供養(蔭涼軒)。11.8 後花園天皇，公武寺社に蔵書目録の進献を命じる(管見記)。 【死没】 5.15 一色義貫(41，守護大名)。5.16 土岐持頼(武将)。6.10 足利満直(篠川御所)。7.18 聖聡(75，浄土宗僧侶)。10.14 巧如(65，浄土真宗僧侶)。 《大の月》3・5・7・9・10・11		尚忠王	22	5

西暦	年号 干支	天皇	将軍	管領	政　治・経　済
1441 1.23	嘉吉(かきつ) 2.17 辛酉 ⑨	(後花園)	(足利義教) 6.24	(細川持之)	3.13 島津忠国，大覚寺義昭を日向櫛間で自殺させる(薩藩旧記・島津家文書)。4.13 足利義教，琉球を島津忠国の属国とする(島津家譜)。4.16 結城城，落城．結城氏朝敗死し，足利持氏の２遺児捕えられる(結城合戦)(看聞)。5.16 幕府，安王丸・春王丸を美濃垂井で斬る(永享記)。6.24 赤松満祐，子教康邸に義教を誘殺し，播磨へ下向(嘉吉の乱)(建内記)。7.11 細川持常，ついで山名持豊ら，武家御旗を奉じて播磨に発向(東寺執行日記・建内記)。8.1 後花園天皇，幕府の請により，赤松追討の治罰の綸旨を発給(建内記)。8.- 近江の奥島・北津田荘沙汰人，在地徳政を行う(大島・奥津島神社木札)。9.3 京都周辺で代始めの徳政を求める土一揆蜂起(建内記)。9.10 山名持豊ら，播磨木山城を攻落，赤松満祐自殺(建内記)。9.12 幕府侍所，山城一国平均の徳政制札を公布(建内記)。9.29 伊勢国司北畠教具，赤松教康を討つ(師郷記)。閏9.10 幕府，年紀20年未満永領地の本主返付等を定めた徳政制符を管領と政所の壁に掲示(建内記)。閏9.18 幕府，延暦寺の訴えにより，10日令を改め，永領地等を対象外とする徳政令を公布(公名公記・建武以来追加)。
1442 2.11	2 壬戌		11.7	6.27 6.29 畠山持国	3.- 結城与党の宍戸持里，常陸で挙兵(諸家文書纂)。6.29 管領細川持之を罷免し，畠山持国を補す(康富記)。10.13 幕府，管領主管の訴訟受理を再開(康富記)。11.16 安芸小早川庶子一族，一揆契諾状を結ぶ(小早川文書)。
1443 1.31	3 癸亥		足利義勝 7.21		1.12 摂津四天王寺で僧徒が争い，太子堂等を焼く(看聞)。2.8 管領畠山基国，徳政一揆張本人を斬る(公名公記)。6.19 朝鮮使，足利義勝に謁見し，義教の死を弔問(康富記)。7.21 足利義勝没(建内記)。7.23 畠山持国ら，義勝弟三春を継嗣とする(建内記)。9.18 北野社神人，酒麹造を洛中洛外の土倉に認めた幕府裁許に憤り強訴(康富記)。9.23 尊秀・日野有光，旧南朝皇族の金蔵主兄弟を奉じて禁裏に乱入・放火し，神璽・宝剣を奪う(看聞)。9.26 延暦寺衆徒，金蔵主・日野有光らを討つ(禁闕の変)(康富記)。9.28 幕府，日野資親らを斬首(康富記)。**この年** 対馬島主宗貞盛，歳遣船数等について朝鮮と約す(癸亥約条)(朝鮮王朝実録)。
1444 1.20	文安(ぶんあん) 2.5 甲子 ⑥				4.13 侍所頭人京極持清，北野社に閉籠する北野社神人を追捕，神人ら社殿に放火(建内記)。閏6.- 幕府，造内裏段銭を諸国に賦課(康富記)。7.10 美濃守護土岐持益の守護代長江高景殺害により，両勢戦う(康富記)。7.- 旧南朝の皇族円満院円胤，紀伊北山で挙兵(康富記)。9.26 幕府，給恩地の売買・質流の禁止等を定める(建武以来追加)。10.25 幕府，赤松満政の御料所播磨内３郡を播磨守護山名持豊に給与．満政，播磨に出奔(建内記)。10.- 琉球王尚忠没．翌年，子尚思達即位(中山世譜)。
1445 2.7	2 乙丑			3.4 3.24 細川勝元	1.28 近江守護六角持綱と父満綱，弟時綱を近江に攻めて敗死(東寺執行日記)。3.24 山名持豊，赤松満政を摂津有馬に討つ(東寺執行日記)。 管領畠山持国を罷免，細川勝元を補任(斎藤基恒日記)。6.29 幕府，造大神宮役夫工米を諸国に賦課(斎藤基恒日記)。9.29 幕府，類焼を理由にした土倉の廃業と公役免除を認めず，闇金融等を禁止(建武以来追加)。
1446 1.27	3 丙寅				7.5 美濃守護代斎藤利永，外島景秀を攻撃(師郷記)。7.25 内裏造営棟別銭を賦課(師郷記)。8.- 幕府，六角久頼・京極持清に六角時綱討伐を命じる．時綱自殺(師郷記)。9.13 加賀守護富樫泰高，兄教家を越中に逐う(師郷記)。
1447 1.17 ▼	4 丁卯 ②				3.23 幕府，上杉憲実に鎌倉公方の選定と補佐を命じる(建内記)。5.17 幕府，富樫泰高・成春を加賀半国守護に補任(康富記)。5.- 幕府，五山僧の強訴・武装の禁止等を定める(鹿苑日録)。7.4 幕府，上杉憲忠を関東管領職に補任し，この頃，足利持氏遺児永寿王丸(成氏)を鎌倉公方として認める(建内記)。7.14 馬借，奈良に乱入(経覚私要鈔)。7.19 山城西岡の土一揆，徳政を要求．幕府，一揆衆に畠山持国被官のあることを知り鎮圧断念(建内記)。7.- 近江等で土一揆蜂起(建内記)。10.- 紀伊岩橋荘民，和佐荘

社　会・文　化	世　界	琉球	朝鮮	明
11.5 翺之慧鳳，「徳政論」を著す(竹居清事)。 【死没】 4.16 結城氏朝(40，武将)。5.16 足利安王(13，武将)。 足利春王(11，武将)。6.24 足利義教(48，室町将軍)。 京極高数(武将)。7.21 足利義将(武将)。7.28 大内持世(48，武将)。9.10 赤松満祐(69，武将)。12.25 宝山乾珍(48，禅僧)。 《大の月》1・4・7・8・⑨・11・12		尚忠王 2	世宗 23	正統 6 ⑪
8.19 大和・紀伊で暴風雨(中臣祐時記)。**この年** 伊豆大島で噴火(新撰和漢合図)。 【死没】 3.- 足利義尊(30，武将)。8.4 細川持之(43，武将)。 《大の月》1・4・7・9・10・11		3	24	7
9.4 畿内に暴風(康富記)。**この年か** 世阿弥没. 生前『高砂』等を著す。 【死没】 5.7 小倉宮(皇親)。7.21 足利義勝(10，室町将軍)。9.26 日野有光(57，公卿)。**この年か** 世阿弥(能作者)。 《大の月》1・2・5・8・10・11	朝鮮，世宗，ハングルを『訓民正音』として編纂開始。明，均徭法，江西で施行(徭役の銀納化)。	4	25	8
閏6.23 彗星出現(康富記)。**この年**『下学集』成る。 【死没】 10.- 尚忠(琉球国王)。 《大の月》1・2・4・6・8・10・12	オスマン朝，ヴァルナの戦いでハンガリー・ポーランド連合軍を破る。	5	26	9 ⑦
6.2 近畿で暴風雨(東寺執行日記)。 【死没】 11.3 二条持基(56，公卿)。 《大の月》1・2・4・6・9・11	この頃，グーテンベルク，活版印刷術を発明。	尚思達王	27	10
1.2 東大寺戒壇院火事(大乗院日記目録)。3.- 実意『文安田楽能記』成る。5.25 行誉，『壒嚢鈔』を編集。**この年** 瑞渓周鳳，『臥雲日件録』を記す(～文明5年)。 広橋綱光，『綱光公記』を記す(～文明8年)。 壬生晴富，『晴富宿禰記』を記す(～明応6年までのものが現存)。 【死没】 3.13 渋川満頼(75，九州探題)。8.5 江西竜派(72，臨済宗僧侶)。**この年** 上杉清方(武将)。 《大の月》1・2・4・5・7・10・12		2	28	11
4.2 南禅寺焼亡(康富記)。6.- 三日病・咳病流行(康富記)。7.5 天竜寺焼亡(康富記)。 【死没】 **この年** 赤松貞村(55，武将)。 心田清播(73，臨済宗僧侶)。 《大の月》2・3・4・6・8・9・11	朝鮮，鄭麟趾ら『竜飛御天歌』成る。 明，葉宗留の乱。	3	29	12 ④

西暦	年号 干支	天皇	将軍	管領	政治・経済
1447 1.17 ▲	文安 4 丁卯 ②	(後花園)		(細川勝元)	との堺相論で幕府に出訴(湯橋家文書)。11.27 貞成親王に太上天皇の尊号宣下(看聞)。12.22 畠山持国，旧南朝皇族の円満院円胤を討つ(康富記)。
1448 2.5	5 戊辰				1.- 少弐教頼ら，肥前に上陸するが大内軍に敗北(宗氏世系私記)。5.16 幕府，徘徊する牢籠人への寄宿提供の禁止等を定める(東京国立博物館所蔵文書)。5.26 幕府，豊受大神宮造営の役夫工米を諸国に賦課(斎藤基恒日記)。8.- 細川持常，河内で赤松則繁を討つ(東寺執行日記)。9.- この頃までに，永寿王丸，鎌倉宇津宮御所に入る(鑁阿寺文書・鶴岡八幡宮寺供僧次第)。11.14 近江国今堀郷で掟 3 ヵ条を衆議(今堀日吉神社文書)。**この年** 岩橋元祐，陸奥国奥川の通路を開く(会津塔寺八幡宮長帳)。
1449 1.25	宝徳(ほうとく) 7.28 己巳 ⑩		4.29 足利義成	9.5 / 10.5 畠山持国	4.29 足利義成(義政)に征夷大将軍の宣下(康富記)。8.15 信濃高梨一族等，一揆契諾状を結ぶ(高梨文書)。8.- 琉球商人，幕府に薬種・銭を進上(康富記)。 この頃上杉憲実，伊豆に隠遁(鎌倉大草紙)。12.2 幕府，河上諸関を停廃(斎藤基恒日記)。
1450 2.13	2 庚午				4.20 幕府，薩摩等守護島津忠国に大内修造段銭の催徴を命じる(薩藩旧記)。 足利成氏，鎌倉より江の島に移り，翌日，長尾景仲らと腰越浦に戦う(鎌倉大草紙)。7.17 都鄙の山伏，新熊野社に立籠り，和泉半国守護細川常有第襲撃を計る(康富記)。8.4 成氏，鎌倉に戻る(喜連川文書)。8.30 幕府，上杉憲忠らの帰参の請文提出を成氏に通知(喜連川文書)．この頃，成氏，長尾景仲らを赦免(鎌倉大草紙)。9.- 成氏，代始めの徳政令を発布(大庭文書)。10.28 幕府，硫黄を島津忠国に徴す(薩藩旧記)。
1451 2.2	3 辛未				7.19 幕府，延暦寺衆徒らの強訴を禁じ，支証による出訴を命じる(康富記)。7.- 琉球商船，摂津兵庫に来着，守護細川勝元，積荷を抑留(康富記)。8.16 朝廷，止雨奉幣使を派遣(康富記)。9.6 興福寺衆徒ら強訴．幕府，兵庫南関を安堵し，石清水八幡宮奉行飯尾貞連を罷免(康富記)。9.- 安芸小早川一族等，傘連判一揆契諾状を結ぶ(小早川家文書)。10.14 大和で徳政を号する土一揆が蜂起．元興寺金堂等焼亡(雑事記)。10.26 幕府の遣明使東洋允澎ら，京都を出立(允澎入唐記)。
1452 1.22	享徳(きょうとく) 7.25 壬申 ⑧			11.16 細川勝元	4.21 鎌倉府，鶴岡八幡宮の修理料所相模小田原宿関での狼藉を禁じる(鶴岡八幡宮文書)。5.18 朝廷，この年の疱瘡流行と三星合のため，非常赦を行い，公卿らに年号撰進を命じる(建内記・公卿補任)。8.18 幕府，徳政の制札を東寺南門に掲げる(東寺執行日記)。**閏**8.3 山城賀茂郷民，幕府に徳政を要求(師郷記)。**この年** 琉球王尚金福，天照大神の祠を那覇に建立(南聘紀考)。
1453 2.9	2 癸酉		6.13 足利義政(改名)		3.30 東洋允澎らの遣明船，肥前五島より明に向かう(允澎入唐記)．この時，楠葉西忍らの長谷寺・多武峯・天竜寺船等，幕府の許を得て，銅・大刀等を明に輸出(大乗院日記目録)。5.9 幕府，伊勢内宮造営段銭を諸国に賦課(斎藤基恒日記)。10.1 遣明使東洋允澎ら，代宗に謁見し国書を捧げる．貢物の価格について争う(允澎入唐記)。11.4 幕府，東大寺戒壇院造営費の諸国勧進を許す(東大寺文書)。
1454 1.29	3 甲戌				3.- 九州探題渋川教直，少弐教頼と肥前巨勢野で戦う(歴代鎮西要略)。4.3 畠山持国の子義夏(義就)，持富の子弥三郎擁立派を討つ．弥三郎，細川勝元を頼る(師郷記)。5.19 遣明使東洋允澎，杭州で没(允澎入唐記)。6.11 山城醍醐・山科の土一揆，法成寺大路に東福寺の設ける関所を破却(師郷記)。7.13 遣明船，長門赤間関に帰着(允澎入唐記)。8.22 畠山義夏，河内に没落(康富記)。8.28 畠山弥三郎，家督を相続し足利義政に拝謁(康富記)。9.8 京都近郷の土一揆蜂起し，徳政と号して質物を取返す(康富記)。9.29 幕府，土倉質物の徳政を認め，徳政禁制の高札を立てる(東寺執行日記)。10.5 遣明船，兵庫に帰着し，管領・幕府が船荷を検知(康富記)。10.29 幕府，借銭の10分の 1 (分一銭)納入を約す請文提出者に，徳政を適用する奉行人奉書を発給(康富記)。11.2 足利義政，赤松則尚の播磨等の回復と山名宗全(持豊)討伐を計るも，細川勝元らの執りなしで持豊を許す(康富記)。12.3 大和の土一揆，竜花院を焼く(大乗院日記目録)。12.13 畠山義夏，義政の赦しにより河内より上洛．ついで畠山弥三郎，逐電(康富記)。12.27 足利成氏，鎌倉西御門御所で関東管領上杉憲忠を謀殺(享徳の乱のはじめ)(康富記)。**この年以後文明10年頃まで** 成氏，享徳年号を使用(安保文書)。

社　会・文　化	世　界	琉球	朝鮮	明
		尚思達王 3	世宗 29	正統 12 ④
4.5 山城珍皇寺火事(東寺執行日記)。4.- 訓海『太子伝玉林抄』成る。7.19 京都で大洪水(如是院年代記)。**この年以降宝徳2年までの間** 正徹『正徹物語』成る。 【死没】 1.26 日峯宗舜(81, 臨済宗僧侶)。5.12 智蘊(連歌作者)。 《大の月》2・4・6・7・9・10・12	オスマン軍, コソヴォでハンガリー軍を破る。 明, 鄧茂七の乱(～正統13年)。	4	30	13
4.12 京畿で大地震(康富記)。7.18 大内教弘, 大蔵経を周防興隆寺に寄進(防長風土注進案)。8.9 大和多武峯の藤原鎌足廟の再建成る(康富記)。 《大の月》3・5・7・9・11・12	明, 英宗(正統帝), 土木堡でオイラートに捕われる(土木の変)。	5	31	14 代宗
6.2 細川勝元, 竜安寺を創建(竜安寺文書)。7.1 周防・長門に暴風(康富記)。**この年** 浅間山噴火(新撰和漢合図)。 清原宗賢, 『宗賢卿記』を記す(～延徳元年)。 【死没】 5.8 日秀(68, 日蓮宗僧侶)。 《大の月》1・3・6・8・9・10・12		尚金福王	32	景泰 1.1 ①
8.11「百番歌合」行われる。8.16 奥羽大洪水(会津塔寺八幡宮長帳)。10.29 足利義成, 北小路第に学問所を新造(康富記)。 《大の月》1・4・7・9・10・12	『高麗史』成る。	2	文宗	2
2.13～15「宝徳千句」興行。8.15 正徹, 足利義成に『源氏物語』を講じる(草根集)。**この年** 諸国で大雨・洪水(年代記残編)。 【死没】 2.- 飛鳥井雅世(63, 歌鞠家)。6.22 宗貞盛(武将)。 《大の月》1・2・5・8・9・11・12	朝鮮, 春秋館『高麗史節要』成る。	3	2	3 ⑨
【死没】 4.18 尚金福(56, 琉球国王)。9.5 久我清通(61, 公卿)。 《大の月》1・3・5・8・10・12	オスマン帝国, ビザンツ(東ローマ)帝国を滅す。 英仏百年戦争終る。 モンゴル, オイラートのエセン, 可汗となる。	4	端宗	4
【死没】 8.- 宗金(博多商人)。12.27 上杉憲忠(22, 武将)。 《大の月》1・3・4・6・9・11		尚泰久王	2	5

西暦	年号干支	天皇	将軍	管領	政治・経済
1455 1.18	康正(こうしょう) 7.25 乙亥 ④	(後花園)	(足利義政)	(細川勝元)	**1.21** 足利成氏，武蔵国高幡・分倍河原で長尾景仲らを破る．上杉憲顕・顕房，戦死(武家事紀所収文書)。**3.30** 幕府，成氏追討のため惣大将上杉房顕を派遣(康富記)。**閏4.-** 成氏，常陸小栗城を攻略し，長尾景仲を逐う(鎌倉大草紙・正木文書)。**5.12** 播磨守護山名教豊，備前に赤松則尚を滅す(斎藤基恒日記)。**6.16** 駿河守護今川範忠，鎌倉に進駐(鎌倉大草紙)．成氏，下総古河に移座(古河公方)(赤堀文書)。**7-** 畠山義夏，同弥三郎と大和で戦う(大乗院日記目録・康富記)。**9.18** 幕府政所，酒屋役条々を定める(蜷川家文書)。**10.2** 幕府，借銭10分の1未納者で，去年10月29日徳政奉書の提出後，政所執事の加判がない場合，銭主の債権を認め，5分の1の幕府進納を定める(蜷川家文書)。**10.28** 幕府，去年12月18日令の弐文子祠堂銭の徳政適用除外を重ねて定める(建武以来追加)。**この年** 建仁寺勧進船を朝鮮に派遣(海東諸国紀)。
1456 2.6	2 丙子				**4.2** 幕府，内裏造営のため，洛中洛外に棟別銭，諸国に段銭・国役を賦課(康正二年造内裏段銭并国役引付)。**7.20** 後花園天皇，新造の土御門内裏に移る(実遠公記)。**9.17** 足利成氏，関東管領上杉房顕らと武蔵国岡部原で戦う(中条文書)。**9.19** 近江の土一揆，徳政を訴え日吉八王子社に拠る(祇園社記)。**この年** 幕府，朝鮮に使を送り，建仁寺修造の資を求める(善隣国宝記)。
1457 1.26	長禄(ちょうろく) 9.28 丁丑				**2.11** 東九条の民，伏見宮領の民と争闘(東寺百合文書)。**4.8** 太田資長(道灌)，武蔵江戸城を築く(永享記)。**5.14** 蝦夷島南部でアイヌの蜂起．武田信広，酋長胡奢魔伊を射殺(コシャマインの乱)(新羅之記録)。**6.23** 幕府，渋川義鏡を成氏追討の大将として関東に派遣(鎌倉大草紙)。**6.26** 和泉日根郡国人，一揆契諸状を結ぶ(日根文書)。**10～11月** 山城の土一揆，徳政を訴え東寺等を占拠(山科家礼記)。**12.2** 赤松氏遺臣，旧南朝の宮兄弟を討ち，神璽を奪還(大乗院日記目録)。**12.5** 幕府，徳政禁制を出し，銭主・借主の分一銭納入の規定等を定める(蜷川家文書)。**12.19** 足利義政，弟政知を還俗させ，関東に派遣(堀越公方)(山科家礼記)。
1458 1.16	2 戊寅 ①				**閏1.1** 幕府，永享8年の旧規を再交付し，五山住持等の官挙停止と僧録推挙を定める(蔭凉軒)。**2.21** 幕府，朝鮮の奉加による建仁寺造営開始を命じる(蔭凉軒)。**3.1** 幕府，禅宗尼寺に関する禁制を定める(蔭凉軒)。**3.28** 幕府，造内宮地口銭を，五山とその塔頭に賦課(蔭凉軒)。**4.19** 足利義政，弟義永を赦し隠岐より召還(在盛卿記)。**6.21** 美濃守護土岐持益，一宮奉納の大蔵経を朝鮮に求めるため，幕府に勘合を申請(蔭凉軒)。**7.29** 幕府，信濃の小笠原光康に足利成氏追討への合力を催促(諸家文書)。**8.4** 義政，琉球使節を引見(在盛卿記)。**8.30** 赤松遺臣が奪回した神璽，禁裏に献上される(雑事記)．幕府，赤松政則を加賀半国守護に補任(赤松記)。**9.28** 幕府，相国寺に門前の柳原散所を管轄させる(蔭凉軒)。**12.14** 幕府，琉球国宛の返書を作成(蔭凉軒)。
1459 2.4	3 己卯				**1.18** 足利義政，女子死産の呪詛の罪で乳人今参局を近江に配流．今参局自害(碧山日録)。**4.20** 斯波義敏，足利成氏追討を命じられるも，甲斐常治を越前敦賀に攻撃(雑事記・碧山日録)。**6.1** この頃，畠山弥三郎没し，弟弥次郎(政長)が跡目を相続(大乗院日記目録)。**8.21** 幕府，旧関を廃し，京都七口に新関を設け，関銭を宮造営料に充てる(碧山日録)。**8.27** 幕府，大蔵経入手の朝鮮渡船を申請する相国寺に勘合を付与(蔭凉軒)。**9.30** 京都西郊で土一揆蜂起．上下久世荘民ら，不参加を幕府に誓う(東寺百合文書)。**10.14・15** 足利成氏方，武蔵・上野で上杉房顕・房定と戦う(御内書案・山崎文書)。**11.9** 京都で土一揆蜂起し，徳政を求める．幕府，一揆張本人を斬る(碧山日録)。**11.10** 幕府，洛中洛外の土倉質物の利子・質流期限を定める(建武以来追加)。**11.16** 義政，室町新第に移る(蔭凉軒)。
1460 1.24	寛正(かんしょう) 12.21 庚辰 ⑨				**3.10** 幕府の使，朝鮮より帰国．船が難破し，返書等紛失(蔭凉軒)。**3.28** 幕府，旧南朝の楠木氏を斬首(碧山日録)。**5.8** 幕府，在京中の肥前松浦義に渡明船の勘合を与える(蔭凉軒)。**6.17** 幕府，天与清啓を遣明正使とする(蔭凉軒)。**7.26** 幕府，観世弥五郎を捕える(長禄四年記)。**8.24** 幕府，東海道の諸関を撤廃(長禄四年記)。**9.5** 幕府，闕所地について，証人が本主の罪科を捏造して注進する事の禁止等を定める(建武以来追加)。**9.16** 足利義政，畠山邸から義就を退去させ，政長を入れる(雑事記)。**9.20** 義就，河内に下向(雑事記)。**10.21** 幕府，関東奥羽の諸将に足利成氏追討を命じる(御内書案)。

社　会・文　化	世　界	琉球	朝鮮	明
9.- 金春禅竹『六輪一露之記』成る。**この頃**『鶴岡八幡宮寺供僧次第』成るか。 【死没】 **1.16** 高山宗砌(連歌師)。**1.21** 上杉憲顕(武将)。**1.-** 上杉顕房(21, 武将)。**3.26** 畠山持国(58, 武将)。**7.5** 堯孝(65, 歌人)。 《大の月》1・3・4・5・7・9・11	イギリス, ばら戦争(～'85年)。	尚泰久王 2	世祖	景泰 6 ⑥
1.- 金春禅竹『歌舞髄脳記』成る。**4.-** 彗星出現(雑事記)。**6.17** 天隠竜沢,『錦繍段』を編集。**この頃** 東常縁『東野州聞書』成るか。**康正年間** 一条兼良『日本書紀纂疏』成るか。 【死没】 **8.29** 後崇光院(85)。 《大の月》1・3・5・6・8・10・12		3	2	7
7.20 諸国寺社に彗星・炎旱・疾病について祈らせる(宗賢卿記)。 【死没】 **2.16** 中原康富(官人)。**6.18** 存如(62, 浄土宗僧侶)。**11.20** 万里小路時房(64, 公卿)。**12.2か** 北山宮(後南朝皇族)。**12.2** 忠義王(後南朝皇族)。 《大の月》2・4・6・8・9・11・12	明, 正統帝, 復位。于謙, 処刑される。	4	3	英宗 (復位) 天順 1.21
2.13 鞍馬寺火事(雑事記)。**この年** 賀茂在盛,『吉日考秘伝』を撰する。 【死没】 **2.22** 物外性応(曹洞宗僧侶)。**4.22** 日実(日蓮宗僧侶)。**5.20** 飯尾為種(武士)。**6.27** 養叟宗頤(83, 臨済宗僧侶)。**この年** 阿摩和利(琉球按司)。 《大の月》2・5・7・8・9・11・12	ハンガリー, マーチャーシュ1世即位(～'90年), ハンガリーのルネサンス。	5	4	2 ②
1.4 円覚寺火事(鎌倉大日記)。**1.-** 太極蔵主,『碧山日録』を記す(～応仁2年12月)。**4.-**『東大寺法華堂要録』記される(～文明15年6月)。**9.10** 近畿大風雨(碧山日録)。 【死没】 **1.18** 今参局(足利義政乳人)。**4.9** 日出(79, 日蓮宗僧侶)。**4.14** 山名勝豊(武将)。**5.9** 正徹(79, 禅僧)。**8.12** 甲斐常治(武将)。**9.15** 酉仰(42, 浄土宗僧侶)。**9.17** 中山定親(59, 公卿)。 《大の月》3・6・8・9・11・12		6	5	3
2.9 畿内地震(碧山日録)。**7.1** 皆既日食(碧山日録)。**この年** 炎旱, 虫損・大風雨のため諸国大飢饉(大乗院日記目録)。 【死没】 **1.28** 三条西公保(63, 公卿)。**6.5** 尚泰久(46, 琉球国王)。 《大の月》1・4・7・9・10・11・12	ポルトガル, エンリケ航海王子没。	7	6	4 ⑪

西暦	年号 干支	天皇	将軍	管領	政　治・経　済
1461 2.11	寛正 2 辛巳	(後花園)	(足利義政)	(細川勝元)	**1.24** 足利義政，管領細川勝元邸で畠山義就追討を議す(雑事記)。**7.13** 近江菅浦荘，惣庄置文を定める(菅浦文書)。**8.28** 幕府，春日社・興福寺造営料兵庫南関に関し，公方船等以外の過書に基づく関銭免除を停止(雑事記)。**9.2** 義政，斯波義敏の子松王丸を廃し，渋川義鏡の子義廉を家督とする(雑事記)。**11.26** 幕府，天竜寺に勘合を与え，僧堂造営の勧進船の朝鮮派遣を許す(蔭凉軒)。**12.19** 幕府，駿河守護今川義忠に足利政知救援を命じる(御内書案)。
1462 1.31	3 壬午				**5.12** 畠山政長ら，義就方の河内金胎寺城を攻略(雑事記)。**5.16** 幕府，内宮造営料伊勢山田関を停廃(氏経卿神事日次記)。**6.8** 加賀国洪水．幕府，半国守護富樫成春に河川修復を命じる(蔭凉軒)。**9.18** 陸奥の伊達成宗，上洛して足利義政に謁見(長禄寛正記)。**10.28** 幕府，赤松政則らに京都の土一揆を鎮圧させる(蔭凉軒)。**この頃** 東国に「延徳」の私年号(香取神宮文書)。
1463 1.20	4 癸未 ⑥				**4.15** 畠山政長，同義就の河内嶽山城を攻略，義就，高野山に逃れる(碧山日録)。**4.27** 幕府，守護による在国奉公衆の私的処罰を禁じ，幕府への罪科注進を定める(建武以来追加)。**5.2** 畠山義就，金剛峯寺衆徒に入山を拒否され，粉河寺に陣す(長禄寛正記)。**8.6** 義就，紀伊より吉野に退く(雑事記)。**8.25** 東寺領備中新見荘代官祐清，荘民に殺される(東寺百合文書)。**9.28** 幕府，京都に蜂起した土一揆を鎮圧(蔭凉軒)。**10.4** 出羽の大宝寺成秀，足利義政に謁見(蔭凉軒)。**11.13** 義政，斯波義敏を赦免(蔭凉軒)。**12.24** 幕府，畠山義就を赦し，政長を召還．政長，河内若江城に入る(雑事記・長禄寛正記)。**この年** 斯波義廉，朝鮮に遣使(海東諸国紀)。
1464 2.8	5 甲申	7.19 後土御門		9.9 9.23 畠山政長	**1.14** 畠山政長，河内より上洛(大乗院日記目録)。**3.28** 幕府，譲位段銭を諸国に賦課(蔭凉軒)。**7.19** 後花園天皇，譲位(雑事記)。**11.13** 細川勝元の兵，伊予で河野通春と戦う．幕府，通春追討を大内教弘に命じる(蔭凉軒)。**11.26** 足利義政弟の浄土寺義尋，今出川第に入る(蔭凉軒)。**11.28** 義政，准三后となる(蔭凉軒)。**12.2** 足利義尋，還俗して義視と改名(大乗院日記目録)。
1465 1.27	6 乙酉				**1.10** 延暦寺衆徒，蓮如の東山大谷坊舎を襲う(本福寺跡書)。**5.26** 幕府，遣明船費用の不足10万疋を大内教弘に借りる(蜷川親元日記)。**6.25** 幕府，河野通春追討を近国諸将に命じる(古証文)。**9.13** 多武峯大織冠像破裂(大織冠神像破裂記附録)。**9.21～29** 足利義政，奈良に下向(雑事記)。**11.11** 山城西岡の土一揆，徳政と号し東寺に閉籠(蔭凉軒)。**11.23** 義政の妻日野富子，義尚を生む(蜷川親元日記)。**この年** 幕府，天与清啓を明に派遣(善隣国宝記)。
1466 1.17	文正(ぶんしょう) 2.28 丙戌 ②				**2.12** 上杉房顕，錦の御旗を奉じ武蔵五十子陣に足利成氏と対陣中に没す(鎌倉大草紙)。**閏2.19** 遣明船，肥前国呼子浦で暴風に遭う(蔭凉軒)。**閏2.21** 幕府，大嘗会段銭を賦課(斎藤親基日記)。**3.20** 足利義政夫妻，伊勢参宮(斎藤親基日記)。**5.26** 幕府，不当な借書破棄の法を定め，政所賦未受の借物方訴訟の受理禁止を奉行人に命じる(政所壁書)。**6.3** 幕府，越後守護上杉房定に，その息を房顕後継の関東管領とするよう命じる(御内書案)。**6.19** 幕府，松浦党に渡唐船の警固を命じる(来島文書)。**7.23** 義政，斯波義敏を家督とする．細川勝元・山名宗全ら，斯波義廉を援ける(後法興院政家記)。**7.28** 義政，琉球使節を引見(蔭凉軒)。**8.25** 幕府，斯波義敏を越前・尾張・遠江守護に再任(蔭凉軒)。**9.5** 足利義視，義政が伊勢貞親の讒言を容れ殺害を企てると聞き，細川勝元邸に避難(後法興院政家記)。**9.6** 伊勢貞親・斯波義敏，逐電(後法興院政家記)。**12.12** 侍所所司代多賀高忠，延暦寺衆徒の訴えにより没落，ついで近江坂本の馬借，同頭人京極持清邸を撃つ(後法興院政家記)。**12.18** 大嘗会(以後，貞享４年まで中絶)(後法興院政家記)。**12.25** 畠山義就，河内より上洛(雑事記)。

社　会・文　化	世　界	琉球	朝鮮	明
2.- 前年来の飢饉で，京都の死者8万2000人に及ぶ(寛正の大飢饉)(碧山日録)。**3.5** 京都真如寺火事(蔭凉軒)。**11.2** 一条兼良，内裏で『源氏物語』を後花園天皇・足利義政に進講(雑事記)。**この年** 蓮如，最初の御文。 【死没】 **この年** 上杉教朝(54，武将)。 《大の月》2・4・7・9・11・12	明，『大明一統志』成る。 イギリス，ヨーク朝始まる(～'85年)。	尚徳王	世祖 7	天順 5
6.21 幕府，宗湛に日野重子の高倉御所の障子絵を描かせる(蔭凉軒)。**12.27** 内宮正遷宮(氏経卿神事日次記)。 【死没】 **3.18** 義天玄詔(70，臨済宗僧侶)。**3.29** 総一検校(琵琶法師)。**6.11** 等熙(67，浄土宗僧侶)。 《大の月》2・3・5・8・10・12	モスクワ大公イヴァン3世即位。	2	8	6
5.- 心敬，『ささめごと』を著す。 【死没】 **1.22** 月江正文(曹洞宗僧侶)。**1.23** 雲章一慶(78，臨済宗僧侶)。**7.19** 朝倉教景(84，武将)。**8.8** 日野重子(53，足利義教室)。**8.25** 祐清(律僧)。**8.26** 長尾景仲(76，武将)。**9.6** 志玉(81，戒壇院長老)。**この年** 南江宗沅(77，臨済宗僧侶)。 《大の月》2・3・4・6・8・10・12		3	9	7 ⑦
4.5・7・10 足利義政夫妻・相伴衆等，糺河原の勧進猿楽を見物．音阿弥父子出演(糺河原勧進猿楽日記)。**この年** 天佑梵嘏，『京城万寿禅寺記』を著す。 【死没】 **2.25** 日隆(80，日蓮宗僧侶)。**6.28** 伊勢貞仲(58，武将)。 《大の月》2・3・5・7・9・11	明，荆襄の乱起る。 イタリア，コージモ=デ=メディチ没。	4	10	8 憲宗
2.22 後花園上皇，飛鳥井雅親に和歌の撰進を命じる(公卿補任)。**8.15** 近畿，暴風雨・洪水(斎藤親基日記)。**8.-** 斎藤親基，『斎藤親基日記』を記す(～応仁元年5月)。**9.14** 大流星(蔭凉軒)。**この年** 蜷川親元，『蜷川親元日記』を記す(～文明17年)。 【死没】 **9.3** 大内教弘(46，武将)。 《大の月》1・3・5・7・8・10・12		5	11	成化 1.1
1.1 近衛政家，『後法興院政家記』を記す(～永正2年6月4日)。**2.23** 足利義政，女猿楽を観覧(蔭凉軒)。**9.29**『文正記』成る。 【死没】 **閏2.-** 上杉憲実(57，武将)。 《大の月》2・3・5・7・8・10・12		6	12	2 ③

西暦	年号干支	天皇	将軍	管領	政 治 ・ 経 済
1467 2.5	応仁(おうにん) 3.5 丁亥	(後土御門)	(足利義政)	(畠山政長) 1.8 斯波義廉	**1.2** 足利義政，管領畠山政長邸御成を止め，畠山義就の出仕を許す(斎藤親基日記)。**1.6** 義政，管領畠山政長を罷免し，屋形明渡しを命じる(雑事記)。**1.18** 政長，屋形を自焼し，上御霊社に布陣．義就，政長を破る(後法興院政家記)。**2.-** 足利義視，細川勝元と山名宗全の間を調停(後法興院政家記)。**5.17** この頃，細川勝元・山名宗全，その与党を招集(雑事記)。**5.26** 細川勝元・畠山政長ら(東軍)，山名宗全・畠山義就・斯波義廉ら(西軍)と戦う(応仁の乱始まる)(後法興院政家記)。**6.4** 義政，牙旗を勝元に下賜(雑事記)。**6.11** 合戦で京中の公武邸宅・寺社が多数焼亡(雑事記)。**7.-** 備中新見荘で守護細川氏の代官排斥を訴える土一揆蜂起(東寺百合文書)。**8.23** 天皇・上皇，室町第に臨幸(後法興院政家記)。 足利義視，伊勢国司北畠教具の許へ逃れる(公卿補任)。 大内政弘，入京(宗賢卿記)。**10.3** 畠山義就ら，相国寺を焼き，将軍近習と戦う．室町第も半焼(経覚私要鈔)。**この年** 雪舟等楊・桂庵玄樹，遣明使天与清啓と共に入明(戊子入明記・徐璉送雪舟詩)。 一休宗純・瑞渓周鳳・横川景三，乱を避けて離京(一休和尚年譜・興宗明教禅師行状・横川和尚伝)。
1468 1.25	**2** 戊子 ⑩				**4.9** 足利義政，伊勢の足利義視に帰京を促す勅書を拝領(応仁別記)。**5.20** 幕府，山城・近江・伊勢の寺社本所領の半済地を義視の料所とする(後法興院政家記)。**8.13～16** 東西両軍，藤森・深草等所々で合戦(後法興院政家記)。**9.6** 美濃守護代斎藤妙椿，関東出陣中の幕府奉公衆東常縁の郡上城を攻略(鎌倉大草紙)。**9.11** 足利義視，上洛し，東軍に入る(碧山日録)。**9.26** 前関白一条教房，土佐国に下向(雑事記)。**10.28** 幕府，九州諸将に大内政弘方への攻撃を命じる(相良家文書)。**閏10.14** 斯波義廉，義敏方攻撃のため朝倉孝景を越前に派遣(雑事記)。**11.13** 義視，義政と不和になり比叡山に奔り，ついで西軍の陣に入る(後法興院政家記)。**12.5** 室町第の天皇に不出仕の公家の官爵を削り，義視治罰の院宣発給(公卿補任・雑事記)。
				7.10 細川勝元	
1469 2.12	文明(ぶんめい) 4.28 己丑				**4.-** 足利義視，御内書を九州・四国の諸将に下し，東上を催促(経覚私要鈔)。**5.12** 斎藤妙椿，東常縁の詠歌に感じ，美濃の所領を返付(鎌倉大草紙)。**5.-** 大友親繁・少弐頼忠，細川勝元の求めに応じて大内政弘と戦う(雑事記)。**8.-** 遣明船帰国．大内氏を恐れて土佐に碇泊(雑事記)。**10.9** 幕府，土佐光信を絵所預とする(遠碧軒記)。**10.16** 東軍山名是豊ら，大内政弘の軍を兵庫に破る(雑事記)。**10.-** 醍醐十保郷民，半済と号して蜂起(醍醐寺文書)。
1470 2.2	**2** 庚寅				**2.4** 足利義政，豊後守護大友親繁らに大内教幸への合力を命じる(大友文書)。**2月末** 南朝遺臣，小倉宮王子を奉じて紀伊に挙兵(雑事記)。**この春** 大内教幸，東軍に応じ長門赤間関に挙兵(相良家文書)。**5.19** 山名政豊ら，東軍に応じる(萩藩閥閲録)。**9.-** 朝鮮の使者，対馬に来る(朝鮮王朝実録)。**12.23** 興福寺衆徒，奈良の法華宗徒を襲撃(雑事記)。
1471 1.21	**3** 辛卯 ⑧				**1.25** 馬切衛門五郎，東寺領に足軽を募集(東寺百合文書)。**2.-** 朝倉孝景，斯波義廉に背き，東軍に加わる(雑事記)。**3.-** 足利成氏，伊豆三島で足利政知と戦う(鎌倉大草紙)。**5.21** 幕府，朝倉孝景を越前守護とする．この頃，東軍優勢(古証文)。**6.24** 成氏，古河城を退き，下総の千葉孝胤の許に逃れる(鎌倉大草紙)。**8.26** 西軍擁立の小倉宮王子入京(雑事記)。**11.5** 幕府，島津立久に堺の琉球渡海船を取締らせる(薩藩旧記)。**11.12** 六角政堯，同高頼に近江で敗死(山科家礼記)。**12.26** 大内教幸，陶弘護に敗れ豊前に逃がれる．翌年，自殺(益田文書)。
1472 2.9	**4** 壬辰				**1.15** 山名宗全，細川勝元に和議を申入れるが不調(親長卿記)。**2.23** 島津立久，琉球王の遣使を受け，返書(薩藩旧記)。**2.-** 足利成氏弟尊倣，古河城に向け進発し，ついで成氏，古河城に復帰(遠藤白川文書)。**8.-** 幕府使節，朝鮮から帰国(善隣国宝記)。**9.-** 坂本の馬借，蜂起(雑事記)。 多賀高忠，近江を制圧するが，美濃守護代斎藤妙椿に敗れて越前に没落(雑事記)。**10.3** 足利義政，使を朝鮮に派遣(善隣国宝記)。
1473 1.29 ▼	**5** 癸巳			5.11	**3.18** 山名宗全(持豊)没(親長卿記)。**5.11** 細川勝元没(親長卿記)。**8.8** 越前の朝倉孝景，甲斐氏と合戦(雑事記)。**8.26** 西軍，足利義視を大内政弘邸に迎える(大乗院日記目録)。**10.8** 山城賀茂の郷民ら，京都諸口の関所撤廃を請う(親長卿記)。**10.23** 大内政

大日本史料	社会・文化	世界	琉球	朝鮮	明
1.- 8 1	1.1『宗祇独吟名所百韻』成る。3.23 飯尾宗祇，『吾妻問答』を著す(一説に文明2年3月23日とも)。**この年** 長尾景人，下野足利学校を移建(鎌倉大草紙)。**この頃** 金春禅竹『至道要抄』成るか。 【死没】 1.2 音阿弥(70，能役者)。4.28 清原業忠(59，儒学者)。9.6 上杉持朝(50，武将)。12.24 佐竹義人(68，武将)。 《大の月》2・5・7・8・10・11		尚徳王 7	世祖 13	成化 3
8.- 8 2	3.- 金春禅竹，『申楽縁起』を著す。4.- 心敬，『ひとりごと』を著す。7～9月 吉田社・青蓮院・天竜寺等の諸寺社，兵火で焼亡(碧山日録)。8.4 鎌倉大風(鎌倉大日記)。8.19 一条兼良，相伝の家記等を奈良大乗院に移し奈良に下向(大乗院日記目録)。9.- 彗星出現(大乗院日記目録)。10.22 飯尾宗祇，白河関に連歌を催す(白河紀行)。**この年** 山田大路元長『二所大神宮神祇百首和歌』成る。 《大の月》1・3・6・8・10・11・12		8	14	4
10.- 8 3	7.10 清水寺・建仁寺等，兵火により焼亡(雑事記)。**この年** 太田資清，飯尾宗祇・心敬らを招き，連歌会を催す(河越千句)。 【死没】 1.8 伊達持宗(77，武将)。3.24 行助(65，連歌師)。8.11 季瓊真蘂(69，臨済宗僧侶)。 《大の月》1・3・6・8・10・11・12	**この頃** オスマン帝国，バルカン半島支配を確立。	9	睿宗	5 ②
雑載 8 4	3.26 足利義政，諸大名を室町第に召し猿楽を催す(雑事記)。7.19 勧修寺，翌日，醍醐寺が兵火に遭う(東寺私用集)。10.3 相国寺七重塔，落雷で焼失(親長卿記)。12.23 瑞渓周鳳，『善隣国宝記』を著す。 【死没】 1.20 島津忠国(68，武将)。8.4 京極持清(64，武将)。12.27 後花園法皇(52)。 《大の月》2・4・7・10・11	明，荊襄の乱(～'71年)。朝鮮，『経国大典』成る。	尚円王	成宗	6
12.- 8 5	7.27 蓮如，越前吉崎に坊舎を建立(御文)。9.12 桜島噴火(薩藩旧記)。**この秋以降** 心敬，『老のくりごと』を著す。 【死没】 1.7 竺雲等連(89，臨済宗禅僧)。3.19 斎藤基恒(78，奉行人)。6.2 武田信賢(52，武将)。8.- 真能(75，水墨画家)。9.11 大館持房(71，武将)。 《大の月》1・2・3・5・8・10・11	朝鮮，申叔舟，『海東諸国紀』を記す。 ヴェトナム軍，チャンパーの大半を征服。 ドイツ，トマス=ア=ケンピス没。	2	2	7 ⑨
12.-	5.3 東常縁，飯尾宗祇に古今伝授の証判を与える(宗祇法師集)。12.- 細川勝元，医書『霊蘭集』を編纂(補庵京華集)。 一条兼良，『花鳥余情』を著す。 【死没】 2.22 綿谷周瓞(68，臨済宗僧侶)。12.26 大内教幸(42，武将)。 《大の月》1・2・4・6・8・10・12	ロシア，イヴァン3世，ビザンツ帝国最後の皇帝の姪と結婚。	3	3	8
8 6	**この年** 吉田兼致，『兼致朝臣記』を記す(～文明18年)。 【死没】 1.21 伊勢貞親(57，政所執事)。3.18 山名持豊(70，武将)。		4	4	9

西暦	年号 干支	天皇	将軍	管領	政 治 ・ 経 済
1473 1.29 ▲	文明 5 癸巳	(後土御門)	(義政) 12.19	12.19	弘，細川政元の分国摂津に進出，畠山義就ら，政弘を支援(東寺執行日記)。11.24 上杉政真，足利成氏と武蔵五十子で戦い敗死(鎌倉大草紙)。12.19 足利義尚，元服し，将軍宣下を受ける(親長卿記)。
1474 1.18	6 甲午 ⑤		足利義尚	≀ 12.26 畠山政長	3.3 足利義政，小川新第に移る(言国卿記)。4.3 山名政豊と細川政元が和睦．畠山義就らは不参加(東寺執行日記)。閏5.- 畠山義就，日野勝光に礼銭を贈り，幕府へのとりなしを求める(雑事記)。6.10 斎藤妙椿，越前に入り，朝倉孝景と甲斐氏を和解させる(雑事記)。7.26 山名政豊，大内政弘・畠山義就らと京都北野に戦う(親長卿記)。9.20 大内政弘，日野勝光を通じて幕府に降伏を請う(雑事記)。9.- 足利義政，書を朝鮮王に送り，明の勘合符を求める(補庵京華集)。10.- 加賀で一向一揆が蜂起(雑事記)。12.- 朝鮮王，幕府に勘合符を送る(続善隣国宝記)。
1475 2.6	7 乙未				2.- 山名政豊被官，東軍に加わる(雑事記)。5.14 大和の国衆，十市遠清ら東軍と古市胤栄・越智家栄ら西軍に分かれて戦う(雑事記)。9.7 京極政経・多賀高忠と延暦寺衆徒，六角高頼を近江で破る(長興宿禰記)。9.- 朝鮮王，幕府に復書(続善隣国宝記)。10.8 幕府，松浦党に渡唐船の警固を命じる(来島文書)。10.23 安芸東西条で徳政一揆が蜂起．大内政弘，その成敗を命じる(毛利家文書)。10.28 土岐成頼ら，六角高頼を援け，近江で多賀高忠を破る(長興宿禰記)。11.6 幕府，延暦寺衆徒に六角高頼追討を命じる(華頂要略)。
1476 1.27	8 丙申				4.11 遣明使竺芳妙茂ら，堺を出航(雑事記)。4.14 尼子清定，出雲能義郡の土一揆と戦う(佐々木文書)。6.- 足利政知が派した太田道灌と今川竜王丸(氏親)伯父伊勢新九郎，今川氏の家督争いを調停(今川記)。8.24 幕府，訴訟・当知行安堵・意見について奉行人の不正を禁じる(建武以来追加)。9.14 足利義政，大内政弘に東西両軍の和平を計らせる(蜷川家文書)。11.13 室町第焼失(親長卿記)。
1477 1.15	9 丁酉 ①			12.25	1.18 長尾景春，上杉顕定・定正らを武蔵五十子に攻撃．顕定ら，上野に走る(松陰私語)。5.14 太田道灌ら上杉勢，長尾景春を武蔵用土原で破る(太田道灌状)。7.- 足利成氏，上野に出陣し長尾景春を救援．上杉顕定・定正，上野白井に退く(鎌倉大草紙)。9.22 畠山義就，河内に下向(親長卿記)。9.29 義就追討の綸旨と足利義政の御内書が，北畠政郷らに発給(兼顕卿記)。10.- 義就，河内・大和を制圧(雑事記)。11.3 大和高山の馬借蜂起(雑事記)。11.11 大内政弘・畠山義統ら西軍諸将，分国に下向．土岐成頼，足利義視を伴い美濃に下向(応仁・文明の乱終わる)(長興宿禰記)。12.9 幕府，東福寺被官・門前住人の足軽と号した悪行の禁止等を定める(東福寺文書)。
1478 2.3	10 戊戌			畠山政長	1.5 足利成氏，上杉顕定・定正と和睦(松陰私語)。 上杉方，成氏と幕府の和睦斡旋を約す(蜷川家文書)。1.11 幕府，内裏修理のため京都七口に新関を設置(雑事記)。7.10 足利義政，足利義視・土岐成頼・畠山義統に御免・和与の御内書を下す(雑事記)。7.17 太田道灌，長尾景春を武蔵鉢形城で破る(鎌倉大草紙)。7.23 成氏，武蔵成田を発し古河に戻る(松陰私語)。9.16 大内政弘，少弐政資と戦い，豊前・筑前に進出(蜷川親元日記)。10.6 大内政弘，筑前に徳政令を発布(大内家壁書)。10.- 阿蘇・菊池・大友氏ら，大内政弘に応じて筑後に出兵(正任記)。12.4 斎藤妙椿，尾張清洲城の織田敏定を攻囲(晴富宿禰記)。12.7 山城土一揆，京都七口の新関停廃を求め通路を塞ぐ(雑事記)。12.16 幕府，室町第造営のため，京中に棟別銭，諸国に段銭を賦課(晴富宿禰記)。
1479 1.23 ▼	11 己亥 ⑨				1.18 太田道灌の兵，下総臼井城の千葉孝胤を攻囲(鎌倉大草紙)。1.19 斎藤妙椿，織田敏定と和す(和漢合符)。3.11 幕府，内裏修造棟別銭を洛中洛外に課し，越前に段銭を賦課(晴富宿禰記)。5.19 幕府，京都南方の新関を撤廃(晴富宿禰記)。5.27 蘆名盛

大日本史料	社会・文化	世界	琉球	朝鮮	明
9.- [8] 7	5.8 瑞渓周鳳(83，臨済宗僧侶)。5.11 細川勝元(44，管領)。8.27 経覚(79，法相宗僧侶)。11.1 桃林安栄(墨渓)(禅僧画家)。 《大の月》2・4・5・6・9・11		尚円王 4	成宗 4	成化 9
	1.- 三条西実隆，『実隆公記』を記す(～天文5年2月)。2.16 一休宗純，大徳寺住持となる(酬恩庵文書)。2.- 宗祇撰『萱草』成る。6.17 太田道灌，心敬を招き「武州江戸歌合」を催す。**この年** 山科言国，『言国卿記』を記す(文亀2年までのものが現存)。 【死没】 4.1 島津立久(43，武将)。 《大の月》1・3・5・6・7・9・11		5	5	10 ⑥
1.- [8] 8	2.22 松平親忠，三河大樹寺を創建(大樹寺記録)。8.6 近畿に暴風雨．堺などで高波(雑事記)。8.21 蓮如，越前吉崎を退去(鷺森旧事記)。8.28 幕府，竺芳妙茂らを明に遣わし，銅銭・書籍を求める(補庵京華集)。11.- 仁和寺本『論語抄』成る。**この年** 大宮長興，『長興宿禰記』を記す(長享元年までのものが現存)。 壬生雅久，『雅久宿禰記』を記す(文明7・8・11年，延徳2年が残る)。 【死没】 4.16 心敬(70，歌人)。 《大の月》1・4・6・7・9・10・12		6	6	11
7.- [8] 9	1.- 広橋兼顕，『兼顕卿記』を記す(～文明11年4月)。5.23 飯尾宗祇，『竹林抄』を編む(雑事記)。8.- 太田道灌，正宗竜統らに江戸城静勝軒の記，また暮樵得么に『江亭記』の作成を依頼(禿尾長柄帚)。9.12 桜島噴火(薩藩地理拾遺集)。 【死没】 2.9 今川義忠(41，武将)。3.20 専順(66，連歌作者)。4.5 筒井順永(58，武将)。6.15 日野勝光(48，公卿)。7.28 尚円(62，琉球国王)。 《大の月》2・5・7・9・10・11		7	7	12
	2.9 肥後の菊池重朝，釈奠を行う．桂庵玄樹，詩を献じる(島隠漁唱)。2.- 一条兼良，『源語秘訣』を著し，冬良に与える(源語秘訣抄)。11.27 柏舟宗趙，『周易抄』を著す。12.17 桃源瑞仙『史記抄』成る。**この年** 中院通秀，『十輪院内府記』を記す(～長享2年)。『御湯殿上日記』記される(～文政9年)。 【死没】 2.14 広橋綱光(47，公卿)。 《大の月》1・2・5・7・9・10・12	明，汪直，西廠を管轄し，専権始まる。	尚宣威王 尚真王	8	13 ②
是歳 [8] 10	2.21 桂庵玄樹，島津忠昌に招かれて薩摩に赴く(島隠漁唱)。2.- 一条兼良，『代始和抄』を著す。10.1 相良正任，『正任記』を記す(～同月30日)。**この年** 日朝撰『元祖化導記』成る(奥書)。 多聞院英俊，『多聞院日記』を記す(～元和4年)。 【死没】 9.27 飯尾為信(45，政所寄人)。 《大の月》1・3・6・9・10・12	朝鮮，鄭麟趾没。	2	9	14
是歳 [8] 11	1.29 蓮如，山城山科に本願寺の建立を開始(御文)。3.- 宗祇『老のすさみ』成る。	アラゴン・カスティリャ合邦してスペイン王国成立。	3	10	15 ⑩

西暦	年号 干支	天皇	将軍	管領	政　治・経　済
1479 1.23 ▲	文明 11 己亥 ⑨	（後土御門）	（足利義尚）		高，陸奥高田城に渋川義基を滅ぼす（会津塔寺八幡宮長帳）。11.4 斯波義敏・義良および甲斐氏，越前に入部し朝倉孝景と戦う（雑事記）。12.7 天皇，土御門内裏に還幸（長興宿禰記）。
1480 2.11	12 庚子				2.11 幕府，島津忠昌に琉球の入貢を催促させる（薩藩旧記）。2.25 足利成氏，細川政元に和睦斡旋を依頼（蜷川家文書）。5.2 足利義尚，遁世を望むが，伊勢貞宗が諫止（長興宿禰記）。7.11 斯波義良・甲斐氏，朝倉孝景方の越前長崎城を攻略（雑事記）。9.11 京都で徳政一揆蜂起，翌月にも土一揆蜂起し，内裏修理料の七口新関を破却（宣胤卿記）。11.19 京都の土一揆が奈良に波及．興福寺十三重塔焼亡（雑事記）。12.2 幕府，徳政禁制を出し銭主が分一銭を納入した債権を徳政免除とする（蜷川家文書）。
1481 1.30	13 辛丑				1.6 足利義政，室日野富子との不和，守護等の不従により閉居（宣胤卿記）。1.20 義政夫妻・義尚，赤松政則第に御成（蜷川親元日記）。5.- 義政，朝鮮に船を派遣し，大和円成寺のための大蔵経等を求める（東山殿高麗国へ被誂遣土産注文）。7.10 幕府，同月27日迄に銭主が分一銭を納入せず奉行人奉書の発給を受けなかった債権の徳政適用を定める（蜷川家文書）。7.26 朝倉孝景没．生前，家訓『朝倉孝景十七箇条』を制定。9.15 斯波義良ら，朝倉氏景に越前で敗れ加賀に退去（雑事記）。9.18 興福寺衆徒，大和辰市の一向宗徒を襲撃（雑事記）。10.20 義政，小川第を出て山城長谷の聖護院山荘に出奔（親元日記）。
1482 1.20	14 壬寅 ⑦				3.8 畠山政長・細川政元，畠山義就討伐のため河内・摂津に出陣（長興宿禰記）。5.27 陶弘護，大内政弘の催す宴席上で吉見信頼と争い，共に死ぬ（萩藩閥閲録）。7.13 足利義政，義尚に政務を執らせる（雑事記）。7.16 細川政元，畠山義就と和睦（雑事記）。11.27 義政，上杉房定の注進を受け足利成氏と和睦（喜連川文書）。12.3 幕府，義就討伐に不参の吉川経基に参陣を督促（吉川家文書）。
1483 2.8	15 癸卯				3.19 斯波義良，越前より尾張に移る．翌4月，越前の朝倉氏と甲斐氏和睦．斯波義廉を家督とし分国の守護代を定める（雑事記）。3.- 足利義政，子璞周璋を明に派遣し，銅銭を求める（補庵京華集）。4.9 幕府，日向守護島津忠昌一族に，沿岸での遣明船警固を命じる（島津家文書）。6.19 足利義尚，日野富子と不和になり，伊勢貞宗邸に移る（親元日記）。6.27 義政，東山山荘に移る（親元日記）。8.1 大内政弘，九州出征の兵船の仕立を長門赤間関役とする（大内家壁書）。8.13 畠山義就，同政長と河内で戦う（雑事記）。10.9 大和布留郷民，古市澄胤・興福寺に攻められて布留社に閉籠し没落（雑事記）。10.10 陸奥伊達成宗上洛，翌日，義政・義尚に謁見（伊達家文書）。12.25 山名政豊，赤松政則を播磨真弓峠で破る（雑事記）。
1484 1.28	16 甲辰				2.5 浦上則宗ら，赤松政則を逐い一族有馬慶寿丸の家督相続を幕府に申請（蜷川家文書）。足利義尚，慶寿丸（赤松澄則）を播磨等の守護に補任（雑事記）。5.- 大内政弘，分国内の金・銀・銭の交換比率を定める（大内家壁書）。6.- 義尚，日野富子と和し小川第に還る（雑事記）。 侍所頭人等不在により，洛中に盗賊横行（親長卿記）。11.3 京都に土一揆蜂起．幕府，細川政元に鎮圧させる（蔭凉軒）。12.24 足利義政，五山派寺院が堂舎を破棄して売却することを禁じる（蔭凉軒）。
1485 1.17	17 乙巳 ③				4.15 大内政弘，撰銭等について禁制制札を定める（大内氏実録）。5.2 侍所所司代多賀高忠，京都七口に新関設置．翌6月，細川政元が破却（雑事記）。5.23 幕府奉公衆，奉行衆と争い飯尾元連らを襲う．奉行衆剃髪（蔭凉軒）。6.15 足利義政出家（蔭凉軒）。6.21 伊東祐国，日向で島津忠昌軍に敗死（文明記）。6.30 遣明使子璞周璋，寧波で没（蔭凉軒）。7.- 幕府，納銭条々を定める（蜷川家文書）。8.- 山城・大和・河内で徳政土一揆蜂起（雑事記）。12.11 南山城の国人ら，畠山義就・政長軍の撤兵を求め，両軍の入国禁止等を定める（山城の国一揆）（雑事記）。

大日本史料	社会・文化	世界	琉球	朝鮮	明
(8 11)	【死没】 5.14 広橋兼顕(31，公卿)。5.22 渋川教直(56，九州探題)。 《大の月》1・2・4・7・⑨・11・12		尚真王 3	成宗 10	成化 15 ⑩
1.- 8 12	4-． 一条兼良，『桃華蘂葉』を著す。7.28 一条兼良，『樵談治要』を足利義尚に贈呈．この頃，『文明一統記』も贈呈。**この年** 宗祇『筑紫道記』成る。 中御門宣胤，『宣胤卿記』を記す(～大永2年)。 【死没】 2.21 斎藤妙椿(70，美濃守護代)。5.- 桃井直詮(78，文明2年とも，幸若舞始祖)。10.5 一条教房(58，公卿)。 《大の月》1・3・4・7・10・11	モスクワ大公国，自立。	4	11	16
1.- 8 13	3.28 鞍馬寺本堂造立供養(長興宿禰記)。4.2 一条兼良没．生前『東斎随筆』を著す。6.- 伊地知重貞，桂庵玄樹の教えを受け，鹿児島で『大学章句』を刊行。**8月頃** 宗祇撰『老葉』初編刊。11.21 一休宗純没．生前『一休和尚仮名法語』『狂雲集』を著す。 【死没】 3.9 宗湛(69，画家)。4.2 一条兼良(80，公卿)。7.26 朝倉孝景(54，武将)。11.21 一休宗純(88，臨済宗僧侶)。 《大の月》1・3・4・6・8・10・12	朝鮮，『東国輿地勝覧』成る。	5	12	17
1.- 8 14	2.4 足利義政，東山山荘の造営を開始(後法興院政家記)。5.25 信濃で大雨．閏7月にかけて，洪水頻発(守矢満実書留)。 【死没】 1.26 飯尾任連(48，恩賞奉行)。4.6 簗田持助(61，武将)。5.27 陶弘護(28，武将)。**閏**7.14 河野通春(武将)。12.16 烏丸資任(66，公卿)。 《大の月》2・4・6・7・8・10・12	イタリア，トスカネリ没(医師，地理学者)。	6	13	18 ⑧
1.- 8 15	10.24 足利義尚，『新百人一首』を撰する(実隆公記)。**この年** 大乗院政覚大僧正，『政覚大僧正記』を記す(～明応3年)。 尊通『三井続燈記』成る。 【死没】 5.29 順如(42，浄土真宗僧侶)。8.28 清貞秀(65，政所寄人)。12.19 三条実量(69，公卿)。 《大の月》3・4・6・8・9・11	明，汪直・王越失脚。 ヴェトナム，『洪徳律例』成る。	7	14	19
1.- 8 16	6.27 清水寺本堂の勧進造営成る(親長卿記)。11.24 吉田兼倶，斎場所太元宮を再興(宣秀卿御教書案)。**この年** 大伴広公『温故知新書』成る。 季弘大叔，『蔗軒日録』を記す(～文明18年)。 五条為学，『拾芥記』を記す(～大永元年)。 【死没】 9.6 泉屋道栄(73，豪商)。 《大の月》1・4・6・8・9・10・12	朝鮮，『東国通鑑』成る。	8	15	20
2.- 8 17	3.2 真正極楽寺本堂立柱(真如堂縁起)。12.12 東山山荘に持仏堂成り，額字を東求とする(蔭涼軒)。 【死没】 5.23 益田兼堯(武将)。5.15 細川成春(53，武将)。11.2 真芸(55，水墨画家)。11.28 宗伊(68，連歌作者)。 《大の月》2・4・6・8・9・11・12	イギリス，ばら戦争終り，テューダー朝成立。	9	16	21 ④

西暦	年号干支	天皇	将軍	管領	政治・経済
1486 2.5	文明 18 丙午	(後土御門)	(足利義尚)	7.19 ? ～	2.13 南山城の国人ら，宇治平等院に会し，国中の掟を定める(雑事記)。5.12 遣明船，肥前五島奈留浦に帰着し，その後平戸を発する(蔭凉軒)。7.4 遣明船，堺に帰着(蔭凉軒)。7.26 上杉定正，太田道灌を相模で誘殺(梅花無尽蔵)。8.24 京都に徳政一揆蜂起．東寺に籠り，ついで放火(長興宿禰記)。12.22 伊勢宇治・山田の神人が争い，外宮焼失(内宮子良館記)。
1487 1.25	長享(ちょうきょう) 7.20 丁未 ⑪			7.29 細川政元 8.9	3.10 赤松政則，山名政豊を播磨坂本城で攻略(蔭凉軒)。5.1 京極高清，多賀宗直を近江国国友河原で破る(江北記)。6.- 足利義尚，近江葛川明王院に参籠(蔭凉軒)。9.12 義尚，六角高頼討伐のため，近江坂本に出陣(長興宿禰記)。9.24 高頼，甲賀に退く(長興宿禰記)。11.3 山内上杉顕定と扇谷上杉定正敵対し，相模で対陣(鎌倉管領九代記・梅花無尽蔵)。11.4 足利義政，東山山荘の会所に移る(後法興院政家記)。12.- 加賀に一向一揆蜂起し，近江出陣中の守護富樫政親帰国する(官地論)。
1488 2.13	2 戊申		6.- 足利義熙(改名)	細川政元	1.2 足利義尚，畠山義就追討の御内書を政長に下す(蔭凉軒)。2.5 上杉定正，相模実蒔原で上杉顕定を破る(上杉定正長状)。5.6 幕府，訴論人の女・僧への口入依頼と，その訴訟受理を禁じる(建武以来追加)。6.9 一向一揆，富樫政親の加賀高尾城を攻略，政親自殺(蔭凉軒)。7.18 赤松政則，山名政豊を播磨より逐い，播磨・備前・美作を回復(蔭凉軒)。8.4 京極政経，同高清に近江で敗れ，伊勢に奔る(蔭凉軒)。9.2 京都に土一揆蜂起し，徳政を要求(蔭凉軒)。11.15 上杉定正，顕定・足利成氏と武蔵高見原で戦う(相州文書・中条文書)。
1489 2.1	延徳(えんとく) 8.21 己酉		3.26		3.26 足利義熙(義尚)，近江鈎で陣没(蔭凉軒)。4.14 足利義視・義材父子，美濃より上洛(宣胤卿記)。6.22 伊勢山田の神人，宇治を襲撃(雑事記)。10.22 足利義視・義材，足利義政と対面(蔭凉軒)。11.- 山名豊時，因幡守護山名政実の私部城を攻略，政実自殺(蔭凉軒)。**この年** 佐竹義治，伊達尚宗・蘆名盛高・結城政朝らの常陸侵攻を撃退(常陸三家譜)。
1490 1.21	2 庚戌 ⑧		7.5 足利義材	7.5 ～ 7.6 細川政元	1.1 小朝拝・元日節会，再興(実隆公記)。1.7 足利義政没(蔭凉軒)。1.13 足利義材，家督を継ぎ，義視が後見(後法興院政家記)。3.21 土一揆，徳政を求めて北野社に閉籠し放火(北野神社引付)。7.12 畠山政長方，同義就を紀伊に破る(雑事記)。閏8.14 京都に細川政元被官を大将とする土一揆蜂起し，徳政を求める(蔭凉軒)。10.- 幕府，朝鮮に使を派遣し，義材将軍襲職を伝え大蔵経を求める(朝鮮王朝実録)。
1491 2.9	3 辛亥				8.27 足利義材，六角高頼治罰の綸旨・錦御旗を受け，近江に出陣(後法興院政家記)。8.- 細川政元，前年8月補任の近江守護に就き，守護代・郡代を配す(蔭凉軒・雑事記)。10.11 幕府，斯波義寛に朝倉貞景追討を命じる(蔭凉軒)。10.- 朝鮮国王李娎，義材に大蔵経等を贈る(続善隣国宝記)。11.18 織田敏定・浦上則宗，幕府陣中に赴いた六角政綱を討つ(後法興院政家記)。12.25 大内義興入京．ついで近江に参陣(蔭凉軒)。**この年** 東国で私年号「福徳」が用いられる(会津塔寺八幡宮長帳)。
1492 1.30	明応(めいおう) 7.19 壬子				3.29 織田敏定・浦上則宗，近江守護代安富元家に合力し，六角勢を愛知川に破る(蔭凉軒)。5.2 少弐政資，大内政弘勢と筑前で戦う．筥崎宮焼失(北肥戦誌)。8.- 幕府，朝鮮国王に宛て返書を作成(蔭凉軒)。9.12 足利義材，近江の寺社本所領を兵粮料所とし，奉公衆に分与(後法興院政家記)。9.16 幕府，江北に六角高頼勢を破る．百済寺，兵火に罹る(雑事記)。10.22 細川政元，安富元家に近江守護代を辞させ，帰京させる(蔭凉軒)。11.15 高頼，伊勢に逃れる(蔭凉軒)。12.14 義材，近江より帰京．政元の近江守護職を罷免し，六角虎千代を補任(雑事記)。

大日本史料	社会・文化	世界	琉球	朝鮮	明
1.- [8] 18 9.- [8] 19	**5月末** 堯恵，東国巡歴に出発．『北国紀行』を著す。**6.16** 道興，東国巡歴に出発(廻国雑記)。**8.4** 足利義政，使を朝鮮に派遣し，越後安国寺のため大蔵経を求める(補庵京華集)。**この年以前**『消息往来』成る。 【死没】 **2.14** 楠葉西忍(92，貿易家)。**6.2** 雪江宗深(79，臨済宗僧侶)。**7.26** 太田道灌(55，武将)。**8.17** 多賀高忠(62，武将)。 《大の月》2・5・8・9・11・12	タタールのダヤン=ハン，臨洮に拠る。	尚真王 10	成宗 17	成化 22
2.- [8] 20 ⑪.- [8] 21	**3.20** 近畿に大雨．鴨川で溺死者(蔭凉軒)。**この年** 土佐光信絵・三条西実隆詞書『星光寺縁起』成る(実隆公記)。 【死没】 **1.12** 荒木田氏経(86，神宮祠官)。**8.7** 季弘大叔(67，臨済宗僧侶)。**11.16** 益之宗箴(78，臨済宗僧侶)。 《大の月》1・3・6・9・10・⑪・12	明，丘濬，『大学衍義補』を献じる。	11	18	23 孝宗
5.- 22 7.- 23 12.- 24 ∫	**1.22**『水無瀬三吟何人百韻』奉納。**3.28** 足利義尚，飯尾宗祇を北野社連歌会所奉行とする(北野神社引付)。**この年**『浪合記』成る。 【死没】 **5.25** 蜷川親元(56，幕府吏僚)。**6.9** 富樫政親(56，加賀半国守護)。**6.26** 希世霊彦(86，五山僧)。**9.17** 日親(82，日蓮宗僧侶)。**10.23** 菊池為邦(59，武将)。 《大の月》1・3・6・9・11・12	ポルトガル人，バルトロメウ=ディアス，喜望峰に到達。	12	19	弘治 1.1 ①
26 3.- 27 ∫ 33	**5.8** 京都大火．2000戸が焼失(宣胤卿記)。**この年** 飯尾宗祇，山口で『伊勢物語』を講釈(伊勢物語山口抄)。『花上集』成る。 【死没】 **3.26** 足利義熙(義尚)(25，室町将軍)。**10.28** 桃源瑞仙(60，臨済宗僧侶)。 《大の月》1・3・5・7・10・12		13	20	2
1.- 34 ∫ 38 9.- 39	**11.24** 彗星出現(親長卿記)。**12.16** 伊勢山田大火，千余戸焼亡(内宮子良館記)。**この年** 甘露寺元長，『元長卿記』を記す(大永5年にかけて現存)。 【死没】 **1.7** 足利義政(56，室町将軍)。**2.10** 上杉持房(武将)。**8.23** 豊田頼英(88，大和国人)。**12.12** 畠山義就(54，武将)。**12.22** 飛鳥井雅親(74，歌鞠家)。 《大の月》1・3・4・6・8・9・12		14	21	3 ⑨
	10.20 肖柏・宗祇・宗長，『湯山三吟百韻』を詠む。**この年** 美濃・尾張・甲斐で飢饉(妙法寺記)。**嘉吉・延徳年間**『武政軌範』成る．著者は松田貞頼か。 【死没】 **1.7** 足利義視(53，武将)。**4.3** 足利政知(57，武将)。**6.3** 彦竜周興(34，臨済宗僧侶)。 《大の月》1・3・5・6・8・10・12		15	22	4
	2.22 播磨書写山円教寺火事(蔭凉軒)。**5.21** 疫病流行．諸寺社に祈禱を宣下(和長卿記)。**5.29** 近畿・東海で大雨洪水(親長卿記)。**9.-** 伊地知重貞，『大学章句』(『延徳版大学』)を覆刻。 【死没】 **2.2** 太田資清(82，武将)。**5.2** 蓮教(42，真宗僧侶)。**5.10** 飯尾元連(62，奉行人)。**5.16** 没倫紹等(禅僧画家)。 《大の月》3・5・6・8・9・11	コロンブス，バハマ諸島に到達。グラナダ陥落(レコンキスタ完了)。イタリア，ロレンツォ=デ=メディチ没。ペルシアのジャーミー没(神秘主義詩人)。	16	23	5

西暦	年号 干支	天皇	将軍	管領	政　治・経　済
1493 1.18	明応 2 癸丑 ④	(後土御門)	(足利義材) 6.-		2.15 足利義材，畠山政長・尚順父子や斯波義寛らを率い，畠山基家追討のため河内へ出陣(雑事記)。2.24 政長，義材に銭10万疋を進上(蔭凉軒)。4.22 細川政元，足利政知の息清晃を擁立．清晃，義遐と還俗改名し叙爵(親長卿記)。 肥後の相良為続，壁書を定める(相良家文書)。**閏**4.25 政元，河内正覚寺を攻撃．政長は自殺，義材は上原元秀に投降(蔭凉軒)。5.2 上原元秀，義材を竜安寺に幽閉(後法興院政家記)。6.26 政元，義材の小豆島配流を企てる(蔭凉軒)。6.28 義材，越中に逃れる(蔭凉軒)。7.- 畠山尚順，紀伊に入る(蔭凉軒)。11.15 近江に徳政一揆蜂起し，日吉社に籠り放火(親長卿記)。**この年** 伊勢宗瑞(北条早雲)，伊豆堀越に足利茶々丸を攻める(勝山記)． 茶々丸，明応7年8月に自殺(王代記)。
1494 2.6	3 甲寅		12.27 足利義高	12.20 細川政元	8.23 後鳥羽天皇に水無瀬神の号を追贈(水無瀬神宮文書)。9.21 足利義材，越中で挙兵(雑事記)。9.23 三浦義同，養父時高を相模新井城で滅ぼす(鎌倉九代後記)。10.5 上杉定正，武蔵高見原に上杉顕定と対陣中に没(相州兵乱記)。12.27 足利義高元服・将軍宣下(公卿補任)。
1495 1.27	4 乙卯				3.- 幕府，寿蓂を明に派遣し朝貢(明実録)。6.14 斎藤妙純(利国)，美濃正法寺で石丸利光らを破る(船田乱記)。8.26 細川政元入京(後法興院政家記)。9.- 伊勢宗瑞(北条早雲)，大森藤頼を相模小田原城より逐う(鎌倉大日記)。10.20 京都で徳政を求める土一揆蜂起し，土倉衆と戦う(雑事記)。
1496 1.16	5 丙辰 ②				1.- 少弐政資，筑前の諸城を攻略し，大宰府に移る(歴代鎮西要略)。4.- 越中の足利義材，帰国遣明船一艘宛を大内・大友・島津氏に分与することを約す(雑事記)。5.27 大友政親，子豊後守護大友義右を義材与同の廉で毒殺，翌月10日，大内義興に敗れ自害(大友家文書録)。5.- 石丸利光，土岐成頼らを擁し美濃で挙兵．斎藤妙純，守護土岐成房を擁して対抗(船団乱記)。 京都で印地打流行し，死者多数(実隆公記)。12.1 山城宇治に土一揆蜂起(後法興院政家記)。12.7 斎藤妙純，近江で六角高頼と戦い敗死(雑事記)。
1497 2.3	6 丁巳				1.7 足利義高，六角高頼を赦免(忠富王記)。3.15 大内義興，少弐政資を筑前で破る(三浦家文書)。4.19 少弐政資，大内義興のため肥前多久城へ逐われ自殺(三浦家文書)。4.- 幕府，納銭方の条規を定める(蜷川家文書)。10.7 畠山尚順，河内高屋城で畠山義豊を攻めて逐う(雑事記)。11.14 古市澄胤，大和白毫寺で筒井氏らに敗れ，山城笠置寺に没落(雑事記)。12.22 大和で徳政一揆蜂起(大乗院日記目録)。

社　会・文　化	世　界	琉球	朝鮮	明
【死没】 閏4.25 畠山政長(52，管領)。9.27 亀泉集証(70，臨済宗僧侶)。10.29 菊池重朝(45，武将)。11.17 横川景三(65，臨済宗僧侶)。 《大の月》1・4・5・7・8・10・11	インカ帝国，ワイナ=カパック王即位。	尚真王 17	成宗 24	弘治 6 ⑤
5.7 京都・大和で大地震(雑事記)。**この年** 厳助，『厳助往年記』を記す(～永禄6年)。 【死没】 4.18 東常縁(94，歌人)。5.20 武田信広(64，武将)。6.22 中院通秀(67，公卿)。8.26 大森氏頼(77，武将)。9.23 三浦時高(79，豪族)。10.5 上杉定正(52，武将)。10.17 上杉房定(武将)。 《大の月》1・4・7・8・10・11・12	スペイン，ポルトガル，トネデシリャス条約。 イタリア戦争始まる(～1559年)。	18	25	7
8.15 鎌倉大地震．津波で溺死者多数(鎌倉大日記)。9.26 飯尾宗祇ら編の『新撰菟玖波集』を奏覧(御湯殿上日記)。11.22 大和長谷寺焼失(雑事記)。**この年** 淳岩『船田乱記』前記成る(後記は明応5年に成るとされる)。**この年以後間もなく** 『大内家壁書』成る。 【死没】 2.30 真盛(53，天台僧)。9.18 大内政弘(50，武将)。 《大の月》2・5・8・10・11・12	ヴォルムスの帝国議会，ドイツの永久平和令等を布告。 明，ハミを攻略。	19	燕山君	8
この年以前 桂庵玄樹『島隠漁唱』成る。 【死没】 4.25 赤松政則(42，武将)。5.20 日野富子(57，足利義政室)。 《大の月》1・②・5・8・10・11・12		20	2	9 ③
2.9 吉田兼倶，三十番神勧請に関して本圀・妙蓮・妙本寺に詰問(妙顕寺文書)。10.- 大内義興，朝鮮に書を送り鷹匠を求め，翌11月銅銭等を求める(続善隣国宝記)。 【死没】 4.19 少弐政資(57，武将)。8.20 畠山義統(武将)。9.30 足利成氏(60，古河公方)。10.10 二条尚基(27，公卿)。**この年** 壬生晴富(76，官人)。 《大の月》2・3・6・9・11・12	カボット，ブリストルから北米沿岸に到達。 この頃，レオナルド=ダ=ヴィンチ，「最後の晩餐」を描く。	21	3	10

西暦	年号 干支	天皇	将軍	管領	政　治・経　済
1498 1.23	明応 7 戊午 ⑩	(後土御門)	(足利義高)	(細川政元)	5.29 丹後守護一色義秀，国衆に攻められ自殺(東寺過去帳)。9.2 足利義尹(義材改名)，上洛をはかり，越前一乗谷の朝倉貞景館に入る(後法興院政家記)。**この年** 幕府遣明使帰国(後法興院政家記)。
1499 2.10	8 己未				1.30 畠山基家，同尚順と河内で戦い敗死(雑事記)。3.19 肥後守護菊池能運，相良為続を八代城より逐う(八代日記)。7.20 細川政元，足利義尹に与する延暦寺衆徒を攻め，根本中堂等を焼く(雑事記)。11.22 義尹，近江坂本に到るが，六角高頼に敗れて河内に逃れ，ついで周防大内義興を頼る(後法興院政家記)。12.18 政元の被官赤沢宗益，奈良に乱入し諸寺を焼く(雑事記)。12.20 政元，畠山尚順を摂津で破る．尚順，紀伊に没落(後法興院政家記)。
1500 1.31	9 庚申	9.28 10.25 後柏原			5.9 古市澄胤，奈良郊外での徳政を許可(雑事記)。9.2 畠山尚順，和泉半国守護細川元有を討滅(後法興院政家記)。9.16 畠山尚順，同義英を河内誉田城で攻囲するが，細川政元に敗れて紀伊に退く(後法興院政家記)。9.- 幕府，洛中洛外酒屋・土倉役の法を定める(管領并政所壁書)。10.- 幕府，撰銭令を発布(建武以来追加)。**この年** 周防の足利義尹，九州・四国の諸将に助勢を依頼(相良家文書)。
1501 1.19	文亀(ぶんき) 2.29 辛酉 ⑥				5.20 肥後守護菊池能運，隈部忠直に敗北．相良長毎，旧領八代に復帰(相良家文書)。5.24 細川政元，日蓮宗本圀寺と浄土宗妙講寺に宗論をさせる(後法興院政家記)。6.13 周防の足利義尹，上洛をはかり，諸将に合力を催促(小笠原文書)。閏6.9 大内義興治罰の綸旨が幕府に下される(忠富王記)。7.23 大内義興軍，豊前馬ヶ岳城で大友・少弐軍を破る(萩藩閥閲録)。8.10 幕府，安芸・石見の諸将に大内義興追討を命じる(御内書案)。11.13 幕府，後柏原天皇即位料を諸国に賦課(忠富王記)。**この年** 東国で私年号「徳応」が用いられる(中野区歴史民俗資料館蔵板碑)。
1502 2.8	2 壬戌		7.21 足利義澄(改名)		2.17 細川政元，足利義高と不和になり隠居，翌月8日，丹波に下向(宣胤卿記)。4.25 政元，帰京(後法興院政家記)。7.18 赤沢宗益，大和寺社領を乱す．大和の五社七大寺が閉門(雑事記)。8.4 足利義澄(義高改め)，政元と不和(後法興院政家記)。

社　会・文　化	世　界	琉球	朝鮮	明
2.5 飯尾宗祇，近衛尚通に古今伝授を行う(後法興院政家記)。8.9 近江百済寺炎上(御湯殿上日記)。8.25 東海地方等で大地震，津波のため，浜名湖が遠州灘とつながる(後法興院政家記)。 【死没】 1.23 正宗竜統(71，臨済宗僧侶)。8.- 足利茶々丸(武将)。 《大の月》2・3・5・7・10・11	ヴァスコ=ダ=ガマ，カリカットに到達(インド航路発見)。朝鮮，戊午の士禍起る。	尚真王 22	燕山君 4	弘治 11 ⑪
5.22 京都大雨洪水(実隆公記)。**この年** 諸国飢饉(後法興院政家記)。幕府，使を朝鮮に派遣し，大蔵経を求める(続善隣国宝記)。飛鳥井雅康『富士歴覧記』成る。 【死没】 1.23 山名政豊(59，武将)。3.25 蓮如(85，真宗僧侶)。7.24 吉田兼致(42，神道家)。10.24 大宮長興(88，官人)。 《大の月》1・2・4・5・7・10・12	スイス，神聖ローマ帝国より独立。	23	5	12
6.7 祇園会再興(後法興院政家記)。7.28 京都大火，2万戸焼失(拾芥記)。**この年** 桂庵玄樹『桂庵和尚家法倭点』成る。 【死没】 2.27 越智家栄(武将)。3.1 景川宗隆(76，臨済宗僧侶)。6.4 相良為続(54，武将)。6.25 日朝(79，日蓮宗僧侶)。8.7 甘露寺親長(77，公卿)。9.6 悟渓宗頓(86，臨済宗僧侶)。9.23 天隠竜沢(79，臨済宗僧侶)。9.26 月翁周鏡(禅僧)。9.28 後土御門天皇(59)。 《大の月》2・3・5・7・8・10	カブラル，ブラジルに漂着。中央アジア，シャイバーニー朝成立。	24	6	13
3.28 九条政基，『政基公旅引付』を記す(～永正元年12月)。9.15 飯尾宗祇，三条西実隆に古今伝授を行う(実隆公記)。 【死没】 2.12 日具(79，日蓮宗僧侶)。2.28 蘭坡景茝(83，臨済宗僧侶)。8.10 松平親忠(71，三河国人)。9.23 道興(僧侶)。 《大の月》1・3・5・⑥・7・9・10・12	イラン，サファヴィー朝成立。ウズベク詩人ナヴァーイー没。	25	7	14 ⑦
5.7 大和西大寺焼失(雑事記)。6.23 三条西実隆，『本朝皇胤紹運録』を書写・加筆し進上(実隆公記)。 【死没】 5.15 村田珠光(80，茶匠)。6.4 細川勝益(武将)。6.11 浦上則宗(74，武将)。7.30 飯尾宗祇(82，連歌師)。**この年** 日置弾正(59，弓術家)。 《大の月》3・5・7・9・10・11	明，『大明会典』成る。黒人奴隷，初めてイスパニオラ島に導入される。キプチャク=ハン国滅ぶ。	26	8	15

西暦	年号 干支	天皇	将軍	管領	政治・経済
1503 1.28	文亀 3 癸亥	（後柏原）	（足利義澄）	（細川政元）	3.24 赤沢宗益，近江の六角高頼攻めに出陣（後法興院政家記）。3.- 幕府，通信符を朝鮮に求める（続善隣国宝記）。4.2 朝倉貞景，甥景豊を越前敦賀で滅ぼす（後法興院政家記）。8.- 奈良の諸寺，徳政を実施（実隆公記）。
1504 1.18	永正（えいしょう） 2.30 甲子 ③				3.9 細川政元，赤沢朝経（宗益）の山城槇島城に派兵，朝経没落（後法興院政家記）。6.27 政元，朝経を宥免（後法興院政家記）。9.4 摂津守護代薬師寺元一，政元を廃して，養子澄元の擁立を図り，淀城に拠る（宣胤卿記）。9.11 京都に土一揆蜂起．幕府，徳政を行う（宣胤卿記）。9.19 政元，淀城を攻略．翌日，元一は切腹（宣胤卿記）。9.27 上杉朝良，今川氏親・伊勢宗瑞（北条早雲）の援けを受け，上杉顕定を破る（宗長日記）。10.2 幕府，徳政条々を定める（蜷川家文書）。12.18 畠山尚順と同義英が和睦（雑事記）。
1505 2.4	2 乙丑				3.- 上杉顕定，同朝良を武蔵河越城に攻囲，朝良は和を請い江戸城に隠遁（鎌倉九代後記）。 肥後の菊池政朝，周防の足利義尹に合力し，豊後の大友義長と戦う（歴代鎮西志）。10.10 幕府，撰銭令を出す（蜷川家文書）。11.27 細川政元，義尹与同の河内の畠山義英・尚順を赤沢朝経に攻めさせる（多聞院日記）。**この年** 守悦，勧進により伊勢宇治橋を架ける（河崎年代記）。
1506 1.24	3 丙寅 ⑪				1.26 赤沢朝経，畠山義英の誉田城を，28日に尚順の高屋城を攻略（多聞院日記）。2.10 大内義興，朝鮮に長門亀山八幡宮修理の助援を求める（続善隣国宝記）。3.4 幕府，守護が押領する寺社本所領を注進させる（宣胤卿記）。3.- 大友親治・少弐資元，豊前・筑前の大内義興方諸城を攻撃（萩藩閥閲録）。4.21 細川澄元，阿波より上洛（宣胤卿記）。4.23 古河公方足利政氏と子高基が不和．高基，下総関宿ついで下野宇都宮に移る（喜連川判鑑）。4.- 和泉堺の住民，細川政元に銭6000貫を贈る（尚通公記）。7.11 幕府，撰銭・踊りなど 8 項目を禁止（実隆公記）。7.15 越前で一向一揆蜂起し，加賀等の一揆も越前に入る（賀越闘諍記）。8.- 越前の朝倉貞景，一向一揆を破り，吉崎道場等を破却（賀越闘諍記）。9.19 越後守護代長尾能景，越中般若野で一向一揆に敗死（本土寺過去帳）。**永正 3 ～ 4 年** 東国で私年号「弥勒」使用される（宝蔵院蔵板碑）。
1507 2.12	4 丁卯			6.23	2.14 甲斐武田信直（信虎），信縄の跡を嗣ぐ（武田系図）。6.23 細川澄之，養父政元を殺し，翌24日，澄元・三好之長を近江に逐う（宣胤卿記）。6.26 赤沢朝経，丹後で国人一揆に敗死（多聞院日記）。8.1 細川高国ら，澄之を滅ぼす（宣胤卿記）。8.2 細川澄元，帰京（宣胤卿記）。8.7 越後守護代長尾為景，守護上杉房能を滅ぼす（東寺過去帳）。12.15 大内義興，足利義尹を奉じて上洛を図る．義澄，義尹・義興との和を澄元に諮らせる（御内書案）。

社　会・文　化	世　界	琉球	朝鮮	明
2.- 景徐周麟『大館持房行状』成る。4.3 近江百済寺，兵火に罹る(後法興院政家記)。**この年** 旱魃により飢饉(政基公旅引付)。 土佐光信「北野天神縁起」を描く。 【死没】 2.28 山科言国(52，公卿)。 《大の月》1・4・7・8・10・11・12	この頃，スペイン，新大陸でエンコミエンダ制を採用。	尚真王 27	燕山君 9	弘治 16
1.4 京都大雪(宣胤卿記)。**この年** 疫病流行し，京都で盗賊出没(後法興院政家記)。 東国で飢饉，死者多数(妙法寺記)。 鷲尾隆康，『二水記』を記す(～天文2年)。 印融『文筆問答鈔』成るか。 **この頃** 三条西実隆『弄花抄』を著す(永正7年，増補訂正成る)。 【死没】 2.15 菊池能運(23，武将)。8.24 東陽英朝(77，臨済宗僧侶)。 11.22 壬生雅久(官人)。 《大の月》2・4・7・9・10・11	バーブル，カーブルを占拠。	28	10	17 ④
7.18 幕府，洛中の盆踊りを禁じる(実隆公記)。**この年** 陸奥飢饉(会津塔寺八幡宮長帳)。 【死没】 6.19 近衛政家(62，公卿)。 《大の月》1・2・5・8・10・11	ポーランド，ラドムの憲法。	29	11	18 武宗
この年 近衛尚通，『尚通公記』を記す(～天文5年)。 【死没】 9.19 長尾能景(武将)。**この年か** 雪舟等楊(87，禅僧画家)。 《大の月》1・2・4・6・9・11・12		30	中宗	正徳 1.1
7.18 彗星出現(宣胤卿記)。12.- 中山康親，『康親卿記』を記す(～永正8年9月)。 【死没】 6.23 細川政元(42，武将)。6.26 赤沢朝経(武将)。8.1 香西元長(武将)。 細川澄之(19，武将)。8.7 上杉房能(武将)。 《大の月》1・2・4・6・9・11	ドイツ，ヴァルトゼー＝ミューラー，新大陸をアメリカと命名。 イタリア，チェザーレ＝ボルジャ没。	31	2	2 ①

西暦	年号干支	天皇	将軍	管領	政治・経済
1508 2.1	永正 5 戊辰	(後柏原)	(足利義澄) 4.16 7.1 足利義尹(義材改名)	この年 細川高国	2.20 幕府，足利義尹上洛阻止と大内氏分国の攻撃及び参洛を西国諸将に命じる(御内書案)。3.17 細川高国，同澄元と不和になり伊賀に逃れる(尚通公記)。4.9 高国が挙兵し，澄元・三好之長の近江退避後，入京(実隆公記)。4.16 足利義澄，同義尹上洛を恐れて近江に逃れる(実隆公記)。6.8 足利義尹についで大内義興入京(和長卿記)。7.1 義尹に将軍宣下(実隆公記)。8.7 幕府，撰銭令を洛中・大山崎・堺北荘等に出し，守護や寺社に通達(建武以来追加)。10.- 伊勢宗瑞(北条早雲)，今川氏親の命により三河に侵攻(駿河伊達文書)。
1509 1.21	6 己巳 ⑧				2.19 山城で土一揆蜂起(実隆公記)。5.9 幕府，訴訟の法を定める(建武以来追加)。6.17 細川高国・大内義興，三好之長を山城如意ケ岳で破る(拾芥記)。7.28 上杉顕定ら，長尾為景を越後に攻撃．為景，守護上杉定実を奉じ越中に退避(実隆公記)。8.2 北畠材親，伊勢山田で三好長秀を滅ぼす(禁忌集唖)。**この年** 朝鮮，日本人三浦居住戸数の規定超過分の送還等を要請(異称日本伝)。
1510 2.9	7 庚午				1.11 遣明使了庵桂悟，長門赤間関を発つが，逆風のため渡明中止(実隆公記)。2.28 細川高国・大内義興ら，近江で足利義澄を攻めるが敗北(実隆公記)。4.4 対馬の宗氏・朝鮮三浦の恒居倭人，一斉に蜂起(三浦の乱)(朝鮮王朝実録)。4.15 長尾為景，上杉顕定に敗れて佐渡に逃れる(榊原家所蔵文書)。6.20 顕定，為景と越後長森原に戦い敗死(相州兵乱記)。9.9 陸奥の結城政朝，小峰政重に敗れて下野に逃れる(会津塔寺八幡宮長帳)。12.17 幕府，撰銭罪科追加を定める(政所方引付)。**この年** 義澄の使宋素卿，明に赴く(明実録)。
1511 1.30	8 辛未				3.23 幕府，洛中の味噌役等について条規を定める(蜷川家文書)。**この夏** 幕府，僧弸中を朝鮮に遣わし，旧好回復を求める(朝鮮王朝実録)。7.- 阿波の細川澄元，挙兵して摂津等で細川高国方と戦う(実隆公記)。8.14 足利義澄，近江岡山で没(足利家官位記)。8.16 足利義尹，細川高国・大内義興ら丹波に逃れ，細川政賢ら澄元勢入京(尚通公記)。8.24 高国・義興ら，山城船岡山で澄元勢を破る．政賢敗死(尚通公記)。9.1 義尹入京(尚通公記)。9.20 山城で徳政一揆蜂起(実隆公記)。9.- 遣明使了庵桂悟，明の鄞江に着く(異国出契)。12.6 幕府，伺事条々を定める(建武以来追加)。
1512 1.19	9 壬申 ④				3.3 安芸国国人，一揆契諾状を結ぶ(平賀家文書)。**閏**4.2 今川氏親勢，遠江で斯波義達と戦う(駿河伊達文書)。5.15 幕府，越中太田保内での徳政実施を領主細川高国に命じる(蜷川家文書)。6.17 足利政氏と子高基が不和．高基方の上杉憲房勢，政氏息の上杉顕実の武蔵鉢形城を攻略(由良文書・堀内文書)。6.18 政氏，古河を退き下野の小山政長を頼る．ついで高基，古河に入る(秋田藩採集文書)。8.13 伊勢宗瑞(北条早雲)，三浦義同の相模岡崎城を攻落(相州兵乱記)。8.30 幕府，撰銭令を下し，町人による私検断の注進等を定める(東寺百合文書)。**この年** 朝鮮，対馬島主宗氏の歳遣船半減等を定める(壬申約定)(朝鮮王朝実録)。
1513 2.6	10 癸酉		11.9 足利義稙(改名)		2.14 足利義尹，同義澄の子義晴と和す(伊勢貞助記)。3.17 義尹，大内義興・細川高国の専横に怒り，近江に出奔(尚通公記)。5.3 義尹，帰京(尚通公記)。6.27 アイヌ蜂起し，蠣崎光広の松前大館を攻略(新羅之記録)。8.24 畠山尚順，同義英を河内で破る(拾芥記)。10.13 長尾為景，越後守護上杉定実を幽閉し，その将宇佐美房忠を破る(上杉家文書)。11.9 義尹，義稙と改名(拾芥記)。**この年** 遣明使了庵桂悟ら帰国(本朝高僧伝)。

大日本史料	社会・文化	世界	琉球	朝鮮	明
6.- ⑨1	2.13 和泉堺南荘で千余戸焼失(実隆公記)。2.23 石清水八幡宮火事(宣胤卿記)。3.18 東大寺講堂など焼失(宣胤卿記)。4.29 経師良椿，三島暦を管することを許される(実隆公記)。 【死没】 2.15 島津忠昌(46，武将)。5.2 尋尊(79，法相宗僧侶)。6.15 桂庵玄樹(82，臨済宗僧侶)。7.25 古市澄胤(57，興福寺衆徒)。11.16 斯波義敏(74，武将)。 《大の月》1・2・4・6・7・10・12	カンブレー同盟成立。	尚真王 32	中宗 3	正徳 3
10.- ⑨2	7.16 連歌師宗長，駿河丸子より関東周遊に出発(東路の津登)。9.- 大内義興問・伊勢貞久答『大内問答』成る。**この年** 遣明使佐々木永春，孔子を祀る礼法を修めて帰国(漱芳閣書画銘心録)。 【死没】 10.28 伊勢貞宗(66，政所執事)。 《大の月》2・4・5・7・⑧・10・12	明，『正徳会典』成る。 イギリス，ヘンリ8世即位。	33	4	4 ⑨
	2.18 三条西実隆，徳大寺実淳に古今伝授を行う(実隆公記)。3～4月 三条西実隆，将軍家同朋衆真相(相阿弥)に孔子・老子像を描かせる(実隆公記)。8.8 近畿に大地震(実隆公記)。8.27 津波で遠江今切崩壊し，浜名湖に海水満ち，橋本等水没(皇年代略記)。12.- 柴屋軒宗長『東路の津登』成る。 【死没】 6.6 猪苗代兼載(59，連歌師)。6.20 上杉顕定(57，関東管領)。 《大の月》2・4・6・7・9・11・12	ポルトガル，インドのゴアを占領。 イタリア，ボッティチェリ没。	34	5	5
是歳 ⑨3	2.19 吉田兼倶没. 生前『神道大意』『唯一神道名法要集』を著す。7.- 島津忠治，『識鷹秘訣集』を編む(薩藩旧記)。8.19 諸国で暴風雨(実隆公記)。 【死没】 2.19 吉田兼倶(77，神道家)。8.14 足利義澄(32，室町将軍)。8.24 細川政賢(武将)。 《大の月》3・6・7・9・10・12	ポルトガル，マラッカを占領。 ディエゴ=デ=ベラスケス，キューバ征服を開始。	35	6	6
4.- ⑨4	6.- 豊原統秋，『體源抄』を撰了。**この年** 広橋守光，『守光公記』を記す(～大永元年春にかけて現存)。 【死没】 3.25 朝倉貞景(40，武将)。5.7 後藤祐乗(73，金工家)。10.22 真慧(79，僧侶)。 《大の月》1・4・6・8・9・10・12	スペイン，ブルゴス法制定される。 ポルトガルのピレス，マラッカに到着。	36	7	7 ⑤
	2.- 荒木田守晨『永正記』成る(同書)。6.- 細川高国，『鞍馬蓋寺縁起』(狩野元信画)を寄進。 【死没】 4.12 日祝(87，日蓮宗僧侶)。 《大の月》1・4・7・9・10・12	スペインのバルボア，パナマ地峡を横断して太平洋に到達。 マキャヴェリ，『君主論』を著す。 ポルトガルのアルブケルケ，紅海に遠征。	37	8	8

西暦	年号干支	天皇	将軍	管領	政治・経済
1514 1.26	永正 11 甲戌	(後柏原)	(足利義稙)	(細川高国)	2.13 幕府，播磨の一向宗を禁じ，鵤荘政所が荘内の念仏道場等を検断(古代取集記録)。4.10 幕府，私闘を禁じ，しかけた者を死罪とする(建武以来追加)。5.26 長尾為景，宇佐美房忠を越後岩手に討滅(伊勢古文集)。8.16 足利政氏方の佐竹義舜・岩城由隆ら，古河の足利高基を攻め，宇都宮忠綱と戦う(秋田藩採集文書)。**この年** 幕府，南湖西堂らを朝鮮に派遣(朝鮮王朝実録)。
1515 1.15	12 乙亥 ②				2.29 朝廷，足利義稙に即位用途調達を催促(守光公記)。3.16 能登守護畠山義元らの奉加により，越後白山神社遷宮(越後白山神社棟札)。6.22 アイヌ蜂起．蠣崎光広，首長を誘殺(新羅之記録)。7.5 義稙，三条高倉に新第造営を開始(守光公記)。10.17 甲斐の武田信虎，大井信達に敗北(妙法寺記)。12.2 義稙，三条高倉新第に移る(益田文書)。**この年** 武田元繁，大内義興方の安芸己斐城を攻撃(毛利家文書)。
1516 2.3	13 丙子				4.19 幕府，渡唐船の事を大内義興に管掌させる(御内書案)。4.25 琉球の使節，薩摩に来る(薩藩旧記)。6.1 島津忠隆，琉球渡航のため薩摩坊津に到る三宅国秀を殺害(西行雑録・古案写)。7.11 伊勢宗瑞(北条早雲)，三浦義同・義意父子を相模新井城で滅ぼす(秋田藩採集文書)。8.- 大内義興，豊後万寿寺再建の資を朝鮮に募る(続善隣国宝記)。12.20 琉球の使節，薩摩に来る(薩藩旧記)。12.27 足利政氏，小山政長の異心を知り，上杉朝良を頼り武蔵岩槻に移る(円福寺記録)。
1517 1.22	14 丁丑 ⑩				1.1 幕府の献金により，文亀以来中絶の小朝拝・節会等を再興(宣胤卿記)。8.19 今川氏親，斯波義達・大河内貞綱の遠江引間城を攻略(宗長手記・宣胤卿記)。10.15 上総真里谷の武田氏，原行朝の小弓城を攻略．その後，足利義明，小弓城に入部(快元僧都記)。10.22 毛利幸松丸の叔父元就，安芸有田で武田元繁を討つ(萩藩閥閲録)。閏10.2 足利義稙，摂津有馬で湯治(守光公記)。
1518 2.10	15 戊寅				7.- 備前の浦上村宗，赤松義村に背く(備前軍記)。8.10 美濃守護土岐政房の次子頼芸，兄政頼・斎藤利良らを越前に逐う(宣胤卿記)。8.27 足利義稙，大内義興の周防帰国を許す．義興帰国(相良家文書)。10.8 伊勢氏綱(北条氏綱)，虎の印判状による竹木等課役の催徴を定め，伊豆木負百姓中に触れる(大川文書)。10.14 義興，再び撰銭令を定め，領内に制札を掲げる(大内氏実録)。
1519 1.31	16 己卯				5.11 細川澄元の将三好之長，淡路守護細川尚春を討つ(永源師檀紀年録)。8.15 伊勢宗瑞(北条早雲)没，生前に『早雲寺殿廿一箇条』を定める。11.3 足利義稙，赤松義村に細川高国との和睦と上洛を催促(御内書案)。11.6 細川澄元，四国より兵庫に進出(尚通公記)。11.21～23 高国，摂津に出陣(尚通公記)。12.30 義村，備前三石城で浦上村宗を攻囲するが敗れて撤退(古代取集記録)。

大日本史料	社会・文化	世界	琉球	朝鮮	明
1.- [9] 5	**この年** 相良長毎，肥後蓮花寺を再興し，七十二道本尊の霊符を版行(歴代私鑑前書)。『余目氏旧記』成る。 【死没】 **3.27** 一条冬良(51，公卿)。**8.24** 長尾景春(72，武将)。**9.15** 了庵桂悟(90，臨済宗僧侶)。 《大の月》1・3・5・8・10・12	ハンガリー，ジェルジュ=ドージャ率いる農民反乱。オスマン朝，サファヴィー朝と戦う。	尚真王 38	中宗 9	正徳 9
是歳	**1.-** 尼子経久，法華経を開板。**2.-** 上杉憲房，『孔子家語句解』を足利学校に寄進。**この年** 『釈迦堂縁起』成る。 東坊城和長『桂林遺芳抄』成る。 壬生于恒，『于恒宿禰記』を記す(～天文10年)。 《大の月》1・2・3・5・8・10・12	フランス，フランソワ1世即位。 ポルトガル，ホルムズを占領．またヴェトナムのフェフォに至る。	39	10	10 ④
[9] 6	**3.10～14** 近江の中江員継，三条西実隆・宗長らと宗碩の宿所で千句連歌会を興行(尚通公記)。**4.-** 東大寺大勧進聖，大仏殿内女人禁制を百日間解き，その散銭の講堂本尊等再造費への充当を申請(京都御所東山御文庫記録)。**この年** 蜷川親孝，『蜷川親孝日記』を記す(～大永2年)。 【死没】 **4.4** 九条政基(72，公卿)。**5.15** 雲岡舜徳(79，曹洞宗僧侶)。**7.7** 観世信光(82，能作者)。**7.11** 三浦義同(武将)。**8.25** 毛利興元(24，安芸国人)。**11.17** 荒木田守晨(51，内宮禰宜)。**この年** 道宗(真宗篤信者)。 《大の月》1・3・4・6・9・11	イギリスのトマス=モア，『ユートピア』発表。	40	11	11
7.- [9] 7	**5.-** 諸国洪水(宇津山記)。**7.-** 諸国で暴雨洪水(会津塔寺八幡宮長帳)。**この年** 土佐光信絵の『清水寺縁起』が作成される(宣胤卿記)。 【死没】 **3.13** 佐竹義舜(48，武将)。**12.13** 北畠材親(50，武将)。 《大の月》1・3・4・6・8・10・11	ドイツ，マルティン=ルター，『九十五ヵ条の論題』を発表。 オスマン帝国，マムルーク朝を滅ぼす。 ポルトガル人，広州に来航。	41	12	12 ⑫
6.- [9] 8	**3.2** 景徐周麟没．生前『翰林葫蘆集』を著す。**4.4** 延暦寺根本中堂供養，足利義稙臨席(永正十五年中堂供養記)。**8.-**『閑吟集』成る(序)。**この年** 経尋，『経尋記』を記す(～天文5年)。 【死没】 **1.9** 細川政春(63，武将)。**3.2** 景徐周麟(79，臨済宗僧侶)。**4.21** 上杉朝良(武将)。 《大の月》1・3・5・6・8・10・12		42	13	13
1.- [9] 9 10.- [9] 10	**この年** 神戸直滋『往昔抄』成る． 【死没】 **8.15** 印融(85，真言宗僧)。 北条早雲(88，武将)。 《大の月》2・4・6・8・9・11・12	マガリャンイス(マゼラン)，世界周航に出発。	43	14	14

西暦	年号干支	天皇	将軍	管領	政治・経済
1520 1.21	永正 17 庚辰 ⑥	(後柏原)	(足利義稙)	(細川高国)	1.12 京都に土一揆蜂起，廬山寺ついで足利義稙第を焼く(二水記)。2.3 細川澄元・三好之長ら，細川高国方の摂津越水城を攻略(実隆公記)。2.12 幕府，徳政条々と徳政制札を定め，24日，上下京に制札を立てる(蜷川家文書・二水記)。2.17 澄元ら，摂津池田城等を攻略，高国は近江に逃れ，翌月，之長入京(拾芥記・二水記)。5.5 高国，之長を京都で破る．澄元ら，摂津より播磨に退く(二水記)。5.11 之長，捕えられて知恩寺で自殺(二水記)。
1521 2.8	大永(だいえい) 8.23 辛巳		12.25 12.25		2.- 越後の長尾為景，一向宗を禁じる．国人ら，その旨を連署誓約(上杉家文書)。3.7 足利義稙，細川高国に憤り出奔，堺を経て淡路に行く(二水記)。3.22 後柏原天皇，践祚後22年目に即位礼を行う(二水記)。6.15 琉球王尚真，種子島忠時に交易を許可(種子島文書)。7.6 赤松義村に養育された足利義澄遺児(義晴)，高国に擁されて播磨より上洛(二水記)。8.28 上杉憲房，同朝興を武蔵河越に攻める(妙法寺記)。9.17 播磨守護代浦上村宗，播磨等の守護義村を攻めて自殺させる(書写山十地坊過去帳)。10.23 義稙，淡路より堺に進むが上洛できず(春日社司祐維記)。12.25 義晴に将軍宣下(公卿補任)。
1522 1.28	2 壬午		足利義晴		3.26 明応6年以来中絶の県召除目が行われる(二水記)。3.- 大内義興勢，安芸で尼子経久方と戦う(萩藩閥閲録)。7.20 六角定頼，蒲生秀紀を近江日野城に攻囲(経尋記)。9.24 浦上村国，赤松晴政を擁して淡路より播磨に渡り，浦上村宗と戦う(鵤荘引付)。11.11 但馬守護山名致豊の弟誠豊，播磨に侵入．浦上村国・村宗，これに応戦(鵤荘引付)。12.19 幕府賦奉行，魚類商売座衆の営業安堵の訴えを受理(賦引付)。
1523 1.17	3 癸未 ③				3.2 阿蘇惟豊，肥後小代城の菊池武包を攻略(菊池伝記)。3.8 六角定頼，日野城を攻略．領内の城郭禁止により日野城を破却(経尋記)。閏3.- 京極高清，近江より美濃に出奔(江北記)。4.9 足利義稙，阿波撫養で没(公卿補任)。5.1 大内義興の使謙道宗設ら，寧波で細川高国の使鸞岡瑞佐を殺し，明の指揮使を襲う(明史)。6.13 尼子経久，安芸に侵入．毛利氏，大内方の鏡山城を攻撃(毛利家日記)。7.25 毛利元就，一族老臣に擁立され家督継承(毛利家文書)。8.5 六角定頼，近江枝村商人本座衆中に比丘尼御所宝慈院領の紙荷役を安堵(今堀日吉神社文書)。8.10 元就，安芸郡山城に入る(毛利家文書)。11.5 高国，苧公事1万疋を三条西実隆に送付(実隆公記)。11.19 浦上氏，山名誠豊を破り播磨より逐う(尚通公記)。
1524 2.5	4 甲申				1.13 上杉朝興，北条氏綱に敗れ，江戸城より武蔵河越城に退く(相州兵乱記)。2.11 武田信虎，関東管領上杉憲房と甲斐猿橋に戦う(妙法寺記)。4.10 氏綱，相模当麻宿に伝馬制札を定める(関山文書)。5.12 大内義興の将陶興房，尼子方の安芸大野城を攻略(棚守房顕手記)。7.3 義興，安芸厳島に進み，尼子方の桜尾城を攻囲(棚守房顕手記)。12.6 畠山稙長，同義英を河内に破り，紀伊高野山に逐う(春日社司祐維記)。**この年** 今川氏親の一族瀬名氏貞，遠江で検地を実施(竜泉寺文書)。
1525 1.24	5 乙酉 ⑪			4.21 細川稙国 10.23	2.6 北条氏綱，武蔵岩槻城の太田資頼を攻略(上杉家文書)。4.14 細川高国の子稙国，家督を嗣ぐ．21日に高国は入道し道永と号する(上杉家文書・厳助往年記)。5.24 浅井亮政，京極高清を近江に迎える．六角定頼，浅井氏らを攻撃(上杉家文書)。9.18 亮政・高清，定頼に敗れて美濃に逃れる(二水記)。12.13 足利義晴，新第に移る(二水記)。

大日本史料	社会・文化	世界	琉球	朝鮮	明
(⑨10) 4.- ⑨11 雑載	1.- 半井保房,『盲聾記』を記す(~同年6月までが現存)。 【死没】 6.10 細川澄元(32,武将)。12.6 宗義盛(45,武将)。**この年(8月21日,10月21日とも)** 六角高頼(守護大名)。 《大の月》3・6・7・8・9・11・12	神聖ローマ帝国皇帝カール5世即位。 韃靼(タタール),大同へ侵攻。 オスマン帝国皇帝スレイマン1世即位。	尚真王 44	中宗 15	正徳 15 ⑧
⑨12 5.- ⑨13 是歳 ⑨14	2.12 高野山で諸堂塔・坊舎焼亡(永正十三年八月日次記)。10.19 近畿大地震(春日社司祐維記)。12.23 伊勢氏綱,相模に早雲寺を建立(会津塔寺八幡宮長帳)。 蓮如の消息80通を孫円如が「帖内御文」として5帖に編集。 【死没】 8.7 伊勢貞陸(59,幕府吏僚)。9.17 赤松義村(50,武将)。12.3 武田元信(武将)。 《大の月》3・6・8・9・11・12	ドイツ,マルティン=ルター,ヴォルムス帝国議会に出頭。 明,大礼の議起る。 コルテス,アステカを征服。	45	16	16 世宗
1.- ⑨15 4.- 16 10.- 17 雑載 18	9.5 大内氏の部将陶弘詮,『吾妻鏡』(吉川本)を編成。 【死没】 7.17 畠山尚順(49,武将)。 《大の月》2・4・7・9・11・12	オスマン帝国,ロドス島を占領。 イスパニョーラ島で黒人奴隷が反乱。	46	17	嘉靖 1.1
1.- ⑨19 4.- 20 10.- 21 ∫ 23 雑載	4.18 知恩院と知恩寺,浄土宗総本寺を争い,知恩院に本寺の宣下(華頂要略)。6.12 伊勢氏綱(北条氏綱),相模箱根社を再建(箱根神社棟札)。 【死没】 4.9 足利義稙(58,室町将軍)。8.1 志野宗信(79,志野流祖)。9.21 冷泉政為(79,公卿)。10.24 陶弘詮(武将)。 《大の月》1・3・4・7・9・11・12	明,薛俊編『日本考略』成る。 スウェーデン独立。	47	18	2 ④
	4~5月 三条西実隆,『高野参詣日記』を記す。7.23 延暦寺衆徒,日蓮宗僧の僧官宣下の改易要求を群議(叡山旧記)。8.15『真如堂縁起』成る(奥書)。12.- 小槻伊治,『御成敗式目』(大永版本)を刊行。 【死没】 8.20 豊原統秋(75,雅楽家)。 《大の月》2・3・5・8・10・12	明,大礼の議終る。 ドイツ農民戦争(~'25年)。	48	19	3
	9.15 笑雲清三『古文真宝抄』を編する。 【死没】 2.2 実如(68,真宗僧侶)。3.25 上杉憲房(59,武将)。5.20 土佐光信(92,画家)。10.27 真相(水墨画家)。11.17 中御門宣胤(84,公卿)。 《大の月》2・3・5・7・9・11・12		49	20	4 ⑫

西暦	年号 干支	天皇	将軍	政　治・経　済
1526 2.12	大永 6 丙戌	(後柏原) 4.7 4.29 後奈良	(足利義晴)	3.- 博多商人神谷寿禎，石見銀峯山で銀鉱を発見し採掘(銀山旧記)。4.14 今川氏親，『今川仮名目録』を制定。7.12 細川高国，香西元盛を自邸で誘殺(尚通公記)。10.21 柳本賢治・波多野稙通，高国に背き，細川晴元と通じて丹波で挙兵(実隆公記)。11.30 細川尹賢ら高国勢，丹波で賢治を攻めて敗れる(二水記)。11.- 足利義晴，京都騒擾により，朝倉孝景・武田元光らに上洛を催促(御内書記録)。12.2 徳政一揆蜂起し，幕府，徳政制札を立てる(二水記)。12.13 細川澄賢・三好政長ら，阿波より堺に到る(二水記)。12.15 小弓御所足利義明，里見実堯に鎌倉を攻めさせる．北条氏綱，応戦(鎌倉九代後記)。
1527 2.1	7 丁亥			2.5 柳本賢治ら，山城山崎城を攻略(二水記)。2.12 足利義晴，本圀寺に出陣．翌日，細川高国，賢治らと桂川等で戦う(二水記)。2.14 義晴・高国，近江に逃れる(二水記)。2.16 賢治ら入京(実隆公記)。3.22 三好元長，足利義維・細川晴元を奉じて阿波より堺に進出(二水記)。4.15 近江坂本に徳政一揆蜂起(言継卿記)。7.13 義維，左馬頭に任官叙爵(二水記)。8.29 義晴の兵，入京(二水記)。8.- 幕府，明に勘合符・金印を求める(続善隣国宝記)。10.13 義晴，高国・六角定頼・朝倉教景らと共に入京(二水記)。**この年** 関東・東北で私年号「永喜」用いられる(香取神宮文書)。
1528 1.22	享禄(きょうろく) 8.20 戊子 ⑨			1.28 三好元長と細川高国，和睦を図るが，柳本賢治らこれを防ぐ(二水記)。5.14 高国，和睦不調のため近江で没落(二水記)。5.23 蠣崎義広，蜂起したアイヌを撃退(新羅之記録)。5.28 足利義晴・六角定頼，近江坂本に移る(二水記)。9.8 義晴，近江の朽木稙綱を頼る(厳助往年記)。11.11 柳本賢治，河内高屋城に攻囲する畠山稙長と和睦．稙長，金胎寺城に退く(厳助往年記)。11.16 高国，伊賀の仁木義広を頼る(実隆公記)。12.30 賢治，入京を図るが，山崎で三好元長に敗北(二水記)。
1529 2.9	2 己丑			1.23 細川高国，伊勢国司北畠晴具を頼る(実隆公記)。1.26 柳本賢治，大和に侵入し，赤沢幸純を滅ぼす(厳助往年記)。3.26 蠣崎義広，蜂起したアイヌの首長を謀殺(新羅之記録)。4.21 賢治，奈良より兵を撤退させ，大和各所に乱入(後鑑所収春日社司祐維記)。5.28 三河の松平清康，牧野信成を討ち吉田城に入り，翌日，田原城の戸田宗光を帰服させる(家忠日記増補追加)。5.- 高国，伊勢より越前敦賀に到る(実隆公記)。7.17 清康，尾張岩崎・品野両城を攻略(家忠日記増補追加)。8.10 三好元長，堺より阿波に帰る(細川両家記)。9.16 高国，出雲に移り，尼子経久の援により備前の浦上村宗を頼る(実隆公記)。11.21 賢治，元長方の摂津伊丹城を攻略(厳助往年記)。12.14 幕府，粟津橋本供御人ら座中に洛中洛外の魚類専売権を免許(出納文書)。
1530 1.29	3 庚寅			3.9 幕府，大内義隆の遣明船再開の要請を許可(後鑑所収伊勢家書)。4.7 北条氏綱，伊豆・相模狩野田方の藍瓶銭を津田藤兵衛に充行う(新編相模国風土記稿)。4.- 大内義隆の筑前守護代杉興運，少弐資元を攻撃(北肥戦誌)。5.10 柳本賢治，和議と足利義晴上洛を堺の足利義維・三好元長に諮るが拒まれて出家(二水記)。6.12 氏綱の子氏康，上杉朝興を武蔵小沢原に破る(相州兵乱記)。6.29 賢治，細川高国方の浦上村宗により播磨の陣中で殺される(二水記)。7.27 浦上村宗，別所就治の播磨小寺城を攻略(二水記)。8.15 少弐資元の将竜造寺家兼，杉興運を肥前で破る(北肥戦誌)。8.27 高国・村宗勢，摂津に進出(二水記)。12.19 近江の義晴方幕府，分一徳政令を出し，流質期限等を定める(鳩拙抄)。
1531 1.19	4 辛卯 ⑤			1.11 木沢長政ら，京都で細川高国方と戦う(宣秀卿記)。1.- 越後衆連判軍陣壁書(上杉家文書)。**閏**5.- 加賀の一向宗，大一揆と小一揆に分裂し対立(白山宮荘厳講中記録)。6.4 三好元長・赤松晴政，高国・浦上村宗を摂津天王寺で破る．村宗敗死(二水記)。6.8 高国，摂津尼崎で三好勢に捕えられ自害(二水記)。10.26 越前の朝倉教景と能登守護畠山義総，加賀一向一揆と湊川(手取川)で戦う(朝倉宗滴話記)。11.2 加賀一向宗大一揆，太田合戦に勝利．翌日，教景の越前に撤退(白山宮荘厳講中記録)。

社　会・文　化	世　界	琉球	朝鮮	明
1.- 押小路師象,『師象記』を記す(～同年9月までが現存)。**この春** 漂泊隠士艸『鹿島治乱記』成る。12.15 鶴岡八幡宮に兵火及ぶ(鎌倉九代後記)。 【死没】 4.7 後柏原天皇(63)。6.23 今川氏親(54, 武将)。7.28 経尋(29, 大乗院門跡)。12.11 尚真(62, 琉球国王)。 《大の月》2・3・5・7・9・11	ドイツ, 第1回シュパイエル帝国議会。オスマン帝国, モハーチの戦いでハンガリーを破り支配。パーニーパットの戦い. バーブル, ムガル帝国を建国。	尚真王 50	中宗 21	嘉靖 5
2.24 相国寺鹿苑院焼失(二水記)。12.23 北野天満宮松梅院炎上(実隆公記)。**この年** 山科言継,『言継卿記』を記す(～天正4年が現存)。 【死没】 2.13 日野内光(39, 公卿)。4.4 肖柏(85, 連歌師)。6.7 伊地知重貞(武将)。 《大の月》1・3・5・7・8・10・12	神聖ローマ帝国軍, ローマ却掠。ヴェトナム, 莫登庸, 黎帝から帝位を奪う。	尚清王	22	6
7.- 堺の医師阿佐井野宗瑞,『医書大全』を翻刻刊行。諸国炎旱(実隆公記)。9.7 薬師寺金堂・西塔等, 兵火で焼失(薬師寺志)。10.1 堺の宗仲,『韻鏡』を出版。11.16 三条西実隆・公条, 後奈良天皇に古今伝授を行う(実隆公記)。**この年** 伊勢貞頼『宗五大草紙』成る。 【死没】 1.15 長尾景長(60, 武将)。3.29 日真(85, 日蓮宗僧侶)。12.20 大内義興(52, 武将)。 《大の月》2・5・6・8・9・10・12	ナルバエス, アメリカ南西部探検。明でトルファン王入寇。	2	23	7 ⑩
8.- 小槻伊治,『御成敗式目』(享禄版本)を刊行。 【死没】 12.20 東坊城和長(70, 公卿)。 《大の月》2・5・7・8・10・11	ドイツ, 第2回シュパイエル帝国議会。オスマン帝国軍, ウィーンを包囲。フランス, コレージュ=ド=フランス創設。明, 王陽明没。	3	24	8
2.21 柳本賢治, 京都二条で勧進猿楽を催す(二水記)。 【死没】 6.29 柳本賢治(武将)。7.9 狩野正信(97, 画家)。7.8 九条尚経(63, 公卿)。 《大の月》1・3・6・8・10・11・12	ドイツ, シュマルカルデン同盟結成。ドイツ,『アウクスブルグの信仰告白』, 国会に提出される。	4	25	9
この年『当麻寺縁起』成る(実隆公記)。第1回目の結集により『おもろさうし』1巻成る(慶長18年第2回目結集で2巻, 元和9年第3回目結集で22巻まで成る)。 【死没】 5.17 阿佐井野宗瑞(60, 医師)。6.8 細川高国(48, 武将)。7.9 中御門宣秀(63, 公卿)。7.18 足利政氏(66, 古河公方)。 《大の月》2・4・6・8・10・11		5	26	10 ⑥

西暦	年号 干支	天皇	将軍	政治・経済
1532 2.6	天文(てんぶん) 7.29 壬辰	（後奈良）	（足利義晴）	**5.19** 畠山義尭，木沢長政を河内飯盛山城に攻囲（細川両家記）。**6.15** 本願寺証如，細川晴元の要請を受け，一向一揆に義尭を撃退させる．義尭，18日に誉田城で自害（言継卿記）。**6.20** 晴元・一向一揆，堺で三好元長を攻撃．元長自害（言継卿記）。**7.17** 大和の一向一揆，興福寺を焼く（二水記）。**8.2** 晴元と証如不和．一向一揆，晴元を堺で攻撃（二水記）。**8.5** 一向一揆，摂津池田城を攻撃（細川両家記）。**8.24** 六角定頼・法華宗徒，山科本願寺を焼く．証如，のちに石山坊舎に移る（二水記）。**12.10** 京都土倉衆ら，徳政一揆張本の在所を放火（二水記）。**12.23** 晴元方摂津国人，一向宗の教行寺を焼く（二水記）。
1533 1.25	2 癸巳			**2.10** 一向一揆，細川晴元を堺に攻めて淡路に逐う（細川両家記）。**3.29** 木沢長政，法華宗徒を率い，摂津伊丹城を囲む一向一揆を破る（細川両家記）。**4.6** 晴元，摂津池田入城（細川両家記）。**4.26** 京都法華宗徒・晴元勢，大坂の一向一揆を攻める（祇園執行日記）。**6.18** 薬師寺国長ら晴元勢と法華宗徒，細川高国の弟晴国と山城高雄で戦い敗北．国長敗死（祇園執行日記）。**6.20** 晴元，証如と和睦（実隆公記）。**7.27** 安房の里見義通の遺子義豊，叔父実尭・正木時綱を討つ（快元僧都記）。**12.-** 大内義隆の将陶興房，肥前等に出陣し，筑前武蔵城で筑紫惟門を降す（歴代鎮西要略）。**この年** 神谷寿禎，石見大森銀山で灰吹法による銀精錬に成功（銀山要集）。**この頃** 上・下京の法華宗徒，法華一揆をなし，自治自衛の活動を展開（祇園執行日記）。
1534 1.15	3 甲午 ①			**4.6** 里見実尭の遺児義尭，北条氏綱の援けにより里見義豊を討つ（快元僧都記）。**4月以降** 大内義隆，即位用途進上の綸旨により，金襴等を献上（御湯殿上日記）。**6.30** 浦上氏の将島村盛実，宇喜多能家を備前砥石城で滅ぼす（備前軍記）。**8.3** 細川晴元勢，一向一揆・細川晴国与党を山城谷山城で攻略（言継卿記）。**9.3** 足利義晴，近江より入京（御湯殿上日記）。**10.-** 義隆，肥前の竜造寺家兼を介して少弐資元と和睦（北肥戦誌）。**12.-** 義晴，大友義鑑と義隆に和睦を催促（大友家文書録）。**この冬** 義隆，即位惣用20万疋を進上（後奈良天皇宸記）。**この年** 紀伊の一向宗徒と湯河氏ら和睦し，惣国一揆成立（天文日記・私心記）。
1535 2.3	4 乙未			**6.12** 細川晴元勢，一向一揆を大坂に破る（後奈良天皇宸記）。**8.22** 北条氏綱と今川氏輝，武田信虎を甲斐に破る（快元僧都記）。**9.3** 大内義隆，日華門修理料を進上（後奈良天皇宸記）。**11.1** 朝倉孝景，即位料１万疋を進上（御湯殿上日記）。**12.5** 松平清康，織田信秀攻撃のため尾張守山に在陣中，殺害される（三河物語）。**12.27** 信秀，三河井田野で松平勢に敗北（三河物語）。**12.29** 陶興房，肥前の少弐資元・冬尚の所領を没収（北肥戦誌）。**この年** 晴元と証如が和睦（天文日記）。
1536 1.23	5 丙申 ⑩			**2.26** 後奈良天皇即位礼（後奈良天皇宸記）。**4.14** 伊達稙宗，『塵芥集』を定め，被官が起請文を提出。**7.27** 延暦寺衆徒・六角定頼勢，洛中の法華宗二十一本山を焼き，上・下京炎上（天文法華の乱）（厳助往年記）。**7.29** 木沢長政ら，摂津中島で一向一揆を破る（細川両家記）。**8.19** 足利義晴，和を乞う証如を赦す（後鑑所収御内書案）。**9.4** 陶興房，肥前多久城で少弐資元を攻囲．資元自殺（歴代鎮西要略）。**9.24** 細川晴元入京（厳助往年記）。**閏10.7** 幕府，法華宗徒の洛中洛外徘徊や寺院再興の禁止等を定める（本能寺文書）。**11.22** 肥後の相良洞然（長国），宗家の後嗣晴広に旧事を記して呈する（相良家文書）。
1537 2.10	6 丁酉			**2.10** 今川義元，武田信虎の娘を娶る．北条氏綱，駿河に侵入（妙法寺記）。**3.7** 毛利元就，尼子経久方の安芸生田城を攻落（萩藩閥閲録）。**6.25** 松平千松丸（広忠），駿河より三河岡崎城に還住（阿部定次記・信光明寺文書）。**7.15** 上杉朝定，北条氏綱に敗れ武蔵河越城より松山城に退去（快元僧都記）。**8.16** 尼子経久，大内義隆の石見大森銀山を攻略（銀山旧記）。**10.3** 細川晴元，北野・西京の地下人が北野経王堂を毀し取るのを禁止（大報恩寺文書）。**12.1** 元就，嫡子隆元を義隆の人質とする（毛利家文書）。
1538 1.31	7 戊戌			**2.2** 北条氏綱，下総葛西城を攻略（快元僧都記）。**3.5** 細川晴元，山城山崎に築城（蜷川親俊日記）。**7.17** 尼子詮久（晴久），赤村政村（晴政）を破り，播磨より淡路に逐う（蜷川親俊日記）。**7.-** 大内義隆，安芸神辺城で山名忠勝を滅ぼす（三備史略）。**9.21** 浅井亮政，近江北部に徳政令を出す（菅浦文書）。**10.7** 氏綱・足利晴氏，下総国府台で足利義明・里見義尭を破る．義明敗死（快元僧都記）。**この頃より** 日本銀の輸出始まる（籌海図編）。

社　会・文　化	世　界	琉球	朝鮮	明
2.3『塵添壒嚢鈔』成る。3.6 宗長没. 生前『宗長日記』を書く。5.18 快元，『快元僧都記』を記す(～天文11年5月14日)。8.4 実従，『私心記』を記す(～永禄4年12月30日)。8.17 足利義晴，『桑実寺縁起』(絵土佐光茂，詞尊鎮入道親王ら)を寄進。10.9 吉田兼右兵衛，『兼右卿記』を記す(～元亀3年3月23日)。 【死没】 3.6 宗長(85，連歌師)。 《大の月》1・2・4・7・10・11	フランス，ラブレー，『ガルガンチュアとパンタグリュエルの物語』を著す。	尚清王 6	中宗 27	嘉靖 11
8.- 阿佐井野版『論語』刊行。10.24 仁和寺尊海，駿河に向け出京(あつまの道の記)。この年『松屋会記』記し始める(～慶安3年)。 【死没】 4.24 宗碩(60，連歌師)。7.27 正木時綱(武将)。8.24 徳大寺実淳(89，歌人)。12.8 月舟寿桂(禅僧，五山僧)。 《大の月》1・2・3・5・8・11・12	阮淦，黎朝を回復。明，大国の兵乱。インカ帝国滅亡。ポルトガル，ブラジルにカピタニア制をしく。	7	28	12
この春 大内義隆，朝鮮に大蔵経を求める(芸藩通志)。7.5 笑雲清三編『四河入海』成る。 【死没】 6.30 宇喜多能家(武将)。 《大の月》①・2・4・6・8・10・12	イエズス会設立。イギリス国教会成立。オスマン帝国，サファヴィー朝イラクを併合。	8	29	13 ②
11.7 狩野元信，唐絵屏風を内裏に進上(後奈良天皇宸記)。 【死没】 6.8 足利高基(古河公方)。7.26 持明院基春(83，書家)。7.5 筒井順興(52，武将)。12.5 松平清康(25，武将)。 《大の月》2・4・5・7・9・11	スペイン，メキシコに副王を置く。	9	30	14
1.4 証如，山科に道場を再興(天文日記)。この年 三条西実隆『再昌草』成る。後奈良天皇・芝琳賢ら『東大寺大仏縁起』成る(奥書)。 【死没】 3.17 今川氏輝(24，武将)。7.3 山名致豊(65，武将)。7.27 卜部兼永(70，神道家)。 《大の月》1・3・5・7・8・10・11	イギリス，恩寵の巡礼勃発。カルヴァン，『キリスト教綱要』を著す。オスマン帝国，フランスにカピチュレーションを与える。	10	31	15 ⑫
10.3 三条西実隆没，生前『実隆公記』を書く。この年 山科言継編『歴名土代』成る(書き継ぎは慶長年間に及ぶ)。 【死没】 4.27 上杉朝興(50，武将)。10.3 三条西実隆(83，公卿)。 《大の月》1・4・6・7・9・10・12		11	32	16
7.1 大内義隆，尊海を朝鮮に派し大蔵経を求める(尊海渡海日記)。10.- 義隆，朝鮮に朱氏新註五経・刻漏器を求める(大内氏実録)。この年 蜷川親俊，『蜷川親俊日記』を記す(～天文21年)。 【死没】 10.7 足利義明(武将)。 《大の月》2・5・7・9・10・11	プレヴェザ海戦. オスマン海軍が，スペイン・ヴェネツィア・教皇連合艦隊を破り，地中海域を制圧。	12	33	17

西暦	年号 干支	天皇	将軍	政　治・経　済
1539 1.20	天文 8 己亥 ⑥	(後奈良)	(足利義晴)	1.14 三好範長(長慶)，入京(蜷川親俊日記)。4.8 赤松政村，播磨に復帰(赤松記)。4.19 幕府の遣明使湖心碩鼎・策彦周良ら，五島を発ち，明に勘合を求める．吉田宗桂，同行(策彦入明記)。5.- 大内義隆，尼子詮久(晴久)の石見大森銀山を攻略(銀山旧記)。閏6.13 足利義晴，細川晴元・三好政長と対立する三好範長に合戦延引を諭す(大館常興日記)。7.23 晴元，山城西岡での徳政を幕府に求める(蜷川親俊日記)。7.25 幕府，土倉の求めにより徳政停止(蜷川親俊日記)。8.5 陸奥会津で百姓蜂起(会津塔寺八幡宮長帳)。10.28 阿波の細川持隆，赤松晴政を援けて備中で詮久と戦い敗北(蜷川親俊日記)。**この頃** 多くの公家等が，周防山口・駿河府中等に下向(公卿補任)。**この頃より** 明船の渡来増加(続本朝通鑑・八代日記)。
1540 2.8	9 庚子			5.- 武田信虎，信濃佐久郡の諸城を攻略(妙法寺記)。6.6 織田信秀，三河安祥城を攻略(大樹寺過去帳)。8.16 尼子詮久，大内義隆の石見大森銀山を攻めるが敗北(銀山旧記)。9.4 詮久，毛利元就の安芸郡山城を攻囲(毛利家文書)。10.9 詮久，山名祐豊を伯耆で破る(陰徳太平記)。10.11 元就，安芸相合口等で詮久軍を破る(毛利家文書)。**天文9年より** 東国で私年号「命禄」が使用される(妙賢寺板碑)。
1541 1.27	10 辛丑			1.13 毛利元就・陶隆房ら大内義隆勢，安芸宮崎等で尼子詮久を破る(毛利家文書)。4.5 義隆，安芸桜尾城を攻略(棚守房顕手記)。6.14 武田晴信，父信虎を駿河の今川義元の許に追放(妙法寺記)。6.26 幕府遣明使湖心碩鼎ら，五島に帰着(策彦入明記)。10.29 木沢長政，京都に迫り，細川晴元は岩倉に退く(大館常興日記)。11.1 足利義晴，近江坂本に退く(大館常興日記)。11.12 幕府，晴元の遣明船の堺出航延引を義隆に請われて審議(大館常興日記)。
1542 1.16	11 壬寅 ③			3.17 三好範長ら，河内太平寺で木沢長政を破る．長政敗死(言継卿記)。3.28 足利義晴帰京(大館常興日記)。3.- 但馬生野銀山発見(銀山旧記)。閏3.30 大内義隆・毛利元就，出雲の尼子晴久を攻撃(新裁軍記)。4.8 幕府，撰銭令を公布(室町家御内書案)。6.20 伊達晴宗，父稙宗を幽閉．伊達氏洞の乱おこる(伊達正統世次考)。7.20 武田晴信，諏訪頼重を甲斐に幽閉し自殺させる(守矢氏旧記)。8.10 今川義元，織田信秀と三河小豆坂で戦う(信長公記)。8.23 斎藤利政，美濃大桑城の土岐頼芸を尾張に逐う(仁岫語録)。9.25 晴信，諏訪頼継を破り，諏訪氏所領を支配(守矢氏旧記)。11.14 法華宗21ヵ寺に洛内還住の勅許(両山歴譜)。**この年** 佐渡鶴子銀山発見(佐渡年代記)。**この年から翌年にかけて** 北条氏康，相模・武蔵・伊豆に代替り検地を実施(大川文書)。**天文年間半ば以降** 唐木綿の輸入増加(言継卿記)。
1543 2.4	12 癸卯			2.- 織田信秀，内裏築地修理料を献上(多聞院日記)。3.12 大内義隆・毛利元就，出雲富田城(月山城)で尼子晴久を攻撃(新裁軍記)。5.7 義隆ら，敗れて撤退(毛利家文書)。6.- 佐竹義篤，伊達晴宗を援け，相馬顕胤と陸奥で戦う(常陸誌料)。7.21 細川氏綱が挙兵．細川晴元，摂津芥川城に入る(多聞院日記)。7.25 氏綱勢，堺で晴元勢と戦う(多聞院日記)。8.25 ポルトガル人，種子島に漂着し，鉄砲を伝える(鉄炮記)。10.26 一条房通，土佐に下向(天文日記)。
1544 1.24	13 甲辰 ⑪			4.- 倭船20余隻，朝鮮慶尚道蛇梁鎮を襲撃．朝鮮との通交断絶(朝鮮王朝実録)。7.6 足利義晴，細川晴元と和睦(言継卿記)。7.28 尼子晴久勢，備後三吉城を攻めて敗北(新裁軍記)。9.23 織田信秀・土岐頼芸と朝倉教景・土岐政頼，美濃稲葉山城で斎藤利政を攻撃(士林証文)。9.- 水野信元が織田方に転じ，松平広忠，於大と離縁(松平記)。11.6 谷宗牧，内裏築地修理料を進納した信秀に女房奉書を伝える(東国紀行)。11.- 毛利元就の子隆景，竹原小早川氏を嗣ぐ(小早川家文書)。

社会・文化	世界	琉球	朝鮮	明
3.30 相良長唯，渡唐船を造る(八代日記)。**3.-** 大内義隆，『聚分韻略』を出版。**8.17** 諸国で大雨・洪水(快元僧都記)。 【死没】 **4.18** 陶興房(武将)。 《大の月》1・3・6・7・9・10・12		尚清王 13	中宗 34	嘉靖 18 ⑦
6.17 後奈良天皇，悪疫流行平癒のため般若心経を書写して諸国一宮に納める(京都御所東山御文庫記録)。**8.11** 諸国大風雨(快元僧都記)。**10.-** 荒木田守武『守武千句』成る。 《大の月》1・3・6・9・10・12	メキシコ，チチメカ族大反乱。	14	35	19
5.- 朝鮮，大内義隆に詩経・書経・漏刻器等を贈る(朝鮮国王中宗国書)。**7.5** 義隆，厳島神社の祭礼再興を命じ，祭礼領の寄進等を行う(厳島神社文書)。**9.-** 織田信秀，伊勢外宮仮殿の造替費を寄進(外宮引付)。 【死没】 **2.9** 月渚永乗(77，臨済宗僧侶)。**7.19** 北条氏綱(55，武将)。**11.6** 一条房冬(44，公卿)。**11.13** 尼子経久(84，武将)。**この年** 観世長俊(能作者)。 《大の月》1・2・4・7・10・11	ヴェトナム，莫登庸，明に降り安南都統使の官を受く。 ハンガリー，トランシルヴァニア侯国成立。 カルヴァン，ジュネーヴで神政政治を樹立。	15	36	20
10.1 『池坊専応口伝』成る。 【死没】 **1.6** 浅井亮政(大名)。**3.17** 木沢長政(武将)。**7.20** 諏訪頼重(27，武将)。**この年** 長尾為景(武将)。 《大の月》1・2・③・5・7・10・11	明，アルタン=ハン，山西に侵入。 フランシスコ=シャビエル，インドに至る。 スペイン国王，エンコミエンダ制廃止を企図して新法を公布。	16	37	21 ⑤
この頃 狩野元信，妙心寺霊雲院の旧方丈襖絵『山水花鳥図』を制作。 【死没】 **2.-** 久我通言(57，公卿)。**4.3** 吉田重賢(81，弓術家)。 《大の月》1・3・4・6・8・10	コペルニクス『天球回転論』刊。 コペルニクス没。	17	38	22
7.9 京畿・東海で大雨・洪水(厳助往年記)。 【死没】 **4.15** 田代三喜(72，医家)。 《大の月》1・2・4・6・7・9・11・12		18	39	23

西暦	年号 干支	天皇	将軍	政治・経済
1545 2.12	天文 14 乙巳	(後奈良)	(足利義晴)	1.22 竜造寺家兼，少弐冬尚方に謀られ，肥前水ヶ江城を失う(北肥戦誌)。3.18 北郷忠相ら，島津貴久の家督・守護職継承を承認(薩藩旧記)。3.- 家兼，肥前水ヶ江城に復帰(北肥戦誌)。5.25 細川晴元・三好範長ら，宇治田原で細川氏綱を攻撃(言継卿記)。8.16 今川義元，北条氏康と駿河狐橋で戦う．武田晴信，義元を救援(天野文書)。9.20 織田信秀，三河安祥城を攻囲する松平広忠を破る(家忠日記増補追加)。10.27 上杉憲政・足利晴氏，氏康方の武蔵河越城を攻囲(鎌倉九代後記)。
1546 2.1	15 丙午		12.20 12.20 足利義藤	4.20 北条氏康，河越城に来援し，上杉憲政・足利晴氏を破る．上杉朝定敗死(喜連川判鑑)。7.6 肥後宮原銀山発見(相良家文書)。8.20 細川氏綱・畠山政国勢が堺に入り，三好範長ら細川晴元勢と対陣．堺会合衆の仲介で撤兵(天文日記)。9.- 晴元方と氏綱方，摂津で戦う(多聞院日記)。10.5 京都に土一揆蜂起し，徳政を要求(後奈良天皇宸記)。10.30 幕府，質置期限・質物取戻し手続き等を定め徳政令を出す．土倉ら銭主，拒否(蜷川家文書・徳政雑々記)。12.20 足利義藤，近江坂本に赴き元服し，将軍拝任．ついで還京(光源院殿元服記)。
1547 1.22	16 丁未 ⑦			2.- 丁未約条成る．朝鮮，対馬島主宗氏の歳遣船を25隻とする(朝鮮王朝実録)。3.22 三好範長ら細川晴元勢，細川氏綱方の摂津三宅城を攻略(細川両家記)。3.29 足利義晴・義藤，氏綱と結び，山城北白川城に入る(公卿補任)。5.20 幕府遣明使策彦周良ら，肥前五島を発つ．以後，勘合貿易途絶(策彦入明記)。6.1 武田晴信，『甲州法度之次第』(26ヵ条本)を制定(保阪潤治氏所蔵甲州法度之次第)。7.12 晴元・定頼，義晴・義藤を北白川城に攻囲．義晴ら，近江坂本へ出奔(公卿補任)。7.29 晴元・定頼，坂本の義藤に出仕(厳助往年記)。**閏**7.5 晴元，細川国慶を山城高雄城に攻略．高山寺・神護寺に放火する(厳助往年記)。8.6 武田晴信，上杉憲政の軍を信濃小田井原で破る(赤見文書)。8.- 戸田康光，遠江汐見坂で松平広忠の子竹千代を奪い，織田信秀に送る(松平記)。9.5 太原崇孚ら今川義元勢と広忠，三河田原城に康光を攻略(岡崎領主古記)。10.6 晴元，国慶を山城内野西京で敗死させる(細川両家記)。
1548 2.10	17 戊申			2.14 武田晴信，信濃上田原で村上義清と戦い，敗北(妙法寺記)。3.19 太原崇孚ら今川義元・松平勢，三河小豆坂で織田信秀と戦う(三河古文書)。4.10 下総結城政勝・下野日光山満願寺，禁裏修理料を献上(言継卿記)。7.19 晴信，小笠原長時を信濃塩尻峠に破る(妙法寺記)。8.12 三好長慶(範長)，三好政長の成敗を細川晴元に要求(後鑑所収古文書)。10.28 長慶，細川氏綱らと結び，晴元と敵対(細川両家記)。12.30 長尾景虎(謙信)，家督を嗣ぎ，越後春日山城に入る(歴代古案)。**この年** 斎藤利政(道三)，織田信秀と和し，娘濃姫を信秀の子信長に嫁す(信長公記)。
1549 1.29	18 己酉			3.6 松平広忠，刺殺される(岡崎領主古記)。4.24 幕府遣明使策彦周良，明都に入り世宗に謁見(策彦入明記)。5.- 相良晴広，為続・長毎2代にわたる法度の壁書を押す(相良家文書)。6.24 三好長慶，三好政長を摂津江口で討つ(細川両家記)。6.28 足利義晴・義藤・細川晴元，近江坂本に退避(御湯殿上日記)。7.9 三好長慶，一時入京(公卿補任)。11.9 太原崇孚ら今川勢，三河安祥城で織田信広を捕え，松平竹千代と交換(三川古文書)。12.11 六角定頼，近江石寺新市を楽市とし，座衆以外の紙商売を禁じる(今堀日吉神社文書)。
1550 1.18	19 庚戌 ⑤			2.12 大友義鑑，子義鎮の廃嫡を企て家臣に殺される(八代日記)。4.1 北条氏康，領国の所々退転のため，役銭減免・還住百姓の債務免除等を定める(大川文書)。6.9 遣明使策彦周良ら，山口に帰着(策彦和尚略伝)。 足利義藤，山城中尾城に入る(後鑑所収古文書)。6.- この頃，ポルトガル船，肥前平戸に初入港(フロイス日本史)。7.15 武田晴信，小笠原長時を信濃林城で破る(高白斎記)。9.1 晴信，村上義清の属城砥石城を攻囲して敗北(妙法寺記)。9.15 陶隆房による大内義隆襲撃の風聞流れる(大内義隆記)。11.19 三好長慶が入京．義藤は中尾城を焼き近江堅田に退く(言継卿記)。11.27 陶隆房，周防富田に退去(相良家文書)。**この年** 氏康，領内に永楽銭使用の高札を掲げる(北条五代記)。**この頃より** 鉄砲が畿内で実戦に使用され，築城法も変化(万松院殿穴太記)。

社　会・文　化	世　界	琉球	朝鮮	明
3.7 谷宗牧，浅草観音堂に参詣．この年，『東国紀行』成る。 8.29 吉田兼右，越前の朝倉孝景に神道を伝授(天文十四年日記)。 【死没】 7.12 畠山義総(55，武将)。9.22 谷宗牧(連歌師)。 《大の月》3・5・6・8・9・11	トリエント公会議(～'63年)。南米，ポトシ銀山，採掘開始。	尚清王 19	仁宗	嘉靖 24 ①
8.- 明人，山城清浄花院に宿泊し，商売する(後奈良天皇宸記)。北条氏康，『武蔵野紀行』を著す。 【死没】 3.10 竜造寺家兼(93，武将)。4.20 上杉朝定(22，武将)。8.25 相良義滋(58，武将)。 《大の月》1・4・6・8・9・10・12	メキシコ，サカテカス銀山発見。	20	明宗	25
6.17 京都の日蓮宗寺院，袈裟・乗輿等条目を定め，六角定頼を介し延暦寺と和す(本能寺文書)。 【死没】 7.24 太田資高(武将)。9.5 戸田康光(武将)。 《大の月》2・5・7・8・9・11・12	朝鮮，壁書の獄起こる。ロシア，イヴァン4世，ツァーリを称す。	21	2	26 ⑨
この年『運歩色葉集』成る。**この年より** 津田宗達・宗及・宗凡，3代にわたり『天王寺屋会記』を記す。 【死没】 3.22 朝倉孝景(56，武将)。6.24 古岳宗亘(84，臨済宗僧侶)。 《大の月》2・5・8・9・11・12	明，浙江巡撫朱紈，倭寇を撃破。	22	3	27
1.20 後奈良天皇，証如に『三十六人家集』を賜与(天文日記)。 7.22 シャビエル，鹿児島に上陸(キリスト教の伝来)(イエズス会士日本通信)。 【死没】 3.6 松平広忠(24，武将)。7.10 冷泉為和(64，歌人)。8.8 荒木田守武(77，内宮神官)。8.24 大休宗休(82，臨済宗僧侶)。 《大の月》1・3・6・9・11・12	イギリス国教会，礼拝統一法を制定。倭寇，浙江を侵寇。イギリス，ケットの乱起る。ポルトガル，ブラジル総督を置く。	23	4	28
4.20 武田晴信，後奈良天皇筆『般若心経』を甲斐浅間神社に奉納(浅間神社文書)。4.- 生島宗竹『細川両家記』一巻本上巻成る(元亀4年3月，下巻成る)。8.- シャビエル，平戸に移動(イエズス会士日本通信)。9.- シャビエル，山口で布教(イエズス会士日本通信)。12.17 シャビエル，山口を発つ．翌年正月，入京するが将軍・天皇に会えず(フロイス日本史)。**この頃** カピタン=モール制開始(異国往復書翰集)。 【死没】 2.12 大友義鑑(49，武将)。2.26 上杉定実(武将)。5.4 足利義晴(40，室町将軍)。7.12 清原宣賢(76，儒学者)。8.17 蓮淳(87，僧侶)。 《大の月》1・3・4・6・9・11・12	明，アルタン=ハン，北京を包囲(庚戌の変)。**この頃** アフリカより黒人奴隷がブラジルに送り込まれる。	24	5	29 ⑥

西暦	年号 干支	天皇	将軍	政治・経済
1551 2.6	天文 20 辛亥	(後奈良)	(足利義藤)	7.14 三好長慶の将松永久秀，三好政勝ら細川晴元勢を相国寺に破る(厳助往年記)。7.- ポルトガル船，豊後日出に来航(イエズス会士日本通信)。8.29 陶隆房，大内義隆に背く．義隆，山口を逃れる(棚守房顕手記)。9.1 義隆，長門大寧寺で自殺(大内義隆記)。
1552 1.26	21 壬子			1.10 上杉憲政，上野平井城を逃れ，越後の長尾景虎を頼る(竜淵寺年代記)。1.28 足利義藤，三好長慶と和し帰京．晴元，若狭に出奔(言継卿記)。2.19 三条西実澄，皇居修理費を募るため東国に下向(集古文書)。2.26 長慶，入京し，幕府御供衆に列する(言継卿記)。3.1 陶隆房，大友義鎮の弟晴英(義長)を大内氏家督に迎立(熊谷家文書)。3.- 毛利元就ら，安芸槌山城を攻略(新裁軍記)。4.26 今川義元，山伏らの富士山参詣道者に対する袈裟等商売を禁じ，駿府浅間社榊大夫に商売役を安堵(大井文書)。10.27 義藤，東山に霊山城を築く(後鑑所収異本年代記)。11.28 細川晴元勢，義藤を霊山城に攻め，清水坂で合戦．建仁寺焼ける(言継卿記)。12.12 古河公方足利晴氏，義氏に家督を譲渡(喜連川文書)。
1553 1.14	22 癸丑 ①			1.6 小笠原長時，越後の長尾景虎を頼る(寿斎記)。閏1.13 織田信長の家臣平手政秀，諫死(信長公記)。2.26 今川義元，「仮名目録追加」を制定(今川記)。3.8 足利義藤，三好長慶との和睦が破れ，霊山城に入る(言継卿記)。6.17 阿波の細川持隆，足利義栄を奉じて上洛を企てるが，三好之康に殺される(東寺過去帳)。8.1 長慶，霊山城を攻略，義藤は近江朽木に退去(言継卿記)。8.- 長尾景虎，武田晴信と信濃川中島に戦う(大須賀文書)。この秋 景虎，参内(上杉家文書)。
1554 2.2	23 甲寅		2.12 足利義輝(改名)	3.- 北条氏康，今川義元・武田晴信と駿河で戦う．3者間に婚姻成り和睦(相州兵乱記・大川文書)。5.12 毛利元就，陶晴賢(隆房改め)に応じず挙兵し，安芸諸城を攻略(棚守房顕手記)。11.1 尼子晴久，同国久・誠久父子を討つ(芸陽記)。11.7 氏康，足利晴氏・藤氏を下総古河城に攻略し，相模波多野に幽閉(相州兵乱記・簗田文書)。
1555 1.23	弘治(こうじ) 10.23 乙卯 ⑩			2.7 相良晴広，21ヵ条の法度を定める(相良氏法度)(相良家文書)。4.20 織田信長，尾張清洲城の織田信友を滅ぼし，同城に移る(信長公記)。7.19 長尾景虎，武田晴信と信濃川中島で戦う(歴代古案)。7.23 朝倉教景，加賀の一向一揆方諸城を攻略(朝倉宗滴話記)。8.13 加賀の一向一揆，浜手等で教景と戦う(朝倉宗滴話記)。10.1 毛利元就，陶晴賢を安芸厳島で破る．晴賢自害(毛利家文書)。閏10.15 景虎・晴信，今川義元の斡旋で信濃より撤兵(妙法寺記)。

社　会・文　化	世　界	琉球	朝鮮	明
6.- 肥後で虫害．人身売買が横行(八代日記)。11.16 シャビエル，豊後を発ちインドに向かう(聖フランシスコ=ザビエル書翰集)。**この年**『大内義隆記』成る。 【死没】 2.24 上杉憲寛(武将)。8.5 井上光兼(89，武将)。8.29 二条尹房(56，公卿)。9.1 大内義隆(45，武将)。 《大の月》1・3・5・7・10・12	フランス，シャトーブリアン王令。 ペルー，リマにサン・マルコス大学設置。	尚清王 25	明宗 6	嘉靖 30
2.22 上・下京の町衆，土御門法華堂跡で勧進猿楽を行う(言継卿記)。8.20 司祭ガーゴ，豊後府内で大友義鎮に会う(イエズス会士日本通信)。8.28 大内義長，トルレスに山口での大道寺(教会)建設を許可(大内氏実録土代)。**この頃**『塵塚物語』成るか(奥書)。 【死没】 1.2 六角定頼(58，守護大名)。3.3 織田信秀(42，武将)。4.- 十四屋宗伍(茶匠)。9.9 鷹司兼輔(73，公卿)。 《大の月》1・3・4・6・8・11	ロシア，カザン=ハン国を併合。 朝鮮，軍籍都監を設置。	26	7	31
2.22 山科言継，『源氏物語注』を書写(言継卿記)。2.23〜3.14 三条西公条，奈良・高野山・吉野山を巡る．のち『吉野詣記』を著す。4.2 言継，長慶の請で『玉葉和歌集』の書写を開始．12月に送る(言継卿記)。12.2 言継，勅命で『古文真宝聞書』を書写(言継卿記)。 【死没】 閏1.13 平手政秀(62，武将)。2.10 長尾晴景(45，武将)。6.17 細川持隆(武将)。8.21 蘆名盛舜(武将)。10.- 山崎宗鑑(89，天文8年また同9年没とも，連歌師)。 《大の月》1・2・3・5・7・8・10		27	8	32 ③
8.- 太原崇孚，『歴代序略』(駿河版)を出版。**この頃**『蒙求臂鷹往来』成る。 【死没】 1.19 以天宗清(83，臨済宗僧侶)。7.12 斯波義統(42，武将)。8.13 証如(39，浄土真宗僧侶)。11.1 尼子国久(武将)。 《大の月》1・3・5・6・8・9・11	朝鮮，魚叔権編『攷事撮要』成る。 イギリス，メアリ1世，スペイン皇太子フェリペと結婚。	28	9	33
5.- 明人王直ら倭船70余隻，朝鮮全羅道達梁浦等を襲う(乙卯達梁の倭変)(朝鮮王朝実録)。8.14 三条西公条ら，近江石山寺に赴き連歌を催す(石山月見記)。8.19 会津で地震(異本会津塔寺八幡宮長帳)。**この年** 倭寇，明の内陸部を侵し，南京安定門を焼く．前後10年間，倭寇の活動盛ん(明史・明実録)。 ガーゴ，平戸で布教(イエズス会士日本通信)。 【死没】 6.25 尚清(59，琉球国王)。9.8 朝倉教景(82，武将)。10.1 陶晴賢(35，武将)。10.10 太原崇孚(60，臨済宗僧侶)。10.12 彭叔守仙(66，臨済宗僧侶)。閏10.29 武野紹鷗(54，茶湯者)。 《大の月》1・4・6・8・9・11・12	オスマン朝・サファヴィー朝，アマスヤ条約締結。 明，倭寇，南京に侵寇。 ドイツ，アウグスブルグの宗教和議。	29	10	34 ⑪

西暦	年号 干支	天皇	将軍	政治・経済
1556 2.11	弘治 2 丙辰	（後奈良）	（足利義輝）	3.1 大内義長の将内藤隆世，周防山口に放火（八代日記）。3.- 里見義弘，相模三浦に渡り，北条氏康に敗北（相州兵乱記）。4.20 斎藤道三，子義竜と美濃長良川畔で戦い敗死（信長公記）。4.21 朝倉義景，足利義輝（義藤改め）の調停で加賀一向一揆と和睦（朝倉始末記）。4.- 明の浙江総督胡宗憲の使蔣洲，将軍への倭寇禁止の要請等のため豊後に到る（南雷文約）。5.- 毛利元就・吉川元春，尼子晴久を石見銀山に破る（新裁軍記）。7.- 明使鄭舜功，豊後に到り，倭寇鎮圧を幕府に要請（日本一鑑）。11.25 結城政勝，『結城氏新法度』を制定（松平基則氏所蔵文書）。
1557 1.31	3 丁巳	9.5 10.27 正親町		4.3 大内義長，毛利元就に攻められ，長門長福寺で自刃（新裁軍記）。4.- 朝鮮，丁巳約条を定め，宗氏の歳遣船を年30隻とする（朝鮮王朝実録）。10.21 朝倉義景，橘屋三郎五郎に，調合薬売買の門験・薬銘について橘字の使用を免許（橘栄一郎家文書）。11.2 織田信長，弟信行を誘殺（信長公記）。11.25 毛利元就，息隆元・吉川元春・小早川隆景に訓戒を書く（毛利家文書）。12.2 元就，軍中法度を定め，安芸国人と契状を連署し，家人ら連署の起請文をとる（毛利家文書）。
1558 1.20	永禄（えいろく） 2.28 戊午 ⑥			2.27 北条氏康，伊豆長岡の革作七郎右衛門に，伊豆革作21人の課役徴収の定を示す（宮本文書）。4.11 氏康，簗田晴助に，足利義氏への関宿城進上と晴助の古河移城を約す（集古文書）。5.3 足利義輝・細川晴元，近江坂本に進出（惟房公記）。5.19 三好長慶・松永長秀らの兵，京中を巡廻（惟房公記）。6.9 三好長逸ら，山城勝軍山城を出，義輝と白川口で戦う（惟房公記）。7.14 長慶，京中の地子銭を徴収（言継卿記）。9.1 木下藤吉郎，織田信長に仕官（太閤記）。10.27 幕府，無縁所である阿弥陀寺に，境内での立墓・檀那土葬を許す（阿弥陀寺文書）。11.27 義輝，六角承禎（義賢）の周旋で長慶と和睦，入京（御湯殿上日記）。**この年** 義輝，長尾景虎と武田晴信に和議を催促（上杉家文書）。
1559 2.8	2 己未			1.11 竜造寺隆信，少弐冬尚を肥前勢福寺城に滅ぼす（北肥戦誌）。2.2 織田信長，上洛して足利義輝に謁見（言継卿記）。2.12 北条氏康，一門・家臣の役高帳簿を作成（小田原衆所領役帳）。**この春** 信長，織田信賢を尾張岩倉城で攻略（信長公記）。4.14 武田信玄（晴信改め），富士参詣者による悪銭・新銭の使用を禁止（諸国古文書抄）。4.21 義輝，坂本に着いた長尾景虎に参洛を催促．ついで景虎，義輝に謁見（上杉家文書）。5.1 景虎，参内（上杉家文書）。**この秋** 大友義鎮，外国商人に豊後府内を開港し，交易を許可する（九州記）。**この年** 北条氏康，諸年貢納入の銭について精銭・地悪銭の比率を定める（相州文書）。
1560 1.28	3 庚申			1.17 三好長慶，幕府御相伴衆に列する（伊勢貞助記）。1.- 幕府，ビレラに布教を許す（フロイス日本史・室町家御内書案）。2.15 毛利元就・隆元，即位料献上の賞として官位を受ける（毛利家文書）。3.- 畠山高政，河内の寺内町富田林に，諸公事免除・徳政免許等を定める（興正寺文書）。5.19 織田信長，尾張桶狭間で今川義元を破る．義元敗死（三河物語）。5.23 松平元康，岡崎に戻る（三河物語）。8.29 長尾景虎，上野に出陣（竜淵寺年代記）。9.19 近衛前嗣（前久），景虎を頼り越後に下向（公卿補任）。10.24 長慶，河内飯盛・高屋両城を攻略し，翌月13日，飯盛城に入る（細川両家記）。
1561 1.16	4 辛酉 ③			1.24 三好義長（義興）・松永久秀，入京し，幕府に出仕（後鑑所収伊勢貞助記）。2.- 松平元康，織田信長と和睦（松平記）。3.7 長尾景虎，北条氏康・氏政を小田原城に攻囲（相州兵乱記）。閏3.16 景虎，関東管領上杉氏を嗣ぎ政虎と改名（集古文書）。7.15 この日以前，足利義氏，下総関宿城を退き小金城に移る（野田家文書）。7.28 六角承禎，細川晴之を擁し勝軍山城に入り，畠山高政と結び長慶と対立（公卿補任）。8.- この頃，足利藤氏・近衛前久ら，古河城に入る（鑁阿寺文書・集古文書）。9.10 上杉政虎，武田信玄と信濃川中島で戦う．信玄の弟信繁戦死（色部文書・妙法寺記）。10.10 大友義鎮の軍，豊前門司城を攻めて，毛利隆元・小早川隆景らに敗れる（浦家文書）。

社　会・文　化	世　界	琉球	朝鮮	明
3.1 この頃，山口の教会堂が兵火に罹り，トルレスら豊後に移る(イエズス会士日本通信)。**この年** 宣教医アルメイダ，豊後府内に病院を建設(イエズス会士日本通信)。 【死没】 4.20 斎藤道三(戦国大名)。 《大の月》1・4・7・8・10・11・12	神聖ローマ皇帝カール5世，帝位をフェルディナント1世に譲り，スペインをフェリペ2世に譲る。 ムガル帝国，アクバル即位。 ロシア，アストラハン=ハン国を征服。 徐海没(明の倭寇の頭目)。**この年以降** 明，鄭舜功，『日本一鑑』を著す。	尚元王	明宗 11	嘉靖 35
4.- 明使蔣洲，肥前五島の倭寇頭目王直や大友義鎮の使と共に五島を発つ(南雷文約)。8.26 近畿で大風(御湯殿上日記)。 【死没】 4.3 大内義長(武将)。9.5 後奈良天皇(62)。11.2 織田信行(織田信長弟)。 《大の月》2・5・8・10・11・12	明，倭寇の首魁王直，浙江総督胡宗憲に投降('59年，斬首)。 明，ポルトガル人のマカオ居住と通商を許可。	2	12	36
この夏 近畿で旱魃(惟房公記)。10.20 讃岐善通寺，兵火に罹る(讃岐国大日記)。 《大の月》1・3・6・8・10・11・12	朝鮮，黄海道で林巨正の乱。 イギリス，エリザベス1世即位。 ロシア，グリゴーリー=ストローガノフ，シベリア開発開始。 イギリス，グレシャムの法則の提唱。	3	13	37 ⑦
8.- ビレラら，豊後より上洛(フロイス日本史)。12.27 顕如，門跡に列し，礼銭を進上(御湯殿上日記)。 【死没】 1.11 少弐冬尚(武将)。8.1 結城政勝(56，武将)。10.6 狩野元信(84，画家)。 《大の月》2・4・6・9・11・12	カトー=カンブレジ条約. 仏，英・スペインと和し，イタリア戦争終結。 イギリス，首長法(国王至上法)制定。	4	14	38
3～6月 近畿旱魃(御湯殿上日記)。6.7 北条氏政，金沢文庫旧蔵の宋版『文選』を足利学校に寄進。 【死没】 5.19 今川義元(42，武将)。5.27 足利晴氏(武将)。6.15 長宗我部国親(57，武将)。7.13 前田利春(武将)。12.24 尼子晴久(47，武将)。 《大の月》2・3・5・7・10・12	**この頃** 明，戚継光『紀効新書』成る。	5	15	39
6.29 近畿で大雨・雷(御湯殿上日記)。 【死没】 1.17 玉堂宗条(82，臨済宗僧侶)。3.18 十河一存(武将)。5.11 斎藤義竜(35，戦国大名)。6.21 長野業政(63，武将)。7.21 日現(66，日蓮宗僧侶)。9.10 武田信繁(37，武将)。 山本勘助(武将)。 《大の月》2・3・4・5・7・10・12	明，鄭若曾編『日本図纂』成る。	6	16	40 ⑤

西暦	年号 干支	天皇	将軍	政治・経済
1562 2.4	永禄 5 壬戌	(正親町)	(足利義輝)	1.- 織田信長・松平元康，尾張清洲城で同盟する(岡崎領主古記)。3.5 三好長慶の弟実休(義賢)，和泉久米田で畠山高政・根来寺衆と戦い敗死(厳助往年記)。3.6 足利義輝・三好義興・松永久秀，京都を退き，六角義賢入京．ついで義輝，西岡諸郷に徳政を約す(厳助往年記・蜷川家文書)。3.18 義賢，京都に徳政令を出し，ついで町家からの不当な礼銭徴収の禁止等を定める(鳩拙抄)。4.11 義輝，山城嵯峨に徳政高札を立てるが，一揆が破棄．ついで義賢が洛中に徳政実施(長享年後畿内兵乱記)。5.20 長慶，河内教興寺で根来衆を破り，畠山高政は高屋城を退く(細川両家記)。6.2 長慶と義賢和睦(御湯殿上日記)。6.15 大村純忠，肥前横瀬浦をポルトガル人に開港し，同所半分を与える(イエズス会士日本通信)。7.- 毛利元就，出雲の尼子方諸城を攻略(千家文書・坪内家文書)。9.11 義興・久秀，丹波で伊勢貞孝父子を討滅(御湯殿上日記)。12.- 上杉輝虎，古河城を逐われて安房里見義堯を頼る足利藤氏らの要請で関東に出陣(小山文書)。
1563 1.24	6 癸亥 ⑫			1.27 毛利元就，安芸佐東銀山を禁裏・幕府御料所に寄進(御湯殿上日記)。2.4 北条氏康・武田信玄，武蔵松山城を攻略．上杉輝虎，救援できず岩槻城に退く(国分文書)。3.24 元就，足利義輝の周旋で大友宗麟(義鎮)との和睦を承諾(新裁軍記)。3.30 義輝，宗麟に和睦を催促(大友家文書録)。7.6 松平元康，今川氏真と絶ち家康と改名(徳川幕府家譜)。**この秋** 三河で一向一揆蜂起(松平記)。10.- 信玄，甲斐恵林寺領で検地を行い，検地帳・納物帳を作成(恵林寺領御検地日記・恵林寺領穀米并公事諸納物帳)。11.- 近江坂本で徳政(厳助往年記)。12.- 毛利元就，石見銀山を禁裏御料所に進献し，代官職を請う(防長古文書誌)。
1564 2.13	7 甲子			1.8 北条氏康・氏政，里見義弘を下総国府台で破る(国府台の戦)(相州兵乱記)。1.29 上杉輝虎・佐竹義昭，小田氏治の常陸小田城を攻略(白河証古文書)。2.28 松平家康，三河一向一揆方に起請文を提出．一揆降伏(参州一向宗乱記・無量寿寺文書)。3.10 足利義輝，輝虎と氏康・武田信玄の和平を促す(歴代古案)。5.9 三好長慶，松永久秀の讒言により，弟安宅冬康を飯盛城で誘殺(言継卿記)。8.20 京都日蓮宗の一致・勝劣両派，和睦(妙顕寺文書)。9.20 氏政，武蔵関戸に伝馬役等の市掟を掲げる(武州文書)。9.28 禁裏御倉職立入宗継，御料所回復を織田信長に求める旨を命じられる(立入家文書)。12.27 幕府，禁裏供御人粟津座商人に関津料・所質等を免除し，摂津今宮供御人の洛中商売を禁じる(京都大学文学部所蔵文書)。
1565 2.1	8 乙丑		5.19	1.1 フロイス，足利義輝に拝謁(フロイス日本史)。3.2 北条氏政，簗田晴助を下総関宿城で攻撃(豊前氏古文書抄)。5.19 三好義継・松永久秀の子久通，義輝を二条御所に襲撃．義輝自殺(言継卿記)。7.5 義継の奏請により，ビレラ・フロイスの京都追放の女房奉書が出る(言継卿記)。7.28 義輝の弟一乗院覚慶，近江に逃れる(多聞院日記)。11.15 三好長逸・同政康・岩成友通(三好三人衆)，義継を擁して久秀と絶つ(多聞院日記)。11.18 久秀，筒井藤勝丸(順慶)を大和筒井城で攻略(多聞院日記)。
1566 1.22	9 丙寅 ⑧			2.17 覚慶，還俗(足利義秋)し，御馬代等を朝廷に献じる(御湯殿上日記)。4.3 今川氏真，駿河富士大宮に楽市令を出す(大宮司富士家文書)。5.30 三好義継・三人衆，堺に松永久秀を破る(多聞院日記)。8.29 足利義秋，若狭の武田義統を，ついで越前の朝倉義景を頼る(多聞院日記)。9.23 足利義親(義栄)，阿波より摂津国越水城に入る(言継卿記)。11.19 毛利元就，尼子義久を出雲国富田城に降伏させる(佐々木文書)。12.29 松平家康，徳川改姓の勅許を得る(日光東照宮文書)。
1567 2.9	10 丁卯			**この春** 織田信長，滝川一益を伊勢北部に侵入させる(勢州四家記)。 島津忠良と伊東義祐，講和(日向記)。4.18 六角義治と父承禎，20人の重臣起草の国中法度を承認し，起請文を交す(六角氏式目)。5.4 義治・承禎，分国に徳政令を出す(御上神社文書)。6.- 朝鮮王明宗，日本国王(将軍)宛てに復書(続善隣国宝記)。8.12 三好長逸ら，フロイスらの京都還住を奏請するも，勅許されず(御湯殿上日記)。8.15 織田信長，斎藤竜興の美濃国稲葉山城を攻略，岐阜と改めて同城に移る(信長公記)。8.23 ポルトガル船，長崎に来航(長崎縁起略記)。10.10 松永久秀，三好三人衆を東大寺に破る．大仏殿炎上(多聞院日記)。10.- 信長，美濃加納に楽市の制札を掲げる(円徳寺所蔵)。11.16 足利義栄，将軍宣下の奏請を却下される(晴右公記)。11.21 朝倉義景と加賀一向一揆，足利義秋の調停で和睦(多聞院日記)。**この年** アルメイダ，長崎で布教(イエズス会士日本通信)。

社　会・文　化	世　界	琉球	朝鮮	明
1.23 石山本願寺の寺内大火(厳助往年記)。12.16 北条長綱『北条幻庵覚書』成る。 【死没】 1.18 北向道陳(59，茶人)。3.5 三好義賢(37，武将)。 《大の月》2・4・5・7・9・10	モンゴルのトゥメン，遼東に侵入。 明，鄭若曾『籌海図編』成る。 フランス，ユグノー戦争起こる(〜'98年)。	尚元王 7	明宗 17	嘉靖 41
4.2 東寺の塔に落雷(東寺執行日記)。8.- 吉川元春，出雲富田城攻囲中に『太平記』を書写。12.27 円覚寺火事(新編相模国風土記稿)。**この年** 大村純忠受洗(イエズス会士日本通信)。 【死没】 3.1 細川晴元(50，武将)。8.4 毛利隆元(41，武将)。11.18 谷宗養(38，連歌師)。12.2 三条西公条(77，公卿)。12.20 細川氏綱(武将)。 《大の月》1・3・5・7・8・10・11・⑫	明，倭寇を平海衛で破る．福建以南の倭寇衰退。 倭寇，広東・福建に侵寇。 アルタン=ハン，宣府等に侵入。	8	18	42
12.26 石山本願寺焼亡(言継卿記)。 【死没】 1.11 渡辺高綱(武将)。7.4 三好長慶(43，武将)。7.5 長尾政景(武将)。 《大の月》3・5・7・9・10・11	イタリア，ミケランジェロ没。	9	19	43 ②
9.3 一説に，狩野永徳，『洛中洛外図屛風』を成す(御書集)。**この年** 義哲，『長楽寺永禄日記』を記す。 勧修寺晴右，『晴右公記』を記す(永禄13年(元亀元年)までのものが現存)。 中院通勝，『継芥記』を記す(〜天正7年)。 【死没】 5.19 足利義輝(30，室町将軍)。6.19 伊達稙宗(78，武将)。11.3 佐竹義昭(武将)。 《大の月》1・4・7・9・10・11・12	インド，ターリコータの戦。 明，一条鞭法を浙江で行う。 スペイン，フィリピン征服を開始。 明，この頃，鄭舜功撰『日本一鑑』成る。	10	20	44
この年 狩野永徳，聚光院の襖絵を描く。 【死没】 2.28 有馬晴純(84，武将)。4.3 慶光院清順(尼僧)。7.10 近衛稙家(64，公卿)。8.2 津田宗達(63，堺豪商)。9.29 長野業盛(19，武将)。 《大の月》2・5・8・9・10・11	明，アルタン=ハン，遼東に侵入。	11	21	45 ⑩ 穆宗
2.10 里村紹巴，富士山観勝のため出京(紹巴富士見道記)。8.27 紹巴帰京．道中の見聞等を記す(紹巴富士見道記)。 【死没】 5.20 フェルナンデス(41，イエズス会修道士)。8.23 太田氏資(武将)。12.23 津田監物(砲術家)。 《大の月》1・2・5・8・10・11	明，アルタン=ハン，大同に侵入。	12	22	隆慶 1.1

西暦	年号 干支	天皇	将軍	政治・経済
1568 1.29	永禄 11 戊辰	（正親町）	2.8 足利義栄 9.- 10.18 足利義昭	2.8 足利義栄に将軍宣下（御湯殿上日記）。2.- 織田信長，北伊勢を征圧し，子信孝を神戸氏養子とする（勢州四家記）。4.15 足利義秋，越前一乗谷で元服，義昭と改名（言継卿記）。7.22 義昭，信長に迎えられ，美濃立政寺に入る（多聞院日記）。8.7 信長，近江国佐和山に入り，六角承禎に協力要請（信長公記）。9.3 三好康長ら，信長に通ずる松永久秀を大和国多聞山城に攻囲（多聞院日記）。9.7 信長，近江の六角承禎を攻める（蕪木文書）。9.13 承禎，観音寺城を自焼し没落（言継卿記）。9.26 信長，義昭を奉じて入京．三好三人衆は京都を退く（言継卿記）。10.1 信長，摂津国芥川城に入り，石山本願寺・堺等に矢銭を課す（細川両家記）。10.4 義昭・信長，松永久秀に大和を安堵し，ついで河内国飯盛城に三好義継を入れる（多聞院日記）。10.8 信長，禁裏に献金（言継卿記）。10.14 義昭・信長，帰京（言継卿記）。10.18 義昭に将軍宣下（公卿補任）。10.28 信長，岐阜に帰る（信長公記）。10.- 信長，分国中の諸関諸役を廃止（信長公記）。12.12 武田信玄，駿河に侵入し，今川氏真軍勢を薩埵山に破る（赤見文書）。 北条氏政，氏真救援のため駿河に出陣（上杉家文書）。12.13 信玄，駿河府中に侵入し，氏真は遠江国懸川城に退却（歴代古案）。12.28 三好三人衆，阿波より和泉に進出（多聞院日記）。12.- 徳川家康，遠江に侵入（恵林寺文書）。
1569 1.17	12 己巳 ⑤			1.5 三好三人衆，入京して足利義昭を本圀寺に囲む（言継卿記）。1.6 三好義継・奉公衆，三人衆を破る（言継卿記）。1.10 織田信長入京（言継卿記）。1.14 信長，幕府殿中掟を定め，ついで７ヵ条を追加（仁和寺文書）。2.2 信長，二条城の造営開始（言継卿記）。2.- 信長，三好三人衆方につく堺を威嚇．会合衆，詫びて銀２万貫目を上納（上杉家文書・重編応仁記）。3.1 信長，京都・奈良・天王寺境内に撰銭令を発布（四天王寺文書）。3.16 信長，撰銭令の追加を公布し，一町・惣町による違反者成敗を定める（京都上京文書）。4.8 フロイス，二条城造営現場で信長に謁し，京都滞在を許される（フロイス日本史）。4.14 義昭，二条城に移る（言継卿記）。4.- 日乗とフロイスら，信長の面前で宗論（フロイス日本史）。5.15 今川氏真，徳川家康に降伏し懸川城を退去．17日，駿河蒲原で北条氏政に保護される（歴代古案・色々証文）。5.23 氏真，氏政の子国王丸を養子とし駿河を譲る（安得虎子・大宮司富士家文書）。6.- 北条氏康・氏政と上杉輝虎が和睦．氏政子息の輝虎養子，足利義氏の公方承認と古河帰座等を約す（上杉家文書・伊佐早文書）。7.- 尼子勝久，出雲に侵入（萩藩閥閲録）。8.20 信長，伊勢の北畠具教を攻撃（多聞院日記）。10.3 具教，信長の子茶筅丸に家督を譲り降伏（多聞院日記）。10.6 武田信玄，相模国小田原城を攻撃後，三増峠で北条氏照らを破る（上杉家文書）。10.12 大内輝弘，大友宗麟の援を受け，周防山口に侵入（萩藩閥閲録）。10.15 吉川元春・小早川隆景，筑前国立花城より軍を返し，ついで大内輝弘を討滅（萩藩閥閲録）。
1570 2.5	元亀（げんき） 4.23 庚午			1.23 足利義昭と織田信長が不和．信長，信長添状のない義昭の御内書発給禁止等の条書を承認させる（成簣堂文庫所蔵文書）。4.20 信長・徳川家康，越前の朝倉義景攻撃のため出京（言継卿記）。4.30 信長・家康ら，浅井長政らの挙兵を知り京都に撤退（言継卿記）。6.28 信長・家康，近江姉川に浅井長政・朝倉義景を破る（姉川の戦）（津田文書）。6.- 家康，遠江国浜松城に移る（当代記）。7.21 三好三人衆，阿波より摂津に進出（言継卿記）。8.25 信長・奉公衆，摂津天王寺に出陣．ついで義昭出陣（言継卿記）。9.12 石山本願寺，天満森の信長陣所を夜襲．顕如，諸国門徒に檄文を発す（尋憲記・本願寺文書）。9.20 浅井長政・朝倉義景と一向一揆，近江国宇佐山城を攻めて織田信治・森可成を討つ（言継卿記）。9.23 信長・義昭，帰京．翌日，信長は近江坂本に出陣し、比叡山の浅井・朝倉軍と対陣．ついで家康も合流（言継卿記）。10.4 山城西岡に徳政一揆起り，幕府，徳政を行う（言継卿記・等持院文書）。10.21 三好三人衆，河内・山城に進出し，山城御牧城を攻略．ついで木下藤吉郎らが奪還（言継卿記）。11.21 伊勢長島の一向一揆，尾張小木江城に織田信興を滅ぼす（信長公記）。 信長，六角承禎と和睦（言継卿記）。12.14 信長と浅井・朝倉，勅命及び義昭の斡旋で和睦（小早川家文書）。12.- カブラルとオルガンティーノ入京（フロイス日本史）。**この年** ポルトガル船，長崎に初入港（大村家覚書）。

大史 日 本料	社　会・文　化	世　界	琉球	朝鮮	明
8.- 10 1	**3.27** 東大寺大仏殿再興の綸旨が出される(御湯殿上日記)。**10.-** 堺商人今井宗久，摂津国芥川城で織田信長に謁す．宗久・松永久秀，名物茶器を進献(信長公記)。**11.12** 大村純忠，大村にヤソ会堂を建立．長崎にも建てる(イエズス会日本年報)。 【死没】 **1.27** 大林宗套(89，臨済宗僧侶)。**9.-** 足利義栄(31，室町将軍)。**12.13** 島津忠良(77，武将)。 《大の月》1・2・4・6・9・11	明，宣府総兵官馬芳，タタールを攻撃。 朝鮮，柳希春，『眉巌日記草』を記す(～宣祖10年)。 オランダ独立戦争(～1609年)。	尚元王 13	宣祖	隆慶 2
3.- 10 2 7.- 10 3	**4.16** 織田信長，村井貞勝・日乗らを禁裏修理に当たらせる(言継卿記)。**この年** 二条宴乗，『二条宴乗日記』を記す(～天正2年8月)。**永禄年中** 琉球より三味線伝来(大怒佐)。 【死没】 **8.-** 土佐光元(40，画家)。**10.-** 大内輝弘(武将)。 《大の月》1・2・3・5・6・9・11	明，海瑞，応天巡撫となる。 ビルマ，トゥングー朝，アユタヤを占領。 オスマン軍，ヴォルガ河口にロシアと戦う．イエメンにも遠征。 ポーランド王国とリトアニア大公国の「ルブリンの連合」成立。 メキシコ市とリマに異端審問所設置の勅令。	14	2	3 ⑥
2.- 10 4 10.- 10 5	**3.17** 三条西実澄(実枝)，天皇に『源氏物語』を進講(御湯殿上日記)。**8.15** 東大寺大仏殿再興のため，京都阿弥陀寺の住持清玉に諸国助縁を勧進するよう綸旨が出される(山城名勝志)。**この年** 吉田兼見，『兼見卿記』を記す(～慶長15年)。 【死没】 **9.20** 森可成(48，武将)。 《大の月》1・2・4・6・8・10・12	明，アルタン=ハンと和議成り，翌年，順義王とする。**この頃** 新大陸から欧州にジャガイモ伝播。	15	3	4

西暦	年号 干支	天皇	将軍	政 治 ・ 経 済
1571 1.26	元亀 2 辛未	(正親町)	(足利義昭)	3. 5 武田信玄，徳川家康方の遠江国高天神城を攻撃(武徳編年集成)。4. 29 信玄，三河国吉田城に入る家康と戦う(孕石文書)。5. 12 信長，伊勢長島の一向一揆と戦う．氏家卜全戦死(信長公記)。6. 10 北条氏，武蔵松山本郷に市場法を定める(新編武蔵風土記稿)。8. 21 吉川元春，尼子勝久を出雲国新山城に攻略．勝久，信長を頼る(萩藩閥閲録)。8. 28 和田惟政，摂津に池田知正と戦い敗死(言継卿記)。9. 12 信長，延暦寺を焼討ち(言継卿記)。9. 30 信長，幕府・禁裏用途のため，洛中洛外に段別一升の米を賦課(言継卿記)。10. 15 信長，上・下京の各町毎に米五石を貸し，利息を禁裏に上納させる(京都上京文書)。**この冬** 北条氏政，上杉謙信と絶ち，武田信玄と和睦(由良文書)。**この年** 大村純忠が長崎港を整備し，ポルトガル船の寄港地となる(イエズス会日本年報)。
1572 1.15	3 壬申 ①			**閏**1. 3 上杉謙信，上野国厩橋城に入り，武田信玄と利根川を挟み対峙(越沢太助氏所蔵文書)。7. 19 織田信長，近江国小谷城の浅井長政・朝倉義景と対峙(信長公記)。8. 18 上杉謙信，越中に入り一向一揆を攻撃(寸金雑録)。9. - 信長，足利義昭に異見17ヵ条を呈し諫言(尋憲記)。 信長，近江金森に楽市・楽座令を出す(善立寺文書)。10. 10 武田信玄，遠江に侵入し徳川家康を攻め，美濃・三河にも派兵(古今消息集)。11. 14 信玄の将秋山信友，美濃国岩村城を攻略(古今消息集)。11. - 信長と上杉謙信，同盟(上杉家文書)。12. 3 朝倉義景，近江より越前に撤兵(伊能文書)。12. 22 信玄，遠江三方原に家康を破る(伊能文書)。**永禄・元亀年中** 三好長治，『新加制式』を定める(新加制式・三好別記)。
1573 2.3	天正(てんしょう) 7.28 癸酉		7. -	3. 7 織田信長，実子の人質進上を足利義昭に申込み和議を図る．義昭は拒否(細川家文書・兼見卿記)。4. 4 信長，二条城に義昭を囲み，上京に放火(兼見卿記)。4. 7 義昭，禁裏に信長との和平仲介を頼む．信長がこれを容れ和睦(兼見卿記・古文書纂)。4. 12 武田信玄，三河より信濃に転じ，病没(天正玄公仏事法語・武家事紀)。7. 3 義昭，二条城を出て宇治槇島城に入り挙兵(兼見卿記)。7. 18 信長，義昭を槇島城に降伏させ，河内国若江城に逐う(兼見卿記)。8. 10 信長，近江国小谷城に浅井長政を攻撃．朝倉義景も近江に出陣(本願寺文書)。8. 13 信長，越前に退却する朝倉軍を追撃(小川文書)。8. 20 義景，越前に自殺(小川文書)。8. 27 信長，小谷城を攻撃．浅井久政・長政，自殺(乃美文書正写)。9. 26 信長，伊勢長島の一向一揆を攻撃(信長公記)。10. - 吉川元春，伯耆・因幡を攻め，鳥取城に山名豊国を降伏させる(萩藩閥閲録)。11. 16 信長の将佐久間信盛ら，河内国若江城に三好義継を滅ぼす(公卿補任)。11. - 本願寺顕如，信長と和睦し，白天目を進上(本願寺文書)。12. 26 松永久秀・久通，信長に降伏し，大和国多聞山城を明渡す(尋憲記)。

大日本史料	社会・文化	世界	琉球	朝鮮	明
(10 5) 3.- 10 6 10.- 10 7 雑載 10 8	2.5 細川藤孝，山城西岡大原野に千句連歌会を興行(勝持寺文書)。7.16 武田信玄に東大寺大仏殿再興勧進への奉加を求める綸旨が出る．翌月，徳川家康にも発給(言継・晴豊公記)。12.27 毛利輝元造替の厳島神社遷宮(兼右卿記)。**この年** 曲直瀬道三『啓迪集』成る。 【死没】 2.11 塚原卜伝(83，剣客)。5.12 氏家卜全(武将)。6.14 毛利元就(75，武将)。6.23 島津貴久(58，武将)。8.28 和田惟政(武将)。10.3 北条氏康(57，武将)。 《大の月》2・4・5・7・9・11	レパントの海戦．スペイン等の連合艦隊，オスマン海軍を破る。 スペイン，マニラを占領，市街を建設。 オスマン軍，キプロス島を占領。	尚元王 16	宣祖 4	隆慶 5
4.- 10 9 8.- 10 10 12.- 10 11 雑載 10 12	6.- 織田信長，大仏殿再興のため，分国での1人毎月1銭宛の勧進を清玉に認める(東大寺文書)。7.25 狩野松栄(直信)，瀟湘八景の屏風絵を描く(御湯殿上日記)。**この年** 長谷川等伯，『日堯上人像』(本法寺蔵)を描く。 禁中で度々立花あり(御湯殿上日記)。 【死没】 4.1 尚元(45，琉球国王)。8.26 河野通直(24，武将)。10.20 吉田宗桂(61，医師)。 《大の月》1・2・4・6・7・9・11・12	フランス，聖バルテルミーの虐殺。	17	5	6 ② 神宗
1.- 13 2.- 14 4.- 15 4.- 16 8.- 17 9.- 18 12.- 19 雑載 20	11.23・24 織田信長，千宗易(利休)ら堺衆と京都妙覚寺で茶会を催す(今井宗久茶湯書抜)。 【死没】 1.1 村上義清(大名)。1.10 吉田兼右(58，神道家)。4.12 武田信玄(53，武将)。5.- 篠原長房(武将)。8.14 斎藤竜興(26，武将)。8.20 朝倉義景(41，武将)。8.28 浅井久政(武将)。 浅井長政(29，武将)。10.8 足利義維(65，武将)。11.16 三好義継(武将)。**この年** 上泉信綱(剣術家)。 《大の月》3・6・7・9・10・12	**この年** 明，張居直，『帝鑑図説』を上梓。	尚永王	6	万暦 1.1

西暦	年号 干支	天皇	政　治・経　済
1574 1.23	天正 2 甲戌 ⑪	(正親町)	1.- 越前に一向一揆起こる(尋憲記)。2.- 武田勝頼，織田信長方の美濃国明智城を攻略(尋憲記)。3.19 羽柴秀吉，近江国長浜城に入り，指出等の条規を百姓に触れる(雨森文書)。4.2 本願寺顕如，挙兵(年代記抄節)。5.12 武田勝頼，遠江国高天神城を囲み，翌月，攻略(武州文書)。7.28 上杉謙信，越中を平定し，加賀に進出(上杉古文書)。9.29 信長，伊勢長島一向一揆を鎮圧(細川家文書)。11.- 北条氏政，簗田持助を関宿城に攻囲，上杉謙信・佐竹義重，持助救援のため出陣(上杉家文書)。閏11.19 持助，降伏し関宿城を退去(安得虎子)。閏11.25 信長，分国中の道路・橋の修築等を命じる(酒井文書)。
1575 2.11	3 乙亥		3.14 織田信長，徳政令を発して，門跡・公家の借物を破棄す(中山家記)。3.23 信長，塙(原田)直政を大和守護に任じる(多聞院日記)。3.27 琉球使船(紋船)，鹿児島に着．翌4月，島津義久に謁する(上井覚兼日記)。4.21 武田勝頼，三河国長篠城を攻囲(古文書纂)。5.21 信長・徳川家康，長篠に勝頼を大破(長篠の戦)(細川家文書)。5.22 小早川隆景，備中国松山城に三村政親を滅ぼす(吉川家文書)。7.12 信長，近江勢多橋を修築(信長公記)。7.17 長宗我部元親，土佐を平定(元親記)。8.14 信長，越前に入り，一向一揆を鎮圧(泉文書)。8.29 吉川元春，尼子勝久・山中幸盛を因幡国鬼ヶ城に攻撃(萩藩閥閲録)。9.20 近衛前久，薩摩に下向(公卿補任)。9.- 信長，柴田勝家らを越前に配す(信長公記)。10.21 信長，本願寺顕如の請を容れ和睦(信長公記・南行雑録)。
1576 1.31	4 丙子		2.8 足利義昭，備後鞆に移り，毛利輝元に援助を要請(小早川家文書)。2.23 織田信長，安土城を築き，ここに移る(信長公記)。2.- 織田信忠，父信長より美濃・尾張を譲られ，尾張の道幅や並木・橋等の管理について定める(坂井遺芳)。4.14 顕如が再挙し，信長，石山本願寺を攻囲(信長公記)。5.3 原田直政，本願寺と戦い敗死．10日，信長は直政の大和管轄を筒井順慶に交替(多聞院日記)。5.6 松浦隆信・鎮信，竜造寺隆信に屈服(竜造寺文書)。5.- 上杉謙信，顕如と同盟(河田文書)。7.13 毛利輝元の水軍，摂津木津川口に信長水軍を破り，本願寺に兵粮を搬入(上杉家文書)。11.17 上杉謙信，越中飛州口を押えた後，加賀・能登に進出(越登賀三州志)。
1577 1.19	5 丁丑 ⑦		2.13 織田信長，京都を発し，紀伊雑賀一揆を攻撃(多聞院日記)。3.21 鈴木孫一ら雑賀衆が信長に降伏．信長，赦免し安土に帰還(土橋文書・多聞院日記)。6.- 信長，安土山下町中に，楽市・楽座を含む町掟を出す(近江八幡市共有文書)。7.- 京都四条大橋の修復成る(兼見卿記)。閏7.5 武田勝頼，分国内の軍役を定める(市谷八幡神社文書)。8.8 信長，柴田勝家らを加賀に派兵(信長公記)。8.17 松永久秀，信長に叛き，大和信貴山城に籠る(信長公記)。9.15 上杉謙信，能登国七尾城を攻略(歴代古案)。9.23 謙信，加賀湊川(手取川)に柴田勝家らを破る(歴代古案)。10.10 織田信忠，松永久秀・久通を信貴山城に滅ぼす(多聞院日記)。10.23 信長，羽柴秀吉を播磨に進発させる(兼見卿記)。11.20 信長，右大臣に任官(公卿補任)。12.3 羽柴秀吉，宇喜多直家方の播磨上月城を攻略し，尼子勝久・山中幸盛を同城に入れる(下村文書・信長公記)。**この頃** 京枡普及。 甲斐黒川金山の採掘量減少(風間家文書)

大日本史料	社会・文化	世界	琉球	朝鮮	明
⑩20 2.-21 4.-22 6.-23 8.-24	**1.12** 織田信長，尾張国瀬戸に瀬戸焼物釜を免許し，他所は禁止(加藤彦四郎氏所蔵文書)。**3.24** 信長，相国寺で茶会を催す(今井宗久茶湯書抜)。**3.28** 信長，勅封の正倉院宝物の蘭奢待を截香(天正二年截香記)。**6.-** 信長，『洛中洛外図屏風』を上杉謙信に贈る(御書集)。**11.17** 曲直瀬道三，『啓迪集』を天皇に進覧。**この年** 上井覚兼，『上井覚兼日記』を記す(～天正14年)。 【死没】 **1.3** 覚恕(54，天台宗僧侶)。**3.5** 武田信虎(81，武将)。**6.1** 里見義堯(68，武将)。**7.28** 仁如集堯(92，臨済宗僧侶)。**11.15** 伊丹親興(武将)。**12.7** 貞把(60，浄土宗僧侶)。 《大の月》1・4・7・9・10・11・12	オスマン軍，テュニスを占領。	尚永王 2	宣祖 7	万暦 2 ⑫
	1.- 中御門宣教，『宣教記』を記す(～天正4年12月)。**6.-** 近衛前久，『詠歌大概序』を書写，島津義久に与える。**7.-** 九条稙通『孟津抄』成る。**8.11** 『国府台戦記』成る。**10.14** 三好康長が三日月の葉茶壺を，顕如が円座肩衝等を信長に進上(慶応義塾大学図書館所蔵文書)。**10.28** 織田信長，京都妙覚寺で茶会．白天目・つくも茄子・三日月壺等で座敷を飾る(信長公記)。**10.-** 三好長治，分国に日蓮宗を許可．日珖，浄土・真言宗僧と宗論(己行記)。**11.-** 大友宗麟の次男親家，受洗(イエズス会日本年報)。**この年** 出羽湯口内銀山発見(秋田領内諸金山箇所年数帳)。 【死没】 **3.28** 上杉憲盛(武将)。**5.-** 鳥居強右衛門(武将)。 《大の月》1・4・7・9・10・12	**この頃** 朝鮮で党争始まる。 ジャワ，マタラムのイスラム王国始まる。	3	8	3
	4.27 里村紹巴ら，祇園社で万句連歌会を催す(兼見卿記)。**7.21** 京都の南蛮寺，献堂式(イエズス会士日本通信)。**この年** 南京芋(じゃが芋)が長崎に渡来．この頃，とうもろこし・すいか・かぼちゃの種子，渡来。 山科言経，『言経卿記』を記す(～慶長13年が現存)。 【死没】 **6.6** 酒井正親(56，武将)。**7.下旬** 清水里安(51，有力キリシタン)。**10.15** 畠山高政(50，武将)。**11.25** 北畠具教(49，武将)。**12.15** 日辰(69，日蓮宗僧侶)。**12.27** 有馬義貞(56，武将)。 《大の月》1・3・5・8・10・12	ネーデルランド17州，ガンの盟約。 フランス，ボーダン，『国家論六書』。	4	9	4
	3.12 村井貞勝，織田信長の命により禁裏築地を修理(信長公記)。**10.30** 千宗易，今井宗久らを招き茶会を催す(天王寺屋会記宗及他会記)。**この年** 松平家忠，『家忠日記』を記す(～文禄3年)。 【死没】 **8.25** 半井驢庵(77，医師)。**10.10** 松永久秀(68，武将)。**11.12** 日秀(83，真言宗僧侶)。**12.5** 伊達晴宗(59，武将)。**この年** 日乗(僧侶)。 《大の月》1・2・4・6・8・10・12	明，章潢撰『図書編』成る．当初「論世編」といったが万暦13年頃に改名。 イギリス，ドレーク，世界周航に出発(～'80年)。	5	10	5 ⑧

西暦	年号 干支	天皇	政　治・経　済
1578 2.7	天正 6 戊寅	（正親町）	2.- 別所長治，播磨国三木城に挙兵（信長公記）。4.18 吉川元春・小早川隆景，上月城を攻囲し，羽柴秀吉と対峙（吉川家文書別集）。5.13 上杉景虎，越後春日山城より御館に移り，上杉景勝と争う（歴代古案）。7.3 毛利勢，上月城を攻略．尼子勝久は自害（吉川家文書）。9.29 北条氏政，武蔵国世田谷新宿を楽市とし，国質等の禁止や市日を定める（大場文書）。10.17 荒木村重，顕如と結び織田信長に叛いて，摂津国有岡城に籠る（古文書集）。11.2 武田勝頼，遠江に侵入し，徳川家康出陣後，撤退（家忠日記）。11.6 九鬼嘉隆ら織田水軍，鉄装甲・大砲搭載大船で毛利水軍を木津川口に破る（信長公記）。11.9 信長，荒木村重を有岡城に攻囲し，高山友祥（右近）・中川清秀を降伏させる（信長公記）。11.12 島津義久，大友宗麟の軍を日向耳川に破る（薩藩旧記）。**この年** 越中亀谷銀山発見（越中鉱山雑誌）。
1579 1.27	7 己卯		3.17 上杉景勝，上杉景虎の越後御館を攻略し，24日，鮫尾城に景虎を自殺させる（歴代古案）。5.11 織田信長，安土城天主閣に移居（信長公記）。6.2 信長，明智光秀が安土に送還した丹波八上城の波多野秀治を磔刑に処す（信長公記）。8.3 徳川家康，岡崎に入り，子信康を大浜，ついで遠江堀江城に移す（家忠日記）。8.24 明智光秀，丹波を平定し，町人・百姓らに還住を促す（富永文書）。8.29 家康，室築山殿を殺害し，翌月15日に信康を遠江国二俣城に自刃させる（松平記）。9.2 荒木村重，有岡城より尼崎城に移る（信長公記）。9.25 里見義頼，領内の商船の諸役を免除（安房古文書）。10.30 宇喜多直家，毛利氏と絶ち，信長方に転じる（信長公記）。**この年** オルガンティーノ，安土に教会建設（日本西教史）。
1580 1.17	8 庚辰 ③		1.17 羽柴秀吉，別所長治らを自刃させ，播磨国三木城を攻落（信長公記）。3.17 織田信長，勅命を奉じ，本願寺顕如に赦免，石山退去を含む誓書を送る（本願寺文書）。**閏**3.5 顕如，坊官と共に誓書を出し，信長との和議成る（本願寺文書・陰徳太平記）。**閏**3.17 筒井順慶，大和諸寺の梵鐘を徴発し，鉄砲を鋳造（多聞院日記）。4.9 顕如，石山本願寺より紀伊鷺森に退去（鷺森別院文書）。6.- イギリス商船，平戸に来航（松浦家世伝）。8.- 信長，摂津・河内等に城割を命じ，筒井順慶は郡山以外の大和諸城を破却（多聞院日記）。9.26 信長，滝川一益・明智光秀を大和に派し，寺社等に指出提出を命じる（多聞院日記）。11.- 柴田勝家，加賀一向一揆を平定（信長公記）。
1581 2.4	9 辛巳		2.23 バリニァーノ，織田信長に謁見（日本巡察記）。2.- 長宗我部元親，一条内政を伊予法華津に放逐（元親記）。3.9 上杉景勝，佐々成政留守の越中小出城を攻撃（信長公記）。 信長，和泉での指出徴収を堀秀政に命じる（信長公記）。3.22 徳川家康，遠江高天神城を攻略（家忠日記）。8.- 信長，高野聖千余人を捕え，処刑（多聞院日記）。9.3 信長，子信雄らに伊賀惣国一揆を平定させる（多聞院日記）。10.2 信長，前田利家に能登を支配させる（信長公記）。10.25 羽柴秀吉，因幡国鳥取城を攻略．吉川経家自殺（吉川家文書）。11.17 秀吉，淡路を平定（信長公記）。11.- 朝鮮国王，日本国王の請により，京極晴広に勘合銅印を与える（続善隣国宝記）。12.24 武田勝頼，甲斐新府城に移る（信長公記）。**この年** 藤堂高虎，但馬の一揆を鎮圧（寛政重修諸家譜）。

大日本史料	社　会・文　化	世　界	琉球	朝鮮	明
	10.3 織田信長，禁裏で相撲を興行(多聞院日記)。10.28 遠江・三河等で地震(家忠日記)。**この年** 勧修寺晴豊，『晴豊公記』を記す(〜文禄3年までのものが現存)。 【死没】 3.13 上杉謙信(49，武将)。5.7 高坂虎綱(52，武将)。5.20 里見義弘(54，武将)。6.13 北条氏繁(43，武将)。6.30 由良成繁(73，武将)。7.3 尼子勝久(26，武将)。7.17 山中幸盛(尼子氏家臣)。8.10 玉崗瑞璵(79，足利学校)。 《大の月》1・3・4・6・9・11	明，張居正，全国で土地測量を開始。 ポルトガルに広東貿易を許可。 李時珍『本草綱目』成る。	尚永王 6	宣祖 11	万暦 6
	3.2 山科言継没. 生前，日記『言継卿記』を記す。5.27 織田信長，安土で宗論を行い，日蓮宗僧に他宗への法難禁止等を誓約させ，宗徒を処分(言経卿記)。12.10『イエズス会日本年報』始まる。 【死没】 1.24 三条西実枝(69，歌人，公卿)。3.2 山科言継(73，公家)。3.17 上杉憲政(武将)。3.24 上杉景虎(武将)。4.27 烏丸光康(67，公家)。4.29 二条晴良(54，公卿)。6.2 波多野秀治(武将)。6.13 竹中重治(36，武将)。6.30 策彦周良(79，禅僧)。7.4 油屋常祐(堺商人)。8.29 築山殿(徳川家康正室)。9.15 松平信康(21，武将)。10.2 種子島時堯(52，武将)。**この年** 高橋鑑種(武将)。 《大の月》1・3・4・6・8・10・12	ネーデルランド北部7州，ユトレヒト同盟を結成。	7	12	7
	1月以降間もなく 来野弥一右衛門『別所長治記』成るか。**この春・夏** 諸国で疫病流行(異本会津塔寺八幡宮長帳)。8.2 石山本願寺，顕如の嗣子教如の退去後，焼失(多聞院日記)。8.- 実悟，『蓮如上人一期記』を著す。11.- 実悟，『蓮如上人和歌縁起』を著す。**この年** 安土と肥前国有馬にセミナリヨ開設(16・7世紀イエズス会日本報告集)。 実悟，『実悟記』を著す。**この年以降天正16年頃の間** 大村由己『天正記』成る。 【死没】 1.17 別所長治(武将)。6.17 蘆名盛氏(60，武将)。**この年** 似我与左衛門(75，能役者)。 《大の月》2・③・5・6・8・10・12	フランス，モンテーニュ『随想録』(〜'88年)。 スペイン，ポルトガルを併合。	8	13	8 ④
	3.29 羽柴秀吉・松井友閑・村井貞勝ら，清水寺で猿楽を観る(兼見卿記)。5.20 京都洪水，四条大橋流失(兼見卿記)。 【死没】 1.25 京極高吉(78，武将)。2.14 宇喜多直家(53，武将)。7.11 饅頭屋宗二(84，歌学者)。7.22 佐久間信盛(55，武将)。9.- 正木憲時(武将)。10.25 吉川経家(35，武将)。 《大の月》2・4・6・8・9・11	イギリス，レヴァント通商会社を設立。 ロシア，イェルマーク，シベリア遠征．農民権縮小，農奴制強化。 オランダ，独立宣言。	9	14	9

西暦	年号 干支	天皇	政　治・経　済
1582 1.24	天正 10 壬午	(正親町)	1.28 大友・大村・有馬３氏，ローマ法王に少年使節を派遣(天正遣欧使節)(イエズス会日本年報)。2.2 武田勝頼，信濃の木曾義昌攻めに出陣(信長公記)。2.12 織田信忠，武田攻めに出陣(信長公記)。3.1 徳川家康，駿河に出陣し，武田方穴山梅雪を誘降(家忠日記)。3.11 武田勝頼・信勝，滝川一益・河尻秀隆らに攻められ甲斐国田野に自刃(信長公記)。3.19 織田信長，信濃上諏訪に至り，ついで信濃・甲斐国に国掟を出す(信長公記)。5.4 勧修寺晴豊，村井貞勝より信長の関白等推任を申渡され，安土に下向して将軍に推すも，信長は拒否(日々記所収天正十年夏記)。5.7 信長，子信孝に四国出陣を命じる(寺尾菊子氏所蔵文書)。 羽柴秀吉，備中国高松城に清水宗治を攻囲(浅野家文書)。6.2 明智光秀，本能寺に信長を，二条城に信忠を囲み自殺させる(兼見卿記)。6.4 秀吉，毛利輝元と和睦して，清水宗治を自刃させ，６日に高松を発す(浅野家文書)。 家康，堺より三河国に戻る(家忠日記)。6.8 秀吉，亀井茲矩に全国統一後の琉球給与を約し，琉球守と呼称させる(寛永諸家系図伝・状啓)。6.13 秀吉・織田信孝，山崎に明智光秀を破る．光秀，農民に討たれる(兼見卿記)。6.18 滝川一益，上野神流川で北条氏直に敗れ，厩橋城より伊勢国長島に還る(武州文書)。6.27 秀吉ら織田氏宿老，清洲に議し，三法師を継嗣とし，遺領を分配(浅野家文書・塚本文書)。7.3 家康，浜松を発し，甲斐・信濃に進出(家忠日記)。 秀吉・織田信孝，本能寺を信長墓所とする(本能寺文書)。7.8 秀吉，山城で指出検地を行う(多聞院日記)。8.10 家康，甲斐新府城に移り，若神子の北条氏直と対峙(家忠日記)。9.13 筒井順慶，撰銭令を出す(多聞院日記)。10.15 秀吉，大徳寺で信長葬儀を主催(晴豊公記)。10.29 家康，北条氏直と和睦(家忠日記)。12.9 秀吉，織田信孝を岐阜城に攻めて降伏させる(小早川家文書)。
1583 1.24	11 癸未 ①		2.12 羽柴秀吉，伊勢の滝川一益を攻撃(武家事紀・近藤文書)。3.5 島津義久，宣教師を追放(上井覚兼日記)。3.9 柴田勝家，近江国柳ヶ瀬に出陣(古証文)。3.17 秀吉，近江国賤ヶ岳・木ノ本に布陣し，勝家と対峙(木村文書)。4.16 秀吉，織田信孝攻撃のため美濃大垣城に入る(亀井文書)。4.21 秀吉，近江国木ノ本に戻り，賤ヶ岳に勝家を破る(毛利家文書)。4.24 勝家，越前国北ノ庄城に自殺(毛利家文書)。4.25 秀吉，加賀に進み，前田利家・佐々成政を服属させ，北陸平定(毛利家文書)。5.2 織田信雄，信孝を尾張国内海に自殺させる(家忠日記)。5.4 丹羽長秀，越前三国湊問丸に諸国の商人・商船を招かせる(森田文書)。6.2 秀吉，大坂城に入る(多聞院日記)。7.7 秀吉，近江で検地を実施(八日市市今崎町共有文書)。7.- 上杉景勝，分国に徳政を行う(歴代古案)。8.1 秀吉，諸将に所領を分与(浅野家文書など)。10.5 徳川家康，分国中に守随の秤を使用させる(守随文書)。12.30 家康，分国中の一向宗徒を赦免(本願寺文書)。
1584 2.12	12 甲申		3.6 織田信雄，家老３人を斬り秀吉と絶つ(吉村文書)。3.13 徳川家康，尾張清洲城に着陣し，信雄と会見(吉村文書)。3.21 雑賀一揆と根来衆，堺を襲うが，岸和田城の秀吉勢に撃退される(宇野主水日記)。3.24 竜造寺隆信，肥前国沖田畷に島津家久・有馬鎮貴と戦い敗死(上井覚兼日記)。3.28 羽柴秀吉，尾張国楽田城に入り，小牧山の家康と対峙(生駒家宝簡集)。4.9 家康，三好秀次ら秀吉勢を尾張国長久手に破る(小牧・長久手の戦)(皆川文書)。5.1 秀吉，比叡山再興を許す(延暦寺文書)。6.28 イスパニア人，平戸に来着．松浦鎮信，フィリピン総督に書を贈る(セビリア市インド文書館文書)。7.18 秀吉，遁世と称す犯科人の寺中走入りの不許可を大徳寺に命じる(大徳寺文書)。9.11 佐々成政，家康らと結び能登国末森城に前田利家を攻めるも敗北(多聞院日記)。11.15 秀吉，信雄と会い和睦(宗国史)。12.12 家康，秀吉と和睦し，子於義丸を秀吉養子とする(家忠日記)。

大日本史料	社会・文化	世界	琉球	朝鮮	明
6.- [11] 1 7.- [11] 2 12.- [11] 3	**1.25** 織田信長，伊勢両宮の造替費を寄進(外宮引付)。**5.27** 明智光秀，山城愛宕山に連歌会を催す(明智光秀張行百韻)。**6.15** 安土城焼失(兼見卿記)。**この年** 京都・奈良でややこ踊の興行(多聞院日記)。**この年以降慶長3年頃の間** 太田牛一，『信長公記』を著す。 【死没】 **3.11** 武田勝頼(37，武将)。**3.-** 長坂長閑(武将)。**4.3** 快川紹喜(臨済宗僧侶)。**6.2** 織田信長(49，武将)。 織田信忠(26，武将)。 森蘭丸(18，織田信長近習)。 穴山梅雪(42，武将)。 村井貞勝(武将)。**6.4** 清水宗治(46，武将)。**6.13** 明智光秀(武将)。**6.15** 明智秀満(武将)。**6.17** 斎藤利三(武将)。**6.18** 河尻秀隆(56，武将)。**7.19** 武田元明(31，武将)。**10.16** 松平家忠(36，武将)。**12.4** 土岐頼芸(82，武将)。**この年** 籠手田安経(武将)。 《大の月》1・3・6・8・9・10・12	教皇グレゴリウス13世，グレゴリ暦を制定。 マテオ=リッチ，マカオに至る。**この頃** ジャワにマタラム王国建国。	尚永王 10	宣祖 5	万暦 10
4.- [11] 4 8.- [11] 5	**7.-** 諸国で大雨・洪水(家忠日記)。**8.-** 北野経王堂千部経会の期間，曲馬乗の見世物がでる(言経卿記)。**9.1** 大坂城の普請開始(兼見卿記)。**この年** 梵舜，『梵舜日記』を記す(～寛永9年11月)。 【死没】 **1.21** 足利義氏(武将)。**2.11** 那須資胤(武将)。**2.23** 依田信蕃(36，武将)。**2.25** 小笠原長時(70，武将)。**4.20** 中川清秀(42，武将)。**4.24** 柴田勝家(武将)。 小谷の方(織田信長妹)。**5.2** 織田信孝(26，武将)。**5.12** 佐久間盛政(30，武将)。**6.17** 松平康親(63，武将)。**12.5** 観世元忠(75，能役者)。 《大の月》1・3・6・8・9・11・12	イギリス人ギルバート，ニューファンドランドに到着。 建州女真ヌルハチ挙兵。	11	16	11 ②
3.- [11] 6 4.- 7 8.- 8 9.- 9 10.- 10 雑載 11 12	**この夏** 畿内旱魃(多聞院日記)。**10.-** 伊達成実，『伊達日記』を記す(～慶長5年)。 【死没】 **3.24** 竜造寺隆信(56，武将)。**4.9** 池田恒興(49，武将)。 森長可(27，武将)。**4.17** 蒲生賢秀(51，武将)。**8.11** 筒井順慶(36，武将)。**8.17** 頼玄(79，真言宗僧侶)。**10.6** 蘆名盛隆(24，武将)。 《大の月》2・4・7・9・11・12	英人ドレーク，新旧両大陸のイスパニア領を侵す。	12	17	12

西暦	年号干支	天皇	政　治・経　済
1585 1.31	天正 13 乙酉 ⑧	(正親町)	3.21 羽柴秀吉，雑賀一揆・根来寺衆の和泉諸城を攻略(宇野主水日記)。3.23 秀吉，紀伊根来寺・雑賀一揆を攻撃．根来寺・粉河寺焼亡(宇野主水日記)。4.10 秀吉，高野山を帰服させ，僧の武装解除等を誓約させる(高野山文書)。4.22 秀吉，紀伊国大田城を攻略し，雑賀一揆を鎮圧(大田文書・宇野主水日記)。4.28 秀吉，本願寺に大坂渡辺の在所に寺内屋敷を与える(宇野主水日記)。6.16 秀吉の弟秀長，四国の長宗我部元親攻めに出陣(多聞院日記)。7.11 秀吉，近衛前久の猶子となり(藤原改姓)，関白叙任(木下家文書・近衛家文書)。7.25 長宗我部元親，秀吉に降伏(土佐国蠹簡集)。8.26 秀吉，佐々成政を越中に攻め，降伏させる(三村文書)。閏8.23 徳川家康，駿府城を修理する(家忠日記)。閏8.25 羽柴秀長，大和多武峯衆徒の武器を没収(多聞院日記)。9.3 秀吉，大陸侵略の意図を示す(一柳文書)。9.9 秀吉，豊臣改姓を勅許される(押小路家文書)(天正14年12月説あり)。10.2 秀吉，九州の停戦を島津義久らに命じる(島津家文書)。10.8 陸奥国二本松城の畠山義継，伊達輝宗を拉致し伊達勢に討たれる．輝宗も討死(伊達日記)。11.29 近畿・東海に大地震．三十三間堂の仏像が転倒(宇野主水日記)。
1586 2.19	14 丙戌	11.7 後陽成	3.16 豊臣秀吉，コエリョに会い，明・朝鮮征服の意図を告げる(イエズス会日本年報)。3.- この頃，武蔵品川等の後北条氏領内で百姓の逃散等が頻発(立石知満氏所蔵文書)。 この頃，大坂に千人切が出没(宇野主水日記)。4.22 秀吉，方広寺大仏殿の建材を諸国に賦課(高山公実録)。5.14 秀吉の妹朝日姫，徳川家康に嫁す(家忠日記)。6.14 上杉景勝，大坂で秀吉に会見(天正十四年上洛日記)。6.- 羽柴秀次，近江八幡山下町中に楽市を含む13ヵ条の掟を出す(近江八幡市共有文書)。7.27 島津忠長ら，大友氏の将高橋紹運の筑前国岩屋城を攻略(上井覚兼日記)。8.3 秀吉，黒田孝高・小早川隆景らに九州出陣を命じる(小早川家文書)。10.12 羽柴秀長，大和国内での京升使用を定める(多聞院日記)。10.13 秀吉，母大政所を家康の人質に出す(多聞院日記)。10.18 島津義久，大友氏攻撃のため日向に出陣(薩藩旧記)。10.27 家康，大坂城で秀吉と会見(宇野主水日記)。12.3 秀吉，関東・奥羽の諸大名に惣無事令を出す(秋田藩採集文書)。12.4 家康，浜松城より駿府城に移る(家忠日記)。12.13 島津家久，豊後戸次川に仙石秀久・長宗我部信親らを破る(薩藩旧記)。12.15 大友義統，豊後より豊前竜王城に逃れる(吉川家文書)。12.19 秀吉，太政大臣に任官(公卿補任)。
1587 2.8	15 丁亥		1.16 羽柴秀長，奈良・郡山の座・諸公事を廃し，4月，奈良の鉄・塩・魚を除き諸公事を復す(多聞院日記)。3.1 豊臣秀吉，島津氏攻めのため，大坂を出立(多聞院日記)。4.17 秀長，日向国根白坂に島津義久らを破る(薩藩旧記)。5.8 島津義久，秀吉に降伏(九州御動座記)。6.7 秀吉，筑前国筥崎で九州の国分けを行う(兼見卿記)。6.15 秀吉，朝鮮国王の来日参洛の催促を対馬の宗氏に命じる(宗家文書)。6.19 秀吉，キリスト教宣教師の国外退去等を命じる(松浦文書)。 この日以後，秀吉，京都の南蛮寺，豊後府内のコレジョ等を破却させる(イエズス会日本年報)。6.- 秀吉，筑前国博多に座廃止等9ヵ条の定を公布(毛利家文書)。7.14 秀吉，大坂に帰陣(多聞院日記)。8.21 秀長，奈良での酒・味噌等の商売を禁じ，郡山で売買させる(多聞院日記)。9.7 肥後国で佐々成政の検地等に対して国人一揆が起こる．秀吉，諸将を派兵(小早川家文書)。**この年** 秀吉，天正通宝を鋳造させる(貨幣博物館所蔵品)。

大日本史料	社会・文化	世界	琉球	朝鮮	明
1.- ⑪ 13 3.- 14 4.- 15 5.- 16 7.- 17 8.- 18 ⑧.- 19 9.- 20 10.1 21 ～ 24 雑載	**2.17** 羽柴秀吉，上・下京の町人に仙洞御所の築地を築かせる(兼見卿記)。**3.8** 秀吉，大徳寺に大茶会を興行(天王寺屋会記宗及他会記)。**6.14** ルイス=フロイス『フロイス日欧風習対照覚書』成る。**10.6** 秀吉，羽柴秀長らと昇殿．ついで任諸大夫の武家衆と参内し，禁中で茶会を催す(兼見卿記)。 【死没】 **1.14** 山岡景隆(61，武将)。**4.16** 丹羽長秀(51，武将)。**7.1** 一条兼定(43，武将)。**8.5** 伊東義祐(74，武将)。**9.11** 戸次鑑連(70，大友氏年寄)。**10.8** 伊達輝宗(42，武将)。 二本松義継(武将)。**12.10** 羽柴秀勝(18，武将)。 《大の月》1・3・5・8・9・11・12	スペイン軍，アントワープを占領。 イギリス人，ヴァージニアに植民地建設を開始。	尚永王 13	宣祖 18	万暦 13 ⑨
	4.6 大友宗麟「大坂城内見聞録」成る。**6.8** 豊臣秀吉，大坂城中で茶会(榊原家文書)。**10.28** 神屋宗湛，『神屋宗湛日記』を記す(～慶長18年12月9日)。**この年** ギド=グワルチェリ『グヮルチェリ日本遣欧使者記』刊(ローマ)。 天荆，『朝鮮国往還日記』を記す(～天正16年)。 紹巴『連歌至宝抄』成る(天正13年説あり)。 【死没】 **5.22** 蜂須賀正勝(61，武将)。**7.24** 誠仁親王(35，陽光太上天皇，後陽成天皇父)。**7.27** 高橋紹運(武将)。**9.9** 滝川一益(62，武将)。**10.9** 田村清顕(武将)。**11.15** 吉川元春(57，武将)。**この年** 荒木村重(52，武将)。 《大の月》2・3・5・8・10・12	ロシア，チュメニにシベリア植民の拠点をつくる。	14	19	14
	1.-『天正日記』(伊達天正日記)記される(～天正18年4月20日)。**7.9** 楠長諳(大饗正虎)『九州陣道之記』成る。**9.13** 豊臣秀吉，聚楽第に入る(言経卿記)。**10.1** 秀吉，北野大茶会を催すも，一日で中止(多聞院日記)。**この年**『九州御動座記』成る。 西洞院時慶，『時慶卿記』を記す(～寛永16年)。 【死没】 **3.13** 久松俊勝(62，武将)。**4.18** 大村純忠(55，武将)。**4.-** 姉小路自綱(48，武将)。**5.6** 北条綱成(73，武将)。**5.23** 大友宗麟(58，武将)。**6.5** 島津家久(41，武将)。 吉川元長(40，武将)。**10.26** 里見義頼(武将)。**10.-** 大宝寺義興(武将)。**この年** 新発田重家(武将)。 《大の月》2・3・5・7・9・11	朝鮮，柳成竜，『懲毖録』を記す(～宣祖31年)。 イギリス，メアリ=ステュアート，処刑される。 サファヴィー朝アッバース1世が即位(～1629年)。	15	20	15

西暦	年号 干支	天皇	政　治・経　済
1588 1.28	天正 16 戊子 ⑤	（後陽成）	4.2 豊臣秀吉，長崎の教会領を収公し，鍋島直茂を代官とする（鍋島家文書）。閏5.14 肥後の国人一揆が鎮圧され，秀吉，佐々成政を切腹させる（小早川家文書）。7.8 秀吉，刀狩令・海賊取締令を発布（小早川家文書）。8.12 島津義久，秀吉の命により琉球王に服属を督促（島津家文書）。8.22 北条氏直の弟氏規，上洛し秀吉に謁見（家忠日記）。9.9 これより先，秀吉，鍛冶等職人の座を廃止（浄福寺文書）。**この年** 秀吉，天正大判等を鋳造させる（貨幣博物館所蔵品）。
1589 2.15	17 己丑		3.9 豊臣秀吉，聚楽第の壁の落書につき，科人を匿う本願寺等に起請文を提出させ，番衆等を磔刑に処する（鹿苑日録）。4.28 秀吉，日蓮宗の不受不施義を公許（万代亀鏡録）。6.5 伊達政宗，蘆名義広（盛重）を陸奥国摺上原に破る（伊達日記）。6.- 秀吉，佐渡に一国一城令を布く（佐渡風土記）。7.4 秀吉，上杉景勝・佐竹義重に政宗討伐の用意を命じる（佐竹文書）。7.7 徳川家康，貢租・夫役など7ヵ条を定める（仁藤文書）。7.- 秀吉，真田昌幸の上野沼田領の3分の1を北条氏に引渡す等の裁定を下す（市谷八幡神社文書）。8.28 宗義智・景轍玄蘇，朝鮮国王に拝謁し，通信使派遣を要請（朝鮮王朝実録）。9.1 秀吉，諸大名に妻子の在京を命じる（多聞院日記）。9.24 琉球国王尚寧の使，島津義久と上京（武家事紀・続善隣国宝記）。11.24 秀吉，北条氏の上野国名胡桃城奪取を裁定違反と責め，北条氏に誅伐を通告（伊達家文書）。**この年** 秀吉，九州等で検地を行う（熊本県立図書館所蔵文書）．また，徳川・毛利・長宗我部氏も領内で検地（天恩寺文書・萩藩閥閲録・古文叢）。
1590 2.5	18 庚寅		1.20 豊臣秀吉，伊達政宗に小田原参陣を催促（伊達家文書）。3.1 秀吉，京都を出陣（晴豊公記）。4.3 秀吉，小田原城を包囲（家忠日記）。6.9 秀吉，小田原陣中で政宗を引見（伊達治家記録）。7.5 北条氏直，秀吉に降伏．秀吉，氏直を助命し，氏政・氏照に自害を命じる（小早川家文書）。7.13 秀吉，小田原城に入り，徳川家康を北条氏旧領に移封（家忠日記）。7.17 秀吉，陸奥に向う（兼見卿記）。8.1 家康，江戸城に入る（実紀）。8.9 秀吉，会津黒川城に入り，豊臣秀次らに奥羽の検地を命じる（浅野家文書）。9.1 秀吉，帰京（晴豊公記）。10.16 大崎・葛西で一揆蜂起（伊達日記）。11.7 秀吉，聚楽第に朝鮮通信使を引見（晴豊公記）。**この年** 秀吉，洛中町割を行う（京都町家旧事記）。
1591 1.25	19 辛卯 ①		1.20 豊臣秀吉，沿海諸国に兵船建造を命じる（高山公実録）。閏1.5 秀吉，本願寺顕如に六条堀川の地を寄進（本願寺文書）。閏1.8 バリニァーノ，秀吉に謁見し，インド副王の書を呈する（フロイス日本史）。閏1.- 秀吉，洛中周囲に土居を築造（三藐院記）。6.- 宗義智，朝鮮釜山辺将に仮途入明要求を通知（朝鮮王朝実録）。7.25 秀吉，ポルトガル領インド副王にヤソ教禁止，貿易希望の返書を送る（富岡文書）。8.21 秀吉，武家奉公人の町人・百姓化，百姓の離村商売の禁止等を定める（浅野家文書）。8.23 秀吉，来年3月の征明出兵を表明し，肥前名護屋築城普請を諸将に命じる（相良家文書）。9.4 蒲生氏郷ら，九戸政実の陸奥国九戸城を攻略（九戸の乱）（浅野家文書）。9.15 秀吉，フィリピン諸島長官に入貢を促す（異国往復書翰集）。10.24 島津義久，琉球王尚寧に征明の兵糧米等の負担を催促（薩藩旧記）。12.28 豊臣秀次，関白となる（木下家文書）。**この年** 毛利輝元，広島城に移る（厳島野坂文書）。 秀吉，諸国の御前帳・郡図を徴収（吉川家文書・多聞院日記）。

社　会・文　化	世　界	琉球	朝鮮	明
4.14 天皇，聚楽第に行幸(聚楽行幸記)。**4.-** 大村由己，『聚楽行幸記』を著す。**5.15** 豊臣秀吉，方広寺大仏殿の建造を開始(言経卿記)。**この年** 定阿『赤松記』成る。 【死没】 **閏5.14** 佐々成政(50，武将)。**5.-** 隈部親永(肥後国人衆)。**6.5** 多忠宗(83，雅楽家)。**11.19** 稲葉一鉄(73，武将)。**12.12** 宗義調(57，対馬守護)。 《大の月》1・3・5・⑤・7・9・11	イギリス，スペイン無敵艦隊を破る。 ヌルハチ，建州諸部を統一。	尚永王 16	宣祖 21	万暦 16 ⑥
この夏 英甫永雄，『雄長老百首』を詠む。**この年および慶長2年** 西笑承兌，『日用集』を記す。 【死没】 **6.12** 上井覚兼(45，武将)。**11.-** 鈴木主水(42，武将)。**11.1** 北条幻庵(箱根権現別当)。**この年** 天草種元(武将)。 《大の月》1・3・5・7・8・10・12	明，李円朗の乱。 フランス，ヴァロワ朝断絶し，ブルボン朝はじまる。	尚寧王	22	17
1.- 堺で伊勢本『節用集』刊行。**5.18** 内藤清成，『天正日記』を記す(～同年12月)。**6.20** バリニァーノ・遣欧使節，長崎に帰着．印刷機伝来(ベネツィア市マルコ図書館文書)。**9.23** 豊臣秀吉，聚楽第で茶会を催す(天王寺屋会記)。**この年** 北条氏直，黒田孝高に『吾妻鏡』を贈る(黒田家譜)。 イエズス会『サンデ天正遣欧使節記』刊(マカオ)。 【死没】 **3.29** 一柳直末(38，武将)。**4.11** 山上宗二(47，茶人)。**4.26** 依田康国(21，武将)。**5.7** コエリゥ(イズス会司祭)。**5.21** 鳳山等膳(曹洞宗僧侶)。**5.27** 堀秀政(38，武将)。**7.-** 松田憲秀(武将)。**7.11** 北条氏照(武将)。 北条氏政(53，武将)。**7.19** 大道寺政繁(58，武将)。**9.14** 狩野永徳(48，画家)。**9.21** 建部賢文(69，武将)。**11.11** 吉田雪荷(77，弓術家)。**11.15** 清原枝賢(71，儒学者)。**この年** 銭屋宗訥(堺富商)。 《大の月》2・5・7・8・9・11	**この頃** ルール地方で石炭の採掘を開始。	2	23	18
2.28 千利休，豊臣秀吉の怒りにふれ自刃(多聞院日記)。**この年** 肥前国加津佐で『サントスの御作業の内抜書』が刊行され，キリシタン版の印刷始まる。 【死没】 **1.22** 羽柴秀長(武将)。**2.28** 千利休(70，茶湯大成者)。**4.20** 津田宗及(豪商)。**5.25** 茶屋明延(豪商)。**9.8** 太田資正(70，武将)。**11.4** 北条氏直(30，武将)。**この年** 九戸政実(武将)。 《大の月》1・2・5・7・8・10・11	朝鮮，東人，南人と北人に分裂。	3	24	19 ③

西暦	年号 干支	天皇	政　治・経　済
1592 2.13	文禄(ぶんろく) 12.8 壬辰	(後陽成)	1.5 豊臣秀吉，諸大名に3月1日からの朝鮮渡海の出陣を命じる(黒田文書)。1.19 秀吉，琉球を島津氏の与力とし，亀井茲矩に琉球の替地として明国台州給与を約し，台州守と呼ぶ(薩藩旧記・島津家文書)。3.26 秀吉，名護屋に向け出京(文禄の役始まる)(鹿苑日録)。3.－ 豊臣秀次，人掃令を出す(吉川家文書)。4.12 小西行長ら第1軍，釜山浦に到着(西征日記)。4.25 秀吉，名護屋に着陣(黒田文書)。5.3 小西行長・加藤清正ら，漢城を攻略(西征日記)。6.3 秀吉，朝鮮在陣諸大名に征明の兵力再編等を命じる(毛利家文書)。6.15 小西・黒田長政ら，平壌を攻略(乱中雑録)。8.20 秀吉，伏見に屋敷の築造開始(兼見卿記)。9.1 小西行長，明の将沈惟敬と会い，50日間の休戦を約す(朝鮮王朝実録)。**この年** 一説に，秀吉，長崎等の商人に異国渡海の朱印状を発給(長崎志)。
1593 2.2	2 癸巳 ⑨		1.5 豊臣秀吉，蠣崎慶広にアイヌと交易する商人からの船役徴収権等を付与(福山秘府)。1.7 小西行長ら，明提督李如松の攻撃を受け平壌を脱出(朝鮮王朝実録)。1.26 小早川隆景・立花統虎(宗茂)ら，碧蹄館に李如松を破る(立花文書)。**4.初旬** 小西行長ら，沈惟敬と会談し，明による講和使節派遣等を約定(朝鮮王朝実録)。4.18 行長ら，漢城を撤退(毛利家文書)。5.15 石田三成ら奉行と行長，謝用梓・徐一貫を伴い名護屋に戻る(時慶卿記)。6.28 秀吉，謝用梓らに日明和平7ヵ条を示す(南禅旧記)。6.－ フィリピン総督の使フランシスコ会士ペドロ=バウティスタ=ブラスケス，名護屋で秀吉に謁見(フィリピン史)。7.27 秀吉，朝鮮南部の倭城普請を諸将に命じる(小早川家文書)。11.5 秀吉，高山国(台湾)に入貢を催促(前田家所蔵文書)。**この年** 小笠原諸島発見されるという(小笠原島新誌)。
1594 2.20	3 甲午		3.20 豊臣秀吉，山城淀城を壊す(駒井日記)。4.14 明将劉綎，講和条件の確認を加藤清正にはかるが，和議条件で決裂(朝鮮王朝実録)。4.－ 朝鮮王李昖，投降した日本人の殺害を戒め，給糧や授職による優遇方針をとる(朝鮮王朝実録)。5.12 近衛信輔(信尹)，薩摩国坊津に配流され，三味線を聞く(三藐院記)。7.20 堺の商人納屋助左衛門，ルソンより帰り，秀吉に真壺等を進上(太閤記)。8.1 秀吉，伏見城に移る(三壺記)。9.14 秀吉，石田三成に薩摩等島津氏領国の検地を行わせる(薩藩旧記)。10.－ 前田利家，宇治川の堤防を築く(村井重頼覚書)。12.14 内藤如安，明皇帝に謁し，冊封等の和議条件を約す(経略復国要編)。**この年** 豊臣秀吉，キリシタンを長崎で処刑(長崎志)。
1595 2.9	4 乙未		1.13 明将陳雲ら，小西行長と講和を議するも決裂(朝鮮王朝実録)。1.30 李宗城ら明冊封使，北京を出発(明実録)。4.12 豊臣秀吉，島津義弘に薩摩他の検地終了につき，帰国を下命(島津家文書)。5.5 秀吉，判金小判座27名を定める(後藤文書)。7.8 秀吉，豊臣秀次を高野山に追放(言経卿記)。7.15 秀次，自殺(言経卿記)。7.－ 家康ら3名が，また前田利家ら28名が秀吉に連署起請文を提出し，拾(秀頼)への忠誠を誓う(毛利家文書)。8.3 秀吉，徳川家康ら有力大名の連署で御掟と御掟追加を制定(浅野家文書)。**文禄年間** 秀吉，文禄通宝を鋳造させる。
1596 1.30 ▼	慶長(けいちょう) 10.27 丙申 ⑦		1.3 小西行長，沈惟敬を伴い釜山を発ち名護屋に向かう(朝鮮王朝実録)。1.－ 豊臣秀吉，毛利・小早川ら諸大名に淀川築堤を命じる(毛利家文書)。4.2 明冊封正使李宗城，釜山より逃亡し，金印・誥命を破棄(朝鮮王朝実録)。6.25 明冊封副使沈惟敬，伏見城で秀吉に謁見(義演准后日記)。8.－ スペイン船サン=フェリペ号，土佐浦戸に漂着(土佐国蠹簡集)。9.1 明冊封正使楊方亨ら，大坂城で秀吉に謁見し，誥命・金印・冠服を進呈(梵舜日記)。9.2 秀吉，誥命に怒り，徳川家康の諫止を斥け朝鮮再派兵を決める(武家事紀・大阪市立博物館所蔵文書)。9.16 上杉景勝の家老直江兼続，越後本堂山城将丸田俊次へ蔵入地等に関する条書を下す(志賀槙太郎氏所蔵文書)。11.15

社　会・文　化	世　界	琉球	朝鮮	明
1.27 豊臣秀吉，「海路諸法度」発布。3.12 天荆，『西征日記』を記す(～同年8月10日)。**この年** 天草で『ドチリナ=キリシタン』『平家物語』刊行される。 【死没】 3.5 芳賀高継(武将)。4.12 北条氏房(28，武将)。6.17 梅北国兼(武将)。7.22 天瑞院(豊臣秀吉生母)。7.26 川端道喜(京都富商)。7.- 石井与次兵衛(66，武将)。8.5 神保氏張(65，武将)。9.9 羽柴秀勝(24，武将)。10.20 狩野松栄(74，画家)。11.24 顕如(50，本願寺法主)。**この年** 石川数正(大名)。 小西立佐(豊臣秀吉重臣)。 《大の月》1・3・6・8・10・11・12	明，ボバイの乱。 朝鮮，李舜臣，『乱中日記』を記す(～宣祖31年11月17日)。 明，朝鮮に援軍を派遣。**この頃** 明，侯継高編『日本風土記』刊。	尚寧王 4	宣祖 25	万暦 20
9.24 方広寺大仏殿，上棟(多聞院日記)。10.5 豊臣秀吉，禁中で能楽を興行(駒井日記)。11.16 六条有広・西洞院時慶らの『古文孝経』勅版される(時慶卿記)。12.- 藤原惺窩，徳川家康に『貞観政要』を講じる(惺窩文集)。**この年** 天草で『伊曾保物語』『金句集』刊行される。 【死没】 1.5 正親町上皇(77)。2.4 雲潮(55，浄土宗学僧)。7.10 牧村政治(49，キリシタン武将)。8.5 今井宗久(74，茶人)。8.29 加藤光泰(57，武将)。12.21 畠山義綱(武将)。**この年** 中川秀政(25，武将)。 《大の月》2・4・7・⑨・10・11	タイのビルマ攻撃に日本人従軍。17世紀初頭にかけ，タイの日本町発展。 オスマン朝，オーストリアと開戦(～1606年)。	5	26	21 ⑪
2.27 豊臣秀吉，秀次らと大和国吉野に花見(駒井日記)。3.7 伏見城普請開始(家忠日記)。3.28 秀吉，亀屋栄任・茶屋四郎次郎を菓子奉行とする(御用達町人由緒)。 【死没】 1.4 曲直瀬正盛(88，医師)。1.5 九条稙通(88，公卿)。2.- 長谷川秀一(武将)。2.1 勧修寺尹豊(92，公卿)。7.28 五島純玄(33，戦国大名)。**この年** 万代屋宗安(茶人)。 《大の月》1・2・4・7・10・11	フランス，アンリ4世，戴冠式。	6	27	22
10.1 水無瀬兼成，徳川家康・秀忠に『伊勢物語』を講じる(言経卿記)。**この年** オルガンティーノら，京都・肥前国大村・有馬等で布教(フロイス日本史)。 天草で『羅葡日辞典』刊行される。 【死没】 2.7 蒲生氏郷(40，武将)。3.13 木曾義昌(武将)。4.16 羽柴秀保(17，武将)。5.10 小笠原貞慶(50，武将)。6.30 竹内久盛(93，武術家)。7.15 木村常陸介(武将)。 豊臣秀次(28，武将)。12.11 成田氏長(武将)。**この年** 山岡宗無(堺富商)。 養方軒パウロ(キリシタン文学者)。 《大の月》1・2・3・6・8・11・12	オランダ船，初めてジャワ等に到り，インド航路を開発。	7	28	23
1.29 豊臣秀吉，方広寺大仏殿で千僧供養を営む(義演准后日記)。6.8 秀吉，伏見城で能を興行(言経卿記)。閏7.13 畿内大地震. 伏見城天守など倒壊(言経卿記)。閏7.- 日奥，不受不施を唱え，方広寺千僧供養出仕の日蓮宗僧を批難(本能寺文書)。10.- 小瀬甫庵，『補注蒙求』を刊行。**この年** 義演，『義演准后日記』を記す(～寛永3年4月)。 天草で『こんてむつすむん地』刊行される。	朝鮮，黄慎，『日本国往還日記』を記す(～同年9月9日)。 明，李時珍『本草綱目』初版(金陵本)刊。	8	29	24 ⑧

西暦	年号 干支	天皇	政　治・経　済
1596 1.30 ▲	慶長 10.27 丙申 ⑦	(後陽成)	秀吉，キリスト教徒の耳・鼻を削ぎ，洛中等で引廻し，長崎に送る(言経卿記)。11.- 秀吉，大坂城に移る(夢想記)。12.19 秀吉，キリスト教徒26人を長崎に処刑(アジュダ図書館所蔵文書)。
1597 2.17	2 丁酉		2.21 豊臣秀吉，朝鮮再派兵の部署を定める(浅野家文書)。3.1 長宗我部元親，22ヵ条の掟書を定める(長宗我部元親式目)。3.7 秀吉，五人組・十人組の制を定める(吉田文書)。3.24 長宗我部元親，分国法を定める(長宗我部元親百箇条)。3.- 黒田長政・加藤清正ら，朝鮮梁山・西生浦等に倭城を普請(浅野家文書・黒田家譜)。4.12 秀吉，田麦の年貢を3分の1と定める(松尾神社文書)。4.28 秀吉，伏見城中の掟を定める(生駒家宝簡集)。5.22 琉球王尚寧，島津忠恒(家久)に方物を贈る(島津国史)。5.30 加藤清正，明将沈惟敬に会見を要求(文英清韓長老記録)。6.- 秀吉，朝鮮王子が来朝しないのを怒り，小西行長・加藤清正に攻撃開始を命じる(慶長の役始まる)(清正高麗陣覚書)。7.15 小西行長・藤堂高虎ら，元均ら朝鮮水軍を巨済島に破る．元均敗死(征韓録)。7.24 フィリピン総督使節，秀吉に謁見(鹿苑日録)。8.4 パタニ国，秀吉に物を贈る(鹿苑日録)。8.15 宇喜多秀家・島津義弘ら，朝鮮南原城を攻略．鼻切りが行われ，日本に送られる(藤堂文書)。 島津義弘，朝鮮人陶工らを捕え，薩摩に連行(沈寿官氏所蔵文書)。9.15 朝鮮の将李舜臣，鳴梁に日本水軍を破る．来島通総敗死(乱中日記)。9.28 秀吉，朝鮮人鼻塚の施餓鬼を行う(鹿苑日録)。12.22 明・朝鮮軍，蔚山城に加藤清正・浅野幸長らを囲む(浅野家文書)。
1598 2.6	3 戊戌		1.4 蔚山城を囲む明・朝鮮軍，撤退(浅野家文書)。1.10 豊臣秀吉，蒲生秀行を家臣対立の廉で会津より宇都宮に移し，上杉景勝を会津に移す(伊達日記・上杉家文書)。2.- 加藤清正，蔚山城を修築(吉川家文書)。3.- 小西行長，明軍に和平を求める(乱中雑録)。5.- 宇喜多秀家・毛利秀元・蜂須賀家政・藤堂高虎ら，朝鮮より帰国(萩藩閥閲録)。7.15 秀吉，諸大名に命じ，秀頼に忠誠を誓う起請文を家康・前田利家に提出させる(毛利家文書)。8.5 秀吉，五大老と五奉行に誓書を交換させ，遺書を記す(毛利家文書)。8.17 秀吉危篤の風聞が広まり，伏見で騒擾(中田文書)。8.18 秀吉没(義演准后日記)。8.22 豊臣氏五奉行，朝鮮在陣諸将に撤兵等を告げる使者を派遣(島津家文書)。9.20 明提督麻貴，加藤清正を蔚山城に攻撃(乱中雑録)。10.1 明提督劉綎や李舜臣ら，小西行長を順天城に攻撃(乱中日記)。 島津義弘，慶尚道泗川に明・朝鮮軍を破る(征韓録)。11.17 島津義弘ら，露梁津に明・朝鮮水軍を破る．李舜臣戦死(征韓録)。11.20 島津義弘ら，巨済島より対馬に向かい，日本軍の撤退完了(征韓録)。
1599 1.27	4 己亥 ③		1.10 豊臣秀頼，伏見城より大坂城に移る(義演准后日記)。1.19 前田利家ら豊臣氏大老・五奉行，家康の伊達政宗らとの縁組を責める(言経卿記)。1.29 石田三成，家康襲撃を図る(義演准后日記)。2.12 徳川家康，豊臣氏大老・五奉行と誓書を交わし和睦(毛利家文書)。3.9 島津忠恒(家久)，家老伊集院忠棟を斬殺(義演准后日記)。閏3.4 石田三成，加藤清正らの襲撃を逃れて家康を頼る(梵舜日記)。閏3.9 家康，三成を近江佐和山に蟄居させる(浅野家文書)。4.1 家康ら豊臣氏大老衆，私貿易・海賊等のバハン船を禁じる(立花家文書)。6.- 島津義弘・忠恒(家久)，高野山に朝鮮陣戦没者供養碑を建てる(高野春秋)。7.- パタニ国王，方物を秀頼に，書を家康に送る(異国日記)。8.2 家康，島津氏の伊集院忠真攻撃加勢を九州諸大名に命じる(島津家文書)。8.20 豊臣氏大老衆，八幡船(バハン船)を禁止(松浦家文書)。8.- 越後上杉遺民，堀氏の新政に抵抗し，暴動。**この年** 宗義智・柳川調信，朝鮮と和議交渉を開始(朝鮮王朝実録)。

社　会・文　化	世　界	琉球	朝鮮	明
【死没】 1.11 大饗正虎(77，武将)。4.7 一色藤長(武将)。7.26 本多重次(68，徳川家康家臣)。閏7.27 茶屋四郎次郎(55，京都町人)。9.26 秋月種実(52，武将)。10.28 酒井忠次(70，武将)。11.4 服部正成(55，武士)。12.19 ガルシア(40，フランシスコ会修道士)。フェリーペ=デ=ヘスース(フランシスコ会士)。 ペドロ=バウティスタ=ブラスケス(フランシスコ会士)。 三木パウロ(イエズス会修士)。この年 大村由己(豊臣氏御伽衆)。 高山図書(キリシタン大名)。 《大の月》2・3・5・7・8・10・12		尚寧王 8	宣祖 29	万暦 24 ⑧
3.上旬 里村紹巴，『匠材集』を編む。4.- 小瀬甫庵，『新編医学正伝』を刊行。6.24 従軍医僧慶念，『朝鮮日々記』を記す(～慶長3年2月2日)。7.18 豊臣秀吉，信濃善光寺の阿弥陀如来像を方広寺に遷す(言経卿記)。7.- 勅版『錦繡段』刊行。8.- 勅版『勧学文』刊行。この年 易林本『節用集』刊行。 阿蘇惟賢『玄与日記』成るか。 大島忠泰『高麗道記』成る。 【死没】 1.17 古渓宗陳(66，臨済宗僧侶)。2.13 尊朝法親王(46，青蓮院門跡)。3.3 土岐定政(47，武将)。6.12 小早川隆景(65，武将)。6.23 戸田忠次(67，徳川家康臣)。8.8 北条氏邦(武将)。8.28 足利義昭(61，室町将軍)。9.16 来島通総(37，大名)。 《大の月》2・4・5・7・9・11	明，楊応竜の乱(～1600年)。	9	30	25
3.4 徳川家康，公用の料紙を伊豆修善寺・立野紙とする(三須文書)。3.5 醍醐寺，五重塔改修等，寺観の整備がされる(義演准后日記)。3.15 豊臣秀吉，醍醐寺で花見(義演准后日記)。6.- 中院通勝『岷江入楚』成る。8.4 細川幽斎述・烏丸光広記『耳底記』(～慶長7年12月晦日)。8.17 北政所，方広寺大仏殿の善光寺如来を信濃に返送(梵舜日記)。この年 応其編『無言抄』成る(奥書)。長崎で『落葉集』刊行される。 【死没】 3.14 六角義賢(78，守護大名)。4.4 松屋久政(78，富商)。8.18 豊臣秀吉(62，武将)。8.27 日珖(67，日蓮宗僧侶)。 《大の月》1・3・5・7・8・10・12	クチュム=ハン敗れ，シビル=ハン国解体。 タイのアユタヤ朝，スペインと条約締結。 フランス，ナント勅令。	10	31	26
閏3.3 勅版『日本書紀』神代巻刊行(御湯殿上日記)。閏3.8 勅版『大学』刊行(御湯殿上日記)。4.17 朝廷，秀吉廟所に豊国大明神の神号を贈る(御湯殿上日記)。5.25 勅版『古文孝経』刊行(御湯殿上日記)。5.- 徳川家康，足利学校庠主閑室元佶に『孔子家語』『六韜』『三略』を刊行させる。6.- 勅版『職原抄』刊行。この年 『ぎやどぺかどる』刊行。 智仁親王，『智仁親王御記』を記す(～慶長9年が現存)。 【死没】 閏3.3 前田利家(62，武将)。閏3.6 松浦隆信(71，武将)。3.8 牧野康成(52，武将)。3.9 伊集院忠棟(武将)。3.25 宮部継潤(武将)。5.19 長宗我部元親(62，武将)。10.5 南部信直(54，大名)。12.10 施薬院全宗(74，医師)。12.17 ゴメス(65，イエズス会宣教師)。 《大の月》2・4・6・7・9・10・12	ヌルハチ，満州文字を創始。	11	32	27 ④

西暦	年号 干支	天皇	政　治・経　済
1600 2.15	慶長 5 庚子	（後陽成）	2.－ 上杉景勝，領内の諸城を普請（毛利安田氏文書）。3.16 オランダ船リーフデ号，豊後に漂着．ついでウィリアム=アダムス，大坂で徳川家康に謁見（慶元イギリス書翰）。4.1 家康，豊光寺承兌を介して景勝を詰問し，上洛を求める．景勝の将直江兼続，これに反論（上杉年譜）。5.－ 前田利長の母，家康の命により人質として江戸に到る（加賀藩歴譜）。6.16 家康，大坂を発し東下（言経卿記）。6.20 石田三成，景勝に家康進発を通報（上杉家記）。7.7 家康，会津攻め諸勢の軍律を江戸で下す（高山公実録）。7.11 三成，挙兵（朝野旧聞裒藁）。7.17 毛利輝元が大坂城に入り，前田玄以ら，家康追討を諸大名に催促（義演准后日記）。7.24 家康，下野国小山に着く（実紀）。8.1 西軍，伏見城を攻略（言経卿記）。8.4 家康，小山より江戸城に向かう（真田家文書）。8.10 三成，美濃国大垣城に入る（浅野家文書）。8.23 東軍，織田秀信の岐阜城を攻略（浅野家文書）。9.1 家康，江戸を発し西上（高山公実録）。9.15 家康ら東軍，美濃国関ヶ原に西軍を破る（関ヶ原の戦）（言経卿記）。9.末 毛利輝元が大坂城を退去し，家康入城（言経卿記）。10.1 三成・小西行長・安国寺恵瓊，京都六条河原に斬首（言経卿記）。10.10 家康，毛利輝元の所領を長門・周防に削減（吉川家文書）。10.－ 長宗我部盛親，家康に領地を没収される（土佐国編年紀事略）。
1601 2.3	6 辛丑 ⑪		1.－ 徳川家康，東海道に伝馬制を定める（由比文書）。2.－ 家康，井伊直政ら譜代の家臣に関東・東海の城を与える（重修譜）。3.23 家康，大坂城より伏見城へ移る（義演准后日記）。5.21 家康，高野山金剛峯寺の学侶方・行人方の寺領相論を裁決し，寺中法度を定める（御当家令条）。5.－ 家康，伏見に銀座を設置して，丁銀を鋳造（銀座初之次第）。 島津義弘，明派遣の商船を襲撃した和泉国堺の伊丹屋助四郎を磔刑にする（旧記雑録後編）。6.1 家康，佐渡金山を直轄（撮要佐渡年代記）。8.16 家康，上杉景勝を会津から米沢へ移封（重修譜）。8.－ 家康，板倉勝重を京都所司代に任じる（舜旧記・朝野旧聞裒藁）。10.12 家康，伏見を出立（義演准后日記）。10.－ 家康，フィリピン諸島長官・アンナン国阮潢に書を送り，朱印船制度につき示達（異国日記・通航一覧）。11.5 家康，江戸城に帰る（当代記）。**この年** 宗義智，家臣柳川調信，ついで井出智正らを朝鮮に派遣し，捕虜を返し修好を求める（通航一覧）。
1602 2.22	7 壬寅		1.19 徳川家康，江戸を出立（当代記）。2.14 家康，伏見城に入る（時慶卿記）。4.11 家康，島津家久に薩摩・大隅・日向の所領を安堵（譜牒余録）。 フィリピン長官アクニャ，家康に返書し，朱印状の尊重を約束（増訂異国日記抄）。6.28 コウチ船長崎に到り，家康に孔雀・象・虎などを贈る（通航一覧）。7.27 家康，佐竹義宣を水戸より秋田へ転封（重修譜）。8.29 土佐国清水に漂着のスペイン船エスピリト=サント号，日本船と激戦（増訂異国日記抄）。8.－ 家康，パタニ・フィリピンに書を送る（異国日記）。10.2 家康，江戸に帰る（義演准后日記）。10.3 家康，アンナンに兵器を送る（異国日記）。11.26 家康，再び伏見に赴く（当代記）。12.－ 家康，伏見城番を設置（泰平年表）。**この年** 家康，中仙道に伝馬制を定める（野呂文書）。

社　会・文　化	世　界	琉球	朝鮮	明
2.- 徳川家康，閑室元佶に『貞観政要』を刊行させる(跋)。**この年** 狩野光信，園城寺勧学院客殿に障壁画を描く(勧学院客殿一之間障壁画修理銘)。 【死没】 2.8 北条氏規(56，武将)。7.17 中村一氏(武将)。 細川ガラシャ(38，細川忠興夫人)。7.19 水野忠重(60，大名)。7.30 松平家忠(46，徳川家康家臣)。8.1 鳥居元忠(62，武将)。9.15 大谷吉継(42，武将)。 島清興(武将)。9.17 熊谷直盛(武将)。9.18 垣見一直(武将)。10.1 安国寺恵瓊(政僧)。 石田三成(41，武将)。小西行長(武将)。10.3 長束正家(豊臣氏奉行)。10.11 伊東祐兵(42，大名)。10.12 九鬼嘉隆(59，武将)。**この年** 福原直高(武将)。 《大の月》2・5・7・9・10・11	イギリス東インド会社設立。	尚寧王 12	宣祖 33	万暦 28
9.- 家康，伏見に学校(円光寺)を創立し，足利学校の閑室元佶を校主とする(円光寺由緒書・朝野旧聞哀藁)。 【死没】 3.23 小早川秀包(35，大名)。7.2 佐野房綱(武将)。9.11 カストロ(フランシスコ会宣教師)。9.29 保科正直(60，武将)。**この年** 狩野宗秀(51，画家)。 《大の月》1・3・6・9・10・11・12	明，蘇州で織傭の変起る。 明，マテオ=リッチ，北京に天主教会堂を建立。 ロシア，西シベリアにマンガゼヤ基地を建設。	13	34	29
2.- 東本願寺建立(東西本願寺の分立)(辻善之助『日本仏教史』)。 5.- 徳川家康参内，諸大名の普請役で二条城の修築に着手(時慶卿記)。6.1 家康，伏見城の修築に着手(当代記)。6.24 家康，江戸城の富士見亭に文庫を建て，金沢文庫の書籍を移す(好書故事)。12.4 方広寺の大仏殿炎上(言経卿記)。**この年** 海北友松，御所などで屏風絵を描く。 【死没】 2.1 井伊直政(42，徳川家康武将)。4.12 里村紹巴(78，連歌師)。5.7 前田玄以(64，武将)。5.28 日根野弘就(武将)。8.28 於大の方(75，徳川家康生母)。9.16 英甫永雄(建仁寺の禅僧)。10.18 小早川秀秋(21，武将)。 《大の月》1・3・7・9・10・12	オランダ，東インド会社を設立。 西アジア，サファヴィー朝アッバース1世，ポルトガル人からバハレーンを奪取。 明，マテオ=リッチ『坤輿万国全図』刊。	14	35	30 ②

西暦	年号干支	天皇	将軍	政治・経済
1603 2.11	慶長 8 癸卯	（後陽成）	2.12 徳川家康	1.28 徳川家康，9男義直に甲斐25万石を与える（実紀・徳川諸家系譜）。1.- 家康，カンボジア国王に返書を送る（異国日記）。2.12 朝廷，家康を征夷大将軍に任じ，広橋兼勝・勧修寺光豊を武家伝奏に任じる（公卿補任）。3.3 幕府，諸大名の普請役で江戸市街地の造成に着手（毛利三代実録考証）。3.27 幕府，逃散農民の帰村，直目安などについて定める（御制法）。**この春** 江戸日本橋架橋（慶長見聞集）。4.22 豊臣秀頼，内大臣に任じられる（公卿補任）。4.- 幕府，小笠原為宗（一庵）を長崎奉行に任命（通航一覧）。6.7 島津忠恒，外国貿易に関する条規3ヵ条を定める（旧記雑録後編）。7.5 佐渡の農民，貢租過重を幕府に越訴（佐渡風土記）。7.28 徳川千姫，秀頼に嫁す（時慶卿記）。10.2 幕府，木村勝正らに朱印状を与え，淀川過書船を管掌させる（木村宗右衛先祖書）。10.- 家康，江戸に向け伏見を出立（慶長日件録）。11.3 豊臣秀吉の正室に高台院の号を与える（御湯殿上日記）。11.7 家康，10男頼宣に水戸20万石を与える（実紀）。 加藤清正，肥後国のキリシタンを処刑（日本耶蘇教史）。12.- 幕府，京中に十人組を置く（慶長見聞録案紙）。**この年** 幕府，伊勢山田奉行を創置（武徳編年集成）。 外様大名に江戸内で屋敷地を与える（東京市史稿市街篇2）。
1604 1.31	9 甲辰 ⑧			1.27 幕府，松前慶広に蝦夷地統治に関する条規3ヵ条を与える（慶長令条）。3.1 徳川家康，伏見に向け江戸を出立（当代記）。5.3 幕府，糸割符法を定め，京都・堺・長崎の商人にポルトガル船舶載生糸の一括購入の特権を与える（通航一覧）。8.26 幕府，島津忠恒・角倉了以らに東京・シャムなどへの渡航朱印を与える（異国御朱印帳）。**閏**8.12 フィリピン長官の使者，キリシタン布教の許可を求めて伏見で家康に謁見（慶長日件録）。**閏**8.- 家康，江戸に帰着（言経卿記）。12.27 宗義智，朝鮮使節を伴い京都に至る（通航一覧）。**この年** 幕府，東海・東山・北陸の諸街道に一里塚を築く（当代記）。 幕府，長崎に唐通事を置く（通航一覧）。 金沢藩，十村制度を定める（加賀金沢前田家譜）。
1605 2.18	10 乙巳		4.16 4.16 徳川秀忠	2.5 徳川家康，駿府を出立（実紀）。2.24 徳川秀忠，江戸を出立（実紀）。3.5 朝鮮使節，伏見城で家康に謁見（義演准后日記）。4.12 豊臣秀頼，右大臣に任じられる（公卿補任）。4.16 秀忠，征夷大将軍に任じられる（公卿補任）。5.7～8**頃** 家康，秀頼の上洛を促すが，秀頼応ぜず（当代記）。5.15 秀忠，伏見を出立（慶長日件録）。9.13 家康，スペイン人に年4艘の通商を許可（異国御朱印状）。10.28 家康，江戸に帰着（当代記）。12.2 幕府，書院番を設け，水野忠清らを番頭に任じる（慶長見聞録案紙）。**この年** 幕府，津田秀政・西尾吉次に国々の絵図の調査を命じる（重修譜）。
1606 2.7	11 丙午			3.1 幕府，諸大名の普請役で江戸城の増築に着手（朝野旧聞裒藁）。3.15 徳川家康，上洛のため江戸を出立（当代記）。4.28 家康，武家の官位は幕府の推挙によることを奏請する（慶長日件録）。4.- 幕府，宇喜多秀家を八丈島に配流（八丈島記事）。6.- 薩摩国・長崎などに外国船来航（慶長見聞録案紙）。8.- 角倉了以，大井川を開削（羅山先生文集）。9.23 江戸城増築工事完了（当代記）。11.4 家康，江戸に帰着（当代記）。11.- 宗義智，国書を偽作して朝鮮に送る（朝鮮王朝実録）。12.8 幕府，慶長通宝（銅銭）を鋳造して永楽銭の通用を停止（実紀）。**この年** 幕府，駿河に銀座を設置（銀座由緒書）。

大史日本料	社会・文化	世界	琉球	朝鮮	明
2.－ 12 1	2.12 徳川家康，知恩院の作事を命じる(総本山知恩院旧記採要録)。4.19 本因坊算砂，家康の奏請により禁裏で囲碁を披露(慶長日件録)。4.－ 出雲の巫女阿国，京都で歌舞伎踊を演じる(当代記)。**この年**『日葡辞書』(本編)成る。 長谷場宗純，『長谷場越前自記』を著す。 【死没】 2.13 生駒親正(78，武将)。4.10 名古屋山三郎(32，武士)。8.14 松平康元(52，徳川家康異父弟)。9.3 稲葉貞通(58，豊後臼杵藩主)。9.11 松平信吉(21，水戸城主)。11.16 里見義康(31，武将)。12.20 山岡景友(62，武将)。 《大の月》1・2・4・7・10・11	3.24 イギリス，エリザベス1世没．テューダー朝断絶，スチュアート朝始まる。**この年** フランス人シャンプラン，北米大陸のセント=ローレンス川を探検。	尚寧王 15	宣祖 36	万暦 31
3.－ 12 2	3.－ 黒田長政，父如水の遺品北条本『吾妻鏡』を徳川秀忠に献上(重修譜)。**この春** 小瀬甫庵『信長記』の執筆を始める(慶長16年までに成る)。6.14 伊勢神宮・近畿の諸社寺に降雨祈禱の勅命(壬生家四巻之日記)。8.14 徳川家康，豊臣秀頼と豊国神社の祭礼を催す(舜旧記)。 【死没】 3.20 黒田孝高(如水)(59，武将)。3.22 小出秀政(65，岸和田藩主)。4.12 長谷川長綱(62，代官頭)。5.5 専誉(75，真言宗僧侶)。5.20 南化玄興(67，臨済宗僧侶)。7.18 菅沼定盈(63，武将)。8.4 堀尾忠氏(28，武将)。 《大の月》1・2・4・6・8・10・12	**この年** フランス，東インド会社を設立。 明，顧憲成ら江蘇無錫に東林書院を建設。 オランダ東インド会社，アユタヤに使節を派遣。	16	37	32 ⑨
3.－ 12 3	3.－ 徳川家康，活字版『吾妻鏡』を刊行。7.21 林信勝(羅山)，二条城で家康に謁見(実紀)。**この年** ハビアン『妙貞問答』成る。 日野輝資『輝資卿記』(～慶長16年まで現存)。**この頃より** 煙草流行(当代記)。 【死没】 1.20 多田昌綱(39，武将)。5.8 織田秀信(26，武将)。7.2 熊谷元直(51，キリシタン武将)。7.19 大友義統(48，武将)。8.11 諏訪頼忠(70，高島藩祖)。9.20 山内一豊(61，武将)。9.29 柳川調信(67，宗家重臣)。10.4 玄宥(77，真言僧)。 《大の月》1・3・4・6・8・11	**この年** スペイン，セルバンテス『ドン=キホーテ』(第1部)刊。	17	38	33
4.－ 12 4	1.19 尾張国清須松平家中の浅岡平兵衛，三十三間堂の通矢で天下一の名を得る(慶長見聞書漏分)。7.2 幕府，禁裏増築・仙洞御所造営に着手(慶長日件録)。7.－ 徳川家康，『武経七書』を刊行させる。**この年** 文之玄昌撰『鉄炮記』成るか。豊臣秀頼，『帝鑑図説』を開版。 【死没】 2.9 長谷川宗仁(68，武将)。4.19 柳生宗厳(78，武将)。5.14 榊原康政(59，武将)。5.26 堀秀治(31，越後春日山藩主)。10.1 桑山重晴(80，83とも，和歌山城代)。**この年** 渡辺次郎左衛門(55，キリシタン殉教者)。 《大の月》1・2・4・6・7・9・11	**この年** 明，諸葛元声撰『両朝平攘録』刊。	18	39	34

西暦	年号干支	天皇	将軍	政治・経済
1607 1.28	慶長 12 丁未 ④	(後陽成)	(徳川秀忠)	2.17 幕府，諸大名の普請役で駿府城の修築工事に着手(家忠日記増補)。閏4.1 幕府，諸大名の普請役で江戸城天守・石垣の修築に着手(当代記)。閏4.26 徳川家康，徳川義直を尾張清洲へ転封(当代記)。閏4.29 松平定勝を伏見城代に任命(当代記)。5.6 朝鮮使節，将軍に謁して国書を呈上(当代記)。7.3 駿府城の修築成り家康移徙(当代記)。10.14 家康，江戸に赴き秀忠に金銀を分与(当代記)。12.12 家康，駿府に帰着(当代記)。**この年** 角倉了以，富士川を開削(羅山先生文集)。 秋田藩佐竹義宣，院内銀山の運上を献上(佐竹氏記録)。 大村藩，一門払い(大村見聞集)。 マニラ在住の日本人，スペイン人との喧嘩がきっかけで暴動。
1608 2.16	13 戊申			3.11 駿府城再築成り，徳川家康移徙(当代記)。5.- フィリピン諸島長官デ=ビベロ，家康・秀忠に書を送り，ルソンから浦賀への商船派遣を約束，日本商船の制限・布教の許可を要望(通航一覧・増訂異国日記抄)。6.- 幕府，伊賀国上野藩主筒井定次を不行跡により改易(当代記)。9.- 幕府，妻子を在府させた生駒一正の普請役を半役とする(当代記)。12.8 幕府，永楽銭の通用停止を再令し，永楽銭1貫文＝鐚銭4貫文＝金1両と定める(教令類纂)。**この年** 幕府，伏見の銀座を京都に移す(銀座初之次第)。 有馬晴信の商船の乗組員，マカオでポルトガル人と衝突(通航一覧)。
1609 2.5	14 己酉			2.26 島津家久，幕命により家臣樺山久高に琉球出兵を命じ，軍令13ヵ条を出す(旧記雑録後編)。4.5 家久，首里城を攻略(旧記雑録後編)。5.25 家久家臣，琉球王を捕えて帰国(旧記雑録後編)。5.30 オランダ船2隻平戸に入津，通商を求める(和蘭東印度商会史)。6.28 朝鮮，宗義智に通交貿易の諸規定を与える(己酉約条)(朝鮮王朝実録)。7.4 烏丸光広ら公家衆を宮女との遊興事件により処罰(時慶卿記)。7.7 幕府，琉球を島津氏の所管とする(旧記雑録後編)。7.25 幕府，オランダ船に貿易を許可(異国日記)。7.- 明商船，薩摩国へ来航(通航一覧)。8.22 オランダ人，平戸に商館を建設(十七世紀日蘭交渉史付録)。8.- 徳川家康，東寺・醍醐寺の諸法度を定める(御当家令条)。9.- 幕府，西国大名の大船を没収(当代記)。 幕府，堺に朱座を設置(朝野旧聞裒藁)。 家康，上総に漂着したフィリピン前長官ビベロに，メキシコとの貿易・鉱山技術の招聘を要請(ドン・ロドリゴ日本見聞録)。12.12 有馬晴信，ポルトガル船ノッサ=セニョーラ=ダ=グラッサ号(マードレ=デ=デウス号)を撃沈(日本耶蘇会年報)。12.- 幕府，徳川頼宣を駿河・遠江両国に，同頼房を水戸に封ず(慶長見聞録案紙)。 幕府，ポルトガルと断交(～慶長16年)(羅山先生文集)。 家康，スペイン国王に書を送り，貿易の保護を約束(異国往復書翰集)。**この年** 幕府，奥羽諸大名の普請役で銚子の舟入普請(上杉年譜)。 尾張御囲堤の普請開始。藤堂高虎ら，江戸に証人を置く(高山公実録)。
1610 1.25 ▼	15 庚戌 ②			閏2.3 幕府，松平忠輝に越後を加封(実紀)。閏2.- 幕府，諸大名の普請役で名古屋築城に着手，市街地造成(9月，竣工)(実紀)。5.4 徳川秀忠，メキシコとの通商を許可(異国往復書翰集)。6.13 ビベロ，三浦按針建造の船でメキシコへ渡航，京都の商人田中勝介便乗(ドン・ロドリゴ日本見聞録)。8.8 島津家久，琉球王尚寧を伴い，駿府で徳川家康に謁見(旧記雑録後編)。8.28 家久，尚寧を伴い江戸で秀忠に謁見(旧記雑録後編)。12.16 幕府，明商周性如の来航を許可．家康，福建総督に書を送り，勘合を求める(異国日記・通航一覧)。**この年** 金沢藩，夫役を代銀納とする(加賀藩史料)。

大日本史料	社会・文化	世界	琉球	朝鮮	明
(⑫4) 8.- ⑫5	2.15 細川幽斎，徳川家康の命で室町幕府の故実を調査し，旧記を献上(綿考輯録)。2.20 出雲の巫女阿国，江戸で歌舞伎踊りを上演(当代記)。4.- 幕府，林羅山を儒者として任用(重修譜)。12.13 豊臣秀頼，北野天満宮を造営し，この日，正遷宮(梵舜日記)。12.16 仙洞御所造営成る(御湯殿上日記)。12.22 駿府城火災(当代記)。**この年** 徳岩『水谷蟠竜記』成る。 【死没】 2.17 千道安(62，茶湯者)。3.5 松平忠吉(28，徳川家康第4子)。末吉勘兵衛(82，武将)。閏4.8 結城秀康(34，越前北庄城主)。7.26 石川康通(54，美濃大垣藩主)。8.26 宝蔵院胤栄(87，槍術家)。10.2 竜造寺政家(52，武将)。10.13 津軽信建(34，武将)。11.22 宇都宮国綱(40，武将)。12.5 津軽為信(58，弘前藩主)。12.27 西笑承兌(60，臨済宗僧侶)。 《大の月》2・4・5・6・8・9・11	5.- イギリス，ヴァージニアに植民地ジェイムズタウンを建設。**この年** 明，マテオ=リッチ口訳・徐光啓筆記『測量法義』の訳を開始。	尚寧王 19	宣祖 40	万暦 35 ⑥
	2.24 三宝院義演，豊臣秀頼の疱瘡平愈の護摩を修す(義演准后日記)。5.- 角倉素庵『伊勢物語』(嵯峨本)を刊行。11.15 幕府，江戸城で浄土・日蓮両宗の宗論を行なわせ，のち日経を処罰(当代記)。**この年** 良定『琉球神道記』成る。 ロドリゲス『日本大文典』刊(長崎)。 【死没】 2.26 堀直政(62，越後春日山藩重臣)。5.18 北条氏盛(32，河内狭山藩主)。6.4 狩野光信(44，48とも，画家)。8.12 金森長近(85，大名，飛騨高山藩主)。8.26 木下家定(66，武将)。10.1 応其(73，真言宗僧侶)。11.1 守随信義(江戸秤座)。11.12 土方雄久(56，武将)。 《大の月》1・4・6・8・9・10・12	**この年** フランス人シャンプラン，北米大陸にケベック市を建設。	20	41	36
1.- ⑫6	1.- 豊臣秀頼，徳川家康の勧めにより方広寺の再建に着手(当代記)。5.1 幕府，聖護院に修験道法度を下す(御当家令条)。**この年** 『オランダ商館日記』記される(～万延元年)。 【死没】 1.21 堯慧(83，僧侶)。2.18 田中吉政(62，大名)。3.17 オルガンティーノ(77か，イエズス会宣教師)。4.14 堰八安高(弘前藩堰役)。5.3 京極高次(47，武将)。6.3 板部岡江雪(74，御伽衆)。6.19 那須資晴(54，武将)。10.17 猪熊教利(公家)。10.29 石川家成(76，武将)。11.14 西玄可(55，キリシタン)。12.12 牧野康成(55，武将)。 《大の月》2・5・7・9・10・12	4.9 オランダ，スペインと休戦。**この年** 倭寇，温州を侵す。 オランダ，アムステルダム銀行設立。グロティウス『海洋自由論』できる。	21	光海君	37
②.- ⑫7	3.- 以心崇伝，『本光国師日記』を記す(～寛永10年1月)。7.21 近畿諸国大風雨により被害甚大(時慶卿記)。9.- 古田織部，徳川秀忠に点茶式を伝授(慶長見聞録案紙)。**この年** 太田牛一，『今度之公家双紙』を起筆。 【死没】 2.24 長谷川等伯(72，画家)。2.26 滝川雄利(68，武将)。3.18 生駒一正(56，大名)。3.25 中院通勝(55，公卿)。4.9 島津以久(61，武将)。4.17 吉田宗恂(53，医師)。6.7 明忍(35，僧侶)。6.13 伊奈忠次(61，関東郡代)。8.20 細川藤孝(77，武将)。8.28 尼子義久(出雲国守護)。9.2 吉田兼見(76，神道家)。9.28 溝口秀勝(63，越後新発田藩主)。10.14 頼慶	1.- イタリア，ガリレイ，望遠鏡で木星の衛星を観測。5.14 フランス，アンリ4世暗殺される。	22	2	38 ③

西暦	年号 干支	天皇	将軍	政　治・経　済
1610 1.25 ▲	慶長 15 庚戌 ②	(後陽成)	(徳川秀忠)	
1611 2.13	16 辛亥	3.27 後水尾		3.27 後陽成天皇譲位(公卿補任)。3.28 これより先，徳川家康上洛．この日，二条城で豊臣秀頼を引見(義演准后日記)。3.- 幕府，諸大名に禁裏修造の役を課す(実紀)。4.12 家康，条規3ヵ条を西国大名に示して誓詞を提出させる(実紀・朝野旧聞裒藁)。4.18 家康，京都を出立(義演准后日記)。5.- メキシコ総督の使節ビスカイノ，家康・秀忠に謁し，沿岸測量・貿易許可・オランダ人貿易禁止を求める(ビスカイノ金銀島探検報告)。7.15 家康，ポルトガル人の貿易を許可(羅山先生文集)。7.25 家康，オランダ商館長スペックスに朱印状を与える(和蘭東印度商会史)。7.- 幕府，駅路駄賃の規則を制定(御当家令条)。11.28 幕府，明国商人に長崎貿易を許可(駿府記)。11.- 角倉了以，賀茂川を開削(高瀬川)(駿府記)。**この年** 家康，武家の官位を員外とするよう奏請(続史愚抄)。
1612 2.2	17 壬子 ⑩			1.5 徳川家康，条規3ヵ条を東国大名に示して誓詞を提出させる(実紀・朝野旧聞裒藁)。3.21 幕府，ノッサ=セニョーラ=ダ=グラッサ号焼打の際の収賄事件で岡本大八を火刑に処し，翌日，有馬晴信を甲斐国に配流(5月7日，自殺)(駿府記)。 幕府，キリシタンを禁じ，京都の教会堂を破却(駿府記)。10.8 オランダ人，家康に国王の返書を呈す(異国日記)。12.25 家康，朱印状発給のため，給人・寺社に知行の書き上げを命じる(本光国師日記)。**この年** 幕府，駿府の銀座を江戸に移す(銀座由緒書)。
1613 2.20	18 癸丑			6.16 幕府，公家諸法度，勅許紫衣・諸寺入院の法度を定める(駿府記)。9.1 徳川家康，イギリス国王の国書に返書し，通商を許可(異国日記)。9.15 伊達政宗の遣欧使節支倉常長，陸奥国月浦を出帆(伊達治家記録)。9.27 沼津藩主大久保忠佐没し，無嗣により改易(重修譜)。10.19 幕府，松本藩主石川康長を大久保長安連座・隠田発覚により改易(重修譜)。10.24 幕府，宇和島藩主富田信高・延岡藩主高橋元種を改易(駿府記)。12.19 幕府，キリスト教を禁止(駿府記)。

大日本史料	社会・文化	世界	琉球	朝鮮	明
(12 7)	(49，真言宗僧侶)。10.18 本多忠勝(63，徳川家康家臣)。11.9 島津忠長(60，武将)。12.3 新納忠元(85，島津氏重臣)。 《大の月》1・②・6・8・9・11・12		尚寧王 22	光海君 2	万暦 38 ③
3.- 12 8 11.- 12 9	3.-『古今銘尽』成る。9.20 徳川家康，南蛮世界図屏風を見る(駿府記)。**この年** 天海，後陽成院より毘沙門堂の門室を賜る(慈眼大師伝記・華頂要略)。 二木寿斎『寿斎記』成る。 【死没】 1.3 由良国繁(62，武将)。1.21 島津義久(79，武将)。2.6 稲富一夢(60，砲術家)。2.27 山科言経(69，公家)。3.22 本多康重(58，徳川家康家臣)。3.24 北条氏勝(53，相模玉縄城主)。4.7 浅野長政(65，大名)。4.26 慶光院周養(尼僧)。6.4 真田昌幸(65，信濃上田城主)。6.17 堀尾吉晴(69，出雲富田城主)。6.24 加藤清正(50，武将)。8.9 曲直瀬正琳(47，医師)。8.- ペドロ=ラモン(イエズス会司祭)。9.19 謝名(琉球司官)。10.22 景轍玄蘇(75，臨済宗僧侶)。11.25 隆達(85，隆達節祖)。11.- セスペデス(宣教師)。12.30 平岩親吉(70，徳川家康家臣)。 《大の月》1・3・7・9・11・12	**この年** イギリス，欽定英語訳聖書完成。	23	3	39
8.- 12 10	5.28 徳川家康，曹洞宗法度発布(御当家令条)。6.8 家康，公家に家学に励むべき旨伝える(言緒卿記)。8.6 幕府，喫煙を禁じる(御当家令条)。 【死没】 1.5 井戸良弘(80，武将)。1.23 松井康之(63，武将)。1.26 亀井茲矩(56，大名)。3.21 岡本大八(本多正純家臣)。3.23 勢誉(高野山貫主)。4.19 佐竹義重(66，大名)。5.6 有馬晴信(46，肥前有馬領主)。5.8 近衛前久(77，公家)。5.14 蒲生秀行(30，会津若松城主)。5.20(21日とも) 閑室元佶(65，足利学校)。7.24 内藤信成(68，武将)。8.26 五島ルイス(65，肥前五島領主)。10.21 伊東マンショ(43，天正遣欧使節正使)。10.22 六角義治(68，近江半国守護大名)。10.27 勧修寺光豊(38，公家)。11.11 祐宜(77，新義真言宗僧侶)。12.19 新庄直頼(75，常陸麻生藩主)。**この年** 本多忠次(65，徳川家康家臣)。 《大の月》1・3・4・7・10・11・12	8.- イギリス使節，アユタヤ訪問。**この年** イギリス東インド会社，インドのスラートに商館を建設。 明，熊三抜著・徐光啓筆記『泰西水法』刊(北京)。	24	4	40 ⑪
3.- 12 11 9.- 12 12 9.- 12 13	2.28 幕府，関東天台宗法度を定める(本光国師日記)。5.5 幕府，修験道法度・関東新義真言宗法度を定める(本光国師日記)。**この年** 徳川家康，天海に日光山を管掌させる(慈眼大師伝記)。 竜派禅珠，『寒松日記』を記す(〜寛永10年まで現存)。『寒川入道筆記』成る。 中院通村，『後十輪院内府記』を記す(〜寛永14年1月)。 【死没】 1.25 池田輝政(50，武将)。2.20 青山忠成(63，関東総奉行)。2.24 天野康景(77，岡崎三奉行)。2.29 小出吉政(49，和泉岸和田藩主)。4.25 大久保長安(69，代官頭)。5.5 土佐光吉(75，画家)。5.25 弾誓(63，浄土宗僧侶)。8.25 浅野幸長(38，紀伊和歌山藩主)。9.27 大久保忠佐(77，駿河沼津藩主)。12.- 本庄繁長(75，武将)。**この年** 柳川智永(対馬藩宗家家臣)。 《大の月》1・3・5・7・10・12	7.- ロシア，ミハイール=フョードロヴィッチによりロマノフ朝成立。**この年** 朝鮮，鄭希得『月峯海上録』成る。	25	5	41

西暦	年号 干支	天皇	将軍	政　治・経　済
1614 2.9	慶長 19 甲寅	(後水尾)	(徳川秀忠)	1.17 大久保忠隣，京都に着してキリスト教会堂を破却し，宣教師を追放する(当代記)。1.19 幕府，大久保忠隣を改易(駿府記)。3.15 幕府，東北諸大名の普請役で高田城の築城に着手(実紀・朝野旧聞裒藁)。7.26 徳川家康，方広寺大仏鐘銘に異議をとなえ，開眼供養の延期を命じる(駿府記)。9.24 幕府，高山右近らキリシタン148人を海外に追放(駿府記)。10.1 家康，大坂征討を命じる(大坂冬の陣)(駿府記)。 片桐且元，大坂城より摂津国茨木に退去(時慶卿記)。10.11 家康，駿府を出立(駿府記)。10.23 徳川秀忠，江戸を出立(実紀)。11.15 家康・秀忠，大坂に出陣(義演准后日記・駿府記)。11.18 家康・秀忠，茶臼山で軍議. 所々で東西両軍合戦(駿府記)。12.20 両軍講和(駿府記)。**この冬** 大和・紀伊の土豪，大坂方に呼応して一揆を起こす(済美録)。**この年** 家康，法度制定のため公家・寺社の記録の書写を命じる(右文故事)。
1615 1.29	元和(げんな) 7.13 乙卯 ⑥			3.12 板倉勝重，大坂再挙の模様を駿府に注進(後藤庄三郎家古文書)。4.4 徳川家康，駿府を出立(駿府記)。4.6 家康，再び大坂征討を命じる(大坂夏の陣)(駿府記)。5.7 大坂城落城(実紀)。6.8 幕府，松平忠明を大坂に転封(重修譜)。**閏**6.13 幕府，一国一城令を定める(毛利氏四代実録考証)。7.7 徳川秀忠，伏見城で武家諸法度を下す(駿府記)。7.17 秀忠，二条城で禁中幷公家中諸法度を下す(駿府記)。8.4 家康，京都を出立(駿府記)。

大日本史料	社会・文化	世界	琉球	朝鮮	明
(⑫13) 5.- ⑫14 10.- ⑫15 11.- ⑫16 12.- ⑫17	4.16 豊臣秀頼，方広寺大仏鐘を鋳る(孝亮宿禰日次記)。9.21 院御所で操が行われる(時慶卿記)。9.24 伊勢踊り流行し，この日，禁中で行われる(言緒卿記)。**この年**『羅山文集』刊。 三浦浄心『慶長見聞集』成る。 【死没】 1.14 村越直吉(53，徳川家康家臣)。1.18 最上義光(69，武将)。5.6 仙石秀久(64，武将)。5.20 前田利長(53，加賀金沢藩主)。遠山利景(74，武将)。5.26 松浦鎮信(66，肥前平戸藩主)。6.13 秋月種長(48，日向高鍋藩主)。6.28 舟橋秀賢(40，公家)。7.12 角倉了以(61，河川土木事業家)。7.20 結城晴朝(81，下総結城城主)。8.26 武野宗瓦(65，茶商)。9.7 千少庵(69，茶湯者)。9.14 存易(76，浄土宗僧侶)。10.3 メスキータ(イエズス会司祭)。10.5 教如(57，本願寺第12世)。11.25 近衛信尹(50，公家)。12.18 清原国賢(71，明経家)。12.28 今川氏真(77，武将)。 《大の月》1・3・4・6・8・11	10.27 フランス，パリに全国三部会召集。	尚寧王 26	光海君 6	万暦 42
4.- ⑫18 5.- ⑫19 5.- ⑫20 6.- ⑫21 7.- ⑫22 10.- ⑫23	7.9 徳川家康，豊国神社の破却を命じる(舜旧記)。7.24 家康，諸宗諸本山法度を下す(実紀)。8.- 家康，「公武法制応勅十八箇条」を制定。**この年** 本阿弥光悦，家康より洛北鷹峰の地を拝領。『堂島旧記』記される(～明治3年)。 土御門泰重，『泰重卿記』を記す(～寛永20年)。**この頃** 操・浄瑠璃流行。 曾我尚祐『和簡礼経』成るか。 【死没】 1.3 宗義智(48，対馬藩主)。1.5 高山右近(64，キリシタン大名)。幡随意(74，浄土宗学僧)。3.5 筒井定次(54，キリシタン大名)。3.14 奥平信昌(61，美濃加納藩主)。4.29 塙直之(49，武将)。5.6 後藤基次(武将)。 木村長門守(武将)。 薄田兼相(武士)。5.7 小笠原秀政(47，信濃松本藩主)。 真田幸村(49，武将)。5.8 豊臣秀頼(23，豊臣秀吉子)。 淀殿(豊臣秀吉側室)。 氏家行広(70，伊勢桑名城主)。 大野治長(武将)。 安井道頓(83，大坂町人)。5.15 長宗我部盛親(41，大名)。5.27 増田長盛(71，武将)。5.28 片桐且元(60，大名)。6.2 海北友松(83，画家)。閏6.3 金森可重(58，飛騨高山藩主)。6.11 古田織部(72，茶人大名)。8.24 島井宗室(茶人)。10.14 片倉景綱(59，伊達家重臣)。11.19 西尾光教(73，美濃曾根・揖斐城主)。12.22 飛鳥井雅庸(47，蹴鞠家)。**この年** 石川康勝(大名)。 《大の月》1・3・4・6・7・8・10	5.- 明，三案(挺撃・紅丸・移宮の案)起る。**この年** 満州，八旗の軍制定める。	27	7	43 ⑧

西暦	年号 干支	天皇	将軍	政治・経済
1616 2.17	元和 2 丙辰	(後水尾)	(徳川秀忠)	3.21 徳川家康，太政大臣に任じられる(孝亮宿禰日次記)。4.17 家康没．その遺骸を久能山に葬る(舜旧記)。5.8 幕府，下田奉行を置く(諸役人系図)。5.11 幕府，撰銭を禁じ，金1分＝銭1貫文と定める(教令類纂)。6.- 幕府，軍役規定を改定(東武実録)。7.6 幕府，高田藩主松平忠輝を改易(東武実録)。8.8 幕府，再びキリスト教禁令を発す(御当家令条)。幕府，中国以外の外国船の寄港地を長崎・平戸に限定(御当家令条)。8.- 幕府，関東十六定渡船場の条規を定める(御当家令条)。10.3 幕府，煙草の栽培を禁じる(御当家令条)。10.- 幕府，一季居・人身売買を禁じる(令条)。11.- 幕府，伝馬・荷物駄賃の制を定める(実紀)。
1617 2.6	3 丁巳			3.- 陸奥国中村藩主相馬利胤の家臣583人，連判して知行役金の免除を乞う．許可されず，致仕する者多数(相馬利胤年譜)。4.8 徳川家康の霊柩を久能山から日光山へ移葬(東武実録)。6.14 徳川秀忠，上洛のため江戸を出立(黄薇古簡集)。7.21 秀忠，参内(泰重卿記)。8.14 イギリス商館長リチャード=コックス，伏見城で秀忠に謁見(イギリス商館長日記)。8.16 幕府，オランダ人に再度渡航朱印を与える(和蘭国海牙文書館文書)。8.26 朝鮮使節，伏見城で秀忠に謁見(本光国師日記)。9.13 秀忠，江戸に向け伏見を出立(本光国師日記)。9.- 幕府，公家衆・諸大名に領知の判物・朱印状を下賜(泰重卿記)。**この年** 大坂に江戸積油問屋結成(京口江戸口油問屋株名前帳)。
1618 1.27	4 戊午 ③			1.2 幕府，大奥に壁書を出す(東武実録)。2.12 幕府，重ねて撰銭・金銭売買に関する禁令を下す(御当家令条)。4.9 幕府，村上藩主村上義明(忠勝)を改易(実紀)。8.10 幕府，熊本藩主加藤忠広の家中騒動を裁し，家老加藤正次らを流刑(東武実録)。8.- 幕府，外国船の通商に託してキリスト教をひろめることを禁じる(条令)。**この年** 幕府，喜多見勝忠を堺奉行に任じ，摂津・河内・和泉の国奉行を兼務させる(重修譜)。
1619 2.15	5 己未			5.27 徳川秀忠，伏見城に入る(孝亮宿禰日次記)。6.2 幕府，広島城無断修築を理由に福島正則を改易(東武実録)。7.2 幕府，福島正則に越後・信濃国において知行を与える(重修譜)。7.19 幕府，浅野長晟を紀伊国和歌山より広島に転封(重修譜)。 幕府，徳川頼宣を和歌山へ転封(泰重卿記)。7.22 幕府，松平忠明を大和国郡山へ転封(実紀・重修譜)。8.22 幕府，大坂町奉行を置く(梅津政景日記)。8.29 幕府，京都七条河原でキリシタンを処刑(舜旧記)。8.- 幕府，伏見城代を廃して大坂城代・城番を置く(実紀)。9.18 秀忠，京都を出立(言緒卿記)。 朝廷，万里小路桂哲らを不行跡により流刑(泰重卿記)。9.26 幕府，大坂の上荷船・茶船に極印打ち特権を与える(船極印方)。**この年** 堺の船問屋，江戸廻船を始める(菱垣廻船の始め)(菱垣廻船問屋記録)。
1620 2.4 ▼	6 庚申 ⑫			1.23 幕府，諸大名に大坂城修築に際し条目を下す(御制法・山内家記録)。2.- 幕府，諸大名に江戸城石垣修築の普請役を課す(梅津政景日記)。3.- 幕府，江戸浅草に米蔵を建てる(文政浅草町方書上)。6.18 徳川秀忠の娘和子入内(泰重卿記)。6.30 宇和島藩主伊達秀宗，老臣山家公頼らを殺害(山家氏継書)。7.6 イギリス船，ズニガら宣教師便乗の平山常陳の船を連行し，この日，平戸に曳航(英国印度事務省文書)。8.26 遣欧使節支倉常長帰国(伊達治家記録)。**この年** 阿波国祖谷山の土豪，直訴(祖谷山旧記)。

大日本史料	社会・文化	世界	琉球	朝鮮	明	後金
(⑫23) 2.- ⑫24 5.- ⑫25 雑載	1.19 徳川家康，『群書治要』の刊行を命じる(実紀)。 7.26 天海，大僧正に任じられる(慈性日記)。 【死没】 4.3 狩野内膳(47，画家)。 4.17 徳川家康(75，江戸幕府初代将軍)。 5.15 下間仲孝(66，能の名手)。 6.7 本多正信(79，徳川家康武将)。 9.- 坂崎成正(石見津和野藩主)。 10.12 松前慶広(69，蝦夷島松前藩主)。 **この年** 是閑吉満(能面作家)。 《大の月》1・3・5・6・8・10・11	1.- ヌルハチ，後金を建国。	尚寧王 28	光海君 8	万暦 44	太祖 天命 1.1
⑫26 4.- ⑫27 9.- ⑫28	2.21 朝廷，徳川家康に東照大権現の神号を授与(日光山東照宮文書)。 3.- 幕府，江戸吉原遊郭の開設を許可(享保撰要類集)。 日光東照社，神殿竣工(東武実録)。 4.26 吉川広家「吉川氏法度」を集成。 **この年** 幕府，狩野守信(探幽)を御用絵師とする(重修譜)。 玉木吉保『身自鏡』成る。 【死没】 1.21 慶岩(64，浄土宗僧侶)。 2.23 松平康親(51，徳川家康家臣)。 3.26 末吉孫左衛門(48，朱印船貿易家)。 3.28 今出川晴季(79，公卿)。 4.27 ナバレテ(47，ドミニコ会司祭)。 6.5 藤懸永勝(61，武将)。 7.1 内藤清次(41，大名)。 7.3 本多正重(73，武将)。 7.19 立花直次(46，武将)。 8.26 後陽成上皇(47)。 10.8 鉄山宗鈍(86，臨済宗僧侶)。 10.26 長谷川藤広(51，長崎奉行)。 **この年** 大久保藤五郎(江戸水道)。 《大の月》1・4・6・8・9・11・12	**この年** オランダとシャム，皮革の条約を締結。 明，貴州苗族の反乱。 オスマン朝，ポーランドと対戦。	29	9	45	2
1.- ⑫29 是歳	1.29 幕府，伊勢・愛宕真似勧進を禁じる(東武実録・御制法)。 **この年** 池田好運，『元和航海書』を著す。 【死没】 3.15 酒井家次(55，武将)。 4.21 新庄直定(57，常陸麻生藩主)。 5.3 雲谷等顔(72，画家)。 6.3 鍋島直茂(81，大名)。 7.1 京極マリア(京極高吉妻)。 8.30 狩野孝信(48，画家)。 11.9 多賀谷重経(61，常陸下妻城主)。 **この年** 明石掃部(武将)。 《大の月》2・4・7・8・10・11・12	5.23 ボヘミアの反乱により30年戦争勃発(～'48年)。 **この年** ロシア，グズネツクに基地を建設。	30	10	46 ④	3
⑫30 7.- ⑫31 11.- ⑫32	9.15 幕府，以心崇伝を僧録司に任じる(本光国師日記)。 【死没】 1.21 中井正清(55，京大工頭)。 2.3 長連竜(74，加賀金沢藩重臣)。 3.18 細川興元(58，常陸谷田部藩祖)。 4.- 名越善正(釜師)。 7.14 二条昭実(64，公家)。 7.21 島津義弘(85，武将)。 8.15 亀井政矩(30，大名)。 9.11 加賀山隼人(54，キリシタン武士)。 9.12 藤原惺窩(59，朱子学者)。 10.14 田付景澄(64，砲術家)。 11.- 村山等安(長崎代官)。 12.6 お万の方(72，徳川家康側室)。 12.19 直江兼続(60，上杉家重臣)。 遠山友政(64，美濃苗木藩主)。 《大の月》2・6・8・10・11・12	7.30 アメリカ，ヴァージニアで最初の植民地議会開催。 **この年** オランダ東インド会社，ジャカトラを確保し，バタヴィアと改名。 ドイツ，ケプラー『世界の調和』刊。	31	11	47	4
1.- ⑫33 7.- ⑫34	1.16 不干斎ハビアン，『破提宇子』を著す。 2.30 京都大火，相国寺類焼(泰重卿記・孝亮宿禰日次記)。 **この夏** 桂離宮の造営に着手。 **この年** 義演編纂『醍醐寺新要録』成る。 ロドリゲス『日本小文典』刊(マカオ)。 【死没】 1.25 新庄直忠(79，武将)。 2.18 新上東門院(68，後陽成天皇生母)。 2.26 蜂須賀至鎮(35，徳島藩初代藩主)。 4.9	11.- ドイツ，白山の戦，皇帝側勝利。 12.26 イギリス，ピルグリム=ファーザーズ，北米大陸プリマス植民地建設に着手。 **この年** オスマン軍，	32	12	光宗 泰昌 8.1 熹宗	5

西暦	年号 干支	天皇	将軍	政　治・経　済
1620 2.4 ▲	元和 6 庚申 ⑫	(後水尾)	(徳川秀忠)	
1621 2.22	7 辛酉			6.12 幕府，海上掠盗への処置を求めた明の使者の訴えを許容せず(本光国師日記)。7.27 幕府，異国へ日本人の売買・武器輸出を禁じる(綿考輯録)。8.- 幕府，西国大名に難船の処置方に関する条令を下す(御当家令条)。9.23 マカオ知府事，オランダ船による通航妨害を注進．この日，土井利勝これに返書(異国日記)。9.- シャム国使，秀忠に謁見，幕府，国書に答える(異国日記)。
1622 2.11	8 壬戌			2.10 幕府，伝馬駄賃の制を定め，撰銭禁止を再令(東武実録)。7.13 幕府，長崎で平山常陳・スペインのズニガ・フロレス両宣教師らを火刑に処する(日本耶蘇会年報)。8.5 幕府，長崎でキリシタンを処刑(日本耶蘇会年報)。8.20 京都市中の法度を定める(御当家令条)。8.21 幕府，最上義俊を改易(毛利氏四代実録考証論断)。10.1 幕府，本多正純を改易し，この日，正純山形を発す(梅津政景日記)。11.10 徳川秀忠，江戸城本丸に移徙(実紀)。**この年** 幕府，外様大名に妻子を江戸に置くよう指示(細川家史料)。 江戸城本丸を改築(細川家史料)。 明，琉球に5年1貢の進貢貿易を許可(中山世譜)。 小倉(細川)藩，人畜帳を作成(同書)。
1623 1.31	9 癸亥 ⑧		7.27 / 7.27 徳川家光	2.10 幕府，松平忠直を豊後国に配流(実紀)。6.25 徳川秀忠，参内(実紀)。6.28 徳川家光，江戸を出立(実紀)。7.23 家光，参内(実紀)。7.27 家光，征夷大将軍に任じられる(東武実録)。8.24 幕府，禁裏御料1万石を進上(計2万石)(実紀)。閏8.1 シャム国使，二条城で秀忠に謁見(異国日記)。閏8.24 家光帰府(実紀)。9.7 秀忠帰府(実紀)。10.13 幕府，江戸芝でキリシタンを多数処刑(実紀)。10.19 幕府，武蔵国岩槻藩主青山忠俊を上総国大多喜に幽閉(実紀)。11.13 イギリス人，平戸商館を閉鎖し日本を撤退(イギリス商館長日記)。

大日本史料	社会・文化	世界	琉球	朝鮮	明	後金
(⑫34) 是歳 35 雑載 36	渡辺守綱(79，武将)。4.24 アダムス(57，初渡来英人)。6.25 尊照(59，浄土宗僧侶)。9.19 尚寧(57，琉球国王)。9.30 文之玄昌(66，臨済宗僧侶)。10.7 興意法親王(45，三井寺長吏)。10.19 岩城貞隆(38，信濃川中島領主)。11.2 慈昌(77，浄土宗僧侶)。11.11 山崎長徳(69，加賀金沢藩重臣)。11.22 日経(70，日蓮宗僧侶)。12.14 松平重勝(72，大名)。 《大の月》2・3・6・9・11・12・⑫	ウクライナの帰属をめぐり，ポーランド軍と再び対戦(～'21年)。	尚寧王 32	光海君 12	光宗 泰昌 8.1 熹宗	天命 5
1.－ 37 6.－ 38 11.－ 39 是歳 40 雑載 41～43	1.－ 近衛信尋，『本源自性院記』を記す(～慶安2年6月)。**この年** 勅版『皇朝類苑』(『皇宋事宝類苑』)刊。 伊勢踊流行。川角三郎右衛門，『川角太閤記』を著す(～元和9年)。 【死没】 1.10 康正(88，仏師)。2.7 本多康俊(53，徳川家康家臣)。6.29 安藤重信(65，幕臣)。8.21 金春安照(73，能役者)。11.19 鷹司信尚(32，公家)。12.13 織田長益(75，茶人)。12.22 堀忠俊(26，越後福島藩主)。**この年** 伴道雪(弓術家)。 《大の月》2・4・6・9・11・12	3.－ 後金，ヌルハチ(太祖)，遼陽に遷都。12.－ イギリスの下院(庶民院)，「抗議」により議員の言論の自由を主張。**この年** 明，茅瑞徴撰『万暦三大征考』成る。 明，茅元儀撰『武備志』成る。	尚豊王	13	天啓 1.1 ②	6
1.－ 44 6.－ 45 7.－ 46 8.－ 47 8.－ 48 10.－ 49 11.－ 50 雑載 51～57	**この年** 毛利重能『割算書』刊。 小瀬甫庵『信長記』刊。 【死没】 3.16 灰屋紹由(京都富商)。6.19 里見忠義(29，大名)。7.1 支倉常長(52，慶長遣欧使節大使)。7.12 高島四郎兵衛(茂春)(長崎町年寄)。7.13 ズニガ(アウグスチノ会士)。 平山常陳(朱印船貿易家)。 フロレス(ドミニコ会司祭)。7.16 茶屋又四郎(40，豪商)。8.5 オルファネル(43，ドミニコ会士)。 スピノラ(57，イエズス会宣教師)。 メナ(ドミニコ会司祭)。8.12 京極高知(51，武将)。12.18 広橋兼勝(65，公家)。 《大の月》2・3・5・7・10・12	5.－ 明，山東に白蓮教徒の乱。	2	14	2	7
	1.8 後七日御修法を再興(続史愚抄)。**この年** 安楽庵策伝『醒睡笑』成る。 以心崇伝ら『翰林五鳳集』成る。**この頃** 富山道治『竹斎』古活字版刊行(寛永12年以前，成稿刊行か)。 【死没】 3.20 上杉景勝(69，出羽米沢藩主)。4.8 味方但馬(61，山師)。4.23 筑紫広門(68，武将)。5.16 本因坊算砂(65，初代本因坊)。5.22 加藤貞泰(44，伊予大洲藩主)。8.4 黒田長政(56，筑前福岡藩主)。8.6 日重(75，日蓮宗学僧)。8.9 呑竜(68，浄土宗僧侶)。閏8.2 日野輝資(69，公家)。9.26 村上義明(忠勝)(武将)。10.13 原主水(37，キリシタン武将)。12.8 小泉次大夫(85，幕府代官)。**この年** ヤン=ヨーステン(オランダ船員)。 《大の月》2・3・5・6・8・10・12	**この年** 朝鮮，仁祖による粛正。 オランダ，モルッカ諸島のアンボイナでイギリス商館員を虐殺。 サファヴィー朝アッバース1世，バグダッドを占領。 明，ジュリオ=アレニ『職方外紀』刊。	3	仁祖	3 ⑩	8

西暦	年号 干支	天皇	将軍	政　治・経　済
1624 2.19	寛永(かんえい) 2.30 甲子	(後水尾)	(徳川家光)	3.24 幕府，前年薩摩国に来航したフィリピン諸島長官による復交要求を拒否(スペインと断交)(異国日記)。6.3 秋田藩，キリシタン32人を処刑(梅津政景日記)。8.11 徳川忠長に駿河・遠江両国を加封(東武実録)。9.22 徳川秀忠，江戸城西丸に移徙(実紀)。11.3 徳川家光，江戸城本丸に移徙(実紀)。11.28 女御徳川和子，中宮となる(公卿補任)。12.19 朝鮮通信使，家光に謁見(異国日記)。**この年** 大坂の泉屋平右衛門，江戸積船問屋を開業(菱垣廻船問屋規録)。
1625 2.7	2 乙丑			3.8 関白近衛信尋ら，徳川家光の将軍襲職祝賀のため江戸へ赴く(凉源院殿御記)。3.- 幕府，万石以下の江戸侍屋敷の間数を定める(東武実録)。4.2 幕府，二条城に城番を置く(実紀)。8.27 幕府，伝馬・駄賃馬の規則を改定(御当家令条)。9.3 幕府，諸大名に領内の鉄砲数の調査を命じる(梅津政景日記)。**この年** 長崎代官末次政直，幕命で明の福建総督に返書し，通商を求める(御当家紀年録)。
1626 1.28	3 丙寅 ④			4.24 幕府，松平忠輝の配所を信濃国諏訪に改める(実紀)。**閏**4.26 長崎奉行水野守信，イエズス会宣教師らを処刑(日本切支丹宗門史)。**閏**4.27 幕府，人身売買を禁じる(東武実録)。5.28 徳川秀忠，江戸を出立(実紀)。7.12 秀忠，参内(実紀)。 徳川家光，江戸を出立(東武実録)。7.25 秀忠，大坂巡覧(実紀)。7.27 幕府，大坂城番の制を定める(東武実録)。8.18 家光，参内(実紀)。9.6 二条城に行幸(東武実録)。9.25 家光，京都を出立(実紀)。10.6 秀忠，京都を出立(実紀)。12.- 宗義成，朝鮮に煙硝200斤・鳥銃100挺を送る(接待事目録抄)。**この年** 平野正貞・末次政直の朱印船，台湾に渡航し，オランダ人と紛争(ピーテル・ノイツとピーテル・ムイゼルの参府日記)。
1627 2.16	4 丁卯			1.3 松倉重政，パウロ堀作右衛門ら16人を拷問，全員殉教(日本切支丹宗門史)。1.4 幕府，無嗣により会津藩主蒲生忠郷の封地を収公(東武実録)。1.- 陸奥国三春の百姓，会津城収公に際して一揆(実紀・重修譜)。2.10 幕府，加藤嘉明を会津に，蒲生忠知を松山に転封(実紀)。3.25 後金軍に侵入された朝鮮に対し，宗義成援兵の意を示す書契と兵器を送るが，来援は不要とされる(朝鮮王朝実録)。8.- 幕府，カンボジアの要請により通信を許可し，使者を派遣(異国日記)。10.1 幕府，ピーテル=ヌイツ，家光への謁見叶わず江戸を発つ(ピーテル=ノイツとピーテル・ムイゼルの参府日記)。**この年** 幕府，内藤重次を諸国金銀奉行に任じる(実紀)。 幕府，上荷船の運賃などについて制札を立てる(諸川船要用留)。

社会・文化	世界	琉球	朝鮮	明	後金
2.15 初代中村勘三郎，江戸に猿若座を建てる(歌舞伎年表)。2.- 幕府，諸国に流行の伊勢踊を禁じる(実紀)。4.11 林羅山を徳川家光の侍講とする(寛永諸家系図伝)。**この年** 江戸に霊巌島を築造(東武実録)。狩野一渓，『丹青若木集』を起筆．慶安・承応年間に成るか。 【死没】 1.4 カルワーリュ(46，イエズス会司祭)。2.14 仁賀保挙誠(64，武将)。3.6 久田宗栄(66，茶人)。3.14 松平定勝(65，伊勢桑名藩主)。4.29 板倉勝重(80，京都所司代)。7.12 ソテーロ(49，フランシスコ会司祭)。7.13 福島正則(64，安芸広島藩主)。9.6 高台院(76，83とも，豊臣秀吉室)。 《大の月》2・4・5・7・9・10	**年末** イギリス，カリブ海バルバドス島を占領。**この年** オランダ，ブラジル北東部を占領。	尚豊王 4	仁祖 2	天啓 4	天命 9
11.- 天海，寛永寺の建築を開始(実紀)。**この年** 日光杉並木の植樹開始(実紀)。毛利重能『帰除濫觴』成る。小瀬甫庵『太閤記』成る。**この年以後** 『聚楽物語』成るか。 【死没】 1.17 成瀬正成(59，尾張名古屋藩家老)。4.19 富田越後守(重政)(62，剣術家)。4.27 毛利輝元(73，大名)。5.27 亀姫(66，奥平信昌室)。8.26 廓山(54，浄土宗僧侶)。9.10 相馬利胤(45，陸奥中村藩主)。9.21 吉川広家(65，武将)。10.20 関一政(伯耆黒坂城主)。11.17 足立重信(武将)。12.29 永井直勝(63，大名)。 《大の月》1・3・5・7・8・10・11	12.- 明，東林派の姓名を公示。**この年** 後金，瀋陽に遷都。明，ジュリオ=アレニ『三山論学紀』刊(杭州)。オランダ，グロティウス『戦争と平和の法』刊。デンマーク・ノルウェー王クリスチャン4世，三十年戦争に介入。	5	3	5	10
5.- 明人陳元贇，徳川家光に謁見(実紀)。10.8 以心崇伝，円照本光国師の号を授与される(続史愚抄)。11.13 上野東照社竣工(実紀)。12.7 幕府，絹布・木綿の丈幅を公定(東武実録)。**この年** 狩野探幽，二条城の襖絵を描く。『惺窩文集』刊。大久保彦左衛門忠教『三河物語』成る。 【死没】 2.16 結城義親(86，伊達家臣)。閏4.21 義演(69，醍醐寺座主)。閏4.26 トルレス(62，イエズス会宣教師)。パチェコ(61，イエズス会司祭)。8.6 脇坂安治(73，武将)。9.12 万里小路充房(65，公家)。9.15 崇源院(54，徳川秀忠室)。9.19 今大路道三(50，医師)。10.7 山名豊国(79，豊臣秀吉御伽衆)。12.9 観世身愛(61，能役者)。**この年** 小西如庵(朝鮮の役講和使節)。 《大の月》1・4・6・7・9・10・11	3.- 明，蘇州で開読の変起こる。	6	4	6 ⑥	11 太宗
9.17 上野東照宮，正遷宮(実紀)。11.5 台湾人利加，徳川秀忠・家光に謁見(異国日記)。**この年** 吉田光由『塵劫記』刊。 【死没】 4.11 今井宗薫(76，茶人)。5.7 藪内紹智(92，茶人)。8.9 茶屋小四郎(35，紀州茶屋家祖)。10.1 片桐貞隆(68，大和小泉藩主)。10.2 松下重綱(49，大名)。11.14 酒井忠利(69，幕府重臣)。11.24 後藤宗印(貿易商)。12.22 皆川広照(80，武将)。12.23 谷衛友(65，丹波山家藩主)。 《大の月》1・4・7・9・10・11	1.- 後金軍，朝鮮に侵入。**この年** 明，テレンツ口授・王徴訳『遠西奇器図説』刊。ヴェトナム，鄭氏・阮氏の抗争。**万暦・天啓年間** 明，李之藻編集『天学初函』刊。	7	5	7 毅宗	天聡 1.1

西暦	年号干支	天皇	将軍	政治・経済
1628 2.5	寛永 5 戊辰	(後水尾)	(徳川家光)	4.- スペイン艦船，メナム河口で朱印船を襲撃(ピーテル・ムイゼルの日記・岩生成一「松倉重政の呂宋島遠征計画」)。5.- 幕府，長崎奉行水野守信にキリシタンの処刑を命じる(東武実録)。6.25 幕府，前日に浜田弥兵衛とともに長崎に入港したオランダ人の持船を抑留，オランダと断交(～寛永 9 年)(ピーテル・ムイゼルの日記)。8.10 幕府目付豊島信満，年寄井上正就を江戸殿中で殺害(東武実録)。9.16 ポルトガルのガレオット船 2 隻，長崎を出帆しマカオに向かう(在日中のカピタン・商人・船員は抑留の状態)(ピーテル・ムイゼルの日記)。
1629 1.25	6 己巳 ②	11.8 明正		1.- 宗義成，朝鮮国礼曹宛書契にて，将軍の命で後金軍による朝鮮状況探査のため，規伯玄方を漢城に上京させるよう要請(江雲随筆)。6.- 幕府，辻斬防止のため，江戸に辻番を置く(梅津政景日記)。7.25 幕府，玉室・沢庵らを配流(紫衣事件)(東武実録)。9.6 幕府，武家諸法度の一部を改定(東武実録)。9.19 シャム使節，徳川家光に謁見(異国日記)。10.10 家光乳母参内し，春日局の号を授与される(東武実録)。11.8 後水尾天皇，紫衣事件などに不満を抱き，興子内親王に譲位(続史愚抄)。11.9 中宮和子に東福門院の院号を授与(続史愚抄)。**この年** 大坂天満組の惣会所完成(初発言上候帳面写)。**この頃** 踏絵始まる。
1630 2.12	7 庚午			7.15 幕府，山城国から牢人を追放(東武実録)。 マカオ使節ドン=ゴンサロ=デ=シルベイラ，長崎に到着(ナイエンローデ1630.10.31書翰)。11.11 長崎奉行竹中重義・島原藩主松倉重政，軍船 2 隻をフィリピン諸島に派遣(通航一覧・バタヴィア城日誌)。**この年** 幕府，キリシタン数十人をフィリピン諸島に追放(長崎実録大成)，キリスト教書輸入を禁止(御代々文事表)。
1631 2.1	8 辛未 ⑩			5.28 幕府，徳川忠長を甲斐国に幽閉(実紀)。6.20 海外渡航の貿易船には朱印状のほか，奉書の交付を条件とする(奉書船)(江戸幕府日記)。閏10.20 幕府，キリシタン・牢人の隠匿，私の新寺建立を禁止(離宮八幡宮文書)。**この年** 幕府，糸割符に江戸・大坂の町人を加入させて 5 ヵ所とし(通航一覧)，長崎来航の中国船にも適用(バタヴィア城日誌)。 幕府，向井忠勝に安宅丸の建造を命じる(実紀)。

社　会・文　化	世　界	琉球	朝鮮	明	後金
1.6 叙位の儀を復する(続史愚抄)。**この年** 松永尺五，京都西洞院二条に私塾春秋館を創立(尺五先生全集)。 安楽庵策伝『醒睡笑』成る。 【死没】 6.27 大久保忠隣(76，幕臣，老中)。7.15 伊藤孫右衛門(86，篤農家)。8.9 青木一重(78，武将)。8.10 井上正就(52，老中)。8.29 秋元長朝(83，上野総社藩主)。9.5 鳥居忠政(63，武将)。11.7 小野忠明(剣客)。11.16 毛利高政(70，豊後佐伯藩主)。12.28 川上久辰(70，島津氏武将)。 《大の月》1・2・5・8・10・11・12	6.7 イギリス，チャールズ１世，権利の請願を承認。11.- 明，陝西で農民反乱。	尚豊王 8	仁祖 6	崇禎 1.1	天聡 2
2.26 久遠寺日暹，本門寺日樹と受不施・不受不施を争い，幕府に提訴(東武実録)。 **5月頃** 林羅山『三徳抄』成るか。10.23 幕府，女舞・女歌舞伎を禁止(歌舞伎年表)。11.- 山本西武・松永貞徳ら，京都妙満寺で俳諧を興行(貞徳永代記)。12.30 幕府，林羅山・永喜兄弟を法印に任じる(寛永諸家系図伝・重修譜)。 【死没】 3.24 土居清良(84，伊予宇和郡三間城主)。4.7 智仁親王(51，八条宮，桂宮家祖)。4.14 名越家昌(釜師)。5.7 丸目蔵人(90，剣客)。6.19 酒井田柿右衛門(初代)(肥前有田陶家)。9.14 広橋総光(50，公家)。10.23 原マルチノ(天正遣欧使節副使)。 《大の月》2・3・5・8・10・11		9	7	2 ④	3
4.2 幕府，日樹・日奥ら不受不施派を配流(東武実録)。9.- 俵屋宗達，『西行物語絵巻』を模写。**この冬** 幕府，林羅山に学寮用の土地を与える(実紀)。**この年** 旧聚楽第書院を西本願寺に移す。 幕府，狩野尚信を御用絵師とする。 林羅山『多識編』刊。 【死没】 3.10 日奥(66，日蓮宗僧侶)。4.28 奈良屋道汐(堺町人)。4.30 織田信雄(73，武将)。5.25 末次平蔵(長崎代官)。6.12 恭畏(66，真言僧)。6.20 正木時堯(武将)。7.3 中和門院(56，後陽成天皇女御)。8.14 井上因碩(初代)(49，碁師)。9.15 了的(浄土宗高僧)。10.5 藤堂高虎(75，伊勢津藩主)。11.16 松倉重政(肥前松原藩主)。11.30 准如(54，本願寺派第12世)。**この年** 山田長政(商人)。 《大の月》1・2・4・6・9・11	7.6 スウェーデン王グスタフ=アドルフ，三十年戦争に介入。**この年** 山田長政，シャムで毒殺される。	10	8	3	4
4.19 徳川義直，家臣阿部正室所製の世界図を徳川家光に献上(実紀)。4.-『刈萱』刊。5.19 高島孫右衛門正重(重漸)『長宗我部元親記』成る。8.- 土井利勝，徳川秀忠の病気平癒を祈願し，寛永寺に五重塔・鐘楼を建立(本光国師日記)。 竹内重門『豊鑑』成る。 【死没】 1.14 津軽信枚(46，陸奥弘前藩主)。4.27 佐久間不干(76，茶人)。5.19 日樹(58，日蓮宗僧侶)。6.7 蘆名盛重(57，武将)。8.10 本多忠政(57，譜代大名)。9.12 加藤嘉明(69，武将)。10.7 保科正光(71，信濃高遠藩主)。10.13 後藤徳乗(82，金工家)。閏10.9 竹中重門(59，武将)。12.10 曲直瀬玄朔(83，医師)。**この年** 明寿(74，鐔工)。 《大の月》1・2・3・5・7・10・11	6.- 明，李自成の乱起こる。8.- 明，ロー『測量全義』献上。**この年** 後金，官制を制定し，六部を置く。	11	9	4 ⑪	5

西暦	年号 干支	天皇	将軍	政　治・経　済
1632 2.20	寛永 9 壬申	(明正)	(徳川家光)	2.- 出羽国飽海郡荒瀬・遊佐郷の百姓逃散(菅原家文書)。6.1 幕府，熊本藩主加藤忠広の改易につき諸大名に通達(江戸幕府日記)。6.18 幕府，池田光仲・同光政を交換転封(江戸幕府日記)。7.17 幕府，沢庵・玉室らを召還(実紀)。9.5 崇伝，幕命により五山十刹の本末・寺領高を録上(本光国師日記)。9.29 幕府，諸士法度を定める(江戸幕府日記)。10.2 幕府，オランダ人の身柄引き渡しを許可(江戸幕府日記)。10.4 幕府，小倉藩主細川忠利を熊本に転封(江戸幕府日記)。10.23 幕府，徳川忠長を改易(江戸幕府日記)。11.23 幕府，稲葉正勝を小田原に転封(江戸幕府日記)。12.17 幕府，大目付を置く(江戸幕府日記)。**この年** 仙台藩，江戸廻米を始める(武江年表)。
1633 2.9	10 癸酉			2.16 幕府，軍役人数割を改む(江戸幕府日記)。2.28 幕府，長崎奉行に奉書船以外の渡航を禁じ，キリシタン取締りにつき令す(憲教類典)。3.15 幕府，福岡藩主黒田忠之の家老栗山大膳を南部に配流(黒田騒動)(江戸幕府日記)。3.23 幕府，六人衆を置く(後の若年寄)(江戸幕府日記)。10.- 出羽国村山郡白岩郷の百姓，領主酒井忠重の苛政につき公訴．幕府，白岩を蔵入地とする(白岩一揆)(西村山郡史・家世実紀)。12.6 徳川忠長，配所高崎で自殺(江戸幕府日記)。**この年** 明，琉球の進貢を２年１貢と定める(中山世譜)。
1634 1.29	11 甲戌 ⑦			2.22 幕府，豊後国府内藩主竹中重義を改易し，自刃を命じる(江戸幕府日記)。3.3 幕府，老中・六人衆の分掌を定める(憲教類典)。5.- 幕府，長崎町人に出島の建設を命じる(寛永13年，完成)(通航一覧)。7.23 徳川家光入京し，京都町人に銀5000貫目下賜(江戸幕府日記)。**閏**7.9 琉球使節，二条城で家光に謁見(謝恩使の始め)(江戸幕府日記)。**閏**7.26 幕府，大坂・堺・奈良の地子銭を免除(江戸幕府日記)。8.4 幕府，譜代大名の妻子を江戸に置かせる(実紀)。8.5 家光，京都を出立(実紀)。9.1 家光，江戸町人に銀5000貫目下賜(御当家紀年録)。

社　会・文　化	世　界	琉球	朝鮮	明	後金
1.24 徳川秀忠没．翌日，年寄森川重俊殉死(江戸幕府日記)。9.- 柳生宗矩『兵法家伝書』成る。**この年** 徳川義直，林羅山の忍岡別邸に先聖殿を建てる(実紀)。 小堀政一(遠州)，南禅寺金地院の作庭を完成。 熊本藩主細川忠利，上野喜蔵に陶器を製作させる。 ディエゴ=コリャード『コリャード懺悔録』『日本文典』刊(ローマ)。 【死没】 1.24 徳川秀忠(54，江戸幕府第2代将軍)。1.25 森川重俊(49，下総生見藩主)。2.29 彦坂光正(68，徳川家康出頭人)。6.22 角倉素庵(62，土木事業家)。7.7 桑山宗仙(73，茶人)。7.19 フランシスコ=デ=ヘスース(アグスチノ会修道士)。8.15 忠吉(初代)(61，刀工)。8.18 南部利直(57，陸奥盛岡藩主)。8.29 朽木元綱(84，武将)。9.3 浅野長晟(47，武将)。9.15 九鬼守隆(60，志摩鳥羽藩主)。11.18 梵舜(80，神道家)。12.12 戸田康長(71，信濃松本藩主)。 《大の月》1・2・4・6・8・10・12	**この年** ロシア，のちのヤクーツクに砦市を建設。	尚豊王 12	仁祖 6	崇禎 5	天聡 6
1.- 松江重頼『犬子集』刊。2.10 林羅山，忍岡の先聖殿で釈奠を再興(実紀)。7.17 徳川家光，忍岡の先聖殿で林羅山の『尚書堯典』を聴く(実紀)。10.5 オランダ商館長クーケバッケル，江戸着(ニコラース・クーケバッケルの日記)。12.20 幕府，書物奉行を置く(江戸幕府日記)。**この年** 清水寺本堂成る。『国友鉄炮記』成る。**この頃** 貞門俳諧流行。 【死没】 1.20 以心崇伝(65，臨済宗僧侶)。1.25 佐竹義宣(64，出羽久保田藩主)。3.10 梅津政景(53，出羽久保田藩士)。4.11 寺沢広高(71，大名)。7.12 ボルジェス(イエズス会員)。7.24 松屋久好(奈良の豪商)。8.13 亀田高綱(76，武将)。8.27 常高院(京極高次室)。8.- 斎藤小左衛門(57，イエズス会司祭)。9.19 中浦ジュリアン(64，天正遣欧使節)。9.20 堀尾忠晴(35，出雲松江藩主)。12.6 徳川忠長(28，駿府藩主)。 《大の月》2・4・6・7・9・11	10.- 明，徐光啓没。**この年** イタリア，ガリレイを宗教裁判にかける。イエメンでオスマン朝支配に対する反乱。	13	11	6	7
閏7.23 江戸城西丸全焼(江戸幕府日記)。11.7 伊賀越の敵討(実紀)。**この年** 九条道房，『道房公記』を記す(～正保4年1月5日)。 近衛尚嗣，『妙有真空院記』を記す(～承応2年)。 【死没】 1.8 彦坂元正(代官頭)。1.25 稲葉正勝(38，大名)。2.15 芝辻理右衛門(堺鉄砲鍛冶)。2.22 竹中重義(長崎奉行)。3.2 佃十成(82，武将)。3.9 大橋宗桂(80，将棋師)。5.11 ゴメス(66，イエズス会宣教師)。6.26 徳光屋覚左衛門(越後村上茶栽培元祖)。7.7 森忠政(65，美作津山藩主)。8.18 蒲生忠知(30，伊予松山城主)。9.1 松丸殿(豊臣秀吉側室)。9.18 成富兵庫(75，治水家)。9.27 トマス=デ=サン=ハシント(45，日本人ドミニコ会司祭)。10.17 内藤政長(67，武将)。11.12 佐久間勝之(67，武将)。11.18 宮部長煕(武将)。 《大の月》1・3・5・7・8・9・11・12	2.25 オーストリア，三十年戦争の中，ヴァレンシュタインを暗殺する。**この年** 明，『崇禎暦書』成る。	14	12	7 ⑧	8

西暦	年号干支	天皇	将軍	政　治・経　済
1635 2.18	寛永 12 乙亥	(明正)	(徳川家光)	3.11 幕府，朝鮮宛ての国書改竄事件裁決．翌12日，柳川調興を津軽に配流(江戸幕府日記)。5.28 幕府，長崎奉行に異国へ日本の船を遣わすこと，日本人の海外渡航・帰国禁止につき令達(通航一覧)。6.21 幕府，武家諸法度を改め，大小名の江戸参勤交代とその期月，500石以上の大船建造の禁止などを定める(江戸幕府日記)。8.- 以酊庵輪番制，開始(泉澄一「江戸時代，日朝外交の一側面」)。9.6 幕府，キリシタン禁令を再令(江戸幕府日記)。11.9 幕府，寺社奉行を置く(江戸幕府日記)。11～12月 幕府，評定所寄合の条規を定め，諸役人の職務分掌を明確にする(実紀)。12.1 朝鮮，将軍の新称号「大君」を承認(接待事目録抄)。12.12 幕府，諸士法度を改訂(江戸幕府日記)。
1636 2.7	13 丙子			1.8 幕府，諸大名に江戸城惣構・天守の改築を命じる(江戸幕府日記)。3.12 酒井忠世を大老に任じる(柳営補任)。5.19 幕府，長崎奉行に日本人の海外渡航禁止以下17ヵ条を令達(通航一覧・憲教類典)。6.1 幕府，江戸と近江国坂本の銭座で寛永通宝の鋳造を開始(実紀)。7.21 幕府，山形藩主鳥居忠恒の封地を無嗣により収公(実紀)。 幕府，保科正之を山形に転封(江戸幕府日記)。8.2 幕府，箱根関所の法度を定める(実紀)。 幕府，諸浦に難船積荷処置に関する高札を立てる(実紀)。9.24 幕府，ポルトガル人妻子ら287人をマカオに追放(長崎実録大成)。12.13 朝鮮通信使任絖ら，徳川家光に謁見(江戸幕府日記)。**この年** 長崎出島完成(通航一覧)。
1637 1.26	14 丁丑 ③			8.15 江戸城本丸，改築竣工(実紀)。10.25 島原の乱起こる(実紀)。10.26 幕府，関東・甲信の農村に悪党取締り令を出し，五人組の取締りを強化(御当家令条)。10.27～28 天草の農民，島原の一揆に呼応(新撰御家譜)。11.9 幕府，島原の乱鎮圧のため，板倉重昌・石谷貞清を現地に派遣(江戸幕府日記)。11.27 幕府，島原の乱鎮圧のため，松平信綱・戸田氏鉄を現地に派遣(江戸幕府日記)。12.3 一揆勢，有馬・口ノ津辺りに集結(勝茂公譜考補)。**この年** 水戸・仙台で寛永通宝を鋳造(憲教類典)。 幕府，上荷船・茶船の仕置を定める(御触及口達)。
1638 2.14	15 戊寅			1.1 板倉重昌，原城を攻め，戦死(江戸幕府日記)。2.28 原城陥落(細川家史料)。4.12 幕府，島原藩主松倉勝家，唐津藩主寺沢堅高を改易(江戸幕府日記)。5.2 幕府，諸大名の隣国出兵の禁を緩和し，商船に限り500石以上の大船の建造を許可(江戸幕府日記)。5.13 松平信綱帰府し，島原の乱鎮圧を報告(江戸幕府日記)。9.20 幕府，キリシタン禁令を再令し，信者の密告には賞金を与えると布令(江戸幕府日記)。11.7 土井利勝・酒井忠勝，大老に任じられる(江戸幕府日記)。**この年** 幕府，大坂銅屋仲間を許可(垂裕明鑑抄)。

社　会・文　化	世　界	琉球	朝鮮	明	後金
【死没】 5.13 安藤直次(82，紀伊田辺藩主)。5.29 常慶(100，京都の楽焼陶工)。8.4 狩野山楽(77，画家)。9.19 山口重政(72，常陸牛久藩主)。10.27 日乾(76，日蓮宗僧侶)。10.28 神屋宗湛(83，博多の豪商)。11.16 相馬義胤(88，陸奥中村藩主)。12.23 小笠原玄也(武士)。 《大の月》3・6・7・9・10・12	2.10 フランス，フランス学士院(アカデミー)設立。5.19 フランス，スペインに宣戦布告，三十年戦争に介入。**この年** イエメンでザイド派のイマーム支配を確立。	尚豊王 15	仁祖 13	崇禎 8	天聡 9
4.10 日光東照社の大造営完成し，正遷宮。**この年** 如儡子『可笑記』成る。 沢野忠庵，『顕偽録』を著す。 【死没】 3.19 酒井忠世(65，老中)。4.20 竜派禅珠(88，足利学校)。5.24 伊達政宗(70，陸奥仙台藩主)。6.13 相良長毎(63，肥後人吉藩主)。7.17 狩野興以(画家)。8.19 一柳直盛(73，武将)。11.7 荒木宗太郎(朱印船貿易家)。 《大の月》1・4・7・9・10・11	4.- 後金，国号を清と改める。12.- 朝鮮，丙子の胡乱起こる。	16	14	9	清 崇徳 4.11
10.8 池田光政，『池田光政日記』を記す(～寛文9年)。**この年** 真迢，『破邪顕正記』を著す。 【死没】 1.22 阿茶局(83，徳川家康側室)。2.3 本阿弥光悦(80，芸術家)。3.10 本多正純(73，譜代大名)。**閏**3.6 丹羽長重(67，武将)。5.13 堀親良(58，下野烏山藩主)。5.24 松浦隆信(47，肥前平戸藩主)。6.4 前田利孝(44，上野七日市藩祖)。6.12 京極忠高(45，武将)。6.21 木下利房(65，武将)。9.14 長沢道寿(医者)。9.20 トマス=デ=サン=アウグスティノ(アウグスチノ会の日本人司祭)。**この年** 古河善兵衛(62，出羽米沢藩士)。 《大の月》1・2・4・7・9・10・12	**この年** ヴェトナムの鄭氏，オランダ人に通商を許可。 明，宋応星『天工開物』成る。 ロシア，モスクワにシベリア事務局を設置。 フランス，デカルト『方法叙説』刊。	17	15	10 ④	2
10.29 幕府，江戸の品川・牛込に薬園を設置(江戸幕府日記)。**この年** 朝山意林庵『清水物語』刊。**この夏から翌年春にかけて** 伊勢詣流行。 【死没】 1.1 板倉重昌(51，三河深溝藩主)。1.14 松平家信(74，譜代大名)。2.23 島津家久(63，武将)。2.27 蘆塚忠右衛門(島原の乱指導者)。2.28 益田時貞(島原の乱一揆軍首領)。 益田好次(益田時貞の父)。 森宗意軒(島原の乱一揆軍指導者)。3.4 吉田印西(77，弓術家)。4.24 堀利重(58，寺社奉行)。6.3 好仁親王(36，有栖川宮家祖)。6.10 平野藤次郎(海外貿易家)。7.13 烏丸光広(60，公家)。7.19 松倉勝家(42，肥前島原藩主)。8.17 喜多村弥兵衛(江戸町年寄)。8.28 荒木又右衛門(41，剣術家)。8.- 和久是安(61，書家)。12.30 蜂須賀家政(81，阿波徳島藩祖)。**この年** 布津村代右衛門(島原の乱農民指導者)。 《大の月》1・3・5・8・10・12	**この年** オスマン軍，バグダードを攻略し，イラクを併合。	18	16	11	3

西暦	年号干支	天皇	将軍	政治・経済
1639 2.3	寛永 16 己卯 ⑪	(明正)	(徳川家光)	4.22 徳川家光，諸大名の奢侈を禁じる(江戸幕府日記)。7.4 幕府，ポルトガル船の来航を禁止する(江戸幕府日記)。7.25 幕府，宗義成・平戸藩主松浦鎮信に平戸来着のオランダ船との通商を許可(実紀)。8.5 上使太田資宗，ポルトガル人に来航禁止を伝え，帰帆させる(鎖国の完成)(平戸オランダ商館の日記)。8.11 江戸城本丸炎上(江戸幕府日記)。**この年** 松前藩，106名の金山労働者らをキリシタンとして斬首(福山秘府)。 幕府，在住オランダ人妻子を追放(通航一覧)。
1640 2.22	17 庚辰			1.- 幕府，譜代大名・旗本の奢侈を禁じる(実紀)。4.5 江戸城本丸完成し，徳川家光移徙(江戸幕府日記)。6.16 幕府，貿易再開を求めて来航したポルトガル使節の船を焼き，乗組員61人を斬首(江戸幕府日記)。7.26 幕府，御家騒動により山崎藩主池田輝澄，高松藩主生駒高俊を改易(江戸幕府日記)。9.26 幕府，西暦を刻んだ平戸オランダ商館の倉庫を破壊させる(平戸オランダ商館日記)。**この年** 幕府，宗門改役を置く(柳営補任)。
1641 2.10	18 辛巳			2.8 幕府，福岡藩主黒田忠之らの参勤を止め，ポルトガル船の長崎来航に備えさせる(江戸幕府日記)。3.22 幕府の禁裏造営のため，天皇仮殿に移徙(続史愚抄)。4.2 幕府，オランダ商館長に長崎移転を命じる(江戸幕府日記)。5.10 幕府，他領に長年住む者の人返しを禁じる(江戸幕府日記)。5.17 平戸のオランダ商館職員，出島に移る(オランダ商館長日記)。6.17 オランダ商館長，長崎奉行にポルトガル人のカンボジアでの動静を報じる(最初のオランダ風説書)(マクシミリアーン・ル・メールの日記)。7.5 幕府，オランダ船舶載の白糸に糸割符を適用し，五カ所糸割符仲間による一括購入を指示(通航一覧)。
1642 1.31	19 壬午 ⑨			3.26 幕府，佐賀藩に長崎警備を命じる(以後福岡藩との隔年勤番となる)(勝茂公譜考補)。5.1 幕府，諸大名にキリシタン穿鑿と農民賑救を命じる(江戸幕府日記)。5.8 徳川家光，前年からの凶作のため，人民撫育策につき下問(江戸幕府日記)。5.9 幕府，譜代大名に参勤交代を命じる(江戸幕府日記)。5.26 幕府，農村での酒造・酒販売を禁じる(実紀)。9.1 幕府，譜代大名の参勤交代を再令する(江戸幕府日記)。

社　会・文　化	世　界	琉球	朝鮮	明	清
5.19 沢庵創建の新寺を東海寺と号す(江戸幕府日記)。 7.8 幕府，江戸城内に文庫造営を命じる(紅葉山文庫)(江戸幕府日記)。**この年** 今村知商『竪亥録』成る。『吉利支丹物語』(内題『吉利支丹御対治物語』)刊。**この頃**『さんせう太夫』刊。 【死没】 1.21 良定(88，浄土宗学僧)。2.1 大久保彦左衛門(80，旗本)。6.15 日野資勝(63，公家)。6.29 堀直寄(63，越後長岡・村上藩主)。7.- ペドロ=カスイ=岐部(53，キリシタンの邦人司祭)。8.26 大沢四郎右衛門(海外貿易家)。9.18 松花堂昭乗(56，真言宗学僧)。11.20 西洞院時慶(88，公家)。 《大の月》1・2・4・6・9・11・12	1.- 北米，コネティカット基本法作成。5.24 イングランドとスコットランドの第1次主教戦争始まる(1～6月)。**この年** 徐光啓『農政全書』刊。ロシア，イヴァン=モスクヴィーチン，ベンジャン海に達す。オスマン朝，サファヴィー朝と和議を結ぶ。	尚豊王 19	仁祖 17	崇禎 12	崇徳 4
9.16 毛利秀元，徳川家光らを招き，茶会を催す(江戸幕府日記)。 【死没】 6.16 パチェコ(イエズス会司祭)。6.28 久保利世(70，茶湯者)。9.21 益田元祥(83，長門萩藩国家老)。11.20 日誉(85，真言宗僧侶)。**この年** 小瀬甫庵(77，儒医)。 《大の月》1・3・4・7・9・11	5.12 スペイン，バルセロナで反乱，カタロニア地方一帯に拡大。11.3 イギリス，長期議会開会(～'53年)，イギリス革命始まる(～'60年)。12.1 ポルトガル，スペインに対し反乱。	20	18	13 ①	5
1.30 江戸大火(江戸幕府日記)。2.7 幕府，太田資宗らに『寛永諸家系図伝』の編纂を命じる(江戸幕府日記)。8.20 幕府，家門の家々における慶宴の際の風流踊を禁じる(実紀)。**この冬** 熊沢蕃山，中江藤樹に師事(藤樹先生年譜)。**この年** 池田光政，岡山に花畠教場を創立(学制取調書)。狩野探幽，大徳寺方丈の襖絵を描く(銘)。戸ヶ根与左衛門・西浦三郎右衛門『形原松平記』成る。三浦浄心『そゝろ物語』刊。一柳図書『一柳家記』成る。 【死没】 1.14 諏訪頼水(72，信濃諏訪藩主)。1.30 加々爪忠澄(56，幕臣)。3.17 細川忠利(56，肥後熊本藩主)。4.25 有馬直純(56，日向国県藩主)。7.8 松前公広(44，松前藩主)。9.1 霊巌(88，浄土宗高僧)。9.21 大賀九郎左衛門(海外貿易家)。10.27 三浦正次(43，譜代大名)。 《大の月》1・3・4・6・8・10・12	1.- オランダ，ポルトガルよりマラッカを奪取。10.23 アイルランド，カトリックの反乱。	尚賢王	19	14	6
この春 柳生三厳『月之抄』成る。5.24 幕府，御料・私領に本田畑での煙草栽培を禁じ，祭礼・仏事の倹約などを命じる(実紀)。7.1『脇坂記』成る。**この年** 如儡子『可笑記』刊。冷害凶作のため大飢饉。山崎闇斎，『闢異』を著す。**この頃** 鈴木正三，『破吉利支丹』を著すか。 【死没】 1.8 策伝(89，浄土宗僧侶)。3.5 日遠(71，日蓮宗僧侶)。7.10 堀直之(58，越後椎谷藩祖)。8.22 大道寺隼人(91，陸奥弘前藩家老)。9.15 島田利正(67，江戸町奉行)。9.30 有馬豊氏(74，筑後久留米藩主)。10.22 佐久間真勝(73，茶人)。11.20 堀杏庵(58，儒学者)。11.25 立花宗茂(武将)。12.11 石川三長(信濃深志城主)。 《大の月》2・4・6・7・9・10・12	8.22 イギリス，ノッティンガムに国王軍集結，クロムウェルの内乱勃発。**この年** オランダ人タスマン，南太平洋を探検，タスマニアとニュージーランドを発見。	2	20	15 ⑪	7

西暦	年号干支	天皇	将軍	政　治・経　済
1643 2.19	寛永 20 癸未	（明正） 10.3 後光明	（徳川家光）	2.11 幕府，重ねてキリシタン・私鋳銭を禁じる（実紀）。3.11 幕府，田畑の永代売買を禁じる（御当家令条）。5.2 幕府，会津藩主加藤明成を改易（実紀）。6.15 オランダ船，陸奥国南部に漂着し，この日，出航（通航一覧・実紀）。7.4 幕府，保科正之を会津に転封（実紀）。7.18 朝鮮通信使，徳川家光に謁見（実紀）。8.1 幕府，諸大名の登城拝謁の次第を定める（御触書寛保集成）。9.1 幕府，禁裏付を置き，その職掌を定める（徳川禁令考）。9.27 幕府，大名火消の制を定める（実紀）。10.17 幕府，沿海の諸大名に異国船に対する防備を命じる（実紀）。**この年** 幕府，良純入道親王を甲斐に配流（実紀）。 蝦夷地西部でヘナウケの乱（松前家記）。
1644 2.8	正保（しょうほう） 12.16 甲申			1.11 幕府，諸国代官の手作を禁じる（御当家令条）。6.25 琉球使節（謝恩使），家光に謁見（江戸幕府日記）。12.25 幕府，国絵図・郷村高帳の作成を命じる（御当家紀年録）。**この年** 幕府，明国の援兵要請を拒否（通航一覧）。
1645 1.28	2 乙酉 ⑤			3.20 幕府，赤穂藩主池田輝興を改易（江戸幕府日記）。**閏**5.16 幕府，大坂に古手・古金商売の条規を定める（御触及口達）。7.18 幕府，大脇差，大撫附，大額などを禁じる（実紀）。7.19 幕府，大番頭・書院番頭・小姓組番頭などに江戸市中のかぶき者の追捕を命じる（江戸幕府日記）。7.22 幕府，目付石河利政に伊豆・安房の海岸巡視を命じる（江戸幕府日記）。10.13 幕府，高野山学侶方・行人方の訴訟を裁断（実紀）。
1646 2.16	3 丙戌			3.10 朝廷，徳川家光の要請をうけ，日光奉幣使派遣を決定（日光例幣使の始め）（続史愚抄）。6.11 幕府，島津光久に，琉球の中国への進貢貿易継続につき令す（旧記雑録追録）。10.20 幕府，明人鄭芝竜らの援軍要請を拒否（実紀）。10.24 幕府，明国滅亡により，西国大名に異国船来航の際の処置方につき指示（通航一覧・江戸幕府日記）。12.1 幕府，大番松田定平と飯河直信とに江戸―大坂間の道中検分を命じる（江戸幕府日記）。**この年** 幕府，大和川における古剣先船の営業を許可（諸川船要用留）。
1647 2.5	4 丁亥			1.12 鹿児島藩，琉球三司官の鹿児島在番を免除（旧記雑録追録）。6.24 ポルトガル船２隻，長崎に来航，九州諸藩，舟でこれを包囲（ウィルレム・フェルステーヘンの日記・綿考輯録）。8.- 幕府，ポルトガル船に通商拒否を通告し，帰帆させる（通航一覧）。9.11 朝廷，伊勢例幣使を派遣（今年再興）（忠利宿禰記）。11.8 皇弟守澄入道親王，日光山門跡に任じられ江戸へ下向し，この日家光に対顔（江戸幕府日記）。**この年** 鹿児島藩，清の琉球来寇に備え守備兵を八重山に派遣（島津家列朝制度）。

社　会・文　化	世　界	琉球	朝鮮	明	清
9.25『寛永諸家系図伝』成り，太田資宗，家光に呈上(実紀)。**この年** 松永貞徳『新増犬筑波集』刊。 道家祖看『道家祖看記』成る。『料理物語』刊。 【死没】 2.6 マルケス(イエズス会司祭)。4.15 青山忠俊(66，老職)。6.27 東郷重位(83，剣術家)。9.14 春日局(65，徳川家光乳母)。9.17 平岡次郎右衛門(60，甲府城番代官触頭)。10.1 江月宗玩(70，臨済宗僧侶)。10.2 天海(108，天台宗学僧)。10.24 吉良義弥(58，高家)。**この年** 吉野太夫(2代)(38，遊女)。 《大の月》2・5・6・8・9・11	**この年** 朝鮮，キリスト教伝来。 朝鮮の具鳳瑞，木綿の種子を遼東において買い求める。 ポヤルコフ，アムール地域を探検。	尚賢王 3	仁祖 21	崇禎 16	崇徳 8 世祖
10.- 林羅山，『本朝編年録』を編纂し，家光に呈上(御当家紀年録)。**この年**『宣明暦』刊。 【死没】 3.25 松平忠明(62，奥平松平家)。3.12 三浦浄心(80，仮名草子作家)。7.10 土井利勝(72，江戸幕府年寄)。10.14 儀間真常(88，琉球王国地頭)。10.18 自了(31，琉球画家)。11.18 庄司甚右衛門(70，吉原創設者)。**この年** 吉田大蔵(67，弓術家)。 西川甚五郎(初代)(96，近江商人)。 《大の月》1・3・6・8・9・10・12	1.- 明，李自成，大順国を建国し，3月，北京を占領(明滅亡)。9.- 清，順治帝(世祖)北京に遷都。**この年** フランス，ドーフィネ・プロヴァンスなどで農民蜂起。	4	22	17 福王	順治 10.1
11.11 東照社に宮号を授与(実紀)。**この年** 幕府，山林の濫伐を禁止。 【死没】 2.7 天秀尼(37，臨済宗尼僧)。2.15 渡辺了慶(狩野派画家)。4.20 岡本玄冶(59，医家)。5.19 宮本武蔵(62，剣客)。8.1 松平忠昌(49，越前福井藩主)。9.18 横山康玄(56，加賀金沢藩重臣)。10.22 石本新兵衛(貿易商)。11.14 野間玄琢(56，医師)。12.2 細川忠興(83，茶人)。12.11 沢庵宗彭(73，臨済宗僧侶)。**この年** 河内大掾家重(能面作家)。 《大の月》2・4・6・8・9・11・12	2.- 清，李自成，西安から逃走。6.14 イギリス，クロムウェル，国王軍を撃破(ネイズビーの戦)。6.- 清，弁髪令を発布。**この年** オスマン朝，クレタ島をめぐりヴェネツィアと対戦(～'69年)。	5	23	弘光 1.1 唐王 隆武 ⑥	2
2.- 徳川義直編『神祇宝典』成る。4.17 徳川義直，自撰の『東照宮年譜』を家光に呈上。8.-『韃靼漂流記』成る。 【死没】 1.15 西類子(貿易家)。1.21 横山長知(79，加賀金沢藩重臣)。3.17 甲良宗広(73，大棟梁初代)。3.19 一絲文守(39，臨済宗僧侶)。3.26 柳生宗矩(76，大和柳生藩主)。6.21 鮭延秀綱(85，武将)。9.13 井上正継(砲術家)。 《大の月》2・4・7・9・11・12	3.- 清，科挙を実施。	6	24	紹武 桂王	3
6.9 幕府，猿楽の役者に対し条規を定める(御当家令条・実紀)。11.13 島津光久，江戸で犬追物を催す．家光観覧(江戸幕府日記)。**この年** 向井元升，長崎に聖堂を創建(通航一覧)。 【死没】 2.6 小堀遠州(69，茶人)。5.28 水野忠清(66，大名)。6.3 本多政重(68，武将)。6.23 本多成重(76，譜代大名)。8.28 斎藤徳元(89，俳人)。11.8 寺沢堅高(39，大名)。11.14 阿部正次(79，武蔵岩槻藩主)。 《大の月》1・3・5・9・10・12	3.- 清，『大清律』成る。	7	25	永暦 1.1	4

西暦	年号 干支	天皇	将軍	政治・経済
1648 1.25	慶安(けいあん) 2.15 戊子 ①	（後光明）	（徳川家光）	2. 28 幕府，江戸市中の法度を定め，橋上での商売・物乞い，無札の振売などを禁じる（江戸町触集成）。3. 23 島津光久，琉球国の八重山に派遣した鹿児島藩の番手の引上げを上意により許可される（旧記雑録追録）。4. 5 幕府，大坂市中の諸商売仕置・諸法度・町人作法を定める（御触及口達）。6. 5 幕府，大坂上荷船・茶船の仕置を定める（御触及口達）。6. - 幕府，江戸町奉所への訴訟手続方を定める（江戸町触集成）。12. 10 幕府，大番士に武蔵・上総両国の国絵図の作成を命じる（実紀）。12. - 幕府，江戸・大坂の自身番・夜番などについて定める（江戸町触集成・御触及口達）。
1649 2.12	2 己丑			2. 1 唐船，風説書を提出（江戸幕府日記）。2. 26 幕府，農民への教諭書32ヵ条を公布したともいう（所謂慶安御触書）（徳川禁令考・実紀）。2. - 幕府，若年寄を廃止（寛文 2 年，再置）（江戸幕府日記）。 幕府，検地条令を定めたともいう（所謂慶安検地条令）（近世農政史料集）。3. 6 幕府，諸大名に倹約を命じる（江戸幕府日記）。3. 10 幕府，旗本に倹約を命じる（江戸幕府日記）。3. 11 幕府，大目付・目付に奢侈取締りを命じる（江戸幕府日記）。8. 2 幕府，地震の際の登城制を定める（実紀）。9. 1 琉球使節（謝恩使），徳川家光に謁見（江戸幕府日記）。**この年** 明人鄭成功，再度幕府に援兵を請う（通航一覧）。
1650 2.1	3 庚寅 ⑩			3. 7 オランダ使節，南部漂流のオランダ人送還に対する謝礼に来日，徳川家綱（家光の代理）に謁見（通航一覧）。9. 17 幕府，江戸城西丸法度を定める（江戸幕府日記）。9. 20 家綱，西丸へ移徙（江戸幕府日記）。9. - 幕府，猟師のほか関東内農民の鉄砲所持を禁じる（実紀）。

社　会・文　化	世　界	琉球	朝鮮	明	清
2.- 細川ガラシャ侍女霜，『霜女覚書』を著す。**4.11** 天海に慈眼大師の号を授与(実紀)。**4.17** 日光東照宮に天海版一切経を献納(実紀)。**12.28** 出口延佳ら，豊宮崎文庫を創設(山田町方古事録)。**この年** 蝦夷地東部メナシのアイヌ，シコツのアイヌと闘争(松前家記)。 島津久通撰『島津世禄記』成る。 多福寺住職雲窓宗崔『邪教大意』成る。 【死没】 **1.3** 那波活所(54，儒学者)。**1.12** 宝蔵院胤舜(60，槍術家)。**閏1.21** 覚深入道親王(61，御室)。**閏1.22** 戸沢政盛(64，出羽新庄藩主)。**閏1.-** 川村重吉(74，土木事業家)。**5.29** 日暹(63，日蓮宗僧侶)。**6.20** 清水道閑(70，茶人)。**6.22** 松平正綱(73，大名)。**8.25** 中江藤樹(41，儒学者)。**9.1** 榊原職直(63，長崎奉行)。**9.2** 慶光院周清(尼僧)。**9.23** 加藤正方(69，俳人)。 《大の月》1・2・3・6・8・10・12	**5.13** フランス，フロンドの乱勃発(～'53年)。**8.26** フランス，パリで民衆蜂起。**10.24** ウエストファリア条約締結(三十年戦争終結)。**この年** ロシア，デジニョーフとアレクセーエフ，アジア・アメリカ間の海峡を発見。	尚質王	仁祖 26	永暦 2 ③	順治 5 ④
6.20 江戸大地震(江戸幕府日記)。**9.23** 幕府，高野山の学侶方・行人方等の法度を定める(江戸幕府日記・武家厳制録)。**この年** 木下長嘯子『挙白集』刊。 【死没】 **1.4** 藤木敦直(68，能書家)。**6.15** 木下長嘯子(81，越前小浜領主)。**6.18** 三宅寄斎(70，儒者)。**8.12** 本多富正(78，武将)。**10.11** 近衛信尋(51，公家)。**10.25** 了性(58，僧侶)。**12.30** 谷時中(51，52とも，儒学者)。 《大の月》2・3・5・7・9・11	**1.30** イギリス，チャールズ1世を処刑。**5.19** イギリス，共和制宣言。**9.11** イギリス，クロムウエル，アイルランドのドローイダを攻略。**この年** ロシア，オホーツクに砦市を建設。 ロシア，ハバロフのカザーク隊，アムール地域を探検(～'51年)。	2	27	3	6
この夏 林羅山撰『本朝通鑑』完成。**8.29～9.2** 長雨により，畿内及びその周辺域水害(実紀)。**この年** 御蔭参が流行。 安原貞室『片言』刊。 向象賢撰『中山世鑑』成る。 【死没】 **1.16** 柳生兵庫助(72，剣術家)。**3.21** 柳生三厳(44，剣術家)。**4.7** 狩野尚信(44，画家)。**4.24** 鷺仁右衛門(91，狂言師)。**5.1** 上田宗箇(88，茶人)。**5.7** 徳川義直(51，尾張徳川家初代)。**6.22** 岩佐又兵衛(73，画家)。**9.10** 松平忠直(56，越前福井藩主)。**10.11** 沢野忠庵(イエズス会士)。**閏10.3** 毛利秀元(72，長府藩主)。**閏10.7** 金森重頼(57，飛驒高山藩主)。**11.13** 糸屋随右衛門(65，朱印船貿易家)。**12.5** 鴻池新右衛門(81，鴻池家始祖)。**12.24** 石川忠総(69，近江膳所藩主)。 《大の月》1・3・5・6・8・10・11	**8.-** 鄭成功，厦門・金門を占領し，根拠地とする。**この年** オマーン，ポルトガル勢力をペルシア湾から撃退。**この頃** カリブ海，「砂糖革命」起こる。スペイン領アメリカ，原住民人口最少となる。	3	孝宗	4 ⑪	7

西暦	年号干支	天皇	将軍	政治・経済
1651 2.20	慶安 4 辛卯	(後光明)	(徳川家光) 4.20 8.18 徳川家綱	2.- 幕府，江戸市中に家屋敷売買の際の町名主・五人組加判を命じる(江戸町触集成・実紀)。4.20 徳川家光没．老中堀田正盛・阿部重次ら殉死(江戸幕府日記)。5.6 家光を日光山に葬る(江戸幕府日記)。5.17 家光に正一位太政大臣・大猷院号を授与(江戸幕府日記)。6.10 老中・奏者番・大目付など，徳川家綱に誓詞を呈上する(江戸幕府日記)。7.9 刈谷藩主松平定政，幕政を批判し出家(重修譜・実紀)。7.18 幕府，松平定政を除封(重修譜・江戸幕府日記)。幕府，江戸町人の家督相続につき定める(江戸町触集成)。7.20 幕府，女中方衣服の奢侈を禁じる(江戸幕府日記)。7.23 由井正雪らの陰謀が露見．幕府，浪人丸橋忠弥らを捕縛(慶安事件)(実紀)。7.26 幕府，正雪が駿府で自殺したことを承知(江戸幕府日記)。8.18 家綱，江戸で将軍宣下を受ける(江戸幕府日記)。12.11 幕府，50歳未満の大名・旗本の末期養子を許可(憲教類典)。
1652 2.10	承応(じょうおう) 9.18 壬辰			2.- 幕府，江戸市中の無札の振売を取り締まる(江戸町触集成)。3.13 佐渡奉行伊丹勝長，配下の辻藤右衛門の一揆を鎮圧(実紀)。6.10 幕府，御三家・井伊直孝に将軍の補佐を命じる(実紀)。8.14 幕府，江戸一大坂間の難船救助に関する条規を定める(実紀)。9.13 幕府，老中殺害の企てにより浪人別木(戸次)庄左衛門らを捕縛(承応事件)(実紀)。10.26 幕府，江戸市中の浪人を改める(実紀)。12.- 佐倉藩公津村名主惣五郎，高1石につき1斗2升の増免などに反対して越訴(編年百姓一揆史料集成)。
1653 1.29	2 癸巳 ⑥			1.13 幕府，玉川上水敷設資金を下賜(実紀)。1.- 幕府，一季居・半季居の武家奉公人出替の日限を2月15日と定める(江戸町触集成)。2.11 幕府，関東郡代伊奈忠治を玉川上水開削の奉行に任じる(実紀)。2.- 幕府，大坂に米仲買の条規を定める。閏6.18 幕府，八丈島・青ヶ島の法度を定める(実紀)。閏6.27 幕府，秤座を設置し，東33ヵ国は守随彦太郎，西33ヵ国は神善四郎の秤を使用させる(御触書寛保集成)。9.28 琉球使節(慶賀使)，徳川家綱に謁見(実紀)。9.29 幕府，江戸市中の無札の日用(日傭)・鳶の者を取り締まる(江戸町触集成)。**この年** 幕府，平戸藩に命じて，長崎湾口7ヵ所に砲台の石垣を築かせる(通航一覧)。
1654 2.17	3 甲午	9.20 11.28 後西		2.2 幕府，キリシタン禁制の高札を立てる(実紀)。3.10 家綱，鷹司信平に松平姓を下賜(実紀)。3.22 幕府，大坂市中の米手形売買を禁止(御触及口達)。4.17 幕府，5万石以上の大名に禁裏造営費を課する(実紀)。5.18 幕府，長崎奉行に外国船来航の際の処置につき布達(憲教類典)。6.20 幕府，玉川上水完成につき賞賜(実紀)。8.25 幕府，大坂城代に武器・城米，非常の際の処置方につき指示(武家厳制録)。8.11 岡山藩，蔵入地・給地に撫免を採用(池田光政日記)。12.- 幕府，諸関所定の再布令(御触書寛保集成)。**この年** 赤堀川通水に成功(利根川付替の完成)(根岸門蔵『利根川治水考』)。

社　会・文　化	世　界	琉球	朝鮮	明	清
1.19 中村勘三郎座の役者，徳川家光に謁見(実紀)。**この年** 路陽子『草賊』前記成る(後記，承応元年成る)。 松永貞徳『俳諧御傘』刊。 度会延佳撰『陽復記』刊。 【死没】 1.5 毛利秀就(57，長門萩藩主)。3.10 狩野山雪(63，62とも，画家)。3.12 阿倍正之(68，旗本)。3.15 水野勝成(88，備後福山藩主)。4.20 徳川家光(48，江戸幕府3代将軍)。 堀田正盛(44，下総佐倉藩主)。 阿部重次(54，武蔵岩槻藩主)。7.26 由比正雪(慶安事件首謀者)。8.10 丸橋忠弥(由比正雪与党)。8.**中旬** 金井半兵衛(由比正雪与党)。10.11 大道寺直次(81，御家人)。12.25 松平定綱(60，伊勢桑名藩主)。 《大の月》1・3・5・7・8・10・12	10.- イギリス，航海法(航海条例)制定。**この年** イギリス，ホッブス『リヴァイアサン』刊。	尚質王 4	孝宗 2	永暦 5	順治 8 ②
1.20 幕府，江戸市中のかぶき者を追捕(実紀)。4.7 市村宇左衛門，村山座の興行権を得て市村座と改称(歌舞伎年表)。5.- 林春斎(鵞峯)，『日本王代一覧』を完成。6.20 幕府，若衆歌舞伎を禁じる(御触書寛保集成)。 この頃，江戸に旗本奴・町奴が跋扈する。12.21 幕府，江戸歌舞伎狂言4座などに興業停止を命じる(歌舞伎年表)。**この年** 御張紙値段の初見(吹塵録)。 【死没】 1.9 安井算哲(63，囲碁棋士)。3.2 栗山大膳(62，筑前福岡藩家老)。3.6 市村宇左衛門(初代)(48，歌舞伎俳優)。4.4 蜂須賀忠英(42，阿波徳島藩主)。5.16 松木庄左衛門(28，小浜藩百姓一揆指導者)。8.22 亮典(46，真言宗僧侶)。8.24 松屋久重(86，奈良富商)。9.21 別木庄左衛門(承応事件首謀者)。**この年** 中村市右衛門(76，槍術家)。 《大の月》2・5・7・8・10・11	4.- オランダ，ケープ植民地を建設。6.30 第1次英蘭戦争勃発(～'54年)。**この年** ロシア，イルクーツクに砦市を建設。	5	3	6	9
1.- 観世勝右衛門元信編『四座役者目録』刊。3.- 幕府，条件付きで歌舞伎興行の再開を許可。6.23 禁裏炎上。 【死没】 1.7 喜多七太夫(68，喜多流初代)。2.29 中院通村(66，公家)。6.3 伊丹康勝(79，勘定奉行)。6.27 伊奈忠治(62，関東郡代)。**閏**6.8 加藤忠広(53，肥後熊本城主)。8.22 お万の方(74，徳川家康側室)。10.15 鈴木重成(67，幕臣)。11.15 松永貞徳(83，歌人)。12.2 山浦玄蕃(キリスト教信者)。12.3 脇坂安元(70，大名)。**この年** 板屋兵四郎(土木技術者)。 《大の月》1・3・6・7・8・10・11	4.- 清，一条鞭法施行。5.- 清，ダライ=ラマを西天大善自在仏に封じる。12.- イギリス，護国卿政権樹立。	6	4	7 ⑦	10 ⑥
7.5 明僧隠元隆琦，長崎に来航(通航一覧)。7.- 信濃国高遠藩の農民，幕領に逃散(実紀)。9.20 板倉重宗，京都今出川原で非人施行(京都御役所向大概覚書)。**この年** 祇園社本殿造営。 【死没】 4.30 虎沢検校(三味線作曲家)。7.15 小倉三省(51，儒学者)。8.21 万安英種(64，曹洞宗僧侶)。9.20 後光明天皇(22)。11.18 狩野長信(78，画家)。12.16 牧野忠成(74，越後長岡藩主)。**この年** 岡田八十次(87，近江商人)。 《大の月》1・3・6・8・10・11・12	**この年** フランス人，サント=ドミンゴに居住(のち仏領植民地サン=ドマング)。	7	5	8	11

西暦	年号干支	天皇	将軍	政治・経済
1655 2.7	明暦(めいれき) 4.13 乙未	(後西)	(徳川家綱)	1.11 幕府，新院御所条目を定める(御当家令条)。4.16 糸割符廃止の報長崎に届く．長崎在中の白糸はそれぞれに配分される(寛宝日記)。8.2 幕府，宿駅人馬・新銭売買につき条規を定める(武家厳制録)。10.8 朝鮮通信使，徳川家綱に謁見(実紀)。10.13 幕府，江戸市中法度を定める(御当家令条)。11.26 幕府，京都市中法度を改訂(徳川禁令考)。12.- 幕府，銭貨の市場相場による取引を認め，銭買置き・占売りを禁止する(江戸町触集成・実紀)。
1656 1.27	2 丙申 ④			1.- 京都所司代，京中に町年寄の選出を命じる(徳川禁令考)。8.29 幕府，長崎来航のシャム船に許可与えず帰帆させる(通航一覧)。10.13 幕府，町人の出願により浅草に鋳銭座を設置(実紀)。12.9 幕府，江戸の町名主制を強化(江戸町触集成)。12.28 幕府，関東諸国の盗賊・牢人等の取締りのため，五人組の規制を強化(御当家令条・実紀)。**この年** 鳥取藩，知行制度を改革(因府年表)。
1657 2.13	3 丁酉			2.29 幕府，江戸本所に万人塚を築く(のちの回向院)(実紀)。2.- 幕府，大坂・駿府の銀2万貫目を江戸に搬送し，罹災者に下賜(実紀)。4.- 幕府，江戸市中の道幅に関して下令(江戸町触集成・実紀)。4.- 金沢藩，改作仕法の完了を幕府に報告(加賀藩史料)。6.- 幕府，江戸市中の道幅について再令(江戸町触集成・実紀)。5～6月 幕府，吉原遊廓を浅草寺近辺に移転させる(新吉原)(玉露叢・武江年表)。8.15 江戸城二丸竣工(実紀)。9.- 幕府，江戸の商人・問屋・職人仲間の申し合わせを禁止(江戸町触集成・実紀)。**この年** 幕府，江戸の武家屋敷・寺社敷地を割替える(東京市史稿市街篇)。 大村藩で多数のキリシタン発覚(郡崩れ)(実紀)。
1658 2.3	万治(まんじ) 7.23 戊戌 ⑫			2.26 幕府，阿部政継らに金改鋳の奉行を命じる(実紀)。2.- 幕府，江戸市中の日用賃金を定め，振売を調査(江戸町触集成)。6.24 明人鄭成功，援兵を要請．幕府はこれを拒否(通航一覧)。8.13 長崎奉行，大村純長のキリシタン603名に対する処罰につき幕府に報告(実紀)。9.8 幕府，江戸に定火消役を設置(江戸幕府日記)。11.1 隠元隆琦，家綱に謁見(江戸幕府日記)。11～12月 幕府，諸国耕作不毛により酒造を制限し，諸大名・代官に不作の農村の撫恤を命じる(御触書寛保集成・実紀)。

社会・文化	世界	琉球	朝鮮	明	清
2.2 幕府，かぶき者を取り締まる(実紀)。6.25 鈴木正三没.『因果物語』草稿成立か(寛文元年に版本刊行)．また，生前『二人比丘尼』を著す。**この頃より** 修学院離宮の造営始まる。 【死没】 2.14 戸田氏鉄(80，美濃大垣藩主)。2.27 中沼左京(77，茶人)。6.25 鈴木正三(77，仏教思想家)。7.14 沢村勝為(水利功労者)。11.12 板坂卜斎(78，徳川家康侍医)。11.20 宇喜多秀家(84，大名)。12.12 高力忠房(72，大名)。 《大の月》2・4・8・10・11・12	5.- イギリス，英軍スペイン領ジャマイカを占領。**この年** オランダ，セイロン占領。	尚質王 8	孝宗 6	永暦 9	順治 12
12.12 林羅山，初めて家綱に『大学』を進講(江戸幕府日記)。**この年** 向井元升『乾坤弁説』成る。 安原貞室編『玉海集』刊。**この頃** 湯女風呂流行。 【死没】 2.11 壬生院(55，後水尾天皇後宮)。2.12 道入(83，楽焼名工)。8.28 青木賢清(77，神道家)。10.- 和田理左衛門(キリシタン)。12.1 板倉重宗(71，京都所司代)。12.15(16日とも) 金森宗和(73，茶人)。**この年** 松浦メンシャ(平戸藩主松浦久信正室)。 《大の月》2・3・④・8・10・11	**この年** 清，商民の出海私貿易を厳禁。	9	7	10 ⑤	13
1.18 江戸大火(振袖火事・明暦大火)(実紀)。1.19 江戸城本丸・二丸焼失(実紀)。3.- 徳川光圀，江戸神田邸内に史局を置き『大日本史』の編纂に着手(水戸紀年)。7.18 旗本水野成之，幡随院長兵衛を殺害(実紀)。 【死没】 1.23 林羅山(75，儒学者)。3.24 鍋島勝茂(78，肥前佐賀藩主)。5.1 マルケス(82，イエズス会司祭)。6.2 松永尺五(66，儒者)。7.18 幡随院長兵衛(町奴頭領)。9.10 馬場利重(長崎奉行)。9.17 古林見宜(79，儒医)。10.26 宗義成(54，対馬府中藩主)。11.6 大島吉綱(70，槍術家)。11.22 松井儀長(88，土木治水家)。12.30 牧野康成(41，越後与板藩主)。**この年** 飛来一閑(80，塗師)。 《大の月》1・2・3・6・8・11・12		10	8	11	14
1.10 江戸大火(実紀)。8.1 幕府，江戸府内の地図の作成を命じる(実紀)。8.- 幕府，江戸市中髪結株を定める(武江年表・守貞漫稿)。**この秋** 諸国に風水害起こる(実紀)。12.30 伊勢神宮内宮炎上(江戸幕府日記)。**この年** 中川喜雲『京童』刊。 【死没】 2.5 真田信政(63，上野沼田・信濃松代藩主)。4.21 曾我古祐(73，大坂町奉行)。6.8 伊達秀宗(68，伊予宇和島藩主)。10.12 前田利常(66，加賀金沢藩主)。10.17 真田信之(93，信濃松代藩主)。12.19 千宗旦(81，茶湯者)。 《大の月》2・3・5・7・9・12・⑫	7.- インド，アウラングゼーブ即位(～1707年)。**この年** ロシア，ネルチンスクに築城。 清，谷応泰撰『明史紀事本末』成る。	11	9	12	15

西暦	年号 干支	天皇	将軍	政　治・経　済
1659 2.22	万治 2 己亥	(後西)	(徳川家綱)	**1.-** 幕府，江戸市中の老幼・障害者に振売商札を交付(江戸町触集成)。**3.-** 幕府，昼夜の辻番制を定める(実紀)。**6.-** 幕府，隠元に宇治に寺地を与える(黄檗開山普照国師年譜)。**7.14** 幕府，長崎町人に貿易用の鋳銭を許可(実紀)。**7.19** 幕府，道中奉行を設置(大目付の兼帯)(実紀)。**8.3** 江戸城本丸の御殿竣工(天守閣は再建されず)(実紀)。**9.5** 家綱，本丸に移徙(実紀)。**9.-** 幕府，大坂市中の宗旨改の作法を定める(万治二年宗旨御改之帳)。
1660 2.11	3 庚子			**2.3** 幕府，オランダ商館長の参府を明年より3月中と定める(実紀)。**2.10** 幕府，伊達綱宗に牛込・和泉橋間の堀割助役を命じる(実紀)。**3.-** 幕府，山城・大和・伊賀国に水源林の保護を命じる(寛文6年強化)。**4.27** 朝鮮王，硫黄の返礼として将軍に方物を贈る(実紀)。**7.18** 幕府，伊達綱宗に逼塞を命じ，ついで隠居させ，幼少の亀千代に家督を嗣がせる(伊達騒動)(実紀)。**11.2** 幕府，大坂市中における米売買の仕法を定める(御触及口達)。**11.3** 幕府，幕政批判の上書を呈した佐倉藩主堀田正信を改易(実紀)。
1661 1.31	寛文(かんぶん) 4.25 辛丑 ⑧			**2.18** 幕府，大目付に江戸図改製を命じる(実紀)。**3.22** 幕府，諸大名に城米の半分を江戸・大坂・大津に運ばせる(実紀)。**4.-** 松前藩，蝦夷地図を作成(松前家記)。**6.24** 幕府，鄭成功に台湾を逐われたオランダ船の長崎来航の報告を長崎奉行より受ける(実紀)。**8.1** 幕府，関所通行女手形の制を定める(武家厳制録)。**閏8.6** 幕府，諸大名に新院御所造営のための普請役を課す(実紀)。**閏8.9** 幕府，徳川綱重を甲府に，綱吉を館林に封じる(実紀)。**閏8.-** 幕府，江戸市中に問屋以外の売掛訴訟の不受理を布達(江戸町触集成)。**この年** 福井藩，銀札を発行(藩札の初見)(国事叢記)。
1662 2.19	2 壬寅			**2.22** 幕府，若年寄を再置(実紀)。**2.30** 幕府，老中・若年寄の職務規定・所管を定める(実紀)。**2.-** 陸奥国会津郡山の村の百姓，年貢重課などを訴える(無枕雑補字宝記)。**5.19** 幕府，小倉藩主小笠原忠真に長崎警衛を命じる(実紀)。**10.13** 幕府，碁・将棋師を寺社奉行の管轄下に置く(実紀)。**この頃** 大坂に金銭売買の立会所を設置。

社　会・文　化	世　界	琉球	朝鮮	明	清
この春 長崎飢饉(長崎年表)。**4.14** 修学院離宮に後水尾法皇御幸(隔蓂記)。**12.13** 江戸両国橋完成(実紀)。**この年** 明人朱舜水，来日し帰化(長崎実録大成)。 中川喜雲『私可多咄』刊。 立石正賀，『長元物語』を著す。 堀正意(杏庵)，『朝鮮征伐記』を著す。 【死没】 **3.4** 長谷川勘兵衛(初代)(歌舞伎大道具方)。**5.22** 永田茂右衛門(鉱業家)。**6.28** 井伊直孝(70，近江彦根藩主)。**8.8** 雲居希膺(78，臨済宗僧侶)。**11.2** 真迢(64，僧侶)。**11.29** 秋田実季(84，大名)。**この年** 山脇和泉(元宜)(狂言師)。 《大の月》2・4・5・7・9・11	**11.7** 西ヨーロッパ，ピレネー条約締結，フランスとスペイン講和。**この年** 鄭成功，南京攻撃に失敗する。 朝鮮，申炅，以華『再造藩邦志』成る。	尚質王 12	孝宗 10	永暦 13 ①	順治 16 ③
1.14 江戸大火(実紀)。**5.-** 森田勘弥，江戸木挽町で森田座を始める(歌舞伎年表)。**6.18** 大坂城内の火薬庫に落雷，被害甚大(実紀)。**この秋** 諸国に風水害(実紀)。**この年**『本草訳言』翻刻。 石川正西『石川正西聞見集』成る。『狂言記』初版刊。 大蔵虎明『わらんべ草』成る。 林鵞峯『本朝一人一首』成る。**この頃** 前句付始まる。 【死没】 **4.21** 前田利治(43，加賀大聖寺藩祖)。**8.13** 萩原兼従(71，神道学者)。**9.5** 松本一指(75，槍術家)。 《大の月》1・4・5・7・8・10・12	**5.3** ポーランド・スウェーデン間のオリーヴァの条約締結。**5.29** イギリス，チャールズ2世，ロンドンに帰還して即位。**この年** 朝鮮，礼論により党争激化。 スペイン，ベラスケス没。	13	顕宗	14	17
1.15 京都大火，禁裏炎上(実紀)。**1.20** 江戸大火(実紀)。**この年** 鈴木正三『因果物語』刊。 浅井了意『むさしあぶみ』刊。**この頃** 江戸・上方で金平浄瑠璃流行。 【死没】 **1.21** 加藤明成(70，陸奥会津藩主)。**2.27** 井上政重(77，幕臣)。**6.6** 小栗仁右衛門(73，武芸家)。**7.29** 徳川頼房(59，常陸水戸藩主)。**8.19** 土御門泰重(76，陰陽家)。**閏8.22** 尭然入道親王(60，能書家)。**9.13** 曾我近祐(57，大坂町奉行)。**10.1** 愚堂東寔(85，臨済宗僧侶)。**11.1** 保科正貞(74，上総飯野藩主)。**12.28** 木下利当(59，備中足守藩主)。**この年** 富春堂(83，出版者五十川了庵)。 《大の月》2・5・7・8・9・10・12	**3.9** フランス，ルイ14世親政を開始。**9.4** フランス，コルベールを登用。**12.-** 清，鄭成功，オランダ人を降し台湾に拠る。**この年** イギリス，ボンベイに進出。	14	2	15 ⑩	18 ⑦ 聖祖
1.18 幕府，かぶき者を取り締まる(江戸町触集成)。**5.1** 京畿大地震(実紀)。**5.29** 幕府，狩野守信を法印に叙す(実紀)。**5.-** 浅井了意『江戸名所記』刊。 竹田近江(初代)，大坂道頓堀に竹田芝居を創立。**6.10** 家綱，江戸佃島で安宅船を観覧(実紀)。**8.-** 岸崎左久次時照，『免法記』を著す。**10.-** 林鵞峯，『国史館日録』を記す(～寛文10年)。**この年** 古義堂の規約成る(同志会式)。 林羅山著・林鵞峯編『羅山先生詩集』刊。 【死没】 **1.13** 大蔵虎明(66，狂言師)。**1.20** 狩野一渓(64，画家)。**3.16** 松平信綱(67，老中)。**3.27** 伊丹勝長(60，勘定奉行)。**4.25** 住友友以(56，住友家2代)。**4.18** 池田輝澄(59，播磨山崎藩主)。**7.7** 智忠親王(44，八条宮・桂宮家)。**7.12** 酒井忠勝(76，大老)。**9.7** 良如(51，浄土真宗本願寺派第13世)。**9.9** 杉浦正友(86，幕臣)。**9.26** 花山院忠長(75，公家)。**この年** 古筆了佐(91，古筆鑑定家)。 《大の月》2・5・7・9・10・11	**4.-** 清，呉三桂，桂王を雲南で殺害し，完全に明滅亡。**5.-** 清，鄭成功台湾で没。	15	3	16	康熙 1.1

西暦	年号 干支	天皇	将軍	政治・経済
1663 2.8	寛文 3 癸卯	(後西) 1.26 霊元	(徳川家綱)	3.8 幕府，銀座役人を処罰する(柳営日次記)。4.12 幕府，長崎市中に銀2000貫目貸与(実紀)。4.17 徳川家綱，日光東照宮に参詣(実紀)。5.23 幕府，武家諸法度を改訂，殉死を禁じる(実紀)。 幕府，旗本の財貨による養子縁組を禁止する(実紀)。5.- 幕府，評定所式日・番士当直制につき再令(実紀)。6.15 幕府，江戸市中での花火製造・販売を禁止する(江戸町触集成)。6.- 清の冊封使，琉球に到着(中山伝信録)。8～9月 幕府，諸大名・旗本に倹約を命じる(実紀)。**この年** 三都に定飛脚問屋成立(大日本帝国駅逓志稿考証)。
1664 1.28	4 甲辰 ⑤			1.12 幕府，評定所における訴訟審理の規則を定める(実紀)。3.29 幕府，老中の連署を大事に限定し，小事は月番のみとする(実紀)。8.3 幕府，織物の寸尺に関する条規を定める(実紀)。 4～8月 幕府，諸大名に領知の判物・朱印状を下賜(寛文印知)(実紀)。9.18 長崎奉行島田守政，長崎に到着し，異国への金輸出解禁につき下達(寛宝日記)。11.25 幕府，諸大名にキリシタン穿鑿を命じ，転宗者の登録制を実施(徳川禁令考・実紀)。**この年** 日本商人，朝鮮人と抜荷を行う(通航一覧)。
1665 2.15	5 乙巳			2.18 幕府，旗本養子の規則を定める(江戸町触集成)。3.18 幕府，番頭・組頭などに役料を支給(実紀)。3.- 幕府，江戸に日用座を設置(江戸町触集成)。7.11 幕府，諸宗寺院法度を定める(御当家令条)。7.13 幕府，諸大名の証人制を廃止(実紀)。8.17 幕府，寺社領に朱印状を下賜(実紀)。10.22 幕府，日蓮宗不受不施派の僧を処罰(実紀)。12.3 幕府，日蓮宗不受不施派の僧を処罰(実紀)。
1666 2.4	6 丙午			2.2 幕府，山川掟を定め，水源・川筋の保護を命じる(御当家令条)。3.29 幕府，酒井忠清を大老に任じる(重修譜)。4.17 幕府，三崎・下田の積荷査検(通関)法令を出す(実紀)。5.18 岡山藩主池田光政，領内の淫祠を破却(池田家履歴略記)。7.21 幕府，大坂綿屋仲間を公認(綿商旧記)。8.10 承応2年朝鮮漂着のオランダ船乗組員8名逃げ帰り，五島着，この日捕縛される(和蘭風説書集成)。8.- 徳川光圀，寺院整理を行う(水戸紀年)。 陸奥国信夫郡の惣百姓，米沢藩の苛政を幕府信夫郡代官所に訴える(信夫目安)。9.12 幕府，江戸薬商の独占販売・偽薬販売を禁じる(江戸町触集成)。10.3 幕府，山鹿素行を赤穂に配流・幽閉(実紀)。11.8 幕府，酒造半減を命じ，新規の酒造業を禁じる(御触書寛保集成・実紀)。11.11 幕府勘定所より諸国農村に下知状を出す(御当家令条)。
1667 1.24	7 丁未 ②			1.- 能登国鹿島郡の十村肝煎，検地に反対し越訴(長氏文書)。閏2.28 幕府，諸国に巡見使を派遣(実紀)。閏2.- 幕府，本田畑での煙草栽培を禁じる(御触書寛保集成)。3.4 幕府，諸大名に酒造制限令の無期延長を下令(実紀)。 甲斐国都留郡の百姓，重税に反対し江戸藩邸に出訴(嘆願書)。5.25 幕府，今切関の制札を改める(実紀)。7.6 幕府，江戸市中の門松を禁じる(江戸町触集成)。7.25 幕府，朝鮮への武器輸出者の罪科を定める(御当家令条)。8.9 幕府，池田光政・光仲に翌年の麻布・三田の堀割工事助役を命じる(実紀)。
1668 2.12 ▼	8 戊申			2.27 幕府，巡見使の報告に基き，島原藩主高力隆長の苛政を罰し改易(実紀)。3.8 幕府，長崎貿易の輸出入禁制品目を定める(御当家令条)。4.6 幕府，諸国の津留及び枡につき調査(御触書寛保集成・実紀)。5.- 幕府，長崎貿易の支払いをすべて金貨とする(御触書寛保集成・

社会・文化	世界	琉球	朝鮮	清
3.8 長崎大火(実紀)。12.26 幕府，林春斎に弘文院の号を与える(実紀)。**この年** 黒川道祐『本朝医考』刊。 曲直瀬玄朔『医学天正記』刊。 元政『身延行記』刊。 【死没】 1.22 後藤顕乗(78，金工家)。2.25 小幡景憲(92，兵学者)。3.17 深沢勝清(捕鯨業者)。8.15 西吟(59，浄土真宗本願寺派学僧)。10.27 大西浄林(74，釜師)。12.15 野中兼山(49，土佐高知藩士)。**この年** 助広(初代)(刀工)。 《大の月》1・3・7・9・10・11	5.- 清，「明史」の獄(文字の獄)。	尚質王 16	顕宗 4	康熙 2
7.28 幕府，永井尚庸に『本朝編年録』の続修を命じる(実紀)。11.1 幕府，国史館を忍ヶ岡に設置し，林鵞峰に『本朝通鑑』の続修を命じる(昌平志)。**この年** 松平忠次『御当家記年録』成る。 中村宗三『糸竹初心集』刊。 【死没】 3.27 水野十郎左衛門(旗本)。5.6 宥貞(73，新義真言宗僧)。5.22 古郡孫大夫(66，新田開発者)。7.21 鵜飼石斎(50，儒学者)。9.21 朝山意林庵(76，儒学者)。9.26 江村専斎(100，医師)。10.17 安井九兵衛(83，大坂町人)。11.24 山内忠義(73，土佐高知藩主)。12.29 森田太郎兵衛(江戸森田座創設者)。**この年** 国包(73，刀工)。 《大の月》1・2・4・7・9・10・12	8.1 オーストリア，ザンクト=ゴットハルトの戦いでトルコを破る。8.29 イギリス，ニューネザーランドを奪取し，ニューアムステルダムをニューヨークと改名。	17	5	3 ⑥
1.2 大坂城天守閣，落雷で焼失(実紀)。3.- 会津藩主保科正之，山崎闇斎を招請(闇斎先生年譜)。**この年** 徳川光圀，朱舜水を招請(水戸紀年)。 近衛基熙，『基熙公記』を記す(～享保7年8月)。 山鹿素行『聖教要録』刊。 【死没】 3.20 黒田長興(56，筑前秋月藩主)。3.27 長谷川忠兵衛(貿易家)。3.29 松平忠次(61，播磨姫路藩主)。8.14 伊奈忠克(関東郡代)。9.3 多胡真益(石見津和野藩家老)。9.9 市川五郎兵衛(94，開墾家)。 《大の月》1・2・4・8・10・11	2.22 第2次英蘭戦争勃発。**この年** ロシア，アルバジンに砦再建。	18	6	4
1.- 小島弥左衛門・那波活所『活所遺藁』刊。3.- 浅井了意『伽婢子』刊。**この年** 中村惕斎『訓蒙図彙』刊。 諸国に風水害(実紀)。 生白堂行風編『古今夷曲集』刊。 長崎奉行の判決記録『犯科帳』(～慶応3年)。**この頃** 浅井了意『浮世物語』京版刊(江戸版，寛文10年刊)。 【死没】 1.- 松江宗安(81，堺豪商)。2.3 松平直政(66，出雲松江藩主)。松平勝隆(78，寺社奉行)。2.6 千姫(70，徳川秀忠長女)。3.9 小出吉英(80，但馬出石藩主)。4.25 藤堂蟬吟(25，俳人)。 《大の月》1・2・4・6・8・11	9.2～6 イギリス，ロンドン大火。	19	7	5
閏2.29 幕府，多武峯社造営を発表(実紀)。5.2 幕府，堕胎業を禁じる(江戸町触集成)。7.28 吉川惟足，家綱に謁見(実紀)。**この年** 釜山倭館焼失(通航一覧)。 智堂光紹『永平清規』刊。 【死没】 4.25 神尾元勝(79，町奉行)。8.- 矢部理左衛門(53，新田開発者)。10.18 小笠原忠真(72，豊前小倉藩主)。12.16 園田道閑(義民)。 《大の月》1・2・3・4・6・8・11	5.24 フランス，スペイン領ネーデルラントに侵入(～'68年)。7.31 ブレダの和約。**この年** イギリス，ミルトン『失楽園』。	20	8	6 ④
2.1～6 江戸連続大火(実紀)。2.27 幕府，江戸市中の米・大豆・菜種などの在庫調査を命じる(江戸町触集成)。4.30 幕府，足利学校を再建(実紀)。**この夏** 諸国大旱(続日本王代一覧)。**この年** 岡		21	9	7

西暦	年号干支	天皇	将軍	政　治・経　済
1668 2.12 ▲	寛文 8 戊申	(霊元)	(徳川家綱)	実紀)。**7.13** 幕府，京都町奉行を設置(実紀)。**8.-** 朝鮮抑留のオランダ人7人を長崎に送還(通航一覧)。**この年** 備前国磐梨郡の百姓，不受不施派に対する取締りに反対して徒党(岡山県御津郡誌)。
1669 2.1	9 己酉 ⑩			**2.13** 幕府，西国・中国・四国の大名に淀川浚渫費を賦課する(実紀)。**2.28** 幕府，江戸枡を京枡に統一する(江戸町触集成・実紀)。**4.3** 幕府，日蓮宗不受不施派の寺請を禁じる(大成令)。**6.-** 蝦夷地でシャクシャイン蜂起(10月24日，松前藩鎮圧)(渋舎利蝦夷蜂起＝付出陣書・津軽一統志)。
1670 2.20	10 庚戌			**4.10** 長崎代官末次茂朝模造のオランダ船，江戸品川に到着(天享吾妻鑑)。**5.10** 幕府，この秋まで農村の酒造を禁止(御触書寛保集成・実紀)。**5.25** 幕府，藤井善右衛門・江守伝左衛門に玉川上水拡張・植樹工事の奉行を任じる(実紀)。**6.28** 幕府，寛永新銭への古銭の混用を禁じる(御触書寛保集成・実紀)。**8.13** 幕府，農民の衣食住，町人の家督相続，及び訴訟手続方につき規定(実紀)。
1671 2.10	11 辛亥			**3.27** 原田宗輔(甲斐)，伊達宗重(安芸)を斬殺し，乱闘ののち討たれる(実紀)。**4.3** 幕府，伊達綱村の後見伊達宗勝らを処罰(実紀)。**7.28** 琉球使節(謝恩使)，徳川家綱に謁見(実紀)。**7.-** 河村瑞賢，陸奥国の幕領米を東廻り航路で江戸へ廻漕(奥羽海運記)。**9.1** 幕府，大番頭水野忠増を処罰(実紀)。**10.1** 幕府，知行地を疲弊させた旗本を蔵米取にする(実紀)。**10.-** 幕府，宗門人別改帳の作成を命じる(徳川禁令考)。
1672 1.30 ▼	12 壬子 ⑥			**1.28** 幕府，諸大名に奉公人の出替期日を3月5日にすべき旨指示(御触書寛保集成・実紀)。**2.2** 奥平源八，江戸浄瑠璃坂で仇討(実紀)。**3.23** 幕府，長崎貿易に関して商人の長崎到着日限，入札値段惣ならし(市法売買)などを定める(御触書寛保集成・実紀)。**4.13** 幕府，江戸町々に毎月指定商品の相場を報告するよう指示(江戸町触集成)。**6.8** 有栖川宮家を創設(続史愚抄)。**閏6.25** 幕府，長崎奉行に海外渡航の禁，キリシタン禁制などを下令(実紀)。**7.-** 河村瑞賢，出羽国の幕領米を西廻りで江戸へ廻漕(奥羽海運記)。**寛文年中** 樽廻船始まる(菱垣廻船問屋規録)。

社　会・文　化	世　界	琉球	朝鮮	清
山藩，郡に手習所を設置(吉備温故秘録)。 林梅洞『史館茗話』刊。 山鹿素行，『謫居童問』を著す。 【死没】 2.18 元政(46，日蓮宗僧侶)。3.11 小出吉親(79，丹波園部藩主)。6.26 水野忠職(56，信濃松本藩主)。7.14 逸然(68，禅僧)。9.11 永井尚政(82，老職)。 《大の月》1・2・4・6・7・9・11		尚質王 21	顕宗 9	康熙 7
1.20 幕府，京都北野・四条河原で非人施行(実紀)。4.15 福井大火，福井城炎上(実紀)。4.27 幕府，保科正之の隠居を許可(実紀)。7.25 池田光政，熊沢蕃山を招請(池田家履歴略記)。12.27 山鹿素行『中朝事実』成る。**この年** 『江戸往来』初版刊。『和論語』刊。 【死没】 1.23 奥八兵衛(魚商人)。3.18 長谷川勘兵衛(2代)(歌舞伎大道具方)。7.18 石田未得(83，俳人)。8.1 良純入道親王(67，知恩院門跡)。8.5 山内忠豊(61，土佐高知藩主)。12.1 石川善右衛門(63，水利土木家)。**この年** 野々口立圃(75，俳人)。 《大の月》2・4・6・7・9・10・11	3.- 清，フェルビーストを欽天監副とする。**この年** オスマン朝，ヴェネツィア領のクレタ島を併合。 オランダ，レンブラント没。	尚貞王	10	8
2.28 徳川頼宣，家綱に渾天儀を献呈(実紀)。6.12『続本朝通鑑』を家綱に進覧(実紀)。9.- 白井宗因『神社啓蒙』板行。**この年** 安井算哲，新製渾天儀を製作(春海先生実記)。 紀伊国藤代村の廻船，小笠原諸島に漂着。池田光政，閑谷学校を創設(池田家履歴略記)。 久保正貞編纂『御制法』成る。 下河辺長流編『林葉累塵集』刊。 【死没】 3.7 関口氏心(73，柔術家)。4.19 大久保忠職(67，肥前唐津藩主)。5.29 北条氏長(62，軍学者)。6.2 住吉如慶(72，画家)。7.8 人見卜幽(72，儒学者)。8.23 竜渓性潜(69，黄檗禅僧)。9.1 船越伊予(74，茶人)。**この年** 茂田七右衛門(新田開発功労者)。 《大の月》2・4・6・8・9・10・12	**この年** ロシア，ステンカ=ラージンの反乱起こる。 フランス，パスカル『パンセ』刊。 西インド諸島，この頃までにバルバドスやジャマイカの植民地議会で奴隷法制定。	2	11	9 ②
1.15 京都大火(実紀)。**この年** 沢口一之『古今算法記』刊。 細川幽斎詠・飛鳥井雅章編『衆妙集』成る。 東園基量，『基量卿記』を記す(～宝永元年)。 【死没】 1.10 徳川頼宣(70，紀伊和歌山藩主)。1.23 高田又兵衛(82，槍術家)。3.27 原田甲斐(53，陸奥仙台藩奉行)。5.20 即非如一(56，明僧)。6.1 喜田吉右衛門(水利功労者)。6.9 陳元贇(85，明国帰化人)。10.- 安芸三郎左衛門(75，土佐紙業功労者)。12.12 松平輝綱(52，武蔵川越藩主)。**この頃** 玉川千之丞(初代)(歌舞伎俳優)。 《大の月》2・5・8・9・10・12	12.- 清，呉偉業(梅村)没。	3	12	10
1.- 松尾芭蕉編著『貝おほひ』成る。8.17 徳川光貞，『創業記考異』を家綱に進覧(実紀)。10.- 服部安休『会津神社志』成る。**この年** 徳川光圀，『大日本史』の編纂局を江戸小石川邸に移し，彰考館と命名(水戸紀年)。 生白堂行風編『後撰夷曲集』刊。 河原甚五兵衛，『査祇余録』を記す(～元禄4年)。 熊沢蕃山『集義和書』刊(『集義外書』，宝永7年刊)。 【死没】 1.9 角屋七郎兵衛(63，貿易商人)。2.12 一条昭良(68，公家)。4.3 薩摩浄雲(78，古浄瑠璃太夫)。5.23 石川丈山(90，文人)。閏6.27 山岡元隣(42，俳人，仮名草子作者)。閏6.30 大橋重政(55，書家)。9.12 石谷貞清(79，町奉行)。10.27 千宗左(60，	6.- ヴェトナム北部の鄭氏，イギリス商人に通商を許可。**この年** 西アジア，オスマン朝，ポーランドと交戦。 フランス，インドのポンディシェリを制圧。	4	13	11 ⑦

西暦	年号干支	天皇	将軍	政　治・経　済
1672 1.30 ▲	寛文 12 壬子 ⑥	（霊元）	（徳川家綱）	
1673 2.17	延宝(えんぽう) 9.21 癸丑			1.- 幕府，長崎来航の東寧船に，寛文10年の琉球進貢船略奪の過料銀を課し，琉球に与える（通航一覧）。2.- 幕府，城米廻船条例を定める（徳川禁令考）。5.25 イギリス船リターン号，長崎に来航し通商復活を要求（実紀）。5.- 幕府，江戸市中に出版取締令を令す（江戸町触集成）。6.- 幕府，20石以下の名主，10石以下の百姓の分割相続を禁じる（分地制限令）（憲教類典）。7.26 幕府，イギリス船の要求を拒否し帰帆させる（大村見聞集）。9.25 琉球王尚貞，琉球進貢船の被害に対する賠償措置に謝す（通航一覧）。11.- 幕府，大坂の上荷船・茶船500艘の新造を許可（聞書・安井氏由緒書）。
1674 2.6	2 甲寅			2.11 幕府，禁裏造営役を課す（実紀）。2.- 幕府，人馬賃銭を改定（実紀）。 幕府，寛永通宝４貫文＝金１両と定め，古銭の通用を停止（実紀）。5.- 幕府，江戸伝馬町・五街道などの宿駅に拝借銭を貸与（実紀）。9.19 武蔵国新井宿村役人ら越訴（大森六人衆）（歎願書）。11.- 幕府，江戸市中の非人を改め，ついで自由に物乞いを許す（江戸町触集成）。
1675 1.26	3 乙卯 ④			2.15 幕府，諸国飢饉のため長年季・譜代奉公を許可（御触書寛保集成・実紀）。2.20 幕府，大和国飢饉により代官に施米を命じる（実紀）。2.28 幕府，摂津・河内国の飢民を賑恤（実紀）。閏4.20 幕府，浄土宗僧の檀林入院の制を定める（武家厳制録）。6.24 幕府，山鹿素行を赦免。
1676 2.14	4 丙辰			3.29 勘定衆，諸国の堤防決壊地巡察のため暇を給される（実紀）。4.29 幕府，長崎代官末次茂朝父子を密貿易の罪で隠岐に配流（通航一覧）。4.- 幕府，長崎代官を廃止（通航一覧）。6.- 幕府，修験者に関する禁令を出す（武家厳制録）。11.- 幕府，奈良奉行に職務に関する条規を下す（武家厳制録）。**この年** 三藩の乱により，長崎来航の広東船１艘のみ（華夷変態）。

社　会・文　化	世　界	琉球	朝鮮	清
茶匠)。11.6 独立性易(77, 渡来儒医)。11.21 吉田光由(75, 数学者)。11.24 松平定政(63, 譜代大名)。12.18 保科正之(62, 陸奥会津藩主)。**この年** 酒井田柿右衛門(3代)(有田陶家)。 《大の月》1・3・⑥・8・9・11・12		尚貞王 4	顕宗 13	康熙 11 ⑦
5.9 京都大火, 禁裏など炎上(実紀)。**この年** 三井高利, 江戸で越後屋呉服店を開業(諸法度集・商売記)。 初代市川団十郎, 江戸で荒事を演じる(歌舞伎年表)。 北村季吟『源氏物語湖月抄』成る。 山鹿素行『武家事紀』成る。 幕府, 西玄甫を幕府医師として任用(片桐一男「阿蘭陀通詞西吉兵衛父子について」)。 【死没】 4.3 隠元隆琦(82, 黄檗宗祖)。5.29 板倉重矩(57, 下野烏山藩主)。8.8 高島四郎兵衛(茂卿)(長崎町年寄)。9.16 山田治左衛門(58, 篤農家)。10.3 高島四郎兵衛(茂定)(長崎町年寄)。11.20 片桐石州(69, 大和小泉藩主)。12.9 加納直盛(62, 治水開墾家)。**この年** 後藤太兵衛(新田開発者)。 《大の月》1・3・7・9・11・12	3.29 イギリス, 審査法を制定。11.- 清, 三藩の乱起こる(～'81年)。	5	14	12
4.10・11 京都大風雨, 賀茂川氾濫(実紀)。4.28・29 秋田大火(実紀)。**この年** 諸国各地で風水害(実紀)。 関孝和『発微算法』刊。 北村季吟『枕草子春曙抄』成る。 元政『草山集』刊。 【死没】 3.8 如儡子(仮名草子作家)。6.8 本理院(73, 徳川家光夫人)。6.20 穎川入徳(79, 明国医家)。7.7 前田利次(58, 越中富山藩主)。8.11 加藤盤斎(54, 古典学者)。8.17 寺田正重(57, 柔術家)。8.26 中村勘三郎(2代)(歌舞伎役者)。9.5 月感(75, 真宗僧侶)。10.7 狩野探幽(73, 画家)。10.13 内藤忠興(83, 大名)。12.30 島津久通(71, 薩摩伊佐郡宮之城郷領主)。 《大の月》1・3・5・8・10・12	6.- インド, マラータ王国成立。**この年** 清, イエズス会士フェルビースト編著『霊台儀象志』刊。**この年以降** 清, 南懐仁『坤輿外紀』成る。	6	15	13
1.11 山鹿素行『配所残筆』成る。**この春** 諸国飢饉(続日本王代一覧)。4.- 中島両以,『中島両以記文』を著す。6.21 代官伊奈忠易, 小笠原諸島を探険し, 島の珍獣・奇木などを献上(実紀)。11.27 霊元天皇, 新造の禁裏へ遷幸(続史愚抄)。12.8 保科正経, 父正之の『会津風土記』などを献上(実紀)。**この年** 田代松意『談林十百韻』刊。 高泉性潡,『扶桑禅林僧宝伝』を後水尾法皇に進上。 【死没】 3.21 慧猛(63, 律僧)。5.3 阿部忠秋(74, 老中)。9.19 立花忠茂(64, 筑後柳川藩主)。9.29 柳生宗冬(63, 大和柳生藩主)。11.20 向象賢(59, 琉球政治家)。12.19 千宗守(83, 茶匠)。12.24 京極高国(60, 大名)。**この年** 西川甚五郎(2代)(94, 近江商人)。 《大の月》1・3・4・5・7・10・12	**この年** 清, 遊子六編著『天経或問』成るか(享保15年, 西川正休が訓点付和刻本として刊行)。**この頃** ドイツ, ライプニッツ, 微積分法を研究。	7	粛宗	14 ⑤
3.30 高田大火(実紀)。7.4 尾張国水害(実紀)。12.27 仙洞・女院御所炎上(続史愚抄)。**この年** 石川丈山『新編覆醬集』刊。 正徹『清巌茶話』刊。 大金久左衛門重貞『那須記』成る。 藤林保武『万川集海』成る。 【死没】 2.15 本庄重政(71, 土木事業家)。7.15 鬼頭景義(新田開発者)。8.17 野間三竹(69, 62とも, 医師)。8.19 至道無難(74, 臨済宗禅僧)。11.16 藤堂高次(76, 伊勢津藩主)。 《大の月》1・3・4・6・8・11	10.27 オスマン朝トルコ, ポーランドよりポドレ・東ウクライナを獲得。**この年** 朝鮮, 康遇聖『捷解新語』刊。	8	2	15

西暦	年号 干支	天皇	将軍	政　治・経　済
1677 2.2	延宝 5 丁巳 ⑫	（霊元）	（徳川家綱）	2.26 幕府，江戸城三丸で金貨鋳造のため，金奉行らに巡察を命じる（実紀）。3.- 幕府，彦根藩主井伊直該らに畿内・近国の幕府領の総検地を命じる（同７年，終了）（竹橋余筆別集）。6.14 幕府，小浜の配所から石清水八幡宮に抜詣した堀田正信を徳島藩預けとし，翌日小浜藩主酒井忠直に閉門を命じる（実紀）。8.21 美濃国郡上藩の百姓，年貢増徴策に反対して越訴（遠藤家中騒動記）。10.- 幕府，江戸街頭での集団踊りを禁じる（実紀）。
1678 2.21	6 戊午			1.12 幕府，失火者は斬罪，名主・五人組は入牢と定める（実紀）。1.- 幕府，江戸近辺の川船に対する極印改めを実施（江戸町触集成）。7.- 幕府，長崎奉行宛ての清の平南親王尚之信の書状を受理（華夷変態）。8.- 幕府，茶店の給仕女の人数を２名，衣服を布・木綿に制限（御当家令条）。10.16 幕府，館林藩主徳川綱吉の家老大久保正朝を処罰（実紀）。11.7 幕府，甲府藩主徳川綱豊の家老新見正信らを処罰（実紀）。**この年** 草梁に倭館完成（通航一覧）。幕府，キリシタン禁止を再令（武家厳制録）。
1679 2.11	7 己未			1.- 幕府，相模国走水に難船救助などに関する条規を下す（実紀）。4.- 出羽国矢島藩領の百姓，領主生駒氏の年貢増徴策に反対して江戸屋敷に越訴（鳥麓奇談）。10.19 幕府，高田藩主松平光長の家老永見大蔵・荻田主馬らを諸大名に預ける（越後騒動）（実紀）。11.3 幕府，元鳥取藩士平井権八を磔刑（武江年表）。
1680 2.1	8 庚申 ⑧		5.8 8.23 徳川綱吉	3.- 幕府，大坂三郷の剣先船の営業を停止（海部屋記録）。5.7 徳川家綱，徳川綱吉を後嗣とし，翌日没（実紀）。5.20 堀田正信，配所で家綱に殉死（実紀）。6.26 鳥羽藩主内藤忠勝，宮津藩主永井尚長を増上寺で刺殺．両家断絶となる（実紀）。8.3 幕府，代官に民政の心得を教諭（実紀）。8.23 綱吉，将軍宣下（実紀）。8.- 幕府，江戸市中の非人の居住を禁じる（江戸町触集成）。9.28 幕府，酒造半減を令す（御触書寛保集成・実紀）。9.- 幕府，浦々に難船に関する浦条目を下す（実紀）。12.9 幕府，大老酒井忠清（下馬将軍）を罷免（実紀）。
1681 2.19 ▼	天和（てんな） 9.29 辛酉			1.12 幕府，評定所規則を定める（実紀）。1.29 幕府，江戸市中の米・麦・大豆の在庫量を調査し，買溜め・占売りを禁止（江戸町触集成）。2.18 幕府，勘定所の役人に代官の年貢未進状況を調査させる（実紀）。2.29 幕府，隔年の宗門改めを毎年実施に変更（御当家令条）。3.27 幕府，江戸町奉行島田忠政を閉門に処す（実紀）。5.18 鶴岡藩の百姓，郡代の苛政を巡見使に訴える（酒井世紀）。6.21 徳川綱吉，越後騒動を親裁（実紀）。6.22 幕府，高田藩家老小栗美作父子に切腹を命じ，永見大蔵らを八丈島に配流（実紀）。6.26 幕府，高田藩主松平光長を改易，伊予松山に配流（実紀）。6.27 幕府，越後騒動の裁断不正により大目付渡辺綱貞を八丈島に配流（実紀）。8.22 幕府，奥右筆を設置（実紀）。10.1 幕府，酒造

社　会・文　化	世　界	琉球	朝鮮	清
2.- 菱川師宣『江戸雀』刊。4.6 浅草大火。　丹波国福知山大火。10.2 新仙洞御所に後水尾法皇移徙。10.9 上総・陸奥国に地震・津波。**この年** 諸国で風水害。　明僧慧雲ら帰化。 【死没】 4.22 京極高広(79，大名)。9.3 海北友雪(80，画家)。9.23 牧野親成(71，譜代大名)。11.1 向井元升(69，医家)。**閏**12.16 加藤泰興(67，槍術家)。 《大の月》1・3・4・6・8・9・11	2.- オランダ，スピノザ没。**この年** オスマン朝トルコ，ロシアと交戦(～'81年)。	尚貞王 9	粛宗 3	康熙 16
2.3 初代坂田藤十郎，大坂で『夕霧名残の正月』に出演(歌舞伎年表)。7.17 鉄眼道光，自刻の一切経を後水尾法皇に進献。8.17 江戸大地震(実紀)。8～9月 諸国，暴風雨・洪水(実紀)。**この年** 卍元師蛮『延宝伝燈録』成る。　藤本箕山『色道大鏡』成る。 【死没】 5.26 五十嵐道甫(蒔絵師)。6.15 東福門院(72，後水尾天皇中宮)。9.14 徳川綱重(35，大名)。12.26 半井卜養(72，狂歌師)。 《大の月》1・3・5・7・8・10・11	8.10 ナイメーヘンの和約，フランスとオランダ講和。8.- 清，呉三桂没。9.- ハンガリー，テケリの反乱。**この頃** ヴェルサイユ宮殿の造営進む。	10	4	17 ③
1.- 一条兼輝，『兼輝公記』を記す(～元禄12年8月)。3.- 水雲子編『難波雀』刊。5.29 江戸大火(実紀)。8.15 石清水放生会を再興(続史愚抄)。8.-『鎌倉五山住持位次』成る。 【死没】 4.2 土屋数直(72，老中)。5.11 石丸定次(77，大坂町奉行)。6.17 一木政利(52，土木技術家)。6.18 道晃入道親王(68，聖護院門跡)。6.25 久世広之(71，老中)。8.16 吉川広嘉(59，周防岩国邑主)。10.12 飛鳥井雅章(69，歌人)。 《大の月》2・4・6・8・9・11・12	5.26 イギリス，人身保護法を制定。	11	5	18
1.12 鹿児島大火(実紀)。4.29 徳川光圀，『一代要記』『扶桑拾葉集』などを献上(実紀)。5.- 戸田茂睡，『御当代記』を著す(～元禄15年4月)。**閏**8.6 江戸暴風雨，地震，高潮(実紀)。9.11 徳川綱吉，林鳳岡らと経書を討論(実紀)。9.28 明の帰化僧慧林，山城国万福寺住職に任じられ，綱吉に謁見(実紀)。**この冬** 東海道諸国大旱(実紀)。**この年** 諸国飢饉(続日本王代一覧)。　貝原益軒，『本草綱目和名目録』を作成。　『諸門跡譜』成る。 【死没】 1.22 太田資宗(81，遠江浜松藩主)。1.28 鉄心道印(88，曹洞宗僧侶)。5.5 林鵞峯(63，幕府儒者)。5.8 徳川家綱(40，江戸幕府第4代将軍)。5.16 守澄入道親王(47，輪王寺門跡)。5.18 知空(64，浄土宗僧侶)。5.20 堀田正信(50，下総佐倉藩主)。6.29 松江重頼(79，俳人)。7.29 徳力善雪(82，画家)。8.19 後水尾法皇(85)。11.10 亮汰(59，新義真言宗僧侶)。**この年** 関戸五兵衛(信基)(豪商)。 《大の月》2・6・8・⑧・10・11・12	4.- 朝鮮，庚申の大獄。**この年** スウェーデン，絶対君主制成立。　スペイン，インディアス法令集法典化。	12	6	19 ⑧
2.7 徳川綱吉，僧亮賢に高田薬園の地を与え，護国寺の寺創建を命じる(実紀)。**この春** 近畿・関東飢饉(山鹿素行日記)。**この年** 井原西鶴『西鶴大矢数』刊。　浄厳撰『悉曇三密鈔』成る。　名取三十郎正武『正忍記』成る。　林宗甫撰『和州旧跡幽考』成る。　『長崎土産』刊。**この頃** 半井卜養『卜養狂歌集』刊。 【死没】 2.18 重富平左衛門(治水事業家)。3.15 望月長孝(63，歌人)。5.19 酒井忠清(58，老中)。5.29 服部安休(63，儒学者)。6.22	3.4 北米，ウィリアム=ペン，ペンシルヴァニア植民地を建設。**この年** 清，海禁を解く。　オスマン朝トルコ，東ウクライナにおけるロシアの支配を承認。	13	7	20

西暦	年号干支	天皇	将軍	政治・経済
1681 2.19 ▲	天和 9.29 辛酉	(霊元)	(徳川綱吉)	半減を令す(御触書寛保集成・実紀)。10.23 幕府，皇子済深親王事件に関与した小倉実起父子を佐渡に配流(続史愚抄)。11.22 幕府，上野国沼田藩主真田信利の苛政を咎め改易(実紀)。12.10 幕府，駿河国田中藩主酒井忠能を内紛，治政不行届きにより改易(実紀)。12.11 幕府，堀田正俊を大老，牧野成貞を側用人に任じる(実紀)。
1682 2.8	2 壬戌			2.22 幕府，明石藩主本多政利・横須賀藩主本多利長の苛政を咎め改易(実紀)。3.12 幕府，駿河国今泉村の五郎右衛門の孝行を表彰し，林鳳岡に伝記を書かせる(実紀)。3.13 幕府，不正代官を処罰(元禄2年までに26名の代官を処分)(実紀)。3.21 幕府，鷹師を大量減員(実紀)。4.11 琉球使節(慶賀使)，徳川綱吉に謁見(実紀)。4.22 幕府，番頭などの役料を停止し，加禄にして給付(実紀)。5.- 幕府，諸国に忠孝奨励・キリシタン禁制・毒薬や贋金銀禁止・宿駅制や火事場禁制に関する高札を立替えさせる(実紀)。6.14 幕府，勘定吟味役を創置(実紀)。7.16 幕府，諸工人等の招牌に天下一の字を用いることを禁じる(江戸町触集成・実紀)。7.28 幕府，木下順庵を幕府儒者に任じる(実紀)。8.27 朝鮮通信使，綱吉に謁見．翌日，幼君名代の大老堀田正俊への拝礼を拒否(実紀)。9.18 幕府，安宅丸を処分，倹約の範を示す(実紀)。**この年** 岡山藩，郡会所を設置(池田家履歴略記)。
1683 1.28	3 癸亥 ⑤			1.- 幕府，火事のとき車長持・地車等の使用を禁じる(実紀)。2.3 幕府，奢侈品の輸入を禁じる(御触書寛保集成・実紀)。2.26 幕府，医師に蓄髪を命じる(実紀)。2.29 幕府，江戸の官辻番・大名辻番・組合辻番につき定める(実紀)。5.- 三井高利，江戸に両替店を開く(稿本三井家史料)。6.23 幕府，河村瑞賢に山城・河内国の水路巡察を命じる(実紀)。7.25 幕府，武家諸法度を改訂し，末期養子に関する条文を加える(実紀)。8.15 幕府，酒造半減令を解除(実紀)。9.25 幕府，土御門泰福に諸国陰陽師主管の朱印状を与える(実紀)。9.- 幕府，江戸市中の店借の統制を強化(江戸町触集成)。10.19 幕府，諸大名に備荒貯穀を命じる(実紀)。
1684 2.16	貞享(じょうきょう) 2.21 甲子			1.22 幕府，『三河記』校訂のため，諸家より書上を提出させる(貞享書上)(実紀)。2.11 河村瑞賢，淀川河口の九条島の治水工事に着手(畿内治河記)。2.30 幕府，服忌令を制定(実紀)。3.- 幕府，淀川治水対策として畿内に水源保護を命じる(実紀)。4.- 幕府，服忌令の無断出版者を処罰(江戸町触集成・実紀)。8.28 若年寄稲葉正休，大老堀田正俊を江戸城中で刺殺(実紀)。11.10 幕府，佐貫藩主松平重治の不正を咎め改易(実紀)。11.13 幕府，諸大名に判物・朱印状を下賜(実紀)。12.26 幕府，長崎貿易の市法商法を廃し，糸割符制を再興(徳川禁令考)。**この年以後** 朝鮮よりの白糸輸入量急増(田代和生『近世日朝通交貿易史の研究』)。

社　会・文　化	世　界	琉球	朝鮮	清
小栗美作(56，越後高田藩家老)。**6.25** 万無(75，浄土宗僧侶)。**10.9** 高橋源助(用水開削者)。**11.20** 中川久清(67，豊後岡藩主)。**この年** 記内(鐔工)。 《大の月》2・6・8・10・11・12		尚貞王 13	粛宗 7	康熙 20
1.1 徳川綱吉，読書始め式を設け，柳沢吉保に『大学』を講じさせる(実紀)。**10.-** 井原西鶴，『好色一代男』刊。**12.25** 幕府，吉川惟足を神道方とする(実紀)。**12.28** 江戸大火(八百屋お七の火事)(実紀)。**この年** 松永貞徳『戴恩記』刊。　岸崎佐久治，『田法記』を著す。　北村季吟『八代集抄』刊。 【死没】 **3.14** 助広(2代)(46，刀工)。**3.20** 鉄眼道光(53，黄檗僧)。**3.28** 西山宗因(78，連歌師)。**4.17** 朱舜水(83，明国遺臣)。**5.22** 池田光政(74，備前岡山藩主)。**7.24** 本阿弥光甫(81，芸術家)。**9.6** 大西浄清(89，釜師)。**9.16** 山崎闇斎(65，儒学者)。**11.9** 真改(52，刀工)。**この年** 西島八兵衛(87，土木治水家)。　山本春正(初代)(73，蒔絵師)。 《大の月》2・3・7・9・11・12	**1.-** 清，顧炎武没。**4.-** 清，尚貞を琉球国王に封ず。　フランス人ラ=サール，北米ミシシッピ河口に到達。	14	8	21
1.- 幕府，女性の金紗・惣鹿子などの華美な衣服を禁じる(御触書寛保集成・実紀)。**3.10** 伊勢内宮・外宮の正遷宮(続史愚抄)。**4～5月** 日光大地震(実紀)。**8.26** 徳川光圀，天地球図を幕府に献上(実紀)。**9.-** 勇大編『扶桑往生伝』刊。**11.12** 幕府，林鳳岡らに『三河記』の校訂を命じる(実紀)。**この年** 平政隆，『愚子見記』を著す。　榎本其角撰『虚栗』刊。　池坊専好口伝・十一屋太右衛門編『立花大全』刊。 【死没】 **3.29** 八百屋お七(16，放火処刑)。**4.10** 平内応勝(52，大工)。**7.3** 松平忠輝(92，越後福島・高田藩主)。**8.3** 平賀保秀(和算家)。**9.19** 桃水雲渓(72，曹洞宗僧侶)。 《大の月》1・3・5・7・9・11・12	**7.-** 清，鄭克塽を降し台湾を領有。**9.-** オスマン朝トルコ，第2次ウィーン包囲に失敗。	15	9	22 ⑥
3.3 宣明暦を大統暦に改める(続史愚抄)。**3.-** 佐瀬与次右衛門『会津農書』成る。**6.5** 井原西鶴，摂津国住吉神社で，一夜一日に独吟2万3500句を達成(こゝろ葉)。**6.9** 幕府，公慶に東大寺大仏殿再興のための勧進を許可(公慶上人年譜聚英)。**8.29** 朝日重章，『鸚鵡籠中記』を記す(～享保2年12月末日)。**10.29** 大統暦を停止し，貞享暦に改め，翌年より採用(続史愚抄)。**11.-** 幕府，出版取締令を下す(江戸町触集成・実紀)。**12.1** 幕府，渋川春海を初代天文方に任じる(実紀)。**12.12** 幕府，『東武実録』編纂の功により松平忠冬を褒賞(実紀)。**この年** 衣笠一閑宗葛『堺鑑』板行。『抛入花伝書』板行。　黒川道祐『雍州府志』開板。 【死没】 **1.2** 人見玄徳(81，小児科医)。**1.20** 木庵性瑫(74，渡来僧)。**2.10** 日堯(65，日蓮宗僧侶)。**3.18** 小倉実起(63，公家)。**7.14** 中山吉成(槍術家)。**7.19** 岡村十兵衛(57，土佐高知藩下士)。**8.28** 稲葉正休(45，美濃青野藩主)。　堀田正俊(51，大老)。**9.17** 西玄甫(阿蘭陀通詞)。**10.1** 柳川調興(82，柳川一件当事者)。**12.10** 土岐頼行(77，自得記流槍術祖)。**12.24** 樋口権右衛門(83，天文家)。**この年** 日明(72，日蓮宗僧侶)。 《大の月》2・3・5・7・10・12	**3.5** オーストリア・ヴェネツィア・ポーランドが対オスマン神聖同盟を結成。	16	10	23

西暦	年号 干支	天皇	将軍	政　治・経　済
1685 2.4	貞享 2 乙丑	（霊元）	（徳川綱吉）	3.18 幕府，大奥女房山崎を追放(実紀)。6.2 マカオ船，漂流民を護送して長崎へ来航，幕府，国禁を説諭する(実紀)。7.19 幕府，預金・買掛などの金銀訴訟不受理をやめ，裁判するよう命じる(実紀)。8.- 当年より長崎貿易額を，中国船に対して銀6000貫，オランダ船に対して銀3000貫に制限する旨の幕令長崎に届く(定高仕法)(崎陽群談・通航一覧)。 定高仕法実施に伴い，抜荷頻発(犯科帳・荒野泰典『近世日本と東アジア』)。
1686 1.24	3 丙寅 ③			2.28 奥医瀬尾昌琢，幕命で，オランダ人に医療・薬名に関して質問(実紀)。2.- 江戸大伝馬町の木綿問屋仲間結成(北島正元『江戸商業と伊勢店』)。閏3.6 幕府，福井藩主松平綱昌を失心により改易，養父昌親の家名相続を許可(実紀)。4.22 幕府，服忌令を改訂，また鉄砲改につき令す(実紀)。6.18 幕府，寺社に朱印状を下賜(4649通)(実紀)。8.9 幕府，対馬藩の朝鮮貿易額を金１万8000両に制限(実紀)。8.21 幕府，長崎奉行の定員を３名とし，１名を江戸詰とする(実紀)。8.27 幕府，諸国城米の増加を命じる(実紀)。**この秋** 三井高利，京都に両替店を開く(家伝記)。10.14 松本藩の百姓，年貢等の負担軽減を要求して強訴(嘉助騒動)(信府統記)。10.21 幕府，中川番所へ船舶往来に関する条規を下す(実紀)。12.15 幕府，鹿児島藩の対琉球貿易額を金2000両に制限(実紀)。
1687 2.12	4 丁卯	3.21 東山		1.28 幕府，生類憐みの令を発令(この後，宝永５年まで繰返し布令)(実紀)。2.14 幕府，日蓮宗不受不施派の信者を，７月には同派僧侶を配流(実紀)。4.11 幕府，田畑永代売買禁止につき再令(御触書寛保集成・実紀)。6.21 幕府，勘定組頭に総代官の会計査検を命じる(実紀)。6.22 幕府，転びキリシタン類族の査検を命じる(実紀)。10.14 幕府，烏山藩主那須資徳を継嗣紛議で改易(実紀)。10.- 幕府，三井に呉服御用を命じる(商売記)。 幕府，琉球の進貢船差渡銀額を減額(島津家列朝制度)。11.- 幕府，勘定組頭・代官に年貢勘定・諸普請等に関する22ヵ条の条目を下す(徳川禁令考)。12.- 幕府，長崎に制札をたて，武器輸出禁止などにつき布達(憲教類典)。**この年から元禄４年にかけて** 幕府，大名預地の廃止をはかる(元禄９年，復活)(服藤弘司『大名預所の研究』)。
1688 2.2	元禄(げんろく) 9.30 戊辰			2.6 幕府，江戸市中に衣服制限令を再令(江戸町触集成・実紀)。4.- 幕府，諸寺院について寛永８年を境として古跡・新地の別を定める(大成令・実紀)。5.10 幕府，服忌令を追加(実紀)。7.- 幕府，長崎の唐人屋敷の設営を命じる(寛宝日記・通航一覧)。9.- 幕府，酒造半減を令す(御触書寛保集成・実紀)。10.- 幕府，不正な秤の使用を厳禁(御触書寛保集成・実紀)。11.12 幕府，南部直政・柳沢保明を側用人に任じる(実紀)。**この年** 幕府，長崎来航の中国船の船数を70隻に制限(通航一覧)。 幕府，大坂堂島を開発(堂島新地)(米商旧記)。
1689 1.21 ▼	2 己巳 ①			1.26 幕府，側用人南部直政を病免，桑名藩に預ける(実紀)。2.2 幕府，側用人喜多見重政を改易(実紀)。3.2 幕府，奥詰衆を創置(実紀)。3.15 幕府，江戸及び関東筋の川船の極印打替えを命じる(江戸町触集成・実紀)。6.9 幕府，長崎貿易における異国荷物の高値入

社　会・文　化	世　界	琉球	朝鮮	清
1.- 井原西鶴,『西鶴諸国はなし』刊。3.26 幕府,住吉具慶を御用絵師に任じる(実紀)。3.- 向西湛澄,『女人往生伝』を著す。『豊年税書』成るか。7.- 向井元成,南京船輸入品よりキリシタン書を発見(好書故事)。**この年**『大怒佐』刊か。 河井恒久ら『新編鎌倉志』刊。 【死没】 2.22 後西上皇(49)。5.19 井上播磨掾(54,浄瑠璃太夫)。6.12 八橋検校(72,箏曲家)。7.25 キアラ(83,イエズス会士)。9.4 狩野安信(73,画家)。9.19 内藤風虎(67,陸奥磐城平藩主)。9.26 山鹿素行(64,兵学者)。10.- 加々爪直澄(76,幕臣)。**この年** 長道(初代)(53,刀工)。 《大の月》2・4・5・7・9・11	1.- 清,アルバジンでロシアと衝突。10.- フランス,ナントの勅令廃止。**この年** フランス,「コード=ノワール」を制定し,奴隷制の制度化をはかる。	尚貞王 17	粛宗 11	康熙 24
2.4 近松門左衛門作『出世景清』,大坂竹本座で初演(外題年鑑)。2.- 井原西鶴『好色五人女』刊。6.- 井原西鶴『好色一代女』刊。8.- 中村恵迪『本朝文集』成る。9.18『三河記』校訂成り,『武徳大成記』と命名,この日,阿部正武・林信篤らを褒賞(実紀)。9.27 幕府,かぶき者(大小神祇組)200余名を逮捕(実紀)。**この年** 佐々宗淳・丸山可澄編『西行雑録』成る。 土橋定代『諸家知譜拙記』刊。 井原西鶴『本朝二十不孝』刊。 隆光,『隆光僧正日記』を記す(～宝永6年)。 【死没】 1.7 奥寺八左衛門(61,治水家)。4.19 井上玄徹(85,医家)。6.3 下河辺長流(60,歌学者)。7.26 吉田勘兵衛(76,新田開発者)。10.27 安松金右衛門(武蔵川越藩家臣)。11.22 多田嘉助(48,一揆首謀者)。12.2 淵岡山(70,儒学者)。**この年** 市村宇左衛門(3代)(歌舞伎俳優)。 行方久兵衛(71,越前小浜藩士)。 《大の月》1・3・4・6・7・9・11	9.- オーストリア,ハンガリーの首都ブダを攻略。 ロシア,対オスマン神聖同盟に加盟。	18	12	25 ④
8.- 松尾芭蕉『鹿島紀行』成る。11.16 大嘗会再興(続史愚抄)。**この年** 幕府,『大学或問』を著した熊沢蕃山を下総国古河に禁錮(熊沢先生行状)。 伊勢内宮に林崎文庫を設立(日本教育史資料)。 賀島兵介,『賀島兵介言上書』を著す。 浅見絅斎『靖献遺言』刊。 井原西鶴『武道伝来記』刊。 観応『補忘記』刊。 安藤有益『本朝統暦』刊。**この頃** 松尾芭蕉『野ざらし紀行』成るか。 【死没】 2.29 友松氏興(66,神道家)。3.7 亮賢(77,新義真言宗僧)。3.14 田代重栄(72,水利功労者)。12.3 岡上景能(水利家)。12.9 牛込忠左衛門(66,長崎奉行)。 《大の月》1・4・6・7・9・10・12	8.12 ハンガリー,モハーチの戦,オーストリア軍,トルコ軍を破る。12.- アユタヤ朝,フランスと通商条約を締結。**この年** イギリス,ニュートン『プリンキピア』刊。	19	13	26
1.- 井原西鶴,『日本永代蔵』刊。6.6 水戸藩快風丸,松前に到る(福山秘府)。11.1 幕府,『四書直解』を新刊。11.21 徳川綱吉,林鳳岡邸の孔子廟に臨み講義を聴く(実紀)。12.**中旬** 了智,『緇白往生伝』を編纂。**この年** 井原西鶴『武家義理物語』刊。 富春軒仙渓『立花時勢粧』刊。**この頃** 契沖『万葉代匠記』成る(2年後,精本を徳川光圀に献上)。 【死没】 1.16 真田信利(54,上野沼田藩主)。5.27 聞証(55,浄土宗学僧)。8.7 板倉重常(46,伊勢亀山藩主)。8.29 河辺精長(88,神宮大宮司)。12.- 高梨利右衛門(義民)。 《大の月》2・5・7・9・10・11	2.- 清,フェルビースト没。9.24 ヨーロッパ,アウクスブルク同盟戦争起こる(～'97年)。11.5 イギリス,名誉革命始まる(～'89年)。	20	14	27
3.- 松尾芭蕉『おくのほそ道』の旅に出立。8.- 幕府,諸調度・器具類の用材を定め,華美を戒める(御触書寛保集成)。11.- 渋川春海,江戸本所の邸内に天文台を設置(天文方代々記)。12.21	2.12 イギリス,権利宣言を作成し,翌日,即位したウィリアム3世に提示。	21	15	28 ③

西暦	年号 干支	天皇	将軍	政　治・経　済
1689 1.21 ▲	元禄 2 己巳 ①	（東山）	（徳川綱吉）	札を禁止（大成令・実紀）。8.9 幕府，前田綱紀を御三家に準じる（実紀）。10.26 幕府，奥右筆組頭を創置（実紀）。12.- 幕府，江戸の武家屋敷地内の町屋を禁じる（憲教類典）。**この年から元禄5年にかけて** 幕府，役料制を復活（実紀）。
1690 2.9	3 庚午			5.- 幕府，宿駅困窮につき人馬駄賃銭を値上げ（御触書寛保集成・実紀）。6.- 幕府，小普請金上納制を定め，11月に上納方の追加規定を下す（御触書寛保集成・実紀）。9.- 日向延岡藩領の百姓，高鍋領に逃散（山陰百姓一揆始末）。10.14 幕府，徳川光圀の隠居を許可（実紀）。10.26 幕府，捨子禁止令を下す（御触書寛保集成・実紀）。**この年** 幕府，大坂の諸川船に江戸並の運上銀を賦課（船極印方）。
1691 1.29	4 辛未 ⑧			2.11 徳川綱吉，大成殿で釈奠の式を行う（実紀）。2.- 幕府，三井家に金銀為替御用を命じる（御用留抜書）。 幕府，江戸一大坂間の公金為替実施のため，御為替組を設定（御用留抜書・新修大阪市史）。4.28 幕府，日蓮宗悲田派を禁じる（実紀）。5.9 幕府，住友友芳に伊予国別子銅山の採掘許可を与える（垂裕明鑑抄）。7.12 幕府，日蓮宗悲田派の僧侶を八丈島などに配流（実紀）。8.- 幕府，多摩川六郷の橋を撤廃して渡船場とする（実紀）。10.22 幕府，延岡藩主有馬清純を農民逃散の責任により糸魚川に転封（実紀）。
1692 2.17	5 壬申			2.13 徳川綱吉，大成殿で釈奠の儀を行い，論語を講ずる（実紀）。5.9 幕府，新地寺院146ヵ寺を古跡とし，寺院の新規建立を禁じる（実紀）。5.10 幕府，江戸市中の富突講・百人講を禁じる（実紀）。7.21 幕府，家中騒動により白河藩主松平忠弘を改易．8月，山形に減転封（実紀）。7.25～28 幕府，高野山行人方1000余人を山内より追放（実紀）。7.- 幕府，江戸町方の家屋敷間数絵図の提出を命じる（江戸町触集成）。8.12 幕府，近習番を創置（実紀）。9.- 幕府，浅草川に殺生禁断の区域を設定（大成令・実紀）。11.- 幕府，質屋全てを惣代会所へ出頭させ，定書の遵守を命じる（大成令・実紀）。
1693 2.5 ▼	6 癸酉			4.21 徳川綱吉，周易を講義し，以後毎月6回とする（実紀）。6.17 幕府，江戸市中の流言者取締りのため，町毎の人別書上げを命じる（町人人口35万3000余人）（江戸町触集成）。7.10 幕府，江戸の上水の管轄を町奉行から道奉行へ変更（実紀）。8.6 幕府，大成殿の釈奠執行を春秋2回とする（実紀）。10.15 御三家，及び甲府の徳川綱豊，鷹場を返上（実紀）。11.26 幕府，古河藩主松平忠之を改易，弟信通の家名相続を許可（実紀）。12.12 金沢藩，切高仕法を定め，百姓の手余り地を切高として，耕作希望者に分与（加賀藩史料）。12.21 幕

社　　会・文　　化	世　　界	琉球	朝鮮	清
幕府，北村季吟・湖春父子を歌学方とする(実紀)。**この年** 井口常範『天文図解』刊。 今井弘済・内藤貞顕考訂『参考源平盛衰記』成る。 平岡直之，『地方竹馬集』を著す。 井原西鶴『本朝桜陰比事』刊。 若林宗氏・若林利朝『若林農書』成る(～元禄3年)。 【死没】 4.17 毛利綱広(51，長門萩藩主)。5.25 大梶七兵衛(69，出雲平野開拓者)。8.6 尚仁親王(19，八条宮家)。8.11 独本性源(72，黄檗僧)。9.21 伊藤小太夫(2代)(39，歌舞伎俳優)。 《大の月》1・2・5・7・9・10・11	7.- 清とロシア，ネルチンスク条約締結。10.- イギリス，ロック『統治二論』刊。 ロシア，ピョートル1世(大帝)即位。	尚貞王 21	粛宗 15	康熙 28 ③
7.9 幕府，林鳳岡に邸内の孔子廟の湯島に移転を命じる(実紀)。**7．下旬ないし8月** 松尾芭蕉『幻住庵記』成稿。8.21 徳川綱吉，老臣らに『大学』を講義(実紀)。8.23 ドイツ人ケンペル，オランダ商館医師として来日(ケンプェル江戸参府紀行)。12.22 湯島孔子廟落成(実紀)。**この年** 丸山可澄『花押藪』刊。 安倍季尚撰『楽家録』成る。 『人倫訓蒙図彙』開版。 山田宗，『茶道便蒙抄』板行。 遠近道印作・菱川師宣絵『東海道分間絵図』刊。 立花実山『南方録』成る。 契沖『万葉代匠記』精撰本成る(初稿本，貞享末年頃成るか)。**この頃** 浮世草子流行。 【死没】 1.15 度会延佳(76，神道学者)。6.7 荻野安重(78，砲術家)。7.3 慈山(54，天台僧)。10.18 嵐三右衛門(初代)(56，歌舞伎俳優)。11.21 長沼宗敬(56，兵法学)。 《大の月》1・3・6・9・10・12	4.- 清，『大清会典(康熙会典)』成る。6.- 清，康熙帝のガルダン親征。**この年** イギリス，ジョン=ロック『人間悟性論』刊。	22	16	29
1.13 幕府，林鳳岡に蓄髪を命じ，従五位下大学頭に任じる(重修譜・実紀)。1.18 幕府，儒者に蓄髪を命じる(実紀)。2.7 幕府，鳳岡邸内の孔子像を湯島大成殿に移す(実紀)。4.18 松尾芭蕉，『嵯峨日記』を記す(～同年5月4日)。**この年** 『仮名性理』刊(寛文9年の野間三竹の奥書を付して出版，著者は藤原惺窩か)。 長尾勝明『作陽誌』成る。 露の五郎兵衛『露がはなし』刊。 磯貝捨若著・石川流宣画『日本鹿子』刊。 【死没】 1.1 浅井了意(仮名草子作家)。8.17 熊沢蕃山(73，儒者)。**閏**8.9 金沢勘右衛門(測量家)。9.25 土佐光起(75，画家)。10.1 高島四郎兵衛(茂村)(長崎町年寄)。11.4 黒川道祐(医者)。11.12 灰屋紹益(85，82とも，京都富商)。**この年** 市村宇左衛門(5代)(歌舞伎俳優)。 《大の月》1・2・4・7・9・10・12		23	17	30 ⑦
1.- 井原西鶴『世間胸算用』刊。3.8 東大寺大仏殿再興成り，開眼供養(公慶上人年譜聚英)。5.9 幕府，杉山和一を関東総検校として，盲人を支配させる(実紀)。5.- 艸田寸木子『女重宝記』刊． 丸山可澄編『諸家系図纂』成るか。12.1 京都大火(実紀)。**この年** 鴨祐之編『日本逸史』成る。 人見必大『本朝食鑑』成稿。 室鳩巣『明君家訓』成るか。 中根元圭『律原発揮』刊。 【死没】 5.21 内藤希顔(68，儒者)。12.16 本多利長(58，大名)。 《大の月》1・3・4・7・10・12	1.- 清，王夫之没。**この年** フランス，インドのシャンデルナゴルに商館建設。	24	18	31
5.16 正倉院を開封する。10.- 新井白石，『新井白石日記』を記す(～享保8年8月)。12.16 新井白石を甲府藩主徳川綱豊の侍講に任じる(新井白石日記)。**この年** 伊藤仁斎『童子問』成る。 松下秀明『異称日本伝』刊。 井原西鶴『西鶴置土産』刊。 狩野永納編纂『本朝画史』刊。**この年より宝永4年にかけて** 法隆寺の諸堂・諸門等を修復。**この頃** 松尾芭蕉『おくのほそ道』成るか。	**この年** イギリス，地租法を制定。**この年から翌年にかけて** フランス，大飢饉。	25	19	32

西暦	年号 干支	天皇	将軍	政　治・経　済
1693 2.5 ▲	元禄 6 癸酉	(東山)	(徳川綱吉)	府，服忌令を追加(実紀)。
1694 1.25	7 甲戌 ⑤			3.11 幕府，「馬のもの言い」流言者として牢人筑紫門右衛門を処刑(実紀)。6.19 幕府，江戸の武家屋敷地を町人等に貸与することを禁じる(実紀)。7.18 幕府，旗本・御家人へ学問・弓道・馬術を奨励(実紀)。9.26 幕府，浅草蔵奉行らを米切手偽造・蔵米横領の罪で処刑(実紀)。10.- 徳川光圀，家臣藤井徳昭を手討にする(一説に11月23日)(水戸紀年)。12.9 幕府，柳沢保明を老中格とする(柳沢家譜集)。**この年** 江戸十組問屋仲間結成(川上伊兵衛旧記)。
1695 2.13	8 乙亥			2.12 幕府，前田綱紀に高山城の破却を命じる(実紀)。2.21 幕府，関東郡代管轄の関東幕領の検地を酒井忠挙らに命じる(～同10年)(実紀)。3.22 幕府，丸岡藩主本多重益を改易(実紀)。6.- 幕府，関東郡代に質地取扱い規定12ヵ条を示す(日本財政経済史料)。7.16 幕府，百姓の田地質入による借金を禁じる(実紀)。8.22 陸奥国盛岡藩領雫石通の百姓，代官所へ越訴(繋文書)。8.- 幕府，長崎貿易の定額超過分の銅支払い(銅代物替)を許可(通航一覧)。 幕府，金銀貨を改鋳(元字金銀)(実紀)。9.23 幕府，林奉行に武蔵・相模両国の御林の巡察を命じる(実紀)。10.13 幕府，諸国鉱山の採掘を奨励(大成令・実紀)。
1696 2.3	9 丙子			1.15 幕府，京都・大坂の町奉行を増員(実紀)。1.28 幕府，竹島への渡航を禁止(通航一覧)。2.2 幕府，伏見・堺両奉行を廃止(実紀)。2.22 幕府，清水・三崎・走水三奉行を廃止(実紀)。3.29 幕府，江戸及び関東の川船の極印打ちについて令し，船数を上申させる(大成令・実紀)。幕府，江戸町中の塵芥で埋立新田を造成することを許可(大成令・実紀)。4.11 幕府，荻原重秀を勘定頭に任じる(実紀)。6.- 幕府，箔座を置き運上銀を賦課(徳川禁令考)。7.9 幕府，新旧金銀の引替につき布達(実紀)。10.6 幕府，鳥見役を廃す(実紀)。11.1 但馬国出石藩の百姓，藩札の正銀引替えを求めて打毀し(但州発元記)。11.23 幕府，三奉行と大目付に諸国地図の校訂を命じる(実紀)。**この年** 一説に，幕府，大坂の豪商淀屋辰五郎を闕所にするともいう。 秋田藩，阿仁銅山を直営。
1697 1.23 ▼	10 丁丑 ②			4.26 幕府，古金銀の通用期限を示し，新貨への交換を命じる(実紀)。4.28 幕府，諸大名・旗本・寺社へ国絵図改訂につき令達(実紀)。6.30 幕府，二朱金通用に関して布令(実紀)。6.- 幕府，諸大名に自領内の重罪人の自分仕置を許可(大成令・実紀)。 幕府，江戸の暦板木屋を11名に限定(江戸町触集成)。7.26 幕府，旗本の蔵米取500俵以上の者を知行取に改める(元禄の地方直し)(実紀)。7.28 河村瑞賢，綱吉に謁見(実紀)。8.- 幕府，長崎貿易の管理・運営方を変更(通航一覧)。10.19 幕府，林奉行に房総の御林の巡察を命じる(実紀)。10.- 幕府，造酒屋に酒値段の5割の運上金を課す(徳川禁令考)。

社会・文化	世界	琉球	朝鮮	清
【死没】 4.11 鵜飼錬斎(46，儒学者)。7.5 良尚入道親王(72，曼殊院門跡)。7.7 池田光仲(64，因幡鳥取藩主)。8.2 竜熙近(78，神道家)。8.10 井原西鶴(52，浮世草子作者)。9.2 盤珪永琢(72，臨済宗僧侶)。9.10 運敞(80，真言宗僧侶)。11.30 嵐山甫安(61，医者)。 《大の月》1・2・4・6・8・11		尚貞王 25	粛宗 19	康熙 32
1.- 幕府，猥本の著者・版元らを処罰(実紀)。4.1 賀茂葵祭再興を謝して将軍に献上(実紀)。12.- 榎本其角編『枯尾華』刊。**この年** 井原西鶴『西鶴織留』刊。 堀流水軒『商売往来』刊。**この頃** 契沖『和字正濫鈔』成る。 【死没】 5.6 三井高利(73，三井家創業者)。6.4 菱川師宣(浮世絵師)。6.26 杉山和一(85，盲人の鍼医，検校)。10.7 珂碩(77，浄土宗僧侶)。10.11 柳生連也(70，剣術家)。10.12 松尾芭蕉(51，俳諧師)。11.6 伊藤宗看(77，将棋師)。11.16 吉川惟足(79，吉川神道創始者)。11.29 島津光久(79，薩摩鹿児島藩主)。**この頃** 野々村仁清(陶工)。 《大の月》1・2・4・5・6・8・10	4.25 イギリス，イングランド銀行設立。**この年** 朝鮮，甲戌の獄起こる。	26	20	33 ⑤
2.8 江戸大火(実紀)。2.- 葛間勘一，『地方一様記』を著す。3.- 西川如見『華夷通商考』刊。7.15 各務支考編『笈日記』成る。9.18 徳川綱吉，知足院を護持院と改称し，僧隆光を大僧正，真言新義の僧録に任じる(実紀)。11.13 幕府，江戸の中野に犬小屋を設置し，野犬10万匹を収容(実紀)。**この年** 奥羽飢饉(実紀)。『蜆縮涼鼓集』刊。 【死没】 1.19 佐々木志頭磨(77，書家)。3.2 諏訪忠晴(57，信濃諏訪藩主)。3.8 藤林宗源(88，茶人)。4.12 松平頼重(74，讃岐高松藩主)。4.16 堯恕入道親王(56，妙法院門跡)。6.6 玉川庄右衛門(玉川上水開削)。7.15 円空(64，修験者)。8.24 潮音道海(68，黄檗僧)。9.30 心越興儔(57，明禅僧)。10.16 高泉性潡(63，黄檗山万福寺住持)。 公海(89，天台宗僧侶)。**この年** 津田兵部(87，治水功労者)。 《大の月》1・3・4・6・8・9・11	7.- 清，黄宗羲没。	27	21	34
5.12 契沖，『万葉集』を講ず(契沖年譜)。8.17 幕府，節酒令を発令(実紀)。8.22 柳沢保明，荻生徂徠を任用(覚書・親類書)。**この年** 宮崎安貞『農業全書』成る。 如幻明春『近世往生伝』刊。松浦鎮信『武功雑記』成る。 【死没】 1.10 月舟宗胡(79，曹洞宗僧侶)。2.16 武衛市郎左衛門(砲術家)。4.18 名古屋玄医(69，医師)。5.6 星野勘左衛門(55，弓術家)。9.3 西村市郎右衛門(初代)(本屋)。9.18 大住院以信(92，立花継承者)。11.10 明正上皇(74)。**この年** 記内(2代，鐔工)。 《大の月》1・4・6・7・9・10・12	2.- 清，康熙帝，ジュンガル親征。5.- 清，ガルダン軍を大破。7.- ロシア，ピョートル1世，アゾフを奪取。**この年** ロシア，アトラソフ，カムチャツカ遠征。ブラジル，ゴールドラッシュ。	28	22	35
1.18 源空に円光大師の号を授ける(続史愚抄)。7.9 江戸の護国寺観音堂，護持院五智堂落成(実紀)。7.- 宮崎安貞『農業全書』刊。10.12 関東大地震(実紀)。10.17 江戸大火(実紀)。**この年** 大高坂芝山『芝山会稿』刊。 ヨハン=ファン=ホールン『訶倫産科書』初版刊．文政末・天保初頃，青地林宗訳成る。 【死没】 1.13 文智女王(79，円照寺門跡)。1.15 北村湖春(50，俳人)。1.23 千宗室(76，茶匠)。**閏**2.14 北島雪山(62，書家)。3.7 狩野永納(67，画家)。7.23 宮崎安貞(75，農学者)。8.9 藤堂高通	**閏**3.- ジュンガル部，ガルダン=ハン没，清，外モンゴルを支配。4.- この頃，ジャガタラお春死亡。9.20 ライスワイク(レイスウェイク)条約締結，アウグスブルク同盟戦争終結。**この頃** アフリカ，アシャンティ王国建設。 スペイ	29	23	36 ③

西暦	年号 干支	天皇	将軍	政　治・経　済
1697 1.23 ▲	元禄 10 丁丑 ②	（東山）	（徳川綱吉）	
1698 2.11	11 戊寅			2.15 幕府，大留守居職を創設（実紀）。2.- 幕府，諸国金銀銅山の試掘を奨励（御触書寛保集成・実紀）。3.9 幕府，河村瑞賢を旗本に列する（実紀）。7.21 徳川綱吉，柳沢保明を少将に仰付ける（重修譜・実紀）。7.28 幕府，上方代官に賦税については京都町奉行の指示を仰がせる（実紀）。7.29 幕府，中津藩主小笠原長胤を行状不良により改易（実紀）。9.26 幕府，長崎奉行諏訪頼蔭を免職・閉門（実紀）。11.11 美作国津山藩の百姓，新領主の年貢増徴に反対して強訴（作州百姓一揆叢書）。11.15 幕府，伏見奉行を再置（実紀）。11.- 大坂堀江新地開発成る（堀江御開発旧記）。12.- 幕府，英一蝶を三宅島に配流（武江年表）。 幕府，20年以上の小作地を永小作とし，奉公人の年季制限を撤廃（大成令）。**この年** 長崎の割符会所，長崎惣勘定所と成り，是より長崎会所と称する（通航一覧）。
1699 1.31	12 己卯 ⑨			1.- 幕府，江戸諸職人に肝煎役を置く（御触書寛保集成・実紀）。4.22 幕府，大津蔵奉行を廃止（実紀）。4.- 幕府，歴代天皇陵の修理を完了（実紀）。6.28 幕府，長崎奉行を増員し4名とする（実紀）。9.4 幕府，江戸の米穀不足のため，諸代官に江戸廻米を命じ，酒造量を5分の1に制限（御触書寛保集成・実紀）。閏9.10 幕府，困窮の旗本・御家人に賑救金を賦与（御触書寛保集成・実紀）。10.23 幕府，大奥に倹約令を出す（実紀）。11.17 幕府，元結・長刀を禁ず（実紀）。12.21 幕府，勘定吟味役を廃止（正徳2年まで）（実紀）。
1700 2.19	13 庚辰			2.- 幕府，滋賀院に寺領を寄進。8.28 幕府，日光奉行を創置（実紀）。8.- 幕府，江戸三伝馬町助成のため，町中の大八車・借駕籠に極印料を賦課する（江戸町触集成・実紀）。9.3 幕府，日光神領として3800余石を加増（実紀）。9.18 幕府，酒造半減を令す（御触書寛保集成・実紀）。11.8 幕府，金銀銭三貨の比価を金1両＝銀60匁＝銭4貫文と定める（御触書寛保集成・実紀）。11.9 幕府，旗本庶子の拝謁及び養子制について定める（実紀）。11.21 徳川綱吉，元禄6年開講の『易経』講義（240回）を終了（実紀）。12.- 幕府，銀・銭不足につき，両貨幣による他国へ支払い・買占めを禁止（徳川禁令考）。**この年** 幕府，対馬藩の朝鮮貿易額を増額。 幕府，長崎来航のオランダ船来年より4・5艘と定める（通航一覧）。
1701 2.8 ▼	14 辛巳			3.14 幕府，江戸殿中で高家吉良義央を傷つけた赤穂藩主浅野長矩に切腹を命じる（実紀）。3.15 幕府，赤穂城を収公を指示（実紀）。3.26 幕府，高家吉良義央を免職（実紀）。8.15 幕府，殿中の出仕作法・宿直制等を定める（実紀）。10.2 幕府，酒造量を5分の1に制限（御触書寛保集成・実紀）。11.- 幕府，江戸市中の質屋作法を定める（江戸町触集成）。12.11 幕府，西国・中国そのほか上方筋に金の通用を促す（御触書寛保集成・実紀）。12.- 幕府，江戸市中に古着屋惣代を置き，組合を結成させる（江戸町触集成・実紀）。**この年** 幕府，銀座加役として銅座を設置し，銅は銅座へ買い上げることとする（垂裕明鑑抄）。

社　会・文　化	世　界	琉球	朝鮮	清
(54，伊勢久居藩主)。**8.14** 水島卜也(91，故実礼法家)。 《大の月》2・4・6・8・9・11・12	ン，カリブ海での覇権を完全に失う。	尚貞王 29	粛宗 23	康熙 36 ③
1.22 中村七三郎作『傾城浅間嶽』，京都早雲座で初演(歌舞伎年表)。**1.-** 戸部一憨斎正直『奥羽永慶軍記』成るか。**2.-** 幕府，再び出版取締令を出す(御触書寛保集成・実紀)。**4.5** 江戸麻布薬園完成(実紀)。**9.3** 寛永寺根本中堂竣工により供養，勅会(実紀)。**9.6** 寛永寺根本中堂に勅額下賜，江戸大火により家綱廟，寛永寺本坊など焼失(勅額火事)(実紀)。**この年** 松下見林『前王廟陵記』刊。 渋川春海『天文瓊統』，伊勢神宮へ奉納。 戸田茂睡『梨本集』成る．元禄13年刊。**この年および享保5年** 『蓮門精舎旧詞』成る。 【死没】 **1.26** 山之内仰西(80，土功者)。**2.11** 独庵玄光(69，曹洞宗僧侶)。**3.10** 日講(73，日蓮宗僧侶)。**6.3** 佐々宗淳(59，史学者)。**9.22** 日脱(73，日蓮宗僧侶)。**10.13** 伊藤信徳(66，俳人)。**12.23** 木下順庵(78，儒学者)。**この年** 市村宇左衛門(7代)(18，歌舞伎俳優)。 《大の月》2・5・8・9・11・12		30	24	37
1.20 梅園惟朝『国史神祇集』成る。**1.-** 坂田藤十郎，近松門左衛門『傾城仏の原』を演じて大当たりする(歌舞伎年表)。**2.13** 寛永寺本坊再建(実紀)。**9.-** 幕府，東大寺大仏殿再建のための勧化金を幕領に賦課(大仏殿再建記)。**この秋** 諸国，暴風雨により凶作(実紀)。**この年** 向井去来『旅寝論』成る。 渋川春海『天文成象』刊。 【死没】 **3.16** 南部直政(39，陸奥八戸藩主)。**4.3** 岩井半四郎(初代)(48，歌舞伎俳優)。**6.16** 河村瑞賢(82，商人)。**7.12** 米倉昌尹(63，若年寄)。**7.25** 幸仁親王(44，後西天皇皇子)。**8.16** 本庄宗資(71，常陸笠間藩主)。**9.10** 戸田忠昌(68，下総佐倉藩主)。**閏9.17** 藤村庸軒(87，茶人)。**この年** 慧雲(浄土宗僧侶)。 又七(87，金工)。 《大の月》1・3・6・9・10・11・12	**1.26** カルロヴィッツ条約。**1.-** オスマン朝トルコ，ヨーロッパからの後退始め。**この年** 清，イギリスの広東貿易を許可。	31	25	38 ⑦
この年 石橋直之『泉州志』刊。 【死没】 **5.16** 奥平忠弘(70，出羽山形藩主)。**8.20** 鉄牛道機(73，黄檗僧)。**12.6** 徳川光圀(73，常陸水戸藩主)。**12.16** 荒木与次兵衛(初代)(64，歌舞伎俳優)。 《大の月》1・3・6・9・11・12	**1.-** イギリス東インド会社，カルカッタ他2村のザミンダーリーを獲得。**5.-** ヨーロッパ，北方戦争起こる(～'21年)。**11.1** スペイン，カルロス2世没。	32	26	39
3.29 幕府，東大寺大仏殿再建のための勧化金を私領にも賦課(実紀)。**6.-** 岡田徯志『摂陽群談』刊。**11.22** 徳川綱吉の奏請により，源頼信・頼義・義家に壺井権現の号を授ける(続史愚抄)。**12.-** 三木之幹・宮田清貞・牧野和高『桃源遺事』を編集。**この年** 岡山藩の閑谷学校の新講堂完成(閑谷学校史)。 江島其磧『けいせい色三味線』刊。 義澄撰『招提千歳伝記』成る。 今井有順ら『神道集成』成る。 蔡鐸『中山世譜』(『中山世鑑』の漢訳化)成る(享保9年に蔡温重訂，同16年に鄭秉哲改修)。 【死没】 **1.25** 契沖(62，古典学者)。**3.14** 浅野長矩(35，播磨赤穂藩主)。**10.20** 安東省庵(80，儒学者)。**11.7** 嵐三右衛門(2代)(41，歌	**1.18** プロシア王国成立。**2.-** スペイン継承戦争起こる(～'13年)。**6.12** イギリス，王位継承法制定。**この年** 朝鮮，張禧嬪の獄。	33	27	40

西暦	年号 干支	天皇	将軍	政　治・経　済
1701 2.8 ▲	元禄 14 辛巳	(東山)	(徳川綱吉)	
1702 1.28	15 壬午 ⑧			2.3 幕府，新古金銀の引替を促す(御触書寛保集成・実紀)。3.30 幕府，米穀不足のため，元禄10～11年の全国の酒造米高を調査(御触書寛保集成・実紀)。6.22 幕府，岩村藩主丹羽氏音を，家中騒擾を理由に減封(実紀)。7.18 幕府，酒造量を元禄10年の５分の１とし，専業者に限り３分の１とする(～宝永５年)(御触書寛保集成・実紀)。8.21 幕府，長島藩主松平忠充を，乱心・不行跡を理由に改易(実紀)。閏8.15 幕府，江戸町奉行を増員し３名とする(実紀)。閏8.- 幕府，前年までの金銀訴訟は相対済し，当年分より裁許する旨通達(御触書寛保集成・実紀)。11.28 幕府，堺奉行を再置(実紀)。12.15 赤穂浪士大石良雄ら，吉良義央を討つ(実紀)。12.19 幕府，国絵図完成により褒賞(実紀)。
1703 2.16	16 癸未			2.4 幕府，大石良雄ら46人に切腹を命じる(実紀)。2.15 若年寄稲垣重富ら，京・長崎などの巡察のため暇を賜う(実紀)。6.13 長崎町人，米商宅を打毀し(寛宝日記)。10.28 幕府，姫路藩主本多忠国に大和川付替工事の助役を命じる(実紀)。12.- 幕府，江戸の質屋惣代・古着屋惣代を廃止し，町名主らに点検させる(江戸町触集成・実紀)。 幕府，江戸市中の大八車・借駕籠所持者への課税を免除(江戸町触集成)。この年 萩藩，製蠟所を設置。
1704 2.5	宝永(ほうえい) 3.13 甲申			1.- 幕府，賭博まがいの富突講を禁止(憲教類典・実紀)。3.- 幕府，諸街道宿駅困窮につき拝借金を貸与，問屋場には改役人を置く(御触書寛保集成)。7.6 幕府，閉門・逼塞・遠慮等に関して規定を設ける(実紀)。7.- 幕府，江戸市中に女巡礼の群行，念仏講としての夜間往来を禁じる(江戸町触集成・実紀)。8.- 幕府，江戸の駕籠舁を日傭座に支配させる(江戸町触集成)。12.5 徳川綱吉，甥の甲府藩主徳川綱豊(家宣)を養嗣子とする(実紀)。12.21 幕府，柳沢吉保を甲府へ加転封(実紀)。この年 幕府，大和川付替工事(手鑑・町奉行所旧記)。
1705 1.25 ▼	2 乙酉 ④			1.7 幕府，間部詮房を西丸側衆とする(実紀)。1.28 幕府，禁裏御料を１万石増進(実紀)。2.- 幕府，大和川旧河道の開拓を企画，鴻池・菱屋らの参画により宝永５年までに1000余町歩の新田成る(実紀)。4.28 幕府，老中土屋政直を朝鮮御用掛とする(実紀)。閏4.- 幕府，金銀箔や下金類の売買を箔座で行うよう令達(大成令)。5.- 幕府，大坂の淀屋三郎右衛門(広当)を追放・闕所に処す(淀屋三郎右衛門闕所之事)。8.9 幕府，諸国の藩札を調査(実紀)。10.6 徳川頼方(吉宗)，紀州藩主に任じられる(実紀)。11.- 幕府，銀相場高騰の抑制を命じ，金１両につき銀58匁を上限とする(江戸町触集成)。

社会・文化	世界	琉球	朝鮮	清
舞伎俳優)。12.2 済深入道親王(31，東大寺別当)。 《大の月》1・3・5・7・10・12		尚貞王 33	粛宗 27	康熙 40
2.- 幕府，猿若座の『曙曾我夜討』興行を差止める(歌舞伎年表)。 3.19 新井白石，『藩翰譜』を徳川綱豊に呈上(新井白石日記)。 3.- 卍元師蛮撰『本朝高僧伝』成る。**この秋より** 松前飢饉(福山秘府)。**この年** 豊竹座創設(外題年鑑)。『明智軍記』刊。都の錦『元禄大平記』刊。城西野殿某『神道名目類聚抄』版行。 【死没】 5.1 松平忠冬(79)。6.27 浄厳(64，真言宗僧侶)。7.26 中村惕斎(74，儒学者)。7.- 阿部市郎兵衛(初代)(近江商人)。8.7 宗義真(64，対馬府中藩主)。8.26 常子内親王(61，近衛基熙室)。12.15 吉良義央(62，高家)。 《大の月》1・3・4・6・8・10・12	**この年** 北米，アン女王戦争起こる(～'13年)。	34	28	41 ⑥
2.- 幕府，時事諷刺の謡曲・小歌を禁止(実紀)。渋川春海，天文台を本所邸内から駿河台へ移す(春海先生実記)。5.7 近松門左衛門『曾根崎心中』，大坂竹本座で初演(外題年鑑)。6.- 秀松軒『松の葉』刊。11.22 南関東大地震，江戸市中被害甚大，小田原城大破(実紀)。11.29 江戸大火，湯島天神や聖堂など類焼(実紀)。**この年** 林鵞峯・林鳳岡『国史実録』成るか。安藤為章『紫家七論』成る。伊達綱村ら編纂『伊達治家記録』成る。貝原益軒編著『筑前国続風土記』成る。融観『融通円門章』成る。**元禄年間** 松前藩，根室(霧多布)に「場所」を設置(蝦夷地一件)。『堂洞軍記』成るか。 【死没】 2.4 大石良雄(45，赤穂浪士)。大高源五(32，播磨赤穂浪士)。堀部安兵衛(34，赤穂浪士)。3.7 橘三喜(69，神道家)。3.12 安井算知(87，囲碁棋士)。3.20 出雲路信直(54，垂加神道家)。4.29 藤堂高久(66，大名)。5.15 柴山伊兵衛(93，用水開削者)。10.6 松浦鎮信(82，肥前平戸藩主)。10.9 常照(33，俳人)。12.7 松下見林(67，儒医)。 《大の月》2・3・5・6・8・10	6.- ハンガリー，ラーコーツィ，ハプスブルグ支配に対し反乱。12.27 イギリスとポルトガル，メスエン条約締結。**この年** 清，『全唐詩』成る。オスマン朝トルコ，チューリップ時代始まる。ロシア，ピョートル1世，新都ペテルブルクの建設に着手。	35	29	42
1～3月 浅間山噴火(実紀)。2.12 谷重遠(秦山)，『谷秦山日記』を記す(～同年6月1日)。3.1 幕府，時事諷刺の謡曲・狂歌等を禁じる(江戸町触集成・実紀)。5.- 京都で『心中大鑑』刊。7.- 諸国水害，利根川出水による被害甚大(実紀)。11.11 湯島聖堂大成殿の上棟(実紀)。**この年** 向井去来『去来抄』成る。 【死没】 2.19 市川団十郎(初代)(45，歌舞伎俳優)。2.24 内藤丈草(43，俳人)。3.4 慧堅(56，天台宗僧侶)。4.3 松平頼常(53，讃岐高松藩主)。5.7 渋川伴五郎(53，柔術家)。8.19 荻野沢之丞(49，歌舞伎役者)。9.10 向井去来(54，俳人)。9.17 阿部正武(56，老中)。9.19 島津綱貴(55，鹿児島薩摩藩主)。 《大の月》1・3・5・6・8・9・11	8.4 イギリス艦隊，ジブラルタルを占領。**この年** 清，典礼問題発生。清，張玉書ら『佩文韻府』編纂開始。	36	30	43
4～8月 御蔭参り流行(基熙公記)。閏4.1 増上寺火災(実紀)。8.15 近松門左衛門作『傾城反魂香』，大坂竹本座で上演(外題年鑑)。**この年** 錦文流『棠大門屋敷』刊。融観，『融通念仏信解章』を著す。 【死没】 3.12 伊藤仁斎(79，儒学者)。4.3 住吉具慶(75，住吉派画家)。6.15 北村季吟(82，俳人)。6.22 桂昌院(79，徳川綱吉生母)。7.12 公慶(58，三論宗僧侶)。8.8 徳川光貞(80，紀伊和歌山藩主)。	**この年** 漂民デンベイ，ペテルブルグ日本語学校の教師となる。イギリス，ハレー，彗星の再来を予言。イギリス，ニューコメン，蒸気機関を製作。	37	31	44 ④

西暦	年号干支	天皇	将軍	政治・経済
1705 1.25 ▲	宝永 2 乙酉 ④	(東山)	(徳川綱吉)	
1706 2.13	3 丙戌			1.15 幕府，新旧金銀の引替につき令す(御触書寛保集成・実紀)。1.19 幕府，武家奉公人不足につき，知行所百姓の使用を許可(御触書寛保集成・実紀)。2.18 近衛基熙，幕府の招請で下向(基熙公記)。4.23 幕府，遠国奉行に評定所立会を命じる(実紀)。6.6 幕府，元禄銀を改鋳(宝字銀)(大成令)。7.29 幕府，柳沢吉保に甲州金の鋳造を許可(翌年発行，甲安中金)(実紀)。10.- 幕府，質屋の制を定める(御触書寛保集成・実紀)。12.19 幕府，日蓮宗三鳥派を処罰(実紀)。
1707 2.3	4 丁亥			1.11 幕府，越智清武を館林に加転封し，松平姓を与える(実紀)。2.22 幕府，雑説・落書・落文を禁じる(江戸町触集成・実紀)。2.- 幕府，諸大名留守居役間の浮説触れ歩きを禁じる(御触書寛保集成・実紀)。7.- 幕府，諸街道宿駅困窮につき，人馬賃銭を引上げる(御触書寛保集成・実紀)。 大坂で銭相場が騰貴。10.13 幕府，藩札の通用を禁じる(御触書寛保集成・実紀)。 幕府，百姓の田畑質入による借金を禁じる(憲教類典・実紀)。10.- 幕府，震災後の物価騰貴抑制を令し，買占めを禁じる(御触書寛保集成・実紀)。
1708 1.23	5 戊子 ①			1.8 備後国世羅郡等の百姓，広島城下へ強訴．藩側譲歩の姿勢を示す(広島御仕置替り被為仰一巻)。閏1.7 幕府，富士山噴火による降灰地救済のため，全国に国役金(100石につき金2両宛)を賦課(実紀)。閏1.28 京都銭座で大銭(十文銭)を鋳造(実紀)。5.- 播磨国下館藩三木町の町民，地子役銀賦課に反対して江戸に越訴(訴状)。8.29 宣教師シドッティ，屋久島に上陸(旧記雑録追録)。9.28 幕府，大銭通用令を出す(御触書寛保集成・実紀)。9.- 幕府，江戸市中の日傭の人別帳作成を命じる(御触書寛保集成・実紀)。
1709 2.10 ▼	6 己丑	6.21 中御門	1.10 5.1 徳川家宣	1.17 幕府，大銭の通用を停止(実紀)。1.20 幕府，生類憐みの令を廃止(実紀)。 水戸藩の百姓，貢租過重により江戸藩邸に直訴，藩，藩政改革家の松波勘十郎を罷免(水戸紀年)。1.- 幕府，新井白石を登用(新井白石日記)。3.2 幕府，酒運上，箔座及び箔運上を停止(徳川禁令考)。4.6 幕府，幕臣の子息727人を新規に召出(惣御番入)(実紀)。5.1 徳川家宣，将軍宣下(実紀)。6.3 幕府，柳沢吉保の隠居を許可(実紀)。6.27 幕府，江戸の鳶を日傭座の支配下に置く(江戸町触集成・実紀)。7.29 幕府，前代までの幕臣の拝借金返済を免除(万石以上は3分の2，万石以下は全額)(御触書寛保集成・実紀)。

社　会・文　化	世　界	琉球	朝鮮	清
この年 元利栄満(能面作家)。 《大の月》1・4・5・7・8・10・11		尚貞王 37	粛宗 31	康熙 44 ④
1.- 一条兼香,『兼香公記』を記す(～宝暦元年7月)。**6.-** 近松門左衛門作『碁盤太平記』,大坂竹本座で初演。**この年** 浅見絅斎『箚録』成る。馬場信武『初学天文指南』刊。『幕府書物方日記』記される(～安政4年)。五老井許六編『風俗文選』刊。 【死没】 **1.3** 榊原篁洲(51,儒学者)。**1.26** 独湛性瑩(79,万福寺住持)。**3.11** 右衛門佐局(徳川綱吉寵女)。**4.7** 栗山潜鋒(36,儒者)。**4.14** 戸田茂睡(78,歌人)。**6.21** 杉木普斎(79,茶人)。**8.17** 住友友信(60,住友家第3代)。**12.24** 高橋宗恒(67,有職故実家)。 《大の月》1・4・7・8・10・11・12	**9.-** トリーノの戦,オーストリア・サルデーニャ連合軍,フランス軍を撃破。	38	32	45
3.- 土屋又三郎『耕稼春秋』成る。**9月より享保11年の間** 祐宝撰『伝燈広録』成る。**10.4** 諸国大地震(宝永地震)(実紀)。**11.23** 富士山噴火,宝永山生じる.武蔵・相模・駿河各国の被害甚大(実紀)。**この年** 森尚謙『護法資治論』成る。松平清武『館林盛衰記』成る。独湛性瑩『扶桑寄帰往生伝』刊。 【死没】 **1.2** 渡辺秀石(69,画家)。**2.5** 津田永忠(68,備前岡山藩士)。**2.30** 榎本其角(47,俳人)。**5.6** 久田宗全(61,茶人)。**5.22** 了翁道覚(78,黄檗僧)。**8.19** 前田孝貞(80,加賀金沢藩士)。**8.21** 中御門資煕(73,公家)。**8.-** 村山平十郎(初代)(歌舞伎俳優)。**10.10** 宇都宮遯庵(75,儒学者)。**10.13** 服部嵐雪(54,俳人)。**11.17** 松平光長(93,越後高田藩主)。**11.19** 梅峯竺信(75,曹洞宗僧侶)。**この年** 山本春正(2代)(蒔絵師)。 《大の月》2・5・8・10・11・12	**2.-** インド,アウラングゼーブ帝没。**5.1** イギリス,イングランドとスコットランド合併して大ブリテン王国成立。**この年** ラオス,ランサン王国,ルアン=プラバン王国とヴィエンチャン王国とに分裂。	39	33	46
3.8 京都大火,禁裏・仙洞御所など炎上(実紀)。**5.-** 貝原益軒『大和本草』成る。**12.29** 大坂大火(実紀)。**この年** 井沢長秀『菊池伝記』成る。程順則,『指南広義』を著す。 【死没】 **1.27** 田村建顕(53,陸奥一関藩主)。**4.2** 山田宗徧(82,茶匠)。**6.25** 安藤有益(85,暦・数学者)。**8.24** 伊藤坦庵(86,漢学者)。**9.4** 溝口悠山(76,越後新発田藩主)。**10.22** 林道栄(69,唐通事)。**10.24** 小堀政方(幕臣)。関孝和(数学者)。**11.10** 立花実山(54,筑前福岡藩士)。**12.21** 安倍季尚(87,雅楽家)。**この年** 中村七三郎(初代)(47,歌舞伎俳優)。 《大の月》1・2・5・8・10・11・12	**この年** 朝鮮,訳官金指南編成『通文館志』成る。イギリス,合同東インド会社を設立。	40	34	47 ③
3.21 東大寺大仏殿落慶供養(続史愚抄)。**11.22** 新井白石,小石川の切支丹屋敷でシドッティを訊問(実紀)。**この年初頭**『渡辺幸庵対話』(渡辺茂回想・杉木義隣筆記)の聞き取り始まる。**この年** 琉球飢饉(旧記雑録追録)。新井白石,『天主教大意』を著す。『武野燭談』成稿(著者は幕臣木村高敦か)。室鳩巣『赤穂義人録』を定稿。 【死没】 **1.10** 徳川綱吉(64,江戸幕府第5代将軍)。**2.-** 西川伝右衛門(初代)(84,近江商人)。**2.7** 徳翁良高(61,曹洞宗僧侶)。**2.18** 前田利昌(26,大名)。**5.5** 三井高富(56,豪商)。**7.12** 藤井懶斎(82,朱子学者)。**9.10** 清水谷実業(62,公家,歌人)。**11.1** 坂田藤十郎(63,歌舞伎役者)。**11.19** 鍋島直朝(88,肥前鹿島藩主)。**12.17** 東山上皇(35)。	**7.8** ロシア,スウェーデンとウクライナのポルタヴァで戦う。	41	35	48

西暦	年号干支	天皇	将軍	政治・経済
1709 2.10 ▲	宝永 6 己丑	(中御門)	(徳川家宣)	
1710 1.30	7 庚寅 ⑧			2.- 幕府，江戸市中に沽券絵図の差出を命じる(江戸町触集成)。3.1 幕府，諸国に巡見使を派遣(実紀)。4.15 幕府，新井白石起草の武家諸法度を公布(実紀)。 幕府，金銀を改鋳(乾字金・永字銀・三宝銀)(大成令・実紀)。 幕府，二朱金を廃する(大成令・実紀)。4.25 幕府，勘定奉行荻原重秀の将軍への謁見を停止(実紀)。4.- 村上藩85ヵ村の百姓，大庄屋の非違に反対，天領移管を願って幕府へ越訴(折たく柴の記)。6.- 幕府，再び諸大名留守居役間の浮説触れ歩きを禁止(御触書寛保集成・実紀)。8.11 東山天皇の第 6 皇子をもって閑院宮家創設(続史愚抄)。8.- 幕府，江戸市中に人宿組合の結成を命じる(江戸町触集成・実紀)。11.18 琉球使節(慶賀使)，徳川家宣に謁見(実紀)。
1711 2.17	正徳(しょうとく) 4.25 辛卯			2.7 幕府，朝鮮通信使の待遇簡素化を決定(実紀)。4.20 新井白石，将軍の称号を「日本国王」と改めるよう建議(新井白石日記)。5.- 幕府，関所・浦・諸国・渡船場各高札の書替えを命じる(御触書寛保集成・実紀)。7.7 幕府，禁裏・仙洞御料地の境標に「禁裏」「仙洞」などの文字の記入を禁じる(実紀)。10.11 幕府，新井白石に川崎での朝鮮通信使との面談を命じ，従五位下筑後守に叙す(実紀)。11.1 朝鮮通信使，徳川家宣に謁見(実紀)。11.7 安房北条藩の百姓，役人の非違を訴え江戸に出訴(房州万石騒動日録)，幕府，翌年屋代忠位を改易(万石騒動)(廃絶録)。
1712 2.7	2 壬辰		10.14	1～2月 江戸市中に大火頻発(実紀)。2.2 幕府，江戸に大名火消を設置(実紀)。2.25 新井白石，参府中のオランダ商館長に西洋事情を尋ねる(実紀)。2.- 幕府，大判の一般通用を制限(大成令・実紀)。3.7 幕府，道中人馬通行の規則を公布(憲教類典・実紀)。3.23 幕府，大坂銅座を廃し，この年，銅吹屋仲間に長崎廻銅を命じる(垂裕明鑑抄)。4.23 幕府，諸大名の参勤交代の従者数を制限(御触書寛保集成・実紀)。6.- 幕府，大名預所の廃止を通達(家世実紀)。7.1 幕府，勘定吟味役を再置(実紀)。8.- 幕府，御料巡見使を派遣(実紀)。 幕府，城米廻送の規則を改める(御触書寛保集成・実紀)。9.5 幕府，評定所・三奉行所制を定める(実紀)。9.11 幕府，勘定奉行荻原重秀を罷免(実紀)。9.23 幕府，新銀(四宝銀)鋳造を停止し，古銀・元禄銀・宝永銀の混用を許可(御触書寛保集成・実紀)。10.3 幕府，佐渡奉行を2人制とする(実紀)。10.7 大聖寺藩の百姓，凶作のため年貢減免を要求して一揆(那谷寺一揆)(政隣記・大正持領百姓一揆之事)。**この年** 幕府，白糸の輸入量減少につき，京都織屋へ和糸の併用を命じる(御触書寛保集成)。
1713 1.26 ▼	3 癸巳 ⑤		4.2 徳川家継	2.9 幕府，新銭鋳造と大銭改鋳を停止(御触書寛保集成・実紀)。3.2 幕府，金改鋳(実紀)。3.18 幕府，旗本の奢侈を戒める(御触書寛保集成・実紀)。3.24 幕府，長崎奉行を減員，3人制とする(実紀)。3.- 幕府，人宿組合を廃止(江戸町触集成)。4.2 徳川家継，将軍宣下(実紀)。4.23 幕府，代官に幕領支配の規定を示す(小検見の廃止，幕領大庄屋制度の廃止)(実紀)。5.13 幕府，米価騰貴抑制のため，蔵米の蔵出日限の厳守を命じる(御触及口達)。5.19 幕府，白糸輸入量減少のため，諸国の養蚕・製糸を奨励(実紀)。 幕府，婦女の衣服

社会・文化	世界	琉球	朝鮮	清
《大の月》2・3・6・9・11・12		尚貞王 41	粛宗 35	康熙 48
2.25 幕府，深見玄岱を儒者として任用(石村喜英『深見玄岱の研究』)。6.- 幕府，紅葉山文庫を改造(御代々文事表)。8.21 徳川綱条，光圀編纂の『礼儀類典』を幕府に献上(実紀)。10.26 幕府，東大寺・興福寺の争論を裁決(実紀)。**この年** 関孝和・建部賢明・建部賢弘『大成算経』成る。 浪華子(鳳潭)『南瞻部洲万国掌菓之図』刊。**この年以降** 山本常朝，『葉隠』を編集。**宝永年間** 山田四郎右衛門編著『三壺聞書』成る。 【死没】 1.26 東園基量(58，公家)。2.11 山本広足(69，神道学者)。2.12 卍元師蛮(85，臨済宗僧侶)。3.21 中院通茂(80，歌人)。5.22 河合曾良(62，俳人)。7.11 松雲元慶(63，仏師)。10.18 津軽信政(65，陸奥弘前藩主)。12.24 磯村吉徳(数学者)。**この頃** 岩井半四郎(2代)(歌舞伎俳優)。 《大の月》2・3・5・7・9・11	**この年** ロシア，シベリア事務局を廃す。 オスマン朝トルコ，ロシアと対戦してアゾフを奪回。 清，張英ら『淵鑑類函』成る。	尚益王	36	49 ⑦
3.5 近松門左衛門作『冥途の飛脚』，大坂竹本座で初演(外題年鑑)。3.25 幕府，三宅観瀾・室鳩巣を儒者として任用(実紀)。7.- 東海地方大風雨により被害甚大(実紀)。12.11 江戸大火(実紀)。**この年** 江島其磧『傾城禁短気』刊。 識名盛命ら，『混効験集』を編集。 大島武好編『山城名勝志』刊。 【死没】 1.8 北条団水(49，浮世草子作者，俳諧師)。1.21 宇治加賀掾(77，浄瑠璃太夫)。2.9 広瀬惟然(蕉門俳人)。3.29 楢林鎮山(64，阿蘭陀通詞)。5.8 林九兵衛(浮世草子作者)。5.19 本多正永(67，老中)。6.4 伊達綱宗(72，陸奥仙台藩主)。6.20 松平忠周(67，堺奉行)。6.29 野宮定基(43，有職家)。7.23 久保太郎右衛門(36，水利功績者)。9.18 元総尼(66，黄檗宗尼僧)。10.11 お万の方(88，徳川家光側室)。10.26 岡西惟中(73，浪人学者，俳人)。11.10 忍澂(67，浄土宗学僧)。11.19 松波勘十郎(財政家)。11.20 本多忠次(33，譜代大名)。12.1 浅見絅斎(60，朱子学者)。 《大の月》1・2・3・5・7・10・12	3.- イギリス，日刊紙『スペクテーター』創刊。8.- カザーク隊，カムチャツカより第1次クリール遠征。 **この年** イギリス，南海会社を設立。 清，張玉書ら『佩文韻府』成る。	2	37	50
この年 伊藤仁斎『論語古義』刊。 江島其磧『商人軍配団』刊。 関孝和『括要算法』刊。 義誉観徹述・良信録『浄宗護国篇』刊。 西川如見『天文義論』刊。 新井白石『白石詩草』刊。**この年以降か** 珂然『新聞顕験往生伝』刊。 【死没】 2.13 武田定清(60，陸奥弘前藩士)。2.29 伊奈忠順(関東郡代)。湛澄(62，浄土宗学僧)。6.5 牧野成貞(79，側用人)。10.14 徳川家宣(51，江戸幕府第6代将軍)。11.1 英岳(74，真言宗僧侶)。11.20 神戸分左衛門(材木商)。**この年** 竹島幸左衛門(初代)(歌舞伎俳優)。 宮崎寒雉(釜師)。 《大の月》2・3・5・7・8・10	**この年** 清と朝鮮，長白山(白頭山)定界碑を建設。	3	38	51
1.- 貝原益軒『養生訓』成る。 北条団水作『日本新永代蔵』刊。3.- 新井白石『采覧異言』成る。5.5 幕府，神田・山王・根津の祭礼を3年1度に改める(実紀)。7.14 長崎町人ら，米買占めに反対して米屋を打毀し(長崎実録大成)。**この年** 寺島良安『和漢三才図会』成る。 旧記座『琉球国由来記』成る。 江村専斎口述・伊藤坦庵編集『老人雑話』刊。	3.27 イギリスとスペイン，ユトレヒト条約締結，スペイン継承戦争終結。4.19 オーストリア，カール6世『国事詔書』を制定。**この年** 清，盛世滋世人丁制を施行。	尚敬王	39	52 ⑤

西暦	年号 干支	天皇	将軍	政治・経済
1713 1.26 ▲	正徳 3 癸巳 ⑤	(中御門)	(徳川家継)	華美を禁じる(御触書寛保集成・実紀)。**閏5.15** 江戸近郊の町地を町奉行支配に改める(御触書寛保集成・実紀)。**6.9** 幕府，貿易支払いの銅不足のため，諸国産銅の大坂銅吹屋方への廻送を命じる(御触書寛保集成・実紀)。**10.23** 幕府，銀改鋳(実紀)。**この年** 幕府，大名預所を全廃(～享保 5 年)(服藤弘司『大名預所の研究』)。
1714 2.15	4 甲午			**2.-** 幕府，抜荷を厳禁(憲教類典・実紀)，5月には長崎奉行と沿海の諸大名に対して取締りを命じる(実紀)。**5.13** 荻原重秀と結託した銀座年寄らを処罰(実紀)。**5.15** 幕府，金銀改鋳して慶長金銀の品位に戻す(正徳金銀)，金銀通用の法を定める(御触書寛保集成・実紀)。**8.26** 江戸惣町の町人，諸色高値のため町奉行所に出訴(正徳年間に同様の出訴多発)(江戸町触集成)。**9.7** 幕府，浅草に鋳銭場を設置(実紀)。**10.28** 幕府，京都所司代水野忠之に，禁裏・院中・公家に関する条規を示す(教令類纂)。**12.2** 琉球使節(恩謝使)，徳川家継に謁見(実紀)。**12.22** 幕府，新銭を呉服商会所で発売(実紀)。
1715 2.4	5 乙未			**1.11** 幕府，長崎関係の諸法規を改訂．また貿易額を中国船30隻・銀6000貫，オランダ船 2 隻・銀3000貫に制限し，中国船に信牌を与え，長崎市中への貿易利銀配分制を確立(正徳長崎新例，海舶互市新令)(徳川禁令考・実紀)。**1.30** 幕府，江戸の三笠付を禁止(江戸町触集成・実紀)。**4.25** 幕府，新金銀通用捉進のため，江戸の諸問屋仲間と両替商に組合結成を命じる(江戸町触集成・実紀)。**4.-** 幕府，江戸の辻番制を定める(御触書寛保集成・実紀)。**10.21** 幕府，酒造量を元禄10年の 3 分の 1 に制限(御触書寛保集成・実紀)。**12.12** 幕府，江戸の武家地に地借・店借を置くことを厳禁(江戸町触集成・実紀)。**12.16** 幕府，元禄金の通用期限(2 年後末まで)を示し，また元禄金・乾字金の上方搬送を禁止(御触書寛保集成・実紀)。
1716 1.25	享保(きょうほう) 6.22 丙申 ②		4.30 8.13 徳川吉宗	**閏2.27** 幕府，分家からの宗家相続について規定(御触書寛保集成・実紀)。**4.7** 幕府，評定所訴訟審理の促進を命じる(実紀)。**4.15** 幕府，諸街道の呼称を定める(実紀)。**5.16** 徳川吉宗，間部詮房・本多忠良・新井白石らを解任(重修譜・実紀)。**8.13** 吉宗，将軍宣下(実紀)。**8.22** 幕府，鷹匠頭を再置(実紀)。**8.23** 幕府，広敷伊賀者(後の御庭番)を任じる(実紀)。**9.11** 幕府，再び鳥見役を置き，鷹場を復活(実紀)。**10.5** 幕府，林奉行に諸国御林の巡察を命じる(実紀)。**10.24** 幕府，浅草鋳銭座を廃止(実紀)。**11.28** 幕府，大奥法度を定める(実紀)。
1717 2.11 ▼	2 丁酉			**2.3** 幕府，大岡忠相を江戸町奉行に任じる(実紀)。**2.9** 幕府，神田護持院の焼跡を火除地に定める(実紀)。**3.11** 幕府，武家諸法度を天和令に復し，その翌日，諸士法度を布令(実紀)。**5.2** 幕府，江戸十里四方の鉄砲取締りを厳重にする(御触書寛保集成・実紀)。**5.-** 徳川吉宗，鷹狩を復活し，旧例の如く御三家に放鷹地を下賜(実紀)。 幕府，無判の枡使用を禁じ，樽屋藤左衛門に吟味を命じる(御触書寛保集成・実紀)。**6.28** 幕府，通信使の待遇を天和の例に復する(実紀)。**9.27** 幕府，水野忠之を老中に任じる(実紀)。**12.28** 幕府，小普請奉行を設置(実紀)。**この年** 幕府，長崎の中国貿易額を増額(通航一覧)。

社　会・文　化	世　界	琉球	朝鮮	清
【死没】 1.27 狩野常信(78，画家)。3.17 大山為起(63，神道家)。3.24 和佐大八郎(53，弓術家)。5.2 大高坂芝山(67，儒学者)。5.28 水野忠直(62，大名，信濃松本藩主)。閏5.11 伊庭是水軒(65，剣客)。9.26 荻原重秀(56，幕府勘定奉行)。10.25 中村伝九郎(初代)(52，歌舞伎役者)。 《大の月》1・3・5・6・7・9・10・12	ラオス，ビエンチャン王国からチャンパサック王国分離。ロシア，首都をペテルブルクへ移す。	尚敬王	粛宗 39	康熙 52 ⑤
1.10 柳沢吉保『憲廟実録』成る。2.8 山村座，絵島事件により廃絶(歌舞伎年表)。3.5 幕府，大奥老女絵島らを罰する(絵島生島事件)(実紀)。3.16 幕府，寺社境内での猿楽・説経・雑劇などの興行を禁じる(御触書寛保集成・実紀)。7.28 幕府，醍醐寺3院家の訴えを退け，門跡三宝院の寺支配を認める(実紀)。9.22 根津権現の祭礼，家継上覧(実紀)。この年 貝原益軒『慎思録』刊。西川如見『両儀集説』成るか。 日夏繁高『本朝武芸小伝』成る。 【死没】 この春 野沢凡兆(俳人)。5.2 怡渓宗悦(71，茶湯人)。5.23 間宮信明(54，幕臣)。6.13 奈良屋茂左衛門(材木商)。8.21 度会延経(58，神道学者)。8.27 貝原益軒(85，本草家)。9.10 竹本義太夫(初代)(64，浄瑠璃太夫)。11.2 柳沢吉保(57，側用人)。 《大の月》3・5・7・8・10・11	3.7 フランスとオーストリア，ラシュタット条約締結。 8.1 イギリス，アン女王没しステュアート朝断絶。 8.- イギリス，ハノーヴァー朝成立。	2	40	53
11.- 近松門左衛門作『国性爺合戦』，大坂竹本座で初演(外題年鑑)。この年 新井白石『西洋紀聞』成る。 増穂残口『艶道通鑑』刊。良空，『親鸞聖人正統伝』を著す。 江島其磧『世間子息気質』刊。 【死没】 4.12 本多忠晴(75，遠江相良藩主)。6.11 鳥山芝軒(61，漢詩人)。厭求(82，浄土宗学僧)。7.6 稲生若水(61，本草学者)。8.19 卍山道白(80，曹洞宗僧侶)。8.26 森川許六(60，俳人)。10.6 渋川春海(77，天文暦学者)。11.1(2日とも) 片岡仁左衛門(初代)(60，歌舞伎俳優)。 《大の月》1・4・7・8・10・11・12	9.1 フランス，ルイ14世没. ついでオルレアン公，摂政に任ぜられる(～'23年)。	3	41	54
1.11 江戸大火(実紀)。1.- 小宮山昌世，『享保通鑑』を記す(～享保17年12月)。3.- 新井白石『古史通』成る。7.- 摂津国曾根崎大火(実紀)。10.4 新井白石，『折たく柴の記』を起筆(同書)。この年 室谷鉄腸編『浜方記録』成る(～天保4年)。 栗山潜鋒『保建大記』刊。 林信篤，『近代雑記』を幕府へ献上(～享保2年)。 【死没】 1.16 湛海(88，真言律僧)。2.29 山田光徳(78，剣術家)。閏2.12 融観(68，融通念仏僧侶)。4.30 徳川家継(8，江戸幕府第7代将軍)。6.2 尾形光琳(59，画家)。8.15 山口素堂(75，俳人)。9.8 木下俊長(69，豊後日出藩主)。10.3 小西来山(63，俳人)。10.12 安藤為章(58，国学者)。10.13 月坡道印(80，曹洞宗僧侶)。 《大の月》2・4・7・9・10・11	4.26 イギリス，7年議会法制定。この年 清，『康熙字典』成る。 オスマン朝トルコ，オーストリアと対戦(～'18年)。	4	42	55 ③
1.4 奈良興福寺の諸伽藍焼失(実紀)。1.22 江戸大火(実紀)。3.14 幕府，護国寺を護持院，観音堂を護国寺と改称し，また護持院の新義真言宗僧録を停止(実紀)。7.- 荻生徂徠『弁名』成る。 幕府，昌平坂学問所での陪臣・庶民の聴講を許可(実紀)。12.29～翌年1.1 高松大火(実紀)。この年 伊藤仁斎『古学先生詩文集』刊。この頃 藤原惺窩『惺窩先生文集』刊。 今井似閑編『万葉緯』成る。 【死没】 4.11 大岡清相(39，長崎奉行)。4.20 井伊直興(62，大老)。	10.- 清，ジュンガル兵，ラサを攻略しチベット大乱(～'20年8月)。この年 清，広東で地丁銀制を実施。 スペイン，ヌエバ・グラナダ副王領設置。	5	43	56

西暦	年号 干支	天皇	将軍	政治・経済
1717 2.11 ▲	享保 2 丁酉	(中御門)	(徳川吉宗)	
1718 1.31	3 戊戌 ⑩			2.15 小倉・萩・福岡三藩，異国船を撃退(毛利十一代史)。3.22 広島藩の百姓，頭庄屋宅などを襲い，城下に押し寄せる(山県一揆録・御領分百姓騒動記)。6.29 幕府，中国船との密貿易を厳禁(御触書寛保集成・実紀)。7.21 幕府，日蓮宗三鳥派の僧侶・信者らを処罰(実紀)。7.- 幕府，伏見・大坂・堺町奉行に淀川とその支流支配を分掌させる(町奉行所旧記)。閏10.21 幕府，新古金銀の引替規則を定める(御触書寛保集成・実紀)。閏10.25 幕府，江戸市中の両替屋人数を町方600人，寺社方35人と定める(江戸町触集成)。11.13 琉球使節(慶賀使)，徳川吉宗に謁見(実紀)。12.15 幕府，儒者の評定所勤役を設ける(実紀)。
1719 2.19	4 己亥			1.15 幕府，松前矩広を万石以上に列し，蝦夷地渡海・通商に関する条規を定める(実紀)。3.- 島津吉貴，清の国情を幕府に報告(通航一覧)。4.14 幕府，江戸町奉行を減員し２名とする(実紀)。5.27 幕府，幕臣に諸制度の不備などにつき建言を求める(実紀)。6.13 幕府，西国大名に密貿易取締りの強化を命じる(御触書寛保集成・実紀)。6.20 幕府，江戸城内諸局での町人使用を禁じる(実紀)。6.25 幕府，小普請組支配を置く(実紀)。8.- 幕府，不作時に限り小検見を認める(徳川禁令考)。10.1 朝鮮通信使，徳川吉宗に謁見(実紀)。11.15 幕府，金銀貸借・買掛などの訴訟は不受理と定める(相対済し令)(御触書寛保集成)。**この年** 幕府，長崎の中国貿易額を減額(通航一覧)。
1720 2.8	5 庚子			1.26 幕府，三奉行に刑罰基準の制定を命じる(公事方御定書の淵源)(享保撰要類集)。3.20 幕府，元禄銀・宝永銀・中銀・三宝銀・四宝銀の通用期限を定める(御触書寛保集成・実紀)。4.20 幕府，江戸市中の町屋の蔵造・塗屋・瓦屋根を奨励(江戸町触集成・実紀)。5.22 幕府，20万石以下の大名の大規模河川国役普請制につき定める(実紀)。6.13 幕府，大名預地を復活(実紀)。6.17 小倉藩，中国密貿易商人を捕縛(通航一覧)。11.26 陸奥国会津郡南山の幕領百姓，代官支配による国窮により強訴(南山御蔵入騒動)(奥州南山御蔵入物語)。12.25 幕府，下田の廻船改番所を浦賀に移転(実紀)。12.- 幕府，オランダ船の貿易額を減額(通航一覧)。
1721 1.28 ▼	6 辛丑 ⑦			2.28 徳川吉宗，オランダ商館長を接見(実紀)。4.1 幕府，農工商民の死刑に子の連座制を廃止(実紀)。6.21 幕府，諸国の戸口・田畝の調査を命じる(御触書寛保集成・実紀)。7.- 幕府，再び分地制限令を発令(御触書寛保集成)。閏7.25 幕府，大坂蔵米の延売・買占を禁止(御触及口達)，８月には堂島米商人数名を逮捕(翌年４月にも数名逮捕)。閏7.29 幕府，大名預地の仕置につき定める(定免法の実施等)(御触書寛保集成・実紀)。閏7.- 幕府，勘定所を公事方・勝手方の２部門に分ける(徳川禁令考)。8.2 幕府，評定所門前に目安箱を設置(実紀)。8.- 幕府，江戸市中の諸商人・職人に組合結成を命じる(江戸町触集成)。9.26 吉宗，譜代大名に対して訓示(実紀)。9.- 幕府，三都の金銀引替所を廃し，金座・銀座のみの

社会・文化	世界	琉球	朝鮮	清
4.28 岩田涼菟(59，俳人)。5.10 松平信庸(52，老中)。6.17 土御門泰福(63，陰陽家)。6.26 清水貞徳(73，測量家)。11.6 真野時綱(70，神道家)。11.13 義山(70，浄土宗学僧)。11.21 井戸良弘(83，勘定奉行)。11.30 湯山弥五右衛門(68，相模国名主)。**この年** 大西閑斎(73，茶の湯者)。 菅沼曲翠(58，俳人)。 淀屋辰五郎(商人)。 《大の月》1・2・5・8・10・11		尚敬王 5	粛宗 43	康熙 56
この春 徳川光圀『常山文集』成る。6.- 幕府，山王・神田の祭礼挙行を隔年に復する(御触書寛保集成・実紀)。 幕府，類焼寺院再建の普請を軽減するよう命じる(御触書寛保集成・実紀)。**この年** 御蔭参り流行。 上島鬼貫『独こと』刊。 【死没】 4.8 並河天民(40，思想家)。5.12 立花北枝(俳人)。6.30 谷秦山(56，神道家)。7.15 祐天(82，浄土宗僧侶)。8.13 知空(85，浄土真宗学匠)。8.21 三宅観瀾(45，儒学者)。10.28 水野忠周(46，信濃松本藩主)。**この年** 荒木村英(79，数学者)。 市村宇左衛門(4代)(歌舞伎俳優)。 原玄琢(88，医師)。 《大の月》1・2・4・6・9・⑩・12	7.21 オスマン朝トルコとオーストリア，パサロヴィッツ条約で講和。**この年** スウェーデン，絶対君主制が崩壊，「自由の時代」始まる。	6	44	57 ⑧
5.- 由比勝生『懐恵夜話』成る。9.11 前田綱紀，稲生若水『庶物類纂』を幕府に献上(実紀)。**この年** 萩藩，藩校明倫館を創設(日本教育史資料)。 本阿弥光忠，『享保名物帳』を幕府に差し出す。幕府，西川如見を天文御用として江戸に召喚(長崎先民伝・実紀)。 西川如見『町人嚢』刊。 新井白石『南島志』成る。 【死没】 1.2 無能(37，浄土宗僧侶)。1.- 土屋又三郎(勧農家)。4.13 安藤東野(37，儒学者)。6.20 伊達綱村(61，陸奥仙台藩主)。8.6 隆慶(71，新義真言宗僧侶)。8.15 佐藤直方(70，儒学者)。9.17 亮貞(72，新義真言宗僧侶)。10.10 山本常朝(61，肥前佐賀藩士)。10.21 田中由真(69，数学者)。12.26 住友友芳(50，住友家4代)。**この年** 井上因碩(4代)(碁師)。 《大の月》1・2・4・6・9・11	2.- 清，『皇輿全覧図』成る。4.11 朝鮮，申維翰，『海游録』を記す(～翌年1月24日)。**この年** イギリス，デフォー『ロビンソン=クルーソー』刊。	7	45	58
3.27 江戸大火(実紀)。**この春** 良訓編『法隆寺記補忘集』成る(～元文元年6月)。5.- 寺田正晴『諸職往来』刊。8.- 幕府，江戸町火消いろは47組設置(江戸町触集成)。 伊藤仁斎『孟子古義』刊。10.29 徳川宗堯，幕府に『大日本史』250巻を献上(実紀)。12.6 近松門左衛門作『心中天の網島』，大坂竹本座で初演(外題年鑑)。**この年** 幕府，キリスト教以外の洋書の輸入の禁を緩和(御代々文事表)。 新井白石『蝦夷志』成る。 片島深淵『武田三代軍記』刊。 西川如見『日本水土考』刊。 【死没】 7.16 間部詮房(55，54とも，側用人)。11.13 酒井忠挙(73，上野厩橋藩主)。 《大の月》1・2・4・5・7・10・12	4.- インド，バージー=ラーオ，マラータの宰相(ペシュワー)に任じられる。8.- 清，チベットを占領。10.- イギリス，南海泡沫事件起こる。11.- 清，広州の行商16家，公行を結成。	8	46	59
2.- 田中丘隅『民間省要』成る。3.3・4 江戸大火(実紀)。4.29 幕府，諸社祭礼の華美を禁じる(御触書寛保集成・実紀)。7.12 幕府，書籍・絵草紙出版の制を定める(御触書寛保集成・実紀)。7.15 近松門左衛門作『女殺油地獄』，大坂竹本座で初演(外題年鑑)。7.24 幕府，天文方渋川敬尹らに暦の作成を命じる(実紀)。8.17 幕府，小石川薬園を設置(実紀)。9.15 徳川吉宗，荻生徂徠に『六諭衍義』の和訳を命じる(実紀)。**この年** 西川如見『百姓嚢』成る。 山崎闇斎『垂加草』刊。	4.3 イギリス，ウォルポール，大蔵総裁に任じられる。4.- 台湾，朱一貴の乱起こる。5.- ロシア，エヴレイノフ，クリールを探検。**この年** 北方戦争終結，スウェーデンの「バルト帝国」解体。	9	景宗	60 ⑥

西暦	年号 干支	天皇	将軍	政治・経済
1721 1.28 ▲	享保 6 辛丑 ⑦	(中御門)	(徳川吉宗)	引替とする(御触書寛保集成・実紀)。 牢人山下幸内，上書する(兼山麗沢秘策・実紀)。10.- 幕府，京都の家持不在の町屋敷に家守をおくよう命じる。12.6 幕府，大坂銅吹屋の御用請負を廃止し，諸国山元より長崎へ廻銅させる(垂裕明鑑抄)。
1722 2.16	7 壬寅			2.22 幕府，諸大名に追放刑の制限を命じる(御触書寛保集成・実紀)。4.6 幕府，質流地禁止令を出す(御触書寛保集成・実紀)。4.- 幕府，江戸市中の町名主を番組に編成(江戸町触集成)。5.15 幕府，水野忠之を勝手掛老中に任じる(重修譜・実紀)。6.- 幕府，町奉行大岡忠相に関東地方御用掛を命じる。7.3 幕府，上米の制を定め，参勤交代を緩和(実紀)。7.26 幕府，新田開発を奨励(日本橋高札)(御触書寛保集成・実紀)。7.- 幕府，江戸伊勢町に和薬改会所を設置(江戸町触集成・実紀)。9.24 幕府，摂津・河内・和泉・播磨 4 国の公事訴訟と寺社支配を大坂町奉行の所管とする(町奉行所旧記)。9.28 幕府，私領地先の山野・海浜等の開発を自ら行うと布令(御触書寛保集成・実紀)。10.24 越後国頸城郡の百姓，質地騒動を起こす(～ 9 年)(越後国質地騒動記)。11.- 幕府，江戸市中の役負担を再編し，町人足役を代銀納とする(公役銀)(江戸町触集成)。
1723 2.5	8 癸卯			2.7 出羽国村山郡の百姓，質地取戻しを要求して騒動(長瀞質地騒動)(長瀞一揆記)。2.13 幕府，江戸市中の辻番を20名の請負制とする(御触書寛保集成・実紀)。2.- 幕府，相対死(心中)の刑罰を定め，またこれを絵双紙や芝居にすることを禁じる(御触書寛保集成・実紀)。3.3 長崎奉行，中国船の私商を糾明(長崎実録大成)。3.30 幕府，諸国の人口調査を以後 6 ヵ年毎(子・午年)の実施と定める(実紀)。4.21 幕府，松平乗邑を老中に任じる(重修譜・実紀)。4.- 幕府，江戸の質屋・古着屋・古鉄商に組合を作らせる(江戸町触集成・実紀)。6.18 幕府，足高の制を定める(実紀)。7.6 幕府，長瀞騒動の首謀者を江戸で処刑(実紀)。8.15 幕府，火の見櫓の制を定める(実紀)。8.26 幕府，質流地禁止令を撤廃(御触書寛保集成・実紀)。8.- 幕府，京都の軒役を改編。11.15 幕府，浪人菅野直養の生徒指導を賞し，学校用地を与える(実紀)。11.- 幕府，新田開発奨励策として代官見立新田の年貢の 1 割を管掌した代官に支給(徳川禁令考)。
1724 1.26	9 甲辰 ④			1.- 幕府，大坂から江戸への積み荷11種(米・味噌等)の廻送高の書上げを命じる(町触頭書)。2.15 幕府，米価下落につき，諸色元値の引下げを命じる(御触書寛保集成・実紀)。3.11 幕府，柳沢吉里を大和国郡山へ転封(実紀)。3.21 大坂大火，市街の大半408町焼ける(比田氏諸留)。閏4.23 幕府，水論・境界論の出訴規定を定める(御触書寛保集成・実紀)。5.19 幕府，細井広沢を召し出し百人組の与力とする(実紀)。5.- 幕府，江戸の米・水油等22品目の問屋に組合結成を命じる(撰要永久録)。6.23 幕府，諸大名・幕臣に倹約令を出す(御触書寛保集成・実紀)。7.4 幕府，甲府勤番を創置(実紀)。7.- 幕府，浅草蔵前の札差を109人とする(江戸町触集成)。10.29 幕府，鹿沼藩主内田正偏の発狂により蟄居を命じ，嗣子正親を小見川へ減転封(重修譜)。
1725 2.13 ▼	10 乙巳			3.24 幕府，大判金の鋳造を命じる(実紀)。7.1 幕府，代官に武蔵国多摩・高麗両郡の開墾を命じる(実紀)。7.5 幕府，幕臣の評定所目安箱への投書を禁止(実紀)。7.28 松本藩主水野忠恒，江戸城殿中で毛利師就を刃傷，改易(実紀)。7.- 幕府，江戸入津の廻船荷物12品目の数量を調査(重宝録)。9.27 幕府，大坂の金銭売買の立会所を公認(両替商旧記)。10.6 幕府，享保大判を新鋳し，元禄大判の通用期限を示す(御触書寛保集成・実紀)。10.- 幕府，諸国代官所の諸経費を定め，口米を蔵納めに変更(御触書寛保集成・実紀)。11.- 幕府，定助郷と大助郷の区別を廃する(品川区史)。 幕府，米価の低落防止のため，江戸町人らの買米を認め，また大坂に米会所を設置することを許可(江戸町触集成)。

社　　会・文　　化	世　　界	琉球	朝鮮	清
【死没】 3.13 森尚謙(69，儒者)。6.27 県宗知(66，茶人)。10.6 道鏡慧端(80，僧侶)。12.27 後藤通乗(59，金工家)。 《大の月》2・4・5・7・8・10・12		尚敬王 9	景宗	康熙 60 ⑥
1.14 幕府，『新国史』『類聚国史』など逸書の捜索を命じる(実紀)。4.22 近松門左衛門作『心中宵庚申』，大坂竹本座で初演(外題年鑑)。4.- 幕府，熊野三山の勧化を許可(御触書寛保集成)。5.- 幕府，霊元法皇より『本朝世紀』を賜る(御代々文事表)。6.22 幕府，江戸の手習師匠に『六諭衍義』を与え，指南を命じる(撰要永久録)。9.15 幕府，諸寺院へ法事などの軽減を命じる(御触書寛保集成・実紀)。11.- 三井家法『宗竺遺書』成る。12.4 幕府，小石川薬園内に養生所を設置(実紀)。12.7 幕府，心中物の読売を禁じる(御触書寛保集成・実紀)。12.16 幕府，徳川家関係の書籍物の板行を禁じ，新版書籍には作者・板元の明記を義務づける(御触書寛保集成・実紀)。**この年** 建部賢弘『綴術算経』成る。**この年あるいは翌年頃**『扶桑五山記』成るか。 【死没】 5.17 井上正岑(70，老中)。8.8 深見玄岱(74，儒者)。9.4 近衛基熙(75，公家)。9.24 池西言水(73，俳人)。11.16 土屋政直(82，老中)。**この年** 田辺五兵衛(初代)(77，貿易業者，合薬業者)。 《大の月》2・4・6・7・9・11	**この年** イラン，アフガン族がイスファハーンを攻略，やがてサファヴィー朝解体。	10	2	61 世宗
2.7 幕府，葵紋濫用者を処罰(実紀)。6.- 今大路道三，徳川吉宗の命で紅葉山文庫の医書を校訂(実紀)。12.23 幕府，大坂本屋仲間を公認し，新版物の原稿を検閲させる(御触及口達)。**この年** 室鳩巣『献可録』成るか。 藤定房『対州編年略』成る。 砂川野水『農術鑑正記』成る。 【死没】 1.29 鴨祐之(65，神道家)。4.17 三上千那(73，俳人)。10.4 今井似閑(67，国学者)。 《大の月》1・3・6・7・9・10・12	4.- ハンガリー国会，「国事詔書」を承認。9.- サファヴィー朝，ロシアに領土を割譲。12.- 清，キリスト教を禁じ，宣教師をマカオに追放。**この年** 清，王鴻緒ら『明史稿』奉勅撰。 清，梅瑴成・何国宗ら『暦象考成』刊。	11	3	雍正 1.1
1.- 山科道安，『槐記』を記す(～享保20年1月)。6.- 大岡忠相編纂『法律類寄』成る。9.- 幕府，三尺以上の仏像製作を許可制とする(御触書寛保集成・実紀)。12.- 伊藤東涯『制度通』成る。 【死没】 1.10 青木永弘(69，神道家)。1.13 英一蝶(73，画家)。3.11 正親町町子(和歌文学者)。閏4.27 土井利意(61，三河西尾藩主)。5.9 前田綱紀(82，加賀金沢藩主)。5.15 山中平九郎(初代)(83，歌舞伎俳優)。6.7 隆光(76，真言宗僧侶)。8.10 西川如見(77，天文家)。11.22 近松門左衛門(72，浄瑠璃・歌舞伎作者)。12.16 蔡鐸(81，琉球儒学者)。 《大の月》1・4・6・8・9・10・12	**この年** オスマン朝トルコ，イランの内乱に乗じてペルシアに出兵。	12	4	2 ④
7.8 幕府，『楽書』の校閲を荻生徂徠に命じる(実紀)。12.11 幕府，室鳩巣を西丸奥儒者に任じる(実紀)。**この年** 万尾時春『勧農固本録』刊。 中根元圭『皇和通暦』成る。 松浦儀右衛門允任(号霞沼)『朝鮮通交大紀』成るか。 永田政純『萩藩閥閲録』成る。 玉木正英『玉籤集』成るか(～享保12年)。**この頃** 奥宮藤九郎正明編『土佐国蠹簡集』成るか。**この年より享保12年の間か** 荻生徂徠，『政談』を著す。 【死没】 5.19 新井白石(69，政治家)。7.20 十寸見河東(42，河東節創始	12.- 清，年羹堯を自殺させ，汪景祺を処刑(文字の獄)。**この年** 清，『古今図書集成』を刊行。 ロシア，ベーリング，第1次カムチャツカ探検(～'30年)。	13	英祖	3

西暦	年号干支	天皇	将軍	政治・経済
1725 2.13 ▲	享保 10 乙巳	(中御門)	(徳川吉宗)	
1726 2.2	11 丙午			3.27 徳川吉宗，下総国小金原で大規模な鹿狩を挙行(実紀)。4.- 幕府，江戸の米・水油・木綿等15品目の問屋に帳面の提出を命じる(御触書寛保集成・実紀)。8.- 幕府，新田検地条目31ヵ条を定める(徳川禁令考)。9.11 幕府，松江藩・鹿児島藩等15藩に中国密貿易船の打払いを命じる(御触書寛保集成・実紀)。9.28 幕府，朱座の辰砂売買を停止し，薬種屋の取扱いとする(御触書寛保集成・実紀)。11.11 幕府，津山藩主松平浅五郎没，無嗣により収公(実紀)。12.初 津山藩の百姓，年貢減免・大庄屋廃止などを要求して蜂起(山中一揆)(享保十一年覚書山中騒動一件)。12.- 幕府，諸物価・銭相場の引下げを命じる(御触書寛保集成・実紀)。
1727 1.22	12 丁未 ①			2.- 幕府，江戸の本両替商中川清三郎ら3名に御蔵米御用を命じ，堂島米会所の設置を許可(御触及口達)．堂島米仲買らこれに反対。5.- 幕府，江戸中橋に菜種買問屋を設置(江戸町触集成・実紀)。 幕府，大坂入津の200石以上の諸国廻船隻数を調査(御触及口達)。7.26 カンボジア使節，通商再興を求めて長崎に来航，幕府，信牌を与える(通航一覧)。9.- 幕府，大坂町奉行所門前に目安箱を設置(実紀)。11.6 幕府，武士方組合辻番の惣請負制を廃止(御触書寛保集成・実紀)。
1728 2.10	13 戊申			3.初 久留米藩の百姓，夏物成引上げに反対，8月に再発(石原家記・米府紀事)。4.13 徳川吉宗，日光東照宮社参のため出立(実紀)。5.16 対馬藩主宗義誠，朝鮮の乱につき幕府に報告(通航一覧)。6.- 幕府，中国商人を介して象2頭を輸入(実紀)。7.- 幕府，大坂で米切手による蔵米の延売買を公認(御触及口達)。11.13 大坂堂島米仲買人ら，米会所反対の請願を繰り返す(米商旧記)．幕府，12月に会所を廃止(御触及口達)。12.14 幕府，関八州に唐胡麻の栽培を奨励し，江戸の買受問屋を指定して専売権を与える(御触書寛保集成・実紀)。
1729 1.29 ▼	14 己酉 ⑨			3.7 陸奥国信夫・伊達両郡の幕領の百姓，夫食拝借・年貢減免を要求(大森騒動記)。4.21 幕府，修験者の改行(天一坊)を品川鈴ケ森で処刑(実紀)。4.- 幕府，米価下落につき米商人に買米を奨励(江戸町触集成)。8.26 幕府，江戸―大坂間の難破船の積荷検査方を改訂(御触書寛保集成・実紀)。8.- 幕府，関東代官に菜種栽培の奨励を令す(御触書寛保集成・実紀)。10.26 幕府，元禄15年以降の借金銀の利息を5分以下にさせる(御触書寛保集成・実紀)。

社　会・文　化	世　界	琉球	朝鮮	清
者)。**12.29** 野中婉(66，女流医家)。 《大の月》1・4・7・9・10・12		尚敬王 13	英祖	雍正 3
3.1 徳川吉宗，オランダ人の馬術を観覧(通航一覧・実紀)。**3.4** 肥前国佐賀大火，佐賀城類焼(吉茂公譜)。**3.19** 越前国荒島岳噴火により村民470余人死亡(実紀)。**6.7** 幕府，大坂の儒者中井竹山らの懐徳堂を公許(学問所建立記録)。**8.-** 江戸幕府，新田検地条目を制定(徳川禁令考)。**この年** 槇島昭武『関八州古戦録』成る。 東大寺戒壇院を再興。**この頃** 建部賢弘，幕命により『暦算全書』の和訳に着手(御代々文事表)。 【死没】 **4.10** 渋川敬尹(31，天文学者)。**5.30** 水間沾徳(65，俳人)。**6.10** 中江岷山(72，儒学者)。**6.25** 高橋政重(77，肥後人吉藩士)。**10.20** 栗崎正羽(67，医者)。 《大の月》1・3・5・8・10・12	**5.26** フランス，貨幣制度を改革。**この年** イギリス，スウィフト『ガリヴァー旅行記』刊。 この前後('24～'29年)，清，地丁銀を施行。	14	2	4
1.- 西沢一風『今昔操年代記』刊．**2.18** 幕府，書物奉行に国書の目録作成を命じる(御代々文事表)。**2.-** 土佐国高知大火，高知城焼失(実紀)。**4.1** 荻生徂徠，徳川吉宗に謁見(実紀)。**6.12** 水戸藩主徳川宗堯，『常山文集』を幕府に献上(実紀)。**6.-** 山内小左衛門ほか『飛州地方御尋答書』成る。**8.-** 嶺南秀恕編『日本洞上聯燈録』成る。**12.9** 甲府大火，番士の居宅全焼(実紀)。**この年** 吉宗，鹿児島藩士落合孫右衛門に甘藷の栽培を命じる(仰高録)。 荻生徂徠『徂徠先生答問書』『鈐録』成る。 ケンペル『ケンペル日本誌』2冊本出版(ロンドン)。 鮎川昌行，『紅毛火術録』をまとめる。 台蓮社霊誉鸞宿『浄土伝燈総系譜』刊。 細井広沢，『測量秘言』を著す。 必能院敬信『耳塵集』成る(～宝暦7年刊)。 大道寺重祐『霊巌夜話』成る。 【死没】 **3.12** 牧分徳右衛門(美作津山藩領山中一揆指導者)。**6.23** 都治無外(79，剣客)。**7.21** 懐英(86，高野山学僧)。**10.6** 光子内親王(94，後水尾天皇皇女)。**12.14** 米村広治(85，因幡鳥取藩民政家)。 《大の月》1・①・3・5・8・10・12	**9.-** ロシア・清，キャフタ条約。**この年** イギリス，ニュートン没。	15	3	5 ③
2.2 幕府，紅葉山文庫の蔵書整理を命じる(実紀)。**4.18** 徳川吉宗，足利学校の蔵書を点検させる(実紀)。**8.-** 幕府，暦本に節気を掲載させ，利用の便を計る(憲教類典)。**9.2** 江戸及び関東諸国洪水により被害甚大(実紀)。**9.3** 幕府，盲僧の官位及び院号を禁じる(御触書寛保集成・実紀)。**この年** 雨森芳洲『交隣提醒』成る。 荷田春満，『創学校啓』を著す。 三井高房『町人考見録』成る。 【死没】 **1.2** 岡島冠山(55，儒学者)。**1.19** 荻生徂徠(63，儒学者)。**1.28** 山井崑崙(39，儒学者)。**1.6** 狩野周信(69，画家)。**4.30** 松平忠周(68，老中)。**9.1** 松浦霞沼(53，対馬藩儒者)。**9.11** 金子吉左衛門(歌舞伎脚本作者)。**11.27** 田中治兵衛(31，堺富商)。**この頃** 野沢喜八郎(初代)(浄瑠璃三味線方)。**この年** 安代(49，刀工)。 《大の月》1・3・4・6・9・11		16	4	6
2.5 幕府，江戸城吹上苑で弓場始を再興(実紀)。**3.-** 太宰春台『経済録』成る。**4.22** 幕府，並河永に『五畿内志』の編纂を命じる(御代々文事表)。**5.27** 徳川吉宗，江戸城内で渡来の象を観る(実紀)。**7.-** 押小路師守，『師守記』を記す(～元文5年)。**この年** 石田梅岩，京都で心学の講義を始める(石田先生事跡)。 神	**9.-** 清，雍正帝『大義覚迷録』刊。	17	5	7 ⑦

西暦	年号干支	天皇	将軍	政治・経済
1729 1.29 ▲	享保 14 己酉 ⑨	(中御門)	(徳川吉宗)	12.- 幕府，金銀貸借訴訟を再び受理すると布達(相対済し令廃止)(御触書寛保集成)。**この年** 幕府，入荷地方ごとに米問屋の組合結成を命じる(米穀一件米商法調)。
1730 2.17	15 庚戌			1.14 幕府，乾字金2両を，新金・慶長金1両にあて再通用させる(実紀)。2.10 幕府，江戸市中の人宿を202名と定め，組合結成を命じる(江戸町触集成・実紀)。4.15 幕府，上米の制を停止し，参勤交代を旧に復する(御触書寛保集成・実紀)。5.23 幕府，江戸町人冬木善太郎らに大坂米会所の設立を許可(6月設置，8月廃止)(御触及口達)。6.4 幕府，藩札発行を再許可(御触書寛保集成・実紀)。6.12 幕府，老中水野忠之を免職(実紀)。7.3 幕府，江戸に米の延売・切手売相場会所の設置を許可(江戸町触集成)。7.- 幕府，籾60万石の貯蔵を開始(御触書寛保集成)。8.- 幕府，諸大名に囲米を命じる(御触書寛保集成・実紀)。 幕府，大坂堂島仲買人に張合米相場を公認(御触書寛保集成)。11.10 徳川吉宗，次男宗武に田安邸を与える(田安家創始)(実紀)。11.- 幕府，江戸積11品目の天和以来10年毎の価格を調査(御触及口達)。12.15 幕府，米価下落により幕臣に拝借金を貸与(御触書寛保集成・実紀)。
1731 2.7	16 辛亥			2.28 幕府，米価下落により3ヵ年の倹約令を出す(実紀)。4.- 仙台藩，仙台大町以外の木綿直仕入商売を禁止(国典十八冊集)。6.24 幕府，大坂の富商に買米を命じる(享保十六年買米一件控)。7.7 幕府，米価調節のため金沢藩より金15万両借用(実紀)。7.10 幕府，江戸の米問屋高間伝兵衛に大坂で買米させる(享保六年同十六年町奉行所文書)。7.- 幕府，大坂の和薬種改頭取和久屋源左衛門に鉱山御用を命じる(享保撰要類集)。12.3 清の画家，沈南蘋来朝(長崎実録大成)。12.15 将軍世子家重と伏見宮妹比宮との婚儀(実紀)。12.- 幕府，大坂の米仲買株を許可(米商旧記)。
1732 1.27	17 壬子 ⑤			1.- 幕府，大坂に家請会所を設置することを許可(御触及口達)。4.- 幕府，駒場野の薬園監植村政勝に，近畿・北陸での採薬を命じる(実紀)。5.25 徳川吉宗，名古屋藩主徳川宗春の奢侈を叱責(尾藩世記)。5.26 対馬国府中大火，幕府，宗氏に米1万石下賜(実紀)。5.- 中根元圭，江戸・下田で日の出の時差を測定。9.1 幕府，西国蝗害のため，諸大名に米穀の廻送を指示(御触書寛保集成・実紀)。9～10月 幕府及び諸藩，拝借金・夫食米貸与，施米等の対策をたてる(実紀)。12.- 幕府，再び大坂銅吹屋仲間に長崎廻銅の請負を指示(垂裕明鑑抄)。**この年** 幕府，畿内を除く指定河川の国役普請制を廃止(～宝暦8年)(御触書宝暦集成)。 各地で出訴・騒動など起こる(編年百姓一揆史料集成)。
1733 2.14 ▼	18 癸丑			1.25 江戸の窮民，米問屋高間伝兵衛宅を襲撃(実紀)。1.- 米価騰貴，幕府，町民に施米を行う(江戸町触集成・御触書寛保集成・実紀)。3.3 幕府，蝗害によりオランダ商館長の出府時期を延期(実紀)。4.8 幕府，陪臣・浪人の子を幕臣の養子とすることを規制(実紀)。

社会・文化	世界	琉球	朝鮮	清
田勝久(白竜子)編『新刃銘尽』刊． 西川正休『天学名目鈔』成る。 【死没】 1.27 跡部良顕(72，垂加神道家)。2.28 中村伝次郎(初代)(57，歌舞伎振付師)。4.21 天一坊(修験者)。5.- 廬草拙(55，町人学者)。7.13 鶴沢探山(75，画家)。7.15 芳沢あやめ(初代)(57，歌舞伎俳優)。7.28 鳥居清信(66，浮世絵師)。10.28 戸田忠真(79，下野宇都宮藩主)。12.22 田中丘隅(68，農政家)。 《大の月》1・3・4・6・8・⑨・11		尚敬王 17	英祖 5	雍正 7 ⑦
1.5 幕府，江戸の町火消いろは47組を大組10組に再編成(撰要永久録)。2.16 医書『普救類方』刊。3.29 幕府，足利学校修理のため，修繕料を下賜(御代々文事表)。4.- 幕府，仁和寺の修復のため，末寺の護国寺での富突を許可(江戸町触集成)。6.20 京都大火，西陣焼失(実紀)。 【死没】 1.18 服部土芳(74，蕉門俳人)。3.18 深見十左衛門(男伊達)。3.25 松本幸四郎(初代)(57，歌舞伎俳優)。6.- 正清(61，刀工)。7.16 三宅石庵(66，儒者)。9.20 中甚兵衛(92，水利功労者)。11.2 大道寺友山(92，兵法家)。11.23 草野又六(53，筑後久留米藩士)。12.3 井沢蟠竜(63，神道家)。 《大の月》1・3・5・6・8・10・12	**この年** オスマン朝トルコ，パトローナ=ハリルの乱起こる。	18	6	8
3.- 徳川宗春『温知政要』成る。4.15 江戸大火(実紀)。**この年** 長水ら編『五色墨』刊。 三輪執斎『正享問答』成るか。 竹内軌定編『真武内伝』成る。 盧千里『長崎先民伝』成る。 鄭秉哲編『琉球国旧記』成る。 喜田村校尉政方編『津軽一統志』成る。 【死没】 2.7 各務支考(67，俳人)。3.18 水野忠之(63，三河岡崎藩士)。5.9 日夏繁高(72，武学者)。5.11 丸山可澄(75，史学者・神道学者)。5.24 西沢一風(67，浮世草子)。6.25 十寸見蘭洲(河東節名人)。8.26 藤江監物(45，日向延岡藩士)。12.17 吉田兼敬(79，神道家)。 《大の月》2・4・6・8・9・11	**この頃** フランス，パリ高等法院とフランス王権との対立激化。	19	7	9
1.- 広橋兼胤，『八槐記』を記す(～天明元年7月)。6.- 幕府，興福寺再建のため，浅草寺での富突興行を許可(御触書寛保集成・実紀)。9.9 文耕堂・長谷川千四合作『阿古屋琴責』，大坂竹本座で初演。9.21 吉宗，草鹿の射芸を再興(実紀)。**この秋** 西国，蝗害により大飢饉，餓死者多数(実紀)。10.- 室鳩巣『駿台雑話』成る。**この年** 菊岡沾凉『江戸砂子』刊。 蔡温『御教条』成る。 佐久間高常撰『東遷基業』成稿。 安積澹泊『烈祖成績』成る。**この年以降** 霊元天皇『桃蘂御集』成るか。 【死没】 1.8 度会益弘(92，神道学者)。1.20 若林強斎(54，儒学者)。5.12 蔭山元質(64，儒学者)。6.1 林鳳岡(89，幕府儒者)。6.13 杉山杉風(86，俳人)。6.24 陶山鈍翁(76，対馬藩儒学)。7.23 平野金華(45，儒学者)。7.25 安藤信友(62，美濃加納藩士)。8.1 小笠原長重(83，老中)。8.6 霊元法皇(79)。9.4 山口雪渓(89，画家)。9.23 筒井村作兵衛(45，篤農家)。11.- 清水隆慶(74，京仏師)。**この年** 土肥二三(94，隠士)。 《大の月》1・3・⑤・7・8・9・11		20	8	10 ⑤
1.- 建部賢弘・中根元圭，『暦算全書』を校訂(御代々文事表)。6.22 徳川吉宗，荻生徂徠の遺著『度量考』の刊行を命じる(実紀)。9.8 天野信景没．生前『塩尻』を著す。**この年** 日下部(朝倉)景	5.- イギリス，糖蜜法を制定。 イギリス，ジョン=ケイ，飛び杼の特許を得る。	21	9	11

西暦	年号 干支	天皇	将軍	政治・経済
1733 2.14 ▲	享保 18 癸丑	（中御門）	（徳川吉宗）	**4.-** 幕府，長崎会所の運上金を減額(御触書寛保集成・実紀)。**5.5** 幕府，大坂に米蔵を建造(町触頭書)。**7.25** 幕府，新鋳の大砲を鎌倉で試射(実紀)。**この年** 徳島藩，藍方御用場を設置して藍の専売制度を実施(藩法集徳島藩)。
1734 2.4	19 甲寅			**1.-** 幕府，夫食米貸与を非常時のみに限定(教令類纂)。**4.-** 幕府，朱墨の製造・販売を朱座に限定し，贋品を取締る(御触書寛保集成・実紀)。**7.-** 幕府，幕領の大庄屋制を再び許可(憲教類典)。**8.26** 幕府，幕領一揆鎮圧のため，各代官所が近隣諸大名に出兵要請を行うことを許可(御触書寛保集成・実紀)。**この年** 幕府，二条・大坂両城の御用米貯蔵高を増額し，新たに甲府城・駿河国清水での貯米を命じる(実紀)。 大坂高津入堀川開削(手鑑)。
1735 1.24	20 乙卯 ③	3.21 桜町		**3.6** 幕府，唐人参座を江戸に設置(実紀)。**3.24** 荻生北渓，服忌令を改正し進上(実紀)。**3.-** 幕府，院御料を１万石とし，上皇並立の場合は新院7000石と定める(徳川禁令考・実紀)。**6.-** 幕府，諸国城米廻漕の難破船吟味の手続方を改正(実紀)。**8.22** 幕府，桜町天皇即位の祝儀として５万石以上の大名に献銀を命じる(御触書寛保集成・実紀)。**8.28** 幕府，諸大名・旗本の遊廓出入を禁じる(御触書寛保集成・実紀)。**10.4** 幕府，米価下落のため，諸国払米の買値を定め，11～12月にも米価を引上げる(実紀)。**11.-** 幕府，東海道中の緊急時の本坂通行につき令す(実紀)。**12.7** 幕府，米価調節のため，蝗害地諸大名に対する恩貸金の返済期限を延期(御触書寛保集成・実紀)。
1736 2.12	元文(げんぶん) 4.28 丙辰			**3.-** 幕府，各代官所の経費支給額を改訂(御触書寛保集成・実紀)。**5.12** 幕府，正徳金銀を改鋳(元文金銀)．これに伴う新古金銀出入は不受理とする(御触書寛保集成・実紀)。**6.1** 幕府，前年よりの公定米価を廃止(御触書寛保集成・実紀)。**6.-** 幕府，銅産出減少のため長崎来航の中国船を年間25艘に限定(御触書寛保集成・実紀)。**8.30** 幕府，江戸城殿中での落書・浮説等による政治批判を禁止(御触書寛保集成・実紀)。**9.15** 幕府，元禄服忌令追加を改正(実紀)。**10.-** 大坂町人，三郷惣会所の経費節減を訴願(菊屋町旧記)。**12.-** 越後国紫雲寺潟新田の百姓，新田請負人の非分を幕府に越訴(訴状)。
1737 1.31 ▼	2 丁巳 ⑪			**2.-** 幕府，質地田畑争論の受理規定を定める(実紀)。**6.1** 幕府，勘定吟味役神尾春央を勘定奉行に任じる(実紀)。**6.14** 幕府，松平乗邑を勝手掛老中に任じる(実紀)。**6.-** 幕府，畿内諸河川の管轄区域を，堺・伏見・京・大坂町奉行ごとに明確にし，一定規模以上の普請は勘定所へ上申させる(御触書寛保集成・実紀)。**11.-** 幕府，再び蓄銭を禁止(江戸町触集成・実紀)。**閏11.9** 幕府，御定書の編纂を開始し，掛三奉行を任命(大岡越前守忠相日記)。**12.-** 幕府，大坂銅吹屋に諸国産銅の数量・産地・販路等に関する調査を命じる(垂裕明鑑抄)。**この年** 幕府，江戸亀戸・出羽秋田・紀伊名草に鋳銭場を設ける(大日本貨幣史)。

社会・文化	世界	琉球	朝鮮	清
衡編『遺老物語』成るか。 村井昌弘『量地指南』刊。 【死没】 4.20 長谷川千四(45，浄瑠璃作者)。5.27 井戸平左衛門(62，代官)。7.11 正親町公通(81，神道家)。7.17 食行身禄(63，富士講指導者)。7.29 小原慶山(画家)。8.6 横谷宗珉(64，装剣金工家)。8.19 中西宗助(58，三井大番頭)。9.2 中根元圭(72，暦算家)。9.8 天野信景(71，国学者)。9.14 内藤露沾(79，俳人)。9.18 後藤艮山(75，医学者)。 《大の月》1・3・6・8・9・11・12	8.14 ポーランド継承戦争起こる(～'35年)。**この年** ロシア，シベリア全土に郵便制度を敷く。 プロイセン，徴兵制を導入。	尚敬王 21	英祖 9	雍正 11
2.30 小田原大火，城下全焼(実紀)。2.- 並河誠所・関祖衡『五畿内志』成る。3.21 徳川吉宗，丹羽正伯に『庶物類纂』の増補編集を命じる(実紀)。3.- 寒川辰清『近江輿地志略』成る。10.5 吉田文三郎，操三人遣い始める(歌舞伎年表)。 竹田出雲『蘆屋道満大内鑑』，大坂竹本座で初演(外題年鑑)。10.6 水戸藩主徳川宗翰，『礼儀類典』を献上(実紀)。**この年** 青木昆陽，吉宗の命で小石川薬園に甘藷を試植(昆陽漫録)。『仁風一覧』刊。 荻生徂徠・荻生北渓『度量衡考』刊。 菊岡沾涼『本朝世事談綺』刊。 【死没】 1.26 玉城朝薫(51，琉球古典劇創始者)。4.24 紀伊国屋文左衛門(66か，豪商)。5.9 辰松八郎兵衛(人形遣い)。6.26 平敷屋朝敏(35，琉球文学者)。8.14 室鳩巣(77，儒学者)。8.15 油煙斎貞柳(81，狂歌作者)。10.16 遊佐木斎(77，儒学者)。11.9 白川雅冬(56，公家)。12.8 程順則(72，琉球政治家)。 《大の月》2・4・7・9・11・12	**この年** ロシア，『日本誌』刊。	22	10	12
2.- 青木昆陽『蕃薯考』刊。**この年** 北村援琴斎，『築山庭造伝』を著す。 【死没】 2.23 植田艮背(85，儒学者)。5.7 佐々木文山(77，書家)。6.1 江島其磧(70，浮世草子作者)。9.17 汝岱(61，浄土真宗学匠)。9.22 香川宣阿(90，歌人)。10.24 壺井義知(79，故実家)。12.10 天桂伝尊(88，曹洞宗僧侶)。12.23 細井広沢(78，書家)。 《大の月》1・3・4・7・9・11・12	5.- 清，貴州苗族の反乱起こる。9.- 清，乾隆帝(高宗)即位。10.3 ウィーン講和予備協約締結により，ポーランド継承戦争終結。 12.- 清，『明史』成る。	23	11	13 ④ 高宗
1.- 幕府，『仁風一覧』を続刊，町方に購読を勧奨(江戸町触集成・実紀)。2.22 幕府，江戸惣検校職を停止(実紀)。3.28 幕府，書物奉行に『類聚国史』の校訂を命じる(実紀)。4.- 幕府，駿河国，ついで関東諸国の寺社などに古文書を謄写進上させる(諸州古文書)(実紀)。6.15 仙台藩，学問所の設置を命じる(仙台市史)。9.- 吉見幸和『五部書説弁』成稿。**この年** 増田立軒『渭水聞見録』刊。 簑笠之助『農家貫行』刊。 【死没】 2.11 佐久間洞巌(84，儒者)。5.23 金森頼旹(68，美濃郡上藩主)。7.2 荷田春満(68，国学者)。7.8 玉木正英(67，神道家)。7.17 伊藤東涯(67，儒学者)。8.18 今村英生(66，阿蘭陀通詞)。10.3 近衛家煕(70，公家)。**この年** 利寿(70，装剣金工)。 《大の月》2・3・5・8・11・12	**この年** ロシア，ペテルブルグに日本語学校開設。 イラン，ナーディル=シャー，アフシャール朝を創建。 オスマン朝トルコ，ロシア・オーストリアと対戦(～'39年)。	24	12	乾隆 1.1
1.- 大岡忠相，『大岡忠相日記』を記す(～寛延4年閏6月)。5.3 江戸大火により，寛永寺本坊等焼失(12月再建)(実紀)。11.- 仙台藩，藩校養賢堂を創設。**この年** 伊藤作右衛門『片聾記』成稿(幕末，山崎七郎右衛門英常著『続片聾記』成る)。 北島見信撰『紅毛天地二図贅説』成る。 【死没】 4.11 中御門上皇(37)。4.15 筧正鋪(80，勘定奉行)。6.2 有賀		25	13	2 ⑨

西暦	年号干支	天皇	将軍	政治・経済
1737 1.31 ▲	元文 2 丁巳 ⑪	(桜町)	(徳川吉宗)	
1738 2.19	3 戊午			**2.22** 幕府，諸国に人別改の提出を命じる(実紀)。**3.21** 幕府，諸役人の足高を規定(役料は旧による)(御触書寛保集成・実紀)。**4.4** 幕府，長崎廻銅減少のため，大坂に銀座加役の銅座を設置し，諸国の産銅を支配させる(御触書寛保集成・実紀)。**5.-** 幕府，和薬改所を廃止(大成令・実紀)。 幕府，畿内・中国筋の木綿作に損毛検見引きを認める(実紀)。**9.18** 陸奥国磐城平藩の百姓，年貢減免・諸役免除などを要求して城下に強訴(岩城農乱記)。**10.18** 幕府，大筒役を設置(実紀)。**11.30** 幕府，金銀引替所を廃止(江戸町触集成・実紀)。**12.16** 但馬国生野銀山の鉱夫，扶持の減給に反対して強訴(生野銀山一揆)(但州作州因州百姓騒動一件)。
1739 2.8	4 己未			**1.12** 幕府，名古屋藩主徳川宗春に蟄居を命じる(実紀)。**2.20** 鳥取藩の百姓，追加取立の五歩米の返戻しなどを要求，大庄屋宅を打毀し，城下に強訴(因伯一揆)(鳥取藩史)。**3.2** 美作国勝北郡の百姓，富家を打毀し(勝北非人騒動)(美作聞伝記)。**3.8** 幕府，青木昆陽を任用(実紀)。**3.15** 幕府，長崎代官を再設(長崎実録大成)。**4.-** 幕府，盛岡藩の産銅を御用銅とする(御触書寛保集成・実紀)。**5.-** 陸奥・安房など諸国の沿海に異国船隊出没(実紀)。**6.8** 幕府，陸奥・安房など諸国沿岸の諸大名・代官に，異国船来航時の対処方を示す(実紀)。**6.18** 長崎の唐人屋敷で闘諍(長崎実録大成)。
1740 1.29	5 庚申 ⑦			**3.19** 幕府，大坂町奉行稲垣種信を収賄により閉門に処する(辰巳屋騒動)(実紀)。**5.11** 幕府，防火対策として32名の大名に藩邸の瓦屋改修を命じる(実紀)。**6.30** 幕府，奥右筆に諸大名や藩士との交際自粛を令す(実紀)。**10.-** 幕府，大坂で干鰯・油粕の買占めを禁止(御触及口達)。**11.18** 徳川吉宗，4男宗尹に一橋門内に宅地を与える(一橋家創始)(実紀)。**この年** 幕府，大坂高津新地に銭座を設立。
1741 2.16	寛保(かんぽう) 2.27 辛酉			**3.8** 松山藩の百姓，紙専売仕法等に反対して強訴(松山叢談・久万山出訴一件覚書)。**4.26** 幕府，取退無尽を禁じる(実紀)。**4.-** 幕府，品川沖停泊中の廻船と小船との密売買を禁じる(大成令)。**8.9** 大坂上荷船・茶船仲間，淀川筋過書仲間との争論に勝訴(海部屋記録)。**9.-** 幕府，江戸の油買受人を油問屋仲間に加入させる(御触書寛保集成・実紀)。**10.13** 幕府，姫路藩主榊原政岑に隠居を命じる(実紀)。**11.-** 幕府，寺院の宗門法義の訴訟は，本寺・触頭の裁断とする(御触書寛保集成・実紀)。 幕府，米仲買人の人数を調査し，株札譲渡の際の町奉行への届出を義務づける(大阪編年史)。**12.-** 幕府，三奉行に10ヵ月以上未決の公事訴訟を報告するよう命じる(御触書寛保集成・実紀)。**この年** 幕府，長崎で鉄銭を鋳造(長崎実録大成)。
1742 2.5 ▼	2 壬戌			**2.23** 幕府，川辺の伐木・開墾を制限(御触書寛保集成・実紀)。**5.-** 幕府，大坂廻着の荒鉛を銅吹屋に一手引受けさせる(御触及口達)。**6.28** カンボジア船，信牌を求めてこの日長崎に入港(幕府，これを許可)(通航一覧)。**11.-** 幕府，産銅不足のため長崎貿易額を半減(御触書

社　会・文　化	世　界	琉球	朝鮮	清
長伯(77，歌人，歌学者)。6.6 性慶(71，天台宗僧侶)。8.17 近衛家久(51，公家)。閏11.27 三井高平(85，豪商)。12.10 安積澹泊(82，儒学者)。 《大の月》2・3・4・6・9・11・12		尚敬王 25	英祖 13	乾隆 2 ⑨
4.- 幕府，諸寺院に，寺の本尊・什物・仏具などの質入・売買を禁じる(江戸町触集成・実紀)。5.30 幕府，『庶物類纂』続集編集の功により，丹羽正伯らを褒賞(実紀)。11.19 大嘗会復活(貞享4年再興後中断)(続史愚抄)。**この年** 西陣織物技術，桐生に伝わる(佐々木信三郎『西陣史』)。 荷田在満『大嘗会儀式具釈』成る。伊藤梅宇『見聞談叢』成る。 【死没】 1.2 椎本才麿(83，俳人)。2.26 僧濬(80，華厳宗学僧)。3.1 井沢弥惣兵衛(85，治水家)。3.10 並河誠所(71，学者)。4.1 有馬則維(65，筑後久留米藩主)。6.23 井上通女(79，歌人)。7.2 杉岡能連(70，幕臣)。8.2 上島鬼貫(78，俳人)。9.30 武者小路実陰(78，公家)。**この年** 村山平十郎(3代)(39，歌舞伎俳優)。 《大の月》2・3・5・7・9・11		26	14	3
4.- 文耕堂他合作『ひらかな盛衰記』，大坂竹本座で初演(外題年鑑)。**この年** 石田梅岩『都鄙問答』刊。 湯浅常山『常山紀談』成るか。 渋川敬也『春海先生実記』成る。**この頃** 幕府，荷田在満の『大嘗会便蒙』を発禁処分とし，在満を閉門に処する(江戸町触集成・御触書寛保集成・大貫真浦『荷田東麿翁』)。 【死没】 6.28 水野忠恒(39，信濃松本藩主)。7.20 建部賢弘(76，暦算家)。8.15 江尻喜多右衛門(岩熊井堰開削者)。8.18 中川乙由(65，俳人)。10.4 光謙(88，天台宗学僧)。**この年** 乗因(57，延暦寺僧侶)。関戸五兵衛(信義)(豪商)。 《大の月》1・3・5・6・8・10・12	3.- ジャマイカ(イギリス領)，植民地政府とマルーン(逃亡黒人奴隷)間の戦争終結。9.18 オーストリアとオスマン朝トルコ，ベオグラードの和約。10.19 イギリス，スペインに宣戦(「ジェンキンズの耳戦争」，～'48年)。**この年** 清，沈徳潜撰『唐宋八家文』成る。	27	15	4
1.3 朝廷，年始の吉書奏を再興(続史愚抄)。7.25 幕府，名古屋藩主徳川宗勝進呈の『群書治要』などを紅葉山文庫に納める(御代々文事表)。9.- 幕府，青木昆陽に甲信地方の古文書調査を命じる(御代々文事表)。 桂鳳『現証往生伝』刊。11.23 幕府，西川正休を任用(実紀)。11.24 新嘗祭再興(続史愚抄)。**この頃** 木村高敦『武徳編年集成』成るか。 【死没】 1.3 志太野坡(79，俳人)。3.16 香月牛山(85，医者)。4.5 市川団蔵(初代)(57，歌舞伎俳優)。6.4 杉浦国頭(63，国学者)。9.1 宮古路豊後掾(浄瑠璃豊後節始祖)。**この年** 原田三郎右衛門(対馬老農)。 松田勘右衛門(一揆首謀者)。 《大の月》2・5・6・⑦・8・10・12	5.31 プロイセン，フリードリヒ2世即位。12月16日，シュレジエンに侵入(オーストリア継承戦争へと拡大)。10.20 オーストリア，マリア=テレジア即位。**この年** 清，湖南・広西の苗族反乱。	28	16	5 ⑥
1.- 幕府，朝廷の礼典に関する書物の新刻を禁じる(実紀)。3.15 幕府，青木昆陽に多摩・秩父両郡の古文書調査を命じる(実紀)。4.- 野呂元丈『阿蘭陀本草和解』成る。**この夏** 北条氏長『律令要略』成る。**この年** 無著道忠『禅林象器箋』成るか。 【死没】 1.29 三宅尚斎(80，朱子学者)。4.17 絵島(61，大奥年寄)。5.12 三谷宗鎮(77，安芸広島藩儒臣)。10.17 法霖(49，真宗学匠)。**この年** 宮川四郎兵衛(88，新田開発者)。 《大の月》2・5・7・8・10・11		29	17	6
1.15 徳川吉宗自製の『式内染鑑』を田安宗武に与える(実紀)。1.16 安田蛙文・中田万助ら合作『雷神不動北山桜』，大坂佐渡島長五郎座で初演(歌舞伎年表)。4.- 幕府，『公事方御定書』完成	**この年** 清，工布査布師訳『造像量度経』成る。	30	18	7

西暦	年号干支	天皇	将軍	政治・経済
1742 2.5 ▲	寛保 2 壬戌	（桜町）	（徳川吉宗）	寛保集成・実紀）。
1743 1.26	3 癸亥 ④			2.22 幕府，兵庫・西宮・紀州以西の絞油の江戸への直送を禁じ，大坂へ搬送させる（御触書寛保集成・実紀）。2.- 幕府，代官・手代の出張手当につき定める（憲教類典）。4.- 幕府，災害時以外，みだりに夫食・種貸をせぬよう令す（徳川禁令考）。6.1 幕府，諸大名留守居役の茶屋等での寄合を禁じる（御触書寛保集成・実紀）。7.25 朝廷，新太政官印の様式について議する（続史愚抄）。11.9 幕府，東国33ヵ国の秤改めを命じる（御触書寛保集成・実紀）。11.17 幕府，勘定所の勝手方・公事方の職掌を定める（徳川禁令考）。**この年** 幕府，大坂金銭売買立会所を北浜に移し，金相場会所と改める（大阪編年史）。 摂津・島上・島下郡の百姓，肥料高値につき出訴（編年百姓一揆史料集成）。
1744 2.14	延享（えんきょう） 2.21 甲子			2.14 幕府，西国33ヵ国の秤改めを命じる（御触書宝暦集成・実紀）。6.- 幕府，諸役人の殿中詰所，老中・若年寄の職掌を定める（御触書寛保集成・実紀）。 幕府，田畑永代売買禁令を緩和し、罰則を軽減（徳川禁令考）。7.- 幕府，銅座の銅一手買上げを改め，商人への売渡しを認可（銀座要用控）。9.12 幕府，米価引上げのため，江戸・大坂町人に買米を命じる（東京市史稿）。**この年** 阿波国祖谷山の百姓，年貢取立不当を訴える（編年百姓一揆史料集成）。 幕府，地方絹の京都搬入を制限（西陣高機旧記・池田敬正「宮津藩における藩政改革」）。 勘定奉行神尾春央ら，畿内・中国筋を巡見し，幕領の年貢増徴をはかる（森杉夫「神尾若狭の増徴をめぐって」）。
1745 2.1	2 乙丑 ⑫		9.25 11.2	4.- 摂津・河内国の百姓，有毛検見法による年貢増徴に反対して京都・江戸へ越訴（森杉夫「神尾若狭の増徴をめぐって」）。5.3 幕府，大岡忠相の地方御用掛の職を免じる。9.1 徳川吉宗，隠退し家督を家重に譲る（実紀）。10.9 幕府，老中松平乗邑を罷免（実紀）。11.2 家重，将軍宣下を受ける（実紀）。**閏12.-** 幕府，江戸市中の寺社門前町屋を町奉行の管轄下に置く（江戸町触集成）。**この年** 京都西陣の高機仲間結成（京都の歴史）。 秋田藩，幕命により鋳銭を停止（秋田県史年表）。
1746 2.20	3 丙寅		徳川家重	1.23 幕府，分限高・役料を決定（延享録）。3.5 幕府，参府のオランダ人に対して戒諭（実紀）。3.21 幕府，武家諸法度を頒布（実紀）。7.2 金沢藩，大槻朝元に蟄居を命じる（加賀騒動）（加賀藩史料）。 幕府，大坂加番の役高を決定（御触書宝暦集成）。 幕府，朝鮮貿易の利潤低下につき，対馬藩に年１万両を貸与（通航一覧）。8.- 長崎の唐人屋敷で闘諍（長崎実録大成）。9.15 幕府，徳川（田安）宗武・同（一橋）宗尹に各10万石与える（実紀）。9.- 幕府，勘定奉行神尾春央の権限を縮小（教令類纂）。10.11～12 幕府，領知判物・朱印状を下賜（実紀）。12.- 幕府，諸役所に一両年の経費節減を命じる（御触書宝暦集成）。**この年** 熊本藩，郡政改革を実施（大江志乃夫「熊本藩における藩政改革」）。

社　会・文　化	世　界	琉球	朝鮮	清
により褒賞(実紀)。 幕府，青木昆陽に武蔵・相模・伊豆などの古文書調査を命じる(実紀)。**7.5** 幕府，『御触書集成』の編纂開始(享保撰要類集)。**7.27** 畿内大暴風雨により鴨川洪水(続史愚抄)。**8.1** 関東地方大水害(実紀)。**この年** 荷田在満『国歌八論』成る。 【死没】 **6.6** 早野巴人(66，俳人)。**9.26** 増穂残口(88，俗神道家)。**10.4** 紀海音(80，浄瑠璃作者)。**11.1** 木村高敦(63，幕臣)。**11.11** 曇寂(69，真言僧)。 《大の月》1・3・6・8・10・11・12		尚敬王 30	英祖 18	乾隆 7
この年 中根法舳(彦循)『勘者御伽双紙』刊。 菊池弥門『柳営秘鑑』成る。 【死没】 **1.5** 生島新五郎(73，歌舞伎役者)。**2.19** 榊原政岑(31，播磨姫路藩主)。**3.16** 松井元泰(55，製墨家)。**閏4.8** 松前邦広(39，松前藩主)。**6.2** 尾形乾山(81，陶工)。 《大の月》2・4・6・9・10・11・12	**この年** 清，『大清一統志』成る。	31	19	8 ④
5.19 七社奉幣使を再興(続史愚抄)。**9.22** 宇佐宮奉幣使を再興(続史愚抄)。**11.-**『御触書寛保集成』成る。**この年** 出雲大社本殿完成(日本建築年表)。 幕府，神田佐久間町に天文台を設置(新撰洋学年表)。 【死没】 **1.25** 三輪執斎(76，儒者)。**6.15** 岡田正利(84，国学者)。**6.23** 松永良弼(数学者)。**7.25** 竹本義太夫(2代)(54，浄瑠璃太夫)。**7.-** 宇治田忠郷(54，有職家)。**9.24** 石田梅岩(60，心学開祖)。**11.3** 森田治良兵衛(丹後縮緬始祖)。**12.23** 無著道忠(92，臨済宗学僧)。**この年** 安親(75，装剣金工)。 《大の月》2・4・7・10・11	**3.15** フランス，イギリスに宣戦して，オーストリア継承戦争に参戦。**3.-** ブー=サイード家，オマーンのペルシア勢力を駆逐し，ザンジバルに至る地域を支配下に置く。	32	20	9
2.12 江戸大火(江戸町触集成)。**3.13** 徳川吉宗，江戸城内紅葉山で法華八講を執行(実紀)。**3.29** 幕府，古書・日記等の目録提出を命じる(実紀)。**この年** 林信充・林信言ら『大坂軍記』成る。 鄭秉哲ら『球陽』成る。 富永仲基『出定後語』刊。 【死没】 **4.14** 宇野明霞(48，儒学者)。**4.18** 関口黄山(28，書家)。**5.5** 平山尚住(安芸広島藩士)。**6.11** 伊佐幸琢(初代)(62，茶人)。**6.12** 前田吉徳(56，加賀金沢藩主)。**9.16** 柳沢吉里(59，大和郡山藩主)。**9.23** 水木辰之助(初代)(73，歌舞伎俳優)。**10.11** 珂然(77，浄土宗学僧)。**10.28** 伊藤梅宇(63，儒学者)。**11.11** 八文字自笑(初代)(京都本屋)。 《大の月》1・2・3・5・8・11・12	**7.23** イギリス，チャールズ=エドワード，スコットランドに上陸，ジャコバイトの反乱起る。 この頃，アラビアのサウード家，ワッハーブ運動を保護。	33	21	10
2.30 江戸大火(実紀)。**2.-** 富永仲基『翁の文』刊。 多田義俊，『宮川日記』を記す(～翌3月)。**8.21** 竹田出雲ら作『菅原伝授手習鑑』，竹本座で初演(浄瑠璃譜)。**この年以前** 青木昆陽，『和蘭文字略考』を著す。**この年** 献笑閣主人『月花余情』初版刊。 青木昆陽『国家金銀銭譜』成る。 【死没】 **1.20** 津軽信寿(78，陸奥弘前藩主)。**4.16** 松平乗邑(61，老中)。**7.11** 松岡恕庵(79，本草家)。**8.28** 富永仲基(32，儒学者)。**この年** 山科道安(70，医師)。 《大の月》1・2・4・6・8・11・12		34	22	11 ③

西暦	年号干支	天皇	将軍	政　治・経　済
1747 2.10	延享 4 丁卯	（桜町） 5.2 桃園	（徳川家重）	3.4 幕府，道中人馬通行の規則（正徳２年）を再令（御触書宝暦集成・実紀）。4.19 幕府，諸代官に諸村の実態調査と，年貢賦課基準の算定を命じる（御触書宝暦集成・実紀）。6.25 幕府，若年寄板倉勝清を勝手掛老中に任じる（実紀）。8.15 寄合板倉勝該，江戸城殿中で熊本藩主細川宗孝を刺殺（実紀）。9.15 幕府，田沼意次を小性組番頭格とする（実紀）。11.－ 幕府，江戸札差を９組とし，定行事を定める（御触書宝暦集成）。**この年** 幕府，半田銀山を幕領に編入（半田銀山史）。
1748 1.30	寛延（かんえん） 7.12 戊辰 ⑩			2.9 幕府，浅草天王町に蔵米手形の書替所を新設（実紀）。6.1 朝鮮通信使，徳川家重に謁見（実紀）。6.20 幕府，勘定奉行松浦信正に長崎奉行を兼務させる（実紀）。10.22 出羽国村山郡寒河江・白岩郷の百姓，江戸町奉行へ直訴（編年百姓一揆史料集成）。**閏**10.1 幕府，寺社奉行大岡忠相を大名に列し，奏者番を兼務させる（実紀）。12.15 琉球使節（慶賀使），家重に謁見（実紀）。12.27 幕府，勘定奉行逸見忠栄を罷免（実紀）。12.－ 姫路藩の農民，減免・延納を要求して蜂起，翌年１月から２月にかけて全領に拡大（編年百姓一揆史料集成）。
1749 2.17	2 己巳			1.－ 幕府，江戸市中に鳥問屋14軒を定め，その専売を許可（江戸町触集成）。 幕府，長崎貿易の中国船を15隻に増加させる（通航一覧）。4.－ 熊本藩，櫨方役所を設置（熊本藩年表稿）。5.16 幕府，代官８名を免職（実紀）。5.－ 幕府，定免制の全面施行を令す（御触書宝暦集成）。10.－ 佐渡の百姓，増米免除・役人非政を訴える（編年百姓一揆史料集成）。12.－ 陸奥国信夫・伊達郡幕領長倉村等の百姓強訴（編年百姓一揆史料集成）。会津藩・二本松藩・三春藩で百姓強訴（編年百姓一揆史料集成）。会津藩，半免の実施を決定（家世実紀）。
1750 2.7	3 庚午			1.15 多度津藩の百姓，徒党して天労山へ籠る（編年百姓一揆史料集成）。1.16 大洲藩の百姓，庄屋宅を打毀し（編年百姓一揆史料集成）。1.20 丸亀藩の百姓，徒党して吉原山へ馳集り，庄屋宅へ押しかける（編年百姓一揆史料集成）。 幕府，農民の強訴・徒党・逃散を厳禁（御触書宝暦集成・実紀）。1.－ 佐賀藩諫早領の百姓越訴（編年百姓一揆史料集成）。7.19 甲斐国八代・山梨郡幕領の百姓，蚕の新規運上に反対して米倉村平七宅を打潰す（米倉騒動）（編年百姓一揆史料集成）。7.－ 幕府，銀座加役の大坂銅座を廃して，諸山の銅を長崎直買入とする（御触書宝暦集成）。10.1 幕府，老中堀田正亮を勝手掛に任じる（実紀）。12.－ 幕府，諸役所の１年分の予算を策定（日本財政経済史料）。
1751 1.27 ▼	宝暦（ほうりゃく） 10.27 辛未 ⑥			1.20 幕府，勅により内侍所の費用の不足を補充（広橋兼胤公武御用日記）。7.28 江戸大伝馬町組木綿問屋ら，江戸入津木綿の独占を図り提訴（東京市史稿）。8.8 松代藩の百姓，苛政に反対して強訴（田村騒動）（編年百姓一揆史料集成）。10.12 幕府，勝浦藩主植村恒朝を改易（実紀）。12.7 幕府，側衆大岡忠光を大名に列す（実紀）。**この年** 松前藩士加藤嘉兵衛，樺太島との交易を開く（通航一覧）。

社　会・文　化	世　界	琉球	朝鮮	清
1.23 幕府，天文方渋川則休・西川正休らに貞享暦の改正を命じる(実紀)。4.16 江戸城二丸焼失(実紀)。5.30 太宰春台没．生前『独語』を著す。7.15 幕府，青木昆陽を評定所の儒者とする(実紀)。11.16 竹田出雲『義経千本桜』初演(浄瑠璃譜)。**この年** 常磐津文字太夫，常磐津節を創始(声曲類纂)。 榎本其角『五元集』刊。 道元『傘松道詠集』刊。 【死没】 2.19 信培(73，浄土宗律僧)。2.26 日達(74，日蓮宗学僧)。3.17 吉田三郎兵衛(初代)(人形遣い)。3.21 日本左衛門(29，大盗人)。5.30 太宰春台(68，儒学者)。6.3 小川破笠(85，漆芸家)。6.4 竹田出雲(初代)(浄瑠璃作者)。9.14 松平輝貞(83，上野高崎藩主)。10.6 寺坂吉右衛門(83，赤穂浪士)。10.9 桂川甫筑(87，蘭方医)。**この年** 大谷広次(初代)(52，歌舞伎俳優)。 《大の月》2・4・5・7・9・11	2.- 清，金川の乱(～'49年)。 12.- 清，円明園完成。 **この年** 西アジア，アフシャール朝のナーディル=シャーを殺害。 アフガニスタン，ドゥッラーニー朝成立。	尚敬王 35	英祖 23	乾隆 12
8.14 竹田出雲『仮名手本忠臣蔵』初演(浄瑠璃譜)。 【死没】 3.14 烏丸光栄(60，歌人)。4.18 下村彦右衛門(61，大丸屋初代)。7.9 水野元朗(57，出羽庄内藩士)。8.17 加納久通(76，幕府重臣)。9.12 大槻朝元(46，加賀金沢藩財政改革者)。10.17 三井高房(65，豪商)。**閏10.21** 堀内仙鶴(74，堀内家初代)。**閏10.25** 沢村宗十郎(遙波)(歌舞伎俳優)。 《大の月》2・3・5・7・8・10・11	10.18 アーヘンの和約，オーストリア継承戦争終結。 **この年** フランス，モンテスキュー『法の精神』。	36	24	13 ⑦
2.- 渋川伴五郎時英『柔術大成録』成る。4.- 渋谷隠岐守良信，『渋谷隠岐守筆記』を著す。7.- 幕府，江戸市中の富突類似の興行を禁止(実紀)。 二世竹田出雲・並木千柳・三好松洛合作『双蝶々曲輪日記』，大坂竹本座で初演(浄瑠璃譜)。8.13 関東大風雨，江戸洪水(実紀)。10.- 幕府，足利学校修理費として100両下賜(実紀)。**この年** 白隠慧鶴『遠羅天釜』開刻，『槐安国語』を撰述。 太宰春台『産語』刊。 近路行者『英草紙』刊。**この頃** 富本豊志太夫，富本節を創始。 【死没】 3.3 竹前権兵衛(71，新田開発者)。3.8 八重崎屋源六(売薬業行商始祖)。6.15 高瀬学山(82，紀伊和歌山藩儒者)。**この夏** 鶴沢友次郎(初代)(浄瑠璃三味線方)。9.2 瀬川菊之丞(初代)(57，63とも，歌舞伎俳優)。 《大の月》1・4・6・7・9・10・12	**この年** プロシア，フリードリッヒ法典を制定。	37	25	14
2.3 幕府，天文方渋川則休・西川正休を改暦御用のため上京させる(実紀)。8.26 二条城天守，落雷で焼失(実紀)。**この年** 慶紀逸編『誹諧武玉川』刊(～安永5年)。 【死没】 4.23 桜町上皇(31)。7.2 山下金作(初代)(歌舞伎俳優)。7.19 西川祐信(80，浮世絵師)。8.24 渋川則休(34，天文方)。9.12 多田義俊(神道家)。10.15 鸞宿(69，浄土宗学僧)。 《大の月》2・5・7・9・10・11	7.- 朝鮮，均役法施行。 **この年** ドイツ，バッハ没。 イラン，ザンド朝成立。 ポルトガル，ポンバル侯爵を首相とし，植民地ブラジルの改革を始める。**この頃** イギリス，アメリカ貿易を完全に掌握。	38	26	15
2.29 京都大地震(続史愚抄)。4.25 越後国高田大地震(実紀)。12.12 並木宗輔ら合作『一谷嫩軍記』，大坂豊竹座で初演(浄瑠璃譜)。**この年** 出雲高文『宗国史』成るか。 【死没】 1.1 坂東彦三郎(初代)(59，歌舞伎俳優)。1.29 尚敬(52，琉球国王)。4.25 古月禅材(85，臨済宗僧侶)。6.20 徳川吉宗(68，江戸幕府第8代将軍)。8.4 荷田在満(46，国学者)。9.7 並木宗輔(57，浄瑠璃作者)。9.8 祇園南海(76，儒者)。12.19 大岡忠相(75，幕	6.- フランス，『百科全書』第1巻刊(～'72年)。	39	27	16 ⑤

西暦	年号干支	天皇	将軍	政　治・経　済
1751 1.27 ▲	宝暦 10.27 辛未 ⑥	(桃園)	(徳川家重)	
1752 2.15	2 壬申			**2.15** 幕府，勘定奉行の長崎奉行兼任を廃止(実紀)。**8.8** 幕府，東国33ヵ国に適正な秤の使用方を再令，西国通用の秤との混用を禁じる(御触書宝暦集成・実紀)。 幕府，会津蠟の密売禁止を近隣諸地域へ布令(御触書宝暦集成・実紀)。**11.24** 朝廷，機密漏洩により清水谷季家を処罰(広橋兼胤公武御用日記)。**12.15** 琉球使節(恩謝使)，徳川家重に謁見(実紀)。**12.20** 江戸と陸奥福島間の飛脚定便開始(東京市史稿)。**この年** 熊本藩，藩政改革に着手(覚帳頭書)。
1753 2.3	3 癸酉			**2.23** 幕府，勘定奉行松浦信正を罷免。**2.28** 福山藩の百姓，御用銀賦課等に反対して強訴・打毀し(福山市史)。**4.27** 幕府，佐渡代官を創置(実紀)。**4.29** 幕府，諸大名に過去3年間の江戸廻米量の報告と，1万石につき籾1000俵の囲米を命じる(御触書宝暦集成・実紀)。**6.12** 幕府，小普請組を増員し12組とする(実紀)。**6.-** 幕府，長崎奉行に抜荷取締りを厳命(実紀)。**9.-** 幕府，長崎奉行所に目安箱を設置(実紀)。**11.-** 芝村藩の百姓，年貢減免等を要求して京都奉行所へ箱訴(編年百姓一揆史料集成)。**12.25** 幕府，鹿児島藩に木曾川改修工事を命じる(島津国史)。
1754 1.23	4 甲戌 ②			**2.29** 幕府，諸大名に前年同様1万石につき籾1000俵の備蓄を命じる(御触書宝暦集成・実紀)。**3.19** 久留米藩の百姓，人別銀賦課等に反対して蜂起(編年百姓一揆史料集成)。**8.10** 郡上藩の百姓，検見取に対して強訴(宝暦郡上一揆)(郡上郡史)。**11.22** 幕府，正徳5年以来の酒造制限令を撤廃し，元禄10年の酒造米定額まで勝手造りを許可(御触書宝暦集成・実紀)。**この年** 徳島藩，藍玉株を設定(編年百姓一揆史料集成)。
1755 2.11	5 乙亥			**2.2** 幕府，桑名城焼失により松平忠刻に1万両下賜(御触書宝暦集成・実紀)。**2.29** 幕府，勘定奉行一色政沆らを勝手向御用掛に任じ，諸役所の冗費節減を計らせる(御触書宝暦集成・実紀)。**3.28** 鹿児島藩，木曾川改修工事を完了(島津国史)。**4.4** 金沢藩，銀札を発行(加賀藩史料)。 幕府，諸役所の年間予算を決定(御触書宝暦集成)。**7.1** 幕府，朝鮮貿易不振により対馬藩に年額1万両下賜(～7年)(御触書宝暦集成・実紀)。**7.-** 郡上藩で一揆再発，11月には老中に駕籠訴(編年百姓一揆史料集成)。**11.-** 土佐国津野山郷の百姓，国産強制買上げに反対して騒動(編年百姓一揆史料集成)。**12.-** 幕府，諸大名・幕領に囲籾1ヵ年分の売却を命じる(御触書宝暦集成)。**この年** 秋田藩，銀札を発行(秋田県史年表)。
1756 1.31 ▼	6 丙子 ⑪			**2.3** 幕府，淀城焼失により稲葉正益に1万両下賜(御触書宝暦集成・実紀)。**2.-** 幕府，再び諸大名・幕領に囲籾の廉売を命じる(御触書宝暦集成)。**4.12** 金沢藩の町民，銀札に反対して打毀し(編年百姓一揆史料集成)．藩，7月に銀札の通用を停止，家中に知行の一部上納を命じる(～宝暦10年)(加賀藩史料)。**4.27** 関白一条道香，廷臣の武技鍛練を禁止(広橋兼胤公武御用日記)。**5.21** 幕府，若年寄大岡忠光を側用人に任じる(実紀)。**6.-** 幕府，米価高騰につき，米商の囲置・占売を禁じる(11月解除)(御触書宝暦集成)。**11.16** 徳島藩の百姓，藍専売制等に反対して騒動(編年百姓一揆史料集成)。

社　会・文　化	世　界	琉球	朝鮮	清
臣)。12.24 伊達吉村(72,陸奥仙台藩主)。**この年** 西川甚五郎(5代)(76,近江商人)。 《大の月》1・3・6・7・9・10・12		尚敬王 39	英祖 27	乾隆 16 ⑤
9.- 太宰春台『春台先生紫芝園稿』刊。**この年** 静観房好阿『当世下手談義』刊。 松平君山(秀雲)修撰『張州府志』成る。**この頃** 安藤昌益,『統道真伝』を著す。 【死没】 1.13 浅野吉長(72,安芸広島藩主)。5.13 智幽(87,比叡山安楽律院中興)。7.4 度会常彰(78,豊受大神宮権禰宜)。8.12 山県周南(66,儒学者)。8.18 水野忠辰(31,三河岡崎藩主)。8.25 彭城百川(56,画家)。9.5 松尾宗二(76,茶匠)。9.19 月光院(68,徳川家宣側室)。11.13 宮川長春(71,浮世絵師)。11.23 嶺南秀恕(78,曹洞宗僧侶)。12.18 周藤弥兵衛(102,新田開発功労者)。 《大の月》1・3・6・9・10・12	9.14 イギリス,グレゴリウス暦採用。**この年** ビルマ,コンバウン朝成立(～1885年)。	尚穆王	28	17
3.- 安藤昌益『自然真営道』(3冊本)刊。8.3 徳川家重,『日本紀略』『弘仁格式』などを禁裏に献上(続史愚抄)。**この年** 邑巷軒蒙鳩子『国事昌披問答』成る。 『京鹿子娘道成寺』中村座で初演(歌舞伎年表)。**この頃** 山岡浚明編,『類聚名物考』を起草。 【死没】 1.26 阿部将翁(本草学者)。6.2 直仁親王(50,閑院宮家祖)。12.23 賀茂清茂(75,賀茂別雷社祠官)。 《大の月》1・2・4・7・10・11	4.- イギリス,大英博物館創立。	2	29	18
閏2.7 山脇東洋ら,京都で死体を解剖(蔵志)。10.19 貞享暦を廃し,西川正休らの宝暦暦を採用(同5年施行)(続史愚抄)。11.- 谷口祐之編『伯家部類』刊。**この年** 平瀬徹斎著・長谷川光信画『日本山海名物図会』初版刊。 白隠慧鶴撰述『辺鄙以知吾』刊。 【死没】 1.20 荻生北渓(82,儒学者)。2.29 杉浦真崎(65,歌人)。6.18 仲村渠致元(59,琉球陶工)。7.10 嵐三右衛門(3代)(58,歌舞伎俳優)。7.- 芳沢あやめ(2代)(53,歌舞伎俳優)。**この年** 岡本一抱(69,医者)。 《大の月》1・2・3・4・7・10・12	6.- 北米,イギリス領でオルバニー会議開催。**この年** ロシア,日本語学校をペテルブルクからイルクーツクに移す。	3	30	19 ④
3.25 東大寺で聖武天皇千回忌の万燈会(続史愚抄)。9.- 足利学校,落雷により焼失(実紀)。**この年** 奥羽を中心に大飢饉.米沢・山形・天童などで打毀し(編年百姓一揆史料集成)。 【死没】 1.6 雨森芳洲(88,儒学者)。2.13 香川修庵(73,儒医)。7.29 渡辺始興(73,画家)。8.3 望月玉蟾(63,画家)。10.- 野沢喜八郎(2代)(浄瑠璃三味線方)。 《大の月》1・2・4・6・8・11	2.- フランス,モンテスキュー没。7.- 北米,フランス・インディアン連合軍,イギリス軍を敗る。10.- 清,ジュンガルでアムルサナ反乱。11.1 ポルトガル,リスボンで大地震。**この年** 朝鮮,大飢饉。	4	31	20
11.- 小川愛道『大坂町鑑』刊。**この年** 丸山元純『越後名寄』成る。柳原紀光,『紀光卿記』を記す(～寛政11年)。 【死没】 1.3 沢村宗十郎(初代)(歌舞伎俳優)。2.25 久我敏通(22,公家)。3.5 伊藤五太夫(83,土木技術家)。4.14 丹羽正伯(66,本草家)。5.1 西川正休(64,天文学者)。5.20 山彦源四郎(浄瑠璃河東節)。6.2 貞極(80,浄土宗僧侶)。6.25 黒川亀玉(25,画家)。6.27 西村重長(浮世絵師)。7.25 滋野井公澄(87,公家)。9.17 王丸彦	5.17 ヨーロッパ,七年戦争勃発(～'63年)。5.- フランスとオーストリア,第1次ヴェルサイユ協定締結,外交革命。	5	32	21 ⑨

西暦	年号 干支	天皇	将軍	政　治・経　済
1756 1.31 ▲	宝暦 6 丙子 ⑪	(桃園)	(徳川家重)	
1757 2.18	7 丁丑			1.22 京都所司代，徳大寺公城の家臣竹内式部の行動に他意なき事を関白一条道香に報じる(広橋兼胤公武御用日記)。7.- 平賀源内ら，薬品会(物産会)を初めて開く(会薬譜)。8.5 幕府，勘定奉行中山時庸の大坂町奉行在職中の不正を咎めて閉門に処す(実紀)。8.27 幕府，大坂町奉行細井勝為・桜井政甫両名の不正を咎め蟄居を命じる(実紀)。9.- 幕府，代官に口米・口永の取立てにつき令す(徳川禁令考)。11.6 幕府，再び陪臣・浪人の子を幕臣の養子とすることを規制(徳川禁令考)。**この頃** 仙台藩，買米制を停止(仙台藩農政の研究)。
1758 2.8	8 戊寅			3.- 郡上藩の百姓，再び江戸に越訴(編年百姓一揆史料集成)，幕府，12月に藩主金森頼錦を改易(実紀)。5.- 幕府，勘定所の分掌方を改める(御触書宝暦集成)。7.23 幕府，竹内式部を捕える(広橋兼胤公武御用日記)。朝廷，正親町三条公積ら公家を処罰(宝暦事件)(徳富猪一郎『近世日本国民史』)。9.3 幕府，側衆田沼意次を大名に列し，評定所への出座を許可(実紀)。12.1 萩藩主毛利重就，藩政改革への協力を求める(毛利十一代史)。12.2 家重の子(重好)に清水邸を与える(清水家創始)(実紀)。12.22 幕府，来年より再び河川国役普請制を実施する旨布達(御触書宝暦集成・実紀)。
1759 1.29	9 己卯 ⑦			2.- 幕府，評定所留役を増員(御触書宝暦集成)。3.- 萩藩，藩政改革を実施(毛利十一代史)。幕府，不正な分銅の使用を厳禁(御触書宝暦集成)。4.- 幕府，代官提出の年貢勘定帳への加印の期限を示す(牧民金鑑)。5.7 竹内式部を追放に処す(広橋兼胤公武御用日記)。8.8 幕府，銀札の新規発行を停止し，金札・銭札を廃止(御触書宝暦集成)。8.29 幕府，菜種・綿実の大坂廻送を令す(御触書宝暦集成)。8.30 幕府，朝廷の命で諸国の神社を調査(御触書宝暦集成・実紀)。12.15 安芸国竹原塩田の浜子，賃上げを要求して騒動(編年百姓一揆史料集成)。
1760 2.17	10 庚辰		5.13 9.2 徳川家治	1.15 幕府，大坂に菜種問屋・綿実問屋を定める(大阪編年史)。3.- 幕府，大坂で銭小貸会所の設立を認可(御触及口達)。4.- 幕府，夫食・種貸等拝借米金の未返済分を適宜棄捐(御触書天明集成)。5.13 徳川家治，本丸へ移徙(実紀)。7.28 会津藩，塩の専売を始める(家世実紀)。7.- 幕府，諸大名に1万石につき籾1000俵の備蓄を命じる(徳川禁令考)。9.2 家治，将軍宣下(実紀)。11.24 佐渡蔵奉行を新設(実紀)。**この年** 大坂に繰綿延売買会所を設立。宝暦事件に関与した公家三条公積ら落飾(公卿補任)。

社　会・文　化	世　界	琉球	朝鮮	清
四郎(89，篤農家)。**11.4** 竹田出雲(2代)(66，浄瑠璃作者)。**11.19** 岡田庄大夫(60，豊後日田代官)。**11.26** 無隠道費(69，曹洞宗僧侶)。**この年** 西川扇蔵(初代)(日本舞踊)。 《大の月》1・2・4・6・7・9・11		尚穆王 5	英祖 32	乾隆 21 ⑨
この夏 東海・北陸・山陽で水害(日本震災凶饉攷)。**9.7** 幕府，江戸神田の天文台を廃止(実紀)。**この年** 柄井川柳『万句合』を創刊。岩垣光定『商人生業鑑』成る。『聖遊廓』刊。白隠慧鶴『夜船閑話』刊。**この頃** 本居宣長『排蘆小船』成るか。 【死没】 **4.8** 深江蘆舟(59，画家)。**4.18** 村山伝兵衛(初代)(75，豪商)。**4.-** 市川正好(80，林政家)。**7.17** 梁田蛻巌(86，漢詩人)。**8.16** 土肥霞洲(65，儒学者)。**9.19** 堀景山(70，儒学者)。**9.29** 大梅法璞(76，曹洞宗禅僧)。**11.29** 久留島義太(数学者)。**この年** 大谷広次(2代)(41，歌舞伎俳優)。 《大の月》1・3・4・6・8・9・11	**6.29** イギリス，ニューカスルを首相に，ピットを国務大臣に任じる。**6.-** インド，プラッシーの戦でイギリス東インド会社軍，ベンガル軍を破る。**11.-** 清，ヨーロッパ船の交易を広州1港に限定。	6	33	22
この年 広橋伊光，『勁槐記』を記す(～明和5年)。速水房常『雲上明鑑』刊(～慶応年間)。伊藤東涯『紹述先生文集』刊(～宝暦11年)。 【死没】 **1.5** 豊竹肥前掾(54，浄瑠璃太夫)。**4.4** 工藤三助(98，勧農家)。**5.2** 水野忠伸(69，幕臣)。**6.17** 中井甃庵(66，儒学者)。**9.5** 柳沢淇園(55，文人)。**9.22** 吉子内親王(45，徳川家継許婚)。**9.24** 市川団十郎(2代)(71，歌舞伎俳優)。**12.29** 馬場文耕(41，講談祖)。 《大の月》1・4・6・8・9・10・12	**この年** フランス，ケネー『経済表』刊。	7	34	23
2.- 山県大弐『柳子新論』成る。**4.10** 金沢大火．城も全焼，幕府，5万両を貸与する(加賀藩史料)。**7.-** 伊勢屋吉十郎『歌撰集』刊。**この年** 山脇東洋『蔵志』刊。真壁用秀，『地理細論集』を著す。 【死没】 **6.21** 服部南郭(77，儒学者)。**7.20** 村井昌弘(67，兵法家，測量家)。**9.14** 岡昌名(79，楽人)。**9.17** 村上光清(78，富士講)。 《大の月》2・5・7・8・9・11・12	**9.-** イギリス軍，ケベックを占領。**10.-** 清，回部(東トルキスタン)を平定。**この年** スペイン，カルロス3世即位，スペイン領アメリカの改革に着手。	8	35	24 ⑥
2.4～7 江戸連日大火(実紀)。**7.-** 賀茂真淵『万葉考』成る。**この年** 梶取屋治右衛門『鯨志』刊。白隠慧鶴『坐禅和讃』刊。田辺茂啓『長崎実録大成』成る(明和4年『長崎志正編』，天保10年小原克紹・野間寿恒・村岡重文ら『長崎志続編』成る)。 【死没】 **1.19** 吉田文三郎(初代)(人形遣い)。**1.20** 津打治兵衛(2代)(歌舞伎作者)。**2.8** 西玄哲(80，蘭方医)。**3.10** 西尾忠尚(72，遠江横須家藩主)。**4.26** 大岡忠光(52，徳川家重側用人)。**6.14** 小川笙船(89，医者)。**7.15** 青山忠朝(53，寺社奉行)。**7.29** 岩倉恒具(60，公家)。**11.10** 稲葉迂斎(77，儒学者)。**12.28** 桃東園(74，天文学者)。 《大の月》2・5・8・9・11・12	**10.25** イギリス，ジョージ3世即位。	9	36	25

西暦	年号 干支	天皇	将軍	政治・経済
1761 2.5	宝暦 11 辛巳	（桃園）	（徳川家治）	2.21 幕府，武家諸法度を頒布（実紀）。5.- 幕府，再び諸大名に１万石につき籾1000俵の備蓄を命じる（御触書天明集成）。7.26 幕府，文字金銀・古金銀の質入れを禁止（御触書天明集成・実紀）。10.21 幕府，在府の諸大名に判物・朱印状を頒賜（実紀）。10.- 幕府，対馬藩に３万両貸与（御触書天明集成）。12.4 幕府，米価下落により，万石以下知行の年貢米を買入れる（実紀）．16日，その買米資金として大坂富商に御用金を課す（大阪編年史）。12.12 上田藩の百姓，年貢・課役の減免などを要求して強訴（上田騒動）（編年百姓一揆史料集成）。12.16 幕府，大坂出油屋13軒以外の絞油直買を禁止（御触及口達）。12.30 幕府，大坂諸藩の蔵屋敷の空米切手を禁止，大坂両替商の印金売買を禁止（御触書天明集成・実紀）。**この年** 徳島藩，藩政改革に着手（阿波国最近文明史料）。 萩藩，検地を開始（～同13年）（毛利十一代史）。
1762 1.25	12 壬午 ④	7.12 7.27 後桜町		2.18 幕府，みだりに寺院に田畑を寄付・譲渡することを禁じる（御触書天明集成・実紀）。2.22～23 飯田藩の百姓，御用金賦課などに反対して打毀し（千人講騒動）（編年百姓一揆史料集成）。2.- 江戸で目安箱以外に捨訴することを厳禁（江戸町触集成）。4.- 幕府，大坂金蔵から江戸への送金を為替にかえ現金銀とする（～明和４年）。5.15 幕府，徳川（清水）重好に10万石与える（実紀）。5.- 幕府，武家・寺社と大坂町人との金銭訴訟を大坂町奉行に管掌させる（御触書天明集成）。6.- 幕府，国役普請費用を年額7000両に制限（御触書天明集成）。7.27 後桜町天皇（最後の女帝）践祚（広橋兼胤公武御用日記）。**この年** 徳島藩，藩政改革反対派を処罰（阿淡年表秘録）。
1763 2.13	13 癸未			3.22 幕府，諸国の銅山を調査（実紀）。5.14 萩藩，撫育方を設置（毛利十一代史）。6.24 幕府，本草家田村藍水を任用（実紀）。8.19 幕府，広東人参の売買を禁じる（御触書天明集成・実紀）。9.3 大風により大坂通船破壊，1000人余が溺死（続史愚抄）。10.18 幕府，将軍代替りにつき改めて諸社寺に朱印状を下賜（実紀）。11.23 幕府，江戸神田に朝鮮人参座を設置（御触書天明集成・実紀）。
1764 2.2	明和（めいわ） 6.2 甲申 ⑫			1.14 幕府，大坂に金銭延売買会所の設置を許可（御触及口達）。2.27 朝鮮通信使，徳川家治に謁見（実紀）。3.11 幕府，長崎貿易不振につき俵物の生産を奨励（御触書天明集成・実紀）。5.- 幕府，秋田藩に阿仁銅山の上知を命じる．同藩，これに反対して中止に至る（御触書天明集成・秋田県史年表）。9.12～15 宇都宮藩の百姓，城下へ押しかけ騒動（籾摺騒動）（編年百姓一揆史料集成）。10.28 幕府，再び取退無尽を禁じる（御触書天明集成・実紀）。11.21 琉球使節（慶賀使），家治に謁見（実紀）。閏12.24 幕府，江戸神田に元売の人参座を置き，諸国への朝鮮人参下売人を定める（江戸町触集成）。閏12.- 武蔵・上野等の百姓，日光社参のため伝馬助郷役増徴に反対して蜂起（伝馬騒動，天狗騒動）（編年百姓一揆史料集成）。
1765 2.20 ▼	2 乙酉			3.- 幕府，勘定奉行に駈込訴の不受理を命じる（御触書天明集成）。8.2 幕府，江戸亀戸で鋳銭を行う旨布達（東京市史稿）。8.- 幕府，大坂で正米切手の通用を命じる（御触書天明集成）。9.1 幕府，五匁銀を新鋳（実紀）。11.- 盛岡藩，尾去沢銅山を直営とする（尾去沢・白根鉱山史）。12.23 幕府，検校・勾当らの高利貸と不当な督促を禁じる（御触書天明集成・実紀）。**この年** オランダ船より初めて金銀銭を輸入（通航一覧）。

社　会・文　化	世　界	琉球	朝鮮	清
1.18～25 知恩院などで法然五百五十回忌(続史愚抄)。3.19～28 東西両本願寺で親鸞五百回忌(続史愚抄)。10.6 伊勢貞丈『軍用記』成る。 【死没】 2.8 堀田正亮(50，老中)。4.26 吉見幸和(89，神道学者)。6.12 徳川家重(51，江戸幕府第9代将軍)。7.6 野呂元丈(69，本草家)。7.14 河村九兵衛(83，茶人)。7.24 杉浦乗意(61，刀装金工)。9.3 中村蘭林(65，儒者)。 奥村良竹(75，医家)。11.2 松木淡々(88，俳人)。11.27 井上蘭台(57，儒学者)。12.29 蔡温(80，琉球政治家)。**この年** 関戸五兵衛(信詮)(豪商)。 《大の月》1・3・6・9・11・12	1.14 インド，パーニーパットの戦，アフガニスタンのアフマド，マラータ・ムガル連合軍を破る。**この年** イギリス，マンチェスター－ランカシャー間に運河完成。	尚穆王 10	英祖 37	乾隆 26
9.10 近松半二・竹田和泉・竹本三郎兵衛ら合作『奥州安達原』，大坂竹本座で初演(浄瑠璃譜)。**この年** 功存，『願生帰命弁』を口述。 荻生徂徠『南留別志』刊。 谷川士清『日本書紀通証』刊。 【死没】 1.6 恩田杢(46，信濃松代藩士)。3.17 五井蘭洲(66，儒学者)。5.8 慶紀逸(68，俳人)。7.12 桃園天皇(22)。8.8 山脇東洋(58，医師)。9.6 藤堂元甫(86，伊勢津藩士)。9.23 僧樸(44，浄土真宗学僧)。10.14 安藤昌益(思想家)。11.17 正本屋九右衛門(本屋)。**この年** 中島三甫右衛門(初代)(歌舞伎俳優)。 《大の月》1・2・4・6・9・11・12	6.- ロシア，エカテリーナ2世即位。8.- イギリス，ハバナを占領('63年スペインに返還)。**この年** フランス，ルソー『社会契約論』『エミール』刊。 ブルガリア，修道僧パイシイ自国史を著し，民族の覚醒に貢献。	11	38	27 ⑤
5.25 本居宣長，伊勢国松坂で賀茂真淵と対面(真淵手記)。7.- 平賀源内『物類品隲』刊。9.- 大枝流芳『雅遊漫録』刊。 祇園南海『詩学逢原』刊。11.- 平賀源内『風流志道軒伝』刊。**この年** 本居宣長『石上私淑言』成る(文化13年刊)。 一海編『一遍上人語録』刊。**宝暦年間以降** 『唐通事会所日録』(寛文3年1月5日～正徳5年6月10日の記録)成るか。 【死没】 6.- 金森頼錦(51，美濃郡上藩主)。7.16 月海元昭(89，黄檗宗僧侶)。8.1 渋川伴五郎(74，柔術家)。9.22 文雄(64，浄土宗学僧)。11.21 養阿(僧侶)。12.11 秋山玉山(62，儒学者)。 《大の月》1・3・5・7・10・12	2.10・15 パリ条約，フベルトゥスブルグ条約で七年戦争終結。**この年** ブラジル，首都をリオ=デ=ジャネイロに定める。	12	39	28
2.14 中国舶来の『古今図書集成』を紅葉山文庫に納める(実紀)。2.- 平賀源内，火浣布を創製する(火浣布説)。11.11 朝廷，豊明節会を再興(続史愚抄)。12.- 伊勢国山田大火(続史愚抄)。 【死没】 2.11 奥村政信(79，浮世絵師)。3.17 依田貞鎮(84，神道学者)。8.21 東久世通積(57，公家)。9.13 豊竹若太夫(初代)(84，浄瑠璃太夫)。10.8 徳川宗春(69，尾張名古屋藩主)。10.22 富本豊前太夫(初代)(49，富本節家元)。11.2 根本武夷(66，儒学者)。12.6 大口樵翁(76，茶湯者)。12.8 指月慧印(76，曹洞宗学僧)。12.22 徳川宗尹(44，一橋家)。 《大の月》1・3・4・6・8・11・⑫	4.5 砂糖法を含むアメリカ関税法成立。9.7 ポーランド，スタニスワフ王即位(～'95年)。9.- イギリス，ハーグリーヴズ，ジェニー紡績機を発明。**この年** 朝鮮，通信使の趙曮，日本の種芋をもちかえる。	13	40	29
5.13 幕府，多紀元孝らに医学館(躋寿館)設立のため江戸神田の用地を与える(実紀)。7.3 幕府，『本草綱目考異』を献上した江戸の町医日向元秀を褒賞(実紀)。7.- 呉陵軒可有編『誹風柳多留』刊。11.- 手島堵庵，五楽舎を設立(京都の歴史)。12.4 幕府，諸医に医学館での医術研究を許可(実紀)。**この年** 幕府，後藤梨春の『紅毛談』を絶版とする(新撰洋学年表)。 錦絵創始(宇下人言)。 平賀源内『火浣布略説』刊。 賀川玄悦，『産論』を著す。 賀茂真淵『新学』成る(寛政12年刊)。	3.23 イギリス，印紙法を制定。3.- 清，回部で反乱。8.- イギリス東インド会社，ベンガル州のディーワーニーを獲得。**この年** 清，蒲松齢『聊斎志異』刊。	14	41	30 ②

西暦	年号干支	天皇	将軍	政治・経済
1765 2.20 ▲	明和 2 乙酉	(後桜町)	(徳川家治)	
1766 2.9	3 丙戌			1.19 大垣藩の百姓，大垣へ押入り騒動(西濃騒動)(編年百姓一揆史料集成)。2.7 幕府，美濃・伊勢・甲斐国の河川工事を萩藩など 9 藩に命じる(実紀)。3.29 幕府，真宗御蔵門徒を逮捕(実紀)。3.- 幕府，諸国村々に絞油稼を禁じ，油の大坂廻送を命じる(御触書天明集成)。6.3 幕府，大坂の長崎銅会所を廃して銅座を設置し，諸国の産銅を廻送させる(御触書天明集成)。6.25 幕府，代官に年貢皆済期日の厳守を命じる(牧民金鑑)。**この年** 徳島藩，領内に藍玉売買所を設けて大坂藍問屋と対立(阿波藍沿革史)。
1767 1.30	4 丁亥 ⑨			1.29 幕府，関東の河川工事を仙台・広島両藩に命じる(実紀)。3.21 幕府，関八州綿実買受問屋を設置(御触書天明集成・実紀)。5.22 幕府，諸国鉱山の開発を奨励(御触書天明集成・実紀)。6.- 幕府，大坂金蔵金銀の江戸差下しを停止(御触書天明集成)。7.1 幕府，田沼意次を側用人に任じる(実紀)。8.17 幕府，朝鮮貿易不振により対馬藩に 1 万5000両貸与(御触書天明集成・実紀)。8.22 幕府，山県大弐・藤井右門を処刑，竹内式部を流罪(実紀)。**閏**9.8 幕府，西国筋幕領・諸藩の逃散農民の帰村を厳重に取扱わさせる(御触書天明集成・実紀)。10.12 幕府，間引を禁じる(御触書天明集成・実紀)。12.23 幕府，大坂で家質奥印差配所の設置を許可(御触及口達)。**この年** 上杉治憲(鷹山)，藩政改革に着手(鷹山公世紀)。 幕府，伏見の鋳銭定座で鋳造を開始(貨幣秘録)。
1768 2.18	5 戊子			1.22 大坂の町人，家質奥印差配所の設置に反対して出願人宅を打毀し(御触及口達)。2.4 幕府，大坂の家質奥印差配所の設置見合わせにつき通達(御触及口達)。3.24 福井藩の百姓，用金賦課に反対して打毀し(明和蓑虫騒動)(編年百姓一揆史料集成)。4.5 幕府，尾張・美濃・伊勢国の河川工事を久留米藩らに命じる(実紀)。4.28 幕府，真鍮銭(四文銭)を鋳造(御触書天明集成・実紀)。4.- 幕府， 3 ヵ年の鋳銭を水戸・仙台両藩に許可(御触書天明集成)。6.19 長崎に竜脳座を設置(実紀)。8.- 佐渡国に百姓一揆(佐渡年代記)。9.26 新潟の町民，御用金賦課に反対して打毀し，一時町政を掌握(編年百姓一揆史料集成)。9.13 亀山藩の百姓，荒地検地中止などを要求して打毀し(編年百姓一揆史料集成)。12.28 大坂の家質奥印差配所，北組惣会所内で開業(御触及口達)。12.- 幕府，朝鮮鋳銭用として，対馬藩に銅20万斤(翌年より 5 年間 4 万斤ずつ)を渡すことを許す(御触書天明集成・通航一覧)。
1769 2.7	6 己丑			1～2月 幕府，上方・遠国筋百姓の徒党・強訴の取締りを命じ，一揆鎮圧のための近隣領主の出兵方・その後の対処方を示す(御触書天明集成・実紀)。4.23 摂河村々の百姓と大坂下屎仲買との紛争解決(御触及口達)。6.21 幕府，尼ヶ崎藩領の兵庫・西宮を上知(尼崎市史)。6.- 幕府，関八州・伊豆・甲斐国の浪人取締りを命じる(御触書天明集成)。10.30 幕府，徳島藩主蜂須賀重喜の苛政を咎め致仕させる(実紀)。
1770 1.27 ▼	7 庚寅 ⑥			4.16 幕府，徒党・強訴・逃散禁止とその密告をすべき旨の高札を立てる(御触書天明集成・実紀)。5.19 幕府，関八州寺社領内の鉄砲所持につき調査(御触書天明集成・実紀)。6.3 幕府，摂河泉播の寺社に関する出入と，大坂寺社と大坂町人との出入を大坂町奉行扱いとする(御触及口達)。7.- 幕府，市場相場の申告の作為を禁じる(御触書天明集成)。 幕府，朝鮮貿易振興策として対馬藩に銀300貫の貸与を開始(御触書天明集成)。8.25 幕府，大坂の油問屋株以外に，摂河泉の在方油稼株を定める(御触書天明集成・実紀)。10.- 幕府，江戸の質屋

社　会・文　化	世　界	琉球	朝鮮	清
【死没】 2.7 中根東里(72，儒学者)。 《大の月》2・3・5・6・8・10		尚穆王 14	英祖 41	乾隆 30 ②
1.28 弘前大地震(実紀)。1.- 近松半二ら合作『本朝廿四孝』初演(日本演劇史年表)。 上田秋成『諸道聴耳世間猿』刊。3.- 福井大火(国事叢記)。7.1 朝廷，勝手に菊の紋章入り提灯を使用することを禁じる(京都の歴史)。9.5 幕府，紅葉山文庫の書籍目録の改正を命じる(実紀)。**この年** 禿箒子『百姓往来』刊。 金沢兼光『和漢船用集』刊。 【死没】 3.5 永富独嘯庵(35，医者)。6.20 多紀元孝(72，医師)。11.8 竹本大和掾(65，浄瑠璃太夫)。12.19 八文字自笑(2代)(40，浮世草子作者)。 《大の月》1・3・5・6・8・9・11	3.- 清，ビルマに遠征。6.- 清，カスティリオーネ(郎世寧)没。	15	42	31
7.8 幕府，『科条類典』完成により褒賞(実紀)。8.16 幕府，三笠付・取退無尽・富突を禁じる(御触書天明集成・実紀)。**この年** 陳奮翰子角(大田南畝)『寝惚先生文集』刊。 【死没】 2.3 木村探元(89，画家)。3.29 殷元良(50，琉球画家)。6.6 川崎定孝(74，農政家)。8.22 山県大弐(43，儒学者)。 藤井右門(48，勤王家)。11.8 岡白駒(76，儒者)。12.5 竹内式部(56，神道家)。12.6 家仁親王(65，桂宮7代)。**この年** 田中善吉(74，紀州の在方商人)。 《大の月》2・4・6・8・9・10・11	2.- アメリカ，スペイン領からイエズス会士を追放。**この年** ビルマ軍，アユタヤ朝を滅ぼす。 タイ，トンブリ朝成立。 インド，第1次マイソール戦争起こる(～'69年)。	16	43	32 ⑦
6.1 近松半二ら合作『傾城阿波の鳴門』，大坂竹本座で初演(義太夫年表)。**この年** 上田秋成『雨月物語』成る。 円山応挙『七難七福図巻』成る。 建部綾足『西山物語』刊。 賀茂真淵『万葉考』刊(～天保6年)。 【死没】 1.30 田辺茂啓(81，長崎地下役人)。5.4 坂東彦三郎(2代)(28，歌舞伎俳優)。5.14 智暹(67，浄土真宗学匠)。8.22 月枝元皓(93，禅僧)。9.18 村田春郷(30，歌人)。11.5 豊竹筑前少掾(69，浄瑠璃太夫)。 難波宗建(72，蹴鞠家)。12.11 白隠慧鶴(84，臨済宗僧侶)。**この年** 西善三郎(阿蘭陀通詞)。 《大の月》1・4・7・8・10・11・12	8.25 イギリス，クック，太平洋探検の航海に出発(～'71年)。10.- オスマン朝トルコ，ロシアと対戦(～'74年)。	17	44	33
12.9 近松半二ら合作『近江源氏先陣館』，大坂竹本座で初演(義太夫年表)。12.27 天文方佐々木秀長，暦書を献上(実紀)。**この年** 銅脈先生(畠中頼母)『太平楽府』刊。 【死没】 2.4 速水房常(70，有識故実家)。7.6 藤間勘兵衛(初代)(藤間流宗家)。7.10 安田成信(55，因幡鳥取藩士)。7.12 阿部正右(47，老中)。9.16 服部蘇門(46，思想家)。9.17 面山瑞方(87，曹洞宗僧侶)。10.12 青木昆陽(72，実学者)。10.20 職仁親王(57，有栖川宮第5代)。10.30 賀茂真淵(73，国学者)。11.4 望月三英(72，医師)。 《大の月》2・5・8・10・11・12	**この年** イギリス，アークライト，水力紡績機を発明。	18	45	34
閏6.28 幕府，7社7寺に国家安穏を祈禱させる(続史愚抄)。**この年** 平賀源内『神霊矢口渡』初演(外題年鑑)。 中井竹山『逸史』草稿(天明年間に成る)。 田舎老人多田爺『遊子方言』刊か。 【死没】 2.2 関通(75，浄土宗僧侶)。6.15 鈴木春信(46，浮世絵師)。6.17 中村吉右衛門(上方系初代)(77，歌舞伎俳優)。8.25 須藤	3.3 北米，ボストンで大虐殺，イギリス軍の撤退要求。**この年** インド，ベンガルに大飢饉。 エジプト，アリー=ベイ，オスマン朝トルコからの独立を宣言(～'73	19	46	35 ⑤

西暦	年号干支	天皇	将軍	政治・経済
1770 1.27 ▲	明和 7 庚寅 ⑥	(後桜町) 11.24	(徳川家治)	株を定める(江戸町触集成)。11.24 後桜町天皇譲位(続史愚抄)。
1771 2.15	8 辛卯	後桃園		1.25 上皇，新築の仙洞御所に移徙(続史愚抄)。4.1 水戸藩の百姓，領内の鋳銭座を焼打ち(水戸紀年)。4.5 幕府，旱損のため５ヵ年間の倹約を命じ，諸拝借金を認めず，諸役所の予算を策定(御触書天明集成)。5.- 幕府，百姓の江戸門訴の罰則を布令(御触書天明集成)。7.20 唐津藩の百姓，御用捨高廃止等に反対して一揆(虹の松原一揆)(編年百姓一揆史料集成)。11.16 篠山藩の百姓，旱害により年貢減免などを要求して強訴，打毀し(編年百姓一揆史料集成)。12.14 飛騨国大野郡幕領の百姓，年貢米の江戸廻送等に反対して一揆(大原騒動)(編年百姓一揆史料集成)。**この年** ベニョフスキー，阿波・奄美大島に漂着，ロシアの対日侵寇を警告(ベニョフスキー航海記)。
1772 2.4	安永(あんえい) 11.16 壬辰			1.12 幕府，大坂天満青物市場問屋・仲買の株仲間を公認(大阪編年史)。4.9 幕府，甲州道中に内藤新宿を設定(実紀)。4.23 幕府，抜荷取締りを強化(御触書天明集成・実紀)。6.5 幕府，大坂綿屋仲間を公認(大阪編年史)。9.7 幕府，南鐐二朱銀を鋳造(御触書天明集成・実紀)。9.25 幕府，金座・銀座以外での鋳銭を禁じる(御触書天明集成・実紀)。10.- 幕府，銭相場下落により，水戸・仙台両藩の鋳銭を停止(御触書天明集成)。 幕府，大坂綿買次積問屋株を公認(大阪編年史)。**この年** 幕府，樽廻船問屋株を公認(大阪編年史)。
1773 1.23	2 癸巳 ③			2.- 幕府，大坂の正米切手流通保証のため，蔵出し延滞切手の官銀立替制を実施(御触書天明集成)。4.1 飛騨国に古田畑再検反対の一揆(編年百姓一揆史料集成)。4.- 幕府，菱垣廻船問屋株を公認(株仲間名前帳前書)。7.30 幕府，銅山経営維持策として秋田藩に１万両貸与(実紀)。9.- 幕府，江戸炭薪仲買組合を定める(御触書天明集成)。 幕府，銭相場引上げのため，鋳銭定座・伏見鋳銭座の吹高を減額(御触書天明集成)。10.- 幕府，福島領の蚕種の改印制を実施(御触書天明集成)。
1774 2.11 ▼	3 甲午			1.19 幕府，虚無僧取締りを命じる(御触書天明集成・実紀)。2.10 幕府，米価引上げのため，米買入資金を浅草蔵米札差などへ貸付け(東京市史稿)。8.9 幕府，大坂・摂河泉播４ヵ国と中国・西国・四国との金銀出入を，大坂町奉行所で処理させる(御触及口達)。8.26 幕府，禁中の不正官人を処罰し，経理を厳重にさせる(続史愚抄・実紀)。9.5 幕府，銭相場引上げのため，江戸・伏見の鉄銭鋳造を停止，真鍮銭鋳造を半減(御触書天明集成)。9.- 幕府，諸大名に万石につき1000俵の囲籾を命じる(御触書天明集成)。10.17 江戸大川橋(吾妻橋)架

社　会・文　化	世　界	琉球	朝鮮	清
佐次兵衛(70，義民)。8.30 沢村宗十郎(2代)(歌舞伎俳優)。12.5 錦屋惣次(長唄三味線方)。**この年** 石崎元徳(画家)。 《大の月》1・3・6・8・10・11・12	年)。	尚穆王 19	英祖 46	乾隆 35 ⑤
1.28 近松半二ら合作『妹背山婦女庭訓』，大坂竹本座で初演(義太夫年表)。3.4 杉田玄白・前野良沢ら，千住小塚原で刑死体の解剖を見，『解体新書』の翻訳を始める(蘭学事始)。3.- 伊勢御蔭参流行(明和続後神異記)。5.2 上杉治憲，細井平洲を招請(鷹山公世紀)。8.- 池大雅・与謝蕪村『十便十宜図画冊』成る。10.- 本居宣長『直毘霊』成る。**この年** 福岡弥五四郎『あやめぐさ』刊(『新刻役者綱目』付録)。 荒木田麗女『池の藻屑』成る。 渋井孝徳『国史』成るか。 荒木田麗女『月の行方』成る。 金竜敬雄編『天台霞標』初編成る(羅渓慈本による増補，～文久2年)。 江村北海『日本詩史』刊。 水野豊後守忠友，『水野忠友日記』を記す(～享和2年6月)。 【死没】 3.29 富士田吉治(初代)(58，長唄唄方)。4.8 後藤梨春(76，本草学者)。4.23 黒沢琴古(初代)(62，尺八流祖)。6.4 田安宗武(57，田安家祖)。7.18 松平頼恭(61，讃岐高松藩主)。8.3 寂厳(70，真言宗僧侶)。8.7 蓑正高(85，幕府代官)。8.9 炭太祇(63，俳諧師)。12.7 黒柳召波(45，俳人)。12.9 米山検校(検校)。**この年** 津打治兵衛(3代)(歌舞伎作者)。 《大の月》2・4・6・9・11・12	6.- 清，金川の乱起こる(～'76年)。**この年** イギリス，『ブリタニカ百科辞典』刊。	20	47	36
2.29 江戸大火(行人坂火事)(実紀)。**この年** 初代鶴賀若狭掾，『明烏』を作曲。 木室卯雲『鹿の子餅』刊。 森本一瑞『肥後国誌』成る。 【死没】 3.9 伊藤錦里(63，儒学者)。6.24 市川団蔵(3代)(64，歌舞伎俳優)。8.25 伊奈忠宥(44，勘定奉行)。12.11 山路主住(69，暦算家)。12.28 熊代繡江(80，画家)。 《大の月》2・3・5・7・10・12	8.- ヨーロッパ，ポーランド第1次分割。 スウェーデン，グスタフ3世のクーデタにより王権回復。	21	48	37
1.- 杉田玄白誌・中川淳庵校・熊谷元章図『解体約図』刊。2.2 朝廷，縫殿寮を再興(広橋兼胤公武御用日記)。2.- 菅専助ら合作『摂州合邦辻』初演(義太夫年表)。3～5月 江戸で疫病流行(武江年表)。5.10 幕府，医学館(躋寿館)の再建を許可(実紀)。6.19 伊勢・尾張国等大暴風雨(続史愚抄)。9.- 高橋平助，木内石亭『雲根志』を上梓(～享和元年)。10.- 鹿児島藩，藩校造士館・演武館を設立(旧記雑録追録)。**この年** 三浦梅園『価原』成る。 小松百亀編『聞上手』刊。 建部綾足『本朝水滸伝』前編刊(後編は未刊)。 富山藩，藩校広徳館を創設(日本教育史資料)。 【死没】 1.24 滝鶴台(65，儒学者)。1.27 坊城俊逸(47，公家)。2.15 深見有隣(83，儒者)。2.17 並木正三(初代)(44，歌舞伎狂言作者)。**閏**3.2 小宮山昌世(代官)。**閏**3.13 瀬川菊之丞(2代)(33，歌舞伎俳優)。9.25 吉益東洞(72，医師)。 《大の月》2・3・4・5・7・10・12	9.- ロシア，プガチョフの乱起こる。12.16 北米，ボストン茶会事件起こる。**この年** ベトナム，西山党の乱起こる(～1802年)。	22	49	38 ③
6.13 京坂大風雨(実紀)。8.- 前野良沢・杉田玄白ら『解体新書』刊。 毛呂権蔵，『上野国志』を著す。**この年** 伴蒿蹊『国文世々の跡』刊。 本木良永訳『天地二球用法』成る。 【死没】 1.18 観世元章(50，能役者)。3.18 建部綾足(56，文人)。7.4 福永十三郎(54，義民)。7.27 冷泉為村(63，歌人)。8.11 鶴賀	5.10 フランス，ルイ16世即位。7.21 ロシアとトルコ，キュチュク=カイナルジャ条約締結。8.- フランス，テュルゴーによる財政改革。9.5 北米，第1回大	23	50	39

西暦	年号干支	天皇	将軍	政　治・経　済
1774 2.11 ▲	安永 3 甲午	(後桃園)	(徳川家治)	橋(実紀)。**10.28** 幕府，浪人・旅僧・修験者などの取締りを命じる(御触書天明集成・実紀)。**この年** 三井の家産，本店・両替店・松坂店に分かれる(三井事業史)。 松前藩，飛騨屋久兵衛に江鞆・厚岸・霧多布・クナシリ場所を請負わせる(蝦夷地一件)。
1775 1.31	4 乙未 ⑫			**4.13** 幕府，参勤従者の員数を制限(御触書天明集成・実紀)。**6.8** 幕府，関八州綿実仲買人を指定し，脇売を禁じる(御触書天明集成・実紀)。**8.3** 幕府，大坂家質奥印差配所を廃止し，川浚冥加金を賦課(御触及口達)。**10.15** 仙台藩，藩士困窮により普請役を免除(東藩史稿)。**11.-** 宮津藩，機株を設定して運上銀を賦課(国産丹後縞織物沿革・池田敬正「宮津藩における藩政改革」)。**この年** 米沢藩，物産掛を置く(米沢重要年表)。
1776 2.19	5 丙申			**2.29** 幕府，東33ヵ国の枡改め，私枡の使用を禁じる(御触書天明集成・実紀)。**3.4** 幕府，朝鮮私貿易の断絶を認め，対馬藩に年額金１万2000両永続給付を決定(御触書天明集成・実紀)。**4.17** 徳川家治，日光社参(実紀)。**8.25** 紀伊高野山領の百姓，検地に反対して打毀し，11月に強訴(編年百姓一揆史料集成)。**11.5** 幕府，琴・三味線・針治・導引などで生計をたてる盲人は検校の支配に属させる(御触書天明集成・実紀)。**12.16** 幕府，無株の油稼を禁止(御触書天明集成・実紀)。**12.26** 幕府，宗門改帳を１宗１冊で仕立てるよう命じる(御触書天明集成・実紀)。
1777 2.8	6 丁酉			**1.12** 信濃国高井・水内両郡幕領の百姓，貢納延期などを要求して打毀し(安永中野騒動)(編年百姓一揆史料集成)。**5.23** 幕府，百姓がみだりに江戸奉公稼に出ることを禁じる(御触書天明集成・実紀)。**5.24** 幕府，飛驒郡代を創置(実紀)。**9.10** 幕府，重ねて徒党・強訴・逃散禁令を出す(御触書天明集成・実紀)。**11.26** 河内国の百姓，繰綿延売買会所の廃止を要求(編年百姓一揆史料集成)。
1778 1.28	7 戊戌 ⑦			**3.-** 幕府，長崎貿易で輸出する俵物の生産を奨励(通航一覧)。**6.9** ロシア船，蝦夷地厚岸に来航して松前藩に通商を要求(通航一覧)。**6.25** 朝廷，竹内式部事件に連座した廷臣15人を赦免(実種公記)。**7.18** 幕府，江戸の札差の仲間組織を改正(札差事略)。**8.12** 幕府，西35ヵ国の枡を改める(御触書天明集成・実紀)。**10.11** 盲人・浪人らの高利貸を禁じる(御触書天明集成・実紀)。**10.16** 幕府，全国にえた・非人の服装・不法行為など取締りを命じる(御触書天明集成)。

社　会・文　化	世　界	琉球	朝鮮	清
新内(初代)(62，新内節)。10.22 鵜殿士寧(65，儒学者)。11.18 芳沢あやめ(3代)(55，歌舞伎俳優)。12.5 本郷村善九郎(18，一揆指導者)。12.10 宮崎筠圃(58，漢学者)。**この年** 中村七三郎(2代)(72，歌舞伎俳優)。 《大の月》2・3・5・7・9・11	陸会議開催。9.- 清，山東で王倫の乱。10.20 インド，ヘイスティングズ，初代ベンガル総督に任ぜられる。	尚穆王 23	英祖 50	乾隆 39
3.- 長久保赤水『日本輿地路程全図』成る。**この年** 恋川春町『金々先生栄花夢』刊(黄表紙の始まり)。 西山元文『官中秘策』成る。慈雲飲光『十善法語』成る。 越谷吾山編『物類称呼』刊。 【死没】 1.18 屋嘉比朝寄(60，琉球音楽家)。6.9 万仞道坦(78，曹洞宗僧侶)。9.8 加賀千代(73，俳人)。10.26 川井久敬(51，勘定奉行)。11.19 小堀政方(76，寺社奉行)。12.23 松崎観海(51，漢詩人)。**この年** 渡辺蒙庵(89，漢学者)。 《大の月》1・3・5・7・8・10・11	4.19 北米，アメリカ独立戦争起こる(～'83年)。**この年** インド，第1次マラータ戦争起こる(～'82年)。**この頃** イギリス，ワット，蒸気機関を完成。	24	51	40 ⑩
1.20 米沢藩主上杉治憲，藩校興譲館の再興を命じる(鷹山公世紀)。4.- 上田秋成『雨月物語』刊。7.- 中村喜時『耕作噺』成る。11.- 平賀源内，エレキテルを完成。 ツュンベリー『日本植物誌』成る。**この年** 中井竹山『詩律兆』刊。 荻野検校知一撰『平家正節』成る。 八文字自笑編『役者論語』刊。 星運堂・雨譚編か『誹風末摘花』刊(～享和元年)。 【死没】 3.23 田村藍水(59，本草家)。4.5 正木段之進(88，武術家)。4.13 池大雅(54，画家)。4.28 大内熊耳(80，儒学者)。5.20 土屋篤直(45，常陸土浦藩主)。6.2 蘆野東山(81，陸奥仙台藩士)。8.9 宇佐美灊水(67，儒学者)。8.25 今出川公言(39，公家)。10.10 谷川士清(68，国学者)。**この年** 相原可碩(79，囲碁棋士)。 《大の月》1・3・5・7・9・10・11	7.4 アメリカ，独立宣言を決議。7.- 南米，ラプラタ副王領設置。**この年** イギリス，アダム=スミス『国富論』刊。	25	52	41
1.- 与謝蕪村編『夜半楽』刊。3.28 幕府，再び富突を厳禁(御触書天明集成・実紀)。5.1 佐伯藩，藩校四教堂を創設(日本教育史資料)。6.- 鎌田一窓『売卜先生糠俵』本編刊。**この年** 前野良沢，『管蠡秘言』成るか。 与謝蕪村『春風馬堤曲』『新花つみ』成る。谷川士清編『倭訓栞』前編刊(～文政13年．中編は文久2年刊．後編は明治20年刊)。 【死没】 1.8 植村政勝(83，本草学者)。6.2 正親町三条公積(57，公家)。6.10 加藤美樹(57，幕臣)。8.12 田中藤六(塩業功労者)。8.14 土井利里(56，下総古河藩主)。9.5 植松雅久(57，公家)。9.14 賀川玄悦(78，医師)。10.21 住吉広守(73，画家)。11.25 中村伝九郎(2代)(59，歌舞伎役者)。 《大の月》1・4・7・9・10・11	6.- フランス，ネッケルを財務長官に任命。	26	正祖	42
2.12 江戸大火(実紀)。2.- 高鍋藩，藩校明倫堂を創設(日本教育史資料)。 九条尚実，『尚実公記』を記す(～安永9年)。7.2 京中大雨による崖崩れで600余名死亡(実紀)。**この年** 三原山大噴火(泰平年表)。 富士谷成章『脚結抄』刊。 岡崎信好撰『扶桑鐘銘集』刊。 佐久間維章編『邏媽人欵状』成る。 【死没】 1.8 斎静斎(51，儒学者)。2.17 近松茂矩(82，武道学者)。2.25 市川団十郎(4代)(68，歌舞伎俳優)。3.2 山内道慶(84，篤農家)。3.3 南宮大湫(51，儒学者)。3.27 伊藤蘭嵎(85，儒学者)。5.17 永谷義弘(98，茶商)。閏7.5 有賀長因(67，歌人)。8.14 蟹養斎(74，儒学者)。 《大の月》1・2・5・⑦・9・10・11	2.6 フランス，アメリカ植民地の独立を承認して通商条約と攻守同盟を結び，アメリカ独立戦争に参戦。4.- バターフィア学芸協会設立。5.- フランス，ヴォルテール没。7.- フランス，ルソー没。	27	2	43 ⑥

西暦	年号 干支	天皇	将軍	政　治・経　済
1779 2.16	安永 8 己亥	(後桃園) 10.29 11.25 光格	(徳川家治)	1.30 幕府，南鐐二朱銀を専用し，小判金貨を蓄える傾向を戒める(御触書天明集成・実紀)。5.19 松前藩の漁民，昆布の一手買占めなどに反対して強訴(編年百姓一揆史料集成)。8.7 松前藩，ロシア船の通商要求を拒否(通航一覧)。11.25 兼仁親王(光格天皇)践祚(続史愚抄)。
1780 2.5	9 庚子			6.10 幕府，公用の宿駅人馬使用規定を定め，恣意の徴発を禁じる(徳川禁令考・実紀)。8.28 幕府，大坂に鉄座，江戸・大坂・京に真鍮座を新設し，脇売を禁じる(御触書天明集成・実紀)。12.- 幕府，江戸組・堺筋組・油町組等の毛綿仕入積問屋株を公認(株仲間名前帳前書)。
1781 1.24	天明(てんめい) 4.2 辛丑 ⑤			閏5.18 徳川家治，一橋治済の子息豊千代を養嗣子とする(実紀)。6.27 幕府，武蔵・上野両国に糸綿貫目改所の設置を許可(実紀)。8.9 上野国の百姓，糸綿貫目改所の設置に反対して問屋・仲買人宅を打毀し(上州絹一揆)(編年百姓一揆史料集成)。8.16 幕府，同改所を停止(実紀)。10.15 膳所藩の漁民，御用銀賦課に反対して打毀し(編年百姓一揆史料集成)。**この年** 幕府，無人島御用として普請役佐藤玄六郎を鳥島に派遣(通航一覧)。
1782 2.12	2 壬寅			2.12 幕府，下総印旛沼・手賀沼の調査を開始(実紀)。5.3 徳島藩の百姓，縄の供出等に反対して強訴(縄騒動)(編年百姓一揆史料集成)。7.20 幕府，長崎の竜脳座を廃止(実紀)。7.26 秋田藩能代町の町民，米価騰貴に苦しみ打毀し(編年百姓一揆史料集成)。8.20 和泉国大鳥・泉両郡の一橋家領の百姓，年貢延納などを要求して庄屋宅を打毀し(千原騒動)(編年百姓一揆史料集成)。8.24 幕府，延滞米切手の官銀立替制を廃止．後藤縫殿助を米切手改役に任じる(御触書天明集成・実紀)。8.30 幕府，明礬会所を江戸・京都・大坂・堺に増設(御触書天明集成・実紀)。8.- 幕府，印旛沼の干拓に着手(大谷貞夫『近世日本治水史の研究』)。11.6 幕府，定飛脚問屋株を公認(東京市史稿)。11.- 幕府，御研師佐柄木弥太郎の関八州研屋触頭を再興(御触書天明集成)。12.23 桑名藩の百姓，年貢減免を要求して打毀し(編年百姓一揆史料集成)。**この年** 広島藩，学問所(修道館)を創設(日本教育史資料)。

社　会・文　化	世　界	琉球	朝鮮	清
5.- 手島堵庵，時習舎を開く(京都の歴史)。10.1 桜島噴火(旧記雑録追録)。11.- 平戸藩，藩校維新館を創設(日本教育史資料)。**この年** 塙保己一『群書類従』の編纂に着手(太田善麿『塙保己一』)。長久保赤水『赤水図』出版(宝暦年間より作製)。伊勢貞丈編纂『武器考証』成る。**この頃** 大田南畝，『一話一言』を著す(～文政4年頃)。洒落本・黄表紙流行。 【死没】 7.25 松平武元(67，老中)。8.30 仙石政辰(58，但馬出石藩主)。9.23 松下烏石(81，書家)。10.2 富士谷成章(42，国学者)。10.8 賀川玄廸(41，医師)。10.29 後桃園天皇(22)。12.18 平賀源内(52，本草・物産学者)。 《大の月》1・2・5・8・10・11	10.- イギリス人ジェームズ=クック死後，探険船日本を確認。**この年** ペルシア，カージャール朝成立。フランス，農奴廃止令。イギリス，クロンプトン，ミュール紡績機を発明。	尚穆王 28	正祖 3	乾隆 44
1.- 近衛経熙，『経熙公記』を記す(～天明7年11月まで)。6.- 関東洪水(実紀)。9.- 近松半二作『新版歌祭文』，大坂竹本座で初演(義太夫年表)。11 本居宣長『葛花』成る。**この年** 秋里籬島『都名所図会』刊。 【死没】 3.12 中山高陽(64，画家)。5.17 小田野直武(32，洋画家)。5.19 森田勘弥(6代)(57，森田座)。6.24 松宮観山(95，儒学者)。7.24 奥平昌鹿(37，豊前中津藩主)。9.18 烏丸光胤(60，公家)。9.25 三枡大五郎(初代)(63，歌舞伎役者)。10.15 山岡浚明(68，国学者)。11.16 三浦樗良(52，俳人)。**安永年間** 山中平九郎(2代)(歌舞伎俳優)。 《大の月》1・2・4・6・9・11	11.29 オーストリア，マリア=テレジア没。11.- ペルーでトゥパック=アマル，スペインに反乱(～'81年)。	29	4	45
この年 佐賀藩，藩校弘道館を創設(日本教育史資料)。本木良永訳『阿蘭陀海鏡書和解』成る。藤田定資『精要算法』刊。亀井南冥『肥後物語』成る。松前広長『松前志』成るか。 【死没】 1.7 曾我蕭白(52，画家)。1.9 湯浅常山(74，儒者)。2.1 常磐津文字太夫(初代)(73，常磐津節家元)。9.7 滋野井公麗(49，公家)。9.22 中村伝次郎(2代)(歌舞伎振付師)。10.14 普寂(75，浄土宗律僧)。**この年** 中西敬房(気象学者)。 《大の月》1・2・3・5・6・9・11	3.16 南米，ニュー=グラナダで本国の増税政策に反対して反乱起こる。3.- 清，甘粛で回教徒反乱。北米，連合規約発効。**この年** カント『純粋理性批判』刊。	30	5	46 ⑤
1.2 容楊黛『加々見山旧錦絵』，江戸外記座で初演(義太夫年表)。2.- 出石藩，学問所を弘道館と名付け開講(日本教育史資料)。**この春以降** 諸国洪水(実紀)。4.- 勝間竜水『職人往来』刊。5.3 幕府，新江戸図完成により褒賞(実紀)。6.1 幕府，天文台を牛込より浅草に移す(御府内備考)。7.15 小田原大地震(実紀)。**この年** 中井竹山，懐徳堂の学主となる(西村天囚『懐徳堂考』)。湯浅常山著・男明善校『文会雑記』成るか。小野武次郎景湛編『細川家記』成る。 【死没】 3.7 加藤文麗(77，画家)。3.8 建部清庵(71，医学者)。3.23 楫取魚彦(60，国学者，歌人)。3.29 片山兼山(53，儒者)。4.10 坂東三津五郎(初代)(38，歌舞伎俳優)。5.29 加賀美光章(72，神道家)。8.15 大我(74，浄土宗学僧)。10.4 松平宗衍(54，出雲松江藩主)。10.12 土肥経平(76，古典学者)。11.10 石谷清昌(68，幕臣)。12.22 慧雲(53，真宗学僧)。**この年** 中島三甫右衛門(2代)(59，歌舞伎俳優)。 《大の月》1・2・4・6・8・10・12	1.- 清，『四庫全書』成る。**この年** タイ，チャクリ(バンコク)朝成立。	31	6	47

西暦	年号 干支	天皇	将軍	政治・経済
1783 2.2	天明 3 癸卯	(光格)	(徳川家治)	1.18 松江藩の百姓，米価騰貴に苦しみ打毀し(三刀屋騒動)(編年百姓一揆史料集成)。2.- 大坂・京都などで米価騰貴のため打毀し(編年百姓一揆史料集成)。7.- 青森・盛岡・弘前など陸奥国各地で打毀し(編年百姓一揆史料集成)。9.26 藁餅製造法を伝える(牧民金鑑)。9.- 上野国の百姓，安中宿などの穀屋を打毀し(編年百姓一揆史料集成)。10.28 幕府，後藤縫殿助の加印のない米切手の売買を禁じる(御触書天明集成・実紀)。10.- 西上州の一揆，前橋近辺や信濃国佐久郡などに波及(編年百姓一揆史料集成)。11.1 幕府，田沼意知を若年寄に任じる(実紀)。11.9 幕府，百姓一揆取締りを命じる(御触書天明集成・実紀)。12.16 幕府，7ヵ年の倹約を命じる(御触書天明集成・実紀)。12.- 福島藩，蚕種改印制を廃止(日本財政経済史料)。 幕府，収納増加を督励(憲政類典)。
1784 1.22	4 甲辰 ①			2.10 幕府，関八州菜種買問屋・仲買を定める(実紀)。2.28 武蔵国多摩郡の百姓，雑穀買占めに反対して打毀し(武州村山騒動)(編年百姓一揆史料集成)。3.24 新番士佐野政言，江戸城殿中で田沼意知を刺す(実紀)。4.3 幕府，佐野政言に切腹を命じる(実紀)。4.23 幕府，米価騰貴により，米の買占と売り惜しみ，徒党と打毀しを禁じる(御触書天明集成・実紀)。5.7 幕府，疫病流行のため，薬方を諸国に再公示(御触書天明集成・実紀)。8.24 幕府，大坂の二十四組江戸積問屋株を公認(大阪編年史)。11.14 幕府，後藤縫殿助，米切手加印制を停止(御触書天明集成・実紀)。11.17 幕府，仙台藩に5ヵ年を限り仙台通宝の鋳造を許可(御触書天明集成・実紀)。11.- 幕府，江戸両替商の株数を変更し，643株とする(御触書天明集成)。
1785 2.9	5 乙巳			2.7 幕府，上杉治憲の隠居を許可(実紀)。2.17 幕府，長崎の俵物一手請方制を廃し，長崎直仕入とする(御触書天明集成・実紀)。2.- 幕府，普請役山口鉄五郎らに蝦夷地調査を命じる(通航一覧)。6.- 大坂三所綿問屋，綿屋仲間の営業妨害を提訴(翌月11月，裁決)(大阪編年史)。9.1 幕府，琉球の飢饉救済のため，鹿児島藩に米1万石・金1万両貸与(実紀)。9.26 山城伏見の町人，伏見奉行小堀政方らの苛政を幕府に越訴(雨中之鑵子)。10.10 勘定方，手賀沼・利根川の巡視を命ぜられる(実紀)。10.29 幕府，寄合藤枝外記の遊女との心中事件に関する処分を下す(実紀)。12.13 幕府，大坂町人らに御用金を課す(大阪編年史)。

社　会・文　化	世　界	琉球	朝鮮	清
1.－ 大田南畝『万載狂歌集』刊。 工藤平助，『赤蝦夷風説考』成る。 山本北山『作詩志彀』刊。**4.－** 名古屋藩，藩校明倫堂を創設(日本教育史資料)。 近松半二・近松加助合作『伊賀越道中双六』，大坂竹本座で初演(義太夫年表)。**7.6** 浅間山大噴火，降灰被害甚大(実紀)。**7.－** 伊勢白子の大黒屋光太夫らカムチャツカに漂流(通航一覧)。**この年** 大槻玄沢『蘭学階梯』成る。 司馬江漢，初の銅版画を制作。 畑中太冲『貨殖論』成る。 江村綬(北海)『授業編』刊。 【死没】 **2.4** 近松半二(59，浄瑠璃作者)。**4.10** 朝日丹波(79，出雲松江藩士)。**4.18** 松平君山(87，博学者)。**4.25** 町尻説久(69，公家)。**6.16** 横井也有(82，俳人)。**7.8** 織田信邦(39，上野小幡藩主)。**10.2** 僧鎔(61，浄土真宗学僧)。**10.14** 堀麦水(66，俳人)。**11.13** 松岡仲良(83，垂加流神道家)。**11.23** 有馬頼徸(70，筑後久留米藩主)。**12.25** 与謝蕪村(68，俳人，画家)。**12.29** 尾上菊五郎(初代)(67，歌舞伎俳優)。**この年** 岸沢式佐(初代)(54，常磐津節)。 中島三甫右衛門(3代)(48，歌舞伎俳優)。 《大の月》2・4・5・7・9・11	**9.3** イギリス，パリ条約によりアメリカの独立を承認。	尚穆王 32	正祖 7	乾隆 48
2.－ 福岡藩，藩校修猷館・甘棠館開館の儀を行なう(日本教育史資料)。**この春** 下原重仲『鉄山秘書』成る。**4.－** 奈河七五三助作『隅田川続俤』，大坂角の芝居初演(歌舞伎年表)。**11.－** 宝田寿莱『関の扉』，江戸桐座にて初演(歌舞伎年表)。**12.－** 与謝蕪村『蕪村句集』刊。**この年** 諸国大飢饉，奥州被害甚大(実紀)。 志筑忠雄訳『求力法論』成る。 三浦梅園『五月雨抄』成る。 ツュンベリー『日本植物誌』刊(ドイツ)。 山名文成『農家訓』成る。 【死没】 **閏1.26** 樋口建侯(陸奥弘前藩士)。**4.2** 田沼意知(36，若年寄)。**4.3** 佐野政言(28，旗本)。**4.25(24，26日とも)** 高芙蓉(63，篆刻家)。**5.9** 土御門泰邦(74，天文暦道家)。**5.28** 伊勢貞丈(68，故実家)。**6.13** 藤堂高文(65，伊勢津藩重臣)。**6.16** 井上金峨(53，儒学者)。**7.7** 布施松翁(60，心学者)。**9.28** 池玉瀾(58，画家)。**この年** 豊竹若太夫(2代)(73，浄瑠璃太夫)。 藤野孫一(84，造林家)。 《大の月》1・2・4・6・7・9・11	**8.－** インド，ピットのインド法施行。 アラスカ，ロシア商人シェレホフ，カジャク島に商業基地を設置。**この年** デンマーク，フレデリック皇太子による啓蒙時代の始まり。	33	8	49 ③
8.－ 幕府，青蓮院門跡の盲僧支配を認める(御触書天明集成)。**この年** 山東京伝『江戸生艶気樺焼』刊。 林子平『三国通覧図説』成る。 前野良沢『和蘭訳筌』成る。 本居宣長『詞玉緒』刊。 広橋胤定，『日申記』を記す(～天保元年)。 【死没】 **1.24** 久世広明(55，老中)。**1.25** 高橋宗直(83，有識故実家)。**3.13** 藤間勘兵衛(2代)(日本舞踊家)。**3.20** 近衛内前(58，公家)。**3.23** 清田儋叟(67，儒者)。**4.5** 松村理兵衛(65，治水家)。**4.12** 長谷川勘兵衛(8代)(歌舞伎大道具方)。**5.23** 伊藤伝右衛門(45，治水功労者)。**5.25** 石川豊信(75，浮世絵師)。**6.10** 佐竹義敦(38，出羽秋田藩主)。**7.5** 細川興文(61，肥後宇土藩主)。**8.10** 加藤枝直(94，幕臣，歌人国学者)。**8.14** 藤枝外記(28，幕臣)。**8.25** 市村羽左衛門(9代)(61，歌舞伎俳優)。**10.22(26日とも)** 細川重賢(66，肥後熊本藩主)。**この年** 宮薗鸞鳳軒(初代)(宮薗節太夫)。 《大の月》1・3・6・7・9・10・12	**1.1** イギリス，『タイムズ』創刊。**この年** イギリス，カートライト，力織機を発明。	34	9	50

西暦	年号 干支	天皇	将軍	政　治・経　済
1786 1.30	天明 6 丙午 ⑩	(光格)	(徳川家治) 9.8	2.23 幕府，下総国手賀沼を開墾(実紀)。6.29 幕府，大坂に貸付会所を設置し，大名貸付のため，諸国の寺社・百姓・町人に御用金を命じる(御触書天明集成)。8.24 幕府，貸付会所を停止(御触書天明集成・実紀)。 幕府，印旛沼・手賀沼の開墾を中止(実紀)。8.27 幕府，田沼意次を罷免(実紀)．ついで閏10月5日，その封2万石を収公(実紀)。10.- 幕府，蝦夷地調査を中止(蝦夷地一件)。11～12月 越後・備前・備中・備後・安芸・土佐・伊予など各地の農民，飢饉・米価騰貴により蜂起(編年百姓一揆史料集成)。**この年** 最上徳内ら，蝦夷地の千島を探険，ウルップに至る(蝦夷草紙)。
1787 2.18	7 丁未		4.15 徳川家斉	1.- 幕府，後藤縫殿助の米切手改兼帯役を解く(御触及口達)。2.16 高知藩の百姓，国産平紙問屋の廃止を要求して逃散(編年百姓一揆史料集成)。3.1 幕府，宗門を調査(続実紀)。3.24 幕府，旗本・万石以上家来がみだりに老中宅を訪問せぬよう戒諭(御触書天明集成・続実紀)。4.15 徳川家斉，将軍宣下(続実紀)。5.- 江戸で打毀し(江戸町触集成・続実紀)。 大坂市中と周辺部，さらに九州・四国・中国・畿内・近畿・北陸・東海・関東・東北の各地で打毀し(編年百姓一揆史料集成)。6.2 幕府，米の買占めを禁じる(御触書天明集成・続実紀)。6.8 幕府，江戸市中米穀払底につき，関東郡代伊奈忠尊に江戸廻米を命じる(御触書天明集成・続実紀)。6.19 幕府，松平定信を老中に任じる(続実紀)。7.- 幕府，寛政改革に着手(続実紀)。8.4 幕府，諸大名・旗本らに3ヵ年間の倹約を命じる(御触書天明集成・続実紀)。9.15 幕府，上杉治憲の治績を賞する(続実紀)。9.21 幕府，武家諸法度を頒布(続実紀)。9.27 幕府，鉄座・真鍮座を廃する(御触書天明集成・続実紀)。10.2 幕府，田沼意次の所領を収公(続実紀)。11.26 幕府，江戸神田の人参座を廃止，人参製法所で自由販売(御触書天明集成・続実紀)。12.22 相模国津久井県の幕領百姓，酒造屋・質屋を打毀し(土平治騒動)(編年百姓一揆史料集成)。 幕府，大坂および平野郷町の繰綿延売買会所を廃止(御触及口達)。
1788 2.7	8 戊申			3.4 幕府，老中松平定信を将軍補佐とする(続実紀)。3.6 幕府，在職中の苛政を咎め，前伏見奉行小堀政方を改易(続実紀)。3.- 幕府，諸国の酒造米高・株高を調査(御触書天保集成・続実紀)。4.29 幕府，南鐐二朱銀の鋳造を停止し，丁銀を新鋳(御触書天保集成・続実紀)。4.- 光格天皇の命で中山愛親，太上天皇尊号の先例を調べる(徳富猪一郎『近世日本国民史松平定信時代』)。5.- 定信，上京(宇下人言)。6.- 幕府，朝鮮通信使の来聘を延期(続実紀)。7.29 幕府，米占売の大坂米方年行事ら13名を投獄(大阪編年史)。8.- 幕府，関八州菜種買受問屋・仲買を停止(御触書天保集成)。 幕府，代官所手代の綱紀粛正を命じる(御触書天保集成)。10.20 幕府，江戸の豪商を勘定所御用達として任用(東京市史稿)。12.- 幕府，抜荷取締りを強化(御触書天保集成)。真鍮銭の鋳造を停止(御触書天保集成)。**この年** 幕府，京都の近江屋忠蔵を闕所に処す(親町要用亀鑑録)。
1789 1.26 ▼	寛政(かんせい) 1.25 己酉 ⑥			2.- 朝廷，典仁親王の尊号宣下につき幕府に諮る(尊号廷議一件中山家記)。7.4 幕府，禁裏造営開始(日本建築年表)。7.- 松前藩，クナシリ・メナシの反乱を鎮圧(寛政蝦夷乱取調日記)。 幕府，代官に関東・奥羽の荒廃諸村の再興策を上申させる(御触書天保集成)。9.16 幕府，江戸浅草猿屋町に貸金会所を設置(続実紀)。 幕府，棄捐令を発令(御触書天保集成・続実紀)。9.17 諸大名に囲米を命じる(御触書天保集成・続実紀)。9.- 幕府，大坂の納宿を廃し，村方より直納させる(御触書天保集成)。 幕府，諸家留守居組合の会合を禁じる(御触書天保集成)。11.10 幕府，関八州の綿実買受問屋・仲買を廃止(御触書天保集成)。11.12 幕府，典仁親王の尊号一件について拒否の方針を出す(徳富猪一郎『近世日本国民史松平定信の時代』)。12.- 幕府，出家・山伏の人別を調査(御触書天保集成)。

社　会・文　化	世　界	琉球	朝鮮	清
1.22 江戸大火(実紀)。**2.9** 日光山大火(実紀)。**7.-** 関東大洪水(実紀)。**この年** 林子平『海国兵談』成る。 大槻玄沢，芝蘭堂を設立(佐藤昌介「大槻玄沢小伝」)。 市河寛斎編『日本詩紀』(12巻本)板行。 伊江朝慶・幸地良篤『琉球科律』成る。 【死没】 **2.2** 荷田蒼生子(65，歌人歌学者)。**2.9** 手島堵庵(69，心学者)。**3.11** 宋紫石(72，画家)。**3.16** 丹羽嘉言(45，文人画家)。**3.22** 鶴賀若狭掾(70，新内節流祖)。**5.25** 石田幽汀(66，画家)。**6.7** 中川淳庵(48，蘭学者)。**6.10** 妙竜(82，真言律僧)。**6.-** 覚明(69，禅僧)。**8.3** 中村富十郎(初代)(68，歌舞伎俳優)。**9.8** 徳川家治(50，江戸幕府第10代将軍)。**12.4** 月岡雪鼎(77，画家)。 《大の月》2・4・7・9・10・⑩・12	**7.-** ベトナム，西山党の阮氏，南北を統一。**9.26** イギリスとフランス，イーデン条約を締結。**11.-** 台湾，林爽文の乱(～'88年)。**この年** シベリア，養蜂業成功。	尚穆王 35	正祖 10	乾隆 51 ⑦
1.1 杉田玄白，『鷧斎日録』を記す(～文化2年3月25日)。**5.20** 湯浅明善(新兵衛)編『天明大政録』起筆(天明6年より同8年までの記録)。**12.-** 本居宣長，『秘本玉くしげ』成る。**この年** 森羅万象『田舎芝居』刊。 山東京伝『通言総籬』刊。 大塚孝威，『救時策』を徳川家斉に奉呈。 森島中良『紅毛雑話』成るか。 朽木昌綱『西洋銭譜』刊。 本居宣長『玉鉾百首』刊。 杉田玄白『後見草』成る。 【死没】 **2.8** 山田図南(39，医家)。**7.5** 荻江露友(初代)(荻江節家元)。**7.12** 尾上菊五郎(2代)(19，歌舞伎俳優)。**8.16** 吉田兼雄(83，神道家)。**9.7** 大島蓼太(70，俳人)。**9.16** 吉田秀長(85，天文方)。**この年** 西村遠里(70，暦算学者)。 《大の月》1・4・7・9・10・12	**2.22** フランス，国王の諮問機関の名士会開かれる。**5.25** アメリカ，憲法制定会議開催。**この年** ロシア，オスマン帝国と対戦(～'92年)。	36	11	52
1.16 幕府，柴野栗山を任用(続実紀)。**1.30** 京都大火，禁裏・二条城炎上(続実紀)。**10.10** 幕府，柴野栗山に『国鑑』編集を命じる(寛政譜)。**11.-** 初代桜田治助作詞・鳥羽屋里長作曲『戻駕』，江戸中村座で初演(歌舞伎年表)。**12.-** 幕府，諸国朱印寺社に万民安穏の祈禱を命じる(御触書天保集成・続実紀)。**この年** 朋誠堂喜三二『文武二道万石通』刊。 大槻玄沢『蘭学階梯』刊。 山東京伝『傾城觽』刊。 トゥーンベリ『トゥーンベリ日本紀行』出版(～1793年．昭和3年，山田珠樹重訳『ツンベルク日本紀行』刊)。**天明年間** 松平定信，『国本論』を著す。 【死没】 **1.3** 文珠九助(64，義民)。**2.2** 江村北海(76，儒者)。**6.12** 中村十蔵(2代)(49，歌舞伎俳優)。**6.14** 渋井太室(69，儒学者)。**7.24** 田沼意次(70，幕臣)。**11.20** 鵜殿余野子(60，歌人)。 《大の月》1・3・5・8・10・12	**1.-** イギリス，オーストラリアを流刑植民地とする。**2.9** オーストリア，オスマン帝国と対戦(～'91年)。**この年** デンマーク，「土地緊縛法」の段階的廃止を決定。	37	12	53
2.- 宮永正運『私家農業談』成る。**3.-** 松平定信，『孝義録』の編集につき指示(続実紀)。**4.-** 幕府，熊沢蕃山の『大学或問』の売買等を禁止(享保以後大坂出版書籍目録)。**9.10** 幕府，岡田寒泉を儒者として任用(続実紀)。**この冬** 中井竹山『草茅危言』成る。**この年** 恋川春町『鸚鵡返文武二道』刊。 木村荆雲，『地方根元記』を著す。 朽木昌綱撰『泰西輿地図説』(ヨハン=ヒュブネル『古今地理学問答』の抄訳)刊。 内藤正参『張州雑志』(未完)，藩主に献上される。 古河辰(古松軒)，『東遊雑記』を著す(『西遊雑記』は天明3年9月以降成るか)。 塙保己一『花咲松』成る。 松平不昧『古今名物類聚』刊(～寛政3年)。 【死没】 **2.8** 松平康福(71，老中)。**2.30** 井伊直幸(61，大老)。**3.14** 三	**1.-** ベトナム，西山朝成立。**2.4** アメリカ，ワシントンを合衆国初代大統領に任じる。**5.-** 清，ビルマの朝貢を許可。**7.-** フランス，フランス革命起こる。	38	13	54 ⑤

西暦	年号干支	天皇	将軍	政治・経済
1789 1.26 ▲	寛政 1.25 己酉 ⑥	(光格)	(徳川家斉)	
1790 2.14	2 庚戌			2.11 幕府，大坂上問屋・上積米屋株を廃止し，京都への積登せを自由にする(御触及口達)。 2.15 幕府，諸国に諸物価引下げを令す(御触書天保集成・続実紀)。2.19 幕府，江戸石川島に人足寄場を設置(御触書天保集成・続実紀)。2.25 オランダ商館長，将軍に謁見(続実紀)。 4.18 幕府，中国貿易を船10隻に減じる旨通達(通航一覧)。7.- 幕府，米価下落につき囲米を奨励(東京市史稿)。9.6 幕府，オランダ貿易を船１隻，貿易額を銅60万斤に減額，オランダ商館長の江戸参府を５年１度とする(通航一覧)。10.- 幕府，諸国に郷蔵の建設と貯穀を命じる(憲教類典)。11.- 幕府，江戸出稼人の帰村を奨励(御触書天保集成)。 幕府，江戸の蔵宿を廃止(牧民金鑑)。12.2 琉球使節(慶賀使)，将軍に謁見(続実紀)。
1791 2.3	3 辛亥			5.- 最上徳内ら，択捉島を調査(蝦夷草紙)。8.2 幕府，西国菜種の大坂への廻送強制をやめ，新設の兵庫の引請問屋の差配に任す(御触及口達)。9.2 幕府，諸大名に外国船渡来の際の処置方を示す(御触書天保集成・続実紀)。12.- 幕府，江戸の町法を改正し，七分積金の法を定める(江戸町触集成・続実紀)。
1792 1.24 ▼	4 壬子 ②			1.11 朝廷，再び典仁親王尊号宣下につき幕府に諮る(徳富猪一郎『近世日本国民史松平定信の時代』)。2.25 堂島における帳合米取引しばしば中断(大阪編年史)。3.9 幕府，関東郡代伊奈忠尊を改易(続実紀)。7.20 幕府，武蔵国徳丸原に砲術練習場を設置(東京市史稿)。9.3 ロシア使節ラクスマン，伊勢国の漂民大黒屋光太夫を護送して根室に来航，通商を求める(通航一覧)。11.3 幕府，ラクスマン応接の使者を松前に派遣(通航一覧)。11.12 朝廷，尊号宣下を断念(尊号事件)(徳富猪一郎『近世日本国民史松平定信の時代』)。12.27 幕府，諸大名に海防強化を命じる(御触書天保集成・続実紀)。 甲斐国田安領の百姓，田中代官所の新枡(太枡)打立その他の苛故を越訴(山梨郷土史年表)。12.- 定信，蝦夷地防備策を立案(蝦夷御備一件)。

社　会・文　化	世　界	琉球	朝鮮	清
浦梅園(67，哲学者)。6.7 学信(68，浄土宗僧侶)。7.7 恋川春町(46，戯作者)。8.24 山内豊雍(40，土佐高知藩主)。9.11 那波魯堂(63，朱子学者)。9.22 開明門院(73，桜町天皇後宮)。10.7 毛利重就(65，長門萩藩主)。10.23 高井几董(49，俳人)。10.26 徳川治貞(62，紀伊和歌山藩主)。12.20 遂翁元盧(73，臨済宗僧侶)。 《大の月》1・2・4・6・8・10・12		尚穆王 38	正祖 13	乾隆 54 ⑤
5.24 幕府，湯島聖堂での朱子学以外の異学の講究を禁じる(寛政異学の禁)(憲教類典)。5.- 幕府，一枚絵・好色本などの出版取締りを強化(御触書天保集成)。8.- 伴蒿蹊『近世畸人伝』刊。12.- 三上左太夫元竜『撃剣叢談』成るか。**この年** 高本紫溟『銀台遺事』成る。 山東京伝『傾城買四十八手』刊。 謙順編『諸宗章疏録』成る。 本居宣長『古事記伝』刊(～文政5年)。 【死没】 1.29 青綺門院(75，桜町天皇女御)。4.23 中村仲蔵(江戸系初代)(55，歌舞伎俳優)。9.22 片山北海(68，儒学者)。9.23 柄井川柳(73，前句付点者)。12.4 吉田文三郎(2代)(59，人形遣い)。 《大の月》1・3・4・6・9・11	4.- アメリカ，フランクリン没。7- イギリス，アダム=スミス没。**この年** イギリス，バーク『フランス革命に関する省察』刊。**この頃** 朝鮮，『隣語大方』成るか。	39	14	55
1.- 江戸市中銭湯での混浴を禁止(御触書天保集成)。3.- 幕府，山東京伝の『仕懸文庫』等を絶版にし，手鎖に処す(山東京伝一代記)。4.- 幕府，土御門家の陰陽道支配につき布達(御触書天保集成)。 林子平『海国兵談』刊行。5.15 幕府，系譜編修のため，万石以下に先祖書の提出を命じる(続実紀)。5.- 秋里籬島撰『大和名所図会』刊。6.11 徳川家斉，江戸城吹上で角力を観覧(続実紀)。9.21 幕府，尾藤二洲を儒者として任用(続実紀)。9.- 幕府，行徳で高波による死者への施餓鬼を行わせる(御触書天保集成)。10.10 大坂大火(大阪編年史)。10.- 幕府，多紀氏の医学館(躋寿館)を官学とする(徳川禁令考)。12.23 神祇管領吉田家，関東役所を開設(椙山林継「吉田家関東役所の創立と初期の活動」)。**この年** 玄智景耀『大谷本願寺通紀』成稿。 神沢貞幹『翁草』成る。服部中庸『三大考』成る。 山東京伝『仕懸文庫』『娼妓絹籭』刊。藤田幽谷，『正名論』を著す。 冢田多門(大峯)『滑川談』刊。 【死没】 1.15 平沢旭山(59，儒者)。6.22 津軽信明(30，陸奥弘前藩主)。7.28 杵屋六三郎(2代)(82，長唄三味線方)。9.13 加舎白雄(54，俳人)。10.16 粟田口慶羽(69，画家)。10.29 中村歌右衛門(初代)(78，歌舞伎俳優)。**この年** 西川甚五郎(6代)(74，近江商人)。 《大の月》1・3・4・6・8・10・12	5.3 ポーランド，「5月3日憲法」を採択。8.4 オスマン帝国とオーストリア，ジストヴァ和約締結。8.- フランス領サン=ドマング，黒人奴隷蜂起。11.- 朝鮮，キリスト教と洋書の購入を厳禁。**この年** 清，曹雪芹『紅楼夢』刊。	40	15	56
3.- 金沢藩，藩校明倫堂を創設(日本教育史資料)。4.1 雲仙岳大噴火，この日大地震(続実紀)。5.16 幕府，林子平を禁錮に処し『海国兵談』の板木を没収(続実紀)。7.21 江戸大火(続実紀)。8.23 幕府，聖堂に庁堂・学舎を新築(続実紀)。**この年** 樋口好古，『濃州徇行記』を記す(～文政5年)。 宇田川玄随訳『西説内科撰要』訳述終了。 本木良永訳『星術本原太陽窮理了解新制天地二球用法記』成る(～寛政5年)。 【死没】 1.20 加藤暁台(61，俳人)。2.2 竜草廬(78，儒学者)。**閏**2.19 東嶺円慈(72，臨済宗僧侶)。4.6 乳井貢(82，陸奥弘前藩重臣)。5.14 新井白蛾(78，儒学者)。6.24 河村秀根(70，尾張名古屋藩士)。7.18 大塚孝綽(74，儒学者)。9.- 芳沢あやめ(4代)(56，歌舞伎俳優)。10.3 福井楓亭(68，医者)。12.8 勝川春章(67，浮	1.9 ロシアとオスマン帝国，ヤッシー条約締結。1.- イギリス，ロンドン通信協会創立。9.21 フランス，国民公会を開く．翌日，共和政宣言。	41	16	57 ④

西暦	年号干支	天皇	将軍	政　治・経　済
1792 1.24 ▲	寛政 4 壬子 ②	（光格）	（徳川家斉）	
1793 2.11	5 癸丑			2.9 吉田藩の百姓，紙方役所の廃止を要求して蜂起(編年百姓一揆史料集成)。3.7 幕府，中山愛親らを尊号宣下の件で江戸に下向させ糾問，処罰(続実紀)。3.13 幕府，松平定信に伊豆・相模などの沿岸巡視を命じる(続実紀)。6.27 目付石川忠房ら，ラクスマンと会見し，通商に関する国法を伝えて長崎に廻航させる(通航一覧)。7.23 幕府，定信の老中・将軍補佐役を免じる(続実紀)。9.18 漂民大黒屋光太夫ら，徳川家斉に謁見(続実紀)。
1794 1.31	6 甲寅 ⑪			6.13 幕府，代官所に手附を置く(牧民金鑑)。9.- 幕府，酒造制限令を緩和(御触書天保集成)。10.15 幕府，倹約令の10ヵ年延長を決定(御触書天保集成)。閏11.6 幕府，琉球凶作と城下火災のため，鹿児島藩に米・金を貸与(御触書天保集成・続実紀)。
1795 2.19	7 乙卯			3.- 幕府，江戸・京・大坂・長崎の諸藩留守居の会合を禁じる(御触書天保集成)。11.8 盛岡藩の百姓，買米制・御用金賦課等に反対して強訴(～12月に及ぶ)(編年百姓一揆史料集成)。
1796 2.9 ▼	8 丙辰			3.- 幕府，代官に伊豆諸島巡見を命じる(通航一覧)。8.14 イギリス人ブロートン，海図作成のため絵鞆(室蘭)に来航(松前家記・通航一覧・新撰北海道史)。8.28 幕府，江戸本所に古銅吹所を設置(東京市史稿)。10.5 朝廷，土御門泰栄らの失行を処罰(京都の歴史)。12.6 琉球使節(謝恩使)，将軍に謁見(続実紀)。12.26～29 津藩の百姓，地割制などに反対して強訴(安濃津地割騒動)(編年百姓一揆史料集成)。

社　会・文　化	世　界	琉球	朝鮮	清
世絵師)。**この年** 栗山孝庵(62，医学者)。 《大の月》2・3・5・6・8・10・12		尚穆王 41	正祖 16	乾隆 57 ④
1月頃 本居宣長『玉勝間』起筆(寛政7年～文化9年刊)。**7.23** 幕府，塙保己一に和学講談所の設立を許可(和学講談所御用留)。**10.25** 江戸大火(続実紀)。**この年** 司馬江漢『地球全図略説』刊。桂川国瑞『漂民御覧之記』成る。 佐野憲，『阿波志』を整理編纂(～文化12年)。 【死没】 **4.5** 竹俣当綱(65，出羽米沢藩士)。**4.23** 堀勝名(78，肥後熊本藩家老)。**5.27** 芝全交(44，黄表紙作者)。**6.21** 林子平(56，思想家)。**6.27** 高山彦九郎(47，勤王家)。**10.6** 嶺春泰(48，蘭方医)。 《大の月》2・4・6・8・9・11	**1.21** フランス，ルイ16世を処刑。**1.23** プロイセンとロシア，第2次ポーランド分割について合意。**7.27** フランス，ロベスピエール，公安委員会に参加。	42	17	58
1.10 江戸大火(続実紀)。**5.8** 初代並木五瓶作『五大力恋緘』，京都西の芝居で初演(歌舞伎年表)。**6.10** 新井成美，家蔵の祖白石『西洋紀聞』を幕府に献上(続実紀)。**6.-** 藤貞幹『好古小録』成るか。 古河辰撰『四神地名録』成るか。**閏11.11** 大槻玄沢ら，江戸の芝蘭堂でオランダ正月を祝う(芝蘭堂新元会図)。**12.-** 本居宣長『玉勝間』初編刊(刊記。実際の版木出来は寛政7年6月)。**この年** 司馬江漢『西遊旅譚』刊。 桂川甫周『北槎聞略』成る。 【死没】 **1.23** 瀬川如皐(初代)(56，歌舞伎狂言作者)。**4.18** 荒木元融(67，長崎の画家)。**7.6** 典仁親王(62，閑院宮第2代)。**7.17** 本木良永(60，蘭学者)。**9.14** 伊達村候(70，伊予宇和島藩主)。**11.4** 浜村蔵六(初代)(60，篆刻家)。**この年** 伊奈忠尊(31，関東郡代)。 大石久敬(70，農政学者)。 林梅卿(唐通事)。 《大の月》1・3・6・8・9・10・⑪	**7～8月** ハンガリー，ジャコバン派の指導者を逮捕。**7.27** フランス，テルミドール反動。**11.19** イギリスとアメリカ，ジェイ条約締結。	43	18	59
4.- 安陪恭庵『因幡志』成る。**5.16** 幕府，成島司直を儒者見習として任用(続実紀)。**5.-** 津村正恭『譚海』成る。**6.5** 幕府，成島衡山を書物奉行に任じる(続実紀)。**6.-** 中沢道二『道二翁道話』初編刊。**9.6** 幕府，和学講談所に年額50両の給付を決定(御触書天保集成・続実紀)。**11.14** 幕府，高橋至時を天文方とする(続実紀)。**この年** 『華蛮交市洽聞記』成る。 中江藤樹著・岡田維鷹ら校訂『藤樹先生遺稿』刊。 橘南谿『東遊記・西遊記』刊。 大槻玄沢訳考・杉田玄白校訂『六物新志』刊。 【死没】 **1.9** 谷風梶之助(2代)(46，力士)。**2.23** 伊佐幸琢(2代)(90，茶人)。**3.14** 河竹新七(初代)(49，歌舞伎狂言作者)。**3.23** 韓天寿(69，文人)。**5.19** 長谷川平蔵(51，幕臣)。**7.8** 徳川重好(51，清水家当主)。 市川鶴鳴(56，儒学者)。**7.17** 円山応挙(63，画家)。**8.22** 敬光(56，天台宗学僧)。**10.14** 一条輝良(40，公家)。**11.19** 贄正寿(55，幕臣)。**11.30** 恭礼門院(53，桃園天皇女御)。**12.23** 蝶夢(64，浄土宗僧)。 《大の月》1・3・6・8・9・11・12	**1.-** 清，貴州で苗族の反乱起こる(～'98年)。**9.-** イギリス，ケープ植民地を奪う。**10.24** ヨーロッパ，第3次ポーランド分割。**10.27** フランス，総裁政府成立(～'99年)。	尚温王	19	60 ②
1.- 司馬江漢『和蘭天地球図』成る。**3.-** 小沢蘆庵『振分髪』刊。**5.28** 幕府，古賀精里を儒者として任用(続実紀)。**8.8** 幕府，諸宗の破戒僧70余人を捕える(森山孝盛日記)。**この年** 稲村三伯，『ハルマ和解』成る。 細川頼直『機巧図彙』刊。 本居宣長『馭戎概言』刊。 藤貞幹『好古日録』成る。 秋里籬島著・竹原春朝斎ら	**1.-** 清，白蓮教徒の乱起こる。**5.10** フランス，バブーフの反政府革命運動(「バブーフの陰謀」)。**この年** イラン，カージャール朝成立	2	20	仁宗 嘉慶 1.1

西暦	年号干支	天皇	将軍	政治・経済
1796 2.9 ▲	寛政 8 丙辰	（光格）	（徳川家斉）	
1797 1.28	9 丁巳 ⑦			3.7 陸奥国江刺郡仙台藩の百姓，買米制などに反対して強訴．翌月，栗原・登米両郡などへ波及（編年百姓一揆史料集成）。5.- 三井，本店・両替店などを再統合（三井事業史）。6.- オランダの傭船（アメリカ船），長崎に入港（～文化 4 年）（通航一覧）。閏7.- 幕府，異国船漂着の処置を諸大名に示す（御触書天保集成）。8.- 幕府，日傭座・札役銭を停止（御触書天保集成）。9.12 幕府，これ以前の金銀訴訟につき相対済し令を出す（御触書天保集成・続実紀）。10.2 幕府，盛岡・弘前両藩に松前・箱館の守備を命じる（通航一覧）。**この年** 大坂綿買次積問屋，綿屋仲間を営業権侵害で提訴（新修大阪市史）。
1798 2.16	10 戊午			1.24 陸奥国高田藩浅川陣屋支配地の百姓，大庄屋宅などを打毀し（浅川騒動）（編年百姓一揆史料集成）。3.14 幕府，目付渡辺胤らを蝦夷地巡見に派遣（通航一覧）。5.17 幕府，対馬藩家老大森繁右衛門に朝鮮と易地聘使のことを交渉すべき旨通達（浄元院公実録）。6.4 美作国幕領の百姓，石代の決定方に反対して越訴（編年百姓一揆史料集成）。7.- 近藤守重（重蔵），択捉島に「大日本恵土呂府」の標柱を建てる（新撰北海道史）。8.7 美濃国海西郡成戸村の百姓，堤普請をめぐり庄屋宅などを打毀す（編年百姓一揆史料集成）。12.14 幕府，諸藩がみだりに米札を発行することを禁じる（御触書天保集成）。12.27 幕府，書院番頭松平忠明を蝦夷地取締御用掛に任じる（翌年 1 月，勘定奉行石川忠房らを追加）（通航一覧）。
1799 2.5 ▼	11 己未			1.16 幕府，松前藩の東蝦夷地を 7 ヵ年の直轄地とする（通航一覧）。2.28 幕府，松平忠明を蝦夷地巡視に派遣（続実紀）。3.17 幕府，近藤守重を蝦夷地に再度派遣（通航一覧）。6.- 幕府，武州八王子・下野以外の地での石灰製造を許可（御触書天保集成）。8.12 幕府，松前藩に東蝦夷地上知の代償として5000石を給付（通航一覧）。11.2 幕府，盛岡・弘前両藩に東蝦夷地警固を命じる（通航一覧）。**この年** 高田屋嘉兵衛，択捉航路を開設（休明光記）。

社　会・文　化	世　界	琉球	朝鮮	清
画『摂津名所図会』初刷本刊(～寛政10年)。 【死没】 **4.23** 伊達重村(55，陸奥仙台藩主)。**6.15** 沢田東江(65，書家)。**9.23** 功存(77，真宗学僧)。**10.4** 瀬名貞雄(81，故実家)。**11.7** 中村仲蔵(江戸系２代)(36，歌舞伎俳優)。**12.6** 黒沢雉岡(84，儒者)。 《大の月》2・4・7・9・11・12	(～1925年)。 清，アヘンの輸入を禁止。	尚温王 2	正祖 20	仁宗 嘉慶 1.1
2.- 春田永年『甲組類鑑』成るか。**11.18** 明年より新暦採用を決定(続実紀)。**12.1** 幕府，林家経営の湯島聖堂を官学とする(続実紀)。**12.10** 裏松光世，『大内裏図考証』50冊を朝廷に献上(日本建築年表)。**この年** 藤田幽谷『修史始末』脱稿。 秋里籬島著・竹原春泉斎ら画『東海道名所図会』刊。 六牙院日潮撰『本化別頭仏祖統紀』刊。**この年より文政12年の間** 太田全斎編『俚言集覧』成る。 【死没】 **2.2** 人見璣邑(69，尾張名古屋藩士)。**3.7** 渋川伴五郎(78，柔術家)。**3.9** 山内道恒(79，蚕業家)。**5.6** 蔦屋重三郎(48，出版業者)。**6.5** 松本秀持(68，勘定奉行)。**6.16** 金井三笑(67，歌舞伎脚本作者)。**7.20** 真野安通(68，故実家)。**7.26** 溝口直養(62，越後新発田藩主)。**8.8** 駒井琦(51，画家)。**8.19** 藤貞幹(66，考古学者)。**9.22** 佐藤藤蔵(80，砂防植林功労者)。**10.18(17日とも)** 谷真潮(69，71とも，国学者)。**11.20** 畑中太冲(64，儒者)。**12.18** 宇田川玄随(43，蘭学者)。 《大の月》1・3・5・8・10・11・12	**10.17** ベルギー，カンポ=フォルミオ条約によりフランスに帰属。**この年** シベリア，人口調査を実施。 清，王鳴盛没。	3	21	2 ⑥
6.- 本居宣長『古事記伝』完成。**7.-** 本多利明『西域物語』成る。柳原紀光編『続史愚抄』成る。**10.-** 本多利明『経世秘策』を著わす。**12.-** 伊勢貞春編纂『武器図説』，江戸幕府へ献上。**この年** 高橋至時らの寛政暦を採用。 森山孝盛『蜑の焼藻』成る。 本居宣長『宇比山踏』成る(翌年刊行)．同年，『鈴屋集』刊(～寛政12年)。 国東治兵衛著・靖中庵桃渓画『紙漉重宝記』刊。 梅暮里谷峨『傾城買二筋道』刊。 志筑忠雄著訳『暦象新書』上編成る(中編，～寛政12年．下編，～享和２年)。**この年以前** 石塚竜麿『仮字遣奥山路』成る。 【死没】 **2.15** 池上太郎左衛門(81，殖産興業家)。**2.19** 中山文七(２代)(44，歌舞伎役者)。**3.22** 中村歌右衛門(２代)(47，歌舞伎俳優)。**3.26** 上杉重定(79，出羽米沢藩主)。**4.5** 安島直円(67，数学者)。**4.24** ヘンミー(50，オランダ商館長)。**5.2** 澄月(85，僧侶)。**5.3** 高桑闌更(73，俳人)。**5.25** 松貫四(初代)(浄瑠璃作者)。**7.2** 西洞院時名(69，公家)。**9.1** 吉田篁墩(54，儒者)。**9.19** 伊良子光顕(62，外科医)。**12.2** 西大路隆共(61，公家)。 《大の月》2・3・5・8・11・12	**1.-** アイルランド，反乱勃発。**5.19** ナポレオン=ボナパルト，エジプト遠征に出発。**この年** イギリス，マルサス『人口論』刊。 朝鮮，金漢祚『慕夏堂集』成る。	4	22	3
1.15 幕府，『寛政重修諸家譜』の編纂に着手(続実紀)。**6.28** 中井竹山，『逸史』を幕府に献上。**6.-** 幕府，在方の芝居興行を禁止(御触書天保集成)。 高野昌碩，『富強六略』を藩主徳川治保に建言。**7.12** 近松柳・近松湖水軒・近松千葉軒ら合作『絵本太功記』，大坂豊竹座で初演(義太夫年表)。**8.-** 司馬江漢『西洋画談』刊。**11.-** 江戸幕府編集『譜牒余録』成る。**この年** 林述斎編『佚存叢書』刊(～文化７年)。 藤田幽谷『勧農或問』脱稿か。 松崎祐之編『史徴』成るか。 木村蒹葭堂著か・蔀関月画『日本山海名産図会』初版刊。 山東京伝作・北尾重政画『忠臣水滸伝』前編刊(後編，享和元年刊)。	**5.-** イギリス，マイソールを分割。**11.9** フランス，ナポレオン，政権を掌握。**12.-** オランダ，東インド会社解散。	5	23	4

西暦	年号干支	天皇	将軍	政　治・経　済
1799 2.5 ▲	寛政 11 己未	（光格）	（徳川家斉）	
1800 1.25	12 庚申 ④			**閏4.19** 伊能忠敬，蝦夷地測量のため江戸を出立（伊能忠敬測量日記）。**6.－** 幕府，銀座年寄・座人らの不正を咎めて座職を取放し，江戸・京・大坂等拝領屋敷を没収（東京市史稿）。**7.－** 幕府，五街道分間延絵図の作成に着手。**11.－** 幕府，南鐐二朱銀の鋳造を再開（御触書天保集成）。**この年** 幕府，伊豆国に波浮港を開港。
1801 2.13	享和（きょうわ） 2.5 辛酉			**1.28** 幕府，勘定奉行石川忠房・目付羽太正養らに蝦夷地巡視を命じる（通航一覧）。**2.－** 幕府，西蝦夷地の上知につき三奉行・林述斎に諮問（休明光記）。**5.－** 幕府，中村小一郎らに樺太巡視を命じる（休明光記）。**6.28** 富山元十郎ら，幕命でウルップ島に渡り，「天長地久大日本属島」の標柱を建てる（休明光記）。**6.29** 出羽国村山郡山形・天童等の百姓，米買占めなどに反対して打毀し（村山一揆）（編年百姓一揆史料集成）。**6.－** 幕府，幕領・私領の博奕取締りを強化（御触書天保集成）。**7.－** 幕府，幕領・私領の百姓・町人に苗字帯刀を許可することを禁じる（御触書天保集成）。**11.4** 阿波国徳島藩浅川村などの百姓，年貢過重に反対して土佐国へ逃散（編年百姓一揆史料集成）。**この年** 伊能忠敬，幕命で伊豆より陸奥に至る沿岸を測量（伊能忠敬測量日記）。
1802 2.3 ▼	2 壬戌			**2.23** 幕府，蝦夷地奉行（のちの箱館奉行）を創置し，戸川安倫・羽太正養をこれに任じる（通航一覧）。**3.16** 幕府，風邪流行により窮民へ大規模な施銭（御触書天保集成）。**5.11** 幕府，蝦夷地奉行を箱館奉行と改称（通航一覧）。**6.11** 伊能忠敬，幕命で陸奥より越後に至る沿岸の測量に向かう（伊能忠敬測量日記）。**6月末～7月初** 諸国大雨・洪水（続実紀）。**7.24** 幕府，松前藩より東蝦夷地を永代上知（通航一覧）。**7.－** 幕府，天明８年の酒造高の半減を令示（御触書天保集成）。**10.29** 幕府，諸藩の留守居役60余人を処罰（森山孝盛日記）。**12.27** 幕府，鹿児島藩の琉球貿易品の藩外売捌きを認めず，代わりに１万両給付（通航一覧）。**12.－**

社　会・文　化	世　界	琉球	朝鮮	清
【死没】 **1.7** 岩倉尚具(63，公家)。**4.13** 桑山玉洲(54，南画家)。**5.13** 市川団十郎(６代)(22，歌舞伎俳優)。**5.22** 麻田剛立(66，天文学者)。**6.8** 長沢蘆雪(46，画家)。**7.8** 常磐津文字太夫(２代)(44，常磐津節家元)。**9.12** 山下金作(２代)(67，歌舞伎俳優)。**11.1** 稲葉黙斎(68，儒学者)。**11.-** 黒井半四郎(53，用水路開発者)。**12.12** 小野高尚(80，国学者)。**12.20** 徳川宗睦(67，名古屋藩主)。**この年** 市村羽左衛門(10代)(51，歌舞伎俳優)。 清水六兵衛(初代)(62，陶家)。 高沢忠順(68，農政家)。 吉田冠蔵(初代)(人形遣い)。 《大の月》2・3・4・7・9・12		尚温王 5	正祖 23	嘉慶 4
1.- 松平定信『集古十種』成る。**3.30** 幕府，昌平坂学問所への諸士の入学を許可(御触書天保集成)。**3.-** 大田南畝編『竹橋蠹簡』成る。**この年** 幕府，女人の富士登山を許可(続実紀)。 賀茂真淵『歌意考』刊。 本多利明『河道』成る。 新井白石『鬼神論』刊。 小沢正容『元嘉暦草』成稿。 広川獬『長崎聞見録』刊。 平賀源内作『風来六々部集』刊。 小沢蘆庵『ふるの中道』刊。 【死没】 **1.3** 柳原紀光(55，公家)。**1.16** 佐竹義躬(52，画家)。**3.29** 岩井半四郎(４代)(54，歌舞伎俳優)。**5.10** 法住(78，新義真言宗僧侶)。**5.29** 春田永年(48，御用具足師)。**8.16** 吉雄耕牛(77，阿蘭陀通詞)。**9.10** 伊藤若冲(85，画家)。**12.10** 工藤平助(67，医者)。**12.12** 朱楽菅江(61，戯作者)。 《大の月》1・3・4・5・7・9・11	**この年** 清朝，再びアヘンの輸入・吸飲・ケシ栽培を禁じる。	6	24	5 ④
8.- 小野蘭山，幕命により関東・東海の薬草を採集(甲駿豆相採薬記)。 志筑忠雄，ケンペル日本誌の抄訳『鎖国論』成る。 山村才助著訳『西洋雑記』成る(山村没後の嘉永元年，４巻４冊本刊行)。**11.-** 幕府，『孝義録』を刊行。**12.23** 幕府，頭巾を禁じる(御触書天保集成)。**この年** 『誹風柳多留拾遺』刊。 懐徳堂中井履軒，『華胥暦』を作成。 入我亭我入『戯財録』成る。 松岡辰方編『織文図会』刊。 小林一茶『父の終焉日記』成る。 吉田正直編著『尾濃葉栗見聞集』成る。 植崎九八郎『牋策雑収』成る(～享和２年)。 【死没】 **1.8** 赤松滄洲(81，儒学者)。**2.8** 梅荘顕常(83，臨済宗僧侶)。**3.10** 慈周(68，天台宗僧侶)。**3.29** 沢村宗十郎(３代)(49，歌舞伎俳優)。**4.25** 稲葉通邦(58，故実家)。**5.10** 多紀藍渓(70，医師)。**6.1** 本間光丘(70，豪商)。**6.17** 梨木祐為(62，歌人)。**6.29** 細井平洲(74，儒者)。**7.11** 小沢蘆庵(79，歌人)。**7.23** 長久保赤水(85，地理学者)。**7.24** 横井千秋(64，国学者)。**8.7** 毛利高標(47，豊後佐伯藩主)。**9.10** 普寛(71，御岳行者)。**9.29** 本居宣長(72，国学者)。**11.-** 玉虫十蔵(57，陸奥仙台藩士)。**12.19** 津金文左衛門(75，尾張名古屋藩士)。**この年** 田中伝左衛門(３代)(歌舞伎囃子宗家)。 《大の月》1・3・5・7・8・10・12	**1.1** イギリス，大ブリテン王国とアイルランドの連合王国成立。**2.-** 朝鮮，キリスト教徒を処刑。**3.23** ロシア，パーヴェル１世を暗殺．アレクサンドル１世即位(～'25年)。**3.-** アメリカ，ジェファソンを大統領に任命。**12.-** フランス，ナポレオン，サン=ドマングの反乱鎮圧のため，軍隊を派遣。**この年** ロシア，東グルジアを併合。	7	純祖	6
6.- 岩橋善兵衛『平天儀図解』新刻。**7.-** 隆円編『近世見聞南紀念仏往生伝』刊。**10.-** 志筑忠雄『暦象新書』成る。**12.-** 山本伝蔵正誼，『島津国史』を撰進(島津国史序文)。**この年** 住吉大社焼失(続実紀)。 小野蘭山『本草綱目啓蒙』成る。 十返舎一九『東海道中膝栗毛』初編刊。 尾崎雅嘉『群書一覧』刊。 大蔵永常『農家益』前編刊(後編は文化８年刊．続編は文政元年刊)。**この頃** 森山孝盛『賤のをだ巻』成るか。	**2.-** イギリス，セイロンを正式に植民地とする。**3.27** イギリスとフランス，アミアン和約。**6.-** ベトナム，阮福映，西山朝を滅ぼし阮朝を建てる(～1945年)。イギリス，ピールの工場法	8	2	7

西暦	年号干支	天皇	将軍	政治・経済
1802 2.3 ▲	享和 2 壬戌	(光格)	(徳川家斉)	幕府，鹿児島藩に唐物の抜荷取締りを命じる(御触書天保集成)。 幕府，酒造制限令を解除し，酒造米高10分の１の役米の上納を命じる(御触書天保集成)。**この年** 近藤守重，幕命で択捉島を視察(休明光記)。
1803 1.23	3 癸亥 ①			閏1.- 幕府，五ヵ所商人に，長崎で落札の輸入品を大坂のほか京・堺へ販売することを許可(御触書天保集成)。2.- 伊能忠敬，幕命で駿河より尾張まで，越前より越後までの沿岸の測量に向かう(伊能忠敬測量日記)。5.- 忠敬，諸国郡村の呼称を調査(伊能忠敬測量日記)。7.8 アメリカ船，長崎に来航して貿易を要求，幕府これを拒絶(続長崎実録大成)。11.10 幕府，酒造石高を再調査し，酒造役米の上納を中止(御触書天保集成)。**この年** 平沢三右衛門・津軽寧親ら，津軽新田の開拓に着手(津軽歴代記類)。
1804 2.11	文化(ぶんか) 2.11 甲子			6.1 幕府，朝鮮通信使の礼を対馬で受けさせる(続実紀)。8.4 幕府，弘前・盛岡両藩に永久蝦夷地警衛を命じる(通航一覧)。9.7 ロシア使節レザノフ，漂流民を護送して長崎に来航，通商を求める(通航一覧)。10.18～22 常陸国牛久宿周辺の百姓，増助郷に反対して打毀し(牛久騒動)(編年百姓一揆史料集成)。11.21 幕府，７ヵ年の倹約を命じる(御触書天保集成・続実紀)。
1805 1.31 ▼	2 乙丑 ⑧			1.26 幕府，ロシア船来航につき諸大名に警戒を命じる(通航一覧)。2.- 幕府，唐物抜荷を厳禁し，不審な荷物・船舶に対する検査を強化(御触書天保集成)。 伊能忠敬，幕命で伊勢・紀伊・山陽・山陰沿岸の測量に向かう(伊能忠敬測量日記)。3.19 幕府，レザノフの通商要求を拒否，以後漂流民の送還はオランダを介するようにと令達．レザノフこの日長崎を退去(通航一覧)。6.- 幕府，関東取締出役を創置(地方落穂集追加・服藤弘司『地方支配機構と法』)。7.16 幕府，目付遠山景晋に西蝦夷巡視を命じる(通航一覧)。11.3 幕府，江戸町人に官金を貸与し，買米させる(東京市史稿)。

社会・文化	世界	琉球	朝鮮	清
【死没】 **1.25** 木村蒹葭堂(67，本草学者)。**3.10** 星野良悦(49，蘭方医)。**3.18** 吉田秀升(58，天文方)。**4.17** 朽木昌綱(53，丹波福知山藩主)。**4.20** 藪孤山(68，肥後熊本藩儒者)。**6.16** 常磐津兼太夫(2代)(48，常磐津節演奏家)。**6.27** 松本幸四郎(4代)(66，歌舞伎俳優)。**7.18** 唐衣橘洲(60，狂歌師)。**9.19** 水野忠友(72，老中)。**9.10** 松平親賢(50，豊後杵築藩主)。**10.23** 青木夙夜(画家)。**この年** 大谷広次(3代)(57，歌舞伎俳優)。 《大の月》2・5・7・8・9・11	成立。**この年** サウード家のワッハーブ王国，イラクのカルバラーを襲撃。 朝鮮，金健瑞編『増正交隣志』刊。	尚温王 8	純祖 2	嘉慶 7
4月から6月にかけて 麻疹流行し死者多数(武江年表)。**この年** 進藤為善編纂『華頂要略』成るか(弘化3年頃まで追補)。 高橋至時，『ラランデ暦書管見』(ラランド著『天文学概説』の抄訳)を著す(～文化元年)。**この頃** 山片蟠桃『宰我の償』(『夢ノ代』初稿本)成る。 馬場正通『辺策発矇』成る。 【死没】 **1.22** 本多忠奝(51，伊勢神戸藩主)。**2.18** 柚木太淳(42，眼科医)。**2.29** 坂本天山(59，砲術家)。**3.22** 中西深斎(80，医家)。**6.11** 中沢道二(79，心学者)。**6.29** 大塚嘉樹(73，有識故実家)。**9.20** 歌舞伎堂艶鏡(55，浮世絵師)。 中村重助(2代)(55，歌舞伎作者)。**9.-** 小堀政方(62，幕臣)。**10.17** 前野良沢(81，蘭学者・蘭方医)。**11.3** 杵屋正次郎(初代)(長唄三味線方)。**12.25** 莅戸太華(69，出羽米沢藩重臣)。**この年** 山本春正(5代)(70，蒔絵師)。 《大の月》1・2・5・7・8・10・11	**3.-** ロシア，貴族による自発的農奴解放を許可。**4.30** アメリカ，フランスより1500万ドルでルイジアナを購入。**この年** サウード家のワッハーブ王国，メッカ・メディナを占拠(～'04年)。	尚成王	3	8 ②
4.- 幕府，絵草子の出版・販売を制限(続実紀)。 幕府，高橋景保を天文方に任じる(新撰洋学年表)。 幕府，蝦夷地に天台・浄土・禅3宗の寺院を建立(～5月)(通航一覧)。**5.16** 幕府，喜多川歌麿を『太閤五妻洛東遊観図』の挿絵により50日の手鎖に処する(名人忌辰録)。**6.6** 出羽国大地震，象潟湖陸化。**7.-** 鶴屋南北(4代)作『天竺徳兵衛韓噺』，江戸河原崎座で初演(日本演劇史年表)。**12.22** 慈雲飲光没．晩年，『梵学津梁』成る。**この年** 山東京伝『近世奇跡考』刊。 本多利明，『渡海新法』を著す。 最上徳内『度量衡説統』刊。 須藤由蔵編著『藤岡屋日記』，記述始まる(～明治元年)。 近藤守重撰『辺要分界図考』，幕府へ献上。 【死没】 **1.5** 高橋至時(41，天文学者)。**2.5** 中井竹山(75，儒学者)。**4.7** 浅尾為十郎(初代)(70，歌舞伎俳優)。**4.-** 高橋道八(初代)(56，陶家)。**5.4** 大瀛(46，浄土真宗学匠)。**5.26** 畑黄山(84，医師)。**6.5** 鎌田一窓(84，心学者)。**7.26** 裏松光世(69，有識故実家)。**8.4** 村井喜右衛門(53，周防漁師)。**8.14** 荒木田久老(59，国学者)。**8.23** 高嵩谷(75，画家)。**12.22** 飲光(87，真言宗僧侶)。**この年** 関戸五兵衛(富信)(豪商)。 《大の月》1・3・6・8・10・11・12	**1.1** サン=ドマング独立，世界で最初の黒人共和国ハイチ誕生。**2.-** 阮朝，国号をベトナム(越南)と定める。セルビア，反トルコの第1次蜂起。**3.21** フランス，ナポレオン法典成る。**5.18** ナポレオン，皇帝に即位。**この年** ロシアとイラン，戦争勃発。	尚灝王	4	9
5.- 幕府，百姓の武芸稽古を禁じる(御触書天保集成)。 大田南畝『瓊浦雑綴』成る。**8.-** 広瀬淡窓，豊後に成章舎を創設(懐旧楼筆記)。**10.13** 紀伊国の医師華岡青洲，初めて麻酔剤を用い乳癌を手術(医聖華岡青洲)。**10.-** 加藤千蔭，『万葉集略解』を幕府に献上(続実紀)。**この年** 皆川淇園，京都に弘道館を建築(『皆川淇園・太田錦城』)。 曲亭馬琴『椿説弓張月』前編刊(この頃より読本流行)。 宇田川玄真訳述編集『医範提綱』刊。 浅野高造編集『歌曲時習考』初版刊。 秋里籬島編・西村中和画『木曾路名所図会』刊。 山東京伝『桜姫全伝曙草紙』刊。	**8.9** 第3回対仏大同盟成立。**10.21** トラファルガーの海戦。**12.2** アウステルリッツの戦。**この年** エジプト，ムハンマド=アリーをエジプト大守とする。	2	5	10 ⑥

西暦	年号干支	天皇	将軍	政　治・経　済
1805 1.31 ▲	文化 2 乙丑 ⑧	（光格）	（徳川家斉）	
1806 2.18	3 丙寅			1.26 幕府，諸大名にロシア船来着の際の処置方（寛政３年令の励行）を指示（御触書天保集成・続実紀）。1.30 幕府，関東郡代を廃し，江戸馬喰町御用屋敷詰の代官所を設置（徳川禁令考）。2.6 幕府，米価下落により白米の江戸廻送を禁じる（御触書天保集成・続実紀）。3.- 幕府，江戸舂米屋焼失による白米払底のため，在方よりの白米買上げを指示（御触書天保集成）。4.12 幕府，弘前・盛岡両藩に西蝦夷地守備を命じる（通航一覧）。9.10 ロシア船，樺太に渡来し，久春古丹に上陸し会所を襲い番人を連れ去る（通航一覧）。9.22 幕府，米価下落により酒造制限令を撤廃（御触書天保集成・続実紀）。11.23 琉球使節（謝恩使），徳川家斉に謁見（続実紀）。11.30 幕府，大坂町人に買米を命じる（大阪編年史）。11.- 幕府，米価下落により買米を行なう（江戸町触集成）。
1807 2.7	4 丁卯			3.22 幕府，松前藩より西蝦夷地を上知して代知9000石を与え，前藩主松前道広に永蟄居を命じる（通航一覧）。4.27 アメリカ船，長崎に来航し薪水を求める（通航一覧）。4.29 ロシア船，択捉島のシャナ会所を襲い，５月には樺太の大泊の番屋を焼く（通航一覧）。4.- ロシア船の樺太・択捉島の来航により，箱館奉行，弘前・盛岡両藩に宗谷防衛を命じる（通航一覧）。5.- 箱館奉行，奥羽諸藩に蝦夷地出兵を命じる（通航一覧）。6.29 ロシア人，連行した番人を通して通商を要求．拒否の場合は攻撃を予告（通航一覧）。6.- 幕府，若年寄堀田正敦・大目付中川忠英を蝦夷地に派遣（通航一覧）。 ロシア船，利尻島を襲い幕府の船を焼く（通航一覧）。7.1 林述斎，外国船に薪水給与を許可することを建言（通航一覧）。8.2 幕府，神谷勘右衛門に国後島の，近藤守重に利尻島の巡視を命じる（休明光記）。10.23 幕府，先手鉄砲頭井上正治に下田・浦賀・房総の海岸巡視を命じる（通航一覧）。10.24 幕府，箱館奉行所を松前に移し，松前奉行と改称（通航一覧）。10.- 名古屋藩，木綿の直売買を禁止（尾張藩農政年表稿本）。11.18 幕府，松前奉行羽太正養を罷免（通航一覧）。12.- 幕府，ロシア船打払いを命じる（御触書天保集成）。
1808 1.28 ▼	5 戊辰 ⑥			1.- 仙台・会津両藩，東西蝦夷地に出兵（続実紀）。 伊能忠敬，幕命で四国・淡路・大和などの沿岸の測量に向かう（伊能忠敬測量日記）。4.9 幕府，浦賀奉行に砲台築造のため，下田・浦賀近辺の巡視を命じる（通航一覧・続実紀）。4.- 松田伝十郎・間宮林蔵，樺太に赴く（北夷談）。7.13 間宮，再度樺太探検に渡航（東韃地方紀行）。8.15 イギリス船軍艦フェートン号長崎港に侵入し，オランダ人２人を捕えて薪水を求める（通航一覧）。8.17 フェートン号，長崎を退去（通航一覧）。 長崎奉行松平康英，引責自殺（続実紀）。11.10 幕府，佐賀藩主鍋島斉直に長崎警備怠慢により逼塞を命じる（続実紀）。12.10 幕府，盛岡・弘前両藩に蝦夷地警備を命じ，南部・津軽両家の格上げを行う（通航一覧）。12.- 幕府，江戸本町３丁目・大伝馬町組薬種問屋以外の薬種直荷引受を禁じる（御触書天保集成）。

社　会・文　化	世　界	琉球	朝鮮	清
【死没】 1.17 若杉五十八(47，画家)。1.23 戒定(新義真言宗僧侶)。3.17 馬場正通(26，経済学者)。3.18 大伴大江丸(俳人)。4.10 橘南谿(53，儒医)。6.20 橋本経亮(47，国学者)。7.5 堀田正順(57，下総佐倉藩主)。7.8 慈延(58，歌僧)。7.29 松平容頌(64，陸奥会津藩主)。10.22 智洞(70，浄土真宗学匠)。11.1 徳川治保(55，常陸水戸藩主)。**この年** 中井源左衛門(90，日野商人)。 《大の月》2・4・8・9・10・11		尚灝王 2	純祖 5	嘉慶 10 ⑥
1.- 隆円，『近世念仏往生伝』初編を上梓。3.4 江戸大火(武江年表)。12.12 幕府，江戸上水道修復により褒賞(続実紀)。12.16 幕府，『藩翰譜続編』編修終了により褒賞(続実紀)。**この年** 式亭三馬『雷太郎強悪物語』刊。 九谷焼再興。 海保青陵，『東贐』を執筆。 山東京伝『稲妻表紙』刊。 村田春海撰『賀茂翁家集』刊。 江戸幕府道中奉行所『五街道分間延絵図』成る。 和学講談所『史料』，編集始まる(～文久元年)(和学講談所御用留)。 和学講談所編『武家名目抄』，幕命により編纂開始(和学講談所御用留)。 【死没】 1.12 荒木田麗女(75，女流文学者)。3.12 小野川喜三郎(46，力士)。4.20 荻野元凱(70，医家)。4.25 戸田氏教(53，美濃大垣藩主)。6.27 桜田治助(初代)(73，歌舞伎狂言作者)。7.8 志筑忠雄(47，天文・物理学者)。7.25 伴蒿蹊(74，文章家)。9.20 喜多川歌麿(54，浮世絵師)。10.30 市川団十郎(5代)(66，歌舞伎俳優)。11.14 戸崎淡園(83，儒学者)。 《大の月》1・2・4・8・10・11	7.12 ライン同盟結成。8.6 フランツ2世帝位を辞し，神聖ローマ帝国消滅。10.14 イエナの戦。11.21 ナポレオンの大陸封鎖令(ベルリン勅令)。**この年** ロシアとオスマン帝国，戦争勃発(～'12年)。	3	6	11
1.- 曲亭馬琴『椿説弓張月』前編刊。6.- 蒲生君平『不恤緯』成る。8.19 江戸深川八幡祭の人出で永代橋が崩落し，溺死者多数(東京市史稿)。12.- 村瀬栲亭『秇苑日渉』初版刊。**この年** 杉田玄白『野叟独語』成る。 大槻玄沢『環海異聞』成る。 菊池五山『五山堂詩話』刊(～天保3年)。**この年或いは翌年** 田沢春房『長崎紀聞』成るか。 【死没】 1.24 馬詰権之助(60，土佐高知藩士)。3.11 松平康定(61，寺社奉行)。5.16 皆川淇園(74，儒者)。5.25 白川伊右衛門(蝦夷地開拓功労者)。7.1 上村仁右衛門(義民)。7.25 並木正三(2代)(歌舞伎狂言作者)。8.6 藤田貞資(74，数学者)。9.19 山村才助(38，蘭学者)。10.3 鶴沢友次郎(2代，浄瑠璃三味線方)。10.4 川上不白(89，江戸千家流祖)。11.10 古川古松軒(82，地理学者)。12.1 柴野栗山(72，儒学者)。 《大の月》1・2・3・5・8・11・12	7.7 フランスとロシア，ティルジット条約締結。7.22 ワルシャワ大公国成立。8.- アメリカ，フルトン，蒸気船の航行に成功。10.9 プロイセン，シュタイン，改革に着手。11.29 ナポレオン軍の侵略によりポルトガル王室ブラジルへ亡命。	4	7	12
2.6 幕府，長崎オランダ通詞6人にフランス語の学習を命じる(続長崎実録大成)。2.30 幕府，近藤守重を書物奉行に任じる(近藤正斎全集)。3.- 上田秋成『春雨物語』成る。6.16～18 関東，大雨により大洪水(続実紀)。**この年** 近藤守重『金銀図録』成る。 佐藤信淵，『西洋列国史略』を著す。 評定所編纂『撰述格例』成る。 上田秋成『胆大小心録』成る。 中村元恒，『蕗原拾葉』に着手(～文政7年)。 司馬江漢『刻白爾天文図解』刊(～文化6年)。 【死没】 2.2 並木五瓶(初代)(62，歌舞伎狂言作者)。3.3 杉村直記(68，対馬藩家老)。3.11 木内石亭(85，考古学)。閏6.13 永皎女王	1.1 アメリカ，奴隷の輸入を禁止。4.30 ナポレオン，スペイン王に退位を強要。5.2 スペイン，マドリードで市民一斉蜂起。6.6 スペイン，ジョゼフ=ボナパルト，スペイン王に即位。8.1 イギリス軍，ポルトガルに上陸。**この年** ドイツ，フィヒテ『ドイツ国民に告ぐ』講演。 ドイツ，ゲーテ	5	8	13 ⑤

西暦	年号 干支	天皇	将軍	政　治・経　済
1808 1.28 ▲	文化 5 戊辰 ⑥	(光格)	(徳川家斉)	
1809 2.14	6 己巳			2.－ 幕府，菱垣廻船問屋十組仲間に永代橋など３橋の普請を引受させ，三橋会所の設立を許可(御触書天保集成)。**6.－** 幕府，樺太を北蝦夷地と改称(北夷談)。**7.11** 間宮林蔵，北蝦夷を出発，東韃靼を探検して黒竜江下流のデレンに至る(東韃地方紀行)。**8.－** 伊能忠敬，幕命で九州沿岸の測量に向かう(伊能忠敬測量日記)。**12.1** 有栖川宮織仁親王の娘楽宮，徳川家慶に降嫁(続実紀)。**12.5** 信濃国伊那郡今田村の百姓，飯田藩の紙問屋設立に反対して打毀し(紙問屋騒動)(編年百姓一揆史料集成)。**この年** 幕府，江戸伊勢町に米会所設置を許可(日本財政経済史料)。 仙台藩，２ヵ年の期限付で高分けを許可(仙台藩租税要略)。**この年より** オランダ船の長崎入港中断(〜文化14年)。
1810 2.4	7 庚午			**2.26** 幕府，白河・会津両藩に対し，相模浦賀・上総・安房沿岸の砲台構築を命じる(通航一覧・続実紀)。**10.13** 長崎会所調役２名が薩摩藩よりの琉球産物８種の売捌方取扱掛に任命される(続長崎実録大成)。**11.－** 姫路藩，姫路木綿江戸表売捌決定(穂積勝次郎『姫路藩国産木綿と江戸の木綿問屋』)。**この年** 江戸屋弥兵衛，天満１丁目に繰綿会所を設置(新修大阪市史)。
1811 1.25 ▼	8 辛未 ②			**5.22** 幕府，朝鮮通信使を対馬で応接(易地聘礼)(通航一覧)。**6.4** 国後詰調役奈佐政辰，ロシア艦長ゴロウニンらを国後で捕える(通航一覧)。**10.5** 金沢藩の米仲買，打毀される(編年百姓一揆史料集成)。**11.18** 豊後国岡藩の百姓，専売制などの新法に反対して強訴(編年百姓一揆史料集成)。**11.－** 伊能忠敬，幕命で屋久島・種子島・九州北部の測量に向かう(伊能忠敬測量日記)。**12.15** 幕府，新たに５ヵ年の倹約を命じる(御触書天保集成・続実紀)。**12.18** 幕府，諸国河川国役普請の出願を制限(御触書天保集成・続実紀)。**12.－** 臼杵藩の百姓，専売制に反対して打毀し(編年百姓一揆史料集成)。**この年** 会津藩，幕命で相模・上総・安房沿岸に砲台を築く(通航一覧)。

社　会・文　化	世　界	琉球	朝鮮	清
(77，大聖寺門跡)。8.2 西川扇蔵(2代)(91，日本舞踊宗家)。8.7 田中玄宰(61，陸奥会津藩士)。8.17 松平康英(41，長崎奉行)。9.2 加藤千蔭(74，歌人)。9.8 伊佐幸琢(3代)(茶人)。10.4 松永和風(初代)(長唄唄方)。10.9 市川団蔵(4代)(64，歌舞伎俳優)。10.13 芳村伊三郎(初代)(90，長唄唄方)。11.10 早川正紀(70，幕府代官)。12.4 森羅万象(55，蘭学者)。12.25 小石元俊(66，医家)。 《大の月》2・3・5・⑥・8・11	『ファウスト』(第1部)刊。	尚灝王 5	純祖 8	嘉慶 13 ⑤
1.1 江戸大火(続実紀)。1.- 式亭三馬『浮世風呂』前編刊(文化10年完結)。2.-『徳川実紀』の編纂を開始(同書)。4.16 会津藩主松平容衆，『新編会津風土記』を幕府に献上(続実紀)。6.- 加藤暁台『暁台句集』成る。8.23 江戸大風雨(続実紀)。9.21 大草公弼，『南山巡狩録』を幕府に献上(続実紀)。12.16 幕府，『藩翰譜続編』『系図備考』編纂完了により褒賞(続実紀)。12.- 平山東山編纂『津島紀事』，対馬藩に提出。**この年** 田畑吉正『断家譜』成る。 永田貞柳著・無心亭有耳編『貞柳翁狂歌全集類題』刊。 春夜楼若夢編『蕪村七部集』刊。 幕府，オランダ通詞にロシア語・英語の学習を命じる(長崎洋学史)。 【死没】 1.12 月僊(69，画僧)。3.2 坂本市之丞(74，新田開発者)。4.2 伊東藍田(76，儒学者)。6.15 橋本稲彦(29，国学者)。6.21 桂川甫周(56，医学者)。6.27 上田秋成(76，国学者)。8.21 天竜道人(92，画家)。10.27 速水宗達(71，茶人)。12.21 津田玄仙(73，漢方医家)。**この年** 伊藤参行(64，富士講行者)。 《大の月》1・2・4・5・7・9・11	6.- スウェーデン，新憲法成る。12.- ハイチ，ペティオン大統領，大規模な土地分配を行う。**この年** スウェーデン，フィンランドをロシアに割譲。 フランス対オーストリア戦争，ウィーン条約を締結。	6	9	14
1.- 小林一茶，『一茶七番日記』を記す(～文政元年12月)。12.1 徳川治紀，『大日本史』紀伝を朝廷に献上。**この年** 服部義高『廻船安乗録』刊。 杉田玄白『形影夜話』刊。 中津藩主奥平昌高『中津版オランダ辞書』刊。 藤林普山『訳鍵』刊。**この年あるいは翌年** 円通『仏国暦象編』刊。 【死没】 1.7 前田治脩(66，加賀金沢藩主)。1.25 唐来参和(67，戯作者)。1.27 山路徳風(50，天文方)。 小野蘭山(82，本草学者)。2.21 快道(60，新義真言宗僧侶)。5.4 植松自謙(61，心学者)。6.5 五行(93，真言宗僧侶)。8.20 清原雄風(64，歌人)。8.23 近松徳三(60，歌舞伎狂言作者)。8.- 芳沢あやめ(5代)(57，歌舞伎俳優)。10.4 曾根原六蔵(68，富豪)。11.7 岸本武太夫(69，幕府代官)。12.2 多紀桂山(56，医師)。12.4 瀬川菊之丞(3代)(60，歌舞伎俳優)。**この年** 中村仲蔵(大阪系初代)(歌舞伎俳優)。 松本安親(62，水利土木家)。 《大の月》2・4・5・7・8・10・12	7.21 コロンビア，ボゴタに革命的フンタ成立。**この年** ロシア，オスマン帝国よりベッサラビア獲得。 カラカス・ブエノスアイレスで臨時政府樹立。 メキシコ，イタルゴの反乱起こる。 オランダ，フランスに併合される。	7	10	15
1.- 立川焉馬『花江都歌舞妓年代記』刊。2.11 江戸大火(続実紀)。3.- 小沢蘆庵『六帖詠草』刊。5.- 幕府，天文方に蛮書和解御用掛を設け，馬場貞由・大槻玄沢を訳員とする(幕末教育史の研究)。 式亭三馬『浮世床』初編刊。8.- 幕府，入墨を禁じる(御触書天保集成)。**この年** 平田篤胤『古史成文』成る。 滝沢馬琴『燕石雑志』刊。 塙保己一，『螢蠅抄』を幕府に献上。 司馬江漢，『春波楼筆記』を著す。 蒲生君平『職官志』刊(没後の文政13年，改めて全7巻刊行，内6・7巻は未完)。 平田篤胤撰『玉たすき』成る。 市河寛斎『談唐詩選』刊。 尾島定右衛門以下，江戸幕府右筆所6名編『天寛日記』成る。 松浦東渓編『長崎古今集覧』成る。	3.- イギリス，中北部でラダイト運動起こる。7.5 ベネズエラ，独立を宣言。8.14 パラグアイ，独立を宣言。9.- イギリス，ジャワを占領。12.- 朝鮮，洪景来の反乱起こる。**この年** ムハンマド=アリー，旧マムルーク勢力を一掃し，アラビア半島に出兵(～'18年)。	8	11	16 ③

西暦	年号干支	天皇	将軍	政治・経済
1811 1.25 ▲	文化 8 辛未 ②	(光格)	(徳川家斉)	
1812 2.13	9 壬申			1～3月 豊後国佐伯藩・日向国延岡藩・豊前国中津藩領で打毀し(編年百姓一揆史料集成)。4.6 幕府，松平定信の隠居を許可(続実紀)。4.29 ロシア船，漂民6人を国後島に送還(通航一覧)。8.14 ロシア船長リコルド，高田屋嘉兵衛を国後島の海上で捕える(通航一覧)。11.- 真鍮地銅・荒鉛の売買を大坂銅座に限る(御触書天保集成)。
1813 2.1	10 癸酉 ⑪			3.29 幕府，十組問屋仲間1995人に株札を交付し，以後の新規加入を禁じる(日本財政経済史料)。4.- 幕府，江戸に5ヵ年限定で米会所を設置，株式を120人に定める(続実紀)。 水戸藩，江戸本所に米立会所を設置(日本財政経済史料)。5.26 リコルド，高田屋嘉兵衛を伴い国後島へ来航，ゴロウニン釈放の交渉を始める(通航一覧)。6.29 オランダ商館受取りのため，元オランダ商館長ワルデナールが長崎に来航，商館長ドゥーフこれを拒絶(ヅーフ日本回想録)。7.- 幕府，鴻池善右衛門ら41人に御用金を命じる(続実紀)。 幕府，米価下落により諸大名に，大坂廻米を前年の半額とし，残りの半額の国元囲籾を命じる(御触書天保集成・続実紀)。9.26 幕府，ゴロウニンらをリコルドに引渡す(通航一覧)。9.- 幕府，旗本に大坂廻米量を過去3ヵ年平均高以下に制限するよう命じる(御触書天保集成)。 幕府，銭相場下落により銭の江戸廻送を厳禁(御触書天保集成)。10.13 信濃国善光寺町の町民，穀屋・酒屋などを打毀す(編年百姓一揆史料集成)。10～11月 富山藩の百姓，十村・庄屋宅を打毀す(編年百姓一揆史料集成)。**この年** 徳島藩，大坂入津の国産藍を蔵物扱いとする(阿波藍沿革史)。
1814 2.20	11 甲戌			4.4 越後国村松藩の百姓，新検地に反対して役人・庄屋・富豪宅を打毀す(編年百姓一揆史料集成)。5.- 越後国岩船・蒲原両郡の百姓，各地の富豪宅を打毀す，幕府代官所，隣藩の援けを得てこれを鎮圧(編年百姓一揆史料集成)。6.- 幕府，問屋以外の唐薬・和薬の直取引を禁じる(御触書天保集成)。10.27 幕府，盛岡・弘前両藩に，箱館・松前以外の蝦夷地守備兵撤収を命じる(通航一覧)。11.- 幕府，公金貸付を私領に限定(牧民金鑑)。12.- 幕府，諸国荒鉛の大坂銅座買上げを停止し，売買自由とする(徳川禁令考)。**この年** 萩藩，国産方役所を設置(田中彰『幕末の藩政改革』)。 名古屋藩，米相場について調査(尾張藩農政年表稿本)。

社　会・文　化	世　界	琉球	朝鮮	清
【死没】 1.16 稲村三伯(54，蘭学者)。2.13 村田春海(66，国学者，歌人)。4.26 河口信任(76，蘭医)。4.27 奥田穎川(59，陶芸家)。5.25 岩橋善兵衛(56，玉工)。6.2 加納久周(59，上総一宮藩主)。6.12 黒沢琴古(2代)(65，尺八奏者)。7.6 木村謙次(60，北辺探険家)。7.17 呉春(60，画家)。8.6 住吉広行(57，画家)。11.16 釧雲泉(53，画家)。11.26 伏屋素狄(65，蘭方医)。12.27 水野忠任(76，肥前唐津藩主)。 《大の月》②・4・6・7・9・10・12		尚灝王 8	純祖 11	嘉慶 16 ③
4.- 松平定信，『花月日記』を記す(～文政11年12月)。12.19 幕府，『寛政重修諸家譜』完成により褒賞(続実紀)。**この年以降** 伊地知季安『漢学紀源』成る(～天保12年)。 【死没】 1.25 宮薗鸞鳳軒(2代)(宮薗節)。5.16 井上士朗(71，俳人)。5.18 山本北山(61，儒学者)。6.- 青木興勝(51，蘭学者)。8.- 工楽松右衛門(70，技術家)。11.29 瀬川菊之丞(4代)(31，歌舞伎俳優)。12.8 沢村宗十郎(4代)(29，歌舞伎俳優)。12.9 大江磐代(69，光格天皇生母)。12.15 本多忠籌(74，陸奥泉藩主)。**この年** 伊勢貞春(53，故実家)。 《大の月》2・5・7・9・10・11	3.19 スペイン，自由主義憲法制定。6.18 アメリカ，議会で対英宣戦決議。6.24 ナポレオン軍，ロシアに侵攻。**この年** ロシアとオスマン帝国，ブカレスト条約締結。	9	12	17
1.- 幕府，馬場貞由らを松前に派し，ゴロウニンからロシア語を学ばせる(新撰洋学年表)。3.15 石清水八幡宮臨時祭再興(徳川禁令考)。**この冬** 海保青陵『稽古談』成る。**この年** 式亭三馬『浮世床』初編刊(2編，文化11年刊)。 山東京伝『骨董集』成る。平田篤胤『霊能真柱』刊。 【死没】 1.8 鷹司輔平(75，公家)。 村山伝兵衛(3代)(76，豪商)。5.20 朋誠堂喜三二(79，黄表紙作者)。6.4 諦忍(73，浄土真宗学僧)。6.13 吉益南涯(64，医師)。6.20 植松有信(56，国学者)。7.5 蒲生君平(46，学者)。9.6 中山文七(初代)(82，歌舞伎役者)。10.13 正親町公明(70，公家)。10.27 小林如泥(61，彫刻家)。**閏**11.2 後桜町上皇(74)。12.14 尾藤二洲(67，幕府儒者)。 《大の月》1・3・7・9・10・11・12	10.16～19 ナポレオン，ライプツィヒの戦に敗れる。10.24 ロシアとペルシア，グリスターンの和約．ロシア，北部アゼルバイジャンを併合。**この年** 清，天理教徒の反乱．アヘンの販売を禁じる。	10	13	18
6.- 本木正栄ら『諳厄利亜語林大成』成る。7.- 布施松翁『松翁道話』初編刊(弘化3年まで続刊)。9.- 伊能忠敬，「沿海実測全図」を完成。 曲亭馬琴『南総里見八犬伝』第1輯刊。11.11 黒住宗忠，黒住教を開く(原敬吾『黒住宗忠』)。11.22 賀茂臨時祭再興(公卿補任)。11.- 松平定能編『甲斐国志』成る。**この冬** 小川顕道，『塵塚談』を著す。**この年** 清元節創始(声曲類纂)。 葛飾北斎『北斎漫画』初編刊。 香川景樹『新学異見』刊。 脇坂安董『文化易地聘使録』成る。 根岸鎮衛『耳袋』成る。 蜻洲無学山人『明良帯録』成るか。**この年以降** 伴信友『長等の山風』成るか。 【死没】 1.12 歌川豊春(80，浮世絵師)。1.22 羽太正養(63，箱館奉行)。3.2 亀井南冥(72，儒者)。7.27 常磐津兼太夫(3代)(54，常磐津節)。8.18 中山愛親(74，公家)。10.20 奈河七五三助(61，歌舞伎狂言作者)。11.7 豊島豊洲(78，儒学者)。11.8 竹垣直温(74，幕府代官)。11.16 栄名井広聡(82，神道学者)。11.28 下鳥富次郎(70，用水開鑿功労者)。 《大の月》1・3・7・9・10・12	4.11 ナポレオンの退位・配流決定。5.- ノルウェー，アイスヴォル憲法制定。8.13 イギリス，ケープ植民地を領有。9.18 ウィーン会議始まる(～'15年6月)。**この年** オデッサ，ギリシア民族組織「ヘタイリア=フィリケ」結成。 メキシコ，アパツィンガン憲法制定。清，董誥ら『全唐文』成る。	11	14	19 ②

西暦	年号 干支	天皇	将軍	政　　治・経　　済
1815 2.9	文化 12 乙亥	(光格)	(徳川家斉)	**4. 28** 盛岡藩八幡寺林通の百姓，買上米等に反対して強訴(編年百姓一揆史料集成)。**4. -** 伊能忠敬，幕命を受け，伊豆へ測量隊を派遣(伊能忠敬測量日記)。**9. -** 幕府，諸大名に大坂廻米の 2 割削減を命じる(御触書天保集成)。**11. -** 幕府，朝鮮の飢饉による米買付要請を断る(御触書天保集成)。
1816 1.29	13 丙子 ⑧			**2. 16** 幕府，諸国の人口を調査(本丸廻状留)。**2. -** 幕府，武家屋敷内などの賭博禁令の厳守を命じる(御触書天保集成)。**3. -** 名古屋藩で家中年貢米・雑穀捌問屋設置につき願出(尾張藩農政年表稿本)。**5. -** 鹿児島藩徳之島の百姓，出米一件につき強訴(編年百姓一揆史料集成)。**9. -** 幕府，幕領に年貢の不足米を正米で納めるよう令す(牧民金鑑)。**11. -** 掛川・田中・横須賀藩領・中泉代官所管内で強訴・打毀し(編年百姓一揆史料集成)。 大洲藩で紙専売反対の騒動起こる(編年百姓一揆史料集成)。
1817 2.16	14 丁丑	3.22 仁孝		**2. 26** 萩藩，神器陣の第 1 次大操練を行う(毛利十一代史)。**2. 28** 幕府，対馬藩に 2 万石の地を与える(続実紀)。**3. 22** 光格天皇譲位(公卿補任)。**9. 27** イギリス船，浦賀に来航(通航一覧)。**10. 28** オランダ商館長ドゥーフ，新任のコック=ブロムホフに職務を引継ぎ(ヅーフ日本回想録)，11月 3 日，日本を去る(長崎オランダ商館日記)。**この年** 萩藩，木綿運上を定める(御書付其外後規要集)。 幕府，近江国大津の商人に御用金を賦課(大津市史)。
1818 2.5 ▼	文政(ぶんせい) 4.22 戊寅			**4. 16** 幕府，真文二分判金を鋳造， 6 月より通用開始(御触書天保集成・続実紀)。**4. -** 幕府，倹約令を出し，拝借金を停止(御触書天保集成・続実紀)。**5. 13** イギリス人ゴルドン，浦賀に来航して貿易を要求，幕府これを拒否(通航一覧)。**12. 12** 幕府，本田畑に甘蔗を栽培することを禁じる(御触書天保集成・続実紀)。**12. 15** 大和国吉野郡中坊氏領の百姓，重課に反対して代官所・大庄屋宅を打毀す(編年百姓一揆史料集成)。

社　会・文　化	世　界	琉球	朝鮮	清
4.－ 杉田玄白『蘭学事始』成る。**6.－** 北原采女編纂『会津家世実紀』成る。**7.－** 金沢大火(加賀藩史料)。**8.－** 仙石政和，『類聚国史』を刊行。 井上翼章『越前国古今名蹟考』成る。**この年** 草間直方『三貨図彙』成る。 柳亭種彦『正本製』刊(～天保2年)。 杉田立卿訳『眼科新書』刊。 司馬江漢『西遊日記』成る。 武藤致和・武藤平道父子編纂『南路志』成る。 曲亭馬琴『朝夷巡島記』刊(～文政10年，未完)。 【死没】 **1.28** 石川玄常(72，蘭方医)。**2.20** 芝山持豊(74，歌人)。**3.1** 村井琴山(83，医師)。**5.14** 森山孝盛(78，和学者)。**5.21** 鳥居清長(64，浮世絵師)。**6.6** 八文字自笑(3代)(78，本屋)。**7.8** 佐竹義和(41，出羽秋田藩主)。**7.10** 桐山正哲(蘭学者)。**8.3** 真田幸弘(76，信濃松代藩主)。**10.12** 野沢吉兵衛(初代)(浄瑠璃三味線方)。**10.16** 尾上松助(初代)(72，歌舞伎俳優)。**11.9** 根岸鎮衛(79，幕臣)。**12.5** 法岸(72，浄土宗僧侶)。**この年** 桂文治(初代)(43，落語家)。 《大の月》1・2・4・8・10・12	**3.23** イギリス，穀物法制定。**4.－** セルビア，第2次蜂起(～'17年)。**6.18** ワーテルローの戦。**11.－** ウィーン体制確立。**この年** 清，アヘンの輸入を厳禁，罰則を定める。 スウェーデンとノルウェー，連合協定を結ぶ。 ウィーン会議によりオランダ王国成立。	尚灝王 12	純祖 15	嘉慶 20
4.－ 司馬江漢『天地理譚』成る。**閏8.4** 諸国大風雨(日本震災凶饉攷)。**9.－** 渋川景佑，研究ノートを『暦学聞見録』として著す(～弘化4年)。**10.－** 坂部広胖『海路安心録』出版。**この年** 武陽隠士『世事見聞録』成る。 三浦源蔵『塩製秘録』成る。 原善『先哲叢談』刊。 浪華・略庵厳『茶道筌蹄』成るか。 ゴロウニン『ゴロウニン日本幽囚記』刊(サンクトペテルブルグ)。**この頃** 伊能忠敬『仏国暦象編斥妄』脱稿。 【死没】 **2.19** 頼春水(71，儒学者)。**3.24** 間重富(61，天文暦算家)。**6.22** 黒沢琴古(3代)(45，尺八奏者)。**7.29** 鈴木万里(初代)(江戸長唄唄方)。**8.9** 岡田寒泉(77，儒学者)。**閏8.13** 高橋新五郎(初代)(50，結城織・双子織祖)。**9.6** 池田錦橋(82，痘科医)。**9.7** 山東京伝(56，戯作者)。**11.19** 夏目成美(68，俳人)。 《大の月》1・2・4・6・8・10・12	**4.27** アメリカ，最初の保護関税法制定。**7.9** ラ＝プラタ，スペインからの独立を宣言。**11.5** ドイツ，フランクフルトで連邦議会開会。**12.－** イギリス，ジャワをオランダに返還。	13	16	21 ⑥
2.28 広瀬淡窓，家塾成る(咸宜園)(懐旧楼筆記)。**5～7月** 諸国大旱(武江年表)。**12.－** 琉球，凶作のため飢饉(続実紀)。**文化年間** 都々逸流行(古田良一「「どどいつ」の起源」)。**文化年間か** 古賀精里，『極論時事封事』を著す。 【死没】 **1.3** 蛭田玄仙(73，産科医)。**1.28** 沢村田之助(2代)(30，歌舞伎俳優)。**2.8** 金子金陵(画家)。**2.15** 中井履軒(86，儒学者)。**4.17** 杉田玄白(85，蘭方医)。**4.22** 秋広平六(61，開鑿業者)。**5.3** 古賀精里(68，儒者)。**5.29** 海保青陵(63，思想家)。**7.8** 深励(69，真宗学僧)。**8.29** 松平信明(58，老中)。**10.4** 上河淇水(70，心学者)。**10.26** 会田安明(71，和算家)。**12.20** 片岡万平(48，義民)。**12.23** 石川大浪(53，洋風画家)。 《大の月》1・3・4・6・8・11	**10.18** ドイツ，ヴァルトブルク祭典に参集した学生，自由主義的改革を要求。**この年** インド，第3次マラータ戦争。 リカード『経済学及び課税の諸原理』刊。	14	17	22
3.7 篠田金治作詞・清元万吉作曲『保名』，江戸都座で初演。**10.－** 渡辺崋山『一掃百態図』成る。**この年** 近藤重蔵，『外蕃通書』を幕府に献納。 喜多村信節『瓦礫雑考』刊。 狩谷棭斎『古京遺文』成る。 平田篤胤『古史成文』刊。 樋口好古『税賦参定指南』成る。 扇谷定継編『札差業要集』成る。 小嶋好謙『仏国暦象弁妄』刊。 平田篤胤『古史徴』刊(～文政2年)。 【死没】 **2.21** 感和亭鬼武(59，戯作者)。**4.18** 伊能忠敬(74，地理学者)。	**2.12** チリ，独立宣言。**6.－** イギリス，マラータ政府を倒し，インド西部を征服。**11.－** 五国同盟成立。**この年** 清，『大清会典』完成。	15	18	23

西暦	年号 干支	天皇	将軍	政　治・経　済
1818 2.5 ▲	文政 4.22 戊寅	(仁孝)	(徳川家斉)	
1819 1.26	2 己卯 ④			1.25 幕府，浦賀奉行を増員し2人とする(通航一覧)。閏4.- 幕府，江戸・京都・大坂・伏見以外の真鍮製造禁令を解除し，勝手吹とする(御触書天保集成)。 幕府，財政改革を予告(御触書天保集成)。5.28 徳島藩仁宇谷の百姓強訴(編年百姓一揆史料集成)。6.25 幕府，三橋会所を廃止，菱垣廻船問屋十組仲間頭取杉本茂十郎失脚(日本財政経済史料)。6.- 幕府，草文小判・一分判を鋳造，9月より通用(御触書天保集成・続実紀)。 幕府，江戸本船町の油会所を廃止(日本財政経済史料)。7.8 幕府，諸国に諸物価引下げを命じる(御触書天保集成・続実紀)。9.13 糸魚川藩の百姓，郡代の非政を責め打毀し(黒川騒動)(編年百姓一揆史料集成)。12.- 名古屋藩，家臣の借財を無利子50ヵ年賦とする(尾張藩農政年表稿本)。この年 水戸藩，米立会所を廃止(天保撰要類集)。
1820 2.14	3 庚辰			1.- 名古屋藩，米切手の取扱いにつき令す(尾張藩農政年表稿本)。6.28 幕府，草文丁銀・小玉銀を鋳造，7月より通用開始(御触書天保集成)。6.- 幕府，馬喰町御用屋敷などの貸付金返納滞納分の利子を引下げ(日本財政経済史料)。9.4 幕府，前鹿児島藩主島津重豪の治績を賞する(続実紀)。10.8 幕府，さらに3ヵ年の倹約を命じる(御触書天保集成・続実紀)。10.17 幕府，満州語辞典『満文輯韻』完成・献上により，高橋景保を褒賞(続実紀)。12.4 幕府，岡山藩に備前国児島海面附洲の新開を下命(文政6年興除新田完成)(岡山県史)。12.28 幕府，会津藩の相模国沿岸警備を免じ，これを浦賀奉行に命じる(通航一覧)。この年 村田清風，萩藩主に売知売爵論を建白(村田清風全集)。
1821 2.3 ▼	4 辛巳			1.- 幕府，大名以下の所領村替願の提出を禁じる(御触書天保集成)。2.30 幕府，風邪流行により窮民29万7000人へ施銭(続実紀)。4.- 幕府，民間で重ねてみだりに銀器を製造することを重ねて禁じる(御触書天保集成)。5.- 幕府，新金銀の通用を奨励(御触書天保集成)。11.25 鹿子木量平，肥後国八代郡に七百町新田を開く(度支年譜)。11.- 幕府，真鍮四文銭を増鋳(続実紀)。12.4 幕府，盛岡・弘前両藩兵を全蝦夷地から撤収させる(通航一覧)。12.7 幕府，東西蝦夷地を松前藩に還付(通航一覧)。

社　会・文　化	世　界	琉球	朝鮮	清
4.24 松平治郷(68，出雲松江藩主)。5.7 有賀長収(69，歌人)。6.28 増田五郎右衛門(42，義民)。10.6 徳本(61，浄土宗僧侶)。10.21 司馬江漢(72，蘭学者)。10.24 山口素絢(60，画家)。12.6 村瀬栲亭(75，儒者)。12.19 池田治政(備前岡山藩主)。**この年** 脇坂義堂(心学者)。 《大の月》1・2・4・6・7・9・12		尚灝王 15	純祖 18	嘉慶 23
1.13 徳川治保，『大日本史』紀伝45冊を幕府に献上(泰平年表)。6.12 名古屋で大地震(猿猴庵日記)。6.- 丹羽勗『平理策』成る。12.29 小林一茶『おらが春』成る。12.- 森川世黄『集古浪華帖』刊。**この年** 塙保己一『群書類従』正編刊行。 宇田川榛斎訳出・編集『和蘭薬鏡』刊。**この年と文政6年** 塙保己一『雞林拾葉』刊。**この頃** 山田吉睦『古今鍛冶備考』初版刊。 【死没】 1.29 増山雪斎(66，伊勢長島藩主)。6.7 石川総博(61，伊勢亀山藩主)。6.13 米津通政(70，出羽長瀞藩主)。7.7 並木五瓶(2代)(52，歌舞伎狂言作者)。7.11(8，10日とも) 柏木如亭(57，漢詩人)。7.18 浜村蔵六(2代)(48，篆刻家)。8.15 鈴木万里(2代)(45，江戸長唄唄方)。8.21 佐々木春行(56，能楽研究家)。9.6 鈴木道彦(63，俳人)。9.11 杵屋六左衛門(9代)(長唄三味線方)。9.26 向山周慶(74，製糖功労者)。10.14 各務文献(66，医学者)。11.21 芳沢いろは(2代)(37，歌舞伎俳優)。12.1 常磐津文字太夫(3代)(28，常磐津節家元)。12.16 花沢伊左衛門(初代)(浄瑠璃三味線方)。 《大の月》2・4・5・6・8・9・11	2.24 アメリカ，スペインよりフロリダを獲得。2.- イギリス，シンガポールを獲得。8.16 イギリス，マンチェスターで議会改革を求める大衆を虐殺。9.20 ドイツ，メッテルニヒ，カールスバート決議を連邦議会に承認させる。**この年** アフガニスタン，バーラクザイ朝成立。 アメリカ，サヴァンナ号，最初の蒸気船として大西洋を横断。 大コロンビア，ボリーバルの指導で共和国成立。	16	19	24 ④
6.- 山崎美成，『海録』を記す(～天保8年2月)。**この夏** 池田定常稿・間宮士信ら編『編修地誌備用典籍解題』成る。8.- 山片蟠桃『夢ノ代』成る。**この年** 滝亭鯉丈『花暦八笑人』初編刊。 近衛忠煕，『忠煕公記』を記す(～明治11年)。 【死没】 1.4 村本三五郎(85，豪農)。1.24 北尾重政(82，浮世絵師)。2.19 織仁親王(66，有栖川宮第6代)。3.19 原念斎(47，儒者)。6.11 古川氏清(63，数学者)。6.28 誠拙周樗(76，臨済宗僧侶)。7.10 市河寛斎(72，儒学者)。8.9 岡田米山人(77，画家)。8.15 原南陽(68，常陸水戸藩医)。9.1 杵屋正次郎(2代)(長唄三味線方)。9.4 浦上玉堂(76，画家)。9.20 窪俊満(64，浮世絵師)。11.29 芳村伊三郎(2代)(86，長唄唄方)。12.22 本多利明(78，経世家)。**この年** 市村羽左衛門(11代)(30，歌舞伎俳優)。 《大の月》2・4・6・8・9・10・12	1.1 スペイン，カディスでリエゴの率いる軍隊蜂起，革命。2.3 アメリカ，ミズーリ協定成立。7.2 イタリア，ナポリでカルボナリ立憲革命。8.24 ポルトガル，ポルトで軍の反乱。**この年** エジプト軍，東スーダンを征服。 シャカ王の統治によりズールー王国栄える。 インド，中国へのアヘン輸出急増。 清，イスラム教徒の乱(～28年)。	17	20	25 宣宗
1.17 鎌倉鶴岡八幡宮焼失(続実紀)。3.- 長崎唐人屋敷の中国人，奉行の処置に不満を抱き，奉行所に乱入(浮世の有様)。4.- 伴信友，『瀬見小河』を撰す。7.10 伊能忠敬，『大日本沿海輿地全図』を完成し幕府に献上。8.4 畿内及び美濃丹波丹後大風雨(泰平年表)。**この年** 渡辺崋山「佐藤一斎像」成る。 伊能忠敬『大日本沿海実測録』成る。 三木量平『本朝地方春秋』成る。 【死没】 1.6 石原正明(62，国学者)。2.28 山片蟠桃(74，学者)。3.2 板倉勝政(65，備中松山藩主)。3.11 鎌田柳泓(68，心学者)。7.21 森狙仙(75，画家)。8.11 公巌(65，真宗学僧)。8.22 内山真竜(82，国学者)。9.3 梅暮里谷峨(72，戯作者)。9.12 塙保己一(76，国学者)。10.2 一心(51，御岳講行者)。10.3 香川景柄(77，歌人)。11.2 木下幸文(43，歌人)。12.20 藤間勘兵衛(3代)(日本舞踊家)。	1.12 ライバッハ会議始まる。1.13 オーストリア，ライバッハ会議でナポリへの派兵に同意。3.6 ギリシア，イプシランティ蜂起，ギリシア独立戦争始まる(～'29年)。3.26 カナダ，新ハドソン湾会社設立。**この年** メキシコ・ペルー・グアテマラ・サント=ドミンゴ，スペインからの独立を宣言。	18	21	道光 1.1

西暦	年号 干支	天皇	将軍	政治・経済
1821 2.3 ▲	文政 4 辛巳	(仁孝)	(徳川家斉)	
1822 1.23	5 壬午 ①			**2.16** 幕府，全国の人口調査を実施(本丸廻状留)。**4.29** イギリス船，浦賀に入港し薪水を求める(通航一覧)。**6.16** 近江八幡の町民，御朱印差出を命ぜられ強訴(御朱印騒動)(編年百姓一揆史料集成)。**7.-** 幕府，兵庫菜種問屋・西宮灘目油江戸直積廻問屋を廃し，菜種の大坂油問屋への廻送を命じる(御触書天保集成)。**8.29** 幕府，津軽藩主の暗殺を企てた下斗米秀之進(相馬大作)らを処刑(続実紀)。**8.-** 幕府，関八州の研師に触頭の指示に従い国役を勤めるよう令す(天保集成絲綸録)。**12.13** 宮津藩の百姓，万人講などに反対して強訴(宮津騒動)(編年百姓一揆史料集成)。**この年** 信濃国高遠藩の百姓，不当課役に反対して強訴(草鞋騒動)(編年百姓一揆史料集成)。
1823 2.11	6 癸未			**2.-** 福井藩，阿波国より藍玉を輸入して専売化する(福井市史)。**3.24** 幕府，松平定永を陸奥国白河より伊勢国桑名へ，松平忠堯を桑名より武蔵国忍へ，阿部正権を忍より白河へ転封させ，松平定永に房総警備を免除(通航一覧・続実紀)。**4.14** 幕府，道中通日雇宿を禁じ，六組飛脚仲間へ加入させる(徳川禁令考)。**4.22** 幕府，代官森覚蔵に房総沿岸警備を命じる(通航一覧)。 西丸書院番松平外記，江戸城内で本多伊織らを斬殺し自殺(続実紀)。**5.-** 和歌山藩の百姓，庄屋・豪商宅や御仕入方役所を襲撃(編年百姓一揆史料集成)。**5～6月** 摂津・河内国の百姓，三所綿問屋の買入れ独占に反対(編年百姓一揆史料集成)。**7.-** 摂津・河内・和泉国の百姓，油の直小売を要求(編年百姓一揆史料集成)。**8.-** 伊勢国桑名・三重郡などの百姓，助成講金の返還を要求して打毀し(編年百姓一揆史料集成)。**9.-** 幕府，5ヵ年の倹約を命じる(御触書天保集成)。**12.27** 盛岡藩の百姓，新田開発に反対して開発出願の給人宅を打毀す(編年百姓一揆史料集成)。
1824 1.31 ▼	7 甲申 ⑧			**2.-** 幕府，南鐐二朱判を改鋳(文政二朱銀)，3月より通用開始(御触書天保集成)。**5.18** 幕府，文政一朱金を鋳造，7月より通用開始(御触書天保集成)。**5.28** 水戸藩，薪水を求め常陸国大津浜に上陸したイギリス捕鯨船員を捕える(通航一覧)。**8.9** イギリス捕鯨船員，薩摩国宝島に上陸し略奪する(通航一覧)。**閏8.-** 宮津藩，掛機に紛らわしい仕入機の在方出しを禁止(京都労働研究所『丹後機業の構造分析』)。**10.-** 幕府，馬喰町御用屋敷などの貸付金返納滞納分の利子引下げを10万石以下に対し行う(御触書天保集成)。**この年** 水戸藩，イギリス捕鯨船と交易の漁民ら300人を捕捉(通航一覧)。

社会・文化	世界	琉球	朝鮮	清
《大の月》2・5・7・9・10・12		尚灝王 18	純祖 21	道光 1.1
2.- 江戸町奉行，唐人踊を禁じる(甲子夜話)。8.- 幕府，流行の投扇遊びを禁じる(続実紀)。 蒲生君平『山陵志』刊。 西国にコレラ流行(日本震災凶饉攷)。12.- ツュンベリー『日本動物誌』刊(ウプサラ)。**この年** 塙忠宝，『続群書類従』の目録を幕府に献上(同序)。 葛野端山編『絃曲大榛抄』成る。 大関増業撰著『止戈枢要』成る。 ティツィング『ティツィング日本風俗図誌』刊(ロンドン)。 大蔵永常『農具便利論』刊。『尾州徇行記』(樋口好古『郡村徇行記』の一部)成る。 池田寛親『船長日記』成る。 宇田川榕庵『菩多尼訶経』刊。 飯田篤老編集『知新集』成る。**この年以降文政8年の間** 佐藤信淵『天柱記』成る。 【死没】 **閏1.6** 式亭三馬(47，戯作者)。**2.23** 小笠原貞温(57，豊前小倉新田藩主)。**3.12** 上杉鷹山(72，出羽米沢藩主)。**3.13** 本木庄左衛門(56，阿蘭陀通詞)。**5.7** 亜欧堂田善(75，画家)。**6.2** 烏亭焉馬(初代)(80，戯作者)。**7.5** 都太夫一中(5代)(63，浄瑠璃家元)。**7.7** 土井利厚(64，老中)。**7.17** 富本豊前太夫(2代)(69，富本節家元)。**7.27** 馬場貞由(36，阿蘭陀通詞)。**8.29** 下斗米秀之進(34，陸奥盛岡藩浪人)。**9.11** 上杉治広(59，出羽米沢藩主)。 片倉鶴陵(72，産科医)。**10.17** 牧野貞喜(65，常陸笠間藩主)。**10.24** 植村角左衛門(84，栃尾紬改良者)。**11.21** 松浦検校(箏曲家)。**この年** 岸沢式佐(4代)(51，常磐津節三味線弾き)。 中島三甫右衛門(4代)(44，歌舞伎俳優)。 藤本善右衛門(50，豪農)。 《大の月》1・2・6・8・9・11・12	**1.27** ギリシア，独立を宣言。**10.12** ブラジル，ポルトガルより正式に独立。**10.-** ハイチ，サント=ドミンゴ共和国を併合。**11.19** スペイン，ヴェローナ会議。**この年** ビルマ軍，ベンガルに侵入。	19	22	2 ③
4.3 徳川家斉，吹上苑で相撲を観覧(続実紀)。**7.6** オランダ商館医師ドイツ人シーボルト，長崎に着任(日本)。**10.-** 幕府，民間でみだりに暦を板行することを禁じる(御触書天保集成)。**この年** 青山延于(拙斎)『皇朝史略』成る。 吉雄南皐(俊蔵)『遠西観象図説』初版刊。 佐藤信淵『混同秘策』成る。 【死没】 **3.14** 立原翠軒(80，儒学者)。**3.21** 田中訥言(57，画家)。**3.22** 中村大吉(初代)(51，歌舞伎役者)。**4.4** 広橋伊光(79，公家)。**4.6** 大田南畝(75，文人・学者)。**4.9** 小川守中(雅楽研究家)。**5.2** 本多忠憲(50，故実家)。**6.13** 石塚竜麿(60，国学者)。**8.17** 北条霞亭(44，儒者)。**9.2** 細井貞雄(52，国学者)。**9.7** 三条実起(68，公家)。**9.26** 小笠原長昌(28，肥前唐津藩主)。**12.13** 菅野序遊(初代)(63，浄瑠璃家元)。**12.16** 富士谷御杖(56，国学者)。**この年** 岸沢式佐(2代)(67，常磐津節三味線弾き)。 《大の月》1・3・7・9・11・12	**4.7** フランス軍，スペイン革命に武力出動。**5.-** サウード家のトルキー，ワッハーブ王国を再興。**7.1** グアテマラ・サン=サルバドール・ニカラグア・ホンデュラス・コスタリカの五ヵ国，中米連合としてメキシコから独立。**12.2** アメリカ，モンロー主義を宣言。**この年** 清，ケシの栽培とアヘンの製造を禁止。	20	23	3
1.14 幕府，『刑政総類』献上により大番片山辰世を褒賞(泰平年表)。**8.-** 奥羽大洪水(続実紀)。**9.19** 幕府，『露西亜学筌』翻訳により足立信頭を褒賞(続実紀)。**この年** 平田篤胤『古道大意』刊。 シーボルト，長崎郊外鳴滝に塾舎を開く(シーボルト先生)。 【死没】 **2.10** 孝仁親王(33，閑院宮家第4代)。**3.14** 服部中庸(68，国学者)。**3.22** 北尾政美(64，浮世絵師)。**7.4** 加藤民吉(53，陶工)。**7.-** 鶴賀新内(2代)(新内節)。**7.6** 四辻公萬(68，公家)。**8.10** 吉田長淑(46，蘭方医)。**8.16** 賢章院(34，薩摩鹿児島藩主島津斉興夫人)。**8.17** 清水浜臣(49，古典学者)。**8.24** 坂部広胖(66，和算家)。**閏8.5** 荒木如元(60，画家)。**12.18** 藤堂高兌(44，伊勢	**3.5** 第1次ビルマ戦争起こる(〜'26年)。**6.-** イギリス，団結禁止法を撤廃。**12.9** ペルー，アヤクーチョの戦でボリーバル軍勝利。**12.31** イギリス，アルゼンチン・メキシコ・コロンビア3国の独立を承認。**12.-** ヴェトナム，フランスの通商要求を拒否。**この年** イギリス，英蘭協約成立に	21	24	4 ⑦

西暦	年号 干支	天皇	将軍	政　治・経　済
1824 1.31 ▲	文政 7 甲申 ⑧	(仁孝)	(徳川家斉)	
1825 2.18	8 乙酉			1.7 盛岡藩釜石などの漁師ら，塩専売に反対して強訴（編年百姓一揆史料集成）。2.18 幕府，諸大名に異国船打払令を出す（通航一覧・続実紀）。3.- 幕府，竹木・薪炭商の戸数を限定し，出売・出買を禁じる（御触書天保集成）。5.26 イギリス船，陸奥国九戸沖に来航（通航一覧続輯）。7.18 幕府，古金銀の通用期限を延長（御触書天保集成）。7.29～30 但馬国豊岡藩の百姓・町人，米価騰貴により打毀し（編年百姓一揆史料集成）。9.- 幕府，オランダ船に日本通商の標旗を掲揚するよう令す（通航一覧続輯）。11.10 幕府，蔵宿へ強談することを禁じる（御触書天保集成・続実紀）。12.14 松本藩の百姓，米価騰貴により打毀し（赤簑騒動）（編年百姓一揆史料集成）。
1826 2.7	9 丙戌			2.- 幕府，古金銀の通用期限をさらに延長（御触書天保集成）。3.25 オランダ商館長，徳川家斉に謁見，シーボルト随行（続実紀）。10.6 幕府，近藤守重を近江国大溝藩に預ける（続実紀）。
1827 1.27 ▼	10 丁亥 ⑥			2.- 幕府，関東全域に改革組合村の結成を命じる（地方落穂集追加）。 福井藩，蚕種趣法を発布（福井市史）。3.18 徳川家斉，太政大臣に任じられる（続実紀）。閏6.29 長崎警備の福岡藩兵，不埒を働く中国人を鎮圧（通航一覧続輯）。8.- 広島藩竹原塩田の浜子，作業強化反対・賃上げを要求し多数屯集（編年百姓一揆史料集成）。11.- 福井藩，布仲買以下10種の問屋に運上銀を免除（福井市史）。 江戸本郷の金沢藩邸の赤門完成（加賀藩史料）。**この年** 鹿児島藩財政改革に着手（海老原清熙家記抄）。 名古屋藩，江戸に米会所を設置（日本財政経済史料）。

社　会・文　化	世　界	琉球	朝鮮	清
津藩主)。**12.22** 水野軍記(キリシタン信者)。 《大の月》1・2・5・8・9・11・12	より，マラッカを獲得。ドイツ，ランケ『ローマ的ゲルマン的諸民族史』刊。	尚灝王 21	純祖 24	道光 4 ⑦
3.- 会沢正志斎『新論』成る。**7.-** 鶴屋南北作『東海道四谷怪談』，江戸中村座で初演(歌舞伎年表)。**8.-** 頼杏坪ら編『芸藩通志』成る。**10.-** 琉球飢饉(泰平年表)。**12.-** 青地林宗『気海観瀾』成る。**この年** 太田章三郎信圭『祖谷山日記』成る。 平田篤胤，『古史伝』神代の部を著す。 杉田玄白・大槻玄沢訳『瘍医新書』刊。 【死没】 **1.7** 歌川豊国(57，浮世絵師)。**2.11** 雷電為右衛門(59，力士)。**4.8** 中島藤衛門(81，粉蒟蒻製法開発者)。**4.23** 太田錦城(61，儒学者)。**5.26** 清元延寿太夫(初代)(49，清元節家元)。**6.11** 美馬順三(31蘭方医)。**8.23** 津阪東陽(69，儒学者)。**11.-** 藤堂光寛(71，伊勢津藩重臣)。**この年** 西川甚五郎(7代)(79，近江商人)。 西川伝右衛門(5代)(72，近江商人)。 土方縫殿助(駿河沼津藩家老)。 正秀(76，陶工)。 《大の月》1・3・5・7・10・12	**7.-** ジャワ戦争起こる(～'30年)。**8.-** ボリビアがスペインから，ウルグアイがポルトガルから独立。**10.26** アメリカ，エリー運河開通。**12.1** ロシア，ニコライ1世即位。**12.14** ロシア，デカブリストの反乱。**この年** イギリス，ストックトン―ダーリン間に最初の鉄道開通。	22	25	5
9.28 幕府，無宿・百姓・町人の長脇差携帯を厳禁(続実紀)。**12.-** 岩垣松苗『国史略』成る。**この年** 間宮士信ら『新編武蔵風土記稿』成る。 須田正芳『老農夜話』成る。 青山延于『皇朝史略』刊。**この年および嘉永2年** 石川雅望『雅言集覧』刊。**この頃** 楽焼始まる。 【死没】 **1.29** 奈河晴助(45，歌舞伎狂言作者)。**3.9** 亀田鵬斎(75，儒学者)。**5.15** 須田官蔵(初代)(72，新田開拓者)。**6.1** 樋口好古(77，農政家)。**6.20** 阿部正精(52，備後福山藩主)。**6.22** 蠣崎波響(63，画家)。**7.6** 山梨稲川(56，儒学者)。**7.7** 石田春律(70，農学者)。**7.22** 鶴沢友次郎(3代)(浄瑠璃三味線方)。**8.14** 市野迷庵(62，儒学者)。**8.22** 神保綱忠(84，出羽米沢藩儒学者)。**10.6** 二条治孝(73，公卿)。**12.1** 藤田幽谷(53，民政家)。**12.7** 押小路実富(78，公卿)。**12.12** 本如(49，真宗僧侶)。**この年** 増山金八(2代)(歌舞伎狂言作者)。 《大の月》1・3・4・6・8・11	**6.-** オスマン帝国，イエニチェリ軍団を解体。 第2次ペルシア・ロシア戦争起こる(～'28年)。**この年** 清，台湾で黄文潤の乱。 イギリス，英領海峡植民地成立。	23	26	6
5.21 頼山陽『日本外史』を松平定信に呈す。**7.29** 幕府，婦女・医者以外の日傘の使用を禁じる(続実紀)。**9.16** 佐藤信淵編著『坑場法律』成るか。**10.-** 幕府，相撲取の身分などにつき規定(徳川禁令考)。**12.-** 鶴峯戊申『地転新図』成る。**この年** 高野長英『養生論』成る。 大蔵虎光『狂言不審紙』成る。 葛原重美，『葛原勾当日記』を記す(～明治15年)。 佐藤信淵『経済要録』，佐藤信景述・佐藤信淵校『山相秘録』成る。 田沼善一『筆の御霊』成るか。 【死没】 **1.29** 笠森お仙(77，江戸三美人)。**2.18** 寺西封元(79，幕府代官)。**2.19** 浜松歌国(52，歌舞伎狂言作者)。**2.20** 徳川治済(77，一橋家当主)。**3.17** 安藤伊右衛門(77，水利功労者)。**3.30** 大槻玄沢(71，蘭学者)。**4.5** 高田屋嘉兵衛(59，海運業者)。**4.13** 冷泉為訓(64，公卿)。**4.26** 鶴賀鶴吉(初代)(67，新内節)。**4.28** 華岡鹿城(49，医者)。**6.3** 多紀元胤(39，医師)。**閏6.26** 小寺清先(80，国学者)。**8.13** 菅茶山(80，儒者)。**10.3** 尾崎雅嘉(73，国学者)。**10.9** 塚田五郎右衛門(60，水利功労者)。**10.28** 栗田定	**2.-** スイス，ペスタロッチ没。**3.-** ドイツ，ベートーヴェン没。**10.20** ナヴァリノ海戦で英・仏・露3国艦隊，トルコ・エジプト艦隊を撃破。**この年** フランス，アルジェリア侵略を開始。 イギリス，ムガール帝国に服属を強要。	24	27	7 ⑤

西暦	年号 干支	天皇	将軍	政　治・経　済
1827 1.27 ▲	文政 10 丁亥 ⑥	(仁孝)	(徳川家斉)	
1828 2.15	11 戊子			**4.-** 幕府，関東諸村の若者仲間を解放させるなど取締り強化を命じる(日本財政経済史料)。**5.23** 幕府，代官寺西元栄の半田銀山の開発の労を賞す(続実紀)。**10.2** 米価騰貴により新潟で打毀し(編年百姓一揆史料集成)。**10.10** 幕府，シーボルトに制禁の日本地図を渡した書物奉行高橋景保を捕える(通航一覧続輯)。**11.-** 幕府，草文二分判を増鋳(御触書天保集成)。福井藩，他国産の移入を禁じ，染物などの領内加工を命じる(福井市史)。**12.23** 幕府，シーボルトの日本国外への出立を禁じ，翌日奉行所において訊問(シーボルト先生)。**この年** 萩藩，銀2500貫目の借上を命じる(毛利十一代史)。 幕府，和歌山藩の江戸米立会所の設置を許可(日本財政経済史料)。 和歌山藩，江戸に米会所を設置(日本財政経済史料)。
1829 2.4	12 己丑			**6.24** 幕府，南鐐一朱銀(文政一朱銀)を鋳造，7月より通用開始(御触書天保集成・続実紀)。**7.26** 幕府，真文二分判を草文二分判に引替えるよう命じる(御触書天保集成・続実紀)。**7.-** 萩藩，米銀献納の者に郷士身分や苗字帯刀などを許可する制度を定める(毛利十一代史)。**8.-** 幕府，江戸大火に伴う材木高騰のため，在方よりの直買を禁じる(徳川禁令考)。**9.25** 幕府，シーボルトに帰国を命じ，再入国を禁じる(通航一覧続輯)。**11.-** 福井藩，藩政改革令を発令(福井市史)。**12.-** 秋田郡開発方水元普請成就により，渡部斧松永近道竝の待遇を得る(老農渡部斧松翁伝)。**この年** 萩藩，産物会所を設置(田中彰『幕末の藩政改革』)。

社会・文化	世界	琉球	朝鮮	清
之丞(61，砂防植林功労者)。**11.19** 小林一茶(65，俳人)。 《大の月》1・3・4・6・7・8・11		尚灝王 24	純祖 27	道光 7 ⑤
4.- 戸田氏徳・間宮士信・中里仲舒・村井量令・大草公明・岡田清慎ら『記録解題』成る。**5.-** 伴信友『史籍年表』成るか。**6.30** 大風雨により東海・北国・西国の諸河川洪水(続実紀)。**7.5** 松江藩主松平斉貴，板刻の『延喜式』を幕府に献上(続実紀)。**10.-** 香川景樹『桂園一枝』成る。**11.12** 越後国大地震(続実紀)。**12.-** 岩崎灌園『本草図譜』成る。**この年暮れ** 頼山陽『日本楽府』成る。**この年** 青地林宗訳・高橋景保校訂『奉使日本紀行』成る。 江戸『町方書上』成る。 角田九華『近世叢語』刊。 寂庵宗沢『禅茶録』発行。 山崎美成『文教温故』刊。 新宮涼庭『破レ家ノツヽクリ話』成るか。 【死没】 **1.28** 酒井忠進(59，若狭小浜藩主)。**2.18** 坂東彦三郎(3代)(75，歌舞伎俳優)。**3.14** 野呂介石(82，南画家)。**4.15** 大黒屋光太夫(78，ロシア漂民)。**5.26** 水野忠韶(68，若年寄)。**7.4** 石黒政常(初代)(69，金工家)。**8.16** 荒木田末寿(65，国学者)。**9.17** 宝景(83，真宗学僧)。**9.19** 平松時章(75，公卿)。**10.12** 植村家長(79，大和高取藩主)。**11.7** 本居春庭(66，国学者)。**11.29** 酒井抱一(69，画家)。**12.24** 平山子竜(70，兵学者)。 《大の月》1・3・5・6・8・10・11	**2.21** カージャール朝ペルシア，ロシアとトルコ，マンチャーイ条約を締結し，東アルメニアとカフカースを割譲。**5.9** イギリス，審査法廃止。**8.27** ブラジル=アルゼンチン条約でウルグアイの独立を承認。**この年** オランダ，ニューギニアに植民。	25	28	8
3.21 江戸大火(続実紀)。**8.17～28** 松崎慊堂，大和の諸寺を歴訪，のち『大和訪古誌』を著す。**12.5** 幕府，京都の陰陽師豊田貢を磔刑(京都の歴史)。**12.-** 幕府，僧侶の破戒を戒める(徳川禁令考)。**この年** 葛飾北斎「富嶽三十六景」成る。 佐藤一斎『愛日楼文詩』刊。 奥村栄実『古言衣延弁』成る。 三島政行ら編『御府内備考』成る。 小宮山楓軒『水城金鑑』『農政座右』成る。 伊藤圭介『泰西本草名疏』刊。 佐藤信淵，『農政本論』を記す(～天保3年)。 曲亭馬琴『近世説美少年録』刊(～天保3年)。 長谷川忠崇編著『飛州志』，江戸幕府に献納。 柳亭種彦作・歌川国貞画『偐紫田舎源氏』刊(～天保13年)。**文化・文政年間** 菅江真澄編『鄙廼一曲』成る。**文政年間** 饒田喩義編述『長崎名勝図絵』成るか。 【死没】 **1.7** 吉田文三郎(3代)(人形遣い)。**1.24** 穎玄(79，真宗僧侶)。**2.16** 高橋景保(45，天文学者)。**3.17** 伊沢蘭軒(53，考証学者)。**3.23** 六条有庸(78，公家)。**4.14** 桜田治助(2代)(62，歌舞伎狂言作者)。**4.16** 花沢伊左衛門(2代)(浄瑠璃三味線方)。**5.13** 松平定信(72，老中)。**6.2** 徳川重倫(84，紀伊和歌山藩主)。**6.6** 鹿津部真顔(77，狂歌師)。**6.16(9日とも)** 近藤重蔵(59，北方探険家)。**6.16** 太田全斎(71，漢学者)。**6.25** 喜多古能(88，能役者)。**7.2** 鳥文斎栄之(浮世絵師)。**7.19** 菅江真澄(76，文人)。**10.3** 坂東三津五郎(2代)(80，歌舞伎俳優)。**10.9** 小野高潔(83，国学者)。**10.26** 沢田清兵衛(66，治水・新開功労者)。**11.27** 鶴屋南北(75，歌舞伎作者)。**12.5** 豊田貢(56，キリシタン信者)。**12.21** 歌川豊広(56，浮世絵師)。**この年** 岸沢式佐(3代)(56，常磐津節三味線弾き)。 藤田顕蔵(60，蘭方医)。 《大の月》2・4・6・8・9・11・12	**2.-** 清，銀の流出・アヘンの輸入が問題化。**4.13** イギリス，カトリック教徒解放法成立。**9.14** オスマン帝国，ロシアとアドリアノープル条約を結び，セルビアの自治を認める。**9.-** メキシコ，奴隷制廃止。	26	29	9

西暦	年号 干支	天皇	将軍	政治・経済
1830 1.25	天保(てんぽう) 12.10 庚寅 ③	(仁孝)	(徳川家斉)	**2.－** 福井藩，他国産物の輸入の禁を解除(福井県史)。**3.－** 幕府，江戸市中に竜吐水・水鉄砲の用意と警備の強化を命じる(江戸町触集成)。**5.－** 萩藩，薬種・綿以外の商品の他国仕入に統制を加え，国産取立を実施(御書付其外後規要集)。**7.－** 和歌山藩船印の使用許可を江戸・大坂菱垣廻船積問屋仲間に与える(大阪編年史)。**10.29** 新潟町で米屋などを打毀す(編年百姓一揆史料集成)。**11.－** 福井藩，領内産物販売のため，京都に定問屋設置を計画(福井県史)。幕府，凶作につき酒造高３分の１減を命じる(御触書天保集成)。**12.14** 但馬国出石藩の百姓，年貢減免を要求して強訴(編年百姓一揆史料集成)。**12.－** 萩藩，銀3000貫目の借上を命じる(毛利十一代史)。**この年** 鹿児島藩，三島砂糖惣買入を開始し，砂糖専売を強化(調所広郷履歴)。 水戸藩主徳川斉昭，藩政改革に着手(水戸藩史料)。
1831 2.13	2 辛卯			**2.18** 異国船，東蝦夷地厚岸湾に侵入し，守備兵と交戦(通航一覧続輯)。**2.27** 幕府，俵物(煎海鼠)の密売を禁止(御触書天保集成・続実紀)。**2.－** 幕府，江戸市中の新規露天商を禁止(江戸町触集成)。 **2～5月** 江戸町会所，米高騰により窮民27万8000余人へ施米(東京市史稿)。**3.8** 幕府，安治川川口を浚渫して目印山(天保山)を築き，明り燈を置く(天保３年完成)(大阪編年史)。**7.27** 東蝦夷地有珠領に異国船渡来，乗員上陸(通航一覧続輯)。 **7～11月** 周防国三田尻の皮騒動を発端に，萩藩全域で一揆(編年百姓一揆史料集成)。**8.19** 萩藩，米入札・相場所・御内用産物方などを停止(田中彰『幕末の藩政改革』)。**10.23** 萩藩，村田清風を表番頭格・江戸当役座用役に任じる(村田清風全集)。**10.29** 幕府，松前章広を万石格とし，異国境界の警備を厳重にさせる(通航一覧続輯)。**11.－** 幕府，諸国総石高調査のため高帳の呈出を命じる(御触書天保集成・続実紀)。
1832 2.2	3 壬辰 ⑪			**この春** 村田清風，萩藩に藩政改革案を上申(村田清風全集)。**7.21** 東蝦夷地トトホッケに外国人上陸(通航一覧続輯)。**7.27** 琉球にイギリス船漂着(球陽)。**7.28** 久留米藩の百姓，大庄屋などの不正に反対して打毀し(編年百姓一揆史料集成)。**10.－** 幕府，天保二朱金を鋳造(御触書天保集成)。**11.－** 幕府，明和の油仕法を改め，大坂のほか堺・兵庫に両種物問屋を設け，大坂・江戸に油寄所を開設(御触書天保集成)。**閏11.4** 琉球使節(謝恩使)，徳川家斉に謁見(通航一覧続輯)。**この頃** 名古屋藩，延米会所を20ヵ所に増加(尾張藩農政年表稿本)。

社　会・文　化	世　界	琉球	朝鮮	清
3.23 徳川家斉，吹上苑で相撲を観覧(続実紀)。7.2 京都大地震(日本震災凶饉攷)。**この年** 御蔭参り大流行(武江年表)。 喜多村信節『嬉遊笑覧』成る。 田能村竹田「船窓小戯帖」を描く。 香川景樹『桂園一枝』刊。 宮崎成身，『憲法類集』を編纂。 菅原(本阿弥)長根編著『校正古刀銘鑑』刊。 斎藤月岑，『斎藤月岑日記』を記す(～明治8年)。『三州地理志稿』，金沢藩主前田斉泰に献上される。 千葉胤秀『算法新書』刊。 岩崎灌園『本草図譜』巻5～10成る(天保15年完結)。 【死没】 閏3.24 石川雅望(78，国学)。4.11 松井幸三(2代)(38，歌舞伎狂言作者)。4.19 渋江長伯(71，本草家)。5.6 杉生貞則(66，豊前小倉藩士)。9.- 中川忠英(78，幕臣)。11.2 森川竹窓(68，書家)。12.23 渡辺重名(72，国学者)。**この年** 関戸五兵衛(信房)(豪商)。 田中伝左衛門(4代)(歌舞伎囃子方)。 広橋太助(伊予松山藩士)。 《大の月》3・4・7・8・10・11・12	2.3 ロンドン議定書でギリシアの独立を承認。5.24 アメリカ，ボルティモア─オハイオ間鉄道開通。5.28 アメリカ，インディアン強制移住法成立。7.27 フランス，パリの民衆蜂起，七月革命勃発。8.25 ベルギー，オランダからの独立宣言。8.- 清，新疆でイスラム教徒の乱起こる。11.29 ポーランド，「十一月蜂起」(～'31年)。**この年** 大コロンビア解体し，ベネズエラ・エクアドル独立。 オランダ，ジャワで強制栽培制度を実施。	尚灝王 27	純祖 30	道光 10 ④
1.- 幕府，江戸市中地借店借の寺社・修験・陰陽師を調査(御触書天保集成)。 曲亭馬琴『新編金瓶梅』初編1集刊。2.- 幕府，再び女浄瑠璃を禁止(御触書天保集成)。4.18 幕府，百姓・町人の葬式・石碑建立に制限を加え，併せて院号・居士号の使用を禁じる(御触書天保集成・続実紀)。5.- 寺門静軒，『江戸繁昌記』の執筆を開始。**この年** 松江藩，斐伊川新川を開鑿(斐伊川史) 曲山人『仮名文章娘節用』初編刊(～天保5年)。 本庄普一『眼科錦嚢』刊。 石川桃蹊，『税法私考』を著す。 藤川貞『天保雑記』の編纂始まる(～天保15年)。 山田桂翁編著『宝暦現来集』成る。 宮負定雄『民家要術』成る。 葛飾北斎，「富嶽三十六景」を描く。 【死没】 1.6 良寛(74，75とも，禅僧)。2.25 草間直方(79，町人学者)。5.7 千家俊信(68，国学者)。5.21 吉雄権之助(47，阿蘭陀通詞)。7.14 牧野忠精(72，老中)。8.7 十返舎一九(67，戯作者)。8.29 佐原菊塢(70，好事家)。12.27 坂東三津五郎(3代)(57，歌舞伎俳優)。**この年** 山本春正(6代)(57，蒔絵師)。 《大の月》2・6・8・10・11・12	1.- 清，広東・江西で天地会の暴動起こる。2.- イタリア，パルマ・モーデナで民衆蜂起。**2月頃** ドイツ，憲法を求める動きが盛ん。3.- イタリア，マッツィーニ，青年イタリア党を結成。8.21 アメリカ，ナット=ターナーの奴隷暴動起こる。11.- ドイツ，ヘーゲル没。**この年** 清，アヘン輸入を厳禁。 ドイツ，ゲーテ『ファウスト』第2部成る。 フランス，リヨンの絹織物労働者暴動。 ベルギー王国成立。	28	31	11
1.2 山田案山子作『生写朝顔話』(通称『朝顔日記』，近松徳三遺稿)，大坂竹本木々太夫座で初演。1.- 為永春水『春色梅児誉美』初編刊。8.19 幕府，鼠小僧次郎吉を引廻しの上獄門に処す(天保雑記)。9.- 香川景樹『古今和歌集正義』成る。11.- 幕府，風邪流行により窮民30万6000余人へ施米(東京市史稿)。 高野長英訳『医原枢要』成る。**この年** 琉球飢饉。 尚歯会発足。『勇魚取絵詞』刊。 江木鰐水，『江木鰐水日記』を記す(～明治9年)。 土井利位『雪華図説』刊。 プレンキ著・杉田立卿訳『瘍科新選』刊。 寺門良(静軒)『江戸繁昌記』刊(～天保7年)。 【死没】 1.7 瀬川菊之丞(5代)(31，歌舞伎俳優)。2.6 秋山光彪(58，国学者)。2.21 中村十蔵(5代)(53，歌舞伎俳優)。3.21 冢田大峯(88，儒学者)。6.17 堀田正敦(75，若年寄)。8.19 鼠小僧次郎吉(36，大盗)。9.23 頼山陽(53，儒学者)。11.21 広橋胤定(63，公卿)。**この頃** 西川伊三郎(初代)(人形遣い)。 《大の月》1・3・7・9・11・⑪・12	5.- アメリカ，デモクラティック=リパブリカン党，民主党の名称を採用。6.7 イギリス，選挙法改正。8.- ギリシア，国民議会，オットーを国王に選出。**この年** ロシア，ポーランドを併合。	29	32	12 ⑨

西暦	年号 干支	天皇	将軍	政　治・経　済
1833 2.20	天保 4 癸巳	(仁孝)	(徳川家斉)	**1.21** 幕府，江戸市中の諸商人仲間が新規に自法を立てることを禁じる(東京市史稿)。 **2.23** ロシア人との密貿易の嫌疑で蝦夷地場所請負商人高田屋を処罰(新撰北海道史)。 **7.-** 幕府，一朱銀を鋳造し，一朱金の通用を停止(御触書天保集成)。 **8.-** 盛岡藩で米価騰貴により打毀し，また秋田・青森などで打毀し(編年百姓一揆史料集成)。 幕府，江戸市中米穀払底につき蔵米を払下げ(御触書天保集成)。 **9.12** 播磨国加古川筋の百姓ら，豪商・豪農宅を打毀す(編年百姓一揆史料集成)。 **9.-** 幕府，江戸への廻米を奨励し，素人売買を認める(御触書天保集成)。 **9～12月** 江戸・大坂・小浜・広島など全国各地で騒動・打毀し(編年百姓一揆史料集成)。 **11.-** 幕府，武家・米商の囲米を禁じ払米を命じる(御触書天保集成)。 **12.-** 幕府，５ヵ年の倹約を命じる(御触書天保集成)。 **この年** 萩藩，米切手の入札を復活。 尾張国尾西地方の農民，綛糸仲間株再興に反対。
1834 2.9	5 甲午			**1.8** 陸奥国八戸藩の百姓，野村軍記の改革仕法に反対して強訴(編年百姓一揆史料集成)。 **1.26** 秋田藩の農民，家口米仕法に反対して城下に強訴(北浦一揆)(編年百姓一揆史料集成)。 **1.-** 幕府，関東諸国へ江戸廻米を命じる(御触書天保集成)。 **5.-** 幕府，酒造高３分の２削減を命じ，酒造高を調査(御触書天保集成)。 **6.29** 大坂で米価騰貴のため打毀し(編年百姓一揆史料集成)。 **6.-** 幕府，全国に米穀融通を命じる(御触書天保集成)。 **8.4** 東蝦夷地ツカフナイに異国人上陸し，略奪(通航一覧続輯)。 **11.-** 幕府，酒造高を天保４年以前の３分の２とするよう命じる(御触書天保集成)。 **12.-** 幕府，関東諸国に菜種作を奨励(御触書天保集成)。 **この年** 朝鮮の凶作と漢城(現在のソウル)大火のため，朝鮮貿易中絶(通航一覧続輯)。
1835 1.29	6 乙未 ⑦			**2.-** 秋田藩，雑穀類の沖留を解除(秋田県史年表)。 **4.13** 美濃国高須輪中61ヵ村の百姓，大水害により万寿新田の水門普請の不正を怒り打毀し(万寿騒動)(編年百姓一揆史料集成)。 **8.1** 秋田藩能代町の町民，物価騰貴から豪商宅を打毀す(編年百姓一揆史料集成)。 **9.5** 幕府，天保通宝(百文銭)を鋳造し，鉄銭を増鋳(御触書天保集成・本丸廻状留)。 **11.-** 幕府，諸大名に江戸・大坂廻米の増加を奨励(御触書天保集成)。 **12.9** 幕府，但馬国出石藩の御家騒動を咎め，藩主仙石久利の封を削り，家老仙石左京を獄門に処す(仙石騒動)(出石町史)。 **12.13** 長崎在留の中国人，長崎奉行の取締り強化に反対して騒動，鎮圧される(通航一覧続輯)。 **12.-** 幕府，翌年にかけて諸大名に国絵図の作成を命じる(川村博忠『江戸幕府撰国絵図の研究』)。

社会・文化	世界	琉球	朝鮮	清
3.- 徳川斉昭『告志篇』成る。4.- 美濃国大垣大地震。 大塩平八郎『洗心洞箚記』成る。6.- 宇田川榕庵『植学啓原』成る。8.1 関東大風雨(武江年表)。9～12月 江戸町会所，2度にわたり窮民32万人へ施米(東京市史稿)。10.26 佐渡大地震(佐渡年代記)。11.- 幕府，非人が農民を捕縛・吟味することを禁じる(御触書天保集成)。12.- ドゥーフ『道富ハルマ』成る。 為永春水『春色辰巳園』初編刊(天保6年完結)。**この冬** 奥羽飢饉(御触書天保集成)。**この年** 歌川広重，「東海道五拾三次」を板行。 頼山陽『山陽詩鈔』刊。 ヘンドリック=ドゥーフ『ドゥーフ日本回想録』成るか。 フィッセル『フィッセル日本風俗備考』刊(アムステルダム)。 大蔵永常『綿圃要務』刊。 シーボルト編『日本動物誌』刊(オランダ，～1850年)。 【死没】 1.15 島津重豪(89，薩摩鹿児島藩主)。2.21 青地林宗(59，蘭学者)。3.8 三笑亭可楽(初代)(57，落語家)。3.20 水谷豊文(55，本草学者)。4.14 大石真虎(42，画家)。5.15 青木木米(67，陶工)。6.14 津軽寧親(69，陸奥弘前藩主)。8.4 中神琴渓(90，医者)。8.20 芳村伊三郎(3代)(長唄唄方)。8.28 卓洲胡僊(74，臨済宗僧侶)。9.11 本居大平(78，国学者)。11.4 瀬川如皐(2代)(77，歌舞伎狂言作者)。11.17 綾小路俊資(76，公卿)。 《大の月》2・4・7・9・11・12	4.8 オスマン帝国とエジプト，キュタヒア条約締結。7.8 オスマン帝国とロシア，ウンキャル=スケレッシ条約締結。8.29 イギリス，工場法制定。8.- イギリス，帝国内の奴隷制を廃止。 イギリス東インド会社，対清貿易の独占権を停止。12.- アメリカ，奴隷制反対の協会結成。 カンボジアの宗主権をめぐるタイ・ベトナム間の抗争激化。**この年** 清，台湾の内乱を平定。	尚灝王 30	純祖 33	道光 13
2.7 江戸大火(武江年表)。2.- 幕府，再び寺社・修験がみだりに江戸市中に道場を構えることを禁じる(御触書天保集成)。6.- 幕府，米価騰貴により米5万俵を廉価に払い下げ(日本財政経済史料)。7.10 大坂大火(大阪編年史)。**この年** 宇田川榕庵『植学啓原』刊。 【死没】 2.20 曾槃(77，本草博物学者)。2.28 水野忠成(73，老中)。3.24 賀藤清右衛門(67，出羽秋田藩士)。3.25 栗本瑞仙院(79，本草学者)。6.1 石本庄五郎(55，豊後竹田藩用達商人)。6.2 六郷新三郎(2代)(93，長唄囃子方)。7.23 頼杏坪(79，儒学者)。8.15 大槻光興(69，装剣金工)。9.4 円通(81，僧侶)。9.13 大石千引(65，国学者)。10.20 野村軍記(61，陸奥八戸藩士)。11.- 高井実徳(72，幕臣)。12.4 宇田川玄真(66，蘭学者)。**この年** 了入(79，陶工)。 《大の月》2・3・5・8・10・12	1.1 ドイツ関税同盟成る。1.- イギリス，オーウェンの指導により全国労働組合大連合結成。2.- カナダ，パピノー，「92ヵ条の決議」を公表。4.- フランス，リヨン・パリで暴動。8.- イギリス新救貧法成立。9.- マニラ，正式に開港。**この年** 清，イギリス船のアヘン輸入を重ねて禁止。	31	34	14
3.- 柴田武修編『鳩翁道話』刊(続篇は天保7年刊．続々篇は天保10年刊)。6.25 仙台大地震(日本震災凶饉攷)。8.- 生川春明編著『近世女風俗考』成る。**この年** 鈴木牧之『北越雪譜』初編刊。 石黒信由『渡海標的』刊。 シーボルト・ツッカリーニ・ミケル共著『日本植物誌』刊(ライデン，～1870年)。**この頃** 滑稽本・人情本流行。 【死没】 2.3 高橋草坪(32，文人画家)。3.26 中天游(53，医師)。3.- 阿部市郎兵衛(5代)(近江商人)。5.21 西村太沖(69，暦学者)。閏7.4 狩谷棭斎(61，考証学者)。8.29 田能村竹田(59，文人画家)。8.- 赤星因徹(26，棋士)。9.4 奥劣斎(56，産科学者)。10.2 華岡青洲(76，外科医)。10.- 細川斉茲(77，肥後熊本藩主)。12.9 仙石左京(49，但馬出石藩家老)。12.13 辻蘭室(80，蘭学者)。12.19 新庄道雄(60，国学者)。 《大の月》2・3・5・6・8・10・12	9.9 イギリス，都市自治体法成立。**この年** アメリカ，モールス，有線電信機を発明。 ペルー=ボリビア連合結成。 フィンランド，『カレヴァラ』初版刊。 ブーア人，南アフリカ奥地へ移動開始。	尚育王	憲宗	15 ⑥

西暦	年号干支	天皇	将軍	政治・経済
1836 2.17	天保 7 丙申	（仁孝）	（徳川家斉）	2.8 幕府，町会所改革の功により町奉行・勘定奉行らを褒賞（続実紀）。2.- 幕府，唐物抜荷・俵物密売を禁じる（御触書天保集成）。5.7 徳川斉昭，常陸国助川に砲台を築く（12月完成）（水戸藩史料）。7.25 ロシア船，漂流民を護送し択捉島に来航（天保雑記）。7.- 幕府，米価騰貴につき白米の江戸への廻送を許可（御触書天保集成）。8.21 甲斐国都留郡の百姓ら，米買占めに反対して打毀し（郡内騒動）（編年百姓一揆史料集成）。9.21 三河国加茂郡の百姓，米価・諸色の値下げなどを要求して打毀し（編年百姓一揆史料集成）。11.- 幕府，在府諸家中の扶持米を各領内から廻送させる（御触書天保集成）。 幕府，米・雑穀を江戸に廻送し売捌くことを許可（御触書天保集成）。 幕府，三河・遠江・甲斐・信濃・陸奥国の幕領の酒造を禁じ，その他幕領は 4 分の 1 高とする（日本財政経済史料）。 盛岡藩領で飢饉の下，重課・銭札通用などに反対して強訴続発（編年百姓一揆史料集成）。12.23 幕府，竹島に渡航した石見国松原浦の八右衛門を処刑（通航一覧続輯）。**この年** 幕府，鹿児島藩に琉球貿易品の長崎会所での売捌き20ヵ年継続を認める（琉球物産会所差止一件文書）。 山中新十郎，秋田藩に建白書を提出（橘仁太郎編『勤王商傑山中新十郎翁伝』）。
1837 2.5	8 丁酉		4.2 9.2 徳川家慶	2.19 大坂町奉行元与力大塩平八郎，門弟・近在百姓らと徒党し，天満与力町に火をかけ鉄砲を放つ． 3月27日，大塩，鎮圧されて自殺，大坂市街の大半焼失（大塩平八郎の乱）（大阪編年史）。2.- 幕府，竹島渡海を禁じる（通航一覧続輯）。3.- 幕府，江戸品川以下 4 宿に御救小屋を設置（御触書天保集成）。4.2 徳川家斉，西丸へ移徙（続実紀）。4.- 越後国各地・陸奥国石巻・備後国三原で打毀し（編年百姓一揆史料集成）。6.1 生田万，越後国柏崎陣屋を襲撃（編年百姓一揆史料集成）。6.10 幕府，江戸霊岸島の油寄所を廃止，水油は問屋の差配とする（御触書天保集成・続実紀）。6.28 アメリカ船モリソン号，漂流民を護送して浦賀へ来航．浦賀奉行，翌日これを砲撃（通航一覧続輯）。7.2 摂津国能勢郡の百姓，大塩の乱の影響を受け騒動を起こす（編年百姓一揆史料集成）。7.- 幕府，五両判を鋳造（御触書天保集成）。9.2 徳川家慶，将軍宣下（続実紀）。10.24 幕府，一分銀を新鋳（東京市史稿）。
1838 1.26 ▼	9 戊戌 ④			2.19 幕府，巡見使を派遣（続実紀）。2.21 幕府，武家諸法度を頒布（続実紀）。2.30 幕府，代官羽倉用九（簡堂）に伊豆七島巡視を命じる（本丸廻状留）。3.22 幕府，諸大名に西丸再建の手伝を，万石以下に上納金を命じる（幕末御触書集成・続実紀）。**閏**4.6 幕府，諸大名以下に 3 ヵ年の倹約を命じる（幕末御触書集成・続実紀）。**閏**4.25 幕府，百姓・町人の金銀具使用を禁じる（幕末御触書集成）。5.- 佐渡国の百姓，巡見使への直訴者の釈放を求めて歎願， 8 月にかけ諸所を打毀す（編年百姓一揆史料集成）。6.- 幕府，天保大判を鋳造（幕末御触書集成・続実紀）。 オランダ商館長，モリソン号来航一件を幕府に報告（蠹余一得）。 幕府，百姓・町

社会・文化	世界	琉球	朝鮮	清
3.- 帆足万里『窮理通』成る。6.20 東大寺正倉院を閉封(公卿補任)。7.- 江戸町会所，2度にわたり窮民35～41万人へ施米銭(～天保8年4月)(東京市史稿)。10.24 幕府，江戸神田佐久間町に御救小屋を設置(東京市史稿)。**この年** 全国飢饉，奥羽地方甚大(日本震災凶饉攷)。 斎藤幸雄・幸孝・幸成(月岑)編，長谷川雪旦画『江戸名所図会』刊。 渋川景佑・足立信頭翻訳『新巧暦書』，幕府に上呈。 仁井田好古『富国存念書』，和歌山藩へ進呈。 為永春水作・歌川国直画『春告鳥』刊(～天保8年)。 【死没】 1.14 藤林普山(56，蘭方医)。1.18 石川忠房(82，幕臣)。3.27 青山忠裕(69，老中)。3.- 伊達村寿(76，伊予宇和島藩主)。4.8 岩井半四郎(6代)(38，歌舞伎俳優)。5.1 橋本宗吉(74，蘭方医)。5.14 毛利斉熙(54，長門萩藩主)。5.17 亀井昭陽(64，儒者)。9.5 最上徳内(82，探険家)。9.8 塩谷大四郎(68，西国郡代)。9.16 古賀穀堂(60，儒者)。9.21 薩埵徳軒(59，心学者)。10.22 大島有隣(82，心学者)。11.10 中山信名(50，和学者)。11.26 足立長雋(61，医師)。12.2 須田官蔵(2代)(41，新田開拓者)。12.3 石黒信由(77，数学者)。**この年** 浅尾為十郎(3代)(57，歌舞伎俳優)。 曲山人(人情本作者)。 《大の月》2・4・5・7・9・11	3.2 メキシコ，テキサス，独立宣言。6.16 イギリス，ロンドン労働者協会結成，チャーティスト運動の始まり。**この年** イギリス，経済恐慌おこる(～'39年)。 カザフスタン，タイマーノフの暴動起こる。 チェコ，パラツキー『チェコ民族史』刊。	尚育王 2	憲宗 2	道光 16
1.- 伊地知季安『西藩田租考』成るか。3.24 幕府，江戸市中窮民へ2万俵施米(東京市史稿)。3.- 宇田川榕庵『舎密開宗』成る。4.27 幕府，諸国に疫病流行のため処方書を頒布(御触書天保集成・続実紀)。4.- 渡辺崋山，「鷹見泉石像」を描く。**4月以降** 藤田東湖『浪華騒擾記事』(大塩平八郎の乱の状況記録)成る。5.- 長谷川寛『算法地方大成』刊。**この夏** 鈴木牧之『北越雪譜』初編刊(第2編，天保12年末から13年に刊)。**この秋** 豊作。**この年** 小関三英『那波列翁伝』成る。 平田篤胤編纂『天朝無窮暦』成る。 大野広城『殿居嚢』前編刊(後編，天保10年刊)。 財津種莢『むかしむかし物語』刊。 光徳府編『雲上明覧』刊(光徳府製本所竹原好兵衛板，～慶応3年)。 淀殿侍女おきく筆・朝川善庵跋『おきく物語』板行。 【死没】 2.11 大窪詩仏(71，漢詩人)。2.22 小西篤好(71，農学者)。3.1 片岡仁左衛門(7代)(83，歌舞伎俳優)。3.19 大久保忠真(57，老中)。3.27 大塩平八郎(45，大坂町奉行所与力)。6.1 生田万(37，国学者)。6.3 一条忠良(64，公家)。6.6 鈴木朖(74，国学者)。6.18 甘露寺国長(67，公卿)。6.23 関喜内(79，養蚕業)。7.6 石川桃蹊(82，儒学者)。7.20 榊原忠之(72，旗本)。7.22 遠山景晋(86，長崎奉行)。8.14 大井正一郎(23，大塩の乱指導者)。10.7 仙厓義梵(88，臨済宗僧侶)。11.15 原在中(88，画家)。12.13 大槻玄幹(53，蘭方医)。12.17 石橋助左衛門(81，阿蘭陀通詞)。 《大の月》1・3・5・7・8・10・12	3.- 清，洪秀全，科挙に失敗し病む。6.20 イギリス，ヴィクトリア女王即位(～1901年)。12.- ドイツ，ゲッティンゲン大学7教授事件，グリムらを罷免。**この年** イギリス，ニュージーランドに植民地建設を始める。 リビアで教団国家サヌーシー朝成立。 カナダ，パピノー・マッケンジーの反乱起こる。 ロシア，最初の旅客用鉄道開通。	3	3	17
3.10 江戸城西丸炎上(続実紀)。3.- 渡辺崋山『鴃舌・或問』成る。徳川斉昭，『弘道館記』を公表。10.26 中山みき，天理教を開く(稿本天理教教祖伝)。10.- 高野長英『夢物語』成る。 渡辺崋山『慎機論』成る。**この年** 緒方洪庵，大坂に適々斎塾を開く(緒方洪庵伝)。 朝川善庵『田園地方紀原』成る。 佐藤信淵『物価余論』成る。 志賀忍『理斎随筆』刊。 伊藤松編集『隣交徴書』上梓される。 向山誠斎編『向山誠斎雑記』成る(～安政3年)。	4.- ニカラグア，中央アメリカ連合から独立。9.- イギリス，マンチェスターで反穀物法連盟結成。10.1 第1次アフガン戦争勃発(～'42年)。11.- ホンデュラス・コスタリカ，中央アメ	4	4	18 ④

西暦	年号 干支	天皇	将軍	政治・経済
1838 1.26 ▲	天保 **9** 戊戌 ④	(仁孝)	(徳川家慶)	人所持の金銀具を金銀座に出させる(幕末御触書集成)。**8.1** 徳川斉昭，内憂外患についての意見書起筆(天保10年6月，幕府に呈出)(水戸藩史料)。**8.5** 萩藩，村田清風を登用して改革を始める(村田清風全集)。**8.-** 福井藩，蠟・砂糖を専売制とする(福井県史)。**9.-** 唐津藩預所の百姓逃散(編年百姓一揆史料集成)。**11.17** 幕府，5ヵ年の倹約を命じる(幕末御触書集成)。**12.4** 幕府，目付鳥居耀蔵に相模沿岸の巡視を命じる(通航一覧続輯)。**この年** 仙台藩，5ヵ年の期限付で高分けを許可(仙台藩租税要略)。
1839 2.14	**10** 己亥			**1.16** 幕府，国絵図作成の功により関係者を褒賞(続実紀)。**1.21** 江戸城西丸の修築落成(続実紀)。**5.14** 幕府，渡辺崋山を捕え，高野長英を自首(同18日)，小関三英を自殺に追込む(麹町一件目録・蛮社遭厄小記・わすれがたみ)。**12.19** 幕府，崋山を蟄居，長英を永牢(終身禁獄)に処す(蛮社の獄)(崋山全集・蛮社遭厄小記)。
1840 2.3	**11** 庚子			**5.27** 幕府，長崎奉行に命じ，以後原文を添えてオランダ風説書を提出させる(続実紀)。**6.27** 幕府，代官羽倉用九に安房・上総国沿岸の警備を命じる(続実紀)。**7.7** 村田清風ら，財政改革案を萩藩に提出(村田清風全集)。**9.20** 幕府，江戸市中の両替商を600人に制限(幕末御触書集成)。**9.-** 高島秋帆，西洋砲術の採用による武備の強化を進言(陸軍歴史)。**11.1** 幕府，川越・鶴岡・長岡3藩に三方領知替を命じる(続実紀)。**11.7** 幕府，酒造高を天保4年以前の半減とする(幕末御触書集成)。 オランダ商館長，アヘン戦争勃発を伝える(和蘭風説書集成)。**12.23** 幕府，3ヵ年の倹約を命じる(幕末御触書集成)。
1841 1.23 ▼	**12** 辛丑 ①			**閏1.27** 朝廷，漢風諡号を再興し，先帝を光格と称す(公卿補任)。**2.9** 人吉藩の百姓，専売制に荷担する商人宅を打毀す(編年百姓一揆史料集成)。**5.9** 高島秋帆，幕命により徳丸原で輸入砲の実射を行う(通航一覧続輯)。**5.15** 幕府，天保改革に着手(続実紀)。**7.3** 幕府，徳川斉昭の5ヵ年在国を許可(続実紀)。**7.12** 幕府，川越・鶴岡・長岡3藩の三方領知替を中止(続実紀)。**7.-**『御触書天保集成』成る。**10.10** 幕府，諸大名に囲米を命じる(幕末御触書集成・続実紀)。**10.25** 幕府，江戸市中に奢侈禁止令を出す(幕末御触書集成・続実紀)。**12.14** 幕府，菱垣廻船積十組問屋仲間の解散を命じ，各種問屋仲間・組合を禁止(幕末御触書集成・続実紀)。**12.21** 幕府，町奉行矢部定謙を罷免(続実紀)。**12.28** 幕府，鳥居耀蔵・江川英竜に伊豆・相模・安房・上総諸国の巡視を命じる(通航一覧続輯)。**この年** 萩藩，産物会所を設置(関順也『藩政改革と明治維新』)。 横井小楠，長岡監物らと研究会を作る(のちの実学党の濫觴)(圭室諦成『横井小楠』)。

社　会・文　化	世　界	琉球	朝鮮	清
【死没】 1.2 間重新(53，天文観測家)。1.28 石本幸八郎(36，豊後竹田藩用達商人)。3.21 三遊亭円生(初代)(71，落語家)。閏4.27 安井仙知(63，囲碁棋士)。5.10 松本幸四郎(5代)(75，歌舞伎俳優)。7.8 江馬春齢(92，蘭方医)。7.13 中村歌右衛門(3代)(61，歌舞伎俳優)。8.9 森川俊知(55，西丸若年寄)。8.23 広幡経豊(60，公家)。10.29 末次忠助(74，砲術家)。11.20 長谷川寛(57，数学者)。12.5 岸駒(83，画家)。12.23 高井蘭山(77，読本作者)。 《大の月》2・4・6・7・9・10・12	リカ連合から独立。12.16 南アフリカ，「血の河」の戦。	尚育王 4	憲宗 4	道光 18 ④
1.-『鳩翁道話』刊。2.- 中島広足『橿園集』刊。3.- 新宮涼庭，南禅寺境内に順正書院を建立(新撰洋学年表)。**この春から夏にかけて** 豊年踊流行(京都の歴史)。6.22 松平頼恕編『歴朝要記』，朝廷・幕府に献上される。9.- 斎藤月岑編・長谷川雪堤画『声曲類纂』成る。**この年** 仁井田好古ら編『紀伊続風土記』成る。 松亭金水『閑情末摘花』初編刊(2・3編，天保11年刊．4・5編，天保12年刊)。 宮崎成身編『教令類纂』成る。 水戸藩編纂『垂統大記』成る。 栗原信充，『題跋備考』を著す。**この年以前** 頼山陽『通議』刊。**この頃** 喜多村信節，『画証録』を著す。 【死没】 2.2 上杉斉定(52，出羽米沢藩主)。3.15 尾形周平(陶芸家)。5.3 柴田鳩翁(57，心学者)。5.17 小関三英(53，蘭学者)。6.7 坂本藤吉(42，駿河茶改良家)。9.4 増島蘭園(71，本草学者)。10.3 桜田虎門(66，儒者)。11.3 岡研介(41，蘭方医)。 《大の月》2・5・7・9・10・11	3.10 清，林則除，欽差大臣として広州に着任，アヘン貿易を禁圧。4.19 ベルギー・オランダに関するロンドン条約締結。6.14 イギリス，チャーティスト，請願書を議会に提出，下院これを否決。11.3 清，イギリス船，広東の軍船を砲撃。11.4 オスマン帝国，ギュルハネ勅令を発布，タンジマート始まる。	5	5	19
3.5『勧進帳』初演(歌舞伎年表)。5.27 幕府，売薬の看板に蘭字の使用を禁じ，また蘭書翻訳書の取扱いを厳重にさせる(幕末御触書集成)。6.- 鹿持雅澄『万葉集古義』成る。**この年** 梁川星巌『星巌集』成る。 大野広城『青標紙』前編刊(後編，天保12年刊)。 穂井田忠友編『埋麝発香』成るか。 【死没】 3.20 小宮山楓軒(77，農政家)。5.1 松岡辰方(77，有識故実家)。5.20 立原杏所(56，南画家)。6.18 薗田守良(56，有識故実家)。8.15 藤井高尚(77，国学者)。9.18 和田寧(54，数学者)。9.28 渡辺政香(65，国学者)。11.2 寺西元栄(59，西国筋郡代)。11.19 光格上皇(70)。12.3 国友藤兵衛(63，鉄炮鍛冶)。12.14 谷文晁(78，画家)。12.24 藤間勘十郎(2代)(45，日本舞踊宗家)。 《大の月》1・2・6・8・10・11・12	7.15 イギリス・ロシア・オーストリア・プロイセン，ロンドン4国条約締結。7.- カナダ，連合法制定。**この年** 清，アヘン戦争勃発(～'42年)。 フランス，プルードン『財産とは何か』刊。	6	6	20
1.- 大野広城編『泰平年表』成る。5.22 江戸芝西久保車坂町の家主七左衛門，『天保新政録』を記す(～天保15年1月3日)。6.4 中浜万次郎，太平洋を漂流しアメリカ捕鯨船に救われる(中浜万次郎漂流記)。8.1 水戸藩，藩校弘道館を開設(水戸藩史料)。11.26 幕府，佐藤一斎を幕府儒者として任用(続実紀)。12.16 幕府，中村・市村二座に浅草移転を命じ，森田座も不始末があれば同様の旨通達(幕末御触書集成・続実紀)。**この年** 穂井田忠友編『観古雑帖』成るか。 正司考祺『経済問答秘録』刊。 頼山陽『山陽遺稿』刊。 伴信友，『神社私考』を著す。 間宮士信・松崎純庸ら27人編『新編相模国風土記稿』脱稿。 伊藤常足『太宰管内志』成る。 柳亭種彦『用捨箱』刊。 【死没】 1.10 菅野序遊(2代)(56，浄瑠璃家元)。 矢沢頼堯(47，信濃松代藩士)。1.28 奈須恒徳(68，医師)。閏1.18 屋代弘賢(84，和学者)。閏1.23 脇坂安董(74，老中)。閏1.30 徳川家斉(69，江	1.26 イギリス，香港占有。1.- エルサルバドル，中米連合からの独立を宣言。2.13 オスマン帝国，エジプト総督の世襲権を承認。7.- ダーダネルス・ボスフォラス両海峡に関する海峡協定成る。**この年** ドイツ，リスト『政治経済学の国民的体系』刊。	7	7	21 ③

西暦	年号干支	天皇	将軍	政治・経済
1841 1.23 ▲	天保 12 辛丑 ①	(仁孝)	(徳川家慶)	
1842 2.10	13 壬寅			1.4 徳島藩の百姓，煙草専売制などに反対して打毀し(編年百姓一揆史料集成)。2.12 幕府，江戸市中の寄場を15ヵ所に制限(幕末御触書集成)。3.2 幕府，各種株仲間・問屋・組合を禁じ，大坂菱垣廻船積二十四組問屋を解散(大阪編年史)。5.12 幕府，諸物価の引下げを命じる(続泰平年表)。6.8 幕府，高島秋帆に自由に砲術を教授することを許可(通航一覧続輯)。7.- 幕府，異国船打払令を改め，薪水食料の給与を許可(幕末御触書集成・続実紀)。8.3 幕府，川越・忍両藩に相模・房総海岸の警備を命じる(通航一覧続輯)。8.28 幕府，旗本・御家人に猿屋町会所より低料金を貸付け，札差への返済にあてさせる(幕末御触書集成・続実紀)。9.18 幕府，諸大名に軍備の強化を命じる(幕末御触書集成・続実紀)。 幕府，百姓に倹約を令し，余業に従事することを禁じる(幕末御触書集成・続実紀)。9.- 幕府，江戸市中の地代・店賃の引下げを命じる(幕末御触書集成)。10.2 幕府，高島秋帆を投獄(佐藤昌介『洋学史の研究』)。10.14 近江国野洲・甲賀・栗太3郡の百姓，幕府の検地に反対して強訴(編年百姓一揆史料集成)。10.- 幕府，諸大名の物産専売を禁じる(日本財政経済史料)。 幕府，商人の符牒使用を禁じる(続泰平年表)。11.19 琉球使節(慶賀使)，徳川家慶に謁見(続実紀)。12.24 幕府，下田・羽田奉行を設置(続実紀)。
1843 1.30 ▼	14 癸卯 ⑨			2.- 天草幕領の百姓，質地請戻し方につき長崎奉行所へ駆込訴(編年百姓一揆史料集成)。3.25 幕府，鉄砲組を改組し大筒組を設ける(藤田覚『幕藩制国家の政治史的研究』)。3.28 幕府，諸国の人別を改め，在府農民の帰村を命じる(幕末御触書集成・続実紀)。4.13 徳川家慶，日光社参のため出立(続実紀)。4.15 萩藩，村田清風ら建策の37ヵ年賦皆済仕法を施行(防長回天史)。4.- 幕府，赤間関などで上方筋への積登せ荷物のせり売買を禁じる(御触及口達)。5.23 ロシア船，漂流民を護送し択捉島に来航(通航一覧続輯)。5.- 幕府，馬喰町御用屋敷取扱いの大名・旗本貸付金を半高棄捐・半高無利息の年賦返済とする(日本財政経済史料)。6.10 幕府，印旛沼干拓に着手(続実紀)。6.17 幕府，新潟を上知し新潟奉行を創置(通航一覧続輯附録)。6.26 幕府，御料所改革を始める(藤田覚『幕藩制国家の政治史的研究』)。6.28 幕府，関東産の菜種買上げ仕法を改める(徳川禁令考)。6.- 幕府，江戸・大坂10里四方上知令を発布(浅見隆「天保改革論一上知令と軍役一」)。6.10 幕府，庄内藩などに手伝普請を命じ，印旛沼堀割工事を命じる(続泰平年表)。7.6 幕府，大坂町人に御用金を命じる(幕末御触書集成)。7.9 オランダ船アンナ=エン=アリサ号，長崎来航，前年のイギリス・清間の南京条約締結を報じる(和蘭風説書集成)。8.- 代官江川英竜，伊豆大島防備策を幕府に提出(建議書抜粋)。9.14 幕府，江戸・大坂10里四方の私領を幕府直轄地とする(続実紀)。閏9.13 幕府，水野忠邦を罷免(続実紀)。閏9.- 幕府，上知令を撤回(吹塵録・藤田覚『幕藩制国家の政治史的研究』)。10.10 イギリス軍艦，琉球国八重山島を測量(通航一覧続輯)。10.- 幕府，四谷角筈に大筒場を完成(通航一覧続輯)。12.- 幕府，旗本・御家人の札差・猿屋町会

社　会・文　化	世　界	琉球	朝鮮	清
戸幕府第11代将軍)。2.7 鷹司政熙(81，公家)。2.9 田代毅軒(60，肥後人吉藩家老)。3.13 行智(64，修験者)。5.6 森徹山(67，画家)。5.7 久米通賢(62，科学者)。6.10 滝亭鯉丈(滑稽本作者)。6.24 河合道臣(75，播磨姫路藩家老)。6.29 松浦静山(82，肥前平戸藩主)。7.4 鹿子木量平(89，勧農家)。7.13 間宮士信(65，歴史地理学者)。7.20(14日とも) 林述斎(74，幕府儒者)。7.29 中村重助(4代)(36，歌舞伎作者)。8.8 長谷川勘兵衛(11代)(歌舞伎大道具方)。9.17 小谷三志(77，不二道指導者)。10.9 加茂季鷹(88，90とも，古典学者)。10.11 渡辺崋山(49，文人画家)。10.13 島津斉宣(69，薩摩鹿児島藩主)。11.20 石坂宗哲(72，針医)。**この年** 鶴賀新内(3代)(新内節)。 山本新太夫(76，水利土木家)。 《大の月》①・3・6・8・10・11		尚育王 7	憲宗 7	道光 21 ③
2.21 幕府，木魚講・富士講・題目講を禁止(続実紀)。6.4 幕府，一枚摺綿絵の売買を禁じ，絵草子などの出版を統制(幕末御触書集成・続実紀)。6.8 幕府，翻訳書の出版を町奉行の許可制とする(幕末御触書集成・続実紀)。6.22 幕府，市川海老蔵を江戸10里四方追放に処する(続実紀)。7.4 幕府，三都狂言座のほか歌舞伎役者を招くことを禁じる(幕末御触書集成・続実紀)。8.- 幕府，寺門静軒を処罰(著作堂雑記)。10.12 幕府，寛政暦を廃し天保暦を採用することを通達(続実紀)。10.16 幕府，為永春水・柳亭種彦の人情本を停止(続泰平年表)。10.- 竹本筆太夫著・近松春翠子校訂『浄瑠璃大系図』刊。**この年** 屋代弘賢編『古今要覧稿』成る。 林述斎監修，江戸幕府官撰『朝野旧聞裒藁』成る。 仰誓編『妙好人伝』初篇刊(2－5篇僧純編，安政5年刊．6篇象王編，嘉永5年刊)。 【死没】 1.29 岩崎灌園(57，本草学者)。2.3 奈河篤助(79，歌舞伎狂言作者)。3.13 成田蒼虬(82，俳人)。3.19 吉沢検校(初代)(音楽家)。4.6 松平頼恕(45，讃岐高松藩主)。5.12 中野碩翁(78，旗本)。5.15 鈴木牧之(73，文人)。6.21 岡本甚左衛門(69，地方開拓者)。7.2 幡崎鼎(36，蘭学者)。7.19 柳亭種彦(60，戯作者)。7.24 矢部定謙(54，幕臣)。 《大の月》1・2・4・7・9・11	3.23 フランス，スタンダール没。8.29 清とイギリス，南京条約締結(5港開港，香港割譲など)。10.- 清，魏源『海国図志』成る。 **この年** ドイツ，マイヤー，エネルギー不滅の法則を公表。	8	8	22
4.25 幕府，庶民の贅沢な家作を禁じる(幕末御触書集成・続実紀)。6.5 伊勢貞丈『貞丈雑記』刊。6.17 幕府，町人の武芸稽古を禁じる(幕末御触書集成・続実紀)。7.- 幕府，浪人の横行を取締る(日本財政経済史料)。8.- 幕府，聖堂を学問所と改称(幕末御触書集成)。 佐藤泰然，下総国佐倉に順天堂を設立(順天堂史)。12.22 幕府，『徳川実紀』完成により関係者を褒賞(続実紀)。**この年** 中台芳昌『老農夜話』成る。 『海上砲術全書』成る。 『雲萍雑志』刊。 内山真弓編『歌学提要』成る(嘉永3年刊)。 畔田翠山撰『古名録』成る。 阿部正信『駿国雑志』成る。 羽鳥耀清・池田豊直・青山敬直編『武術流祖録』版行。 堀内素堂訳『幼幼精義』初篇刊(2篇，嘉永元年刊)。**天保年間末年** 大隈言道『ひとりごち』成る。 **天保年間末頃** 長島仁左衛門尉信，『不算得失』を著す。 【死没】 1.28 長谷川雪旦(66，画家)。3.23 小森桃塢(62，医学者)。3.27 香川景樹(76，歌人)。4.7 巻菱湖(67，書家)。4.8 高久靄厓(48，南画家)。4.15 土川平兵衛(43，一揆指導者)。4.26 松村景文(65，画家)。7.17 滋野井公敬(76，公家)。8.15 義門(58，国語学者)。8.18 浜村蔵六(3代)(53，篆刻家)。9.2 吉雄南皐	7.7 清，洪秀全，広東省花県で布教活動を開始。 **この年** 清，広州・厦門・上海開港。	9	9	23 ⑦

西暦	年号 干支	天皇	将軍	政治・経済
1843 1.30 ▲	天保 14 癸卯 ⑨	(仁孝)	(徳川家慶)	所からの借金を無利息年賦返済とする(吹塵録)。 幕府，5ヵ年の倹約を命じる(幕末御触書集成)。**この年** 萩藩，綿仕法を改革(田中彰『幕末の藩政改革』)。
1844 2.18	弘化(こうか) 12.2 甲辰			**3.11** フランス船，琉球に来航して通商を求める(通航一覧続輯)。**4.26** 出羽国田川・飽海郡などの百姓，鶴岡藩預地への編入に反対して打毀し(大山騒動)(編年百姓一揆史料集成)。**5.6** 幕府，徳川斉昭に謹慎を命じる(続実紀)。**5.24** 幕府，下田・羽田両奉行を廃止(通航一覧続輯)。**6.10** 幕府，印旛沼干拓を中止(続実紀)。**6.21** 幕府，水野忠邦を老中に再任(続実紀)。**6.-** 萩藩政，坪井九右衛門一派の手に帰す(防長回天史)。**7.2** オランダ軍艦，長崎に来航，使節コープス，開国を勧告するオランダ国王書翰を呈す(通航一覧続輯)。**10.-** 異国船，室蘭・厚岸に渡来(松前家記)。**11.26** 幕府，徳川斉昭の謹慎を解く(続実紀)。**この年** 幕府，箱館・国後等12ヵ所に守備兵を置き砲台を築く(日本外交年表並主要文書)。
1845 2.7	2 乙巳			**2.28** 将軍徳川家慶，江戸城本丸移徙(続実紀)。**3.27** 江戸大火(武江年表)。**3.-** アメリカ捕鯨船，漂流民を護送し浦賀に来航，幕府，薪水を与えて帰す(通航一覧続輯・浮世の有様)。**5.15** イギリス船，琉球に来航し貿易を強要(薩藩史料稿本)。**6.1** 幕府，オランダ国王に返書を送り，開国勧告を拒否(通航一覧続輯)。**7.4** イギリス船，長崎に来航し，測量許可と薪水を求める(通航一覧続輯)。**7.5** 幕府，海防掛を設置(続実紀)。**7.-** 幕府，『御仕置例類集』の編纂成る。**9.2** 幕府，水野忠邦・堀親審を減封し，蟄居を命じる(続実紀)。**9.13** 広島藩の百姓，藩の専売制撤回を要求して強訴(編年百姓一揆史料集成)。**10.3** 幕府，金改役後藤光亨を処刑(続実紀)。
1846 1.27	3 丙午 ⑤	1.26 2.13 孝明		**2.-** 江川英竜，伊豆国沿岸防備に関する意見書を幕府に提出(大日本維新史料)。**3.22** 幕府，代官江川英竜に伊豆七島の巡視を命じる(大日本維新史料)。**3.-** 筒井政憲，諮問により海防意見書を幕府に提出(大日本維新史料)。**4.5** イギリス船，琉球に来航(通航一覧続輯)。**4.7** フランス船，琉球に来航(通航一覧続輯)。**4.28** 幕府，川越藩に異国船の江戸湾内海侵入を必ず阻止するよう命じる(大日本維新史料)。**5.11** アメリカ捕鯨船の乗員，択捉島に漂着(通航一覧続輯)。**閏5.27** アメリカ東インド艦隊司令官ビッドル，浦賀に来航し通商を求める．幕府，これを拒否(通航一覧続輯)。**6.7** フランスインドシナ艦隊司令官セシーユ，長崎に来航し，薪水と難破船の救護を要求(通航一覧続輯)。**6.21** オランダ船，長崎に入港，風説書と幕府委託の武器・軍艦模型を持参(大日本維新史料)。**6.28** デンマーク船，相模国鶴ヶ岡沖に来航(通航一覧続輯)。**7.25** 幕府，高島秋帆を処罰(大日本維新史料)。**8.24** イギリス船，琉球那覇に来航，琉球国王に面会を求める(大日本維新史料)。**8.29** 朝廷，幕府に，海防を厳重にすべきとの勅旨を伝える(大日本維新史料)。**10.3** 幕府，京都所司代を通じて朝廷に異国船来航の状況を報告(大日本維新史料)。**10.-** 幕府，セシーユの要求に関して評定所一座などで評議させ，この日筒井政憲意見書を提出(大日本維新史料)。**12.28** 幕府，水戸藩士藤田東湖の蟄居を免じる(大日本維新史料)。

社会・文化	世界	琉球	朝鮮	清
(57，蘭学者)。9.6 青山延于(68，儒学者)。閏9.11 平田篤胤(68，国学者)。12.14 村田了阿(72，和学者)。12.22 為永春水(54，人情本作者)。 《大の月》1・2・3・5・8・⑨・11		尚育王 9	憲宗 9	道光 23 ⑦
5.10 江戸城本丸炎上(続実紀)。6.1 藤田東湖『回天詩史』脱稿。8.- 藤田東湖『常陸帯』成る。12.- 箕作省吾『新製輿地全図』成る。**この年** 帆足万里『東潜夫論』成る。 箕作省吾『世界新地誌』成る。 橘守部『稜威道別』成る。 山路諧孝・足立信頭・吉田秀茂ら『寛政暦書』成る。**この頃** 女義太夫流行。 【死没】 1.12 菅井梅関(61，画家)。1.25 宝山左衛門(初代)(歌舞伎囃子方)。2.26 間宮林蔵(70，探険家)。4.21 松崎慊堂(74，儒学者)。5.27 吉田辰五郎(2代)(人形遣い)。7.10 青木永章(58，歌人)。8.8 斎藤宜長(74，数学者)。8.12 中山作三郎(60，阿蘭陀通詞)。11.29 山村舞扇斎(64，振付師)。12.13 竹村茂雄(76，国学者)。 《大の月》1・2・4・6・8・10・12	2.- ドミニカ共和国，ハイチより独立。7.3 清とアメリカ，望厦条約締結。9.- ギリシア，立憲蜂起。10.24 清とフランス，黄埔条約締結。**この年** イラン，バーブ運動始まる。 イギリス，王立委員会，都市衛生に関する調査を行う。	10	10	24
1.24 江戸大火(続実紀)。1.- 万里小路正房，『正房卿記』を記す(～同年9月)。4.- 大槻磐渓『呂宋漂流記』成る。7.28 幕府，翻訳書等の出版を天文方の許可制とする(幕末御触書集成・徳川禁令考)。**この年** 疱瘡流行(鍋島直正公伝)。 朝岡興禎，『古画備考』を起筆。 箕作省吾『坤輿図識』刊。 正司考祺『武家七徳』成るか。 向山源太夫，『吏徴』を著すか。 竹原両替店支配人の久兵衛『両替年代記』を編纂. 頼山陽『日本政記』(拙修斎木活本)刊(頼氏正本，文久元年刊)。**この頃** 小山田与清『松屋筆記』成る。 【死没】 2.27 丹羽貴明(75，陸奥二本松藩家老)。3.2 西川扇蔵(4代)(49，日本舞踊家)。3.19 大関増業(64，下野黒羽藩主)。4.1 岩井半四郎(7代)(42，歌舞伎俳優)。4.30 沢田名垂(71，陸奥会津藩士)。6.6 市川団蔵(5代)(58，歌舞伎俳優)。6.28 土方義苗(68，伊勢菰野藩主)。7.1 足立信頭(77，暦学者)。7.11 岡本豊彦(73，画家)。8.8 藤井方亭(68，蘭方医)。8.14 佐藤卯兵衛(51，酒造家)。10.17 山崎夫八郎(60，農事改良家)。11.2 杉田立卿(60，蘭学者)。11.10 猪飼敬所(85，儒学者)。11.28 田川鳳朗(84，俳人)。**この年** 水越与三兵衛(陶工)。 《大の月》2・4・5・7・9・11	4.- ペルー，カスティージャ大統領，経済発展策を打出す。7.- 清，山東で捻軍，活動を始める。11.2 清，雲南でイスラム教徒反乱。11.29 清，上海でイギリス租界画定。12.29 アメリカ，テキサスを併合。	11	11	25
1.15 江戸大火(続実紀)。**1月末** 藤田東湖『弘道館記述義』脱稿。4.6 イギリス人ベッテルハイム，那覇に上陸(大日本維新史料)。6.1 平戸藩の儒者朝川善庵，家慶に謁見(続実紀)。9.7 学問所竣工により，京都所司代等に賜品(大日本維新史料)。12.- 田川清介『国事叢記』成るか。**この年** 川北温山『原城紀事』成る。 八島五岳編『百家琦行伝』刊。 【死没】 1.26 仁孝天皇(47)。2.8 岡田半江(65，画家)。2.28 石崎融思(79，画家)。3.2 日野資愛(67，公家)。4.1 佐々木仲沢(57，蘭方医)。5.2 浦上春琴(68，画家)。5.19 狩野養信(51，画家)。閏5.10 鈴木春山(46，蘭方医)。閏5.17 岸本由豆流(59，国学者)。6.20 新清和院(68，光格天皇皇后)。6.22 宇田川榕庵(49，蘭学者)。7.3 有馬頼永(25，筑後久留米藩主)。9.13 高良斎(48，眼科医)。10.14 伴信友(74，国学者)。12.13 箕作省吾(26，地理学者)。**この年** 野中金右衛門(79，日向飫肥藩士)。 本庄普一(眼科医)。 《大の月》1・3・5・6・7・9・11	2.8 清，キリスト教の禁を解く。2.14 ポーランド，クラクフ共和国で蜂起。4.12 アメリカ，メキシコとの外交折衝に失敗して戦争(～'48年)。6.15 イギリスとアメリカ，オレゴン協定を結ぶ。12.- アメリカ，ヌエバ=グラナダ(コロンビア)とビドラック条約締結。**この年** イギリス，穀物法・航海法廃止，以後保守党分裂。 フランス，経済危機。 ウクライナ，キリル=メトディー団を結成。	12	12	26 ⑤

西暦	年号 干支	天皇	将軍	政　治・経　済
1847 2.15	弘化 4 丁未	(孝明)	(徳川家慶)	1. 28 天草の幕領百姓，流地の請戻しを求めて銀主宅を打毀す(編年百姓一揆史料集成)。2. 15 幕府，彦根・川越両藩に相模，会津・忍両藩に安房・上総の沿岸警備を命じる(続実紀)。3. 14 幕府，異国船の取扱いは平穏にするよう浦賀奉行に命じる(通航一覧続輯)。3. 17 鹿児島藩，琉球に外国貿易開始の幕府の内諾を伝える(大日本維新史料)。3. 19 幕府，江戸湾入口に砲台築造を決定(大日本維新史料)。6. 26 オランダ船，長崎に入港して風説書提出(大日本維新史料)。8. 15 幕府，朝鮮通信使の礼を大坂で受けることとする(通航一覧続輯)。12. - 盛岡藩の百姓，重税に反対して強訴(編年百姓一揆史料集成)。 萩藩，坪井九右衛門を禁錮に処す(防長回天史)。
1848 2.5	嘉永(かえい) 2.28 戊申			3 ～ 4 月 異国船，対馬・五島・蝦夷地・陸奥国沿岸をしきりに航行(維新史料綱要)。5. 4 幕府，西丸留守居筒井政憲に打払令復活の可否を諮問(維新史料綱要)。5. 7 アメリカ捕鯨船，西蝦夷地に漂着，幕府その乗員を長崎に護送(通航一覧続輯)。6. 6 幕府，徳島藩など 6 藩に大坂城修復のための普請役を課す(続実紀)。6. 29 オランダ船長崎に入港(維新史料綱要)。7. 28 フランス船，琉球に来航(維新史料綱要)。8. 13 幕府，海岸防備のため，対馬藩に 1 万両貸与(通航一覧続輯)。12. 18 鹿児島藩の調所広郷，琉球貿易の責任を問われて自殺(維新史料綱要)。
1849 1.24	2 己酉 ④			3. 26 アメリカ軍艦プレブル号，長崎に来航，漂流民を受取り退去(通航一覧続輯)。閏4. - イギリス船マリナー号，浦賀に来航，江戸湾を測量後，下田に入港．江川英竜，退去を要求(維新史料綱要)。5. 5 幕府，三奉行・目付・長崎・浦賀奉行などに異国船打払令復活の可否を諮問(通航一覧続輯)。5. 27 会津藩主松平容敬，同令の復活不可と答申(藤田覚『幕藩制国家の政治史的研究』)。6. - アメリカ捕鯨船の乗員 3 名，北蝦夷地オタロへ漂着(通航一覧続輯)。7. 10 幕府，海防強化のため，松前藩松前崇広・福江藩主五島盛成を城主に列して築城を命じる(通航一覧続輯)。9. 6 幕府，諸藩に所領沿海の里数・浅深につき報告を命じる(通航一覧続輯)。10. 7 広島で新旧銀札の引替に際し，引替に支障が生じ騒動(編年百姓一揆史料集成)。11. 7 イギリス船，那覇に来航し貿易を強要，中山府拒絶(維新史料綱要)。12. 25 幕府，諸大名に沿岸防備の強化を命じる(通航一覧続輯)。**この年** 海防策に関する意見書を幕府に提出する者多数(藤田覚『幕藩制国家の政治史的研究』)。

社　会・文　化	世　界	琉球	朝鮮	清
3.9 学習所(後の学習院)開講(大日本維新史料)。3.24 信濃国大地震(善光寺地震)(続実紀)。4.25 石清水臨時祭，外患について祈禱(大日本維新史料)。8.- 友野霞舟編集『熙朝詩薈』成るか。12.- 斎藤月岑『声曲類纂』刊。**この年** 佐賀藩主鍋島直正，伊東玄朴の建言により，オランダ人に牛痘苗の購入を依頼(鍋島直正公伝)。 河合祐之編『河合録』脱稿。 磯野信春『長崎土産』成る。本間棗軒『瘍科秘録』刊。 山東京伝『歴世女装考』刊。 水野忠央編『丹鶴叢書』刊(～嘉永6年)。 伴信友『比古婆衣』巻1・2刊(巻3・4，文久元年刊)。 【死没】 1.30 古賀侗庵(60，儒学者)。3.25 小山田与清(65，国学者)。4.6 岩井半四郎(5代)(72，歌舞伎俳優)。4.26 二条斉信(60，公家)。6.16 芳村伊三郎(4代)(48，長唄唄方)。6.22 風外本高(69，曹洞宗峨山派僧侶)。9.3 三笑亭可楽(2代)(落語家)。9.16 田中大秀(71，国学者)。9.18 稲葉雍通(72，豊後臼杵藩主)。9.19 穂井田忠友(57，考古・古典学者)。**この年** 菊岡検校(箏曲・三絃作曲家)。 《大の月》1・3・6・7・9・10・12	3.7 清，厦門から最初の移民が外国船で出港。6.8 イギリス，工場法制定。7.26 リベリア共和国，独立宣言。7.- 清，洪秀全，広西で上帝会を創立し十款天条を定める。10.18 清，湖南・広西省境で瑶族反乱。**この年** オン=ドゥオンをカンボジア王とすることでベトナム・タイ合意。 フランス，アルジェリアを征服。フランス・アメリカ，金融恐慌。 イギリス，ロンドンに共産主義者同盟の初総会。	尚育王 13	憲宗 13	道光 27
2.5 和歌山藩家老水野忠央，『丹鶴叢書』を幕府に献上(維新史料綱要)。6.- 伊達千広『大勢三転考』成る(明治6年刊)。11.- 斎藤月岑『武江年表』成る。**この年** 本木昌造ら，オランダから鉛製活字板を購入(新撰洋学年表)。 平内廷臣『矩術新書』刊。 会沢正志斎『江湖負暄』成る。 河野守弘『下野国誌』成る。 広瀬旭荘『梅墩詩鈔』初編～3編刊(4編，安政3年刊)。 【死没】 5.10 清水赤城(83，兵学者)。6.6 佐藤中陵(87，本草学者)。6.27 新見正路(58，幕臣)。7.2 土井利位(60，老中)。7.10 山内豊熙(34，土佐高知藩主)。7.22 池田英泉(59，浮世絵師)。8.17 土生玄碩(87，眼科医)。10.30 松岡行義(55，有識故実家)。11.6 曲亭馬琴(82，小説家)。11.8 坪井信道(54，蘭方医)。12.10 堀親寚(63，老中格)。12.18 調所広郷(73，薩摩鹿児島藩家老)。 《大の月》2・5・7・9・10・11	1.24 アメリカ，カリフォルニアで金鉱発見。2.2 アメリカ，メキシコよりカリフォルニアを獲得。2.22 パリで二月革命始まる。2.- マルクス『共産党宣言』刊。6.23 パリで労働者蜂起。 欧州全域で蜂起(1848年革命)。6.- ハンガリー，プラハでスラブ人会議。12.2 オーストリア，フランツ=ヨーゼフ即位。12.- フランス，ルイ=ナポレオン，大統領に就任。**この年** イラン，各地でバーブ教徒の反乱。 ミール『経済学原理』成る。	尚泰王	14	28
3.15 幕府，奥・表医師が外科・眼科のほか蘭方を用いることを禁じる(幕末御触書集成)。3.- 幕府，医書出版を医学館の許可制とする(新撰洋学年表)。9.5 幕府，富士講を取締まる(幕末御触書集成・続実紀)。10.2 萩藩，種痘実施につき令す(維新史料綱要)。12.6 水戸藩，『大日本史』紀伝刊行。**この年** 鍋島直正，藩内で種痘を実施(鍋島直正公伝)。 楢林宗建『牛痘小考』成る。 藤田東湖『弘道館記述義』成る。 嶺田楓江『海外新話』刊。 柳下亭種員ら『白縫譚』刊(～明治18年)。 【死没】 2.7 朝川善庵(69，儒学者)。2.10 小石元瑞(66，蘭方医)。2.18 井上正鉄(60，神道家)。3.1 徳川斉彊(30，紀伊和歌山藩主)。4.10 斎藤方策(79，蘭方医)。4.18 葛飾北斎(90，浮世絵師)。閏4.24 尾上菊五郎(3代)(66，歌舞伎俳優)。5.24 橘守部(69，国学者)。6.27 菊池五山(81，漢詩人)。8.5 奥田頼杖(心学者)。12.17 沼田順義(58，国学者)。 《大の月》1・3・5・7・9・10・12	2.9 ローマ共和国宣言。3.4 オーストリア，帝国憲法欽定。3.27 ドイツ，フランクフルト国民議会，憲法を採択。3.- インド，シク王国滅亡。4.6 清，上海にフランス租界成立。4.14 ハンガリー，臨時革命政府の設立を宣言。6.5 デンマーク，憲法制定。7.13 ローマ共和国崩壊。7.23 プロイセン軍，バーデンの反乱者を降伏させる。8.13 ロシア軍，ハンガリー革命軍を降伏させる。**この年** オスマン帝国，イエメンに出兵。	2	15	29 ④

西暦	年号干支	天皇	将軍	政　治・経　済
1850 2.12	嘉永 3 庚戌	(孝明)	(徳川家慶)	2.29 幕府，勘定奉行石河政平らに江戸近海の巡視を命じる(通航一覧続輯)。3.15 オランダ商館長，徳川家慶に謁見(最後の江戸参府)(続実紀)。4.16 イギリス捕鯨船，東蝦夷地マヒルに漂着(通航一覧続輯)。5.9 幕府，海防掛に機密の厳守を戒告(維新史料綱要)。6.11 オランダ船，長崎に入港し，アメリカの対日通商要求を伝える(維新史料綱要)。8.28 イギリス軍艦レナード号，那覇に入港(維新史料綱要)。9.25 幕府，江戸市中での鉄砲の四季打を許可し，諸士の修行を奨励(幕末御触書集成)。10.- 佐賀藩，反射炉築造開始(維新史料綱要)。11.19 琉球使節(謝恩使)，徳川家慶に謁見(通航一覧続輯・続実紀)。12.29 幕府，相模国観音崎砲台を改築(維新史料綱要)。**この年** 諸大名，幕府に鉄砲の鋳造や軍事調練を願い出る(維新史料綱要)。 幕府，佐渡国海岸要地に台場を築く(通航一覧続輯)。
1851 2.1	4 辛亥			1.3 土佐国漁民中浜万次郎ら，アメリカ船に送られ琉球に上陸(通航一覧続輯)。1.28 幕府，武蔵国大森に大砲演習場の築造を決定(維新史料綱要)。3.8 幕府，十組問屋ほか株仲間の再興を許可(幕末御触書集成)。3.27 幕府，下田の警備を江川英竜に命じる(維新史料綱要)。7.16 オランダ船長崎に入港(維新史料綱要)。7.20 ルーマニア船，琉球に来航(維新史料綱要)。8.- 鹿児島藩，製煉所を設置(薩藩史料稿本)。12.17 イギリス軍艦，那覇に入港，翌日艦長，首里城への入城を要求(維新史料綱要)。12.27 幕府，会津藩主松平容敬・佐賀藩主鍋島直正の治績を賞す(維新史料綱要)。
1852 1.21	5 壬子 ②			4.19 相模国鳶巣・鳥ヶ崎・亀ヶ崎の3砲台完成(維新史料綱要)。5.2 幕府，彦根藩に西浦賀一帯の警備を命じる(通航一覧続輯)。5.17 久留米藩，真木保臣らを禁錮に処す(維新史料綱要)。5.29 幕府，旗本・諸藩士に武蔵国大森の大砲演習場の使用を許す(通航一覧続輯)。6.5 オランダ商館長ドンクル=キュルシウス，長崎に来航(和蘭風説書集成)。6.24 ロシア船，漂流民を護送して下田に来航(通航一覧続輯)。6.- 徳川斉昭，領内の石炭濫掘を禁じる(水戸藩史料)。8.17 ドンクル=キュルシウス，オランダ東インド総督の公文書を長崎奉行に渡し，明年アメリカ使節が来航して開国を要求することを予告(維新史料綱要)。10.22 幕府，朝鮮通信使の来聘を延期(幕末御触書集成)。12.21 江戸城西丸造営完了(続実紀)。

社　会・文　化	世　界	琉球	朝鮮	清
2.5 江戸大火(続実紀)。4.8 朝廷，伏見稲荷ほか7社・7寺に祈禱を命じる(維新史料綱要)。5.- 遠藤高璟『時規物語』，金沢藩主前田斎泰に献上される。9.21 幕府，蘭書の翻訳出版を制限(幕末御触書集成)。11.- 京都の心学講舎で粥施行(京都の歴史)。12.21 幕府，国定忠次を磔刑(田村栄太郎『やくざ考』)。**この年** 高野長英訳『三兵答古知幾』成る。 古賀侗庵『海防臆測』刊。 名越時行，『南島雑話』を記す(〜安政2年)。 【死没】 1.6 佐藤信淵(82，経済学者)。1.20 松平斉典(54，武蔵川越藩主)。2.25 黒住宗忠(71，神道家)。3.25 安部竜平(67，蘭学者)。5.24 日野鼎哉(54，蘭方医)。7.13 六郷新三郎(4代)(長唄囃子方)。9.23 岡本花亭(84，勘定奉行)。10.30 高野長英(47，蘭学者)。12.21 国定忠次(41，侠客)。 《大の月》1・3・6・8・10・12	1.31 プロイセン，欽定憲法発効。4.19 アメリカとイギリス，クレートン=ブルワー協定締結。9.- アメリカ，1850年の妥協成立。11.22 清，林則徐没。11.- プロイセンとオーストリア，オルミュッツ協定締結。**この年** ブラジル，奴隷貿易廃止を完全実施。	尚泰王 3	哲宗	道光 30 文宗
2.- 3代目桜田治助作詞・清元千蔵(一説に太兵衛)作曲『明烏』，江戸市村座で初演(歌舞伎年表)。3.15 朝廷，正三位和気清麻呂に護王大明神の神号を贈り正一位に叙す(公卿補任)。3.- 幕府，米価高騰・風邪流行のため江戸の窮民に施米(武江年表)。6.- 幕府，窮民に施米(御触及口達)。10.- 鹿児島藩，常平倉を設置(維新史料綱要)。**この年** 川本幸民『気海観瀾広義』成る。 浅田宗伯『皇国名医伝』成るか。 杉田玄端訳述『地学正宗』刊(〜安政3年)。 ブリッジマン『海国図志』，日本に舶載される(〜安政元年)。 【死没】 1.26 黒田斉清(57，筑前福岡藩主)。2.10 水野忠邦(58，老中)。5.8 篠崎小竹(71，儒学者)。7.9 柳原隆光(59，公家)。7.25 渋川敬直(37，暦学者)。7.26 戸田忠温(51，下野宇都宮藩主)。8.6 岡熊臣(69，国学者)。8.15 藤間勘右衛門(初代)(39，日本舞踊家元)。8.17 上野俊之丞(62，技術者)。8.20 市村羽左衛門(12代)(40，歌舞伎俳優)。9.18 飛鳥井雅光(70，公家)。10.11 中村勘三郎(12代)(52，歌舞伎役者)。**この年** 馬淵嘉平(59，土佐高知藩士)。 《大の月》1・2・4・7・9・11	1.11 清，洪秀全，太平天国を建設(〜'64年鎮圧)。5.1 イギリス，ロンドンで万国博覧会。12.2 フランス，ルイ=ナポレオンのクーデタ。**この年** 第2次ビルマ戦争起こる。 オーストラリア，ゴールドラッシュ始まる。 イギリス，合同機械工組合結成される。 ロシア，モスクワ—ペテルブルク間の鉄道開通。 ホブソン『全体新論』刊(上海)。**この頃** ペルー，リマ—カジャオ間に鉄道敷設。	4	2	咸豊 1.1 ⑧
2.7 水戸藩主徳川慶篤，『大日本史』紀伝を朝廷・幕府に献上(維新史料綱要)。5.22 江戸城西丸炎上(続実紀)。11.19 大坂大火(維新史料綱要)。**この年** 大橋訥庵『闢邪小言』成る。 飯田忠彦『野史』成る。 小林一茶『おらが春』刊。 石塚豊芥子詠・四方梅彦判『近世商賈尽狂歌合』成る。 穂亭編集・桐園校閲『西洋学家訳述目録』成る。 大原幽学『微味幽玄考』成る。**この年および文久元年** 清斎主人編『万宝書画全書』刊。 【死没】 2.17 中村歌右衛門(4代)(57，歌舞伎俳優)。2.10 松平容敬(47，陸奥会津藩主)。閏2.11 斎藤竹堂(38，儒者)。4.30 村尾元融(48，考証学者)。5.28 内山真弓(67，歌人)。6.14 帆足万里(75，豊後日出藩儒者)。6.17 真田幸貫(62，信濃松代藩主)。7.7 尊超入道親王(51，知恩院門跡)。10.1 桜井梅室(84，俳人)。10.6 楢林宗建(51，蘭方医)。11.21 銭屋五兵衛(80，海運業者)。12.2 西沢一鳳(51，歌舞伎作者)。12.7 徳川治宝(82，紀伊和歌山藩主)。 《大の月》1・2・3・4・7・9・11	5.8 ロンドン議定書調印。6.12 清，太平軍，湖南に進撃。6.30 ニュージーランド，自治植民地として発足。11.4 イタリア，カヴールをサルデーニャの首相に任じる。12.2 フランス，ルイ=ナポレオン帝位につき，ナポレオン3世と改称。	5	3	2

西暦	年号 干支	天皇	将軍	政　治・経　済
1853 2.8	嘉永 6 癸丑	(孝明)	(徳川家慶) 7.22 11.23 徳川家定	4.19(5.26) アメリカ東インド艦隊司令長官ペリー，軍艦 4 隻を率い琉球那覇に来航(5 月 3 日，退去)(維新史料綱要)。4.30(6.6) ペリー，首里城で総理官と会見(維新史料綱要)。5.8(6.14) ペリー，軍艦 2 隻を率い小笠原諸島父島二見港に来航(5 月17日，退去)(維新史料綱要)。5.22(6.28) ペリー，那覇に再来航(5 月26日，退去)(維新史料綱要)。6.3(7.8) ペリー，軍艦 4 隻を率い浦賀に来航，国書受理を要求(幕末外国関係文書)。6.6(7.11) アメリカ軍艦ミシシッピ号，江戸湾内小柴沖に進出(維新史料綱要)。6.9(7.14) ペリー，久里浜に上陸．幕府応接掛戸田氏栄ら，アメリカ大統領フィルモアの国書を受領(維新史料綱要)。6.12(7.17) ペリー，浦賀を去る(維新史料綱要)。6.15(7.20) 京都所司代，武家伝奏にアメリカ船の浦賀渡来を伝える(幕末外国関係文書)。6.20(7.25) ペリー，3 度目の那覇来航．24日，琉球王府に貯炭所建設などの要求を認めさせる(維新史料綱要)。6.22(7.27) 将軍家慶没(発喪は同年 7 月22日)(維新史料綱要)。7.1(8.5) 幕府，アメリカ国書を諸大名に示し諮問．3 日，御目見以上の幕吏にも諮る(維新史料綱要)。7.3(8.7) 幕府，水戸前藩主徳川斉昭を海防問題の幕政参与に任じる(維新史料綱要)。7.18(8.22) ロシア使節プチャーチン，軍艦 4 隻を率い長崎に来航．7 月19日，国書受理を要求(8 月19日，受理)(幕末外国関係文書)。8.6(9.8) 幕府，高島秋帆の禁錮を赦免，江川太郎左衛門に属させる(維新史料綱要)。8.28(9.30) 幕府，品川台場の築造に着手(安政元年 5 月頃，竣工)(続実紀)。8.29(10.1) 島津斉彬，艦船建造など幕府に許可を求める(維新史料綱要)。8.30(10.2) ロシア軍艦 1 隻，北蝦夷地久春古丹に来航し，乗員上陸して兵営を設営(維新史料綱要)。9.15(10.17) 幕府，大船建造を解禁(幕末外国関係文書)。9.- 幕府，オランダに軍艦・鉄砲・兵書を注文(維新史料綱要)。10.18(11.18) 斉昭，幕府に大砲74挺を献じる(続実紀)。10.20(11.20) 仙台藩士大槻磐渓，幕府に親露説を建議(維新史料綱要)。10.23(11.23) 徳川家祥(家定)に将軍宣下(公卿補任)．11月23日，家祥，江戸で将軍宣下を受ける(続実紀)。 プチャーチン，幕府の返答遅延により長崎を退去(維新史料綱要)。11.6(12.6) 幕府，江戸近隣の百姓・町人に台場築造などのため献金を命じる(続実紀)。11.7(12.7) 幕府，高知藩士中浜万次郎を幕臣に登用(続実紀)。11.12(12.12) 幕府，水戸藩に大船建造を命じる(維新史料綱要)。11.14(12.14) 幕府，彦根藩以下 9 藩に関東沿岸・台場警備を命じる(幕末外国関係文書)。11.23(12.23) 将軍家祥，家定と改名(続実紀)。12.5(1.3) プチャーチン，長崎に再来航(維新史料綱要)．筒井政憲・川路聖謨ら，20日から国境・和親通商について協議(続実紀)。12.25(1.23) ペリー，4 度目の那覇来航(維新史料綱要)。12.26(1.24) 幕府，町触により外国船来航に際しても騒ぎ立てないように命じる(続実紀)。**この年** 萩藩，周布政之助を登用(防長回天史)。
1854 1.29 ▼	安政(あんせい) 11.27 甲寅 ⑦			1.8(2.5) プチャーチン，協議妥結せず長崎を退去(維新史料綱要)。1.10(2.7) ペリー，琉球那覇を退去し江戸へ向う(維新史料綱要)。1.23(2.20) ペリー，アメリカ応接掛に書翰を送り，江戸での交渉を希望(幕末外国関係文書)。2.1(2.27) 浦賀奉行支配組与力香山永孝とアメリカ艦隊参謀長アダムズ，横浜での応接に合意(維新史料綱要)。 幕府，江戸湾警衛の諸大名にペリーとの応接所を横浜に決定した旨通達(幕末外国関係文書)。2.10(3.8) ペリー，上陸して横浜応接所に入り，応接掛林韑らと交渉開始(続実紀)。2.26(3.24) ペリー，将軍へ贈る汽車模型を横浜で運転実演(日本遠征記)。3.3(3.31) 幕府，日米和親条約(神奈川条約)に調印(同 2 年 1 月 5 日，批准書交換)，下田・箱館の開港を約す(幕末外国関係文書)。3.13(4.10) ペリー，神奈川を退去，同月21日，下田に来航(4 月17日，退去)(維新史料綱要)。3.23(4.20) プチャーチン，3 度目の長崎来航(維新史料綱要)．樺太境界画定・和親条約締結を促す(同月29日，退去)(幕末外国関係文書)。3.24(4.21) 幕府，下田奉行を再置(続実紀)。3.27(4.24) 元萩藩士吉田松陰ら，下田で米艦に密航を求め拒絶され，翌日捕縛される(維新史料綱要)。4.6(5.2) 幕府，松代藩士佐久間象山を松陰に連座して投獄(維新史料綱要)。4.9(5.5) 幕府，彦根藩主井伊直弼に京都警衛を命じる(続実紀)。4.26(5.22) ペリー，箱館に上陸し，沖ノ口役所で遊歩区域の件につき松前藩家老松前勘解由と交渉(幕末外国関係文書)。4.29(5.25) 京都所司代脇坂安宅，条約締結を上奏(維新史料綱要)。4.30(5.26) 徳川斉昭，条約締結を不満として幕府参与を辞任(維新史料綱要)。5.12(6.7) ペリー，下田に来航(6 月 2 日，退去)(維新史料綱要)。5.22(6.17) 幕府，

社会・文化	世界	琉球	朝鮮	清
2.2(3.11) 関東地方に地震．相模国小田原を中心に家屋倒壊多数(武江年表)。3.14(4.21) 3世瀬川如皐『与話情浮名横櫛』(「切られ与三」)，江戸中村座で初演(歌舞伎年表)。5.- 陸奥国盛岡藩三閉伊通の百姓，藩政改革などを要求して強訴，翌6月に仙台藩へ越訴(嘉永三閉伊一揆)(編年百姓一揆史料集成)。7.- 荒井顕道編『牧民金鑑』成る。8.23(9.25) 越後国古志郡長岡領栃尾郷の百姓，紬役銀取立などに反対し打毀し(編年百姓一揆史料集成)。**9月以降** 内藤忠明『内安録』成るか。12.26(1.24) 林韑編『通航一覧』『藩鑑』成り，幕府，調査関係者を賞する(続実紀)。**この年** 成島良譲『後鑑』成る。 【死没】 2.15(3.24) 中山文七(3代)(90，歌舞伎役者)。3.20(4.27) 中林竹洞(78，南画家)。6.14(7.19) 梶野良材(81，勘定奉行)。6.19(7.24) 安井与左衛門(67，武蔵川越藩士)。6.22(7.27) 徳川家慶(61，江戸幕府第12代将軍)。6.- 野沢吉兵衛(2代)(浄瑠璃三味線方)。11.4(12.4) 沢村宗十郎(5代)(52，歌舞伎俳優)。11.11(12.11) 成島筑山(52，儒者)。**この年** 田中伝左衛門(6代)(歌舞伎囃子方)。 宮尾亀蔵(72，鰹節製造法業)。 《大の月》1・3・4・6・8・10・12	3.1 清，曾国藩，太平天国平定のため郷里で湖軍(湖勇)を編成。3.20 清，太平天国軍，南京を占領．天京と改称し首都とする。5.1 アルゼンチン，連邦制に基づく中央政府が成立，新憲法公布。5.13 清，太平天国軍，北伐開始。6.29 フランス，オスマン，セーヌ県知事就任。10.13 ブロンホフ没(74，オランダ商館長)。10.- クリミア戦争起こる(～'56年)。12.13 メキシコ政府，アメリカにラ=メシーリャ地方(現アリゾナ・ニューメキシコ南部)を売却。**この冬** 清，太平天国，天朝田畝制度を公布。**この年** ウイリアム=ミュアヘッド『地理全志』刊(上海，～'54年)。 マガウアン漢訳『航海金針』刊(寧波)。	尚泰王 6	哲宗 4	咸豊 3
2.3(3.1) 幕府，米国軍艦見物を禁じる(幕末外国関係文書)。4.6(5.2) 京都大火，禁裏より出火し上京一帯に延焼(維新史料綱要)。5.4(5.30) 幕府の洋式帆船鳳凰丸，浦賀にて竣工(維新史料綱要)。6.13(7.7) 越前国福井城下に大火，延焼数千戸に及ぶ(維新史料綱要)。6.15(7.9) 近畿地方に大地震(維新史料綱要)。閏7.25 一条忠香，『忠香公記』を記す(～文久3年)。9.23(11.13) 天皇，露艦の近海への出没をうけ7社7寺に祈禱させる(維新史料綱要)。11.4(12.23) 駿河・遠江・伊豆・相模を中心に，大地震・津波が発生(死者1万人余)(維新史料綱要)．下田を襲った津波により，プチャーチンの乗艦破損(維新史料綱要)。11.- 岡山藩百姓，銀札改正令を契機として越訴(岡山県史)。津久井清影『聖蹟図志』成るか。12.28 江戸に大火，神田多町より出火し江戸橋まで延焼(維新史料綱要)。12.- 幕府，東海道等諸宿の人馬賃銭・船賃を3～5割増額(続実紀)。**この年** 『海国図志』など漢訳世界地理書の翻刻・翻訳多数。 常陸・越後・美濃で農民騒擾起こる(百姓一揆総合年表)。 佐久間象山，『省諐録』を著す。 川本幸民『遠西奇器述』薩摩府蔵版として刊(～安政6年)。 幕府天文台蕃書和解御用掛訳『海上砲術全書』刊。 村上	2.15 清，上海にアメリカ租界成立。2.17 アフリカ南部，オレンジ自由国成立。3.1 メキシコ，自由党が蜂起し改革開始。3.28 英・仏，ロシアに宣戦布告(クリミア戦争参戦)。5.21 ロシア，東シベリア総督ムラヴィヨフ，軍を率いて黒竜江を下る。5.30 アメリカ，カンザス=ネブラスカ法成立。6.3 オーストリア，対露最後通牒(クリミア戦争参戦)。7.5 ペルー，原住民の貢納制廃止。7.6 アメリカ，共和党発足。12.5 ペルー，奴隷制廃止宣言。**この年** 清，ウィリ	7	5	4 ⑦

西暦	年号 干支	天皇	将軍	政　治・経　済
1854 1.29 ▲	安政 11.27 甲寅 ⑦	(孝明)	(徳川家定)	下田で日米和親条約附録13条(下田条約)を調印(幕末外国関係文書)。5.25(6.20) 幕府，海防・禁裏造営等のため江戸町人に献金を命じる(続実紀)。6.7(7.1) ペリー，5度目の那覇来航(同月23日，退去)(維新史料綱要)。6.17(7.11) ペリー，琉球と修好条約締結(維新史料綱要)。6.26(7.20) 幕府，松前藩領箱館とその付近を上知し，同月30日，箱館奉行再置(維新史料綱要)。7.9(8.2) 幕府，日章旗を日本国総船印に制定(続実紀)。閏7.15(9.7) イギリス東インド艦隊司令長官スターリング，軍艦４隻を率い長崎に来航．クリミア戦争による露艦探索のため開港を要求(幕末外国関係文書)。8.23(10.14) 幕府，日英和親条約を調印(同２年８月29日，批准書交換)，長崎・箱館の開港を約す(幕末外国関係文書)。9.2(10.23) 幕府，オランダに下田・箱館の開港を約す(通商は旧来通り長崎のみ)(維新史料綱要)。9.18(11.8) プチャーチン，大坂に来航(維新史料綱要)． 10月15日，幕府の要求に応じ下田へ回航(維新史料綱要)。9.25(11.15) 幕府，武家諸法度を頒布(続実紀)。12.2(1.19) 津波により破損したプチャーチンの乗艦，戸田に回航中沈没(維新史料綱要)。 幕府，鉄砲洲等に講武所創設(維新史料綱要)。12.21(2.7) 幕府，日露和親条約を調印(同３年11月10日，批准書交換)，下田・箱館・長崎を開港(維新史料綱要)． エトロフ・ウルップ間を国境とし樺太は両国雑居とする(幕末外国関係文書)。12.23(2.9) 幕府の奏請に基づき，朝廷，毀鐘鋳砲の太政官符を発する(維新史料綱要)。
1855 2.17	2 乙卯			2.22(4.8) 幕府，松前藩主松前崇広に命じ東西蝦夷地西在乙部村・東在木古内村迄島々共一円を上知(翌３年３月５日，箱館奉行受領)(続実紀・幕末外国関係文書)。3.3(4.19) 幕府，毀鐘鋳砲の太政官符を全国に布告．新たな仏像等の鋳造を禁じる(続実紀)。3.4(4.20) フランス艦隊，下田に来航し上陸と欠乏品補給を申請．拒絶され退去(維新史料綱要)。3.12(4.28) イギリス艦隊，箱館に来航し欠乏品補給を請う(維新史料綱要)。3.18(5.4) プチャーチン，戸田村出港(幕末外国関係文書)。3.22(5.8) オランダ商館長，露土戦争(クリミア戦争)の戦況を長崎奉行に報告(幕末外国関係文書)。3.27(5.13) 幕府，蝦夷地全土上知に伴い仙台・弘前・盛岡・秋田・松前の各藩に蝦夷地警備を命じる(続実紀)。4.3(5.18) 萩藩，家臣の知行を半知としその間の家臣の負債返換を延期(防長回天史)。5.20(7.3) 松前藩，幕命により樺太久春古丹のロシア陣営を焼く(維新史料綱要)。5.21(7.4) プロイセン商船，下田に来航(６月１日，退去)(維新史料綱要)。6.19(8.1) 幕府，江戸湯島鋳砲場での洋式小銃製作を決定(維新史料綱要)。6.29(8.11) 幕府，大名・旗本に洋式銃陣の訓練を命じる(維新史料綱要)。8.7(9.17) 幕府，諸政改革の大綱を布告(維新史料綱要)。8.14(9.24) 幕府，徳川斉昭を政務参与に再任(維新史料綱要)。8.17(9.27) 萩藩で坪井九右衛門・椋梨藤太ら俗論派，藩政に復帰(防長回天史)。8.25(10.5) 長崎奉行，オランダ国王寄贈のスンビン号(後の観光丸)を受領(維新史料綱要)。9.18(10.28) 幕府，外国との条約締結の顛末を朝廷に報告(維新史料綱要)。10.2(11.11) 幕府，震災による物価・工賃騰貴の制止と物資供給を命じる(維新史料綱要)。10.9(11.18) 幕府，佐倉藩主堀田正睦を老中首座に任じる(維新史料綱要)。10.14(11.23) 幕府，旗本・諸藩士・庶民の蝦夷地移住を許可し，給資開拓を令す(維新史料綱要)。10.15(11.24) 琉球，フランス艦隊司令長官ゲランと和親条約を調印(維新史料綱要)。11.23(12.31) 天皇，再建成った内裏へ遷る(維新史料綱要)。12.4(1.11) 幕府，松前藩主松前崇広を蝦夷地の替地として陸奥・出羽に移封し，毎年金１万8000両を給する(幕末外国関係文書)。12.23(1.30) 幕府，日蘭和親条約を長崎で調印(同４年８月29日，批准書交換)(幕末外国関係文書)。

社会・文化	世界	琉球	朝鮮	清
英俊『三語便覧』刊。 マクゴワン『中外新報』発行(寧波)。 山崎尚長編『朝鮮征討始末記』成る。 【死没】 1.9(2.6) 新宮凉庭(68,蘭方医)。3.18(4.15) 堀内素堂(54,蘭方医)。4.27(5.23) 本間百里(71,故実家)。8.6(9.27) 市川団十郎(8代)(32,歌舞伎俳優)。8.- 寺井肇(68,故実家)。9.10(10.31) 椿椿山(54,画家)。9.18(11.8) 永楽保全(60,京都の陶工)。11.14(1.2) 清麿(42,刀工)。11.- 百武万里(61,蘭方医)。**この年** 井上八千代(初代)(88,日本舞踊家元)。 《大の月》2・4・6・7・8・10・12	アム=マーティン『天道溯原』初版刊。	尚泰王 7	哲宗 5	咸豊 4 ⑦
1.18(3.6) 幕府,勝海舟・箕作阮甫らを異国応接掛手付蘭書翻訳御用に任じる(維新史料綱要)。3.2(4.18) 江戸に大火,小網町から出火し浅草まで延焼(維新史料綱要)。6.2(7.15) 摂津・河内両国千八百余村の百姓,菜種の取引価格固定に反対し国訴(編年百姓一揆史料集成)。7.29(9.10) 幕府,長崎に海軍伝習所を設置(同年10月24日から伝習開始)(維新史料綱要)。10.2(11.11) 江戸に大地震(安政の大地震)(維新史料綱要)。11.15(12.23) 江戸町会所,窮民38万人へ施米開始(東京市史稿)。**この年** 鹿児島藩,外輪蒸気船雲行丸を竣工(日本初の蒸気機関製作)。 広瀬淡窓『迂言』刊。 大槻西磐『遠西紀略』刊。 ゴンチャローフ『ゴンチャローフ日本渡航記』刊。 藤森弘庵,『新政談』を著す。 【死没】 1.16(3.4) 江川太郎左衛門英竜(55,伊豆韮山代官)。2.13(3.30) 中村富十郎(2代)(70,歌舞伎俳優)。2.29(4.15) 遠山景元(63,江戸町奉行)。3.6(4.22) 坂東三津五郎(5代)(43,歌舞伎俳優)。3.26(5.12) 鶴賀鶴吉(2代)(68,新内節語り手)。5.26(7.9) 村田清風(73,長門萩藩士)。5.27(7.10) 高橋文右衛門(81,醬油醸造家)。5.- 高橋道八(2代)(72,陶工)。6.10(7.23) 奥平昌高(75,豊前中津藩主)。6.23(8.5) 色川三中(55,国学者)。6.28(8.10) 中島棕隠(77,漢詩人)。7.- 井戸弘道(大目付)。9.26(11.5) 清元延寿太夫(2代)(54,清元節家元)。10.2(11.11) 松林伯円(初代)(44,講釈師)。 藤田東湖(50,常陸水戸藩士)。10.4(11.13) 本居内遠(64,国学者)。10.14(11.23) 並木五瓶(3代)(67,歌舞伎狂言作者)。10.21(11.30) 奈古屋登(61,長門萩藩士)。11.30(1.7) 杵屋六三郎(4代)(77,長唄三味線方)。12.10(1.17) 千葉周作(62,剣客)。**この年** 一竜斎貞山(初代)(講釈師)。 西川伝右衛門(8代)(20,近江商人)。 《大の月》2・5・6・8・9・11	1.27 大西洋(カリブ海)・太平洋両岸を結ぶパナマ鉄道開通。3.2 ニコライ1世没し,アレクサンドル2世即位(～'81年)。4.16 タイ,イギリスと友好通商条約(バウリング条約)を締結。5.15 パリ万国博覧会開催(～11月15日)。5.31 太平天国の北伐,北上部隊壊滅により挫折。8.2 黄河,氾濫による河道変化のため渤海に流入。8.9 メキシコ大統領サンタ=アナ,自由主義者の反乱により失脚。	8	6	5

西暦	年号干支	天皇	将軍	政治・経済
1856 2.6	安政 3 丙辰	(孝明)	(徳川家定)	**3.12**(4.16) 幕府，江戸駒場で洋式調練を実施(続実紀)。**4.13**(5.16) 幕府，講武所を江戸築地に開設(維新史料綱要)。**6.4**(7.5) 幕府，新鋳金貨二分判の通用を布告(続実紀)。**7.10**(8.10) オランダ理事官ドンクル=キュルシウス，長崎奉行にイギリス使節が近く来航する事を告げる(幕末外国関係文書)。**7.18**(8.18) 幕府，大坂の安治川・木津川河口に砲台を築造(維新史料綱要)。**7.21**(8.21) アメリカ駐日総領事ハリス，下田に来航し上陸，会見を要求(幕末外国関係文書)。**8.5**(9.3) ハリス，下田の玉泉寺を宿舎とする(維新史料綱要)。**8.8**(9.6) 鷹司政通，関白辞任．九条尚忠，関白就任(公卿補任)。**8.24**(9.22) 幕府，ハリスの駐在を許可(維新史料綱要)。**8.27**(9.25) ハリス，通商の自由・通貨交換の取り決めを下田奉行に要求(幕末外国関係文書)。**10.3**(10.31) 鷹司政通，徳川斉昭が報じた外交事情を三条実万らに内示し，書面を天皇に提出(維新史料綱要)。**10.6**(11.3) 福井藩主松平慶永，名古屋藩主徳川慶恕・宇和島藩主伊達宗城・鹿児島藩主島津斉彬らに一橋慶喜を将軍継嗣として推す旨を要請(維新史料綱要)。**10.11**(11.8) ロシア使節ポシェット，下田に来航(維新史料綱要)。**10.17**(11.14) 幕府，老中堀田正睦に外国事務取扱を命じ，海防月番を専任とする(幕末外国関係文書)。**10.20**(11.17) 幕府，若年寄本多忠徳らを外国貿易取調掛に任じる(維新史料綱要)。**12.28**(1.23) 幕府，合薬座を設置(維新史料綱要)。
1857 1.26 ▼	4 丁巳 ⑤			**2.1**(2.24) オランダ理事官ドンクル=キュルシウス，アロー号事件を長崎奉行に報告し，幕府の通商拒否方針に警告(幕末外国関係文書)。**4.28**(5.21) 幕府，高松藩に大坂木津川河口，松江藩に安治川河口の台場警衛を命じる(続実紀)。**閏5.4**(6.25) 幕府，鉄銭箱館通宝を鋳造，箱館・松前・蝦夷地のみの通用とする(続実紀)。**閏5.5**(6.26) 下田奉行とハリス，長崎開港・遊歩区域に関する条約を交換(幕末外国関係文書)。**閏5.11**(7.2) 高知藩，財政窮乏のため藩士に半知借上を実施(維新史料綱要)。**7.23**(9.11) 幕府，徳川斉昭の辞意により幕政参与を免じる(続実紀)。**7.-** 諸大名，老中にハリス登城反対を進言(維新史料綱要)。幕府，肥前国飽之浦に製鉄所を建設(維新史料綱要)。**8.4**(9.21) プチャーチン，長崎に来航(同月8日退去，24日再来)(維新史料綱要)。**8.5**(9.22) オランダ海軍軍医カッテンダイケ・ポンペら，幕府発注のヤパン号(後の咸臨丸)で海軍伝習教官として長崎に来航(維新史料綱要)。**8.26**(10.13) 箱館産物会所，江戸新大橋に落成(維新史料綱要)。**8.29**(10.16) 幕府，オランダと追加条約を調印(事実上初の通商条約)(幕末外国関係文書)。**9.7**(10.24) 幕府，ロシアと追加条約を調印し長崎・箱館での通商を許可(幕末外国関係文書)。**9.10**(10.27) プチャーチン，長崎を退去(幕末外国関係文書)。**10.16**(12.2) 福井藩主松平慶永ら，将軍継嗣に一橋慶喜を推す旨を幕府に建議(維新史料綱要)。**10.21**(12.7) アメリカ総領事ハリス，江戸登城．将軍に大統領親書を提出(幕末外国関係文書)。**10.26**(12.12) ハリス，老中堀田正睦に通商開始の必要性を説く(幕末外国関係文書)。**11.1**(12.16) 幕府，アメリカ大統領親書およびハリスの口上書を諸大名に示す(幕末外国関係文書)。**11.17**(1.1) 中浜万次郎，鯨漁伝授のため箱館に派遣され，この日到着(維新史料綱要)。**11.-** 福井・萩・高知

社会・文化	世界	琉球	朝鮮	清
2.11(3.17) 幕府，設立準備中の洋学所を蕃書調所と改称(維新史料綱要)。3.8(4.12) 朝廷，黒住教祖黒住宗忠に宗忠大明神の称号を追賜(原敬吾『黒住宗忠』)。3.20(4.24) 成田山不動尊，江戸深川永代寺で60日出開帳(武江年表)。5.21(6.23) 箱館奉行，蝦夷人の日本語習熟を奨励(幕末外国関係文書)。6.13(7.14) 岡山藩領被差別部落民，差別強化法令に反対し強訴(渋染一揆)(編年百姓一揆史料集成)。6.- 長崎奉行所，西役所内に活字摺立所を設け，蘭所の活版印刷実施(新長崎年表)。8.25(9.23) 江戸に大風雨・洪水(維新史料綱要)。9.18(10.16) 長崎奉行，浦上の潜伏キリシタンを逮捕(浦上切支丹史)。9.- 萩藩，吉田松陰に松下村塾の再興を許す(防長回天史)。 河竹黙阿弥『蔦紅葉宇都谷峠』，江戸市村座で初演。11.2(11.29) 富田高慶『報徳記』成稿。**この年** 羽田十左衛門正見『貨幣通考』草稿成る。 森立之ら編『経籍訪古志』成る。 吉田松陰『講孟余話』成る。 飯沼慾斎『草木図説』の草部刊。 渋川景佑訳『続海中舟道考』(ヤッコブ=スワルトの航海書，1837年版)成る。 香港英華書院『智環啓蒙』刊(慶応3年，柳河春三訓点『(翻刻)智環啓蒙』刊)。 ウェイ『地球説略』刊(寧波，万延元年，箕作阮甫翻刻，万屋兵四郎刊)。 正司考祺『天明録』成る。 広瀬元恭訳『理学提要』刊(～安政6年)。**この年以降** 福田理軒『測量集成』成る。 【死没】 1.2(2.7) 山本梅逸(74，南画家)。2.10(3.16) 鈴木主税(43，武将)。4.25(5.28) 結城寅寿(39，常陸水戸藩士)。4.29(6.1) 山元荘兵衛(62，林政家)。6.4(7.5) 渡部斧松(64，開墾・篤農家)。6.20(7.21) 渋川景佑(70，天文暦学者)。6.23(7.24) 喜多村信節(74，国学者)。7.6(8.6) 新待賢門院(54，仁孝天皇後宮)。7.20(8.20) 山崎美成(61，随筆家)。8.5(9.3) 三升屋二三治(73，歌舞伎狂言作者)。8.30(9.28) 鱸半兵衛(42，蘭学者)。10.20(11.17) 二宮尊徳(70，農村指導者)。11.1(11.28) 広瀬淡窓(75，儒者)。11.5(12.2) 足代弘訓(73，国学者)。12.10(1.5) 木村黙老(83，讃岐高松藩士)。12.26(1.21) 古今亭志ん生(初代)(48，落語家)。**この年** 太田雄蔵(50，囲碁棋士)。 《大の月》1・4・6・8・9・10・12	2.18 オスマン朝，改革勅令(ハッティ=フマユーン)発布，非イスラム教徒の完全な同権を再確認。3.30 クリミア戦争終結．パリ条約調印(英・仏・墺・サルデーニャ・トルコの連合国とロシアの代表出席)。7.12 アメリカ人ウォーカー，内乱のニカラグアに不法侵入し大統領となる。9.3 雲南のイスラム教徒杜文秀らが蜂起。9.- 清の広州でアロー号事件起こる。12.16 対英反乱をおこしたブーア人，トランスヴァール共和国樹立。**この年** ベッセマー法(転炉法)開発。	尚泰王 9	哲宗 7	咸豊 6
1.18(2.12) 幕府，蕃書調所を開く(幕臣の子弟のみ)(維新史料綱要)。4.11(5.4) 幕府，築地講武所内に軍艦教授所(後の軍艦操練所)を開設(続実紀)。5.4(5.26) 西周・津田真道を蕃所調所の教授手伝並とする(日本教育史資料)。9.- 的場勝美『飾馬考』刊。**この年** 村上英俊『仏蘭西詞林』刊。 越後・尾張・遠江・伊予などの諸国で百姓一揆起こる(編年百姓一揆史料集成)。 歌川広重，「名所江戸百景」を画く。 長崎奉行所でオランダ製鉛活字を使用した英文法書出版。 伊藤慎蔵訳『颶風新話』刊。 瑩山紹瑾撰・仙洲仙英対校『伝光録』刊。 梅亭金鵞作『妙竹林話七偏人』刊(～文久3年)。 【死没】 1.14(2.8) 金井烏洲(62，南画家)。2.14(3.9) 多紀元堅(63，医師)。2.16(3.11) 今中大学(安芸広島藩士)。2.24(3.19) 大槻西磐(40，陸奥仙台藩儒者)。4.10(5.3) 板倉勝明(49，上野安中藩主)。6.4(7.24) 三笑亭可楽(3代)(落語家)。6.17(8.6) 阿部正弘(39，老中)。6.24(8.13) 加納諸平(52，歌人)。6.25(8.14) 高橋新五郎(2代)(67，結城織・双子織業)。7.13(9.1) 東条一堂(80，儒学者)。8.19(10.6) 東流斎馬琴(初代)(57，講釈師)。10.22(12.8) 朝川同斎(44，儒者)。11.11(12.26) 中	1.24 メドハースト没(60，イギリス宣教師)。2.5 メキシコ，自由主義的な新憲法採択。3.4 イラン，イギリスとパリ講和条約を結び，アフガニスタンの独立を承認。5.10 インド北部で大反乱起こる(シパーヒーの反乱・セポイの反乱．～'59年)。6.19 ロシア軍，ブラゴヴェシチェンスク占領。9.20 イギリス軍，ムガル皇帝捕える(ムガル帝国滅亡)。12.29 英仏連合軍，広州を占領。**この年** メキシコ，保守派の反発から内戦勃発。 エジプト，カイロ-アレキサンドリア間の鉄道完成。 バックル『イギ	10	8	7 ⑤

西暦	年号 干支	天皇	将軍	政　治・経　済
1857 1.26 ▲	安政 4 丁巳 ⑤	(孝明)	(徳川家定)	など諸藩，幕府の諮問に応えて外交・通商に関する建白提出(維新史料綱要)。**12.2**(1.16) 老中堀田正睦，ハリスに通商貿易・公使江戸駐在を許可(幕末外国関係文書)。**12.11**(1.25) 幕府全権井上清直ら，ハリスと日米通商条約交渉を開始(幕末外国関係文書)。**12.13**(1.27) 幕府，日米通商条約を締結すべき旨を朝廷に報告(維新史料綱要)。**12.29**(2.12) 将軍徳川家定，諸大名を召集し通商開始のやむを得ない事情を説明(維新史料綱要)。**12.-** 幕府，株仲間を再興(大阪編年史)。**この年** 幕府，箱館入港の外国船の石炭要求に応じ，釧路白糠で石炭採掘を開始(新北海道史)。
1858 2.14	5 戊午		8.8 12.1 徳川家茂	**1.5**(2.18) 幕府，ハリスに60日以内の条約調印を約す(維新史料綱要)。**1.8**(2.21) 幕府，勅許奏請のため老中堀田正睦に上京を命じる(維新史料綱要)。**2.9**(3.23) 堀田正睦，参内するも条約勅許ならず(維新史料綱要)。**3.12**(4.25) 外交を幕府に委任する勅裁案に対し，公卿が変改を建言(維新史料綱要)。**3.20**(5.3) 朝廷，条約調印は三家以下諸大名の意見を奏した後，再び勅裁を請うべしとの勅諚を堀田正睦に示す(幕末外国関係文書)。**3.23**(5.6) 幕府，大坂に箱館産物会所，兵庫に同出張所設置(大阪編年史)。**4.23**(6.4) 彦根藩主井伊直弼，大老就任(続実紀)。**4.25**(6.6) 幕府，諸大名に条約締結に関する勅書を示し再び意見を徴す(幕末外国関係文書)。**4.-** 福井藩主松平慶永，横井小楠を招聘し藩の政務・教育に登用(圭室諦成『横井小楠』)。**6.19**(7.29) 幕府，江戸湾上でハリスと日米修好通商条約および貿易章程を無勅許調印(幕末外国関係文書)。**6.24**(8.3) 徳川斉昭ら，江戸城中で条約無断調印に関し大老井伊直弼を難詰(維新史料綱要)。**6.25**(8.4) 幕府，将軍継嗣を和歌山藩主徳川慶福(家茂)に決定(続実紀)。**7.5**(8.13) 幕府，徳川斉昭を謹慎，徳川慶恕・松平慶永を隠居・謹慎(続実紀)。**7.6**(8.14) 徳川家定没(発喪は同年8月8日)(維新史料綱要)。**7.8**(8.16) 幕府，外国奉行を創設し海防掛を廃止(幕末外国関係文書)。**7.10**(8.18) 幕府，日蘭修好通商条約・貿易章程に調印(幕末外国関係文書)。**7.11**(8.19) 幕府，日露修好通商条約・貿易章程に調印(幕末外国関係文書)。**7.18**(8.26) 幕府，日英修好通商条約・貿易章程に調印(幕末外国関係文書)。**7.21**(8.29) 徳川慶福，家茂と改名(続実紀)。**8.8**(9.14) 朝廷，無勅許調印・大名処分を難詰する勅諚(戊午の密勅)を水戸藩などに下し，同月10日，幕府にも下す(維新史料綱要)。**9.3**(10.9) 幕府，日仏修好通商条約・貿易章程に調印(幕末外国関係文書)。**9.7**(10.13) 小浜藩浪士梅田雲浜，京都で逮捕．以後，尊攘派志士が続々と逮捕され，安政の大獄始まる(維新史料綱要)。**10.23**(11.28) 福井藩士橋本左内，江戸町奉行所に召喚され拘禁(維新史料綱要)。**10.25**(11.30) 徳川家茂に将軍宣下(公卿補任)．12月1日，家茂，江戸で将軍宣下を受ける(続実紀)。**11.16**(12.20) 鹿児島藩士西郷隆盛，僧忍向と入水(西郷は蘇生)(維新史料綱要)。**12.5**(1.8) 萩藩，吉田松陰を再投獄(維新史料綱要)。**12.30**(2.2) 老中間部詮勝，参内して条約調印の了解と鎖国復帰猶予の勅諚を受ける(幕末外国関係文書)。
1859 2.3 ▼	6 己未			**1.10**(2.12) 幕府の圧力により，左大臣近衛忠熙・右大臣鷹司輔熙は辞官・落飾を，前関白鷹司政通・前内大臣三条実万は落飾を天皇に請う(孝明天皇紀)。**1.13**(2.15) 幕府，長崎・箱館・神奈川の開港に際し，同所での出稼・移住・自由売買を許可(続実紀)。**2.5**(3.9) 幕府，諸公卿譴責の内命を朝廷に伝える(維新史料綱要)。**2.17**(3.21) 朝廷，青蓮院宮・一条忠香らを謹慎に処する(維新史料綱要)。**4.22**(5.24) 天皇，鷹司政通らの落飾を認め謹慎を命じる(維新史料綱要)。**4.26**(5.28) 幕府，水戸藩家老安島帯刀・同藩士茅根伊予之介らを拘禁(水戸藩史料)。**5.24**(6.24) 幕府，外国貨幣および新鋳貨幣の通用を布告(幕末外国関係文

社　会・文　化	世　界	琉球	朝鮮	清
村大吉(3代)(43，歌舞伎役者)。12.6(1.20) 正司考祺(65，経世家)。**この年** 直胤(79，刀工)。 《大の月》2・5・6・8・9・11・12	リス文明史』刊。 ホブソン『西医略論』刊(上海)。	尚泰王 10	哲宗 8	咸豊 7 ⑤
2.10(3.24) 江戸に大火，日本橋安針町より出火(維新史料綱要)。5.7(6.17) 伊東玄朴ら蘭方医，江戸お玉ヶ池に種痘所を開設(伊東栄『伊東玄朴伝』)。5.20(6.30) 幕府，洋書研究を奨励(日本教育史資料)。5.23(7.3) 幕府，陪臣の蕃書調所への就学を許可(維新史料綱要)。7.3(8.11) 幕府，将軍家定の病状悪化に伴い伊東玄朴らを奥医師に登用(維新史料綱要)。7.6(8.14) 幕府，奥詰表番各医師のオランダ医術兼修を許可(維新史料綱要)。8.23(9.29) 前月よりコレラ全国に流行し，この日治療・予防法を布告(維新史料綱要)。8.- 根岸衛奮編纂『柳営補任』成る，加筆は慶応期に及ぶ。9.- 長橋局とその付属女房，『長橋局日記』を記す(慶応3年12月までのものが現存)。11.15(12.19) 江戸に大火．神田・日本橋を焼く(武江年表)。**この年** 幕府，長崎に英語伝習所(のちの英語所・洋学所)を設置(新撰洋学年表)。 福沢諭吉，築地鉄砲洲の中津藩中屋敷内で教授(福翁自伝)。 桂川甫周編『和蘭字彙』刊。 大城屋良助『五海道中細見記』刊。 小長谷政良・岩瀬氏紀『御府内沿革図書』成る。 藤井竹外『竹外二十八字詩』前篇刊(～明治4年)。 黒川春村編『歴代残闕日記』成る。 【死没】 1.1(2.14) 木津宗詮(99，茶湯者)。1.23(3.8) 徳竜(87，真宗学僧)。1.- 阿部市郎兵衛(6代)(近江商人)。2.22(4.5) 宇治紫文(初代)(68，一中節家元)。3.7(4.20) 大原幽学(62，農民指導者)。4.- 井戸覚弘(幕臣)。5.5(6.15) 椎名道三(69，新田開発者)。5.11(6.21) 月性(42，勤王僧)。6.18(7.28) 溝口直諒(60，越後新発田藩主)。7.6(8.14) 徳川家定(35，江戸幕府第13代将軍)。7.16(8.24) 島津斉彬(50，薩摩鹿児島藩主)。 鷹見泉石(74，下総古河藩士)。7.18(8.26) 市河米庵(80，書家)。8.10(9.16) 清元延寿太夫(3代)(37，清元節家元)。8.16(9.22) 杵屋六左衛門(10代)(59，長唄三味線方)。8.19(9.25) 鹿持雅澄(68，国学者)。8.21(9.27) 柳下亭種員(52，戯作者)。8.29(10.5) 渋江抽斎(54，医者)。9.2(10.8) 梁川星巌(70，漢詩人)。9.6(10.12) 歌川広重(62，浮世絵師)。9.10(10.16) 鈴木其一(63，琳派画家)。9.23(10.29) 宮負定雄(62，国学者)。9.24(10.30) 山東京山(90，戯作者)。11.16(12.20) 忍向(46，勤王僧)。12.8(1.11) 鎌田出雲(43，薩摩鹿児島藩士)。12.17(1.20) 日下部伊三治(44，志士)。12.23(1.26) 山下金作(4代)(68，歌舞伎俳優)。**この年** 杵屋勝三郎(初代)(長唄三味線方)。 鼻山人(74，戯作者)。 《大の月》2・5・8・9・11・12	1.19 メキシコ，憲法をめぐり改革戦争おこる。3.4 ペリー没(63，米国海軍軍人)。5.28 ロシア・清，愛琿条約調印(アムール川北岸ロシア領となる)。6.13 清，ロシアなど4ヵ国との天津条約に調印(以後，米英仏とも同条約調印)。8.2 インド統治法公布．東インド会社は解散，インドはイギリス国王の直接統治下に入る。8.5 大西洋横断海底ケーブル完成。9.1 フランス・スペイン連合艦隊，ダナンを攻撃し占領(フランスのインドシナ侵略の端緒)。10.- モルトケ，プロイセン軍参謀総長に就任。12.31 ロシア，沿アムール州設置。**この年** ニューヨークでアイルランド革命友愛会(フェニアン党)結成。	11	9	8
2.5(3.9) 河竹黙阿弥作詞『十六夜清心』，江戸市村座初演の『小袖曽我薊色縫』の序幕に用いられる(歌舞伎年表)。7.6(8.4) ドイツ人医師シーボルト，長崎に再来航(維新史料綱要)。8.13(9.9) ポンペ，長崎で人体解剖(宮永孝『ポンペ』)。9.4(9.29) 幕府，銅・唐銅・真鍮で新たに器物を製造することを禁じる(維新史料綱要)。9.23(10.18) アメリカ人宣教師ヘボン夫妻，神奈川に来着(高谷道男『ヘボン』)。10.13 アメリカ人宣教師フルベ	1.14 李鴻章，曾国藩の幕僚となる。1.29 カナダ，最初の保護関税法を制定。4.29 オーストリア，サルデーニャに侵攻。 スエズ運河着工。7.11 ナポレオン3世，サルデーニャの承	12	10	9

西暦	年号干支	天皇	将軍	政　治・経　済
1859 2.3 ▲	安政 6 己未	（孝明）	（徳川家茂）	書）。5.26（6.26） イギリス駐日総領事オールコック来日（居館は江戸高輪東禅寺）（維新史料綱要）。5.27（6.27） ハリス，公使昇格を幕府に通告（居館は江戸麻布善福寺）（幕末外国関係文書）。5.28（6.28） 幕府，6月以降に神奈川・長崎・箱館3港で露・仏・英・蘭・米との自由貿易を許可することを布告（続実紀）。6.7（7.6） 琉球，オランダとの和親条約に調印（維新史料綱要）。6.20（7.19） 幕府，開港場での舶来武器の自由購入を諸大名・旗本・藩士に許可（続実紀）。7.27（8.25） ロシア士官・水兵，横浜で攘夷派に殺傷される（維新史料綱要）。8.10（9.6） フランス駐日総領事ベルクール来日（居館は江戸三田済海寺）（維新史料綱要）。8.27（9.23） 幕府，徳川斉昭に国許永蟄居，徳川慶喜に隠居・謹慎，水戸藩主徳川慶篤に差控を命じ，また岩瀬忠震・永井尚志・川路聖謨ら一橋派を処罰．水戸藩士安島帯刀を切腹，茅根伊予之介・鵜飼吉左衛門を死罪，鵜飼幸吉を獄門に処する（維新史料綱要）。9.14（10.9） 梅田雲浜，江戸で獄中死（維新史料綱要）。9.25（10.20） 将軍家茂，諸大名を召し武家諸法度を頒布（続実紀）。9.27（10.22） 幕府，会津・仙台・久保田・庄内・盛岡・弘前の6藩に蝦夷地を分与し，警備・開拓を担当させる（続実紀）。10.7（11.1） 幕府，橋本左内・頼三樹三郎らを死罪に処する（維新史料綱要）。10.11（11.5） 幕府，前高知藩主山内豊信に謹慎を命じる（維新史料綱要）。10.27（11.21） 幕府，吉田松陰を死罪に処する（維新史料綱要）。11.9（12.2） 幕府，外国銀貨での年貢や上納金支払いを許可（維新史料綱要）。12.7（12.30） 朝廷，青蓮院宮に隠居・永蟄居を命じる（維新史料綱要）。12.8（12.31） 下田港閉鎖（日本外交年表並主要文書）。12.10（1.2） 幕府，水害などによる米価騰貴のため，関八州に酒造高半減を命じる（維新史料綱要）。12.16（1.8） 幕府，水戸藩に勅書返納の朝旨を伝達（維新史料綱要）。
1860 1.23 ▼	万延（まんえん） 3.18 庚申 ③			1.18（2.9） 幕府遣米使節外国奉行新見正興ら，条約批准書交換のためアメリカ軍艦ポーハタン号で品川を出発（同年9月27日帰国）（幕末外国関係文書）。1.19（2.10） 幕府軍艦咸臨丸，アメリカ渡航のため品川を出発（軍艦奉行木村喜毅・軍艦操練所教授勝海舟ら搭乗）（維新史料綱要）。2.5（2.26） オランダ人2名，横浜で斬殺される（幕末外国関係文書）。2.26（3.18） 咸臨丸，サンフランシスコに到着（維新史料綱要）。3.3（3.24） 大老井伊直弼，桜田門外で水戸浪士などの襲撃を受け斬殺される（桜田門外の変，同年閏3月30日発喪）（水戸藩史料・維新史料綱要）。3.9（3.30） 遣米使節，サンフランシスコに到着（幕末外国関係文書）。閏3.19（5.9） 幕府，雑穀・水油・蠟・呉服・生糸の輸出の神奈川直送を禁じ，江戸問屋経由を命じる（五品江戸廻し令）（幕末御触書集成・続実紀）。閏3.28（5.18） 遣米使節，ワシントンでアメリカ大統領と会見（維新史料綱要）。4.3（5.23） 遣米使節，日米修好通商条約批准書を交換（維新史料綱要）。4.17（6.6） 幕府，保字金・正字金の引替につき令す（続実紀）。4.28（6.17） 幕府，国益主法掛を新設し大目付久貝正典らを任命（維新史料綱要）。5.6（6.24） 咸臨丸，品川に帰航（維新史料綱要）。5.11（6.29） 所司代酒井忠義，皇妹和宮降嫁勅許の斡旋を関白九条尚忠に請願（同年6月3日，再請願）（維新史料綱要）。5.12（6.30） 幕府，外国銀価の時価通用を布告（続実紀）。6.17（8.3） 幕府，日葡修好通商条約・貿易章程に調印（維新史料綱要）。6.18（8.4） 和宮降嫁に反対の議奏徳大寺公純辞任（維新史料綱要）。7.- 水戸藩士西丸帯刀・萩藩士木戸孝允，会合して盟約（丙辰丸盟約）（維新史料綱要）。8.15（9.29） 水戸前藩主徳川斉昭没（維新史料綱要）。8.18（10.2） 天皇，条約破棄・公武の融和を条件に和宮降嫁勅許を関白九条尚忠を通じ幕府に内達（維新史料綱要）。9.5（10.18） 幕府，徳川慶恕・徳川慶喜・松永慶永・山内豊信の謹慎を解く（続実紀）。9.28（11.10） イギリス公使オールコック，英仏連合軍の北京攻略を幕府に通報（幕末外国関係文書）。9.29（11.11） 遣米使節，帰国し出仕（維新史料綱要）。10.17（11.29） 幕府，銅・青銅・真鍮を横浜に直送して外国人に売却することを禁じる（続実紀・幕末外国関係文書）。10.18（11.30） 和宮降嫁

社　会・文　化	世　界	琉球	朝鮮	清
ッキ，長崎へ来着(高谷道男『フルベッキ書簡集』)。**10.17(11.11)** 江戸城本丸焼失(続実紀)。**10.21(11.15)** 川手文治郎，金光教を開教(金光教年表)。**10〜12月** 生糸価格の暴騰により，桐生などで窮状拡大(編年百姓一揆史料集成)。**この年** 大蔵永常『広益国産考』刊。 蝦夷地で水稲収穫(新撰北海道史)。 清宮秀堅，『雲烟略伝』を編述。 オリファント『エルギン遣日使節録』刊(イギリス)。 ワイリー著・李善蘭刪述『談天』成る(文久元年，福田理軒により刊)。 成島柳北『柳橋新誌』初編成稿(〜明治4年)。 **この頃** 河野禎造訳『舎密便覧』刊。 【死没】 **1.17(2.19)** 河田迪斎(54，儒学者)。**2.12(3.16)** 望月太左衛門(5代)(歌舞伎囃方)。**2.19(3.23)** 杉田成卿(43，蘭学者)。**2.23(3.27)** 日輝(60，日蓮宗学僧)。**3.23(4.25)** 市川団十郎(7代)(69，歌舞伎俳優)。**4.10(5.12)** 柴田収蔵(40，地理学者)。**5.13(6.13)** 三枡大五郎(4代)(62，歌舞伎役者)。**6.8(7.5)** 筒井政憲(82，幕臣)。**6.18(7.17)** 畔田翠山(68，本草学者)。**7.5(8.3)** 鈴木千里(53，志士)。**8.18(9.14)** 前田利保(60，越中富山藩主)。**8.24(9.20)** 鶴峯戊申(72，窮理学者)。**8.27(9.23)** 安島帯刀(49，常陸水戸藩士)。 鵜飼吉左衛門(62，水戸藩士)。**9.12(10.7)** 島津斉興(69，薩摩鹿児島藩主)。**9.14(10.9)** 梅田雲浜(45，越前小浜藩士)。**9.17(10.12)** 林復斎(60，儒者)。**9.24(10.19)** 佐藤一斎(88，儒者)。**10.1(10.26)** 原采蘋(62，漢詩人)。**10.6(10.31)** 三条実万(58，公家)。**10.7(11.1)** 橋本左内(26，志士)。 頼三樹三郎(35，志士)。**10.27(11.21)** 吉田松陰(30，教育者)。**11.14(12.7)** 宇喜多一蕙(65，画家)。**12.13(1.5)** 大久保要(62，常陸土浦藩士)。**12.17(1.9)** 長岡監物(67，肥後熊本藩家老)。**12.-** 小塚藤十郎(75，植林家)。**この年** 井上因碩(11代)(62，碁師)。 《大の月》1・3・6・9・11・12	認なしにフランツ=ヨーゼフ1世と講和。**この冬** 太平天国の政治綱領である洪仁玕『資政新篇』刊。**この年** ディケンズ『二都物語』刊。 ミル『自由論』刊。 ダーウィン『種の起源』刊。	尚泰王 12	哲宗 10	咸豊 9
1.14(2.5) 河竹黙阿弥作『三人吉三廓初買』，江戸市村座で初演(歌舞伎年表)。**閏3.9(4.29)** 加藤弘之，蕃書調書教授手伝に就任(日本教育史資料)。**6.20(8.6)** 幕府，大名・諸士・陪臣の軍艦操練所への入学を許可(続実紀)。**6.21(8.7)** 中根師質，『昨夢紀事』を脱稿(明治29年刊)。**7.13(8.29)** 幕府，市民に江戸下谷和泉橋種痘所で種痘を受けさせる(続実紀)。**7.26(9.11)** 英公使オールコック，富士登山(維新史料綱要)。**8.6(9.20)** 幕府，旗本らに外国語学習を奨励し，希望者は蕃書調所で稽古すべき旨を布達(続実紀)。**この年** 幕府，箱館に西洋築城法による五稜郭を竣工(新撰洋学年表)。 白井寛蔭『音韻仮字用例』刊。 徳川斉昭，『息距篇』を編纂(徳川昭武名義)。 平田篤胤『俗神道大意』刊。 【死没】 **1.15(12.6)** 黒沢琴古(4代)(尺八流祖)。**2.16(3.8)** 三宅瓶斎(60，越後村上藩士)。**3.2(3.23)** 鯉淵要人(51，志士)。**3.3(3.24)** 有村次左衛門(23，薩摩鹿児島藩士)。 井伊直弼(46，大老)。**3.8(3.29)** 斎藤監物(39，志士)。**3.23(4.13)** 高橋多一郎(47，水戸藩士)。**3.-** 清水六兵衛(2代)(71，陶工)。**6.27(8.13)** 佐久良東雄(50，志士)。**6.28(8.14)** 尾上菊五郎(4代)(53，歌舞伎役者)。**8.15(9.29)** 徳川斉昭(61，水戸藩主)。**11.6(12.17)** 堀利煕(43，外国奉行)。**11.26(1.6)** 平林盈淑(71，農民指導者)。**12.6(1.16)** ヒュースケン(28，駐日米国公使館通訳)。**この年** 桂文治(5代)(31，落語家)。 田中伝左衛門(7代)(歌舞伎囃子方)。	**3.24** サルデーニャ，フランスにニース・サヴォイを割譲し中部イタリア併合の承認を受ける。**6.2** アメリカ人ウォード，上海で外国人船員による洋槍隊を組織。**8.30** フランス，ドルーズ派キリスト教徒農民への攻撃に対しレバノンに出兵。**10.13** 英仏連合軍，北京入城。**10.24** 清，イギリスと北京条約に調印(同月25日，フランスとも調印)。**11.6** リンカン(共和党)，アメリカ大統領に当選。**11.14** 清，ロシアと北京条約に調印し，ウスリー川以東を割譲(沿海州，ロシア領となる)。**12.-** 白蓮教徒，山東で反乱。**この年** 崔済愚，東学を創始。 インド，ベンガル地方のアイ作農民が反乱。 ロ	13	11	10 ③

西暦	年号 干支	天皇	将軍	政治・経済
1860 1.23 ▲	万延 3.18 庚申 ③	(孝明)	(徳川家茂)	勅許(維新史料綱要)。11.1(12.12) 幕府，和宮降嫁を公表(続実紀)。11.9(12.20) 江戸城本丸再築なり，家茂ら西丸より移る(続実紀)。11.14(12.25) 幕府，水戸藩主徳川慶篤の登営停止を解く(続実紀)。11.- 長崎通詞本木昌造，製鉄所取締に就任(新撰洋学年表)。12.5(1.15) アメリカ公使館通弁官ヒュースケン，鹿児島藩士らに襲われ斬殺される(幕末外国関係文書)。12.14 幕府，プロシアとの修好通商条約・貿易章程に調印(維新史料綱要)。12.16(1.26) イギリス公使オールコックら，外国人命保護の不備に抗議し横浜へ退去(幕末外国関係文書)。
1861 2.10	文久(ぶんきゅう) 2.19 辛酉			2.1(3.11) 幕府，関八州の諸領に浮浪鎮圧を命じる(続実紀)。2.3(3.13) ロシア軍艦ポサドニック号，基地設置を目的に対馬へ来航(露艦対馬占拠事件)(維新史料綱要)。3.23(5.2) 幕府，仏・蘭・露・米・英に，江戸・大坂の開市，兵庫・新潟の開港の 7 ヵ年延期を要請(維新史料綱要)。3.28(5.7) 萩藩，長井雅楽の航海遠略策を採用(維新史料綱要)。4.12(5.21) ポサドニック号乗員，ボートによる対馬国大船越瀬戸通過を図り，阻止する藩兵・農民らと衝突(維新史料綱要)。5.15(6.22) 長井雅楽，航海遠略策を議奏正親町三条実愛に陳述(維新史料綱要)。5.28(7.5) 水戸浪士ら，江戸高輪東禅寺のイギリス仮公使館を襲撃(第1次東禅寺事件)(維新史料綱要)。6.19(7.26) 幕府，庶民の大船建造・外国商船購入および国内運輸使用を許可(続実紀)。7.2(8.7) 長井雅楽，老中久世広周に航海遠略策を上申(維新史料綱要)。7.9(8.14) イギリス公使オールコック，軍艦を対馬に向かわせ，ロシア軍艦を退去させる旨を伝える(維新史料綱要)。7.11(8.16) 幕府，品川御殿山に各国公使館建造を決める(続実紀)。7.23(8.28) イギリス艦隊，対馬に赴きロシア軍艦ポサドニック号の不法を詰問し対馬退去を要求(同年 8 月15日退去，対馬占拠事件落着)(維新史料綱要)。10.20(11.22) 和宮，京都桂御所を出発，江戸に向かう(維新史料綱要)。10.- 伊豆韮山代官江川太郎左衛門英敏，関八州・駿河・遠江・三河諸国に農兵創設を建議(維新史料綱要)。11.15(12.17) 和宮，江戸到着(続実紀)。12.4(1.3) 幕府，外国奉行水野忠徳らを小笠原島開拓に派遣(同月19日，父島に到着)(維新史料綱要)。12.10(1.9) 平野国臣，鹿児島で島津久光・小松帯刀・大久保利通らと面議(維新史料綱要)。12.22(1.22) 幕府遣欧使節竹内保徳・松平康直ら，開市開港延期交渉のためイギリス軍艦で品川を出発(福沢諭吉・福地源一郎ら随行)(維新史料綱要)。
1862 1.30 ▼	2 壬戌 ⑧			1.15(2.13) 老中安藤信正，水戸浪士らに襲撃され負傷(坂下門外の変)(維新史料綱要)。2.11(3.11) 将軍家茂と皇妹和宮との婚儀，江戸城にて挙行(続実紀)。4.8(5.6) 高知藩仕置役吉田東洋，尊攘派の武市瑞山派藩士に暗殺される(維新史料綱要)。4.11(5.9) 幕府，老中安藤信正を罷免(続実紀)。4.16(5.14) 島津久光，藩兵1000人余を率いて入京，朝廷に幕政改革の意見書を呈出(維新史料綱要)。4.23(5.21) 伏見寺田屋に集結した尊攘派鹿児島藩士有馬新七ら，島津久光の命をうけた同藩士に斬殺される(寺田屋騒動)(維新史料綱要)。4.29(5.27) 幕府，貿易視察のため上海に貿易船千歳丸を派遣(維新史料綱要)。5.9(6.6) 幕府遣欧使節竹内保徳ら，イギリス外相ラッセルと開市開港の延期(5 ヵ年)などに関する約定に調印(ロンドン覚書)(維新史料綱要)。5.22(6.19) 朝廷，島津久光の建議をうけ大原重徳を勅使とし江戸に下向させる．久光，兵を率い勅使に従う(維新史料綱要)。5.29(6.26) 松本藩士伊藤軍兵衛，イギリス仮公使館を襲撃しイギリス水兵を死傷させ自刃(第 2 次東禅寺事件)(維新史料綱要)。6.1(6.27) 将軍家茂，諸大名に庶政改革の内意を告げる(維新史料綱要)。6.5(7.1) 萩藩主毛利敬親，尊攘派の排斥をうけた長井雅楽に帰藩謹慎を命じる(維新史料綱要)。6.10(7.6) 勅使大原重徳，将軍家茂に勅旨を伝える(維新史料綱要)。6.23(7.19) 関白九条尚忠を罷め，近衛忠熙を関白とする(公卿補任)。7.4(7.30) 幕府，諸藩に艦船の自由購入を許す(続実紀)。7.9(8.4) 幕府，松平慶永を政事総裁職に任命(続実紀)。7.20(8.15) 九条家家臣島田左近，尊攘派により暗殺される(維新史料綱要)。7.- 萩藩，公武合体論から破約攘夷に転換(防長回天史)。 幕府，徳川慶喜を将軍後見職に

社　会・文　化	世　界	琉球	朝鮮	清
中屋伊三郎(銅板画家)。 真葛長造(64，陶工)。 《大の月》1・3・③・6・9・11・12	ンドンで地下鉄工事開始。 チリ，世界主要の銅輸出国となる。 ロシア，ウラジヴォストークに軍港建設。	尚泰王 13	哲宗 11	咸豊 10 ③
2.- 幕府，江戸の窮民に救い米を給付(東京市史稿)。**3.26**(5.5) 幕府，軽囚・浮浪を蝦夷地に移し労役に服させる(維新史料綱要)。**5.15**(6.22) わが国近代新聞の嚆矢『The Nagasaki Shipping-list Advertiser』発刊。**6.10**(7.17) 蕃書調書にフランス学科を設置(日本教育史資料)。**6.29**(8.5) 箕作麟祥，蕃書調所英学教授手伝並出役に就任(日本教育史資料)。 会津に大火(会津若松市史)。**8.17**(9.21) ポンペの要請により長崎養生所開院(日本最初の洋式近代病院)(宮永孝『ポンペ』)。**10.9**(11.11) 江戸に大火(武江年表)。**10.21**(11.23) ハンサード『The Japan Herald』創刊。**10.28**(11.30) 幕府，種痘所を西洋医学所と改称(維新史料綱要)。**12.7**(1.6) 加藤弘之，『鄰艸』を執筆(立憲政治の導入による政治改革を主張)。**この年** 石橋政方『英語箋』刊。 新宮高平『駿河志料』成る。 **【死没】** **3.5**(4.14) 歌川国芳(65，浮世絵師)。**3.30**(5.9) 安積艮斎(71，儒学者)。**4.17**(5.26) 望月太左衛門(4代)(78，歌舞伎囃子方)。**5.27**(7.4) 飯田忠彦(63，歴史家)。**5.30**(7.7) 山路諧孝(85，天文方)。**6.13**(7.20) 林元美(84，囲碁棋士)。**6.29**(8.5) 榊原政令(86，越後高田藩主)。**7.11**(8.16) 岩瀬忠震(44，幕臣)。**7.21**(8.26) 賀茂規清(64，神道思想家)。**7.26**(8.31) 大関和七郎(26，常陸水戸藩士)。 金子孫二郎(58，水戸藩士)。**8.15**(9.19) 常磐津兼太夫(5代)(73，常磐津節)。**8.26**(9.30) 鈴鹿甚右衛門(43，企業家)。**8.-** 中居屋重兵衛(42，生糸商)。**9.2**(10.5) 児玉順蔵(57，蘭方医)。**9.23**(10.26) 山崎知雄(64，和学者)。**10.10**(11.12) 鶴沢友次郎(4代)(浄瑠璃節三味線方)。**この年** 中島三甫右衛門(5代)(64，歌舞伎俳優)。 《大の月》2・3・5・7・9・12	**3.3** ロシア皇帝アレクサンドル2世，農奴解放令を制定。**3.17** サルデーニャ王ヴィットーリオ=エマヌエーレ2世を国王とするイタリア王国成立。**4.1** 山東で黒旗農民軍蜂起。**4.12** アメリカ，南北戦争勃発。**7.15** ル=テュルデュ獄死(39，宣教師)。**7.28** ペリュー没(英国海軍士官)。**10.31** 英・仏・スペイン，メキシコの外債支払停止に際しロンドン協約で共同干渉を決定。**11.-** 馮桂芬『校邠廬抗議』刊。**12.-** 曾国藩，安慶に内軍械所を設立し鉄砲の生産を開始(洋務運動の開始)。 モルダヴィア・ワラキア両公国，統一なりルーマニア公国となる。**この年** ロシアに秘密結社「土地と自由」結成。	14	12	11 穆宗
1.- 蕃書調所訳・老皀館万屋兵四郎発売『官板バタビヤ新聞』刊。**2.10**(3.10) 神田孝平を蕃書調所教授方出役(数学)に任じる(本庄栄治郎『神田孝平—研究と史料』)。**3.1**(3.30) 2代目河竹新七作『青砥稿花紅彩画』，江戸市村座で初演(歌舞伎年表)。**3.-** 寺社奉行脇坂淡路守安宅・町奉行遠山左衛門尉景元・勘定奉行池田播磨守頼方編纂『赦律』制定。**5.18**(6.15) 幕府，蕃書調所を一橋門外に移し洋書調所と改称(続実紀)。**5月頃** チャールズ=ワーグマン『The Japan Punch』創刊。**6月から11月まで** ジョン=マクゴワン『中外襍誌』発行(上海)。**8.-** 幕府，洋書調所より『官板海外新聞』を発行。**閏8.4**(9.27) 河竹黙阿弥『勧善懲悪覗機関』，江戸守田座で初演(歌舞伎年表)。**9.11**(11.2) 幕府派遣の初の海外留学生榎本武揚・津田真道・西周ら11人，オランダへ向け長崎を出発(維新史料綱要)。**10.21**(12.12) 近畿各地に幕府吏員・商人批判の張紙多数(維新史料綱要)。**11.-** 上野彦馬，長崎に撮影所を創設(長崎洋学史)。**12.28**(2.16) 幕府，箕作阮甫を蕃書調所教授役とする(維新史料綱要)。**12.-** 洋書調所『英和対訳袖珍辞書』刊。 小山田与清ら編纂『明倫歌集』出版。**この年** 上野彦馬『舎密局必携』，前篇3巻のみ刊。 小寺玉晁	**6.5** フランス，第1次サイゴン条約によりコーチシナ東部3省を獲得。**9.30** プロイセン宰相ビスマルク，下院で「鉄血政策」を表明(下院で否決の軍拡予算を強行実施，予算紛争～'66年)。**10.1** アルゼンチン，統一なりブエノスアイレスを首都とする。**12.7** 甘粛でイスラム教徒の反乱起る。**この年** ユーゴー『レ=ミゼラブル』刊。	15	13	同治 1.1 ⑧

西暦	年号干支	天皇	将軍	政治・経済
1862 1.30 ▲	文久 2 壬戌 ⑧	（孝明）	（徳川家茂）	任命（続実紀）。8.19（9.12） 幕府遣欧使節竹内保徳ら，ロシア外相ゴルチャコフと開市開港延期および樺太分界などに関する覚書に調印（維新史料綱要）。8.20（9.13） 朝廷，岩倉具視ら公武合体派公卿を蟄居処分とし，辞官・落飾を請願させる（維新史料綱要）。8.21（9.14） イギリス商人ら４人，武蔵国生麦村で島津久光の行列を横切り鹿児島藩士に斬られる（生麦事件）（維新史料綱要）。閏8.1（9.24） 幕府，会津藩主松平容保を京都守護職に任命（続実紀）。閏8.3（9.26） 幕府遣欧使節竹内保徳ら，オランダ政府から開市開港延期を承諾する公文書をパリで受領（同月９日，フランス外相と同様の約定書に調印）（維新史料綱要）。閏8.22（10.15） 幕府，参勤交代制を緩和（３年１回出府・大名妻子の帰国許可など）（続実紀）。9.21（11.12） 朝廷，攘夷を決定（維新史料綱要）。9.23（11.14） 京都奉行与力渡辺金三郎ら，暗殺され京都粟田口に梟首される（維新史料綱要）。10.22（12.13） 朝廷，戸田忠至を山陵奉行に任じる（維新史料綱要）。11.2（12.22） 幕府，攘夷の勅旨奉承を決定（維新史料綱要）。11.27（1.16） 勅使三条実美・副使姉小路公知，攘夷督促・親兵設置の勅旨を将軍家茂に伝達（維新史料綱要）。12.3（1.22） 幕府，兵賦令を布達し歩兵組を編成（続実紀）。12.9（1.28） 朝廷，国事御用掛を設置（維新史料綱要）。12.12（1.31） 萩藩士高杉晋作ら，品川御殿山に建築中のイギリス公使館を焼打つ（維新史料綱要）。12.16（2.4） 幕府，関白以下の任免は関東内慮伺いを廃し，宣下後の幕府承認とする旨を奏請（維新史料綱要）。12.18（2.6） 幕府，陸軍総裁・海軍総裁を設置し，徳島藩主蜂須賀斉裕に兼任させる（続実紀）。12.21（2.9） 塙忠宝，廃帝の先例を調査との風説により，萩藩士伊藤博文らに襲われ，翌日，死亡（維新史料綱要）。
1863 2.18 ▼	3 癸亥			1.5（2.22） 将軍後見職徳川慶喜入京（維新史料綱要）。1.23（3.12） 関白近衛忠熙を罷め，鷹司輔熙を関白とする（公卿補任）。2.13（3.31） 朝廷，国事参政・国事寄人を設置（維新史料綱要）。2.22（4.9） 尊攘派浪士ら，京都等持院の足利尊氏・義詮・義満木像の首を盗み賀茂河原に梟す（維新史料綱要）。3.4（4.21） 将軍徳川家茂上洛（将軍上洛は家光以来229年ぶり）（続実紀）。3.5（4.22） 天皇，将軍名代徳川慶喜に政務委任の奏請を勅許（明治天皇紀）。3.7（4.24） 幕府，将軍上洛につき京都市民へ祝儀６万3000両を賜与（続実紀）。3.11（4.28） 天皇，賀茂社に行幸して攘夷を祈願．将軍・在京大名も随従（続実紀）。3.- 新撰組，京都守護職配下に属す（維新史料綱要）。4.11（5.28） 天皇，石清水八幡宮に攘夷祈願（続実紀）。4.17（6.3） 幕府，10万石以上の諸大名に３ヵ月交代で京都警衛を命じる（続実紀）。4.20（6.6） 将軍家茂，攘夷期限を５月10日とする旨を天皇に奏上（維新史料綱要）。5.9（6.24） 老中格小笠原長行，生麦事件などの賠償金44万ドルをイギリスに支払う（維新史料綱要）。5.10（6.25） 萩藩，下関海峡通過のアメリカ商船を砲撃（同月23日フランス軍艦，同月26日オランダ軍艦を砲撃）（維新史料綱要）。5.12（6.27） 萩藩士井上馨・伊藤博文ら，横浜から密出国しイギリスへ留学（維新史料綱要）。5.18（7.3） 幕府，英・仏両国居留地守備兵の横浜駐屯を許可（日本外交年表並主要文書）。5.20（7.5） 国事参政姉小路公知，京都朔平門外で暗殺される（維新史料綱要）。5.30（7.15） 小笠原長行，賠償金支払いの事情説明のため兵を率い海路大坂に上陸（６月４日，幕府，長行入京を阻止．６月９日，朝命により免職）（維新史料綱要）。6.1（7.16） アメリカ軍艦，萩藩砲台を報復攻撃し同藩軍艦２隻を沈める（維新史料綱要）。6.5（7.20） フランス艦隊，萩藩砲台を報復攻撃し同砲台を占領（維新史料綱要）。6.6（7.21） 萩藩士高杉晋作ら，奇兵隊を編成（維新史料綱要）。6.10（7.25） 仏・英・米・蘭４ヵ国代表，横浜に会し萩藩攻撃を決定（維新史料綱要）。6.13（7.28） 将軍家茂，東帰の勅許を得て大坂を出航（同月16日，江戸に到着）（続実紀）。7.2（8.15） 鹿児島藩，鹿児島湾に侵入したイギリス艦隊と交戦（薩英戦争）（維新史料綱要）。7.7（8.20） 二条城門に将軍家茂への謗書出る（維新史料綱要）。8.13（9.25） 朝廷，攘夷祈願・親征軍議のための大和行幸を宣布（維新史料綱要）。8.17（9.29） 元侍従中山忠光ら，大和五条代官所を襲い挙兵（天誅組の乱，同年９月27日，壊滅）（維新史料綱要）。8.18（9.30） 会津・鹿児島両藩・中川宮ら公武合体派，宮中クーデタにより宮中尊攘派を一掃（８月18日の政変）（維新史料綱要）。8.19（10.1） 大和行幸中止となり，三条実美ら尊攘派公卿７名，長州へ逃れる（七卿落ち）（維新史料綱要）。9.5（10.17） 朝廷，諸藩貢進の親兵を廃止（維新史料綱要）。9.14（10.26） 幕府，アメリカ弁理公使・オランダ総領事に横浜鎖港を提議（両国とも応じず）（維新史料綱要）。9.16（10.28） 新撰組頭取芹沢鴨暗殺（維新史料綱要）。9.21（11.2） 高知藩，武市瑞山ら

社会・文化	世界	琉球	朝鮮	清
『東西評林』成るか。 【死没】 2.20(3.20) 大鳥居利兵衛(46，志士)。3.2(3.31) 慧澄(83，天台宗学僧)。3.12(4.10) 二宮敬作(59，蘭方医)。4.8(5.6) 吉田東洋(47，土佐高知藩士)。4.9(5.7) 大槻俊斎(59，蘭方医)。4.23(5.21) 有馬新七(38，薩摩鹿児島藩士)。5.1(5.29) 田中河内介(48，志士)。5.11(6.8) 関鉄之介(39，常陸水戸藩士)。7.3(7.29) 白石長忠(68，和算家)。 羽倉簡堂(73，儒学者)。7.12(8.7) 大橋訥庵(47，儒者)。7.19(8.14) 牧志朝忠(45，琉球王国吏)。7.23(8.18) 烏亭焉馬(2代)(71，戯作者)。7.28(8.23) 野沢吉兵衛(3代)(42，浄瑠璃三味線方)。8.8(9.1) 菊池教中(35，豪商)。 常磐津文字太夫(4代)(59，常磐津節家元)。熊谷直好(81，歌人)。8.12(9.5) 三遊亭円生(2代)(57，落語家)。8.13(9.6) 成島司直(85，幕臣)。8.27(9.20) 長野義言(48，国学者)。8.29(9.22) 来原良蔵(34，長門萩藩士)。 秋元安民(40，洋学研究者)。閏8.24(10.17) 小田海僊(78，画家)。9.24(11.15) 岡本秋暉(56，画家)。10.8(11.29) 藤森弘庵(64，儒者)。10.9(11.30) 光永平蔵(59，開発功労者)。10.27(12.18) 宇津木六之丞(54，近江彦根藩士)。12.12(1.31) 松亭金水(66，人情本作者)。12.22(2.10) 塙忠宝(56，和学者)。 《大の月》1・3・4・6・8・9・11		尚泰王 15	哲宗 13	同治 1.1 ⑧
4.24(6.10) 幕府，勝海舟へ神戸に海軍操練所を設置するよう命ずる(海軍歴史)。6.3(7.18) 江戸に大火，江戸城西丸に類焼(維新史料綱要)。6.- 萩藩奇兵隊『奇兵隊日記』(～明治2年11月11日)。8.13(9.25) 幕府，士庶の俗名・実名に天皇の諱字を用いることを禁止(維新史料綱要)。8.29(10.11) 幕府，洋書調所を開成所と改称(維新史料綱要)。9.- 伴林光平，『南山踏雲録』を執筆(～同年10月)。11.21(12.31) 大坂に大火，140余町に延焼し1万4500戸を焼失(同月25日，鎮火)(維新史料綱要)。**この年** オールコック『大君の都』刊(イギリス)。 小寺玉晁『東西紀聞』刊(～元治元年)。**文久年間** 『六合叢談』発行。 【死没】 1.22(3.11) 池内陶所(50，儒学者)。2.6(3.24) 長井雅楽(45，長門萩藩士)。2.16(4.3) 片岡仁左衛門(8代)(54，歌舞伎俳優)。3.14(5.1) 松平斉貴(49，出雲松江藩主)。4.13(5.30) 清川八郎(34，志士)。5.6(6.21) 貫名海屋(86，儒学者)。5.20(7.5) 姉小路公知(25，公家)。5.28(7.13) 竹内貞基(51，航海技術者)。6.8(7.23) 平井収二郎(29，土佐高知藩士)。6.10(7.25) 緒方洪庵(54，蘭学者)。6.13(7.28) 牧野康哉(46，若年寄)。6.17(8.1) 箕作阮甫(65，医師)。7.14(8.27) 会沢正志斎(82，儒学者)。7.15(8.28) 磯又右衛門(78，柔術家)。7.22(9.4) 住吉弘貫(71，画家)。8.9(9.21) 藤堂高聴(54，伊勢久居藩主)。8.13(9.25) 安居院庄七(75，報徳社)。8.15(9.27) 鈴木重胤(52，国学者)。8.17(9.29) 広瀬旭荘(57，漢詩人)。9.16(10.28) 芹沢鴨(新撰組局長)。9.25(11.6) 松本奎堂(33，勤王家)。 藤本鉄石(48，志士)。9.27(11.8) 吉村虎太郎(27，天誅組幹部)。10.14(11.24) 河上弥市(21，長門萩藩士)。 美玉三平(42，薩摩鹿児島藩士)。10.28(12.8) 坪井九右衛門(64，長門萩藩士)。11.7(12.17) 一条忠香(52，公家)。11.18(12.28) 守田勘弥(11代)(62，森田座)。11.28(1.7) 六人部是香(58，国学者)。12.3(1.11) 萩原広道(49，国学者)。12.16(1.24) 青木周弼(61，オランダ医学者)。12.24(2.1) 宇宿彦右衛門(45，薩摩鹿児	1.1 アメリカ，奴隷解放宣言発布。1.10 ロンドンに世界初の地下鉄が開通。1.22 ワルシャワで反ロシア蜂起勃発(「1月蜂起」)。3.25 イギリス将校ゴードン，常勝軍司令官に就任。3.30 デンマーク王，シュレスヴィヒ公国の併合を宣言。5.23 ラサールを会長とする全ドイツ労働者協会成立。6.7 ベーベルを指導者とする，反ラサール派のドイツ労働者協会連盟結成。8.11 カンボジア・フランス保護条約調印(カンボジアのフランス保護領化)。9.18 ロシア皇帝アレクサンドル2世，フィンランド身分制議会を召集。9.21 上海の英米租界が合併し，共同租界成立。11.19 アメリカ大統領リンカン，ゲティスバーグ演説。11.20 ブルース没(52，英国外交官)。12.- 朝鮮，大院君の執政開始。	16	14	2

西暦	年号 干支	天皇	将軍	政　治　・　経　済
1863 2.18 ▲	文久 3 癸亥	(孝明)	(徳川家茂)	尊攘派を投獄(維新史料綱要)。9.24(11.5) 幕府，五品江戸廻し令を再令(維新史料綱要)。10.12(11.22) 平野国臣ら，沢宣嘉を擁して挙兵し但馬国生野代官所を占拠(生野の変，同月14日，壊滅)(維新史料綱要)。10.- 江戸・京都市中に天誅などの貼紙(維新史料綱要)。11.1(12.11) 鹿児島藩，イギリス代理公使に生麦事件の賠償金10万ドルを交付(維新史料綱要)。12.23(1.31) 関白鷹司輔熙を罷め，二条斉敬を関白とする(公卿補任)。12.29(2.6) 横浜鎖港談判使節池田長発・河津祐邦ら，フランス軍艦で欧州へ出発(維新史料綱要)。 幕府，スイスとの修好通商条約・貿易章程に調印(維新史料綱要)。12.30(2.7) 朝廷，徳川慶喜・松平容保・松平慶永・山内豊信・伊達宗城に朝議参予を命じる(翌年1月13日，島津久光にも命じる)(維新史料綱要)。**この年** 東西本願寺，朝廷にそれぞれ1万両を献納(本願寺年表)。
1864 2.8	元治(げんじ) 2.20 甲子			1.15(2.22) 将軍徳川家茂上洛(続実紀)。2.14(3.21) 将軍家茂参内，沿海防備強化と横浜鎖港実施を上奏(明治天皇紀)。2.21(3.28) 幕府，京都守護職松平容保を軍事総裁職に任じ，京都守護職には松平慶永を任命(同年4月7日，容保を京都守護職に再任)(続実紀)。3.9(4.14) 徳川慶喜ら参予を辞し，参予会議解体(維新史料綱要)。3.22(4.27) フランス公使ロッシュ着任(維新史料綱要)。3.25(4.30) 幕府，徳川慶喜の将軍後見職を免じ禁裏守衛総督に任じる(続実紀)。3.27(5.2) 水戸藩士藤田小四郎ら，筑波山で蜂起(天狗党の乱)(維新史料綱要)。4.20(5.25) 朝廷，家茂に庶政を一任し横浜鎖港・萩藩処分・沿岸防備強化など講ずべきとの勅を下す(維新史料綱要)。4.24(5.29) 天皇，七社奉幣使を遣し攘夷成功を祈禱(維新史料綱要)。5.17(6.20) 横浜鎖港談判使節池田長発ら，パリ約定(下関海峡通航・輸入税率引下げなど)に調印，鎖港は断念(維新史料綱要)。5.20(6.23) 将軍家茂，江戸に帰着(続実紀)。5.21(6.24) 天皇，宇佐奉幣使を発遣(維新史料綱要)。6.5(7.8) 新撰組，京都三条池田屋に集結した倒幕派を襲撃(池田屋事件)(維新史料綱要)。6.14(7.17) 安中藩士新島襄，箱館からアメリカに密航(渡辺実『新島襄』)。7.11(8.12) 佐久間象山，京都で暗殺される(維新史料綱要)。7.19(8.20) 萩藩兵，御所諸門を襲撃し，会津・鹿児島両藩兵などの幕府軍に敗れる(禁門の変)(維新史料綱要)。7.20(8.21) 京都兵火により，幕府，六角獄中の平野国臣らを処刑(維新史料綱要)。7.24(8.25) 幕府，萩藩征討の勅命をうけ西南21藩に出兵を命じる(第1次長州征討)(維新史料綱要)。 幕府，英・仏・米・蘭各国公使・領事にパリ約定廃棄を宣言(維新史料綱要)。8.5(9.5) 英・仏・米・蘭の4国連合艦隊，萩藩下関を砲撃(翌6日，同艦隊陸戦隊，上陸して下関砲台を占領)(維新史料綱要)。8.11(9.11) 幕府，鴻池屋善右衛門・加島屋作兵衛に各6万両，その他京坂の豪商14名に献金を命じる(維新史料綱要)。8.14(9.14) 萩藩，4国連合艦隊と講和条件5ヵ条を協定(維新史料綱要)。8.25(9.25) 幕府，萩藩への武器・米穀などの移出を禁じる(維新史料綱要)。9.1(10.1) 幕府，参勤交代制を文久2年改正以前に復する(維新史料綱要)。9.22(10.22) 幕府，英・米・仏・蘭4国代表と下関事件賠償に関する協定(償金300万両あるいは下関ないし瀬戸内海の1港開港)を結ぶ(維新史料綱要)。10.21(11.20) 萩藩，幕府への恭順謝罪のため奇兵隊など諸隊総督に解散を諭告(維新史料綱要)。 大坂に外国貿易・物価騰貴・長州征討の非を挙げた張紙(維新史料綱要)。11.10(12.8) 幕府，フランス公使ロッシュに横須賀製鉄所およびドック建設の斡旋を依頼(維新史料綱要)。11.11(12.9) 萩藩，禁門の変の責任者元家老福原越後らに自刃を命じる(維新史料綱要)。11.15(12.13) 元侍従中山忠光，暗殺される(維新史料綱要)。11.16(12.14) 征長総督徳川慶勝ら，広島に到着し本営を置く(維新史料綱要)。11.19(12.17) 徳川慶勝，萩藩に藩主自筆の伏罪書の提出，山口城破却，三条実美ら脱走廷臣の差出しを命じる(維新史料綱要)。11.21(12.19) 幕府，英・仏・米・蘭と横浜居留地覚書12ヵ条に調印(維新史料綱要)。12.6(1.3) 京都に天誅の張紙(維新史料綱要)。12.16(1.13) 萩藩士高杉晋作ら，下関新地会所を襲撃し占拠(維新史料綱要)。 武田耕雲斎ら筑波勢，越前国新保で金沢藩に降伏(翌年2月，武田ら処刑)(維新史料綱要)。
1865 1.27 ▼	慶応(けいおう) 4.7 乙丑 ⑤			1.2(1.28) 萩藩士高杉晋作，下関新地会所を再び襲い占拠(維新史料綱要)。1.15(2.10) 幕府，萩藩主毛利敬親父子の服罪により親征を中止(維新史料綱要)。3.10(4.5) 幕府，英・仏・米・蘭各国公使に下関取極書に拠る開港が困難なため償金を支払う旨を通達(維新史料綱要)。3.15(4.10) 萩藩，諸隊の再編成を実施(維新史料綱要)。3.17(4.12) 萩藩，藩論を武備恭順と決定(維新史料綱要)。3.27(4.22) 幕府，物価引下げを命じ，買い占め・売り惜しみを禁じる(維新史料綱要)。3.- 江戸に外国通商を批難し大政奉還を唱える張紙(維新史料綱要)。4.16(5.10) 徳川家康250回忌勅会，奉幣使以下，日光東照宮に参向(維新史料綱

社　会・文　化	世　界	琉球	朝鮮	清
島藩士)。**12.26**(2.3) 大石進(55,剣客)。 《大の月》2・3・5・7・8・10・12		尚泰王 16	哲宗 14	同治 2
3.10(4.15) 江戸築地の軍艦操練所焼失(維新史料綱要)。**4.22**(5.27) 江戸大火(武江年表)。**7.15**(8.16) 朝彦親王,『朝彦親王日記』を記す(〜慶応3年9月29日)。**この年**『オイレンブルク日本遠征記』刊(ベルリン)。 グスタフ=シュピース『シュピース日本遠征記』刊(ベルリン)。 村上英俊『仏語明要』上梓。 箕作阮甫校訂『聯邦志略』(ブリッジメン撰述)出版。 【死没】 **1.21**(2.28) 豊田天功(60,儒学者)。 中島広足(73,国学者)。**2.16**(3.23) 伴林光平(52,歌人)。**2.26**(4.2) 河合惣兵衛(49,播磨姫路藩志士)。**3.10**(4.15) 三浦命助(45,一揆指導者)。**3.21**(4.26) 堀田正睦(55,老中)。**4.11**(5.16) 上田作之丞(78,儒学者)。**4.27**(6.1) 錦小路頼徳(30,公家)。**5.5**(6.8) 冷泉為恭(42,公家)。**5.20**(6.23) 内山彦次郎(大坂与力)。**6.5**(7.8) 吉田稔麿(24,志士)。 宮部鼎蔵(45,志士)。**6.23**(7.26) 内山隆佐(52,経世家)。**6.25**(7.28) 久世広周(46,老中)。**6.28**(7.31) 田口留兵衛(64,蚕種製造家)。**7.4**(8.5) 大高又次郎(44,浪士)。**7.11**(8.12) 佐久間象山(54,思想家)。**7.16**(8.17) 男谷精一郎(67,剣客)。**7.19**(8.20) 久坂玄瑞(25,志士)。 来島又兵衛(48,長門萩藩士)。**7.20**(8.21) 平野国臣(37,志士)。 乾十郎(38,志士)。 古東領左衛門(46,志士)。**7.21**(8.22) 真木保臣(52,志士)。**8.26**(9.26) 前田夏蔭(72,幕臣)。**8.29**(9.29) 野崎武左衛門(76,塩業家)。**9.25**(10.25) 周布政之助(42,長門萩藩士)。**10.16**(11.15) 大久保甚五左衛門(63,常陸水戸藩士)。**10.21**(11.20) 遠藤高璟(81,天文暦算家)。**11.11**(12.9) 国司信濃(23,長門萩藩士)。 益田右衛門介(32,長門萩藩士)。**11.12**(12.10) 福原越後(50,長門萩藩家老)。 宍戸左馬之介(61,長門萩藩士)。**11.13**(12.11) 竹本大隅太夫(初代)(68,浄瑠璃太夫)。**11.15**(12.13) 中山忠光(20,公家)。**11.28**(12.26) 田内衛吉(30,志士)。**12.15**(1.12) 歌川国貞(79,浮世絵師)。**12.19**(1.16) 松島剛蔵(40,西洋軍学者)。 山田亦介(57,志士)。**この年** 南里有鄰(53,肥前佐賀藩士)。 竹本長門太夫(3代)(65,浄瑠璃太夫)。 鍵谷カナ(83,伊予絣創始者)。 《大の月》3・5・7・8・9・11	**1.-** ロシア,地方自治会(ゼムストヴォ)創設。**2.1** オーストリア・プロシア,デンマークに宣戦布告(シュレスヴィヒ=ホルスタイン戦争)。**2.-** 西スーダンにトゥクロル帝国成立。**3.2** ロシア領ポーランドに農民解放令公布。**4.7** 東学教祖崔済愚処刑。**4.10** ハプスブルク家マクシミリアン大公,メキシコ皇帝に即位。**6.1** 太平天国天王洪秀全,自殺。**7.19** 天京陥落し,太平天国滅亡。**8.22** アンリ=デュナンの提唱により,国際赤十字条約(ジュネーヴ条約)調印。**9.1** カナダ連邦結成のための第1回会議,プリンス=エドワード島で開催。**9.28** 第1インターナショナル(国際労働者協会),ロンドンで結成。**12.-** ラテンアメリカ諸国会議,リマで開催。**この年** パストゥール,低温殺菌法を考案。 ロシア,中央アジアを併合。	17	高宗	3
1.24(2.19) 長崎大浦天主堂(フランス人フェーレ設計),完成し献堂式挙行(新長崎年表)。**3.22**(4.17) 鹿児島藩士五代友厚・寺島宗則・森有礼ら19人,ひそかにイギリス留学へ出発(維新史料綱要)。**4.-** 京都宗忠神社を勅願所とする(原敬吾『黒住宗忠』)。**7.19**(9.8) リッカビ『The Japan Times』創刊。**7.-** 幕府,江戸市中の諸物価高騰に伴い,町会所から困窮者へ米・銭を支給(武江年表)。**11.-** 柳川春三ら,『新聞薈叢』を記す(〜慶応4年	**1.-** チリ・ペルー両国,スペインと開戦。**2.20** ケベック決議成立。**2.26** コーカンド=ハン国将軍ヤクーブ=ベク,カシュガルを占領。**3.18** パラグアイ,ブラジル・ウルグアイ・アルゼ	18	2	4 ⑤

西暦	年号干支	天皇	将軍	政治・経済
1865 1.27 ▲	慶応 4.7 乙丑 ⑤	(孝明)	(徳川家茂)	要)。**5.12**(6.5) 幕府，和歌山藩主徳川茂承を征長先鋒総督に任命(維新史料綱要)。**5.16**(6.9) 将軍家茂，萩藩再征討のため江戸を出発(続実紀)。**5.28**(6.21) 英・仏・米・蘭の4国，下関海峡の自由通航および日本内乱不干渉を決議(日本外交年表並主要文書)。**5.-** 幕府，大坂・江戸・幕領の富有者および諸寺院などに萩藩征討費の献金を命じる(維新史料綱要)。**閏5.10**(7.2) イギリス公使パークス，横浜赴任の途次，下関で木戸孝允・井上馨・伊藤博文らと会見(維新史料綱要)。**閏5.11**(7.3) 高知藩，武市瑞山ら尊攘派を処刑(維新史料綱要)。**閏5.16**(7.8) パークス，横浜に着任(維新史料綱要)。**閏5.22**(7.14) 将軍家茂，上洛参内し萩藩再征を奏上(続実紀)。**7.2**(8.22) 幕府，フランス公使ロッシュの勧めに応え，パリ万国博覧会への参加を決定(維新史料綱要)。**7.4**(8.24) ロシア軍艦1隻，樺太久春内に来航し男女100余人が駐屯(維新史料綱要)。**7.15**(9.4) 幕府，下関償金第1回分50万ドルを支払う(維新史料綱要)。**7.21**(9.10) 萩藩士井上馨・伊藤博文，海援隊ならびに鹿児島藩の斡旋により，長崎グラバー商会から銃砲を購入(維新史料綱要)。**8.26**(10.15) 鹿児島藩家老新納刑部，同藩士五代友厚，ブリュッセルでフランス人モンブランと貿易商社創立の契約に調印(維新史料綱要)。**9.16**(11.4) 英・仏・米・蘭各国公使，条約勅許・兵庫先期開港要求のため，連合艦隊を率い兵庫沖に来航(維新史料綱要)。**9.19**(11.7) ロッシュ，幕府に萩藩処置の速決・条約勅許・兵庫先期開港を勧説(維新史料綱要)。**9.21**(11.9) 将軍家茂，萩藩再征の勅許をうける(続実紀)。**9.27**(11.15) 幕府，横須賀製鉄所の起工式挙行(維新史料綱要)。**10.1**(11.18) 幕府，老中阿部正外・松前崇広を免職．将軍家茂，将軍職の辞表ならびに条約・兵庫開港の勅許を奏請(続実紀)。**10.4**(11.4) 徳川慶喜・松平容保ら，朝彦親王・関白二条斉敬ら公卿と条約勅許・兵庫開港について協議(維新史料綱要)。**10.5**(11.22) 天皇，条約勅許，兵庫開港不許可の勅書を下す(維新史料綱要)。**11.7**(12.24) 幕府，彦根藩などに萩藩征討への動員を命じる(続実紀)。**12-** 張紙をする者多数(維新史料綱要)。
1866 2.15 ▼	2 丙寅		8.20	**1.18**(3.4) 幕府，外国奉行栗本鋤雲を免職(維新史料綱要)。**1.21**(3.7) 萩藩士木戸孝允と鹿児島藩士西郷隆盛，坂本竜馬の斡旋により京都鹿児島藩邸で薩長合従の盟約を結ぶ(薩長連合)(維新史料綱要)。**1.22**(3.8) 幕府，萩藩の封地10万石削封，藩主毛利敬親蟄居隠居，世子定広永蟄居などの長州処分案を奏上，勅許を得る(維新史料綱要)。**2.28**(4.13) 幕府，横浜・長崎・箱館での自由貿易，外国艦船の購入を許可(維新史料綱要)。**4.4**(5.18) 萩藩第二奇兵隊立石孫一郎ら100余名，反乱．4月9日，倉敷代官所を襲撃(維新史料綱要)。**4.14**(5.28) 鹿児島藩士大久保利通，大坂城で老中板倉勝静に書を提出し，長州征討の非を論じ同藩の出兵を拒絶(維新史料綱要)。**4.-** 幕府，大坂の富商に252万5000両を献納させる(維新史料綱要)。 イギリス通訳官サトウ，『英国策論』を執筆し，幕府中心の政治体制を批判(英国策論)。**5.13**(6.25) 幕府，英・仏・米・蘭との改税約書に調印(維新史料綱要)。**6.7**(7.18) 幕府軍艦，萩藩領周防大島を砲撃(第2次長州征討開始)(維新史料綱要)。**6.17**(7.28) イギリス公使パークス，同国東洋艦隊司令長官キングと共に鹿児島を訪れ，鹿児島藩主島津茂久らと会談(維新史料綱要)。**6.21**(18.1) 幕府，ベルギーとの修好通商および航海条約を調印(維新史料綱要)。**6.24**(8.4) フランス公使ロッシュ，老中小笠原長行と小倉で会談．翌々日，パークス，小笠原長行と会談(維新史料綱要)。**7.2**(8.11) 老中板倉勝静，ロッシュと会談し軍艦などの購入斡旋を依頼(維新史料綱要)。**7.16**(8.25) 幕府，イタリアとの修好通商条約・貿易定則・附属約書に調印(維新史料綱要)。**7.18**(8.27) 広島藩主浅野茂長・岡山藩主池田茂政・徳島藩主蜂須賀斉裕，連署して征長の非と解兵を幕府，朝廷に建言(維新史料綱要)。**7.20**(8.29) 将軍家茂，大坂城で急死(維新史料綱要)。**7.21**(8.30) 鹿児島藩主島津茂久と父久光，幕府の失政を挙げ征長解兵を朝廷に建言(維新史料綱要)。**7.30**(9.8) 老中小笠原長行，小倉を脱出(維新史料綱要)。**8.1**(9.9) 小倉城落城(維新史料綱要)。**8.16**(9.24) 徳川慶喜，参内して征長解兵を請い勅許を得る(維新史料綱要)。**8.20**(9.28) 幕府，将軍家茂の喪を発し徳川慶喜の宗家相続を公布(続実紀)。 勘定奉行小栗忠順，フランス経済使節クーレと600万ドルの借款契約を締結(石井孝『増訂明治維新の国際的環境』)。**8.21**(9.29) 将軍家茂死去により，征長停止の勅が出される(維新史料綱要)。**8.30**(10.8) 中御門経之ら22卿，列参して有栖川宮熾仁親王らの免罪，朝政改革などを奏上(10月27日，列参関係者処分される)(維新史料綱要)。**9.2**(10.10) 幕府軍艦奉行勝海舟・萩藩士広沢真臣ら，安芸国厳島で休戦協定を締結(維新史料綱要)。**10.12**(11.18) 遣ロシア使節小出秀実，横浜を出発(維新史料綱要)。**10.13**(11.19) 幕府，凶作による米価騰貴で，外国米の購入・販売を許可(続実紀)。**11.11**(12.17) 江戸町奉行井上清直，窮民増加

社　会・文　化	世　界	琉球	朝鮮	清
1月14日)。**この年** ジョセフ=ヒコ『海外新聞』創刊(元治元年発刊『新聞誌』改題)。 旦空賢周,『専念往生伝』を上梓(～明治12年)。 【死没】 **2.4**(3.1) 藤田小四郎(24,志士)。 田丸稲之衛門(61,常陸水戸藩士)。 武田耕雲斎(62,水戸藩士)。 山国兵部(73,水戸藩士)。 **2.25**(3.22) 水野忠央(52,紀伊新宮城主)。**4.3**(4.27) 黒沢覚介(49,常陸水戸藩郷士)。**4.16**(5.10) 赤木忠春(50,黒住教)。 **5.28**(6.21) 椋梨藤太(61,長門萩藩士)。**閏5.5**(6.27) 飯沼慾斎(84,植物学者)。**閏5.11**(7.3) 武市瑞山(37,志士)。**6.21**(8.12) 白井織部(46,常陸水戸藩士)。**7.15**(9.6) 斎藤拙堂(69,儒学者)。 **7.20**(9.9) 榊原忠義(旗本)。**8.2**(9.21) 金子徳之助(77,儒者)。 **8.17**(10.6) 小出兼政(69,天文学者)。**9.26**(11.14) 智隆(50,勤王僧)。**10.23**(12.10) 月形洗蔵(38,志士)。 海津幸一(62,筑前福岡藩勘定奉行)。**10.25**(12.12) 加藤徳成(36,筑前福岡藩士)。**12.4**(1.20) 矢野元隆(プロテスタント受洗者)。**12.28**(2.13) 平賀元義(66,歌人)。**この年** 広瀬保庵(58,遣米使節従者)。 《大の月》1・4・⑤・7・8・10・11	ンチンの3国と開戦(パラグアイ戦争)。**4.9** アメリカ南北戦争,南軍総司令官リー将軍の降伏により終結。 **4.15** アメリカ大統領リンカン,暗殺される。**4.22** スターリング没(英国海軍提督)。 **5.23** ファン=デン=ブルーク没(51,オランダ商館医師)。 **6.6** 甘粛の太平軍残党崩壊。 **7.11** ヒルドレス没(58,米国著述家)。**10.11** ビスマルク,南西フランスのビアリッツでナポレオン3世と会談。**12.18** アメリカ,奴隷制廃止を規定した憲法修正第13条発効。**この年** 大西洋横断海底電線完成(通信開始は'66年から)。 メンデル,遺伝法則を発表(メンデルの法則)。	尚泰王 18	高宗 2	同治 4 ⑤
4.7(5.21) 幕府,学校修業・貿易目的の海外渡航を許可(維新史料綱要)。**6.13**(7.24) 武蔵国秩父・高麗・入間・榛沢で打毀し(維新史料綱要)。**6.28**(8.8) 陸奥国信夫・伊達両郡の百姓,打毀し(奥州信達一揆)(維新史料綱要)。**7.19**(8.28) 幕府,軍艦操練所を海軍所と改称(維新史料綱要)。**8.5**(9.13) 小倉藩で,長州征討による混乱から一揆(維新史料綱要)。**9.6**(10.14) 幕府,川路太郎・中村正直等に英国留学を命じる(維新史料綱要)。**10.14**(11.20) 幕府歩兵200人余,江戸新吉原などで暴行,妓楼を破壊して逃亡(維新史料綱要)。**11.19**(12.25) 幕府,講武所を陸軍所と改称(続実紀)。**12.28**(2.2) 西周,「万国公法」(フィセリング述)を翻訳し幕府へ献上。**12.-** 開成所翻訳方前島密,「漢字御廃止之儀」を徳川慶喜に建白。 福沢諭吉,『西洋事情』初篇3冊刊行(明治1年外篇3冊,同3年二篇4冊)。**この年** 半井梧庵『愛媛面影』成る(明治2年から5年頃出版)。 【死没】 **1.14**(2.28) 高島秋帆(69,砲術家)。**1.25**(3.11) 赤根武人(29,長門萩藩士)。**4.25**(5.9) 松前崇広(38,老中)。**5.8**(6.20) 市川小団次(4代)(55,歌舞伎俳優)。**7.20**(8.29) 徳川家茂(21,江戸幕府第14代将軍)。**7.21**(8.30) 藤井竹外(60,漢詩人)。 **8.3**(9.11) 太田権右衛門(32,因幡鳥取藩士)。 詫間樊六(33,志士)。**8.10**(9.18) 木下逸雲(67,画家)。**8.-** 山県太華(86,儒学者)。**9.14**(10.22) 水野忠誠(33,老中)。**9.18**(10.26) 海保漁村(69,漢学者)。**12.19**(1.24) 岸沢式佐(5代)(61,常磐津節三味線弾き)。**12.25**(1.30) 孝明天皇(36)。 窪田清音(76,武道家)。**12.26**(1.31) 黒川春村(68,国学者)。**この年** 宮本元甫(71,蘭方医)。 村山伝兵衛(6代)(81,豪商)。 《大の月》1・3・7・8・10・11・12	**2.6** カッテンダイケ没(50,オランダ海軍軍人)。**4.9** アメリカ,公民権法を制定。 **6.15** 普墺戦争始まる。 **7.3** オーストリア,サドヴァの戦でプロイセンに敗北(8月23日,講和条約調印)。 **9.2** クレタ議会,オスマン=トルコの支配打倒・ギリシアとの統一を宣言。 アメリカ船シャーマン号,大同江で撃沈される。**9.3** プロイセン下院で事後承諾法可決(予算紛争終結)。 **10.18** シーボルト没(70,オランダ商館医員)。**10.-** フランス艦隊,キリスト教徒弾圧への報復として朝鮮江華島を攻撃。**11.-** プロイセンで国民自由党結成。	19	3	5

西暦	年号干支	天皇	将軍	政治・経済
1866 2.15 ▲	慶応 2 丙寅	(孝明) 12.25	12.5	に伴い救助小屋収容者を整理，その内強壮者を兵に採用(維新史料綱要)。12.5(1.10) 徳川慶喜を征夷大将軍に任じる(公卿補任)。12.7(1.12) 幕府，デンマークとの修好通商航海条約・貿易章程に調印(維新史料綱要)。12.25(1.30) 孝明天皇没(維新史料綱要)。
1867 2.5	3 丁卯	1.9 明治	徳川慶喜 12.12	1.9(2.13) 睦仁親王践祚．関白二条斉敬を摂政とする(維新史料綱要)。1.25(3.1) 朝廷，有栖川宮熾仁親王・中山忠能らの参朝を許可(維新史料綱要)。2.6(3.11) 将軍慶喜，大坂城でロッシュと外交・内政について会談(維新史料綱要)。2.25(3.30) 遣ロシア使節小出秀実ら，ペテルブルグで樺太島を日露両国人雑居とする樺太島仮規則に調印(維新史料綱要)。3.5(4.9) 将軍慶喜，兵庫開港の勅許を奏請(３月19日，不許可)(維新史料綱要)。3.25(4.29) 将軍慶喜，大坂城で英・仏・蘭公使と会見(維新史料綱要)。3.29(5.3) 正親町三条実愛・中御門経之・大原重徳ら24卿，赦免され，岩倉具視らの入京も許される(維新史料綱要)。4.－ 高知藩，坂本竜馬の亀山社中を同藩の海援隊とし，坂本竜馬を海援隊長に任命(維新史料綱要)。幕府，関東諸国に買占め・売惜しみを禁じる(維新史料綱要)。5.21(6.23) 高知藩士板垣退助・中岡慎太郎ら，鹿児島藩士小松帯刀・西郷隆盛らと京都で討幕挙兵を密約(維新史料綱要)。5.23(6.25) 将軍慶喜，参内して萩藩処分・兵庫開港の勅許を奏請(24日，兵庫開港のみ勅許)(維新史料綱要)。5.－ 鹿児島藩，イギリス技師の協力により鹿児島紡績所を設立(絹川太一『本邦綿絲紡積史』)。6.5(7.6) 幕府，大坂の富商20名に，商社結成，兵庫開港資金の醵出，貿易取締りを命じる(維新史料綱要)。6.10(7.11) 幕府，陸軍所に歩・騎・砲の三兵士官学校を設置(維新史料綱要)。6.22(7.23) 高知藩士後藤象二郎・坂本竜馬ら，鹿児島藩士大久保利通・西郷隆盛・小松帯刀らと会談し，大政奉還などを内容とした薩土盟約を締結(維新史料綱要)。6.－ 坂本竜馬，「船中八策」を後藤象二郎に示す(坂本竜馬関係文書)。7.8(8.7) 幕府，物価騰貴・物流停滞取締りのため，江戸・大坂に国産改所を設置(続実紀)。7.29(8.28) 中岡慎太郎，京都高知藩邸を本陣とし陸援隊を組織(維新史料綱要)。7.－ 大久保利通ら，幽居中の岩倉具視と共に王政復古を計画(維新史料綱要)。8.5(9.2) 幕府，山城国を禁裏御料とし，同国内諸領の上知を命じる(維新史料綱要)。8.19(9.16) 幕府，兵庫開港にあたり金札発行とその通用を近畿諸国に通達(維新史料綱要)。9.18(10.15) 鹿児島藩，萩藩と挙兵討幕を約す(同20日，広島藩も賛同)(維新史料綱要)。9.26(10.23) 幕府，万石以上の知行取の軍役を金納に改め，10年間の貢租半額上納を命じる(続実紀)。9.27(10.24) 英国海軍教師両人横浜着港(海軍歴史)。10.3(10.29) 後藤象二郎ら，前高知藩主山内豊信の大政奉還の建白書を幕府に提出(同６日，広島藩主浅野茂長，同建白書提出)(維新史料綱要)。10.8(11.3) 大久保利通・萩藩士品川弥二郎，王政復古策を協議(維新史料綱要)。10.13(11.8) 岩倉具視，鹿児島藩主に討幕の密勅，萩藩主父子に官位復旧宣旨を渡す(維新史料綱要)． 将軍慶喜，在京10万石以上諸藩の重臣を二条城に召集し，大政奉還について諮問(維新史料綱要)。10.14(11.9) 将軍慶喜，大政奉還上表を朝廷に提出(維新史料綱要)。 正親町三条実愛，萩藩主父子に討幕の密勅を出す(維新史料綱要)。10.15(11.10) 朝廷，将軍慶喜に大政奉還を勅許(続実紀)。10.24(11.19) 将軍慶喜，朝廷に将軍職辞任を奏請(続実紀)。11.13(12.8) 鹿児島藩主島津茂久，兵を率い上京すべく鹿児島を出発(同23日入京)(維新史料綱要)。11.15(12.10) 坂本竜馬・中岡慎太郎，京都河原町近江屋で京都見廻組に襲撃され，坂本は即死，中岡は同17日死亡(維新史料綱要)。11.25(12.20) 萩藩兵，三田尻を出発(29日，摂津国打出浜に上陸)(維新史料綱要)。11.28(12.23) 幕府，江戸でロシア領事と改税約書に調印(維新史料綱要)。11.－ 西周，統一政権の趣旨及組織・建言に関する意見を草す(田中彰「幕府の倒壊」)。12.7(1.1) 兵庫開港・大坂開市(維新史料綱要)。12.9(1.3) 朝廷，王政復古の大号令を発す．小御所会議で，徳川慶喜に辞官納地を命じることを決定．幕府廃止，有栖川宮熾仁親王が総裁となり新政府成立(維新史料綱要)。12.12(1.6) 慶喜，京都二条城を退去し大坂城に入る(維新史料綱要)。12.23(1.17) 江戸城二丸焼失(維新史料綱要)。12.25(1.19) 旧幕府，江戸鹿児島藩邸を焼打ち(維新史料綱要)。

社　会・文　化	世　界	琉球	朝鮮	清
		尚泰王 19	高宗 3	同治 5
1.11(2.15) 遣欧特使徳川昭武ら，パリ万国博覧会参加のため横浜を出発(2月27日，開会．幕府・佐賀藩・鹿児島藩，浮世絵・有田焼などを出品)(維新史料綱要)。**1月中旬** ベーリー『万国新聞紙』発行。**2.22**(3.27) 金光教教祖川手文治郎，金神社神主の補任状を受ける(金光教年表)。**2.30**(4.4) 大坂付近の被差別民ら，献金命令に感謝し，えたの称廃止を幕府に請う(維新史料綱要)。**2.-** 下野国御前ケ原・伊勢国鈴鹿郡亀山藩領などで一揆(維新史料綱要)。**6.13**(7.15) 長崎奉行，浦上のキリシタン68人を逮捕(浦上四番崩れ)(維新史料綱要)。**7月下旬** 斯加亜登『倫敦新聞紙』発行(横浜)。**8.-** 遠江・三河・尾張国などで「ええじゃないか」の大衆乱舞おこる(冬にかけて，江戸以西の本州・四国各地方へ拡大)(維新史料綱要)。**9.15**(10.12) ブラック『The Japan Gazette』創刊。**9.-** 津田真道，「日本国総制度」を執筆(公選の議会を含む公議政体構想)。**10.-** 江戸開物社『西洋雑誌』創刊。**11.13**(12.8) 京都町奉行，「ええじゃないか」を禁止(維新史料綱要)。**11.-** 江戸市中で浪士・歩兵組などが略奪(維新史料綱要)。**12.9**(1.3) 朝廷，法親王を還俗させる(公卿補任)。**この年** 柳河春三訳述『写真鏡図説』初編出版(～明治元年)。 道契撰述『続日本高僧伝』成る。 田辺太一・広沢晋一郎ら編纂『通信全覧』成る。 ポンペ，『ポンペ日本滞在見聞記』を著す(ライデン，下巻のみ沼田次郎・荒瀬進共訳)。**慶応年間** 鈴木雅之，『民政要論』を著す。 【死没】 **2.-** 竹内保徳(61，幕臣)。**3.20**(4.24) 吉川経幹(39，周防岩国藩主)。**4.14**(5.19) 高杉晋作(29，長門萩藩士)。**5.15**(6.17) 高橋新五郎(3代)(52，結城織・双子織業)。**5.18**(6.20) 太田資始(69，老中)。**6.13**(7.14) 住谷寅之介(50，志士)。**6.16**(7.17) 菊川英山(81，浮世絵師)。**8.3**(8.31) 伊地知季安(86，歴史家)。**8.14**(9.11) 原市之進(38，幕臣)。**8.28**(9.25) 塩谷宕陰(59，儒者)。**8.-** 中村福助(2代)(29，歌舞伎俳優)。**9.3**(9.30) 赤松小三郎(37，洋学者)。**10.29**(11.24) 草場佩川(81，儒者)。**11.6**(12.1) 野村望東(62，歌人)。**11.8**(12.3) 松本儀平(82，銅版画師)。**11.9**(12.4) 庭田嗣子(48，女官)。**11.11**(12.6) 山田宇右衛門(55，長門萩藩士)。**11.14**(12.9) ジラール(46，カトリック教区長)。**11.15**(12.10) 坂本竜馬(33，海援隊長)。**11.17**(12.12) 中岡慎太郎(30，志士)。**11.25**(12.20) 物外不遷(74，曹洞宗僧侶)。**11.27**(12.22) 木内順二(57，儒家)。**12.2**(12.27) 松平大膳(61，尊王家)。**12.9**(1.3) 大関増裕(31，下野黒羽藩主)。**12.19**(1.13) 琳瑞(38，浄土宗僧侶)。**12.28**(1.22) 井上清直(59，幕臣)。**この年** 桂文治(4代)(49，落語家)。 山口吉郎兵衛(初代)(71，実業家)。 《大の月》2・4・8・10・11・12	**3.29** 英領北アメリカ法成立(7月1日，発効．カナダ自治領成立)。**3.30** アメリカ，ロシアからアラスカを購入。**4.16** 北ドイツ連邦憲法採択(7月1日発効，北ドイツ連邦発足)。**4.-** 南アフリカのキンバリーでダイヤモンド発見。**5.5** モスクワで汎スラヴ会議開催。**5.29** 天津機器局，設置される。**6.8** オーストリア皇帝フランツ=ヨーゼフ2世，ブタペストでハンガリー国王として即位し，オーストリア=ハンガリー帝国成立。**6.19** フランス，コーチシナ西3省へ侵略開始(24日，併合)。 メキシコ皇帝マキシミリアン，銃殺される。**7.15** タイ・フランス条約調印(カンボジアのフランス保護国化承認)。**8.15** イギリス，ダービー保守党内閣が第2次選挙法改正実施。**この年** ノーベル，ダイナマイトを発明。 パリで万国博覧会，日本初出品。 マルクス『資本論』第1巻(～'94年)。	20	4	6

西暦	年号 干支	天皇	総裁	政治・経済
1868 1.25 ▼	明治(めいじ) 9.8 戊辰 ④	(明治)	前年 12.9 有栖川宮熾仁 ④.21	1.3(1.27) 鳥羽・伏見の戦(戊辰戦争開始)，旧幕府軍敗退。1.6(1.30) 徳川慶喜，大坂城を脱出(8日，大坂を出帆．12日，江戸到着)。1.7(1.31) 新政府，徳川慶喜征討令を発する。1.10(2.3) 新政府，徳川慶喜以下27名の官位を奪い，旧幕府領地を直轄とする。1.11(2.4) 岡山藩兵，神戸で外国人と衝突(神戸事件)。1.15(2.8) 新政府，各国公使に王政復古を通達。 天皇元服．大礼につき大赦。1.17(2.10) 新政府，三職七科の制を定める。 新政府，外国と和親を結ぶ旨を布告。1.19(2.12) 仏公使ロッシュ，徳川慶喜に再挙を勧めるが，慶喜拒絶。1.20(2.13) 新政府，幕府締結の条約遵守を各国に通告。1.23(2.16) 新政府，暗殺を禁止。1.25(2.18) 英・米・蘭・仏・伊・普の6国，局外中立を宣言。 新政府，役人の贈収賄を禁止。2.3(2.25) 天皇，親征の詔を発布。 職制を改め，三職八局の制を定める。2.9(3.2) 総裁有栖川宮熾仁親王を東征大総督とする。2.11(3.4) 貢士の制を制定。 京坂の富商に親征経費10万両供給させる。2.12(3.5) 慶喜，江戸城を出て上野寛永寺(大慈院)に屏居。2.15(3.8) 高知藩兵，堺港上陸の仏軍艦船員10余人を殺傷(堺事件)。2.30(3.23) 英公使パークス，参内の途次，京都新門前通縄手で襲われる。3.3(3.26) 東山道先鋒総督府，先鋒嚮導隊(赤報隊)浪士相楽総三らを偽官軍として捕え処刑。3.6(3.29) 大総督府，3月15日の江戸城総攻撃を命じる。3.13(4.5) 旧幕府陸軍総裁勝海舟，大総督府参謀西郷隆盛と会談，翌14日，再度会談し江戸開城に合意。3.14(4.6) 天皇，紫宸殿で五箇条を誓約(五箇条の誓文)。3.15(4.7) 旧幕府の高札を撤去し，新たに禁令5条を定めて掲示(五榜の掲示)。4.11(5.3) 江戸城開城．徳川慶喜，水戸に退隠。閏4.21(6.11) 政体書を公布(27日，頒布)。 官制を改正し，太政官に議政・行政・神祇・会計など7官を置く(七官両局の制)。閏4.25(6.15) 会計官に商法司を置く。5.3(6.22) 奥羽25藩，仙台で同盟．ついで会津・庄内・長岡など8藩も加盟(奥羽越列藩同盟)。5.15(7.4) 新政府軍，上野の彰義隊を攻撃(上野戦争)。 新紙幣(太政官札5種)を発行。5.24(7.13) 徳川宗家を嗣いだ家達を駿府藩(70万石)に封ず。7.15(9.1) 大阪を開港場とする。7.17(9.3) 江戸を東京と改称。8.19(10.4) 榎本武揚，旧幕府軍艦8艦を奪い品川を脱走。8.23(10.8) 官軍，会津若松城を攻撃(9月22日，会津藩降伏)。8.27(10.12) 天皇，即位式をあげる。9.8(10.23) 明治と改元．一世一元の制を定める。9.20(11.4) 天皇，京都を出発し東京に向う。9.27(11.11) 新政府，スウェーデン=ノルウェーとの修好通商航海条約に調印(明治3年11月7日，批准)。9.28(11.12) スペインとの修好通商航海条約に調印。10.13(11.26) 天皇，東京に到着．江戸城を皇居と定め，東京城と改称(12月8日，京都へ還幸．22日，京都着)。10.28(12.11) 藩治職制を定める。11.2(12.16) 海軍局設置。11.13(12.26) 火刑・磔刑を禁止。11.19(1.1) 東京開市，新潟開港。11.- 姫路藩主，版籍奉還を上申。12.15(1.27) 榎本武揚ら，蝦夷地を平定．総裁以下の諸司を置き，五稜郭を本営とする。12.19(1.31) 対馬藩家老樋口鉄四郎らを朝鮮国に差遣し，新政府成立通告書を提出するが朝鮮受理せず。12.28(2.9) 米・英・仏・蘭・独・伊の6ヵ国公使，局外中立解除を宣言。

社　会・文　化	世　界	琉球	朝鮮	清
1.21(2.14) 官吏の休日を1・6の日とする。1.- 親子内親王,『静寛院宮御日記』を記す(～明治6年12月)。2.22(3.15) 京都に学校掛を置く。2.23(3.16)『太政官日誌』創刊。2.24(3.17) 日本人による初の新聞『中外新聞』(柳河春三ら)創刊(明治3年3月廃刊)。3.28(4.20) 神仏混淆を禁じる(神仏判然令). 以後,廃仏毀釈運動起こる。3.- 東征官軍,「宮さま宮さま……」(品川弥二郎作詞)に合わせ進軍,都風流「トコトンヤレ節」として流行。**この春** シモン=フィセリング講述,津田真道訳『泰西国法論』刊。4.1(4.23) 木戸孝允,『木戸孝允日記』を記す(～明治10年5月6日)。4.10(5.2) 海軍会社『内外新報』創刊。4.25(5.17) 米人バン=リード,邦人141人を雇い,横浜よりハワイへ送る(最初のハワイ移民)。4.- 福沢諭吉,英学塾を芝新銭座に移し,慶応義塾と改称。 井上文雄,大神御牧『諷歌新聞』発行。閏4.3(5.24)『江湖新聞』(福地桜痴ら)創刊(～明治元年5月22日)。閏4.11(6.1)『横浜新報もしほ草』(バン=リード,岸田吟香協力)創刊(～明治3年3月)。閏4.17(6.7) 長崎で浦上キリシタンを弾圧. 信徒4010名を34藩に御預とする(浦上教徒事件)。閏4.18(6.8) 博聞会社『日々新聞』創刊。閏4.28(6.18) 無官許書籍の刊行を禁止。閏4.- 遠近新聞社『遠近新聞』創刊。 ウイセヒ編輯,ハルトリー発行『各国新聞紙』刊。 知新館『内外新聞』発行。5.4(6.23) 猿渡容盛『総社或問』成稿。5.10(6.29) 嘉永以降の国事殉難者を京都東山に祀る。5.15(7.4) 上野寛永寺火災。5.19(7.8) 江戸鎮台『市政日誌』発行。5.-『海陸新聞』創刊。 村上勘兵衛『都鄙新聞』発行。6.8(7.27) 無官許新聞紙類の刊行を禁止。6.26(8.14) 新政府,旧幕府医学所を復興。6.29(8.17) 昌平黌を復興し,昌平学校を設置。6.-『鎮台日誌』発行。7.1(8.18) 開成所理化学施設を大阪に移し,舎密局を設置。7.- 福沢諭吉『訓蒙窮理図解』刊。 加藤弘之『立憲政体略』刊。8.26(10.11) 天長節を定める。8.-『崎陽雑報』創刊。『鎮将府日誌』発行。9.12(10.27) 開成所を復興。9.18(11.2) 京都に漢学所開講。9.24(11.8) 金光教祖川手文治郎,生神金光大神の神号を称える。12.8(1.20) 静岡藩,沼津兵学校を創立(頭取西周)。12.14(1.26) 京都に皇学所開講。**この年** 上野・下野・岩代・磐城・越後・近江などの各地で農民騒擾。『崎陽茶話』刊(著者良厳か)。 神田孝平訳「和蘭政典」(1848年のオランダ憲法の全訳)刊。『陸軍省大日記』(～昭和20年. 昭和17年後半以降の大部分は現存せず)。 【死没】 1.9(2.2) 柴山良助(35,志士)。1.13(2.6) 蜂須賀斉裕(48,阿波徳島藩主)。1.17(2.10) 堀直虎(33,信濃須坂藩主)。2.9(3.2) 滝善三郎(32,神戸事件責任者)。2.23(3.16) 箕浦元章(25,土佐高知藩士)。2.29(3.22) 超然(77,浄土真宗学匠)。3.3(3.26) 相楽総三(30,志士)。3.15(4.7) 川路聖謨(68,勘定奉行)。3.24(4.16) 寺門静軒(73,儒者)。4.5(4.27) 徳川慶篤(37,常陸水戸藩主)。4.25(5.17) 近藤勇(35,新選組局長)。閏4.6(5.27) 小栗忠順(42,勘定奉行)。5.13(7.2) 時山直八(31,長門萩藩士)。5.15(7.4) 伴貞懿(30,彰義隊主唱者)。5.26(7.15) 戸田忠恕(22,下野宇都宮藩主)。5.27(7.16) 野中助継(41,高知藩士)。7.3(8.20) 三宅艮斎(52,外科医)。7.8(8.25) 木原楯臣(63,有識故実家)。7.9(8.26) 水野忠徳(54,箱館奉行)。7.27(9.13) 桑田立斎(58,蘭方医)。7.29(9.15) 大隈言道(71,歌人)。8.10(9.25) 松平左近(60,尊王家)。8.15(9.30) 三好	1.5 清,東捻軍,江蘇・安徽で敗れる。2.29 イギリス,第1次ディズレーリ内閣成立。5.11 フランス,出版法成立,新聞発行の自由を認める。7.28 アメリカ,憲法修正第14条(公民権)成立。8.16 清,西捻軍,山東で敗れ,捻軍の運動鎮圧。10.10 キューバ,スペインからの独立運動(第1次)が始まる(～'78年)。12.9 イギリス,第1次グラッドストン内閣成立。**この年** ニール没(英国駐日代理公使)。	尚泰王 21	高宗 5	同治 7 ④

西暦	年号 干支	天皇	大臣	政治・経済
1868 1.25 ▲	明治 9.8 戊辰 ④	(明治)		
1869 2.11 ▼	2 己巳		7.8 三条実美(右大臣)	1.5(2.15) 参与横井小楠，旧尊攘派志士により暗殺される。1.10(2.20) 北ドイツ連邦との修好通商航海条約に調印(9月11日，批准)。1.20(3.2) 山口・鹿児島・佐賀・高知の4藩主，連署して版籍奉還を上表。2.5(3.17) 造幣局設置。 府・藩・県に令し議事所を設けさせる。2.19(3.31) 蝦夷島総裁榎本武揚，プロシア人ガルトネルと蝦夷地七重村開墾条約書を結び，同村近傍を99ヵ年貸与。2.22(4.3) 外国官に通商司を置き，貿易事務を管理させる。2.24(4.5) 東幸中は太政官を東京に移し，留守官を京都に置く旨を達す。3.7(4.18) 公議所を東京旧姫路藩邸に開設．同年3～4月，税制改革(神田孝平)・廃刀随意(森有礼)・連坐制廃止(森有礼)・えた非人の称廃止(加藤弘之)・人身売買禁止(津田真道)など提案されるがいずれも不成立．7月，公議所廃止。 天皇，東京に向う(28日，東京着)。3.12(4.23) 天皇，伊勢神宮に参拝。 待詔局を東京城に設置。3.- 東京参集の召命に応じ，諸侯相つぎ上京。4.8(5.19) 民部官を置き，府・県事務を総管させる。 府・県の私兵編成を禁じる。4.27(6.7) 府・藩・県に元治元年から5年間の租税平均額と諸経費を上申させる。5.11(6.20) 海陸の新政府軍，箱館および五稜郭を攻撃。5.13(6.22) 議政官を廃し，輔相・議定・参与を行政官に置く．初めて官吏公選の法を実施し，3等官以上の投票で輔相以下を選出。5.18(6.27) 榎本武揚ら，五稜郭開城(戊辰戦争終結)。5.21(6.30) 上局会議を開き，知藩事選任・蝦夷地開拓などを諮詢(～25日)。5.22(7.1) 弾正台設置。5.- 南部義籌，大学頭山内豊信に「修国語論」(ローマ字採用の主張)を建議。6.2(7.10) 鳥羽・伏見の戦以降の軍功を賞し，賞典禄・賞金を賜う。6.17(7.25) 公卿・諸侯の称を廃し華族とする．諸藩主の版籍奉還を許し，各知藩事に任命(～6月25日)。6.24(8.1) ロシア兵，樺太函泊を占拠し兵営陣地を構築。6.25(8.2) 知藩事家禄の制を定め，現石10分の1を給し，一門以下平士以上を士族と称する。7.8(8.15) 官制を改定し，神祇・太政の2官，民部・大蔵・兵部・刑部・宮内・外務の6省および待詔院・集議院・開拓使などを置く(二官六省の制)。 大学校官制を定める．宣教使を設置。7.11(8.18) 官吏を勅授(4位以上)・奏授(6位以上)・判授(7位以下)とする(7月27日，勅任・奏任・判任と改める)。7.17(8.24) 京都・東京・大阪の3府以外の府を県に改める。7.24(8.31) 三井三郎助ら6人を通商司為替会社及び貸付方総頭取に任命。8.1(9.6) 英公使パークス，外務大輔寺島宗則に樺太経営の必要を説く。8.11(9.16) 民部・大蔵の両省を合併し，民部省を大蔵省内に移転する。8.14(9.19) 待詔院を廃止し，その事務を集議院に移す。8.15(9.20) 蝦夷地を北海道と改称。8.- 大阪通商会社・為替会社設立。9.4(10.8) 大村益次郎，京都木屋町で襲撃され重傷(11月5日没)。9.14(10.18) オーストリア=ハンガリーと修好通商航海条約調印(明治4年12月3日，批准)。9.26(10.30) 王政復古の功を賞し，三条実美以下33人に禄を給し位を進む。9.28(11.1) 徳川慶喜の謹慎を解く。11.12(12.14) 鉄道借款100万ポンドを英国人レイと契約(翌年，イギリスで九分利付外国公債を募集)。12.1(1.2) 長崎駐在の各国領事，浦上キリシタン処分に抗議。12.2(1.3) 中下大夫以下の称を廃して士族・卒と改め，禄制を定める。12.5(1.6) 府・藩・県製造紙幣の通用を禁止。12.25(1.26) 東京—横浜間で電信開通。

社会・文化	世界	琉球	朝鮮	清
監物(54，陸奥仙台藩士)。8.16(10.1) 河井継之助(42，越後長岡藩士)。8.25(10.10) 日柳燕石(52，勤皇博徒)。8.28(10.13) 橘曙覧(57，歌人)。9.16(10.31) 法道寺善(49，和算家)。9.17(11.1) 日高凉台(72，蘭方医)。10.16(11.29) 鷹司政通(80，公家)。10.20(12.3) 佐羽吉右衛門(63，桐生絹商)。11.8(12.21) 天野八郎(38，彰義隊士)。11.29(1.11) 松前徳広(25，蝦夷島松前藩主)。12.3(1.15) 土井利忠(58，越前大野藩主)。**この年** 井上八千代(2代)(78，日本舞踊家元)。 跡部良弼(旗本)。 《大の月》2・3・5・8・10・11		尚泰王 21	高宗 5	同治 7 ④
1.1(2.11) 観音崎燈台点火(洋式燈台の初め)。1.20(3.2) 箱根関など諸道の関門を廃止。1.27(3.9) 図書刊行規定を制定し，図書開版の際は官許を受け，製本1部を納入することとする。1.- 天理教祖中山みき，『おふでさき』を書き始める(～明治15年)。2.5(3.17) 府県施政順序規則を定め，小学校の設置を奨励。2.8(3.20) 新聞紙印行条例を制定。2.19(3.31) 東京府，風俗矯正の町触を出し，売淫・春画・男女混浴などを禁止。3.20(5.1) 諸宗同徳会盟，耶蘇教禁制を建白。 瑞穂屋『六合新聞』創刊。3.- 明治政府『公議所日誌』創刊。5.13(6.22) 書籍出版准許事務を昌平・開成両校に移し，校中に取調所を設け，出版条例を頒布。5.21(6.30) 京都府で小学校規則を定める．上京第二十七番組小学校創立(同年末までに64校開校)。6.15(7.23) 昌平学校を大学校とし，開成・医学両校を大学分局とする。6.29(8.6) 東京九段に東京招魂社を建立し，鳥羽・伏見の戦より箱館戦争までの戦死者を合祀する。6.- 本木昌造，長崎に活版伝習所を設立。8.3(9.8) 高崎藩領農民，岩鼻県との租税平等を要求して騒擾(～明治4年10月，五万石騒動)。9.18(10.22) 東京築地に海軍操練所を設立。**9月頃** 札幌，開拓使『開拓使日誌』創刊。10.12(11.15) 越中国新川郡一帯で農民騒動(～11月3日，バンドリ騒動)。10.20(11.23) 芝新銭座に陸軍操練所設立。10.- 英国人フェントン，鹿児島藩の依頼で天皇礼式曲「君が代」を作曲。12.14(1.15) 大垣藩で農民暴動(～24日)。 ブラガ『The Nagasaki Express』創刊。12.17(1.18) 大学校を大学，開成所を大学南校，医学校を大学東校と改称。12.21(1.22) レイ『The Japan Mail』発刊。**この年** 和泉要助，人力車を創案(翌明治3年3月，東京府，人力車渡世を許可)。 高橋新吉・前田正穀共編『薩摩辞書』刊。 徹定，『笑耶論』を著す。 プティジャン『(校正再刻)とがのぞき規則』出版(上海か)。 ファン=デ=ロスアンヘレス編『玫瑰花冠記録』開板。 レオン=パジェス『日本切支丹宗門史』刊(パリ)。 養鸕徹定『古経題跋』刊。 【死没】 1.5(12.15) 横井小楠(61，儒学者)。2.29(4.10) 常磐津文字太夫(5代)(48，常磐津節家元)。2.- 玉楮象谷(64，漆芸家)。3.25(5.6) 甲賀源吾(31，軍艦艦長)。4.3(5.14) 市川三左衛門(54，常陸水戸藩士)。4.26(6.6) 井上伝(82，久留米絣始祖)。4.- 玉虫左太夫(47，陸奥仙台藩士)。5.11(6.20) 土方歳三(35，新選組副長)。5.12(6.21) 伊庭八郎(27，剣客)。6.28(7.7) 牧野権六郎(51，備前岡山藩士)。8.9(9.14) 念仏重兵衛(53，茶商)。9.4(10.8) 安達幸之助(46，蘭学)。9.8(10.12) 松崎渋右衛門(43，讃岐高松藩士)。9.10(10.14) 三笑亭可楽(4代)(落語家)。10.6(11.9) 土御門晴雄(43，陰陽家)。10.18(11.21) 新見正	4.20 上海に共同租界会審衙門設立。5.10 アメリカ，最初の大陸横断鉄道完成。7.26 アイルランド国教会廃止法，英議会で成立。8.9 ドイツ，アイゼナハで社会民主労働党結成。11.17 スエズ運河開通。11.19 カナダ，ルパート土地法成立。12.8 ヴァチカン公会議開催(～'70年10月20日)。12.28 アメリカ，フィラデルフィアで労働騎士団結成。**この年** ロシア，ペテルブルクで秘密サークル「チャイコフスキー」結成(～'74年)。	22	6	8

西暦	年号 干支	天皇	大臣	政治・経済
1869 2.11 ▲	明治 2 己巳	（明治）	（三条実美）	
1870 2.1	3 庚午 ⑩			1.26(2.26) 山口藩諸隊脱隊兵，藩庁を囲む(長州藩脱隊騒動)。2.2(3.3) 兵部省に造兵司を置く。2.11(3.12) 木戸孝允ら，脱隊騒動を鎮圧。2.13(3.14) 樺太開拓使を置く。2.20(3.21) 各藩常備兵の編制規則を定め，全国一律とする。2.22(3.23) 府・藩・県に令し，歳入および物産を抵当として外国に起債することを禁じる。4.4(5.4) 海軍所を東京に，陸軍所を大阪に設置。4.24(5.24) 教導隊を編成。5.13(6.11) 徳島藩士，家老稲田氏所管の洲本城を襲撃(稲田騒動)。5.15(6.13) 陸軍国旗(白地紅白光線章)を定める。5.28(6.26) 集議院開院，藩制を諮問。5.- 府・藩・県に管下の石高・戸口を調査・提出させる。6.1(6.29) 政府，オリエンタルバンクに委任，英で100万ポンドの外債発行を決定(鉄道建設費など)。6.29(7.27) 外務大丞柳原前光を清国と通商商議のため差遣(9月4日，天津着)。6.- 神田孝平，田租改革建議を提出。7.10(8.6) 盛岡藩知事の辞職を聴し，藩を廃して盛岡県を置く。 民部・大蔵両省を分離。7.24(8.20) 田方は米納，畑方は石代金納とする。7.28(8.24) 普仏戦争に対し，局外中立を布告。7.- 田方検見規則制定。8.2(8.28) 山県有朋・西郷従道，欧州より帰国．山県，以後軍制改革にあたる。8.- 制度局，民法取調を開始。9.10(10.4) 藩制改革を布告し，職制・海陸軍費・家禄・官禄などの大本を示す。9.18(10.12) 外務権少丞吉岡弘毅らを朝鮮に差遣(11月3日，釜山着)。9.19(10.13) 平民に苗字使用を許す。9.28(10.22) 諸藩常備兵員を現石1万石に付60人と定める。10.2(10.26) 常備兵員の制を定め，海軍は英国式，陸軍は仏国式を採用。10.9(11.2) 新律提綱成り上奏(12日，施行)。 岩崎弥太郎，土佐開成商社(10月19日，九十九商会と改称，のち三菱商会)を創立。10.17(11.10) 外務卿沢宣嘉，英・仏公使に両国の横浜駐屯軍隊の撤退を求める。閏10.20(12.12) 工部省を置き，民部省から鉱山・製鉄所・燈明台・鉄道・伝信の5掛を移管。11.13(1.3) 府・藩・県に徴兵規則を頒ち，1万石に付5人を徴集。11.28(1.18) 大楽源太郎ら山口藩脱隊士の鎮圧のため，河野敏鎌を日田県(大分)に派遣。12.10(1.30) ガルトネルに開墾費6万2500ドルを与え，北海道七重村の租借地を回収。12.20(2.9) 新律提綱を新律綱領と改称し，公布。12.22(2.11) 各藩常備兵編制定則を公布。 勅使岩倉具視，鹿児島に至り，島津久光に勅書を伝達し上京を促す(4年1月9日，山口に至り毛利敬親にも勅書を伝達)。12.26(2.15) 米沢藩士雲井竜雄ら12人，政府顚覆の陰謀により処刑。
1871 2.19 ▼	4 辛未			1.5(2.23) 寺社の所領を没収，府・藩・県の管轄とする。2.13(4.2) 鹿児島・山口・高知3藩の兵1万を徴集し，親兵を編成。3.7(4.26) 華族外山光輔ら，謀反の罪により逮捕。3.13(4.26) 巡察使四条隆謌，久留米藩に派兵し，大参事水野正名らを逮捕。3.14(4.27) 華族愛宕通旭，謀反の罪により逮捕。4.5(5.22) 戸籍法制定。4.23(6.10) 鎮台を東山道(本営石巻)・西海道(本営小倉)に設置。5.1(6.30) 参議副島種臣を樺太境界協議のため，ロシアへ派遣することを決定。5.8(6.25) 田方正米納困難の村に対し石代納を許可。5.10(6.27) 新貨条例を制定(円・銭・厘の新貨幣，10進1位法)。5.25(7.12) 兵部省に教導団を設置。6.25(8.11) 西郷隆盛を参議に任じる(木戸孝允再任，大久保利通以下各参議辞職)。7.4(8.19) ハワイとの修好通商条約に調印(同日，批准実施)。7.9(8.24) 刑部省・弾正台を廃して司法省を設置。 西郷隆盛・大久保利通ら木戸孝允邸に会合，廃藩置県の手順を論議。7.14(8.29) 天皇，56藩知事を集め，廃藩置県の詔書を示す。7.14(8.29)

社　会・文　化	世　界	琉球	朝鮮	清
興(48，幕府官僚)。11.5(12.7) 大村益次郎(45，政治家)。12.8(1.9) 日鑑(64，日蓮宗学僧)。 《大の月》1・2・3・6・9・11・12		尚泰王 22	高宗 6	同治 8
1.3(2.3) 大教宣布の詔を下す。1.-『外務省日誌』刊。2.- 大学規則・中小学規則を定める。3.3(4.3) 長崎高島炭坑夫，賃下げで暴動．いったん鎮静，6月再び暴動。3.15(4.15) 西村勝三，東京築地に伊勢勝製靴工場設立。3.20(4.20) 宇和島藩領奥野郷で農民騒動(野村騒動)。4.23(5.23) 宣教使心得書を定め，皇道主義に基づく国民教化運動を開始。4.- ロニー『世のうはさ』刊(パリ)。5.26(6.24) 舎密局を理学所(校)と改める。5.-『The Far East』創刊(～明治8年8月)。6.8(7.6) 東京府下に小学校6校を開設する旨を布達。7.12(8.8) 国学・洋学両派の対立により大学本校を閉鎖。7.27(8.23) 大学南校に外国人教師を聘用し，諸藩に石高に応じた数の貢進生を入学させる。7.- 加藤弘之『真政大意』刊。9.4(9.28) 東京府下に中学校開設。 脱籍無産者復籍規則制定。10.24(11.17) 大阪洋学所を開成所と改称し，理学所を開成所の分局とする。10.- スマイルス著・中村正直訳『西国立志編』，静岡で刊行(～明治4年)。閏10.- 山中信古編『南狩遺文』成る。11.4(12.25) 築地海軍操練所を海軍兵学寮に，大阪兵学寮を陸軍兵学寮に改称。11.17(1.7) 日田県(大分)で農民約7000人，地役人廃止・雑税免除などを要求して暴動(～21日)。11.25(1.15) 松代藩農民，藩札の額面通用などを要求して騒擾(～27日)。11.- 西周「百学連環」，私塾育英舎での特別講義。12.8(1.28) 子安峻ら，『横浜毎日新聞』を創刊(日本最初の日刊新聞)。12.19(2.8) 中野県(長野)で世直し騒動(中野騒動)。**この年** エーメ=アンベール『アンベール幕末日本図絵』刊(パリ)。 セール=レビ『L'Echo du Japon』創刊。 村尾元融『続日本紀考証』刊。**この年より明治10年にかけて** 内田正雄・西村茂樹編『輿地誌略』刊。 【死没】 2.4(3.5) 佐藤三喜蔵(52，高崎五万石騒動指導者)。2.20(3.21) 柳河春三(39，洋学者)。6.14(7.12) 樋口武(56，志士)。7.20(8.16) 小松帯刀(36，政府官僚)。7.27(8.23) 横山正太郎(28，森有礼兄)。9.7(10.1) 小島文治郎(46，高崎五万石騒動指導者)。9.24(10.18) 長谷川宗右衛門(68，讃岐高松藩士)。10.12(11.5) 林桜園(74，肥後熊本藩士)。10.27(11.20) 広瀬元恭(50，蘭方医)。10.28(11.21) 栗原信充(77，故実家)。12.28(2.17) 雲井竜雄(27，出羽米沢藩士)。 《大の月》2・3・5・7・9・11	2.8 グロ没(77，フランス外交官)。2.9 ベッテルハイム没(58，キリスト教宣教師)。4.27 ベネズエラ，グスマン=ブランコの独裁始まる(～'88年)。5.31 アメリカで，クー=クラックス=クラン法制定。6.21 天津でフランス領事館・教会などが焼かれ，領事ら虐殺される。7.19 フランス，プロイセンに宣戦(普仏戦争)。8.1 アイルランド土地法制定。8.9 イギリス，初等教育法制定。9.2 フランス，ナポレオン3世，セダンでプロイセン軍に敗れ，投降して捕虜となる。9.4 フランス，第三共和制始まる。10.2 イタリア王国，教皇領(ローマ)を占領し，イタリア統一を完成。11.8 カシュガル=ハン国王ヤクブ=ベク，トルファンを占領。**この年以降** シュリーマン，トロヤ・ミケーネ遺跡を発掘。	23	7	9 ⑩
1.24(3.14) 東京・京都・大阪間に郵便の開設を決定(3月1日，第1便)。4.- 仮名垣魯文『安愚楽鍋』刊。 大阪府，大貧院を創設。5.14(7.1) 神社は国家の宗祀であることを宣し，社格・神官職制を制定。5.- 日新堂『新聞雑誌』創刊(木戸孝允発案)。6.- 福地源一郎『会社弁』刊。 栗田寛『神祇志料』成稿。7.22(9.6) 寄留・旅行鑑札を廃止。8.8(9.22) 神祇官を改め神祇省とし，太政官のもとに置く。8.9(9.23) 散髪・廃刀を許可。8.14(9.28) 工部省に工学寮を設置。8.23(10.17) 華族・士族・平民間の結婚を許可。8.28(10.12) えた・非人の称を廃止。8.- 箕作麟祥訳『泰西勧善訓蒙』前編刊(後編，明治6年9月刊)。9.1(10.14) 熊本洋学校開校(御雇教師に米人ジェーンズ)。	1.18 ウィルヘルム1世即位．ドイツ帝国成立。1.28 フランス，ドイツに降伏，休戦協定締結。3.18 パリで民衆の蜂起。3.22 ビスマルク，ドイツ帝国初代宰相に就任。3.28 パリ=コミューン成立(5月21日，フランス政府軍パリ進軍，5月28日，コンミューン崩壊)。4.10 ハ	24	8	10

西暦	年号 干支	天皇	太大 政臣	政　治・経　済
1871 2.19 ▲	明治 4 辛未	(明治)	(三条実美) 7.29 (太政大臣)	大隈重信・板垣退助を参議に任じる。**7.18**(9.2) 文部省を設置。**7.27**(9.11) 民部省を廃止。**7.28**(9.12) 陸軍条例を制定。 兵部省に陸軍部を設置(9月8日，海軍部設置)。**7.29**(9.13) 日清修好条規・通商章程・海関税則調印(明治6年4月30日，批准)。 太政官官制を改め，正院・左院・右院を設置。**8.7**(9.21) 樺太開拓使を開拓使へ合併。**8.10**(9.24) 納言を廃止，左右大臣を設置。**8.20**(10.4) 東京・大阪・鎮西(熊本)・東北(仙台)に4鎮台を設置。 集議院を左院の所属とする。**9.7**(10.20) 田畑勝手作を許可。**9.8**(10.21) 海軍条例を制定。**9.27**(11.9) 司法省，法律家養成のため明法寮を設立。**10.3**(11.15) 宗門人別帳を廃止。**10.8**(11.20) 欧米各国派遣のため，岩倉具視を特命全権大使，木戸孝允・大久保利通・伊藤博文・山口尚芳を副使とする。**10.12**(11.24) 大蔵省兌換証券の発行を定める。**10.23**(12.5) 東京府に邏卒3000人を置く。**10.28**(12.10) 府県官制を定め，府知事・県知事を設置。**11.2**(1.13) 県知事を県令と改称。**11.12**(12.23) 特命全権大使岩倉具視ら，横浜出発，留学生多数同行。**11.13**(12.24) 全国の県を改廃(11月22日，3府72県となる)。**11.27**(1.7) 府県奉職規則を廃止，県治条例を定める。**12.18**(1.27) 在官者以外の華士族・卒に，農・工・商業を営むことを許可。**12.20**(1.29) 士族・卒で農・商業に帰する者に，5年分の禄高を給する制を廃止。**12.27**(2.5) 新紙幣発行を布告。 東京府市街地に地券を発行し地租を課することを布告。
1872 2.9 ▼	5 壬申			**1.8**(2.16) 天皇，日比谷陸軍操練所で陸軍始め行軍式を閲する。**1.10**(2.18) 東海道各駅の伝馬所・助郷を廃止。**1.25**(3.4) 特命全権大使岩倉具視，アメリカ大統領グラントと会見。**1.29**(3.8) 政府，初めて全国の戸籍調査を実施。 卒の身分を士族に編入。 銃砲取締規則を定める。**2.15**(3.23) 土地永代売買を解禁。**2.18**(3.26) 海陸軍刑律を定める。**2.24**(4.1) 地券渡方規則を定める(売買・譲渡の土地に地券を発行)。**2.28**(4.5) 兵部省を廃し，陸軍省・海軍省を設置。**3.9**(4.16) 親兵を廃止，近衛兵を設置し近衛条例を定める。**3.12**(4.19) 鎮台条例を定める。**3.13**(4.20) 天皇，東校に行幸。**3.14**(4.21) 神祇省を廃し，教部省を設置。**3.27**(5.4) 鉱山心得書を定める(すべての鉱物とその開採権の政府所有を規定)。**4.9**(5.15) 庄屋・名主・年寄などを廃し，戸長を設置。**4.22**(5.28) 京都—大阪間に電信開通。**4.-** 左院少議官議制課長，「立国憲議」を左院議長後藤象二郎に提出。**5.7**(6.12) 品川—横浜間の鉄道仮開業。**5.19**(6.24) 左院，「下議院ヲ設クルノ議」を正院に提出(正院，5月22日認める)。**5.23**(6.28) 天皇，中国・九州地方の巡幸に出発。

社　会・文　化	世　界	琉球	朝鮮	清
9.9(10.22) 正午の号砲(ドン)開始。9.25(11.7) 学制改革のため，東校・南校を閉鎖(10月，再開)。9.- 渋沢栄一『立会略則』刊。10.13(11.25) 姫路・生野両県で大規模暴動。10.28(12.10)『大阪府日報』創刊。10.- この頃，府・県庁支援の新聞が次々創刊。11.12(12.23) 津田むめ(梅子)・永井繁・山川捨松ら5人，女子留学生としてアメリカへ出発(岩倉使節団と同船)。中江兆民，アメリカ経由でフランスへ留学(岩倉使節団と同船)。12.2(1.11) 文部省，箕作麟祥ら11名を学制取調掛に任命。12.- 吉本次郎兵衛『開化新聞』創刊。 文明社『名古屋新聞』創刊。**この年** 現在の岡山・島根などの諸県の住民，旧藩主の東京移住に反対し騒擾をおこす。 大田垣蓮月『海人の刈藻』成る。『京都新聞』創刊(『京都新報』改題)。 サミュエル=スマイルズ著，中村敬宇訳『西国立志編』刊。 佐久間象山『省諐録』刊。 シモン=フィセリング講述，神田孝平訳『性法略』刊。 箕作麟祥訳『泰西勧善訓蒙』(ボンヌの小学校用道徳書の訳)前編刊(～明治7年)。 青山延光『国史紀事本末』刊(～明治9年)。 【死没】 1.2(2.20) 伊東玄朴(72，蘭方医)。1.7(2.25) 北浦定政(55，歴史家)。1.9(2.27) 広沢真臣(39，政治家)。1.18(3.8) 鍋島直正(58，肥前佐賀藩主)。2.- 桂誉重(44，国学)。3.15(5.4) 森山多吉郎(52，英学)。3.28(5.17) 毛利敬親(53，長門萩藩主)。4.19(6.6) 田宮如雲(64，尾張名古屋藩士)。4.21(6.8) 鈴木雅之(35，国学)。4.27(6.14) 河崎董(49，兵・砲術家)。5.13(6.30) 御堀耕助(31，志士)。6.1(7.18) 川本幸民(62，蘭方医学)。7.8(8.23) 仲尾次政隆(62，浄土真宗布教者)。8.15(9.29) 江見鋭馬(38，勤王家)。8.17(10.1) 大国隆正(80，国学)。8.18(10.2) 中村雀右衛門(初代)(66，歌舞伎役者)。8.19(10.3) 広如(74，浄土真宗僧)。8.21(10.5) 九条尚忠(74，公家)。9.27(11.9) 新渡戸伝(79，陸奥三本木開発者)。9.29(11.11) 青山延光(65，儒学者)。 広瀬久兵衛(82，豪商)。10.8(11.20) 安藤信正(53，老中)。10.22(12.4) 市川団蔵(6代)(72，歌舞伎役者)。10.24(12.6) 斎藤弥九郎(初代)(74，剣術家)。11.5(12.16) モレル(29，英国鉄道技術者)。11.22(1.2) 片岡仁左衛門(9代)(33，歌舞伎役者)。12.3(1.12) 愛宕通旭(26，公家)。 外山光輔(29，公家)。12.4(1.13) 河上彦斎(38，志士)。**この年** 山口吉郎兵衛(2代)(53，実業家)。 松岡磐吉(幕臣)。 《大の月》1・2・4・5・7・9・12	ルデス没(56，オランダ海軍機関士官)。4.16 ドイツ，帝国憲法発布。4.30 アメリカ，アパッチ戦争開始。5.10 ドイツ・フランス間でフランクフルト講和条約調印。6.3 上海―ロンドン間の海底電線開通。6.11 アメリカ軍艦，朝鮮の開国を求めて江華島占領，米朝交戦。6.29 イギリス議会で労働組合法案通過。7.4 ロシア，イリを占領。7.- イタリア，ローマ遷都。8.31 ティエール，フランス大統領に就任。11.27 台湾山岳民，琉球の漂流民66名中54名を殺害。**この年** アメリカ人ジャーナリストのスタンリー，イギリス人宣教師・探険家のリビングストンをアフリカで発見。 ドイツで文化闘争はじまる。 南アフリカのダイヤモンド鉱業都市キンバリー建設。	尚泰王 24	高宗 8	同治 10
2.2(3.10) 押川方義ら，横浜に日本最初のプロテスタント教会(日本基督公会)を設立。2.21(3.29) 日報社『東京日日新聞』創刊。2.- 福沢諭吉『学問のすゝめ』初編刊。 ミル著・中村正直訳『自由之理』刊。 南校構内に共立女学校設立(11月，東京女学校となる)。3.17(4.24) イギリス人ジョン=レディー=ブラック『日新真事誌』創刊。3.-『大阪新聞』創刊。 新潟活版調所『北湊新聞』創刊。4.4(5.10) 新潟県蒲原郡の農民，信濃川分水工事の過重負担に反対して擾乱。4.15(5.21) 開拓使仮学校(札幌農学校の前身)，東京に開校。4.25(5.31) 教部省，教導職を設置。 僧侶の肉食・妻帯・蓄髪などを許可。4.28(6.3) 教部省，国民教化の基本大綱として教則三条を教導職に示す。5.29(7.4) 文部省，東京に師範学校を設立。5.- 日新社『日新	4.30 上海で『申報』創刊。6.8 ヤクブ=ベク，ロシアと協定締結。9.6 露・独・仏の3皇帝，近東状勢について協議。	25	9	11

西暦	年号 干支	天皇	太大 政臣	政　治・経　済
1872 2.9 ▲	明治 5 壬申	(明治)	(三条実美)	5.－ 陸奥宗光,「田租改正建議」提出。6.19(7.24) 特命全権大使岩倉具視，対米条約改正交渉の中止を国務長官フィシュに通告。7.1(8.4) 外務卿副島種臣，清国人苦力虐待に関しペルー国船マリア=ルス号の取調を命じる(マリア=ルス号事件)。7.4(8.7) 全国一般の土地に地券を交付(壬申地券)。7.19(8.22) 参議西郷隆盛を陸軍元帥・近衛都督に任じる。7.25(8.28) 集議院建白規則を制定。 大蔵省租税寮に地租改正局を設置。8.10(9.12) 日本政府郵便蒸気船会社設立(11月3日，日本国郵便蒸気船会社と改称)。8.12(9.14) 田畑貢租米をすべて金納とすることを許可。8.18(9.20) 外務大丞花房義質らを朝鮮に差遣(9月16日，草梁倭館を接収)。8.－ 左院,「国会議院手続取調」を作成。9.12(10.14) 新橋—横浜間鉄道開業式(9月13日，営業開始)。9.13(10.15) マリア=ルス号乗組の苦力229人を清国に引渡す。9.14(10.16) 琉球正使尚健参朝．国王尚泰を琉球藩主とし華族に列する。9.24(10.26) 租税未納者の身代限処分を定める。10.4(11.4) 官営富岡製糸場開業。10.25(11.25) 教部省を文部省と合併。11.5(12.5) 岩倉大使，イギリス，ビクトリア女王に謁見。11.8(12.8) 違式詿違条例を定める(同月13日，東京府下施行)。11.15(12.15) 神武天皇即位の年を紀元とし，即位日(1月29日)を祝日とすることを定める。 国立銀行条例・同成規を定め，銀行の設立を許可。11.26(12.26) 岩倉大使，フランス大統領と会見。11.28(12.28) 徴兵の詔書・太政官告諭。12.3(1.1) この日を明治6年1月1日とする。
1873 ▼	6 癸酉			1.4 五節を廃し，神武天皇即位日・天長節を祝日と定める。1.9 名古屋・広島に鎮台を設置，6鎮台とする。1.10 徴兵令および付録を制定。3.7 神武天皇即位日を紀元節と称す。3.25 藩債処分のため新旧公債証書発行条例を制定。3.30 太政官・民部省札回収のため金札引換公債証書発行条例を制定。5.2 太政官職制を改正(正院の権限拡大)。5.7 大蔵大輔井上馨・同省三等出仕渋沢栄一，財政改革を建議(5月14日，両者免官)。5.26 遣米欧副使大久保利通，帰国。1～5月 この頃，左院,「国会議院規則」を起草。6.1 横浜生糸改会社開業。6.4 人民礼拝用の天皇の写真下賜を求める奈良県令四条隆平の願出を許可(府県への写真下賜の最初)。6.8 石高を廃し反別に改める。6.9 歳入出見込会計表を公表。6.11 第一国立銀行設立(7月20日，営業開始)。6.13 改定律例を頒布(7月1日，施行)。6.25 集議院を廃止(事務を左院へ移す)。7.20 日本坑法を公布(9月1日，施行)。7.23 遣米欧副使木戸孝允，帰国。7.28 地租改正条例を制定・公布。8.17 閣議，西郷隆盛の朝鮮派遣を内定。8.21 ペルーとの和親貿易航海仮条約に調印(明治8年5月17日，批准)。9.13 遣米欧大使岩倉具視，帰国。10.14 閣議，遣韓使を議するも決せず(15日，派遣決定)。 祝祭日を定め，休日とする(元始祭・新嘗祭など計8日)。10.24 天皇，岩倉の上奏をいれ遣韓を中止する。10.25 板垣退助・副島種臣・江藤新平・後藤象二郎ら参議を辞職。11.10 内務省を設置(同29日，大久保利通を初代内務卿に任じる)。11.－ 大久保利通「立憲政体に関する意見書」を起草(「君民共治」の実現を主張)。12.25 島津久光を内閣顧問に任じる。12.27 秩禄奉還の法を定める。 陸海軍資のため家禄税を設く。

社　会・文　化	世　界	琉球	朝鮮	清
記聞』発行。6.10(7.15)『郵便報知新聞』創刊。8.2(9.4) 文部省，学制を頒布。8.8(9.10) 山梨県巨摩郡の農民，大小切税法廃止に反対し騒擾。8.- 文部省『文部省日誌』創刊。10.2(11.2) 人身売買を禁止，年季奉公を制限・廃止。10.17(11.17) 文部省，教科書編成掛を設置。10.- 新報義社『茨城新報』創刊。大蔵省紙幣寮編『会社全書』初編成る，追録は明治8年に及ぶ。日本アジア協会『アジア協会会報』刊。11.5(12.5) 岩崎嘉兵衛ほか『和歌山新聞』創刊。11.9(12.9) 太陰暦を廃止し，太陽暦を採用するとの詔(明治5年12月3日を明治6年1月1日とする)。11.16(12.16) 長崎県高島炭坑で坑夫200人暴動。11.- 大教宣布の組織として大教院設立。 東京府，車善七に命じ乞食240人を旧金沢藩邸空長屋に収容(市養育院の初め)。12.3(1.1) 太陽暦を採用し，この日を明治6年1月1日とする。**この年** ミル著，中村敬宇訳『自由之理』刊。 汾陽光遠『租税問答』成るか。太政官外史局編『布告全書』創刊。『布達全書』創刊。『陸軍省日誌』(～明治15年)。 【死没】 1.4(2.12) 島津久治(32，薩摩鹿児島藩家老)。1.25(3.4) 市川栄之助(42，キリスト教徒)。2.8(3.16) 本間棗軒(69，漢蘭折衷医)。2.15(3.23) 玉松操(63，国学)。2.18(3.26) 笠松謙吾(35，勤王活動家)。3.8(4.15) 妹尾三郎平(36，尊王家)。4.10(5.16) 佐藤泰然(69，蘭方医)。4.15(5.21) 小原鉄心(56，美濃大垣藩士)。6.2(7.7) 大橋慎(38，土佐高知藩陪臣)。6.21(7.26) 山内豊信(46，高知藩主)。7.26(8.29) 浅野長訓(61，安芸広島藩主)。8.17(9.19) 秦瀬兵衛(85，慈善家)。9.19(10.21) 吉沢検校(2代)(65，箏曲家)。11.13(12.13) 常磐津小文字太夫(6代)(32，常磐津節家元)。11.24(12.14) 慈隆(58，天台宗僧)。11.29(12.29) 山城屋和助(37，商人)。**この年** お美代の方(徳川家斉側室)。 西川伊三郎(3代)(人形遣い)。 《大の月》2・4・5・7・8・10・12		尚泰王 25	高宗 9	同治 11
1.22 尼僧の蓄髪・肉食・婚姻・帰俗を許可。1.30 サマーズ，南貞助『大西新聞』創刊(ロンドン)。1.- 文運社『埼玉新聞』創刊。司法省記録課『司法省日誌』刊。『東京仮名書新聞』創刊。2.7 復讐(仇討)を禁止。2.24 キリスト教禁制高札の除去を決定。2.- 翰林堂『海外雑誌』創刊。 けいもうしゃ『まいにちひらかなしんぶんし』創刊。3.12 新聞社『島根新聞誌』創刊。4.10 第1大学区第1番中学を開成学校と改称。4.- 師範学校付属小学校，授業開始。 文部省『文部省雑誌』創刊。5.1 ウィーン万国博覧会開場(～11月2日)，日本出品の美術工芸品好評。5.26 北条県(美作)で徴兵令・部落解放に反対する騒擾。6.- 河竹黙阿弥作『梅雨小袖昔八丈』，東京中村座で初演。7.30 工部省工学寮に工学校設立。 民立共立社『高知新聞』創刊。7.- 大蔵省『大蔵省銀行局年報』刊。8.- 森有礼，西村茂樹に学術結社の結成を提案(明六社の始まり)。9.- 沼間守一，法律講習会を開く(嚶鳴社の初め)。10.15 伊藤六郎兵衛，神奈川県登戸で丸山教開教。10.19 新聞紙条目を制定。**この年** 徴兵令反対などの農民騒擾多発。 太政官記録局『太政類典』成る。 富田礼彦『斐太後風土記』成る。	2.12 スペイン，共和制を宣言。2.16 ホブソン没(57，英国のプロテスタント中国医療宣教師)。2.- バン=リード没(38，オランダ系アメリカ商人)。3.26 スマトラ，アチェー戦争始まる(～1912年)。10.9 セシーユ没(85，フランス東インド派遣海軍司令官)。10.22 独・墺・露3帝協商成立。11.20 フランス軍，ベトナムのハノイを占領。11.24 朝鮮，王妃閔氏，政権奪取。12.6 ヤクーブ=ベク，トルキスタンを支配し，エミール=ハンの称号を受く。**この年** 大不況始まる。	26	10	12 ⑥

西暦	年号干支	天皇	太政大臣	政治・経済
1873 ▲	明治 6 癸酉	(明治)	(三条実美)	
1874	7 甲戌			1.12 板垣退助・副島種臣・後藤象二郎・江藤新平ら，愛国公党結成。1.14 右大臣岩倉具視，高知県士族武市熊吉らに襲われ負傷(赤坂喰違の変，7月9日犯人斬罪)。1.15 東京警視庁を設置。1.17 板垣退助・江藤新平・後藤象二郎・副島種臣ら8名，民撰議院設立建白書を左院に提出(1月18日，『日新真事誌』に公表)。2.1 江藤新平ら，佐賀で挙兵(佐賀の乱．3月1日，平定)。2.3 加藤弘之，民撰議院設立の尚早論を『日新真事誌』に発表(民撰議院論争はじまる)。2.6 政府，台湾征討を決定。3.28 秩禄公債証書発行条例を定める。4.4 西郷従道を台湾蕃地事務都督とし，出兵を命じる。4.10 板垣退助ら，立志社結成。4.13 イギリス公使，清国が日本の台湾出兵を侵略と見なすならば英人・英船舶の参加を禁止する旨を通告。4.18 参議兼文部卿木戸孝允，台湾出兵に不満をもち辞表提出(5月13日，免官)。4.19 政府，台湾出兵中止を決定，西郷従道に出発延期を命じる。5.2 地方官会議の開催を勅し，議院憲法・規則を定める。5.4 大久保利通・大隈重信，長崎で西郷従道と会見し台湾出兵実施を決定(5月17日，西郷出発．同22日，台湾上陸．12月3日，撤兵開始)。5.10 左院に国憲編纂を命じる。5.11 大阪—神戸間の鉄道開通。5.12 地租改正条例第8章追加(改正後の地価，5年間据置き)。5.23 島津久光，守旧の立場から建言書提出，大久保の罷免を要求(6月6日撤回)。6.18 陸軍参謀局条例を定める。6.23 黒田清隆を北海道屯田憲兵事務総理に任じる。6.- 西郷隆盛，鹿児島に私学校設立。8.1 参議大久保利通を全権弁理大臣とし，台湾問題交渉のため清国派遣を決定(同6日，東京出発．9月14日，交渉開始)。8.15 立志社総代林有造，台湾征討の義勇兵編成願を高知県に提出。9.22 日本帝国電信条例を制定(12月1日，施行)。10.13 大蔵省，会計年度を7月～翌年6月に改める(明治8年度から実施)。10.25 イギリス駐清公使ウェード，台湾問題調停案を大久保全権に提示。10.31 台湾問題につき日清両国間互換条款・互換憑単に調印(11月17日，布告)。11.5 家禄・賞典禄100石以上の士族に奉還を許可。
1875 ▼	8 乙亥			1.12 東北3県(宮城・青森・酒田)の士族を募り，北海道屯田兵とする。2.11 大久保利通・木戸孝允・板垣退助，大阪で会談，政治改革などで意見一致(大阪会議)。2.20 旧幕府制定の雑税を廃止，酒類税則・車税規則を制定。2.22 片岡健吉ら，大阪で愛国社結成。3.8 木戸孝允を参議に任じる(同12日，板垣も参議に任じる)。3.24 地租改正事務局を設置(内務・大蔵両省の管轄)。3.25 東京—青森間の電信全通。4.14 漸次立憲政体樹立の詔書発布，元老院・大審院・地方官会議設置。 太政官正院の歴史課を修史局と改める。5.7 ロシアとの樺太・千島交換条約・付属公文書ペテルブルグで調印(8月22日，批准)。5.24 大審院・諸裁判所の職制章程を定める。6.20 第1回地方官会議開催(～7月17日)。6.28 讒謗律・新聞紙条例を制定。7.5 元老院開院式。7.7 官吏が政務に関する事項を新聞紙等に発表す

社会・文化	世界	琉球	朝鮮	清
【死没】 2.1 大谷広次(5代)(41，歌舞伎役者)。2.5 酒井忠義(61，若狭小浜藩主)。2.19 片桐省介(37，勤王家)。3.31 神田伯山(初代)(講釈師)。4.3 布田惟暉(73，開発功労者)。8.23 津崎矩子(88，近衛家老女)。9.2 八田知紀(75，歌人)。9.11 坂東三津五郎(6代)(28，歌舞伎役者)。9.27 沢宣嘉(39，政治家)。10.3 鳥居耀蔵(78，幕臣)。11.14 坂東彦三郎(4代)(74，歌舞伎役者)。11.17 長谷部恕連(56，岐阜県令)。11.20 本荘宗秀(65，老中)。**この年** 大庭雪斎(69，肥前佐賀藩医)。 尾上松緑(梅鶴)(歌舞伎役者)。		尚泰王 26	高宗 10	同治 12 ⑥
1.- 敬愛社『教林雑誌』創刊。2.- 明六社，制規を定め発足(社長森有礼，4月，『明六雑誌』創刊)。 慶應義塾出版社『民間雑誌』創刊。3.13 女子師範学校を設立。3.29 愛知・広島・新潟・宮城に外国語学校設置。3.- 西周『百一新論』刊。4.- フランス人法律顧問ボアソナードを司法省法学校教師とする。 明六社『明六雑誌』創刊。 服部誠一『東京新繁昌記』刊(～明治9年4月)。6.27 第1回三田演説会開催。8.16 酒田県で農民1万人が暴動(ワッパ騒動)。8.- 大内青巒編集『報四叢談』創刊。9.20 小野梓ら，共存同衆結成。9.24 『朝野新聞』創刊(『公文通誌』改題)。10.5 中江兆民，仏蘭西学舎設立(のち仏学塾と改称)。11.2 日新社『読売新聞』創刊。11.10 太政官正院歴史課編集『府県史料』，太政官達により編集開始。12.8 恤救規則を制定。**この年** 諸県で地租改正反対などの農民騒擾多発。 菅原源八『羽後民情録』成る。 塚本明毅ら『日本地誌提要』刊(～明治12年)。 小川為治『開化問答』刊(～明治8年)。**この頃** 五弓久文編『事実文編』脱稿。 【死没】 1.10 入沢恭平(44，陸軍軍医)。 脇坂安宅(66，播磨竜野藩主)。1.- 村松文三(47，志士)。2.13 中野半左衛門(71，豪農)。2.26 大前田英五郎(82，侠客)。3.18 秋月種殷(58，日向高鍋藩主)。4.10 サボリ(79，小笠原島入植者)。4.13 江藤新平(41，政治家)。 香月経五郎(26，佐賀の乱主謀者)。 島義勇(53，佐賀の乱主謀者)。5.7 望月太左衛門(6代)(45，歌舞伎囃方)。5.18 前田慶寧(45，加賀金沢藩主)。6.5 下曾根金三郎(69，砲術家・洋式兵学)。6.23 灰屋三郎助(65，商人)。7.9 武市熊吉(35，赤坂食違坂事件首謀者)。7.27 美馬君田(63，尊王家)。8.27 哥沢芝金(初代)(47，哥沢開祖)。9.12 池田種徳(44，安芸広島藩士)。12.25 リッター(御雇外国人教師)。**この年** 一竜斎貞山(2代)(36，講釈師)。 村田若狭(肥前佐賀藩家老)。	1.13 ロシア，徴兵制施行。1.- スペイン，クーデターにより共和制崩壊。2.2 ヤクーブ=ベク，イギリスと通商条約締結。2.21 イギリスで第2次ディズレーリ保守党内閣成立。3.15 フランス，ベトナムと第2次サイゴン条約を結び，保護国とする。6.26 清，ペルーと中国人労働者虐待調査協定締結。10.9 万国郵便連合条約調印。12.31 スペイン，王政復活。**この年** シャム(タイ)，ラーマ5世(チュラロンコン国王)，国政改革着手。	27	11	13
1.8 学齢を満6歳から満14歳までと定める。2.13 平民も必ず姓を称することを布告。2.- 内務省『内務省日誌』創刊。3.30 博覧会事務局を博物館と改称，内務省の所管とする。3.- 集思社『評論新聞』創刊。4.9 洋々社『洋々社談』創刊。5.22 中村正直ら，盲人保護教導のために楽善会を結成。6.1 東京気象台設立。6.2 日新堂『東京曙新聞』創刊(『新聞雑誌』『あけぼの』改題)。6.- 吉田賢輔編集『万国叢話』創刊。7.- 津田仙，東京に学農社設立(9年1月，学農社農学校開校)。 内務省『内務省年報』刊(～明治14年6月)。8.- 福沢諭吉『文明論之概略』刊行。9.- 森	1.12 清，同治帝没，西太后，摂政として再び実権掌握。1.30 アメリカ，ハワイと互恵通商条約締結。2.25 フランス第三共和国憲法成立。5.22～27 ドイツ社会主義労働者党を結成，ゴータ綱領を採択。5.- インド，デカンで農民暴動。	28	12	光緒 1.1 徳宗

西暦	年号 干支	天皇	太政大臣	政　治・経　済
1875 ▲	明治 8 乙亥	(明治)	(三条実美)	ることを禁じる。7.14 内務大丞松田道之，琉球藩に清国朝貢禁止などを口達。8.30 地租改正は明治９年末を期限として完了すべき旨，府県に達す。9.3 出版条例改正(罰則など)。9.7 家禄・賞典禄を金禄に改める。9.20 軍艦雲揚，江華島砲台と戦闘(江華島事件)。10.19 左大臣島津久光，太政大臣三条実美を弾劾上奏する。10.27 左大臣島津久光・参議板垣退助，免官。11.30 県治条例を廃し，府県職制・事務章程を定める。
1876	9 丙子			2.22 代言人規則を定める(４月１日，施行)。2.26 日朝修好条規に調印(３月22日，批准)。3.28 木戸孝允の参議を免じ，内閣顧問に任じる。 軍人・警察官・官吏制服着用などの場合を除き，帯刀を禁止(廃刀令)。3.- 群馬県緑野郡新町駅に屑糸紡績所設立。4.4 工部省，品川硝子製造所を設置。4.14 官吏懲戒例を定める。4.18 足柄以下10県を廃合。6.2 天皇，奥羽巡幸に出発(７月21日帰京)。6.- ドイツ人医学者ベルツ，東京医学校(のち東京大学医学部)教授に着任。7.1 三井銀行開業(日本最初の私立銀行)。7.5 国家安寧妨害記事掲載の新聞・雑誌を発行禁止・停止とする旨を布告。7.29 三井物産会社設立。8.1 国立銀行条例を改正。 米商会所条例を定める(９月22日東京，９月29日大阪，各施行)。8.5 金禄公債証書発行条例を定め，家禄・賞典禄を廃止し，公債証書を発行(明治10年より実施)。8.10 内務省，授産局を設置。8.21 筑摩以下14県を廃合(３府35県となる)。8.24 日朝修好条規付録・貿易規則に調印。8.31 海軍提督府を廃止，東海・西海鎮守府を設置する旨を達す。9.6 元老院に国憲草案を命じる。9.- 臥雲辰致，ガラ紡機を完成(明治10年，第１回内国勧業博に出品)。10.17 各国公使に小笠原管治の旨を通告。10.24 熊本に神風連の乱起こる。10.27 秋月の乱起こる。10.28 萩の乱起こる(11月５日，前原一誠逮捕，12月３日，斬罪)。12.27 大久保利通，地租軽減を建議。

社　会・文　化	世　界	琉球	朝鮮	清
有礼，商法講習所を開設(一橋大学の前身)。11.12 岡田良一郎ら，遠江国報徳社を設立(大日本報徳社の前身)。11.22 采風社『采風新聞』創刊。11.27 信教の自由を口達。11.29 新島襄ら，同志社英学校を設立(同志社大学の前身)。11.- 『明六雑誌』終刊。12.14 『浪花新聞』創刊。12.27 神戸雑報社『七一雑報』創刊。**この年** 福岡・島根など諸県で農民騒擾約15件。 加藤弘之『国体新論』刊行。 末広鉄腸，『新聞経歴談』を著す(～明治20年代)。 原敬，『原敬日記』を記す(～大正10年10月25日)。 文部省大臣官房『文部省年報』創刊。 【死没】 2.12 中山績子(81，女官)。3.12 高田快清(68，尾張犬山藩士)。9.3 本木昌造(52，活版印刷者)。9.19 新門辰五郎(76，侠客)。10.13 歌沢寅右衛門(2代)(63，歌沢家元)。12.10 大田垣蓮月(85，歌人)。	6.28 エジプトのイスマーイール，混合裁判所を設置。7.- ボスニア・ヘルツェゴヴィナでトルコに対する反乱。8.28 清，イギリスに公使を派遣。11.25 イギリス，スエズ運河会社株を買収。12.11 清，アメリカに公使派遣。**この年** 李鴻章，鴨緑江北岸の封禁中立地帯を支配。	尚泰王 28	高宗 12	光緒 1.1 徳宗
1.30 熊本洋学校生徒浮田和民・徳富蘇峰ら35名，奉教趣意書に署名(熊本バンド)。2.20 就将社『大阪日報』創刊。3.2 絵入新聞社『東京絵入新聞』創刊(『平仮名絵入新聞』『東京平仮名絵入新聞』を経て改題)。3.12 自主社『草莽雑誌』創刊。3.- 参同社『湖海新報』創刊。 九春社『東京新誌』創刊。4.1 官庁，日曜全休・土曜半休制を実施。4.7 西村茂樹ら，東京修身学社結成。5.6 和歌山県で地租改正に伴う新地価に反対する農民騒擾。5.9 上野公園開園。6.3 共同社『近事評論』創刊。6.- 港新聞社『神戸新聞』創刊。8.14 札幌学校開校(9月8日，札幌農学校と改称)。8.29 イタリアの画家フォンタネージ・建築家カッペレッティを工部美術学校教師に招く。8.- 集思社『中外評論』発刊。 参同社『江湖新報』創刊。9.1 鳴時社『山形新聞』創刊。9.13 慶応義塾出版局『家庭叢談』創刊。11.14 東京女子師範学校に幼稚園開設。11.30 茨城県真壁郡で農民一揆。12.19 三重県飯野郡で農民一揆。**この年** 鳥取・長野・岡山その他諸府県で，地租・地価をめぐり農民騒擾26件発生。 大蔵省『大蔵省年報』創刊。 大蔵省編，吉田賢輔編述『大日本貨幣史』刊(～明治16年)。 修史局編『明治史要』刊(～明治19年)。 【死没】 1.29 戸塚静海(78，蘭方医)。3.20 植松茂岳(83，国学)。5.2 富本豊前太夫(3代)(72，富本節太夫)。7.23 道契(61，真言宗僧)。7.26 秋元志朝(57，上野館林藩主)。7.27 星恂太郎(37，洋式軍隊指導者)。8.6 宜湾朝保(54，琉球政治家)。8.14 河合屛山(74，播磨姫路藩家老)。9.22 世古恪太郎(53，勤王家)。9.23 安井息軒(78，儒学)。10.17 後藤一乗(86，装剣金工家)。10.18 小出光教(57，算学・暦学)。10.24 加屋霽堅(41，神風連の乱指導者)。太田黒伴雄(42，神風連の乱指導者)。10.28 宮崎車之助(38，秋月の乱一党)。11.6 玉木文之進(67，長門萩藩士)。11.23 山村登久(日本舞踊家)。12.3 横山俊彦(27，萩の乱主謀者)。 前原一誠(47，政治家)。	4.4 エジプト，外資利払い停止(5月7日，債務整理委員会設立，11月18日，事実上の英仏二元管理)。4.- ブルガリア，大規模な反トルコ蜂起。 朝鮮の修信使金綺秀一行，開国後初訪日。5.30 青年トルコ党のクーデタ，ミドハト=パシャら政権掌握。5月～ アメリカのフィラデルフィアで万国博覧会．日本出品。6.25 アメリカ，スー族の反乱により，カスター軍全滅。7.1 上海一呉淞口間，鉄道開通。8.30 トルコ(オスマン帝国)，ムラト5世を廃し，ハミト2世を擁立(12月，ミドハト=パシャ大宰相となる)。9.30 清，日本に公使派遣。11.26 メキシコでディアス，クーデターで権力掌握('77年，大統領となり独裁政治開始)。12.23 トルコ帝国憲法(ミドハト憲法)公布。**この年** ロシアでナロードニキ，秘密結社第2次「土地と自由」結成。 アメリカ人ベル，電話を発明。	29	13	2 ⑤

西暦	年号 干支	天皇	太政大臣	政　治・経　済
1877	明治 10 丁丑	(明治)	(三条実美)	1. 4 地租軽減の詔書(地価の100分の2. 5賦課)。1. 11 教部省，東京警視庁を廃し，事務を内務省に移管。1. 18 太政官官制を改正し，正院および修史局を廃止。1. 24 天皇，関西行幸に出発。1. 30 朝鮮との釜山港居留地借入約書に調印。 鹿児島私学校生徒，陸軍火薬局･磯海軍造船所付属火薬庫を襲い弾薬を奪う。2. 1 兵役忌避のため四肢を毀傷する者多く，地方官に説諭を命じる。2. 15 陸軍大将西郷隆盛，兵を率い鹿児島を出発(西南戦争開始)。2. 19 西南戦争に関する流言などの新聞掲載を禁じる。2. 21 熊本県士族池部吉十郎ら，西郷軍に呼応し挙兵。2. 22 西郷軍，熊本城を包囲。3. 8 勅使柳原前光，鹿児島到着. 島津久光･忠義に勅書を授く。3. 19 京都―大阪間の鉄道開通。3. 20 政府軍，田原坂の戦いで西郷軍を撃破。3. 28 福岡県士族越智彦四郎ら，福岡城を襲撃。4. 1 大分県士族ら，県庁などを襲撃。4. 14 黒田清隆率いる政府軍，熊本城に入る。5. 21 第十五国立銀行開業。5. 29 各県から巡査を募集し，新選旅団を編成(司令長官に嘉彰親王)。6. 12 政府，立志社片岡健吉らの国会開設の建白書を却下。7. 2 渋沢栄一ら，択善会を設立(銀行集会所の前身)。8. 8 高知県士族林有造ら，武器購入計画が発覚，東京で逮捕。8. 29 侍補を設置。9. 1 西郷隆盛ら，鹿児島に入る。 凶歳租税延納規則を定める。9. 24 西郷隆盛ら，城山で自刃し西南戦争終結。11. 22 地租金の半額米代納を許可。12. 27 西南戦争費補塡として，予備紙幣2700万円を発行。
1878 ▼	11 戊寅			2. 7 外務卿寺島宗則，関税自主権回復を目的とした条約改正方針を決定(５月，交渉開始)。3. 12 東京商法会議所設立を許す。4. 10 第２回地方官会議開会(議長伊藤博文，三新法を審議，５月３日閉会)。4. 29 立志社員杉田定一･植木枝盛ら，愛国社再興趣意書を携えて地方遊説に出発。4. - 川崎正義，築地に造船所設立(後の川崎造船所)。5. 1 起業公債証書発行条例を制定。5. 14 参議兼内務卿大久保利通，東京紀尾井町で石川県士族島田一良らにより暗殺(７月27日，犯人斬刑)。5. 15 参議伊藤博文の工部卿を免じ，内務卿に任じる。5. 27 貿易銀の一般通用を許可(事実上，金本位制から金銀複本位制となる)。6. 1 東京株

社　会・文　化	世　界	琉球	朝鮮	清
1.4 朝野新聞社内花月社『花月新誌』創刊。1.6 ハウス『The Tokio Times』創刊。1.26 太政官に修史館を設置。2.21 進取社『攪眠新誌』創刊。2.28 熊本県阿蘇谷の農民，大規模暴動。3.- 日新堂『北斗新聞』創刊。 製紙分社『穎才新誌』創刊。 団団社『団団珍聞』創刊。4.7 隆文社『新潟新聞』創刊。4.12 東京開成学校・東京医学校を合併し，東京大学と改称。4.28 愛香社『海南新聞』発行(『愛媛新聞』改題)。 『民間雑誌』再刊(『家庭叢談』改題)。5.1 元老院議官佐野常民ら，博愛社設立(後の日本赤十字)。5.- 仮名垣魯文ら編集『かなよみ』創刊。6.1 万国郵便連合条約に加入調印。6.17 アメリカ人モース，横浜に来着(のち東京大学理学部教授に就任)。8.3 『大阪新聞』創刊。8.21 第1回内国勧業博覧会，東京上野公園で開場(～11月30日)。8.25 高陽社『海南新誌』『土陽雑誌』創刊。8.- コレラが上海から長崎・横浜に伝播，全国に蔓延。 東京大学法理文学部『学芸志林』創刊。9.16 モース，大森貝塚発掘に着手。9.- 田口卯吉『日本開化小史』第1巻刊行。10.3 日本基督一致教会設立(日本基督教会の前身)。10.17 華族学校開業式，天皇臨席し学習院の称号を与える。12.18 大阪新報社『大阪新報』創刊。12.- 大蔵省銀行課『銀行雑誌』創刊。 横山由清・黒川真頼『纂輯御系図』刊。**この年** 熊本県をはじめ諸県で農民騒擾約47件発生。 有史閣創業(有斐閣の前身)。 柴田承桂訳，久保吉人校正『古物学』刊。 藤田東湖『東湖遺稿』刊(～明治11年5月)。**この頃** 大蔵省国債局『藩債輯録』成るか(明治14・15年に増訂追録されたか)。 【死没】 1.12 永岡久茂(38，反政府志士)。2.17 高村太平(64，勤王家)。2.21 三野村利左衛門(57，実業家)。3.4 谷村計介(25，軍人)。 江田国通(30，軍人)。 篠原国幹(42，陸軍少将)。3.12 国沢新九郎(31，洋画家)。4.6 宮崎八郎(27，自由民権運動家)。5.3 武部小四郎(32，筑前福岡藩士)。5.18 伊達千広(76，紀伊和歌山藩士)。5.20 増野徳民(37，志士)。5.26 木戸孝允(45，政治家)。6.16 真清水蔵六(初代)(56，陶家)。6.26 山田方谷(73，儒学)。7.11 伊能穎則(73，歌人)。8.2 池田慶徳(41，因幡鳥取藩主)。8.7 杵屋六左衛門(11代)(63，長唄三味線方)。 桜田治助(3代)(76，歌舞伎狂言作者)。8.10 菅運吉(61，実業家)。8.16 福村周義(42，軍人)。8.24 小林虎三郎(50，越後長岡藩士)。9.2 親子内親王(32，徳川家茂妻)。9.9 山中新十郎(60，商人)。9.24 西郷隆盛(51，陸軍大将)。 桂久武(48，薩摩鹿児島藩士)。 辺見十郎太(29，陸軍軍人)。 別府晋介(31，西郷軍先鋒隊長)。 桐野利秋(40，陸軍少将)。 村田新八(42，鹿児島藩士)。9.30 大山綱良(53，鹿児島県令)。10.3 中根雪江(71，福井藩士)。10.13 坂東彦三郎(5代)(46，歌舞伎役者)。10.19 三瀬周三(39，蘭方医)。10.26 池辺吉十郎(40，志士)。12.6 藤間勘十郎(亀三勘十郎)(日本舞踊家)。12.9 アーサー(35，宣教師)。**この年** 津波古政正(62，琉球政治家)。	1.1 ヴィクトリア女王，インド皇帝を宣言。2.5 トルコのハミト2世，大宰相ミドハト=パシャを罷免。3.18 第1回トルコ議会開会。4.12 イギリス，南アフリカのトランスバールを併合。4.24 ロシア，トルコ宣戦布告(露土戦争)。4.26 清軍，トルファン・トクスンを攻略，ヤクーブ=ベク，敗走。5.21 ルーマニア，トルコから独立宣言。5.- ヤクーブ=ベク，コルラで自殺。7.- アメリカ，鉄道ストライキが広がり，軍隊出動。10.14 フランス下院の総選挙で共和党が大勝。12.17 清軍，カシュガルを占領。12.26 アメリカ，社会主義労働党結成。**この年** エジソン，蓄音機を発明。	尚泰王 (30)	高宗 14	光緒 3
1.1 内務省勧農局『農事通信月報』創刊。1.14 『福島新聞』創刊(『信夫新聞』改題)。1.17 伊勢新聞社『伊勢新聞』創刊。1.24 内務省所管農学校，東京駒場に新校舎落成，開校式(駒場農学校)。1.- 小菅揆一編『理財稽蹟』を松方正義に進呈。2.14 大阪・長崎・宮崎の官立師範学校を廃す。4.15 工部大学校開校式。5.1 パリ万国博覧会開会，日本も参加(11月10日，閉会)。5.14 文部省，日本教育令案を上奏。5.15 島田一良らの斬姦	1.19 ホフマン没(72，オランダの中国・日本学者)。2.8 イギリス，ジンゴイズムを背景に，イスタンブールへの艦隊派遣決定。2.13 トルコのハミト2世，議会閉鎖・憲法停止，専制政治を	(31)	15	4

西暦	年号干支	天皇	太政大臣	政　治・経　済
1878 ▲	明治 11 戊寅	(明治)	(三条実美)	式取引所開業。6.8 第一国立銀行釜山支店開業(銀行海外進出の最初)。6.10 元老院幹事陸奥宗光を逮捕(林有造らとの挙兵計画嫌疑)。7.12 太政官，結社・集会を警察官に監視させ，民心煽動・国家安寧妨害と認める時は禁止させるよう内務省・府県に命じる。7.22 郡区町村編制法・府県会規制・地方税規則(三新法)を定める。7.25 日本に関税自主権を認める約書に，アメリカと調印(明治12年4月8日，批准するも実施に至らず)。府県職制・事務章程を廃し，府県官職制を定める。7.27 高島炭坑夫2000余人，賃上げを要求，翌28日，暴動化。7.29 元老院議員井上馨を参議兼工部卿に任じる。7.- 金禄公債証書の発行を開始。8.23 東京竹橋の近衛砲兵隊兵卒，暴動，翌日，鎮定(竹橋騒動)。8.24 全国戸籍表(明治9年1月1日調査)を発表(戸数729万3110，人口3433万8404人)。8.- 陸軍卿山県有朋，「軍人訓誡」を発表(10月12日，頒布)。9.11 愛国社再興第1回大会，大阪で開催(事務所を大阪に設置，毎年3月・9月の大会開催などを決定)。12.5 陸軍省参謀局を廃し，参謀本部を設置，その条例を制定。12.13 監軍本部を設置，その条例を制定。
1879	12 己卯			2.7 大蔵省，明治8年歳入歳出決算報告書を公示(決算報告の最初)。3.20 東京府会開会(府県会の最初，3月以降，全国で府県会開く)。3.27 愛国社第2回大会，大阪で開催(4月2日，閉会)。3.31 内務大書記官松田道之，熊本鎮台2個中隊を率いて首里城を接収。4.4 琉球藩を廃し沖縄県を置く旨を布告．翌5日，鍋島直彬を沖縄県令に任じる。5.9 官吏の職務外での政談演説を禁じる。6.27 大蔵卿大隈重信，地租再検延期・儲蓄備荒法設定・紙幣償却増額などの財政策を建議。7.3 アメリカ前大統領グラント夫妻来日(7月4日天皇・皇后と会見，9月3日離日)。7.28 福沢諭吉，『郵便報知新聞』に「国会論」を掲載し，すみやかな国会開設を主張(～8月14日，藤田茂吉・箕浦勝人の名で)。8.10 天皇，グラントと琉球問題などについて会談。9.27 千住製絨所開業。10.26 岡山県両備作三国懇親会で国会開設建言を可決(明治13年1月，元老院に提出)。10.27 徴兵令を改正(免役年限の延長，範囲の縮小)。10.- 内務省勧農局，猪苗代湖疎水事業に着工。11.7 愛国社第3回大会，大阪で開催(～13日，国会開設上奏の署名を集めることを可決)。11.19 外務卿井上馨，駐英公使森有礼に条約改正方針を訓令。11.22 安田銀行設立を許可(明治13年1月1日，開業)。12.8 頭山満・箱田六輔ら，筑前共愛会を結成。12.- 各参議に立憲政体に関する意見書提出を命じる(明治14年5月までに，山県・黒田・山田・井上・伊藤・大隈・大木の7参議が提出)。

社　会・文　化	世　界	琉球	朝鮮	清
状を掲載した『朝野新聞』，9日間の発行停止。5.23「学制」で定めた小学校教則等を廃す。5.24 京都で盲唖院開業式。5.27 日報社『理財新報』創刊。6.2 中村喜与三郎『和歌山新聞』創刊。8.10 フェノロサを東京大学文学部教授に任じる。9.10 公立学校開設認可の権限を地方官へ委譲。10.24 文部省，体操伝習所を東京大学に設置。10.25 愛知県東春日井郡の農民，地租軽減を要求し紛争。 広聞社『群馬新誌』創刊。10.- 久米邦武編修『米欧回覧実記』刊。12.17 東京新聞社『東京新聞』創刊(『東京さきがけ』改題)。**この年** 橘曙覧作，井手今滋編『志濃夫廼舎歌集』刊。 菊池駿助編『徳川禁令考』刊(～明治17年)。 【死没】 1.16 林鶴梁(73，儒学者)。3.3 岡田佐平治(67，報徳運動家)。3.6 斎藤月岑(75，文人)。3.23 春日潜庵(68，志士)。4.5 岡本保孝(82，国学)。5.7 崎村常雄(33，自由民権家)。5.14 大久保利通(49，政治家)。6.13 大槻磐渓(78，蘭学)。6.16 菊池容斎(91，日本画家)。7.7 沢村田之助(3代)(34，歌舞伎役者)。7.8 関沢房清(71，加賀金沢藩士)。7.9 鷹司輔煕(72，公家)。7.13 榊山資雄(78，国学)。7.27 島田一良(31，大久保利通暗殺者)。7.- 岩田好算(67，和算家)。8.5 芳野金陵(77，儒学)。9.1 土屋邦敬(48，農事改良家)。9.26 東条琴台(84，儒学者)。11.29 柏木忠俊(55，地方官)。 手塚律蔵(57，蘭・英学)。12.5 二条斉敬(63，政治家)。	復活。2.25 ハリス没(73，米国初代の駐日総領事)。3.3 ロシア，トルコとサン=ステファノ条約調印。3.20 フランスのサラガール=ウィーズ社，コロンビアからパナマ運河建設権獲得。6.4 イギリス，キプロス島統治権についてトルコと密約。6.13 ベルリン会議開会，ビスマルクの仲介で英・仏・独・墺・伊・露・土の代表参集(7月13日，ベルリン条約)。8.15 エジプトで「ヨーロッパ内閣」成立(英人・仏人が蔵相・公共事業相となる)。10.19 ドイツ議会，社会主義者鎮圧法案を可決(21日，公布施行)。11.20 第2次アフガン戦争起こる。**この年** 清国，モンゴルでの自国商人活動制限を廃す。	尚泰王(31)	高宗15	光緒4
1.4 梟示刑を廃し，斬刑に改める。 岡山栄町山陽新報社『山陽新報』創刊。1.15 東京学士会院設立(後の日本学士院)。1.25 朝日新聞社『朝日新聞』創刊(大阪)。1.29 経済雑誌社『東京経済雑誌』創刊。3.6 真文社『青森新聞』創刊。3.14 松山にコレラ発生，以後全国に広がる。4.5 大阪絵入新聞社『大阪絵入新聞』創刊。6.1 参同社『函右日報』創刊。6.4 招魂社を靖国神社と改称，別格官幣社とする。6.- ヘンリー=ホン=シーボルト『考古説略』刊。 東京学士会院『東京学士会院雑誌』刊。8.- 天皇，「教学聖旨」(元田永孚起草)を内示。9.29 学制を廃し，教育令を制定。9.- 伊藤博文，「教育議」を天皇に提出し，「教学聖旨」を批判。10.7 文部省，音楽取調掛設置(伊沢修二を音楽取調御用掛に任じる)。10.25 求友社『嚶鳴雑誌』創刊。10.-『壺坂霊験記』，大坂大江橋席で初演。11.18 嚶鳴社沼間守一，『横浜毎日新聞』を買収，『東京横浜毎日新聞』と改題。12.4 名京文社『いろは新聞』創刊。12.- モース著・矢田部良吉口訳・寺内章明筆記『大森介墟古物編』刊。**この年** コレラ大流行，患者16万2637人・死者10万5784人，各地で消毒・患者の避難病院への強制隔離に反対の騒動発生(コレラ一揆)。 【死没】 1.14 三輪田元綱(52，志士)。3.11 司馬凌海(41，洋方医)。3.25 酒井忠邦(26，播磨姫路藩主)。4.1 大原重徳(79，公家)。5.12 加藤素毛(55，俳人)。5.21 伊藤小左衛門(62，企業家)。8.24 旃崖奕堂(75，総持寺住持)。9.12 池田長発(43，幕臣)。9.13 宇治紫文(2代)(59，一中節家元)。10.13 川路利良(46，官僚)。10.20 清宮秀堅(71，国学)。11.11 山内梅三郎(31，長州藩士)。12.2 横山由清(54，法制史家)。12.27 正親町公董(41，公家)。**この年** 稲葉正巳(65，安房館山藩主)。	1.10 南アフリカでズールー戦争(7月4日，ズールー族敗北，9月1日，講和条約調印)。2.18 エジプト，ヌーバール首相らを監禁，「エジプト内閣」崩壊。4.5 チリ，ペルー・ボリビアと太平洋戦争(～'84年)。5.20 清，日本の琉球処分に対し抗議。6.26 エジプト，イスマーイール=パシャ廃位。7.3 琉球，清に援助を要請。7.12 ドイツ帝国議会，保護関税法案を可決。8.- ロシア，「土地と自由」派分裂，「人民の意志」派結成。9.3 アフガニスタン，対イギリス反乱が起こる。10.2 ロシア・清，イリ返還条約に調印。10.7 ドイツ・オーストリア同盟成立。10.21 アイルランド土地同盟結成。11.27 ドンクル=キュルシウス没(66，最後のオランダ商館長)。**この年** エジソン，電球を発明。 アルゼンチン，パンパ地方南部の原住民の掃討始まる。	(32)	16	5③

西暦	年号 干支	太政 大臣	政治・経済
1880	明治 13 庚辰	(三条実美)	2. 5 第3回地方官会議開会(議長河野敏鎌，区町村会法・備荒儲蓄法などを審議．2月28日，閉会)。2. 22 府県会議員104人，東京で国会開設問題について討議(24日，建白書提出を決定)。2. 28 横浜正金銀行開業。 参議の各省卿兼任を廃し，内閣と各省を分離。2.－ 筑前共愛会本部，「大日本国憲大略見込書」を起草。3. 3 太政官に法制・会計・軍事・内務・司法・外務の6部を設置し，参議の分担を定める。3. 5 太政官に会計検査院を設置し，大蔵省検査局を廃止。3. 15 愛国社第4回大会，大阪で開催(～4月9日)。3. 17 国会期成同盟を結成。3. 30 陸軍省，村田銃の採用を決定。4. 5 集会条例を制定(政治集会・結社の事前許可制，臨検警察官の集会解散権，軍人・教員・生徒の集会参加禁止など)。4. 8 区町村会法を頒布。4. 17 片岡健吉・河野広中，「国会ヲ開設スルノ允可ヲ上願スル書」を太政官に提出するも受理されず。5. 1 参議大隈重信，外債5000万円募集による不換紙幣償却案を閣議に提出(14日，閣議紛糾．6月3日，中止決定)。5. 20 地租特別修正許可の布告。6. 1 元老院に民法編纂局を設置。6. 15 備荒儲蓄法を公布(明治14年1月1日，施行)。7. 6 外務卿井上馨，条約改正案をアメリカ・清公使を除く各国公使に交付。7. 17 刑法・治罪法を布告(明治15年1月1日，施行)。9. 27 酒造税則を布告(10月1日，施行)。10. 21 駐清公使宍戸璣，清と琉球分割・最恵国待遇に関する条約案を議定(11月17日，清は調印しないことを表明)。11. 5 工場払下概則を布達(17年10月3日，廃止)。11. 10 国会期成同盟第2回大会，東京で開催，大日本国会期成有志公会と改称。11. 30 参謀本部長山県有朋，「隣邦兵備略」を天皇に提出。12. 15 沼間守一・河野広中・植木枝盛ら，自由党結成盟約4ヵ条を定める。12. 28 教育令を改正(改正教育令)。 元老院，国憲按を天皇に提出。12.－ 福沢諭吉・井上馨・大隈重信・伊藤博文の4者会談，井上ら福沢に政府機関紙の発行を依頼(明治14年1月，井上から国会開設の決意を打ち明けられ，福沢承諾，明治14年の政変で実現せず)。**この年** 民権派による国会開設運動，各地で高まる。
1881 ▼	14 辛巳		1. 14 警視庁を東京に再置。1.－ 参議大隈重信・伊藤博文・井上馨ら，熱海で国会開設問題・憲法などを協議。2.－ 福岡の向陽社，玄洋社と改称。3. 11 憲兵条例を定める(まず東京に1隊を設置し，他府県は追って設置)。 内務省勧農局，農談会を東京の浅草本願寺で開催。3.－ 参議大隈重信，国会開設の意見書を左大臣有栖川宮熾仁親王に提出(イギリス流の政党政治実現．明治16年，国会開設などを主張)。4. 5 大日本農会設立(農商務省発足後，同農務局の外郭団体となる)。4. 7 農商務省を設置(初代卿河野敏鎌)。4. 25 交詢社，「私擬憲法案」を『交詢雑誌』に発表。5. 19 陸軍戦時編制概則を定める(軍団・師団・独立師団などの編制，諸官の職務を規定)。5.－ 立志社，「日本憲法見込案」を起草。6. 8 秋田立志会の武力蜂起・政府転覆計画発覚(秋田事件)。7. 5 右大臣岩倉具視，憲法起草に関する意見書(井上毅起草)を太政大臣・左大臣に提出。参議伊藤博文，大隈重信と会見し大隈意見書を非難。7. 21 参議兼開拓長官黒田清隆，開拓使官有物の払下げを太政大臣に申請(7月30日，勅裁．8月1日，政府認可)。7. 26『東京横浜毎日新聞』，社説「関西貿易商会ノ近状」(～28日)で開拓使払下げ問題を暴露(開拓使官有物払下げ事件)。7. 30 天皇，山形・秋田・北海道巡幸に出発(～10月11日)。8. 25 福地源一郎・沼間守一・肥塚竜ら，東京新富座で開拓使払下げ反対の演説会を開催。8.－ 植木枝盛，「日本国国憲案」を起草。9. 15 横浜連合生糸荷預所開業。9. 23 末広重恭・肥塚竜ら，板垣退助を迎え，東京上野精養軒に懇談会開催。10. 1 国会期成同盟出席のため上京した有志会合で，期成同盟と合体した自由党組織を決議。10. 11 御前会議で，立憲政体に関する方針，開拓使官有物払下げ中止，大隈重信の参議罷免などを決定(明治14年の政変)。10. 12「明治23年ヲ期シ議員ヲ召シ国会ヲ開」く旨の詔勅を発す。10. 13 矢野文雄・犬養毅・尾崎行雄ら，大隈罷免に反対し辞任(以後，河野敏鎌・前島密らも辞任)。10. 18 自由党結成会議，東京浅草井生村楼で開会(11月9日，板垣退助総理就任を受諾)。10. 21 松方正義を参議兼大蔵卿に任じる(参議と諸省卿兼任の制を

社会・文化	世界
1.5 訓盲院，業務開始(2月13日，授業開始．明治17年11月，訓盲唖院となる)。1.7 松野武左衛門『馬関物価日報』刊。1.25 福沢諭吉ら慶応義塾出身者で組織の交詢社，発会式。1.- 大隈重信命，大蔵省編『大蔵省沿革志』上梓。2.5 交詢社『交詢雑誌』創刊。3.9 文部省，教則取調掛を設置し，公私立学校教則・教科書の内容を調査(掛長西村茂樹)。3.13 愛国舎『愛国志林』発行。4.17 福岡日日新聞社『福岡日日新聞』創刊(『筑紫新報』改題)。4.19 『新約聖書』翻訳完成祝賀会を新栄教会で開催。7.- 編輯責任者生田精，司法省『全国民事慣例類集』刊。8.14 愛国舎『愛国新誌』発行．8.20 魁社『魁新聞』創刊。8.30 文部省，不適当と認めた小学校教科書の使用を禁止。8.31 信濃日報社『信濃日報』創刊(『長野日日新聞』改題)。8.- 東海社『東海経済新報』創刊。9.12 東京法学社開校(法政大学の前身)。9.16 専修学校設立(後の専修大学)。10.11 小崎弘道ら『六合雑誌』刊。10.15 群馬県榛名山麓80余ヵ村で農民騒擾。10.25 宮内省式部寮雅楽課，「君が代」を作曲。11.4 高島炭坑の坑夫数百人，賃上げを要求して暴動。11.6 輿論社『東京輿論新誌』創刊。11.15か 四通社『江湖新報』創刊。11.- 東京統計協会『統計集誌』創刊。12.8 明治法律学校設立(後の明治大学)。12.18 文部省，国家安寧妨害・風俗紊乱をまねく書籍を学校教科書に採用しないよう府県に指示。**この年** 松村操『近世先哲叢談』刊。 内務省地理局編纂『三正綜覧』初版出版。 近藤圭造編『存採叢書』刊(～明治21年)。 甫喜山景雄編『我自刊我書』刊(～明治17年)。 鹿持雅澄『万葉集古義』刊(～明治23年)。 【死没】 1.12 竹内玄同(76，蘭方医)。1.23 葛城彦一(63，志士)。1.28 武田成章(54，陸軍軍人)。2.11 エルメレンス(38，大阪医学校教師)。2.25 賀来惟熊(85，鋳砲家)。2.29 近藤芳樹(80，国学)。3.15 村垣範正(68，幕臣)。4.- 関信三(38，幼稚園教育)。6.11 ブラック(53，ジャーナリスト)。6.17 伊藤慎蔵(56，洋学)。6.19 ブラウン(70，改革派教会宣教師)。7.22 野津鎮雄(46，陸軍軍人)。8.9 姉小路局(86，大奥女中)。8.23 笠原白翁(72，蘭方医)。 富本豊前太夫(5代)(20，富本節家元)。8.24 三条西季知(70，公家)。8.31 白石正一郎(69，志士)。8.- 中村善右衛門(71，養蚕改良家)。9.16 魚住源次兵衛(64，勤王党首領)。10.29 粟津高明(43，牧師)。10.- 平田鉄胤(82，国学)。11.7 松村友松(57，殖産家)。12.4 鮫島尚信(36，外交官)。	1.6 エジプト，ムカーバラ法を廃止。4.5 エジプトの債務に関する国際清算委員会の成立を承認。4.19 ボヘミア，ターフェ内閣，言語令を布告。4.28 イギリス，第2次グラッドストン自由党内閣成立。5.- 朝鮮，元山を開港。7.- アフガニスタン，イギリスの保護領となる(～1919年)。8.11 朝鮮の修信使金弘集ら，不平等条約改正を交渉するも，日本は拒否。10.20 琉球使臣，北京で抗議の自殺。11.17 清・アメリカ，移民・通商についての条約に調印。
1.4 又新社『山梨日日新聞』創刊(『甲府日日新聞』改題)。1.26 東京神田松枝町より出火，日本橋・本所・深川の3区に延焼(明治最大の火災)。1.31 小学校教員免許状授与方心得を定める。2.19 共進社『岐阜日日新聞』創刊。3.1 第2回内国勧業博覧会，上野公園で開催(～6月30日)。3.18 東洋自由新聞社『東洋自由新聞』創刊。3.- 河竹黙阿弥『天衣紛上野初花』，新富座で初演。4.8 三省堂創業。4.16 芝公園に能楽堂完成，舞台開き。5.4 小学校教則綱領を定める(初等・中等・高等科に区分，修身重視)。5.26 東京職工学校設立(明治23年，東京工業学校と改称)。5.- 宮島誠一郎編『国憲編纂起原』成る。**5月頃** 伊達宗城・松平慶永・池田茂政ら編纂『徳川礼典録』成る。6.7 信濃新聞社『信濃毎日新聞』創刊(『信濃日報』『信濃毎日新報』合併改題)。6.9 越佐新聞社『越佐毎日新聞』創刊。6.15 東京大学職制を改める(総理を設置し，法・理・文の3学部と医学部を統括．7月6日，加藤弘之を総理に任じる)。6.18 小学校教員心得を定める。6.20 文部省，教育会設立の際は伺い出させ，開催状況を報告するように府県に指示。7.1 忠愛社『明治日報』創刊。7.20 京都全能社『聖教雑誌』創刊。7.21 学校教員品行検定規則を定める。8.3 海軍機関学校設置。8.- 開拓使払下げを批判した新聞・雑誌を発行停止とする。9.11 東京物理学講習所を設立(後の東京理科大学)。9.- 福沢諭吉『時事小言』刊。10.- 東洋学芸社『東洋学芸雑誌』創刊。11.22 内務省，加藤弘之の絶版届により，『真政大意』『国体新論』を販売禁止。12.14 土陽新聞社『土陽新聞』創刊。12.28 文部省，学校施設を各種集会に使用することを禁じる。**この年** ハーバート=スペンサー著・松島剛訳『社会平権論』刊(～明治	2.7 フェルディナン=レセップス，パナマ運河建設工事開始。2.24 清・ロシア，イリ条約を改訂調印(ペテルブルグ条約)。3.13 ロシアのアレクサンドル2世，「人民の意志」派テロリストに暗殺される。3.25 慶尚道の儒者李晩孫，「嶺南万人疏」を呈し，これを機に朝鮮で排日論昂揚。5.12 フランス・テュニジア，バルドー条約に調印．フランス，テュニジアを保護領とする。5.24 朝鮮，朴定陽らの紳士遊覧団，政治文物視察のため訪日。6.2 オイレンブルグ没(65，プロシア全権使節)。6.8 イギリスで民主連盟結成(のちの社会民主連盟)。6.18 ビスマルクの主導下に，ドイツ・オーストリア・ロシア3帝同盟成立。6.- スーダン，マフディー運動が盛んとなる。7.2 アメリカ大統領ガーフィールド，狙

西暦	年号 干支	太大 政臣	政　治・経　済
1881 ▲	明治 14 辛巳	(三条実美)	復す)。 太政官に参事院を設置。11. 1 植木枝盛，酒税増税に反対して明治15年5月1日に大阪で酒屋会議を開く旨の檄文を発表。11. 11 日本鉄道会社設立(資本金2000万円，社長吉井友実)。12. 17 水産社設立(東京本郷春木町．翌年1月，大日本水産会設立)。12. 28 陸軍刑法・海軍刑法を定める(翌年1月1日，施行)。12. - 官営愛知紡績所開業。**この年** 民権結社設立・憲法案(私擬憲法)起草が活発化。
1882	15 壬午		1. 4 軍人勅諭を陸軍卿大山巌に授く。1. 25 条約改正に関する第1回各国連合予議会を外務省で開催(議長井上外務卿．7月27日，閉会)。2. 8 開拓使を廃し，札幌・函館・根室の3県を設置。2. 12 矢野文雄・尾崎行雄・犬養毅ら，東洋議政会結成。3. 3 憲法調査のため，伊藤博文らにヨーロッパ出張を命じる(3月14日出発，翌年8月3日帰国)。3. 12 熊本で九州改進党結成。3. 14 河野敏鎌・前島密・小野梓ら，「立憲改進党趣意書」を発表(4月16日，結党式．大隈重信を総理とする)。3. 18 福地源一郎・水野寅次郎・丸山作楽ら，立憲帝政党結党，党議綱領を発表。4. 6 自由党総理板垣退助，岐阜で遊説中に襲われ負傷。4. 26 大阪府知事，5月1日開催予定の酒屋会議禁止を告示。5. 3 渋沢栄一ら，大阪紡績会社設立。5. 10 京都中村楼で酒屋会議(6月26日，元老院に酒税減額建白書を提出)。5. 12 福島県会，県令三島通庸の道路工事強行に反対して地方議案を否決。5. 25 樽井藤吉ら，長崎県島原で東洋社会党結成(7月7日，結社禁止，解散)。6. 3 集会条例を改正(地方長官に1年以内の演説禁止権を，内務卿に結社集会禁止権を与え，支社の設置・他社との連絡を禁止)。6. 25 東京馬車鉄道，新橋―日本橋間に開通。6. 27 日本銀行条例を定める。7. 23 漢城(現ソウル)で朝鮮兵反乱，日本公使館を襲撃(壬午事変)。8. 5 戒厳令を定める。 徴発令を定める(戦時・事変に際する軍需賦課・徴発法を規定)。8. 16 花房義質公使，2個中隊を率い漢城に入る(20日，朝鮮国王に謁見)。8. 28 伊藤博文，ポツダムでドイツ皇帝ヴィルヘルム1世に謁見．皇帝，日本の急進的すぎる改革に懸念を表明。8. 30 朝鮮と済物浦条約に調印。9. 9『東京横浜毎日新聞』，板垣の外遊を非難。10. 24『自由新聞』，改進党と三菱会社の関係について攻撃。10. - 紡績連合会設立(官営愛知紡績所所長岡田令高の提唱)。11. 11 板垣退助・後藤象二郎，渡欧(明治16年6月22日，帰国)。11. 24 地方長官に軍備拡張・増税に就き勅諭を下す。11. 28 会津自由党員をふくむ南会津郡農民ら数千人，警官隊と衝突(弾正原事件)。12. 1 福島県自由党幹部河野広中ら，政府転覆の盟約作成容疑で逮捕(福島事件)。12. 7 右大臣岩倉具視，府県会中止の意見書を提出。 奥宮健之ら，「車会党規則」を発表(明治16年9月24日，結社禁止)。12. 12 請願規則を定める。12. 25 大阪商船会社設立を許可(明治17年5月1日，開業)。12. 28 府県会議員の会議事項についての連合集会・往復通信を禁じる。
1883 ▼	16 癸未		1. 1 郵便条例を施行。 共同運輸会社開業。1. 23 府県に兵事課を設置。2. 2 鳩山和夫ら全国の改進党系府県会議員，日本同志者懇親会を開催(3日，禁止命令)。2. 21 郡区長の給料・旅費を，明治16年度より国庫支弁と定める。3. 15 大阪の立憲政党，集会条例の拘束を脱するために解党を決議。3. 20 北陸地方の自由党員赤井景韶ら26人，大臣暗殺・内乱陰謀容疑で逮捕(高田事件)。4. 16 新聞紙条例を改正(言論取締を一層強化)。4. 23 自由党大会で改進党攻撃を決議(5～6月，偽党撲滅演説会を開催)。4. - 紡績連合会，職工争奪防止規則を定める。5. 5 国立銀行条例を改正(各銀行発行紙幣の償却を命じ，営業期間を免許後20年とし，満期後，私立銀行として継続を許可)。5. 22 各庁の達・告示は官報登載をもって公式とする。6. 29 改正出版条例を定める(発行10日前に内容届出などを規定)。7. 28 日本鉄道会社，上野―熊谷間仮開

社会・文化	世界
16年)。**この年より明治18年にかけて** 近藤瓶城編『史籍集覧』刊。 【死没】 1.15 阪谷朗廬(60，儒学)。2.13 中村仲蔵(大阪系4代)(65，歌舞伎役者)。2.25 島村鼎甫(52，医学)。3.26 鈴木徳次郎(55，人力車発明者)。5.3 川上冬崖(55，洋画家)。5.20 梅沢孫太郎(65，常陸水戸藩士)。5.26 斎藤利行(60，官僚)。5.28 高畠式部(97，歌人)。6.4 下国安芸(73，蝦夷松前藩士)。6.28 瀬川如皐(3代)(76，歌舞伎狂言役者)。7.2 尾上松助(3代)(47，歌舞伎役者)。8.9 清水喜助(67，建設業者)。8.16 三遊亭円生(3代)(43，落語家)。8.18 内山七郎右衛門(75，経世家)。10.2 北原稲雄(57，国学)。10.8 江木鰐水(72，儒学)。10.11 若江秋蘭(47，漢学)。11.7 田中久重(初代)(83，発明家)。12.2 榊原芳野(50，国学)。12.30 野沢吉兵衛(4代)(52，浄瑠璃三味線方)。	撃され重傷(9月19日死去)。8.22 イギリス，第2次アイルランド土地法が議会を通過。9.9 エジプト，軍人アラービー指揮下の軍隊，英仏批判・憲法要求の蜂起勃発(アラービー=パシャの反乱)。10.5 広東で生糸労働者の騒擾。12.1 天津—上海間の電信完成。**この年** スウェーデン社会民主協会設立。
1.9 公道社『深山自由新聞』創刊。1.- 『東京日日新聞』と『東京横浜毎日新聞』との間で主権論争。 此花新聞申報社『此花新聞』創刊(『畿内申報』改題)。2.1 立憲政党『日本立憲政党新聞』創刊。2.10 『鹿児島新聞』創刊。2.20 仏学塾『政理叢談』創刊。2.21 松方正義『府県地租改正紀要』成る。3.1 慶応義塾出版社『時事新報』創刊。 共行社『東洋新報』刊。3.10 ルソー著・中江兆民訳『民約訳解』，雑誌『政理叢談』に連載(～明治16年9月5日)。3.20 上野博物館開館(後の東京帝室博物館)．上野公園内の動物園開園。4.1 三菱商船学校，官立(農商務省所管，明治18年12月逓信省に移管)となり，東京商船学校と改称。4.4 大東日報社仮局『大東日報』創刊。4.14 群馬県，県下の遊廓を明治21年6月限り廃止すべき旨を布達(のちに延期)。4.30 神宮神官子弟の皇学研修のため，神宮皇学館設立。5.1 山陰新聞社『山陰新聞』創刊。 共詢社『自由新誌』創刊。5.15 神道事務局より神道諸派が独立。5.29 東京芝・神田にコレラ発生，晩秋にかけて流行，死者5000人を超す。5.30 高知自由新聞社『高知自由新聞』創刊。6.5 嘉納治五郎，東京下谷に柔道道場開設(講道館のおこり)。6.25 自由党，板垣退助ら『自由新聞』創刊。7.25 無名館『福島自由新聞』創刊。7.29 日新社『新潟日々新聞』創刊。8.- 丸屋善七『新体詩抄』刊。9.1 絵入自由新聞社『絵入自由新聞』創刊。9.14 東海新聞社『東海新聞』創刊。10.21 東京専門学校開校(後の早稲田大学)。10.- 加藤弘之『人権新説』刊。12.3 天皇，『幼学綱要』を地方長官らに下付。**この年** 青江秀『駅逓志稿』刊。 岡千仞『尊攘紀事』発行。 野中準ら撰述『大日本租税志』刊(～明治18年)。 黒川真頼『考古画譜』刊(～明治34年)。**この年以降** 政府『日本帝国統計年鑑』創刊。**この年以降毎年** 大蔵省『大日本外国貿易年表』刊。 【死没】 1.12 大村純熙(58，肥前大村藩主)。2.19 岩井半四郎(8代)(54，歌舞伎役者)。3.13 佐野増蔵(73，因幡鳥取藩役人)。3.29 内田五観(78，和算家)。6.1 羽田野敬雄(85，国学)。6.18 デュ=ブスケ(45，御雇外国人)。7.6 松田道之(44，官僚)。7.23 佐藤尚中(56，順天堂2代目)。8.9 大島友之允(57，対馬府中藩士)。8.13 中村直三(64，明治三老農)。8.21 蜷川式胤(48，考古家)。10.5 鷲津宣光(58，漢学)。11.24 芳村伊三郎(5代)(51，長唄唄方)。12.1 松平定安(48，出雲松江藩主)。12.4 和田一真(69，装剣金工家)。12.9 佐田介石(65，国粋主義者)。**この頃** 花沢伊左衛門(3代)(浄瑠璃三味線方)。	1.8 イギリス・フランス，エジプトへの積極干渉を通告した「ガンベッタ覚書」を発表。1.- アメリカでスタンダード石油トラスト成立。2.2 エジプト国民党内閣成立(7日，憲法制定)。4.17 フォンタネージ没(64，イタリアの画家)。4.25 フランス軍，ハノイを占領。5.6 アメリカ，中国人移民制限法案，議会を通過。5.20 ビスマルクの主導下，ドイツ・オーストリア・イタリアの3国同盟成立。5.22 朝鮮・アメリカ，修好通商条約に調印(6月6日，朝鮮・イギリス間，6月30日，朝鮮・ドイツ間で修好条約調印)。5.25 イギリス政府，エジプト国民党政府解任を要求する最後通牒。7.11 イギリス艦隊，アレクサンドリアを砲撃。7.23 朝鮮，壬午事変おこる。7.26 上海英米租界の電燈公司，送電開始。8.10 清，軍艦を朝鮮仁川に派遣。9.1 オーストリアの民族主義者ら，「リンツ綱領」発表。9.13 エジプト，アラービー=パシャ軍，イギリス軍に敗北(14日，アラービー降伏)。9.- 仁川を開港。10.1 清・朝鮮，商民水陸貿易章程に調印。10.9 袁世凱，清軍を漢城に駐屯させる。10.21 スミス没(68，米国務相・日本外務省法律顧問)。
1.22 朝野新聞社『絵入朝野新聞』創刊。4.1 高田新聞社『高田新聞』創刊。4.11 文部省，農学校通則を定める。4.13 九春社『吾妻新誌』創刊。6.28 山陰隔日新報社『山陰隔日新報』創刊。7.1 かな文字運動団体合同して「かなのくわい」結成。7.2 『官報』創刊。7.31 文部省，教科書採択の許可制を実施。7.- 太政官商法編纂局『商事慣例類集』第1編刊(～明治17年)。8.- 小室信介編『東洋民権百家伝』初帙成る(翌年第2・3帙成り，以後中絶)。9.9 大日本教育会創立。9.21 三池炭坑で就労中の囚徒が暴動。9.24 高島炭坑坑夫暴動(死者7人)。9.- 東京英学校，東京英和学校と改称・開校(後の青山学院)。10.15 独逸学協会『独逸学協会雑誌』創刊。11.28 鹿鳴館，東京麹町内山下	2.26 プリューイン没(68，駐日米弁理公使)。3.4 レビッソーン没(オランダ商館長)。3.27 フランス軍，ベトナムのナムディン占領。3.30 ベトナム国王，清に派兵を要請。4.8 劉永福の黒旗軍，再びベトナムに出動。5.19 黒旗軍，ハノイ付近でフランス軍を破る。7.18 ウィンチェスター没(63，イ

西暦	年号 干支	太政大臣	政治・経済
1883 ▲	明治 16 癸未	(三条実美)	業(明治17年5月1日，高崎まで開通)。8.3 伊藤博文ら，憲法調査を終え帰国。9.24 立憲帝政党，解散を公告。11.16 自由党臨時大会，東京で開催，10万円の資金募集を決議。12.11 イギリス外相，条約改正に関する覚書を森有礼公使に送る(内地開放を条件に関税自主権を認めるなど)。12.12 山県有朋を内務卿に任じる。12.18 海軍志願兵徴募規則を定める。12.28 徴兵令を改正(兵役年数を現役3年・予備役4年・後備役5年の計12年に延長，志願兵制創設，代人料制廃止など)。
1884	17 甲申		1.4 太政官，恩給局を設置，官吏恩給令を定める。2.16 陸軍卿大山巌，川上操六・桂太郎らと共にヨーロッパ兵制視察に出発(明治18年1月25日，帰国)。2.24 第一国立銀行，朝鮮政府と開港場海関税取扱に関する約定に調印。3.15 太政官，地租改正条例を廃し，地租条例を定める。3.17 宮中に制度取調局を設置，伊藤博文を長官に任じる(3月21日，宮内卿にも就任)。5.7 区町村会法を改正(会期・議員数・任期などの規則は地方長官が定め，区戸長が議案発議権を持つことなどを規定)。5.13 群馬県自由党員，農民数千人を集め，16日未明より高利貸・警察署などを襲撃(群馬事件)。5.26 兌換銀行券条例を定める(日本銀行に銀兌換券を発行させる)。7.19 深川工作分局セメント工場払下げ交付。8.10 自由党，有一館を開館。8.19 工部省所管の小坂鉱山を久原庄三郎(藤田組)に払下げ許可。9.23 茨城・福島の自由党員ら16人，加波山に集結，24日，警官と衝突(加波山事件)。10.28 会計年度を改正(明治19年以降4月1日より起算)。10.29 自由党大会を大阪で開催，解党を決議。10.31 自由党員をふくむ埼玉県秩父地方の農民数千人，郡役所・高利貸などを襲撃(秩父事件)。10.- 名古屋の自由党員を挙兵資金のための強盗殺人容疑で逮捕(名古屋事件)。11.3 千葉県の以文会指導者12名，国事犯容疑で拘留される(夷隅事件)。12.6 愛知・長野の自由党員らによる挙兵計画発覚(飯田事件)。12.4 朝鮮の漢城(現ソウル)で開化派のクーデタ起こり，竹添進一郎公使，日本兵とともに王宮に入る，6日，清軍，王宮に進み日本兵敗退(甲申事変)。12.17 立憲改進党総理大隈重信・副総理河野敏鎌，脱党。12.27 太政官，前田正名の「興業意見」(在来諸産業の調査に基づいた殖産興業政策実施案)を裁可。
1885 ▼	18 乙酉		1.9 特派全権大使井上馨，全宏集全権と甲申事変事後処理の条約(漢城条約)に調印。1.20 秋田の院内銀山を古河市兵衛に払下げ。1.27 ハワイへ向け第1回官約移民900余人，横浜を出発(2月8日着)。2.2 静岡県東部の借金党1500人，三島町の伊豆銀行などを襲撃。3.18 ドイツ陸軍少佐メッケルを陸軍大学校教官に任じる(軍制改革指導，明治21年3月24日，帰国)。4.6 農商務省，小作条例案起草のため，小作慣行調査を府県に命じる。4.18 全権伊藤博文，清国全権李鴻章と天津条約に調印(朝鮮から日清両軍撤退・軍事教官派遣停止・出兵時の相互事前通知．5月21日批准，7月21日，日清両軍撤兵)。 専売特許条例を定める(7月1日，施行)。5.5 屯田兵条例を定める。5.7 電信条例を改定。5.8 九州改進党，解党を決議。5.18 鎮台条例を改正(全国を7軍管に分け，1軍管を2師管に分け，各軍管に鎮台を，各師管に営所を設置)。 監軍本部条例を廃し，監軍部条例を定める。6.- 町村法取調委員会，「町村法草案」を内務卿山県有朋に提出。8.28 東京府，東京瓦斯局を渋沢栄一らに払下げ許可(10月1日払下げ，

社会・文化	世界
町に完成し開館式。**この年** 太政官参事院，『維新以来町村沿革』を編集。 遠藤芳樹，『大坂商業習慣録』を編纂。 広瀬淡窓著，広瀬青邨編『淡窓詩話』刊。 大蔵省記録局『徳川理財会要』成る。 矢野竜渓『経国美談』前篇刊(～明治17年)。 【死没】 1.2 物集高世(67，国学)。2.6 高井鴻山(78，豪農)。3.18 楠本端山(56，儒学)。3.30 戸田忠至(75，下野高徳藩主)。5.6 古川躬行(74，国学)。6.4 清水六兵衛(3代)(62，陶家)。7.16 笠原研寿(32，仏教学)。7.20 岩倉具視(59，政治家)。8.1 徳川慶勝(60，尾張名古屋藩主)。9.19 中野梧一(42，実業家)。9.20 梶常吉(81，七宝職人)。10.10 川手文治郎(70，金光教教祖)。11.5 徳大寺公純(63，公家)。11.12 天璋院(48，徳川家定御台所)。11.15 岸良兼養(47，司法官)。11.29 田母野秀顕(35，自由民権家)。12.27 得能良介(59，大蔵省技監)。12.28 嶺田楓江(67，民間教育家)。**この年** 鶴賀新内(4代)(60，新内節語り手)。	ギリスの外交官)。8.12 清・ロシア，コブド境界協定調印。8.25 フランス・ベトナム，ユエ条約調印(11月29日，破棄)。9.25 プレハーノフら，労働解放団をジュネーブで結成。10.16 プチャーチン没(ロシア海軍元帥)。11.5 スーダンのマフディ軍，イギリス軍人ヒックス率いるエジプト軍を破る。12.24 清軍，ベトナムに出兵。
1.11 文部省，商業学校通則を定める。1.26 井上哲次郎・井上円了・有賀長雄・三宅雪嶺ら，哲学会を結成。 文部省，中学校通則を定める(「忠孝彝倫の道」に基づき，中流人士・上級校進学者育成を中学校の目的とする)。2.10 静岡大務新聞社『静岡大務新聞』創刊。2.15 文部省，学齢未満幼児の小学校入学を禁じ，幼稚園設立を勧奨。3.7 旭香社『下野新聞』創刊。3.- 法学協会『法学協会雑誌』創刊。4.17 五州社『神戸又新日報』創刊。4.29 令知会『令知会雑誌』創刊。5.6 奈良正倉院を宮内省に移管。6.12 鹿鳴館で第1回婦人慈善舞踏会開催(7月頃より，舞踏練習会開始)。6.25 岡倉天心・フェノロサに京阪地方の古社寺歴訪を命じる。7.7 華族令を定める(公・侯・伯・子・男の5爵を設け，戸籍・身分は宮内省管掌，旧華族・明治の功労者授爵)。7.15 防長新聞社『防長新聞』創刊。7.- 大日本音楽会設立。8.1 佐賀新聞社『佐賀新聞』創刊。8.- 元田永孚，「国教論」を草し，伊藤博文に示す。9.3以降 『府県統計書』刊。9.- 藤田茂吉『文明東漸史』刊。10.- 植村正久『真理一斑』成る。11.16 坪井正五郎・白井光太郎ら，人類学会を設立。**この年** 松方緊縮財政による不況で農民の生活苦が深刻化，全国各地で負債返済をめぐる農民騒擾167件発生(明治期最多)。 外務省『外交志稿』刊。 黎庶昌編『古逸叢書』刊(東京)。 福住正兄記録『二宮翁夜話』刊(～明治20年)。 【死没】 1.1 鈴木舎定(29，自由民権運動指導者)。1.14 志摩利右衛門(76，阿波藍商)。広川晴軒(82，洋学)。1.16 前田斉泰(74，加賀金沢藩主)。2.10 守脱(81，天台宗僧侶)。2.16 ウィリアムズ(71，米国聖公会宣教師)。2.22 万里小路博房(61，公家)。3.6 徳川茂徳(54，一橋家当主)。4.12 関口開(43，教育者)。4.17 大浦慶(57，女性茶貿易商)。5.13 宍野半(41，扶桑教創立者)。6.8 田中平八(51，生糸・両替商)。6.30 荻江露友(4代)(49，荻江節太夫)。9.2 押小路甫子(77，女官)。9.15 安達清風(50，因幡鳥取藩士)。10.7 プティジャン(55，宣教師)。10.23 佐竹義堯(60，出羽秋田藩主)。10.31 古賀謹一郎(69，儒学)。11.23 村上忠順(73，国学，歌人)。11.28 間部詮勝(81，老中)。11.30 成島柳北(48，文筆家)。12.21 百武兼行(43，洋画家)。	1.4 イギリス，ウェッブ夫妻(社会学者)ら，フェビアン協会結成。3.27 ドイツ・ロシア・オーストリアの三帝同盟更新。6.6 フランス・ベトナム，第2次ユエ条約(パトノートル条約)調印。6.23 清・仏軍，ハノイ北方の観音橋で衝突(清仏戦争の契機)。6.- デンマーク社会民主党，国政初参加。7.7 朝鮮・ロシア，修好通商条約調印。8.26 清，フランスに宣戦布告。10.1 フランス軍，台湾基隆砲台を占領。10.5 香港で中国人労働者，フランス船での就役拒否のストライキを起こす。11.15 アフリカのコンゴ分割に関するベルリン会議開催(～'85年2月26日)。11.17 清，新疆省設置。12.4 朝鮮の漢城(現ソウル)で日本の支援により金玉均・朴泳孝らの開化派クーデタ(7日，清軍出動しクーデタ失敗)。12.6 イギリスで第3次選挙法改正案，議会を通過(選挙権，大幅に拡大)。**この年** ドイツ，アフリカの植民地獲得に動く。 呉長慶没(51，清の軍人)。 洪英植没(80，朝鮮の政治家)。
1.17 矢田部良吉・外山正一ら，羅馬字会を設立。1.31 茨城日報社『茨城日報』創刊。2.- 尾崎紅葉・山田美妙・石橋思案ら，硯友社を結成。3.16 福沢諭吉，『時事新報』社説に「脱亜論」を発表。3.21 万国郵便為替約定に加入・調印(明治19年4月1日，実施)。3.- 近藤清石編著『大内氏実録』刊(～同年10月)。4.15 開発社『教育時論』創刊。5.- 硯友社『我楽多文庫』刊。6.- 坪内逍遙『当世書生気質』刊。8.12 教育令を再改正(教育費節減を目的とする)。9.10 英吉利法律学校，東京神田に開校(後の中央大学)。9.- 坪内逍遙『小説神髄』刊。11.6 鳥取新報社『鳥取新報』刊(『山陰隔日新報』改題)。11.9 種痘規則を定める(明治19年1月1日施行)。11.13 華族女学校開校(明治39年4月，学習院女学部となる)。11.- 大蔵省『開拓使事業報告』刊。12.- 東京銀行集会所『銀行通信録』創刊。**この年** 丸山教静岡「み組」の西ガ谷騒動起こ	1.26 スーダンのマフディ軍，ハルツームを占領．イギリスのゴードン将軍戦死。2.5 イタリア，エチオピアのマッサワを占領。3.22 パークス没(57，イギリスの外交官)。5.2 ベルギー，レオポルド2世，コンゴ自由国を私有地として建設。5.12 アフリカ，ケープ－キンバリー間に鉄道開通。6.7 ボードイン没(64，オランダ人医師)。6.9 清・フランス，天津講

西暦	年号 干支	内閣	政　治・経　済
1885 ▲	明治 18 乙酉	(太政大臣三条実美) 12.22 12.22 第1次伊藤博文内閣	東京瓦斯会社開業)。9.24 違警罪即決例を定める(警察署長・分署長に管轄内違警罪の即決権を与える)。9.29 日本郵船会社設立を許可(三菱・共同運輸の両社合併．10月1日，開業)。11.23 朝鮮でのクーデタをめざす計画が発覚し，大井憲太郎ら大阪で逮捕(大阪事件)。12.22 太政官制を廃し，内閣制度を創設．内閣総理大臣以下各省大臣を設置．第1次伊藤内閣成立。12.23 内閣管轄下に法制局を設置。**この年** 紙幣整理による不況，極に達す(松方デフレ)。
1886	19 丙戌		1.26 函館・札幌・根室3県，北海道事業管理局を廃し，北海道庁を設置。1.28 ハワイと渡航条約調印(3月6日批准)。1.- 政府，紙幣の兌換・償却開始。2.26 公文式を公布(法律・勅令の公布及び布告，省令・閣令の公布手続などを規定)。2.27 各省官制を公布(各省大臣以下の組織・職務権限などを規定)。3.1 帝国大学令を公布(東京大学を改め帝国大学とする)。3.18 参謀本部条例を改正(陸軍部・海軍部を設置)。4.17 会計検査院官制を公布。4.26 海軍条例を公布(海軍軍令及び軍政の別を明らかにし，全国を5海軍区に分け各区に鎮守府を設置)。4.29 華族世襲財産法を公布。5.1 井上馨外相，各国公使と第1回条約改正会議を開き，正式に改正条約案を提出。5.5 裁判所官制を公布(治安・始審・重罪裁判所・控訴院・大審院・高等法院の職務権限等を規定)。6.12 箱根離宮落成式の襲撃計画が発覚し，静岡の在京の旧自由党員を逮捕(以後，静岡・浜松でも検挙開始．静岡事件)。6.25 内閣，北海道土地払下規則を公布。7.5 東京電燈会社開業。7.20 地方官官制を公布。7.22 モッセ，町村制についての意見書を山県有朋内相に提出。8.13 長崎に上陸の清国水兵，飲酒暴行して逮捕(8月15日，日本人警官と乱闘，死傷者出す．長崎清国水兵事件)。 登記法・公証人規則を公布。9.- 伊藤博文宮内大臣，国務大臣などの拝謁につき「機務六箇条」を起草・上奏。10.23 ロエスレル，町村制についての意見書を山県有朋内相に提出。10.24 星亨・中江兆民らが発起人となり，東京で旧自由党員を中心に全国有志大懇親会を開催(大同団結運動の開始)。 イギリス船ノルマントン号，紀州沖で沈没(ノルマントン号事件．日本人乗客23人全員が溺死して問題化．12月8日，横浜領事裁判所で船長に禁錮3ヵ月の判決)。11.- 伊藤博文ら，憲法起草に着手。
1887 ▼	20 丁亥		1.22 東京電燈会社，鹿鳴館で白熱電燈を点燈(電燈営業の初め)。1.24 地方制度編纂委員会を設置(内務次官芳川顕正・外務次官青木周蔵・逓信次官野村靖・モッセを委員に，27日，山県を委員長に任じる)。3.14 海防費として手許金30万円を下賜する旨の詔書(25日，公布)。3.23 所得税法を公布(5月5日，施行細則公布，7月1日，実施)。 伊藤博文首相，府県知事を鹿鳴館に集め海防整備の勅旨を伝え，各地富豪に海防費を献金させる旨を訓示。3.28 大阪の天満紡績会社設立を許可(明治22年1月開業)。4.9 日本郵船会社の官有株式260万円を皇室財産へ編入。4.22 第26回条約改正会議，イギリス・ドイツ提出の裁判管轄条約案を修正・議定。4.30 ロエスレル，憲法私案を法制局長官井上毅に提出。5.6 叙位条例を公布。5.9 大隈重信・後藤象二郎・板垣退助・勝安芳に伯爵，森有礼・榎本武揚ら13人に子爵を授与。5.15 旧自由

社　会・文　化	世　界
る。 【死没】 1.18 ロケニュ(46，宣教師)。2.5 塚本明毅(53，海軍軍人)。2.7 岩崎弥太郎(52，三菱財閥創設者)。2.22 ケプロン(80，開拓使顧問)。3.19 会津小鉄(41，侠客)。3.21 林正明(39，自由民権運動家)。3.23 亀井茲監(61，石見津和野藩主)。3.- 宇都宮正顕(71，勤王家)。5.17 田代栄助(52，秩父事件中心人物)。5.18 加藤織平(37，秩父困民党)。5.25 山中献(64，志士)。5.31 橘耕斎(66，ペテルブルグ大学日本語教授)。6.4 川村迂叟(豪商)。6.21 野沢喜八郎(6代)(浄瑠璃三味線方)。6.23 阿倍貞行(59，開拓事業推進者)。7.27 赤井景韶(27，民権家)。8.25 小室信介(34，ジャーナリスト)。 堀越安平(80，商人)。9.15 嘉納治郎作(73，廻船業者)。9.16 橋本実梁(52，公家)。9.18 実川延若(初代)(55，歌舞伎役者)。9.25 五代友厚(51，実業家)。12.6 森立之(79，医者)。12.8 島津久芳(64，薩摩鹿児島藩士)。12.13 黒田一葦(68，筑前福岡藩士)。12.20 三井高福(78，三井家惣領)。12.26 岡本健三郎(44，土佐高知藩士・政治家)。**この年** 桃井春蔵(61，剣道家)。	和条約調印。7.13 ヴェトナムの咸宜帝，抗仏の檄を発し文紳運動を始める。7.23 グラント没(63，アメリカ大統領)。9.12 フォルカド没(69，フランス人カトリック宣教師)。10.29 クーパー没(76，イギリスの提督)。11.7 カナダ，太平洋鉄道完成。11.20 漢城一北京間，電信線架設。12.28 インド，第1回国民会議，国民会議派創立。**この年** ドイツのベンツ，ガソリン自動車を発明。
1.9 修史館を廃し，内閣に臨時修史局設置。2.27 文部省に視学官を設置。3.22 宮川保全ら，共立女子職業学校開設(のちの共立女子学園)。4.10 師範学校令・中学校令・小学校令及び諸学校通則を公布。4.20 メートル法条約加入を公布。4.29 東京大学予備門を第一高等中学校，東京師範学校を高等師範学校と改める。4.- 小崎弘道『政教新論』刊。5.1 毎日新聞社『毎日新聞』創刊(『東京横浜毎日新聞』改題)。5.10 文部省，教科用図書検定条例を公布。6.5 万国赤十字条約に加入(11月16日，公布)。6.12 甲府の雨宮製糸場の女工ストライキ(～16日)。6.23 宮内省，公式礼装に随意洋装を用いるよう上流婦人らに通達。7.13 本初子午線経度計算方及び標準時の件公布(明治22年1月1日より東経135度の子午時を標準時と定める)。8.10 大阪日報社『浪華新聞』創刊。8.- 末松謙澄を中心に演劇改良会結成。10.7『やまと新聞』創刊。10.- 徳富蘇峰，『将来之日本』を著す。11.4 児島惟謙ら，大阪に関西法律学校を開校(のちの関西大学)。12.6 矢島楫子ら，婦人矯風会を創立。12.27 内閣官報局『職員録』刊。**この年** コレラ大流行(患者15万5923人，死者10万8405人)。農商務省『農商務統計表』創刊。 内閣記録局および内閣書記官室記録課編『明治職官沿革表』刊(～明治27年)。 【死没】 1.1 ブラウン(78，宣教師)。1.11 小野梓(35，政治思想家)。1.24 幟仁親王(75，有栖川宮)。1.29 島崎正樹(56，小説『夜明け前』主人公モデル)。1.30 長谷川敬(79，尾張名古屋藩士)。3.9 クラーク(59，札幌農学校初代教頭)。3.16 滋野七郎(52，志士)。3.20 伊木三猿斎(69，備前岡山藩主席家老)。4.19 大音青山(70，筑前福岡藩士)。5.23 伊地知正治(59，官僚)。6.19 沢辺正修(31，自由民権運動家)。7.11 山内豊範(41，土佐高知藩主)。8.8 玉乃世履(62，司法官)。 三宅友信(81，蘭学)。9.4 近藤真琴(56，洋学)。10.5 富松正安(38，加波山事件主謀者)。10.6 大野規周(67，精密機械技術者)。11.26 吉村甚兵衛(51，通信・運輸業者)。11.28 尺振八(48，英学)。12.3 箕作秋坪(62，啓蒙思想家)。12.10 井上省三(42，官営洋式毛織物工場長)。 高山長五郎(57，蚕業改良家)。12.24 中村仲蔵(江戸系3代)(78，歌舞伎役者)。	4.10 朝鮮，官立医学校設立。5.4 シカゴの労働者集会で爆弾破裂(ヘイマーケット事件)，アナーキストを逮捕。5.31 朝鮮，梨花学堂開校。6.8 イギリス下院でアイルランド自治法案否決。7.24 イギリス・清，ビルマ条約調印(清，イギリスのビルマ主権を承認)。9.4 アメリカ，アパッチ族指導者ジェロニモを逮捕。11.- パジェス没(72，フランスの東洋学者)。12.8 アメリカ労働総同盟(AFL)結成。**この年** 南アフリカのトランスバール南部で金鉱発見(9月，ヨハネスブルクを建設)。 キューバで奴隷制を廃する。
2.15 民友社『国民之友』創刊。2.- 徳富蘇峰，民友社を結成。3.11『群馬日報』創刊(『官令日報』改題)。3.15 国家学会『国家学会雑誌』創刊。4.1 見光社『めさまし新聞』創刊(『燈新聞』改題)。4.18 文部省，第二高等中学校を仙台に，第四高等中学校を金沢に設置(5月30日，第五高等中学校を熊本に設置)。4.20 首相官邸で大仮装舞踏会を開催(この頃，鹿鳴館でも舞踏会がしばしば開催，欧化主義として批難される)。4.- 徳富蘇峰『新日本之青年』刊。 西村茂樹『日本道徳論』刊。5.20 博愛社，日本赤十字社と改称(社長佐野常民)。5.21 学位令を公布(学位を博士・大博士の2等に分ける)。5.- 中江兆民『三酔人経綸問答』刊。 『明治貨政考要』刊。6.15 陸軍士官学校官制・	1.20 アメリカ，ハワイから真珠湾の租借権を獲得。1.26 モーニケ没(72，ドイツ人医師)。2.4 アメリカ，州際通商法制定(連邦政府が鉄道運賃を規制)。2.12 イギリス・イタリア間に地中海協商成立，地中海の現状維持を約束。2.20 ドイツ・オーストリア・イタリア，三国同盟を更新。4.4 ロ

西暦	年号 干支	内閣	政　治・経　済
1887 ▲	明治 20 丁亥	（第1次伊藤博文内閣）	党員を中心に，大阪で全国有志大懇親会開催．星亨・板垣退助ら演説。5.18 私設鉄道条例を公布。4～5月 井上毅，憲法草案甲乙両案を伊藤首相に提出。6.1 伊藤博文・金子堅太郎・伊東巳代治ら，神奈川県金沢で憲法草案の検討を開始(のちに井上毅が参加，夏島の伊藤別荘へ移る，8月夏島草案作成)。 司法省法律顧問ボアソナード，条約改正案反対の意見書を内閣に提出。6.2 軍事参議官条例を公布(陸軍大臣・海軍大臣・参謀本部長・監軍を天皇直属の軍事参議官とし，軍事について審議させる)。6.7 大蔵省所管の長崎造船所を三菱社に払下げ(明治21年12月1日，三菱造船所と改称)。7.3 谷干城農商務相，条約改正案反対の意見書を内閣に提出(7月26日，罷免)。7.6 農商務省所管の川崎造船所を川崎正蔵に払下げ。7.25 文官試験試補及見習規則を公布(試験を高等・普通の2種に分け，試験と実務練習などについて規定)。7.29 井上馨外相，各国公使に条約改正会議の無期延期を通告。7.30 官吏服務紀律を改正(官吏は天皇と政府に対し忠順勤勉を主とする旨を規定)。8.- 条約改正の失敗をきっかけに政府施策に反対する各地の有志上京，元老院・諸大臣に要求提出。 井上馨，「条約改正意見書」を閣僚に配布。9.17 井上馨外相辞任，伊藤博文首相を外相兼任とする。10.3 後藤象二郎，有志70人余を東京芝の三縁亭に招き懇談会を開催(丁亥倶楽部を設置，大同団結を説く)。10.- 高知県代表，「三大事件建白書」を元老院に提出(地租軽減・言論集会の自由・外交失策の挽回を要求)。12.15 2府18県の代表，東京で会合．三大建白の処理を元老院に要求。12.25 保安条例を公布・施行．翌26日，570人に，3日以内に皇居外3里への退去を命じる。12.29 新聞紙条例を改正・公布(発行届出制とする)。
1888	21 戊子		1.4 山陽鉄道会社，設立免許(社長中上川彦次郎，私設鉄道条例公布後最初の鉄道会社として創立)。 各種勲章の等級・制式を定める。2.1 大隈重信を外務大臣に任じる。 元老院，町村制修正案を上奏(2月8日，市制修正案上奏)。3.1 関西鉄道会社・大阪鉄道会社，設立免許。
		4.30 黒田清隆内閣	4.25 市制・町村制公布(明治22年4月1日より漸次施行)。4.30 枢密院官制公布，議長に伊藤博文就任．黒田清隆内閣成立。5.8 枢密院開院式挙行．天皇，皇室典範・憲法草案諮詢および励精審議を望む勅語を下す。5.10 内藤久寛ら，新潟県に日本石油会社を創業。5.14 鎮台条例を廃し，師団司令部条例を公布(鎮台を師団に改編)．陸軍参謀本部条例・海軍参謀本部条例・参軍官制などを公布。6.13 内務大臣，町村合併規準を地方長官に訓令。6.18 枢密院で憲法草案の審議を開始(第一審会6.18～7.13，第二・三審会を経て，明治22年2月5日確定)。6.27 九州鉄道会社，設立免許。7.5 後藤象二郎，大同団結運動の遊説のため信越・東北地方へ出発(8月22日，帰京)。9.12 地方制度編纂委員会，府県制・郡制法案を内閣へ提出。10.5 野村靖・渋沢栄一ら，鹿鳴館で自治政研究会を開催。10.14 栗原亮一ら，大阪で大同団結の3府33県385人の有志懇親会を開催。11.26 大隈重信外相，新条約改正案(領事裁判権撤廃・大審院の外国人判事任用など)をドイツ代理公使に手交(12月18日アメリカ，29日イギリス・フランス，30日ロシア・オーストリア・イタリア各国公使に手交)。11.30 メキシコとの修好通商条約に調印(最初の対等条約)。12.2 山県有朋内相，地方制度調査のため欧州へ出発(明治22年10月2日，帰国)。12.4 愛媛県から旧讃岐国分を割き，香川県を設置(現在の府県名確立)。12.7 後藤象二郎，東海・北陸地方への遊説に出発。12.19 陸軍刑法・海軍刑法改正(利敵行為・機密漏洩などへの処罰強化)。12.25 陸海軍将校分限令公布。
1889 ▼	22 己丑		1.22 改正徴兵令公布．戸主・嗣子の徴集猶予・免除の改廃および一年志願兵制度などにより徴募範囲を拡大し，国民皆兵主義を実現。2.11 大日本帝国憲法発布．皇室典範制定．議院法・衆議院議員選挙法・貴族院令・会計法・憲法発布に際しての大赦令公布，国事犯多数出獄。 森有礼

社　会・文　化	世　界
陸軍幼年学校官制を公布。 博文館創立。7.17 山形新報社『山形新報』創刊。9.10 大日本婦人衛生会設立。9.11 日本講道会，日本弘道会と改称し，国民道徳普及活動を開始。9.16 井上円了，東京に私立哲学館を開く(後の東洋大学)。9.- 宮内省，沖縄県尋常師範学校に天皇・皇后の「御真影」を下付。 『秋田新報』創刊(『秋田日報』改題)。 野口勝一・富岡政信編『維新史料』刊(～明治29年12月)。10.5 文部省，図画取調掛を東京美術学校，音楽取調掛を東京音楽学校と改称。10.17 横浜の上水道配水を開始(鉄管使用，近代的上水道の初め)。10.- 自由民権派，『西哲夢物語』を秘密出版。11.- 重野安繹・久米邦武・星野恒『史徴墨宝』第1編刊(～明治22年)。12.4 竜池会，日本美術協会と改称。**この年** 勝海舟編『吹塵録』成る。 清，黄遵憲撰『日本国志』成る。 二葉亭四迷『浮雲』第1編刊(～明治24年)。 【死没】 2.18 中山みき(90，天理教教祖)。2.20 城多虎雄(32，新聞人)。3.5 行秀(75，刀工)。3.7 黒田長溥(77，筑前福岡藩主)。3.27 沢山保羅(36，牧師)。4.6 大谷幸蔵(63，蚕種商)。4.20 阿部正外(60，老中)。5.19 矢野玄道(65，国学)。6.8 権田直助(79，国学)。6.25 松沢求策(33，政治家)。7.31 六郷新三郎(5代)(73，長唄囃子方)。11.19 頓成(93，真宗学僧)。12.6 島津久光(71，政治家)。12.19 吉原重俊(43，日本銀行総裁)。**この年** 山口吉郎兵衛(3代)(37，実業家)。	ンドンで第1回植民地会議開催。6.18 ドイツ・ロシア，秘密再保障条約に調印。10.9 福建—台湾間に海底電線開通。10.17 フランス領インドシナ連邦成立。12.- 漢城(現在のソウル)の商人，外国人の竜山移住に反対する示威運動。**この年** ノルウェー労働党結成。 フランスで反議会・排外主義を唱えるブーランジズム運動が激化(～'89年)。 カッペレッティ没(イタリアの建築家)。
1.4 時事通信社創立(社主益田孝，日本最初のニュース通信社)。1.10 高知立志社『土陽新聞』刊(『海南新聞』『土陽雑誌』合併)。1.15 東雲新聞社『東雲新聞』創刊。2.3 文部省，唱歌「紀元節」(高崎正風作詞，伊沢修二作曲)を府県・直轄学校に送付。2.15 宮崎新報社『宮崎新報』創刊。3.- 島田三郎『開国始末』刊。4.3 志賀重昂・三宅雪嶺・杉浦重剛ら，政教社を創設し機関誌『日本人』を創刊。5.1 3代目河竹新七『籠釣瓶花街酔醒』，東京千歳座で初演。5.7 箕作麟祥・加藤弘之ら25人に学位令に基づき初の博士号を授与。6.1 政論社『政論』創刊。6.4 東京天文台を東京府麻布区飯倉町に設置し帝国大学に属させる。6.18 松岡好一，『日本人』に「高島炭坑の惨状」を掲載し高島炭坑を批判，社会問題に発展。6.30 『農務顛末』成る。7.1 芸備日日新聞社『芸備日日新聞』創刊(『芸備日報』改題)。7.5 新愛知社『新愛知』創刊。7.15 磐梯山大噴火，死者444人。7.16 『富山日報』刊(『中越新聞』改題)。8.28 海軍大学校を築地の旧海軍兵学校生徒館を校舎にあて創設。9.10 東北日報社『東北日報』創刊。10.9 九州日日新聞社『九州日日新聞』創刊(『紫溟新報』改題)。10.- 銀行雑誌社『銀行雑誌』創刊。 中根淑『都の花』創刊。11.20 大阪毎日新聞社『大阪毎日新聞』発行(『大阪日報』改題)。**この秋** 川上音二郎，時事を諷刺した「オッペケペー節」を演じる(明治24年頃，全国で大流行)。12.6 東奥日報社『東奥日報』創刊。12.7 経世評論社『経世評論』創刊。**この年** 勝海舟編『海軍歴史』成る(翌年印刷・頒布)。 小中村清矩『歌舞音楽略史』刊。**この年以降** 市来四郎編『忠義公史料』成る。 【死没】 1.2 菅野八郎(79，一揆指導者)。1.19 箱田六輔(39，玄洋社社長)。2.10 松浦武四郎(71，蝦夷地探検家)。3.21 阿部真造(58，キリスト教徒)。4.11 上野景範(45，外交官)。4.16 鶴田皓(54，法制官僚)。4.25 福田行誡(80，仏教学)。5.5 中村福助(成駒屋系3代)(43，歌舞伎役者)。6.12 中山忠能(80，宮中政治家)。7.19 山岡鉄舟(53，政治家)。7.31 大久保忠寛(72，閣僚)。8.5 斎藤弥九郎(2代)(61，剣客)。8.29 新井日薩(59，日蓮宗管長)。9.9 広田憲寛(71，蘭学)。10.23 三島通庸(54，官僚)。11.1 馬場辰猪(39，自由民権家)。11.5 狩野芳崖(61，日本画家)。11.27 佐々木太郎(71，富商)。11.- 田島直之(69，林業家)。	1.19 ハラタマ没(56，オランダの化学者)。1.28 ドイツ・イタリア，対仏軍事協定を締結。2.19 イギリス軍，チベットを攻撃。3.24 ファビウス没(81，オランダ海軍士官)。5.13 ブラジル，奴隷解放法案成立。5.29 朝鮮，軍制改革を実施。6.15 ドイツ皇帝にヴィルヘルム2世即位。8.1 バン=ボールクンバーク没(66，アメリカの外交官)。9.4 サモア諸島で対ドイツ反乱．独米関係悪化。10.1 アメリカ，中国人移民の排斥を強化，中国人労働者入国禁止法を制定。10.29 スエズ運河条約，英・仏・独・伊・墺・蘭・露・スペイン・トルコの9ヵ国により調印．平時・戦時の自由航行の保障とイギリスの特権を承認。12.17 清国，北洋海軍成立．丁汝昌，同軍提督に就任。
1.3 村山竜平『東京公論』創刊。1.4 普通社『徳島日日新聞』刊(『普通新聞』改題)。1.22 師範学校卒業者の6ヵ月間現役制実施。1.27 商況社『中外商業新報』創刊(『中外物価新報』改題)。2.1 都新聞社『都新聞』創刊(『今日新聞』	1.1 オーストリア社会民主労働党結成。2.19 シモンズ没(アメリカの医師)。3.4 清国，光緒帝の親政

西暦	年号 干支	内閣	政　治・経　済
1889 ▲	明治 22 己丑	（黒田清隆内閣） 12.24 第1次山県有朋内閣	文相，官邸で西野文太郎に刺され，翌12日没。2.12 黒田清隆首相，鹿鳴館に地方長官を召集し超然主義の方針を訓示。2.20 アメリカとの和親通商航海条約に調印（6月11日ドイツ，8月8日ロシアと調印するもすべて発効せず）。3.9 参謀本部条例・海軍参謀部条例公布（参軍制度を廃し，陸軍は天皇直隷の参謀本部，海軍には海軍大臣の下に海軍参謀部を軍令機関として設置）。3.22 大同団結運動の指導者後藤象二郎を逓信大臣に任じる。3.23 土地台帳規則公布（地券の廃止・土地台帳による地租徴収を定める）。 東京・京都・大阪の市制特例を公布（市長を置かず府知事に職務を移譲）。4.19『ザ＝タイムス』（ロンドン），大隈重信外相の条約改正案を論評（5月31日～6月2日，新聞『日本』に訳載，反対運動激化）。4.30 大同団結派，河野広中ら政社派と大井憲太郎ら非政社派に分裂（5月10日，政社派は大同倶楽部，非政社派は大同協和会を結成）。4.－ 佐渡・生野両鉱山，大蔵省鉱山局から皇室財産に編入。5.10 会計検査院法公布。7.1 東海道線（新橋―神戸間）全通。 呉・佐世保両鎮守府開庁。7.31 土地収用法公布。8.15 大同倶楽部・大同協和会・保守中正派・『日本』『日本人』社友・紫溟会・玄洋社ら，非条約改正委員会開催。8.25 条約改正反対派，東京千歳座で全国連合大演説会を開催（～8月27日）。10.11 伊藤博文枢密院議長，大隈重信外相の条約改正案に反対して辞表提出。10.18 大隈重信外相，玄洋社社員来島恒喜に襲われ重傷。10.24 黒田清隆首相以下各大臣（大隈を除く），辞表提出。10.25 内大臣三条実美を首相兼任とする。11.1 黒田清隆・伊藤博文に元勲優遇の詔書を下賜。11.18 北海道炭礦鉄道会社，設立免許状出される。12.10 閣議，条約改正交渉の延期を決定。12.19 板垣退助，大阪で旧自由党員との懇親会を開催し，愛国公党の結成を発表。12.24 山県有朋を首相に，青木周蔵を外相に任命（第1次山県内閣成立）。 内閣官制公布。**この年** 日本最初の経済恐慌（明治23年恐慌の端緒）。
1890 ▼	23 庚寅		1.21 自由党結成（2月21～23日，総会で大井憲太郎ら常議員を選出）。2.10 裁判所構成法公布（11月1日，施行）。2.11 金鵄勲章創設の詔書・同勲章の等級製式佩用式公布。2.26 地方長官会議，「徳育涵養ノ義ニ付建議」。3.－ 山県有朋首相，「外交政略論」を執筆，閣僚らに配布。4.15 九州同志連合会，九州地方の民権派を集め鹿児島で開催。4.21 民法中，財産編・財産取得編・債権担保編・証拠編公布（明治26年1月1日，施行予定）．民事訴訟法（同24年4月1日，施行）公布。4.26 商法公布（明治24年1月1日，施行予定）。5.5 愛国公党組織大会開催。5.14 愛国公党・自由党・大同倶楽部，合同を決議し庚寅倶楽部を結成。5.17 府県制・郡制各公布（郡制は町村制施行後，府県制は郡制・市制施行後に順次施行）。6.10 第1回貴族院多額納税議員選挙実施（9月29日，45人任命）。6.15 大日本綿糸紡績同業連合会，第1次操業短縮開始（7月9日まで実施）。6.21 官吏恩給法・軍人恩給法公布。6.30 行政裁判法公布（10月1日，施行）。7.1 第1回衆議院議員総選挙。7.10 第1回貴族院伯子男爵議員互選選挙実施（伯爵15人・子爵70人・男爵20人当選）。7.25 集会および政社法公布（集会・結社への取締り強化．政党の連繋禁止）。8.20 杉浦重剛・元田肇ら，大成会結成を決め，23日，趣意書を採択。8.25 立憲自由党，旧自由党・旧大同倶楽部・旧愛国公党・旧九州同志会の四派合同での結党を決定。9.12 商業会議所条例公布。9.15 立憲自由党，結党式。9.20 賞勲局官制公布，内閣に同局設置。10.7 刑事訴訟法公布（11月1日，施行），民法中に人事編など（明治26年1月1日施行予定ながら延期）を公布。 小学校令公布（明治25年4月1日，全面施行）。10.20 元老院を廃止。10.24 初代貴族院議長に伊藤博文を任命。10.30「教育ニ関スル勅語」発布。11.25 第1回帝国議会召集。11.29 第1回帝国議会開会（明治24年3月7日閉会，立憲自由党130，立憲改進党41で民党が300議席の過半数を占める），この日をもって大日本帝国憲法施行。12.6 山県首相，衆議院で施政方針演説。12.27 商法および商法施行条例施行期限法公布（商法の施行を明治26年1月1日に延期）。**この年** 綿糸生産高，輸入高を超過。

社　会・文　化	世　界
『みやこ新聞』合併改題)。2.11 日本新聞社『日本』創刊。2.15 秋田新報社『秋田魁新報』創刊(『秋田新報』改題)。2.17 憲法雑誌社『憲法雑誌』創刊。2.- 全国各地で憲法発布の祝賀会が多数開かれる。 三省堂『自治新誌』創刊。3.20 讃岐日報社『讃岐日報』創刊。3.22 『陸奥日報』創刊。4.5 北陸公論社『北陸公論』創刊。4.10 『香川新報』創刊。4.- 大蔵省『工部省沿革報告』刊。5.- 法学士会,「法典編纂ニ関スル意見書」を発表(民法典論争に発展. ～明治25年)。6.1 政友会『安芸津新報』創刊。 『大分新聞』創刊。 伊藤博文『憲法義解』刊。6.16 小山正太郎・浅井忠・松岡寿・本多錦吉郎・山本芳翠・川本清雄ら,明治美術会を結成(最初の洋画団体)。6.- 陸海軍造兵廠の機関部職工ら,同盟進工組を結成。7.- 神戸新聞社『神戸新聞』創刊。8.26 博文館『江戸会誌』発行(『江戸会雑誌』改題)。9.30 大阪天満紡績会社職工300人,同盟罷業して賃上げを要求するも,憲兵の説諭により解散。10.9 文部省・教員・学生・生徒に対し,講義・演説で現在の政務事項の可否を論じる事を禁止。10.13 富山県魚津で米騒動(各地で凶作・米価騰貴による農民騒擾が増加)。10.- 国華社『国華』創刊。 新声社『しがらみ草紙』創刊。11.1 史学会第1回会合(会長重野安繹,12月,『史学会雑誌』創刊)。11.21 歌舞伎座,東京京橋区木挽町に開場。11.26 群馬県会(議長湯浅治郎),廃娼建議案を可決。11.- 岩手日日新聞社『岩手公報』創刊。12.- 史学会『史学会雑誌』創刊(のちに冨山房より『史学雑誌』と改称)。**この年末** 勝海舟編『陸軍歴史』刊。 【死没】 2.12 森有礼(43,政治家)。2.13 大橋一蔵(42,士族反乱指導者)。2.27 工藤他山(72,儒学)。3.19 福田理軒(75,算学)。4.6 板倉勝静(67,老中)。4.26 河鍋暁斎(59,日本画家)。5.17 関口隆吉(54,官吏)。5.20 上杉斉憲(70,出羽米沢藩主)。7.6 菅沼貞風(25,南洋貿易史学)。7.9 弾直樹(67,弾左衛門第13代目)。7.19 杉田玄端(72,洋学)。7.23 宮崎夢柳(35,新聞記者)。9.7 富本豊前太夫(4代)(60,富本節太夫)。10.7 三浦乾也(69,陶工)。10.8 中村宗十郎(55,歌舞伎役者)。 伊豆長八(75,左官)。10.18 来島恒喜(31,国家主義者)。11.21 森春濤(71,漢詩人)。11.24 古今亭志ん生(2代)(58,落語家)。11.25 伊達宗紀(98,伊予宇和島藩主)。12.10 新納中三(58,司法官吏)。**この年** 一竜斎貞山(3代)(54,講釈師)。	開始。4.19 スウェーデン社会民主労働者党結成。5.2 ペルス=ライケン没(オランダ海軍士官)。5.6 パリ万国博覧会開催(フランス革命100周年記念. ～11月6日)。7.14 パリで国際労働者大会開催(22ヵ国・約400人参加). 第2インターナショナルを結成。8.15 ロンドンのドック労働者,大規模ストライキ開始(～9月16日)。10.2 第1回汎米会議,ワシントンで開催。10. 朝鮮,威鏡道で防穀令施行. 日本,防穀令を通商章程違反として損害賠償を要求(防穀令事件)。11.12 日朝貿易規則続約・通漁規則調印. 済州島漁民の反対抗争起こる。11.15 ブラジル,陸軍がクーデタ. 帝政倒れ共和政樹立。**この年** 朝鮮全土で民衆反乱相次ぐ。
1.27 慶応義塾大学部,始業式挙行(文学・法律・理財の3科設置)。1.- 足尾銅山の鉱毒により渡良瀬川の魚類の多くが死滅し社会問題化。2.1 江湖新聞社『江湖新聞』創刊。 国民新聞社『国民新聞』創刊。2.11 近江新報社『近江新報』創刊。3.8 日本評論社『日本評論』創刊。3.25 女子高等師範学校設立(校長中村正直)。4.1 長与専斎らの提唱により,第1回日本医学会開催。 第3回内国勧業博覧会,上野公園で開催。4.9 琵琶湖疏水開通式挙行。4.- 北辰社『北辰新聞』創刊。5.5 『愛国新聞』創刊。5.17 天皇,芳川顕正文相に徳育教育に関する箴言の編纂を命じる。5.30 伊沢修二ら,国家主義教育推進を目的とした国家教育社を創立。9.21 日本法律学校開校式挙行(後の日本大学)。10.20 立憲自由党の土佐派『自由新聞』創刊。10.31 文部省,「教育ニ関スル勅語」謄本を全国の学校に配布。11.1 ミークルジョン『The Japan Advertiser』(『ジャパン=アドバタイザー』)創刊(横浜)。11.12 国家経済会『国家経済会報告』創刊。11.13 浅草千束町に遊覧所凌雲閣開場(別名「十二階」,初めてのエレベーター設備)。11.20 帝国ホテル開業式挙行。11.22 国学院開院式挙行(皇典講究所を母体)。11.25 『国会』創刊。12.4 北里柴三郎,ジフテリアおよび破傷風の血清療法を発見。12.13 あづま新聞社『あづま新聞』創刊. 12.16 東京・横浜両市内および両市間で電話交換が開始。12.23 石川倉次・小西信八ら,日本訓盲点字を完成。12.- 帝国大学『国史眼』刊。 埼玉平民雑誌社『埼玉平民雑誌』創刊。**この年** 村田氏寿・佐々木千尋『続再夢紀事』の編纂開始(大正10年8月刊)。 農商務省農務局編纂『大日本農史』成る。 文部省『日本教育史資料』刊(～明治25年)。 荻野由之ら編集校訂『日本文学全書』刊(～明治25年)。 田口卯吉編纂『日本社会事彙』刊(～明治24年)。	3.17 英・清,シッキム・チベット条約調印(シッキムのイギリス保護領化および印・清国境の取決め)。3.20 ビスマルク,皇帝ヴィルヘルム2世と対立し宰相を辞任。5.1 第2インターナショナル創立大会での決議に基づき,欧米各地で初のメーデー行進が行われる。7.1 英・独,ヘルゴランドとザンジバルの交換についての協定を締結。7.2 アメリカ,シャーマン反トラスト法成立。7.17 セシル=ローズ,ケープ植民地首相に就任。9.23 シュタイン没(74,ドイツの政治経済学者)。10.1 ドイツ,社会主義者鎮圧法失効。10.5 サイル没(74,米国聖公会宣教師)。12.2 朝鮮,対日穀物輸出禁止措置を1年間延長。12.8 ハンガリー社会民主党成立。**この年** アメリカ政府,フロンティアの消滅を発表。

西暦	年号 干支	内閣	政　治・経　済
1890 ▲	明治 23 庚寅	(第1次山県有朋内閣)	
1891	24 辛卯	5.6 第1次松方正義内閣	1.8 衆議院本会議で予算委員長大江卓，788万円削減の予算査定案を報告．9日，松方正義蔵相，同案に不同意を表明。1.12 東京・大阪商業会議所設立許可(16日，名古屋商業会議所設立許可)。1.13 警視総監，壮士など54人を保安条例に基づき議会開会中皇居3里外へ退去処分。1.20 帝国議会議事堂全焼(原因は漏電)。2.20 衆議院，大成会議員提出の憲法67条に基づく歳出について政府の同意を求める動議を，自由党土佐派らの賛成で可決。2.24 立憲自由党分裂(植木枝盛ら土佐派29人脱党．26日，板垣退助も脱党)。3.2 衆議院で予算案修正可決(原案から651万円を削減して政府と妥協成る，3月6日貴族院も可決して，明治24年度予算案成立)。3.19 立憲自由党大会開催．党名を自由党と改称，総理に板垣退助を選出。3.24 青木周蔵外相，イギリス公使に条約改正案を手渡す。4.9 山県有朋首相，天皇に辞意を表明(後任に伊藤博文を推すも辞退)。5.6 松方正義を首相に任命(蔵相兼任，第1次松方内閣成立)。5.11 滋賀県大津で，巡査津田三蔵，来日中のロシア皇太子を襲い傷害(大津事件)。5.12 政府首脳，大津事件犯人津田三蔵への大逆罪適用の方針。5.27 大審院長児島惟謙，検事側の大逆罪適用の死刑要求を退け，津田三蔵を謀殺未遂罪の無期徒刑と判決。5.- 榎本武揚・副島種臣・矢野文雄ら，東邦協会を結成。8.12 閣内一致および議会対策を目的に内閣議決書・内閣規約を決定し，内閣に政務部を設置(部長陸奥宗光)。9.1 日本鉄道上野－青森間全線開通。9.14 陸奥宗光，政務部部長を辞任。11.8 大隈重信，板垣退助と会見し，自由・改進両党連合の気運高揚(12日，大隈，枢密顧問官を免官)。11.21 第2通常議会召集(26日開会，12月25日解散)。12.7 梶山鼎介朝鮮駐在公使，咸鏡道防穀令施行における損害賠償として，朝鮮政府に対し14万7168円を要求(朝鮮側，要求が過大とし交渉難航)。12.18 田中正造，衆議院に足尾鉱毒事件に関する質問書を初めて提出。12.22 樺山資紀海相，議会で「民力休養・政費節減」を唱える民党の海軍省経費削減案に反し，薩長政府の功績を力説したいわゆる蛮勇演説を行う。12.25 衆議院，民党主張の予算大幅削減案可決(軍艦製造費・製鋼所設立費など892万余円削減)，即日解散(貴族院は停会)。12.28 大隈重信，立憲改進党に再入党。
1892 ▼	25 壬辰		1.22 伊藤博文，大成会を中心とした新政党組織計画を上奏(天皇同意せず中止)。1.28 予戒令公布(選挙干渉・取締が目的．即日施行)。2.9 内閣，高知県下に保安条例の一部(印刷物の事前検閲など)の20日間適用を公布(即日施行)。2.11 陸軍少佐福島安正，ベルリンから単騎シベ

社　会・文　化	世　界
【死没】 1.5 富田高慶(77，報徳運動家)。1.10 村上英俊(80，フランス学)。1.23 新島襄(48，宗教家)。1.- 加藤九郎(61，新聞記者)。2.11 井関盛艮(58，横浜毎日新聞発行者)。3.27 唐人お吉(50，ハリス侍妾)。5.17 沼間守一(48，民権政治家)。5.23 平山省斎(76，大成教・御岳教管長)。6.2 松平慶永(63，越前福井藩主)。6.18 藤本善右衛門(76，蚕種業功労者)。6.22 松岡明義(65，有職故実家)。7.11 柴田花守(82，不二道教主)。7.25 松平茂昭(55，福井藩主)。9.28 黒川良安(74，蘭学)。10.16 秋良貞温(80，長門萩藩士)。10.18 伊佐幸琢(5代)(87，石州流茶人)。10.19 木村曙(19，小説家)。**この年** 竹本長門太夫(4代)(77，浄瑠璃太夫)。 吉田辰五郎(3代，人形遣い)。	
1.1 立憲自由社『立憲自由新聞』創刊(『江湖新聞』改題)。1.9 内村鑑三，第一高等中学校始業式で教育勅語への拝礼を拒否。1.- 井上勝，小岩井農場を設立。2.5 川上音二郎一座，書生芝居を旗揚げ.「経国美談」「板垣君遭難実記」を上演。3.1『自由平等経綸』創刊。3.8 神田駿河台のニコライ堂開堂式(シュチュルポフ設計，コンドル修正)。3.20 植村正久主宰『福音新報』創刊。3.24 度量衡法公布(基本単位は尺・貫．明治26年1月1日施行)。3.- 三宅雪嶺，『真善美日本人』を著す。 大和新聞社『大和新聞』創刊(『養徳新聞』改題)。4.21 北門新報社『北門新報』創刊。4.- 福地源一郎「幕府衰亡論」，『国民之友』に連載(～明治25年11月)。5.- 経済雑誌社『史海』創刊。 東邦協会『東邦協会報告』創刊。6.17 小学校祝日大祭日儀式規程公布。6.- 陸羯南『近時政論考』刊。7.3 竹越与三郎『新日本史』上巻刊(～明治25年，未完)。7.5 いはらき新聞社『いはらき』創刊。7.11 東京音楽学校の卒業式で「君が代」が歌われる(儀式での「君が代」歌唱の先例)。9.12 群馬県，明治26年末限りでの公娼廃止を公布。10.20 静岡民友新聞社『静岡民友新聞』創刊。10.25 新潟県北蒲原郡で，地主の米差押えに反対する小作人300人が騒擾。10.28 岐阜・愛知両県一帯に大地震．全壊焼失14万2000戸，死者7200人(濃尾大地震)。10.- ヤング『The Kobe Chronicle』創刊。 坪内逍遙『早稲田文学』創刊。11.5 陸軍省，維新前後の国事殉難者1277人を靖国神社に合祀。11.17 文部省，各学校下付の御真影・教育勅語謄本を「最モ尊重ニ奉置」せよと訓令．小学校教則大綱制定。11.21 織田純一郎『寸鉄』創刊。11.22 攪眠社『東海暁鐘新聞』創刊。11.- 重野安繹監修・山田安栄編纂『伏敵編』出版。**この年** 岸上操編『温知叢書』発行。 三宅雪嶺『偽悪醜日本人』刊。 井上哲次郎『勅語衍義』刊。 清田黙『徳川加除封録』刊。 内閣記録局『法規分類大全』第1編刊(～昭和25年，未完)。 内藤耻叟校訂『日本文庫』発行(～明治25年)。 【死没】 1.6 落合直澄(52，神官，国学)。1.11 永島段右衛門(84，名主・戸長)。1.12 伊達邦直(58，北海道拓殖功労者)。1.15 柳楢悦(60，水路事業者)。1.22 小笠原長行(70，老中)。 元田永孚(74，明治天皇側近)。1.28 堤磯右衛門(59，実業家)。2.8 ワーグマン(58，英国画家)。2.11 青山景通(73，国学)。2.18 三条実美(55，政治家)。3.15 養鸕徹定(78，浄土宗僧侶)。3.24 松平斉民(78，美作津山藩主)。4.9 鈴木久太夫(63，篤農家)。4.22 吉井友実(65，政府高官)。5.30 小川松民(45，漆工)。6.7 中村正直(60，教育者)。6.9 山際七司(43，政治家)。6.25 佐々木弘綱(64，歌人，国文学)。7.1 永井尚志(76，幕府官僚)。7.13 柴田是真(85，日本画家)。8.3 吉田清成(47，外交官)。8.27 中御門経之(72，政治家)。9.3 若山儀一(52，経済学)。9.22 水谷民彦(74，志士)。9.30 津田三蔵(38，大津事件犯人)。10.1 大沼枕山(74，漢詩人)。10.25 朝彦親王(68，宮廷政治家)。10.26 サマーズ(63，英国人語学者)。10.27 野村文夫(56，ジャーナリスト)。10.31 藤本清兵衛(初代)(51，米穀仲買商)。12.29 鹿島万平(70，商人)。**この年** 池上雪枝(66，社会事業家)。	1.7 チリ，大統領と議会派の内戦勃発(9月19日，大統領バルマセダ自殺により，議会派勝利)。2.16 マクシモービッチ没(63，ロシアの植物学者)。2.- イラン，国王の専制とタバコ利権を手中にしたイギリス資本に反対するタバコ・ボイコット運動を展開。3.18 日本，済州島禁漁の代償に大同江口の開港を要求。3.29 アレクサンドル3世，シベリア鉄道建設の勅書を発布(5月31日着工)。4.9 ドイツに膨張主義・汎ゲルマン主義的団体の汎ドイツ連盟設立。5.6 独・墺・伊の三国同盟，第3次更新(期限12年間)。5.15 教皇レオ13世，回勅「レールム・ノヴァールム」発表。7.16 清国北洋艦隊，横浜来訪。7.20 ブルガリア社会民主党創立。8.27 ロシア・フランス，8月協定を締結。9.15(**ロシア暦**) ゴンチャローフ没(79，ロシアの作家)。10.14 ドイツ社会民主党，エルフルト大会でカウツキー起草のエルフルト綱領を採択。11.11 清国熱河で金丹道教の楊悦春・李国珍ら蜂起(12月15日鎮圧)。
1.2 新潟県北蒲原郡紫雲寺村で，水入証取戻しで小作人480人が騒擾。1.6 大日本仏教青年会結成。1.- 久米邦武，「神道は祭天の古俗」を『史海』に寄稿，神道家などの非難をうけ筆禍事件に発展(3月4日，帝国大学教授を非職と	2.22 アメリカ，人民党がセントルイスで正式結成。4.1 タイのラーマ5世，行政組織改革を実施，

西暦	年号 干支	内閣	政　治・経　済
1892 ▲	明治 25 壬辰	(第1次松方正義内閣) 8.8 第2次伊藤博文内閣	リア横断に出発(26年6月12日，ウラジオストック到着)。**2.15** 第2回臨時総選挙(自由党94人，立憲改進党38人)．品川弥二郎内相の選挙干渉により，各地で騒擾発生(死者25人，負傷者388人)。**2.23** 伊藤博文，選挙干渉実行の官憲の処分を主張し，枢密院議長の辞表を提出(却下)。**2.25** 大日本蚕糸会設立。**3.8** 農商務省，東京・秋田・大阪・広島・福岡・札幌に鉱山監督署設置。**3.11** 品川弥二郎，選挙干渉問題で引責辞任(3月14日，品川と対立していた陸奥農商務相も辞任)。**4.5** 閣議で条約改正案調査委員会設置を決定(12日，同委員に伊藤博文らを任じ，13日，第1回会議開催)。**4.24** 大成会所属議員ら，中央交渉部結成を決定，政府与党の立場をとる。**5.2** 第3特別議会召集(5月6日開会，6月14日閉会)。**5.11** 貴族院，選挙干渉に対しての政府の反省を求める建議案可決。**5.14** 衆議院，選挙干渉弾劾決議案可決(16日，7日間の停会を命じられる)。**5.27** 貴族院，民法・商法施行延期法案について，断行派と延期派大論争(翌日修正議決，6月10日，衆議院議決)。**5.31** 衆議院，予算案から海軍予算などを削減し可決(6月6日，貴族院，復活修正し衆議院へ回付)。**6.9** 衆議院，貴族院の復活修正は不法と議決し，予算修正案を貴族院へ返付。**6.10** 貴族院，復活修正を合法とし衆議院へ返付し，翌11日，予算審議権に関する勅裁を求める上奏案可決。**6.13** 天皇，貴族院の上奏を枢密院に諮詢，貴族院の復活修正を認め立法協賛権に両院の差はないと勅裁。**6.14** 両院協議会，予算案修正につき妥協し両院で可決。**6.21** 鉄道敷設法公布。**6.22** 中央交渉部・中立議員有志ら，国民協会結党(会頭西郷従道，副会頭品川弥二郎)。**7.20** 河野敏鎌内相，選挙干渉事件に関して福岡県知事安場保和・内務次官白根専一らを更送(27日，高島鞆之助陸相・樺山資紀海相，これに反対して辞表提出)。**7.30** 松方正義首相，閣内不統一のため辞表提出。**8.3** 伊藤博文，各元勲の入閣を条件とし組閣を承諾(8月8日，第2次伊藤内閣成立，元勲内閣)。**9.25** 第1回全国商業会議所連合会，京都で開催。**11.6** 大井憲太郎ら，東洋自由党結党。**11.24** 民法および商法施行延期法公布。**11.25** 第4通常議会召集(11月29日開会，明治26年2月28日閉会)。**11.30** 軍艦千島，愛媛県深江沖でイギリス船ラヴェンナと衝突し沈没，乗組員70人余死亡(千島艦事件，日英双方の訴訟に至り，明治28年9月19日和解)。
1893	26 癸巳		**1.12** 衆議院，軍艦建造費などを削減した明治26年度予算案を議決(歳出871万円減．16日，政府，不同意を表明)。**1.23** 衆議院，内閣弾劾上奏案を上程し，15日間の停会を命じられる。**2.7** 衆議院，内閣弾劾上奏案可決。**2.10**「在廷ノ臣僚及帝国議会ノ各員ニ告グ」の詔書(和衷協同の詔書)が出され，製艦費補助のため6年間内廷費毎年30万円下付・文武官俸給1割納付を命じる。**2.22** 衆議院，予算案修正可決(建艦費を認め，歳出262万円削減．26日，貴族院も可決)。**2.25** 朝鮮駐在公使大石正己，防穀令の損害賠償として，朝鮮政府に対し17万余円を要求。**3.4** 取引所法公布(10月1日施行)。 弁護士法公布(5月1日施行)。**3.25** 法典調査会規則公布(4月13日，総裁に伊藤博文就任)。**4.1** 碓氷峠にアプト式線路を採用，直江津線横川―軽井沢間開通．これにより上野―直江津間全通。**4.11** 農商務省，東京府西ヶ原に農事試験場を設置(6月5日，大阪・熊本・広島・徳島，7月5日，宮城・石川に設置)。**4.14** 集会および政社法改正公布(取締りを若干緩和)。**4.22** 農商務省，臨時製鉄事業調査委員会を設置。**5.19** 防穀令賠償問題，朝鮮政府の損害賠償11万円支払いで妥結。**5.20** 海軍省官制改正・海軍軍令部条例公布。**5.22** 戦時大本営条例公布(戦時の最高統帥部を大本営とし，陸海軍大作戦の計画を参謀総長の任と規定)。**6.29** 福島安正陸軍中佐，シベリア横断を終え東京に帰着。**7.8** 臨時閣議，条約改正案および交渉方針を決定(内地雑居承認，領事裁判権廃棄，関税率改正，英・独・米との国別交渉)。**9.10** 富岡製糸場を三井高保に入札払下げ。**10.1** 大井憲太郎ら対外硬派，大日本協会を設立。**10.16** 貨幣制度調査会規則公布(同25日，谷干城・渋沢栄一ら，調査委員就任．11月4日，第1回会議)。**10.31** 文官任用令・文官試験規則各公布。**11.7** 日本郵船会社，ボンベイ航路を開始(初の遠洋定期航路)。**11.17** 田中製作所，三井銀行に買収され芝浦製作所と改称。**11.25** 第5通常議会召集(11月28日開会，12月30日解散)。**12.1** 衆議院，議長星亨への不信任上奏案動議を可決(5日，星の1週間出席停止，13日，議員除名を決議)。**12.15** 三菱社，三菱合資会社に改組・改称(社長岩崎久弥)。**12.19** 衆議院，現行条約励行建議案を上程，10日間の停会処分となる。**12.29** 衆議院，陸奥宗光外相の条約励行建議案反対の演説後，再び14日間の停会を命じられる。 政府，大日本協会に解散命令。**12.-** 東洋自由党解散。 藤田組設立(社長藤田伝三郎)。

社会・文化	世界
なる)。**2.3** 出口なお，京都府綾部で大本教開教。**2.6** 因伯時報社『因伯時報』創刊。**4.7** 農商務省『農商務省沿革略志』刊。**5.-** 有恒会『酒田新聞』創刊(『坂田商業新報』改題)。**6.27** 震災予防調査会設立。**6.-** 指原安三『明治政史』刊(～明治26年5月)。**7.15** 横須賀海軍造船廠職工5150人余，就業規則改正を求め同盟罷業。**7.30** 中国民報社『中国民報』創刊。**8.1** 福島民報社『福島民報』創刊。 三宅小次郎『和歌山新報』創刊。**9.15** 徳富蘇峰『家庭雑誌』創刊。**9.-** 史談会『史談会速記録』第1輯発行。**11.1** 朝報社『万朝報』創刊。**11.30** 大日本私立衛生会，伝染病研究所を設立(主任北里柴三郎)。**11.-** 大井憲太郎ら，日本労働協会を結成。**12.20** 党報局『立憲改進党党報』創刊。**この年** 関東で東京府を中心に天然痘流行。 中根淑校訂『百万塔』刊。 内藤耻叟『徳川十五代史』刊(～明治26年)。 【死没】 **1.16** 今北洪川(77，臨済宗僧)。**1.23** 植木枝盛(36，自由民権運動家)。**1.-** 遠藤七郎(54，志士)。**2.1** 五姓田芳柳(66，洋画家)。**4.18** 信太意舒(54，出羽秋田藩士)。**5.4** 奈良専二(71，明治三老農)。**5.20** 福住正兄(69，報徳運動指導者)。**7.23** 前田正之(51，十津川郷士)。**7.27** 原坦山(74，仏教学者)。**8.19** 藤田茂吉(41，政治家)。**11.8** ワーグナー(61，ドイツ人化学者)。**11.11** 山田顕義(49，政治家)。**12.3** 平野富二(47，石川島造船所創立者)。**12.10** 富士松加賀太夫(5代)(38，新内節家元)。**12.20** 伊達宗城(75，伊予宇和島藩主)。**12.24** 古橋暉児(80，篤農家)。**12.28** 山本覚馬(65，都市プランナー)。**この年** 徳田寛豊(63，天理教)。 中山元成(80，茶業家)。 松森胤保(68，博物家)。	内閣制度を発足。**4.10** マルティら，ニューヨークでキューバ革命党を組織。**4.-** 朝鮮，咸鏡道徳源府で民衆反乱。**5.21** 清国光緒帝，排外文書発行を禁止。**8.14** ミラノでイタリア労働者党結成(のちのイタリア社会党)。**8.16** イギリス，第4次グラッドストン内閣成立。**8.17** ロシア・フランス，三国同盟に対抗して軍事協定締結。**9.11** ロシア，ウィッテ，蔵相に就任。**10.13** 朝鮮，清国からの借款により日本の第一銀行などへ債務償却。**11.10** フランス，パナマ運河会社疑獄事件起こる。**この年** ディーゼル，「ディーゼル=エンジン」を発明。 ソロモン・ギルバード・エリス各諸島，イギリスの保護領化。
1.- 女学雑誌社『文学界』創刊。**3.11** 殖民協会発会式(会長榎本武揚・副会長前田正名)。**3.20** 郡司成忠海軍大尉ら63人，千島探検へ出発。**4.3** 東京婦人矯風会，全国組織として日本基督教婦人矯風会を結成(会頭矢島楫子)。**4.-** 殖民協会『殖民協会報告』刊。**5.18** 市町村立尋常小学校の授業料は市町村に財政能力があれば徴収しない事とする。**5.-** 東京地質学会設立。 パウル=マイエット著，斎藤鉄太郎ら共訳『日本農民の疲弊及其救治策』刊。**6.10** ケーベル，帝国大学哲学科教師に就任。**7.30** 黒田清輝，フランス留学より帰国，外光派の画風を紹介。**8.5** 北国新聞社『北国新聞』創刊。**8.12** 文部省，小学校の祝祭日儀式で唱歌用に用いる歌詞・楽譜を選定(「君が代」など8編)。**9.15** 琉球新報社『琉球新報』創刊。**10.26** 秋山定輔『二六新報』創刊。**10.-** 史料通信協会編『史料通信叢誌』刊(～明治30年9月)。**11.1** 明治座開場式。**11.15** めさまし新聞社『めさまし新聞』創刊。**この年** 西田敬止編『益軒十訓』出版。 勝海舟『開国起原』刊。 加藤弘之『強者の権利の競争』，日独両文にて刊。 博文館『帝国文庫』刊(～明治30年)。 参謀本部編『日本戦史』刊(～大正年間)。 仙台叢書出版協会『仙台叢書』刊(～明治28年)。 宮内省集録『殉難録稿』刊(～明治40年)。 【死没】 **1.2** 島本仲道(61，自由民権運動指導者)。**1.10** 杉田仙十郎(74，県会議員)。**1.22** 河竹黙阿弥(78，歌舞伎狂言作者)。**2.23** 山田武甫(63，政治家)。**3.1** エッゲルト(46，御雇外国人教師)。**3.12** 小橋勝之助(31，博愛社)。**6.4** 下村善太郎(67，前橋市長)。**6.7** 寺島宗則(62，外交官)。**6.12** 清水次郎長(74，侠客)。**6.30** 梅亭金鵞(73，滑稽本作者)。**7.28** 伊東貫斎(68，蘭方医)。**8.6** 松野勇雄(42，国学)。**8.30** 細川護久(55，熊本藩知藩事)。**10.2** 柳沢保申(48，大和郡山藩主)。 浦田長民(54，神宮少宮司)。**10.15** 渡辺台水(30，新聞記者)。**10.18** 内田政風(79，官僚)。**12.5** 松平容保(59，京都守護職)。**この年** 市村羽左衛門(14代)(46，歌舞伎役者)。 羽田正見(68，幕臣)。	**1.13** イギリスでケア=ハーディら，独立労働党結成。**1.17** ハワイ，在住アメリカ人のクーデタにより，王制廃されアメリカの保護領化。**1.18** 東学教徒，教祖の伸寃と教徒弾圧中止を請願。**3.31** ルーマニア労働者社会民主党結成。**3.-** ポーランド社会党結成。**4.26** 東学教徒，忠清道報恩に集結し，「斥倭洋倡義」をスローガンとする。**5.5** ニューヨーク証券取引所で大暴落，経済恐慌勃発。**5.15** 横浜正金銀行，上海出張所を開設。**8.-** ローザ=ルクセンブルクら，ポーランド王国社会民主党を創設。**9.8** イギリス上院，第2次アイルランド自治法案を否決。 ニュージーランド，世界初の女性投票法可決(19日成立)。**9.13** ミュラー没(71，ドイツの医学者)。**10.3** タイ，フランスと条約調印し，メコン川左岸の領土権放棄・賠償金300万フラン支払い・バンコク開港を約す。**10.-** 朝鮮各地で民衆反乱。**この年** ヘディン，中央アジア探検に出発. ナンセン，北極探検に出発。 モンブラン没(フランスの外交官)。

西暦	年号 干支	内閣	政　治・経　済
1894	明治 27 甲午	(第2次伊藤博文内閣)	3. 1 第3回臨時総選挙(自由119・改進48・国民協会26)。4. 2 駐英公使青木周蔵，ロンドンで条約改正交渉開始。4. 13 移民保護規則公布。5. 3 楠本正隆・長谷場純孝ら，立憲革新党を結成。5. 12 第6特別議会召集(5月15日開会，6月2日解散)。5. 26 綿糸輸出海関税免除法公布(7月1日施行)。5. 31 衆議院，内閣弾劾上奏案可決(6月2日，土方久元宮相より不採用と伝達，衆議院は解散)。6. 2 閣議，清国の朝鮮への出兵に対して混成一個旅団派兵を決定(6月12日，日本軍，仁川に到着)。6. 5 大本営を参謀本部内に設置。6. 7 駐清代理公使小村寿太郎，公使館保護のための日本軍出兵を清国政府に通告。6. 16 陸奥宗光外相，東学党反乱の共同討伐および朝鮮内政の共同改革を清国公使に提議(22日清国拒絶，23日陸奥，内政改革実現までの不撤兵を通告)。7. 10 大鳥圭介朝鮮駐在公使，日本単独の内政改革案を朝鮮政府に提出。7. 16 日英通商航海条約調印．領事裁判権の廃止・関税率引上げを実現(8月27日公布，明治32年7月17日施行)。7. 20 大鳥圭介公使，清・朝鮮の宗属関係破棄などを要求した最後通牒を朝鮮政府に通告(回答期限22日)。7. 23 日本軍，漢城の朝鮮王宮を占領．朝鮮軍を武装解除し，大院君を執政とする政権樹立。7. 25 日本艦隊，豊島沖で清国軍艦と交戦し撃退(豊島沖海戦)，清国兵を満載した英国籍輸送船高陞号を撃沈(高陞号事件)。7. 29 日本軍，朝鮮の成歓で清国軍を破る。7. 30 日本軍，牙山を占領。8. 1 清国に宣戦布告(日清戦争)。8. 2 清国との開戦に伴い，新聞記事の事前検閲令公布施行(9月13日廃止)。8. 8 各地での義勇軍結成の動向に対し，これを戒め常業での勤励を諭した詔書発布。8. 16 軍事公債条例公布(3000万円の募集告示に対し，7700余万円の申込み)。8. 18 渡辺国武蔵相，軍事公債募集にあたり，渋沢栄一らに協力要請。8. 20 朝鮮政府と暫定合同条款を調印(朝鮮政府の内政改革，京仁・京釜鉄道敷設権獲得)。8. 26 大日本大朝鮮両国盟約調印。9. 1 第4回臨時総選挙(自由105，改進45，革新40)。9. 13 陸・海軍，軍機関係事項の新聞雑誌記載を禁止。 大本営，広島に移設(15日天皇，広島到着)。9. 15 第1軍，平壌総攻撃を開始(翌16日占領)．陸軍1等卒原田重吉，玄武門に一番のりして門を開ける。9. 17 連合艦隊(司令長官伊東祐亨)，清国北洋艦隊と交戦し5艦を撃沈．以後の制海権を日本が掌握(黄海海戦)。10. 3 金鵄勲章年金令公布。10. 15 第7臨時議会，広島に召集(10月18日開会，同21日閉会)。 井上馨内相を朝鮮駐在公使に任命。10. 24 臨時軍事費特別会計法公布。11. 7 日本軍，大連湾を占領。11. 20 井上馨朝鮮駐在公使，朝鮮国王に内政改革要領20ヵ条の同意要求。11. 21 第2軍，旅順口を占領。11. 22 日米通商航海条約調印(明治28年3月24日公布，同32年7月17日施行)。12. 1 大日本農会による，第1回全国農事大会開催。12. 22 第8通常議会召集(同24日開会，明治28年3月23日閉会)。**この年** 器械製糸生産量，初めて座繰製糸生産量を超過。
1895 ▼	28 乙未		2. 1 京都電気鉄道開業(後の京都市交通局線，日本初の電車営業)。 日清両国講和全権，広島県庁で会談(翌2日，清国の全権委任状の不備を理由に交渉拒否)。2. 2 第2軍，威海衛(清国北洋艦隊根拠地)を占領(12日，北洋艦隊司令官丁汝昌，連合艦隊に降伏)。3. 20 全権伊藤博文・陸奥宗光，清国講和全権李鴻章と下関春帆楼で第1回講和会談。3. 23 日本軍，澎湖列島に上陸(26日占領)。3. 24 李鴻章，下関での第3回講和会談の帰途に狙撃され負傷。3. 30 日清休戦条約調印。4. 17 日清講和条約(下関条約)調印(朝鮮の独立承認，遼東半島・台湾・澎湖列島の割譲，賠償金2億両支払いなど)。4. 23 ドイツ・フランス・ロシア3ヵ国公使，清国への遼東半島返還を勧告(三国干渉)。5. 4 閣議，遼東半島の清国への全面返還を決定(翌5日，各国公使に通達)。5. 10 遼東半島を還付する旨の詔書。5. 25 台湾島民，唐景松を総統として反乱，台湾民主国を樹立(6月7日鎮圧)。5. 29 日本軍，台湾北部に上陸(6月7日，台北を占領)。6. 8 日露通商航海条約調印(9月11日公布)。8. 6 陸軍省，台湾総督府条例公布(軍政実施)。8. 27 松方正義蔵相，閣内不一致で辞職。9. 7 三菱合資会社銀行部設立認可(資本金100万円，10月16日開業)。9. 18 住友銀行設立認可(資本金100万円，11月1日開業)。10. 1 野中至夫妻，富士山頂で気象観測を開始。10. 6 広告取次業博報堂，東京日本橋に創業。10. 8 漢城で日本公使館守備隊・日本人壮士，大院君を擁してクーデタ．親露反日政策をとる閔妃を殺害(閔妃殺害事件)。10. 17 閔妃殺害事件処理のため，三浦梧楼公使ら関係者を召還(明治29年1月20日，三浦ら免訴)。10. 31 日清講和条約第4条に基づき，清国より賠償金第1回払込分5000万両に

社会・文化	世界
1.26 大阪天満紡績で職工数百人，労務管理に対して騒擾。2.10 消防組規則公布(市町村設置の義勇消防組を廃し知事管掌とし，全国的基準を制定)。4.- 福地源一郎『懐往事談』刊。6.12 実業教育費国庫補助法公布。6.25 高等学校令公布(高等中学校を高等学校に改称)。7.4 日本基督教会，牧師田村直臣を『Japanese Bride』での筆禍問題により罷免(日本の花嫁事件)。7.19 煙害問題のため農民850人，別子銅山新居浜精錬所を襲撃し警官と衝突。7.29 東京府庁舎落成式(設計妻木頼黄)。8.25 北里柴三郎，ペスト菌を発見。 博文館『日清戦争実記』第1編創刊(～明治29年)。9.25『信濃日報』創刊(『信府日報』など3紙の合同)。11.20 千葉東海新聞社『東海新聞』創刊。11.- 皇典講究所『国学院雑誌』創刊。 中外英字新聞研究社『中外英字新聞研究録』刊。12.26 報知社『報知新聞』創刊(『郵便報知新聞』改題)。**この年** 福地源一郎『新聞紙実歴』刊。 笹森儀助『南島探験』刊。 志賀重昂『日本風景論』刊。 仙台文庫会『仙台文庫叢書』刊(～明治33年)。 【死没】 1.3 堀達之助(72，英学)。1.4 辻維岳(72，官僚)。1.15 厳如(78，真宗僧侶)。1.21 末岡精一(40，憲法学者)。1.28 桂文楽(4代)(57，落語家)。2.1 武谷祐之(75，蘭方医)。3.11 三井高喜(72，実業家)。3.15 吉雄圭斎(73，西洋医)。3.16 浅田宗伯(80，漢方医)。3.30 伊藤六郎兵衛(66，丸山教)。5.16 北村透谷(27，詩人)。6.2 森寛斎(81，日本画家)。6.4 矢野勘三郎(74，志士)。6.10 松尾多勢(84，勤王家)。6.12 斎藤高行(76，報徳運動家)。 山口尚芳(56，官僚)。7.4 御巫清直(83，国学)。7.6 高橋由一(67，洋画家)。7.12 河津祐之(46，官吏)。8.21 茂木惣兵衛(初代)(68，横浜生糸売込商)。9.2 柳原前光(45，官僚)。9.11 榊原鍵吉(65，剣術家)。10.10 中井弘(57，官吏)。10.28 原忠順(61，肥前鹿島藩士)。 高橋正作(92，農事指導者)。11.8 仮名垣魯文(66，戯作者)。12.1 原田豊吉(35，地質学)。12.8 島津源蔵(初代)(56，島津製作所創立者)。12.11 落合直亮(68，志士)。12.29 三瀦謙三(43，医者)。**この年** 能勢直陳(74，儒者)。 畠山義信(54，紀州綿ネル創製者)。	1.4 露仏同盟，正式に成立。2.14 ウィリス没(58，イギリスの医学者)。2.15 朝鮮南部で農民反乱，古阜地方を占拠。3.17 清国，アメリカと華工条約調印(中国人移民のアメリカ移住を10年間禁止)。3.25 コクシー率いる失業者の大群，オハイオ州からワシントンへデモ行進(～4月30日)。3.28 金玉均，上海で同行者の洪鐘宇により暗殺される(44)。3.29 朝鮮の全羅道で，全琫準を指導者として東学信徒と農民が蜂起(甲午農民戦争，いわゆる東学党の乱)。5.11 アメリカで，プルマン鉄道ストライキが起こり中西部一帯に波及。5.31 東学農民軍，全羅道首府の全州を占領．朝鮮国王，清国に派兵要請。6.9 清国軍，朝鮮牙山に到着。 東学農民軍，政府と講和(全州和約)。6.24 仏サディ=カルノー大統領，リヨンで暗殺される。6.- 孫文，李鴻章に改革を論じた上書を提出。7.27 朝鮮，軍国機務処を設置し内政改革に着手(甲午更張)。8.1 日清両国，宣戦布告(日清戦争)。10.15 ユダヤ系フランス軍参謀将校ドレフュス大尉，ドイツのスパイ容疑により逮捕(ドレフュス事件)。10.- 東学農民軍，全琫準の指示で再蜂起し日本軍と交戦。11.24 孫文，ハワイで革命結社興中会を結成。12.2 レースレル没(59，ドイツの公法・経済学者)。
1.4『静岡新報』創刊。1.29 文部省，高等女学校規程を公布。1.- 博文館『太陽』創刊。 帝国文学会編集『帝国文学』創刊。 博文館『文芸倶楽部』創刊。3.6 臘虎膃肭獣猟法公布，古物商取締法公布。3.13 質屋取締法公布。4.1 帝国大学文科大学に史料編纂掛を設置(昭和4年7月9日史料編纂所と改称)。 第4回内国勧業博覧会，京都岡崎公園で開催(～7月31日)．黒田清輝「朝妝」の陳列問題，裸体画論争に発展。4.17 京都で，大日本武徳会設立(会長渡辺千秋)。4.28 三宅米吉・小杉榲邨・下村三四吉ら，考古学会を設立。8.- 内外出版協会『文庫』創刊。9.11 自由党『自由党党報』創刊(『党報』改題)。9.22 イギリスより来日の救世軍士官ら，神田美土代町の青年会館で宣戦式挙行(日本救世軍の創設)。11.15 東洋経済新報社『東洋経済新報』創刊。12.9 写真師鹿島清兵衛，歌舞伎座で上演中の9世団十郎の「暫」を撮影(日本初の舞台写真)。**この年** コレラ大流行(死者4万0154人)。 和田英松編『式逸』成る。 笹森儀助『拾島状況録』成るか。 上原六四郎『俗楽旋律考』発行。 【死没】 1.15 熾仁親王(61，有栖川宮)。2.2 幸野楳嶺(52，日本画家)。 林洞海(83，蘭方医)。2.9 藤堂高猷(83，伊勢津藩主)。2.18 岡松甕谷(76，儒学)。2.24 浜村蔵六(4代)(70，篆刻家)。3.13 長三洲(63，漢詩人)。3.17 井上毅(53，法	2.12 丁汝昌没(清の海軍提督)。2.24 キューバ，スペインに対して蜂起(～'98年，キューバ独立戦争)。3.16 孫文ら興中会，広州攻撃を企図し，青天白日旗を革命軍旗として制定。3.17 朝鮮，初の国家予算編成。3.25 イタリア軍，エチオピア侵入開始。4.24 東学農民軍指導者全琫準処刑(41)。5.19 キューバ独立戦争指導者ホセ=マルティ，オリエンテで戦死。6.20 ニカラグア・ホンジュラス・エル=サルバドルの3国，連合条約に調印(1898年エル=サルバドルの反対で連合頓挫)。6.21 ドイツのキール運河開通。7.6 清国，対日賠償金支払いのため，ロシア・

西暦	年号 干支	内閣	政　治・経　済
1895 ▲	明治 28 乙未	(第2次伊藤博文内閣)	相当する英貨822万余ポンドをロンドンで受領。11.8 遼東半島還付条約調印(同16日，清国より還付報償金として3000万両相当の英貨493万余ポンドを受領．12月4日公布)。11.22 自由党，伊藤内閣との提携を宣言。12.3 上海紡績設立(資本金150万円，中上川彦次郎ら発起)。12.22 日本精糖設立(資本金150万円，社長松本重太郎)。12.25 第9通常議会召集(12月28日開会，明治29年3月28日閉会)。
1896 ▼	29 丙申	9.18 第2次松方正義内閣	1.1 北海道のうち渡島・後志・胆振・石狩での徴兵令を施行。2.11 朝鮮国王，ロシア公使館へ移り親露政権樹立。2.26 富士紡績設立(資本金150万円)。3.1 立憲改進党・立憲革新党・中国進歩党などが合同し，進歩党を結成(代議士数99名)。3.7 沖縄県の郡区編成および沖縄県区制を公布。3.15 日本郵船，欧州定期航路開始(8月1日北米航路，10月3日豪州航路各開設)。3.16 陸軍管区表改正公布(従来の近衛・第1～6師団を近衛・第1～12師団に改編)。3.24 航海奨励法・造船奨励法各公布。3.28 登録税法・酒造税法・営業税法・葉煙草専売法・自家用酒税法・混成酒税法各公布(日清戦争後の第1次増税)。3.30 製鉄所官制公布(農商務省所管，明治30年6月1日，福岡県八幡村に製鉄所開庁)。 輸入綿花・羊毛の海関税免除に関する各法律公布。3.31 台湾総督府条例公布(総督は陸・海軍の大・中将)。 拓殖務省官制公布(台湾・北海道に関する政務を管掌)。4.8 河川法公布。4.14 自由党総理板垣退助を内相に任命。4.17 駐朝鮮公使小村寿太郎，米人モールスへの京仁鉄道敷設権付与を暫定合同条款違反として朝鮮政府に抗議。4.20 日本勧業銀行法・農工銀行法・農工銀行補助法・銀行合併法各公布。4.27 民法第1・2・3編公布(明治23年4月21日公布・未施行の民法は廃止．明治31年7月16日施行)。5.14 小村寿太郎公使，駐朝ロシア公使ウェーバーと朝鮮問題に関する覚書に調印(小村・ウェーバー覚書)。6.9 山県有朋特派大使，ロシア外相ロバノフと朝鮮に関する議定書に調印(山県・ロバノフ協定)。7.21 日清通商航海条約調印(製造業営業権・領事裁判権・最恵国条項などを獲得．10月20日批准書交換，同29日公布)。8.28 伊藤博文，閣内不一致で辞表提出。8.31 黒田清隆枢密院議長，首相を臨時兼任。9.18 第2次松方正義内閣成立(大隈重信，外相として入閣し，松隈内閣と呼ばれる)。10.1 川崎造船所設立(資本金200万円，社長松方幸次郎)。10.19 第1回農商工高等会議開催(～26日，実業界代表者・各省首脳出席)。12.22 第10通常議会召集(12月25日開会，明治30年3月24日閉会)。

社　会・文　化	世　界
政家)。**4.15** 片岡仁左衛門(10代)(45, 歌舞伎役者)。**4.24** 河野敏鎌(52, 政治家)。**4.30** 鈴木昌司(55, 政治家)。**5.23** 武井柯亭(73, 陸奥会津藩士)。**7.20** 中村雀右衛門(2代)(55, 歌舞伎役者)。**8.4** 鶴沢友次郎(5代)(81, 義太夫三味線)。**8.10** 荻野独園(77, 臨済宗僧侶)。**8.26** 山中成太郎(72, 豪商)。**10.2** 有村連(87, 勤王家)。**10.8** 閔妃(45, 李氏朝鮮高宗妃)。**10.11** 小中村清矩(75, 国学)。**10.16** 石河正竜(71, 紡績技術者)。**10.28** 能久親王(49, 軍人)。**10.29** 中村勘三郎(13代)(68, 歌舞伎役者)。**11.21** 吉川泰二郎(45, 海運経営者)。**12.5** 北風正造(62, 豪商)。**12.21** 山村友五郎(2代)(80, 山村流家元)。	フランスより4億フランの共同借款を導入。**7.20** アメリカ, ベネズエラと英領ギアナの国境紛争に際し, イギリスに対してモンロー主義を主張。**7.22** グナイスト没(78, ドイツの公法学者)。**9.23** フランス労働総同盟結成。**この秋** レーニンら, ペテルブルクで労働者階級解放闘争同盟を結成。**12.28** ベトナム中部での反仏武装抵抗終結。**この年** レントゲン, X線を発見。 マルコーニ, 無線電信を発明。
1.- 成春堂『めさまし草』創刊。**2.29** 辰野金吾設計による日本銀行本店竣工。**3.24** 市町村立小学校教員年功加俸国庫補助法公布。**4.26** 桑田熊蔵・山崎覚次郎・高野岩三郎ら, 社会政策の研究団体を設立(明治30年4月24日, 社会政策学会と命名)。**5.23** 第一高等学校野球チーム, 横浜の外国人チームに大勝(外国人との野球試合の最初)。**6.6** 白馬会発会式(黒田清輝・久米桂一郎・山本芳翠ら)。**6.15** 三陸地方に大津波. 死者2万7122人, 被害家屋8891戸(津波による最大の被害)。**7.8** 東京美術学校に西洋画科を設置。**7.25** 開拓社『世界之日本』創刊。**11.1** 『熊野新報』創刊。**11.14** 雑誌『二十六世紀』,「宮内大臣論」を掲載して発行禁止. 論文転載の新聞『日本』なども発売禁止。**12.18** 高等教育会議規則公布(最初の文相諮問機関)。**12.20** 大日本教育会, 帝国教育会と改称し組織を改編。**12.-** 松浦辰男ら『孝明天皇紀』脱稿。**この年** 黒板勝美・下村三四吉共編『徴古文書』甲集刊(～明治31年)。 農商務省商工局『輸出重要品要覧』刊(～明治38年)。 『古事類苑』刊(～大正3年3月)。 【死没】 **1.7** 川田小一郎(61, 実業家)。**1.9** 関谷清景(42, 地震)。**2.2** 川田甕江(67, 漢学者)。**2.5** 末広鉄腸(48, 政治家)。 杵屋勝三郎(2代)(77, 長唄三味線方)。**2.10** 若松賤子(33, 翻訳家)。**2.12** 平井希昌(58, 外交官)。**2.24** 小宮山綏介(68, 漢学)。**4.5** 林広守(66, 雅楽奏者)。**4.21** 槇村正直(63, 政治家)。**4.27** 大迫貞清(72, 官僚)。**5.1** 丸尾文六(65, 茶業家, 政治家)。**5.6** 永楽和全(74, 陶工)。**6.20** 島津忠寛(69, 日向佐土原藩主)。**6.21** 渡辺驥(61, 司法官)。**7.19** 平田安吉(40, 農事指導者)。**7.30** 関根矢作(94, 農事指導者)。**10.3** 広田亀次(57, 農事家)。**10.10** 若尾幾造(初代)(68, 生糸貿易商)。**10.30** 荒尾精(39, 陸軍軍人)。**10.31** 杵屋正次郎(3代)(70, 長唄三味線方)。**11.23** 樋口一葉(25, 文学)。**12.23** 毛利元徳(58, 山口藩知事)。	**1.3** ドイツ皇帝ヴィルヘルム2世, トランスヴァール大統領クリューガーに, ジェームソン事件についての祝電を送る(英独関係緊張)。**1.6** セシル=ローズ, ケープ植民地首相を辞任。**1.15** 英・仏・シャムの独立尊重・領土保全に関する協定を調印。**2.10** ロシア朝鮮駐在公使, 漢城に水兵を入京させる。**2.11** 金弘集没(55, 朝鮮の政治家)。**2.17** 魚允中没(49, 朝鮮の政治家)。**2.-** この頃, 衛正斥邪派の指導する義兵蜂起各地で相次ぎ, 日本軍と交戦。**3.1** イタリア軍, アドワの戦でエチオピア軍に敗北。**3.23** 清国, 対日賠償金支払いのため, イギリス・ドイツより1600万ポンドの共同借款を導入。**4.6** 第1回近代オリンピック大会, アテネで開催(～15日, 13ヵ国285選手の参加)。**4.7** 『独立新聞』発刊(朝鮮初の国文新聞)。**5.18** アメリカ最高裁,「分離するが平等」の原則を合憲判決し, 人種差別を合法化。**5.19** ウェルニッヒ没(52, ドイツの医学者)。**5.30** ロシア, ニコライ2世戴冠式。**6.3** 清国・ロシア, 対日秘密条約調印(対日共同防衛・ロシアへの東清鉄道敷設権付与などを取決め. 李・ロバノフ密約)。**6.28** アルゼンチン労働者社会党第1回大会開催。**7.2** 徐載弼ら, 独立協会を結成。**8.26** フィリピンでアギナルド率いるカティプーナン派の地主勢力, 独立を要求して武装蜂起。**8.-** ハンガリーで「農業社会主義」運動起こる。**10.26** イタリア, エチオピアとアジス=アベバ条約調印(エ

西暦	年号 干支	内閣	政治・経済
1896 ▲	明治 29 丙申	(第2次松方正義内閣)	
1897	30 丁酉		2.5 農商務省，福岡県八幡村に製鉄所建設を決定。2.27 日本人移民，手続き不備などを理由にハワイで上陸拒否，送還される(以後続発し，同年5月11日，日本政府が抗議し，翌明治31年7月27日，ハワイ側が賠償して解決)。3.1 第2回農商工高等会議開催(金本位制実施と国内農商工業および貿易について審議)。 鴻池銀行創立(第十三国立銀行の業務継承)。3.11 貴族院，谷干城提出の軍事費緊縮上奏案を否決。3.24 蚕種検査法公布(蚕種検査規則を廃止．明治31年4月1日施行)。3.29 関税定率法公布(条約改正により関税自主権を回復．但し片務的協定税率の多くが残存．明治32年1月1日施行)。 貨幣法公布(純金の量目2分を1円とする．同年10月1日施行，金本位制確立)。3.30 砂防法公布．北海道国有未開地処分法公布(明治19年制定の北海道土地払下規則は廃止)。4.10 各省官制通則改正(各省に勅任参事官を設置)。4.12 森林法公布(明治31年1月1日施行)。 重要輸出品同業組合法公布。5.8 渋沢栄一ら京仁鉄道引受組合，アメリカ人モールスと鉄道敷設権譲受契約を結ぶ。5.29 北海道区制・同一級町村制・同二級町村制各公布。6.7 日本勧業銀行，設立免許(資本金1000万円，8月2日開業)。7.- 中村太八郎・木下尚江ら，松本で普通選挙同盟会を結成。9.1 台湾事務局官制公布(翌9月2日施行，拓殖務省は廃止)。9.11 陸軍兵器廠条例公布。9.24 海軍造船廠条例・海軍病院条例・海軍監獄条例各公布(各軍港への造船廠・病院・監獄の設置を取決め)。10.8 高橋健三内閣書記官長，内閣との見解不一致により辞職(ついで10月28日，神鞭知常法制局長官も辞職)。10.21 台湾総督府官制公布(総督は陸軍の大・中将が就任)。10.22 進歩党，内閣改造・予算案の再調査など，内閣への要求を決議。10.29 松方正義首相，進歩党の要求を拒絶。10.31 進歩党代議士総会，松方内閣との提携断絶を決議。11.2 尾崎行雄外務省参事官ら進歩党出身官吏，内閣との絶縁決議採択の党総会参加を理由に懲戒免官。11.6 大隈重信外相兼農商務相辞職。11.- 逓信省電気試験所技師松代松之助ら，無線電信の実地試験に成功。12.21 第11通常議会召集(12月24日開会，同25日解散)。12.25 衆議院，内閣不信任決議案を上程，解散を命じられる。 松方正義首相・西郷従道海相，辞表を提出(他閣僚，12月27日に提出)。12.29 伊藤博文に組閣命令。**この年** 綿糸の輸出額，輸入額を超える。
1898 ▼	31 戊戌	1.12 第3次伊藤博文内閣	1.1 葉煙草専売法施行。 北海道全域および沖縄県・小笠原諸島に徴兵令施行。1.12 第3次伊藤博文内閣成立。1.20 元帥府条例公布．陸軍大将山県有朋・彰仁親王・大山巌・海軍大将西郷従道に元帥号授与。1.22 教育総監部条例公布．初代総監に陸軍少将寺内正毅。3.15 第5回臨時総選挙(自由党98・進歩党91・国民協会26)。4.13 閣議，自由党の板垣入閣要求を井上馨蔵相の反対により否決。4.19 自由党本部，内閣の板垣入閣拒否に対し、政府との提携解消を各支部に通告。4.22 列強への福建省不割譲に関して日清交換公文を取決める。4.25 西徳二郎外相，ロシア公使ローゼンと韓国に関する議定書に調印(西・ローゼン協定)。5.14 第12特別会召集(5月19日開会，6月10日解散)。5.30 東京商業会議所，鉄道国有建議書を議会および逓相末松謙澄へ提出。6.10 自由・進歩両党，協力して政府の地租増徴案を否決し，衆議院解散と

社　会・文　化	世　界
	チオピアの独立承認)。12.30 リサール没(35，フィリピンの改革運動家)。
1.16 日本学生基督教青年同盟(日本学生YMCA同盟)成立大会。1.17 河北新報社『河北新報』創刊。1.- ほととぎす発行所『ホトトギス』創刊。2.15 稲畑勝太郎，大阪南地演舞場で自動写真(シネマトグラフ)を初興行し大入満員。3.1 片山潜，「キリスト教社会事業の本営」としてキングスレイ館を神田三崎町に設立。3.3 足尾銅山鉱毒の被害地農民2000人余，東京へ向け「押出し」を開始．途中阻止され800人が上京，農商務省を囲み鉱業停止を請願。3.22 ジャパンタイムズ社『The Japan Times』創刊。3.24 内閣に足尾鉱毒事件調査委員会設置。4.1 伝染病予防法公布(国内防疫制度の成立，同年5月1日施行)．台湾銀行法公布(明治32年6月12日，同銀行設立)。 岩手日報社『岩手日報』創刊。4.3 樽井藤吉・中村太八郎・西村玄道ら，社会問題研究会を結成。4.17 社会雑誌社『社会雑誌』創刊。4.27 高等商業学校に付属外国語学校を設立(のちの東京外国語大学)．帝国図書館官制公布(東京図書館を帝国図書館に改称・拡充)。4.- 冨山房『旧幕府』創刊。5.1 帝国京都博物館陳列館開設。高橋秀臣編輯『進歩党党報』創刊。5.27 東京鉱山監督署，足尾銅山鉱業主古河市兵衛に鉱毒排除を命令。5.31 長崎県高島炭坑坑夫700人，納屋頭の食費値上げに反対し騒擾。5.- 井上哲次郎・元良勇次郎ら，大日本協会を結成し，機関紙『日本主義』創刊。6.10 古社寺保存法公布(社寺の宝物・建築物の国宝指定を告示)。 大日本実業学会『実業の日本』創刊。6.22 京都帝国大学設立，従来の帝国大学を東京帝国大学と改称(8月13日開学式)。7.1 日出新聞社『京都日出新聞』創刊(『日出新聞』改題)。7.4 職工義友会を母体とする労働組合期成会，発起人会開催。8.- 石川県宇出津の婦女500人，米商人へ示威行動．以後北陸・東北などで，同様の米騒動頻発。 島崎藤村『若菜集』刊。11.- 大阪銀行集会所『大阪銀行通信録』創刊。12.1 鉄工組合結成，神田青年会館で発会式挙行(組合員1200人)。 労働新聞社『労働世界』創刊。12.25 志賀潔，赤痢の病源体(細菌)を発見。**この年** 清，楊守敬『日本訪書志』刊。 帝国大学文科大学編『文科大学史誌叢書』刊(～大正2年)。 潁川君平『訳司統譜』，非売品として編纂・発行。 佐村八郎『国書解題』刊(～明治33年)。 【死没】 1.9 関沢明清(55，水産伝習所所長)。1.11 英照皇太后(65，孝明天皇女御)。1.28 永田一二(48，ジャーナリスト)。1.30 長谷川昭道(83，政治家)。1.31 西周(69，洋学者)。3.6 栗本鋤雲(76，新聞人)。4.10 田中頼庸(62，神道家)。4.19 瓜生岩(69，慈善事業家)。6.14 薩埵正邦(42，法学)。7.27 岸竹堂(72，日本画家)。8.4 後藤象二郎(60，政治家)。8.18 神津仙三郎(46，音楽教育者)。8.21 守田勘弥(12代)(52，歌舞伎狂言作者)。8.24 陸奥宗光(54，政治家)。9.15 町田久成(60，文化行政家)。 宇都宮黙霖(74，勤王僧)。10.3 山地元治(57，陸軍軍人)。10.12 河田景与(70，維新功臣)。10.22 菅政友(74，歴史家)。11.14 森田思軒(37，ジャーナリスト)。11.29 箕作麟祥(52，官僚)。12.12 浜田彦蔵(61，新聞創始者)。12.26 島津忠義(58，鹿児島薩摩藩士)。12.31 松平直哉(50，出雲母里藩主)。	1.15 ロシア，ウィッテ蔵相の幣制改革を実施，金本位制導入。2.4 清国・イギリス，ビルマ協定調印。4.5 オーストリア首相バデニー，言語令を公布(ボヘミアおよびモラヴィアでの，ドイツ語・チェコ語の平等)。4.8 キリスト教社会党のカール=ルエーガー，ウィーン市長に就任。4.17 ギリシャ，トルコに宣戦布告(5月19日，休戦協定成立)。6.16 アメリカ，ハワイ併合条約調印。6.18 ティルピッツ，海相に就任しドイツ海軍の整備拡張に着手。8.- 第1回シオニスト会議，バーゼルで開催。10.12 朝鮮の高宗，皇帝に即位(王を皇帝と改称)。10.16 朝鮮，国号を大韓帝国(韓国)に改称。11.2 オールコック没(88，イギリスの外交官)。11.14 ドイツ軍，ドイツ人宣教師殺害事件理由に膠州湾を占領。12.24 孫秉熙，東学第3代教主に就任。
1.2 三才社『天地人』創刊。2.10 三井富岡製糸所の女工743人，労働条件改悪に反対し5日間同盟罷業。2.11 神戸新聞社『神戸新聞』創刊。2.24 日本鉄道会社機関手400人，同盟罷業突入(2日間で罷業を解き交渉に入り，同年3月28日要求貫徹．鉄道ストの初め)。2.- 佐々木信綱中心『心の花』創刊。3.20 東京本所・深川で，活版工同志懇話会結成(4月5日同会発起人7人の解雇に対し同盟罷業)。3.29 東京美術学校校長岡倉天心，同校紛擾により免職，岡倉に殉じて教授橋本雅邦・助教授横山大観ら17人辞職。4.5 日本鉄道矯正会結成。4.27 片山潜・横山源之助ら，貧民研究会を結成。4.- ジャパン=タイムズ社『英語青年』創刊。 『東亜』創刊(ベルリン)。5.1 台湾日日新報	1.13 作家ゾラ，ドレフュス事件に関し，『オーローラ』紙上に仏大統領あての公開状「予は弾劾す」を発表。2.9 韓国の独立協会，万民共同会を主催し，ロシアの侵略を糾断。2.22 大院君没(79，朝鮮の政治家)。3.6 ドイツ，清国との間に膠州湾租借条約を調印(99年間の租借権・鉄道敷設権などを獲得)。

西暦	年号干支	内閣	政治・経済
1898 ▲	明治 31 戊戌	6.30 第1次大隈重信内閣	なる。6.21 民法4・5編公布(7月16日施行). 6.22 自由・進歩両党の合同により憲政党結成。6.24 伊藤博文首相，元老会議で政党組織などをめぐり，反対する山県有朋と激論。 首相，辞表提出し後継首相候補に大隈重信・板垣退助を推す。6.30 第1次大隈重信内閣成立(大隈，外相を兼ね，内相に板垣退助就任．日本最初の政党内閣，いわゆる隈板内閣)。7.17 台湾総督府，台湾地籍規則・台湾土地調査規則を制定。8.1 豊田佐吉，動力織機の特許取得。8.10 第6回臨時総選挙(憲政党260・国民協会20)。8.21 尾崎行雄文相，帝国教育会での演説において，拝金主義を排撃し共和政治に言及(「共和演説事件」として非難される)。8.31 台湾総督府，保甲条例公布(台湾人民の「保」「甲」への組織化と連座制の適用)。9.8 韓国と京釜鉄道合同条約調印。10.20 第3回農商工高等会議開催(～11月4日．工場法制定などにつき審議)。10.24 尾崎行雄文相，共和演説事件のため辞職(後任をめぐり閣内紛糾し，首相の独断により，10月27日犬養毅が就任)。10.29 板垣退助内相ら旧自由党系閣僚，辞表を提出．憲政党分裂し，旧自由派のみでの新憲政党結成を議決。10.31 大隈重信首相ら旧進歩党系閣僚，辞表を提出し内閣崩壊。11.2 東亜同文会結成(会長近衛篤麿)。11.3 憲政党旧進歩派，憲政本党を結成。
		11.8 第2次山県有朋内閣	11.7 第13通常国会召集(12月3日開会，明治32年3月9日閉会)。11.8 第2次山県有朋内閣成立。12.10 貴族院議員谷干城ら，地租増徴反対同盟会を結成。12.13 渋沢栄一ら，地租増徴期成同盟会を結成。12.30 地租条例改正(田畑地租2.5パーセントを3.3パーセントに引上げ)・田畑地価修正法各公布。
1899 ▼	32 己亥		1.1 大日本綿糸紡績同業連合会，第2次操業短縮を実施。1.9 渋沢栄一・大倉喜八郎ら実業家，衆議院議員選挙法改正期成同盟会を結成。2.13 改正所得税法公布。2.23 鉄道国有調査会規則公布(総理大臣に直隷し，私鉄買収関係調査を実施)。2.24 不動産登記法公布(6月16日施行)。3.2 北海道旧土人保護法公布。 特許法・意匠法・商標法各公布。3.9 新商法公布(同年6月16日施行)。3.16 国籍法公布。 改正府県制・改正郡制公布(直接選挙制を採用)。3.22 耕地整理法公布(明治33年1月15日施行)。3.28 文官任用令改正(政党の猟官の防止策として勅任官任用規定)・文官分限令・文官懲戒令各公布。4.7 官営八幡製鉄所，清国漢陽鉄政局および大冶鉄山礦石の優先買入契約を締結。4.20 外債募集に関する法律公布。5.15 京仁鉄道設立(資本金72万5000円，社長渋沢栄一，明治33年7月8日営業開始)。6.7 鎮守府艦隊条例公布(各鎮守府に艇隊を駐留)。6.9 農会法公布(農商務大臣から農会への補助金規程，明治33年4月1日施行)。6.30 改正条約実施に関する詔書公布。7.4 国民協会，解散を決議し，翌日に帝国党を結党，現内閣支持・軍備拡張・権益伸張などの政綱を発表。7.5 台湾銀行設立(資本金500万円，9月26

社　会・文　化	世　界
社『台湾日日新報』創刊(台北)。**5.10** 九州日報社『九州日報』創刊(『福陵新報』改題)。**5.22** 函館毎日新聞社『函館毎日新聞』創刊。**6.10** 東京独立雑誌社『東京独立雑誌』創刊。**6.-** 物価騰貴により，全国的に細民の生活困窮深刻化。**8.5** 高橋秀臣編輯『憲政党党報』創刊。**9.1** 義太夫節の豊竹呂昇，上京初公演で人気を博す。**10.15** 岡倉天心・橋本雅邦・横山大観ら，日本美術院を創立。**10.18** 村井知至・安部磯雄・片山潜・幸徳秋水・木下尚江ら，社会主義研究会を結成。**10.-** 独逸語学雑誌社『独逸語学雑誌』創刊。**11.-** 下田歌子ら，帝国婦人協会を結成。**この秋** 福島民友社『福島民友新聞』創刊(『東北民声』改題)。**12.10** 学位令を改定(大博士の学位を廃し博士に統一．学位審査機関として博士会を設置)。**12.-** 大阪府中河内郡三井新田の小作人ら，小作料引下げ・小作権売買の自由を求め争議。**この年** 横井時冬『日本工業史』刊。 大日本綿糸紡績同業連合会『紡績職工事情調査概要報告書』刊。 黒川真頼ら『史料大観』刊(～明治33年)。 内田銀蔵『経済史』刊(～明治32年)。 【死没】 **1.15** 子安峻(63，実業家)。**1.29** 木村九蔵(54，養蚕改良家)。**2.3** 加納夏雄(71，彫金家)。**2.26** 岸沢式佐(6代)(66，常磐津節三味線弾き)。**3.10** フルベッキ(68，宣教師)。**3.18** 近衛忠熙(91，公家)。**3.27** 森岡昌純(66，内務官僚)。**4.1** 豊沢団平(2代)(72，浄瑠璃三味線方)。**4.12** 岡本黄石(88，近江彦根藩家老)。**4.21** キオソーネ(66，銅版画家)。**6.5** 小室信夫(60，政治家)。**6.14** 白根専一(50，藩閥政治家)。**6.15** 船津伝次平(67，明治三老農)。**6.26** 野口幽谷(72，南画家)。**7.5** 神田孝平(69，官僚)。**7.15** 稲葉正邦(65，老中)。**7.22** 高橋健三(44，官僚)。**8.27** 島田篁村(61，漢学)。**9.1** 田崎草雲(84，日本画家)。**9.3** 中西梅花(33，小説家)。**9.6** 柏木貨一郎(58，古美術鑑定家)。**10.6** 片平信明(69，報徳運動家)。**10.29** 小野広胖(82，政治家)。**11.6** 佐久間貞一(51，実業家)。**11.12** 中浜万次郎(71，啓蒙家)。**11.23** 四条隆謌(71，公家)。	**3.15** ロシア社会民主労働党，ミンスクで結成。**3.27** ロシア，清国との間に旅順・大連租借条約を調印(25年間の両港租借権・鉄道敷設権を獲得)。**4.10** 恭親王奕訢没(67，清の皇族)。**4.19** アメリカ議会，大統領マッキンリーにキューバの対スペイン反乱への介入と武力行使を認める決議を採択。**4.25** アメリカ，スペインに宣戦(米西戦争)。**5.1** ゴーブル没(69，アメリカ人宣教師)。**6.11** 清国光緒帝，変法自強の詔勅下し，康有為らによる戊戌の変法を開始。**6.12** アギナルド，フィリピンの独立を宣言し，臨時政府大統領に就任。**7.1** イギリス，清国の威海衛を租借(25年間)。**7.7** アメリカ，ハワイ併合(1897年の併合条約の批准による)。**7.20** 朝鮮の東学2代教主崔時亨処刑(72)。**9.2** キッチナー率いるイギリス・エジプト軍，マフディー軍を破りスーダンを占領。**9.16** 金炳始没(67，朝鮮の政治家)。**9.18** ファショダ事件発生(スーダンで英・仏両軍が接触)。**9.21** 西太后，クーデターを起こし清国の実権を掌握，光緒帝は幽閉され，康有為は日本へ亡命(戊戌の政変)。**9.29** サモリ帝国，フランスへの抗戦に敗れ崩壊。**10.10** 金鴻陸処刑(朝鮮の通訳官)。**12.10** アメリカ・スペイン，パリ講和条約に調印，米西戦争終結(アメリカにプエルトリコ・グアム・フィリピンを割譲．キューバの独立承認)。**この年** キュリー夫妻，ラジウムを発見。 レイ没(イギリスの事業家)。
1.31 社会学研究会『社会』創刊。**2.7** 中学校令・実業学校令各公布。**2.8** 高等女学校令公布。**2.22** 岩手毎日新聞社『岩手毎日新聞』創刊。**3.4** 著作権法公布(死後の著作権30年保存などを規定，7月15日施行)。**4.3** 長野新聞株式会社『長野新聞』創刊。 安孫子久太郎『日米』創刊(サンフランシスコ)。**4.-** 堀内信編『南紀徳川史』前集成る(後集，明治34年)。 横山源之助『日本之下層社会』刊。**5.25** 山陽鉄道で，はじめて食堂車が運行される。**6.1**「米西戦争活動大写真」，神田の錦輝館で上映(ニュース映画のはじめ)。**6.20** 最初の日本製映画，「日本率先活動大写真」と称し歌舞伎座で公開(撮影柴田常吉・浅野四郎ら，説明駒田好洋)。**6.-** 大井憲太郎ら，大阪で大日本労働協会および小作条例期成同盟会を結成。**8.3** 私立学校令公布(私立学校への監督法令)。**8.15** 森永太一郎，赤坂溜池でキャンデー・ケーキの製造を開始(森永製菓の前身)。**9.22** 岩手県水沢町に臨時緯度観測所を設置(12月，同所に緯度観測	**1.1** アメリカ，キューバを軍政下に置く。**1.19** イギリス・エジプト両国によるスーダン共同統治開始。**2.4** フィリピン独立革命軍，アメリカ軍と戦闘開始(アメリカ・フィリピン戦争)。**2.19** ラオス，フランス領インドシナに編入。**3.-** 清国，山東で義和団蜂起。**5.18** オランダ，ハーグで第1回国際平和会議開催(26ヵ国の参加．国際司法裁判所設置・戦争法規などを決議)。**7.20** 康有為，亡命先のカナ

西暦	年号 干支	内閣	政　治・経　済
1899 ▲	明治 32 己亥	(第2次山県有朋内閣)	日開業)。7.15 軍機保護法公布。7.17 日英通商航海条約など改正条約実施(フランス・オーストリア=ハンガリーは同年8月4日実施)。 条約改正による外国人内地雑居実施の初日，アメリカ船員ミラー，横浜で日本人・外国人合わせ3名を殺害(8月19日，横浜地裁で死刑判決．初の外国人裁判)。 日本電気設立(資本金20万円)。7.21 汽船布引丸(中村弥六所有)，フィリピン独立派への弾薬輸送中，上海沖で沈没(布引丸事件)。10.2 黒沢正直・樽井藤吉・幸徳秋水ら，東京で普通選挙期成同盟会を結成。11.20 第14通常議会召集(11月22日開会，明治33年2月23日閉会)。 選挙法改正全国各市連合会結成(51の市が参加，市の独立選挙区化を要求)。
1900	33 庚子	 10.19 第4次伊藤博文内閣	1.13 松本の普通選挙同盟会，衆議院に普通選挙請願書を提出。1.18 東京の普通選挙期成同盟会も，衆議院に普通選挙請願書を提出。2.13 足尾銅山鉱毒被害農民，鉱業停止請願のため東京へ向け「押出し」開始するも，利根川北岸の群馬県川俣で警官・憲兵に弾圧される(川俣事件)。2.15 田中正造，川俣事件での請願弾圧について衆議院で質問演説し，憲政本党から脱党。2.16 北海道拓殖銀行設立(資本金300万円，本店札幌)。3.7 産業組合法公布(9月1日施行)。3.10 治安警察法公布(新たに労働運動・農民運動の取締りを規定)。3.14 電信法公布(10月1日施行)。3.16 私設鉄道法・鉄道営業法公布(10月1日施行)。3.29 衆議院議員選挙法改正公布(選挙権の納税資格を直接国税10円以上，大選挙区制，人口3万人以上の市を独立選挙区化)。4.9 内閣官制および文官任用・分限・懲戒令などに関する勅令を枢密院諮詢事項に編入。5.10 皇太子成婚式挙行。5.19 陸軍省・海軍省官制改制公布(軍部大臣の現役大・中将制が確立．翌日施行)。5.31 星亨ら憲政党総務，山県首相に閣僚の憲政党入党あるいは同党員の入閣を要請，拒絶される。6.1 憲政党幹部，伊藤博文と会見し同党党首就任を要請(7月8日，伊藤，党首就任は拒絶するも新党結成を示唆)。6.2 行政執行法公布。6.11 北京の日本公使館書記生杉山彬，清国兵に殺害される。6.15 閣議，公使館救援および義和団制圧のため，清国への陸軍派兵を決定し，各国公使に通告。6.23 駐日イギリス代理公使，青木周蔵外相に北京の列国公使館救援のため，日本の派兵を要請。6.26 宮内省，帝室博物館官制制定(東京・京都・奈良の帝国博物館を帝室博物館に改称)。7.6 閣議，混成1個師団を清国へ増派する事を決定(各国に日本の派遣軍，総計2万2000と通告)。8.2 青木外相，北米での移民排撃運動の高揚のため，各県に対し当分の間北米への移民を禁止。8.14 日本軍を主力とした各国連合軍，北京城内に入り，各国公使館員および居留民を救出。8.24 情勢不穏の厦門へ軍艦和泉の陸戦隊上陸。8.25 伊藤博文，立憲政友会創立委員会を開催，宣言および綱領を発表。8.27 歩兵2個中隊，台湾から厦門へ派兵(8月29日派兵中止)。9.13 憲政党，政友会参加のため解党を宣言。9.15 立憲政友会発会式(総裁伊藤博文，代議士152人)。9.24 国民同盟会発会式(貴族院議長近衛篤麿を中心とし，東亜同文会を母体として結成)。10.19 第4次伊藤博文内閣成立。10.29 加藤高明外相，清国の門戸開放・領土保全に関する英独協定への加入を通告。11.15 星亨逓相(東京市参事会員)ら，東京市会汚職事件に関して告発される。12.8 谷干城・田口卯吉ら，芝公園で東京市公民大会を開催し，政友会の市政腐敗を糾弾。12.18 憲政本党，党則改正で総理を新設し大隈重信を推す。12.20 星亨逓相，辞表提出。12.22 第15通常議会召集(12月25日開会，明治34年3月24日閉会)。12.25 熊本第九銀行支払停止により，九州の銀行界混乱(翌年に東京まで波及)。

社会・文化	世界
所が竣工)。10.5 日本歴史地理学会『歴史地理』創刊。10.20 小学校教育費国庫補助法公布。10.- 大日本労働協会『大阪週報』創刊。 平出鏗二郎『東京風俗志』上巻刊(～明治35年)。11.3 活版工同志懇話会，改組して活版工組合を結成(会長島田三郎)。11.11 図書館令公布。**この年** 反省社『中央公論』創刊(『反省雑誌』改題)。 川瀬教文『波山始末』刊。 【死没】 1.15 古河勇(29，仏教運動家)。1.19 勝海舟(77，政治家)。1.23 師岡正胤(71，勤王家)。1.25 栗田寛(65，歴史家)。2.6 原善三郎(73，生糸商)。2.8 清水誠(55，実業家)。2.9 滝本金蔵(74，登別温泉開発)。2.24 和田篤太郎(43，春陽堂)。2.25 西川鯉三郎(初代)(76，西川流祖)。3.26 中島信行(54，政治家)。4.3 沢村田之助(4代)(43，歌舞伎役者)。4.13 高木仙右衛門(76，潜伏キリシタン)。4.20 遠藤允信(64，陸奥仙台藩士)。5.8 村田氏寿(79，越前福井藩士)。5.11 川上操六(52，陸軍軍人)。6.23 石川総管(59，常陸下館藩主)。8.8 矢田部良吉(49，植物学)。8.19 丸山作楽(60，政治家)。8.27 永見伝三郎(69，銀行家)。9.1 ル=ジャンドル(69，外交顧問)。9.26 大木喬任(68，政治家)。10.7 西四辻公業(62，公家)。11.22 長沢別天(32，評論家)。11.28 ピアソン(67，教育者)。12.12 池田茂政(61，備前岡山藩主)。12.26 原田直次郎(37，洋画家)。12.30 谷口靄山(84，南画家)。**この年** 市川斎宮(82，蘭学)。	ダで保皇会を結成。9.6 アメリカ国務長官ヘイ，列強諸国に対し中国の門戸解放・機会均等を提案。10.12 ボーア戦争勃発。11.16 フランス，清国から広州湾を租借(広州湾租借条約，期限99年間)。12.23 ドイツのアナトリア鉄道会社，トルコからバグダード鉄道の敷設権を獲得。12.28 ブルガリア農民同盟結成。**この年** シベリウス，交響詩「フィンランディア」を作曲。
1.28 社会主義研究会，社会主義協会に改称。2.23 函館の娼妓坂井フクの廃業訴訟，大審院で勝訴(以後，娼妓の自由廃業運動活発化)。3.7 未成年者喫煙禁止法公布。3.10 感化法公布(各道府県への感化院設置規定)。3.16 市町村立小学校教育費国庫補助法公布。3.- 吉田東伍『大日本地名辞書』刊(～明治40年10月)。4.22 牟婁新報社『牟婁新報』創刊。4.29『二六新報』，三井財閥攻撃の記事を掲載開始(5月18日，内務省，掲載の停止を命令)。4.- 東京新詩社『明星』創刊。5.1 大日本綿糸紡績同業連合会，第3次操業短縮を開始。 南京同文書院，授業開始(北清事変の影響から，明治34年5月26日に上海に移転，東亜同文書院となる)。5.10『鉄道唱歌』第1集発刊(大和田建樹作詞，上真行・多梅稚作曲)。9.11 逓信省，上野・新橋両駅構内に初めて公衆電話機を設置。9.14 津田梅子，麹町に女子英学塾を設立し開校式挙行(のちの津田塾大学)。9.- 救世軍・二六新報社，東京の吉原・洲崎などで廃娼運動を展開，業者側の暴力により再三流血沙汰おこる。 法律新聞社『法律新聞』創刊。10.2 内務省，娼妓自由廃業運動の高揚に対応し，娼妓取締規則公布。10.15 立憲政友会会報局『政友』創刊。10.18 義和団事件の記録映画，神田の錦輝館で一週間公開され評判となる。10.- 大阪新報社『大阪新報』創刊(『大阪商業新報』改題続刊)。12.5 吉岡荒太・弥生夫妻，東京飯田町に私立東京女医学校を設立(のちの東京女子医科大学)。**この年** 好古社『好古類纂』創刊。 新渡戸稲造『武士道』刊。 徳富蘆花『不如帰』刊。 【死没】 2.4 税所敦子(76，歌人)。2.26 品川弥二郎(58，政治家)。3.8 外山正一(53，教育行政家)。3.14 秋田静臥(83，陸奥三春藩家老)。4.4 高砂浦五郎(初代)(63，力士)。6.29 臥雲辰致(59，発明家)。8.11 三遊亭円朝(初代)(62，落語家)。8.15 岩下方平(74，官僚)。8.25 黒田清隆(61，政治家)。8.26 飯田武郷(74，国学)。11.2 大西祝(37，哲学)。11.22 仁礼景範(70，海軍軍人)。12.9 酒井雄三郎(41，社会評論家)。12.20 富永有隣(80，長門萩藩士)。12.27 小松三省(43，自由民権運動指導者)。	1.15 清国，江蘇南通で民営の紡績工場，生産を開始。 フュレ没(フランスのカトリック宣教師)。2.25 ポーランドの社会民主党，ポーランド王国=リトアニア社会民主党に改称。2.27 労働代表委員会，ロンドンで結成(のちの労働党，書記長マクドナルド)。2.- 韓国忠清道一円で，活貧党が活躍。3.14 アメリカ，通貨法を公布(金本位制確立)。4.12 プエルト=リコ，アメリカの軍政統治から民政に移行。4.22 中央アフリカのラビーフ帝国，フランスの侵略(1897年～)により滅亡。5.27 安駉寿処刑(朝鮮の政治家)。6.20 義和団，ドイツ公使を殺害し，北京の各国公使館を包囲。6.21 清国，日・露・英・米・独・仏・墺・伊の列国に宣戦布告。8.14 日本軍など8ヵ国連合軍，北京占領開始。9.7 清国，義和団鎮圧令発布。9.19 アンベール没(81，スイスの遣日使節)。9.23 第2インターナショナル第5回大会，パリで開催(～9月28日)。10.8 孫文ら興中会，広東の恵州で挙兵(恵州事件，10月22日失敗)。11.11 ロシア，満洲占領地域での独占権益を，李鴻章との協定調印により獲得。**この年** ウリヤスタイでモンゴル兵士の反清暴動発生。 イギリス軍，ソマリアへ第1次遠征開始。

西暦	年号干支	内閣	政　治・経　済
1901	明治34 辛丑	(第4次伊藤博文内閣) 6.2 第1次桂太郎内閣	1.26 政府，衆議院に北清事変費補塡などを目的とした増税諸法案を提出。2.3 黒竜会発会式(主幹内田良平)。2.4 憲政本党代議士会，政府増税案への賛成を決議(反対派は脱党し，同年2月18日，三四倶楽部を結成)。2.19 衆議院，政府増税諸法案を可決。2.25 貴族院特別委員会，政府増税諸法案を否決。2.27 貴族院本会議，委員会否決の増税諸法案を上程．伊藤首相，貴族院否決の形勢から，10日間の停会を命じ，更に3月9日から5日間再停会を命令。3.5 天皇，山県有朋・松方正義・西郷従道・井上馨の4元老に，政府と貴族院との間の調停を求める(3月11日，調停不成立に終わる)。3.12 貴族院に，政府増税諸法案の成立を望む勅語下る(3月16日可決)。3.20 加藤高明外相，駐日清国公使に対し満洲に関するロシアの期限付要求を拒否するように勧告。3.24 東京地裁・区裁の判検事ら，議会の司法官増俸予算削減に抗議し辞職提出。3.28 北海道会法および北海道地方費法各公布(4月1日公布)。3.30 酒精および酒精含有飲料税法など増税諸法律各公布(10月1日各施行)。4.13 漁業法公布(国内漁業における漁業権規定，明治35年7月1日施行)。4.16 第七十九銀行・難波銀行，支払停止となり，大阪に銀行恐慌勃発，各地へ波及。5.2 伊藤博文首相，内閣不統一を理由に辞表提出。5.16 井上馨に組閣命令(組閣，不調に終わり，5月23日辞退，元老会議の推薦で5月26日桂太郎に組閣命令)。5.18 片山潜・幸徳秋水・安部磯雄ら，社会民主党を結成(5月20日禁止．6月3日社会平民社に改組するも即日禁止)。6.2 第1次桂太郎内閣成立。6.21 星亨，東京市役所で伊庭想太郎に刺殺される。9.7 駐清公使小村寿太郎，北京で北清事変最終議定書(北京議定書)に調印。9.21 小林寿太郎を外相に任命。 永代借地権に関する法律公布。10.24 アメリカでの5000万円国債募集不成立の暴露記事により，株式相場暴落。11.6 英ランズダウン外相，日英同盟条約試案を林董駐英公使に手交。12.2 伊藤博文，日露協定についてラムスドルフ外相およびウィッテ蔵相と交渉開始(12月23日伊藤，同外相へ交渉打切りを通告)。12.7 小村外相，元老会議に意見書を提出，日英同盟を主張．元老会議，日英同盟修正案を可決(12月9日，桂首相，天皇の裁可を得る)。 第16通常議会召集(12月10日開会，明治35年3月9日閉会)。12.25 桂・山本権兵衛および立憲政友会総務松田正久・尾崎行雄，北清事変賠償金の会計編入問題につき会談し妥協成立。
1902 ▼	35 壬寅		1.30 日英同盟協約，ロンドンで調印(即日発効．2月11日，東京とロンドンで同時発表)。2.12 花井卓蔵・中村弥六・河野広中ら，初の普通選挙法案を衆議院に提出(同年2月25日否決)。3.17 鉱毒調査委員会官制公布。3.25 商業会議所法公布(7月1日施行)。3.27 日本興業銀行設立(資本金1000万円，総裁添田寿一，4月11日開業)。4.5 衆議院議員選挙法別表改正公布(市部選出議員を増加)。4.27 国民同盟会，日英同盟およびロシア・清国間の満洲還付条約調印を理由として解散。5.20 第一銀行，韓国釜山支店で銀行券を発行(続いて仁川・京城の各支店でも発行)。6.14 北京列国公使会議，講和条件付帯議定書(北清事変賠償金配当に関する議定書)に調印．日本の受領額，3479万3100海関両。7.1 大日本綿糸紡績同業連合会，第4次操業短縮を開始(～12月31日)。7.15 呉海軍工廠職工1600人，廠長排撃・就業規則の改善などを求め騒擾(7月16日，職工5000人，同盟罷業するも軍隊により鎮圧)。8.10 第7回総選挙(政友会190・憲政本党95・帝国党17)。8.14 東京砲兵工廠職工，賃下げに抗議して同盟罷業(調停により要求貫徹されず中止．謝罪拒否の18人解雇される)。10.2 閣議，清韓事業経営費479万円の支出決定(京釜・京義鉄道敷設および日清銀行設立など)。10.- 鈴木商店設立(本店神戸，資本金50万円，総支配人金子直吉)。11.2 桂太郎首相，立憲政友会総裁伊藤博文と会談，地租増徴継続による海軍拡張計画についての協力を求める。11.14 全国農事会総会，地租増徴継続反対を決議。11.30 伊藤，桂らと会見し，海軍拡張は認めるも，地租増徴継続は反対，財源は官営事業の延期および財政整理分を充てるべきと表明。12.3 伊藤，加藤高明らの仲介により憲政本党総理大隈重信と会談，議会での提携を約す。12.4 政友会・憲政本党，各党大会で地租増徴継続反対および海軍拡張財源の政費節減分充当案を決議。12.6 第17通常議会召集(12月9日開会，

社　会・文　化	世　界
1.- 博文館『女学世界』創刊。2.24 奥村五百子ら，愛国婦人会を結成(兵士慰問・遺族救護を目的とし，日露戦争で組織拡大)。2.- 東京大学史料編纂所編『大日本史料』刊行始まる。4.1 私立女子美術学校，東京本郷に開校(のちの女子美術大学)。4.3 二六新聞社，東京向島で第1回日本労働者大懇親会を開催。4.20 成瀬仁蔵ら，東京小石川に日本女子大学校を設立(家政・国文・英文の3学部および付属高等女学校)。4.- 幸徳秋水『廿世紀之怪物帝国主義』刊。5.- 片山潜・西川光二郎共著『日本の労働運動』刊。7.15 高峰譲吉，アドレナリンの特許取得。7.20 黒岩涙香，万朝報社を母体に理想団を結成。7.- 東京大学史料編纂所編『大日本古文書』刊行始まる。8.- 高山樗牛，『美的生活論』(原題「美的生活を論ず」)を『太陽』誌上に発表。9.3 北海タイムス社『北海タイムス』創刊。10.22 日本女子大学校，第1回運動会開催。10.23 田中正造，足尾銅山鉱毒事件での議会・政党に絶望し，衆議院議員を辞職。10.- 宮内庁図書寮編纂『三条実美公年譜』刊。11.20 木下尚江ら，足尾鉱毒地救助演説会を開催。12.2 日本赤十字社条例公布。12.10 田中正造，議会開院式より帰途の明治天皇に足尾銅山鉱毒事件を直訴。12.27 東京帝大・一高などの学生生徒700人，足尾銅山鉱毒地の視察へ出発。**この年**「美しき天燃」「ストライキ節」などが流行。 シピオネ=アマティ著・坪井九馬三訳『アマティ日本奥州国伊達政宗記幷使節紀行』刊。 中江兆民『一年有半』刊。 大阪市史編纂員，『大阪編年史料』集成を始める。 中島真雄『順天時報』創刊。 井上哲治郎・蟹江義丸編『日本倫理彙編』刊(～明治44年)。 【死没】 1.2 尾高惇忠(72，富岡製糸場所長)。1.10 河竹新七(3代)(60，歌舞伎狂言作者)。1.20 伊藤圭介(99，植物学)。2.3 福沢諭吉(68，思想家)。2.21 中村富十郎(3代)(43，歌舞伎役者)。2.28 早矢仕有的(65，丸善株式会社創設者)。3.29 大島高任(76，鉱山技術者)。5.24 渡辺洪基(55，官僚)。5.25 岸田俊子(39，自由民権運動家)。6.2 大河内正質(58，上総大多喜藩主)。6.21 星亨(52，政治家)。8.19 尚泰(59，琉球国王)。9.28 滝和亭(70，日本画家)。10.1 宍戸璣(73，政治家)。10.7 中上川彦次郎(48，三井財閥経営者)。10.10 鹿島則文(63，神道家)。11.3 大橋佐平(67，出版業者)。11.7 田中長兵衛(初代)(68，実業家)。12.9 木村芥舟(72，幕府官僚)。12.13 中江兆民(55，民権運動家)。12.18 ハウス(65，ジャーナリスト)。	1.1 オーストラリア連邦成立。1.22 イギリス，ヴィクトリア女王没．エドワード7世即位。1.29 清朝，変法施行を約する詔勅下す。2.12 韓国，貨幣条例公布し金本位制採用。3.2 アメリカ議会，プラット修正条項を可決し，キューバを保護国化。5.24 カクラン没(67，カナダメソジスト教会初の日本伝道宣教師)。6.26 ロッシュ没(91，駐日フランス公使)。9.6 米マッキンリー大統領，アナーキストに狙撃され重傷(9月14日死亡)。9.7 清国，日本をはじめ11ヵ国と，北京で北清事変最終議定書(北京議定書あるいは辛丑和約)を調印。9.14 セオドア=ローズヴェルト米副大統領，マッキンリー大統領の死去に伴い昇格。清朝，学校改革令公布。11.7 李鴻章没(79)．袁世凱，直隷総督兼北洋大臣に就任。11.18 アメリカ・イギリス，第2次ヘイ=ポンスフォート条約調印(アメリカ，パナマ運河の建設・管理権を獲得)。12.10 第1回ノーベル賞授賞式．レントゲン(物理学)・デュナン(平和賞)ら6人が受賞。12.26 イギリスのウガンダ鉄道，モンバサーヴィクトリア湖間の路線を開通させる。12.- ロシアで社会革命党(エスエル)結成。
1.23 青森歩兵第5連隊第2大隊，八甲田山麓での耐寒雪中訓練中，猛吹雪のため遭難(～1月25日)，210人中199人凍死(八甲田遭難事件)。2.1 人民新聞社『人民』創刊。2.4 木村栄，緯度変化に関するZ項を発見。3.28 文部省，広島高等師範学校など4校を設立．臨時教員養成所官制公布。4.6 宮崎民蔵ら，土地復権同志会結成。5.12 南助松ら，北海道夕張で大日本労働至誠会を結成。6.18 逓信省，万国郵便連合加盟25周年記念絵はがきを発行(初の官製色刷絵はがき)。7.9 文部省，中学校・師範学校などでの同盟休校などの紛糾多発につき，厳重取締りと校紀の振作を訓令。8.15 大谷光瑞ら，中央アジア仏蹟探険へロンドンを出発。8.- 宮崎滔天『三十三年の夢』刊。9.2 東京専門学校，早稲田大学と改称。9.8 長与専斎没．生前『松香私志』を著す。12.2 国勢調査に関する法律公布(第1回国勢調査を明治38年に予定．のちに延期され，大正9年10月1日に実施)。12.13 文部省，哲学館講師中島徳蔵の倫理学講義を国体を損う不穏な学説として，同館卒業生の中等学校教員無試験検定の特典を撤廃(哲学館事件)。12.17 小学校教科書採用をめぐる，府県担当官と教科書会社との贈収賄事件発覚，一斉検挙を開始(教科書疑獄事件，～明治36年6月21日．県知事をはじめとした地方官・教員・教科書会社から157人検挙)。**この年** 鈴鹿連胤『神社覈録』刊。 【死没】 1.30 敷田年治(86，国学)。2.7 楠本正隆(65，政治家)。2.26 森松次郎(68，	1.30 日英同盟調印．イギリス外交，「光栄ある孤立」から政策転換。1.- シベリア鉄道，ウラジオストック―ハバロフスク間開通。2.1 清朝，満洲人・漢人の通婚を許可，纏足禁止令公布。2.8 梁啓超，横浜で『新民叢報』を創刊。4.8 ロシア・清国，満洲撤兵に関する協定に調印，ロシア，18ヵ月以内の撤兵を約す(10月8日第1期履行，第2期以降不履行)。4.26 章炳麟ら，東京で「支那亡国記念会」を開催，警官に阻止される。5.20 キューバ共和国，アメリカの保護国として成立。5.31 プレトリア条約締結，ボーア戦争終る．トランスバール・オレンジの両国，イギリスの直轄植民地となる。7.4 米ローズヴェルト大統領，

西暦	年号干支	内閣	政治・経済
1902▲	明治35壬寅	(第1次桂太郎内閣)	12月28日解散)。12.16 衆議院，委員会で地租条例改正案(地租増徴継続)を否決，本会議に上程され審議中5日間の停会を命じられる(12月20日，7日間の再停会)。12.28 衆議院，地租条例改正案採決直前に解散を命じられる。
1903	36癸卯		3.1 第8回衆議院総選挙(政友会175・憲政本党85・帝国党17)。3.20 監獄官制を公布。4.21 桂首相・小村外相・伊藤博文・山県有朋ら，京都で対ロシア政策を協議(無隣庵会議)。5.8 第18特別議会召集(5月12日開会，6月4日閉会)。5.19 衆議院，委員会で地租条例改正案を否決(21日，3日間の停会を命じる．24日，政友会議員総会，政府との妥協案を承認，以後脱党者続出)。6.12 ロシア陸相クロパトキン，旅順への途中に東京へ立寄る(桂首相らと会談)。6.23 御前会議開催，満韓問題に関してロシアとの交渉開始を決定。6.24 桂，辞意を表明(7月1日辞表提出．2日却下)。7.13 伊藤博文を枢密院議長に任じる(14日，政友会協議員会，西園寺公望を後任総裁に決定)。8.9 頭山満・佐々友房ら，対露同志会を結成。8.12 駐露公使栗野慎一郎，日露協商基礎条項をロシアに提出。10.3 ロシア駐日公使ローゼン，小村外相にロシア政府の協定対案を提出(6日，小村・ローゼン，第1回会談．14日，日本の修正案提出)。12.3 政友会の松田正久・原敬，憲政本党の犬養毅・大石正己と会合，両党の提携を決定。12.5 第19通常議会召集(12月10日開会，同11日解散)。12.10 衆議院開院式にて河野広中議長，勅語奉答文で桂内閣を弾劾(奉答文事件)。12.11 衆議院解散される。12.21 山県有朋，桂首相に対露開戦反対の書簡を送る。12.28 戦時大本営条例改正(参謀総長と軍令部長を対等とする)・軍事参議院条例(重要軍務に関する天皇の諮問機関)を各公布。 京釜鉄道速成に関する件を公布。12.30 参謀本部・軍令部首脳会議，開戦時の陸海軍共同作戦計画を決定。

社会・文化	世界
伝道士)。4.25 大洲鉄然(69，浄土真宗僧侶)。5.25 宗重正(56，対馬府中藩主)。7.16 真名井純一(74，蚕糸改良家)。7.18 西郷従道(60，政治家)。7.23 宇都宮三郎(69，化学技術者)。7.- 氏家直国(46，自由民権運動家)。8.9 稲垣示(54，自由民権家)。8.18 西村茂樹(75，啓蒙思想家)。9.4 冷泉雅二郎(62，裁判官)。9.8 長与専斎(65，蘭方医)。9.19 正岡子規(36，歌人)。11.25 新田邦光(74，修成派教祖)。11.27 川崎千虎(67，日本画家)。12.7 佐野常民(81，日本赤十字社)。12.24 高山樗牛(32，評論家)。**この年** 藤本荘太郎(54，機業家)。山本東次郎(初代)(67，狂言師)。 芳村伊三郎(6代)(80，長唄唄方)。	フィリピン平定完了を宣言。10.22 ベックマン没(70，ドイツ人建築技術者)。12.- ナイル上流にアスワンダム開設。**この年** アブドゥル=アジーズ=ブン=サウード，リヤードを奪回，のちのサウジアラビア王国の基礎となる。
1.1 奥羽新聞社『奥羽新聞』創刊(『奥羽日日新聞』改題)。1.- 独立評論社『独立評論』創刊。3.1 第5回内国勧業博覧会，大阪で開催(～7月31日．会場のイルミネーションなど評判となる)。3.27 専門学校令を公布。4.6 社会主義協会の大会，大阪で開催．各地から数百人参加。4.13 小学校令を一部改正，国定教科書制度成立(明治36年4月1日施行)。4.- 由分社『家庭雑誌』創刊。 羅府新報社『羅府新報』創刊(ロサンゼルス)。5.14 三菱長崎造船所鉄工部の職工，賃上げ・待遇改善を要求してスト。5.22 第一高等学校生徒藤村操，「巌頭の感」の一文を残して日光華厳滝に投身自殺。5.24 神戸ゴルフ倶楽部開場式(ゴルフクラブのはじめ)。6.1 日比谷公園開園式(明治37年2月1日，園内に洋風喫茶店松本楼開店)。6.5 根岸短歌会『馬酔木』創刊。6.10 東京帝大法科大学教授戸水寛人ら7博士，満韓交換の対ロシア方針に反対する建議書を政府に提出(七博士意見書．24日，『東京朝日新聞』に公表)。6.- 内村鑑三，『万朝報』などで非戦論を主張し始める。7.- 日本基督教青年会同盟(YMCA)結成。 幸徳秋水『社会主義神髄』刊。 玉水嘉一・関戸覚蔵編纂『東陲民権史』刊。8.22 東京電車鉄道，新橋一品川間開業(東京の路面電車のはじめ)。9.1 近事画報社『近事画報』創刊(『東洋画報』改題)。10.1 浅草に電気館が開場(映画常設館のはじめ)。10.8 堺利彦ら社会主義者，非戦演説会を東京神田で開催。10.12 内村鑑三・幸徳秋水・堺利彦，開戦論に転じた朝報社を退社。10.-『東京朝日新聞』『二六新報』『万朝報』など対露開戦論をキャンペーン，政府系の『東京日日新聞』『国民新聞』は慎重論を説く。11.15 幸徳秋水・堺利彦ら，平民社を結成，非戦論と社会主義を唱える。 平民社『平民新聞』創刊。11.21 第1回早慶対抗野球試合，三田綱町の慶応グランドで挙行。11.23 憲法新聞社『電報新聞』創刊。11.27『二六新報』，社説で桂内閣打倒と対露主戦派内閣の組織を訴える(12月5日，『万朝報』も倒閣を主張)。**この年** 農商務省『職工事情』印刷。 岡倉天心『東洋の理想』刊(ロンドン)。 東京大学史料編纂所『京都御所東山御文庫記録』刊(～大正15年)。 古書保存会編『続々群書類従』刊(～明治37年)。 坪井九馬三『史学研究法』刊(『早稲田叢書』所収)。 【死没】 1.18 大谷光尊(54，浄土真宗)。1.28 花柳寿輔(初代)(83，花柳流祖)。1.31 鈴木重義(66，常陸水戸藩士)。2.4 成瀬正肥(69，尾張犬山藩主)。2.13 高橋泥舟(69，幕臣)。2.18 彰仁親王(58，軍人)。 尾上菊五郎(5代)(60，歌舞伎役者)。3.7 池田泰真(79，漆工)。3.9 指原安三(54，評論家)。3.19 松本荘一郎(56，鉄道庁長官)。4.5 古河市兵衛(72，実業家)。5.22 石坂周造(72，石油採掘業)。 藤村操(18，一校生)。6.6 清沢満之(41，哲学)。6.7 内藤耻叟(77，歴史家)。6.11 磯野小右衛門(79，実業家)。6.29 滝廉太郎(25，作曲家)。7.4 潮田千勢子(60，実業家)。7.8 伊藤忠兵衛(初代)(62，近江商人)。9.3 津田真道(75，官僚)。9.11 杵屋勝三郎(3代)(38，長唄三味線方)。9.13 市川団十郎(9代)(66，歌舞伎役者)。9.21 荒尾成章(78，因幡鳥取藩士)。9.- 伊庭想太郎(53，星亨暗殺犯)。10.17 松平頼聡(70，讃岐高松藩主)。10.30 尾崎紅葉(37，小説家)。10.31 片岡健吉(61，政治家)。12.16 落合直文(43，国文学)。**この年** 市村羽左衛門(13代)(60，歌舞伎役者)。	2.5 漢城府尹，第一銀行券の流通を禁じる。5.- ロシア軍，鴨緑江を越えて韓国竜巌浦に至り，軍事根拠地の建設を始める。6.13 ロシア，鴨緑江木材会社を設立(責任者，顧問官ベゾブラーゾフ)。7.1 東清鉄道が正式に開通。7.30 第2回ロシア社会民主労働党大会開催(～8月23日)，ボリシェヴィキ(レーニン)とメンシェヴィキ(プレハーノフら)に分裂。11.3 パナマ，アメリカの擁護下にコロンビアから独立，共和国を宣言。11.18 アメリカ・パナマ新政府，ヘイ=ビューノー=バリラ条約調印(アメリカ，運河地帯を永久租借)。12.17 ライト兄弟，飛行機(16馬力複葉機)で初飛行に成功。12.- 黄興ら，長沙で華興会を結成。

西暦	年号 干支	内閣	政　治・経　済
1904	明治 37 甲辰	(第1次桂太郎内閣)	1.5 陸・海軍省，軍隊・軍機軍略事項の新聞・雑誌掲載を禁じる。1.12 御前会議において，ロシアに対する日本側最終案を決定(13日，小林外相，ローゼン公使に案の趣旨を開陳)。1.25 鉄道軍事供用令を公布(26日施行)。1.28 桂首相，東京・大阪・京都・名古屋・横浜の主要銀行家を首相官邸に招き，戦時公債募集について協力を求める。2.4 御前会議で，ロシアとの交渉を打切り軍事行動の開始を決定。2.6 栗野慎一郎公使，交渉打切りと国交断絶をロシア政府に通告。2.8 日本陸軍部隊，韓国仁川に上陸．連合艦隊，旅順港のロシア艦隊を攻撃(9日，仁川沖のロシア軍艦2隻を撃破)。2.10 ロシアに宣戦布告(日露戦争)。2.11 大本営を宮中に設置(12日公示)。2.23 日韓議定書調印(日本は韓国皇室の安全と領土保全のため，軍事上必要な地点を臨機収用できるなど．27日公布)。2.24 第1次旅順口閉塞作戦を実施(3月27日，第2次，5月3日，第3次を各実施)。2.- 高橋是清日銀副総裁，外債募集のため渡米，ついで渡欧．金子堅太郎，米セオドア=ローズヴェルト大統領に日露講和仲介打診のため渡米。3.1 第9回衆議院総選挙(政友会133・憲政本党90・帝国党19)。 大蔵省，日露戦費調達のため第1回国庫債券1億円を発行(総計5回)。3.18 第20臨時議会召集(3月20日開会，同29日閉会)。4.1 非常特別税法を公布(平和回復の翌年までの時限立法．地租・営業税など11科目の税率増加)。4.13 ロシア戦艦ペトロパブロフスク，旅順港外で触雷沈没．マカロフ中将戦死。5.1 第1軍，鴨緑江を強行渡河，九連城を占領。5.5 第2軍，遼東半島の大連北方に上陸。5.10 第1回英貨公債1000万ポンド(6分利付)募集の件を公布。5.15 戦艦初瀬・八島，旅順港外で触雷沈没。6.15 ロシアのウラジオストク艦隊，対馬海峡において陸軍輸送船常陸丸・和泉丸を撃沈，佐渡丸に砲撃。6.20 満洲軍総司令部を編成(大山巌を総司令官に，児玉源太郎を総参謀長に，山県有朋を参謀総長に任じる)。6.25 芝浦製作所設立(三井鉱山芝浦製作所の分離独立．東京芝浦電気の前身の一つ)。8.10 連合艦隊，黄海でロシア艦隊と海戦(黄海海戦)。8.14 第2艦隊，韓国蔚山沖でウラジオストク艦隊と海戦，壊滅させる。8.19 第3軍，第1回旅順総攻撃(～24日．失敗に終る，日本軍死傷1万5860)。8.22 第1次日韓協約調印(韓国は日本政府の推薦する財政・外交顧問を任用．外国との条約締結など日本政府と事前協議．9月5日公布)。8.26 第1・第2・第4軍，遼陽に進撃開始(9月4日遼陽占領．遼陽の会戦，日本軍死傷2万3533)。9.28 徴兵令を改正・公布(後備兵役を5年から10年に延長することなど)。10.10～20 第1・第2・第4軍，沙河付近でロシア軍主力を攻撃(沙河の会戦，日本軍死傷2万497)。10.26 第3軍，第2回旅順総攻撃(～31日．失敗に終る)。11.10 第2回英貨公債1200万ポンド(6分利付)募集の件を公布。11.26 第3軍，第3回旅順総攻撃(12月5日，二〇三高地を占領)。11.28 第21通常議会召集(11月30日開会，明治38年2月27日閉会)。12.6 三越呉服店設立(三井呉服店の営業を継承．21日開業)。
1905 ▼	38 乙巳		1.1 旅順のロシア軍，降伏を申し出る(旅順の戦いでの日本軍死傷約5万9000)。 非常特別税法改正，相続税法・塩専売法，臨時事件費支弁に関する法律を各公布。 京釜鉄道の草梁－永登浦間開業(釜山－京城間の連絡できる)。1.2 旅順開城規約調印(13日，日本軍入城)。2.16 郵便貯金法を公布(7月1日施行)。3.1 満洲軍，奉天に向かい総攻撃を開始(10日奉天を，16日鉄嶺を占領．奉天会戦．日本軍兵力25万，死傷約7万．ロシア軍兵力32万，損害約9万)。 平田東助主唱で大日本産業組合中央会設立。3.8 鉱業法を公布(7月1日施行)。3.13 鉄道抵当法・工場抵当法・鉱業抵当法を各公布(7月1日施行)。3.23 山県有朋参謀総長，「政戦両略概論」を首相らに提出，戦争継続困難を説く。3.26 第1回3000万ポンド英貨公債(4分半利付)募集の件を公布(7月8日，第2回同額を募集)。4.8 閣議，韓国の保護権確立を決定。4.21 閣議，日露講和条件を決定(絶対的必要条件3項目，その他4項目を定める)。5.17 イギリス外相，日英同盟を攻守同盟とし適用地拡張(インド)を提議(24日，閣議，日英同盟拡張強化の方針を定める)。5.27 連合艦隊，日本海でロシアのバルチック艦隊を撃滅(～28日．日本海海戦，戦艦スワロフなど24隻を撃沈・捕獲，ロシア側戦死・捕虜約1万1000)。6.1 高平小五郎駐米公使，アメリカ大統領に日露講和の友誼的斡旋を希望。6.9 アメリカ大統領ローズヴェルト，正式に日露両国に講和を勧告(10日，日本，12日，ロシア受諾)。7.1 第一銀行京城支店，韓国における中央銀行として開業。7.7 第13師団，南樺太に上陸(24日，北樺太に上陸．31日，ロシア軍降伏)。7.19 対露同志会など，講和問題同志連合会を結成(各地で講和条件要求の集会が開催)。7.29 桂首相，来日中のアメリカ陸軍長官タフトと会談．韓国・フィリピン問題に関して，桂・タフト覚書成立。8.10 日露講和第1回会議，ポーツマスで開催，日本側より講和条件12ヵ条を提出。8.12 第2回日英同盟協約調印(即日実施．9月27日公布)。8.17 講和問題同志連合会大会，講和条件の譲歩反対を決議。8.25 山路愛山ら，国家社会党を結成。 文部省，対露強

社　会・文　化	世　界
1.23 第1回社会主義婦人講演会，東京神田教会で開催(堺利彦ら社会主義協会主催)。2.4 内務省，肺結核予防令を公布。2.10 博文館『日露戦争実記』刊(『(自治機関)公民之友』改題)。2.25 大阪府立図書館開館式(住友吉左衛門寄付による)。2.- 新公論社『新公論』創刊。4.4 下士兵卒家族救助令を公布。4.- 全国の小学校で国定教科書の使用開始(まず修身・読本・日本歴史・地理の4教材から)。 この頃，永岡鶴蔵，足尾銅山で大日本労働同志会を結成。 北原雅長『七年史』刊。5.8 東京で市民大祝捷会開催，10万人余参加し馬場先門前で提燈行列が大混乱となる。5.- 新潮社『新潮』創刊。8.13 桂田富士郎，猫の体内から風土病の病源虫を発見(日本住血吸虫と命名)。8.14 片山潜，アムステルダムで開催の，第2インター第6回大会に参加。9.1 高知新聞社『高知新聞』創刊。9.- 与謝野晶子，『明星』に「君死に給ふこと勿れ」を発表。11.3 植村正久ら，東京神学社設立。11.16 社会主義協会に結社禁止を命じる。11.- 坪内逍遙『新楽劇論』刊。**この年** 大川茂雄・南茂樹共編『国学者伝記集成』正篇刊(昭和9・10年，新たに正篇2冊，続編1冊刊)。 富士川游『日本医学史』刊。 福田英子『妾の半生涯』刊。 阪谷芳郎ら『明治財政史』刊(～明治38年)。 【死没】 1.1 近衛篤麿(42，政治家)。1.17 天田愚庵(51，歌人)。1.27 三遊亭円生(4代)(59，落語家)。2.3 田口和美(66，医学)。3.12 高野房太郎(36，労働運動家)。3.16 清元延寿太夫(4代)(73，清元節家元)。3.27 広瀬武夫(37，海軍軍人)。3.28 西毅一(62，政治家)。3.- 清野勉(52，哲学)。4.13 斎藤緑雨(38，小説家)。4.21 沖禎介(31，特殊軍務)。 横川省三(40，新聞記者)。5.5 阿部彦太郎(65，近江商人)。5.22 上野彦馬(67，写真家)。6.18 鴻雪爪(91，御岳教)。7.5 松井康直(75，老中)。7.23 松岡荒村(26，社会運動家)。8.7 山口素臣(59，陸軍軍人)。 市川左団次(初代)(63，歌舞伎役者)。8.12 川村純義(69，海軍首脳)。9.26 小泉八雲(55，文学)。10.17 秋月種樹(72，日向高鍋藩世子)。11.29 伊達邦成(64，北海道拓殖)。12.17 春木義彰(59，司法官)。 松岡調(75，神官)。**この年** 島村光津(74，蓮門教)。 阿部市郎兵衛(7代)(近江商人)。	1.23 韓国，日露戦争に対して中立を声明。2.12 清，日露戦争に対して中立を宣言。3.24 アーノルド没(71，イギリスの詩人・ジャーナリスト)。4.8 英仏協商調印(エジプトにおけるイギリスの，モロッコにおけるフランスの権益を相互に承認)。5.13 清・イギリス，移民協定に調印。8.3 ヤングハズバンド大佐のイギリス遠征軍，チベットのラサに侵入(9月7日，イギリス・チベット，ラサ条約調印)。10.3 フランス・スペイン，モロッコにおける勢力圏設定に関する条約に調印。10.- ベトナムのファン=ボイ=チャウら知識人，維新会を結成。**この冬** 蔡元培ら，上海で光復会結成。
2.11 森下南陽堂，仁丹を発売。3.15 大阪時事新報社『大阪時事新報』創刊。4.- 西田天香，滋賀県長浜に一燈園を開設。5.1 平民社で，五月一日茶話会開催(メーデーのはじめ)。 会津日報社『会津日報』創刊。5.5 末光鉄之助『下関実業日報』創刊(『馬関物価日報』改題)。6.- 東北評論社『東北評論』創刊。8.1 日比谷公園内音楽堂開堂式，陸軍軍楽隊演奏。9.-『東京朝日新聞』など，講和反対・戦争継続を主張。火鞭会『火鞭』創刊。10.9 平民社，内部対立が表面化し解散。10.17 日本基督教女子青年会(YWCA)発会式(会長津田梅子)。10.- 上田敏『海潮音』刊。11.10 新紀元社『新紀元』創刊。11.20 光雑誌社『光』創刊。11.- 中国同盟会『民報』創刊(東京)。 堀内文次郎・平山正編『陸軍省沿革史』刊。12.4 中国人留学生，日本政府の中国人留学生取締強化に抗議(8日，『民報』編集長の陳天華，抗議の自殺)。**この年** 東北地方大凶作。 夏目漱石，「吾輩は猫である」を『ホトトギス』誌上に発表(～明治39年8月，同40年5月刊)。 今泉定介・畠山健共校『百家説林』刊(～明治41年)。 【死没】 1.3 スクリーバ(56，医学者)。 マクドナルド(宣教師)。1.6 常磐津文字兵衛(初代)(67，常磐津節三味線方)。1.12 吉田玉造(初代)(77，文楽)。1.20 内海忠勝(63，内務官僚)。1.31 副島種臣(78，政治家)。2.8 松林伯円(2代)(72，講釈師)。2.18 イーストレイク(47，英語学者)。2.22 田中久重(2代)(60，技術者)。3.7 竹崎順子(81，教育家)。4.5 高橋健三(78，治水家)。4.13 田口卯吉(51，政治家)。 鳥尾小弥太(59，陸軍軍人)。4.16 小幡篤次郎(64，教育者)。6.2 津田出(74，官僚)。6.7 岸田吟香(73，ジャーナリスト)。6.21 神鞭知常	1.16 ペテルブルグのプチロフ工場でスト始まる。1.22 ペテルブルグで聖職者ガポン，数万の民衆を率いて請願行進，近衛兵の発砲で多数死傷(血の日曜日事件)。2.23 ベトナムのファン=ボイ=チャウ，独立運動への援助を求め日本へ出発(4月，横浜到着)。 黄遵憲没(58，清末の詩人・外交家)。3.6 マレー没(74，アメリカの教育学者)。3.31 ヴィルヘルム2世，モロッコのタンジール港上陸，マドリード国際協約に基づき，モロッコの独立・領土保全の尊重を声明。4.- エドキンズ没(81，ロンドン伝道会宣教師・中国学者)。5.26 イヴァノヴォ=ヴォズネセンスクでスト，最初の労働者代表ソヴィエト成立。6.27 ロシア戦艦ポチョムキン号で水兵の反乱(7月8日鎮圧)。 シカゴで世界産業労働者

西暦	年号干支	内閣	政治・経済
1905 ▲	明治 38 乙巳	(第1次桂太郎内閣)	硬論者の東京帝大教授戸水寛人を休職処分．東京・京都帝大教授ら，抗議運動を開始(戸水事件)。8.28 御前会議で，償金および割地の要求を放棄しても講和を成立させる方針を決定。9.5 日露講和条約・同追加約款調印(ポーツマス条約．10月16日公布．11月25日批准)。 日比谷公園で講和反対国民大会開催，政府高官邸・政府系新聞社・交番・キリスト教会など焼打ち(日比谷焼打ち事件．以後，各地で講和反対の大会開催)。9.6 東京市および府下5郡に戒厳令適用の旨を公布(即日施行．11月29日解除)。10.12 桂首相，アメリカの鉄道資本家ハリマンと満鉄に関する日米シンジゲート組織につき予備協定覚書を交換(23日，小村外相らの強い反対により覚書中止を通告)。11.17 第2次日韓協約調印(韓国の外交は日本の外務省が処理．日本政府代表として京城に統監を置く)．韓国各地に暴動おこる。12.21 統監府・理事庁官制を公布(伊藤博文を初代統監に任じる)。12.22 満洲に関する日清条約・付属協定(ロシアの利権引継・東三省における開市・開港場の増加など)・付属取極に各調印。12.23 大同倶楽部結成(帝国党・甲辰倶楽部の所属議員が合同)。12.25 第22通常議会召集(12月28日開会，明治39年3月27日閉会)。
1906	39 丙午	1.7 第1次西園寺公望内閣	1.7 第1次西園寺公望内閣成立。1.14 樋口伝・西川光二郎ら，日本平民党を結成。1.28 堺利彦・深尾韶ら，日本社会党を結成。2.1 韓国統監府および理事庁，事務を開始(3月2日，伊藤博文を統監に任じる)。2.9 韓国に駐箚の憲兵は，軍事警察の他に統監の指揮下で行政・司法警察も掌る旨を公布。2.11 普選同盟会，東京両国で普通選挙全国同志会を開催。2.19 大阪・金巾・三重・天満・岡山の5紡績会社，日本綿布輸出組合を結成，綿布の満洲輸出を促進。2.24 日本平民党・日本社会党が合同し，日本社会党第1回大会開催。3.1 大阪・金巾・三重の3紡績会社，綿布輸出組合三栄組を結成，綿布の韓国輸出促進を協定。3.2 非常特別税法改正・公布(平和克復後に廃止予定の増税を継続)。3.3 加藤高明外相，鉄道国有法案に反対し辞任。3.19 駐日イギリス大使，満洲での日本官憲の通商妨害に抗議，門戸開放・機会均等の実行を申し入れる(26日，アメリカ大使も抗議)。3.24 官営八幡製鉄所第1期拡張費，衆議院で可決(27日，貴族院で可決)。3.31 鉄道国有法公布(主要17社の私設鉄道会社を買収)。4.7 癈兵院法を公布(傷病兵救護施設として癈兵院を設置，8月6日，癈兵院条例を公布)。5.22 首相官邸に伊藤・山県・西園寺ら元老・閣僚参集，満洲問題に関する協議会開催(伊藤，児玉源太郎の軍政案に強く反対)。6.1 池貝鉄工所設立(大正2年，株式会社となる)。6.8 南満洲鉄道株式会社に関する勅令を公布(会社の構成・権限などを規定)。6.28 幸徳秋水，神田錦輝館での日本社会党演説会で，議会主義か直接行動かの問題を提起。8.1 関東都督府官制を公布(都督には陸軍大将・中将を任用，関東州を管轄，南満洲鉄道路線の保護にあたることなどを規定)。 韓国駐箚軍司令部条例を公布。9.1 大連を自由港として開放。9.25 旅順鎮守府条例を公布。10.11 サンフランシスコ市学務局，日本人学童の隔離を決定。10.- 山県有朋，「帝国国防方針案」を上奏。11.1 東京の共立女子職業学校，初めてタイプライチング講習科を設置。11.26 南満洲鉄道株式会社(満鉄)設立(資本金2億円，半額政府出資．初代総裁後藤新平)。12.25 第23通常議会召集(12月28日開会，明治37年3月27日閉会)。**この年** アメリカでカリフォルニア州を中心に日本人移民排斥運動高まる。

社会・文化	世界
(58，政治家)。**7.11** 巌谷一六(72，書家)。**7.26** 城常太郎(43，労働運動家)。**10.9** 佐双左仲(54，軍艦設計)。**10.16** 尾崎忠治(75，司法官)。**10.17** 神谷与平治(75，報徳運動家)。**この年** 亀井至一(63，洋画家)。 西川甚五郎(11代)(58，近江商人)。	同盟(IWW)結成。**7.20** インド総督カーゾン，ベンガル州分割令を公示(10月16日施行)，分割反対運動おこる。**7.-** ドイツ領東アフリカでマジマジ族の反乱おこる(～'07年)。**8.20** 孫文ら，東京で中国革命同盟会を結成。**9.2** 清，科挙を廃止。**9.27** ノルウェー，スウェーデンより分離独立。**10.30** ロシアでニコライ2世，国会召集を宣言。**11.28** ダブリンでシン=フェイン党結成，アイルランドの独立を主張。**12.8** 陳天華没(31，清朝末期の革命家)。**この年** アインシュタイン，相対性理論を発表。
1.1 田健治郎，『田健治郎日記』を記す(～昭和5年10月21日)。**2.17** 坪内逍遙・島村抱月ら，東京芝紅葉館で文芸協会発会式，「妹山背山」など上演。**2.-** 水戸藩主徳川家『大日本史』成る(明暦3年より)。**3.2** 関西美術院開院式(京都聖護院洋画研究所を発展，顧問中沢岩太・院長浅井忠)。**3.11** 東京市電値上げ反対市民大会開催(3月15日，支庁に反対デモ，電車を襲う，軍隊により鎮圧)。**3.20** 東京上野の帝国図書館開館式。**3.-** 堺利彦『社会主義研究』創刊。 島崎藤村『破戒』刊。 博文館『文章世界』創刊。**4.27** 『Volya』創刊。**4.-** 報徳会『斯民』創刊。**5.2** 医師法・歯科医師法を公布(10月1日施行)。**5.-** 北一輝『国体論及び純正社会主義』刊。**6.12** 日本エスペラント協会設立(東京高等商業学校生徒加藤節の働きかけ)。**6.13** 帝国学士院規程を公布(東京学士会院を改組)。**7.-** 山路愛山『現代日本教会史論』刊。**8.18** 呉海軍工廠の造兵部職工約300人，戦時手当廃止に反対して騒擾(24日解決)。**9.1** 京城日報社『京城日報』創刊(京城)。**9.5** 宮崎滔天編集『革命評論』創刊。**9.-** 多田好問編『岩倉公実記』刊。 池田成章編『鷹山公世紀』刊。**10.-** 中島真雄『盛京時報』創刊(奉天)。**11.3** 小山松寿『名古屋新聞』創刊(『中京新報』改題)。**12.3** 『横浜貿易新報』創刊(『横浜貿易新聞』『横浜新報』『貿易新報』を経て改題)。**12.5** 南助松・永岡鶴蔵ら，大日本労働至誠会足尾支部結成。**12.14** 大阪砲兵工廠職工のストライキに対して，憲兵・警官750人出動，首謀者15人を拘引。**この年** 『日布時事』創刊(ハワイ，『やまと新聞』改題)。 原勝郎『日本中世史』刊。 農商務省鉱山局『本邦鉱業の趨勢』創刊。 水谷不倒・幸田露伴校訂『新群書類従』刊(～明治41年)。 【死没】 **1.4** 岩村高俊(62，政治家)。 福地源一郎(66，ジャーナリスト)。**1.30** 林遠里(76，農事改良家)。**2.21** 九条道孝(60，華族)。**3.6** 壬生基修(72，華族)。**3.16** 三崎亀之助(49，政治家)。**3.24** 三吉正一(54，実業家)。**4.16** 渥美契縁(67，浄土真宗僧侶)。**4.18** 横井時冬(48，歴史家)。**5.6** 常磐津林中(65，常磐津節太夫)。**5.19** 久保田米僊(55，日本画家)。**5.21** 杉村濬(59，外交官)。**5.29** 沖牙太郎(59，沖商会)。**6.10** 相良知安(71，医学)。**6.17** 矢野二郎(62，商業教育)。**6.27** オズーフ(77，宣教師)。**7.23** 児玉源太郎(55，陸軍軍人)。**8.20** 徳川茂承(63，紀伊和歌山藩主)。**8.29** 黒川真頼(78，国学)。**9.24** 陽其二(69，活版印刷業)。**9.28** 佐々友房(53，政治家)。**10.14** 藤浪与兵衛(初代)(78，歌舞伎小道具業)。**10.16** 新井章吾(51，政治家)。 佐野経彦(73，神理教教祖)。**10.24** 平岡浩太郎(56，政治家)。**10.27** 海江田信義(75，官僚)。**11.12** 諸戸清六(61，実業家)。**11.15** 山本芳翠(57，洋画家)。	**1.16** アルヘシラス国際会議，モロッコの独立と領土保全を再確認，ドイツの国際的孤立を招く(～4月7日)。**2.10** イギリスでドレッドノート級戦艦第1号進水。**2.12** イギリスの労働代表委員会，イギリス労働党と改称。**3.-** 韓国で抗日の義兵，各地で蜂起。**4.1** 京漢線，全線開通。**4.27** イギリス・清，チベットに関する条約に調印(イギリス，チベット不併合と内政不干渉を保障)。**5.6** ロシア，憲法発布(第1回国会，5月10日～7月21日解散)。**6.1** メキシコ北部のアメリカ系鉱山で大ストライキ。**7.4** イギリス・フランス・イタリア，エチオピアでの勢力圏に関する協定に調印。**7.5** メッケル没(64，ドイツの軍人)。**8.5** ペルシア，憲法を発布。**9.1** 清朝，立憲制実施を宣言。**9.26** アメリカ，キューバに軍事干渉。**11.17** 崔益鉉没(74，朝鮮王朝末期の儒者・抗日義兵指導者)。**11.22** ロシア首相ストルイピン，農業改革法を公布。**12.4** 清，江西省萍郷・湖南省醴陵で革命党の蜂起。**12.14** ブルック没(79，アメリカの海軍大尉)。**12.26** インド国民会議派カルカッタ大会，スワラージ(独立)・スワデーシー(国産品愛用)・外国品排斥・民族教育の4決議を採択。**12.30** インド，ダッカで全インド=ムスリム連盟創立大会。

西暦	年号 干支	内閣	政治・経済
1907	明治 40 丁未	(第1次西園寺公望内閣)	1.20 憲政本党大会，党則改正．大隈重信，総理を辞任。1.21 東京株式相場暴落(日露戦争後の恐慌の始まり)。2.1 公式令を公布(法令・詔書・勅書などの公布手続・書式などを規定．公文式は廃止)。2.9 豊田式織機株式会社設立(本社大阪，社長谷口房蔵)。2.12 福田英子・堺為子・管野スガら，治安警察法第5条改正の請願を衆議院に提出(3月16日衆議院可決，27日貴族院否決)。2.17 日本社会党第2回大会開催，議会政策派と直接行動派が対立，党則第1条を改正(22日，結社禁止)。2.19 郡制廃止法案を衆議院に提出(3月2日衆議院可決，21日貴族院否決)。3.15 樺太庁官制を公布(内務大臣の指揮監督下とし，守備隊司令官を長官に任命することなどを規定，軍政を廃止．4月1日施行)。3.25 日清汽船会社設立(政府の長江航路確保策のもとで大東汽船・大阪商船・湖南汽船・日本郵船が共同出資)。4.9 東京神田区在郷軍人団創立会(在郷軍人団の初め)。4.19 元帥府，「帝国国防方針」「国防に要する兵力」「帝国軍の用兵綱領」を決議。4.23 満鉄調査部を設置。4.24 改正刑法を公布(明治41年10月1日施行)。5.8 改正華族令公布。6.10 日仏協約・仏領インドシナに関する宣言書にパリで調印(6月17日公示)。7.3 伊藤博文韓国統監，ハーグ平和会議への密使派遣について，韓国皇帝・首相に会い，責任を追及。7.19 韓国皇帝，譲位の詔勅を発す(各地で反日暴動おこる)。7.23 第1回満鉄社債400万ポンド，興銀引受によりロンドンで発行。7.24 第3次日韓協約及び秘密覚書調印(韓国内政を統監の指導下におき，日本人を官吏に任命すること，韓国軍隊の解散などを規定)。7.30 第1回日露協約調印(相互の領土保全の尊重，清の領土保全・機会均等を承認)。8.1 漢城で韓国軍解散式，日韓両軍の衝突事件おこる(以後，反乱が全土に拡大．義兵運動)。9.12 軍令第1号を公示(陸海軍の統帥に関し勅定を経た規程を軍令とし，その公示形式などについて規定)。9.18 陸軍管区表の改正を公示(日露戦争時に13個師団から6個師団を増師した結果改正)。10.28 陸軍歩兵科の兵役を3年制から2年制に改正・公布。11.1 日本製鋼所設立(本社北海道室蘭，北海道炭礦汽船とイギリスのアームストロング社・ヴィッカーズ社の共同出資)。11.16 アメリカ国務長官，日本大使に対し，さらに厳重な労働者渡航制限の励行を要請(日米紳士協約第1号)。12.15 閣議，財政計画を変更し増税・事業繰延を決定。12.25 第24通常議会召集(12月28日開会，明治41年3月26日閉会)。
1908 ▼	41 戊申	7.14 第2次桂太郎内閣	1.14 阪谷芳郎大蔵大臣・山県伊三郎逓信大臣を鉄道予算問題で免官。1.21 政府，増税諸法案(酒造税・砂糖消費税の増徴，石油消費税の新設)を提出。1.23 衆議院，増税案に対する内閣不信任決議案を168対177で否決。2.5 武器搭載の第2辰丸，澳門沖で清の軍艦に抑留される(辰丸事件．3月15日，清，日本の要求を受諾し解決)。2.14 全国商業会議所連合会，財政意見書・対総選挙宣言を可決し，増税賛成議員を非難。2.18 林董外相，アメリカ提案の移民制限の実行方法について回答(紳士協約第7号)，移民に関する日米紳士協約成立。3.28 監獄法・刑法施行法を公布(10月1日施行)。4.20 台湾縦貫鉄道の三叉川―葫蘆墩間開業により基隆―打狗間が全通。4.28 第1回ブラジル移民が出発。5.1 大日本紡績連合会，1月12日開始の第5次操業短縮を強化。5.5 アメリカと仲裁裁判条約調印(8月24日批准)。5.15 第10回衆議院総選挙(政友会187・憲政本党70・大同倶楽部29・猶興会29)。6.22 荒畑寒村ら，山口孤剣出獄歓迎会で赤旗を掲げて，警官と衝突，逮捕(赤旗事件)。6.25 原敬内務大臣，社会主義者取締りの現状を上奏(それ以前に山県有朋が西園寺内閣による取締り不徹底を上奏)。7.4 第1次西園寺内閣総辞職。7.14 第2次桂太郎内閣成立。7.25 中野武営・岩下清周・片岡直温ら実業派代議士を中心に戊申倶楽部を結成。8.27 東洋拓殖株式会社法を公布(韓国における拓殖事業を目的とする．12月28日，漢城(現ソウル)に本社設立)。8.28 政府，閣議で財政整理方針(財政緊縮など)を定める。9.25 閣議，対外方針(日英同盟を外交の中心とする)・満洲に関する諸問題解決方針を定める。10.9 条約改正準備委員会官制を公布(13日，委員を任命)。10.13 戊申詔書発布。11.12 清と，吉長(吉林―長春間)・奉新(奉天―新民屯間)両鉄道に関する続約調印(満鉄からの借款供与額・条件などについて協定)。11.30 太平洋方面に関する日米交換公文(太平洋方面

社会・文化	世界
1.1 福田英子主幹『世界婦人』創刊。 正教社『日本及日本人』創刊。1.15 平民社(再建)『平民新聞』創刊。2.4 足尾銅山で坑夫，職員と衝突．6日，坑内電線の切断・見張所の破壊など大暴動となる．高崎連隊出動し，8日鎮圧。2.17 清の要求により，早稲田大学などで革命党に関係する留学生39人退学処分。3.2 夕張炭坑で運搬夫スト(7月には坑夫がスト)。3.21 小学校令を改正(修業年限を尋常小学校6年，高等小学校2年もしくは3年とする．明治41年4月1日より逐年実施)。4.1 北越新報社『北越新報』創刊(『越佐新聞』『長岡日報』合併)。4.17 文部省，師範学校付属小学校に障害をもつ児童のため特別学級を設置するよう勧奨。4.28 幌内炭坑で坑夫暴動。6.1 大阪平民社『大阪平民新聞』創刊。6.2 社会新聞社『社会新聞』創刊。6.4 愛媛県別子銅山で坑夫暴動(6日鎮圧)。6.20 熊本評論社『熊本評論』創刊。6.22 東北帝国大学を仙台に設置。8.31 片山潜ら，社会主義同志会結成。9.1『樺太日日新聞』創刊(『樺太日報』改題)。9.6 幸徳秋水ら，社会主義金曜講演会を開催，以後毎週開く。9.- 田山花袋「蒲団」，『新小説』に発表。10.25 文部省，第1回美術展覧会(文展)を開催。10.- 潮文閣『新思潮』創刊(第1次)。11.3 満洲日日新聞社『満洲日日新聞』創刊(大連)。12.23 片山潜ら，平民協会を結成(25日，結社禁止)。**この年** 大森鍾一・一木喜徳郎共編『市町村制史稿』刊。 和田英，『富岡日記』を記す(～大正2年)。 丸橋金次郎編『保古飛呂比』成る。 『新百家説林』刊(～明治41年)。 大田報助編『毛利十一代史』刊(～明治43年)。 大隈重信編『開国五十年史』刊(～明治41年)。 【死没】 1.13 石坂昌孝(67，自由民権運動家)。 川崎八右衛門(74，実業家)。1.20 角藤定憲(41，新派俳優)。1.21 田能村直入(94，南画家)。1.31 西村勝三(72，桜組製靴業)。2.1 清元梅吉(初代)(67，清元節三味線方)。2.7 奥村五百子(63，愛国婦人会創立者)。2.13 波多野伝三郎(52，政治家)。3.12 松本順(76，蘭方医)。3.15 池田伴親(30，園芸学)。5.13 金井之恭(75，志士)。6.9 飯降伊蔵(75，天理教)。6.- 鶴賀新内(6代)(60，新内節)。8.12 石塚重平(53，政治家)。8.14 福羽美静(77，国学)。8.17 水野忠敬(57，上総菊間藩主)。9.2 陸羯南(51，新聞記者)。9.6 名村泰蔵(68，司法官)。9.7 北尾次郎(55，科学)。9.14 綱島梁川(35，評論家)。10.4 佐田白茅(76，官僚)。10.5 中山慶子(73，明治天皇生母)。11.8 林友幸(85，官僚)。12.19 浅井忠(52，洋画家)。12.26 古河太四郎(63，盲聾教育創始者)。	1.26 オーストリア，普通・平等・直接選挙法を公布。2.6 在日中国人留学生数，1万7860余人に達す。2.8 ルーマニアのモルダビアで農民による暴動(3月，軍隊により鎮圧)。3.14 アメリカで大統領令により日本人労働者の入国を禁止。6.15 第2回ハーグ平和会議開催(～10月18日)．この月，韓国皇帝，密使を派遣し日本の侵略を訴える(ハーグ密使事件)。8.10 エンデ没(78，プロイセンの建築家)。8.18 第2インターナショナルのシュトゥットガルト大会開催(戦争の危機・植民地問題などを議論．～8月24日)。8.31 イギリス・フランス・ロシア，3国協商成立。 在日の中国人留学生，東京で社会主義講習会を結成。9.1 中国同盟会，広東省の欽州・廉州で蜂起(17日，清軍に敗退)。9.9 清，第2次憲政調査団をイギリス・日本・ドイツに派遣。9.13 ブッセ没(44，ドイツの哲学者)。11.30 中国同盟会，広西省の鎮南関で蜂起(12月8日，失敗)。**この年** クラーク没(59，アメリカの教師)。**この年から翌年にかけて** 朝鮮の義兵運動が激化。
3.22 池田亀太郎，東京大久保で婦女を暴行殺害(出歯亀事件)。3.24 森田草平・平塚明子(らいてう)，心中未遂，栃木県塩原小花峠で発見。4.1 第八高等学校・鹿児島高等農林学校・奈良女子高等師範学校を新設。4.2 北里柴三郎・青山胤通・長与又郎らの発企により，癌研究会発会式。4.13 水利組合法を公布(10月1日施行)。4.-『横浜毎朝新報』創刊(『内外商事週報』『毎朝新報』を経て改題)。6.21 中国新聞社『中国新聞』創刊(『中国』改題)。8.27 愛媛県別子銅山四阪島精錬所の煙害問題が激化，周桑郡の農民1500人余が住友鉱業所に押しかける(明治43年11月9日解決)。9.10 文部省，文部省視学官及文部省視学委員職務規定を定める(大学教授などに視学委員を委嘱し，学校を視察させる)。9.15 川上貞奴，東京桜田本郷町に帝国女優養成所を開設(明治42年7月，帝国劇場付属技芸学校と改称)。9.29 文部省，学生・生徒の風紀取締強化について通牒(雑誌編集・読書傾向の統制など)。10.23 文部省，教育を通じて「戊申詔書」の国民道徳作興の聖旨を奉体するよう学校長・地方長官らに訓令。10.- 埴岡短歌会『アララギ』創刊。11.13 政府，著作物保護のためのベルヌ条約に調印(明治43年9月8日，批准・公布)。11.16 東京市立日比谷図書館開館式。11.28 内務省，天理教の独立を許可。12.12 木下杢太郎・北原白秋ら，パンの会を結成。**この年** 波多野精一『基督教の起源』刊。 農商務省鉱山局『鉱夫待遇事例』刊。 八代国治・早川純三郎・井野辺茂雄共編『国史大辞典』初版刊。 黒板勝美『国史の研究』初版刊。 『仙台市史』刊(～昭	3.6 清・イギリス間で，滬杭甬鉄道借款が成立。4.14 清，漢冶萍煤鉄公司を設立。4.29 中国革命同盟会，雲南省河口で蜂起(5月26日，清軍に敗れ後退)。5.2 ベルニ没(70，フランス海軍造船技師)。5.20 オランダ領東インドのジャワで，民族運動の団体ブディ=ウトモ結成。6.30 清，預備立憲公会の鄭孝胥ら，国会開設を要求。7.12 汎スラヴ会議，プラハで開催。7.22 インドの政治家ティラクに流刑判決．23日，ボンベイの労働者，判決に対する抗議スト。7.24 トルコのアブドゥル=ハミト2世，1876年憲法の復活を承認。8.11 シーボルト没(56，ドイツ人駐日オーストリア=ハンガリー帝国通訳官)。8.27 清，憲政施行の順序

西暦	年号 干支	内閣	政　治・経　済
1908 ▲	明治 41 戊申	(第2次桂太郎内閣)	における現状維持・清における商工業の機会均等主義を確認(高平・ルート協定)。**12.1** 改正軍隊内務書を公示(兵営内での教育などの規準を示す)。**12.5** 鉄道院官制を公布(内閣に直属．後藤新平を総裁に任じる)。**12.21** 河野広中・尾崎行雄ら，又新会の創立総会を開催。**12.22** 第25通常議会召集(12月25日開会，明治42年3月24日閉会)。
1909	42 己酉		**1.29** 桂太郎首相，西園寺公望政友会総裁と会見，政府・政友会の妥協が成立。**2.2** 小村寿太郎外相の衆議院での外交方針演説，満韓移民集中論として問題化。**2.11** 登極令・摂政令・立儲令・皇室成年式令を公布。**2.24** 憲政本党常議員会，非政友各派大合同をめぐり対立。**2.27** 常議員会，院内総理犬養毅を除名(3月2日，代議士会，犬養の信任を決議．10月28日，党大会で妥協成立)。**3.4** 全国の織物業社，東京神田錦輝館で織物消費税全廃大会を開催。**3.22** 改正帝国鉄道会計法を公布(建設・改良費への，益金の全面流用を認める．鉄道特別会計の確立．明治42年度より施行)。**3.25** 遠洋航路補助法を公布(欧州・北米・南米・豪州航路を定期航海する3000トン以上の鋼製汽船に対し，補助金を下付)。**4.11** 日糖疑獄事件の検挙開始(輸入原料砂糖戻税法改正をめぐる贈賄事件．日糖幹部・代議士など多数検挙．7月3日判決)。**4.13** 貴族院令を改正公布(男爵議員の定数を拡大)。**6.14** 伊藤博文韓国統監を枢密院議長に，また曾禰荒助副統監を統監に任じる。**7.6** 閣議，韓国併合に関する方針を決定，同日裁可。**7.12** 内務省，第1回地方改良事業講習会を東京で開催。**9.4** 清と間島に関する協約・満洲5案件に関する協約調印(8日公示)。**9.27** 小学校国定教科書を発行する東京書籍・大阪書籍・日本書籍設立。**10.11** 三井合名会社設立．三井物産・三井銀行，株式会社に改組。**10.26** ロシア蔵相と会談のためハルビン駅に到着の伊藤博文枢密院議長，韓国人安重根に射殺される(11月4日国葬)。**10.29** 韓国銀行設立(初代総裁市原盛宏．第一銀行韓国支店を継承・改組した韓国の中央銀行．11月24日開業)。**11.1** 呉海軍工廠，装甲巡洋艦伊吹(1万4636トン)を完成。**11.17** 山県有朋を枢密院議長に任じる。**11.21** 鹿児島本線人吉—吉松間が開通し，門司—鹿児島間が全通。**12.4** 韓国一進会，韓国皇帝・統監に日韓合邦を提唱する上奏及び請願書を提出，却下。**12.13** 産業組合中央会設立。**12.16** 山手線の烏森(新橋)—品川—上野間・池袋—赤羽間で電車運転開始。**12.18** アメリカ大使，清とイギリス・アメリカ間に錦愛鉄道敷設借款予備協定の成立を通告，満洲鉄道の中立に関し小村外相に提議。**12.22** 第26通常議会召集(12月24日開会，明治43年3月23日閉会)。**この年** 生糸の輸出量，中国を上回り世界第1位となる．綿布の輸出額，輸入額を上回る。
1910 ▼	43 庚戌		**1.21** 日本・ロシア，前年12月18日のアメリカによる満洲鉄道中立提議に対し，不同意とする回答。**2.1** 内国債借換えのため，東京・大阪の有力銀行15行(横浜正金・第一・興銀・三井・住友など)，国債引受シンジケートを結成。**2.8** 政府と政友会が妥協(政府は地租8厘減を認め，また政友会は官吏俸給4割増を認める)。**3.1** 大同倶楽部・戊申倶楽部が合同して，中央倶楽部を結成。**3.13** 憲政本党・又新会・無名会などが合同して，立憲国民党を結成。**4.15** 改正関税定率法を公布(ほぼ完全な関税自主権，全体としては輸入税率が引き上げられる)。**4.21** 軽便鉄道法を

社　会・文　化	世　界
和45年)。 大村西崖編『東洋美術大観』刊(～大正7年)。 黒竜会『西南記伝』刊(～明治44年)。 【死没】 1.10 三木竹二(42，演劇評論家)。 吉井源太(83，和紙改良)。 ウエスト(61，造船技術者)。1.13 橋本雅邦(74，日本画家)。1.17 荒木古童(初代)(86，尺八奏者)。2.6 柳川秀勝(76，殖産家)。3.2 那珂通世(58，東洋史学)。3.11 佐藤誠実(70，国学)。3.19 田添鉄二(34，思想家)。3.25 岩崎弥之助(58，三菱財閥)。4.7 水野年方(43，日本画家)。4.13 松浦詮(69，林学・林務官)。4.15 小出粲(76，歌人)。4.24 津田仙(72，農学，教育者)。5.14 松野礀(62，肥前平戸藩主)。6.13 小室重弘(51，政治家)。6.15 川上眉山(40，小説家)。 大道長安(66，救世教教祖)。6.23 国木田独歩(38，小説家)。7.1 児島惟謙(72，司法官)。7.21 松平定敬(63，京都所司代)。8.15 服部誠一(68，文学)。8.18 三好退蔵(64，司法官)。9.11 遠藤芳樹(67，商業史)。9.21 フェノロサ(55，美術研究家)。10.18 野津道貫(68，陸軍軍人)。10.21 円城寺清(39，ジャーナリスト)。10.26 榎本武揚(73，政治家)。10.29 謝花昇(44，社会運動家)。11.25 稲垣満次郎(48，外交官)。11.27 星野長太郎(64，製糸業)。11.30 西ノ海嘉治郎(初代)(54，横綱)。12.12 岡沢精(65，陸軍軍人)。12.21 鳥谷部春汀(44，ジャーナリスト)。	を定める(9年後の憲法発布・議会開設)。9.15 アメリカでゼネラルモーターズ社設立。10.3 ポンペ=ファン=メールデルフォールト没(79，オランダ医)。10.5 ブルガリア，独立宣言，フェルディナント公，ツァーリと称す。10.6 オーストリア，ボスニア・ヘルツェゴビナ併合を宣言。10.18 ベルギーのレオポルド2世，コンゴ自由国を併合し，ベルギー領コンゴとする。11.8 エアトン没(61，イギリスの物理学者・電気工学者)。11.15 西太后没(74，清朝咸豊帝の貴妃)。12.2 清，宣統帝が即位，醇親王載灃，摂政となる。12.4 ロンドンで海軍会議開催，海戦法規に関しての協定(批准はされず)。
1.- 昴発行所『スバル』創刊。2.- 小山内薫・2代目市川左団次，東京に自由劇場を創立，規約を発表。 三田学会『三田学会雑誌』創刊。4.1 京都市立絵画専門学校創立(後の京都市立芸術大学)。4.7 文部省，東京盲唖学校とは別に東京盲学校を新設(明治43年4月1日，東京盲唖学校を東京聾唖学校と改称)。4.14 種痘法を公布(新生児の種痘義務化．明治43年1月1日施行)。4.24 高峰譲吉，タカジアスターゼの特許を取得。4.- イギリス人陶芸家バーナード=リーチ来日。5.6 新聞紙法公布(内務大臣への届出・発行人の資格・発行手続など規定．内務大臣による発売頒布禁止の行政処分を復活)。 文部省，東京帝大に商業学科新設により東京高等商業学校専攻部を廃止(11日，反対の生徒同盟退学決議．6月25日，存続を認める)。5.25 平民社『自由思想』創刊。6.2 両国の国技館開館。7.11 日糖前社長酒匂常明，日糖事件の予審判決に抗議し短銃自殺。8.14 滋賀・岐阜県で大地震(71人死亡，家屋全壊1653)。9.- 富山県編『越中史料』発行。**この年** 富田鉄之助ら『昌平叢書』刊。 中原邦平ほか『防長史談会雑誌』刊(～大正3年)。 北野神社社務所編『北野誌』刊(～明治43年)。 武藤厳男・宇野東風・古城貞吉編『肥後文献叢書』刊(～明治43年)。**この年以降** 農商務省(のちに商工省，通商産業省)『工場統計表』刊。 【死没】 1.19 梅若実(初代)(82，能楽師)。1.24 野村靖(68，政治家)。1.27 依田学海(77，漢学)。2.1 田中不二麿呂(65，政治家)。2.17 柳川一蝶斎(3代)(63，手品師)。4.13 雲照(83，真言宗僧侶)。4.28 由利公正(81，政治家)。5.10 二葉亭四迷(46，小説家)。5.24 松平太郎(71，幕臣)。6.22 西川藤吉(36，真珠養殖業)。6.- 水野寅次郎(56，政治家)。7.16 国友重章(49，ジャーナリスト)。7.19 荒井郁之助(75，中央気象台長)。7.21 緒方惟準(67，蘭方医)。9.16 箕作佳吉(53，動物学)。9.30 中井敬所(79，篆刻家)。10.20 正親町三条実愛(90，政治家)。10.26 伊藤博文(69，政治家)。11.7 高橋竹之介(68，勤王家)。11.11 田中伝左衛門(9代)(歌舞伎囃子方)。11.13 古橋源六郎(60，民政家)。11.25 浜村蔵六(5代)(24，篆刻家)。12.10 本野盛亨(74，官僚)。**この年** 中村時蔵(2代)(34，歌舞伎役者)。	2.8 イラン革命派，レシトで蜂起。2.9 ドイツ・フランス，協定調印(モロッコにおけるドイツの経済的，フランスの政治的特殊権益を相互に確認)。3.8 ヴェトナム維新会のファン=ボイ=チャウ，日本政府の圧力で日本を離れる。3.19 広東で粤漢鉄道官営反対運動。3.27 ジェーンズ没(71，御雇アメリカ人教師)。5.25 イギリス議会，インド参事会法を制定，宗教別分離選挙を導入(モーリー=ミントー改革)。6.1 アメリカで全国黒人向上協会設立。7.26 バルセロナで，モロッコへの軍隊動員令反対のゼネスト(～31日)。9.9 ハリマン没(61，アメリカの鉄道企業家)。10.14 清，各省に諮議局を開く。10.- 張之洞没(73，清朝末期の政治家)。12.19 ベネズエラで，ゴメス大統領の独裁始まる(～'35年)。**この年** アングロ=ペルシアン石油会社設立。 アレクセーエフ没(67，ロシアの極東総督)。 朝鮮古書刊行会『朝鮮群書大系』刊(漢城，～大正5年)。
1.23 逗子開成中学生徒ら13人，七里ヶ浜で遭難・溺死(哀悼歌「七里ヶ浜」，大正6年頃流行)。3.12 暴風雪により，常総沖で漁船大量遭難，溺死者多数。3.22 末松謙澄・星亨・林有造・松田正久・片岡謙吉ら『自由党史』刊。4.1 京都文学会『芸文』創刊。4.15 広島湾で潜水艇が浮上せず，佐久間勉艇長ら乗組員15人全員死亡。4.19 秦佐八郎，エールリッヒのもとで606号(サルバルサン)を創製(第27回内科学会で発表)。4.-『白樺』創刊。5.19 ハレー彗星が	2.9 黄興らの指導で，広州新軍が蜂起(12日，失敗に終わる)。3.26 安重根処刑(32，韓国の独立運動家)。5.23 イギリス・フランス・ドイツ3国による清の借款団，アメリカ参加を承認。5.24 清，

西暦	年号干支	内閣	政治・経済
1910 ▲	明治 43 庚戌	（第2次桂太郎内閣）	公布（免許手続・経営規定を簡易化，8月3日施行）。5.14 ロンドンで日英博覧会開催，美術品など好評（～10月29日）。5.22 大倉組と清との合弁で本渓湖煤礦有限公司を設立（石炭採掘を中心とする企業）。5.25 大逆事件（明治天皇暗殺計画）の検挙始まり，宮下太吉を爆発物製造の嫌疑で逮捕（6月1日，湯河原で幸徳秋水逮捕，以後各地で関係容疑者を逮捕）。5.30 寺内正毅を韓国統監に任じる（陸軍大臣兼任）。6.3 併合後の韓国に対する施政方針を閣議決定（当分の間憲法を施行しないこと，総督を置き政務を統轄させることなど）。6.22 拓殖局官制を公布（台湾・樺太・韓国および外交を除く関東州に関する事項を，内閣総理大臣直属のもとで統理）。7.4 第2回日露協約調印（満洲の現状維持・鉄道の相互協力，秘密協約では第1回協約での利益分界線で特殊利益地域を分けるなど）。7.17 政府，イギリス・イタリアなど10ヵ国に現行通商条約を明治44年7月をもって廃する旨通告（8月4日，フランスなど2ヵ国に通告）。8.22 韓国併合に関する日韓条約に調印（29日公布・施行．同日併合に関する詔書）。8.29 韓国の国号を朝鮮と改める件，朝鮮総督府設置に関する件を各公布（明治44年3月25日法制化）。朝鮮貴族令を公布。朝鮮に施行すべき法令に関する件を公布（明治44年3月25日法制化）。9.12 韓国統監府，朝鮮における政治結社を全て禁じる．また一進会にも解散を命じる．朝鮮駐劄憲兵条例を公布。9.30 朝鮮総督府官制（総督は陸海軍大将とし，また補佐に政務総監を置く），中枢院・取調局など諸官制を各公布（10月1日施行）。朝鮮総督府臨時土地調査局官制を公布（朝鮮における土地調査事業の本格的な始まり．大正7年に調査完了）。10.1 大日本紡績連合会，第6次操業短縮を開始。寺内正毅韓国統監を初代朝鮮総督に任じる（陸軍大臣兼任）。10.13 内務・農商務両次官，部落有林野を市町村へ統一帰属させるように通牒（部落有林野整理統一事業の開始）。11.3 帝国在郷軍人会，東京九段で発会式。11.15 農商務省，帝国農会設立を許可。12.10 大審院，幸徳秋水ら26人に対する，大逆事件の第1回公判を開く（傍聴禁止）。12.20 第27通常議会召集（12月23日開会，明治44年3月22日閉会）。12.24 皇室財産令を公布（明治45年1月1日施行）。12.29 朝鮮総督府，会社令を定め，会社設立を許可制とする（明治44年1月1日施行）。
1911 ▼	44 辛亥		1.18 大審院，大逆事件の被告24人に死刑判決（19日，12人を無期に減刑，24日幸徳ら11人・25日管野スガの死刑執行）。1.26 桂太郎首相，政友会総裁西園寺公望と会談し政府と政友会の提携成立。1.- 大逆事件の死刑実施に関して，各国社会主義者より在外日本公使館に抗議が集中。2.21 日米新通商航海条約及び付属議定書調印（関税自主権が初めて確立．4月4日公布，7月17日実施）。3.11 衆議院で松本君平ら提出の普通選挙法案を可決（15日，貴族院で否決）。3.29 工場法を公布（日本最初の労働立法．大正5年9月1日施行）。蚕糸業法を公布（蚕種製造の免許制，蚕糸業同業組合連合会・中央会の設立を認めることなどを規定．明治45年1月1日施行）。朝鮮銀行法を公布（韓国銀行を朝鮮銀行と改める．8月15日施行）。3.30 電気事業法を公布（電気事業の保護助成・料金規制を定める．10月1日施行）。4.7 改正市制・改正町村制を各公布（市町村の法人性・権限を明確にし，市の執行機関を参事会から市長に移す．10月1日施行）。4.17 朝鮮総督府，土地収用令を定める。5.30 普通選挙同盟会，政府の圧力によって解散。7.13 第3回日英同盟協約調印（アメリカを協約の対象より除く．即日実施．7月15日公示）。8.21 警視庁，特別高等課を設置（特高警察の先駆）。8.24 朝鮮教育令を公布（10月24日，
		8.30 第2次西園寺公望内閣	天皇，教育勅語を朝鮮総督に下付）。8.30 第2次西園寺内閣成立。10.10 内外綿株式会社，上海支店を開設（11月，同支店の紡績工場操業開始）。10.16 内田康哉外相，駐清公使伊集院彦吉に革命軍討伐のための武器弾薬を日本より供給する旨を清政府へ通告するよう訓令。10.23 泰平組合，対清兵器第1次売込契約成立。10.24 閣議，対清政策を決定（満洲の現状維持，中国中央部に勢力を扶植することなど）。10.25 片山潜・藤田四郎ら，社会党を結成（27日，結社を禁じる）。11.1 鴨緑江橋梁完成，新義州—安東間開通により，朝鮮総督府鉄道と南満洲鉄道との直通運転開始。12.9 臨時制度整理局官制を公布（内閣総理大臣を総裁とし，諸般の制度・財政の整理に関する調査を目的）。12.16 三井鉱山株式会社設立（三井合名鉱山部の事業を継承．本社東京）。12.17 日本・イギリス両国，中国南北和平を官・革両派に申し入れ（～18日）。12.23 第28通常議会召集（12月27日開会，明治45年3月25日閉会）。

社会・文化	世界
地球に最接近，さまざまな流言噂が広がる。5.- 三田文学会『三田文学』創刊。黒川真道ら『日本教育文庫』刊(～明治44年9月)。8.1『九州新聞』創刊(『九州実業新聞』改題)。8.8 東海・関東・東北地方に豪雨，各地に大洪水(東京で明治最大の洪水となる)。9.- 日本考古学会『考古学雑誌』創刊(『考古界』改題)。10.12 帝国学士院，学術奨励のための授賞制度を設ける(天皇の賞典資下賜により恩賜賞を創設)。11.29 白瀬矗中尉ら南極探検隊，開南丸で東京芝浦を出港(明治45年5月12日帰国)。12.14 日野熊蔵大尉，代々木練兵場で飛行に初成功(高度10メートル・距離60メートル．19日，徳川好敏大尉も成功)。12.22 九州帝国大学を福岡に設置．東北帝国大学に理科大学を設置。12.24 堺利彦，東京四谷に売文社を開く(12月31日とも)。**この年** 上野池ノ端に木造5階建の上野倶楽部できる(アパートの初め)。 宗淵『北野文叢・北野藁草』刊。 朝鮮総督府『朝鮮総督府施政年報』刊(～昭和17年)。 【死没】 1.6 大給恒(72，政治家)。1.20 清水卯三郎(82，出版・輸入業)。2.3 藤岡作太郎(41，国文学)。2.9 濤川惣助(64，七宝作家)。2.22 高嶺秀夫(57，教育者)。3.2 佐佐木高行(81，政府高官)。3.17 佐藤清臣(78，国学)。3.29 小杉榲邨(77，国史学)。4.1 岩倉具定(60，宮内官)。4.10 小野湖山(97，漢詩人)。4.15 佐久間勉(32，海軍軍人)。4.22 荻原守衛(32，彫刻家)。5.5 川島甚兵衛(58，織物工芸家)。5.7 衛門内侍(74，孝明天皇後宮)。5.31 松原佐久(76，司法官)。6.21 税所篤(84，官僚)。6.25 角田喜右作(58，蚕業家)。 キダー(77，宣教師)。7.3 徳川昭武(58，常陸水戸藩主)。7.25 田中市兵衛(73，実業家)。8.2 柴田承桂(62，化学)。 井上勝(68，官僚)。8.10 川尻宝岑(69，脚本作者)。8.15 桐竹紋十郎(初代)(文楽人形遣い)。8.26 梅謙次郎(51，民法学・商法学)。9.5 川之辺一朝(81，蒔絵師)。9.13 曾禰荒助(62，政治家)。10.1 大和田建樹(54，詩人)。10.24 山田美妙(43，小説家)。11.4 デービス(72，宣教師)。12.2 奥野昌綱(88，牧師)。12.6 重野安繹(84，漢学)。12.11 信夫恕軒(76，漢学)。12.20 宝山左衛門(2代)(76，歌舞伎囃子方)。12.27 今村長賀(74，刀剣鑑定家)。**この年** 明石博高(72，医者)。	円単位・銀本位制を施行(幣制則例)。5.31 南アフリカ連邦，イギリス自治領として成立。6.27 ボアソナード没(85，フランスの法学者)。7.13 エンソー没(英国教会伝道協会の宣教師)。10.3 清，資政院開院式(22日，国会の即時開設を決議)。10.5 ポルトガルでブラガの臨時政府樹立，共和制を宣言。11.4 ドイツ皇帝ヴィルヘルム2世・ロシア皇帝ニコライ2世，ポツダムで会談．中近東権益について合意。 清，1913年に国会開設すると宣布。11.20 マデロ，ディアス政権打倒のため武装蜂起を呼びかけ，メキシコ革命おこる。12.2 ウィリアムズ没(81，米国聖公会の宣教師)。
1.12 オーストリアのレルヒ少佐，新潟県高田で陸軍青年将校(歩兵第58連隊)に初めてスキーを指導。2.1 徳富蘆花，第一高等学校で「謀叛論」と題して講演，幸徳秋水らの処刑を批判(新渡戸稲造校長らの譴責問題おこる)。2.4 国定歴史教科書の南北朝併立説を批難する質問書が衆議院に提出(南北朝正閏問題おこり，27日，文部省，編修官喜田貞吉を休職処分)。2.11 窮民済生に関する勅語を発布(5月30日，恩賜財団済生会設立)。3.1 帝国劇場開場式(横河民輔の設計)。3.- 田尻稲里編『贈位諸賢事略』刊。4.9 東京吉原で大火，約6500戸焼失。4.- 冨山房『新日本』創刊。6.1 平塚らいてう(雷鳥)ら，青鞜社発起人会を開催。7.7 東京市内電車の市営反対市民大会開催(8月1日，市営となる)。7.8 公娼廃止の運動団体廓清会，発会式を挙行。7.21 文部省で教科用図書調査委員会総会開催，南朝正統論に立つ国定小学日本歴史教科書の改訂を決定(南北朝正閏問題，決着)。8.- 林鶴一『東北数学雑誌』創刊。9.- 青鞜社『青鞜』創刊。10.- 大阪の立川文明堂，玉田玉秀斎口演の講談本を袖珍本で発売し好評を得る(立川文庫)。11.15 東京市，芝・浅草に初めて職業紹介所を設置。12.31 東京市電の従業員1000人余，市営移管の旧東京鉄道会社の解散慰労金の分配を不満とし，翌日夕刻までスト(片山潜らの指導)。12.-『東京市史稿』刊(続刊)。**この年** 山川浩『京都守護職始末』刊。 西田幾多郎，『善の研究』を著す。 大阪市史編纂係『大阪市史』刊(～大正4年)。 【死没】 1.20 雨宮敬次郎(66，実業家)。1.24 幸徳秋水(41，社会思想運動家)。 森近運平(32，社会思想家)。 宮下太吉(37，大逆事件首謀者)。 内山愚童(38，社会思想家)。 大石誠之助(45，評論家)。 奥宮健之(55，自由民権運動家)。1.25 管野スガ(31，社会主義者)。1.27 ワイコフ(60，宣教師)。2.1 松井直吉(55，化学)。2.3 島地黙雷(74，浄土真宗僧侶)。2.17 桂文治(6代)(66，落語家)。	1.1 朝鮮で民族主義者を大検挙。1.23 シーボルト没(64，ドイツ人の日本外交官)。4.27 中国革命同盟会の黄興ら，両広総督を襲撃し，清軍が鎮圧する(黄花岡事件)。5.25 メキシコのディアス大統領の独裁，自由主義者の運動により倒される。7.1 第2次モロッコ事件おこる。8.12 ブリュネ没(73，幕末仏国遣日軍事教官団員)。9.7 清，四川の鉄道国有化反対運動責任者を逮捕，釈放要求の群集を軍隊で鎮圧。9.21 ヘボン没(96，アメリカ長老派教会の宣教医師)。9.29 イタリア・トルコの間でトリポリ戦争始まる(～'12年10月18日)。10.10 清で武昌の新軍・同盟会が蜂起，辛亥革命始まる。10.11 革命軍，武昌・漢陽を占領・新軍の黎元洪を中華民国軍政府鄂軍都督とする。11.6 マデロ，メキシコ大統領となる。11.9 オランダ領東インドのジャワで，サレカット=イスラム(イスラム同盟)成立。

西暦	年号 干支	内閣	政　治・経　済
1911 ▲	明治 44 辛亥	(第2次西園寺公望内閣)	
1912 ▼	45 壬子 大正(たいしょう) 7.30	12.21 第3次桂太郎内閣	1.1 保善社，合名会社として設立(本社東京．安田財閥の中心となる)。1.29 川島浪速，モンゴルの喀喇沁王とモンゴル独立に関して契約。 株式会社大倉組，中国革命政府へ借款300万円供与の契約締結。2.10 横浜正金銀行，中国漢冶萍煤鉄廠有限公司へ借款300万円供与の契約締結。2.21 政府，イギリス・ロシアに中国新政府承認に関し 2 原則を提議(列国の権利及び外債の保証・列国協調)．のちアメリカ等にも提議。2.23 住友銀行，個人経営から株式会社に改める。2.24 政府，衆議院議員選挙法改正案(小選挙区制など)を衆議院に提出(3 月 5 日衆議院可決．23日貴族院否決)。3.1 山陰本線の京都―出雲今市間が全通。3.18 南満洲における日本の権利を留保して 4 国借款団英・米・独・仏に参加する旨を 4 国政府に申入れ。3.30 沖縄県に衆議院議員選挙法施行の件を公布。5.15 第11回衆議院総選挙(政友会211・国民党95・中央倶楽部31)。6.8 日本鋼管株式会社設立(本社横浜．社長白石元治郎)。6.15 新橋―下関間，展望車連結の特別急行列車の運転開始。6.18 イギリス・アメリカ・フランス・ドイツ・日本・ロシア 6 ヵ国の銀行家相互間に中国の外債全部引受の規約が成立(6 国借款団)。7.8 第 3 次日露協約調印(秘密協定を改定し，東西内モンゴルにおける特殊利益を相互に承認)。7.20 宮内省，天皇重態を発表．株価大暴落。7.29 天皇没(7 月30日午前 0 時43分と公表)。7.30 皇太子嘉仁親王践祚．大正と改元(8 月27日追号を明治天皇と勅定)。8.13 桂太郎を内大臣兼侍従長に任じる。8.21 第29臨時議会召集(8 月23日開会，同25日閉会)。9.10 日本活動写真会社(日活)設立。9.13 明治天皇大喪。 乃木希典夫妻殉死。9.26 恩赦令・大赦令を各公布．即日施行。11.22 上原勇作陸相， 2 個師団増設案を閣議に提出(11月30日閣議，財政上実行不可能として否決)。11.26 東京商業会議所，議員評議会で行政整理の実行と増師反対を表明。12.2 上原陸相，増師問題で帷幄上奏，単独辞表提出。12.5 陸相の後任埋まらず，西園寺内閣総辞職。12.7 元老会議，松方正義を後継首相に推薦(9 日松方辞退．12日山本権兵衛・平田東助を推薦．14日辞退)。12.13 東京の新聞・雑誌記者や弁護士ら，憲政作振会を組織し， 2 個師団増設に反対。12.15 政友会の大懇親会で官僚政治根絶・憲政擁護を決議。12.17 桂太郎に組閣を命じる。12.19 憲政擁護連合大会，東京歌舞伎座で開催(護憲運動始まり，以後各地で護憲大会が開かれる)。12.21 第 3 次桂内閣成立。12.24 第30通常議会召集(12月27日開会，大正 2 年 3 月26日閉会)。

社 会・文 化	世 界
2.22 野沢吉兵衛(5代)(71，浄瑠璃三味線方)。3.7 森槐南(49，漢詩人)。3.13 栗原亮一(57，政治家)。3.24 青木繁(30，洋画家)。4.28 河島醇(65，政治家)。5.8 デフォレスト(66，宣教師)。5.10 平子鐸嶺(35，美術史)。5.13 谷干城(75，政治家)。5.14 清元梅吉(2代)(58，清元節三味線方)。5.21 鶴賀新内(7代)(33，新内節)。5.23 西山志澄(70，政治家)。5.27 哥沢芝金(3代)(72，哥沢家元)。6.15 大鳥圭介(79，官僚)。6.23 武田範之(49，大陸浪人)。6.29 内藤魯一(66，政治家)。7.20 宇野円三郎(78，治山治水家)。8.22 平松時厚(67，華族)。9.6 下瀬雅允(53，下瀬火薬発明者)。 坂本直寛(59，民権運動家)。9.11 市川団蔵(7代)(76，歌舞伎役者)。9.14 田辺有栄(67，実業家)。9.16 菱田春草(38，日本画家)。9.18 クザン(69，長崎司教)。10.3 鳩山和夫(56，政治家)。10.10 大下藤次郎(42，画家)。10.26 長瀬富郎(49，長瀬商店)。11.11 川上音二郎(48，興行師)。11.16 谷森善臣(95，国学)。11.26 小村寿太郎(57，外交官)。12.16 グラバー(73，貿易商人)。12.24 古沢滋(65，官僚)。**この年** 名倉太郎馬(72，農事指導者)。 平尾在脩(71，農村指導者)。	11.20 各省代表連合会，武昌に中央軍政府を置き，鄂軍都督に政務を行わせることを決定。11.22 アストン没(70，イギリスの外交官・日本学者)。11.28 メキシコで，サパタ，土地革命を主張(「アラヤ計画」)。12.1 外蒙古王公会議，清からの独立を決定，大蒙古国と称す。12.12 イギリス，ベンガルの分割を取消し，インドの首都をカルカッタよりデリーへ移す。12.14 アムンゼン(ノルウェー)，南極に初めて到達。12.24 ペルシア議会，解散・閉鎖される。12.25 孫文，イギリスより帰国。12.29 南京の各省代表会議で，孫文を中華民国臨時大総統に選出。
1.21 新潟県高田で日本最初のスキー競技会開催。2.25 原敬内相，神道・仏教・キリスト教の各代表と懇談会を開催(宗教の国家への協力を要請)。3.2 小山内薫ら，第1回文芸活動写真会を開催(東京有楽座で輸入文芸映画上映)。3.29 呉海軍工廠で，共済会問題をめぐりスト(4月1日，3万人が参加．2日，検挙開始)。4.13 樺太に中学校を設置。5.5 坪井正五郎・石橋臥波ら，日本民俗学会を設立。5.- 高橋義雄，『万象録』を記す(～大正10年6月)。6.26 富山県下新川郡生地で窮民300人騒擾，以後，米騒動が県下に拡大。7.6 第5回オリンピック，スウェーデンのストックホルムで開催，日本選手(三島弥彦・金栗四三)初参加。7.31 松本剛吉，『松本剛吉政治日誌』を記す(～昭和3年12月31日)。8.1 鈴木文治ら，友愛会を結成(後の日本労働総同盟)。8.20 松井庄五郎ら，大和同志会を結成．奈良市で第一回大会を開催。10.15 高村光太郎・岸田劉生・万鉄五郎ら，ヒュウザン会第1回展(～11月3日)。10.20 フランス映画「ジゴマ」が社会問題化，警視庁，上映を禁じる。10.26 伊庭孝・上山草人，近代劇協会結成．第1回公演。10.- 近代思想社『近代思想』創刊。11.3 友愛会『友愛新報』創刊。12.7 牧野金三郎『布哇報知』創刊(ホノルル)。**この年** 米価騰貴により生活困窮者・一家離散が増加。 坂崎紫瀾『維新土佐勤王史』刊。 上村観光『五山詩僧伝』刊。 長塚節『土』刊。 大槻茂雄編『磐水存響』刊。 日本人類学会(東京人類学会の改称)『人類学雑誌』刊(『東京人類学雑誌』改題)。 仏書刊行会編『大日本仏教全書』刊(～大正11年)。上田万年・関根正直・藤井乙男監修『有朋堂文庫』刊(～大正4年9月)。 国書刊行会『近世風俗見聞集』刊(～大正2年)。 【死没】 1.4 東久世通禧(80，政治家)。1.5 岩佐純(77，医学者)。1.31 椋木潜(85，教育家)。2.12 下山順一郎(60，薬学者)。2.16 ニコライ(75，司祭)。2.28 池辺三山(49，ジャーナリスト)。 西寛二郎(67，陸軍軍人)。 高崎正風(77，官僚)。3.4 鷲尾隆聚(71，華族)。3.11 長谷川泰(71，政治家)。3.25 書上順四郎(66，実業家)。3.26 本多庸一(65，教育者)。3.30 藤田伝三郎(72，実業家)。4.2 石本新六(59，陸軍軍人)。4.4 岸本辰雄(61，法律家)。4.5 小野太三郎(73，慈善事業家)。4.8 堀基(69，官僚)。4.13 石川啄木(27，詩人)。4.18 浅田正文(59，実業家)。5.14 岡本柳之助(61，陸軍軍人)。6.14 松旭斎天一(60，奇術師)。7.29 明治天皇(61)。8.12 長谷川芳之助(58，事業家)。8.30 渋沢喜作(75，実業家)。8.31 西郷孤月(40，日本画家)。 杵屋六左衛門(12代)(74，長唄三味線方)。9.7 田岡嶺雲(43，評論家)。9.13 乃木希典(64，陸軍軍人)。9.14 植松考昭(37，評論家)。10.5 穂積八束(53，憲法学)。10.28 ブリンクリ(70，ジャーナリスト)。10.29 茂木惣兵衛(2代)(41，貿易商)。12.2 川崎	1.1 中華民国臨時政府成立．孫文，臨時大総統に就任(この年より太陽暦を採用)。1.7 リギンズ没(82，アメリカ聖公会宣教師)。1.8 オレンジ自由国内でアフリカ人民族会議(ANC)結成。2.12 清の宣統帝退位，清朝滅亡。 アルゼンチン，選挙法を改正，男子普通選挙導入。2.16 スタウト没(74，アメリカのオランダ改革派宣教師)。3.10 袁世凱，臨時大総統に就任。3.12 デーニッツ没(73，ドイツ人医師)。3.30 フランス・モロッコ，フェズ条約調印(モロッコ，フランス保護領となる)。4.8 ダイバース没(74，イギリスの化学者)。4.15 イギリス豪華客船タイタニック号，北大西洋で氷山と衝突沈没，死者1500余人。4.25 ノックス没(58，アメリカ長老派教会宣教師)。5.20 キューバで黒人独立党の反乱(アメリカ，軍事干渉)。5.22 李容九没(45，韓国の政治家)。6.6 チリで労働者社会党創立。6.19 ヴェトナムで維新会，中国革命に呼応して，ヴェトナム光復会に再編。8.20 ブース没(83，救世軍の創始者)。8.25 宋教仁ら，中国革命同盟会を改組し，国民党を結成。10.8 ブルガリア・セルビアとトルコ間で第1次バルカン戦争勃発(19日，ギリシア，対トルコ宣戦)。10.17 マンスフェルト没(80，オランダ医)。10.18 イタリア・トルコ，ローザンヌ講和条約調印(ト

西暦	年号干支	内閣	政治・経済
1912▲	大正 7.30 壬子	(第3次桂太郎内閣)	
1913	2 癸丑	(第3次桂太郎内閣) 2.20 第1次山本権兵衛内閣	1.17 全国記者大会，東京築地精養軒で開催(憲政擁護・閥族打破を宣言，全国記者同志会を組織)。1.20 桂太郎首相，新聞・通信社の代表に新政党の組織計画を発表。1.21 議会に15日間の停会を命じる．同日，桂首相支持の大石正己・島田三郎・河野広中ら，国民党を脱党(以後，脱党者続出し国民党分裂)。1.24 憲政擁護第２回大会を東京新富座で開催。1.31 河野広中・島田三郎・箕浦勝人・大石正己・武富時敏の５代議士，桂新党への参加を声明。2.5 議会再開し，政友会・国民党など，内閣不信任決議案を提出．尾崎行雄，桂首相を弾劾．５日間の停会。2.7 桂首相，新政党を立憲同志会と命名し，宣言書を発表。2.10 西園寺公望，政友会総裁の辞任を上奏．政友会議員総会，不信任案を撤回せずと決定。 護憲派の民衆が再開した議会を取巻き，桂，内閣総辞職を決意．議会に３日間の停会を命じる，政府系新聞社・交番など襲撃される。2.11 桂内閣総辞職。2.20 山本権兵衛内閣成立，原敬内相ら閣僚の過半数は政友会員。2.23 政友会の尾崎行雄ら，山本内閣との提携に反対し脱党．24日，政友倶楽部を結成。4.1 北陸本線米原―直江津間全通(大正４年３月25日，上野―直江津―神戸間の直通運転開始)。4.8 所得税法改正・非常特別税法廃止を各公布(日露戦争後の税制整理終了)。4.9 朝鮮産の米・籾の移入税を廃止する旨を公布(７月１日施行)。4.27 中国に対する５ヵ国借款団(英・露・仏・独・日)，2500万ポンドの借款協定に調印。5.9 珍田捨己駐米大使，カリフォルニア州の外国人土地所有禁止法制定に対して抗議。6.13 陸・海軍省官制を各改正・公布(軍部大臣・次官の任用資格から現役の制限を除く)。 政府，行政整理を発表。8.1 文官任用令を改正・公布(任用範囲を拡大，勅任文官任用の途を開く)。8.5 山東省兗州で袁世凱軍の日本将校監禁事件(11日，漢口で日本将校拘禁事件)。8.11 中国興業会社設立(本社東京．日中半額出費．総裁孫文，副総裁倉知鉄吉．大正３年４月，中日実業株式会社と改称)。9.1 袁軍，南京を占領(日本人殺害事件おこる)。9.5 外務省政務局長阿部守太郎，軟弱外交を批難する青年に刺され，６日に死亡。9.7 対支問題国民大会，東京日比谷公園で開催，中国出兵要望などを決議。9.10 山座円次郎駐華公使，兗州・漢口・南京事件に抗議，11日，要求条件を提出(13日，中国，日本の要求を承認)。10.5 政府，中国より満蒙の３鉄道の借款権・２鉄道の借款優先権を獲得。10.6 政府，中華民国を承認，支那共和国と呼ぶことを決定(日本のほかイギリス・ドイツなど諸外国も承認)。12.19 政友倶楽部，亦楽会と合同(24日，中正会と命名)。12.23 立憲同志会結党式．加藤高明，総裁に就任。12.24 第31通常議会召集(12月26日開会，３年３月25日閉会)。
1914▼	3 甲寅	(第1次山本権兵衛内閣) 4.16 第2次大隈重信内閣	1.5 憲政擁護会，営業税・通行税・織物消費税の３税廃止を決議。1.14 全国３税廃止大会開催(廃減税運動，全国に拡大)。1.23 シーメンス社員リヒテルの裁判で日本海軍高官への贈賄が発覚と新聞報道(シーメンス事件)，島田三郎，衆議院予算委で事件に関し質問。2.5 憲政擁護会，時局有志大会を東京築地で開き薩閥根絶・海軍廓清を決議(６日，各派連合全国有志大会，東京の国技館で開催)。2.9 シーメンス事件に関し，海軍大佐沢崎寛猛を拘禁(18日，呉鎮守府司令長官松本和の家宅捜索，３月31日，逮捕)。2.10 国民党・同志会・中正会３派共同の山本内閣弾劾決議案，衆議院で否決．日比谷で内閣弾劾国民大会開催。3.13 貴族院，２月12日衆議院修正の予算案(海軍拡張費3000万円削減)から，さらに海軍拡張費4000万円を削減。3.23 貴族院，両院協議会案を否決，予算案成立せず。3.24 山本内閣総辞職。3.31 枢密顧問官清浦奎吾に組閣を命じる(４月７日辞退)。4.16 第２次大隈重信内閣成立(加藤高明外相ら同志会を与党とする)。5.4 第32臨時議会召集(５月５日開会，同７日閉会)。5.29 海軍軍法会議，シーメンス事件に有罪判決。6.18 政友会臨時党大会，原敬を総裁とする。6.20 第33臨時議会召集(６月22日開会，同28日閉会)。6.23 防務会議規則を公布(防務会議を設置し，陸海軍備・増

社　会・文　化	世　界
正蔵(76，川崎造船所)。**12.13** 元良勇次郎(55，心理学)。**12.19** 小川義綏(82，牧師)。	リポリ戦争終結．イタリア，トリポリを併合)。**11.28** アルバニア，トルコからの独立を宣言。**この年** ライト没(聖公会司祭)。
1.31 第1回東洋オリンピック(極東選手権競技大会)，フィリピンのマニラで開催。**2.11** 日本結核予防協会㈶設立(昭和14年5月22日，結核予防会㈶設立)。**2.20** 東京神田書店街で大火。**4.-** 銀行統一社『銀行雑誌』創刊。**5.4** 函館市で大火。**5.31** 上智大学の設立を認可(最初のカトリック大学)。**6.10** 森永製菓，ミルクキャラメル発売。**6.28** 日本蓄音機商会の争議で，友愛会が従業員から全権を委任され交渉，解決(友愛会が関係した最初の争議)。**6.-** 信濃史料編纂会『信濃史料叢書』刊(～大正3年11月)。**7.8** 文芸協会解散．芸術座・無名会・舞台協会結成。**7.12** 沢柳政太郎京都帝大総長，教授7人を罷免，13日，教授会を無視した人事に対し教授ら，総長に抗議(京大沢柳事件)。**7.15** 宝塚唱歌隊設立(12月，宝塚少女歌劇養成会と改称．8年1月，宝塚音楽歌劇学校となる)。**7.-** 葵館，活動写真常設館として東京赤坂溜池に開館。 大杉栄・荒畑寒村ら，サンジカリズム研究会結成(大正4年2月15日平民講演会と改称)。**8.5** 岩波茂雄，東京で岩波書店を開業。**9.19** 芸術座第1回公演(有楽座，～28日)。**10.25** 石原修，「女工と結核」と題して国家医学会で講演。**この年** 東北・北海道凶作(要救済937万人)。 高原淳次郎・武藤厳男・小橋元雄『肥後藩国事史料』刊。 『文明源流叢書』刊(～大正3年)。 赤堀又次郎編『徳川時代商業叢書』刊(～大正3年)。 【死没】 **1.5** 小島竜太郎(65，フランス学)。**1.18** 速水堅曹(75，製糸業)。**2.6** 兼松房治郎(69，日濠貿易)。**2.14** 川端玉章(72，日本画家)。**2.15** 本居豊穎(80，国学)。**2.17** 坂崎紫瀾(61，文筆家)。**2.23** 瓜生寅(72，官僚)。**3.5** 小柳津勝五郎(67，農事研究者)。**4.1** 上原六四郎(66，物理学)。**4.6** 平沼専蔵(78，実業家)。**4.11** 木村正辞(87，国学)。**5.23** 山本幸彦(70，政治家)。**5.26** 坪井正五郎(51，人類学)。**6.20** 松本重太郎(70，実業家)。**6.23** 荻野吟子(63，医者)。**6.25** 沢辺琢磨(80，司祭)。**7.10** 威仁親王(52，軍人)。 林董(64，外交官)。**7.28** 奥原晴湖(77，画家)。**7.30** 伊藤左千夫(50，小説家)。 石川光明(62，彫刻家)。**7.31** 竹本大隅太夫(3代)(60，義太夫節太夫)。**8.4** 中林梧竹(87，書家)。**8.31** ベルツ(64，医師)。**9.2** 岡倉天心(52，思想家)。**9.4** 鈴木藤三郎(59，精糖事業)。 田中正造(73，社会運動家)。**9.6** 阿部守太郎(42，外交官)。**9.7** 若尾逸平(94，甲州財閥)。**9.15** グリーン(70，宣教師)。**9.23** 松村文次郎(75，政治家)。**10.10** 桂太郎(67，政治家)。**10.25** 堀真五郎(76，長門萩藩志士)。**11.2** 岡橋治助(90，実業家)。**11.10** 渡辺昇(76，官僚)。**11.20** 田村顕允(82，北海道拓殖者)。**11.22** 徳川慶喜(77，徳川15代将軍)。**11.23** キダー(73，宣教師)。**12.31** 末永純一郎(47，ジャーナリスト)。**この年** 中井太一郎(84，農事家)。	**1.10** チベット，モンゴル同盟条約に調印．相互の独立を承認。**1.23** トルコでエンヴェル=ベイ指導による青年トルコ党急進派のクーデタ．マフムート=シェウケット，大宰相となる。**3.4** ウィルソン，アメリカ大統領に就任。**3.13** ダグラス没(71，イギリス海軍軍人)。**3.18** アメリカ，対華6国借款団を脱退。**3.22** 宋教仁没(32，中国の革命家)。**5.2** アメリカ，中華民国を承認。 アメリカ，カリフォルニア州会議，外国人土地所有禁止法(いわゆる排日土地法)を可決。**5.30** ロンドン会議で第1次バルカン戦争の講和条約調印(トルコ，バルカン4国に領土を割譲)。**6.29** ブルガリア，セルビア・ギリシアを攻撃(第2次バルカン戦争勃発)。**7.31** ミルン没(62，イギリスの鉱山技師・地震学者)。**8.10** ブカレスト講和条約調印，第2次バルカン戦争終結。**9.-** 京城(現ソウル)で独立義軍府が組織。**11.5** ロシア・中国間に，モンゴル自治に関する協定成立。**12.5** デニング没(67，英国教会伝道会社の宣教師)。**12.23** アメリカ，連邦準備銀行法成立。**この年** デットリング没(71，ドイツ人で清国の御雇外国人)。
1.12 桜島大噴火，溶岩流出により大隅半島と地続きになる(死者35人)。**1.14** 京大沢柳事件で法科大学教授全員辞表提出(24日，奥田義人文相，教授会の人事権を承認．4月28日，沢柳総長辞任で結着)。**2.26** 6代目尾上菊五郎・長谷川時雨らの狂言座第1回公演(帝劇，～28日)。**2.-**『鹿児島朝日新聞』創刊(『鹿児島実業新聞』改題)。**3.20** 東京大正博覧会，上野公園で開催(～7月31日)。**3.26** 芸術座，トルストイ作・島村抱月脚色の「復活」を帝劇で初演(～31日)。**3.31** 肺結核療養所設置及び国庫補助に関する法律を公布。**3.-** 東京中央停車場完成(辰野金吾ら設計．12月18日開業式，東京駅と命名)。**4.1** 宝塚少女歌劇養成会第1回公演(宝塚新温泉内パラダイス劇場．～5月30日)。**4.-** 上毛郷土史研究会『上毛及上毛人』創刊。 筑紫史談会『筑紫史談』刊。**6.7** 融和事業を目的として帝国公道会結成(会長板垣退助・幹事大江天也)。**6.20** 東京モスリンの職工，賃下げ反対でスト。**6.-** 滝本誠一編『日本経済叢書』刊(～同年12月)。**9.6** 名古屋電気鉄道運賃値下げの市民大会，鶴舞公	**4.21** アメリカ海兵隊，メキシコのベラクルス占領(8月15日，カランサ政権成立)。**5.1** 袁世凱，中華民国約法を公布，大総統の権限強化。**6.28** オーストリア=ハンガリー帝国帝位継承者(皇太子)夫妻，セルビア人の急進民族主義者に暗殺される(サラエボ事件)。**7.8** 孫文，東京で中華革命党を結成。**7.28** オーストリア，セルビアに宣戦布告(第1次世界大戦始まる)。**7.31** フランス社会党の指導者ジョレス，暗殺。**8.1** ドイ

西暦	年号 干支	内閣	政治・経済
1914 ▲	大正 3 甲寅	(第2次大隈重信内閣)	師問題を審議)。6.26 東洋紡績株式会社設立(大阪紡績㈱と三重紡績㈱の合併．社長山辺丈夫)。8.1 大日本紡績連合会，第７次操業短縮を開始(～大正５年１月31日)。8.7 イギリス大使グリーン，ドイツ武装商船撃破のため，日本に対ドイツ戦参加を要請。8.8 元老大臣会議，対ドイツ参戦を決定(８月15日，日本政府，対ドイツ最後通牒)。8.23 ドイツに宣戦布告。9.2 日本軍，山東省に上陸開始。 全国蚕糸同業者協議会，横浜で開催．操業短縮を決議。9.3 第34臨時議会召集(９月４日開会，同９日閉会)。9.14 生糸相場暴落。9.15 政府，財界救済計画を発表(大蔵省・日本銀行などによる救済融資)。10.6 各省官制通則を改正・公布(参政官・副参政官を各省に設置)。10.14 日本軍，赤道以北のドイツ領南洋諸島を占領(11月７日，青島及び膠済鉄道全線を占領)。12.5 第35通常議会召集(12月７日開会，同25日解散)。12.25 衆議院，２個師団増設費を否決，解散。12.29 伊藤忠㈴設立(本社大阪．大正７年株式会社改組)。
1915 ▼	4 乙卯		1.7 中国政府，日置益駐華公使に戦争区域廃止を通告し，日本軍の山東省からの撤退を要求。1.18 日置公使，中国大総統袁世凱に５号21箇条の要求を提出(旅順・大連租借期限延長，山東省の旧ドイツ権益譲渡など)。1.25 米価調節令を公布(米価低落防止を目的，大正７年４月25日廃止を公布)。2.11 東京の中国人留学生，21箇条要求に抗議の大会を開催。3.16 大審院，官有地の入会権否定の判決。 アメリカ国務長官ブライアン，日本の対華要求に一部不同意とする書翰を，珍田捨己駐米大使に手交。3.20 帝国蚕糸株式会社設立(政府助成金500万円，社長原富太郎．６月15日解散，大正９年再び設立)。3.25 第12回総選挙，与党大勝(同志会153・政友会108・中正会33・国民党27・大隈伯後援会12・無所属48)。3.- 猪苗代水力電気会社，東京ー猪苗代間に225キロ・11万5000ボルトの長距離高圧送電線を完成。4.12 大礼使官制を公布。4.15 武蔵野鉄道の池袋ー飯能間が開通(のちの西武鉄道)。4.23 帝国蚕糸㈱，第１回生糸買入れを開始。5.4 閣議，対華最後通牒案を決定(第５号を削除．同月６日，御前会議で決定)。5.7 日置公使，最後通牒を中国外交総長に交付(同月９日，中国政府，承認を回答)。5.17 第36特別議会召集(５月20日開会，６月９日閉会)。5.25 21箇条要求に基づく諸条約ならびに交換公文に中国と調印(６月８日批准書交換)。6.8 衆議院，選挙干渉に関する内閣不信任決議案，議場混乱のなか否決。6.15 京都帝大，学内公選で総長に荒木寅三郎を選出(沢柳事件により，教授会の人事権・総長公選などの内規を定める)。6.19 排日運動緩和のため，友愛会会長鈴木文治，アメリカへ出発。6.21 大正４年度追加予算を公布(２個師団増設費・軍艦新造費など)。染料医薬品製造奨励法を公布(染料製造会社に対する損失補償・利益配当保証について規定．10月15日施行)。6.27 衆議院議員板倉中・白川友一らを拘引(増師案通過のため大浦内相と謀り議員を買収した容疑)。7.2 各省の参政官・副参政官に，与党の議員を任じる。7.29 大浦兼武内相，辞表を提出(８月１日すべての公職を辞職)。7.30 大隈首相ら閣僚全員辞表を提出。8.10 大隈内閣，改造して再組閣(加藤外相・若槻蔵相ら辞任)。9.23 東京期米相場暴落(前年３月以来米価低落，この後上昇に転ず)。10.7 米価調節調査会官制を公布(21日，第１回委員会)。10.19 政府，英仏露ロンドン宣言に加入(30日公示)。10.28 日・英・露３国共同して，袁世凱に帝制の延期を勧告(11月11日，袁世凱，帝制実施の延期を公式通告)。11.3 山下汽船㈱の靖国丸，地中海でドイツ軍艦により撃沈(12月21日には日本郵船㈱の八阪丸が撃沈)。11.10 天皇，京都御所紫宸殿で即位礼を挙行。 大礼に際して叙位・叙勲・授章，特赦。11.29 第37通常

社会・文化	世界
園で開催，３日間にわたり暴動化し軍隊により鎮圧。**9.9** 片山潜，社会主義運動参加のためアメリカへ亡命。**9.-** 史蹟名勝天然紀念物保存協会『史蹟名勝天然紀念物』成る。**10.1** 三越呉服店，新築開店（日本最初の常設エスカレーター，青銅ライオン像評判となる）。 二科会第１回展（東京上野竹之台，〜31日．文展第２部２科制設置の動きから，石井柏亭・梅原竜三郎ら結成）。**10.15** 日本美術院再興記念展覧会（三越，〜11月15日）。**10.29** 早稲田・慶応・明治の３大学野球リーグ成立。**11.23** 立憲政友会『讃岐日報』創刊（『讃岐実業新聞』改題）。**12.6** 山田耕筰，最初の管弦楽作品を発表。**12.-** 斎藤美澄『大和志料』上巻刊（下巻，大正４年２月刊）。**この年** 大正琴流行。 徳島県編『阿波藩民政資料』刊。 阿部次郎『三太郎の日記』刊。 日本歴史地理会『大日本地誌大系』刊。 三田村鳶魚編『列侯深秘録』刊。 湯浅吉郎ら発企編修『京都叢書』刊（〜大正６年）。 【死没】 **1.16** 伊東祐亨（72，海軍首脳）。**1.18** 吉富簡一（77，豪農）。**1.31** 石井十次（50，岡山孤児院）。 広瀬宰平（87，実業家）。**2.10** 永岡鶴蔵（52，労働運動）。**2.11** 宝山左衛門（３代）（56，歌舞伎囃子方）。**2.16** 青木周蔵（71，外交官）。**2.28** 岡鹿門（82，儒学）。**3.3** 下岡蓮杖（92，写真家）。**3.4** 松田正久（70，政治家）。**3.15** 長谷場純孝（61，政治家）。**3.17** 平出修（37，歌人）。**3.30** 羽田恭輔（74，政論家）。**4.11** 昭憲皇太后（65，明治天皇皇后）。**5.28** 山座円次郎（49，外交官）。**7.3** デニソン（68，御雇外国人）。**7.4** 井上頼圀（76，国学）。 高砂浦五郎（２代）（64，関脇）。**8.20** 武藤幸逸（77，農事家）。**9.2** 斎藤万吉（53，農学）。**9.16** 島田翰（36，書誌学）。**10.19** 大島貞益（70，経済学）。**10.23** 高山甚太郎（60，応用化学）。**10.30** 佐藤北江（47，ジャーナリスト）。**11.14** 高島嘉右衛門（83，実業家）。**11.16** 押川春浪（39，小説家）。**11.21** 垪和為昌（59，化学）。**12.2** 鶴原定吉（59，政治家）。**この年** 石川藤八（72，織物業）。	ツ，ロシアに宣戦布告。**8.3** ドイツ，フランスに宣戦布告。**8.4** イギリス，ドイツに宣戦布告。**8.5** アメリカ・ニカラグア，条約調印（アメリカ，運河開削権と海軍基地租借権を獲得）。**8.6** オーストリア，ロシアに宣戦布告。 中華民国，中立を声明。**8.12** フランス，オーストリアに宣戦布告。**8.15** パナマ運河開通。**8.26** タンネンベルクの戦（〜30日，ドイツ軍，ロシア軍を東プロイセンアで撃退）。**9.5** マルヌの戦（〜12日，フランス軍，ドイツ軍右翼を反撃）。**9.26** 中国政府，日本軍の山東進駐に抗議。**11.4** ロシア，トルコに宣戦布告。**11.5** イギリス・フランス，トルコに宣戦。**12.18** 北欧３国が中立を宣言。 イギリス，エジプト保護国化を宣言。
2.2 日本・ハワイ間の無線通信に成功。**3.-** 武者小路実篤『その妹』成る（『白樺』に初出）。 名古屋市史編纂室『名古屋市史』刊（〜昭和９年５月）。**4.26** 芸術座，ツルゲーネフ作・楠山正雄脚色「その前夜」上演（帝劇，〜30日）。**5.1** 明治神宮造営局官制を公布。**5.23** 山田耕筰の指揮で，東京フィルハーモニー会，毎月１回の演奏会を開始（大正５年２月解散）。**5.-** 伊予史談会『伊予史談』刊。**6.12** 杉本京太ら，邦文タイプライターの特許を取得。**6.30** 内務省，看護婦規則を公布（看護婦の資格を規定．10月１日施行）。**8.18** 第１回全国中等学校優勝野球大会開催（大阪朝日新聞社主催），参加10校，京都二中が優勝。**9.15** 内務・文部両省，青年団体の指導教育などに関し共同訓令。**9.-** 売文社『新社会』創刊。**10.10** 大阪毎日・大阪朝日両新聞社，夕刊（11日付）を発行。**10.17** 草土社第１回展（読売新聞社，〜31日）。**10.-** 上田万年・松井簡治『大日本国語辞典』刊。**11.-**『水戸藩史料』刊（徳川家蔵版）。**12.11** 北里研究所㈶，開所式。**12.-** 宮内省諸陵寮『陵墓要覧』初版刊（〜昭和49年３月）。**この年** 日本史籍協会『日本史籍協会叢書』刊（〜昭和10年）。 国書刊行会『系図綜覧』刊。 安藤博編『徳川幕府県治要略』刊。 東京帝国大学文科大学『満鮮地理歴史研究報告』刊（〜昭和16年）。 列聖全集刊行会編『列聖全集』刊（〜大正６年）。 『珍書同好会刊行書』刊（〜大正８年）。 堀田璋左右・川上多助編『日本偉人言行資料』刊（〜大正６年）。 【死没】 **1.1** 岡田良一郎（77，実業家）。**1.9** 楊守敬（77，書家）。**1.10** 後藤伊左衛門（88，事業家）。**1.11** 有坂成章（64，陸軍軍人）。**1.19** 岸本五兵衛（２代）（52，海運業者）。**1.21** 芳村正秉（77，神習教）。**2.8** 長塚節（37，小説家）。**2.27** 森山芳平（62，機業家）。**3.2** 土肥春曙（47，新劇俳優）。**3.13** 岩村通俊（81，官僚）。**3.18** 香川敬三（77，皇后宮大夫）。**4.20** 松平正直（72，官僚）。 遠藤利貞（73，和算史家）。**5.11** 古荘嘉門（76，官僚）。**6.2** 荒木寛畝（85，日本画家）。**6.3** 横山源之助（45，社会運動家）。**6.11** 川勝鉄弥（66，牧師）。**6.14** 鍋島直彬（73，肥前佐賀藩支藩鹿島藩主）。**6.25** 鈴木三蔵（84，農業指導者）。**8.5** 佐久間左馬	**1.13** イタリアのローマ付近で大地震，死者約３万人。**1.23** アフリカのニヤサランドでチレンブエ指導による蜂起。**1.29** シャノアーヌ没（79，フランスの陸軍軍人）。**2.4** ドイツ，潜水艦による対イギリス封鎖を宣言。**3.13** ウィッテ没（65，帝政ロシア末期の政治家）。**3.18** 上海で21箇条要求抗議大会（各地で日貨排斥運動おこる）。**4.26** 英・仏・露・伊，ロンドン秘密条約に調印。**5.4** イタリア，三国同盟破棄を宣言（５月23日オーストリアに宣戦布告）。**5.7** イギリス客船ルシタニア号，アイルランド沖でドイツ潜水艦により撃沈，死者約1200人（米人128人を含む）。**5.9** 中国政府，日本の21箇条要求を受諾，５月９日は国恥記念日となる。**6.7** ロシア・中国・モンゴル，外モンゴルに関する三国協定成立。**6.-** この月，蔡元培ら，勤工倹学会を結成。**7.14** アラブの民族主義勢力，イギリスと交渉。**8.-** 朝鮮各地で独立運動おこる。**9.10** マクドナルド没（63，イギリスの外交官）。**9.16** アメリカ，ハイチと条約調印

西暦	年号干支	内閣	政治・経済
1915▲	大正4 乙卯	(第2次大隈重信内閣)	議会召集(12月1日開会，大正5年2月28日閉会)。**11.30** 日・仏・英・伊・露5ヵ国，単独不講和宣言に調印。**12.4** 東京株式市場暴騰(いわゆる大戦景気の始まり)。**12.18** 衆議院，政友・国民両党提出の内閣弾劾決議案を否決。**12.-** 参謀本部，反袁運動支援のため，青木宣純中将を上海に派遣。**この年** 年間貿易収支，輸出超過に転じる。
1916	5 丙辰	10.9 寺内正毅内閣	**1.12** 大陸浪人福田和五郎ら，排袁運動を要求して大隈重信首相に爆弾をなげつけたが不発。ロシア皇帝名代ゲオルギー大公入京(13日，山県有朋を訪ね，ロシアへの兵器供給を依頼．27日帰国)。**1.31** 大隈首相，減債基金問題で貴族院との調停を山県有朋に依頼。**2.3** 衆議院，大浦事件・内閣居座りに関する内閣弾劾上奏案を否決。**2.7** 横浜正金銀行ほか18行，ロシア大蔵省証券5000万円を引受ける契約に調印(9月4日，7000万円をさらに引受)。**2.20** 久原房之助と孫文の間に70万円の借款が成立。**3.7** 閣議，中国の南軍を交戦団体と承認し，民間有志の排袁運動援助を黙認する方針を定める。**3.18** 海軍航空隊令を公示(4月1日施行，横須賀海軍航空隊を設置)。**3.30** 農商務省，米麦品種改良奨励規則を公布(道府県の試験場に，改良事業のための補助金を交付)。**3.-** 大倉喜八郎，粛親王に宗社党軍資として100万円を融資。**4.6** 畜産試験場官制を公布(大正6年6月1日，国立畜産試験場を千葉県千葉郡都村に設置)。**4.10** 大蔵省に銀行局を設置する旨を公布。 内閣に軌制調査を設置し，会長大隈首相以下を任命。**4.25** 経済調査会官制を公布(会長大隈首相)。**5.6** 製鉄業調査会官制を公布(会長河野広中農商務相)。**5.24** 原敬・加藤高明・犬養毅の3党首，三浦梧楼の斡旋により会談(6月6日，外交・国防方針につき共同．10日，覚書を発表)。**7.3** 第4次日露協約調印(秘密協約で中国が第3国に支配されるのを防ぐための協力を規定)。**7.6** 大隈首相，同志会総裁加藤高明との連立内閣を朝鮮総督寺内正毅に提議(8月6日，寺内の拒絶により交渉打切り)。**7.10** 簡易生命保険法を公布(10月1日施行)。**8.13** 満洲の鄭家屯駐在の日本軍，奉天軍と衝突，日本軍の戦死者11人(鄭家屯事件)。**8.14** モンゴルのバボージャブ軍，宗社党支援のための満鉄沿線の郭家店に進軍(日本軍は武器を供給，モンゴルへの帰還を勧告)。**9.1** 工場法を施行。**9.2** バボージャブ軍，撤退中に朝陽坡で張作霖軍と衝突．日本軍，出動して護衛。**10.4** 大隈首相，辞表を提出，10月5日，大隈内閣総辞職(諸元老，元老会議で寺内正毅を推し，組閣を命じる)。**10.9** 寺内正毅内閣成立。**10.10** 憲政会結成(立憲同志会・中正会・公友倶楽部の合同．衆議院の過半数を占める．総裁加藤高明)。**11.3** 裕仁親王，立太子礼。**12.13** 株式相場大暴落，東京・大阪両株式取引所立会停止。**12.25** 第38通常議会召集(12月27日開会，大正6年1月25日解散)。

社会・文化	世界
太(72，陸軍軍人)。8.10 西川春洞(69，書家)。9.1 井上馨(81，政治家)。9.4 五姓田義松(61，洋画家)。9.8 石川理紀之助(71，農事指導者)。9.16 田辺太一(85，外交官僚)。9.19 岡内重俊(74，司法官)。10.6 海野勝珉(72，彫金家)。10.19 渡辺重石丸(79，国学)。10.29 トムソン(80，牧師)。11.12 津田米次郎(54，織機発明)。11.21 マクネア(57，宣教師)。11.28 小林清親(69，浮世絵師)。11.30 辻新次(74，教育家)。12.25 長田秋濤(45，翻訳家)。**この年** 吉田奈良丸(初代)(浪曲師)。	印，ハイチを保護国とする。10.14 ブルガリア，セルビアに宣戦布告。12.11 中国参政院，袁世凱を皇帝に推す(12日受諾)。12.23 中国雲南都督継堯・蔡鍔ら，昆明で帝政反対・雲南独立を宣言し，護国軍を組織(第3革命)。
1.22 工場法(明治44年3月29日公布)を6月1日より施行する旨を公布(5月31日，枢密院の反対で施行日を9月1日に改める旨を公布)。 工場法の施行に備え，警視庁および大阪など8道府県の警察部に工場監督官を設置する旨を各公布。1.- 史学研究会『史林』創刊。 中央公論社『婦人公論』創刊。2.23 野坂参三・平沢計七ら友愛会の若手幹部，労働者問題研究会を結成。2.27 京都哲学会発会式公開講演会(高田保馬ら講演)。3.18 山極勝三郎・市川厚一，タールを使用し癌の人工発生に成功。4.1 朝鮮に専門学校を設置(京城専修学校・京城医学専門学校)。4.2 友愛会磐城連合会結成(最初の地方連合会．以後，横浜・東京・神戸・大阪でも結成)。4.- 大日本国民中学会編『贈位功臣言行録』刊。5.29 タゴール来日(6月11日，東京帝大で講演)。6.- 友愛会，婦人部を設置。8.15 横浜船渠の職工1200人，解雇取消し・賃上げを要求してスト(16日，友愛会長鈴木文治の調停で解決)。8.26 堂前孫三郎・西尾末広・阪本孝三郎ら，大阪で職工組合期成同志会を結成。10.12 全国記者大会，東京築地精養軒で開催(閥族・官僚政治の排斥を決議)。10.21 大阪婦人矯風会，飛田遊郭地の指定に反対し府庁にデモ。11.9 大杉栄，伊藤野枝と葉山日蔭茶屋で同宿中，神近市子に刺される。11.16 通信省船橋無線局とハワイのカフク無線局間で，日米間の通信開始。**この年** チャップリンの喜劇映画が続々上映され，人気を集める。 日本史籍協会『九条尚忠文書』刊。 物集高見編『広文庫』成る。 三田村鳶魚編『鼠璞十種』刊。 伊達宗城『伊達宗城在京日記』刊。 中山忠能『中山忠能日記』刊(日本史籍協会叢書本)。 津田左右吉『文学に現はれたる我が国民思想の研究』刊(～大正10年)。 江戸叢書刊行会『江戸叢書』刊(～大正6年)。 日本経済叢書刊行会編『通俗経済文庫』刊(～大正6年)。 秋田時事社『秋田時事新聞』創刊(『秋田時事』改題)。 【死没】 1.7 小山正太郎(60，洋画家)。1.11 高島鞆之助(73，陸軍軍人)。1.13 外山脩造(75，阪神電鉄)。1.16 北垣国道(81，官僚)。1.24 大林芳五郎(53，大林組)。1.31 中村仲蔵(江戸系4代)(62，歌舞伎役者)。2.2 今村紫紅(37，日本画家)。2.9 加藤弘之(81，思想家)。2.27 富田鉄之助(82，官僚)。3.29 海上胤平(88，歌人)。3.30 中牟田倉之助(80，海軍軍人)。4.8 松尾臣善(74，官僚)。4.11 横山隆興(69，鉱業家)。4.27 盛宣懐(73，清国官僚)。5.6 村上俊吉(70，牧師)。6.4 八田達也(63，蚕糸改良家)。6.22 田中芳男(79，官僚)。7.9 上田敏(43，英文学)。7.20 岡市之助(57，陸軍軍人)。8.6 山葉寅楠(66，日本楽器)。8.8 上村彦之丞(68，海軍軍人)。9.23 竹内久一(60，木彫家)。9.24 高田実(46，新派俳優)。10.12 高松凌雲(81，社会福祉事業)。10.15 松永和風(3代)(78，長唄唄方)。10.16 宮本小一(81，外交官)。11.1 貝島太助(72，貝島炭礦)。11.6 山科言縄(82，有職故実家)。11.7 桃中軒雲右衛門(44，浪曲師)。11.9 安部井磐根(85，政治家)。12.9 夏目漱石(50，作家)。12.10 大山巌(75，陸軍軍人)。12.17 二宮熊次郎(52，雑誌記者)。12.18 渋谷天外(初代)(39，喜劇俳優)。12.23 楠本碩水(85，儒学)。12.26 石橋政方(77，官僚)。**この年** 慶親王奕劻(81，清朝皇族)。	1.6 イギリス議会，義務徴兵法案を可決。2.21 ヴェルダン攻防戦(ドイツ軍の砲撃に対し，フランス軍が要塞を死守)。3.22 袁世凱，帝制の取消を宣言。4.24 ダブリンで反イギリス武装蜂起，アイルランド共和国を宣言。 スイスのキーンタールで第2回社会主義者国際反戦会議(～30日)。5.9 イギリス・フランス，サイクス=ピコ秘密条約に調印。 孫文，上海で討袁を宣言。6.5 ヒジャーズ地方でアラブ人の反トルコ蜂起おこる(シャリーフ=フサインの指導)。6.6 袁世凱没(58，中華民国の初代大総統)。6.7 黎元洪，大総統代理に就任。6.29 黎元洪，臨時約法復活と国会再開を宣布。 段祺瑞，国務総理に就任。7.1 ソンムの戦(イギリス・フランス軍，ドイツ軍を総攻撃)。7.6 エッケルト没(65，ドイツ・プロシアの音楽家)。8.17 ミットフォード没(79，イギリスの外交官・文筆家)。8.27 ルーマニア，オーストリアに宣戦布告。8.28 イタリア，ドイツに宣戦布告。**この夏** フランス・ロシアなどが労働力補充のため中国で苦力募集。10.8 バボージャブ没(42，モンゴル人，満蒙独立運動に関与)。10.31 黄興没(43，中国辛亥革命の指導者・政治家)。11.29 アメリカ，ドミニカ共和国の軍事占領を宣言。12.6 イギリスでロイド=ジョージ内閣成立。12.12 ドイツ，和平交渉の意志をアメリカに伝達。12.17 マーティン没(89，アメリカのプロテスタント中国宣教師)。12.26 蔡元培，北京大学校長に就任(新文化運動の拠点)。 インド国民会議派とインド=ムスリム連盟，ラクナウで同時に年次大会を開催(29日，ラクナウ協定成立)。**この年** アインシュタイン，一般相対性理論を定式化。

西暦	年号干支	内閣	政治・経済
1917	大正 6 丁巳	(寺内正毅内閣)	1.11 イギリス，日本艦艇の地中海派遣を要請(２月上旬，地中海へ出発)。1.14 横須賀軍港に停泊中の巡洋艦筑波，火薬庫爆発で沈没。1.20 日本興業銀行・朝鮮銀行・台湾銀行，中国交通銀行に借款500万円供与の契約を締結(西原借款の始め)。1.21 憲政会・国民党，それぞれ寺内内閣反対を決議．政友会は厳正中立を決議。1.25 憲政会・国民党，内閣不信任案を提出，衆議院解散。2.12 外務省臨時調査部官制を公布。2.13 イギリス外相，珍田捨己駐英大使に，講和会議で山東省などドイツ領に関する日本の要求を支持すると回答。3.10 日本工業倶楽部設立(会長豊川良平，理事長団琢磨)。3.27 閣議，ロシア臨時政府承認を決定(４月４日，内田康哉駐露大使，公文を提出)。4.5 請願令を公布。4.10 大日本紡績連合会，中国の関税引上げ反対を決議。4.20 第13回衆議院総選挙(政友会165・憲政会121・国民党35・無所属60)。5.2 松方正義を内大臣に任じる。6.2 寺内首相，臨時外交調査会委員として原敬・加藤高明・犬養毅３党首に就任を懇請(原・犬養受諾，５日加藤拒絶)。6.6 臨時外交調査委員会官制を公布(総裁は総理大臣．９日委員を任じる)。6.20 犬養毅，国民党総理に就任。6.21 第39特別議会召集(６月23日開会，７月14日閉会)。7.20 閣議，対華外交政策を決定(段祺瑞内閣を財政援助)。軍事救護法を公布(傷病兵とその家族の救護など．大正７年１月１日施行)。 警視庁，不正桝使用の米穀商を一斉捜査，検挙者多数。7.25 製鉄業奨励法を公布(免税と土地強制収用を認める．９月１日施行)。7.31 関東都督府官制改正・朝鮮鉄道の経営を満鉄に委託する旨などの勅令を各公布．拓殖局官制を公布(長官白仁武)。9.1 農商務省，暴利取締令を公布(米穀・鉄・石炭・綿糸布・紙・染料などの買占め・売惜しみを防止)。9.12 大蔵省，金貨幣・金地金輸出取締令を公布(金本位制を事実上停止)。9.29 戦時船舶管理令を公布。10.30 好況による補助貨幣の欠乏に対し，小額紙幣(50銭・20銭・10銭)の発行を公布。11.2 日本・アメリカ両国，中国に関する公文を交換(石井・ランシング協定)。12.25 第40通常議会召集(12月27日開会，大正７年３月26日閉会)。
1918 ▼	7 戊午		1.1 大日本紡績連合会，第８次操業短縮を実施(12月31日まで継続)。1.12 政府，居留民保護を理由として，ウラジオストクに軍艦２隻を派遣。1.18 官吏任用に関し高等試験令・普通試験令を各公布。1.19 中華滙業銀行を設立(日中合弁．本店北京．総理陸宗輿前駐日公使．対中国借款の仲介)。2.9 衆議院予算委員会で，官営八幡製鉄所の鋼片払下げが問題化(18日，同所長官押川則吉が自殺)。2.11 憲法発布30周年祝賀国民大会，東京上野公園で開催。3.12 大正７年度予算成立(八六艦隊編成のために６年間に２億5000万円を追加)。3.20 衆議院，憲政会・国民党・政友会各党ならびに政府提出の衆議院議員選挙法改正諸案を撤回または否決。3.23 酒造税法・所得税法を各改正・公布(増税)．戦時利得税法を公布。3.25 軍用自動車補助法を公布．第１次日米船鉄交換契約に仮調印(４月22日，本調印)。 貴族院令を改正・公布(伯爵20人以内，子爵・男爵各73人以内に増員)。4.5 日英陸戦隊，ウラジオストクに上陸。4.17 軍需工業動員

社会・文化	世界
3.14 北海道室蘭の日本製鋼所職工，賃上げを要求してスト(15日，指導者検挙され組合敗北)。3.20 (財)理化学研究所の設立を認可(創立委員長渋沢栄一，所長菊池大麓)。3.- 河上肇『貧乏物語』成る。4.6 友愛会創立5周年大会開催(婦人を正会員とするなどの新会則を決定)。4.15 欧文植字工団体の信友会結成。4.18 沢田正二郎・倉橋仙太郎ら，新国劇を結成し第1回公演(新富座，～21日．興業不振)。5.1 堺利彦・山川均の主唱で，在京社会主義者34人，山崎今朝弥宅でメーデー記念の集会を開催，ロシア革命支持を決議。5.8 第3回極東選手権競技大会，東京芝浦で開催(日本で初の国際競技大会)。5.30 秀島成忠編『佐賀藩海軍史』刊。6.18 三菱長崎造船所の職工，賃上げ要求のスト(28日解決)。7.14 警視庁，活動写真興行取締規則を公布(男女客席の分離・フィルム検閲など)。7.21 大阪鉄工所因島工場の職工，賃上げ要求のスト(指導者検束により敗北)。8.15 大倉集古館開館(東京赤坂，大倉喜八郎が東洋美術品などを展示．日本最初の私立美術館)。8.31 早稲田大学で，学長天野為之派と前学長高田早苗派との紛争激化(早稲田騒動．12月15日落着)。 伯剌西爾報社『伯剌西爾時報』刊(サンパウロ)。9.21 内閣直属の諮問機関として臨時教育会議を設置(総裁平田東助)。9.23 土佐史談会『土佐史壇』創刊(第18号以降『土佐史談』)。9.30 東京を中心に，東日本で大暴風雨．被害甚大，米・食料品大暴騰。10.15 秀英舎・日清印刷の印刷工，友愛会東京印刷工組合を結成(友愛会で最初の職業別組合)。10.20 帝国教育会，第1回全国小学校女教員大会開催(女性教員，全小学校教員の3分の1)。10.- 中外情勢研究会『中外』創刊。11.14 神奈川県鶴見の浅野造船所の職工，新造船の礼金分配への不満から暴動。11.- 史学地理学同攷会『歴史と地理』創刊。**この年** 尾上松之助(目玉の松ちゃん)主演の映画が人気を集める。 石川巌・清水清三校訂『百家随筆』発行(～大正7年)。 大田南畝編『三十輻』刊。 三田村鳶魚編『柳営婦女伝叢』刊。 東亜同文会『支那省別全誌』刊(～大正9年)。 坪内逍遙『役の行者』単行(大正5年9月，『女魔神』の題で『新演芸』に発表の補筆改題)。 【死没】 1.4 村岡良弼(73，官僚)。2.3 藤沢浅二郎(52，俳優)。2.13 片倉兼太郎(初代)(69，製糸家)。3.9 宝生九郎(81，宝生宗家)。3.15 山路愛山(54，ジャーナリスト)。3.23 黒田清綱(88，政治家)。3.31 竹添進一郎(76，外交官)。4.23 梶田半古(48，日本画家)。5.3 伊沢修二(67，教育者)。5.11 ビッケル(50，宣教師)。5.13 杉贋阿弥(48，劇評家)。6.21 関矢孫左衛門(74，実業家)。6.24 川合清丸(70，神道家)。 桜間伴馬(83，能楽師)。7.5 塚原渋柿園(70，小説家)。7.9 花房義質(76，外交官)。7.19 土倉庄三郎(78，林業家)。7.22 若柳寿童(73，日本舞踊家)。7.28 稀音家浄観(初代)(79，長唄三味線弾き)。8.17 岩村透(48，美術史家)。8.19 菊池大麓(63，教育行政家)。8.21 奥田義人(58，政治家)。9.9 土居通夫(81，実業家)。9.10 星野恒(79，歴史家)。10.9 竹本摂津大掾(82，義太夫)。10.24 片山東熊(64，建築家)。12.4 杉亨二(90，統計学)。12.13 樋口勘次郎(47，教育者)。12.21 山尾庸三(81，政治家)。12.23 青山胤通(59，内科学)。12.30 重宗芳水(45，実業家)。	1.9 ドイツ，無制限潜水艦作戦決定(1月31日，アメリカに通告．2月3日，アメリカ，ドイツと国交断絶)。2.5 メキシコ，新憲法を公布。3.12 ペトログラードで労兵ソビエト組織が成立．15日，ソヴォフ公首班の臨時政府成立．ロマノフ王朝滅亡(ロシア2月革命)。4.6 アメリカ，ドイツに宣戦布告。 ドイツで独立社会民主党創立大会(～8日)。4.16 レーニン，亡命先のスイスよりペトログラードに帰還。5.1 カランサ，メキシコ大統領に就任。7.19 ドイツ帝国議会，平和決議を可決。7.22 タイ，連合国側に立ち参戦。8.14 中国，ドイツ・オーストリアに宣戦布告。8.20 エドウィン=モンタギュー，インドに自治を与える政策を声明。9.7 コルニーロフ将軍，反革命軍を指揮して進軍，ボリシェビキ(のちのソ連共産党)指揮の部隊に敗北。9.10 中国で孫文による広東軍政府樹立。10.6 中国湖南で南北軍の交戦開始。10.17 アメリカ軍占領下のハイチで，武装農民が蜂起。10.31 フェスカ没(71，ドイツの農学者・御雇外国人)。11.2 イギリス，パレスチナでのユダヤ人の国家建設を支持(バルフォア宣言)。11.7 ペトログラードでボリシェビキの武装蜂起，ケレンスキー政府転覆．ソヴィエト政権樹立を宣言(ロシア10月革命)。 第2回全ロシア労兵代表ソヴィエト大会(～8日)，レーニンの「土地についての布告」・「平和についての布告」を採択。11.15 フォスター没(81，アメリカの外交官・李鴻章の顧問)。12.6 フィンランド，独立を宣言。
3.27 市町村義務教育費国庫負担法を公布(小学校教員俸給の一部を国庫負担．4月1日施行)。4.1 北海道帝国大学を設置。 東京帝国大学工科大学に付属航空研究所を設置(7月3日，東京帝大の付置とする)。 丹那トンネル起工(昭和8年完成)。4.13 文部・内務両省，各地方の乙女会・処女会などの連絡機関として，処女会中央部を設立(のちの大日本女子連合青年団)。4.30 東京女子大学開校(私立専門学校．学長新渡戸稲造)。4.-『尋常小学国語読本』(白表紙，ハナ・ハト)・『尋常小学修身書』など使用開始。5.5 第1回全国青年連合大会，東京帝大講堂で開催。5.26 宝塚少女歌劇，東京初公演(帝劇．～30日)。7.7 武蔵野会『武蔵野』創刊。7.23 富山県下新川郡魚津町の漁民妻女ら数十人，米の船積み中止を要求するため海岸に集合(米騒動の始まり)。	1.8 アメリカ大統領ウィルソン，平和構想14ヵ条を発表。1.18 ロシア憲法制定議会開会(1月19日，ソヴィエト政府，武力で議会を解散)。1.23 第3回全ロシア労兵代表ソヴィエト大会(～31日．「勤労・被搾取人民の権利の宣言」採択)。1.28 フィンランドの労働者蜂起し，社会民主党指導の赤衛団がヘルシンキを掌握。 ドイツで「1月

西暦	年号 干支	内閣	政　治・経　済
1918 ⬍	大正 7 戊午	(寺内正毅内閣)	法を公布(政府は軍需工業に対して保護・奨励・監督を行うことができる)。4. 25 外国米管理令・農商務省臨時外米管理部設置を各公布。4. - 森健二ら，大正赤心団を結成(対支問題・普選反対運動などの活動．政友会の院外団の１つ)。5. 1 三菱商事㈱開業(本社東京．三菱㈾営業部の業務を継承)。5. 15 満鉄，鞍山製鉄所を設置(大正８年４月29日，第１高炉火入式)。5. 16 日華陸軍共同防敵軍事協定に調印(シベリア方面の共同防敵のため日本軍派兵・中国の協力義務など．19日，同海軍協定に調印)。7. 8 アメリカ，チェコ=スロヴァキア軍救援のためウラジオストックに共同出兵を提議(15日，シベリア出兵に関し元老会議．17日，ウラジオストック出兵同意)。8. 2 寺内内閣，シベリア出兵を宣言(４日，シベリアでの日米共同行動を宣言)。8. 13 閣議，米穀強制買収に1000万円を限度として支出決定(16日，穀類収用令を公布．大正８年４月５日，同法廃止を公布)。8. 17 憲政会，米騒動に関して政府の処裁を要求。 近畿関西新聞記者大会で内閣弾劾を決議。9. 12 寺内内閣弾劾全国記者大会，東京で開催。9. 21 寺内首相，辞表を提出(西園寺公望に組閣を命令．25日辞退)。9. 24 山東省における諸問題処理に関する日華公文，満蒙４鉄道に関する日華公文を各交換。9. 28 日本興業銀行など３行，中国政府と満蒙４鉄道借款前貸金・山東２鉄道借款前貸金・参戦借款の３種を契約(いわゆる西原借款)。
		9. 29 原敬内閣	9. 29 原敬内閣成立(陸海外３相を除く閣僚に政友会員を任じる，日本ではじめて衆議院議員の首相が誕生)。10. 15 閣議，シベリア派遣軍をバイカル湖以西に進出させない方針を決定。10. 29 閣議，中国南北の争乱を助長する借款および資金の交付を差控える方針を決定。10. 30 米穀輸入税減免令を公布。11. 16 アメリカ国務長官，日本政府にシベリア出兵数・シベリア鉄道の独占などに関し抗議。11. 20 アメリカの抗議に覚書を提示，兵数５万8600と回答。12. 2 日・英・米・仏・伊５国，中国南北両政府に和平統一を勧告。12. 10 牧野伸顕元外相ら，パリ講和会議に出席するため日本を出発(西園寺公望全権は大正８年１月14日出発)。12. 25 第41通常議会召集(12月27日開会，大正８年３月26日閉会)。

社　会・文　化	世　界
7.29 米価暴騰し，小売価格1円で2升4合を記録。7.31 米価大暴騰のため，各地取引所立会停止。7.- 鈴木三重吉『赤い鳥』創刊。8.3 富山県中新川郡西水橋町で米騒動．以後，全国に波及。8.14 水野錬太郎内相，米騒動に関する新聞記事の差止めを命じる。8.17 山口県宇部炭坑などで，米騒動に伴う暴動，軍隊出動。8.25『大阪朝日新聞』26日付夕刊，内閣弾劾関西新聞記者大会の記事「白虹日を貫けり」で発売禁止（9月9日執筆者らを起訴）。9.4 三井三池万田坑の坑夫ら，検炭を不満として暴動，軍隊出動。9.20 東京海上ビルディング完成（東京丸の内．「ビルディング」の名称の初め）。9.28「白虹事件」で村山竜平大阪朝日新聞社長，中之島で壮士に襲われる。9.- 高山義三・水谷長三郎ら，労学会を京都で結成。10.9 大川周明・満川亀太郎ら，国家改造問題を研究する老壮会を結成。10.14 村山大阪朝日新聞社長辞任（15日，鳥居素川編集局長退社．大山郁夫・長谷川如是閑らも行動を共にする）。11.4 田中義成没．没後，大正11年，竜粛らにより『南北朝時代史』出版される。11.14 武者小路実篤ら，「新しき村」を宮崎県児湯郡木城村に建設。11.23 吉野作造，浪人会（内田良平ら）とデモクラシー思想をめぐって立会演説会を開催。12.6 大学令を公布（公私立大学・単科大学の設立を許可，分科大学制を廃し学部制とするなど）。12.23 吉野作造・福田徳三・今井嘉幸ら，黎明会を結成。12.- 東京帝大法科学生赤松克麿・宮崎竜介らが中心となり，新人会を結成。 徳富蘇峰『近世日本国民史』刊（～昭和37年）。 **この年** 日本史籍協会『会津藩庁記録』創刊（～大正15年）。 渋沢栄一『徳川慶喜公伝』刊。 日本名所図会刊行会編輯『大日本名所図会』刊（～大正11年）。 【死没】 1.3 千家尊福（74，宗教家）。1.9 柳川春葉（42，小説家）。1.15 宮原二郎（61，海軍軍人）。1.22 吉田東伍（55，歴史学）。1.23 手島精一（70，工業教育）。1.31 朝吹英二（70，実業家）。2.4 秋山真之（51，海軍軍人）。2.10 蜂須賀茂韶（73，官僚）。2.16 大内青巒（74，仏教者）。2.23 波多野鶴吉（61，製糸家）。3.5 藤岡市助（62，電気工学）。 松平信庸（75，老中）。3.29 外山亀太郎（52，遺伝学）。4.30 池田謙斎（78，医学教育）。5.10 古今亭志ん生（3代）（56，落語家）。6.- 井上伝蔵（66，秩父困民党）。8.13 奈良原繁（85，政治家）。9.4 中野二郎三郎（66，自由民権家）。9.17 本野一郎（57，外交官）。9.30 大浦兼武（69，政治家）。10.8 中野武営（71，政治家）。10.9 佐々木東洋（80，杏雲堂医院）。10.13 尾崎三良（77，政治家）。10.30 鈴木浦八（67，農事指導者）。11.4 土方久元（86，政治家）。11.5 島村抱月（48，新劇）。11.6 出口なお（83，大本教）。11.11 山内量平（71，牧師）。11.15 湯本義憲（70，治水家）。12.11 土居光華（72，自由民権運動家）。12.15 角田忠行（85，神道家）。12.21 中島力造（61，倫理学）。	ストライキ」起こる（～2月3日．大戦中最大の反戦スト）。3.3 ソヴィエト政府，ドイツ・オーストリアとブレスト=リトフスク講和条約に調印，連合国側より脱落。3.14 アルゼンチンのコルドバ大学で大学改革が始まる。4.6 チェコのマサリク，下関に到着。6.25 ババロフスクで李東輝ら，韓人社会党を結成。7.17 元ロシア皇帝ニコライ2世，幽閉地エカテリンブルグ郊外で家族・従者とともに革命派により殺害される。8.1 ソヴィエト・ロシア外務人民委員チチェーリン，孫文に共同闘争の電報。8.2 連合軍，アルハンゲリスクに上陸。8.31 シュピンナー没（63，ドイツ人，普及福音新教伝道会の宣教師）。9.25 ダイアー没（70，イギリスの工学者）。9.30 ブルガリア，連合国との休戦協定に調印。10.28 チェコ国民評議会，独立を宣言。10.29 ドイツ大洋艦隊で水兵の出撃拒否運動起こる（11月3日，キール軍港の水兵が反乱）。10.30 トルコ，連合国との休戦協定に調印。 ハンガリー議会，独立を宣言（31日，ミハーユ=カーロイ臨時政府樹立）。 スロヴァキア国民議会，チェコ人との合同を宣言。11.3 オーストリア，連合国との休戦協定に調印。11.9 ベルリンでスパルタクス団の指導による労働者の武装蜂起．マックス公，皇帝ヴィルヘルム2世退位を宣言（ドイツ革命）。11.11 ドイツ，連合国との休戦協定に調印．第1次世界大戦終る。11.13 ハンガリー，休戦協定に署名。11.30 アイスランド，デンマークより独立（同君連合関係）。12.1 セルブ人・クロアート人・スロヴェーン人王国成立（'29年ユーゴスラビア王国と改称）．国王にセルビア王ペータル即位。 ストレイト没（38，アメリカの外交官）。12.15 朝鮮の天道教主，有志と独立運動を計画。12.30 ドイツ共産党（スパルタクス団）創立大会（～'19年1月1日）。**この年** ロシア国内各地でボリシェヴィキ派と反ボリシェヴィキ派の内戦続く。

西暦	年号 干支	内閣	政　治・経　済
1918 ▲	大正 7 戊午	(原敬内閣)	
1919 ▼	8 己未		1.13 西園寺公望・牧野伸顕らをパリ講和会議全権委員に任じる(１月18日，パリ講和会議開会)。1.27 講和会議で牧野全権，膠州湾および赤道以北のドイツ領諸島の無条件譲渡を要求。2.5 東京で人種差別撤廃期成同盟会第１回大会。2.7 国際連盟規約委員会において牧野全権，人種的差別待遇の撤廃を提案(米・英など反対，２月13日否決)。2.8 東京の朝鮮人留学生，朝鮮民族大会召集請願書と朝鮮独立宣言書を発表。2.9 東京で普通選挙期成大会，名古屋で普通選挙市民大会開催。2.11 東京府下17校の学生，日比谷で普選実施を決議，請願デモ。2.15 京都で普通選挙期成学生・労働者大会開催。2.25 シベリアのユタフで歩兵第72連隊田中支隊が全滅，350人戦死。3.1 京城(現ソウル)などで朝鮮独立宣言発表．独立運動，朝鮮全土に拡大(３・１独立運動・万歳事件)。 中央本線の東京—万世橋間開業(起点を東京駅とする)。3.2 救済事業調査会，治安警察法第17条の削除を答申。3.- 第１次大戦中に輸入が途絶して騰貴した商品の価格が休戦により暴落。4.10 地方鉄道法を公布(８月15日施行)。4.11 パリ講和会議の国際連盟委員会で，日本代表，人種差別撤廃につき新提案，16ヵ国中11ヵ国賛成するも米・英の反対で不採択。4.12 関東庁官制・関東軍司令部条例を各公布(林権助を初代関東長官に，立花小一郎を関東軍司令官に任じる)。4.15 朝鮮総督府，政治犯処罰令を公布。4.30 講和会議で山東省の旧ドイツ利権に関する日本の要求承認。5.7 講和会議で赤道以北旧ドイツ領南洋諸島の委任統治国を日本に決定。 中国人留学生2000人，東京で国恥記念のデモ。5.18 皇太子成年式，特赦。5.23 衆議院議員選挙法を改正・公布(小選挙区制・納税資格３円以上に引下げ，有権者ほぼ倍増して約300万人となる)。5.26 対中国新借款団結成(横浜正金銀行・日本興業銀行を中心に18行で構成)。6.10 皇太子裕仁親王，久邇宮良子女王との婚約成立。6.18 ４国借款団に関し日本銀行団代表，満蒙除外要求の覚書をアメリカ代表ラモントに提出(23日，ラモント，反対を表示)。6.28 日本全権，ヴェルサイユ条約に調印。7.19 中国東北の寛城子で日中両軍衝突，日本軍死傷者多数。7.- アメリカの金輸出解禁により，正貨の流入高が増大。8.15 三菱銀行株式会社設立(10月１日開業)。8.20 朝鮮総督府官制・台湾総督府官制を各改正・公布(文官を認め，総督の陸海軍統率権を削除)。9.2 斎藤実朝鮮総督，京城南大門駅で爆弾テロに遇うも無事。9.9 閣議，中国北京政府に財政援助の方針を決定。9.- 株式市場・商品市場の投機ブームが激化。10.27 枢密院，ヴェルサイユ講和条約を承認(11月７日批准)。10.29 田健治郎を台湾総督に任じる(文官総督のはじめ)。11.27 １年志願兵条例・１年現役兵条例を各公布。12.15 賀川豊彦らの提唱で友愛会を中心に普通選挙期成関西労働連盟を結成。12.24 第42通常議会召集(12月26日開会，大正９年２月26日解散)。**この年** 年間貿易収支，５年ぶり輸入超過となる。

社　会・文　化	世　界
	イギリスで男子普通選挙・財産ある女子の参政権実現。
1.5 松井須磨子,「カルメン」公演中に芸術倶楽部で縊死(この月,芸術座解散)。1.- 川上肇『社会問題研究』創刊。2.7 中学校令を改正・公布(国民道徳の養成,尋常5年からの進学を許可)。2.9 大原社会問題研究所創立総会(大正9年3月14日,高野岩三郎,所長となる)。2.21 早稲田大学で北沢新次郎・大山郁夫両教授の指導により民人同盟会結成(10月18日,浅沼稲次郎ら同会から分離し,建設者同盟結成)。2.23 帝国公道会,築地本願寺で同情融和大会開催。2.- 長谷川如是閑ら『我等』創刊。3.10 友愛会,治安警察法第17条撤廃臨時集会開催(15日,衆議院に請願)。3.31『大礼記録』刊。3.- 下野史談会『下野史談』創刊。4.5 都市計画法を公布。 市街地建築物法を公布。4.- 山本実彦『改造』創刊。 山崎今朝弥『社会主義研究』創刊。6.- 大鐙閣『解放』創刊。8.1 大川周明・北一輝ら,猶存社(国家主義団体)を結成。8.4 下中弥三郎ら,埼玉県の教員を中心に啓明会を結成。8.30 友愛会,7周年記念大会で大日本労働総同盟友愛会と改称。9.5 帝国美術院規程を定める(院長森鷗外)。9.18 神戸川崎造船所の職工,賃上げ・待遇改善を要求してサボタージュ(29日,要求を貫徹し就業)。9.20 労働代表官選反対全国労働者大会開催。10.4 鎌田栄吉を国際労働会議政府代表に,武藤山治を使用者代表に,桝本卯平を労働者代表に任じる。10.10 関西の俠客西村伊三郎,関東の俠客に呼びかけ大日本国粋会を結成。10.14 帝国美術院第1回美術展覧会(帝展)。12.6 小林喜一郎ら,国際活映株式会社(国活)を創立。12.22 渋沢栄一ら,㈶協調会設立。12.- 内務省,労働委員会法案を非公式に発表。**この年** 内田銀蔵『近世の日本』刊。 日本史籍協会『久世家文書』刊。 津田左右吉『古事記及び日本書紀の新研究』刊。 日本史籍協会『近衛家書類』刊。『尊攘堂書類雑記』刊。 広重会『浪花名所図会』刊。 三浦周行『法制史の研究』出版。 国家学会編『明治憲政経済史論』刊。**前年からこの春にかけて** 世界的なインフルエンザ(いわゆるスペイン風邪)大流行,日本国内の死者約15万人。 【死没】 1.4 金田徳光(57,宗教家)。1.5 松井須磨子(34,女優)。1.17 有地品之允(77,海軍軍人)。1.27 黒沢鷹次郎(71,銀行家)。2.3 織田純一郎(69,ジャーナリスト)。2.6 森山茂(78,外交官)。2.17 白石直治(63,土木技術者)。2.19 福島安正(68,陸軍軍人)。2.21 寺崎広業(54,日本画家)。3.2 加納久宜(72,農会育成者)。3.4 成瀬仁蔵(62,教育家)。3.7 三島弥太郎(53,日本銀行総裁)。福岡孝弟(85,政治家)。3.20 角田真平(63,政治家)。3.25 辰野金吾(66,建築家)。4.27 前島密(85,郵便事業)。 中村翫右衛門(2代)(69,歌舞伎役者)。5.11 渡辺国武(74,政治家)。5.12 三島中洲(90,法律家)。6.4 徳大寺実則(81,華族)。6.6 井上円了(62,哲学)。6.12 井上友一(49,官僚)。6.16 関根正二(21,洋画家)。7.16 板垣退助(83,政治家)。7.18 和田垣謙三(60,経済学)。7.20 赤松連城(79,浄土真宗僧侶)。 内田銀蔵(48,歴史家)。 米井源治郎(59,実業家)。7.30 緒方正規(67,細菌学)。8.9 箕作元八(58,歴史家)。9.11 森村市左衛門(81,実業家)。9.23 菅野序遊(4代)(79,一中節)。9.30 三井八郎次郎(71,実業家)。10.26 明石元二郎(56,陸軍軍人)。11.1 釈宗演(61,臨済宗僧侶)。11.3 寺内正毅(68,政治家)。11.4 田中義成(60,歴史家)。11.21 久原躬弦(65,化学)。12.8 原亮三郎(72,出版業)。12.25 白河鯉洋(46,政治家)。12.26 小松原英太郎(68,政治家)。12.31 上野理一(72,新聞経営者)。12.- 笠井順八(85,実業家)。**この年** 川北朝鄰(80,和算家)。 中村時蔵(初代)(歌舞伎役者)。	1.4 ベルリンで1月闘争始まる。1.5 ドイツ労働者党結成(のちのナチス)。1.6 セオドア=ローズヴェルト没(60,アメリカ第26代大統領)。1.15 ルクセンブルク・リープクネヒト殺害される。1.18 パリ講和会議開会(～6月28日)。1.21 アイルランドのシン=フェイン党,デイル(議会)を設置し独立を宣言(11月26日,シン=フェイン党とイギリス軍衝突.～'21年)。 高宗没(68,朝鮮第26代の王)。2.3 ベルンで社会主義者国際大会開催(～10日)。2.19 第1回パン=アフリカ会議,パリで開催(～21日)。3.2 モスクワでコミンテルン創立大会開催(～6日)。3.9 エジプト全土に反イギリスデモ起こる(のちにワフド運動に発展.～'21年)。3.15 吉林間島で朝鮮人の独立要求のデモ起こる。3.18 インド政庁立法参事会,ローラット法を可決(反イギリス活動家の拘禁・秘密裁判を合法化)。3.21 ハンガリー=ソヴィエト共和国成立(8月1日,国内政策の失敗などから崩壊)。3.23 ムッソリーニ,ミラノで戦闘者ファッショを結成。4.6 ガンディー指導により第1次サティヤーグラハ運動(非暴力抵抗)始まる。4.10 朝鮮の民族主義者を中心に,上海で大韓民国臨時政府樹立。4.13 インドで民衆の反英集会にイギリス軍が発砲.死傷者千数百名(アムリットサル虐殺事件)。5.4 北京の学生,山東問題に抗議してデモ(5・4運動.7日,北京・上海で国民大会開催,以後,中国各地にひろがる)。5.7 連合国最高会議,ドイツ領西南アフリカを南アフリカ連邦の委任統治領に決定。6.28 連合国とドイツとの間で,ヴェルサイユ講和条約調印。7.25 ソヴィエト政府,中国に対する旧ロシアの不平等条約放棄を宣言(カラハン宣言)。7.31 ドイツ国民議会,ヴァイマル共和国憲法を採択(8月11日公布,男女平等の参政権実現)。

西暦	年号 干支	内閣	政治・経済
1919 ▲	大正 8 己未	(原敬内閣)	
1920 ▼	9 庚申		**1.31** 労働・思想など43団体，全国普選連合会を結成。**2.11** 東京で111団体，数万人による普選大示威行進。**2.21** 内閣に臨時産業調査会を設置。**2.26** 原内閣，普選法案討議中の衆議院を解散。**3.2** 閣議，シベリア出兵の目的をチェコ軍救援から，朝鮮・満洲に対する過激派の脅威阻止のためと変更して駐留することを決定。**3.12** ニコラエフスクの日本軍敗北．18日，戦闘停止．5月24日，収容中の日本軍人・居留民ら122人革命派により殺害(尼港事件)，革命反対派ロシア人も数千人殺害される。**3.15** 株式市場，株価暴落．16～17日，東京株式取引所休業(戦後恐慌始まる)。**4.12** 日銀，株式市場救済のため非常貸出を表明。**5.10** 第14回衆議院総選挙，政友会大勝(政友会278・憲政会110・国民党29・無所属47)。**5.11** 日本・イギリス・アメリカ・フランス，対中国新4国借款団成立合意(10月15日，同規約成立)。**5.15** 鉄道省官制を公布(鉄道院を省に昇格．元田肇を初代鉄相に任じる)。 国勢院官制を公布。**5.24** 七十四銀行休業，神奈川県下の銀行に取付け続出，名古屋・大阪などに波及(6月下旬に沈静)。**6.10** 初の「時の記念日」。**6.29** 第43特別議会召集(7月1日開会，同28日閉会)。**7.1** 憲政会，普選法案を衆議院に提出(12日否決)。**7.15** シベリア派遣軍，極東共和国と停戦議定書に調印。**8.1** 大正9年度追加予算を公布(海軍八八艦隊建造予算)。**8.24** 内務省に社会局，農商務省工務局に労働課を設置する旨を各公布。**8.28** 軍需工業動員法施行の統轄に関する件を公布。**8.29** 東京地下鉄道㈱設立(大正13年9月27日，新橋—浅草間起工)。**9.18** 日本船主協会設立(日本船主同盟会を改組)。**9.25** 帝国蚕糸㈱(第2次)設立(糸価維持を目的とする．大正11年12月解散)。**9.-** 東京帝国大学文学部，女子の聴講生の受け入れを決定。**10.2** 琿春の日本領事館，馬賊の襲撃により焼失．日本軍，朝鮮独立軍攻撃のため出兵，朝鮮住民を虐殺。 警視庁特別高等課に労働係を設置。**11.4** 尾崎行雄・犬養毅ら，政界革新普選同盟会を結成。**11.22** 東京市道路工事疑獄事件で，政友会代議士高橋義信に逮捕令状(26日，市長田尻稲次郎，辞表提出)。**11.25** 呉海軍工廠，戦艦長門を竣工(16インチ砲搭載，3万3800トン)。**12.12** 日本軍，ハバロフスクより撤退完了。**12.17** 国際連盟，南洋諸島に対する日本の委任統治条項を作成。**12.25** 第44通常議会召集(12月27日開会，大正10年3月26日閉会)。**12.-** 皇太子の婚約に関する，いわゆる宮中某重大事件起こる。**この年** 朝鮮総督府，第1期朝鮮産米増殖計画を開始。

社　会・文　化	世　界
	8.8 アフガニスタン・イギリス，ラーワルピンディー平和条約調印(イギリス，アフガニスタンの独立を正式に承認)。9.5 全露韓人共産党結成。9.10 オーストリア，サン=ジェルマン講和条約調印(ハプスブルグ帝国解体)。9.12 イタリアのダヌンツィオ，フィウーメを占領し共和国樹立(イタリア政府，承認せず)。9.15 メキシコで最初の共産党結成。10.10 孫文，中華革命党を中国国民党に改組。10.28 アメリカ議会，禁酒法を可決。11.19 アメリカ上院，ヴェルサイユ条約批准を否決，国際連盟に非加盟。11.27 ブルガリア，ヌイイ講和条約調印(マケドニア・エーゲ海沿岸など失う)。12.23 インド統治法(モンタギュー=チェルムスフォード法)成立。**この年** 馮国璋没(61，中国直隷派軍閥領袖)
1.10 森戸辰男東京帝大経済学部助教授，『経済学研究』創刊号で「クロポトキンの社会思想の研究」を掲載したため休職。1.- 大日本労働総同盟友愛会『労働』創刊(『労働及産業』改題)。2.5 八幡製鉄所の職工，待遇改善を要求して大規模スト。 大学令により，早稲田大・慶応義塾大を私立大学として認可(4月15日明治・法政・中央・日本・国学院・同志社の各私立大学認可)。 友愛会など，普選期成・治警法撤廃関東労働連盟を結成。2.6 関東関西普選期成労働大連盟結成。3.5『朝鮮日報』創刊(ソウル)。3.28 平塚らいてう・市川房枝ら，新婦人協会発会式を上野精養軒で挙行。3.31 山田耕筰・近衛秀麿ら，日本作曲家協会を設立。4.1 東京高等商業学校を東京商科大学に昇格。『東亜日報』刊(ソウル)。4.25 東京市電の従業員，日給制・8時間労働制などを要求してスト(解雇者多数，組合側敗北)。5.2 日本最初のメーデー，上野公園で開催．参加者1万人余。5.10 神戸川崎造船所の工員ら，日本労働劇団を結成．スト中に第1回公演(プロレタリア演劇のはじめ)。5.16 友愛会・信友会・啓明会など，労働組合同盟会を結成。5.- 高津正道ら，暁民会を結成。雄山閣内国史講習会『中央史壇』創刊。6.14 北海道夕張炭鉱でガス大爆発，死者207人。6.16 東京府，中央職業紹介所を神田に設置(この年，全国に44職業紹介所新設)。7.7 東京帝大，大正10年度より学年開始を4月に変更(各大学・高校も実施)。7.14 富士ガス紡績押上工場の友愛会工員，団結権承認を要求してスト(26日，組合側敗北．富士瓦斯紡績争議)。8.5 内務省，大本教取締りを全国に指令。8.14 第7回オリンピック，アントワープで開催，日本人選手16人参加。8.- 久米邦武著，中野礼四郎増補校訂『鍋島直正公伝』出版。 末松謙澄ら『防長回天史』刊。9.- 日本社会主義同盟『社会主義』創刊。10.1 第1回国勢調査を実施(内地人口5596万3053人，外地人口2102万5326人)。10.- 大杉栄，上海の極東社会主義者会議に出席。 会津資料保存会『会津資料叢書』成る。 賀川豊彦『死線を越えて』刊。11.1 明治神宮竣工鎮座祭(大正4年10月7日着工)。11.5 友愛会，東京労働講習所を設立(学校形式の労働者教育のはじめ)。12.9 大杉栄・堺利彦・山崎今朝弥ら，日本社会主義同盟を結成(大正10年5月28日解散命令)。**この年** 竹越与三郎『日本経済史』刊。 大原社会問題研究所編『日本労働年鑑』創刊。	1.2 アメリカで共産主義者2700名逮捕。1.9 マイエット没(73，ドイツ人御雇外国人)。1.10 国際連盟発足，日本は英・仏・伊とともに常任理事国となる(11月15日，第1回総会)。1.19 インドでキラーファット運動(ムスリムによる反帝国主義運動)始まる。1.22 金允植没(89，朝鮮末期の政治家)。1.29 バラー没(87，アメリカ改革派教会)。2.24 ドイツ労働者党，25ヵ条の綱領を発表。3.1 ハンガリーでミクローシュ=ホルティ，摂政に就任．王制回復。3.10 スウェーデンで，最初の社会民主党政権成立(首相にブランティング)。3.13 ベルリンでカップ=リュトビッツの反共和国クーデタ(17日，労働組合のゼネストにより失敗)。4.6 シベリアのチタで極東共和国，樹立を宣言('22年11月15日，ソヴィエト=ロシアに併合)。4.19 サン=レモ連合国最高会議開催(～26日．イギリスにメソポタミア・パレスチナ，フランスにシリアの委任統治を指定)。4.23 ケマル=パシャ，アンカラで大国民議会を召集し，臨時政府を樹立。4.25 ソヴィエト・ポーランド戦争始まる(～10月

西暦	年号 干支	内閣	政　治・経　済
1920 ▲	大正 9 庚申	(原敬内閣)	
1921 ▼	10 辛酉		1.3 幣原喜重郎駐米大使，排日土地法に抗議。1.8 ウラジオストックで日本軍哨兵，アメリカ軍大尉ラングストンを誤射(ラングストン，翌日死亡．2月21日解決)。1.24 加藤高明憲政会総裁，貴族院でシベリア撤兵を主張。1.28 日華軍事協定廃棄に関する公文を交換。1.31 衆議院予算委員会で，南満洲鉄道㈱による搭連炭坑・内田汽船などの不当買収が問題化。2.3 衆議院，憲政会・国民党各提出の普通選挙法案を否決。2.10 宮内省，皇太子妃内定について変更なしと発表。 衆議院，尾崎行雄提出の軍備制限決議案を否決。2.26 住友総本店，住友合資会社に改組(資本金１億5000万人，本店大阪)。3.3 皇太子裕仁親王，欧州訪問に出発(～９月３日)。3.11 大日本実業連合会の軍備制限大演説会，武藤山治ら軍縮を訴える。3.15 広岡宇一郎政友会幹事長，加藤高明憲政会総裁の内田信也からの政治献金５万円受領を，普通選挙阻止を条件とした政治資金供与とし非難(珍品５個問題)。4.4 米穀法公布(政府介入による米穀需給調節)。4.7 朝鮮軍司令官，間島方面の日本軍撤退を声明。4.11 市制・町村制改正公布(町村の等級選挙を廃し，市の２級選挙制採用など)。4.12 郡制廃止法公布(郡長・郡役所，国の行政官庁化．大正12年４月１日施行)。 度量衡法改正公布(メートル法を基本として採用．大正13年７月１日施行)。4.13 政府，興銀・勧銀の帝国蚕糸㈱への貸付に対する3000万円を上限とした損失補償を契約。4.22 日本勧業銀行と農工銀行の合併に関する件公布(５月12日施行)。4.26 陸軍軍法会議法・海軍軍法会議法各公布(大正12年４月１日施行)。5.16 原敬首相，東方会議開催(朝鮮総督・関東庁長官・関東軍司令官・駐華公使ら参集)。6.- 株価，上昇基調に転化(「中間景気」の出現．９月，下落基調へ転化)。8.13 外務省に情報部設置を公布。8.26 大連で極東共和国との通商交渉開催(大連会議，大正11年４月16日打切り)。8.- 近藤栄蔵・高津正道ら，暁民共産党結成。9.17 尾崎行雄・吉野作造・島田三郎ら，軍備縮小同志会を結成。9.28 安田善次郎(安田財閥創始者)，国粋主義者朝日平吾に刺殺される。10.11 府県税戸数割規則公布(大正11年４月１日施行)。10.12 原首相，海軍大臣臨時事務管理就任(文官初の軍部大臣

社会・文化	世界
【死没】 1.10 本多精一(50，ジャーナリスト)。 芳川顕正(80，官僚)。1.13 牟田口元学(77，鉄道経営者)。1.20 大須賀乙字(40，俳人)。1.21 権藤震二(50，ジャーナリスト)。1.27 岩永マキ(72，社会事業家)。1.31 藤沢南岳(79，儒学)。2.25 繁田満義(76，殖産家)。3.10 岩谷松平(72，たばこ業者)。4.9 小林樟雄(65，政治家)。4.13 高木兼寛(72，教育者)。5.3 杉孫七郎(86，政治家)。5.9 岩野泡鳴(48，詩人)。5.14 山辺丈夫(70，紡績技術者)。6.12 豊川良平(69，実業家)。6.17 林包明(69，自由民権家)。6.21 コンドル(67，建築家)。6.25 柏井園(51，伝導者)。8.9 中沢臨川(43，評論家)。8.20 芳村伊三郎(7代)(66，長唄唄方)。8.27 ルーミス(81，宣教師)。9.2 山口孤剣(38，社会主義者)。9.23 赤松則良(80，海軍軍人)。10.5 末松謙澄(66，政治家)。10.6 黒岩涙香(59，新聞記者)。10.18 楠瀬喜多(88，民権運動)。11.1 鶴賀鶴吉(3代)(36，新内節)。 安岡雄吉(67，政治家)。11.8 田村成義(70，興行師)。11.27 一戸直蔵(44，天文学)。12.2 肥塚竜(73，ジャーナリスト)。12.4 山崎弁栄(62，浄土宗僧侶)。12.9 岡谷繁実(86，歴史家)。12.18 遠藤清子(41，評論家)。12.20 和田維四郎(65，鉱物学)。**この年** 清水六兵衛(4代)(73，陶工)。 服部兼三郎(51，事業家)。	12日)。6.4 ハンガリー・連合国，トリアノン講和条約調印。 イング没(アメリカのメソジスト監督教会宣教師)。7.14 中国で安徽派(段祺瑞．日本後援)と直隷派(曹錕・呉佩孚．英米後援)との戦闘始まる(安直戦争．19日，安徽派敗れ段祺瑞辞職)。7.19 第2回コミンテルン世界大会開催(～8月7日．21ヵ条の加盟条件を決定)。8.10 トルコ・連合国，セーヴル講和条約調印。8.30 ライマン没(84，アメリカの地質学者)。8.- 陳独秀ら，上海で中国社会主義青年団を結成(10月，毛沢東も湖南で社会主義青年団を結成)。9.1 バクーで東方諸民族大会開催(～7日)。9.- ミラノの金属工場労働者による工場占拠が，全国的運動に発展。10.31 ボンベイで全インド労働組合会議創立大会開催。11.2 カルフォルニア州議会，住民立法の外国人土地法(第2次排日土地法)案を可決。11.15 バラー没(78，アメリカ長老教会)。12.25 フランス社会党，トゥール大会(～30日．分裂，多数派がコミンテルン加盟を決定)。**この年** アメリカ，女子参政権実現。 ブラント没(駐日ドイツ公使)。
1.1 棚橋小虎，「労働組合へ帰れ」を発表しサンジカリズムを批判．ここから友愛会幹部と直接行動派との対立激化。 国本社『国本』創刊。2.12 大本教，不敬罪および新聞紙法違反により，教主出口王仁三郎ら幹部，一斉検挙される(第1次大本教事件)。2.21 北海道蜂須賀農場小作人，小作料据置きを要求して争議。2.- 『種蒔く人』創刊(1次，～4月．大正10年10月，2次創刊，～同12年8月)。3.14 足尾銅山で，人員整理反対の同盟罷業(～4月18日．組合・古河・栃木県の代表が会談し妥結)。4.1 建設中の丹那トンネルで崩壊事故，死者16人。4.8 借地法・借家法各公布(5月15日，東京など5市で施行)。4.9 職業紹介所法公布。4.15 羽仁もと子，東京雑司ヶ谷に自由学園を創立。4.24 堺真柄・伊藤野枝・山川菊栄ら，赤瀾会を結成(最初の社会主義婦人団体．大正11年3月8日，八日会と改称)。4.28 大阪電燈会社従業員の組織する大阪電業員組合，団体交渉権などをめぐって争議(大阪電燈会社争議．以後大阪周辺で団体交渉権争議続発)。4.- 憲政公論社『憲政公論』創刊。5.2 岡本一平，初の物語漫画「人の一生」を『東京朝日新聞』に連載開始。5.7 日本海員組合結成。6.22 コミンテルン第3回大会に田口運蔵らが出席。6.28 大審院，村八分による精神的損害に対する賠償請求を認める判決。 帝国連合教育会など，市町村義務教育費国庫負担増額期成同盟会を結成。7.7 神戸の川崎・三菱両造船所職工ら，労働組合加入の自由・団体交渉権の確認・8時間労働制を要求して争議(約3万人参加，戦前最大規模の争議．8月12日，争議団「惨敗宣言」)。8.20 山崎今朝弥ら，自由法曹団結成。8.31 鉄道省『日本鉄道史』刊。8.- 岡山県藤田農場で小作争議(12月17日妥結)。9.2 ㈶日本青年館設立(理事長近衛文麿)。9.16 鈴木文治ら，東京芝に日本労働学	2.4 ウンゲルン軍，モンゴルのウルガ占領。2.21 ペルシアで，レザー=カーンのクーデタ。2.26 ソ連・ペルシア，友好条約を締結(ソ連，旧ロシア資産・治外法権などを放棄)。2.28 ソ連・クロンシュタット軍港の水兵，戦時共産主義に反対し暴動。3.8 ロシア共産党第10回大会，レーニンの新経済政策(ネップ)への移行を採択。3.16 英ソ通商協定成立(イギリス，事実上のソ連承認)。3.20 上シュレージェンで，帰属問題につき住民投票実施(ドイツへの帰属票約6割)。3.21 中部ドイツで，共産党指導による武装蜂起展開(3月闘争)。3.- ザイールでキンバング運動展開。 ケニアでハリー=トゥク指揮の反イギリス闘争高揚。4.21 モスクワに東方勤労者共産主義大学創立。5.5 連合国，ドイツに対し賠償金1320億金マルク支

西暦	年号 干支	内閣	政　治・経　済
1921 ▲	大正 10 辛酉	11.13 高橋是清内閣	事務管理)。11.4 原首相，東京駅頭で中岡艮一に刺殺される(内田康哉外相，臨時首相を兼ね翌日内閣総辞職)。11.12 尾崎行雄ら，全国普選断行同盟を結成。 ワシントン会議開催(～大正11年2月6日，日本全権加藤友三郎・徳川家達・幣原喜重郎)。11.13 高橋是清に組閣命令，全閣僚留任のまま高橋政友会内閣成立。11.14 高橋是清，政友会総裁に就任。11.17 日銀総裁井上準之助，関西銀行大会で消費節約を提唱．内務省・商業会議所など，消費節約運動を展開。11.25 皇太子裕仁親王，摂政に就任。12.13 ワシントン会議で，太平洋方面における島嶼たる領地の相互尊重および日英同盟の廃棄などを約する日英米仏四ヵ国条約調印。12.24 第45通常議会召集(12月26日開会，大正11年3月25日閉会)。12.25 憲政会政務調査総会，普通選挙案から「独立の生計」条件を削除。
1922 ▼	11 壬戌	6.12 加藤友三郎内閣	1.21 片山潜・徳田球一・高瀬清ら，モスクワで開催の極東民族会議に出席。1.22 普選断行・綱紀粛正民衆大会，東京で開催。2.2 日本全権幣原喜重郎，ワシントン会議で対華21箇条のうち第5号要求を撤回，満蒙投資優先権放棄を言明。2.4 日中両国，ワシントンで山東懸案解決に関する条約調印(日本の膠州湾租借地還付・日本軍の撤退などを約定．6月2日公布)。2.5 海軍，ワシントン会議での取り決めに基づき，戦艦土佐(三菱長崎造船所発注)をはじめ9隻に建造中止命令。2.6 ワシントン会議で，海軍軍備制限条約(大正12年8月17日公布)および中国に関する九ヵ国条約・中国の関税に関する条約(同14年8月6日公布)各調印され，全日程終了。2.24 東京市政調査会設立(安田善次郎の寄付金を基金とし，後藤新平ら設立)。2.27 衆議院，憲政会・国民党など共同提出の統一普通選挙法案を政友会の反対で否決。3.2 高橋内閣，中橋徳五郎文相の東京高等工業学校など5校の大学昇格案不成立を契機とした内閣改造問題により紛糾。3.24 貴族院，過激社会運動取締法案を修正可決(衆議院では審議未了)。3.25 衆議院，陸軍軍備縮小建議案可決(歩兵在営期間を1年4ヵ月に短縮するなど)，国民党提出の軍部大臣武官制廃止建議案修正可決。3.31 南洋庁官制公布(翌日施行)。4.20 治安警察法改正公布(婦人の政談集会への参加と発起を許可)。5.5 改正刑事訴訟法公布(大正13年1月1日施行)。6.6 高橋内閣，内閣改造をめぐり内閣不統一となり総辞職．非改造派の中橋文相ら6人を政友会から除名処分(12月8日復党)。6.12 加藤友三郎内閣成立(貴族院を基礎とし政友会が閣外協力)。6.20 摂政裕仁親王と久邇宮良子女王との結婚を勅許。6.22 対露非干渉同志会結成，即日解散を命じられる。6.24 政府，10月末を期して全シベリア派遣軍撤兵を完了する旨を声明(10月25日，北樺太を除き，撤兵完了)。7.1 泰平組合，対華兵器売込みの第2次契約を締結。7.3 海軍，軍備制限計画を発表(翌日，陸軍も発表)。7.15 日本共産党，水曜会・暁民会などの社会主義者らにより，非合法に結成(委員長堺利彦．11月，コミンテルン第4回大会で日本支部として承認され，プロレタリア独裁の確立をめざす)。8.1 井上準之助・団琢磨らの提唱により，日本経済連盟会設立。8.11 陸軍整理実施を公示(山梨軍縮)。8.15 西武鉄道㈱設立(以後私鉄の設立相つぐ)。9.1 立憲国民党解党。9.2 目黒蒲田電鉄㈱設立。9.4 日ソ長春会議開会(9月25日決裂)。9.18 臨時外交調査委員会廃止。10.14 監獄を刑務所と改称。10.20 政

社会・文化	世界
校を開設。10.1 日本労働総同盟友愛会，創立10周年記念大会挙行，日本労働総同盟に改称。 岩波書店『思想』創刊。10.15 岐阜県，小作争議取締りのため，警察犯処罰令に追加条項制定(いわゆる農業警察令．ほか10数県で順次制定)。10.- 柳原白蓮(燁子)，夫の炭鉱王伊藤伝右衛門のもとを出奔，愛人宮崎竜介のもとへ走る。11.1 信濃自由大学，長野県上田に設立(以後近隣県を中心に自由大学運動ひろがる)。11.- 三田史学会『史学』創刊。**この年** 日本史籍協会『九条家国事記録』刊(～大正11年)。 吉備群書集成刊行会『吉備群書集成』刊(～昭和7年)。 木崎愛吉編『大日本金石史』刊(～大正11年)。 【死没】 1.9 鈴木文太郎(58，解剖学)。 日比谷平左衛門(74，実業家)。1.13 伊集院五郎(70，海軍軍人)。1.27 高木壬太郎(58，教育者)。1.31 奥田正香(75，実業家)。2.2 三宅恒方(42，昆虫学)。2.9 近藤廉平(74，実業家)。 村田経芳(84，陸軍軍人)。2.15 藤浪与兵衛(2代)(56，歌舞伎小道具業)。2.22 松村雄之進(70，政治活動家)。2.24 橋口五葉(41，洋画家)。2.25 小池張造(49，外交官)。3.14 飯島魁(61，動物学)。3.26 沖野忠雄(68，土木技術者)。4.10 伊藤雋吉(82，海軍軍人)。4.16 岡崎雪声(68，鋳金家)。4.27 神田伯山(2代)(79，講釈師)。5.2 北畠治房(89，司法官)。5.5 豊沢団平(3代)(63，浄瑠璃三味線方)。5.19 福羽逸人(66，農学)。6.7 鍋島直大(76，華族)。6.8 中村梅玉(2代)(81，歌舞伎役者)。6.17 有賀長雄(62，公法学)。6.29 松岡好一(57，民間活動家)。7.25 佐藤進(77，医家)。8.11 前田正名(72，官僚)。8.27 渡辺千秋(79，官僚)。9.2 福本日南(65，ジャーナリスト)。9.12 大江卓(75，政治家)。9.28 朝日平吾(32，テロリスト)。 安田善次郎(84，実業家)。10.5 大島道太郎(62，冶金技術者)。10.- 田村又吉(69，農事功労者)。11.4 原敬(66，政治家)。12.22 坂三郎(78，茶業指導者)。12.29 林有造(80，政治家)。	払計画の受諾を要求(ロンドン最後通牒，11日ドイツ受諾)。 孫文，広東新政府非常大総統に就任(第2次広東政府成立)。7.1 上海で中国共産党結成。7.11 活仏政権と人民革命党政権との連合により，モンゴル人民政府成立。7.14 アメリカで，無政府主義者サッコとヴァンゼッティ，証拠不十分のまま死刑判決(サッコ・ヴァンゼッティ事件．'77年冤罪が判明)。7.18 モンゴル人民軍・ソヴィエト軍，ウルガに進駐。 郭沫若・郁達夫ら，東京で創造社を設立。8.- 中国共産党，上海に中国労働組合書記部設立。9.26 ランバス没(66，アメリカのメソジスト監督教会所属宣教師)。10.30 マードック没(65，アメリカの日本研究家)。11.2 アメリカ産児制限連盟結成。11.7 イタリアで国家ファシスト党成立。11.12 ワシントン会議，日・米・英・仏・伊・蘭・中・ベルギー・ポルトガルの9ヵ国参加により開催(～'22年2月6日)。12.6 アイルランド，自治法に調印し北部を除き自治領となる。
1.- 山川均『前衛』創刊。3.3 全国水平社創立大会，京都で開催(7月『水平』創刊)。3.10 平和記念東京博覧会，東京府上野公園で開催(～7月31日．入場者数1103万2574人)。 サンガー夫人(アメリカ産児制限連盟)来日．内務省，産児制限の公開講演を行わない事を条件に上陸許可。3.21 官業労働者，大阪・名古屋・八幡などで，軍縮に伴う失業救済を政府に要求する示威運動を展開。4.9 日本農民組合，神戸で結成(組合長杉山元治郎)。4.12 改正農会法(大正12年1月1日施行)・借地借家調停法(同11年10月1日施行)，各公布。4.22 健康保険法公布。4.- 市川正一ら『無産階級』創刊。5.15 新婦人協会，東京府神田で治安警察法5条2項撤廃祝賀会を開催(初の婦人政談演説会)。5.- 三浦周行『日本史の研究』刊。8.- 有島武郎，北海道狩太農場を小作人に無償で解放。9.24 長野県の下伊那自由青年連盟，発会式を挙行。9.30 日本労働組合総連合創立大会，大阪で挙行．総同盟と組合同盟会が対立し流会。10.1 全国の実業組合連合会，営業税全廃のための統一行動を展開(～10月10日)。10.- 渡辺政之輔ら，南葛労働協会を結成。11.7 大学・高校の社会思想研究団体など，学生連合会(FS)結成。11.18 アインシュタイン，改造社の招きにより来日，相対性理論ブーム起こる。11.- 東京朝鮮労働同盟会結成。12.8 日華郵便約定調印(12月29日，枢密院，調印後諮詢を不当として，政府弾劾の上奏．大正12年1月1日実施)。**この年** 仙台叢書刊行会(鈴木省三編集主任)『仙台叢書』刊(～昭和4年)。 大蔵省編『日本財政経済史料』刊(～大正14年)。 【死没】 1.3 野沢喜八郎(7代)(76，浄瑠璃三味線方)。1.4 三井高保(73，実業家)。1.9 竹内綱(84，実業者)。1.10 大隈重信(85，政治家)。1.27 日下部鳴鶴(85，書家)。2.1 山県有朋(85，政治家)。2.6 市川猿之助(初代)(68，歌舞伎役者)。2.8 樺山資紀(86，政治家)。2.15 宇都宮太郎(62，陸軍軍人)。2.17 粛親王	1.2 ローゼン没(74，帝政ロシアの外交官・男爵)。1.6 カンヌ国際会議開催．連合国，ドイツ賠償金支払いの延期を承認(～1月13日)。1.10 南アフリカ連邦，ランドの鉱山労働者のストライキ起こる。1.12 香港の海員労働者ら，ストライキ突入(3月8日，イギリス船主側，賃上げを承認)。1.15 フランス，ポワンカレ内閣成立(～'24年6月1日)。1.21 コミンテルン，第1回極東諸民族大会を開催(～2月2日)。2.5 インドのチャウリ=チャウラで，農民らによる警官殺害事件起こる(2月11日，ガンディー，非暴力・不服従抵抗運動の停止を決定)。2.15 ハーグ常設国際司法裁判所発足。2.27 孫文，北伐を宣言。2.28 イギリス，エジプトの保護統治を放棄，エジプトの名目的独立を承認(防衛権などについてはイギリスの権益を留保)。2.- 魯迅『阿Q正伝』完結。3.10 ガンディー，逮捕される(3月18日，裁判で6年の

西暦	年号 干支	内閣	政　治・経　済
1922 ▲	大正 11 壬戌	(加藤友三郎内閣)	府，普通選挙調査会を設置。10.23 帝国農会，地租軽減を決議。11.1 内務省社会局官制・内閣統計局官制・拓殖事務局官制・国勢院官制廃止各公布。11.8 犬養毅・尾崎行雄・島田三郎ら，革新倶楽部を結成。12.17 青島守備の日本軍，撤退完了。12.18 朝鮮総督府，朝鮮戸籍令制定。12.25 第46通常議会召集(12月27日開会，大正12年3月26日閉会)。12.27 世界最初の新造航空母艦鳳翔，横須賀海軍工廠で竣工。
1923 ▼	12 癸亥		2.1 ソ連のヨッフェ，後藤新平の招きにより来日，日ソ国交回復につき会談。2.2 婦人参政同盟結成。2.11 東京・大阪・京都などで，過激社会運動取締法・労働組合法・小作争議調停法案の制定反対デモ展開。2.12 衆議院，陸軍軍縮決議案を否決。2.23 普選即行国民大会，東京府芝公園で開催，大示威行進を実施(参加者2万人余．25日，指導部，院外活動を打ち切る)。2.28「帝国国防方針」および「帝国国防に要する兵力及帝国軍用兵綱領」，改訂裁可(仮想敵国をソ・米・中から米・ソ・中の順に変更)。3.1 衆議院，普通選挙法案を否決。3.8 初の国際婦人デー集会，水曜会により東京府神田で開催。3.10 北京政府，日本政府に対し，いわゆる21箇条条約の廃棄および旅順・大連の租借権満期にともなう返還を要求(14日，日本側拒否)。3.20 衆議院，中野正剛ら提出のソ連承認決議案を否決。3.30 工場法改正公布(15歳未満適用を16歳未満に引上げ，雇用者責任を加重化)・工業労働者最低年齢法公布(14歳未満の就業禁止)。4.6 産業組合中央金庫法公布(4月26日施行．12月20日同金庫成立)。4.10 瓦斯事業法公布(大正14年10月1日施行)。4.14 石井・ランシング協定廃棄に関する日米公文交換(4月16日発表)。4.18 陪審法公布(昭和3年10月1日施行)。4.23 武藤山治ら，大阪で実業同志会を結成。5.8 小作制度調査会官制公布。6.5 堺利彦ら共産党員，検挙される(第1次共産党事件)。6.26 社会主義者高尾平兵衛，赤化防止団団長邸を報復襲撃し射殺される。6.28 川上俊彦・ヨッフェ，非公式に日ソ予備交渉開始(～7月31日)。7.10 日本航空㈱設立，この月，大阪―別府間定期航路開設。8.20 紡績業者らの間に，綿糸輸入税廃止反対運動起こる。8.24 加藤友三郎首相病没，

社会・文化	世界
善耆(57，清朝皇族)。2.20 神野金之助(74，実業家)。3.5 牛場卓蔵(73，実業家)。3.12 矢板武(74，実業家)。3.23 岡村司(57，民法学)。4.3 田中源太郎(70，実業家)。4.30 荘田平五郎(76，実業家)。5.3 岸光景(84，図案家)。5.6 市川小団次(5代)(73，歌舞伎役者)。5.16 和井内貞行(65，養魚家)。5.20 江原素六(81，政治家，教育者)。5.- 常陸山谷右衛門(49，横綱)。6.20 饗庭篁村(68，小説家)。6.27 依仁親王(56，伏見宮)。7.9 森鷗外(61，小説家)。7.17 近藤虎五郎(58，土木技術者)。7.22 高峰譲吉(69，化学者)。8.9 宮崎湖処子(59，詩人)。9.25 柴四朗(71，政治家)。10.15 大井憲太郎(80，社会運動家)。10.25 樽井藤吉(73，政治家)。11.2 坪井玄道(71，体育家)。11.21 丸山名政(66，政治家)。11.- 早川千吉郎(60，官僚)。12.6 宮崎滔天(53，運動家)。 小野鵞堂(61，書家)。12.25 鈴木馬左也(62，実業家)。	禁錮刑を宣告)。4.3 スターリン，ロシア共産党中央委員会書記長に選任される。4.10 ジェノヴァ国際会議開催(5月19日．旧ロシアの債務および国際経済問題につき討議)。4.16 ドイツ・ソヴィエト，ラパロ友好条約調印(相互賠償請求放棄および国交回復を決議)。4.26 張作霖の奉天軍，呉佩孚の直隷軍と開戦(～6月17日．第1次奉直戦争)。5.1 広州で第1回全国労働大会開催(～5月5日)。6.10 ガウランド没(イギリスの化学者)。7.5 ブラジルでコパカバナ要塞の反乱起こる。7.16 上海で中国共産党第2回全国大会開催，国共合作を決議。9.4 上海で国民党改革会議開催。10.18 朝鮮労働連盟結成。10.19 イギリス，ロイド=ジョージ連立内閣，保守党の連立離脱により瓦解。10.27 ファシストのローマ進軍(10月31日，ムッソリーニ組閣，ファシスト政権成立)。11.1 ケマル=パシャ，スルタン制廃止を宣言(オスマン帝国滅亡)。11.5 ペトログラードおよびモスクワで，第4回コミンテルン世界大会開催(～12月5日)。12.30 ソヴィエト社会主義共和国連邦成立。**この年** スコット没(アメリカの教育家)。 ドイツ共和国政府，『Die Grosse Politikder Europaischen Kabinette』刊(～'27年)。
1.- 上杉慎吉・高畠素之ら，経綸学盟を創立。 菊池寛主宰『文芸春秋』創刊。 大森金五郎『武家時代之研究』刊(～昭和12年3月)。2.11 大東文化協会創立(会頭大木遠吉)。2.20 三菱地所部設計による丸ノ内ビルディング(丸ビル)完成。3.18 奈良県川西村で，水平社員と国粋会員・住民の双方各1000名以上が衝突(20日和解成立，23日から騒擾罪による一斉検挙開始)。3.26 衆議院，被差別部落民に関する因襲打破の決議案を可決。3.- 渡辺政之輔・杉浦啓一ら，労働組合内の左翼分子を結集し，「レフト」を結成。4.5 川合義虎ら，日本共産青年同盟結成。4.19 全国購買組合連合会創立。4.- 田中義成『足利時代史』刊。5.5 師範教育改造同盟，東京の師範学校同窓会などを中心として結成。5.9 文部省臨時国語調査会総会，常用漢字1962字を発表(5月12日，略字154字を発表)。5.10 早稲田大学に陸軍の援助による軍事研究団結成(12日，これに反対の文化同盟学生，右翼学生と衝突，15日，軍事研究団解散)。5.- 北一輝『日本改造法案大綱』刊。6.9 有島武郎，軽井沢で雑誌記者波多野秋子と心中自殺(7月7日発見)。6.25 奈良県五条町の浄土真宗本願寺派僧侶有志，教団改革を目的とした黒衣同盟を結成(堂班・色衣による差別撤廃などを要求)。6.- 布施辰治ら，防援会を結成。8.3 下中弥三郎・野口援太郎ら，教育の世紀社を結成，新しい教育運動の企画を公表。9.1 関東地方南部に大	1.11 フランス・ベルギー両軍，ドイツの賠償金支払い不履行を理由に共同出兵，ルール地方を占領(～'24年9月1日)。1.26 上海で孫文・ヨッフェ共同宣言．ソ連，中国革命の支援を約束。2.7 直隷軍呉佩孚，京漢鉄道労働者のストライキに対し武力弾圧(2・7事件)。2.21 孫文，広東で大元帥に就任(第3次広東政府)。3.10 北京政府，日本にたいし21箇条条約の廃棄および旅順・大連の返還を要求(日本側の拒否により，中国での反日運動高揚)。3.- ショイベ没(69，ドイツ人，京都療病院・京都府医学校の御雇外国人教師)。6.1 長沙で学生の排日運動おこり，

西暦	年号干支	内閣	政　治・経　済
1923 ▲	大正 12 癸亥	9.2 第2次山本権兵衛内閣	8月26日，内閣総辞職。8.28 山本権兵衛に組閣の命令。9.2 戒厳令，東京市周辺に発令(9月3日に東京府・神奈川県，4日に埼玉・千葉両県に適用拡大)。 朝鮮人暴動の流言広まり，自警団・警察などによる朝鮮人の迫害・虐殺始まる。 第2次山本権兵衛内閣成立(後藤新平内相・犬養毅逓相)。9.4 南葛労働会の川合義虎・純労働者組合の平沢計七ら10人，東京府亀戸署で軍隊により殺害される(亀戸事件)。9.7 治安維持の為にする罰則に関する件・支払猶予令(9月1日から30日間のモラトリアム実施)・暴利取締令を緊急勅令により各公布。9.12 帝都復興に関する詔書発布。9.13 ソ連救援船レーニン号，横浜に入港するも退去命令(翌日退去)。9.16 甘粕正彦憲兵大尉，大杉栄・伊藤野枝夫妻らを殺害(甘粕事件)。9.21 帝都復興審議会開会。9.27 帝都復興院官制公布。 日銀震災手形割引損失補償令公布(補償限度1億円)。10.15 5大臣会議により，普通選挙の採用および要綱を決定(22日閣議承認)。10.27 臨時法制審議会，内閣の普選案を審議開始，婦人参政権を否決(11月2日，納税資格条項の無条件撤廃を決定．12月5日，最終答申)。11.1 安田系銀行12行，合併して安田銀行設立(資本金1億5000万円)。11.10 国民精神作興に関する詔書。11.15 戒厳令適用の勅令廃止を公布(翌日施行)。12.10 第47臨時議会召集(12月11日開会，同23日閉会)。12.23 帝都復興計画予算案，大幅削減のうえ議会で成立。12.25 第48通常議会召集(12月27日開会，大正13年1月31日解散)。12.27 難波大助，帝国議会開院式へ向かう摂政裕仁親王を狙撃(虎の門事件．大正13年11月13日大審院，死刑判決)。 山本内閣，虎の門事件のため総辞職。
1924 ▼	13 甲子		1.7 清浦奎吾内閣成立(研究会など貴族院勢力を基礎とする)。1.10 政友会・憲政会・革新倶楽部の3派有志，清浦内閣打倒運動を開始(第2次護憲運動)。1.16 政友会分裂．床次竹二郎ら清浦内閣支持派，脱党。1.18 高橋是清・加藤高明・犬養毅3党首，三浦梧楼の斡旋により会談，

社会・文化	世界
地震(マグニチュード7.9)，東京・横浜では大火災・家屋倒壊の被害甚大(関東大震災，死者9万9331人，行方不明4万3476人，負傷者10万3733人，全壊家屋12万8266戸，焼失家屋44万7128戸，罹災者数約340万人)。**9.-** 内村鑑三講演，畔上賢造編纂『羅馬書の研究』刊。**10.6** アメリカ人ビアード，後藤新平の招きにより，東京市復興建設顧問として来日。**10.15** 三宅雪嶺『我観』創刊。**10.-** 京都帝国大学学生，伍民会を結成(大正13年5月2日，社会科学研究会と改称)。**11.1** 全水青年同盟結成。**11.13** 日本基督教連盟創立大会(国内のプロテスタント派諸教会および諸団体の統一機関)。**11.14** 総同盟，議会利用方針を決定。**11.29** 東京帝国大学学生，社会科学研究会を結成(以後各地の大学・高専・高校へ順次設立)。**12.1** 東京市築地魚市場開場式挙行。**12.14** 震災の救護活動を通じて，東京帝大セツルメント結成され，創立総会を挙行(会長末弘厳太郎)。**12.16** 右翼団体大化会会員，葬儀直前の大杉栄ら3人の遺骨を奪取。**12.18** 嶋中雄三・青野季吉ら，政治問題研究会を結成。**この年** 美濃部達吉『憲法撮要』初版刊。 古典保存会『古典保存会覆製書』第1期刊。 日本書籍協会『西郷隆盛文書』刊。 東京帝国大学文学部史料編纂掛『史料綜覧』刊行開始。 三上参次・新村出顧問，永山時英編集参与『長崎市史』刊(～昭和13年)。 【死没】 **1.8** 寺野精一(56，造船学)。 島村速雄(66，海軍軍人)。**1.14** 金原明善(92，治山・治水事業)。**2.3** 黒木為楨(80，陸軍軍人)。**2.4** 貞愛親王(66，陸軍軍人)。**2.8** 大谷光瑩(72，真宗僧侶)。**2.14** 和田巖(26，社会運動家)。**2.22** 横田国臣(74，司法官)。**3.2** 何礼之(84，官僚)。**3.6** 池辺義象(63，国文学)。**3.11** 小野金六(72，実業家)。**3.25** 井口在屋(68，発明者)。**3.26** 加藤恒忠(65，官僚)。**6.5** 鳥潟右一(41，電波研究)。**6.9** 有島武郎(46，小説家)。**6.14** ケーベル(75，哲学者)。**6.22** 松本楓湖(84，日本画家)。**6.25** 正親町実正(69，侍従長)。**6.26** 高尾平兵衛(29，社会運動家)。**7.6** 都筑馨六(63，官僚)。**7.20** 細川潤次郎(90，法制学)。**8.6** 寺尾寿(69，天文学)。**8.13** 田中萃一郎(51，史学)。**8.15** 田尻稲次郎(74，官僚)。**8.24** 加藤友三郎(63，海軍軍人)。**9.1** 圓中文助(71，製糸技術者)。 園田孝吉(76，実業家)。 松岡康毅(78，政治家)。 メーソン(70，御雇外国人)。**9.2** 厨川白村(44，評論家)。**9.4** 川合義虎(22，社会主義者)。 平沢計七(35，プロレタリア作家)。**9.5** 宮部襄(77，政治家)。**9.8** 野呂景義(70，鉄鋼技術者)。**9.16** 伊藤野枝(29，思想家)。 大杉栄(39，社会運動家)。**10.22** 坂本金弥(59，政治家)。**11.8** 大森房吉(56，地震学)。**11.14** 島田三郎(72，政治家)。**11.26** 大谷喜久蔵(69，陸軍軍人)。**11.29** 池田謙三(70，銀行家)。**12.12** 青木宣純(65，陸軍軍人)。**12.19** 小山健三(66，実業家)。**12.24** 加藤正義(70，実業家)。**12.29** 河野広中(75，政治家)。**12.30** 神田乃武(67，教育家)。**この年** 旭玉山(80，牙彫作家)。	日本海軍陸戦隊上陸(長沙事件)。**6.9** ブルガリアで，国王と結託した将校らによるクーデタおこり，スタンボリスキ政権崩壊(翌日，ツァンコフ内閣成立)。**6.10** 広州で中国共産党第3回全国大会開催，国共合作などを決議。**7.6** ソ連，憲法を採択，労働国防会議創設。**7.16** 蔣介石ら孫逸仙(孫文)博士代表団，ソ連を訪問(～12月15日)。**7.24** 連合国・トルコ，ローザンヌ講和条約に調印(セーヴル条約を改定．軍備制限・治外法権など主権制限条項の廃止，ダーダネルズ海峡非武装化)。**8.10** パンペリー没(85，アメリカの地質学者)。**8.13** ドイツ，シュトレーゼマン大連合内閣成立。**8.-** ドイツ，インフレーション進行し，マルク紙幣大暴落。**9.12** 張勲没(70，中華民国の軍閥)。**9.13** スペイン，カタルニャ総督プリモ=デ=リベーラがクーデタによりバルセロナを制圧，軍事独裁政権を樹立。**9.18** ギューリック没(92，アメリカン=ボード所属の宣教師)。**9.22** ブルガリア，共産党によるクーデタ失敗(九月蜂起)。**9.26** バイエルン州政府，シュトレーゼマン内閣からのルール地方の「消極的抵抗」中止指令に反し，全州に非常事態を宣言。**10.10** ザクセン州に，社会民主党と共産党の連合政権成立(29日，政府からの退陣要求などにより崩壊)。**10.29** トルコ，アンカラで共和国宣言(初代大統領ケマル=パシャ)。**11.8** ヒトラーら，ミュンヘン一揆を起こすも失敗。**11.15** ドイツでインフレーション深刻化し，マルク下落に伴い(1ドル＝4兆2000億マルク)，通貨安定のためレンテンマルク紙幣発行(1レンテンマルク＝1兆マルク)。**11.19** 国民党臨時中央執行委員会，新三民主義・三大政策(連ソ・容共・扶助工農)を決定。**この年** 金嘉鎮没(78，朝鮮末期の政治家)。 ラインシュ没(アメリカの政治学者・外交官)。
1.15 中央教化団体連合会結成(会長一木喜徳郎)。**2.10** 総同盟大会，東京で開催，現実主義への方向転換を宣言。**3.1** 産業労働調査所設立(主任野坂参三)。**3.15** 横須賀・呉・佐世保・舞鶴など海軍工廠の組合により，海軍労働	**1.20** 中国国民党第1回全国代表大会，連ソ・容共・工農扶助の三大政策を採択，第1次国共合作成立。

西暦	年号 干支	内閣	政　治・経　済
1924 ▲ ▼	大正 13 甲子	1.7 清浦奎吾内閣 6.11 加藤高明内閣	政党内閣の確立につき合意。1.26 摂政裕仁親王，久邇宮良子女王と結婚式挙行。 皇太子御成婚記念として，上野公園・動物園が宮内省から東京市へ下賜となり，恩赦として減刑令公布。 1.29 政友会脱党派，政友本党を結成(総裁床次竹二郎)。1.31 衆議院，前日の三党首の搭乗列車転覆未遂事件により混乱し解散。2.1 憲政擁護国民大会，東京府芝公園にて開催。2.5 護憲全国記者大会，東京上野精養軒で開催。2.15 閣議，国際労働会議労働代表の選定を，1000人以上の労働団体の互選による事に改定。2.17 東京の上野公園で護憲デモ。3.- 第1次日本共産党，解党を決議(党再建のためビューローを組織)。4.5 小作制度調査会，自作農地創定施設要綱答申案を決定(18日，同調査会廃止)。4.21 在京の15新聞社，アメリカの排日移民法に抗議する共同宣言を発表。5.10 第15回衆議院総選挙，護憲3派大勝利(憲政会151・政友会105・革新倶楽部30，政友本党は大きく後退の109・無所属69)。5.15 北京で駐華公使芳沢謙吉・ソ連駐華代表カラハン，日ソ国交回復交渉を開始。5.- 海軍省内に，軍事普及委員会を設置(昭和7年10月，軍事普及部に改組)。6.7 清浦内閣総辞職。6.11 加藤高明護憲三派内閣成立(幣原外相・若槻内相・浜口蔵相・高橋農相ら)，以後8年間政党内閣続く。6.25 第49特別議会召集(6月28日開会，7月18日閉会)。7.18 衆議院，貴族院制度改正に関する建議案を可決。8.1 大同電力㈱，アメリカで外債1500万ドル発行。8.12 各省官制通則改正公布(各省に政務次官・参与官を新設)。8.20 復興局疑獄事件発覚し，鉄道省にも波及。8.21 大蔵・内務両大臣，地方長官にたいし地方財政の整理緊縮を訓令。9.1 和田久太郎，元関東戒厳司令官福田雅太郎陸軍大将を狙撃し失敗．ついでギロチン社による爆弾事件発覚(ギロチン社事件)。9.4 政府および与党3派による普選連合協議会，普選法案大綱を決定。9.14 内務・大蔵連合協議会，行財政整理案を決定。10.10 内閣に貴族院調査委員会を設置。10.13 政府，中国に内政不干渉・満蒙利権擁護に関する覚書を交付。11.12 全国学生軍事教練反対同盟，学連を中心に結成。11.24 孫文，広東より日本経由で北京へ向かう途次，神戸で大アジア主義演説を行ない，日本の対華政策に警告。12.13 婦人参政権獲得期成同盟会，東京婦人会などを中心に結成(理事久布白落実・市川房枝．大正14年6月，婦選獲得同盟に改称)。12.24 鉄道省，東海道本線で色燈式自動信号機の使用を開始。 第50通常議会召集(12月26日開会，大正14年3月30日閉会)。

社　会・文　化	世　界
組合連盟を結成。3.- 枢密顧問官平沼騏一郎ら，国本社を創立(5月，雑誌『国本』創刊)。4.12 鈴木文治，第6回国際労働会議労働代表に決定(初の労働組合からの選出)。4.20 総同盟関東鉄工組合大会，主事選出に関し粉糾(総同盟第1次分裂の契機)。4.27 安部磯雄ら，日本フェビアン協会を創立。4.- 大川周明・安岡正篤・満川亀太郎ら，行地会を結成(維新日本建設などを綱領．大正14年2月11日，行地社と改称)。5.2 京城帝国大学官制公布。5.23 内務省，震災後の住宅難救済のため，㈶同潤会を設立(木造普通住宅およびアパートメントハウスの大量建築に着手)。5.30 全国小学校女教員会結成。5.- 東京大学国語国文学会『国語と国文学』創刊。 日本フェビアン協会『社会主義研究』創刊(～大正14年)。6.1 荻野久作，荻野式避妊法を『日本婦人科学会雑誌』に発表。6.10 東京帝大セツルメント，東京府本所柳島に開設。6.13 築地小劇場，小山内薫・土方与志らにより開業．第1回公演，ゲーリング作・伊藤武雄訳「海戦」ほか上演。6.26 嶋中雄三・青野季吉ら，無産政党創立準備のため，政治研究会を結成。6.-『文芸戦線』創刊。**この頃** 南海・阪神・大阪市電など，関西交通機関の争議続発。7.22 小作調停法公布(宮城・福島・長崎など9県を除き，12月1日施行．のち順次拡大)。8.1 阪神甲子園球場竣工(13日同球場で第10回全国中等学校野球大会を開催)。9.5 松本女子師範付属小学校での公開授業視察中の視学委員ら，森鷗外『護持院ヶ原の敵討』を補助教材とした修身授業を非難(27日，担当訓導休職．川井訓導事件)。9.14 学生連合会，学生社会科学連合会(学連)に改称(大正14年7月16日，全日本学生社会科学連合会に再改称)。10.4 農商務省農務局に新設された小作官を任命(小作争議の調停などを務める)。11.10 高等学校長会議，各校の社研の解散措置を決定(～14日)。11.29 ベートーベン「第9交響曲」，東京音楽学校第48回公演にて初演(指揮クローン，演奏東京音楽学校管弦楽団)。11.30 香川県香川郡太田村伏石の農民，地主の立毛競売落札にたいし，競落稲の無断刈取りおよび脱穀を強行(伏石事件)。11.- 吉野作造・尾佐竹猛ら，明治文化研究会を結成。12.4 日大・早大などの女子聴講生，女子学生連盟を結成。12.10 総同盟関東労働同盟会，内紛激化により左派4組合を除名(20日，除名組合をはじめ左派6組合，総同盟関東地方評議会を結成)。12.29 内務省，労働者募集取締令公布。**この年** 東京大学史料編纂所『古簡集影』創刊。 東京大正一切経刊行会『大正新修大蔵経』刊(～昭和9年)。 【死没】 1.17 仲小路廉(59，政治家)。1.18 神保小虎(58，鉱物学)。1.27 長谷川好道(75，陸軍軍人)。1.31 萩野由之(65，国史学)。1.- 原勝郎(54，歴史家)。2.13 杉浦重剛(70，政治家)。2.21 中村春二(48，教育者)。3.4 和田豊治(64，実業家)。3.9 田中長兵衛(2代)(67，実業家)。3.30 福原有信(77，実業家)。4.1 八代国治(52，歴史家)。4.26 伊集院彦吉(61，外交官)。6.4 野沢吉兵衛(6代)(57，文楽三味線)。7.1 小山益太(64，果樹園芸家)。7.2 松方正義(90，元老)。7.4 下橋敬長(80，和歌)。7.8 吉川治郎左衛門(69，農村指導者)。7.15 黒田清輝(59，洋画家)。7.23 安成貞雄(40，評論家)。7.29 西村天囚(60，ジャーナリスト)。8.15 郡司成忠(65，海軍軍人)。8.18 三笑亭可楽(6代)(79，落語家)。8.27 今西林三郎(73，実業家)。9.8 奥繁三郎(64，政治家)。9.29 人見一太郎(60，ジャーナリスト)。10.6 鈴木泉三郎(32，劇作家)。10.22 阿部泰蔵(76，実業家)。10.27 安藤太郎(79，外交官)。10.28 岸本吉右衛門(67，岸本商店)。10.29 常磐津文字兵衛(2代)(68，常磐津節三味線方)。11.2 三遊亭円朝(2代)(65，落語家)。11.14 阿部宇之八(64，ジャーナリスト)。11.15 難波大助(26，虎の門事件犯人)。11.17 高瀬真卿(70，ジャーナリスト)。12.8 山村暮鳥(41，詩人)。12.24 中村彝(38，洋画家)。12.31 富岡鉄斎(89，文人画家)。**この年** 西川伝右衛門(10代)(67，近江商人)。	1.21 レーニン没。1.22 イギリス，第1次マクドナルド労働党内閣成立(はじめての労働党政権)。2.1 イギリス，ソ連を承認(7日，イタリアも承認)。3.3 トルコ，カリフ制を廃止。3.22 メンデンホール没(82，アメリカの御雇外国人・物理学者)。4.6 イタリアのファシスト党，新選挙法に基づく総選挙で絶対多数議席を獲得。4.9 対ドイツ賠償委員会(委員長ドーズ)，ドイツの賠償支払案(ドース案)を作成(支払い額軽減および外資導入を提起．4月16日ドイツ政府受諾)。4.11 デンマークで初の左派政権，スタウニング社会民主党内閣成立。4.18 全朝鮮労農総同盟結成。5.7 ペルー人アヤ=デ=ラ=トーレ，亡命先のメキシコでアプラ(アメリカ革命人民同盟)を結成。5.11 フランス下院総選挙，左翼連合が過半数を獲得(6月14日，エリオ急進社会党内閣成立)。5.15 アメリカ議会，新移民法(いわゆる排日移民法)を可決(5月26日クーリッジ大統領裁可，7月1日施行)。5.31 中ソ協定調印され，外交関係を樹立(ソ連，旧ロシアの対中各種権益を放棄)。6.10 イタリア社会党議員マテオッティ，ファシストに暗殺される。6.16 黄埔軍官学校，ソ連の援助により開校(校長蔣介石，国民党代表廖仲愷，政治部長周恩来，ソ連顧問ブリュッヘル将軍)。6.27 反ファシズム派議員，議会を離れアヴェンティーノ連合を形成。9.15 第2次奉直戦争勃発(～11月3日．直隷軍敗れ，呉佩孚逃亡)。9.18 孫文，第2次北伐宣言。9.20 張作霖，ソ連と協定を締結(奉ソ協定)。10.13 イヴン=サウード，メッカを占領。10.23 呉佩孚の部下馮玉祥，クーデタ起し北京を占領，曹錕を幽閉し国民軍を組織(北京政変．11月24日，段祺瑞，馮・張作霖に推され臨時執政・国民軍大元帥に就任)。10.25 イギリス，ジノヴィエフ事件起こる。10.27 ソ連中央執行委員会，中央アジア境界区分の再編成を承認，ウズベク・トゥルクメン両共和国

西暦	年号干支	内閣	政　治・経　済
1924 ▲	大正 13 甲子	(加藤高明内閣)	
1925 ▼	14 乙丑		1.20 日ソ基本条約，北京で調印され，日ソ国交樹立(２月25日批准，２月27日公布)。1.26 米穀輸入税免除令公布。1.- 佐野学ら，上海で１月テーゼを作成，日本共産党再結成を決定。2.13 枢密院，普通選挙法案に関し政府と妥協。2.20 ㈾高田商会，内閣に救済融資を拒否され破綻，翌日から休業，中井銀行の倒産などに波及。2.22 普通選挙および貴族院改革断行国民大会，東京の国技館で開催。3.2 衆議院，普通選挙法案(衆議院議員選挙法改正案)を修正可決(26日，貴族院，修正可決)。3.7 衆議院，治安維持法案を修正可決(３月19日，貴族院，修正可決し同法案成立．４月22日公布．５月12日施行)。3.29 普通選挙法，両院協議会案により成立(５月５日公布．納税要件撤廃され，男子普通選挙実現)。 近衛文麿・田沢義鋪ら，新日本同盟を結成。3.30 牧野伸顕，内大臣に就任。 輸出組合法(輸出振興・中小輸出業者の保護などを目的)，重要輸出品工業組合法(中小工業事業者にたいするカルテル組合法)，各公布(９月１日各施行)。3.31 農商務省廃され，農林省官制・商工省官制各公布(４月１日各設置，高橋是清，農相兼商相に就任)。4.1 大蔵省に預金部を設置。4.4 政友会総裁高橋是清，総裁引退を声明(13日，後継総裁に田中義一就任．16日，高橋，農相・商相を辞し引退)。4.6 浅原健三ら，福岡県八幡で九州民憲党を結成(以後無産政党，各地で結成)。4.13 陸軍現役将校学校配属令公布(陸軍現役将校による教練授業を実施)。4.17 朝鮮共産党，京城(現ソウル)で結成。4.20 逓信省，東京―大阪―福岡間に定期航空郵便を開設。5.1 陸軍４個師団(高田・豊橋・岡山・久留米)の廃止を公示(宇垣軍縮)。5.5 貴族院令改正公布(有爵議員の減員および帝国学士院互選による勅選議員設置など)。5.8 普通選挙法公布に伴う特赦。5.14 革新倶楽部・中正倶楽部，政友会に合同。5.15 北樺太派遣軍，撤退完了。5.28 犬養毅逓相，政界からの引退を表明(30日，逓相を辞し政界を引退)。 日本軍，青島の在華紡績スト鎮圧のため，旅順より駆逐艦２隻を派遣。5.30 尾崎行雄ら革新倶楽部残留派および中正倶楽部残留派，合同して新正倶楽部を結成。6.11 朝鮮総督府，奉天省と「不逞鮮人」取締りに関する協定を調印(三矢協定)。6.18 在華日本紡績同業会設立。7.30 閣議，税制整理案をめぐり紛糾．政友会の小川法相・岡崎農相，反対のため退席。7.31 加藤内閣，閣内不統一のためいったん総辞職(８月１日，再組閣拝命)。8.2 加藤高明憲政会内閣成立(護憲三派を解消，憲政会単独内閣)。8.5 治安維持法改正法案(17条・30条削除など)・労働争議調停法案・労働組合法案，行政委員会に付議。8.10 第１回無産政党組織準備協議会，日本農民連合の呼びかけにより大阪で開催。8.- 共産主義グループ結成(９月20日，合法機関紙『無産者新聞』創刊)。10.15 小樽高商，朝鮮人暴動を想定した軍事教練を実施．全国で朝鮮人・労働者・学生を中心に軍事教育反対運動展開(小樽高商事件)。10.20 朴烈・金子文子夫妻，大逆罪容疑で起訴される。11.1 山手線電車，神田―上野間の高架線開通にともない，環状運転を開始。11.19 北京関税会議，中国の関税自主権につき，原則的承認を決議。12.1 農民労働党結成(書記長浅沼稲二郎)．即日結社禁止。12.8 白川義則関東軍司令官，張作霖・郭松齢両軍に対し，満鉄付属地付近での戦闘禁止を警告。12.14 日・ソ両国，石炭および石油に関する北樺太利権協約を調印。12.23 鉄鋼協議会設立(生産分野調整などの官民連絡組織)。12.25 第51通常議会召集(12月26日開会，大正15年３月25日閉会)。

社　会・文　化	世　界
	のソ連加入を決定。**10.29** イギリス労働党，総選挙で保守党に大敗(11月7日，第2次ボールドウィン保守党内閣成立)。**11.5** 馮玉祥，溥儀を紫禁城から追放。**11.26** モンゴル人民共和国成立。**この年** シュミーデル没(67，ドイツ人，普及福音新教伝道会宣教師)。
1.17 日本労働総同盟内左派組織関東地方評議会『労働新聞』創刊。**1.18** 群馬県世良田村で村民2000人，被差別部落23戸を襲撃。**1.-** 講談社『キング』創刊。 備後郷土史会『備後史談』創刊。**2.11** 治安維持法・労働争議調停法・労働組合法の３悪法反対示威運動，東京など各地で展開。 東大学生ら，七生社結成(指導者上杉慎吉，新人会を打倒目標)。**3.1** 東京府芝浦の東京放送局(JOAK)，試験放送を開始(３月22日，仮放送，７月12日，本放送を開始．聴取料月１円，聴取者5455人)。**3.-** 山田耕筰・近衛秀麿ら，日本交響楽協会を結成(大正15年９月分裂)。**4.1** 新橋演舞場開場，こけら落としに新橋芸妓による第１回「東おどり」公演。**4.15** 大日本連合青年団，名古屋で発団式挙行(理事長一木喜徳郎)。**4.16** 総同盟，関東地方評議会加盟組合を除名(５月24日，元総同盟左派の被除名組合ら，日本労働組合評議会を結成．総同盟第１次分裂)。**5.1** 産業組合中央会『家の光』創刊．**5.23** 兵庫県但馬地方に大地震(死者・行方不明428人．但馬大地震)。**6.17** 警視庁，大阪の秘密結社「黒社」(ブラック社)の幹部２人を検挙(初の治安維持法違反)。**6.20** 日本労働組合評議会『労働新聞』創刊。**6.-** 日本工学会『明治工業史』刊(～昭和６年12月)。**7.25** 朝日新聞社の訪欧飛行機初風・東風，東京の代々木練兵場を出発(モスクワ・ベルリン・パリ・ロンドンなどを経て，10月27日ローマ到着．全航程１万6000キロ，実飛行時間116時間21分)。**7.-** 細井和喜蔵『女工哀史』刊。**8.18** 内務省社会局，労働組合法案を公表(いわゆる社会局案．組合保護規定充実も，各省の反対により修正，衆議院審議未了により廃案)。**9.18** 帝国議会議事堂全焼。**9.20** 東京６大学野球リーグ開始。 無産者新聞社『無産者新聞』創刊。**9.21** ソ連労働組合代表レプセら来日。**9.22** 中央融和事業協会(中融)創立(会長平沼騏一郎)。**10.1** 第２回国勢調査実施(内地人口5917万9200人)。**10.4** 大日本地主協会，大阪に設立。**10.15** 京城(現ソウル)に朝鮮神宮創建(天照大神・明治天皇を祭神)。**10.19** 早慶野球戦，20年ぶりに復活。**10.21** 醜業を行わしむる為の婦女売買取締りに関する国際条約および議定書に加入。**10.-** 教部省編『特選神名牒』刊。**11.5** 蓑田胸喜・三井甲之ら，原理日本社を結成し，『原理日本』創刊。**11.14** 東京帝国大学に地震研究所を設置。**12.1** 京都警察部，社研学生検挙のため，京都帝大寄宿舎に無断立入・家宅捜査し問題化。**12.6** 日本プロレタリア文芸連盟(プロ連)・同演劇部(トランク劇場)結成。**12.28** ㈶大日本相撲協会創立(昭和32年12月１日，日本相撲協会に改称)。**この年** 矢吹正己編『作州百姓一揆叢書』成る。 江川喜太郎編『政戦録』出版。 モンタヌス著・和田万吉訳『モンタヌス日本誌』刊。 井尻常吉編『歴代顕官録』刊。 与謝野寛・与謝野晶子・正宗敦夫編輯校訂『日本古典全集』刊(～昭和19年)。 東京帝国大学文学部史料編纂掛『古文書時代鑑』刊(～昭和２年)。 石川佐久太郎・長連恒・植松安・山崎麓ほか編輯校訂『日本文学大系』刊(～昭和３年)。 【死没】 **1.2** 日下部三之介(70，教育評論家)。**1.4** 平瀬作五郎(70，植物学)。**1.8** 植村正久(69，牧師)。**1.23** 藤間勘右衛門(２代)(86，振付師)。**2.4** 横田千之助(56，政治家)。 東儀鉄笛(57，音楽家)。**2.14** 渡辺廉吉(72，裁判官)。**2.15** 木下利玄(40，歌人)。**3.1** 小池国三(60，証券業者)。**4.2** 小河滋次郎(63，監獄学)。**4.14** 平田東助(77，政治家)。**4.23** 野村宗十郎(69，印刷人)。**5.6** 岡村柿紅(45，劇作家)。**6.10** 大町桂月(57，詩人)。**6.16** 矢嶋楫子(93，社会運動家)。	**1.23** クロパトキン没(76，ロシアの将軍)。**1.30** 宋秉畯没(68，朝鮮末期の親日政治家)。**1.-** 中国共産党第４回全国大会，上海で開催。**3.10** ソ連軍，モンゴルから撤兵。**3.12** 孫文，北京で病没(60)。 ピゴット没(72，イギリスの法律家)。**4.17** 朝鮮共産党結成。**4.26** ヒンデンブルク元帥，ドイツ大統領選挙に当選。**4.28** イギリス，金本位制に復帰。**4.29** 蔣介石，国民党軍司令官に就任。**5.1** 劉少奇ら，上海で中華全国総工会を結成。**5.15** 上海の内外綿紡績工場，争議不穏の状況から閉鎖．同工場工員及び住民，同工場を襲い機械を破壊，警備の社員と衝突し死傷者を出す。**5.30** 上海の共同租界で，労働者・学生2000人余，内外綿紡績工場に対する抗議デモ．イギリス警官隊，同デモに発砲し死者11人(５・30事件)。 モッセ没(78，ドイツの法律家)。**6.1** 上海の労働者・学生・商人ら，５・30事件に対する抗議ゼネスト(反帝運動，中国各地に波及)。**6.23** イギリス・フランス両軍陸戦隊，広州で中国人デモ隊を弾圧，中国人死者50人余(沙基事件)。**6.-** グエン=アイ=クオック，広州でヴェトナム青年革命同志会を結成。**7.1** 中華民国国民政府，広州に樹立(主席汪兆銘・外交部長胡漢民・蔣介石ら政治委員16名による合議体制)。**7.18** シリアで，フランス委任統治に対するドルーズ派の反乱勃発(～'27年10月)。**7.21** 米テネシー州で進化論を教えた高校生物教師に「聖書の教義を否定した」として罰金100ドルの判決(いわゆる「サル裁判」で論争活発化)。**8.2** キューバ全国労働者同盟，第３回全国労働者会議において結成。**8.16** キューバ共産党結成。**10.5**

西暦	年号干支	内閣	政治・経済
1925▲	大正14乙丑	（加藤高明内閣）	
1926▼	昭和12.25丙寅	1.30第１次若槻礼次郎内閣	1.12 東洋レーヨン㈱設立（資本金1000万円，本社東京）。1.15 政友本党脱党の鳩山一郎ら，同交会を結成（２月12日，政友会と合同）。1.28 加藤高明首相病没し，内閣総辞職。1.29 若槻礼次郎，憲政会総裁に就任。1.30 第１次若槻礼次郎憲政党内閣成立。2.28 大阪松島遊郭移転に関する疑獄事件発覚（４月30日，箕浦勝人元逓相，起訴される）。3.4 憲政会中野正剛，衆議院で田中義一政友会総裁を陸相時代のシベリア出兵関係機密費横領について追及（昭和元年12月27日，証拠不十分により不起訴．朴烈事件）。3.5 労働農民党，大阪で結成（委員長杉山元次郎）。3.25 大審院，朴烈・金子文子に死刑宣告（４月５日，無期懲役に減刑．７月23日，金子自殺．７月29日，怪写真事件起る）。3.27 所得税法改正・地租条例改正・営業収益税法・資本利子税法など公布，営業税法・通行税法・売薬税法など廃止され，税法整理施行される。3.30 郵便年金法公布（10月１日施行）。3.31 製鉄業奨励法改正公布（インド銑鉄輸入防圧などのため，国内事業者への助成強化．４月10日施行）。5.3 東京市政刷新同盟結成。5.21 農林省，自作農創設維持補助規則を公布。5.25 小作調査会官制公布。6.4 地方官官制改正公布（郡役所を廃止．各道府県に知事官房・内務部・学務部・警察部を設置，土木部・産業部・衛生部を設置可能と規定．７月１日施行）。6.24 府県制・市制・町村制各改正（普通選挙実施および自治権拡大のため）．６大都市行政監督特例公布．７月１日各施行。 倉敷絹織㈱設立（資本金1000万円．本社倉敷．社長大原孫三郎）。7.21 一年志願兵及一年現役兵服務特例公布。9.1 住友伸銅鋼管㈱設立（資本金1500万円．のちの住友金属工業）。9.3 浜松市会議員選挙（普通選挙法による最初の地方選挙）。10.1 陸軍省官制中改正，整備局を設置（軍備の近代化推進・軍需工業の育成を目的）。10.15 政府，正貨現送再開を表明（翌日再開され，金解禁準備との見方から対米為替上昇）。10.17 日本農民党結成（幹事長平野力三）。10.19 議会解散請願運動全国協議会，大阪で開催．労働農民党左派，同党に門戸開放を要求（24日，総同盟など右派，同党を脱退）。11.7 若槻首相，大阪松島遊廓移転に関する疑獄事件につき，証人として取調べをうける。12.4 共産党，第３回大会を山形県五色温泉で開催し再結成。12.5 社会民衆党結成（委員長安部磯雄．総同盟など労働農民党脱退の右派中心）。12.9 日本労農党結成（書記長三輪寿壮）。12.12 労働農民党，大会で左翼無産政党としての再出発を決定（委員長大山郁夫）。12.14 後

社会・文化	世界
8.7 久津見蕨村(66，ジャーナリスト)。8.18 細井和喜蔵(29，小説家)。9.15 寺尾亨(68，国際法学)。9.25 浜尾新(77，行政官)。9.27 湯本武比古(71，教育家)。10.15 古田大次郎(26，社会運動家)。10.27 滝田樗陰(44，雑誌編集者)。上野岩太郎(59，新聞記者)。11.12 石川半山(54，ジャーナリスト)。11.22 下岡忠治(56，政治家)。12.22 岡野敬次郎(61，商法学)。12.27 岡部長職(72，外交官)。	ロカルノ会議開催(～16日)。10.16 英・仏・伊・ベルギー・ポーランド・チェコ・独の7ヵ国，ロカルノ条約に仮調印(ドイツ西部国境の現状維持および不可侵・ライン左岸非武装化・ドイツの国際連盟加入など規定．12月1日正式調印)。11.22 奉天派郭松齢，馮玉祥と結び張作霖に反旗。11.23 戴季陶ら中国国民党右派，北京西山で会議，反共・反ソの決議(西山会議派を形成)。12.12 レザー=ハーン，ペルシア議会から国王に推戴される('26年4月25日国王に即位，パーレヴィー朝成立)。12.18 ソ連共産党第14回大会開会(～31日．スターリンの「一国社会主義理論」を採択)。12.20 モース没(87，アメリカの生物学者)。12.21 イービ没(81，カナダ=メソジスト教会宣教師・神学博士)。12.28 インド共産党創立。12.30 徐樹錚没(46，中国，北洋軍閥安徽派の軍人)。**この年** ヒトラー『わが闘争』刊行。シュルツェ没(86，ドイツの外科学者)。クーラン没(61，フランスの東洋学者)。
1.15 京都帝大など全国の社研学生検挙．初の治安維持法適用事件(京都学連事件)。1.20 共同印刷㈱従業員2300人，会社規則作成および労働条件をめぐり，争議に突入(日本労働組合評議会指導．3月18日調停成立)。 安部磯雄ら，独立労働協会結成。2.11 建国会赤尾敏ら，在郷軍人会などと第1回建国祭を挙行(東京府の芝公園など3ヵ所から宮城前まで約3万人がデモ行進)。2.16 政府，労働組合法案を衆議院に提出(審議未了で不成立)。 総同盟製鋼労働組合，日本製鋼と団体協約を締結。2.- 福本和夫，『マルクス主義』紙上「山川氏の方向転換論の転換より始めるべからず」などで，山川均を批判(この頃より福本イズム風靡)。4.9 労働争議調停法(公共企業などの労働争議の強制調停)・治安警察法改正(ストへの勧誘行為に対する処罰規定である第17条・30条の削除)各公布(7月1日施行)。4.10 暴力行為等処罰法公布。4.20 青年訓練所令公布(7月1日施行)。4.22 小学校令改正公布(日本歴史を国史と改称)。4.26 浜松の日本楽器従業員1200人余，「衛生設備の完成」などの待遇改善要求をめぐり争議(評議会の支援を受けるも，8月8日，労働者側大敗北で終結)。5.1 東京府美術館(岡田信一郎設計)開館。5.5 新潟県木崎村での4年来の小作争議激化．立入禁止処分に反対する農民，警官隊と衝突，29人が検挙(5月18日，争議参加者の児童，同盟休校．6月15日，無産農民学校設立)。5.13 宗教制度調査会官制公布(神道・仏教各派から宗教法案反対運動おこる)。5.23～ 北海道の十勝岳噴火・土石流発生，死者144人。5.29 岡田良平文相，高校・高専に対し，学生・生徒の社会科学研究を禁止する旨通達。6.5 東京帝大・早稲田大学などで，岡田文相に抗して学生自由擁護連盟結成される(6月28日，全日本学生自由擁護同盟結成)。6.- 渡辺世祐『関東中心足利時代之研究』刊。 滝本誠一・向井鹿松編『日本産業資料大系』刊(～昭和2年3月)。7.18 長野市で，県下警察署の統廃合に反対する県民，暴徒化して1万人の群衆が県庁・県会議事堂などを襲撃，862人検挙される。8.1 全	1.4 中国国民党第2期全国代表大会，広州で開催(～1月19日)．汪兆銘・蔣介石，実権を掌握し西山会議派を除名。2.11 李完用没(69，朝鮮末期の親日的政治家)。3.12 日本海軍，大沽を砲撃，国民党軍と交戦中の奉天軍を支援。3.20 蔣介石，広州を戒厳下に置き封鎖，周恩来ら軍内部の共産党員の逮捕，中山艦の占拠などを断行(中山艦事件)。4.24 独ソ中立条約(ベルリン条約)調印。5.1 イギリスで，炭鉱スト始まる(5月3日，200万人以上の労組員によるゼネストに発展．～5月12日)。5.12 ポーランドで，ピウスツキ元帥のクーデタおこる(14日，ワルシャワ占領)。6.10 京城(現ソウル)で，独立万歳運動起る。7.9 蔣介石，国民革命軍総司令に就任，北伐を開始。7.15 フランス，ブリアン内閣総辞職．「左翼連合」内閣時代終焉。7.28 ポワンカレ「国民連合」内閣成立。9.5 イギリス軍艦，四川省万県砲撃(万県事件)。9.8 ド

西暦	年号 干支	内閣	政　治・経　済
1926 ▲	昭和 12.25 丙寅	(第1次若槻礼次郎内閣)	藤新平の斡旋により，政友会および政友本党の提携成立。**12. 24** 第52通常議会召集(12月26日開会．昭和2年3月25日閉会)。**12. 25** 天皇没(昭和2年1月19日，大正天皇と追号)．摂政宮裕仁親王践祚し，昭和と改元。
1927 ▼	2 丁卯	4.20 田中義一内閣	**1. 20** 若槻礼次郎首相，内閣不信任案の提出をうけ，政友会総裁田中義一・政友本党総裁床次竹二郎と会談(3党首会談)，「深甚なる考慮」を約し政争中止。**1. 21** 幣原喜重郎外相，イギリス提案の上海防衛のための共同出兵案を拒否。**2. 7** 大正天皇大喪．東京新宿御苑で挙行(大赦13万人余，減刑4万人余)。**2. 25** 憲政会・政友本党，憲本連盟の覚書を交換(両党の合同を約す)。**3. 3** 衆・貴両院の建議にもとづき明治節制定の詔書発布。**3. 14** 片岡直温蔵相，衆議院予算総会で東京の渡辺銀行破綻と発言(実際は決済終了)．翌15日，同銀行など休業(金融恐慌の勃発)。**3. 21** 日本銀行，市中銀行に非常貸出を実施(23日までに6億円超える)。**3. 24** 南京の日本領事館，南京に入城した国民革命軍に襲撃され，館員ら暴行をうける(南京事件)。**3. 30** 震災手形損失補償公債法・震災手形善後処理法・銀行法各公布。**4. 1** 兵役法公布(徴兵令を廃し，軍縮に対応した制度改正．12月1日施行)。**4. 3** 湖北省漢口で，日本軍水兵と中国人群衆とが衝突．群衆，暴動化し日本租界を襲撃．日本陸戦隊，租界防備のため上陸し，租界を確保(漢口事件)。**4. 4** ㈱鈴木商店，新規取引の中止を発表(7月31日閉店)。**4. 17** 枢密院，台湾銀行救済緊急勅令案を否決．若槻内閣総辞職。**4. 18** 台湾銀行，在台湾支店を除き全支店休業を発表，取付，全国に波及。**4. 20** 田中義一政友会内閣成立(蔵相に高橋是清)。**4. 22** 金銭債務の支払延期及手形等の権利保存行為の期間延長に関する件，緊急勅令により公布し即日施行(期間3週間のモラトリアム)。**4. 25** 全国の各銀行，営業を再開。**4. 28** 労働農民党・労農党など，対支非干

社会・文化	世界
日本無産青年同盟結成(第1回全国大会開催)。8.6 日本放送協会，東京・大阪・名古屋の3放送局合同により設立(後のNHK)。 同潤会，東京府向島に初の公営鉄筋アパート，中ノ郷アパートを完成。8.20 岩淵熊治郎，千葉県久賀村で4人を殺傷し山林へ逃亡(9月11日，山狩の警官を殺害．9月30日，自殺．鬼熊事件)。8.29 人見絹枝，スウェーデン開催の第2回国際女子陸上競技大会で個人総合優勝(走幅跳5メートル50など世界新記録)。10.9 石川島造船に，石川自彊組合結成される(日本主義労働運動を展開)。11.12 松本治一郎ら水平社幹部，福岡第24連隊差別反対闘争に関わり，連隊爆破陰謀容疑で検挙される。 軍艦三笠，横須賀での保存工事完了，記念式典を挙行。11.14 日本プロレタリア文芸連盟，日本プロレタリア芸術連盟(プロ芸)に改称。11.- 平泉澄『中世に於ける社寺と社会との関係』刊。12.4 棚橋小虎ら総同盟中間派，日本労働組合同盟を結成(総同盟第2次分裂)。12.- 改造社，『現代日本文学全集』を頒価1円で発刊，円本時代の幕開け。 農商務省商務局『本邦小作慣行』発行。 労働者社『労働者』創刊。 大日本帝国議会誌刊行会『大日本帝国議会誌』刊(～昭和5年12月)。**この年** 江崎政忠・船越政一郎『浪速叢書』刊(～昭和5年)。 高野辰之『日本歌謡史』刊。 育徳財団『尊経閣叢刊』刊(昭和27年4月を最後に中絶)。 中田薫『法制史論集』刊(～昭和39年)。本庄栄治郎・土屋喬雄・中村直勝・黒正巌共編『近世社会経済叢書』刊(～昭和2年)。 【死没】 1.1 菊池九郎(80，政治家)。1.2 村井吉兵衛(63，実業家)。1.15 小栗風葉(52，小説家)。1.28 加藤高明(67，政治家)。 三浦梧楼(81，政治家)。1.29 小沢武雄(83，陸軍軍人)。 古今亭志ん生(4代)(50，落語家)。2.1 石橋忍月(62，評論家)。2.5 松本白華(89，真宗僧侶)。2.10 箭内亘(52，東洋史学)。2.14 大木遠吉(56，政治家)。2.20 内藤鳴雪(80，俳人)。3.6 佐々木月樵(52，仏教学)。3.27 島木赤彦(51，歌人)。4.7 尾崎放哉(42，俳人)。 渡辺霞亭(63，小説家)。穂積陳重(71，法学)。4.10 大島義昌(77，陸軍軍人)。4.15 中浜哲(30，詩人)。4.28 川村景明(77，陸軍軍人)。5.10 斎藤宇一郎(61，代議士)。5.26 望月太左衛門(8代)(36，歌舞伎囃方)。6.4 落合謙太郎(57，外交官)。6.7 森川源三郎(82，篤農家)。7.17 宇田成一(77，自由民権家)。8.30 名和靖(70，昆虫研究家)。9.9 吉田玉造(3代)(67，人形遣い)。9.10 目賀田種太郎(74，官僚)。9.11 尾上松之助(52，映画俳優)。9.13 早速整爾(59，政治家)。10.22 日置益(66，外交官)。10.23 伊庭貞剛(80，実業家)。11.4 森久保作蔵(72，政治家)。11.28 高平小五郎(73，外交官)。12.10 鈴木天眼(60，新聞人)。12.25 大正天皇(48)。 荘清次郎(65，実業家)。**この年** 跡見花蹊(跡見女学校)。 楯山登(51，箏曲家)。	イツ，国際連盟に加入，常任理事国となる。10.19 イギリス帝国会議開催(～11月18日)，本国と自治領との平等および王への共通の忠誠を宣言。10.23 上海の労働者，武装蜂起決行するも翌日失敗。ソ連共産党中央委員会，トロツキーらの政治局からの追放およびジノヴィエフのコミンテルン議長からの解任を決定(スターリンの独裁体制強まる)。11.12 インドネシア共産党，バタヴィアなどで武装蜂起(～'27年7月)。11.27 イタリア・アルバニア，第1次チラナ条約調印(現状維持および相互不干渉を協定)。12.1 16軍閥連合して天津で「安国軍」結成。**この年** グーチ・テンパリー編『British Documents on the Origins of the War』刊(～'38年)。
1.1 安岡正篤，金鶏学院を創立(院長酒井忠正，学監安岡)。1～2月 健康保険料の経営側の全額負担要求を掲げる争議続発。3.7 北丹後地方に大地震(死者3589人，全壊・全焼家屋6155戸．丹後地震)。3.27 女子学生社会科学連合会結成。4.29 大日本連合女子青年団創立(全国150万人余の処女会を統一)。5.30 京都地方裁判所，学連事件に有罪判決(初の治安維持法の適用)。6.18 日農第1回立入禁止反対デー実施。6.19 青野季吉・蔵原惟人ら，労農芸術家同盟(労芸)を結成。6.- 立憲民政党『民政』創刊。7.10 岩波文庫，刊行開始(夏目漱石『こゝろ』ほか22点)。7.13 文芸家協会など38団体，検閲制度改正期成同盟を結成。7.- 田尻佐編『贈位諸賢伝』刊。8.3 第1回全国都市対抗野球大会，神宮球場で開催。8.13 日本放送協会，甲子園から第13回全国中等野球大会をラジオ放送(初のスポーツ実況中継)。9.1 内務省，出版物の発禁該当部分を削除し出版社に差戻す分割還付を実施。9.16 千葉県の野田醤油会社従業員，労働条件改善を要求して争議(野田醤油争議．～昭和3年4月20日．戦前最長の争議)。10.2 全国婦人同盟結成。10.- 富山県で電燈料値下げ運動起る(昭和5年にかけて全国に波及)。11.- 新村出監修『海表叢書』刊(～昭和3年11月)。12.- 肥前史談会『肥前史談』創刊(『肥前史談会講演集』	1.1 国民政府，武漢に移転。2.15 京城(現ソウル)で，民族運動組織の新幹会結成。3.12 毛沢東，「湖南農民運動調査報告」を公表。3.13 ラグーザ没(86，イタリアの彫刻家)。3.21 康有為没(70，清末の変法運動の指導者)。3.24 国民革命軍，南京入城に際し外国人および領事館を襲撃し暴行・略奪，死傷者を出す． イギリス・アメリカ両軍艦，これに報復して南京城内を砲撃(南京事件)。4.12 蔣介石，上海で反共クーデタ(上海総工会の多数を殺害・逮捕)。4.15 武漢国民政府，蔣介石を国民革命軍総司令から罷免，党から除籍し逮

西暦	年号 干支	内閣	政　治・経　済
1927 ▲	昭和 2 丁卯	(田中義一内閣)	渉同盟準備会を結成。5.1 八幡製鉄所および民間製鉄10社，分野協定を実施。5.3 金融恐慌対策のため，第53臨時議会召集(５月４日開会，同８日閉会)。5.7 衆議院，枢密院弾劾決議案を可決。5.9 日本銀行特別融通および損失補償法・台湾の金融機関に対する資金融通に関する件各公布。5.27 資源局官制公布(人的・物的資源の統制・運用計画を管掌)。5.28 田中義一内閣，北伐に対する居留民保護を名目として，山東出兵を声明，関東軍を派兵(第１次山東出兵)。5.31 対支非干渉運動全国同盟第１回大会開催。6.1 憲政会・政友本党，合同して立憲民政党を結成(総裁浜口雄幸)。6.20 ジュネーブで，日米英３国の海軍軍縮会議開催(仏伊は参加辞退．８月４日妥結に至らず)。6.27 外務省・陸軍省および関東軍の首脳ら，対華政策決定のため，東方会議を開催(～７月７日)。7.7 東方会議終了し，田中義一兼任外相，対支政策綱領を発表(権益自衛方針を声明)。7.15 コミンテルン日本問題特別委員会(在モスクワ)，「日本問題に関する決議」(27年テーゼ)を決定。8.6 大蔵省，銀行合同促進を各地方長官に通牒(以後，銀行合同進行)。8.14 森恪外務政務次官，大連・旅順で関東軍司令官・奉天総領事・駐華公使らと，満洲問題について協議(大連会議)。8.30 政府，山東派遣軍の撤兵を声明(９月８日撤兵完了)。10.3 米モルガン財団代表ラモント，来日し満鉄外債について協議(12月３日，ラモント，見送り通告)。10.29 ㈱昭和銀行設立(休業した諸銀行の業務継承)。11.5 来日中の蔣介石，田中首相と会談し，国民政府の中国統一に協力要請。11.12 山本条太郎満鉄社長，張作霖から満蒙５鉄道建設についての了解を得る。11.19 全国水平社員北原泰作２等兵，名古屋での濃尾地方陸軍大演習観兵式で，軍隊内部での差別を天皇に直訴。12.1 共産党拡大中央委員会，日光山中にて27年テーゼによる党建設に関して討議。12.24 第54通常議会召集(12月26日開会，昭和３年１月21日解散)。12.30 東京地下鉄道(のちの帝都高速度交通営団)浅草―上野間開業(日本初の地下鉄．現在の銀座線の一部)。
1928 ▼	3 戊辰		1.21 衆議院，民政党の内閣不信任案上程に先立ち解散。1.23 日ソ漁業条約，モスクワで調印。1.27 民政党系貴族院議員ら，選挙革正会を結成(政府による選挙干渉を監視)。2.7 労働農民・日本労農・社会民衆の３党，政府の選挙干渉に対し共同抗議。2.14 香川県で，労働農民党候補大山郁夫の選挙運動に対し大弾圧展開。2.19 鈴木喜三郎内相，議会中心主義の否認を声明。2.20 第16回総選挙(初の普通選挙)．政友会かろうじて第１党(政友217，民政216，無産政党諸派８，実業同志会４，革新３中立その他18)。2.- 共産党，山川均・荒畑寒村ら労農派を除籍処分。3.15 共産党員とその同調者の全国的大検挙．治安維持法違反容疑により，検挙1568人・起訴483人(３・15事件．４月10日，事件記事解禁)。4.10 日本商工会議所設立。 労働農民

社会・文化	世界
改題)。 山川均ら『労農』創刊。**この年** 村上直次郎中心『異国叢書』刊(～昭和6年)。 石井研堂編『異国漂流奇譚集』成る。 日本史籍協会叢書本『大久保利通日記』刊。 大槻如電『新撰洋学年表』刊。 永浜宇平・橋本伸治郎・小室万吉ら編『丹後史料叢書』刊。 小野清『徳川制度史料』刊。 関儀一郎編『日本儒林叢書』刊(～昭和12年)。 大津淳一郎『大日本憲政史』刊(～昭和3年)。 日本史籍協会叢書本『大久保利通文書』刊(～昭和4年)。 池田四郎次郎，浜野知三郎，三村清三郎編『日本芸林叢書』刊(～昭和4年)。 三田村鳶魚編校『未刊随筆百種』刊(～昭和4年)。 幸田露伴・和田万吉監修『日本随筆全集』刊(～昭和5年)。 明治文化研究会『明治文化全集』初版刊(～昭和5年)。 南部叢書刊行会編(太田孝太郎中心)『南部叢書』刊(～昭和6年)。 関根政直・和田英松・田辺勝哉監修『日本随筆大成』刊(～昭和6年)。 物集高見編『皇学叢書』刊(～昭和6年)。 坂崎坦編集校訂『日本画論大観』刊(～昭和4年)。 【死没】 **1.6** 六郷新三郎(6代)(69，歌舞伎囃子方)。**1.10** 大沢謙二(76，生理学)。**2.6** 芳賀矢一(61，国文学)。 神尾光臣(73，陸軍軍人)。**2.18** 一(68，軍人)。**2.23** 野田卯太郎(75，政治家)。**2.28** 木村熊二(83，牧師)。**3.1** 中村是公(61，満鉄総裁)。**3.3** 富田甚平(80，農事改良家)。**3.7** 大村西崖(60，東洋美術史)。**3.12** 新海竹太郎(60，彫刻家)。**3.26** 三ヶ島葭子(42，歌人)。**4.6** 志賀重昂(65，政治家)。**4.13** 片岡直輝(72，実業家)。**4.27** 浅田信興(77，陸軍軍人)。**5.1** 万鉄五郎(43，洋画家)。**5.2** 福田英子(63，社会運動家)。**5.3** 三輪田真佐子(85，教育者)。**5.19** 望月小太郎(63，政治家)。**5.28** 並河靖之(83，七宝作家)。**7.5** 高田慎吾(48，児童福祉研究)。**7.24** 芥川竜之介(36，作家)。**7.30** 村井弦斎(65，新聞記者)。 村野常右衛門(69，政治家)。**8.11** 古泉千樫(42，歌人)。 左右田喜一郎(47，経済学)。**9.2** 梅ヶ谷藤太郎(2代)(50，横綱)。**9.10** 伊藤大八(70，政治家)。**9.13** 横井時雄(71，牧師)。**9.18** 徳冨蘆花(60，小説家)。**9.24** 山県伊三郎(71，政治家)。**10.13** 楠瀬幸彦(70，陸軍軍人)。**10.24** 有松英義(65，官僚)。**10.26** 八木重吉(30，詩人)。**11.1** 横井時敬(68，農学)。**11.9** 南条文雄(79，仏教学)。**11.15** 中村雀右衛門(3代)(53，歌舞伎役者)。 村上格一(66，海軍軍人)。**11.17** ヨッフェ(44，外交官)。**12.1** 林田亀太郎(65，政治家)。**12.9** 戸張孤雁(46，版画家)。 堀江帰一(52，金融論)。**12.23** 野村素介(86，官僚)。**12.24** 沢柳政太郎(63，教育学)。**この年** 岸本五兵衛(初代)(91，海運業者)。	捕令発令。**4.18** 蔣介石，南京国民政府を樹立。**4.27** 中国共産党，武漢で第5回全国大会を開催(～5月6日)。**6.2** 王国維没(51，清末・中華民国の史学者)。**7.4** スカルノら，インドネシア国民同盟を結成。**7.15** 武漢政府および中国共産党，分離を決定し第1次国共合作崩壊。**8.1** 中国共産党軍，南昌で蜂起し革命委員会を組織。**8.7** 中国共産党中央委員会，緊急会議を開催し，陳独秀の罷免・秋の収穫期の農民武装蜂起(土地革命)などを決議。**10.10** ビゴー没(67，フランスの画家)。**10.30** 広東省海豊県・陸豊県の農民，中国共産党の指導で武装蜂起。**10.-** 毛沢東，江西・湖南省境の井岡山に革命根拠地を設立。 メキシコ，反革命教会勢力の反乱勃発(クリステーロの反乱)。**11.6** 呉昌碩没(84，清末の文人)。**11.8** イギリス，サイモン委員会を組織(インド統治法改定のため)。**11.12** ソ連共産党中央委員会，トロツキーおよびジノヴィエフの除名を決定。**11.30** 国際連盟軍縮準備委員会開催(～12月3日)．ソ連代表リトヴィノフ外相，即時完全軍縮を提案，反対される。**12.2** 第15回全ソ連邦共産党大会開催(～19日)．第1次5ヵ年計画などに関し承認。**12.11** 中国共産党，広州で武装蜂起，広州コミューンを樹立(～13日．南京国民政府の攻撃により潰滅)。**12.15** 国民政府，ソ連と国交を断絶。**この年** ハイゼンベルク，不確定性原理を提唱(量子力学成立する)。 マルティン=ハイデッガー『存在と時間』刊行。 ニカラグアのサンディーノ将軍，アメリカ軍の干渉に対する武力闘争を展開。 ナウマン没(73，ドイツ人地質学者)。
1.12 大相撲のラジオ実況放送開始。**1.-** 前衛芸術家同盟『前衛』創刊。**2.1** 日本共産党『赤旗』創刊。**3.25** 全日本無産者芸術連盟(ナップ)結成(12月25日，全日本無産者芸術団体協議会(ナップ)に改組)。**4.3** 天理研究会ほんみち教祖大西愛治郎ら385人，不敬事件により検挙。**4.7** 解放運動犠牲者救援会創立。**4.17** 東京帝大，新人会に解散命令(翌日の京都をはじめ，各帝大の社研に解散命令)。 文部省，学生・生徒の思想傾向の匡正および国民精神作興を訓令。**4.18** 河上肇京都帝大教授，左翼学生運動との関わりから辞職勧告をうけ，依願免官(4月23日東京帝大大森義太郎，4月24日九州帝大	**1.16** 第6回パン=アメリカン会議，ハバナで開催．アメリカ，相互不干渉決議に反対(～2月20日)。**1.28** ノルウェー，ホルンスルド社会民主党内閣成立。**2.2** 国民党，第2次4中全会において，北伐の再開を決定(4月7日北伐再開)。**2.3** サイモン委員会，イン

西暦	年号 干支	内閣	政　治・経　済
1928 ▲	昭和 3 戊辰	(田中義一内閣)	党・日本労働組合評議会・全日本無産青年同盟に解散命令。4.19 田中内閣の閣議，第２次山東出兵を決議し，第６師団を派兵(翌日出兵声明)。4.20 第55特別議会召集(４月23日開会，５月６日閉会)。 日本，第２次山東出兵を声明(５月８日，増派動員を決定．第３次山東出兵)。4.28 衆議院，鈴木内相弾劾決議案を上程するも，３日間の停会命令(５月３日内相辞任)。5.3 日本軍，山東省済南で国民政府軍と軍事衝突(済南事件)。5.8 政府，山東派遣軍に第３師団を増派(第３次山東出兵)。5.11 日本軍，済南を占領。5.18 政府，南京・北京両政府に対し，満洲へ戦乱波及の場合の日本の治安維持介入につき通告．駐華公使芳沢謙吉，張作霖に対し満洲への帰還を勧告。6.4 張作霖，奉天へ引揚げの途上，関東軍参謀河本大作らの謀略により，搭乗の列車を爆破され死亡(張作霖爆殺事件)。6.29 第55議会で審議未了の治安維持法改正案，緊急勅令により公布・即日施行(最高刑に死刑・無期刑を追加)。6.30 大阪で，軍官民合同による初の防空演習実施。7.1 内務省保安課を拡充強化。7.3 特別高等警察課，未設置の全県への設置を公布。7.19 国民政府，日華通商条約破棄を通告。 林久治郎奉天総領事，張学良に対し東三省においての青天白日旗掲揚に反対の旨を通告。7.22 無産大衆党結成(書記長鈴木茂三郎．９月８日，地方の同系統政党と合同)。8.1 民政党顧問床次竹二郎ら，脱党し新党樹立を声明(８月９日，新党倶楽部を結成)。8.11 東京市会，魚河岸移転による板舟権賠償問題に関する疑獄事件発覚(以後，京成電車乗り入れに関する疑獄など続発)。8.27 パリ不戦条約調印(15ヵ国参加．国策手段としての戦争放棄を決議．国内で「人民の名に於いて」の語句，政治問題化)。10.1 陪審法施行(翌年から司法記念日となる)。10.6 共産党書記長渡辺政之輔，台湾基隆で警官に怪しまれ，警官を射殺した後自殺。10.12 東京松竹楽劇部創立(水の江滝子ら入部)。10.23 大分地裁で，初の陪審裁判開廷。10.25 日本商工会議所，金解禁断行についての建議を決議。11.10 天皇，京都御所紫宸殿で即位礼を挙行。 即位に際し特赦の詔書出される。11.28 高柳健次郎，電機学校でブラウン管受像方式によるテレビジョンの公開実験。12.20 日本大衆党，日本労農党など中間派５党の合同により結成(書記長平野力三，委員長高野岩三郎)。12.21 内務省，疑獄事件による東京市会議員多数拘留のため，東京市会に対し解散命令。12.22 新労働農民党結成大会挙行(24日，解散命令，28日，合法政党を放棄し，政治的自由獲得労農同盟準備会創立宣言)。12.24 第56通常議会召集(12月26日開会，昭和４年３月25日閉会)。12.29 台湾・明治・大日本など製糖事業者６社，砂糖供給組合を結成(国内販売カルテル)。
1929 ▼	4 己巳		1.17 政治的自由獲得労農同盟分裂．水谷長三郎ら，京都で労農大衆党を結成。3.5 衆議院，治安維持法改正緊急勅令を事後承認(19日，貴族院承認)。 旧労働農民党の代議士山本宣治，七生社社員黒田保久二に刺殺される。3.15 東京・京都など各地で渡辺政之輔・山本宣治の労農葬を開催。3.28 済南事件解決に関する日華共同声明書および議定書に調印(５月20日，派遣軍，内地に撤兵)。5.13 法制審議会官制公布(同会総裁平沼騏一郎)。5.19 陸軍中堅将校，一夕会を結成。5.22 米穀調査会官制公布。6.3 政府，中国国民政府を正式承認。6.10 拓務省官制公布(拓相，首相兼任)。6.24 朝鮮疑獄事件起る(７月29日，朝鮮総督山梨半造腹心肥田理吉を逮捕．８月17日，山梨，朝鮮総督を辞任．12月28日，山梨起訴)。6.26 枢密院，留保宣言付で不戦条約承認を可決。7.1 政府，張作霖爆殺事件における責任者処分を発表(陸軍などの圧力

社会・文化	世界
向坂逸郎ら，相つぎ大学を追われる)。4.21 ナップ所属の東京左翼劇場，第1回公演(「進水式」村山知義作)を築地小劇場で上演(～24日)。5.4 関東学生自由擁護同盟，第1回学生自治協議会を開催(この頃から昭和6年頃にかけて，大学・高専などで学生運動激化)。5.27 全国農民組合(全農)，日本農民組合・全日本農民組合の合同により創立。5.- 全日本無産者芸術連盟『戦旗』創刊。 長崎史談会編『長崎談叢』創刊。6.8 日本海員組合，初めて産業別最低賃金制を獲得。7.24 司法省，思想係検事を設置。7.28 第9回オリンピック・アムステルダム大会開催．日本選手43人出場し，織田幹雄・鶴田義行が日本選手初の金メダル，人見絹枝が女子で最初の銀メダルを獲得。8.1 文部省，第1回思想問題講習会を高等学校職員らを対象に開催。9.15 全国借家人組合総連盟，創立大会挙行するも，警察の中止命令により解散。10.1 新興科学社『新興科学の旗のもとに』創刊。 北昤吉主宰『祖国』創刊。10.30 文部省，思想問題への対応として学生課を設置，官立大学・高専に学生(生徒)主事を設置(昭和5年10月11日，公立校にも設置)。10.- 秋田雨雀ら，国際文化研究所を設立。 立教大学史学会『史苑』創刊。11.1 ラジオ体操，放送開始。11.10 警視庁，ダンスホール取締令を実施(18歳未満男女の入場禁止)。12.5 労働立法促進委員会，国際労働機構(ILO)事務局長アルベール=トーマの来日を機に，総同盟・海員組合などの右派5組合により結成。 日本労働組合全国協議会『労働新聞』創刊。12.25 日本労働組合全国協議会，第1回全国会議を開催。12.- 東郷吉太郎編『薩藩海軍史』刊(～昭和4年5月)。**この年** 秋田叢書刊行会『秋田叢書』刊(～昭和10年)。 高野辰之編『日本歌謡集成』刊(～昭和4年)。 滝本誠一編『日本経済大典』刊(～昭和5年)。 吉川半七編，桜井庄吉編『日本図会全集』刊(～昭和4年)。 『藩制一覧』刊(～昭和4年)。 【死没】 1.10 押川方義(78，実業家)。1.26 大岡育造(73，政治家)。1.28 坂口昂(57，歴史家)。2.6 都太夫一中(10代)(61，浄瑠璃家元)。2.7 九条武子(42，歌人)。2.10 和田久太郎(36，社会運動家)。2.17 大槻文彦(82，国語学)。3.5 片上伸(45，評論家)。3.10 鳥居素川(62，新聞人)。3.16 大矢透(79，国語学)。3.19 岩下清周(72，実業家)。4.2 河瀬秀治(90，実業家)。4.16 元田作之進(67，教育者)。4.18 宮崎道三郎(74，法制史学)。4.22 武藤金吉(64，政治家)。 大倉喜八郎(92，大倉財閥)。4.28 伊藤欽亮(72，ジャーナリスト)。4.29 若尾幾造(2代)(72，貿易商)。5.3 石橋和訓(53，洋画家)。5.4 松村任三(73，植物学)。5.21 野口英世(53，細菌学)。5.26 上遠野富之助(70，実業家)。6.3 黎元洪(65，中華民国政治家)。6.8 伊沢蘭奢(40，女優)。6.15 梅ケ谷藤太郎(初代)(84，横綱)。6.23 物集高見(82，国文学)。7.23 葛西善蔵(42，小説家)。8.15 宮崎民蔵(64，社会運動家)。8.16 佐伯祐三(31，洋画家)。9.5 尾上松助(4代)(86，歌舞伎役者)。9.17 若山牧水(44，歌人)。9.18 桂文治(7代)(81，落語家)。9.22 村松亀一郎(76，政治家)。9.27 大島久直(81，陸軍軍人)。10.6 渡辺政之輔(30，日本共産党)。10.15 広津柳浪(68，小説家)。10.20 中村雄次郎(77，陸軍軍人)。11.12 深田康算(51，美学)。12.19 桜井ちか(74，教育者)。12.23 高畠素之(43，社会思想家)。12.25 小山内薫(48，近代演劇の開拓者)。12.27 東流斎馬琴(4代)(77，講釈師)。**この年** 阿部亀治(61，精農家)。	ド・ポンペイに到着，インド全土で反英ストライキ展開。2.5 グリフィス没(84，アメリカの著述家・教育者・牧師)。4.28 トルコ，憲法からイスラム教を国教と規定する条項を廃止。 朱徳・林彪ら南昌蜂起軍，井岡山の毛沢東らと合流，5月，工農紅軍第4軍に改編。5.3 国民政府の北伐軍，済南で日本の山東派遣軍と衝突(済南事件)。6.4 張作霖，北京を退き奉天への帰途，専用列車を爆破され死亡(54)。6.8 国民政府軍，北京に無血入城し北伐終結，北京を北平に改称。7.9 モスクワで，中国共産党第6回全国大会を開催，新綱領を採択。7.17 第6回コミンテルン大会，モスクワで開催(～9月1日)，コミンテルン綱領を決定。7.23 彭徳懐軍，湖南省平江で反乱(平江暴動)，中国工農紅軍第5軍に編入。7.25 アメリカ，中国の関税自主権を承認，関税条約を調印(国民政府を事実上承認．11月3日正式承認．12月20日イギリス，12月22日フランス相つぎ承認)。8.27 パリで，15ヵ国の署名による不戦条約を調印(ケロッグ・ブリアン条約)。10.1 ソ連，第1次5ヵ年計画を開始。10.8 蔣介石，国民政府主席に就任。11.1 国立中央銀行，上海に成立。11.3 トルコ，アラビア文字を廃し，ローマ字を国字に採用。12.27 リース没(67，ドイツの歴史学者)。12.29 張学良，国民政府に合流，東三省にいっせいに青天白日旗を掲げる(易幟事件)。 インド国民会議派，憲法草案(ネルー草案)を採択。**この年** デビソン没(85，アメリカ，メソジスト監督教会宣教師)。
1.22 日本プロレタリア美術家同盟(AR)，ナップ成立に呼応して結成(2月2日同映画同盟(プロキノ)，2月4日同劇場同盟(プロット)，2月10日同作家同盟(ナルプ)，4月4日同音楽同盟(PM)，それぞれ結成)。2.23 説教強盗妻木松吉逮捕(講談強盗など模倣犯続出)。3.25 築地小劇場分裂(分裂組，新築地劇団を結成．残留組，劇団築地小劇場と改称)。3.28 工場法改正公布(婦人および年少者の深夜業を禁止． 7月1日施行)。 国宝保存法公布(7月1日施行)。4.1 寿屋，初の国産ウィスキー(サントリーウヰスキー)を発売。4.2 救護法公布(昭和7年1月1日施行)。4.15 初の本格的ターミナル=デパート阪急百貨店，大阪梅田に開店。4.16 共産党員，全国的に検挙され，	1.6 セルブ=クロアート=スロヴェーヌ国王アレクサンデル，憲法の停止および議会の解散を宣言し，独裁制を敷く。1.14 元山石油工場労働者ら，ゼネスト突入(～4月16日)。1.19 梁啓超没(57，清末・中華民国初期の政治家・学者)。2.11 ムッソリーニ，ローマ法王とラテラン条約に調印(イタリア

西暦	年号 干支	内閣	政　治・経　済
1929 ▲	昭和 4 己巳	7.2 浜口雄幸内閣	により真相を隠匿，河本大作大佐を停職処分にとどめる．天皇，これに激怒し首相を叱責）。**7.2** 田中内閣総辞職．浜口雄幸民政党内閣成立（第2次「幣原外交」および「井上財政」展開）。**7.4** 昭和製鋼所㈱，満鉄の出資により設立（本社京城（現ソウル），資本金1億円．政府不認可で事業計画一時中断．昭和8年，満鉄鞍山製鉄所を合併し開業）。**7.5** 新党倶楽部，政友会に合同。**7.9** 浜口内閣，対華外交刷新・軍縮促進・財政整理・金解禁断行などの10大政綱を発表。**7.29** 浜口内閣，当初予算より9100万円減（5パーセント節減）の緊縮実行予算を発表。**8.9** 政府，公私経済緊縮委員会を設置。**8.下旬** 北海道鉄道・東大阪電軌両会社の疑獄事件および売勲疑獄事件発覚。**10.1** 小西本店，初の国産写真フィルム（「さくらフィルム」）を発売。**10.12** 犬養毅，第6代の政友会総裁に就任。**10.15** 政府，全国官吏の1割減俸実施を公表（判検事・鉄道省官吏らの反対運動により，22日，政府，減俸実施を撤回）。**10.-** アメリカ株式市場暴落の余波で，生糸価格暴落。**11.1** 労農党結成（中央執行委員長大山郁夫）。**11.7** 学生社会科学連合会，自主的に解散（22日，新人会も解散），非合法活動を展開。 反帝国主義民族独立支持同盟日本支部結成。**11.21** 大蔵省，金解禁に関する省令を公布（昭和5年1月11日施行）。 内閣に産業合理化審議会を設置。**11.29** 小橋一太文相，越後鉄道疑獄に連坐し辞任。**12.10** 社会民衆党分裂（昭和5年1月15日，脱退派，全国民衆党を結成）。**12.23** 第57通常議会召集（12月26日開会，昭和5年1月21日解散）。**12.25** 堺利彦ほか日本大衆党除名処分者ら，東京無産党を結成。**この年** 産業合理化政策，本格的に開始。 教員の俸給停止および解雇，全国的に広がる。
1930 ▼	5 庚午		**1.11** 金輸出解禁実施，金本位制に復帰。**1.21** ロンドン（海軍軍縮）会議開催，日本全権若槻礼次郎元首相・財部彪海相ら出席（日英米仏伊5ヵ国参加．補助艦保有制限につき協議）。**2.11** 津久井竜雄・天野辰夫ら，愛国勤労党を結成。**2.15** 大日本紡績連合会，第11次操業短縮を実施（操短率17.2パーセント）。**2.20** 第17回総選挙（民政党273・政友会174・国民同志会6・無産政党諸派5・革新党3・中立その他5）。**4.1** 浜口雄幸首相，加藤寛治海軍軍令部長に内示ののち，

社　会・文　化	世　界
ついで市川正一・鍋山貞親らも検挙．起訴339人に及び，党組織，大打撃を蒙る（4・16事件）。**4.-** 島崎藤村「夜明け前」，『中央公論』に連載（～昭和10年10月，同年11月刊）。**5.-** 小林多喜二「蟹工船」，『戦旗』に発表（～6月．出版後，不敬罪にあたる部分があるとして発禁）。**6.25** 東京交通労働組合（東交），東京市電自治会および現実同盟の合同により結成。**6.-** 成田忠久ら，秋田県で北方教育社を結成，東北の生活綴方運動を展開。 徳永直「太陽のない街」，『戦旗』に発表（～11月）。**7.1** 文部省，思想対策強化のため，社会教育局の新設および学生課の部への昇格を実施。 小作調停法，未施行の宮城・岩手・青森に施行。**7.9** 東京帝大史料編纂掛，史料編纂所に昇格（所長辻善之助）。**7.10** 榎本健一ら，浅草水族館でカジノフォーリーを発足。**7.19** 社会政策審議会・関税審議会各官制公布。**7.-** 折口信夫・金田一京助ら，民俗学会を創立，『民俗学』を創刊。**8.12** 内務省，全国失業状況調査を初めて実施（11月，26万8590人と発表）。**8.19** 世界一周中のドイツ飛行船ツェペリン伯号，霞ヶ浦飛行場に着陸。**8.-** 岩生成一訳註『慶元イギリス書翰』刊。**9.9** 総同盟，左派の大阪連合会などを除名（9月16日，被除名派，労働組合全国同盟を結成．第3次分裂）。**9.10** 文部省，国体観念明徴のための教化動員を実施，中央教化団体連合会を設立。**9.-** 小林多喜二『蟹工船』刊。 埼玉郷土会『埼玉史談』創刊。**10.13** プロレタリア科学研究所設立。**10.20** 日比谷公会堂開場。**10.-** 広島史学研究会『史学研究』創刊。**11.3** 朝鮮全羅南道光州の学生ら，日本人学生の非行およびそれを支持する警察・新聞に対してデモ，学生運動，朝鮮全土に波及（光州学生事件）。**11.22** レマルク作・村山知義脚色「西部戦線異状なし」，劇団築地小劇場により上演。**11.24** 家賃地代値下全国同盟結成。**11.25** 社会政策審議会，小作法整備に関する答申案を決議。**11.-** 九大史学会『史淵』創刊。 国史学会『国史学』創刊。 経済史研究会『経済史研究』創刊。**12.7** 社会政策審議会，労働組合法制定答申案を決定。**12.26** 憲兵司令部，思想研究班を設置。**この年** 滝本誠一編『海保青陵経済談』刊。 柴田常恵・稲村坦元編『埼玉叢書』刊。 住田正一編『海事史料叢書』刊（～昭和6年）。 【死没】 **1.16** 珍田捨己(74，外交官)。**2.4** 山下千代雄(73，政治家)。**2.5** 立花寛治(73，農事指導者)。**2.20** 長井長義(85，薬学)。**2.23** 川面凡児(68，神道家)。**3.4** 沢田正二郎(38，俳優)。 愛沢寧堅(81，政治家)。**3.5** 山本宣治(41，社会運動家)。 松本剛吉(68，政治家)。**3.8** 渡瀬庄三郎(68，動物学)。**3.22** 井上良馨(85，海軍軍人)。**3.23** 杉田定一(79，政治家)。**3.25** 吉川霊華(55，日本画家)。**4.7** 上杉慎吉(52，憲法学)。 井上十吉(68，英学)。**4.13** 後藤新平(73，政治家)。**4.30** 水野直(51，政治家)。**5.19** 川原茂輔(71，政治家)。**6.29** 内田魯庵(62，批評家)。**6.30** モラエス(75，外交官)。**7.4** 添田寿一(66，銀行家)。**7.7** 中村弥六(76，政治家)。**7.11** 須貝快天(69，農民運動家)。**7.15** 藤田豊八(61，東洋史学)。**7.25** 牧野省三(52，映画監督)。 笠井信一(66，官僚)。**7.26** 山崎直方(60，地理学)。 シュタイシェン(73，司祭)。**8.16** 津田梅子(66，津田塾大学)。**8.30** 箕浦勝人(76，政治家)。**9.6** 小川一真(70，写真業)。**9.25** 平山成信(76，政治家)。**9.26** 和田英(74，伝習工女)。**9.29** 田中義一(66，政治家)。 西河通徹(74，ジャーナリスト)。**10.1** 長谷川勘兵衛(14代)(83，歌舞伎大道具方)。**10.19** 高橋健自(59，考古学)。**10.31** 村上専精(79，仏教史学)。**11.3** ラゲ(75，宣教師)。**11.5** 一力健次郎(67，新聞経営者)。**11.9** 斎藤秀三郎(64，英語教育者)。**11.11** 三宅米吉(70，日本考古学)。**11.22** 岸上鎌吉(63，動物学)。**11.29** 佐分利貞男(51，外交官)。**12.20** 岸田劉生(39，洋画家)。**この年** 後藤恕作(72，毛織物業)。	と教皇庁の和解・ヴァチカン市国の承認などに関して取決め）。**3.1** メキシコ，国民革命党結成。**3.20** インド政府，インド全土で労働運動指導者を大量逮捕（メーラト共同謀議事件）。**4.23** ソ連第16回党協議会，第1次5ヵ年計画案を承認。**6.1** 第1回ラテンアメリカ共産党会議，ブエノスアイレスで開催（～12日）。**6.5** イギリス第2次マクドナルド労働党内閣成立。**6.7** 対独賠償請求に関するヤング案発表（支払額・支払期間を確定）。**7.11** 張学良政権・中東鉄道の権益をソ連から実力で回収（7月17日，ソ連，対中国交断絶）。**8.11** 中東鉄道をめぐり，中ソ東北国境で軍事衝突。**8.26** サトウ没(86，イギリスの外交官)。**8.-** エルサレムで，アラブ人による大規模なユダヤ人襲撃多発（嘆きの壁事件）。**9.5** フランス外相ブリアン，国際連盟総会で欧州連邦案を提唱。**10.1** イギリス労働党内閣，対ソ国交を回復。**10.3** セルブ=クロアート=スロヴェーヌ王国，ユーゴスラヴィア王国と改称。**10.24** ニューヨーク株式市場大暴落（暗黒の木曜日），世界恐慌始まる。**10月～** ソ連軍，満洲（東三省）に侵攻（12月22日，ソ連，張学良政権とハバロフスク和議協定調印，中東鉄道の権益を現状回復）。**11.10** ソ連共産党中央委員会総会開催（～17日），ブハーリンおよびルイコフを政治局から追放。**11.-** フィンランド，極右勢力を中心にラプア運動拡大。**12.10** アトキンソン没(80，イギリスの化学者)。**12.30** ベルリオーズ没(77，フランス人カトリック宣教師)。**12.-** 中国共産党，福建省西部・広西省西部に革命根拠地設立。**この年** フレミング，ペニシリンを発見。
1.- 賀川豊彦ら，神の国運動を展開。**2.26** 共産党全国的検挙（～7月），検挙1500人余，起訴461人。**3.1** 谷口雅春，神戸で『生長の家』を創刊，多くの信者を集める（昭和10年，教化団体生長の家設立）。**3.24** 帝都復興祭挙行。**3.-** 神宮司庁編纂『神宮遷宮記』刊（～昭和17年12月）。**4.5** 鐘淵紡績，不況により4割減給を発表し大争議（6月5日妥決）。**4.-** 新興仏教青年同盟結成。	**1.21** ロンドン海軍軍縮会議開催（～4月22日）。**1.26** インド国民会議派，「独立の誓約」を採択，第2次サティヤーグラハ運動（非暴力抵抗）開始。**1.28** スペイン，プ

西暦	年号 干支	内閣	政　治・経　済
1930 ▲	昭和 5 庚午	（浜口雄幸内閣）	海軍軍縮条約調印の訓令を閣議決定。4. 4 田中隆三文相，官邸で各帝大総長と思想問題に関して協議。4. 21 第58特別議会召集（４月23日開会，５月13日閉会）。4. 22 日英米３国，ロンドン海軍軍縮条約調印（補助艦保有量対英・米７割，大型巡洋艦６割，軍令部内に強い反対）。4. 25 政友会犬養毅・鳩山一郎，衆議院で政府のロンドン海軍軍縮条約締結に関して，国防上の欠陥の招来および統帥権の干犯であると攻撃（統帥権干犯問題）。5. 6 日華関税協定調印（中国の関税自主権を条件つき承認）。5. 10 市制・町村制等改正法案（市町村議選挙での女子の公民権を認める），衆議院で可決（貴族院で審議未了）。5. 30 中国の間島の朝鮮人，武装蜂起（間島事件）。6. 2 臨時産業合理局官制公布（商工省外局）。6. 3 閣議，昭和５年度予算の物件費の１割削減を決定．国産品愛用運動実施を通牒。6. 10 海軍軍令部長加藤寛治，ロンドン海軍軍縮条約締結に抗議，天皇に帷幄上奏して辞表提出。6. - 株式・生糸・綿糸・砂糖などの相場暴落。7. 20 日本大衆党・全国民衆党・無産政党統一全国協議会の中間派３党，合同して全国大衆党を結成（議長麻生久）。8. 29 労農党大阪連合会，党の解消運動を発起（10月21日，河上肇・上村進ら，「戦闘的解消論」を表明）．労農党，実質上の分裂状態となる。9. 16 政友会臨時大会，ロンドン条約問題に関し政府を攻撃。9. 26 横浜正金銀行，ドル為替の思惑買への対応として，正貨現送を開始（この頃，ドル買い問題化）。9. - 陸軍中佐橋本欣五郎ら省部の少壮将校，国家改造を目論む桜会を結成。10. 1 枢密院本会議，ロンドン海軍軍縮条約諮詢案を可決（２日，同条約を批准）。 特急「燕」号，国鉄時刻改正にともない登場（東京－神戸間を８時間55分．同改正により，各線区の列車速度も向上）。10. 3 財部彪海相辞任．後任に安保清種。10. 27 台湾能高郡霧社の先住民，抗日蜂起して136人を殺害（霧社事件．12月26日，軍隊動員50日余を経て鎮圧）。10. 29 閣議，中国に対する正式呼称を，「支那」から「中華民国」と変更する旨を決定。10. - 生糸価格暴落，明治29年以来の安値（100斤500円台）に下落。11. 9 蔵相・海相，減税割当額および海軍補充計画割当額につき諒解。11. 11 閣議，昭和６年度総予算概算14億4800万円うち海軍補充計画３億9400万円を決定。11. 14 浜口雄幸首相，東京駅で愛国社社員佐郷屋留雄に狙撃され重傷を負う（15日，幣原喜重郎外相，首相臨時代理となる）。12. 24 第59通常議会召集（12月26日開会，昭和６年３月27日閉会）。**この年** 世界恐慌，日本に波及して不況状態が昭和７年頃まで続く（昭和恐慌）。 産業界，操業短縮盛行（操短率，セメント・鉄鋼50パーセント台，肥料・晒粉40パーセント台，綿紡・絹紡・洋紙30パーセント台となる）。
1931 ▼	6 辛未		1. 10 風間丈吉・岩田義道ら，日本共産党中央部を再建，プロレタリア革命に方向転換。2. 3 幣原喜重郎首相代理，衆議院予算総会で失言，乱闘事件に発展（予算審議10日間中断）。2. 11 三菱石油㈱設立（資本金500万円）。3. 9 全日本愛国者協同闘争協議会，右翼団体の合同により結

社会・文化	世界
山中峯太郎「敵中横断三百里」,『少年倶楽部』に連載開始。**5.1** 第11回メーデー,川崎で竹槍武装デモ。**5.20** 東京帝大経済学部助教授山田盛太郎・同法学部助教授平野義太郎・法政大学教授三木清ら,共産党シンパ事件により検挙(7月11日,山田・平野は辞職)。**5.28** キリスト教55団体,政府の神社問題調査委員会に対し,神社参拝の強制につき考慮を要請。**6.1** 全国労働組合同盟(全労),日本労働組合同盟および労働組合全国同盟の合同により成立。**6.3** 田川大吉郎・新渡戸稲造ら,国際連盟協会宗教部の斡旋により,世界宗教平和会議日本委員会を設立。**6.9** 関西資本家団体,労働組合法案反対を決議。**6.10** 日本労働組合全国協議会(全協),指導部を批判する刷新同盟が結成され,対立抗争激化。**6.-** 「美人座」など大阪のカフェー,東京銀座に進出.この頃,「エロ・グロ・ナンセンス」の語流行。 政戦記録史刊行会『大日本政戦記録史』刊。**7.2** 労農党を除く無産4派,労働組合法獲得のため,共同闘争委員会を組織。**8.19** 新興教育研究所結成(所長山下徳治)。**9.20** 東洋モスリン亀戸工場,この年2度目の大型人員整理(5月2000人,今回500人)を発表(9月26日スト突入.11月21日敗北)。**10.1** 第3回国勢調査実施(内地人口6445万0005人,外地人口2594万6038人)。**10.-** 奥むめお,本所菊川町に婦人セツルメントを設立。**11.1** 富士紡川崎工場従業員,賃下げ反対スト(16日争議示威の煙突男出現.20日終結)。**11.5** 大原美術館,岡山県倉敷に開館(大原孫三郎創立)。**11.18** 牧口常三郎・戸田城聖,創価教育学会を設立。**11.20** 最初の国立癩療養所長島愛生園開設(園長光田健輔)。**11.26** 静岡県北伊豆地方に大地震(死者272人,全壊家屋2165戸)。**11.-** 日本教育労働者組合結成。九鬼周造『「いき」の構造』刊。**12.15** 東京15の新聞社,政府の疑獄事件関係の言論圧迫に抗議し共同宣言を発表(18日,安達謙蔵内相,共同宣言に対し陳謝を表明)。**この年** 上松寅三編『石山本願寺日記』刊。 小野武夫編『維新農民蜂起譚』刊。 米沢市立米沢図書館編『鶴城叢書』,市内の書家9名により筆写編集(～昭和16年)。 シュタイシェン著・吉田小五郎訳『切支丹大名記』刊。 葛生能久『日韓合邦秘史』刊。 野呂栄太郎『日本資本主義発達史』刊(～昭和10年)。 東京帝国大学史料編纂所編『復古記』刊。 防長史談会『防長史学』刊。 鈴鹿三七・藤堂祐範『貴重図書影本刊行会叢書』刊(～昭和16年)。 鷲尾順敬編『日本思想闘諍史料』刊(～昭和6年)。 農林省山林局『日本林制史資料』刊(～昭和9年)。 【死没】 **1.3** 中村精男(76,気象学)。**1.6** 宇田川文海(83,小説家)。**1.25** 早川純三郎(59,出版事業家)。**1.26** 田辺安太郎(87,活字母型師)。**1.30** 児玉一造(50,実業家)。**2.15** 常磐津文字太夫(6代)(80,常磐津節家元)。**3.2** 山極勝三郎(68,病理学)。**3.8** 近藤基樹(67,軍艦設計者)。**3.28** 内村鑑三(70,キリスト教徒)。**4.19** 伊藤長七(54,教育実践家)。**4.29** 前田慧雲(74,浄土真宗学匠)。**5.4** 粕谷義三(65,政治家)。**5.5** 原田二郎(82,鴻池財閥)。**5.8** 福田徳三(57,経済学)。**5.10** 下村観山(58,日本画家)。**5.13** 田山花袋(60,小説家)。**5.16** 木村泰賢(50,仏教学)。**5.19** 生田春月(39,翻訳家)。**5.31** 畑英太郎(59,陸軍軍人)。**6.7** 豊竹呂昇(57,女義太夫)。**6.22** ダールマン(68,司祭)。**6.30** 八代六郎(71,海軍軍人)。**7.14** 藤井武(43,伝導者)。**7.19** 奥保鞏(85,陸軍軍人)。**9.11** 御法川直三郎(75,製糸機械)。**10.4** 富士松加賀太夫(7代)(75,新内節)。**10.16** 岩崎俊弥(50,実業家)。**10.30** 豊田佐吉(64,自動織機)。**11.4** 秋山好古(72,陸軍軍人)。**11.5** 重野謙次郎(77,政治家)。**11.9** 浅野総一郎(83,浅野財閥)。**11.12** 宇田友猪(63,ジャーナリスト)。**11.16** 田健治郎(76,政治家)。**12.1** 長原孝太郎(67,洋画家)。**12.2** 安達憲忠(74,社会事業家)。**この年** 加藤時次郎(72,社会運動家)。 韓圭卨(75,朝鮮政治家)。 中西牛郎(72,国粋主義者)。	リモ=デ=リベーラ首相辞任。**2.3** ヴェトナム共産党(のちのヴェトナム労働党),香港で創立(2月10日,インドシナ共産党に改称)。**3.30** ドイツ,ブリューニング内閣成立。**3.-** ルーマニアで,ファッショ団体「鉄衛団」結成。**4.12** シャンド没(87,イギリスの銀行家)。**4.25** トルケスタン-シベリア鉄道開通。**6.17** アメリカ,ホーレー=スムート関税法成立(輸入原料に対しての高関税)。**6.30** フランス軍,ラインラントからの撤兵完了。**7.31** シュトライト没(54,ドイツのカトリック司祭・布教史学者)。**8.16** トルヒージョ,ドミニカ共和国大統領に就任(～'61年)。**9.14** ドイツ総選挙,ナチスが第2党,共産党が第3党に躍進(社民143,ナチス107,共産77)。**9.-** ヴェトナムのゲアン・ハティンで農民運動(～'31年6月)。**10.3** ブラジル,ヴァルガスのクーデタ起こる(11月3日,ヴァルガス,大統領に就任)。**10.5** 第1回バルカン会議,アテネで開催(～10月13日),ギリシア・ユーゴ・トルコ・ルーマニア・ブルガリアの5ヵ国参加。**10.7** フィッセル没(54,オランダの日本学者)。**11.7** フィリピン共産党結成。**11.12** イギリス,第1回英印円卓会議開催(～'31年1月19日),インド藩王および自由派が出席。**12.24** 国民政府軍,紅軍に対し第1次包囲攻撃戦を開始。**この年** ウィンクラー没(83,ドイツの比較言語学者)。
1.1 2代目市川猿之助ら,松竹を脱退し春秋座を再建(5月解散)。**1.10** 文部省,中学校令施行規則改正(法制・経済を公民科に改編,柔剣道の必修化など)。**1.26** 日本農民組合(日農),日本農民組合総同盟および全日本農民組合	**1.8** 中国共産党第6期4中全会開催,王明らの極左方針による指導開始。**3.16** エリオット没(68,イ

西暦	年号 干支	内閣	政　治・経　済
1931 ▲	昭和 6 辛未	(浜口雄幸内閣) 4.14 第2次若槻礼次郎内閣 12.13 犬養毅内閣	成。3.17 衆議院，労働組合法案・労働争議調停法改正案を可決(貴族員で審議未了)。3.30 蚕糸業組合法公布(蚕糸業各分野におけるカルテル立法．7月15日施行)。3.- 橋本欣五郎ら桜会急進派将校，大川周明・無産政党関係者らと，軍部クーデタによる軍事政権樹立を企図，未遂に終わる(3月事件)。 新潟県農事試験場，水稲「農林1号」を育成。4.1 重要産業統制法公布(重要産業部門に対する強制カルテル立法．8月11日施行)。 中央本線，八王子－甲府間電化され，東京－甲府間電化完成。4.2 工業組合法公布(重要輸出品工業組合法を改正．7月1日施行)。4.13 浜口内閣，首相病状悪化のため総辞職．若槻礼次郎，民政党総裁に就任。4.14 第2次若槻礼次郎内閣成立。4.21 全国産業団体連合会(全産連)結成。4.22 日本共産党，「政治テーゼ草案」を『赤旗』紙上に掲載(～6月15日)。4.- 参謀本部，満蒙問題解決策に関する3段階の'31年度「情勢判断」を策定。5.16 閣議，官吏減俸を決定．東京地裁などの判事らおよび鉄道省職員，減俸反対運動を展開(27日，俸給令改正公布．約1割の減俸となり，各省に反対運動波及)。6.25 3・15および4・16両事件における，共産党被告らに対する統一公判開始(昭和7年10月29日判決)。6.27 軍事実地調査中の参謀本部の中村震太郎大尉ら，満洲の興安嶺で張学良軍により殺害される(中村大尉事件)。6.28 大日本生産党，黒竜会を中心とした右翼団体の合同により結成(総裁内田良平)。6.- 陸軍省および参謀本部の5課長，満蒙問題解決の方策を決定(1年の準備およびその後の軍事行動方針を策定)。7.2 長春北方万宝山で，朝鮮人入植者と中国人農民・官憲，水利問題を巡り衝突(万宝山事件．4日，朝鮮各地で中国人への報復・暴動起る)。7.5 全国労農大衆党，全国大衆・労農両党および社会民衆党三党合同実現同盟の3党派合同により結成。9.1 清水トンネル開通(9702メートル，当時日本最長)，上越線新前橋一宮内間全通。9.18 関東軍参謀ら，奉天郊外柳条湖で満鉄線路を爆破，これを中国軍の行為として，関東軍，軍事行動を開始し奉天を占領(満洲事変はじまる)。9.21 関東軍，吉林に出動．朝鮮軍司令官林銑十郎，独断で満洲への越境出動を開始。9.22 関東軍，「満蒙問題解決策案」を決定(旧宣統帝溥儀を頭首とする新政権樹立方針)。9.24 政府，満洲事変における不拡大方針の第1次声明を発表。9.- イギリスの金本位制停止のため，ドル買い加速。10.2 関東軍，「満蒙問題解決案」を決定(満洲に独立国を建設し日本軍が実権を握る方針)。10.8 関東軍，張学良仮政府所在地の錦州を爆撃(錦州爆撃事件．対日国際世論悪化へ)。10.17 桜会を中心とする軍部内閣樹立のクーデタ計画，再び未然に発覚し，橋本欣五郎ら首謀者拘禁される(10月事件)。10.24 国際連盟理事会，日本に対し期限付(11月16日まで)の満洲撤兵勧告案を採決(日本代表のみ反対)。10.- 東京正米価格，底値を更新(1石あたり16円90銭)。11.1 幣原外相，満洲独立国建設に強く反対し，溥儀連れ出し工作阻止を天津総領事らに指示。11.12 関東軍・天津特務機関の手引きで溥儀天津を脱出．満洲に入る。11.16 閣議，南次郎陸相の関東軍チチハル占領案を否決．陸軍中央，関東軍に対しチチハル占領後の撤退を命令。11.18 閣議，事態の進渉に伴い，満洲への軍隊増派を決定(不拡大方針挫折へ)。11.19 関東軍，チチハルを占領。11.21 安達謙蔵内相，政友・民政両党による協力内閣樹立の主張を声明(幣原外相・井上蔵相は協力内閣に強く反対)。11.22 社会民衆党中央委員会，満洲事変支持を決議。12.11 若槻内閣，内相の辞職勧告拒否により，閣内不統一で総辞職。12.13 犬養毅政友会内閣成立(蔵相高橋是清，陸相荒木貞夫)．犬養内閣，初閣議で金輸出再禁止を決定(金本位制停止，管理通貨制へ移行)。 安達謙蔵前内相ら，民政党を脱党。12.17 銀行券金兌換停止令，緊急勅令により施行公布。12.23 第60通常議会召集(12月26日開会．昭和7年1月21日解散)。12.31 ソ連外務人民委員リトヴィノフ，帰国途上の芳沢謙吉駐仏大使に，不侵略条約締結につき打診。**この年** 9月下旬以降，新聞社主催の満洲事変ニュース映画全国各地で上映，日本軍支援の国内世論高まる。 輸出額前年比約20パーセント減，正貨保有額約4億円減。
1932 ▼	7 壬申		1.3 関東軍，錦州を占領。1.6 陸軍・海軍・外務各省関係課長，満洲国の独立方針につき協議。1.7 アメリカ，スティムソン=ドクトリンを発表(日本の満洲事変に関する九ヵ国条約・不戦条約違反を不承認と声明)。1.8 朝鮮人李奉昌，桜田門外で天皇の車に向け爆弾を投擲(桜田門事件)。1.18 日本人僧侶，上海で中国人に襲われ1人死亡(日本側特務機関の教唆による)。1.19 社会民衆党，三反主義(反資本主義・反共産主義・反ファシズム)を戦線統一原理に決定。1.28 海軍陸戦隊，上海で中国第19路軍と交戦開始(第1次上海事変)。2.5 関東軍，ハルビン

社　会・文　化	世　界
の合同により結成。1.- 上方郷土研究会編『上方』創刊。 仙台郷土研究会『仙台郷土研究』創刊。3.6 大日本連合婦人会発会式挙行(理事長島津治子．6月1日，機関紙『家庭』創刊)。3.7 全農第4回大会，左右対立激化し混乱，右派指導権を握る(8月15日，左派，別組織を作り全農分裂)。3.- 堺市史編纂部『堺市史』刊。4.1 国立公園法公布。4.15 橘孝三郎，水戸市郊外に自営的勤労学校愛郷塾を設立。4.30 大阪帝国大学を設置。5.18 日本宗教平和会議開催(～20日)，「平和宣言」を発表。5.22 春秋座解散し，河原崎長十郎・中村翫右衛門ら，前進座を結成。5.- 社会経済史学会『社会経済史学』発刊。6.25 日本労働倶楽部結成。7.1 文部省，学生思想問題調査委員会を設置(委員穂積重遠・河合栄治郎ら)。8.1 日本初の本格トーキー「マダムと女房」封切(監督五所平之助，主演田中絹代)。8.15 大塚令三ら『満洲評論』創刊(満洲)。9.- 滝川政次郎『律令の研究』刊。『満鉄調査月報』刊(大連)。10.1 京都帝国大学国文学会『国語国文』創刊(『国語国文の研究』解消発展)。10.27 内務省，教員給与の未払687町村8782人総額64万8000円に及ぶ旨発表(以後更に増加)。10.29 ルー=ゲーリッグらアメリカ大リーグ選抜チーム来日。11.12 ナップ解散(27日，日本プロレタリア文化連盟(コップ)結成)。11.- 早稲田大学史学会『史観』創刊。12.31 ムーラン=ルージュ新宿座開場。**この年** 労働組合数818，加入者数36万8975人，組織率7.9パーセント(戦前最高)，同盟罷業件数864件(戦前最高)。 古賀政男作曲「酒は涙か溜息か」「丘を越えて」など流行。 中央義士会『赤穂義士史料』刊。 ベルツ著，トク=ベルツ編集『ベルツの日記』ドイツ版刊(シュツットガルト)，昭和18年，菅沼竜太郎訳成る(～昭和54年)。 土屋喬雄・小野道雄編『明治初年農民騒擾録』刊。 益田家『八幡滝本坊蔵帳』刊。 大蔵省編『明治前期財政経済史料集成』刊(～昭和11年)。 石川県図書館協会『加賀能登郷土図書叢刊』刊(～昭和17年)。 小野武夫編『近世地方経済史料』刊(～昭和7年)。 【死没】 1.1 賀古鶴所(77，医師)。1.4 清藤幸七郎(60，黒竜会)。1.10 美田村顕教(83，武道家)。1.12 大槻如電(87，儒学)。1.27 西ノ海嘉治郎(2代)(52，横綱)。1.28 今泉雄作(82，美術史家)。2.8 ウィン(79，宣教師)。2.13 小出楢重(45，洋画家)。2.16 松室致(80，政治家)。2.17 岡本則録(85，洋算家)。2.18 山下源太郎(69，海軍軍人)。2.22 日比翁助(72，実業家)。2.24 久米邦武(93，日本史学)。3.2 大塚保治(64，美学)。3.12 鈴木鼓村(57，箏曲)。 沢田吾一(71，数学)。3.16 本多日生(65，法華宗僧)。3.20 本郷房太郎(72，陸軍軍人)。3.26 井口阿くり(62，女子体育)。3.29 鈴木三郎助(65，鈴木商店)。3.31 田村駒治郎(66，野球)。4.10 桝本卯平(59，労働運動)。5.24 桑原隲蔵(62，東洋史学)。6.9 伊藤博邦(62，華族)。6.13 北里柴三郎(80，医学者)。6.15 平林初之輔(40，文芸評論家)。6.18 矢野文雄(82，政治家)。6.26 山川健次郎(78，学術行政家)。7.18 木村鷹太郎(62，思想家)。7.26 北村兼子(29，ジャーナリスト)。8.12 坂野兼通(69，銀行家)。8.18 九鬼隆一(80，美術行政家)。8.23 湯川寛吉(64，実業家)。8.26 浜口雄幸(62，政治家)。9.2 一戸兵衛(77，陸軍軍人)。9.6 三浦周行(61，日本史学)。10.1 小堀鞆音(68，日本画家)。10.4 鄭永昌(77，外交官)。10.26 山本滝之助(59，青年団運動)。10.30 仙石貢(75，実業家)。11.3 片山国嘉(77，法医学)。11.11 渋沢栄一(92，実業家)。12.3 花井卓蔵(64，弁護士)。12.22 後川文蔵(64，広告業)。12.28 塩野義三郎(初代)(78，塩野義商店)。12.29 西川喜洲(初代)(58，日本舞踊)。12.31 石川舜台(90，真宗僧侶)。	ギリスの外交官・東洋学者)。4.1 国民政府軍，第2次紅軍討伐戦を開始(～5月29日)。4.14 スペイン国王アルフォンソ13世，マドリードを脱出し亡命．アルカラ・サモーラ首班の臨時内閣成立(スペイン第2共和国成立)。5.11 オーストリアのクレジット=アンシュタルト銀行破産，ヨーロッパの金融恐慌深刻化。6.20 アメリカ大統領フーヴァー，戦債および賠償支払に関して，1年間のモラトリアム実施を提案。7.1 国民政府軍，第3次紅軍討伐戦(～9月15日)。8.24 イギリス，マクドナルド挙国一致内閣成立。9.21 イギリス，金本位制停止。 中国政府，満洲事変を日本の侵略として国際連盟に提訴(日本との直接交渉を避け国際舞台での解決をはかる)。9.23 国際連盟，満洲事変勃発に際し，緊急理事会を召集。9.26 上海で10万人余参集の抗日集会開催。9.30 国際連盟理事会，満洲事変に関し日中両国に解決の努力を要請。10.- 米国務長官スチムソンの対日経済制裁構想をフーバー大統領否認。11.7 江西省瑞金で，第1回中華ソヴィエト全国代表大会開催(～20日)。11.11 国民党4全大会，南京で開催，国際連盟に対し対日制裁を要請する旨決議。11.27 中華ソヴィエト共和国臨時政府樹立(瑞金政府．主席毛沢東)。12.10 国際連盟理事会，満洲事変に対する調査委員会の設置を決議(日本代表も賛成，'32年1月14日，リットン委員会組織)。12.11 イギリス議会，ウェストミンスター憲章を可決('26年のイギリス帝国会議での宣言を法制化)。**この年** 東アフリカ向け織物輸出高，過半数を日本が占める。 尹始炳没(73，朝鮮末期の政治家)。
1.9 栃木県阿久津村で，全農組合員・全国労働大衆党員ら，小作争議を妨害した大日本生産党員17名を殺傷。 角界改革要求の天竜ら，相撲協会を脱退。1.17 安岡正篤・酒井忠正ら，国維会を結成。1.- 信濃郷土研究会『信濃』創刊(1次・～昭和13年7月，2次・～同22年3月，3次・続刊中)。 美術研究所『美術研究』創刊。2.16 ラジオ聴取契約，100万を突破。2.22 「爆弾3勇士」戦死，美談として顕称され大きな反響。3.13 横浜市電，待遇問題につきス	1.4 インド国民会議派・農民組合，非合法化されガンディー逮捕される。1.22 エルサルバドル，人民大蜂起発生。 アメリカ，復興金融公社(RFC)を設立。2.2 ジュネーヴ軍縮会議，国際連盟の主催

西暦	年号 干支	内閣	政　治・経　済
1932 ▲	昭和 7 壬申	(犬養毅内閣) 5.26 斎藤実内閣	を占領。2.9 井上準之助前蔵相，血盟団員小沼正に暗殺される（３月５日，団琢磨三井合名理事長，血盟団員菱沼五郎に暗殺される．３月11日，盟主井上日召自首．血盟団事件）。2.20 上海派遣の陸軍，総攻撃を開始。 第18回総選挙（政友会301，民政党146，無産各派５，その他12）。2.29 国際連盟のリットン調査団来日（10月１日，日中両国政府に報告書を提出）。3.1 満洲国，建国宣言（首都新京（長春）．９日，溥儀，執政に就任）。3.3 上海派遣軍司令官白川義則，戦闘中止を声明。3.12 閣議，「満蒙処理方針要綱」決定（満蒙独立政権の誘導方針）。3.18 第61臨時議会召集（３月20日開会．同24日閉会）。4.19 電力連盟成立（５大電力会社からなる電力カルテル）。4.29 朝鮮人尹奉吉，上海の天長節祝賀会場で爆弾を投擲．白川義則上海派遣軍司令官・重光葵駐華公使ら，重傷を負う（５月26日，白川死亡）。5.5 上海停戦協定調印。5.15 海軍青年将校・陸軍士官学校生徒ら，首相官邸・日本銀行・牧野伸顕内大臣邸・警視庁・政友会本部などを襲撃，犬養首相を射殺（５・15事件）。5.16 犬養内閣総辞職（陸軍，政党内閣の継続に強く反対し，戦前における政党内閣終焉）。5.20 鈴木喜三郎，政友会総裁に就任。5.23 第62臨時議会召集（６月１日開会，同14日閉会）。5.26 斎藤実挙国一致内閣成立（政友会４人・民政党３人入閣，荒木陸相留任）。5.29 社会民衆党脱党者赤松克麿派，日本国家社会党を結成．同下中弥三郎派，新日本国民同盟を結成。6.13 衆議院，時局匡救決議案を可決。6.14 衆議院，満洲国承認の決議を満場一致で可決。6.29 警視庁，特別高等警察部設置を公布。7.1 資本逃避防止法公布（外国為替取引制限）。7.10『赤旗』特別号，コミンテルン作成の「日本における情勢と日本共産党の任務に関するテーゼ」（「32年テーゼ」）を掲載。7.24 社会大衆党，全国労農大衆党・社会民衆党の合同により結成（委員長安部磯雄，書記長麻生久）。7.25 満洲国協和会結成。7.27 文部省，農漁村の欠食児童20万人と発表（９月７日，文部省，臨時学校給食実施を訓令）。8.8 武藤信義陸軍大将，関東軍司令官および特命全権大使・関東庁長官に就任。8.22 第63臨時議会召集（８月23日開会，９月４日閉会）。8.25 内田康哉外相，衆議院で「焦土外交」方針を答弁。9.15 日本政府，日満議定書を調印，満洲国を承認。9.16 反満抗日ゲリラ，撫順炭鉱を襲撃．関東軍撫順守備隊，ゲリラの拠点平頂山を攻撃，多数の住民を殺害（平頂山事件）。9.24 文官分限令改正法・文官分限委員会官制各公布。9.27 農林省，臨時経済更生部を設置（農山漁村経済更生運動の開始）。10.1 東京市，隣接の５郡82町村を合併（人口497万人，管内20区から35区に増加．いわゆる大東京の発足）。10.2 外務省，リットン調査団の報告書を公布。10.30 熱海での共産党全国代表者会議を摘発，一斉検挙を実施（熱海事件）。11.12 東京地裁判事尾崎陞ら，共産党のシンパとして検挙（司法官赤化問題）。11.25 赤字国債の日銀引受発行開始。12.19 東京朝日新聞など全国132の新聞社・通信社，満洲国独立を認めない解決案断乎拒否の共同宣言を発表。12.22 安達謙蔵・中野正剛ら，国民同盟を結成（総裁安達）。12.24 第64通常議会召集（12月26日開会，昭和８年３月25日閉会）。 日銀，所有国債での売りオペレーションを初実施。12.- 朝鮮窒素肥料㈱の赴戦江水力発電所，完成し送電開始。

社　会・文　化	世　界
ト決行も，弾圧により敗北。3.20 東京地下鉄，全協の指導をうけ，待遇改善を要求，電車を占拠しスト突入(23日要求貫徹)。4.18 浅草松竹系映画館で，活弁・楽士ら，トーキー化による生活不安からスト(28日，日活系映画館でも争議激化)。4.- 長野朗・橘孝三郎ら，自治農民協議会を結成。5.14 俳優チャップリン来日(～6月2日)。5.- 野呂栄太郎ら編集『日本資本主義発達史講座』刊(～昭和8年8月)。6.2 自治農民協議会，農民救済請願書(3万2000人の署名)を衆議院に提出。7.30 第10回オリンピック・ロサンゼルス大会開催．日本選手131人参加し，7個の金メダルを獲得。7.- 中央気象台，富士山頂観測所を開設，恒常観測を開始。8.23 国民精神文化研究所，文部省に設置。9.5 内務省，国民自力更正運動の開始を訓令。9.25 日本労働組合会議結成(「大右翼」の戦線統一化)。9.- 上智大学学生の一部，靖国神社参拝の際に礼拝拒否し問題化。10.6 日本共産党員3人，川崎第百銀行大森支店に押入りピストル強盗を働き現金を強奪(赤色ギャング事件)。10.23 戸坂潤・岡邦雄・三枝博音ら，唯物論研究会を創立。10.24 大日本国防婦人会結成。11.3 総同盟大会，罷業最小化方針などの綱領改正を決議。12.16 日本橋の白木屋東京本店，初の高層建築での火災発生(死者14人)。12.28 日本学術振興会創立。12.- 歴史学研究会創立(昭和8年11月，会誌『歴史学研究』創刊)。**この年** 杉村濬『在韓苦心録』刊。 井上権一郎信元著・大塚武松編『長崎警衛記録』刊。 鉱山懇話会『日本鉱業発達史』刊。 西田直二郎『日本文化史序説』刊。 白揚社『歴史科学』創刊。 渡辺幾次郎編『大隈重信関係文書』刊(～昭和10年)。 朝鮮総督府朝鮮史編修会編『朝鮮史』刊(～昭和13年)。 静岡県史編纂委員会『静岡県史料』刊(～昭和16年)。 伊東尾四郎編『福岡県史資料』刊(～昭和18年)。 朝鮮総督府朝鮮史編修会編『朝鮮史料叢刊』刊(～昭和19年)。 神宮司庁編『大神宮叢書』刊(～昭和32年)。 『中山忠能履歴資料』(日本史籍協会叢書本)刊(～昭和9年)。 中国，北平故宮博物院『清光緒朝中日交渉史料』刊(～民国22年)。 住田正一編纂『日本海防史料叢書』刊(～昭和8年)。 大槻文彦『大言海』初版本篇刊(～昭和12年索引刊)。 【死没】 1.5 草間時福(80，教育家)。1.29 大津淳一郎(77，政治家)。1.31 喜多又蔵(56，実業家)。1.- 神田伯山(3代)(61，講釈師)。2.3 リデル(76，宣教師)。2.5 藤井斉(29，海軍軍人)。2.9 井上準之助(64，財政家)。3.5 団琢磨(75，経営者)。3.24 梶井基次郎(32，小説家)。3.26 木越安綱(79，陸軍軍人)。 呉秀三(68，精神病学)。4.4 岡田信一郎(50，建築家)。4.9 高橋光威(66，ジャーナリスト)。5.7 田中王堂(66，哲学)。5.15 犬養毅(78，政治家)。5.20 今西竜(58，朝鮮史学)。5.26 白川義則(65，陸軍軍人)。 関根正直(73，国文学)。5.30 白井光太郎(70，植物学)。6.1 福田雅太郎(67，陸軍軍人)。6.5 田中太郎(63，社会事業家)。6.7 湯浅治郎(83，実業家)。6.16 守田勘弥(13代)(48，森田座)。7.12 栃内曾次郎(67，海軍軍人)。7.15 中島勝義(75，ジャーナリスト)。7.29 鹿島房次郎(65，実業家)。8.15 伊井蓉峰(62，新派俳優)。8.20 滝本誠一(76，経済史学)。8.23 江木千之(80，政治家)。9.18 江木翼(60，政治家)。9.22 田丸卓郎(61，物理学)。11.3 岩田義道(35，社会運動家)。11.30 森田茂(61，政治家)。 野沢喜八郎(8代)(78，浄瑠璃三味線方)。12.10 桑田熊蔵(65，社会思想家)。12.11 森恪(51，政治家)。12.21 山之内一次(67，政治家)。12.30 本山彦一(80，新聞経営者)。	により開催(ソ連を含む60ヵ国余の参加．～7月)。3.21 朝鮮総督府，平壌のキリスト教関係の学校に対し神社参拝を強要。4.26 中華ソビエト共和国政府(瑞金)，対日宣戦を布告。5.20 オーストリア，ドルフース内閣成立。6.4 チリ，軍事クーデタにより保守内閣倒れ，社会主義共和国成立。6.15 ボリビア・パラグアイ，チャコ地方領有を巡りチャコ戦争開始。6.16 蔣介石，第4次掃共戦を開始．ローザンヌ賠償会議開催(～7月9日．ドイツの賠償金減額)。6.24 シャム人民党による立憲クーデタ起り，絶対王政倒れる。7.5 サラザール，ポルトガル首相に就任(蔵相兼任，のち外相・陸相をも兼任，独裁体制成立)。7.21 イギリス帝国経済会議，オタワで開催，イギリス連邦内での特恵関税制度の採用を決定(ブロック経済の形成．～8月20日)。7.23 ケーリ没(81，アメリカン=ボード派遣のキリスト教宣教師・神学博士)。7.25 ソ連・ラトヴィア・エストニア・ポーランド・フィンランド，不可侵条約を締結。7.31 ナチス，総選挙で230議席(全議席の約4割)を獲得し第1党となる(第2党社会民主党，第3党共産党)。8.27 バルビュス・ロマン=ロランら，アムステルダムで国際反戦大会を開催(～29日)。9.22 イブン=サウード，国名をサウディアラビア王国に改称。9.25 スペイン，カタルーニャ自治憲章を制定。10.3 イラク，イギリスの委任統治から独立，国際連盟に加入。10.4 ハンガリー，極右反ユダヤ主義者のゲンベシュ内閣成立。10.10 李奉昌没(33，韓人愛国団員)。11.6 ナチス，総選挙で議席を減ずるも，再び第1党を確保。11.8 民主党F・D・ローズヴェルト，共和党の現職フーバーを破り，アメリカ大統領に当選。11.29 仏ソ不可侵条約調印。12.11 アレン没(74，アメリカの長老教会宣教師・外交官)。12.12 ソ連・中国国民党政府，国交を回復。12.24 アレッサンドリ，チリ大統領に就任。

西暦	年号 干支	内閣	政　治・経　済
1933	昭和 8 癸酉	(斎藤実内閣)	1.1 日本軍，山海関で中国軍と衝突(山海関事件．２日，関東軍出動，３日，山海関占領)。2.17 閣議，熱河省への進攻を決定。2.20 閣議，対日勧告案(満洲国不承認・日本軍撤退)を国際連盟が可決した場合，連盟を脱退する旨を決定。2.23 日本軍・満洲国軍，熱河省に進攻。2.24 日本代表松岡洋右，国際連盟総会での対日勧告案採択(賛成42反対１棄権１で可決)に抗議して退場。2.27 バーナード=ショウ来日(～３月９日)。3.27 内田康哉外相，国際連盟事務総長に対する脱退通告および政府声明を発表．国際連盟脱退に関する詔書発布。3.29 外国為替管理法公布(為替相場，低位に安定化．５月１日施行)。 農村負債整理組合法公布(市町村による農村への融資に対する道府県の補償を規定．８月１日施行)。 米穀統制法公布(米価安定化のための間接統制立法．政府による最高・最低価格の決定および最低価格での無制限購入・最高価格での無制限売却を実施．11月１日施行)。4.1 満洲国，非承認国に対し門戸を閉鎖。4.6 日本製鉄株式会社法公布(９月25日施行．昭和９年１月29日，官営八幡製鉄所を中心とした合同により設立)。4.10 イギリス，日印通商条約廃棄を通告。 日本軍，長城線を越え華北へ進攻(23日撤退)。5.3 大阪地下鉄，梅田一心斎橋間開業。5.7 日本軍，再び長城線を越え関内作戦を開始。5.18 王子製紙㈱，富士製紙㈱・樺太工業㈱を吸収合併(資本金１億4998万円，大製紙トラスト形成)。5.31 関東軍・中国軍の間で，塘沽停戦協定成立(両軍の長城以南地域からの撤兵，同地域での非武装地域設定を取決め，満州事変終結)。6.7 共産党委員長佐野学・同幹部鍋山貞親，コミンテルンの指導を批判し獄中から転向を声明(以後共産党関係者の転向続出)。6.17 大阪市天神橋筋の交差点で，信号無視の兵士と咎めた巡査が衝突，軍・警察の対立に発展(ゴーストップ事件)。7.11 大日本生産党員および天野辰夫らによるクーデタ計画発覚(神兵隊事件)。8.7 日本軍，長城線への撤収概ね完了。8.9 第１回関東地方防空大演習実施(11日，桐生悠々，社説「関東防空演習を嗤ふ」(『信濃毎日新聞』)で批判し問題化)。9.22 池田成彬，三井合名常務理事に就任(三井財閥の方向転換)。9.23 インドと新通商条約調印のため，インドのシムラで交渉開始(昭和９年７月12日調印)。9.27 軍令部令公示(海軍軍令部を軍令部と改称．軍令部長を軍令部総長に改称)。10.3 ５相会議(首・蔵・外・陸・海の各相)，国防・外交・財政などの国策調整のため開催(21日，満洲国の育成・日満支３国提携などの国策大綱を決定)。10.27 日本商工会議所などの９団体，全日本商権擁護連盟を結成(産業組合反対運動(反産運動)活発化)。11.8 丸善石油㈱設立(資本金200万円．本社神戸)。11.18 日満実業協会設立(会長郷誠之助)。12.9 陸軍・海軍両省，軍部批判について軍民離間を図るものとして非難。 三和銀行㈱，三十四・山口・鴻池各銀行の合同により設立(資本金１億0720万円．本店大阪)。12.23 皇太子明仁誕生(昭和９年２月11日，恩赦による減刑令公布)。 第65通常議会召集(12月26日開会，昭和９年３月25日閉会)。 共産党中央委員宮本顕治ら，スパイ容疑者を査問して死亡させる(共産党リンチ殺人事件)。**この年** 日本の綿布輸出量，20億3123万平方ヤードに達し，イギリスを抜き世界第１位。 低賃金を武器とするソシアル=ダンピング，国際的非難を惹起。

社会・文化	世界
1.9 実践女学校専門部生徒，伊豆大島三原山に投身自殺(以後，同所での自殺頻発)。1.10 東京商大教授大塚金之助検挙(12日，河上肇検挙)。2.4 長野県で，教員などに対する一斉検挙を実施(長野県教員赤化事件．4月までに65校138人を検挙)。2.20 小林多喜二，検挙され築地署の取調べで死亡。3.3 三陸地方で大地震・大津波発生(死者3008人，倒壊流失家屋7263戸)。4.1 古川緑波・徳川夢声・大辻司郎ら，笑の王国を浅草常盤座で旗揚げ。児童虐待防止法公布(10月1日施行)。4.22 鳩山一郎文相，京都帝大教授滝川幸辰の辞職を同大総長に対し要求(5月26日，政府，滝川の休職を決定．法学部教授会，これに抗議し多くの教員が辞表提出．7月10日滝川ら6教授，7月25日さらに2教授免官処分．滝川事件)。4.- 『小学国語読本』(サクラ読本)使用開始。5.3 ドイツ人建築家タウト来日(～昭和11年10月12日)。6.15 松竹少女歌劇団のレビューガールら，待遇問題によりスト突入，湯河原に籠城(7月15日解決)。6.19 丹那トンネル貫通(大正7年の起工より，予算2467万円，のべ労働者数250万人，殉職者67人)。7.1 京都帝大・東京帝大などの学生ら，大学自由擁護連盟を結成．滝川教授復職・鳩山文相辞職要求などを決議。7.3 全国水平社，高松地裁の身分差別裁判に反対し，全国的糾弾闘争を開始(9月25日，司法次官，差別裁判撤廃につき通達)。7.8 文部省，『非常時と国民の覚悟』を外務・陸軍・海軍各省と共同編纂，学校などに配布。7.10 長谷川如是閑・三木清ら，学芸自由同盟を結成。8.25 秋田雨雀・加藤勘十ら，極東平和友の会を結成。**この夏** 「東京音頭」，東京で熱狂的流行し，全国へと波及。10.1 後藤隆之助ら，近衛文麿と図り後藤隆之助事務所を開設，政策諸部門の研究会を開催(のちの昭和研究会)。10.- 『文学界』創刊。11.28 野呂栄太郎検挙(昭和9年2月19日獄中死)。12.24 日本劇場，東京有楽町に開場。**この年** 治安維持法による検挙者数，戦前最多。玩具のヨーヨー大流行し，月産約500万個。青森郷土会『うとう』創刊。牧野信之助編『越前若狭古文書選』出版。清水正健編纂『荘園志料』刊。黒竜会『東亜先覚志士記伝』刊(～昭和11年)。仁井田陞『唐令拾遺』刊。東京帝国大学史料編纂所編『読史備要』出版。平塚篤・金子堅太郎・尾佐竹猛ら編『秘書類纂』刊(～昭和11年)。南満洲鉄道会社『満洲経済年報』刊(～昭和16年)。 【死没】 1.3 内田嘉吉(68，政治家)。1.5 根本正(83，禁酒運動家)。1.23 堺利彦(64，社会主義者)。1.26 渡辺海旭(62，浄土宗僧侶)。1.27 田中宏(75，獣医学)。2.3 大谷嘉兵衛(90，実業家)。2.20 小林多喜二(31，プロレタリア文学作家)。田中有美(95，宮廷画家)。3.6 奥好義(76，雅学家)。3.18 吉野作造(56，評論家)。3.28 池貝喜四郎(57，技術者)。4.8 森田恒友(53，洋画家)。4.20 馬越恭平(90，実業家)。4.21 長岡外史(76，陸軍軍人)。4.26 田附政次郎(71，綿糸布商)。5.2 岩川友太郎(80，動物学)。6.6 金谷範三(61，陸軍軍人)。7.14 松居松翁(64，劇作家)。7.26 平岩愃保(78，メソジスト教会)。7.28 西ノ海嘉治郎(3代)(44，横綱)。武藤信義(66，陸軍軍人)。8.3 富本豊前太夫(8代)(77，富本節)。8.11 中村福助(成駒屋系5代)(34，歌舞伎役者)。8.13 金井延(69，経済学)。9.5 巌谷小波(64，小説家)。9.10 古賀春江(39，洋画家)。9.21 宮沢賢治(38，童話作家)。10.15 新渡戸稲造(72，教育者)。10.29 岸清一(67，日本体育協会)。10.30 平福百穂(57，日本画家)。11.5 片山潜(75，社会主義者)。11.8 上原勇作(78，陸軍軍人)。11.11 境野黄洋(63，真宗大谷派僧侶)。11.14 原六郎(92，実業家)。11.24 村山竜平(84，新聞経営者)。11.30 嘉村礒多(37，小説家)。12.8 麻生太吉(77，実業家)。山本権兵衛(82，海軍軍人)。12.23 藤沢利喜太郎(73，数学)。12.26 田口運蔵(42，社会主義者)。**この年** 堀内為左衛門(90，篤農家)。	1.30 ヒトラー，ドイツ首相に就任(ナチス，保守派との連立により政権獲得)。1.- デンマーク社会民主党内閣，社会制度改革を実現。2.24 国際連盟総会，リットン報告書を採択し，満洲国の不承認を決議。2.27 ベルリンで，国会議事堂放火事件起る(共産党員の多数が逮捕される)。3.4 F・D・ローズヴェルト，第32代大統領に就任，ニューディール政策を開始へ。3.5 ドイツ総選挙，ナチス288議席を制す(3月9日，共産党非合法化，6月22日，社会民主党活動禁止，7月14日，新政党結成禁止，ナチス1党独裁へ)。3.9 アメリカ特別議会開会，ニューディール諸立法を可決(5月12日農業調整法(AAA)，5月18日テネシー渓谷開発公社法(TVA)，6月16日全国産業復興法(NIRA)を可決し閉会)。3.23 ドイツ国会，全権委任法を可決(事実上，ヒトラーの独裁権確立)。4.19 アメリカ，金本位制を停止。6.12 ロンドン国際経済会議開催(～7月27日．恐慌対策を討議するも不成功)。6.- コペンハーゲン世界反戦大会開催。7.3 ソ連，バルト・バルカン諸国などと，侵略の定義に関する条約に調印。9.4 キューバのバティスタ，クーデタにより実権掌握。9.30 極東反戦反ファシズム大会，上海で開催。10.2 蔣介石，第5次掃共戦を開始(～26日)。10.14 ドイツ，国際連盟およびジュネーヴ軍縮会議からの脱退を声明。10.29 スペイン，ファランヘ党結成される。10.- スウェーデン社会民主党内閣，福祉政策を展開。11.16 アメリカ，ソ連を承認(米ソ国交樹立)。12.3 第7回パン=アメリカ会議，モンテビデオで開催，不戦条約を調印(アメリカ国務長官ハル，ラテン=アメリカに対する内政干渉権を否認)。**この年** アインシュタイン・トーマス=マンら，ドイツから亡命(ナチスの政権掌握により，ユダヤ・反ナチスの科学者・作家などの亡命相つぐ)。ナホッド没(75，ドイツの日本学者)。

西暦	年号干支	内閣	政　治・経　済
1934 ▼	昭和 9 甲戌	（斎藤実内閣） 7.8 岡田啓介内閣	1.23 荒木貞夫陸相，病気により辞任(後任に林銑十郎)。1.29 日本製鉄㈱設立(製鉄大合同．資本金３億4594万円，社長中井励作)。2.7 中島久万吉商相，貴族院で旧稿の「足利尊氏論」が問題化，追及される(９日辞任)。2.15 政友会岡本一巳，衆議院で鳩山一郎文相の収賄問題につき追及(政友会，内紛激化)。3.1 満洲国執政溥儀，皇帝となり帝政を開始(元号「康徳」)。3.3 鳩山一郎文相，綱紀問題により辞任。3.5 永田鉄山，陸軍省軍務局長に就任。3.9 時事新報社経営者武藤山治，鎌倉の自邸付近で福島新吉に狙撃され，翌日死亡。3.12 海軍水雷艇友鶴，荒天下での演習訓練中に転覆，100名が殉職(過大兵装による復原力不足が原因)。3.16 衆議院，取締強化目的の治安維持法改正案を修正可決(25日，両院協議会で審議未了)。3.20 共産党「多数派」，セクト主義批判の声明発表。3.28 石油業法公布(精製・輸入業の免許化，貯油の義務化などを制定)。4.7 貿易調整および通商擁護法公布(外国の輸入制限に対抗，関税引上げなどの報復処置を制定．５月１日施行)。4.11 三菱造船㈱，三菱重工業㈱に改称(６月13日，三菱航空機㈱と合併)。4.17 外務省情報局長天羽英二，列国の対中国援助への反対を声明(天羽声明)。4.18 帝国人絹会社株式買受けをめぐり，疑獄事件発生(帝人事件．５月19日，大蔵次官黒田英雄を召喚)。5.2 出版法改正公布(皇室の尊厳冒瀆・安寧秩序妨害などに対する取締強化．８月１日施行)。6.28 満洲国駐日公使，民間企業の進出を歓迎する旨声明。7.3 斎藤実内閣，帝人事件により総辞職。7.7 海軍兵器制作の大阪機械製作所，解雇反対の争議起る(７月９日，争議団，高野山に籠城．９月７日敗北)。 鈴木喜三郎政友会総裁，次期内閣への入閣援助を拒絶。7.8 岡田啓介内閣成立．政友会，床次竹二郎ら入閣者を除名処分。7.26 近畿防空大演習実施(～28日)。8.6 陸軍省，関東軍による対満政策一元化を目的とした在満機構改組原案を発表(20日，拓務省原案を発表)。10.1 陸軍省，『国防の本義とその強化の提唱』(陸軍パンフレット)を頒布，広義国防を提唱(民政党・政友会，陸軍パンフレットについて軍部の政治関与を非難，社会大衆党はパンフレット支持)。10.7 拓務省の全員，在満機構改革案反対の具申書を首相(拓相兼任)に提出。10.17 政府，在満機構改革につき原案断行決定を声明(10月18日，関東庁全職員，在満機構問題に関し総辞職を決議．翌日満洲全警官も総辞職．31日辞表撤回)。11.1 若槻礼次郎，民政党総裁を辞任。 満鉄，大連—新京間に特急あじあ号を運転開始。11.13 満洲国，石油専売法を公布(アメリカ・イギリス・オランダから抗議)。11.20 村中孝次・磯部浅一ら皇道派青年将校，クーデタ計画容疑により検挙(士官学校事件．皇道派・統制派の対立激化の端緒)。11.27 第66臨時議会召集(11月28日開会，12月９日閉会)。12.1 東海道本線丹那トンネル開通，営業運転開始(同時に全国で列車時刻を改定)。12.3 閣議，ワシントン海軍軍縮条約の単独廃棄を決定(29日，アメリカに通告)。12.5 西園寺公望暗殺を狙った少年血盟団員，興津の坐漁荘で西園寺との面会強要中に逮捕される。12.24 第67通常議会召集(12月26日開会，昭和10年３月25日閉会)。12.26 対満事務局官制公布・施行．林銑十郎陸相，同局総裁を兼任(関東軍主導の対満経営機関成立し，在満機構改革問題終結)。**この年** 軍需景気拡大し，軍事産業を中心とした好況となる。 国内の大財閥，住友を嚆矢として満洲進出を開始。

社会・文化	世界
1.29 内務省警保局長松本学，直木三十五らと文芸懇話会結成のため初会合。 1.- 東北大学文学会『文化』創刊。3.16 内務省，瀬戸内海・雲仙・霧島を最初の国立公園に指定。3.21 函館に大火，焼失2万2600戸，焼死者650人ほか凍死者など多数(関東大震災につぐ大火)。3.27 (財)三井報恩会設立認可(基金300万円，文化活動への資金援助を展開)。4.3 全国小学校教員精神作興大会，全国代表3万5000余人を宮城前で開催．天皇臨幸して勅語を下賜。5.20 (財)癌研究会癌研究所開所。6.1 文部省，学生部を拡充し思想局を設置。6.6 蓑田胸喜，東京帝大法学部教授末弘厳太郎を治安維持法違反・不敬罪などを理由に告発。9.2 東京市電，1万人解雇・4割減給での再雇用などの市電更正案を発表(5日，東京交通労働組合，同案に反対しスト突入．9月18日スト休止．10月7日再びスト突入．10月13日2割減給で妥結)。9.12 新協劇団，村山知義の新劇団大同団結の提唱により結成。9.21 室戸台風，関西・四国地方を襲う(死者・行方不明3036人，被害総額10億円．室戸岬で911.9ヘクトパスカルの日本の陸上での最低気圧を記録)。10.- 日本民族学会設立(会長白鳥庫吉)。 大和国史会『大和志』創刊。 明治文化研究会(尾佐竹猛代表)『幕末明治新聞全集』刊(～昭和10年2月)。11.2 アメリカ大リーグ選抜野球チーム来日(ベーブ=ルース・ルー=ゲーリックら18人)。11.3 東北各県の生活綴方教師，北日本国語教育連盟を結成。11.18 日本労働組合全国評議会，総評・全労統一全国会議などの合同により結成(委員長加藤勘十)。**この年** 東北地方の冷害・西日本の旱害・関西の風水害により大凶作(水陸稲実収高5184万石，大正2年以降で最低)．東北地方，冷害・大凶作により自殺・娘の身売り・欠食児童などの惨状が広がる。 宇佐郡史談会『宇佐史談』刊(大正11年創刊『史談』に始まる)。 平野義太郎『日本資本主義社会の機構』刊。 山田盛太郎『日本資本主義分析』刊。 司法省編『徳川時代民事慣例集』刊(～昭和11年)。 笹川種郎編『史料大成』刊(～昭和12年)。 黒羽兵治郎編『大阪商業史料集成』刊(～昭和15年)。 中山泰昌『新聞集成明治編年史』刊(～昭和11年12月)。 【死没】 1.1 佐々木安五郎(63，政治家)。1.7 田村直臣(77，牧師)。1.8 片倉兼太郎(2代)(73，片倉製糸)。1.24 山本竟山(72，書家)。1.28 古市公威(81，土木工学)。2.4 有馬四郎助(71，監獄改良)。2.5 留岡幸助(71，社会事業家)。 志賀泰山(81，林学)。2.6 鎌田栄吉(78，政治家)。2.14 横瀬夜雨(57，詩人)。2.19 野呂栄太郎(35，マルクス主義)。 伊東巳代治(78，政治家)。2.24 直木三十五(44，小説家)。3.1 服部金太郎(75，服部時計店)。3.9 大工原銀太郎(67，土壌学)。3.10 武藤山治(68，政治家)。3.20 大熊氏広(79，彫刻家)。3.25 中橋徳五郎(74，実業家)。4.3 高倉徳太郎(50，牧師)。4.16 佐藤繁彦(49，神学)。4.18 大手拓次(48，詩人)。4.19 富士松加賀太夫(8代)(76，新内節)。4.21 関直彦(78，政治家)。4.25 土田杏村(44，思想家)。5.5 中村憲吉(46，歌人)。5.16 川村清雄(83，洋画家)。5.21 片岡直温(76，政治家)。5.23 岡田良平(71，政治家)。5.30 東郷平八郎(88，海軍軍人)。6.1 久保天随(60，漢文学)。6.18 古在由直(71，農芸化学)。6.26 内藤虎次郎(69，東洋史学)。7.10 水町袈裟六(71，銀行家)。7.28 池貝庄太郎(66，実業家)。7.29 久米桂一郎(69，洋画家)。9.1 竹久夢二(51，画家)。9.11 井上剣花坊(65，川柳)。9.12 小田切万寿之助(67，外交官)。9.24 木村清四郎(74，日銀副総裁)。10.8 石田貫之助(86，政治家)。10.10 大沢善助(81，実業家)。 高村光雲(83，彫刻家)。10.16 片岡仁左衛門(11代)(78，歌舞伎役者)。10.22 コーツ(69，宣教師)。10.28 鵜崎鷺城(62，ジャーナリスト)。11.3 江見水蔭(66，小説家)。11.4 乾新兵衛(73，実業家)。11.5 櫛田民蔵(50，経済学)。11.8 尾上梅幸(6代)(65，歌舞伎役者)。11.18 藤浪鑑(65，病理学)。11.19 田所輝明(35，社会運動家)。11.30 安川敬一郎(86，実業家)。12.8 神田鐳蔵(63，紅葉屋銀行)。12.20 埴原正直(59，外交官)。12.31 高木正年(79，全盲代議士)。	1.22 第2回中華ソヴィエト代表者大会，江西省瑞金で開催(～2月7日)。1.30 アメリカ，金準備法制定(翌日ドル平価切り下げを実施)。2.6 フランス，極右団体・ファシストらによる反議会制の大騒擾起る(2月6日事件)。2.9 ギリシア・トルコ・ユーゴスラヴィア・ルーマニア，バルカン協商結成条約に調印。2.12 ウィーンで，労働者ら，反ファシスト蜂起し政府軍・ハイムヴェア(郷土防衛団)と市街戦を展開。3.1 韓国独立党など，南京で対日戦線統一同盟大会を開催。3.24 アメリカ議会，タイディングス=マグダフィ法を可決．10年後のフィリピン独立を決定(5月1日，フィリピン議会承認)。5.19 ブルガリアで，ゲオルギエフ将軍ら「軍事連盟」がクーデタ，独裁制を樹立。5.29 アメリカ・キューバ，新条約を調印し，プラット修正条項を廃止(アメリカ，キューバ干渉権を放棄)。6.8 第1回日・蘭印会商，バタビヤで開催(～12月21日)。6.12 アメリカ議会，互恵通商協定法を可決(大統領に関税率50パーセントの引下げ権を付与)。6.30 ヒトラー，レームら突撃隊(SA)幹部など政敵を殺害・粛清(レーム事件)。7.16 サンフランシスコで，ゼネスト起る。7.25 ナチス，ウィーンで蜂起しドルフース首相を殺害。7.27 フランス社会党および共産党，反ファッショの統一行動協定を締結。8.2 ドイツ，ヒンデンブルク大統領病死(ヒトラー首相，大統領を兼任し，8月19日，国民投票により承認，総統となる)。9.18 ソ連，国際連盟に加入。10.6 スペイン，レルース右翼内閣成立に反対し，カタロニアが独立宣言，アストゥリアスで共産主義者らの武装蜂起発生(21日鎮圧)。10.9 ユーゴ国王アレクサンダル1世・フランス外相バルトゥー，マルセイユで暗殺される。10.15 紅軍，瑞金を放棄して長征を開始。12.1 ソヴィエト政治局員キーロフ，暗殺される(これより暗殺急増，スターリンの大粛清はじまる)。

西暦	年号干支	内閣	政治・経済
1934 ▲	昭和 9 甲戌	(岡田啓介内閣)	
1935 ▼	10 乙亥		1.20 町田忠治，民政党総裁に就任。1.21 北満鉄道譲渡に関する満洲・ソ連間の協定成立(3月23日，日本を加えた3国間で調印．3月25日公布)。2.18 菊池武夫貴族院議員，貴族院で美濃部達吉議員の天皇機関説を攻撃(25日，美濃部，弁明演説，その後，軍部・国家主義団体などによる天皇機関説排撃運動高まり政治問題に発展)。3.4 岡田啓介首相，議会で天皇機関説に対して反対表明。 逃亡中の袴田里見検挙され，日本共産党中央委員会壊滅。3.23 衆議院，国体明徴決議案を満場一致で可決。3.30 臨時利得税法公布(4月1日施行)。4.6 真崎甚三郎教育総監，国体明徴を陸軍に訓示。 満洲国皇帝溥儀来日(～23日)。 倉庫業法公布(10月1日施行)。4.9 美濃部達吉，天皇機関説問題により不敬罪で起訴される．内務省，美濃部の『憲法撮要』など3著書を発禁処分。4.10 文部省，国体明徴を訓令。4.18 政友会，内閣審議会への不参加を決議。4.23 帝国在郷軍人会，天皇機関説排撃パンフレットを頒布。5.11 内閣審議会・内閣調査局官制各公布．政友会，審議会に参加の望月圭介・水野錬太郎を除名処分。5.17 日中両国，公使(館)を大使(館)に昇格。5.22 民政党，政友会に提携解消を通告。5.29 支那駐屯軍，河北省からの国民党機関の撤退などを要求。6.5 関東軍特務機関員ら，チャハル省で宋哲元軍に逮捕される(チャハル事件)。6.10 国民政府，河北省における日本軍の要求(国民党施設・機関の撤退など)を全面的に承認(梅津・何応欽協定)。6.18 選挙粛正中央連盟設立(会長斎藤実)。6.27 国民政府，チャハル事件における日本軍の要求(チャハル省北中部からの宋哲元軍撤退など)を承諾(土肥原・秦徳純協定)。7.11 11月事件により収監中の村中孝次・磯部浅一，「粛軍に関する意見書」を軍内外に頒布(8月2日，両人とも免官処分)。7.16 真崎甚三郎教育総監罷免され，後任に渡辺錠太郎就任(統制・皇道両派の対立，更に激化)。7.31 政友会議員総会，天皇機関説の排撃を声明。8.3 政府，第1次国体明徴声明(天皇機関説を「国体の本義を愆るもの」と声明)。8.12 永田鉄山陸軍省軍務局長，省内で皇道派の相沢三郎により斬殺される。8.23 綿業中央協議会，大日本紡績連合会・日本綿織物組合連合会・輸出綿糸布同業組合の3団体合同により設立。9.6 イギリスの対中国経済使節リース=ロス来日し，広田弘毅外相・高橋是清蔵相らと会談。9.17 住友金属工業㈱，住友伸銅鋼管㈱・住友製鋼所㈱の合併により設立(資本金4000万円，本社大阪)。9.18 美濃部達吉，貴族院議員を辞任．検察側，美濃部の起訴猶予を決定。10.7 広田弘毅外相，蔣作賓中国駐日大使との会談で，日中提携の3原則(排日運動の停止・満洲国の承認・赤化防止)を提議(21日蔣大使，概ね承諾)。10.15 政府，第2次国体明徴声明(天皇機関説は国体にもとるものとし，その「芟除」を声明)。11.9 外務省，中国幣制改革およびリース=ロスの対華共同借款などについて反対の旨，非公式に声明。11.25 日本軍指導による冀東防共自治委員会，長城以南の非武装地帯に政権樹立し，国民政府からの離脱を宣言(委員長殷汝耕)。11.26 高橋是清蔵相，閣議で公債漸減の必要性を提言。12.9 第2次ロンドン海軍軍縮会議開催(日本全権永野修身)。12.18 冀察政務委員会，国民政府により北平に設置(委員長宋哲元．河北・チャハル両省および北平・天津両市を管轄)。12.20 ㈱興中公司，満鉄の全額出資により設立(資本金1000万円，本社大連，社長十河信二)。12.23 望月圭介逓相ら，政友会除名者・脱党者により昭和会を結成。12.24 第68通常議会召集(12月26日開会，昭和11年1月21日解散)。**この年** 綿布輸出量，史上最高を記録(27億平方ヤード)。 貿易収支，17年ぶりに黒字となる。

社会・文化	世界
	メキシコ，カルデナスが大統領に就任。12.14 トルコ，女性の参政権承認('35年3月，17人の女性議員誕生)。**この年** ジョリオ=キュリー夫妻，人工放射能の発生に成功。
1.17 小林存『高志路』創刊。1.- 飛驒考古土俗学会『ひだびと』創刊。2.1 世界文化社『世界文化』創刊。2.- 湯川秀樹，中間子論を発表。3.8 忠犬ハチ公死ぬ(渋谷駅前の銅像は前年の4月21日に建立)。3.13 東京—ロンドンおよびベルリン間の無線電話開通。3.21 無期懲役囚吉田石松，23年ぶりに仮出所し，無実を訴え再審請求を開始(昭和の巌窟王と呼ばれる．昭和37年10月30日再審決定，38年2月28日無罪確定)。3.- 国民精神文化研究所『元寇史料集』刊。 誠文堂『近世社会経済学説大系』刊(～昭和12年9月)。4.1 青年学校令・青年学校教員養成所令各公布(実業補習学校および青年訓練所を統合し青年学校に改組)。4.10 大阪港南地方で，全労・総同盟合同促進協議会結成。5.1 第16回メーデー開催(戦前最後のメーデー)。5.20 新日本海員組合，日本海員組合離脱の革正同盟派により結成(組合員6000人)。5.28 文部省，美術界の統制策として，帝国美術院の改組を発表(31日，帝国美術院官制公布)。5.-『中央公論』，「転落自由主義」を特集．長谷川如是閑・清沢洌・中野正剛ら寄稿。8.25 愛知県豊川鉄道争議起る(日本主義労働組合によるストライキ．9月3日解決)。9.29 日本労働組合総連合，メーデー廃止・日本産業労働祭挙行などの提案を否決され，日本労働組合会議を脱退。9.- 第1回芥川賞，石川達三『蒼氓』に，第1回直木賞，川口松太郎『鶴八鶴次郎』にそれぞれ決定。10.1 第4回国勢調査実施(内地人口6925万4148人，外地人口2844万3407人)。10.- 日本評論社『日本評論』創刊(『経済往来』改題)。11.7 ㈳同盟通信社，設立認可(政府・軍部の方針に基づき，日本電報通信社・新聞連合社の二大ニュース通信社の統合により，昭和11年1月1日発足)。11.8 大日本映画協会設立(映画に対する国家統制強化)。11.26 日本ペンクラブ創立(初代会長島崎藤村)。12.8 大本教の出口王仁三郎ら幹部30余人，不敬罪および治安維持法違反容疑により逮捕される(第2次大本教事件．昭和11年3月13日結社禁止)。**この年** 東京商工会議所調査課編『支那経済年報』創刊。『朝鮮王朝実録』成る。 【死没】 1.4 松山高吉(89，牧師)。1.17 石川千代松(76，動物学)。1.20 戸水寛人(75，政治家)。1.26 関一(63，社会政策学)。1.31 藤井真信(51，官僚)。2.1 中村鴈治郎(初代)(76，歌舞伎役者)。2.9 小笠原長幹(51，政治家)。2.11 大庭二郎(72，陸軍軍人)。2.15 チェンバレン(84，日本語学)。2.28 坪内逍遙(77，評論家)。3.4 坂本孝三郎(42，労動運動家)。3.8 小藤文次郎(80，地質学)。3.10 藤間勘十郎(6代)(日本舞踊)。3.20 速水御舟(42，日本画家)。3.26 与謝野鉄幹(63，歌人)。4.16 茂木惣兵衛(3代)(43，実業家)。5.2 荒木古童(3代)(57，尺八奏者)。6.15 藤川勇造(53，彫刻家)。7.12 大石正已(81，政治家)。7.19 杉山茂丸(72，政治家)。7.20 五島清太郎(69，動物学)。7.29 関野貞(69，建築史)。8.11 駒田好洋(59，活動写真弁士)。8.12 永田鉄山(52，陸軍軍人)。8.21 岡村金太郎(69，海藻学)。9.7 高橋五郎(80，聖書翻訳家)。9.8 床次竹二郎(70，政治家)。9.12 川上俊彦(75，実業家)。9.14 富井政章(78，民法学)。10.4 千葉亀雄(58，文芸評論家)。 林鶴一(63，数学)。10.17 中村太八郎(68，社会運動家)。11.19 山脇房子(69，山脇学園)。11.23 木村久寿弥太(71，実業家)。11.29 松本長(59，能楽師)。11.30 曾我祐準(93，陸軍軍人)。12.16 月成勲(76，玄洋社)。12.21 岩井勝次郎(73，岩井商店)。12.31 寺田寅彦(58，物理学)。**この年** 一竜斎貞山(5代)(73，講釈師)。 山本東次郎(2代)(72，狂言師)。	1.7 フランス・イタリア，ローマ協定に調印(オーストリアの独立維持およびイタリアのエチオピア進出を確認)。 ユーイング没(79，英国スコットランド，お雇い外国人・物理学者)。1.13 ザール地域，人民投票によりドイツへの帰属決定(91パーセントの復帰支持．3月7日正式復帰)。 紅軍(朱徳・毛沢東指揮)，貴州省遵義を占領(1月7日)，中国共産党中央政治局拡大会議を開催(毛沢東の党指導体制が確立)。3.16 ドイツ，ヴェルサイユ条約軍備制限条項を破棄し，再軍備を宣言。3.20 ノルウェー，第2次労働党内閣成立。3.- ブラジル，統一戦線組織の民族解放同盟(ANL)結成。4.11 英・仏・伊，ストレーザ会議を開催(～4月14日)，ドイツの再軍備宣言を非難。5.2 仏ソ相互援助条約を調印(期間5年)。5.16 ソ連・チェコ相互援助条約を調印。5.19 ブルガリア国王ボリス，個人独裁体制を敷く旨宣言。6.18 英独海軍協定調印．イギリス，ドイツに対しイギリス海軍の35パーセントの海軍保有を承認。7.5 アメリカ，議会でワグナー法可決(労働者の団結権・団体交渉権を保証した，労働者の権利拡張立法)。7.14 フランス，人民戦線派による反ファシズム集会開催，パリで40万人参加の大デモ。7.25 第7回コミンテルン大会，モスクワで開催され，人民戦線テーゼを採択(～8月20日)。8.1 中国共産党，8・1宣言(「抗日救国のために全同胞に告げる書」)を発表，抗日民族統一戦線の結成を提唱。8.2 イギリス，インド統治法(1935年法)を公布(制限的州自治制の導入およびインド・ビルマの分離．'37年4月1日施行)。8.30 ソ連，スタハーノフ運動(ノルマ超過達成奨励)開始。8.31 アメリカ議会，中立法を可決(交戦

西暦	年号 干支	内閣	政　治・経　済
1935▲	昭和 10 乙亥	(岡田啓介内閣)	
1936▼	11 丙子	3.9 広田弘毅内閣	1.10 天皇機関説論者の法制局長官金森徳次郎辞任。1.13 政府,「北支処理要綱」(第1次)を定める(華北5省の自治化策)。1.15 ロンドン軍縮会議の日本全権永野修身,脱退を通告(16日公表)。1.21 政友会,内閣不信任案を提出し議会解散。2.20 第19回衆議院総選挙(民政党205・政友会171・昭和会22・社会大衆党18・国民同盟15・中立その他35)。2.26 皇道派青年将校,兵士1400余人を率いて反乱,首相官邸などを襲撃・占拠,斎藤実内大臣・高橋是清蔵相らを殺害し,国家改造を要求(2・26事件)。2.27 東京市に戒厳令を布告(7月18日解除,岡田首相無事救出)。2.28 岡田内閣総辞職。2.29 戒厳部隊,討伐行動を開始.反乱軍帰順。3.4 近衛文麿に組閣を命じる(近衛辞退.5日,広田弘毅に組閣を命じる)。3.6 陸相候補寺内寿一,組閣人事に干渉,自由主義・親英米的な入閣予定者の排除を要求。3.9 広田弘毅内閣成立。馬場鍈一蔵相,増税・低金利政策などの断行を声明(馬場財政)。3.13 天皇機関説論者の枢密院議長一木喜徳郎辞任.後任に平沼騏一郎。5.1 第69特別議会召集(5月4日開会,同26日閉会)。5.4 労農無産協議会結成(委員長加藤勘十)。5.18 陸海軍大臣・次官を現役の大将・中将とする旨を公布(軍部大臣現役武官制復活)。5.25 中野正剛ら,東方会を結成。5.28 重要輸出品取締法を公布(10月15日施行)。重要産業統制法を改正・公布(施行期間を5ヵ年延長.統制を強化.7月5日施行)。米穀自治管理法を公布(過剰米を米穀統制組合に自治的に貯蔵させる.9月20日施行)。5.29 自動車製造事業法を公布(自動車製造事業を許可制とし,保護助成を行う.7月11日施行)。6.8 帝国国防方針・用兵綱領の第3次改訂を裁可。7.1 情報委員会官制を公布(のちの内閣情報局)。7.5 東京陸軍軍法会議,2・26事件被告に判決,17人に死刑宣告(12日,2人除き執行)。8.7 首・外・陸・海4相で「帝国外交方針」を,蔵相を加えた5相会議で「国策の基準」を決定(大陸・南方進出と軍備充実を定める)。8.11 政府,第2次北支処理要綱を決定(華北5省に防共親日満地帯を建設)。8.24 四川省成都で,日本人新聞記者2人殺害(成都事件)。9.25 帝国在郷軍人会令を公布(軍の公的機関となる)。全国地方銀行協会設立。11.7 帝国議会議事堂落成式。11.14 内蒙軍,関東軍の援助で綏遠東部に進出,18日,中国溥作義軍に大敗し,23日,百霊廟陥落(綏遠事件)。11.25 日独防共協定(秘密協定・秘密書簡も含む)ベルリンで調印。11.27 閣議,昭和12年度予算案決定(歳出額,前年より7億3000万円増大.軍事費は約14億円となる)。12.7 ㈱満洲興業銀行設立(総裁富田勇太郎)。12.12 ㈱神戸銀行設立(兵庫県下の7銀行が合同.会長岡崎忠雄)。D51型蒸気機関車の生産開始。12.24 第70通常議会召集(12月26日開会.昭和12年3月31日解散)。12.31 ワシントン海軍軍縮条約失効。

社　会・文　化	世　界
	国への武器禁輸規定)。10.3 イタリア，エチオピアに侵攻(エチオピア戦争)。11.3 中国国民政府，幣制改革を実施。11.9 アメリカ，産業別労働組織委員会(CIO)発足。11.23 ブラジル，ナタール市駐屯の歩兵大隊が共産党弾圧に抗議し反乱。12.9 第2次ロンドン海軍軍縮会議開催。 北平の学生，抗日救国・華北自治反対のデモ集会を開催(12・9運動)。
1.15 全日本労働総同盟(全総)結成大会(会長松岡駒吉)。 松竹大船撮影所開所式。1.17 労働組合法・小作法獲得全国労農大会，東京で開催。2.5 日本職業野球連盟結成(7チーム．9日，巨人軍・金鯱軍，初のプロ野球試合)。2.10 野坂参三・山本懸蔵，「日本の共産主義者へのてがみ」をモスクワで発表し，反ファシズム統一戦線を提唱。3.13 内務省，大本教に解散を命じる。3.24 内務省，メーデー禁止を全国府県知事へ通達。4.21 聖徳記念絵画館壁画完成式。4.- 東亜同文会『対支回顧録』刊。5.18 阿部定事件(20日逮捕)。5.29 思想犯保護観察法を公布(11月20日施行)。5.- 大蔵省編『明治大正財政史』刊(～昭和15年5月)。6.1「国民歌謡」放送開始。6.3 退職積立金及び退職手当法を公布(昭和12年1月1日施行)。6.15 不穏文書臨時取締法を公布。6.- 外務省編纂『大日本外交文書』刊行開始(第2次世界大戦後『日本外交文書』と改題・続刊中)。7.10 平野義太郎・山田盛太郎・小林良正ら講座派学者を一斉検挙(コム=アカデミー事件)。7.31 IOC，第12回オリンピック開催地を東京に決定(昭和13年7月15日返上)。8.1 第11回オリンピック，ベルリンで開会(日本人選手179人参加．前畑秀子，女子200メートル平泳で初の金メダル)。8.29 全評・東交など，社会大衆党に門戸解放・反ファッショ人民戦線を申し入れる(9月1日趣旨了承を回答)。9.8 文部省，日本諸学振興委員会を設置。9.10 陸軍省，陸軍工廠労働者の組合加入・団体行動を禁止。9.28 大阪府特高警察，ひとのみち教団教祖御木徳一を刑事事件で検挙。10.24 日本民芸館開館(館長柳宗悦．東京駒場)。11.14 方面委員令を公布(地域の生活保護制度)。12.2 大日本傷痍軍人会発会式。**この年** 太田亮『姓氏家系大辞典』出版。 司法省編『徳川時代裁判事例』刑事ノ部刊(続刑事ノ部，昭和17年刊)。 仙台叢書刊行会編(代表今泉寅四郎)『仙台叢書』刊(～昭和13年)。 顧問正木直彦・高橋箒庵，監修千宗室・千宗守ほか『茶道全集』刊(～昭和12年)。 【死没】 1.4 藤山常一(65，企業家)。1.11 生田長江(55，評論家)。1.21 坪井九馬三(79，歴史家)。2.1 松田源治(62，政治家)。2.2 宮川経輝(80，牧師)。2.9 ベリ(89，宣教師)。2.26 斎藤実(79，政治家)。 高橋是清(83，政治家)。 渡辺錠太郎(63，陸軍軍人)。2.29 野中四郎(34，陸軍軍人)。3.12 内田康哉(72，外交官)。3.24 牧野信一(41，小説家)。3.25 山本条太郎(70，実業家)。3.27 川崎卓吉(66，政治家)。4.4 マキム(83，宣教師)。5.3 池田菊苗(73，物理化学)。5.12 満川亀太郎(49，国家主義者)。5.25 柳沢保恵(67，統計学)。6.10 土田麦僊(50，日本画家)。6.26 鈴木三重吉(55，小説家)。7.3 相沢三郎(46，陸軍軍人)。7.6 冨田溪仙(58，日本画家)。7.12 安藤輝三(32，陸軍軍人)。 市川中車(7代)(77，歌舞伎役者)。 満谷国四郎(63，洋画家)。7.19 志田順(61，地震学)。7.22 岡崎邦輔(84，政治家)。8.16 ウェルクマイスター(53，音楽家)。10.7 手塚岸衛(57，教育者)。10.8 下田歌子(83，実践女学校)。10.31 岡倉由三郎(69，英学)。12.4 野本恭八郎(85，篤志家)。12.6 浜岡光哲(84，京都商業会議所会頭)。12.30 大川平三郎(77，企業家)。**この年** 城泉太郎(81，英学)。 真清水蔵六(2代)(76，陶工)。 森本六爾(34，考古学)。	2.16 スペイン国会選挙(人民戦線派勝利．19日，連立内閣成立)。3.7 ドイツ，ロカルノ条約を破棄し，ラインラントに進駐。3.12 ソヴィエト・モンゴル，相互援助議定書に調印。3.25 イギリス・アメリカ・フランス，ロンドン海軍軍縮条約に調印。4.11 インドのラクナウーで全インド農民組合結成。4.25 エルサレムでアラブの5政党代表，アラブ高等委員会を開く(各地でアラブ人の反英暴動激化．～'39年)。5.5 朝鮮の祖国光復会，満洲で結成。5.9 イタリア，エチオピア併合を宣言．ヴィットーリオ=エマヌエーレ3世を皇帝とするイタリア領東アフリカ成立。6.4 フランスに第1次ブルム内閣成立(人民戦線内閣)。7.17 スペイン軍部，スペイン領モロッコで反乱(18日，反乱本土に拡大．スペイン内乱始まる)。8.4 ギリシアのメタクサス将軍，独裁体制を樹立。8.9『東亜日報』，ベルリンオリンピックでマラソン優勝の孫基禎選手の写真から日の丸を消して掲載，無期停刊。8.19 モスクワでトロツキー・ジノヴィエフ派の合同本部事件公判開始(25日，ジノヴィエフ・カーメネフらに死刑宣告，処刑)。8.26 イギリス・エジプト，同盟条約調印(イギリスのスエズ駐留権獲得など)。9.9 ロンドンでスペイン内乱不干渉委員会成立(27ヵ国参加)。10.19 魯迅没(56，中国の思想家・小説家)。10.25 イタリア・ドイツ両国外相，ベルリンで会談，ローマ=ベルリン枢軸成立。11.7 スペインで反乱軍，マドリードを攻撃，国際義勇軍，マドリード防衛

西暦	年号 干支	内閣	政　治・経　済
1936 ▲	昭和 11 丙子	(広田弘毅内閣)	
1937	12 丁丑	2.2 林銑十郎内閣 6.4 第1次近衛文麿内閣	1.8 大蔵省，輸入為替許可制実施の旨を公布。1.21 政友会浜田国松，衆議院での質問演説で軍の政治介入を批判し，寺内寿一陸相と「腹切り問答」(軍部と政党の対立激化)。1.23 陸相と政党出身閣僚の対立から，広田内閣総辞職。1.25 宇垣一成に組閣を命じる(陸軍が陸相候補の推薦を拒否し，29日辞退)。2.2 林銑十郎内閣成立。2.4 矢次一夫ら，国策研究会を設立。2.21 労農無産協議会，第1回全国大会を東京で開催，政党への転換を決定(3月11日，日本無産党と改称)。3.30 糸価安定施設法を公布(標準売渡・買入価格を定める)。3.31 衆議院解散。4.5 防空法を公布。4.16 外・蔵・陸・海の4相会議，「対支実行策」・「北支指導方策」を決定。4.30 第20回衆議院総選挙(民政党179・政友会175・社会大衆党37・昭和会19・国民同盟11・東方会11・日本無産党1・その他33)。5.1 商工省に統制局を設置。5.14 企画庁官制を公布(内閣調査局廃止)。5.28 政友・民政両党，林内閣の即時退陣を要求。5.29 陸軍省，重要産業5ヵ年計画要綱を決定。5.31 林内閣総辞職。6.4 第1次近衛文麿内閣成立(陸海両相留任)。 賀屋興宣蔵相・吉野信次商相，財政経済3原則を発表。7.7 北京郊外盧溝橋付近で深夜から翌早朝にかけて，日中両軍衝突(盧溝橋事件．日中戦争の発端)。7.11 盧溝橋事件現地停戦協定成立。 近衛内閣，強硬な姿勢で華北治安維持のため出兵を声明。7.23 第71特別議会召集(7月25日開会，8月7日閉会)。7.28 華北駐屯の日本軍，総攻撃開始。7.29 北京郊外通州の冀東政権保安隊，日本軍による誤爆が原因で反乱，日本人居留民ら260余人を殺害(通州事件)。8.9 大山勇夫中尉・斎藤与蔵一等水兵，上海飛行場付近で中国保安隊に射殺される。8.13 閣議，陸軍の上海派遣を決定．上海にて，海軍陸戦隊と中国軍，交戦開始。8.14 陸軍軍法会議，2・26事件民間人被告に判決，北一輝・西田税に死刑宣告(19日，村中孝次・磯部浅一とともに執行)。 中国軍機，上海の日本軍艦を爆撃，共同租界に投弾死者多数。8.15 政府，中国国民政府を断固膺懲と声明．日中全面戦争開始．海軍航空隊，南京・南昌に渡洋爆撃。8.24 閣議，国民精神総動員実施要綱を決定。9.3 第72臨時議会召集(9月4日開会，同8日閉会)。9.10 臨時資金調整法を公布(戦時金融統制の基本法．27日施行)。 臨時軍事費特別会計第1回予算を公布(昭和21年2月まで)。9.25 内閣情報部官制を公布(情報委員会を廃す)。10.1 首・陸・海・外4相間で，「支那事変対処要綱」を決定。 政府，小冊子「我々は何をなすべきか」1300万部を各戸に配布。 朝鮮で「皇国臣民の誓詞」を配布。10.6 国際連盟総会，日華紛争に関して日本の行動は9ヵ国条約・不戦条約違反との決議を採択。10.12 国民精神総動員中央連盟結成(会長に海軍大将有馬良橘)。10.25 企画院官制を公布(企画庁と資源局を統合し企画院設置)。11.2 広田弘毅外相，ドイツ駐日大使に対華和平条件を提示。11.5 第10軍，杭州湾北岸に上陸し，上海戦線の背後をつく。 トラウトマン駐華大使，日本の和平条件を蔣介石に通告(トラウトマン和平工作はじまる)。11.18 大本営令を公示(事変時にも設置可能となる)。11.20 宮中に大本営を設置。12.5 春日庄次郎ら，大阪で日本共産主義者団を結成。12.12 日本海軍機，揚子江南京付近でアメリカ砲艦パネー号を撃沈．陸軍，イギリス艦レディバード号などに砲撃(14日両国に陳謝)。12.13 日本軍，南京を占領，この前後「敗残兵掃蕩」などにより，捕虜・非戦闘員を含む多数を殺害(南京虐殺事件)。12.22 日本無産党・日本労働組合全国評議会の結社を禁じる。12.24 第73通常議会召集(12月26日開会，昭和13年3月26日閉会)。12.27 商工省，綿製品・スフ等混用規則を公布(昭和13年2月1日施行)。 日本産業㈱，満洲国法人満洲重工業開発㈱に改組(日産コンツェルンの中枢が満洲に移転．総裁鮎川義介)。

社　会・文　化	世　界
	戦に参加。11.9 上海・青島の日系紡績工場でストライキ。11.- 段祺瑞没(72，中国の安徽派軍閥)。12.5 第8回臨時ソ連邦ソヴィエト大会(11月25日～)，新憲法(スターリン憲法)を採択。12.12 張学良・楊虎城ら，西安で蔣介石を監禁し内戦停止・一致抗日を迫る(西安事件．16日，中国共産党の周恩来ら，西安に至り，張・蔣と会談)。
1.-『維新史料綱要』刊(～昭和18年3月)。2.11 文化勲章令を公布・施行(4月28日，長岡半太郎・本多光太郎・木村栄・横山大観・幸田露伴ら，第1回受賞)。3.16 同志社大学で一部の教員，国体明徴問題で総長に上申書を提唱(8月12日，具島兼三郎・田畑忍らを休・解職．同志社事件)。3.- 国民精神文化研究所『日本教育史資料書』刊。4.6 朝日新聞社の訪欧機「神風号」，立川を出発(9日ロンドン着．94時間17分の世界新記録)。4.15 ヘレン=ケラー，横浜着(以後各地で講演)。4.25 愛知時計(軍需工場)で争議。5.26 内閣に文教審議会を設置(12月10日廃して，教育審議会を設置)。5.- 豊田紡・三菱航空機など愛知県下で賃上げ争議が続発。 文部省『国体の本義』刊。6.23 前進座演劇映画研究所，東京吉祥寺に開設，座員が共同生活開始。6.24 帝国芸術院官制を公布(72名を会員に任じる)。7.3 国際劇場開場(東京浅草．定員4059人)。7.21 文部省思想局を拡充，教学局を設置。7.22 日本基督教連盟，「時局に関する宣言」を発表，国策協力を表明。8.8 日本文化中央連盟発起人会。9.6 久保田万太郎・岸田国士・岩田豊雄，文学座を結成(昭和13年3月，第1回公演)。9.25 内閣情報部，国民歌「愛国行進曲」歌詞募集(12月26日演奏発表会開催)。9.28 婦人矯風会・日本女医会など，日本婦人団体連盟を結成。10.16 第1回(新)文展開催(～11月20日)。10.17 全日本労働総同盟全国大会，同盟罷業中止など銃後3大運動を決議。11.8 中井正一・新村猛・真下信一らの『世界文化』グループを検挙。11.24 土方成美東京帝大経済学部長，教授会にて矢内原忠雄の言論活動を非難(12月1日矢内原，辞表提出．4日退官)。12.11 大阪で南京陥落祝賀の大提燈行列。12.15 山川均・加藤勘十ら労農派など400人余を検挙(第1次人民戦線事件)。**この年** 渋沢敬三『豆州内浦漁民史料』刊。 渋沢栄一『楽翁公伝』刊。 久保栄『火山灰地』成る(『新潮』12月号，昭和13年7月号に分載)。 【死没】 1.13 大森金五郎(71，国史学)。1.15 ブスケ(90，フランスの法律家)。1.24 森永太一郎(73，森永西洋菓子製造所)。2.1 河東碧梧桐(65，俳人)。 浅野長勲(96，安芸広島藩主)。2.5 斎藤恒三(80，実業家)。2.25 伊庭孝(51，音楽劇制作者)。2.28 上真行(87，雅楽家)。3.30 伊谷以知二郎(74，漁業振興)。4.2 十一谷義三郎(41，小説家)。5.12 松井等(61，東洋史学)。5.22 中村啓次郎(71，政治家)。 海老名弾正(82，牧師)。6.13 石井亮一(71，社会事業家)。6.25 有吉明(62，外交官)。7.9 権藤成卿(70，思想家)。7.26 内田良平(64，国家主義運動家)。7.28 小泉策太郎(66，政治家)。8.9 尾上松助(5代)(51，歌舞伎役者)。8.19 磯部浅一(33，陸軍軍人)。 西田税(37，国家主義運動家)。 北一輝(55，国家主義者)。 村中孝次(35，陸軍軍人)。8.20 和田英松(73，歴史学)。9.27 高松豊吉(86，工業化学)。10.6 友田恭助(39，俳優)。10.14 並河成資(41，育種家)。10.22 中原中也(31，詩人)。10.26 上田万年(71，国語学)。11.5 木下尚江(69，小説家)。11.11 瓜生外吉(81，海軍軍人)。11.15 栗野慎一郎(87，外交官)。12.7 多田鼎(63，真宗学僧)。12.12 高橋箒庵(77，数寄者)。12.14 山本悌二郎(68，政党政治家)。12.21 馬場鍈一(59，政治家)。	2.5 ソーパー没(91，アメリカ=メソジスト監督教会宣教師)。2.10 中国共産党，国民党に国共合作を提議(武装蜂起・土地革命の停止，紅軍の国民革命軍への改称など)。4.26 ドイツ空軍，スペインの都市ゲルニカを爆撃。5.1 アメリカ議会，第3次中立法を可決(現金支払・自国船輸送を採択)。5.28 イギリスでチェンバレン挙国連立内閣成立。5.- ホルバート没(ロシアの鉄道技術者)。6.4 金日成指揮の人民革命軍，朝鮮の普天堡で日本軍と交戦。6.12 ソ連参謀総長トハチェフスキーら赤軍首脳，軍法会議で有罪，処刑。6.14 アイルランド議会，新憲法を採択(イギリス総督制廃止，独立主権国家となる．国名をエールとする)。7.8 中国共産党，対日全面抗戦を宣言。7.9 トルコ・イラン・イラク・アフガニスタン，サーダバード相互不可侵条約調印。7.17 蔣介石・周恩来，廬山で会談(陝甘寧辺区政府を承認．蔣，対日抗戦準備の談話発表)。8.21 中国・ソ連，南京で不可侵条約調印。9.22 中国国民政府，中国共産党の国共合作宣言を受諾(第2次国共合作成立)。10.10 ハンガリーのファシスト諸団体，矢十字党を結成。10.29 モンゴル連盟自治政府成立(主席雲王)。11.6 イタリア，日独防共協定に参加。11.10 ブラジル大統領バルガス，新憲法を公布，独裁権を掌握。11.20 蔣介石，重慶等へ遷都を宣言。11.24 ネフスキー没(45，ソヴィエトの東洋学者)。12.11 イタリア，国際連盟を脱退。12.16 カラハン没(48，ソヴィエトの外交官)。

西暦	年号干支	内閣	政治・経済
1938	昭和13戊寅	(第1次近衛文麿内閣)	1.11 厚生省官制を公布。 御前会議，支那事変処理根本方針を決定(国民政府が和を求めない場合，新政権成立を助長するなど)。1.16 政府，中国国民政府に和平交渉打切りを通告.「爾後国民政府を対手とせず」との対華声明を発表(第1次近衛声明)。 閣議，昭和13年度物資動員計画を決定。2.11 憲法発布50年記念祝賀式。2.17 三多摩の防共護国団員，政友会・民政党両党本部占拠。2.19 近衛内閣，国家総動員法案を衆議院に提出(政友・民政両党，憲法違反として反対論強く審議難航，社会大衆党は法案支持)。3.1 商工省，綿糸配給統制規則を公布(最初の切符制)。3.3 陸軍省軍務課員佐藤賢了中佐，衆議院委員会で国家総動員法案審議の説明員として答弁中，「だまれ」とどなり問題化(4日，杉山元陸相，遺憾を表明)。 安部磯雄社会大衆党委員長，東京自宅で右翼に襲われ負傷。3.16 社会大衆党代議士西尾末広，衆議院で「スターリンの如くに」と政府激励演説，問題化(23日，議員除名)。 国家総動員法案，濫用を戒める付帯決議とともに衆議院で可決(3月24日，貴族院可決)。3.28 中華民国維新政府，日本軍の指導で南京に成立(行政院長梁鴻志)。3.30 航空機製造事業法(8月30日施行)・工作機械製造事業法(7月11日施行)を各公布。4.1 国家総動員法を公布(5月5日施行)。4.2 農地調整法を公布(8月1日施行)。4.5 鉄鋼連盟創立(鉄鋼協議会が改組)。 商法改正・有限会社法を各公布。4.6 電力管理法を公布(5月25日・8月10日に一部施行，昭和14年3月18日，全て施行．電力国家管理実現)。 日本発送電株式会社法を公布(8月10日施行)。4.19 閣議，国民貯蓄奨励を申合せ(国民貯蓄運動を展開)。4.30 北支那開発株式会社法・中支那振興株式会社法を各公布(11月7日，両社設立)。5.4 工場事業場管理令を公布(5日施行．国家総動員法発動の最初)。5.19 日本軍，徐州を占領。5.26 近衛内閣改造(外相宇垣一成・蔵相兼商工相池田成彬・文相荒木貞夫)。6.10 閣議，5相会議(首・陸・海・外・蔵)の設置を決定。6.15 大本営，御前会議で武漢作戦・広東作戦の実施を決定。6.- 宇垣一成外相，孔祥熙と和平交渉開始(宇垣の辞任で中絶)。7.1 商工省，綿製品輸出と原綿輸入とのリンク制を実施。7.5 関西地方に豪雨，六甲山系の各河川が決壊，阪神間に大被害(死者933人)。7.11 張鼓峰で国境紛争．29日，沙草峰で日ソ両軍衝突．31日，日本軍，沙草峰・張鼓峰を占領．8月6日，ソ連軍，大規模反撃。7.19 5相会議，防共協定強化問題に関し，ドイツと対ソ軍事同盟締結の方針を決定。7.26 宇垣外相，イギリス大使クレーギーと会談開始(大使，在華イギリス権益に関する懸案を一括提出)。8.10 日ソ停戦協定成立。9.1 農林省，全国農家一斉調査実施(最初の農業統計調査)。9.22 商工省に転業対策部を設置する旨を公布(中小商工業者の転業対策)。9.30 宇垣外相，陸軍提案の対華中央機関設置に反対し辞任。10.12 日本軍，バイアス湾に上陸(21日，広東を占領)。10.27 日本軍，武漢3鎮(漢口・武昌・漢陽)を占領。11.3 近衛首相，東亜新秩序建設を声明(第2次近衛声明)。11.8 池田成彬蔵相兼商工相，国家総動員法第11条(金融統制・配当制限)発動は生産力を阻害すると，反対を表明(11月9日，陸軍は発動賛成の情報部長談．同18日妥協)。11.- 日本政府(近衛内閣)，ユダヤ人に対し従来通り公平に取扱い，他の外国人と差別しない方針を確認。12.6 陸軍中央部，中国進攻作戦中止・戦略持久への転移方針を決定。12.16 興亜院官制を公布(総務長官柳川平助陸軍中将)。12.20 中国国民党の指導者汪兆銘，妻の陳壁君らと重慶を脱出してハノイ着(30日，対日和平を声明)。12.22 近衛首相，中国との国交調整の根本方針として善隣友交・共同防共・経済提携の近衛3原則を声明(第3次近衛声明)。12.24 第74通常議会召集(12月26日開会，昭和14年3月25日閉会)。
1939▼	14己卯	1.5 平沼騏一郎内閣	1.4 近衛内閣総辞職。1.5 平沼騏一郎内閣成立。2.9 政府，国民精神総動員強化方策を決定。社会大衆党・東方会両首脳，合同・新党結成を声明(22日，中止を声明)。2.10 日本軍，海南島に上陸。2.16 商工省，鉄製不急品の回収を開始。3.24 鉱業法を改正・公布(鉱業権者の無過失損害賠償責任など規定)。3.25 軍用資源秘密保護法を公布(6月26日施行)。4.1 日本発送電㈱設立(本社東京．総裁増田次郎)。4.12 米穀配給統制法を公布(米穀商の許可制など)。4.17 華北交通㈱設立(総裁宇佐美寛爾)。4.26 文部省，青年学校を義務化(満12歳以上19歳以下の男子)。4.30 政友会革新派党大会で中島知久平，総裁となる(5月20日，正統派臨時党大会で久原房之助が総裁となり，政友会2派に分裂)。 華中鉄道㈱設立(華北交通㈱とともに，中国の鉄道経営を支配)。5.11 満蒙国境のノモンハンで，満・外蒙両国軍隊が衝突(ノモンハン事件の発端)。6.1 昭和電工㈱設立(日本電気工業㈱と昭和肥料㈱の合併．本社東京．社長森矗

社会・文化	世界
1.1 岩手日報従業員組合『新岩手日報』創刊。1.3 新劇女優岡田嘉子・演出家杉本良吉，樺太国境からソ連に亡命。2.1 大内兵衛・有沢広巳・脇村義太郎・美濃部亮吉ら教授グループなど労農派を検挙(第2次人民戦線事件)。2.3 東京帝大セツルメント解散。2.6 大日本農民組合結成。2.13 唯物論研究会，解散を声明。2.18 石川達三「生きてゐる兵隊」掲載の『中央公論』3月号を発禁処分。3.5 庭野日敬ら，霊友会から分かれ，大日本立正交成会を開教。3.28 学習院初等科の外国語教育全廃を公布(4月1日施行)。3.- 帝国学士院編纂『帝室制度史』刊(～昭和20年3月)。4.1 国民健康保険法・社会事業法を各公布(7月1日各施行)。 回教圏攷究所設立。4.4 燈火管制規則を公布(10日施行)。5.13 東京帝国大学航空研究所の長距離機，周回航続距離の世界記録樹立(～15日．1万1651キロ)。5.- 坂本太郎『大化改新の研究』刊。 文部省内教育史編纂会『明治以降教育制度発達史』初版刊(～昭和14年9月)。7.30 産業報国連盟結成(産業報国運動の中央指導機関)。8.12 商工省，新聞用紙制限を命じる(9月1日実施)。9.11 従軍作家陸軍部隊(久米正雄・丹羽文雄・岸田国士ら)，漢口へ出発(14日，海軍部隊出発)。10.5 河合栄治郎東京帝大教授の『ファシズム批判』・『社会政策原理』などを発禁処分。11.5 恩賜財団軍人援護会設立。11.7 農民文学懇話会結成(有馬頼寧農相の援助)。11.- 林栄『伊那』創刊(『はたの友』改題)。12.20 海軍造船中将平賀譲を東京帝大総長に任じる。**この年** 高柳光寿・瀬之口伝九郎ほか『日向古文書集成』刊。 上智大学『Monumenta Nipponica』(『モヌメンタ=ニッポニカ』，日本語名『日本文化誌』)創刊。 石井良助編『近世法制史料叢書』刊(～昭和16年)。 国際交通文化協会『日本交通史料集成』刊(～昭和14年)。 文部省維新史料編纂会『大日本維新史料』刊行開始。 【死没】 1.8 柏木義円(79，牧師)。1.29 荒井賢太郎(76，政治家)。2.5 坂元雪鳥(60，能楽評論家)。2.15 福沢桃介(71，実業家)。3.2 松岡映丘(58，日本画家)。3.23 富田幸次郎(67，ジャーナリスト)。3.26 天野為之(79，経済学)。5.4 嘉納治五郎(79，講道館柔道)。5.19 望月太左衛門(7代)(77，歌舞伎囃子方)。6.12 後藤宙外(73，小説家)。7.12 鳩山春子(78，共立女子職業学校)。7.25 浜田耕作(58，考古学)。7.30 上山満之進(70，内務官僚)。8.1 新城新蔵(66，天文学)。8.14 平沼淑郎(75，経済史学)。8.23 坂本嘉治馬(73，冨山房)。9.16 西村五雲(62，日本画家)。9.17 山中貞雄(30，映画監督)。 村上鬼城(74，俳人)。9.23 井上角五郎(79，政治家)。9.25 伊藤痴遊(72，講談師)。10.1 元田肇(81，政治家)。10.16 野間清治(61，講談社)。11.5 入沢達吉(74，内科医)。11.16 横田秀雄(77，裁判官)。11.18 門野幾之進(83，実業家)。11.19 萩原恭次郎(40，詩人)。11.22 秦佐八郎(66，細菌学)。11.29 倉田白羊(58，洋画家)。12.3 高田早苗(79，政治学)。12.4 玉錦三右衛門(36，横綱)。12.10 飯塚啓(71，動物学)。12.17 小川芋銭(71，文人画家)。12.19 藤山雷太(76，実業家)。12.22 武富時敏(84，政治家)。12.28 坂東彦三郎(6代)(53，歌舞伎役者)。 益田孝(91，三井財閥)。**この年** 井上八千代(3代)(101，京舞家元)。 小崎弘道(83，牧師)。	1.18 国民政府，近衛声明に対して抗日自衛を表明(20日，許世英駐日大使が帰国)。2.10 ルーマニア国王カロル，憲法を停止し独裁制を宣言。2.23 朝鮮人男子対象の陸軍特別志願兵令を公布。3.13 ドイツ，オーストリアを併合。3.15 ソ連で反スターリン派のブハーリンら処刑。3.18 メキシコ政府，米英系石油会社の資産を接収，国有化。3.28 鄭孝胥没(80，満洲国の政治家)。3.29 国民党，臨時全国大会を漢口で開催(蔣介石，党総裁に就任．4月1日，「抗戦建国綱領」を発表)。5.11 ブラジルのファシスト組織インテグラリスタの暴動鎮圧。5.17 アメリカで海軍拡張法成立。5.26 毛沢東，延安の抗日戦争研究会で「持久戦論」を講演。 アメリカ下院，非米活動調査委員会を設置。7.1 アメリカ，航空機物資の対日道義的禁輸を実施。9.29 ミュンヘン会談，チェコ=スロヴァキアのズデーテン地方のドイツへの割譲を決定(30日，ミュンヘン協定調印)。9.30 唐紹儀没(79，清末民国初期の外交官)。10.27 フランス首相ダラディエ，人民戦線離脱を宣言(人民戦線崩壊)。11.9 ドイツ全土で組織的なユダヤ人・ユダヤ教会襲撃(「水晶の夜」事件．以後ユダヤ人迫害本格化)。11.26 ソ連・ポーランド，不可侵条約を更新。12.24 タウト没(58，ドイツ人建築家)。 パン=アメリカ会議，「リマ宣言」採択(アメリカ州諸国への外国の干渉反対)。12.26 タイ，ピブン=ソンクラームが首相就任。 蔣介石，第2次近衛声明への反対宣言を発表。
1.15 5場所連続全勝の横綱双葉山，安芸海に敗れる(69連勝)。1.25 警防団令を公布(4月1日施行)。1.28 平賀譲東京帝大総長，河合栄治郎・土方成美両教授の休職処分を文相に上申(31日，河合教授を，2月13日，土方教授を休職処分)。1.- この頃，東亜共同体論が盛ん。3.27 日本放送協会，有線テレビジョンの実験放送を公開(5月13日，無線での実験放送を公開)。3.31 名古屋帝国大学を設置。3.-『明治前期勧農事蹟輯録』刊。 文部省維新史料編纂事務局編『維新史』第1巻刊(～昭和16年12月)。4.5 映画法を公布(脚本事前検閲，外国映画上映制限など．10月1日施行)。5.22 全国の学生生徒代表3万2500人，執銃・帯剣・巻ゲートルで二重橋前に参集，天皇親閲式後に東京市内を行進。 ㈶結核予防会設立。5.29 文部省，小学校5・6年と	1.1 国民党，汪兆銘を永久除名。1.12 ハンガリー，日独伊防共協定加入を宣言。2.7 ロンドンでパレスチナ円卓会議開催(アラブ諸国代表・ユダヤ人代表，それぞれ別個にイギリス政府と協議．～3月17日)。2.9 フローレンツ没(74，ドイツの日本学者)。2.27 イギリス・フランス，スペインのフランコ政権を承認(4月1日，アメリ

西暦	年号 干支	内閣	政　治・経　済
1939 ▲	昭和 14 己卯	(平沼騏一郎内閣) 8.30 阿部信行内閣	祀)。6.7 満蒙開拓青少年義勇軍2500人の壮行会，神宮競技場で挙行。6.14 日本軍，天津のイギリス・フランス租界を封鎖。7.1 日本軍，ノモンハンで攻撃開始(8月20日，ソ連・外蒙軍，総攻撃開始．日本軍第23師団壊滅)。 東京芝浦電気㈱設立(東京電気㈱と芝浦製作所㈱の合併．社長山口喜三郎)。7.5 米内光政海相暗殺計画が発覚。7.6 海軍，零式艦上戦闘機の試験飛行を初めて実施。7.8 国民徴用令を公布(16歳以上45歳未満の男子，16歳以上25歳未満の女子を軍需工場などに徴用．15日施行)。7.15 軍事保護院官制を公布。 有田八郎外相，イギリス駐日大使クレーギーと，天津租界封鎖問題などに関し日英会談を開始(8月21日，決裂を声明)。7.26 アメリカ国務長官，日米通商航海条約及び付属議定書の廃棄を通告(昭和15年1月26日失効)。8.25 閣議，3国同盟交渉打切りを決定。8.28 平沼内閣，欧州情勢複雑怪奇と声明して総辞職。8.30 阿部信行内閣成立。9.4 政府，欧州戦争に不介入を声明。9.15 モスクワでノモンハン事件停戦協定成立。9.18 大島浩駐独大使，独ソ不可侵条約に関してドイツに抗議。9.23 大本営，支那派遣軍総司令部設置を命じる(10月1日，指揮発動)。10.18 電力調整令を公布(20日施行)。11.4 野村吉三郎外相，アメリカ駐日大使グルーと日米国交調整につき会談を開始。11.6 農林省，米穀強制買上制を実施。11.11 兵役法施行令を改正・公布(「第3乙種」合格を設定)。11.30 野村外相，フランス大使アンリに仏印経由援蔣行為の停止などを申し入れる。12.6 小作料統制令を公布(11日施行)。12.20 陸軍，軍備充実4ヵ年計画を策定・上奏(地上65個師団・航空160個中隊を整備)。12.22 グルー米大使，日米新通商航海条約あるいは暫定取極めの締結を拒否。12.23 第75通常議会召集(12月26日開会，昭和15年3月26日閉会)。12.25 鹿地亘ら，中国桂林で日本人民反戦同盟結成大会。12.26 朝鮮総督府，朝鮮人の氏名に関する件を公布(日本式に創氏改名)。

社　会・文　化	世　界
高等科の男児に柔・剣道を課す。**6.8** 文部省，法隆寺壁画保存委員会を設置，壁画模写はじまる。**7.24** 全日本労働総同盟分裂(全労派，産報会積極支持を主張して脱退．11月3日脱退派，産業報国倶楽部を結成)。**8.15** 東京市，隣組回覧板10万枚配布。**8.25** 厚生省に人口問題研究所を設置。**8.26** ニッポン号(大阪毎日・東京日日機)，羽田出発(世界1周旅行．10月20日帰着)。**9.1** 初の「興亜奉公日」(毎月1日実施)。**9.28** 文部省，中等学校入試の筆記試験廃止を通牒。**10.1** 厚生省，体力章検定を実施(15〜25歳男子に義務化)。山陰同盟日本海新聞社『山陰同盟日本海新聞』創刊。**10.18** 価格等統制令・地代家賃統制令・賃金臨時措置令・会社職員給与臨時措置令を各公布(「9・18ストップ令」．20日施行)。**10.-** 香川県編『香川叢書』刊(〜昭和18年3月)。**11.29** 大日本農民組合・日本農民連盟など農民運動団体，農地制度改革同盟を結成。**この年** 西田直二郎・本庄栄治郎・中村直勝・猪熊信男『京都市史』編纂開始(昭和23年3月，事業打切り)，同43年より奈良本辰也・林屋辰三郎他『京都の歴史』として新規刊行開始，51年に全巻刊行。 【死没】 **1.1** 及川平治(65，教育者)。**1.4** 比田井天来(68，書家)。**1.6** 梶原仲治(69，銀行家)。**1.10** 町田経宇(75，陸軍軍人)。**1.22** 瀬木博尚(88，博報堂)。**1.28** 桜井錠二(82，科学行政)。**2.9** 加藤寛治(70，海軍軍人)。**2.18** 岡本かの子(51，小説家)。**2.26** 斎藤博(54，外交官)。**3.1** 岡本綺堂(68，劇作家)。**3.10** 山本懸蔵(45，労働運動)。**3.14** 鈴木券太郎(78，新聞人)。**3.21** 観世清久(45，能楽師)。**3.24** 杉村陽太郎(56，外交官)。**3.28** 田中光顕(97，陸軍軍人)。**3.29** 立原道造(26，詩人)。**4.6** ラグーザ玉(79，画家)。**4.11** 村松愛蔵(83，政治家)。**4.14** 久世通章(81，有職故実家)。**5.22** 朝比奈知泉(78，新聞記者)。**5.27** 各務鎌吉(72，実業家)。**6.5** 阿部重孝(50，教育学)。 佐藤昌介(84，農業経済学)。**6.7** 三上参次(75，日本史学)。**6.10** 矢吹慶輝(61，宗教学)。**6.27** 林権助(80，外交官)。**7.3** 喜田貞吉(69，日本史学)。**7.10** 浅野研真(42，宗教社会学)。**7.11** 服部宇之吉(73，中国哲学)。**7.23** 本庄陸男(35，小説家)。**8.14** 吉川守圀(57，社会主義者)。**8.17** 戸塚文卿(48，司祭)。**9.2** 岩永裕吉(57，通信事業家)。**9.5** 串田万蔵(73，銀行家)。**9.6** 浜田国松(72，政治家)。**9.7** 泉鏡花(67，小説家)。**9.21** 棚橋絢子(101，女子教育家)。**9.23** 岡田三郎助(71，洋画家)。**9.24** 中田重治(70，伝道者)。**9.25** 牧野信之助(56，歴史家)。**10.2** 小橋一太(70，内務官僚)。**10.14** 斯波貞吉(71，新聞人)。**10.17** 結城礼一郎(62，ジャーナリスト)。**10.25** 富士松薩摩掾(2代)(74，新内節)。**11.11** 村上華岳(52，日本画家)。**11.17** 田中智学(79，日蓮宗運動者)。**11.20** 岡実(67，農商務官僚)。**11.26** 出雲路通次郎(62，有職故実家)。**11.29** 松村介石(81，伝導者)。**12.14** 小久保喜七(75，政治家)。**この年** 中村義上(95，篤農家)。	カ承認)。**3.15** ドイツ，ボヘミア・モラビアを保護領とする。**3.28** フランコ軍，マドリッドに入る(4月1日，内戦終結を宣言)。**4.7** イタリア，アルバニアを占領(国王ゾグ亡命．12日，アルバニア，イタリアと同君連合)。**5.3** ソ連外務人民委員リトヴィノフ解任，モロトフと交替。**5.17** イギリス政府，パレスチナ白書を発表(10年以内にパレスチナ国家樹立を予定し，ユダヤ移民とその土地取得を制限)。**5.22** ドイツ・イタリア，軍事同盟(鋼鉄協約)に調印(ベルリン=ローマ枢軸完成)。**6.6** 徐世昌没(85，北洋軍閥の文人政客・中華民国第4代大総統)。**8.23** モスクワで独ソ不可侵条約調印(秘密付属協定で独ソによるポーランド分割・東欧の勢力圏画定を取り決める)。**8.24** イギリス・フランス・対ポーランド援助条約を締結。**8.28** 汪兆銘，上海で国民党第6期全国大会を開催。**9.1** ドイツ軍，ポーランド侵攻開始(第2次世界大戦始まる)。 張家口にもモンゴル連合自治政府成立(主席徳王)。**9.3** イギリス・フランス，ドイツに宣戦布告。**9.5** アメリカ，欧州戦争に中立を宣言。**9.17** ソ連，東方からポーランド侵攻開始。**9.20** 朴泳孝没(79，朝鮮末期の開化派政治家)。**9.27** ドイツ軍，ワルシャワ占領。**9.28** モスクワで独ソ友好条約調印(独ソによるポーランド分割占領を協定)。**9.29** ソ連，エストニアと相互援助条約調印(10月5日ラトヴィアと，11日リトアニアと調印)。**10.2** 第10回パン=アメリカ会議，パナマで開催(西半球に安全地域を設定)。**11.4** アメリカ，中立法修正案成立，交戦国への武器輸出禁止条項を修正。**11.30** ソ連軍，フィンランド侵攻開始(冬季戦争始まる)。**12.4** 呉佩孚没(68，北洋軍閥の巨頭)。**12.14** ソ連，フィンランド侵略を理由に国際連盟を除名される。

西暦	年号干支	内閣	政治・経済
1940	昭和15 庚辰	1.16 米内光政内閣	1.14 阿部内閣総辞職。1.16 米内光政内閣成立。1.21 イギリス軍艦，千葉県沖で浅間丸を臨検，ドイツ人船客21人を連行(浅間丸事件．右翼の反英運動高まる)。1.26 日米通商条約失効。2.2 民政党斎藤隆夫，衆議院で戦争政策を批判する演説，政治問題化(3月7日，衆議院，斎藤の議員除名を可決)。3.9 社会大衆党，斎藤隆夫の除名に反対した片山哲らを除名。3.25 衆議院議員有志100人余，聖戦貫徹議員連盟を結成。3.26 東京一下関間新幹線の建設計画予算成立(昭和19年，工事中止)。5.3 東京市，外米6割混入米配給を開始。5.7 社会大衆党被除名派による勤労国民党の結社を禁じる。6.1 木戸幸一を内大臣に任じる。6.11 聖戦貫徹議員連盟，各党の党首に解党を進言。 商工省・農林省，暴利行為等取締規則を改正・公布(価格表示義務を明確化．7月8日，(公)・(停)・(協)などの表示始まる)。6.24 近衛文麿，枢密院議長を辞任，新体制運動推進への決意を表明。7.6 社会大衆党解党(新体制運動推進へ)。7.16 米内内閣総辞職(陸軍の倒閣策動で畑俊六陸相の単独辞職による)。 政友会久原派解党(30日，中島派解党)。7.19 近衛文麿・松岡洋右・東条英機・吉田善吾(首・外・陸・海4相候補)，国策を協議(荻窪会談)。
		7.22 第2次近衛文麿内閣	7.22 第2次近衛文麿内閣成立。7.26 閣議，基本国策要綱を決定(南進・大東亜新秩序の形成・対独提携強化・国防国家の建設方針)。 アメリカ，石油・屑鉄の輸出を許可制とする(31日，航空用ガソリンの西半球以外への輸出禁止．8月2日，堀内謙介駐米大使抗議)。7.27 大本営政府連絡会議，「世界情勢の推移に伴ふ時局処理要綱」決定(武力行使を含む南進政策の決定)。8.15 民政党解党。8.20 農林省，臨時米穀配給統制規則を公布(9月10日施行)。8.28 新体制準備委員会，初総会開催。8.29 重要産業統制団体懇談会設立。8.30 松岡洋右外相，北部仏印進駐に関して仏大使アンリと公文交換。9.1 三井財閥，機構改革(三井合名を三井物産㈱に合併)。9.11 内務省，部落会・町内会・隣保班・市町村常会整備要綱を通達。9.13 日・蘭印会商開始(商工相小林一三代表の特派使節，バタヴィア到着)。9.22 日・仏印軍事細目協定成立(23日，日本軍，北部仏印進駐)。9.27 ベルリンで日独伊三国同盟調印(松岡外相，ドイツ大使オットと秘密交換公文)。10.1 総力戦研究所官制を公布(内閣総理大臣直属の機関として設置)。10.12 大政翼賛会発会式(総裁近衛文麿)。10.16 日・蘭印交渉に関して共同声明発表(20日，小林代表召還を通告)。10.22 東方会解散．既存の政治団体すべて解散。10.30 建川美次駐ソ大使，ソ連に不侵略条約締結を提議(11月18日，モロトフ外相，北樺太利権解消を条件に中立条約を提議)。11.1 商工省，砂糖・マッチ切符制を全国実施。11.13 御前会議，支那事変処理要綱を決定。11.30 日華基本条約・日満華共同宣言調印。12.6 情報局官制を公布(内閣情報部を廃止)。12.7 閣議，経済新体制確立要綱案を決定・発表。12.20 衆議院議員倶楽部結成(尾崎行雄ら7人を除き参加)。12.24 第76通常議会召集(12月26日開会，昭和16年3月25日閉会)。
1941 ▼	16 辛巳		1.8 東条英機陸相，「戦陣訓」を示達。1.20 松岡洋右外相，タイ・仏印国境紛争に関して調停を申し入れ，両国受諾(3月11日，公文書署名)。3.3 国家総動員法を改正・公布(政府権限を大幅に拡張．20日施行)。3.7 国防保安法を公布(国家機密の保護を目的．5月10日施行)。3.10 改正治安維持法を公布(予防拘禁制を追加．5月15日施行)。3.12 松岡外相，ヨーロッパに向

社会・文化	世界
1.11 津田左右吉，右翼の攻撃を受け早大教授を辞任。2.6 山形県で村山俊太郎らを検挙(この後全国で生活綴方運動家・「生活学校」関係教員を検挙)。2.10 津田左右吉『古事記及日本書紀の研究』発禁(12日，『神代史の研究』など発禁)。2.11 三上参次・辻善之助監修『国史辞典』第1巻刊(4巻以降未完)。3.1 和歌山新聞社『和歌山新聞』創刊。3.28 内務省，ディック=ミネ・藤原釜足ら16人に改名を指示(芸名統制)。4.8 国民体力法を公布(17～19歳男子の身体検査を義務化．9月26日施行)。4.11 美術文化協会第1回展(東京府美術館．～19日)。4.- 『小学国史』尋常科用上巻使用開始(巻頭に「神勅」掲載)。7.6 商工省・農林省，奢侈品等製造販売制限規則を公布(7日施行．7・7禁令)。7.7 東京交通労働組合解散(9日，大阪市電従業員組合解散)。7.8 日本労働総同盟中央委員会，自発的解散を決議。8.1 東京府，食堂・料理屋などで米食使用禁止・販売時間制を実施。 国民精神総動員本部，「贅沢品は敵だ!」の立看板1500本を東京市内に配置。 『神奈川日日新聞』創刊(『横須賀日日新聞』改題)。8.8 全日本科学技術団体連合会設立(理事長長岡半太郎)。8.15 大日本農民組合解散。8.19 新協・新築地両劇団の村山知義・久保栄ら100余人を検挙(23日，両劇団解散)。8.25 渋谷憲兵隊，反戦的平和論を述べた賀川豊彦を拘引。10.1 紀元2600年奉祝展開催(東京府美術館．～10月2日前期，11月3日～24日後期．主要美術団体参加の連立展)。 第5回国勢調査実施(総人口1億522万人．都市部の人口増加が顕著)。10.31 東京のダンスホール，この日限りで閉鎖。11.1 築地小劇場，戦時統制により国民新劇場と改称。11.2 全国水平社解散。 大日本帝国国民服令を公布。11.5 正倉院御物特別展(初の一般公開．東京帝室博物館．～24日)。11.10 紀元2600年式典挙行(宮城外苑．14日まで各地で祝賀行事続く)。11.23 大日本産業報国会設立。12.19 日本出版文化協会設立。**この年** 田保橋潔『近代日鮮関係の研究』刊。 和田英松『国書逸文』刊。 日本経済史研究所編『日本経済史辞典』刊。 伊波普猷ら『琉球史料叢書』刊(～昭和17年)。 『房総叢書』刊(～昭和19年)。 上智大学・独逸ヘルデル書肆共編『カトリック大辞典』第1巻刊(～昭和35年)。 【死没】 1.4 根津嘉一郎(81，経営者)。1.23 三遊亭円生(5代)(57，落語家)。2.4 石本巳四雄(48，地震学)。2.12 杵屋正次郎(4代)(71，長唄三味線方)。2.19 頼母木桂吉(74，政治家)。2.20 鈴木荘六(76，陸軍軍人)。2.21 原田助(78，牧師)。2.23 市川左団次(2代)(61，歌舞伎役者)。2.24 湯浅倉平(67，内務官僚)。3.2 正木直彦(79，美術行政官)。3.13 山室軍平(69，救世軍)。3.18 明珍恒男(59，木彫家)。3.23 水上滝太郎(54，小説家)。 杵屋六左衛門(13代)(71，長唄三味線方)。3.26 吉江喬松(61，詩人)。4.3 藤沢幾之輔(82，政治家)。4.15 鈴木梅四郎(79，実業家)。4.18 渡辺千冬(65，政治家)。4.24 辻本満丸(64，油肥化学)。5.8 上田貞次郎(62，経済学)。6.5 徳川家達(78，政治家)。6.24 鈴木喜三郎(74，司法官僚)。 井深梶之助(87，牧師，教育者)。7.28 大森義太郎(43，マルクス経済学)。8.30 長谷川天渓(65，文芸評論家)。9.6 麻生久(50，社会運動家)。9.10 山屋他人(75，海軍軍人)。9.12 中村歌右衛門(5代)(76，歌舞伎役者)。9.16 島中雄三(61，社会運動家)。10.12 長谷川利行(50，洋画家)。10.22 西川光二郎(65，社会主義者)。10.27 三並良(76，思想家)。11.6 富士川游(76，医史学)。11.20 小熊秀雄(40，詩人)。11.24 西園寺公望(92，政治家)。12.3 岩下壮一(52，カトリック神学)。12.31 大島宇吉(89，政治家)。**この年** 平山周(71，中国革命支援者)。	3.12 ソ連・フィンランド講和条約調印(フィンランド，ソ連にカレリア地方を割譲)。3.22 ムスリム連盟第27回大会，インドのラホールで開催(24日，イスラム教徒の独立連邦樹立をめざすラホール決議を採択)。3.27 ウェストン没(78，英国宣教師・登山家)。3.30 中国国民政府(汪兆銘政権)，南京遷都を宣言，新中央政府を樹立(主席汪兆銘)。4.4 宋哲元没(56，中華民国の軍人)。4.9 ドイツ軍，デンマーク・ノルウェー領内に侵入(4月9日デンマーク降伏，6月10日ノルウェー降伏)。4.12 スウェーデン，中立を宣言。5.10 ドイツ軍，北フランス・オランダ・ベルギー・ルクセンブルク攻撃開始(5月15日オランダ降伏，5月28日ベルギー降伏)。 イギリスにチャーチル連合内閣成立。5.27 イギリス軍，ダンケルクから英本土へ撤退(～6月4日)。6.10 イタリア，イギリス・フランスに宣戦布告。6.14 ドイツ軍，パリに無血入城。6.17 ソ連軍，エストニア・ラトビアを占領。6.18 ド=ゴール，ロンドンに逃れ自由フランス委員会設立し対独抗戦を呼びかける。6.19 羅振玉没(75，清末・民国初期の考証学者)。6.22 フランス政府(ペタン主席)，ドイツに降伏，コンピエーヌで独仏間に休戦協定調印。6.26 ソ連，ルーマニアにベッサラビアと北ブコヴィナ割譲を求める最後通牒(6月28日～7月1日，ソ連軍，同地方に進駐)。7.2 フランス政府，ビシーに移転(11日，ペタン元帥，国家主席就任)。7.22 ソ連，バルト3国を併合。7.29 ハバナでパン=アメリカ外相会議，アメリカ大陸の共同防衛決議を採択(ハバナ宣言)。9.7 ドイツ軍，ロンドンを爆撃。10.29 ファン=ボイチャウ没(74，ベトナムの民族運動指導者)。11.20 ハンガリー，日独伊3国同盟加入。11.28 タイ・仏印間で国境紛争。
1.1 映画館でニュース映画の強制上映を実施。 小松兼松社長『奈良日日新聞』創刊(『奈良新聞』『大和日報』『中和新聞』合併)。1.16 大日本青少年団結成。1.21 『日本海新聞』創刊(『山陰同盟日本海新聞』改題)。2.11 『香川日日新聞』創刊(『香川新報』『四国民報』合併)。2.26 情報局，各総合雑誌に執筆禁止者	1.6 米ローズヴェルト大統領，年頭一般教書で「4つの自由」を演説。3.1 ブルガリア，日独伊3国同盟に加入。3.11 アメリカで武器貸

西暦	年号干支	内閣	政　治・経　済
1941 ▲	昭和 16 辛巳	(第2次近衛文麿内閣) 7.18 第3次近衛文麿内閣 10.18 東条英機内閣	け出発，ソ連・ドイツ・イタリアを訪問，3国首脳と会談(～4月22日)。4.2 大政翼賛会改組(有馬頼寧事務局長ら辞職)。4.8 和田博雄農林省調査課長らを治安維持法違反の容疑で検挙(以後も企画院官僚ら関係者検挙．企画院事件)。4.13 モスクワで日ソ中立条約締結(松岡・モロトフ両外相ら調印)。4.16 アメリカ国務長官ハル，野村吉三郎駐米大使に日米諒解案を提議(日米交渉始まる．22日，松岡外相，帰国して難色)。4.26 鉄鋼統制会設立。6.6 大本営，対南方施策要綱を決定。6.17 芳沢謙吉蘭印特派大使，蘭印総督に交渉打切を伝達(日蘭印会商決裂．石油交渉は継続)。6.25 大本営政府連絡会議，「南方施策促進に関する件」(南部仏印進駐)を決定。7.2 御前会議，「情勢の推移に伴ふ帝国国策要綱」を決定(即時対ソ参戦せず，南方仏印施策に関し対英米戦を辞さず)。 大本営，関東軍特種演習(「関特演」)を決定，発動(満洲に70万の兵力を動員)。7.16 第2次近衛内閣総辞職(松岡外相を排除．18日，第3次近衛内閣成立．外相豊田貞次郎)。7.23 日仏間に日本軍の南部仏印進駐の交渉妥結。7.25 アメリカ，在米日本資産を凍結(26日，イギリス，27日，蘭印も)。7.28 日本軍，南部仏印進駐開始。8.1 アメリカ，日本への発動機燃料・航空機用潤滑油の輸出禁止(対日石油輸出の全面的禁止)。8.7 豊田貞次郎外相，近衛・ルーズベルト会談提議を野村大使に訓令(28日，野村大使，近衛メッセージを大統領に手交)。8.30 重要産業団体令・金属類回収令を各公布。9.2 翼賛議員同盟結成(衆議院議員倶楽部解消)。9.6 御前会議，「帝国国策遂行要領」決定(10月下旬を目途として対米・英・蘭戦争準備を完成)。9.28 鴨緑江水力発電所㈱の水豊発電所，営業送電開始。10.2 アメリカ政府，4原則(一切の国家の領土保全及び主権の尊重など)の確認と仏印・中国から撤兵要求の覚書を手交。10.15 ソ連のスパイ容疑で近衛首相のブレーンの尾崎秀実を，18日，新聞記者ゾルゲらを検挙(ゾルゲ事件．昭和19年11月7日，死刑執行，のちにゾルゲはソ連赤軍のスパイと判明)。10.16 第3次近衛内閣，陸軍の中国撤兵反対の強硬姿勢で和戦の最終的決断下せず総辞職。10.18 東条英機内閣成立(東条首相現役のまま陸相を兼任．天皇，首相に9月6日の決定の再検討を求める)。11.1 大本営政府連絡会議で「帝国国策遂行要領」を審議．激論の末，11月2日午前，戦争決意のもとに甲・乙両案により対米交渉継続と決定(12月1日までに交渉不成立の場合，12月初頭武力発動)。11.5 御前会議で「帝国国策遂行要領」を最終的に決定。 大本営，連合艦隊に作戦準備下令(対米・英・蘭)を命じる。11.15 連絡会議，「対米英蘭戦争終末促進に関する腹案」決定。 第77臨時議会召集(11月16日開会，同20日閉会)。 兵役法施行令を改正・公布(丙種合格も召集対象とする)。11.26 アメリカ国務長官ハル，「乙案」を拒否，日本軍の全面撤退・三国同盟の空文化など強硬な新提案(ハル=ノート)を提議。11.27 連絡会議，ハル=ノートを日本に対する最後通牒と結論。12.1 御前会議，対米・英・蘭開戦を決定。12.8 日本時間午前2時，日本軍，マレー半島上陸．3時19分，ハワイ真珠湾攻撃．4時過，野村・来栖両大使，ハル国務長官に最後通牒を手交。 米・英両国に宣戦の詔書。12.10 マレー沖海戦．日本の航空部隊，英戦艦2隻を撃沈。 日本軍，グアム島占領，フィリピン北部に上陸。12.12 閣議，戦争の名称を，支那事変を含め大東亜戦争と決定。12.15 第78臨時議会召集(12月16日開会，同17日閉会)。12.16 呉海軍工廠で戦艦大和竣工。12.21 日本・タイ国間同盟条約調印(即日実施)。12.24 第79通常議会召集(12月26日開会，昭和17年3月25日閉会)。12.25 日本軍，香港全島を占領。
1942 ▼	17 壬午		1.2 日本軍，マニラを占拠。1.8 大蔵省，大東亜戦争国庫債券を発行。1.23 日本軍，ビスマルク諸島のラバウルを占領。2.15 日本軍，シンガポールを占領。2.18 統制会への行政権限委譲に関する法律を公布(昭和18年2月1日施行)。2.21 食糧管理法を公布(7月1日一部施行)。2.23 翼賛政治体制協議会結成(会長阿部信行)。2.24 戦時民事特別法を公布(裁判手続の簡易化など)。 日本銀行法を公布(管理通貨制度の法的確立．3月20日一部施行)．重要物資管理営団法を公布(4月設立)。3.1 日本軍，ジャワ島上陸。3.7 連絡会議，「今後執るべき戦争指導の大綱」を決定。3.8 日本軍ニューギニア上陸。 日本軍，ラングーンを占領。3.9 ジャワの蘭印軍降伏。3.17 内務省，農地制度改革同盟・立憲養正会の結社を不許可。 フィリピンを脱出した米軍司令官マッカーサー，豪州に到着，ここを対日反攻の拠点とする。4.18 アメリカ陸軍機16機，空母より発進し東京・名古屋・神戸などを初空襲。4.24 尾崎行雄を不敬罪容疑で起訴。4.30 第21回衆議院総選挙(翼賛選挙．翼賛政治体制協議会推薦者，当選381人，

社　会・文　化	世　界
名簿を内示(矢内原忠雄・馬場恒吾・清沢洌ら)。3.1 国民学校令を公布(4月1日，小学校を国民学校と改称．教科を国民科・理教科・体錬科・芸能科に統合)。3.24 (財)大日本仏教会結成。3.31 朝鮮総督府，国民学校規程を公布(朝鮮語学習を廃する)。 文部省教学局『臣民の道』刊。4.1 生活必需物資統制令を公布。4.6 6大都市で，米穀配給通帳制・外食券制実施。5.5 日本出版配給(株)設立。5.8 肉なし日を初めて実施(毎月2回，肉不売)。5.28 (社)日本新聞連盟設立。6.9 日本移動演劇連盟結成。6.24 日本基督教団創立総会(11月24日，設立認可)。7.1 全国の隣組，一斉に常会開催。7.27 満洲文芸家協会設立(委員長山田清三郎)。8.1 新潟日日新聞社『新潟日日新聞』創刊(『新潟毎日新聞』『新潟新聞』合同)。8.8 文部省，各学校に全校組織の報国隊編成を訓令。8.12 物価対策審議会，米価二重価格制採用を決定(買入価格と売渡価格・消費者配給価格を別途に定める)。9.18 音楽挺身隊結成(隊長山田耕筰)。10.16 大学・専門学校・実業学校などの修業年限を臨時短縮(昭和16年度3ヵ月短縮)。 宇垣纏，『戦藻録』を記す(～昭和20年)。11.22 国民勤労報国協力令を公布(男子14～40歳，未婚女子14～25歳に勤労奉仕を義務化．12月1日施行)。11.- 軍報道班員として多数の文学者を徴用(井伏鱒二・高見順ら)。12.1 愛媛合同新聞社『愛媛合同新聞』初刊(『海南新聞』『伊予新報』『南予時事新聞』戦時統合)。12.8 新聞・ラジオの天気予報・気象報道中止。12.19 言論出版集会結社等臨時取締法を公布。12.24 神社参拝に反対した朝鮮人キリスト教徒2000余人を逮捕。 文学者愛国大会開催(350余人が参加)。12.29 日本科学史学会『科学史研究』創刊。**この年** 神祇院『官国幣社特殊神事調』刊。 自治振興中央会『府県制度資料』刊。 小野武夫編『日本農民史料聚粋』刊(～昭和19年)。 日本学術振興会編，外務省監修『条約改正関係大日本外交文書』刊(～昭和28年)。 【死没】 1.1 望月圭介(75，政治家)。1.11 野口援太郎(74，教育家)。1.16 植村澄三郎(80，実業家)。1.24 河野広躰(77，自由民権運動家)。2.5 大角岑生(66，海軍軍人)。2.14 諸井恒平(80，実業家)。2.29 田中国重(73，陸軍軍人)。3.1 森矗昶(58，実業家)。3.19 樺山資英(74，政治家)。3.21 伊藤篤太郎(77，植物学)。4.3 太刀山峰右衛門(65，横綱)。 鹿子木孟郎(68，洋画家)。4.8 広岡宇一郎(75，政党政治家)。4.15 西義一(64，陸軍軍人)。4.26 石黒忠悳(97，医学)。5.6 九鬼周造(54，哲学)。6.19 ノーマン(77，宣教師)。6.29 今泉嘉一郎(75，製鉄業)。7.17 川端茅舎(45，俳人)。7.26 伊原青々園(72，劇評家)。8.2 加藤政之助(88，政治家)。8.5 加能作次郎(57，小説家)。8.15 井上通泰(76，歌人)。8.16 長与又郎(64，病理学)。8.18 石渡繁胤(74，養蚕学)。8.21 勝田孫弥(75，明治維新史家)。8.22 長谷川時雨(63，劇作家)。9.9 物部長穂(54，土木工学)。9.10 桐生悠々(69，新聞記者)。10.11 河合操(78，陸軍軍人)。10.30 谷口尚真(72，海軍軍人)。11.14 阪谷芳郎(79，財政家)。11.15 小川琢治(72，地質学)。12.3 近角常観(72，真宗大谷派僧侶)。12.24 中村吉蔵(65，劇作家・演劇学)。12.29 足立康(44，建築史)。 南方熊楠(75，日本民俗学)。	与法成立(連合国への武器供与)。4.1 イラクでラシード=アリーが枢軸支持のクーデタを指導，ガイラニー政権樹立(5月30日，イギリス軍，クーデタ鎮圧)。4.6 ドイツ軍，ギリシア・ユーゴスラヴィア両国に侵入開始(17日，ユーゴ軍，23日，ギリシア軍がドイツに降伏)。4.9 ウスタシャ運動の指導者パヴェリチ，クロアティア民族国家樹立を宣言。5.6 ソ連共産党書記長スターリン，ソ連首相に就任(外相はモロトフ)。5.9 タイ・仏印平和条約，東京で調印。5.19 ホー=チ=ミンの指導でベトナム独立同盟(ベトミン)結成。6.22 ドイツ軍，ソ連攻撃を開始(独ソ戦始まる)。7.12 イギリス・ソ連，相互援助協定調印(対ドイツ戦における共同行動など)。8.12 ローズベルト大統領・チャーチル首相，大西洋上で会談．14日，大西洋憲章を発表(9月24日，ソ連など15ヵ国，憲章に参加表明)。8.25 イギリス・ソ連両軍，イランに進駐開始。9.16 イランの国王レザー=シャー=パーレヴィー退位し，その子ムハンマド即位。9.27 ギリシアで，共産党を中心とする民族解放戦線(EAM)結成。10.1 アメリカ・イギリス・ソ連の3国代表，モスクワで議定書調印(米・英，ソ連に武器貸与を約束)。12.6 ソ連軍，ドイツ軍に反攻開始(8日，ドイツ軍，モスクワ攻略を放棄)。12.8 アメリカ・イギリス，日本に宣戦布告。12.9 国民政府，日本・ドイツ・イタリアに宣戦布告。12.11 ドイツ・イタリア，アメリカに宣戦布告。**この年** 陸宗輿没(66，清末・民国の政治家)。
1.1 食塩の通帳配給制を実施。 島根新聞社『島根新聞』創刊(『山陰新聞』『松陽新報』合併)。1.5 『岐阜合同新聞』創刊。1.8 大詔奉戴日を実施(毎月8日．興亜奉公日は廃止)。1.10 大日本映画製作(株)設立(大映)。1.16 大日本翼賛壮年団結成。2.1 衣料の点数切符制・味噌醤油切符制を実施。 茨城新聞株式会社『茨城新聞』創刊。2.2 大日本婦人会発会式(愛国婦人会・国防婦人会などを統合)。2.18 三木清・清水幾太郎・中島健蔵ら，陸軍宣伝班員として徴用，南方へ赴く(～12月)。 大東亜戦争戦捷第1次祝賀国民大会開催。3.1 長谷川一夫・山田五十鈴，新演伎座を旗挙げ。3.21 日本出版文化協会，全出版物の発行承認制実施を決定(4月より)。3.25 東京帝大に第二工学部を設置(12月5日，開校式)。3.- 狩野亨吉ら監修・三枝博音編纂『日本科学古典全書』刊(～昭和24年5月で中止，同53年復刻版刊行)。4.1 『京都新聞』創刊(『京都日	1.1 連合国(26ヵ国)，ワシントンで連合国共同宣言に調印(日本・ドイツとの単独不講和・大西洋憲章の原則確認)。1.15 リオデジャネイロで米州諸国外相会議開催(～28日．枢軸国との国交断絶・日本非難案を決議)。1.25 タイ，イギリス・アメリカに宣戦布告。2.1 中国共産党中央，毛沢東の3風(党風・学風・文風)整頓運動を発表(整風運動開始)。2.4 イギリス軍，

西暦	年号 干支	内閣	政　治・経　済
1942 ▲	昭和 17 壬午	(東条英機内閣)	非推薦者，当選85人)。5.1 日本軍，ビルマのマンダレーを占領(南方進攻が一段落)。5.7 珊瑚海海戦(〜8日．日・米機動部隊，初の航空戦，日本軍ポートモレスビー攻略に失敗)。 マニラ湾のコレヒドール島のアメリカ軍が降伏。5.13 企業整備令を公布(戦時統制強化のため中小商工業を整理再編．15日施行)。5.20 翼賛政治会結成(会長阿部信行，ほぼ全議員が参加．翼賛議員同盟解散)。5.25 第80臨時議会召集(5月27日開会，同28日閉会)。5.31 日本海軍の特殊潜航艇，豪シドニー港を攻撃。6.5 ミッドウェー海戦(〜7日．日本海軍，4空母を失いミッドウェー島攻略に失敗，敗勢への転機，海軍当局敗北を厳重に秘匿)。6.7 日本軍キスカ島占領(6月8日，アッツ島占領)。6.11 山陽本線関門トンネル竣工(7月1日，貨物の，11月15日，旅客の運輸営業を開始)。7.11 大本営，南太平洋進攻作戦中止を決定。8.7 アメリカ軍，ガダルカナル島に上陸。8.8 ガダルカナル島周辺海域にて第1次ソロモン海戦(24日，第2次ソロモン海戦)。8.20 日米交換船で野村吉三郎駐米大使ら約1400人の日本人居留民帰国。8.21 ガダルカナル島で一木清直支隊，ほとんど全滅。9.1 閣議，大東亜省設置を決定(東郷茂徳外相，反対して辞職)。 中央食糧営団設立。10.14 東亜繊維工業会設立(大日本紡績連合会は解散)。10.26 ガダルカナル島の攻防をめぐって，南太平洋海戦。11.1 大東亜省官制を公布(拓務省・興亜院など廃止)。11.14 第3次ソロモン海戦。12.5 船舶徴用問題に関し，陸軍省と参謀本部が衝突。12.24 第81通常議会召集(12月26日開会，昭和18年3月25日閉会)。12.26 三井船舶㈱設立(三井物産㈱船舶部の独立)。12.31 大本営，ガダルカナル島撤退を決定。**この年** 銑鉄生産高425万6000トン(戦前最高)に達するも，以後急減。「欲しがりません勝つまでは」の標語流行(大政翼賛会・朝日新聞社などが募集した標語の入選作)。
1943 ▼	18 癸未		1.2 ニューギニア島ブナの日本軍全滅。1.9 汪兆銘政権と，戦争完遂についての日華共同宣言・租界還付及び治外法権撤廃などに関する日華協定に調印。1.20 閣議，生産増強勤労緊急対策要綱・木造船建造緊急方策要綱を決定。2.1 日本軍，ガダルカナル島撤退開始(7日，1万1000人余の撤退完了)。2.18 出版事業令を公布(3月11日，日本出版会創立総会)。2.- 英語の雑誌名を禁じる(『サンデー毎日』は『週刊毎日』，『エコノミスト』は『経済毎日』など改題続出)。3.2 兵役法を改正・公布(朝鮮に徴兵制施行．8月1日施行)。3.12 石油専売法を公布(7月1日施行)。3.18 戦時行政特例法・戦時行政職権特例を各公布(首相の各省に対する指示権強化)。内閣顧問臨時設置制を公布(藤原銀次郎ら7人を顧問に任じる)。3.20 改正府県制・改正市制・改正町村制を各公布(6月1日施行)。3.27 ㈱帝国銀行設立(三井銀行・第一銀行が合併)。4.12 文化学院校主の西村伊作を検挙(8月31日，文化学院閉鎖)。4.16 閣議，緊急物価対策要綱を決定。4.18 連合艦隊司令長官山本五十六，前線視察途中ソロモン群島上空で戦死(5月21日公表，6月5日国葬)。4.20 東条内閣改造(外相に重光葵を，内相に安藤紀三郎を任じる)。5.12 アメリカ軍，アッツ島に上陸(29日，日本軍守備隊全滅)。5.31 御前会議，「大東亜戦略指導要綱」(29日，連絡会議決定)を採択(マレー・蘭領東インドの日本編入，ビルマ・フィリピン独立を決定)。6.1 東京都制を公布(7月1日施行)。 閣議，戦力増強企業整備要綱を決定。6.14 チャンドラ=ボース，東京で東条首相と会談。6.15 第82臨時議会召集(6月16日開会，同18日閉会)。7.1 地方行政協議会令を公布(全国9地方に設置)。7.21 国民徴用令を改正・公

社会・文化	世界
日新聞』『京都日出新聞』合併）。『熊本日日新聞』創刊（『九州日日新聞』『九州新聞』合併）。5.26 日本文学報国会結成（会長徳富蘇峰）。6.26 旧ホーリネス教会系（きよめ教会・聖教会）の教職者を検挙。7.8 文部省，高等女学校の英語を随意課目とする旨を通牒。7.12 朝日新聞社，全国中等学校野球大会中止を発表。7.24 情報局，1県1紙原則による主要新聞統合案大綱を決定。8.10『西日本新聞』創刊（『福岡日日新聞』『九州日報』合併）。9.14 情報局，細川嘉六「世界史の動向と日本」（『改造』）を共産主義宣伝と指摘，『改造』9月号を発禁，細川を検挙。10.1 都新聞社『東京新聞』創刊。11.1『産業経済新聞』創刊。11.3 大東亜文学者大会開会式（帝劇．～5日）。11.20 文学報国会・情報局，愛国百人一首を選定・発表。12.3 第1回大東亜戦争美術展（東京府美術館．～27日．藤田嗣治ら出品）。12.23 大日本言論報国会設立総会（会長徳富蘇峰・事務局長鹿子木員信）。**この年** 国民精神文化研究所『後奈良天皇宸記』複製本刊。 ルイス＝フロイス『フロイス九州三侯遣欧使節行記』（1582），岡本良知訳註『九州三侯遣欧使節行記』と題して刊行（～昭和24年）。 井上哲次郎監修『武士道全書』刊（～昭和19年）。 維新史学会編『幕末維新外交史料集成』刊（～昭和19年で中絶）。 京都帝国大学法学部日本法制史研究室編『近世藩法資料集成』刊（～昭和19年）。 【死没】 1.19 猪俣津南雄（54，社会主義理論家）。 郷誠之助（78，実業家）。1.20 横山又次郎（83，地質学）。1.28 荒木寅三郎（77，生化学）。1.31 竹本綾之助（68，女義太夫）。2.2 小川平吉（74，政治家）。2.23 原胤昭（90，社会事業家）。2.28 山本信次郎（66，海軍軍人）。3.4 佐藤鉄太郎（77，海軍軍人）。3.21 河合武雄（66，新派俳優）。3.24 小野晃嗣（39，歴史家）。3.30 白鳥庫吉（78，東洋史学）。4.15 石光真清（75，陸軍軍人）。5.11 萩原朔太郎（57，詩人）。5.15 佐藤惣之助（53，詩人）。5.16 金子堅太郎（90，官僚政治家）。5.21 河田嗣郎（60，経済学）。5.23 野沢吉兵衛（7代）（64，浄瑠璃節三味線方）。5.29 与謝野晶子（65，歌人）。6.2 内田定槌（78，外交官）。6.17 八木奘三郎（77，考古学）。6.25 宮城長五郎（65，司法官僚）。7.18 長沼守敬（86，彫刻家）。7.28 石塚英蔵（77，官僚）。8.3 中江丑吉（54，思想研究）。8.10 脇水鉄五郎（76，地質学）。8.16 松山忠二郎（74，新聞経営者）。8.23 竹内栖鳳（79，日本画家）。 遅塚麗水（77，小説家）。8.25 土方久徴（73，日銀総裁）。10.5 巌本善治（80，教育家）。11.2 北原白秋（58，詩人）。11.5 清浦奎吾（93，政治家）。12.4 中島敦（34，小説家）。12.18 塚田攻（57，陸軍軍人）。12.22 狩野亨吉（78，合理主義者）。12.28 菊池恭三（84，綿糸紡績業）。**この年** 天中軒雲月（初代）（37，浪曲師）。 富士松薩摩掾（3代）（73，新内節）。	エジプトの親枢軸派内閣（宮廷派）の罷免要求（6日，ワフド党内閣成立）。2.6 イギリス・アメリカ，合同参謀本部を結成，参謀長を任命。2.19 米ローズベルト大統領，行政命令9066号に署名（8月までに日系人約11万人を西海岸地域より強制立退き，収容所に収容）。2.22 インド独立運動家チャンドラ＝ボース，ベルリンで日印提携による独立を声明。3.29 フィリピンでフクバラハップ（抗日人民軍）結成。4.12 英印独立会談決裂，8月9日，即時独立を唱えるガンディー・ネルーら英当局により逮捕。5.11 ニューヨークのシオニスト会議，「ビルトモア綱領」を採択（ユダヤ国家の建設要求）。6.2 中国・アメリカ，抵抗侵略互助協定に調印。8.12 モスクワで英・米・ソ3国会談（チャーチル・ハリマン・スターリン）。8.13 アメリカ，原爆製造のためマンハッタン計画を開始。8.22 ドイツ軍，スターリングラード本格的攻撃を開始。10.1 朝鮮語学会の会員を，治安維持法違反容疑で検挙（朝鮮語学会事件）。11.8 イギリス・アメリカ連合軍，北アフリカ上陸作戦を開始（司令官アイゼンハワー）。11.11 ドイツ軍，フランス非占領地区へ進駐。11.26 ユーゴスラヴィアで人民解放反ファシズム評議会開催。**この年** 陳独秀没（64，中国の思相家・共産党の創立者）。
1.1 中野正剛「戦時宰相論」掲載により，『朝日新聞』発売禁止。『毎日新聞』創刊（『大阪毎日新聞』『東京日日新聞』統一）。1.13 内務省・情報局，ジャズなどの米英楽曲約1000種の演奏を禁じる。1.21 中等学校令を改正・公布（中学校・高等女学校などの修業年限を1年短縮して4年制とする）。 大学予科・高等学校高等科の修業年限を短縮して2年とする。3.15 大阪商科大学の上林貞治郎助教授らを，左翼運動容疑で検挙。 谷崎潤一郎「細雪」の『中央公論』掲載を禁じる。5.18 日本美術報国会設立（会長横山大観）。5.26 中央公論社社員木村亨らを，細川嘉六と共産党再建謀議の容疑で逮捕（泊事件）。6.2 大日本労務報国会結成。6.4 閣議，戦時衣生活簡素化実施要綱を決定（長袖の和服・ダブルの背広など非必需品の製作・生産を禁じる）。6.16 工場就業時間制限令を廃する（婦女子・年少者の坑内作業許可）。6.20 創価教育学会の牧口常三郎・戸田城聖ら幹部を検挙。6.25 閣議，学徒戦時動員体制確立要綱を決定（軍事訓練・勤労動員を徹底）。7.- 登呂遺跡を発見。 三上参次『江戸時代史』上巻刊（下巻，翌年10月刊）。8.20 閣議，「科学研究の緊急整備方策要綱」を決定（科学研究は戦争遂行を唯一絶対の目標とすべきこととする）。8.- 藤田徳太郎・志田延義編『国学大系』刊。9.1 厚生省，女子体力章検定制を実施。9.4 上野動物園，空襲に備えライオンなどの猛獣を薬殺。9.23 閣	1.14 ローズベルト・チャーチル，第3次米英戦争指導会議（カサブランカ会議）開催（～25日．枢軸国の無条件降伏の原則など決定）。2.1 アメリカ，日系人を中心とする第442部隊を編成（ヨーロッパ戦線に出動して活躍）。2.2 スターリングラードのドイツ軍降伏。4.19 ワルシャワ＝ゲットーでユダヤ人の反ファッショ武装蜂起（～5月19日）。4．20 ウィグモア没（80，アメリカの法律学者）。4.- ソ連スモレンスク付近でポーランド将校4000人以上の遺体発見（後にソ連軍によるポーランド軍捕虜の殺害と判明．カチンの森事件）。5.12 ドイツ軍，北アフリカ戦線

西暦	年号 干支	内閣	政　治・経　済
1943 ▲	昭和 18 癸未	(東条英機内閣)	布(男子12歳以上60歳未満，女子12歳以上40歳未満に拡大)。8. 1 ビルマ(バー=モー政権)，独立を宣言し，アメリカ・イギリスに宣戦布告．日本・ビルマ同盟条約調印。9. 15 イタリアの三国同盟からの脱落に対し日独共同声明，同盟を再確認。9. 23 閣議，昭和20年度より台湾に徴兵制実施を決定。9. 30 御前会議，「今後執るべき戦争指導大綱」及び「右に基く当面の緊急措置に関する件」を決定(絶対防衛線の後退)。10. 2 在学徴集延期臨時特例を公布(学生・生徒の徴兵猶予停止．12月1日，第1回学徒兵入隊)。10. 14 フィリピン共和国独立宣言(ラウレル大統領)，日比同盟条約調印(20日実施)。10. 18 統制会社令を公布。10. 21 中野正剛を，倒閣運動の容疑で逮捕(中野，釈放後に東京の自宅で自殺)。10. 23 日本政府，自由インド仮政府承認を声明。10. 25 第83臨時議会召集(10月26日開会，同28日閉会)。10. 31 軍需会社法を公布(12月17日施行)。11. 1 兵役法を改正・公布(国民兵役を45歳まで延長)。 軍需省・運輸通信省・農商省各官制を公布。11. 5 大東亜会議開催(日本・満洲・タイ・フィリピン・ビルマ・中国南京政府の各代表が参加．6日，大東亜共同宣言を発表)。11. 21 アメリカ軍，ギルバード諸島のマキン・タラワ両島に上陸(25日，両島の日本守備隊全滅)。12. 24 徴兵適齢臨時特例を公布(適齢を1年下げ19歳とする)。 第84通常議会召集(12月26日開会，昭和19年3月24日閉会)。
1944 ▼	19 甲申		1. 7 大本営，インパール作戦(アッサム州進攻)を認可(3月8日，インド国民軍とともに作戦開始)。1. 18 軍需会社法により，三菱重工業㈱など150社を軍需会社に指定(第1回)。1. 24 大本営，大陸打通作戦を命じる。2. 1 アメリカ軍，マーシャル群島のクェゼリン・ルオット両島に上陸(6日，両島の日本軍守備隊全滅)。2. 21 東条英機首相兼陸相，参謀総長を兼任(嶋田繁太郎海相が軍令部総長兼任)，一部に憲法違反の非難おこる。2. 23『毎日新聞』を「竹槍では間に合わぬ」の記事で差押処分(執筆記者懲罰召集)。2. 25 閣議，決戦非常措置要綱を決定。3. 30 ソ連と，北樺太における日本の石油・石炭利権の移譲に関する議定書・日ソ漁業条約5ヵ年延長に関する議定書に各調印。4. 8 ソ連に独ソ和平の斡旋申入れ(重光メッセージ．12日，モロトフ外相，拒否と回答)。4. 17 中国派遣軍，京漢作戦を開始(大陸打通作戦．5月27日，粤漢作戦開始)。5. 16 文部省，学校工場化実施要綱発表。6. 15 アメリカ軍，マリアナ諸島のサイパン島上陸(7月7日，日本軍守備隊約3万人全滅，一般住民も約1万人死亡)。6. 16 中国基地のアメリカ軍B29爆撃機，北九州を初めて空襲。 岡田啓介大将，嶋田繁太郎海相に辞職を勧告(元老・海軍などの反東条運動高まる)。6. 19 マリアナ沖海戦(日本海軍，空母・航空機の大半が壊滅，南太平洋の制海権を失う)。6. 23 北海道噴火湾東岸で大噴火，新山が出現(昭和新山)。7. 4 大本営，インパール作戦中止を命令，日本軍撤退へ。7. 13 木戸幸一内大臣，東条英機首相に陸・海大臣と参謀総長・軍令部総長の分離，嶋田海相の更迭，重臣入閣を意見。7. 14 東条参謀総長辞任(18日，梅津美治郎を後任とする)。7. 17 嶋田海相辞任．米内光政・阿

社会・文化	世界
議，国内必勝勤労対策を決定(男子の就業禁止職種を定め，25歳未満の女子を勤労挺身隊として動員)。10.12 閣議，「教育に関する戦時非常措置方策」を決定(理工系・教員養成諸学校学生の他は徴兵猶予停止など)。10.21 文部省・学校報国団本部，出陣学徒壮行大会挙行(神宮外苑競技場)。12.10 文部省，学童の縁故疎開促進を発表。12.21 閣議，都市疎開実施要綱を決定。 **この年** 関儀一郎・関義直共編『近世漢学者伝記著作大事典』刊。 竹内理三編『寧楽遺文』刊(～昭和19年)。 大友喜作編『北門叢書』刊(～昭和19年)。 【死没】 1.18 大原孫三郎(64，経営者)。2.4 林銑十郎(68，陸軍軍人)。 湯浅半月(86，詩人，聖書学)。2.6 大谷光演(69，真宗大谷派)。2.12 倉田百三(53，劇作家)。2.17 平賀譲(66，艦艇設計者)。3.7 歌沢寅右衛門(4代)(72，歌沢節)。3.19 国領五一郎(42，労働運動家)。 藤島武二(77，洋画家)。 ラーネッド(94，宣教師)。3.20 森下博(75，経営者)。3.22 新美南吉(31，児童文学作家)。4.8 平山清次(70，天文学)。4.18 山本五十六(60，海軍軍人)。5.12 川崎紫山(80，ジャーナリスト)。5.13 立作太郎(70，国際法学)。5.22 清元延寿太夫(5代)(82，清元節太夫)。5.27 西村真次(65，日本古代史)。6.6 中村不折(78，洋画家)。7.1 荒木古童(4代)(42，尺八演奏家)。7.6 岩田富美夫(53，右翼運動家)。 牧田環(73，三井財閥)。7.25 石川幹明(85，ジャーナリスト)。8.16 鈴木久五郎(67，相場師)。8.22 島崎藤村(72，小説家)。9.18 野村竜太郎(85，鉄道家)。9.20 児玉花外(70，詩人)。 鈴木梅太郎(70，農芸化学)。9.26 木村栄(74，天文学)。10.4 池野成一郎(78，植物学)。10.16 柳原愛子(85，大正天皇生母)。10.17 黒島伝治(46，小説家)。10.27 中野正剛(58，政治家)。10.29 岡鬼太郎(72，作家)。11.13 西晋一郎(71，倫理学)。11.18 徳田秋声(73，小説家)。11.21 山本秀煌(87，キリスト教史家)。12.1 桂三木助(2代)(60，落語家)。	で降伏(13日，イタリア軍降伏．アフリカの戦闘終結)。5.15 コミンテルン執行委員会幹部会，コミンテルン全組織解散を決定。5.27 フランスで全国抵抗評議会結成(国内レジスタンスの統一)。6.20 デトロイトで黒人暴動(～22日)。7.5 ドイツ軍，東部戦線クルスクで攻撃開始(12日，ソ連軍反撃)。 チャンドラ=ボース，日本占領下のシンガポールでインド国民軍を編成。7.10 連合軍，イタリアのシチリア島に上陸。7.25 ムッソリーニ首相失脚(直ちに逮捕)，バドリオ政権成立。8.14 チャーチル・ローズベルト，カナダのケベックで会談。9.3 イタリア，シチリア島で連合軍と休戦協定調印(8日，発表)。9.12 ドイツ軍，ムッソリーニを救出(23日，ムッソリーニ，ドイツの支援でファシスト共和政府樹立)。10.13 イタリアのバドリオ政権，ドイツに宣戦布告。10.19 モスクワで米・英・ソ3国外相会議開催。10.21 チャンドラ=ボース，シンガポールで自由インド仮政府樹立。11.22 ローズベルト・チャーチル・蔣介石，第1回カイロ会談(12月1日，「カイロ宣言」発表)。11.28 ローズベルト・チャーチル・スターリン，テヘラン会談(～12月1日)。11.29 ユーゴスラヴィアで第2回人民解放反ファシズム評議会開催，臨時政府樹立。
1.18 閣議，緊急学徒勤労動員方策要綱を決定(学徒勤労員は年間4ヵ月継続とする．3月7日，通年実施と決定)。1.26 内務省，東京・名古屋に初の疎開を命じる(建物強制取壊し．以後各都市で強制疎開実施)。1.29『中央公論』・『改造』の編集者を検挙(以後，多数の言論知識人検挙．横浜事件)。2.4 文部省，大学・高等専門学校の軍事教育強化方針を発表。2.10 俳優座結成(千田是也・青山杉作・東野英治郎ら．8月5～6日，第1回試演)。2.19 国民職業能力申告令を改正・公布(22日，臨時人口調査・国民登録を実施)。2.29 決戦非常措置要綱第7項「高級享楽の停止」に基づき，東京歌舞伎座・大阪歌舞伎座など19劇場に休場を命じる。2.- 東京都，雑炊食堂を開設(11月25日，都民食堂と改称)。3.3 閣議，国民学校学童給食・空地利用・疎開促進の3要綱決定。3.6 全国の新聞，夕刊を廃止。4.1 6大都市の国民学校学童に給食を開始。 国鉄，1等車・寝台車・食堂車を全廃，急行列車削減・特急列車廃止。6.6 政府，女子挺身隊に関する勅令案要綱を決定(12～40歳の未婚の女子を強制的に総動員業務に従事)。7.10 情報局，中央公論社・改造社に自発的廃業を指示(両社，月末に解散)。8.22 沖縄からの疎開船対馬丸，アメリカ軍艦の攻撃により沈没(学童700人を含む1500人死亡)。8.23 学徒勤労令を公布(大学・高等専門学校2年以上の理科系学生1000人に限り勤労動員より除	1.20 ソ連軍，レニングラード包囲のドイツ軍を撃退。6.4 アメリカ・イギリス両軍，ローマに入城。6.6 連合軍，ノルマンディに上陸。6.16 アイスランド，デンマークと分離し，独立を宣言。7.1 ブレトンウッズで連合国経済会議開催(～22日．国際通貨基金・国際復興開発銀行の創設につき討議)。7.20 ドイツ国防軍将校らによるヒトラー暗殺計画失敗(ドイツ国防軍幹部これに連坐し多数処刑)。7.21 ポーランド国民解放委員会結成(25日，ルブリンに移る．26日，ソ連と友好同盟条約調印)。8.1 ワルシャワで民衆武装蜂起(10月2日，ドイツ軍鎮圧)。

西暦	年号 干支	内閣	政　治・経　済
1944 ▲	昭和 19 甲申	7.22 小磯国昭内閣	部信行ら重臣，会合にて東条内閣への入閣を拒否。7.18 東条内閣総辞職。7.21 アメリカ軍，グアム島に上陸(8月10日，日本軍守備隊全滅)。7.22 小磯国昭内閣成立。7.24 アメリカ軍，テニヤン島に上陸(8月3日，日本軍守備隊全滅)。8.4 閣議，国民総武装決定(竹槍訓練などが始まる)。8.5 大本営政府連絡会議，最高戦争指導会議と改称。 オーストラリアのカウラの捕虜収容所で日本人捕虜暴動(豪州兵4人死亡，日本人捕虜約240人死亡)。8.19 最高戦争指導会議，「世界情勢判断」・「今後採るべき戦争指導大綱」を決定。9.5 最高戦争指導会議，対重慶政治工作実施に関する件及び対タイ施策に関する件を決定。9.6 第85臨時議会召集(9月7日開会，同11日閉会)。9.16 佐藤尚武駐ソ大使，特派使節のモスクワ派遣をモロトフ外相に提議，拒否される。10.10 アメリカ機動部隊，沖縄を空襲。10.12 台湾沖航空戦(大本営，大戦果と発表するが事実は損害甚大)。10.18 陸軍省，兵役法施行規則を改正・公布(17歳以上を兵役に編入．11月1日施行)。10.20 アメリカ軍，フィリピン中部のレイテ島に上陸。10.24 レイテ沖海戦(連合艦隊，主力を失う)。10.25 海軍神風特別攻撃隊，レイテ沖で初めてアメリカ軍艦を攻撃。 中国基地のB29，北九州を再度空襲。11.1 総合計画局官制を公布(内閣に直属，重要国策の企画)。11.10 汪兆銘，名古屋で死去(主席代理に陳公博)。12.19 大本営，レイテ地上作戦を中止。12.24 第86通常議会召集(12月26日開会，昭和20年3月25日閉会)。
1945 ▼	20 乙酉	4.7 鈴木貫太郎内閣	1.18 最高戦争指導会議，「今後採るべき戦争指導大綱」を決定(本土決戦即応態勢確立など)。1.25 最高戦争指導会議，決戦非常措置要綱を決定。1.27 軍需充足会社令を公布(非軍需産業でも軍需の充足上必要な事業について軍管理を行う)。2.14 近衛文麿，敗戦の必至・共産革命の脅威・早期終戦などを上奏(近衛上奏文)。2.16 軍需金融等特別措置法を公布(3月23日施行)。2.19 アメリカ軍，硫黄島に上陸(3月17日，日本軍守備隊全滅)。3.9 日本軍，仏印で武力行使，軍政実施。 B29，東京大空襲(～3月10日，東京の下町ほぼ壊滅，全焼23万戸，死者・行方不明約10万人．13～14日大阪，5月14日名古屋を空襲)。3.30 大日本政治会結成(総裁南次郎．翼賛政治会解散)。3.31 アメリカ軍，沖縄に上陸(4月1日，沖縄本島上陸，6月23日，日本軍守備隊全滅，日本側の死者，一般住民約10万を含め約20万人)。4.1 軍需工廠官制を公布。 米人抑留者に救恤品を輸送していた安導券保持の阿波丸，台湾沖で米潜水艦により撃沈される．死者約2000人。4.5 小磯内閣，繆斌を通じた対中和平工作に失敗し総辞職。 ソ連外相モロトフ，佐藤尚武駐ソ大使に日ソ中立条約不延長を通告(中立条約の有効期限は昭和21年4月25日まで)。4.7 鈴木貫太郎内閣成立。5.14 最高戦争指導会議構成員会議，ソ連を仲介とした和平交渉方針を決定。5.25～26 東京大空襲，皇居表宮殿など焼失，山の手地区に大被害。6.3 広田弘毅元首相，マリク駐日ソ連大使に日ソ関係改善を申入れる。6.6 ブラジル，対日宣戦布告。6.8 御前会議，「今後採るべき戦争指導の基本大綱」を採択(6月6日の最高戦争指導会議決定の本土決戦方針)。 第87臨時議会召集(6月9日開会，同12日閉会)。6.22 戦時緊急措置法を公布(内閣に強力な権限を委任)。6.23 義勇兵役法を公布(15歳以上60歳以下の

社会・文化	世界
外)。女子挺身勤労令を公布。8.- 東京からの学童疎開はじまる。9.30 大日本戦時宗教報国会結成。11.1 新聞の朝刊，2ページに削減。12.7 生フィルム欠乏により，731の映画館に配給休止。東海地方に大地震，死者約1000人，全壊2万6000戸余。12.- 紀元二千六百年奉祝会『宸翰英華』刊。**この年** 辻善之助『日本仏教史』刊(～昭和30年)。 【死没】 1.12 森広蔵(72，財界人)。1.15 野口遵(72，日窒)。1.18 橋本増治郎(70，自動車工業)。2.1 村上浪六(80，小説家)。2.7 三上於菟吉(54，小説家)。2.8 小倉進平(63，言語学)。添田唖蝉坊(73，演歌師)。2.13 安川雄之助(75，実業家)。2.15 河合栄治郎(54，社会思想家)。2.16 村井知至(84，社会主義者)。2.17 三谷隆正(56，思想家)。2.26 高安月郊(76，劇作家)。2.27 金子直吉(79，実業家)。3.5 国分青厓(88，漢詩人)。3.- 古賀峯一(60，海軍軍人)。4.2 バチェラー(90，宣教師)。4.12 三笑亭可楽(7代)(59，落語家)。4.21 市島謙吉(85，文化事業家)。4.23 近松秋江(69，小説家)。4.28 中里介山(59，小説家)。松岡寿(83，洋画家)。5.1 有馬良橘(84，海軍軍人)。5.2 丘浅次郎(77，進化論啓蒙家)。5.5 大橋新太郎(82，出版人)。5.21 川上善兵衛(77，園芸家)。5.25 秦逸三(65，技術者)。5.29 大瀬甚太郎(80，教育学)。6.10 宝生新(75，能楽師)。6.17 俵孫一(76，政治家)。7.2 山梨半造(81，陸軍軍人)。7.8 南雲忠一(58，海軍軍人)。8.5 田丸節郎(66，化学)。8.7 原嘉道(78，弁護士)。8.18 常磐津兼太夫(7代)(58，常磐津節)。8.22 田中穂積(69，財政学)。9.5 田辺朔郎(84，琵琶湖疏水)。9.11 荒木十畝(73，日本画家)。9.18 岸沢式佐(7・8代)(86，常磐津節)。9.22 大竹貫一(85，政治家)。10.2 前田利定(71，政治家)。10.5 頭山満(90，右翼浪人)。10.7 中川小十郎(79，政治家)。10.15 有馬正文(50，海軍軍人)。10.16 小金井良精(87，人類学)。10.29 山崎楽堂(60，能楽研究家)。11.7 尾崎秀実(44，政治家)。ゾルゲ(49，ゾルゲ事件)。11.9 井上哲次郎(90，哲学)。11.11 松旭斎天勝(59，奇術師)。11.18 牧口常三郎(74，宗教家)。11.24 田沢義鋪(60，官僚)。辻潤(61，評論家)。11.26 小野塚喜平次(75，政治学)。11.30 庄司乙吉(72，綿糸紡績業)。12.1 田中阿歌麿(76，科学)。12.2 沢村栄治(28，プロ野球)。12.3 秋田清(64，政治家)。12.4 永井柳太郎(64，政治家)。12.11 宮島幹之助(73，動物学)。12.13 山下亀三郎(78，山下汽船)。12.17 一木喜徳郎(78，政治家)。12.18 山本信哉(72，日本史学)。米田庄太郎(73，社会学)。12.22 倉知鉄吉(75，外交官)。12.25 片岡鉄兵(51，小説家)。12.29 末次信正(65，海軍軍人)。**この年** 飯野吉三郎(78，神道系行者)。	8.21 米・英・ソ・中によるダンバートン=オークス会議開催(10月9日，国際連合案を発表)。8.23 ルーマニア国王ミハーイ，アントネスク首相を罷免(24日，連合軍との停戦を声明．25日，ドイツに宣戦布告)。8.25 連合国軍，パリに入城。8.29 スロヴァキア民衆蜂起(～10月28日)。9.9 フランスでド=ゴール将軍首班の臨時政府樹立(10月23日，米・英・ソ承認)。ブルガリアで「祖国戦線」のクーデタ。9.11 ローズベルト・チャーチル，第2回ケベック会談(～16日．「モーゲンソー=プラン」を承認)。9.19 フィンランド，ソ連と休戦協定に調印。10.20 ソ連軍・ユーゴスラヴィア人民解放軍，ベオグラードに入城。11.8 米大統領選挙で現職のローズベルト，4たび当選。11.10 汪兆銘没(60，中国の政治家)。11.18 ドイツ軍，ティラナ撤退(29日，アルバニア全土解放)。12.3 ギリシア国民解放戦線(ELAS)蜂起(6日，イギリス軍と衝突．ギリシア内乱．～'45年1月11日)。12.21 ハンガリー独立戦線の臨時政府成立。
1.13 東海地方に大地震，死者約2000人，全半壊1万7000戸。2.- 戦争敗北に関する流言増加(1月以来，東京で検事局送致40件余)。3.6 国民勤労動員令を公布(国民徴用令・国民勤労報国協力令・女子挺身勤労令・労務調整令・学校卒業者使用制限令の廃止・統合)。3.15 閣議，大都市における疎開強化要綱を決定。3.18 閣議，決戦教育措置要綱を決定(国民学校初等科を除き4月から授業停止)。3.- 連行朝鮮人労働者，全国の炭坑労働者数の約3割を占める。5.22 戦時教育令を公布(学校ごとに学徒隊を，地域・職場ごとに連合隊を結成)。6.- 師範学校・高等女学校などの男女生徒多数，沖縄戦に従軍(「ひめゆり隊」など多くの死者を出す)。7.11 主食の配給量，1割減の2合1勺とする。8.12 北村サヨ，山口県田布施町で天照皇大神宮教開教。8.18 内務省，占領軍向け性的慰安施設の設置を地方長官に指令。8.20 燈火管制を解除。8.27 大日本言論報国会，解散宣言。8.30 日本文学報国会解散。9.1 東京劇場，戦後初興行(市川猿之助一座，大阪歌舞伎座なども開場)。9.10 GHQ，言論及び新聞の自由に関する覚書発表，検閲開始(占領軍・連合国に関する報道を厳しく規制)。9.17 西日本に枕崎台風，被害甚大。9.19 GHQ，プレス=コードに関する覚書(22日，ラジオ=コードに関する覚書)。9.20 文部省，中等学校以下の教科書から戦時教材を省略・削除するよう通牒(墨ぬり教科書)。9.26 哲学者の三木清，豊多摩拘置所で獄死。9.30 大日	1.17 ソ連軍，ワルシャワを占領。1.20 ハンガリーのミクローシュ臨時政府，連合国軍と休戦協定に調印。2.4 米・英・ソ，ヤルタ会談(ローズベルト・チャーチル・スターリン．対ドイツ戦後処理・ソ連の対日参戦など協議．～11日)。2.13 ソ連軍，ブダペストを占領(4月4日，ハンガリー全土からドイツ軍を撃退)。3.3 パン=アメリカ会議(メキシコ市で開催)で，チャプルテペック協定を採択。3.22 アラブ連盟憲章調印(エジプト・シリア・レバノン・イラク・トランスヨルダン・サウジ=アラビア・イエメンの7ヵ国参加)。4.12 米ローズヴェルト大統領死去，トルーマン副大統領が大統領就任。

西暦	年号干支	内閣	政　治・経　済
1945 ⇕	昭和 20 乙酉	（鈴木貫太郎内閣） 8.17 東久邇宮稔彦内閣 10.9 幣原喜重郎内閣	男子・17歳以上40歳以下の女子を国民義勇戦闘隊に編成）。6.30 秋田県花岡鉱山で強制労働中の連行中国人が蜂起，憲兵らと数日間衝突，死者400人余（花岡鉱山事件）。7.4 重要産業団体令を改正・公布。7.7 戦時農業団令を公布（中央農業会・全国農業経済会を統合，農業統制組織を一元化）。7.10 最高戦争指導会議，ソ連に和平仲介を求める使節派遣を決定（13日，ソ連に近衛文麿派遣を申入れ．18日，ソ連拒否）。 アメリカ機動部隊，関東地区を空襲。7.25 佐藤尚武駐ソ大使，ソ連に和平斡旋を申入れる。7.28 鈴木貫太郎首相，記者団に対しポツダム宣言黙殺・戦争邁進を声明。8.6 アメリカ軍，広島に原子爆弾投下，広島市街一瞬で壊滅。8.8 ソ連，中立条約を侵犯して日本に宣戦布告（モロトフ外相，9日より戦争状態にあるべき旨を佐藤大使に宣言，8月9日，ソ連軍，満洲・朝鮮・樺太などに侵攻開始）。8.9 アメリカ軍，長崎に原子爆弾投下（厚生省発表では広島・長崎での被爆者の死者約30万人）。 ポツダム宣言受諾に関し御前会議開催（10日，天皇の統治権不変更との了解のもとに受諾決定．スイス・スウェーデンを通じて連合国に申入れ）。8.12 連合国側回答公電到着（バーンズ回答文），受諾に関して閣議で意見対立。8.14 御前会議，天皇の裁断で再度ポツダム宣言受諾を決定（中立国を通じて連合国に申入れ）。8.15 陸軍の一部将校，終戦阻止の反乱，玉音放送録音盤奪取をはかるも鎮圧される。 正午，戦争終結の詔書を放送（玉音放送）。 鈴木内閣総辞職。8.17 東久邇宮稔彦内閣成立（初の皇族首相）。 満洲国皇帝溥儀退位．満洲国解体。8.26 終戦連絡中央事務局官制を公布（外務省の外局として設置）。8.28 連合国軍先遣部隊，神奈川県の厚木飛行場に到着。 東久邇宮首相，記者会見で国体護持・全国民総懺悔を呼びかける。8.30 連合国軍最高司令官マッカーサー，厚木到着。9.1 第88臨時議会召集（9月4日開会，同5日閉会）。9.2 東京湾のアメリカ戦艦ミズーリ号上で降伏文書に調印（全権重光葵・梅津美治郎）。 連合国軍総司令部（GHQ）指令第1号発表（陸海軍解体・軍需生産停止）。9.3 イギリス人記者バーチェット，「広島における大惨状」を打電し，初めて被爆地の状況を報道。9.9 マッカーサー，日本管理方式（間接統治・自由主義助長など）につき声明発表。9.11 GHQ，東条元首相ら戦争犯罪人39人の逮捕を命じる。9.13 大本営を廃止。9.20 ポツダム宣言の受諾に伴い発する命令に関する件を公布（ポツダム命令）。9.22 GHQ，「降伏後における米国の初期の対日方針」を発表。9.25 復員第1船高砂丸，メレヨン島から大分県別府に帰港。9.27 天皇，マッカーサーを訪問。 9.29 各紙，天皇のマッカーサー訪問写真を掲載。10.1 GHQ，個人の信書など郵便検閲を指令。10.4 GHQ，政治的・民事的・宗教的自由に対する制限撤廃の覚書（天皇に関する自由討議・思想警察全廃・政治犯釈放など）を通達。 近衛文麿国務相，マッカーサー・政治顧問ジョージ＝アチソンと会見，憲法改正につき示唆をうける。10.5 東久邇宮内閣総辞職（覚書は実行不可能として）。 全日本海員組合結成。10.9 幣原喜重郎内閣成立（外相吉田茂）。10.10 政治犯約500人を釈放（徳田球一・志賀義雄，「人民に訴う」を声明）。10.11 マッカーサー，幣原首相に憲法の自由主義化と人権確保の5大改革（婦人解放・労働組合結成・教育民主化など）を口頭で指令。 近衛文麿を内大臣府御用掛に任じる（13日，佐々木惣一を同御用掛に任じる．憲法改正の検討に着手）。10.15 治安維持法・思想犯保護観察法など廃止の件を公布。 （名）安田保善社理事会，GHQの要請により保善社解散を決定。 在日朝鮮人連盟全国大会開催。10.25 政府，憲法問題調査委員会設置（委員長に松本烝治国務相）。10.30 GHQ，教育関係の軍国主義者・超国家主義者の追放などを指令。10.31 沖縄の住民，収容キャンプから居住地へ移動開始。 11.2 日本社会党結成（書記長片山哲）。11.4 政府，持株会社（4大財閥）の自発的解体計画をGHQに提出。11.6 GHQ，持株会社の解体に関する覚書（政府提出案の承認・持株会社整理委員会の設立など，財閥解体）。11.9 日本自由党結成（総裁鳩山一郎）。11.16 日本進歩党結成（幹事長鶴見祐輔．12月18日，総裁に町田忠治）。11.22 近衛文麿，帝国憲法改正要綱を天皇に提出。11.26 第89臨時議会召集（11月27日開会，12月18日解散）。12.1 日本共産党第4回大会（～3日．書記長に徳田球一）。12.6 GHQ，近衛文麿・木戸幸一ら9人の逮捕を命じる（16日，近衛，服毒自殺）。12.7 連合国のポーレー使節団，対日賠償中間報告（ポーレー報告）発表。 元フィリピン方面軍司令官山下奉文，マニラの軍事裁判で死刑宣告（昭和21年2月23日，絞首刑執行）。12.8 共産党など6団体，戦争犯罪人追及人民大会を開催（戦犯名簿発表）。 松本烝治国務相，衆議院予算委員会で天皇の統治権総攬は不変・議会権限の拡充など憲法改正の4原則を表明。12.9 GHQ，農地改革に関する覚書（昭和21年3月までに自作農創設の農地改革計画を作成・提出するよう指令）。12.17 衆議院議員選挙法を改正・公布（婦人参政権実現など）。 12.27 鈴木安蔵らの憲法研究会，憲法草案要綱を発表。12.28 高野岩三郎，改正憲法私案要綱を発表。12.29 農地調整法を改正・公布（第1次農地改革）。

社会・文化	世界
本産業報国会解散。10.8 北海道夕張炭坑の朝鮮人労働者，労働条件改善を要求してスト。10.9 GHQ，東京5大紙の新聞記事の事前検閲を開始。10.10 自由戦士出獄歓迎人民大会開催。 松岡駒吉の招請で全国労働組合結成懇談会開催。10.22 GHQ，「日本教育制度に対する管理政策」を指令(軍国主義的・超国家主義的教育の禁止)。10.23 読売新聞社従業員，社員大会で社内民主化を決議(25日，従業員組合結成，編集業務管理．12月11日，正力松太郎社長退陣．第1次読売争議)。10.29 日本勧業銀行，第1回宝くじ発売。11.1 全国人口調査実施(総人口7199万8104人)。11.3 新日本婦人同盟結成(会長市川房枝)。11.4 東京帝大経済学部教授会，大内兵衛・矢内原忠雄・山田盛太郎ら7人の復職を決定。11.10 歴史学研究会，国史教育再検討座談会を開催，活動再開。11.19 鳥養利三郎京都帝大総長，京大再建方針を発表(滝川事件以前の状態の回復．昭和21年2月16日，滝川幸辰，教授復職)。11.24 GHQ，理化学研究所・京都帝大などのサイクロトロンを破壊。12.1 全日本教員組合結成。12.4 閣議，女子教育刷新要綱を了解(女子大創設・大学の男女共学制など)。12.11 京成電鉄争議(業務・運賃管理．29日解決)。12.15 GHQ，国家神道と神社神道の分離など指令。12.22 労働組合法を公布(団結権保障など．昭和21年3月1日施行)。12.28 宗教法人令を公布(信教の自由を保障)。12.30 新日本文学会結成(江口渙・中野重治ら)。12.31 GHQ，修身・日本歴史及び地理の授業停止と教科書回収の覚書。**この年** 戦後の労働組合509(38万677人)，組織率4.1パーセント。 稲作大凶作・食糧不足深刻化，栄養失調による死者続出。**この年以降** 日本資料刊行会『社会運動の状況』復刻。 【死没】 1.15 野村徳七(68，実業家)。1.22 柳川平助(67，陸軍軍人)。1.27 野口雨情(64，詩人)。1.30 橋本進吉(64，国語学)。2.18 建部遯吾(75，社会学)。2.20 光永星郎(80，通信・広告経営者)。2.24 河口慧海(80，仏教探検家)。2.26 田保橋潔(49，朝鮮史学)。 橋本関雪(63，日本画家)。3.2 金森通倫(89，伝道者)。3.10 山岸荷葉(70，劇作家)。 河井荃廬(75，書道史家)。3.15 鈴江言一(52，中国革命史)。 市川正一(54，日本共産党)。3.30 小室翠雲(72，日本画家)。4.1 足立文太郎(81，解剖学)。 小川郷太郎(70，財政学)。4.3 阪井久良伎(77，川柳作家)。4.7 伊藤整一(56，海軍軍人)。4.16 田村俊子(62，小説家)。5.1 猪熊浅麻呂(76，有職故実学)。5.12 入沢宗寿(61，教育学)。5.17 滝精一(73，美術史家)。5.20 載仁親王(81，閑院宮)。5.21 清沢洌(56，外交評論家)。5.25 柳瀬正夢(46，画家)。 織田万(78，法学)。 関保之助(78，有職故実学)。6.2 平山信(79，天文学)。6.7 西田幾多郎(76，哲学)。6.22 相田二郎(49，日本史学)。6.23 牛島満(59，陸軍軍人)。6.25 秋月左都夫(88，外交官)。6.28 山崎覚次郎(78，漆芸家)。 高楠順次郎(80，仏教学)。7.4 利光鶴松(83，実業家)。7.7 塩沢昌貞(76，経済学)。8.9 戸坂潤(46，思想家)。8.15 阿南惟幾(59，陸軍軍人)。8.16 丸山定夫(45，俳優)。 大西滝治郎(55，海軍軍人)。8.17 島木健作(43，小説家)。8.24 田中静壱(59，陸軍軍人)。8.25 影山庄平(60，神道家)。9.8 川島義之(68，陸軍軍人)。9.9 建川美次(66，陸軍軍人)。9.12 杉山元(66，陸軍軍人)。9.14 橋田邦彦(64，生理学)。9.18 島津保次郎(49，映画監督)。9.26 三木清(49，哲学)。9.- 戸谷敏之(34，歴史学)。10.3 杉村楚人冠(74，新聞記者)。10.9 薄田泣菫(69，詩人)。10.14 本居長世(61，作曲家)。10.15 木下杢太郎(61，詩人，医学)。10.16 田中正平(84，物理学)。10.18 葉山嘉樹(52，小説家)。 水野広徳(71，海軍軍人)。10.21 深井英五(75，銀行家)。10.23 吉満義彦(42，哲学者)。10.25 橘樸(65，ジャーナリスト)。11.18 工藤吉郎兵衛(86，育種家)。11.20 本庄繁(70，陸軍軍人)。11.26 三宅雪嶺(86，ジャーナリスト)。11.27 平生釟三郎(80，実業家)。11.28 中沢弁次郎(55，農民運動家)。12.2 岩崎小弥太(67，三菱財閥)。 安井てつ(76，教育者)。12.9 吉田栄三(初代)(74，文楽人形遣い)。12.13 柴五郎(87，陸軍軍人)。12.16 近衛文麿(55，政治家)。12.24 白石元治郎(79，	4.13 ソ連軍，ウィーン占領。4.22 ソ連軍，ベルリン市街に突入(5月2日，ベルリン占領)。4.23 中国共産党第7期全国大会，延安で開催(～6月11日．毛沢東，「連合政府論」を報告)。4.25 サンフランシスコ連合国全体会議開催(～6月26日．50ヵ国参加．国連憲章調印)。4.27 ムッソリーニ，逮捕される(4月28日銃殺)。4.30 ヒトラー，ベルリンの総統官邸で自殺。5.5 中国国民党第6期全国大会，重慶で開催(～21日)。5.7 ドイツ，ランス・ベルリン(8日)で，連合国への無条件降伏文書に署名。7.16 アメリカ，ニューメキシコで原子核爆発実験に成功。7.17 米・英・ソ，ポツダム会議(26日，米・英・中3国で対日ポツダム宣言発表，のちソ連も参加．8月2日，ドイツに関するポツダム議定書発表)。7.26 イギリス総選挙で労働党大勝，チャーチル内閣総辞職(27日，アトリー労働党内閣成立)。7.31 リカルテ没(78，フィリピン革命の指導者)。8.10 セルギー没(74，日本ハリストス正教会府主教)。8.14 中ソ友好同盟条約調印。8.15 ソウルで朝鮮建国準備委員会結成(委員長呂運亨．10月7日解散)。8.17 インドネシア共和国独立宣言(大統領スカルノ)。8.18 アメリカ軍，上海・広州・天津・青島に上陸。8.19 チャンドラ=ボース，台湾で飛行機事故により死去(48)。 ヴェトナムのハノイで蜂起(8月革命)。8.20 ソウルで朝鮮共産党再建委員会結成(委員長朴憲永)。8.28 蔣介石・毛沢東，重慶で会談(10月10日，双十協定調印．内戦回避などに合意)。9.2 ヴェトナム民主共和国成立宣言(臨時政府主席ホー=チ=ミン．23日，フランス軍，サイゴンを占領)。 朝鮮，北緯38度線を境に北はソ連，南はアメリカの管理下に置かれる。9.10 米・英・仏・ソ・中，ロンドン外相会議(講和問題を討議．29日，極東諮問委員会設置を決定．～10月2日)。9.17 郁達夫没(49，中国の作家)。10.12 ラオス臨時政府成立(反仏組織ラー

西暦	年号 干支	内閣	政　治・経　済
1945 ▲	昭和 20 乙酉	(幣原喜重郎内閣)	
1946 ▼	21 丙戌		1.1 天皇，神格化否定の詔書(マッカーサー承認)。1.4 GHQ，「好ましくない人物の公職よりの除去に関する覚書」(公職追放)及び超国家主義団体の解散指令。1.10 山川均，人民戦線の結成を提唱。1.12 野坂参三，中国延安から帰国(14日，共産党と天皇制・民主戦線につき共同声明．26日，東京の日比谷公園で帰国歓迎国民大会)。 GHQ，3月15日以後の総選挙実施を認可。1.13 煙草の「ピース」発売。 幣原内閣改造(公職追放に伴い，内・農・運輸・文相及び内閣書記官長を入れ替え)。1.16 社会党中央執行委員会，共産党との共同戦線を時期尚早とする。1.19 マッカーサー，極東国際軍事裁判所の設置を命令，同裁判所憲章を発布。1.21 GHQ，公娼廃止に関する覚書(公娼を許容する一切の法規撤廃)。 自由党，憲法改正要綱を発表(天皇の統治権総攬)。1.27 平野義太郎・伊藤武雄ら，中国研究所設立。1.29 GHQ，奄美大島を含む琉球列島・小笠原諸島などに対し日本の行政権を停止する覚書。2.1 内務・司法・商工・厚生大臣，生産管理闘争に関する違法行為処断を声明。2.3 マッカーサー，「3原則」を示して日本憲法草案の作成をGHQ民政局に指示(10日，GHQ案完成)。2.8 日本政府，憲法改正要綱(松本試案)をGHQに正式提出。2.9 日本農民組合結成(日農，会長須永好)。2.11 梅若万三郎ら，第5回文化勲章受賞(戦後初)。 関東食糧民主協議会結成。2.13 GHQ，松本試案を拒否し，GHQ草案を日本政府に手交。2.14 進歩党，憲法改正案要綱を発表。2.17 金融緊急措置令を公布(旧円預貯金の封鎖・新円の発行など．即日施行)。 食糧緊急措置令を公布(食糧供出確保のため強権発動を規定)。2.19 天皇，神奈川県を巡幸(以後，28日東京都，3月25日群馬県など全国を巡幸)。2.23 社会党，憲法改正案要綱を発表(国家主権・天皇制の存置)。2.24 共産党第5回大会，議会的方法による平和的革命構想を採択。3.3 物価統制令を公布。3.6 日本政府，憲法改正草案要綱を発表(主権在民・象徴天皇制・戦争放棄を規定．マッカーサー承認)。3.20 極東委員会，新憲法の制定過程で日本の世論を尊重せよとのマッカーサー宛指令を決定。4.3 山川均ら，民主人民連盟結成準備大会を開催(暫定共同綱領15項目を発表．7月21日，創立大会)。4.5 連合国対日理事会第1回会合，東京で開催。4.7 幣原内閣打倒人民大会，東京日比谷で開催(デモに警官発砲)。4.10 新選挙法による第22回衆議院総選挙(自由141・進歩94・社会93・協同14・共産5・諸派38・無所属81，女性議員39人)。4.17 政府，憲法改正草案正文を発表(日本国憲法草案．ひらがな・口語体)。4.19 自由・社会・共産4党，幣原内閣打倒共同委員会を結成(内閣の即時辞職要求，倒閣国民大会開催を決定)。4.20 持株会社整理委員会令を公布(8月8日，同委員会発足)。4.22 幣原内閣総辞職。4.30 経済同友会設立(代表幹事諸井貫一)。5.3 極東国際軍事裁判所開廷。5.4 GHQ，自由党総裁鳩山一郎の公職追放令該当を政府に通達。5.13 極東委員会，中間賠償取立案決定。 社会党，救国民主連盟の結成を決定。5.14 吉田茂，自由党総裁就任を受諾。5.15 対日理事会でアメリカ代表アチソン，共産主義を支持せず

社　会・文　化	世　界
日本鋼管)。12.29 村田峰次郎(89，日本史学)。**この年** 石井菊次郎(80，外交官)。市村羽左衛門(15代)(71，歌舞伎役者)。 一竜斎貞山(6代)(69，講釈師)。	オ=イッサラ，暫定憲法を採択)。10.17 中国国民政府軍，台湾に上陸。10.24 国連憲章発効，国際連合が正式に成立。10.29 ブラジルでバルガス大統領辞任。11.20 ニュルンベルク国際軍事裁判開廷。11.27 米トルーマン大統領，マーシャル元帥を国共内戦調停の大統領特使に任命(12月22日，マーシャル特使，重慶に到着)。11.29 ユーゴスラヴィア制憲議会，王制を廃し，連邦人民共和国を宣言。12.12 イランでソ連軍の援助により，アゼルバイジャン共和国樹立。12.16 米・英・ソ，モスクワ外相会議開催(占領・講和問題・極東問題を討議．～26日)。12.25 王克敏没(73，中国の政治家)。12.27「モスクワ宣言」発表(朝鮮信託統治，極東委員会・対日理事会設置を合意)。
1.1 戸田城聖，創価学会再建。1.12 民主主義科学者協会創立大会(会長小倉金之助)。1.18 名古屋で南朝の子孫と主張する熊沢天皇が名のり出る。1.19 村山知義ら，新協劇団を再建。 ラジオ「のど自慢素人音楽会」放送開始。1.22 東京の元陸軍板橋造兵廠で，大量の隠匿物資発見，人民管理で住民に自主配給。1.26 マニラから小麦粉1000トン積載の食糧輸入船，東京港に到着。1.- 岩波書店『世界』創刊。2.1 平川唯一の英語会話放送開始。2.7 出口王仁三郎，大本教を愛善苑として再建。2.8 北海道の美唄炭坑争議，生産管理を実施(17日，「人民裁判事件」)。2.11『四国新聞』創刊(『香川日日新聞』改題)。『南日本新聞』創刊(『鹿児島新聞』『鹿児島朝日新聞』合併)。2.19 部落解放同盟全国委員会結成(委員長松本治一郎)。2.28 戦後初のアメリカ映画封切。3.1 文部省主催第1回日本美術展(日展．東京都美術館．～31日)。『日本経済新聞』創刊(『日本産業経済』改題)。3.5 アメリカ教育使節団来日(31日，報告書提出，6・3制など教育民主化を勧告)。3.9 社会党，山川均提唱の民主人民戦線への不参加を決定。 都会地転入抑制緊急措置令を公布(東京・大阪など大都市の人口抑制策)。3.11 大西愛治郎，天理本道を再建。3.16 婦人民主クラブ結成。4.7 ひめゆりの塔建立。4.- 鎌倉在住の知識人を中心に鎌倉大学校設立(のちの鎌倉アカデミア)。 文学者による戦争責任論起こる。5.1 第17回メーデー(11年ぶりに復活)。5.12 東京世田谷区で「米ヨコセ」区民大会(宮城へデモ，初めて赤旗が坂下門をくぐる)。5.19 食糧メーデー(宮城前広場で飯米獲得人民大会とデモ．プラカード事件起こり，6月22日，不敬罪で起訴)。5.20 マッカーサー，大衆示威運動に警告，「暴民デモ許さず」と声明。5.31 早稲田大学で初めて学生自治会の自治権確立。5.- 日本史研究会『日本史研究』創刊。6.13 政府，社会秩序保持・食糧危機突破に関する声明を発表。6.- 日本歴史学会『日本歴史』創刊。 吉田幸一編『古典文庫』創刊。7.1 NHK，ラジオで「尋ね人」の放送開始。7.12 読売新聞社で，編集首脳6人の解雇に対してスト(～16日．10月16日，妥結．第2次読売新聞社争議)。7.24 国鉄，7万5000人解雇を組合に申入れ(9月14日，解雇撤回)。8.1 日本労働組合総同盟結成(「総同盟」．会長松岡駒吉)。8.10 教育刷新委員会設置(内閣総理大臣所轄のもと教育の重要事項を調査審議．委員長安倍能成)。8.19 全日本産業別労働組合会議結成(「産別会議」委員長聴濤克巳)。8.20 婦女暴行殺人容疑で小平義雄を逮捕(死刑判決)。8.31 国	1.1 南朝鮮の朝鮮共産党，モスクワ外相会議決定の信託統治支持を声明。1.5 中国国民党政府，モンゴル人民共和国の独立を承認。1.7 軍事3人委員会(周恩来・張群・マーシャル)，国共停戦会談(10月，停戦協定成立)。1.10 第1回国連総会，ロンドンで開催(～2月14日)。 政治協商会議，中国重慶で開催(～31日)。1.11 アルバニア，人民共和国を宣言。2.1 ハンガリー，共和国を宣言，新憲法を制定。2.18 ボンベイでインド海軍の水兵が反乱。2.26 極東委員会第1回会議，ワシントンで開催。3.5 チャーチル，アメリカで「鉄のカーテン」演説。3.6 フランス・ヴェトナム，予備協定に調印(フランス連合内でのヴェトナム自治に合意)。4.24 フランス軍，ラオスのビエンチャンを占領(ラオイサラ政府，タイに亡命)。5.4 中国共産党中央，土地改革の実施を指示。5.5 中国国民党政府，南京遷都。5.9 ソ連軍，アゼルバイジャンからの撤退完了。5.25 ソ連軍，中国東北地区(満洲)からの撤退を完了。6.2 イタリアの国民投票で王制廃止決定。6.4 アルゼンチン，ペロン，大統領就任。6.14 国連原子力委員会第1回会

西暦	年号 干支	内閣	政　治・経　済
1946 ▲	昭和 21 丙戌	5.22 第1次吉田茂内閣	と発言。5.16 吉田に組閣を命じる。 第90回臨時議会召集(6月20日開会，10月11日閉会)。5.22 第1次吉田内閣成立(蔵相石橋湛山・国務相幣原喜重郎)。5.24 天皇，食糧難克服に関して録音放送。 協同民主党結成(委員長山本実彦)。6.12 占領軍の占領目的に有害な行為に対する処罰等に関する勅令を公布(7月15日施行)。6.17 対日理事会，農地改革に関する日本政府回答(3月15日付)は不十分と確認。 関東経営者協会設立(委員長足立正)。6.18 極東国際軍事裁判所首席検事キーナン，ワシントンにて天皇を戦争犯罪人としないと言明。6.22 GHQ，日本の漁業・捕鯨業の操業区域を指定(マッカーサー=ライン)。6.26 吉田首相，衆議院で新憲法第9条は自衛権の発動としての戦争も交戦権も放棄と言明。6.29 共産党，日本人民共和国憲法草案を決定。6.- GHQ，徹底的な農地改革計画を作成するよう政府に勧告(第2次農地改革実施)。7.2 極東委員会，新日本国憲法の基本諸原則を採択(6日，アメリカ政府からマッカーサーに送付)。8.12 経済安定本部令・物価庁官制を各公布。8.16 経済団体連合会設立(「経団連」．代表理事石川一郎)。8.22 持株会社整理委員会発足(財閥解体の本格的開始． 9月6日，4大財閥本社と富士産業㈱を持株会社に指定．以後，合計83社指定)。8.24 衆議院，憲法改正案を修正可決。10.1 臨時物資需給調整法を公布。10.3 在日朝鮮居留民団結成。10.6 貴族院，特別委員会の憲法改正案を可決。10.7 衆議院，貴族院で修正された憲法改正案を可決，日本国憲法成立。10.8 文部省，教育勅語捧読の廃止・神格化廃止を通達。 復興金融金庫法を公布(昭和22年1月25日，開業．理事長に伊藤謙二興銀総裁．復金インフレ発生)。10.19 軍需補償打切り対処のため，戦時補償特別措置法・金融機関再建整備法などを各公布。10.21 農地調整法改正(11月22日施行)・自作農創設特別措置法(12月29日施行)を公布(ともに第2次農地改革を推進)。11.3 日本国憲法公布。11.10 石炭不足で旅客列車を16パーセント削減。11.12 財産税法を公布。11.17 アメリカ国務次官，日本賠償に関するポーレー賠償最終報告を発表。11.20 日本商工会議所設立。11.25 第91臨時議会召集(11月26日開会，12月25日閉会)。11.26 全官公庁労組共同闘争委員会結成。12.2 内務省，地方長官に特殊飲食店(赤線)指定を指示。12.17 生活権確保・吉田反動内閣打倒国民大会開催。12.18 極東委員会，日本の労働組合に関する16原則を決定。12.21 南海道大地震，近畿・四国地方に大被害(死者1300余人)。12.27 閣議，石炭・鉄鋼産業に重点を置く傾斜生産方式を決定。 第92通常議会召集(12月28日開会，昭和22年3月31日解散)。12.30 GHQ，日本の綿工業の復興に対する資金計画に関する覚書(6億円融資を許可)。**この年** 広島・長崎の被爆者の間に白血病広まる。 インフレーション進行(東京小売物価指数昭和9～11年平均の18.9倍)，鉱工業生産激減(同じく0.31倍)。
1947 ▼	22 丁亥		1.1 吉田茂首相，年頭の辞で労働運動指導者を「不逞の輩」と非難。1.4 公職追放令を改正(言論界・地方公職などに範囲を拡大)。1.15 産別会議・総同盟など，「2・1スト」準備のため全国労働組合共同闘争委員会(全闘)を結成。1.16 皇室典範・皇室経済法を各公布(5月3日施行)。1.18 全官公庁労組共闘委員会，「2・1スト」を宣言。1.28 吉田内閣打倒・危機突破国民大会，宮城前広場で開催。1.31 マッカーサー，「2・1ゼネスト」の中止を命じる。 吉田内閣改造(社会党との連立工作失敗後の対処策)。2.6 経済復興会議結成(議長鈴木茂三郎)。2.7 マッカーサー，吉田首相宛の書簡で総選挙の実施を指示。2.18 アメリカ陸軍省派遣のストライク賠償調査団(1月28日，来日)，GHQに報告書を提出。2.24 参議院議員選挙法を公布。2.28 閣議，供米促進対策要綱を発表(報奨金・供米に応じた物資特配など)。3.3 公職資格訴願審査委員会官制を公布。3.5 大村清一内相，全国警察部長会議で主食の強権供出を訓示。3.8 国民協同党結成(協同民主党・国民党などの合同．書記長三木武夫)。3.11 GHQ，軍票1ドル＝50円に設定(それまで15円)。3.31 第1回農地買収実施。 財政法を公布(国の予算・財政に関する基本法令)。 民主党結成(5月18日，総裁に芦田均，名誉総裁に幣原喜重郎)。 衆議院議員選挙法

社　会・文　化	世　界
民医療法施行令を改正(医師国家試験・インターン制度の採用)。9.5 第1回芸術祭開催(文部省芸術課長今日出海の提唱．～10月)。9.9 生活保護法を公布(10月1日施行)。9.27 労働関係調整法を公布。9.29 御木徳近，PL教団を開教。10.1 東芝労連，スト突入(産別会議指導の10月闘争開始)。10.25 日本労働組合会議結成(「日労会議」)。10.- 民主主義科学者協会歴史部会『歴史評論』創刊。11.1 主食の配給が2合1勺から2合5勺に増配。11.16 政府，当用漢字表(1850字)・現代かなづかいを告示。12.- 佐佐木信綱ら監修『日本古典全書』刊行開始。 【死没】 1.7 相馬半治(78，実業家)。1.10 伊良子清白(70，詩人)。1.19 靉光(40，洋画家)。1.21 杉田久女(57，俳人)。1.26 蓑田胸喜(53，右翼運動家)。1.30 河上肇(68，経済学)。2.1 谷本富(80，教育学)。2.5 バックストン(85，宣教師)。2.8 南弘(78，社会心理学)。2.14 木下竹次(75，新教育運動)。2.23 山下奉文(62，陸軍軍人)。2.26 原田熊雄(59，政治家)。3.4 田中義能(75，神道学)。3.5 大村卓一(75，鉄道官僚)。3.7 加藤繁(67，東洋史学)。3.12 鈴木文治(62，労働運動)。3.16 片岡仁左衛門(12代)(65，歌舞伎役者)。3.22 関根金次郎(79，棋師)。3.24 林歌子(83，婦人運動家)。3.31 武田麟太郎(43，小説家)。4.3 本間雅晴(60，陸軍軍人)。4.5 桂田富士郎(80，医学)。4.13 村岡典嗣(63，史学)。4.19 安藤利吉(63，陸軍軍人)。 尾野実信(82，陸軍軍人)。4.21 千葉勇五郎(77，牧師)。4.25 岩波茂雄(66，岩波書店)。4.28 米山梅吉(79，銀行家)。5.19 中部幾次郎(81，実業家)。5.26 三浦環(63，声楽家)。6.4 松井慶四郎(79，外交官)。6.10 恩田鉄弥(83，国立園芸試験場)。6.12 寺内寿一(68，陸軍軍人)。6.14 幸田延(77，音楽教育家)。6.23 矢野道也(71，印刷業)。6.27 松岡洋右(67，外交官)。6.29 梅若万三郎(初代)(79，能楽師)。7.9 今井五介(88，実業家)。7.23 坂田三吉(77，棋士)。8.13 渡辺水巴(65，俳人)。8.16 博恭王(72，伏見宮)。8.29 茅野蕭々(64，ドイツ文学)。9.4 白瀬矗(86，南極探検家)。9.12 望月太左衛門(9代)(45，歌舞伎囃子方)。9.13 酒井隆(60，陸軍軍人)。9.21 伊丹万作(47，映画監督)。10.1 尾佐竹猛(67，司法官)。10.6 森本薫(35，劇作家)。 窪田静太郎(82，社会事業家)。10.8 山本鼎(65，版画家)。10.10 福士幸次郎(58，詩人)。10.16 松井米太郎(78，牧師)。10.28 浮田和民(88，政治家)。11.7 近藤万太郎(64，農学)。11.12 町田忠治(84，政治家)。11.25 堀切善兵衛(65，政治家)。12.1 杉山平助(52，評論家)。12.5 大塚武松(69，日本史学)。 草紙庵(72，小唄作曲家)。12.7 川上貞奴(76，女優)。12.9 鳩山秀夫(63，法学)。12.15 桑木厳翼(73，哲学)。12.21 黒板勝美(73，日本史学)。	議でアメリカ代表バルーク，原子力の国際管理機構設置を提案。6.- 陳公博没(57，中国国民党改組派の指導者)。7.1 アメリカ，ビキニ環礁で原爆実験。7.4 フィリピン共和国，独立を宣言(大統領ロハス)。7.12 国民政府軍，江蘇・安徽の解放区を攻撃，中国の全面的内戦始まる。7.29 旧枢軸5ヵ国(イタリア・ハンガリー・ブルガリア・ルーマニア・フィンランド)に関するパリ平和会議開催(～10月15日)。8.16 インド=ムスリム連盟，ヒンドゥー教徒と衝突。8.28 北朝鮮労働党結成。8.29 フィリピンでロハス政権に対するフクバラハップの武装抵抗始まる。9.1 ギリシアの国民投票で王制支持される。9.2 インドでネルー首相の中間政府成立。9.15 ブルガリア，人民共和国を宣言。9.24 南朝鮮でゼネスト。10.1 ニュルンベルク国際軍事裁判判決，12人に絞首刑宣告。10.13 フランス，人民投票で第2次憲法草案を可決。11.9 梁鴻志没(65，中華民国の政治家)。11.10 フランス，国民議会選挙で共産党が第1党となる。11.15 国民党，南京で国民大会を強行開催(共産党・民主同盟不参加．～12月25日)。 オランダ・インドネシア，リンガジャティ協定に仮調印(インドネシア共和国承認・オランダとの連合合意)。12.19 フランス軍，ハノイでヴェトナム軍を攻撃(第1次インドシナ戦争始まる)。**この年** セミョーノフ没(ロシア反革命派のコサックの首長)。
1.15 新宿帝都座で初の額縁ヌードショー。1.- 東京都の小学校で学校給食再開。2.12 日本ペンクラブ再建(会長志賀直哉)。2.20 文部省，ひらがな先習の小学校教科書を発表。2.25 八高線高麗川駅付近で列車脱線転覆，死者174人。2.- 梅本克己・松村一人ら，哲学の主体性論争を始める。3.9 戦後初の国際婦人デー。3.31 教育基本法・学校教育法を各公布(6・3・3・4制を規定)。6.8 日本教職員組合結成。6.-『文学界』再刊。7.5 NHK，「鐘の鳴る丘」放送開始。7.10 静岡県登呂遺跡の発掘開始。7.28 滝沢修・宇野重吉・森雅之ら，民衆芸術劇場(民芸)結成。8.9 古橋広之進，競泳400メートル自由形で世界新記録(4分38秒4，以後，世界記録続出)。8.20 全逓組合員，俸給繰上げ支給などを要求し各地で集団欠勤開始(10月22日，政府，「山ねこ争議」と非難)。9.2 小・中学校で社会科授業を開始。9.14 キャスリーン台風来襲，16日まで関東を中心に大水害。10.1 国勢調査実施(人口7810万1473人)。10.11 東京地方裁判所の山口良忠判事，配給食糧のみによる生活を守	1.30 中国国民政府，軍事3人委員会の解散を声明。2.10 パリ平和条約調印(連合国，イタリア・ハンガリー・ブルガリア・ルーマニア・フィンランドと講和．9月15日発効)。2.28 台湾台北で反国民政府暴動，戒厳令下の武力鎮圧で約3万人殺害(～5月17日．2・28事件)。3.12 米トルーマン大統領，「トルーマン=ドクトリン」を宣言(ギリシア・トルコへの援助を提案)。3.19 国民政府軍，延安占領。3.22 トルーマン大統領，連邦政

西暦	年号 干支	内閣	政　治・経　済
1947 ▲	昭和 22 丁亥	(第1次吉田茂内閣) 5.24 片山哲内閣	を改正・公布。 衆議院解散(帝国議会終幕)。4.1 町内会・部落会・隣組廃止(5月3日，政令を公布)。 新学制による小学校・中学校発足(6・3制・男女共学)。4.5 第1回統一地方選挙(知事・市区町村長選挙)。4.7 労働基準法を公布(9月1日施行)。4.14 私的独占の禁止および公正取引の確保に関する法律(独占禁止法)を公布(7月1日一部を，20日全面施行)。4.17 地方自治法を公布(5月3日施行)。4.20 第1回参議院議員選挙(社会47・自由39・民主29・国民協同10・共産4・諸派13・無所属108)。4.25 第23回衆議院議員総選挙(社会143・自由131・民主124・国民協同31・共産4・日本農民4・諸派16・無所属11)。4.30 都道府県議会・市区町村議会議員選挙。5.3 日本国憲法施行。5.14 社会党左派の鈴木茂三郎・加藤勘十，外人記者団に対し共産党との絶縁を声明。5.17 参議院の無所属議員，緑風会結成。 政府，石橋湛山蔵相・石井光次郎商工相・木村篤太郎司法相3閣僚の公職追放令該当を発表。5.19 経営者団体連合会結成(代表常任理事諸井貫一．昭和23年4月12日，日本経営者団体連盟と改称)。5.20 第1特別国会召集(12月9日閉会)。 吉田内閣総辞職。6.1 片山哲内閣成立(社会・民主・国民協同3党の連立)。6.15 沖縄民主同盟結成(委員長仲宗根源和)。7.1 公正取引委員会発足(委員長中山喜久松)。7.3 GHQ，商事会社の解体に関する覚書(三井物産・三菱商事の解体を指令)。7.4 政府，第1次経済実相報告書(経済白書)を発表。7.5 経済安定本部，新価格体系を発表(7日，「1800円ベース」の新物価体系を発表)。7.6 国鉄，貨物運賃値上げを実施(7日，旅客運賃値上げ)。7.20 主食遅配が全国平均20日となる。 沖縄人民党結成(委員長浦崎康華)。8.4 最高裁判所発足(長官三淵忠彦ら14人を裁判官に任じる)。8.15 GHQ，制限付の民間貿易再開を許可。9.1 労働省を設置(婦人少年局長に山川菊栄就任)。9.5 閣議，臨時石炭鉱業管理法案原案を決定(25日，国会提出)。9.10 沖縄社会党結成(事務長大宜味朝徳)。10.10 キーナン検事，天皇と実業界に戦争責任なしと言明。10.13 初の皇室会議，山階など11宮家51人の皇籍離脱を決定。10.21 国家公務員法を公布(即日一部を，昭和23年7月1日全面施行)。10.26 改正刑法を公布(姦通罪・不敬罪を廃止．11月15日施行)。11.4 片山首相，平野力三農相を罷免(後任問題で社会党内紛糾)。11.19 農業協同組合法を公布(12月15日施行)。12.10 第2通常国会召集(昭和23年7月5日閉会)。12.12 児童福祉法を公布(昭和23年1月1日施行)。12.13 農相後任に波多野鼎(これに不満の社会党左派，4党協定廃棄・党内野党を声明)。12.17 警察法を公布(国家地方警察・自治体警察を設置．昭和23年3月7日施行)。12.18 過度経済力集中排除法を公布(即日施行)。12.20 臨時石炭鉱業管理法を公布(炭鉱国家管理)。12.22 改正民法を公布(家・戸主の廃止，家督相続の廃止など．昭和23年1月1日施行)。12.31 内務省廃止。
1948 ▼	23 戊子	3.10 芦田均内閣	1.6 米ロイヤル陸軍長官，日本は共産主義に対する防壁とサンフランシスコで演説。1.7 財閥同族支配力排除法を公布(即日施行)。1.13 公職適否審査委員会，衆議院議員平野力三の公職追放令該当を決定。1.19 社会党大会，社会・自由・民主・国民協同4党による政策協定の破棄を決定。2.4 GHQ，農地改革に関する覚書(改革の厳正実施を指令)。2.8 持株会社整理委員会，集中排除の6基準を発表，257社に対し集中排除法第1次指定(22日，68社に第2次指定)。2.10 片山内閣総辞職。2.15 法務庁発足(法務総裁鈴木義男)。3.4 GHQ，祝祭日の国旗掲揚許可。3.7 新警察制度発足。3.10 芦田均内閣成立(民主・社会・国民協同の3党連立)。3.13 アメリカ政府，過度経済力集中排除に関する決定(極東委員会230号文書)の撤回をマッカーサーに通告。3.15 民主自由党結成(自由党と民主党幣原派の合同．総裁吉田茂)。3.20 ドレーパー(アメリカ陸軍次官)賠償調査団来日(26日，復興のための増産・対日援助などを表明)。4.27 海上保安庁設置法を公布(28日，対日理事会で英・ソ・中3国代表が批判．5月1日施行)。5.1 軽犯罪法を公布(2日施行)。5.4 集中排除審査委員会(「5人委員会」．委員長キャンベル)来日。5.18 ドレーパー調査団，ジョンストン報告書を発表(ストライク報告からさらに緩和)。6.1 西尾末広国務相，献金50万円を社会党書記長個人として受領と証言(7月6日辞任．7日，

社　会・文　化	世　界
り，栄養失調で死亡。11.14 倉敷天文台の本田実，新彗星を発見(本田彗星)。11.25 第1回共同募金。11.30 職業安定法を公布(12月1日施行．職業紹介事業の開始)。12.1 勧業銀行，100万円宝くじを発売(1枚50円)。12.29 出生届の人名を当用漢字に限定。12.- 竹内理三編『平安遺文』第1巻刊(～昭和55年)。**この年** 用紙事情悪化で雑誌休刊続出。 労働組合結成が相次ぐ。笠置シヅ子の東京ブギウギ大流行。 【死没】 1.5 永野修身(68，海軍軍人)。1.10 織田作之助(35，小説家)。 小畑敏四郎(63，陸軍軍人)。1.19 石原純(67，理論物理学)。1.27 清水三男(39，日本史学)。2.2 水野葉舟(65，詩人)。2.4 内ヶ崎作三郎(71，教育者)。2.22 市村瓚次郎(84，東洋史学)。3.24 大島健一(90，陸軍軍人)。4.4 船津辰一郎(75，外交官)。4.7 児玉秀雄(72，植民地官僚)。4.14 萱野長知(75，大陸浪人)。7.11 今井慶松(77，箏曲家)。7.13 常磐津松尾太夫(3代)(73，浄瑠璃演奏家)。 野口米次郎(73，詩人)。7.21 菊池幽芳(78，小説家)。7.30 幸田露伴(81，小説家)。8.9 小幡酉吉(75，外交官)。8.13 伊波普猷(72，沖縄学)。8.14 三浦新七(71，歴史家)。8.29 中村孝太郎(67，陸軍軍人)。9.2 上司小剣(74，小説家)。9.7 永田広志(44，哲学)。9.25 清水澄(80，枢密院議長)。10.2 谷津直秀(71，動物学)。10.9 桜内幸雄(68，政治家)。 田川大吉郎(79，政治家)。10.25 泉二新熊(72，検察官)。10.26 矢崎嵯峨屋(85，小説家)。10.31 川村麟也(69，病理学)。11.10 豊原又男(76，職業紹介業)。11.12 山本達雄(92，財界人)。12.13 狩野直喜(80，中国学)。12.21 島田俊雄(71，政治家)。12.26 吉江琢児(74，数学)。12.30 横光利一(50，小説家)。12.31 塚越停春楼(84，歴史家)。	府職員の忠誠審査計画を発表。5.4 フランスのラマディエ連立内閣，共産党閣僚を排除。5.30 イタリアで第4次デ=ガスペリ内閣成立(共産・社会両党を排除)。6.5 米マーシャル国務長官，ヨーロッパ経済復興援助計画を発表(マーシャル=プラン)。6.23 アメリカでタフト=ハートレー法成立。6.28 オランダ，インドネシア共和国に侵攻(国連安保理の停戦決議で8月4日両国停戦)。7.2 ソ連，マーシャル=プラン参加を拒否。7.12 ヨーロッパ16ヵ国会議，パリで開催(マーシャル=プラン参加を決定)。7.19 南朝鮮の勤労人民党党首呂運亨暗殺される(62)。 アウン=サン没(32，ビルマ独立運動の指導者)。7.26 アメリカで国家安全保障法成立。8.14 パキスタン，独立を宣言(初代総督ジンナー)。8.15 インド，独立を宣言(初代首相ネルー)。9.2 米州会議で，米州相互援助条約(リオ条約)調印。9.22 ヨーロッパ主要共産党会議，ポーランドで開催，コミンフォルム結成(10月5日発表)。9.23 国連総会，朝鮮問題を議題として採択(アメリカ提案，ソ連反対)。10.26 リットン没(71，イギリスの政治家)。10.29 国際貿易会議(ジュネーブで開催)で関税と貿易に関する一般協定(ガット)調印。11.29 国連総会，パレスチナ分割案を採択。**この年** 殷汝耕没(59，中国の政治家)。張継没(66，中国国民党右派指導者)。
1.26 帝国銀行椎名町支店で，行員12人毒殺・現金奪取(帝銀事件)。2.13 産別民主化同盟結成(産別民同)。2.25 大阪中央郵便局で24時間スト(全官公「3月闘争」始まる．地域的波状スト戦術を採用)。2.- 沢田美喜，混血児の養育施設「エリザベス=サンダース=ホーム」を神奈川県大磯に開設。3.18 新橋演舞場，再建開場式。4.1 新制高等学校発足(全日制・定時制)。4.17 東宝労組スト開始，撮影所に籠城(8月19日，東京地裁，仮処分執行，警官・アメリカ軍出動．10月19日解決．東宝争議)。4.23 神戸で朝鮮人学校閉鎖反対デモ(25日，アメリカ軍，神戸地区に初の非常事態宣言)。4.28 夏時刻法を公布(5月第1土曜～9月第2土曜．昭和27年4月11日廃止)。5.1 美空ひばり，横浜国際劇場でデビュー。5.12 厚生省，「母子手帳」の配布開始。6.5 国立国会図書館，旧赤坂離宮を仮庁舎として開館。6.26 113の大学・高専，教育復興を要求してスト。6.28 福井県に大地震，福井平野を中心に被害甚大(死者約3800人)。7.10 日本学術会議(「学術会議」)法を公布。7.13 優生保護法を公布(9月11日施行)。7.15 GHQ，新聞社・通信社への事前検閲	1.1 インド，カシミール問題で国連に提訴。1.4 ビルマ連邦共和国成立，英連邦離脱(8月，カレン族，自治を要求し蜂起，'49年6月14日，分離宣言，'50年3月19日，政府軍に敗北)。1.17 オランダ・インドネシア，停戦協定に調印。1.30 ガンディー，ヒンドゥー過激派によりニューデリーで暗殺される。2.1 マラヤ連邦政府発足。2.4 セイロン独立(但しイギリス連邦内自治領)。2.20 チェコスロヴァキアで非共産系閣僚，辞表提出(25日，ベネシュ大統領，共産

西暦	年号 干支	内閣	政　治・経　済
1948 ▲	昭和 23 戊子	（芦田均内閣） 10.15 第2次吉田茂内閣	東京地検，政令違反・偽証罪で起訴）。6.19 衆参両院，教育勅語・軍人勅諭などの失効確認・排除に関する決議案を可決。6.23 昭和電工㈱社長日野原節三を贈賄容疑で逮捕（昭電疑獄事件）。7.6 GHQ，軍票1ドル＝270円に設定。7.7 福井市，災害時公安維持に関する条例（公安条例）を公布。7.8 建設省設置法を公布。7.10 改正刑事訴訟法を公布（昭和24年1月1日施行）。7.12 警察官等職務執行法を公布。 改正民事訴訟法を公布（昭和24年1月1日施行）。7.20 政府，「経済安定10原則」のGHQ勧告を発表。7.22 マッカーサー，芦田首相宛書簡で，国家公務員法の抜本的改正（公務員の争議行為禁止など）を指示。7.31「昭和23年7月22日附内閣総理大臣宛連合国最高司令官書簡に基づく臨時措置に関する政令」を公布（政令201号）。9.1 取引高税を実施。9.11 GHQ，集中排除審査委員会勧告の「集中排除4原則」を提示。9.30 昭電疑獄事件で，経済安定本部長官栗栖赳夫を逮捕（10月6日，西尾末広前国務相を逮捕）。10.7 芦田内閣総辞職（昭電疑獄が原因）。10.11 第3臨時国会召集（11月30日閉会）。10.13 GHQ民政局，民自党幹事長山崎猛を首相候補に推し，民主党内部に山崎首班説強まる（14日，民自党幹部の説得で山崎，議員辞職）。10.15 第2次吉田内閣成立。11.11 GHQ，経済安定3原則発表（賃金引上げ抑制策．企業3原則・賃金3原則とも）。11.12 極東国際軍事裁判所，戦犯25被告に有罪を判決（死刑7・終身禁錮16ほか．12月23日，東条英機ら7人の絞首刑執行）。11.30 国家公務員法を改正・公布（人事院の設置，争議行為等の禁止）。12.1 第4通常国会召集（12月23日衆議院解散）。12.2 労働者農民党結成（「労農党」．主席黒田寿男）。12.7 昭電疑獄事件で芦田均前首相を逮捕。12.18 GHQ，アメリカ国務・陸軍両省共同でマッカーサーに経済安定9原則実施を指令したと発表。12.23 衆議院，内閣不信任案を可決，解散。12.24 GHQ，岸信介ら19人のA級戦犯容疑者を釈放と発表。

社　会・文　化	世　界
を廃止，事後検閲とする。 教育委員会法を公布(10月5日，第1回教育委員選挙)。7.20 国民の祝日に関する法律を公布。8.5 政令201号に反対し，国鉄松山機関区で職場放棄，以後波及。9.15 アイオン台風，関東・東北地方に上陸，大被害(死者・行方不明約2400人)。 主婦連合会結成。9.18 全日本学生自治会総連合(全学連)結成大会。11.12 文部省，小学校学籍簿に5段階相対評価法の採用を通達。12.20 公共企業体労働関係法を公布(昭和24年4月1日施行)。12.- 相沢忠洋，群馬県岩宿で先土器時代の石器を発見。**この年** 辻善之助『日本文化史』刊(～昭和25年)。 【死没】 1.1 今村明恒(79，地震学)。1.7 塩野季彦(70，検察官)。1.13 木村謹治(60，ドイツ文学)。1.19 出口王仁三郎(78，宗教家)。1.24 若松若太夫(75，説経浄瑠璃太夫)。1.26 倉富勇三郎(96，政治家)。3.6 菊池寛(61，小説家)。3.14 千家元麿(61，詩人)。3.15 山崎達之輔(69，政治家)。3.16 野田律太(58，労働運動家)。3.18 中村梅玉(3代)(74，歌舞伎役者)。3.25 真山青果(71，作家)。3.27 小山松吉(80，検察官)。4.1 三土忠造(78，政治家)。4.17 鈴木貫太郎(82，海軍軍人)。4.18 津田信吾(68，綿糸紡績業)。4.20 米内光政(69，軍人)。5.23 美濃部達吉(76，憲法)。6.8 安保清種(79，海軍軍人)。6.9 入江波光(62，日本画家)。6.13 太宰治(40，小説家)。7.13 望月信亨(80，仏教学)。7.21 小西重直(74，教育学)。8.2 安達謙蔵(85，政治家)。8.11 朝河貫一(76，日本歴史学)。9.1 馮玉祥(67，中国西北軍閥領袖)。9.8 シャンボン(73，大司教)。9.10 影佐禎昭(56，陸軍軍人)。10.5 大谷光瑞(73，真宗本願寺派僧侶)。10.10 勝田主計(80，政治家)。10.11 岡本一平(63，漫画家)。11.1 曾我廼家五郎(72，劇作家)。11.24 森英吉(60，農民運動家)。12.7 清水亀蔵(74，彫金工)。12.13 小島烏水(76，登山家)。12.18 多田駿(67，陸軍軍人)。 本多熊太郎(75，外交官)。12.21 額田六福(59，劇作家)。12.23 武藤章(57，陸軍軍人)。 木村兵太郎(61，陸軍軍人)。 板垣征四郎(64，陸軍軍人)。 東条英機(65，陸軍軍人)。 土肥原賢二(66，陸軍軍人)。 広田弘毅(71，政治家)。 松井石根(71，陸軍軍人)。**この年** 岩槻信治(60，農業技術者)。 中村七三郎(5代)(70，歌舞伎役者)。	党政権樹立を承認)。3.17 西欧5ヵ国(英・仏・ベネルクス3国)，ブリュッセル条約調印。4.1 ソ連，ベルリンの陸上輸送規制を強化，ベルリン封鎖始まる。4.3 アメリカで対外援助法成立。4.6 ソ連・フィンランド，友好協力相互援助条約に調印。4.9 タイでピブンが首相に復帰。4.15 ロハス没(56，フィリピンの初代大統領)。4.16 マーシャル=プラン参加16ヵ国とドイツ西側占領地区，欧州経済協力機構(OEEC)条約に調印。4.- 周仏海没(52，中国の政治家)。5.2 第9回パン=アメリカ会議でボゴダ憲章調印，アメリカ州機構(OAS)設立。5.3 イギリス，E. L. ウッドウォード編『Documents on British Foreign Policy 1919—1939』刊行計画が議会下院で承認される。5.10 国連朝鮮委監視・アメリカ軍戦闘準備態勢下の南朝鮮で，南朝鮮制憲議会議員単独選挙を施行。5.14 イギリスのパレスティナ委任統治終了，イスラエル，ユダヤ国家の成立を宣言(16日，アメリカ，18日，ソ連承認)。5.15 パレスティナ戦争始まる(第1次中東戦争)。6.24 ソ連，ベルリンと西側管理地区間の陸上交通を遮断(26日，西側諸国，大空輸を開始)。6.28 コミンフォルム，ユーゴスラヴィア共産党の除名を発表。8.13 大韓民国樹立の宣布式(大統領李承晩)。9.9 朝鮮民主主義人民共和国樹立を宣言(首相金日成)。9.18 インドネシア共産党，東ジャワのマディウンで革命政府を樹立。11.2 アメリカで大統領選挙，民主党候補トルーマン(現職)当選。12.10 国連総会，「世界人権宣言」を採択。12.19 オランダ軍，停戦協定破棄しインドネシアの首都ジョクジャカルタに進攻。**この年** 残存ドイツ外務省文書を『Documents on German Foreign Policy』として公刊することが決定。

西暦	年号 干支	内閣	政　治・経　済
1949 ▼	昭和 24 己丑	(第2次吉田茂内閣) 2.16 第3次吉田茂内閣	1.1 家庭裁判所が発足(昭和23年の裁判所法改正による)。 GHQ，国旗の自由使用を許可。 1.20 日本学術会議第1回総会(～22日)。1.23 第24回衆議院議員総選挙(民主自由264・民主69・社会48・共産35・国民協同14)。2.1 アメリカ陸軍長官ロイヤル・GHQ経済顧問ドッジら来日。 2.8 公職資格訴願審査委員会を再設置。2.11 第5特別国会召集(5月31日閉会)。2.14 民主党議員総会，入閣問題をめぐり連立派と野党派とに事実上分裂。2.16 第3次吉田内閣成立(蔵相池田勇人)。3.7 ドッジ公使，経済安定9原則を実現する具体策につき声明(「ドッジ=ライン」)。 4.4 団体等規正令を公布(暴力主義的団体の取締りを強化．即日施行)。4.23 GHQ，日本円に対する公式為替レート設定の覚書(1ドル＝360円の単一為替レートの設定．25日実施)。5.2 国民金融公庫法を公布(6月1日施行)。5.10 シャウプ税制使節団が来日。5.12 アメリカ政府，中間賠償施設撤去の中止をマッカーサーに指令と発表。5.24 通商産業省設置法を公布(25日施行)。5.30 東京都議会に都公安条例反対のデモ，警官隊と衝突。5.31 行政機関職員定員法を公布(公務員の人員整理計画．6月1日施行)。 総理府・外務省・大蔵省・文部省・厚生省・農林省・運輸省・労働省などの各設置法を公布(6月1日各発足)。 人権擁護委員法を公布(6月1日施行)。6.1 工業標準化法を公布(日本工業規格JISの制定)。 日本国有鉄道(総裁下山定則)・日本専売公社(総裁秋山孝之助)が発足。6.18 独占禁止法を改正・公布(制限条件の緩和・外資導入)。 徳田球一共産党書記長，同党中央委員会総会で「9月までに民自党を打倒」と発言。6.27 ソ連からの引揚げ再開，第1船高砂丸が舞鶴入港(引揚者の一部，共産党に集団入党)。6.30 福島県平市で労働者・市民，共産党の掲示板撤去に抗議して警官と衝突(平事件)。7.4 国鉄，定員法による第1次人員整理3万700人の通告を開始。7.5 下山定則国鉄総裁が行方不明， 6日，轢死体で発見(下山事件)。7.12 国鉄，第2次人員整理約6万3000人の通告を開始。7.15 中央線三鷹駅で無人電車が暴走， 6人死亡(三鷹事件)。8.3 GHQ，集中排除審査委員会(「5人委員会」)の任務終了と声明。8.17 東北本線の金谷川—松川間で列車転覆事件， 3人死亡(松川事件)。8.26 シャウプ税制使節団長，第1次税制改革勧告案概要を発表(9月15日，GHQ，全文を発表．「シャウプ勧告」)。9.5 第1回米価審議会開会。9.8 団体等規正令適用により，在日朝鮮人連盟など朝鮮人4団体に解散を命じる。9.15 国鉄，東京—大阪間に特急列車を復活。 9.19 人事院，人事院規則を制定(公務員の政治活動を制限．即日施行)。10.1 琉球アメリカ軍政長官にシーツ少将就任(恒久的な軍事基地建設の開始)。10.19 政府，朝連系朝鮮人学校93校に閉鎖を，245校に改組を命じる。10.20 東京都公安条例を公布(即日施行)。10.25 第6臨時国会召集(12月3日閉会)。10.29 ローガン，対外貿易に関する意見を発表(「ローガン構想」)。11.1 道路交通取締法改正施行(歩行者右側・車左側の対面交通を実施)。 アメリカ国務省，対日講和条約につき検討中と発表。 大蔵省，外貨資金集中に関する省令を公布(8日，外国為替銀行11行を認可)。11.11 吉田首相，参議院で単独講和にも応ずると答弁。12.1 外国為替及び外国貿易管理法を公布。 外国為替特別会計法を公布。12.4 社会党中央執行委員会，全面講和・中立堅持・軍事基地反対の「平和3原則」を決定。 第7通常国会召集(昭和25年5月2日閉会)。12.20 政府，重要物資統制大幅撤廃のGHQ指令の受入れを発表。12.25 マッカーサー，巣鴨拘置所に服役中の日本人戦犯の減刑を発表。

社　会・文　化	世　界
1.1 大都市への転入抑制を解除。1.26 法隆寺金堂で火災(壁画を焼損)。1.- 木下順二「夕鶴」,『婦人公論』に発表。2.27 国宝松山城で火災,筒井門など焼失。3.7 前進座の座員69人,共産党入党。4.1 検定教科書の使用開始。4.8 日本民俗学会発会式(会長柳田国男)。5.24 満年齢で数える法律を公布(昭和25年1月1日施行)。5.28 カトリック教会,シャビエル来日400年祭を長崎・東京などで開催。5.31 国立学校設置法を公布(新制国立大学69校を各都道府県に設置)。6.9 国電スト(10日,東神奈川で組合管理の「人民電車」運転)。6.10 社会教育法を公布。6.14 映画倫理規程管理委員会(映倫)発会式。7.14 歴史教育者協議会創立大会。7.19 CIE顧問イールズ,新潟大学で「共産主義教授」の追放を講演。8.- 第21回芥川賞・直木賞決定(戦後最初)。10.6 学術会議,学問・思想の自由について決議。10.22 全国大学教授連合,学問の自由・大学教授の地位につき声明。11.3 スウェーデンアカデミー,湯川秀樹の中間子論にノーベル物理学賞を授与と発表(日本人初のノーベル賞受賞)。11.26 プロ野球,太平洋野球連盟結成(12月5日,セントラル野球連盟結成,プロ野球2リーグに分立)。11.27 新聞の夕刊復活。12.10 全国産業別労働組合連合(新産別)結成大会。12.15 私立学校法を公布(昭和25年3月15日施行)。**この年** 三宅雪嶺『同時代史』刊(～昭和29年)。 【死没】 1.1 宇野円空(65,宗教民俗学)。1.8 梅津美治郎(68,陸軍軍人)。蔵原惟郭(89,教育家)。1.13 財部彪(83,海軍軍人)。1.17 嶋中雄作(63,中央公論社)。1.25 牧野伸顕(89,政治家)。1.27 松本幸四郎(7代)(80,歌舞伎役者)。2.10 安部磯雄(85,社会運動家)。3.2 沢村宗十郎(7代)(75,歌舞伎役者)。3.19 安田鋲之助(61,陸軍軍人)。4.5 高野岩三郎(79,統計学)。4.28 須崎芳三郎(87,新聞人)。5.13 中村武羅夫(64,小説家)。5.16 宮地直一(64,神道学)。6.3 白鳥敏夫(63,外交官)。佐藤紅緑(76,小説家)。6.5 小野武夫(67,農業経済史学)。6.14 川島浪速(85,大陸浪人)。7.1 竹下勇(81,海軍軍人)。7.10 尾上菊五郎(6代)(65,歌舞伎役者)。7.23 姉崎正治(77,宗教学)。8.13 伊沢多喜男(81,内務官僚)。8.15 石原莞爾(61,陸軍中将)。8.16 加藤茂苞(82,育種学)。8.27 上村松園(75,日本画家)。9.2 東浦庄治(52,農政学)。9.3 黒正巌(55,経済史学)。9.19 紀平正美(76,哲学)。9.29 稲畑勝太郎(88,実業家)。10.7 斎藤隆夫(80,政治家)。10.12 河上清(77,新聞記者)。10.25 高島米峰(75,思想家)。10.29 中島知久平(66,実業家)。11.14 松平恒雄(73,外交官)。11.16 パーマー(72,語学教育家)。11.19 柴田桂太(73,植物生理化学)。11.20 若槻礼次郎(84,政治家)。11.25 水野錬太郎(82,政治家)。12.14 森田草平(69,小説家)。12.23 鹿子木員信(66,思想家)。12.27 青木信光(81,政治家)。**この年** 藤本清兵衛(2代)(80,実業家)。	1.16 国連総会,中国の内戦に不介入を決議。1.20 米トルーマン大統領,就任演説で低開発地域経済開発計画(ポイント=フォア)を発表。1.25 ソ連・東欧5ヵ国,経済相互援助会議(COMECON,コメコン)の設立を発表。1.31 中国人民解放軍(共産軍),北平に正式入城。2.5 国民政府,広東に移転。3.8 フランス・ヴェトナム,ヴェトナム新独立協定に調印(フランス,バオダイ政権成立とフランス連合内での独立を承認)。3.30 シリアで軍事クーデタ(ザイム大佐による),クワトリ大統領辞任。4.1 北平で国共和平会談開始(共産党代表周恩来・国民党代表張治中.20日,和平会談決裂)。4.4 西側12ヵ国,北大西洋条約(NATO)に調印(8月24日発効)。4.21 毛沢東・朱徳,総攻撃を命令.人民解放軍,長江(揚子江)を渡河(23日,南京を占領)。5.5 米・英・仏・ソ,ベルリン封鎖解除の共同声明(12日,ソ連の西ベルリン地上封鎖解除)。西ヨーロッパの10ヵ国により欧州評議会(CE)設立。5.6 ドイツ連邦共和国(西ドイツ)臨時政府成立(5月8日,基本法(憲法)可決)。5.27 人民解放軍,上海を占領。6.26 金九没(74,朝鮮独立運動家)。7.19 フランス・ラオス,協定に調印(ラオス,フランス連合内で独立)。9.7 ドイツ連邦共和国発足,議会開会(20日,アデナウアー連立内閣成立)。9.21 北平,北京と改名。9.23 トルーマン,ソ連の原爆実験を発表(25日,ソ連,原爆保有を公表)。10.1 毛沢東主席,北京で中華人民共和国の成立を宣言(2日,ソ連承認)。10.7 ドイツ民主共和国(東ドイツ)成立(12日,グローテヴォール政府成立)。10.15 国民党政府,重慶に移転(11月29日,成都移転.12月7日,台北移転)。11.2 オランダ・インドネシア,ハーグ協定に調印(インドネシアへの主権移譲に同意.12月27日発効,移譲実施)。11.8 カンボジア,フランス連合内で独立。11.28 国際自由労連創立大会,ロンドンで

西暦	年号 干支	内閣	政　治・経　済
1949 ▲	昭和 24 己丑	(第3次吉田茂内閣)	
1950 ▼	25 庚寅		1.1 マッカーサー，年頭の辞で日本国憲法は自衛権を否定せずと声明。1.6 コミンフォルム機関紙，共産党指導者野坂参三の平和革命論を批判(1月19日，共産党，批判を受け入れ，以後内紛激化)。1.7 1000円札(聖徳太子肖像)発行。1.15 平和問題談話会，全面講和論を発表。1.19 社会党第5回大会，左右両派に分裂(左派は鈴木茂三郎ら，右派は片山哲ら．4月3日，再統一)。1.31 アメリカ統合参謀本部議長ブラッドレーら，極東情勢検討のため来日(2月1日，マッカーサーと軍事体制強化につき会談)。2.10 GHQ，沖縄に恒久的な基地建設工事を開始すると発表。3.1 自由党結成(民主自由党・民主党連立派の合同．総裁吉田茂)。 池田勇人蔵相，記者会見で中小企業の一部倒産もやむを得ないとの旨を発言，問題化。4.1 日本製鉄㈱，八幡製鉄㈱・富士製鉄㈱・日鉄汽船㈱・播磨耐火煉瓦㈱の4社に分割(昭和23年12月17日の指令による)。4.15 公職選挙法を公布。4.26 野党外交対策協議会，平和・永世中立・全面講和を主張する共同声明。4.28 国民民主党結成(民主党野党派・国民協同党・新政治協議会の合同．委員長苫米地義三)。5.1 北海道開発法を公布(6月1日，北海道開発庁設置)。5.3 吉田茂首相，南原繁東大総長の全面講和論を「曲学阿世」論と非難(6日，南原反論)。 マッカーサー，憲法記念日の声明書で共産党を侵略の手先と非難。 池田蔵相，ドッジ経済顧問とワシントンで会談。5.10 商法を改正・公布(昭和26年7月1日施行)。 外資に関する法律を公布(昭和26年7月1日施行)。5.26 国土総合開発法を公布。5.30 民主民族戦線東京準備会主催の人民決起大会のデモで，アメリカ軍人5人への暴行を理由に労働者・学生8人検挙。6.2 警視庁，東京都内の集会・デモを禁止。6.4 第2回参議院議員選挙(自由52・社会36・緑風9・国民民主9・無所属19)。6.6 マッカーサー，吉田首相宛書簡で，共産党中央委員24人の公職追放を指令。6.16 国家地方警察本部，デモ・集会の全国的禁止を指令(25日，緩和を発表)。6.18 アメリカ国防長官ジョンソン・統合参謀本部議長ブラッドレー来日(19日，マッカーサーと会談)。6.26 マッカーサー，『アカハタ』の30日間発行停止を指令(7月18日，無期限発行停止を指令)。7.8 マッカーサー，吉田首相宛書簡で，国家警察予備隊(7万5000人)創設・海上保安庁拡充(8000人増)を指令。7.11 小倉市の米軍基地の黒人兵が集団脱走，アメリカ軍と銃撃戦。7.12 第8臨時国会召集(7月31日閉会)。7.- 朝鮮戦争で特需景気おこる。8.10 警察予備隊令を公布(即日施行)。8.24 閣議，特需景気に伴う暴利取締対策を決定。9.1 閣議，公務員のレッドパージ方針を決定。9.21 第2次シャウプ勧告発表(平衡交付金増額など)。10.1 日本中国友好協会設立。10.13 政府，GHQの承認のもと，1万90人の追放解除を発表。10.31 占領目的阻害行為処罰令を公布(政令325号．昭和21年の勅令311を改正．11月1日施行)。11.7 天野文相，修身科復活の意見を表明。11.10 政府，旧職業軍人3250人の追放解除(10月31日付)を発表。11.21 第9臨時国会召集(12月9日閉会)。11.22『朝日新聞』講和問題についての世論調査(9月21～24日実施)の結果発表，全面講和支持21.4パーセント，単独講和支持45.6パーセント，分からない33パーセント。11.24 電気事業再編成令・公益事業令を各公布(電力再編成促進に関する22日付の吉田首相宛マッカーサー書簡による)。12.5 アメリカ極東軍総司令部，琉球列島アメリカ民政府に関する指令(沖縄アメリカ軍政府を民政府に改組．民政長官にマッカーサー)。12.6 政府，中国向け要許可品目の輸出を全面停止。12.10 第10通常国会召集(昭和26年6月5日閉会)。12.13 地方公務員法を公布(地方公務員・公立学校教員の争議行為等を禁止．昭和26年2月13日施行)。**この年** 特需景気おこる。

社会・文化	世界
	開催(英米など53ヵ国参加)。**12.16** 毛沢東，モスクワを訪問(～'50年2月17日)。**12.27** インドネシア連邦共和国成立(大統領スカルノ)。**この年** タンマラカ没(53，インドネシア民族運動指導者)。陸徴祥没(79，中国近代北洋軍閥期外交官)。
2.13 東京都教育庁，共産主義者・同調者の教員246人に退職勧告。**2.27** 平和を守る会発足(8月6日，平和擁護日本委員会に改組)。**3.-** プロ野球，2リーグ制で開幕。**4.21** 日本炭鉱労働組合(炭労)結成。**4.22** 日本戦没学生記念会(わだつみ会)結成。**4.28** 学術会議第6回総会，戦争を目的とする科学研究には従事しないことを決議。**4.30** 図書館法を公布。**4.-** 短期大学149校発足。**5.2** 東北大でのイールズの講演会に学生が抗議，流会となる。**5.30** 文化財保護法を公布。**6.26** 最高検察庁，ロレンス作・伊藤整訳『チャタレイ夫人の恋人』の押収を指令(7月8日，発禁．9月13日，伊藤らを起訴)。**6.-** 東洋経済新報社『昭和産業史』刊(～同年11月)。**1～6月まで** 雑誌の休廃刊511に及ぶ。**7.2** 金閣寺全焼(同寺徒弟林承賢の放火)。**7.11** 日本労働組合総評議会(総評)結成大会。**7.24** GHQ，新聞協会代表に共産党員と同調者の追放を勧告(28日，新聞社・放送協会・通信社などで解雇実施．「レッドパージ」)。**8.30** 全学連緊急中央執行委員会，レッドパージ反対闘争宣言(9～10月，多くの大学で試験ボイコット)。 GHQ，全国労働組合連合協議会(全労連)の解散を指令。**9.27** 『朝日新聞』，地下活動中の共産党幹部伊藤律との会見記掲載．9月30日，ねつ造記事と判明。**10.1** 国勢調査実施(総人口8319万9637人)。**10.17** 文部省，学校行事に国旗掲揚・君が代斉唱をすすめる天野貞祐文相の談話を通達。**11.10** 地方史研究協議会発足大会。**11.22** 初のプロ野球日本選手権で毎日オリオンズ(パ・リーグ)優勝。**この年** 原奎一郎編『原敬日記』刊(～昭和26年)。 原田熊雄述『西園寺公と政局』刊(～昭和31年)。 **【死没】** **1.10** 小川清彦(67，天文学)。**1.12** 竹越与三郎(84，政治家)。**1.17** 波多野精一(72，宗教哲学)。**1.19** 秋山定輔(81，政治家)。**1.27** 野口幽香(83，保育事業家)。**1.30** 田辺治通(71，政治家)。**2.6** 三田定則(74，血清学)。**2.7** 井上正夫(68，新派俳優)。**2.23** 野上豊一郎(66，英文学)。**2.27** 稲田竜吉(75，内科医)。**3.21** 今井登志喜(63，西洋史学)。**3.24** 岡崎文夫(62，東洋史学)。**3.-** 岩田愛之助(60，大陸浪人)。**4.5** 吉田博(73，洋画家)。**4.15** 六角紫水(83，漆芸家)。**5.8** 相馬御風(66，歌人)。**5.31** 坂西利八郎(79，陸軍軍人)。**6.10** 関屋貞三郎(75，宮中官僚)。**7.5** 児島喜久雄(62，美術史家)。**7.14** 三淵忠彦(70，司法官)。**7.23** 東郷茂徳(67，外交官)。**8.22** 千石興太郎(76，農業団体指導家)。**8.24** 松方幸次郎(84，実業家)。**9.1** 原田慶吉(47，ローマ法学)。**9.9** 大幸勇吉(83，化学)。**9.20** 野沢吉兵衛(8代)(62，浄瑠璃三味線方)。**9.22** 藤原咲平(65，気象学)。**10.9** 池田成彬(83，政・財界人)。**10.11** 三浦謹之助(86，内科医学)。**11.3** 小磯国昭(70，陸軍軍人)。**11.4** 石渡荘太郎(59，大蔵官僚)。**11.9** 白柳秀湖(66，小説家)。**11.26** 楠山正雄(66，劇作家)。**12.11** 長岡半太郎(85，物理学)。**12.17** 林毅陸(78，外交史家)。**12.29** 鈴木忠治(75，実業家)。**12.30** 高野佐三郎(88，剣道家)。**12.31** 三上義夫(75，数学史家)。	**1.5** 米トルーマン大統領，台湾への軍事不介入を声明。**1.6** イギリス，中華人民共和国を承認(国民政府は対英断交)。**1.26** 米韓相互防衛援助協定調印。 インド共和国憲法施行(初代大統領プラサド)。**1.27** アメリカ・NATO加盟国間に相互防衛援助協定調印。**1.31** トルーマン大統領，アメリカ原子力委員会に水素爆弾製造を命令。**2.7** アメリカ・イギリス，ヴェトナムのバオダイ政権を承認。**2.9** アメリカ上院議員マッカーシー(共和党)，国務省に共産主義者がいると演説(マッカーシーの「赤狩り」旋風始まる)。**2.14** 中ソ友好同盟相互援助条約調印。**3.15** 世界平和擁護大会常任委第3回総会，ストックホルムで開催(原爆禁止の「ストックホルム=アピール」を採択)。**5.1** トルコ，総選挙で民主党が共和党に勝利。**5.9** フランス外相シューマン，フランス・西ドイツによる石炭・鉄鋼共同管理案(「シューマン=プラン」)を提唱。**5.25** 英・米・仏，中東の現状維持に関する3国宣言発表。**6.6** 東ドイツ・ポーランド，オーデル=ナイセを国境線として承認する協定に調印。**6.25** 未明，朝鮮民主主義人民共和国(北朝鮮)軍，38度線を越え韓国に侵攻(朝鮮戦争始まる)。**6.26** ユーゴスラヴィアで労働者評議会設置法採択される。**6.27** 国連安全保障理事会，国連加盟国による韓国援助決議案採択。**6.28** 北朝鮮軍，ソウル占領(7月1日，アメリカ軍，釜山上陸)。**7.7** 国連安全保障理事会，アメリカによる国連軍指揮を決定(国連軍最高司令官にマッカーサー)。**8.13** ラオスにパテト=ラオ

西暦	年号干支	内閣	政治・経済
1950▲	昭和 25 庚寅	(第3次吉田茂内閣)	
1951▼	26 辛卯		1.1 マッカーサー，年頭の辞で講和と集団安全保障を強調し，日本の再軍備を示唆。1.15 全面講和愛国運動全国協議会結成。1.19 社会党第7回大会，平和3原則・再軍備反対を決議，委員長に鈴木茂三郎を選出。1.25 アメリカ講和特使ダレス来日(29日・31日・2月7日，吉田茂首相と対日講和条約などについて会談)。2.1 日本輸出銀行開業。2.2 ダレス特使，対日講和方針について，日本の地域的集団安全保障参加・米軍駐留を原則と表明。2.9 経済団体連合会(経団連)，日米経済提携懇談会設置(昭和27年8月13日，経済協力懇談会に改組)。2.10 社会民主党結成(委員長平野力三，書記長佐竹晴記)。2.23 共産党第4回全国協議会，武装闘争方針を提起(～27日)。3.10 総評第2回大会，平和4原則(再軍備反対・全面講和・中立堅持・軍事基地反対)を決定し，右派勢力後退(事務局長高野実)。3.29 衆議院，共産党川上貫一議員の懲罰除名を決議。 次官会議，メーデーでの皇居前広場の使用禁止を決定。3.31 日本開発銀行法公布(4月20日，同銀行設立，5月15日，開業)。4.1 沖縄の米民政府，琉球臨時中央政府を設立(初代行政主席に比嘉秀平)。4.11 米トルーマン大統領，中国領爆撃を主張した連合国軍最高司令官マッカーサーを解任(後任にM・B・リッジウェイ陸軍中将)。4.12 東洋レーヨン㈱，アメリカのデュポン社よりナイロン製造技術の導入を承認される。4.16 マッカーサー離日．衆参両院，マッカーサーへの感謝を決議。4.18 連合国軍最高司令官リッジウェイ・ダレス特使・吉田首相が会談し，対日講和および安全保障に関する既定方針を確認。4.29 沖縄で日本復帰促進期成会結成。4.30 第2回統一地方選挙実施。5.1 北海道・東北・東京・中部・北陸・関西・中国・四国・九州の9電力㈱発足し電力再編成完了。 リッジウェイ，占領下諸法規再検討権限の日本政府へ委譲を声明(14日，吉田首相の私的諮問機関として，政令諮問委員会開設)。 第22回メーデー(東京では皇居前使用禁止のため，芝公園などで分散メーデー)。6.9 ㈷土地収用法公布(公共事業等に必要な土地の収用・使用・補償に関する規定．12月1日施行)。6.20 政府，第1次追放解除2958人を発表(石橋湛山・三木武吉ら)。6.21 国際労働機構(ILO)総会，日本の加盟を承認。7.10 持株会社整理委員会解散令公布(11日施行．財閥解体の完了)。7.23 自由党，国民民主党に講和全権団への参加要請(24日，社会党・緑風会にも要請．26日，社会党拒否)。7.31 日本航空㈱設立(資本金1億円．戦後初の国内民間航空)。8.6 政府，第2次追放解除1万3904人を発表(鳩山一郎ら)。8.15 アメリカ・イギリス，対日講和条約最終草案を発表。8.16 政府，旧陸・海軍正規将校1万1185人の追放解除を発表。 第11臨時国会召集(8月18日閉会)。8.22 講和会議全権委員6人任命(首席吉田茂首相，池田勇人蔵相・星島二郎・一万田尚登日銀総裁・苫米地義三国民民主党委員長・徳川宗敬緑風会議員総会議長)。9.8 サンフランシスコ講和会議で，対日平和条約(日本を含む49ヵ国)・日米安全保障条約を調印(昭和27年4月28日発効)。 政府，GHQの承認により，旧特高関係者336人の追放解除を発表。10.4 出入国管理令および入国管理庁設置令公布(11月1日施行)。10.10 第12臨時国会召集(11月30日閉会)。10.16 共産党第5回全国協議会，新綱領「日本共産党の当面の要求」(51年テーゼ)を採択，武装闘争方針の具体化へ。10.23 社会党臨時大会開催(24日，平和条約への賛否をめぐり，鈴木

社　会・文　化	世　界
	抗戦政府樹立(首相スファヌボン)。**9.14** トルーマン大統領，対日講和・日米安全保障条約締結予備交渉開始を国務省に許可。**9.15** 国連軍，仁川に上陸，反撃を開始(26日，ソウルを奪回)。**10.7** 国連軍，38度線を突破して北進(20日，平壌入城)。**10.11** 中国軍，チベットに進攻。**10.17** アメリカ・タイ，軍事援助協定に調印。**10.25** 中国軍，人民義勇軍の名目で朝鮮戦争に参戦。**11.25** ラムステッド没(77，フィンランドの言語学者)。**12.5** 北朝鮮軍・中国軍，平壌を奪回。**この年** 馬占山没(66，中国の軍人)。
1.3 歌舞伎座，復興開場式挙行。 NHK，第1回紅白歌合戦を放送。**1.24** 山口県熊毛郡麻郷村八海で，老夫婦惨殺事件起る(共犯として死刑・無期懲役の判決を受けた4被告，無実を主張し，昭和43年10月，最高裁で無罪確定．八海事件)。 日教組，「教え子を戦場に送るな」運動開始を決定。**2.24** 基督者平和の会結成。**3.4** ニューデリーで開催の第1回アジア競技大会に日本参加。**4.1** 東映㈱発足。**4.3** 宗教法人法公布。**4.19** 日本人初参加の第55回ボストンマラソンで，田中茂樹優勝。**4.24** 国鉄桜木町駅付近で，京浜東北線63型国電炎上，106名が死亡(桜木町事件．以後車両の不燃化・貫通化が進展)。**5.3** 創価学会長に戸田城聖就任，折伏大行進を開始。**5.5** 児童憲章制定宣言。**6.1** 大阪市で，初のワンマンバスの運行開始。**6.8** 住民登録法公布(昭和27年7月1日施行)。**6.21** ユネスコ，日本の加盟を正式承認(西ドイツ・インドシナ3国も同時加盟)。**6.30** 東京都教育委員会，足立区に夜間中学の設置を認可(7月2日，文部省，反対表明．16日，足立区立第4中第2部として開校)。**8.14** 全国平和擁護日本大会開催。**9.1** 中部日本放送・新日本放送，民間放送初の正式放送(ラジオ局)開始。『世界』10月号，「講和問題」を特集，全面講和を主張(大反響となり4版まで発行される)。**9.-** 農地改革記録委員会『農地改革顛末概要』刊。**10.1** 朝日・毎日・読売新聞社など，朝・夕刊組み合わせ(ワンセット)発行を再開。**11.10** 日教組，第1回全国教育研究大会(教研集会)を開催(～12日．大内兵衛ら記念講演)。**12.21** ソ連，大山郁夫参議院議員へのスターリン平和賞授与を発表。**12.27** 法隆寺金画壁画，模写完成し落慶法要。**この年** 結核，初めて死因の2位に下がる(1位脳溢血)。 パチンコが大流行。 【死没】 **1.1** 守正王(76，梨本宮)。**1.10** 仁科芳雄(60，物理学)。**1.16** 米窪満亮(62，労働運動家)。**1.21** 宮本百合子(51，小説家)。**1.23** 白井松次郎(73，興行師)。**2.19** 宮嶋資夫(64，小説家)。**2.22** 実川延若(2代)(73，歌舞伎役者)。**3.10** 幣原喜重郎(78，外交官)。**3.16** 宮部金吾(90，植物学)。**3.30** 金子薫園(74，歌人)。**4.5** 菊池秋雄(68，果樹園芸学)。**4.20** 前田夕暮(67，歌人)。**4.21** 山本忠興(69，電気工学)。**5.4** 常磐津文字太夫(7代)(54，常磐津節家元)。**5.17** 貞明皇后(66，大正天皇皇后)。**5.28** 堀内干城(62，外交官)。**6.29** 林芙美子(47，小説家)。**6.30** 今井嘉幸(73，政治家)。**7.15** 大井成元(87，陸軍軍人)。**8.1** 結城豊太郎(74，銀行家)。**8.18** 佐藤義亮(73，新潮社)。**9.1** 久村清太(70，技術者)。**9.7** 岡麓(74，歌人)。**9.11** 末弘厳太郎(62，法学)。**9.18** 朝永三十郎(80，哲学)。**9.23** 矢野恒太(85，第一生命)。**9.24** 小泉又次郎(86，	**2.1** 国連総会，朝鮮戦争における中国を侵略者とする非難決議案を採択。**2.11** インドシナ共産党，第2回党大会を開催(～19日)，ベトナム労働党へ党名改称。**2.21** 世界平和評議会第1回総会，ベルリンで開催(～26日)，米・英・仏・ソ・中の5大国による平和協定締結を要求(ベルリン=アピール)。 中国政府，反革命処罰条例を公布。**3.15** グスマン，グアテマラ大統領に就任，土地改革などを推進。 イラン国民議会，石油国有化法案を可決。**3.24** 国連軍最高司令官マッカーサー，中国本土爆撃も辞さずと表明(4月11日，米トルーマン大統領，マッカーサーを解任，後任にリッジウェイ中将)。**3.29** アメリカ，ローゼンバーグ夫妻，原子力スパイの容疑で死刑判決('53年6月19日，死刑執行)。**3.30** アメリカ，対日平和条約草案をソ連など15ヵ国に送付。**4.1** インド，第1次5ヵ年計画開始。**4.6** クオン=デ没(69，ベトナム阮朝の皇族)。**4.18** 西欧6ヵ国(仏・西独・伊・蘭・ベルギー・ルクセンブルク)，欧州石炭鉄鋼共同体条約に調印('52年7月23日発効)。**4.29** ムハンマド=モサデク，イラン首相に就任。**5.2** イラン政府，アングロ・イラニアン石油会社国有化実施。**5.23** 中国政府，チベット地方政府と問題の平和的解決

西暦	年号 干支	内閣	政　治・経　済
1951 ▲	昭和 26 辛卯	(第3次吉田茂内閣)	茂三郎委員長ら左派と浅沼稲次郎書記長ら右派とに分裂)。10.25 日本航空，東京・大阪・福岡便運行開始(東京一大阪間運賃6000円，大卒初任給とほぼ同じ)。10.26 衆議院，平和・安保両条約を承認(対日平和条約307対47，安保条約289対71)。10.- 異常渇水に起因する電力不足深刻化。11.6 総評，団体等規正法案・ゼネスト禁止法案などの治安立法に反対，非常事態を宣言。11.12 京大同学会学生，天皇の来学に際し「平和の歌」を高唱，天皇あての質問状を提出(学長，質問状受理を拒否．15日，同学会に解散命令．京大事件)。11.16 閣議，経済安定本部に日米経済協力連絡会設置を決定。11.18 参議院，平和・安保両条約を承認(対日平和条約174対45，安保条約147対76)。11.19 天皇，対日平和・安保両条約を訪問先の奈良で認証(両条約批准の国内手続完了)。11.29 公職追放覚書該当者解除法公布(公職資格訴願審査会を設置)。12.5 GHQ，琉球列島の北緯29度以北の七島を日本に返還。12.10 第13通常国会召集(昭和27年7月31日閉会)。12.17 水産資源保護法公布(昭和27年6月16日施行)。12.24 吉田首相，ダレス宛書簡中で国民政府との和解を確約(昭和27年1月16日，政府発表)。
1952 ▼	27 壬辰		1.16 復興金融金庫解散し，権利義務を日本開発銀行に継承。1.21 札幌市で白鳥一雄警部射殺される(白鳥事件．昭和30年8月，犯人として共産党員村上国治を逮捕起訴)。1.23 NHK，初の国会中継ラジオ放送を実施。2.8 改進党，国民民主党・農民協同党・新政クラブの合同により結成(幹事長三木武夫)。2.15 第1次日韓正式会談開始．韓国，日本の財産請求権を拒否(4月26日，事実上打ち切り)。2.25 通産省，綿紡績4割操短を業界に勧告。2.28 日米行政協定調印(日米安全保障条約に基づく米軍駐留の権利関係を規定．国会承認手続をとらず)。2.29 沖縄のアメリカ民政府，琉球政府の設立および琉球政府章典を公布(3月2日，第1回琉球立法院議員選挙実施，社大党15・人民党1・無所属15)。3.8 GHQ，兵器製造および航空機生産の禁止緩和を日本政府に指令。4.1 琉球中央政府発足(初代主席比嘉秀平)。 砂糖，統制撤廃され自由販売化。4.5 緑風会の高良とみ参議院議員，モスクワ国際経済会議に出席。4.11 ポツダム宣言受諾に伴い発する命令に関する件(ポツダム政令)の廃止に関する法律公布(28日施行)。

社　会・文　化	世　界
政治家)。**10.2** 山口吉郎兵衛(4代)(68，実業家)。**10.3** 島津源蔵(2代)(82，島津製作所)。**10.5** 小平浪平(77，実業家)。**10.8** 鶴沢友次郎(6代)(78，文楽三味線弾き)。**11.25** 膳桂之助(64，財界役員)。**12.9** 芦田恵之助(78，教育者)。**12.20** 原石鼎(65，俳人)。**この年** 八浜徳三郎(81，社会事業家)。	の取り決め調印。**6.23** ソ連国連代表マリク，朝鮮停戦交渉を提案。**7.1** イギリス連邦諸国東アジア開発計画(コロンボ=プラン)発足。**7.10** 朝鮮休戦会談，北緯38度線上の開城で開催(～8月23日．以後も38度線付近で戦闘継続)。**7.20** ヨルダン国王アブドゥラ，イェルサレムで暗殺される。**8.15** 中国，サンフランシスコでの対日講和会議開催に対して非難声明。**9.1** アメリカ・オーストラリア・ニュージーランド，太平洋安全保障条約(アンザス条約)に調印('52年4月25日発効)。**9.4** 対日講和会議，サンフランシスコで開催(～8日．52ヵ国参加)。**10.8** エジプト，対英条約('36年締結)およびスーダンの共同管理に関する協定(1899年締結)を一方的に破棄(17日，スエズ運河地帯でのゲリラ戦開始)。**10.10** アメリカ，相互安全保障法(MSA)を制定。**10.26** イギリス総選挙，保守党勝利し第2次チャーチル内閣成立。**10.27** 中国軍，チベットのラサに進駐。**11.14** アメリカ，ユーゴスラヴィア，軍事援助協定を調印。**11.27** チェコスロヴァキア共産党書記長スランスキー，国家に対する陰謀容疑で逮捕。**12.8** 中国，三反運動(汚職反対・浪費反対・官僚主義反対)を開始(のち五反運動へ発展)。**12.24** リビア連合王国，独立を宣言(初代国王ムハンマド=イドリース)。**この年** アメリカでカラーテレビ商業放送開始。 許憲没(67，朝鮮の政治家)。
2.19 青梅線小作駅から貨車4両が暴走(青梅事件．昭和28年1月以降，犯人として共産党員10人を起訴．同43年3月30日，無罪確定)。**2.20** 東大学生，学内の劇団ポポロ座公演の会場に潜入の私服警官を暴行，警察手帳を奪う(ポポロ事件)。**3.29** 文化財保護委員会，郷土芸能・工芸技術などに初の無形文化財指定。**4.9** 日航機もく星号，大島三原山に墜落，乗員乗客37人全員死亡。**4.10** NHK「君の名は」放送開始，大人気を博す(のち映画化され真知子巻き流行)。**4.17** 鳥取市大火(焼失5200戸)。**4.24** 日本学術会議，破防法案に対する反対声明を可決。**5.9** メーデー事件関与者捜索のため武装警官隊，早大に突入し，阻止しようとした教職員・学生と衝突，教職員・学生約100人負傷(早大事件)。**5.19** 白井義男，マリノを破りボクシング世界フライ級で日本人初の世界チャンピオンとなる。**6.6** 中央教育審議会設置。**7.1** 第1	**1.18** 韓国政府，「海洋主権宣言」を発表し，「李承晩ライン」を設定。**1.26** エジプト，カイロで焼き打ち・反英暴動(27日，ワフド党内閣退陣)。**2.15** ギリシア，NATOに加盟(18日，トルコ加盟，20日，NATOリスボン会議開催)。**2.26** イギリス首相チャーチル，イギリスの原爆保有を公表(10月2日，第1回実験に成功)。**3.10** キューバ元大統領バティスタ，軍事ク

西暦	年号干支	内閣	政治・経済
1952▲	昭和27壬辰	(第3次吉田茂内閣) 10.30 第4次吉田茂内閣	4.12 破壊活動防止法(破防法)反対第1波スト(18日，第2波スト，6月7日，第3波スト，7月4日，破防法案成立)。4.21 公職追放令廃止(28日施行，岸信介ら約5700人，自動的に追放解除)。4.28 対日平和条約・日米安全保障条約各発効，日本主権を回復．中国国民政府(台湾)と日華平和条約調印(8月5日発効)。 外国人登録法公布(即日施行)。 GHQ・極東委員会・対日理事会，平和条約発効に伴ない廃止。 平和条約発効に際し，大赦令・減刑令・復権令を各公布(即日施行)。4.30 戦傷病者戦没者遺族等援護法公布。5.1 第23回メーデー，神宮外苑で挙行，大会終了後デモ隊6000名，阻止を突破して皇居前広場に突入し警官隊と衝突，死者2人・負傷者多数を生じ，1232人が騒擾罪により検挙(メーデー事件)。 共産党機関紙『アカハタ』復刊。5.7 財閥商号使用禁止等に関する政令廃止(以後旧財閥の名称復活)。 占領目的阻害行為処罰令(政令325号)・連合国人に対する刑事事件等特別措置令・民事裁判権の特例に関する勅令各廃止を公布。5.9 日・米・加漁業条約調印(北太平洋の公海漁業規程．昭和28年6月12日公布)。6.1 日中貿易協定，北京で調印(輸出入3000万ポンド，物々交換での取引を原則)。6.9 日印平和条約調印(8月26日発効)。6.14 貸付信託法公布・即日施行。6.24 大阪府吹田市で，朝鮮戦争2周年記念日前夜祭の散会後，デモ隊と警官隊が衝突，170人逮捕(吹田事件)。7.7 名古屋の大須で，帆足計・宮腰喜助のソ連・中国からの帰国報告会の終了後，デモ隊と警官隊が衝突，121人検挙(大須事件)。7.15 農地法公布，農地法施行法公布(10月21日施行)。 航空法公布，即日施行。7.21 破壊活動防止法・公安調査庁設置法・公安審査委員会設置法公布，即日施行。7.26 日米行政協定に基づき在日米軍に提供される施設区域協定調印。7.30 最高裁，巣鴨刑務所収監中の朝鮮人・台湾人C級戦犯らの人身保護法に基づく釈放請求を却下。7.31 保安庁法公布(8月1日，保安庁設置，海上警備隊を警備隊と改称．10月15日，警察予備隊を保安隊と改称)。8.1 法務府，法務省に改組．自治庁・経済審議庁各設置．日本電信電話公社発足(電気通信省は廃止)．大村収容所設置。8.13 日本，国際通貨基金(IMF)・国際復興開発銀行(世界銀行)に加盟。8.26 第14通常国会召集(8月28日衆議院解散)。8.28 吉田茂首相，衆議院の抜きうち解散実施(憲法第7条に基づく)。8.31 参議院緊急集会，最高裁裁判官国民審査の中央選挙管理会委員を選任。9.29 自由党，反吉田派の石橋湛山・河野一郎を除名処分(12月16日，石橋・河野復党)。10.1 第25回衆議院議員総選挙(自由240・改進85・右派社会57・左派社会54・共産0)。10.4 経団連など経済4団体，政局安定を要望する旨を決議，自由党首脳に要請。10.16 日経連教育部会，「新教育制度の再検討に関する要望」を発表。10.24 安藤正純・三木武吉ら自由党鳩山派強硬分子，民主化同盟を結成。 第15特別国会召集(昭和28年3月14日衆議院解散)。10.30 第4次吉田内閣成立(鳩山派を除外)。11.10 皇太子明仁親王，成年式・立太子礼(特赦・特別減刑の恩赦を実施)。11.12 日米船舶貸借協定調印(海上警備用にフリゲート艦など68隻を無償借入．12月27日発行)。11.27 池田勇人通産相，衆議院本会議で中小企業の倒産や経営者の自殺もやむを得ないと失言(28日，通産相不信任案可決，29日，辞任)。12.1 ㈱日本長期信用銀行，長期信用銀行法に基づき設立(資本金15億円．5日，開業)。12.2 閣議，在日米軍試射場として石川県内灘の使用を決定。12.7 1年間行方不明の鹿地亘，突如帰宅，在日米軍諜報機関(キャノン機関)に監禁されたと声明(鹿地亘事件)。
1953▼	28癸巳		1.14 日米船舶貸借協定に基づく第1回船舶引渡式，横須賀米海軍基地で挙行され，フリゲート艦など10隻が保安庁警備隊に貸与。2.4 「李承晩ライン」に出漁した第1大邦丸，韓国警備艇に拿捕，機関長射殺される(以後同様の拿捕事件頻発し問題化)。2.28 吉田茂首相，衆議院予算委員会で質問の右派社会党西村栄一に対し「バカヤロー」と暴言(3月2日，衆議院，吉田首相懲罰動議を可決．自由党民同派・広川派は欠席)。3.2 首相，広川弘禅農相を罷免(首相懲罰

社　会・文　化	世　界
回住民登録，全国的に実施(～5日)。7.9 全国地域婦人団体連絡協議会結成。7.19 第15回オリンピック・ヘルシンキ大会開催(～8月3日)．日本，戦後初参加(レスリングのバンタム級で石井庄八が金メダル)。8.6『アサヒグラフ』8月6日号，原爆被害写真を初公開，52万部即日完売。8.8 義務教育費国庫負担法公布(教職員給与の半額・教材費の一部を国庫負担．昭和28年4月1日施行)。9.24 電産(日本電気産業労働組合)，電源スト開始(～12月18日)。10.13 炭労，大手17社による48時間スト(17日，無期限スト突入)。10.14 日本父母と先生全国協議会結成大会挙行(後の日本PTA全国協議会)。11.1 市区町村教育委員会，全国一斉に設置(9965委員会が新設)。11.- 近世庶民史料調査委員会編『近世庶民史料所在目録』刊(～昭和30年1月)。12.1 国立近代美術館開館。12.15 政府，炭労ストに対し緊急調整権の発動を決定(16日，炭労スト中止を指令，17日，炭労スト全面的妥結)。12.20 日本初のボウリング場，東京青山に開業。12.25 全繊同盟など4労働組合，総評に対して指導方針批判。**この年** 竹内理三・清原貞雄ら監修『大分県史料』刊(～昭和39年)。 東京大学史料編纂所編『大日本古記録』刊行開始(続刊中)。 【死没】 1.5 西川正治(67，物理学)。1.11 藤井健次郎(85，細胞遺伝学)。1.19 田原淳(78，病理学)。1.25 松野菊太郎(84，牧師)。1.29 本多静六(85，森林学)。2.3 蒲原有明(76，詩人)。2.28 木村小左衛門(64，政治家)。3.1 久米正雄(60，小説家)。3.13 有坂秀世(43，言語学)。3.27 豊田喜一郎(57，トヨタ自動車)。4.9 三鬼隆(60，財界人)。5.14 三田村鳶魚(82，随筆家)。5.17 中井正一(52，文化運動家)。5.21 田中館愛橘(95，地球物理学)。5.27 古島一雄(86，政治家)。6.11 和田小六(61，航空学)。7.1 山本実彦(67，政治家)。7.31 菱刈隆(80，陸軍軍人)。8.4 茅原華山(82，評論家)。8.22 平沼騏一郎(84，政治家)。8.29 大河内正敏(73，経営者)。9.1 小杉天外(86，小説家)。9.8 広瀬政次(58，能楽研究家)。10.17 岡田啓介(84，海軍軍人)。10.19 土井晩翠(82，詩人)。11.1 池内宏(74，東洋史学)。11.30 富本豊前太夫(9代)(67，富本節家元)。12.6 中井猛之進(70，植物分類学)。12.8 藤田五郎(37，日本経済史学)。12.24 藤浪与兵衛(3代)(61，小道具方)。12.30 中山晋平(65，作曲家)。**この年** 市村羽左衛門(16代)(47，歌舞伎役者)。 竹本大隅太夫(4代)(浄瑠璃太夫)。	ーデタにより政権獲得。4.9 ボリビアで左派民族主義勢力による革命勃発(16日，指導者パス=エステンソロ，大統領に就任．10月31日，3大錫鉱山会社を国有化)。5.7 巨済島捕虜収容所の北朝鮮捕虜，収容所司令官を拘禁し反乱(巨済島事件)。5.27 欧州防衛共同体(EDC)条約調印(仏・伊・西独・ベネルクス3国参加)。6.23 アメリカ空軍，北朝鮮の水豊ダムを爆撃。7.23 エジプトで，ナギブら自由将校団によるクーデタ勃発(26日，国王ファルーク，アーメット=ファド王子に譲位して亡命．'53年，王制廃止)。7.27 ソ連，ヴォルガ=ドン運河開通。8.3 イラン国会，モサッデク首相に6ヵ月間の非常大権を付与。8.9 中国政府，民族区域自治実施要綱公布。8.18 中ソ首脳会談，モスクワで開催(～9月16日．中ソ両国の対日講和条約締結までのソ連軍の旅順駐留・中国への長春鉄道の年内返還を決定)。10.2 アジア太平洋平和会議，北京で開催(～12日．37ヵ国344人参加)，「民族独立に関する決議」などを採択。10.5 ソ連共産党第19回大会開催(～14日)，第5次5ヵ年計画を採択。10.13 ユーゴスラヴィア，米・英・仏と軍事経済援助協定を締結。10.20 英領ケニアで，秘密結社マウマウ団による白人入植者殺害事件頻発のため戒厳令発令。11.1 アメリカ，太平洋上のエニウェトク環礁で水爆実験を実施(16日，実験成功を公表)。11.4 アメリカ大統領選挙，共和党候補のアイゼンハウアーが当選。12.12 諸国民平和大会，ウィーンで開催(～20日，85ヵ国1880人が参加)，朝鮮戦争即時停戦・5大国の平和条約締結などの要求を決議。12.23 エロシェンコ没(61，ロシアの詩人・児童文学者)。12.31 ソ連，長春鉄道を中国に返還。
2.1 NHK東京テレビ局，東京地区での本放送開始(契約数866)。3.- 財団法人農政調査会『地租改正関係農村史料集』刊。4.1 保安大学校開校(昭和29年9月，防衛大学校と改称)。4.5 日本婦人団体連合会結成(会長平塚らいてう)。5.25 全日本自動車産業労働組合日産自動車分会，賃上げ要求を提出し争議突入(8月30日，日産自動車労働組合結成，9月21日，賃上げ要求撤回し争	1.1 中国，第1次5ヵ年計画を開始。1.13 ソ連，要人暗殺陰謀容疑によりクレムリンのユダヤ人医師団を逮捕(4月4日，容疑は事実無根と発表)。1.14 ユーゴスラ

西暦	年号干支	内閣	政　治・経　済
1953 ▲	昭和 28 癸巳	（第4次吉田茂内閣） 5.21 第5次吉田茂内閣	動議の投票欠席のため）。**3.12** フィリピンと沈没船引揚げに関する中間賠償協定調印。**3.14** 衆議院，吉田内閣不信任案を可決（賛成229，反対218，自由党民主化同盟派20人余は賛成投票），衆議院解散（いわゆるバカヤロー解散）。**3.18** 分党派自由党総会，鳩山一郎を総裁に推挙，自治庁に結社届，自由党に分党届を提出。 参議院緊急集会開催（20日，暫定予算を可決し閉会）。**3.23** 中国からの日本人引揚げ再開，興安丸・高砂丸，舞鶴に入港し3968人が帰国。**4.2** 日米友好通商航海条約調印（10月30日発効）。**4.8** 最高裁，政令201号事件に関し「公共の福祉による公務員の争議権制限は違憲ではない」と判決し，昭和20年9月20日公布の勅令542号（ポツダム勅令）に関して，憲法外における法的効力を有すると見解。**4.15** 第2次日韓会談，東京で開催（7月23日，自然休会）。**4.19** 第26回衆議院議員総選挙（自由199・改進76・左派社会72・右派社会66・分党派自由35・労農5・共産1）。**4.24** 第3回参議院選挙（自由46・左派社会18・緑風16・右派社会10・改進8・無所属30）。**5.12** 日仏文化協定調印（戦後初の文化協定）。**5.18** 第16特別国会召集（8月10日閉会）。**5.21** 第5次吉田内閣成立。**6.2** 閣議，石川県内灘試射場の無期限使用を決定（13日，反対農民による坐りこみ，15日，米軍試射開始． 9月14日，接収補償妥協案成立）。**6.26** 政府，MSA（相互安全保障法）援助に関する日米交換公文を発表（7月15日，日米交渉開始）。**7.2** 中国人戦中死没者の遺骨送還を開始。**8.1** 武器等製造法公布。 恩給法改正公布，即日施行され旧軍人恩給復活支給開始。 国際小麦協定加入。**8.17** 労働金庫法公布。**9.1** 独占禁止法公布（不況・合理化カルテルの認可，会社の株式保有・合併などの大幅緩和）。 町村合併促進法公布（10月1日施行）。**9.15** 日米民間航空運送協定公布。**9.29** 日米行政協定改定調印（北大西洋条約行政協定に準じ米軍軍人・軍属に対する刑事裁判権を公務上の場合を除き日本側へ移譲．10月19日公布，29日発効）。**10.2** 池田勇人自由党政調会長，ワシントンでロバートソン米国務次官補と防衛問題に関し会談（池田・ロバートソン会談）。**10.6** 第3次日韓会談開催（15日の「日本の朝鮮統治は朝鮮人に恩恵を与えた」などの久保田貫一郎発言により紛糾，21日，決裂）。**10.14** 徳田球一共産党書記長，北京で客死（昭和30年8月1日，日本共産党から公表）。**10.24** 新興金融機関保全経済会（理事長伊藤斗福），臨時休業を宣言，15万人の投資家に損害（昭和29年1月26日，伊藤らを逮捕，保全経済会事件）。**10.29** 第2次日中貿易協定調印（輸出入ともに3000万ポンド，有効期間昭和29年12月31日まで）。 第17臨時国会召集（11月7日閉会）。**10.30** 池田・ロバートソン会談終了し，日本の防衛力漸増などの共同宣言を発表。**11.15** 米ニクソン副大統領来日。**11.29** 分党派自由党解体し，鳩山ら23人，自由党に復党． 三木武吉・河野一郎ら残留派8人，日本自由党を結成。**11.30** 第18臨時国会召集（12月8日閉会）。**12.10** 第19通常国会召集（昭和29年6月15日閉会）。**12.21** 米ロバートソン国務次官補・ラドフォード統合参謀本部議長来日し，吉田首相と防衛問題などにつき意見交換。**12.23** 最高裁，農地改革を合憲と判決。**12.24** 奄美群島返還の日米協定調印，即日国会で承認される（25日，公布・発効され本土復帰）。**この年** 蛍光燈，一般家庭にて普及進む。 韓国，「李承晩ライン」での日本漁船捕獲を展開。

社会・文化	世界
議終結)。**6.3** 岩国市教育委員会・山口県教組編『小学生日記』『中学生日記』を偏向とし回収を決定(山口日記事件)。**7.3** らい予防法改正反対運動の患者ら,国会議事堂前で坐りこみデモを開始。**7.4** スト規制法反対運動,第1波ストを実施(11日,第2波スト,27日,第3波スト)。**7.16** 伊東絹子,アメリカでミスユニバース世界大会3位入賞(「八頭身」流行語となり,ミス・ブーム起る)。**8.5** 電気事業および石炭鉱業における争議行為の方法の規制に関する法律(スト規制法)成立(7日公布,即日施行)。**8.7** 三井鉱山,6739人の人員整理案を発表(11日から,労組,三池・砂川・美唄・芦別で総評・炭労の支援下に反対運動を展開.11月27日,解雇撤回により解決.いわゆる英雄なき113日の闘い)。**8.8** 学校図書館法公布(図書館・司書教諭の必置および国庫補助などを規定.昭和29年4月1日施行)。**8.16** 岡山県月の輪古墳発掘(～12月31日.村民主導の発掘運動により全掘)。**8.28** 日本テレビ,本放送を開始(民放初のテレビ放送)。**9.11** 国際理論物理学会議,東京・日光で開会(18日,本会議を京都で開催.～23日.戦後初の国際学術会議の日本開催)。**10.26** 広津和郎・宇野浩二・志賀直哉・川端康成・吉川英治ら,松川事件の公正判決要求書を仙台高裁鈴木禎次郎裁判長に提出。**10.-** 赤色の委託公衆電話機,東京都内に初登場。**12.15** 熊本県水俣市で,原因不明の脳症状の初発症例(のちに水俣病公式認定患者第1号となる)。**12.31** NHK,紅白歌合戦を日本劇場から初のテレビ放送(以後,大晦日の人気番組として定着)。**12.-** 紀ノ国屋(国内初のスーパーマーケット),東京青山に開店。**この年** 山田孝雄・神田喜一郎ら『貴重古典籍刊行会叢書』影印開始(～昭和56年)。 東京大学史料編纂所編『大日本近世史料』刊行開始(続刊中)。 藤井駿・水野恭一郎共編『岡山県古文書集』刊(～昭和31年)。 地租改正資料刊行会『明治初年地租改正基礎資料』刊(～昭和32年)。 日本国政事典刊行会編『日本国政事典』刊(～昭和33年)。 東畑精一・盛永俊太郎監修『日本農業発達史』刊(～昭和34年)。 【死没】 **1.1** 樋貝詮三(62,政治家)。**1.4** 雍仁親王(50,秩父宮,昭和天皇弟)。**1.11** 横田成年(77,造船学)。**1.14** 鳥居龍蔵(82,人類学)。**1.17** 河辺貞吉(88,牧師)。**2.11** 河井道(75,女流教育家)。**2.25** 斎藤茂吉(70,歌人)。**2.28** 美濃部洋次(52,官僚)。**3.8** 斎藤恒(75,陸軍軍人)。**3.9** 佐野学(61,日本共産党)。**3.12** 伊東静雄(46,詩人)。**3.23** 古田俊之助(66,実業家)。**4.29** 長崎英造(71,財界人)。**5.28** 堀辰雄(48,小説家)。**6.17** 乙竹岩造(77,教育史学)。**6.29** 幣原坦(82,南島史学)。**7.5** 斎藤瀏(74,陸軍軍人)。**7.7** 阪東妻三郎(51,映画俳優)。**7.16** 吉住小三郎(初代)(55,長唄唄方)。**8.25** 河本大作(70,陸軍軍人)。**9.3** 折口信夫(66,民俗学)。**9.7** 阿部信行(77,政治家)。**9.28** 布施辰治(72,弁護士)。**10.3** 塩野義三郎(2代)(71,経営者)。 芳村伊十郎(6代)(78,長唄唄方)。**10.4** 野口兼資(73,能楽師)。**10.14** 徳田球一(59,日本共産党)。**10.21** 樺山愛輔(88,実業家)。**11.29** ガントレット恒子(80,婦人運動家)。**12.22** 田熊常吉(81,事業家)。	ヴィア国民議会,ティトーを初代大統領に選出。**1.20** アイゼンハウアー,アメリカ大統領に就任(21日,ダレス,国務長官に就任)。**1.27** 米ダレス国務長官,テレビで対ソ巻返し政策を発表。**2.12** 北欧会議第1回総会開催(スウェーデン・デンマーク・アイスランド・ノルウェーの4ヵ国参加)。**2.15** 中国共産党中央,「農業生産互助合作に関する決議」採択。**3.5** ソ連スターリン首相没(6日,マレンコフ,後任として首相・党第一書記に就任,9日,国葬)。**3.9** 毛沢東,スターリン追悼の辞として「最も偉大なる友誼」声明。**6.16** 東ベルリンで,労働者によるデモ発生(17日,デモ暴動化し,ソ連軍の戒厳令により鎮圧)。**6.18** エジプト革命評議会,共和国樹立宣言(初代大統領兼首相ナギブ)。**7.10** ソ連,ベリア副首相兼内相を更迭し党から除名した旨を公表(12月23日,ベリアら銃殺刑)。**7.26** キューバ,カストロら,反バティスタ政権蜂起,モンカダ兵営襲撃に失敗して逮捕。**7.27** 朝鮮休戦協定,板門店で調印(28日,朝鮮休戦委員会第1回会議開催)。**8.8** マレンコフ,ソ連の水爆保有を公表(20日,実験成功を公表)。 米韓相互防衛協定,ソウルで仮調印(10月1日,ワシントンで本調印,'54年11月17日発効)。**8.13** イラン国王パーレヴィー2世,モサッデク首相を罷免,ザヘディ将軍を首相に指名(16日,パーレヴィー2世,国王派軍部クーデタの失敗により亡命.19日,ザヘディ将軍のクーデタ成功し,モサッデクを逮捕)。**9.12** フルシチョフ,ソ連共産党第1書記に就任。**11.9** カンボジア,完全独立を達成し独立式典を挙行。 サウジアラビアのイブン=サウード王没。**11.22** 中国・北朝鮮,経済援助協定を調印し,朝鮮戦争中の援助について無償供与を決定。**11.28** 蔣介石・李承晩,台北で会談しアジア反共連合の結成などにつき共同声明。

西暦	年号 干支	内閣	政　治・経　済
1954 ▼	昭和 29 甲午	(第5次吉田茂内閣) 12.10 第1次鳩山一郎内閣	1.1 50銭以下の小額貨幣および10銭以下の小額紙幣の通用を廃止。1.7 米アイゼンハウアー大統領，一般教書演説で沖縄米軍基地の無期限保持を宣言。1.15 憲法擁護国民連合結成(議長片山哲)。1.20 営団地下鉄丸ノ内線，池袋―御茶ノ水間開業(戦後初の地下鉄路線開業)。2.22 政府，教育の政治的中立の確保に関する臨時措置法案・教育公務員特例法の一部改正案からなる教育2法案を国会に提出(3月26日，衆議院を通過，5月14日，参議院修正，29日，衆議院，参議院修正案に同意，6月3日公布)。2.23 衆議院，自由党有田二郎議員の汚職容疑による逮捕許諾請求を期限付で了承(造船疑獄)。3.1 第5福竜丸，ビキニ環礁水域でのアメリカの水爆実験により被爆。3.8 日米MSA(相互防衛援助)協定調印(5月1日発効)。3.10 経団連など経済4団体，日米生産性向上委員会設立を決議(4月8日，第1回委員会を開催)。3.12 自由党憲法調査会，発会式を挙行(会長岸信介．11月5日，日本国憲法改正案要綱を発表)。3.14 第2回琉球立法院選挙(社会大衆12・民主12・人民2・無所属2)。3.17 沖縄のアメリカ民政府，米軍用地に対し地代の一括払い(アメリカ側評価の地価相当額)実施による永代借地権設定構想を公表。4.1 衆議院，原子力国際管理決議案を可決(5日，参議院も同案および原子兵器禁止に関する決議案を可決)。 世界平和者日本会議，8ヵ国150人の参加により東京で開催(3日，原水爆禁止平和宣言などを決議)。4.21 犬養健法相，検事総長に対し指揮権を発動し，造船疑獄による佐藤栄作自由党幹事長の逮捕許諾を請求しないように指示(22日，犬養法相辞職)。5.9 原水爆禁止署名運動杉並協議会発足(全国的な原水禁署名運動に発展)。5.14 日米艦艇貸与協定調印(6月5日発効)。6.3 衆議院本会議，会期延長をめぐり大混乱(乱闘国会)．両派社会党など，以後の決議をボイコット。6.5 衆議院，10日間の会期延長を決議。6.8 改正警察法公布(国家地方警察・自治体警察を廃し，警察庁・都道府県警察を設置．7月1日施行)。経団連など経済4団体，国会の紛糾収拾に努力すべき旨声明。6.9 防衛庁設置法・自衛隊法各公布(保安隊を改組，陸上・海上・航空の3軍方式に拡大(7月1日施行)。 MSA協定に伴う秘密保護法公布(7月1日施行)。6.10 臨時肥料需給安定法・硫安工業合理化及び硫安輸出調整臨時措置法(肥料2法)公布(昭和34年7月31日までの時限立法)。6.13 NHK「ユーモア劇場」，政府の干渉により中止。6.24 日本，アジア極東経済委員会(ECAFE)に加盟。7.1 防衛庁・自衛隊(陸上・海上・航空)発足。 三菱商事，旧三菱系4社の合併により発足。7.3 岸信介・石橋湛山・芦田均ら，新党結成準備会を結成(11月1日，委員長に鳩山一郎を決定．8日，自由党，石橋・岸を除名処分)。8.8 原水爆禁止署名運動全国協議会結成(事務局長安井郁．12月14日までの署名数2008万1232人)。9.19 鳩山一郎・重光葵ら6人，反吉田新党の旗上げに関して同意。9.23 ビキニ環礁で米水爆により被爆した第5福竜丸無線長久保山愛吉死去。9.25 政府，竹島領有権問題の国際司法裁判所への提訴を韓国政府に提案(10月28日，韓国政府拒絶)。9.26 吉田茂首相，欧米7ヵ国歴訪へ出発(11月10日，吉田・アイゼンハウアー共同宣言発表，17日，帰国)。10.20 経済同友会，早期の保守合同実現について提言。10.28 日中・日ソ国交回復国民会議結成。10.30 中国紅十字会代表団(李徳全ら)，日本赤十字社の招きにより来日。11.5 日本・ビルマ平和条約，賠償および経済協力協定(賠償2億ドル，経済協力5000万ドル)をラングーンで調印(昭和30年4月16日発効)。11.24 日本民主党，自由党新党準備会派・改進党・日本自由党の合同により結成(総裁鳩山一郎)。 最高裁大法廷，新潟県公安条例に対し合憲判決(公安条例についての初の最高裁判決)。11.28 自由党議員総会，吉田総裁の勇退および緒方竹虎の後任総裁推薦を決議。11.30 第20臨時国会召集(12月9日閉会)。12.7 吉田内閣総辞職。12.8 自由党議員総会，緒方竹虎を新総裁に決定。12.9 衆参両院，鳩山一郎を新首相に指名。12.10 第1次鳩山一郎内閣成立。 第21通常国会召集(昭和30年1月24日衆議院解散)。12.22 政府，憲法9条についての統一解釈(自衛権の保有・自衛隊合憲)を発表。

社　会・文　化	世　界
1.2 皇居参賀者38万人，二重橋付近で大混乱となり死者16人に上る(二重橋事件)。1.12 文化財保護委員会，平城宮跡を発掘(7月，奈良国立文化財研究所による恒常的調査体制が確立)。2.8 全国23婦人団体の代表ら，売春禁止法期成全国婦人大会を開催。2.19 力道山・木村対シャープ兄弟のプロレスのタッグマッチ挙行，大人気を集める(日本テレビで連日中継される)。3.14 日教組，日曜振替授業および翌日の一斉休暇戦術を実施し，教育2法反対闘争を展開。3.16『読売新聞』，第5福竜丸のアメリカ水爆実験による被爆をスクープ．築地魚河岸で，同船より水揚げの鮪などから強度の放射能を検出，この後大量の「水爆マグロ」が出現，処分される。3.- 農政調査会『小作騒動に関する史料集』刊。4.20 第1回全日本自動車ショー，日比谷公園で開催(～29日．約230社250台が参加)。4.22 全日本労働組合会議(全労会議)結成(議長滝田実)。4.23 学術会議第17回総会，核兵器研究の拒否および原子力研究の3原則(公開・民主・自主)を声明。4.25 私鉄総連，賃上げなど要求の24時間スト(春闘スト)を実施(29日，第2波ストを実施)。4.27 厚生省管轄下に国立癩研究所を設置(昭和30年7月1日開設，同37年6月1日，国立多摩研究所と改称)。4.28 文部省，「社会科の指導計画に関する資料」(学習指導要領の大綱・中学に道徳倫理の単元設置・小学校高学年に地理歴史学習を導入)を通達。4.-『中央公論』，広津和郎「松川裁判」の連載を開始。5.11 京都市旭丘中学，市教育委員会の補習授業と京教組の組合管理による授業とに分かれ分裂授業(31日，和解し分裂解消，6月1日，開校式，22日，同校教員46人に異動発令)。6.2 近江絹糸労働組合，外出・結婚・宗教の自由および組合の承認など22項目の要求を提出(4日，会社の拒絶により「人権争議」開始，9月16日，世論の支持を背景に円満妥結)。7.8 日本製鋼室蘭製作所労働組合，901人の解雇通知を一括返上し強行就労(9月9日，スト突入，12月30日，662人の解雇で妥決)。7.27 都内療養所入院中の結核患者1300人，入退院基準の改正に反対し，都庁前で坐りこみ，患者1人が死亡。8.30 千葉県史編纂委員会『千葉県史料』刊行開始。9.16 日本中央競馬会発足。9.26 国鉄青函連絡船洞爺丸，台風の中出港し座礁・転覆，死者・行方不明者合計1155人(洞爺丸事件．わが国最大の海難事故)。10.10 光文社『カッパ・ブックス』創刊。11.3 法隆寺金堂昭和大修理，20年ぶりに完工し落慶式挙行。**この年** 近世村落研究会編『近世村落自治史料集』刊(～昭和31年)。 大蔵省昭和財政史編集室編『昭和財政史』刊(旧シリーズ，～昭和40年．新シリーズ，大蔵省財政室編・～昭和59年)。 福井県立図書館・郷土史懇談会編『福井県郷土叢書』刊(～昭和40年)。 竹内理三編『大宰府・太宰府天満宮史料』刊行開始。 【死没】 1.20 井野辺茂雄(76，日本史学)。1.31 香取秀真(80，鋳金作家)。2.2 ベイテイ(84，国際法学者)。2.8 石射猪太郎(67，外交官)。2.12 本多光太郎(83，物理学)。2.14 相馬愛蔵(83，中村屋)。2.19 市来乙彦(81，大蔵官僚)。3.5 岸田国士(63，劇作家)。3.18 前田米蔵(72，政党政治家)。3.21 煙山専太郎(76，歴史家)。4.1 山鹿旗之進(94，牧師)。4.7 来栖三郎(68，外交官)。 伊東忠太(86，建築家)。4.13 新納忠之介(85，彫刻家)。5.10 安藤紀三郎(75，陸軍軍人)。5.15 幸田成友(81，歴史家)。6.4 山崎朝雲(87，彫刻家)。6.30 三宅克己(80，洋画家)。7.29 山崎今	1.12 米ダレス国務長官，大量報復政策(ニュールック政策)について発表。1.21 アメリカで，世界初の原子力潜水艦ノーチラス号進水。1.25 米英仏ソ外相会議，ベルリンで開催(～2月18日)，ジュネーブでのアジアに関する国際会議開催を決定(対独墺講和問題および欧州安全保障問題に関しては未解決)。2.6 中国共産党第7期4中全会(～10日)開催され，高崗・饒漱石の反党行為を批判。3.1 米州会議，カラカスで開催(～28日)，アメリカ提出の国際共産主義活動防止決議案を採択(カラカス宣言)。4.26 ジュネーブ極東平和会議開催(～7月21日)，インドシナおよび朝鮮問題につき討議。4.28 東南アジア5ヵ国首相会議，コロンボで開催(～5月2日)，インドシナ休戦・水爆実験中止要求およびアジア=アフリカ会議開催などにつき決議。5.7 ベトナム人民軍，フランス軍を破りディエンビエンフーを占領。5.15 ネルー，インド連邦議会で「平和地域」の設定を提唱。6.12 仏ラニエル内閣，インドシナ政策の行き詰まりにより総辞職(18日，マンデス=フランス急進社会党内閣成立)。6.27 ソ連，世界初の工業用原子力発電所が稼動を開始。6.28 周恩来・ネルー，インドで平和5原則についての共同声明を発表。グアテマラ，アメリカ支援の反革命内乱起り，アルベンス政権倒壊。6.29 オッペンハイマー博士，危険人物として米原子力委員会から追放される。7.6 ゴ=ディン=ジェム，南ベトナム首相に就任。7.21 ジュネーブ極東平和会議終了．ジュネーブ協定調印され，インドシナ休戦・ベトナム南北分裂などを決定(アメリカ・ゴ=ディン=ジェム政権は調印せず)。8.30 フランス議会，欧州防衛共同体(EDC)条約の批准を拒否し，同条約は流産。9.3 中国人民解放軍，金門・馬祖両島への砲撃を開始。9.6 東南アジア条約機構(SEATO)創設，同創設会議をマニラで開催，米・英・仏・オーストラリア・ニュージーランド・フィリピン・タイ・パキスタンの8ヵ国が調印(8日，8ヵ国，東南アジア集団防衛条約・インドシナに関する付属議定書・太平洋憲章に調印．'55年2月19日発効)。10.5 米・英・伊・ユーゴスラヴィア，ロンドンでトリエステ協定に調印，トリエステ帰属をめぐる伊・ユーゴ間の紛争解決。10.16 毛沢東，「紅楼夢研究の問題についての書簡」により，兪平伯・胡適らを批判。10.19 イギリス軍のスエズ撤退に関するイギリス・エジプト協定をカイロで調印。10.23 西側9ヵ国会議(21日～)でパリ協定に調印(西ドイツの主権回復・再軍備およびNATO加盟などを承認)。11.1 アルジェリアで，FLN(民族解放戦線)の武装蜂起勃発，アルジェリア戦争に発展。12.2 アメリカ上院，マッカーシー議員非

西暦	年号干支	内閣	政治・経済
1954▲	昭和29甲午	（第1次鳩山一郎内閣）	
1955▼	30乙未	（第1次鳩山一郎内閣） 3.19 第2次鳩山一郎内閣 11.22 第3次鳩山一郎内閣	1.1 共産党，『アカハタ』紙上で極左冒険主義に対する自己批判を掲載。1.4 ビキニ被災事件の補償に関し日米公文交換（アメリカ政府，法律上の責任と関係なく慰謝料200万ドルを支払う）。1.10 鳩山一郎首相，記者会見で中国・ソ連との国交回復および憲法改正に積極的意志を有する旨を表明。1.13 自由人権協会の沖縄調査報告書「米軍の沖縄民政を衝く」，『朝日新聞』に掲載。1.25 元ソ連代表部首席ドムニツキー，鳩山首相を訪問し，ソ連政府の国交正常化に関する公式文書を手交。2.14 ㈶日本生産性本部設立（会長石坂泰三）。2.27 第27回衆議院総選挙（民主185・自由112・左社89・右社67・その他14．革新勢力，改憲阻止に要する3分の1議席を確保）。3.14 防衛庁首脳会議，防衛6ヵ年計画案を決定（昭和35年度までの目標として，陸上18万人・海上12万トン・航空機1200機を整備）。3.18 第22特別国会召集（7月30日閉会）。3.19 第2次鳩山内閣成立（民主党少数単独内閣）。3.29 中国通商使節団来日。3.31 公正取引委員会，銅くず購入合理化カルテルを認可（初の現行独禁法適用）。4.1 富士重工業㈱，富士工業など5社を吸収合併（旧中島飛行機系列6社の合同．資本金8億3050万円）。4.15 日中漁業協議会および中国漁業協会準備会，北京で戦後初の日中民間漁業協定に調印（6月14日発効）。4.19 防衛分担金削減に関する日米共同声明を発表（本年度に限り178億円減額の380億円）。4.23 19都道府県・全国都道府県議会議員選挙（30日，全国市町村長・同議会議員選挙．第3回統一地方選挙）。5.5 第2回日本国際見本市開催（東京晴海・大手町．～18日）。5.8 都下砂川町で，立川基地拡張反対総決起大会開催，砂川闘争はじまる（12日，砂川町議会，基地拡張反対を決議）。5.26 田中耕太郎最高裁長官，全国高裁長官および地裁・家裁所長合同会議で松川裁判批判を非難，「外部の雑音に迷うな」と訓示。 在日本朝鮮人総連合会創立。5.31 日米余剰農産物買付協定調印（総額8500万ドル． 6月25日発効）。6.1 ロンドンで日ソ国交正常化交渉開始（9月23日，交渉休止の共同声明発表）。6.22 最高裁，三鷹事件の上告を棄却（竹内景助被告の死刑確定）。6.23 全国軍事基地反対連絡会議結成。7.11 民主・自由・緑風の3派議員有志，自主憲法期成議員同盟を結成。7.20 経済審議庁設置法および同庁組織令一部改正公布（経済企画庁に改組）。7.25 過度経済力集中排除法等廃止法公布。7.26 総評第6回大会，内閣打倒方針をめぐり意見対立，高野実に代わり岩井章が事務局長に就任し，太田薫議長（はじめ副議長）・岩井の指導権確立。7.27 共産党，第6回全国協議会（6全協）を開催，武装闘争方針を自己批判し新方針を発表。7.29 自動車損害賠償保障法公布（強制保険制度の導入）。8.6 第1回原水爆禁止世界大会広島大会開催（10日，長崎大会，15日，東京大会．原水爆禁止署名，国内3238万人，世界6億7000万人に達する）。8.7 東京通信工業㈱（後のソニー），初のトランジスターラジオを発売。8.29 重光葵外相ら，ワシントンで米ダレス国防長官と日米安保条約の改定条件など協議（31日，日米安保条約の双務化に関する共同声明）。9.10 日本の関税および貿易に関する一般協定（GATT）加盟発効。9.13 砂川町の立川基地拡張予定地で強制測量実施，警官隊と地元反対派・支援労組・学生が衝突（10月14日，鳩山首相，滑走路予定地区に対し収用認定．11月9日，測量終了）。9.19 原水爆禁止日本協議会（原水協）結成。10.13 社会党統一大会開催，委員長に鈴木茂三郎，書記長に浅沼稲次郎を選出（両院とも第2党として新発足）。10.14 アメリカ下院軍事分科委員会（プライス調査団），沖縄を訪問調査。11.14 原子力非軍事利用に関する日米協定，ワシントンで調印（12月27日発効）。11.15 自由民主党，民主・自由両党合同により結成（保守合同成る），総裁決定まで鳩山一郎・緒方竹虎・三木武吉・大野伴睦による代行委員制を実施。11.22 第23臨時国会召集（12月2日開会，同16日閉会）。 第3次鳩山内閣成立。12.13 日本の国連加盟案，ソ連の拒否権により否決。12.15 三菱日本重工業横浜造船所で，戦後最初の国産自衛艦つがる竣工。12.19 原子力基本法・原子力委員会設置法各公布（昭和31年1月1日施行）。12.20 第24通常国会召集（昭和31年6月3日閉会）。**この年** 下期より輸出が増大し，神武景気を迎える（～昭和32年上期）．鉄鋼生産高941万トン（世界6位， 1位は米国1億0617万トン）。

社会・文化	世界
朝弥(77，弁護士)。8.8 前田普羅(68，俳人)。8.22 西原亀三(81，政治家)。8.27 暁烏敏(77，僧侶)。9.5 中村吉右衛門(東京系初代)(68，歌舞伎役者)。9.21 御木本幸吉(96，真珠王)。10.6 尾崎行雄(95，政治家)。10.8 松本烝治(76，商法学)。11.5 吉沢義則(78，国語学)。12.9 吉田茂(69，内務官僚)。	難決議を採択。12.3 米華(台)相互防衛条約，ワシントンで調印，('55年3月3日発効)。この年 アメリカで事務機器としてコンピューターの使用はじまる。
1.27 文化財保護委員会，重要無形文化財第1次指定25件30人を内定(2月15日告示)。1.28 炭労・私鉄・電産など民間6単産，春季賃上げ共闘会議総決起大会を開催(「春闘方式」の端初)。2.17 横浜の聖母の園付属養老院で火災発生，収容の老女95人と職員1人が死亡。2.- 改造社，『改造』2月号(36ノ2)を最後に出版活動を停止。3.23 東京都教育委員会，都立朝鮮人学校を廃し各種学校(学校法人東京朝鮮学園)として認可。3.- 外務省編纂『日本外交年表並主要文書』刊。4.- 財団法人竜門社『渋沢栄一伝記資料』発刊(～昭和46年5月)。5.11 国鉄宇高連絡船紫雲丸，濃霧のため国鉄貨車輸送船第3宇高丸と衝突し沈没，死者168人。5.14 京都大カラコルムヒンズークシ学術探検隊出発(隊長木原均，9月2日帰国)。5.- 新村出編『広辞苑』初版刊。6.1 1円アルミ貨発行開始。6.7 第1回日本母親大会，東京豊島公会堂などで開催(～9日)。7.9 後楽園遊園地開場。7.17 国民文化会議創立総会挙行。7.25 日本住宅公団発足。8.13 日本民主党『うれうべき教科書の問題』第1集を刊行し教科書を左翼的偏向と非難(11月3日までに第3集刊行)，これにより教科書論議が盛行。8.- 岡山で人工栄養児4人が死亡，飲用の森永粉ミルクから砒素含有発見，死者133人，患者数1万1788人にのぼる。 佐賀県史編纂委員会編『佐賀県史料集成』古文書編第1巻刊，続刊中。9.3 沖縄で米兵による幼女暴行殺害事件起こる(由美子ちゃん事件)。10.1 国勢調査実施(人口8927万5529人)。12.1 郭沫若ら中国学術視察団，学術会議の招きにより来日(～25日)。この年 スモン病患者発生。 電気掃除機・電気洗濯機・電気冷蔵庫，いわゆる「三種の神器」として家庭電化製品の使用が進む。 諸橋轍次『大漢和辞典』刊(～昭和35年)。九州史料刊行会編『九州史料叢書』刊(～昭和42年9月で中絶)。自治庁『地方税制度資料』刊行開始。 佐藤進一・池内義資・百瀬今朝雄編『中世法制史料集』刊行開始。 日本銀行調査局編『日本金融史資料』刊行開始。 【死没】 1.1 太田水穂(78，歌人)。1.7 塩原又策(77，経営者)。1.9 潮恵之輔(73，内務官僚)。1.22 河原田稼吉(69，内務官僚)。2.17 坂口安吾(48，小説家)。2.22 田中伝左衛門(10代)(75，歌舞伎囃子方)。2.25 能勢朝次(60，国文学)。2.28 野中至(87，高山気象観測)。3.2 相馬黒光(78，経営者)。3.5 金光庸夫(77，政治家)。4.13 羽田亨(72，東洋史学)。4.20 下村湖人(70，小説家)。5.30 佐々木到一(69，陸軍軍人)。6.3 恩地孝四郎(63，版画家)。6.18 豊島与志雄(64，小説家)。7.28 宮武外骨(88，ジャーナリスト)。7.31 戸田貞三(68，社会学)。8.13 丸山幹治(75，新聞記者)。9.8 川村竹治(84，政治家)。9.9 菊池契月(75，日本画家)。9.23 笠木良明(63，右翼運動家)。9.25 大達茂雄(63，内務官僚)。9.28 カンドー(58，司祭)。10.13 辻善之助(78，日本史学)。10.14 安藤正純(79，政治家)。10.21 鵜沢総明(83，政治家)。11.30 大山郁夫(75，政治学)。12.1 栗田元次(65，国史学)。 菊池武夫(80，陸軍軍人)。12.2 岩崎久弥(90，三菱財閥)。12.5 南次郎(81，陸軍軍人)。12.11 棚橋寅五郎(89，実業家)。12.12 百	1.21 インド国民会議派第60回大会，アヴァディで開催され，社会主義型社会の建設を決議。1.25 ソ連，対独戦争状態終結宣言を声明。1.31 モット没(89，アメリカの宣教師)。2.8 ソ連マレンコフ首相辞任．後任にブルガーニン元帥。 中国人民解放軍，階級制を導入。2.23 クローデル没(86，フランスの詩人・劇作家，外交官)。2.24 イラク=トルコ相互防衛条約(バグダード条約)調印(4月4日イギリス，9月23日パキスタン，11月3日イラン加盟)。4.5 英チャーチル首相，老齢を理由として辞任，後任にイーデン。4.18 アジア=アフリカ会議(バンドン会議)，ネルーらコロンボ=グループの提唱によりインドネシアのバンドンで開催，平和10原則を採択(～24日．アジア23，アフリカ5ヵ国が参加)。5.5 ドイツ連邦共和国(西ドイツ)，パリ条約発効により主権回復・再軍備(6日，NATO加盟)。5.7 西欧連合(WEU)理事会，西ドイツの加盟を承認(英・仏・ベネルクス・伊・西独による西ヨーロッパ防衛体制構築)。5.14 ソ連および東欧8ヵ国，友好相互援助条約(ワルシャワ条約)．統一司令部設置議定書に調印，ワルシャワ条約機構を形成(6月5日発効)。5.15 米・英・仏・ソ，オーストリア国家条約に調印(7月27日，同条約発効により，オーストリア，主権を回復)。5.25 ソ連管理下の旅順軍事施設中国移管に関する中ソ共同声明発表(26日，ソ連軍の旅順撤退完了)。5.26 ソ連ブルガーニン首相・フルシチョフ第1書記らソ連首脳，ユーゴを訪問(～6月2日．ベオグラード宣言に調印)。5.31 アメリカ最高裁，公立学校における人種差別撤廃の実施を公布。6.9 ウォーナー没(73，アメリカの東洋美術研究家)。7.9 バートランド=ラッセルら，核戦争の危機につき米・ソ・英・仏・中・加の各国首脳にあて警告(ラッセル・アインシュタイン宣言)。7.18 ジュネーヴ4国巨頭会談(米アイゼンハウアー大統領・英イーデン首相・仏フォール首相・ソ連ブルガーニン首相)開催(～23日)．緊張緩和・「雪どけ」気運高まる(ジュネーヴ精神)。7.23 ハル没(83，アメリカの国務長官)。7.31 毛沢東，中国の農業集団化促進を指示。9.8 西独アデナウアー首相ら，ソ連を訪問(～13日)，フルシチョフ第1書記らと会談，国交樹立の共同宣言を発表。9.19 アルゼンチン，軍部クーデタによりペロン大統領辞職，軍事評議会，政権を掌握。9.27 エジプト，ソ連からの武器援助受諾・チェコからの武器購入を発表。10.4 中

西暦	年号干支	内閣	政　治・経　済
1955▲	昭和30乙未	（第3次鳩山一郎内閣）	
1956▼	31丙申		1.4 在日米軍地上兵力削減を発表。1.17 日ソ国交正常化交渉，ロンドンで再開。1.31 鳩山一郎首相，参議院本会議で軍備否認の現行憲法への反対を示す答弁（2月2日，取消す）。2.9 衆議院，原水爆実験禁止要望決議案を可決（10日，参議院も可決）。2.21 経団連会長石川一郎辞任，後任に石坂泰三東芝社長が就任。2.29 鳩山首相，参議院予算委員会で「自衛のためなら敵基地を侵略してもよい．侵略とは攻撃という意味」と答弁，失言追及され取消す。3.1 政府，国防会議構成法案を国会に提出（5月2日，衆議院，6月3日，参議院で可決，7月2日公布）。3.10 運輸省航空局，羽田・伊丹・小松・松島4空港の航空管制権を米空軍から引継ぐ。3.14 日本道路公団法公布（4月16日，同公団設立）。3.19 政府，小選挙区法案を国会に提出。3.20 日ソ国交正常化交渉，領土問題で難航し無期限休会となる。3.22 日米技術協定調印（MSA協定に基づく防衛生産協力のため．6月6日発効）。4.5 自民党臨時大会，投票により鳩山一郎を初代総裁に選出，吉田派など白票69票。4.11 日本中小企業政治連盟結成（総裁鮎川義介）。4.26 首都圏整備法公布（首都建設法は廃止）。4.29 日ソ漁業交渉，モスクワで第1回会談を開始（～5月15日．日本側代表河野一郎農相，ソ連側代表イシコフ漁業相）。4.30 衆議院本会議，小選挙区法案をめぐり混乱し散会（5月1日，議長斡旋により同法案を選挙法改正特別委員会に差戻し．16日，衆議院，修正可決するも参議院で審議未了となり廃案）。5.1 熊本県水俣市新日本窒素肥料水俣工場付属病院，保健所に「原因不明の中枢神経疾患多発」の報告（水俣病の公式確認）。5.4 日本原子力研究所法・核原料物質開発促進臨時措置法・原子燃料公社法（いわゆる原子力3法）各公布。5.9 日比賠償協定・経済開発借款に関する交換公文，マニラの大統領府で調印（20年間で1980億円の賠償支払い，900億円の借款供与を取決め．7月23日発効）。5.14 日ソ漁業条約・海難救助協定など，モスクワで調印（12月12日発効）。5.23 百貨店法公布（床面積制限などの事業活動規制）。6.9 琉球米民政府副長官モーア，沖縄米軍基地に関するプライス勧告要旨を沖縄側に伝達（20日，同勧告全文，沖縄に到着し，56市町村で反対集会，25日，第2回住民大会開催され，全島あげての闘争に発展）。6.11 憲法調査会法公布，同日施行。6.30 地方教育行政の組織及び運営に関する法律（新教育委員会法）公布（公選制を任命制に改正．10月1日施行）。7.2 国防会議構成法公布（12月8日，第1回会議開催）。7.4 沖縄問題解決総決起大会，東京で開催。7.8 第4回参議院議員選挙（自民61・社会49・緑風5・共産2・諸派1・無所属9）。7.17 経済企画庁，経済白書「日本経済の成長と近代化」を発表，技術革新による発展を強調（「もはや戦後ではない」が流行）。7.31 重光葵外相，モスクワで日ソ国交回復交渉を再開（8月13日，交渉中止）。8.25 総評第7回大会，運動方針案中の共産党との共闘禁止の項を削除。 静岡県磐田郡の佐久間ダム竣工。9.6 経団連会長石坂泰三・日商会頭藤山愛一郎ら，財界有志代表として自民党3役と会談し，鳩山引退と政局収拾を申入れ。9.11 鳩山首相，日ソ国交正常化交渉の再開に関しソ連ブルガーニン首相に打診（15日，ソ連側承認）。10.12 立川基地拡張のため，砂川町2次強制測量を実施，警官隊と地元反対派・支援労組・学生ら衝突し負傷者多数（14日，政府，測量打切り）。10.15 首相ら，モスクワで日ソ国交回復交渉を再開。10.19 日ソ共同宣言・通商航海議定書に調印（12月12日発効）。11.12 第25臨時国会召集（12月13日閉会）。11.16 大阪に梅田コマスタジアム開場（12月8日，新宿コマスタジアム開場）。11.23 特殊核物資の賃貸借に関する日米協定，ワシントンで調印（12月14日公布・発効）。12.8 参議院，スト規制法存続決議案を可決成立（時限立法から恒久法化）。12.14 自民党大会，総裁選挙を初実施，石橋湛山，岸信介を破り同党総裁に当選。12.18 国連総会，日本の国連加盟案を全会一致で可決。12.19 わが国の国際連合加盟により大赦令。12.20 鳩山内閣総辞

社　会・文　化	世　界
田宗治(62，詩人)。12.13 赤松克麿(61，社会運動家)。12.14 安井曾太郎(67，洋画家)。12.27 清野謙次(70，人類学)。	国共産党第7期拡大6中全会を開催(～11日)，「農業集団化問題に関する決議」を採択。10.26 ゴ=ディン=ディエム，国民投票により南ヴェトナム大統領に就任，バオ=ダイ帝を追放しヴェトナム共和国を樹立。11.22 バグダード条約加盟国，閣僚会議を開催(11月20日～)，中東条約機構(METO)を結成。12.9 西独，東独を承認する国との断交の原則(ハルシュタイン=ドクトリン)を発表。12.17 アメリカ，エジプトのアスワン=ハイダムの建設に対する融資として7000万ドルの借款供与を発表。12.19 ディルクセン没(73，ドイツの外交官・駐日大使)。
1.1 新潟県西蒲原郡の弥彦神社で，福餅まきに殺到した群衆，帰りの石段で将棋倒しとなり圧死者124人・負傷者94人。 総理府に原子力委員会を設置。1.23 石原慎太郎『太陽の季節』，芥川賞を受賞。1.26 猪谷千春，冬季オリンピック・コルチナ大会のスキー回転で銀メダル。2.11 高知県繁藤小学校，授業を中止し紀元節の式典を強行(24日，清瀬一郎文相，閣議で式典は教育委員会の許可次第だが，授業の中止は遺憾と言明)。2.19『週刊新潮』創刊(初の出版社発行の週刊誌，週刊誌ブーム盛行)。2.- 中野好夫「もはや戦後ではない」(『文芸春秋』)，戦後は終わったかの論議盛行。3.8 政府，新教育委員会法案を国会に提出。3.13 政府，教科書法案を国会に提出(5月24日，衆議院可決するも審議未了により廃案)。3.19 日本住宅公団，初の入居者募集(堺市金岡団地)を開始(5月1日，千葉稲毛団地で入居開始，ダイニングキッチン様式定着)。 矢内原忠雄東京大学総長ら在東京10大学の学長，教育2法に反対声明(23日，関西13大学の学長ら，同声明を支持)。3.31 科学技術庁設置法公布(5月19日開庁，初代長官正力松太郎)。3.- 財団法人農政調査会編纂『農地改革事件記録』刊。4.1 医薬分業制度，医師会・歯科医師法および薬事法の一部改正施行(昭和30年8月8日公布)に伴い実施。4.6 原子力委員会，茨城県東海村を原子力研究所・実験原子炉敷地に選定。4.19 衆議院本会議，新教育委員会法案をめぐり混乱，翌朝(暁の国会)におよび可決。5.1 奈良国立文化財研究所，飛鳥寺を発掘(～昭和32年3月)。5.9 日本登山隊，ヒマラヤのマナスル(8125メートル)に初登頂。5.24 売春防止法公布(昭和32年4月1日施行)。6.1 参議院，新教育委員会法案をめぐり混乱(2日，議長要請により本会議場に警官隊導入，文教委員長中間報告のみで同法案可決成立)。7.1 中央気象台，気象庁として改組発足(6月30日，気象庁組織規則公布)。8.- 伊原敏郎『歌舞伎年表』刊(～昭和38年5月)。9.11 広島原爆病院開院(お年玉付年賀はがきの付加金により建設)。9.28 文部省，初の全国学力調査を実施。10.10 文部省，教科書調査官を設置。10.11 比叡山延暦寺，少年の放火により大講堂などを焼失。11.1 愛知県教育委員会，勤務評定による昇給・昇格の実施を決定(教職員の反対運動激化)。11.3 水俣病熊本大学医学部研究班，工場廃水の関連疑惑を報告。11.8 南極予備観測隊，南極観測船宗谷で東京港から出発(昭和32年1月29日，南極オングル島上陸，昭和基地設営開始)。11.22 第11回オリンピック，メルボルン大会開幕，日本選手118人出場(日本，男子200メートル平泳など4種目で金メダル)。**この年** 「太陽の季節」「狂った果実」などの太陽族映画流行。 亀井勝一郎ら，遠山	1.1 スーダン，イギリス・エジプト共同統治領から共和国として独立。1.6 自由ラオス戦線(ネーオ=ラーオ=イッサラ)，ラオス愛国戦線に改称し，全国大会で政治綱領を採択。2.14 ソ連共産党第20回大会開催(～25日)，平和共存・社会主義への平和的移行などの新路線を採択。2.24 フルシチョフ第1書記，党20回大会秘密会でスターリン批判演説(6月4日，アメリカ国務省，演説内容発表)。2.29 チリで人民行動戦線結成。3.2 モロッコ，フランスから独立。3.8 サンソム没(81，イギリスの外交官・日本史研究者)。3.20 チュニジア，フランスから独立。3.23 パキスタン=イスラム共和国，憲法発効により発足(初代大統領ミルザ)。4.5 中国共産党中央委員会，『人民日報』に「プロレタリア独裁の歴史的経験について」を発表(ソ連共産党第20回大会のスターリン批判に対する留保の見解)。4.17 コミンフォルム解散。5.20 アメリカ，南太平洋ビキニ島で水爆投下実験。6.2 ユーゴ大統領ティトー，ソ連を訪問(～20日)，共同宣言を発表(社会主義の多様性の承認を確認)。6.13 英軍，スエズ運河基地からの撤退完了(18日，エジプト，同運河を接収)。6.28 ポーランドのポズナニで反政府暴動起こる(～30日)。7.18 ユーゴ大統領ティトー・インド首相ネルー・エジプト大統領ナセル，3国首脳会議(ブリオニ会談)を開催(～20日)，軍事ブロック反対・植民地主義反対・原水爆禁止を共同声明。7.19 アメリカ，エジプトのアスワン=ハイダム建設に対する資金援助を撤回(20日，イギリス・世界銀行も援助撤回)。7.26 エジプト大統領ナセル，スエズ運河会社の国有化を宣言。8.16 第1次スエズ運河国際会議，ロンドンで開催，18日，ナセル，国際管理案を拒否(～23日)。10.1 周恩来，ソ連共産党のスターリン批判を批判(11月30日，毛沢東，スターリンの方針・路線は正しかったと発言)。10.21 ポーランド統一労働者党，ゴムルカを第1書記に選出。10.23 ハンガリーのブダペストで，学生・労働者による反政府暴動起こる(ハンガリー事件の端緒)。

西暦	年号 干支	内閣	政　治・経　済
1956▲	昭和 31 丙申	12.23 石橋湛山内閣	職。 第26通常国会召集(昭和32年5月19日閉会)。12.23 石橋内閣成立。12.25 沖縄那覇市長選挙，人民党書記長瀬長亀次郎当選(27日，米民政府，補助および同市都市計画への融資を中止し市の預金を凍結)。**この年** 経済成長率実質9.3パーセント(40年基準)，名目12.5パーセント．船舶建造高，175万トンに達し世界第1位。
1957▼	32 丁酉	2.25 第1次岸信介内閣	1.4 米極東軍司令官兼米民政府長官レムニッツァー，沖縄米軍軍用地の地代一括支払方針を声明。1.16 労働者農民党，解党大会を開催し社会党との統一を決定。1.17 社会党，第13会大会を開催，左派が中央執行委員会の過半数を占める。1.30 群馬県相馬ヶ原射撃場で，薬莢拾いの農婦，米兵ジラードに射殺される(ジラード事件．11月19日，前橋地裁，懲役3年執行猶予4年の判決)。1.31 石橋湛山首相，病気のため岸信介外相を首相代理に指命。2.6 アメリカ国防総省，ナイキなど誘導兵器の日本への供与を発表。2.8 日本・ポーランド国交回復協定，ニューヨークで調印(5月18日発効)。2.23 石橋内閣総辞職。2.25 岸内閣成立(全閣僚留任)。3.9 政府，ソ連に核実験の中止を要請(29日，ソ連，他国が同様の義務受諾の際には実験停止する旨を回答)。3.15 参議院本会議，原水爆禁止決議案を可決。3.21 自民党大会，岸信介を総裁に選出。4.1 ㈱日本不動産銀行(朝鮮銀行の後身)・日本貿易信用㈱(台湾銀行の後身)各開業。4.25 高速自動車国道法公布。 政府，参議院内閣委員会で攻撃的核兵器の保持は違憲とする統一見解を発表。4.29 政府，アメリカに核実験の中止を要請。5.7 岸首相，参議院内閣委員会で自衛権の範囲内での原子力の利用は可能と答弁(12日，自衛隊に原子兵器装備はしないと訂正)。5.17 東北開発促進法公布。5.18 株式暴落(ダウ521円56銭)。5.20 岸首相，東南アジア6ヵ国歴訪へ出発(〜6月4日．戦後初の首相のアジア諸国訪問)。6.3 岸首相，台北で蔣介石と会談し，国府の大陸回復に同感と表明。6.14 国防会議，第1次防衛力整備3ヵ年計画を決定(陸上18万人・艦艇12万4000トン・航空機1300機に及ぶ拡充計画)，閣議，即日了承。6.16 岸首相，訪米(〜7月1日)。6.19 岸首相，ワシントンでアイゼンハウアー大統領と会談(〜21日．日米共同声明を発表．日米新時代の強調・在日米地上軍の撤退・安保条約の検討委設置などを表明)。6.24 松川事件に関する「諏訪メモ」の存在，スクープされる(検察側の隠匿を暴露)。7.4 在琉球米軍司令官琉球列島米民政府副長官ムーア中将，初代琉球駐在高等弁務官に就任。7.8 東京都下砂川町で，米軍立川基地拡張区域(民有地)の本測量を実施，反対派と警官隊衝突し，学生の一部が基地内に入る(9月22日，学生・労組ら25人を刑事特別法第2条違反などにより逮捕)。7.10 岸内閣改造(日本商工会議所会頭藤山愛一郎の外相就任など)。7.27 日中国交回復国民会議結成(理事長風見章)。8.1 アメリカ国防総省，在日米軍地上兵力の撤退開始を発表(昭和33年2月8日，撤退完了)。8.6 日米両政府，日米共同声明に基づく日米安保委員会設置(16日，初会合)。8.13 憲法調査会，第1回総会開催(社会党不参加)。9.14 日米両国，安保条約と国連憲章の関係に関する交換公文に調印(安保条約の運用を国連憲章に

社会・文化	世界
茂樹『昭和史』・井上清『日本近代史』などを取り上げ，マルクス主義史学の歴史叙述を人間不在と批判，昭和史論争活発化。 鎌倉市史編纂委員会『鎌倉市史』刊(～昭和34年10月)。 近代日本教育制度史料編纂会編『近代日本教育制度史料』刊(～昭和34年)。 総監修千宗室『茶道古典全集』刊(～昭和37年)。 【死没】 1.1 黒田英雄(77，大蔵官僚)。1.23 柴山兼四郎(66，陸軍軍人)。1.28 緒方竹虎(67，政治家)。1.29 日野草城(54，俳人)。1.31 沖野岩三郎(80，小説家)。2.29 キリーノ(65，フィリピン共和国大統領)。3.4 服部之総(54，日本史学)。3.8 織田一磨(73，版画家)。3.17 梅根常三郎(72，鉄鋼技述者)。4.2 高村光太郎(73，彫刻家)。4.5 馬場恒吾(80，ジャーナリスト)。4.7 伍堂卓雄(78，海軍造兵中将)。4.21 吉田絃二郎(69，小説家)。4.30 宇垣一成(87，政治家)。5.11 松本たかし(50，俳人)。5.19 橋本増吉(75，東洋史学)。5.27 太田亮(71，日本古代史)。5.28 稀音家浄観(2代)(82，長唄三味線方)。6.2 山川智応(77，日蓮教学)。6.25 宮城道雄(62，箏曲家，作曲家)。7.4 三木武吉(71，政治家)。8.24 溝口健二(58，映画監督)。8.31 真崎甚三郎(79，陸軍軍人)。9.2 岡田武松(82，気象学)。9.29 明石照男(75，第一銀行)。10.21 多忠朝(73，作曲家)。11.4 斎藤良衛(75，外交官)。11.14 三輪寿壮(61，政治家)。11.21 会津八一(75，美術史家)。11.28 石川三四郎(80，社会運動家)。12.5 佐野利器(76，建築構造学)。12.19 池田亀鑑(60，国文学)。12.26 青山杉作(67，演出家)。	10.24 ソ連軍，ブダペストの反政府暴動鎮圧に出動(ソ連第1次武力介入)．ナジ，ハンガリー首相に就任。10.29 イスラエル軍，エジプト領シナイ半島に侵入，スエズ戦争始まる(31日，イギリス・フランス，国連安保理でのアメリカ停戦案に拒否権発動．英・仏軍，スエズ運河地帯でエジプト軍を攻撃，米大統領，英仏の攻撃を非難)。11.1 ハンガリー首相ナジ，ハンガリーの中立とワルシャワ条約からの脱退を宣言。11.2 国連緊急総会でアメリカのスエズ即時停戦決議案を採択。11.4 ソ連軍，ハンガリーに対する第2次武力介入本格的に実施．ハンガリー，カーダール労農革命政権樹立．ナジ，ユーゴ大使館に亡命(後，ソ連により処刑)。11.5 ソ連ブルガーニン首相，英・仏・イスラエル各首相あて書簡で，エジプト侵略に対する武力介入を示唆。 イスラエル・エジプト，国連スエズ停戦決議を受諾(6日，英・仏，国連軍の監視を条件に停戦に合意)。**この年** 中国で「百花斉放」「百家争鳴」の動き進む。 林献堂没(76，台湾の抗日民族運動家)。
1.13 美空ひばり，浅草の国際劇場で塩酸をかけられ3週間の負傷。2.14 佐賀県教組，259人の人員削減に反対して休暇闘争を開始(4月2日，11人処分，24日，10人逮捕)。3.7 第24回世界卓球選手権大会，ストックホルムで開催(日本5種目で優勝)。3.13 チャタレー裁判最高裁判決(上告棄却，訳者伊藤整・出版者小山久二郎の有罪確定となる)。3.26 一橋大学教授都留重人，アメリカ上院国内治安分科委員会に喚問され，共産党との関わりを否定する証言。3.30 愛媛県教育委員会，勤務評定による人事を発令。3.31 原子爆弾被爆者の医療等に関する法律公布(4月1日施行)。4.14 日本医師会，会長に武見太郎を選任。4.26 学術会議，全世界の科学者に原水爆実験の禁止を提言。4.- 新東宝製作の映画「明治天皇と日露大戦争」封切，空前の大ヒット。 文化服装学院にはじめて男子生徒入学。5.4 光文社，右翼団体の抗議により『三光』(中国での日本人による生体解剖・虐殺などの告白や写真を綴った内容)の販売中止。5.10 国労，春季闘争処分反対闘争を開始(当局の処分の強行に対する実力行使激化．7月16日，実力行使中止決定)。6.- 江崎玲於奈，トンネル効果の実例現象(エサキ効果)を発見。7.1 国際地球観測年(IGY)開始，東京上野で日本学術会議により開始記念式開催。8.1 水俣病患者互助会結成。8.2 杵島炭鉱労組，企業整備反対無期限ストに突入(9月30日・10月3日，炭労大手13社，24時間同情スト実施．11月6日，妥結)。8.12 国立岡山療養所の結核患者朝日茂，現行の生活保護は憲法25条違反として東京地裁に提訴(朝日訴訟)。8.27 原子力研究所(茨城県東海村)のJRR-1原子炉，臨界点に到達(日本初の原子の火ともる)。8.- 財団法人古代学協会『古代文化』創刊。9.2 第29回国際ペン大会，東京で開催(～8日)。9.10 文部省，教員勤務評定の趣旨徹底を通達。9.20 糸川英夫ら，秋田県道川海岸	1.5 米アイゼンハウアー大統領，中東特別教書を議会に提出，中東における「国際共産主義の危険」阻止を主眼とした，軍隊出動命令の権限および経済援助を要請(アイゼンハウアー=ドクトリン)。1.7 中国周恩来首相，東南アジア歴訪を中止しモスクワを訪問，ソ連・東欧を歴訪(～19日)。1.9 英イーデン首相，スエズ戦争の責任をとり辞任．後任首相にマクミラン就任。1.18 中ソ共同宣言(社会主義諸国の団結をうたう)。2.27 毛沢東，最高国務会議第11回拡大会議で，「人民内部の矛盾を正しく処理する問題について」と題し演説。3.6 ガーナ，英連邦内で独立(サハラ以南の黒人国家として初の独立．初代大統領エンクルマ)。3.25 ヨーロッパ経済共同体(EEC)およびヨーロッパ原子力共同体(EURATOM)両条約，ローマで調印(仏・西独・伊・ベネルクス3国の6ヵ国で構成．'58年1月1日発効)。4.5 インド，ケララ州議会選挙で共産党が60議席(126議席中)を獲得し第一党，初の共産党州政府が出現。5.15 イギリス，クリスマス島で初の水爆実験。5.24 台北で米軍人の殺人事件裁判の判決に対する抗議のデモ起こり，アメリカ大使館を占領。6.8『人民日報』，社説「これはどうしたことか」を掲載(「百家争鳴」にあらわれた自由化の動きを「ブルジョワ思想」としてきびしく糾弾，その排除をめざし反右派闘争本格化)。6.20 中国，ソ連の第2次大戦後の工業施設撤収および朝鮮戦争の戦費請求につ

西暦	年号干支	内閣	政　治・経　済
1957▲	昭和32丁酉	(第1次岸信介内閣)	則るものと規定)。9.23 日本，国連に核実験停止決議案を提出(11月6日，政治委員会で否決)。9.28 外務省，『わが外交の近況』(いわゆる外交青書)を初刊行。10.1 日本，国連総会で安全保障理事会非常任理事国に当選(昭和33年1月1日より任期2年間)．日本銀行，5000円札を発行。10.4 インド首相ネルー，来日(17日，岸首相と大量破壊兵器禁止に関し共同声明)。11.1 第27臨時国会召集(11月14日閉会)。11.25 那覇市議会，市長瀬長亀次郎の不信任案を可決および臨時市長を選任，次期市長選挙を昭和33年1月12日に決定。12.6 日ソ通商条約，東京で調印(昭和33年5月9日発効)。12.11 政府，100円銀貨を発行。12.20 第28通常国会召集(昭和33年4月25日衆議院解散)。**この年** なべ底不況(昭和32年下期～33年下期)．国際収支，5億3300万ドルの赤字に転落．経済成長率実質9.9パーセント，名目15.1パーセント。
1958▼	33戊戌		1.8 琉球政府立法院，民立法により教育基本法・教育委員会法・学校教育法・社会教育法(教育4法)を公布(「日本国民としての教育」を明示．4月1日施行)。1.12 那覇市長選挙．民主主義擁護連絡協議会の兼次佐一，社会大衆党候補を破り当選。1.20 日本・インドネシア平和条約・賠償協定など，ジャカルタで調印(12年間で2億2308万ドル支払い．4月15日発効)。2.4 日印通商協定および円借款協定，東京で調印(日本輸出入銀行から3年間で180億円の借款供与．4月8日発効)。2.5 アラビア石油㈱設立(資本金100億円，社長山下太郎．昭和35年1月29日，ペルシャ湾クウェート沖で第1号井成功)。2.26 日中鉄鋼協定，北京で調印(日本から鉄鋼，中国から石炭・鉄鉱石・農産物を輸出する5年間1008億円のバーター協定)。3.5 第4次日中民間貿易協定，北京で調印(3月14日，国民政府，同協定に抗議し日本との通商会談を中止．4月15日，会談再開)。3.9 日本道路公団，関門国道トンネル開通式を挙行(全長3461メートル)。3.28 岸信介首相，衆議院内閣委員会で在日米軍基地への攻撃は日本への侵略との見解を答弁。4.15 第4次日韓全面会談，4年ぶりに開始(12月19日，北朝鮮帰還問題などをめぐり休会)。4.18 衆議院，原水爆禁止決議案を可決(21日，参議院でも同案可決)。自民党岸・社会党鈴木茂三郎両党首，国会解散に関し合意(25日，衆議院，「話しあい」解散)。4.26 日本貿易振興会法公布(即日施行．7月25日，同会設立)。4.30 刑法・刑事訴訟法各改正公布(斡旋収賄罪・凶器準備集合罪の新設，暴行・脅迫罪に対する緊急逮捕の認可など．5月20日施行)。5.6 東京地裁，蒲田事件について東京都公安条例を違憲とする判決。5.13 閣議，対中関係についての静観を確認。5.22 第28回衆議院議員総選挙(自民287・社会166・共産1・諸派1・無所属12)。6.10 第1次岸内閣総辞職。第29特別国会召集(7月8日閉会)。6.12 第2次岸内閣成立。6.16 日

社会・文化	世界
で初の国産ロケット１号カッパーＣ型の打ち上げに成功。9.30 東大原子核研究所，同所の国産63インチサイクロトロンの試運転に成功。10.14 日本最初のモノレール，東京上野公園で開通(世界で２番目)。10.15 最高裁，八海事件の原判決の破棄および差戻しを決定。11.12 丸山眞男「日本の思想」(『岩波講座現代思想』第11巻)刊．文学における実感信仰と社会科学における理論信仰という２つの日本的思考様式をめぐる論争を惹起。12.10 元満洲国皇帝溥儀の姪である愛新覚羅慧生，伊豆天城山で級友と心中死体で発見される。12.20 全国都道府県教育委員長協議会，全国都道府県教育長協議会作成の「教職員の勤務評定試案」を了承し翌年からの実施をめざす。12.22 日教組，臨時大会を開き勤務評定反対闘争の強化を決定。12.24 NHK，FM放送を開始。**この年** 電気釜の売上げ100万台を突破，大ヒット商品となる。 田中一松監修『日本絵巻物全集』刊(～昭和44年)。 麻生磯次ら監修『日本古典文学大系』刊(～昭和44年)。 【死没】 1.10 有馬頼寧(72，政治家)。1.13 尾上柴舟(80，歌人)。1.18 牧野富太郎(94，植物分類学)。1.25 小林一三(84，政・財界人)。 志賀潔(86，細菌学)。1.26 重光葵(69，政治家)。1.27 大口喜六(86，政治家)。2.20 大麻唯男(67，政治家)。3.1 桜間弓川(67，能楽師)。3.15 山崎猛(69，政治家)。 村田省蔵(78，政治家)。3.24 結城素明(81，日本画家)。4.3 小林古径(74，日本画家)。4.4 ノーマン(47，日本研究者)。4.7 羽仁もと子(83，自由学園)。4.28 渡辺世祐(83，日本史学)。5.3 江藤源九郎(78，陸軍軍人)。6.29 橋本欣五郎(67，陸軍軍人)。6.30 川合玉堂(83，日本画家)。7.31 生江孝之(89，社会事業家)。9.10 長沼妙佼(67，宗教家)。9.22 豊田副武(72，海軍軍人)。10.14 星野輝興(75，宮内省掌典)。10.30 中野金次郎(75，実業家)。11.2 徳富蘇峰(94，評論家)。11.29 徳川武定(69，海軍造船技術者)。12.4 前田河広一郎(69，小説家)。12.9 マキノ光雄(48，映画製作者)。 下村海南(82，新聞経営者)。12.24 大川周明(71，国家主義運動家)。12.27 砂田重政(73，政治家)。	いて非難。6.22 ソ連共産党中央委員会総会(～27日)，マレンコフ・モロトフらを反党グループとして党および政府から追放。8.26 ソ連，大陸間弾道弾(ICBM)の実験成功を発表。8.31 マラヤ連邦，英連邦内の自治領として独立('63年９月，マレーシア連邦に国名変更)。9.9 米アイゼンハウアー大統領，公民権法に署名(黒人選挙権を保障)。9.16 タイ，サリット元帥による軍事クーデタ起こり，ピブン政権崩壊。10.4 ソ連，人工衛星スプートニク１号の打上げに成功。11.4 カンボジア，中立法を公布。11.14 社会主義12ヵ国共産党・労働者党代表者会議，モスクワで開催(～16日．21日，モスクワ宣言を発表)。11.16 64ヵ国共産党・労働者党代表者会議，モスクワで開催(～19日．23日，平和宣言を発表)。11.18 毛沢東，モスクワで開催の共産党・労働者党代表者会議で，「東風は西風を圧す」「アメリカ帝国主義は張り子の虎」論などを演説。12.12 ジュネーヴでの米中大使級会談中断('58年９月15日再開)。12.17 アメリカ，大陸間弾道弾(ICBM)実験に成功。12.26 アジア=アフリカ人民連帯会議，カイロで開催(～'58年１月１日．カイロ宣言を発表)。
2.1 紀元節問題懇談会，歴史学者を中心に結成され紀元節復活反対声明を発表。2.8 日劇，第１回「ウェスタン=カーニバル」を開催(この頃ロカビリー流行)。2.15 全日本産業別労働組合会議(産別会議)，解散大会を挙行。2.- 東京新宿の伊勢丹デパート，日本ではじめてバレンタインチョコレートを売り出す(売行き不振)。3.18 文部省，小中学校の道徳教育の実施要項および４月からの開始を通達。3.24 全日本農民組合連合会結成(農民組織統一)。4.1 売春防止法施行(全国約３万9000軒の業者・約12万人の従業婦が消える)。4.23 都教組，勤務評定反対10割休暇闘争を開始(５月７日福岡・６月５日和歌山・６月26日高知でも闘争)。5.16 NHKテレビ受信契約，100万を突破。6.8 大内兵衛・我妻栄・宮沢俊義ら，憲法問題研究会を設立，第１回総会を開催。6.14 日仏合同日本海溝学術調査，仏潜水艇バチスカーフにより宮城県女川沖から開始。6.20 原水爆禁止を訴える広島―東京間1000キロ平和行進，日本原水協により実施される(８月11日，東京に到着)。6.24 阿蘇山大爆発，死者12人。6.- 和歌山県で教員の勤務評定実施される。7.18 王子製紙労組，賃上げ・協約改定問題をめぐり無期限スト突入(～12月９日，中央労働委員会の斡旋により妥結)。7.31 文部省，小	1.31 アメリカ，人工衛星エクスプローラー１号の打上げに成功。2.1 エジプト，シリアを合併しアラブ連合共和国成立。2.19 中朝共同声明，平壌で発表(中国軍の年内撤退などを決定．10月26日完了)。3.27 ソ連ブルガーニン首相辞任．後任首相にフルシチョフ党第１書記が就任(兼任)。3.31 ソ連最高会議，核実験の一方的停止を決議。4.15 第１回アフリカ独立諸国会議，ガーナのアクラで開催(～22日．８ヵ国参加)。5.5 中国共産党８全大会第２回会議開催(～23日)，社会主義建設の総路線・大躍進などを決議。5.10 レバノンのトリポリで，民族主義者らによる反米暴動勃発(12日，全国的な武力反乱へ発展)。5.13 アルジェリア駐留のフランス軍など，反乱してアルジェリア政庁を占領，ド=ゴールの復帰・公安委員会の設置を要求。6.1 フランス，ド=ゴール内閣成立。7.14 イラク，軍部クーデタおこり共和国宣言．ファイサル国王殺害され，カシム准将首班の共和政権

西暦	年号 干支	内閣	政　治・経　済
1958 ▲	昭和 33 戊戌	6.12 第2次岸信介内閣	米原子力一般協力協定(ワシントン)・日英原子力一般協力協定(ロンドン)を調印。6.30 仙台高裁，平事件について原判決を破棄とし，騒乱罪成立を認める有罪判決(多くの被告に執行猶予付きの有罪判決．昭和35年，最高裁，上告を棄却し有罪確定)。7.30 米琉球高等弁務官ブース，沖縄の米軍用地代一括払い取止めを声明。8.5 三井物産㈱，第一物産㈱との合併契約に調印(旧三井物産系商社の大合同完了．資本金59億2700万円，社長新関八州太郎)。8.11 沖縄軍用地問題に関する現地折衝開始(11月3日，現地折衝妥結，地代一括払い方式を中止し新方式を決定)。 川崎市の朝鮮人，北朝鮮金日成首相に帰国要望を伝達(昭和34年12月14日，日朝赤十字間の協定に基づき，在日朝鮮人の北朝鮮への帰国開始．同42年末までに8万8000人が帰還)。8.17 誘導ミサイル「エリコン」(防衛庁がスイスから輸入)，横浜に到着，沖仲仕組合・横浜港湾労組連合会など陸揚げ拒否(24日，横須賀の自衛隊用岸壁から陸揚げ)。8.22 衆議院決算委員会，次期主力戦闘機選定(グラマンF11Fに内定済)に関する不正疑惑を追及(25日，防衛庁，機種正式決定を中止)。8.23 米高等弁務官ブース，沖縄の通貨のB号円軍票からドル建への切換実施を発表(9月16日〜20日実施)。8.27 総評，勤評問題のため傘下労働者に対し子弟の登校拒否を指示(9月5日，小林日教組委員長逮捕)。9.11 藤山愛一郎外相，ワシントンでダレス国務長官と会談，日米安全保障条約改定に同意(12日，共同声明発表．10月4日，東京で改定交渉開始)。9.29 第30臨時国会召集(12月7日閉会)。10.8 政府，警察官職務執行法(警職法)改正案を国会に提出．社会党，同法案提出に対する非難声明を発表。10.13 社会党・総評など，警職法改悪反対国民会議およびその共闘組織を結成(25日から5度の全国統一行動を実施)。11.1 国鉄，東海道本線(東京—神戸間)に電車特急「こだま」号の運転を開始(東京—大阪間を6時間50分)。11.4 政府・自民党，衆議院本会議で会期30日延長(11月8日〜12月7日)を強行．社会党，延長を無効とし審議参加拒否(抜き打ち会期延長により，警職法改悪反対闘争激化)。11.13 藤山外相，安保改定交渉の国会正常化までの延期を言明。11.22 自民党岸・社会党鈴木両党首会談，国会正常化に関し，警職法審議未了・衆議院自然休会とする事で了解成立。11.27 皇室会議(議長岸首相)，皇太子継宮明仁親王と日清製粉社長長女正田美智子との婚約を決定，宮内庁長官より婚約発表。12.1 日本銀行，一万円札を発行。12.10 第31通常国会召集(昭和34年5月2日閉会)。12.27 自民党反主流派3閣僚(池田勇人・三木武夫・灘尾弘吉)，辞表を提出(31日辞任)。
1959 ▼	34 己亥		1.24 自民党第6回大会開催．岸信介，松村謙三を破り同党総裁に再選。2.18 藤山愛一郎外相，政府・自民党首脳との会談で安保改定「藤山試案」を発表(25日，自民党反主流派，早期の安保改定調印に懸念)。2.19 自民党，衆議院社会労働委員会で最低賃金法案を社会党欠席のまま可決。3.9 社会党訪中使節団浅沼稲次郎団長，北京での中国人民外交学会において「米帝国主義は日中両国人民共同の敵」と演説。3.28 社会党・総評・原水協など，日米安保条約改定阻止国民会議を結成。3.30 東京地裁(裁判長伊達秋雄)，安保条約に基づく米軍駐留は違憲であり刑事特別法は無効，砂川事件は無罪と判決(伊達判決． 4月3日，検察側，最高裁へ跳躍上告)。九州地方開発促進法公布(4月1日施行)。4.10 皇太子明仁・正田美智子結婚．結婚パレードを

社会・文化	世界
中学校学習指導要領改訂案(理数系の強化，中学校に男女別の技術・家庭科を新設)を発表(10月1日，官報告示)。**8.1** 日本ビクター㈱，初の国産ステレオレコードを発表。**8.4** 京大登山隊，ヒマラヤのチョゴリザ(7654メートル)に初登頂。**8.15** 総評，和歌山で勤評反対・民主教育を守る国民大会を開催(～16日．デモ隊，警官隊と衝突)。**8.21** 都立小松川高校女子生徒，同校内で絞殺死体で発見(9月1日，同校の朝鮮人生徒を容疑者として逮捕)。**9.6** 文部省，道徳教育指導者講習会を東京国立博物館で開催(～9日．以後各地で開催)。**9.7** 埼玉県ジョンソン基地の米兵，小銃を進行中の西武線電車に向け発射，乗客の学生一人が死亡。**9.15** 日教組，勤評反対全国統一行動を展開(都教組など，正午授業打ち切りを実施)。**9.27** 台風22号，中伊豆に大被害もたらす，死者1189人(狩野川台風)。**10.21** 西鉄ライオンズ，プロ野球日本シリーズで対巨人戦3連敗から4連勝して日本一となる。**12.4** 高知の勤評反対闘争，10割休暇に発展。**12.9** 神奈川県教委・同県教組，勤評の「神奈川方式」(勤務評定を教員の教育活動に関する自発的な記録とする)を決定(13日，文部省反対．昭和34年2月17日，日教組臨時大会，同方式を評価)。**12.10** 共産党除名の全学連幹部ら，共産主義者同盟(ブント)を結成。**12.23** 東京タワー完工式挙行(高さ333メートル)。**12.27** 国民健康保険法公布(社会保険未適用者を対象，国民皆保険化および給付内容改善を目標．昭和34年1月1日施行)。**この年** ミッチーブーム．フラフープ大流行．日清食品㈱，「即席チキンラーメン」(初のインスタントラーメン)を発売．以後インスタントラーメンのメーカーが急増。 慶応義塾編『福沢諭吉全集』刊(～昭和46年)。 【死没】 **1.14** 松本彦次郎(77，日本史学)。**2.2** 富崎春昇(77，地歌，箏曲家)。**2.3** 葛生能久(83，国権主義者)。**2.10** 岩住良治(83，農学)。**2.15** 徳永直(59，小説家)。**2.26** 横山大観(89，日本画家)。**3.15** 久保栄(57，劇作家)。 浜田国太郎(84，労働運動家)。**3.23** 山川均(77，社会主義理論家)。**3.29** 武田祐吉(71，国文学)。**3.30** 西山翠嶂(78，日本画家)。**4.2** 戸田城聖(58，宗教家)。**4.10** 宮地嘉六(73，小説家)。**4.13** 藤田元春(79，地理学)。**4.24** 門野重九郎(90，実業家)。**5.7** 林頼三郎(79，裁判官)。**5.9** 及川古志郎(75，海軍軍人)。**7.2** 蓼胡蝶(88，小唄演奏家)。**7.9** 藤井甚太郎(75，明治維新史学)。**7.30** 俵国一(86，鉄冶金学)。**8.5** 藤懸静也(77，美術史学)。**8.14** 松岡駒吉(70，労働運動家)。**9.1** 中西伊之助(71，社会主義者)。**9.20** 小笠原長生(90，海軍軍人)。**10.14** 安藤広太郎(87，育種学)。**10.30** 岡田忠彦(80，内務官僚)。**11.18** 木村荘八(65，洋画家)。**11.20** 山田孝雄(85，国語学)。**12.7** 吉植庄亮(74，政治家)。**12.16** 三好十郎(56，劇作家)。**12.17** 飯塚琅玕斎(68，竹芸家)。**12.29** 石井柏亭(76，洋画家)。**この年** 宗像利吉(85，篤農家)。	樹立。**7.15** 米アイゼンハウアー大統領，レバノン出兵特別教書演説．米海兵隊，レバノン上陸を開始。**7.17** 英軍降下隊，ヨルダンに進駐。**7.31** フルシチョフら，北京を訪問(～8月3日)，毛沢東・周恩来らと会談し，米・英のレバノン・ヨルダン派兵を非難する共同声明。**8.17** 中国共産党中央政治局拡大会議，河北省北戴河で開催(～30日)． 8月29日，「農村において人民公社を設立する問題についての決議」などを採択。**8.18** ラオスで，親米派クーデタ起こり，プイ=サナニコーン内閣成立(愛国戦線閣僚，排除される)。**8.21** 国連緊急総会，アラブ10ヵ国提出のレバノン・ヨルダン問題に関する中東平和共同解決案を全会一致により可決。**9.15** 米中大使級会談，ワルシャワで再開。**9.19** アルジェリア共和国臨時政府，カイロに樹立。**10.2** ギニア共和国，フランス共同体から離脱し独立宣言(初代大統領セク=トゥーレ)。**10.5** フランス，新憲法公布され，第5共和制発足(12月21日，ド=ゴール，大統領選で圧勝．'59年1月8日就任)。**10.27** パキスタン，軍部の無血クーデタ成功，ミルザ大統領退陣し，アユーブ=ハーン総司令官，大統領就任。**11.17** スーダン，アッブード将軍による軍事クーデタ起こり，軍事政権成立。**12.8** 第1回全アフリカ人民会議，ガーナのアクラで開催(～13日，28ヵ国参加)，同会議常設書記局のアクラ設置を決定。 第1回アジア=アフリカ経済会議，ガーナのアクラで開催(～11日)，アジア=アフリカ経済協力機構の設置を決定。**12.29** ヨーロッパ通貨協定(EMA)発足し，西欧通貨，交換性を回復。**この年** 中国で人民公社の建設など「大躍進」政策進むも，その行き過ぎに対する批判もおこる。
1.1 メートル法施行，度量衡をメートル法に統一(昭和41年4月1日，取引などの証明行為における尺貫法の使用を禁止)。**1.10** NHK教育テレビ開局(2月1日，日本教育テレビ，3月1日，フジテレビ開局)。**1.14** 第3次南極観測隊，昭和基地に1年間放置のカラフト犬15頭のうち，太郎・次郎の2頭の生存を確認。**1.19** 三井鉱山，全国三井炭鉱労働組合連合会(三鉱連)に，6000人希望退職企業整備案を提示(3月，三池炭鉱を中心にスト，4月6日妥結)。**1.-** 勤評提出状況(提出都県36・提出	**1.1** カストロ指揮のキューバ革命軍，バハマを占領しバチスタ政権を打倒(2月16日，カストロ，首相に就任)。**2.19** 英・ギリシア・トルコの3国，キプロス独立協定をロンドンで調印('55年4月以来の反英闘争収拾)。**3.5** アメリカ，トルコ・イラン・パキスタン各国との相互防衛条約をアンカラで調印。**3.10** チベットのラサで対中国反乱起こる(12日，ダライ=ラマ，チベッ

西暦	年号 干支	内閣	政　治・経　済
1959 ▲ ▼	昭和 34 己亥	(第2次岸信介内閣)	テレビ中継。 復権令，皇太子ご成婚により公布。**4.13** 藤山外相，アメリカ駐日大使と安保改定交渉を再開。**4.14** 首都高速道路公団法公布(即日施行)。**4.15** 安保条約改定阻止国民会議，第1次統一行動を実施，東京日比谷公園で中央集会を挙行。**4.23** 第4回統一地方選挙(19都道府県知事・全国都道府県議会議員・2大市長・5大市議会議員)施行。**5.13** 日本・南ベトナム賠償協定，サイゴンで調印(賠償3900万ドル・借款750万ドル・経済協力910万ドル，総計5560万ドル．昭和35年1月12日発効)。**6.2** 第5回参議院議員選挙(自民71・社会38・緑風6・共産1・無所属10)。**6.15** 厚生省，急性灰白髄炎(小児マヒ)を指定伝染病に指定。**6.18** 岸内閣改造(池田勇人，通産相として入閣)。**6.22** 第32臨時国会召集(7月3日閉会)。**6.30** 沖縄宮森小学校に米軍機墜落，死者21人，負傷者100人。**7.7** 上原専禄・青野季吉・清水幾太郎ら，安保問題研究会を結成。**7.11** 岸首相，欧州・中南米11ヵ国歴訪に出発。**7.19** 社会党西尾末広，共産党の安保条約改正阻止国民会議からの締め出しを主張。**7.21** 自民党，安保反対に方針を転じた日本原水協を批判，補助金中止・不参加などを決定(8月11日，母親大会にも同様決定)。**8.10** 最高裁，松川事件原判決の破棄および差戻しを判決。**8.12** 第4次日韓会談，8ヵ月ぶりに東京で再開(昭和35年4月，韓国国内の政情不安により休止)。**8.13** 日本・北朝鮮両国赤十字代表，カルカッタで在日朝鮮人の北朝鮮帰還に関する協定に調印(12月14日，帰還第1船，新潟を出発)。**9.12** 社会党第16回大会開催(13日，西尾末広を党規律違反として統制委員会に付議．16日，一時休会．10月15日，統制委，左派のみで西尾譴責処分を可決．16日，大会再開．18日閉会)。**10.25** 社会党西尾派33議員，離党し新会派「社会クラブ」を結成。**10.26** 自民党衆参両院議員総会，安保改定を党議決定。 第33臨時国会召集(12月27日閉会)。**11.6** 国防会議，航空自衛隊次期主力戦闘機にロッキードF104C改装型の採用を決定。**11.11** 通産省，対ドル地域輸入制限181品目に対する自由化・制限緩和を発表。**11.25** 社会党河上派12議員離党(26日，新会派「民社クラブ」を結成)。**11.27** 安保条約改定阻止国民会議，第8次統一行動を実施．労組・全学連からなる国会請願のデモ隊約2万人，国会構内に入り座り込み。**11.30** 民主社会主義新党準備会，社会クラブ・民主クラブの合同により結成。**12.16** 最高裁，砂川事件原判決(「伊達判決」)を憲法解釈誤認として破棄，差し戻し(駐留米軍は憲法9条に抵触せずとの見解)。**12.29** 第34国会召集(昭和35年7月15日閉会)。**この年** いわゆる岩戸景気(昭和34年下期〜36年下期)。

社会・文化	世界
拒否県２・実施延期県１・提出延期府県３・規則未制定道府県４）。藩法研究会編『藩法集』刊(～昭和50年６月)。**2.15** 主婦と生活社労組，労組副委員長の配転をめぐり無期限ストに突入(21日，大宅壮一ら150人，スト支援のため執筆拒否声明．12月29日，解決)。**3.10** 杉並区善福寺川でBOAC日本人スチュワーデスの死体発見(６月11日，重要参考人のベルギー人神父，突如帰国し事件は迷宮入り)。**3.15**『朝日ジャーナル』創刊。**3.28** 東京千代田区の千鳥ヶ淵戦没者墓苑完工式，無名戦士の遺骨を安置。**4.15** 最低賃金法公布(７月10日施行)。**4.16** 国民年金法公布(11月１日施行)。**4.30** 市町村に社会教育主事を必置。**6.10** 国立西洋美術館開館(東京上野)。**7.12** 田中聡子，200メートル背泳で世界新記録を樹立。**7.22** 熊本大学医学部水俣病研究班，水俣病の原因を有機水銀に特定(10月21日，通産省，新日本窒素に対して水俣川への排水中止・浄化装置の完備を指示．11月12日，厚生省水俣病食中毒部会，「水俣病の主因は有機水銀」と厚相に答申)。**7.24** 児島明子，ミスユニバースに決定。**7.26** 山中毅，400メートル自由形で世界新記録を樹立。**8.28** 三井鉱山，三鉱連に4580人希望退職第２次企業整備案を提示(10月13日から反復スト．12月11日，三井，指名解雇通告を開始，三池争議始まる)。**9.10**「黒い羽根」募金運動，北九州の炭鉱失業者救済を目的として全国展開(12月18日，炭鉱離職者臨時措置法公布・施行)。**9.12** 小沢征爾，ブザンソン国際指揮者コンクール(フランス)で１位入賞。**9.23** 広島高裁，八海事件やり直し裁判で原判決を破棄し無罪判決(10月１日，広島高等検察庁，無罪判決を事実誤認として上告)。**9.26** 台風15号(伊勢湾台風)，日本列島を縦断，中部地方を中心に被害甚大，死者・行方不明者5041人(明治以降最大)。**10.6** 新日本窒素，同社水俣病院細川一の猫による工場廃水投与実験で同廃水が原因と確認。**10.9** 三宅泰雄，第３回放射化学討論会で日本のストロンチウム90降下量は世界最高と報告。**10.31** 文部省，初の教育白書『わが国の教育水準』を発表。**11.2** 不知火海沿岸漁民1500人余，新日本窒素に対し浄化装置完成までの操業停止などの交渉要求を拒否され同社水俣工場内に乱入，警官隊と衝突。**11.19**「緑のおばさん」，東京都に登場(失業未亡人救済および学童の交通安全を目的)。**12.30** 水俣病患者互助会，見舞金契約による調停受諾。**この年** 明治文化資料叢書刊行会編『明治文化資料叢書』刊(～昭和38年)。 名古屋市教育委員会・名古屋蓬左文庫編『名古屋叢書』『名古屋叢書続編』『名古屋叢書三編』刊(～平成２年)。 【死没】 **1.2** 堺為子(86，堺利彦妻)。**1.3** 和田英作(84，洋画家)。**1.6** 観世華雪(74，能楽師)。**1.16** 山本一清(69，天文学)。**2.1** 新木栄吉(67，銀行家)。**2.13** 平沼亮三(79，スポーツ功労者)。**2.19** 小岩井浄(61，政治家)。**2.22** 岡倉士朗(49，演出家)。**3.7** 鳩山一郎(76，政治家)。**3.18** 井上匡四郎(82，工学)。**3.26** 魚澄惣五郎(69，日本史学)。**4.8** 高浜虚子(85，俳人)。**4.9** 中川末吉(84，実業家)。 ライト(91，建築家)。**4.13** 田宮嘉右衛門(83，経営者)。**4.17** 川路柳虹(70，美術評論家)。**4.30** 永井荷風(79，小説家)。**5.12** 堀悌吉(75，海軍軍人)。**5.22** 吉岡弥生(88，東京女子医大)。**6.4** 土方与志(61，演出家)。**6.5** 岡繁樹(80，反戦運動家)。**6.16** 金森徳次郎(73，政治家)。**6.20** 芦田均(71，政治家)。**6.29** 苫米地義三(78，政治家)。**7.4** 川上多助(74，歴史学)。	ト独立を宣言．23日，中国人民解放軍，武力鎮圧してラサを占領．28日，中国，チベット地方政府を解散．以後僧侶・寺院などへの大弾圧続く．パンチェン=ラマをチベット自治区準備委員会主任に任命．31日，ダライ=ラマ，インドへ亡命，４月，インド首相ネルー，ダライ=ラマの亡命受け入れと中国の対チベット武力介入非難の声明)。**4.15** 米ダレス国務長官辞任(18日，後任にハーター国務次官昇格)。**4.27** 中国第２期全国人民代表大会第１回会議(４月18日～)，毛沢東，国家主席をしりぞき，新国家主席に劉少奇を選出。**5.11** 米・英・仏・ソ４ヵ国外相会議(～６月20日，７月13日～８月５日)，ジュネーヴで開催され，ベルリン・ドイツ問題を討議(東西ドイツ代表も顧問として参加)。**5.16** クレーギー没(75，駐日イギリス大使)。**5.17** キューバ，農地改革法を制定(６月４日公布)。**5.24** ダレス没(71，アメリカの外交指導者)。**6.3** シンガポール自治国，英連邦内での独立により発足(初代首相リー=クアンユー)。**6.20** ソ連，中国との国防用新技術に関する協定を破棄，原爆見本と原爆生産技術資料提供の約束を撤回('63年８月15日，中国公表)。**7.31** インド大統領プラサド，ケーララ州共産党政権を接収し，同州を直轄統治。**8.2** 中国共産党第８期８中全会開催(廬山会議．～16日)．中ソ対立・大躍進・人民公社を巡り論争(16日，大躍進反対派の彭徳懐国防相らを反党集団とする決議，９月17日，彭徳懐解任．後任に林彪)。**8.7** 中国・インド両軍，インド東北国境地帯で衝突(８月25日・10月20日再衝突．９月９日，ソ連，タス通信を通じ中印国境問題における友好的解決を要望)。**8.20** バグダッド条約機構，イラクの脱退によりアンカラに移転，中央条約機構(CENTO)と改称。**9.14** ソ連の宇宙ロケット「ルナ２号」，初めて月面に到着。**9.15** ソ連フルシチョフ首相，訪米(～28日)。**9.16** 仏ド=ゴール大統領，民族自決原則に基づくアルジェリア和平政策を発表。**9.18** フルシチョフ，国連総会で３段階・４年間での完全全面軍縮提案を演説。**9.25** アイゼンハウアー・フルシチョフ会談，キャンプ=デーヴィッドで開催，国際諸問題の平和的手段による解決などに合意(27日，共同コミュニケを発表)。**9.30** フルシチョフ，訪中(～10月３日)，毛沢東ら中国首脳と会談(共同声明なく，中ソ対立表面化)。**10.26** ソ連，惑星間ステーション「ルナ３号」撮影の月の裏側写真を発表。**11.6** ラウレル没(68，フィリピン共和国大統領・法学者)。**11.7** 中国首相周恩来，インド首相ネルー宛て書簡でマクマホン=ラインからの20キロ相互後退・首相会談開催を提案(16日，インド，首相会談に合意し予備交渉開催を提案)。**11.15**

西暦	年号干支	内閣	政治・経済
1959 ▲	昭和 34 己亥	（第2次岸信介内閣）	
1960 ▼	35 庚子	7.19 第1次池田勇人内閣	1.5 閣議，貿易為替自由化促進閣僚会議の設置を決定。1.12 貿易為替自由化促進閣僚会議，第1回会合を開き基本方針などを決定。1.16 新安保条約調印全権団（岸信介首相ら），渡米．全学連主流派学生ら約700人，羽田空港ビルで座り込み，警官隊と衝突。1.19 日米相互協力および安全保障条約（新安保条約）・地位協定など，ワシントンで調印，日米両国首脳の共同コミュニケを発表。1.24 民主社会党，旧社会党右派を中心に結成，結党大会を挙行（委員長西尾末広．のちの民社党）。1.27 ソ連グロムイコ外相，新安保条約調印を非難，国内に外国軍隊が駐留する限り歯舞・色丹を引き渡さない旨の覚書を駐ソ大使に手交。1.30 緑風会，参議院同志会と改称。2.5 政府，衆議院に日米相互協力および安全保障条約・地位協定を提出。2.11 衆議院，安保特別委員会を設置（19日，審議開始）。3.23 社会党，臨時大会を開催（～24日，委員長に浅沼稲次郎，書記長に江田三郎を選出）。4.19 経団連，自由化対策の政府・国会への提出を決定（企業体質改善策・独禁法などの改正・貿易業法制定・税制改革などの総合的実施を提言）。4.28 沖縄県祖国復帰協議会，結成大会を挙行（民間団体を中心とした革新系団体）。 四国地方開発促進法公布。5.9 社会党，衆議院安保特別委員会でソ連の米軍U2型機撃墜事件に関し，厚木米軍基地の同型機「黒いジェット機」問題で政府を追及（10日，アメリカ国務省，在日U2機の情報活動への不使用を声明）。5.19 衆議院安保特別委員会，自民党の採決強行により紛糾．衆議院議長清瀬一郎，警官隊の導入により社会党の坐り込みを排除し本会議を開会，野党・自民反主流派欠席の中で会期50日延長を議決。5.20 自民党，衆議院本会議で新安保条約および関連協定を単独強行採決．以後の政局混乱し，国会，空白状態となる．全学連主流派デモ隊，国会・首相官邸で警官隊と衝突。5.26 安保改定阻止国民会議，第16次統一行動で17万人のデモ隊により国会を包囲。 参議院本会議，自民党・参議院同志会のみで会期50日延長を議決。6.4 安保改定阻止第1次実力行使，「6・4統一行動」に突入し，全国で560万人（総評発表）が参加。 主婦・未組織の市民による「声なき声の会」，国会デモに参加。6.10 米大統領新聞係秘書ハガチー来日，羽田空港出口で全学連反主流派らのデモ隊に車を包囲され，米軍ヘリコプターで脱出（ハガチー事件．ハガチー，翌日離日）。6.15 安保改定阻止第2次実力行使，「6・15統一行動」に突入し，全国で580万人が参加。 全学連主流派，国会突入をはかり警官隊と衝突，東大生樺美智子が死亡し国会構内で抗議集会．警官隊，デモ隊に暴行し学生ら182人を逮捕（負傷者1000人以上）。6.16 岸内閣，臨時閣議で米アイゼンハウアー大統領の訪日延期要請を決定。 全国の大学で学生・教職員の抗議集会，授業放棄を決議．東大学長茅誠司，全学連の国会突入事件に関し政府を批判。6.17 在京7新聞社，「暴力を排し議会主義を守れ」との共同宣言（地方紙も多数同調）。6.18 安保改定阻止国民会議，第18次統一行動で33万人のデモ隊により徹夜で国会を包囲。6.19 新安保条約および関連協定，参議院未議決のまま午前0時をもって自然承認。6.23 新安保条約批准書，外相公邸で交換され発効．岸首相，閣議で辞意を表明。7.1 自治省，自治庁（総理府外局）からの昇格により発足。7.14 自民党大会開催され，池田勇人を新総裁に選出。7.15 岸内閣総辞職。7.18 第35臨時国会召集（7月22日閉会）。7.19 第1次池田内閣成立（初の女性閣僚中山マサ厚生大臣）。7.25 東海道幹線自動車国道建設法公布（昭和40年4月22日，日本道路公団，東名高速道路を起工）。7.29 北富士演習場で地元農民300人，米軍・自衛隊に対し演習中止を要求．着弾地に10人が座り込み。9.1 石炭鉱業合理化事業団発足。9.8 第1回日米安保協議委員会，新安保条約に基づき開催。10.12 浅沼稲次郎社会党委員長，日比谷公会堂での3党首立会演説会の壇上で，右翼少年山口二矢に刺殺される（11月2日，山口，鑑別所内で自殺）。10.17 第36臨時国会召集（10月24日衆議院解散）。10.25 第5次日韓会談の予備会談，東京で開催（日本側首席代表沢田廉三，韓国側首席代表兪鎮午．36年5月，韓国軍事クーデタにより中止）。10.27 第2次日朝赤十字会談，新潟で開催．日朝両赤十字代表，北朝鮮帰還協定の1年間延長に合意。11.1 経済審議会，国民所得倍増計画案を答申（昭和45年

社　会・文　化	世　界
7.12 中村時蔵(3代)(64，歌舞伎役者)。7.26 伊藤永之介(55，農民作家)。8.1 清水六兵衛(5代)(84，陶芸家)。8.3 ラウレス(67，宣教師)。8.4 武田長兵衛(5代)(90，武田薬品工業)。8.14 五島慶太(77，東急グループ)。8.16 梅若実(2代)(81，能楽師)。8.20 渥美清太郎(66，演劇評論家)。9.19 本間憲一郎(69，民間右翼指導者)。9.20 内山完造(74，上海内山書店)。10.20 阿部次郎(76，評論家)。11.25 小山松寿(83，政治家)。12.29 千葉命吉(72，教育者)。	西独社会民主党臨時大会(11月13日～)，バート=ゴーデスベルク綱領を採択し，国民政党への転換を声明。11.20 イギリスなど非EEC 7ヵ国，ヨーロッパ自由貿易連合(EFTA)設立議定書に仮調印(11月29日・31日本調印．'60年5月3日発効)。 国連総会，「全面完全軍縮のための諸措置」を満場一致で可決。**この年** 中国で長江・黄河流域の自然災害と大躍進政策の失敗により農業生産の減退はじまる(～'61年)。
1.5 三井鉱山三池炭鉱労組，1214人の解雇通告を一括返上(25日，三井鉱山，三池鉱業所をロックアウト．労組側，全山無期限ストに突入)。2.23 皇太子妃，宮内庁病院で男子(浩宮徳仁)を出産。3.17 三井労組分裂し，第2組合結成。3.28 三井炭鉱，第2組合のみの生産再開を強行，反対する第1組合と衝突(29日，第1組合員久保清，暴力団員により刺殺される)。3.- 積水化学㈱，プレハブ住宅を試作。4.7 警視庁，サド『悪徳の栄え・続』(渋沢龍彦訳，昭和34年12月現代思潮社刊)を猥褻文書の疑いで押収(同38年11月21日，第2審で有罪判決)。5.16 東京世田谷で雅樹ちゃん誘拐殺人事件起こる(19日，死体発見，7月17日，犯人逮捕)。5.24 北海道・東北地方の太平洋岸にチリ津波来襲，死者139人・被害家屋4万6214戸。6.20 熊本の下筌ダム建設反対派，「蜂の巣城」で警官隊と衝突。6.25 道路交通法公布(12月20日施行)。7.1 国鉄，2・3等制を1・2等制に改め，旧3等の赤切符を廃止。7.7 福岡地裁，三池三川鉱ホッパーピケ排除の仮処分を決定．三池炭鉱の資材運搬船，第1組合側と海上で衝突，負傷237人。7.19 中央労働委員会(中労委)，三池労使双方に白紙委任による斡旋を申入れ(8月10日，最終斡旋案を提示．9月6日，炭労臨時委員会，斡旋受諾を決定．11月1日，解決)。7.21 最高裁，丸正事件の上告を棄却，有罪確定。8.1 東京山谷のドヤ街で，住民3000人が暴動，連日騒動が続発。8.12 日本航空，国際線(東京―サンフランシスコ)にジェット機初就航。8.25 第17回オリンピック・ローマ大会(～9月11日)開会，日本選手団169人参加(金4・銀6・銅6のメダルを獲得)。8.29 近代日本研究会主催のセミナーのための予備会議(箱根会議)開催(～9月2日．ホール・ドーア・川島武宜・大内力ら出席，昭和37年より，日本近代化に関する国際シンポジウム開かれ，いわゆる近代化論の影響深まる)。9.10 NHK(東京総合・同教育・大阪総合・同教育)および民放(日本テレビ・ラジオ東京・朝日放送・読売テレビ)，カラーテレビ本放送を開始。9.20 将棋の大山康晴名人，王位戦に勝ち王将・九段位と合わせて4冠独占。10.1 国勢調査(総人口9341万8501人，東京都の昼間人口1000万人を超える)。10.19 東京地裁，「朝日訴訟」において，現行の生活保護水準を違憲とする判決。11.30 中央公論社，深沢七郎「風流夢譚」(『中央公論』12月号)中の皇室への名誉毀損につき，宮内庁へ陳謝。12.- 衆議院・参議院編『議会制度七十年史』刊(～昭和38年7月)。**この年** 平均寿命，男65.32歳・女70.19歳。 電気冷蔵庫普及し，「三種の神器」流行語となる．「ダッコちゃん」ブーム起こる(1個180円，販売数240万個)。『防長風土注進案』刊。 労働運動史研究会『明治社会主義史料集』刊(～昭和38年)。 日米修好通商百年記念行事運営会『万延元年遣米使節史料集成』刊(～昭和36年)。	1.28 中国・ビルマ，友好相互不可侵条約および国境問題処理協定に調印(10月1日，国境条約に調印)。2.1 アメリカ南部で，黒人シット=イン(座り込み)運動始まり全米各地へ拡大。2.13 フランス，サハラ砂漠で初の原爆実験。3.15 韓国大統領選挙実施．馬山で不正選挙に抗議する市民・学生デモ起こり各地に波及(16日，李承晩再選)。3.21 中国・ネパール，国境協定および経済援助協定に調印。 南アフリカ政府，シャープヴィルでのパス法反対暴動に対し武力弾圧，死傷者270人以上を出す(シャープヴィル事件)。4.11 第2回アジア・アフリカ会議，コナクリで開催(～15日．52ヵ国参加．民族独立と世界平和への連帯を唱えるコナクリ宣言を発表)。4.18 高麗大学生，ソウルで李承晩大統領退陣要求デモを実施，全国に波及。4.19 韓国政府，ソウルでの学生・市民の反政府デモに対し武力行使，非常戒厳令布告．ハーター国務長官，韓国の非民主的弾圧に対し批判(27日，李承晩，退陣しハワイに亡命．「4月革命」)。 中国周恩来首相，中印国境問題協議のため訪印(～26日)，ニューデリーでネルー首相らと会談(解決に至らず)。4.28 トルコで学生の反政府デモ起こる。5.1 ソ連，領空侵犯の米偵察機U2型機を撃墜(5日，ソ連側公表．7日，アメリカ国務省，スパイ行為を認める声明．10日，ソ連グロムイコ外相，侵入機の基地供与国に対し警告)。5.3 欧州自由貿易連合(EFTA)発足。5.16 米英仏ソ首脳会談，パリで開催(～17日)．ソ連フルシチョフ首相，予備会談でアメリカに対しU2型機事件に関する陳謝を要求．アメリカ側は拒否(会談決裂により流会)。5.23 閻錫山没(78，中華民国の軍閥)。5.27 トルコ，軍部のクーデタによりメレンデス政権崩壊(28日，ギュルセル陸軍大将，政権を掌握し国家統一委員会議長に就任)。5.31 中国・モンゴル，友好相互援助・経済技術援助協定に調印。6.12 米アイゼンハウアー大統領，極東歴訪に出発(～26日．日本訪問は安保改定反対運動激化により中止)。6.21 ソ連フルシチョフ首相，ルーマニア労働党第3回大会で，帝国主義が存在しても戦争防止は可能と演説し中国共産党を批判(22日，中国共産党，ソ連の平和共存方針を批判し

西暦	年号 干支	内閣	政　治・経　済
1960 ▲	昭和 35 庚子	（第1次池田勇人内閣） 12.8 第2次池田勇人内閣	度までの10年間に平均成長率7.2パーセント，GNP26兆円への倍増を目標）。**11.20** 第29回衆議院議員総選挙（自民296・社会145・民社17・共産3）。**12.1** 石川島播磨重工業㈱発足（石川島重工業の播磨造船合併にともなう改称．資本金102億円）。**12.5** 第37特別国会召集（12月22日閉会）。**12.8** 第2次池田内閣成立。 最高裁，平事件への騒乱罪適用を合憲とし，2審の仙台高裁判決を支持し上告を棄却。**12.16** 最高裁，菅生事件の検察側上告を棄却，2審の福岡高裁判決を支持し，駐在所爆破に関し全員無罪確定。**12.26** 第38通常国会召集（昭和36年6月8日閉会）。**12.27** 閣議，経済審議会の答申に基づき国民所得倍増計画（高度成長政策）を決定。 北陸地方開発促進法・中国地方開発促進法各公布。**この年** 自動車生産台数48万台（米は920万台），粗鋼生産2214万トン（米は9007万トン）。 給与平均月額1万9600円（30人以上の事業所），大学卒男子初任給，約1万3000～1万5000円，失業率1.7パーセント。
1961 ▼	36 辛丑		**1.-** 伊豆新島のミサイル試射場反対闘争激化し，支援オルグ団入島（3月13日，新島村議会，試射場への道路改修を認める決議）。**2.5** 社会党中央執行委員会，構造改革論を中心とした新運動方針を決定。**2.21** 国連大使松平康東，外務省外交問題懇談会でコンゴ動乱に関連して「国連警察軍への参加は国連協力の根本」と発言し問題化。**2.28** 自民・社会両党，党首会談による予算修正交渉（3月2日，第2回会談行なうも物わかれに終る）。**3.6** 社会党大会開催され，委員長河上丈太郎・書記長江田三郎を選出。**3.20** 通産省，自由化対策会議を開き4月1日からの貿易自由化300品目に関し説明。**3.31** 港湾整備緊急措置法公布（4月1日公布．整備5ヵ年計画を作成）。**4.1** 昭和36年度予算成立（総額1兆9527億円，前年度比24.4パーセント増．所得倍増計画初年度の積極予算）。**4.19** 米駐日大使ライシャワー着任。**4.28** 祖国復帰県民総決起大会，沖縄の那覇で開催。**5.13** 自民・民社両党，政治的暴力行為防止法（政防法）案を衆議院に提出（6月3日，強行可決．8日，会期終了につき参議院議長の斡旋により継続審議）。**6.2** 防衛2法（防衛庁設置法・自衛隊法）改正案成立（12日，公布．陸上自衛隊を管区隊・混成団10から13師団に改編，航空自衛隊に西部航空方面隊を新設など）。**6.8** 選挙制度審議会設置法公布（16日，第1回総会開会）。**6.12** 農業基本法公布（即日施行．農業の近代化・生産性向上・従事者所得向上など他産業との不均衡を是正）。**6.16** 農政審議会令公布。**6.21** 厚生省，小児マヒ大流行（1月以来患者1000人突破）のため，生ワクチン1300万人分緊急輸入および全国一斉の大量投与を決定。**6.22** 訪米中の池田首相，ケネディ大統領と共同声明（日米貿易経済合同・教育文化・科学の3委員会設置などにつき合意）。**7.15** ㈶国民協会発足（自民党の資金調達機関・会長岩田宙造，基金500万円）。**7.18** 国防会議，第2次防衛力整備計画を決定（ミサイル装備強化を中心とした昭和37～41年度の5ヵ年計画）。**7.25** 共産党第8回大会開催（27日，新綱領を採択．～31日）。**7.28** 閣議，公式制度調査連絡会議の設置を決定。**8.8** 仙台高裁，松川事件差戻審で被告全員に無罪判決（21日，検察側，再上告）。**8.14** ソ連ミコヤン第1副首相，ソ連工業見本市（8月15日～9月4日）出席のため来日（16日，ミコヤン，池田首相に日米安保体制批判のフルシチョフ親書を手交．22日，歯舞・色丹両島の返還は日米安保体制解消が条件と述べ離日）。

社会・文化	世界
【死没】 1.4 風巻景次郎(57，国文学)。1.5 松阪広政(75，検察官)。1.20 石川一郎(84，経団連)。1.24 火野葦平(52，小説家)。2.28 高木貞治(84，数学)。3.10 石黒忠篤(76，農林官僚)。3.17 藤原銀次郎(90，財界人)。4.5 林譲治(71，政治家)。4.23 賀川豊彦(71，社会運動家)。4.25 中島久万吉(86，実業家)。4.30 服部卓四郎(59，陸軍軍人)。6.6 蘆田伊人(82，歴史地理学)。6.22 野村兼太郎(64，経済学)。7.5 斉藤惣一(73，社会運動家)。7.18 中村清二(90，物理学)。7.21 河井弥八(82，宮中官僚)。7.30 後藤守一(71，考古学)。8.6 常磐津文字兵衛(３代)(71，常磐津節三味線)。8.28 犬養健(64，政治家)。10.12 浅沼稲次郎(61，社会主義運動家)。10.16 小坂順造(79，財界人)。10.17 中村富十郎(４代)(52，歌舞伎役者)。10.26 西尾寿造(78，東京都長官)。11.7 松村松年(88，昆虫学)。11.15 吉井勇(74，歌人)。12.12 藤田亮策(68，考古学)。12.17 水谷長三郎(63，政治家)。12.26 和辻哲郎(71，哲学)。	反論．中ソ論争公然化)。6.30 コンゴ共和国，ベルギーから独立(初代大統領カサブブ・初代首相ルムンバ)。7.6 コンゴ，保安隊の反乱起こり反白人排撃の内乱に発展(コンゴ動乱始まる)。7.16 ソ連，対中派遣専門家1300人の引揚げ・既定契約数百の破棄を通告。8.9 ラオス，コン＝レ大尉の無血クーデタにより反共親米のサナニコン政権崩壊。8.12 尹潽善，韓国大統領に当選(15日，第２共和国発足)。9.14 石油輸出国機構(OPEC)結成(イラン・イラク・クウェートなど産油５ヵ国で構成)。10.20 アメリカ国務省，食糧・医薬品以外の対キューバ禁輸措置を発動(キューバの現地米資産の接収・中華人民共和国承認などへの報復措置)。11.8 ケネディ，アメリカ大統領に当選。12.6 世界81ヵ国共産党・労働者党会議，モスクワ声明を発表(平和共存・反帝国主義を確認)。12.14 国連総会，植民地独立宣言を採択(あらゆる植民地の即時解放を主張)。 西側20ヵ国，経済協力開発機構(OECD)条約に調印('61年９月30日正式発足．欧州経済協力機構の発展的改組)。12.18 周恩来首相，ネルー首相に対し国境問題会談開催を提案(26日，インド側拒絶)。12.19 中国・カンボジア，友好相互不可侵条約に調印。12.20 南ベトナム民族解放戦線結成(アメリカ帝国主義・ゴ＝ジンジェム政権の打倒を目的)。**この年**「アフリカの年」．17ヵ国独立。 アンダーソン没(87，スウェーデンの地質・考古学者)。
1.29 平城宮跡官衙跡から紀年(天平宝字６年)銘を有する木簡，初めて発見される。2.1 風流夢譚事件により，嶋中鵬二中央公論社社長宅を右翼少年が襲撃，家人２人を殺傷(２日，犯人逮捕．24日，小倉謙警視総監辞任．嶋中事件)。2.19 日本医師会・日本歯科医師会，医療費値上げを要求し全国で一斉一日休診。3.9 全日赤，賃上げを要求し無期限スト突入(５月16日妥結)。3.15 有田八郎元外相，三島由紀夫『宴のあと』をプライバシーの侵害として告訴(昭和39年９月28日，東京地裁，初めてプライバシー権を容認し，原告に勝利判決．同41年11月28日和解)。3.22 舟橋聖一・宇野精一ら５委員，表音主義に反対し国語審議会から脱退声明。5.31 丸正事件弁護士正木ひろしら，同事件「真犯人」発表につき，名誉棄損により起訴される(昭和40年５月22日，１審有罪判決．同51年３月23日，有罪確定)。6.14 朝永振一郎・杉村春子ら「七人の会」，平和アピール発表。6.17 全沖縄労働組合連合会(全沖労連)，県内28労組6400名により結成。6.24 萩野昇ら，イタイイタイ病のカドミウム原因説を発表。8.1 大阪釜ヶ崎で，群衆約2000人が暴動，警官隊と衝突(２日，１万人以上が暴徒化．３日，大阪府警，警官約6000人を投入し鎮圧)。8.7 水俣病患者診査協，胎児性水俣病患者を初めて公式確認。9.1 日本赤十字，愛の献血運動を開始。9.16 台風18号(第２室戸台風)，近畿地方を中心に猛威，死者202人・被害家屋98万戸(瞬間最大風速84.5メートル以上の新記録)。10.2 大鵬・柏戸，そろって横綱に昇進(ともに照国の最年少横綱を更新．柏鵬時代の幕明け)。10.11 西鉄ライオンズ稲尾和久投手，年	1.3 アメリカ，キューバとの国交を断絶(20日，キューバ首相カストロ，米大統領に国交回復の用意ある旨通告．25日，アメリカ側拒絶)。1.20 ケネディ，米大統領に就任，就任演説でニューフロンティア演説。2.2 カナダ，中国への小麦売却を発表(６日，オーストラリアも発表)。2.12 ルムンバ前コンゴ首相，カタンガ州政府によって殺害される。3.1 米ケネディ大統領，行政命令により平和部隊を創設。4.11 イスラエルで，ユダヤ人大量殺害容疑者旧ナチスのアイヒマン裁判開始(12月15日，アイヒマンに死刑判決)。4.12 ソ連宇宙船ウォストーク１号(ガガーリン少佐搭乗)，地球一周飛行に成功。4.17 キューバ反革命軍，米軍の支援によりキューバ南部ピッグズ湾上陸(19日，失敗し1200名逮捕される)。4.22 サラン将軍ら仏軍アルジェ駐留部隊，アルジェリア和平に反対し反乱(23日，ド＝ゴール大統領，非常大権を発動．25日，鎮圧)。4.24 イギリス・ソ連，ラオス停戦および関係諸国国際会議開催の共同提案(25日，ラオス３派，停戦を受諾．５月３日，停戦成立)。5.1 キューバ首相カストロ，社会主義共和国宣言(ハバナ宣言)。5.16 韓国で軍事クーデタ．軍事革命委員会(議長張都暎・副議長朴正熙)，

西暦	年号干支	内閣	政　治・経　済
1961 ▲	昭和 36 辛丑	(第2次池田勇人内閣)	8.28 駐ソ大使，フルシチョフ親書に対する池田首相の反論をソ連グロムイコ外相に手交。9.2 政府，ソ連の核実験再開決定に対し抗議(6日，アメリカの再開決定に対しても撤回を要請．20日，ソ連の実験強行に対し抗議)。9.25 第39臨時国会召集(10月31日閉会)。9.30 愛知用水，完工通水式を挙行(幹線水路延長112キロ・総延長1135キロ・最大通水量毎秒30トン)。10.20 第6次日韓会談開始(首席代表日本側杉道助・韓国側裵義煥．昭和39年4月，韓国政情不安により中断)。10.25 衆議院本会議，自民・社会・民社3党共同提案の核実験禁止に関する決議案を可決(27日，参議院本会議でも可決)。11.2 第1回日米貿易経済合同委員会，箱根で開催(4日，共同声明を発表し閉会)。11.12 韓国国家再建最高会議朴正熙議長，訪米の途上来日，池田首相と会談し日韓会談の早期妥結に関し合意。11.13 水資源開発促進法・水資源開発公団法各公布(昭和37年2月16日施行，5月1日，同公団発足)．低開発地域工業開発促進法・産炭地域振興臨時措置法各公布，即日施行。11.14 通産省，山口県徳山・岡山県水島の石油化学センターの設立許可方針を決定。11.15 核兵器禁止平和建設国民会議(核禁会議)結成(自民・民社党系，議長松下正寿)。12.9 第40通常国会召集(昭和37年5月7日閉会)。12.12 旧軍人らによる内閣要人暗殺・クーデタ計画発覚し，旧陸士出身者を中心に13人逮捕(三無事件)。12.13 憲法調査会，憲法改正に関する是非の基本的問題についての審議開始。12.17 那覇市長選挙，自民党の西銘順治当選(5年ぶりの保守派市長)。
1962 ▼	37 壬寅		1.9 ガリオア・エロア対米債務返済処理協定，東京で調印(債務4億9000万ドル．年利2分5厘，15年返済．9月11日発効)。1.13 社会党使節団長鈴木茂三郎，中国人民外交学会長張奚若と会談，「アメリカ帝国主義は日中人民共同の敵」を確認し共同声明。1.17 創価学会政治連盟，公明政治連盟と改称(7月11日，参議院の同連盟所属議員ら，院内交渉団体として公明会を結成)。2.2 日米関税引下げ協定調印(5月30日，スウェーデン，6月22日，EECとも同様の協定調印)。2.27 日本電気㈱，初の国産大型電子計算機(NEAC2206型)を発表。3.6 日米ガット関税取決め調印。3.29 阪神高速道路公団法公布(5月1日，同公団発足)。4.13 藤山愛一郎経済企画庁長官，経済同友会総会において池田首相の高度経済成長などの経済政策を批判。4.28 通産省，綿紡指示操短率の36.3パーセントへの引上げを告示(～9月30日．戦後最高)。4.- 不況，各産業に広がる。5.7 政治的暴力行為防止法案(政防法)，第40通常国会閉会により審議未了で廃案。5.10 新産業都市建設促進法公布(8月1日施行．地方開発における中核産業都市の建設促進)。5.11 石炭鉱業調査団発足(団長有沢広巳法政大総長)。5.15 防衛庁設置法，自衛隊法等の一部を改正する法律公布(9月11日施行．11月1日，防衛調達庁，調達庁・防衛庁建設本部の統合改組により，防衛庁外局として設置)。6.8 電源開発㈱，奥只見水力発電所完工式を挙行(昭和36年7月29日完工．出力36万キロワット)。6.10 国鉄北陸本線北陸トンネル(13.87キロ)開通(工期4年7ヵ月，当時日本最長)。7.1 第6回参議院議員選挙(自民69・社会37・創価学会9・民社4・共産3・同志会2・無所属3)。7.10 佐世保重工業㈱佐世保造船所，大型タンカー

社　会・文　化	世　界
間42勝の日本最高タイ記録樹立(昭和14年のスタルヒンと並ぶ)。**10.26** 文部省，中学2・3年生全員を対象に全国一斉学力テストを実施(日教組，統一反対行動を実施．一部の生徒・地方ではボイコット・中止)。**11.5** 福岡の降雨から高濃度の放射能を検出(このころ放射能雨が問題化)。**11.-** 早大教授暉峻康隆の「女子学生亡国論」をめぐって論議活発。**12.15** 学術会議学問・思想の自由委員会，第1回シンポジウムを開催。**12.21** 中央公論社，『思想の科学』37年1月号(「天皇制」特集号)を「業務上の都合」を理由に発売中止(26日，思想の科学評議委員会，中央公論社と絶縁し，37年3月，自主刊行)。**この年** 坂本九「上を向いて歩こう」・植木等「スーダラ節」など流行。講談社『日本教科書大系』刊(～昭和52年)。**この頃から** 四日市でぜん息患者が多発する。 【死没】 **1.15** 富田満(77，牧師)。**1.16** 古川緑波(57，喜劇俳優)。桂三木助(3代)(58，落語家)。**2.13** 村松梢風(71，小説家)。**2.21** 下中弥三郎(82，教育運動家)。**2.27** 筧克彦(88，公法学)。**4.16** 金成マツ(85，ユーカラ伝承者)。**4.18** 長田新(74，教育学)。**4.28** 郷古潔(78，三菱重工業)。**5.3** 柳宗悦(72，思想家)。**5.11** 小川未明(79，小説家)。**5.13** 駒井徳三(75，満洲国建国工作)。**5.16** 喜多村緑郎(89，新派女形)。**6.1** 牧野良三(76，政治家)。**6.11** 片山正夫(83，物理化学)。**6.23** 青野季吉(71，文芸評論家)。**7.15** 伊達源一郎(87，新聞人)。**7.16** 寺尾博(77，育種学)。**7.22** 森律子(70，女優)。**7.28** 外村繁(58，小説家)。**8.4** 妹尾義郎(71，社会運動家)。**8.5** 北昤吉(76，政治家)。**8.20** 菅野序遊(5代)(75，一中節浄瑠璃)。**9.4** 田中惣五郎(67，日本近代史家)。**9.12** 前田蓮山(88，政治評論家)。**9.21** 宇野浩二(70，小説家)。**10.29** 長与善郎(73，小説家)。**11.4** 坂東三津五郎(7代)(79，歌舞伎役者)。**11.6** 伊藤道郎(68，現代舞踊家)。**11.9** 正田貞一郎(91，館林製粉会社)。**11.15** 沼田多稼蔵(69，陸軍軍人)。**11.20** 小倉正恒(86，実業家)。**11.21** 豊田貞次郎(76，海軍軍人)。**12.4** 津田左右吉(88，歴史学)。**12.13** 矢田挿雲(79，小説家)。**12.16** 須田国太郎(70，洋画家)。**12.20** 風見章(75，政治家)。**12.25** 矢内原忠雄(68，経済学)。**この頃** 辻政信(この年行方不明，昭和43年7月20日死亡宣告)(陸軍軍人)。	実権を掌握(18日，張勉内閣総辞職し第2共和制崩壊．20日，張都暎首班の軍事政権成立)。ラオス問題14ヵ国国際会議，ジュネーヴで開催(～'62年7月21日)。**6.3** 米ケネディ大統領・ソ連フルシチョフ首相，ウィーンで会談(～4日)，ラオス中立化につき合意。**6.19** クウェート，イギリス保護領から独立(25日，イラク，クウェート領有を宣言．27日，クウェート，非常事態宣言)。**7.3** 朴正熙，張都暎を追放し国家再建最高会議議長に就任。**7.6** ソ連・北朝鮮，モスクワで友好協力相互援助条約を調印(11日，中国・北朝鮮，北京で同条約を調印)。**8.13** 東ドイツ，東西ベルリンの境界に壁を構築(ベルリンの壁)，東西ベルリンを遮断。**8.17** 米州20ヵ国(キューバを除く)，米州機構経済社会理事会でプンタ=デル=エステ憲章に調印，「進歩のための同盟」を形成。**8.30** ソ連，核実験の再開を発表(9月1日，実験再開)。**9.1** 第1回非同盟諸国首脳会議，ベオグラードで開催(ティトー・ナセル・ネルーの呼びかけで非同盟25ヵ国・オブザーバー3ヵ国参加．7日，平和共存・民族解放闘争支持・外国軍事基地一掃・新旧植民地主義反対を宣言)。**9.20** アメリカ・ソ連，国連総会で全面完全軍縮8原則の共同宣言(マクロイ・ゾーリン協定)を発表。**9.28** シリアで反エジプトクーデタ起こる(29日，新政権，アラブ連合共和国から離脱)。**10.17** ソ連フルシチョフ首相，ソ連共産党第22回大会で，アルバニア労働党指導者を非難(19日，同大会参加の周恩来，フルシチョフに反論，会期中途で帰国)。**11.25** ソ連・アルバニア，双方とも大使召還し国交断絶状態。**12.15** 国連総会，中国代表権問題を重要事項とする決議案を採択。**12.19** インド軍，ポルトガル領のゴア・ダマン・ディウを接収。
1.10 柳沢文徳東京医科歯科大学教授ら，中性洗剤の有害性を指摘(11月14日，食品衛生調査会，厚相に無害と答申)。**1.-** 東京で流行性感冒(A2型)大流行，全国に広まる(6月末までに患者47万人・死者5868人)。**2.1** 東京都の常住人口，推計で1000万人突破(世界初の1000万都市)。**2.6** 早大での米司法長官R・ケネディ講演会，学生の沖縄問題などに関する質疑・ヤジなどにより混乱。**3.1** テレビ受信契約者数，1000万を突破(普及率48.5パーセント)。**3.31** 義務教育諸学校の教科用図書の無償に関する法律公布(4月1日施行)。**4.11** 日本宗教者平和協議会結成。**4.21** 新日本窒素水俣労組，安定賃金方式をめぐり紛糾し重要部分でストライキ(7月23日，会社側，全面ロックアウト．24日，労組側分裂し第2組合結成．昭和38年1月22日妥結)。**5.3** 国鉄常磐線三河島構内で2重衝突事故，死者160人，重軽傷者325人。**5.4** 家庭用品品質表示法公布(10月1日施行)。**5.7** 第1回科学者京都会議，京都天竜寺で開催，パグウォッシュ精神に立脚した核爆発実験禁止協定締結の必要性を声明(朝永振一郎・湯川秀樹・大佛次郎ら)。**5.17** 大日本製薬㈱，サリド	**2.4** キューバ首相カストロ，第2ハバナ宣言を発表(中南米における革命の必然性・米州機構との対決姿勢を言明)。**2.8** アメリカ国防省，南ベトナムに軍事援助司令部を設置。**2.16** 南ベトナム民族解放戦線第1回代表大会開催(～3月3日)，新綱領を採択しグエン=フー=トを議長に選任。**3.2** ビルマ，ネ=ウィンの軍部クーデタにより革命評議会成立。**3.18** フランス・アルジェリア臨時政府，停戦協定(エビアン協定)調印(アルジェリア戦争終結)。**3.22** 韓国尹潽善大統領，政治活動浄化法(3月16日公布)に反対して辞任。**3.24** 朴正熙，韓国大統領代行に就任。**6.12** ラオス3派，連合政権樹立協定に調印(23日，プーマ連合政府発足)。**7.3** アルジェリア，フランスから正式独立(9月26日，ベン=ベラ政権発足)。**7.23** ジュネーヴ会議(関係14ヵ国参加)，ラオス中立協定調印。**7.-** イ

西暦	年号干支	内閣	政治・経済
1962▲	昭和37 壬寅	（第2次池田勇人内閣）	日章丸（排水量13万トン）を進水（当時世界最大．10月7日，出光興産に納入）。7.27 江田三郎社会党書記長，新しい社会主義のビジョン（江田ビジョン）を発表（党内対立に発展）。8.4 第41臨時国会召集（9月2日閉会）。8.6 第8回原水爆禁止世界大会，東京で開催，社会党・総評のソ連核実験抗議の緊急動議をめぐり紛糾，大会宣言不採択で閉会。8.30 日本航空機製造㈱，戦後初の国産中型輸送機YS11型の初飛行に成功（乗客60人，双発プロペラ機，生産総数180機）。9.3 地対空ミサイル・ナイキ=アジャックス92発（アメリカ供与），横浜米軍埠頭から揚陸（4日，防衛庁，同ミサイル上陸を発表）。9.5 運輸省，臨海工業地帯開発計画（昭和38～45年度）を発表。9.12 日本原子力研究所（茨城県東海村）国産1号炉JRR-3，臨界に到達。9.26 若戸大橋開通（全長2068メートル，東洋一のつり橋）。10.5 閣議，全国総合開発計画を決定。10.13 石炭鉱業調査団，石炭鉱業安定の対策案を首相に答申。10.26「国づくり」懇談会（池田首相の私的諮問機関），茅誠司・森戸辰男・安岡正篤ら参加し発足（12月5日，「人づくり」懇談会も発足）。11.4 池田首相ら，ヨーロッパ7ヵ国歴訪に出発（～25日）。11.6 日本，国連総会での南アフリカ連邦の人種差別政策に対する制裁措置決議に反対投票（同決議案は可決）。11.9 高碕達之助・廖承志，日中総合貿易覚書（LT貿易覚書）を北京で調印（有効期限昭和42年12月31日までの長期総合バーター）。11.14 日英通商航海条約，ロンドンで調印（昭和38年5月4日発効．最恵国待遇の相互保証・日本に対するGATT35条援用の撤回）。11.27 社会党第22回大会，「江田ビジョン」批判決議案を可決，江田書記長は辞意を表明（29日，同大会，新書記長に成田知巳を選出し閉会）。12.1 配給米，平均12パーセント値上げ。12.8 第42臨時国会召集（12月23日閉会）。12.11 北海道島松演習場で演習中の陸上自衛隊，抗議の地元酪農民により電話線を切断される（恵庭事件．昭和38年3月7日，札幌地検，自衛隊法違反で起訴）。12.24 第43通常国会召集（昭和38年7月6日閉会）。
1963▼	38 癸卯		1.9 ライシャワー米駐日大使，大平正芳外相に原子力潜水艦の日本寄港承認申入れ（26日，アメリカ国務省申入れ）。2.5 日ソ貿易支払協定，東京で調印。2.6 IMF理事会，日本に対し8条国（国際収支を理由とする為替制限の禁止）移行を勧告。2.15 綿紡15社各首脳，アメリカの綿製品輸出規制措置に抗議。2.20 日本，ガット理事会で11条国（国際収支を理由とする貿易制限の禁止）移行を通告。3.2 政府，ILO87号条約批准案件および国家公務員法改正案など関係国内5法改正案を衆議院に提出（6月14日，両院にILO特別委員会設置．審議未了）。3.15 最高裁，公共企業体職員は公共企業体等労働関係法で争議権が否定されているため，ストをした場合に刑事責任を問われる，との新判例を提示。3.29 日本・ビルマ経済技術協力協定および借款に関する交換公文，ラングーンで調印（10月25日発効．賠償見直しにより無償供与1億4000万ドル，借款供与3000万ドル）。4.17 都道府県知事・2大市長・5大市議選挙実施（第5回統一地方選挙）。5.12 水爆搭載可能の米空軍F105D戦闘爆撃機14機，沖縄から福岡市板付基地に配属（75機配属予定）。5.14 日仏通商協定，パリで調印（昭和39年1月10日発効）。6.5 関西電

社　　会・文　　化	世　　界
マイド系睡眠薬を自主的に出荷停止(西ドイツでの妊婦服用による奇形児問題表面化のため．9月13日，製薬5社とも，販売停止)。**5.30** 高知県窪川町興津中学校で，校長の部落差別発言をきっかけに，生徒29人同盟休校，紛争激化(7月4日，武装警官隊250人，同部落を襲い13人を逮捕)。**6.2** ばい煙の排出の規制等に関する法律公布(12月1日施行)。**8.12** 堀江謙一，日本人で初の小型ヨットによる単独の太平洋横断に成功，サンフランシスコに到着。**9.5** 国鉄スワローズ金田正一投手，奪三振3514個の世界新記録を樹立(昭和44年10月まで現役通算4490個)。**10.15** 中央教育審議会(中教審)，大学の管理運営・入学試験・設置および組織編成についての3案を答申。**10.19** 新日本婦人の会結成。**10.22** MRA(道徳再武装運動)世界大会，神奈川県小田原市で開催(～26日．41ヵ国から300人参加)。**10.30** 最高裁，50年間無実を訴え続けた「岩くつ王」吉田石松の再審請求を許可(昭和38年2月28日，名古屋高裁，無罪判決)。**12.-** 東京のスモッグ問題拡大。**この年** 大学の文学部における女子学生比率，全国平均37パーセント(学習院大89パーセント，青山学院大86パーセント，成城大78パーセント，立教大64パーセントなど)。 洞富雄編『初期日本関係米英両国議会資料』刊。 神川彦松・田中直吉監修『日韓外交資料集成』刊(～昭和42年)。 【死没】 **1.7** 石井漠(75，舞踊家)。**1.28** 中村時蔵(4代)(34，歌舞伎役者)。**2.19** 熊谷岱蔵(81，内科医学)。**2.20** 鳥井信治郎(83，寿屋)。**2.21** 吉田文五郎(92，文楽人形遣い)。**3.22** 児島善三郎(69，洋画家)。**3.26** 室生犀星(72，詩人)。**3.27** 武林無想庵(82，小説家)。**4.1** 西東三鬼(62，俳人)。**4.11** 竜村平蔵(85，織物工芸家)。**4.21** 伊藤正徳(74，軍事評論家)。**4.29** 田辺元(77，哲学)。**5.10** 畑俊六(82，陸軍軍人)。**5.12** 秋田雨雀(75，劇作家)。**6.3** 塩谷温(83，漢学)。**6.4** 前田多門(78，政治家)。**6.30** 春日政治(84，国語学)。**7.4** 小林躋造(84，海軍軍人)。**7.15** 板沢武雄(67，蘭学史)。**7.27** 山本英輔(86，海軍軍人)。**8.8** 柳田国男(87，日本民俗学)。**8.19** 真島利行(87，有機化学)。**9.4** 岸沢式佐(10代)(53，常磐津節)。**9.7** 吉川英治(70，小説家)。**9.11** 植田謙吉(87，陸軍軍人)。**9.26** 松永和風(4代)(88，長唄唄方)。**10.1** 塩入松三郎(72，土壌学)。**10.3** 飯田蛇笏(77，俳人)。**10.18** 松野鶴平(78，政治家)。**10.21** 小倉金之助(77，数学教育学)。**10.26** 谷正之(73，外交官)。**10.28** 正宗白鳥(83，小説家)。**11.1** 信夫淳平(91，国際法)。**11.16** 滝川幸辰(71，刑法学)。**12.2** 植原悦二郎(85，政治家)。 細川嘉六(74，社会評論家)。**12.21** 奈良武次(94，陸軍軍人)。	ラン，国王による「白色革命」開始。**9.9** リーベルマン，論文「計画・利潤・褒賞金」を『プラウダ』に発表。**9.27** イエメン，軍部による反王制クーデタ，イエメン=アラブ共和国成立。**10.1** 章宗祥没(84，中国の政治家)。**10.17** 中印国境紛争再発．両軍軍事衝突(第2次中印紛争)。**10.22** 米ケネディ大統領，ミサイル基地建設中のキューバに対する海上封鎖を声明(キューバ危機)。**10.24** 米海軍，キューバ海上封鎖を開始。**10.26** インド政府，中国との紛争勃発に際し非常事態宣言。**10.28** ソ連フルシチョフ首相，アメリカのキューバ不侵略を前提に，国連管理下でのミサイル基地解体撤去をケネディ大統領に通告(キューバ危機収束)。**11.20** ケネディ，キューバ海上封鎖の解除を発表。 ハンガリー共産党，第8回党大会で中国共産党を批判(この後イタリアおよびチェコ共産党などからも中共批判あい次ぐ)。**11.21** 中国，中印国境全線における自主的停戦・後退を発表(22日実施)。**12.10** アジア・アフリカ中立6ヵ国首脳会議，中印国境紛争調停につき開催(コロンボ，～12日)，中印紛争平和解決案(コロンボ提案)を作成。**この年** 張景恵没(91，満洲国の軍人・政治家)。
1.23 北陸地方に豪雪，国鉄の北陸・上越・信越の各線は全線運休し約1万5000人が車内に足止め，1月28日までの雪による死者84人(38・1豪雪)。**2.3** 日本教師会結成(日教組脱退者の糾合めざす)。**2.10** 北九州市発足(門司・小倉・八幡・戸畑・若松の5市合併．人口105万人)。**2.28** 沖縄駐留米軍のトラック，横断歩道の中学生を轢殺(5月1日無罪判決)。**3.27** 原子力科学者154人，原子力潜水艦寄港反対を声明。**3.31** 東京入谷で村越吉展ちゃん誘拐される(4月25日，警視庁，犯人の声のテレビ・ラジオを通じ一般公開．昭和40年7月3日，小原保容疑者，犯行を自供．7月5日，円通寺で遺体発掘)。**3.-** 小松左京・星新一ら，日本SF作家クラブを結成。**4.1** 高等学校女子の家庭科，必修科目となる。**4.7** 日本近代文学館，創立総会を挙行(初代	**1.21** 中国，コロンボ提案の原則的受諾を表明(1月23日，インド首相ネルーも受諾を表明)。**1.22** 仏・西独協力条約調印(7月2日発効)。**2.8** イラク，バース党アーレフ大佐のクーデタ成功し，反共親ナセルの新政権発足(3月8日，シリアでも同党主体のクーデタ)。 ルーマニア，コメコンの国際分業計画に反対。**4.12** 中国劉少奇国家主席・陳毅外相ら，東南アジア諸国を歴訪(～5月16日)。 イギリス，原水爆反対のオールダマストン行進行われる(～15日．100キロの行程に約7万人が参加)。**5.8** 南ベトナムのユエで，仏教徒による反政府デモ。**5.22** ア

西暦	年号 干支	内閣	政治・経済
1963 ▲	昭和 38 癸卯	（第2次池田勇人内閣） 12.9 第3次池田勇人内閣	力㈱，黒部川第４発電所(黒四ダム)完工式を挙行(初の完全地下式発電所，ダムの高さ186メートル，出力23万4000キロワット)。 外務省，原子力潜水艦の安全性と損害補償につき，「米原子力潜水艦について」と題する審議資料を衆議院外務委員会に提出。**6.22** 大阪地裁，吹田事件被告95名に対し，騒乱罪不成立の判決。**7.1** 防衛庁，ヒュース社(アメリカ)のバッジシステム(半自動防空警戒管制組織)採用を決定。**7.10** 近畿圏整備法公布施行，近畿圏整備本部発足(初代長官河野一郎建設相)。**7.12** 閣議，新産業都市13ヵ所(道央・諏訪・水島など)・工業整備特別地域６ヵ所(鹿島など)の指定を決定。 政府，生存者叙勲の復活を発表。**7.15** 名神自動車道路の尼崎一栗東間開通(初の本格的高速道路)。**7.20** 中小企業基本法公布施行。**7.26** 経済協力開発機構(OECD)理事会，日本の加盟を承認(昭和39年４月28日加盟)。**8.5** 第９回原水禁世界大会，広島で開催(部分的核実験停止条約に反対する共産党系に対し，条約を全面的実験停止の第１歩として支持した社会党・総評系，大会をボイコット，６日，原水禁運動を守る国民大会を開催．原水禁運動分裂)。**8.14** 日本，部分的核実験停止条約に調印(10月10日発効，調印108ヵ国．昭和39年６月15日，批准書寄託)。**8.15** 第１回全国戦没者追悼式(政府主催)，東京日比谷公会堂で挙行。**9.1** 安保反対国民会議など，横須賀と佐世保で米原潜寄港阻止反対集会を開催。**9.4** 憲法調査会の18委員(八木秀次・愛知揆一ら)，「憲法改正の方向」と題する意見書を高柳賢三会長に提出。**9.12** 最高裁，松川事件再上告審で上告棄却の判決，被告全員の無罪確定(仙台高裁の無罪判決を支持．14年ぶりに解決)。**10.15** 第44臨時国会召集(10月23日衆議院解散)。**10.17** 最高裁，白鳥事件上告審で札幌高裁の２審判決(村上国治に懲役20年など)を支持し，上告を棄却。**11.1** 大蔵省，前年からの贋札対策として新千円札(伊藤博文の肖像)を発行。**11.2** 大蔵省，貿易外取引管理令公布(11月20日施行．貿易・為替の自由化推進)。**11.21** 第30回衆議院議員総選挙(自民283・社会144・民社23・共産５・無所属12，投票率71.14パーセント)。**11.23** 初の日米間テレビ宇宙中継受信実験に成功，ケネディ大統領暗殺ニュースを受信。**12.4** 第45特別国会召集(12月18日閉会)。**12.7** 東京地裁，原爆被爆者の国への損害賠償請求に対し，原爆投下は国際法違反とするが賠償請求は棄却する判決。**12.9** 第３次池田内閣成立(前閣僚全員留任)。**12.20** 第46回通常国会召集(昭和39年６月26日閉会)。**12.26** 最高裁，砂川事件再上告を棄却，被告７人全員の有罪確定。

社会・文化	世界
理事長高見順)。 NHKテレビ，初の大河ドラマ「花の生涯」放送開始。4.25 大阪駅前に日本初の横断歩道橋完成。4.26 日本学術会議総会(4月24日～)，日本国民の安全の脅威となる原子力潜水艦の日本寄港は望ましくない旨の声明を採択。5.4 埼玉県狭山市入間川の農道で，捜索中の女子高校生の遺体発見(5月23日，浦和地検，部落出身青年石川一雄を別件逮捕．昭和39年3月11日，浦和地裁，石川被告に暴行・殺人罪により死刑判決．被告側控訴，狭山事件)。 厚生省，初の児童福祉白書を発表。5.10 水上勉，『中央公論』で身体障害児対策の立遅れを訴える。5.22 最高裁，ポポロ事件につき，学生集会が実社会の政治的社会的活動である場合は，大学の有する学問の自由と自治は享有されないと判決。6.1 第1回部落問題研究全国集会(主催部落問題研究所)，同志社大学で開催(～2日)。6.13「小さな親切」運動，東大総長茅誠司らの提唱により開始，2年間を運動期間とし全国展開。6.20 観光基本法公布施行。7.8 職業安定法・緊急失業対策法各改正公布。7.11 老人福祉法公布(8月1日施行)。9.1 国鉄，自動列車停止装置(ATS)の使用を開始(昭和41年4月20日，全線に導入完了)。9.5 営団地下鉄銀座線京橋駅に停車中の車内で手製の時限爆弾爆発，乗客10人が負傷，犯人「草加次郎」，次の犯行を予告。10.10 アイ=バンク(眼球提供の斡旋)，慶応義塾・順天堂両大学病院に開業。10.- 新潟水俣病，新潟県阿賀野川流域で発症。11.9 横浜市鶴見区の東海道線で2重衝突事故，死者161人(鶴見事故)。 福岡県の三井鉱山㈱三池鉱業所三川鉱で炭塵爆発事故，死者458人，負傷者500人以上(国内炭鉱史上2番目の事故．生存者にも一酸化炭素中毒による後遺症問題化)。11.16 第1回能研テスト(能力開発研究所主催)，全国で実施，約36万2000人の高校生・浪人が受験。12.21 教科書無償措置法公布施行(広域選択制・教科書出版企業の指定制などを規定)。**この年** 水戸市史編纂委員会『水戸市史』上巻刊(～昭和43年，未完) 辻善之助・新村出主宰『国書総目録』刊(～昭和51年)。 【死没】 1.3 石原忍(83，眼科学)。1.8 河野省三(80，国学)。1.14 伊藤証信(86，宗教家)。1.20 鈴木虎雄(85，詩人)。1.24 東恩納寛惇(80，歴史家)。1.27 吉田秀雄(59，広告経営者)。2.18 徳川家正(78，政治家)。2.21 湯沢三千男(74，内務官僚)。3.28 亀山直人(72，応用化学)。4.8 安藤幸(84，バイオリン奏者)。4.14 野村胡堂(80，小説家)。5.6 久保田万太郎(73，小説家)。5.22 松林桂月(86，日本画家)。5.29 橋本多佳子(64，俳人)。6.8 富本憲吉(77，陶芸家)。6.11 長谷川伸(79，劇作家)。6.12 市川猿之助(2代)(75，歌舞伎役者)。6.22 和田清(72，東洋史学)。6.23 尾山篤二郎(73，歌人)。7.11 田宮猛雄(74，医学)。7.14 宇井伯寿(81，インド哲学)。8.15 田子一民(81，内務官僚)。9.6 宮島清次郎(84，経営者)。9.27 河田烈(80，大蔵官僚)。9.29 園部秀雄(93，薙刀術師範)。10.10 板谷波山(91，陶芸家)。10.17 加藤武男(86，三菱銀行)。 松本健次郎(93，炭鉱経営者)。10.25 渋沢敬三(67，財界人)。10.30 百武三郎(91，海軍軍人)。11.9 三枝博音(71，哲学)。11.10 勝沼精蔵(77，内科学)。11.23 相沢春洋(67，書家)。11.28 市村咸人(85，日本史学)。12.2 佐佐木信綱(91，歌人)。12.5 田中万逸(81，政治家)。12.12 小津安二郎(60，映画監督)。12.23 板倉卓造(84，ジャーナリスト)。	フリカ独立諸国首脳会議，アジスアベバで開催(～25日．44ヵ国参加)，アフリカ統一機構(OAU)を創設。6.5 イラン，白色革命反対デモ起り，ホメイニ師逮捕される。6.20 アメリカ・ソ連，ジュネーブで直通通信(ホットライン)協定に調印，即日発効(8月30日，機能開始)。7.5 中国鄧小平総書記ら訪ソ(～21日)，モスクワで中ソ両共産党会談を開催(～20日，物別れに終り中ソ対立激化)。7.15 米英ソ3国核実験停止会議，モスクワで開催(7月25日，部分的核実験停止条約に仮調印，8月5日，正式調印，10月10日，発効)。8.21 南ベトナム，全土に戒厳令を布告，寺院・学校の反対勢力を弾圧。8.28 人種差別撤廃・雇用拡大要求の「ワシントン大行進」，約20万人参加。9.6『人民日報』『紅旗』，「ソ連共産党指導部と我々との分裂の由来と発展」を発表。9.7 秦徳純没(71，中華民国の軍人)。9.16 マレーシア連邦発足(17日，インドネシア・フィリピンと断交)。10.11 西独アデナウアー首相辞表提出(15日辞任．後任にエアハルト副首相)。10.15 朴正熙，尹潽善を僅差で破り韓国大統領に当選。11.1 南ベトナム，軍部クーデタによりゴ=ディン=ジェム政権倒壊(2日，ゴ首相殺害．4日，グエン=コクト首班の臨時政府発足．7日，アメリカ，新政権を承認)。11.22 米ケネディ大統領，テキサス州ダラスで暗殺される．後任にジョンソン副大統領昇格。12.12 ケニア，イギリスから独立。12.14 中国周恩来首相・陳毅外相ら，アフリカ諸国を歴訪(～'64年2月4日)。12.22 キプロス，ギリシア系・トルコ系住民が衝突，両住民間の対立・紛争激化(30日，両者間に中立地帯を設置)。

西暦	年号 干支	内閣	政治・経済
1964 ▼	昭和 39 甲辰	(第3次池田勇人内閣) 11.9 第1次佐藤栄作内閣	1.26 F105D配備・原潜寄港反対全国統一運動，板付・横田などで展開。2.15 ILO理事会，87号条約批准問題につき，対日実情調査団派遣案を採択。2.23 吉田茂元首相，台湾を訪問（～27日），蔣介石総統と会談。3.10 日韓農相会談，東京で開催（漁業水域問題を中心に会談．4月6日，韓国国内の反対デモ激化により第12回会議で休会）。3.12 第6次日韓会談会議，東京で再開（20日，韓国民主共和党議長金鍾泌来日）。3.24 ライシャワー米駐日大使，米大使館前で精神分裂症の少年に右腿を刺され負傷（同大使，治療時の輸血で肝炎に感染，売血「黄色い血」が問題化）。3.27 社会党委員長河上丈太郎，日韓会談の打切りを要求。4.1 日本，IMF8条国に移行。4.2 総評，第25回臨時大会を開催，公労協主力の4.17春闘半日スト実施を決定（4月8日，共産党，公労協スト反対声明．各地の労組，闘争方針をめぐる対立起こる．4月16日，スト中止決定．7月19日，共産党，スト反対声明は誤りと自己批判）。4.5 町田市商店街に米軍ジェット機墜落，4人死亡しパイロットは脱出し軽傷（9月8日，神奈川県大和・厚木両市にも墜落）。4.15 日本国内航空㈱，日東・富士・北日本3社合併により設立。4.25 政府，第1回戦没者叙勲を発令（29日，第1回生存者叙勲を発令．吉田茂に大勲位菊花大綬章）。4.27 琉球立法院，日本復帰・施政権返還要請決議を本会議で可決。4.28 日本，経済協力開発機構（OECD）に加盟。5.14 ソ連最高会議議員団（団長ミコヤン第1副首相）来日（～5月27日．9月4日～9月16日，日本国会議員団訪ソ）。5.15 衆議院，部分的核実験停止条約の批准を承認（25日，参議院も承認）。5.30 東京地裁，三無事件に破壊活動防止法（破防法）を初適用し有罪判決。6.1 三菱重工業㈱，三重工（新三菱重工・三菱日本重工・三菱造船）の合併により発足（資本金791億円，社長藤井深造）。6.19 東京地裁，安保デモ（昭和35年6月15日）での警官隊の行為の行過ぎを認め，教授団への損害賠償支払を命じる判決。6.24 暴力行為等処罰法改正公布（7月14日施行）。7.3 憲法調査会，最終報告書を首相に提出（改憲論と改憲不要論の両論を併記）。7.9 経済企画庁，経済白書「開放体制下の日本経済」を発表。7.10 自民党臨時大会，総裁選で現職の池田勇人が3選。8.26 原子力委員会，米原子力潜水艦の寄港は安全に支障なしとの統一見解を発表（28日，政府，アメリカに原潜寄港受諾を通告）。9.5 名神高速道路，一宮―西宮間開通。9.13 静岡県沼津市で，石油コンビナート進出反対の住民2万人総決起大会開催（30日，沼津市議会，誘致反対を決議．住民運動による初めての阻止例）。9.17 東京モノレール㈱，浜松町―羽田空港間開業（国内初の営業モノレール）。9.18 政府，2000万ドルの対韓緊急援助（金利5.75パーセント・1年据置・4年延払い）を決定。9.23 王貞治（巨人），年間本塁打55本の日本新記録。10.1 国鉄，東海道新幹線開業（東京―大阪間を「ひかり」4時間，昭和40年11月1日より3時間10分）。10.17 鈴木善幸官房長官，中国の核実験に対する抗議の談話を発表．社会・民社・公明政治連盟の各党および総評も抗議声明． 日本共産党（書記長宮本顕治），中国の核実験はやむを得ない「防衛的な措置」とこれを是認する声明を発表。10.25 池田首相，自民党総裁談話として退陣を表明（病気の長期療養のため）。11.9 自民党両院議員総会，後継首班候補を佐藤栄作に決定。 第47臨時国会召集（12月18日閉会）．池田内閣総辞職，佐藤内閣成立。11.12 米原子力潜水艦シードラゴン，佐世保港に入港（連日反対デモ．14日出港）。11.17 公明党，結成大会を挙行（委員長原島宏治・書記長北条浩）。12.1 自民党臨時大会，佐藤栄作を新総裁に選任。12.3 第7次日韓会談，東京で開始（日本側首席代表代理牛場信彦，韓国側首席代表金東祚）。12.8 社会党大会開催（～11日．河上丈太郎委員長・成田知巳書記長を再任，副委員長職の新設・選任，「日本における社会主義への道」を採択）。12.21 第48通常国会召集（昭和40年6月1日閉会）。

社　会・文　化	世　界

社会・文化

1.3 5人連続殺人犯西口彰，熊本県玉名温泉で逮捕。3.11 浦和地裁，狭山事件石川一雄被告に死刑判決(9月10日，東京高裁で控訴審開始．石川被告，第1回公判で犯行を否認)。4.1 海外観光旅行の自由化実現(年1回外貨500ドルに限り持ち出し可，この年，海外への観光旅行者約12万人)。4.2 四日市ぜんそく患者，初めての死亡例。4.8 国立西洋美術館(東京上野)，「ミロのビーナス特別公開展」を開催(～5月15日)。4.16 予防接種法改正公布施行(小児マヒ予防ワクチンに生ワクチンを採用)。5.1 風俗営業等取締法改正公布(深夜営業規制を強化．8月1日施行)。5.16 国際金属労連日本協議会(IMFJC)結成。6.1 ビール・酒類，25年ぶりに全面的自由価格となる。6.16 新潟を中心に大地震，死者26人・全半壊家屋8600，昭和石油の原油タンク爆発し15日間炎上(新潟地震)。6.23 熊本県小国町の下筌ダム建設反対派の籠る「蜂ノ巣城」，警官隊の実力行使により強制撤去。8.6 東京，異常渇水による水不足深刻化，17区で第4次給水制限(1日15時間断水)を実施(25日，秋ヶ瀬取水口工事「あさか水路」完成し，35パーセント節水の第3次給水制限に緩和．「東京砂漠」の語誕生)。8.10 社会党・共産党・総評など137団体，ベトナム戦争反対集会を開催。9.7 全国連合小学校長会，学力テストの全面中止を要望。9.14 富山市の富山化学工業で塩素ガス流出，住民ら531人が中毒。10.10 第18回オリンピック東京大会開催(～10月24日)，参加94ヵ国，選手5541人(日本は女子バレーなど16種目で金メダル．女子バレー決勝日本対ソ連戦のテレビ視聴率85パーセント)。11.8 パラリンピック(国際身体障害者スポーツ大会)東京大会開催(～11月12日)，参加22ヵ国，選手375人。11.12 全日本労働総同盟(同盟)，旧総同盟・全労・全官公の合同により結成(加盟者数146万6000人．会長中地熊造・書記長天地清次)。**この年** 日本科学史学会『日本科学技術史大系』刊(～昭和47年)。

【死没】

1.16 長谷川勘兵衛(16代)(74，歌舞伎大道具師)。2.1 牧野虎次(92，牧師，教育者)。2.17 野沢喜八郎(9代)(78，浄瑠璃三味線方)。2.19 尾崎士郎(66，小説家)。2.24 高碕達之助(79，実業家)。2.25 竜粛(73，日本史学)。2.28 辰野隆(75，フランス文学)。3.16 太田垣士郎(70，経営者)。4.5 三好達治(63，詩人)。4.12 広瀬豊作(72，財政家)。4.16 小杉放庵(82，洋画家)。4.18 朝倉文夫(81，彫刻家)。4.26 堤康次郎(75，実業家)。5.6 佐藤春夫(72，詩人)。 長田幹彦(77，小説家)。5.7 一柳米来留(83，近江兄弟社)。5.8 野村吉三郎(86，外交官)。5.14 光田健輔(88，らい療養所長)。5.29 大野伴睦(73，政治家)。6.7 高群逸枝(70，女性史学)。6.20 三田村四郎(67，労働運動)。 野村秀雄(76，新聞人)。7.9 阿部真之助(80，ジャーナリスト)。7.15 吉田熊次(90，教育学)。7.23 林久治郎(81，外交官)。 石山賢吉(82，ダイヤモンド社)。7.26 山本東次郎(3代)(65，能楽師)。8.13 尾上菊之丞(55，歌舞伎役者)。8.23 三笑亭可楽(8代)(67，落語家)。9.22 佐々木邦(81，作家)。10.11 杉山元治郎(78，農民運動家)。10.28 松根東洋城(86，俳人)。12.2 生駒雷遊(69，活動弁士)。12.9 原島宏治(55，政治家)。12.14 杉道助(80，関西財界人)。12.17 石川信吾(70，海軍軍人)。12.26 西田直二郎(78，日本史学)。12.29 広沢虎造(65，浪曲師)。 三木露風(75，詩人)。

世界

1.27 中国・フランス，外交関係樹立を発表(2月10日，国民政府，対仏国交断絶．4月27日，中国・フランス，駐留大使を交換)。1.30 南ベトナム，グエン=カーンによる第2次軍事クーデタ(2月8日，グエン首班の新政権発足．8月16日，グエン，大統領に就任)。2.6 キプロス，憲法改正をめぐりギリシア・トルコ両系住民衝突(3月4日，国連安保理，国連警察軍派遣を可決)。 アギナルド没(94，フィリピン革命の指導者)。2.22 アメリカ・ソ連，モスクワで文化科学交流協定に調印(原子力の平和利用等での情報交換を決定)。2.25 中国・ソ連，北京で東北国境問題専門家会談を開催(8月9日，打切り)。3.23 国連貿易開発会議(UNCTAD)，ジュネーブで開催(～6月16日．参加121ヵ国)。3.31 ブラジル，カステロ=ブランコ将軍によるクーデタ(4月4日，グラール大統領，ウルグアイに亡命．4月11日，ブラジル議会，同将軍を大統領に選任)。4.5 マッカーサー没(84，アメリカの軍人・日本占領連合国最高司令官)。5.27 インド首相ネルー没(6月9日，シャストリ，首相に就任)。5.28 第1回パレスチナ国民会議，イェルサレムで開催(～6月2日)，パレスチナ解放機構(PLO)結成などを決議。5.- 中国人民解放軍総政治部，『毛主席語録』を刊行。6.3 韓国，ソウルで日韓交渉反対・朴正煕政権退陣を要求する学生デモ．韓国政府，ソウルに非常戒厳令を布告(7月29日解除)。6.5 中国で，毛沢東夫人江青の指導する現代化京劇競演大会開催(～7月31日)。7.2 アメリカ下院，公民権法案(1964年法)を採択(即日施行)。7.14 ピブンソンクラーム没(67，タイの軍人・政治家)。7.18 アメリカ，ニューヨークで非番警官の黒人少年射殺をきっかけとして黒人暴動(～22日)。8.2 アメリカ国防総省，米海軍駆逐艦マドックスがトンキン湾で北ベトナム魚雷艇の攻撃をうけたと発表(トンキン湾事件．4日，米軍機，北ベトナムを報復爆撃)。8.7 アメリカ上下両院，トンキン湾事件に際して大統領への軍事権限一任決議案(トンキン湾決議)を採択。8.21 北京科学シンポジウム開催(～31日．参加43ヵ国，353人の科学者ら)。9.2 マレーシア，マレー半島南部へのインドネシア軍部隊降下を発表(3日，全土に非常事態宣言を発令，国連安保理に提訴)。9.25 モザンビーク解放戦線(FRELIMO)，ポルトガルに対する独立武装闘争を開始。10.15 ソ連共産党中央委員会・ソ連最高会議，フルシチョフ第1書記兼首相を解任，後任第1書記ブレジネフ，首相コスイギン就任。10.16 中国，初の原爆実験に成功。11.2 サウジアラビアのウラマー会議，サウード国王の廃位と弟ファイサル皇太子の即位を決議。12.20 グエ

西暦	年号 干支	内閣	政　治・経　済
1964▲	昭和 39 甲辰	(第1次佐藤栄作内閣)	
1965▼	40 乙巳		1.10 佐藤栄作首相・椎名悦三郎外相訪米(13日，佐藤・ジョンソン共同声明発表)．国際労働機関(ILO)対日調査団来日(26日離日．８月31日，報告書発表．団長ドライヤー)。2.3 佐藤首相，全国知事会議で建国記念日は２月11日が適当と表明。2.10 社会党岡田春夫衆議院議員，予算委員会で防衛庁統幕会議作成の極秘文書「昭和38年度統合防衛図上研究」(三矢研究)を暴露，同研究の違憲性と全資料提出を求め政府を追及(３月３日，再追及におよぶが政府拒否)。2.17 椎名悦三郎外相，日韓会談のため訪韓，金浦空港で両国間の不幸な歴史を遺憾とする反省表明を発表。2.20 外相，日韓基本条約案に仮調印，李東国韓国外相と共同声明を発表。3.6 山陽特殊製鋼㈱，負債総額477億円で会社更生法適用申請(戦後最大の倒産)。3.16 東京地検，都議会議長選挙をめぐる贈収賄容疑により小山貞雄議長宅を捜索，３都議を逮捕(４月20日，小山辞任．６月11日，17都議の起訴に及び捜索終了)。3.- 繊維業界，中小企業倒産激増。4.15 自民党，衆議院ILO特別委員会でILO87号条約承認・関係国内４法改正案を一括強行採択．社会・民社・共産各党，裁決無効を主張(４月21日，船田中衆議院議長の斡旋により，本会議可決．５月17日，参議院本会議も可決．６月14日，ILOに批准書寄託)。5.6 社会党臨時大会，新委員長に佐々木更三を選任。5.21 社会・公明・民社・共産各党，都議会解散リコール運動の一本化を決定(29日，統一推進本部発足)。5.27 八郎潟新農村建設事業団法公布(６月１日施行．国営八郎潟干拓事業実施団体の設立)。5.28 田中角栄蔵相，倒産危機の山一証券(累積赤字100億円)に対する無制限・無期限の日銀特別融資措置を発表(山一証券事件．日銀法第25条適用．５月29日～６月28日，６次累計234億円)。6.2 新東京国際空港公団法公布(昭和41年７月７日施行．７月29日，同公団発足)。6.14 東京都議会，満場一致で解散を可決。6.22 日韓基本条約ならびに漁業・財産請求権および経済協力・在日韓国人の法的地位・文化財および文化協力の４協定，東京の首相官邸で調印(12月18日，ソウルで批准書交換し発効)。6.- 東京都ゴミ処分場「夢の島」にハエ大量発生，江東区一帯に飛来し問題化。7.1 名神高速道路，全線開通(小牧—西宮間189.7キロ．総工費1150億円．日本初の本格的高速自動車専用道路)。7.4 第７回参議院議員選挙(自民71・社会36・公明11・民社３・共産３．自民党，東京地方区で全滅)。7.22 第49臨時国会召集(８月11日閉会)。7.23 東京都議会議員選挙(社会45・自民38・公明23・共産９・民社４・無所属１)。7.30 社会・民社・公明・共産各党，米軍Ｂ52戦略爆撃機の沖縄からの北ベトナム渡洋爆撃に抗議。8.19 佐藤首相，首相として戦後初の沖縄訪問(～21日)，宿舎を祖国復帰実現要求のデモに囲まれ，米軍基地に宿泊。10.1 国勢調査実施(総人口9827万4961人，東京都1086万9244人)。 通産省，完成乗用車の輸入自由化を実施。10.5 ライシャワー米駐日大使，日本の新聞のベトナム報道の左翼的偏向性を批判。 第50臨時国会召集(12月13日閉会)。10.12 社会・共産両党，日韓条約批准阻止で統一行動，反対集会を開催，10万人が国会請願デモに参加。11.10 日本原子力発電㈱東海発電所，初の商業用原子力発電に成功(昭和41年８月８日，本格的発電を開始，出力11キロワット)。11.12 衆議院本会議，議長発議(前例なし)により日韓条約案件を議題とし，同条約を可決(12月11日，自民・民社両党，参院本会議で日韓基本条約・諸協定および関係国内３法案を両党のみで可決．12月18日，ソウルで批准書交換)。11.14 第７回琉球立法院議員選挙(民主19・社大７・社会２・人民１・無所属３．15日，開票と同時に４候補が布令違反で失格処分)。11.15 日本・アメリカなど10ヵ国，中国代表権重要事項指定決議案を国連総会に提出(17日可決)。11.19 閣議，財政処理目的として2590億円の国債発行を決定(戦後初の赤字国債)。12.10 日本，国連総会で安全保障理事会非常任理事国に当選。12.20 第51通常国会召集(昭和41年６月27日閉会)。**この年** 自動車生産台数188万台(米は1114万台，粗鋼生産4116万トン(米は１億1926万トン)。 給与平均月額(30人以上の事業所)３万900円，失業率1.2パーセント。

社　会・文　化	世　界
	ン=カオ=キ将軍，南ベトナムの実権掌握。**この年** アメリカの公民権運動の指導者キング牧師，ノーベル平和賞を受賞．J・P・サルトル，ノーベル文学賞を辞退。
1.1 中日新聞社『中日新聞』創刊（『中部日本新聞』改題）。**1.11** 中央教育審議会，「期待される人間像」中間草案を発表。**1.17** 朝日・毎日・読売3新聞，第1・3日曜夕刊を廃止（4月から日曜夕刊全廃）。**1.28** 慶応義塾大学で，学費大幅値上げ反対の学生側による全学スト（2月1日，無期限スト突入．2月5日，妥結）。**2.1** 原水爆禁止国民会議（原水禁），社会党・総評を中心に結成（あらゆる国の核実験に反対表明）。**3.1** 東京都文京区向ヶ丘弥生町の住民，東京地裁に町名変更反対の行政訴訟。**3.18**「明治村」，愛知県犬山市入鹿池畔に開設。**4.13** 高崎市立経済大学生ら，地元優先の委託入学制度に反対しスト。**4.24** ベトナムに平和を！市民文化団体連合（べ平連），初のデモ行進。**4.-** 高校進学率，全国平均70パーセントを超過（最高は東京の86.8パーセント）。**5.9** 日本テレビ，「ベトナム海兵大隊戦記・第1部」を放映，大反響を呼ぶが第2・3部および再放送中止。**5.20** 市立都留文科大学生ら，市の大学運営方針に反対しデモ（7月9日，スト突入．9月15日，大学側，扇動を理由に3教官を懲戒免職）。**6.1** 福岡県嘉穂郡稲築町の山野炭鉱でガス爆発，死者237人（三井三池に次ぐ戦後第2の惨事）。**6.12** 家永三郎，自著の高等学校教科書『新日本史』の検定不合格をめぐり，教科書検定制度を違憲とし国に対する損害賠償請求を東京地裁に提訴（9月18日，歴史学関係者の会，10月10日，教科書検定訴訟を支援する全国連絡会，それぞれ結成）。 植木幸明・椿忠雄両新潟大教授，阿賀野川流域に水俣病類似の有機水銀中毒患者が発生と発表（新潟水俣病．昭和42年4月18日，厚生省特別研究班，同病は昭和電工鹿瀬工場の廃水を原因とするメチル水銀中毒と公表）。**7.-**『大航海時代叢書』刊行開始（～1992年9月）。**8.3** 長野県松代町付近に地震，以後4年間にわたり有感地震6万2621回（松代群発地震）。**9.22** お茶の水女子大学生，新学生寮管理規定に反対し無期限ストに突入（10月1日妥結）。**9.24** 国鉄，全国主要駅などに「みどりの窓口」開設（電子計算機により指定席特急券を発売）。**10.21** 朝永振一郎，ノーベル物理学賞の受賞決定。 南海ホークス野村克也，プロ野球戦後初の三冠王達成。**11.5** 読売巨人軍，日本シリーズに勝ち日本一となる（以後昭和48年まで川上哲治監督のもとで長嶋茂雄・王貞治を主力とし9連覇）。**11.27** 海員組合，賃上げ・労働協約改定を要求して全面ストに突入（～昭和41年1月30日）。**12.4** 日本科学者会議発起人総会開催。**12.20** 東大・群馬大・名古屋大各病院で，無給医局員（インターン）約340人，身分保障・待遇改善を要求して初の診療拒否。**12.28** 文部省，在日韓国・朝鮮人子弟の学校教育につき通達（民族教育を目指す朝鮮人学校の各種学校化不認可など）。**この年** 立教大学日本史研究室編『大久保利通関係文書』刊（～昭和46年）。 【死没】 **1.5** 芳沢謙吉（90，外交官）。**1.6** 花柳章太郎（70，俳優）。**1.17** 河井酔茗（90，詩人）。**1.27** 三船久蔵（81，柔道家）。**1.29** 久原房之助（95，政治家）。**2.5** 林逸郎（72，弁護士）。**2.16** 奥井復太郎（67，都市学）。**3.2** 河辺正三（78，陸軍軍人）。**3.4** 有田八郎（80，外交官）。**3.5** 若林忠志（57，プロ野球）。**3.11** 土橋八千太	**1.2** インドネシア，国連に脱退を通告（7日，スカルノ大統領，国連脱退声明を発表．21日，脱退を正式通告．翌年9月28日，国連復帰）。**1.8** 韓国，南ベトナムの派兵（工兵など2000人）を決定（1月26日，議会，派兵案承認．2月25日，第1陣，サイゴン到着）。**1.24** チャーチル没（90，イギリス元首相）。**2.7** 南ベトナム民族解放戦線，ブレイク米空軍基地を襲撃．米軍，北爆を開始。**2.23** 中国，対ソ債務を完済と発表。**3.1** 世界共産党協議会，モスクワで開催（～3月5日．中国共産党欠席）。**3.18** ソ連宇宙船ヴォスホート2号のレオノフ飛行士，初の宇宙遊泳に成功。**4.13** 北ヴェトナム国会，ヴェトナム問題解決4条件（米軍撤退・再統一まで南北双方への外国軍および基地の排除ほか2項目）を決議。**4.17** ワシントンで1万人参加のヴェトナム反戦デモ。**4.24** ドミニカ，ボッシュ元大統領復帰を求める陸軍蜂起し内戦化（4月28日，アメリカ軍事介入．5月5日，停戦協定調印）。**5.3** カンボジア，アメリカと国交断絶。**5.13** 西ドイツ・イスラエル，外交関係を樹立（アラブ7ヵ国，西ドイツと国交断絶）。**5.22** 中国人民解放軍，階級制度を廃止。**5.25** グルー没（84，アメリカの外交官）。**6.19** アルジェリアでクーデタ，ブーメディエン陸軍参謀長，ベン=ベラ大統領を逮捕し実権掌握（6月26日，AA会議準備委員会，アルジェリア政情不安のため，外相会議を10月28日，首脳会議を11月5日に延期）。**6.29** 韓国，日韓条約反対デモ激化のため，ソウル市内11大学繰り上げ夏期休暇をはじめ，大学・高校に強制休校措置令発令。**7.19** 李承晩没（76，大韓民国初代大統領）。**7.29** 米軍B52戦略爆撃機30機，沖縄からサイゴン南東へ渡洋爆撃。 中印国境紛争（～9月17日）。**8.9** シンガポール共和国，マレーシア連邦から分離独立（首相リー=クアンユー）。**8.11** ロサンゼルス市ワッツで黒人暴動（～16日），州兵出動により鎮圧（死者35人・火災約2000件）。**8.14** 韓国国会，日韓条約・諸協定批准案を与党単独で可決（8月20日，ソウルで学生による批准反対デモ．8月26日～9月25日，ソウルに衛戍令発令）。**9.1** インド・パキスタン両軍，カシミールで衝突（第2次印パ戦争）。**9.3**『人民日報』，林彪「人民戦争勝利万歳」掲載。**9.30** インドネシア，ウントン中佐らの共産党と提携したクーデタ，スハルト少将らによって鎮圧（9・30事件）．以後共産党の大弾圧開始。**11.10** 姚文元，『文匯報』（上海）紙上で，呉晗の『海瑞の罷官』をブルジョア的と

西暦	年号 干支	内閣	政　治・経　済
1965 ▲	昭和 40 乙巳	（第1次佐藤栄作内閣）	
1966 ▼	41 丙午		1.19 昭和40年度財政処理特別措置法を公布（29日，赤字国債発行）。1.21 椎名悦三郎外相ら，日ソ航空協定にモスクワで調印（昭和42年3月3日発効）。3.7 政府，紀元節復活を含めた祝日法改正案を衆議院に提出。3.10 佐藤栄作首相，衆議院予算委員会で沖縄防衛に日本も参加と答弁（16日，首相，法律・条約上沖縄に自衛隊は出動できないと再答弁）。3.25 閣議，明治100年記念事業を国家的規模で行うことを決定（5月11日，準備会議発足，昭和43年10月23日を式典日に決定）。4.20 日産自動車㈱・プリンス自動車工業㈱，合併契約に調印（8月1日，日産自動車㈱として新発足）。5.10 物価問題懇談会，米価値上げ抑制を政府に勧告（12日，農業諸団体が反論）。5.30 アメリカ原子力潜水艦，横須賀に初入港。6.14 ILO87号条約発効。6.25 国民の祝日法を改正・公布（敬老の日・体育の日を制定，建国記念の日は6ヵ月以内に政令で定める）。7.4 閣議，新東京国際空港の建設地を千葉県成田市に決定。7.8 政府，建国記念日審議会を設置（菅原通済ら10委員を委嘱）。7.11 第52臨時国会召集（7月30日閉会）。9.27 社会党，参議院決算委員会で，共和製糖㈱への不当融資問題を追及。10.1 東京・大阪両証券取引所，戦後初めて国債を上場。10.15 日野自動車，トヨタグループへの参加を発表。10.21 総評の54単産，ベトナム反戦統一ストを決行。11.8 公正取引委員会，価格協定の疑いで大手家庭電器6社などを臨検。11.14 日本・アメリカなど13ヵ国，中国代表権問題の重要事項指定再確認決議案を国連総会に提出（29日可決）。11.24 アジア開発銀行設立（本店マニラ．総裁渡辺武）。11.29 国防会議，第3次防衛力整備計画大綱を決定。12.3 佐藤内閣第3次改造。第53臨時国会開会式（11月30日召集），社会・共産両党欠席（自民党単独審議のまま12月20日閉会）。12.5 アメリカ国務長官ラスク来日（6日，佐藤首相・椎名外相と会談）。12.8 建国記念日審議会，建国記念の日を2月11日と答申（9日公布．国民文化会議・紀元節問題懇談会など，答申に抗議声明）。12.27 第54通常国会召集．衆議院解散（「黒い霧」解散）。**この年** 景気上昇（「いざなぎ景気」，昭和40年下期～45年下期）。

社会・文化	世界
(98，天文学)。**4.15** 水沼辰夫(72，労働運動家)。**5.3** 中勘助(79，小説家)。**5.8** 加藤玄智(91，神道学)。**5.11** 塩田広重(91，医学)。**6.6** 岡野喜太郎(101，銀行家)。**7.3** 近藤栄蔵(82，社会運動家)。**7.8** 河野一郎(67，政治家)。**7.10** 山下徳治(73，教育学)。**7.15** 内藤民治(79，ジャーナリスト)。**7.18** 山田乙三(83，陸軍軍人)。**7.19** 梅崎春生(50，小説家)。**7.21** 赤松常子(67，社会運動家)。**7.28** 江戸川乱歩(70，探偵小説家)。**7.30** 谷崎潤一郎(79，小説家)。**8.1** 信時潔(77，作曲家)。**8.4** 佐々木惣一(87，憲法学)。**8.13** 池田勇人(65，政治家)。**8.17** 高見順(58，小説家)。**9.17** 桜井忠温(86，作家)。**10.5** 岩村通世(80，司法官僚)。**10.10** 岡崎勝男(68，政治家)。**11.10** 市川団十郎(11代)(56，歌舞伎役者)。**11.21** 式場隆三郎(67，医学)。**12.3** 河上丈太郎(76，政治家)。**12.10** 中野友礼(78，実業家)。**12.17** 山田三良(96，法律学)。**12.18** 工藤鉄三郎(83，満洲国侍衛官長)。**12.29** 米川正夫(74，ロシア文学者)。 山田耕筰(79，作曲家)。	批判(文化大革命の端緒)。**11.11** ローデシア(首相イアン=スミス)，イギリスからの一方的独立を宣言．イギリス，独立は違法と声明(12日，国連安保理，ローデシア非難決議)。**11.27** ワシントンで2万5000人参加のヴェトナム平和行進(ヨーロッパ各地で呼応デモ開催)。**12.7** ローマ法王パウロ6世・ギリシア正教会総主教アテナゴラス，1054年以来の「破門宣告」を解消し共同宣言。**12.15** アメリカ宇宙船ジェミニ6号・7号，初の宇宙ランデブー成功。**12.21** 国連総会，人種差別撤廃条約案を採択。
1.13 古都における歴史的風土の保存に関する特別措置法を公布(4月15日施行)。**1.18** 早大学生，授業料値上げ反対・学生会館運営参加権要求でスト(2月10日，早大全学共闘会議学生，大学本部占拠．6月22日，終結)。**1.28** 最高裁，山林入会権紛争の「小繋事件」の上告棄却，全被告の有罪確定。**2.4** 全日空ボーイング727型機，羽田空港着陸直前に東京湾に墜落(133人全員死亡)。**2.27** 第1回物価メーデー。**3.4** カナダ航空DC8型機，羽田空港に激突炎上(64人死亡)。**3.5** BOACボーイング707型機，富士山付近で空中分解し墜落(124人全員死亡)。**3.18** 国士館大学の非民主的運営・復古教育が国会で問題となる。**3.26** 富山県，全国初の登山届出条例を制定(12月1日実施)。**3.31** 法務省住民登録集計で総人口1億人を超す。**4.26** 公労協・交運共闘統一スト(戦後最大の交通スト)。**6.29** ザ=ビートルズ来日(30日，日本武道館で公演．この頃，エレキブーム最高潮となる)。**7.13** 東京都教委，都立高校入試制度改善の基本方針を決定(学校群新設・内申書尊重・3教科制)。**8.4** 公害審議会，公害に関する政府と企業の無過失責任を強調した中間報告を厚相に提出(10月7日，第1次答申提出)。**8.-** 桑原武夫・末川博・江口朴郎ら学者・文化人884人，2月11日を建国記念日とすることに反対声明。**9.18** サルトルとボーヴォワールが来日。**10.19** 学術会議，建国記念の日を2月11日とするのは不適当と結論。**11.1** 国立劇場開場(東京三宅坂)。**11.24** 明治大学学生会，授業料値上げ案に反対してストライキ。**12.9** 中央大学学生自治会，学生会館の管理運営をめぐり授業放棄(25日解除)。**この年** 「ひのえうま」で，出生数が前年比25パーセント減。 木戸幸一日記研究会編『木戸幸一日記』刊。 【死没】 **1.2** 藤蔭静樹(85，日本舞踊家)。**1.22** 川田順(84，歌人)。**2.22** 岩田宙造(90，政治家)。**2.26** 八杉貞利(89，ロシア文学者)。**4.10** 川端竜子(80，日本画家)。 山下新太郎(84，洋画家)。**4.13** 高石勝男(59，水泳)。**4.25** 下条康麿(81，政治家)。**4.27** 二木謙三(93，医学)。**4.28** 山中峯太郎(80，小説家)。**5.3** 小宮豊隆(82，文芸評論家)。**5.5** 苫米地英俊(81，政治家)。**5.10** 栗栖赳夫(70，銀行家)。**5.11** 小泉信三(78，文明批評家)。**6.1** 清元梅吉(3代)(76，清元節三味線)。**6.4** 市川団蔵(8代)(84，歌舞伎役者)。**6.7** 安倍能成(82，教育者)。**6.15** 高橋三吉(83，海軍軍人)。**6.22** 仁井田陞(62，東洋史学)。**7.12** 鈴木大拙(95，仏教	**1.3** 3大陸(アジア・アフリカ・ラテンアメリカ)人民連帯会議，ハバナで開催(～15日．100ヵ国・500人の代表が参加)。**1.4** インド・パキスタンの和平首脳会談，ソ連のタシケント(10日，武力不行使9項目などを内容とするタシケント宣言)。**2.23** シリアでバース党過激派のクーデタ，ハーフェズ大統領失脚。**2.24** ガーナでクーデタ発生，北京訪問中のエンクルマ大統領を免職，国家解放評議会設置。**4.14** 中国科学院院長郭沫若，自己批判を表明。**4.18**『解放軍報』，社説で社会主義文化大革命への積極的参加を提唱。**4.21** ソ連マリノフスキ外相，中国がヴェトナム援助を妨害していると非難。**4.26** ピゴット没(83，イギリスの陸軍軍人)。**5.4** タイ，南ヴェトナムへの派兵を決定。**5.16** 中国共産党中央，彭真批判と中央文化革命小組設置を通達(文革派と実権派の権力闘争激化)。**5.25** 北京大学に学長批判の大字報が初出。**5.29** 清華大学付属中学に紅衛兵組織結成。**6.20** ド=ゴール大統領，ソ連を訪問(30日，共同宣言発表)。**6.29** アメリカ軍機，ハノイ・ハイフォン地区の石油貯蔵施設を爆撃。**7.1** フランス，NATO軍から正式に脱退。**8.18** 北京天安門広場で紅衛兵ら，文化大革命祝賀の100万人集会開催。**8.20** 紅衛兵，北京街頭に進出，四旧打破を要求。**10.24** ヴェトナム参戦7ヵ国会議，マニラで開催(～25日)。**11.16** 中国共産党中央，紅衛兵の北京上京を'67年3月まで禁止。**12.1** 西ドイツでキージンガー，首相に就任，大連立内閣成立。**12.26** 紅衛兵の壁新聞，劉少奇国家主席の党中央工作会議での自己批判を報道(27日，鄧小平党総書記の自己批判を報道)。**この年** 徳王没(65，内モンゴルの自治運動指導者)。 曹汝霖没(90，清末・中華民国初めの官僚)。

西暦	年号干支	内閣	政治・経済
1966▲	昭和41 丙午	（第1次佐藤栄作内閣）	
1967▼	42 丁未	2.17 第2次佐藤栄作内閣	1.24『赤旗』，初めて公然と中国共産党を批判。1.29 第31回衆議院議員総選挙（自民277・社会140・民社30・公明25・共産5．自民得票率，50パーセント割る）。2.13 公明党第4回大会，委員長竹入義勝・書記長矢野絢也を選出。2.15 第55特別国会召集（7月21日閉会）。2.17 第2次佐藤内閣発足。3.29 札幌地裁，恵庭事件（昭和37年12月）で，自衛隊の違憲問題にはふれずに無罪判決。4.15 都道府県知事・議員選挙（東京都知事に社・共推薦の美濃部亮吉当選）。6.6 閣議，資本取引自由化基本方針を決定。6.9 首相，国会周辺デモを許可した東京地裁決定に異議申立て（10日，東京地裁，決定を取消）。6.10 公正取引委員会，兵庫県の牛乳販売店の値上げ協定破棄を勧告（15日，東京・愛知の牛乳商業組合に勧告．7月25日，審判開始）。6.19 民社党第9回大会（21日，委員長西村栄一・書記長春日一幸を選出）。6.30 首相，朴正熙大統領就任式典出席のため韓国訪問（7月2日，朴大統領・アメリカ副大統領・台湾副総統と4国首脳会談開催）。7.21 公正取引委員会，松下電器産業㈱にヤミ再販廃止を勧告（8月3日，松下電器，勧告拒否．9月18日，審判開始）。7.27 第56臨時国会召集（8月18日閉会）。8.19 社会党29回大会（20日，委員長勝間田清一・書記長山本幸一を選出）。9.7 アメリカ代理大使，原子力空母エンタープライズの寄港を外務省に申入れ（11月2日，政府，寄港承認をアメリカに通告）。9.28 国鉄上越線の新清水トンネル開通。10.8 首相，第2次東南アジア・オセアニア訪問に出発（抗議デモ，羽田で警官隊と衝突，学生1人死亡．第1次羽田事件）。10.31 日本武道館で吉田茂元首相の国葬（戦後初の国葬）。11.2 那覇市で沖縄即時無条件返還要求県民大会開催。11.12 首相，アメリカ訪問に出発（全学連の抗議デモ，空港周辺で警官隊と衝突．第2次羽田事件）。11.15 ワシントンで日米共同声明発表（小笠原返還は1年以内，沖縄返還の時期示さず）。11.25 佐藤改造内閣発足。12.4 第57臨時国会召集（12月23日閉会）。12.27 第58通常国会召集（昭和43年6月3日閉会）。12.- 昭和43年度政府予算編成にあたり，財政硬直化が問題となる。

社会・文化	世界
学)。8.2 牟田口廉也(77，陸軍軍人)。9.2 岡村寧次(82，陸軍軍人)。9.4 高瀬荘太郎(74，政治家)。9.8 小原直(89，政治家)。9.17 吉田一(74，社会運動家)。 村上直次郎(98，日本史学)。10.31 佐々木隆興(88，内科医学)。11.1 牛塚虎太郎(87，東京市長)。11.2 荒木貞夫(89，陸軍軍人)。11.9 小沢治三郎(80，海軍軍人)。11.14 亀井勝一郎(59，文芸評論家)。 吉田善吾(81，海軍軍人)。11.16 河崎ナツ(79，日本母親大会)。11.18 河井寛次郎(76，陶芸家)。11.19 大久保留次郎(79，政治家)。11.22 松本治一郎(79，部落解放運動)。12.18 東条操(82，国語学・方言学)。**この年** 一竜斎貞山(7代)(41，講釈師)。	
2.4 厚生省，初の原爆被爆者実態調査の結果を発表(昭和40年11月1日現在の生存被爆者29万8500人)。2.10 国際基督教大学生，能研テスト利用に反対して本館に籠城(22日，大学側，能研テスト不採用を発表)。2.11 初の建国記念の日(東大・東京教育大などの教員・学生，登校し反対の集会)。3.12 青年医師連合，インターン制度に反対して医師国家試験の受験拒否。3.26 日本基督教団，「第2次大戦下における日本基督教団の責任についての告白」を発表。4.5 小林純岡山大教授，富山県のイタイイタイ病は三井金属神岡鉱業所が原因と発表(昭和43年5月8日，厚生省，同一見解を発表)。4.13 東大宇宙航空研，国産人工衛星第1号ラムダ4Sロケットの打上げに失敗。5.24 最高裁，朝日訴訟について，原告の死亡時に訴訟は終了したと判決。6.10 東京教育大評議会，筑波研究学園都市への移転を決定(教員の間に反対論，14日，学生移転に抗議して授業放棄)。6.23 家永三郎，高校日本史教科書の検定不合格処分取消しの行政訴訟を起こす。7.14 三池炭鉱「一酸化炭素中毒患者家族の会」の主婦約80人，坑底に坐り込み(28日，一酸化炭素中毒症特別措置法を公布)。7.28 放送法改正，ラジオ受信料廃止(昭和43年4月1日施行)。8.3 公害対策基本法を公布(即日施行)。8.8 新宿駅構内でガソリン積載のアメリカ軍タンク車と貨物列車が衝突炎上(国電1100本運休)。9.1 四日市ぜんそく患者9人，市内の石油コンビナート6社を相手に慰謝料請求訴訟。9.10 文部省，文相諮問機関として学術審議会を設置。9.14 法政大学での学生処分をめぐり，警官隊出動。9.16 統一教会・原理研究会の活動に対し，原理運動対策全国父母の会結成。11.9 アメリカ軍押収の原爆記録映画返還。11.11 エスペランチストの由比忠之進，首相の北爆支持などに抗議し官邸前で焼身自殺。**この秋頃** 女性のミニスカート，ブームに(昭和48年頃まで流行続く)。**この年** 続群書類従完成会『史料纂集』刊行開始。 児玉幸多編『近世交通史料集』刊(～昭和55年)。 宮内庁蔵版『孝明天皇紀』刊(～昭和44年)。 【死没】 1.7 広川弘禅(64，政治家)。1.20 吉田奈良丸(2代)(87，浪曲師)。2.3 武島羽衣(95，詩人)。2.7 津島寿一(79，政治家)。2.13 鮎川義介(86，経営者)。 岩佐作太郎(87，社会運動家)。2.14 山本周五郎(63，小説家)。2.16 満井佐吉(73，陸軍軍人)。2.22 柳原白蓮(81，歌人)。3.4 和田博雄(64，政治家)。 井上日召(80，ファシズム運動家)。3.14 唐沢俊樹(76，内務官僚)。3.23 勝本清一郎(67，近代文学研究家)。3.30 加藤完治(83，農本主義者)。3.31 伊藤熹朔(67，舞台美術家)。4.12 窪田空穂(89，歌人)。4.18 豊竹若太夫(10代)(78，文楽太夫)。4.22 豊竹山城少掾(88，文楽太夫)。5.7 矢部貞治(64，政治評論家)。	1.10 ラダ=ビノッド=パール没(81，東京裁判のインド判事)。1.27 米・英・ソ，宇宙空間平和利用条約に調印。1.31 中国の黒竜江省に初めて革命委員会成立。3.12 インドネシア暫定国民協議会，スハルト将軍を大統領代行に任命(スカルノ大統領の全権限を剥奪)。3.21 ギリシアで陸軍のクーデタ，コリアス検事総長首班の軍事政権成立。5.2 バートランド=ラッセル主唱の「ヴェトナム戦争犯罪裁判」，ストックホルムで開廷。5.30 ナイジェリア旧東部州がビアフラ共和国として独立を宣言，連邦政府との内戦始まる。6.5 イスラエル・アラブ諸国間に戦闘始まる(第3次中東戦争)。6.17 中国，西部地区上空で水爆実験に成功。6.23 米ソ首脳会議(ジョンソン大統領・コスイギン首相)，アメリカのグラスボロでひらく。6.27 チェコスロヴァキアの第4回作家同盟大会，激しく政府を批判。6.30 ケネディ=ラウンド(関税一括引下げ)最終文書に53ヵ国調印。7.1 ヨーロッパ共同体(EC)成立。7.20 武漢の労働者組織「百万雄師」，中央派遣の謝富治らを監禁(武漢事件，武闘激化)。7.23 ニューヨークで発生の黒人暴動がデトロイトに波及(最大規模)，連邦軍出動。8.8 フィリピン・マレーシア・インドネシア・タイ・シンガポール5ヵ国，東南アジア諸国連合(ASEAN)を結成。8.15 孔祥熙没(87，中国国民政府の財政・外交政治家)。8.22 紅衛兵，北京のイギリス大使館に放火(29日，ロンドンで中国大使館員とイギリス警官が衝突)。8.26 先進10ヵ国蔵相・中央銀行総裁会議，国際通貨基金特別引出し権(SDR)創設で合意。8.29 アラブ首脳会議，ハルトゥームで開催(～9月1日)。10.9 ボリビア陸軍，前キューバ工業相ゲバラの死を発表。10.17 溥儀没(62，清朝最後の皇帝)。10.21 ワシントンで反戦大集会(10万人参加)。10.25 国連緊急安保理事会，中東問題に関して停戦侵犯非難決議案を可決。**この年** 周作人没(83，中国の文学者)。

西暦	年号干支	内閣	政　治・経　済
1967▲	昭和42 丁未	(第2次佐藤栄作内閣)	
1968▼	43 戊申		1.19 アメリカ原子力空母エンタープライズ，佐世保に入港。2.1 アメリカ琉球高等弁務官アンガー，琉球政府行政主席の直接公選制を認めると言明。2.5 B52爆撃機が沖縄嘉手納基地に移駐(10日，琉球立法院，即時撤収を全会一致で決議)。2.6 倉石忠雄農相，記者会見で現行憲法は他力本願であり軍艦や大砲が必要と発言，問題化(23日，倉石農相辞任)。4.1 東京都公害研究所発足。4.5 小笠原諸島返還協定に調印(6月12日公布，26日発効)。4.12 三井不動産の霞が関ビル完成(日本最初の超高層ビル)。4.24 全沖縄軍労働組合，アメリカ労働布令116号撤廃と賃上げを要求し初の10割年休行使。5.2 沖縄嘉手納基地前でデモ隊が武装アメリカ兵と衝突。5.8 厚生省，富山県下のイタイイタイ病の責任を三井金属神岡鉱業所と明示，公害病に正式認定。5.24 植村甲午郎，経団連会長に就任。5.26 自民党，「都市政策大綱」発表(5月29日社会「都市再建綱領」，6月7日公明，8日民社，10日共産の各党が都市政策を発表)。7.7 第8回参議院議員選挙(自民69・社会28・公明13・民社7・共産4・無所属5．タレント候補が多数当選)。7.18 アメリカ軍東富士演習場の管理権を防衛庁に移す使用転換協定に調印。8.1 第59臨時国会召集(8月10日閉会)。8.21 社会・民社・公明3党，ソ連軍のチェコ侵入に抗議声明，木村俊夫官房長官も重大な関心を表明。8.24 共産党，ソ連非難の声明。9.11 社会党第31回定期大会開会(9月14日，人時調整つかず休会．10月4日，再会大会，委員長成田知巳，書記長江田三郎を選出)。9.26 厚生省，水俣病は新日本窒素肥料排出のメチル水銀化合物と断定．科学技術庁，阿賀野川の水銀中毒は昭和電工の排水が基盤と発表。10.23 明治百年記念式典，日本武道館で開催(11月1日，閣議，記念恩赦を決定)。11.10 琉球政府主席・立法院総選挙(主席に屋良朝苗当選)。11.19 沖縄の嘉手納基地でB52が爆発，住民5人負傷，民家多数に被害。11.30 佐藤改造内閣発足。12.1 那覇市長選，社会大衆党の平良良松当選。12.10 第60臨時国会召集(12月21日閉会)。12.27 第61通常国会召集(昭和44年8月5日閉会)。この年 日本の国民総生産(GNP)，1428億ドルとなり，西ドイツを抜き自由主義諸国の中でアメリカに次ぎ第2位となる．年間国際収支10億4800ドルの黒字。

社　会・文　化	世　界
6.2 金沢庄三郎(95, 言語学)。6.6 磯谷廉介(80, 陸軍軍人)。6.9 山下太郎(78, アラビア石油)。6.11 高柳賢三(80, 法学)。6.14 横路節雄(56, 政治家)。6.23 壺井栄(66, 小説家)。6.27 清瀬一郎(82, 政治家)。7.10 木暮武太夫(74, 政治家)。7.12 古田良一(73, 日本史学)。7.19 浅原健三(70, 労働運動家)。7.26 花田大五郎(85, ジャーナリスト)。8.8 中上川アキ(69, 参院議員)。8.17 新村出(90, 言語学)。8.22 和田三造(84, 洋画家)。10.16 富田常雄(63, 作家)。10.20 吉田茂(89, 政治家)。10.27 時枝誠記(66, 国語学)。11.14 中山正善(62, 宗教家)。11.15 河竹繁俊(78, 演劇研究家)。11.21 中田薫(90, 法制史学)。12.4 笠信太郎(66, ジャーナリスト)。12.17 山梨勝之進(90, 海軍軍人)。12.24 柿内三郎(85, 生化学)。	
1.29 東大医学部学生自治会, 登録医師制に反対し無制限ストに入る(東大紛争の発端)。2.5 帝国ホテル旧館, 明治村への移転開始。2.13 升本喜兵衛中央大学学長, 授業料値上げ反対の全学スト(1月13日～)のため辞任(16日, 値上げ案撤回)。2.20 金嬉老, 静岡県清水市内でライフル銃で2人を射殺. 翌日, 寸又峡温泉で13人を人質に籠城(24日逮捕. 金嬉老事件)。2.26 反日共系学生など, 成田空港阻止集会, 成田市役所前で警官隊と乱闘。3.9 イタイイタイ病患者・遺族28人, 三井金属鉱業に損害賠償提訴。4.1 国際勝共連合結成。4.2 東京国税局, 日本大学の約20億円の脱税を摘発(日大紛争の発端)。4.17 美濃部亮吉都知事, 朝鮮大学校を各種学校として認可(灘尾弘吉文相, 遺憾の意を表明)。4.- 霞ヶ関ビル完成(地上36階, 高さ147メートル, 最初の超高層ビル)。5.27 日本大学で全学共闘会議結成(議長秋田明大)。5.30 消費者保護基本法を公布。5.31 文部省, 小学校学習指導要領改定案を発表(社会科教科書に建国神話導入, 批判強まる)。5.- 山川出版社編『歴史と地理』創刊。6.2 アメリカ軍F4Cファントム機が九州大学構内に墜落(4日, 学長を先頭に抗議デモ)。6.10 大気汚染防止法・騒音規制法を各公布。6.15 東大で青医連70人, 安田講堂など占拠(17日, 機動隊により占拠者排除. 28日, 全学共闘会議結成. 7月2日, 安田講堂再占拠. 7月～, 学生ストライキ全学に拡大. 東大紛争)。 文化庁発足(初代長官今日出海)。6.- 日本古文書学会『古文書研究』創刊。7.1 郵便番号制度実施。8.1 実業の世界社『実業の世界』創刊(『三田商業会』『実業之世界』を経て改題)。8.6 文部省, 紛争校は私大教育研究費補助制度の対象から除外することを決定。8.8 札幌医大附属病院で和田寿郎教授執刀により日本初の心臓移植手術。10.12 第19回オリンピック・メキシコ大会開催, 日本選手団215人参加(～27日, 体操男子総合など金メダル獲得)。10.17 川端康成, ノーベル文学賞の受賞決定。10.21 国際反戦デー. 反日共系全学連学生ら, 新宿駅を占拠(22日, 警視庁, 騒乱罪を適用)。10.- 宮内省臨時編修局『明治天皇紀』刊(～昭和52年3月)。11.1 東大評議会, 大河内一男総長の辞任, 豊川前医学部長・上田前病院長の退官などを承認(加藤一郎総長代行となる)。11.16 文部省, 東大・東京教育大・東京外語大・日大に授業再開を要請する通達。12.10 東京都府中市で, 日本信託銀行の現金輸送車の3億円が車ごと奪われる(昭和50年12月10日, 時効成立, 迷宮入り)。12.29 東京大学・東京教育大学の4学部, 翌年の入試中止を決定。**この年** 共同通信社『近衛文麿日記』刊。 宇垣一成『宇垣一成日記』刊(～昭和46年)。『日本庶民生活史料集成』刊(～昭和	1.9 サウジアラビア・クウェート・リビア, アラブ石油輸出国機構(OAPEC)結成。1.23 北朝鮮, アメリカ情報収集艦プエブロ号の捕獲を発表。1.30 南ヴェトナム解放民族戦線軍, 南ヴェトナム全土で攻撃を開始(テト攻勢)。3.8 ワルシャワで学生デモ起こる。3.15 イギリス, ロンドン金市場・株式取引所・銀行の業務停止の緊急措置を実施。3.16 南ヴェトナムのソンミ村でアメリカ軍が住民を虐殺(ソンミ事件. '69年11月16日報道)。3.21 イスラエル軍, ヨルダン領を攻撃. パレスチナ抵抗勢力, カラーメの戦闘でイスラエル軍を撃退。3.31 米ジョンソン大統領, 北爆の一方的停止を発表, 和平交渉を要請(4月3日, 北ヴェトナム, アメリカとの予備交渉に同意)。4.4 アメリカの黒人運動指導者キング牧師, メンフィスで暗殺, 各地で抗議運動。4.29 アメリカで, 黒人による「貧者の行進」デモ, 各地からワシントンに向け出発。5.4 フランスの学生デモと警官隊衝突(「5月危機」始まる)。5.10 アメリカ・北ヴェトナム, パリで和平会談を開始。6.27 チェコスロヴァキアの知識人ら70名, 民主化促進を要求し「2000語宣言」を発表。7.1 EC関税同盟発足。 核拡散防止条約, ロンドン・モスクワ・ワシントンで調印。7.17 イラクでクーデタ, バクル将軍のバース党政権成立。8.20 ソ連軍を中心にワルシャワ条約機構加盟の5ヵ国軍, チェコスロヴァキアに侵入, 民主化運動を武力鎮圧(チェコ事件)。8.- クアン=アパイウォン没(66, タイの政治家)。9.12 アルバニア, ワルシャワ条約機構からの脱退を発表。9.26 ポルトガル首相サラザール, 病状悪化により辞職。10.3 ペルーで軍事クーデタ, ベラウンデ大統領辞職。10.13 中国共産党, 劉少奇国家主席を永久除名(のち劉少奇は軟禁され死亡)。11.19 マリ共和国でクーデタ, ケイタ大統領追放。12.28 イスラエル軍, ベイルート空港を奇襲(31日, 国連安保理, イスラエル非難を決議)。

西暦	年号干支	内閣	政　治・経　済
1968▲	昭和43戊申	(第2次佐藤栄作内閣)	
1969▼	44己酉		**1.24** 美濃部亮吉都知事，東京都の公営ギャンブル廃止を発表。**2.4** 沖縄でB52撤去要求の決起集会開催，5万5000人参加。**3.6** 八幡製鉄㈱・富士製鉄㈱，合併契約書に調印(4月10日，公取委，合併に関し公聴会開催)。 王子製紙㈱・十条製紙㈱・本州製紙㈱，業務提携契約書に調印。**4.28** 全国で「沖縄デー」．社・共・総評，代々木公園で中央集会開催，反日共系学生など都内各所で警官隊と衝突，交通混乱。**4.30** 国土総合開発審議会，新全国総合開発計画を政府案通りに答申。**5.26** 東名高速道路全通(名神高速と直結し東京—西宮間全通)。**6.2** 愛知揆一外相，沖縄返還について米国ニクソン大統領と会談．外相，「安保条約ワク内での'72年中施政権返還」の方針を示す。**6.3** 都市開発法を公布(14日施行)。**6.23** 宇宙開発事業団を設置。**7.13** 東京都議会議員選挙，自民党が第1党に復活(社会党第3党に転落)。**8.3** 参議院本会議で議長重宗雄三，大学臨時措置法案を審議なしで抜打ち採決，可決成立。**8.7** 大学の運営に関する臨時措置法を公布。**9.14** 札幌地裁所長平賀健太が長沼ナイキ訴訟審理中の裁判長に書簡を出した事実判明(20日，最高裁，平賀所長に注意処分)。**10.9** 自民党，日米安保条約自動延長を決議(14日，「日米安保条約の継続について」発表)。**11.5** 沖縄県祖国復帰協，即時無条件全面返還要求の「網の目行進」を開始。**11.16** 首相訪米抗議集会，全国120ヵ所で開催．反日共系学生ら，同時多発的ゲリラ行動。**11.17** 首相，沖縄返還交渉のため訪米(19日，ニクソン大統領と第1回会談．20日，第2回会談)。**11.21** 首相，ニクソン大統領と第3回会談，日米共同声明発表(安保堅持・'72年沖縄施政権返還・韓国と台湾の安全重視など)。**11.29** 第62臨時国会召集(12月2日，衆議院解散)。**12.27** 第32回衆議院議員総選挙(自民288・社会90・公明47・民社31・共産14)。**この年** 昭和44年度産米から自主流通米制度発足。

社　会・文　化	世　界
59年)。 近衛篤麿日記刊行会編『近衛篤麿日記』刊(～昭和44年)。 【死没】 1.9 円谷幸吉(27，マラソン)。1.10 町野武馬(92，陸軍軍人)。1.22 松永東(80，政治家)。1.29 藤田嗣治(81，洋画家)。3.25 下村定(80，政治家)。4.28 林博太郎(94，教育家)。5.19 大谷米太郎(86，経営者)。5.24 大村清一(76，内務官僚)。5.30 古武弥四郎(88，生化学)。6.22 山岡万之助(93，司法官)。6.26 山崎巌(73，内務官僚)。7.19 子母澤寛(76，小説家)。7.27 大原総一郎(58，経営者)。7.31 天羽英二(80，外交官)。 青木得三(83，財政学)。8.16 熊谷一弥(77，テニス)。9.21 広津和郎(76，小説家)。10.3 今村均(82，陸軍軍人)。10.14 沢瀉久孝(78，国文学)。11.9 石田英一郎(65，民族学)。11.15 北村徳太郎(81，政治家)。12.3 沢村田之助(5代)(66，歌舞伎役者)。12.16 双葉山定次(56，横綱)。 渋谷兼八(80，底曳網業)。	
1.10 東大，7学部集会を東京青山の秩父宮ラグビー場で開催。1.18 東大当局，機動隊に安田講堂など占拠の学生排除を要請(19日，安田講堂封鎖解除)。1.20 東大，44年度入試中止を正式決定。1.23 文部省，能力開発研究所の能研テスト廃止を決定。2.18 日本大学，機動隊を導入して全学の封鎖を解除。3.3 国立大学一期校の入試，警備下で実施。3.7 中央教育審議会，「学園における学生の地位について」の中間報告草案を発表。3.12 東京で積雪30センチを記録。3.23 東大総長に加藤一郎総長代行を選出(4月1日就任)。4.21 文部省，全国の大学長宛てに，警官が学内に立入るかどうかの最終判断は警察側にあると通達。4.22 加藤東大総長，文部省通達を批判(25日，日本学術会議，通達に反対を表明)。5.23 政府，初の公害白書(昭和43年度公害の状況に関する年次報告)発表。6.5 全沖縄労組，賃上げ・解雇撤回を要求し24時間スト突入，抗議デモがアメリカ兵と衝突。6.12 初の国産原子力船むつ，進水式。7.1 東京地裁，女子の30歳定年制は男女差別で無効と判決。7.2 東京都公害防止条例を公布。7.10 同和対策事業特別措置法を公布。7.24 東京教育大評議会，筑波学園都市への移転に伴う新大学構想を決定。8.1 彫刻の森美術館開館(神奈川県箱根町)。8.16 第15回母親大会，日本婦人会議は不参加。9.5 全国全共闘連合結成大会，東京日比谷野外音楽堂で開催，1万5000人参加。9.28 三里塚空港粉砕全国総決起集会，成田市の市営第2公園で開催。10.10 巨人の金田正一投手，通産400勝達成(11月30日引退)。10.13 札幌地検，心臓移植手術を行なった(昭和43年8月)和田札幌医大教授らを捜査。10.21 国際反戦デー，反日共系学生が各地で機動隊と衝突。10.29 厚生省，発ガン性の疑いで人工甘味料チクロの使用禁止，回収を指示。10.- プロ野球で八百長事件発覚(昭和45年までに関係者永久追放など処分される，黒い霧事件)。11.1 日本記者クラブ，正式に発足。 航空自衛隊小西誠3曹，「安保反対」等のビラを張り自衛隊法違反で逮捕(昭和56年3月27日，新潟地裁，差戻し審で無罪判決)。11.5 警視庁，山梨県大菩薩峠で武闘訓練合宿中の赤軍派53人を逮捕。12.1 東京都，老人医療費無料化制を実施。12.15 公害に係る健康被害の救済に関する特別措置法を公布(1部を除きを即日施行)。**この年** 信濃史料刊行会編纂『信濃史料』成る。 近藤出版社『日本史料選書』刊行開始(昭和63年	1.20 ニクソン，アメリカ大統領に就任。2.3 アラファト，パレスティナ解放機構(PLO)議長に選出。3.2 中・ソ国境警備隊，ウスリー川のダマンスキー島(珍宝島)で武力衝突。3.29 フィリピンで新人民軍(共産党の軍事組織)結成。4.1 中国共産党第9回全国代表大会，北京で開催(14日，林彪副主席を毛沢東の後継者と規定)。4.28 フランス大統領ド=ゴール，上院・地方制度改革の国民投票で敗北し辞任。5.25 スーダンで軍事クーデタ，ヌメイリ議長の革命評議会が実権掌握。5.30 西ドイツ，ハルシュタイン原則の廃止決定。6.8 南ヴェトナム共和国臨時革命政府樹立(首相にフィン=タン=ファト，10日公表)。6.10 中・ソ両軍，新疆西北部で衝突(11日，中国，ソ連に抗議)。7.8 中・ソ両軍，アムール河のゴルジンスキー島(八岔島)で衝突。7.20 アメリカ宇宙船アポロ11号，月面着陸。8.2 米ニクソン大統領，ルーマニア訪問，チャウシェスク書記長と会談。8.12 北アイルランドでカトリック系住民が警官隊・プロテスタント系住民と衝突(14日，イギリス軍出動)。8.21 イスラエルのエルアクサ寺院炎上。9.1 リビアでクーデタ，王制を廃止，共和国を樹立。9.3 北ヴェトナム大統領ホー=チ=ミン没(ベトナム共産党の創立者)。10.20 レバノン軍，レバノン南部のゲリラ拠点を攻撃(レバノン紛争)。10.21 西ドイツの社会民主党党主ブラント，首相に選出，自由民主党との連立内閣が発足。11.12 劉少奇没(72，中国革命の指導者)。11.17 米ソ戦略兵器制限交渉(SALT)の予備交渉，ヘルシンキで開始(～12月22日)。

西暦	年号干支	内閣	政治・経済
1969▲	昭和44 己酉	(第2次佐藤栄作内閣)	
1970▼	45 庚戌	1.14 第3次佐藤栄作内閣	1.5 共産党，公明党の出版妨害につき声明．公明党，公式に否定。1.14 第3次佐藤内閣成立。第63特別国会召集(5月13日閉会)。1.21 主婦連などの消費者団体，チクロ不買同盟を結成。2.3 政府，核拡散防止条約調印を決定。2.17 社会党委員長成田知巳，衆議院本会議の代表質問で出版妨害問題を提起。2.19 新東京国際空港公団，反対派農民の土地に対し強制立入り調査を実施。3.2 社会・民社・共産3党，出版妨害問題で衆議院に調査特別委員会設置・予算委員会への証人喚問を要求。3.24 日産自動車㈱・いすゞ自動車工業㈱，業務提携書に調印。3.31 新日本製鉄㈱(八幡・富士製鉄の合併)，正式発足。4.1 社会党，江田ビジョンを骨子とした党再建の運動方針発表。4.18 法務省，長沼ナイキ訴訟担当の福島重雄裁判長の忌避申立。4.19 日中覚書貿易交渉の会談コミュニケ発表，貿易協定調印(中国，日本の軍国主義復活と佐藤内閣を非難)。4.23 佐藤首相，日中覚書貿易の会談コミュニケは内政干渉と反論。5.2 最高裁判所長官石田和外，軍国主義者・共産主義者・無政府主義者は裁判官に不適格と発言。6.22 政府，日米安保条約の自動延長を声明。6.23 全国的な反安保統一行動，全国1345ヵ所，77万人参加。6.24 最高裁，政治献金は会社の社会的役割の一部と新判断，八幡製鉄事件に合憲判決。7.1 共産党第11回大会(7日，中央委員会幹部会委員長に宮本顕治を選出)。8.1 琉球政府，復帰対策室を設置。10.7 防衛庁，復帰後の第1次沖縄防衛計画を発表(自衛隊員3200人配備など)。10.19 裁判官訴追委員会，元札幌地裁所長平賀健太を不追訴・福島重雄判事を訴追猶予と決定。10.20 政府，初の防衛白書(「日本の防衛」)を発表。10.28 日銀，公定歩合0.25パーセント引下げ実施(この年，「いざなぎ景気」おわる)。10.29 自民党24回大会，総裁に佐藤栄作を4選。11.15 沖縄の国政参加選挙(衆議院は自民2・革新3，参議院は自民・革新各1)。11.24 第64臨時国会召集(12月18日閉会)。12.9 超党派の日中国交回復促進議員連盟発足(会長藤山愛一郎)。12.20 沖縄コザ市で市民5000人とアメリカ憲兵隊が対立，嘉手納基地にデモ隊進入。12.26 第65通常国会召集(昭和46年5月24日閉会)。**この年** 日本の産業構造の高度化進行し，この年，第1次産業人口の対有業人口比率20パーセントを下回る。 自動車生産台数529万台(米は828万台)，粗鋼生産9332万トン(米は1億1931万トン)。 平均給与月額(30人以上の事業所)5万6300円，失業率1.1パーセント。

社　会・文　化	世　界
で中絶)。 【死没】 1.1 中村福助(高砂屋系5代)(58，歌舞伎役者)。1.3 浅野長武(73，東京博物館長)。1.8 三好伊平次(95，部落改善)。1.20 中村岳陵(79，日本画家)。2.21 原阿佐緒(81，歌人)。3.5 東くめ(91，作詞家)。3.15 武蔵山武(59，横綱)。3.19 羽原又吉(88，社会学)。4.26 植芝盛平(86，合気道)。5.8 松平信子(82，秩父宮妃母)。5.9 潮田江次(67，慶大塾長)。6.7 柳田泉(75，英文学)。6.23 矢部長克(90，地質学)。7.2 成瀬巳喜男(63，映画監督)。7.12 石川謙(78，教育史学)。7.14 坂本繁二郎(87，洋画家)。7.29 村上武次郎(86，冶金学)。8.6 近藤憲二(74，社会運動家)。生方敏郎(86，随筆家)。8.19 奥村喜和男(69，官僚)。8.20 大山柏(80，外交史)。8.30 左近司政三(90，海軍軍人)。9.25 松村武雄(86，神話学)。10.3 市川左団次(3代)(71，歌舞伎役者)。10.9 正力松太郎(84，新聞経営者)。10.14 羽黒山政司(54，横綱)。10.30 木宮泰彦(82，歴史学)。10.31 林髞(木木高太郎)(72，推理作家)。11.11 長谷川如是閑(93，ジャーナリスト)。11.15 伊藤整(64，詩人)。11.29 田村栄太郎(76，日本史家)。12.1 高柳光寿(77，日本史学)。12.3 長谷部言人(87，人類学)。12.9 高坂正顕(69，哲学)。12.13 獅子文六(76，小説家)。12.25 倉田主税(80，経営者)。12.26 大谷竹次郎(92，松竹創業)。12.30 由起しげ子(67，作家)。	
1.8 全沖縄軍労組，基地労働者の大量解雇撤回を要求して48時間スト突入。1.30 東京に54日ぶりの雨。2.11 東大宇宙航空研究所，初の国産人工衛星「おおすみ」の打上げ成功。3.14 日本万国博覧会EXPO'70，大阪千里丘陵で開会式(テーマ「人類の進歩と調和」．77ヵ国参加．～9月13日)。3.20 厚生省のスモン調査研究協議会，全国の患者数2669人と発表。3.31 赤軍派学生9人，日航機よど号をハイジャック，韓国金浦空港に着陸(世界革命を唱え，4月3日，人質を乗せ平壌へ)。5.3 創価学会会長池田大作，出版妨害問題を反省，公明党と学会の分離を表明。5.11 日本山岳会エベレスト登山隊の松浦輝夫・植村直己，日本人初の登頂に成功。5.17 日本自然保護協会・日本野鳥の会主催「自然環境を取戻す都民集会」開催。5.21 東京文京区医療生協の医師団，排気ガス問題の新宿区牛込柳町の住民を集団検診の結果，血液から鉛の異常値を検出と発表。5.-『日本思想大系』刊(～昭和57年5月)。7.17 東京地裁，家永教科書裁判(第2次訴訟)で検定の運用は違憲とする判決(24日，文部省，控訴)。7.18 東京杉並の立正高校で，光科学スモッグにより生徒40数人が倒れる。7.28 閣議，中央公害対策本部設置を決定(31日発足)。7.- 静岡県富士市の田子の浦港がヘドロの堆積でマヒ状態となる(28日，大型船入港を制限，8月9日，ヘドロ公害追放の住民集会，8月11日，4製紙会社と知事を告発)。8.2 警視庁，銀座・新宿などで休日の車両通行を禁止(歩行者天国)。9.5 椿忠雄新潟大学教授，スモン病の原因に整腸剤キノホルムが関係と発表(7日，厚生省，キノホルムの販売・使用中止を通達)。9.11 主婦連など消費者5団体，カラーテレビの二重価格問題で一年間の買い控えを決議。9.30 三里塚・芝山空港反対同盟，空港公団の立入り調査に抵抗(59人逮捕)。10.1 第11回国勢調査，沖縄も含めて実施(本土人口1億372万60人，沖縄人口94万5111人)。10.12 宇井純ら，東大で公開自主講座「公害原論」を開講。11.25 三島由紀夫，楯の会会員4人と東	2.18 米ニクソン大統領，平和3原則と日本の役割を強調した外交教書を議会に提出。3.18 カンボジアで右派クーデタ，外遊中のシアヌーク元首を解任，ロン=ノル首相が実権掌握。3.19 東・西両ドイツ首相会談，東ドイツのエルフルトで開催(5月21日，第2回会談)。4.5 中国周恩来首相，北朝鮮を訪問(～7日．9日，日本軍国主義の復活反対などの共同声明を発表)。4.24 中国，初の人工衛星打上げ成功。4.30 米ニクソン大統領，カンボジア領内への攻撃を命令(5月1日，アメリカ・南ヴェトナム政府両軍侵攻．アメリカ空軍，北爆再開)。5.4 オハイオ州兵，反戦デモの学生4人を射殺。5.5 シアヌーク，北京で王国民族連合政府成立を発表。6.21 スカルノ没(69，インドネシアの政治家)。7.21 アラブ連合のアスワン=ハイ=ダム，ソ連の援助により建設完成，送電開始。7.26 オマーンで宮廷クーデタ，サイド=ビン=タイムル首長追放。8.12 ソ連・西ドイツ，武力不行使・ヨーロッパの現状維持をめぐる条約に調印。9.6 パレスティナ=ゲリラ，ヨーロッパで旅客機を連続で4機ハイジャック。9.8 第3回非同盟諸国会議，ザンビアで開催(～10日)。9.16 ヨルダン国王フセイン，ダウド軍事政府を発足させ，全土に戒厳令(17日，政府軍とゲリラ軍の戦闘始まる．「黒い9月」事件)。9.28 アラブ連合大統領ナセル急死(10月7日，サダト大統領就任)。10.6 フランス大統領ポンピドー，訪ソ(13日，ソ仏共同宣言調印)。10.24 チリで左翼統一連合のサルバドル=アジェンデが大統

西暦	年号干支	内閣	政　治・経　済
1970▲	昭和45 庚戌	（第3次佐藤栄作内閣）	
1971▼	46 辛亥		1.13 アメリカ軍，沖縄知花弾薬貯蔵地域から毒ガスの第1次移送開始（9月9日，移送完了）。1.22 佐藤首相，施政方針演説で「中華人民共和国政府」の正式名称を初めて使用。3.11 第一銀行・日本勧業銀行，対等合併を発表（10月1日，第一勧業銀行として発足）。3.31 ハイジャック防止条約承認。4.11 第7回統一地方選挙（東京都知事に美濃部亮吉再選，大阪府知事に黒田了一当選）。4.16 天皇・皇后，初めて広島の原爆慰霊碑に参拝。5.8 日本弁護士連合会，最高裁による裁判官の再・新任など人事に批判決議。5.12 三菱重工業㈱，子会社の三菱自動車工業㈱へのクライスラー社の資本参加を承認，契約書調印。6.17 沖縄返還協定（琉球諸島及び大東諸島に関する日本国とアメリカ合衆国との間の協定）に調印。6.27 第9回参議院議員選挙（自民63・社会39・公明10・民社6・共産6）。7.5 第3次佐藤改造内閣発足（外相福田赳夫・通産相田中角栄・環境庁長官大石武一）。7.14 第66臨時国会召集（7月24日閉会）。7.16 いすゞ自動車工業㈱，ゼネラル=モーターズ社と資本提携に調印。8.3 民社党，臨時党大会で春日一幸を委員長に選出。8.6 佐藤首相，広島での第26回平和記念式典に現職首相として初めて出席。8.16 アメリカのドル防衛策発表により，東証ダウ株価大暴落。8.28 政府，円の変動相場制移行を実施。9.16 成田空港予定地に第2次強制代執行，反対派が厳しく抵抗，機動隊員3人死亡。9.27 天皇・皇后，ヨーロッパ7ヵ国親善訪問に出発（10月14日帰国）。10.16 第67臨時国会召集（12月27日閉会）。11.17 自民党，衆議院の沖縄返還協定特別委員会で返還協定を強行採決（18日，琉球政府首席屋良朝苗，首相らに抗議）。12.19 閣議，基準外国為替相場を1ドル＝308円と決定（20日実施）。12.29 第68通常国会召集（昭和47年6月16日閉会）。12.30 自

社会・文化	世界
京市ヶ谷の自衛隊総監部でクーデタを訴え，失敗．三島，会員1人と自殺。**11.28** チッソ㈱の株主総会，水俣病の企業責任を問う患者・一株株主の抗議で混乱。**12.7** WHO(世界保健機構)，日本における幼児死亡率激減を「ノーベル賞もの」と公表。**12.18** 参議院本会議，公害関係14法案を可決，成立(公害対策基本法改正法・公害犯罪処罰法・水質汚濁防止法など)。**12.28** 政府，環境保護庁の設置を決定(昭和46年1月8日，環境庁と改称)。**この年** 公害・環境・万国博に関する議論が盛ん。 道路上の交通事故の死者1万6765人に達し史上最悪，昭和46年以後減少へ。 東大史料編纂所編『保古飛呂比—佐々木高行日記』刊(～昭和54年)。 【死没】 **1.2** 矢野仁一(97，東洋史学)。**1.3** 永野護(79，経営者)。**1.7** 榎本健一(65，喜劇俳優)。**1.20** 石川一郎(84，経団連会長)。**1.22** 花柳寿輔(2代)(76，日本舞踊家)。**2.5** 中村孝也(85，日本史学)。**2.11** 山野千枝子(74，美容家)。**2.20** 土井辰雄(77，枢機卿)。**2.26** 西岡虎之助(74，日本史学)。**3.17** 市川三喜(84，英語学)。**3.20** 西光万吉(74，全国水平社)。**4.16** 石原広一郎(80，経営者)。**4.18** 牧野英一(92，刑法学)。**4.19** 上野精一(87，朝日新聞社主)。**4.30** 須磨弥吉郎(77，外交官)。**5.7** 鈴木茂三郎(77，日本社会党)。**5.14** 河合良成(84，小松製作所)。**5.30** 岡部長景(85，政治家)。**6.4** 守島伍郎(79，外交官)。**6.8** 山田抄太郎(71，長唄三味線方)。**7.23** 藤田尚徳(89，海軍軍人)。**8.7** 内田吐夢(72，映画監督)。**8.9** 近藤鶴代(68，政治家)。**8.12** 西条八十(78，詩人)。**8.21** 桐竹紋十郎(2代)(69，文楽人形遣い)。**8.29** 山内清男(68，考古学)。**9.2** 長谷川清(87，海軍軍人)。**9.6** 富本豊前太夫(10代)(75，富本節)。**9.12** 春日弘(85，経営者)。**9.26** 豊道春海(92，書家)。**10.16** 坂田昌一(59，物理学)。**10.31** 森田たま(75，随筆家)。**11.9** 川島正次郎(80，政治家)。**11.15** 泉靖一(55，文化人類学)。**11.18** 細川護立(87，美術収集家)。**11.22** 大宅壮一(70，評論家)。 岩畔豪雄(73，陸軍軍人)。**11.25** 三島由紀夫(45，小説家)。**11.28** 伊木寿一(87，日本史学)。**12.4** 飯塚浩二(64，人文地理学)。**12.8** 山井基清(85，雅楽家)。**12.19** 加藤鐐五郎(87，政治家)。	領に選出。**10.29** 米ソ宇宙協力協定調印(12月9日公表)。**11.10** パキスタン大統領ヤヒア=カーン，北京を訪問(中国政府，2億ドル借款供与を約束)。**11.20** 国連総会で，「中国招請・国府追放決議案」が初めて過半数，「重要事項指定確認決議案」を可決。**11.-** 東パキスタン(後のバングラディッシュ)，超大型のサイクロンにより甚大な被害(死亡・行方不明約30万人)。**12.7** 西ドイツ・ポーランド両首相，「関係正常化の基礎に関する条約」正式調印。**12.20** ポーランド統一労働者党の第1書記ゴムルカ辞任(後任にギエレク政治局員)。
2.10 沖縄全軍労，3000人解雇に反対し48時間ストに突入(3月2日第2波，4月14日第3波スト)。**2.17** 京浜安保共闘の学生ら，栃木県真岡市の銃砲店から散弾銃10挺など強奪(27日，警視庁，銃2挺を群馬・新潟で発見)。**2.22** 新東京国際空港公団，空港建設定地に第1次強制代執行。**3.5** 大阪大・大阪市大の入試問題の盗難・売買が発覚。**3.26** 東京多摩ニュータウンへの第1次入居開始。**5.14** 前橋署，殺人容疑で大久保清を逮捕(女性8人を誘拐・殺害．昭和48年2月22日，死刑判決)。 横綱大鵬引退(横綱在位58場所．優勝32回・全勝優勝8回・6場所連続優勝2回・45連勝)。 名古屋高裁，津市の公費による神式地鎮祭に違憲判決。**5.19** 沖縄全軍労・自治労など，沖縄返還協定に反対24時間ゼネスト。**6.2** 全国教育研究所連盟，授業内容をよく理解している子どもは半数との調査報告発表(この頃から「落ちこぼれ」問題化)。**6.5** 熊本国税局，ネズミ講の第一相互経済研究所を脱税容疑で強制捜査。**6.11** 中央教育審議会，「今後における学校教育の総合的な拡充整備のための基本施策」を答申(4・4・6制の試行など)。**6.30** 富山地裁，イタイイタイ病第1次訴訟判決でカドミウムが主因と認定，三井金属工業に慰謝料の	**1.25** ウガンダで軍部のクーデタ，アミン政権成立。**2.22** パキスタン大統領ヤヒア，閣僚評議会を解散(3月1日，制憲議会を無期延期とする)。**3.15** アワミ連盟総裁ラーマン，東パキスタンの行政権掌を発表(4月17日，バングラデシュ臨時政府発足)。**4.21** 宋子文没(81，中華民国の政治家)。**5.9** EC緊急理事会，西ドイツの変動為替相場制移行を承認(10日，オランダ，変動相場制へ移行)。**5.25** ソ連最高幹部会議長ポドルヌイ，カイロ訪問(27日，友好協力条約調印)。**6.13**『ニューヨーク=タイムズ』，国防総省のヴェトナム秘密報告書(ペンタゴン=ペーパーズ)の掲載開始。**6.23** イギリスのEC加盟交渉妥結(デンマーク・アイルランド・ノルウェーも加盟)。**6.30** ユーゴスラヴィアで憲法改正，複数大統領制を採用。**7.9** 米キッシンジャー大統領補佐官，秘密裏に中国訪問，周恩来と会談。**7.15** ニクソン大統領，’72年5月まで

西暦	年号 干支	内閣	政　治・経　済
1971 ▲	昭和 46 辛亥	(第3次佐藤栄作内閣)	民党，沖縄返還関連4法案(公用地等の暫定使用に関する法律など)を単独可決(31日公布)。
1972 ▼	47 壬子		1.3 日米繊維協定，ワシントンで調印。1.6 佐藤首相，米ニクソン大統領と会談(7日，沖縄返還を5月15日とするなどの共同声明)。1.16 日朝友好促進議員連盟の代表団，平壌へ出発(25日，国交樹立をめざす共同声明)。3.7 防衛庁，陸上自衛隊航空部隊を宇都宮より立川基地へ抜打ち的に移駐(8日，美濃部知事，中止を求める声明)。3.15 山陽新幹線，新大阪—岡山間開通。3.27 社会党の横路孝弘，沖縄交渉をめぐる外務省の極秘電報を暴露(4月4日，警視庁，機密漏洩で外務省事務官蓮見喜久子らを逮捕)。4.17 政府，国防会議で沖縄への自衛隊配備計画を決定。5.15 沖縄の施政権返還・日本本土復帰実現，沖縄県発足。5.20 アメリカ軍B52が3機，ベトナムからの帰途，悪天候を理由に沖縄嘉手納基地に飛来。5.24 佐藤首相，衆議院外務委で中国の唯一正統政府は中華人民共和国政府と発言。6.11 田中角栄通産相，「日本列島改造論」構想発表。6.17 佐藤首相，正式に退陣表明。6.25 沖縄県知事・議員選挙(知事に屋良朝苗当選)。6.27 最高裁，日照権を法的保護に値する権利として認める判決。7.5 自民

社　会・文　化	世　界
支払いを命じる。7.1 環境庁発足(初代長官に山中貞則)。 国立公文書館発足。7.3 東亜国内航空の「ばんだい」号，函館北方の横津岳で遭難(4日発見，68人全員死亡)。7.15「赤軍」派と「京浜安保共闘」が合同，「連合赤軍」を結成。7.17 今井通子(東京女子医大助手)，グランド=ジョラス北壁登頂成功(アルプス3大北壁登頂)。7.30 自衛隊ジェット機，岩手県雫石町上空で全日空機と衝突，全日空機162人全員死亡。7.- 全国地域婦人団体連絡協議会，100円化粧品「ちふれ」をデパートなどで販売。8.16 文部省，放送大学の実験放送を開始。8.- ウーマン=リブ合宿大会，長野県で開催，200人参加。9.21 公明党委員長竹入義勝，暴漢に刺され重傷。9.28 美濃部都知事，議会でゴミ処理の危機を訴え，「東京ゴミ戦争」を宣言。 東大宇宙航空研究所，日本初の科学衛星「しんせい」打上げに成功。9.29 新潟地裁，阿賀野川流域の新潟水俣病は昭和電工の排水が原因と認定，昭和電工に賠償金支払いを命じる。10.3 東京八王子市で全国初の「ノーカーデー」。11.11 川崎市で国立防災科学技術センターなど4機関，崖崩れ実験に失敗，15人死亡(11月16日，平泉渉科学技術庁長官を更迭)。11.19 全国930ヵ所で沖縄返還協定強行採決に対する抗議行動．総評・中立労連など，全国統一スト決行。12.18 警視庁警務部長土田国保の自宅に配達の小包が爆発，夫人死亡。**この年** 大学卒男子の平均初任給4万8000円。 古川常深編『入来院文書』刊。 竹内理三編『鎌倉遺文』刊(～平成9年9月)。 【死没】 1.7 内田信也(90，政治家)。1.11 喜多六平太(96，能楽師)。1.14 金田一京助(89，言語学)。1.20 男女ノ川登三(67，横綱)。1.23 宮崎竜介(78，社会運動家)。2.6 福留繁(80，海軍軍人)。3.21 深田久弥(68，作家)。 横山エンタツ(74，漫才師)。4.3 市川寿海(3代)(84，歌舞伎役者)。4.20 内田百閒(81，小説家，随筆家)。5.9 吉野信次(82，商工官僚)。5.24 平塚らいてう(85，女性解放思想家)。5.31 山口蓬春(77，日本画家)。6.7 大石ヨシエ(74，政治家)。6.13 日夏耿之介(81，詩人)。 斯波孝四郎(96，三菱重工業)。6.16 松永安左エ門(95，電気事業)。6.20 市川中車(8代)(74，歌舞伎役者)。7.10 ライシャワー(91，宣教師)。8.1 徳川夢声(77，俳優)。8.17 前田山英五郎(57，横綱)。8.21 松村謙三(88，政治家)。9.10 小熊捍(86，遺伝学)。10.11 玉の海正洋(27，横綱)。10.21 志賀直哉(88，小説家)。11.12 富士松加賀太夫(9代)(82，新内節)。11.21 大谷竹次郎(76，昭和極電)。11.22 駒井和愛(66，考古学)。12.12 伊井弥四郎(66，日本共産党)。 桂文楽(8代)(79，落語家)。12.18 佐藤尚武(89，外交官)。12.19 三品彰英(69，朝鮮史学)。	に周恩来首相の招待を受けて中国訪問すると発表。7.19 スーダンで左派クーデタ．22日，反クーデタでヌメイリ議長が政権奪回(左派支持のイラクと断交)。8.9 ソ連・インド，平和・友好・協力条約に調印。8.15 ニクソン大統領，金とドルの交換一時停止などを含むドル防衛の経済政策を発表。9.8 中国共産党副主席林彪，毛沢東暗殺のクーデタ失敗，飛行機で逃亡中に墜落死('72年7月28日，中国当局者が発表)。10.16 キッシンジャー大統領補佐官，ニクソン大統領の中国訪問準備のため出発。10.25 国連総会，アルバニアなど23ヵ国提案の「中国招請・国府追放案」を可決，中国の国連復帰決定。12.3 インド・パキスタン紛争，全面戦争となる(印パ戦争)。12.16 東パキスタンのパキスタン軍，無条件降伏(17日，パキスタン，インドの停戦案受諾)。12.18 ワシントンでの10ヵ国蔵相会議，多国間通貨調整成立(スミソニアン合意)。**この年** バーレーン(8月14日)・カタール(9月1日)・アラブ首長国連邦(12月2日)が独立，湾岸で新体制が固まる。 スイスで女性の参政権実現。
1.17 日教組教研集会で宮崎県の小学教員が，土呂久鉱山の公害病を発表。1.24 グアム島で横井庄一元陸軍軍曹を保護(2月2日帰国)。2.3 第11回冬季オリンピック札幌大会開催(～13日．6日，笠谷幸生，70メートル級ジャンプで金メダル)。2.17 群馬県警，妙義山中で連合赤軍幹部の永田洋子・森恒夫を逮捕。2.19 連合赤軍の坂東国男ら5人，軽井沢の浅間山荘に管理人の妻を人質に籠城(28日，機動隊突入，逮捕，隊員などに死者3名．浅間山荘事件)。2.23 水俣病患者自主交渉派，大石武一環境庁長官の斡旋でチッソ会社と交渉。3.21 奈良県明日香村の高松塚古墳で極彩色の壁画発見。4.7 国会議員・文化人などの呼びかけで「国民の知る権利を守る会」結成。4.24 火炎びん	1.12 バングラデシュでラーマンを首相とする内閣成立。2.21 米ニクソン大統領，中国訪問．毛沢東と会見，周恩来と会談(27日，共同声明発表)。3.22 アメリカ上院，男女平等に関する憲法修正案を可決。4.6 アメリカ軍，大規模な限定北爆を再開。4.10 アメリカ・イギリス・日本など79ヵ国，生物毒素兵器禁止条約調印。4.24 中国，失脚幹部の復活が始まる。5.8 ニクソン，北ヴェトナム全港湾の機雷封鎖を発表(11日，機雷作動開始)。5.22 ニクソン，ソ連訪問(26日，戦略兵器制限条約調印)。5.30 イ

西暦	年号 干支	内閣	政治・経済
1972 ▲	昭和 47 壬子	(第3次佐藤栄作内閣) 7.7 第1次田中角栄内閣 12.22 第2次田中角栄内閣	党大会，決選投票で田中角栄を総裁に選出。7.6 第69臨時国会召集(7月12日閉会)．佐藤内閣総辞職．衆参両院，田中角栄を首相に指名。7.7 第1次田中角栄内閣成立(外相大平正芳・通産相中曾根康弘)。7.14 閣議，新全国総合開発計画を練り直し，「日本列島改造論」との調整決定。7.25 竹入義勝公明党委員長ら，中国訪問(8月4日帰国，田中首相に早期中国訪問を進言)。8.31 田中首相，米ニクソン大統領とハワイで会談(9月1日，日米安保条約維持・貿易不均衡是正などの共同声明発表)。9.17 椎名悦三郎自民党副総裁，日中正常化説明のため台湾へ出発(18日，国民政府蔣介石総統に田中首相の親書を手渡す)。9.25 田中首相，中国訪問，周恩来首相と会談，国交正常化達成に合意(27日，毛沢東首席と会談)。9.29 日中共同声明調印，国交正常化(大平正芳外相，日台条約は存在の意義失効と表明)．台湾は対日断交。10.9 政府，国防会議と閣議で第4次防衛力整備計画を決定(総額4兆6300億円)。10.27 第70臨時国会召集(11月13日，衆議院解散)。10.30 沖縄県議会，「B52再飛来阻止に関する要請決議」を採択。11.1 古河鉱業㈱，足尾銅山の来春閉山を決定(昭和48年2月24日閉山)。12.10 第33回衆議院議員総選挙(自民271・社会118・共産38・公明29・民社19・無所属14)。12.22 第71特別国会召集(昭和48年9月27日閉会)。 第2次田中内閣成立。
1973 ▼	48 癸丑		2.10 ドル売り急増により東京外国為替市場閉鎖。2.14 大蔵省，円の変動相場制移行を実施。2.20 鐘淵化学工業，石油蛋白飼料の企業化を断念。3.7 竹入義勝公明党委員長・美濃部亮吉都知事，友好協力の覚書交換，都議会公明党は与党となる。4.4 最高裁大法廷，刑法の尊属殺人罪は法の下の平等を定めた憲法14条に違反と判決(初の違憲立法審査権行使)。5.12 政府，小選挙区区割案作成のため衆議院選挙区区割委員会を発足。5.15 日本政府，ドイツ民主共和国(東ドイツ)と外交関係設定に関する交換公文にモスクワで調印。 社会・公明・共産3党など，小選挙区制粉砕統一行動．全国で32万人参加。5.16 政府，衆参両院議長の要請により，臨時閣議で本国会に選挙制度改革法案の提出を断念。5.19 東京江東区議会，杉並区のゴミの「新夢の島」搬入拒否(22日，実力阻止．23日，都知事，清掃工場候補地を高井戸に決定)。7.5 共産党，社会主義国の核保有・核実験にも反対すると核政策を転換。7.17 自民党若手タカ派議員，青嵐会を結成(中川一郎・石原慎太郎・加藤六月ら31名)。7.20 日航機，アムステルダム空港離陸直後，パレスティナ=ゲリラに乗取られる(24日，乗客ら解放後に機体爆破)。8.8 韓国新民党元大統領候補の金大中，東京のホテルから5人の韓国人により誘拐(13日，ソウルの自宅に連行．金大中事件)。8.13 東京で反朴政権組織の韓国民主回復統一促進会議日本支部結成。8.23 田中伊三次法相，参議院法務委員会で金大中事件は某国秘密警察(韓国CIA)が関与と示唆。8.24 日韓両国政府，9月開催予定の日韓定期閣僚会議延期を発表。9.7 札幌地裁，長沼ナイキ基地訴訟で自衛隊に対する初めての違憲判決(12日，政府控訴)。9.20 衆議院本会議，北方領土返還要求を全会一致で決議。9.25 通産省，初の「エネルギー白書」を発表。9.26 田中首相，仏・英・西独・ソ連訪問に出発。10.10 日ソ首脳会談(8日～)．田中・コスイギン両首

社会・文化	世界
使用等処罰法を公布(5月13日施行)。**5.1** 第43回メーデー，公明党初参加。**5.13** 大阪南区の千日デパートビルで火災，118人が酸欠で死亡。**6.6** 大石武一環境庁長官，ストックホルムで開催の国連人間環境会議で演説。**6.22** 自然環境保全法を公布(昭和48年4月1日施行)。**7.1** 勤労婦人福祉法を公布(即日施行)。**7.24** 津地裁四日市支部，四日市ぜんそく訴訟で加害企業6社の共同不法行為を認める判決。**8.9** 名古屋高裁金沢支部，イタイイタイ病第1次訴訟の控訴審で三井金属鉱業の控訴棄却。**9.1** 日本書店組合連合，販売手数料引上げを要求し，大手出版社書籍の不売スト(12日，2パーセント引上げで妥結)。**10.6** 国立大学協会，全国共通第1次試験の基本構想を発表。**11.5** 上野動物園で中国政府寄贈のパンダ(康康・蘭蘭)公開。**11.13** 元女優岡田嘉子，34年ぶりにソ連から帰国(ソ連への亡命に同行した杉本良吉はスパイ容疑でソ連当局により処刑)。**11.18** 日本文化研究国際会議，東京・京都で開催(主催日本ペンクラブ)。**12.5** 那覇市，自衛隊基地内に居住する自衛官の住民登録受付を停止(23日，自治省，中止を要請)。**この年** 日本大辞典刊行会編『日本国語大辞典』刊(～昭和51年)。 【死没】 **1.31** 松内則三(81，アナウンサー)。**2.2** 高田保馬(88，社会学)。**2.17** 平林たい子(66，小説家)。**2.27** 吉住小三郎(4代)(95，長唄唄方)。 吉住慈恭(95，長唄)。**3.2** 鏑木清方(93，日本画家)。**3.24** 綾部健太郎(81，鉄道建設公団)。**4.16** 川端康成(72，小説家)。**5.4** 水野成夫(72，経営者)。**5.8** 伊東深水(74，日本画家)。**5.28** 小汀利得(82，日本経済新聞)。**6.2** 高村豊周(81，鋳金作家)。**6.5** 田中隆吉(78，陸軍軍人)。**6.9** 徳岡神泉(76，日本画家)。**6.11** 鳥海青児(70，洋画家)。**6.30** 丸山二郎(72，日本史学)。**7.1** 田中義麿(87，遺伝学)。**7.18** 入江俊郎(71，最高裁判事)。**7.27** 瀬越憲作(83，囲碁棋士)。**9.24** 赤木正雄(85，土木工学)。**10.4** 東海林太郎(73，歌手)。**10.16** 田辺五兵衛(14代)(64，田辺製薬)。**10.22** 柳家金語楼(71，俳優)。**10.23** 久布白落実(89，婦人解放運動)。**11.22** 岡田紅陽(77，写真家)。**12.14** 内田祥三(87，建築家)。	スラエルのテルアビブ国際空港で日本赤軍派によるテロ事件．巡礼客ら多数死亡(犯人奥平剛士・安田安之は現場で死亡，岡本公三逮捕)。**6.5** 国連人間環境会議，ストックホルムで開催(16日，人間環境宣言を採択)。**6.17** ワシントンのウォーターゲート=ビルの民主党事務所に盗聴器を仕掛けようと侵入した5人を逮捕(ウォーターゲート事件の発端)。**6.23** イギリス，ポンドを変動相場制に移行。**7.9** アメリカ・ソ連，穀物協定に調印。**7.18** エジプト大統領サダト，ソ連の軍事顧問団の追放を決定。**8.14** 米キッシンジャー大統領補佐官・北ヴェトナムレ=ドク=ト特別顧問，パリで秘密会談。**9.5** アラブ=ゲリラ，ミュンヘン五輪の選手村を襲撃(イスラエル選手11人死亡)。**9.23** フィリピン大統領マルコス，全国に戒厳令を布告。**10.5** 石油輸出国機構(OPEC)，石油会社の経営参加交渉でイラク・サウジアラビア・クウェートなど5ヵ国と合意。**10.19** フィリピン南部のスルー地方でイスラム教徒の反乱始まる。**10.26** 北ヴェトナム，アメリカと合意の9項目停戦協定案を発表。**12.18** アメリカ軍，北爆再開，ハノイ・ハイフォンを爆撃。**12.21** 東西両ドイツ，関係正常化基本条約に調印。**この年** ユネスコで世界遺産条約採択。
1.1 70歳以上の老人医療無料化を実施(昭和47年6月23日，老人福祉法改正による)。**3.13** 高崎線上尾駅で，順法闘争に怒った乗客6000人が電車・駅舎を破壊。**3.15** 国立大学協会会長加藤一郎，筑波大学の方式を他大学へ誘導することを批判する談話発表。**3.20** 熊本地裁，水俣病訴訟でチッソの過失責任を認定，患者側全面勝訴。**4.2** 建設省，地価公示価格を公表，全国平均30.9パーセントの急騰。 藤原彰・松浦総三ら，米国押収資料の返還・公開を要求する会を結成。**4.12** 国民の祝日法を改正・公布，祝日が日曜日と重なる場合は月曜日を振替休日とす。**4.27** 春闘．68単産・310万人，初の交通ゼネスト。**6.5** 環境週間始まる。**9.10** 日本平和学会設立(会長に関寛治東大教授)。**9.15** 全国高齢者1万人集会，東京都体育館で開催。**10.19** 閣議，紙使用合理化国民運動の推進を決定。**10.23** 江崎玲於奈，ノーベル物理学賞受賞決定。**11.29** 熊本市の大洋デパートで火災，死者103人。**11.-** 各地でトイレットペーパー買いだめの品不足騒ぎが発生。**12.2** 青森県六ケ所村村長選挙，むつ小川原開発促進派の古川伊勢松が当選。**この年** 伊藤博文関係文書研究会編『伊藤博文関係文書』刊(～昭和56年)。 小川平吉文書研究会編『小川平吉関係文書』刊。	**1.27** ベトナム和平協定・議定書，パリで正式調印(28日発効)。**2.12** パリの5ヵ国会議でドルの10パーセント切り下げを決定('71年12月のスミソニアン合意崩壊)。**2.21** ラオスのビエンチャン政府・愛国戦線，和平協定に調印(22日発効)。**3.2** ドル売り再燃により，欧州外国為替市場閉鎖。**3.11** EC蔵相会議開催，EC6ヵ国の共同変動相場制移行(19日実施)など決定。**3.29** 南ベトナム駐留のアメリカ軍，最終撤兵完了。**5.18** ソ連ブレジネフ書記長，西ドイツ訪問(19日，経済・工業・技術協定調印)。**6.16** ブレジネフ書記長，アメリカ訪問(18日，ニクソン大統領と会談開始．22日，核戦争防止協定調印)。**7.3** 全欧州安全保障協力外相会議，ヘルシンキで開催(～7日)。**7.17** アフガニスタンでクーデタ，王制廃止．共和制樹立を宣言。**8.2** 中国『人民日報』，孔子批判論文を掲載(批林批孔運動始まる)。**8.15** アメリカ軍，ラオス・カンボジア爆撃を停止。**8.24** 中国共産党第10回全

西暦	年号 干支	内閣	政　治・経　済
1973 ▲	昭和 48 癸丑	(第2次田中角栄内閣)	相，共同声明調印(未解決の諸問題を解決し平和条約締結交渉の継続を確認)。10.23 エクソン・シェル両石油会社，原油価格30パーセント引上げ通告(25日，エクソンなど5社，原油供給量10パーセント削減通告．第1次石油危機)。11.1 韓国政府，金大中事件で金東雲ら数人の在日韓国公館員の解任方針発表。11.2 韓国金鍾泌首相，金大中事件陳謝で来日，田中首相と会談し日韓定期閣僚会議再開などで合意。11.14 共産党第12回大会(～21日．「民主連合政府綱領」を発表)。11.16 閣議，石油緊急対策要綱を決定(15日，内閣に石油対策推進本部を設置)。11.25 田中改造内閣発足(蔵相福田赳夫)。11.27 公正取引委員会，石油連盟と日本石油など元売り13社を独禁法違反容疑で強制調査。12.1 第72通常国会召集(昭和49年6月3日閉会)。12.10 副総理三木武夫，石油危機打開のため中東8ヵ国へ出発(～28日)。12.14 愛知県の豊川信用金庫，デマが原因で取付け騒ぎ(～15日)。12.22 国民生活安定緊急措置法・石油需給適正化法を公布・施行。12.25 OAPEC石油担当相会議，日本を友好国と認め，必要石油量の供給を決定。 日韓両国政府，'74年度対韓借款を4540万ドルと決定。**この年** 卸売・消費者物価がともに急上昇。
1974 ▼	49 甲寅	12.9 三木武夫内閣	1.7 田中首相，東南アジア5ヵ国訪問に出発。1.30 日・韓両国政府，大陸棚協定に調印(2月4日，中国政府抗議．昭和53年6月22日発効)。1.- 消費者物価指数，前月比4.4パーセント上昇(前年同月比23.1パーセント)。2.5 公正取引委員会，石油連盟と石油元売り12社に協定破棄を勧告(15日，勧告を受諾)。2.6 パレスチナ=ゲリラ，在クウェート日本大使館を占拠。2.25 衆議院予算委員会，物価集中審議(～27日)，石油連盟会長らを参考人として追及。3.10 フィリピンのルバング島で小野田寛郎元陸軍少尉，30年ぶりに救出(12日帰国)。3.14 田中首相，参議院予算委員会で日の丸・君が代を国旗・国歌として法制化を示唆。4.7 京都府知事選挙で蜷川虎三(共産党など推薦)，全国初の7選。4.20 日中航空協定，北京で調印(国民政府，日台空路を停止)。4.24 韓国政府，民青学連事件で日本人学生2人を逮捕と日本に通告。4.25 外務省，日本人2人の早期釈放を韓国政府に要請(7月15日，韓国非常軍法会議，懲役20年の判決．昭和50年2月15日釈放)。4.- 春闘賃上げの平均2万8981円・32.9パーセント。5.1 国税庁，昭和48年度高額所得者を公示(上位100人中，97人が土地所得者)。5.13 田中首相，徳育の必要を強調し，「5つの大切」・「10の反省」を提唱。5.24 土光敏夫(東京芝浦電気会長)，経団連会長に就任。5.25 自民党，衆議院本会議で靖国神社法案を単独可決(衆議院で廃案)。5.26 田中首相，遊説先の札幌で参議院選挙後に小選挙区制を提案すると発言。6.1 電力料金値上げ実施(家庭用29パーセント・産業用74パーセント)。6.26 国土庁発足(初代長官西村英一)。7.2 中央選管委員長堀米正道，企業ぐるみ選挙を批判する見解発表。7.7 第10回参議院議員選挙(自民62・社会28・公明14・共産13・民社5)．投票率73.23パーセント。7.12 三木武夫副総理，田中首相の政治姿勢を批判し辞任(16日，福田赳夫蔵相・保利茂行政管理庁長官辞任)。7.24 第73臨時国会召集(7月31日閉会)。8.14 韓国政府，金大中事件の捜査打切りを表明．木村俊夫外相，遺憾の意を表明。9.10 アメリカ海軍の退役少将ジーン=ラロック，議会で日本への核持込み肯定の証言(10月6日公表)。10.22 社会党寺田熊雄，参議院大蔵委員会で田中首相の所得を追及，首相の出席を提案して紛糾。 田中首相，外人記者クラブで金脈問題につき反論。11.5 日経連，'75年春闘の賃上げ率15パーセント以下とのガイドラインを提案。11.12 衆議院法務・参議院決算委員会などで田中首相の金脈問題追及。11.17 社会・共産両党・総評など19団体，田中退陣要求・フォード来日反対の全国統一行動。11.18 米フォード大統領来日(19日，天皇と会見．田中首相と会談．20日，共同声明発表)。11.26 田中首相，閣議で辞意を表明。12.1 自民党副総裁椎名悦三郎，三木武夫を新総裁とする裁定案を提示(4日，自民党両院議員総会，三木を総裁に選出)。12.9 三木内閣成立(副総理兼経済企画庁長官福田赳夫・蔵相大平正芳・外相宮沢喜一)。 第74臨時国会召集(12月25日閉会)。12.27 第75通常国会召集(昭和50年

社会・文化	世界
【死没】 1.25 大場政夫(23，プロボクシング)。2.9 団伊能(80，九州朝日放送)。2.13 池島信平(63，文芸春秋)。2.20 棚橋小虎(84，労働運動家)。3.1 吉田一穂(74，詩人)。3.17 石井鶴三(85，彫刻家)。3.28 椎名麟三(61，小説家)。3.29 足立正(90，日本商工会議所)。4.4 菊田一夫(65，劇作家)。4.23 阿部知二(69，小説家)。4.25 石橋湛山(88，政治家)。4.27 吉田富三(70，病理学)。4.30 大佛次郎(75，小説家)。5.1 関鑑子(73，声楽家)。5.11 美土路昌一(86，朝日新聞)。5.29 伊藤忠兵衛(2代)(86，伊藤忠商事)。6.2 近衛秀麿(74，指揮者)。6.19 鈴木三郎助(82，味の素)。7.11 吉屋信子(77，作家)。7.31 東富士謹一(51，横綱)。8.3 時実利彦(63，大脳生理学)。8.7 高瀬清(71，社会運動家)。8.18 益谷秀次(85，政治家)。8.25 緒方知三郎(90，病理学)。8.27 白鳥省吾(83，詩人)。9.15 松方三郎(74，登山家)。9.20 芳村伊十郎(7代)(72，長唄唄方)。9.21 山本嘉次郎(71，映画監督)。古今亭志ん生(5代)(83，落語家)。10.21 我妻栄(76，法学)。11.1 鶴見祐輔(88，政治家)。11.13 サトウハチロー(70，詩人)。11.16 友松圓諦(78，仏教学)。11.17 浜田広介(80，童話作家)。11.18 本庄栄治郎(85，日本経済史学)。11.23 愛知揆一(66，政治家)。 早川雪洲(84，映画俳優)。11.24 後宮淳(89，陸軍軍人)。12.4 岡敬純(83，海軍軍人)。12.12 野村直邦(88，海軍軍人)。12.22 浪花千栄子(66，女優)。	国代表大会開催(林彪と陳伯達の党籍永久剝奪．～28日)。9.5 非同盟諸国第4回首脳会議，アルジェで開催(大国支配非難など．～9日)。9.11 チリで軍事クーデター，アジェンデ大統領自殺。9.18 国連総会，東西両ドイツの加盟を承認。10.6 エジプト軍・シリア軍，スエズ運河東岸とゴラン高原でイスラエル軍と交戦(第4次中東戦争)。10.14 タイの反政府学生ら，軍・警察と衝突．タノム内閣総辞職。10.17 OPEC加盟のペルシャ湾岸6ヵ国，緊急会議で原油公示価格の21パーセント引上げを発表。 OAPEC10ヵ国閣僚会議，イスラエル支持国向けの石油生産削減を決定(石油戦略発動)。10.18 サウジアラビア，石油の対アメリカ・オランダ禁輸。11.7 アメリカ両院，大統領の戦争権限を制限する法案可決。12.21 中東和平国際会議，ジュネーヴで開催(～22日)。
1.21 東京の無降水新記録(71日間)。2.25 教育人材確保法を公布。3.30 名古屋の新幹線公害訴訟原告団，騒音・振動の差し止めと損害賠償請求の訴訟を名古屋地裁に提起。4.11 81単産・600万人参加のゼネスト。4.20 モナ=リザ展，東京国立博物館で開催(～6月10日)。5.9 伊豆半島南部でマグニチュード6.8の大地震，家屋・道路に被害甚大。6.5 自然保護憲章，同憲章制国民会議で採択。7.2 第1回日本人口会議開催(4日，「子供は2人迄」の大会宣言採択)。7.16 東京地裁，第1次教科書検定訴訟で，検定制度は合憲・検定内容は一部不当と判決。7.29 日本ペンクラブ訪韓代表，詩人金芝河の逮捕は言論弾圧ではないと発言，会員の抗議・脱会多数。8.22 食品衛生調査会，合成殺菌剤AF2の使用禁止を具申．厚生省，使用禁止を決定。8.26 原子力船むつ，大湊を初出港(9月1日，出力上昇試験中に放射線漏れの事故発生)。8.30 東京丸の内の三菱重工業本社前に仕掛けられた時限爆弾が爆発，通行人8人死亡。9.28 総理府統計局，日本の人口1億1000万人突破を推計。10.8 佐藤栄作前首相，ノーベル平和賞受賞決定(日本が核武装しなかった点を評価される)。11.22 兵庫県八鹿高校で，生徒の部落解放研究会設置をめぐり紛争。12.18 岡山県倉敷市の三菱石油㈱水島製油所タンクから重油が大量流出。 【死没】 1.9 高津正道(80，政治家)。1.11 山本有三(86，劇作家)。1.20 天野辰夫(81，右翼運動家)。2.4 尾崎喜八(82，詩人)。2.15 山中謙二(80，西洋史学)。2.19 宇野哲人(98，中国哲学)。2.26 赤井米吉(86，明星学園)。3.1 田中耕太郎(83，法学)。3.22 福田平八郎(82，日本画家)。3.27 松本学(86，内務官僚)。3.30 橘孝三郎(81，右翼農本主義)。3.31 深尾須磨子(85，詩人)。4.4 平塚常次郎(92，北洋漁業)。4.13 中村星湖(90，小説家)。5.19 南原繁(84，政治学)。5.22 広瀬久忠(85，内務官僚)。5.24 佐藤喜一郎(80，三井銀行頭取)。5.25 石田幹之助(82，東	1.17 朴烈没(73，朝鮮の民族主義者)。1.18 エジプト・イスラエル，スエズ戦線の兵力引離し協定に調印，停戦。1.19 中国・南ベトナム両軍，西沙群島沖で海戦(20日，中国軍，西沙群島の一部を制圧)。2.11 石油消費国会議，ワシントンで開催(13ヵ国参加．アメリカ・フランス対立．～13日)。2.13 ソ連，作家ソルジェニーツィンの市民権剝奪，国外追放。2.25 エチオピアで軍事クーデタ(11月24日，エチオピア軍事政権，アマン前議長ら61人を処刑と発表)。3.18 OAPEC石油相会議，アメリカに対する原油禁油解除を決定。4.9 国連資源特別総会，ニューヨークで開催，新国際経済秩序樹立宣言を採択(～5月2日)。4.25 ポルトガルで軍部クーデタ(26日，スピノラ新政権，民主化政策を発表)。5.18 インド，ラジャスタン州で初の地下核実験。5.31 シリア・イスラエル，ゴラン高原の兵力引離し協定に調印。6.10 アメリカ大統領ニクソン，中東5ヵ国訪問へ出発(～19日)。6.27 ニクソン，ソ連訪問(～7月3日)，ブレジネフ書記長と会談。7.13 韓国非常軍法会議，詩人金芝河らに死刑判決。7.15 キプロスでギリシア人将校によるクーデタ(マカリオス大統領，国外脱出)。7.20 トルコ軍，キプロスへ上陸．国連安保理，キプロス停戦を決議(22日停戦)。7.23 ギリシア軍事政権崩壊(24日，カラマンリス，文民政権を樹立)。7.27 アメリカ下院司法委，ウォーターゲート事件でニクソン大統領弾劾訴追状第1条を可決(29日第2条を，30日第3条を可決)。7.31 EC・アラブ連盟，経

西暦	年号干支	内閣	政治・経済
1974▲	昭和49 甲寅	(三木武夫内閣)	7月4日閉会)。**この年** 大学卒男子の平均初任給8万3000円。
1975▼	50 乙卯		**2.7** 日銀，1月の卸売物価が前月比0.4パーセント下落と発表(3年ぶりの下落)。**3.10** 山陽新幹線の岡山—博多間開業(東京—博多間全通)。**3.24** 三木首相，成田知巳社会党委員長と会談．首相，27日前に昨春闘の処分をしないと言明。**4.13** 都道府県知事・議員選挙，美濃部都知事3選，大阪府知事に黒田了一再選(27日，市町村長・議員選挙)。**4.17** 日・ソ両国，西カムチャツカ水域のタラバガニ全面禁漁に合意。**5.7** イギリスのエリザベス女王来日(〜12日)。 稲葉修法相，参議院決算委員会で現行憲法は欠陥が多いと発言，問題化(21日，稲葉法相，発言取消し．三木首相，改憲せずと表明)。 閣議，南ベトナム臨時革命政府の承認を決定。**5.25** 全国自然保護大会(栃木県日光市で開催)，南アルプス・スーパー林道の建設中止を決議。**6.3** 佐藤栄作元首相没(16日，日本武道館で国民葬．大日本愛国党員，会場で三木首相に暴行)。**6.24** 衆議院本会議，独占禁止法改正案を可決(参議院で廃案)。**7.4** 参議院本会議，政治資金規正法改正案を可否同数，議長裁決で可決成立．公職選挙法改正案，可決成立(ともに15日公布)。**7.12** 共産党委員長宮本顕治と創価学会会長池田大作会談，相互不干渉・共存で一致(16日，公明党委員長，共産党と政権共闘せずと発表)。**7.17** 皇太子夫妻，沖縄「ひめゆりの塔」前で火炎びんを投げられる。**7.27** 共産党・創価学会，相互不干渉・共存の10年協定(昭和49年12月28日調印)を公表。**8.2** 三木首相，アメリカ訪問(5日，フォード大統領と会談．6日，韓国の安全の緊要性を強調した条項を含む共同声明発表)。**8.5** 政府，クアラルンプール事件(8月4日)で日本赤軍の要求に応じ，拘置中の過激派釈放を決定。**8.7** 東京都公害局，日本化学工業㈱が江東・江戸川両区に六価クロム鉱滓を大量投棄と発表(21日，東京都，住民の健康診断開始)。**8.15** 三木首相，現職首相として戦後初の靖国神社参拝(私人の資格)。**9.2** 佐賀県のフグ漁船松生丸，黄海で出漁中に北朝鮮警備艇により銃撃(2人死亡)。**9.11** 第76臨時国会召集(12月25日閉会)。**9.15** 第8回日韓定期閣僚会議，ソウルで開催(1年9ヵ月ぶり．日韓連携確認の共同声明)。**9.21** 天皇，アメリカ人記者と会見，開戦は閣議決定・終戦は自分の決定と発言。**9.29** 信濃川河川敷問題で地元9団体など，田中前首相らを最高検に告訴。**9.30** 天皇・皇后，初のアメリカ訪問に出発(10月2日，フォード大統領と会見)。**10.15** 文部省，小・中・高校教員に部長制度導入の方針を示す(主任制問題おこる)。**10.20** 藤井松太郎国鉄総裁，国労・動労などに条件つきスト権付与の見解を表明。**10.31** 天皇・皇后，初の公式記者会見(原爆投下は，戦争中のことでもあり，気の毒だったがやむを得ないと発言)。**11.2** 自民党の借金100億円のうち半額を財界が肩代りすることに，自民・財界両首脳が合意。**11.15** 三木首相，フランスで開催の主要先進国首脳会議に出席。**11.26** 公労協・国労・動労・全逓・全電通など，スト権奪還ストに突入。 公企体閣僚協専門委懇談会，スト権付与は経営形態変更が前提との意見書を発表(野党・労組は反発)。**12.12** 東京地裁，田中金脈問題に関連した新星企業に有罪判決。**12.21** 本州四国架橋の大三島橋(尾道—今治ルート)の起工式。**12.24** 参議院本会議，財政特例法案を可決(赤字国債発行のため)。**12.27** 石油備蓄法を公布(昭和55年3月までに90日分備

社　会・文　化	世　界
洋史学)。5.31 木村伊兵衛(72，写真家)。7.5 務台理作(83，哲学)。7.8 神山茂夫(69，共産主義)。7.25 花菱アチャコ(77，漫才家)。7.29 神田茂(80，天文学)。8.8 いわさきちひろ(55，童画家)。9.12 佐藤達夫(70，人事院総裁)。9.13 高野実(73，労働運動家)。9.15 有島生馬(91，洋画家)。9.23 花田清輝(65，作家，批評家)。10.30 吉田栄三(2代)(71，人形遣い)。11.4 新見吉治(100，日本史学)。 落合英二(76，薬学)。11.12 菊池正士(72，物理学)。11.23 原田淑人(89，考古学)。12.23 高木市之助(86，国文学)。	済協力一般委員会設置に合意。7.- 中国秦始皇帝陵で兵馬俑発掘。8.6 ポルトガル，ギニア=ビサウ共和国の独立を認める協定に調印。8.8 ニクソン，辞任を発表。8.9 フォード，アメリカ大統領に就任。8.14 キプロス和平会議，イギリス・トルコ・ギリシア間の交渉決裂．ギリシア，NATO軍事機構脱退を発表。8.15 韓国朴正煕大統領，狙撃され夫人死亡．犯人の在日韓国人文世光逮捕(17日，韓国，文の背後に朝鮮総連と発表．18日，朝鮮総連，無関係と声明)。10.28 アラブ首脳会議，ラバトで開催(28日，PLOをパレスチナ唯一代表とする決議・パレスチナ人の民族自決権の再確認など)。11.5 国連世界食糧会議，ローマで開催(130ヵ国参加．～11月16日)。11.22 国連総会，パレスチナ人の自決権を認め，PLOにオブザーバーの資格を付与する決議。11.23 フォード大統領，ソ連訪問，ブレジネフ書記長と会談(24日，戦略兵器に関する共同声明発表)。
3.19 警視庁，中核・核マル両派の内ゲバに非常事態を宣言。3.27 春闘共闘委，3・27統一ストを中止。5.16 エベレスト日本女子登山隊の田部井淳子，女性として世界初の登頂成功。6.8 鎌倉市七里ヶ浜で，暴走族2グループ600人が乱闘(14日，警視庁，暴走族の全国一斉取締り開始)。6.16 小中学校の校長会・PTA全国協議会など，日本教育会を結成(会長森戸辰男)。7.1 文化財保護法を改正・公布(埋蔵文化財保護の強化・町並み保存など規定．10月1日施行)。7.10 専修学校制度を新設(修業年限1年以上・授業時数が年間800時間以上など)。7.19 沖縄国際海洋博覧会，本部半島で開催(テーマ「海―その望ましい未来」．～昭和51年1月18日)。8.28 第25回パグウォッシュ会議，京都で開催(湯川秀樹ら出席．～9月1日)。10.1 第12回国勢調査実施(人口1億1193万9643人)。12.1 政府，スト権ストにつき声明発表(法秩序の維持・専門懇の意見書尊重など)．公労協，抗議声明(3日，スト中止)。12.20 東京高裁，教科書第2次訴訟控訴審で検定の違法性を認め，控訴棄却(憲法判断を避ける)。12.27 宮崎県土呂久鉱山の砒素中毒症認定患者，住友金属鉱山㈱に対し，損害賠償請求訴訟を宮崎地裁延岡支部に提訴。 【死没】 1.15 坂本清馬(89，大逆事件)。1.16 坂東三津五郎(8代)(68，歌舞伎役者)。2.6 佐藤賢了(79，陸軍軍人)。2.17 森島守人(79，外交官)。2.28 丹羽保次郎(81，電気工学)。3.6 石坂泰三(88，経営者)。3.12 霜山精一(90，大審院長)。3.17 島崎敏樹(62，精神医学)。3.20 中川善之助(77，民法学)。3.22 戒能通孝(66，弁護士)。 阪本勝(75，兵庫県知事)。3.28 守田勘弥(14代)(68，歌舞伎役者)。5.6 古畑種基(83，法医学)。5.7 藤浪与兵衛(4代)(48，小道具)。5.25 矢代幸雄(84，美術史家)。6.3 佐藤栄作(74，政治家)。6.6 岩淵辰雄(83，政治評論家)。 大島浩(89，陸軍軍人)。6.7 大場磐雄(75，考古学)。6.23 林武(78，洋画家)。6.30 金子光晴(79，詩人)。 朝比奈泰彦(94，薬学)。7.25 きだみのる(80，作家)。8.10 佐佐木行忠(82，神道)。9.4 壺井繁治(77，詩人)。9.5 堂本印象(83，日本画家)。9.13 棟方志功(72，版画家)。	2.12 韓国国民投票，維新憲法支持。2.13 北部キプロスで，トルコ系キプロス人の分離独立国家樹立を宣言。2.28 EC9ヵ国・アフリカなど46ヵ国，通商援助協定(ロメ協定)に調印。3.17 イラン・イラク，新国境協定調印。3.25 サウジアラビア国王ファイサル暗殺(26日，ハリド皇太子，国王に即位)。4.5 蔣介石(89，中国政治家)。4.13 レバノンで内戦始まる。4.17 カンボジア解放勢力，プノンペンを占領．政府軍，全面降伏。4.30 南ヴェトナムで，北ヴェトナム軍・解放民族戦線軍，サイゴンへ無血入城．ミン政権，無条件降伏。6.5 スエズ運河，8年ぶりに再開。6.19 国連国際婦人年世界会議，メキシコシティで開催。6.25 モザンビーク，ポルトガルから人民共和国として独立。7.29 アメリカ州機構，キューバ封鎖の解除を決議。7.30 欧州安保・協力首脳会議，ヘルシンキで開催(8月1日，新欧州共存体制をうたうヘルシンキ宣言調印)。8.4 日本赤軍，クアラルンプールでアメリカ・スウェーデン両大使館占拠。8.11 ポルトガル領ティモールでクーデタ発生(21日，内戦状態となる)。8.15 バングラデシュで軍部クーデタ，ラーマン大統領殺害．ムシュタク=アーメド商務相，大統領就任。8.31『人民日報』，「水滸伝」批判論文を掲載。9.1 国連経済特別総会開催(開発と国際経済協力に関する7項目決議を採択．～16日)。9.4 イスラエル・エジプト，第2次スエズ兵力分離協定に調印。10.16 モロッコ国王ハッサン，スペイン領サハラの領有を主張，35万人のサハラ大行進を組織と声明(21日，行進出発．11月9日，中止)。10.22 ソ連の金星9号，金星表面に軟着陸。11.11 アンゴラ，ポルトガルから

西暦	年号 干支	内閣	政　治・経　済
1975 ▲	昭和 50 乙卯	(三木武夫内閣)	蓄)。 第77通常国会召集(昭和51年5月24日閉会)。**この年** 自動車生産台数694万台(米は899万台),粗鋼生産高1億231万トン(ソ連・米に次いで世界第3位)。 給与平均月額(30人以上の事業所)13万円,失業率1.9パーセント。
1976 ▼	51 丙辰	12.24 福田赳夫内閣	**1.27** 春日一幸民社党委員長,衆議院本会議で共産党スパイ査問事件(昭和8年12月)の調査要求。**2.4** アメリカ上院外交委多国籍企業小委員会公聴会,ロッキード社の日・蘭・伊・トルコなどへの違法政治献金を公表。**2.6** 野党各党,ロッキード社が全日空への航空機販売のため,政界に献金を行った事実を衆議院予算委員会で追及開始(2月16～17日,国際興業社主小佐野賢治,全日空社長若狭得治・丸紅会長檜山広らを証人喚問)。**2.18** 江田三郎社会党副委員長・矢野絢也公明党書記長・佐々木良作民社党副委員長ら,「新しい日本を考える会」を結成。**2.23** 衆参両院本会議,アメリカ政府・上院にロッキード事件の資料提供要請を決議(24日,三木首相,フォード大統領宛てに親書)。**3.4** 東京地検,児玉誉士夫を臨床取調べ(13日,脱税容疑で起訴)。**4.2** 田中角栄前首相,七日会総会でロッキード事件との関係を全面否定。**4.14** 最高裁,昭和47年の衆議院総選挙での千葉1区における定数不均衡は違憲と判決。**5.1** 政府,果汁・フィルム製造業の資本自由化(農林水産業など4業種を除き資本自由化完了)。**5.3** 憲法記念日式典,24年ぶりに政府主催で開催。**5.13** 椎名悦三郎自民党副総裁が三木退陣の協力要請のため,田中前首相・大平蔵相・福田副総理と会談したことが表面化。 三木首相,日経連総会でロッキード事件究明を中途で放棄しないことを表明。**5.14** 衆議院ロッキード問題調査特別委員会設置(19日,参議院設置)。**5.24** 参議院本会議,核兵器の不拡散に関する条約の批准承認を可決。**6.25** 河野洋平・西岡武夫ら元自民党代議士6人,新自由クラブを結成。**7.27** 東京地検,ロッキード事件に関し田中角栄を逮捕(8月17日保釈)。 三木首相,ロッキード事件の真相解明・政治の信頼回復・自民党の再生に全力をあげると表明。**7.30** 共産党大会,綱領・規約を改定.「自由と民主主義の宣言」を採択。**8.6** 福島地検,県知事木村守江を収賄容疑で逮捕。**8.9** 三木首相,長崎の原爆式典に首相として初めて出席。**8.19** 三木首相退陣を要求する自民党反主流派,挙党体制確立協議会を結成。**9.6** ソ連のミグ25戦闘機が函館空港に強行着陸.ベレンコ中尉,アメリカ亡命を希望。**9.11** 三木・中曾根・船田・保利4者会談,党内抗争収拾で合意。**9.15** 三木改造内閣発足(福田副総理・大平蔵相ら留任)。**9.16** 第78臨時国会召集(11月4日閉会)。**10.12** 自民党代議士宇都宮徳馬,ロッキード事件と金大中事件に対する党の取組み方に抗議して離党(28日,議員辞職)。**10.21** 自民党挙党体制確立協議会総会,三木総裁退陣要求を宣言.後任に福田赳夫を推薦。**10.22** 鬼頭史郎京都地裁判事補が検事総長の名前をかたり三木首相に指揮権の発動を促す電話をかけた事件が表面化。**10.27** 法務省,鬼頭判事補が網走刑務所で宮本顕治の身分帳を写し取ったことを公表。 政府,昭和52年度以降の「防衛計画の大綱」を決定(防衛力の質的向上に重点)。**11.2** 法務省,衆議院特別委秘密会で田中角栄ら5人の「灰色高官」を公表。**11.5** 政府,毎年度の防衛費を国民総生産(GNP)の1パーセント以内と決定。**11.10** 天皇在位50年記念式典,日本武道館で開催。**11.19** 最高裁,鬼頭判事補罷免のため裁判官訴追委員会に訴追請求。**12.5** 第34回衆議院総選挙(自民249・社会123・公明55・民社29・共産17・新自由クラブ17)。**12.17** 三木首相,退陣を正式表明。**12.23** 自民党衆参両院議員総会,新総裁に福田赳夫を選出。**12.24** 福田赳夫内閣成立(法相福田一・外相鳩山威一郎・環境庁長官石原慎太郎)。 第79臨時国会召集(12月28日閉会)。**12.30** 第80通常国会召集(昭和52年6月9日閉会)。

社　会・文　化	世　界
10.9 林房雄(72，小説家)。**10.28** 上原専禄(76，西洋史)。**11.14** 倉石武四郎(78，中国文学)。**11.19** 三島徳七(82，冶金学)。**11.24** 田中親美(100，模写複製家)。**12.3** 鹿島守之助(79，鹿島建設)。**12.6** 正木旲(79，弁護士)。**12.15** 井上成美(86，海軍軍人)。**12.22** 堀米庸三(62，西洋史学)。**12.25** 沢村宗十郎(8代)(67，歌舞伎役者)。**12.27** 大類伸(91，歴史学)。**この年** 長野朗(88，農本主義者)。	独立(アンゴラ解放人民運動，単独で独立式典．内乱激化)。**11.15** 主要先進国首脳会議，フランスで開催(米・英・仏・西独・伊・日6ヵ国．17日，ランブイエ宣言を採択)。**12.1** 米フォード大統領，中国訪問(2日，毛沢東と会談)。**12.7** フォード大統領，ハワイで「新太平洋ドクトリン」を演説。
1.31 鹿児島市立病院で日本初の5つ子誕生。**3.2** 北海道庁ロビーで時限爆弾が爆発，死者2人(東アジア反日武装戦線の声明文発見)。**4.9** 新潟県の国営福島潟干拓地の農家，生産調整に反対し耕起を強行(28日，新潟地裁新発田支部，立ち入り禁止の仮処分を決定)。**5.1** 政府，生活関連物資等の買い占め及び売り惜しみに対する緊急措置法と国民生活安定緊急措置法に基づく物資の指定をすべて解除。**5.17** 日教組の中央教育課程検討委員会，教育課程改革試案を公表(ゆとりのある授業を目標とする)。**5.31** 外務省，占領期の外交文書を初公開。**6.10** 第5福龍丸展示館，東京夢の島に開館。**7.2** 桂離宮の全面解体修理工事起工式。**7.21** 国立国会図書館，戦後にアメリカ軍が持ち帰った戦時中の発禁本をアメリカ議会図書館より返還収納。**7.-** 第21回オリンピック・モントリオール大会(体操男子団体など9種目に金メダル)。**8.20** 新幹線こだま号に禁煙車が登場。**9.29** 川崎市議会，全国初のアセスメント(環境影響評価)条例案を可決。**10.7** 電機労連・鉄鋼労連など16の民間単産が参加し，政策推進労働組合会議結成。**10.13** 最高裁，香川県の財田川事件(昭和25年)の再審を決定(死刑囚に初めて．昭和59年3月12日，無罪確定)。**10.19** 大阪地裁，道頓堀川の所有権をめぐる訴訟で国有との判決。**10.29** 山形県酒田市の中心部で大火災。**12.21** 1等1000万円のジャンボ宝くじ発売。 【死没】 **1.2** 檀一雄(63，小説家)。**1.13** 舟橋聖一(71，小説家)。**1.15** 百武源吾(93，海軍軍人)。**1.19** 八木秀次(89，電気工学)。**1.30** 石垣純二(64，医事評論家)。**2.13** 大浜信泉(84，法学)。**2.22** 薩摩治郎八(74，随筆家)。**2.23** 中村直勝(85，日本史学)。**3.2** 久松潜一(81，国文学)。**3.12** 藤岡由夫(73，物理学)。**3.13** 重宗雄三(82，政治家)。**3.22** 藤原義江(77，声楽家)。**4.9** 武者小路実篤(90，小説家)。**4.28** 岡田弥一郎(83，動物学)。**5.20** 荻原井泉水(91，俳人)。**6.7** 嶋田繁太郎(92，海軍軍人)。**6.9** 久板栄二郎(77，劇作家)。**6.18** 日高信六郎(83，外交官)。**6.25** 安川第五郎(90，財界人)。**6.28** 田中長三郎(90，農学)。**7.4** 石原謙(93，キリスト教史学)。**8.22** 信夫韓一郎(76，朝日新聞)。**9.4** 宮沢俊義(77，憲法学)。**9.6** 徳川義親(89，大名華族)。**9.11** 石橋正二郎(87，ブリヂストンタイヤ)。**10.5** 武田泰淳(64，小説家)。**10.11** 中山マサ(65，政治家)。**10.18** 森有正(64，フランス文学)。**11.3** 瀬川菊之丞(6代)(69，歌舞伎役者)。**11.6** 浅見与七(82，果樹園芸学)。**12.22** 水田三喜男(71，政治家)。	**1.8** 周恩来没(79，中国政治家)。**2.2** 77ヵ国グループ閣僚会議，マニラで開催(7日，マニラ宣言を採択)。**2.27** ポリサリオ戦線，サハラ=アラブ民主共和国樹立を宣言。**3.1** 尹潽善・金大中ら韓国のキリスト教系知識人，民主救国宣言を発表。**3.14** エジプト大統領サダト，ソ連との友好条約破棄を宣言。**4.5** 中国で，当局による周恩来追悼花輪撤去から，北京の天安門広場で群衆と軍警が衝突(第1次天安門事件)。**4.7** 華国鋒，中国首相・副主席に就任．鄧小平の全職務解任。**4.13** カンボジアでポル=ポト政権成立。**5.5** 第4回UNCTAD(国連貿易開発会議)総会，ナイロビで開催．一次産品総合計画作成などを決議(～31日)。**5.28** アメリカ・ソ連，地下核実験制限条約に調印。**5.31** 国連人間居住会議，バンクーバーで開催(人間居住に関するバンクーバー宣言を採択．～6月11日)。**6.1** シリア，レバノン内戦に武力介入。**6.4** カナダ，'77年1月1日以降漁業専管水域を200カイリに拡大すると宣言。**6.16** 南アフリカ共和国の黒人居住区ソウェトで，言語政策に抗議した学生1万人が警官と衝突。**6.27** 主要先進国首脳会議，プエルトリコで開催(米・英・仏・西独・伊・日・カナダ7ヵ国．28日，国際協調確認の共同宣言)。**6.29** ヨーロッパ共産党・労働者党会議，東ベルリンで開催(30日，社会主義路線の多様性承認の最終文書を採択)。**7.2** ヴェトナム社会主義共和国成立(大統領にトン=ドゥク=タン，首相にファン=ヴァン=ドンを選出)。**7.4** イスラエル部隊，ハイジャックされたフランス航空機のイスラエル人人質救出のためウガンダのエンテベ空港を奇襲。**7.6** 朱徳没(91，中国の軍人)。**7.17** インドネシア，東チモールを併合。**7.28** 中国河北省東部で大地震，唐山市中心に大被害(死者20万人を超す)。**8.11** オット没(ドイツの軍人・駐日ドイツ大使)。**8.16** 第5回非同盟諸国首脳会議，コロンボで開催(20日，政治・経済両宣言，経済協力行動計画などを採択)。**9.9** 毛沢東没(84，中国革命の最高指導者)。**10.6** 中国，文革急進派の江青(毛沢東夫人)・王洪文・張春橋・姚文元を政権奪取陰謀で逮捕(4人組事件．22日公表)。 タイで軍事クーデタ，国家統治改革委員会結成(22日，タニン政権発足)。**10.7** 中国共産党，華国鋒を党主席・中央軍事委主席に任命。**11.-** アメリカ大統領選挙，

西暦	年号干支	内閣	政　治・経　済
1976 ▲	昭和 51 丙辰	(福田赳夫内閣)	
1977 ▼	52 丁巳		**1.27** ロッキード事件の丸紅ルート初公判(東京地裁)，田中角栄ら5被告出廷(31日，全日空ルート初公判)。**1.29** 新しい日本を考える会，中道革新政権構想を発表。**2.1** 裁判官訴追委員会，鬼頭判事補の罷免訴追を決定(3月18日，東京地検，同判事補を起訴．23日，罷免判決．法曹資格を剝奪)。**2.10** 日米漁業協定調印(200カイリ漁業水域の初の協定)。**2.27** 鈴木善幸農相，ソ連訪問(28日，イシコフ漁業相とソ連の200カイリ漁業専管水域につき会談．3月3日，交換書簡に署名)。**3.7** 衆議院予算委員会，1兆円減税で集中審議(9日，与野党幹事長・書記長会談，追加減税3000億円・総額7158億円で一致)。**3.8** 経団連，「減速経済下の日本産業の針路」を発表。**3.19** 福田首相，アメリカ訪問(21・22日，カーター大統領と会談)。**3.26** 江田三郎社会党前副委員長，離党届を提出。**4.5** 園田直官房長官，漁業交渉打開のためソ連訪問(7日，コスイギン首相と会談，交渉再開で合意．鈴木農相，ソ連再訪問)。**4.26** 中山千夏ら，革新自由連合を結成。**4.29** ソ連，日ソ漁業条約の廃棄を通告。**5.2** 領海法(12カイリ)・漁業水域暫定措置法(200カイリ)を公布(7月1日施行)。**5.3** 鈴木農相，漁業交渉のため第3次ソ連訪問(5日，イシコフ漁業相と交渉再開．27日，日ソ漁業暫定協定調印)。**5.7** 福田首相，ロンドンでの第3回先進国首脳会議に出席，日本の本年度経済成長率6.7パーセントを約束。**5.15** 参議院で沖縄地籍明確化法案審議中，公用地暫定使用法が期限切れ．地主5人が那覇地裁に土地明渡しの仮処分申請。**5.18** 参議院本会議，沖縄地籍明確化法案を可決，公布。**6.1** 自民党幹事長大平正芳，野党との部分連合が現実との考えを表明。**6.2** ロッキード事件の児玉ルート初公判(東京地裁)。**6.23** 福田首相，KCIA元部長金炯旭のアメリカ下院での証言につき，金大中事件は政治決着ずみと言明。**7.10** 第11回参議院議員選挙(自民63・社会27・公明14・民主6・共産5・新自ク3・社市連1・革自連1)。**7.21** ロッキード事件の小佐野ルート初公判(東京地裁)。**7.27** 第81臨時国会召集(8月3日閉会)。**8.6** 福田首相，東南アジア6ヵ国訪問に出発(7日，日本とASEAN5ヵ国との首脳会議)。**9.26** 社会党大会，新執行部人事で難航(27日，楢崎弥之助・田英夫・秦豊，離党を通告)。**9.29** 第82臨時国会召集(11月25日閉会)。**10.1** 安宅産業伊藤忠商事合併。**11.1** 建設省，田中元首相の金脈事件にからむ信濃川河川敷の廃川処分を官報で公示。**11.4** 第3次全国総合開発計画を決定。**11.28** 福田改造内閣発足(新設の対外経済担当相に牛場信彦)。**12.2** 北海道警，白鳥事件の容疑者門脇戍を逮捕。**12.7** 第83臨時国会召集(10日閉会)。**12.13** 社会党大会，委員長に飛鳥田一雄を選出。**12.19** 第84通常国会召集(昭和53年6月16日閉会)。**この年** 企業倒産件数1万8471件，負債総額2兆9780億円。

社　会・文　化	世　界
	民主党のカーター候補が現職のフォード大統領(共和党)を破って当選。**12.15** スペインで国民投票，政治改革法案が圧倒的支持を得る。 第48回OPEC総会，ドーハで開催(原油価格の2本立て値上げを採決)。
1.4 東京港区で公衆電話などに放置の青酸入りコーラで，2人死亡。**2.9** 東京外国為替市場で円急騰，終値1ドル＝285円台。**2.23** 日本初の静止衛星「きく2号」打上げ成功。**3.3** 東京大手町の経済団体連合会事務局を，武装した右翼系の4人組が襲撃。**3.11** 文部省，初の学校外学習実態調査を発表。**3.17** 共産党・総評，原水爆禁止運動の統一につき合意。**4.25** 東京有楽町の日劇ダンシングチーム，最終公演。**4.29** 全日本柔道選手権で山下泰裕(東海大)が史上最年少(19歳)で初優勝。**5.2** 大学入試センター発足。**5.6** 新東京国際空港公団，反対派が建てた鉄塔2基を強制撤去。**5.20** 国立婦人教育館設置。**5.24** 慶大商学部で入試問題漏洩事件が発覚。**7.14** 宇宙開発事業団，日本初の静止気象衛星「ひまわり」打上げ。**7.23** 文部省，小・中学校の学習指導要領を改正(「君が代」を国歌と規定)。**8.3** 原水爆禁止統一世界大会国際会議，広島で開催(14年ぶり原水協・原水禁の統一大会)。**8.7** 北海道の有珠山が噴火を開始(32年ぶり)。**8.23** 天皇，記者会見で戦後の「人間宣言」は「五箇条の御誓文」の伝達が目的だったと発言。**8.27** 東京の連続降雨が22日の新記録。**8.31** 中野浩一，世界自転車競技選手権プロ・スクラッチで優勝(以後，昭和61年まで10連覇)。**9.3** プロ野球読売巨人軍の王貞治，通算756本塁打を記録，ハンク=アーロンの米大リーグ記録を上廻る(5日，国民栄誉賞第1号受賞)。**9.9** 台風9号，鹿児島県沖永良部島で最大瞬間風速60.4メートル．各地に被害。**9.20** 国鉄，グリーン車料金を約30パーセント値下げ。計量行政審議会，曲尺・鯨尺の製造・販売を条件付きで許可。**9.27** アメリカ軍機，横浜市緑区の住宅地に墜落(幼児2人が死亡)。**9.28** 日航機，ボンベイで日本赤軍によりハイジャック(29日，政府，超法規的措置で赤軍派ら9人の釈放と身代金支払いを受諾)。**10.10** 新宿の歌声喫茶「灯」が閉店。**10.11** 原水禁統一実行委，国連軍縮総会に向け3500万人署名運動を決定。**10.29** 社会市民連合全国組織結成大会開催(～30日)。**11.30** 東京都のアメリカ軍立川基地が全面返還。**12.-** 神道大系編纂会編『神道大系』刊(～平成6年3月)。**この年** 小松茂美編『日本絵巻大成』刊(～昭和54年)。 田中正造全集編纂会編『田中正造全集』刊(～昭和55年)。 【死没】 **1.3** 久松喜世子(90，新国劇女優)。**2.10** 高橋亀吉(86，経済評論家)。**2.16** 末川博(84，法学)。**2.22** 宇野弘蔵(79，経済学)。**3.3** 竹内好(66，中国文学)。**3.4** 木川田一隆(77，経営者)。**3.20** 照国万蔵(58，横綱)。 正田健次郎(75，代数学)。**3.21** 田中絹代(67，女優)。**3.22** 村山知義(76，劇作家)。**4.6** 木戸幸一(87，政治家)。 幸祥光(84，能楽師)。**4.7** 和歌森太郎(61，日本史学)。**4.16** 山辺健太郎(70，朝鮮史学)。**4.28** 賀屋興宣(88，大蔵官僚)。**5.16** 岩村三千夫(68，中国史)。**5.22** 江田三郎(69，社会党書記長)。**5.26** 藤森成吉(84，小説家)。**7.18** 小野秀雄(91，新聞学会会長)。**7.20** 薮田貞治郎(88，農芸化学)。**7.25** 迫水久常(74，政治家)。**8.1** 熊谷守一(97，洋画家)。**8.3** 吉田健一(65，評論家)。**8.7** 村山長挙(83，朝日新聞社主)。**8.10** 石田	**1.7** チェコスロヴァキアの反体制自由知識人ら署名による「憲章77」宣言が西ドイツなどの新聞に掲載。**1.18** エジプトで物価値上げ反対デモ。**1.20** カーター，アメリカ大統領に就任。**3.16** インド総選挙で国民会議派大敗，インディラ=ガンディー首相落選(24日，デサイ内閣成立)。**5.7** 第3回主要先進国首脳会議，ロンドンで開催(8日，「ロンドン宣言」を採択)。**5.17** イスラエル総選挙，労働党が破れ右派連合リクードが第1党となる(20日，ベギン内閣成立)。**5.28** バモー没(85，ビルマの政治家)。**6.16** ソ連最高会議，ブレジネフ共産党書記長を議長に選出。**6.22** KCIA元部長金炯旭，アメリカ下院国際小委員会で金大中事件は当時のKCIA部長が指揮と証言。**6.30** 東南アジア条約機構(SEATO)，活動を停止，解消。**7.5** パキスタンで軍事クーデタ，ジア=ウル=ハク陸軍参謀長を首班とする臨時評議会成立。**7.13** アメリカ上院，中性子爆弾弾頭の生産を承認。**7.16** 中国共産党第10期3中全会開催(22日，北京放送，鄧小平の党副主席などへの復帰．江青ら4人組の党除名を発表)。**7.21** リビア・エジプト両軍，国境地帯で衝突(29日終了)。**7.25** 第10回米韓安保協議会開催(26日，在韓アメリカ地上軍の段階的撤退などの共同声明)。**8.4** 第2回ASEAN首脳会議，クアラルンプールで開催(オーストラリア・ニュージーランド・日本と拡大首脳会議)。**8.12** 中国共産党第11回全国代表大会開催．第1次文化大革命終結を宣言。**9.7** アメリカ・パナマ，新パナマ運河条約に調印(運河をパナマに'99年末返還)。**10.1** アメリカ・ソ連，中東問題に関する共同声明を発表。**10.20** タイで軍部の無血クーデタ．革命委員会発足(議長にサガト国防相)。**11.19** エジプト大統領サダト，イスラエル訪問(20日，サダト，イスラエル国会で演説，イスラエル国家の存在を承認)。**12.2** アラブ強硬派6ヵ国首脳会議，トリポリで開催(5日，対エジプト外交凍結の共同宣言．エジプト，5ヵ国と断交)。**12.25** イスラエル首相ベギン，エジプト訪問．第2次ベギン・サダト会談。 北京で文革後初の統一大学入試開始。**12.31** カンボジア，ヴェトナムと断交。

西暦	年号 干支	内閣	政　治・経　済
1977 ▲	昭和 52 丁巳	(福田赳夫内閣)	
1978 ▼	53 戊午	12.7 第1次大平正芳内閣	1.4 共産党，袴田里見前副委員長の除名(前年12月30日付)を発表。1.8 園田直外相，ソ連訪問(9日，日ソ外相定期協議開催．10日，コスイギン首相と会談．北方領土問題で対立し共同声明断念)。1.11 第15回公明党大会開催．委員長竹入義勝，自衛隊認知などの柔軟政策を表明。3.1 社会党初の委員長公選で飛鳥田一雄，対立候補なく信任。3.3 日米犯罪人引渡条約全面改正調印。3.26 社会民主連合，結成大会。4.9 京都府知事選挙，自民・新自ク推薦の林田悠紀夫当選(29年ぶり保守派勝利)。4.12 中国漁船多数，尖閣列島沖日本領海内に入り，日本巡視船が退去勧告。4.16 横浜市長選挙，6党推薦の細郷道一当選。5.20 新東京国際空港(成田空港)開港式。5.23 公明・民社・新自ク・社民連4党首，初会談(7月11日第2次，9月8日第3次会談)。6.14 元号法制化促進国会議員連盟設立総会。6.20 '78年春闘，民間主要企業の平均賃上額9218円，5.9パーセントの上昇にとどまる。7.5 農林水産省発足(農林省改組)。7.19 統合幕僚会議議長栗栖弘臣，緊急時には自衛隊の超法規的行動もありうると言明(28日更迭)。7.27 福田首相，防衛庁に有事立法研究の促進を指示。8.12 日中平和友好条約調印(10月23日発効)。8.31 自民党，総裁選挙をひかえ昭和53年度党員・党友の募集締切り(10月20日，確定数149万9265人)。9.2 電力8社とガス3社，円高差益還元の料金値下げ申請。9.5 福田首相，中東4ヵ国訪問に出発。9.18 第85臨時国会召集(10月21日閉会)。9.21 防衛庁，有事立法に関し見解を発表。9.28 福田首相，国会代表質問で自衛隊の有事研究は国の義務と答弁。10.17 閣議，元号法制化を決定。10.22 中国鄧小平副首相・黄華外相が来日(23日，日中平和友好条約批准書交換式．鄧副首相，天皇と会見)。10.26 新日本製鉄㈱，4製鉄所の設備休止を組合に提示。10.31 東京外国為替市場，1ドル＝175円50銭で，円が最高値。11.10 日本，国連安保理事会の非常任理事国選挙で落選(バングラデシュ当選)。11.26 自民党総裁選予備選挙開票，1位大平正芳・2位福田赳夫(27日，福田，本選挙辞退を表明)。11.27 第17回日米安保協議委員会開催，「日米防衛協力のための指針」を決定(28日，国防会議・閣議了承)。12.1 自民党臨時大会，大平正芳を総裁に選出(6日，福田内閣総辞職)。12.4 東京外国為替市場，円急落，1ドル＝201円台。12.6 第86臨時国会召集(12月12日閉会)．自民党の内部対立から首相指名の衆参両院本会議が流会。12.7 第1次大平正芳内閣成立。12.22 第87回通常国会召集(6月14日閉会)。

社　会・文　化	世　界
茂作(82，仏教考古学)。**9.19** 今東光(79，小説家)。**9.20** 小寺健吉(90，画家)。**10.4** 亀井高孝(91，西洋史学)。**10.11** 小畑忠良(84，実業家)。**10.20** 瀬藤象二(86，電気工学)。**10.27** 前田青邨(92，日本画家)。**10.29** 千代の山雅信(51，横綱)。**11.1** 比嘉春潮(94，沖縄郷土史家)。**11.7** 加茂儀一(78，科学史)。**11.13** 山高しげり(78，婦人運動家)。**12.1** 海音寺潮五郎(76，小説家)。**12.13** 小原国芳(90，玉川学園)。**12.17** 森末義彰(73，日本史学)。**12.30** 久野寧(95，生理学)。	
1.10 総理府，初の「婦人白書」を発表(平均賃金男子の58パーセント)。**1.14** 伊豆大島近海地震(マグニチュード7)，伊豆半島を中心に被害，25人死亡。**2.6** 三里塚・芝山成田空港反対同盟，工事区内の鉄塔撤去の機動隊と衝突。**2.18** 嫌煙権確立をめざす人びとの会結成(東京四谷)。**3.15** 東京教育大，閉学記念式を挙行。**3.26** 新東京国際空港反対派，管制塔に乱入し端末機器を破壊(28日，政府，30日の開港を延期)。**4.5** 大阪府藤井寺市の仲津媛陵古墳の陪塚で，木製そり「修羅」を発掘。**4.6** 東京池袋に60階・200メートルの超高層ビルサンシャイン60開館。**4.10** 中央大学，駿河台から八王子市に移転後初の入学式。**4.27** 日本大学北極点遠征隊，北極点到達(日本人初)。**4.30** 植村直己，犬ぞり単独行で北極点到達。**5.9** 日本安楽死協会理事会，「自然死法」の第1次要綱案決定。**6.1** 福岡市，異常渇水のため1日5時間給水を実施。**6.5** 人質強要等処罰法を施行。**6.12** 宮城県沖地震(マグニチュード7.5)，仙台市を中心に被害，死者28人。**7.4** 関東・甲信地方，梅雨期間が観測史上最短の23日で梅雨明け。**7.11** 環境庁，二酸化窒素(NO_2)の大気環境基準を大幅緩和。**7.18** 元号法制化実現国民会議結成(議長に石田和外元最高裁長官)。**7.30** 沖縄県，車両の左側通行制を実施。**8.15** 福田首相，靖国神社参拝(「内閣総理大臣」の肩書記帳．野党，違憲として追及)。**8.25** 南アルプス・スーパー林道の工事再開につき山田久就環境庁長官，条件付きで同意(5年ぶり再開)。**8.30** 文部省，学習指導要領を改正(「現代社会」の新設など)。**9.18** 大型書店八重洲ブックセンター開店。**9.19** 埼玉県教育委員会，稲荷山古墳出土の鉄剣に刻まれた115文字を解読と発表。**10.11** 東京都・神奈川県川崎市の住民，二酸化窒素の環境基準緩和(7月11日)取り消しの行政訴訟を起こす。**10.17** 靖国神社，東京裁判でA級戦犯とされた東条元首相ら14人を合祀(昭和54年4月19日，報道される)。**11.20** 子どもの人権を守る連絡会議結成(総評・日教組など34団体参加)。**11.21** 読売巨人軍，「空白の1日」を利用して江川卓投手と入団契約(セ・リーグ会長は野球協約違反として不承認．11月22日，巨人はドラフト会議をボイコット，阪神が江川を1位指名．昭和54年1月31日，コミッショナーの裁定でトレードによる江川の巨人入団決まる．江川事件)。**この年** 細川護貞『細川日記』刊。 【死没】 **1.5** 浜田庄司(83，陶芸家)。**1.12** 吉田奈良丸(3代)(80，浪曲師)。**1.14** 花森安治(66，ジャーナリスト)。**2.6** 小絲源太郎(90，洋画家)。**3.1** 岡潔(76，数学)。**4.3** 平野謙(70，評論家)。**4.15** 五島美代子(79，歌人)。**4.25** 東郷青児(80，洋画家)。**4.28** 岡鹿之助(79，洋画家)。**4.29** 安田靫彦(94，日本画家)。**5.2** 前田一(83，日経連)。**5.6** 野村万蔵(79，能楽師)。**5.15** 網野菊(78，作家)。**5.19** 嘉治隆一(81，朝日新聞)。**5.29** 星野直樹(86，官僚)。**5.30** 新関八洲太郎(81，三井物産)。　片山哲(90，政治家)。	**1.7** イランのコムでイスラム教徒の神学生を中心とする反政府デモ。**2.11** ソマリア，オガンデ地方でエティオピア軍と交戦(3月9日，ソマリア，エティオピア領からの撤兵表明)。**2.26** 中国，第5期全国人民代表大会第1回会議開催(3月5日，新憲法採択．6日，経済発表10ヵ年計画発表)。**3.15** イスラエル軍，レバノン南部のパレスティナ・ゲリラ支配地域に侵攻。**3.16** イタリアのキリスト教民主党総裁アルド=モロ(元首相)，武装ゲリラに誘拐される(5月9日，射殺体発見)。**4.27** アフガニスタンで軍部のクーデタ．ダウド大統領死亡．軍事革命評議会，全権掌握(30日，国名をアフガニスタン民主共和国とする)。**5.23** 初の国連軍縮特別総会，ニューヨークで開催(7月1日，軍縮宣言・行動計画など4最終文書を採択)。**6.12** 郭沫若没(87，中国政治家)。**6.13** スターマー没(87，ドイツの外交官)。**7.3** 中国，対ヴェトナム援助の打ち切り・技術者召還を発表。**7.16** 第4回主要先進国首脳会議，ボンで開催(17日，「ボン宣言」を採択)。**7.18** アメリカ・ソ連，第3次通常兵器輸出制限交渉。**9.5** アメリカ大統領カーター・エジプト大統領サダト・イスラエル首相ベギンの3国首脳会談，キャンプ=デーヴィッドで開催。**9.8** イラン，反政府デモが続く中で主要都市に戒厳令布告。**11.1** アメリカ，緊急ドル防衛策を発表。**11.2** アラブ首脳会議，バグダッドで開催(5日，バグダッド宣言採択)。**12.2** ハノイ放送，カンボジアの反政府勢力がカンボジア救国民族統一戦線結成と報道。**12.10** イランのテヘランで反国王派による「100万人」デモ。

西暦	年号 干支	内閣	政　治・経　済
1978▲	昭和 53 戊午	(第1次大平正芳内閣)	
1979▼	54 己未		1.1 大平首相，一般消費税の翌年4月導入を示唆。1.8 米国グラマン社チータム前副社長，E2C機の対日売り込みで岸信介・福田赳夫・松野頼三・中曾根康弘が代理店変更に関与と言明。公明・民社両党，都知事選候補に鈴木俊一元副知事を推薦で合意。1.9 東京地検，ダグラス・グラマン両社の航空機疑惑で捜査を開始．岸・福田ら4人，無関係を主張。1.17 社会党，都知事選候補に太田薫の推薦を決定。1.25 日商岩井植田三男社長，ダグラス・グラマン事件で成功報酬の密約を認める。1.30 衆参両院のロッキード問題特別委員会，航空機輸入調査特別委員会(航特委)と改称。 奈良県知事選挙で奥田良三が初の8選。2.9 衆議院予算委員会，ダグラス・グラマン航空機疑惑事件につき集中審議開始(14日，日商岩井の植田社長らを証人喚問)。4.8 都道府県知事・議員選挙(都知事に自民党推薦の鈴木俊一，大阪府知事に同じく岸昌当選．22日，市町村長・議員選挙)。4.20 政府の省エネルギー・省資源対策推進会議幹事会，石油節約策を決定。4.24 衆議院本会議，元号法案を可決(6月6日，参議院本会議で可決．12日，元号法を公布)。5.2 大平首相，アメリカでカーター大統領と会談(経済摩擦解消など協議)。5.9 大平首相，フィリピン訪問に出発(10日，マルコス大統領と会談．日比友好通商航海条約に調印)。5.15 伊藤栄樹法務省刑事局長，衆議院航特委秘密理事会で捜査結果を報告，日商岩井から松野頼三元防衛庁長官への成功報酬を示唆。5.24 松野頼三，衆議院航特委の証人喚問で政治献金として5億円受領，機種選定には関与せずと答弁(7月25日，議員辞職)。6.5 馬淵晴之駐韓公使，ソウルの金大中を訪問．金，政治決着に不満を表明。6.22 エネルギー使用合理化法を公布(10月1日施行)。6.24 米カーター大統領来日(25日，天皇・皇后と会見．大平首相と会談．27日，下田市での市民対話集会に出席)。6.28 第5回主要先進国首脳会議，東京で開催(29日，石油危機対応策の「東京宣言」を採択)。7.1 北方領土返還要求全国集会，東京で開催．約3000人参加。7.16 新自由クラブ幹事長西岡武夫離党。7.17 防衛庁，第5次防衛力整備計画(中期業務見積り)を決定。8.18 アメリカ第7艦隊と在沖縄アメリカ海兵隊，沖縄で合同上陸演習(27日，陸上自衛隊の尉官13人の同行が判明)。8.30 第88臨時国会召集(9月7日衆議院解散)。9.6 会計検査院，日本鉄道建設公団での組織的なカラ出張・ヤミ手当などの不正経理を追及開始。9.7 衆議院本会議で社会・公明・民社3党，内閣不信任案を提出．大平首相，衆議院を解散。10.7 第35回衆議院議員総選挙(自民248・社会107・公明57・共産39・新自ク74・社民連2．自民党，10人を追加公認)。10.25 自民党の三木・福田・中曾根派，大平首相退陣を要求。10.30 第89特別国会召集(11月16日閉会)．大平内閣総辞職，首相指名持ち越し。11.2 自民党主流派，両院議員総会で大平正芳を首相指名候補に決定．非主流派，「自民党をよくする会」総会で福田赳夫を候補に決定。11.6 衆参両院本会議，決選投票で大平正芳を首相に指名。
		11.9 第2次大平正芳内閣	11.9 第2次大平内閣成立(法相倉石忠雄・蔵相竹下登・外相大来佐武郎)。11.13 飛鳥田一雄社会党委員長，現職党首として初めてアメリカ訪問。11.26 第90臨時国会召集(12月11日閉会)。12.5 大平首相，中国訪問．華国鋒首相と会談(6日，日中文化交流協定に調印．7日，共同声明)。12.6 公明・民社両党，中道連合政権構想で最終的合意。12.15 共産党代表団，ソ連訪問(17日，宮本顕治共産党委員長，ブレジネフ共産党書記長と会談)。12.21 第91通常国会召集(昭和55年5月19日衆議院解散)．衆参両院本会議，財政再建に関する決議を採択。**この年** 中国への日本の政府開発援助(ODA)はじまる(1999年度までに約2兆4500億円を供与)。

社　会・文　化	世　界
6.30 本多顕彰(79，評論家)。 柴田錬三郎(61，作家)。7.24 杉野芳子(86，ドレスメーカー女学院長)。7.25 古賀政男(73，作詞作曲家)。7.27 石田礼助(92，経営者)。8.1 植村甲午郎(84，財界人)。8.13 入江啓四郎(75，国際法学)。9.15 波多野勤子(72，児童心理学)。9.27 加藤勘十(86，社会主義運動家)。9.30 山岡荘八(71，小説家)。10.5 小林英夫(75，言語学)。10.30 和知鷹二(85，陸軍中将)。11.24 大松博文(57，バレーボール監督)。12.9 岩橋小弥太(93，日本史学)。12.21 佐野周二(67，映画俳優)。	
1.13 初の国公立大学入試の共通1次学力試験実施(受験者数32万7163人)。1.20 奈良市田原町から，太安万侶の墓誌出土。1.26 大阪市の三菱銀行北畠支店で強盗殺人事件(犯人，警官2人・行員2人を射殺し行員を人質に籠城，1月28日，犯人射殺される)。3.12 東京高裁，日産自動車の定年男女差別(男55・女50)に違憲判決。3.22 山口地裁，殉職自衛官の妻がおこした合祀違憲訴訟で，国による護国神社合祀申請に違憲判決。4.24 創価学会会長池田大作退任。5.8 福岡県立高校教師，卒業式で「君が代」をジャズ風に伴奏し免職。5.11 無限連鎖講(ネズミ講)防止法を施行。6.7 高松地裁，財田川事件の再審請求差し戻し審で再審開始を決定(初の死刑囚再審)。6.23 環境庁と静岡・山梨両県共同で富士山クリーン作戦．空缶など197.4トン回収。7.20 最高裁，大学卒業直前の採用内定取り消しは無効と判決。7.22 国鉄，「銀河鉄道999」列車運行(同名映画の人気にあやかる)。7.26 群馬県嬬恋村で天明3年の浅間山大噴火による埋没地区の発掘調査開始。9.16 スモンの会全国連絡協議会と田辺製薬㈱・日本チバガイギー㈱・武田薬品工業㈱3社，和解確認書に調印。10.2 東京税関成田支署，成田空港で国際電信電話会社(KDD)の社員2人の脱税を摘発(18日，同社の計画的犯行と断定)。10.20 東京都，老人医療無料化条例を改正。10.25 KDD板野学社長辞任。10.28 木曾御岳山，有史以来初めての噴火。11.18 第1回東京国際女子マラソン開催(国際陸連初公認の女子マラソン・レース)。**この年** 国史大辞典編集委員会編『国史大辞典』刊(～平成9年)。 森銑三ら編『随筆百花苑』刊(～昭和59年)。 【死没】 1.24 赤松俊秀(71，日本史学)。1.29 萩原雄祐(81，理論天文学)。2.2 谷口吉郎(74，建築家)。2.22 富安風生(93，俳人)。3.4 保利茂(77，政治家)。3.9 成田知巳(66，政治家)。3.25 安芸ノ海節男(64，横綱)。4.12 船田中(83，政治家)。4.16 西尾実(89，国文学)。5.9 石田和外(75，最高裁長官)。5.10 小野竹喬(89，日本画家)。 江馬務(94，風俗史家)。5.11 巌本真理(53，バイオリニスト)。5.16 春風亭柳橋(79，落語家)。5.23 大下弘(56，プロ野球)。5.25 影山正治(68，右翼運動家)。6.11 中島健蔵(76，仏文学)。7.8 朝永振一郎(73，物理学)。7.27 高木惣吉(85，海軍軍人)。8.18 鍋山貞親(77，日本共産党)。8.24 中野重治(77，詩人)。8.25 朝比奈宗源(88，禅僧)。9.3 三遊亭円生(6代)(79，落語家)。9.5 勅使河原蒼風(78，草月流)。9.9 麻生磯次(83，国文学)。9.17 吉田満(56，作家)。9.18 木村毅(85，文芸評論家)。石田退三(90，トヨタ自動車工業)。9.24 辻直四郎(79，インド学)。9.28 榊原仟(68，心臓外科医)。9.30 椎名悦三郎(81，政治家)。10.1 水谷八重子(74，女優)。10.22 神谷美恵子(65，精神科医)。11.1 堀切善次郎(95，内務官僚)。12.20 有賀喜左衛門(82，社	1.1 アメリカ・中国，外交関係を正式樹立。1.7 カンボジア救国民族統一戦線，ヴェトナム軍の支援でプノンペンに進攻(ポルポト政権崩壊，11日，新政権，カンボジア人民共和国樹立を宣言)。1.16 イランのパーレヴィ国王，エジプトへ亡命。1.28 中国鄧小平副首相，アメリカ訪問(29日，カーター大統領と会談)。2.1 ホメイニ，亡命先のパリからイランへ帰国(5日，ホメイニ，暫定政府の首相にバザルガンを指名．11日，パーレヴィ王制崩壊)。2.17 中国軍，国境全域で大規模な対ヴェトナム作戦を開始(3月5日，ヴェトナムからの全面撤兵開始を宣言)。3.12 パキスタン・イラン，中央条約機構(CENTO)脱退を宣言(15日，トルコが脱退)。3.26 イスラエル・エジプト，平和条約をワシントンで調印。3.27 アラブ連盟外相・経済相会議，バグダッドで開催．エジプト制裁措置を決議。3.28 アメリカのペンシルヴェニア州スリーマイル島原子力発電所で，大量の放射能漏れ事故．州知事，非常事態を宣言。4.4 パキスタン，ブット前大統領に死刑執行(パキスタン・インド各地で抗議デモ)。5.3 イギリス総選挙，保守党が圧勝(4日，サッチャー，先進国初の女性首相に)。6.16 米ソ首脳会談，ウィーンで開催(18日，SALTII条約など4文書調印)。7.17 ニカラグアのソモサ大統領辞任(19日，サンディニスタ民族解放戦線，国家再建政府樹立を宣言)。7.20 国連難民会議開催(～7月21日．'75年インドシナ3国の社会主義政権成立以来，大量の難民が発生したため，35万人のインドシナ難民対策協議される)。8.15 カンボジア新政権，ポルポト政権のもとで国民300万人が虐殺されたと発表。9.3 第6回非同盟諸国会議，ハバナで開催(9日，ハバナ宣言採択)。10.4 韓国国会，金泳三新民党総裁の議員除名決議案を与党単独で可決。10.16 韓国釜山で学生・市民4000人が反政府デモ，暴動化(18日，非常戒厳令)。10.26 韓国朴正熙大統領，金載圭KCIA部長に射殺される(63，27日，崔圭夏首相，大統領代行に)。11.4 イランでイスラム系学生ら，アメリカ大使館を占拠，外交官らを人質に前国王引き渡しを要求。11.20 サウジアラビアでイスラム教シーア派の武装集団，カーバ神殿を占拠，

西暦	年号 干支	内閣	政　治・経　済
1979 ▲	昭和 54 己未	(第2次大平正芳内閣)	
1980 ▼	55 庚申	7.17 鈴木善幸内閣	1.5 大平首相，ソ連のアフガニスタン干渉に憂慮を表明。1.10 社会・公明両党，連合政権構想で正式合意．共産党除外を明記。1.18 警視庁，ソ連に防衛情報を提供した自衛隊宮永幸久元陸将補・現職尉官２人を逮捕。1.22 自民党機関誌『自由新報』，教科書批判を始める。1.25 大平首相，施政方針演説でソ連軍のアフガニスタン介入を非難，対ソ連措置を表明。2.26 海上自衛隊，環太平洋合同演習(リムパック80)に初参加。 宮本顕治共産党委員長，党大会で社会党を右転換と批判。2.29 第３回新自由クラブ全国代議員大会，代表田川誠一・幹事長山口敏夫正式決定。3.13 衆議院本会議，アフガニスタンからのソ連軍撤退要求・北方領土問題解決促進を可決(19日，参議院も可決)。4.1 衆議院本会議，安全保障特別委員会の設置を議決。4.30 大平首相，アメリカ・メキシコ・カナダ訪問に出発(５月１日，米カーター大統領と会談，日米間を「共存共苦」と表明)。5.16 衆議院本会議，社会党提出の大平内閣不信任案を可決成立(野党賛成．自民党非主流69人欠席)。5.19 衆議院解散．初の衆参同日選挙決定。5.31 大平首相，東京虎の門病院に入院(６月12日，心筋梗塞で死去．首相臨時代理に官房長官伊東正義)。6.22 第36回衆議院議員選挙・第12回参議院議員選挙．投票率74.57パーセント．自民党，安定多数を獲得。6.24 自民党役員会，後継総裁を両院議員総会で選出する方針を決定。7.15 自民党両院議員総会，鈴木善幸を後継総裁に選出。7.17 鈴木善幸内閣成立(外相伊東正義・蔵相渡辺美智雄)。 第92特別国会召集(７月26日閉会)．鈴木善幸を首相に指名。7.18 衆議院議員運営委員会，航空機輸入調査特別委員会の廃止を決定。7.19 金大中氏救出日本連絡会議，東京で会合．1000万署名運動を決定。8.23 中国外務省当局者，伊藤律元日本共産党政治局員の北京生存を発表(９月３日，伊藤，北京より帰国)。8.27 法相奥野誠亮，衆議院法務委員会で自主憲法制定論議は望ましいと答弁．野党反発。9.12 閣議，行政改革大綱を了承。9.29 第93臨時国会召集(11月29日閉会)。10.4 東北大教授大内秀明ら学者グループ，社会党の社会主義理論センターに報告書「内外の情勢と社会党の運動」を提出。10.24 鈴木首相，佐々木良作民社党委員長と会談．防衛力整備で原則合意。11.27 第38回自民党臨時大会，鈴木善幸を総裁に正式選出。11.29 国会開設90周年記念式典(参議院本会議場)。12.2 総合安全保障関係閣僚会議，初会合(テーマ「中東情勢とわが国の安全保障」)。12.3 第１回日中閣僚会議，北京で開催(５日，対中国円借款合意)。12.22 第94通常国会召集(昭和56年６月６日閉会)。12.25 西岡武夫元新自ク幹事長，自民党に復党。**この年** 自動車生産台数1104万台，アメリカを抜いて世界第１位．自動車の対米輸出増大し日米貿易摩擦問題化。 粗鋼生産量１億1140万トン，アメリカを抜き資本主義国で第１位(世界１位はソ連)。 平均給与月額(30人以上の事業所)19万3900円，失業率2.0パーセント。

社　会・文　化	世　界
会学)。12.30 平櫛田中(107，彫刻家)。	人質をとり銃撃戦(12月4日，政府，終息を宣言)。11.21 パキスタン各地で反米暴動，イスラマバードのアメリカ大使館襲撃。12.2 イランで国民投票(～3日)，新憲法を圧倒的多数で承認。12.6 韓国，崔圭夏を大統領に選出(8日，緊急措置9号解除，政治犯釈放．金大中の自宅軟禁も解除)。12.12 韓国で粛軍クーデタ，戒厳司令官鄭昇和ら5人を逮捕。12.27 アフガニスタンでクーデタ，革命評議会議長アミン処刑．ソ連軍アフガニスタンに侵攻。
2.1 政府，日本オリンピック委員会(JOC)にモスクワ大会参加は不適切との見解を伝達。3.6 早稲田大学商学部で入試問題の漏洩が判明。3.29 市民団体や学者ら約200人，東京で「情報公開法を求める市民運動」を結成。4.3 京都の冷泉家，藤原定家の『明月記』など秘蔵の古文書数千点を初公開。 統一戦線促進労組懇談会，春闘で中央総行動。4.25 東京銀座でトラック運転手，風呂敷包みの1億円を拾得(11月9日，拾得者の所有となる)。5.7 東京都の環境アセスメント条例制定を求める有志，直接請求署名簿(有効32万2323人)を各地区選管に提出。6.1 気象庁，東京地方の降水確率予報を開始。7.4 東京の中野区議会，教育委員準公選条例改正案を満場一致で可決(文部省，各都道府県教委に政治的中立性を保つ上で問題と通達)。7.19 日本，この日開会のオリンピック・モスクワ大会に不参加。7.- 日米社会科教科書交換調査会議，東京で開催(歴史学者・教育家などによる歴史・異文化の相互理解の試み，10月，ウイスコンシン州ラシーンで第2回会議)。8.14 富士山吉田口の9合目付近で大落石事故(死者12人，重軽傷29人)。8.16 国鉄静岡駅前地下街で，ガス爆発(死者14人，重軽傷約200人)。8.19 新宿駅西口でバス放火事件(死者6人，重軽傷19人)。8.- 7月から続く低温・寡照の全国的な異常気象により，東北地方で農作物大被害。9.11 埼玉県警，所沢市の富士見産婦人科病院理事長北野早苗を無免許治療で逮捕。10.1 国勢調査実施(人口1億1706万396人)。 出版物の再販売価格維持制度を改正(新刊書の値引販売許可)。10.15 東大寺大仏殿，昭和大修理落慶法要。10.25 創価学会，元顧問弁護士の山崎正友を恐喝罪で告訴(昭和56年1月24日逮捕)。11.7 創価学会の社会不正を糾す会，国会周辺デモ，自民党に請願書を提出。11.29 川崎市で大学受験予備校生，両親を金属バットで殺害(この年，家庭内暴力・校内暴力事件が深刻化)。11.- 読売巨人軍の王貞治引退(本塁打通算868本，本塁打王15回，三冠王2回)。12.24 この日から年末にかけて，東北・北陸地方に記録的大雪。**この年** ルイス=フロイス著，松田毅一・川崎桃太訳『フロイス日本史』刊。 【死没】 1.3 星島二郎(92，政治家)。1.28 柴田雄次(98，化学)。1.30 塚本善隆(81，中国仏教史学)。2.8 平野義太郎(82，平和運動家)。3.6 天野貞祐(95，哲学)。3.9 大屋晋三(85，帝人)。 出隆(87，哲学)。3.11 植木庚子郎(80，政治家)。3.21 田所哲太郎(94，生物化学)。3.29 豊田武(70，日本史学)。4.5 渡辺銕蔵(94，東宝)。4.8 吉川幸次郎(76，中国文学)。4.9 中山伊知郎(81，経済学)。 田中冬二(87，詩人)。4.15 土岐善麿(94，歌人)。4.17 清水六兵衛(6代)(78，陶家)。4.23 兵頭精(81，女流飛行家)。5.1 大内兵衛(91，経済学・財政学)。5.8 東山千栄子(89，女優)。	1.4 米カーター大統領，ソ連のアフガニスタン介入報復措置を発表(穀物輸出の大幅削減・高度科学技術の輸出全面停止など)。1.22 ソ連の反体制派指導者サハロフ，ゴーリキー市に流刑。1.23 カーター，中東防衛に関するカーター=ドクトリンを発表。2.23 中国共産党第11期中央委員会第5回全体会議開催(29日，劉少奇の名誉回復．胡耀邦を総書記に選出)。3.14 ハッタ没(78，インドネシアの政治家・共和国初代副大統領)。4.7 カーター，対イラン制裁措置(外交関係断絶・禁輸など4項目)。4.10 中ソ友好同盟相互援助条約失効。4.24 アメリカ，イランで大使館人質救出作戦(25日失敗)。5.18 韓国，非常戒厳令を全土に拡大．金大中・金鍾泌らを逮捕．光州市で反政府デモ(21日，学生・市民，全市占拠．27日，軍が制圧)。5.31 韓国で国家保衛非常対策委員会発足．全斗煥，常任委員長に就任(8月27日，統一主体国民会議，全斗煥を大統領に選出)。6.3 アメリカ，コンピューター故障で約3分間，対ソ連核戦争の警戒態勢となる。6.22 第6回主要先進国首脳会議，イタリアのヴェネチアで開催(～23日)。7.19 第22回オリンピック・モスクワ大会開会式．アメリカ・西ドイツ・中国・日本などソ連のアフガニスタン侵攻に抗議して不参加，参加国81ヵ国。7.30 イスラエル国会，首都宣言法を可決，エルサレムを恒久首都と規定。8.14 ポーランドのグダニスク造船所で労働者を中心にスト。8.30 中国第5期全国人民代表大会第3回会議(9月10日，華国鋒首相・鄧小平副首相の辞任承認．後任首相に趙紫陽)。9.9 イラン・イラク両軍，西部国境地帯で本格交戦(イラン・イラク戦争)。9.12 トルコで軍事クーデタ，国家保安評議会が全権掌握。9.17 韓国軍法会議，金大中に死刑判決，他23人に懲役判決。9.22 ポーランドで自主管理労働組合「連帯」結成(委員長ワレサ)。11.4 アメリカ大統領選挙，共和党候補のレーガン，現職のカーターを破って当選。11.15 中国外務省，「林彪・4人組反革命集団」裁判起訴状の一部公表(20日，裁判開始．テレビで放映)。12.14 中国共産党胡耀邦総書記，文化大革命を全面的に否定する発言(12月22日，

西暦	年号干支	内閣	政　治・経　済
1980▲	昭和55庚申	（鈴木善幸内閣）	
1981▼	56辛酉		1.9 トヨタ自動車工業㈱，アメリカGE社との技術協力契約調印（昭和55年末）を発表。1.11 川上紀一千葉県知事，知事選出馬（昭和50年）で不動産業者から5000万円受領が判明。1.17 動力炉・核燃料開発事業団の東海村再処理工場，本格操業を開始。1.23 鈴木首相，韓国政府の金大中死刑回避を評価し，日韓関係修復の意欲を表明。 第39回自民党大会，自主憲法制定問題を5年ぶりに検討。1.29 参議院議員運営委員会，航空機輸入調査特別委員会を廃止。2.1 自衛隊統幕議長竹田五郎，月刊『宝石』3月号で徴兵制を違憲とする政府見解の論拠に異議を唱える（4日，注意処分．16日，退任）。2.7 初の「北方領土の日」，東京で全国集会。2.12 東京中野区の教育委員準公選の区民投票（3月3日，委員任命）。2.18 東京地裁，ロッキード事件丸紅ルートの第124回公判．田中角栄被告検事調書の朗読（田中被告，5億円受領を全面否認）。3.1 ビキニデー統一全国集会開催（19年ぶり原水禁・原水協・市民団体の3者共催）。3.2 中国残留孤児47人，厚生省の招待で初の正式来日（身元判明26人）。3.16 臨時行政調査会（第2次臨調．会長土光敏夫），初会合。4.18 日本原子力発電敦賀発電所で高度の放射能漏れ発見（1月19日・3月8日にも事故）。4.24 自民党選挙制度調査会，参議院選全国区の拘束名簿式比例代表制改革案を正式決定。5.1 乗用車の対アメリカ輸出自主規制で合意（昭和56年度は年間168万台に制限）。5.4 鈴木首相，アメリカ訪問（7日，レーガン大統領と会談．8日，共同声明発表，初めて「同盟関係」を明記）。5.12 海上自衛隊とアメリカ海軍第7艦隊，秋田県沖で合同演習（アメリカ艦が漁船のはえなわを切断．21日，演習中止を決定）。5.17 アメリカ元駐日大使ライシャワー，核積載のアメリカ艦船は日本に寄港していると発言。5.18 政府，'60年安保改定当時の「核持込み」に関する口頭了解の存在を否定。5.25 新銀行法成立（大口融資規制・経営内容の開示など．6月1日施行）。6.5 衆議院外務委員会，核軍縮決議案を全会一致で採択，非核3原則を確認。7.10 臨時行政調査会，行財政改革に関する第1次答申を決定（福祉・文教政策の見直しを要求）。7.20 陸・海・空3自衛隊，初の総合演習。8.3 ㈱日立製作所と米GE社，高性能ロボットの製造・販売で提携契約調印を発表。8.13 鈴木自動車工業㈱・いすゞ自動車㈱と米GM社，小型車生産協力の資本提携協定に調印。8.15 鈴木首相ら19閣僚，靖国神社に参拝。8.20 日韓外相会談．韓国盧信永外相，政府借款5年間60億ドルを要請（9月10日，日本側，日韓定期閣僚会議で拒否）。9.7 竹入義勝公明党委員長，自衛隊合憲の意向を示唆（12月1日，第19回党大会，自衛隊合憲を決定）。9.10 鈴木首相，現職首相として初めて空から北方領土視察。9.12 京都市，空き缶回収条例案を発表（昭和56年4月1日施行）。9.14 鈴木首相，現職首相として初めて復帰後の沖縄を公式訪問（15日，鈴木首相来沖糾弾総決起大会，那覇市で開催）。9.24 第95臨時国会召集（11月28日閉会）。10.28 東京地裁，ロッキード事件丸紅ルート公判．榎本敏夫被告の前夫人榎本三恵子，5億円受領を裏付ける証言をする。10.29 衆議院本会議，行政改革関連特例法案を可決（11月27日，参議院可決．12月4日公布・施行）。11.5 東京地裁，ロッキード事件児玉・小佐野ルート公判．小佐野賢治被告に懲役1年の判決。11.30 鈴木改造内閣発足（行管庁長官中曾根康弘・経企庁長官河本敏夫留任．通産相安倍晋太郎）。12.10 臨時行政調査会会長土光敏夫，鈴木首相との会談で増税に反発。12.21 第96通常国会召集（昭和57年8月21日閉会）。 社会党委員長選挙（～20日），飛鳥田一雄が当選。

社　会・文　化	世　界
5.12 沢田美喜(78，慈善事業家)。5.13 後藤文夫(96，政治家)。5.15 蠟山政道(84，政治学)。5.19 井野碩哉(88，政治家)。5.30 天津乙女(74，宝塚歌劇団)。6.6 蓮沼門三(98，社会教育者)。6.12 大平正芳(70，政治家)。7.9 野沢吉兵衛(9代)(77，浄瑠璃三味線方)。7.14 長沼賢海(97，日本史学)。7.15 九津見房子(89，労働運動家)。7.21 江上トミ(80，料理研究家)。9.22 河上徹太郎(78，文芸評論家)。11.2 山川菊栄(89，婦人運動家)。11.7 越路吹雪(56，シャンソン歌手)。11.21 長澤規矩也(78，書誌学)。12.1 沢田茂(93，陸軍軍人)。12.2 麻生太賀吉(69，麻生セメント)。12.14 藤井丙午(74，政治家)。12.27 山田盛太郎(83，マルクス主義経済史学)。12.30 堅山南風(93，画家)。**この年** 岩田藤七(87，ガラス工芸家)。 竹本大隅太夫(5代)(浄瑠璃太夫)。	『人民日報』毛沢東の文革での過ちを批判)。12.15 第59回OPEC総会，バリ島で開催．原油価格10%値上げ決定。
1.22 警視庁，校内暴力対策会議を開催。2.23 ローマ法王ヨハネ=パウロ2世来日(24日，天皇と会見．25日長崎，26日広島訪問)。3.3 日中渡り鳥保護協定に調印。3.20 神戸ポートアイランド博覧会(ポートピア'81．神戸市主催)開幕(～9月15日)。3.28 早稲田大学商学部で成績原簿の偽造が発覚。4.1 奈良薬師寺西塔の落慶法要(～5日)。4.9 鹿児島県沖でアメリカ海軍の原子力潜水艦が貨物船日昇丸に衝突，日昇丸沈没(同艦の救助活動放棄が問題化)。4.14 国立歴史民俗博物館設置(昭和58年3月16日，開館式)。 宮大工の西岡常一に大工で初の日本建築学会賞。4.22 インドの修道女マザー=テレサが来日。5.10 ポーランド自主労働組合「連帯」議長ワレサが来日。5.14 自民党教科書問題小委員会，教科書法の制定方針で合意。5.25 障害に関する用語整理の法律を公布(障害者に対する差別的な不快用語を改める)。6.11 放送大学学園設置(昭和58年4月1日開学)。7.9 高校新教科書「現代社会」の文部省検定で自衛隊の合法性明記などの要求が明らかとなる。8.11 宇宙開発事業団，気象静止衛星「ひまわり2号」の打ち上げに成功。8.14 中央薬事審議会，丸山ワクチンの承認は不適当と答申。8.31 アメリカ海軍原子力潜水艦衝突事故(4月9日)で，アメリカ政府が過失を全面承認。10.1 内閣，常用漢字表(1945字)を決定。10.16 北海道の北炭夕張新鉱でガス突出事故(93人死亡)。10.19 福井謙一京都大学教授，ノーベル化学賞の受賞決定。11.13 山階鳥類研究所，沖縄本島北部山地で新種の鳥を発見．ヤンバルクイナと命名。11.21 自由民権100年全国集会，横浜で開催(～22日)。 【死没】 1.3 北原泰作(75，部落解放運動家)。1.4 河野密(83，政治家)。1.23 谷内六郎(59，童画家)。1.30 宮本常一(73，民俗学)。2.11 市川房枝(87，政治家)。2.18 藤本定義(76，プロ野球監督)。2.27 蜷川虎三(84，京都府知事)。3.1 影山光洋(73，写真家)。3.3 山県昌夫(83，船舶工学)。3.6 荒畑寒村(93，社会主義運動家)。3.7 出光佐三(94，実業家)。3.8 松本信広(83，東洋史)。3.15 堀口大学(89，詩人)。4.8 森嘉兵衛(77，日本史学)。4.9 犬丸徹三(93，帝国ホテル)。4.12 朝香鳩彦(93，陸軍軍人)。4.26 森克己(77，日本史学)。5.1 五所平之助(79，映画監督)。5.6 山口喜久一郎(83，政治家)。5.23 吉野源三郎(82，『世界』編集長)。5.24 川喜多長政(78，東宝東和)。6.22 清水行之助(86，右翼指導者)。7.7 泉山三六(85，政治家)。7.16 四家文子(75，声楽家)。7.17 水原秋桜子(88，俳人)。7.23 前尾繁三郎(75，政治家)。	1.10 エルサルバドルでゲリラが政府軍に大攻勢，内戦激化。1.20 アメリカ大統領にレーガン就任。 イランのアメリカ大使館人質解放。1.23 韓国大法院，金大中らの上告を棄却．直後の閣議決定で全員減刑(金大中は無期懲役)。1.25 中国最高人民法院，江青・張春橋に死刑判決(執行猶予2年)。2.10 ポーランド，ヤルゼルスキ，首相就任。2.19 アメリカ下院，日本製乗用車の輸入制限法案提出。2.23 スペインの治安警備隊1個中隊，国会を占拠(24日投降)。3.23 EC首脳会議，ポーランド問題・対日貿易摩擦など協議(～24日)。3.27 ポーランドの「連帯」，初の全国スト。5.10 フランス大統領選挙，社会党候補のミッテラン当選(21日，大統領就任)。5.13 ローマ法王ヨハネ=パウロ2世，狙撃され重傷。5.25 ペルシャ湾産油国6ヵ国，第1回湾岸アラブ協力理事会首脳会議開催(26日，湾岸協力会議設立憲章調印)。5.29 宋慶齢没(89，中国の革命家・政治家)。5.30 バングラデシュ大統領ラーマン，反乱軍に暗殺される(31日，政府軍，反乱軍を鎮圧)。6.7 イスラエル空軍機，イラクのフランス製原子炉を爆撃。6.27 中国共産党第11期中央委員会第6回全体会議開催(29日，華国鋒，党主席辞任．後任に胡耀邦)。6.28 イランのイスラム共和党本部爆破，国会議員など多数死亡。7.17 イスラエル空軍，ベイルートを爆撃(20日，イスラエル軍，ゲリラ基地を地上攻撃．24日，停戦合意)。7.20 第7回主要先進国首脳会議，カナダのオタワで開催(～21日)。8.3 ボリビアで軍事クーデター(4日，ガルシア大統領辞任)。8.8 サウジアラビア，中東和平8項目提案公表(アラブ占領地からの完全撤退を条件とするイスラエルの生存権承認など)。8.25 南アフリカ軍，アンゴラに侵入(9月14日撤退)。8.30 イラン首相府で爆弾が爆発，ラジャイ大統領・バホナール首相ら死亡。9.5 エジプト，8項目の大統領令布告(全宗教団体の政治活動禁止．15日，ソ連の外交官・技術者に国外退去命令)。10.6 エ

西暦	年号 干支	内閣	政　　治・経　　済
1981 ▲	昭和 56 辛酉	(鈴木善幸内閣)	
1982	57 壬戌	11.27 第1次中曾根康弘内閣	1.25 トヨタ自動車工業㈱とトヨタ自動車販売㈱，合併覚書調印(7月1日，トヨタ自動車㈱発足)。1.26 東京地裁，ロッキード事件全日空ルート判決公判．若狭得治ら6被告に有罪判決。2.4 第46回社会党全国大会，「日本における社会主義への道」の見直し執行部原案を承認。2.10 臨時行政調査会，第2次答申を提出(許認可等の整理合理化)。2.11 トヨタ自動車工業㈱，アメリカでの乗用車工場建設の計画を発表。3.9 イタリア大統領ペルチーニ来日(11日，参議院本会議場で全面核軍縮を演説)。4.1 500円硬貨発行。4.13 閣議，8月15日を「戦没者を追悼し平和を祈念する日」と決定。5.20 総合安全保障関係閣僚会議開催，1000カイリのシーレーン(航路帯)防衛整備で意見一致。5.31 中国趙紫陽首相初来日，鈴木首相と会談。6.3 衆議院本会議，生物兵器禁止・特定通常兵器禁止・環境変更技術禁止の軍縮3条約批准を承認(4日，参議院でも)。6.4 鈴木首相，パリで開催の主要先進国首脳会議に出席。6.8 東京地裁，ロッキード事件全日空ルート政治家被告に初の判決公判，橋本登美三郎元運輸相らに有罪判決。6.23 東北新幹線，大宮一盛岡間開業。6.24 長崎の被爆者，第2回国連軍縮特別総会で核兵器廃絶を訴え演説。7.23 政府，昭和58～62年度防衛力整備計画(56中期業務見積り)を決定(防衛費のGNP1パーセント超過が確定的)。7.26 中国政府，文部省検定による中・高校社会科教科書の歴史的記述に抗議，修正申入れ。7.30 臨時行政調査会，基本答申を決定．国鉄・電電・専売3公社の分割・民営化などを示し，増税なき財政再建を建議。8.3 韓国李範錫外相，前田利一駐韓国大使に教科書問題で記述訂正要求の覚書を手交。8.8 政府，外務省情報文化局長と文部省学術国際局長を中国に派遣．中国側，記述訂正を要求。8.24 公職選挙法を改正・公布(参議院全国区に拘束名簿式比例代表制を導入)。8.26 宮沢喜一官房長官，「歴史教科書についての政府見解」を発表(政府の責任で是正することなどを表明)。9.9 中国外務次官呉学謙，日本政府の教科書問題に関する措置を一歩前進と評価。9.17 イギリス首相サッチャー来日(～22日)。9.26 鈴木首相，中国訪問．趙紫陽首相と会談，教科書問題で「政府責任による記述是正」を言明。10.12 鈴木首相，退陣を表明．自民党4役が後継党総裁選出協議。10.16 自民党総裁選挙告示．中曾根康弘・中川一郎・河本敏夫・安倍晋太郎が立候補。11.15 上越新幹線，大宮一新潟間開業。11.24 自民党総裁候補決定選挙，中曾根康弘が57パーセント獲得し圧勝(25日臨時党大会，中曾根康弘を総裁に決定)。11.26 鈴木内閣総辞職。 第97臨時国会召集(12月25日閉会)．衆参両院本会議，中曾根康弘を首相に指名。11.27 第1次中曾根康弘内閣成立(官房長官後藤田正晴・法相秦野章)。12.3 中曾根首相，衆・参両院本会議で所信表明演説，「たくましい文化・福祉」を強調。12.14 全日本民間労働組合協議会(全民労協)結成．議長竪山利文。12.28 第98通常国会召集(昭和58年5月26日閉会)。12.30 臨時閣議，昭和58年度政府予算案決定．防衛費6.5パーセント増。
1983 ▼	58 癸亥		1.11 中曾根首相，韓国訪問．全斗煥大統領と会談．韓国への経済協力40億ドルで合意(12日，共同声明)。1.14 政府，アメリカの要請により武器技術の供与を決定。1.17 中曾根首相，アメリカ訪問(18日，レーガン大統領と会談，相互信頼強化・同盟関係の再確認などで一致)。1.19『ワシントン・ポスト』紙，中曾根首相の「日本列島を不沈空母とする」との発言を報道。

社　会・文　化	世　界
8.1 神近市子(93，婦人解放運動家)。8.13 桑田義備(78，植物細胞学)。8.22 向田邦子(51，作家)。8.23 杵屋六左衛門(14代)(80，長唄唄方)。9.8 湯川秀樹(74，理論物理学)。9.20 石井光次郎(92，政治家)。9.22 河原崎長十郎(２代)(78，歌舞伎役者)。10.3 西尾末広(90，政治家)。 十河信二(97，国鉄総裁)。10.4 保田與重郎(71，文芸評論家)。10.24 上原敬二(92，造園学)。10.26 伴淳三郎(73，喜劇俳優)。10.28 小林中(82，実業家)。12.17 平野力三(83，政治家)。12.28 横溝正史(79，推理小説家)。	ジプト大統領サダト，カイロで軍事パレード閲兵中に銃撃され死亡。10.18 ギリシア総選挙，全ギリシア社会主義運動が圧勝。10.29 OPEC臨時総会，原油価格の値下げ決定。11.2 金素雲没(74，韓国の文人)。12.13 ポーランドで戒厳令布告．ワレサ軟禁，「連帯」幹部逮捕。12.14 イスラエル，ゴラン高原の併合決定。12.15 韓国国会，夜間外出禁止令を解除。
1.11 環境庁調査で照葉樹林が激減と判明。1.20 中野孝次・安岡章太郎ら，「核戦争の危機を訴える文学者の声明」を発表。2.8 東京千代田区のホテル・ニュージャパンで火災，32人死亡(12月９日，東京地検，同ホテル社長横井英樹らを起訴)。2.9 日航機，羽田空港着陸前海面に墜落(24人死亡)。3.27 桂離宮，初の全面解体修理落成式。4.8 最高裁，第２次教科書裁判で二審判決を破棄，東京高裁へ差戻し判決。6.18 東京地裁，連合赤軍事件統一公判で永田洋子・坂口弘に死刑判決。6.26 諸新聞，昭和58年度用社会科教科書に対する文部省の検定で「侵略」を「進出」に改めさせたと報道(のち『サンケイ新聞』のみ，その事実はなかったとして誤報を取消し陳謝，他紙はそのまま．教科書検定をめぐって論争活発化)。7.23 九州西北部を中心に集中豪雨，長崎県内の死者・行方不明299人。7.24 富山県利賀村で，利賀フェスティバル'82・第１回演劇祭開催。8.10 衆議院本会議，老人保健法案を可決成立(老人医療の有料化)。8.24 古代ペルシャ秘宝展(日本橋三越．28日，展示品贋作問題が表面化)。9.4 沖縄県議会，検定で高校日本史教科書から削除された旧日本軍の県民虐殺の記述復活を要求する意見書を採択。9.25 日本におけるナショナル=トラストを考えるシンポジウム，北海道斜里町で開催。11.1 大阪府警，ゲーム機とばく摘発の情報を流した曾根崎署の巡査長を収賄容疑で逮捕(12日，杉原正警察大学校長が自殺)。11.16 教科用図書検定審議会，検定基準にアジア諸国との理解と協調を加えるよう文相に答申(24日文部省，教科書検定基準を改正)。 【死没】 1.9 安井英二(91，内務官僚)。1.11 松本幸四郎(８代)(71，歌舞伎役者)。1.16 田中二郎(75，最高裁判事)。1.18 三益愛子(71，女優)。1.20 杉原荒太(82，政治家)。2.9 高橋誠一郎(97，経済学)。2.12 森暁(74，経営者)。2.26 衣笠貞之助(86，映画監督)。3.18 岡田章雄(73，日欧交渉史)。3.26 水原茂(73，プロ野球監督)。3.31 鹿島卯女(78，鹿島建設)。4.8 上代たの(95，女子教育家)。5.23 三宅正一(81，農民運動家)。5.26 植村環(91，キリスト教婦人運動家)。6.5 西脇順三郎(88，詩人)。6.12 今井武夫(82，陸軍軍人)。6.25 青木一男(92，政治家)。7.2 高橋幸八郎(70，経済史学)。7.3 酒井田柿衛門(13代)(75，陶芸家)。7.7 坪田譲治(92，小説家)。7.10 太田正孝(95，政治家)。8.8 木村篤太郎(96，政治家)。8.15 鳩山薫(93，共立女子学園)。9.21 中村翫右衛門(３代)(81，前進座)。10.10 芝祐泰(84，雅楽)。12.8 諸橋轍次(99，漢学)。12.19 向井忠晴(97，実業家)。	3.19 アメリカ，ワシントン州のセントヘレンズ山が大噴火。3.24 バングラデシュでクーデタ．陸軍参謀長エルシャドが政権掌握。3.28 メキシコのエルチチョン山が噴火。4.2 アルゼンチン陸海空軍，イギリス植民地フォークランド諸島の領有権を主張し上陸，占領．イギリス，断交を宣言。4.9 西ドイツ各地で，反核・平和を訴える「復活祭大行進」．48万人参加。4.25 イスラエル，シナイ半島をエジプトに返還完了。5.1 イギリス軍，フォークランド諸島のポートスタンリー空港を爆撃(20日，上陸作戦開始，６月14日，アルゼンチン軍降伏)。5.12 韓国で巨額手形詐欺事件が表面化。5.24 イラン，同国南西部のホラムシャハル奪回を発表。6.4 イスラエル軍，ベイルートのPLO軍事拠点を爆撃(６日，南レバノンに侵攻)。 第８回主要先進国首脳会議，ヴェルサイユで開催(６日，共同宣言を採択)。6.6 国連軍縮特別総会へ向け，ロンドン・ニューヨークなど欧米各都市で反核デモ。6.7 第２回国連軍縮特別総会(～７月10日)。6.16 イスラエル軍，ベイルート包囲(27日，PLOとパレスチナ住民に退去要求)。6.17 チャドで，アブレ元国防相の反政府軍が首都ヌジャメナを制圧。7.13 イラン軍，イラク南部地域へ侵攻開始。8.18 レバノン政府，PLOの西ベイルート退去で合意成立と発表。9.1 米レーガン大統領，包括的中東和平提案を発表(２日，イスラエルが拒否)。9.6 第12回アラブ首脳会議，モロッコで開催(～９日．「フェス憲章」採択)。9.14 レバノン次期大統領バジール=ジェマイエル暗殺(23日，兄のアミン=ジェマイエル，大統領就任)。9.15 イスラエル軍，西ベイルート侵攻。9.16 西ベイルートのパレスチナ難民キャンプで，親イスラエルのキリスト教右派民兵が住民を虐殺。11.10 ソ連共産党書記長ブレジネフ死去(11月12日，後任にアンドロポフ)。11.12 ポーランド政府，「連帯」委員長ワレサを釈放。12.16 韓国，金大中を清州刑務所から病院に移送(23日，家族と共にアメリカへ出国)。
1.7 千葉大医学部研究生が市内の路上で絞殺体で発見(２月22日，同大学病院研修医の夫を逮捕)。2.12 神奈川県警，横浜市中区の公園などで浮浪者を襲い死傷させた中学生ら10人を逮捕。3.12 高松高裁，徳島ラジオ商殺し事件の故富士茂子の再審開	1.4 蔡培火没(95，台湾の民族運動家・中華民国政府の要人)。1.25 中国で江青・張春橋を無期懲役に減刑(のち江青は獄中で自殺)。2.24 アメリカ議会の日系市民の戦時強制収容問題委員会，

西暦	年号 干支	内閣	政　治・経　済
1983 ▲	昭和 58 癸亥	（第1次中曾根康弘内閣） 12.27 第2次中曾根康弘内閣	1.24 中曾根首相，国会で施政方針演説．日本が「戦後史の大きな転換点」に立っていると強調。1.26 東京地裁，ロッキード事件丸紅ルートの論告・求刑公判．検察側，田中角栄被告に懲役5年を求刑。3.12 第9回日米防衛協力小委員会開催．シーレーン防衛の共同研究着手に合意。3.14 臨時行政調査会，「行政改革に関する第5次答申」（最終答申）を提出（15日，同調査会解散）。4.10 第10回統一地方選挙，東京都知事に鈴木俊一（自民党推薦）が再選，福岡県知事に奥田八二（社共推薦），北海道知事に横路孝弘（社会党推薦）が当選。4.30 中曾根首相，東南アジア諸国連合（ASEAN）5ヵ国など訪問に出発（～5月10日）。5.8 サラリーマン新党結成式（代表青木茂）。5.13 貸金業規制法・金利取締法を公布（サラリーマン金融規制2法．11月1日施行）。5.26 中曾根首相，アメリカ訪問（27日，レーガン大統領と会談．28日，先進国首脳会議に出席）。6.6 国債の発行残高が初めて100兆円台を突破。6.26 第13回参議院議員選挙．全国区初の比例代表制（自民68・社会22・公明14・共産7・民社6・新自ク2など）。7.12 ミニ政党の議員が「参議院の会」結成（代表美濃部亮吉）。7.18 第99臨時国会召集（7月23日閉会）。8.5 平和問題研究会発足（総合安全保障政策に関する首相の私的諮問機関．座長高坂正堯）。9.7 第48社会党定期大会，委員長に石橋政嗣を選出。 衆議院院内会派の「新自由クラブ・民主連合」解散。9.8 第100臨時国会召集（11月28日衆議院解散）。10.1 アメリカ原子力空母カールビンソン，佐世保港に初入港，反対派がデモ。10.12 東京地裁，ロッキード事件丸紅ルート判決公判．田中角栄元首相に懲役4年・追徴金5億円の実刑判決。10.22 北海道の白糠線，最終運転（国鉄ローカル線廃止第1号）。10.28 中曾根首相，田中角栄と会談．田中，「自重自戒」を表明。11.9 米レーガン大統領来日．中曾根首相と会談，日本の防衛努力の強化などを再確認。12.18 第37回衆議院総選挙（自民250・社会112・公明58・民社38・共産26・新自ク8・社民連3．自民党，大幅議席減）。12.26 第101特別国会召集（昭和59年8月8日閉会）。 自民党と新自由クラブ，統一会派「自民党・新自由国民連合」を結成．同会派，267議席となる。12.27 第2次中曾根内閣発足（新自由クラブと連立．自治相に新自ク代表田川誠一）。
1984 ▼	59 甲子		1.5 中曾根首相，現職首相として戦後初の靖国神社新春参拝。1.9 東証1部ダウ平均株価，初の1万円台。1.24 中曾根内閣全閣僚，資産を公表（家族名義は除く）。1.26 中曾根首相，自民党大会で「戦後政治の総決算」を声明。2.27 社会党第48回大会（続開大会．～28日），自衛隊の違憲・合法問題をめぐり紛糾，石橋政嗣委員長の「適法性なし」との見解により決着。2.29 ㈱大沢商会，会社更生法適用を申請（負債1250億円．戦後3番目の大型倒産）。3.23 中曾根首相，訪中し趙紫陽首相らと会談（～26日），朝鮮半島問題・経済協力拡大などにつき協議。3.26 民社党，防衛費GNP1パーセント枠突破を容認する見解，自民党に対し代替の歯止め案提示を要求。4.1 三陸鉄道（久慈一宮古，釜石一盛岡間），日本初の第3セクター方式により開業。4.23 民社党委員長佐々木良作，党大会で自民党との連合を示唆。5.15 自民党，防衛費GNP1パーセント枠の再検討を開始。 環太平洋合同演習（リムパック84），ハワイ沖で開始，日・米・加・豪・ニュージーランドの5ヵ国・兵員5万人・艦艇米原子力空母2隻含む80隻・航空機250機参加。5.17 最高裁，昭和56年東京都議選での定数不均衡訴訟で，都定数条例の定数配分規定を

社　会・文　化	世　界
始を支持(16日，初の「死後再審」決定)。3.13 東北大医学部産婦人科，日本初の体外受精・着床に成功(10月14日，女児が誕生)。4.15 東京ディズニーランド，千葉県浦安市に開園。4.19 航空自衛隊のC1輸送機2機が三重県菅島に墜落(14人死亡)。4.26 海上自衛隊の対潜飛行艇PS1が岩国基地に墜落(10人死亡)。5.26 日本海中部地震(マグニチュード7.7)．日本海沿岸で津波発生，死者104人。6.13 愛知県警，戸塚ヨットスクール校長戸塚宏を傷害致死容疑で逮捕。6.14 文化と教育に関する懇談会(首相の私的諮問機関)，初会合．戦後教育の見直しを検討。7.15 熊本地裁八代支部，免田事件の再審裁判で死刑囚に初の無罪判決。10.3 三宅島の雄山が大噴火．阿古地区約410戸が焼失。11.7 奈良県明日香村キトラ古墳，ファイバースコープにより石槨内の彩色壁画を確認。12.8 警視庁，愛人バンク第1号「夕ぐれ族」を売春防止法違反の容疑で摘発。 【死没】 1.9 中川一郎(57，政治家)。1.17 原田敏明(89，古代宗教学)。1.21 里見弴(94，小説家)。 富本豊前太夫(11代)(53，富本節家元)。2.3 田村秋子(77，女優)。2.7 守随憲治(83，歌舞伎研究)。2.12 手塚富雄(79，独文学)。2.19 宇佐見洵(82，日銀総裁)。 梅原末治(89，考古学)。2.27 井上光貞(65，日本史学)。3.1 小林秀雄(80，評論家)。3.12 上原正吉(85，大正製薬)。3.18 渋谷天外(2代)(76，喜劇俳優)。 近藤真柄(80，社会運動家)。3.22 矢次一夫(83，政界の黒幕)。3.31 片岡千恵蔵(79，映画俳優)。 尾崎一雄(83，小説家)。4.13 中村鴈治郎(2代)(81，歌舞伎役者)。4.19 田中一松(87，美術史)。4.22 安田徳太郎(85，無産運動家)。4.26 藤原道子(82，政治家)。4.29 朝田善之助(80，部落開放運動家)。5.4 寺山修司(47，劇作家)。5.6 東畑精一(84，農業経済学)。5.26 東竜太郎(90，東京都知事)。6.3 前嶋信次(79，東洋史学)。6.8 羽仁五郎(82，日本史学)。7.15 辻村太郎(93，地理学)。7.31 西川鯉三郎(2代)(73，日本舞踊家)。8.5 中村草田男(82，俳人)。8.7 鈴木安蔵(79，憲法学)。8.10 山崎種二(89，山種証券)。8.11 山本薩夫(73，映画監督)。9.1 杉原荘介(69，考古学)。9.29 井口基成(75，ピアニスト)。10.3 花登筐(55，劇作家)。10.16 河野謙三(82，政治家)。11.1 北島正元(71，日本史学)。11.2 田村泰次郎(71，小説家)。11.13 金栗四三(92，マラソン)。11.16 福本和夫(89，社会評論)。12.1 木村俊夫(74，政治家)。12.8 原田伴彦(66，日本史学)。12.13 安岡正篤(85，漢学)。12.17 橋川文三(61，評論家)。 前田義徳(77，NHK会長)。12.20 武見太郎(79，日本医師会長)。12.30 弥永貞三(68，日本史学)。	収容を不当と最終報告。3.2 イタリア共産党大会開催(6日，「民主左翼連合」路線を採択)。3.10 インドネシアの国民協議会，スハルト大統領の4選を決定。3.24 EC・ASEAN外相会議，バンコクで開催。4.4 アメリカ，中国女子テニス選手胡娜の亡命を承認(7日中国，'83年度のスポーツ交流を停止と発表)。4.10 中国・ソ連，国境貿易協定に調印。4.18 レバノンのアメリカ大使館爆破，死者・行方不明90人。5.2 プリディ没(82，タイの政治家)。5.28 第9回主要先進国首脳会議，アメリカのウィリアムズバーグで開催(30日，「経済回復に関するウィリアムズバーグ宣言」)。6.9 イギリス下院議員選挙，保守党が圧勝。6.10 廖承志没(75，中国革命の指導者)。7.10 非核・独立太平洋会議，バヌアツで開催。8.21 フィリピン，野党指導者のベニグノ=アキノ元上院議員，亡命先のアメリカからマニラ空港到着後に暗殺される。9.1 ソ連空軍機，領空内に侵入したニューヨーク発ソウル行の大韓航空機を撃墜．乗客乗員269人(日本人28人)全員死亡。9.9 南アフリカ共和国，国会でアパルトヘイト体制変革の憲法改正案を可決。10.9 ビルマのアウンサン廟で爆弾が爆発，訪問中の韓国徐錫俊副首相ら死亡(全斗煥大統領は難を逃れる，11月4日，ビルマ政府，北朝鮮によるテロと断定し国交断絶)。10.25 アメリカ軍・カリブ6ヵ国軍，グレナダに侵攻。10.30 アルゼンチン大統領選，急進市民連盟のアルフォンシン当選(12月10日就任)。11.6 トルコ総選挙，祖国党が圧勝。11.15 キプロスのトルコ系住民議会，同国北部を「キプロス=トルコ共和国」として独立宣言。
1.7 島根県松江市の岡田山古墳出土の鉄製太刀から，出雲風土記中の豪族名「額田部臣」解読される。1.18 三池石炭鉱業三池鉱業所有明鉱の海底坑道で火災，死者83人・一酸化炭素中毒患者16人。1.19 家永三郎，高校日本史教科書においての昭和57年度検定意見を不服とし，東京地裁に第3次教科書訴訟を提訴。2.1 中曾根首相，6・3・3・4制見直しを中心とする教育改革を目的とした首相直属の臨時教育制度調査会(教育臨調)設置を指示。2.12 植村直己，北米最高峰マッキンリー(6194メートル)への世界初の冬期単独登頂に成功(帰途消息不明)。3.12 高松地裁，財田川事件の再審公判で死刑囚谷口繁義被告に無罪判決(23日，高松地検の控訴断念により無罪確定)。3.16 福岡高裁，カネミ油症事件全国統一民事第1陣訴訟の控訴審で，国の過失	1.11 中南米カリブ海諸国経済会議，エクアドルのキトで開催(〜13日)，新規融資および累積債務につき先進国に協力を求めたキト宣言を採択。1.18 ウルグアイで，軍政下で初めて賃上げ・即時民主化を要求するゼネスト起こる。2.9 ソ連，共産党書記長兼最高幹部会議議長アンドロポフ死去(13日，コンスタンチン=チェルネンコ，後任書記長に選出)。2.16 南アフリカ・SWAPO，ザンビアのルサカで開かれた停戦会談(南ア・アンゴラ・アメリカ参加)により実質的停戦が成立。3.21 カナダ，ヨーロッパ9ヵ国と酸性雨協定に調印。4.- ソ連軍，アフガニス

西暦	年号 干支	内閣	政　治・経　済
1984 ▲	昭和 59 甲子	（第2次中曾根康弘内閣）	公職選挙法違反とする東京高裁判決を支持。6.7 第10回サミット，ロンドンで開催．中曾根首相，レーガン米大統領・サッチャー英首相らと個別会談。7.1 総理府と行政管理庁との統合により総務庁発足（戦後初の中央官庁統合．初代長官後藤田正晴）。7.4 安倍晋太郎外相，中国・韓国人の名前の現地読み採用を外務省に指示。8.3 日本専売公社民営化関連5法成立（8月10日公布．昭和60年4月1日施行）。8.10 国鉄再建監理委員会，初めて国鉄の公社制度廃止・分割民営化を提示した第2次緊急提言を中曾根首相に提出。9.6 韓国全斗煥大統領，韓国国家元首として初来日（～8日）．天皇，「不幸な過去に遺憾」と表明。9.19 自民党本部，無人の車輌搭載の火炎放射器により放火され一部焼失．警視庁，中核派の犯行と断定。9.24 栗原祐幸防衛庁長官，ワシントンの日米防衛首脳定期協議で防衛予算7パーセント増額を約束。10.27 自民党反中曾根グループ（鈴木善幸・福田赳夫ら）・公明党・民社党，二階堂進副総裁擁立および連合政権を構想（28日，二階堂，自民党総裁選出馬を辞退．31日，中曾根，総裁に再選）。10.30 自民党幹事長に金丸信，総務会長宮沢喜一，政調会長に藤尾正行が決定。11.1 第2次中曾根内閣（改造）成立．1万円札（福沢諭吉）・5000円札（新渡戸稲造）・1000円札（夏目漱石）の新札発行。11.12 神奈川県逗子市長選，池子弾薬庫跡地への米軍住宅建設反対派の富野暉一郎，現職を破り当選。11.21 中曾根首相，防衛庁報告の日本有事の際の日米共同作戦計画案を了承。12.1 第102通常国会召集（昭和60年6月25日閉会）。12.18 平和問題研究会，防衛費のGNP1パーセント枠撤廃の提言を中曾根首相に報告。12.20 電電公社民営化3法（日本電信電話株式会社法・電気通信事業法・関係法律整備法）成立．電気通信事業の国営・独占終わる（12月25日公布．昭和60年4月1日施行）。12.29 閣議，昭和60年度予算案（前年比3.7パーセント増の52兆4996億円，防衛費は6.9パーセント増の3兆1371億円）を決定。
1985 ▼	60 乙丑		1.1 中曾根首相訪米（～5日）。1.2 中曾根首相，ロサンゼルスでレーガン大統領と会談，戦略防衛構想（SDI）研究に対し理解を表明。2.7 自民党田中派の竹下登蔵相を中心に「創政会」発足し初会合（田中派の内部亀裂明らかとなる）。2.11 中曾根首相，「建国記念日を祝う会」（会長五島昇）に出席（首相在任者の建国記念日式典出席は初めて）。2.26 経団連理事会，市場開放積極的推進のため「自由貿易体制の再建・強化」を提言。2.27 田中角栄元首相，脳梗塞により東京

社会・文化	世界
責任を確定する判決(食品公害では初. 29日, 国・鐘淵化学工業, 最高裁に上告)。3.18 江崎グリコ社長江崎勝久, 兵庫県西宮市の自宅から誘拐(19日, 犯人, 身代金10億円・金塊100キロを要求. 21日, 江崎社長, 監禁先から自力で脱出. 5月10日, 犯人グループ, 「かい人21面相」を名乗り同社製品への毒物混入を予告, 結局迷宮入り)。4.10 俳優故長谷川一夫・冒険家故植村直己への国民栄誉賞決定。5.25 国籍法・戸籍法改正公布(昭和60年1月1日施行. 父母両系血統主義を採用)。6.14 横浜地裁, 指紋押捺拒否のアメリカ人女性に外国人登録法違反により罰金1万円の有罪判決。7.11 仙台地裁, 松山事件の再審公判で自白調書の信用不充分から, 死刑囚斎藤幸夫被告に無罪判決(25日, 仙台地検, 控訴断念)。7.28 第23回オリンピック・ロサンゼルス大会開催(～8月12日. 日本選手308人参加, 柔道無差別級山下泰裕ら金メダル10個獲得)。8.8 臨時教育審議会(臨教審)設置法公布(21日, 同会発足)。8.24 警視庁,「投資ジャーナル」グループ(中江滋樹主宰)を証券取引法違反容疑により家宅捜査(約8000人から580億円を集め, 無免許で株式を売買・仲介)。8.26 総理府, 国民生活意識調査の結果を発表. 9割の国民が自らの生活程度を「中流」と回答。8.27 世界湖沼環境会議, 滋賀県大津市で開催(～31日. 27ヵ国・2国際機関参加.「琵琶湖宣言」を発表)。8.- 第1回東アジア歴史教育シンポジウム, 東京で開催(日中韓の歴史家・歴史教育家参加, 以後5年おきに東京で開く)。9.14 長野県西部地震(マグニチュード6.9). 大規模の土砂崩れ, 粉体流が木曾郡王滝村を襲い, 死者14人・行方不明15人。11.16 東京都世田谷区で地下通信ケーブル火災, 約8万9000回線および三菱・和両銀行のオンラインシステムが不通。 【死没】 1.4 中村栄孝(81, 日朝関係史)。1.16 仁田勇(84, 結晶化学)。1.18 児玉誉士夫(72, 国家主義者)。1.22 一万田尚登(90, 日銀総裁)。1.28 田崎広助(85, 洋画家)。1.30 北山茂夫(74, 日本史学)。2.6 三原脩(72, プロ野球監督)。2.15 森恭三(76, 朝日新聞)。 渋沢秀雄(91, 随筆家)。2.18 平泉澄(89, 日本史学)。3.5 田辺尚雄(100, 音楽学)。3.16 山口華楊(84, 日本画家)。3.20 田宮博(81, 植物生理学)。4.6 長谷川一夫(76, 俳優)。4.8 岡部金治郎(88, 電子工学)。4.10 神田喜一郎(86, 東洋史学)。4.25 林達夫(87, 評論家)。4.28 高木八尺(94, 政治学)。5.4 永野重雄(83, 経営者)。5.28 森戸辰男(95, 経済学)。6.1 柳兼子(92, 声楽家)。6.9 吉田精一(75, 国文学)。6.15 竹山道雄(80, 評論家)。7.1 横田正俊(85, 最高裁長官)。7.30 今日出海(80, 作家)。8.9 大河内一男(79, 経済学)。8.14 稲田正次(81, 憲法史)。8.21 後藤隆之助(95, 政治家)。8.30 有吉佐和子(53, 作家)。10.11 遠藤三郎(91, 陸軍軍人)。10.17 富田砕花(93, 詩人)。10.29 伊東多三郎(75, 日本史学)。11.21 滝井孝作(90, 俳人)。11.26 村野藤吾(93, 建築家)。12.18 楠部弥弌(87, 陶芸家)。12.24 美濃部亮吉(80, 東京都知事)。12.31 牛場信彦(75, 外交官)。**この年** 植村直己(43, 冒険家)。	タンのカーブル北方に大規模攻勢。5.23 前西ベルリン市長ヴァイツゼッカー, 第6代西独大統領に選出。6.5 インド政府軍, シーク教総本山ゴールデン=テンプルにたて籠もる同教徒急進派を包囲・攻撃し制圧(同教指導者ビンドランワレ死亡, 死傷者500人以上)。7.28 第23回オリンピック・ロサンゼルス大会開催(～8月12日. 参加国140, ソ連など15ヵ国が不参加)。10.2 スイス, 初の女性閣僚誕生。10.31 インド, インディラ=ガンジー首相, シーク教徒の首相警護兵により暗殺. 後任首相に故首相の長男ラジブ=ガンジー就任。11.4 ニカラグア大統領選, サンディニスタ民族解放戦線のオルテガ候補が当選。11.25 ウルグアイ, 11年間の軍政が終り, 民政移管に伴う大統領選. 中道コロラド党フリオ=サンギオッティが当選。11.26 アメリカ・イラク, 17年ぶりに国交回復。12.2 インド中部ボパールで, アメリカ=ユニオン=カーバイド社殺虫剤工場が有毒ガス流出事故, 住民2500人以上が死亡, 約5万人がガス中毒。12.10 国連総会本会議, 拷問禁止国際条約を採択('87年6月26日発効)。12.18 サッチャー英首相訪中(～20日)。12.19 サッチャー・趙紫陽両首相, 北京で'97年の香港返還に関する中英共同宣言および3付属文書に正式調印('97年7月1日, 香港, 中国に返還)。**この年** リヒテンシュタインで女子の参政権実現。
1.16 長野県立高校全87校中84校で「学校平和宣言」。2.13 改正風俗営業法施行。 福岡地裁小倉支部, カネミ油症事件全国統一民事第3陣訴訟で, 国・企業の過失責任を認定, 総額3億7000万円の損害賠償支払いを命じる判決。3.16 国際科学技術博覧会(科学万博―つくば'85), 筑波研究学園都市で開幕, 開会	1.8 米ソ外相会談, ジュネーブで開催, 戦略核・中距離核兵器などの包括的軍縮交渉の開始に合意(3月12日, 同交渉, ジュネーブで開始)。2.1 ニュージーランド首相ロンギ, 核積載可能艦の寄港拒否をアメリカに通告(5日, アメリ

西暦	年号 干支	内閣	政　治・経　済
1985 ↕	昭和 60 乙丑	（第2次中曾根康弘内閣）	逓信病院に入院（4月28日帰宅するも政治活動困難となる）。**3.10** 青函トンネル（53.85キロ）本坑貫通（昭和39年の着工から21年ぶり）。**4.1** 日本電信電話株式会社（NTT．資本金7800億円）・日本たばこ産業株式会社（JT．資本金1000億円）発足（両社とも全株式を政府保有）。**4.9** 対外経済問題関係閣僚会議・経済対策閣僚会議，日米貿易摩擦の深刻化に対する通信機器など4分野における市場開放の対外経済政策を決定（関税引下げ，輸入促進を3年以内に実現）。**4.25** 民社党大会（4月23日～25日），党内人事をめぐり紛糾．委員長塚本三郎，副委員長永末英一，書記長大内啓伍を選出。**6.6** 自民党，国家秘密法案（スパイ防止法案）を衆議院に提出（25日，36年ぶりの記名投票により継続審議．12日10日，野党の反対により廃案）。**6.8** 大鳴門橋（本州四国連絡橋神戸・鳴門ルート．全長1629メートル）開通。**7.7** 東京都議会議員選挙，自民党56議席（5増）を獲得，社会党11議席（4減）（投票率は過去最低の53.5パーセント）。**7.17** 最高裁，昭和58年12月総選挙の無効訴訟で，衆議院の現行定数配分の格差を違憲と初判断（選挙無効請求は棄却）。**7.22** 臨時行政改革推進審議会，内閣機能強化・民間活力重視・地方自治推進などを求めた「行政改革の推進法策に関する答申」を中曾根首相に提出。**7.26** 国鉄再建監理委員会，最終答申「国鉄改革に関する意見」（6分割民営化・貨物分離など）を中曾根首相に提出。**7.27** 首相，自民党の軽井沢セミナーで「戦後政治の総決算」を表明，防衛費GNP1パーセント枠撤廃問題などに関し見解を表明。**8.7** 首相，国防会議で防衛庁の「59中期防衛業務見積案」の政府計画（防衛力整備5ヵ年計画）としての再作成および防衛費GNP比1パーセント枠撤廃の検討作業を指示。**8.12** 特命相兼沖縄開発庁長官河本敏夫（三光汽船㈱オーナー），三光汽船倒産に伴い引責辞任。**8.13** 三光汽船㈱，神戸地裁尼崎支部に会社更生法適用を申請（負債総額約5200億円，実質債務1兆円で戦後最大の倒産）。**8.15** 中曾根首相，戦後の首相として初の靖国神社公式参拝．全閣僚（海外出張者を除く）も公式参拝。**8.25** 安倍外相，中曾根首相の自民党総裁3選に反対表明（9月13日竹下登蔵相，9月14日宮沢喜一総務会長も反対表明）。**9.18** 政府，国防会議および閣議において新防衛計画（中期防衛力整備計画・昭和61～65年度，総額18兆円4000億円）を正式決定，平均GNP比1.038パーセントとなり，1パーセント枠突破となる。**9.22** 日本・アメリカ・イギリス・フランス・西ドイツ，ニューヨークで蔵相・中央銀行総裁会議（G5）を開催，ドル高是正の為替相場協調介入に合意（プラザ合意），円高時代の到来。**9.24** 政府，行革大綱を閣議決定。**9.30** 東京都議会，都庁新宿移転条例案を可決・成立（平成3年3月9日，新宿庁舎，西新宿に完成，落成式挙行）。**10.10** 中国呉学謙外相，安倍外相に対し中曾根首相の靖国神社公式参拝について懸念を表明し以後，鄧小平ら，相つぎ懸念表明（18日，首相，靖国神社秋の例大祭参拝見送りを表明）。**10.11** 閣議，国鉄6分割・民営化の昭和62年4月1日実施および次期国会での関連法案提出を決定。**10.14** 第103臨時国会召集（12月21日閉会）。**12.18** 社会党第50回定期大会（12月16～18日），保革連立問題をめぐり紛糾，「新宣言」採択を延期。**12.22** 内閣制度創始100周年式典開催。**12.24** 第104通常国会召集（昭和61年5月22日閉会）。**12.28** 第2次中曾根第2回改造内閣発足（安倍外相・竹下蔵相は留任）。**この年** 自動車生産台数1227万台（米は1165万台），粗鋼生産高1億528万トン（ソ連は1億545万トン）。平均給与月額23万7000円，失業率2.6パーセント。

社　会・文　化	世　界
式を挙行(～9月16日．総入場者数2033万4727人)。**3.21** 厚生省エイズ調査研究委員会，エイズ(後天性免疫不全症候群)の日本第1号患者を確認と発表(年内に11人確認)。**4.1** 放送大学開講。**5.17** 男女雇用機会均等法成立(6月1日公布，昭和61年4月1日施行)。**6.15** 兵庫県警，外為法違反容疑により豊田商事大阪本社および親会社の銀河計画を捜索(18日，豊田商事会長永野一男，報道陣のつめかける自宅において刺殺される)。**6.26** 臨教審，個性重視の原則などを掲げた第1次答申を中曾根首相に提出。**7.9** 徳島地裁，徳島ラジオ商事件の死後再審(刑事裁判史上初)で故富士茂子に無罪判決(19日，徳島地検，控訴断念し無罪確定)。**7.10** 京都市，古都保存協力税を実施．清水寺・金閣寺などの反対寺院，無料拝観ついで拝観停止(8月8日和解．12月5日再び拝観停止)。**7.24** 厚生省，有毒のジエチレングリコール混入が発覚した西ドイツ・オーストリア産ワインの回収を業者に指示。**8.7** 日本人初のスペースシャトル搭乗者，毛利衛・向井千秋・土井隆雄の3人に決定。**8.9** 閣僚の靖国神社参拝問題に関する懇談会，憲法の政権分離原則に抵触しない上での公式参拝を容認する答申(違憲論の存在も付記)を提出。**8.12** 日本航空羽田発大阪行123便(ボーイング747SR型機)，相模湾上空で操縦不能となり群馬県御巣鷹山山中に墜落，生存者4人・死者520人(世界最大の航空事故．ボーイング社の後部隔壁修理ミスが原因)。**8.24** ユニバーシアード神戸大会開催(9月4日．108ヵ国・3949人参加)。**9.5** 文部省，学校行事での日の丸掲揚・君が代斉唱の徹底を各教育委員会に通達。**9.25** 奈良県斑鳩町の藤ノ木古墳から，朱塗り家形石棺発見される。**10.1** 国勢調査実施(総人口1億2104万7196人)。**10.23** 文部省，「児童生徒の問題行動実態調査」を発表(いじめ・登校拒否激増)。**10.29** 奈良県明日香村の伝飛鳥板蓋宮跡付近から、大津皇子など壬申の乱関係の人名・地名が記された木簡1082点発見される(同遺跡を飛鳥浄御原宮と確定)。**11.14** 国立大学協会，受験機会複数化の昭和62年度実施を決定。 プロ野球選手会(巨人中畑清会長)，東京都地方労働委員会から労働組合資格証明書の交付を受け，労働組合として発足。**11.29** 首都圏・近畿の8都府県で，中核派・過激派による同時多発ゲリラ．国鉄の通信・信号ケーブル34ヵ所の切断・放火，総武線浅草橋駅駅舎への放火などにより，首都圏の国電麻痺。 【死没】 **1.22** 向坂逸郎(87，経済学)。**1.31** 石川達三(79，小説家)。**2.20** 中野好夫(81，評論家)。**2.21** 田村幸策(97，吉田内閣ブレーン)。**2.22** 藤山愛一郎(87，政治家)。**2.27** 一志茂樹(91，地方史)。**3.7** 森銑三(89，書誌学)。**3.19** 山下春江(83，政治家)。**3.30** 笠置シヅ子(70，歌手)。 野上弥生子(99，小説家)。**4.1** 林竹二(78，教育学)。**4.2** 高橋信次(73，愛知県がんセンター所長)。**4.14** 藤岡謙二郎(70，歴史地理学)。**4.16** 吉村茂樹(87，日本史学)。**4.29** 桜田武(81，経営者)。**4.30** 庄司吉之助(80，日本史学)。**5.27** 原田大六(68，考古学)。**6.9** 川口松太郎(85，作家)。**6.17** 谷口雅春(91，宗教家)。**8.6** 高橋磌一(72，日本史学)。**8.11** 荒川豊蔵(91，陶芸家)。**8.12** 坂本九(43，歌手)。**9.11** 夏目雅子(27，女優)。**9.12** 源氏鶏太(73，作家)。**9.29** 入江相政(80，侍従長)。**10.24** 永田雅一(79，映画プロデューサー)。**10.26** 東流斎馬琴(5代)(81，講釈師)。**11.2** 直良信夫(83，古人類学)。**11.28** 白洲次郎(83，東北電力会長)。**12.3** 各務鉱三(89，ガラ	カ，3月実施予定のANZUS合同演習中止を決定)。**3.11** ミハイル=ゴルバチョフ，チェルネンコ死去(3月10日)に伴い，後任としてソ連共産党書記長に選出。**4.11** アルバニア労働党第1書記ホジャ死去。**4.14** ペルー大統領選，野党親米派のガルシア当選(7月28日就任)。**4.21** ブラジル副大統領サルネイ，ネベス次期大統領の死去に伴い，大統領に就任。**5.2** 第11回主要先進国首脳会議(ボン・サミット)開催(～4日)，「第2次大戦40周年に対しての政治宣言」および新ラウンド早期開始の経済宣言を採択。**5.16** アフガニスタンのゲリラ7組織，「ムジャヒディーン・イスラム同盟」を結成。**6.10** ベトナム共産党総会(～17日)，国家助成金制度廃止など決議。**6.17** ナミビア，南アフリカ主導による中道・右派連合の暫定政権発足(外交・防衛・一部の行政権は南アフリカが保持)。**6.-** 中国，人民公社解体および郷・鎮政府設置を完了。**7.2** ソ連グロムイコ外相，最高会議幹部会議長(国家元首)に選出，後任外相にシュワルナゼ就任。**7.15** 国連「婦人の10年」の世界婦人会議，ナイロビで開催(～27日)。**8.2** ビルマ社会主義計画党大会(～7日)，集団指導体制を確立。**8.6** 第16回南太平洋フォーラム，クック諸島ラロトンガで開催(8月4日～6日，13ヵ国・自治領が参加)，南太平洋非核地帯条約を採択。**8.15** イラク，イラン・カーグ島石油関係施設への空爆開始。**9.19** メキシコ西南部で大地震(マグニチュード8.1)，死者8000人。**9.22** 5ヵ国緊急蔵相・中央銀行総裁会議(G5)，ニューヨークで開催，ドル高是正の協調介入強化につき合意(プラザ合意)。**10.25** フランス，南太平洋ムルロア環礁で地下核実験。**10.27** タンザニア大統領選挙，現職のニエレレ大統領引退し，ムウィニ副大統領が新大統領に選出。**11.6** ポーランド首相ヤルゼルスキ，国家評議会議長(国家元首)に就任，後任首相にメスネル副首相昇格。**11.13** コロンビアの休火山ネバドデルルイス噴火，死者約2万5000人(今世紀最大規模の噴火被害)。**11.15** 英首相サッチャー・アイルランド首相フィッツジェラルド，ベルファストで会談，北アイルランド問題合意書に調印。**11.19** 米ソ首脳会談，ジュネーブで開催(～20日．6年半ぶり)．レーガン・ゴルバチョフの相互訪問，戦略核50パーセント削減，「核不戦」の確認などの13項目の共同声明を発表．文化交流協定調印．戦略防衛構想(SDI)に関しては対立。

西暦	年号 干支	内閣	政　治・経　済
1985 ▲	昭和 60 乙丑	(第2次中曾根康弘内閣)	
1986	61 丙寅	7.22 第3次中曾根康弘内閣	1.15 ソ連シュワルナゼ外相来日，中曾根首相・安倍外相と会談(～19日)，領土問題の継続協議に合意し，日ソ共同声明を発表。1.22 社会党，第50回大会の旗開大会において，マルクス・レーニン主義から西欧型社会民主主義路線への転換を新綱領とする新宣言を満場一致で採択。2.11 中曾根首相・16閣僚・坂田衆議院議長ら，「建国記念の日を祝う式典」に出席。3.19 東京高裁，第1次教科書訴訟控訴審判決で，教科書検定を合憲とし原告家永三郎の請求を全面棄却する判決。3.24 神奈川県逗子市の池子弾薬庫跡地米軍住宅建設をめぐるリコールで，現職で緑派の富野暉一郎市長が勝利。4.7 国際協調のための経済構造調整研究会(座長前川春雄前日銀総裁)，日米貿易摩擦解消のための内需主導・国際協調型への経済構造転換を求めた報告書(前川リポート)を中曾根首相に提出(昭和61年5月1日経済対策閣僚会議，経済構造転換を目的とする推進要項を決定)。4.29 天皇在位60年記念式典，政府主催により両国国技館で挙行。5.4 第12回主要先進国首脳会議(東京サミット)開催(～6日)，リビアの国際テロ批判・チェルノブイリ原発事故などに関する政治3文書を採択。5.6 先進7ヵ国蔵相会議(G7)新設(G5にイタリア・カナダが新加入)，政策協調などを骨子とした「経済宣言」を新設。5.8 イギリスのチャールズ皇太子夫妻来日(～13日)。5.21 衆議院本会議，8増7減の議員定数是正の公職選挙法改正案を可決(22日，参議院でも可決．23日，同法改正公布，6月21日施行)。5.27 安全保障会議設置法公布(7月1日施行され国防会議廃止となる)。6.2 第105臨時国会召集．政府・自民党，衆議院本会議開会前に異例の冒頭解散．臨時閣議，選挙公示を参議院6月18日・衆議院6月21日，投票を衆参同日の7月6日と決定。6.10 臨時行政改革推進審議会，中曾根首相に増税なき財政再建などを骨子とする最終答申を提出(27日，同審議会解散)。7.6 第38回衆議院総選挙・第14回参議院選挙(衆参同日選挙)・衆議院(自民304・社会86・公明57・共産27・民社26・新自ク6・その他6)，参議院(自民72・社会20・公明10・共産9・民社5・その他10)。7.15 アメリカ政府，日本の農産物12品目輸入制限を協定違反としてGATTに提訴。7.17 自民党，衆参同日選挙の圧勝により，中曾根首相続投論上昇．同党幹部，中曾根の自民党総裁としての任期延長で合意。7.22 第3次中曾根内閣成立。 第106特別国会召集(7月25日閉会)。7.30 東北自動車道路，浦和一青森間(674.7キロ)全通。8.14 東京地裁，参院定数格差5.56倍に合憲判決。8.15 新自由クラブ，正式解党し田川誠一前代表を除く6議員自民党復帰。9.5 藤尾正行文相，『文芸春秋』のインタビュー記事で日韓併合につき「韓国側にも責任」と発言(8日，首相，韓国の猛抗議により同文相を罷免)。9.6 社会党委員長選挙で土井たか子が当選(日本の大政党で初の女性党首．新書記長に山口鶴男)。9.9 閣議，アメリカの戦略防衛構想(SDI)への研究参加を決定。9.11 自民党両院議員総会，総裁任期に関する党則を改正，中曾根総裁の任期1年延長を満場一致で議決。 第107臨時国会召集(12月20日閉会)。9.22 中曾根首相，自民党全国研修会で「米国には黒人などが相当いるため平均的には知的水準が非常に低い」と発言し問題化(10月3日，首相，衆院予算委員会で公式に陳謝表明)。10.27 北海道で初の日米共同統合実働演習実施(～31日)。10.28 衆議院本会議，国鉄分割・民営化関連8法案を可決(11月28日，参議院本会議も可決し成立．12月4日，同法公布)。10.31 日本銀行，公定歩合を0.5パーセント引下げ，年3.0パーセントに変更(11月1日実施．低金利時代へ突入)。12.5 自民党税制調査会，売上税(大型間接税)導入・マル優廃止などの税制改正案を決定(23日，税制の抜本的改革と62年度税制改正大綱を決定)。 公明党大会，委員長矢野絢也・書記長大久保直彦を選出。12.29 第108通常国会召集(昭和62年5月27日閉会)。12.30 政府，昭和62年度予算案を決定(防衛費，前年度比5.2パーセント増・GNP比1.004パーセント，整備新幹線凍結解除)。この年 円高続き輸出産業の中小企業に痛手。

社会・文化	世界
ス工芸家)。12.18 田中美知太郎(83，哲学)。12.21 増田甲子七(87，政治家)。12.24 佐々木更三(85，政治家)。12.26 久保田きぬ子(72，憲法学)。	
1.9 プロ野球選手会，労働組合として旗揚げ，第1回大会を開催。2.1 中野区立富士見中2年生，いじめを苦に盛岡市で自殺(教員関与の「葬式ごっこ」が判明し問題化)。2.13 東京地検，日本撚糸工業組合連合会理事長小田清孝ら5人を，中小企業事業団からの4億2000万円詐取容疑により逮捕(撚糸工連事件)。4.1 男女雇用機会均等法施行。4.8 アイドル歌手岡田有希子飛び降り自殺(少年少女の後追い自殺続出)。5.7 国立大学協会，昭和62年春の国立大2次試験複数受験制実施要領を発表。5.27 文部省，日本を守る国民会議編集の高校日本史教科書を異例の再審議により検定合格とする(中国・韓国などの批判で，超法規的措置により修正，のち同教科書を採択した高校に対し革新勢力から採択を取消すよう圧力がかかり問題化)。11.1 新興宗教「真理の友教会」女性信者7人，和歌山市の海岸で，病死の教祖の後を追い集団焼身自殺。11.15 三井物産マニラ支店長若王子信行，マニラ郊外で武装5人組に誘拐される(昭和62年3月31日，無事解放)。11.21 伊豆大島三原山大噴火(209年ぶり)，全島民約1万人および観光客2000人島外へ避難(12月22日，全島民帰島完了)。11.27 共産党国際部長緒方靖夫宅に対する神奈川県警の電話盗聴疑惑発覚(昭和62年8月4日，東京地検，盗聴未遂により起訴猶予処分)。12.28 兵庫県城崎郡の国鉄山陰本線余部鉄橋(長さ310メートル・高さ41メートル)から回送列車が突風のため転落，工場・民家に直撃し，従業員5人と車掌の計6人死亡。**この頃** 東京など都市圏の地価暴騰。 【死没】 1.10 猪谷六合雄(95，日本スキー界草分け)。1.16 梅原竜三郎(97，洋画家)。1.18 石母田正(73，日本史学)。2.10 山本岳人(85，日本画家)。2.21 松木謙治郎(77，プロ野球)。 泉重千代(120，長寿世界一)。3.9 小野清一郎(95，刑法学)。3.10 安井謙(74，政治家)。3.16 内藤誉三郎(74，政治家)。4.2 高倉輝(94，社会運動家)。4.14 森赫子(71，女優)。6.15 松田権六(90，漆芸家)。6.23 桜田一郎(82，高分子化学)。6.27 石川七郎(76，国立がんセンター総長)。 平岩米吉(88，動物文学)。7.13 杉原千畝(86，リトアニア共和国領事代行)。7.19 茂山千作(89，能楽師)。7.27 木原均(92，遺伝学)。8.28 真野毅(98，最高裁判事)。9.20 西春彦(93，外交官)。9.30 横山美智子(92，作家)。10.14 荻須高徳(84，洋画家)。10.21 黒田寿男(87，社会主義運動家)。10.27 小佐野賢治(69，ロッキード事件被告)。11.4 野村芳兵衛(90，教育家)。11.12 島尾敏雄(69，小説家)。11.14 円地文子(81，作家)。11.17 木村義雄(81，将棋名人)。11.23 仁木悦子(58，推理作家)。12.10 中村吉治(81，日本史学)。12.24 松下正寿(85，立教大総長)。12.25 梅沢浜夫(72，微生物学)。 桃裕行(76日本史学)。	1.1 スペイン・ポルトガル，ECに加盟。1.14 セレソ，グアテマラ大統領に就任(31年間の軍政に終止符をうち民政に移管)。1.16 アルジェリア，国民投票により国会憲章を改正，社会主義路線を放棄。1.28 アメリカのスペースシャトル・チャレンジャー，打上げ72秒後に爆発，乗員7人全員死亡。2.9 イラン，イラク最南端ファオ港を攻略。2.25 コラソン=アキノ，フィリピン大統領に就任(26日，マルコス前大統領ら，ハワイへ亡命)。2.28 スウェーデン，反核・平和運動擁護のオロフ=パルメ首相，ストックホルムで暗殺。3.20 パリ市長ジャック=シラク，首相に就任，保革共存内閣(コアビタシオン)発足。4.5 ローマ法王ヨハネ=パウロ2世，中南米聖職者の「解放の神学」を容認。4.15 米軍機，リビアのトリポリ・ベンガジを空爆．イギリス以外の西欧諸国，遺憾声明。4.26 ソ連ウクライナ共和国のチェルノブイリ原子力発電所，人為的ミスによる大規模事故発生(4月28日発表)．放射能汚染，近隣諸国に拡大し深刻化。5.4 アフガニスタン人民民主党書記長カルマル，健康上の理由により辞任．後任書記長にナジブラ政治局員就任。6.12 南アフリカ大統領ボタ，ソエト蜂起10周年を前に，全土に非常事態宣言を発令，反アパルトヘイト黒人活動家を一斉検挙。8.11 アメリカ，ANZUS条約に基づくニュージーランドに対しての安全保障義務の打切りを通告(12日，ニュージーランド首相ロンギ，反核政策の継続を表明)。10.11 米大統領レーガン・ソ連共産党書記長ゴルバチョフ，アイスランドのレイキャビクで会談(～12日)，INF・戦略核削減で進展するが，SDIをめぐる対立で決裂。12.5 中国安徽省合肥市の科学技術大学の学生ら，民主化要求デモ，上海・北京・天津などへ民主化運動波及(29日，党中央，『人民日報』紙上で反体制的言動は憲法違反と警告)。12.6 台湾，立法院議員・国民大会代表選挙を実施．初の党外勢力新党の民主進歩党が躍進。12.17 ベトナム共産党第6回大会，ハノイで開催(～18日)，チュオン=チン書記長・ファン=バン=ドン首相・レ=ドク=ト政治局員の3長老引退を承認，新書記長にグエン=バン=リンを選出，ドイ=モイ(刷新運動)路線を採用。12.19 ソ連，反体制物理学者サハロフ博士夫妻の国内流刑処分を解除(23日，7年ぶりにモスクワに戻る)。**この年** ソ連ゴルバチョフ書記長，ペレストロイカ(改革・再編)とグラスノスチ(情報公開)の政策を推進。

西暦	年号 干支	内閣	政　治・経　済
1987	昭和 62 丁卯	(第3次中曾根康弘内閣) 11.6 竹下登内閣	**1.16** 社会・公明・民社・社民連4党，売上税等粉砕闘争協議会を結成。**1.22** 進歩党結成大会．代表に元新自由クラブ代表田川誠一を選出。**1.24** 政府，防衛費のGNP 1パーセント枠を外して総額明示の新基準を決定。**1.26** 中曾根首相，施政方針演説で売上税に言及せず(2月2日，異例の補足発言)。 社会党など4党書記長ら，大型間接税反対中央連絡会議(日本百貨店協会など流通11団体)と初の懇談。**2.9** NTT株が上場(10日，初値160万円)。**2.13** 竹下登自民党幹事長，売上税に反対した2代議士に厳重注意。**2.26** 大阪高裁，京都市内の中国人留学生寮「光華寮」を台湾所有と判決。**4.1** 国鉄，分割・民営化．JRグループ各社が開業。**4.12** 統一地方選挙．知事選・道府県議選で自民党敗北。**4.23** 衆議院議長原健三郎の調停により，売上税法案が事実上廃案．予算案可決。**4.29** 中曾根首相，アメリカ訪問(30日，レーガン大統領と第1回会談．ドル安防止の政策協調で一致．5月1日，共同声明)。**5.15** 通産省，ココム規制品をソ連に輸出していた東芝機械㈱に対し，共産圏輸出の1年間禁止処分。**6.12** 全国農協中央会，生産者米価引下げを容認(7月3日，米価審議会，諮問承認答申)。**6.30** 閣議，第4次全国総合開発計画を決定(多極分散型の国土形成を目指す)。**7.4** 自民党竹下派結成(「経世会」．113議員が参加)。**7.6** 第109臨時国会召集(9月19日閉会)。**7.15** 防衛施設庁，三宅島のアメリカ軍空母艦載機夜間発着訓練用の気象観測施設建設に着工。**7.29** 東京高裁，ロッキード裁判丸紅ルート控訴審で田中角栄被告の控訴を棄却。**7.31** 政府，所得税減税・マル優廃止などの税制改革案を国会に提出。**9.19** 参議院本会議，所得税法改正などの税制改革法案を可決。**9.22** 天皇，宮内庁病院に入院・手術(28日，沖縄訪問中止．29日，慢性すい炎と発表．10月7日，退院)。**9.30** 防衛施設庁，神奈川県逗子市のアメリカ軍住宅建設に着工(10月12日，逗子市長選で建設反対派の富野暉一郎が再選)。**10.2** 安倍晋太郎自民党総務会長，総裁選立候補を表明(3日宮沢喜一蔵相，5日竹下登自民党幹事長も表明)。**10.20** 東京株式市場，前日のニューヨーク市場大暴落の影響を受けて3836円48銭安の暴落(下落率14.9パーセント)。 自民党の中曾根総裁，次期総裁に竹下登を指名(31日，自民党大会，竹下登を総裁に選出)。**11.6** 竹下内閣成立(副総理・蔵相宮沢喜一，外相宇野宗佑，官房長官小渕恵三)。 第110臨時国会召集(11月11日閉会)。**11.27** 第111臨時国会召集(12月12日閉会)。 竹下登首相，所信表明演説．「ふるさと創生」を提唱，新型間接税導入に意欲。**12.28** 第112通常国会召集(昭和63年5月25日閉会)。**この年** 円高さらに進み，1ドル=124円(年末)。 国際経常収支，870億ドルの黒字，対米貿易黒字568億ドルとなり日米貿易摩擦いっそう深刻化。 東京など都市圏の地価暴騰続きピークに達す。

社　会・文　化

3.30 安田火災，ゴッホ「ひまわり」を53億円で落札(ロンドン)。4.1 国土庁の「87年地価公示」，東京都の平均上昇率53.9パーセント，全国平均7.7パーセント。4.3 荒川河川敷などで，偽造1万円札4億円を発見(13日，主犯の武井遵を逮捕)。4.16 警察庁調べ，昭和61年中の自殺者2万5524人は戦後最悪。5.3 兵庫県西宮市の朝日新聞阪神支局に覆面男が侵入，散弾銃を発砲．記者1人死亡，1人重傷。5.- 日中社会科教科書交換調査会議，東京で開催(国際教育情報センター・中国人民教育出版社共催，歴史学者・地理学者ら出席，昭和63年11月に第2回会議，以後天安門事件による中断をはさんで，平成10年5月まで東京・北京で交互開催)。6.9 総合保養地域整備法(リゾート法)を公布・施行。6.13 プロ野球広島カープの衣笠祥雄，2131試合連続出場，ルウ=ゲーリッグの米大リーグ記録を越える(6月22日，国民栄誉賞，引退まで2215試合連続出場)。7.16 大阪高裁，箕面忠魂碑・慰霊祭訴訟でその宗教的性格を否定する合憲判決。8.7 臨時教育審議会，教育改革に関する第4次答申(最終答申)を提出。8.31 東京高裁，多摩川水害訴訟で国の管理ミス否定の判決。9.2 最高裁，有責配偶者の離婚請求訴訟で「原因者」も離婚請求できるとの新判断を示す。9.7 劇団新国劇，解散を決定。10.12 利根川進マサチューセッツ工科大学教授，ノーベル医学生理学賞受賞決定。10.25 沖縄国体開会式，日の丸掲揚と君が代斉唱で混乱(26日，ソフトボール会場で日の丸が引き降ろされる)。11.8 岡本綾子，米女子プロゴルフツアー最終戦に2位となり年間の米賞金女王となる(外国人初の女王)。11.13 文部省の教育課程審議会高校分科会，昭和69年(平成6)度から高校社会科を「地歴科」と「公民科」に分割することを決定。11.20 全日本民間労働組合連合会(「連合」)結成大会。12.7 最高裁，12月15日から法廷内のカメラ取材を条件付きで解禁することを決定。**この年** 日本エイズ研究会(のち日本エイズ学会)発足。

【死没】

1.21 岸俊男(66，日本史学)。2.3 高松宮宣仁親王(82，昭和天皇弟)。2.7 小山敬三(89，洋画家)。2.9 貝塚茂樹(82，東洋史学)。2.16 坂本太郎(85，日本史学)。2.19 阪本清一郎(95，部落解放運動家)。2.20 太田晶二郎(73，日本史学)。2.27 亀井文夫(78，記録映画監督)。3.4 北村西望(102，彫刻家)。3.28 藤間勘右衛門(5代)(40，日本舞踊藤間流宗家)。4.7 亀井貫一郎(94，政治家)。4.21 中島治康(77，プロ野球監督)。5.2 森山欽司(70，政治家)。5.5 桑田忠親(84，日本史学)。5.10 鵜飼信成(81，憲法)。 平沢貞通(95，帝銀事件死刑囚)。5.12 望月太左衛門(10代)(63，歌舞伎囃子方)。5.22 山岸徳平(93，国文学)。5.28 鈴木雅次(98，土木工学)。5.30 武蔵川喜偉(78，相撲博物館館長)。6.6 三上次男(80，東洋史学)。6.16 鶴田浩二(62，俳優)。7.10 羽仁説子(84，社会運動家)。7.12 臼井吉見(82，文芸評論家)。7.17 石原裕次郎(52，俳優)。7.20 有島一郎(71，俳優)。8.7 岸信介(90，政治家)。8.12 増本量(92，金属物理学)。8.16 深沢七郎(73，小説家)。 栗島すみ子(85，女優)。9.13 宝月圭吾(81，日本史学)。10.4 住谷悦治(91，経済学)。10.9 稲山嘉寛(83，経営者)。11.22 前田陽一(76，フランス文学)。 海後宗臣(86，教育学)。12.27 椋鳩十(82，児童文学)。12.29 石川淳(88，作家)。

世　界

1.1 アフガニスタンの人民民主党書記長ナジブラ，反政府ゲリラに15日からの一方的停戦を提案(15日，政府軍，一方的停戦)。 北京の天安門広場で学生の民主化要求デモ，警官隊により規制．『人民日報』，民主化運動を「ブルジョア自由化」として反対表明。1.16 胡耀邦総書記，学生デモの混乱の責任で辞任。2.21 主要5ヵ国蔵相・中央銀行総裁会議(G5)，パリで開催。2.22 7ヵ国蔵相会議(G7)，パリで開催．黒字国の内需拡大と為替水準の維持を確認(ルーブル合意)。4.13 中国・ポルトガル，マカオ返還の共同声明。4.20 パレスティナ民族評議会，アルジェで開催(4年ぶりに統一)。5.1 韓国で統一民主党結成(総裁金泳三)。6.8 第13回主要先進国首脳会議，ヴェネツィアで開催(10日，ドル安定を求めた経済宣言を発表)。6.20 愛新覚羅浩没(73，満州国皇帝弟の溥傑妃)。7.14 台湾・国民政府，38年2ヵ月に及んだ戒厳令を解除(15日，国家安全法発効)。7.20 国連安保理，イラン・イラク戦争の即時停戦を要求する決議(21日，イラン，拒否．22日，イラク，条件付き受諾)。8.23 ソ連のバルト3国で独立要求のデモ。9.7 東ドイツ国家評議会議長ホーネッカー，元首として初めて西ドイツを訪問(～11日)。9.14 フロンガス規制を討議する国連環境計画(UNEP)の国際会議，モントリオールで開催(16日，オゾン層保護条約議定書を採択)。10.19 ニューヨーク株式市場で大暴落(いわゆるブラック・マンデー，各国の株式市場に波及)。10.25 中国共産党第13回全国代表大会開催．中国社会主義の現状を「初級段階」と規定(11月2日，中央委，趙紫陽首相を総書記に選出)。10.30 韓国で新民主共和党結成(総裁金鍾泌)。11.7 チュニジアのベンアリ首相，ブルギバ大統領を追放，大統領に就任。11.12 韓国で平和民主党結成(総裁金大中)。11.29 大韓航空機，ビルマ上空で行方不明(12月2日，爆弾テロの容疑者を逮捕．'88年1月15日，韓国政府，北朝鮮のテロ事件と断定，容疑者金賢姫犯行を認める記者会見)。11.30 アフガニスタン，革命評議会議長ナジブラ，大統領に選出。11.- ルーマニア，ブラショフの労働者が大規模デモ，食糧事情と労働条件の改善を要求。12.7 ソ連共産党書記長ゴルバチョフ，アメリカ訪問(8日，レーガン大統領と会談．中距離核戦力(INF)全廃条約に調印．10日，共同声明，'88年6月1日，批准書交換)。12.16 韓国大統領選挙．民主正義党の盧泰愚候補が当選。12.19 ガザ地区のパレスチナ住民による反イスラエル行動が拡大。12.20 フィリピン，ルソン島沖でフェリーとタンカー衝突・沈没，3000人以上が死亡と推定(世界最大の海難事故)。

西暦	年号 干支	内閣	政　治・経　済
1988	昭和 63 戊辰	（竹下登内閣）	1.12 竹下首相，アメリカ訪問．13日，レーガン大統領と会談，日米協力関係を確認．ドル下落防止で共同声明。1.26 政府，大韓航空機事件で北朝鮮に対して人的交流抑制などの制裁措置を決定。2.6 浜田幸一衆議院予算委員長，共産党委員の質問中に発言を妨害，同党議長を「殺人者」と発言（12日辞任）。3.13 青函トンネル開業（JR津軽海峡線，中小国一木古内間開業）。4.1 少額貯蓄非課税制度（マル優），高齢者などを除き原則廃止。4.10 瀬戸大橋開通（世界最長の道路・鉄道併用橋．JR本四備讃線，茶屋町一宇津田間開業）。4.28 自民党税制調査会，新型間接税導入案を決定。 政府税制調査会，中間答申を提出。5.10 公明党代議士大橋敏夫，『文芸春秋』で創価学会名誉会長池田大作を批判（６月６日，同党除名）。5.11 奥野誠亮国土庁長官，国会で「盧溝橋事件は偶発的」と答弁（13日辞任）。6.14 自民党税制調査会，一般消費税３パーセント導入を柱とする税制抜本改革大綱を決定（28日，政府，税制改革要綱を決定）。6.18 川崎市助役小松秀熙がリクルート関連株を公開前に取得し，１億円の売却益を得ていたことが判明（20日解職）。6.20 左藤恵農水相・米ヤイター通商代表，牛肉・オレンジ輸入自由化問題で合意。7.5 リクルートコスモス社の未公開株譲渡問題で，中曾根康弘前首相・安倍晋太郎自民党幹事長・宮沢喜一蔵相の各秘書が関与と判明（リクルート事件）。7.19 第113臨時国会召集（12月28日閉会）。8.25 竹下首相，中国訪問．李鵬首相と会談。9.5 社民連代議士樽崎弥之助，国会質問でリクルートコスモスの社長室長松原弘の贈賄工作を公表。9.9 衆議院本会議，税制問題等調査特別委員会設置を可決（22日，前リクルート会長江副浩正の参考人招致を決定）。9.19 天皇が大量の吐血・下血，容体急変（以後自粛ムード続く）。9.22 政府，天皇の国事行為を皇太子へ全面委任することを決定．一般記帳を開始。10.19 東京地検，リクルート本社などを一斉捜査（20日，同社前社長室長松原弘を逮捕）。10.21 最高裁，昭和61年総選挙での１票の最大格差2.92倍に合憲判決。10.31 神奈川県逗子市の市長選で，アメリカ軍住宅建設反対派の富野暉一郎が３選。11.10 自民党，衆議院税制特別委員会で税制改革関連６法案を単独強行採決。11.15 衆議院本会議，リクルート問題特別調査委員会の設置を決議（社会・共産両党欠席）。11.16 衆議院本会議，税制改革６法案を修正可決（公明・民社，原案に反対，修正部分賛成．社会・共産欠席）。11.29 竹下首相，「ふるさと創生」策として全市町村に一律１億円の交付金配分を決定。12.9 宮沢喜一蔵相，秘書のリクルートコスモス株譲渡に関し，国会答弁が再三変わり責任をとり辞任。12.14 NTT会長真藤恒，リクルート疑惑で辞任。12.24 参議院本会議，税制改革関連６法案を可決（社会・共産両党，牛歩で抵抗）。12.27 竹下改造内閣成立（主要閣僚留任）。12.30 長谷川峻法相，リクルート疑惑で辞任（後任に元内閣法制局長官高辻正己）。 第114通常国会召集（平成元年６月22日閉会）。**この年** 外資準備高大幅に増加し，977億ドル（年末）に達し西ドイツを抜いて世界１位となる。
1989 ▼	64 己巳 平成（へいせい） 1.8		1.7 天皇没（１月31日，昭和天皇と追号）．皇太子明仁親王即位．政府，新元号を「平成」と決定。1.9 天皇，朝見の儀で日本国憲法を守り責務を果たすと述べる。1.31 竹下首相，アメリカ訪問（２月２日，ブッシュ大統領と初会談，日米関係の世界的規模での責任分担を確認）。2.7 民社党委員長塚本三郎，リクルート疑惑の責任問題で退陣を表明（23日，第34回党大会，永末英一を委員長に選出）。2.12 参議院福岡補欠選挙．社会党候補の渕上貞雄が大勝。2.19 鹿児島県知事選・徳島市長選・大分市議選で野党が善戦（22日，宮城県知事選の自民党候補愛知和男，リクルート問題で出馬辞退）。2.24 昭和天皇の大葬の礼．164ヵ国の代表が参列。3.8 衆議院予算委員会，与野党がリクルート疑惑に関して中曾根前首相の証人喚問問題で対立。3.25 新日本製鉄釜石製鉄所の溶鉱炉が閉鎖。3.30 竹下首相が自民党幹事長時代の昭和62年にパーティー券2000万円をリクルート社が購入していたことが判明。4.1 消費税（３パーセント）実施。4.12 中国李鵬首相，来日（13日，天皇と会談．天皇，「不幸な歴史のあったことは遺憾」と発言）。4.19 社会・公明・民社・社民連の４党首，第１回連合政権協議会。4.25 竹下首相，政治不信の責任をとり予算案成立後の辞任を表明。4.28 自民党，衆議院本会議で平成元年度予算案を単独可決（憲政史上初）。4.29 朝日新聞社の調査，竹下内閣の支持率７パーセント。5.17 矢野絢也公明党委員長，明電工疑惑で辞任（21日，臨時党大会，委員長に石田幸四郎を選出）。

社会・文化	世界
1.5 東京・六本木のディスコで照明具が落下，3人死亡。2.19 静岡県浜松市の住民による暴力団追放運動，山口組系暴力団一力一家事務所撤収で和解。3.17 東京ドーム落成式(東京後楽園球場のあと．日本初の屋根つき球場)。3.24 中国上海市郊外で，修学旅行中の私立高知学芸高校生徒乗車の列車が衝突事故．28人死亡。4.11 坂本龍一，映画「ラストエンペラー」で日本人で初めてアカデミー賞オリジナル作曲賞受賞。6.2 奈良藤ノ木古墳で石棺内をファイバースコープにより検査．大量の副葬品の存在が判明(10月1日，開棺調査開始)。7.23 神奈川県横須賀沖で，海上自衛隊潜水艦なだしおと釣り船第1富士丸が衝突．30人死亡(なだしお事件)。8.24 海上保安本部，潜水艦なだしおと第1富士丸の衝突事故で，なだしお側の操船ミスと断定(25日，瓦力防衛庁長官が辞任)。9.17 第24回オリンピック・ソウル大会，日本選手337人参加(男子100メートル背泳ぎで鈴木大地が金メダルなど金4・銀3・銅7)。12.7 本島等長崎市長，市議会で天皇に戦争責任があると答弁。12.30 神戸市の太陽神戸銀行須磨支店前で，現金輸送車が奪われ現金約3億円などが盗まれる。 【死没】 1.9 宇野重吉(73，俳優)。2.21 黒川利雄(91，内科学)。3.7 鈴木成高(80，西欧文化史学)。 有沢広巳(92，経済学)。3.21 岩生成一(87，日本史学)。3.30 田谷力三(89，浅草オペラ)。4.5 神川彦松(98，国際政治学)。4.9 田宮虎彦(76，作家)。4.10 桑原武夫(83，フランス文学)。4.16 中村勘三郎(17代)(78，歌舞伎役者)。5.1 沢田政広(93，彫刻家)。5.7 山本健吉(81，文芸評論家)。5.18 田中路子(79，ソプラノ歌手)。6.1 岩村忍(82，東洋史学)。6.11 木村京太郎(85，部落解放運動家)。7.2 荻昌弘(62，映画評論家)。7.14 末広恭雄(84，魚博士)。7.26 武智鉄二(75，演出)。8.4 土光敏夫(91，経営者)。8.10 清水幾太郎(81，社会学)。 木村荘十二(84，映画監督)。8.14 瀬沼茂樹(83，文芸評論家)。8.19 土屋喬雄(91，経済学)。9.20 中村汀女(88，俳人)。9.26 池田遙邨(92，日本画家)。10.9 ロベルト=シンチンゲル(90，独文学)。10.23 朝潮太郎(58，横綱)。11.9 茅誠司(89，物理学)。11.12 草野心平(85，詩人)。11.14 三木武夫(81，政治家)。11.23 古畑正秋(76，東京天文台長)。12.15 山口青邨(96，詩人)。12.16 小磯良平(85，洋画家)。12.17 楠本憲吉(65，俳人)。12.24 山田無文(88，禅僧)。12.25 大岡昇平(79，小説家)。	2.23 ソ連邦アゼルバイジャン共和国で，アルメニア住民がアルメニア共和国への帰属換えを求めてデモ。3.17 イラン国営通信，イラク軍がイラク北東部のクルド人の町で毒ガスを使用し4000人死亡と報道。4.4 エチオピア・ソマリア，国交再開で合意。4.14 アフガニスタン・パキスタン・アメリカ・ソ連，アフガニスタン和平合意4文書に調印(5月15日，ソ連軍，撤退開始)。5.2 ポーランド，グダニスクのレーニン造船所でスト(10日解除)。5.20 ハンガリーで社会主義労働者党，全国会議を開催．ガダル書記長辞任(22日，グロース首相を書記長に選出)。6.19 第14回主要先進国首脳会議，カナダのトロントで開催(～21日)．ソ連の改革路線を評価した政治宣言を採択。8.20 イラン・イラク戦争，7年11ヵ月ぶりに停戦(25日，両国，直接交渉を開始)。9.17 第24回オリンピック・ソウル大会開催(～10月2日．160の国・地域が参加)。9.27 ビルマでアウン=サン=スー=チーら，国民民主連盟(NLD)の政党登録を行う。9.29 国連平和維持軍(PKF)にノーベル平和賞。10.1 ソ連共産党書記長ゴルバチョフ，最高会議幹部会議長を兼任。11.3 国連総会，カンボジア和平でポル=ポト派の復権阻止をめざす決議を採択。11.8 アメリカ大統領選挙，共和党のジョージ=ブッシュ候補が当選。11.15 パレスチナ民族評議会，パレスチナ独立国家樹立をアルジェで宣言．イスラエル，強く反発。11.16 パキスタンで総選挙，人民党が圧勝(12月1日，人民党総裁ブットを首相に指名．イスラム圏で初の女性首相)。12.7 ソ連のアルメニアで大地震，数万人死亡。12.16 アメリカ・PLOの初の公式会談，チュニスで開催。12.30 ノグチイサム没(84，日系アメリカ人の彫刻家)。
1.14 国の行政機関，第2・第4土曜の閉庁開始(2月4日，金融機関，土曜全休開始)。1.31 静岡地裁，島田事件(昭和29年3月)の再審で死刑囚赤堀政夫に無期判決。2.13 東京地検，リクルート社前会長江副浩正ら4人を逮捕。2.15「天皇誕生日」(12月23日)・「みどりの日」(4月29日)を祝日にする法律が成立。3.2 佐賀県吉野ヶ里遺跡の墳丘墓から有柄銅剣など発見。3.15 新しい小学校・中学校・高等学校の学習指導要領を告示(小学校低学年に生活科設置，高等学校社会科は地歴科・公民科に分割，小学校は平成4年4月，中学校は同5年4月，高校は同6年4月実施)。3.17 松山地裁，愛媛玉ぐし料訴訟で公費支出に違憲判決。4.11 神奈川県川崎市高津区の竹やぶで1億円余発見(5月8日，東京の会社社長が持ち主と認める)。4.17 神奈川県藤沢市で，暴走族に抗議した毎日新聞記者が暴行受け死亡(20日，運輸省，消音装置義務化の方針を決定)。5.7 沖縄近海での水爆搭載アメリカ海軍機水没事故(昭和40年)が，『ニ	1.11 ハンガリー国会，結社法・集会法を採択(2月11日，社会主義労働者党，複数政党制導入を決定)。1.20 アメリカ大統領にジョージ=ブッシュが就任。2.15 アフガニスタン駐留のソ連軍が撤退完了。3.8 アフガニスタンで反政府ゲリラ，東部のジャララバード奪取のため攻撃を開始。4.5 ポーランドの円卓会議終了．政府と連帯，政治改革の合意文書(連帯の合法化など)に調印。4.17 中国共産党前総書記胡耀邦の追悼(15日死去)で北京の学生がデモ行進(19日，上海でもデモ．民主化要求運動に発展，5月13日，学生ら天安門広場でハンストに入る)。4.30 李方子没(87，朝鮮王朝最後の皇太子妃)。5.2 ハンガリー政府，オーストリア国境に設置していた越境防止フェンスの撤去を開始。

西暦	年号 干支	内閣	政　治・経　済
1989 ▲	平成 1.8	（竹下登内閣） 6.3 宇野宗佑内閣 8.10 第1次海部俊樹内閣	5.22 東京地検，リクルート事件で藤波孝生元官房長官・池田克哉元公明党代議士を起訴。 5.25 アメリカ通商代表，新通商法のスーパー301条に基づき日本を不正貿易国と特定することを発表。 衆議院予算委員会，中曾根前首相を証人喚問．中曾根，リクルート疑惑などを全面否定(31日，自民党を離党)。6.2 自民党両院議員総会，総裁に宇野宗佑を選出．幹事長に橋本龍太郎。6.3 宇野宗佑内閣成立(初入閣11人)。6.15 円相場が急落，１ドル＝151円30銭。 7.23 第15回参議院議員選挙．与野党逆転(社会46・自民36・連合11・公明10・共産５・民社３)。 7.24 宇野首相，参院選敗北などの責任をとり辞意を表明。8.7 第115臨時国会召集(８月12日閉会)。8.8 自民党両院議員総会，総裁に海部俊樹を選出。8.9 衆議院本会議，海部俊樹を首相に指名(参議院，社会党委員長土井たか子を指名)。8.10 海部内閣成立(蔵相橋本龍太郎．女性２人が初入閣)。8.18 外務省，北京を除き中国への渡航自粛勧告を解除。9.12 皇室会議，礼宮文仁・川嶋紀子の婚約決定。9.28 第116臨時国会召集(12月16日閉会)。 社会・公明・民社など４党，消費税廃止法案を参議院に提出。12.11 参議院本会議，消費税廃止関連９法案を可決(16日，衆議院で審議未了，廃案)。12.21 政府の「即位の礼準備委員会」，大嘗祭の公的性格を認める。12.25 第117通常国会召集(平成２年１月24日衆議院解散)。**この年** 年末の外貨準備高，848億9500万ドル(過去最大の減少)。 年間の新車登録台数556万台(前年比11.9パーセント増)。 年間の貿易黒字644億3300ドル(前年比16.9パーセント減)。 年間の全国消費者物価，前年比2.3パーセント上昇。 平成元年の実質成長率4.9パーセント(昭和63年5.7パーセント)。 年間の日本の政府開発援助(ODA)供与は89億5800万ドルでアメリカを抜き世界最大の援助国となる。
1990 ▼	2 庚午		1.8 海部首相，ヨーロッパ８ヵ国歴訪に出発(～18日)。1.18 本島等長崎市長，市役所玄関前で銃撃され重傷．長崎県警，右翼団体員を逮捕。1.24 衆議院解散(施政方針演説なし)。2.18 第39回衆議院議員総選挙(自民275・社会136・公明45・共産16・民社14・社民連４・進歩１など)。 2.27 第118特別国会召集(６月26日閉会)．首相に海部俊樹を指名。2.28 第２次海部内閣成立.

社　会・文　化	世　界
ューズウィーク』の報道により表面化。5.29 長崎県五島列島にベトナム難民ら107人乗船の漁船漂着，以後相つぐ(出稼ぎ目的の中国系偽装難民が問題化)。6.27 東京高裁，第2次家永教科書訴訟差し戻し審で「訴えの利益なし」として却下。6.- 天安門事件に抗議して在日中国人留学生らのデモ頻発。7.4 故美空ひばりに国民栄誉賞。8.10 八王子警察署が逮捕(7月23日)の宮崎勤，昭和63年来の連続幼女殺害を自供。9.- 杉山博・下山治久編『戦国遺文』刊(～平成7年)。11.13 島根医科大，初の生体部分肝臓移植手術(父親から1歳4ヵ月の長男へ)。11.15 神奈川県警，横浜の弁護士坂本堤一家の失踪で公開捜査開始。11.21 日本労働組合総連合(新「連合」)・全国労働組合総連合(全労連)が結成大会．総評解散。12.8 最高裁，石油危機の際の石油闇カルテルを告発した「鶴岡燈油訴訟」で消費者敗訴の逆転判決。12.14 土地基本法成立(「公共の福祉優先」などを柱とする)。 【死没】 1.7 昭和天皇(87)。1.10 松本重治(89，ジャーナリスト)。1.28 山階芳麿(88，鳥類学)。1.31 芥川也寸志(63，作曲家)。2.2 小林行雄(77，考古学)。2.9 手塚治虫(60，漫画家)。3.6 志賀義雄(88，社会運動家)。3.12 武藤清(86，建築家)。3.15 江口朴郎(77，西洋史学)。3.31 緒方富雄(87，医史学)。4.13 西堀栄三郎(86，第一次南極観測隊越冬隊長)。4.27 松下幸之助(94，経営者)。5.1 徳川宗敬(91，神社本庁統理)。5.2 春日一幸(79，政治家)。 槇有恒(95，日本山岳会会長)。5.11 高村象平(83，経済史学)。5.16 西川寧(87，書家)。5.22 相沢忠洋(62，考古学)。6.5 兼重寛九郎(90，機械工学)。6.12 藤沢桓夫(84，作家)。6.24 美空ひばり(52，歌手)。6.25 尾上松緑(2代)(76，歌舞伎役者)。6.29 下村治(78，経済評論家)。6.30 所三男(88，日本史学)。7.8 荒垣秀雄(85，新聞記者)。7.17 鈴木貞一(101，陸軍軍人)。7.24 牧健二(97，日本法制史学)。7.27 内村直也(79，劇作家)。7.29 辰巳柳太郎(84，俳優)。8.7 伊藤律(76，日本共産党)。9.9 井上幸治(79，西洋史学)。 津久井竜雄(88，国家社会主義者)。9.22 前川春雄(78，日銀総裁)。 岡崎嘉平太(92，経営者)。9.27 谷川徹三(94，哲学)。10.6 安倍源基(92，内務官僚)。10.16 二出川延明(88，プロ野球審判)。 相良守峯(94，独文学)。10.26 浦辺粂子(87，映画女優)。11.5 榎一雄(75，東洋史学)。11.25 杉勇(85，オリエント史学)。12.9 開高健(58，小説家)。12.12 田河水泡(90，漫画家)。12.14 勝間田清一(81，政治家)。福島正夫(83，法学)。12.26 石川光陽(85，写真家)。12.29 小夜福子(80，女優)。	5.15 ソ連ゴルバチョフ書記長，中国を訪問(ソ連最高指導者として30年ぶり，5月18日，中ソ共同声明，関係正常化へ)。5.20 北京に戒厳令(市民反発し，5月23日，北京で李鵬首相退陣を要求する100万人のデモ行進)。5.23 アラブ連盟，エジプトの復帰(10年ぶり)を承認。6.3 中国政府，民主化運動を「反革命暴乱」とみなし武力鎮圧のため人民解放軍を出動させる(3日深夜～4日未明，戒厳部隊，装甲車・戦車で天安門広場を武力制圧，坐り込んでいた学生・市民に発砲，北京市内で死傷者多数．天安門事件)。6.23 中国共産党第13期中央委員会第4回全体会議．天安門事件の責任追及し趙紫陽を全職務から解任．総書記に江沢民を選出。6.24 ハンガリー社会主義労働者党，委員長に改革積極派のニエルシュを選出。6.- 世界各国・諸地域で中国における民主化運動の武力弾圧に抗議の声おこる。7.14 第15回主要先進国首脳会議，フランスのパリ・アルシュで開催(～16日)．東欧支援など政治宣言4文書を採択。7.17 ローマ法王庁，ポーランドとの外交関係再開を発表。7.19 ポーランド国民議会，統一労働者党第1書記ヤルゼルスキを大統領に選出。7.28 イラン大統領選挙，現実路線のラフサンジャニ国会議長が圧勝。9.1 ハンガリー政府，同国滞在の西側出国を希望する東ドイツ市民約1万人の出国を容認(11日，出国開始)。9.14 南アフリカ大統領に国民党党主デクラーク就任。10.17 サンフランシスコで大地震，死者65人。10.18 東ドイツ各地で民主化要求のデモおこり，東ドイツ社会主義統一党，ホーネッカーの退陣を決定。11.9 東ドイツ政府，海外旅行・海外移住手続きを自由化(「ベルリンの壁」事実上崩壊．10日，壁の解体が始まる，11月13日，東ドイツで改革派政権成立)。11.22 インド総選挙，国民会議派敗北。12.1 フィリピンで国軍反乱，12月7日，鎮圧。12.14 チリ大統領選挙．中道・左派統一のエイルウィン候補が当選，民政に復帰。12.17 ルーマニア西部で反政府デモ(22日，チャウシェスク独裁政権崩壊．25日，チャウシェスク夫妻処刑)。12.21 スジャトモコ没(67，国連大学学長)。12.29 チェコスロヴァキア議会，大統領に市民フォーラム代表ハヴェルを選出。**この年** 東欧で民主化運動活発化し，ほとんどの国で社会主義独裁体制が崩壊，複数政党制と市場経済実現へ。 インドに亡命中のダライ=ラマ(チベット)にノーベル平和賞(中国政府は激しく反発)。
1.13 初の大学入試センター試験実施(私大の一部も参加．～14日)。2.20 長崎地裁，長崎忠魂碑訴訟で14基の碑のうち1基について宗教施設と認め，補助金支出に違憲判断．他13基は記念碑と認定。3.3 日本を含む国際犬ぞり隊，初の南極大陸横断に	1.11 中国，北京の戒厳令を解除(約8ヵ月ぶり)。2.11 南アフリカ，終身刑で服役中の黒人指導者ネルソン=マンデラを28年ぶりに釈放。3.11 ソ連のリトアニア共和国最高会議，独立宣言を

西暦	年号 干支	内閣	政　治・経　済
1990 ▲	平成 2 庚午	2.28 第2次海部俊樹内閣	中山外相・橋本蔵相など留任。3.3 海部首相，アメリカ訪問(3日，ブッシュ大統領と会談．大統領，日米構造問題協議の進展のため首相に政治決断を要請)。3.15 国会審議中断のため(8日～)平成元年度補正予算成立が遅れ，国家公務員の3月分給与・期末手当を各半額のみ支給。秋田県，ブナ原生林の破壊に対する反対運動が続いていた青秋林道建設の断念を表明。3.23 国土庁，平成2年地価公示価格を公表．地価高騰が全国に波及(住宅地の平均上昇率17.0パーセント．大阪圏56.1パーセント上昇)。3.26 参議院本会議，平成元年度補正予算案を否決．両院協議会で成案得られず，衆議院議決で補正予算成立。3.27 大蔵省，金融機関へ土地融資の総量規制を通達。 北海道夕張市の三菱南大夕張炭鉱(夕張で最後の炭鉱)が閉山。3.28「臨時脳死及び臓器移殖調査会(脳死臨調)」が初会合．会長に永井道雄元文相。4.1 太陽神戸三井銀行発足(2日，営業開始，のち，さくら銀行と改称)。4.5 第55回社会党大会(3日～)，「社会民主主義の選択」を明記した規約前文改正案などを採択。4.11 国民生活審議会，学校5日制導入などをまとめた専門委員会の最終報告書を承認。4.17 最高裁，連続射殺事件(昭和43年)の永山則夫被告の上告を棄却，死刑確定。4.18 臨時行政改革推進審議会(新行革審)，公約規制半減を求めた最終答申を提出。5.10 平成2年度予算案，衆議院を通過。5.15 厚生省調査，広島・長崎の原爆での被爆者のうち新たな死亡者1万1929人を確認．総数約29万6000人となる。5.24 通産省，大規模小売店舗法(大店法)の運用方法を明確にして規制を緩和する通達(30日実施)。 韓国盧泰愚大統領来日．天皇，「痛惜の念」を表明(25日，大統領，国会で演説)。6.4 カンボジア和平東京会議開催(～5日)。6.18 久保亘社会党副委員長，自衛隊違憲論の見直しを提唱。6.19 大蔵省，平成元年度税収入減のため赤字国債2085億円分の発行を決定。6.23 海部首相，沖縄全戦没者追悼式に参列(首相は初)。6.26 経済企画庁，月例経済報告．好景気が43ヵ月目に入り戦後2番目の長さを記録と発表。6.29 礼宮，川嶋紀子と結婚．秋篠宮家創設。7.1 ペルー次期大統領アルベルト=フジモリ来日(2日，天皇・海部首相と会談．経済支援を要請)。7.5 産業構造審議会，生活重視型の産業政策への転換の必要性を強調した答申．7.15 戦後復興期に日本が世界銀行から借り入れた資金の返済完了(アメリカに次ぐ2位の出資国となる)。7.26 東京国税局の調査で，証券会社14社と旧三井銀行が昭和62年株価暴落の際に大口投資家へ損失補てんをしていた事実判明。7.29 日・米・加・豪・ECの第2回農相会議開催(日本のコメ市場開放要求強まる．～31日)。8.7 政府，韓国要請の戦前・戦中の朝鮮人徴用者(強制連行者)名簿調査について概要を発表。9.24 自民・社会両党の北朝鮮訪問代表団(団長金丸信・田辺誠)，植民地支配を謝罪(28日，共同声明)。10.12 第119臨時国会召集(11月10日閉会)。 自民党幹事長小沢一郎ら党4役，集団的自衛権に関する憲法解釈見直しを海部首相に要請。10.15 海部首相，国連軍への自衛隊参加の可能性を示唆。10.22 熊本県警，オウム真理教の総本部(静岡県富士宮市)など1都4県の12ヵ所を捜索。11.3 日本・北朝鮮国交正常化交渉の第1回予備会談，北京で開催(～4日)。11.8 自民・社会・公明・民社4党の幹事長・書記長会談．国連平和協力法案の廃案が確定。11.12 天皇即位の礼．158ヵ国の代表などが出席。11.13 協和銀行と埼玉銀行，平成3年4月1日の対等合併を発表。11.18 沖縄県知事選挙．革新系の大田昌秀琉球大学名誉教授が当選。11.22 皇居で大嘗祭(日本国憲法下で初めて)。12.10 第120通常国会召集(平成3年5月8日閉会)。12.19 緒方貞子上智大学教授，国連難民高等弁務官に指名される。12.20 政府，平成3～7年度の防衛力整備計画を決定．総額22兆7500億円。12.27 公正取引委員会，ヤミカルテルでセメント12社に排除勧告。12.29 第2次海部改造内閣成立(蔵相・外相・官房長官など留任)。**この年** 自動車輸出台数583万1555台(5年連続減少)。国際収支の経常黒字357億9200ドル(前年比37.4パーセント減)，貿易黒字524億ドル(前年比18.5パーセント減)。 アメリカの年間貿易赤字1009億9710万ドル(前年比7.7パーセント減)，対日赤字約410億ドル(前年比16.3パーセント減)。平均給与月額27万1500円，失業率2.1パーセント。

社　会・文　化	世　界
成功。 マリア=カラス国際声楽コンクールで，中丸三千絵(ソプラノ)が日本人で初の優勝。**3.9** 国鉄清算事業団，国労など５組合に解雇約800人の見込みを通告(31日，1051人に４月１日付解雇を通知)。**3.17** 大相撲春場所７日目で横綱千代の富士，史上初の通算1000勝達成。**4.1** 国際花と緑の博覧会開幕(大阪鶴見緑地．テーマ「人間と自然の共生」．～９月30日)。**4.22** 大嘗祭反対の声明を発表したフェリス女学院大学学長弓削達宅を右翼が銃撃(10月27日，大嘗祭支持派の評論家村松喬宅を左翼過激派が放火・全焼，大嘗祭をめぐり左右の暴力が激化)。**5.1** 連合系と全労連系が分裂してメーデー開催。**7.5** 鹿島建設，「花岡事件」の中国人生存者・遺族代表と初の補償交渉，責任を認め謝罪(平成12年11月，和解成立)。 第９回チャイコスキー国際コンクールのヴァイオリン部門で諏訪内晶子が優勝(日本人初)。**7.6** 川崎市議会，オンブズマン制度条例案を可決(11月１日，全国で初めて導入)。**7.10** 原子力船「むつ」，洋上試験のため青森県関根浜港を出港。**7.30** 大学審議会，大学教育の自由化を打ち出した２回目の中間報告．一般教育と専門教育の区別廃止などを提言。**8.11** 大阪大学医学部，脳死者からの心臓・肝臓・腎臓移殖を条件つき承認。**9.2** 子供の権利を保障する「国連児童条約」発効。**9.19** IOC総会(16日～．東京)，参加資格規定から「プロ選手参加禁止」を削除。**9.28** 最高裁，'70年安保時の中核派幹部３人が破壊活動防止法の「政治目的の扇動罪」などに問われていた事件で合憲判断，上告棄却。**10.1** 国勢調査実施(12月21日，総務庁の国勢調査速報，総人口１億2361万1541人)。**10.3** 大阪府警，暴力団からの金銭授受で西成署の巡査長を逮捕(２日から「あいりん地区」の群集が西成署に抗議して投石・放火)。**11.17** 長崎県の雲仙普賢岳，約200年ぶりに噴火活動。**12.2** TBS記者秋山豊寛，ソ連のソユーズTM11号で日本人初の宇宙飛行(10日帰還)。**この年** 年間の交通事故死者１万1227人(昭和50年以降で最悪)。 【死没】 **1.10** 栃錦清隆(64，横綱)。**1.19** 橋本登美三郎(88，政治家)。**1.20** 東久邇稔彦(102，戦後初の首相)。**1.26** 関敬吾(90，民俗学)。**2.6** 赤尾敏(91，右翼活動家)。**3.6** 古在由重(88，哲学)。**3.14** 池田潔(86，英文学，随筆家)。**3.19** グスタフ=フォス(77，栄光学園園長)。**3.31** 帯刀貞代(85，婦人運動家)。**4.12** 北川冬彦(89，詩人)。**4.22** アイヤパンピライ=マーダバン=ナイル(85，在日インド人会会長)。**5.3** 池波正太郎(67，作家)。**5.10** 袴田里見(85，政治家)。 岸輝子(95，女優)。**5.15** 神風正一(68，相撲解説者)。**5.18** 大藤時彦(87，民俗学)。**5.21** 藤山寛美(60，俳優)。**5.25** 丸岡秀子(87，評論家)。**5.27** 高峰三枝子(71，映画女優)。**6.7** 高倉新一郎(87，北海道史)。**6.11** 岡崎敬(66，考古学)。**6.13** 木暮実千代(72，女優)。**7.4** 田尻宗昭(62，「公害Gメン」)。**7.23** 高柳健次郎(91，TV工学)。**8.29** 千葉雄次郎(91，朝日新聞社)。**9.1** ライシャワー(79，駐日アメリカ大使)。**9.15** 土門拳(80，写真家)。**9.25** 奥村土牛(101，日本画家)。 高橋展子(74，日本初の女性大使)。**10.5** 岡義武(87，政治史学)。**10.11** 飛鳥田一雄(75，政治家)。**10.12** 永井龍男(86，作家)。**10.31** 幸田文(86，作家)。**11.27** 中井信彦(74，日本史学)。**12.2** 浜口庫之助(73，作曲家)。**12.5** 藤間勘十郎(７代)(90，日本舞踊宗家)。 藤間勘祖(90，日本舞踊家)。**12.10** 杉捷夫(86，フランス文学)。**12.11** 土屋文明(100，歌人)。	採択(３月30日エストニア，５月４日ラトヴィア，それぞれ独立宣言)。**3.13** ソ連臨時人民代議員大会，大統領制導入・個人所有制導入などの憲法改正を決定(15日，ゴルバチョフ，初代大統領に就任)。**3.18** 東ドイツ人民議会選挙，早期統一を主張するドイツ連合が圧勝。**3.20** 中国第７期全国人民代表大会第３回会議開催(４月３日，国家中央軍事委員会主席に江沢民を選出)。**3.21** ナミビア，南アフリカ共和国から独立。**3.31** ソ連で自由民主党発足(はじめての野党出現)。**4.12** リトアニア・エストニア・ラトヴィア３共和国首相会談，バルト共同市場の創設を確認。**4.15** マツナガ・スパーク没(73，ハワイ州選出上院議員)。**5.18** 東西両ドイツ，通貨・経済・社会保障同盟創設に関する条約に調印(７月１日発効，東西両ドイツが経済統合)。**5.20** 台湾李登輝総統，総統就任式で中国との敵対関係の事実上終息を表明。**5.29** ロシア共和国最高会議議長にエリツィンが当選。**5.31** ソ連ゴルバチョフ大統領，アメリカ訪問．ブッシュ大統領と会談(６月１日，戦略兵器削減で合意)。**6.10** ペルー大統領選挙，アルベルト=フジモリ，決選投票で当選(日系人初の大統領，７月28日就任)。**6.12** ソ連のロシア共和国人民代議員大会，主権宣言を採択。**7.9** 第16回主要先進国首脳会議，アメリカのヒューストンで開催(～11日)。**7.16** ソ連のウクライナ共和国最高会議，主権宣言を採択。**7.29** モンゴル，初の複数政党制での総選挙．人民革命党が勝利。**8.2** イラク軍，クウェートに侵攻(８日，イラク革命評議会，クウェート併合を決定，湾岸戦争の発端)。**8.6** 国連安保理，イラクに現状回復を要求し経済制裁を決議。**8.13** ゴルバチョフ大統領，スターリン時代に抑圧された人々の権利回復の大統領令を告示。**8.23** ソ連のアルメニア共和国最高会議，主権宣言を採択。**9.9** ブッシュ大統領・ゴルバチョフ大統領，ヘルシンキで湾岸危機について会談。**9.30** 韓国崔浩中外相・ソ連シュワルナゼ外相，ニューヨークで会談，国交樹立の共同コミュニケを発表。**10.3** 西ドイツが東ドイツを吸収してドイツの統一実現。中国・シンガポール，国交樹立。**10.15** '90年度ノーベル平和賞，ソ連大統領ゴルバチョフに決定。**11.7** ソ連で革命73周年記念式典開催．各地で革命反対デモ。**11.14** ドイツ・ポーランド，国境条約に調印(オーデル・ナイセ線)。**11.19** 北大西洋条約機構・ワルシャワ条約機構加盟国，不戦宣言と欧州通常戦力(CFE)条約に調印。**11.29** 国連安保理，'91年１月15日までにイラクがクウェートから撤退しない場合の軍事力行使を容認。**12.9** ポーランド大統領選挙，決選投票で「連帯」委員長ワレサが当選。

西暦	年号 干支	内閣	政　治・経　済
1991 ▼	平成 3 辛未	（第2次海部俊樹内閣） 11.5 宮沢喜一内閣	1.9 海部首相，韓国訪問(10日，盧泰愚大統領と会談，在日韓国人の指紋押捺の２年以内廃止で合意)。1.11 公正取引委員会，大企業への課徴金を最大４倍とする独禁法改正案を発表。1.17 海部首相，多国籍軍の武力行使開始に対して「確固たる支持」を表明．政府，湾岸危機対策本部を設置。1.21 主要７ヵ国蔵相・中央銀行総裁会議(Ｇ７)，ニューヨークで開催(ソ連の国際通貨基金参加承認見送り)。1.24 政府，多国籍軍の90億ドル追加支出・被災民輸送のための自衛隊機使用などを決定。1.30 日朝国交正常化交渉第１回本会議，平壌で開催(～31日)。2.9 関西電力美浜原発２号機が冷却水もれ事故(国内最大規模の原発事故)。3.6 参議院本会議，多国籍軍への追加支援90億ドルを盛り込んだ平成２年度第２次補正予算・財源関連法成立。3.7 政府，南アフリカに政府開発援助(ODA)を初供与。3.14 衆議院本会議，平成３年度予算案が自民党賛成多数で可決。 広島市で新交通システム工事中に，60トンの橋桁が落下，14人死亡。4.1 第２回日中原子力協議開催．日本，中国に核不拡散条約加盟を要請．中国，留意の回答。 牛乳とオレンジの輸入自由化実施。4.4 海部首相，アメリカ訪問．ブッシュ大統領と会談，世界新秩序構築への協調確認．アメリカ，日本のコメ市場開放を要求。4.7 第12回統一地方選挙，13都道府県知事選挙・44道府県議会選挙の投票．自民党が圧勝。4.16 ソ連ゴルバチョフ大統領来日(18日，４島対象に平和条約交渉で合意，共同声明に調印)。4.24 政府，ペルシア湾岸への海上自衛隊の掃海艇派遣を決定(26日，派遣部隊が出港)。 地価税法が成立(平成４年１月施行)。4.27 海部首相，ASEANのうち５ヵ国歴訪(５月３日，シンガポールで日本のアジア政策について演説)。5.8 第120通常国会閉幕．消費税法改正・育児休業法など成立。5.24 経団連，コメ市場の早期開放を促す決議を採択。5.31 第43回国際捕鯨委員会(IWC)総会，商業捕鯨の早期再開を求めた日本など３ヵ国共同決議案を否決。6.3 半導体協定更新の日米交渉．アメリカ，対日制裁解除(４日，新協定に仮調印)。6.5 海上自衛隊のペルシア湾派遣部隊，クウェート沖での機雷除去作業開始(任務を終え10月30日帰港)。6.20 東北・上越新幹線，上野―東京間開業。7.12 ペルーの反政府ゲリラが日本政府援助の野菜生産技術センターを襲撃，日本人技術者３人を殺害。7.17 海部首相，ソ連ゴルバチョフ大統領とロンドンで会談．対ソ支援６項目で合意。7.23 社会党委員長選挙開票，副委員長田辺誠が当選。8.5 第121臨時国会召集(10月４日閉会)。8.10 海部首相，中国訪問．李鵬首相と会談．海部首相，天安門事件後の日中関係の全面修復・借款1296億円供与を表明。8.20 政府，ソ連保守派のクーデタに関して対ソ支援停止の方針を決定(22日，クーデタ失敗により解除)。8.27 越智通雄経企庁長官，「日本の景気は拡大局面にある」との８月の月例経済報告を提出．大型景気が「いざなぎ景気」と並ぶ。8.29 政府，国際平和維持活動参加の５条件(生命等防護のための必要最小限の武器使用など)の法制化を決定。9.19 政府，国連平和維持活動(PKO)協力法案と国際緊急援助隊派遣法改正案を国会に提出。 国土庁発表，７月１日現在の基準地価の年間上昇率3.1パーセント(平成２年13.7パーセント．東京・大阪の都市圏住宅地，初のマイナスに)。9.27 参議院本会議，老人保健法改正案を可決(負担金600円に値上げ)。9.30 借地借家法改正(50年ぶり．貸し主を優遇)。10.3 参議院本会議，証券不祥事再発防止のための改正証券取引法が成立。10.16 国連総会，安保理非常任理事国の改選．日本，７回目の当選。10.27 自民党総裁選，宮沢喜一が当選。11.5 第122臨時国会召集(12月21日閉会)．海部内閣総辞職．宮沢喜一を首相に指名。 宮沢喜一内閣成立(副総理兼外相渡辺美智雄・蔵相羽田孜)。11.6 宮沢首相，初の記者会見でコメ市場の開放譲歩を表明。 公正取引委員会，食品包装用ラップ材の大手メーカー８社などを価格カルテルの独占禁止法違反で刑事告発。11.12 韓国人のBC級戦犯に問われた７人，政府に謝罪と１億3600万円の国家賠償を求めて東京地裁に提訴。11.21 成田空港問題シンポジウム，成田市で開催．政府・反対派の初の直接対話。12.3 衆議院本会議，国連平和維持活動(PKO)協力法案と国際緊急援助隊派遣法改正案を可決(４日，参議院で審議入り)。12.6 元従軍慰安婦らの「太平洋戦争犠牲者遺族会」35人，日本政府に１人2000万円の補償を求めて東京地裁に提訴。12.7 米ブッシュ大統領，ホノルルで開催の真珠湾50周年式典で演説．日米の協力強化を訴える。12.20 第122臨時国会，事実上閉会．PKO協力法案の継続審議決定。12.27 政府，国家公務員の完全週休２日制の平成４年度導入を決定。**この年** 12月末の外貨準備高689億8000万ドル(大蔵省発表)。 年末の日本の対外純資産3830億ドル(前年末比16.8パーセント増．世界１位に)。 経済以外の分野での日本の国際貢献のあり方をめぐって論議活発。

社　会・文　化	世　界
1.8 中国・雲南省の梅里雪山で日中登山隊が消息不明と連絡(25日，捜索打ち切り)。1.10 仙台高裁，岩手靖国訴訟の控訴審で公式参拝・玉ぐし料公金支出に初の違憲判決(9月25日，最高裁，同訴訟の特別抗告を却下)。1.19 登山家の田部井淳子，南極大陸の最高峰に登頂成功(女性初の6大陸最高峰登頂)。2.4 東京高裁，過労による持病悪化での死亡を労災死と認定。2.14 文部省，平成3年度から公開の教科書検定実施要領を発表(検定前の申請本公開)。3.2 日本高校野球連盟，神奈川朝鮮中高級学校の加盟申請認可の方針を決定。4.24 第41回世界卓球選手権，千葉幕張メッセで開幕．韓国・北朝鮮，初めて統一チームで出場。4.26 平成2年の年間海外渡航者が1000万人を超えたと発表。5.14 第58代横綱千代の富士，引退を表明(優勝31回，通算1045勝，54連勝)。5.18 高速増殖炉「もんじゅ」，福井県敦賀市に完成。6.3 長崎県・雲仙普賢岳で大規模な火砕流が発生(43人死亡)。6.4 広島大学医学部で国内初の成人間の生体肝移植手術(59歳の母親から38歳の娘へ)。6.14 臨時脳死及び臓器移植調査会(脳死臨調)，脳死・臓器移植容認の中間報告。6.19 朝日新聞社の世論調査，自衛隊の海外派遣容認74パーセント。6.20 野村証券の大口投資家への巨額損失補塡が発覚(21日，日興証券も発覚．24日，野村証券社長田淵義久・日興証券社長岩崎琢弥辞任)。6.30 文部省，小学校教科書の検定結果を公表．「日の丸が国旗・君が代が国歌」を明記。7.24 文部省調査，平成3年の小・中・高校卒業・入学式での日の丸掲揚は9割，君が代斉唱は7～8割。10.28 文部省発表，平成3年春の大卒女子の就職率81.8パーセント(男子81.1パーセント)。11.7 日蓮正宗総本山の大石寺，創価学会に対して解散勧告(28日，破門通告)。**この年** 大学卒平均初任給，18万円を超える。 【死没】 1.2 野間宏(75，小説家)。1.25 蔵原惟人(88，文芸評論家)。1.29 井上靖(83，小説家)。2.5 桂ゆき(77，洋画家)。 中川一政(97，画家)。3.5 貝谷八百子(69，バレリーナ)。3.12 宮本又次(84，経済学)。3.25 橋本明治(86，日本画家)。4.5 升田幸三(73，将棋名人)。4.18 モーリス=パンゲ(61，東京日仏学院院長)。4.21 梅若万三郎(13代)(83，能楽師)。5.7 末永雅雄(93，考古学)。5.15 安倍晋太郎(67，政治家)。6.3 永田武(77，地球磁気学)。7.5 中村伸郎(82，俳優)。7.30 吉田光邦(70，科学技術史)。辻清明(78，行政学・政治学)。8.5 本田宗一郎(84，経営者)。8.12 原百代(78，作家・翻訳家)。8.23 生島遼一(86，文芸評論家)。8.25 松前重義(89，政治家)。8.29 戸田芳実(62，日本史学)。10.28 宇野信夫(87，劇作家)。11.6 岡田春夫(77，政治家)。11.12 林敬三(84，日本赤十字社総裁)。11.22 今井正(79，映画監督)。11.23 上原謙(82，映画俳優)。12.10 山本七平(69，評論家)。12.23 村川堅太郎(84，西洋史学)。12.24 保科善四郎(100，政治家)。	1.11 ソ連のリトアニア共和国首都ヴィリニュスでソ連軍が防衛本部を占拠(13日，放送局を武力占拠．20日，ラトヴィアで実力行使)。1.17 多国籍軍，イラクへの空爆を開始．湾岸戦争始まる。2.23 タイで国軍のクーデタ．チャチャイ首相逮捕。2.24 多国籍軍，イラク・クウェートに進攻，地上戦を開始(26日，イラク大統領フセイン，クウェート撤退を声明)。2.27 多国籍軍，クウェートを解放．イラク，国連安保理全決議の受諾を表明(28日午前零時，全地域で戦闘停止)。3.2 国連安保理，湾岸戦争の停戦条件を決議(3日，イラク受諾)。3.25 ソ連の炭鉱スト，全土の4分の1までに拡大。3.31 ワルシャワ条約機構の軍事機構，正式に解体。4.8 台湾で国民大会臨時大会開催(～24日．30日，李登輝総統，内戦終結を宣言)。4.9 ソ連のグルジア共和国，独立を宣言。5.3 クロアティア共和国でセルビア人住民とクロアティア警官が衝突(6日，ユーゴスラヴィア連邦国防相，内戦突入と発表)。5.6 ソ連のアルメニア共和国にアゼルバイジャン共和国内務省軍が越境攻撃。5.14 韓国，デモで死亡した学生の追悼集会がソウルで開催．8万人参加，警官隊と衝突。5.21 インド元首相ラジブ=ガンディー，遊説先で爆弾テロにより暗殺。5.29 クロアティア共和国，独立国家を宣言。6.12 ソ連ロシア共和国，国民投票による初の大統領選挙．同共和国最高会議議長エリツィンが当選(7月10日就任)。6.17 南アフリカ共和国の人種別3院制議会，人口登録法廃止案を可決．デクラーク大統領，アパルトヘイト体制終結を宣言。6.24 ヴェトナム共産党大会，ハノイで開催．市場経済導入の強化などを確認。6.25 ユーゴスラヴィアのクロアティア・スロヴェニア両共和国，独立を宣言(28日，連邦人民軍，国境制圧．30日，同軍撤収開始)。7.1 ワルシャワ条約機構，正式に解体。 スウェーデン，EC加盟申請．欧州自由貿易連合(EFTA)解体。7.15 第17回主要先進国首脳会議，ロンドンで開催(17日，ソ連の改革支持，ウルグアイ・ラウンド年内合意努力などの経済宣言)。7.26 ソ連共産党中央委員会総会，社会民主主義を打ち出した新党綱領草案を基本承認。7.30 ブッシュ大統領・ゴルバチョフ大統領，モスクワで会談(31日，戦略兵器削減条約に調印)。8.10 中国・ヴェトナム，関係正常化に原則合意。8.19 ソ連で保守派(共産党強硬派)のクーデタ．ゴルバチョフ大統領を軟禁し，ヤナーエフ副大統領，大統領代行就任．非常事態国家委員会，全権掌握と発表。 ロシア共和国エリツィン大統領ら，保守派クーデタに対して民衆に抵抗を訴える。8.20 ソ連のエストニア共和国，独立を宣言(21

西暦	年号 干支	内閣	政　治・経　済
1991 ▲	平成 3 辛未	(宮沢喜一内閣)	
1992 ▼	4 壬申		1.7 米ブッシュ大統領来日(8日，宮沢首相と第1回会談．同日，大統領，首相官邸での夕食会で倒れて退席)。1.9 第2回日米首脳会談後，「グローバル・パートナーシップに関する東京宣言」・「行動計画(アクション・プラン)」を発表。1.13 加藤紘一官房長官，従軍慰安婦問題で旧日本軍の関与を認めて公式に謝罪。1.16 宮沢首相，韓国訪問(17日，韓国国会で演説，従軍慰安婦問題で公式謝罪)。1.24 第123通常国会召集(6月21日閉会)。1.31 大店法(大規模小売店法)施行。2.10 第1回日本・ロシア平和条約作業部会，モスクワで開催。2.13 社会党系の反安保全国実行委員会が解散。 東京地検・警察庁，東京佐川急便疑惑で強制捜査に着手(14日，前社長渡辺広康ら4人を特別背任容疑で逮捕．佐川急便事件)。2.19 経済企画庁，景気拡大が平成3年1～3月に頂点に達し，下降局面に入ったと発表。2.20 文部省，学校5日制実施を正式決定(9月12日より月1回の土曜休日を実施)。3.1 暴力団対策法施行。3.27 公務員に完全週休2日制導入のための一般職給与日法改正が成立。 国土庁発表，平成3年地価公示価格が17年ぶり下落(以後毎年下落続く)。 青森県六ヶ所村で国内初の民間ウラン濃縮工場が操業開始。3.31 政府，景気減速に対して7項目の緊急経済対策を決定(公共事業の前倒し発注・公定歩合引き下げ)。4.9 平成4年度予算案，参議院本会議で否決．衆参両院協議会を経て成立。4.15 ガリ国連事務総長，日本のPKO参加への期待を表明。4.26 先進7ヵ国蔵相・中央銀行総裁会議(G7)，ワシントンで開催．日本への内需拡大要請とCISへの支援で共同声明。4.28 最高裁，台湾出身の元日本兵への補償で原告の上告を棄却。5.7 前熊本県知事細川護煕，新党結成を発表(5月22日，日本新党と命名)。5.11 国連カンボジア暫定行政機構(UNTAC)代表明石康，渡辺外相と会談(12日，明石代表，停戦監視団への自衛隊派遣に期待を表明)。6.15 参議院本会議，PKO協力法と国際緊急援助隊派遣法改正を可決成立(社会党・社民連，これに反対

社会・文化	世界
	日，ラトヴィア共和国も宣言)。8.21 ソ連クーデタ派の軍部隊，市民に武力行使，1時間半で停止．クーデタ失敗，非常事態国家委員会も解散。8.24 ゴルバチョフ大統領，共産党書記長辞任，党中央委員会の解散を勧告。8.28 ソ連臨時最高会議，新連邦条約の早期締結・共産党活動の全面停止などを基本承認。9.16 ソ連ロシア共和国憲法委員会，新憲法草案を作成(国名を「ロシア共和国」と規定，社会主義体制を廃止し財産の私的所有容認など)。9.17 第46回国連総会開催．北朝鮮・韓国など7ヵ国の加盟を承認(加盟国166ヵ国)。9.21 ソ連のアルメニア共和国で国民投票，99.3パーセントが独立支持(23日，独立宣言)。10.14 '91年度ノーベル平和賞，ミャンマーの民主化運動指導者アウン=サン=スーチーに決定。10.21 カンボジア問題パリ国際会議開催(23日，18ヵ国が和平の最終合意文書に調印)。11.5 ヴェトナム共産党書記長ド=ムオイら，中国訪問．中国共産党総書記江沢民と会談，両国の関係正常化を宣言。11.13 ソ連・モスクワ市，'91年末までに市内全ての国営・民営商店を民営化すると発表。12.8 ソ連のスラブ系3共和国，ソ連邦消滅を宣言し，独立国家共同体(CIS)創設の協定に調印。12.22 グルジア共和国の首都トビリシで反大統領派，共和国最高会議庁舎などを攻撃．死傷者多数。12.25 ゴルバチョフ大統領辞任。12.26 ソ連最高会議共和国会議，ソ連邦消滅を宣言，'92年1月1日より，ロシアを中心とした主権国家群のゆるやかな連合(独立国家共同体CIS)に移行。12.30 独立国家共同体首脳会議，ミンスクで開催．戦略軍の合同管理などで合意。
1.13 東京地検，自民党代議士阿部文男を受託収賄容疑で逮捕。1.22 脳死臨調，脳死を「人の死」とし、脳死者からの臓器移植を認める最後答申を提出。2.18 第16回冬季オリンピック・アルベールビル大会でスキー・ノルディク複合団体で日本チーム優勝。3.18 日本医師会，尊厳死を容認。4.22 北方4島からのビザなし渡航第1陣が来日。5.11 北方領土へのビザなし渡航第1陣，花巻を出港。5.13 佐賀県・吉野ヶ里遺跡で2つ目の環濠集落跡発見(内堀を2つ持つ集落は全国で初めて)。5.20 外国人登録法改正が成立．在日韓国・朝鮮人ら永住者の指紋押捺制度廃止。6.12 大阪府箕面市教育委員会，全国で初めて指導要録全面開示を決定。6.28 登山家の田部井淳子，ニューギニアのカルストン=ピラミッド山の登頂に成功，7大陸最高峰すべてに登頂。7.13 漫画家の故長谷川町子に国民栄誉賞決定。7.15 今給黎教子，ヨットで約5万4000キロの航海を終え鹿児島湾に帰港．日本女性初の単独無寄港世界一周を達成。7.25 第25回夏季オリンピック・バルセロナ大会開幕．水泳女子200メートル平泳ぎで中学2年の岩崎恭子が史上最年少で優勝など金3・銀8・銅11。8.5 文部省発表，平成4年春の公立校卒業・入学式での日の丸掲揚は9割。9.4 政府，世界遺産リストに自然遺産で白神山地と屋久島，文化遺産で姫路城と法隆寺地域の仏教建	1.13 モンゴル人民大会議，議会制民主主義と市場経済などを盛り込んだ新憲法を採択。1.15 EC，ユーゴスラヴィアのスロヴェニアとクロアティア両共和国の独立を承認。1.17 北アイルランドでテロが激化(8人死亡)。2.7 EC加盟12ヵ国の外相・蔵相，欧州連合条約(マーストリヒト条約)に調印。2.8 第16回冬季オリンピック・アルベールビル大会開幕(～2月23日)。3.15 国連カンボジア暫定行政機構(UNTAC)が正式発足。4.6 ユーゴスラヴィアのボスニア・ヘルツェゴビナ共和国が非常事態を宣言(7日，内戦状態となる．6月20日，全土に戦争状態宣言)。4.29 アメリカ・ロサンゼルス市で，白人警官による黒人暴行事件に対する無罪の評決をきっかけに黒人など市民多数が暴動。5.20 ボスニア内戦で死者2225人・行方不明2255人・負傷者7660人・難民93万人と発表。5.22 国連がクロアティア，スロヴェニア，ボスニア・ヘルツェゴビナの3共和国の加盟を承認。5.23 アメリカ・独立国家共同体(CIS)4ヵ国，戦略兵器削減条約(STA

西暦	年号 干支	内閣	政治・経済
1992 ▲	平成 4 壬申	(宮沢喜一内閣)	し本会議欠席)。 社会党137人・社民連 4 人，PKO協力法反対で議員辞職願を衆議院議長に提出(のち撤回)。6.19 参議院で金融制度改革関連改正法・労働時間短縮措置法など成立。7.1 日米首脳会談，ワシントンで開催．ブッシュ大統領，北方領土問題で全面支援を約束．宮沢首相，日本の内需拡大策を説明。 東京―山形間のミニ新幹線「つばさ」開業。7.6 政府，従軍慰安婦問題について調査結果を発表．旧日本軍の直接関与を認める．強制連行の資料はなし。7.20 証券取引等監視委員会発足。7.21 政府，ヴェトナムへ18年ぶりの途上国開発援助(ODA)供与を決定。7.26 第16回参議院議員通常選挙．初の即日開票(自民69・社会22・公明14・共産 6・民社 4・日本新党 4 など．投票率50.72パーセント)。8.6 国連カンボジア暫定統治機構(UNTAC)，自衛隊の派遣を要請。8.7 第124臨時国会召集(8 月11日閉会)。8.10 国際協力本部発足(首相を本部長とする)。8.20 三井石炭鉱業，北海道芦別鉱業所の閉山と従業員全員の解雇を提案。8.27 自民党副総裁金丸信，東京佐川急便からの 5 億円授受を認め，辞意を表明。9.9 大蔵省公表，平成 4 年度末の都市銀行など21行の不良債券額 7 兆9920億円。9.17 自衛隊のカンボジアPKO派遣部隊の第 1 陣，呉港を出発(平成 5 年 9 月帰国)。9.20 共産党，戦前の同志告発により名誉議長野坂参三を解任(12月27日除名)。9.21 協和埼玉銀行，「あさひ銀行」と改称。9.22 東京地検，東京佐川急便事件の初公判で昭和62年竹下内閣発足時の暴力団関与の冒頭陳述。9.25 金丸信，政治資金規制法違反を認め，略式起訴に応じる上申書を東京地検に提出(30日，罰金20万円を納付)。10.13 自衛隊のカンボジア派遣PKO本隊376人，愛知県小牧基地を出発。10.14 金丸信，議員辞職の意向を表明(竹下派会長も辞任)。10.23 天皇・皇后，初の中国訪問，「中国国民に多大の苦難」と歓迎晩さん会でお言葉(〜28日)。10.25 新潟県知事選挙，無所属で自社公民 4 党推薦の平山征夫が当選(投票率過去最低の50.66パーセント)。10.30 第125臨時国会召集(12月10日閉会)．宮沢首相，所信表明演説で政治不振につき「深くおわび」と表明。11.7 プルトニウム輸送船「あかつき丸」，航路極秘のままフランスのシェルブール港を日本に向け出港。11.26 衆議院予算委員会，東京佐川急便事件で竹下登元首相を証人喚問．渡辺広康元東京佐川急便社長は東京拘置所で出張尋問。12.3 衆議院定数の「 9 増10減案」が衆議院を通過(10日，参議院本会議で可決・成立)。12.10 自民党竹下派が分裂(11日，小沢グループが「改革フォーラム21」結成)。12.12 宮沢改造内閣発足(法相後藤田正晴・文相森山真弓など)。 宮沢首相，コメ関税化受け入れの方向を表明。12.25 大蔵省，平成 5 年 6 月から郵便貯金を市場金利と連動させることで郵政省と合意。**この年** 年間貿易黒字1070億ドル(前年比37.6パーセント増)。 国際収支の黒字額1176億ドル(前年比31.3パーセント増)。 年間GNPの実質成長率は前年比1.5パーセント(昭和49年のマイナス0.8パーセントに次ぐ低成長)。 政府の途上国援助(ODA)実績額111億4900万ドル(前年比1.8パーセント増．3 度目の世界一)。
1993 ▼	5 癸酉		1.22 第126回通常国会召集(6 月18日衆議院解散)。2.12 政府，カンボジアへのPKO派遣の自衛隊の業務拡大のため実施要領と計画の変更を決定。2.15 国連ガリ事務総長来日．宮沢首相と会談，モザンビークへのPKO派遣を日本に要請。2.26 ドイツ首相コール来日．宮沢首相と会談，ロシア支援・「日独対話フォーラム」発足などで合意。3.6 東京地検，金丸信元自民党副総裁を所得税法違反の容疑で逮捕(13日起訴)。3.26 政府，モザンビークPKOへの自衛隊派遣の方針を決定。 国土庁発表，平成 5 年 1 月 1 日現在の公示地価は住宅地(マイナス8.7パーセント)・商業地(マイナス11.4パーセント)と 2 年連続の大幅な下落。3.29 カンボジアPKOの 2 次隊の陸上自衛隊施設大隊先遣55人が出発(4 月 7 日・9 日に順次出発)。4.1 金融制度改革法施行．銀行法・証取法改正(銀行・証券・信託の 3 業界で子会社による相互参入が可能に)。4.8 カンボジアで国連ボランティアの選挙監視員として活動中の中田厚仁が殺害される。4.14 対露支援の先進 7 ヵ国蔵相・外相会議，東京で開催．宮沢首相，18億2000万ドル追加支援を表明。4.16 日米首脳会談，ワシントンで開催．貿易不均衡是正のため協議機関設置などで合意。4.25 日本新党推薦の候補が地方選(福岡県小郡市長選・東京都田無市長選・神奈川県鎌倉

社　会・文　化	世　界
造物群を推薦。9.12 日本人宇宙飛行士の毛利衛ら搭乗のNASAのスペースシャトル「エンデバー」アメリカで打ち上げ。10.17 アメリカ留学中の愛知県立旭丘高校2年生服部剛丈が射殺される(翌年5月23日，現地の陪審員，被告に無罪の評決)。10.21 宮城県の多賀城跡から平成3年発掘の漆紙文書(9世紀中ごろ)が日本最古のかな文書とわかる。10.22 警視庁，イトーヨーカ堂の監査役ら3人を，総会屋に多額の謝礼金を渡した商法違反容疑で，総会屋3人とともに逮捕。10.30 日中合同登山隊，チベットのナムチャバルワ(7782メートル)に初登頂。11.13 経企庁，平成4年度国民生活白書を発表．平成3年の出生率が1.53人，「少子社会」に警鐘。12.20 ノルディックスキーW杯複合第3戦，荻原健司が3連勝(日本勢，W杯初の上位独占)。**この年** エイズ患者・エイズウィルス(HIV)感染者493人(平成3年の2倍増)。 日本人平均寿命，男76.09歳・女82.22歳。 【死没】 1.3 海老沢有道(81，日本史学)。1.16 寿岳文章(91，英文学・書誌学)。1.29 滝川政次郎(94，法制史学)。2.10 岡田嘉子(89，映画俳優)。2.14 有末精三(96，陸軍軍人)。4.2 若山富三郎(62，俳優)。4.10 筧素彦(85，「玉音放送」の準備)。 末松保和(87，朝鮮史学)。4.12 山村新治郎(58，政治家)。4.20 冲中重雄(89，医学)。5.21 川島武宜(82，民法)。5.27 長谷川町子(72，漫画家)。5.28 藤村富美男(75，プロ野球)。5.30 井上光晴(66，小説家)。6.10 中村八大(61，作曲家)。6.15 今西錦司(90，人類学)。7.26 大山康晴(69，将棋名人)。7.28 鈴木敬三(78，日本風俗史)。8.4 松本清張(82，小説家)。8.9 大槻文平(88，経営者)。8.12 中上健次(46，小説家)。 荻野三七彦(88，古文書学)。8.15 稲葉修(82，政治家)。8.30 五社英雄(63，映画監督)。10.10 信夫清三郎(83，日本史学)。10.16 福沢一郎(94，画家)。10.31 新村猛(87，フランス文学)。11.3 赤堀四郎(92，生化学)。11.12 比嘉正子(87，関西主婦連合会会長)。11.15 津田秀夫(74，日本史学)。12.11 中村武志(83，作家)。12.14 町村金五(92，政治家)。12.20 小田切進(68，文芸評論家)。	RT)の新議定書に調印。6.5 国連難民高等弁務官事務所(UNHCR)発表，旧ユーゴスラヴィアの紛争による難民は170万人(全世界の難民の10分の1)。6.16 米ロ首脳会談，ワシントンで開催．戦略核弾頭数を3分の1削減などで合意(複数弾頭大陸間弾道ミサイル全廃)。6.19 フランス国民議会，核不拡散条約(NPT)加入を可決。6.20 インド首相ラオ，核不拡散条約は不平等条約であるとして加入しないことを強調。7.6 第18回主要先進国首脳会議，ミュンヘンで開催(～8日)。7.25 第25回夏季オリンピック・バルセロナ大会開幕(～8月9日)。8.24 中国・韓国，国交を樹立。8.26 ジュネーヴの国連軍縮会議，化学兵器禁止条約案を採択。 チェコ・スロヴァキア両共和国首相，連邦解体で合意。9.1 第10回非同盟諸国首脳会議，ジャカルタで開催(～6日)。9.19 先進7ヵ国蔵相・中央銀行総裁会議(G7)，ワシントンで開催．欧州の通貨危機打開協調で共同声明。9.27 韓国盧泰愚大統領，中国訪問(28日，楊尚昆国家首席と初会談．30日，貿易・投資保証など4協定に調印)。10.5 緒方貞子国連難民高等弁務官，人道援助に軍事力の貢献を期待との見解を発表。10.7 アメリカ・カナダ・メキシコ，北米自由貿易協定(NAFTA)に調印。10.30 国連安保理，内戦激化のアンゴラに即時停戦を求める決議を採択。10.31 ローマ法王ヨハネ=パウロ2世，地動説のガリレオ=ガリレイの破門を359年ぶりに解く。11.3 アメリカ大統領選挙，民主党のビル=クリントンが圧勝。11.6 ドイツ政府と補償請求ユダヤ人会議，旧東欧圏居住の5万人に6億3000万ドル支払いで合意。12.3 国連安保理，人道援助のためソマリアへ多国籍軍派遣を決定。12.18 韓国大統領選挙．民自党の金泳三候補が当選。12.19 台湾立法院選挙．野党の民主進歩党が躍進。12.29 アメリカ・ロシアの外相会談，第2次戦略兵器削減条約(STARTⅡ)に合意。12.31 ヨーロッパ12ヵ国の歴史学者が共同して共通の教科書『欧州の歴史』を発行。
1.5 プルトニウム輸送船「あかつき丸」，茨城県東海港に入港。1.8 外国人登録法改正が発効，永住外国人の指紋押捺廃止。1.13 山形県新庄市の明倫中学校体育館で，1年生男子が体育用マットの中で死亡(18日，山形県警，2年生男子3人を逮捕)。1.15 釧路沖地震．マグニチュード7.8．2人死亡。1.27 日本相撲協会，曙の横綱昇進決定(初の外国人横綱)。2.4 奈良県の橿原神宮で火災，神楽殿焼失。2.6 川崎市教育委員会，指導要録の全面開示を決定。3.16 最高裁，第1次教科書訴訟で検定を合憲とし，上告を棄却。3.28 江戸東京博物館開館。4.27 厚生省，MMR3種混合ワクチン接種を中止。5.15 サッカーJリーグが開幕。6.9 ラムサール条約締約国会議，北海道釧路市で開催(95ヵ国と104のNGOが参加．～16日)。6.29 東京地検，仙台市長石井亨を収賄容疑で逮捕．ゼネコン汚職解明	1.1 EC統合市場発足．世界最大の単一市場に。チェコスロヴァキア連邦が分離独立．チェコ・スロヴァキア両共和国が発足。1.3 アメリカ・ロシア，第2次戦略兵器削減交渉(STARTⅡ)に調印。1.20 アメリカ大統領にビル=クリントンが就任．12年ぶりの民主党政権。2.25 韓国大統領に金泳三が就任。3.12 北朝鮮の中央人民委員会，核不拡散条約(NPT)脱退を表明。5.23 国連暫定統治のもとでカンボジア総選挙(～28日．投票率89パーセント)。6.14 国連の世界人権会議，ウィーンで開催(25日，「ウィーン宣言」採択)。7.1 カンボジア暫定国民政府発足．カンボジア制憲議会，政策綱領を承認。

西暦	年号 干支	内閣	政　治・経　済
1993 ▲	平成 5 癸酉	(宮沢喜一内閣) 8.9 細川護熙内閣	市議選)で連勝。5.4 カンボジアで日本人文民警官が銃撃され，高田晴行警部補が死亡，4人が重軽傷。5.12 選挙監視員41人，カンボジアへ出発(民間人23人・地方公務員13人・国家公務員5人．6月4日帰国)。 宮沢首相，国連カンボジア暫定統治機構(UNTAC)へ100万ドルの緊急支出を表明。6.9 皇太子徳仁親王，小和田雅子と結婚。6.10 東京外為市場，一時1ドル＝105円95銭(105円台は戦後初．15日，104円台に)。6.11 米クリントン大統領，駐日アメリカ大使にウォルター=モンデール元副大統領を指名。6.14 国会議員の資産初公開．衆・参両院749人の平均約8860万円。6.17 社会・公明・民社3党が衆議院に，民主改革連合・二院ク・日本新党が参議院に内閣不信任案をそれぞれ提出。6.18 衆議院本会議，宮沢内閣不信任案を可決(自民党内にも不信任案同調者)．衆議院解散。 衆議院解散により政府提出の61法案(環境基本法案・子どもの権利条約批准承認など)が廃案。6.21 自民党離党の10人，「新党さきがけ」を結成(代表武村正義)。 金融機関・郵便局の定期預貯金の金利，完全自由化。6.23 自民党離党(22日)の衆・参両院議員43人など，「新生党」を結成(党首羽田孜・代表幹事小沢一郎)。 自民党の「政治改革推進議員連盟」が再発足(会長海部俊樹)。7.7 第19回主要先進国首脳会議，東京で開催(8日，北朝鮮のNPT脱退撤回要求の政治宣言，9日，対露支援を含む経済宣言を採択)。7.18 第40回衆議院議員総選挙(自民223・社会70・新生55・公明51・日本新35・共産15・民社15・さきがけ13など)。7.26 従軍慰安婦に関する政府調査団，韓国で聞き取り調査。7.29 非自民・非共産の7党と1会派が党首会談．日本新党代表細川護熙を首相候補に推すことで合意。7.30 自民党両院議員総会，河野洋平を総裁に選出。8.4 与野党が会派届け．非自民勢力，過半の260。8.5 宮沢内閣総辞職。 第127特別国会召集(8月28日閉会)。8.6 衆参両院本会議，細川護熙日本新党代表を首相に指名(38年続いた自民党政権中断)．衆議院議長選，土井たか子元社会党委員長を選出(憲政史上初の女性議長)。8.9 細川内閣成立(副総理兼外相羽田孜・法相三ヶ月章・蔵相藤井裕久・通産相熊谷弘など，非自民7党1派連立)。8.12 マスコミ各社の調査，細川内閣の支持70パーセントを超す。8.19 細川首相の「侵略戦争」発言(10日)に関し，武村正義官房長官，従来方針踏襲の了解を閣内に求め，了承。9.16 政府，94項目の規制緩和・円高差益還元などを柱とする緊急経済対策を発表。9.17 第128臨時国会召集(平成6年1月29日閉会)。9.21 公定歩合0.75パーセント下げ，1.75パーセントに(初の1パーセント台)。9.30 政府，コメ冷害対策として加工用米20万トンの緊急輸入を決定。10.1 改正商法施行(企業経営へのチェック機能を強化)。 証券の銀行業参入スタート。10.11 ロシア大統領エリツィン来日(12日，シベリア抑留を謝罪)。10.17 ロシア，日本海で放射性液体廃棄物の大量投棄(26日，ロシア原子力相，日本海で投棄を行わないことを言明)。10.19 平成5年度海上保安白書，密航者摘発が急増(1～8月に497人の難民を摘発)。10.21 ゼネコン汚職，鹿島にもメス。10.25 衆議院特別委員会，テレビ朝日前報道局長を証人喚問。10.26 中国残留孤児の訪日補充調査団32人が来日(～11月9日．身元判明4人)。10.27 第3次行革審，地方分権・規制緩和などを柱とする最終答申。11.5 細川首相，金泳三韓国大統領と慶州で会談．「加害者として反省，陳謝」を表明。11.12 環境基本法が成立。11.18 衆議院本会議，小選挙区比例代表並立制導入を柱とする政治改革法案を可決，参議院へ送付。11.25 都市銀行11行発表，平成5年9月中間決算での不良債権総額9兆2722億円。12.2 中西啓介防衛庁長官，改憲主張の発言(1日)で辞任(後任に同じ新生党の愛知和男)。12.7 細川首相，コメ部分開放につき各党に協力要請(14日，臨時閣議で正式決定)。12.15 衆議院本会議，国会会期45日延長を議決。12.21 国連ガリ事務総長，細川首相と会談．日本の常任理事入りを望む。12.29 自治省，9月2日現在の有権者数発表．1票格差，衆議院2.83倍・参議院6.70倍に。**この年** 日本の自動車販売台数約488万台(前年比8.4パーセント減．5年ぶりに500万台割る) 日本の四輪車生産台数約1122万台(3年連続の減少)。 冷害で米不作(米作況指数80，「著しい不良」)。 従業員30人以上の事業所1人当たりの実質給与額は前年比0.4パーセント減。 アメリカの対日貿易赤字額593億ドル(前年比約20パーセント増)。
1994 ▼	6 甲戌		1.13 細川首相，高橋久子元労働省婦人少年局長を最高裁判事に起用。1.20 参議院特別委員会，政治改革法案を可決(21日，参議院本会議，12票差で否決)。1.29 衆・参両院本会議，政治改革4法を可決(3月4日，改正政治改革法が成立)。1.31 第129通常国会召集(6月29日閉会)。2.3 細川首相，国民福祉税の創設を発表(4日，白紙撤回)。3.11 東京地検，中村喜四郎前建設相を逮捕(逮捕許諾に基づく国会議員の逮捕は27年ぶり)。3.24 国土庁発表，平成6年1月1日現在の公示地価は全国平均で前年比，住宅地4.7パーセント・商業地11.3パーセント下落。4.1 平成6年度暫定予算案成立(一般会計総額約11兆500億円)。4.8 細川首相，政治資金調達

社会・文化	世界
へ(7月3日，石井，市長を辞職)。7.1 映画会社｢にっかつ｣，事実上倒産。7.14 警視庁，キリンビール前総務部長ら4人と総会屋8人を商法違反容疑で逮捕。7.19 東京地検，茨城県三和町町長大山真弘を受託収賄容疑で逮捕(23日，茨城県知事竹内藤男を逮捕)。9.13 青森市の三内丸山遺跡で大量の木の実を発見。9.21 プロ野球，フリーエージェント(FA)制を平成5年オフから導入決定。9.27 東京地検，宮城県知事本間俊太郎を収賄容疑で逮捕。10.20 東京高裁，第3次教科書訴訟で3ヵ所の検定意見を違法と認定。12.9 世界遺産条約第17回委員会，屋久島と白神山地を世界遺産に決定(10日，法隆寺地域仏教建造物と姫路城を文化遺産に決定)。12.26『万葉集』定家卿本全20巻の写本が発見。 【死没】 1.4 藤田たき(94，女性運動家)。1.7 井筒俊彦(78，言語学)。1.12 石井良助(85，法制史学)。1.17 高良とみ(96，女性運動)。1.22 安部公房(68，小説家)。1.23 戸板康二(77，演劇評論家)。1.24 土田直鎮(69，日本史学)。1.26 黒田俊雄(67，日本史学)。1.27 奥田良三(89，声楽家)。1.30 服部良一(85，作曲家)。2.9 大来佐武郎(78，エコノミスト)。2.13 青山杉雨(80，書家)。2.16 日向方斉(86，関西経済連合会会長)。2.17 横田喜三郎(97，国際法学)。3.23 芹沢光治良(95，小説家)。4.12 安良城盛昭(65，日本経済史学)。4.18 木村政彦(75，柔道家)。4.20 島田謹二(92，比較文学)。4.22 西園寺公一(86，政治家)。4.28 和田カツ(86，ヤオハンジャパン)。5.17 猪熊弦一郎(90，洋画家)。6.6 小谷正雄(87，生物物理学)。7.5 高山岩男(88，哲学者)。7.6 森瑤子(52，作家)。7.10 井伏鱒二(95，小説家)。 高橋竜太郎(92，経営者)。7.27 川喜多かしこ(85，川喜多記念映画文化財団理事長)。8.21 藤山一郎(82，歌手)。 猪俣浩三(99，弁護士)。8.25 平川唯一(91，ラジオ英会話講座講師)。8.27 富田正文(95，福沢諭吉協会理事長)。8.31 小川環樹(82，中国文学)。9.11 尾高邦雄(84，社会学)。10.14 石田博英(78，政治家)。10.20 野村秋介(58，右翼運動家)。 杉山寧(84，日本画家)。 山本安英(90，女優)。10.29 マキノ雅広(85，映画監督)。11.11 赤城宗徳(88，政治家)。11.14 野坂参三(101，政治家)。11.22 野口冨士男(82，作家)。12.10 田中清玄(87，政・財界人)。12.11 五来重(85，日本史学)。12.16 田中角栄(76，政治家)。12.19 鳩山威一郎(75，政治家)。	7.26 リッジウェー没(98，連合国軍最高司令官)。9.13 イスラエル・PLO，パレスチナ暫定自治の原則に関する協定に調印。9.23 2000年夏季五輪の開催地，シドニーに決定(北京僅差で次点)。10.3 ロシアの反大統領派のデモ隊，最高会議ビルを占拠．エリツィン大統領，非常事態を宣言(4日，ロシア軍が武力制圧)。10.5 中国1年ぶりに地下核実験を実施。10.8 国連総会，南アフリカ共和国への経済制裁撤廃決議を採択。11.17 旧ユーゴの戦争犯罪などを裁く国際戦争犯罪法廷，オランダのハーグで開始。12.22 南アフリカ共和国の臨時国会，暫定憲法案を可決．黒人に参政権を認める。**この年** 韓国，海外からの造船受注高日本を抜き世界1位となる。
2.12 第17回冬季オリンピック・リレハンメル大会(ノルディックスキー複合団体で日本が優勝)。3.13 スキーW杯札幌大会の複合第11戦，荻原健司が史上初の総合優勝。3.29 参議院本会議，｢子どもの権利に関する条約｣承認を採択(4月22日批准．5月22日発効)。4.26 台北発名古屋行きの中華航空機，名古屋空港で着陸に失敗・炎上．264人死亡。5.30 東京地裁，阿部文男元北海道・沖縄開発庁長官に懲役3年・追徴金9000万円の実刑	1.1 欧州経済領域(EEA)発足。1.10 北大西洋条約機構(NATO)の首脳会議，旧東側諸国と｢平和のための協力協定｣(PFP)を結ぶことを決定。1.17 ロサンゼルスで大地震．マグニチュード6.8．死者60人以上・負傷者7800人．都市機能マヒ(一部で掠奪おこる)。2.12 第17回冬季オリンピック・リレハンメル大会開幕(～27日)。

西暦	年号 干支	内閣	政　治・経　済
1994 ▲	平成 6 甲戌	（細川護熙内閣） 4.28 羽田孜内閣 6.30 村山富市内閣	問題で追及され退陣を表明。 日本新党，新会派「改革」を結成。 日本，国連総会作業部会で旧敵国条項削除を提案。**4.25** 細川内閣総辞職。 国会の首相指名投票，新生党党首の羽田孜が首相に。 新生党・日本新党・民社党・自由党など５党派，新統一会派「改新」を結成．与党内最大会派となる。**4.26** 社会党，連立を離脱。**4.28** 羽田内閣成立(閣僚は新生党８・公明党６，両党で３分の２占める)。**5.22** 社民連，日本新党への合流を決定し解党。**6.21** ニューヨーク市場で１ドル＝99円85銭を記録．戦後初の100円割れ。**6.22** 参議院本会議，製造物責任(PL)法を可決。**6.23** 参議院，平成６年度予算案を可決．一般会計総額約73兆800億円。**6.25** 羽田内閣総辞職。**6.29** 首相指名投票で社会党委員長村山富市が首相に(社会党の首班は46年ぶり)。**6.30** 村山内閣成立(自民・社会・さきがけ３党による連立内閣，自民13・社会５・さきがけ２の閣僚配分)。**7.14** 外務省公表，日本の国連分担金15パーセント(分担率１位のアメリカと２位の日本で全体の40パーセント)。 日本人の平均寿命，女82.51歳・男76.25歳でともに世界最長寿。**7.18** 第130臨時国会召集(７月22日閉会)。**7.20** 村山首相，自衛隊は合憲と衆議院で答弁。**7.28** 社会党中央執行委員会，「自衛隊は憲法の枠内」「日の丸・君が代を国旗・国歌と認める」など基本政策の大幅な転換を決定。**8.9** 食糧庁が初実施(８月１日)の輸入米入札で，タイ産米の取引不成立。**8.12** 農政審議会，食管法廃止などを村山首相に提言。**9.9** 文部省調査，平成６年春の公立小・中・高での卒業・入学式での日の丸掲揚率95パーセント超える。**9.13** 政府，PKO協力法に基づきルワンダ難民支援のため周辺国への自衛隊派遣を決定(17日，先遣隊23人出発．機関銃１丁携行)。**9.28** 新生・公明など野党９党・会派，統一会派「改革」を結成。**9.30** 第131臨時国会召集(12月９日閉会)。**10.3** 韓国韓昇州外相，国連演説で日本の拒否権付き安保常任理事国入りへの反対姿勢を表明。**10.4** 北海道東方沖地震．マグニチュード8.1．北方４島で大被害。**10.30** 日本新党，解党を決定。**11.3** ザイールのゴマで活動中のNGO日本医師らが難民に襲われ，自衛隊が初の緊急出動。**11.5** 公明党の分党決定(12月５日臨時党大会，「公明新党」と「公明」とに分党することを正式決定)。 文部省調査，平成６年３月卒業の４年制大学生の就職率70.5パーセント(過去最低)。**11.11** 改正自衛隊法成立．自衛隊機での在外邦人救出が可能となる。**11.16** 新生党，全国代表者会議で解党を正式決定。**11.22** 各国の法律家によるNGOの国際法律家委員会，最終報告書を公表．慰安婦問題で日本の賠償義務を勧告。**11.24** 新党準備会総会の議員投票で，新・新党名を「新進党」と決定。**11.25** 税制改革関連４法案成立．消費税，平成９年４月から５パーセントに引き上げ。**12.8** 新進党の初代党首選挙，海部俊樹が当選(幹事長小沢一郎)。**12.9** 日銀，東京協和・安全両信用組合救済のため，民間銀行と共同出資による新銀行設立を発表。**12.10** 新進党結党大会．衆・参両院議員214人が参加。**12.15** 第18回世界遺産委員会，清水寺・平等院など17社寺・城を世界遺産に決定。**12.19** 行政改革委員会発足(委員長に三菱重工業会長の飯田庸太郎)。**12.21** 旧自由党党首柿沢弘治ら８人，新党「自由連合」を結成。**12.22** 国連総会で日本の国連予算分担率，平成９年に15.65パーセントと決定。**この年** 日本の年国内新車販売台数491万2179台(前年比0.5パーセント増)。 日本の貿易黒字額約1212億ドル(前年比0.8パーセント増)，経常収支黒字額1293億ドル(前年比1.6パーセント減)。 総務庁発表，平成６年平均の全国消費者物価指数107.1(平成２年＝100)。 アメリカの対日貿易赤字656億6900万ドル(前年比10.6パーセント増)。 総務庁の家計調査報告，平成６年全国・全世帯の消費支出は１世帯１ヵ月平均33万3840円(前年比0.4パーセント減)。 対外純資産年末残高6890億ドル(前年末比12.8パーセント増．４年連続で世界一)。 政府の途上国援助(ODA)実績額約133億5000万ドル(前年比16.3パーセント増)。

社会・文化	世界
判決。6.27 長野県松本市の住宅街で有毒ガス発生，7人死亡・52人が入院(7月3日，捜査本部，原因物質はサリンと推定されると発表，松本サリン事件)。7.8 日本人女性初の宇宙飛行士向井千秋搭乗のアメリカNASAのスペースシャトル・コロンビア打ち上げ(23日帰還)。8.3 東京で観測史上最高の39.1度を記録。9.7 台湾総統府，李登輝総統の広島アジア大会開会式出席を通告(8日，中国外務省，「断固反対」を表明)。9.12 アジア・オリンピック評議会(OCA)，李登輝総統の広島アジア大会招待取り消しを表明。10.2 第12回アジア競技大会・広島大会開幕(～16日)。10.6 文部省，公立の小・中・高校の土曜休日を次年度から月2回にする方針を発表。10.10 プロ野球オリックスのイチロー(鈴木一朗)，年間210安打の日本新記録でパリーグの首位打者確定(全試合出場・打率.385，以後7年連続首位打者となり平成12年12月米大リーグ入り)。10.11 運輸省と三里塚・芝山連合空港反対同盟熱田派の成田空港問題円卓会議，学識経験者の調停案を受諾。10.13 大江健三郎，本年度ノーベル文学賞受賞決定。10.25 新潟地裁，東京佐川急便事件新潟ルートで金子清前知事に禁錮1年執行猶予3年の判決。12.3 広島アジア大会での中国11選手，禁止薬物使用でメダル剝奪。12.21 東京地裁，池田克哉元公明党代議士に懲役3年・執行猶予4年，追徴金1835万円の有罪判決。12.28 三陸はるか沖地震．マグニチュード7.5．八戸市で2人死亡，岩手県・北海道などで285人が重軽傷。 【死没】 1.22 灘尾弘吉(94，政治家)。1.30 豊田穣(73，作家)。2.23 藤田小女姫(56，女性占い師)。3.6 勝木保次(88，生理学)。3.14 田畑忍(92，憲法学)。3.26 山口誓子(92，俳人)。5.17 村松剛(65，評論家)。5.20 伊東正義(80，政治家)。6.17 村山リウ(91，文芸評論家)。6.29 沼田次郎(81，対外交渉史)。7.10 永末英一(76，政治家)。7.24 橋本宇太郎(87，囲碁棋士)。7.26 吉行淳之介(70，作家)。9.8 東野英治郎(86，俳優)。9.23 京塚昌子(64，女優)。10.7 三木鶏郎(80，作曲家)。10.9 飯沢匡(85，劇作家)。10.10 春山行夫(92，詩人)。11.13 木村資生(70，集団遺伝学)。11.20 福田恆存(82，評論家)。11.27 福田信之(74，理論物理学)。12.4 荻村伊智朗(62，国際卓球連盟会長)。12.9 坂口謹一郎(97，発酵微生物学)。12.12 中河与一(97，作家)。12.16 鶴見良行(68，評論家)。12.19 細川隆元(94，政治評論家)。12.21 千田是也(90，俳優)。12.22 乙羽信子(70，女優)。12.27 駒田信二(80，中国文学)。	2.28 中国の二酸化硫黄排出量，2000年に1位のアメリカを超えるとの内部報告が明るみとなる。 溥傑没(88，満洲国皇帝溥儀の弟)。3.3 国際原子力機関(IAEA)，北朝鮮の核関連施設の査察を開始。3.21 地球温暖化防止条例発効(批准国は日本を含めて60ヵ国)。4.30 中国・モンゴル，新友好条約に調印。5.6 イギリス―フランス間の海峡トンネル，ユーロトンネル開通(11月14日，ロンドン・パリ直通列車ユーロスター運転開始)。5.25 国連，南アフリカ共和国への制裁を全面解除。5.28 キューバで亡命希望者，ハバナ市内のベルギー大使公邸に殺到。6.10 IAEA，北朝鮮への制裁(技術協力停止など)決議を採択．中国は棄権。6.13 北朝鮮，IAEA脱退を表明(核不拡散条約脱退は保留)。7.7 カンボジア国会，ポル=ポト派の非合法化案を可決。7.8 第20回主要先進国首脳会議，ナポリで開催(9日，経済宣言を採択)。 北朝鮮金日成主席死去(83)。7.12 ドイツ連邦裁判所，ドイツ連邦軍のNATO域外への派遣に合憲判決。7.28 国連総会，国連海洋法条約の実施協定を決議(11月16日発効)。8.29 ロシア軍，旧東ドイツとバルトから撤退。8.31 イギリスのカトリック系過激派組織アイルランド共和軍(IRA)，無条件・無期限の停戦を宣言。9.8 ベルリン駐留の米・英・仏軍撤退式。9.19 香港の区議会選挙(初の全面直接選挙)，民主派が過半数を獲得。9.28 米露首脳会談，ワシントンで開催．戦略兵器削減条約の発効・批准実現と削減達成などにつき合意。 バルト海で大型フェリー「エストニア号」が沈没，死者・不明900人以上。10.1 パラオ共和国独立。10.13 北アイルランドの停戦宣言でプロテスタント系組織も声明発表。10.18 北朝鮮の核開発疑惑をめぐる米朝高官協議，ジュネーヴで開催．核問題で合意(21日調印)。11.29 アメリカ大統領クリントン，12月7日(日本時間同8日)に「真珠湾追憶の日」制定を布告。12.8 ウルグアイ=ラウンド参加の約110ヵ国と地域，世界貿易機関(WTO)の'95年1月1日発足を決定。 アメリカ郵政公社，戦勝50年記念切手の原爆キノコ雲の図柄使用中止を発表。12.9 国連総会，「旧敵国条項」削除を採択。12.15 国連総会，核軍縮決議(日本提案)を採択．核保有国のうち中国・ロシアは賛成，米・英・仏は棄権。12.22 メキシコで通貨ペソが暴落．金融当局，完全変動相場制へ移行決定。

西暦	年号干支	内閣	政　治・経　済
1995 ▼	平成 7 乙亥	(村山富市内閣)	1.9 新党「自由連合」，衆議院に新会派届けを提出。1.13 東京共同銀行発足(経営破綻の東京協和・安全両信用組合救済で日銀などが出資)。1.18 防衛施設庁，沖縄県の在日アメリカ軍基地の整理・統合に向けて，整理統合等特別推進本部を設置。1.20 第132通常国会召集(６月18日閉会)。2.19 西元徹也統合幕僚会議議長，中国・韓国を訪問。2.22 最高裁，ロッキード裁判丸紅ルートで被告２人の上告を棄却，「田中角栄首相の５億円収賄」確定。2.27 平成７年度予算案，衆議院通過。2.28 参議院本会議，阪神大震災の緊急復旧費を盛り込んだ平成６年度第２次補正予算案を可決．赤字国債8106億円発行。3.1 大蔵省発表，平成７年２月末での外貨準備高1259億4100万ドル(世界最高記録)。3.7 ニューヨーク外為市場，１ドル＝89円まで円が急騰(８日，東京市場，89円15銭を記録)。3.8 中国銭其琛外相，対日戦争賠償問題で「個人の補償は請求放棄せず」との見解を示す。3.22 参議院本会議，平成７年度予算案(一般会計総額70兆9000億円)を可決・成立。3.28 三菱銀行と東京銀行，合併合意を発表(預金量52兆円の世界最大の金融機関となる)。4.1 ウルグアイ=ラウンドの農業合意に基づき，コメの部分解放(平成７年度最低輸入量37万9000トン)。4.7 五十嵐広三官房長官，従軍慰安婦基金新設を発表。4.9 統一地方選の前半戦，東京都知事選では青島幸男候補が，大阪府知事選では横山ノック候補が当選。4.19 東京外国為替市場，一時１ドル＝79円75銭に(円戦後最高値を更新)。4.20 トヨタ・日産両社発表の平成６年度海外生産実績，初の100万台突破。4.26 青島幸男東京都知事，平成８年３月開幕予定の世界都市博覧会中止を決断(５月18日，都議会は開催決議，５月31日，知事正式に中止決定)。5.4 韓国金泳三大統領，日本人記者団との会見で「日本の政治家は正しい歴史認識を」と発言。5.16 アメリカ通商代表カンター，対日制裁リストを発表(17日，日本，アメリカをWTOに提訴)。5.19 参議院本会議，阪神大震災の復旧・復興費など盛り込んだ平成７年度補正予算(総額２兆7261億円)を可決。5.22 政府，中国の地下核実験抗議のため無償資金援助の減額を通達。5.26 北朝鮮，与党訪朝団座長の渡辺美智雄らにコメ支援を要請。 経企庁発表の内外価格差調査，東京の物価はニューヨークの1.52倍。5.29 国会会派「民主の会」が届け出。6.1 「ひらがな」刑法施行(表記の平易化目的)。6.5 参議院，貴族院秘密会議事録を初めて公開。 渡辺美智雄元副総理の日韓併合に関する発言に対し韓国側が批判．渡辺は謝罪。6.6 与党３党，戦後50年国会決議の文案を決定(９日，衆議院本会議，決議案を採択．新進党欠席)。6.12 新進党，内閣不信任案を衆議院に提出(13日，否決．14日，参議院本会議，村山首相の問責決議案を否決)。6.22 政府，北朝鮮へのコメ支援を決定。6.28 橋本龍太郎通産相とアメリカ通商代表カンターによる日米自動車協議が合意．アメリカの制裁発動回避。7.1 PL法(製造物責任法)施行。7.11 日銀，阪神大震災の被害地域の金融機関に総額5000億円の特別融資。7.18 与党，参議院選後の臨時国会でフランス核実験中止を求める決議を提案することで合意。7.19 元従軍慰安婦を対象とした「女性のためのアジア平和国民基金」発足。7.23 第17回参議院通常選挙(自民49・社会16で不振，新進党40．投票率44.52パーセント)。7.29 韓国で「日本嫌い」が69パーセント(過去最高)。7.31 東京都，コスモ信用組合に業務停止命令(８月１日，日銀，特別融資実施)。8.4 第133臨時国会召集(８月８日閉会)。 衆・参両院本会議，「中国の核実験に抗議し，フランスの核実験に反対する決議」を採択。8.8 村山改造内閣発足．河野副総理兼外相・武村蔵相・橋本通産相が留任。8.15 村山首相，戦後50年の談話発表。8.29 政府，中国への無償援助凍結を決定。8.30 兵庫銀行・木津信用組合が破綻。9.3 第80回日教組定期大会，協調路線を決定。 中国江沢民国家主席，抗日戦争勝利50周年記念式典で日本の歴史認識を批判。9.6 河野外相，フランス駐日臨時大使ゴエールに核実験再開を抗議。9.19 政府，北朝鮮の洪水被害に50万ドル支援を決定。9.20 政府，日米地位協定の見直し問題を検討。9.22 自民党総裁選，橋本龍太郎が304票を獲得し，総裁に。9.28 大田昌秀沖縄県知事，県議会でアメリカ軍用地更新手続き拒否を表明。9.29 第134臨時国会召集(12月15日閉会)。10.3 河野外相，モンデール駐日アメリカ大使と会談，沖縄基地縮小検討で基本的合意。 日朝コメ協議，北朝鮮へのコメ追加支援で20万トンの輸出などで合意(計50万トン支援となる)。10.18 政府の安全保障会議，「防衛計画の大綱」策定の方針了承．自衛隊の一部師団を縮小。10.21 アメリカ兵事件に抗議し，沖縄県民総決起大会開催．８万5000人参加。11.1 新食糧法施行．食糧管理法廃止(米の生産・流通・販売自由化)。11.4 村山首相，沖縄のアメリカ軍基地問題の署名代行を表明。11.8 江藤隆美総務庁長官の「植民地時代には日本が韓国によいこともした」との発言が問題化(13日，江藤，辞表提出)。11.14 中国江沢民国家主席と韓国金泳三大統領，共同会見で日本に対して「正しい歴史認識」を要求。11.15 APEC大阪会議開催(〜19日)。11.27 都銀11行・長期信用銀行３行・信託銀行７行の９月中間決算，不良

社会・文化	世界
1.17 阪神・淡路大震災発生．マグニチュード7.2．神戸と洲本で震度6(後に7に変更)．死者6425人(1月24日，閣議，激甚災害指定)。1.30 文芸春秋社，ユダヤ人団体より強い抗議を受けホロコースト否定の記事を掲載した月刊誌『マルコポーロ』の廃刊決定。2.3 政府，阪神大震災に「罹災都市借地借家臨時処理法」の適用を決定。2.11 東京地検特捜部，東京協和・安全両信用組合を内偵捜査(6月27日，両信組元理事らを逮捕)。2.24 日本新聞協会・日本書籍出版協会・日本雑誌協会，再販維持努力で合意。2.28 国民祝日法改正が成立，7月20日を「海の日」として祝日とする。3.11 スピードスケートW杯1000メートルで宮部行範が日本男子初の種目別総合優勝。3.18 純国産大型ロケットH2，打ち上げ成功。3.20 東京都内の営団地下鉄内で，猛毒のサリンがまかれる．12人死亡，5000人以上被害(地下鉄サリン事件)。3.22 警視庁，サリン事件で山梨県などオウム真理教施設を一斉捜査。3.24 震災特例法改正法成立。3.30 国松孝次警察庁長官，東京荒川の自宅前で銃撃され重傷。4.19 衆・参両院本会議，「サリン等による人身被害防止法」が可決・成立。5.1 村山首相，第66回メーデーの連合系の中央大会に出席(歴代首相として初)。5.16 警視庁，東京・地下鉄サリン事件でオウム真理教代表麻原彰晃(松本智津夫)を殺人容疑などで逮捕。5.19 文化財保護審議会，原爆ドームの史跡指定を文相に答申(6月27日，史跡指定)。5.20 公安調査庁，オウム真理教を破防法の「調査対象団体」に指定。6.9 TBSがサブリミナル的手法を用いた報道番組を放映したことが判明(15日，同局謝罪)。7.2 日本人平均寿命，女82.98歳(10年連続世界一)，男76.57歳(9年連続世界一)。7.30 東京八王子市のスーパー事務所でアルバイトの女子高生ら3人が射殺。8.7 自治労・全電通など社会党支持の21単産の委員長級が協議，「民主リベラル新党結成推進労組会議」を結成。8.23 東京で真夏日(最高気温30度以上)日数が連続32日で新記録。8.29 高速増殖炉「もんじゅ」の発送電開始。9.4 沖縄本島北部のアメリカ軍基地近くの住宅街で，アメリカ兵3人が女子小学生を暴行。9.6 オウム教団に殺害された坂本弁護士一家の遺体発見(新潟県・富山県・長野県で)。9.19 東京6大学野球で女性投手初登板(明大ジョディ=ハーラー投手，対東大戦)。9.21 文化庁，原爆ドームの世界遺産推薦を決定．厳島神社も同時に。10.1 国勢調査実施(総人口1億2556万8504人)。10.3 東京・大阪HIV訴訟で，患者1人あたり一時金四千数百万円を支払う和解案が判明。10.27 東京地裁，ゼネコン汚職宮城ルートで斉藤了英被告に懲役3年執行猶予5年の有罪判決。10.28 水俣病被害者・弁護団全国連絡会議，政府解決案受け入れ決定。10.31 青森三内丸山遺跡で，縄文中期の東西210メートルの墓を確認。11.4 文部省発表，平成7年大卒者の就職率67.1パーセント(2年連続調査開始以来の最低記録)。11.9 米大リーグ，ドジャースの野茂英雄投手(13勝6敗，奪三振王)，ナ・リーグ新人王に選出(日本人初)。11.10 衆議院宗教法人特別委，宗教法人法改正案を可決(13日，衆議院本会議で可決)。 エベレストで雪崩発生，明大山岳部OBを中心としたグループ13人が遭難。12.7 第19回世界遺産委員会，富山・岐阜両県の白川郷・五箇山の合掌造り集落の世界遺産登録を決定。12.19 オウム真理教の解散命令が確定。 【死没】 1.12 入江たか子(83，女優)。1.5 和達清夫(92，地震学)。	1.1 スウェーデン・フィンランド・オーストリアの3国，EUに加盟(EUは15ヵ国に)。1.3 世界保健機関(WHO)まとめ，'94年末世界のエイズ発症者数100万人突破。1.30 アメリカ国立スミソニアン航空宇宙博物館，原爆展の中止を決定。2.4 主要7ヵ国蔵相・中央銀行総裁会議(G7)，通貨危機即応で合意。2.11 中国のチベット自治区ラサで税務署や飲食店など襲撃，民族独立運動が活発化。2.14 ビルマ初代首相ウーヌ没(87)。4.19 アメリカのオクラホマで連邦政府ビル爆破テロ，167人死亡。5.15 中国が地下核実験。5.28 ロシア，サハリン北部で大地震．死傷2600人。6.13 フランス大統領シラク，南太平洋で計8回の核実験を行なうと発表(14日，南太平洋諸国会議，非難声明を発表)。6.15 第21回主要先進国首脳会議，カナダのハリファクスで開催(～17日)。6.29 韓国ソウルの三豊百貨店崩壊事故，死者500人以上。8.11 アメリカ大統領クリントン，核実験の全面中止を表明。8.17 中国，5月に続いて地下核実験を強行。9.5 フランス政府，南太平洋ムルロア環礁で地下核実験を行なったと発表('96年1月27日までに6回の核実験を行う)。9.18 香港の議会選挙，民主派が大勝(イギリス植民地下で最後の立法評議会選挙)。10.11 セルビア，停戦発効(12日午前零時から)で合意。10.26 韓国の国会議員106人，日韓基本条約破棄を求める決議案を国会に提出。11.14 国連環境計画発表の「地球生物多様性評価報告書」，生物約1万種が絶滅の危機と判明。11.16 国連総会の第1委員会，核実験停止決議案を採択。 前韓国大統領盧泰愚，収賄容疑で逮捕。11.21 旧ユーゴの紛争当事3ヵ国，包括和平協定文書などに仮調印。12.3 元韓国大統領全斗煥，'79年12月の粛軍クーデタの反乱首謀容疑で逮捕。12.14 ボスニア和平協定の調印式，パリで行われる。12.19 韓国国会，光州事件('80年5月)の特別法可決成立。

西暦	年号干支	内閣	政治・経済
1995▲	平成7乙亥	(村山富市内閣)	債権23兆8260億円。12.1 参議院本会議，人種差別撤廃条約の批准を承認。 政府，インドネシアへの平成７年度分円借款1700億円を決定．そのうち209億円を中学校整備に。12.8 高速増殖炉「もんじゅ」でナトリウム漏れ，原子炉停止。12.13 参議院本会議，政党助成法改正案・公職選挙法改正案可決成立。12.15 政府，新中期防衛力整備計画(次期防)を決定．平成８年度から５年間で総額25兆1500億円。 最高裁，指紋押捺制度は合憲とする初の判断。 政府，中東・ゴランの国連兵力引き離し監視軍(UNDOF)への自衛隊派遣実施計画を決定。12.22 政府，パレスチナ選挙監視団に官民58人の派遣を決定。 平成７年10月実施の国勢調査，総人口１億2556万8504人。12.25 新党「自由連合」結成。12.26 平成７年11月の完全失業率3.4パーセント．完全失業者数218万人(前年同月比33万人増)。 総務庁発表，平成７年東京都区部の消費者物価指数107.0(前年比0.3ポイント下落)。12.27 新進党党主選挙，小沢一郎が当選。**この年** 粗鋼生産量１億165万トン(前年比3.4パーセント増)。 貿易黒字額1071億ドル(前年比11.4パーセント減．５年ぶりの減少)。 全国消費者物価指数107.0(前年比0.1パーセント下落)。 アメリカの対日貿易赤字592億8000万ドル(前年比9.7パーセント減)。 政府の途上国援助(ODA)総額147億2200万ドル(前年比9.3パーセント増．５年連続世界一)。
1996▼	8丙子	1.11 第1次橋本龍太郎内閣	1.1 新社会党・平和連合発足．社会党を離脱した矢田部理ら衆・参両院議員５人で結成(３月３日，新社会党と党名変更)。1.4 村山首相ら９閣僚，伊勢神宮参拝(社会党の首相として初)。1.5 村山首相，退陣を表明。1.11 第135臨時国会召集(１月13日閉会)。 衆参両院本会議，橋本龍太郎自民党総裁を首相に選出。 第１次橋本内閣成立(副総理兼蔵相久保亘・法相長尾立子・官房長官梶山静六など)。1.16 社会党委員長に村山富市が再選。1.19 第64回社会党定期大会，新党名を「社会民主党」に決定。1.22 第136通常国会召集(６月19日閉会)。3.9 第１回社民党大会(10日，運動方針を原案通り承認)。3.25 福岡高裁那覇支部，沖縄県大田昌秀知事に代理署名を命じる判決(27日，大田知事，署名拒否．29日，橋本首相，代理署名手続き)。4.1 新食糧法により自由化されたコメの小売・卸業の登録申請始まる。 石油製品の輸入自由化(特定石油製品輸入暫定措置法廃止)。4.12 橋本首相とモンデール駐日アメリカ大使，普天間飛行場の５年ないし７年以内全面返還を発表。 マツダが実質的にフォードの子会社となる。4.15 帝国データバンク発表，平成７年度の企業倒産は負債総額で８兆4170億4300万円に達す(史上最悪の水準)。4.17 日米首脳会談．「日米安全保障宣言」(「日米防衛協力のための指針」の見直しなどを盛り込む)に署名。5.10 参議院本会議，平成８年度予算可決成立．一般会計総額75兆1049億円。5.28 日米安全保障事務レベル協議の会合，日米防衛協力指針の見直しが始まる。6.21 沖縄県議会，沖縄県民投票条例可決成立(アメリカ軍基地に対する県民の意志を問う)。 政府税制調査会・与党税制改革プロジェクトチーム，消費税率５パーセントに引き上げを正式決定(25日，政府，閣議決定)。7.7 東京都狛江市長選挙，前市議の矢野裕候補が当選(全国唯一の共産党員市長)。7.29 池田外相，中国の核実験(29日実施)につき徐敦信駐日大使に遺憾の意を表明。8.8 政府，俳優故渥美清に国民栄誉賞贈呈を決定。8.12 アジア女性基金，償い金をフィリピンで先行支給することを決定。8.27 教育課程審議会(会長三浦朱門)，授業時間の大幅減をめざす。9.8 沖縄県でアメリカ軍基地の整理・縮小と日米地位協定見直しを問う県民投票．賛成票89.09パーセント(投票率59.53パーセント)。9.10 沖縄県大田知事，橋本首相と会談，県民投票結果を報告(13日，大田知事，「公告・縦覧」手続きの代行を応諾)。9.11 最高裁，平成４年７月の参議院選挙区選挙での議員一人あたりの有権者数格差最大6.59倍を違憲状態と判断(配分規定は合憲)。9.17 民主党，設立委員会を発足．衆議院35人・参議院４人．代表に菅直人・鳩山由紀夫。9.19 与党３党首会談，総選挙後も「自社さ」維持で合意。9.21 自民党，総選挙公約に中央省庁再編の行政改革案。9.27 第137臨時国会召集．衆議院解散。9.28 民主党，結党大会(代表に菅直人・鳩山由紀夫の２人代表制で発足，衆議院46，参議院４議席)。 社民党，土井たか子が党首に復帰(旧社会党委員長以来５年ぶり)。10.7 台湾・香港などの活動家ら約300人，漁船などで尖閣諸島海域に入り，一部が同諸島に上陸。10.20 第41回衆議院議員総選挙(小選挙区・比例代表並立制．自民239・新進156・民主52・共産26・社民15・さきがけ２・無所属９)。10.21 国連安保理の非常任理事国選挙，日本が８回目の当選(任期'97年１月～'98年12月)。10.25 国松警察庁長官銃撃事件(平成７年３月)で，元オウム信徒の警察官関与が判明。11.7

社　会・文　化	世　界
1.7 亀井孝(82，言語学)。1.20 金子信雄(71，俳優)。1.22 下田武三(87，最高裁判事)。1.29 服部四郎(86，言語学)。2.2 谷川雁(71，詩人)。2.24 前畑秀子(80，水泳)。2.26 澤瀉久敬(90，哲学者)。3.15 田中寿美子(85，政治家)。3.24 尾上梅幸(7代)(79，歌舞伎役者)。3.31 久保亮五(75，物理学)。4.24 小野周(76，統計力学)。5.8 テレサ=テン(42，歌手)。5.20 福山敏男(90，建築学)。5.24 宮崎市定(93，東洋史)。5.29 山際淳司(46，スポーツ・ノンフィクション作家)。6.17 増井経夫(88，東洋史)。7.5 福田赳夫(90，政治家)。7.21 高橋義孝(82，独文学)。7.31 山野愛子(86，山野美容専門学校)。8.8 淡谷悠蔵(98，政治家)。8.25 秩父宮妃勢津子(85，雍仁親王妃)。8.29 古島敏雄(83，日本農業史)。8.30 山口瞳(68，作家)。9.9 朝海浩一郎(89，外交官)。9.10 高橋正雄(93，経済学)。10.24 森野米三(87，物理化学)。10.26 平山雄(72，医学)。10.30 河北倫明(80，美術評論家)。11.13 町春草(73，書家)。11.14 向井潤吉(93，画家)。11.29 田中千禾夫(90，劇作家)。12.9 鈴木竹雄(90，商法学)。12.17 安井琢磨(86，経済学)。12.21 寺田透(80，文芸評論家)。12.31 大久保利謙(95，日本史学)。	
1.10 長崎市のシーボルト記念館，シーボルトの自筆メモを発見。1.12 高速増殖炉「もんじゅ」のナトリウム漏れ事故で，動燃本社のビデオ隠し関与が判明。1.30 奥田幹生文相，いじめ防止緊急アピール。1.31 最高裁，オウム真理教解散は合憲と判断。2.14 将棋の羽生善治名人，第45期王将戦でタイトル奪取．史上初の7冠独占。2.23 新潟水俣病2次訴訟で第1陣原告91人と昭和電工との間で和解成立(第2～8陣原告140人も和解成立)。3.7 那覇地裁，女子小学生暴行事件でアメリカ兵3人に懲役6年6ヵ月から7年の判決。3.17 防衛大，初の女子卒業生(27人)。3.22 東京地裁，東京佐川事件で元社長の渡辺広康に懲役7年の判決。3.27 参議院本会議，らい予防法廃止法を可決。3.29 東京HIV訴訟，国と製薬会社が「おわび」，和解．一時金は原告被害者一人あたり4500万円。4.1「中核市」制度始まる．人口30万以上などの条件を満たした都市に都道府県の権限の一部を移譲．宇都宮・新潟など12市を指定。4.18 韓国・フィリピンなどの従軍慰安婦被害者5団体，国連人権委員会でアジア女性基金の受け取り拒否を宣言。4.30 川崎市，職員採用試験で国籍条項を撤廃。5.27 経企庁の平成7年内外価格差調査，東京の生活費はニューヨークの1.59倍。5.31 国際サッカー連盟，2002年ワールドカップの日韓共同開催を決定。6.1 岡山県邑久町で小1女児が病原性大腸菌O157による集団食中毒で死亡。6.11 観光白書，平成7年の海外渡航者延べ約1530万人(前年比172万人増)。7.19 中央教育審議会，第1次答申で小・中・高校の完全週5日制を21世紀初頭を目途に完全実施する方針を発表。 第26回オリンピック・アトランタ大会(～8月4日．日本ふるわず，金メダル柔道のみ)。7.31 厚生省の公衆衛生審議会伝染病予防部会，O157を伝染病予防法に適用する方針を決定。8.4 新潟県巻町で原発建設を問う全国初の住民投票，賛成7904票・反対1万2478票(投票率88.29パーセント)。8.11 厚生省の「95年簡易生命表」，平均寿命男76.36歳・女82.84歳(男女とも下がる)。8.17 大型ロケットH2の4号機，種子島宇宙センターから打ち上げ成功。8.29 東京地検，薬害エイズ事件で前帝京大副学長の安部英を業務上過失致死容疑で逮捕。9.9 東京地裁，ゼネコン汚職で元ハザマ会長本田茂に懲役3年	1.27 フランス，再開後6回目の核実験を実施(29日，シラク大統領，核実験終了を表明)。1.31 スリランカ・コロンボでタミル人過激派による爆弾テロ．死者55人，行方不明・重軽傷合わせて1500人以上。2.3 中国・雲南省でマグニチュード7.0の地震．242人死亡。3.23 台湾で初の総統直接選挙，李登輝が当選。3.25 米・英・仏，南太平洋非核地帯条約(ラロトンガ条約)の議定書に調印(中国・ロシア含めて核保有5ヵ国が同条約に調印)。6.5 国連，北朝鮮への食糧供給などの第2次緊急援助を加盟国に要請(アメリカ620万ドル・日本600万ドルなど)。6.8 中国，新疆ウイグル自治区ロプノル実験場で地下核実験を実施。6.16 ロシア大統領選，決選投票となる。6.24 国際捕鯨委員会(IWC)総会，イギリスで開催．日本の調査捕鯨自粛を求める決議案を採択。6.27 第22回主要先進国首脳会議，フランスのリヨンで開催．経済宣言で経済のグローバリゼーションを「将来への希望の源泉」と位置づけ。7.4 ロシア大統領選決選投票，エリツィンが53.82パーセントの得票で再選。7.8 国際司法裁判所，核兵器の使用・威嚇は国際法・人道法の原則に反すると判断。7.11 北アイルランドで暴動。7.19 第26回夏季オリンピック・アトランタ大会開幕(～8月4日)。7.29 中国政府，通算45回目の核実験実施を発表．30日以降の核実験停止を宣言。 インド，ジュネーヴ軍縮会議で包括的核実験禁止条約(CTBT)批准で反発．中国も再交渉の必要を強調。8.23 新ユーゴスラヴィア連邦とクロアティアの両共和国，国交正常化で合意。8.26 韓国ソウル地裁，光州事件で全斗煥元大統領に死刑，盧泰愚前大統領に懲役22年6ヵ月の判決(31日，両被告控訴)。9.10 国連総会，CTBT

西暦	年号干支	内閣	政治・経済
1996 ▲	平成 8 丙子	11.7 第2次橋本龍太郎内閣	第138特別国会召集(11月12日閉会)。 第 2 次橋本内閣成立. 3 年 3 ヵ月ぶりの自民党単独政権(社民・さきがけは閣外協力)。**11. 29** 第139臨時国会召集(12月18日閉会)。**12. 4** 根本二郎日経連会長，就職協定の平成 9 年度から廃止を表明。**12. 6** 衆議院，帝国議会衆議院秘密会の議事速記録の公開決定(12月 9 日実施)。**12. 14** 文部省調査，平成 7 年度に公立小・中・高校などで発生のいじめ件数 6 万0096件(前年度比3000件増)。**12. 17** ペルーの日本大使公邸をゲリラ「トゥパク=アマル革命運動」が襲撃，青木盛久大使や天皇誕生日祝宴の賓客ら約380人を監禁。**12. 26** 羽田孜ら衆・参両院議員13人，新進党を離党，「太陽党」を結成。**この年** 年平均の完全失業率， 4 パーセントになり最悪記録を更新する。 国際収支の経常黒字額， 7 兆1806億円で 3 年連続の減少。

社　会・文　化	世　界
執行猶予5年の判決。9.19 大阪地検，薬害エイズ事件で製薬会社「ミドリ十字」元社長松下廉蔵ら3人を業務上過失致死容疑で逮捕。 民放連とNHK，共同で「放送倫理基本綱領」を制定。10.1 通信衛星による国内初のデジタル多チャンネル放送の「パーフェクTV」が本放送開始。10.4 東京地検，薬害エイズ事件で元厚生省薬務局生物製剤課長松村明仁を業務上過失致死容疑で逮捕。10.8 イタリアのヴェネチアで開催の第6回ビエンナーレ建築展で磯崎新が企画した日本館，パビリオン賞を受賞。10.14 島根県加茂町岩倉で弥生時代中期の銅鐸が30個以上出土(15日，「加茂岩倉遺跡」と命名)。10.29 大学審議会，大学教員に選択任期制の導入を答申。10.31 文部省の学校基本調査速報，平成8年春卒業の4年制大卒者の就職率65.9パーセント(前年度より1.2パーセント低下)。11.12 警視庁と広島県警・北海道警の共同捜査本部，参議院議員友部達夫の政治団体が運営する「オレンジ共済組合」を捜索。11.19「韓国・日本相互理解増進に向けた社会科教科書改善研究討論会」，ソウルの韓国教育開発院で開催(日韓の歴史・地理・教育の専門家参加)。11.25 大阪の古書店主所蔵の『奥の細道』，松尾芭蕉自筆本と判明(12月2日，大阪市立博物館に寄託)。11.29 平成7年10月実施の国勢調査確定値，総人口1億2557万246人(人口増加率，戦後最低)。12.4 警視庁，厚生省前事務次官の岡光序治を収賄容疑で逮捕。12.5 ユネスコ世界遺産委員会で原爆ドームを世界遺産に登録決定(アメリカ・中国から異論，厳島神社も同時決定)。12.11 東京高裁，撚糸工連事件で元代議士の横手文雄に懲役2年執行猶予3年・追徴金200万円とした1審判決を支持。 生命倫理研究議員連盟，蔵器移殖法案を国会に再提出。12.17 婦人少年問題審議会，採用での男女差別禁止・女子保護規定などの最終報告。**この年** 交通事故死，9941人で9年ぶりに1万人を下回る。 個人破産，初の5万件突破。 海外旅行者数1669万人(前年比140万人増)．行き先トップはアメリカ。 【死没】 1.7 岡本太郎(84，芸術家)。1.8 三橋三智也(65，歌手)。1.21 横山やすし(51，上方漫才師)。1.23 安田元久(77，日本史学)。2.2 徳川義寛(89，侍従長)。2.5 小西四郎(83，日本史学)。2.12 司馬遼太郎(72，作家)。2.20 武満徹(65，作曲家)。3.28 金丸信(81，政治家)。4.14 綱淵謙錠(71，作家)。4.17 稲葉秀三(89，産経新聞)。4.20 関晃(77，日本史学)。5.11 上原真佐喜(92，山田流箏曲家)。5.15 高坂正尭(62，政治学)。5.18 団勝磨(91，発生学)。5.19 北条秀司(93，劇作家)。6.10 フランキー堺(67，俳優)。7.9 大塚久雄(89，経済史家)。7.11 久慈あさみ(74，俳優)。7.12 安川加寿子(74，ピアニスト)。7.27 若泉敬(66，国際政治学)。8.4 渥美清(68，俳優)。8.7 宮城千賀子(73，俳優)。8.8 星野道夫(43，動物写真家)。8.10 河野健二(79，フランス社会思想)。8.15 丸山真男(82，政治学)。8.16 村山喜一(75，政治家)。 沢村貞子(87，俳優)。9.5 山村美沙(62，推理小説家)。9.23 藤子・F・不二雄(62，漫画家)。9.29 遠藤周作(73，作家)。10.15 フランク=ベルナール(69，日本学)。11.8 朝田静夫(85，運輸官僚)。11.12 石垣綾子(93，評論家)。11.19 松島詩子(91，歌手)。12.17 鴨武彦(54，国際政治学)。12.20 実松譲(94，戦史研究家)。12.23 護雅夫(75，東洋史学)。	採択の決議案を可決．インド，署名拒否を表明。9.14 ボスニア=ヘルツェゴビナで統一選挙実施。9.18 韓国江陵市付近の海岸で北朝鮮潜水艦が座礁．同艦乗員が韓国内に上陸．韓国軍・警察と銃撃戦，11遺体発見，1人逮捕。9.24 核保有5ヵ国と日本など11ヵ国，CTBTに署名。10.3 新ユーゴとボスニア=ヘルツェゴビナ，国交樹立に合意。10.9 ロシア大統領エリツィン，いかなる領土要求も認めないとする国境政策基本法承認．ロシア外務省，東京宣言と矛盾せずと表明。 インドのラオ元首相，文書偽造容疑で逮捕。10.11 OECD(経済協力開発機構)理事会，韓国の加盟を承認(アジアでは日本に次ぎ2番目)。10.15 フランク=ベルナール没(69，フランスの日本学権威)。10.30 スイス，PKO参加の方向を示す。11.5 アメリカ大統領選挙，民主党のクリントン大統領が再選．連邦議会選挙，上・下院ともに共和党が過半数を推持。12.5 アメリカ大統領クリントン，国務長官にマドレーン=オルブライト国連大使を起用と発表(女性初)。12.10 南アフリカ共和国，新憲法を公布．アパルトヘイト体制に終止符。12.16 ソウル高裁，光州事件の控訴審で全斗煥元大統領を無期懲役に，盧泰愚前大統領を懲役17年にそれぞれ減刑。**この年** 世界のHIV全感染者，'96年末で3620万人．2年連続でアジアが最大のエイズまん延地帯に(欧米では前年比で減少)。

西暦	年号 干支	内閣	政　治・経　済
1997 ▼	平成 9 丁丑	(第2次橋本龍太郎内閣)	1.7 橋本首相，ASEAN５ヵ国歴訪(～14日)。1.11 アジア女性基金，韓国人元慰安婦７人に「償い金」の支給を発表(15日，金泳三韓国大統領ら中止を求める)。1.18 自由民主党，第62回定期党大会で社民・新党さきがけとの連携を採択(自社さ連合)。1.19 京樽，会社更生法申請．にっかつ以来約３年半ぶりの東証１部上場企業の倒産。1.20 第140通常国会召集(６月18日閉会)。1.25 橋本首相，金泳三大統領と大分県別府市で会談．対北朝鮮問題に対し緊密に協力することで一致。2.7 会計検査院調べ，政府金融機関を含めた特殊法人の不良債権１兆4600億円に。2.10 外務省，米軍機が平成７年から同８年にかけて沖縄の鳥島で劣化ウラン弾を発射していたことを公表。2.17 テルアビブ国際空港事件の岡本公三容疑者ら日本赤軍幹部５人がレバノンで拘束されていることが明らかに。 三井三池炭鉱，閉山を決定(３月30日閉山)。3.22 秋田新幹線「こまち」開業。3.24 国土庁，平成９年１月１日現在の地価公示価格を発表，６年連続の下落。4.1 消費税の税率，３パーセントから５パーセントに引き上げられる。4.10 大田昌秀沖縄県知事，普天間代替海上ヘリポート建設問題で，現地調査を容認。4.14 帝国データバンク調査，平成８年度企業倒産の負債総額，９兆1896億円に達し，２年連続で最悪記録を更新。4.17 改正駐留軍用地特別措置法，参院で可決，成立。4.22 ペルー政府，ペルー日本大使公邸占拠事件でトゥパク=アマル革命運動の14人全員を射殺，日本人を含む71人の人質を救出。4.25 大蔵省，日産生命保険に業務停止を命令．生保の経営破たんは初めて。5.16 外為法改正案成立，外貨両替業務への参入自由化，外国市場への投資に関する規制撤廃へ。5.21 日本電子機械工業発表の電子機械の生産額，自動車などの輸送機械を上回り平成８年生産額で初めて首位に。5.23 憲法調査委員会設置推進議員連盟発足，憲法改正を視野に。5.26 都市銀行・長期信用銀行・信託銀行計20行の平成９年３月期決算出そろう，不良債権約16兆4400億円(前年比で約５兆4000億円減少)。6.7 日米両政府，ガイドラインの中間とりまとめを公表。6.11 改正独占禁止法成立，持ち株会社解禁へ。 改正日本銀行法成立，日本銀行の独立性の向上へ。6.13 大蔵省３審議会最終報告，日本版ビッグバンの全容固まる。6.16 金融監督庁設置関連法成立，金融機関への検査・監督機能が大蔵省から分離・独立へ。6.30 日本開発銀行，平成11年めどに廃止へ。7.12 自衛隊輸送機３機，カンボジアの邦人救出に備えタイに出発．初の同機海外派遣(17日，那覇基地に帰着)。7.20 沖縄県知事の諮問機関，平成13年に全県を自由貿易地域に指定することを柱とする最終報告。7.21 外務省審議官クラスの日朝交渉予備会談，国交正常化交渉再開に向け北京で開催(22日まで)。7.31 大蔵省，証券総合口座の10月１日解禁，銀行店舗内での投資信託販売の12月１日解禁を発表。8.21 日本と北朝鮮の国交正常化交渉再開に向けた予備会談，北京で始まる。8.25 新進・民主・太陽各党を中心とする超党派の勉強会「改革会議」発足。9.2 社民党土井たか子党首・村山富市前首相・自民党鯨岡兵輔前衆院副議長ら，「核をなくす会」を発足。9.5 自民党の衆院議席，北村直人代議士の復党により４年２ヵ月ぶりに過半数に。9.8 橋本龍太郎首相，無投票で自民党総裁に再選(11日，第２次橋本改造内閣発足)。9.11 経企庁，４～６月期のGDP実質成長率が１～３月期比2.9パーセント減と発表。9.18 ヤオハンジャパン倒産。9.20 香港でのＧ７，日本の内需拡大求める。9.23 日米両国政府，新しい日米防衛協力のための指針(ガイドライン)に合意。9.25 共産党の宮本顕治中央委議長引退，名誉議長に。9.27 住友信託銀行とシティバンク，新型貯蓄商品の開発・販売で業務提携(12月から個人投資家向けに販売)。9.29 第141臨時国会召集(12月12日閉会)。10.1 長野新幹線「あさま」開業。10.2 秩父小野田と日本セメント，平成10年10月１日合併を発表。10.8 政府，国連や国際赤十字の要請に応じる形で，北朝鮮に食糧など総額34億円の援助を表明。 JR東海株上場。10.9 福徳銀行となにわ銀行，平成10年10月１日をめどに合併へ。10.14 郵政省，平成10年夏にも電話料金を原則自由化する方針を発表。11.1 橋本首相とエリツィン露大統領，クラスノヤルスクで会談(２日，平和条約締結に向け合意)。11.3 三洋証券，会社更生法の適用申請。11.11 日朝国交正常化交渉，早期再会で合意(14日まで)。 李鵬中国首相来日．橋本首相と会談し日露関係発展を歓迎(16日まで)。11.17 北海道拓殖銀行，北洋銀行への営業権譲渡を発表(都銀初の経営破たん)。11.22 山一証券経営破たん(24日，営業不振に陥り自主廃業を決める)。11.26 徳陽シティ銀行破たん。11.28 財政構造改革法成立。12.3 政府の行政改革会議，現行の22省庁を内閣府と12省庁に再編する最終報告を決定。 財政構造改革会議，旧国鉄・国有林野の債務処理でたばこ税増税の方向を固める。 大蔵省，日本の韓国金融支援が100億ドルと発表。12.8 橋本首相，国債10兆円を発行し金融・景気策に充てることを検討する方針を決定。12.12 リニアモーターカー，有人走行で時速531キロを記録し世界最速に(24日，無人走行で550キロを達成)。12.18 東食，会社更生法の適用申請。 新進

社　会・文　化	世　界
1.2 ロシアのタンカー「ナホトカ」，島根県隠岐沖で沈没，流出した重油が日本海沿岸に漂着。1.22 東京地検，収賄罪で石井亨前仙台市長に懲役3年，追徴金1億4000万円の実刑判決。1.29 警視庁，友部達夫参議院議員を詐欺容疑で逮捕。1.31 公安審査委員会，公安調査庁請求のオウム真理教への破防法適用を棄却。2.12 文部省宇宙科学研究所，「はるか」の打ち上げに成功。3.6 野村証券，顧客の総会屋親族企業への利益提供を認める(14日，酒巻英雄社長が辞任)。3.11 動力炉・核燃料開発事業団東海事業所の再処理工場内のアスファルト固化処理施設で火災・爆発事故，作業員37人被ばく。3.21 東京地検，前宮城県知事本間俊太郎被告に懲役2年6ヵ月，追徴金1億2000万円の実刑判決。3.24 東京高裁，藤波孝生元官房長官に1審の無罪を破棄し懲役3年執行猶予4年，追徴金4270万円の判決。4.2 最高裁，愛媛玉ぐし料訴訟で違憲の判決。4.11 厚生省，排煙に含まれるダイオキシン濃度が高い72ヵ所のごみ焼却場名を公表(12月1日，ダイオキシン排出規制を実施)。4.14 東京地裁，幼女連続誘拐殺人の宮崎勤被告に死刑判決。4.18 文化庁，正倉院など8群の文化財を世界遺産に推薦することを決定。5.2 河野兵市，日本人では初めて単独徒歩で北極点に到達。5.8 アイヌ文化振興法成立。5.18 今村昌平監督の「うなぎ」，カンヌ国際映画祭でパルムドールを受賞。5.20 東京地検，総会屋への利益供与で第一勧銀本店を捜索(5月23日，奥田正司会長ら引責辞任．7月4日，奥田元会長逮捕)。 環境庁，平成8年度の大気中ダイオキシン類の濃度測定結果を地名とともに公表，都市部は欧米の約10倍。5.27 神戸市で小6男子の切断遺体見つかる(6月28日，中3男子逮捕．10月17日，医療少年院送致)。6.3 群馬県高崎市剣崎長瀞西遺跡で，馬具が馬の歯に装着された状態で出土。6.11 労働関係法成立，男女雇用機会均等法の強化，労働基準法の女子保護規定撤廃が骨子に。6.12 平成17年の愛知県瀬戸市での万博開催，博覧会国際事務局総会で決定。6.16 医療保険改正法成立。6.17 臓器移植法，参・衆両院で可決，成立(10月16日，施行)。6.23 大場満郎，スキーと徒歩による世界初の北極単独横断に成功。6.26 中央教育審議会2次答申，公立の中高一貫教育，数学と物理での「飛び級大学」の導入などを提言。 平成9年6月1日現在の経務庁人口推計，65歳以上が1954万人(総人口の15.5パーセント)。6.27 労働省の「65歳現役社会研究会」，厚生年金の支給年齢引き上げに対応し65歳定年を提言。7.11 都市銀行と長期信用銀行計13行，総会屋と絶縁宣言。7.30 東京地検，総会屋への利益供与で山一証券を捜索(8月11日，三木淳夫社長ら退任．9月24日，三木前社長逮捕)。8.6 平成9年3月末現在の自治省「人口動態調査」結果，日本の総人口1億2525万7061人。8.9 鈴木博美，アテネの世界陸上選手権女子マラソンで優勝。8.22 神戸市職員採用試験，外国籍の2人が初の合格。8.29 最高裁，家永教科書裁判第3次訴訟	1.3 ボスニア=ヘルツェゴビナ下院，和平協定から1年余を経て，統一政府の共同首相を選出。1.5 ロシア軍のチェチェン共和国駐留部隊，2年ぶりで撤退。1.7 アルジェリアでテロ続く。1.20 米クリントン大統領就任(2期目)。1.21 アメリカ，ジュネーブ軍縮会議本会議で，対人地雷全面禁止条約の締結交渉を始めるよう提案。2.5 中国の新疆ウイグル自治区でウイグル族が独立求めデモ。2.8 先進7ヵ国蔵相・中央銀行総裁会議(G7)，ベルリンで開催，ドル高阻止で合意。2.12 北朝鮮の黄長燁労働党中央委書記，日本からの帰国途中，北京の韓国大使館に亡命．フィリピンを経て，4月20日，ソウルに入る。2.15 世界貿易機関の基本電気通信交渉妥結。2.19 中国の最高実力者鄧小平，北京で死去(92歳)。2.23 中国の全人代常務委員会，香港返還後，香港人権条例の一部を不採用とすることを最終的に決定。2.24 英国ロスリン研究所，'96年7月にクローン羊づくりに成功したことを明らかにする。3.1 アルバニア，無政府状態に。3.4 レバノンの日本大使館，日本赤軍幹部岡本公三ら5人の身元を確認。3.20 ラザリ国連総会議長，包括的安保理改革決議案を作業部会に提示(11月24日，改革先送りへ)。3.21 米露首脳会談，ロシアのSTARTⅡ早期批准，両国はSTARTⅢ交渉で核弾頭を消滅することで一致。3.22 ダライ=ラマ14世，初めて台湾へ(27日，李登輝総統と会談)．中国は強く非難。3.28 国連安保理，アルバニアでの人道援助活動支援のため，多国籍防護軍派遣を承認する決議を採択。4.4 アルジェリアの首都アルジェ周辺の複数の村でテロ激化，死者多数。4.7 国連，北朝鮮への第3次緊急人道支援として過去最大の1億2622万ドルを要請。4.15 サウジアラビアのメッカ郊外の巡礼者宿営地で火災発生，343人死亡。4.17 韓国大法院，光州事件の上告審で上告を棄却．全斗煥元大統領の無期懲役，盧泰愚前大統領の懲役17年が確定。4.22 中国江沢民国家主席，ロシアを訪問(23日，エリツィン大統領と会談)。4.23 クリントン大統領，ダライ=ラマと会談。4.24 中国の新疆ウイグル自治区で2月に起きた暴動に関連し，ウイグル族3人が死刑執行される。5.1 イギリス総選挙，労働党が圧勝(2日，首相にトニー=ブレア党首)。5.12 エリツィン大統領とチェチェン共和国のマスハドフ大統領，平和的手段による問題解決などをうたった条約に調印。5.16 国際原子力機関特別理事会，核査察強化策の議定書を採択。5.25 ポーランドの新憲法，国民投票で承認。5.28 国連人口基金，'97年版「世界人口白書」で世界人口は58億5000万人と発表。5.29 インドネシア総選挙，スハルト政権与党ゴルカル圧勝(選挙運動がらみの死者，全国で240人以上)。6.1 フランス選挙，左翼陣営勝利(4日，ジョスパンを首相とする社共中心の内閣発足)。6.6 世界銀行，新たに約60億ドルの対露融資を表明。6.14 世界銀行，熱帯雨林の減少とそこに生息する鳥類・植物の絶滅の恐れを警告。6.20 第23回主要先進国首脳会議，ロシアが初めて正式参加して米国デンバーで開催(～22日)。6.21 カンボジアのラナリット第1首相，ポル=ポト元首相が帰順派の

西暦	年号干支	内閣	政　治・経　済
1997 ⇕	平成 9 丁丑	(第2次橋本龍太郎内閣)	党党首選，小沢一郎が再選(27日，両院議員総会で解党を決定．30日，6党に分裂へ)。**12.21** 沖縄県名護市で普天間代替海上ヘリポート建設の是非を問う住民投票，反対票過半数に(24日，比嘉市長，受け入れと辞職を表明)。**12.25** メリルリンチ，日本に新証券会社設立。**12.30** 日韓漁業交渉決裂。**この年** 企業倒産の負債，14兆209億円。 新車販売台数前年割れ。

社会・文化	世界
上告審で、「731部隊」関係記述の前文削除を求めた意見について違法と認定。9.2 アニメ映画「もののけ姫」，配給収入で14年ぶりに邦画新記録を樹立。9.4 国籍条項を撤廃した神奈川県川崎市の大卒採用試験で外国籍3人が事務職に合格．政令指定都市以上の自治体では初めて。9.6 北野武監督の「HANA-BI」，ベネチア国際映画祭で金獅子賞を受賞。9.18 東京地検，総会屋への利益供与で大和証券を捜索(11月6日，十亀博光前副社長ら4人逮捕)。9.25 東京地検，総会屋への利益供与で日興証券を捜索(10月30日，前副社長ら3人を逮捕)。9.26 町村信孝文相，全国の小中高校などからダイオキシン発生の恐れのあるごみ焼却炉を原則全廃する方針を表明。10.1 東京地検，中村喜四郎元建設相に懲役1年6ヵ月，追徴金1000万円の実刑判決。10.24 アイヌ文化振興・研究推進機構，アイヌ文化賞，奨励賞の初受賞者4人を発表。 気候変動枠組条約事務局，平成2～7年の先進国でのCO_2排出量増加分77パーセントを日米が占めると報告。11.8 北朝鮮に渡っていた日本人妻のうち第1陣15人，一時帰国(14日まで)。11.25 日本人宇宙飛行士土井隆雄，NASAのスペースシャトル「コロンビア」で日本人初の宇宙遊泳。12.1 地球温暖化防止京都会議開幕(11日，議定書採択)。通信衛星を利用した多チャンネルのデジタル放送「ディレクTV」開業。12.5 平成9年度教育白書，論文数は米国に次ぎ2位，質を示す引用回数も欧州諸国と肩を並べたと評価。12.9 介護保険法，可決，成立。12.10 東京地裁，花岡事件の生存者と遺族が鹿島に損害賠償を求めた訴訟で，請求権消滅として請求棄却の判決。12.18 東京湾アクアライン開通。12.22 文部省の平成8年度「生活指導上の諸問題の現状」調査，いじめは約5万2000件，校内暴力は約1万1000件。 【死没】 1.20 杉森久英(84，作家)。1.26 藤沢周平(69，作家)。2.14 屋良朝苗(94，沖縄本土復帰貢献者)。2.19 埴谷雄高(87，作家)。2.21 樋口清之(88，考古学)。3.2 竹内理三(89，日本史学)。3.8 池田満寿夫(63，版画家)。3.10 萬屋錦之介(64，映画俳優)。3.13 葦原邦子(84，宝塚スター)。4.2 香川綾(98，栄養学)。4.3 嶋中鵬二(74，中央公論社)。4.4 杉村春子(91，女優)。4.5 磯村英一(94，都市社会学)。4.10 黛敏郎(68，作曲家)。4.15 西村晃(74，俳優)。4.17 脇村義太郎(96，経済学)。5.11 亀倉雄策(82，グラフィックデザイナー)。5.18 松田毅一(76，歴史家)。6.16 住井すゑ(95，作家)。6.21 勝新太郎(65，俳優)。6.22 増田四郎(88，西洋経済史学)。7.7 奥むめお(101，婦人運動家)。7.26 小平邦彦(82，数学)。9.16 牛島憲之(97，洋画家)。9.17 会田雄次(81，西洋史学)。9.22 横井庄一(82，グアム潜伏元日本兵)。11.13 江戸英雄(94，経営者)。11.26 奥野健夫(71，文芸評論家)。11.28 三津田健(95，新劇俳優)。12.2 藤島宇内(73，詩人)。12.19 井深大(89，ソニー)。12.20 伊丹十三(64，映画監督)。12.24 三船敏郎(77，俳優)。12.25 中村真一郎(79，作家)。	部隊に身柄を拘束されたと発表。6.25 ドイツ連邦議会，「脳死は人の死」とする法案(臓器移植法)可決。6.27 米連邦最高裁，「フレディ法」の根幹である短銃購入時の犯歴照会制度に違憲判決。7.1 香港，英国から中国に返還される。7.2 アメリカ，ネバタ核実験場で未臨界核実験。タイ，現地通貨バーツを切り下げ(アジア通貨の下落が相つぎ動揺広がる)。7.3 台湾，1国2制度を拒否。 ロッキードとグラマン合併へ。7.4 米火星探査機マーズ=パスファインダー，火星に到着。7.5 カンボジアのプノンペンで，フン=セン第2首相派部隊，ラナリット第1首相派を攻撃，大規模な戦闘に。7.8 インド北部パンジャブ州で列車内で爆弾が爆発，乗客33人が死亡。7.9 スリランカ内戦激化。7.14 アメリカ，世界食糧計画の要請にこたえ，北朝鮮に10万トンの人道食糧援助実施を発表。7.23 ミャンマーとラオス，ASEANに加盟(9ヵ国体制に)。7.28 カンボジアの反政府武装勢力旧ポル=ポト派，公開裁判を行いポル=ポトに終身刑の判決。7.30 イスラエルの首都エルサレムの市場で自爆テロ(9月3日，繁華街で再び自爆テロ．イスラム過激派ハマスが犯行声明)。8.5 タイ，通貨急落でIMFなどに支援要請(11日，支援国会合，160億ドルの融資枠の提供で合意)。 タイ政府，IMFなどに支援要請(11日，東京でのIMF会合，計160億ドルの融資で合意)。8.14 アジアの各国通貨，大幅下落(アジアの通貨危機)。8.15 インドのグジュラル首相，独立50周年記念式典でCTBTへの署名拒否の発言。8.22 コンゴから逃れたツチ族難民107人，ルワンダ西部の難民キャンプで虐殺される。8.31 ダイアナ元英皇太子妃，パリで交通事故死(9月6日，国民葬)。9.4 イスラム過激派とみられる武装集団，アルジェ周辺で住民110人以上を殺害。9.5 マザー=テレサ死去(13日，インド国葬)。9.16 第52国連総会開催。9.18 対人地雷全面禁止条約，オスロの政府間会合で採択(12月4日までに日本を含む121ヵ国が署名)。9.26 米国とロシア，START IIの実施期限を2007年まで延期する修正議定書に調印。10.8 金正日朝鮮労働党書記，党総書記に就任。10.10 NGOの「地雷禁止国際キャンペーン」とその世話人ジョディ=ウィリアムズ，ノーベル平和賞受賞。10.23 香港株価暴落，アジア・英・米・日の株式市場も全面安に(27日，再び世界同時株安)。10.25 中国江沢民国家主席，国連人権規約のA規約への調印を指示したと表明(27日，調印)。10.31 米政府，対人地雷除去作業促進のため，拠出額を増額するなどの新提案を発表。11.10 北京で中露首脳会談，エリツィン大統領と江沢民国家主席は「戦略的パートナーシップ」。11.12 国連安保理，イラク制裁決議を採択。11.13 ロシア，過去に未臨界核実験を実施していたことが明らかに。11.17 イスラム過激派，エジプトのルクソールで銃を無差別発砲し，日本人10人を含む外国人観光客約60人を殺害。11.21 韓国，IMFへ支援要請決定(12月4日，IMF理事会，韓国への総額210億ドル融資を正式承認)。11.29 台湾の23県市の統一首長選，独立派最大野党民主進歩党が歴史的勝利。12.3 韓国，IMFと再建策で合意し，IMFや各国か

西暦	年号 干支	内閣	政　治・経　済
1997 ▲	平成 9 丁丑	(第2次橋本龍太郎内閣)	
1998 ▼	10 戊寅	7.30 小渕恵三内閣	1.1 政府，北方領土協議の方針を国境線画定に転換。1.4 旧新進党の6分割が確定。1.9 トニー=ブレア英首相来日(12日，橋本首相と会談)。1.12 第142通常国会召集(6月18日閉会)。大蔵省，銀行の総貸出額624兆8000億円のうち不良債権は76兆7000億円と公表。1.14 大田昌秀沖縄県知事，普天間代替海上ヘリポート建設問題で「反対」を明言(2月6日，建設反対を正式表明)。1.23 国民の声・太陽党・フロムファイブの野党3党，民政党を結成(代表羽田孜)。 政府，日韓漁業協定の破棄を韓国側に通告。1.30 日米航空交渉合意。2.8 沖縄県名護市市長選，基地建設推進派の推す岸本建男前市助役が当選。2.16 改正預金保険法と金融機能安定化緊急措置法，参院で可決，成立。2.17 経企庁，景況評価が全地域で悪化と発表。2.21 日露，漁業協定に署名，北方領土周辺海域で操業可能に。3.4 運輸政策審議会航空部会答申，国内航空運賃自由化に。3.11 ミャンマーへの円借款再開。3.25 国土庁，公示地価7年連続下落と発表。4.3 ダライ=ラマ14世来日。4.8 日銀発表の卸売物価，6年連続の下落。4.14 全国企業倒産集計，平成9年度の企業倒産1万7439件，負債総額は15兆1203億円で戦後最悪。4.18 日露首脳会談(～19日)，エリツィン大統領が平和友好協力条約を提案。4.24 改正公職選挙法，参院で可決，成立。4.25 シラク仏大統領来日。4.27 民主・民政・新党友愛・民主改革連合，民主党を結成(代表菅直人，幹事長羽田孜)。 大蔵省，接待に関する内部調査の結果を公表，112人を処分。 山口地裁下関支部，日本政府に対し，元従軍慰安婦3人に30万円の支払を命じる判決。4.28 政府，ガイドライン関連法案を閣議決定。 政府，温暖化防止「京都議定書」に署名。4.30 細川護熙元首相，衆院議員を辞職。5.13 政府，インド核実験に対し経済制裁(14日，追加制裁)。5.15 阪神銀，みどり銀を救済合併。5.18 政府，インドネシアの暴動で，邦人出国に備え自衛隊機をシンガポールに派遣。5.22 人事院集計，平成9年に懲戒処分を受けた国家公務員は1455人に。5.25 大手18銀行の不良債権，総額21兆円に。5.29 政府，パキスタンの地下核実験に対し新規の円借款など凍結。 外務省，ミャンマーに25億円無償資金援助を発表。5.30 社民党両院議員総会，閣外協力の解消を決定，さきがけも離脱(6月1日，自社さ体制に幕)。6.5「日本版ビッグバン」を具体化する金融システム改革法，参院本会議で可決，成立。北朝鮮，行方不明日本人の存在否定。6.9 中央省庁等改革基本法成立，平成13年から現在の22省庁を1府12省庁に再編へ。6.11 日中両共産党，31年ぶりに関係正常化(7月21日，不破哲三委員長と江沢民総書記が北京で会談)。6.12 内閣不信任案否決。 経済企画庁発表，平成9年度のGDP，前年度比で0.7パーセント減，マイナス成長は23年ぶりで戦後最悪。6.22 金融監督庁発足，初代長官は日野正晴前名古屋高検検事長。6.30 住宅金融債権管理機構，住友銀行に損害賠償を求め提訴。7.1 損害保険料率，完全自由化。7.2 政府・自民党，ブリッジバンクの設立を柱とする不良債権処理策をまとめる。7.6 大蔵省発表，国の一般会計，4年ぶり歳入欠陥。7.12 第18回参院選，自民45で惨敗，民主27，共産15で躍進(13日，橋本首相退陣を表明)。7.17 民間人を含む32人，カンボジア総選挙の監視要員としてプノンペン入り。 金融監督庁，全金融機関の自己査定によると3月末の不良債権87兆5270億円と発表。7.21 国連タジキスタン監視団の秋野豊前筑波大助教授ら4人，射殺遺体で発見。7.24 自民党総裁選，小渕恵三外相が当選。7.30 第143臨時国会召集(10月16日閉会)，小渕恵三を首相に指名．小渕内閣発足。8.15 小渕首相，全国戦没者追悼式でアジア近隣諸国の犠牲者に対し「深い反省」と「哀悼の意」を表明。8.31 防衛庁，北朝鮮のミサイルが太平洋に着弾した可能性を発表(9月4日，

社　会・文　化	世　界
	ら総額550億ドルの融資をうける。12.4 スリランカ北部で政府軍と反政府ゲリラLTTEが衝突。12.9 朝鮮半島和平の枠組みづくりをめざす韓国・北朝鮮・米国・中国による第1回本会談，ジュネーブで開催(～10日)。 朝鮮半島和平のための4者(北朝鮮・韓国・米・中)協議本会談，スイスのジュネーブで開幕。12.14 ロシアのモスクワ市議選，中道改革派が圧勝，共産党候補者は全員落選。12.18 韓国大統領選挙，野党国民会議の金大中候補が当選(韓国史上初の与野党政権交代)。12.20 韓国政府，服役中の全斗煥・盧泰愚両大統領経験者の特赦を発表。12.23 韓国ウォン急落。12.30 中国と南アフリカ，'98年1月1日に国交樹立へ(31日，台湾と南アフリカ断交)。 アルジェリア北西部の4つの村、武装集団に襲撃され412人が殺される。**この年** アジア通貨・株価下落続く。
1.9 奈良県天理市の黒塚古墳で三角縁神獣鏡32枚，画文帯神獣鏡1枚が出土。1.13 日経連臨時総会，6年連続でベアゼロ方針を決定。1.26 東京地検，大蔵省金融検査部管理課の宮川宏一金融証券検査官室長と谷内敏美課長補佐を収賄で逮捕。1.28 栃木県黒磯市立北中学校の1年男子生徒，英語科女性教師をナイフで刺殺。2.6 福島市岡島の宮畑遺跡で縄文時代の巨大柱穴発見。2.7 第18回冬季オリンピック長野大会開幕(～22日)．日本は男子スピードスケート・スキージャンプなど金メダル5個を獲得。2.19 日興証券からの不正利益で逮捕許諾請求されていた新井将敬自民党代議士自殺。2.24 文部省，平成14年度からの完全学校週5日制を決定。3.4 東京地検，経営破たんした山一証券の行平次雄前会長・三木淳夫前社長・白井隆二前副社長を証券取引法違反で逮捕。3.5 パラリンピック開幕，長野五輪のスケート会場エムウェーブで開会式。3.6 奈良県明日香村のキトラ古墳で「星宿図」「白虎」の図などを新たに発見。3.11 東京地検，日銀の吉沢安幸証券課長を収賄容疑で逮捕(松下康雄日銀総裁辞意，20日後，後任に速水優日商岩井相談役)。3.19 特定非営利活動促進法案(NPO法案)，衆院本会議で可決，成立。3.24 神戸地裁，兵庫県西宮市の「甲山事件」の差し戻し審で元保母の山田悦子被告に無罪判決。4.1 改正外国為替法施行。5.1 労働省毎月勤労統計調査，平成9年度の平均月額給与4年ぶり減。 「スカイパーフェクTV」誕生。5.12 スポーツ振興投票(サッカーくじ)法，衆院本会議で可決，成立。5.26 東京地裁，地下鉄サリン事件のオウム真理教元幹部林郁夫に無期懲役の判決。5.27 若乃花の横綱昇進が決定，貴乃花とともに史上初の兄弟横綱誕生。5.29 家電リサイクル法成立。6.10 サッカーW杯フランス大会開幕，初出場の日本は1次リーグで3戦全敗，優勝はフランス。6.15 映画「タイタニック」，「もののけ姫」を上回る観客動員数と発表。6.19 政府の地球温暖化対策推進本部，地球温暖化対策推進大綱を決定。 情報公開条例，愛知県議会でも可決され，全国で出そろう。7.1 米メリルリンチ1号店，長野市にオープン。7.4 文部省宇宙科学研，日本初の火星探査機「のぞみ」	1.1 中国と南アフリカ共和国国交樹立。 ロシア，デノミ実施(旧1000ルーブルを新1ルーブル)。1.7 アジア通貨・株の急落続く。1.13 イラク，国連大量破壊兵器廃棄特別委員会(UNSCOM)の一部査察チームの査察活動を拒否。1.15 IMF，インドネシアと経済改革で合意。1.16 米国とバルト3国，「パートナーシップ憲章」に調印。1.22 クリントン大統領とホワイトハウスの元女性実習生との性的関係をめぐる疑惑が表面化。1.30 ロシア政府，ロシア皇帝ニコライ2世一家のものとされる遺骨を本物と鑑定。2.4 アフガニスタンのタカール州で地震発生，住民約4000人が死亡。2.15 イラクに派遣の国連チーム，大統領関連施設8ヵ所を調査開始。2.27 カンボジアのフン=セン第2首相派とラナリット第1首相派，戦闘を停止。2.28 セルビア共和国のコソボ自治州で武力衝突(3月18日，なお紛争続く)。3.2 国連安保理，イラクへの警告を全会一致で採択。3.6 ドイツで盗聴法成立。3.12 ロンドンで初の欧州協議会首脳会議，拡大EUをめざす。3.19 インド，ヒンドゥー至上主義の人民党が主軸の連立政権発足．首相にバジパイ。3.23 エリツィン大統領，全閣僚を解任(4月24日，キリエンコ首相代行が首相に)。4.3 国連，国際刑事裁判所設立条約草案を採択。4.6 英仏，包括的核実験禁止条約(CTBT)批准。4.10 英領北アイルランド和平交渉，英とアイルランド，プロテスタントとカトリック系各政党が地方議会の設置で合意(5月22日，住民投票)。5.2 EU首脳会議，'99年1月から始まる欧州通貨統合に参加する11ヵ国を決定．単一通貨ユーロを使用へ。5.5 インドネシアでスハルト政権への抗議暴動(21日，スハルト大統領辞任，後任にハビビ副大統領)。5.7 ドイツのダイムラー=ベンツと米のクライスラーが合併，世界第3位の自動車メーカーに(11月17日，合併新会社発足)。 フォルクスワーゲン，ロールスロイスを買収へ。5.11 インド，24年ぶり2度目の地下核実験。 フィリピン大統領選(29日，エストラダ副大統領の当選が確定)。5.13 米司法省など，マイクロソフトを再提訴。5.15 第24回主要先進国首脳会議，英国バーミンガムで開催．インドの核実験を非難する特別声明を採択。5.28 北朝鮮支援で初の国際会議，日米など26ヵ国と国連諸機関，NGOが参加。 パキスタ

西暦	年号 干支	内閣	政　治・経　済
1998 ▲ ▼	平成 10 戊寅	（小渕恵三内閣）	北朝鮮は人工衛星の打ち上げと発表）。9.4 一般公募も含む30人，ボスニアの選挙の監視要員に決定。9.8 平成9年の政府の途上国援助(ODA)94億ドル余(7年連続世界一)。9.27 日本リース，会社更生法の適用申請(負債総額2兆1800億円，最大の企業倒産)。9.30 対人地雷禁止条約を批准(45番目の批准国に)。10.1 与野党3会派，金融再生法案の修正案提出にあたり6項目で合意。 宮沢蔵相のアジア支援枠の一環として韓国へ30億ドル融資。10.7 韓国金大中大統領来日(8日，共同宣言に署名，小渕首相は過去の植民地支配への反省とおわびを表明)。10.8 法務省，指紋押捺制度を全廃へ。10.12 金融再生関連法成立。10.15 旧国鉄債務処理法，参院で可決，成立。10.16 平成10年度第2次補正予算，参院で可決，成立，公的資金枠は60兆円に。 金融再生関連法，金融機能早期健全化緊急措置法成立。10.17 初の「全国女性議員サミット」，青森県弘前市で開催。10.20 新党さきがけ解党，武村代表ら新たに「さきがけ」を設立。10.23 政府，日本長期信用銀行の特別公的管理を決定，初の民間銀行国有化(12月13日，日本債券信用銀行も)。11.7 新「公明党」発足(代表神崎武法)。11.10 自公，平成11年春の「商品券」(地域振興券)支給で合意。11.12 ロシアでの日露首脳会談(13日，「モスクワ宣言」に署名)。11.13 北海道拓殖銀行営業終了。11.15 沖縄県知事選，代替基地の県内移設を公約とする稲嶺恵一が当選。11.16 アメリカの格付け会社ムーディーズ，日本国債を格下げ。11.19 小渕首相と小沢一郎自由党首，連立政権発足で合意(自自連合)。11.25 中国江沢民国家主席，初めて日本を公式訪問。11.27 第144臨時国会召集(12月14日閉会)。12.4 日本提案の核軍縮決議，国連で採択。12.11 財政構造改革法凍結法成立。12.15 金融再生委員会発足。12.18 政府，コメ輸入関税化を閣議決定(平成11年4月から適用)。 経済企画庁発表，平成9年度国民所得が初の0.2パーセント減。12.25 安全保障会議，戦域ミサイル防衛(TMD)の日米共同技術研究を決定(平成11年度から)。 金融監督庁，3月末時点での不良債権額を発表，銀行の過少査定が浮き彫りに。12.28 新党「参議院クラブ」結成(代表椎名素夫)。**この年** 自動車生産台数1005万台(米国についで世界第2位，前年比92万5000台減)。 粗鋼生産高9355万トン(中・米についで世界第3位，前年比1100万トン減)。

社　会・文　化	世　界
を打ち上げ。7.5 石川県畜産総合センター，近畿大との共同研究で世界初のクローン牛に成功。7.7 郵政省調査，携帯電話とPHS計4000万台突破。7.25 和歌山市で毒物カレー事件，４人死亡(10月４日，元保険外交員林真須美を殺人未遂容疑で逮捕，12月９日，再逮捕)。8.6 文部省学校基本調査(速報)，平成10年春の大卒就職率65.6パーセントで戦後最低。9.3 東京地検，防衛庁調達実施本部の上野憲一元副本部長と東洋通信機の伊藤伸一会長ら４人を背任で逮捕。9.14 総務庁推計，65歳以上の人口が初めて2000万人を突破(総人口の16.2パーセント)。9.16 東急日本橋店(旧白木屋百貨店)閉店へ。9.22 厚生省調査，結核感染38年ぶりに前年を上回る。9.30 プロ野球日本ハムの落合博満引退表明(三冠王３度の日本最高記録)。10.14 改正祝日法成立，平成12年から成人の日と体育の日が第２月曜日に。10.23 東京地裁，坂本弁護士一家殺害事件の岡崎一明オウム真理教元幹部に死刑判決。10.29 東京地検，中島洋次郎自民党代議士を政党助成法違反で逮捕(12月15日，受託収賄で３度目の逮捕)。向井千秋，NASAのスペースシャトル「ディスカバリー」で２回目の宇宙飛行。11.2 中央公論社，読売新聞傘下となることを発表(平成11年２月から)。12.2 世界遺産委員会京都会議，東大寺など奈良の文化財８ヵ所の登録を決定。12.6 高橋尚子，アジア大会女子マラソンで２時間21分47秒の日本最高記録。12.8 日本電子工業振興会，コンピュータ‘99年１月１日以降の誤作動問題を警告。12.10 岩波映画，自己破産申請。12.18 文部省，「問題行動調査」で子供の暴力が調査開始以来最多の２万9000件に及ぶと発表。12.25 総務庁労働力調査，11月の完全失業率4.4パーセントで昭和28年以来最悪に(平成10年平均4.1パーセント)。 **この年** 少年の殺人など凶悪犯罪問題化。 自殺者３万人を超え過去最多(50歳代男性は前年の1.5倍)。 【死没】 1.6 安江良介(62，岩波書店)。1.9 福井謙一(79，基礎化学研究所長)。1.11 矢代静一(70，劇作家)。1.28 石ノ森章太郎(60，漫画家)。1.29 吉村雄輝(74，上方舞家元)。2.5 高橋竹山(87，津軽三味線奏者)。 武原はん(95，地唄舞)。2.7 武藤富男(93，キリスト新聞)。2.11 林屋辰三郎(83，日本史)。2.12 朴慶植(75，歴史研究)。2.19 新井将敬(50，政治家)。3.2 高橋健二(95，独文学)。3.13 加太こうじ(80，紙芝居作者)。3.18 島秀雄(96，旧国鉄技師長)。3.27 山本茂実(81，記録文学作家)。3.30 田中龍夫(87，政治家)。4.2 小堀杏奴(88，作家)。4.5 神島二郎(79，政治学)。4.9 浅蔵五十吉(85，陶芸家)。4.15 郡司正勝(84，歌舞伎研究家)。4.23 吾妻徳穂(89，日本舞踊家)。5.9 八十島義之助(78，鉄道総合技術研究所会長)。5.19 宇野宗佑(75，政治家)。6.1 松田道雄(89，小児科医、評論家)。6.10 塚本幸一(77，ワコール)。 吉田正(77，作曲家)。6.22 高田好胤(74，薬師寺管主)。6.25 高木俊朗(89，作家)。7.16 奥田敬和(70，政治家)。7.20 秋野豊(48，国連タジキスタン監視団	ン，インドの核実験に対抗して初の核実験(地下)を実施。6.3 ドイツ北部で超高速列車の脱線事故，死者96人。 エチオピアとエリトリア，国境付近地域の帰属をめぐり衝突。6.4 国連安保理常任理事国緊急外相会議，印パを核保有国と認めず，CTBTへの署名を要求。6.6 国連安保理，印パ非難決議を採択。6.22 北朝鮮の小型潜水艇，韓国江原道の沖合で魚網にかかる(26日，艇内から乗員の遺体)。6.23 WHOなど，エイズ感染者の増加を発表。6.27 米クリントン大統領，中国訪問(米大統領の訪中は’89年の天安門事件以来はじめて)。8.1 コソボ，KLAとセルビア治安部隊が衝突し住民３万人以上が避難。8.2 アフガニスタンのタリバーン，北部同盟の拠点シバルガンを占領(４日，マザリシャリフ市を制圧)。8.3 イラクと国連の協議，決裂。8.5 コンゴで内戦，政権分裂へ。8.7 ケニアのナイロビ米大使館付近で爆発，死者248人。同時刻にタンザニアのダルエスサラームの米大使館付近でも，死者10人(20日，米，イスラム原理主義過激派グループの犯行とみて報復としてアフガニスタンなどを攻撃)。8.15 北アイルランドで爆弾テロ(18日，RIRAが犯行認める)。8.17 ロシア，通貨切り下げ。 クリントン大統領，不倫疑惑をめぐり連邦大陪審で証言，性的関係認める。8.23 ロシアのエリツィン大統領，キリエンコ首相を解任。8.25 中国政府，６月の大洪水での死者が4000人近くに達したと発表。8.26 ロシア中央銀行，ルーブル急落のため取引停止(通貨危機)。8.27 世界同時株安(28日，東京でもバブル崩壊後の最安値を更新)。9.5 北朝鮮最高人民会議，金正日労働党総書記を国防委員長に再任。9.7 北朝鮮，ニューヨークでの米朝高官協議で政府連絡事務所の相互開設に同意。9.8 米大リーグのマグワイア，年間62本の本塁打新記録(最終的にマグワイア70本，ソーサ66本)。9.9 米大統領不倫報告書，連邦下院に提出される(11日，一般公開)。9.28 ドイツ総選挙，社会民主党(SPD)が勝利し，16年間続いたコール政権に幕。10.7 ロシア全土でゼネスト，エリツィン大統領の辞任を要求。10.15 クリントン大統領・ネタニヤフ首相・アラファト議長，中東和平に向けワシントンで会談。10.17 チリのピノチェト元大統領，ロンドンで逮捕される。10.18 ナイジェリアで油送管火災，多数の死者。10.20 韓国，日本の大衆文化開放へ。10.21 イタリアで新内閣発足(マッシモ=ダレーマ首相)。10.27 ドイツ新首相に社会民主党(SPD)党首シュレーダー就任。11.3 ブエノスアイレスで地球温暖化防止国際会議開幕，温室効果ガスの削減をめざす(14日閉幕)。11.13 アメリカ，「京都議定書」に署名。12.7 カンボジア，国連に復帰。12.8 ロシア，未臨界核実験(24日，すでに５回行われたことが明らかに)。12.9 イラク，UNSCOMの査察を拒否。12.15 UNSCOM，イラクが査察に非協力と国連に報告。12.17 米英，イラクの軍事施設を巡行ミサイルなどで攻撃(～20日)。12.19 米下院本会議，クリントン大統領への弾劾訴追を決定(米国史上２回目)。12.28 イラク，米機と交戦。12.31 EU蔵相理事会，ユーロと参加国通貨の交換比率を決定。

西暦	年号 干支	内閣	政　治・経　済
1998 ▲	平成 10 戊寅	(小渕恵三内閣)	
1999 ▼	11 己卯		1.4 中村正三郎法相，賀詞交換会で憲法批判(3月8日，辞任)。 郵便貯金残高，250兆円を突破。1.14 自民・自由連立内閣発足(小渕第1次改造内閣)。1.18 民主党代表に菅直人再選。1.19 第145通常国会召集(8月13日閉会)。 三井信託と中央信託，合併へ。1.26 中央省庁等改革推進本部，現行の省庁を縮小する「改革大綱」を決定。1.28 富士銀行，安田信託銀行を子会社化。1.29 地域振興券の配布始まる。2.16 衆院，ガイドライン特別委設置。2.18 共産党，国旗・国歌法制化論議に積極参加の意向。2.26 経済戦略会議最終報告案，財政再建は「2003年度から」。3.2 日の丸・君が代の法制化検討へ。3.3 日銀，景気テコ入れのため短期金融市場の金利を実質ゼロに(ゼロ金利政策)。3.9 外国人登録法の改正案，閣議決定(指紋押捺制度全廃へ)。3.17 平成11年度予算成立(戦後最速)。3.23 日本領海内に2隻の不審船，政府は初の海上警備行動を発令(3月30日，北朝鮮の工作船と断定)。3.25 国土庁発表，公示地価8年連続下落。3.27 日産自動車，仏ルノーとの提携に合意・調印を発表。3.31 コメ関税化法成立。4.6 韓国人労働者とNKKとの戦後補償訴訟，和解成立(外国人の戦後補償で被害者存命中の和解は初)。4.11 東京都知事選，石原慎太郎が自民党推薦候補などを破って当選。4.14 帝国データバンク集計の平成10年度企業倒産の負債総額，約15兆1800億円となり，4年連続で最悪を更新。4.26 主要7ヵ国蔵相・中央銀行総裁会議(G7)，日本に景気刺激を促す。 日本自動車工業会発表の平成10年度国内自動車生産台数，20年ぶりに1000万台割れ。4.27 コソボ難民支援2億ドルを閣議決定。4.29 政府，平成12年のサミット会場を沖縄県名護市に決定。5.1 瀬戸内しまなみ海道完成。5.17 大蔵省発表の平成10年度国際収支，15兆2271億円で過去最高の経常黒字に。5.22 幸福銀行経営破綻。5.24 ガイドライン関連法，参院本会議で可決，成立。6.2 山一証券破産，負債総額5100億円。6.3 政府，一般公募も含む計20人をインドネシア総選挙の監視団として派遣。6.4 東邦生命保険経営破綻(生保の破綻は戦後2件目)。6.10 経企庁国民所得統計速報，GDP2年連続マイナス成長。6.12 東京相和銀行経営破綻，約1022億円の債務超過。6.14 政府，イラン向け円借款再開。7.6 憲法調査会設置法案，衆院通過(参議院での修正を経て，29日，衆院で可決，成立)。7.8 中央省庁改革関連法と地方分権一括法，参院本会議で可決，成立。7.12 新農業基本法成立。7.22 国旗・国歌法案衆院通過。7.27 朝日建物，事実上倒産。7.29 改正国会法，衆院本会議で可決，成立。7.30 大蔵省，平成10年度一般会計決算を確定，税収が11年ぶり50兆円割れに。 中国，日本軍が遺棄した化学兵器の国内破棄に同意。8.7 なみはや銀行破綻。8.9 国旗・国歌法，参院本会議で可決，成立(13日，公布・施行)。 国家公務員倫理法成立(平成12年4月施行)。8.12 組織的犯罪対策3法と改正住民基本台帳法，参院本会議で可決，成立。8.20 第一勧銀・富士銀行・日本興業銀行の3行，平成12年に持株会社を設立，14年にも事業統合することを発表．新行名「みずほフィナンシャル」。9.1 政府，対露融資11億ドル凍結を解除。9.2 小渕首相，金鍾泌韓国首相と会談，北朝鮮をめぐり一致。 鳩山由紀夫民主党幹事長代理，「憲法改正」発言。9.9 神奈川県警，不祥事相次ぎ発覚(10月1日，元警官2人逮捕．7日，深山健男本部長辞職)．その後各県警で不祥事続発。9.16 政府，東ティモールへの多国籍軍派遣の国連安保理決議をうけ，避難民救済に200万ドルの拠出を発表。9.21 自民党総裁選，小渕首相再選。9.25 民主党代表選，鳩山由紀夫幹事長代理が菅直人代表らを破り当選。10.1 国際協力銀行・日本政策投資銀行・国民生活金融公庫発足。10.4 小渕首相・小沢一郎自由党党首・神崎武法公明党代表，自自公連立政権樹立で合意(5日，小渕第2次改造内閣発足)。10.14 住友銀行とさくら銀行，平成12年4月までに

社　会・文　化	世　界
政務官)。7.25 西嶋定生(79，東アジア史)。8.17 シャールシュミット(72，日本文学翻訳家)。8.22 村山実(61，プロ野球選手)。9.5 堀田善衛(80，作家)。9.6 黒澤明(88，映画監督)。9.23 ハル=ライシャワー(83，駐日米国大使夫人)。9.24 太田薫(86，総評議長)。9.29 ソロビヨフ(66，ロシア駐日大使)。10.3 犬養孝(91，国文学)。10.12 佐多稲子(94，作家)。10.14 藤間藤子(90，日本舞踊家)。11.11 淀川長治(89，映画評論家)。11.30 横井英樹(85，ホテル・ニュージャパン社長)。12.2 織田幹雄(93，陸上競技選手)。12.23 中村俊男(88，三菱銀行会長・相談役)。12.26 白洲正子(88，随筆家)。12.29 ギラン(90，ジャーナリスト)。12.30 木下恵介(86，映画監督)。	
1.4 キャッシュカードで商品の代金を決済するデビットカード開始。1.13 横浜市立大付属病院での2人の患者を取り違える医療ミスが明るみに。 ジャズピアニスト秋吉敏子，日本人で初めてジャズの殿堂入り。1.19 日亜化学の中村修二，青色半導体レーザーを実用化。 奈良国立文化財研究所，富本銭が日本最古の貨幣である可能性が高いと発表。1.25 厚生省，バイアグラを承認。1.28 ハワイ島に完成した日本の「すばる」望遠鏡，初受光。2.1 所沢産野菜，テレビ朝日ニュースステーションの報道により暴落(メディアの社会的責任が問題に．18日，埼玉県安全宣言)。2.23 広島・長崎への原爆投下が米国ジャーナリストらが選んだ20世紀の100大ニュースの第1位に。2.28 臓器移植法施行後初の脳死移植。3.21 米在住の映画監督伊比恵子，短編ドキュメンタリー部門でアカデミー賞を受賞。4.1 改正男女雇用機会均等法・改正労働基準法施行。5.2 田村亮子，全日本女子選抜体重別選手権で9連覇，国内107連勝。5.7 情報公開法，衆院本会議で可決，成立。5.11 仙台市，人口100万人突破(広島市につぎ11番目)。5.12 臓器移植法施行後2例目の脳死判定で心臓移植。5.13 川崎公害訴訟，和解で合意。5.17 総務庁2月の労働力特別調査，長期失業者は前年同月比19万人増で7年連続の増加，完全失業者は67万人増加。5.- 偽造500円硬貨，東京都内に出回る。5.21 佐渡トキ保護センターでひな1羽が誕生(人工繁殖では国内初)。5.22 民主・リベラル労組会議，正式解散(10月21日，活動を引き継ぐ政治センター発足)。6.1 総務庁労働力調査，4月の男性の完全失業率5.0パーセントで，記録更新。6.14 事故による患者を脳死判定，臓器移植法施行後はじめて。6.21 サンクトペテルブルグで日露歴史教育会議(～22日．欧州評議会主催，日露歴史相互理解の試み，2000年10月東京で第2回会議)。6.28 愛知万博会場，会場予定地でのオオタカ営巣発見をうけ縮小へ。7.9 京大医学部付属病院で世界初のドミノ・分割肝移植。7.14 東京地検，中島洋次郎前代議士に懲役2年6ヵ月，追徴金1000万円の実刑判決。7.23 全日空ジャンボ機ハイジャックされ，機長が刺され死亡。8.6 郵政省発表，携帯電話とPHSの加入台数，5000万台突破。8.12 文部省調査，	1.1 EUの単一通貨ユーロ，仏独など11ヵ国に導入。1.5 米，キューバ制裁を緩和。1.7 米クリントン大統領の弾劾裁判始まる(2月12日，無罪が確定)。1.8 米ソルトレークシティー五輪組織委員会会長・副会長，五輪招致買収問題で辞任。1.10 中国，公営ノンバンクの破たん処理で，対外債務を優先返済しないと言明。1.19 インドネシアのアンボン島でイスラム教徒とキリスト教徒が衝突(～21日)。1.24 国際オリンピック委員会，買収疑惑の6委員追放を決定。1.25 コロンビア中西部で地震，死者約1200人。1.28 フォード，ボルボの乗用車部門を買収。2.26 米国務省'98年「世界人権報告」，中国の人権状況を批判。3.1 対人地雷全面禁止条約発効。3.12 ハンガリー・チェコ・ポーランド，NATOに加盟(加盟国19)。3.16 米国と北朝鮮，核疑惑地下施設への調査で合意。3.17 IOC臨時総会，サマランチ会長を信任。 北朝鮮とロシア，新しい友好協力条約に仮調印。3.23 米とユーゴ，会談決裂(24日，NATO，ユーゴに空爆開始，5月10日，ユーゴ軍のコソボ撤退合意をうけ空爆停止)。3.29 第4次米朝ミサイル協議，平壌で(～30日)。4.1 石油大手のBPアモコ，米石油大手ARCOの買収を発表。4.20 米コロラド州の高校で生徒2人が銃を乱射，校内乱射事件としては最悪の死傷者。4.23 国連人権委，キューバ非難決議案を採択。4.28 国連人権委，EU提出の死刑廃止決議案を可決(日米は反対)。5.6 G8緊急外相会議，コソボ解決へ合意。5.7 国連安保理，インドネシアとポルトガルの東ティモール合意を支持。 NATO軍，ユーゴの中国大使館を誤爆(12日，訪中したドイツのシュレーダー首相，「無条件の謝罪」)。5.12 オランダでハーグ平和市民会議開催，核兵器廃絶を訴える。5.16 クウェート政府，2003年国民議会選挙での女性の選挙・被選挙権を承認，湾岸諸国で初。5.18 イスラエル首相選挙，労働党バラク党首当選。5.26 パキスタンとインド，帰属権が争われているカシミール地方で衝突。6.4 国連難民高等弁務官事務所，コソボ難民は100万人と推計。6.6 インド空軍，カシミールのパキスタン民兵への攻撃を再開(30日までに死者66人)。6.7 インドネシア総選挙(10日，野党闘争民主党メガワティ党首勝利宣言)。6.14 国連，コソボ暫定行政支援団を設置。6.15 北朝鮮と韓国両国の警備艇，黄海で銃撃戦。6.16 南アフリ

西暦	年号 干支	内閣	政　治・経　済
1999 ⇕	平成 11 己卯	(小渕恵三内閣)	合併すると発表(預金量世界2位へ)。10. 16 三井海上火災保険・日本火災海上保険・興亜火災海上保険，事業統合することが明らかに。10. 18 日産自動車，「日産リバイバルプラン」を発表，工場閉鎖と人員削減へ。 日朝両国，シンガポールで非公式接触。10. 20 江田五月参院議員ら呼びかけの菅支持グループ「国のかたち研究会」，初会合。10. 29 第146臨時国会召集(12月15日閉会)。11. 2 政府，北朝鮮行きチャーター便を解禁。11. 13 石原慎太郎都知事，台湾訪問(14日，李登輝総統と会見．台湾を「国家」と呼び，中国が反発)。11. 15 インドネシアのワヒド大統領，初来日。11. 19 自自公，定数削減法案提出。11. 22 政府，国連難民高等弁務官事務所の要請で自衛隊を西ティモールへ派遣。 沖縄県，米軍普天間基地の返還問題で名護市辺野古地先を移設候補地と決め，市に協力要請(12月27日，市長受諾表明)。11. 30 アジア歴史資料センター開設(平成13年国立公文書館内に)，閣議決定。12. 1 超党派国会議員団(村山富市団長)，北朝鮮訪問(3日，朝鮮労働党と共同発表に署名)。12. 19 日本と北朝鮮の赤十字会談，北京で開かれる。12. 29 与党，ペイオフ解禁1年延期で合意，政府も受け入れへ。**この年** 日本の自動車販売台数約399万台(前年比8パーセント減．15年ぶりに400万台割れ)。

社会・文化

平成10年度に不登校で30日以上学校を休んだ小中学生約12万8000人と過去最高。**8.14** 神奈川県山北町でのキャンプ客ら，増水した川に流され13人が死亡．同県藤野町の川でも２人死亡。**8.24** 文部省，平成12年春から社会人向けの専門大学院新設の方針発表。**9.7** 全国高齢者名簿，100歳以上の長寿者が９月末までに過去最高の１万1346人となると予測。**9.8** 米大リーグ野茂英雄，メジャー史上３番目の速さで1000奪三振。**9.20** 文部省，大学の自主性を尊重した特例措置を条件に，国立大の独立行政法人化を表明。**9.28** 東京都品川区，平成12年春から小学校選びを自由化。**9.29** 大阪高裁，甲山事件の第２次控訴審で神戸地裁の無罪判決を支持し控訴を棄却。 オウム真理教，対外的な宗教活動の休止，教団名称の一時停止を発表。**9.30** 東京地裁，地下鉄サリン事件実行犯の横山真人被告に死刑判決。 茨城県東海村のJCO東海事業所で国内初の臨界事故(のち死者２名，日本原子力開発史上初めての死亡事故)。**10.10** 田村亮子，世界女子柔道48キロ級で４連覇。**10.12** 東京地裁，防衛庁調達実施本部(調本)事件で元調本本部長やNECの元幹部らに執行猶予付きの有罪判決。**10.19** 東京地検特捜部，防衛庁調本からの発注の入札をめぐり，石油元売り７社の９担当者を独禁法違反で逮捕。**10.21** 最高裁，リクルート事件での藤波孝生元官房長官の上告を棄却し，懲役３年執行猶予４年，追徴金4270万円が確定。最高裁，大阪箕面市の遺族会補助金訴訟で，合憲とした２審を支持し原告側の上告を棄却。**10.22** 日経連と連合，「雇用安定宣言」を発表。**10.29** 自自公，介護保険制度見直しで合意(11月５日，政府，65歳以上の保険料徴収は半年見合せ，その後１年間は半額と決定)。宮城県の上高森遺跡で約63万年前と推定される石器が出土と東北旧石器文化研究所などが発表(平成12年11月発掘調査団長によるねつ造と判明，考古学界に前期旧石器時代遺跡の全面的な再調査の動き)。**11.2** 団体規制法案と被害者救済法案(オウム２法案)，国会提出(12月３日，オウム２法，参院本会議で可決，成立)。**11.4** 東京六大学野球初の日本人女性投手竹本恵(東大)，対立大戦に登板。**12.1** 警視庁と静岡県警，宗教法人「法の華三法行」を詐欺容疑で捜索。**12.13** 大阪地裁，わいせつ行為をめぐる訴訟で横山ノック知事に1100万円の支払いを命じる判決(21日，横山知事が辞表提出)。**12.15**「わだつみのこえ」訴訟，出版差し止め請求を取り下げ。**12.25** 清水宏保，全日本スプリント500メートルで35秒24の屋外世界最高をマーク，男子史上初の総合３連覇も。

【死没】

1.9 芦田伸介(81，俳優)。**1.16** 大屋政子(78，大屋晋三夫人)。**1.24** 夏川静枝(89，女優)。**1.25** 三木のり平(74，喜劇俳優)。**1.31** ジャイアント馬場(61，プロレスラー)。**2.9** 久野収(88，哲学者)。 松下宗之(65，朝日新聞)。**2.15** 山岡久乃(72，女優)。**2.18** 川本輝夫(67，チッソ水俣病患者連盟委員長)。**2.21** 糸川英夫(86，「ロ

世界

カ，２代目大統領にアフリカ民族会議議長ターボ=ムベキ副大統領が就任。**6.18** 第25回主要国首脳会議，ドイツのケルンで開催(20日，首脳宣言などを採択)。 米下院，上院で可決された銃規制強化法案を否決。**6.19** IOC総会，2006年冬季オリンピック開催地をイタリアのトリノに決定。**6.30** コソボ復興へ支援国会合。**7.9** 台湾の李登輝総統，中台関係を「国家と国家の関係」と発言(15日，中国反発)。**7.13** オーストリア議会，原発禁止など非核化を憲法に明記することを全会一致で承認。**7.15** 米，台湾問題で中国が軍事力による威嚇に訴えないよう警告。**7.18** 米，イラクを空爆。**7.22** 中国政府，気功集団「法輪功」の運営母体法論大法研究会を非合法組織とし，活動を禁止。**7.26** ASEAN地域フォーラム，北朝鮮のミサイル開発に懸念(27日，日米韓，北朝鮮に発射中止を求める)。**7.28** IMF，対露融資再開を決定。**8.1** ロシアと主要債権国会議，旧ソ連債務の最大20年の返済繰り延べに合意。**8.2** インド西ベンガル州で夜行の急行列車が正面衝突，280人余死亡。**8.8** ロシア，イスラム武装勢力の掃討作戦を開始。**8.10** インドネシアのアンボン島でイスラム教徒とキリスト教徒の抗争再燃，'99年に入ってからの死者400人以上に。**8.17** トルコ西部で地震，死者１万7000人以上，負傷者４万3000人以上。**8.30** 東ティモールで独立か残留かを問う住民投票(９月４日，独立派圧勝．10月20日，インドネシア統治から正式分離)。**9.1** ドイツ政府と連邦議会，ベルリンで正式に業務開始。**9.5** インドで下院総選挙始まる(10月７日，与党連合過半数を確保．13日，第３次バジパイ政権発足)。**9.7** 東ティモールで混乱続き無政府状態に。**9.10** 韓国，日本の演歌やポップスなどの公演を条件つきで認める。**9.11** 米中首脳会議，両国の関係修復で一致。**9.12** 米朝高官協議で共同発表，北朝鮮のミサイル発射は当面回避。**9.13** モスクワで８階建てアパートが爆発，死者100人以上。**9.17** クリントン大統領，北朝鮮への経済制裁緩和を発表(24日，北朝鮮，ミサイル発射凍結を発表)。**9.21** 台湾中部で地震，死者2000人以上，負傷者約１万人。**9.23** インドネシアの学生や市民，国家治安法の可決に抗議。**9.24** 北朝鮮外務省，米朝高官協議中のミサイル発射の凍結を発表。**10.1** ロシア軍，チェチェン共和国へ進攻。**10.5** ロンドンで列車衝突，死者70人以上。**10.8** インド総選挙，インド人民党を中心とする与党連合が過半数獲得。**10.12** パキスタンで軍事クーデタ(15日，ムシャラフ参謀総長が国家最高責任者に．25日，国家安全保障会議発足)。**10.13** 米上院，CTBT批准承認決議案を否決。 米上院本会議，CTBTの批准承認案を否決。**10.15**「国境なき医師団」にノーベル平和賞。**10.20** インドネシア国民協議会，ハビビ大統領の国政演説を否決しワヒド議長を大統領に選出。**10.24** アルゼンチン大統領選，野党候補デラルアが初当選。**10.25** 国連安保理，「国連東ティモール暫定行政機構」設置決議案を全会一致で採択。**10.28** インドに超大型サイクロン上陸，死者約１万人。**11.1** 米，パナマへ基地を返還。**11.5** 米ワシントン連邦地裁，反トラスト法違反の裁判

西暦	年号 干支	内閣	政　治・経　済
1999 ▲	平成 11 己卯	（小渕恵三内閣）	
2000 ▼	12 庚辰	（小渕恵三内閣） 4.5 第1次森喜朗内閣	1.1 小渕首相，コンピューター2000年問題（Ｙ２Ｋ）について「重大問題は発生していない模様」と発表。1.10 小渕首相，東南アジア３ヵ国歴訪（～13日）。1.20 第147通常国会召集（６月２日閉会）．衆参両院本会議，憲法調査会の設置を決定。1.27 衆議院本会議，公職選挙法改正案を可決（衆院比例定数20削減，２月２日成立）．小渕首相の施政方針演説（28日），衆参両院で野党欠席。2.1 平成11年の平均完全失業率，4.7パーセントと最悪記録を更新（初めてアメリカを上回る）。2.6 大阪府知事選挙．太田房江が当選（全国初の女性知事）。2.16 参院憲法調査会が初会合（現行憲法施行後，国会に設置された初の憲法調査機関）。2.17 アメリカの格付け会社ムーディーズ，日本国債を格下げの方向で見直すと発表。2.24 越智通夫金融担当相，金融関係者との会合における発言問題化（25日，更迭）。3.7 政府，北朝鮮に対しコメ10万トン支援及び国交正常化交渉再開を発表。3.8 小渕首相の私的諮問機関「教育改革国民会議」発足．座長に江崎玲於奈元筑波大学長（山下泰裕・曾野綾子ら委員26名）。3.28 衆議院本会議，年金改革関連法を可決成立（公的年金の給付水準抑制）。4.1 自民・自由・公明の３党が党首会談．小渕首相，自由党との連立解消を表明．連立政権残留を目指す野田毅前自治相ら，自由党を離党し保守党を結成（党首扇千景）。4.2 小渕首相，脳梗塞で入院。4.4 小渕内閣総辞職。4.5 自民党両院議員総会，森喜朗を総裁に選出。衆参両院本会議，森自民党総裁を首相に指名。森内閣成立（自民・公明・保守３党による連立内閣，小渕前内閣の閣僚全員再任）。日朝国交正常化交渉再開（７年ぶり）。4.15 主要７ヵ国蔵相・中央銀行総裁会議（Ｇ７），ワシントンで開催．日本に内需刺激策とゼロ金利政策の継続を要請。4.16 熊本県知事選挙，前副知事の潮谷義子が当選（史上２人目の女性知事）。4.19 東京三菱銀行と三菱信託銀行，平成13年に事業統合することを発表．新行名「三菱東京フィナンシャル・グループ」。4.21 住友銀行とさくら銀行，合併後の新行名「三井住友銀行」発表。4.22 南太平洋島嶼国の代表と森首相が話し合う「太平洋・島サミット」，宮崎で開催。4.28 森首相，沖縄サミット（主要国首脳会議）参加７ヵ国歴訪（～５月６日）。5.3 読売新聞社，憲法改正第２次試案を提言（自衛隊を軍隊と認めその保持を明記）。5.6 日本・中国・韓国・ASEAN諸国の蔵相による「ASEAN＋３蔵相会議」，タイで開催（ASEANの通貨スワップ協定を拡大し日中韓も新規参加することで合意）。5.9 衆院本会議，改正公職選挙法を可決成立。5.14 小渕恵三前首相，死去。5.15 森首相，「日本は天皇中心の神の国」と発言。5.20 天皇・皇后，欧州４ヵ国公式訪問に出発（～６月１日）。5.24 都銀９行・信託銀行６行・日本興業銀行の３月期決算，14行の経常利益が黒字に転換。5.29 森首相，韓国を訪問（金大中大統領と会談，日韓緊密協力で一致）。6.5 米投資グループに譲渡された日本長期信用銀行，新行名「新生銀行」を発表。6.13 自治省，有権者１億人突破を発表。6.15 三和銀行と

社会・文化	世界
ケット博士」)。3.6 浜谷浩(83，写真家)。4.13 清川正二(86，競泳選手)。4.16 別当薫(78，プロ野球選手)。4.18 三岸節子(94，洋画家)。4.19 桂枝雀(59，落語家)。4.28 奥田東(93，京都大学学長)。4.30 根本陸夫(72，プロ野球監督)。5.4 長洲一二(79，神奈川県知事)。5.6 東山魁夷(90，日本画家)。5.24 阿部秋生(88，国文学)。6.12 芦部信喜(75，憲法学)。6.24 別所毅彦(76，プロ野球監督)。6.28 田中千代(92，ファッションデザイナー)。7.4 土田国保(77，警視総監)。7.14 山花貞夫(63，政治家)。7.21 江藤淳(66，文芸評論家)。7.29 辻邦生(73，小説家)。9.7 原文兵衛(86，参院議長)。9.16 市川右太衛門(92，俳優)。9.21 尾崎秀樹(70，文芸評論家)。9.22 淡谷のり子(92，歌手)。9.26 高橋正衛(76，現代史研究家)。10.3 盛田昭夫(78，ソニー)。10.4 庭野日敬(92，立正佼成会)。10.10 中村元(86，インド哲学)。10.12 三浦綾子(77，作家)。11.1 千秋実(82，俳優)。11.3 佐治敬三(80，サントリー)。11.14 萩原尊禮(91，地震予知総合研究振興会)。11.27 バイニング(97，天皇が皇太子当時の英語家庭教師)。11.28 佐藤誠三郎(67，政治学)。12.10 井手文子(79，女性史)。12.25 東敦子(63，声楽家)。12.28 坪内寿夫(85，佐世保重工業)。12.31 渡辺はま子(89，歌手)。	でマイクロソフト社の「独占状態」を認定。11.6 オーストラリアで共和制移行を問う国民投票，立憲君主制の維持が多数占める。11.23 WHO調査，HIV感染者累計5000万人に，死者は過去最高の260万人。12.2 英国の北アイルランド，プロテスタントとカトリック両勢力参加の自治政府発足。12.15 イスラエルのバラク首相とシリアのシャラ外相，米クリントン大統領の仲介で和平交渉再開。12.16 ベネズエラで大洪水，死者1万5000人以上。12.18 スリランカ大統領選挙，選挙期間中の死者約65人に(21日，クマラトゥンガ大統領再選)。12.21 ロシア下院選挙，共産党が第1党を堅持，「統一」が第2党に躍進。12.23 ニューヨーク株式市場のダウ工業株平均，終値で1万1405.76ドルと最高値を更新。12.26 インドネシアのマルク地方でイスラム教徒とキリスト教徒の抗争激化，31日までの死者約470人。12.31 エリツィン大統領辞任(プーチン首相が大統領代行に)。 パナマ運河，米国からパナマに返還される。**この年** 2000年コンピューター誤作動対策が世界的に問題化，とくに大きな混乱はなし。
1.24 鹿児島県肉用牛改良研究所，第2世代目のクローン牛「再クローン牛」誕生を発表(大型ほ乳類では世界初)。1.28 新潟県警，90年の三条市女子行方不明事件で，柏崎市内病院で19歳の女性を9年2ヵ月ぶりに保護。2.10 文部省宇宙科学研究所，大型固定燃料ロケット「M5型」の打ち上げ失敗。3.17 レバノン政府，和光晴生ら日本赤軍メンバー4人を，刑期満了によりヨルダンへ国外退去処分(ヨルダン政府，入国拒否．18日，日本へ移送)。3.23 最高裁，共和汚職事件で阿部文男元北海道沖縄開発庁長官の上告を棄却し，懲役3年が確定。3.27 奈良県桜井市のホケノ山古墳が最古の前方後円墳と確認される(3世紀中葉の築造．従来の定説より20年〜30年遡る)。3.31 北海道の有珠山，23年ぶりに噴火活動(住民9250人が避難)。5.3 佐賀市内の17歳少年，佐賀発福岡・天神行きの西鉄高速バスを乗っ取り乗客1人殺害，5人が重軽傷。6.11 宇都宮市の宝石店で出火，店長・従業員ら6人死亡。7.3 大阪府堺市の「耳原総合病院」で入院患者15人がセラチア菌に感染，うち7人が死亡。 伊豆諸島三宅島の雄山，噴火活動(143人避難，8月噴火相次ぐ)。7.11 不二越訴訟の上告審で，韓国人8人と遺族団体に不二越が解決金を支払うことで和解(最高裁での戦後補償訴訟の和解は初)。7.17 東京地検，地下鉄サリン事件実行犯の豊田亨・広瀬健一両被告に死刑，杉本繁郎被告に無期懲役の判決。8.22 三菱自動車工業，リコール隠し問題で調査結果を運輸省に届け出．欠陥の隠ぺい81万台に(27日，警視庁，虚偽報告容疑で同社を一斉検索)。9.1 東京都，三宅島からの全島避難方針を決定(4日，全島避難完了)。9.4 秘書給与流用事件で衆院議員山本譲司と公設秘書を詐欺容疑で逮捕。	1.4 北朝鮮・イタリア，国交樹立に合意。1.7 チベット仏教カギュー派の活仏カルマパ17世，中国脱出・インド入国。1.12 イラク，IAEAによる核査察受け入れを表明。1.20 韓国の新千年民主党，創党大会。2.9 北朝鮮・ロシア外相会談，友好条約調印。2.21 中国政府，台湾問題に関する白書発表(武力行使の可能性に言及)。3.18 台湾総統選挙，民進党の陳水扁が初当選(5月20日就任，半世紀続いた国民党単独政権に終止符)。3.26 ロシア大統領選挙(27日，ウラジーミル=プーチン大統領代行が当選，5月7日就任)。4.3 欧州連合(EU)とアフリカ統一機構(OAU)による「欧州・アフリカ首脳会議」，カイロで開幕。5.8 北朝鮮とオーストラリア，国交再開。5.11 インド政府，人口10億人突破を発表。5.19 フィジーの首都スバで武装グループ，国会占拠しクーデター宣言。5.20 核拡散防止条約再検討会議，ニューヨークで開催．核保有5ヵ国(米露英仏中)が核廃絶を約束。6.1 ペルー大統領選挙，アルベルト=フジモリ3選。 中国政府，金正日・北朝鮮総書記の訪中(5月29日〜31日)と江沢民国家主席との会談を発表。6.4 米クリントン大統領，モスクワでプーチン大統領と初会談。6.8 プーチン大統領，チェチェン共和国に臨時行政府樹立を承認(直轄統治へ)。6.10 ニューヨークで国連特別総会「女性2000年会議」．男女平等実現をめざす宣言採択。6.13 韓国の金大中大統領と北朝鮮の金正日総書記，平壌で初会談．南北の和解と協力で合意。6.18 エチオピアとエリトリア，停戦協定に調印(2年に及ぶ紛争終結)。6.20 台湾の陳水扁総統，中台首脳会談実現を提唱(中国は不可能との見解表明)。6.21 ウィーンで石油輸出機構(OPEC)臨時総会，イラクを除く10ヵ国の増産合意。7.12 北朝鮮・フィリピン，国交樹立。7.13 フィジー国会を占拠し

西暦	年号 干支	内閣	政　治・経　済
2000 ▲	平成 12 庚辰	（第1次森喜朗内閣） 7.4 第2次森喜朗内閣	東海銀行，平成14年４月に合併を表明（あさひ銀行との３行統合計画白紙に）。**6.19** 新株式市場「ナスダック・ジャパン」，取引開始。 竹下登元首相，死去。**6.25** 第42回衆議院議員総選挙，自民233，公明31，保守７で与党３党後退するも過半数確保，民主127で躍進。**7.4** 第148特別国会召集（７月６日閉会）．衆参両院本会議，森喜朗を首相に選出。第２次森内閣成立（自公保連立内閣，官房長官中川秀直・蔵相宮沢喜一など）。**7.5** 三和銀行・東海銀行・東洋信託銀行の３行，平成13年４月に経営統合することを合意（10月４日「UFJグループ」の名称発表）。**7.8** 第26回主要先進国首脳会議に向けての蔵相会議，福岡市で開催。**7.12** 第26回主要先進国首脳会議の外相会議，宮崎市で開幕（～13日）．「紛争予防Ｇ８宮崎イニシアチブ」を採択。 経営悪化していた大手百貨店そごうグループ，民事再生法適用を申請・倒産（負債総額１兆8700億円）。**7.19** 日銀，沖縄サミットと西暦2000年を記念した2000円札の発行開始。**7.21** 第26回主要先進国首脳会議，沖縄の名護市で開幕（沖縄サミット，～23日）．先立ちロシアを除く先進７ヵ国首脳会談実施。**7.30** 森首相，久世公尭金融再生委員長を更迭（特定企業からの利益供与が問題化）。**8.15** 人事院，平成12年度国家公務員一般職給与について初の基本給改訂見送りを勧告。**8.19** 森首相，バングラデシュなど南西アジア４ヵ国歴訪（～25日）。**8.21** 日朝国交正常化交渉第10回本会談，東京で開催（～24日）。**9.3** プーチンロシア大統領初来日（５日，森首相と会談．「平和条約問題に関する共同声明」発表）。**9.6** 森首相，中国国家主席江沢民とニューヨークで初会談（日朝国交正常化交渉への支援を要請）。**9.29** 第一勧業銀行・富士銀行・日本興業銀行の３行，日本初の金融持ち株会社「みずほホールディングス（MHD）」設立．みずほグループは総資産約153兆円に（世界最大）。**10.6** 政府，北朝鮮に50万トンのコメ追加支援を了承。**10.9** 千代田生命保険，更生特例法の適用を申請し受理される（自力での事業継続断念．負債総額２兆9366億円）。**10.15** 長野県知事選挙，新人で作家の田中康夫が当選（全国最年少）。**10.20** 平成11年の政府の途上国援助（ODA），過去最大の伸び率で153億2000万ドル（９年連続世界一）。**11.3** 河野外相，イワノフ露外相とモスクワで会談．「日ソ共同宣言」の有効性確認。**11.17** 住友化学工業と三井化学，平成15年10月をめどに経営統合を決定（売上高国内最大，世界５位に）。**11.21** 衆議院本会議，森内閣不信任決議案を否決（自民党の加藤・山崎両氏ら40人，これに反対し欠席）。**11.24** 共産党第22回党大会，議長に不破哲三，委員長に志位和夫が決定。**12.5** 第２次森内閣改造（行政改革担当相橋本龍太郎・財務相宮沢喜一など首相経験者複数入閣）。**12.19** 河野外相，日露平和条約交渉の年内締結断念を表明（日露交渉21世紀に持ち越し）。**12.22** 森首相の私的諮問機関「教育改革国民会議」，最終報告提出．教育基本法の見直しを提言。**この年** 日本の貿易黒字額12兆3527億円（前年比11.7パーセント減．３年ぶりの減少）。 日本の自動車販売台数約597万台（前年比1.7％増．４年ぶりに前年実績上回る）。 平成12年12月末の外貨準備高，3616億3800万ドル（前月末比70億8000万ドル増．過去最高を更新）。 全国消費者物価指数，101.8（前年比0.4パーセント下落，71年以降初のマイナス）。 平成12年の平均完全失業率，4.7パーセント（99年同様過去最悪）．平均完全失業者数，過去最多の320万人。 粗鋼生産高１億690万トン（前年比9.1パーセント増）。 東京商工リサーチ調査，平成12年の企業倒産は１万8769件（前年比2.2倍），負債総額23兆8850億円で戦後最悪。
2001 ▼	13 辛巳		**1.6** 中央省庁再編，１府12省庁制スタート。**1.7** 森首相，アフリカ３ヵ国とギリシャ歴訪（～15日）。**1.23** 額賀経済財政相，KSDからの資金提供問題の責任をとり辞表提出。**1.25** 河野外相，外務省機密費流用に関する調査報告書発表。**2.22** 村上正邦前自民党参院議員会長，KSDからの資金提供疑惑により辞表提出。**2.-** ２月の東京都の消費者物価指数，99.9（前年同月比1.1パーセント減と過去最大の下落）。**3.10** 森首相，古賀幹事長ら自民党５役と会談し退陣を

社　会・文　化	世　界
9.11 沖合底引き網漁船「第5竜宝丸」，北海道浦河町沖で転覆・沈没(14人が行方不明)。9.15 第27回夏季オリンピック・シドニー大会開幕(～10月1日)．女子マラソンで高橋尚子が優勝(日本女子初)など金5・銀8・銅5。9.28 東京高裁，中島洋次郎元防衛政務次官の控訴審で，懲役2年・追徴金1000万円の実刑判決。10.6 鳥取県西部地震．日野町で震度6．鳥取・岡山などで135人が重軽傷。10.10 白川英樹・筑波大学名誉教授ら3人，2000年度ノーベル化学賞受賞決定。11.5 宮城県と北海道の遺跡発掘調査で，藤村新一・東北旧石器文化研究所副理事長の石器発見のねつ造が判明。11.8 大阪府警，74年のオランダの仏大使館占拠事件で国際手配中の日本赤軍の重信房子逮捕。11.29 花岡事件訴訟，鹿島建設が5億円の被害者救済基金設立することで和解成立。12.17 福井県松岡町で京福電車が正面衝突(運転手1人死亡，乗客25人重軽傷)。12.31 東京都世田谷区の会社員の一家4人，殺害される。12.- 7年連続パ・リーグ首位打者(日本新記録)のイチロー，大リーグのマリナーズに入団。 【死没】 1.13 丸木俊(87，洋画家)。1.23 成田きん(107，双子長寿姉妹の姉)。1.27 大原富枝(87，小説家)。2.3 二階堂進(90，政治家)。2.10 高木友之助(76，中国思想)。宮田登(63，民俗学)。3.1 田中澄江(91，作家)。3.7 鶴岡一人(83，野球監督)。3.9 佐々木良作(85，政治家)。3.17 永井道雄(77，評論家・政治家)。3.21 島田虔次(82，東洋史学)。3.23 山室静(93，詩人・文芸評論家)。シャウプ(97，シャウプ勧告)。3.27 河盛好蔵(97，フランス文学者)。4.22 武谷三男(88，物理学)。4.25 佐藤文生(80，政治家)。4.30 中田喜直(76，作曲家)。5.1 山口和雄(93，近代日本経済史)。5.14 小渕恵三(62，政治家)。5.24 小田切秀雄(83，文芸評論家)。5.26 山村聡(90，俳優・映画監督)。6.6 梶山静六(74，政治家)。6.13 目崎徳衛(79，俳人)。6.16 香淳皇后(97，昭和天皇皇后)。6.19 竹下登(76，政治家)。6.22 三鬼彰(79，新日本製鉄)。7.1 宇都宮徳馬(93，日中友好協会名誉会長，政治家)。7.2 青江三奈(54，歌手)。7.9 斎藤栄三郎(87，経済評論家)。7.23 小倉遊亀(105，日本画家)。黒田清(69，ジャーナリスト)。8.28 水野祐(82，日本史学)。8.31 飛鳥井雅道(65，日本近代文学)。9.20 徳間康快(78，徳間書店)。10.12 ミヤコ蝶々(80，女優)。10.14 相良亨(79，日本倫理思想史)。10.30 神田山陽(2代)(91，講談師)。11.4 人見楠郎(84，昭和女子大理事長)。11.7 吉村公三郎(89，映画監督)。11.26 小坂善太郎(88，政治家)。11.29 下元勉(83，俳優)。吉川圭三(93，吉川弘文館)。12.9 滝田実(87，ゼンセン同盟名誉会長)。	ていた武装勢力，人質18人全員解放．武装勢力が推していたジョセファ=イロイロ前副大統領が大統領就任。7.21 沖縄で米ロ首脳会談．プーチン大統領，NMD反対を表明。7.25 フランス旅客機コンコルド，墜落(114人死亡)。8.1 イスラエルの大統領に野党リクードのモシェ=カツァブが就任。8.14 ロシアの原子力潜水艦「クルスク」，演習中に沈没(乗員118人全員死亡)。8.23 ガルフ航空のエアバス，着陸に失敗し墜落(乗客全員死亡)。9.15 第27回夏季オリンピック・シドニー大会(～10月1日)。9.16 ペルー大統領フジモリ，任期途中での退任を表明。10.2 ユーゴスラビア連邦大統領選挙．ミロシェビッチ大統領の敗北と退陣を求める民主野党連合，ゼネスト突入(6日，大統領，敗北を認め辞任表明)。10.13 2000年度ノーベル平和賞，韓国大統領金大中に決定。10.19 ブレア英首相，韓国の金大中大統領と会談．北朝鮮との国交樹立の方針を表明(ドイツ・オランダも表明)。11.2 シンガポール航空の旅客機，台湾国際空港で炎上(81人死亡)。11.7 イギリス政府，第2次大戦中の日本軍元捕虜に一時金の支払い発表。アメリカ大統領選挙，共和党のジョージ=ブッシュと民主党のアル=ゴアの接戦(11月26日ブッシュが僅差で勝利の最終確定結果発表)。11.11 オーストリア・カプルン近郊のトンネル内でケーブルカーが火災(日本人10人を含む，155人死亡)。11.20 フジモリ大統領，辞表提出(ペルー国会，罷免決議可決)。12.12 イギリス・北朝鮮，国交樹立。12.23 国連総会，日・米の国連分担金引き下げ決議を採択(日，19.629パーセント，米，22パーセントに)。ユーゴスラビアのセルビア共和国議会選挙(27日，民主野党連合が64.08パーセントの得票で圧勝)。12.25 中国洛陽市の商業ビルで火災(309人死亡)。
1.16 東京地検，自民党参院議員小山孝雄を受託収賄容疑で逮捕。1.22 第64代横綱曙，引退を表明(外国人初の横綱．優勝11回)。2.9 愛媛県立宇和島水産高校の実習船「えひめ丸」，ハワイ・オアフ島沖海上で，米原子力潜水艦と激突し沈没(乗員9人行方不明)。	1.16 コンゴ民主共和国のカビラ大統領，護衛に射殺される。1.20 アメリカ大統領にジョージ=ブッシュが就任。フィリピンのエストラダ大統領，辞任を表明(後任にグロリア=アロヨ副大統領)。1.26 インドで大地震．マグニチュード7.9．死者1万9687人。2.4 インド政府，カル

西暦	年号 干支	内閣	政　治・経　済
2001 ⇕	平成 13 辛巳	(第2次森喜朗内閣) 4.26 第1次小泉純一郎内閣	表明。3.16 麻生経済財政相，「日本経済は穏やかなデフレにある」と表明(公式にデフレを認めたのは戦後初)。3.25 千葉県知事選挙，前参院議員の堂本暁子当選(史上3人目の女性知事)。3.- 金融庁発表，平成12年3月期末の全国金融機関の不良債権額48兆円。 平成12年度の中国に対する政府開発援助(ODA)，総額2273億円と過去最大となる。4.1 情報公開法施行(国の行政機関保有文書が原則として公開対象に)。4.10 台湾前総統李登輝，病気治療目的で訪日(中国抗議)。4.11 三菱自動車，ダイムラー・クライスラーと全面提携を発表(世界最大のトラック・バス連合に)。4.23 自民党総裁選，小泉純一郎が当選。4.25 トヨタ自動車，日野自動車を子会社化。4.26 森内閣総辞職．国会で小泉純一郎を首相に指名。小泉純一郎内閣成立(外相田中真紀子など女性閣僚過去最多の5人)。4.28 先進7ヵ国財務相・中央銀行総裁会議(G7)，日本に金融・企業部門の改革を求める。5.1 埼玉県の浦和・大宮・与野の3市が合併，さいたま市誕生(人口約103万人，全国10位)。5.3 金正男(北朝鮮金正日総書記の長男)とみられる男性，不法入国し身柄拘束(4日，国外退去処分により中国へ出国)。5.8 韓国，日本の中学歴史教科書35項目の修正要求。5.9 東南アジア諸国連合と日中韓の財務相会議，ホノルルで開催．日本，タイなど3ヵ国と通貨スワップ2国間協定締結を合意。5.16 中国，日本の歴史教科書8項目の修正要求。 トヨタ自動車，3月期決算で売上高4.2パーセント増の13兆4244億円を記録(経常利益，22パーセント増の9722億円で過去最高)。5.17 日産自動車，3月期決算で税引き後利益3310億円を記録(4年ぶりに黒字転換)。5.18 三菱自動車工業，3月期決算で税引き後利益2781億円を記録(過去最大の赤字)。5.19 内閣府発表，米軍基地の存在を容認する沖縄県民が45.7パーセントを占める(否定側を初めて上回る)。5.29 小泉内閣の支持率，85.5パーセント。6.6 外務省，機密費流用事件を受け「外務省改革要項」を発表。6.15 参院本会議，ハンセン病補償措置法を全会一致で可決成立(元患者に補償金を支給)。6.18 中国，日本製品に対する特別関税を課すことを発表(セーフガード発動への報復)。6.20 三菱電機とボーイング社，包括提携を発表。6.30 小泉首相，アメリカ訪問(ブッシュ大統領と日米首脳会談)。7.9 文科省，中学歴史教科書修正要求について韓国・中国に近現代史の記述に明白な誤りはないと回答．7.29 第19回参院選，自民64で大勝，民主26，自由6で健闘．共産，社民は大幅後退。8.13 小泉首相，靖国神社を参拝(平成8年7月の橋本首相以来．中国・韓国反発)。8.- 東芝など大手電機メーカー，相次いで大幅な人員整理計画を発表。9.8 サンフランシスコ講和条約調印50周年記念式典，サンフランシスコの戦争記念オペラハウスで開催(日米同盟強化を誓う共同宣言に署名)。9.11 政府，米国での同時テロ発生を受け危機管理センターに「官邸対策室」を設置．小泉首相，ブッシュ米大統領に「テロへの怒りを共有する」との見舞いメッセージ。9.12 政府，安全保障会議(議長・小泉首相)を開催．邦人の安否確認など6項目の政府対処方針を決定。9.14 大手スーパーのマイカル，民事再生法を申請・倒産(負債総額1兆7400億円)。9.17 大正製薬と田辺製薬，平成14年10月に経営統合することを発表。9.19 小泉首相，緊急記者会見．アメリカ軍によるテロ報復攻撃支援の為の当面の措置7項目を発表(自衛隊派遣を決定)。9.25 小泉首相，アメリカ訪問．ブッシュ大統領と会談(テロ根絶の為連帯し取り組むことを確認)。9.26 国税庁調査，平成12年分民間平均給与は461万円(前年比0.1パーセント減と3年連続減少)。9.27 第153臨時国会召集(12月7日閉会)。小泉首相，所信表明演説で米軍支援策実施の為の法整備を表明。10.8 小泉首相，米英両軍のタリバン攻撃支持を表明。 小泉首相，中国訪問(江沢民国家主席と初会談)。10.12 政府，シンガポールとFTAを柱とする「経済連携協定」締結を合意。10.18 日産自動車，9月中間決算で営業利益1870億円を記録(3期連続過去最高)。10.29 参院本会議，テロ対策特別措置法案などテロ関連3法案可決，成立(自衛隊によるアメリカ軍後方支援が可能に，国会の事後承認必要)。10.30 大手電機メーカー7社，9月中間決算．売上高はソニーを除き減収，松下は営業利益757億円と初の赤字転落。11.5 小泉首相・朱鎔基中国首相・金大中韓国大統領の3氏，ブルネイで会談(対テロ連携強化で一致)。11.8 トヨタ自動車，9月中間決算で過去最高を記録(売上高前年同月比6.4パーセント増の6兆8335億円，経常利益前年同月比33.7パーセント増の5266億円)。11.9 海上自衛隊の先遣艦隊，インド洋に向け出航(情報収集の目的)。11.12 日本航空と日本エアシステム，平成14年9月に持ち株会社を設立し経営統合を発表。11.22 大成火災海上保険，更生特例法の適用を申請(アメリカ同時テロに伴う保険金支払で債務超過に．負債総額4131億円)。11.25 海上自衛艦，テロ対策特別措置法に基づき米軍後方支援のため出航(戦時の他国軍への軍事的支援は自衛隊発足後初)。11.30 参院本会議，テロ対策特別措置法に基づく自衛隊派遣の国会承認案可決，成立(民主党の一部議員が棄権・欠席)。12.7 改正国連平和維持活動(PKO)協力法，参院本会

社会・文化	世界
2.28 東京地裁，秘書給与流用事件で山本譲司元衆院議員に懲役1年6ヵ月の実刑判決。3.10 警視庁，外務省機密費流用事件で元要人外国訪問支援室長松尾克俊を詐欺容疑で逮捕。3.24 芸予地震．マグニチュード6.9．広島県内で震度6．呉市で 2人死亡。4.28 小泉首相，第72回メーデーの連合系の中央大会に出席(初の前倒しメーデー)。5.8 消費者金融「武富士」弘前支店が放火され従業員5人死亡。5.29 最高裁，オレンジ共済巨額詐欺事件の友部達夫参院議員の上告棄却し，懲役10年が確定。6.8 大阪府池田市の大阪教育大附属池田小学校に男が乱入，児童8人殺害，15人が重軽傷(大阪府警，元小学校職員宅間守を殺人容疑で逮捕)。7.12 東京地裁，戦後補償訴訟で故劉連仁の遺族3人への賠償金支払を命じる判決。8.7 東京都教育委員会，「新しい歴史教科書をつくる会」の教科書を採択(つくる会事務所付近で発火)。9.10 農水省，狂牛病の疑いがある乳牛が千葉県白井市で発見されたと発表(22日，正式に狂牛病感染発表)。9.29 米大リーグ，マリナーズのイチロー(鈴木一朗)，234安打，新人年間最多安打記録を90年ぶりに更新(242本まで伸ばす)。9.30 高橋尚子，ベルリンマラソン女子の部で2時間19分46秒の世界最高記録。10.6 日本考古学研究会，藤村新一・東北旧石器文化研究所前副理事長による旧石器発掘ねつ造は42遺跡と発表。10.7 米大リーグのイチロー，新人初の首位打者・盗塁王の2冠獲得(11月12日ア・リーグの新人王・MVPに選出，ダブル受賞は米大リーグ史上2人目)。10.10 野依良治・名古屋大学大学院理化学研究所教授，2001年度ノーベル化学賞受賞決定。10.31 国勢調査実施(総人口1億2692万5843人，在住外国人が初めて1パーセント超える)。12.1 皇太子妃雅子，女児出産(名前「愛子」，称号「敬宮」)。12.26 文科省まとめ，平成12年度に生徒らへのわいせつ行為で処分を受けた公立学校の教員は141人(過去最多)。この年 年間の交通事故死，8747人で20年ぶり9000人下回る。 海外旅行者数1621万6000人(前年比9.0パーセント減．過去最大の減少幅)。 【死没】 1.6 中島洋次郎(41，政治家)。1.15 谷口澄夫(87，日本史学)。1.24 山本達郎(90，東洋史学)。1.25 関野克(91，建築史)。1.31 古田紹欽(89，仏教学者)。2.28 蟹江ぎん(108，双子長寿姉妹の妹)。3.1 小田稔(78，天文学)。3.7 三原朝雄(91，政治家)。3.8 田畑茂二郎(89，国際法)。3.9 賀川光夫(78，考古学)。3.11 上村松篁(98，日本画家)。3.14 杉浦明平(87，小説家)。3.17 新珠三千代(71，女優)。3.22 奈良本辰也(87，歴史家・作家)。3.27 児島襄(74，現代史・戦争史)。3.31 中村歌右衛門(6代)(84，歌舞伎俳優)。4.2 暉峻康隆(93，文芸評論家)。4.7 並木路子(79，歌手)。4.12 大林太良(71，文化人類学)。4.14 三波春夫(77，歌手)。4.28 蔦文也(77，池田高校監督)。5.17 團伊玖磨(77，作曲家)。5.22 山根有三(82，日本美術史)。5.23 波多野完治(96，心理学)。5.29 武藤山治(75，国際金融経済	マパ17世に難民資格授与。2.6 イスラエル首相公選，リクード党のアリエル=シャロンが圧勝。2.26 アメリカ政府，報告書で中国の人権状況悪化を指摘。3.9 国連総会，イスラム原理主義勢力タリバンによる仏像破壊の中止要請を決議(14日，タリバン，バーミヤンの仏像2体破壊)。3.22 ドイツのボンでヨーロッパ現代史教育会議，20世紀の歴史の見直しと相互理解の動き(欧州評議会主催，日本からも参加し報告書提出，～24日)。4.1 アメリカ海軍偵察機と中国軍戦闘機，南シナ海上空で接触(中国機1機墜落，米軍機破損し海南島に緊急着陸)。 セルビア共和国警察，ミロシェビッチ前大統領を公金流用の疑いで逮捕。4.25 フィリピン国家警察，エストラダ前大統領を国家財産略奪容疑で逮捕。5.3 金正日・北朝鮮総書記，欧州連合代表団と会談，2003年までのミサイル実験凍結明言。5.21 台湾の陳水扁総統，ニューヨークに滞在('79の断交以来初)。6.1 ネパールの王宮内で銃撃事件，ビレンドラ国王夫妻ら8人死亡(2日，ディペンドラ皇太子，王位継承．4日，新国王死去，後任にギャネンドラ殿下)。6.3 ペルー大統領選挙，ペルー・ポシブレ党のアレハンドロ=トレドが決選投票で当選。6.8 イギリス総選挙，労働党圧勝。6.11 イタリア首相にシルビオ=ベルルスコーニ元首相が就任(7年ぶりの中道右派政権発足)。 ドイツのシュレーダー首相，電力会社と原発全廃にむけ合意。6.20 パキスタンのペルベズ=ムシャラフ陸軍参謀長，タラル大統領を解任(自ら新大統領に就任)。7.15 インド・パキスタン首脳会談，帰属を争うカシミール問題で対立し決裂。7.23 インドネシア国民協議会，ワヒド大統領罷免案を可決，メガワティ副大統領の昇格承認。7.26 金正日総書記，ロシア訪問(15年ぶり)。8.4 金正日総書記，プーチン露大統領と会談(モスクワ宣言発表)。9.3 江沢民総書記，北朝鮮を訪問(金正日総書記と会談)。9.11 アメリカで同時多発テロ(ハイジャックされた大型旅客機4機のうち2機がN.Y.の貿易センタービルに，1機がワシントンの国防総省に突っ込む．日本人20余名を含む約3000人が死亡．13日，米政府，イスラム原理主義指導者ウサマ=ビンラーディンを容疑者と認定．2004年11月ビンラーディン犯行声明)。9.12 NATO大使級理事会，集団的自衛権行使を合意。9.20 G8首脳， テロ対決姿勢の共同声明発表。 ブッシュ米大統領，アフガニスタンのタリバン政権にビンラーディンの身柄引き渡しを要求し最後通告。9.21 タリバン政権，米国の引き渡し要求を拒否。 EU緊急首脳会議，米国の対テロ軍事行動を承認。10.4 ロシアの民間航空機，黒海上空で爆発し墜落(12日，ウクライナ軍による誤射と判明)。10.7 米軍，英軍とともにアフガニスタン空爆開始。10.8 イタリアの空港で旅客機が軽飛行機と衝突(118人死亡)。10.11 アメリカで炭素菌感染者続出(米政府，犯罪事件で捜査)。10.12 国際連合とアナン国連事務総長，ノーベル平和賞受賞。10.19 ブッシュ大統領，江沢民国家主席と初会談(アジア太平洋地域のテロ包囲網作りで一致)。11.5 ASEAN首脳会議，「反テロ共同行動宣言」採択。11.6 国連人口基金，世界

西暦	年号干支	内閣	政治・経済
2001 ▲	平成 13 辛巳	(第1次小泉純一郎内閣)	議で可決成立(武器使用基準緩和)。12.22 国籍不明の不審船，鹿児島県奄美大島付近の日本の排他的経済水域内で確認．停船命令を無視し逃走したため海上保安庁の巡視船と銃撃戦になり，不審船沈没(乗員全員行方不明．日本側軽傷2名．不審船はロケット弾を発射，2002年9月日本側が沈没船を引き上げ北朝鮮の工作船と判明)。**この年** 米の民間団体フリーダムハウス，世界各国の「プレスの自由度」を調査しＡ(最も自由)からＦ(最も不自由)の6段階に格付け，日本は米・英・仏・韓国などとともにＢランク(Ａランクはオーストラリアなど16ヵ国，Ｆランクはベラルーシ・中国・北朝鮮など28ヵ国)。年平均完全失業率5.2パーセント(前年比0.5ポイント上昇．過去最悪)。 全国消費者物価，前年比1.1パーセント下落(過去最大．戦後初の3年連続減少)。 平成13年末国の債務残高，前年比12.8パーセント増の607兆3122億円(過去最高，国民1人あたり477万円の借金)。
2002 ▼	14 壬午		1.9 小泉首相，ASEAN 5ヵ国歴訪(～15日)(各国首脳と会談．日本とASEANの包括的経済連携構想を提案)。1.15「UFJ銀行」スタート(東洋信託銀行も「UFJ信託銀行」に改称)。1.18 ダイエー，「新再生3か年計画」発表(大手3行から4200億円の金融支援)。1.29 小泉首相，田中外相と野上義二外務次官を更迭(「アフガニスタン復興支援会議」における日本の特定NGOに対する参加拒否責任が問題化)。2.1 新外相に前環境相の川口順子就任。2.4 小泉首相，衆院本会議で施政方針演説(構造改革断行を強調)。2.12 外務省，改革の基本方針「開かれた外務省のための10の改革」(骨太の方針)を発表(政治家の不当な圧力排除など)。2.18 ブッシュアメリカ大統領，来日．小泉首相と会談．日米同盟強化で合意。3.1 日本テレビ系「CS日本」，開局(通信衛星デジタル放送)。3.3 佐藤工業，会社更生法の適用申請。3.4 外務省，鈴木宗男衆議院議員の調査報告書を発表(北方4島支援事業などへの関与を確認)。3.14 アメリカのウォルマート・ストアーズ・西友・住友商事の3社，資本・業務提携締結を合意。3.19 ダイエー，産業再生法適用を経済産業省に申請。3.22 小泉首相，金大中韓国大統領と韓国で会談．北朝鮮による拉致問題解決へ協力要請。3.26 辻元清美衆議院議員，政策秘書給与の流用疑惑で議員辞職。3.31 横浜市長選挙，新人で前衆院議員の中田宏が当選(政令市では最年少市長に)。3.- NTT，平成14年3月期決算で税引き後利益8121億円の赤字(日本企業では過去最大)。4.1 ペイオフの凍結解除。 みずほフィナンシャルグループ，「みずほ銀行」・「みずほコーポレート銀行」に再編し始動。4.8 加藤紘一元自民党幹事長，政治資金流用疑惑の責任をとり辞職表明(9日，衆院，辞職を許可)。4.19 井上裕参院議長，辞表提出(元政策秘書の裏金受領疑惑)。4.21 小泉首相，靖国神社を参拝(中国・韓国反発)。4.27 小泉首相，東南アジア4ヵ国歴訪(～5月3日)．ベトナムでファン=バン=カイ首相と会談。4.29 日本と北朝鮮の赤十字会談．北朝鮮，日本人拉致事件について行方不明者の調査再開を表明。5.2 井上裕前参院議長，議員辞職願を提出。5.8 中国警察，瀋陽の日本総領事館に駆け込んだ北朝鮮の亡命希望者を館内部に入り連行(9日，主権侵犯として日本抗議．23日，亡命希望者，韓国に到着)。5.13 トヨタ自動車，平成14年3月期決算を発表．売上高，前期比12.5パーセント増の15兆1062億円，経常利益，前期比14.5パーセント増の1兆1135億円(日本企業初の1兆円超)。5.21 衆院本会議，地球温暖化防止の京都議定書の政府批准を承認(地球温暖化対策推進法の改正案も可決)。5.24 国際捕鯨委員会(IWC)総会，山口県下関市で閉幕(日本の提案いずれも否決)。 大手銀行・金融グループ，平成14年3月期決算を発表，不良債権26兆7814億円(過去最高)。5.28 経団連と日経連が統合した「日本経済団体連合会」，正式発足(初代会長に奥田碩・日経連会長)。5.31 アメリカの格付け会社ムーディーズ，財政赤字を理由に日本国債を2段階格下げ(財務省，市場には影響なしと反発)。 福田官房長官，非核3原則の将来的見直しに言及。6.5 参院本会議，テロ資金供与処罰法を可決成立。6.12 地方銀行64行，平成14年3月期決算を発表．23行が赤字，黒字の41行のうち24行が減益。6.17 日本と中国，鹿児島県奄美大島沖で沈没した不審船の引き揚げを合意。6.25 北海道国際航空(エア・ドゥ)，民事再生法の適用申請。7.5 長野県議会，田中康夫知事不信任決議案を可決(15日，田中知事は失職，出直し知事選に再出馬し，9月1日再選)。7.6 天皇皇后両陛下，東欧諸国4ヵ国歴訪(～20日)。7.30 衆院本会議，小泉内閣不信任決議

社会・文化	世界
研究所理事長)。6.23 賀来龍三郎(75, キャノン)。7.7 金井圓(74, 日本史学)。7.8 市村羽左衛門(17代)(84, 歌舞伎俳優)。7.28 山田風太郎(79, 小説家)。8.6 野平祐二(73, 騎手)。8.8 小葉田淳(96, 日本史学)。萩原吉太郎(98, 北炭)。8.19 伊谷純一郎(75, 人類学)。9.28 猪熊功(63, 柔道東京五輪金メダリスト)。10.1 古今亭志ん朝(63, 落語家)。10.24 石井進(70, 日本史学)。萩原延寿(75, 歴史研究家)。10.25 鯖田豊之(75, 西洋史学)。11.5 金子鷗亭(95, 書家)。11.7 左幸子(71, 女優)。11.8 大出俊(79, 政治家)。 横山隆一(92, 漫画家)。11.10 西銘順治(80, 沖縄県知事)。11.11 杉浦忠(66, プロ野球投手・監督)。11.22 松村明(85,『大辞林』編集者)。11.23 井上清(87, 日本史学)。12.7 木村睦男(88, 政治家)。12.9 原智恵子(86, ピアニスト)。12.17 松尾泰一郎(91, 丸紅)。 南博(87, 社会心理学)。12.22 加藤シヅエ(104, 女性運動家)。	の人口61億3400万人と発表。11.10 世界貿易機関(WTO)閣僚会議, 中国の加盟を承認(11日, 台湾の加盟も承認。12月11日中国, 2002年1月1日台湾, 正式加盟, 加盟国144ヵ国)。11.12 アメリカの旅客機, ケネディー空港を離陸直後, 住宅地に墜落(265人死亡)。11.14 国連安保理, タリバン崩壊後のアフガニスタンへの多国籍軍派遣承認決議を採択。12.1 台湾立法委員選挙. 与党の民進党が第1党に。12.2 アメリカのエンロン社, アメリカ連邦破産法11条の適用申請。12.7 タリバン, 本拠地カンダハルから撤退, 組織的抵抗停止。12.14 EU首脳会談, 全加盟国(15ヵ国)が多国籍軍参加を表明。12.19 アルゼンチンで失業者による略奪騒動拡大(政府, 非常事態宣言. 20日, デラルア大統領, 辞表提出)。
1.18 東京都世田谷区の脳神経外科病院で院内感染により7人死亡。1.21 奈良県明日香村のキトラ古墳, 十二支像の寅が描かれていることが確認される。1.23 雪印食品, 輸入牛肉を国産と偽り販売していたことが判明(吉田升三社長辞任, 5月10日〜幹部社員ら詐欺容疑で逮捕)。1.28 ハンセン病訴訟, 国と遺族が和解の基本合意書に調印。2.9 第19回冬季オリンピック・ソルトレーク大会(〜24日, 日本ふるわず, 金ゼロ)。2.17 宮崎駿監督の「千と千尋の神隠し」, ベルリン国際映画祭で金熊賞受賞(アニメ映画のグランプリは初)。2.23 日本産科婦人科学会, 代理出産認めず。3.4 徳島県知事円藤寿穂を収賄容疑で逮捕(14日, 知事辞表提出)。3.12 東京地裁, 機密費流用事件で松尾克俊外務省元要人外国訪問支援室長に懲役7年6ヵ月の判決。3.13 春闘, 日産自動車除く全社がベースアップ見送る。3.16 気象庁, 東京で桜の開花発表(平年より12日早く, 過去最速)。3.18 鹿児島県在住114歳の本郷かまとが世界最高齢に(113歳の中願寺雄吉と男女共に日本人が長寿世界一に)。3.26 東京地裁, KSDを巡る政界汚職事件で古関忠男前理事長に懲役3年, 執行猶予5年の判決。4.11 富山地裁, 覚せい剤もみ消し事件で上田正文元同県警本部長ら2人に懲役1年, 執行猶予4年の判決。4.23 埼玉県警春日部部署で覚せい剤事件のもみ消し事実発覚。5.25 中部電力浜岡原発の緊急炉冷却装置から水漏れ事故。5.26 日本考古学会, 藤村新一・東北旧石器文化研究所前副理事長が発掘に関与した遺跡30ヵ所を学術的価値なしとの見解。5.31 サッカーW杯日韓大会, ソウルで開幕(〜6月30日. 史上初の共同開催, 日韓ともに決勝トーナメント進出, 日本16強・韓国4位, ブラジルが優勝)。6.10 埼玉・鹿児島両県警, 全農チキンフーズ元幹部ら7人を不正競争防止法違反容疑で逮捕。6.19 東京地検, 衆院議員鈴木宗男をあっせん収賄容疑で逮捕。6.21 第12回チャイコフスキー国際コンクールのピアノ部門で上原彩子が日本人初の優勝(バイオリン部門で川久賜紀が1位該当者なしの2位, 両部門での日本	1.1 欧州単一通貨ユーロ, 12ヵ国で流通開始(人口3億300万人, 域内総生産は世界の16パーセント)。 アルゼンチン国会, ドゥアルデ上院議員を大統領に選出(4日, 大統領, ペソの切り下げ表明)。1.12 パキスタンのムシャラフ大統領, イスラム過激派を含む5組織の非合法化発表。1.22 イスラム過激派ハマス, 対イスラエル全面戦争を宣言(2都市でテロ)。1.29 ブッシュ米大統領, 北朝鮮・イラン・イラクの3国を「悪の枢軸」と非難。2.8 第19回冬季オリンピック・ソルトレークシティー大会開幕(〜24日)。2.12 イランの旅客機, イラン西部の山間地に墜落(乗客117人全員死亡)。2.19 ブッシュ大統領, 韓国と中国歴訪(各国首脳と会談)。2.20 エジプト・ギザ県で列車火災(373人死亡)。2.27 インド, ヒンズー教徒とイスラム教徒の暴動激化(3月9日までに死者704人)。3.1 ベルギー政府, 2025年までに原発全廃を決定。3.3 スイスで国連加盟の是非を問う国民投票実施. 53.5パーセントの賛成で加盟可決。3.5 中国第9期全国人民代表大会第5回会議。3.7 第8回冬季パラリンピック・ソルトレークシティー大会開幕(〜16日)。3.9 エルサレムのカフェで自爆テロ. イスラエル人11人死亡(12日, イスラエル軍, パレスチナ自治区ラマッラを制圧)。3.14 北朝鮮住民25人, 北京市内のスペイン大使館に亡命(フィリピンを経て, 18日, 韓国に入る)。 ユーゴスラビア連邦, セルビア・モンテネグロに国名改称(連邦改編し緩やかな連合に)。3.22 東ティモール, 新憲法可決成立(5月20日の独立と同時に施行)。3.29 イスラエル軍, ラマッラのパレスチナ自治政府施設を全面制圧(アラファト議長監禁状態に, 5月2日撤退・議長解放)。4.1 イスラエル軍, ベツレヘムなどパレスチナ自治区へ大規模侵攻(4日, ブッシュ大統領, 侵攻の停止と撤退要請の声明, イスラエル首相府, 作戦継続を声明)。4.15 中国の旅客機, 釜山近郊の山中に墜落(死亡者128人, 38人救助)。4.22 アルゼンチン, 預金流出を防ぐ為, 全銀行の営業停止(29日, 再開)。4.26 ドイツの高校で元学生が銃乱射し教師・生徒ら17人殺害。5.1 パキスタンのムシャラフ大統領, 国民投票97パーセントの得票で

西暦	年号 干支	内閣	政治・経済
2002 ⇕	平成 14 壬午	（第1次小泉純一郎内閣）	案を否決。8.5 住民基本台帳ネットワークシステム（住基ネット）稼働（東京都杉並区など6市区町は参加見送り）。8.8 人事院，平成14年度国家公務員一般職給与について平均月額7770円（2.03パーセント）の引き下げ勧告（制度創設以来初）。8.9 田中真紀子元外相，公設秘書給与流用疑惑の責任をとり辞職願提出。8.29 トヨタ自動車，中国の第一汽車と包括提携。8.30 小泉首相，訪朝し金正日北朝鮮総主席との首脳会談実施を表明（首相の訪朝は史上初）。9.2 トヨタ自動車と日産自動車，低公害車の環境技術で提携合意。9.11 海上保安庁，平成13年12月に奄美大島沖で沈没した不審船を引き揚げる（北朝鮮の工作船と断定）。9.12 小泉首相，ニューヨークでブッシュ米大統領と会談（イラクの大量破壊兵器問題での国際協調体制づくりを要請）。9.17 小泉首相，北朝鮮訪問．金正日総書記と会談．金総書記，国家機関による日本人拉致の事実を認め謝罪（拉致した日本人13人のうち8人死亡，5人生存と言明）．「日朝平壌宣言」に署名。9.22 小泉首相，コペンハーゲンで金大中韓国大統領と会談（米朝対話促進で一致）。10.7 土井たか子社民党党首，日本人拉致事件に対する党の追求が不十分だったと陳謝。10.15 北朝鮮による拉致事件被害者5人（地村保志，蓮池薫ら），24年ぶりに帰国。 帝国データバンク調査，平成14年度上半期の企業倒産は負債総額，前年度比15.2パーセント減の6兆1449億円（倒産件数は前年同期比0.2パーセント減の9642件）。10.18 第155臨時国会召集（12月13日閉会）。10.23 政府，北朝鮮から帰国している拉致被害者5人を北朝鮮に戻さず永住帰国させる方針を決定。11.5 小泉首相，プノンペンで朱鎔基中国首相，金碩洙韓国首相と会談（北朝鮮の核開発問題解決に連携で一致）。ASEAN＋3（日中韓）首脳会議，北朝鮮に核兵器計画放棄を求める議長声明発表。11.14 北朝鮮，拉致被害者5人の返還ないかぎり安全保障協議の無期延期を警告。 中央教育審議会，教育基本法の全面見直しを求める中間報告提出。12.1 東北新幹線，盛岡～八戸間開業，東京～八戸間を最速2時間56分で結ぶ「はやて」運行開始。12.3 民主党鳩山代表，自由党との新党構想をめぐる混乱の責任をとり辞任を表明。12.4 政府，米英軍対テロ作戦後方支援のため海上自衛隊のイージス艦のインド洋派遣を決定。12.10 民主党代表選，菅直人前幹事長が当選。12.16 日米安全保障協議，ワシントンで開催．北朝鮮に核兵器開発の放棄を求める共同声明発表。**この年** 国会議員の秘書給与不正受給・流用など相次ぐ。平成14年の平均完全失業率5.4パーセント（前年比0.4ポイント増．2年連続過去最悪）。 平成14年の全国消費者物価指数98.3（前年比0.9パーセント下落．戦後初の3年連続下落）．政府，平成15年4月からの公的年金給付額0.9パーセント減額を決定。 平成14年の平均給与月額34万3688円（前年比2.3パーセント減．2年連続減少）。 全国消費者物価指数98.2（前年度比0.8パーセント下落，戦後最長の5年連続下落）。

社会・文化	世界
人トップは初)。6.24 東京地裁，後藤森重自治労元委員長に懲役1年6ヵ月，執行猶予4年の有罪判決。6.26 東京地裁，地下鉄サリン事件実行犯の新実智光被告に死刑判決。7.3 東京地検，外務省関連団体「支援委員会」を巡る事件で，三井物産社員3人を偽計業務妨害容疑で逮捕(外務省職員2人も背任罪で逮捕)。7.9 最高裁，大嘗祭への知事公費参列を合憲と判断。7.12 中国製健康食品で4人死亡。7.18 福岡県警，牛肉偽装事件で日本食品本社を詐欺容疑で捜索(11月10日同社元役員ら逮捕)。8.6 日本ハム，牛肉偽装を認める。8.11 宮崎県の日向サンパーク温泉の入浴客がレジオネラ菌に集団感染．6人死亡。8.21 青森県のむつ総合病院，群馬県の前橋赤十字病院など，医療ミスによる死亡者相次ぐ。9.2 東京電力の南直哉社長が原発記録改竄問題で引責辞任(同社首脳5人も辞任)。福島第2原発で放射能漏れ(東京電力，運転を停止)。9.4 三井物産の清水慎次郎社長が贈賄疑惑の責任をとり辞任(上島重二会長も辞任)。9.6 東京地裁，小山孝雄元参院議員に懲役1年10ヵ月，追徴金3166万円の実刑判決。9.10 東京地裁，粉飾決算事件で大野木克信元旧長銀頭取に懲役3年，執行猶予4年の有罪判決(元副頭取2被告も懲役2年，執行猶予3年の有罪判決)。10.2 釜山アジア競技大会の競泳男子200メートル平泳ぎで北島康介が2分9秒97の世界新記録。10.8 小柴昌俊，2002年度ノーベル物理学賞受賞決定．9日，田中耕一，ノーベル化学賞受賞決定(同年2人受賞は初)。10.11 東京地裁，元オウム真理教幹部遠藤誠一被告に死刑判決。10.14 釜山アジア競技大会閉幕(金44)。11.6 東京地検，寄付金問題で帝京大学元理事長沖永嘉計を所得税法違反容疑で逮捕。11.22 神戸地裁，雪印食品の元部長ら5人に懲役2年，執行猶予3年の判決。11.27 千葉県警，八千代市長大沢一治を収賄容疑で逮捕。12.2 島根・鳥取両県知事，宍道湖・中海の淡水化事業中止を表明(農相，同事業の中止を発表)。12.11 和歌山地裁，毒物カレー事件実行犯の林真須美に死刑判決。12.13 文科省，全国一斉学力テストの結果公表，「学力低下」に警鐘。12.19 米大リーグのニューヨーク・ヤンキース，巨人の松井秀喜外野手の入団決定を発表。 【死没】 1.1 河原崎しづ江(93，女優)。1.5 広岡知男(94，朝日新聞)。1.12 新島淳良(73，中国文学・哲学)。1.27 中西啓介(60，政治家)。2.1 近藤啓太郎(81，小説家)。2.9 池田恒雄(90，ベースボールマガジン社・恒文社)。2.14 小倉武一(91，政治家)。2.15 根津嘉一郎(88，東武鉄道)。3.4 半村良(68，小説家)。3.7 新倉俊一(69，西洋史学)。3.14 古山高麗雄(81，小説家)。3.17 寺田治郎(86，最高裁長官)。3.31 平川彰(87，仏教学)。4.11 高橋圭三(83，アナウンサー)。4.17 坂野重信(84，政治家)。4.22 斎藤英四郎(90，経団連会長)。5.16 柳家小さん(5代)(87，落語家)。5.24 清川虹子(89，女優)。5.25 川上源一(90，ヤマハ)。6.6 下中邦彦(77，平凡	5年の任期延長。5.4 ネパール政府，反政府勢力毛沢東派ゲリラ掃討作戦で390人の死亡を発表(7日，ゲリラ側，兵士や警官100人殺害)。 ナイジェリアの国内線旅客機，住宅地に墜落，148人死亡(7日，中国・エジプトと旅客機墜落事故相次ぐ)。5.5 フランス大統領選挙決選投票，保守党のシラク大統領が再選。5.6 アウン=サン=スー=チー，1年7ヵ月ぶりに自宅軟禁を解除される。5.8 パキスタンのカラチ市内で車爆弾テロ(14人死亡)。5.14 アイルランドでNATO外相理事会，ロシアと新理事会創設で合意。5.20 東ティモール民主共和国誕生(21世紀初の独立国，初代大統領にシャナナ=グスマン)。5.24 ブッシュ大統領・プーチン大統領，戦略攻撃戦力削減条約(モスクワ条約)に調印。5.25 中国の旅客機，台湾沖の澎湖島付近に墜落(225人死亡)。6.12 主要8ヵ国(G8)外相会議，カナダのウィスラーで開幕(包括テロ防止条約締結にむけ一致で合意)。6.13 中国，北京市韓国大使館から北朝鮮の亡命希望者を強制連行(韓国政府，強く抗議，23日，中国と韓国，北朝鮮の亡命希望者26人の中国出国を合意，24日，全員韓国に入る)。6.18 イスラエル軍，エルサレム南部のバス内自爆テロをうけ，ジェニンなどパレスチナ自治区に再侵攻。6.29 黄海で韓国と北朝鮮の艦艇が交戦(韓国海軍兵4人死亡，韓国高速艇1隻沈没，30日，北朝鮮，韓国の謝罪要求拒否，7月25日「遺憾」表明)。7.1 ドイツ上空で旅客機と貨物機，空中衝突(71人死亡)。7.6 アフガニスタンのアブドル=カディール副大統領，カブール市内で暗殺される。7.9 アフリカ連合発足(53ヵ国，約8億人)。7.11 アフリカ中央部で最古の人類化石発見(約600万～700万年前)。7.21 アメリカの通信会社ワールドコム，米連邦破産法の適用を申請(米史上最大の企業破綻，負債総額410億ドル)。8.3 陳水扁台湾総統，「台湾と中国は別の国」と言明(5日，中国，厳しく警告)。8.11 USエアウェイズ，米連邦破産法の適用を申請，経営破綻。8.14 チェコなど欧州中部，豪雨による洪水で94人死亡。8.19 ニューヨーク市，同時多発テロによる被害者2819人と発表。 チェチェン共和国グローズヌイでロシア軍大型輸送ヘリ墜落(114人死亡)。8.20 イラクの反体制派，ベルリンの在独イラク大使館を占拠(占拠犯全員逮捕)。9.10 国連総会，スイスの加盟承認(加盟国190ヵ国)。9.12 ブッシュ大統領，イラクに大量破壊兵器の即時廃棄要求(受け入れない場合の強制措置にも言及)。9.24 インド西部のヒンズー教寺院で武装グループが銃乱射(30人死亡)。9.26 セネガル沖で同国のフェリー沈没．死者1000人以上。9.27 国連総会，東ティモールの加盟を承認(加盟国191ヵ国)。10.1 イラク，大量破壊兵器査察の受け入れ合意。10.3 米朝協議．米国，北朝鮮への強い懸念表明。10.10 米下院本会議，対イラク武力行使容認決議を可決(11日，上院本会議可決)。10.11 2002年度ノーベル平和賞，ジミー=カーター元米国大統領に決定。10.12 インドネシアのバリ島繁華街で爆弾テロ．190人以上死亡。10.16 米国務省，北朝鮮が米朝合意に反した核兵器開発継続を認めたことを公表。10.17 フィリピン南部のデパート

西暦	年号 干支	内閣	政　治・経　済
2002 ▲	平成 14 壬午	(第1次小泉純一郎内閣)	
2003 ▼	15 癸未		1.7 川口外相，インドのシンハ外相と会談(平成15年中に約1100億円の円借款を表明)。1.10 小泉首相，モスクワでプーチン大統領と会談．北朝鮮に核拡散防止条約脱退の撤回要請で一致。1.14 小泉首相，靖国神社を参拝(中国・韓国抗議)。1.15 自動車総連，ベースアップ要求見送りを決定。1.20 第156通常国会召集(7月28日閉会)。1.21 みずほホールディングス，3月期税引き後利益の赤字額1兆9599億円(日本企業で過去最高)。1.23 三菱重工業など日本企業7社，台湾の新幹線受注に成功。1.28 在日朝鮮人総連の元幹部が「万景峰92」号を介し工作活動を行っていたことが明らかに。2.8 対人地雷廃棄の国内最終作業，滋賀県新旭町と北海道美唄市で実施。2.10 特定失踪者問題調査会，北朝鮮による拉致の疑いのある行方不明者44人の氏名公表。2.18 北朝鮮を脱出した住民4人，北京の日本人学校に駆け込む(日本政府による脱北者保護相次ぐ)。2.22 小泉首相，訪日したパウエル米国務長官と会談(日米同盟の重要性を確認)。3.2 小泉首相，来日したカストロ・キューバ国家評議会会議長と会談(北朝鮮の核問題についてキューバの影響力行使を求める)。3.3 小泉首相，茂木敏充外務副大臣を特使としてイラクに派遣し国連査察に全面協力するよう促す。3.12 原口幸市国連大使，国連安保理事会で演説(イラク問題に関し米国支持を表明)。3.20 中央教育審議会，教育基本法の全面的見直しを求める答申。3.23 川口外相，ヨルダンに1億ドルの無償資金協力発表(イラク戦争の周辺国支援策)。3.31 大島農相，元秘書の献金流用疑惑で引責辞任。4.1 市町村大合併，33市町村が7市4町に再編(市町村数3190に)。 さいたま市，政令指定都市に移行。4.3 政府，新型肺炎(SARS)蔓延のため中国・広東省，香港への渡航延期を勧告(SARSを新感染症に指定)。4.8 男女共同参画会議，指導的地位に女性が占める割合の引き上げなど最終報告を決定。4.9 川口外相，イラク人道支援のため1億ドル拠出を発表。4.12 先進7ヵ国財務相・中央銀行総裁会議(G7)，イラク復興支援へ国際的取り組みの必要性表明。4.13 東京都知事選で石原慎太郎再選。4.15 東京電力，全原発運転停止(トラブル隠し問題を受けた点検・補修により)。4.16 金融再生機構発足(官民出資の株式会社)。4.23 日産自動車，3月期決算で売上高前期比10.6パーセント増6兆8500億円(経常利益，71.0パーセント増7090億円．過去最高)。4.26 小泉首相，イギリスなど欧州5ヵ国訪問(～5月2日)．各国首相と会談(イラク戦後復興に国連の役

社　会・文　化	世　界
社)。6.13 村田英雄(73，歌手)。6.18 山本直純(69，作曲家)。6.24 高橋康也(70，英文学)。7.4 向坊隆(85，工業化学)。7.10 佐原真(70，考古学)。7.15 藤島亥治郎(103，建築学)。7.22 草柳大蔵(78，評論家)。9.3 熱田公(71，日本史学)。9.8 稲葉三千男(75，社会学)。9.11 阿木翁助(90，劇作家)。10.5 三鬼陽之助(95，経営評論家)。10.7 橋口倫介(81，西洋史学)。10.14 日野啓三(73，小説家)。10.21 笹沢左保(71，推理・時代小説作家)。10.23 山本夏彦(87，コラムニスト)。10.25 石井紘基(61，政治家)。10.29 坂本多加雄(52，日本政治思想史)。11.4 田中正俊(79，東洋史学)。11.6 秦野章(91，政治家)。11.11 江上波夫(96，古代史)。11.15 孫基禎(90，ベルリン五輪マラソン金メダリスト)。11.21 高円宮憲仁(47，国際交流基金嘱託)。11.27 大野真弓(95，西洋史学)。　大庭脩(75，東洋史学)。11.29 家永三郎(89，日本史学)。11.30 平井康三郎(92，作曲家・指揮者)。12.9 千葉茂(83，プロ野選手・監督)。12.12 松島栄一(85，日本史学)。12.13 伊藤昌哉(85，政治評論家)。12.27 松井やより(68，アジア女性史料センター代表)。	で爆弾テロ(160人余死傷，18日，路線バスで再び爆弾テロ)。10.23 チェチェン共和国のイスラム武装グループ，モスクワ市で劇場占拠(人質128人が犠牲に)。10.27 アジア太平洋経済協力会議(APEC)，「北朝鮮に関する首脳声明」採択(核開発計画の放棄を求める)。11.4 トルコ総選挙，イスラム政党の公正発展党が圧勝(18日，初のイスラム政党単独政権発足)。11.8 中国共産党第16回大会開幕(15日，総書記に胡錦濤・国家副主席が選出，江沢民総書記は引退し党中央軍事委主席に留任)。　安保理，イラクに大量破壊兵器査察の全面受け入れ要請決議，全会一致で採択(13日，イラク受諾)。11.14 朝鮮半島エネルギー開発機構(KEDO)，北朝鮮への重油供給停止を決定。11.15 イタリアのアンドレオッティ元首相，殺人罪の共犯で禁固24年の判決。11.22 ブッシュ大統領・プーチン大統領，サンクトペテルブルクで会談，イラクに強い警告。12.2 プーチン大統領・江沢民国家主席，北京で会談，連携強化の北京宣言に調印。12.3 国連査察団，イラク大統領宮殿を査察。12.7 フセイン大統領，90～91年のクウェート侵攻・占領を初めて謝罪。　イラク政府，国連への申告書で大量破壊兵器開発・保持を全面否定。12.9 UAL,米連邦破産法の適用を申請し破たん(過去最大)。12.12 北朝鮮，「米朝枠組み合意」に基づく核凍結の解除を宣言。12.19 韓国大統領選挙，民主党の盧武鉉が当選。　パウエル米国務長官，イラク提出申告書の重大な申告漏れを指摘。12.22 IAEA,北朝鮮が核施設の凍結を解除したと発表。12.31 北朝鮮，IAEA監視員を国外退去処分。
1.16 最高裁，ゼネコン汚職事件で中村喜四郎元建設相の上告を棄却し懲役1年6ヵ月の実刑・追徴金1000万円の判決確定(議員失職)。1.17 北朝鮮亡命の日本人妻が中国で拘束後に帰国(44年ぶり)。1.20 第65代横綱貴乃花，引退を表明(22回優勝)。1.29 日本相撲協会，朝青龍の横綱昇進決定(史上3人目の外国人横綱)。2.1 第5回青森冬季アジア競技会開幕(29ヵ国，1043人参加，メダル総数67で史上最多)。2.12 青森地裁，武富士放火殺人事件で小林光弘被告に死刑判決。2.28 国立大学法人法案，閣議決定(99の国立大学法人化)。3.3 水戸地裁，臨界事故でJCO元所長ら6被告に執行猶予付きの禁固刑，JCOに罰金100万円の判決。3.4 東京地検，衆院議員坂井隆憲と政策秘書ら2人を政治資金規正法違反容疑で逮捕。3.23 宮崎駿監督の「千と千尋の神隠し」，長編アニメ部門でアカデミー賞を受賞(長編作品での受賞は初)。4.11 鹿児島市の南国花火製造所で爆発，従業員10人死亡。4.14 全遺伝情報(ヒトゲノム)の解読完了(塩基約30億7000個，遺伝子総数3万2615個)。4.23 東京高裁，宇都宮市宝石店放火事件の控訴審で，1審の死刑判決を支持し控訴を棄却。5.1 ヨルダンのクイーン・マリア国際空港で毎日新聞記者の手荷物爆発，空港職員1人死亡。5.9 文科省宇宙化学研究所，世界初の小惑星探査機「ミューゼズC」打ち上げ成功。5.20 東京地裁，村上正邦元参院議員に懲役2年2ヵ月，追徴金7288万円の	1.8 トルコの旅客機，ディヤルバクル空港着陸に失敗し炎上(乗客75人が死亡)。　1.10 北朝鮮，核拡散防止条約(NPT)脱退を宣言。1.19 米政府，フセイン大統領の亡命によるイラク攻撃回避の可能性言及。1.20 国連監視査察委員会，イラクの核兵器開発疑惑が払拭できないと断定。1.28 ブッシュ大統領，国連決議なくともイラク攻撃実施を表明。2.1 米スペースシャトル「コロンビア」，空中分解し飛行士7人全員死亡。2.4 セルビア・モンテネグロ誕生。2.12 IAEA,北朝鮮核問題の安保理付託を決議。2.16 アラブ連盟，対イラク戦に非協力声明。2.18 韓国・大邱市で地下鉄放火(乗客の192人死亡)。2.19 イランの軍用機，イラン南東部で墜落(302人死亡)。2.24 中国ウイグル自治区で大地震，マグニチュード6.8，死者261人。2.25 盧武鉉が韓国大統領に就任。2.26 北朝鮮，原子炉再稼動を発表。3.4 フィリピンのダバオ空港で爆弾テロ(21人が死亡，5日，イスラム武装組織アブ・サヤフが犯行認める)。3.6 アルジェリアの旅客機，離陸直後に墜落(乗員・乗客97人死亡)。3.7 米・英・スペイン，イラクへの武力行使容認新決議修正案を安保理に提出(3月17日を期限とする)。3.11 露・仏，新決議修正案に拒否権発動を表明(中国も不賛成を表明)。3.12 セルビアのジンジッチ首相，ベオグラードで暗殺。3.15 中国第10期全国人民代表大会第1回会議開催(新国家主席に胡錦濤・共産党総書記を選出，16日，新首相に温家宝副首相を選出)。3.17 ブッシュ大統領，イラクに最後通

西暦	年号 干支	内閣	政　治・経　済
2003 ⬍	平成 15 癸未	（第1次小泉純一郎内閣） 11.19 第2次小泉純一郎内閣	割重要との認識一致）。**5.7** 北朝鮮による拉致問題解決訴える「国民大集会」，東京で開催。**5.8** トヨタ自動車，3月期決算で経常利益1兆4140億円（前期比27.0パーセント増．3年連続過去最高）。**5.9** 政府，中国にSARS対策のため緊急無償資金協力15億円を追加供与決定。**5.12** 十合，「ミレニアムリテイリング」に改称（そごうと西武百貨店を統合する持ち株会社に）。**5.28** 国会等移転特別委員会，首都機能移転を見送る中間報告採択。**5.29** 政府，入港する北朝鮮の貨客船「万景峰92」号を総動員で監視にあたることを決定。**5.30** 小泉首相，サンクトペテルブルグでプーチンロシア大統領と会談．石油パイプライン「太平洋ルート」優先着工を要請（31日，同市内で中国胡錦濤国家主席と初会談）。**6.5** 小泉首相，「拉致はテロ」との見解。**6.6** 参院本会議，武力攻撃事態法など有事関連3法を可決成立。 韓国の盧武鉉大統領，初来日（7日，小泉首相と会談．北朝鮮へ核廃棄要請で一致）。**6.-** 平成15年度上半期の日中貿易総額，604億4278万ドル（前年同月比33.9パーセント増）。**7.7** フォーチュン誌発表の平成14年度世界大企業番付，トヨタ自動車8位にランク。**7.22** 新日本製鉄と上海宝山鋼鉄，合弁会社設立に合意。**7.31** バンコクの日本大使館に亡命をもとめて北朝鮮住民10人駆け込む。**8.5** 政府，平成15年度版防衛白書を了承（テロなど新たな脅威に力点）。**8.8** 人事院，平成15年度の国家公務員給与を4054円引き下げ勧告（平均年収5年連続減少）。**8.11** 北朝鮮からの脱北者支援のNGOスタッフ，中国公安当局に拘束される。**8.18** 小泉首相，欧州3ヵ国歴訪（～23日）．各国首脳と会談．日本の対北朝鮮方針への支持を取り付ける。**8.22** 帝国データバンク，平成14年度の法人申告所得ランキング発表．トヨタ自動車，4年連続首位（前年度比5.5パーセント増の9887億円）。**8.25**「万景峰92号」入港．国土交通省，船舶検査を実施し是正を命令。**8.29** 政府，「政府開発援助（ODA）大綱」閣議決定（目的に国益重視の姿勢）。**9.20** 自民党総裁選，小泉首相再選。**9.21** 小泉首相，自民党3役決定（幹事長安倍晋三官房副長官・政調会長額賀福志郎幹事長代理など）。**9.24** 民主党と自由党，合併。**10.5** 石原国土交通相，日本道路公団藤井治芳総裁に辞表提出を要求（6日，拒否したため解任手続きへ）。**10.7** 小泉首相・中国温家宝首相・韓国盧武鉉大統領，バリ島で3ヵ国首脳会談．北朝鮮に核廃棄を求める共同宣言に署名。**10.10** 参院本会議，改正テロ対策特別措置法・改正公職選挙法など9法案可決，成立。 りそなホールディングス，9月中間決算で税引き後利益1兆7600億円の赤字。**10.15** 政府，イラク復興支援15億ドル拠出を決定。**10.17** 小泉首相，来日したブッシュ米大統領と会談（北朝鮮核開発につき平和的解決で一致）。**10.31** 産業再生機構，三井鉱山支援を再決定。**11.9** 第43回衆議院議員総選挙（自民237，民主177，公明34，共産9，社民6，自民伸び悩むも与党で過半数確保，民主は躍進，共産・社民後退）。**11.13** 土井たか子社民党党首，衆院選での敗北の責任をとり辞任（後任に福島瑞穂幹事長）。**11.19** 第158回特別国会召集（11月27日閉会）。衆参両院本会議，小泉首相を首相に選出。第2次小泉内閣成立（閣僚全員再任）。**11.25** 大手銀行・金融7グループの平成15年9月期中間決算，大幅に収益改善。**11.29** 日本人外交官2名，イラク中部で殺害される（邦人初の犠牲者）。**12.3** 北陸・関西・中部電力の3社，珠洲原発建設計画の凍結を合意（事実上の断念）。**12.10** 政府・与党，平成16年度予算で地方への補助金1兆円削減で合意。**12.12** 日本・ASEAN特別首脳会議，東京で開催（小泉首相，東南アジア友好協力条約への加盟を表明）。**12.18** 小泉首相，自衛隊のイラク派遣実施要項を承認。**12.26** 航空自衛隊先遣隊がクウェートへ出発。**この年** 年末の外貨準備高，6735億2900万ドル（過去最大の増加）。国内企業物価指数95.0（前年比0.7パーセント減，3年連続の下落）。 年間の輸出額，56兆634億円（前年度比6.3パーセント増），輸入額，44兆8258億円（前年度比4.1パーセント増，共に過去最高）．貿易黒字額11兆2376億円（前年比16.3パーセント増）。 経常収支黒字額，前年比29パーセント増の17兆2667億円（過去最大）。 財務省発表，年度末の国の債務残高703兆1478億円（前年度比5.1パーセント増と過去最高更新）。 トヨタ自動車，2003年の自動車販売台数678万台で世界2位（ゼネラル・モーターズに次ぎ）。

社会・文化

実刑判決。5.21 東京高裁，O157訴訟の控訴審で業者側の逆転勝訴判決。5.26 宮城県沖地震．マグニチュード7.1,宮城県石巻などで震度6弱．けが人170人。6.1 ヨルダン国家治安法廷，国際空港爆発事件で毎日新聞記者に禁固1年6ヵ月の実刑判決(同記者，アブドラ国王の特赦を受け釈放)。6.20 福岡市の博多湾で衣料品販売業一家4人の遺体発見(福岡県警，殺人・死体遺棄事件と断定，9月16日中国人留学生ら3人の犯行と判明)。7.17「21世紀COE(センター・オブ・エクセレンス)プログラム」，56大学133件の研究計画を選定。7.18 警視庁，前衆院議員辻元清美と社民党党首土井たか子の元政策秘書ら4人を，詐欺容疑で逮捕。7.20 九州中部で豪雨．死者22人。8.8 台風10号が高知県室戸市付近に上陸し日本列島を縦断．死者・不明者21人。8.28 大阪地裁，池田小児童殺傷事件の実行犯宅間守に死刑判決(2004年9月14日死刑執行)。9.6 北野武監督の「座頭市」，ベネチア国際映画祭で銀獅子賞(監督賞)を受賞。9.14 田村亮子，世界選手権女子柔道48キロ級で6連覇(大会史上初)。9.15 阪神タイガース，18年ぶりセ・リーグ優勝(10月27日，日本シリーズでダイエー優勝)。9.16 韓国，日本大衆文化第4次開放措置，04年1月からの実施発表。9.20 米大リーグのイチロー，新人から3年連続200安打達成(メジャー史上3人目)。9.29 東京地裁，旧日本軍の遺棄毒ガス被害訴訟で，中国人被害者の請求を認め国に賠償命令。10.29 東京地裁，オウム真理教元幹部中川智正被告に死刑判決。11.15 第67代横綱武蔵丸，引退を表明。11.21 大学設置・学校法人審議会，法科大学院66校を認可。11.29 宇宙航空研究開発機構，大型ロケットH2Aの打ち上げ失敗。12.1 地上デジタル放送開始(関東・近畿・中京地方の一部地域)。12.2 警視庁，武富士の武井保雄会長を電気通信事業法違反容疑で逮捕(8日，武井，会長を辞任)。12.6 愛知県警，衆院議員近藤浩を公職選挙法違反容疑で逮捕。12.19 警視庁，北朝鮮関連施設への銃撃事件で，「刀剣友の会」会長ら6人を銃刀法違反容疑で逮捕。12.29 埼玉県警，衆院議員新井正則を公職選挙法違反容疑で逮捕。**この年** 年間の交通事故死7702人(8000人を下回ったのは46年ぶり)。 平成15年の出生率，1.29と過去最低を記録。

【死没】

1.5 土方和雄(74，日本史学)。1.6 村上兵衛(79，小説家)。1.11 鹿取泰衛(81，駐ソ連大使)。1.12 深作欣二(72，映画監督)。1.16 榎本滋民(72，劇作家)。1.19 北出清五郎(80，アナウンサー)。1.26 真藤恒(92，NTT会長)。2.1 山住正己(72，教育学)。2.10 富士川英郎(93，ドイツ文学)。2.15 奥田元宋(90，日本画家)。2.22 隅谷三喜男(86，労働経済学)。2.23 小尾乕雄(95，東京都教育長)。2.26 藤原彰(80，日本史学)。 宮脇俊三(76，紀行作家)。3.2 生島治郎(70，小説家)。3.7 黒岩重吾(79，小説家)。3.14 鈴木真砂女(96，俳人)。3.31 山田安邦(76，ロート製薬)。4.2 村田敬次

世界

告(18日，イラク政府，フセイン大統領の亡命拒否)。3.18 イラク攻撃開始(イラク戦争始まる)。3.20 トルコ政府，米軍に領空通過を承認(イラク北部への兵員輸送可能に)。3.24 アラブ連盟，米英軍のイラクからの即時撤退を求める声明。4.2 WHO,SARS感染防止のため中国広東省と香港への渡航自粛勧告(5月8日台北・天津へも)。4.7 米軍，イラクの重要施設制圧(9日，フセイン政権崩壊)。4.8 米英首脳会談，北アイルランドのベルファストで開催．戦後イラク人主体の行政機構樹立を共同声明。4.11 露・仏・独首脳，サンクトペテルブルクで会談．国連中心のイラク戦後復興を確認。4.13 ブッシュ大統領，シリアに警告。4.16 国連人権委員会，北朝鮮の人権状況非難決議を採択(拉致事件に言及)。4.20 中国政府，SARS感染者346人，死者18人と発表。5.12 チェチェン共和国西部で爆弾テロ(59人死亡)。5.16 モロッコのカサブランカで連続テロ(45人死亡，17日，イスラム過激派メンバーら33人逮捕)。5.21 アルジェリアで大地震．マグニチュード6.7.死者2162人・負傷者8965人。5.27 中露首脳会談，北朝鮮問題の武力解決を容認しないことで一致。6.1 第29回主要国首脳会議，フランスのエビアンで開幕(〜3日)．議長総括で北朝鮮の拉致問題解決に言及。6.2 インド，熱波の影響で死者約1000人。6.8 ポーランド，国民投票によりEU加盟承認(14日，チェコでも加盟承認)。6.22 イラク原油の輸出再開(戦争開始による中断以来3ヵ月ぶり)。6.23 インド首相バジパイ，中国訪問，温家宝首相と会談(中印全面協力宣言調印)。6.24 ブッシュ大統領，ムシャラフ・パキスタン大統領と会談，30億ドルの支援表明。7.1 香港，返還6周年を迎え，民主化求める50万人デモ(89年の天安門事件以降，最大規模)。7.5 WHO,SARSの終息宣言。7.13 イラクでイラク人に一定の統治権限を認める，「イラク統治評議会」発足。7.21 リベリア，反政府勢力と政府軍，首都モンロビア攻防戦激化(90人余死亡)。7.27 マニラでフィリピン国軍兵士300人，大統領辞任を求め立てこもる，アロヨ大統領，「反乱厳戒宣言」布告(19時間後に反乱兵士撤収)。8.13 フランスやスイスなど欧州各地で異常な熱波(フランス国内の死亡者3000人)。8.18 リベリア，反政府勢力と政府側，暫定政権発足を盛り込んだ和平協定調印(14年間の内戦に終止符)。8.19 バグダッドの国連本部で爆弾テロ．デメロ国連事務総長イラク特別代表ら22人死亡。8.25 インド西部のムンバイ市内で連続爆弾テロ．45人死亡。8.29 イラク・ナジャフのモスクでテロ(82人死亡，229人負傷)。9.5 核実験全面禁止条約発効促進会議，ウィーンで開催．米・中など12ヵ国に早期批准を呼びかけ最終宣言。9.23 第58回国連総会一般演説．アナン国連事務総長，イラク戦争における米国理論を批判し安保理改革を主張．シラク仏大統領，日・独の常任理事国入り支持表明。10.2 ウクライナのヤルタで「1945年」についての歴史シンポジウム，ヤルタ会談の歴史理解などについて討議(欧州評議会主催，第2次大戦などについて歴史見直しの声が東欧・旧ソ連圏諸国から高まる。〜4日)。10.7 米カリフォル

西暦	年号 干支	内閣	政　治・経　済
2003 ▲	平成 15 癸未	(第2次小泉純一郎内閣)	
2004 ▼	16 甲申		1.16 陸上自衛隊先遣隊，イラク復興支援のためクウェートに出発。1.17 第23回共産党党大会，天皇制や自衛隊の存在認める綱領改定案採択(61年の策定以来初)。1.22 航空自衛隊本隊，イラク復興支援のためクウェートへ出発。2.3 陸上自衛隊本隊，イラク復興支援のためクウェートに出発(2月9日イラク南部サマワに到着し活動を開始)。2.9 参院本会議，イラクへの自衛隊派遣を承認(イラク特措法に基づく国会承認手続き終了)。 改正外国為替・外国貿易法成立(北朝鮮への経済制裁が可能に)。2.23 小泉首相，来日したアナン国連事務総長と会談(アナン事務総長，日本のイラク自衛隊派遣を評価)。2.24 山之内製薬，平成17年4月に藤沢薬品工業を吸収合併することを発表(国内2位に)。2.28 日朝協議，北京で開催(拉致問題に進展なし)。3.1 6県で43市町村が合併，8市に再編される(全国市町村数3135)。3.2 政府，司法改革関連9法案を閣議決定。 韓国国会，「日帝強占下の親日・反民族行為真相究明特別法」を可決(賛成151・反対2・棄権10，9月23日施行，日本統治時代の対日協力者を調査・糾弾する目的，同年12月同法改正，「親日」の表記を削除するとともに調査対象を拡大・強化)。3.11 三菱ふそうトラック・バス，車輪設計上の欠陥を認め，国土交通省にリコール届け出を表明。3.24 沖縄県警，尖閣諸島に上陸した中国の活動家7人を不法入国の現行犯で逮捕(26日，強制退去処分)。3.26 参議院本会議，平成16年度予算可決成立．一般会計総額82兆1109億円。3.- 平成15年度の対中国ODA総額約1080億円で同12年度のほぼ半額に減少，昭和54年度のスタート以来の累計約3兆3334億円に(その後，中国の軍備増強・経済発展などを受けて対中国ODA見直し論高まる)。 3月末の外貨準備高，8265億7700万ドル(初の8000億ドル突破で過去最高を更新)。 大手銀行7グループの3月期決算，5グループの連結最終損益が黒字転換。 トヨタ自動車，3月期決算で税引き後利益1兆1620億円(前期比54.8パーセント増，1兆円超は日本企業初)。 日産自動車，3月期決算で売上高7兆4292億円・営業利益8249億円(ともに過去最高を更新)。 3月の完全失業率4.7パーセント(3年ぶりの低水準)。4.1 全国7府県で43市町村合併(新潟県阿賀野市・静岡県伊豆市など11市誕生)。4.7 改正児童虐待防止法，参院で可決，成立(児童相談所に

社会・文化	世界
郎(79，政治家)。4.5 徳永康元(91，言語学・民俗学)。4.18 城塚登(75，社会思想史)。5.20 平井富三郎(96，新日本製鉄)。5.26 奥田義雄(76，地理学)。5.28 藤田省三(75，思想史)。6.20 松本弘子(67，モデル)。6.24 名古屋章(72，俳優)。7.5 桜内義雄(91，政治家)。7.17 河野義克(90，政治家)。7.19 大林芳郎(85，大林組)。7.23 関野雄(88，考古学)。7.27 花柳武始(76，新派俳優)。8.1 本間一夫(87，日本点字図書館館長)。8.4 飯田経夫(70，経済学)。8.9 沢たまき(66，政治家・女優)。8.10 中村哲(91，憲法学・政治学)。8.15 寺沢一(78，国際法)。9.8 斉藤喜久蔵(79，昭和製紙)。9.24 芦原義信(85，建築家)。9.26 江口圭一(71，日本史学)。9.29 楠田実(78，政治評論家)。10.1 一竜斎貞丈(6代)(75，講談師)。10.3 飯坂良明(77，政治学)。10.19 大石武一(94，政治家)。11.22 諸沢正道(80，国立科学博物館長)。11.24 団令子(68，女優)。11.26 小林千登勢(66，女優・エッセイスト)。11.27 矢内原勝(77，経済学)。12.5 バーブ佐竹(68，歌手)。12.31 坂本朝一(86，NHK)。	ニア州知事選挙，俳優のアーノルド=シュワルツェネガーが当選。10.8 国連人口基金，2003年度「世界人口白書」発表(63億人突破)。10.10 イランの女性弁護士で人権活動家シリン=エバディ，ノーベル平和賞受賞。10.15 中国，初の有人宇宙船「神舟５号」の打ち上げ成功(３ヵ国目)。10.18 韓国，イラク追加派兵と２億ドル拠出決定。10.27 イラクのバグダッド，赤十字事務所などで連続自爆テロ(35人死亡)。11.7 トルコ政府，イラク派兵の中止決定。11.20 トルコ・イスタンブールの英国総領事館付近で連続自爆テロ(英総領事ら27人死亡)。11.22 グルジア，議会選結果取消を求める野党支持者，議事堂に突入(23日シェワルナゼ大統領辞任)。11.26 IAEA定例理事会，イランの核疑惑非難決議を全会一致で採択。11.27 台湾立法院，野党側の住民投票法案可決(憲法修正も対象)。11.29 イラクでスペイン・韓国などの政府関係者襲撃(10人死亡，外国人犠牲者拡大)。12.7 ロシア下院選挙，与党「統一ロシア」大勝。12.13 イラク駐留米軍，ティクリート近郊でフセイン元大統領拘束。12.14 アフガニスタン憲法制定国民大会議，カブールで開幕。12.19 米英首脳，リビアの核開発計画全面放棄確約を発表(27日，IAEA査察開始)。12.22 プーチン大統領，ロシアの対イラク債権の65パーセントの放棄を表明。12.23 米農務長官，ワシントン州でBSE(狂牛病)感染牛の存在確認したと発表(日本政府，米国産牛肉の全面輸入停止決定)。12.25 パキスタンのラワルピンディで，ムシャラフ大統領車列へ自爆テロ(大統領無事，14人死亡)。12.26 イラン南東部で大地震．死傷者４万人。**この年** ドイツ，2003年の実質国内総生産が前年比0.1パーセント減(10年ぶりのマイナス)。
1.12 農水省と山口県，同県阿東町での鳥インフルエンザ発生を発表(13日，「Ｈ５Ｎ１型」ウイルスと判明)。1.15 金原ひとみの『蛇にピアス』・綿谷りさの『蹴りたい背中』，第130回芥川賞受賞決定(ともに最年少記録破る)。1.30 東京地裁，土谷正美オウム真理教元幹部に死刑判決。2.12 東京地裁，辻元清美元衆院議員に懲役２年執行猶予５年の判決(五島昌子・元土井たか子衆院議員秘書に懲役１年６ヵ月執行猶予４年の判決)。2.27 京都府，同府丹波町の養鶏場で鳥インフルエンザ発生を発表(28日，兵庫県でも発生)。 東京地裁，松本智津夫元オウム真理教代表に死刑判決。3.1 警視庁，総会屋への利益供与で，西武鉄道の専務ら６人と総会屋３人を商法違反容疑で逮捕(６日，新たに２人逮捕)。3.7 愛知県警，佐藤観樹前衆院議員を詐欺容疑で逮捕。3.13 九州新幹線の新八代―鹿児島中央間開業。3.26 新潟地裁，戦後補償訴訟で国と新潟市の港湾運送会社に賠償金支払い命令。3.27 フィギアスケート世界選手権，荒川静香が初優勝。4.14 東京地検，元社会保険庁長官と健康保険組合連合副会長を収賄容疑で逮捕．日本歯科医師会長ら５人も贈賄容疑で逮捕。 西武鉄道の堤義明会長，総会屋への利益供与事件の監督責任で会長・取締役を引責辞任。4.22 青木功選手，ゴルフの世界殿堂入り決定。5.4 総務省	1.3 エジプト民間航空会社のチャーター機，紅海沿岸に墜落(邦人２人を含む乗客148人死亡)。 米航空宇宙局(NASA)，探査車「スピリット」の火星着陸成功。1.18 イラクで連合国暫定当局狙い自爆テロ(20人以上死亡)。2.1 サウジアラビアのメッカで，巡礼儀式中に巡礼者殺到し事故(244人死亡)。2.6 モスクワの地下鉄で爆破テロ(39人死亡)。2.10 イラクのバグダッド警察署前で爆弾テロ(50人余り死亡，11日にもテロ，47人死亡)。2.12 韓国ソウル大学などのチーム，クローン技術で胚性幹細胞作製に成功(世界初)。2.18 イラン北東部で貨物列車爆発炎上(295人死亡)。2.25 北朝鮮の核問題めぐる６ヵ国協議，北京で開催(実質的な進展無し)。3.2 イラクのバグダッドとカルバラで同時多発テロ(死者180人以上)。3.5 中国第10期全国人民代表大会第２回会議開催(温家宝首相，台湾独立断固反対を表明)。3.11 スペインのマドリードで列車爆破テロ(死者199人，負傷者1400人以上)。3.12 韓国国会，盧武鉉大統領の弾劾訴追案可決(韓国史上初)。3.14 中国第10期全国人民代表大会第２回会議閉幕(私有財産保護を明記した憲法改正案採択)。 スペイン下院総選挙，野党・社会労働党が第一党に。 ロシア大統領選，プーチン大統領が再選。3.20 台湾総統選，陳水扁が再選。3.25 欧州連合首脳会議，ブリュッセルで開催(～26日，「テロとの闘いに関する宣言」採択)。

西暦	年号干支	内閣	政　治・経　済
2004 ⇕	平成 16 甲申	(第2次小泉純一郎内閣)	警察への援助要請を義務づけ)。 イラクで邦人3人が武装派組織「サラヤ・ムジャヒディン」に拘束される．同組織，自衛隊のイラク撤退を要求，政府，撤退しない方針を表明(17日，3人無事解放される)。4.16 国民年金の時効保険料，86年度から総額8兆1307億円。4.22 厚生労働省発表，年金財源不足480兆円。4.23 ダイムラー・クライスラー，三菱自動車への支援打ち切りを発表。4.26 経済財政諮問会議，郵政民営化の中間報告を正式決定。 内閣府調査，1月～3月の企業景況感が15年ぶりの高水準。4.28 日本銀行，「経済・物価情勢の展望」発表(今年度もデフレ継続の見通し)。 電気大手10社の3月期決算，全社最終損益黒字化。5.4 ロンドン国際石油取引所，中東情勢悪化で原油相場急騰。5.5 日朝政府間協議，北京で開催(両国，協議の継続確認)。5.10 菅直人民主党代表，国民年金未加入・保険料未納問題で引責辞任。5.11 衆院本会議，年金改革関連法案可決，参議院へ送付(民主党小沢一郎ら9人，本会議欠席で造反)。5.18 民主党代表選挙，岡田克也を選出。5.21 参院本会議，裁判員法・改正刑事訴訟法可決成立。5.22 小泉首相訪朝し，平壌で日朝首脳会談開催．拉致被害者家族8人のうち5人帰国(残り3人は第3国での再会が決定)．小泉首相，北朝鮮に25万トンの食糧支援表明。5.26 警視庁，「アル・カーイダ」幹部が国内に潜伏していた事件で，接触していた外国人5人を逮捕。5.27 イラク・バグダッド近郊でフリージャーナリストの邦人2人殺害される。6.3 経済財政諮問会議，「経済財政運営と構造改革に関する基本方針」決定(4日，政府，閣議決定)。6.5 参院本会議，年金改革関連法可決成立。6.8 小泉首相，ブッシュ米大統領と会談，イラク多国籍軍への自衛隊参加を表明(18日閣議決定)。6.23 米格付け会社スタンダード・アンド・プアーズ(S&P)，大手8行の格付け引き上げを発表。6.28 政府，イラク暫定政権を承認．現地の自衛隊，多国籍軍に参加。中国で脱北者支援団体の日本人に懲役8ヵ月・罰金2万元の実刑判決。7.9 北朝鮮による拉致被害者曽我ひとみとその家族3人がジャカルタで1年9ヵ月ぶりに再会(18日，一家4人帰国・来日)。7.11 第20回参議院議員通常選挙(民主50・自民49・公明11・共産4・社民2など．民主躍進で2大政党化が進む．投票率56.57パーセント)。7.14 三菱東京フィナンシャル・グループとUFJホールディングスが平成17年10月1日に経営統合すると発表(8月12日，合意書締結)。7.16 在日米軍再編をめぐる日米協議．米国，厚木基地の岩国基地移転を提案。7.21 日韓首脳会談，済州島で開催．北朝鮮へ日米韓連携で一致。7.29 民主党の岡田代表，海外で武力行使可能にすべく憲法9条改正の見解表明。7.30 第160臨時国会召集(8月6日閉会)．参院本会議，扇千景を議長に選出(女性初の参院議長)。8.7 サッカーアジア杯決勝で中国の観客日本国歌にブーイング，試合後，中国チームの敗北に激昂した数千の中国群衆が騒ぎ日の丸を焼き日本公使の公用車を破損(国際社会に北京五輪を懸念する声おこる)。8.13 アメリカ，貿易赤字2877億2800万ドル(上半期で過去最大)。9.1 北朝鮮からの脱北者29人が北京の日本人学校に駆け込む。9.11 北朝鮮による拉致被害者曽我ひとみの夫チャールズ=ジェンキンスが在日米軍司令部に出頭。9.17 小泉首相，メキシコでフォックス大統領と会談．自由貿易協定(FTA)に署名。9.21 国連常任理事国入りめざす日独伯印首脳会談，ニューヨークで開催(相互支持の共同声明発表)。9.27 小泉首相，自民党3役決定(幹事長に武部勤元農相)。第2次小泉改造内閣発足(新設の郵政民営化担当相に竹中経済財政相兼務・外相町村信孝など)。10.12 第161臨時国会召集(12月3日閉会)．小泉首相，所信表明演説で郵政民営化推進を強調。10.13 ダイエー，民間主体の自主再建を断念して産業再生機構に支援要請。 西武グループ・コクドの堤義明会長，西武鉄道の有価証券報告書虚偽記載により引責辞任。10.20 コクド，持ち株比率を下げるため諸企業に虚偽記載を隠したまま西武鉄道株を売却した事実判明(2005年3月3日，東京地検特捜部，堤義明前会長を虚偽記載・インサイダー取引により証券取引法違反容疑で逮捕)。10.26 イラクで武装組織に日本人男性拘束される(31日，遺体で見つかる)。11.1 日銀，20年ぶりに新札発効(5千円札樋口一葉，千円札野口英世に)。 17県で85市町村が合併し20市町発足(全国市町村数2942)。11.3 拉致被害者曽我ひとみの夫チャールズ=ジェンキンス，米軍軍法会議で禁錮30日と不名誉除隊の判決。11.9 第3回日朝実務者協議，平壌で開催(10日，北朝鮮，拉致被害者の再調査結果を報告)。11.10 超党派の参議院改革協議会，対中国ODAについて「引続き推進する必要性は見当らない」とする報告書をまとめる。 中国の原子力潜水艦が宮古列島周辺で領海侵犯(政府，海上警備行動を発令)。11.11 衆議院憲法調査会，中央公聴会を開催，中曽根・宮沢両元首相ら公述人として意見を述べる(中曽根は防衛軍の設置・武力行使を伴う国際協力活動への参加を認める改憲を提案)。11.12 西武鉄道，経営再建策発表。11.16 東京証券取引所，西武鉄道株式の上場廃止を決定(12月17日上場廃止)。11.17 自民党憲法調査会，新憲法草案大綱の素案を提示(女性天皇を容認，集団的自衛権の行

社　会・文　化	世　界
発表，子どもの数前年比20万人減の1781万人(過去最低)。5.6 神奈川県警，宇佐美隆三菱ふそう前会長ら三菱自動車幹部5人を道路運送車両法違反，2人を業務上過失致死傷容疑で逮捕。5.14 東京高裁，オウム真理教の早川紀代秀被告に1審の死刑判決を支持し控訴棄却。5.22 邦画「誰も知らない」主演の柳楽優弥，カンヌ国際映画祭男優賞を受賞。5.28 東京高裁，オウム真理教の井上嘉浩被告に無期懲役の1審判決を破棄し死刑判決。6.2 三菱自動車，全車種約15万6400台の欠陥隠ぺい事実を発表。6.8 三菱ふそうトラック・バスがリコール届出を怠っていた事実判明(うち21件の人身事故発生，11月24日約13万台の追加リコールを発表)．神奈川・山口両県警，河添克彦同社元社長ら元役員6人を業務上過失致死容疑で逮捕。6.14 国際原子力機関(IAEA)，日本の原子力計画を平和的利用と公式認定。6.16 ダイオキシン汚染報道訴訟で農家29人とテレビ朝日との間で和解成立(和解金は1000万円)。6.28 最高裁，「即位の礼」と「大嘗祭」への公費参列に合憲判決。7.1 第28回世界遺産委員会，和歌山・奈良・三重県にまたがる紀伊山地の霊場と参詣道の世界遺産登録を決定。7.7 警視庁，1995年の国松長官狙撃事件で元巡査長とオウム真理教元幹部ら3人を殺人未遂容疑で逮捕(28日，3人不起訴により釈放)。 プロ野球オーナー会議，10球団1リーグ制移行案浮上(10日，労組・選手会臨時総会，オリックス・近鉄の合併凍結決議)。7.15 東京地検，吉田幸弘前衆院議員と臼田貞夫日本歯科医師会会長ら3人を業務上横領容疑で逮捕。7.20 関東地方で猛暑(東京・大手町で39.5度の観測史上最高を記録)。7.28 沖縄県の男性，女性への戸籍変更認められる(性同一性障害者性別特例法施行後初)。8.7 サッカーアジア杯決勝，北京で開催．日本，中国破り2大会連続3回目の優勝。8.10 プロ野球オリックスと近鉄が球団統合合意書に調印。8.13 プロ野球・読売巨人軍，スカウト活動でアマ選手への不正な現金供与が発覚し社長ら3人解任(渡辺恒雄オーナー引責辞任，10月22日阪神・横浜も現金供与発覚し両球団オーナーも辞任)。 第28回夏季オリンピック・アテネ大会開幕(〜29日)．柔道男子の野村宏(3大会連続)，柔道女子の田村亮子(2大会連続)，陸上女子マラソン野口みずき，競泳男子平泳ぎの北島康介，体操男子団体など金メダル(メダル総数金16をふくむ37個と史上最多，女子選手が大活躍)。8.26 三菱自動車，新たに224件の欠陥隠し公表(隠ぺい316件に)。 米大リーグ，マリナーズのイチロー，新人から4年連続200安打達成(大リーグ史上初)。8.29 東京地検，自民党旧橋本派の政治団体「平成研究会」の会計責任者滝川俊行を政治資金規正法違反容疑で逮捕(9月26日村岡兼造元官房長官も在宅起訴)。9.8 台風18号により全国各地被害(死者・不明者45人)。9.17 労組・日本プロ野球選手会，初のストライキ決行決定(18日・19日実施)。9.20 東京と大阪で真夏日(最高気温30度以上)日数が最多記録更新(大阪89日，東京68日)。9.23 日本プロフェッシ	3.29 ウズベキスタン，2都市で連続爆弾テロ(死者57人)。4.9 イラク，連合軍と反米勢力の騒乱拡大(ファルージャの戦闘により400人以上死亡，1000人以上負傷)。4.16 韓国総選挙，与党ウリ党が躍進し過半数獲得。 スペインでサパテロ社会労働党政権発足。4.18 スペインのサパテロ首相，イラク駐留スペイン部隊の撤退指示。4.19 北朝鮮の金正日総書記，中国訪問(胡錦濤国家主席と初会談，金総書記，核兵器廃棄拒否を言明)。4.21 イラクのバスラで連続テロ(74人死亡)。4.22 北朝鮮北西部の竜川駅で列車爆発事故(24日，死傷者1400人以上と判明)。4.23 米，リビアへの制裁を緩和。4.24 先進7ヵ国蔵相・中央銀行総裁会議(G7)，ワシントンで開催．イラク復興・テロ資金対策強化で共同声明。4.26 ヨルダン捜査当局，国際テロ組織「アル・カーイダ」による大規模テロ計画摘発(10人逮捕)。5.2 パナマ大統領選挙，民主革命党のマルティン=トリホスが当選。5.6 米ブッシュ大統領，米軍によるイラク人虐待問題で謝罪。5.9 チェチェン共和国大統領アフマト=カディロフ，首都グローズヌイで爆破テロにより暗殺。5.13 インド総選挙，野党国民会議派が勝利，8年ぶりに政権復帰。5.14 韓国憲法裁判所，盧武鉉大統領の弾劾訴追を棄却(大統領，職務復帰)。5.17 イラク統治評議会のアブドルザハラ=オスマン議長，バグダッドで爆弾テロにより殺害される。5.20 台湾陳水扁総統，任期中の新憲法制定を表明(「一つの中国」の受け入れ拒否)。5.22 インド首相に元財務相マンモハン=シン就任。5.25 フィリピン大統領選挙，アロヨ大統領再選。6.5 ロナルド=レーガン没(93，米大統領)。6.8 国連安保理，イラクの占領終結と主権回復の決議採択。 第30回主要先進国首脳会議，アメリカ・シーアイランドで開幕(〜10日，北朝鮮問題の包括的解決を明記した議長総括採択)。6.14 欧州議会選挙，中道右派「欧州人民党」が第1党を維持(独・仏・英では敗北)。6.16 同時テロに関する独立調査委員会，フセイン前政権の「アル・カーイダ」への関与証拠なしと公表。6.18 欧州連合首脳会議，ブリュッセルで開催(EU憲法採択，常任議長を大統領としEU外相も新設)。6.21 アメリカで民間有人宇宙船の打ち上げ飛行成功。 ロシア南部イングーシ共和国の首都ナズランで，武装勢力が内務省ビルなど襲撃(死者92人)。6.24 イラク，首都バグダッドなど5都市で連続爆弾テロ(米兵含む100人余り死亡)。6.26 米EU首脳会議，アイルランドで開催(イラク復興支援の共同宣言発表)。 北朝鮮問題をめぐる6ヵ国協議，核凍結への見返り措置を柱とする議長声明発表。6.28 米軍主導のイラク占領統治終結，イラク人に主権移譲(2日前倒し)。7.1 マーロン=ブランド没(80，俳優)。7.20 国連総会，イスラエルにパレスチナ占領地の分離壁撤去求める決議採択(米国など6ヵ国反対)。7.27 東南アジア在留の脱北者200人，韓国に入国(28日，新たに227人入国)。8.1 パラグアイ首都アスンシオンのスーパーで火災(364人死亡)。8.3 NASA，水星探査機「メッセンジャー」打ち上げ(初の水星軌道周回探査機)。8.13 第28回夏季オリンピック・アテネ大会(〜29日，202の国と

西暦	年号干支	内閣	政治・経済
2004 ↕	平成 16 甲申	(第2次小泉純一郎内閣)	使を明記)。11.18 中国，原子力潜水艦による日本領海侵犯事件で「遺憾の意」を表明。 政府，フィリピンとの自由貿易協定(FTA)締結に合意。11.25 政府，「防衛計画の大綱」に日本周辺の不確実要素として「中国」「北朝鮮」の明記を決定。11.30 政府，女性天皇容認の方向で皇室典範改正の検討開始。12.3 第161臨時国会閉幕(政府提出24法案成立．政治資金規制法改正案は継続審議に)。12.8 政府，北朝鮮が拉致被害者横田めぐみの遺骨として提供した骨は鑑定の結果，別人のものと発表．北朝鮮に厳重抗議．食糧支援未実施分凍結の方針(9日，拉致被害者松木薫の墓周辺で見つかったとされる骨も別人のものと判定)。12.9 政府，自衛隊のイラク派遣期間の1年間延長を決定。 小泉首相，シュレーダー独首相と会談(安保理常任理事国入りに向け両国連携強化で一致)。12.10 政府，「防衛計画の大綱」と次期中期防衛力整備計画(2005〜09年度)を決定(国際平和協力を安全保障の2大目標に格上げ)。12.16 政府，台湾前総統李登輝へのビザ発給を認める方針を発表(中国政府抗議，27日李登輝夫妻来日，〜2005年1月2日)。12.17 北京の日本人学校に脱北者7人駆け込む。 日韓首脳会談，鹿児島で開催．小泉首相，北朝鮮へ経済制裁の可能性に言及(盧武鉉大統領，慎重な姿勢を示唆)。12.22 平成16年1月から11月までの輸出額55兆7864億円，輸入額44兆9138億円。12.24 政府，北朝鮮が提供した拉致被害者10人の資料の裏付け皆無と発表。12.27 政府，「皇室典範に関する有識者会議」設置発表(女性天皇問題を中心に議論)。12.28 政府，スマトラ沖大地震の緊急無償資金協力として3000万ドル支援発表。12.- この月の推計1億2783万8000人が日本の総人口の最高値(2006年12月27日総務省発表推計人口)。**この年** 粗鋼生産量1億1400万トン(前年度比300万トン増)。 中国，アメリカを抜き日本にとって最大の貿易相手国となる(日本の対中国年間輸出額11兆8278億円・輸入額10兆3727億円，対米輸出額13兆7205億円・輸入額6兆7590億円)。米国市場における新車販売台数で，日本車の市場占有率が30.5%に達する。年末の外貨準備高8445億4300万ドル(対前年末比25.4%増)。

社　会・文　化

ョナル野球組織(NPB)と労組・選手会の交渉委員会開催，７項目で合意(来季12球団運営の見通し，スト収拾へ)。10.1 マリナーズのイチロー，258安打を記録し米大リーグ年間最多安打記録を84年ぶりに更新(３日262安打に伸ばし２度目のア・リーグ首位打者に)。10.2 愛知県犬山で日露戦争百周年国際シンポジウム開催(～３日)。10.4 日本・モンゴル合同調査団，モンゴル東部アウラガ遺跡でチンギス=ハーンの霊廟発見。10.6 警視庁発表，「おれおれ詐欺」の被害総額100億3000万円(9303件と昨年の２倍以上)。10.10 中国の西北大学，８世紀初めの遣唐使随行留学生の墓誌発見。10.12 インターネットで知り合った男女９人が集団自殺。10.23 新潟中越地震発生．マグニチュード6.8．小千谷市・十日町市で震度６(後に７に変更)．死者36人。 台風23号(今年10個目で過去最多)により西日本で被害．死者81人・不明者12人。11.2 プロ野球パ・リーグにIT関連企業「楽天」の新規参入が決定(仙台を本拠地に球団名「東北楽天ゴールデンイーグルス」)。11.5 東京地検，鈴木宗男前衆院議員に懲役２年・追徴金1100万円の実刑判決。11.9 ダイエー，プロ野球球団の福岡ダイエーホークスを情報通信大手のソフトバンクに売却で合意(11月30日正式契約)。11.14 紀宮清子内親王，黒田慶樹との婚約内定(12月30日正式発表・記者会見)。11.22 三井物産，排ガス浄化装置について東京都に虚偽データ提出の事実発表。11.28 横綱朝青龍優勝(年間５回制覇は大相撲史上４人目)。11.- 朝日新聞社・読売新聞社などマスコミ各社，持ち株制限を超えた地方TV局の株式保有次々判明。12.1 法隆寺・南大門前で国内最古の寺院壁画の破片約60点出土(『日本書紀』の法隆寺焼失の記述裏付ける)。 東京地検，UFJ銀行の検査妨害事件で岡崎和美元副頭取ら３人を銀行法違反容疑で逮捕。12.4 警視庁，NHKの番組制作費不正流用問題で元チーフ・プロデューサーら２人を詐欺容疑で逮捕。12.7 経済協力開発機構，2003年国際学習到達度調査結果を発表(日本，学力急低下)。12.24 プロ野球オーナー会議，新球団「福岡ソフトバンクホークス」承認。12.28 新潟県中越地震により一部不通となっていた上越新幹線，全線で運転再開。

【死没】

1.13 坂田道太(87，政治家)。1.23 佐々木潤之介(74，日本史学)。1.31 桂文治(80，落語家)。 加藤道子(84，声優)。2.10 杉本健吉(98，洋画家)。2.13 ルネ・シフェール(80，フランス国立東洋言語文化研究所長)。2.15 武田豊(90，新日本製鉄)。2.20 山中貞則(82，政治家)。2.27 網野善彦(76，日本史学)。2.29 鏡里喜代治(80，横綱)。3.1 飯島宗一(81，原爆症研究)。3.19 井上八千代(４代)(98，舞踊家)。3.20 いかりや長介(72，「ザ・ドリフターズ」)。3.25 市古貞次(92，国文学)。3.28 尾上九朗右衛門(２代)(82，歌舞伎俳優)。4.6 加山又造(76，日本画家)。4.20 竹内均(83，物理学)。4.21 藤田田(78，日本マクドナルド)。4.23 八百板正(99，政治

世　界

地域が参加・史上最多)。8.25 ロシアの旅客機２機，同時爆破テロにより同国内に墜落(乗員・乗客89人全員死亡)。8.31 米共和党大会，ブッシュ大統領を大統領候補に指名。 モスクワ地下鉄駅で女性による自爆テロ(10人死亡，イスラム過激派団体イスランブリ旅団が犯行声明)。9.1 ロシア・北オセチヤ共和国ベスランで武装集団が学校占拠(３日，ロシア特殊部隊が銃撃戦の末制圧．生徒ら人質335人死亡，260人不明)。 IAEA報告によりイランのウラン大量生産計画判明。9.2 IAEA，韓国の高濃縮ウラン生産公表。9.7 イラク戦争による米軍死者1000人に。9.9 ジャカルタのオーストラリア大使館付近で自爆テロ(死者９人・負傷者180人以上)。9.13 IAEA理事会，韓国のウラン転換実験実施公表。 プーチン露大統領，中央集権強化の政治体制改革案発表(地方自治体首長を大統領による任命制に)。9.15 国連人口基金発表，世界人口63億7760万人。9.19 中国共産党第16期中央委員会第４回総会，江沢民主席の辞任に同意(後任に胡錦濤党総書記)。9.20 インドネシアで初の大統領直接選決選投票，ユドヨノ前調整相がメガワティ現大統領を破り当選。9.24 フランソワーズ=サガン没(69，作家)。9.30 バグダッドで米軍車狙い爆弾テロ(42人死亡)。10.1 イスラエル軍，ガザ地区に侵攻(イスラム原理主義組織ハマス鎮圧へ軍事作戦開始)。10.6 米政府調査団，イラク開戦時に大量破壊兵器存在せずとの最終報告書。10.9 オーストラリア連邦議会選挙，与党の保守連合が過半数獲得。10.14 カンボジア国王にシハモニが就任。 アメリカ，2004年度財政赤字4125億5300万ドル(２年連続過去最悪)。10.15 国連総会，安保理非常任理事国の改選で日本選出(最多の９回目)。10.18 北朝鮮人権法案，アメリカで成立。10.22 北朝鮮からの脱北者29人，北京の韓国人学校に駆け込む。 ロシア下院，京都議定書の批准承認法案可決。10.24 アフガニスタン初の大統領選挙，ハミド=カルザイ暫定政府大統領が当選。10.26 北朝鮮からの脱北者18人，中国公安当局により拘束(さらに60人余り拘束)。 EU首脳，ローマでEU憲法に調印。10.29 ウサマ=ビンラーディン，ビデオ映像でアメリカ同時多発テロを自ら指令したと認める。11.3 アメリカ大統領選挙，共和党のブッシュ大統領が再選(米議会選挙で共和党が過半数維持)。11.5 プーチン露大統領，京都議定書批准書に署名(2005年２月に発効)。11.7 イラク暫定政府，全土に初の非常事態宣言発令(期間は60日間)。11.11 パレスチナ解放機構(PLO)のヤセル=アラファト議長死去。11.15 プーチン大統領，北方領土問題を歯舞・色丹２島返還で決着の意向表明。11.24 北京の韓国大使館，脱北者保護が130人に上ると発表。11.27 ウクライナ国会，大統領選をめぐる混乱により決選投票のやり直しを決議。11.29 IAEA理事会，イランへウラン濃縮活動と再処理活動の全面停止継続を求める決議採択。11.30 国連事務総長の諮問機関・ハイレベル委員会，国連改革に関する報告書公表(拒否権なしの常任理事国新設など２案)。12.3 ウクライナ最高裁，大統領決選投票の不正を認定し決選投票のやり直しを命じる判決。

西暦	年号 干支	内閣	政　治・経　済
2004 ▲	平成 16 甲申	(第2次小泉純一郎内閣)	
2005 ▼	17 乙酉		1.6 インド洋津波被災国支援緊急首脳会議開催(ジャカルタ).小泉純一郎首相,日本は当面5億ドルを限度とする資金を無償供与するとの方針を示す。1.18 経団連,報告書「わが国の基本問題を考える」を発表.自衛隊や集団自衛権を憲法で明確に規定するよう提言。中山成彬文部科学相,宮崎県小林中学校でのスクールミーティング後の記者団の質問への回答で「ゆとり教育」の見直しに言及。1.21 第162回国会(常会)召集(～8月8日)。1.24 北朝鮮を脱出した男女8人,保護を求めて北京の日本人学校に駆け込む。1.25 小泉首相の私的諮問機関「皇室典範に関する有識者会議」第1回開催(座長に吉川弘之を選出).11月24日,報告書を提出。1.26 山一証券(1997年11月経営破綻)の破産手続き終結。2.9 魚釣島(沖縄県尖閣諸島)燈台の所有権の日本青年社より国への移転手続き完了。2.15 中山成彬文科相,2月1日に発令された委員による最初の中央教育審議会総会において,「ゆとり教育」を基軸とする現行学習指導要領について検討することを求める。2.17 中部国際空港(愛知県常滑市沖)開港(愛称セントレア)。3.9 北朝鮮を脱出した男女8人,保護を求めて北京の日本人学校に駆け込む。3.10 外資系カルフール・ジャパン,全8店舗をイオンに売却.カルフール(仏),日本から撤退。3.25 島根県,「竹島の日を定める条例」を公布・施行.2月22日を「竹島の日」とする。3.- 日産自動車,3月期連結決算で売上高・経常利益・税引き後利益とも過去最高を更新(4月25日発表)。ホンダ,3月期連結決算で売上高・税引き後利益が過去最高を更新(4月26日発表)。2004年度国際収支状況で,経常収支の黒字18兆2924億円(対前年度比5.8%増).2年連続過去最高を更新(5月16日財務省発表)。2004年度の法人申告所得ランキングで,首位はトヨタ自動車(6年連続.9228億円)(8月25日帝国データバンク発表)。2004年度法人企業統計調査(金融・保険業を除く)で,全産業の経常利益44兆7035億円(過去最高を更新),対前年比23.5%増(3年連続増加)(9月5日財務省発表)。4.1 日本・メキシコ経済連携協定発効(2004年9月17日署名)。4.9 北京で1万人以上が参加する反日デモ.デモ隊の一部が日本大使館・大使公邸に投石.10日,広州・深圳で反日デモ.町村信孝外相,大使館への投石に対し

社　会・文　化	世　界
家)。5.1 戸川幸夫(92，動物文学)。5.10 大石慎三郎(80，日本史学)。5.15 三橋達也(80，俳優)。5.19 金田一春彦(91，国語学)。5.21 加瀬俊一(101，初代国連大使)。6.7 コロムビア・トップ(82，漫才師)。6.18 杉浦幸雄(92，漫画家)。6.20 早坂茂三(73，田中角栄首相秘書・政治評論家)。6.28 四元義隆(96，三幸建設工業)。野沢尚(44，脚本家・作家)。7.3 鈴木治雄(91，昭和電工)。7.5 鳥井信一郎(66，サントリー)。7.7 高畠通敏(70，政治学)。7.9 永原慶二(81，日本史学)。7.13 森嶋通夫(80，経済学)。7.16 中野孝次(79，作家)。平野龍一(83，刑事法学)。7.19 鈴木善幸(93，政治家)。栗栖弘臣(84，統合幕僚会議議長)。7.25 下條正巳(88，俳優)。8.4 渡辺文雄(74，俳優)。8.10 林健太郎(91，西洋史学)。8.22 力武常次(83，地震予知研究)。8.27 柏木雄介(86，大蔵官僚)。9.3 神川信彦(80，政治学)。9.8 水上勉(85，作家)。9.12 島田修二(76，歌人)。9.18 藤田喬平(83，ガラス工芸)。9.20 白石一郎(72，作家)。9.27 森村桂(64，作家)。10.1 鈴木尚(92，人類学)。10.7 園田高弘(76，ピアニスト)。10.10 埴原和郎(77，人類学)。10.24 岡本愛彦(79，映像作家)。10.26 原卓也(74，ロシア文学)。10.30 南條範夫(96，作家)。10.31 春風亭柳橋(69，落語家)。11.1 白井浩司(87，仏文学)。11.6 原健三郎(97，政治家)。佐藤太清(90，日本画家)。11.7 山代巴(92，作家)。11.11 柳原義達(94，彫刻家)。11.12 具島兼三郎(99，政治学)。11.17 内川芳美(78，新聞学)。11.23 吉井淳二(100，洋画家)。11.26 島田正吾(98，俳優)。11.27 木村礎(80，日本史学)。12.4 本田靖春(71，作家)。12.6 山路ふみ子(92，女優)。12.18 高松宮妃喜久子(92)。	12.8 中国の聯想集団，米IBMのパソコン事業買収を発表。12.16 EU首脳会議，トルコと加盟交渉開始で合意。12.19 イラクのシーア派聖地，カルバラとナジャフで自爆テロ(62人死亡，120人以上負傷)。12.26 スマトラ沖大地震発生．マグニチュード9.0．インド洋沿岸各国で大津波による被災者多数(ロイター通信によると，2005年1月26日現在死者・行方不明者，インドネシア22万8000人・スリランカ4万3600人・インド1万6600人など約30万人，日本人45人のほか欧州諸国からの観光客も多数犠牲になる．1976年7月の中国の唐山大地震を凌ぎ17世紀以降最大の地震災害)。12.28 ウクライナ大統領選挙やり直し決選投票，民主野党代表ビクトル=ユシチェンコの当選確定。12.29 韓国国会，日本統治時代の対日協力者を調査する「日帝強占下の親日・反民族行為真相究明特別法」改正案可決(「親日」の表記を削除するとともに調査の対象を拡大・強化，朴正熙元大統領も対象に)。中国の全国人民代表大会常務委員会，台湾の独立阻止をめざす「反国家分裂法」(中国語「反分裂国家法」)を可決(台湾立法院は台湾住民の権利無視として同法反対を与野党一致で決議)。12.30 ブエノスアイレスのディスコで火災発生(175人死亡)。12.31 台湾・台北市に世界最高層ビル「台北金融ビル」完成(高さ508メートル・101階建て)。**この年** 中国のGDP13兆6515億元，実質成長率対前年比9.5%．2年連続で9%台の高い伸び。
1.7 広島県福山市保健所，同市の特別養護老人ホーム福山福寿園において，2004年12月30日以降，入所者42人が嘔吐・下痢・発熱を訴え，6人が死亡したと発表．8日，新たに1人死亡。1.19 スキミングによる銀行のキャッシュカード偽造グループ10人(中国人を含む)，逮捕．犯行が行われた群馬県富岡市のゴルフ場支配人も共犯。1.24 中国遼寧省遼陽市の中級人民法院，福岡市一家殺害事件(2003年6月)の被告人楊寧に死刑，同王亮に無期懲役の刑を宣告．楊寧は遼寧省高級人民法院での控訴棄却を経て，7月12日死刑執行，これにより王亮の刑が確定。2.1 東京都三宅村(三宅島)，火山活動による避難指示を解除(2000年9月2日〜4日，全島民避難)。2.26 宇宙航空研究開発機構，H2Aロケット7号機により運輸多目的衛星新1号を打ち上げる(種子島宇宙センター)．3月8日，衛星をひまわり6号と命名。3.24 表章『大和猿楽史参究』刊。3.25 2005年日本国際博覧会(愛知万博．愛称「愛・地球博」)開会(〜9月25日)．延べ入場者数2204万9544人。4.14 航空自衛隊新潟救難隊の救難捜索機，訓練飛行中に新潟県東蒲原郡阿賀町御神楽岳に墜落．乗員4人全員死亡。4.25 JR西日本福知山線塚口駅—尼崎駅間(兵庫県尼崎市久々知三丁目)で快速列車が脱線，線路脇のマンションに激	1.11 国連主催のスマトラ沖地震被災地復興についての閣僚級会議開催(ジュネーブ)．18か国・地域が7億1700万ドルの醵出を確約(国連のアピール額の73%)。1.12 欧州議会，2004年10月29日加盟25か国により調印された「欧州のための憲法を制定する条約」(EU憲法)を承認(法的効果はない)．同条約は未発効におわる。1.20 ブッシュ，米国大統領に就任(2期目)。2.10 北朝鮮外務省，同国の核問題をめぐる6か国協議への参加を「無期限中断」するとし，また同国が核兵器を製造したことを公式に表明。2.16 京都議定書(気候変動に関する国際連合枠組条約の京都議定書)発効。2.28 イラク・ヒッラで，自動車による自爆テロ．少なくとも125人死亡。3.1 コンゴ民主共和国ブニアで国連コンゴ監視団の平和維持軍兵士と地元武装勢力との間で戦闘。3.14 第10期中国全国人民代表会議第3回会議，「反国家分裂法」(中国語「反分裂国家法」)案を採択．同法即日施行．台湾独立阻止のための武力行使に法的根拠を与える。3.16 イラク，暫定国民議会開会(1月30日，史上初の自由選挙である国民議会選挙を実施)。3.28 インドネシア・スマトラ島沖のインド洋でM8.7の地震発生．死者1300人に達する(4月1日現在)。5.4 イラクのクルド人自治区アルビル市内で自爆テロ．市民ら約50人死亡．11日，同国ティクリート・バグダッド

西暦	年号 干支	内閣	政　治・経　済
2005 ◆	平成 17 乙酉	（第2次小泉純一郎内閣） 9.21 第3次小泉純一郎内閣	駐日中国大使王毅に抗議し，陳謝・補償を要求．同日，中国外交部は，このような局面は，中国側に責任はない，との談話を発表．16日，上海，17日，遼寧省瀋陽等9都市で反日デモ。4.11 政府，スーダン支援国会議（ノルウェー・オスロ）でスーダンに対し当面1億ドルを支援することを表明。4.12 三菱自動車，国土交通相に4車種3件の欠陥によるリコールを届け出る（計約27万4000台が対象）。4.13 カネボウ，旧経営陣による巨額の粉飾決算があったとの内部調査結果を発表。5.16 小泉首相，衆議院予算委員会で，靖国神社を参拝する，と答弁（10月17日，参拝）．21日，中国国務委員唐家璇，訪中した武部勤自民党幹事長・冬柴鉄三公明党幹事長との会談で，参拝中止を求める。5.18 韓国，「独島（竹島の韓国名）の持続可能な利用に関する法律」を公布．11月19日施行。5.20「国民の祝日に関する法律の一部を改正する法律」公布．2007年1月1日施行．4月29日「みどりの日」を「昭和の日」に，5月4日「国民の休日」を「みどりの日」に改める。6.14 小泉首相，河野洋平衆議院議長に岩国哲人議員の質問に対する答弁書を送付．「天皇が靖国神社に参拝される場合はどのような立場で参拝されるのか．それは，国事行為になるのか．」との質問に対し，「昭和天皇の靖国神社への御参拝は，いずれも，私人としてのお立場でなされたものである．国事に関する行為は，憲法に掲げられたものに限られており，神社への御参拝は，これに当たらない．」と答弁。森喜朗前首相，ロシア大統領プーチンと会談（サンクトペテルブルク郊外）。6.17「食育基本法」公布．7月15日施行。6.19 小泉首相，現職首相として初めて硫黄島（東京都小笠原村）を訪れ，政府主催の戦没者追悼式に出席。6.20 小泉首相，韓国大統領盧武鉉と会談（ソウル）。6.27 中国大連市税関が，大連日本人学校が日本から取り寄せた社会科等の副教材10種128点に，中国領土に関する内容に問題があるとして差し押さえたことが判明。6.28 小泉首相，官邸でアフリカ33か国の駐日大使・臨時大使と懇談，新たにアフリカを中心に5年間で計50億ドルの支援を行う方針を表明。6.29 クボタ，アスベスト（石綿）水道管を製造していた兵庫県尼崎市の旧神埼工場の従業員や出入り業者が肺癌や中皮腫を発病し，78人が死亡していたことを公表．この頃よりアスベスト被害が問題化。7.5 衆議院，郵政民営化関連法案を可決。7.6 国連安保理事会常任理事国入りをめざす日本・ドイツ・ブラジル・インド，国連事務局に「枠組み決議案」を提出．9月13日，国連総会閉会により廃案。7.13 栃木県大田原市教育委員会（教育長小沼隆），平成18年度に市立中学校で使用する歴史・公民の教科書として「新しい歴史教科書をつくる会」のメンバーが執筆した教科書（扶桑社発行）を採択．同日，韓国政府，これに対し「深い遺憾」を表明。7.20 経団連，夏のボーナス妥結状況の最終集計を発表．大手企業203社の平均妥結額は85万9097円，2年連続過去最高を更新。7.29「文字・活字文化振興法」公布・施行．10月27日を「文字・活字文化の日」とする。8.1 自民党新憲法起草委員会（委員長森喜朗），「新憲法第一次案」を公表。8.8 参議院，郵政民営化関連法案を否決。小泉首相，衆議院を解散．これより先，首相，臨時閣議で解散に反対した島村宜伸農林水産相を罷免，自ら農水相を兼任．11日，岩永峯一を農水相に任命。8.10「偽造カード等及び盗難カード等を用いて行われる不正な機械式預貯金払戻し等からの預貯金者の保護等に関する法律」（預金者保護法）公布．2006年2月10日施行。8.15 人事院，国会・内閣に国家公務員給与の改定を勧告．一般職給与（行政職）の月給，2年ぶりのマイナス勧告。8.17 国民新党結成（代表綿貫民輔）．18日，新党大地結成（代表鈴木宗男）．21日，日本結成（代表田中康夫．27日，新党日本と改称）。8.23 みずほフィナンシャルグループ，公的資金6164億円分を返済すると発表．公的資金2兆9490億円の71.1％の返済を終えることになる。8.24 つくばエクスプレス，開業（東京都秋葉原駅—茨城県つくば駅）。9.1 セブンイレブン・イトーヨーカ堂・デニーズ，株式移転によりセブン＆アイホールディングスを設立。9.9 海上自衛隊哨戒機，東シナ海日中中間線付近の「樫」ガス田周辺海域を航行中の中国軍艦5隻を確認。9.11 第44回衆議院議員総選挙．自民296・民主113・公明31・共産9・社民7・国民新4・新党日本1・新党大地1・無所属18。9.20 国民新党・新党日本，衆議院で統一会派「国民新党・日本・無所属の会」を結成することで合意。9.21 第163回国会（特別会）召集（～11月1日）。衆参両院，小泉純一郎を内閣総理大臣に指名．第3次小泉内閣成立（閣僚17人全員再任）。9.28 三共・第一製薬，共同持株会社三共第一を設立，経営統合．両社は三共第一の完全子会社となる．2007年4月1日，三共第一，両社を吸収合併。10.1 日本原子力研究開発機構，発足．日本原子力研究所・核燃料サイクル開発機構が統合。三菱UFJフィナンシャル・グループ発足．三菱東京フィナンシャル・グループとUFJホールディングスが経営統合。10.5 トヨタ自動車・富士重工業，富士重工業の米国ゼネラルモーターズとの提携解消，トヨタとの業務・資本提携に向けた検討を進めることを発

社　会・文　化	世　界
突．死者107人．JR西日本による「日勤」が問題化。5.3 静岡県警察本部所属ヘリコプター，交通渋滞調査のための飛行中，静岡市清水区草薙の住宅地に墜落．乗員5人全員死亡，住民に負傷者なし。5.6「日本生命セ・パ交流戦」(第1回)，開催(～6月16日)．千葉ロッテマリーンズ優勝。6.1 中央省庁で「ノーネクタイ・ノー上着」(愛称クールビズ)始まる(～9月30日)。日韓歴史研究共同委員会(第1期)，各言語による報告書を公表(2002年5月25日，委員会発足)。6.6 斉藤実，ヨットによる単独無寄港世界一周(234日間)を終え，神奈川県三浦市に帰港(2004年10月16日，同地出港)．最高齢(71歳)での記録達成。6.15 米国大リーグ・デビルレイズ野茂英雄，ブルワーズ戦で勝ち投手となり，日米通算200勝達成(日本78勝・米国122勝)。6.27 天皇・皇后，戦後60年にあたり戦没者慰霊・平和祈念のためサイパン島を訪問(～28日)。7.8 警視庁，1万円札約1800枚を偽造しパチンコ店の両替機で換金していた会社員の男を逮捕。7.10 宇宙航空研究開発機構，M-5ロケット6号機によりX線天文衛星ASTRO-E2を打ち上げる(内之浦宇宙空間観測所)．衛星を「すざく」と命名。7.17 ユネスコ，知床(北海道)を世界自然遺産に登録。7.26 米国航空宇宙局，野口聡一ら7人の宇宙飛行士が搭乗するスペースシャトル・ディスカバリーを打ち上げる．8月9日帰還。8.29 朝日新聞，同社長野総局記者が新党結成をめぐる田中康夫長野県知事関連の虚偽のメモを作成し，これによる記事を同紙(21日・22日)に掲載したと発表．9月7日，箱島信一前朝日新聞社長，日本新聞協会理事会で会長辞任を申し出る．10月22日，退任。9.6 台風14号，長崎県諫早市に上陸．死者28人，行方不明1人．10月28日，この台風による災害を激甚災害に指定。最高裁判所，山形県新庄市マット死亡事件(1993年1月)の遺族が当時の生徒7人・新庄市に損害賠償を求めた訴訟(1995年12月26日提訴)で，仙台高等裁判所の判決を支持して元生徒側の上告を棄却，7人に約5760万円の支払いを命じた判決が確定。9.7 米国大リーグ・ヤンキースの松井秀喜，対デビルレイズ戦で本塁打．日米通算400本(日本332本・米国68本)。9.9 川人貞史『日本の国会制度と政党政治』刊。9.18 前衆議院議員小林憲司，覚せい剤取締法違反の現行犯で逮捕。9.26 世界レスリング選手権開会(～10月2日)(ハンガリー・ブダペスト)。28日，女子51kg級坂本日登美，29日，同55kg級吉田沙保里・59kg級正田絢子・63kg級伊調馨，各優勝。9.27 佐藤進一・百瀬今朝雄・笠松宏至編『中世法制史料集』第6巻刊(全巻完結．1955年10月～)。9.28 漁船第3新生丸，北海道根室市沖でイスラエル船籍大型コンテナ船ジムアジア号と衝突，転覆．乗組員7人死亡，1人救助．ジムアジア号，当て逃げ。10.1 第18回国勢調査(簡易調査)実施．日本の総人口は1億2776万7994人．昨年同日の推計人口より約2万2000人減少(2006年10月31日総務省発表確定値)。	などで4件の自爆テロ。5.5 英国下院総選挙．与党労働党(党首ブレア)，議席数を減らすが総議席数の過半数を制す．同党史上初の連続3期勝利。5.16 クウェートの国民議会，同議会選挙における女性の投票権・被選挙権を認める法案を可決。7.6 国際オリンピック委員会総会(シンガポール)，2012年夏季オリンピック開催地としてロンドンを選出。7.7 ロンドンで地下鉄駅・バスに対する爆破テロ．死傷者多数．21日，ロンドンの地下鉄駅・バスで小規模爆発・爆発未遂．1人負傷。7.21 中国人民銀行，人民元の為替レートを1米ドル＝8.11元へ約2％切り上げ．また事実上の対米ドル固定相場制から通貨バスケット制を参考にした管理変動相場制に移行。7.23 エジプト・シャルムエルシェイク市内3か所で同時自爆テロ．88人死亡。7.26 北朝鮮の核問題をめぐる第4回6か国協議開会(北京)．8月7日休会．9月13日再開。7.- この月現在の世界の推計人口64億6470万人(10月12日国連人口基金発表「世界人口白書 2005」)。8.3 モーリタニア軍部，クーデター。8.13 スリランカ大統領クマラトゥンガ，12日の外相暗殺事件をうけ，非常事態を宣言。8.18 ロシア・中国による初の合同軍事演習，開始(ウラジオストク)(～25日)。8.29 過去最大級のハリケーン・カトリーナ，米国ルイジアナ州に上陸．死者1000人超。8.31 バグダッドでイスラム教シーア派の巡礼者，自爆テロの噂でパニックを起こす．圧死，川への転落等で死者965人。9.5 インドネシアのマンダラ航空旅客機，スマトラ島メダンの空港から離陸直後に付近の住宅地に墜落．死者は旅客機乗客・乗員，住民ら144人。9.13 北朝鮮の核問題をめぐる第4回6か国協議再開．19日，北朝鮮による完全核放棄の約束等6項目の共同声明を発表し，閉会。9.14 バグダッドのシーア派地区等で11件の自爆テロ．死亡150人以上・負傷250人以上。9.25 第72回世界銀行・IMF合同開発委員会開催(ワシントン)．最貧国債務を全額免除する方針をあらためて確認する等を声明。9.30 デンマーク紙「ユランズ・ポステン」，ムハンマドの風刺画を掲載．イスラム社会で抗議が起こる。10.1 インドネシア・バリ島の2か所で同時自爆テロ．犯人3人を含め23人死亡。10.8 パキスタン北部を震源とする大規模地震発生(M7.6)．死者パキスタン7万3276人(11月2日現在)，インド1300人以上。10.29 インド・ニューデリーの3か所で同時爆弾テロ．死者59人。11.9 第5回北朝鮮の核問題をめぐる6か国協議開催(北京)(～11日)。ヨルダン・アンマンで3か所の同時爆弾テロ．死亡約60人・負傷100人以上。11.21 世界保健機関・国連合同エイズ計画，「エイズ流行最新情報2005」を発表．エイズによる死者累計が2500万人を超える。11.22 メルケル，ドイツ首相に就任．ドイツ史上初の女性首相。12.16 国連総会本会議，北朝鮮の組織的で広範囲かつ重大な人権侵害に深刻な懸念を表明するとの決議を採択．人権侵害の例として外国人の拉致をあげる．以後，毎年同様の決議。12.23 ソウル大学調査委員会，同大教授黄禹錫の2005年5月「サイエン

西暦	年号干支	内閣	政治・経済
2005▲	平成17 乙酉	（第3次小泉純一郎内閣）	表。10.17 小泉首相，靖国神社を参拝。10.18 トヨタ自動車，国交相にカローラなど17車種約128万台のリコールを届け出る．対象台数が過去最大規模。10.21 郵政民営化関連法（「郵政民営化法」「日本郵政株式会社法」「郵便事業株式会社法」「郵便局株式会社法」「独立行政法人郵便貯金・簡易生命保険管理機構法」「郵政民営化法等の施行に伴う関係法律の整備等に関する法律」）公布。10.28 自民党新憲法起草委員会・総務会，「新憲法草案」を決定．11月22日，同党結党50年記念党大会で正式発表．現行憲法を全面的に見直し，「自衛軍」の保持等を規定。10.30 特定失踪者問題調査会，北朝鮮内の日本人拉致被害者に向け短波放送「しおかぜ」の放送を開始。10.31 第3次小泉改造内閣成立。11.3 北朝鮮による日本人拉致問題につき，日朝政府間協議（審議官級）開催（～4日）（北京）．具体的な進展なし。11.16 小泉首相，来日した米国大統領ブッシュと会談（京都）。11.17 国土交通省，「姉歯建築設計事務所による構造計算書の偽造とその対応について」を公表（耐震強度偽装問題の発端）。11.18 第17回アジア太平洋経済協力会議首脳会議開催（～19日）（韓国釜山）。11.24「皇室典範に関する有識者会議」第17回開催．「皇室典範に関する有識者会議報告書」の内容を最終確定し，吉川弘之座長から小泉首相へ提出．「今後における皇位継承資格については，女子や女系の皇族に拡大することが適当である」とする。11.29 経済産業省，松下電器産業に対し，1985年～1992年に同社が製造した温風暖房機から一酸化炭素が漏洩する可能性があることから，回収または点検及び改修，危険性の周知等必要な措置をとるよう緊急命令を発動。12.13 日本・マレーシア経済連携協定署名（クアラルンプール）．2006年7月13日発効。12.14 第1回東アジア首脳会議（東アジアサミット）開催（マレーシア・クアラルンプール）．日本を含む参加国16。**この年** 2005年の米国市場における新車販売台数で，日本車の市場占有率は32.2%（2006年1月4日米国調査会社オートデータ集計）。政府開発援助実績（暫定値）で131億ドル（対前年比46.8%増）．米国に次ぎ2位（2006年4月4日経済協力開発機構（OECD）発表）。日本の2005年末の対外純資産残高は180兆6990億円．15年連続で世界最大の債権国となったとみられる（2006年5月26日谷垣禎一財務相が閣議に報告した「対外貸借報告書」）。 【死没】 1.4 岸辺成雄（92，日本・東洋音楽史）。1.7 加藤栄一（72，政治学）。1.8 小森和子（95，映画評論家）。筒井敬介（87，児童文学）。1.17 趙紫陽（85，中国共産党総書記）。1.26 北原謙二（65，歌手）。2.1 中村四郎（80，運輸官僚）。2.4 作道洋太郎（80，日本経済史）。2.19 岡本喜八（81，映画監督）。3.6 山内一郎（92，政治家）。3.12 江間章子（91，詩人・作詞家）。桂文枝（5代）（74，落語家）。3.22 阪田寛夫（79，小説家・作詞家）。丹下健三（91，建築家）。4.8 野村芳太郎（85，映画監督）。4.17 大村はま（98，国語教育）。中村翫之助（4代）（69，歌舞伎俳優）。4.20 丹羽文雄（100，作家）。4.25 安部英（88，医学・厚生省エイズ研究班班長）。5.14 小山靖憲（64，日本史）。5.16 岡部冬彦（82，漫画家）。5.24 石津謙介（93，ヴァンヂャケット）。5.26 上田卓三（66，部落解放同盟）。5.30 花田満（貴ノ花〔初代〕）（55，大相撲力士）。6.9 塚本邦雄（84，歌人）。6.10 倉橋由美子（69，作家）。6.18 松村達雄（90，俳優）。6.19 勝部真長（89，倫理学）。6.20 中山恒明（94，医学・中山がん研究所）。6.27 木田宏（83，文部官僚）。7.8 串田孫一（89，哲学・随筆家）。7.13 寿岳章子（81，国語学）。7.16 山田俊雄（83，国語学）。7.19 佐伯有清（80，日本史）。7.22 杉浦日向子（46，江戸風俗）。8.2 村上信夫（84，料理）。8.10 小菅佳子（72，食文化）。8.12 石川吉右衛門（85，中央労働委員会）。吉野俊彦（90，日本銀行）。8.13 神田順治（90，東大野球部監督）。8.14 金子みつ（91，政治家）。8.17 神田文人（75，日本史）。旭堂南陵（3代）（88，講談師）。平山輝男（96，方言学）。8.21 内海英男（83，政治家）。9.2 朝吹登水子（88，作家・翻訳家）。9.9 柴田喜代子（80，声楽家）。9.19 後藤田正晴（91，政治家）。中内功（83，ダイエー）。9.24 飯沼二郎（87，農学）。10.3 細川護貞（93，首相秘書官）。10.4 箭内健次（95，日本史）。10.8 早船ちよ（91，作家）。10.18 関川栄一郎（79，航空評論家）。10.24 根上淳（82，俳優）。11.6 本田美奈子．（38，歌手・俳優）。11.19 中山素平（99，日本興業銀行）。11.20 村上三島（93，書家）。11.23 徳川義宣（71，徳川美術館）。11.26 宮城音弥（97，心理学）。12.2 栗原健（93，日本史）。12.7 川島誠一郎（71，内分泌学）。12.27 若狭得治（91，全日本空輸）。
2006▼	18 丙戌		1.10 小泉純一郎首相，トルコ首相エルドアンと会談（アンカラ）．イラン復興支援活動で具体的な協力を検討していくことに合意。1.18 日本郵政公社，民営化（2007年10月）に向け，郵便局改革の基本計画を発表．特定郵便局長の特権を廃止。1.20 第164回国会（常会）召集（～6月18日）。1.23 日本郵政株式会社発足。2.4 第1回日朝包括並行協議開催（～8日）（北京）。2.10「偽造カード等及び盗難カード等を用いて行われる不正な機械式預貯金払戻し等

社会・文化	世界
10.29 第4回東アジア競技大会開催(～11月6日)(マカオ). 金メダル獲得数1位中国127, 2位日本46。**11.10** アジアシリーズ2005(第1回)開催(～13日)(東京ドーム). 日本・韓国・台湾・中国が出場. 日本代表千葉ロッテマリーンズ, 優勝。**11.11** 警視庁, 東京都発注の河川工事の入札(2004年12月20日)での談合の容疑で不動建設等9法人の幹部ら11人を逮捕。**11.13** 奈良文化財研究所, 甘樫丘東麓遺跡(奈良県明日香村)で7世紀の掘立柱建物5棟が出土したと発表。滋賀県彦根市の名神高速道路で, 自動車7台が関係する追突事故. 死者7人。**11.15** 紀宮・黒田慶樹, 結婚式(帝国ホテル)。**11.18**『新日本古典文学大系41 古事談・続古事談』刊(全巻完結. 1989年1月～)。**11.27** 朝青龍, 大相撲11月場所(13日～)で優勝(7場所連続)。**12.8** AKB48, 第1回公演。**12.22** 厚生労働省, 2005年人口動態統計の年間推計を公表. 国内人口が約1万人減少. 1899年統計開始以来, 初の人口減少。**12.25** JR羽越線で上り特急いなほ14号, 突風が原因とみられる脱線, 転覆(山形県庄内町). 乗客5人死亡。**この年**〔本〕町田靖『告白』, 藤原正彦『国家の品格』, 山田真哉『さおだけ屋はなぜ潰れないのか?』, 白石昌則『生協の白石さん』, ダン・ブラウン『ダ・ヴィンチ・コード』, リリー・フランキー『東京タワー オカンとボクと, 時々, オトン』, 竹内一郎『人は見た目が9割』。〔歌〕「さくら」「青春アミーゴ」「Butterfly」「四次元 Four Dimensions」。〔映画〕「男たちの大和 YAMATO」「ALWAYS 三丁目の夕日」「電車男」「パッチギ!」/「スター・ウォーズ エピソード3 シスの復讐」「ハリー・ポッターと炎のゴブレット」「ミリオンダラー・ベイビー」。〔テレビ〕「風のハルカ」「女王の教室」「電車男」「ドラゴン桜」「野ブタ。をプロデュース」「花より男子」「ファイト」「みのもんたの朝ズバッ!」「義経」。	ス」に掲載されたクローン技術に関する論文は虚偽だと中間発表. 29日, 調査委員会, 同論文で, 作成されたES細胞とされたものはすべて虚偽だと報告。**この年** 武装勢力のテロなどによる死傷者のうちイラク人の死者5713人・負傷者8378人(2006年1月2日イラク国防省発表)。中国国内総生産(GDP)実質伸び率(対前年比)9.9%増(2006年1月25日中国国家統計局発表)。世界22か国で2148人の死刑執行. このうち約1770人(約8割)は中国で執行(2006年4月20日アムネスティー・インターナショナル発表)。
1.7 JR下関駅, 放火により全焼。**1.17** 最高裁判所, 連続幼女誘拐殺人事件(1988年～89年)の宮崎勤被告人の上告を棄却. 死刑が確定. 2008年6月17日執行。**2.10** 第20回冬季オリンピック大会開催(～26日)(イタリア・トリノ). 23日, 荒川静香, フィギュアスケー	**1.1** フランス全土で, 12月31日夜から車両425台に放火. 362人逮捕。**1.5** イラクのラマディ・カルバラなどで自爆テロ. 死亡130人・負傷約200人。**1.10** ソウル大学調査委員会,「黄禹錫教授研究疑惑関聯調査結果報告書」を公表. 同大教授黄が2004年2月「サイエンス」に掲

西暦	年号干支	内閣	政　治・経　済
2006 ▲▼	平成 18 丙戌	（第3次小泉純一郎内閣）	からの預貯金者の保護等に関する法律」(預金者保護法)施行(2006年8月10日公布)。**2.11** 社民党，党大会開催(～12日)．この日，「社会民主党宣言」を採択，自衛隊は明らかに違憲状態にある，とする。**2.16** 神戸空港開港。**2.27** 日本板硝子，英国ガラスメーカー大手ピルキントンの買収手続を開始すると発表．6月16日買収完了。**2.28** 民主党，同党の永田寿康議員が16日に衆議院予算委員会で提示した堀江貴文元ライブドア社長からのものとするメールは偽物であったと声明。**3.9** 日本銀行，「金融の量的緩和策」(2001年3月～)の解除を決め，即日実施(当面はゼロ金利を維持)。**3.16** 新北九州空港開港．福岡県北九州市沖に造成．2008年6月18日，北九州空港と改称。**3.17** ソフトバンク，英国ボーダフォンから日本法人ボーダフォンを約1兆7500億円で買収すると発表(日本企業による企業買収では最大)．10月1日，日本法人ボーダフォン，ソフトバンクモバイルと社名を変更。**3.31** 前原誠司民主党代表，偽メール問題で代表を辞任．4月4日，永田寿康議員の議員辞職願が許可される。**3.-** 2005年度分貿易黒字額が対前年度比30.3％の減少(4月20日財務省発表貿易統計〔速報〕)。トヨタ・日産自動車・ホンダ，2005年度世界生産台数で過去最高を更新(4月24日各社発表)。大手銀行・金融6グループ(三菱UFJフィナンシャル・グループ，みずほフィナンシャルグループ，三井住友フィナンシャルグループ，りそなホールディングス，三井トラスト・ホールディングス，住友信託銀行)の2006年3月期連結決算で，6グループ合計の税引き後利益は3兆1200億円(対前期比4.3倍)．過去最高(5月23日発表)。2005年度末現在の国の債務残高が827兆4805億円に達する(6月23日財務省発表)。**4.1** 在日米軍駐留経費負担特別協定公布・発効(～2008年3月31日)。家電製品259品目についてPSEマークのない製品の販売が禁止される(「電気用品安全法」による猶予期間が終了したことによる)。**4.3** 国際石油帝石ホールディングス設立．国際石油と帝国石油が経営統合。**4.5** 鉄道建設・運輸施設整備支援機構，保有する東海旅客鉄道(JR東海)の株をすべてJR東海に売却．JR東海，完全に民営化される。**4.9** 北朝鮮の核問題に関する6か国協議の首席代表らによる国際会議「北東アジア協力対話」(第17回)開催(～13日)(東京)。**4.14**「無形文化遺産の保護に関する条約」公布．20日発効。**4.21** 閣議で，2006年5月1日までとなっているテロ対策特別措置法に基づくインド洋への自衛隊派遣を11月1日まで半年間延長する基本計画の変更を決定．10月31日，2007年5月1日まで延長することを決定。**5.1** 三菱UFJメリルリンチPB証券営業開始．富裕層を対象とする。**5.4** 韓国政府，「独島(竹島の韓国名)の持続可能な利用のための基本計画」を発表。**5.9** 国連総会で新設の国連人権理事会の理事国を選挙．日本等47か国が当選。経済同友会，「今後の日中関係への提言」を発表．首相による靖国神社参拝に再考を求め，戦争犠牲者を慰霊し不戦を誓う追悼碑を国が建立することを要請。**6.1** 駐車監視員による駐車違反監視始まる(2004年6月9日公布「改正道路交通法」の施行による)。**6.15** 日本銀行政策委員会金融政策決定会合開催．現行のゼロ金利政策の維持を決定。「容器包装に係る分別収集及び再商品化の促進等に関する法律の一部を改正する法律」(改正容器包装リサイクル法)公布．2007年4月1日施行。「就学前の子どもに関する教育，保育等の総合的な提供の推進に関する法律」(認定こども園法)公布．10月1日施行。**6.20** 額賀福志郎防衛庁長官，イラク・サマーワに派遣されていた陸上自衛隊の撤収を命令。北海道夕張市後藤健二市長，市議会で財政再建団体指定を国に申請する方針を表明。**6.21**「健康保険法等の一部を改正する法律」公布．2008年4月1日施行．「老人保健法」を改正し，「高齢者の医療の確保に関する法律」と改題。「自殺対策基本法」公布．10月28日施行。**6.23**「拉致問題その他北朝鮮当局による人権侵害問題への対処に関する法律」(北朝鮮人権侵害対処法)公布・施行。**7.4** 小沢一郎民主党代表，中国主席胡錦濤と会談(北京)．同党と中国共産党の間の定期協議機関「交流協議機構」(仮称)の設置で合意。**7.5** 北朝鮮，長距離弾道ミサイル「テポドン2号」等7発のミサイルを発射．日本政府，同国船万景峰92の入港を半年間禁止。**7.13** 小泉首相，パレスチナ自治政府議長アッバスと会談(同議長府)．約3000万ドルの無償資金協力実施の方針を表明。日本・マレーシア経済連携協定発効(2005年12月13日署名)。**7.14** 日本銀行政策委員会金融政策決定会合開催．ゼロ金利政策の解除を決定。**7.15** 第32回主要国首脳会議開会(～17日)(ロシア・サンクトペテルブルク)。**7.20** 日本経済新聞，「昭和天皇，A級戦犯靖国合祀に不快感」との見出しで富田朝彦元宮内庁長官が残したメモの一部について報道。**7.23** 王子製紙，北越製紙に対する株式公開買い付けの実施を発表．8月29日，事実上の失敗を発表。**8.15** 小泉首相，靖国神社を参拝。**8.28** 経済産業省，パロマ工業が製造したガス瞬間湯沸器7機種に欠陥があると認め，同社に製品の点検・回収，消費者への注意喚起，点検・回収状況の報告を行うよ

社　会・文　化	世　界
ト女子で優勝(日本唯一の獲得メダル).「イナバウアー」が流行語となる。**3.3** ワールド・ベースボール・クラシック(WBC)(第1回)開催(～20日)(アメリカ〔決勝ラウンド〕).日本優勝(監督王貞治)。**3.7** 天皇・皇后,三宅島(東京都)を訪問。奈良県立橿原考古学研究所,飛鳥京跡(明日香村)から飛鳥浄御原宮の「内安殿」とみられる建物跡が出土したと発表。**3.10** 第9回冬季パラリンピック大会開催(～19日)(イタリア・トリノ).11日,女子バイアスロン視覚障害で小林深雪,17日,女子大回転チェアスキーで大日方邦子が各優勝.日本の獲得メダル数金2・銀5・銅2。**3.15** 安倍晋三内閣官房長官,記者発表「Winnyを介した情報漏えいについて」で国民に情報漏洩を防ぐためウィニーの使用自粛を要請。**4.1** ワンセグ(携帯電話・移動体端末向けの1セグメント部分受信サービス),29都府県で開始。**5.9** 最高検察庁,取調の一部について,試験的に録音・録画(可視化)する方針を発表。**6.9** 第18回サッカーワールドカップ大会開催(～7月9日)(ドイツ).22日,日本はブラジルに敗れてF組最下位となり,決勝トーナメントに進めず.優勝イタリア。**7.15～24** 梅雨前線の活発化により西日本を中心に各地で大雨.長野・福井・岐阜・京都・島根・岡山・鹿児島各府県で死者.26日,気象庁,「平成18年7月豪雨」と命名。**7.27** 東芝,元同社社員舛岡富士雄(東北大教授)がフラッシュメモリーの発明対価の支払いを同社に求めた訴訟(2004年3月提訴)で,東京地方裁判所の勧告に従い和解が成立したと発表。**8.1** 気象庁,大学・鉄道会社・工場等41機関で緊急地震通報の先行提供開始。**8.11** 山中伸弥京都大学再生医科学研究所教授ら,米国科学誌『セル(Cell)』電子版にマウス実験で「万能細胞」の作製に成功したとの論文を発表。**8.24** 国際天文学連合総会(チェコ・プラハ),冥王星を惑星から除外する決議を採択。**8.25** 福岡市海の中道大橋で,1家5人の乗った乗用車が同市男性職員の運転する乗用車に追突され,博多湾に転落,幼児3人が死亡.追突した自動車は逃走したが,運転していた男は逮捕される.飲酒運転が社会問題化する。**8.30** 日本オリンピック委員会「第31回オリンピック競技大会(2016年)国内立候補都市選定委員会」,国内立候補都市として東京を選定。**9.6** 秋篠宮妃,男子を出産.12日,悠仁と命名。**9.11** 宇宙航空研究開発機構,H2Aロケット10号機により情報収集衛星光学2号を打ち上げる(種子島宇宙センター)。**9.13** 本年5月23日から7月29日までの間の豪雨・暴風雨による災害を激甚災害に指定。**9.15** 最高裁判所,オウム真理教事件の松本智津夫(麻原彰晃)被告人弁護側の特別抗告を棄却,死刑が確定.2018年7月6日執行。**9.23** 宇宙航空研究開発機構,M5ロケット7号機により第22号科学衛星SOLAR-B(太陽観測衛星)を打ち上げる(内之浦宇宙空間観測所).衛星を「ひので」と命名.M5ロケットの打ち上げは今回が最後。**9.25** 世界レスリング選	載したES細胞作製に関する論文を捏造と断定。**1.12** サウジアラビア・メッカ近郊で,巨大石柱へ投石する儀式に巡礼者が殺到し,圧死者345人。**1.16** サーリーフ,リベリア大統領に就任.アフリカ初の女性大統領。**1.19** 米国航空宇宙局,アトラスV551型ロケットにより無人探査機ニューホライズンズを打ち上げる(フロリダ州ケープカナベラル空軍基地)。**1.28** ポーランド・ホジュフで見本市会場の屋根が崩落.死亡66人・負傷約140人。**2.2** エジプトのフェリー「サラーム98」(乗客・乗員約1370人),紅海で沈没.死者185人・約300人救助・安否不明多数(4日現在)。**2.4** シリア駐在デンマーク大使館(ダマスカス)に,デンマーク紙のムハンマド諷刺画掲載(2005年9月)に抗議する群集が殺到,大使館に放火。**2.－** 2月末現在の中国の外貨準備高が8537億ドルとなり,日本を抜き世界第1位となる(中国紙「第一財経日報」3月28日)。**3.11** バチェレ,チリ大統領に就任.同国初の女性大統領。**3.21** ネパールで王制廃止を求める反政府武装組織ネパール共産党毛沢東主義派と治安部隊が3か所で衝突。**4.7** イラク・バグダッド北部のモスクで自爆テロ.少なくとも79人死亡・164人負傷.12日,イラク・バアクーバ近郊で爆弾テロ.少なくとも26人死亡・約70人負傷。米国務省,パレスチナ自治政府への直接支援や社会資本整備事業を停止したと発表.EU欧州委員会,同政府への支援を凍結していることを認める。**4.10** インド・メーラトで開催中の見本市で火災発生.少なくとも100人死亡。**4.17** イスラエル・テルアビブで自爆テロ.死亡11人・負傷約60人。**4.24** エジプト・ダハブで3連続爆発事件発生.死亡23人・負傷62人。**5.27** インドネシア・ジャワ島中部でM6.3の地震発生.死者5778人・負傷者約3万8000人(6月29日現在)。**6.3** モンテネグロ,独立を宣言.16日,日本,同国を承認。**7.1** バグダッドで自動車にしかけた爆弾が爆発.死亡66人・負傷98人。**7.9** ロシア・イルクーツク空港でシベリア航空機が着陸に失敗し爆発炎上.127人の遺体を収容。バグダッドのイスラム教スンニ派地区ジハードで同シーア派民兵がスンニ派住民少なくとも42人を殺害。**7.11** インド・ムンバイの駅・列車5か所で爆発.死亡約180人・負傷約770人。**7.12** レバノンの民兵組織ヒズボラ,イスラエル軍を大規模攻撃,兵士2人を拉致.イスラエル軍,レバノンに侵攻(～10月1日)。**7.17** インドネシア・ジャワ島南西部沖でM7.7の地震発生.津波発生.少なくとも死亡547人・行方不明323人・負傷465人(20日)。**7.30** イスラエル軍,レバノン・カナを空爆.民間人多数が死亡。**7.－** 米国オブビアウス社,ツィッターのサービス開始.2008年4月23日,日本語版サービス開始。**8.7** レバノン保健相ハリファ,イスラエル軍の攻撃によるレバノン側の死者925人・行方不明者75人と発表.この日の攻撃で新たに1人死亡。**8.21** モスクワ・チェルキゾボ市場で大きな爆発.死亡10人・負傷55人。**8.27** 米国ケンタッキー州レキシントンで離陸直後の米国コムエアー機墜落.日本人2人を含む乗客・乗員49人死亡。

西暦	年号干支	内閣	政治・経済
2006 ⇕	平成18 丙戌	(第3次小泉純一郎内閣) 9.26 第1次安倍晋三内閣	う緊急命令。9.9 日本・フィリピン経済連携協定署名（フィンランド・ヘルシンキ）．2008年12月11日発効．フィリピンからの看護士・介護福祉士の受入れについても規定。9.20 自民党，総裁に安倍晋三を選出。9.26 第165回国会（臨時会）召集（～12月19日）。小泉内閣総辞職。衆参両院，安倍晋三を内閣総理大臣に指名。第1次安倍内閣成立。10.8 安倍首相，中国主席胡錦濤と会談（北京）。10.9 安倍首相，韓国大統領盧武鉉と会談（ソウル）。10.16 内閣，島田仁郎を最高裁判所長官に任命。東芝，米国ウェスチングハウス（WH）を買収。11.1「平成十三年九月十一日のアメリカ合衆国において発生したテロリストによる攻撃等に対応して行われる国際連合憲章の目的達成のための諸外国の活動に対して我が国が実施する措置及び関連する国際連合決議等に基づく人道的措置に関する特別措置法の一部を改正する法律」公布・施行．法律の期限を1年間延長（～2007年11月1日）。11.18 第18回アジア太平洋経済協力会議首脳会議開催（～19日）（ベトナム・ハノイ）．安倍首相，米国大統領ブッシュ・中国主席胡錦濤・オーストラリア首相ハワード・韓国大統領盧武鉉・ロシア大統領プーチンと各会談。12.22「防衛庁設置法等の一部を改正する法律」公布．2007年1月9日施行．「防衛庁設置法」を「防衛省設置法」と改題，防衛庁の防衛省への移行を規定。「教育基本法」公布・施行．1947年3月に公布・施行された旧法を全部改正。**この年** 政府開発援助実績は暫定値116億1000万ドルで，経済協力開発機構加盟22か国中第3位（2007年4月3日同機構開発援助委員会発表）。日本の自動車生産台数が米国を抜いて世界第1位となる（13年ぶり）（2007年5月7日発表）。日本の1人当たり名目国内総生産は3万4252ドル（対前年比4.0％減）．経済協力開発機構加盟30か国中18位（前年15位）（2007年12月26日内閣府発表国民経済計算）。 【死没】 1.1 林巳奈夫（80，中国考古学）。1.6 加藤芳郎（80，漫画家）。1.7 戸部銀作（85，演劇評論）。1.10 越智武臣（82，西洋史）。1.22 川田正子（71，童謡歌手）。1.29 鈴木市蔵（95，政治家）。2.2 佐脇栄智（75，日本史）。2.5 都留重人（93，経済学）。2.8 伊福部昭（91，作曲家）。2.9 藤田元司（74，プロ野球）。2.14 高木文雄（86，国鉄総裁）。2.19 茨木のり子（79，詩人）。2.20 田辺昭三（72，考古学）。2.21 柳宗民（79，園芸）。3.2 久世光彦（70，演出家）。小山五郎（96，三井銀行）。3.9 米山俊直（75，文化人類学）。3.10 安達瞳子（69，花道）。満田久輝（91，栄養化学）。3.12 真山美保（83，劇作家）。3.13 二宮宏之（73，西洋史）。3.16 芹沢長介（86，考古学）。3.20 登張正実（89，ドイツ文学）。3.21 宮川泰（75，作曲家）。4.3 池田清（81，政治学）。村上元三（96，作家）。4.10 佐々学（90，寄生虫）。4.13 吉川英史（97，日本音楽）。4.14 沢田允茂（89，哲学）。4.15 広井脩（59，社会学）。5.3 時野谷滋（82，日本史）。5.4 関嘉彦（93，社会思想・政治家）。5.5 金谷治（86，中国哲学）。5.7 萱野茂（79，アイヌ語・文化）。曽我町子（68，俳優・声優）。松山恵子（68，歌手）。5.10 松野頼三（89，政治家）。5.12 亀井善之（70，政治家）。5.13 佐藤和彦（69，日本史）。5.14 菅野久光（78，政治家）。湯川スミ（96，世界連邦運動名誉会長）。5.16 田村高廣（77，俳優）。5.22 三村庸平（89，三菱商事）。5.25 米原万里（56，通訳者・随筆家）。5.29 岡田真澄（70，俳優）。5.30 今村昌平（79，映画監督）。6.1 弥永昌吉（100，数学）。6.3 清岡卓行（83，詩人・作家）。6.12 師岡佑行（77，京都部落史研究所長）。6.13 岩城宏之（73，指揮者）。6.17 佐藤功（91，憲法学）。6.18 朝倉孝吉（84，金融史）。6.21 近藤芳美（93，歌人）。7.1 橋本龍太郎（68，首相）。7.2 七尾伶子（81，俳優）。7.13 宮田征典（66，プロ野球）。7.17 江橋節郎（83，薬理学）。7.22 横井大三（92，最高裁判事）。7.25 矢口洪一（86，最高裁長官）。7.29 網干善教（78，考古学）。7.31 鶴見和子（88，社会学）。吉村昭（79，作家）。8.19 笠原一男（90，日本史）。8.22 若月俊一（96，農村医療）。8.25 高木東六（102，作曲家）。9.1 大野勝巳（101，外務官僚）。9.4 阿部謹也（71，西洋史）。9.6 巌谷大四（90，文芸評論）。9.13 小牧正英（94，舞踊家）。9.17 石田一良（93，日本思想史）。9.18 石田幸四郎（76，政治家）。9.24 丹波哲郎（84，俳優）。9.26 市川昭介（73，作曲家）。10.4 三木淳夫（71，山一証券）。10.10 丸山静雄（96，評論家）。10.14 弓削達（82，西洋史）。10.17 木村尚三郎（76，西洋史）。10.20 藤岡琢也（76，俳優）。10.21 海原治（89，防衛官僚）。戸田一夫（84，北海道電力）。10.22 藤尾正行（89，政治家）。10.26 大木金太郎（金一）（77，プロレス）。10.28 大野正男（79，最高裁判事）。10.30 木下順二（92，劇作家）。白川静（96，漢字）。11.3 内山田洋（70，歌手）。11.5 村山雅美（88，南極観測隊長）。11.10 はらたいら（63，漫画家）。11.11 宇井純（74，公害・環境）。11.16 仲谷昇（77，俳優）。11.20 斎藤茂太（90，精神科医）。名取礼二（94，生理学）。11.21 大石嘉一郎（79，日本経済史）。黒木憲（64，歌手）。11.23 灰谷健次郎（72，作家）。11.29 実相寺昭雄（69，映画監督）。12.9 村尾次郎（92，日本史）。12.17 岸田今日子（76，俳優）。12.20 青島幸男（74，作家・

社会・文化	世界
手権大会開会(～10月1日)(中国・広州). 伊調千春・坂本日登美・吉田沙保里・正田絢子・伊調馨, 各階級で優勝。10.6 パナマ船籍貨物船ジャイアントステップ号が茨城県鹿島沖で強風により座礁, 船体が切断される. 宮城県沖で漁船2隻が座礁。10.9 白馬岳・奥穂高岳・前穂高岳・御嶽山(長野県木曽町)・旭岳(北海道大雪山系)で登山者が猛吹雪により遭難. 死亡者計8人。10.24 富山県の県立高校で3年生全員が2年時の必履修科目が未履修であることが発覚. 以後, 同様の問題が全国的に発覚. 文科省集計で全国663校(公立371校・私立292校)が関係(11月20日現在). 11月2日, 文科省, 教育委員会等に対し未履修者の救済措置について通知。11.7 北海道常呂郡佐呂間町で竜巻発生. 新佐呂間トンネル工事事務所・民家等が倒壊. 9人死亡。11.27 最高裁判所, 私立大学合格後に入学を辞退した元受験生による, 前納した入学金・授業料の返還を求める訴訟に判決. 2001年4月「消費者契約法」施行以降, 3月31日以前に入学を辞退した元受験生に原則として授業料については全額返還するよう命じる。12.1 第15回アジア競技大会開会(～15日)(カタール・ドーハ). 日本の獲得金メダル数50, 中国・韓国についで第3位。12.18 宇宙航空研究開発機構, H2 Aロケット11号機により技術試験衛星きく8号を打ち上げる(種子島宇宙センター)。12.25 梅原郁『宋代司法制度研究』刊。村上哲見『宋詞研究 南宋篇』刊。**この年** 〔本〕佐藤多佳子『一瞬の風になれ』, 美嘉『恋空』, 坂東真理子『女性の品格』, J・K・ローリング『ハリーポッターと謎のプリンス』, カズオ・イシグロ『わたしを離さないで』。〔歌〕「一剣」「粉雪」「千の風になって」「宙船」「抱いてセニョリータ」「Real Face」。〔映画〕「ゲド戦記」「武士の一分」「フラガール」「LIMIT OF LOVE 海猿」／「硫黄島からの手紙」「ダ・ヴィンチ・コード」「父親たちの星条旗」「パイレーツ・オブ・カリビアン デッドマンズ・チェスト」。〔テレビ〕「アンフェア」「芋たこなんきん」「COOL JAPAN～発掘！かっこいいニッポン～」「功名が辻」「14才の母」「純情きらり」「ダーウィンが来た！ ～生きもの新伝説～」「謎のホームページ サラリーマンNEO」「のだめカンタービレ」。	8.31 バグダッドのイスラム教シーア派地区一帯で自動車爆弾爆発, ロケット弾攻撃. 少なくとも47人死亡・200人以上負傷。9.3 アフガニスタン・カンダハル付近などで国際治安支援部隊(ISAF)がタリバン残存勢力に対し大規模掃討作戦. タリバン側200人以上が死亡と公表。9.19 タイで軍によるクーデターがおこる。9.22 ドイツで試験走行中の高速リニアモーターカーと点検用車両が衝突. 23人死亡。10.9 北朝鮮, 初の地下核実験に成功したと発表. 16日, 米政府, 北朝鮮の核実験を確認。10.- 天一閣博物館・中国社会科学院歴史研究所天聖令整理課題組校証『天一閣蔵明鈔本天聖令校証』上・下刊(北京・中華書局)。11.23 バグダッドで自動車3台にしかけた爆弾の爆破, 迫撃砲弾の着弾により死亡215人・負傷275人。12.18 第5回北朝鮮の核問題をめぐる6か国協議再開(北京). 22日休会。12.23 国連安保理事会, イラン制裁決議を採択。12.30 元イラク大統領フセインの死刑執行. 11月5日イラク高等法廷により死刑が言い渡されていた。12.31 イラク開戦以来の駐留米軍兵士死者数が3000人に達する(AP通信集計)。**この年** 中国国内の新車販売台数が720万台を超える. 日本を抜き, 米国について世界第2位の自動車市場となる(2007年1月11日中国汽車工業協会発表)。イラクでのテロ等の暴力による民間人死者数は3万4452人(2007年1月16日国連イラク支援団発表)。

西暦	年号 干支	内閣	政　治・経　済
2006 ▲	平成 18 丙戌	(第1次安倍晋三内閣)	政治家)。十返千鶴子(85，随筆家)。
2007 ▼	19 丁亥		1.9 防衛省発足。1.10 不二家埼玉工場で2000年秋「消費期限」を過ぎた牛乳を使用したシュークリームを出荷したと報道．11日，同社は洋菓子5工場の操業休止，全国の小売店・レストランの洋菓子販売の休止を発表(3月23日販売再開)。1.15 第2回東アジア首脳会議開催(フィリピン・セブ)。1.25 第166回国会(常会)召集(～7月5日)。1.26 安倍晋三首相，衆参両院で初の施政方針演説．戦後体制の見直しを強調。1.27 柳沢伯夫厚生労働相，自民党県議の集会(松江)で講演し，女性を「産む機械，装置」と表現。2.14 基礎年金番号に統合されていない年金記録が，2006年6月1日現在で約5095万件発生していることが判明(衆議院調査局による厚生労働委員会への報告書)．6月6日，これ以外にも厚生年金記録の最大で約1430万件が統合されていないことが判明(衆院厚労委員会)(宙に浮いた年金記録)。2.16 安倍首相，来日した中国外交部長李肇星と会談．3月にも東シナ海ガス田開発問題について局長会議を再開することで合意。2.21 安倍首相，来日した米国副大統領チェイニーと会談．北朝鮮による日本人拉致問題解決での連携で一致。日本銀行政策委員会金融政策決定会合開催．短期金利(無担保コールレート)の誘導目標を年0.5%前後とすることを決定，即日実施。2.23 鹿児島地方裁判所，2003年鹿児島県議会議員選挙での選挙違反事件の被告人12人全員に無罪を言い渡す(被告人13人のうち1人は公判中に病死)．控訴期限の3月9日までに検察側が控訴せず，無罪が確定(志布志事件)．取調での「踏み字」が問題となる。2.28「公職選挙法の一部を改正する法律」公布．3月22日施行．知事・市区長選挙での公約配布を解禁。3.6 菅義偉総務相，北海道夕張市の財政再建計画への同意書を後藤健二同市長に手交．夕張市，財政再建団体に移行。3.7 第1回「日朝国交正常化のための作業部会」開催(～8日)(ベトナム・ハノイ)。3.13 安倍首相，来日したオーストラリア首相ハワードと会談．「安全保障協力に関する日豪共同宣言」に署名。3.27「国際平和協力法」に基づき，ネパール国際平和協力業務実施計画及び関係政令を閣議決定．国連ネパール政治支援団に陸上自衛官6名を派遣(4月1日～2008年3月31日)。日本・チリ経済連携協定署名(東京)．9月3日発効。3.30 ペトリオットミサイル3(PAC3)を初めて配備(航空自衛隊入間基地)。3.31 明星食品，日清食品の子会社となる。3.- トヨタ自動車，2007年3月期連結決算(米国会計基準)で営業利益2兆2386億円．6年連続で過去最高を更新．日本企業として初の2兆円超え(5月9日発表)。4.1 新潟市・浜松市(静岡県)が政令指定都市に移行。「学校教育法の一部を改正する法律」施行(2005年7月15日公布)．国公立私立大学で，従来の「助教授」が「准教授」に，「助手」が「助教」と「助手」になる。4.3 日本・タイ経済連携協定署名(東京)．11月1日発効。4.8 第16回統一地方選挙前半が行われる．東京都知事選挙で石原慎太郎当選(3選)．22日，同後半選挙。4.11 安倍首相，来日した中国国務院総理温家宝と会談．「日中共同プレス発表」を発表。4.12 中国国務院総理温家宝，衆議院本会議場で演説。4.23 2006年8月21日～12月28日に「消えた年金記録」(保険料を納付したが社会保険庁に納付記録がない)の訂正事例が少なくとも約55件あることが判明(衆院決算行政監視委員会第三分科会)。4.24 閣議で「テロ対策特別措置法」に基づき，海上自衛隊インド洋派遣の期限について基本計画の変更を決定．5月1日から半年間延長し11月1日までとする。4.27「海洋基本法」公布．7月20日施行。安倍首相，訪米し米国大統領ブッシュと会談(キャンプデービッド)。4.28 安倍首相，サウジアラビアを訪問し同国王アブドッラー・ビン・アブドルアジーズ・アール=サウードと会談(リヤド)。4.30 安倍首相，クウェートを訪問(現役首相として初めて)．同国首相ナーセルと会談．5月1日，同国に駐留する航空自衛隊を激励，視察。5.18「日本国憲法の改正手続に関する法律」(国民投票法)公布．2010年5月18日施行。5.23「刑法の一部を改正する法律」公布．6月12日施行．自動車運転過失致死傷罪を創設。5.24 安倍首相，国際交流会議「アジアの未来」晩餐会で演説．世界全体の温室効果ガスの排出量を現状から2050年までに半減するとの方針(「美しい星50」)を発表。5.25 北朝鮮，日本海・黄海に向け弾道ミサイルを発射。5.28 松岡利勝農水相が自殺．臨時代理若林正俊(～31日)．31日，赤城徳彦を農水相に任命。6.3 韓国済州島で麻生太郎外相・中国外交部長楊潔篪・韓国外交通商部長官宋旻淳による3か国外相会談開催。6.6 第33回主要国首脳会議開催(～8日)(ドイツ・ハイリゲンダム)。6.7 前台湾総統李登輝，実兄が靖国神社に合祀されているとして同社を参拝。6.8「防衛省設置法及び自衛隊法の一部を改正する法律」公布．9月1日施行．防衛施設庁を防衛省に統合。6.18 日本・ブルネイ経済連携協定署名(東京)．

社　会・文　化	世　界
1.7 大相撲1月場所開催(〜21日). 優勝朝青龍. 通算20回目(5人目). 新入幕から37場所での20回到達は史上最速。テレビ番組「発掘！あるある大事典Ⅱ」で納豆によるダイエット効果について放送. 20日, 同番組を制作した関西テレビが, データを捏造していたと発表。1.28 第6回アジア冬季競技大会開催(〜2月4日)(中国・長春). 日本の獲得金メダル数13で中国に次いで第2位。2.6 警視庁宮本邦彦巡査部長, 東京都板橋区東武東上線ときわ台駅で線路内に入った女性を保護しようとし, 電車にはねられ重体, 12日死亡(同日付で2階級特進し警部)。2.18 大阪府吹田市でスキーツアー客を乗せた大型バスが居眠り運転によりモノレールの橋脚に衝突. 1人死亡・26人負傷。2.22 築島裕編『訓点語彙集成』刊行開始(〜2009年10月完結)。2.24 宇宙航空研究開発機構, H2Aロケット12号機により情報収集衛星2機(レーダー2号機・光学3号機実証衛星)を打ち上げる(種子島宇宙センター)。2.28 安藤隆穂『フランス自由主義の成立』刊。3.20 厚労省, インフルエンザ治療薬タミフル服用後の事故発生を受け, 同薬の輸入・販売元中外製薬に, 10代への使用を原則的に中止することを求める緊急安全性情報を発出するよう指示。3.23 最高裁判所, 代理母出産をめぐる訴訟についての決定で, 「現行民法の解釈としては, 出生した子を懐胎し出産した女性をその子の母と解さざるを得ず, その子を懐胎, 出産していない女性との間には, その女性が卵子を提供した場合であっても, 母子関係の成立を認めることはできない」とする。3.25 能登半島沖を震源とするM6.9の地震発生. 死亡1人・負傷356人, 全壊家屋686棟. 26日, 気象庁, 「平成19年能登半島地震」と命名. 4月25日, 石川県内のこの地震による被害を激甚災害に指定。3.30 陸上自衛隊第101飛行隊(那覇市)所属のヘリコプターが急病患者収容のため鹿児島県徳之島に向かって飛行中, 同島の山中に墜落. 乗員4人全員死亡。4.10 最高裁判所, 奈良県の近隣騒音をめぐる訴訟の被告人女性の上告を棄却, 大阪高等裁判所の判決(懲役1年8月)が確定。4.17 伊藤一長崎市長, 選挙運動中に暴力団幹部に銃撃される. 18日死亡. 2012年1月16日, 最高裁判所の決定により犯人の無期懲役刑が確定。4.24 全国学力・学習状況調査を実施(小学6年生・中学3年生が対象). 参加率98.95％。4.29 国民の祝日「みどりの日」が「昭和の日」となる。5.1 公費懸賞金制度開始。5.4「国民の休日」が「みどりの日」となる。5.10 熊本市の慈恵病院で新生児保護施設「こうのとりのゆりかご」(赤ちゃんポスト)運用開始。5.30 大相撲の大関白鵬, 横綱に昇進(22歳2か月)。6.2 北朝鮮から脱出した一家4人の乗った船が青森県深浦港沖で発見される. 16日, 4人は飛行機で韓国へ送られる。6.19 東	1.1 潘基文(韓国), 国連事務総長に就任。インドネシアのアダム・エア機(乗客・乗員102人), スラバヤのジュアンダ空港離陸後, 消息を絶つ. 11日, スラウェシ島沖で機体の一部を発見。1.4 ペロシ, 米国下院議長に就任. 同国初の女性議長。1.5 台湾高速鉄道開業(板橋駅―左営駅(高雄市)). 3月2日, 台北駅からの全線開通。1.6 スリランカ・アンバランゴダで, バス車内で自爆テロとみられる爆破事件発生. 少なくとも15人死亡・約40人負傷。1.16 イラク・バグダッドで5件の爆弾テロ. 少なくとも100人以上死亡・270人以上負傷。2.3 バグダッドの市場でトラックを使用した爆弾テロ. 少なくとも135人死亡・305人負傷。2.7 EU欧州委員会, 政策文書「乗用車及び軽量商用車のCO2排出量削減の欧州共同体戦略の再調査結果」を発表. 域内で自動車を販売するメーカーに二酸化炭素排出量削減を義務づける方針を示す。2.8 第5回北朝鮮の核問題をめぐる6か国協議再開(〜13日)(北京). 共同文書を採択。2.17 パキスタン・クエッタの法廷内で爆弾が爆発. 少なくとも15人死亡・25人負傷。2.18 インド・パニパット付近で鉄道の客車2両が爆発, 炎上. 乗客・乗員68人死亡。3.6 インドネシア・スマトラ島でM6.3と6.1の地震が発生. 少なくとも死亡82人・負傷257人。イラク・ヒッラで, 巡礼者の列内で自爆テロ. 死亡115人・負傷200人。3.7 インドネシア・ジョグジャカルタのアジスチプト空港で, ガルーダ・インドネシア航空機が着陸に失敗, 炎上. 死亡21人。3.19 第6回北朝鮮の核問題をめぐる6か国協議開会(北京). 22日, 休会を決める。3.22 コンゴ共和国キンシャサで政府軍と民兵が交戦(〜23日). 市民を含む600人が死亡した可能性(27日現地の欧州連合外交団発表)。3.24 国連安保理事会, 武器輸出の禁止等イランへの追加制裁を決議。4.2 ソロモン諸島沖でM8.0の地震発生. 死者30人以上(警察当局者)。スリランカ・アンパラで, バス内で爆弾が爆発. 少なくとも死亡16人・負傷25人。4.10 米国, 世界貿易機関に知的財産権侵害で中国を提訴。4.14 モスクワでプーチン政権を批判する組織がデモ行進。イラク・カルバラで, 自動車を使用した爆弾テロ. 死亡47人・負傷約224人。4.16 米国バージニア州立バージニア工科大学で銃乱射事件発生。死亡32人, 負傷30人以上. 犯人は自殺。4.18 バグダッドで5件の爆弾テロ. 計191人死亡・計250人負傷。4.26 ミャンマー, 北朝鮮と国交を回復(1983年11月4日断交)。4.28 パキスタン・チャルサッダで, 内務相シェルパオを狙った自爆テロ. 少なくとも28人死亡・52人負傷(内相・同子息を含む)。5.5 カメルーン・ドゥアラ空港を離陸したケニア航空機, 墜落. 乗客・乗員114人死亡。5.8 英国で北アイルランド自治政府復活(2002年10月15日より英国政府の直接統治)。6.16 北朝鮮による韓国人拉致被害者(1975年拉致)イ・ハンソプが北朝鮮から脱出し中国内の韓国総領事館に

西暦	年号干支	内閣	政　治・経　済
2007 ⇕	平成 19 丁亥	(第1次安倍晋三内閣)	2008年7月31日発効。6.－ トヨタ自動車(ダイハツ工業・日野自動車を含む)の2007年上半期の世界全体の販売台数(速報)が471万6000台となり，米国ゼネラルモーターズ(467万3572台)を抜き上半期で世界第1位となる(7月20日発表)。7.4 久間章生防衛相，辞任．6月30日麗澤大学(千葉県柏市)での講演会の発言の引責辞任(原爆投下を「しょうがない」とした)．小池百合子を防衛相に任じる。7.6「日本年金機構法」公布．2010年1月1日施行。「厚生年金保険の保険給付及び国民年金の給付に係る時効の特例等に関する法律」(年金時効特例法)公布・施行。7.20 内閣に総合海洋政策本部を設置(「海洋基本法」の施行による)．本部長には首相，副本部長には内閣官房長官及び海洋政策担当大臣を充てる．海洋政策担当大臣に国土交通相冬柴鉄三を任命。7.29 第21回参議院議員通常選挙．非改選と合わせた議員数は，民主109・自民83・公明20・共産7・社民5・国民4・日本1・諸派1・無所属12．民主党が第1党となる。8.1 赤城徳彦農水相を更迭．若林正俊を同相に任命。8.7 第167回国会(臨時会)召集(～8月10日)。参議院，江田五月を議長に選出。8.10 日本銀行，短期金融市場に1兆円の資金を供給．米国のサブプライムローンの焦げ付きによる信用不安の世界拡大を防止するため，日欧米中央銀行が協調して資金を供給。8.14 石屋製菓(北海道)，同社製品の「白い恋人」の賞味期限を改竄，販売していたこと等を公表．商品を回収．11月22日，「白い恋人」の販売再開。8.20 日本・インドネシア経済連携協定署名(ジャカルタ)．2008年7月1日発効。8.22 安倍首相，インド首相シンと会談(ニューデリー)．環境とエネルギーについて共同声明を発表。8.27 第1次安倍改造内閣成立。8.30 高村正彦防衛相，来日した中国国防部長曹剛川と会談．4年ぶりの日中防衛相会談。9.3 遠藤武彦農水相辞任．臨時代理甘利明(～4日)．4日，同相に若林正俊を任命。9.5 第2回「日朝国交正常化のための作業部会」開催(～6日)(モンゴル・ウランバートル)。9.8 第19回アジア太平洋経済協力会議首脳会議開催(～9日)(オーストラリア・シドニー)．1日目の首脳会議に先立ち，安倍首相，米国大統領ブッシュ・豪首相ハワードと三者会談(シドニー)．初の日米豪首脳会談。9.11 第168回国会(臨時会)召集(～2008年1月15日)。9.12 安倍首相，退陣を表明。9.23 自民党，福田康夫を総裁に選出。9.25 第1次安倍内閣総辞職。衆議院，福田康夫を内閣総理大臣に指名．参議院，小沢一郎を内閣総理大臣に指名．
		9.26 福田康夫内閣	両院協議会で両院の意見が一致せず，衆議院の指名の議決が国会の議決となる。9.26 福田康夫内閣成立。9.－ トヨタ自動車，9月中間連結決算(米国会計基準)で売上高13兆122億円，純利益約9400億円．いずれも中間期としては過去最高(11月7日発表)。10.1 日本郵政発足．日本郵政公社の民営化による。味の素，カルピスを完全子会社化。10.11 製菓会社赤福(三重県)が製品「赤福」製造年月日を偽って表示，販売していた疑いで農水省・伊勢保健所の立ち入り調査を受けていることが明らかとなる．18日，同社が製造年月日偽装を認める．2008年2月6日，販売再開。10.24 韓国の国家情報院「過去の事件の真実究明を通した発展委員会」が報告書を公表．その中で，金大中拉致事件(1973年8月)は同国中央情報部が主導した組織的犯行とする。11.1 石破茂防衛相，インド洋で活動中の自衛艦ときわ・きりさめに撤収命令を発出．この日24時，「テロ対策特別措置法」(2001年11月2日公布・施行)失効。11.2 社会保険庁，「宙に浮いた年金記録」全件の照合作業開始(～2008年3月6日完了)。11.16 福田首相，米国大統領ブッシュと会談(ワシントン)。11.20 王子製紙・三菱製紙，資本・業務提携をすると発表。11.21 第3回東アジア首脳会議開催(シンガポール)。11.27 福田首相，来日したベトナム国家主席グエン・ミン・チェットと会談。12.1 高村正彦外相・中国外交部長楊潔篪，「中国との円借款取極」に署名(北京)．即日発効．2007年度分円借款6件，計約463億円を供与．最後の対中国円借款供与となる。12.10 船場吉兆(大阪府)，食品偽装に関する改善報告書を農水省近畿農政局に提出．同日，同社幹部が記者会見。12.17 社会保険庁，「宙に浮いた年金記録」について，公的年金加入履歴の確認を求める「ねんきん特別便」の発送を開始(～2008年3月21日発送完了)。12.19「厚生年金保険の保険給付及び保険料の納付の特例等に関する法律」(厚生年金特例法)公布・施行。12.28 福田首相，中国国務院総理温家宝と会談(北京)。**この年** 携帯電話の契約台数1億52万4700台(12月末現在)(2008年1月10日電気通信事業者協会発表)。トヨタ自動車(グループを含む)の世界自動車販売台数936万6000台(速報)(2008年1月23日発表)．世界第1位のゼネラルモーターズ(936万9524台)に及ばず。ゼネラルモーターズの世界生産台数は928万5000台(2008年2月2日発表)．トヨタ自動車(グループを含む)の949万7754台がこれを抜いて世界第1位。政府開発援助実績(暫定値，名目ベース)76億9100万ドル．経済協力開発機構開発援助委員会加盟22か国中5位(前年3位)(2008年4月4日同委員会発表)。自動車会社7社の新車の国内・海外生産台数が全社前年の実績を上回る．トヨタ自

社会・文化	世界
京都渋谷区で女性専用温泉施設松濤温泉SIESPA（シエスパ）別棟が爆発で全壊．従業員3人死亡。6.23 第2期日韓歴史共同研究委員会発足（2010年3月23日，報告書を公表）。7.10 米国大リーグのオールスターゲームでイチロー（マリナーズ）が最優秀選手に選ばれる．日本人選手としては初。7.16 新潟県上中越沖を震源とするM6.8の地震発生．同日，気象庁，「平成19年新潟県中越沖地震」と命名．死者15人・重軽傷者2345人，全壊家屋1319棟（消防庁，12月28日現在）。東京電力柏崎刈羽原子力発電所で新潟県中越沖地震により原子炉から放射性物質を含む水が漏れ，また変圧器から火災発生．同日，甘利明経産相，同発電所の安全が確認されるまで，運転の再開を見合わせること等を指示．18日，柏崎市，同原発の緊急使用停止命令を発出．12月23日，同原発では震度7を観測していたにもかかわらず国や自治体に報告していなかったことが判明。7.20 最高裁判所，地下鉄サリン事件（1995年3月）被告人横山真人の上告を棄却，死刑が確定．2018年7月26日執行。佐竹明『ヨハネの黙示録』上巻刊．2009年8月10日中巻，12月21日下巻。8.1 日本相撲協会，横綱朝青龍について2場所（9月・11月場所）出場停止・減俸・謹慎処分を決める。8.6 国際原子力機関の調査団（調査団長ジャメ同機関原子力施設安全部長）による東京電力柏崎刈羽原子力発電所の調査開始（～9日）．17日，「原子力発電所が安全に停止し，損傷は予想を下回った」との調査結果を公表。8.16 岐阜県多治見市・埼玉県熊谷市で気温40.9度を記録。8.- 6～8月，全国153の観測地のうち85か所で猛暑日（日最高気温35度以上）の日数が平年を上回る（気象庁9月3日発表）。9.29 沖縄県宜野湾市で「教科書検定意見撤回を求める県民大会」開催．沖縄戦での集団自決に関する高校日本史教科書の記述削除問題で，検定意見の撤回を求める。10.1 大阪外国語大学を大阪大学に統合（6月20日公布「国立大学法人法の一部を改正する法律」の施行）。11.20 山中伸弥らの研究グループによる論文「成人由来線維芽細胞から特定因子による多能性幹細胞の樹立」が米国科学誌『セル（Cell）』オンライン速報版に掲載．ヒトの皮膚細胞から人工多能性幹細胞（iPS細胞）の開発に成功。11.28 東京地方検察庁，守屋武昌前防衛次官・同妻を収賄の容疑で逮捕。12.7 法務省，刑を執行された死刑囚の氏名，執行場所を初めて公表。12.14 長崎県佐世保市のルネサンス佐世保（スポーツクラブ）で散弾銃乱射事件発生．2人死亡・5人重軽傷．15日，犯人の男性が自殺。**この年** 全国の交通事故死者数5744人．1953年以来54年ぶりに5000人台（2008年1月4日警察庁発表）。学業終了後日本国内で就職した留学生1万262人（2008年7月29日法務省発表）．対前年比24％増．過去最多。〔本〕上野千鶴子『おひとりさまの老後』，池上彰『伝える力』，田村裕『ホームレス中学生』，水野敬也『夢をかなえるゾウ』。〔歌〕「Flavor Of Life」「蕾」「吾亦紅」。〔映画〕	保護されていることが明らかになる。6.17 アフガニスタン・カブールでバスが爆発．少なくとも35人死亡・35人負傷（日本人男女2人を含む）。6.29 米国アップル社，同国内でiPhoneを発売（最初のスマートフォン）。7.10 パキスタン・イスラマバードで，イスラム神学生によるモスク立てこもりに対し，治安部隊が突入，制圧．両者で100人以上死亡。7.17 ブラジル・サンパウロのコンゴニャス空港で，TMA航空機が着陸に失敗，炎上．死者約200人。7.25 パティル，インド大統領に就任．同国初の女性大統領。8.7 米国大リーグ・ジャイアンツのボンズ，大リーグ新記録の通算756本塁打を記録。8.14 イラク・ニネベ県でトラック4台の爆発によるテロ．少なくとも400人死亡。8.15 ペルー沖でM8.0の地震発生．死者513人・負傷者1090人（21日現在）。8.24 この日以降，ギリシャで約170件の山火事発生．66人死亡。8.25 インド・ハイデラバードの遊園地でテロと見られる2件の爆発．死亡42人・負傷50人以上。8.27 イラク・カルバラで巡礼者と警察が衝突（～28日）．死亡50人以上。9.12 フィリピン公務員犯罪特別裁判所，国家財産略奪罪の被告人前同国大統領エストラダに終身刑を言い渡す．10月26日，特赦により釈放。9.13 国際連合総会，「先住民の権利に関する国際連合宣言」を採択。9.16 タイ・プーケット島国際空港で，ワンツーゴー航空機が着陸に失敗，炎上．死亡89人・負傷約40人。10.19 パキスタン・カラチで亡命より前日帰国した同国元首相ベーナズィール・ブットを狙った爆弾テロ．本人は無事，少なくとも139人死亡・500人以上負傷。10.24 中国，長征3号Aにより月探査衛星嫦娥1号を打ち上げる．中国初の月探査衛星。11.3 パキスタン大統領ムシャラフ，全土に非常事態を宣言，憲法を停止．12月15日，非常事態を解除。11.5 インドネシアの鳥インフルエンザウィルス感染による死者90人となる．同国の感染死者は世界最多を更新し続ける。11.15 大型のサイクロン「シドル」がバングラデシュ南部を直撃．死者3100人超（19日現在）。11.30 トルコ南西部でアトラスジェット機が着陸直前に墜落．乗客・乗員57人全員死亡。12.13 EU加盟諸国，リスボン条約に署名（ポルトガル・リスボン）．EUの運営規則を定めた新基本条約（2009年12月1日発効）。12.21 パキスタン・チャルサッダで，前内務相シェルパオを狙ったと見られる自爆テロ．少なくとも54人死亡・負傷者多数。12.27 パキスタン・ラワルピンディで，元首相ベーナズィール・ブットが銃撃され死亡。**この年** 中国の名目国内総生産（GDP）25兆7306億元（2009年1月14日中国国家統計局発表）．中国がGDPでドイツを抜き，世界第3位となる。中国の二酸化炭素排出量は61億トンで世界第1位．第2位は米国（57億トン）（2009年10月6日世界エネルギー機関発表の統計）。

西暦	年号 干支	内閣	政　治・経　済
2007 ▲	平成 19 丁亥	(福田康夫内閣)	動車・ホンダ・日産自動車・スズキは過去最高(2008年4月23日発表)。 【死没】 1.3 岩波雄二郎(87, 岩波書店)。1.5 安藤百福(96, 日清食品)。1.7 花柳寿楽(2代)(88, 日本舞踊)。福田歓一(83, 政治学)。1.15 松島静雄(85, 社会学)。1.17 阿部良雄(74, フランス文学)。井沢八郎(69, 歌手)。1.19 太田博太郎(94, 建築史)。1.30 長幸男(82, 日本経済史)。桂田光喜(73, 電通)。2.2 竹本正男(87, 体操)。2.5 林英夫(87, 日本史)。2.9 金子三也(78, 東京トヨタ自動車)。2.26 高松英郎(77, 俳優)。2.28 アーサー・シュレジンガー(89, 歴史学)。徳島秀一(82, 日産化学工業)。3.10 時実新子(78, 川柳)。3.17 船越英二(84, 俳優)。3.19 北田栄作(83, 大蔵官僚)。3.21 永井弥太郎(84, 三菱レイヨン)。3.22 城山三郎(79, 作家)。村上弘(85, 政治家)。3.25 中川敬一郎(86, 経営史)。3.27 植木等(80, 俳優)。3.29 杉下知子(64, 看護学)。4.4 小林清治(82, 日本史)。4.6 河島博(76, 日本楽器製造)。4.18 伊藤一長(61, 長崎市長)。4.19 高橋節郎(92, 漆芸)。米山寅太郎(93, 中国文学)。4.23 ボリス・ニコラエヴィチ・エリツィン(76, ロシア大統領)。4.24 藤林益三(99, 最高裁判所長官)。5.3 横山ノック(山田勇)(75, タレント・政治家)。5.11 三好京三(76, 作家)。5.22 平岩外四(92, 日本経団連)。5.23 熊井啓(76, 映画監督)。花柳寿輔(3代)(72, 日本舞踊)。5.24 大庭みな子(76, 作家)。大宅昌(100, 大宅壮一文庫)。5.26 小西甚一(91, 国文学)。5.28 松岡利勝(62, 政治家)。6.2 羽田健太郎(58, ピアニスト)。6.10 横山泰三(90, 漫画家)。6.12 門脇禎二(81, 日本史)。6.14 クルト・ワルトハイム(88, 国連事務総長)。6.28 宮沢喜一(87, 首相)。7.2 内田久雄(81, 生物学)。西山千(95, 通訳者)。7.4 安藤良夫(85, 日本経済史)。飯田深雪(103, 料理)。児玉幸多(97, 日本史)。7.12 柴田武(88, 言語学)。7.18 宮本顕治(98, 政治家)。7.19 河合隼雄(79, 心理学)。7.27 久野健(87, 彫刻史)。7.29 中島通子(71, 弁護士)。7.30 小田実(75, 作家)。8.1 阿久悠(70, 作詞家)。8.13 小林斗盦(91, 書道・篆刻)。8.14 鎌谷紀雄(琴桜)(66, 大相撲力士)。8.15 金丸三郎(93, 政治家)。8.23 西村寿行(76, 作家)。8.26 エドワード・ジョージ・サイデンステッカー(86, 日本文学)。8.27 桜井徳太郎(90, 民俗学)。8.28 ナンシー梅木(78, 俳優)。9.4 瀬島龍三(95, 陸軍軍人・伊藤忠商事)。9.6 斎藤喜幸(77, 松坂屋)。9.17 中部慶次郎(74, マルハ)。9.25 石川忠雄(85, 中国史)。9.29 猿橋勝子(87, 化学)。10.3 若桑みどり(71, 美術史)。10.12 黒川紀章(73, 建築家)。10.18 木原光知子(美知子)(59, 水泳)。鈴木敬(86, 中国絵画史)。10.28 藤波孝生(74, 政治家)。11.7 平野敬一(83, 英文学)。11.8 浜尾文郎(77, ローマ法王庁枢機卿)。星野芳郎(85, 技術史)。11.13 稲尾和久(70, プロ野球)。12.1 志村正順(94, アナウンサー)。12.2 多田道太郎(83, 文化論)。12.16 五島哲(59, 東急建設)。
2008 ▼	20 戊子		1.16「テロ対策海上阻止活動に対する補給支援活動の実施に関する特別措置法」(新テロ対策特別措置法)公布・施行(2010年1月15日失効)。1.17 石破茂防衛相, インド洋での給油活動のため, 自衛艦隊司令官に派遣命令を発出. 24日, 護衛艦むらさめ(横須賀), 25日, 補給艦おうみ(佐世保)各出航。1.18 第169回国会(常会)召集(～6月21日)。1.27 大阪府知事選挙. 橋下徹が当選. 2月6日, 就任。1.30 厚生労働省, 中国河北省の天洋食品工場製の冷凍餃子が原因と疑われる食中毒が発生し, 包装及び嘔吐物中の餃子から有機リン系殺虫剤メタミドホスが検出されたと発表. 2月21日, 吉村博人警察庁長官, メタミドホスが「日本国内で混入された可能性は低い」との見解を示す. 2月28日, 中国公安部刑事偵査局副局長余新民, 記者会見で配布した報道資料の中で,「殺虫剤の投入が中国国内で発生した可能性は極めて小さい」と述べる. 同日, 吉村警察庁長官, これに反論。2.25 福田康夫首相, 韓国大統領李明博の就任式に出席し, 式後に会談。3.13 東京外国為替市場で円相場が急騰し, 一時1ドル＝99円台後半まで上昇. 17日, 一時1ドル＝95円台となる。3.27 最高裁判所, ケーエスデー中小企業経営者福祉事業団の汚職事件の被告人村上正邦元参議院議員の上告を棄却. 懲役2年2月・追徴金約7288万円の実刑が確定。3.31 HOYA, ペンタックスを吸収合併。3.- 2007年度平均の完全失業率3.8%(4月30日総務省発表労働力調査〔速報〕). 1997年度以来10年ぶりに3%台に回復。トヨタ自動車, 3月期連結決算(米国会計基準)で売上高は26兆2892億円(5月8日発表). 米国ゼネラルモーターズ2007年12月期の売上高(1ドル＝105円換算で約19兆円)を上回り世界第1位。4.1「高齢者の医療の確保に関する法律」施行(2006年6月21日公布). 後期高齢者医療制度が始まる。三越伊勢丹ホールディングス設立。4.21 福田首相, 来日した韓国大統領李明博と会談。4.26 福田首相, ロシア大統領プーチンと会談(モスクワ). 北方領土交渉を進めることで合意。4.30「地方税法等の一部を改正する法律」公布. ふるさと納税制度(同制度についての規定の施行期日は2009年4月1日)の実質的開始。5.2

社　会・文　化	世　界
「ALWAYS 続・三丁目の夕日」「それでもボクはやってない」「東京タワー ～オカンとボクと，時々，オトン～」「HERO」／「長江哀歌」「パイレーツ・オブ・カリビアン ワールド・エンド」「ハリーポッターと不死鳥の騎士団」。〔テレビ〕「ガリレオ」「ちりとてちん」「東京タワー ～オカンとボクと，時々，オトン～」「どんど晴れ」「謎とき冒険バラエティー 世界の果てまでイッテQ！」「ハケンの品格」「風林火山」「ホタルノヒカリ」「ローカル路線バス乗り継ぎの旅」。	
2.7 愛知県警察，部屋所属力士暴行死事件(2007年6月)で元時津風親方(山本順一)を逮捕。**2.15** 最高裁判所，地下鉄・松本サリン事件等の被告人林泰男の上告を棄却，死刑が確定．2018年7月26日，刑執行。**2.19** 千葉県房総半島沖において海上自衛隊護衛艦あたごと漁船清徳丸が衝突．漁船の2人，死亡。**2.29** 庄垣内正弘『ウイグル文アビダルマ論書の文献学的研究』刊。表章『観世流史参究』刊。**3.10** 興膳宏『中国文学理論の展開』刊。**3.11** 米国航空宇宙局，宇宙飛行士土井隆雄ら7人が搭乗するスペースシャトル・エンデバーを打ち上げる．13日，国際宇宙ステーションとドッキング．27日，帰還．土井は2度目の宇宙行き。**3.14** 最高裁判所，横浜事件の再審上告審判決で元被告人側の上告を棄却，免訴が確定。**3.－** 2007年度月平均生活保護世帯数110万5275世帯(対前年度比2.7％増)．7年連続で過去最高を更新(9月26日厚労省社会福祉行政業務報告)。**4.1** 慶応義塾・共立薬科大学が合併し，慶応義塾大学薬学部・同大学院薬学研究科発足。**4.5** 陸奥湾で，しけによりホタテ漁船日光丸が遭難．乗組の8人全員死亡。**4.23** 日本語版ツイッター，サービス開始。**5.1** ボリビア・ウユニ塩湖で，日本人観光客男性2人・女性	**1.16** スリランカ・オカムプティヤで，バスを狙った爆弾テロ．少なくとも26人死亡・64人負傷。**2.1** イラク・バグダッドの市場で，2件の爆弾テロ．少なくとも72人死亡・約150人負傷。**2.2** スリランカ・ダムブラで，バス内で爆弾が破裂．死亡20人・負傷60人以上。**2.9** パキスタン・チャルサッダで，政治集会中に自爆テロ．少なくとも27人死亡・50人以上負傷。**2.10** ソウルの崇礼門(南大門)(1398年完成)が放火により楼閣部分を全焼．2013年5月4日復元完成。**2.17** アフガニスタン・カンダハル郊外の闘犬場で自爆テロ．死亡約80人・負傷90人以上。**2.24** キューバ国家評議会議長フィデル・カストロが引退し，弟のラウル・カストロが同議長に就任。**2.25** 李明博，韓国大統領に就任。**3.2** パキスタン・ダラアダムケルで自爆テロ．少なくとも42人死亡・約70人負傷。**3.14** チベット・ラサで大規模な民衆暴動が起こる(～15日)．死者140人(25日チベット亡命政府首相)．18日，中国国務院総理温家宝，この暴動等を「ダライ・ラマ集団の扇動」と批判。**4.6** スリランカ・コロンボで，マラソン大会で爆弾テロ．閣僚等少なくとも14人死亡・90人以上負傷。**5.2** 大型サイクロンがミャンマー・ヤンゴンを直撃(～3日)．死者8万4537人・行方不明者5万3836人(6月24日軍事政権発表)。イエメン・サアダ

西暦	年号干支	内閣	政治・経済
2008 ⇕	平成 20 戊子	(福田康夫内閣) 9.24 麻生太郎内閣	「国土交通省設置法等の一部を改正する法律」公布．10月1日施行。**5.7** 福田首相，来日した中国主席胡錦濤と会談。**5.13** 高村正彦外相，中国四川省地震について当面の措置として資金・物資を併せて5億円相当の支援を供与すると発表．30日，町村信孝内閣官房長官，最大5億円相当の追加支援を発表。**5.16** 日本政府派遣の国際緊急援助隊救助チームが中国四川地震被災地での活動を開始(～21日)．22日，医療チーム活動を開始(～6月1日)。**5.21**「裁判員の参加する刑事裁判に関する法律」施行(2004年5月28日公布)．裁判員制度開始。**5.28** 第4回アフリカ開発会議開催(～30日)(横浜)．福田首相，開会の演説で，向こう5年のあいだ，最大40億ドルの円借款をアフリカに提供すると表明。「宇宙基本法」公布．8月27日施行。船場吉兆(大阪府)廃業。**6.6** 衆議院・参議院，「アイヌ民族を先住民族とすることを求める決議」を各採択．政府はこれを受け，「「アイヌ民族を先住民族とすることを求める決議」に関する内閣官房長官談話」を発表。衆議院・参議院，「国民読書年に関する決議」を各採択．2010年を「国民読書年」に指定。**6.10** 沖縄県尖閣諸島魚釣島の南の日本領海内で，台湾の遊漁船聯合号が領海警備中の鹿児島海上保安部巡視船こしきと衝突，沈没．聯合号の乗員・乗客16人全員はこしきが救助．20日，那須秀雄第11管区海上保安本部長，日本台湾交流協会台北事務所を通じ聯合号船長何鴻義に謝罪書簡を手交。**6.11** 参議院本会議で福田首相に対する問責決議案が可決される．参院での首相の問責決議は初めて。**7.1** 日本・インドネシア経済連携協定発効(2007年8月20日署名)。**7.7** 第34回主要国首脳会議開催(～9日)(北海道洞爺湖町)．9日，福田首相が議長総括を発表。**7.7頃** 中国，第34回主要国首脳会議(7月7日～9日)の直前，日本政府に，中国でも天洋食品製造の冷凍餃子により中毒事件が発生したことを通告，中国での農薬混入の可能性を示唆．政府，公表せず．8月7日，高村正孝外相，情報提供者の要請により公表しなかったと述べる。**7.14** 文部科学省，2012年度より実施される「中学校学習指導要領解説」を公表．社会編で「北方領土は我が国の固有の領土であるが，現在ロシア連邦によって不法に占拠されているため，その返還を求めていることなどについて，的確に扱う必要」があり，また「我が国と韓国の間に竹島をめぐって主張に相違があることなどにも触れ」るとしている。**7.31** 日本・ブルネイ経済連携協定発効(2007年6月18日署名)。**8.2** 福田康夫改造内閣成立。**8.8** 福田首相，オリンピック大会開会式出席のため，中国を訪問．大会に先立ち中国国務院総理温家宝・主席胡錦濤と各会談．このなかで中国製冷凍餃子中毒事件の真相究明のため日中協力を強化したいとし，さらに情報開示の重要性を指摘。**9.1** 福田首相，退陣の意向を表明。**9.19** 太田誠一農水相辞任．町村信孝内閣官房長官を農水相臨時代理に任命。**9.22** 自民党，麻生太郎を総裁に選出。**9.24** 第170回国会(臨時会)召集(～12月25日)。福田康夫内閣総辞職。衆議院，麻生太郎を内閣総理大臣に指名．参議院，小沢一郎を内閣総理大臣に指名．両院協議会で両院の意見が一致せず，衆議院の指名の議決が国会の議決となる。麻生内閣成立。**9.25** 麻生首相，国連総会で一般討論演説．2009年1月で期限が切れる海上自衛隊によるインド洋での給油活動の継続をめざす意向を表明。**10.1**「国土交通省設置法等の一部を改正する法律」施行(5月2日公布)．国土交通省の外局として観光庁発足。松下電器産業，社名をパナソニックと改称。**10.17** 国連総会で安全保障理事会非常任理事国のうち5か国の改選．日本等が選出される(任期2009年1月～2010年12月)．日本は国連加盟国中最多の10回目。**10.24** 外国為替市場で円相場が急騰．欧州市場で一時1ドル＝90円台となり，13年ぶりの円高水準。**10.31** 田母神俊雄航空幕僚長の懸賞応募論文「日本は侵略国家であったのか」の内容が問題化．田母神に航空幕僚監部付を命じる．11月3日，田母神，定年退職。**11.8** 20か国・地域財相・中央銀行総裁会議開催(～9日)(ブラジル・サンパウロ)．各国に対し金融産業の全部門への規制・監督を強化することを求める共同声明を採択。**11.28** 最高裁判所，2009年の裁判員候補者29万5027人の候補者名簿登録通知書を発送開始。**12.11** 日本・フィリピン経済連携協定発効(2006年9月9日署名)。**12.25** 日本・ベトナム経済連携協定署名(東京)．2009年10月1日発効。**12.－** 10～12月期の国内総生産(季節調整済み)の速報値で前期比3.3％減(物価の変動を除く)(年率換算12.7％減)(2009年2月16日内閣府発表)。**この年** 新車販売台数508万2235台．対前年比5.1％減(4年連続減少)(2009年1月5日日本自動車販売協会連合会等発表)。米国ゼネラルモーターズの世界販売台数835万5947台(2009年1月21日発表)．トヨタ自動車の販売台数(897万2000台)がこれを抜いて，世界第1位となる。 【死没】 **1.2** 小野満(78，ジャズ)。**1.7** 宇野精一(97，中国哲学)。**1.11** エドモンド・ヒラリー(88，登山

社　会・文　化	世　界
３人が乗車した自動車の衝突事故により全員死亡。**6.1** 米国航空宇宙局，宇宙飛行士星出彰彦らが搭乗するスペースシャトル・ディスカバリーを打ち上げる．３日，国際宇宙ステーションとドッキング．15日，星出ら帰還。**6.8** 東京都千代田区秋葉原で通行人に対する殺傷事件発生．死者７人・負傷10人．犯人は現行犯逮捕され，2015年２月17日，最高裁判所で死刑判決が確定。**6.10** 日本水泳連盟，競泳日本代表選手がオリンピック北京大会で着用可能とする水着を，選手が自由に選択できると決定．英国スピード社製レーザー・レーサーの着用が可能となる。**6.14** 岩手県内陸部を震源とするM7.2の地震発生．同日，気象庁，「平成20年岩手・宮城内陸地震」と命名．30日現在，死者12人・行方不明10人・重軽傷433人(消防庁)。**6.17** 連続幼女誘拐殺人事件(1988～89年)の死刑囚の刑執行。**6.23** 千葉県犬吠埼沖で巻き網漁船第58寿和丸が転覆，沈没．乗組員20人のうち，救助３人，死亡４人，行方不明13人(11月27日，死亡認定)。**7.14** 最高裁判所，日本歯科医師会のヤミ献金事件の村岡兼造被告人の上告棄却を決定．禁錮10月・執行猶予３年の東京高裁判決が確定。**7.24** 岩手県沿岸北部を震源とするM6.8の地震発生．30日現在，死亡１人・負傷207人(消防庁)。**8.8** 第29回夏季オリンピック大会開催(～24日)(北京)．日本の獲得メダル数金９・銀６・銅10(12月11日，国際オリンピック委員会理事会は，ハンマー投げ２・３位選手のドーピング違反による失格・メダル剝奪処分を決定し，室伏広治選手が第３位に繰り上がる．2018年12月28日，日本オリンピック委員会，男子400mリレーで優勝したジャマイカがドーピング違反により失格となり，日本が第２位に繰り上がると発表)．金メダル数で中国(51)が初めて第１位。**8.18** ロシア人大相撲力士若ノ鵬(ガグロエフ・ソスラン)，大麻取締法違反(所持)の疑いで逮捕される．21日，日本相撲協会，若ノ鵬を解雇．師匠間垣親方(元横綱２代目若乃花)，理事職辞任。**8.24** 京都市醍醐寺准胝堂が全焼。第３回女子野球ワールドカップ大会開催(～29日)(松山)．日本初優勝。 **9.6** 第13回夏季パラリンピック大会開催(～17日)(北京)．日本の獲得メダル数金５・銀14・銅８．メダル数で中国(211)が第１位。**9.8** 日本相撲協会の理事会が開催され，検査で大麻吸引の陽性反応があった力士露鵬(ソスラン・フェーリクソヴィッチ・ボラーゾフ)・白露山(バトラズ・フェーリクソヴィッチ・ボラーゾフ)の解雇を決定，白露山の師匠北の湖親方の理事長辞任を了承。**9.17** 米国大リーグ・マリナーズのイチロー，８年連続200安打を達成．1894～1901年のウィリー・キラーと並ぶ記録。**9.24** 佐藤恒雄『藤原為家研究』刊。**10.1** 大阪市浪速区の個室ビデオ店「試写室キャッツなんば店」(雑居ビル内)が客の男性に放火され，16人死亡．男性は殺人罪等で起訴され，2014年３月６日，最高裁判所が男性の上告を棄却し死刑が確定。**10.2** 警視庁，法政大学	で，モスクの前で爆発．死亡18人・負傷45人。**5.7** メドベージェフ，ロシア大統領に就任。**5.12** 中国四川省汶川県を震源とするM8.0の地震が発生．６月11日現在，死者６万9146人・行方不明者１万7516人。**5.13** インド・ジャイプールで７件の連続爆弾テロ．死亡約60人・負傷100人以上．14日，死者80人に達する。**5.28** ネパールの制憲議会，立憲君主制を廃止し連邦共和制に移行することを決議．６月11日，元国王ギャネンドラ，王宮から退去。**6.2** パキスタン・イスラマバードのデンマーク大使館前で爆弾テロ．死亡８人・負傷27人。**6.10** スーダン・ハルツーム国際空港でスーダン航空機が着陸後に炎上．死亡28人・行方不明66人。**6.12** アイルランドで欧州連合のリスボン条約批准の賛否を問う国民投票．批准を否決。**7.7** アフガニスタン・カブールのインド大使館前で車両による自爆テロ．死亡41人・負傷141人。**7.25** インド・バンガロールで連続７件の爆発．死亡２人・負傷15人．26日，アーメダバードで17件の爆発．死亡53人・負傷約140人(30日現在)。**7.27** トルコ・イスタンブールの繁華街で２発の爆発．死亡17人・負傷約150人。**8.4** 中国新疆ウイグル自治区カシュガルで警察官への爆発物テロ．死亡16人・負傷16人．10日，同自治区クチャ県で武装集団が公安施設等を襲撃．容疑者等12人死亡・負傷４人。**8.20** スペイン・マドリードのバラハス空港でスパンエア機が離陸に失敗，炎上．死亡153人・生存者19人．23日，負傷者１人死亡。**8.21** パキスタン・イスラマバード近郊の国営軍需工場入口付近で自爆テロ．死亡約100人・負傷約200人。**9.11** アフガニスタン駐留米軍部隊の今年の死者が113人に達し，年間死者数は2001年10月以来最悪。**9.13** インド・ニューデリーの商業地区３か所で５回の爆発．死亡21人・負傷90人以上。**9.14** ロシア・ペルミで国内線のアエロフロートロシア航空機が墜落．乗客・乗員88人全員死亡。**9.27** シリア・ダマスカス郊外の治安施設近くで自動車爆弾テロ．死亡17人。**10.29** パキスタン南西部でM6.4の地震発生．死者215人に達する。**11.4** 米国大統領選挙でオバマが当選。**11.26** インド・ムンバイで，10か所前後がほぼ同時にテロ攻撃を受ける．死亡163人(日本人１人)・負傷293人。**11.27** ナイジェリア・ジョスでイスラム教徒・キリスト教徒が衝突(～29日)．367人の死亡を確認。**12.27** イスラエル軍，パレスチナ自治区のガザを空爆(～31日)．死者390人に達する。**この年** 中国の軍事費(849億ドル)が米国(6070億ドル)に次いで世界第２位となる(2009年６月８日ストックホルム国際平和研究所『SIPRI年鑑』2009年版)。

西暦	年号 干支	内閣	政　治・経　済
2008 ▲	平成 20 戊子	（麻生太郎内閣）	家）。藤倉修一(93，アナウンサー)。1.16 片岡球子(103，日本画)。斎藤真(86，米国史)。1.22 江藤俊哉(80，バイオリニスト)。1.27 スハルト(86，インドネシア大統領)。2.11 中村寅吉(92，プロゴルファー)。2.13 市川崑(92，映画監督)。2.20 森口華弘(98，友禅染)。2.21 中山公男(81，美術史)。2.28 江藤慎一(70，プロ野球)。3.2 北島敬介(71，検事)。3.3 松永伍一(77，詩人・評論家)。3.7 上田トシコ(90，漫画家)。3.11 根岸明美(73，俳優)。4.2 石井桃子(101，児童文学)。4.5 チャールトン・ヘストン(84，俳優)。4.6 川内康範(88，作詞家)。4.7 原田勝正(77，鉄道史)。4.8 小川国夫(80，作家)。4.29 岡部伊都子(85，随筆家)。5.8 伏見康治(98，物理学)。5.12 永野健(85，日経連)。5.14 角田文衛(95，歴史学)。6.6 関光徳(66，プロボクサー)。6.10 水野晴郎(76，映画評論)。6.22 井上裕(80，政治家)。6.26 田淵節也(84，野村証券)。6.28 佐々木久子(81，「酒」編集長)。7.1 佐竹昭広(80，国文学)。7.10 戸塚洋二(66，物理学)。ロッキー青木(青木広彰)(69，ベニハナ)。7.14 大野晋(88，国語学)。7.25 磯貝正義(96，日本史)。8.2 赤塚不二夫(72，漫画家)。服部正(100，作曲家)。8.3 アレクサンドル・ソルジェニーツィン(89，作家)。8.19 永島福太郎(95，日本史)。8.20 華国鋒(87，中国国務院総理)。9.6 寺内大吉(86，僧侶・作家)。9.7 澄田智(92，日銀総裁)。9.9 日野てる子(63，歌手)。9.14 小島直記(89，作家)。9.25 西郷信綱(92，国文学)。9.26 岩本義行(96，プロ野球)。10.5 緒形拳(71，俳優)。土屋義彦(82，政治家)。10.6 山下肇(88，ドイツ文学)。10.11 峰岸徹(65，俳優)。10.27 フランク永井(76，歌手)。10.30 上田耕一郎(81，政治家)。11.7 筑紫哲也(73，ジャーナリスト)。11.8 荒松雄(87，インド史)。相馬雪香(96，国際救援活動)。11.10 伊藤清(93，数学)。11.11 加藤一郎(86，民法)。11.27 俵萠子(77，評論家)。12.5 加藤周一(89，評論家)。12.6 遠藤実(76，作曲家)。12.17 上田哲(80，政治家)。12.30 永井陽之助(84，国際政治学)。
2009 ▼	21 己丑		1.3 麻生太郎首相，パレスチナ自治政府議長アッバスと電話会談．麻生首相，パレスチナ自治区ガザ地区の人道状況悪化に対応すべく，まず食糧等約1000万ドル規模の人道支援を行う考えを表明。1.5 第171回国会(常会)召集(～7月21日)。1.30「道路交通法施行令の一部を改正する政令」(政令第12号)公布．6月1日施行．酒気帯び運転の違反点数を加点。1.31 麻生首相，世界経済フォーラム年次総会(ダボス会議)で講演．アジアに対する政府開発援助として総額1兆5000億円(170億ドル相当)以上の支援をする用意があると述べる。2.2 国際捕鯨委員会作業部会，5年間の限定付きで南極海での調査捕鯨の大幅縮小の見返りに日本が求める沿岸捕鯨を認める報告書を発表。2.6 国際司法裁判所判事小和田恒，同所長に選出される(～2012年2月6日)。2.17 中川昭一財務相辞任．与謝野馨を財務相に任命。2.18 麻生首相，ロシア大統領メドベージェフと会談(ロシア・ユジノサハリンスク)。2.19 日本・スイス経済連携協定署名(東京)．9月1日発効。2.24 麻生首相，米国大統領オバマと会談(ワシントン)。2.28 中曽根弘文外相，中国外交部長楊潔篪と会談(北京)。3.13 浜田靖一防衛相，ソマリア沖・アデン湾における海賊対処のため，海上における警備行動に関する自衛隊行動命令を発令(3月14日から別に命ずるまでの間)．14日，護衛艦さざなみ・さみだれ，呉を出航。3.18 自動車・電機等主要企業，労働組合の賃上げ要求に回答．ベースアップ無し。日本マグドナルド，東京高等裁判所で「名ばかり管理職」訴訟原告の店長との和解が成立．同社は同店長が管理職ではないことを確認し，和解金を支払う。3.27 浜田靖一防衛相，弾道ミサイル等に対する破壊措置の実施に関する自衛隊行動命令を発令(破壊措置命令)．北朝鮮が「人工衛星」と称し発射準備を進めている弾道ミサイルに対するもの．4月6日，同命令終結。3.- トヨタ自動車，2009年3月期連結決算(米国会計基準)で営業利益が4610億円の赤字となる．71年ぶりの赤字(5月8日発表)。NTT，2009年3月期連結決算で営業利益が1兆1097億円となる．トヨタ自動車を抜き国内上場企業首位(5月13日発表)。電機大手9社(日立製作所・パナソニック・ソニー・東芝・富士通・NEC・三菱電機・シャープ・三洋電機)の2009年3月期連結決算で，三菱電機を除く8社が赤字(5月15日)。大手銀行6グループ(三菱UFJフィナンシャル・グループ・みずほフィナンシャルグループ・三井住友フィナンシャルグループ・

<table>
<tr><th>社会・文化</th><th>世界</th></tr>
<tr><td>の男子学生5人を大麻取締法違反(所持・譲渡)の疑いで逮捕したと発表．30日，神奈川県警察が慶応義塾大学の男子学生2人を同法違反容疑(同)で逮捕していたことが判明．31日，神戸地方検察庁が同志社大学の女子学生1人を同法違反(所持)で起訴していたことが判明。11.17 さいたま市で元厚生事務次官とその妻が殺害される．18日，東京都中野区で元厚生事務次官の妻が男性に刃物で刺され重傷．22日，男性が警視庁に出頭，23日，逮捕される．2014年6月13日，最高裁判所で男性の死刑が確定。12.10 南部陽一郎(米国籍)・小林誠・益川敏英ノーベル物理学賞を，下村脩同化学賞を各受賞。12.31 東京日比谷公園に「年越し派遣村」開設(～2009年1月5日)。この年 日本人の平均寿命は女子86.05歳(世界第1位)，男子79.29歳(第4位)(2009年7月16日厚生労働省発表)。〔本〕武良布枝『ゲゲゲの女房』，湊かなえ『告白』，J・K・ローリング『ハリーポッターと死の秘宝』，湯浅誠『反貧困』，東野圭吾『流星の絆』。〔歌〕「海雪」「風の向こうへ」「羞恥心」「そばにいるね」「Ti Amo」「truth」「手紙 ～拝啓 十五の君へ～」「One Love」。〔映画〕「おくりびと」「崖の上のポニョ」「花より男子ファイナル」／「インディ・ジョーンズ クリスタル・スカルの王国」「レッドクリフ PartI」。〔テレビ〕「篤姫」「コード・ブルー―ドクターヘリ緊急救命―」「だんだん」「チーム・バチスタの栄光」「CHANGE」「珍衝撃映像バラエティ ナニコレ珍百景」「瞳」「学べる!!ニュースショー！」「ROOKIES」。</td><td></td></tr>
<tr><td>1.23 遠藤実(2008年12月6日没)に国民栄誉賞を授与。南日本造船大在工場(大分市青崎)で建造中の船舶と岸壁とを結ぶタラップが落下，2人死亡・24人重軽傷。1.30 文部科学省初等中等教育局長，各都道府県教育委員会教育長等に対する通知で，「小・中学校においては，学校への児童生徒の携帯電話の持込みについては，原則禁止とすべきであること」とする。2.6 南極海で反捕鯨団体シー・シェパードのスティーブ・アーウィン号(船長ポール・ワトソン)，日本の調査捕鯨船の活動の妨害をはかり第2勇新丸に衝突。2.27 公正取引委員会，日本音楽著作権協会(JASRAC)に対し，放送される音楽の著作権使用料について「独占禁止法」第3条(私的独占の禁止)の規定に違反する行為を行っているとして，排除措置命令を行う。3.5 第2回ワールド・ベースボール・クラシック開催(～23日)．23日，決勝戦で日本が韓国を破り2連覇(ロサンゼルス)。3.16 米国航空宇宙局，宇宙飛行士若田光一らが搭乗するスペースシャトル・ディスカバリーを打ち上げる．18日，国際宇宙ステーションにドッキング．7月31日，若田らスペースシャトル・エンデバーで帰還。3.18 三重県鈴鹿市JA鈴鹿本店に到着した日本通運現金輸送車を，男性2人組が襲い，現金約2億1000万円入りの布製バッグを強奪．9月8日，犯人3人を逮捕(1人は元日通社員)。3.22 神奈川県大磯町の旧吉田茂邸焼失．2017</td><td>1.1 バンコクのナイトクラブ・サンティカで年越し行事中に大規模火災発生．客59人死亡・負傷229人(日本人4人)。1.3 イスラエル地上軍，パレスチナ自治区ガザに侵攻(～18日攻撃停止)。1.15 米国USエアウェイズ機，ニューヨークのハドソン川に不時着．乗客・乗員155人全員救出。1.20 オバマ，米国大統領に就任。1.26 国際再生可能エネルギー機関，設立総会開催(ドイツ・ボン)．75か国が同機関憲章に署名．6月29日，日本，同憲章に署名．2010年7月8日同憲章，発効．2011年4月4日～5日第1回総会(アラブ首長国連邦アブダビ)。1.30 北朝鮮の祖国平和統一委員会，「南北間の政治・軍事的対決状態の解消と関連したすべての合意事項を無効にし，南北基本合意書(1991年12月締結)と付属合意書の中の西海北方限界線関連条項等を廃棄する」と表明。2.7 オーストラリア・ビクトリア州で大規模な山火事発生．死者181人・焼失面積36万ha(10日，警察当局)。2.11 アフガニスタン・カブールで，自爆テロ2件・同未遂1件がほぼ同時に発生．少なくとも26人死亡・55人負傷。シベリア上空800kmで米国(通信衛星)・ロシア(軍事通信衛星．運用停止)の人工衛星が衝突．人工衛星同士の衝突は初めて。2.12 米国コンチネンタル航空機，ニューヨーク州バファロー近郊で農家に墜落．乗客・乗員等50人死亡。2.13 イラク・イスカンダリヤでイスラム教シーア派巡礼者をねらった爆弾テロ．32人死亡・80人以上負傷。2.25 バングラデシ</td></tr>
</table>

西暦	年号干支	内閣	政　治・経　済
2009 ⇕	平成 21 己丑	(麻生太郎内閣)	りそなホールディングス・中央三井信託ホールディングス・住友信託銀行)の2009年3月期連結決算で，住友信託銀行・りそなホールディングスを除く4グループが赤字(5月19日)。2008年度の厚生年金は10兆1795億円の赤字，国民年金は1兆1216億円の赤字(8月4日社会保険庁公表)。**4.5** 北朝鮮，ミサイル1発を発射．日本上空を通過。**4.10** 閣議において，13日に期限切れとなる日本独自の北朝鮮制裁措置の1年間延長を決定。**4.20** 麻生首相，来日したベトナム共産党書記長ノン・ドク・マインと会談。**5.7** みずほ証券・新光証券合併．新「みずほ証券」発足。**5.9** 東京電力柏崎刈羽原子力発電所(新潟県)7号機，起動試験開始(地震により2007年7月16日以降同発電所運転停止)。**5.15** エコポイント(家電エコポイント)制度開始(～2011年3月31日)。**5.21**「裁判員の参加する刑事裁判に関する法律」(裁判員法)施行(2004年5月28日公布)．8月3日，東京地方裁判所で全国初の裁判員裁判が開始，6日判決。**5.22** 太平洋・島サミット開催(太平洋の17か国・地域)(～23日)(北海道勇払郡占冠村トマム)。防衛省，海上自衛隊護衛艦あたご・漁船清徳丸衝突事件(2008年2月19日)で，あたごの責任を認める報告書を公表し，前艦長ら38人を処分。**6.1** 日米協議で北朝鮮の核保有は容認しないとの立場を確認。**6.5**「消費者庁及び消費者委員会設置法」公布．9月1日施行。鳩山由紀夫民主党代表，韓国大統領李明博と会談(ソウル)。**6.12** 鳩山邦夫総務相辞任．西川善文日本郵政社長の再任問題による．佐藤勉国家公安委員会委員長を総務相に任命(同委員長兼務)。**6.14** 大阪地方検察庁，郵便法違反事件(障害者団体を対象とする料金割引制度の悪用)に関連して厚生労働省の元障害保健福祉部企画課長(逮捕時は雇用均等・児童家庭局長)を逮捕(2010年9月，同地検検事による証拠改竄が発覚)。**6.16** 持ち回り閣議で，北朝鮮に対する輸出全面禁止を決定。**6.23** NHK，放送受信契約の締結を拒否しているホテル経営会社(埼玉県)に対し，契約締結と受信料支払いを求めさいたま地方裁判所に提訴．ホテル経営会社が契約締結・受信料支払いに応じ，7月9日，NHK，提訴を取り下げる．放送受信契約の締結拒否者に対する民事訴訟の提起は，1950年放送法施行後，NHKとして初。**6.26**「株式会社企業再生支援機構法」公布．9月28日施行。**7.1**「公文書の管理に関する法律」(公文書管理法)公布．2011年4月1日施行。**7.2** 林幹雄を国務大臣(国家公安委員会委員長・内閣府特命担当大臣〔沖縄及び北方対策担当・防災担当〕)に，林芳正を同(内閣府特命担当大臣〔経済財政政策担当〕)に任命。**7.4** 北朝鮮，日本海に向け弾道ミサイル7発を発射。**7.8** 第35回主要国首脳会議開催(～10日)(イタリア・ラクイラ)。**7.12** 東京都議会議員選挙．民主党，54議席で第1党となる。**7.14** 衆議院，野党提出の内閣不信任案を否決．参議院，野党提出の首相に対する問責決議を可決。**7.15**「水俣病被害者の救済及び水俣病問題の解決に関する特別措置法」(水俣病救済法)公布・施行。**7.17**「臓器の移植に関する法律の一部を改正する法律」公布．2010年7月17日施行．臓器提供の年齢制限を撤廃。**7.21** 衆議院，解散。**7.-** 7月の完全失業率(季節調整値)5.7%．1953年4月同方式の調査開始以来最悪(8月28日総務省発表労働力調査〔速報〕)。**8.11** 人事院，国家公務員一般職の月給及び期末・勤勉手当を共に引き下げるよう内閣と国会に勧告。**8.30** 第45回衆議院議員総選挙．獲得議席数は民主308・自民119・公明21・共産9・社民7・みんな5・国民3・日本1・諸派1・無所属6。**9.1** 消費者庁発足(長官内田俊一)。
		9.16 鳩山由紀夫内閣	**9.16** 第172回国会(特別会)召集(～19日)。麻生内閣総辞職。衆議院，横路孝弘を議長に選出。衆参両院，鳩山由紀夫を内閣総理大臣に指名。鳩山由紀夫内閣成立。**9.17** 鳩山首相，八ッ場ダム(群馬県)・川辺川ダム(熊本県)の建設中止を表明。**9.21** 鳩山首相，中国主席胡錦濤と会談(ニューヨーク)．「東アジア共同体」創設を提案．中国，反対。**9.23** 鳩山首相，米国大統領オバマと会談．韓国大統領李明博と会談(ニューヨーク)。**9.24** 北沢俊美防衛相，航空自衛隊のイラク空輸支援活動を記録した「週間空輸実績」(2006年7月～2008年12月)を請求者に全面開示することを決定。**9.28** 自民党，谷垣禎一を総裁に選出。**9.29** 閣議，国家公務員の「天下り」を防止するため「独立行政法人等の役員人事に関する当面の対応方針について」を決定。**10.1** 日本・ベトナム経済連携協定発効(2008年12月25日署名)。雪印乳業・日本ミルクコミュニティー，経営統合し，共同持株会社雪印メグミルクを設立。**10.2** 三菱航空機，米国トランス・ステーツ・ホールディングスから小型ジェット旅客機MRJ100機を受注したと発表．海外からの受注は初めて。**10.9** 鳩山首相，韓国大統領李明博と会談(ソウル)。**10.10** 鳩山首相，中国国務院総理温家宝・韓国大統領李明博と会談(北京)。**10.12** 北朝鮮，日本海に向け弾道ミサイル5発を発射。**10.14** 企業再生支援機構発足．16日，業務開始。**10.21** 米国国防長官ゲイツ，来日して鳩山首相・北沢俊美防衛相と各会談．防衛相との共同記者会見で，普天間代替施設についての計画の履行を要求。**10.24** 鳩山首相，日本・

社　会・文　化	世　界
年3月26日，再建落成記念式，4月1日，一般公開開始。3.31 木庭顕『法存立の歴史的基盤』刊。4.16 米国大リーグ・マリナーズのイチロー，対エンゼルス戦で安打を放ち，日米通算3086安打を記録(張本勲の国内のみの3085安打を越える)。4.21 最高裁判所，和歌山市毒物カレー事件(1998年7月25日)の被告人の上告を棄却，被告人の死刑が確定。6.7 辻井伸行，第13回バン・クライバーン国際ピアノコンクール(米国)で優勝。6.23 東京高等裁判所，足利事件(1990年5月)の再審開始を決定．2010年3月26日，元被告人の無罪が確定。7.1 森光子，国民栄誉賞を受賞。7.16 北海道の大雪山系で登山者24人が遭難．17日，このうち10人が死亡。7.19〜26 活発な梅雨前線の影響により，中国地方・北九州で豪雨(平成21年7月中国・九州北部豪雨)．死者30人．8月28日，この豪雨等による災害を激甚災害に指定。8.3 第25回アジア野球選手権大会で日本が優勝．7月27日〜29日(千葉県成田市)，8月1日〜3日(札幌市)開催。9.6 米国大リーグ・マリナーズのイチロー，大リーグ通算2000本安打を記録(日本人初．大リーグ259人目)．13日，200安打を記録．大リーグ初の9年連続1シーズン200本安打。9.24 レスリング世界選手権(デンマーク・ヘアニング)女子55kg級で吉田沙保里優勝(7連覇)。10.1 この日現在の日本の推計総人口1億2751万人(2010年4月16日総務省発表)．対前年比18万3000人減。10.2 国際オリンピック委員会総会(デンマーク・コペンハーゲン)で2016年夏季オリンピック開催地をブラジル・リオデジャネイロに決定．開催地として立候補した東京は落選。11.4 米国大リーグのワールドシリーズで，ヤンキースの松井秀喜，最優秀選手に選出(日本人初)。11.19 近衛忠煇日本赤十字社社長，国際赤十字社・赤新月社連盟会長に選出される(〜2017年11月11日)。11.28 宇宙航空研究開発機構・三菱重工業，H−2Aロケット16号機により政府の情報収集衛星光学3号を打ち上げる(種子島宇宙センター)．北朝鮮の軍事施設等を監視。11.30 中西聡『海の富豪の資本主義』刊。12.6 石川遼，ゴルフの賞金王となる．史上最年少(18歳)。12.14 最高裁判所，布川事件(1967年8月30日)2被告人の再審請求(第2次)の特別抗告審で，再審開始を認めた東京高等裁判所の決定を支持．再審開始決定。12.21 ロシア連邦宇宙局，野口総一ら日米露3人の宇宙飛行士が搭乗したソユーズ宇宙船を打ち上げる(カザフスタン・バイコヌール宇宙基地)．23日，国際宇宙ステーションにドッキング．2010年6月2日，野口らカザフスタンに帰還。12.22 森繁久弥(11月10日没)に国民栄誉賞を授与。12.23 レスリング全日本選手権女子55kg級で吉田沙保里が優勝(8連覇)。**この年** 全国の交通事故死者数4914人．1952年以来57年ぶりに5000人を下回る(2010年1月2日警察庁)。日本人の平均寿命83歳(サンマリノと同じ．世界保健機関加盟国中第1位)．女性86歳(第1位)，男性80歳(第2	ュ・ダッカで国境警備隊本部の下級兵士が反乱．26日，反乱兵士投降。2.28 中国で「食品安全法」公布．6月1日施行。3.21 中国青海省果洛(ゴログ)チベット族自治州ラギャで，チベット仏教僧ら数百人が警察署を襲撃。3.27 パキスタン・カイバル地区ジャムラッドのモスクで自爆テロ．礼拝者等70人死亡・約125人負傷。4.6 イタリア中部でM6.3の地震発生．死者289人(10日現在)。4.13 国連安全保障理事会，北朝鮮の弾道ミサイル発射は既存の安保理事会決議の違反に当たるとする議長声明を全会一致で採択．14日，北朝鮮外務省，これを非難し，6か国協議に参加しないとの声明を発表。4.16 インドで総選挙投票所等をインド共産党毛沢東主義派が襲撃．少なくとも18人を殺害。4.23 イラク・バグダッドとディヤラ県で自爆テロ．少なくとも75人が死亡。5.5 米軍，アフガニスタン・ファラ州を空爆(誤爆か)．少なくとも約100人死亡(6日，現地警察)。5.18 スリランカ陸軍，国営テレビを通じ内戦の終結を宣言。5.23 前韓国大統領盧武鉉自殺。5.25 北朝鮮，2006年10月以来2回目の核実験を実施。6.1 米国ゼネラルモーターズ，米連邦破産法の適用を申請．製造業としては世界最大の経営破綻．7月10日，新ゼネラルモーターズ発足。ブラジル・リオデジャネイロ発パリ行きのエールフランス機(乗客・乗員228人)，大西洋上で墜落。6.5 パキスタン・アッパーディル地区のモスクで自爆テロとみられる爆発．少なくとも40人死亡・約70人負傷。6.30 イエメン発コモロ(アフリカ)行きのイエメン航空機(乗客・乗員153人)，コモロ沖で墜落。7.5 中国新疆ウイグル自治区ウルムチで暴動(〜8日)．ウイグル族と漢族とが対立．197人死亡(18日当局発表)。7.12 ダリア・グリバウスカイテ，リトアニア大統領に就任．同国初の女性大統領。7.15 テヘラン発エレバン(アルメニア)行きのイラン・カスピアン航空機，イラン北部に墜落．乗客・乗員168人全員死亡。7.29 ナイジェリアでの治安部隊とイスラム系武装勢力との衝突で，これまでに250人以上が死亡。8.8 台湾に台風8号が上陸，被害甚大．死者543人・生き埋め400人余(27日現在)。8.17 ロシア・イングーシ共和国ナズラニで自爆テロ．死者20人・負傷者約140人。8.19 バグダッドで多発爆弾テロ．死者少なくとも95人以上・負傷者1000人以上。8.25 アフガニスタン・カンダハルで爆弾テロ．死者43人・負傷者45人．日系建設会社が被害。9.2 インドネシア・ジャワ島南方沖合でM7.0の地震発生．死者57人以上(3日現在)。アフガニスタン・ラグマン州のモスクで自爆テロ．死者23人(国家治安局次官を含む)。9.4 アフガニスタン・クンドゥズ州で，国際治安支援部隊が，タリバンの奪取したトラック2台を空爆．死者99人(市民30人を含む)(13日同国政府発表)。9.22 スーダン・ジョングレイ州で民族間抗争．死者100人以上。9.29 サモア沖でM8.0の地震発生．最大7mの津波が襲う．死者100人以上。9.30 インドネシア・スマトラ島沖でM7.6の地震発生．西スマトラ州全域で約1200人死亡。10.10 パキスタンの軍司令部

西暦	年号干支	内閣	政　治・経　済
2009▲	平成21己丑	（鳩山由紀夫内閣）	ASEAN首脳会議，ASEAN・日中韓首脳会議に出席（タイ・ホアヒン）。10.26 第173回国会（臨時会）召集（～12月4日）。10.29 国連総会第1委員会，日本が提出した「核兵器の全面的廃絶に向けた新たな決意」を採択．日本提出の同様の決議案採択は16年連続．12月2日，国連総会，総会決議として採択。日本航空，企業再生支援機構に支援を正式に要請，受理される（事実上，公的管理下にはいる）．11月5日，国内・国際線16路線を2010年6月までに順次廃止すると発表。11.1 太陽光発電買取制度開始。11.10 行政刷新会議の「事業仕分け」（第1弾）開始（～27日）。アフガニスタン・パキスタン支援策に関する閣僚委員会（鳩山首相ら5閣僚）開催．アフガニスタンに対し2009年から5年間に総額約50億ドル（約4500億円）規模の民生支援策を正式決定。11.13 鳩山首相，来日した米国大統領オバマと会談．オバマ，普天間飛行場の移設問題について，ハイレベルのワーキング・グループを設置して迅速に解決したい旨述べる。12.1 東京地方裁判所での1972年沖縄返還をめぐる日米間の「密約」に関する文書開示を求める訴訟の口頭弁論で，当時の対米交渉の責任者であった元外務省アメリカ局長が「密約」が存在したことを認める。12.10 小沢一郎民主党幹事長，国会議員142名等と中国を訪問（～13日）．この日，中国主席胡錦濤と会談（北京）。12.14 鳩山首相，来日した中国副主席習近平と会談。12.15 天皇，中国副主席習近平と会見．特例の会見となり，天皇の政治的利用ではないかとの議論が起こる。12.24 東京地方検察庁，偽装献金問題で鳩山首相の資金管理団体友愛政経懇話会の関係者2人を起訴．鳩山首相は不起訴。12.29 鳩山首相，インド首相シンと会談（ニューデリー）．安全保障分野での連携強化を目指す行動計画を策定。**この年** 国内新車販売台数460万9255台．31年ぶりに500万台を割る（2010年1月5日日本自動車販売協会連合会等発表）。 【死没】 1.8 牟田悌三（80，俳優）。1.24 萩谷朴（91，国文学）。1.30 内村剛介（88，ロシア文学）。2.2 山内一弘（76，プロ野球）。2.15 西島和彦（82，物理学）。2.20 神谷不二（82，国際政治学）。3.2 森田茂（101，洋画家）。3.10 秋山光和（90，日本美術史）。3.20 塩田庄兵衛（87，日本史）。3.25 遠藤幸雄（72，体操）。3.27 藤間紫（85，日本舞踊・俳優）。3.31 金田龍之介（80，俳優）。4.5 近藤義郎（84，考古学）。4.14 上坂冬子（78，作家・評論家）。4.18 大内力（90，経済学）。4.28 粟津潔（80，グラフィックデザイナー）。5.4 高英男（90，歌手）。5.8 藤沢秀行（83，囲碁棋士）。5.11 三木たかし（64，作曲家）。5.16 速水優（84，日銀総裁）。5.17 頼近美津子（53，アナウンサー）。5.23 盧武鉉（62，韓国大統領）。5.26 栗本薫（中島梓）（56，作家・評論家）。5.27 石本美由起（85，作詞家）。6.3 坂部恵（73，哲学）。6.6 植木光教（82，政治家）。6.9 井上薫（92，日本史）。6.25 マイケル・ジャクソン（50，歌手）。6.26 村田正志（104，日本史）。7.1 保田隆芳（89，騎手）。7.5 土居健郎（89，精神医学）。7.8 川喜田二郎（89，文化人類学）。7.21 若杉弘（74，指揮者）。7.29 松原泰道（101，僧侶）。8.2 古橋広之進（80，水泳）。8.6 大原麗子（62，俳優）。8.7 田川誠一（91，政治家）。8.12 山城新伍（70，俳優）。8.15 青木和夫（83，日本史）。8.18 金大中（85，韓国大統領）。8.24 トニー・ザイラー（73，スキー）。8.25 細川隆一郎（90，政治評論家）。エドワード・ケネディ（77，米国大統領ケネディの弟）。9.7 柳亭痴楽（5代）（57，落語家）。9.13 利光三津夫（82，法制史）。9.20 臼井儀人（51，漫画家）。大江志乃夫（81，日本史）。9.29 中山悌一（89，歌手・二期会創設者）。10.4 中川昭一（56，政治家）。10.8 服部幸三（85，音楽学）。10.10 江畑謙介（60，軍事評論家）。10.12 田中健夫（86，日本史）。10.20 原田康子（81，作家）。10.21 南田洋子（76，俳優）。10.26 室伏哲郎（78，評論家）。10.29 三遊亭円楽（5代）（76，落語家）。10.30 クロード・レビ=ストロース（100，文化人類学）。11.4 武藤嘉文（82，政治家）。11.10 森繁久弥（96，俳優）。11.13 田英夫（86，政治家）。11.16 水の江滝子（94，俳優）。11.24 丘灯至夫（92，作詞家）。12.2 平山郁夫（79，日本画）。12.13 ポール・サミュエルソン（94，経済学）。12.17 伊東律子（66，NHK理事）。12.22 田辺一鶴（80，講談師）。
2010▼	22庚寅		1.15 北沢俊美防衛相，インド洋で補給支援活動をしている海上自衛隊の自衛艦隊司令官に撤収命令を発する．16日午前0時，新テロ対策特別措置法（2008年1月16日施行）失効。東京地方検察庁，小沢一郎民主党幹事長の資金管理団体陸山会の土地購入問題に関連し，石川知裕衆議院議員等2人を逮捕．16日，小沢の公設第1秘書を逮捕。1.18 第174回国会（常会）召集（～6月16日）。1.19 日本航空，東京地方裁判所に会社更生法の適用を申請．同地裁，更生手続きの開始を決定．金融会社を除き過去最大の経営破綻。1.27 ソウル中央地方法院，1974年の「民青学連事件」に関連して逮捕され，軍法会議で懲役20年の宣告を受けた太刀川正樹（翌年刑執行停止）の再審公判で無罪を言い渡す。2.3 蒲島郁夫熊本県知事，県営荒瀬ダム

社　会・文　化	世　界
位)(2011年5月13日世界保健機関発表「世界保健統計2011年版」)。〔本〕村上春樹『1Q84』，藤巻忠俊『黒子のバスケ』，冲方丁『天地明察』，岩崎夏海『もし高校野球の女子マネージャーがドラッカーの『マネジメント』を読んだら』。〔歌〕「YELL」「曇りのち，快晴」「Someday」「深愛」「Butterfly」「Believe」「女々しくて」。〔映画〕「アマルフィ 女神の報酬」「ディア・ドクター」「ROOKIES—卒業—」／「アバター」「グラン・トリノ」「ハリー・ポッターと謎のプリンス」「レッドクリフ PartⅡ 未来への最終決戦」。〔テレビ〕「ウェルかめ」「JIN—仁—」「つばさ」「天地人」「ブラタモリ」「MR. BRAIN」。	を武装勢力が襲撃，兵士を人質に立て籠もる．11日，軍特殊部隊が突入，兵士25人を救出，死者20人。**10.18** イランのシスタン・バルチスタン州ピシン周辺で革命防衛隊員を乗せた自動車が自爆攻撃を受ける．死者42人。**10.25** バグダッドで連続爆弾テロ．死者155人・負傷者約700人(26日現在)。**10.28** パキスタン・ペシャワルの市場で爆弾テロ．死者106人・負傷者200人以上(29日現在)。**11.5** 米国テキサス州フォートフッド陸軍基地内で軍医が銃を乱射．死者13人・負傷者38人(6日現在)。**11.10** 韓国と北朝鮮の艦艇が黄海で銃撃戦。**11.14** 韓国釜山の室内実弾射撃場で爆発，火災発生．死亡者15人(日本人10人)(27日現在)。**11.19** ロシア，実質的に死刑を廃止．憲法裁判所が「死刑廃止を定めた欧州人権条約を批准するまで，死刑執行してはならない」と決定。**11.23** フィリピン・ミンダナオ島マギンダナオ州で地元政治家の家族・地元新聞記者等が殺害される．死者57人(25日現在)．2010年5月予定の州知事選挙をめぐる政争によるものか(同国軍)．12月4日，同州に戒厳令を発令(～12日解除)。**11.27** ロシア・トベリ州で特急列車が脱線．死者25人・負傷者95人(29日現在)．28日，現場で爆弾の一部が発見される。**12.1** EUの新基本条約「リスボン条約」発効。**12.3** ソマリア・モガディシオのホテルで自爆テロとみられる爆発．死者少なくとも19人(うち閣僚3人)。**12.8** バグダッドの5か所で爆破テロ．少なくとも127人死亡・448人負傷。**12.10** 米国大統領オバマ，ノーベル平和賞を受賞。**この年** 世界の総人口は68億2940万人．国別第1位は中国(13億4580万人)(11月18　日国連人口基金発表「世界人口白書」2009年版)。中国の新車販売台数1364万4800台(2010年1月11日中国汽車工業協会発表)．米国(1042万9553台)を抜き世界第1位。
1.6 南極海で反捕鯨団体シー・シェパードの小型高速船アディ・ギル号，日本の調査捕鯨船団の監視船第2昭南丸に衝突し，沈没．10月7日，同号の元船長が沈没は宣伝のための自作自演であったと述べる。**1.31** 日中歴史共同委員会(日中両国有識者各10名)が自国語論文(報告書)を発表(9月6日，翻訳版発表)．戦前を中心に歴史認識の隔たりは埋まらず。**2.1** 今春大学卒業予定者の就職内定率80.0％(3月12	**1.1** パキスタン・バヌー郊外ラキマルワトで自爆テロ．99人死亡(3日現在)。**1.3** 1990年代の人権侵害事件で殺人罪等に問われた元ペルー大統領フジモリに対し，ペルー最高裁判所は第1審の禁錮25年の判決を支持する判決を下したと発表．刑が確定。**1.12** ハイチでM7.0の地震発生．死者31万6000人(2011年1月12日現在)。**1.25** エチオピア航空機，レバノンのベイルート・ラフィク・ハリリ国際空港離陸直後に地中海に墜

西暦	年号 干支	内閣	政　治・経　済
2010 ⬍	平成 22 庚寅	（鳩山由紀夫内閣） 6.8 菅直人内閣	(球磨川，1954年発電開始)の撤去を表明．2018年3月撤去完了。2.5 閣議でPKO協力法に基づきハイチ地震被害復興のため陸上自衛隊を派遣する実施計画・政令を決定．北沢俊美防衛相，派遣命令を発出(6日以降，順次出発)．活動期間は11月30日までとされたが，延長され2013年3月15日撤収完了。2.8 鳩山由紀夫首相，来日したパレスチナ自治政府議長アッバスと会談。2.9 トヨタ自動車，新型プリウス等4車種につき国交省にリコールを届け出る．同時に米欧でリコールを届け出る(全世界で約43万台が対象)。ホンダ，エアバッグの不具合により米国で販売した5車種37万8758台のリコールを行うことを発表。2.10 枝野幸男を国務大臣(内閣府特命担当大臣〔行政刷新担当〕)に任命。3.1 大丸と松坂屋が合併，大丸松坂屋百貨店発足。3.8 住宅エコポイント制度開始．2013年12月31日，住宅エコポイント発行の申請受付終了．2014年3月31日，住宅エコポイントの商品等との交換申請の受付終了。3.9 外務省の「いわゆる「密約」問題に関する有識者委員会」(座長北岡伸一．2009年11月27日発足)，岡田克也外相に報告書を提出．4件のいわゆる「密約」について検証．「1960年1月の安保条約改定時の，核持ち込みに関する「密約」」等3件を密約と認定。3.31 ハイチ支援国会合開催(国連本部)．岡田克也外相，日本が総額約3000万ドル(約28億円)の追加支援を行うことを表明(表明済みの支援を含め約1億ドル)。「平成二十二年度における子ども手当の支給に関する法律」(子ども手当法)公布．4月1日施行。「公立高等学校に係る授業料の不徴収及び高等学校等就学支援金の支給に関する法律」(高校授業料無償化法)公布．4月1日施行。4.1 MS&ADインシュアランスグループホールディングス発足．三井住友海上グループホールディングス・あいおい損害保険・ニッセイ同和損害保険が経営統合。4.7 日産自動車・ルノー連合とダイムラー，包括的な資本・業務提携で合意したと正式発表。4.9 閣議で北朝鮮に対する日本独自の制裁を1年間延長することを決定(北朝鮮籍船舶の入港禁止，対北朝鮮の輸出入全面禁止)。4.10 政党「たちあがれ日本」，結成(平沼赳夫・与謝野馨ら)。4.19 鳩山首相，来日したマレーシア首相ナジブと会談。4.23 行政刷新会議による「事業仕分け」作業(第2弾前半)始まる(～28日)．5月20日，同作業(第2弾後半)始まる(～25日)。4.27「刑法及び刑事訴訟法の一部を改正する法律」公布・施行．人を死亡させた罪のうち，殺人は時効を廃止，その他は時効期間を2倍に延長。5.6 日本原子力研究開発機構の高速増殖炉もんじゅ(福井県敦賀市)，運転再開(1995年12月ナトリウム漏れ事故により運転中止)．8月26日，炉内の中継装置落下事故により停止。5.18「日本国憲法の改正手続に関する法律」(国民投票法)施行(2007年5月18日公布)。5.28 鳩山首相，福島瑞穂内閣府特命担当大臣を罷免．平野博文内閣官房長官を事務代理に任命。5.30 社民党，連立政権から離脱。5.31 オーストラリア，南極海における日本の調査捕鯨をやめさせるため国際司法裁判所に提訴．2014年3月31日，判決。6.2 鳩山首相，辞任の意向を表明。6.4 鳩山内閣総辞職。衆参両院，菅直人を内閣総理大臣に指名。6.8 菅内閣成立．民主党・国民新党の連立内閣。6.11 亀井静香国務大臣(内閣府特命担当大臣〔金融・郵政改革担当〕)辞任．仙谷由人内閣官房長官を事務代理に任命．同日，自見庄三郎を後任に任命。6.16「戦後強制抑留者に係る問題に関する特別措置法」(シベリア抑留者法)公布・施行。6.25 第36回主要国首脳会議開催(～27日)(カナダ・ハンツビル)。7.7 ソウルで講演中の重家俊範駐韓日本大使に，韓国人男性金基宗がコンクリート片2個を投じる．通訳に当たっていた女性書記官が負傷。7.11 第22回参議院議員通常選挙．与党が大敗．自民党51・民主党44・みんなの党10・公明党9・共産党3・社民党2・たちあがれ日本1・新党改革1。7.17「臓器の移植に関する法律の一部を改正する法律」施行(2009年7月17日公布)．臓器提供の年齢制限を撤廃。7.30 第175回国会(臨時会)召集(～8月6日)。参議院，西岡武夫を議長に選出。7.31 国際再生可能エネルギー機関憲章，日本について発効。8.11「国会議員の歳費，旅費及び手当等に関する法律の一部を改正する法律」公布・施行．満1か月議長・副議長・議員に在籍しなかった者の歳費月額の一部返納を認める。8.26 トヨタ自動車，北米で販売した自動車計約136万台をリコールすると発表。9.7 沖縄県の尖閣諸島付近で海上保安庁の巡視船2隻に中国籍の漁船閩晋漁5179号(船長詹其雄)が逃走して衝突．24日，那覇地方検察庁，詹を処分保留で釈放と決定．25日，詹，石垣島より帰国．2011年1月21日，那覇地検，詹を起訴猶予とする。最高裁判所，受託収賄等の罪に問われた鈴木宗男衆議院議員の上告を棄却する決定．懲役2年の刑が確定．15日，最高裁，鈴木の異議申し立て棄却を決定．鈴木，議員を失職。9.10 日本新興銀行，金融庁に破綻申請．同庁，ペイオフを発動。大阪地方裁判所，偽の障害者団体の郵便不正使用に関連して起訴された村木厚子被告人(元厚労省局長)に無罪判決．21日，大阪地方検察庁，上訴権を放棄，無罪確定。9.17 菅第1

社　会・文　化	世　界
日厚労省・文科省発表）．調査を開始した2000年以降で最低。**2.4** 大相撲横綱朝青龍，泥酔暴行問題で引退。**2.12** 反捕鯨団体シー・シェパード，南極海で調査捕鯨船団に小型ボートから酪酸入りの瓶を発射，監視船の乗組員３名が軽傷を負う．15日，同船に侵入した男（元アディ・ギル号船長）を拘束．３月12日，海上保安庁，同人を逮捕．７月７日，東京地方裁判所，同人に懲役２年・執行猶予５年の判決．７月９日，ニュージーランドへ強制送還。第21回冬季オリンピック大会開催（～28日）（カナダ・バンクーバー）．日本の獲得メダル数銀３・銅２。**3.7** 和歌山県太地町のイルカ漁を隠し撮りした「ザ・コーヴ」（監督ルイ・シホヨス）が第82回アカデミー賞長編ドキュメンタリー映画賞を受賞。**3.12** 第10回冬季パラリンピック大会開催（～21日）（カナダ・バンクーバー）．日本の獲得メダル数金３・銀３・銅５。**3.13** 札幌市のグループホーム「みらいとんでん」が全焼し，入居者７人が死亡。**3.23** 第２期日韓歴史共同研究委員会，報告書を公表。**3.26** 宇都宮地方裁判所，足利事件（1990年５月）再審判決公判で元被告人に無罪を言い渡す．宇都宮地方検察庁の上訴権放棄申し立てを地裁が受理し，元被告人の無罪が確定。中国公安部，中国製冷凍餃子中毒事件（2008年１月）の毒物混入容疑者として，天洋食品（中国河北省石家荘市）元臨時従業員男性を逮捕したと発表。**3.29** 水俣病不知火患者会の2123人が国・熊本県・チッソに損害賠償を求める訴訟で，熊本地方裁判所が示した和解案を原告・被告とも受け入れ，和解に合意。**3.31** ３月31日付の住民基本台帳による人口１億2705万7860人（７月31日総務省発表）．３年ぶりに減少。**4.1** この日現在の東京都の推計人口1301万0279人（27日東京都発表）．初めて1300万人を超える。**4.5** 米国宇宙航空局，宇宙飛行士山崎直子らが搭乗するスペースシャトル・ディスカバリーを打ち上げる．７日，国際宇宙ステーションとドッキング，20日，帰還。**4.8** 最高裁判所，インターネット上の中傷の書き込みに関する訴訟で，プロバイダー（接続業者）には発信者を特定する情報開示の義務があるとの判断を示す。**4.10** 宮崎県の農家の飼養牛に口蹄疫の疑似患畜が確認される．23日，農水省，口蹄疫感染と断定．宮崎県を中心に口蹄疫が流行．８月27日，東国原英夫宮崎県知事，口蹄疫終息を宣言。**5.21** 宇宙航空研究開発機構・三菱重工業，Ｈ２Ａロケット17号機により金星探査機あかつき等を打ち上げる（種子島宇宙センター）．12月８日，同機構，あかつきの金星周回軌道投入失敗を発表．2015年12月９日，再投入の成功を確認。**6.2** 野口聡一ら日米露の宇宙飛行士３人が搭乗するソユーズ宇宙船，国際宇宙ステーションよりカザフスタン中部に帰還（2009年12月21日打ち上げ）。**6.13** 小惑星探査機はやぶさ，小惑星イトカワを探査し，帰還（オーストラリア・ウーメラ沙漠）（2003年５月９日打ち上げ）．11月16日，宇宙航空研究開発機構，はやぶさの試料容器か	落．乗客・乗員90人全員死亡。イラク・バグダッドのホテル３か所で爆弾テロ．少なくとも36人死亡・71人負傷。**2.15** ベルギー・ブリュッセル郊外で列車の衝突事故が発生．20人以上死亡か。インド西ベンガル州ミドナポールでインド共産党毛沢東主義派が警官24人を殺害。**2.18** 米国大統領オバマ，ダライ・ラマ14世と会談（ワシントン）。**2.27** チリでM8.8の地震発生．死者404人（３月27日現在）．28日，日本で津波を観測。**3.3** イラク・バアクーバの３か所で自爆テロと思われる爆発．少なくとも死亡30人・負傷48人。**3.7** イラクで連邦議会選挙．連続テロで38人死亡。**3.8** トルコ東部でM5.9の地震発生．51人死亡・34人負傷。**3.29** モスクワの地下鉄２駅で自爆テロ．39人死亡（30日現在）・102人負傷．31日，ダゲスタン共和国で連続自爆テロ．死亡12人・負傷20人以上。**4.4** バグダッドのエジプト・ドイツ・イラン大使館付近で爆弾テロ．少なくとも30人死亡・150人以上負傷．６日，バグダッドで７発の爆弾が爆発．少なくとも49人死亡・160人以上負傷。**4.6** インド・チャティスガル州でインド共産党毛沢東主義派が警察部隊を襲撃．隊員の少なくとも75人死亡。**4.8** 米国大統領オバマ・ロシア大統領メドベージェフ，新戦略兵器削減条約（新START）に調印（プラハ）．2011年２月５日発効。**4.10** タイ・バンコクで治安部隊がタクシン元首相派のデモ隊を強制排除．日本人カメラマン村本博之，銃撃で死亡．死者21人・負傷者約860人（12日現在）。ポーランド大統領カチンスキ夫妻等乗客・乗員96名が搭乗する同国政府専用機，ロシア・スモレンスクで墜落．全員死亡。**4.14** 中国青海省玉樹チベット族自治州玉樹県でM7.1の地震発生．死者2183人・行方不明者84人（21日現在）。アイスランド南部で火山が噴火．火山灰により欧州の航空機運航に甚大な支障。**4.17** パキスタン・コハトの難民キャンプで連続爆弾テロ．41人死亡・62人負傷。**4.20** 米国ルイジアナ州沖のメキシコ湾上の石油掘削基地で爆発があり，大量の原油が流出．７月15日，流出が完全停止。**5.3** 米国国防総省，核兵器の保有数・解体数を公表．2009年９月末現在の核弾頭保有数5113発。**5.12** リビアのアフリキーヤ航空機，同国トリポリ国際空港で着陸に失敗して墜落．乗客・乗員104人中１名（オランダ人男児）を救出，他は死亡。**5.19** バンコクで治安部隊がタクシン元首相派のデモ隊の占拠地に突入．デモ，解散．13日以降の死者45人・負傷者375人。**5.22** エア・インディア機，インド・マンガロールで着陸に失敗，炎上．乗客・乗員166人中８人を救助，他は死亡。**5.28** インド・ウエストミドナプールで列車の衝突事故発生．インド共産党毛沢東主義派の犯行か。**6.11** キルギス・オシでキルギス系とウズベキスタン系住民間の衝突．300人以上死亡。**6.13** バグダッドで武装集団がイラク中央銀行を襲撃．少なくとも26人死亡・60人以上負傷．20日，同地で車爆弾２台が爆発．少なくとも26人死亡・約50人負傷。**7.1** パキスタン・ラホールで３件の自爆テロ．少なくとも41人死亡・120人以上負傷。**7.7** バグダッドで爆弾テロ等が

西暦	年号 干支	内閣	政　治・経　済
2010 ↕	平成 22 庚寅	(菅直人内閣)	次改造内閣成立。9.21 朝日新聞，郵便不正使用事件に関わる元厚労省局長捜査で証拠改竄があったことを報じる．同日，最高検察庁，証拠を改竄したとして大阪地方検察庁特捜部の主任検事前田恒彦を逮捕．10月1日，大坪弘道前大阪地検元特捜部長・佐賀元明前副部長を意図的な証拠の改竄を知りながら，これを隠したとして犯人隠避の容疑で逮捕．12月27日，大林宏検事総長，退任。9.23 中国の複数の税関で，レアアース(希土類)の対日輸出が止められていることが発覚．漁船閩晋漁5179号船長勾留への圧力。9.28 武富士(消費者金融)，東京地方裁判所に会社更正法の適用を申請．同地裁，申請を受理。10.1 第176回国会(臨時会)召集(～12月3日)。10.22 石原慎太郎東京都知事，記者会見で築地市場について「議会の議論を踏まえて，豊洲移転を進めていくことを決断」したと述べる。10.25 日米政府，航空自由化(オープンスカイ)協定の覚書に署名．11月13日発効。10.27 行政刷新会議，「事業仕分け」作業(第3弾)開始(～10月30日，11月15日～18日)。10.31 菅首相，ベトナム首相グエン・タン・ズンと会談(ハノイ)．ベトナムの原子力発電所建設計画を日本が受注することで合意。11.1 衆参両院予算委員会理事等30人に尖閣諸島沖中国漁船衝突事件(9月7日)のビデオ映像(編集されたもの)を公開。11.4 尖閣諸島沖中国漁船衝突事件のビデオ映像が海上保安官によりインターネット上に流出。 11.13 第22回APEC首脳会議開催(～14日)(横浜)。菅首相，横浜で米国大統領オバマ，中国主席胡錦濤，ロシア大統領メドベージェフと各会談。11.14 菅首相，韓国大統領李明博と会談(横浜)．両首脳立合のもと，「図書に関する日本国政府と大韓民国政府との間の協定」(日韓図書協定)に署名．2011年6月10日公布・発効．「朝鮮王朝儀軌」等図書1205冊の韓国への引き渡しを協定。11.22 柳田稔法相，辞任．11月14日の国会軽視ととられる発言の責任をとる．仙谷由人内閣官房長官，法相を兼任。11.29 国会参議院本会議場で議会開設120年記念式典開催。11.30「一般職の職員の給与に関する法律等の一部を改正する法律」公布．12月1日施行．人事院勧告により，国家公務員一般職の2010年度の平均年間給与を1.5%引き下げること等を含む。12.4 東北新幹線八戸駅—新青森駅間が開通(同新幹線全線開業)。12.6 福岡高等裁判所，諫早湾干拓をめぐる訴訟の控訴審判決で，3年間の猶予後5年間の排水門開放を国に命じる．15日，菅首相，上告断念の方針を表明．21日，高裁判決が確定。12.8 国連総会で，核軍縮決議案「核兵器の全面的廃絶に向けた共同行動」を賛成173・反対1(北朝鮮)・棄権11(中国等)で採択。12.10 広島高等裁判所，本年7月に行われた参議院選挙の1票の格差をめぐる訴訟の判決で，格差は違憲状態にあると判断(選挙無効の請求は棄却)。**この年** トヨタ自動車(ダイハツ工業・日野自動車を含む)の販売台数約841万8000台(速報値)．世界第1位(2011年1月24日発表)。交通事故死者数4863人．2001年以来10年連続減少(2011年1月2日警察庁発表)。名目国内総生産(GDP)479兆2231億円(5兆4742億ドル)．中国の5兆8786億ドルを下回り，中国がGDP世界第2位，日本は第3位となる(2011年2月14日内閣府発表)。 【死没】 1.1 角田房子(95，作家)。1.4 溝上恵(73，地震計測学)。1.17 小林繁(57，プロ野球)。1.31 伊藤鄭爾(88，建築史)。2.11 玉置宏(76，テレビ司会者)。2.12 石井米雄(80，東南アジア史)。2.17 藤田まこと(76，俳優)。2.28 林忠四郎(89，宇宙物理学)。3.11 佐藤昭子(81，田中角栄秘書)。3.18 村田良平(80，外交官)。3.25 大森実(88，ジャーナリスト)。3.26 金嬉老(権禧老)(81，寸又峡事件)。4.1 後藤悟(木村庄之助〔28代〕)(81，大相撲行司)。4.9 井上ひさし(75，作家)。4.13 中田祝夫(94，国語学)。4.21 多田富雄(76，免疫学)。4.27 北林谷栄(98，俳優)。5.2 佐藤慶(81，俳優)。5.5 田宮謙次郎(82，プロ野球)。5.9 安藤太郎(100，住友不動産)。5.14 鈴木俊一(99，東京都知事)。5.21 小松茂美(85，書道史)。5.26 針生一郎(84，美術・文芸評論家)。5.30 青木半治(94，日本体育協会会長)。6.20 遠藤要(94，政治家)。6.28 佃公彦(80，漫画家)。7.3 梅棹忠夫(90，民族学)。7.10 つかこうへい(62，劇作家・演出家)。7.13 溝口雄三(77，中国思想)。7.17 石井好子(87，歌手)。7.24 森毅(82，数学)。8.6 南美江(94，俳優)。8.12 河野裕子(64，歌人)。8.13 升味準之輔(84，政治学)。8.27 アントン・ヘーシンク(76，柔道)。8.29 三浦哲郎(79，作家)。9.1 花田勝治(若乃花〔初代〕)(82，大相撲力士)。9.3 西島安則(83，高分子化学)。9.11 谷啓(78，俳優)。9.14 山口信夫(85，日商会頭)。9.16 小林桂樹(86，俳優)。鷲塚泰光(72，彫刻史)。9.26 池内淳子(76，俳優)。10.1 紅野敏郎(88，日本文学)。10.3 榊莫山(84，書家)。10.7 大沢啓二(78，プロ野球)。10.8 池部良(92，俳優)。10.18 長岡輝子(102，俳優)。10.22 坂田栄男(90，囲碁棋士)。10.26 コロムビア・ライト(83，漫才師・漫談家)。10.31 前田恵学(83，仏教学)。11.14 三ヶ月章(89，民事訴訟法・法相)。

社　会・文　化	世　界
らイトカワの微粒子が見つかったと発表。6.21 女子プロゴルフ宮里藍，世界ランキング第1位(日本人初)．10月25日，第3位に。6.28 高速道路無料化社会実験開始(～2011年6月19日)．全国の高速道路の一部37路線50区間で実験。7.4 日本相撲協会，野球賭博に関与した大嶽親方・大関琴光喜を解雇。7.6 NHK，テレビ・ラジオの大相撲7月場所実況中継の中止を発表。7.11 大相撲7月場所開催(～25日)．野球賭博に関与した力士18人謹慎休場。7.15 最高裁判所，オランダ・ハーグのフランス大使館占拠事件(1974年9月13日)被告人重信房子の上告を棄却．8月4日，被告人の異議申立を却下，懲役20年の刑が確定。7.25 埼玉県秩父市の山中で遭難者救助活動中の同県防災ヘリコプターあらかわ1が墜落．搭乗者7人中5人死亡。8.12 第4回女子野球ワールドカップ大会開催(～22日)(ベネズエラ・マラカイ)．日本2連覇。9.10 法務省，戸籍上生存しているが所在不明の100歳以上の人が全国で23万4354人確認されたと発表(120歳以上7万7118人．150歳以上884人)．電子化された戸籍を中心に，全体の約9割にあたる約4743万戸籍を調査。9.11 宇宙航空研究開発機構・三菱重工業，H2Aロケット18号機により準天頂衛星1号機「みちびき」を打ち上げる(種子島宇宙センター)。9.23 米大リーグ・マリナーズのイチロー，10年連続200本安打を達成。10.1 第19回国勢調査．日本の総人口は1億2805万7352人．このうち日本在住3か月以上の外国人を除く日本人の人口は前回調査より37万1294人減少(初の減少)(2011年10月26日総務省発表)。10.29 警視庁公安部外事3課作成と見られる内部資料がインターネット上に流出したことがわかる．12月24日，警視庁，流出資料に内部資料が含まれている可能性が高いと認める。11.11 最高裁判所，『週刊現代』2007年6月9日号の大相撲八百長報道記事をめぐる名誉毀損訴訟で，発行元と記事執筆者の上告棄却を決定，1・2審の判決が確定。11.12 第16回アジア競技大会開催(～27日)(中国・広州)．獲得金メダル数中国199・韓国76・日本48。11.15 大相撲11月場所2日目，白鵬，稀勢の里に敗れ，連勝記録は63で止まる。11.16 横浜地方裁判所，裁判員裁判で初めて死刑判決(求刑としては2例目)．裁判長，被告人に控訴を勧める．29日，被告人弁護団，東京高等裁判所に控訴．2011年6月16日，被告人が控訴を取り下げ，死刑確定。11.25 市川海老蔵(11代)，飲食店でのいさかいで重傷を負う。11.28 三重県亀山市で人材派遣会社の送迎用マイクロバスが大型トレーラーと衝突，バス乗客のフィリピン人男性3人・女性3人(12月11日さらに1人)死亡。11.30 内閣，「常用漢字表」を告示．旧「常用漢字表」(1981年10月1日告示)より5字を削除，196字を追加。12.10 リチャード・ヘック，根岸英一，鈴木章，ノーベル化学賞を受賞。12.25 群馬県前橋市の群馬県中央児童相談所に「伊達直人」(漫画・アニメ「タイガーマスク」主人公の名)	続発．50人以上死亡。7.11 ウガンダ・カンパラのレストラン2軒で連続爆発．76人死亡(12日現在)。7.19 インド西ベンガル州サインティア駅で急行列車の衝突事故発生．乗客61人死亡・125人負傷。7.28 パキスタン・イスラマバードで同国民間航空エアブルー機が墜落．乗客・乗員152人のうち102人の遺体を確認。フランス大統領サルコジ，治安当局に，同国内に不法滞在するロマ人の国外退去とロマ人のキャンプの半数の撤去を命令。8.2 ロシア大統領メドベージェフ，深刻な森林火災により7州等に非常事態を宣言．23日までに全て解除．54人死亡，焼失面積9280㎢。8.5 チリ・コピアポ近郊サンホセ鉱山で落盤，作業員33人が坑内に閉じ込められる．10月13日，全員救助完了。8.6 パキスタン政府，同国北西部の洪水被災者が1200万人を超えたと発表．死者1500人・被災者2000万人(20日現在)。8.8 中国甘粛省甘南チベット族自治州舟曲県で大規模な土石流発生．死者1248人・行方不明者496人(15日現在)。8.24 中国黒竜江省伊春市林都空港で河南航空機(乗客・乗員96人)が着陸に失敗，炎上．42人死亡。8.31 米国大統領オバマ，テレビ演説で，イラク駐留米軍の戦闘任務の終結を宣言。9.9 ロシア北オセチア共和国ウラジカフカスの市場で自爆テロ．少なくとも17人死亡・130人以上負傷。9.16 ローマ法王ベネディクト16世，英国を公式訪問(～19日)．法王の訪英は16世紀の英国国教会成立以来初めて。9.18 アフガニスタンで議会下院選挙．テロ・妨害行為により少なくとも32人死亡・100人以上負傷。10.1 米国のユナイテッド航空(世界航空第4位)・コンチネンタル航空(同第5位)が合併完了。10.6 インスタグラム登場。10.8 ノルウェーのノーベル賞委員会，本年のノーベル平和賞を劉暁波(服役中)に授与すると発表．12月10日，同賞授賞式．劉，欠席。10.11 フランスでブルカ禁止法公布．2011年4月11日施行．公の場でのブルカやニカブの着用の禁止を規定。10.22 ウィキリークス，イラク戦争関連米軍機密文書をインターネット上に公開。10.25 インドネシア・スマトラ島沖でM7.7の地震発生．津波が発生．死者413人・行方不明者298人(29日現在)。10.26 インドネシア・ジャワ島ムラピ山が噴火．死者138人，15万人以上が避難(11月5日現在)。11.4 キューバ国営機，同国山岳地帯で墜落．乗客・乗員68人全員死亡(日本人乗客1人を含む)。11.13 ミャンマーの軍事政権，アウン・サン・スー・チーを自宅軟禁から解放。11.16 中国上海市中心部の28階建て高層住宅で火災．死亡58人(日本人男性1人を含む)。11.22 カンボジア・プノンペンの水祭で，見物客が橋の上で倒れ死傷．死者347人・負傷者395人(25日現在)。11.23 北朝鮮軍，黄海上の韓国領延坪島を砲撃．28日，黄海で米韓合同軍事演習開始(～12月1日)．12月20日，韓国軍，延坪島で砲撃訓練。12.31 ハイチ保健・人口省，1月の大地震後コレラの流行で死者3333人・感染者14万8787人に達したと発表。**この年** 中国の新車販売台数1806万1900台(2011年1月10日中国汽車工業協会発表)．世界第1位。

西暦	年号 干支	内閣	政治・経済
2010 ▲	平成 22 庚寅	（菅直人内閣）	11.15 星野哲郎(85，作詞家)。11.21 藤島昭(86，最高裁判事)。12.4 茂山千之丞(2代)(87，狂言師)。槙枝元文(89，日教組委員長)。12.9 豊田正子(88，作家)。12.15 戌井市郎(94，文学座)。12.17 黛弘道(80，日本史)。12.27 伊藤正己(91，法学)。12.28 高峰秀子(86，俳優)。
2011 ▼	23 辛卯		1.14 菅第2次改造内閣成立。1.18 菅直人首相，来日したウクライナ大統領ヤヌコビッチと会談。1.20 日米両政府，沖縄県嘉手納基地所属F15戦闘機の沖縄周辺での訓練の一部をグアムに移転することで合意。1.21「在日米軍駐留経費負担特別協定」(「日本国とアメリカ合衆国との間の相互協力及び安全保障条約第六条に基づく施設及び区域並びに日本国における合衆国軍隊の地位に関する協定第二十四条についての新たな特別の措置に関する日本国とアメリカ合衆国との間の協定」)に署名(東京)．4月1日発効(～2016年3月31日)。1.24 第177回国会(常会)召集(～8月31日)。1.26 トヨタ自動車，16車種計120万2800台のリコールを国交省に届け出る。2.4 厚生労働省，所在不明の553人の年金支給停止を決定。2.16 日本・インド包括的経済連携協定署名(インド・ニューデリー)．8月1日発効。2.22 日米関係民間会議(新・下田会議)開催(東京)。2.24 トヨタ自動車，北米等で販売した10車種計約238万5900台をリコールすると発表。3.6 前原誠司外相，外国人からの政治献金問題で辞任．枝野幸男内閣官房長官を外相臨時代理に任命．9日，松本剛明を外相に任命。3.10 三菱自動車，スズキよりOEM供与された新型ソリオをデリカD：2として発売。3.11 三陸沖を震源とするM9.0の巨大地震が発生．これによる巨大津波が東北地方・関東地方の太平洋岸を襲う．被害甚大．同日，気象庁，この地震を「平成23年東北地方太平洋沖地震」と呼ぶことを決定．13日，この地震による災害を激甚災害に指定．4月1日，この震災を「東日本大震災」と呼ぶことを閣議決定．2019年3月1日現在，死者12都道府県で1万5897人・行方不明者2533人，身元不明遺体60体(2019年3月7日警察庁発表)。東京電力福島第1原子力発電所で事故発生．政府，原子力緊急事態を宣言．同原発半径3km以内の住民を避難させるよう地元自治体に指示．12日，半径10km以内に拡大．以降，20kmまで拡大。3.12 福島第1原発1号機で水素爆発．14日，3号機で水素爆発。九州新幹線(鹿児島ルート)博多駅—新八代駅間が開通(全線開通)．東日本大震災により各駅の出発式典は全て中止。3.14 東京電力，1都8県で計画停電を開始(～28日)．4月8日，東電，今後は計画停電を原則実施しないと発表。3.15 福島第1原発4号機建屋内で火災発生。みずほ銀行のオンラインシステムに障害発生(～17日)。3.16 予備自衛官及び即応予備自衛官の災害等招集命令発出(6月22日活動終了)．延べ2648人を招集。3.22「平成二十三年東北地方太平洋沖地震に伴う地方公共団体の議会の議員及び長の選挙期日等の臨時特例に関する法律」公布・施行。3.23 最高裁判所，2009年8月衆議院選挙の1票の格差をめぐる訴訟の上告審判決で，「1人別枠方式」が格差を生む主因だとし，選挙区の区割りを違憲状態と判断，同方式の速やかな廃止を求める．選挙無効の請求は棄却。オーストラリア・香港・インドネシア，東京電力福島第1原子力発電所の放射能漏れにより日本産食品等の輸入を停止．24日，ロシア・シンガポール・中国，25日，韓国・台湾，各同様の措置をとる．81か国・地域が輸入を規制。3.31 菅首相，来日したフランス大統領サルコジと会談。3.- 3月の鉱工業生産指数(速報値，2005年＝100，季節調整値)82.9．対前月比15.3%低下．過去最大の低下．東日本大震災の影響(4月28日経済産業省発表)。東京電力の3月期連結決算で税引き後利益が1兆2473億円の赤字(5月20日発表)。4.1「公文書等の管理に関する法律」(2009年7月1日公布)施行。三井住友トラスト・ホールディングス発足．住友信託銀行と中央三井トラストホールディングスが経営統合。4.6 コートジボワール・アビジャン郊外の日本大使公邸を武装勢力が襲撃，占拠．フランスのヘリコプター部隊の攻撃に

社　会・文　化	世　界
を名乗る人物よりランドセル10個が寄付される．2011年に入り同様の寄付行為が全国に拡大。**この年**〔本〕曽野綾子『老いの才覚』，齋藤智裕『KAGEROU』，柴田トヨ『くじけないで』，池井戸潤『下町ロケット』，タニタ『体脂肪計タニタの社員食堂』，東川篤哉『謎解きはディナーのあとで』。〔歌〕「I Wish For You」「ありがとう」「トイレの神様」「Beginner」「ヘビーローテーション」「また君に恋してる」。〔映画〕「悪人」「借りぐらしのアリエッティ」「THE LAST MESSAGE 海猿」／「アリス・イン・ワンダーランド」「息もできない」「トイ・ストーリー3」。〔テレビ〕「あさイチ」「ゲゲゲの女房」「新参者」「SPEC～警視庁公安部公安第五課 未詳事件特別対策係事件簿～」「てっぱん」「龍馬伝」。	
1.26 警視庁，大相撲野球賭博事件で元力士ら4人を賭博開張等容疑で逮捕。**1.27** 鹿児島・宮崎県境の新燃岳が爆発的噴火．両県の広範囲で降灰を確認。**2.6** 日本相撲協会，八百長問題により3月場所と年内の地方巡業の中止を決定。**2.25** この日及び26日に京都大学入学試験(2次試験)数学・英語の問題が試験時間中にインターネット上の掲示板に解答を求めて投稿される．これより先，8日(同志社大学)・11日(立教大学)・12日(早稲田大学)にも各大学の入試問題が試験時間中に，京大と同一の投稿者によって投稿されていた．3月3日，京都府警察，これらを投稿した予備校生を逮捕．7月7日，山形家庭裁判所，同人を不処分と決定。**2.27** 東京マラソン2011開催．男子で市民ランナー川内優輝，日本人最高の3位に入賞。**3.10** 最高裁判所，1994年9～10月に若者4人が殺害された連続リンチ殺人事件の被告人3人(事件当時18～19歳)の上告審判決で，名古屋高等裁判所の死刑判決を支持，上告を棄却．22日，弁護側，判決訂正を申し立て，30日，最高裁これを棄却．3人の死刑確定。**3.11** この日から16日までに，福島県内の警察署に勾留中の容疑者31人を処分保留で釈放(29日福島地方検察庁発表)．12日～16日，宮城県内の警察署に勾留中の容疑者30人を釈放(29日仙台地方検察庁発表)。**3.12** 長野県北部でM6.7の地震発生．栄村で震度6強．JR飯山線が路盤崩落で一部不通となる。テレビのCMでACジャパンによる公共広告が多数放送される(3月下旬より漸減)。**3.14** サッカーJリーグ，以降の3月中の全試合の中止を決める。世界スケート連盟，東京で21日から開催予定であったフィギュアスケート世界選手権の中止を発表(4月にモスクワで開催)。**3.16** 天皇の東北地方太平洋沖地震に関する「おことば」(ビデオメッセージ)をNHK等で放送。**3.17** プロ野球セ・リーグは当初予定通り3月25日に開幕，パ・リーグは4月12日に開幕延期と発表．19日，セ・リーグは3月29日に開幕延期，24日，さらに4月12日に延期と決める。**4.1** 日本相撲協会，八百長問題に関連して力士・親方40人の処分を発表．力士23人に引退勧告・退職勧告を通告．11日，力士2人に引	**1.1** エジプト・アレクサンドリアで，新年ミサのコプト教会で自爆テロ．少なくとも21人死亡・90人以上負傷。**1.7** アフガニスタン・カンダハル州の公衆浴場で自爆テロ．少なくとも17人死亡・23人負傷。スーダン・アビエイ地区で住民が衝突．33人死亡(10日現在)。**1.9** イラン航空機，イラン・ウルミエ近郊で墜落．77人死亡・26人負傷。**1.10** オーストラリア・クイーンズランド州トゥーウーンバで大雨による鉄砲水が発生．死者25人(13日現在)。**1.11** ブラジル・リオデジャネイロ州で集中豪雨．土砂崩れ・洪水が発生．死者841人・行方不明者500人以上(26日現在)。**1.18** イラク・ティクリートの警察官採用施設前で自爆テロ．50人死亡・約150人負傷．19日～27日，イラク各地でテロ，少なくとも124人死亡・380人以上負傷。**1.24** モスクワのドモジェドボ空港で爆破テロ．死者36人(2月2日現在)。**1.28** エジプトで大統領ムバラクを批判するデモ隊と警官隊が衝突．少なくとも24人死亡・1000人以上負傷．この日以降もデモが続く。**2.5** 米国・ロシア間の新戦略兵器削減条約(新START)発効(2010年4月8日調印)。**2.10** パキスタンのカイバル・パクトゥンクア州マルダンの国軍訓練施設で自爆テロ．少なくとも32人死亡・40人負傷。**2.11** エジプト副大統領スレイマン，テレビを通じ，大統領ムバラクが辞任し全権を軍最高評議会に移譲したと表明。**2.12** イラク・サマッラ郊外で巡礼客が乗ったバスを狙った自爆テロ．少なくとも30人死亡。**2.22** ニュージーランド・クライストチャーチ付近を震源とするM6.3の地震発生．死者185人，このうち日本人28人全員が留学生。**3.8** パキスタン・ファイサラバードで乗用車が爆発．20人死亡・100人以上負傷。**3.10** 中国雲南省盈江県でM5.8の地震発生．25人死亡・300人以上負傷。**3.15** EU，東京電力福島第1原子力発電所事故を受け，域内で稼働中の原子炉143基の安全性検査実施で合意。**3.18** イエメン・サヌアで大統領サレハの辞任を求める大規模なデモ隊に治安部隊が発砲．少なくとも37人死亡・100人以上負傷。**3.29** イラク・サラハッディン県ティクリートで武装集団が県議会庁舎を襲撃，議員等を人質に治安部隊と銃撃戦．少なくとも58人死亡(議員・襲撃者を含む)・97人負傷。**3.30** テイン・セイ

西暦	年号 干支	内閣	政　治・経　済
2011 ⇕	平成 23 辛卯	（菅直人内閣） 9.2 野田佳彦内閣	より，岡村善文大使・現地職員７人の計８人を救出。**4.10** 第17回統一地方選挙（前半）．石原慎太郎，東京都知事に当選（４選）．24日，同（後半）。**4.29** 東北新幹線，全線運行再開（49日ぶり）。**5.6** 菅首相，中部電力浜岡原子力発電所の全ての原子炉の運転停止を要請したと発表．９日，中電，要請受諾，浜岡原発全面停止を決定．15日，停止作業終了。**5.21** 中国国務院総理温家宝・韓国大統領李明博，宮城県の被災地を各訪問．ついで菅首相と福島市内の避難所を訪問。**5.22** 菅首相・中国国務院総理温家宝・韓国大統領李明博，会談（東京）。**5.26** 第37回主要国首脳会議開催（～27日）（フランス・ドービル）．菅首相，米国大統領オバマと会談．沖縄県普天間飛行場の県内移設方針の堅持を確認．27日，首脳宣言で，東日本大震災からの日本の復興に向けて連帯する姿勢を明確にする。**5.27** JR北海道石勝線第１ニニウトンネル付近（占冠村）で，脱線により特急の車両から出火，トンネル内で停車，６両の全車両が燃える．死者無し．６月18日，国交省，この事故に対しJR北海道に事業改善命令を出す．６月にもJR北海道でトラブルが頻発．９月12日，同社社長が行方不明となり，18日，遺体が北海道小樽市沖の海上で発見される。「地方公務員等共済組合法の一部を改正する法律」公布．６月１日施行．地方議員年金制度の廃止。**5.31** 日本・ペルー経済連携協定署名（東京）．2012年３月１日発効。**6.1** 日産自動車・三菱自動車工業の合弁会社NMKV設立。**6.10**「図書に関する日本国政府と大韓民国政府との間の協定」（日韓図書協定）公布・発効（2010年11月14日署名）。**6.15**「東日本大震災に伴う地上デジタル放送に係る電波法の特例に関する法律」公布・施行．岩手・宮城・福島３県での地上デジタル放送への完全移行日を，当初予定の７月24日から最長１年間延期。**6.24** 内閣府，東日本大震災の被害額（東京電力福島第１原子力発電所の被害を除く）は16兆9000億円との推計を発表。「東日本大震災復興基本法」公布・施行．東日本大震災復興対策本部・復興庁の設置を規定。「津波対策の推進に関する法律」公布・施行．11月５日を「津波防災の日」とする。「スポーツ基本法」公布．８月24日施行。**6.26** 経産省，九州電力玄海原子力発電所発電再開について，佐賀県民を対象とする説明会を開催（テレビ・インターネットで中継）．７月６日，九電，この説明会に際し，自社の社員が社内及び協力会社等に対して，原発の発電再開に賛成する意見のインターネットによる投稿を要請したと発表。**6.27** 環境相・内閣府特命担当大臣（防災担当）松本龍を国務大臣（東日本大震災からの復興のための施策を政府一体となって推進するため企画立案及び行政各部の所管する事務の調整担当），細野豪志を国務大臣（東京電力福島原子力発電所事故の収束及び原子力発電所事故の再発を防止するため企画立案及び行政各部の所管する事務の調整担当）に各任命．江田五月法相が環境相を兼任．蓮舫内閣府特命担当大臣（行政刷新担当），退任し，枝野幸男内閣官房長官が同大臣を兼任。**6.28** 東日本大震災復興対策本部，正式に業務開始。**7.1** 経産省，電力使用制限令を発動．東京電力・東北電力管内の大口需要家（契約電力500kW以上）に対し，東電管内は７月１日～９月22日（平日）の９時～20時，東北電管内は７月１日～９月９日（平日）の９時～20時では，昨年の上記期間・時間帯における使用最大電力の値（１時間単位）の15％削減した値を使用電力の上限とする．９月２日を最後に東日本大震災及び新潟・福島豪雨の被災地の制限令を終了．９日を最後に東電管内の制限令を終了。**7.3** 松本龍復興相，達増拓也岩手県知事・村井嘉浩宮城県知事と会談．この際の松本復興相の言動が問題となる。**7.5** 松本龍復興相，辞任．平野達男を復興相に任命。**7.13** 菅首相，記者会見で原子力発電がない社会をめざすとの考えを表明。**7.20** 政府，関西電力管内の全利用者を対象に，７月25日～９月22日（平日）９時～20時の昨年夏期最大消費電力の10％以上の自主的な節電を要請することを決定。**8.4** 国交省，東日本大震災の津波による東北・関東６県の全壊建物は約12万棟と発表。**8.10**「原子力損害賠償支援機構法」公布・施行。**8.26** 菅首相，退陣を表明。**8.30** 菅内閣総辞職。衆参両院，野田佳彦を内閣総理大臣に指名。「平成二十三年度における子ども手当の支給等に関する特別措置法」公布．10月１日施行。**9.2** 野田内閣成立。**9.11** 鉢呂吉雄経済産業相辞任．藤村修内閣官房長官を同相臨時代理に任命．12日，枝野幸男を経産相に任命。**9.13** 第178回国会（臨時会）召集（～９月30日）。第９管区海上保安本部，石川県能登半島沖で北朝鮮の港を出港したと称する小型船に乗った男女９人を救助．10月４日，９人，日本を出国し韓国に到着。**9.21** 野田首相，米国大統領オバマと会談（ニューヨーク）。**9.22** 野田首相，原子力安全及び核セキュリティに関する国連ハイレベル会合で演説．必要な原子力発電所は今後も活用するとの意向を示す。**9.30** 武田薬品工業，スイスのナイコメッド社の買収を完了（10月１日発表）。**10.1** リコー，ペンタックスイメージング（HOYAの子会社）を完全子会社とし，ペンタックスリコーイメージングと改称。**10.14** オリンパス，かねて同社の取

社　会・文　化	世　界
退勧告。4.7 宮城県沖を震源とするM7.4の地震発生(3月11日の大地震の余震)．宮城県北部・中部で震度6強。4.12 日本臓器移植ネットワーク，交通事故で入院中の少年(10歳以上15歳未満)が「改正臓器移植法」(2010年7月17日施行)により初めて脳死と判定されたと発表．14日，摘出された臓器の移植手術完了。4.21 最高裁判所，沖縄戦での集団自決への日本軍の関与の有無をめぐる大江健三郎「沖縄ノート」裁判で，名誉毀損を主張する原告(元軍人及び元軍人の遺族)の上告を棄却。4.29 富山県，21日～23日に県内の焼肉店チェーン焼肉酒家えびすで牛肉ユッケを食べた24人が食中毒を起こしたと発表．以後，被害が拡大．富山・福井県内の同チェーン店の客が4月27日～10月22日に5人死亡。4.30 吉田沙保里，全日本選抜レスリング選手権大会女子 55kg級 で優勝(前身の全日本女子選手権から通算10連覇)。5.8 日本相撲協会，技量審査場所を開催(～22日)。5.12 日月警備保障立川営業所に男2人が侵入，警備員を脅し，現金5億9950万円を奪って逃走．6月1日・3日，実行犯2人，17日，主犯格2人を含む3人，8月9日，首謀者1人を各逮捕．この事件の逮捕者23人。5.16 東京地方裁判所で，薬害エイズ訴訟の最後の原告1人と被告(国・製薬会社5社)の和解が成立(薬害エイズ訴訟終結)。5.21 アリアン5ロケットにより三菱電機が製造した商用通信衛星ST-2等を打ち上げる(フランス領ギアナ宇宙センター)．27日，衛星の静止軌道投入に成功(27日同社発表)．ST-2はシンガポール・台湾の通信会社向けのもので，外国から受注した国産初の人工衛星の打ち上げ成功。5.24 水戸地方裁判所土浦支部，布川事件(1967年8月)の再審判決で無期懲役が確定していた2人(1969年11月仮釈放)に対し，強盗殺人については無罪を言い渡す．6月7日，水戸地方検察庁，控訴を断念，無罪が確定。5.25 ユネスコ，山本作兵衛コレクション(筑豊地方の炭坑の絵画・記録等)を世界記憶遺産に登録(日本初の登録)。5.30 最高裁判所，卒業式で国歌の起立斉唱の職務命令に従わなかった元東京都立高校教員による訴訟の上告審判決で，起立斉唱命令が合憲との判断を示す。6.8 ロシア連邦宇宙局，古川聡ら日米露3人の宇宙飛行士が搭乗したソユーズ宇宙船を打ち上げる(カザフスタン・バイコヌール宇宙基地)．6月10日，国際宇宙ステーションにドッキング．11月22日，古川ら地球に帰還。6.24 ユネスコ，小笠原諸島(東京都)を世界遺産の自然遺産に登録。6.26 ユネスコ，「平泉―仏国土(浄土)を表す建築・庭園及び考古学的遺跡群―」(岩手県)を世界遺産の文化遺産に登録。6.28 B型肝炎訴訟で，国・原告団・弁護団が和解の基本合意書に調印。7.17 FIFA女子ワールドカップ決勝戦で，日本(なでしこジャパン)が米国を破り優勝(ドイツ・フランクフルト)。7.24 地上波テレビ放送，岩手・宮城・福島3県を除く全国で地上デジタル放送に完全移行．2012年3月31日，同3県が	ン，ミャンマー大統領に就任．民政移管完了(事実上，軍政継続)。4.4 コンゴ民主共和国キンシャサの空港で国連機，墜落炎上．乗員33人中32人死亡。4.19 第6回キューバ共産党大会最終日(16日～)，フィデル・カストロ前国家評議会議長，党第1書記を退任，後任に第2書記ラウル・カストロが昇格。4.25 シリア政府，反政府デモに対し戦車部隊等を投入．29日，治安部隊がデモに発砲，62人死亡。5.1 米国大統領オバマ，米軍部隊がパキスタンでアル・カーイダ指導者ウサマ・ビン・ラーディンを殺害したと発表。5.6 シリア全土で反体制デモ．21日までに弾圧で88人死亡。5.13 パキスタン・タリバン運動(TTP)が，パキスタンのカイバル・パクトゥンクア州チャルサダでウサマ・ビン・ラーディン殺害への報復爆弾テロ．80人死亡・140人負傷。5.17 エリザベス英国女王，アイルランドを公式訪問(～20日)．英国君主のアイルランド訪問は100年ぶり。5.19 アフガニスタン・パクティア州で，タリバンが建設会社を襲撃．35人死亡。5.20 朝鮮労働党中央委員会総書記金正日，中国を訪問(～25日)．25日，中国主席胡錦濤と会談。5.22 米国ミズーリ州ジョプリンで巨大竜巻発生．死者116人・負傷者約400人。5.30 ドイツ政権与党，2022年末までに国内17基の原子力発電所の全てを廃棄するとの方針で合意。6.3 シリア全土で反体制派のデモ．治安部隊がデモ隊に発砲．市民70人死亡。6.20 ロシア・カレリア共和国ペトロザボーツクの空港近くでルスエアー機，着陸に失敗．44人死亡・8人負傷。6.25 24日以来，アフガニスタン・ロガール州等で爆弾テロ．33人死亡，少なくとも44人負傷。7.9 南スーダン，スーダンより独立．同日，日本，同国を承認．14日，国連総会，加盟国として承認(193番目)。7.10 インド・ウッタルプラデシュ州で列車脱線事故．アッサム州で列車爆発．合わせて約35人死亡・約200人負傷。7.21 米国スペースシャトル・アトランティス，ケネディー宇宙センターに帰還．シャトル計画終了。7.22 中国河南省信陽の高速道路で大型バスが炎上．41人死亡・6人負傷。ノルウェーで同一犯による爆弾テロと銃乱射事件発生．合わせて76人死亡。7.23 中国浙江省温州で高速鉄道が追突事故．追突した列車の車両の一部が高架から落下．24日，落下した車両を解体して高架の下に埋めるが，26日，埋めた車両を掘り出す．死者40人．12月28日，同国政府の調査チームによる最終報告書を公表，人的ミスに言及。7.31 シリア・ハマで反体制デモの鎮圧に戦車部隊を投入．市民が少なくとも95人死亡。8.6 ロンドンで警官の黒人男性射殺に抗議する群衆の一部が暴動(～7日)．以降，英国各地で暴動(11日，ほぼ沈静)．逮捕者は1200人を超える。8.17 中国山東省済南で，女性看守と夫による高齢女性への暴行等に怒った住民数千人が暴動。8.23 リビアの反体制派，トリポリのほぼ全域を制圧．カダフィ政権，事実上崩壊。8.26 ナイジェリア・アブジャの国連関連ビルで自爆テロ．少なくとも18人死亡。8.27 米国ノースカロライナ州にハリケーン「アイリーン」上陸．メ

西暦	年号干支	内閣	政治・経済
2011 ⇕	平成 23 辛卯	（野田佳彦内閣）	引の不透明性を指摘していたマイケル・ウッドフォード社長を解任．菊川剛，社長に就任．26日，菊川，社長を辞任，高山修一，社長に就任．12月6日，同社の第三者委員会が損失隠し問題についての調査報告書を公表．7日，高山修一社長，役員総退陣の方針を表明．2012年4月20日，高山，退任．笹宏幸，社長就任。**10.18** 野田首相，韓国訪問．19日，韓国大統領李明博と会談（ソウル），「王世子嘉礼都監儀軌」「大礼儀軌」「正廟御製」計5冊を手交。**10.20** 第179回国会（臨時会）召集（～12月9日）。**10.27** ロンドン外国為替市場で円相場が一時1ドル＝75円67銭，ニューヨーク外国為替市場でも一時同水準となる．31日，オセアニア市場で75円32銭まで上昇（戦後最高値）．政府・日本銀行，市場介入，円相場は一時79円台半ばまで急落。**11.5** 西岡武夫参議院議長死去．14日，参議院，平田健二を議長に選出。**11.11** 野田首相，記者会見で，環太平洋経済連携協定（TPP）交渉に参加する方針を表明。**11.12** 第23回APEC首脳会議開催（～13日）（ホノルル）．野田首相，出席．12日，米国大統領オバマと会談．環太平洋経済連携協定（TPP）交渉に参加する方針を表明。**11.19** 野田首相・中国国務院総理温家宝・韓国大統領李明博，会談（インドネシア・バリ）。**12.2**「東日本大震災からの復興のための施策を実施するために必要な財源の確保に関する特別措置法」（復興財源確保法）公布・施行。**12.14** 公正取引委員会，新日本製鉄と住友金属工業の合併を認可すると発表．2012年10月1日，新日鉄住金，発足。韓国挺身隊問題対策協議会，在韓日本国大使館前の歩道に「慰安婦」の像を設置。**12.16**「復興庁設置法」公布．2012年2月10日施行。「特定B型肝炎ウイルス感染者給付金等の支給に関する特別措置法」公布．2012年1月13日施行。**12.18** 野田首相，来日した韓国大統領李明博と会談し，従軍慰安婦問題で，賠償や謝罪は決着済みとの立場を表明（京都）。**12.22** 前田武志国土交通相，群馬県八ッ場ダム建設継続を発表。**12.25** 野田首相，中国を訪問（～26日）．国務院総理温家宝と会談．26日，主席胡錦濤と会談。**12.27** 藤村修内閣官房長官の談話で，従来の武器輸出3原則の緩和を発表．「防衛装備品等の海外への移転に関し，平和貢献・国際協力に伴う案件及び我が国の安全保障に資する防衛装備品等の国際共同開発・生産に関する案件については，従来個別に行なってきた例外化措置における考え方を踏まえ，包括的に例外化措置を講じることとする」とする。**12.28** 民主党衆議院議員9名，離党届を提出，30日，新党きづなを結成。 【死没】 **1.3** 猿谷要（87，アメリカ史）。中村富十郎（5代）（81，歌舞伎俳優）。**1.5** 虎尾俊哉（85，日本史）。山下敬二郎（71，歌手）。**1.14** 細川俊之（70，俳優）。和田勉（80，テレビディレクター）。**1.23** 喜味こいし（83，漫才師）。**2.14** 和田寿郎（88，胸部外科）。**2.26** 本多健一（85，光電気化学）。**2.28** 与那嶺要（85，プロ野球）。**3.8** 谷沢永一（81，日本文学）。**3.10** 坂上二郎（76，コメディアン）。**3.23** エリザベス・テイラー（79，俳優）。**3.25** 柴谷篤弘（90，分子生物学）。**3.28** 氏家斉一郎（84，日本テレビ）。**3.30** 佐藤忠良（98，彫刻家）。野間佐和子（67，講談社）。**3.31** いいだもも（85，作家・評論家）。**4.11** 築島裕（85，国語学）。**4.13** 多木浩二（82，評論家）。**4.21** 田中好子（55，俳優・歌手）。**4.26** 宇野誠一郎（84，作曲家）。**5.2** 八重樫茂生（78，サッカー）。**5.6** 団鬼六（79，作家）。**5.9** 岡田茂（87，東映）。**5.11** 有光教一（103，考古学）。**5.16** 児玉清（77，俳優）。**5.18** 佐藤孝行（83，政治家）。**5.21** 長門裕之（77，俳優）。**6.4** 笹森清（70，連合会長）。**6.23** ピーター・フォーク（83，俳優）。**7.10** 高木昭作（75，日本史）。**7.19** 原田芳雄（71，俳優）。**7.26** 小松左京（80，作家）。**7.27** 伊良部秀輝（42，プロ野球）。**8.5** 前田武彦（82，タレント）。**8.15** 正力亨（92，読売新聞）。**8.16** 二葉あき子（96，歌手）。**8.20** 茂山忠三郎（4代）（83，狂言師）。**8.21** 竹脇無我（67，俳優）。**8.31** 遠山茂樹（97，日本史）。**9.21** 細谷千博（91，国際政治学）。**9.23** 五十嵐喜芳（83，歌手）。**9.24** 山内賢（67，俳優）。**10.5** スティーブ・ジョブズ（56，アップル）。**10.10** 中村芝翫（7代）（83，歌舞伎俳優）。**10.21** 粕谷茂（85，政治家）。**10.24** 北杜夫（84，作家）。**10.28** 皆川完一（83，日本史）。**11.1** 石堂淑朗（79，脚本家）。**11.5** 西岡武夫（75，政治家）。**11.7** 隆の里（59，大相撲力士）。**11.9** 田中彰（83，日本史）。**11.17** 黄昭堂（79，台湾独立建国聯盟主席）。**11.21** 立川談志（75，落語家）。**11.25** 西本幸雄（91，プロ野球）。**12.5** 冬柴鉄三（75，政治家）。**12.7** 松田トシ（96，歌手）。**12.17** 金正日（69，朝鮮労働党総書記）。**12.20** 森田芳光（61，映画監督）。**12.25** 岩井半四郎（10代）（84，歌舞伎俳優）。柳宗理（96，工業デザイナー）。**12.26** 菊竹清訓（83，建築家）。**12.28** 杉原輝雄（74，プロゴルフ）。**12.31** 松平康隆（81，バレーボール全日本男子監督）。

社　会・文　化	世　界
地デジに完全移行。**7.31** 原水爆禁止世界大会福島大会開催。**8.17** 静岡県浜松市の天竜川下りの船が転覆．死者5名。**8.18** FIFA女子ワールドカップドイツ2011日本女子代表チームに国民栄誉賞を授与。**8.23** 世界柔道選手権大会開催(～28日)(パリ)．金メダル5個。**9.3** 台風12号，高知県に上陸，中国・四国地方を縦断，4日未明，日本海に抜け，5日，温帯低気圧となる．死者和歌山県52人等9県で78人，行方不明者奈良県10人3県で16人(12月15日，消防庁)．26日，これらの暴風雨及び豪雨による災害を激甚災害に指定。**9.12** レスリング世界選手権開催(～18日)(トルコ・イスタンブール)．14日，女子48kg級小原日登美(大会2連覇)，15日，女子55kg級吉田沙保里(9連覇)・63kg級伊調馨(2年連続7度目)が各優勝。**9.19**「さようなら原発 5万人集会」開催(呼びかけ人大江健三郎ら)(東京都明治公園)．主催者によると参加者約6万人。**9.23** 宇宙航空研究開発機構・三菱重工業，H2Aロケット19号機により情報収集衛星光学4号機を打ち上げる(種子島宇宙センター)。**10.7** 世界体操競技選手権開催(～16日)(東京)．14日，内村航平，男子個人総合で優勝(大会3連覇)。**10.9** 福島県で子どもの甲状腺検査始まる．今年3月11日に概ね18歳以下だった全県民約37万人(県外避難者も含む)を対象に検査．以後，生涯にわたり検査を継続。**10.11** 滋賀県大津市立中学校の2年生男子生徒がいじめを苦にして自殺．中学校等の対応が問題化。**10.20** 最高裁判所，福岡一家殺人事件(2003年6月)の被告人魏巍の上告を棄却．死刑が確定。**11.5** 錦織圭，男子テニスのスイス室内シングルス準決勝でノバク・ジョコビッチ(世界ランキング1位)を破る．6日，決勝でロジャー・フェデラーに敗れる。**11.21** 最高裁判所，オウム真理教事件の遠藤誠一被告人の上告を棄却し，死刑確定．オウム真理教による事件の裁判が終結。**12.1** プロ野球オーナー会議で，横浜ベイスターズ球団の買収を決めているDeNAのセ・リーグ加盟を承認．球団株式が譲渡され，球団名を横浜DeNAベイスターズと改める。**12.6** 警視庁，内柴正人九州看護福祉大学客員教授を準強姦容疑で逮捕。寺西重郎『戦前期日本の金融システム』刊。**12.12** 宇宙航空研究開発機構・三菱重工業，H2Aロケット20号機により情報収集衛星レーダー3号機を打ち上げる(種子島宇宙センター)。**12.16** ストーカー行為をはたらいていた男が，相手方の実家(長崎県西海市)で母・祖母を殺害．17日，容疑者を逮捕．事件までの長崎・千葉・三重各県警察の対応が問題となる。築島裕他編『古語大鑑』刊行開始。**12.26** 中国人劉強，靖国神社に放火，神門の柱を焼く．劉，韓国に逃亡。**12.31** オウム真理教事件の容疑者平田信，警視庁丸の内署に出頭．2012年1月1日，逮捕。**この年**〔本〕長谷部誠『心を整える。』，近藤麻理恵『人生がときめく片づけの魔法』，三浦しをん『舟を編む』。〔歌〕「Everyday，カチューシャ」	リーランド州の原子力発電所，強風で自動停止．ついで熱帯暴風雨となる．40人以上死亡。**9.7** ロシア・ヤロスラブリで地元プロアイスホッケーチームが乗ったヤク・サービス機が離陸直後に墜落．43人死亡・2人救助(のちに1人死亡)。**10.3** ヘレ・トーニングシュミット，デンマーク首相に就任．同国初の女性首相。**10.20** リビア最高指導者ムアマル・カダフィ，逃走中に死亡。**10.23** トルコ東部でM7.2の地震発生．死者534人(27日現在)。**10.26** 国連人口基金，「世界人口白書」2011年版を発表．世界の人口が10月31日70億人を超えると推計。**10.-** 7月よりタイで大洪水発生．10月にはバンコクも冠水．多くの日系企業も被災。**12.6** アフガニスタン・カブールのイスラム教シーア派のモスク前で自爆テロ．死傷者200人以上。**12.19** 朝鮮労働党総書記金正日，死去．金正恩が後継者となる。**この年** 米国ゼネラルモーターズの自動車世界販売台数は902万5942台で，世界第1位(4年ぶり)(2012年1月19日発表)。

西暦	年号 干支	内閣	政治・経済
2011 ▲	平成 23 辛卯	(野田佳彦内閣)	
2012 ▼	24 壬辰		1.2 新党きづな，総務相に政治団体として届け出る(代表内山晃)。1.7 中国人劉強，ソウルの日本大使館に火炎瓶を投擲．逮捕され取調の過程で2011年12月の靖国神社放火を供述。1.13 野田第1次改造内閣成立。「特定B型肝炎ウイルス感染者給付金等の支給に関する特別措置法」施行(2011年12月16日公布)。1.15 南スーダンの国連平和維持活動(PKO)に参加するため，陸上自衛隊の先遣隊本体が首都ジュバに到着。1.24 第180回国会(常会)召集(～9月8日)。2.10 復興庁，発足．復興庁の長は首相．復興大臣に平野達男を任命．内閣府特命担当大臣(防災担当)に中川正春を任命。2.16 東京地方検察庁，オリンパスの粉飾決算事件で，前会長・前常勤監査役・前副社長を逮捕。2.29「国家公務員の給与の改定及び臨時特例に関する法律」公布．3月1日施行．国家公務員給与を2012年度から2年間，平均7.8%引き下げ。3.1 日本・ペルー経済連携協定発効(2011年5月31日署名)。3.13 日本・米国・EU，中国のレアアース輸出規制をめぐり世界貿易機関設立協定に基づく協議を要請．8月7日，世界貿易機関上級委員会，中国のレアアース輸出規制は協定違反との日米欧の主張を認める。3.16 北朝鮮，4月12日～16日の間に地球観測衛星を打ち上げると発表．3月30日，田中直紀防衛相，自衛隊に対し，北朝鮮から発射され日本の領域に落下すると確認された弾道ミサイル等の破壊措置命令を発令。3.25 野田佳彦首相，来日したカナダ首相ハーパーと会談。3.31「福島復興再生特別措置法」公布・施行。「児童手当法の一部を改正する法律」公布．4月1日施行．「児童手当」の名称が復活。3.－ 2011年度貿易収支は4兆4101億円の赤字(過去最大の赤字)(4月19日財務省発表)。4.1 熊本市，政令指定都市に移行(20番目)。三井住友信託銀行発足。4.10 野田首相，来日したイギリス首相キャメロンと会談。4.13 北朝鮮，長距離弾道ミサイル発射実験を行い，失敗．人工衛星打ち上げと称し，発射を予告。4.16 石原慎太郎東京都知事，都が沖縄県尖閣諸島を購入する意向を表明(ワシントン)。4.30 野田首相，米国大統領オバマと会談(ワシントン)。5.5 北海道電力泊原子力発電所3号機，定期検査のため発電停止．商業用原発50基が全て停止(全原発停止は42年ぶり)。5.13 野田首相，中国国務院総理温家宝と会談(北京)．尖閣諸島問題で激論。5.14 野田首相・中国主席胡錦濤・韓国大統領李明博，会談(北京)。5.17 東芝，薄型テレビの国内生産から完全に撤退したことを発表。5.18 第38回主要国首脳会議開催(～19日)(米国キャンプデービッド)。印刷会社SANYO-CYP(大阪市)の従業員等に胆管がんによる死者が多発していることが発覚。5.24 韓国大法院，「徴用工」訴訟の上告審判決で，日韓請求権協定では原告の個人請求権は消滅していないとの判断を示し，審理を高等法院に差し戻す。5.25 第6回日本・太平洋諸島フォーラム首脳会議(太平洋・島サミット)開催(～26日)(沖縄県名護市)．26日，「沖縄キズナ宣言」を採択。6.4 野田第2次改造内閣成立。6.18 野田首相，G20首脳会議(～19日)(メキシコ・ロスカボス)に際しロシア大統領プーチンと会談。6.20 東京電力，社内の福島原子力事故調査委員会による最終報告書「福島原子力事故調査報告書」を発表。6.27「原子力規制委員会設置法」公布．9月19日施行。6.29 野村ホールディングス・野村証券，証券取引等監視委員会から課徴金納付命令の勧告が出された内部者取引事案3件(みずほフィナンシャルグループ・INPEX・東京電力)についての社外弁護士による調査委員会の報告書を公表．7月31日，渡部賢一同グループ最高経営責任者退任。7.1 関西電力大飯原子力発電所3号機，起動(5月の原発全基停止以来)．18日，4号機，起動。7.5 国会の東京電力福島原子力発電所事故調査委員会(委員長黒川清)，「報告書」を衆参両院議長に提出。7.7 野田首相，尖閣諸島の国有化を目指す意向を表明。7.8 日本・アフガニスタン共催「アフガニスタンに関する東京会合」開催．国際社会は，2015年まで160億ドルを超える規模の支援を行う。7.11 政党「国

社会・文化	世界
「フライングゲット」「マル・マル・モリ・モリ！」。〔映画〕「一枚のハガキ」「コクリコ坂から」「ステキな金縛り」「八日目の蟬」／「ゴーストライター」「パイレーツ・オブ・カリビアン/生命の泉」「ハリー・ポッターと死の秘宝 PART 2」「ミッション：インポッシブル ゴースト・プロトコル」。〔テレビ〕「おひさま」「カーネーション」「家政婦のミタ」「江～姫たちの戦国～」「幸せ！ボンビーガール」「DOCTORS～最強の名医～」「謎解きはディナーのあとで」「にっぽん縦断 こころ旅」「ほこ×たて」「マツコ&有吉の怒り新党」「マツコの知らない世界」「マルモのおきて」。	
1.9 国際サッカー連盟，2011年の女子最高優秀選手に澤穂希を選出。1.11 広島市の広島刑務所より中国人受刑者李国林が逃走．13日，同市内で逮捕。1.16 最高裁判所，国旗・国歌への起立・斉唱についての東京都教育委員会の懲戒処分の是非をめぐる訴訟の判決で，一部の停職・減給処分を取り消す。2.18 天皇，心臓の手術(東京大学附属病院)(入院17日～3月4日)。2.20 最高裁判所，山口県光市母子殺害事件(1999年4月)の被告人(当時18歳)の上告を棄却．最高裁，3月14日付けで被告人・弁護団の判決訂正の申立てを棄却すると決定，死刑が確定。3.3 スキージャンプ・ワールドカップ女子第11戦(山形市蔵王)で高梨沙羅が優勝．男女を通じ最年少優勝(15歳)。3.5 千葉・長崎・三重県警察，長崎県西海市でのストーカー殺人事件(2011年12月)で，事件発生以前にストーカー被害の相談を受けた警察署の動きが鈍かったことや，3県警間の連携不足を認める検証結果を遺族に説明し，謝罪．22日，千葉県習志野署の対応が問題となる．4月23日，千葉県警，習志野署の対応について再検証結果を公表。3.31 2011年11月からこの日までの雪による死者が133人に達する(12月29日消防庁発表)。4.4 この日までに日本雪氷学会，富山県立山連峰の3か所の氷体を氷河と認定．日本国内で初めての氷河の認定。4.12 京都市東山区祇園で軽ワゴン車が暴走．7人死亡，運転手の男性も死亡。4.20 秋田県鹿角市八幡平クマ牧場で，女性従業員2人が飼育場から脱走したヒグマに襲われ死亡．脱走したクマ6頭はすべて射殺。4.22 環境省，新潟県佐渡市で放鳥したトキの卵が孵化したと発表。4.29 群馬県藤岡市の関越自動車道で陸援隊(貸切バス会社)が運行する夜間高速バスが居眠り運転により防音壁に衝突．乗客7人死亡・乗客乗員39人負傷。5.4 白馬岳等で登山者13人が遭難．5日，8人の死亡を確認。5.18 宇宙航空研究開発機構・三菱重工業，H2Aロケット21号機により日本の衛星しずく等3機及び韓国の衛星アリラン3号を打ち上げる(種子島宇宙センター)。5.22 東京スカイツリー(東京都墨田区)開業。6.3 オウム真理教事件で特別指名手配されていた容疑者の女性(2017年12月27日，最高裁判所で無罪判決)が，15日，同容疑者高橋克也が各逮捕される(オウム関連特別手配容疑者は全員逮	1.25 EU外相理事会，核開発疑惑が強まるイラン制裁強化措置として，7月1日より同国産の原油の輸入禁止を決定。2.1 エジプト・ポートサイドで，プロサッカーの試合後，観衆同士が乱闘．少なくとも74人死亡・1000人以上負傷。2.4 ロシアで首相プーチンの大統領復帰に反対する大規模なデモ。2.22 アルゼンチン・ブエノスアイレスで列車が駅施設に衝突．50人以上死亡・670人以上負傷。3.20 イラクで少なくとも26件の同時爆破テロ．計49人死亡・200人以上負傷。4.11 金正恩，朝鮮労働党第1書記(新設)，13日，国防委員会第1委員長(新設)に各就任。4.16 国連安全保障理事会，北朝鮮の長距離弾道ミサイル発射を非難する議長声明を全会一致で採択。5.7 プーチン，ロシア大統領に就任．4年ぶりに大統領に復帰。7.4 欧州合同原子核研究機関，ヒッグス粒子とみられる新粒子を発見したと発表。9.25 中国国防部，ウクライナから購入し改修した航空母艦に遼寧と命名し，海軍部隊に配備したと発表。10.29 大型ハリケーン「サンディ」，温帯低気圧となり米国ニュージャージー州に上陸．死者106人(11月3日現在)。11.15 第18期中国共産党中央委員会第1回総会，習近平を党総書記に選出。12.14 米国コネティカット州ニュータウンの小学校で，男が銃を乱射．児童等26人を殺害し，男は自殺。

西暦	年号 干支	内閣	政　治・経　済
2012 ↕	平成 24 壬辰	（野田佳彦内閣） 12.26 第2次安倍晋三内閣	民の生活が第一」，結党大会（代表小沢一郎）。**7.23** 政府の東京電力福島原子力発電所における事故調査・検証委員会（委員長畑村洋太郎），野田首相に「最終報告」を提出。米軍，輸送機MV22（愛称オスプレイ）12機を岩国基地に搬入。**7.31** 原子力損害賠償機構，東京電力に1兆円を投資．実質的な国有化。**7.－** 韓国海洋科学技術院の調査船イオド，日本の同意無く竹島から約30～40kmの範囲の3地点で海底から採泥（陸水海洋科学協会機関誌2018年3月号所載論文で判明）。**8.10** 韓国大統領李明博，島根県竹島に上陸．武藤正敏駐韓大使を召還（22日，帰任）。**8.15** 尖閣諸島魚釣島に香港の男14人が搭乗する船が接岸，7人が上陸．沖縄県警察・第11管区海上保安本部が14人を逮捕．17日，全員を強制送還。**8.22**「社会保障の安定財源の確保等を図る税制の抜本的な改革を行うための消費税法の一部を改正する等の法律」（消費税増税法）公布．2014年4月1日施行．消費税の税率を2014年4月1日より8％（現行5％），2015年10月1日より10％に引きあげるとする。**8.27** 丹羽宇一郎中国大使の乗った公用車が北京市内で2台の自動車に襲われ，車両に立ててあった国旗を奪われる．9月4日，中国公安当局が日本大使館に対し，8月31日に北京市公安局が犯人の男2人を5日間の行政拘留処分に処したと連絡。**8.29** 参議院，野田首相の問責を決議。**9.10** 松下忠洋国務大臣（郵政民営化担当・内閣府特命担当大臣〔金融担当〕）自殺．安住淳財務相，金融担当相事務代理を兼任．野田首相，郵政民営化担当相事務代理を兼任。**9.11** 政府，沖縄県尖閣諸島の魚釣島・北小島・南小島を地権者より購入（20億5000万円），国有化．9月以降，中国船による尖閣諸島接続水域入域・領海侵犯件数が急激に増加，常態化。**9.19** 原子力規制委員会及びその事務局原子力規制庁，発足。日本航空，東京証券取引所第1部に再上場（経営再建終了）。**9.21** 米軍岩国基地に駐機しているオスプレイ2機が試験飛行を開始．10月6日，同基地のオスプレイ12機，沖縄県普天間飛行場に配備完了。**9.28** 自民党，総裁に安倍晋三を選出。日本維新の会，総務相に設立を届け出る（代表橋下徹大阪市長）。**10.1** 野田第3次改造内閣成立。日本郵政グループの郵便事業会社・郵便局会社，合併し日本郵便が発足。新日本製鉄・住友金属工業，合併し新日鉄住金発足。アサヒビールホールディングス，味の素子会社のカルピスを統合。**10.17** 最高裁判所，2010年7月の参議院選挙区選挙をめぐる訴訟の判決で，1票の格差は違憲状態とする．選挙のやり直しを求めた原告らの請求は退ける。**10.23** 田中慶秋，法相・国務大臣（拉致問題担当）を辞任．暴力団関係者との交際や外国人企業からの献金問題で批判を受けていた．国家公安委員会委員長小平忠正を法相・拉致問題担当相代理に任命．24日，滝稔を法相に，内閣官房長官藤村修を拉致問題担当相に各任命。**10.25** 石原慎太郎東京都知事，都知事を辞任．新党を結成し次回の衆議院選挙に立候補するため。**10.29** 第181回国会（臨時会）召集（～11月16日）。野田首相，衆議院本会議で所信表明演説．参議院は野党が演説を拒否したため，行われず。**11.12** 東京高等裁判所，政治資金規制法違反に問われた小沢一郎被告人の控訴審で，無罪とした東京地方裁判所判決を支持し指定弁護士の控訴を棄却．19日，指定弁護士の上訴権放棄で被告人の無罪確定。**11.13** 太陽の党，結党を発表（代表石原慎太郎・平沼赳夫）．「たちあがれ日本」改名の形をとる。**11.16** 衆議院解散。**11.17** 日本維新の会に太陽の党が合流することを発表（代表石原慎太郎・代表代行橋下徹）。**11.20** ASEAN関連首脳会議（19日～）（カンボジア・プノンペン）に出席した野田首相，米国大統領オバマと会談．環太平洋経済連携協定（TPP）事前協議加速で一致。**11.21** 鳩山由紀夫元首相，衆議院選挙に立候補しないと表明。**12.1** 朝鮮中央通信，北朝鮮が人工衛星を10日～22日に打ち上げると伝える．10日，打ち上げ期間を29日まで延長すると発表。**12.7** 森本敏防衛相，自衛隊に弾道ミサイル等に対する破壊措置命令を発出（～22日）。**12.12** 北朝鮮，ロケットを打ち上げる．米軍当局者，人工衛星とみられる物体の軌道周回を確認。**12.13** 中国国家海洋局のプロペラ機，尖閣諸島の日本領空を侵犯（中国機の日本領空侵犯の初例）。**12.16** 第46回衆議院議員総選挙．獲得議席数は自民294・民主57・日本維新の会54・公明31。東京都知事選挙．猪瀬直樹，当選。**12.26** 第182回国会（特別会）召集（～28日）。野田内閣総辞職。衆議院，議長に伊吹文明を選出。衆参両院，内閣総理大臣に安倍晋三を指名。第2次安倍内閣成立。**12.29** 安倍首相，福島第1原子力発電所を視察後，民主党政権が決めた2030年代に原発稼働ゼロを目ざすとの方針を踏襲しないと表明。**この年** 貿易収支6兆9273億円の赤字．赤字額は過去最大（財務省2013年1月24日発表）。 【死没】 **1.2** 林由郎（89，プロゴルファー）。**1.5** 林光（80，作曲家）。**1.7** 二谷英明（81，俳優）。**1.8** 西山松之助（99，日本史）。**1.10** 桜井孝雄（70，プロボクサー）。**1.12** 別宮貞雄（89，作曲家）。**1.14**

社　会・文　化	世　界
捕)。**6.12** 福岡県太宰府市教育委員会，同市国分松本遺跡より「嶋評」「進大弐」等の文字が書かれた戸籍関連の木簡が出土したと発表。**7.12** 九州北部に豪雨(～14日)．気象庁，この豪雨を「これまでに経験したことのないような大雨」の表現を初めて使用(6月21日制定の表現)．死者30人・行方不明者2人(8月10日消防庁)．8月3日，この豪雨等による災害を激甚災害に指定。**7.15** ロシア連邦宇宙局，星出彰彦ら日米露3か国の宇宙飛行士が搭乗したソユーズ宇宙船を打ち上げる(カザフスタン・バイコヌール宇宙基地)．17日，国際宇宙ステーションにドッキング．11月19日，星出らカザフスタンに帰還。**7.27** 第30回夏季オリンピック大会開催(～8月12日)(ロンドン)．日本の獲得メダル数金7・銀14・銅17。**8.10** 第5回女子野球ワールドカップ開催(～19日)(カナダ・エドモントン)．19日，決勝戦で，日本，米国を破り3連覇。**8.29** 第14回夏季パラリンピック大会開催(～9月9日)(ロンドン)．日本の獲得メダル数金5・銀5・銅6。**9.15** この日現在の65歳以上の人口3074万人，100歳以上の人口5万1376人(総務省・厚労省発表)。**9.25** 近世史料研究会『江戸町触集成』第22巻刊(全巻完結．1994年2月～)。**9.27** レスリング世界選手権開催(～29日)(カナダ・ストラスコナカウンティー)．女子のみ開催．28日，55kg級吉田沙保里優勝(10連覇)．オリンピック3連覇と合わせて13大会連続世界一。**10.1** JR東京駅丸の内駅舎保存・復原工事が完成(2007年5月～)。**10.8** 韓国人金某兄弟ら窃盗団4人，長崎県対馬市海神神社の銅造如来立像，観音寺の銅造観世音菩薩坐像，多久頭魂神社の大蔵経を盗み，韓国内に持ち込む。**10.19** これより先，メールにより犯行を予告したとして神奈川県警察・大阪府警察・警視庁・三重県警察，男性4人を各逮捕．9月14日，大阪地方検察庁，逮捕した男性を偽計業務妨害罪で起訴．ついで逮捕された男性4人のパソコンがウイルスで遠隔操作されていたことが判明，3人を各釈放．この日，大阪地検，男性の起訴を取り消す．三重県警，誤認逮捕した男性に謝罪．20日，神奈川県警，謝罪．21日，警視庁・大阪府警，謝罪．警察の捜査方法，「自白」が問題となる．2013年2月10日，犯人が逮捕される。**10.-** この頃，岐阜市長良の栗林で隕石を発見．2018年2月12日，「長良隕石」として国際隕石学会に登録。**11.3** 中国河北省万里の長城で日本人4人・中国人1人が遭難．5日までに日本人3人死亡．日本人が参加した登山ツアーを主宰したアミューズトラベルは，2009年7月の大雪山系での死亡者を出したツアーも主催．12月19日，観光庁，同社の旅行業者の登録を取り消す。**11.4** 吉田沙保里，国民栄誉賞を受賞。**11.7** 東京高等裁判所，東京電力女性社員殺害事件(1997年3月)の犯人とされたネパール人男性(無期懲役判決を受け刑務所に収監．本年6月，刑執行停止)の再審の判決で無罪を言い渡す．東京高等検察庁の上訴権放棄で無罪が即日確定。	

西暦	年号 干支	内閣	政　治・経　済
2012 ▲	平成 24 壬辰	（第2次安倍晋三内閣）	堀本律雄（76，プロ野球）。2.4 芦野宏（87，シャンソン歌手）。2.6 横田健一（95，日本史）。2.13 三崎千恵子（90，俳優）。2.16 淡島千景（87，俳優）。2.23 中村雀右衛門（4代）（91，歌舞伎俳優）。2.26 鷲尾悦也（73，総連合会長）。2.28 楢崎弥之助（91，政治家）。山下俊彦（92，松下電器産業）。3.6 諏訪根自子（92，バイオリニスト）。3.8 森稔（77，森ビル）。3.16 吉本隆明（87，詩人・評論家）。4.1 森亘（86，病理学）。4.3 山口シヅエ（94，政治家）。4.9 戸沢充則（79，考古学）。4.13 小宮山量平（95，理論社）。4.15 三重野康（88，日本銀行総裁）。山本正（76，日本国際交流センター）。4.17 吉武輝子（80，評論家）。5.15 中原早苗（76，俳優）。5.16 邱永漢（88，作家・経済評論家）。5.22 吉田秀和（98，音楽評論家）。5.29 新藤兼人（100，映画監督）。5.31 尾崎紀世彦（69，歌手）。6.6 寛仁親王（66，皇族）。6.11 原田正純（77，水俣病研究者）。6.13 畑中純（62，版画家）。6.15 伊藤エミ（71，歌手）。6.25 団藤重光（98，刑事法・最高裁判所判事）。6.29 地井武男（70，俳優）。7.9 山田五十鈴（95，俳優）。7.16 中川志郎（81，上野動物園長）。松下正治（99，松下電器産業）。8.1 津島恵子（86，俳優）。8.3 上山春平（91，哲学）。8.25 ニール・アームストロング（82，アポロ11号船長）。8.29 春日野八千代（96，宝塚歌劇団）。9.15 本間長世（83，アメリカ研究）。9.16 樋口広太郎（86，アサヒビール）。9.23 久曾神昇（103，国文学）。9.26 西田龍雄（83，言語学）。10.2 大滝秀治（87，俳優）。10.13 今道友信（89，哲学）。丸谷才一（87，作家）。10.15 ノロドム・シアヌーク（89，カンボジア国王・首相）。10.17 若松孝二（76，映画監督）。10.23 内藤昌（80，建築史）。10.26 桑名正博（59，歌手）。10.30 藤本義一（79，作家）。11.4 細谷英二（67，りそなホールディングス）。11.5 猪木正道（98，政治学）。11.9 東条輝雄（98，三菱自動車工業）。11.10 森光子（92，俳優）。11.20 外間守善（87，沖縄学）。12.5 鐘ケ江信光（100，中国語）。中村勘三郎（18代）（57，歌舞伎俳優）。12.7 篠原三代平（93，経済学）。12.9 川島広守（90，プロ野球コミッショナー）。12.10 小沢昭一（83，俳優）。12.15 祖父江孝男（86，文化人類学）。12.18 米長邦雄（69，将棋棋士）。12.19 中沢啓治（73，漫画家）。12.28 岡本敦郎（88，歌手）。
2013 ▼	25 癸巳		1.1 日本取引所グループ発足．東京証券取引所グループと大阪証券取引所が経営統合。1.4 中国人劉強，韓国から中国に出国．劉は2011年靖国神社放火・2012年ソウル日本大使館火炎瓶投擲の犯人．日本政府は韓国に対し劉の身柄引き渡しを求めていた。安倍晋三首相，年頭記者会見で，韓国が日韓犯罪人引渡協定を事実上全く無視して靖国神社放火犯劉強を中国に出国させたことは極めて遺憾で，強く抗議すると述べる。1.16 アルジェリア東部の天然ガス精製プラントを武装勢力が襲撃．日本企業日揮関係社員17人を含む外国人等が拘束される．17日からの軍による救出作戦で，人質は解放されるが，日本人10人死亡。1.19 東シナ海で中国海軍のフリゲート温州が海上自衛隊哨戒ヘリコプターに火器管制用レーダーを照射か（2月5日小野寺五典防衛相発表）。1.28 第183回国会（常会）召集（～6月26日）。1.30 東シナ海で中国海軍のフリゲート連雲港が海上自衛隊護衛艦ゆうだちに火器管制用レーダーを照射（2月5日小野寺五典防衛相発表）。2.22 安倍晋三首相，米国大統領オバマと会談（ワシントン）。3.12 経産省，愛知県沖約80kmの海域の地層にあるメタンハイドレートからガスを採取する試験に初めて成功したと発表。3.15 安倍首相，環太平洋経済連携協定（TPP）交渉参加を正式表明．4月20日，交渉参加11か国，日本の交渉参加を全会一致で承認。3.18 東京電力福島第1原子力発電所で停電．1・3・4号機の使用済み燃料プール代替冷却システム等9設備が停止。3.20 黒田東彦，第31代日本銀行総裁に就任。3.22 政府，米軍普天間飛行場（沖縄県宜野湾市）の移転先となる名護市辺野古沿岸部埋立の許可を仲井真弘多沖縄県知事に申請。3.23 全国の私鉄・JR等が発行する10種類のカード型IC乗車券の相互利用開始．以後，相互利用対応範囲が拡大。3.25 広島高等裁判所，2012年12月衆議院議員選挙についての訴訟の判決で，広島1区・2区の選挙を違憲・無効とする。4.7 小野寺五典防衛相，北朝鮮の弾

社会・文化	世界
11.28 京都市埋蔵文化財研究所，藤原良相の邸宅跡(京都市中京区)から出土した9世紀後半の土器片約20点に「かつらきへ」(葛城へ)等のひらがなが書かれていたと発表．最古級のかな。11.29 渡辺明，将棋の第25期竜王戦で9連覇。12.2 山梨県大月市の中央自動車道上り線笹子トンネルで天井板が崩落．自動車3台が下敷きとなり，9人死亡。12.10 山中伸弥，ノーベル生理学・医学賞を受賞。12.23 大阪市立高校バスケット部の男子生徒が前日顧問の教員の体罰を受け，この日，自殺(2013年1月8日同市教育委員会発表)．体罰が社会問題化する。12.27 滋賀県警察，2011年10月大津市立中学校のいじめによる生徒自殺事件で，加害者とされる生徒2人を暴行容疑などで書類送検．当時13歳であった生徒は児童相談所に送致。**この年**〔本〕近藤誠『医者に殺されない47の心得』，渡辺和子『置かれた場所で咲きなさい』，百田尚樹『海賊とよばれた男』，阿川佐和子『聞く力』，赤坂真理『東京プリズン』。〔歌〕「GIVE ME FIVE!」「ギンガムチェック」「花は咲く」「ふるさとは今もかわらず」「真夏のSounds good!」。〔映画〕「おおかみこどもの雨と雪」「ALWAYS 三丁目の夕日'64」「踊る大捜査線 THE FINAL 新たなる希望」「かぞくのくに」「桐島，部活やめるってよ」「テルマエ・ロマエ」「BRAVE HEARTS 海猿」／「アベンジャーズ」「ニーチェの馬」「バイオ・ハザードV：リトリビューション」「レ・ミゼラブル」。〔テレビ〕「梅ちゃん先生」「孤独のグルメ」「純と愛」「世界ナゼそこに？日本人 ～知られざる波瀾万丈伝～」「平清盛」「使える芸能人は誰だ⁉プレッシャーバトル‼」「ドクターX～外科医・大門未知子～」「PRICELESS～あるわけねぇだろ，んなもん！～」「LIFE!～人生に捧げるコント～」「リーガル・ハイ」。	
1.11 清水展『草の根グローバリゼーション』刊。1.25『新日本古典文学大系明治編14　翻訳小説集1』刊(全巻完結．2001年10月～)。1.27 宇宙航空研究開発機構・三菱重工業，H2Aロケット22号機により情報収集衛星レーダー4号機を打ち上げる(種子島宇宙センター)。1.29 柔道女子選手15人が全日本女子柔道監督から暴力とパワーハラスメントを受けたとの告発文書が日本オリンピック委員会に提出されていたことが明らかになる．31日，全日本柔道連盟会長，日本オリンピック委員会の選手強化本部長を辞任．2月1日，監督が辞任。2.10 警視庁・神奈川県警察・三重県警察・大阪府警察合同捜査本部，パソコンの遠隔操作により殺人予告の書き込みをしたとして男を逮捕．誤認逮捕事件(2012年9月)の犯人。2.17 高梨沙羅，スキージャンプワールドカップ第14戦(スロベニア・リュブノ)で優勝．今季8勝目となり個人総合優勝が決まる．スキーワールドカップ史上最年少(16歳4か月)。2.25 納谷幸喜(横綱大鵬)(1月19日没)に国民栄誉賞を授与。2.26 青森市酸ケ湯で積雪567cmを記録．観測史上最深。3.10 大相撲3	1.20 オバマ，米国大統領に就任(2期目)。1.27 ブラジル・リオグランデドスル州のナイトクラブで火災発生．230人以上死亡。1.31 メキシコシティーのメキシコ石油公社本社ビルで爆発事故．死者32人。2.12 北朝鮮，地下核実験を実施と発表(3回目の核実験)。2.15 ロシア・チェリャビンスク州周辺の上空で，大気圏に突入した隕石が爆発，落下．負傷1240人。2.16 エジプト・ルクソールで観光用熱気球が炎上し墜落．日本人観光客4人を含む19人が死亡。2.18 ベルギー・ブリュッセル空港で原石を含むダイヤモンド(約5000万ドル相当)強奪事件発生．史上最大規模の被害．5月8日，容疑者33人を拘束。2.25 朴槿恵，韓国大統領に就任．朴は朴正熙の娘。2.28 ローマ法王ベネディクト16世，退位(在位2005年4月19日～)。3.7 国連安全保障理事会，北朝鮮の3回目の核実験に対し従来の制裁を強化した制裁決議を全会一致で採択。3.17 ホルヘ・マリオ・ベルゴリオ，ローマ法王に就任(フランシスコ)。3.31 中国政府，上海で男性2名がH7N9 鳥インフルエンザウイルス感染により死亡したと発表．以後，感染拡大。4.15 米国ボストン・マラソンのゴール

西暦	年号 干支	内閣	政　治・経　済
2013 ⬍	平成 25 癸巳	(第2次安倍晋三内閣)	道ミサイル発射の動きに対し自衛隊にミサイル破壊措置命令を発出(公表せず)。4.10「公益財団法人交流協会と亜東関係協会との間の漁業秩序の構築に関する取決め」(日台漁業協定)に署名(台北)・発効．沖縄県尖閣諸島周辺海域の操業ルールを規定。4.26「公職選挙法の一部を改正する法律」公布．5月26日施行．インターネットを使った選挙運動を解禁。4.29 安倍首相，ロシア大統領プーチンと会談(モスクワ)。4.30 皇太子・同妃，オランダ国王即位式に参列(同妃の海外公務は2002年12月以来)。5.3 安倍首相，トルコ首相エルドアンと会談(アンカラ)．「平和的目的のための原子力の利用における協力のための日本国政府とトルコ共和国政府との間の協定」(日本・トルコ原子力協定)(日本4月26日，トルコ5月3日，各署名)を交換(2014年6月4日公布，6月29日発効)．エルドアン，シノップ原子力発電所について日本に排他的交渉権を付与すると表明。5.30 原子力規制委員会，日本原子力研究開発機構の高速増殖炉もんじゅの試験運転再開の準備停止を命令。5.31「行政手続における特定の個人を識別するための番号の利用等に関する法律」(マイナンバー法)公布．2015年10月5日施行。6.17 第39回主要国首脳会議開催(～18日)(英国ロック・アーン)。6.19 原子力規制委員会，新たな原子力発電所規制基準を決定(7月8日施行)。6.28「衆議院小選挙区選出議員の選挙区間における人口較差を緊急に是正するための公職選挙法及び衆議院議員選挙区画定審議会設置法の一部を改正する法律の一部を改正する法律」公布・施行．衆議院選挙小選挙区定数の「0増5減」で区割りを改正。「いじめ防止対策推進法」公布．9月28日施行。6.－ 国債・借入金・政府短期証券の合計残高1008兆6281億円．初めて1000兆円台となる(8月9日財務省発表「国債及び借入金並びに政府保証債務現在高(平成25年6月末現在)」)。7.3「配偶者からの暴力の防止及び被害者の保護に関する法律の一部を改正する法律」(改正DV法)公布．2014年1月3日施行。「ストーカー行為等の規制等に関する法律の一部を改正する法律」(改正ストーカー規制法)公布．10月3日施行．メールによる嫌がらせを禁止。7.16 東京証券取引所・大阪証券取引所，現物株式市場を東証に統合。7.21 第23回参議院議員通常選挙．自民65・民主17・公明11．与党が過半数を占める。8.2 第184回国会(臨時会)召集(～7日)。参議院，議長に山崎正昭を選出。9.4 最高裁判所大法廷，遺産相続をめぐる訴訟の判決で，適出子・非適出子間で遺産相続分に差を設ける民法の規定は違憲・無効と判断。9.15 関西電力大飯原子力発電所4号機，定期検査のため停止．商業用原発50基が全て停止。9.27 金融庁，みずほ銀行は提携ローンにおいて，多数の反社会的勢力との取引が存在することを把握してから2年以上も反社会的勢力との取引の防止・解消のための抜本的な対応を行っていなかったとして，同行に業務改善命令を発出．11月13日，みずほ銀行・三井住友銀行が，14日，三菱東京UFJ銀行が，反社会的勢力と取引があることを明らかにする。10.15 第185回国会(臨時会)召集(～12月8日)。10.22 阪急阪神ホテルズ，8ホテル23店舗で2006年3月以降メニュー表示とは別の食材を使用していたと発表．以後，他でも食材の虚偽表示が次々に発覚。10.29 トルコ政府と三菱重工業・伊藤忠商事等が参加する国際コンソーシアムが原子力発電所建設の事業化可能性調査の枠組みについて正式合意。安倍首相，トルコ首相エルドアンと会談(アンカラ)。11.12 長崎地方裁判所，国営諫早湾干拓事業の潮受け堤防排水門の開門調査について，国に開門差し止めを命じる仮処分を出す。11.20「電気事業法の一部を改正する法律」公布．2015年4月1日施行。最高裁判所大法廷，1票の格差から2012年12月の衆議院議員選挙は違憲だとして選挙無効を求めた計16件の訴訟の上告審判決で，投票価値の平等に反する違憲状態だったとの判断を示す．選挙無効の請求は棄却。海上保安庁，東京都小笠原村西之島(無人島)付近の海域で新島が出現したことを確認．以後も溶岩の流出が続き，12月26日，西之島と一体化したことを確認。11.22 参議院，同議員アントニオ猪木(猪木寛至)を登院停止30日間とする懲罰を議決．同人は議院運営委員会理事会の北朝鮮訪問不許可決定に従わず11月に訪朝した。11.23 中国国防部，沖縄県尖閣諸島上空を含む東シナ海に防空識別圏を設定したと発表。12.4「安全保障会議設置法等の一部を改正する法律」公布・施行．従前の「安全保障会議設置法」の題名を「国家安全保障会議設置法」と改める．安全保障会議は国家安全保障会議となる。12.11「民法の一部を改正する法律」公布・施行．「民法」第900条第4号ただし書中「，嫡出でない子の相続分は，嫡出である子の相続分の二分の一とし」を削る。12.13「特定秘密の保護に関する法律」(特定秘密保護法)公布．2014年12月10日施行。「がん登録等の推進に関する法律」(がん登録推進法)公布．2016年1月1日施行．「全国がん登録」を規定。12.19 猪瀬直樹東京都知事，徳洲会側との現金授受問題の責任をとり都議会議長に辞表を提出．24日，都議会が辞職に同意。12.26 安倍首相，靖国神社を参拝。

社会・文化	世界
月場所(～24日)．白鵬全勝優勝．全勝優勝9回は史上初。**4.1** 新型出生前検査始まる．日本医学会が認定した15機関で妊婦の血液から胎児の染色体異常の有無を検査。**4.2** 歌舞伎座(東京都中央区)，新築竣工し，この日開業。**5.5** 長嶋茂雄・松井秀喜，国民栄誉賞を受賞。**5.23** 三浦雄一郎，エベレストに登頂．同山登頂史上最高齢(80歳)。**6.11** 東京高等裁判所，海上自衛隊護衛艦あたごと漁船の衝突事件(2008年2月)の控訴審判決で，同艦元乗員2人を無罪とした1審判決を支持，検察の控訴を棄却．東京高等検察庁は上告せず，26日，無罪が確定。日本プロ野球機構，統一球を公表せずに飛びやすいよう変更していたことを明らかにする．10月25日，加藤良三コミッショナー，辞任。**6.14** 厚労省，子宮頸癌ワクチン接種について，積極的な勧奨を一時的に差し控えると発表。**6.18** ユネスコ，「慶長遣欧使節関係資料」「御堂関白記」を記憶遺産(世界の記憶)に選定。**6.22** ユネスコ，「富士山―信仰の対象と芸術の源泉」を世界遺産の文化遺産に登録。**6.24** 全日本柔道連盟の第三者委員会，日本スポーツ振興センターからの助成金を受給した同連盟指導者中に不正受給者がいたとの報告書を公表．8月21日，上村春樹同連盟会長，会長を辞任。**6.28** 志茂碩敏『モンゴル帝国史研究 正篇―中央ユーラシア遊牧諸政権の国家構造―』刊。**7.19** 第15回世界水泳選手権開催(～8月4日)(スペイン・バルセロナ)．8月4日，瀬戸大也が競泳男子400m個人メドレーで優勝．オリンピックも含め，個人メドレーでの優勝は日本初。**7.25** 静岡県・山梨県，富士山登山者から任意の入山料1000円の試験徴収開始(～8月3日)。**8.5** 米軍嘉手納基地所属の救難ヘリコプター(乗員4人)，沖縄県宜野座村米海兵隊キャンプ・ハンセン訓練場に墜落，炎上．1人死亡。**8.9** プロ野球楽天の投手田中将大，開幕以来16連勝．16日，勝利投手となり，2012年8月から21連勝で各プロ野球新記録。**8.12** 高知県四万十市江川崎で最高気温41.0度を記録(これまでの観測史上で最高)。**8.21** 米国大リーグ・ヤンキースのイチロー，日米通算4000本安打を達成。**8.30** 気象庁，「特別警報」の運用を開始。**9.7** 国際オリンピック委員会総会(アルゼンチン・ブエノスアイレス)で，2020年夏季オリンピック・パラリンピック大会の開催都市に東京を選出。**9.13** プロ野球楽天の投手田中将大，開幕以来21連勝でプロ野球新記録を達成(10月8日，24連勝．2012年8月以来28連勝)。**9.14** 宇宙航空研究開発機構，イプシロンロケット試験機により惑星分光観測衛星を打ち上げる(内之浦宇宙空間観測所)．衛星の愛称を「ひさき」と命名。**9.15** プロ野球ヤクルトのウラディミール・バレンティン，ホームラン1シーズン56本のプロ野球新記録を達成(10月4日，60本)。**10.1** JR横浜線横浜市川和踏切で，女性が踏切内で倒れていた男性を救出しようとして列車に跳ねられ死亡．男性は重傷。**10.2** 伊勢神宮内宮で，5日，外宮で，各	付近で連続爆破テロ．3人死亡．19日，容疑者のロシア・チェチェン系兄弟が警察と銃撃戦．兄は死亡，逃走した弟は逮捕される。**4.20** 中国四川省雅安市蘆山県でM7.0の地震発生．死者196人・行方不明者21人(25日現在)。**4.24** バングラデシュ・ダッカの8階建てビルが崩壊．1100人以上死亡。**6.6** 米国ワシントンポスト紙・英国ガーディアン紙，米国国家安全保障局が秘密裏に市民の通話履歴やインターネット情報を収集していたことを報じる．10月23日，ドイツ首相メルケルの携帯電話盗聴疑惑が発覚。**6.20** インド・ウッタラカンド州で豪雨．死者約900人。**7.6** カナダ・ケベック州で原油輸送列車が無人で暴走，脱線して爆発．死者・行方不明者50人。**7.14** エジプトで，治安部隊が前大統領モルシ派のデモ隊の強制排除に着手．15日までに死者6000人以上。**7.24** スペインのサンティアゴ・デ・コンポステーラで高速鉄道の列車が脱線，横転．死者79人(28日現在)。**9.24** パキスタン・バルチスタン州でM7.7の地震発生．死者500人以上。**11.8** 猛烈な台風30号がフィリピン中央部に上陸．死者・行方不明者7900人を超える。**11.19** レバノン・ベイルートのイラン大使館前で爆弾テロ．少なくとも23人死亡。**12.12** 北朝鮮で，張成沢(朝鮮労働党第1書記金正恩の叔母の夫)が処刑される。**12.14** 中国の月探査機嫦娥3号，月面着陸に成功。**12.29** ロシア・ボルゴグラードの駅で爆破テロ．30日，同地でトロリーバスが爆発．死者計34人(31日現在)。**この年** 中国の国内総生産(GDP)対前年比実質伸び率7.7%(2012年と同水準)．名目GDPは約967兆円(日本の2倍の水準)(2014年1月20日発表)。

西暦	年号干支	内閣	政　治・経　済
2013▲	平成25 癸巳	(第2次安倍晋三内閣)	12.27 仲井真弘多沖縄県知事，政府が申請した米軍普天間飛行場移転先の名護市辺野古沿岸部の埋立を承認。12.29 マルハニチロホールディングス，子会社アクリフーズ群馬工場で生産した冷凍食品から農薬が検出されたと発表，同工場で生産した全商品を自主回収．2014年1月25日，男性従業員が製品への農薬混入の容疑で逮捕される。**この年** 貿易収支(速報・通関ベース)11兆4745億円の赤字．比較可能な1979年以降最大の赤字(2014年1月27日財務省発表)。トヨタ自動車グループの世界生産台数1011万7274台(対前年比2.1％増)．世界の自動車生産会社で1000万台を初めて超える(2014年1月29日発表)。 【死没】 1.15 大島渚(80，映画監督)。1.19 納谷幸喜(大鵬)(72，大相撲力士)。1.20 鈴木文弥(88，アナウンサー)。1.22 常盤新平(81，翻訳家)。1.26 安岡章太郎(92，作家)。1.30 加藤寛(86，経済学)。2.3 市川団十郎(12代)(66，歌舞伎俳優)。2.8 江副浩正(76，リクルート)。2.9 高野悦子(83，岩波ホール)。2.14 中嶋嶺雄(76，現代中国政治)。本郷功次郎(74，俳優)。2.22 光本幸子(69，俳優)。2.26 大塚道子(82，俳優)。3.3 村松増美(82，同時通訳者)。3.10 山口昌男(81，文化人類学)。3.23 大橋鎮子(93，暮しの手帖社)。4.4 佐々木高明(83，民族学)。4.8 マーガレット・サッチャー(87，英国首相)。4.14 三国連太郎(90，俳優)。4.25 田端義夫(94，歌手)。4.27 佐野洋(84，作家)。4.29 牧伸二(78，漫談家)。5.3 中坊公平(83，弁護士)。5.4 尾藤正英(89，日本史)。5.11 小田晋(79，犯罪精神医学)。夏八木勲(73，俳優)。 5.23 茂山千作(4代)(93，狂言師)。6.4 長門勇(81，俳優)。6.6 丸木政臣(88，教育学)。6.7 谷川道雄(87，中国史)。6.8(判明) なだいなだ(83，作家)。6.13 尾崎行雄(68，プロ野球)。6.15 酒井田柿右衛門(14代)(78，陶芸)。6.23 吉永祐介(81，検事総長)。7.6 山口仙二(82，日本原水爆被害者団体協議会)。7.7 山口啓二(93，日本史)。7.9 吉田昌郎(58，福島第1原子力発電所所長)。7.10 田村圓澄(96，日本史)。7.18 碧海純一(89，法哲学)。7.21 斎藤忠(104，考古学)。7.30 竹内実(90，中国文学)。8.5 松尾明美(94，バレエ)。8.6 森浩一(85，考古学)。8.13 村山定男(89，天文学)。8.22 藤圭子(62，歌手)。藤沢嵐子(88，タンゴ)。8.24 谷川健一(92，民俗学)。土橋正幸(77，プロ野球)。8.29 林玲子(83，経済史)。9.2 諸井誠(82，作曲家)。9.17 豊田英二(100，トヨタ自動車工業)。9.19 山内溥(85，任天堂)。9.23 酒井雄哉(87，僧侶)。9.26 中村隆英(87，経済史)。9.29 山崎豊子(88，作家)。10.3 中村(旧姓河西)昌枝(80，バレーボール)。10.4 三善晃(80，作曲家)。10.5 高橋富雄(92，日本史)。10.13 やなせたかし(94，漫画家)。10.19 連城三紀彦(65，作家)。10.25 岩谷時子(97，作詞家)。10.28 川上哲治(93，プロ野球)。11.4 根来泰周(81，プロ野球コミッショナー)。11.8 島倉千代子(75，歌手)。11.25 堤清二(86，セゾングループ)。12.5 ネルソン・マンデラ(95，南アフリカ大統領)。
2014▼	26 甲午		1.7 国家安全保障局(国家安全保障会議の事務局)発足。1.24 第186回国会(常会)召集(～6月22日)。1.28 文部科学省初等中等教育局長，都道府県教育委員会等に宛て「「中学校学習指導要領解説」及び「高等学校学習指導要領解説」の一部改訂について」を通知．尖閣諸島・竹島・北方領土は「我が国の固有の領土」であることを明記。2.1 三菱日立パワーシステムズ発足．三菱重工業・日立製作所の発電関連事業が統合。2.9 東京都知事選挙．舛添要一，当選。2.10 国土交通省・運輸安全委員会，JR北海道を鉄道事業法等違反の容疑で北海道警察に告発．12～14日，道警，JR北海道本社等を一斉捜索。2.17「朝鮮民主主義人民共和国の人権に関する国連調査委員会」，報告書を公表．同国国家の最高レベルで決定した政策によって，広範囲にわたる「人道に対する罪」が行われ，現在も続いているとし，国際刑事裁判所への付託を含め，同国の人権状況に対する国際社会の緊急の行動を求める。2.28 マウントゴックス(ビットコインの大手取引サイトの運営会社)，東京地方裁判所に民事再生法の適用を申請．4月16日，同地裁，申請を棄却し資産の保全処分等を命令，24日，破産手続き開始を決定．2018年6月22日，東京地裁，民事再生手続き開始を決定．破産後のビットコインの価格上昇による。3.20 2014年度予算成立．一般会計の歳出総額95兆8823億円で過去最大。3.28「閣議等の議事の記録の作成及び公表について」を閣議決定．閣議及び閣議後の閣僚懇談会の議事の記録を，概ね3週間後に首相官邸ホームページに掲載する(4月1日以降実施)。3.31 国際司法裁判所，オーストラリアによる日本の南極海での調査捕鯨は国際捕鯨取締条約に違反するとの提訴(2010年5月)の判決で，条約違反と認定，調査捕鯨を実施しないよう命じる。3.－ 2013年度貿易収支は13兆7488億円の赤字(財務省4月21日発表「3月貿易統計速報」)。トヨタグループ2013年度の世界販売台数は1013万3000台．世界の自動車会社で年間販売台数が初めて1000万台を超える(4月23日発表)。4.1「防衛装備移転3原則」を閣議決定．「武器輸

社　会・文　化	世　界
遷御の儀執行。**10.16** 東京都伊豆大島で，台風26号による豪雨で土石流が発生．死者36人・行方不明者3人．11月8日，この豪雨による災害を激甚災害に指定。**10.31** 山本太郎参議院議員，秋の園遊会で天皇に手紙を渡す。**11.7** ロシア連邦宇宙局，若田光一ら日米露3か国の宇宙飛行士が搭乗したソユーズ宇宙船を打ち上げる（カザフスタン・バイコヌール宇宙基地）．同日，国際宇宙ステーションにドッキング．2014年5月14日，若田らカザフスタンに帰還。**12.4** ユネスコ，「和食；日本人の伝統的な食文化」を無形文化遺産に登録。**この年** 日本人の平均寿命，女性86.61歳，男性80.21歳．男性が初めて80歳を超える（2014年7月31日厚労省発表）。〔本〕坪田信貴『学年ビリのギャルが1年で偏差値を40上げて慶応大学に現役合格した話』，村上春樹『色彩を持たない多崎つくると，彼の巡礼の年』，槙孝子『長生きしたけりゃふくらはぎをもみなさい』，和田竜『村上海賊の娘』。〔歌〕「EXILE PRIDE～こんな世界を愛するため～」「恋するフォーチュンクッキー」「さよならクロール」「南部蟬しぐれ」。〔映画〕「永遠の0」「風立ちぬ」「そして父になる」「舟を編む」「ペコロスの母に会いに行く」／「愛，アムール」「テッド」「モンスターズ・ユニバーシティ」。〔テレビ〕「あまちゃん」「ガリレオ」「ごちそうさん」「空飛ぶ広報室」「半沢直樹」「八重の桜」「YOUは何しに日本へ？」。	
1.22 米国大リーグ・ヤンキース，楽天の田中将大投手と7年契約を結んだと発表．年俸総額1億5500万ドル（約161億2000万円）（大リーグ投手歴代5位）。**1.30** 理化学研究所発生・再生科学総合研究センター等の国際研究チーム，STAP細胞を発見したとの論文を『ネイチャー』に発表．この後，論文に対する疑義が提起され，7月2日，論文を撤回．8月5日，同論文の主要著者の1人が自殺。**2.5** 作曲家佐村河内守（両耳が聞こえないとしていた）の代理人弁護士，同人が作曲を別人に依頼していたと発表．3月7日，記者会見で同人謝罪。**2.7** 関東甲信越地方大雪（～9日）．東京の積雪27cm．14～15日にも同地方で大雪．甲府市114cm，東京都心27cm。第22回冬季オリンピック大会開催（～23日）（ロシア・ソチ）．14日，羽生結弦，フィギュアスケート男子で優勝．15日，葛西紀明，スキージャンプ男子個人ラージヒルで2位（冬季オリンピック日本人最年長メダリスト）．日本の獲得メダル数，金1・銀4・銅3。**2.17** インスタグラムの日本語アカウント開設。**3.1** 高梨沙羅，スキージャンプワールドカップ第14戦（ルーマニア・ルシュノブ）で優勝．今季11勝目となり個人総合優勝が決ま	**2.22** ウクライナの親ロシア派の大統領ヤヌコビッチ，反政府運動によりロシアに亡命。**3.8** 北京行きマレーシア航空機（乗客・乗員239人）がマレーシア・クアラルンプールを離陸後，消息を絶つ．2015年1月19日，マレーシア政府は，同機は消息を絶った後に墜落して搭乗者は全員死亡したと正式発表．その後，同機の残骸等が発見される。**3.18** ロシア大統領プーチン，ウクライナのクリミア自治共和国・セバストポリ特別市をロシアに編入すると発表。**3.24** G7首脳会合（オランダ・ハーグ）．ハーグ宣言を採択．ロシア・ソチで予定されていたサミットに参加しないこと，ロシアのG8への参加を停止すること，6月に，ブリュッセルで，改めてG7の形式で会合を開催すること等を宣言。**3.27** 国連総会，ウクライナからの分離をめぐるクリミア半島の住民投票を無効とし，同半島のロシアへの編入を認めないよう各国や国際機関に求める決議を採択。**4.14** ナイジェリアでイスラム過激派ボコ・ハラム，学校から女子学生200人以上を拉致．5月5日，同派が事件への関与を公表。**4.18** 韓国で仁川から済州島に向かう旅客船セウォル（世越）号（乗客・乗員476人）が珍島沖で沈没．修学旅行の高校生ら304人が死亡・行方不明（5月7日現

西暦	年号干支	内閣	政　治・経　済
2014 ▲▼	平成 26 甲午	（第2次安倍晋三内閣）	出3原則」に代わるものとして制定。消費税増税．従来の税率5％を8％とする。4.18「少年法の一部を改正する法律」公布．5月8日施行．罪を犯した少年に言い渡す有期刑（懲役・禁錮）の上限を15年から20年に引き上げる。4.24 安倍首相，訪日中の米国大統領オバマと会談．環太平洋経済連携協定（TPP）交渉の協議が難航．25日，共同声明を発表。5.1 サントリーホールディングス，5月1日付で米国蒸留酒最大手ビームの全株式を取得し，買収が完了したと発表。5.20 環太平洋経済連携協定（TPP）12か国による閣僚会合（シンガポール）。5.29 安倍首相，報道陣に「ストックホルムで行われた日朝協議の結果，北朝鮮側は拉致被害者及び拉致の疑いが排除されない行方不明者を含め，全ての日本人の包括的全面調査を行うことを日本側に約束した」と述べる。5.30 内閣官房に内閣人事局を置く。「国民の祝日に関する法律の一部を改正する法律」公布．2016年1月1日施行．国民の祝日に「山の日（8月11日）」を加える。6.4 第40回主要国首脳会議開催（～5日）（ベルギー・ブリュッセル）．ロシアを除くG7。6.18 日産自動車・ルノー，ロシアの自動車会社アフトバスの経営権取得完了。6.20「日本国憲法の改正手続に関する法律の一部を改正する法律」（改正国民投票法）公布・施行．施行後4年間は満20歳以上に投票権を認め，その後は18歳以上とする。「地方教育行政の組織及び運営に関する法律の一部を改正する法律」公布．2015年4月1日施行．総合教育会議の設置，教育委員長の廃止，教育長の首長任命制を規定。6.22 日本維新の会臨時党大会で解党を決定．橋下徹・石原慎太郎を各中心とするグループに分かれる。6.25「児童買春，児童ポルノに係る行為等の処罰及び児童の保護等に関する法律の一部を改正する法律」（改正児童買春・児童ポルノ禁止法）公布．7月15日施行。6.27「過労死等防止対策推進法」公布．11月1日施行。7.1 国家安全保障会議及び閣議において，「国の存立を全うし，国民を守るための切れ目のない安全保障法制の整備について」を決定．集団的自衛権の行使を容認。7.8 日本・オーストラリア経済連携協定署名（オーストラリア・キャンベラ）．2015年1月15日発効。7.10 韓国ロッテホテル，11日に予定されていた日本大使館主催の自衛隊創設記念レセプションの開催を拒否。7.14 最高裁判所，沖縄返還をめぐる「密約」文書の開示を求める訴訟の上告審で，原告の上告を棄却する判決を言い渡す。8.1 内閣官房総合海洋政策本部，日本の領海の範囲を決める基点となる離島のうち，名称のない158の無人島（22都道府県）に名前を付け，同本部のホームページに公表．尖閣諸島の5島も含む。9.1 安倍首相，来日中のインド首相モディと会談．今後5年間にインドに政府開発援助（ODA）を含む約3.5兆円の投融資を行う方針を表明。9.3 第2次安倍改造内閣成立。9.11 政府，東京電力福島第1原子力発電所事故についての政府事故調査・検証委員会が実施した菅直人元首相ら当時の閣僚や元同原発所長吉田昌郎ら19人への聴取記録（調書）を公開。9.20 維新の党結成（共同代表橋本徹・江田憲司）．所属国会議員衆議院42人・参議院11人。9.29 第187回国会（臨時会）召集（～11月21日）。10.14「特定秘密保護法の統一的な運用基準」を閣議決定．特定秘密の指定及びその解除並びに適性評価の実施に関する基準を定める。10.17 国土交通省，JR東海のリニア中央新幹線（品川―名古屋間）の工事実施計画（その1）を認可。10.20 小渕優子経済産業相・松島みどり法相，辞任．21日，経産相に宮沢洋一，法相に上川洋子を任命。11.10 APEC首脳会議出席のために中国訪問中の安倍首相，中国主席習近平と会談（北京）。11.12「サイバーセキュリティー法」公布・施行。11.16 G20サミット出席のためオーストラリアを訪問中の安倍首相，オーストラリア首相アボット・米国大統領オバマと日米豪首脳会談（ブリスベン）。11.18 安倍首相，2015年10月に予定していた消費税増税（10％）の期限を2017年4月に延期すると表明。11.19「土砂災害警戒区域等における土砂災害防止対策の推進に関する法律の一部を改正する法律」公布．2015年1月18日施行．今年8月広島市における土砂災害による改正。11.21 衆議院解散。海上保安庁，急増した中国船による小笠原諸島沖での宝石珊瑚密漁を積極的に摘発する方針に転換．これまでは海域から追い出す対応をとっていた。11.26 最高裁判所，1票の格差から2013年7月の参議院選挙選挙区選挙の選挙無効を求める訴訟の判決で，選挙区間における投票価値の不均衡は違憲の問題が生ずる程度の著しい不平等状態とする．選挙無効の訴えは棄却。米国道路安全交通局，運転席エアバッグの欠陥をめぐってタカタに書簡を送り，リコールの実施を命令。11.27「外国人漁業の規制に関する法律及び排他的経済水域における漁業等に関する主権的権利の行使等に関する法律の一部を改正する法律」公布．12月7日施行．中国船珊瑚密漁に対応する改正．罰金等を引き上げる。11.28「みんなの党」，解党を発表。12.10「特定秘密の保護に関する法律」（秘密保護法）施行（2013年12月13日公布）。12.14 第47回衆議院議員総選挙．獲得議席数自民290（追加

社会・文化	世界
る．ワールドカップ２季連続総合優勝。3.5 慶良間諸島国立公園を指定。3.7 あべのハルカス(大阪市阿倍野区)全面開業．国内最高の地上300mのビル。第11回冬季パラリンピック大会開催(～16日)(ロシア・ソチ)．日本の獲得メダル数，金３・銀１・銅２。3.9 宇宙飛行士若田光一(国際宇宙ステーション滞在中)，同船長に就任(～５月13日)．５月14日，若田らが搭乗するソユーズ宇宙船，カザフスタンに帰還。3.20 皇學館大学史料編纂所編『続日本紀史料』第20巻刊(全巻完結．1987年３月～)。3.30 東京都小笠原村沖ノ鳥島の沖合で，桟橋設置作業中に桟橋が転覆し，７人が死亡。3.31 テレビ番組「森田一義アワー 笑っていいとも！」最終回(1982年～)。4.1 理化学研究所，同研究所の「研究論文の疑義に関する調査委員会」のSTAP細胞論文についての最終報告(３月31日付)を公表．研究ユニットリーダーによる論文の画像の捏造と改竄があったとする。4.23 最高裁判所，準強姦罪に問われた内柴正人被告人の上告を棄却，懲役５年の１・２審判決が確定。6.12 国際自然保護連盟，ニホンウナギを絶滅危惧種に指定したと発表。6.21 ユネスコ，「富岡製糸場と絹産業遺産群」を世界遺産の文化遺産に登録することを決定．25日，登録。7.18 薬物乱用対策推進会議，「いわゆる「脱法ドラッグ」の乱用の根絶のための緊急対策」を決定。8.5 朝日新聞，いわゆる従軍慰安婦関連の報道で，「女性を強制連行した」との証言を紹介した記事(1982年以降)を取り消すとの記事を掲載。8.20 広島市安佐北・安佐南区で豪雨による土砂崩れ・土石流が発生．死者74人(９月19日現在)。8.21 宮内庁，『昭和天皇実録』を天皇・皇后に奉呈．９月９日，全文を公表．2015年３月～2019年３月，公刊．奉呈本に約5000か所の誤り．公刊本ではほとんどが修正される(2019年３月14日宮内庁発表)。9.4 東京都，代々木公園から採取した蚊からデング熱の原因となるウイルスを検出したとし，同公園の大部分を閉鎖(10月31日解除)．７日，環境省，新宿御苑を閉鎖(10月17日解除)．８月27日以降デング熱の国内での感染者数は159名(10月30日現在)。9.27 御嶽山(長野県・岐阜県)が噴火．登山客58人死亡・行方不明者５人(2015年11月６日現在)。10.9 最高裁判所，大阪府泉南地域のアスベスト(石綿)紡織工場の元従業員らによる石綿関連疾患についての国家賠償請求訴訟の上告審判決で，国の賠償責任を認める。10.23 最高裁判所，妊娠により降格された女性による元勤務先に対する損害賠償請求訴訟の上告審判決で，労働者が降格を承諾したとき，または事業主において降格に特段の事情が存在するとき以外は降格は違法とし，高等裁判所に差し戻し。11.8 宮崎駿(アニメーション映画監督)，米国のアカデミー名誉賞を受賞。11.9 大相撲11月場所開催(～23日)．白鵬通算32度目の優勝．大鵬の記録に並ぶ。11.14 木村伊量朝日新聞社社長，辞任を発表．12月５日，辞任が正式決定．東京電力	在)．船長は船から脱出し，救助される。4.30 中国新疆ウイグル自治区のウルムチ駅で，武装グループによる爆発事故．80人以上死傷。5.13 トルコ・マニサ県ソマの炭鉱で爆発事故．死者301人。5.20 タイ陸軍司令官プラユット，戒厳令を発令．22日，プラユット，軍がクーデターで全権を掌握したと発表．国家平和秩序評議会，憲法を停止したと発表。5.22 中国新疆ウイグル自治区のウルムチの朝市で爆発事件．死者39人(24日)。5.26 インドでナレンドラ・モディ(人民党)，首相に就任．国民会議派政権からの10年ぶりの政権交代。6.29 イスラム教過激派「イスラム・シリアのイスラム国」，国家樹立を宣言。7.1 香港で英国から主権が中国に返還されてから17年になる日，民主派等により返還以後最大規模のデモが行われる．主催者発表で51万人が参加。7.17 イスラエル，パレスチナ自治区ガザに地上侵攻．８月19日，イスラエル・ハマス，停戦に合意。ウクライナ・ドネツク州のロシア国境付近でマレーシア機が墜落．乗客・乗員298人全員死亡．18日，ウクライナ大統領ポロシェンコ，親露派武装集団が撃墜したと断定．ロシアの関与も主張。7.28 中国新疆ウイグル自治区ヤルカンド県で暴徒集団が官公署を襲撃．一般人・襲撃側計96人死亡(８月３日現在)。7.31 アルゼンチン，債務不履行(デフォルト)状態となる。8.8 世界保健機構，西アフリカのギニア・リベリア・シエラレオネでのエボラ出血熱の感染流行に対し「国際的に懸念される公衆衛生上の緊急事態」を宣言(～2016年３月29日)．4922人死亡(10月25日同機構)。9.18 スコットランドの英国からの独立の賛否を問う住民投票執行．反対票数が賛成票数を上回り，独立は否決。12.16 パキスタン・ペシャワルで武装集団が軍設立の学校を襲撃．生徒ら計約150人が死亡．「パキスタンのタリバン運動」が犯行声明を発表。12.28 インドネシア・スラバヤ発エアアジア機，インドネシア沖で墜落．乗客155人・乗員７人全員死亡。アフガニスタン駐留国際治安支援部隊(米国中心)の戦闘任務終了記念式典挙行(カブール)。

西暦	年号干支	内閣	政　治・経　済
2014 ▲	平成 26 甲午	12.24 第3次安倍晋三内閣	公認1を含まず)・民主73・維新41・公明35・共産21．与党自民・公明で325議席となり，定数の3分の2(317)を上回る。**12.17** JR東海，リニア中央新幹線(品川―名古屋間)建設工事に着手。**12.24** 第188回国会(特別会)召集(～26日)。衆議院，町村信孝を議長に選出。衆参両院，安倍晋三を内閣総理大臣に指名。第3次安倍内閣成立。**12.－** 日本マグドナルドホールディングス，12月期連結決算で，純損益が218億円の赤字。**この年** 貿易収支12兆7813億円の赤字(2015年1月26日財務省発表)．比較可能な1979年以降で最大。トヨタ自動車，同グループを含む世界自動車販売台数が1023万1000台と発表．3年連続世界販売第1位．暦年ベースで初めて1000万台を超える(2015年1月21日発表)。 【死没】 **1.5** 森本哲郎(88，評論家)。**1.11** 淡路恵子(80，俳優)。**1.16** 小野田寛郎(91，ルバング島潜伏)。高橋昌也(83，俳優)。**1.23** 小林カツ代(76，料理研究家)。**2.2** 山之内靖(80，歴史社会学)。**2.3** 鈴木博之(68，建築史)。**2.10** シャーリー・テンプル(85，俳優)。**2.13** 山本兼一(57，作家)。**2.17** 下稲葉耕吉(87，政治家)。**2.23** 春山満(60，ハンディネットワークインターナショナル)。**2.24** 広中俊雄(87，民法)。**2.28** まど・みちお(104，詩人)。**3.5** 矢入一男(81，ギター製作)。**3.11** 沼本克明(70，国語学)。**3.12** 大西巨人(97，作家)。**3.14** 宇津井健(82，俳優)。**3.19** 平田暁夫(89，帽子デザイナー)。**3.27** 朝倉摂(91，舞台美術)。**3.28** 森礼子(85，作家)。**3.30** 蟹江敬三(69，俳優)。**4.8** 周富徳(71，中国料理)。**4.22** 大橋健三郎(94，アメリカ文学)。**4.30** 渡辺淳一(80，作家)。**5.10** 中山茂(85，科学史)。**5.15** 鈴木則文(80，映画監督)。**5.18** 魁傑(66，大相撲力士)。**5.26** 愛新覚羅顕琦(95，清朝皇族)。**5.29** 原貢(78，野球指導者)。**5.30** 粕谷一希(84，評論家)。**6.2** 立間祥介(86，中国文学)。**6.4** 林隆三(70，俳優)。平田耿二(77，日本史)。**6.8** 桂宮宜仁親王(66，皇族)。**6.11** 岩橋邦枝(79，作家)。**6.13** 山中裕(93，日本史)。**6.21** 市古宙三(101，中国史)。**6.23** 小松一郎(63，外務官僚)。**6.25** 下鶴大輔(90，地球物理学)。那須翔(89，東京電力)。**6.27** 斎藤晴彦(73，俳優)。**7.2** 水谷静夫(88，国語学)。**7.7** エドゥアルド・シェワルナゼ(86，ソ連政治家)。**7.14** 深田祐介(82，作家)。**7.15** 鎌田純一(90，神道学)。**7.30** 山田昭男(82，未来工業)。**7.31** 深津篤史(46，演出家)。**8.16** 木田元(85，哲学)。**8.26** 米倉斉加年(80，俳優)。**9.6** 山口洋子(77，作詞家)。**9.7** 山口淑子(李香蘭)(94，俳優・政治家)。**9.10** 久米豊(93，日産自動車)。坂井義則(69，東京オリンピック最終聖火ランナー)。**9.14** 井原高忠(85，テレビプロデューサー)。**9.18** 宇沢弘文(86，経済学)。**9.20** 土井たか子(85，政治家)。平野邦雄(91，日本史)。**10.2** 坂本義和(87，国際政治学)。**10.21** 岡田芳朗(84，暦研究)。**10.26** 赤瀬川原平(77，美術家)。岡崎久彦(84，外務官僚)。**10.30** 大内順子(80，ファッション評論家)。**10.31** 本島等(92，長崎市長)。**11.1** 田村元(90，政治家)。**11.3** 桂小金治(88，タレント)。**11.7** 徳大寺有恒(74，自動車評論家)。**11.10** 高倉健(83，俳優)。**11.25** 国弘正雄(84，同時通訳者)。**11.27** 松本健一(68，評論家)。**11.28** 大塚明彦(77，大塚製薬)。菅原文太(81，俳優)。**11.30** 呉清源(100，囲碁棋士)。**12.4** 蒲池猛夫(78，射撃)。**12.7** 根本二郎(86，日経連)。**12.10** 遠山一行(92，音楽評論家)。**12.14** 松尾尊兊(85，日本史)。**12.26** ヨゼフ・ピタウ(86，上智大学長)。**12.30** 宮尾登美子(88，作家)。
2015 ▼	27 乙未		**1.15** 日本・オーストラリア経済連携協定発効(2014年7月8日署名)。**1.18**「土砂災害警戒区域等における土砂災害防止対策の推進に関する法律の一部を改正する法律」施行(2014年11月19日公布)。**1.24** IS，拘束した日本人湯川遥菜を殺害したとの映像を公開．31日，後藤健二を殺害したとの映像を公開。**1.26** 第189回国会(常会)召集(～9月27日)。**1.28** スカイマーク，東京地方裁判所に民事再生法の適用を申請し受理されたと発表。**2.10** 閣議で開発協力大綱を決定．2003年に決定された政府開発援助大綱を改定し，「国益の確保」を明記。日本・モンゴル経済連携協定署名(東京)．2016年6月7日発効。**2.12** 東芝，証券取引等監視委員会のインフラ関連事業の会計処理について開示検査を受ける．5月8日，不適切な会計処理があったとして，2015年3月期連結決算の業績予想を取り消す．5月15日，調査のため第三者委員会を設置。**2.23** 西川公也農水相，政治献金問題で辞任．林芳正を農水相に任命。**2.－** 中国の春節休暇期間(2月19日の春節前後)の訪日中国人観光客による大量商品購入(「爆買い」)が話題となる。**3.13** 国土交通省，東洋ゴム工業から国の性能基準を満たさない建築用免震ゴムを販売していたとの報告があったと公表。**3.14** 北陸新幹線長野―金沢間開業。**3.－** トヨタ自動車の3月期連結決算(米国会計基準)で営業利益2兆7505億円．2年連続で過去最高を更新。**4.1** 東京都渋谷区で「渋谷区男女平等及び多様性を尊重する社会を推進する条例」施行．「男女の婚姻関係と異ならない程度の実質を備える戸籍上の性別が同一である二

社　会・文　化	世　界
福島第1原子力発電所事故の「吉田調書」や，いわゆる従軍慰安婦問題についての報道の引責辞任。11.26 ユネスコ，「和紙：日本の手漉き和紙技術」を無形文化遺産に登録．石州半紙・本美濃紙・細川紙。12.3 宇宙航空研究開発機構・三菱重工業，H2ロケット26号機により小惑星探査機はやぶさ2を打ち上げる(種子島宇宙センター)．探査機を地球—火星間の小惑星に向かう軌道に投入。12.10 赤崎勇・天野浩・中村修二(米国籍)，ノーベル物理学賞を受賞。12.22 朝日新聞の慰安婦報道等に関して調査し検討する同社の第三者委員会(委員長中込秀樹)，報告書を発表。**この年**〔本〕池井戸潤『銀翼のイカロス』，多和田葉子『献灯使』，上橋菜穂子『鹿の王』，トマ・ピケティ『21世紀の資本』。〔歌〕「希望的リフレイン」「ラブラドール・レトリバー」「R. Y. U. S. E. I.」「レット・イット・ゴー」。〔映画〕「そこのみにて光輝く」「小さいおうち」「超高速！参勤交代」「テルマエ・ロマエⅡ」「るろうに剣心 京都大火編」／「アナと雪の女王」「GODZILLA ゴジラ」「ジャージー・ボーイズ」「マレフィセント」。〔テレビ〕「明日，ママがいない」「家，ついて行ってイイですか？」「軍師官兵衛」「三匹のおっさん～正義の味方，見参!!から」「しくじり先生 俺みたいになるな!!」「花子とアン」「花咲舞が黙ってない」「HERO」「マッサン」「ルーズヴェルト・ゲーム」。	
1.11 大相撲1月場所開催(～25日)．白鵬，優勝．32度目の優勝で，新記録。1.15 奈良県立橿原考古学研究所，明日香村の小山田遺跡で一辺50m以上の方墳と推定される墳丘の一部と濠跡が発見されたと発表。2.1 宇宙航空研究開発機構，H2Aロケット27号機により情報収集衛星レーダー予備機を打ち上げる(種子島宇宙センター)。2.2 最高裁判所，東京秋葉原の無差別殺傷事件(2008年6月)で第1・2審において死刑判決をうけた被告人の上告審判決で上告を棄却．17日，被告人の判決訂正申立を棄却，死刑が確定。2.3 日本サッカー協会，全日本代表の監督ハビエル・アギーレとの契約を解除したと発表．同人のスペイン時代の不正試合への関与疑惑が問題となる。2.10 名古屋市博物館編『豊臣秀吉文書集』刊行開始。4.8 天皇・皇后，パラオを訪問(～9日)．9日，ペリリュー島で戦没者を慰霊。4.22 世界動物	1.9 フランスの政治週刊紙シャルリー・エブドのパリ本社を武装集団が襲撃．12人死亡・4人負傷。2.4 台湾の復興航空旅客機，台北市松山空港を離陸直後に墜落．乗客・乗員58人中，死亡43人。3.5 ソウルで駐韓米国大使マーク・リッパートに，韓国人男性金基宗が果物ナイフで切りつけ重傷を負わせる．犯人は2010年7月日本大使へのコンクリート片投擲犯と同一人。3.12 世界保健機関，西アフリカのギニア・リベリア・シエラレオネ3か国のエボラ出血熱感染による死亡者が1万人を超えたと発表。3.24 スペイン・バルセロナ発のドイツのジャーマンウイングス機(乗客・乗員150人搭乗)，フランス南部山中に墜落。4.14 米国大統領オバマ・キューバ国家評議会議長ラウル・カストロ，会談(パナマ市)．国交正常化を進める方針を確認。4.25 ネパール中部でM7.8の地震発生．死者は5900人を超える。5.9 世界保健機関，リベリアでのエボラ出血熱の流行終息

西暦	年号干支	内閣	政　治・経　済
2015 ▲ ▼	平成 27 乙未	(第3次安倍晋三内閣)	者間の社会生活関係」を「パートナーシップ」と定義。4.12 第18回統一地方選挙(前半)．26日，同(後半)。4.21 衆議院本会議で町村信孝議長の辞任を許可し，大島理森を議長に選出。JR東海，山梨リニア実験線(山梨県上野原市―笛吹市)で新型リニア車両の高速域走行試験を実施．有人走行の最高速度となる時速603kmを記録。4.22 安倍晋三首相，インドネシア・ジャカルタ訪問中に中国主席習近平と会談。首相官邸屋上ヘリポートでドローンを発見．25日に自首した男によると，9日に同機を飛行させ官邸屋上に落下させたという。4.28 安倍首相，米国大統領オバマと会談(ワシントン)．29日，安倍首相，日本の首相として初めて米国議会上下両院合同会議で演説。5.17 大阪市で特別区設置住民投票実施．「大阪都構想」の賛否を問う．反対が多数。5.20「文部科学省設置法の一部を改正する法律」公布．10月10日施行．スポーツ庁を設置。5.27 北朝鮮の核問題をめぐる6か国協議の日米韓首席代表(日本は伊原純一外務省アジア大洋州局長)会合開催(ソウル)．北朝鮮に対する圧力を強化することで一致。5.- 中国浙江省温州平陽県で愛知県の男性，スパイ容疑で拘束される．2018年7月10日，杭州市中級人民法院，懲役12年の実刑を言い渡す。中国遼寧省丹東で神奈川県の男性，スパイ容疑で逮捕拘束される．2018年7月13日，丹東市中級人民法院，懲役5年の実刑判決を言い渡す。中国北京で札幌の団体役員男性，スパイ容疑で拘束される．2018年12月11日，北京市中級人民法院，懲役12年の実刑判決を言い渡す。6.7 第41回主要国首脳会議開催(～8日)(ドイツ・エルマウ)。6.17「防衛省設置法等の一部を改正する法律」公布．10月1日施行．防衛官僚と自衛官が対等であることを明確化。6.19「公職選挙法等の一部を改正する法律」公布．2016年6月19日施行．選挙権の年齢を「18歳以上」に引き下げる。6.22 安倍首相，東京の韓国大使館主催韓日国交正常化50周年記念式に出席．韓国大統領朴槿恵，ソウルの駐韓日本大使館主催同記念式に出席。6.24「電気事業法等の一部を改正する等の法律」公布．2020年4月1日施行．大手電力会社の送配電部門を発電部門から分離。6.- 中国上海で東京都の日本語学校幹部女性，スパイ容疑で拘束される．2018年12月7日，上海市中級人民法院，懲役6年の実刑判決を言い渡す。7.4 第7回日本・メコン地域諸国首脳会議開催(東京)．安倍首相，メコン地域5か国に7500億円の政府開発援助実施を表明。7.20 東芝，同社の不適切な会計についての第三者委員会の調査報告書を公表．21日，田中久雄社長・前社長佐々木則夫副会長・元社長西田厚聡相談役，辞任。8.5「公職選挙法の一部を改正する法律」公布．11月5日施行．参議院選挙の選挙区の定員増減，選挙区「鳥取県及び島根県」「徳島県及び高知県」の合併を規定。8.12 普天間飛行場移設問題をめぐる政府・沖縄県の集中協議の初会合．9月7日，第5回会合(最終回)．安倍首相・翁長雄志沖縄県知事らが協議．両者の主張は平行線のまま。9.4「農業協同組合法等の一部を改正する等の法律」公布．2016年4月1日施行．全国農業協同組合中央会の一般社団法人化，地域農協への公認会計士監査の義務づけ。「女性の職業生活における活躍の推進に関する法律」公布・施行．10年間の限時法(2026年3月31日限り失効)。9.9「個人情報の保護に関する法律及び行政手続における特定の個人を識別するための番号の利用等に関する法律の一部を改正する法律」(改正マイナンバー法)公布．2017年5月31日施行，一部は同年3月1日施行．預金口座にも任意で番号を適用。9.11「航空法の一部を改正する法律」公布．12月10日施行．無人航空機(ドローン)を規制。9.15 安倍首相，来日したベトナム共産党書記長グエン・フー・チョンと会談。9.24 安倍首相，自民党両院議員総会で自民党総裁に再選決定。9.28 安倍首相，ロシア大統領プーチンと会談(ニューヨーク)。9.30 安全保障関連法(「我が国及び国際社会の平和及び安全の確保に資するための自衛隊法等の一部を改正する法律」及び「国際平和共同対処事態に際して我が国が実施する諸外国の軍隊等に対する協力支援活動等に関する法律」)公布．2016年3月29日各施行。10.1 スポーツ庁発足(初代長官鈴木大地)。10.5 マイナンバー制度実施。10.7 第3次安倍第1次改造内閣成立。10.10 外務報道官談話で，ユネスコが中国申請の「南京大虐殺の文書」を「世界の記憶」に登録したことを受け，日中間で見解の相違があり，明らかに完全性や真正性に問題がある案件を「世界の記憶」として登録したことは，中立・公平であるべき国際機関として問題であり，極めて遺憾とする。10.13 翁長雄志沖縄県知事，米軍普天間飛行場移転先の名護市辺野古沿岸部の埋立承認(2013年12月)を取り消す．28日，石井啓一国土交通相，承認取消しの効力を停止する執行停止決定書を発送．29日，工事着手。10.14 旭化成建材，三井住友建設の下請として施工に当たった横浜市都筑区の大型分譲マンションで，基礎部分の杭の打ちこみ不足，施工報告書のデータに流用・加筆があったことを認める。10.15 国連総会，日本等5か国を安全保障理事会非常任理事国に選出(2016～17年)。10.22

社会・文化	世界
園水族館協会，同会の会議で，日本の水族館における「追い込み漁」で捕獲されたイルカの入手を非難して，日本動物園水族館協会の会員資格を停止することを決定．5月20日，日本動物園水族館協会，世界動物園水族館協会に残留を要望したと発表．加盟水族館に「追い込み漁」で捕獲されたイルカの入手を禁止する方針を示す。5.17 川崎市の簡易宿泊所吉田屋から出火し，隣接する簡易宿泊所よしのに延焼．死者11人。5.29 鹿児島県屋久島町口永良部島の新岳，爆発的噴火．全島民が避難．12月25日，町は一部地域を除き避難指示を解除．2016年6月25日，避難指示を全面解除。6.18 警視庁，麻薬取締法違反の容疑でジュリー・ハンプ(トヨタ自動車常務役員)を逮捕．7月8日，東京地方検察庁，同人を起訴猶予，釈放。6.30 神奈川県小田原市付近を走行中の下り東海道新幹線の列車内で男が焼身自殺．巻き添えで女性1人死亡。河内良弘『満洲語辞典』刊。7.5 ユネスコ，「明治日本の産業革命遺産　製鉄・製鋼，造船，石炭産業」(福岡県等8県)を世界遺産の文化遺産に登録。7.17 安倍首相，2020年東京オリンピック・パラリンピックの主会場となる新国立競技場建設計画について，白紙に戻しゼロベースで新しい計画を作りなおすと表明．12月22日，新たな計画を決定。7.18 宮本憲一『戦後日本公害史論』刊。7.23 東京オリンピック・パラリンピック組織委員会，公式エンブレムを発表．過去に発表された作品との類似が指摘される．9月1日，使用取りやめを発表。ロシア連邦宇宙局，油井亀美也ら日米露3か国の宇宙飛行士が搭乗したソユーズ宇宙船を打ち上げる(カザフスタン・バイコヌール宇宙基地)．同日，国際宇宙ステーションにドッキング．12月11日，油井らカザフスタンに帰還。8.19 宇宙航空研究開発機構，H2Bロケット5号機により国際宇宙ステーションへの無人補給船こうのとり5号機を打ち上げる(種子島宇宙センター)．25日，宇宙ステーションにドッキング，その後分離し，9月30日大気圏再突入。9.11 ラグビーワールドカップ開催(～10月31日)(イングランド)．9月19日，1次リーグで，日本，南アフリカを破る．五郎丸歩選手の「ルーティン」が話題となる。10.1 第20回国勢調査．外国人を含めた日本の総人口は1億2709万4745人．前回調査より96万2607人減少(2016年10月26日総務省発表確定値)。医療事故調査制度発足。プロ野球・西武の秋山翔吾，シーズン216安打を記録．プロ野球新記録。10.9 ユネスコ，「舞鶴への生還 1945―1956シベリア抑留等日本人の本国への引き揚げの記録」(舞鶴引揚記念館所蔵)・「東寺百合文書」を「世界の記憶」に登録．中国が申請した「南京大虐殺の文書」も登録。11.10 日本プロ野球熊崎勝彦コミッショナー，読売巨人軍の3選手を野球賭博に関与していたとして無期の失格処分に処すとの裁定を下す。11.17 広島高等裁判所，妊娠による降格をめぐる損害賠償訴訟の差し戻し控訴審判決で，違法の判	を宣言。5.29 米国国務省，キューバのテロ支援国家指定解除が発効したと発表。6.1 中国湖北省荊州市の長江で大型客船東方之星，転覆し沈没．442人死亡。6.29 中国主導のアジアインフラ投資銀行(AIIB，亜洲基礎設施投資銀行)設立協定調印式開催(北京)．12月25日発足。7.20 米国・キューバ，国交回復．相互に大使館を再開。8.11 中国人民銀行，人民元売買の基準となる対ドルの為替レートである「基準値」の算出方法を，市場の前日終値等を参考に決める方法に変更。8.22 中国天津の化学物質保管庫で火災から巨大な爆発．死者121人(22日現在)。8.30 米国大統領オバマ，アラスカのマッキンリー山をデナリ山と改称すると発表。9.18 米国環境保護局，ドイツのフォルクスワーゲン社の一部の車種に排ガス規制を免れるため不正なソフトウェアを搭載していたと指摘。9.24 サウジアラビア・メッカ郊外で聖地巡礼の儀式に向かう信徒が折り重なって倒れる．少なくとも717人死亡。11.7 中国主席習近平・台湾総統馬英九，シンガポールで会談。11.13 フランス・パリで同時テロ発生．死者は130人に達する(20日現在)．14日，大統領オランド，ISの犯行と断定。11.24 トルコ軍機，トルコ・シリア国境付近でロシア軍機を撃墜。12.4 ロサンゼルス郊外サンバーナディーノの障害者支援施設で，イスラム教徒の夫婦が銃を乱射．14人死亡．夫婦は射殺される。12.27 中国全国人民代表委員会常務委員会，「人口・計画生育法」の改正案を承認．「一人っ子政策」を廃止し，2人まで子どもを持つことを認める．改正法は2016年1月1日施行。

西暦	年号干支	内閣	政　治・経　済
2015 ▲	平成 27 乙未	(第3次安倍晋三内閣)	安倍首相，モンゴル及び中央アジア5か国(トルクメニスタン・タジキスタン・ウズベキスタン・キルギス・カザフスタン)を歴訪(～28日)。10.28 東京海上ホールディングス，米保険会社HCCインシュアランス・ホールディングスの買収を完了。11.1 安倍首相，中国国務院総理李克強・韓国大統領朴槿恵と会談(ソウル)。11.5 東京都渋谷区，同性同士を結婚に相当する「パートナーシップ」と認める証明書の交付を開始。11.11 国産初のジェット旅客機MRJ(Mitsubishi Regional Jet)初飛行．愛知県営名古屋空港を離陸，同空港に着陸。11.15 安倍首相，ロシア大統領プーチンと会談(トルコ・アンタルヤ)。11.25 最高裁判所，2014年12月衆議院選挙小選挙区選挙無効請求訴訟の判決で，小選挙区割りは違憲状態との判断を示す．無効請求は棄却。11.30 日本経済新聞社，英国経済紙フィナンシャル・タイムズの買収手続きを完了したと発表。12.16 最高裁判所，夫婦同姓をめぐる国家賠償請求訴訟の判決で，夫婦同姓の民法の規定は合憲との判断を示す。最高裁判所，女性の再婚禁止期間をめぐる国家賠償請求訴訟の判決で，離婚した女性は6か月間再婚できないとする民法の規定について，100日を超える部分は違憲との判断を示す．同日，法務省はこの判決を受け，全国の市区町村に対し，女性が離婚後100日を過ぎている婚姻届は受理するよう通知。12.25 電通の女性新入社員(24歳)，社員寮で飛び降り自殺．2016年9月30日，過労による自殺として労働災害認定。12.28 岸田文雄外相，韓国外交部長官尹炳世と会談し(ソウル)，韓国政府が元慰安婦支援のための財団を設立し，これに日本政府が概ね10億円程度の資金を拠出すること，この措置を着実に実施するとの前提で，今回の発表により，この問題が最終的かつ不可逆的に解決されることを確認すること，日本政府は，韓国政府と共に，今後，国連等国際社会において，慰安婦問題について互いに非難・批判することは控えること，等を発表。12.－ 東京国税局，税務調査によりグーグル合同会社(米国グーグルの日本法人)に対し，12月期に約35億円の申告漏れを指摘．同社，修正申告。 【死没】 1.5 吉行あぐり(107，美容師)。1.20 斉藤仁(54，柔道)。1.21 陳舜臣(90，作家)。中田易直(95，日本史)。1.26 赤瀬川隼(83，作家)。奥平康弘(85，法学)。1.27 水野正好(80，考古学)。1.29 上笙一郎(81，児童文化)。河野多恵子(88，作家)。園田天光光(96，政治家)。1.31 リヒャルト・フォン・ワイツゼッカー(94，ドイツ大統領)。2.7 河上和雄(81，検事)。2.8 江坂輝弥(95，考古学)。2.17 丸田祐三(95，将棋棋士)。2.21 坂東三津五郎(10代)(59，歌舞伎俳優)。2.28 松谷みよ子(89，児童文学作家)。3.8 塩月弥栄子(96，茶道)。3.19 桂米朝(3代)(89，落語家)。3.20 今江祥智(83，児童文学作家)。3.23 リー・クアンユー(91，シンガポール首相)。4.2 樋口隆康(95，考古学)。4.5 町田顕(78，最高裁判所長官)。4.14 小島功(87，漫画家)。4.15 愛川欽也(80，タレント)。4.22 船戸与一(71，作家)。4.23 金丸邦三(81，中国文学)。4.26 谷桃子(94，バレエ)。5.6 松下圭一(85，政治学)。5.11 黒板伸夫(92，日本史)。5.28 今いくよ(67，漫才師)。今井雅之(54，俳優)。6.1 町村信孝(70，政治家)。6.9 福田豊彦(87，日本史)。松井章(63，考古学)。6.14 西江雅之(77，文化人類学)。7.1 橋本義彦(90，日本史)。7.2 田辺誠(93，政治家)。7.5 南部陽一郎(94，物理学)。7.6 石井正敏(68，日本史)。7.10 入船亭扇橋(9代)(84，落語家)。7.11 岩田聡(55，任天堂)。7.14 高橋一三(69，プロ野球)。7.15 青木昌彦(77，経済学)。7.17 わかやまけん(85，絵本作家)。7.19 紀平悌子(87，政治家)。7.20 鶴見俊輔(93，哲学者)。7.21 川崎敬三(82，俳優)。7.31 加藤武(86，俳優)。8.3 阿川弘之(94，作家)。田村すゞ子(81，アイヌ語)。8.4 中村政則(79，日本史)。8.17 柳原良平(84，漫画家)。9.5 小林陽太郎(82，経済同友会)。原節子(95，俳優)。9.19 塩川正十郎(93，政治家)。9.22 岸朝子(91，料理記者)。9.24 川島なお美(54，俳優)。10.2 犬丸義一(87，日本史)。10.7 橘家円蔵(8代)(81，落語家)。10.12 熊倉一雄(88，俳優)。10.31 伊藤延男(90，建築史)。佐木隆三(78，作家)。11.2 加藤治子(92，俳優)。11.10 ヘルムート・シュミット(96，西ドイツ首相)。11.15 阿藤快(69，俳優)。一海知義(86，中国文学)。11.18 秋山虔(91，国文学)。11.20 北の湖(62，大相撲力士)。11.22 金泳三(87，韓国大統領)。11.26 辛島昇(82，インド史)。11.30 水木しげる(93，漫画家)。12.9 野坂昭如(85，作家)。
2016 ▼	28 丙申		1.1「がん登録等の推進に関する法律」施行(2013年12月13日公布)．すべての病院にがん患者データの届け出を義務づける「全国がん登録」開始。1.4 第190回国会(常会)召集(～6月1日)。1.28 甘利明国務大臣(内閣府特命担当大臣〔経済財政政策担当〕)，週刊誌で報じられた違法献金疑惑に対する責任を取って辞任．石原伸晃を同相に任命。1.29 日本銀行金融政策決定会合で，追加の金融緩和策としてマイナス金利の導入を決定．2月16日より実施。2.4

社　会・文　化	世　界
決。**11.23** 韓国人全昶漢，靖国神社のトイレで爆発物を爆発させる．12月9日，警視庁，全昶漢を逮捕。松村剛『Dictionnaire du français médiéval（中世フランス語辞典）』刊（パリ）。**11.24** 宇宙航空研究開発機構・三菱重工業，H2Aロケット29号機により日本で初めて商業用衛星（カナダ・テレサット社Telstar 12 VANTAGE）を打ち上げる（種子島宇宙センター）。**12.9** 宇宙航空研究開発機構，金星探査機あかつき（2010年5月打ち上げ）の金星周回軌道への再投入が成功したと確認。**12.10** 大村智，ノーベル生理学・医学賞を，梶田隆章，同物理学賞を，各受賞。**この年** 日本人の平均寿命は，男性80.79歳，女性87.05歳．男女とも過去最高を更新（2016年7月27日厚生労働省発表）。〔本〕住野よる『君の膵臓をたべたい』，元少年A『絶歌』，宮下奈都『羊と鋼の森』，又吉直樹『火花』。〔歌〕「Unfair World」「海の声」「365日の紙飛行機」「トリセツ」「ハロウィン・ナイト」「僕たちは戦わない」。〔映画〕「海街diary」「恋人たち」「バケモノの子」「HERO」／「ジュラシック・ワールド」「スター・ウォーズ フォースの覚醒」「ベイマックス」「マッドマックス 怒りのデス・ロード」。〔テレビ〕「あさが来た」「コウノドリ」「下町ロケット」「天皇の料理番」「花燃ゆ」「林先生が驚く初耳学！」「まれ」。	
1.15 長野県軽井沢町の国道で，スキー客を乗せた大型バスが転落．14人死亡・27人重軽傷．18日，死者15人に。**1.26** 天皇・皇后，第2次世界大戦犠牲者慰霊のためフィリピンを訪問（～30日）。**2.17** 宇宙航空研究開発機構・三菱重工業，H2Aロケット30号機	**1.6** 北朝鮮，水爆実験の実施を発表。**2.6** 台湾でM6.4の地震発生．台南市で16階建てのビルが倒壊，内部に多数の住民が取り残された．死者117人（18日現在）。**2.7** 北朝鮮，長距離弾道ミサイル1発を発射。**3.15** 人工知能アルファ碁と韓国の李世乭九段との囲碁対局

西暦	年号干支	内閣	政治・経済
2016 ⇕	平成 28 丙申	（第3次安倍晋三内閣）	日米等12か国，環太平洋経済連携協定（TPP）に署名（ニュージーランド・オークランド）．12月9日，国会で承認。2.19 臨時閣議で北朝鮮に対する独自の制裁強化措置を決定．同日発動（一部を除く）。2.24 東京電力，2011年3月11日の福島第1原子力発電所事故当初，「炉心溶融」（メルトダウン）とすべきところを，その前段階の「炉心損傷」と説明し続けたことは誤りと発表。3.2 国連安全保障理事会，北朝鮮の核実験と事実上の長距離弾道ミサイルの発射を非難．大幅に制裁を強化する決議を採択。3.3 北朝鮮，「短距離発射体」6発を日本海に向けて発射．10日，短距離弾道ミサイル2発，18日，中距離弾道ミサイル1発，21日，「短距離発射体」5発，29日，「短距離発射体」1発を各発射。3.4 米軍普天間飛行場の辺野古移設をめぐる代執行訴訟で，福岡高等裁判所那覇支部の和解案を受け入れ，国と沖縄県の和解が成立．国が移設工事を中止し，国・県が解決に向けた協議を行う。3.26 北海道新幹線（新青森—新函館北斗間）開業．東京—新函館北斗間は最短で4時間2分。3.27 民進党発足（代表岡田克也）．民主党に維新の党が合流．参加国会議員156人（衆議院96人，参議院60人）。3.29「我が国及び国際社会の平和及び安全の確保に資するための自衛隊法等の一部を改正する法律」・「国際平和共同対処事態に際して我が国が実施する諸外国の軍隊等に対する協力支援活動等に関する法律」施行（2015年9月30日公布）．集団的自衛権の行使が可能となる。4.1 電力の小売全面自由化開始。4.2 シャープ，鴻海精密工業（台湾）の傘下に入る契約に調印．日本の大手電機が外国企業の傘下に入るのは初めて．8月12日，3888億円の出資手続きが完了．13日，戴正呉が新社長に就任。4.11 G7外相，広島の平和記念公園を訪問．原爆資料館を見学し慰霊碑に献花。4.22 国連本部で「パリ協定」署名式開催．日本は11月8日批准，11月14日公布．12月8日，国内において発効。5.25 安倍晋三首相，来日した米国大統領オバマと会談．沖縄で起きた米軍属による女性死体遺棄事件について強く抗議．オバマは，深い遺憾の意を表明。5.26 第42回主要国首脳会議開催（～27日）（三重県志摩市）．27日，世界経済への対応等を示した首脳宣言を採択。5.27「衆議院議員選挙区画定審議会設置法及び公職選挙法の一部を改正する法律」公布・施行．「1票の格差」是正と定数削減を図る。米国大統領オバマ，現職米国大統領として初めて広島を訪問．被爆者と対面。6.3「本邦外出身者に対する不当な差別的言動の解消に向けた取組の推進に関する法律」（ヘイトスピーチ対策法）公布・施行。「刑事訴訟法等の一部を改正する法律」公布．取り調べの録音・録画の義務づけ（2019年6月1日施行）や司法取引（2018年6月1日施行）の導入を定める。6.7「民法の一部を改正する法律」公布・施行．女性の再婚禁止期間が6か月から100日に短縮。日本・モンゴル経済連携協定発効（2015年2月10日署名）。6.19「公職選挙法等の一部を改正する法律」施行（2015年6月19日公布）．選挙権年齢を「20歳以上」から「18歳以上」に引き下げる。6.21 舛添要一，東京都知事を辞職。7.10 第24回参議院議員通常選挙．与党自民・公明，改選数の過半数を上回る69議席を獲得。7.19 北朝鮮，日本海方面に弾道ミサイル3発を発射。7.31 東京都知事選挙．小池百合子当選．8月2日就任．初の女性都知事。7.- 中国北京で日中青年交流協会理事長の日本人，拘束される．2017年6月，スパイ罪で起訴．2019年5月21日，北京第2中級人民法院，懲役6年・財産5万元没収の実刑判決を言い渡す。8.1 第191回国会（臨時会）召集（～3日）。参議院，伊達忠一を議長に選出。トヨタ自動車，ダイハツ工業を完全子会社化。8.3 第3次安倍第2次改造内閣成立。北朝鮮，弾道ミサイル1発を発射．秋田県男鹿半島沖約250kmの日本の排他的経済水域内に落下。8.8 天皇，「象徴としての務め」についての「おことば」をNHK等のテレビを通じビデオメッセージで発表。8.24 岸田文雄外相・中国外交部長王毅・韓国外交部長官尹炳世により日中韓外相会議開催（東京）。外務省，元慰安婦支援のために設立される韓国の財団に拠出する10億円の支出内容を発表。8.31 小池百合子東京都知事，11月7日に予定されている築地市場（東京都中央区）から豊洲市場（東京都江東区）への移転を，豊洲市場敷地の土壌の安全性問題等から延期すると発表。9.5 安倍首相，訪中し中国主席習近平と会談（杭州）．日中関係の改善に努力することで一致。北朝鮮，日本海に向けて弾道ミサイル3発を発射．いずれも北海道奥尻島沖約200～250kmのほぼ同地点に落下。9.22 安倍首相，日本の首相として初めてキューバを訪問（～24日）．国家評議会議長ラウル・カストロと会談（ハバナ）。9.26 第192回国会（臨時会）召集（～12月17日）。9.30 三田労働基準監督署，電通女性新入社員の自殺（2015年12月）は長時間労働による精神障害が原因として労働災害を認定．10月14日，厚労省東京労働局，電通本社に立ち入り調査．11月7日，東京労働局等，電通本支社を強制捜査．2017年1月19日，石井直電通社長辞任。10.17「天皇の公務の負担軽減等に関する有識者会議」（第1回）開催（座長今井敬）．2017年4月21日最終報告書

社会・文化	世界
によりX線天文衛星を打ち上げる(種子島宇宙センター). 衛星を分離, 愛称を「ひとみ」と命名. 3月26日運用開始時より電波を受信できず, 4月28日, 同機構, 不具合の復旧作業を中止。**4.6** 航空自衛隊入間基地所属ジェット機U125, 鹿児島県鹿屋市御岳付近に墜落. 乗員6人全員死亡(8日発見)。**4.14** 熊本県を震源とするM6.5の地震発生. 16日, 震源がほぼ同じM7.3の地震発生. 気象庁, 14日の地震が前震, 16日の地震が本震とみられると発表(16日). ともに最大震度は7. 26日, これらの地震による災害を激甚災害に指定. 5月2日, 特定非常災害に指定. 13日, 大規模災害復興法にもとづく非常災害に指定. 死者50人(8月14日現在)。**4.15** 気象庁, 14日熊本地方に発生した地震を「平成28年熊本地震」と命名(21日, 「平成28年熊本地震」とは「4月14日21時26分以降に発生した熊本県を中心とする一連の地震活動」を指すとする)。**4.20** 囲碁棋士井山裕太, 第54期十段戦に勝ち, タイトルを獲得. 囲碁界史上初めて7大タイトルを独占。**4.25** 最高裁判所, 1948年から25年間ハンセン病患者を被告とする裁判を裁判所外の隔離施設等で行った「特別法廷」について, 1960年以降の運用を違法と認定し, 謝罪。**5.9** 大相撲5月場所2日目, 横綱白鵬, 歴代単独1位となる幕内通算880勝を達成。**6.15** 米国大リーグ・マーリンズのイチロー, 日米通算4257安打を達成. ピート・ローズの持つ大リーグ通算最多安打数を超える。**7.7** ロシア国営公社ロスコスモス, 大西卓哉ら日米露の宇宙飛行士3人が搭乗したソユーズ宇宙船を打ち上げる(カザフスタン・バイコヌール宇宙基地). 9日, 国際宇宙ステーションにドッキング. 10月30日, 大西らカザフスタンに帰還。**7.17** ユネスコ, 国立西洋美術館(東京都台東区)を含む「ル・コルビュジエの建築作品」を世界遺産の文化遺産に登録。**7.21** 最高裁判所, 長崎県西海市のストーカー殺人事件(2011年12月)の上告審で, 被告人の上告を棄却する判決を言い渡し, 死刑が確定。**7.22** スマートフォン向けゲームアプリ「ポケモンGO」, 日本国内で配信を開始. これより先, 7月6日, アメリカ・ニュージーランド・オーストラリア限定で公開。**7.26** 知的障害者福祉施設津久井やまゆり園(神奈川県相模原市)に元職員の男が侵入し, 入所者らを襲う. 死者19人・重軽傷者27人(職員を含む)。**8.5** 第31回夏季オリンピック大会開催(～21日)(ブラジル・リオデジャネイロ). 日本の獲得メダル数金12・銀8・銅21. レスリング女子58kg級で伊調馨が優勝(4大会連続優勝)。**8.7** 米国大リーグ・マーリンズのイチロー, 大リーグ史上30人目の米通算3000安打を達成。**8.23** 日本鯨類研究所, 米国連邦地方裁判所の調停で, 日本側が和解金を支払う代わりに, 反捕鯨団体シー・シェパードは, 日本側の船への妨害を永久に行わないことで合意に達したと発表。**9.3** 藤井聡太, 将棋の奨励会三段リーグで1位となり, 史上最年少の14歳2か月での四段昇段(プロ	第5局でアルファ碁が勝つ. 通算4勝1敗でアルファ碁が世界トップ棋士を圧倒。**3.21** 米国大統領オバマ, キューバ国家評議会議長ラウル・カストロと会談(キューバ・ハバナ)。**3.22** ベルギー・ブリュッセルの空港と地下鉄の駅で爆発が起こり, ISが犯行声明を出す. 死者32人(29日ベルギー政府)。**4.3** これより先, パナマのモサック・フォンセカ法律事務所から内部資料(「パナマ文書」)が流出, 国際調査報道ジャーナリスト連合(ICIJ)がこれを分析. この日, 同文書に関する報道が各国で始まる. 各国の政治家・資産家等がタックスヘイブン(租税回避地)を利用した金融取引を行い, 資産を隠していた疑いが浮上, 世界中に衝撃が広がる. 5月9日, ICIJ, 関連する企業・個人名等をホームページで公表。**4.5** アイスランド首相グンロイグソン, 「パナマ文書」をめぐる疑惑で辞意を表明. 7日, 辞任。**4.16** エクアドルの太平洋沿岸でM7.8の地震発生. 死者660人(5月18日エクアドル政府)。**5.6** 朝鮮労働党大会開催(～9日). 36年ぶり. 9日, 同党第1書記金正恩, 第1書記に代わり新設された党委員長に就任。**5.20** 蔡英文, 台湾総統(「中華民国総統」)に就任. 史上初の女性総統。**6.12** 米国フロリダ州オーランドのナイトクラブで, 男が銃を乱射. 客等49人死亡。**6.22** 北朝鮮, 中距離弾道ミサイル2発を発射。**6.23** 英国でEU残留か離脱かを問う国民投票が行われ, 離脱支持が過半数を超える。**6.28** トルコ・イスタンブールの国際空港で爆発. 死者41人(トルコ政府)。**7.1** バングラデシュ・ダッカで, 武装集団が食堂を襲撃(～2日). 日本人7人を含む20人が死亡。**7.14** フランス・ニースで, トラックが暴走し, 革命記念日の花火見物の群衆に突入. 死者84人。**8.7** 国際パラリンピック委員会, 国主導のドーピングを理由に, ロシア選手団のリオデジャネイロ・パラリンピックへの参加を認めないことを発表。**8.24** イタリア中部でM6.2の地震発生. 震源に近いアマトリーチェ等で, 多数の建物が倒壊. 293人死亡(31日現在)。**9.9** 北朝鮮, 核弾頭の爆発実験を行ったことを発表. 国連安全保障理事会, 核実験を非難する報道声明を発表。**10.1** 中国通貨人民元, 国際通貨基金の特別引出権の構成通貨となる。**11.28** ブラジルのサッカーチーム・シャペコエンセの選手等が乗ったチャーター機, コロンビアの山中に墜落. 75人死亡。**12.9** 韓国国会, 国政介入事件に関して大統領朴槿恵の弾劾訴追案を可決。世界反ドーピング機関, ロシアの国主導のドーピングを指摘した最終報告書を公表。

西暦	年号 干支	内閣	政　治・経　済
2016 ⇕	平成 28 丙申	(第3次安倍晋三内閣)	提出。10.20 日産自動車，三菱自動車の株式の34％を取得，筆頭株主となる．三菱自動車，日産の傘下に入る．12月14日，日産社長カルロス・ゴーン，三菱自動車会長に就任。10.25 JR九州，東京証券取引所第1部に株式を上場．完全民営化。10.26 安倍首相，来日したフィリピン大統領ドゥテルテと会談．南シナ海をめぐる問題について，平和的な解決の重要性を確認。11.2 安倍首相，来日したミャンマー国家顧問兼外相アウン・サン・スー・チーと会談．5年間で8000億円規模の支援を表明。11.11「原子力の平和的利用における協力のための日本国政府とインド共和国政府との間の協定」(日印原子力協定)署名．2017年7月20日発効。11.15 南スーダンでの国連平和維持活動(PKO)に派遣する陸上自衛隊に，安全保障関連法にもとづく新たな任務「駆けつけ警護」と「宿営地の共同防衛」を付与することを閣議決定．12月12日，運用開始。11.17 安倍首相，次期米国大統領トランプと会談(ニューヨーク)。11.19 APEC首脳会議開催(〜20日)(ペルー・リマ)．安倍首相，ロシア大統領プーチンと，20日，中国主席習近平と各会談。11.23「秘密軍事情報の保護に関する日本国政府と大韓民国政府との間の協定」(日韓秘密軍事情報保護協定)に署名・発効。11.28「社会保障の安定財源の確保等を図る税制の抜本的な改革を行うための消費税法の一部を改正する等の法律等の一部を改正する法律」公布・施行．消費税率10％引き上げ期日を2017年4月1日から2019年10月1日に延期。12.14「義務教育の段階における普通教育に相当する教育の機会の確保等に関する法律」(教育機会確保法)公布．2017年2月14日施行．国・自治体が不登校の児童・生徒を支援することを規定。12.15 安倍首相，来日したロシア大統領プーチンと会談(山口県長門市)．北方領土での共同経済活動の実施に向け，協議を開始することで合意。12.16「環太平洋パートナーシップ協定の締結に伴う関係法律の整備に関する法律」(TPP整備法)公布(一部の規定を除き，同協定が日本について効力を生ずる日から施行すると定める)。12.20 最高裁判所，米軍普天間飛行場の辺野古移設をめぐって，埋立承認の取消を撤回しない翁長雄志沖縄県知事を国が提訴した裁判で，国の主張を認めた福岡高等裁判所那覇支部の判決を不服とする翁長知事の上告を棄却．国の勝訴が確定。12.21 安倍首相と駐日米国大使ケネディ，沖縄県の米軍施設北部訓練場約4000haの返還を発表(22日午前0時返還)。原子力関係閣僚会議，日本原子力研究開発機構の高速増殖炉もんじゅ(福井県敦賀市)の廃炉を正式に決定。12.26「特定複合観光施設区域の整備の推進に関する法律」(カジノ解禁法)公布・施行。「民間あっせん機関による養子縁組のあっせんに係る児童の保護等に関する法律」(養子縁組あっせん法)公布．一部の規定を除き2018年4月1日施行。12.27 安倍首相，米国大統領オバマと慰霊のためハワイの真珠湾を訪問。12.28 韓国の市民団体，釜山の日本総領事館前に「慰安婦」の像を設置．所在の釜山市東区庁，これを撤去するが区庁に抗議が殺到し設置を容認．30日再設置，31日除幕式。**この年** トヨタ自動車グループの世界販売台数1017万5000台．対前年比0.2％増(2017年1月30日トヨタ自動車発表)．5年ぶりに世界第1位から陥落，ドイツのフォルクスワーゲンが第1位。 【死没】 1.1 佐伯彰一(93，文芸評論家)。1.3 宮崎勇(92，経済官僚)。1.9 桂春団治(3代)(85，落語家)。1.18 中村梅之助(85，俳優)。2.1 京極純一(92，政治学)。柳井満(80，テレビプロデューサー)。2.18 梅溪昇(95，日本史)。津島佑子(68，作家)。3.6 多湖輝(90，心理学)。3.9 大内啓伍(86，政治家)。3.13 上田正昭(88，日本史)。3.19 夏樹静子(77，作家)。4.4 安丸良夫(81，日本思想史)。4.6 秋山ちえ子(99，評論家)。4.10 山岸章(86，連合会長)。4.12 大平透(86，声優)。4.26 戸川昌子(85，歌手・作家)。4.30 竹内宏(85，経済評論家)。5.3 佐藤信二(84，政治家)。5.5 冨田勲(84，作曲家)。5.7 坪井清足(94，考古学)。5.12 蜷川幸雄(80，演出家)。5.17 堀内光雄(86，政治家)。5.18 伊藤ユミ(75，歌手)。6.3 モハメド・アリ(74，プロボクサー)。6.14 白川由美(79，俳優)。6.16 米沢隆(76，政治家)。6.21 鳩山邦夫(67，政治家)。6.25 藤森昭一(89，宮内庁長官)。7.7 永六輔(83，作詞家・放送作家)。7.12 大橋巨泉(82，タレント)。7.24 近藤富枝(93，作家)。7.26 中村紘子(72，ピアニスト)。7.31 九重親方(千代の富士)(61，大相撲力士)。8.4 薗田香融(87，日本史)。8.14 豊田泰光(81，プロ野球)。8.21 平松守彦(92，政治家)。むのたけじ(101，ジャーナリスト)。8.27 松山善三(91，映画監督・脚本家)。9.9 加藤紘一(77，政治家)。9.27 脇田晴子(82，日本史)。10.13 プミポン・アドゥンヤデート(88，タイ国王)。10.20 田部井淳子(77，登山家)。平尾誠二(53，ラグビー)。10.22 平幹二朗(82，俳優)。10.26 高井有一(84，作家)。10.27 三笠宮崇仁(100，皇族)。10.29 伊藤桂一(99，作家)。11.1 二上達也(84，将棋棋士)。11.5 増田義郎(88，ラテンアメリカ史)。11.9

社会・文化	世界
入り）を決める．10月1日，昇段．加藤一二三九段の14歳7か月の記録を62年ぶりに更新。**9.7** 第15回夏季パラリンピック大会開催（～18日）（ブラジル・リオデジャネイロ）．日本の獲得メダル数銀10・銅14。**9.22** Bリーグ（プロバスケットボール），始まる（国立代々木競技場．アルバルク東京・琉球ゴールデンキングス）。**10.1** この日現在の推計総人口1億2693万3000人（対前年比16万2000人減）（2017年4月14日総務省発表）。**10.20** 伊調馨，国民栄誉賞を受賞。**11.2** 宇宙航空研究開発機構・三菱重工業，H2Aロケット31号機により気象衛星ひまわり9号を打ち上げる（種子島宇宙センター）。**11.8** 福岡市博多駅前の道路で大規模な陥没が発生．15日，復旧工事終了，通行再開。**11.24** 東京都心で積雪を観測．1875年東京気象台の観測開始以来，11月に都心で積雪が確認されたのは初めて。**11.30** 国際純正・応用化学連合（IUPAC），理化学研究所が合成に成功した原子番号113番の新元素の名称を「ニホニウム（nihonium）」（元素記号Nh）と決定。ユネスコ，「山・鉾・屋台行事」を無形文化遺産に登録．「京都祇園祭の山鉾行事」等33件の祭礼行事から構成される。**12.10** 大隅良典，ノーベル生理学・医学賞を受賞。羽生結弦，フィギュアスケートのグランプリファイナルで優勝．男女を通じて初の4連覇。**12.22** 山崎志郎『太平洋戦争期の物資動員計画』刊。**12.23** 新潟県糸魚川市の料理店から出火．156棟約4万㎡が延焼する大規模火災となる．負傷者11人．30日，「被災者生活再建支援法」適用を決定（火災では初めて）。**この年** 訪日外客数2403万9000人（対前年比21.8％増）（2017年1月17日国際観光振興機構発表）。〔本〕呉座勇一『応仁の乱』，佐藤愛子『九十歳。何がめでたい』，村田沙耶香『コンビニ人間』，今泉忠明他『ざんねんないきもの事典』，石原慎太郎『天才』，恩田陸『蜜蜂と遠雷』。〔歌〕「あなたの好きなところ」「君はメロディー」「恋」「前前前世」「翼はいらない」。〔映画〕「君の名は。」「この世界の片隅に」「シン・ゴジラ」／「ズートピア」「ハドソン川の奇跡」「ファインディング・ドリー」「ファンタスティック・ビーストと魔法使いの旅」。〔テレビ〕「家売るオンナ」「99.9―刑事専門弁護士―」「真田丸」「地味にスゴイ！ 校閲ガール・河野悦子」「精霊の守り人」「とと姉ちゃん」「逃げるは恥だが役に立つ」「べっぴんさん」。YouTubeでピコ太郎（古坂大魔王）の「PPAP」が話題となる。	

西暦	年号 干支	内閣	政　治・経　済
2016 ▲	平成 28 丙申	(第3次安倍晋三内閣)	石黒修(80, プロテニス)。11.11 英太郎(2代)(81, 俳優)。11.15 藤原てい(98, 作家)。11.16 奥野誠亮(103, 政治家)。11.24 中山和久(86, 労働法)。11.25 フィデル・カストロ(90, キューバ国家評議会議長)。11.29 小川宏(90, アナウンサー)。12.4 荒川博(86, プロ野球)。12.14 小里貞利(86, 政治家)。12.27 一龍斎貞鳳(今泉良夫)(90, 講談師・タレント)。12.29 根津甚八(69, 俳優)。12.30 渡辺和子(89, ノートルダム清心女子大学長)。
2017 ▼	29 丁酉		1.9 長嶺安政駐韓国大使・森本康敬在釜山総領事, 一時帰国. 2016年12月釜山の日本総領事館前に慰安婦の像が設置されたことへの対抗措置. 4月4日, 帰任。1.20 第193回国会(常会)召集(～6月18日)。再就職等監視委員会, 文部科学省が国家公務員法に違反し, 元幹部の再就職を組織的に斡旋したとする調査結果を公表。2.10 安倍晋三首相, 米国大統領トランプと会談(ワシントン). 日米同盟と経済関係強化の方針を確認. 経済対話のための枠組み新設で合意。2.12 北朝鮮, 弾道ミサイル1発を発射. 日本海に落下。2.14「義務教育の段階における普通教育に相当する教育の機会の確保等に関する法律」(教育機会確保法)施行(2016年12月14日公布)。2.23 日産自動車, ゴーン会長兼社長兼最高経営責任者(CEO)が社長とCEOを退き, 西川広人副会長兼共同CEOが社長兼CEOに就任することを発表(4月1日付)。3.5 自民党, 党大会において党則を改正し, 総裁任期の上限を従前の連続2期6年から連続3期9年とする。3.6 北朝鮮, 弾道ミサイル4発を発射. うち3発は日本の排他的経済水域内に落下。3.10 政府, 南スーダンでの国連平和維持活動(PKO)に派遣している陸上自衛隊施設隊約350人の撤収を決定. 24日, 稲田朋美防衛相, 派遣施設隊の業務終結に係る行動命令発出。3.16 岸田文雄外相, ついで安倍首相, 来日した米国国務長官ティラーソンと各会談。3.17 衆議院・参議院正副議長, 天皇の退位について, 各党派の全体会議を開き, 一代限りの特例法制定を柱とする国会の見解を決定。3.26 中国山東省煙台で日本人地質調査会社社員男性3人, 拘束される. 2人を釈放. 1人を逮捕し, 2018年5月30日, 国家機密情報窃盗罪等で起訴. 2019年5月17日, 煙台中級人民法院, 国家機密情報窃盗罪で懲役5年6月・財産3万元没収の実刑判決を言い渡す。3.27 2017年度予算成立. 一般会計総額97兆4547億円(過去最大)。3.28 中国海南省亜星で温泉会社社員3人, 拘束される. 2人釈放, 2018年6月, 日本人1人, 国家機密情報窃盗罪等で起訴. 2019年5月20日, 海南省第1中級人民法院, 懲役15年・財産10万元没収の実刑判決を言い渡す。3.- 日本郵政の2017年3月期連結決算, 郵政民営化後初めて純損益289億円の赤字となる. オーストラリアでの事業不振による(5月15日発表)。4.1 高市早苗総務相, 都道府県知事に宛て「ふるさと納税に係る返礼品の送付等について」を通知. ふるさと納税の返礼率を3割以下にすること等, 市区町村に対する適切な助言・支援を求める。4.18 ヤマトホールディングス, ヤマト運輸等約4万7000人に残業代が適切に支払われていなかったことを発表。4.20 G20財務相・中央銀行総裁会議開催(～21日)(ワシントン). 世界経済の成長に自由貿易が重要との認識を共有。4.21「天皇の公務の負担軽減等に関する有識者会議」, 退位後の天皇を「上皇」と呼ぶこと等を明記した最終報告を提出。4.26 今村雅弘復興相, 東日本大震災の被害に関する発言への責任を取って辞任. 吉野正芳を復興相に任命。4.27 安倍首相, ロシア大統領プーチンと会談(モスクワ). 北方領土での共同経済活動実現に向け, 日本側が現地調査団を派遣することで合意。5.3 安倍首相, 自民党総裁として, 憲法改正を実現し, 2020年の施行を目指す考えを表明. 現行憲法の第9条を維持した上で, 自衛隊に関する条文を追加する意向を示す。5.11 小池百合子東京都知事, 安倍首相と会談し, 東京オリンピック・パラリンピックで, 都外の競技会場も含めて, 原則として東京都が仮設整備費を全額負担する意向を表明。安倍首相, 韓国大統領文在寅と電話会談. 文在寅, 従軍慰安婦問題に関する日韓合意について,「国民の大多数が情緒的に受け入れられないのが現実」と述べる。5.14 北朝鮮, 弾道ミサイル1発を発射. 日本海に落下。5.21 北朝鮮, 弾道ミサイル1発を発射. 日本海に落下。5.26 第43回主要国首脳会議開催(～27日)(イタリア・タオルミーナ). 27日,「開かれた市場を堅持し, 保護主義と闘う」との文言が盛り込まれた首脳宣言を採択。5.27 南スーダンでの国連平和維持活動(PKO)に派遣していた陸上自衛隊部隊の撤収が完了。5.29 北朝鮮, 弾道ミサイル1発を発射. 日本の排他的経済水域内に落下。5.- 中国遼寧省大連で日本人会社代表男性, 拘束される. 9月, 逮捕. 2018年3月, スパイ罪で起訴。6.15 文部科学省, 岡山理科大学(加計学園)獣医学部新設計画をめぐって, 内閣府が「総理の意向」として早期開設を要請したとする14件の内部文書を確認したとの再調査結果を公表。6.16「天皇の退位等に関する皇室典範特例法」(天皇退位特例法)公布. 2019年4月30日施行. 退位後の天皇・皇后を上皇・上皇后と称する。「衆議院議員選

社会・文化	世界
2.10 小平奈緒，スピードスケート世界距離別選手権大会(韓国江陵)女子500mで，日本新記録(37秒13)で初優勝．同大会個人種目で日本女子初の優勝。2.18 第8回アジア冬季競技大会開催(～26日)(札幌・帯広)．日本の獲得金メダル数27(参加国・地域中最多)。2.20 カロリーナ・ステチェンスカ(ポーランド出身)，女流2級(将棋)に昇級．正式に史上初の外国人女流棋士になる。2.24 プレミアムフライデー開始。2.26 小平奈緒，世界スプリントスピードスケート選手権大会(カナダ・カルガリー)で，日本女子初の総合優勝。2.28 天皇・皇后，ベトナム・タイを訪問(～3月6日)。3.27 栃木県那須町のスキー場で雪崩が発生．春山安全登山講習会に参加した同県7高校の登山部員・引率教員計48人が巻き込まれ，県立大田原高校生徒7人・顧問の教員1人計8人死亡。4.13 池江璃花子，第93回日本選手権水泳競技大会(名古屋市総合体育館)において，50mバタフライ，14日200m自由形，15日100m自由形，16日50m自由形・100mバタフライで各1位，同大会女子初の5冠。4.20 福岡市中央区内の駐車場で，近くのみずほ銀行福岡支店から約3億8000万円を引き出した男性が，男2人に襲われ，全額を奪われる．10月31日，福岡県警察，容疑者7人を逮捕。5.15 陸上自衛隊北部方面航空隊(札幌)所属連絡偵察機，緊急患者輸送のため札幌市・丘珠空港を離陸，函館空港に向かい飛行中に消息を絶つ．16日，北斗市の山中で機体の残骸・乗組員4人が発見される．全員死亡。5.19 沖縄県石垣市白保竿根田原洞穴遺跡で，全身がそろった骨格としては国内最古(2万7000年前)の人骨を確認(沖縄県立埋蔵文化財センター発表)。6.26 最年少将棋棋士の藤井聡太，竜王戦本戦1回戦に勝利．2016年12月の公式戦初対局以来，無敗のまま30年ぶりに公式戦29連勝の新記録を達成(7月2日，竜王戦本戦2回戦で敗れる)。6.30 中国福建省で日本人男女35人，電気通信詐欺に関与した容疑で中国警察に拘束される。7.9 ユネスコ，「『神宿る島』宗像・沖ノ島と関連遺産群」(福岡県)を世界遺産の文化遺産に登録。7.21 大相撲7月場所13日目，横綱白鵬，大関高安に勝ち，通算1048勝の新記録を達成。8.19 宇宙航空研究開発機構・三菱重工業，H2Aロケット35号機によりみちびき3号機を打ち上げる(種子島宇宙センター)．日本版GPS(全地球測位システム)を構築する測位衛星。9.9 桐生祥秀，第86回日本学生陸上競技対校選手権大会(福井運動公園陸上競技場)男子100m決勝で9秒98の日本新記録で優勝．日本人初の9秒台を達成。9.11 カヌースプリント日本選手権大会(石川・小松市)で，出場選手がライバル選手の飲料に禁止薬物を	1.1 アントニオ・グテレス，国連事務総長に就任。トルコ・イスタンブールのナイトクラブで銃の乱射．外国人27人を含む39人が死亡．2日，ISが犯行声明を出す。1.20 ドナルド・トランプ，米国大統領に就任。1.23 米国大統領トランプ，環太平洋経済連携協定(TPP)から米国が離脱する方針を記した大統領令に署名。1.27 米国大統領トランプ，難民の受け入れを120日間，全面的に停止する大統領令に署名。2.13 朝鮮労働党委員長金正恩異母兄金正男，マレーシア・クアラルンプール国際空港で殺害される．マレーシア警察，ベトナム・インドネシアの女2人と北朝鮮籍の男1人を逮捕．24日，遺体から猛毒のVXが検出されたと発表。3.10 韓国憲法裁判所，大統領朴槿恵の弾劾審判で，友人の国政介入事件に関して重大な憲法・法律違反を認定．朴を罷免する決定を下し，朴，失職．31日，三星グループからの収賄容疑等で逮捕。3.29 英国政府，EUからの離脱を正式に通知。4.3 ロシア・サンクトペテルブルクの地下鉄で爆発テロ．13人死亡。4.9 エジプト・タンタ，同アレクサンドリアのコプト教の教会で爆発テロ．40人以上死亡。4.10 中国北京市国家安全局，スパイ行為の通報を奨励する規則を制定・施行．スパイ事件の摘発につながる通報者に最大で50万元の奨励金を支払う。5.10 文在寅，韓国大統領に就任。5.15 北朝鮮の朝鮮中央通信，新型弾道ミサイル火星12の試験発射に成功と発表。5.22 英国マンチェスターのコンサート会場で，リビア系英国人の男が自爆テロ．22人死亡。5.31 アフガニスタン・カブールで，爆弾を積んだ車が爆発．約90人死亡・400人以上負傷。6.7 イランで国会議事堂とホメイニ廟がほぼ同時に武装グループに襲撃され，17人が死亡。6.14 ロンドンの24階建て高層住宅から出火．死者・行方不明者80人(28日ロンドン警視庁)。6.27 EUの欧州委員会，グーグルがEU競争法(独占禁止法)に違反したとして制裁金24億2000万ユーロを科す。8.8 中国四川省九寨溝県でM7.0の地震発生．死者25人・負傷者525人(14日アバチベット族・チャン族自治州政府)。8.17 スペイン・バルセロナで，ワゴン車が市内の観光名所ランブラス通りを暴走．死者13人・負傷者100人以上。8.26 北朝鮮，短距離弾道ミサイル3発を発射．2発目は爆発。9.3 北朝鮮，6回目の核実験．大陸間弾道ミサイル装着用の水素爆弾実験と発表．爆発規模は過去最大。9.7 メキシコ南部沖の太平洋でM8.1の地震発生．1週間で死者は98人。9.19 メキシコ市近郊でM7.1の地震発生．死者330人以上。10.1 米国ネバダ州ラスベガスで，ホテル32階から男が野外コンサート会場に向けて銃を乱射．58人死亡・489人負傷．米国史上最悪の銃乱射事件。10.17 クルド人主体の民兵組織シリア民主軍，ISが「首都」とするシリ

西暦	年号 干支	内閣	政　治・経　済
2017 ▲ ▼	平成 29 丁酉	（第3次安倍晋三内閣） 11.1 第4次安倍晋三内閣	挙区画定審議会設置法及び公職選挙法の一部を改正する法律の一部を改正する法律」公布・施行．衆議院の小選挙区数を６県で各１減し，選挙区間の人口格差（１票の格差）是正のために区割りを見直す。**6.20** 小池百合子東京都知事，築地市場の豊洲への移転を正式に表明。**6.21**「組織的な犯罪の処罰及び犯罪収益の規制等に関する法律等の一部を改正する法律」（テロ準備罪法）公布．７月21日施行。**6.26** タカタ，東京地方裁判所に民事再生法の適用を申請，受理される．欠陥エアバッグ問題で経営が悪化，負債総額約１兆7000億円。**7.2** 東京都議会議員選挙．都民ファーストの会（党首小池百合子東京都知事）が第１党となる。**7.4** 北朝鮮，弾道ミサイル１発を発射．日本の排他的経済水域の日本海に落下．朝鮮中央テレビ，大陸間弾道ミサイル火星14の試験発射に初めて成功と報道．米国政府，大陸間弾道ミサイルと認める。**7.10** 岡山理科大学（加計学園）の獣医学部新設計画をめぐる問題で，国会の閉会中審査開催。**7.28** 稲田朋美防衛相，辞任．南スーダンの国連平和維持活動（PKO）に派遣された陸上自衛隊部隊の日報隠蔽問題で混乱を招いた責任を取る．岸田文雄外相，防衛相を兼任（～８月３日）。北朝鮮，深夜に弾道ミサイル１発を発射．29日，北海道奥尻島沖の日本の排他的経済水域内に落下．朝鮮中央通信，火星14の２回目の試射に成功と報道。**8.3** 第３次安倍第３次改造内閣成立。**8.4** トヨタ自動車・マツダ，資本業務提携で合意．共同出資し電気自動車（EV）等の技術開発等を進める。**8.10** 東芝，2017年３月期の連結決算を約３か月遅れで正式発表．最終利益は米国原子力事業の巨額損失のため9656億円の赤字．国内製造業で過去最大規模。**8.29** 北朝鮮，弾道ミサイル１発を発射．北海道襟裳岬の上空を通過して約2700km飛行，襟裳岬の東約1180kmの太平洋上に落下．国連安全保障理事会，北朝鮮を非難する議長声明案を全会一致で採択．30日，朝鮮中央通信，ミサイルは火星12と報道。政府，１道11県に対し全国瞬時警報システム（Jアラート）により，北朝鮮ミサイル発射の情報を伝達（午前６時２分）．JR北海道等の交通機関で一時運転見合わせ。**8.31** 安倍首相，訪日した英国首相メイと会談。**9.7** 安倍首相，ロシア大統領プーチンと会談（ロシア・ウラジオストク）。**9.15** 北朝鮮，弾道ミサイル１発を発射．北海道の上空を通過して，襟裳岬の東約2200kmの太平洋上に落下。**9.18** 第194回国会（臨時会）召集．衆議院を解散。**9.27** 最高裁判所，2016年７月の参議院選挙選挙区選挙は１票の格差から違憲とする，２つの弁護士グループが選挙無効（やり直し）を求めた16件の訴訟で，格差は合憲とし，請求を棄却する判決を言い渡す。**9.29** 日産自動車，国内にある全６か所の車両生産工場で，完成車両の安全性等を検査する工程の一部を無資格の社員が行っていたことを明らかにする．販売直前の計約６万台（軽自動車を除く全車種）の出荷を一時停止すると発表。**10.3** 立憲民主党，結成（代表枝野幸男）。**10.8** 神戸製鋼所，アルミや銅製品の一部で，強度等を示す製品の検査証明書のデータを改竄し，基準に合わない製品を出荷していたことを発表。**10.22** 第48回衆議院議員総選挙．自民党，284議席を獲得．与党自民・公明計313議席，定数の３分の２を超える．野党第１党は立憲民主党。**11.1** 第195回国会（特別会）召集（～12月９日）。衆議院，大島理森を議長に選出。衆参両院，安倍晋三を内閣総理大臣に指名。第４次安倍内閣成立。**11.5** 米国大統領トランプ，初来日（～７日）．６日，安倍首相と会談．北朝鮮に対する圧力を最大限まで高めることで一致。**11.10** 文部科学省，岡山理科大学（加計学園）獣医学部（愛媛県今治市）の設置を認可．2018年４月３日開学。**11.11** 環太平洋経済連携協定（TPP）参加11か国，米国を除く新協定に大筋で合意と正式に発表。**11.23** 三菱マテリアル，子会社２社で，ゴム製品や銅合金製品等の検査データを改竄していたと発表。**11.28** 東レ，自動車用タイヤの補強材等を生産する子会社で，製品の検査データを改竄していたと発表。**11.29** 北朝鮮，大陸間弾道ミサイル１発を発射．53分間飛行し，青森県西方約250kmの日本の排他的経済水域内の日本海に落下．北朝鮮，大陸間弾道ミサイル新型火星15の試験発射に成功と発表。**12.11** 博多発東京行き新幹線のぞみ34号，異臭・異常音により名古屋で運休．12日，JR西日本，のぞみの台車枠に亀裂を発見．運輸安全委員会，新幹線初の重大インシデントに認定。**12.13**「天皇の退位等に関する皇室典範特例法の施行期日を定める政令」公布．天皇の退位日は2019年４月30日と決定。**12.14** 日英外務・防衛閣僚会合（２＋２）を開催（ロンドン）。**12.27** 韓国外交部作業部会，従軍慰安婦問題をめぐる2015年の日韓合意について，検証報告書を公表．28日，韓国大統領文在寅，日韓合意には重大な欠陥があり，この合意では慰安婦問題は解決できないとする声明を発表。 【死没】 **1.3** 神山繁（87，俳優）。**1.21** 松方弘樹（74，俳優）。**1.25** 藤村俊二（82，俳優）。**2.3** 三浦朱門

社会・文化	世界
混入し，これを飲んだ選手がドーピング検査で陽性となる。**9.13** 厚生労働省，年金の振替加算について，1991年以降，10万5963人分・総額約598億円の支給漏れがあったことを発表。**10.1** この日現在の日本の推計総人口(在日外国人を含む)は1億2670万6000人．対前年比22万7000人減少(7年連続減少)(2018年4月14日総務省発表)。**10.31** 神奈川県座間市のアパートの1室で切断された計9人の遺体を発見．警視庁，部屋の住人の男を死体遺棄容疑で逮捕。**11.29** 横綱日馬富士，10月の秋巡業開催中に，貴ノ岩に暴行を加えていたことの責任を取って引退。**12.5** 将棋棋士羽生善治，永世称号の制度がある7タイトルすべてを獲得し，史上初めて永世7冠を達成。**12.9** 北海道警察，松前町の無人島に接岸した北朝鮮の船の乗組員が，島の避難小屋にあった発電機を盗んだとして，自称船長カン・ミョンハクら3人を窃盗の疑いで逮捕。**12.10** 小平奈緒，スピードスケート・ワールドカップ第4戦(米国ソルトレークシティー)女子1000mにおいて，世界新記録1分12秒09で優勝。**12.17** ロシア国営公社ロスコスモス，金井宣茂ら日米露の宇宙飛行士3人が搭乗するソユーズ宇宙船を打ち上げる(カザフスタン・バイコヌール宇宙基地)．19日，国際宇宙ステーションにドッキング．金井ら，2018年6月3日帰還。**この年** 訪日観光客数2544万1593人．対前年比20.9%増(国際観光振興機構「2017年国籍別／目的別訪日外客数〔確定値〕」)。〔本〕文響社編集『うんこ漢字ドリル』，矢部太郎『大家さんと僕』，辻村深月『かがみの孤城』，村上春樹『騎士団長殺し』，吉野源三郎原作・羽賀翔一漫画『漫画 君たちはどう生きるか』。〔歌〕「インフルエンサー」「願いごとの持ち腐れ」「#好きなんだ」。〔映画〕「カメラを止めるな！」「君の膵臓をたべたい」「銀魂」「三度目の殺人」「DESTINY 鎌倉ものがたり」「メアリと魔女の花」「夜空はいつでも最高密度の青色だ」／「スター・ウォーズ/最後のジェダイ」「美女と野獣」「モアナと伝説の海」「ラ・ラ・ランド」「わたしは，ダニエル・ブレイク」。〔テレビ〕「A LIFE〜愛しき人〜」「おんな城主直虎」「緊急SOS！池の水ぜんぶ抜く大作戦」「小さな巨人」「出川哲朗の充電させてもらえませんか？」「ひよっこ」「陸王」「わろてんか」。	ア・ラッカでの軍事作戦を終了，完全に制圧。**11.5** 米国テキサス州の教会で礼拝中に男が銃を乱射．26人死亡。**11.12** イラン・イラク国境付近の山岳地帯でM7.2の地震発生．イラン側での死者は600人以上。**11.13** 北朝鮮軍の兵士1人，板門店の軍事境界線を越えて韓国側に亡命．警備にあたっていた北朝鮮軍兵士に銃撃され負傷。**11.15** 韓国浦項を震源地とするM5.4の地震発生．負傷者92人．2019年3月，近くの地熱発電所の試験稼働が要因と判明。**11.24** エジプト・アリーシュ近郊で，武装集団がモスクを襲撃．エジプト当局，イスラム過激派の犯行と見て，現場近くの山岳地帯を空爆．テロによる死者は少なくとも305人(25日現在)。**12.5** 国際オリンピック委員会，2014年ソチ・オリンピックでのロシアの組織的ドーピングを認定，平昌オリンピックへのロシア選手団の参加を禁止。**12.6** 米国大統領トランプ，エルサレムをイスラエルの首都と認め，国務省にテルアビブにある米国大使館の移転準備を指示したと発表．パレスチナやアラブ諸国，激しく反発。**12.10** カズオ・イシグロ(長崎市生まれの英国人)，ノーベル文学賞を受賞。**12.21** 韓国忠清北道堤川の8階建てスポーツセンターで火災発生．29人死亡。**12.23** フィリピン・ダバオ市の4階建てショッピングモールで火災発生．24日，副市長が行方不明者37人の氏名を公表。

西暦	年号干支	内閣	政　治・経　済
2017▲	平成29丁酉	(第4次安倍晋三内閣)	(91，作家)。2.9 佐藤さとる(88，童話作家)。2.10 山中毅(78，競泳)。2.13 鈴木清順(93，映画監督)。2.16 船村徹(84，作曲家)。2.17 林陸朗(91，日本史)。3.1 ムッシュかまやつ(78，歌手)。3.14 渡瀬恒彦(72，俳優)。3.22 荒木見悟(99，中国哲学)。4.1 林屋晴三(88，陶磁器研究)。4.5 大岡信(86，詩人)。4.6 京唄子(89，漫才師)。4.12 ペギー葉山(83，歌手)。4.17 渡部昇一(86，英語学・評論家)。4.20 曽根幸明(83，作曲家)。4.23 三遊亭円歌(3代)(85，落語家)。4.27 市川晋松(佐田の山)(79，大相撲力士)。5.3 月丘夢路(95，俳優)。5.21 与謝野馨(78，政治家)。5.31 杉本苑子(91，作家)。6.12 大田昌秀(92，政治家)。6.13 野際陽子(81，俳優)。7.1 上田利治(80，プロ野球)。7.6 安西愛子(100，歌手・政治家)。7.11 砂川啓介(80，俳優)。7.18 日野原重明(105，医師)。7.19 小川寛興(92，作曲家)。7.21 平尾昌晃(79，作曲家・歌手)。7.24 犬養道子(96，評論家)。8.3 倉嶋厚(93，気象キャスター)。8.6 上原康助(84，政治家)。8.10 阿部進(87，教育評論家)。8.26 中村雄二郎(91，哲学)。8.28 羽田孜(82，首相)。10.26 篠沢秀夫(84，フランス文学)。11.7 堤精二(90，国文学)。11.9 佐藤進一(100，日本史)。11.19 姜在彦(91，朝鮮史)。12.2 はしだのりひこ(72，歌手)。12.16 早坂暁(88，脚本家)。
2018▼	30戊戌		1.11 中国海軍所属の潜水艦1隻が尖閣諸島周辺を航行するのを初めて確認。1.12 法務省，1月15日以降の申請者より，厳格化した難民認定制度を適用することを発表。1.22 第196回国会(常会)召集(～7月22日)。1.26 松本文明内閣府副大臣，前日の衆議院本会議での不規則発言(「それで何人死んだんだ」)の責任を取り辞表を提出．29日，持ち回り閣議で辞任を認め，後任に田中良生を任命。仮想通貨取引所コインチェック，不正アクセスによって，仮想通貨580億円分が流出したと発表。2.9 安倍晋三首相，冬季オリンピック開会式出席のため訪韓し，式に先立ち韓国大統領文在寅と会談(韓国平昌)。2.27 江崎鉄磨内閣府特命担当大臣(沖縄及び北方対策・消費者及び食品安全・海洋政策担当)，健康問題を理由に辞任．同日，後任に福井照を任命。2.28 2017年12月に，JR西日本の新幹線のぞみ台車枠に亀裂が見つかった問題で，製造時に台車枠の底面を削り，鋼材を大幅に薄くしていたことが判明．川崎重工業が謝罪。2.－ 中国広東省広州で伊藤忠商事社員の男性，拘束される．6月，国家機密情報窃盗罪で起訴。3.8 日本等11か国，「環太平洋パートナーシップに関する包括的及び先進的な協定(TPP11協定)」に署名(チリ・サンチアゴ)．12月30日発効。3.9「天皇の退位等に関する皇室典範特例法施行令」公布．2019年4月30日施行．「退位の礼」を行うこと等を規定。3.20 日本年金機構，東京都内の情報処理会社に委託していた年金データの入力ミスが約95万2000人分であると発表。3.27 衆参両院予算委員会，学校法人森友学園への国有地売却問題に関して，佐川宣寿前国税庁長官(当時財務省理財局長)の国会答弁と整合性をとるため，決裁文書が書き換えられたことについて，佐川を証人喚問．佐川，安倍首相・麻生太郎財務相の関与を否定し，自身の指示の有無や経緯についての証言を拒否。四国電力，伊方原子力発電所2号機(愛媛県伊方市)の廃炉を決定。4.1 野田聖子総務相，都道府県知事に宛て「ふるさと納税に係る返礼品の送付等について」を通知．2017年4月1日の通知に沿った対応，返礼品は地方団体の区域内で生産されたものとすること等，市区町村に対する適切な助言・支援を求める。神戸製鋼所川崎博也社長，製品の検査データ改竄問題で辞任．新社長に山口貢が就任。「民間あっせん機関による養子縁組のあっせんに係る児童の保護等に関する法律」(養子縁組あっせん法)，一部の規定を除き施行(2016年12月16日公布)。4.2 小野寺五典防衛相，存在しないと説明した陸上自衛隊イラク派遣時の日報が見つかったと発表．防衛省，日報(435日分)を公表．6月21日，新たに3日分の日報を公表。4.17 安倍首相，米国大統領トランプと会談(～18日)(米国フロリダ州パームビーチ)。4.18「国際観光旅客税法」公布．2019年1月7日施行。4.23 NTTグループ，漫画等の海賊版3サイトに対して，接続を遮断(ブロッキング)すると発表．8月3日，同グループ，接続遮断中止の方針を固める．対象サイトが停止する等して利用者のアクセスが激減したため，効果が薄れたと判断したことによる。4.24 福田淳一財務次官，女性記者へのセクシャルハラスメントにより辞任。5.7 国民民主党，発足(共同代表大塚耕平・玉木雄一郎)。5.9 安倍首相，中国国務院総理李克強・韓国大統領文在寅と会談。5.15 スルガ銀行，シェアハウス投資に対する融資問題について，多くの社員が書類の偽造や改竄等の不正を認識していた可能性があると発表。5.23 財務省，森友学園への国有地売却問題に関して，同学園との交渉記録等を国会に提出．2017年2月以降の国会会期中に，決裁文書の改竄と交渉記録の破棄を行っていたことを明らかにする。「政治分野における男女共同参画の推進に関する法律」(政治分野における男女共同参画推進法)公

社　会・文　化	世　界
1.8 着物販売レンタル会社「はれのひ」が突然休業し，成人式に振り袖を着られなくなる新成人が相次ぐ．26日，同社の破産手続き開始決定。1.9 日本カヌー連盟，2017年度カヌー男子代表が，ライバル選手の飲料に禁止薬物を混入したり，道具を盗んだりする妨害行為を繰り返していたことを発表。1.23 草津白根山(群馬県)本白根山噴火．1人死亡・11人負傷。1.30 宮城県内の女性，旧優生保護法下で知的障害を理由に不妊手術を強制されたとして，国に損害賠償を求めて提訴。2.5 陸上自衛隊西部方面航空隊第3対戦車ヘリコプター隊(目達原駐屯地〔佐賀県神埼郡吉野ヶ里町〕)所属AH64D戦闘ヘリコプター，佐賀県神埼市の民家に墜落し，炎上．機長・副操縦士死亡．民家の小学生軽傷。2.6 北陸地方で記録的な大雪．福井市では，37年ぶりに積雪が130cmを超える。2.9 第23回冬季オリンピック大会開催(～25日)(韓国平昌)．日本の獲得メダル数金4・銀5・銅4。2.13 羽生善治・井山裕太，国民栄誉賞を受賞。2.25 設楽悠太，東京マラソンで，日本新記録(2時間6分11秒)で第2位． 4月27日，日本実業団陸上競技連合・アールビーズスポーツ財団より日本記録褒賞金1億円を贈呈。3.9 第12回冬季パラリンピック大会開催(～18日)(韓国平昌)．日本の獲得メダル数金3・銀4・銅3。4.6 日本レスリング協会，伊調馨選手に対する栄和人強化本部長のパワーハラスメント行為を認定．栄，強化本部長を辞任。4.8 愛媛県今治市の松山刑務所大井造船作業場から，窃盗罪等で服役中の受刑者が脱走．30日，広島県広島市南区で逮捕。5.6 日本大学・関西学院大学のアメリカンフットボール定期戦で，日大の選手が関学の選手に危険なタックルをし，けがをさせる．22日，日大選手がコーチ・監督の指示だったと証言．23日，前監督は指示を否定．29日，関東学生連盟は，前監督・前コーチを除名処分に，選手及びチームは2018年度のシーズン終了まで公式試合の出場資格停止とすると決定。5.- この月現在の外国人留学生数29万8980人(対前年比3万1938人増)(2019年1月18日日本学生支援機構発表)。6.3 金井宣茂ら3名の宇宙飛行士，国際宇宙ス	1.26 韓国慶尚南道密陽市の病院で火災．37人死亡・143人負傷。2.6 台湾花蓮県沖約18kmを震源とするM6.0の地震発生．17人死亡(25日現在)・200人以上負傷。2.14 米国フロリダ州パークランドの高校で，退学処分となった元生徒の男(19歳)が，銃を乱射．生徒ら少なくとも17人死亡。3.4 英国ソールズベリーで，元ロシア情報機関員とその娘が神経剤で襲撃され，一時重体となる．12日，首相メイ，議会で，事件にロシアが関与した可能性が極めて高いと述べる。3.5 中国の第13期全国人民代表大会第1回会議開催(～20日)．11日，国家運営の主導権を主席習近平1人に集約する「一極体制」を確立。3.22 米国大統領トランプ，中国製品に巨額関税を課す大統領令に署名。韓国の検察，収賄容疑で元大統領李明博を逮捕。3.23 米国，安全保障を理由とした鉄鋼・アルミニウムの輸入制限を発動．日本も対象となる。4.6 シリアで，アサド政権軍が反体制派組織の拠点がある東ゴータを攻撃(～8日)． 7日，塩素ガスとみられる物質を搭載した爆弾を投下，40人以上死亡．13日，化学兵器使用への報復として，米英仏が兵器関連施設を爆撃。4.27 韓国大統領文在寅・朝鮮労働党委員長金正恩が会談(板門店)．朝鮮半島の完全非核化を目指すことで合意。5.4 スウェーデン・アカデミー，2018年のノーベル文学賞公表を見送ると発表．選考委員の夫の性的暴行疑惑問題による。5.14 米国政府，在イスラエル大使館をエルサレムに移転。5.24 北朝鮮，豊渓里の核実験場の廃棄作業を公開。6.12 米国大統領トランプ・朝鮮労働党委員長金正恩，史上初の米朝首脳会談(シンガポール)。6.24 サウジアラビアで，女性の自動車運転が解禁される。7.6 米国，知的財産権の侵害を理由として，中国からの輸入品に25%の追加関税をかける制裁措置を発動．中国，報復関税を実施。7.8 タイ・チェンライの洞窟に6月23日から閉じ込められていた地元サッカークラブの少年12人とコーチ1人の計13人の救出作業を開始．10日，救出完了。7.18 EUの欧州委員会，EU競争法(独占禁止法)に違反したとしてグーグルに制裁金43億4000万ユーロを科す。8.5 インドネシア・ロンボク島でM6.9の地震発生．死者472人(19日現在)。8.14 イタリア・ジ

西暦	年号干支	内閣	政治・経済
2018 ⇕	平成 30 戊戌	(第4次安倍晋三内閣)	布・施行。5.29 レオパレス21，全棟調査の過程で，1996－2009年に建設したアパートの一部に，延焼・音漏れ防止のための天井裏の壁が無いことを発見したと発表。6.1「刑事訴訟法等の一部を改正する法律」一部施行(2016年6月3日公布)．司法取引を規定。「地域における大学の振興及び若者の雇用機会の創出による若者の修学及び就業の促進に関する法律」公布・施行．東京23区の大学の定員増を原則10年間禁止。6.20「国民の祝日に関する法律の一部を改正する法律」公布．2020年1月1日施行．「体育の日」を「スポーツの日」と改める。「民法の一部を改正する法律」公布．2022年4月1日施行．成人年齢を18歳に引き下げる。6.22 SUBARUの吉永泰之社長，無資格の従業員に完成車両の検査をさせていた問題で辞任．中村知美専務執行役員が社長に就任。6.27「公職選挙法の一部を改正する法律」公布．2019年3月1日施行．参議院選挙区選出議員の選挙における政見放送に候補者が自ら政見を録音し又は録画する方式を導入。6.28 厚生労働省，2017年6月1日時点での障害者雇用数について，中央省庁で27行政機関計3460人が，10月22日，地方自治体で計3809.5人の不適切な算入があったと各発表(障害者雇用率水増し問題)。7.4 文部科学省の局長が，便宜をはかる見返りに東京医科大学に自分の息子を合格させたとして，受託収賄容疑で逮捕．26日，コンサルティング業者から繰り返し接待を受けたとして，同省局長級の官僚を収賄容疑で逮捕。7.6「働き方改革を推進するための関係法律の整備に関する法律」公布．2019年4月1日施行．残業時間に罰則つきの上限，一部の専門職を労働時間の規制から外すこと等を規定。7.17 日本・EU経済連携協定署名(東京)．2019年2月1日発効。7.25「公職選挙法の一部を改正する法律」公布．10月25日施行．参議院の定数を6人増やす。「健康増進法の一部を改正する法律」(受動喫煙対策法)公布．2020年4月1日施行．多数の者が利用する施設を原則的に屋内禁煙とし，違反には初めて罰則を設ける。7.27「特定複合観光施設区域整備法」(統合型リゾート実施法)公布．2019年4月1日より順次施行。7.31 ヤマトホールディングス，子会社が過大請求していた法人向け引っ越し代金の総額が約31億円にのぼる可能性があると発表。8.9 国土交通省，スズキ・マツダ・ヤマハ発動機の3社が，出荷前の完成車の検査で，排ガスや燃費を不適切な方法で測定する不正を行っていたと発表。8.31 沖縄県，米軍普天間飛行場(宜野湾市)の移転先となる辺野古(名護市)の埋立承認を撤回。9.4 国民民主党，代表に玉木雄一郎を選出。10.2 第4次安倍改造内閣発足。10.5 金融庁，シェアハウス投資への不適切融資が発覚したスルガ銀行に対し，6か月の一部業務停止を命じる。10.9 全国銀行協会加盟金融機関約500行，24時間365日いつでも他行口座に金を即時に振り込める新システムの稼働開始．みずほ銀行，自行システムの更新作業中で参加を見送り，2019年5月7日，同システムに参加。経団連，就職・採用活動に関する日程等を定めた採用指針の撤廃を決定。10.16 国土交通省，油圧機器製造のKYBと同子会社が製造した，建物用の免震・制振装置のオイルダンパーの検査データが改竄され，基準を満たしていない製品が出荷されていたことを発表．2019年2月13日，外部調査委員会，調査結果を発表。10.24 第197回国会(臨時会)召集(～12月10日)。10.25 安倍首相，中国を公式訪問(～27日)．26日，中国主席習近平と会談(北京)。10.29 安倍首相，来日したインド首相モディと会談。10.30 石井啓一国土交通相，沖縄県の辺野古(名護市)埋立承認撤回の効力を一時的に止める執行停止を決定。韓国大法院，韓国人元徴用工4人が新日鉄住金に対して損害賠償を求めた訴訟の差し戻し上告審で，上告を棄却．同社に1人あたり1億ウォンの賠償を命じた判決が確定。11.14 安倍首相，ロシア大統領プーチンと会談(シンガポール)。11.19 日産自動車会長カルロス・ゴーンと代表取締役グレッグ・ケリー，自身の役員報酬を実際より少なく有価証券報告書に記載したとして，金融商品取引法違反の疑いで逮捕される．12月10日，東京地方裁判所に起訴．21日，会社法違反(特別背任)容疑でゴーンを再逮捕．25日，ケリーを保釈．2019年3月6日，ゴーンを保釈．4月4日，ゴーンを再逮捕．4月25日，保釈。11.21 韓国，日本政府の予算で元従軍慰安婦への支援事業を行ってきた和解・癒やし(「和解・治癒」)財団を解散すると発表。12.1 安倍首相，ロシア大統領プーチンと会談(アルゼンチン・ブエノスアイレス)。12.10 総務省，厚生労働省に対し「毎月勤労統計」の調査結果に不審点があると伝える．2004年以来誤った手法により「毎月勤労統計」の調査を行なっていたことが発覚．13日，厚労省の内部調査が始まる．20日，根本匠厚労相に報告．この頃より「毎月勤労統計」が問題化。12.14「天皇の即位の日及び即位礼正殿の儀の行われる日を休日とする法律」公布・施行．皇太子が即位する2019年5月1日と即位礼正殿の儀が行われる2019年10月22日は休日となる。「出入国管理及び難民認定法及び法務省設置法の一部を改正する法律」公布．2019年4月1日施行．単純労働を含む

社会・文化	世界
テーションからソユーズ宇宙船で帰還(カザフスタン)。**6.9** 東京発大阪行き東海道新幹線のぞみの車内で，男が女性２人に鉈で切りつけ，止めに入った男性を殺害．女性２人は負傷したが命に別状なし．犯人は臨時停車した小田原駅で現行犯逮捕。**6.11** 東京高等裁判所，静岡地方裁判所の袴田事件(1966年６月)再審開始決定(2014年３月)について，再審開始の取り消しを決定。**6.18** 大阪府北部を震源とするM6.1の地震発生．大阪市等で震度６弱．高槻市で小学校のプールの塀が倒れ，登校中の小学生が死亡．死者４人(29日現在)。**6.28** 水島新司作の漫画「ドカベン」シリーズが完結(1972年〜)。**6.30** ユネスコ，「長崎と天草地方の潜伏キリシタン関連遺産」(長崎県・熊本県)を世界遺産の文化遺産に登録。**7.2** 羽生結弦，国民栄誉賞を受賞。**7.6** 地下鉄サリン事件等，オウム真理教事件に関わった教祖・教団元幹部13人の死刑囚のうち７人の死刑執行．26日，残る６人の死刑執行。広島県・岡山県・愛媛県等，西日本を中心に記録的な豪雨(〜８日)．９日，気象庁，この豪雨を「平成30年７月豪雨」と命名。27日，この豪雨等による災害を激甚災害に指定．死者224人・行方不明者８人(11月６日現在)。**7.23** 埼玉県熊谷市で，国内観測史上最高の気温41.1度を記録。**8.7** 東京医科大学内部調査委員会，医学部医学科の一般入試で，女子と３浪以上の男子の合格者数抑制や特定の受験者への不正加点が行われていたことを認める報告書を公表。**8.8** 厚生労働省において「乳及び乳製品の成分規格等に関する省令(昭和26年厚生省令第52号)」及び「食品，添加物等の規格基準(昭和34年厚生省告示第370号)」が，消費者庁において「健康増進法施行令第３条第２号の規定に基づき内閣総理大臣が定める区分，項目及び額(平成25年９月18日消費者庁告示第６号)」及び「特別用途食品の表示許可等について(平成29年３月31日消食表第188号)」が改正・施行され，乳児用液体ミルクの国内における製造・販売が可能となる。山根明日本ボクシング連盟会長，助成金の不正流用等で告発され，辞任を表明。**8.9** 国連事務総長グテレス，長崎市の原爆犠牲者慰霊平和祈念式典に出席．国連事務総長として初めて。**8.10** 群馬県防災ヘリコプター，同県中之条町の横手山に墜落．９人全員死亡(11日)。**8.12** 大阪府富田林市の富田林警察署で勾留中の男が逃走．９月29日，山口県内の道の駅で万引きの容疑で現行犯逮捕．この間，自転車による旅行者を偽装。**8.18** 第18回アジア競技大会開催(〜９月２日)(インドネシア・ジャカルタ)．日本の獲得メダル数金75・銀56・銅74。**8.20** アジア競技大会に出場中のバスケットボール男子日本代表選手４人が，ジャカルタで買春したことが発覚．選手の認定を取り消し，帰国させる。**9.4** 台風21号が四国・近畿地方を縦断．強風や高潮による被害が相次ぐ．死者14人(13日現在)．関西国際空港，高潮により滑走路・ターミナルビルに浸水．空港と対岸との連絡橋に，	ェノバで，高速道路の高架橋が約100m崩落．車約10台が巻き込まれる．死者43人(23日現在，ロイター通信)。**8.23** 米国，中国に対する第２次制裁関税措置を発動．中国，報復措置を実施。**9.19** 韓国大統領文在寅・朝鮮労働党委員長金正恩が会談(平壌)．平壌共同宣言に署名。**9.24** 米国，中国に対する第３次制裁関税措置を発動．中国，報復措置を実施。**9.28** インドネシア・スラウェシ島でM7.5の地震と津波が発生．死者832人・負傷者540人(30日現在，インドネシア国家防災庁)。**10.2** サウジアラビア人ジャーナリスト，ジャマル・カショギ，トルコのサウジアラビア領事館に入った後，行方不明になる．20日，サウジアラビア当局，カショギの死亡を認め，容疑者18人を拘束．トルコ検察は，計画的な殺害とする。**10.29** インドネシアで，ライオンエア旅客機ボーイング737MAX，スカルノ・ハッタ国際空港を離陸直後に墜落．乗客181人・乗員８人全員死亡．2019年，同型機の不備が問題となる。**11.17** フランスで土曜日の反政府デモ(黄色いベスト運動)始まる(〜2019年)。**11.25** EU，緊急首脳会議で英国のEU離脱交渉案を正式決定。**11.28** 中国広東省深圳・南方科技大学副教授賀建奎，ヒトゲノム編集国際会議(香港)でゲノム編集技術により双子が誕生したと発表。**12.5** 中国の通信機器会社華為技術(ファーウェイ)最高財務責任者(CFO)孟晩舟，カナダ・バンクーバーで拘束．イランから不正送金の疑い．11日，バンクーバーの裁判所，保釈を認める。**12.22** 米国政府機関の一部が暫定予算の期限切れ(21日)により閉鎖(〜2019年１月25日)。インドネシア・スンダ海峡(スマトラ島とジャワ島の間)で津波発生．火山の噴火による(24日，インドネシア政府)．死者429人・負傷者1485人・行方不明者154人(25日現在)。**12.31** 米国・イスラエル，ユネスコから脱退。**この年** 中国の対米貿易収支3233億ドルの黒字．過去最大(2019年１月14日中国税関総署発表)。中国の新車販売台数2808万台．対前年比2.8%減(2019年１月14日中国汽車工業会発表)。

西暦	年号 干支	内閣	政　治・経　済
2018 ▲▼	平成 30 戊戌	(第4次安倍晋三内閣)	業種で外国人労働者の受け入れが可能となる。12.20 海上自衛隊のP1哨戒機，能登半島沖の日本海で警戒監視活動中，韓国海軍の駆逐艦から火器管制レーダーの照射を受ける．21日，韓国政府に抗議。12.26 政府，国際捕鯨取締条約の寄託政府である米国政府に対し，国際捕鯨取締条約及び同条約議定書からの脱退を通告．2019年6月30日脱退発効。**この年** 物価指数は，生鮮食品を除く総合で101.0(対前年比0.9%上昇)，生鮮食品・エネルギーを除く総合で0.4%の上昇(2019年1月18日総務省発表)。農林水産物・食品輸出額は9068億円．対前年比12.4%増で6年連続過去最高を更新(2019年2月8日農林水産省発表〔速報値〕)．世界的な和食人気による。国際収支統計で，経常収支19兆0932億円の黒字．対前年比13.0%減(2019年2月8日財務省発表〔速報値〕)。 【死没】 1.4 星野仙一(70，プロ野球)。1.14 夏木陽介(81，俳優)。1.21 西部邁(78，評論家)。1.26 野中広務(92，政治家)。1.31 金原左門(86，日本史)。2.5 古在由秀(89，天体力学)。2.6 饒宗頤(100，中国学)。2.8 義江彰夫(74，日本史)。2.10 石牟礼道子(90，作家)。2.20 金子兜太(98，俳人)。3.5 平岡敏夫(88，日本文学)。3.7 脇田修(86，日本史)。3.13 内田康夫(83，作家)。3.14 スティーブン・ホーキング(76，宇宙物理学)。3.22 川添昭二(91，日本史)。3.31 新崎盛暉(82，沖縄現代史)。4.5 高畑勲(82，アニメーション映画監督)。4.8 鍛治千鶴子(94，弁護士)。4.12 武田清子(100，思想史)。4.23 衣笠祥雄(71，プロ野球)。4.27 朝丘雪路(82，俳優・歌手)。4.30 木下忠司(102，作曲家)。5.2 加古里子(92，絵本作家)。5.14 北島万次(83，日本史)。藤野保(90，日本史)。5.16 西城秀樹(63，歌手)。5.26 津本陽(89，作家)。6.7 日高六郎(101，社会学)。6.18 樫尾和雄(89，カシオ計算機)。加藤剛(80，俳優)。7.2 桂歌丸(81，落語家)。7.13 浅利慶太(85，演出家)。7.19 橋本忍(100，脚本家)。8.4 津川雅彦(78，俳優)。8.10 菅井きん(92，俳優)。8.15 さくらももこ(53，漫画家)。9.2 井出正一(79，政治家)。9.15 樹木希林(75，俳優)。9.21 林董一(91，日本法制史)。10.8 輪島大士(70，大相撲力士)。10.10 和久峻三(88，作家)。10.16 大沼保昭(72，国際法)。10.18 長部日出雄(84，作家)。10.19 下村脩(90，生物学)。穂積隆信(87，俳優)。10.20 芦田淳(88，ファッションデザイナー)。10.31 山崎朋子(86，作家)。11.13 ロナルド・ドーア(93，日本史)。11.24 田中卓(94，日本史)。11.29 赤木春恵(94，俳優)。12.3 大中恩(94，作曲家)。12.10 藤間生大(105，日本史)。12.18 勝部領樹(87，ニュースキャスター)。12.23 大田堯(100，教育学)。

社会・文化	世界
強風により流されたタンカーが衝突し橋桁を損傷，空港が一時孤立する。**9.6** 北海道胆振地方を震源とするM6.7の地震発生．厚真町で最大震度7．同町で大規模な土砂崩れが発生．道内の火力発電所が全て停止し，約295万戸が停電．死者41人(13日現在)．気象庁，「平成30年北海道胆振東部地震」と命名．7日，経済産業省，北海道電力管内の節電を呼びかける．19日，地震後に実施した特別な節電を終了．10月1日，この地震による災害を激甚災害に指定。**9.8** 大坂なおみ，テニスの全米オープン女子シングルスで優勝。**9.9** 岐阜県岐阜市内の養豚場で豚コレラの患畜を確認．2019年2月6日，愛知県豊田市内の養豚場で同患畜を確認．同日，長野県宮田村内の養豚場で同擬似患畜を確認。**9.18**『新潮45』，この日発売の10月号で休刊(1982年～)(25日新潮社発表)。**9.22** 宇宙航空研究開発機構，探査機はやぶさ2から分離した探査ロボット「ミネルバ2」が小惑星リュウグウに着陸したことを発表。**9.23** 宇宙航空研究開発機構・三菱重工業，H2Bロケット7号機により国際宇宙ステーション補給機こうのとり7号機を打ち上げる(種子島宇宙センター)．28日，宇宙ステーションと結合，11月8日，分離，11日，大気圏に再突入．同機から分離された小型カプセルが小笠原諸島南鳥島沖に着水，回収される。**9.26** 愛知県小牧市の民家に隕石が落下．2019年2月15日，「小牧隕石」として国際隕石学会に登録。**10.6** 東京都築地市場が閉場．11日，豊洲市場が開場。**10.7** 大迫傑，シカゴ・マラソンで，日本新記録(2時間5分50秒)で第3位．2019年3月7日，日本実業団陸上競技連合・アールビーズスポーツ財団より日本記録褒賞金1億円を贈呈。**10.10** 最高裁判所，松橋事件(1985年1月)で有罪となった男性に対し再審開始を認めた福岡高等裁判所の決定を支持し，検察の特別抗告を棄却．再審開始が確定。**10.16** 東京都品川区の土地取引をめぐり，積水ハウスが約55億円の詐欺被害にあった事件で，地面師グループとみられる8人を逮捕。**10.24** Tプレミアリーグ(卓球)，始まる(両国国技館)。**10.28** ハロウィーンを前に，東京・渋谷に集まった若者が軽トラックを横転させる．12月5日，男4人を暴力行為等処罰法違反(集団的器物損壊)容疑で逮捕．2019年1月16日，男10人(英・仏・ベルギー人各1人を含む)を同容疑で書類送検。**11.7** 東京医科大学，不正入試問題に関して，2017・2018年の医学部入試で計101人を追加合格とする一方，63人を上限に2019年4月の入学を認めると発表。**11.23** 博覧会国際事務局総会(パリ)で，日本が2025年国際博覧会の開催権を獲得．大阪で開催される。**11.29** ユネスコ，男鹿のナマハゲ(秋田県)等8県10行事からなる「来訪神　仮面・仮装の神々」を無形文化遺産に登録。**12.1** 新4K8K衛星放送開始。**12.10** 本庶佑，ノーベル生理学・医学賞を受賞。フランス司法当局，竹田恒和日本オリンピック委員会会長の2020年東京オリンピック・パラリ	

西暦	年号 干支	内閣	政　治・経　済
2018 ▲	平成 30 戊戌	(第4次安倍晋三内閣)	
2019 ▼	31 己亥		1.2 韓国国防部，韓国海軍駆逐艦による海上自衛隊哨戒機P 1に対する火器管制レーダー照射問題について，駆逐艦は当時遭難漁船の救助作業中であったとし，人道的な活動中であった艦艇に対して威嚇的な低空飛行を行ったことを日本側謝罪すべきだとの声明を発表．レーダー照射は否定。1.3 韓国・大邱地方法院浦項支部，韓国人元徴用工による韓国内新日鉄住金資産(韓国企業ポスコとの合弁会社PNRの株式)差し押さえの申請を認めることを決定．9日，日本政府，韓国政府に日韓請求権・経済協力協定に基づく2国間協議を申し入れる。1.7「国際観光旅客税法」施行(2018年4月18日公布)．国際観光旅客税(出国税)課税開始。1.8 根本匠厚生労働相，記者会見で「毎月勤労統計」の調査手法に誤りがあったことを公表。武田薬品工業，アイルランド大手製薬会社シャイアーの買収が完了したと発表．買収総額は約6.2兆円(日本企業による海外企業買収で最高額)。1.9 安倍晋三首相，オランダ首相ルッテと会談(オランダ・ロッテルダム)。1.10 安倍首相，イギリス首相メイと会談(イギリス・ロンドン)。1.16 ビール酒造組合，ビール類の2018年課税出荷数量を公表．また，1992年以来続けてきたビール類の課税出荷数量の公表を，2019年分から取りやめると発表。1.17 日立製作所，取締役会で英国における原子力発電所建設計画の凍結を決定(凍結期間は未定)。1.18 政府，2019年度予算案の修正を閣議決定．「毎月勤労統計」の不適切調査による雇用保険等の過少給付の是正のため。1.21 防衛省，韓国海軍駆逐艦による海上自衛隊哨戒機への火器管制レーダー照射問題についての最終見解を発表し，レーダーの照射は明らかであるとし，再発防止を徹底すること強く求め，日韓防衛当局間の協議打ち切りの方針を示す。韓国・女性家族部，元慰安婦への支援事業を担ってきた和解・癒やし(「和解・治癒」)財団に財団設立許可の取り消しを通知(28日，発表)．財団，正式に活動を中止。1.22「毎月勤労統計調査等に関する特別監察委員会」(委員長樋口美雄)，根本匠厚生労働相に報告書を提出．批判をうけ，2

社　会・文　化	世　界
ンピック招致活動をめぐる不正疑惑について予審手続きを開始．2019年1月11日，起訴に向けた本格捜査を始めたことを表明。**12.14** 文部科学省，東京医科大学を含む10校で，不適切または不適切の可能性が高い入試が行われたとする最終報告を公表。**12.22** 日本陸上競技連盟，高校駅伝において，治療と認められない鉄剤注射を原則として禁止。**この年** 自殺者数(速報値)2万0598人(対前年比723人減)．9年連続減少(2019年1月18日厚生労働省・警察庁発表)。訪日外国人数3119万1900人(推計)．1964年統計開始以来の最高記録を更新．対前年比8.7%増(2019年1月16日国際観光振興機構発表)。書籍・雑誌の推定販売額1兆2921億円(対前年比5.7%減)．最盛期(1996年)の半分を割る．電子出版は2479億円(同11.9%増)(2019年1月25日出版科学研究所発表)。この年から翌年にかけ，マスメディアで「平成最後の…」の語が頻用される。〔本〕樹木希林『一切なりゆき』，新井紀子『AI vs 教科書が読めない子供たち』，瀬尾まいこ『そして，バトンは渡された』，黒川伊保子『妻のトリセツ』，木村光彦『日本統治下の朝鮮』。〔歌〕「シンクロニシティ」「Teacher Teacher」「マリーゴールド」「U. S. A.」「Lemon」。〔映画〕「劇場版コード・ブルードクターヘリ緊急救命」「万引き家族」／「グレイテスト・ショーマン」「ジュラシック・ワールド 炎の王国」「スリー・ビルボード」「ボヘミアン・ラプソディ」「リメンバー・ミー」。〔テレビ〕「アンナチュラル」「おっさんずラブ」「義母と娘のブルース」「SUITS/スーツ」「西郷どん」「チコちゃんに叱られる！」「半分，青い。」「BG〜身辺警護人〜」「ブラックペアン」「ポツンと一軒家」「まんぷく」「リーガルV〜元弁護士・小鳥遊翔子〜」。	
1.1 東京都渋谷区の竹下通りで男が軽乗用車を暴走させ，8人をはねる。**1.6** 小林陵侑，スキージャンプ週間2018—2019で4連勝し総合優勝(2018年12月30日ドイツ・オーベルストドルフ，2019年1月1日同ガルミッシュパルテンキルヘン，4日オーストリア・インスブルック，6日同ビショフスホーフェン)。**1.7** 『週刊SPA!』(扶桑社)編集部，同誌2018年12月25日号の女子大学生に関する特集記事について，おわびのコメントを発表．9日，同社ホームページで編集長・発行人名義でおわび。**1.8** 女子レスリング選手吉田沙保里，ツイッターを通じ現役引退を発表。**1.11** 日本医師会・スポーツ庁・厚生労働省，医師・指導者・医療機関に向け，全競技・全年代選手に対し，鉄剤注射を安易に使用しないよう文書で注意を喚起。**1.16** 大相撲横綱稀勢の里，引退。**1.17** 盛岡地方裁判所，東日本大震災で被災した岩手県大槌町の旧役場庁舎の保存を求める住民が町長を相手に起こした訴訟で，公金の支出差し止め請求を棄却，工事差し止めの訴えを却下．19日，庁舎解体工事開始，3月2日，現場工事終了。**1.23** 福島県警察，東京電力福島第1原子力発電所事故により帰還困難区域になった福島	**1.1** 米国航空宇宙局，無人探査機ニューホライズンズ(2016年1月打ち上げ)が地球から約65億km離れた天体ウルティマトゥーレに到達したと発表。**1.4** ミャンマー・ラカイン州で，武装勢力が4つの警察署を同時に襲撃．警察官14人が死亡，9人負傷．少数民族ラカイン族の武装勢力アラカン軍の報道官，犯行を認める。中国の無人探査機嫦娥4号，月の裏側に着陸．世界初。**1.5** コンスタンチノープル総主教庁(東方正教会)，ロシア正教会の管轄下にあったウクライナ正教会の独立を正式に承認。**1.6** マレーシア国王ムハマド5世(2016年12月即位)，退位(任期の途中)。**1.15** 英国下院，英国のEUからの離脱協定案を大差で否決。**1.17** 米国大統領トランプ，ミサイル防衛の中長期の指針となる戦略文書「ミサイル防衛見直し」を発表。**1.21** アフガニスタン・マイダンワルダック州で，タリバン，国家治安局の民兵訓練施設を襲撃．死者47人・60人以上負傷。**1.23** ベネズエラで，国会議長グアイド，暫定大統領就任を宣言．米国・ブラジル・コロンビア・アルゼンチン・チリ・ペルー，これを承認。**1.24** 韓国検察，前大法院長梁承泰を逮捕．元徴用工らの訴訟審理を意図的に遅らせたとする職権乱用等の疑い。**1.25** ブラジル・ミナ

西暦	年号 干支	内閣	政　治・経　済
2019 ⇕	平成 31 己亥	(第4次安倍晋三内閣)	月27日，追加報告書を提出。個人情報保護委員会，23日より，企業等が保有する個人情報データについて日本・EU間での移転を自由化すると発表。**1.23** 国土交通省，ヤマトホールディングスの子会社・ヤマトホームコンビニエンスのうち4支店に営業停止などの行政処分を出す．引っ越し代金の過大請求による。**1.24** 総務省，国の基幹統計(全56種類)中，7省が所管する22種類の統計に，総務省の承認なしに調査方法を変更する等の不適切な処理を確認したと発表．28日，さらに1種類の統計に不適切な処理を確認したと発表。**1.25** 法務省・厚生労働省，技能実習適正実施・実習生保護法により，三菱自動車・パナソニック・アイシン新和・ダイバリー4社について，外国人技能実習生の実習計画の認定を取り消す．上場企業取り消しは初めて。**1.28** 第198回国会(常会)召集(～6月26日)．金杉憲治外務省アジア大洋州局長，韓国政府が和解・癒やし(「和解・治癒」)財団の財団設立許可を取り消したことについて在日韓国大使館次席公使金敬翰に抗議．29日，菅義偉官房長官，記者会見で財団設立取り消しを批判。**1.30** 富山県警察，富山市議会の政務活動費不正受給問題で，現職の議長及び元市議会議員5人，事務員1人・元事務員1人を詐欺等の疑いで富山地方検察庁に書類送検。**1.31** 伊藤忠商事，デサント(スポーツ用品)の株式公開買い付け開始．期限の3月14日までに買い付け成立。**2.1** 日本・EU経済連携協定発効(2018年7月17日署名)。大阪府内のセブン-イレブン・ジャパン加盟店1店が営業時間短縮を開始．コンビニエンスストアの24時間営業が問題となる。**2.7** レオパレス21，1996―2001年に建設したアパートで，外壁・天井等で建築基準法の規定を満たしていない物件が32都府県1324件あったと発表。韓国国会議長文喜相，米国ブルームバーグ通信の質問に対し，慰安婦への謝罪は「日本を代表する首相かあるいは，間もなく退位する天皇が望ましいと思う」とし，「天皇は戦争犯罪の主犯の息子ではないか．だから，おばあさん(元慰安婦)の手を握り，本当に申し訳なかったと言えば，その一言ですっきりする」と述べる．12日，安倍晋三首相，衆議院予算委員会で，外交ルートを通じ謝罪と発言の撤回を求めたことを明らかにする．13日，安倍首相，同委員会で同人の発言を激しく非難。**2.13** 九州電力，停止中の玄海原子力発電所2号機(佐賀県玄海町)の廃炉を決定。**2.15** 米国大統領トランプ，記者会見で安倍首相がトランプをノーベル平和賞に推薦したと公表．17日，日本政府関係者，2018年6月日米首脳会談の際，トランプより推薦の打診があったとする。**2.19** 八郷隆弘ホンダ社長，記者会見で，2021年にホンダの英国・トルコ工場の生産を終了すると述べる。**2.24** 沖縄県で「辺野古米軍基地建設のための埋立ての賛否を問う県民投票」実施．反対票が最多で43万4273票(投票者数の71.73%)．3月1日，玉城デニー沖縄県知事，安倍首相と会談し，県民投票の結果を説明。政府主催「天皇陛下御在位三十年記念式典」開催(国立劇場)。**2.27** レオパレス21，「株式会社レオパレス21外部調査委員会」を設置．2018年に発覚した不適切施工問題を調査する．3月19日，中間報告書を発表．創業者(元社長)が設計図とは異なる建材の使用を指示したと認定。**3.12** 農林水産省，「指定漁業の許可及び取締りに関する省令の一部を改正する省令」を公布・施行．不漁が続いている北太平洋のサンマ漁が通年(従来は8～12月の間に制限)可能になる。**3.13**「郵政民営化法施行令の一部を改正する政令」公布．4月1日施行．ゆうちょ銀行の預け入れ限度額を1300万円から2600万円に引き上げる。大和ハウス工業，中国の大連中盛集団有限公司との合弁会社大連大和中盛不動産有限公司で約234億円が不正流用されたと発表。**3.15**「出入国管理及び難民認定法及び法務省設置法の一部を改正する法律の施行に伴う関係政令の整備等に関する政令」・「出入国管理及び難民認定法及び法務省設置法の一部を改正する法律の施行に伴う法務省関係省令の整備等に関する省令」(法務省)公布．来日外国人が「特定技能」の取得を申請する際，健康診断書の提出を義務づける(4月1日施行)。**3.20** 安倍首相，玉城デニー沖縄県知事と会談。りそな銀行・埼玉りそな銀行，資金洗浄対策のため，窓口での現金による海外送金の受付を停止。**3.22** 玉城デニー沖縄県知事，石井啓一国交相を相手取り，福岡高等裁判所那覇支部に，辺野古の埋め立て承認撤回の効力を一時止めた執行停止決定の取り消しを求め提訴。**3.23** JR山田線宮古―釜石間が復旧，三陸鉄道に移管され，三陸鉄道リアス線久慈―盛間が全線つながる。**3.25** 政府，沖縄県名護市辺野古の「第2区画」に埋立の土砂投入開始．玉城デニー沖縄県知事，批判する談話を発表。**3.26** 陸上自衛隊，奄美大島(鹿児島県)・宮古島(沖縄県)に駐屯地を開設，西部方面隊(熊本県)に方面システム防護隊を新設。**3.27** パイオニア(音響機器)，東京証券取引所第1部上場廃止。**3.29**「地方税法等の一部を改正する法律」公布．ふるさと納税の規制強化等を規定．ふるさと納税については6月1日施行。沖縄県，名護市辺野古への米軍飛行場移設工事をめぐる訴訟で，最高裁判所への上告を取り下げ

社会・文化	世界
県の双葉町等4町303軒の住宅に侵入し，盗みを繰り返していたと見られる男を，福島地方検察庁いわき支部に書類送検したと発表。最高裁判所，性同一性障害者の性別変更のために性別適合手術を事実上の要件とした性同一性障害者特例法の規定が合憲か違憲かで争われた家事審判で，現時点では合憲とする判断を示し，申立人の特別抗告を棄却。**1.24** 千葉県野田市で，父親の暴行により長女(10歳)が死亡．千葉県警察，父親を傷害容疑で逮捕．父親の虐待への学校・児童相談所の対応が問題となる。**1.26** 大坂なおみ，テニスの全豪オープン(メルボルン)女子シングルスで優勝。**1.29** 段ボール箱入に入った大量の劣化した1万円札(約1億円以上か)が愛媛県知事あてに匿名で寄付される。**1.30** 特許庁，「商標審査基準〔改訂第14版〕」を発表(30日以降の審査に適用)．すべての元号について商標登録できないことになる。**1.-** イスラエル・ベトシェメシュに設置されていた杉原千畝記念碑(1985年イスラエル日本友好協会設置)の消失が判明．5月2日，原碑付近の地に再設置される。**2.1** 国際オリンピック委員会，日本の特許庁に「五輪」を商標登録。**2.4** 福岡県警察，現金自動預け払い機から18億円超が一斉に引き出された事件(2016年5月)の首謀者の1人の男性を不正作出支払用カード電磁的記録供用・窃盗の容疑で逮捕。**2.7** 世界距離別スピードスケート選手権大会開催(～10日)(ドイツ・インツェル)．8日，女子チームパシュートで日本が優勝(高木美帆・高木菜那・佐藤綾乃)。**2.8** くら寿司コーポレーション，不適切な行為がインターネットへの動画掲載により判明した従業員を退職処分とし，当該元従業員への刑事・民事の法的処置の準備に入ったと発表。**2.19** 最高裁判所，配偶者の不貞行為が原因である離婚に伴う精神的苦痛の慰謝料を配偶者の不貞行為の相手方に請求する訴訟の上告審判決で，原則として請求できないとの判断を示す。**2.22** はやぶさ2，小惑星リュウグウに接地．7月11日，再接地。**3.1** 大学スポーツ協会(UNIVAS)設立。**3.6** 江崎グリコ，自社サイトで液体ミルクの発売を開始。**3.9** 大阪府警察，徳島県内の畜産業の男性が売却した和牛の受精卵と精液が中国に持ち出されそうになった事件(2018年6月)で，焼き肉店経営者とその知人を家畜伝染病予防法違反・関税法違反容疑で逮捕．20日，家畜伝染病予防法違反容疑で徳島県の畜産業の男性を逮捕．この事件以前に，2014年以来，4回にわたり中国海南島の牧場業主に密輸出していたという。**3.10** 小林陵侑，スキージャンプのワールドカップ男子個人第23戦(ノルウェー・オスロ)で第5位に入賞．男子初の個人総合優勝。高木美帆，スピードスケートのワールドカップ最終戦(米国ソルトレークシティー)女子1500mで優勝(世界記録1分49秒83)。**3.14** 警視庁，仮想通貨モナコインの保管先をサイバー攻撃し，約1500万円相当を不正に引き出したとして，宇都宮市在住の少	スジェライス州ブルマジーニョで鉱山の廃液や泥等の廃棄物を溜めていたダムが決壊．192人を救助，死亡115人・行方不明248人(2月2日現在)。**1.28** 米国司法省，華為(ファーウェイ)技術最高財務責任者孟晩舟と華為および関連会社3社をイランとの違法な金融取引や米国企業からの技術情報窃取等23件の罪状で起訴したと発表．同司法省，カナダ司法省に孟の身柄引き渡しを正式に要請。**2.2** 米国，ロシアに対し，米露間の中距離核戦力全面廃止条約について，義務履行を停止し，離脱することを通告。**2.3** ローマ法王，アラブ首長国連邦アブダビ首長国を訪問(～5日)．ローマ法王がイスラム教発祥地のアラビア半島を訪れるのは初めて。**2.6** 北大西洋機構，マケドニアの加盟を承認する議定書に署名(ベルギー・ブリュッセル)。**2.7** ドイツの連邦カルテル庁，フェイスブックに対し，フェイスブック以外のサイトで登録者の個人情報の収集について強制的に同意させているとして，同意の強制を禁じる命令を出す。**2.14** フィリピン・ミンダナオ島で2022年樹立予定のイスラム自治政府の領域が確定。インドのジャム・カシミール州スリナガル付近で，爆発物を載せた車が治安部隊を乗せたバスに突っ込む．隊員ら40人以上死亡．パキスタンを拠点とするイスラム過激派組織ジェイシュ・ムハンマド，犯行を声明．26日，インド空軍，パキスタン領内のジェイシュ・ムハンマドの拠点を空爆．28日，両国軍間で砲撃戦始まる。**2.15** 米国大統領トランプ，米国・メキシコ国境に壁を建設するため非常事態を宣言．26日，下院，同宣言の無効決議を可決．3月14日，上院，無効決議を可決．トランプ，決議に拒否権を発動。**2.19** 全ロシア世論調査センター(ロシア政府系)，日本の北方領土のうち民間人の住む択捉・国後・色丹3島のロシア人住民への聞き取り調査で住民の96%が島の日本への引き渡しに反対したと発表。**2.22** スーダン大統領バシル，全土に1年間の国家非常事態宣言を発出．2018年12月以来の大統領退陣を要求するデモの沈静を図る。スペイン・マドリードで，武装した男10人が北朝鮮大使館を襲撃．職員を縛って尋問し，パソコン・携帯電話を奪って逃走．4月18日，米当局，元海兵隊員を逮捕。**2.24** EU・アラブ連盟(22か国・機構)首脳会議開催(～25日)(エジプト・シャルムエルシェイク)．両者の初の首脳会議。**2.27** 米国大統領トランプ・朝鮮労働党委員長金正恩第2回会談(～28日)(ベトナム・ハノイ)．物別れに終わる。**2.28** 国連の独立調査委員会，2018年3月以来のパレスチナ自治区ガザでのイスラエルに対する非武装の抗議デモ参加者6000人以上が狙撃され，189人が殺害されたと発表。**3.3** 米国アラバマ州で大規模な竜巻が発生．少なくとも23人死亡。**3.10** エチオピア・アディスアベバからケニア・ナイロビに向かったエチオピア航空旅客機ボーイング737MAX，エチオピア・オロミア州ビショフツ付近に墜落．乗客・乗員157人全員死亡．2018年10月にも同型機の墜落事故があり，世界的に同型機の運航停止が広がる．13日，米国連邦航空局，同型機の運行を当面停止.

西暦	年号 干支	内閣	政　治・経　済
2019 ▲▼	平成 31 己亥 令和 5. 1	（第4次安倍晋三内閣）	る．国の工事の差し止めを認めなかった福岡高等裁判所那覇支部の判決が確定。3. 30「在外公館の名称及び位置並びに在外公館に勤務する外務公務員の給与に関する法律の一部を改正する法律」公布．４月１日施行．外国の国名表記から「ヴ」の使用がなくなる。3. - 2018年度の貿易収支１兆5854億円の赤字．輸入82兆2943億円（対前年度比7. 1％増），輸出80兆7088億円（1. 9％増）（４月17日財務省発表貿易統計〔速報〕）。4. 1 政府，新年号を「令和」と決定し，発表．読みは「れいわ」（内閣告示）．出典は『万葉集』。「出入国管理及び難民認定法及び法務省設置法の一部を改正する法律」施行（2018年12月14日公布）．出入国在留管理庁発足（長官佐々木聖子）。新日鉄住金，日本製鉄と商号変更。塚田一郎国土交通副大臣，福岡県知事選挙で麻生太郎副総理が支持する自民党新人候補者の集会（北九州市）で，下関北九州道路の調査を国が直轄することになった経緯について，安倍首相や麻生副総理は言えないが，「私はすごくものわかりがいい．すぐ忖度する」と発言．５日，副大臣を辞任。4. 2 多国籍部隊監視団（MFO）への司令部要員派遣に関する「シナイ半島国際平和協力業務実施計画」及び関係政令を閣議決定．４月26日，同監視団派遣される陸上自衛官２人出国。4. 4 韓国の元徴用工ら31人，ソウル中央地方法院に日本製鉄・三菱重工業・不二越・日本コークスを相手取り損害賠償を求め提訴。4. 5「国際連合平和維持活動等に対する協力に関する法律施行令の一部を改正する政令」・「シナイ半島国際平和協力隊の設置等に関する政令」各公布・施行。石井匠国交相，沖縄県が米軍飛行場の名護市辺野古への移設のための埋立承認を撤回したのは違法だとして，撤回処分を取り消す。4. 7 第19回統一地方選挙（前半）．21日同（後半）。4. 9 政府，３種の日本銀行券ついて，2024年度上期をめどに偽造抵抗力強化等の観点から様式を新たにして製造すると発表．各券の表の肖像は１万円券渋沢栄一・5000円券津田梅子・1000円券北里柴三郎。4. 10 桜田義孝国務大臣（東京オリンピック・パラリンピック競技大会担当），辞任．この日，自民党高橋比奈子衆議院議員の政治パーティーで，「復興以上に大事なのは高橋さんだ」と発言した．11日，鈴木俊一を同相に任命。4. 11 世界貿易機関上級委員会，東京電力福島第１原子力発電所の事故による，韓国の日本水産物輸入禁止措置の是正を求めた同機構紛争処理小委員会の判断を破棄すると発表。4. 12 スズキ，「完成検査における不適切な取扱いに関する調査報告書」を国交省に提出．新たにブレーキ検査での不正，無資格従業員による検査が見つかる。大和ハウス，首都圏で引き渡した賃貸アパート200棟の柱が標準と異なる仕様で施工され，うち73棟が建築基準法等で定められる防火基準に満たない恐れがあると発表．施工不良は2016年12月に社員の内部通報により発覚。4. 17「住民基本台帳法施行令等の一部を改正する政令」公布．11月５日施行．希望者は住民票に旧姓を記載できる。4. 24 国会で「旧優生保護法に基づく優生手術等を受けた者に対する一時金の支給等に関する法律」成立，即日公布・施行。4. 26 安倍首相，米国大統領トランプと会談（ワシントン）。自由党，解散して国民民主党に合併（代表玉木雄一郎）．衆議院議員40人・参議院議員24人。4. 30 天皇，退位．退位礼正殿の儀（皇居宮殿松の間）．退位後，天皇・皇后は上皇・上皇后と呼称，敬称は陛下。5. 1 皇太子徳仁親王，即位。令和と改元。

社　会・文　化	世　界
年を電子計算機使用詐欺・組織犯罪処罰法違反(犯罪収益隠匿)の容疑で東京地方検察庁に書類送検．仮想通貨流出事件でハッカーが摘発されるのは初めて。**3.15** 日本天文学会，声明「天文学と安全保障との関わりについて」を決定．「人類の安全や平和を脅かすことにつながる研究や活動は行わない」とする。**3.19** 竹田恒和日本オリンピック委員会会長，同会会長・理事及び国際オリンピック委員会委員を退任する意向を表明．6月27日，同会長を退任。**3.20** 袴田事件(1966年)の袴田巖元被告，静岡地方検察庁に恩赦を出願。**3.21** 米国大リーグ・マリナーズのイチロー(鈴木一朗)，この日を最後に引退。**3.23** 国際女性会議(第5回)開催(～24日)(大阪)．マララ・ユスフザイ，基調講演。**3.24** 横綱白鵬，大相撲3月場所千秋楽優勝インタビューで観客に三本締めを促す．4月24日，日本相撲協会理事会，白鵬を譴責の懲戒に処す。**3.28** 熊本地方裁判所，松橋事件(1985年)の再審公判で，服役した宮田浩喜に殺人罪について無罪を言い渡す．検察・弁護側双方が上訴権を放棄し，無罪が確定。**3.29** タイ警察，パタヤ郊外で日本人の男15人を不法就労の疑いで逮捕．日本人を狙った振り込め詐欺グループとみられる。**4.1** 明治(食品会社)，この日出荷分で清涼飲料「明治フルーツ」(1958年発売)の販売を終了。仲邑菫，日本棋院の英才特別採用推薦棋士第1号としてプロ棋士(初段)となる．史上最年少(10歳0か月)のプロ棋士。**4.9** 航空自衛隊三沢基地(青森県三沢市)所属ステルス戦闘機F35A(1人乗)1機，夜間対戦闘機訓練のため，他の3機と同基地を離陸後，消息を絶つ．10日，防衛省，墜落と断定。**4.10** 天皇陛下御即位三十年奉祝国会議員連盟・天皇陛下御即位三十年奉祝委員会・日本文化興隆財団共催「天皇陛下御即位三十年奉祝感謝の集い」開催(国立劇場)。国立天文台を含む国際研究チーム「イベント・ホライズン・テレスコープ」，おとめ座M87銀河中心部のブラックホールの撮影に成功したと発表．2017年4月に世界8か所の電波望遠鏡で一斉に撮影したデータを1枚の画像とした。損保ジャパン日本興亜ひまわり生命保険，2020年4月入社対象の新卒採用より，募集要項に入社時点で非喫煙者であることを応募の条件としたと発表。**4.19** 元通商産業省工業技術院長(87歳)，東京都豊島区で乗用車を暴走させて母娘2人を死亡させ，8人に重軽傷を負わせる．高齢者の自動車運転・マスメディアでの運転者の呼称等が問題となる。**4.26** 男がお茶の水女子大学附属中学校に侵入し，悠仁親王の机の上に果物ナイフ2本を置く．29日，犯人が逮捕される。	27日，ボーイング社，同機の安全対策を強化すると発表。**3.12** 英国下院，首相メイが提案した新たな英国のEUからの離脱協定案を大差で否決．14日，下院，英国のEUからの離脱日を延期する動議を可決。**3.14** パレスチナ自治区ガザからイスラエル・テルアビブにロケット弾が打ち込まれる．15日，イスラエル軍，ガザ地区のハマスの軍事施設等約100か所を空爆。モザンビークで，大型サイクロンにより死者多数．隣国ジンバブエ・マラウェイにも被害。**3.15** ニュージーランド・クライストチャーチで，オーストラリア国籍の男がモスク2か所で銃を乱射．死亡50人・負傷者多数．犯行のようすをフェイスブックで中継．犯人は逮捕される。**3.16** インドネシア・パプア州で豪雨により洪水・土砂崩れが発生．少なくとも58人が死亡(17日，国家防災庁)。**3.18** ロシアで，インターネット上の偽ニュースを禁止する法が成立。**3.19** 米国政府，キューバ政府に財産を没収された米国民がキューバ企業等を相手取って損害賠償を請求することを解禁．キューバ制裁強化の一環。**3.20** 韓国の「浦項地震と地熱発電の聯関性分析研究政府調査研究団」，2017年11月15日に発生した浦項を震源地とするM5.4の地震は，近くの地熱発電所の試験稼働が要因とし，人災と認定。欧州委員会，グーグルが検索広告でEU競争法(独占禁止法)に違反したとして，制裁金14億9000万ユーロを科したと発表。**3.21** EU首脳会議，英国のEU離脱日を4月12日に延期。**3.22** 米国の特別検察官ロバート・モラー，トランプ政権の「ロシア疑惑」についての捜査報告書を司法省に提出。**3.23** イタリア首相コンテ，イタリアを訪問した中国主席習近平と会談し，「一路一帯」の協力に関する覚書に署名。シリア民主軍(シリアのクルド人民兵組織)，ISの最後の拠点であるシリア東部バグズ村の掃討作戦を終了したと発表。米国大統領トランプ，ISの支配領域を完全に奪還したことを正式に宣言する声明を発表。**3.24** 米国司法省長官バー，トランプ政権の「ロシア疑惑」をめぐるモラー特別検察官の捜査報告書の結論に関する書簡を公表．2016年大統領選挙へのロシアによる干渉に，トランプ陣営が関与したか否かにつき，「共謀や連携は見つからなかった」とする。**3.25** 韓国の大田地方法院，大法院が三菱重工業に元勤労女子挺身隊員らへの賠償を命じた訴訟で，原告側が申請していた三菱重工業の資産差押えを認める決定を出す．この日，原告代理人が公表。パレスチナ自治区ガザからイスラエルロケット弾が打ち込まれ，7人が負傷．25日～26日，イスラエル軍，ガザ地区のハマスの関連施設等を空爆。**3.29** 英国下院，英国のEUからの離脱協定案について3回目の採決で，反対多数で否決。**3.30** スロバキアで大統領選挙の決選投票．ズザナ・チャプトバ当選．6月15日就任．同国初の女性大統領。**3.31** ネパールのバラとパルサに暴風雨．死亡31人・負傷400人以上。**4.1** 英国下院，英国のEUからの離脱協定案の代替4案についての採決で，いずれも反対多数で否決。**4.4** 韓国のSKテレコム・KT・LGユープラ

西暦	年号 干支	内閣	政治・経済
2019 ▲	令和 5.1 己亥	（第4次安倍晋三内閣）	【死没】 1.5 兼高かおる(90, 旅行ジャーナリスト)。1.6 天地総子(78, 歌手)。1.12 市原悦子(82, 俳優)。梅原猛(93, 哲学)。1.17 米沢富美子(80, 物理学)。1.26 ミッシェル・ルグラン(86, 作曲家)。1.29 橋本治(70, 作家)。2.2 直木孝次郎(100, 日本史)。2.4 麻田貞雄(83, 日米関係史)。2.8 堺屋太一(83, 経済官僚・作家)。2.9 佐藤純弥(86, 映画監督)。2.10 北尾光司（双羽黒）(55, 大相撲力士)。2.22 加納実紀代(78, 女性史)。2.23 富永健一(87, 社会学)。2.24 ドナルド・キーン(96, 日本文学)。2.26 佐藤安太(94, タカラ)。2.28 花柳幻舟(77, 舞踊家)。3.6 森山加代子(78, 歌手)。3.7 リチャード・ベイヤー（ザ・デストロイヤー）(88, プロレスラー)。3.17 内田裕也(79, 歌手)。3.21 吉沢久子(101, 生活評論家)。3.26 白石冬美(82, 声優)。萩原健一(68, 歌手・俳優)。3.27 近藤昭仁(80, プロ野球)。3.28 中西香爾(93, 有機化学)。4.4 相沢英之(99, 大蔵官僚・政治家)。4.8 ケーシー高峰(85, 漫談家)。4.11 モンキー・パンチ(81, 漫画家)。4.17 小池一夫(82, 漫画原作者)。4.18 有馬三恵子(83, 作詞家)。4.24 小出義雄(80, 陸上長距離指導者)。

社　会・文　化	世　界
	ス３社，次世代通信規格５Gのサービスを開始。**4.5** 国際通貨基金理事会，通貨ペソが急落したアルゼンチンに108億ドルの融資を承認。**4.8** 米国大統領トランプ，イランの精鋭部隊「革命防衛隊」を国際テロ組織に指定．米国が他国の軍隊をテロ組織に指定したのは初めて。**4.11** EU臨時首脳会議，英国のEU離脱日を最長10月31日まで再延期することで合意．英国も同意。英国警察当局，在英エクアドル大使館で保護されていたウィキリークス創設者ジュリアン・アサンジを逮捕。**4.14** タイガー・ウッズ，男子ゴルフのマスターズ・トーナメントで優勝．2005年優勝以来５度目の優勝。**4.15** パリのノートルダム大聖堂で火災発生．尖塔や屋根が崩落。**4.18** トランプ政権の「ロシア疑惑」をめぐるモラー特別検察官の捜査報告書公表。**4.21** スリランカのコロンボ・バティカロア等で，教会・外資系ホテル等21か所で爆発．死亡235人(同国在住日本人１人を含む)・負傷500人以上(25日現在)。

典拠一覧

典 拠 一 覧

1　この典拠一覧は，本年表の1867年（慶応３）までの各項目末尾に示した文献の標題を現代かなづかいによる五十音順に配列した．また，末尾には『大日本史料』各編冊の掲載内容一覧を付した．

2　文献名は，本文典拠欄所見の文献名によったが、論文が典拠の場合は，論文名・執筆者名で掲載した．

3　文献には，おおむね刊本ないし写本所蔵個所を付記した．刊本が稀覯の場合等は所蔵個所を記載した．

4　近世以前の文献は編著者名を省略した．

5　本文の典拠で略名を使用したものは，〔　〕内に具名を注記した．

6　刊本ないし写本の標題が典拠文献の標題と異なる場合は，［　］内に注記した．ただし同一文献であることが容易に判断される場合は，注記を省略した．

7　＊は注記を表わす．

あ

会津塔寺八幡宮長帳　改定史籍集覧25・続群書類従30上・歴代残闕日記65
会津若松市史　会津若松市
赤堀文書　古文書集２（早稲田大学蔵資料影印叢書）・〔写〕東京大学史料編纂所所蔵
赤松記　群書類従21
赤見文書　〔写〕東京大学史料編纂所所蔵
秋田県史年表　秋田県史通史編７
秋田藩採集文書　〔写〕東京大学史料編纂所所蔵
秋田領内諸金山箇所年数帳
明智光秀張行百韻　続群書類従17上
安積文書　〔写〕東京大学史料編纂所所蔵
朝倉始末記　改定史籍集覧６・日本思想大系17
朝倉宗滴話記　続々群書類従10（国書刊行会叢書）・日本教育文庫訓戒篇中
浅野家文書　大日本古文書家わけ２
浅間神社文書（甲斐）　静岡県史料１—３・浅間文書纂
足利家官位記　群書類従４
葦名系図　〔写〕内閣文庫所蔵
アジュダ図書館所蔵文書
吾〔吾妻鏡〕　新訂増補国史大系32・33・日本古典全集第１期・岩波文庫
麻生文書　九州史料叢書・福岡県史資料３
阿蘇家譜　〔写〕東京大学史料編纂所所蔵
阿蘇家文書　大日本古文書家わけ13
阿淡年表秘録　徳島県史料１
東路の津登　群書類従18・続帝国文庫24・改訂房総叢書10
あつまの道の記　群書類従18・国文東方仏教叢書１輯７・続帝国文庫24
阿部定次記
安倍泰親朝臣記　改定史籍集覧24・神道大系論説編16
安保文書　阿保文書（北畠顕家卿奉賛会編）・〔写〕東京大学史料編纂所所蔵
尼崎市史　尼崎市
天野毛利文書　〔写〕東京大学史料編纂所所蔵
天野文書　〔写〕東京大学史料編纂所所蔵
阿弥陀寺文書　〔写〕京都大学・東京大学史料編纂所所蔵　＊大日本史料
雨森文書　〔写〕東京大学史料編纂所所蔵
新井白石日記　大日本古記録
有馬文書　旧記雑録拾遺家わけ６　＊大日本史料６ノ19
在盛卿記　改定史籍集覧24・続群書類従31下・歴代残闕日記81
阿波藍沿革史　西野嘉右衛門著
安房古文書　〔写〕東京大学史料編纂所所蔵
阿波国板野郡田上郷戸籍　阿波国徴古雑抄・平安遺文１（188号）・大日本史料１ノ３（延暦２年雑載）・〔写〕国立国会図書館所蔵
阿波国最近文明史料　神河庚蔵編纂
闇斎先生年譜　日本儒林叢書３・〔写〕東京大学史料編纂所所蔵
安祥寺伽藍縁起資財帳　平安遺文１（164号）・続群書類従27上・大日本仏教全書
安得虎子　〔写〕東京大学史料編纂所所蔵

い

イエズス会士日本通信　新異国叢書１・２
イエズス会日本年報　新異国叢書３・４
家忠日記　文科大学史誌叢書１—６・続史料大成19・20・〔写〕国立国会図書館所蔵
家忠日記増補　〔写〕国立国会図書館・内閣文庫等所蔵　＊『大日本史料』
鵤荘引付　播磨国鵤荘資料（阿部猛・太田順三編）
イギリス商館長日記　イギリス商館長日記（日本関係海外史料）
池田家履歴略記　日本文教出版刊（復刻版）
池田光政日記　池田光政日記（谷口澄夫他）
池田敬正「宮津藩における藩制改革」『経済論叢』74ノ２
異国往復書翰集　異国叢書11
異国御朱印帳　影印本異国日記・〔写〕東京大学史料編纂所所蔵
異国出契　〔写〕内閣文庫所蔵
異国日記　影印本異国日記（異国日記刊行会編），史苑１ノ１・２・４—６，２ノ２・３・６，３ノ４・６，４ノ３・５，５ノ４・６，６ノ２・５，７ノ２—４，８ノ１—３・４合併号（辻善之助校訂）
生駒家宝簡集　〔写〕東京大学史料編纂所所蔵
伊佐早文書　〔写〕東京大学史料編纂所所蔵
十六夜日記　群書類従18・新日本古典文学大系51・新編日本古典文学全集48
石川文書　〔写〕東京大学史料編纂所所蔵
石田先生事跡　石田梅岩全集・日本道話全集
石原家記　＊編年百姓一揆史料集成
石山月見記　群書類従27・扶桑拾葉集下・石山寺資料叢書文学篇１
異称日本伝　改定史籍集覧20・新註皇学叢書11・異称日本伝（古典刊行会）
維新史料綱要　維新史料編纂会編
伊水温故　伊水温故（上野市古文献刊行会編）
泉澄一「江戸時代、日朝外交の一側面」『関西大学東西学術研究紀要』10
泉文書　〔写〕東京大学史料編纂所所蔵
出雲国風土記　続群書類従33上・日本古典文学大系２・新編日本古典文学全集５
医聖華岡清洲　森慶三・市原硬・竹林弘編
伊勢家書　＊後鑑所収
伊勢古文集　〔写〕東京大学史料編纂所所蔵
伊勢貞助記　＊後鑑所収
伊勢国近長谷寺資財帳　平安遺文１（265号）・大日本仏教全書・大日本史料１ノ９（天暦７年２月11日条）
伊勢物語山口抄　続群書類従18下
市谷八幡神社文書　〔写〕東京大学史料編纂所所蔵
市河文書　新編信濃史料叢書３
一代要記　改定史籍集覧１
一休和尚年譜　改定史籍集覧12・続群書類従９下・一休和尚全集３
厳島神社文書　厳島文書（広島県史資料編古代中世２・３）・〔写〕東京大学史料編纂所所蔵
厳島野坂文書　野坂文書（広島県史資料編古代中世２）・〔写〕東京大学史料編纂所所蔵
伊東玄朴伝　伊東栄著
伊能忠敬測量日記　青森県叢書３・青森図書館叢書４・房総文庫１—３

延暦交替式　新訂増補国史大系26・石山寺資料叢書史料篇１
延暦寺文書　〔写〕東京大学史料編纂所所蔵

お

奥羽海運記　新井白石全集３・日本経済大典４
応永記　群書類従20・日本歴史文庫７
応永十四年暦日記
応永年中楽方記　〔写〕宮内庁書陵部蔵
奥州後三年記　群書類従20
奥州南山御蔵入物語　＊編年百姓一揆史料集成
往生要集　日本思想大系６・岩波文庫・(原本校註和漢対照)往生要集（花山信勝校訂並訳註）
応神紀（日本書紀）　岩波文庫・新訂増補国史大系１・日本古典文学大系67・増補六国史１
横川和尚伝　続群書類従９下
王代記　〔写〕沖縄県立図書館所蔵
応仁別記　群書類従20・日本歴史文庫11
黄檗開山普照国師年譜　隠元禅師年譜・続々群書類従３（国書刊行会叢書）
近江八幡市共有文書
応和宗論記並恩覚奏状　大日本仏教全書興福寺叢書２
大井文書　〔写〕東京大学史料編纂所所蔵
大内家壁書　群書類従22・日本経済大典１・中世法制史料集１
大内氏実録　近藤清石著
大内氏実録土代　〔写〕山口県文書館・東京大学史料編纂所所蔵
大内義隆記　群書類従21・中国地方戦国軍記集
大江志乃夫「熊本藩における藩政改革」　堀江英一編『藩政改革の研究』所収
大岡越前守忠相日記　大岡文書刊行会編
大鏡　新訂増補国史大系21上・日本古典全書・日本古典文学大系21
大川文書　九州史料叢書
大国魂神社文書　府中市郷土資料集７・11―13・〔写〕東京大学史料編纂所所蔵
大阪市立博物館所蔵文書
大阪編年史　大阪市立中央図書館刊
大島・奥津島神社木札　大嶋神社・奥津嶋神社文書（滋賀大学経済学部附属史料館編）
大須賀文書　改訂房総叢書１・〔写〕東京大学史料編纂所所蔵
太田道灌状　埼玉叢書４・〔写〕東京大学史料編纂所所蔵
大田文書　〔写〕東京大学史料編纂所所蔵
佐藤昌介「大槻玄沢小伝」　洋学史研究会編『大槻玄沢の研究』所収
大津市史　大津市
大友系図　続群書類従６上・大分県郷土史料集成上
大友家文書録　大分県史料31―34
大友文書　大分県史料26
大怒佐　音曲叢書１・日本歌謡集成６・糸竹大全
大場文書
大村家覚書　〔写〕東京大学史料編纂所所蔵
大村見聞集　大村藩古切支丹研究資料
大森騒動記　＊編年百姓一揆史料集成
御書付其外後規要集　〔写〕萩毛利家所蔵
岡崎領主古記　〔写〕宮内庁書陵部・東京大学史料編纂所所蔵
小笠原文書　新編信濃史料叢書12・〔写〕東京大学史料編纂所所蔵
緒方洪庵伝　緒方洪庵伝第２版（緒方富雄著）
岡屋関白記　大日本古記録・陽明叢書記録文書篇２
岡山県史　岡山県
岡山県御津郡誌　＊編年百姓一揆史料集成
小川文書　〔写〕東京大学史料編纂所所蔵
長氏文書　＊編年百姓一揆史料集成
尾去沢・白根鉱山史　麓三郎著
押小路家文書　〔写〕内閣文庫所蔵
小田原衆所領役帳　続群書類従25上・日本史料選書２・戦国遺文後北条氏編別巻
小野毛人墓誌　寧楽遺文（964頁）・日本古代の墓誌（奈良国立文化財研究所飛鳥資料館編）
小野道風筆屏風土代　大日本史料１ノ６（延長６年11月是月条）・〔写〕宮内庁所蔵（原本）
粟原寺伏鉢銘　寧楽遺文（968頁）・狩谷棭斎『古京遺文』・日本古典全集第２期
小治田安万侶墓誌銘　寧楽遺文（969頁）・日本古代の墓誌（奈良国立文化財研究所飛鳥資料館編）
御文　蓮如上人御文全集・蓮如上人遺文・日本思想大系17
御触及口達　＊大阪市史
御触書寛保集成　高柳真三・石井良助編
御触書天保集成　高柳真三・石井良助編
御触書天明集成　高柳真三・石井良助編
御触書宝暦集成　高柳真三・石井良助編
覚書・親類書　墨美484号
覚帳頭書
御室相承記　仁和寺史料寺誌編１（奈良国立文化財研究所史料３）
親町要用亀鑑録　日本都市生活史料集成１
小山文書　〔写〕東京大学史料編纂所所蔵
御湯殿上日記　続群書類従補遺３
和蘭国海牙文書館文書　＊大日本史料
片桐一男「阿蘭陀通詞西吉兵衛父子について」　箭内健次編『鎖国日本と国際交流』下所収
和蘭東印度商会史　＊大日本史料12ノ６
和蘭風説書集成　日蘭学会・法政大学蘭学研究会編
折たく柴の記　新井白石全集３・日本古典文学大系95
尾張国郡司百姓等解文　改定史籍集覧24・平安遺文２（339号）・日本思想大系８
尾張藩農政年表稿本　安藤次郎編
園城寺伝記　大日本仏教全書
園城寺文書　大日本史料〔分載〕

か

海外国記（善隣国宝記所引）　改定史籍集覧21・善隣国宝記新訂続善隣国宝記（田中健夫編）・続群書類従30上
懐旧楼筆記　淡窓全集上
海軍歴史　明治百年史叢書
快元僧都記　群書類従25・戦国遺文後北条氏編補遺編・藤沢市史料集18
廻国雑記　群書類従18・甲斐志料集成１・仙台叢書５
海東諸国紀　岩波文庫
懐徳堂考　西村天囚著
懐風藻　日本古典文学大系69
海部屋記録　＊大阪編年史
華夷変態　東洋文庫叢刊15上・中・下（浦廉一解説）（増補再刊，東方書店）
会薬譜　平賀源内全集上
花営三代記　群書類従26
賀越闘諍記　史籍雑纂１・加賀能登郷土図書叢刊・日本思想大系17

河海抄　『紫明抄・河海抄』(玉上琢弥編)・国文註釈全書 3
加賀金沢前田家譜　〔写〕東京大学史料編纂所所蔵
加賀藩史料　侯爵前田家編輯部編
加賀藩歴譜　東京大学史料編纂所謄写本
火浣布説　平賀源内全集上
歌経標式序　寧楽遺文（930頁）・日本歌学大系 1・日本哲学全書11
楽所補任　群書類従 4
学制取調書　＊池田光政公伝
革命　＊大日本史料 1ノ2（昌泰 3 年11月21日条）
隔蓂記　隔蓂記（京都大学国史研究室）
学問所建立記録　大阪市史
蜻蛉日記　蜻蛉日記全注釈（柿本奨）・日本古典全書・新編日本古典文学全集13
嘉元記　鵤叢刊 3・改定史籍集覧24
風間家文書
崋山全集　鈴木清節編
春日社御造替日記　〔写〕東京大学史料編纂所所蔵
春日社司祐維記　＊後鑑所収
春日神社文書　春日大社文書（永島福太郎編集校訂）
和長卿記　〔写〕内閣文庫・東京大学史料編纂所所蔵
家世実紀　＊編年百姓一揆史料集成
片桐一男「阿蘭陀通詞西吉兵衛について」　箭内健次編『鎖国日本と国際交流』下所収
片桐文書　〔写〕東京大学史料編纂所所蔵
荷田東麿翁　大貫真浦著
華頂要略　〔写〕青蓮院（原本）・東京大学史料編纂所所蔵　＊大日本史料（分載）・大日本仏教全書［門主伝］・天台宗全書 6－8
花鳥余情　源氏物語古注集成 1・源氏物語古註釈叢刊 2
勝尾寺文書　箕面史史料編 1－3
楽毅論（光明皇后筆）　書道全集 9・正倉院の書跡・寧楽遺文（640頁）
勝茂公譜考補　佐賀県近世史料
甲子夜話　国書刊行会叢書
勝山記　勝山村史別冊・富士吉田市史資料叢書10
藤氏家伝（家伝）　群書類従 5・藤氏家伝（鎌足・貞慧・武智麻呂伝）－注釈と研究－（沖森卓也・佐藤信・矢嶋泉著）・寧楽遺文（875頁）
加藤彦四郎氏所蔵文書
香取神宮文書　千葉県史料中世篇香取文書
金井沢碑銘文　東国石文の古代史（あたらしい古代史の会編）
銀山旧記　近世社会経済叢書 8［石見国銀山旧記］・古事類苑金石部
銀山要集　〔写〕浜田市立図書館所蔵
兼顕卿記　〔写〕東洋文庫岩崎文庫（自筆）・内閣文庫・宮内庁書陵部所蔵　＊歴代残闕日記88
金沢文庫文書　金沢文庫古文書（金沢文庫編）
兼宣卿記　史料纂集［兼宣公記］・歴代残闕日記71・〔写〕宮内庁書陵部・東京大学史料編纂所所蔵
兼右卿記　〔写〕天理図書館（自筆）・東京大学史料編纂所所蔵
兼見卿記　史料纂集・〔写〕宮内庁書陵部・東京大学史料編纂所所蔵
歌舞伎年表　伊原敏郎著，河竹繁俊・吉田暎二編集校訂
株仲間名前帳前書
蕪木文書　越佐史料 4 所収
貨幣秘録　温知叢書 5・日本経済大典45
鎌倉大日記　増補続史料大成別巻（竹内理三編）
鎌倉管領九代記　史籍集覧70・国史叢書
鎌倉九代後記　改定史籍集覧 5・国史叢書
鎌倉五山住持籍　改定史籍集覧26
上醍醐寺伽藍炎上記　〔写〕東京大学史料編纂所所蔵
亀井文書　〔写〕東京大学史料編纂所所蔵
嘉暦三年公卿勅使御参宮日記　続群書類従 1 下
川上伊兵衛旧記　東京市史稿
河越千句　続群書類従17上
河崎年代記　〔写〕神宮文庫図書館・内閣文庫・東京大学史料編纂所所蔵
河田文書
寛永諸家系図伝　寛永諸家系図伝（斎木一馬・林亮勝・橋本政宣校訂）
森杉夫「神尾若狭の増徴をめぐって」　『歴史研究』 9 号
勧学院客殿一之間障壁画修理銘　日本美術全集
寒岩禅師略伝　続群書類従 9 上・曹洞宗全書史伝下
菅家後集　日本古典文学大系72・群書類従 9
菅家御伝記　群書類従 2・北野誌
菅家文草　日本古典文学大系72
元興寺縁起〔元興寺伽藍縁起并流記資財帳〕　元興寺編年史料上・寧楽遺文（383頁）・日本思想大系20
漢書　二十五史 1（上海古籍出版社〔上海〕刊）・二十四史（中華書局〔北京〕刊）
観心寺縁起資財帳　大日本古文書家わけ 6・大日本仏教全書・平安遺文 1（174号）
観心寺観音菩薩像光背銘　飛鳥・白鳳の在銘金銅仏（奈良国立文化財研究所飛鳥資料館編）
観心寺文書　大日本古文書家わけ 6・大日本仏教全書
寛政蝦夷乱取調日記　日本庶民生活史料集成 4
重修譜〔寛政重修諸家譜〕　新訂寛政重修諸家譜（続群書類従完成会刊）
観世音寺資財帳　群書類従24・大日本史料 1ノ3（延喜 5 年10月 1 日条）
神田孝平一研究と史料　本庄栄治郎著
勘仲記　〔写〕国立歴史民俗博物館（原本）・東京大学史料編纂所所蔵　＊増補史料大成34－36
官地論　改定史籍集覧13・続群書類従20上
関東往還記　校訂増補関東往還記（金沢文庫）・西大寺叡尊伝記集成
関東評定衆伝　群書類従 4
観応二年日次記　〔写〕内閣文庫・東京大学史料編纂所所蔵
寛平御遺誡　日本思想大系 8・群書類従27
寛宝日記　長崎文献叢書 2 集 5
願文集　鎌倉遺文
看聞〔看聞日記〕　続群書類従補遺 2・図書寮叢刊・〔写〕宮内庁書陵部所蔵
管領并政所壁書　〔写〕尊経閣文庫・東京大学史料編纂所所蔵

き

記〔古事記〕　岩波文庫・日本古典文学大系 1・日本思想大系 1
紀〔日本書紀〕　岩波文庫・新訂増補国史大系 1・日本古典文学大系67・68・増補六国史 1・2
紀伊続風土記　臨川書店刊
祈雨記　〔写〕宮内庁書陵部・東京大学史料編纂所所蔵
義演准后日記　史料纂集
祇園執行日記　群書類従25・八坂神社記録上・八坂神社叢書 1
祇園社記　増補続史料大成45・八坂神社記録上・八坂神社叢書 2
聞書　＊大坂編年史
菊池武朝申状　群書類従21

菊池伝記　天草郡史料２・改定史籍集覧３
菊屋町旧記　＊大阪編年史
己行記　〔写〕京都大学所蔵
魏志　二十五史２（上海古籍出版社〔上海〕刊）・二十四史（中華書局〔北京〕刊）
規子内親王家歌合（野宮歌合）　続群書類従15上・日本古典文学大系74・平安朝歌合大成２
北野宮三年一請会引付　〔写〕東京大学史料編纂所所蔵
北野神社引付　〔写〕東京大学史料編纂所所蔵　＊北野天満宮史料［目代日記］・史料纂集［北野社家日記］
北野神社文書　北野天満宮史料
北野天神縁起　群書類従２・日本思想大系20・日本絵巻大成21
義太夫年表　八木書店刊
吉続記　増補史料大成30・歴代残闕日記45
吉川家文書　大日本古文書家わけ９
吉川家文書別集　大日本古文書家わけ９
吉記　増補史料大成29・30
吉口伝　続群書類従11下
喜連川判鑑　続群書類従５上・続史籍集覧４・改訂房総叢書５
喜連川文書　栃木県史史料編中世２・茨城県史中世編４
畿内治河記　新井白石全集３・日本経済大典４
木下家文書　〔写〕東京大学史料編纂所所蔵
吉備温故秘録　吉備群書集成６―10
黄薇古簡集　〔写〕国立国会図書館等所蔵
吉備津神社文書　〔写〕東京大学史料編纂所所蔵
木村宗右衛門先祖書　〔写〕東京大学史料編纂所所蔵　＊大日本史料
木村文書　〔写〕東京大学史料編纂所所蔵
旧延暦寺西宝幢院鐘銘文　平安遺文金石文編（20号）
久隔帖　平安遺文８（4390号）・書道全集11・書の日本史２
旧記雑録後編　鹿児島県史料旧記雑録後編
旧記雑録追録　鹿児島県史料旧記雑録追録
旧事見聞集記　〔写〕東京大学史料編纂所所蔵
九州記　天草郡史料２
九州御動座記　近世初頭九州紀行記集（九州史料叢書）
鳩拙抄　〔写〕国立国会図書館・内閣文庫所蔵
休明光記　新撰北海道史５・続々群書類従４（国書刊行会叢書）
球陽　琉球文化史料集成５
九暦　大日本古記録・続々群書類従５（国書刊行会叢書）
経覚私要鈔　史料纂集・〔写〕内閣文庫所蔵（原本）
京口江戸口油問屋株名前帳　＊大阪編年史
崎陽群談　日本史料選書10
経尋記　〔写〕内閣文庫所蔵（原本）
京都御役所向大概覚書　清文堂史料叢書５・６
京都上京文書　〔写〕京都大学所蔵
京都御所東山御文庫記録　〔写〕東京大学史料編纂所所蔵
京都町家旧事記　〔写〕内閣文庫所蔵
京都の歴史　京都市編
享保以後大坂出版書籍目録　大阪図書出版業組合編
享保十一年覚書山中騒動一件　＊編年百姓一揆史料集成
享保十六年買米一件控　＊大阪編年史
享保撰要類集　近世法制史料叢書別篇
享保六年同十六年町奉行所文書
教令類纂　内閣文庫所蔵史籍叢刊21―27
玉蘂　玉蘂（今川文雄翻刻・校訂）・歴代残闕日記35
玉葉　国書刊行会叢書・図書寮叢刊『九条家本玉葉』
玉露叢　国史叢書39―41
仰高録　〔写〕内閣文庫所蔵
清原宣賢式目抄　続史籍集覧２
清正高麗陣覚書　続々群書類従４（国書刊行会叢書）
清水寺縁起　群書類従24・大日本仏教全書
清水寺縁起　続群書類従26下・大日本仏教全書
魚魯愚抄　史料拾遺４―８
紀略〔日本紀略〕　新訂増補国史大系10・11
琴歌譜　校註国歌大系１・日本歌謡集成１・日本古典文学大系３
禁忌集唾　〔写〕内閣文庫・東京大学史料編纂所所蔵
銀座初之次第　東京大学史料編纂所謄写本
銀座由緒書　＊大日本史料
銀座要用控
金史　二十五史９（上海古籍出版社〔上海〕刊）・二十四史（中華書局〔北京〕刊）
金字法華経奥書　平安遺文題跋編（1500号）
近世日朝通交貿易史の研究　田代和生著
近世日本国民史　徳富猪一郎著
近世日本治水史の研究　大谷貞夫著
近世日本と東アジア　荒野泰典著
近世農政史料集　児玉幸多編
公忠朝臣集　群書類従14・新編国歌大観３・校註国歌大系12
金島書　世阿弥十六部集評釈下・日本思想大系24
公名公記　〔写〕宮内庁書陵部・東京大学史料編纂所所蔵
勤王商傑中山新十郎翁伝　橘仁太郎編
禁秘抄　群書類従26・日本精神文化大系１
公衡公記　史料纂集・歴代残闕日記48

く

空海僧都伝　続群書類従８下・改定史籍集覧12・弘法大師全集１
空華集　五山文学全集２・新日本古典文学大系48
空華日用工夫略集　空華日用工夫略集（辻善之助編）・続史籍集覧３
空也誄　続群書類従８下
愚管記　増補続史料大成１―４・陽明叢書記録文書篇３・大日本古記録［後深心院関白記］
愚管抄　新訂増補国史大系19・日本古典文学大系86
公卿補任　新訂増補国史大系53―57
公家新制　続々群書類従７（国書刊行会叢書）
弘決外典抄　国宝古鈔本五臣注文選（東方文化叢書９）
草野文書　〔写〕九州大学文学部国史研究室（原本）・東京大学史料編纂所所蔵　＊福岡県史資料４
公事根源　新註皇学叢書５・日本文学全書22
郡上郡史　郡上郡教育会
九条殿記　大日本古記録９［九暦］・続々群書類従５（国書刊行会叢書）
旧唐書　二十五史５（上海古籍出版社〔上海〕刊）・二十四史（中華書局〔北京〕刊）
賦引付　日本史料選書（室町幕府引付史料集成）・〔写〕内閣文庫所蔵
熊谷家文書　大日本古文書家わけ14
熊沢先生行状　蕃山全集
熊野権現金剛蔵王宝殿造巧日記　続群書類従３下
熊野神社文書（陸前）　〔写〕東京大学史料編纂所所蔵
熊野夫須美神社記録　〔写〕早稲田大学・東京大学史料編纂所所蔵
熊本県立図書館所蔵文書
大江志乃夫「熊本藩における藩政改革」　堀江英一編『藩政改革の研究』所収

熊本藩年表稿　細川藩政史研究会
久万山出訴一件覚書　＊編年百姓一揆史料集成
久米田寺文書　泉州久米田寺文書（岸和田市史史料1）
来島文書　松浦党諸家文書（九州史料叢書）
蔵人補任　群書類従4・続群書類従4上・蔵人補任（続群書類従完成会刊）
黒住宗忠　原敬吾著
黒田家譜　益軒全集5・新訂黒田家譜（川添昭二校訂）
黒田文書　〔写〕東京大学史料編纂所所蔵
群書治要奥書集　〔写〕東京大学史料編纂所所蔵

け

慶延記　群書類従25,続群書類従31下・醍醐寺雑事記（中島俊司校訂）
慶応義塾大学図書館所蔵文書
慶元イギリス書翰　異国叢書
系図纂要　系図纂要（名著出版刊）
契沖年譜
慶長見聞録案紙　〔写〕東京大学史料編纂所所蔵　＊大日本史料
慶長見聞集　江戸叢書2・改定史籍集覧10
慶長見聞書漏分　〔写〕東京大学史料編纂所所蔵　＊大日本史料
慶長日件録　史料纂集・日本古典全集第6期
慶長令条　＊大日本史料
芸藩通志　芸備叢書・芸藩通志（刊行会）
芸陽記　〔写〕東京大学史料編纂所所蔵
経略復国要編　明清史料彙編67―71（文海出版社〔台北〕刊）
外記日記　続史料集覧1［新抄］・〔写〕尊経閣文庫（原本）・東京大学史料編纂所所蔵
外宮引付　〔写〕神宮文庫所蔵　＊三重県史資料編中世1上
外題年鑑　浄瑠璃研究文献集成・新群書類従7
月林皎禅師行状　続群書類従9下
源威集　新選日本文庫3・東洋文庫607
建炎以来繋年要録　中華書局〔北京〕刊
顕戒論　大乗仏典中国日本篇17・日本思想大系4・古典日本文学全集15
建議書抜粋
憲教類典　内閣文庫所蔵史籍叢刊37―43
元亨釈書　新訂増補国史大系31・大日本仏教全書
源語秘訣　群書類従17・国語国文学研究史大成源氏物語上
源語秘訣抄　群書類従17・国語国文学研究史大成源氏物語上
兼山麗沢秘策　日本経済大典6
元史　二十五史9（上海古籍出版社〔上海〕刊）・二十四史（中華書局〔北京〕刊）
建治三年記　増補続史料大成10・群書類従23
厳助往年記　続群書類従30上・改定史籍集覧25
元史類編
建撕記　曹洞宗全書史伝下・大日本仏教全書
建長寺年代記　〔写〕東京大学史料編纂所所蔵
建内記　大日本古記録・〔写〕宮内庁書陵部・京都大学・国立歴史民俗博物館（以上自筆）・東京大学史料編纂所所蔵
儼避囉抄　大日本仏教全書
ケンプェル江戸参府紀行　異国叢書
見聞私記　続群書類従30上
源平盛衰記　改定史籍集覧編外3―5・新定源平盛衰記（新人物往来社刊）
建武以来追加　群書類従22・中世法制史料集2・日本思想大系21
建武三年以来記　〔写〕宮内庁書陵部（自筆）・東京大学史料編纂所所蔵

こ

吾〔吾妻鏡〕　新訂増補国史大系32・33・日本古典全集第1期・岩波文庫
古案　〔写〕内閣文庫・東京大学史料編纂所所蔵
古案写　那覇市史資料篇1ノ2［琉球薩摩往復文書案］
弘安四年春日入洛記　続群書類従2上
弘安四年日記抄　国民精神文化文献2
江雲随筆　〔写〕建仁寺大中院（原本）・東京大学史料編纂所所蔵
広開土王碑文　広開土王碑原石拓本集成（武田幸男編著）・新訂魏志倭人伝・後漢書倭伝・宋書倭国伝・隋書倭国伝（岩波文庫）
後紀〔日本後紀〕　新訂増補国史大系3・増補六国史5
公慶上人年譜聚英　公慶上人年譜
江家次第　新訂増補故実叢書2・神道大系朝儀祭祀編4
光源院殿御元服記　群書類従22
講座日本近世史6天保期の政治と社会　有斐閣刊
高山公実録　清文堂史料叢書98・99・〔写〕東京大学史料編纂所所蔵
麹町一件目録　崋山全集1
興宗明教禅師行状　続群書類従9下
甲駿豆相採薬記　甲斐叢書7
光定戒牒　平安遺文8（4426号）・〔写〕延暦寺所蔵（原本）
興正寺文書　〔写〕東京大学史料編纂所所蔵　＊鎌倉遺文
康正二年造内裏段銭并国役引付　群書類従28
好書故事　近藤正斎全集3（国書刊行会叢書）
興禅護国論　世界大思想全集52・日本思想大系16
高祖遺文録　高祖遺文録（身延山）
皇代記　群書類従3・神道大系神宮編2
皇太神宮儀式帳　群書類従1・神道大系神宮編1
皇代暦　改定史籍集覧18・続群書類従4上
江談抄　群書類従27・江談抄注（川口久雄・奈良正一著）・新日本古典文学大系32
皇帝紀抄　群書類従3
江都督納言願文集　続群書類従28上・江都督納言願文集（平泉澄校訂）
皇年代略記　群書類従3
河野家譜　予陽河野家譜（景浦勉校訂）
河野通直文書
河野文書　〔写〕東京大学史料編纂所所蔵
高白斎記　新編信濃史料叢書8
興福寺縁起　群書類従24・大日本仏教全書
興福寺観禅院鐘銘　寧楽遺文（969頁）
興福寺三綱補任　続群書類従4下
興福寺年代記　文科大学史誌叢書
興福寺別当記　大日本史料〔分載〕・〔写〕東京大学史料編纂所所蔵
興福寺別当次第　続々群書類従2（国書刊行会叢書）・大日本仏教全書
興福寺略年代記　続群書類従29下
弘法大師行化記　続群書類従8下・弘法大師伝全集2
江北記　群書類従21
稿本天理教教祖伝　天理教教会本部編
稿本三井家史料　マイクロ資料
光明寺文書　史料纂集

孝明天皇紀　宮内省編
高野興廃記（高野山奥院興廃記）　続群書類従28上・大日本仏教全書
高野山御参詣記　続々群書類従5（国書刊行会叢書）［宇治関白高野山御参詣記］
高野山文書　大日本古文書家わけ1
高野春秋　新校高野春秋編年輯録（日野西真定編集）・大日本仏教全書・興教大師伝記史料全集1
迎陽記　〔写〕宮内庁書陵部・内閣文庫・東京大学史料編纂所所蔵　＊大日本史料
高麗史　国書刊行会叢書
荒暦　改定史籍集覧24・歴代残闕日記74
興隆寺文書　防長古文書1・〔写〕東京大学史料編纂所所蔵
広隆寺来由記　群書類従24（山城州葛野郡楓野大堰郷）・大日本仏教全書
粉河寺縁起　続群書類従28上・日本思想大系20・日本絵巻大成5
後漢書　二十五史2（上海古籍出版社〔上海〕刊）・二十四史（中華書局〔北京〕刊）
後京極摂政記　改定史籍集覧24・歴代残闕日記32
古今和歌集目録　群書類従16
国産丹後絹織物沿革
国事叢記　福井県郷土叢書7・8
国造家文書　出雲国造家文書（村田正志編）
国典十八冊集　＊仙台市史
国分文書　〔写〕東京大学史料編纂所所蔵
国分寺文書（薩摩）
後愚昧記　大日本古記録
極楽願往生歌　国文東方仏教叢書1輯8・釈教歌詠全集2・日本歌謡集成4
古源和尚伝　続群書類従9下・大日本史料6ノ26
後光厳院宸記　続群書類従33下・歴代残闕日記6
古語拾遺　岩波文庫・群書類従25・新撰日本古典文庫4
こゝろ葉　西鶴研究6
古今最要抄　〔写〕東京大学史料編纂所所蔵
古今消息集
古今著聞集　新訂増補国史大系19・日本古典文学大系84・新潮日本古典集成
記〔古事記〕　岩波文庫・日本古典文学大系1・日本思想大系1
越沢太助氏所蔵文書　〔写〕東京大学史料編纂所所蔵
古事談　改定史籍集覧10・新訂増補国史大系18
後日之式条　中世法制史料集1
古写本大般若経目録
古証文　＊大日本史料
五条文書　史料纂集・〔写〕東京大学史料編纂所所蔵
御成敗式目　大日本史料5ノ8・中世法制史料集1・群書類従22・日本思想大系21
御成敗式目追加　中世法制史料集1・群書類従22
御制法　〔写〕内閣文庫所蔵　＊大日本史料
古蹟文徴〔尊経閣蔵古蹟文徴〕　〔写〕東京大学史料編纂所所蔵　＊鎌倉遺文
御代々文事表　近藤正斎全集2
五代帝王物語　群書類従3
古代取集記録　〔写〕東京大学史料編纂所所蔵
小代文書
御当家紀年録　児玉幸多編（集英社刊）
御当家令条　御当家令条・徳川政府律令要略（福富恭礼編）・近世法制史料叢書2
後藤庄三郎家古文書　＊大日本史料
後藤文書　〔写〕東京大学史料編纂所所蔵
後鳥羽院御集　続群書類従15下・校註国歌大系10・私家集大成4
御内書案　＊後鑑所収
御内書記録
後奈良天皇宸記（後奈良院宸記）　増補続史料大成18・改定史籍集覧24・歴代残闕日記6
後二条師通記　大日本古記録
近衛家本追加　中世法制史料集1　＊鎌倉遺文
近衛家文書　〔写〕陽明文庫（原本）・東京大学史料編纂所所蔵　＊鎌倉遺文
小早川家文書　大日本古文書家わけ11
後深草天皇宸記　増補史料大成1・歴代残闕日記4
御府内備考　大日本地誌大系
古文叢
後法興院政家記　後法興院政家記（平泉澄校訂）・増補続史料大成5－8
駒井日記　改定史籍集覧25・増訂駒井日記（藤田恒春校訂）
古文書纂　〔写〕東京大学史料編纂所所蔵　＊大日本史料
木屋文書　〔写〕東京大学史料編纂所所蔵
御用達町人由緒　〔写〕内閣文庫所蔵
御用留抜書　三井事業史
御領分百姓騒動記　＊編年百姓一揆史料集成
五輪塔銘（中尊寺釈尊院）　平安遺文金石文編（401号）
惟房公記　続々群書類従5（国書刊行会叢書）・歴代残闕日記104
権記　史料纂集（未完）・増補史料大成4・5
金光教年表　金光教本部教庁
金剛三昧院文書　高野山文書5（高野山史編纂所編）
金剛寺古記　続々群書類従3（国書刊行会叢書）
金剛寺聖教類奥書集
金剛場陀羅尼経奥書　寧楽遺文（610頁）
金剛峯寺建立修行縁起　続群書類従28上・弘法大師伝全集1・2
金剛峯寺座主次第　大日本史料〔分載〕
近藤文書　〔写〕東京大学史料編纂所所蔵　＊鎌倉遺文
昆陽漫録　日本随筆大成〔新装版〕1期20・大日本思想全集11
金蓮寺文書　〔写〕東京大学史料編纂所所蔵

さ

西宮記　改定史籍集覧篇外1・新訂増補故実叢書6・7・尊経閣善本影印集成1—6
西宮歌合　群書類従12
西行雑録　〔写〕内閣文庫・東京大学史料編纂所所蔵
西大寺資財流記帳　続群書類従27下・大日本仏教全書・寧楽遺文（395頁）
西大寺文書　大和古文書聚英・〔写〕東京大学史料編纂所所蔵　＊鎌倉遺文
最鎮記文　群書類従2
斎藤親基日記　増補続史料大成10・群書類従23
才葉抄　岩波文庫（入木道三部集）・群書類従28
西琳寺縁起　続群書類従27下・大日本仏教全書
坂井遺芳　新修坂井遺芳（酒井利彦・名古屋市博物館編）
酒井世紀　＊編年百姓一揆史料集成
酒井文書　〔写〕東京大学史料編纂所所蔵
榊原家所蔵文書　〔写〕東京大学史料編纂所所蔵
榊原家文書　〔写〕東京大学史料編纂所所蔵
坂本竜馬関係文書　日本史籍協会叢書
相良家文書　大日本古文書家わけ5

し

松雲公採集遺編類纂　砺波図書館協会他刊
詔運録〔本朝皇胤詔運録〕　群書類従５・新註皇学叢書４
常永入道記　〔写〕内閣文庫等所蔵
貞応弘安式目　続々群書類従７（国書刊行会叢書）・中世法制史料集１
貞観政要跋　貞観政要の研究（原田種成著）
小記目録　小右記９・10（大日本古記録）・増補史料大成別巻３
上宮聖徳法王帝説　群書類従５・日本思想大系２・上宮聖徳法王帝説注釈と研究（沖森卓也・佐藤信・矢嶋泉著）
状啓
浄元院公実録　〔写〕東京大学史料編纂所所蔵
称光院大嘗会御記　〔写〕宮内庁書陵部所蔵
相国寺供養記　群書類従24
相国寺塔供養記　群書類従24・大日本史料７ノ４（応永６年９月15日条）
省吾禅師行実　〔写〕内閣文庫所蔵
勝持寺文書　〔写〕東京大学史料編纂所所蔵
条事定文書
正子内親王絵合　群書類従13
姓氏録〔新撰姓氏録〕　新撰姓氏録の研究（佐伯有清著）
正任記
正倉院文書　大日本古文書編年文書１―25・正倉院古文書影印集成１―15・正倉院文書拾遺
招提寺建立縁起　諸寺縁起集６
招提千歳伝記　続々群書類従11（国書刊行会叢書）・大日本仏教全書
正伝寺文書　〔写〕東京大学史料編纂所所蔵　＊鎌倉遺文
聖徳太子伝私記　鵤叢刊１・大日本仏教全書・法隆寺史料集成４
聖徳太子伝私記所引法起寺塔露盤銘　大日本仏教全書・法隆寺史料集成４
聖徳太子伝補闕記　群書類従５・大日本仏教全書
聖徳太子伝暦　続群書類従８上・大日本仏教全書聖徳太子伝叢書・聖徳太子全集
浄土鎮流祖伝　浄土宗全書17
商売記　三井事業史
紹巴富士見道記　群書類従18・続帝国文庫24
浄福寺文書　〔写〕東京大学史料編纂所所蔵
昌平志　日本教育文庫学校篇・東京大学史料編纂所写本
正法眼蔵　道元禅師全集上・日本思想大系12・13
将門記　群書類従20・日本思想大系８・新編日本古典文学全集41
成唯識論奥書　平安遺文題跋編（475号）
小右記　大日本古記録・増補史料大成別巻１―３
性霊集　日本古典文学大系71・弘法大師著作全集３・弘法大師空海全集６
浄瑠璃寺流記事　大日本仏教全書
浄瑠璃譜　燕石十種２・温知叢書４・浄瑠璃研究文献集成
条令　＊大日本史料
諸川船要用留
続紀〔続日本紀〕　新訂増補国史大系２・新日本古典文学大系12―16・増補六国史３・４
続後〔続日本後紀〕　新訂増補国史大系３・増補六国史６
続後撰和歌集　校註国歌大系５・新編国歌大観１・二十一代集５
続紀〔続日本紀〕　新訂増補国史大系２・新日本古典文学大系12―16・増補六国史３・４
続後〔続日本後紀〕　新訂増補国史大系３・増補六国史６
諸家系図纂　〔写〕国立国会図書館・内閣文庫所蔵　＊大日本史料〔分載〕
諸家文書　〔写〕東京大学史料編纂所所蔵
諸家文書纂　〔写〕内閣文庫所蔵
諸国古文書抄　〔写〕内閣文庫所蔵
諸寺縁起集　校刊美術史料寺院編上・大日本仏教全書・図書寮叢刊
書写山円教寺旧記　〔写〕東京大学史料編纂所所蔵　＊大日本史料〔分載〕
書写山十地坊過去帳　続群書類従33下
諸宗章疏録　大日本仏教全書・伝教大師全集別巻
諸祖行実　〔写〕東京大学史料編纂所所蔵
諸道勘文　群書類従26
初発言上候帳面写　大阪市史
諸法度集　三井事業史
諸門跡譜　群書類従５
諸役人系図　〔写〕東京大学史料編纂所所蔵
徐璉送雪舟詩
白河紀行　続群書類従18下・名家紀行集
白河証古文書　楓軒文書纂下（内閣文庫影印叢刊）
芝蘭堂新元会図　早稲田大学図書館所蔵
士林証文　〔写〕東京大学史料編纂所所蔵
新加制式　続史籍集覧２・中世法制史料集３
神功紀（日本書紀）　岩波文庫・新訂増補国史大系１・日本古典文学大系67・68・増補六国史１・２
神宮雑例集　群書類従１・神道大系神宮編２
尋憲記　〔写〕内閣文庫所蔵（自筆）
信光明寺文書
新裁軍記　新裁軍記（マツノ書店刊）
新式目　改定史籍集覧17・続群書類従23下・中世法制史料集１
神子禅師年譜〔神子禅師栄尊大和尚年譜〕　続群書類従９上
新修大阪市史　新修大阪市史編纂委員会編
晋書　二十五史２（上海古籍出版社〔上海〕刊）・二十四史（中華書局〔北京〕刊）
新抄格勅符抄　新訂増補国史大系27
深心院関白記　陽明叢書記録文書篇４・大日本古記録・歴代残闕日記43
新撰御家譜　＊原史料で綴る天草島原の乱
新撰氏族本帳　群書類従５
姓氏録〔新撰姓氏録〕　新撰姓氏録の研究（佐伯有清著）
新撰北海道史　北海道編
新撰万葉集　北野誌・群書類従16
新撰洋学年表　大槻如電著
新撰和漢合図　〔写〕彰考館（焼失）
信長公記　角川文庫・改定史籍集覧19・戦国史料叢書１期２
塵添壒囊鈔　大日本仏教全書
新長崎年表　長崎文献社編
真如堂縁起　続群書類従27上・大日本仏教全書〔詞書〕・続々日本絵巻大成伝記縁起篇５
神皇正統記　岩波文庫・日本古典文学大系87
信府統記　＊編年百姓一揆史料集成
新編相模国風土記稿　大日本地誌大系36―40
新編追加　改定史籍集覧17・続群書類従23下・中世法制史料集１
新編常陸国誌　新編常陸国誌（宮崎報恩会）
新編武蔵国風土記稿　大日本地誌大系５―15
新北海道史　北海道編
神明記　〔写〕国立国会図書館所蔵
真門孝夫氏所蔵文書　＊延暦寺三昧院所司解（平安遺文10（4906号））
新葉和歌集　新編国歌大観１・校註国歌大系９・岩波文庫

新羅之記録　新撰北海道史 7
新羅明神記　〔写〕東京大学史料編纂所所蔵

す

水左記　増補史料大成 8
隋書　二十五史 5（上海古籍出版社〔上海〕刊）・二十四史（中華書局〔北京〕刊）
隋心院文書　〔写〕東京大学史料編纂所所蔵　＊鎌倉遺文
吹塵録　＊古事類苑
出納文書
垂裕明鑑抄　＊大阪編年史
菅浦文書　菅浦文書（滋賀大学日本経済研究所資料館編）
菅原系図　続群書類従 7 下・群書類従 5
菅原家文書　＊編年百姓一揆史料集成
椙山林継「吉田家関東役所の創立と初期の活動」『国学院大学日本文化研究所紀要』45輯
調所広郷履歴　〔写〕東京国立博物館所蔵
純友追討記　群書類従20
駿河伊達文書　京都大学文学部博物館の古文書 5
寸金雑録　〔写〕東京大学史料編纂所等所蔵
駿府記　史籍雑纂 2（国書刊行会叢書）・史籍雑纂 2

せ

清解眼抄　群書類従 7
征韓録　戦国史料叢書 2 期 6
成簣堂文庫所蔵文書
声曲類纂　岩波文庫
勢州四家記　群書類従20
青幛集　観中録・青幛集（相国寺）
政要〔政事要略〕　新訂増補国史大系28・改定史籍集覧編外 2
西征日記　続々群書類従 3（国書刊行会叢書）・豊太閤征韓秘録
清拙大鑑禅師塔銘　続群書類従 9 下
済美録　東京大学史料編纂所写真帳
聖フランシスコ=ザビエル書簡集　聖フランシスコ=ザビエル全書簡（河野純徳訳）
政要〔政事要略〕　新訂増補国史大系28・改定史籍集覧編外 2
政隣記　＊編年百姓一揆史料集成
尺五先生全集　続々群書類従13（国書刊行会叢書）
関山文書　〔写〕東京大学史料編纂所所蔵
雪村大和尚行道記　五山文学新集 3・続群書類従 9 下
接待事目録抄　〔写〕東京大学史料編纂所所蔵
摂津国古文書　〔写〕内閣文庫・東京大学史料編纂所所蔵
セビリア市インド文書館文書
千家文書　〔写〕東京大学史料編纂所所蔵
善光寺縁起　続群書類従28上・新編信濃史料叢書 1・善光寺縁起集成 1
千載和歌集　校註国歌大系 4・新日本古典文学大系10・新編国歌大観 1
専修寺文書　真宗史料集成 4
禅定寺文書　禅定寺文書（財団法人古代学協会編）
仙台市史　仙台市史編纂委員会編
仙台藩租税要略　仙台叢書
仙台藩農政の研究　近世村落研究会編
先哲叢談後編　東条耕子蔵著
撰要永久録　東京市史稿
善立寺文書　〔写〕東京大学史料編纂所所蔵
善隣国宝記　改定史籍集覧21・善隣国宝記新訂続善隣国宝記（田中健夫編）・続群書類従30上
禅林僧伝　〔写〕内閣文庫・東京大学史料編纂所所蔵

そ

僧官補任　群書類従 4・続群書類従 4 上
宗祇法師集　群書類従15
宗氏世系私記　〔写〕東京大学史料編纂所所蔵
宗家文書　対馬宗家文書
僧綱補任　大日本仏教全書
宗国史　宗国史（上野市古文献刊行会）
草根集　丹鶴叢書 4・5・中世文芸叢書 3・ノートルダム清心女子大学古典叢書
蔵志　日本科学古典全書
総社文書（常陸）　〔写〕東京大学史料編纂所等所蔵
相州兵乱記　群書類従21
相州文書　改訂新編相州文書・武相史料叢書 2
宋書　二十五史 3（上海古籍出版社〔上海〕刊）・二十四史（中華書局〔北京〕刊）
宗長日記　岩波文庫・続群書類従18下
増訂異国日記抄　異国叢書11
増訂明治維新の国際的環境　石井孝著
宋文憲公全集　四部叢刊（商務印書館〔上海〕刊）［宋学士文集］・和刻本漢籍全集12・13［新刊宋学士全集］
漱芳閣書画銘心録　日本画論集成 3・大東急記念文庫善本叢刊近世編16
総本山知恩院旧記採要録　大日本仏教全書・〔写〕内閣文庫所蔵　＊大日本史料
相馬利胤年譜　＊大日本史料
相馬文書　史料纂集・福島県史・相馬市史
続紀〔続日本紀〕　新訂増補国史大系 2・新日本古典文学大系12—16・増補六国史 3・4
続後〔続日本後紀〕　新訂増補国史大系 3・増補六国史 6
続左丞抄　新訂増補国史大系27
続史愚抄　新訂増補国史大系13—15　＊革暦類所引・園太暦所引・歴代最要所引
続資治通鑑　中華書局〔北京〕刊
続実紀〔続徳川実紀〕　新訂増補国史大系48—52
続神皇正統記　群書類従 3
続善隣国宝記　改定史籍集覧21・善隣国宝記新訂続善隣国宝記（田中健夫編）・続群書類従30上
続泰平年表　続群書類従完成会刊
続実紀〔続徳川実紀〕　新訂増補国史大系48—52
続長崎実録大成　長崎文献書 1 集 4
続日本王代一覧　〔写〕東京大学史料編纂所所蔵
続本朝通鑑　本朝通鑑（国書刊行会叢書）・標記本朝通鑑
訴状　＊編年百姓一揆史料集成
帥記　増補史料大成 5
園田文書　〔写〕東京大学史料編纂所所蔵　＊東寺伝法供家牒（平安遺文 2（428号））
尊海渡海日記
存覚一期記　続々群書類従 3（国書刊行会叢書）・新編真宗全書史伝編 6
古蹟文徴〔尊経閣蔵古蹟文徴〕　〔写〕東京大学史料編纂所所蔵　＊鎌倉遺文
尊号廷議一件中山家記　〔写〕東京大学史料編纂所所蔵
尊道親王行状　〔写〕東京大学史料編纂所所蔵
尊卑分脈　新訂増補国史大系58—60

た

ち

中右記　増補史料大成 9 ―15・史料通覧 4 ―10・大日本古記録（未完）
長寛勘文　群書類従26
超願寺文書
長享年後畿内兵乱記　続群書類従20上・改定史籍集覧13
長元九年記〔写〕彰考館所蔵
長秋記　増補史料大成16・17
重修譜〔寛政重修諸家譜〕　新訂寛政重修諸家譜（続群書類従完成会刊）
長承二年相撲立詩歌　続群書類従15下・平安朝歌合大成 6
朝鮮王朝実録　朝鮮王朝実録（韓国国史編纂委員会編）・李朝実録（学習院大学東洋文化研究所編）
朝鮮国王中宗国書
長専五師記写〔写〕内閣文庫所蔵
長宗我部元親百箇条　群書類従22・中世法制史料集 3
長曾我部元親式目　改定史籍集覧17・続群書類従23下・中世法制史料集 3
奝然入宋求法巡礼行並瑞像造立記　大日本史料 1 ノ20（永観元年 8 月 1 日条）
重宝録　東京都編
朝野旧聞裒藁　内閣文庫所蔵史籍叢刊特刊 1
朝野群載　新訂増補国史大系29上・改定史籍集覧18
長禄寛正記　群書類従20
鳥麓奇談　＊編年百姓一揆史料集成
長禄四年記〔写〕内閣文庫所蔵
著作堂雑記　曲亭遺稿（国書刊行会）
樗嚢抄　続群書類従10上
沈寿官氏所蔵文書　鹿児島県日置郡東市来町美山沈寿官氏所蔵
鎮西引付記　旧典類従13

つ

通航一覧　国書刊行会叢書
通航一覧続輯　通航一覧続輯（箭内健次校訂）
通航一覧続輯附録〔写〕東京大学史料編纂所所蔵
ヅーフ日本回顧録　異国叢書
通文館志　朝鮮史料叢刊21・通文館志（韓国珍書刊行会刊）
塚本文書〔写〕東京大学史料編纂所所蔵
津軽一統志　青森県叢書 6
津軽歴代記類　みちのく双書 7・8
津田文書
土橋文書〔写〕静嘉堂文庫・東京大学史料編纂所所蔵
繋文書　＊編年百姓一揆史料集成
経俊卿記　図書寮叢刊・〔写〕宮内庁書陵部・陽明文庫（以上自筆）・東京大学史料編纂所所蔵
坪内家文書〔写〕東京大学史料編纂所所蔵
鶴岡社務記録　鶴岡叢書 2・改定史籍集覧25・続史料大成18
鶴岡八幡宮寺供僧次第　続群書類従 4 下・34・鶴岡叢書 4［鶴岡八幡宮寺諸識次第］
鶴岡事書日記　改定史籍集覧25・続群書類従30上・歴代残闕日記73
鶴岡八幡宮寺社務職次第　群書類従 4・神道大系神社編20
鶴岡八幡宮文書　改訂新編相州古文書 2・鶴岡叢書 3・神奈川県史資料編

て

帝王編年記　新訂増補国史大系12
亭子院歌合　群書類従12・日本古典全書歌合集・日本古典文学大系74
貞信公記抄　貞信公記（大日本古記録）・続々群書類従 5（国書刊行会叢書）
貞徳永代記　元禄俳諧集・日本俳書大系俳諧系譜逸話集
手鑑　＊大坂編年史
鉄炮記　南浦文集上（新薩藩叢書 4）・古事類苑武技部
寺尾菊子氏所蔵文書
天恩寺文書
天享吾妻鑑〔写〕内閣文庫所蔵　＊東京市史稿
伝教大師行業記　続群書類従 8 下・大日本仏教全書・智証大師全集下
伝教大師行状　続群書類従 8 下
天寿国曼荼羅繡帳銘　＊上宮聖徳法王帝説
天正玄公仏事法語　甲斐志料集成 8・甲斐叢書 8
天正十四年上洛日記〔写〕東京大学史料編纂所所蔵
天正二年截香記　続々群書類従16（日本史籍協会叢書）
天台座主記　続群書類従 4 下・校訂増補天台座主記（渋谷慈鎧編）
天台宗延暦寺座主円珍和尚伝（天台宗延暦寺座主円珍伝）　続群書類従 8 下［智証大師伝］・大日本仏教全書・智証大師全集下
天台法華宗年分縁起　大日本仏教全書［天台法華宗年分学生式］・伝教大師全集 3
天徳三年八月十六日闘詩行事略記　群書類従 9
天王寺屋会記　天王寺屋会記（永島福太郎編）・茶道古典全集 7・8
天文十四年日記〔写〕内閣文庫・東京大学史料編纂所所蔵
天文日記　石山本願寺日記上
天保雑記　内閣文庫所蔵史籍叢刊32―34
天保集成絲綸録
天保撰要類集〔写〕東京大学史料編纂所所蔵
天満宮託宣記　群書類従 2
天文方代々記　天文方関係史料（大崎正次編）
殿暦　大日本古記録
天竜寺造営記録〔写〕東京大学史料編纂所等所蔵

と

島隠漁唱　続群書類従12下・薩藩叢書 2
東院毎日雑々記〔写〕内閣文庫・東京大学史料編纂所所蔵
東京国立博物館所蔵文書〔写〕東京大学史料編纂所所蔵
東京市史稿　東京都編
東国紀行　群書類従18・続帝国文庫37
東国通鑑　朝鮮群書大系続 3 ― 5（朝鮮古書刊行会〔京城〕）・古書珍書刊行会（朝鮮研究会〔京城〕）
東金堂細々要記　続史籍集覧 1
等持院文書〔写〕東京大学史料編纂所所蔵
東寺王代記　続群書類従29下
同志会式　＊加藤仁平『伊藤仁斎の学問と教育』
東寺過去帳〔写〕早稲田大学・彰考館所蔵
藤氏家伝（家伝）　群書類従 5・藤氏家伝（鎌足・貞慧・武智麻呂伝）―注釈と研究―（沖森卓也・佐藤信・矢嶋泉著）・寧楽遺文（875頁）
当寺規範
東寺執行日記〔写〕内閣文庫所蔵　＊鎌倉遺文
東寺私用集〔写〕東京大学史料編纂所等所蔵
東寺長者補任　群書類従 4・続々群書類従 2（国書刊行会叢書）
東寺百合文書　大日本古文書家わけ10（未完）
東寺文書　教王護国寺文書・〔写〕東京大学史料編纂所所蔵

な

に

ぬ

ね

の

は

ひ

ふ

へ

ほ

補庵京華集　五山文学新集1
報恩院文書　〔写〕東京大学史料編纂所所蔵　＊鎌倉遺文
報恩抄　日本思想大系14・昭和定本日蓮聖人遺文2
保元物語　新日本古典文学大系43・新編日本古典文学全集41
房州万石騒動日録　＊編年百姓一揆史料集成
方丈記　新日本古典文学大系39・新編日本古典文学全集44・新潮日本古典集成
宝蔵院蔵板碑
防長回天史　末松謙澄著
防長古文書誌
防長風土注進案　防長風土注進案（山口県文書館編）
法然上人行状画図　新修日本絵巻物全集14・続日本絵巻大成1―3
法然上人行状絵図　浄土宗全書16・日本絵巻物集成15・16
法隆寺資材帳〔法隆寺伽藍縁起幷流記資材帳〕　大日本古文書編年2・寧楽遺文（394頁）・法隆寺史料集成1
法隆寺釈迦如来像光背銘　奈良六大寺大観2・飛鳥白鳳の在銘金銅仏（奈良国立文化研究所飛鳥資料館編）
法隆寺東院縁起資財帳　大日本古文書編年文書4・寧楽遺文（390頁）・法隆寺史料集成1
法隆寺別当次第　続群書類従4下・鵤叢刊2・法隆寺史料集成3
法隆寺薬師像光背銘　奈良六大寺大観2・飛鳥白鳳の在銘金銅仏（奈良国立文化研究所飛鳥資料館編）
北夷談　北門叢書5
北山抄　新訂増補故実叢書31・神道大系朝儀祭礼編3・丹鶴叢書6
北山抄裏文書　＊大日本史料・平安遺文
牧民金鑑　滝川政次郎校訂
法華経奥書　平安遺文題跋編（1814号）
法華経寺文書　中山法華経寺史料（中尾堯編）・改訂房総叢書1
法華経開題奥書　大日本史料2ノ2（長徳元年4月16日条）
保阪潤治氏所蔵甲州法度之次第　中世法制史料集3
戊子入明記　策彦入明記の研究上（牧田締亮著）・続史料集覧1
細川家史料　大日本近世史料
細川家文書　〔写〕東京大学史料編纂所所蔵
細川両家記　群書類従20
法起寺三重塔露盤銘　寧楽遺文（966頁）
法華堂文書　相州古文書所収・鎌倉市史史料編1
発心和歌集　群書類従24・国文東方仏教叢書1輯8
法曹至要抄　群書類従6
法曹類林　新訂増補国史大系27
堀内文書　〔写〕東京大学史料編纂所所蔵
堀江御開発旧記　＊大坂編年史
本願寺上人親鸞伝絵　続群書類従9上・新修日本絵巻物全集20
本願寺年表
本願寺文書　〔写〕東京大学史料編纂所所蔵
本化別頭仏祖統紀　日蓮宗全書
本光国師日記　大日本仏教全書
梵字形音義奥書　六地蔵善本叢刊5・影印注解悉曇学書選書
梵舜日記　史料纂集
本朝月令　群書類従6・神道資料叢刊8
詔運録〔本朝皇胤詔運録〕　群書類従5・新註皇学叢書4
本朝高僧伝　大日本仏教全書
本朝新修往生伝　続群書類従8上・改定史籍集覧19・日本思想大系7
本朝世紀　新訂増補国史大系9
本朝続文粋　新訂増補国史大系29下
本朝文集　新訂増補国史大系30
本朝法家文書目録　続々群書類従16（国書刊行会叢書）
本朝法華験記　日本思想大系7
本朝文粋　正続本朝文粋・新訂増補国史大系29下・新日本古典文学大系27
本能寺文書　〔写〕東京大学史料編纂所所蔵
本福寺跡書　新編真宗全書史伝編7・日本思想大系17
ポンペ　宮永孝著
本邦綿糸紡績史　絹川太一著
本丸廻状留
本要記　奈良国立文化財研究所史料6

ま

前田家所蔵文書　〔写〕東京大学史料編纂所所蔵
マクシミリアーン・ル・メールの日記　オランダ商館長日記訳文編5（日本関係海外史料）
正木文書　正木古文書新田岩松文書（豊田義孝校訂）
政基公旅引付　図書寮叢刊・日本史史料叢刊1・2
増鏡　新訂増補国史大系21下・日本古典文学大系87
益田文書　大日本古文書家わけ22
町奉行所旧記　＊大坂編年史
町触頭書　名古屋叢書法制編2・〔写〕東京大学史料編纂所所蔵　＊大阪編年史
岩生成一「松倉重政の呂宋島遠征計画」『史学雑誌』45ノ9
松平記　三河文献集成中世編・文科大学史誌叢書
松平基則氏所蔵文書　〔写〕東京大学史料編纂所所蔵
松尾神社文書　松尾大社史料集
松前家記　松前町史史料編1
松山叢談　＊編年百姓一揆史料集成
松浦家世伝　〔写〕東京大学史料編纂所所蔵
松浦山代文書　佐賀県史料集成古文書編15［山代文書］
真淵手記
満済〔満済准后日記〕　続群書類従補遺1
万治二年宗旨御改之帳　大坂菊屋町宗旨人別帳
政所方引付　〔写〕神宮文庫所蔵
万葉集　新日本古典文学大系1―4・新編日本古典文学全集6―9

み

三浦家文書　大日本古文書家わけ14
三浦文書　〔写〕東京大学史料編纂所所蔵
三浦和田文書　新潟県史資料編4・中条町史資料編1・〔写〕東京大学史料編纂所所蔵
御上神社文書　〔写〕東京大学史料編纂所所蔵
三河古文書　〔写〕東京大学史料編纂所所蔵
三河物語　日本思想大系26・戦国史料叢書1期6
和田文書　〔写〕東京大学史料編纂所所蔵
三島神社文書　静岡県史料4・〔写〕東京大学史料編纂所所蔵
三須文書　〔写〕東京大学史料編纂所所蔵
三井事業史　三井文庫
三井続燈記　大日本仏教全書
躬恒集　群書類従15・校註国歌大系12・日本歌学全書1
三壺聞書　加賀能登郷土図書叢刊
御堂関白記　大日本古記録・日本古典全集第1期・御堂関白

む

め

も

や

ゆ

よ

ら

り

る

れ

ろ

わ

和州久米寺流記　続群書類従27下・大日本仏教全書
わすれがたみ　〔写〕国立国会図書館所蔵
渡辺系図　続群書類従５下
倭名抄〔倭名類聚抄〕　諸本集成倭名類聚抄（京都大学文学部国語学国文学研究室編）・和名類聚抄古写本声点本本文および索引（馬渕和夫）

大日本史料 収載内容一覧

（2019年5月刊行分まで）

編	冊	収載年次		年次		天皇
1	1	仁和 3年（887）丁未	8月	寛平 3年（891）辛亥	年末雑載	宇多天皇
	2	寛平 4年（892）壬子	正月	寛平 9年（897）丁巳	7月	宇多天皇
		寛平 9年（897）丁巳	7月	延喜元年（901）辛酉	10月	醍醐天皇
	3	延喜元年（901）辛酉	11月	延喜 8年（908）戊辰	年末雑載	醍醐天皇
	4	延喜 9年（909）己巳	正月	延喜18年（918）戊寅	6月	醍醐天皇
	5	延喜18年（918）戊寅	7月	延長 5年（927）丁亥	10月	醍醐天皇
	6	延長 5年（927）丁亥	11月	延長 8年（930）庚寅	9月	醍醐天皇
		延長 8年（930）庚寅	8月	承平 5年（935）乙未	年末雑載	朱雀天皇
	7	承平 6年（936）丙申	正月	天慶 4年（941）辛丑	8月	朱雀天皇
	8	天慶 4年（941）辛丑	9月	天慶 9年（946）丙午	4月	朱雀天皇
		天慶 9年（946）丙午	4月	天暦元年（947）丁未	5月	村上天皇
	9	天暦元年（947）丁未	6月	天暦 7年（953）癸丑	7月	村上天皇
	10	天暦 7年（953）癸丑	8月	応和元年（961）辛酉	11月	村上天皇
	11	応和元年（961）辛酉	12月	康保 4年（967）丁卯	5月	村上天皇
	12	康保 4年（967）丁卯	5月	安和 2年（969）己巳	8月	冷泉天皇
	13	安和 2年（969）己巳	8月	天禄 3年（972）壬申	6月	円融天皇
	14	天禄 3年（972）壬申	7月	天延 2年（974）甲戌	3月	円融天皇
	15	天延 2年（974）甲戌	4月	貞元元年（976）丙子	6月	円融天皇
	16	貞元元年（976）丙子	7月	貞元 2年（977）丁丑	是歳	円融天皇
	17	貞元 2年（977）丁丑	年末雑載	天元 3年（980）庚辰	6月	円融天皇
	18	天元 3年（980）庚辰	7月	天元 4年（981）辛巳	10月	円融天皇
	19	天元 4年（981）辛巳	11月	天元 5年（982）壬午	12月	円融天皇
	20	天元 5年（982）壬午	閏12月	永観 2年（984）甲申	2月	円融天皇
	21	永観 2年（984）甲申	3月	永観 2年（984）甲申	8月	円融天皇
		永観 2年（984）甲申	8月	永観 2年（984）甲申	年末雑載	花山天皇
	22	寛和元年（985）乙酉	正月	寛和元年（985）乙酉	3月	花山天皇
	23	寛和元年（985）乙酉	4月	寛和元年（985）乙酉	12月	花山天皇
	24	寛和元年（985）乙酉	是歳	寛和 2年（986）丙戌	6月	花山天皇
	別冊1	仁和 3年（887）丁未		延喜18年（918）戊寅		
	別冊2	仁和 3年（887）丁未		延喜21年（921）辛巳		
	別冊3	仁和 3年（887）丁未		延長 6年（928）戊子		
	別冊4	延長 7年（929）己丑		承平 4年（934）甲午		
2	1	寛和 2年（986）丙戌	6月	正暦 4年（993）癸巳	是夏	一条天皇
	2	正暦 4年（993）癸巳	7月	長徳 3年（997）丁酉	8月	一条天皇
	3	長徳 3年（997）丁酉	9月	長保 2年（1000）庚子	9月	一条天皇
	（補遺2-1）	寛和 2年（986）丙戌	8月	正暦 4年（993）癸巳	5月	
	4	長保 2年（1000）庚子	10月	長保 5年（1003）癸卯	12月	一条天皇
	5	寛弘元年（1004）甲辰	正月	寛弘 4年（1007）丁未	11月	一条天皇
	6	寛弘 4年（1007）丁未	12月	寛弘 8年（1011）辛亥	6月	一条天皇
		寛弘 8年（1011）辛亥	6月			三条天皇
	7	寛弘 8年（1011）辛亥	7月	長和 2年（1013）癸丑	10月	三条天皇
	8	長和 2年（1013）癸丑	11月	長和 4年（1015）乙卯	5月	三条天皇
	9	長和 4年（1015）乙卯	6月	長和 5年（1016）丙辰	正月	三条天皇
		長和 5年（1016）丙辰	正月	長和 5年（1016）丙辰	2月	後一条天皇
	（補遺2-1）	寛和 2年（986）丙戌	11月	正暦 2年（991）辛卯	7月	
	10	長和 5年（1016）丙辰	3月	長和 5年（1016）丙辰	7月	後一条天皇
	11	長和 5年（1016）丙辰	8月	寛仁元年（1017）丁巳	6月	後一条天皇
	12	寛仁元年（1017）丁巳	7月	寛仁元年（1017）丁巳	11月	後一条天皇
	13	寛仁元年（1017）丁巳	12月	寛仁 2年（1018）戊午	11月	後一条天皇
	14	寛仁 2年（1018）戊午	12月	寛仁 3年（1019）己未	9月	後一条天皇
	15	寛仁 3年（1019）己未	10月	寛仁 4年（1020）庚申	7月	後一条天皇
	16	寛仁 4年（1020）庚申	8月	治安元年（1021）辛酉	4月	後一条天皇

編	冊	収載年次				天皇
	17	治安元年（1021）辛酉	4月	治安元年（1021）辛酉	年末雑載	後一条天皇
	18	治安 2年（1022）壬戌	正月	治安 3年（1023）癸亥	2月	後一条天皇
	19	治安 3年（1023）癸亥	3月	治安 3年（1023）癸亥	11月	後一条天皇
	20	治安 3年（1023）癸亥	12月	万寿元年（1024）甲子	11月	後一条天皇
	21	万寿元年（1024）甲子	12月	万寿 2年（1025）乙丑	7月	後一条天皇
	22	万寿 2年（1025）乙丑	8月	万寿 3年（1026）丙寅	正月	後一条天皇
	23	万寿 3年（1026）丙寅	2月	万寿 4年（1027）丁卯	2月	後一条天皇
	24	万寿 4年（1027）丁卯	3月	万寿 4年（1027）丁卯	10月	後一条天皇
	25	万寿 4年（1027）丁卯	11月	万寿 4年（1027）丁卯	12月	後一条天皇
	26	万寿 4年（1027）丁卯	12月	万寿年中	年末雑載	後一条天皇
	27	長元元年（1028）戊辰	正月	長元元年（1028）戊辰	10月	後一条天皇
	28	長元元年（1028）戊辰	11月	長元 2年（1029）己巳	是秋	後一条天皇
	29	長元 2年（1029）己巳	10月	長元 3年（1030）庚午	7月	後一条天皇
	30	長元 3年（1030）庚午	8月	長元 4年（1031）辛未	6月	後一条天皇
	31	長元 4年（1031）辛未	7月	長元 5年（1032）壬申	3月	後一条天皇
3	1	応徳 3年（1086）丙寅	11月	寛治 4年（1090）庚午	年末雑載	堀河天皇
	2	寛治 5年（1091）辛未	正月	寛治 7年（1093）癸酉	9月	堀河天皇
	3	寛治 7年（1093）癸酉	10月	嘉保 2年（1095）乙亥	11月	堀河天皇
	4	嘉保 2年（1095）乙亥	12月	承徳元年（1097）丁丑	年末雑載	堀河天皇
	5	承徳 2年（1098）戊寅	正月	康和 3年（1101）辛巳	6月	堀河天皇
	6	康和 3年（1101）辛巳	7月	康和 5年（1103）癸未	4月	堀河天皇
	（補遺3-2）	寛治 5年（1091）辛未	10月			
	7	康和 5年（1103）癸未	5月	長治 2年（1105）乙酉	正月	堀河天皇
	8	長治 2年（1105）乙酉	2月	嘉承元年（1106）丙戌	年末雑載	堀河天皇
	9	嘉承 2年（1107）丁亥	正月	嘉承 2年（1107）丁亥	7月	堀河天皇
		嘉承 2年（1107）丁亥	7月	嘉承 2年（1107）丁亥	年末雑載	鳥羽天皇
	（補遺3-1/2）	応徳 3年（1086）丙寅	12月	寛治 7年（1093）癸酉	5月	
	10	天仁元年（1108）戊子	正月	天永元年（1110）庚寅	閏7月	鳥羽天皇
	11	天永元年（1110）庚寅	8月	天永 2年（1111）辛卯	8月	鳥羽天皇
	12	天永 2年（1111）辛卯	9月	天永 3年（1112）壬辰	2月	鳥羽天皇
	13	天永 3年（1112）壬辰	3月	天永 3年（1112）壬辰	年末雑載	鳥羽天皇
	14	永久元年（1113）癸巳	正月	永久 2年（1114）甲午	正月	鳥羽天皇
	15	永久 2年（1114）甲午	2月	永久 2年（1114）甲午	11月	鳥羽天皇
	16	永久 2年（1114）甲午	12月	永久 3年（1115）乙未	11月	鳥羽天皇
	17	永久 3年（1115）乙未	12月	永久 4年（1116）丙申	11月	鳥羽天皇
	18	永久 4年（1116）丙申	12月	永久 5年（1117）丁酉	12月	鳥羽天皇
	（補遺3-5/7）	康和元年（1099）己卯	正月	長治元年（1104）甲申	年末雑載	
	19	永久 5年（1117）丁酉	年末雑載	元永元年（1118）戊戌	4月	鳥羽天皇
	20	元永元年（1118）戊戌	5月	元永元年（1118）戊戌	11月	鳥羽天皇
	（補遺3-2）	寛治 6年（1092）壬申	7月	寛治 7年（1093）癸酉	正月	
	21	元永元年（1118）戊戌	12月	元永 2年（1119）己亥	3月	鳥羽天皇
	（補遺3-2/3）	寛治 7年（1093）癸酉	6月	寛治 7年（1093）癸酉	年末雑載	
	22	元永 2年（1119）己亥	4月	元永 2年（1119）己亥	7月	鳥羽天皇
	23	元永 2年（1119）己亥	8月	元永年中	年末雑載	鳥羽天皇
	24	保安元年（1120）庚子	正月	保安元年（1120）庚子	7月	鳥羽天皇
	25	保安元年（1120）庚子	8月	保安元年（1120）庚子	年末雑載	鳥羽天皇
	26	保安 2年（1121）辛丑	正月	保安 2年（1121）辛丑	5月	鳥羽天皇
	27	保安 2年（1121）辛丑	5月	保安 2年（1121）辛丑	11月	鳥羽天皇
	28	保安 2年（1121）辛丑	11月	保安 2年（1121）辛丑	年末雑載	鳥羽天皇
	（補遺3-26/27）	保安 2年（1121）辛丑	正月	保安 2年（1121）辛丑	11月	
	29	保安 3年（1122）壬寅	正月	保安 3年（1122）壬寅	4月	鳥羽天皇
4	1	文治元年（1185）乙巳	11月	文治 3年（1187）丁未	8月	後鳥羽天皇
	2	文治 3年（1187）丁未	9月	建久元年（1190）庚戌	正月	後鳥羽天皇
	3	建久元年（1190）庚戌	正月	建久 3年（1192）壬子	2月	後鳥羽天皇
	4	建久 3年（1192）壬子	3月	建久 6年（1195）乙卯	8月	後鳥羽天皇

編	冊	収載年次				天皇
	(補遺4-1)	文治 2年 (1186) 辛丑	11月	文治 3年 (1187) 丁未	4月	
	5	建久 6年 (1195) 乙卯	9月	建久 9年 (1198) 戊午	正月	後鳥羽天皇
		建久 9年 (1198) 戊午	正月	建久 9年 (1198) 戊午	年末雑載	土御門天皇
	(補遺4-1/2/3/4)	文治 2年 (1186) 辛丑	7月	建久 4年 (1193) 癸丑	6月	
	6	正治元年 (1199) 己未	正月	建仁元年 (1201) 辛酉	3月	土御門天皇
	(補遺4-3)	建久 2年 (1191) 辛亥	10月			
	7	建仁元年 (1201) 辛酉	4月	建仁 3年 (1203) 癸亥	年末雑載	土御門天皇
	8	元久元年 (1204) 甲子	正月	建永元年 (1206) 丙寅	4月	土御門天皇
	9	建永元年 (1206) 丙寅	5月	承元 2年 (1208) 戊辰	2月	土御門天皇
	10	承元 2年 (1208) 戊辰	3月	承元 4年 (1210) 庚午	11月	土御門天皇
		承元 4年 (1210) 庚午	11月	承元 4年 (1210) 庚午	年末雑載	順徳天皇
	11	建暦元年 (1211) 辛未	正月	建暦 2年 (1212) 壬申	11月	順徳天皇
	12	建暦 2年 (1212) 壬申	12月	建保元年 (1213) 癸酉	年末雑載	順徳天皇
	13	建保 2年 (1214) 甲戌	正月	建保 4年 (1216) 丙子	3月	順徳天皇
	14	建保 4年 (1216) 丙子	4月	承久元年 (1219) 己卯	正月	順徳天皇
	15	承久元年 (1219) 己卯	2月	承久 3年 (1221) 辛巳	4月	順徳天皇
		承久 3年 (1221) 辛巳	4月	承久 3年 (1221) 辛巳	5月	仲恭天皇
	16	承久 3年 (1221) 辛巳	5月	承久 3年 (1221) 辛巳	7月	仲恭天皇
	(補遺4-1/2/3/4)	文治 2年 (1186) 辛丑	正月	建久 3年 (1192) 壬子	年末雑載	
	別冊1	建久 4年 (1193) 癸丑	正月	建仁 3年 (1203) 癸亥	年末雑載	
5	1	承久 3年 (1221) 辛巳	7月	貞応 2年 (1223) 癸未	5月	後堀河天皇
	2	貞応 2年 (1223) 癸未	6月	嘉禄元年 (1225) 乙酉	12月	後堀河天皇
	3	嘉禄元年 (1225) 乙酉	是歳	安貞元年 (1227) 丁亥	6月	後堀河天皇
	4	安貞元年 (1227) 丁亥	7月	寛喜元年 (1229) 己丑	2月	後堀河天皇
	5	寛喜元年 (1229) 己丑	3月	寛喜 2年 (1230) 庚寅	是冬	後堀河天皇
	6	寛喜 2年 (1230) 庚寅	是歳	寛喜 3年 (1231) 辛卯	10月	後堀河天皇
	7	寛喜 3年 (1231) 辛卯	10月	貞永元年 (1232) 壬辰	6月	後堀河天皇
	8	貞永元年 (1232) 壬辰	7月	貞永元年 (1232) 壬辰	10月	後堀河天皇
		貞永元年 (1232) 壬辰	10月	天福元年 (1233) 癸巳	5月	四条天皇
	9	天福元年 (1233) 癸巳	5月	嘉禎元年 (1235) 乙未	4月	四条天皇
	10	嘉禎元年 (1235) 乙未	5月	嘉禎 2年 (1236) 丙申	11月	四条天皇
	(補遺5-9)	天福元年 (1233) 癸巳	6月	嘉禎元年 (1235) 乙未	3月	
	11	嘉禎 2年 (1236) 丙申	12月	暦仁元年 (1238) 戊戌	9月	四条天皇
	12	暦仁元年 (1238) 戊戌	10月	仁治元年 (1240) 庚子	8月	四条天皇
	13	仁治元年 (1240) 庚子	9月	仁治 2年 (1241) 辛丑	年末雑載	四条天皇
	14	仁治 3年 (1242) 壬寅	正月			四条天皇
		仁治 3年 (1242) 壬寅	正月	仁治 3年 (1242) 壬寅	7月	後嵯峨天皇
	15	仁治 3年 (1242) 壬寅	8月	仁治 3年 (1242) 壬寅	12月	後嵯峨天皇
	16	仁治 3年 (1242) 壬寅	12月	寛元元年 (1243) 癸卯	11月	後嵯峨天皇
	(補遺5-14/15)	仁治 3年 (1242) 壬寅	7月	仁治 3年 (1242) 壬寅	12月	
	17	寛元元年 (1243) 癸卯	12月	寛元 2年 (1244) 甲辰	7月	後嵯峨天皇
	(補遺5-16)	寛元元年 (1243) 癸卯	3月			
	18	寛元 2年 (1244) 甲辰	8月	寛元 3年 (1245) 乙巳	4月	後嵯峨天皇
	(補遺5-17)	寛元 2年 (1244) 甲辰	4月			
	19	寛元 3年 (1245) 乙巳	5月	寛元 4年 (1246) 丙午	正月	後嵯峨天皇
		寛元 4年 (1246) 丙午	正月	寛元 4年 (1246) 丙午	2月	後深草天皇
	20	寛元 4年 (1246) 丙午	3月	寛元 4年 (1246) 丙午	10月	後深草天皇
	21	寛元 4年 (1246) 丙午	11月	宝治元年 (1247) 丁未	4月	後深草天皇
	(補遺5-20)	寛元 4年 (1246) 丙午	閏4月	寛元 4年 (1246) 丙午	10月	
	22	宝治元年 (1247) 丁未	5月	宝治元年 (1247) 丁未	9月	後深草天皇
	23	宝治元年 (1247) 丁未	10月	宝治元年 (1247) 丁未	是歳	後深草天皇
	24	宝治元年 (1247) 丁未	是歳	宝治元年 (1247) 丁未	年末雑載	後深草天皇
	25	宝治 2年 (1248) 戊申	正月			後深草天皇
	26	宝治 2年 (1248) 戊申	正月	宝治 2年 (1248) 戊申	9月	後深草天皇
	27	宝治 2年 (1248) 戊申	10月	宝治 2年 (1248) 戊申	是歳	後深草天皇

編	冊	収載年次				天皇
	28	宝治 2年（1248）戊申	年末雑載	宝治年中	雑載	後深草天皇
	29	建長元年（1249）己酉	正月	建長元年（1249）己酉	4月	後深草天皇
	30	建長元年（1249）己酉	5月	建長元年（1249）己酉	6月	後深草天皇
	31	建長元年（1249）己酉	7月	建長元年（1249）己酉	12月	後深草天皇
	32	建長元年（1249）己酉	是歳	建長 2年（1250）庚戌	正月	後深草天皇
	（補遺5-21/27/29/30/31）	宝治元年（1247）丁未	2月	建長元年（1249）己酉	7月	
	33	建長 2年（1250）庚戌	2月	建長 2年（1250）庚戌	10月	後深草天皇
	34	建長 2年（1250）庚戌	11月	建長 2年（1250）庚戌	年末雑載	後深草天皇
	35	建長 3年（1251）辛亥	正月	建長 3年（1251）辛亥	7月	後深草天皇
	36	建長 3年（1251）辛亥	8月	建長 3年（1251）辛亥	是歳	後深草天皇
6	1	元弘 3年（1333）癸酉	5月	建武元年（1334）甲戌	10月	後醍醐天皇
	2	建武元年（1334）甲戌	10月	延元元年（1336）丙子	正月	後醍醐天皇
	3	延元元年（1336）丙子	正月	延元元年（1336）丙子	年末雑載	後醍醐天皇
		建武 3年（1336）丙子	11月	建武 3年（1336）丙子	年末雑載	光明天皇
	4	延元 2年（1337）丁丑	正月	延元 3年（1338）戊寅	閏7月	後醍醐天皇
		建武 4年（1337）丁丑	正月	暦応元年（1338）戊寅	閏7月	光明天皇
	5	延元 3年（1338）戊寅	8月	延元 4年（1339）己卯	8月	後醍醐天皇
		延元 4年（1339）己卯	8月	延元 4年（1339）己卯	年末雑載	後村上天皇
		暦応元年（1338）戊寅	8月	暦応 2年（1339）己卯	年末雑載	光明天皇
	（補遺6-3/4）	延元元年（1336）丙子	3月	延元 3年（1338）戊寅	7月	
		延元元年（1336）丙子	3月	暦応元年（1338）戊寅	7月	
	6	興国元年（1340）庚辰	正月	興国 2年（1341）辛巳	12月	後村上天皇
		暦応 3年（1340）庚辰	正月	暦応 4年（1341）辛巳	12月	光明天皇
	（補遺6-4）	延元 2年（1337）丁丑	6月			
		建武 4年（1337）丁丑	6月			
	7	興国 3年（1342）壬午	正月	興国 4年（1343）癸未	12月	後村上天皇
		康永元年（1342）壬午	正月	康永 2年（1343）癸未	12月	光明天皇
	（補遺6-1/2/3/4/5/6/7）	建武元年（1334）甲戌	7月	興国 4年（1343）癸未	4月	
		建武元年（1334）甲戌	7月	康永 2年（1343）癸未	4月	
	8	興国 5年（1344）甲申	正月	興国 6年（1345）乙酉	4月	後村上天皇
		康永 3年（1344）甲申	正月	貞和元年（1345）乙酉	4月	光明天皇
	（補遺6-1/3/4/6/7）	建武元年（1334）甲戌	9月	興国 4年（1343）癸未	12月	
		建武元年（1334）甲戌	9月	康永 2年（1343）癸未	12月	
	9	興国 6年（1345）乙酉	5月	正平元年（1346）丙戌	7月	後村上天皇
		貞和元年（1345）乙酉	5月	貞和 2年（1346）丙戌	7月	光明天皇
	（補遺6-7/8）	興国 4年（1343）癸未	8月	興国 6年（1345）乙酉	4月	
		康永 2年（1343）癸未	8月	康永 4年（1345）乙酉	4月	
	10	正平元年（1346）丙戌	8月	正平 2年（1347）丁亥	11月	後村上天皇
		貞和 2年（1346）丙戌	8月	貞和 3年（1347）丁亥	11月	光明天皇
	（補遺6-7）	興国 4年（1343）癸未	10月			
		康永 2年（1343）癸未	10月			
	11	正平 2年（1347）丁亥	12月	正平 3年（1348）戊子	10月	後村上天皇
		貞和 3年（1347）丁亥	12月	貞和 4年（1348）戊子	10月	光明天皇
	（補遺6-4/5/6/7/8/9/10）	延元 2年（1337）丁丑	年末雑載	正平 2年（1347）丁亥	10月	
		建武 4年（1337）丁丑	年末雑載	貞和 3年（1347）丁亥	10月	
	12	正平 3年（1348）戊子	10月	正平 4年（1349）己丑	10月	後村上天皇
		貞和 4年（1348）戊子	10月	貞和 5年（1349）己丑	10月	崇光天皇
	（補遺6-7/8/10/11）	興国 3年（1342）壬午	11月	正平 3年（1348）戊子	4月	
		康永元年（1342）壬午	11月	貞和 4年（1348）戊子	4月	
	13	正平 4年（1349）己丑	11月	正平 5年（1350）庚寅	10月	後村上天皇
		貞和 5年（1349）己丑	11月	観応元年（1350）庚寅	10月	崇光天皇
	（補遺6-2/7/11/12/13）	建武 2年（1335）乙亥	是歳	正平 4年（1349）己丑	12月	
		建武 2年（1335）乙亥	是歳	貞和 5年（1349）己丑	12月	
	14	正平 5年（1350）庚寅	11月	正平 6年（1351）辛卯	4月	後村上天皇
		観応元年（1350）庚寅	11月	観応 2年（1351）辛卯	4月	崇光天皇

編	冊	収載年次				天皇
6	15	正平 6年（1351）辛卯	5月	正平 6年（1351）辛卯	年末雑載	後村上天皇
		観応 2年（1351）辛卯	5月	観応 2年（1351）辛卯	年末雑載	崇 光 天 皇
	16	正平 7年（1352）壬辰	正月	正平 7年（1352）壬辰	8月	後村上天皇
		文和元年（1352）壬辰	8月			後光厳天皇
	17	正平 7年（1352）壬辰	9月	正平 8年（1353）癸巳	3月	後村上天皇
		文和元年（1352）壬辰	9月	文和 2年（1353）癸巳	3月	後光厳天皇
	18	正平 8年（1353）癸巳	4月	正平 9年（1354）甲午	3月	後村上天皇
		文和 2年（1353）癸巳	4月	文和 3年（1354）甲午	3月	後光厳天皇
	19	正平 9年（1354）甲午	4月	正平10年（1355）乙未	8月	後村上天皇
		文和 3年（1354）甲午	4月	文和 4年（1355）乙未	8月	後光厳天皇
	20	正平10年（1355）乙未	9月	正平11年（1356）丙申	11月	後村上天皇
		文和 4年（1355）乙未	9月	延文元年（1356）丙申	11月	後光厳天皇
	21	正平11年（1356）丙申	12月	正平13年（1358）戊戌	8月	後村上天皇
		延文元年（1356）丙申	12月	延文 3年（1358）戊戌	8月	後光厳天皇
	22	正平13年（1358）戊戌	9月	正平15年（1360）庚子	正月	後村上天皇
		延文 3年（1358）戊戌	9月	延文 5年（1360）庚子	正月	後光厳天皇
	23	正平15年（1360）庚子	2月	正平16年（1361）辛丑	年末雑載	後村上天皇
		延文 5年（1360）庚子	2月	康安元年（1361）辛丑	年末雑載	後光厳天皇
	24	正平17年（1362）壬寅	正月	正平18年（1363）癸卯	2月	後村上天皇
		貞治元年（1362）壬寅	正月	貞治 2年（1363）癸卯	2月	後光厳天皇
	25	正平18年（1363）癸卯	3月	正平19年（1364）甲辰	7月	後村上天皇
		貞治 2年（1363）癸卯	3月	貞治 3年（1364）甲辰	7月	後光厳天皇
	26	正平19年（1364）甲辰	7月	正平20年（1365）乙巳	7月	後村上天皇
		貞治 3年（1364）甲辰	7月	貞治 4年（1365）乙巳	7月	後光厳天皇
	27	正平20年（1365）乙巳	8月	正平22年（1367）丁未	4月	後村上天皇
		貞治 4年（1365）乙巳	8月	貞治 6年（1367）丁未	4月	後光厳天皇
	28	正平22年（1367）丁未	5月	正平22年（1367）丁未	年末雑載	後村上天皇
		貞治 6年（1367）丁未	5月	貞治 6年（1367）丁未	年末雑載	後光厳天皇
	29	正平23年（1368）戊申	正月	正平23年（1368）戊申	3月	後村上天皇
		正平23年（1368）戊申	3月	正平23年（1368）戊申	7月	長 慶 天 皇
		応安元年（1368）戊申	正月	応安元年（1368）戊申	7月	後光厳天皇
	30	正平23年（1368）戊申	8月	正平24年（1369）己酉	6月	長 慶 天 皇
		応安元年（1368）戊申	8月	応安 2年（1369）己酉	6月	後光厳天皇
	31	正平24年（1369）己酉	6月	建徳元年（1370）庚戌	2月	長 慶 天 皇
		応安 2年（1369）己酉	6月	応安 3年（1370）庚戌	2月	後光厳天皇
	32	建徳元年（1370）庚戌	3月	建徳元年（1370）庚戌	12月	長 慶 天 皇
		応安 3年（1370）庚戌	3月	応安 3年（1370）庚戌	12月	後光厳天皇
	33	建徳元年（1370）庚戌	是歳	建徳 2年（1371）辛亥	3月	長 慶 天 皇
		応安 3年（1370）庚戌	是歳	応安 4年（1371）辛亥	3月	後光厳天皇
	34	建徳 2年（1371）辛亥	閏3月	建徳 2年（1371）辛亥	是冬	長 慶 天 皇
		応安 4年（1371）辛亥	閏3月	応安 4年（1371）辛亥	是冬	後円融天皇
	35	建徳 2年（1371）辛亥	是歳	文中元年（1372）壬子	6月	長 慶 天 皇
		応安 4年（1371）辛亥	是歳	応安 5年（1372）壬子	6月	後円融天皇
	36	文中元年（1372）壬子	7月	文中 2年（1373）癸丑	正月	長 慶 天 皇
		応安 5年（1372）壬子	7月	応安 6年（1373）癸丑	正月	後円融天皇
	37	文中 2年（1373）癸丑	2月	文中 2年（1373）癸丑	6月	長 慶 天 皇
		応安 6年（1373）癸丑	2月	応安 6年（1373）癸丑	6月	後円融天皇
	（補遺6-33/35）	建徳元年（1370）庚戌	是歳	文中元年（1372）壬子	6月	
		応安 3年（1370）庚戌	是歳	応安 5年（1372）壬子	6月	
	38	文中 2年（1373）癸丑	7月	文中 2年（1373）癸丑	12月	長 慶 天 皇
		応安 6年（1373）癸丑	7月	応安 6年（1373）癸丑	12月	後円融天皇
	39	文中 2年（1373）癸丑	是歳	文中 2年（1373）癸丑	年末雑載	長 慶 天 皇
		応安 6年（1373）癸丑	是歳	応安 6年（1373）癸丑	年末雑載	後円融天皇
	（補遺6-36/37/38）	文中元年（1372）壬子	是歳	文中 2年（1373）癸丑	12月	
		応安 5年（1372）壬子	是歳	応安 6年（1373）癸丑	12月	

編	冊	収載年次				天皇
	40	文中3年（1374）甲寅	正月	文中3年（1374）甲寅	5月	長慶天皇
		応安7年（1374）甲寅	正月	応安7年（1374）甲寅	5月	後円融天皇
	41	文中3年（1374）甲寅	6月	文中3年（1374）甲寅	是冬	長慶天皇
		応安7年（1374）甲寅	6月	応安7年（1374）甲寅	是冬	後円融天皇
	42	文中3年（1374）甲寅	是歳	文中3年（1374）甲寅	年末雑載	長慶天皇
		応安7年（1374）甲寅	是歳	応安7年（1374）甲寅	年末雑載	後円融天皇
	43	天授元年（1375）乙卯	正月	天授元年（1375）乙卯	5月	長慶天皇
		永和元年（1375）乙卯	正月	永和元年（1375）乙卯	5月	後円融天皇
	44	天授元年（1375）乙卯	6月	天授元年（1375）乙卯	11月	長慶天皇
		永和元年（1375）乙卯	6月	永和元年（1375）乙卯	11月	後円融天皇
	45	天授元年（1375）乙卯	12月	天授元年（1375）乙卯	年末雑載	長慶天皇
		永和元年（1375）乙卯	12月	永和元年（1375）乙卯	年末雑載	後円融天皇
	46	天授元年（1375）乙卯	年末雑載	天授2年（1376）丙辰	6月	長慶天皇
		永和元年（1375）乙卯	年末雑載	永和2年（1376）丙辰	6月	後円融天皇
	47	天授2年（1376）丙辰	6月	天授2年（1376）丙辰	年末雑載	長慶天皇
		永和2年（1376）丙辰	6月	永和2年（1376）丙辰	年末雑載	後円融天皇
	48	天授2年（1376）丙辰	年末雑載			長慶天皇
		永和2年（1376）丙辰	年末雑載			後円融天皇
	49	天授2年（1376）丙辰	年末雑載	天授3年（1377）丁巳	8月	長慶天皇
		永和2年（1376）丙辰	年末雑載	永和3年（1377）丁巳	8月	後円融天皇
	50	天授3年（1377）丁巳	9月	天授3年（1377）丁巳	年末雑載	長慶天皇
		永和3年（1377）丁巳	9月	永和3年（1377）丁巳	年末雑載	後円融天皇
7	1	明徳3年（1392）壬申	閏10月	応永2年（1395）乙亥	3月	後小松天皇
	2	応永2年（1395）乙亥	4月	応永4年（1397）丁丑	12月	後小松天皇
	3	応永4年（1397）丁丑	是歳	応永6年（1399）己卯	6月	後小松天皇
	4	応永6年（1399）己卯	7月	応永8年（1401）辛巳	4月	後小松天皇
	5	応永8年（1401）辛巳	5月	応永9年（1402）壬午	年末雑載	後小松天皇
	6	応永10年（1403）癸未	正月	応永11年（1404）甲申	年末雑載	後小松天皇
	7	応永12年（1405）乙酉	正月	応永13年（1406）丙戌	5月	後小松天皇
	8	応永13年（1406）丙戌	6月	応永14年（1407）丁亥	7月	後小松天皇
	9	応永14年（1407）丁亥	7月	応永15年（1408）戊子	4月	後小松天皇
	10	応永15年（1408）戊子	5月	応永15年（1408）戊子	10月	後小松天皇
	11	応永15年（1408）戊子	11月	応永16年（1409）己丑	6月	後小松天皇
	12	応永16年（1409）己丑	7月	応永16年（1409）己丑	年末雑載	後小松天皇
	13	応永16年（1409）己丑	年末雑載	応永17年（1410）庚寅	是歳	後小松天皇
	14	応永17年（1410）庚寅	年末雑載	応永18年（1411）辛卯	11月	後小松天皇
	15	応永18年（1411）辛卯	12月	応永19年（1412）壬辰	8月	後小松天皇
	16	応永19年（1412）壬辰	8月			後小松天皇
	17	応永19年（1412）壬辰	8月	応永20年（1413）癸巳	2月	称光天皇
	18	応永20年（1413）癸巳	3月	応永20年（1413）癸巳	12月	称光天皇
	19	応永20年（1413）癸巳	12月	応永21年（1414）甲午	3月	称光天皇
	20	応永21年（1414）甲午	4月	応永21年（1414）甲午	12月	称光天皇
	21	応永21年（1414）甲午	12月	応永21年（1414）甲午	年末雑載	称光天皇
	22	応永22年（1415）乙未	正月	応永22年（1415）乙未	8月	称光天皇
	23	応永22年（1415）乙未	9月	応永22年（1415）乙未	年末雑載	称光天皇
	24	応永22年（1415）乙未	年末雑載	応永23年（1416）丙申	7月	称光天皇
	25	応永23年（1416）丙申	8月	応永23年（1416）丙申	年末雑載	称光天皇
	26	応永23年（1416）丙申	年末雑載	応永24年（1417）丁酉	正月	称光天皇
	27	応永24年（1417）丁酉	2月	応永24年（1417）丁酉	8月	称光天皇
	28	応永24年（1417）丁酉	9月	応永24年（1417）丁酉	年末雑載	称光天皇
	29	応永24年（1417）丁酉	年末雑載	応永25年（1418）戊戌	正月	称光天皇
	30	応永25年（1418）戊戌	正月	応永25年（1418）戊戌	7月	称光天皇
	（補遺7-25）	応永23年（1416）丙申	9月	応永23年（1416）丙申	11月	
	31	応永25年（1418）戊戌	8月	応永25年（1418）戊戌	是歳	称光天皇
	32	応永25年（1418）戊戌	年末雑載			称光天皇

編	冊	収載年次				天皇
	33	応永25年（1418）戊戌	年末雑載	応永26年（1419）己亥	2月	称光天皇
	（補遺7-29/30/31/32）	応永25年（1418）戊戌	正月	応永25年（1418）戊戌	年末雑載	
	34	応永26年（1418）己亥	3月	応永26年（1418）己亥	7月	称光天皇
8	1	応仁元年（1467）丁亥	正月	応仁 2年（1468）戊子	7月	後土御門天皇
	2	応仁 2年（1468）戊子	8月	文明元年（1469）己丑	是秋	後土御門天皇
	（補遺8-1）	応仁元年（1467）丁亥	2月	応仁 2年（1468）戊子	6月	
	3	文明元年（1469）己丑	10月	文明 2年（1470）庚寅	是歳	後土御門天皇
	4	文明 2年（1470）庚寅	年末雑載	文明 3年（1471）辛卯	11月	後土御門天皇
	5	文明 3年（1471）辛卯	12月	文明 4年（1472）壬辰	11月	後土御門天皇
	6	文明 4年（1472）壬辰	12月	文明 5年（1473）癸巳	8月	後土御門天皇
	7	文明 5年（1473）癸巳	9月	文明 6年（1474）甲午	年末雑載	後土御門天皇
	8	文明 7年（1475）乙未	正月	文明 8年（1476）丙申	6月	後土御門天皇
	9	文明 8年（1476）丙申	7月	文明 9年（1477）丁酉	是冬	後土御門天皇
	10	文明 9年（1477）丁酉	是歳	文明10年（1478）戊戌	年末雑載	後土御門天皇
	11	文明10年（1478）戊戌	是歳	文明11年（1479）己亥	12月	後土御門天皇
	12	文明12年（1480）庚子	正月	文明13年（1481）辛丑	正月	後土御門天皇
	13	文明13年（1481）辛丑	正月	文明13年（1481）辛丑	年末雑載	後土御門天皇
	14	文明14年（1482）壬寅	正月	文明14年（1482）壬寅	年末雑載	後土御門天皇
	15	文明15年（1483）癸卯	正月	文明15年（1483）癸卯	年末雑載	後土御門天皇
	16	文明16年（1484）甲辰	正月	文明17年（1485）乙巳	正月	後土御門天皇
	17	文明17年（1485）乙巳	2月	文明17年（1485）乙巳	年末雑載	後土御門天皇
	18	文明18年（1486）丙午	正月	文明18年（1486）丙午	8月	後土御門天皇
	19	文明18年（1486）丙午	9月	長享元年（1487）丁未	2月	後土御門天皇
	20	長享元年（1487）丁未	2月	長享元年（1487）丁未	11月	後土御門天皇
	21	長享元年（1487）丁未	閏11月	長享 2年（1488）戊申	4月	後土御門天皇
	22	長享 2年（1488）戊申	5月	長享 2年（1488）戊申	7月	後土御門天皇
	23	長享 2年（1488）戊申	7月	長享 2年（1488）戊申	11月	後土御門天皇
	24	長享 2年（1488）戊申	12月	長享 2年（1488）戊申	年末雑載	後土御門天皇
	25	長享 2年（1488）戊申	年末雑載			後土御門天皇
	26	長享 2年（1488）戊申	年末雑載	延徳元年（1489）己酉	2月	後土御門天皇
	27	延徳元年（1489）己酉	3月	延徳元年（1489）己酉	6月	後土御門天皇
	28	延徳元年（1489）己酉	6月	延徳元年（1489）己酉	10月	後土御門天皇
	29	延徳元年（1489）己酉	10月	延徳元年（1489）己酉	是歳	後土御門天皇
	30	延徳元年（1489）己酉	年末雑載			後土御門天皇
	31	延徳元年（1489）己酉	年末雑載			後土御門天皇
	32	延徳元年（1489）己酉	年末雑載			後土御門天皇
	33	延徳元年（1489）己酉	年末雑載			後土御門天皇
	（補遺8-26/27/28/29/30/31/32）	延徳元年（1489）己酉	正月	延徳元年（1489）己酉	年末雑載	
	34	延徳 2年（1490）庚戌	正月			後土御門天皇
	35	延徳 2年（1490）庚戌	正月	延徳 2年（1490）庚戌	2月	後土御門天皇
	36	延徳 2年（1490）庚戌	3月	延徳 2年（1490）庚戌	4月	後土御門天皇
	37	延徳 2年（1490）庚戌	5月	延徳 2年（1490）庚戌	7月	後土御門天皇
	38	延徳 2年（1490）庚戌	8月	延徳 2年（1490）庚戌	閏8月	後土御門天皇
	39	延徳 2年（1490）庚戌	9月	延徳 2年（1490）庚戌	11月	後土御門天皇
	40	延徳 2年（1490）庚戌	12月			後土御門天皇
	41	延徳 2年（1490）庚戌	是歳	延徳 2年（1490）庚戌	年末雑載	後土御門天皇
	42	延徳 2年（1490）庚戌	年末雑載			後土御門天皇
	43	延徳 2年（1490）庚戌	年末雑載			後土御門天皇
9	1	永正 5年（1508）戊辰	6月	永正 6年（1509）己巳	是秋	後柏原天皇
	2	永正 6年（1509）己巳	10月	永正 7年（1510）庚午	12月	後柏原天皇
	3	永正 7年（1510）庚午	是歳	永正 9年（1512）壬申	3月	後柏原天皇
	4	永正 9年（1512）壬申	4月	永正10年（1513）癸酉	年末雑載	後柏原天皇
	5	永正11年（1514）甲戌	正月	永正12年（1515）乙亥	12月	後柏原天皇
	6	永正12年（1515）乙亥	是歳	永正14年（1517）丁丑	6月	後柏原天皇
	7	永正14年（1517）丁丑	7月	永正15年（1518）戊寅	5月	後柏原天皇

編	冊	収載年次				天皇
	8	永正15年（1518）戊寅	6月	永正15年（1518）戊寅	年末雑載	後柏原天皇
	9	永正16年（1519）己卯	正月	永正16年（1519）己卯	10月	後柏原天皇
	10	永正16年（1519）己卯	10月	永正17年（1520）庚辰	3月	後柏原天皇
	11	永正17年（1520）庚辰	4月	永正17年（1520）庚辰	年末雑載	後柏原天皇
	12	永正17年（1520）庚辰	年末雑載	大永元年（1521）辛巳	4月	後柏原天皇
	13	大永元年（1521）辛巳	5月	大永元年（1521）辛巳	12月	後柏原天皇
	14	大永元年（1521）辛巳	是歳	大永元年（1521）辛巳	年末雑載	後柏原天皇
	（補遺9-12/13）	大永元年（1521）辛巳	正月	大永元年（1521）辛巳	12月	
	15	大永 2年（1522）壬午	正月	大永 2年（1522）壬午	3月	後柏原天皇
	16	大永 2年（1522）壬午	4月	大永 2年（1522）壬午	9月	後柏原天皇
	17	大永 2年（1522）壬午	10月	大永 2年（1522）壬午	年末雑載	後柏原天皇
	18	大永 2年（1522）壬午	年末雑載			
	（補遺9-15/16/17）	大永 2年（1522）壬午	正月	大永 2年（1522）壬午	12月	後柏原天皇
	19	大永 3年（1523）癸未	正月	大永 3年（1523）癸未	4月	後柏原天皇
	20	大永 3年（1523）癸未	4月	大永 3年（1523）癸未	9月	後柏原天皇
	21	大永 3年（1523）癸未	10月	大永 3年（1523）癸未	年末雑載	後柏原天皇
	22	大永 3年（1523）癸未	年末雑載			後柏原天皇
	23	大永 3年（1523）癸未	年末雑載			後柏原天皇
	24	大永 3年（1523）癸未	年末雑載			後柏原天皇
	25	大永 3年（1523）癸未	年末雑載			後柏原天皇
	（補遺9-19/20/21/22/23/24）	大永 3年（1523）癸未	正月	大永 3年（1523）癸未	年末雑載	
	26	大永 4年（1524）甲申	正月	大永 4年（1524）甲申	3月	後柏原天皇
	27	大永 4年（1524）甲申	3月	大永 4年（1524）甲申	7月	後柏原天皇
	28	大永 4年（1524）甲申	8月			後柏原天皇
10	1	永禄11年（1568）戊辰	8月	永禄12年（1569）己巳	2月	正親町天皇
	2	永禄12年（1569）己巳	3月	永禄12年（1569）己巳	6月	正親町天皇
	3	永禄12年（1569）己巳	7月	元亀元年（1570）庚午	正月	正親町天皇
	4	元亀元年（1570）庚午	2月	元亀元年（1570）庚午	是秋	正親町天皇
	5	元亀元年（1570）庚午	10月	元亀 2年（1571）辛未	2月	正親町天皇
	6	元亀 2年（1571）辛未	3月	元亀 2年（1571）辛未	9月	正親町天皇
	7	元亀 2年（1571）辛未	10月	元亀 2年（1571）辛未	年末雑載	正親町天皇
	8	元亀 2年（1571）辛未	年末雑載	元亀 3年（1572）壬申	3月	正親町天皇
	9	元亀 3年（1572）壬申	4月	元亀 3年（1572）壬申	7月	正親町天皇
	10	元亀 3年（1572）壬申	8月	元亀 3年（1572）壬申	12月	正親町天皇
	11	元亀 3年（1572）壬申	12月	元亀 3年（1572）壬申	是歳	正親町天皇
	12	元亀 3年（1572）壬申	年末雑載			正親町天皇
	13	天正元年（1573）癸酉	正月			正親町天皇
	14	天正元年（1573）癸酉	2月	天正元年（1573）癸酉	是春	正親町天皇
	15	天正元年（1573）癸酉	4月			正親町天皇
	16	天正元年（1573）癸酉	4月	天正元年（1573）癸酉	7月	正親町天皇
	17	天正元年（1573）癸酉	8月			正親町天皇
	18	天正元年（1573）癸酉	9月	天正元年（1573）癸酉	11月	正親町天皇
	19	天正元年（1573）癸酉	12月	天正元年（1573）癸酉	年末雑載	正親町天皇
	20	天正元年（1573）癸酉	年末雑載	天正 2年（1574）甲戌	正月	正親町天皇
	21	天正 2年（1574）甲戌	2月	天正 2年（1574）甲戌	4月	正親町天皇
	22	天正 2年（1574）甲戌	4月	天正 2年（1574）甲戌	6月	正親町天皇
	23	天正 2年（1574）甲戌	6月	天正 2年（1574）甲戌	7月	正親町天皇
	24	天正 2年（1574）甲戌	8月	天正 2年（1574）甲戌	是秋	正親町天皇
	25	天正 2年（1574）甲戌	10月	天正 2年（1574）甲戌	是歳	正親町天皇
	26	天正 2年（1574）甲戌	年末雑載			正親町天皇
	27	天正 2年（1574）甲戌	年末雑載			正親町天皇
	28	天正 3年（1575）乙亥	正月	天正 3年（1575）乙亥	3月	正親町天皇
	29	天正 3年（1575）乙亥	3月	天正 3年（1575）乙亥	5月	正親町天皇
	（補遺10-28）	天正 3年（1575）乙亥	3月			
11	1	天正10年（1582）壬午	6月	天正10年（1582）壬午	7月	正親町天皇

編	冊	収載年次				天皇
	2	天正10年（1582）壬午	7月	天正10年（1582）壬午	11月	正親町天皇
	3	天正10年（1582）壬午	12月	天正11年（1583）癸未	4月	正親町天皇
	4	天正11年（1583）癸未	4月	天正11年（1583）癸未	8月	正親町天皇
	5	天正11年（1583）癸未	8月	天正12年（1584）甲申	3月	正親町天皇
	6	天正12年（1584）甲申	3月	天正12年（1584）甲申	4月	正親町天皇
	7	天正12年（1584）甲申	4月	天正12年（1584）甲申	7月	正親町天皇
	8	天正12年（1584）甲申	8月	天正12年（1584）甲申	9月	正親町天皇
	9	天正12年（1584）甲申	9月	天正12年（1584）甲申	10月	正親町天皇
	10	天正12年（1584）甲申	10月	天正12年（1584）甲申	是歳	正親町天皇
	11	天正12年（1584）甲申	年末雑載			正親町天皇
	12	天正12年（1584）甲申	年末雑載			正親町天皇
	13	天正13年（1585）乙酉	正月	天正13年（1585）乙酉	2月	正親町天皇
	14	天正13年（1585）乙酉	3月	天正13年（1585）乙酉	4月	正親町天皇
	（補遺11-2/3/4/5）	天正10年（1582）壬午	8月	天正11年（1583）癸未	8月	
	15	天正13年（1585）乙酉	4月	天正13年（1585）乙酉	5月	正親町天皇
	16	天正13年（1585）乙酉	5月	天正13年（1585）乙酉	7月	正親町天皇
	17	天正13年（1585）乙酉	7月			正親町天皇
	18	天正13年（1585）乙酉	8月			正親町天皇
	19	天正13年（1585）乙酉	閏8月			正親町天皇
	20	天正13年（1585）乙酉	9月			正親町天皇
	（補遺11-4/5/7/10/13）	天正11年（1583）癸未	4月	天正13年（1585）乙酉	正月	
	21	天正13年（1585）乙酉	10月 1日	天正13年（1585）乙酉	10月13日	正親町天皇
	（補遺11-2/3/5/7/10）	天正10年（1582）壬午	11月	天正12年（1584）甲申	10月	
	22	天正13年（1585）乙酉	10月14日	天正13年（1585）乙酉	11月21日	正親町天皇
	23	天正13年（1585）乙酉	11月21日	天正13年（1585）乙酉	11月29日	正親町天皇
	（補遺11-2/10）	天正10年（1582）壬午	7月	天正12年（1584）甲申	11月	
	24	天正13年（1585）乙酉	12月	天正13年（1585）乙酉	年末雑載	正親町天皇
	25	天正13年（1585）乙酉	年末雑載			正親町天皇
	26	天正13年（1585）乙酉	年末雑載			正親町天皇
	（補遺11-13/14/15/16/17）	天正13年（1585）乙酉	正月	天正13年（1585）乙酉	7月	
	27（補遺11-18/19/20/21/22/23/24/25/26）	天正13年（1585）乙酉	8月	天正13年（1585）乙酉	年末雑載	正親町天皇
	（天正13年7月迄の補遺にして，前冊より漏れたるもの〔11-13/14/15/16/17〕）	天正13年（1585）乙酉	正月	天正13年（1585）乙酉	7月	
	（天正12年の，脇坂安治に関わる事項の補遺〔11-6/7/9/10〕）	天正12年（1584）甲申	3月	天正12年（1584）甲申	10月	
	28	天正14年（1586）丙戌	正月	天正14年（1586）丙戌	3月	正親町天皇
	（補遺11-4/5/7/13/14/16/17/20/22）	天正11年（1583）癸未	4月	天正13年（1585）乙酉	11月	
	別巻1	天正遣欧使節関係史料1				
	別巻2	天正遣欧使節関係史料2				
12	1	慶長 8年（1603）癸卯	2月	慶長 9年（1604）甲辰	2月	後陽成天皇
	2	慶長 9年（1604）甲辰	3月	慶長10年（1605）乙巳	2月	後陽成天皇
	3	慶長10年（1605）乙巳	3月	慶長11年（1606）丙午	是春	後陽成天皇
	4	慶長11年（1606）丙午	4月	慶長12年（1607）丁未	7月	後陽成天皇
	5	慶長12年（1607）丁未	8月	慶長13年（1608）戊申	年末雑載	後陽成天皇
	6	慶長14年（1609）己酉	正月	慶長15年（1610）庚戌	2月	後陽成天皇
	7	慶長15年（1610）庚戌	閏2月	慶長16年（1611）辛亥	3月	後陽成天皇
	8	慶長16年（1611）辛亥	3月	慶長16年（1611）辛亥	10月	後水尾天皇
	9	慶長16年（1611）辛亥	11月	慶長17年（1612）壬子	7月	後水尾天皇
	10	慶長17年（1612）壬子	8月	慶長18年（1613）癸丑	2月	後水尾天皇
	（補遺12-1/2/3/4）	慶長 8年（1603）癸卯	3月	慶長12年（1607）丁未	5月	
	11	慶長18年（1613）癸丑	3月	慶長18年（1613）癸丑	9月	後水尾天皇
	（補遺12-5/6/7/8/9/10）	慶長12年（1607）丁未	9月	慶長18年（1613）癸丑	2月	
	12	慶長18年（1613）癸丑	9月			後水尾天皇
	13	慶長18年（1613）癸丑	9月	慶長19年（1614）甲寅	4月	後水尾天皇
	14	慶長19年（1614）甲寅	5月	慶長19年（1614）甲寅	9月	後水尾天皇

編	冊	収載年次				天皇
	15	慶長19年（1614）甲寅	10月	慶長19年（1614）甲寅	11月	後水尾天皇
	16	慶長19年（1614）甲寅	11月	慶長19年（1614）甲寅	12月	後水尾天皇
	17	慶長19年（1614）甲寅	12月	元和元年（1615）乙卯	是春	後水尾天皇
	18	元和元年（1615）乙卯	4月	元和元年（1615）乙卯	5月	後水尾天皇
	19	元和元年（1615）乙卯	5月			後水尾天皇
	20	元和元年（1615）乙卯	5月			後水尾天皇
	（補遺12-1/2/3/5/6/7/13/14/15/16/17）	慶長 8年（1603）癸卯	5月	慶長19年（1614）甲寅	12月	
	21	元和元年（1615）乙卯	6月	元和元年（1615）乙卯	閏6月	後水尾天皇
	（補遺12-1/2/3/4/5/6/7/8/9/10/11）	慶長 8年（1603）癸卯	2月	慶長18年（1613）癸丑	8月	
	22	元和元年（1615）乙卯	7月	元和元年（1615）乙卯	是秋	後水尾天皇
	（補遺12-13/14/15/16/17/18）	慶長18年（1613）癸丑	10月	元和元年（1615）乙卯	4月	
	23	元和元年（1615）乙卯	10月	元和 2年（1616）丙辰	正月	後水尾天皇
	（補遺12-1/2/3/4/5/6/7/8/9/10）	慶長 8年（1603）癸卯	7月	慶長18年（1613）癸丑	正月	
	24	元和 2年（1616）丙辰	2月	元和 2年（1616）丙辰	4月	後水尾天皇
	25	元和 2年（1616）丙辰	5月	元和 2年（1616）丙辰	是歳	後水尾天皇
	26	元和 2年（1616）丙辰	年末雑載	元和 3年（1617）丁巳	3月	後水尾天皇
	27	元和 3年（1617）丁巳	4月	元和 3年（1617）丁巳	8月	後水尾天皇
	28	元和 3年（1617）丁巳	9月	元和 3年（1617）丁巳	年末雑載	後水尾天皇
	29	元和 4年（1618）戊午	正月	元和 4年（1618）戊午	12月	後水尾天皇
	30	元和 4年（1618）戊午	是歳	元和 5年（1619）己未	6月	後水尾天皇
	31	元和 5年（1619）己未	7月	元和 5年（1619）己未	10月	後水尾天皇
	32	元和 5年（1619）己未	11月	元和 5年（1619）己未	年末雑載	後水尾天皇
	33	元和 6年（1620）庚申	正月	元和 6年（1620）庚申	6月	後水尾天皇
	34	元和 6年（1620）庚申	7月	元和 6年（1620）庚申	閏12月	後水尾天皇
	35	元和 6年（1620）庚申	是歳	元和 6年（1620）庚申	年末雑載	後水尾天皇
	36	元和 6年（1620）庚申	年末雑載	元和 7年（1621）辛酉	正月	後水尾天皇
	37	元和 7年（1621）辛酉	正月	元和 7年（1621）辛酉	6月	後水尾天皇
	38	元和 7年（1621）辛酉	6月	元和 7年（1621）辛酉	11月	後水尾天皇
	39	元和 7年（1621）辛酉	11月	元和 7年（1621）辛酉	12月	後水尾天皇
	40	元和 7年（1621）辛酉	是歳	元和 7年（1621）辛酉	年末雑載	後水尾天皇
	41	元和 7年（1621）辛酉	年末雑載			後水尾天皇
	42	元和 7年（1621）辛酉	年末雑載			後水尾天皇
	43	元和 7年（1621）辛酉	年末雑載			後水尾天皇
	44	元和 8年（1622）壬戌	正月	元和 8年（1622）壬戌	6月	後水尾天皇
	45	元和 8年（1622）壬戌	6月	元和 8年（1622）壬戌	7月	後水尾天皇
	（補遺12-12）	慶長18年（1613）癸丑	9月			
	46	元和 8年（1622）壬戌	7月	元和 8年（1622）壬戌	8月	後水尾天皇
	47	元和 8年（1622）壬戌	8月			後水尾天皇
	48	元和 8年（1622）壬戌	8月	元和 8年（1622）壬戌	9月	後水尾天皇
	（補遺12-29/30/32/33/34/35/36/37/38/41/47）	元和 4年（1618）戊午	9月	元和 8年（1622）壬戌	8月	
	49	元和 8年（1622）壬戌	10月	元和 8年（1622）壬戌	11月	後水尾天皇
	（補遺12-38/39/41/44/45/47/48）	元和 7年（1621）辛酉	6月	元和 8年（1622）壬戌	9月	
	50	元和 8年（1622）壬戌	11月	元和 8年（1622）壬戌	是歳	後水尾天皇
	51	元和 8年（1622）壬戌	年末雑載			後水尾天皇
	（補遺12-44）	元和 8年（1622）壬戌	2月	元和 8年（1622）壬戌	5月	
	52	元和 8年（1622）壬戌	年末雑載			後水尾天皇
	53	元和 8年（1622）壬戌	年末雑載			後水尾天皇
	54	元和 8年（1622）壬戌	年末雑載			後水尾天皇
	55	元和 8年（1622）壬戌	年末雑載			後水尾天皇
	56	元和 8年（1622）壬戌	年末雑載			後水尾天皇
	57	元和 8年（1622）壬戌	年末雑載			後水尾天皇
	58	元和 8年（1622）壬戌	年末雑載			後水尾天皇
	59	元和 8年（1622）壬戌	年末雑載			後水尾天皇
	60	元和 9年（1623）癸亥	正月	元和 9年（1623）癸亥	2月	後水尾天皇
	61	元和 9年（1623）癸亥	2月			後水尾天皇

索引

索　　引

1　この索引は，本年表に記載された人名および典籍・史料名と重要事項について採録し，現代かなづかいによる五十音順に配列した.

2　数字は，西暦年・月・日を示す.

3　索引語が『国史大辞典』に立項するものには★印を付した．なお，同辞典の項目が別名で立項する場合およびその関連項目が立項する場合についても，〖　〗内に★印を付してそれを示した.

4　人名索引語には，小見出しをたてた.

5　外国語は，発音にしたがって適宜配列した.

6　同字異義語・同名異人は，見出しを別に立てた．区別のため括弧内に注記を加えたものもある.

7　同内容語が複数ある場合は，「→」で指示した.

8　世界欄の項目は原則として対象外とした.

9　本年表および古代朝鮮中国年号・王朝・皇帝一覧（備要9）にある中国・朝鮮・琉球の年号・国王名を音読順に配列した索引を末尾に付けた.

10　日本の年号索引は，巻末見返しに掲載した.

あ

★アーサー
没 1877. 12. 9
アームストロング，ニール 2012. 8. 25
★IMF 1963. 2. 6 →国際通貨基金
IMF８条国移行 1964. 4. 1
ILO87号条約〔★ILO87号条約問題〕
1963. 3. 2 1965. 4. 15 1966. 6. 14
藍方御用場 1733. この年
愛川欽也
没 2015. 4. 15
★愛郷塾 1931. 4. 15
★愛国勤労党 1930. 2. 11
★愛国公党 1874. 1. 12 1889. 12. 19
★愛国社 1875. 2. 22 1878. 4. 29 1878. 9. 11
1879. 3. 27 1879. 11. 7 1880. 3. 15
★『愛国志林』 1880. 3. 13
★『愛国新誌』 1880. 8. 14
★『愛国新聞』 1890. 5. 5
★愛国婦人会 1901. 2. 24
★相沢三郎
刑死 1936. 7. 3
★相沢春洋
没 1963. 11. 23
★会沢正志斎
没 1863. 7. 14
相沢忠洋
先土器時代の石器発見 1948. 12. -
没 1989. 5. 22
相沢英之
没 2019. 4. 4
★愛沢寧堅
没 1929. 3. 4
★『愛日楼文詩』 1829. この年
愛新覚羅慧生
心中死体で発見 1957. 12. 10
愛新覚羅顕琦
没 2014. 5. 26
愛善苑 1946. 2. 7
相対死（心中）の刑罰 1723. 2. -
★相対済し令 1719. 11. 15 1729. 12. - 1797. 9. 12
★相対貿易 1655. 4. 24
★相田二郎
没 1945. 6. 22
★会田安明
没 1817. 10. 26
会田雄次
没 1997. 9. 17
★愛知揆一
没 1973. 11. 23
愛知万博 2005. 3. 25
★愛知紡績所 1881. 12. -
★『会津家世実紀』 1815. 6. -
★『会津資料叢書』 1920. 10. -
★『会津神社志』 1672. 10. -
★『会津日報』 1905. 5. 1
★『会津農書』 1684. 3. -
★会津小鉄
没 1885. 3. 19
★『会津藩庁記録』 1918. この年
★『会津風土記』 1675. 12. 8
★会津八一
没 1956. 11. 21
★『会津若松史』 1967. 11. -
アイヌ文化振興法 1997. 5. 8
アイヌ文化賞 1997. 10. 24
アイヌ文化振興・研究推進機構
1997. 10. 24
アイヌ民族を先住民族とすることを求める決議 2008. 6. 6
『壒嚢鈔』〔★塵添壒嚢鈔〕 1446. 5. 25
藍の専売 1733. この年
★相原可碩
没 1776. この年
iPS細胞 2007. 11. 20
★饗光
没 1946. 1. 19
アウン=サン〔★オンサン〕
没 1947. 7. 19
★饗庭篁村
没 1922. 6. 20
★葵祭 1694. 4. 18
★亜欧堂田善
没 1822. 5. 7
★白馬節会 834. 1. 7
青江三奈
没 2000. 7. 2
青ヶ島 1653. 閏6. 18
★青木興勝
没 1812. 6. -
青木和夫
没 2009. 8. 15
★青木一男
没 1982. 6. 25
★青木一重
没 1628. 8. 9
★青木賢清
没 1656. 8. 28
★青木昆陽
幕府に任用さる 1739. 3. 8
甲信古文書調査 1740. 9. -
多摩・秩父古文書調査 1741. 3. 15
武蔵ほか古文書調査 1742. 4. -
評定所の儒者となる 1747. 7. 15
没 1769. 10. 12
★青木繁
没 1911. 3. 24
★青木周弼
没 1863. 12. 16
★青木周蔵
没 1914. 2. 16
★青木夙夜
没 1802. 10. 23
青木得三
没 1968. 7. 31
★青木永章
没 1844. 7. 10
★青木永弘
没 1724. 1. 10
★青木信光
没 1949. 12. 27
★青木宣純
没 1923. 12. 12
青木半治
没 2010. 5. 30
青木昌彦
没 2015. 7. 15
★青木木米
没 1833. 5. 15
青島幸男
東京都知事に当選 1995. 4. 9
没 2006. 12. 20
★青地林宗
没 1833. 2. 21
★『青砥稿花紅彩画』 1862. 3. 1
★青野季吉
没 1961. 6. 23
★『青標紙』 1840. この年
碧海純一
没 2013. 7. 18
★『青森新聞』 1879. 3. 6
★青山学院 1883. 9. -
★青山景通
没 1891. 2. 11
青山杉雨
没 1993. 2. 13
★青山杉作
没 1956. 12. 26
★青山忠俊
幽閉 1623. 10. 19
没 1643. 4. 15
★青山忠朝
没 1760. 7. 15
★青山忠成
没 1613. 2. 20
★青山忠裕
没 1836. 3. 27
★青山胤通
没 1917. 12. 23
★青山延光
没 1871. 9. 29
★青山延于
没 1843. 9. 6
★赤井景韶
没 1885. 7. 27
★『赤い鳥』 1918. 7. -
★赤井米吉
没 1974. 2. 26
★『赤蝦夷風説考』 1783. 1. -
阿花王
百済王となる 392.
倭に対し礼を失する 397.
王子直支を派遣して和を請う 397.
没 405. この年
★赤尾敏
没 1990. 2. 6
★赤木忠春
没 1865. 4. 16
赤木春恵
没 2018. 11. 29
赤木正雄
没 1972. 9. 24
赤城宗徳
没 1993. 11. 11
★赤坂喰違の変 1874. 1. 14
★赤坂城 1331. 9. 11 1333. 2. - 1360. 5. 9
赤崎勇
ノーベル賞受賞 2014. 12. 10
★赤沢朝経
自刃 1507. 6. 26
★明石覚一
没 1371. 6. 29
★明石掃部

没　1618. この年
★明石照男
没　1956. 9. 29
★明石博高
没　1910. この年
★明石元二郎
没　1919. 10. 26
赤瀬川原平
没　2014. 10. 26
赤瀬川隼
没　2015. 1. 26
★県宗知
没　1721. 6. 27
★県犬養広刀自
没　762. 10. 14
★県犬養三千代
没　733. 1. 11
★県召除目　1522. 3. 26
赤ちゃんポスト　2007. 5. 10
赤塚不二夫
没　2008. 8. 2
★茜部荘　1336. 5. -
★赤根武人
刑死　1866. 1. 25
阿賀野川の水銀中毒　1968. 9. 26　→新潟水俣病
上野喜蔵
陶器を製作　1632. この年
赤橋登子
没　1365. 5. 4
★赤橋英時
自刃　1333. 5. 25
★赤橋守時
執権就任　1326. 4. 24
自刃　1333. 5. 18
★『赤旗』　1928. 2. 1
『アカハタ』　1950. 6. 26　1952. 5. 1
★赤旗事件　1908. 6. 22
赤福　2007. 10. 11
★赤星因徹
没　1835. 8. -
★赤堀四郎
没　1992. 11. 3
★赤松氏範
討死　1386. 9. 2
★赤松克麿
没　1955. 12. 13
★『赤松記』　1588. この年
★赤松小三郎
暗殺　1867. 9. 3
★赤松貞村
没　1447. この年
赤松性準
赦免　1375. 1. 17
赤松澄則
播磨等の守護に補任　1484. 2. 5
★赤松滄洲
没　1801. 1. 8
★赤松則祐
没　1371. 11. 29
★赤松常子
没　1965. 7. 21
★赤松俊秀
没　1979. 1. 24
★赤松範資
没　1351. 4. 8
★赤松則村〔円心〕
苔縄城で挙兵　1333. 1. 21
没　1350. 1. 11
★赤松則良
没　1920. 9. 23
★赤松政則
没　1496. 4. 25
★赤松満祐
降伏す　1427. 11. 25
播磨下向　1429. 1. 29
義教を誘殺　1441. 6. 24
播磨へ下向　1441. 6. 24
自刃　1441. 9. 10
★赤松光範
没　1381. 10. 3
赤松持貞
切腹　1427. 11. 13
★赤松義則
没　1427. 9. 21
★赤松義村
殺害　1521. 9. 17
★赤松連城
没　1919. 7. 20
★赤簑騒動　1825. 12. 14
阿木翁助
没　2002. 9. 11
阿川弘之
没　2015. 8. 3
★安芸三郎左衛門
没　1671. 10. -
★秋篠寺　780. この頃
★秋篠安人
没　821. 1. 10
★秋田雨雀
没　1962. 5. 12
★秋田清
没　1944. 12. 3
★『秋田魁新報』　1889. 2. 15
★秋田実季
没　1659. 11. 29
★秋田事件　1881. 6. 8
『秋田時事』　1916. この年
★『秋田時事新聞』　1916. この年
★秋田城　804. 11. 22
秋田新幹線　1997. 3. 22
★『秋田新報』　1887. 9. -
★秋田静臥
没　1900. 3. 14
★『秋田叢書』　1928. この年
『秋田日報』　1887. 9. -
★秋月左都夫
没　1945. 6. 25
秋月城　1433. 8. 19
★秋月種実
没　1596. 9. 26
★秋月種樹
没　1904. 10. 17
★秋月種殷
没　1874. 3. 18
★秋月種長
没　1614. 6. 13
★秋月の乱　1876. 10. 27
★『安芸津新報』　1889. 6. 1
★アギナルド
没　1964. 2. 6
安芸ノ海節男
没　1979. 3. 25
秋野豊
没　1998. 7. 20
秋葉原無差別殺傷事件　2015. 2. 2
明仁親王
成年式・立太子礼　1952. 11. 10
正田美智子との婚約を決定　1958. 11. 27
結婚　1959. 4. 10
即位　1989. 1. 7
★彰仁親王
没　1903. 2. 18
顕仁親王
皇太子となる　1123. 1. 28　→崇徳天皇
★秋広平六
没　1817. 4. 22
★秋元長朝
没　1628. 8. 29
★秋元安民
没　1862. 8. 29
★秋元志朝
没　1876. 7. 26
★秋山玉山
没　1763. 12. 11
秋山虔
没　2015. 11. 18
★秋山定輔
没　1950. 1. 19
★秋山真之
没　1918. 2. 4
秋山ちえ子
没　2016. 4. 6
秋山光和
没　2009. 3. 10
★秋山光彪
没　1832. 2. 6
★秋山好古
没　1930. 11. 4
★秋良貞温
没　1890. 10. 16
★『商人軍配団』　1712. この年
★『商人生業鑑』　1757. この年
安居院行知
配流　1374. 11. 5
赦免　1375. 1. 17
安居講説　690. 5. 15
★悪銭　865. 6. 10
★芥川賞（第1回）　1935. 9. -
芥川賞（戦後最初）　1949. 8. -
芥川也寸志
没　1989. 1. 31
★芥川竜之介
自殺　1927. 7. 24
★悪党　1245. 12. 17　1258. 9. 21　1262. 5. 23　1284. 5. 27　1286. 2. 5　1291. 10. 5　1296. 5. -　1315. 11. 23
『悪徳の栄え・続』　1960. 4. 7
阿久悠
没　2007. 8. 1
安倉古墳　244.
『安愚楽鍋』　1871. 4. -
アクリフーズ　2013. 12. 29
★『明烏』（新内）　1772. この年

★『明烏』（清元） 1851. 2. -
★暁烏敏
没 1954. 8. 27
★『明智軍記』 1702. この年
★明智秀満
自刃 1582. 6. 15
★明智光秀
信長・信忠を囲み自殺させる 1582. 6. 2
殺害 1582. 6. 13
★上知令 1843. 6. - 1843. 閏9. -
『あけぼの』 1875. 6. 2
『曙曾我夜討』 1702. 2. -
★上米の制 1722. 7. 3 1730. 4. 15
★朱楽菅江
没 1800. 12. 12
★安居院庄七
没 1863. 8. 13
★『赤穂義士史料』 1931. この年
★『赤穂義人録』 1709. この年
★阿衡の紛議 887. 閏11. 27
★『阿古屋琴責』 1732. 9. 9
阿古也聖
勧進法華経を延暦寺に納める 1044. 3. 23
阿佐〔★阿佐太子〕
百済より朝貢す 597. 4. 1
★浅井亮政
没 1542. 1. 6
★浅井忠
没 1907. 12. 19
★浅井長政
自刃 1573. 8. 28
★『朝夷巡島記』 1815. この年
★阿佐井野宗瑞
没 1531. 5. 17
★浅井久政
自刃 1573. 8. 28
★浅井了意
没 1691. 1. 1
朝丘雪路
没 2018. 4. 27
★浅尾為十郎（初代）
没 1804. 4. 7
★浅尾為十郎（３代）
没 1836. この年
朝海浩一郎
没 1995. 9. 9
★『朝顔日記』 1832. 1. 2
★安積艮斎
没 1861. 3. 30
★安積親王
没 744. 閏1. 13
★安積澹泊
没 1737. 12. 10
朝香鳩彦〔★朝香宮家〕
没 1981. 4. 12
★朝河貫一
没 1948. 8. 11
★朝川善庵
家慶に謁見 1846. 6. 1
没 1849. 2. 7
★浅川騒動 1798. 1. 24
★朝川同斎
没 1857. 10. 22
浅草蔵前〔★蔵前〕 1724. 7. -
浅草米蔵 1620. 3. -
浅草鋳銭座 1716. 10. 24
浅草鋳銭場 1714. 9. 7
浅蔵五十吉
没 1998. 4. 9
朝倉孝吉
没 2006. 6. 18
★朝倉貞景
没 1512. 3. 25
朝倉摂
没 2014. 3. 27
★朝倉孝景
越前守護となる 1471. 5. 21
没 1481. 7. 26
★朝倉孝景
没 1548. 3. 22
★朝倉高景
没 1372. 5. 2
★『朝倉孝景十七箇条』 1481. 7. 26
★朝倉橘広庭宮 661. 5. 9
★朝倉教景
没 1463. 7. 19
★朝倉教景
加賀一向一揆と戦う 1531. 10. 26
没 1555. 9. 8
★朝倉文夫
没 1964. 4. 18
★朝倉義景
加賀一向一揆と和睦 1556. 4. 21 1567. 11. 21
自刃 1573. 8. 20
朝潮太郎
没 1988. 10. 23
朝青龍
引退 2010. 2. 4
★麻田剛立
没 1799. 5. 22
麻田貞雄
没 2019. 2. 4
朝田静夫
没 1996. 11. 8
★朝田善之助
没 1983. 4. 29
★浅田宗伯
没 1894. 3. 16
★浅田信興
没 1927. 4. 27
★浅田正文
没 1912. 4. 18
★浅沼稲次郎
暗殺 1960. 10. 12
★浅野研真
没 1939. 7. 10
★浅野総一郎
没 1930. 11. 9
★浅野長晟
和歌山より広島に転封 1619. 7. 19
没 1632. 9. 3
★浅野長勲
没 1937. 2. 1
浅野長武
没 1969. 1. 3
★浅野長矩
切腹 1701. 3. 14
★浅野長政
没 1611. 4. 7
★浅野長訓
没 1872. 7. 26
★朝野鹿取
没 843. 6. 11
★浅野吉長
没 1752. 1. 13
★浅野幸長
没 1613. 8. 25
★『阿娑縛抄』 1275. この年
★浅原健三
没 1967. 7. 19
麻原彰晃（松本智津夫）
殺人容疑などで逮捕 1995. 5. 16
死刑判決 2004. 2. 27
死刑確定 2006. 9. 15
死刑執行 2018. 7. 6
★浅原為頼
自刃 1290. 3. 10
旭化成建材 2015. 10. 14
★旭玉山
没 1923. この年
あさひ銀行 1992. 9. 21
『アサヒグラフ』 1952. 8. 6
★朝彦親王
没 1891. 10. 25
★『朝彦親王日記』 1864. 7. 15
『朝日ジャーナル』 1959. 3. 15
★『朝日新聞』 1879. 1. 25 2014. 8. 5 2014. 12. 12
朝日訴訟 1957. 8. 12
朝日建物 1999. 7. 27
★朝日丹波
没 1783. 4. 10
★朝比奈宗源
没 1979. 8. 25
★朝比奈知泉
没 1939. 5. 22
★朝比奈泰彦
没 1975. 6. 30
朝日姫
家康に嫁す 1586. 5. 14
★朝日平吾
没 1921. 9. 28
★朝吹英二
没 1918. 1. 31
朝吹登水子
没 2005. 9. 2
麻布薬園 1698. 4. 5
浅間山荘事件 1972. 2. 19
★浅間丸事件 1940. 1. 21
★浅見絅斎
没 1711. 12. 1
★浅見与七
没 1976. 11. 6
★朝山意林庵
没 1664. 9. 21
浅利慶太
没 2018. 7. 13
★アジア開発銀行 1966. 11. 24
★アジア競技大会（第１回） 1951. 3. 4
アジア極東経済委員会（ECAFE） 1954. 6. 24
あじあ号 1934. 11. 1
アジア女性基金 1996. 4. 18 1997. 1. 11

★安倍貞任
　抗戦　1057. 7. 26
　戦死　1062. 9. 17
★阿倍宿奈麻呂
　没　720. 1. 27
★安倍晴明
　没　1005. この年
★阿倍仲麻呂
　遣唐使に随行　716. 8. 20
　没　770. 1. -
★阿倍比羅夫
　齶田・渟代の蝦夷を攻撃　658. 4. -
　粛慎を討つ　658. この年
　後方羊蹄に政所を置く　659. 3. -
　粛慎を攻める　660. 3. -
　百済救援　661. 8. -
★阿倍広庭
　没　732. 2. 22
★阿部信行
　没　1953. 9. 7
★阿倍御主人
　没　703. 閏4. 1
★安倍宗任
　投降　1062. 9. 17
　伊予国へ配流　1064. 3. 29
★安倍泰親
　占卜につき論争　1149. 3. 12
　没　1183. この年
★安倍安仁
　没　859. 4. 23
★安倍吉平
　没　1026. 12. 18
★安倍頼時
　討死　1057. 7. 26
★阿部彦太郎
　没　1904. 5. 5
阿部文男
　受託収賄で逮捕　1992. 1. 13
　実刑判決　1994. 5. 30
阿部正精
　没　1826. 6. 20
★阿部正右
　没　1769. 7. 12
★阿部正武
　褒賞さる　1686. 9. 18
　没　1704. 9. 17
★阿部正次
　没　1647. 11. 14
阿部政継
　金改鋳の奉行となる　1658. 2. 26
★阿部正外
　没　1887. 4. 20
★阿部正弘
　没　1857. 6. 17
★阿倍正之
　没　1651. 3. 12
★阿部守太郎
　没　1913. 9. 6
阿部良雄
　没　2007. 1. 17
★安倍能成
　没　1966. 6. 7
★安部竜平
　没　1850. 3. 25
★安保清種
　没　1948. 6. 8
網干善教
　没　2006. 7. 29
★阿保親王
　没　842. 10. 22
★甘檮岡　644. 11. -
甘樫丘東麓遺跡　2005. 11. 13
★甘粕事件　1923. 9. 16
★天草種元
　自刃　1589. この年
★尼子勝久
　自刃　1578. 7. 3
★尼子国久
　討死　1554. 11. 1
★尼子経久
　没　1541. 11. 13
★尼子晴久
　没　1560. 12. 24
★尼子義久
　没　1610. 8. 28
★天田愚庵
　没　1904. 1. 17
天地総子
　没　2019. 1. 6
天津乙女
　没　1980. 5. 30
★『アマティ日本奥州国伊達政宗記幷使節紀行』　1901. この年
★『海人の刈藻』　1871. この年
★天野信景
　没　1733. 9. 8
★『蜑の焼藻』　1798. この年
★天野辰夫
　没　1974. 1. 20
★天野為之
　没　1938. 3. 26
★天野貞祐
　没　1980. 3. 6
★天野八郎
　獄死　1868. 11. 8
天野浩
　ノーベル賞受賞　2014. 12. 10
海部屯倉　556. 10. -
★天野康景
　没　1613. 2. 24
奄美大島を含む琉球列島・小笠原諸島などに対し日本の行政権を停止する覚書　1946. 1. 29
奄美群島返還〔★奄美大島復帰問題〕　1953. 12. 24
★『余目氏旧記』　1514. この年
★阿摩和利
　没　1458. この年
★阿弥陀寺（山城）　1558. 10. 27
★阿弥陀寺（周防）　1187. この年
網野菊
　没　1978. 5. 15
網野善彦
　没　2004. 2. 27
★雨森芳洲
　没　1755. 1. 6
★雨宮敬次郎
　没　1911. 1. 20
雨宮製糸場〔★雨宮製糸争議〕　1886. 6. 12
アメリカ大リーグ　1931. 10. 29　1934. 11. 2
★天羽英二
　没　1968. 7. 31
★天羽声明　1934. 4. 17
綾師　769. 8. 21
操〔★操人形芝居〕　1614. 9. 21　1615.
★挑文師　711. 閏6. 14
綾小路敦有
　没　1400. 2. 15
綾小路俊資
　没　1833. 11. 17
漢山口大口
　千仏像を刻む　650. この年
綾部健太郎
　没　1972. 3. 24
★『あやめぐさ』　1771. この年
★『脚結抄』　1778. この年
★鮎川義介
　没　1967. 2. 13
★荒井郁之助
　没　1909. 7. 19
★荒井賢太郎
　没　1938. 1. 29
★新井城（相模）　1494. 9. 23　1516. 7. 11
★新井章吾
　没　1906. 10. 16
★新井日薩
　没　1888. 8. 29
★新井白蛾
　没　1792. 5. 14
★新井白石
　徳川綱豊の侍講となる　1693. 12. 16
　幕府に登用　1709. 1. -
　シドッティを訊問　1709. 11. 22
　オランダ商館長に西洋事情を尋ねる　1712. 2. 25
　解任　1716. 5. 16
　没　1725. 5. 19
★『新井白石日記』　1693. 10. -
新井将敬
　自殺　1998. 2. 19
★荒尾成章
　没　1903. 9. 21
★荒尾精
　没　1896. 10. 30
★荒垣秀雄
　没　1989. 7. 8
荒橿の乱　814. 2. 10
荒川豊蔵
　没　1985. 8. 11
★荒川荘　1291. 10. 5
荒川博
　没　2016. 12. 4
★新木栄吉
　没　1959. 2. 1
★荒木寛畝
　没　1915. 6. 2
荒木見悟
　没　2017. 3. 22
★荒木元融
　没　1794. 4. 18
★荒木古童（初代）
　没　1908. 1. 17
★荒木古童（３代）
　没　1935. 5. 2

い

★生島新五郎
没　1743. 1. 5
生島遼一
没　1991. 8. 23
★生田春月
没　1930. 5. 19
★生田長江
没　1936. 1. 11
★郁達夫
没　1945. 9. 17
★生田万
自殺　1837. 6. 1
★井口阿くり
没　1931. 3. 26
井口基成
没　1983. 9. 29
★生野銀山（但馬）　1889. 4. -　1542. 3. -
生野銀山一揆〔★但馬国天領元文三年生野一揆〕　1738. 12. 16
★生野の変　1863. 10. 12
★郁芳門院
没　1096. 8. 7
★違警罪即決例　1885. 9. 24
★怡渓宗悦
没　1714. 5. 2
池内淳子
没　2010. 9. 26
★池内陶所
暗殺　1863. 1. 22
★池内宏
没　1952. 11. 1
★池貝喜四郎
没　1933. 3. 28
★池貝庄太郎
没　1934. 7. 28
★池貝鉄工所　1906. 6. 1
★池上太郎左衛門
没　1798. 2. 15
★池上雪枝
没　1891. この年
池島信平
没　1973. 2. 13
★池田英泉
没　1848. 7. 22
池田克哉
リクルート事件で起訴　1989. 5. 22
リクルート事件で有罪判決　1994. 12. 21
★池田亀鑑
没　1956. 12. 19
★池田菊苗
没　1936. 5. 3
池田清
没　2006. 4. 3
池田潔
没　1990. 3. 14
★池田錦橋
没　1816. 9. 6
★池田謙斎
没　1918. 4. 30
★池田謙三
没　1923. 11. 29
★池田成彬
没　1950. 10. 9
池田城〔★大西城〕　1520. 2. 17
池田小学校児童殺傷事件　2001. 6. 8　2003. 8. 28
★池田泰真
没　1903. 3. 7
★池田種徳
没　1874. 9. 12
池田恒雄
没　2002. 2. 9
★池田恒興
討死　1584. 4. 9
池田輝興
改易　1645. 3. 20
池田輝澄
改易　1640. 7. 26
没　1662. 4. 18
★池田輝政
没　1613. 1. 25
★池田伴親
没　1907. 3. 15
★池田内閣（第１次）　1960. 7. 19
池田内閣（第２次）　1960. 12. 8
池田内閣（第３次）　1963. 12. 9
★池田長発
没　1879. 9. 12
★池田勇人
通産相辞任　1952. 11. 27
没　1965. 8. 13
池田治政
没　1818. 12. 19
池田満寿夫
没　1997. 3. 8
★池田光仲
麻布・三田の堀割工事助役　1667. 8. 9
没　1693. 7. 7
★池田光政
麻布・三田の堀割工事助役　1667. 8. 9
没　1682. 5. 22
★『池田光政日記』　1637. 10. 8
★池田茂政
没　1899. 12. 12
★池田屋事件　1864. 6. 5
池田遙邨
没　1988. 9. 26
★池田慶徳
没　1877. 8. 2
★池田・ロバートソン会談　1953. 10. 2　1953. 10. 30
池波正太郎
没　1990. 5. 3
★池西言水
没　1722. 9. 24
池玉瀾〔★池大雅〕
没　1784. 9. 28
★池野成一郎
没　1943. 10. 4
★池大雅
没　1776. 4. 13
★『池坊専応口伝』　1542. 10. 1
★『池の藻屑』　1771. この年
★池辺吉十郎
没　1877. 10. 26
★池辺三山
没　1912. 2. 28
★池辺義象
没　1923. 3. 6
池部良
没　2010. 10. 8
★『意見十二箇条』　914. 4. 28
★『医原枢要』　1832. 11. -
意見封事〔★封事〕　914. 2. 15　942. 3. 10　943. 12. 17　944. 1. 28　944. 8. 3　945. 1. 4　954. 7. 20　975. 8. 10　1187. 5. 23
意見封事三箇条　957. 12. 27
異国警固　1271. 9. 13　1293. 3. 7
★異国警固番役　1275. 2. 4　1304. 1. 11
異国降伏　1301. 12. -　1310. 2. 29
★異国船打払令　1825. 2. 18　1842. 7. -　1849. 5. 5
★『異国叢書』　1927. この年
★『異国漂流奇譚集』　1927. この年
★生駒一正
没　1610. 3. 18
生駒高俊
改易　1640. 7. 26
★生駒親正
没　1603. 2. 13
★生駒雷遊
没　1964. 12. 2
★『鷦斎日録』　1787. 1. 1
★伊佐幸琢（初代）
没　1745. 6. 11
★伊佐幸琢（２代）
没　1795. 2. 23
★伊佐幸琢（３代）
没　1808. 9. 8
★伊佐幸琢（５代）
没　1890. 10. 18
★いざなぎ景気　1966. この年　1970. 10. 28
★『勇魚取絵詞』　1832. この年
★『十六夜清心』　1859. 2. 5
★『十六夜日記』　1279. 10. -
★伊沢修二
没　1917. 5. 3
★胆沢城　802. 1. 9　1054. この年
★伊沢多喜男
没　1949. 8. 13
★井沢蟠竜
没　1730. 12. 3
井沢八郎
没　2007. 1. 17
★井沢弥惣兵衛
没　1738. 3. 1
★伊沢蘭軒
没　1829. 3. 17
★伊沢蘭奢
没　1928. 6. 8
★医師　723. 10. 8　779. 閏5. 27
★石射猪太郎
没　1954. 2. 8
★石井菊次郎
没　1945. この年
石井紘基
暴漢により刺殺　2002. 10. 25
★石井十次
没　1914. 1. 31
石井進
没　2001. 10. 24
★石井鶴三
没　1973. 3. 17
★石井漠

没　1962. 1. 7
★石井柏亭
没　1958. 12. 29
石井正敏
没　2015. 7. 6
★石井光次郎
没　1981. 9. 20
石井桃子
没　2008. 4. 2
石井好子
没　2010. 7. 17
★石井与次兵衛
自刃　1592. 7. -
★石井・ランシング協定　1917. 11. 2
石井米雄
没　2010. 2. 12
★石井亮一
没　1937. 6. 13
★石井良助
没　1993. 1. 12
★石谷清昌
没　1782. 11. 10
★石谷貞清
島原に派遣　1637. 11. 9
没　1672. 9. 12
石垣綾子
没　1996. 11. 12
石垣純二
没　1976. 1. 30
★石川家成
没　1609. 10. 29
★石川一郎
経団連会長辞任　1956. 2. 21
没　1970. 1. 20
★石川一郎
没　1960. 1. 20
石川一雄〔★狭山事件〕
死刑判決　1964. 3. 11
★石川数正
没　1592. この年
石川吉右衛門
没　2005. 8. 12
★石川謙
没　1969. 7. 12
★石川玄常
没　1815. 1. 28
★石川光明
没　1913. 7. 30
石川光陽
没　1989. 12. 26
★石川三四郎
没　1956. 11. 28
石川自彊組合　1926. 10. 9
石川七郎
没　1986. 6. 27
石川島播磨重工業〔★石川島造船所〕
1960. 12. 1
★石川淳
没　1987. 12. 29
★石川舜台
没　1931. 12. 31
★『石川正西聞見集』　1660. この年
★石川丈山
没　1672. 5. 23
★石川信吾
没　1964. 12. 17
★石河正竜
没　1895. 10. 16
★石川善右衛門
没　1669. 12. 1
★石川大浪
没　1817. 12. 23
★石川啄木
没　1912. 4. 13
石川忠雄
没　2007. 9. 25
★石川忠房
ラクスマンと会見　1793. 6. 27
蝦夷地巡視に任命　1801. 1. 28
没　1836. 1. 18
★石川忠総
没　1650. 12. 24
★石川達三
没　1985. 1. 31
★石川千代松
没　1935. 1. 17
★石川桃蹊
没　1837. 7. 6
★石川藤八
没　1914. この年
★石川豊信
没　1785. 5. 25
★石川石足
没　729. 8. 9
★石川年足
没　762. 9. 30
★石川名足
没　788. 6. 10
★石川半山
没　1925. 11. 12
★石川総管
没　1899. 6. 23
石川総博
没　1819. 6. 7
★石川雅望
没　1830. 閏3. 24
★石川幹明
没　1943. 7. 25
★石川三長
没　1642. 12. 11
★石川康勝
没　1615. この年
★石川康通
没　1607. 7. 26
★石川理紀之助
没　1915. 9. 8
石川遼　2009. 12. 6
★違式詿違条例　1872. 11. 8
石黒修
没　2016. 11. 9
★石黒忠篤
没　1960. 3. 10
★石黒忠悳
没　1941. 4. 26
★石黒信由
没　1836. 12. 3
★石黒政常（初代）
没　1828. 7. 4
石河利政
伊豆・安房の海岸巡視　1645. 7. 22
石河政平
江戸近海巡視　1850. 2. 29
★石坂周造
没　1903. 5. 22
★石坂宗哲
没　1841. 11. 20
★石坂泰三
経団連会長就任　1956. 2. 21
没　1975. 3. 6
★石坂昌孝
没　1907. 1. 13
★石崎元徳
没　1770. この年
★石崎融思
没　1846. 2. 28
★伊治城　767. 10. 15
石田一良
没　2006. 9. 17
★石田英一郎
没　1968. 11. 9
石田和外
没　1979. 5. 9
★石田貫之助
没　1934. 10. 8
石田幸四郎
没　2006. 9. 18
石田退三
没　1979. 9. 18
★石田梅岩
没　1744. 9. 24
★石田春律
没　1826. 7. 7
石田博英
没　1993. 10. 14
★石田幹之助
没　1974. 5. 25
★石田三成
謝用梓・徐一貫を伴い名護屋に戻る
1593. 5. 15
挙兵　1600. 7. 11
大垣城に入る　1600. 8. 10
刑死　1600. 10. 1
★石田未得
没　1669. 7. 18
★石田茂作
没　1977. 8. 10
★石田幽汀
没　1786. 5. 25
★石田礼助
没　1978. 7. 27
★伊地知重貞
誅殺　1527. 6. 7
★伊地知季安
没　1867. 8. 3
★伊地知正治
没　1886. 5. 23
★石塚英蔵
没　1942. 7. 28
★石塚重平
没　1907. 8. 12
★石塚竜麿
没　1823. 6. 13
石津謙介
没　2005. 5. 24
石堂淑朗

没　2011. 11. 1
★伊治呰麻呂
叛逆する　780. 3. 22
伊治呰麻呂の乱　783. 6. 1
石ノ森章太郎
没　1998. 1. 28
★石橋正二郎
没　1976. 9. 11
★石橋助左衛門
没　1837. 12. 17
★石橋湛山
自由党を除名処分さる　1952. 9. 29
自民党総裁に当選　1956. 12. 14
没　1973. 4. 25
★石橋内閣　1956. 12. 23　1957. 2. 23
★石橋忍月
没　1926. 2. 1
★石橋政方
没　1916. 12. 26
★石橋和訓
没　1928. 5. 3
★石原莞爾
没　1949. 8. 15
★石原謙
没　1976. 7. 4
★石原広一郎
没　1970. 4. 16
★石原忍
没　1963. 1. 3
★石原純
没　1947. 1. 19
石原慎太郎
都知事に当選　1999. 4. 11
★石原正明
没　1821. 1. 6
石原裕次郎
没　1987. 7. 17
★医師法　1906. 5. 2
★石丸定次
没　1679. 5. 11
★石光真清
没　1942. 4. 15
伊甚屯倉　534. 4. -
石牟礼道子
没　2018. 2. 10
いじめ　1997. 12. 22
いじめ防止対策推進法　2013. 6. 28
★石母田正
没　1986. 1. 18
★石本幸八郎
没　1838. 1. 28
★石本庄五郎
没　1834. 6. 1
★石本新兵衛
没　1645. 10. 22
★石本新六
没　1912. 4. 2
★石本巳四雄
没　1940. 2. 4
石本美由起
没　2009. 5. 27
★石山賢吉
没　1964. 7. 23
★石山寺
761. この年末から翌年８月にかけて　1078. 1. 2
★『石山寺縁起』　1326. この頃
★石山本願寺　1562. 1. 23　1564. 12. 26　1576. 4. 14　1580. 8. 2
★『石山本願寺日記』　1930. この年
★伊集院五郎
没　1921. 1. 13
★伊集院忠棟
誅殺　1599. 3. 9
★伊集院彦吉
没　1924. 4. 26
夷俘専当　820. 4. 7
★惟肖得巌
没　1437. 4. 20
★『異称日本伝』　1693. この年
意匠法　1899. 3. 2
★『医書大全』　1528. 7. -
★石渡荘太郎
没　1950. 11. 4
★石渡繁胤
没　1941. 8. 18
★『維新以来町村沿革』　1883. この年
★維新館　1779. 11. -
★『維新史』　1939. 3. -
★『維新史料』　1887. 9. -
★『維新史料綱要』　1937. 1. -
★以心崇伝
僧録司に任じらる　1619. 9. 15
円照本光国師号を授与　1626. 10. 8
没　1633. 1. 20
★『維新土佐勤王史』　1912. この年
★『維新農民蜂起譚』　1930. この年
維新の党　2014. 9. 20
★『医心方』　984. 11. 28
★『渭水聞見録』　1736. この年
いすゞ自動車工業　1970. 3. 24　1971. 7. 16
★伊豆長八
没　1889. 10. 8
★泉鏡花
没　1939. 9. 7
★和泉監　716. 4. 19　740. 8. 20
★『和泉式部日記』　1004. 1. -
泉重千代
没　1986. 2. 21
夷隅事件　1884. 11. 3
★泉靖一
没　1970. 11. 15
★泉親衡〔★泉親衡の乱〕
乱を謀るも露顕　1213. 2. 16
★和泉国　825. 3. 30
★泉屋道栄
没　1484. 9. 6
泉屋平右衛門
江戸積船問屋を開業　1624. この年
泉山三六
没　1981. 7. 7
★出雲路信直
没　1703. 3. 20
★出雲路通次郎
没　1939. 11. 26
★出雲大社　1067. 2. 1　1270. 1. 2　1744. この年
★『出雲国風土記』　733. 2. 30
伊声耆
魏に使して生口等を献ずる　243.
★『異制庭訓往来』　1374. 延文～応安年間
伊勢宇治橋　1505. この年
★伊勢踊　1614. 9. 24　1621. この年
伊勢勝製靴工場　1870. 3. 15
遺跡相論　1290. 4. 18
★井関盛艮
没　1890. 2. 11
★伊勢貞丈
没　1784. 5. 28
★伊勢貞親
没　1473. 1. 21
★伊勢貞継
政所執事に任じらる　1379. 7. 22
没　1391. 3. 29
伊勢貞仲
没　1464. 6. 28
★伊勢貞春
没　1812. この年
★伊勢貞陸
没　1521. 8. 7
★伊勢貞宗
没　1509. 10. 28
★伊勢神宮　1168. 12. 21
伊勢神宮外宮　1683. 3. 10
伊勢神宮内宮　690.　1658. 12. 30　1683. 3. 10
★『伊勢新聞』　1878. 1. 17
★『伊勢太神宮参詣記』　1342. 10. -
★『伊勢二所太神宮神名秘書』　1285. 12. 3
『伊勢国近長谷寺資財帳』　953. 2. 11
★伊勢詣　1638. この夏から翌年春にかけて
★『伊勢物語』　900. この頃
『伊勢物語』（嵯峨本）　1608. 5. -
★伊勢例幣使　1647. 9. 11
★伊勢湾台風　1959. 9. 26
以船
入唐　874. 6. 15
磯貝正義
没　2008. 7. 25
★磯谷廉介
没　1967. 6. 6
磯崎新
パビリオン賞を受賞　1996. 10. 8
★石上神宮七支刀　372.
★石上乙麻呂
没　750. 9. 1
★『石上私淑言』　1763. この年
★石上麻呂
没　717. 3. 3
★石上宅嗣
遣唐副使に任命さる　761. 10. 22
没　781. 6. 24
★磯野小右衛門
没　1903. 6. 11
★磯部浅一
刑死　1937. 8. 19
『伊曾保物語』〔★天草本イソポ物語〕
1593. この年
★磯又右衛門
没　1863. 7. 15
磯村英一
没　1997. 4. 5
★磯村吉徳
没　1710. 12. 24
韋提
評督となる　689. 4. -
★イタイイタイ病　1961. 6. 24　1967. 4. 5

1968. 5. 8
イタイイタイ病第１次訴訟　1971. 6. 30
1972. 8. 9
「板垣君遭難実記」 1891. 2. 5
★板垣征四郎
刑死　1948. 12. 23
★板垣退助
遊説中に襲われる　1882. 4. 6
没　1919. 7. 16
★板倉勝明
没　1857. 4. 10
板倉勝清
勝手掛老中就任　1747. 6. 25
★板倉勝静
没　1889. 4. 6
★板倉勝重
京都所司代に任じらる　1601. 8. -
没　1624. 4. 29
板倉勝政
没　1821. 3. 2
板倉重常
没　1688. 8. 7
★板倉重矩
没　1673. 5. 29
★板倉重昌
島原に派遣さる　1637. 11. 9
戦死　1638. 1. 1
★板倉重宗
没　1656. 12. 1
★板倉卓造
没　1963. 12. 23
板坂卜斎
没　1655. 11. 12
★板沢武雄
没　1962. 7. 15
★板付遺跡　前400. この頃
★伊谷以知二郎
没　1937. 3. 30
伊谷純一郎
没　2001. 8. 19
★板碑　1227. この年
板舟権賠償問題に関する疑獄事件
1928. 8. 11
★板部岡江雪
没　1609. 6. 3
★伊丹勝長
没　1662. 3. 27
伊丹十三
自殺　1997. 12. 20
伊丹城　1529. 11. 21　1533. 3. 29
★伊丹親興
自刃　1574. 11. 15
★伊丹万作
没　1946. 9. 21
★伊丹康勝
没　1653. 6. 3
伊丹屋助四郎
磔刑　1601. 5. -
★板谷波山
没　1963. 10. 10
★板屋兵四郎
没　1653. この年
一庵一如
義満に引見さる　1402. 9. 5
★壱演
没　867. 7. 12
★一翁院豪
没　1281. 8. 21
市川右太衛門
没　1999. 9. 16
★市川栄之助
没　1872. 1. 25
市川海老蔵
江戸10里四方追放に処さる
1842. 6. 22
★市川猿之助（初代）
没　1922. 2. 6
★市川猿之助（２代）
没　1963. 6. 12
★市川鶴鳴
没　1795. 7. 8
★市河寛斎
没　1820. 7. 10
市川厚一
癌の人工発生に成功　1916. 3. 18
★市川小団次（４代）
没　1866. 5. 8
★市川小団次（５代）
没　1922. 5. 6
★市川五郎兵衛
没　1665. 9. 9
市川崑
没　2008. 2. 13
★市川斎宮
没　1899. この年
★市川左団次（初代）
没　1904. 8. 7
★市川左団次（２代）
没　1940. 2. 23
★市川左団次（３代）
没　1969. 10. 3
★市川三喜
没　1970. 3. 17
★市川三左衛門
没　1869. 4. 3
★市川寿海（３代）
没　1971. 4. 3
★市川正一
没　1945. 3. 15
市川昭介
没　2006. 9. 26
市川晋松（佐田の山）
没　2017. 4. 27
★市川団十郎（初代）
江戸で荒事を演じる　1673. この年
没　1704. 2. 19
★市川団十郎（２代）
没　1758. 9. 24
★市川団十郎（４代）
没　1778. 2. 25
★市川団十郎（５代）
没　1806. 10. 30
★市川団十郎（６代）
没　1799. 5. 13
★市川団十郎（７代）
没　1859. 3. 23
★市川団十郎（８代）
没　1854. 8. 6
★市川団十郎（９代）
没　1903. 9. 13
★市川団十郎（11代）
没　1965. 11. 10
市川団十郎（12代）
没　2013. 2. 3
★市川団蔵（初代）
没　1740. 4. 5
★市川団蔵（３代）
没　1772. 6. 24
★市川団蔵（４代）
没　1808. 10. 9
★市川団蔵（５代）
没　1845. 6. 6
★市川団蔵（６代）
没　1871. 10. 22
★市川団蔵（７代）
没　1911. 9. 11
★市川団蔵（８代）
没　1966. 6. 4
★市川中車（７代）
没　1936. 7. 12
★市川中車（８代）
没　1971. 6. 20
★市川房枝
没　1981. 2. 11
★市河米庵
没　1858. 7. 18
★市川正好
没　1757. 4. -
★市来乙彦
没　1954. 2. 19
★一木喜徳郎
没　1944. 12. 17
★一木政利
没　1679. 6. 17
市古宙三
没　2014. 6. 21
市古貞次
没　2004. 3. 25
★一期分　1274. 6. 1
★市島謙吉
没　1944. 4. 21
★一条昭良
没　1672. 2. 12
一乗院実玄
還俗の上，遠流　1372. 1. 22
★一条内経
没　1325. 10. 1
★一条兼定
没　1585. 7. 1
★一条兼良
『源氏物語』を天皇・義政に進講
1461. 11. 2
没　1481. 4. 2
★一条実経
摂政を罷免　1247. 1. 19
没　1284. 7. 18
★一条高能
没　1198. 9. 17
★一条忠香
没　1863. 11. 7
★一条忠良
没　1837. 6. 3
★一条経嗣
没　1418. 11. 17
★一条輝良

伊藤エミ
没　2012.6.15
★伊東貫斎
没　1893.7.28
★伊藤熹朔
没　1967.3.31
伊藤清
没　2008.11.10
★伊藤錦里
没　1772.3.9
★伊藤欽亮
没　1928.4.28
伊藤桂一
没　2016.10.29
★伊藤圭介
没　1901.1.20
★伊東玄朴
没　1871.1.2
★伊藤小左衛門
没　1879.5.21
★伊藤小太夫（２代）
没　1689.9.21
★伊藤五太夫
没　1756.3.5
★伊藤左千夫
没　1913.7.30
★伊藤参行
没　1809.この年
★伊東静雄
没　1953.3.12
★伊藤若冲
没　1800.9.10
★伊藤証信
没　1963.1.14
伊藤伸一
背任容疑で逮捕　1998.9.3
★伊藤仁斎
没　1705.3.12
伊東深水
没　1972.5.8
★伊藤慎蔵
没　1880.6.17
★伊藤信徳
没　1698.10.13
伊東祐国
敗死　1485.6.21
★伊東祐兵
没　1600.10.11
★伊東祐親
自刃　1182.2.14
★伊東祐亨
没　1914.1.16
伊藤整　→伊藤整（ひとし）
★伊藤整一
没　1945.4.7
★伊藤宗看
没　1694.11.6
★伊藤大八
没　1927.9.10
★伊東多三郎
没　1984.10.29
伊藤坦庵
没　1708.8.24
★伊藤痴遊
没　1938.9.25
伊藤忠（名）　1914.12.29
伊藤忠商事　1977.10.1
★伊東忠太
没　1954.4.7
★伊藤忠兵衛（初代）
没　1903.7.8
★伊藤忠兵衛（２代）
没　1973.5.29
★伊藤長七
没　1930.4.19
伊藤鄭爾
没　2010.1.31
★伊藤伝右衛門
没　1785.5.23
★伊藤東涯
没　1736.7.17
★伊藤篤太郎
没　1941.3.21
★伊藤雋吉
没　1921.4.10
★伊藤内閣（第１次）　1885.12.22
伊藤内閣（第２次）　1892.8.3
伊藤内閣（第３次）　1898.1.12
伊藤内閣（第４次）　1900.10.19
★伊藤野枝
謀殺　1923.9.16
伊藤延男
没　2015.10.31
★伊藤梅宇
没　1745.10.28
★伊藤整
没　1969.11.15
★伊藤博邦
没　1931.6.9
★伊藤博文
暗殺　1909.10.26
『伊藤博文関係文書』　1973.この年
★伊藤孫右衛門
没　1628.7.15
★伊藤正徳
没　1962.4.21
伊藤正己
没　2010.12.27
伊藤昌哉
没　2002.12.13
伊東正義
没　1994.5.20
伊藤斗福
逮捕　1953.10.24
★伊東マンショ
没　1612.10.21
★伊藤道郎
没　1961.11.6
★伊東巳代治
没　1934.2.19
伊藤ユミ
没　2016.5.18
★伊東義祐
没　1585.8.5
★伊藤蘭嵎
没　1778.3.27
★伊東藍田
没　1809.4.2
★伊藤律
北京生存を発表　1980.8.23
没　1989.8.7
伊東律子
没　2009.12.17
★伊藤六郎兵衛
没　1894.3.30
糸川英夫
没　1999.2.21
緯度観測所〚★水沢緯度観測所〛
1899.9.22
★井戸覚弘
没　1858.4.－
★怡土城　756.6.22　768.2.28
★伊都内親王
没　861.9.19
★井戸弘道
没　1855.7.－
★井戸平左衛門
没　1733.5.27
★糸屋随右衛門
没　1650.11.13
★井戸良弘
没　1612.1.5
★井戸良弘
没　1717.11.21
糸綿貫目改所　1781.6.27　1781.8.16
★糸割符　1641.7.5　1644.3.9　1655.4.16
糸割符制　1684.12.26
糸割符法　1604.5.3
★『伊那』　1938.11.－
稲尾和久
没　2007.11.13
★稲垣示
没　1902.8.9
稲垣種信
閉門　1740.3.19
★稲垣満次郎
没　1908.11.25
『田舎芝居』　1787.この年
★稲置　684.10.1
★稲毛重成
没　1205.6.23
★『稲妻表紙』　1806.この年
稲田騒動　1870.5.13
★伊奈忠宥
没　1772.8.25
★伊奈忠克
没　1665.8.14
★伊奈忠尊
改易　1792.3.9
没　1794.この年
★伊奈忠次
没　1610.6.13
★伊奈忠順
没　1712.2.29
★伊奈忠治
没　1653.6.27
伊奈忠易
小笠原諸島を探険　1675.6.21
稲田正次
没　1984.8.14
★稲田竜吉
没　1950.2.27
★稲富一夢
没　1611.2.6
★稲葉一鉄

没　1588. 11. 19
★稲葉迂斎
没　1760. 11. 10
★稲葉修
没　1992. 8. 15
★稲葉貞通
没　1603. 9. 3
★『因幡志』　1795. 4. -
★稲畑勝太郎
没　1949. 9. 29
★稲葉雍通
没　1847. 9. 18
★因幡堂　1159. 11. 26
稲葉秀三
没　1996. 4. 17
★稲葉正勝
転封　1632. 11. 23
没　1634. 1. 25
★稲葉正邦
没　1898. 7. 15
★稲葉正巳
没　1879. この年
★稲葉正休
殺害　1684. 8. 28
稲葉三千男
没　2002. 9. 8
★稲葉通邦
没　1801. 4. 25
★稲葉黙斎
没　1799. 11. 1
★稲葉山城　1544. 9. 23　1567. 8. 15
★稲村三伯
没　1811. 1. 16
★稲山嘉寛
没　1987. 10. 9
稲荷台1号墳出土鉄剣〔★稲荷台古墳群〕
450.
★稲荷山古墳出土鉄剣　471. 7. -
1978. 9. 19
★猪苗代兼載
没　1510. 6. 6
戌井市郎
没　2010. 12. 15
★乾十郎
刑死　1864. 7. 20
★乾新兵衛
没　1934. 11. 4
犬養孝
没　1998. 10. 3
★犬養健
没　1960. 8. 28
★犬養毅
政友会総裁に就任　1929. 10. 12
暗殺　1932. 5. 15
★犬養内閣　1931. 12. 13　1932. 5. 16
★犬養五十君
斬死　672. この年
★犬養部　535. 8. 1
犬養道子
没　2017. 7. 24
★犬上御田鍬
隋に遣わさる　614. 6. 13
隋より帰る　615. 9. -
対馬に帰還　632. 8. -
犬丸義一
没　2015. 10. 2
犬丸徹三
没　1981. 4. 9
★井上因碩（初代）
没　1630. 8. 14
★井上因碩（４代）
没　1719. この年
★井上因碩（11代）
没　1859. この年
★井上円了
没　1919. 6. 6
井上薫
没　2009. 6. 9
★井上馨
没　1915. 9. 1
★井上角五郎
没　1938. 9. 23
井上清
没　2001. 11. 23
★井上清直
没　1867. 12. 28
★井上金峨
没　1784. 6. 16
★井上剣花坊
没　1934. 9. 11
★井上玄徹
没　1686. 4. 19
★井上幸治
没　1989. 9. 9
★井上毅
没　1895. 3. 17
★井上成美
没　1975. 12. 15
★井上十吉
没　1929. 4. 7
★井上準之助
暗殺　1932. 2. 9
★井上士朗
没　1812. 5. 16
★井上省三
没　1886. 12. 10
★井上匡四郎
没　1959. 3. 18
井上通女
没　1738. 6. 23
★井上哲次郎
没　1944. 11. 9
★井上伝
没　1869. 4. 26
★井上伝蔵
没　1918. 6. -
★井上友一
没　1919. 6. 12
★井上内親王
皇后となる　770. 11. 6
皇后を廃さる　772. 3. 2
殺害　775. 4. 27
★井上日召
没　1967. 3. 4
★井上播磨掾
没　1685. 5. 19
井上ひさし
没　2010. 4. 9
★井上正夫
没　1950. 2. 7
★井上正鉄
没　1849. 2. 18
★井上政重
没　1661. 2. 27
★井上正継
没　1646. 9. 13
★井上正就
没　1628. 8. 10
井上正治
下田・浦賀・房総の海岸巡視
1807. 10. 23
★井上正岑
没　1722. 5. 17
★井上勝
没　1910. 8. 2
★井上通泰
没　1941. 8. 15
★井上光兼
没　1551. 8. 5
★井上光貞
没　1983. 2. 27
★井上光晴
没　1992. 5. 30
★井上靖
没　1991. 1. 29
★井上八千代（初代）
没　1854. この年
★井上八千代（２代）
没　1868. この年
★井上八千代（３代）
没　1938. この年
井上八千代（４代）
没　2004. 3. 19
井上裕
没　2008. 6. 22
★井上良馨
没　1929. 3. 22
★井上頼圀
没　1914. 7. 4
★井上蘭台
没　1761. 11. 27
★稲生若水
没　1715. 7. 6
★伊能忠敬
蝦夷地測量のため江戸を出立
1800. 閏4. 19
幕命で沿岸測量　1803. 2. -
諸国郡村の呼称を調査　1803. 5. -
幕命で測量に向かう　1805. 2. -
幕命で沿岸測量に向かう　1808. 1. -
幕命で九州沿岸の測量に向かう
1809. 8. -
幕命で測量に向かう　1811. 11. -
伊豆へ測量隊を派遣　1815. 4. -
没　1818. 4. 18
★伊能穎則
没　1877. 7. 11
★飯尾宗祇
白河関に連歌を催す　1468. 10. 22
北野社連歌会所奉行となる
1488. 3. 28
山口で『伊勢物語』を講釈
1489. この年
近衛尚通に古今伝授を行う
1498. 2. 5

三条西実隆に古今伝授を行う
1501.9.15
没　1502.7.30
★飯尾為種
没　1458.5.20
飯尾為信
没　1478.9.27
飯尾任連
没　1482.1.26
★飯尾元連
没　1492.5.10
猪木正道
没　2012.11.5
★井口在屋
没　1923.3.25
★猪熊浅麻呂
没　1945.5.1
猪熊功
自殺　2001.9.28
★『猪隈関白記』　1197.この年
猪熊弦一郎
没　1993.5.17
★猪熊教利
刑死　1609.10.17
井野碩哉
没　1980.5.19
★井野辺茂雄
没　1954.1.20
猪俣浩三
没　1993.8.21
★猪俣津南雄
没　1942.1.19
★医博士　553.6.-　554.2.-
★伊庭貞剛
没　1926.10.23
★伊庭是水軒
没　1713.閏5.11
★伊庭想太郎
没　1903.9.-
★伊庭孝
没　1937.2.25
★伊庭八郎
戦死　1869.5.12
★伊波普猷
没　1947.8.13
★『いはらき』　1891.7.5
★『茨城新聞』　1942.2.1
★『茨城新報』　1872.10.-
茨木のり子
没　2006.2.19
★井原西鶴
没　1693.8.10
★伊原青々園
没　1941.7.26
井原高忠
没　2014.9.14
井原鑓溝遺跡　30.この頃
★『医範提綱』　1805.この年
★井深梶之助
没　1940.6.24
井深大
没　1997.12.19
伊福部昭
没　2006.2.8
★井伏鱒二
没　1993.7.10
夷俘長　812.6.2
★飯降伊蔵
没　1907.6.9
イブン=サウード
没　1953.11.9
★今井兼平
討死　1184.1.20
今いくよ
没　2015.5.28
★今井慶松
没　1947.7.11
★今井五介
没　1946.7.9
★今井似閑
没　1723.10.4
★今泉嘉一郎
没　1941.6.29
★今泉雄作
没　1931.1.28
★今井宗久
没　1593.8.5
★今井宗薫
没　1627.4.11
★今井武夫
没　1982.6.12
★今井正
没　1991.11.22
★今井登志喜
没　1950.3.21
今井雅之
没　2015.5.28
今井通子
グランド=ジョラス北壁登頂成功
1971.7.17
★今井嘉幸
没　1951.6.30
今江祥智
没　2015.3.20
★今大路道三
没　1626.9.19
今大路道三
紅葉山文庫の医書を校訂　1723.6.-
★『今鏡』　1172.この秋以降
今川遺跡　前300.この頃
★今川氏真
没　1614.12.28
★今川氏親
没　1526.6.23
★今川氏輝
没　1536.3.17
★『今川仮名目録』　1526.4.14
★今川貞世
九州探題に補任　1370.6.23
大宰府を攻略　1372.8.12
大隅・薩摩守護に補任　1376.8.12
京都へ召還　1395.8.10
遠江半国守護に補任　1395.8.10
駿河半国守護に補任　1395.11.14
没　1418.応永19年以降この年
今川範氏
没　1365.4.30
★今川範国
没　1384.5.19
★今川範政
没　1433.5.27
今川泰範
没　1409.9.26
★今川義忠
没　1476.2.9
★今川義元
討死　1560.5.19
★『今川了俊書札礼』
1379.この頃から応永2年
★今北洪川
没　1892.1.16
今切関〔★新居関〕　1667.5.25
★今熊野神社〔今熊野社〕　1160.10.16
今城塚古墳　530.この頃
★今出川兼季
没　1339.1.16
★今出川公言
没　1776.8.25
★今出川公直
没　1396.5.-
★今出川晴季
没　1617.3.28
★今中大学
没　1857.2.16
★今西錦司
没　1992.6.15
★今西竜
没　1932.5.20
★今西林三郎
没　1924.8.27
★新日吉神宮〔新日吉社〕　1054.この年
1160.10.16
★今参局
配流　1459.1.18
自刃　1459.1.18
今道友信
没　2012.10.13
★『今昔操年代記』　1727.1.-
★今村明恒
没　1948.1.1
★今村英生
没　1736.8.18
★今村紫紅
没　1916.2.2
今村昌平
没　2006.5.30
★今村長賀
没　1910.12.27
★今村均
没　1968.10.3
★『当世下手談義』　1752.この年
★忌寸　684.10.1　685.6.20
移民保護規則〔★移民〕　1894.4.13
★『妹背山婦女庭訓』　1771.1.28
「妹山背山」　1906.2.17
居貞親王
皇太子となる　986.7.16　→三条天皇
弥永昌吉
没　2006.6.1
★弥永貞三
没　1983.12.30
井山裕太
国民栄誉賞受賞　2018.2.13
★『祖谷山日記』　1825.この年
壱与〔★台与〕

魏帝に男女生口30人・白珠5000孔などを献上する　248.
王となる　248. この頃
★『伊予史談』　1915. 5. -
★伊予親王
謀反発覚　807. 10. 27
自害　807. 11. 12
『伊予新報』　1941. 12. 1
伊予温湯宮　639. 12. 14
★伊良子清白
没　1946. 1. 10
★伊良子光顕
没　1798. 9. 19
伊良部秀輝
没　2011. 7. 27
★入江啓四郎
没　1978. 8. 13
★入江相政
没　1985. 9. 29
入江たか子
没　1995. 1. 12
入江俊郎
没　1972. 7. 18
★入江波光
没　1948. 6. 9
★『入来院文書』　1971. この年
★入沢恭平
没　1874. 1. 10
★入沢宗寿
没　1945. 5. 12
★入沢達吉
没　1938. 11. 5
入船亭扇橋（9代）
没　2015. 7. 10
『医略抄』　1081. 3. 7
医療保険改正法　1997. 6. 16
★『遺老物語』　1733. この年
★色川三中
没　1855. 6. 23
★位禄　705. 11. 4
★『色葉字類抄』
1180. 天養年間より治承年間
『色葉字類抄』（二巻本）
1144. この年から長寛年間
★『いろは新聞』　1879. 12. 4
磐井　→筑紫磐井
★岩井勝次郎
没　1935. 12. 21
★岩井半四郎（初代）
没　1699. 4. 3
★岩井半四郎（2代）
没　1710. この頃
★岩井半四郎（4代）
没　1800. 3. 29
★岩井半四郎（5代）
没　1847. 4. 6
★岩井半四郎（6代）
没　1836. 4. 8
★岩井半四郎（7代）
没　1845. 4. 1
★岩井半四郎（8代）
没　1882. 2. 19
岩井半四郎（10代）
没　2011. 12. 25
★岩生成一
没　1988. 3. 21
★岩川友太郎
没　1933. 5. 2
★岩城貞隆
没　1620. 10. 19
岩城宏之
没　2006. 6. 13
★『岩倉公実記』　1906. 9. -
岩倉使節団〔★岩倉遣外使節〕
1871. 11. 12　1871. 11. 12
岩倉城　1559. この春
★岩倉恒具
没　1760. 7. 29
★岩倉具定
没　1910. 4. 1
★岩倉具視
蟄居処分　1862. 8. 20
武市熊吉らに襲われ負傷　1874. 1. 14
没　1883. 7. 20
★岩倉尚具
没　1799. 1. 7
★岩畔豪雄
没　1970. 11. 22
★岩崎灌園
没　1842. 1. 29
★岩崎小弥太
没　1945. 12. 2
いわさきちひろ
没　1974. 8. 8
★岩崎俊弥
没　1930. 10. 16
★岩崎久弥
没　1955. 12. 2
★岩崎弥太郎
没　1885. 2. 7
★岩崎弥之助
没　1908. 3. 25
★岩佐作太郎
没　1967. 2. 13
★岩佐純
没　1912. 1. 5
★岩佐又兵衛
没　1650. 6. 22
★岩下清周
没　1928. 3. 19
★岩下壮一
没　1940. 12. 3
★岩下方平
没　1900. 8. 15
★石清水八幡宮　859. 8. -　1140. 1. 23
1338. 7. 5　1508. 2. 23　1863. 4. 11
★『石清水八幡宮寺略補任』　1279. 4. -
石清水八幡宮臨時祭　1813. 3. 15
石清水八幡護国寺　876. 8. 13　1326. 9. 17
石清水放生会〔★石清水八幡宮放生会〕
1070. 8. 15　1679. 8. 15
★石清水臨時祭　971. 3. 8
★岩住良治
没　1958. 2. 10
★岩橋千塚古墳群　450. この頃
★岩瀬忠震
没　1861. 7. 11
★岩田愛之助
没　1950. 3. -
★岩田好算
没　1878. 7. -
岩田聡
没　2015. 7. 11
★岩田宙造
没　1966. 2. 22
★岩田藤七
没　1980. この年
岩谷時子
没　2013. 10. 25
★岩田富美夫
没　1943. 7. 6
★岩田義道
没　1932. 11. 3
岩田涼菟
没　1717. 4. 28
★岩槻信治
没　1948. この年
★『岩手公報』　1889. 11. -
★『岩手日報』　1897. 4. 1
★『岩手毎日新聞』　1899. 2. 22
岩手・宮城内陸地震　2008. 6. 14
岩戸遺跡　約2万年前.
★岩門合戦　1285. この年
★岩戸景気　1959. この年
★岩戸山古墳　528. 12. -
★岩永マキ
没　1920. 1. 27
★岩永裕吉
没　1939. 9. 2
★岩波茂雄
没　1946. 4. 25
★岩波書店　1913. 8. 5
★岩波文庫　1927. 7. 10
岩波雄二郎
没　2007. 1. 3
★岩野泡鳴
没　1920. 5. 9
岩橋邦枝
没　2014. 6. 11
★岩橋小弥太
没　1978. 12. 9
★岩橋善兵衛
没　1811. 5. 25
岩淵辰雄
没　1975. 6. 6
★磐舟柵　648. この年
★岩松経家
戦死　1335. 7. 22
★岩松満純
斬死　1417. 閏5. 13
★石見銀山　1526. 3. -
★岩村忍
没　1988. 6. 1
★岩村高俊
没　1906. 1. 4
★岩村透
没　1917. 8. 17
岩村三千夫
没　1977. 5. 16
★岩村通俊
没　1915. 3. 13
★岩村通世
没　1965. 10. 5
★巌本善治
没　1942. 10. 5

上杉憲盛
没　1575. 3. 28
上杉治広
没　1822. 9. 11
上杉房顕
没　1466. 2. 12
上杉房定
没　1494. 10. 17
★上杉房能
敗死　1507. 8. 7
上杉政真
敗死　1473. 11. 24
★上杉持朝
没　1467. 9. 6
★上杉持房
没　1490. 2. 10
★上杉鷹山〔治憲〕
藩政改革に着手　1767. この年
細井平洲を招請　1771. 5. 2
隠居　1785. 2. 7
没　1822. 3. 12
★上杉能憲
没　1378. 4. 17
★ウェスト
没　1908. 1. 10
★ウェストン
没　1940. 3. 27
★上田秋成
没　1809. 6. 27
★上田万年
没　1937. 10. 26
★植田謙吉
没　1962. 9. 11
上田耕一郎
没　2008. 10. 30
★植田艮背
没　1735. 2. 23
★上田作之丞
没　1864. 4. 11
★上田宗箇
没　1650. 5. 1
上田騒動〔★信濃国上田藩領宝暦十一年一揆〕　1761. 12. 12
上田卓三
没　2005. 5. 26
★上田貞次郎
没　1940. 5. 8
上田哲
没　2008. 12. 17
上田トシコ
没　2008. 3. 7
上田利治
没　2017. 7. 1
★上田敏
没　1916. 7. 9
上田正昭
没　2016. 3. 13
★上野岩太郎
没　1925. 10. 27
★上野景範
没　1888. 4. 11
上野倶楽部　1910. この年
上野憲一
背任容疑で逮捕　1998. 9. 3
★上野公園　1876. 5. 9　1924. 1. 26
上野精一
没　1970. 4. 19
★上野戦争　1868. 5. 15
上野動物園　1882. 3. 20　1924. 1. 26
★上野俊之丞
没　1851. 8. 17
上野博物館　1882. 3. 20
★上野彦馬
長崎に撮影所を創設　1862. 11. -
没　1904. 5. 22
★上野理一
没　1919. 12. 31
★植原悦二郎
没　1962. 12. 2
★上原敬二
没　1981. 10. 24
上原謙
没　1991. 11. 23
上原康助
没　2017. 8. 6
上原正吉
没　1983. 3. 12
★上原専禄
没　1975. 10. 28
上原真佐喜
没　1996. 5. 11
★上原勇作
没　1933. 11. 8
★上原六四郎
没　1913. 4. 1
★植松有信
没　1813. 6. 20
★植松考昭
没　1912. 9. 14
★植松茂岳
没　1876. 3. 20
★植松自謙
没　1810. 5. 4
★植松雅久
没　1777. 9. 5
植村家長
没　1828. 10. 12
★植村角左衛門
没　1822. 10. 24
★植村甲午郎
経団連会長に就任　1968. 5. 24
没　1978. 8. 1
★上村松園
没　1949. 8. 27
上村松篁
没　2001. 3. 11
★植村環
没　1982. 5. 26
★植村澄三郎
没　1941. 1. 16
植村恒朝
改易　1751. 10. 12
★植村直己
エベレスト登頂に成功　1970. 5. 11
北極点到達　1978. 4. 30
マッキンリー冬期単独登頂に成功　1984. 2. 12
遭難死　1984. この年
国民栄誉賞　1984. 4. 10
★植村政勝
近畿・北陸で採薬　1732. 4. -
没　1777. 1. 8
★植村正久
没　1925. 1. 8
★右衛門佐局
没　1706. 3. 11
上山春平
没　2012. 8. 3
★ウェルクマイスター
没　1936. 8. 16
ヴェルサイユ講和条約〔★ベルサイユ条約〕　1919. 10. 27
★ウェルニッヒ
没　1896. 5. 19
★魚住源次兵衛
没　1880. 9. 16
★魚澄惣五郎
没　1959. 3. 26
★ウォーナー
没　1955. 6. 9
★鵜飼吉左衛門
刑死　1859. 8. 27
★鵜飼石斎
没　1664. 7. 21
★養鸕徹定
没　1891. 3. 15
鵜飼信成
没　1987. 5. 10
★鵜飼錬斎
没　1693. 4. 11
★宇垣一成
没　1956. 4. 30
★『宇垣一成日記』　1968. この年
宇垣軍縮〔★陸軍軍縮問題〕　1925. 5. 1
★『浮雲』　1887. この年
★宇喜多一蕙
没　1859. 11. 14
★浮田和民
没　1946. 10. 28
★宇喜多直家
没　1581. 2. 14
★宇喜多秀家
朝鮮より帰国　1598. 5. -
配流　1606. 4. -
没　1655. 11. 20
★宇喜多能家
自刃　1534. 6. 30
★浮世草子　1690. この頃
★『浮世床』　1811. 5. -　1813. この年
★『浮世風呂』　1809. 1. -
★『浮世物語』京版　1666. この頃
★『雨月物語』　1768. この年　1776. 4. -
★『迂言』　1855. この年
右近衛府〔★近衛府〕　807. 4. 22
★『羽後民情録』　1874. この年
★有厳
没　1275. 11. 11
★鵜崎鷺城
没　1934. 10. 28
宇佐宮〔★宇佐神宮〕　1309. 1. 21
宇佐宮弥勒寺〔★宇佐八幡弥勒寺〕　1051. 6. 5　1309. 1. 21
★『宇佐史談』　1934. この年
宇佐八幡宮〔★宇佐神宮〕　1021. 12. 23
宇佐八幡の神託　769. 9. 25

★宇佐美灊水
　没　1776. 8. 9
宇佐見洵
　没　1983. 2. 19
宇佐山城　1570. 9. 20
宇沢弘文
　没　2014. 9. 18
★鵜沢総明
　没　1955. 10. 21
氏家斉一郎
　没　2011. 3. 28
★氏家直国
　没　1902. 7. -
★氏家卜全
　戦死　1571. 5. 12
★氏家行広
　自刃　1615. 5. 8
★潮恵之輔
　没　1955. 1. 9
潮田江次
　没　1969. 5. 9
★潮田千勢子
　没　1903. 7. 4
★宇治加賀掾
　没　1711. 1. 21
牛久騒動〔★常陸国天領他文化元年助郷一揆〕　1804. 10. 18～22
★牛込忠左衛門
　没　1687. 12. 9
★宇治紫文（初代）
　没　1858. 2. 22
★宇治紫文（２代）
　没　1879. 9. 13
牛島憲之
　没　1997. 9. 16
牛島満
　没　1945. 6. 23
★宇治田忠郷
　没　1744. 7. -
牛塚虎太郎
　没　1966. 11. 1
★宇治橋　646. この年　797. 5. 8　1286. 11. 19　1311. 11. 11　1413. この年
★牛場卓蔵
　没　1922. 3. 5
牛場信彦
　没　1984. 12. 31
★後宮淳
　没　1973. 11. 24
碓氷坂　899. 9. 19
臼井儀人
　没　2009. 9. 20
臼井吉見
　没　1987. 7. 12
★宇宿彦右衛門
　戦死　1863. 12. 24
烏須弗
　能登国に来着　773. 6. 12
有珠モシリ遺跡　前100. この頃
★歌川国貞
　没　1864. 12. 15
★歌川国芳
　没　1861. 3. 5
★宇田川玄真
　没　1834. 12. 4
★宇田川玄随
　没　1797. 12. 18
★歌川豊国
　没　1825. 1. 7
★歌川豊春
　没　1814. 1. 12
★歌川豊広
　没　1829. 12. 21
★歌川広重
　没　1858. 9. 6
★宇田川文海
　没　1930. 1. 6
★宇田川榕庵
　没　1846. 6. 22
★哥沢芝金（初代）
　没　1874. 8. 27
★哥沢芝金（３代）
　没　1911. 5. 27
★歌沢寅右衛門（２代）
　没　1875. 10. 13
★歌沢寅右衛門（４代）
　没　1943. 3. 7
★宇田成一
　没　1926. 7. 17
★宇多天皇
　践祚　887. 8. 26
　即位　887. 11. 17
　譲位　897. 7. 3
　東寺で灌頂を受ける　899. 10. 15
　仁和寺で出家　899. 10. 24
　東大寺で受戒　899. 11. 24
　金峯山に参詣　900. 7. -
　東寺で伝法灌頂を受ける　901. 12. 13
　仁和寺に御室を造営　904. 3. -
　延暦寺御幸，受灌頂　910. 9. 25
　六十賀　926. 12. 19
　没　931. 7. 19
★『宇多天皇宸記』　887. この年
★宇田友猪
　没　1930. 11. 12
★内ヶ崎作三郎
　没　1947. 2. 4
内川芳美
　没　2004. 11. 17
★有智子内親王
　没　847. 10. 26
★打毀し　1781. 10. 15
★内田五観
　没　1882. 3. 29
★内田嘉吉
　没　1933. 1. 3
★内田銀蔵
　没　1919. 7. 20
★内田康哉
　没　1936. 3. 12
★内田定槌
　没　1942. 6. 2
★内田吐夢
　没　1970. 8. 7
★内田信也
　没　1971. 1. 7
内田久雄
　没　2007. 7. 2
★内田百閒
　没　1971. 4. 20
★内田政風
　没　1893. 10. 18
内田正親
　小見川へ減転封　1724. 10. 29
内田正偏
　蟄居　1724. 10. 29
内田康夫
　没　2018. 3. 13
内田裕也
　没　2019. 3. 17
★内田祥三
　没　1972. 12. 14
★内田良平
　没　1937. 7. 26
★内田魯庵
　没　1929. 6. 29
★内御書所　1157. 10. 26
★内村鑑三
　教育勅語への拝礼を拒否　1891. 1. 9
　没　1930. 3. 28
内村剛介
　没　2009. 1. 30
内村直也
　没　1989. 7. 27
★内山完造
　没　1959. 9. 20
★内山愚童
　刑死　1911. 1. 24
★内山七郎右衛門
　没　1881. 8. 18
★有智山城　1336. 2. 29
★内山隆佐
　没　1864. 6. 23
内山田洋
　没　2006. 11. 3
★内山彦次郎
　暗殺　1864. 5. 20
★内山真竜
　没　1821. 8. 22
★内山真弓
　没　1852. 5. 28
★宇宙開発事業団　1969. 6. 23
宇宙基本法　2008. 5. 28
宇津井健
　没　2014. 3. 14
★宇津木六之丞
　刑死　1862. 10. 27
★宇都宮氏綱
　没　1370. 7. 5
★宇都宮公綱
　没　1356. 10. 20
★宇都宮国綱
　没　1607. 11. 22
★宇都宮三郎
　没　1902. 7. 23
★宇都宮城　1368. 9. 6
宇都宮高貞〔★芳賀高貞〕
　蝦夷追討使として奥州に派遣　1327. 6. -
　帰還　1328. 10. -
★宇都宮太郎
　没　1922. 2. 15
★宇都宮徳馬
　自由党離党　1976. 10. 12
　没　2000. 7. 1

え

円覚寺舎利殿　1285. この年
★円観
捕えらる　1331. 5. 5
没　1356. 3. 1
★『延喜儀式』　913. 8. 29
★『延喜格』　907. 11. 15　908. 12. 27　909. 10. 23　910. 7. 1
★延喜交替式　921. 1. 25
★『延喜式』　905. 8. -　912. 2. -　924. 11. 15　925. 8. -　927. 12. 26　967. 7. 9　968. 1. 17
★延喜通宝　907. 11. 3　958. 3. 25
★延喜の荘園整理令　902. 3. 13　984. 11. 28
★延久の荘園整理令　1069. 2. 23
延久の宣旨升〔★宣旨升〕　1072. 9. 29
★円行
没　852. 3. 6
★円教寺　998. 1. 22　1018. 閏4. 12　1492. 2. 22
延慶法　1309. 3. 8
★『宴曲集』　1296. この年以前
★延喜楽　908. この秋
★『遠近新聞』　1868. 閏4. -
★厭求
没　1715. 6. 11
★円空
没　1695. 7. 15
円形周溝墓　前250. この頃
遠渓祖雄
元より帰国　1315. この年
★演劇改良会　1886. 8. -
円光寺　1601. 9. -
延光寺銅鐘（土佐）　911. 1. 9
★円載
黄金を賜う　848. 6. 5
没　877. この年
円座肩衝　1575. 10. 14
★閻錫山
没　1960. 5. 23
円借款　1958. 2. 4　1999. 6. 14
★円宗寺　1071. 6. 3
円宗寺最勝会〔★最勝会〕　1072. 10. 25　1082. 2. 19
円宗寺法華会〔★法華会〕　1072. 10. 25
遠所遺跡　550. この頃
★円照
没　1277. 10. 22
★延昌
没　964. 1. 15
慈念の諡号を贈らる　979. 8. 28
★延勝寺　1149. 3. 20
★円成寺　889. 3. 25
★円乗寺　1055. 10. 25
延勝寺阿弥陀堂　1163. 12. 26
★円城寺清
没　1908. 10. 21
円成寺大日如来坐像　1176. 10. 19
『円照上人行状』　1302. 3. 6
★円勢
没　1134. 閏12. 21
★『遠西観象図説』　1823. この年
★『遠西奇器述』　1854. この年
★『遠西奇器図説』　1627. この年
★『遠西紀略』　1855. この年
★『塩製秘録』　1816. この年
★『燕石雑志』　1811. この年
★エンソー
没　1910. 7. 13
★『園太暦』　1360. 4. 6
エンタープライズ　1968. 1. 19
★園地　746. 5. 9
円地文子
没　1986. 11. 14
★円澄
没　837. 10. 26
★円珍
唐へ向けて出発　853. 7. 16
帰国し，大宰府に到着　858. 6. 22
延暦寺座主となる　868. 6. 3
少僧都となる　890. 12. 27
没　891. 10. 29
智証大師の諡号を賜う　927. 12. 27
★円通
没　1834. 9. 4
★エンデ
没　1907. 8. 10
★『遠島御歌合』　1236. 7. -
遠藤要
没　2010. 6. 20
★遠藤清子
没　1920. 12. 18
★遠藤允信
没　1899. 4. 20
★遠藤三郎
没　1984. 10. 11
★遠藤七郎
没　1892. 1. -
遠藤周作
没　1996. 9. 29
★遠藤高璟
没　1864. 10. 21
★『艶道通鑑』　1715. この年
★遠藤利貞
没　1915. 4. 20
遠藤実
没　2008. 12. 6
国民栄誉賞　2009. 1. 23
遠藤幸雄
没　2009. 3. 25
★遠藤芳樹
没　1908. 9. 11
★円爾
入宋　1235. この年
帰国　1241. 7. -
東福寺住持　1243. 8. -
寿福寺に住す　1254. この年
建仁寺住持となる　1257. この年
没　1280. 10. 17
聖一国師と勅諡さる　1311. 12. 26
★円仁
遣唐使に同行　838. 6. 13
帰国　847. 10. 2
没　864. 1. 14
慈覚大師の諡号を賜う　866. 7. 14
★役小角
伊豆島に流さる　699. 5. 24
赦免　701. 1. -
★『役の行者』　1917. この年
演武館　1773. 10. -
★円福寺　1394. この年
★円墳　600. この頃
★『延宝伝燈録』　1678. この年
円本時代〔★円本〕　1926. 12. -
★円明
没　851. この年
★延命院　859. 2. 11
★塩冶高貞
自刃　1341. 3. -
★円融寺　983. 3. 22
★円融天皇
受禅　969. 8. 13
即位　969. 9. 23
元服　972. 1. 3
不予　978. 5. 19
譲位　984. 8. 27
出家　985. 8. 29
堀河院から円融院に遷御　985. 9. 19
東大寺で受戒　986. 3. 22
東寺で両部伝法灌頂職位を受ける　989. 3. 9
没　991. 2. 12　→守平親王
★遠洋航路補助法　1909. 3. 25
★『延暦交替式』　803. 2. 25
★延暦寺　823. 2. 26　1081. 4. 15　1205. 10. 2　1332. 4. 13　1499. 7. 20　1956. 10. 11
延暦寺円徳院　1086. 6. 16
延暦寺戒壇院　827. 5. 2
延暦寺五智院　967. この年
延暦寺実相院　1063. 10. 29
延暦寺舎利会　977. 3. 21
延暦寺東塔常行三昧堂　981. この年
★延暦寺の焼討ち　1571. 9. 12
★『延暦僧録』　788. この年

お

★及川古志郎
没　1958. 5. 9
★及川平治
没　1939. 1. 1
★『笈日記』　1695. 7. 15
★『老のくりごと』　1471. この秋以降
★『老のすさみ』　1479. 3. -
★オイレンブルグ
没　1881. 6. 2
★『オイレンブルク日本遠征記』　1864. この年
★『応安新式』　1372. 12. -
応安の半済令　1368. 6. 17
★『奥羽永慶軍記』　1698. 1. -
★奥羽越列藩同盟　1868. 5. 3
★『奥羽新聞』　1903. 1. 1
★『奥羽日日新聞』　1903. 1. 1
★応永の外寇　1419. 6. 20
★応永の乱　1399. 12. 21
★『奥儀抄』（初稿本）　1140. 保延年間
★応其
没　1608. 10. 1
★王国維
没　1927. 6. 2
★王克敏
没　1945. 12. 25
★逢坂関〔相坂関〕　795. 8. 15　857. 4. 23
王貞治
年間本塁打55本の日本新記録　1964. 9. 23
国民栄誉賞　1977. 9. 3

大坂綿買次積問屋株　1772. 10. -
大坂綿屋仲間　1666. 7. 21　1772. 6. 5
★大崎・葛西一揆　1590. 10. 16
★大迫貞清
　没　1896. 4. 27
大沢啓二
　没　2010. 10. 7
★大沢謙二
　没　1927. 1. 10
大沢商会　1984. 2. 29
★大沢四郎右衛門
　没　1639. 8. 26
★大沢善助
　没　1934. 10. 10
★大塩平八郎
　大坂船場の豪商を襲撃　1837. 2. 19
　自刃　1837. 3. 27
★大塩平八郎の乱　1837. 2. 19
★大下藤次郎
　没　1911. 10. 10
大下弘
　没　1979. 5. 23
★大島宇吉
　没　1940. 12. 31
★大島有隣
　没　1836. 10. 22
★大島健一
　没　1947. 3. 24
★大島貞益
　没　1914. 10. 19
★大島高任
　没　1901. 3. 29
★大島友之允
　没　1882. 8. 9
大島渚
　没　2013. 1. 15
★大島久直
　没　1928. 9. 27
★大島浩
　没　1975. 6. 6
★大島道太郎
　没　1921. 10. 5
★大島吉綱
　没　1657. 11. 6
★大島義昌
　没　1926. 4. 10
★大島蓼太
　没　1787. 9. 7
★大庄屋制　1734. 7. -
大庄屋制度の廃止　1713. 4. 23
★大須賀乙字
　没　1920. 1. 20
★大杉栄
　謀殺　1923. 9. 16
大須事件　1952. 7. 7
★大洲鉄然
　没　1902. 4. 25
オーストリア=ハンガリーと修好通商航
　海条約　1869. 9. 14
★大隅国　713. 4. 3
★大住荘　1235. 6. 3
★大角岑生
　没　1941. 2. 5
大隅良典
　ノーベル賞受賞　2016. 12. 10
★大関増業
　没　1845. 3. 19
★大関増裕
　没　1867. 12. 9
★大関和七郎
　刑死　1861. 7. 26
★大瀬甚太郎
　没　1944. 5. 29
★太田亮
　没　1956. 5. 27
大平山元遺跡　前１万1000. この頃
太田氏資
　没　1567. 8. 23
太田薫
　没　1998. 9. 24
★太田垣士郎
　没　1964. 3. 16
★大田垣蓮月
　没　1875. 12. 10
★大高源五
　切腹　1703. 2. 4
★大高坂芝山
　没　1713. 5. 2
大高重成
　没　1362. 4. 20
★大高又次郎
　斬殺　1864. 7. 4
大滝秀治
　没　2012. 10. 2
★太田錦城
　没　1825. 4. 23
★太田黒伴雄
　没　1876. 10. 24
★大竹貫一
　没　1944. 9. 22
★太田権右衛門
　殺害　1866. 8. 3
★太田晶二郎
　没　1987. 2. 20
★太田資清
　飯尾宗祇らと連歌会を催す
　　1469. この年
　没　1492. 2. 2
太田資高
　没　1547. 7. 24
★太田資正
　没　1591. 9. 8
★太田資宗
　ポルトガル人に来航禁止を伝え，帰
　帆させる　1639. 8. 5
　没　1680. 1. 22
★太田資始
　没　1867. 5. 18
★太田全斎
　没　1829. 6. 16
大田堯
　没　2018. 12. 23
★大館氏明
　討死　1342. 9. 3
★大達茂雄
　没　1955. 9. 25
★大館持房
　没　1471. 9. 11
★『大館持房行状』　1503. 2. -
★太田道灌〔資長〕
　江戸城を築く　1457. 4. 8
　長尾景春を武蔵用土原で破る
　　1477. 5. 14
　謀殺　1486. 7. 26
★太田時連
　没　1345. 2. 9
★大田南畝
　没　1823. 4. 6
★大谷嘉兵衛
　没　1933. 2. 3
★大谷喜久蔵
　没　1923. 11. 26
★大谷光瑩
　没　1923. 2. 8
★大谷光演
　没　1943. 2. 6
★大谷光瑞
　没　1948. 10. 5
★大谷幸蔵
　没　1887. 4. 6
★大谷光尊
　没　1903. 1. 18
★大谷竹次郎
　没　1969. 12. 26
大谷竹次郎
　没　1971. 11. 21
★大谷廟堂　1272. この冬
★大谷広次（初代）
　没　1747. この年
★大谷広次（２代）
　没　1757. この年
★大谷広次（３代）
　没　1802. この年
★大谷広次（５代）
　没　1873. 2. 1
★『大谷本願寺通紀』　1791. この年
★大谷吉継
　戦死　1600. 9. 15
★大谷米太郎
　没　1968. 5. 19
太田博太郎
　没　2007. 1. 19
★大田文　1197. 4. 15　1197. 6. -以降　1211. 12. 27
　1223. 4. 30　1249. 6. 5　1285. 2. 20　1285. 10・
　12月
大田文（武蔵）　1210. 3. 14
太田正孝
　没　1982. 7. 10
大田昌秀
　没　2017. 6. 12
★太田水穂
　没　1955. 1. 1
★太田康有
　没　1290. 5. 11
★太田康宗
　没　1265. 3. 22
★太田雄蔵
　没　1856. この年
大塚明彦
　没　2014. 11. 28
大塚金之助
　治安維持法違反で検挙　1933. 1. 10
★大塚孝綽
　没　1792. 7. 18
★大塚武松

没　1964. 5. 29
大野正男
没　2006. 10. 28
大野真弓
没　2002. 11. 27
太安万侶〔★太安麻呂〕
没　723. 7. 6
★太安万侶墓誌　1979. 1. 20
★大場磐雄
没　1975. 6. 7
大庭脩
没　2002. 11. 27
★大庭景親
斬首　1180. 10. 26
★大庭景義
没　1210. 4. 9
★大橋一蔵
没　1889. 2. 13
大橋巨泉
没　2016. 7. 12
大橋健三郎
没　2014. 4. 22
★大橋佐平
没　1901. 11. 3
★大橋重政
没　1672. 閏6. 30
大橋鎮子
没　2013. 3. 23
★大橋慎
没　1872. 6. 2
★大橋新太郎
没　1944. 5. 5
★大橋宗桂
没　1634. 3. 9
★大橋訥庵
没　1862. 7. 12
★大庭二郎
没　1935. 2. 11
★大庭雪斎
没　1873. この年
★大庭御厨　1145. 3. 4
大場政夫
没　1973. 1. 25
大浜信泉
没　1976. 2. 13
大場満郎
北極単独横断に成功　1997. 6. 23
大庭みな子
没　2007. 5. 24
大林太良
没　2001. 4. 12
★大林芳五郎
没　1916. 1. 24
大林芳郎
没　2003. 7. 19
★大原重徳
没　1879. 4. 1
★大原社会問題研究所　1919. 2. 9
★大原総一郎
没　1968. 7. 27
大原騒動〔★飛騨国天領明和八年一揆〕
1771. 12. 14
大原富枝
没　2000. 1. 27
★大原孫三郎
没　1943. 1. 18
★大原幽学
自殺　1858. 3. 7
大原麗子
没　2009. 8. 6
大判金〔★大判〕　1725. 3. 24
★大姫
没　1197. 7. 14
大平透
没　2016. 4. 12
★大平内閣（第1次）　1978. 12. 7
大平内閣（第2次）　1979. 11. 9
★大平正芳
没　1980. 6. 12
大藤時彦
没　1990. 5. 18
大風呂南遺跡　100. この頃
★大戸清上
没　839. この年
★大前田英五郎
没　1874. 2. 26
★大町桂月
没　1925. 6. 10
大宮（百済宮）　639. 7. -
★大宮院
没　1292. 9. 9
★大宮長興
没　1499. 10. 24
大神己井
香薬購入のため唐に派遣　874. 6. 17
大神末足
遣唐副使に任命　776. 12. 14
大村智
ノーベル賞受賞　2015. 12. 10
大村収容所　1952. 8. 1
★大村純忠
横瀬浦をポルトガル人に開港
1562. 6. 15
受洗　1563. この年
大村にヤソ会堂を建立　1568. 11. 12
没　1587. 4. 18
★大村純熙
没　1882. 1. 12
★大村清一
没　1968. 5. 24
★大村西崖
没　1927. 3. 7
★大村卓一
没　1946. 3. 5
大村はま
没　2005. 4. 17
★大村益次郎
暗殺　1869. 11. 5
★大村由己
没　1596. この年
★大目付　1632. 12. 17
★大本教　1892. 2. 3　1920. 8. 5　1936. 3. 13
★大本教事件（第1次）　1921. 2. 12
大本教事件（第2次）　1935. 12. 8
★大森氏頼
没　1494. 8. 26
★『大森介墟古物編』　1879. 12. -
★大森金五郎
没　1937. 1. 13
大森銀山〔★石見銀山〕　1540. 8. 16
★大森房吉
没　1923. 11. 8
大森実
没　2010. 3. 25
★大森義太郎
没　1940. 7. 28
大森六人衆　1674. 9. 19
★大宅麻呂
鋳銭司に任じらる　694. 3. 2
★大屋晋三
没　1980. 3. 9
★大宅壮一
没　1970. 11. 22
★大矢透
没　1928. 3. 16
★大宅牧（肥後）　864. 11. 4
★大山郁夫
スターリン平和賞授与　1951. 12. 21
没　1955. 11. 30
大山勇夫〔★大山中尉殺害事件〕
中国保安隊に射殺される　1937. 8. 9
★大山巌
没　1916. 12. 10
大山柏
没　1969. 8. 20
大宅昌
没　2007. 5. 24
大屋政子
没　1999. 1. 16
大山騒動　1844. 4. 26
★大山為起
没　1713. 3. 17
★大山綱良
刑死　1877. 9. 30
オオヤマト古墳群　280. この頃　350. この頃
★大山荘　1013. 10. 15　1318. 6. 14
★大山康晴
没　1992. 7. 26
大網広道
送渤海客使に任命　778. 12. 17
★大類伸
没　1975. 12. 27
★オールコック
来日　1859. 5. 26
英仏連合軍の北京攻略を幕府に通報
1860. 9. 28
横浜へ退去　1860. 12. 16
ロシア軍艦を退去せしむ　1861. 7. 9
没　1897. 11. 2
大留守居職〔★留守居〕　1698. 2. 15
★大和田建樹
没　1910. 10. 1
★大輪田泊　812. 6. 5　1180. 2. 20
★丘浅次郎
没　1944. 5. 2
★岡市之助
没　1916. 7. 20
★岡内重俊
没　1915. 9. 19
★岡鬼太郎
没　1943. 10. 29
★岡潔
没　1978. 3. 1
★岡熊臣

没　1922.3.23
★岡村寧次
没　1966.9.2
岡本敦郎
没　2012.12.28
★岡本一平
没　1948.10.11
★岡本一抱
没　1754.この年
★岡本花亭
没　1850.9.23
★岡本かの子
没　1939.2.18
★岡本綺堂
没　1939.3.1
岡本喜八
没　2005.2.19
★岡本健三郎
没　1885.12.26
★岡本玄冶
没　1645.4.20
★岡本黄石
没　1898.4.12
岡本公三
逮捕　1972.5.30
★岡本秋暉
没　1862.9.24
★岡本甚左衛門
没　1842.6.21
★岡本大八
刑死　1612.3.21
岡本太郎
没　1996.1.7
★岡本豊彦
没　1845.7.11
岡本宮〔★飛鳥岡本宮〕　636.6.-
★岡本則録
没　1931.2.17
★岡本保孝
没　1878.4.5
岡本愛彦
没　2004.10.24
★岡本柳之助
没　1912.5.14
★『岡山県古文書集』　1953.この年
★岡義武
没　1990.10.5
★岡鹿門
没　1914.2.28
★小川芋銭
没　1938.12.17
★小川一真
没　1929.9.6
★小川清彦
没　1950.1.10
小川国夫
没　2008.4.8
★小川郷太郎
没　1945.4.1
★小河滋次郎
没　1925.4.2
★小川笙船
没　1760.6.14
★小川松民
没　1891.5.30
御為替組〔★為替方〕　1691.2.-
★小川琢治
没　1941.11.15
★小川環樹
没　1993.8.31
★小川破笠
没　1747.6.3
小川寛興
没　2017.7.19
小川宏
没　2016.11.29
★小川平吉
没　1942.2.2
★『小川平吉関係文書』　1973.この年
★小川未明
没　1961.5.11
★小川守中
没　1823.4.9
★小川義綏
没　1912.12.19
★荻江露友（初代）
没　1787.7.5
★荻江露友（４代）
没　1884.6.30
★沖牙太郎
没　1906.5.29
★萩窪会談　1940.7.19
★『おきく物語』　1837.この年
荻須高徳
没　1986.10.14
荻田主馬
大名預けとなる　1679.10.19
★沖禎介
銃殺　1904.4.21
冲中重雄
没　1992.4.20
★『翁草』　1791.この年
★『翁の文』　1746.2.-
沖縄基地建設　1950.2.10
★沖縄県　1879.4.4
沖縄県祖国復帰協議会　1960.4.28
沖縄県令　1879.4.4
★沖縄国際海洋博覧会　1975.7.19
沖縄国政参加選挙　1970.11.15
沖縄施政権返還　1972.5.15
沖縄社会党　1947.9.10
沖縄人民党　1947.7.20
沖縄即時無条件返還要求県民大会　1967.11.2
沖縄地籍明確化法案　1977.5.18
★沖縄返還協定　1971.6.17
沖縄防衛計画（第１次）　1970.10.7
沖縄民主同盟　1947.6.15
沖縄問題解決総決起大会　1956.7.4
★沖野岩三郎
没　1956.1.31
★荻野吟子
没　1913.6.23
★荻野元凱
没　1806.4.20
★荻野沢之丞
没　1704.8.19
荻野式避妊法　1924.6.1
★沖ノ島　300.この頃から
★沖野忠雄
没　1921.3.26
★荻野独園
没　1895.8.10
荻野三七彦
没　1992.8.12
★荻野安重
没　1690.6.7
荻昌弘
没　1988.7.2
荻村伊智朗
没　1994.12.4
★荻生徂徠
徳川吉宗に謁見　1727.4.1
没　1728.1.19
★荻生北渓
没　1754.1.20
★大給恒
没　1910.1.6
★興世王
戦死　940.2.19
★荻原重秀
勘定頭に任じらる　1696.4.11
将軍への謁見を停止　1710.4.25
罷免　1712.9.11
没　1713.9.26
★荻原井泉水
没　1976.5.20
★荻原守衛
没　1910.4.22
奥井復太郎
没　1965.2.16
★奥繁三郎
没　1924.9.8
奥田東
没　1999.4.28
★奥平忠弘
没　1700.5.16
奥平剛士
没　1972.5.30
★奥平信昌
没　1615.3.14
★奥平昌鹿
没　1780.7.24
★奥平昌高
没　1855.6.10
奥平康弘
没　2015.1.26
★奥田穎川
没　1811.4.27
奥田敬和
没　1998.7.16
奥田元宋
没　2003.2.15
★奥田正香
没　1921.1.31
奥田義雄
没　2003.5.26
★奥田義人
没　1917.8.21
★奥田頼杖
没　1849.8.5
奥田良三
没　1993.1.27
奥詰衆　1689.3.2
★奥寺八左衛門

没　1686. 1. 7
阿国〔★出雲阿国〕
京都で歌舞伎踊を上演　1603. 4. -
江戸で歌舞伎踊を上演　1607. 2. 20
奥野誠亮
没　2016. 11. 16
奥野健夫
没　1997. 11. 26
★『おくのほそ道』　1693. この頃
『奥の細道』自筆本　1996. 11. 25
★奥野昌綱
没　1910. 12. 2
★奥宮健之
刑死　1911. 1. 24
★奥八兵衛
没　1669. 1. 23
★奥原晴湖
没　1913. 7. 28
★小熊秀雄
没　1940. 11. 20
★小熊捍
没　1971. 9. 10
★奥むめお
没　1997. 7. 7
★奥村五百子
没　1907. 2. 7
★奥村喜和男
没　1969. 8. 19
★奥村土牛
没　1990. 9. 25
★奥村政信
没　1764. 2. 11
★奥村良竹
没　1761. 9. 3
★奥保鞏
没　1930. 7. 19
奥右筆　1681. 8. 22
奥右筆組頭　1689. 10. 26
★奥好義
没　1933. 3. 6
★小倉金之助
没　1962. 10. 21
★小倉実起
配流　1681. 10. 23
没　1684. 3. 18
★小倉三省
没　1654. 7. 15
★小倉進平
没　1944. 2. 8
小倉武一
没　2002. 2. 14
★小倉宮
没　1443. 5. 7
小倉宮王子〔★小倉宮〕
入京　1471. 8. 26
★小倉正恒
没　1961. 11. 20
小倉遊亀
没　2000. 7. 23
★小栗城　1423. 8. 2　1455. 閏4. -
★小栗忠順
刑死　1868. 閏4. 6
★小栗仁右衛門
没　1661. 6. 6
★小栗風葉
没　1926. 1. 15
★小栗美作
切腹　1681. 6. 22
★奥劣斎
没　1835. 9. 4
★忍壁親王〔刑部〕
律令を撰定　700. 6. 17
没　705. 5. 8
★尾崎一雄
没　1983. 3. 31
★尾崎喜八
没　1974. 2. 4
尾崎紀世彦
没　2012. 5. 31
★尾崎紅葉
没　1903. 10. 30
★尾崎三良
没　1918. 10. 13
★尾崎士郎
没　1964. 2. 19
★尾崎忠治
没　1905. 10. 16
★尾崎放哉
没　1926. 4. 7
尾崎秀樹
没　1999. 9. 21
★尾崎秀実
刑死　1944. 11. 7
★尾崎雅嘉
没　1827. 10. 3
★尾崎行雄
不敬罪容疑で起訴　1942. 4. 24
没　1954. 10. 6
尾崎行雄
没　2013. 6. 13
★長田新
没　1961. 4. 18
★尾佐竹猛
没　1946. 10. 1
★長田秋濤
没　1915. 12. 25
★訳語田幸玉宮　575. この年
小里貞利
没　2016. 12. 14
★小山内薫
没　1928. 12. 25
★小佐野賢治
没　1986. 10. 27
★他戸親王
皇太子となる　771. 1. 23
皇太子を廃さる　772. 5. 27
殺害　775. 4. 27
長部日出雄
没　2018. 10. 18
★大仏維貞
没　1327. 9. 7
★大佛次郎
没　1973. 4. 30
大仏朝直
没　1264. 5. 3
★大仏宗宣
没　1312. 6. 12　→北条宗宣
尾去沢銅山〔★尾去沢鉱山〕
1765. 11. -
小沢一郎
新進党党首に当選　1995. 12. 27
新進党党首に再選　1997. 12. 18
★小沢治三郎
没　1966. 11. 9
小沢昭一
没　2012. 12. 10
小沢征爾
ブザンソン国際指揮者コンクール（フランス）で1位入賞　1959. 9. 12
★小沢武雄
没　1926. 1. 29
★小沢蘆庵
没　1801. 7. 11
★『御仕置例類集』　1845. 7. -
★押川春浪
没　1914. 11. 16
★押川方義
没　1928. 1. 10
押小路実富
没　1826. 12. 7
★押小路甫子
没　1884. 9. 2
★オズーフ
没　1906. 6. 27
★御救小屋　1836. 10. 24　1837. 3. -
オーストリア=ハンガリーと修好通商航海条約　1869. 9. 14
★小瀬甫庵
没　1640. この年
★於大の方
没　1602. 8. 28
★小平浪平
没　1951. 10. 5
★尾高惇忠
没　1901. 1. 2
★小田海僊
没　1862. 閏8. 24
尾高邦雄
没　1993. 9. 11
★織田一磨
没　1956. 3. 8
★愛宕寺　1123. 4. 24
★愛宕通旭
自刃　1871. 12. 3
小田切進
没　1992. 12. 20
小田切秀雄
没　2000. 5. 24
★小田切万寿之助
没　1934. 9. 12
★織田作之助
没　1947. 1. 10
★織田純一郎
没　1919. 2. 3
★小田城　1341. 6. 23　1564. 1. 29
小田晋
没　2013. 5. 11
★小田孝朝
没　1414. 6. 16
小田高知
蝦夷追討使として奥州に派遣
1327. 6. -
★織田長益
没　1621. 12. 13
★小谷城　1572. 7. 19　1573. 8. 27

か

★『懐往事談』 1894. 4. -
★『貝おほひ』 1672. 1. -
★海音寺潮五郎
没 1977. 12. 1
★『海外雑誌』 1873. 2. -
★『海外新聞』 1865. この年
★『海外新話』 1849. この年
改革フォーラム21 1992. 12. 10
★『開化新聞』 1871. 12. -
★『開化問答』 1874. この年
海関税則〔★関税制度〕 1871. 7. 29
★『槐記』 1724. 1. -
★開基勝宝 760. 3. 16
海軍機関学校〔★海軍諸学校〕 1881. 8. 3
海軍局 1868. 11. 2
海軍軍備制限条約 1922. 2. 6 →ワシントン海軍軍縮条約
海軍軍法会議法 1921. 4. 26
海軍軍令部条例〔★軍令部〕 1893. 5. 20
海軍刑法〔★陸軍刑法〕 1881. 12. 28 1888. 12. 19
★海軍航空隊 1916. 3. 18
海軍参謀部条例 1889. 3. 9
海軍参謀本部条例 1888. 5. 14
海軍志願兵徴募規則 1883. 12. 18
海軍所 1866. 7. 19 1870. 4. 4
★海軍省 1872. 2. 28
海軍省官制改正 1893. 5. 20
海軍条例 1871. 9. 8 1886. 4. 26
海軍総裁 1862. 12. 18
海軍操練所〔★海軍兵学寮〕 1864. 5. 21 1869. 9. 18
★海軍大学校 1888. 8. 28
海軍提督府 1876. 8. 31
海軍伝習所〔★長崎海軍伝習所〕 1855. 7. 29
海軍部 1871. 7. 28
★海軍兵学寮 1870. 11. 4
★『海軍歴史』 1888. この年
★海軍労働組合連盟 1924. 3. 15
★会計検査院 1880. 3. 5
会計検査院官制 1886. 4. 17
会計検査院法 1889. 5. 10
★懐恵夜話 1719. 5. -
魁傑
没 2014. 5. 18
★『開元釈教録』 730. この年
★『快元僧都記』 1532. 5. 18
開元大衍暦 857. 1. 17
★戒厳令 1882. 8. 5 1923. 9. 2 1936. 2. 27
★『歌意考』 1800. この年
戒光寺 1228. 2. -
★『外交志稿』 1884. この年
「外交青書」 1957. 9. 28
「外交政略論」 1890. 3. -
★開高健
没 1989. 12. 9
★外国為替及び外国貿易管理法 1949. 12. 1
★外国為替管理法 1933. 3. 29
外国為替特別会計法 1949. 12. 1
外国為替取引制限 1932. 7. 1
外国為替法 1997. 5. 16 1998. 4. 1
★『開国起原』 1893. この年
★『開国五十年史』 1907. この年
★『甲斐国志』 1814. 11. -
★『開国始末』 1888. 3. -
外国事務取扱〔★外国官〕 1856. 10. 17
外国人漁業の規制に関する法律 2014. 11. 27
★外国人登録法 1952. 4. 28 1992. 5. 20 1993. 1. 8
★『海国図志』 1851. この年 1854. この年
★外国奉行 1858. 7. 8
★『海国兵談』 1786. この年 1791. 4. - 1792. 5. 16
外国貿易取調掛 1856. 10. 20
外国米管理令 1918. 4. 25
★海後宗臣
没 1987. 11. 22
介護保険制度見直し 1999. 10. 29
介護保険法 1997. 12. 9
開墾 722. 閏4. 25
開墾禁止令 772. 10. 14
★『海事史料叢書』 1929. この年
★貝島太助
没 1916. 11. 1
★『改邪鈔』 1337. 9. -
会社職員給与臨時措置令 1939. 10. 18
怪写真事件〔★朴烈事件〕 1926. 3. 25
★『会社全書』 1872. 10. -
★『会社弁』 1871. 6. -
★戒定
没 1805. 1. 23
★開成
没 781. 10. 4
海上警備行動 1999. 3. 23
海上警備隊 1952. 7. 31
海上保安庁設置法〔★海上保安庁〕 1948. 4. 27
★『海上砲術全書』 1843. この年 1854. この年
★改新の詔 646. 1. 1
★開成学校 1873. 4. 10
改正憲法私案要綱 1945. 12. 28
開成所〔★蕃書調所〕 1863. 8. 29 1868. 9. 12 1869. 12. 17 1870. 10. 24
開成所理化学施設 1868. 7. 1
★改税約書 1866. 5. 13
廻船改番所 1720. 12. 25
★『廻船安乗録』 1810. この年
★快川紹喜
殺害 1582. 4. 3
廻船問屋十組仲間〔★廻船問屋〕 1809. 2. -
★『改造』 1919. 4. -
改造社 1944. 7. 10 1955. 2. -
海賊取締令 1588. 7. 8
『誡太子書』〔★花園天皇〕 1330. 2. -
★『解体新書』 1771. 3. 4 1774. 8. -
★『解体約図』 1773. 1. -
★開拓使 1871. 8. 7 1882. 2. 8
開拓使仮学校 1872. 4. 15
開拓使官有物の払下げ 1881. 7. 21
★開拓使官有物払下げ事件 1881. 7. 26
★『開拓使事業報告』 1885. 11. -
★『開拓使日誌』 1869. 9月頃
貝谷八百子
没 1991. 3. 5
外為法改正〔★外国為替管理法〕 1997. 5. 16
★戒壇 761. 1. 21 822. 6. 11
★『懐中譜』 1095. この年
★『海潮音』 1905. 10. -
★『華夷通商考』 1695. 3. -
★貝塚茂樹
没 1987. 2. 9
★海津幸一
自刃 1865. 10. 23
★甲斐常治
没 1459. 8. 12
改定律例 1873. 6. 13
★『回天詩史』 1844. 6. 1
★快道
没 1810. 2. 21
★『海道記』 1223. 4. 4
★懐徳堂 1726. 6. 7
ガイドライン 1997. 6. 7 1997. 9. 23
ガイドライン関連法 1998. 4. 28 1999. 5. 24
海難救助協定 1956. 5. 14
★『海南新誌』 1877. 8. 25
★『海南新聞』 1877. 4. 28 1888. 1. 10 1941. 12. 1
★戒能通孝
没 1975. 3. 22
海舶互市新令〔★正徳長崎新例〕 1715. 1. 11
★貝原益軒
没 1714. 8. 27
海原治
没 2006. 10. 21
★『外蕃通書』 1818. この年
★『海表叢書』 1927. 11. -
★『懐風藻』 751. 11. -
★快風丸 1688. 6. 6
★海部内閣（第1次） 1989. 8. 10
海部内閣（第2次） 1990. 2. 28 1990. 12. 29
★『解放』 1919. 6. -
★『海防臆測』 1850. この年
★海防掛 1845. 7. 5 1858. 7. 8
★海北友松
御所などで屏風絵を描く 1602. この年
没 1615. 6. 2
★海北友雪
没 1677. 9. 3
蓋鹵王
弟の昆支君を倭国に遣わす 461.
戦死 475.
★海保漁村
没 1866. 9. 18
★海保青陵
没 1817. 5. 29
★『海保青陵経済談』 1929. この年
★戒本師田 757. 閏8. 21
★外務省 1949. 5. 31
外務省改革要項 2001. 6. 6
外務省情報部 1921. 8. 13
★『外務省日誌』 1870. 1. -
外務省臨時調査部 1917. 2. 12
★開明門院
没 1789. 9. 22
★『開目鈔』 1272. 2. -

没　1337. 1. 22
★梶原仲治
没　1939. 1. 6
雅真
没　999. 3. 21
糟尾城　1382. 3. 23
★春日顕国
斬首　1344. 3. 9
★春日一幸
民社党書記長に選出　1967. 6. 19
民社党委員長に選出　1971. 8. 3
没　1989. 5. 2
★『春日権現霊験記』　1309. 3. -
春日社〔★春日大社〕　1382. 閏1. 24
★春日潜庵
没　1878. 3. 23
★春日局
局号を授与　1629. 10. 10
没　1643. 9. 14
春日烽　712. 1. 23
春日野八千代
没　2012. 8. 29
★春日弘
没　1970. 9. 12
春日政治
没　1962. 6. 30
★春日山城　1548. 12. 30
★春日若宮祭　1136. 9. 17
嘉助騒動〔★信濃国松本藩領貞享三年一揆〕　1686. 10. 14
★上総国　741. 12. 10
★上総本一揆　1418. 5. 28　1419. 5. 6
瓦斯事業法　1923. 4. 10
★カストロ
没　1601. 9. 11
カストロ，フィデル
没　2016. 11. 25
和宮〔★親子内親王〕
京都桂御所を出発　1861. 10. 20
江戸到着　1861. 11. 15　→親子内親王
和宮降嫁勅許〔★和宮降嫁問題〕
1860. 5. 11　1860. 8. 18　1860. 11. 1
量仁親王
立太子　1326. 7. 24　→光厳天皇
粕谷一希
没　2014. 5. 30
★粕谷義三
没　1930. 5. 4
粕谷茂
没　2011. 10. 21
糟屋屯倉　528. 12. -
★葛城王
橘宿禰を賜う　736. 11. 17
諸兄と改名　736. 11. 17　→橘諸兄
★葛城襲津彦
新羅を攻める　382.
★葛山景倫
没　1276. 4. 23
★葛原親王
没　853. 6. 4
★珂碩
没　1694. 10. 7
加瀬俊一
没　2004. 5. 21
★『歌撰集』　1759. 7. -
★河川法　1896. 4. 8
家電リサイクル法　1998. 5. 29
★火葬　700. 3. 10
★華族　1869. 6. 17
華族学校　1877. 10. 17
華族女学校〔★学習院〕　1885. 11. 13
華族世襲財産法　1886. 4. 29
★華族令　1884. 7. 7　1907. 5. 8
★加曽利貝塚　前3000. この頃
★片岡健吉
没　1903. 10. 31
片岡球子
没　2008. 1. 16
片岡千恵蔵
没　1983. 3. 31
★片岡鉄兵
没　1944. 12. 25
片岡直輝
没　1927. 4. 13
★片岡直温
没　1934. 5. 21
★片岡仁左衛門（初代）
没　1715. 11. 1
★片岡仁左衛門（７代）
没　1837. 3. 1
★片岡仁左衛門（８代）
没　1863. 2. 16
★片岡仁左衛門（９代）
没　1871. 11. 22
★片岡仁左衛門（10代）
没　1895. 4. 15
★片岡仁左衛門（11代）
没　1934. 10. 16
★片岡仁左衛門（12代）
没　1946. 3. 16
★片岡万平
没　1817. 12. 20
★片上伸
没　1928. 3. 5
★片桐且元
大坂城より摂津国茨木に退去　1614. 10. 1
自刃　1615. 5. 28
片桐貞隆
没　1627. 10. 1
★片桐省介
没　1873. 2. 19
★片桐石州
没　1673. 11. 20
★片倉鶴陵
没　1822. 9. 11
★片倉景綱
没　1615. 10. 14
★片倉兼太郎（初代）
没　1917. 2. 13
★片倉兼太郎（２代）
没　1934. 1. 8
加太こうじ
没　1998. 3. 13
★『片言』　1650. この年
★堅田　1397. 11. 24
★『片聾記』　1737. この年
★刀狩令　1588. 7. 8
★荷田春満
没　1736. 7. 2
★荷田在満
閉門　1739. 12. -
没　1751. 8. 4
★荷田蒼生子
没　1786. 2. 2
★『形原松平記』　1641. この年
★片平信明
没　1898. 10. 6
★片山国嘉
没　1931. 11. 3
★片山兼山
没　1782. 3. 29
★片山潜
社会党を結成　1911. 10. 25
没　1933. 11. 5
片山辰世
褒賞　1824. 1. 14
★片山哲
没　1978. 5. 30
★片山東熊
没　1917. 10. 24
★片山内閣　1947. 6. 1　1948. 2. 10
堅山南風
没　1980. 12. 30
★片山北海
没　1790. 9. 22
★片山正夫
没　1961. 6. 11
ガダルカナル島〔★ガダルカナルの戦い〕
1942. 12. 31　1943. 2. 1
★華中鉄道　1939. 4. 30
★火長　901. 12. 21
★『華頂要略』　1803. この年
★『花鳥余情』　1472. 12. -
★勝海舟
没　1899. 1. 19
★覚快法親王
没　1181. 11. 6
★『楽家録』　1690. この年
★勝川春章
没　1792. 12. 8
★学館院　847. 承和年間末ごろ　964. 11. 5
★香月牛山
没　1740. 3. 16
★香月経五郎
刑死　1874. 4. 13
勝木保次
没　1994. 3. 6
★『楽毅論』　744. 10. 3
学校５日制　1992. 2. 20
★学校教育法　1947. 3. 31　1958. 1. 8
2007. 4. 1
学校教員品行検定規則　1881. 7. 21
学校図書館法　1953. 8. 8
★『各国新聞紙』　1868. 閏4. -
各国連合予議会　1882. 1. 25
★月山城　1543. 3. 12
★葛飾北斎
没　1849. 4. 18
活字摺立所　1856. 6. -
甲子の宣　664. 2. 9
活字版『吾妻鏡』　1605. 3. -
★『活所遺藁』　1666. 1. -
勝新太郎
没　1997. 6. 21

★勝田孫弥
没 1941.8.21
★甲冑 300.この頃
★カッテンダイケ
没 1866.2.6
★GATT（ガット） 1955.9.10 1963.2.20
活動写真興行取締規則〔★映画〕
1917.7.14
★勝沼精蔵
没 1963.11.10
★月坡道印
没 1716.10.13
『カッパ・ブックス』 1954.10.10
活版印刷 1856.6.-
★活版工組合 1899.11.3
活版工同志懇話会 1898.3.20 1899.11.3
活版伝習所 1869.6.-
勝部真長
没 2005.6.19
勝部領樹
没 2018.12.18
★カッペレッティ
工部美術学校教師に招く 1876.8.29
没 1887.この年
★勝間田清一
社会党委員長に選出 1967.8.19
没 1989.12.14
★勝本清一郎
没 1967.3.23
★『括要算法』 1712.この年
桂歌丸
没 2018.7.2
★桂川甫周
没 1809.6.21
★桂川甫筑
没 1747.10.9
★葛城彦一
没 1880.1.23
桂小金治
没 2014.11.3
桂枝雀
没 1999.4.19
★桂誉重
没 1871.2.-
桂田光喜
没 2007.1.30
★桂田富士郎
風土病の病源虫を発見 1904.8.13
没 1946.4.5
桂・タフト覚書〔★桂・タフト協定〕
1905.7.29
★桂太郎
没 1913.10.10
★桂内閣（第1次） 1901.6.2
桂内閣（第2次） 1908.7.14
桂内閣（第3次） 1912.12.21
桂宮宜仁親王
没 2014.6.8
桂春団治（3代）
没 2016.1.9
★桂久武
没 1877.9.24
桂文枝（5代）
没 2005.3.12
★桂文治（初代）
没 1815.この年
★桂文治（4代）
没 1867.この年
★桂文治（5代）
没 1860.この年
★桂文治（6代）
没 1911.2.17
★桂文治（7代）
没 1928.9.18
桂文治（8代）
没 2004.1.31
★桂文楽（4代）
没 1894.1.28
★桂文楽（8代）
没 1971.12.12
桂米朝（3代）
没 2015.3.19
★桂三木助（2代）
没 1943.12.1
★桂三木助（3代）
没 1961.1.16
桂ゆき
没 1991.2.5
★桂離宮 1620.この夏
『家庭』 1931.3.6
★家庭裁判所 1949.1.1
★『家庭雑誌』 1892.9.15
★『家庭雑誌』 1903.4.-
★『家庭叢談』 1877.4.28
家庭用品品質表示法 1962.5.4
家電リサイクル法 1988.5.29
★『河道』 1800.この年
★加藤明成
改易 1643.5.2
没 1661.1.21
加藤一郎
東大総長代行となる 1968.11.1
東大総長に選出 1969.3.23
没 2008.11.11
★加藤美樹
没 1777.6.10
加藤栄一
没 2005.1.7
★加藤枝直
没 1785.8.10
★加藤織平
没 1885.5.18
★加藤景廉
没 1221.8.3
加藤景正
瀬戸焼を始める 1227.この年
加藤嘉兵衛
樺太島交易を開く 1751.この年
★加藤完治
没 1967.3.30
★加藤勘十
没 1978.9.27
★加藤暁台
没 1792.1.20
★加藤清正
没 1611.6.24
★加藤九郎
没 1890.1.-
★加藤玄智
没 1965.5.8
加藤剛
没 2018.6.18
加藤紘一
没 2016.9.9
★加藤貞泰
没 1623.5.22
★加藤茂苞
没 1949.8.16
★加藤繁
没 1946.3.7
加藤シヅエ
没 2001.12.12
加藤周一
没 2008.12.5
★賀藤清右衛門
没 1834.3.24
★加藤素毛
没 1879.5.12
★加藤高明
没 1926.1.28
★加藤高明内閣 1924.6.11
★加藤武男
没 1963.10.17
加藤武
没 2015.7.31
★加藤忠広
改易 1632.6.1
没 1653.閏6.8
★加藤民吉
没 1824.7.4
★加藤千蔭
没 1808.9.2
★加藤恒忠
没 1923.3.26
★加藤時次郎
没 1930.この年
★加藤徳成
自刃 1865.10.25
★加藤友三郎
没 1923.8.24
★加藤友三郎内閣 1922.6.12
加藤治子
没 2015.11.2
★加藤盤斎
没 1674.8.11
加藤寛
没 2013.1.30
★加藤寛治
没 1939.2.9
★加藤弘之
初の博士号を授与 1888.5.7
没 1916.2.9
★加藤文麗
没 1782.3.7
★加藤正方
没 1648.9.23
加藤正次
流刑 1618.8.10
★加藤政之助
没 1941.8.2
★加藤正義
没 1923.12.24
加藤道子
没 2004.1.31
★加藤光泰

没　1593. 8. 29
★加藤泰興
没　1677. 閏12. 16
★加藤嘉明
没　1631. 9. 12
加藤芳郎
没　2006. 1. 6
★加藤鐐五郎
没　1970. 12. 19
過度経済力集中排除　1948. 3. 13
★過度経済力集中排除法　1947. 12. 18
過度経済力集中排除法等廃止法
1955. 7. 25
★門野幾之進
没　1938. 11. 18
★葛野王
没　705. 12. 20
★門野重九郎
没　1958. 4. 24
★上遠野富之助
没　1928. 5. 26
★角屋七郎兵衛
没　1672. 1. 9
★『カトリック大辞典』　1940. この年
★楫取魚彦
没　1782. 3. 23
★香取秀真
没　1954. 1. 31
鹿取泰衛
没　2003. 1. 11
門脇禎二
没　2007. 6. 12
★金井烏洲
没　1857. 1. 14
★金井三笑
没　1797. 6. 16
★金井延
没　1933. 8. 13
★金井半兵衛
自殺　1651. 8. 中旬
金井圓
没　2001. 7. 7
★金井之恭
没　1907. 5. 13
★「金井沢碑」　726. この年
★仮名垣魯文
没　1894. 11. 8
神奈川県警不祥事　1999. 9. 9
★『神奈川日日新聞』　1940. 8. 1
★金栗四三
没　1983. 11. 13
金崎の船瀬　767. 8. 4
★金沢勘右衛門
没　1691. 閏8. 9
★金沢庄三郎
没　1967. 6. 2
★『仮名性理』　1691. この年
★金田徳光
没　1919. 1. 4
★『仮字遣奥山路』　1798. この年以前
★『仮名手本忠臣蔵』　1748. 8. 14
かなのくわい　1883. 7. 1
★『仮名文章娘節用』　1831. この年
金丸邦三
没　2015. 4. 23
★金光庸夫
没　1955. 3. 5
「仮名目録追加」　1553. 2. 26
★金森重頼
没　1650. 閏10. 7
★金森宗和
没　1656. 12. 15
★金森通倫
没　1945. 3. 2
★金森徳次郎
没　1959. 6. 16
★金森長近
没　1608. 8. 12
★金森可重
没　1615. 閏6. 3
★金森頼錦
改易　1758. 3. -
没　1763. 6. -
金森頼旹
没　1736. 5. 23
金谷治
没　2006. 5. 5
★金谷範三
没　1933. 6. 6
★『かなよみ』　1877. 5. -
蟹江ぎん
没　2001. 2. 28
蟹江敬三
没　2014. 3. 30
★『蟹工船』　1929. 5. -　1929. 9. -
蟹沢古墳　240.
★蟹養斎
没　1778. 8. 14
★鍛冶司　744. 4. 21
鍾　645. 8. 5
★『兼顕卿記』　1476. 1. -
★兼明親王
没　987. 9. 26　→源兼明
鐘ケ江信光
没　2012. 12. 5
★『兼香公記』　1706. 1. -
★金崎城　1337. 1. 1　1337. 3. 6
金子鷗亭
没　2001. 11. 5
★金子吉左衛門
没　1728. 9. 11
金子清
佐川急便事件で有罪判決
1994. 10. 25
★金子金陵
没　1817. 2. 8
★金子薫園
没　1951. 3. 30
★金子堅太郎
没　1942. 5. 16
金子兜太
没　2018. 2. 20
★金子徳之助
没　1865. 8. 2
★金子直吉
没　1944. 2. 27
金子信雄
没　1995. 1. 20
金子文子〔★朴烈事件〕
大逆罪容疑で起訴さる　1925. 10. 20
死刑宣告　1926. 3. 25
★金子孫二郎
刑死　1861. 7. 26
金子みつ
没　2005. 8. 14
★金子光晴
没　1975. 6. 30
金子三也
没　2007. 2. 9
★金沢顕時
配流　1285. 11. 17
称名寺の鐘を改鋳　1301. 2. 9
没　1301. 3. 28
★金沢貞顕
執権就任　1326. 3. 16
出家　1326. 4. 24
自刃　1333. 5. 22
★金沢実時
没　1276. 10. 23
★金沢実政
鎮西に派遣さる　1275. 11. -
鎮西探題に任命　1296. 4. -
没　1302. 12. 7
★金沢文庫　1602. 6. 24
兼重寛九郎
没　1989. 6. 5
兼高かおる
没　2019. 1. 5
★金田城　667. 11. -
金田正一
奪三振3514個の世界新記録
1962. 9. 5
金田龍之介
没　2009. 3. 31
★『兼輝公記』　1679. 1. -
★『兼宣公記』　1387. この年
加山又造
没　2004. 4. 6
★金奉行　1677. 2. 26
カネボウ　2005. 4. 13
★兼松房治郎
没　1913. 2. 6
金丸三郎
没　2007. 8. 15
金丸信
所得税法違反で逮捕，起訴
1993. 3. 6
没　1996. 3. 28
★兼覧王
没　932. この年
★『兼右卿記』　1532. 10. 9
★『兼見卿記』　1570. この年
カネミ油症事件　1984. 3. 16　1985. 2. 13
★『兼致朝臣記』　1473. この年
★懐良親王
征西将軍に任ぜらる　1338. 9. -
高良山へ逃れる　1372. 8. 12
如瑤を明に派遣　1381. この年
没　1383. 3. 27
★珂然
没　1745. 10. 11
★狩野一渓
没　1662. 1. 20
★狩野永徳
聚光院の襖絵を描く　1566. この年

没　1933. 11. 30
★亀井勝一郎
没　1966. 11. 14
★亀井貫一郎
没　1987. 4. 7
★亀井茲矩
没　1612. 1. 26
★亀井茲監
没　1885. 3. 23
★亀井至一
没　1905. この年
★亀井昭陽
没　1836. 5. 17
亀井孝
没　1995. 1. 7
亀井高孝
没　1977. 10. 4
★亀戸事件　1923. 9. 4
★亀井南冥
没　1814. 3. 2
亀井文夫
没　1987. 2. 27
★亀井政矩
没　1619. 8. 15
亀井善之
没　2006. 5. 12
亀谷銀山（越中）　1578. この年
亀ヶ岡文化〔★亀ケ岡遺跡〕
前1000. この頃
甕棺葬〔★甕棺〕　前250. この頃
亀倉雄策
没　1997. 5. 11
★亀田高綱
没　1633. 8. 13
★亀田鵬斎
没　1826. 3. 9
★亀姫
没　1625. 5. 27
亀山社中　1867. 4. -
★亀山天皇
出家　1289. 9. 7
没　1305. 9. 15
★亀山殿　1339. 10. 5
亀山直人
没　1963. 3. 28
加茂岩倉遺跡　1996. 10. 14
★蒲生氏郷
没　1595. 2. 7
★蒲生賢秀
没　1584. 4. 17
★蒲生君平
没　1813. 7. 5
★蒲生忠知
没　1634. 8. 18
★蒲生秀行
没　1612. 5. 14
★『賀茂翁家集』　1806. この年
加茂儀一
没　1977. 11. 7
賀茂斎院〔★斎院〕　810. この年
鴨武彦
没　1996. 12. 17
★鹿持雅澄
没　1858. 8. 19
★賀茂清茂
没　1753. 12. 23
★加茂季鷹
没　1841. 10. 9
★鴨祐之
没　1723. 1. 29
★鴨長明
没　1216. 閏6. -
★賀茂規清
没　1861. 7. 21
賀茂憲栄
占卜につき論争　1149. 3. 12
★賀茂真淵
没　1769. 10. 30
★賀茂光栄
没　1015. 6. 7
★賀茂保憲
没　977. 2. 22
★賀茂能久
没　1223. 6. 10
★賀茂臨時祭　889. 11. 21　1814. 11. 22
★賀茂別雷神社　1106. 4. 13
画文帯神獣鏡　238.　239.　244.
★賀屋興宣
没　1977. 4. 28
★加舎白雄
没　1791. 9. 13
★賀陽親王
没　871. 10. 8
茅誠司
没　1988. 11. 9
★高陽院　1039. 3. 16
★高陽院
没　1155. 12. 16　→藤原泰子
★高陽院七首歌合　1094. 8. 19
★高陽院水閣歌合　1035. 5. 16
萱野茂
没　2006. 5. 7
★賀陽豊年
没　815. 6. 27
★萱野長知
没　1947. 4. 14
★茅原華山
没　1952. 8. 4
★加屋霽堅
没　1876. 10. 24
★加山又造
没　2004. 4. 6
★『雅遊漫録』　1763. 9. -
『通小町』　1384. 5. 19
★柄井川柳
没　1790. 9. 23
★『我楽多文庫』　1885. 5. -
★『機巧図彙』　1796. この年
唐古・鍵遺跡〔★唐古遺跡〕
前200. この頃
★唐衣橘洲
没　1802. 7. 18
★唐沢俊樹
没　1967. 3. 14
辛島昇
没　2015. 11. 26
烏丸資任
没　1482. 12. 16
★烏丸豊光
没　1429. 2. 18
★烏丸光胤
没　1780. 9. 18
★烏丸光栄
没　1748. 3. 14
★烏丸光広
没　1638. 7. 13
★烏丸光康
没　1579. 4. 27
★『栄大門屋敷』　1705. この年
★カラハン
没　1937. 12. 16
★樺太　1809. 6. -
樺太開拓使〔★開拓使〕　1870. 2. 13
1871. 8. 7
★樺太工業　1933. 5. 18
★樺太・千島交換条約　1875. 5. 7
樺太庁官制〔★樺太庁〕　1907. 3. 15
★『樺太日日新聞』　1907. 9. 1
『樺太日報』　1907. 9. 1
ガラ紡機〔★臥雲紡績機〕　1876. 9. -
唐物交易使　945. 10. 20
ガリ
来日　1993. 2. 15
ガリオア・エロア対米債務返済処理協
定　1962. 1. 9
★狩谷棭斎
没　1835. 閏7. 4
★『刈萱』　1631. 4. -
★ガルシア
刑死　1596. 12. 19
軽皇子
立太子　697. 2. 16　→文武天皇
カルピス　2007. 10. 1　2012. 10. 1
★カルワーリュ
没　1624. 1. 4
★『枯尾華』　1694. 12. -
★『瓦礫雑考』　1818. この年
過労死等防止対策推進法　2014. 6. 27
家禄税　1873. 12. 27
★河合栄治郎
没　1944. 2. 15
★河井寛次郎
没　1966. 11. 18
★川合玉堂
没　1957. 6. 30
★川合清丸
没　1917. 6. 24
川井訓導事件　1924. 9. 5
★河井酔茗
没　1965. 1. 17
★河井荃廬
没　1945. 3. 10
★河合惣兵衛
自刃　1864. 2. 26
★河合曾良
没　1710. 5. 22
★河合武雄
没　1942. 3. 21
★河井継之助
陣没　1868. 8. 16
河合隼雄
没　2007. 7. 19
★川井久敬
没　1775. 10. 26
★河合道臣

★環状列石　前4000. この頃　前2000. この頃
★寛信
　没　1153. 3. 7
★鑑真
　来朝　754. 1. 16
　東大寺に戒壇を立て，太上天皇・天皇・皇太后らに戒を授く　754. 4. -
　戒院を設ける　759. 8. 1
　没　763. 5. 6
勧進女猿楽　1436. 閏5. 24
★『関城書』　1342. この年
★『感身学正記』　1286. 3. -
★勧進猿楽　1412. 5. 26　1433. 4. 21・23・27　1464. 4. 5・7・10　1530. 2. 21　1552. 2. 22
★観心寺　827. この年
★『観心寺縁起資財帳』　883. 9. 15
★『観心寺縁起実録帳』　837. 3. 3
観心寺観音菩薩像　658. 12. -
★『勧進帳』　1840. 3. 5
★『観心本尊抄』　1273. 4. 25
★『観心略要集』　1017. 5. -
★寛政異学の禁　1790. 5. 24
★関税自主権　1878. 7. 25
関税審議会　1929. 7. 19
★『寛政重修諸家譜』　1799. 1. 15　1812. 12. 19
★関税定率法　1897. 3. 29　1910. 4. 15
★寛政暦　1798. この年　1842. 10. 12
★『寛政暦書』　1844. この年
★観世音寺　709. 2. 2　723. 2. 2　761. 1. 21　1064. 5. 13
★『観世音寺資財帳』　905. 10. 1
★観世華雪
　没　1959. 1. 6
★観世清久
　没　1939. 3. 21
★観世身愛
　没　1626. 12. 9
★観世長俊
　没　1541. この年
★観世信光
　没　1516. 7. 7
★観世元章
　没　1774. 1. 18
観世元忠
　没　1583. 12. 5
★観世元雅
　没　1432. 8. 1
観世弥五郎
　捕えらる　1460. 7. 26
完全学校週５日制　1998. 2. 24
★岩船寺阿弥陀如来像　946. 9. 2
『勧善懲悪覗機関』　1862. 閏8. 4
★『官曹事類』　803. 2. 13　914. 10. 16
★『元祖化導記』　1478. この年
環太平洋合同演習（リムパック80）　1980. 2. 26
環太平洋合同演習（リムパック84）　1984. 5. 15
環太平洋パートナーシップ協定の締結に伴う関係法律の整備に関する法律　2016. 12. 16
環太平洋パートナーシップに関する包括的及び先進的な協定　2018. 3. 8
★神田喜一郎
　没　1984. 4. 10
神田山陽（２代）
　没　2000. 10. 30
★神田茂
　没　1974. 7. 29
神田順治
　没　2005. 8. 13
★神田孝平
　没　1898. 7. 5
★神田乃武
　没　1923. 12. 30
★神田伯山（初代）
　没　1873. 3. 31
★神田伯山（２代）
　没　1921. 4. 27
★神田伯山（３代）
　没　1932. 1. -
神田文人
　没　2005. 8. 17
★神田鐳蔵
　没　1934. 12. 8
★菅茶山
　没　1827. 8. 13
★寛忠
　没　977. 4. 2
★『勘仲記』　1274. この年
★『官中秘策』　1775. この年
★関通
　没　1770. 2. 2
官辻番　1683. 2. 29
官邸対策室　2001. 9. 11
★官田　881. 2. 8
乾田　100. この頃
★韓天寿
　没　1795. 3. 23
甘棠館　1784. 2. -
関東関西普選期成労働大連盟　1920. 2. 6
関東軍司令部条例〔★関東軍〕　1919. 4. 12
★関東郡代　1806. 1. 30
★関東軍特種演習（「関特演」）　1941. 7. 2
★間島事件　1930. 5. 30
関東十六定渡船場の条規〔★定船場〕　1616. 8. -
関東新義真言宗法度　1613. 5. 5
関東新制　1253. 9. 16　1261. 2. 29・30
★関東大震災　1923. 9. 1
★『関東中心足利時代之研究』　1926. 6. -
関東庁官制〔★関東庁〕　1919. 4. 12
関東天台宗法度〔★天台宗法度〕　1613. 2. 28
関東都督府官制〔★関東都督府〕　1906. 8. 1
★関東取締出役　1805. 6. -
関東役所　1790. 12. -
がん登録等の推進に関する法律　2013. 12. 13　2016. 1. 1
★カンドー
　没　1955. 9. 28
寛徳の荘園整理令　1045. 10. 21
★神戸分左衛門
　没　1712. 11. 20
★ガントレット恒子
　没　1953. 11. 29
菅内閣　2010. 6. 8
菅内閣（第１次改造）　2010. 9. 17
菅内閣（第２次改造）　2011. 1. 14
菅直人
　民主党党首に再選　1999. 1. 18
神辺城　1538. 7. -
金成マツ
　没　1961. 4. 16
官奴婢　744. 2. 12
★『勧農固本録』　1725. この年
★観応の擾乱　1350. 11. -
★『勧農或問』　1799. この年
★管野スガ
　刑死　1911. 1. 25
★菅野八郎
　没　1888. 1. 2
★官牧　668. 7. -
★「漢委奴国王」印　57.
観音崎燈台　1869. 1. 1
観音崎砲台　1850. 12. 29
★観音寺城　1568. 9. 13
★観音堂　1717. 3. 14
★『関八州古戦録』　1726. この年
関八州菜種買問屋・仲買　1784. 2. 10
関八州菜種買受問屋・仲買　1788. 8. -
関八州綿実買受問屋　1767. 3. 21
関八州綿実買受問屋・仲買　1789. 11. 10
樺美智子
　安保集会で死亡　1960. 6. 15
★蒲原有明
　没　1952. 2. 3
神原神社古墳　239.
★『官板海外新聞』　1862. 8. -
★『官板バタビヤ新聞』　1862. 1. -
★寛平大宝　890. 4. 28
★寛平御遺誡　897. 7. 3
漢風諡号　762. この頃
灌仏〔★灌仏会〕　840. 4. 8
寛文印知〔★寛文印知集〕　1664. 4～8月
★寛遍
　没　1166. 6. 30
★『官報』　1883. 7. 2
カンボジアPKO　1993. 3. 29
カンボジアPKO派遣部隊　1992. 9. 17
カンボジア派遣PKO本隊　1992. 10. 13
カンボジア和平東京会議　1990. 6. 4
★菅政友
　没　1897. 10. 22
★桓武天皇
　即位　781. 4. 3
　新京に移る　794. 10. 22
　没　806. 3. 17　→山部親王
★『観無量寿経』　424. この年以降442年の間
★『看聞御記』　1416. 1. -
関門トンネル〔★関門海底トンネル〕　1942. 6. 11
関門を廃止　1869. 1. 20
★『函右日報』　1879. 6. 1
官吏恩給法　1890. 6. 21
官吏恩給令　1884. 1. 4
官吏懲戒例　1876. 4. 14
★官吏服務紀律　1887. 7. 30
★『翰林五鳳集』　1623. この年
★『翰林葫蘆集』　1518. 3. 2

き

★岸俊男
没　1987. 1. 21
岸内閣（第１次）　1957. 2. 25　1957. 7. 10　1958. 6. 10
岸内閣（第２次）　1958. 6. 12　1959. 6. 18　1960. 7. 15
★岸上鎌吉
没　1929. 11. 22
★岸信介
釈放さる　1948. 12. 24
没　1987. 8. 7
岸辺成雄
没　2005. 1. 4
★来島又兵衛
戦死　1864. 7. 19
★岸本吉右衛門
没　1924. 10. 28
★岸本五兵衛（初代）
没　1927. この年
★岸本五兵衛（２代）
没　1915. 1. 19
★岸本辰雄
没　1912. 4. 4
★岸本武太夫
没　1810. 11. 7
★岸本由豆流
没　1846. 閏5. 17
椽城〔★基肄城〕　665. 8. -
毀鐘鋳砲の太政官符　1854. 12. 23
気象庁　1956. 7. 1
『帰除濫觴』　1625. この年
★岸良兼養
没　1883. 11. 15
★基真
飛驒国に配する　768. 12. 4
★義真
没　833. 7. 4
★『鬼神論』　1800. この年
軌制調査会　1916. 4. 10
★希世霊彦
没　1488. 6. 26
★亀泉集証
没　1493. 9. 27
★義倉　713. 2. 19
偽造カード等及び盗難カード等を用いて行われる不正な機械式預貯金払戻し等からの預貯金者の保護等に関する法律　2005. 8. 10　2006. 2. 10
義倉の法　715. 5. 19
貴族院多額納税議員選挙（第１回）　1890. 6. 10
貴族院調査委員会　1924. 10. 10
貴族院伯子男爵議員互選選挙第１回　1890. 7. 10
貴族院令　1909. 4. 13　1925. 5. 5
岐蘇山道（木曾路）　702. 12. 10
★吉蘇路　713. 7. 7
★『木曾路名所図会』　1805. この年
黄色衣　693. 1. 2
★木曾義昌
没　1595. 3. 13
木曾義仲〔★源義仲〕
信濃国で挙兵　1180. 9. 7
平氏追討へ出立　1183. 9. 20
帰京　1183. 閏10. 15
征夷大将軍となる　1184. 1. 10
近江国粟津で敗死　1184. 1. 20
★キダー
没　1910. 6. 25
★キダー
没　1913. 11. 23
「議題草案」　1867. 11. -
★北一輝
死刑宣告　1937. 8. 14
刑死　1937. 8. 19
北浦一揆〔★出羽国秋田藩領天保五年一揆〕　1834. 1. 26
★北浦定政
没　1871. 1. 7
北蝦夷地　1809. 6. -
北尾光司（双羽黒）
没　2019. 2. 10
★北尾重政
没　1820. 1. 24
★北尾次郎
没　1907. 9. 7
★北尾政美
没　1824. 3. 22
★北垣国道
没　1916. 1. 16
★北風正造
没　1895. 12. 5
北樺太利権協約　1925. 12. 14
★喜多川歌麿
手鎖　1804. 5. 16
没　1806. 9. 20
北川冬彦
没　1990. 4. 12
★喜田吉右衛門
没　1671. 6. 1
木田元
没　2014. 8. 16
★喜多古能
没　1829. 6. 25
★喜田貞吉
休職処分　1911. 2. 4
没　1939. 7. 3
★北里研究所　1915. 12. 11
★北里柴三郎
ジフテリアおよび破傷風の血清療法を発見　1890. 12. 4
ペスト菌を発見　1894. 8. 25
没　1931. 6. 13
★喜多七太夫
没　1653. 1. 7
北支那開発株式会社法〔★北支那開発会社〕　1938. 4. 30
北島敬介
没　2008. 3. 2
★北島雪山
没　1697. 閏2. 14
★北島正元
没　1983. 11. 1
北島万次
没　2018. 5. 14
北白川城　1547. 3. 29　1547. 7. 12
北田栄作
没　2007. 3. 19
北朝鮮工作船　2001. 12. 22　2002. 9. 11
北朝鮮人権侵害対処法　2006. 6. 23
北朝鮮ミサイル　1998. 8. 31
北朝鮮拉致事件　2002. 10. 15
北朝鮮拉致問題　2002. 3. 22
北ドイツ連邦との修好通商航海条約　1869. 1. 10
北出清五郎
没　2003. 1. 19
★城多虎雄
没　1887. 2. 20
北日本国語教育連盟　1934. 11. 3
★『北院御室御集』　1202. 8. 25
北の湖
没　2015. 11. 20
★『北野誌』　1909. この年
北野社〔★北野天満宮〕　1115. 6. 1　1234. 2. 14
北野社神人　1443. 9. 18
北ノ庄城　1583. 4. 24
北野大茶会〔★北野大茶湯〕　1587. 10. 1
★『北野天神縁起』　1219. この頃
「北野天神縁起」　1503. この年
★『北野文叢・北野藁草』　1910. この年
吉多牧（大隅）　860. 10. 8
★北畠顕家
義良親王を奉じ陸奥国へ赴く　1333. 10. 20
義良親王を奉じ西上　1335. 12. 22
義良親王を奉じ霊山より西上　1337. 8. 11
鎌倉を攻略　1337. 12. 23
鎌倉より西上　1338. 1. 2
討死　1338. 5. 22
★北畠顕信
鎮守府将軍となる　1338. 閏7. 26
北畠材親
没　1517. 12. 13
★北畠親房
没　1354. 4. 17
★北畠具教
自刃　1576. 11. 25
★北畠具行
刑死　1332. 6. 19
★北畠治房
没　1921. 5. 2
★北畠満雅
敗死　1428. 12. 21
北畠師重
没　1322. 1. 13
北林谷栄
没　2010. 4. 27
★北原稲雄
没　1881. 10. 2
北原謙二
没　2005. 1. 26
★北原泰作
没　1981. 1. 3
★北原白秋
没　1942. 11. 2
木田宏
没　2005. 6. 27
★喜多又蔵
没　1932. 1. 31
喜多見勝忠
堺奉行に任命　1618. この年
★喜多見重政

改易　1689. 2. 2
きだみのる
没　1975. 7. 25
★北向道陳
没　1562. 1. 18
★北村兼子
没　1931. 7. 26
★北村季吟
歌学方となる　1689. 12. 21
没　1705. 6. 15
★北村湖春
歌学方となる　1689. 12. 21
没　1697. 1. 15
北村サヨ
天照皇大神宮教開教　1945. 8. 12
★北村西望
没　1987. 3. 4
★北村透谷
自殺　1894. 5. 16
★北村徳太郎
没　1968. 11. 15
★喜多村信節
没　1856. 6. 23
★喜多村弥兵衛
没　1638. 8. 17
★喜多村緑郎
没　1961. 5. 16
北杜夫
没　2011. 10. 24
★北山院
没　1419. 11. 11　→日野康子
★北山茂夫
没　1984. 1. 30
★北山第　1397. 4. 16　1408. 6. 7
★祇陀林寺　1172. 8. 13　1125. 4. 17
★北昤吉
没　1961. 8. 5
★喜多六平太
没　1971. 1. 11
★吉山明兆
没　1431. 8. 20
★『吉日考秘伝』　1458. この年
★『吉続記』　1267. この年
★『貴重古典籍刊行会叢書』　1953. この年
★『熙朝詩薈』　1847. 8. -
★『貴重図書影本刊行会叢書』
1930. この年
己珎蒙
出羽国に来着　739. 7. 13
入京　739. 7. 13
喫煙　1612. 8. 6
吉川英史
没　2006. 4. 13
★「吉川氏法度」　1617. 4. 26
★吉川経家
没　1581. 10. 25
★吉川経幹
没　1867. 3. 20
★吉川広家
没　1625. 9. 21
★吉川広嘉
没　1679. 8. 16
★吉川元長
没　1587. 6. 5
★吉川元春
没　1586. 11. 15
★吉川霊華
没　1929. 3. 25
★『吉記』　1166. この年
★『喫茶養生記』　1211. 1. -
吉祥天悔過〔★悔過〕　767. 1. 8
木津信用組合　1995. 8. 30
★木津宗詮
没　1858. 1. 1
狐塚古墳　238.
切符制　1938. 3. 1
★義天玄詔
没　1462. 3. 18
★紀伝博士　808. 2. 4　834. 4. 20
★鬼頭景義
没　1676. 7. 15
★義堂周信
報恩寺住持となる　1371. 10. 15
建仁寺に入寺　1380. 4. 4
没　1388. 4. 4
★木戸幸一
没　1977. 4. 6
★『木戸幸一日記』　1966. この年
★木戸孝允
台湾出兵に反対して辞表す
1874. 4. 18
没　1877. 5. 26
★『木戸孝允日記』　1868. 4. 1
キトラ古墳　1983. 11. 7　1998. 3. 6
★記内（初代）
没　1681. この年
★記内（２代）
没　1696. この年
『畿内申報』　1882. 1. -
衣笠祥雄
2131試合連続出場　1987. 6. 13
没　2018. 4. 23
★衣笠貞之助
没　1982. 2. 26
★杵屋勝三郎（初代）
没　1858. この年
★杵屋勝三郎（２代）
没　1896. 2. 5
★杵屋勝三郎（３代）
没　1903. 9. 11
★稀音家浄観（初代）
没　1917. 7. 28
★稀音家浄観（２代）
没　1956. 5. 28
★杵屋正次郎（初代）
没　1803. 11. 3
★杵屋正次郎（２代）
没　1820. 9. 1
★杵屋正次郎（３代）
没　1896. 10. 31
★杵屋正次郎（４代）
没　1940. 2. 12
★杵屋六左衛門（９代）
没　1819. 9. 11
★杵屋六左衛門（10代）
没　1858. 8. 16
★杵屋六左衛門（11代）
没　1877. 8. 7
★杵屋六左衛門（12代）
没　1912. 8. 31
★杵屋六左衛門（13代）
没　1940. 3. 23
★杵屋六左衛門（14代）
没　1981. 8. 23
★杵屋六三郎（２代）
没　1791. 7. 28
★杵屋六三郎（４代）
没　1855. 11. 30
★紀阿閇麻呂
没　674. 2. 28
★木内石亭
没　1808. 3. 11
★紀男麻呂
筑紫より帰還　595. 7. -
★紀海音
没　1742. 10. 4
★紀清人
国史を撰修　714. 2. 10
没　753. 7. 11
★紀伊国屋文左衛門
没　1734. 4. 24
★紀古佐美
征討副使に任命　780. 3. 28
征東大使に任命　788. 7. 6
入京　789. 9. 8
遷都地を視察　793. 1. 15
没　797. 4. 4
★木下家定
没　1608. 8. 26
★木下逸雲
没　1866. 8. 10
木下恵介
没　1998. 12. 30
★木下順庵
幕府儒者に任ず　1682. 7. 28
没　1698. 12. 23
木下順二
没　2006. 10. 30
★木下幸文
没　1821. 11. 2
★木下竹次
没　1946. 2. 14
木下忠司
没　2018. 4. 30
★木下長嘯子
没　1649. 6. 15
★木下俊長
没　1716. 9. 8
★木下利房
没　1637. 6. 21
★木下利当
没　1661. 12. 28
★木下尚江
没　1937. 11. 5
★木下杢太郎
没　1945. 10. 15
★木下利玄
没　1925. 2. 15
★紀斉名
没　999. 12. 15
★紀角
百済に遣わさる　392.
★紀貫之
没　945. この年
紀直人

2003. 9. 29
★『旧幕府』 1897. 4. -
義勇兵役法 1945. 6. 23
旧優生保護法に基づく優生手術等を受けた者に対する一時金の支給等に関する法律 2019. 4. 24
★己酉約条 1609. 6. 28
★『球陽』 1745. この年
★『窮理通』 1836. 3. -
★ギューリック
没 1923. 9. 18
『求力法論』 1784. この年
★『九暦』 930. この年
★魚允中
没 1896. 2. 17
★恭畏
没 1630. 6. 12
教育委員会法 1948. 7. 15 1956. 6. 30 1958. 1. 8
教育改革国民会議 2000. 3. 8
「教育議」 1879. 9. -
教育機会確保法 2016. 12. 14 2017. 2. 14
★教育基本法 1947. 3. 31 1958. 1. 8 2006. 12. 22
★教育刷新委員会 1946. 8. 10
★『教育時論』 1885. 4. 15
教育人材確保法 1974. 2. 25
★教育総監 1898. 1. 22
教育総監部条例 1898. 1. 22
★教育勅語 1946. 10. 8
教育勅語謄本 1891. 11. 17
教育ニ関スル勅語〔★教育勅語〕 1890. 10. 30
教育の世紀社 1923. 8. 3
『教育白書』 1959. 10. 31
★教育令 1880. 12. 28 1885. 8. 12
京唄子
没 2017. 4. 6
★『狂雲集』 1481. 11. 21
★尭慧
没 1609. 1. 21
★教円
没 1047. 6. 10
★行円
没 1047. 1. 8
★行賀
没 803. 2. -
★教懐
没 1093. 5. 28
経覚
没 1473. 8. 27
★教学局 1937. 7. 21
★『経覚私要鈔』 1415. この年
★「教学聖旨」 1879. 8. -
★教科書疑獄事件 1902. 12. 17
教科書検定実施要領 1991. 2. 14
★教科書裁判（第1次） 1965. 6. 12 1986. 3. 19
教科書裁判（第2次） 1970. 7. 17 1982. 4. 8 1989. 6. 27
教科書裁判（第3次） 1984. 1. 19 1993. 10. 20 1997. 8. 29
教科書調査官 1956. 10. 10
教科書編成掛 1872. 10. 17
教科書無償措置法 1963. 12. 21
『京鹿子娘道成寺』〔★道成寺物〕 1753. この年
教科用図書検定条例 1886. 5. 10
★慶岩
没 1617. 1. 21
★行観
没 1325. 6. 9
★行願寺 1004. 12. 11 1141. 1. 8 1151. 7. 12 1166. 2. 26 1209. 4. 9 1242. 3. 5 1288. 4. 26
★行基
出家 682. この年
大仏造立に参加 743. 10. 19
大僧正となる 745. 1. 21
没 749. 2. 2
★『教機時国鈔』 1262. この年
★『行基年譜』 1175. 9. 1
翹岐
来朝 643. 4. 21
凶器準備集合罪 1958. 4. 30
狂牛病 2001. 9. 10
★教行寺 1532. 12. 23
★『教行信証』 1224. この年
★『教訓抄』 1233. 10. -
行玄
比叡山を追放さる 1147. 8. 12
天台座主に復す 1147. 10. 30
★『狂言記』 1660. この年
狂言座 1914. 2. 26
★『狂言不審紙』 1827. この年
尭孝
没 1455. 7. 5
京極純一
没 2016. 2. 1
★京極高数
暗殺 1441. 6. 24
★京極高国
没 1675. 12. 24
★京極高次
没 1609. 5. 3
★京極高知
没 1622. 8. 12
★京極高広
没 1677. 4. 22
★京極高吉
没 1581. 1. 25
★京極忠高
没 1637. 6. 12
★京極為兼
捕えらる 1298. 1. 7
配流 1298. 3. 16
召還 1303. 閏4. -
南都へ下向 1315. 4. 23
拘禁さる 1315. 12. 28
土佐へ配流 1316. 1. -
没 1332. 3. 21
★京極為教
没 1279. 5. 24
★京極土御門殿 1040. 9. 9
京極第 1031. 12. 3
★京極マリア
没 1618. 7. 1
★京極持清
没 1470. 8. 4
姜在彦
没 2017. 11. 19
凶歳租税延納規則 1877. 9. 1
★『崎陽雑報』 1868. 8. -
★『崎陽茶話』 1868. この年
共産主義グループ 1925. 8. -
共産主義者同盟（ブント） 1958. 12. 10
共産党〔★日本共産党〕 1951. 10. 16 1961. 7. 25
共産党事件（第1次） 1923. 6. 5
共産党シンパ事件 1930. 5. 20
★共産党リンチ事件 1933. 12. 23
梟示刑 1879. 1. 4
★『強者の権利の競争』 1893. この年
★行助
没 1469. 3. 24
★尭恕入道親王
没 1695. 4. 16
★教信
没 866. 8. 15
経尋
没 1526. 7. 28
★『経尋記』 1518. この年
★恭親王奕訢
没 1898. 4. 10
行政改革委員会 1994. 12. 19
行政改革会議 1997. 12. 3
行政機関職員定員法 1949. 5. 31
行政裁判法 1890. 6. 30
行政執行法 1900. 6. 2
行政手続における特定の個人を識別するための番号の利用等に関する法律 2013. 5. 31 2015. 9. 9
★教禅
没 1075. 3. -
教則三条〔★三条教則〕 1872. 4. 28
教則取調掛 1880. 3. 9
教尊
義教猶子となり勧修寺入室 1430. 11. 27
★行尊
没 1135. 2. 5
★共存同衆 1874. 9. 20
『暁台句集』〔★加藤暁台〕 1809. 6. -
★京大事件 1951. 11. 12
★行智
没 1841. 3. 13
★行地会 1924. 4. -
★協調会 1919. 12. 22
京塚昌子
没 1994. 9. 23
★共同運輸会社 1883. 1. 1
★鏡堂覚円
来日 1279. 6. -
没 1306. 9. 26
★教導職 1872. 4. 25
★教導隊 1870. 4. 24
教導団 1871. 5. 25
★共同募金 1947. 11. 25
★協同民主党 1946. 5. 24
★京都大番役 1192. 6. 20 1212. 2. 19 1232. 4. 4 1234. 5. 1 1234. この年か 1247. 12. 29 1275. 11. -
京都学連事件〔★学連事件〕 1926. 1. 15
京都議定書 1998. 4. 28 2002. 5. 21
享徳の乱 1454. 12. 27
★『京都御所東山御文庫記録』

没　1998. 12. 29
キリーノ
没　1956. 2. 29
キリシタン禁止〔★キリシタン禁制〕
1678. この年
キリシタン禁制の高札〔★キリシタン禁制〕　1654. 2. 2
キリシタン禁令〔★キリシタン禁制〕
1635. 9. 6　1638. 9. 20
キリシタン穿鑿〔★キリシタン禁制〕
1664. 11. 25
★『切支丹大名記』　1930. この年
キリシタン取締りの法令〔★キリシタン禁制〕　1633. 2. 28
★キリシタン版　1591. この年
★『吉利支丹物語』　1639. この年
キリスト教禁令〔★キリシタン禁制〕
1613. 12. 19　1616. 8. 8
★『基督教の起源』　1908. この年
キリスト教の伝来　1549. 7. 22
基督者平和の会　1951. 2. 24
★切銭　1263. 9. 10
★切高仕法　1693. 12. 12
★桐竹紋十郎（初代）
没　1910. 8. 15
★桐竹紋十郎（２代）
没　1970. 8. 21
★桐野利秋
戦死　1877. 9. 24
★桐山正哲
没　1815. 7. 10
寄留鑑札　1871. 7. 22
★桐生悠々
没　1941. 9. 10
耆老〔★正丁〕　758. 7. 3
★『記録解題』　1828. 4. –
★記録所　1156. 10. 20　1187. 2. 28　1321. 12. –　1333. 6. –
★記録荘園券契所　1069. 閏10. 11　1072. 9. 5　1111. 10. 5
★ギロチン社事件　1924. 9. 1
★宜湾朝保
没　1876. 8. 6
★金　749. 2. 22
★銀　674. 3. 7
金逸
足利義詮に高麗使として謁見
1367. 4. 18
★金允植
没　1920. 1. 22
金泳三
没　2015. 11. 22
金解禁に関する省令〔★金解禁〕
1929. 11. 21
★『金槐和歌集』　1213. 12. 18
金閣〔★鹿苑寺〕　1950. 7. 2
★『琴歌譜』　981. 10. 21
金貨幣・金地金輸出取締令　1917. 9. 12
錦輝館　1899. 6. 1
近畿圏整備法公布　1963. 7. 10
★金九
没　1949. 6. 26
緊急学徒勤労動員方策要綱　1944. 1. 18
★緊急失業対策法　1963. 7. 8
緊急物価対策要綱　1943. 4. 16
金嬉老（権禧老）
金嬉老事件　1968. 2. 20
没　2010. 3. 26
★『金銀図録』　1808. この年
★『金々先生栄花夢』　1775. この年
金銀引替所　1738. 11. 30
★金銀複本位制　1878. 5. 27
★『キング』　1925. 1. –
★『金句集』　1593. この年
★キングスレイ館　1897. 3. 1
★金鶏学院　1927. 1. 1
★禁闕の変　1443. 9. 26
★銀行合併法　1896. 4. 20
銀行恐慌　1901. 4. 16
銀行局〔★大蔵省銀行局〕　1916. 4. 10
銀行券金兌換停止令　1931. 12. 17
★『銀行雑誌』　1877. 12. –
★『銀行雑誌』　1888. 10. –
★『銀行雑誌』　1913. 4. –
★金弘集
没　1896. 2. 11
★銀行集会所　1877. 7. 2
★『銀行通信録』　1885. 12. –
★銀行法　1927. 3. 30　1981. 5. 25
★金鴻陸
処刑　1898. 10. 10
★銀座　1601. 5. –　1606. この年　1608. この年　1612. この年　1800. 6. –
★『公定公記』　1399. 6. 15
★金札　1759. 8. 8
★銀札　1661. この年　1759. 8. 8
金札引換公債証書発行条例〔★金札引換公債〕　1873. 3. 30
★『近事画報』　1903. 9. 1
禁式92条　681. 4. 3
★金鵄勲章　1890. 2. 11
金鵄勲章年金令　1894. 10. 3
★『近時政論考』　1891. 6. –
★勤子内親王
没　938. 11. 5
★『近事評論』　1876. 6. 3
★『錦繡段』　1456. 6. 17　1597. 7. –
★錦州爆撃事件　1931. 10. 8
★近習番　1692. 8. 12
金正日
没　2011. 12. 17
金鍾泌
来日　1964. 3. 12
金大中事件陳謝で来日　1973. 11. 2
★『近思録』　1176. この頃
★『近世往生伝』　1696. この年
★『近世女風俗考』　1835. 8. –
★『近世漢学者伝記著作大事典』
1943. この年
★『近世畸人伝』　1790. 8. –
★『近世奇跡考』　1804. この年
★『近世見聞南紀念仏往生伝』　1802. 7. –
★『近世交通史料集』　1967. この年
★『近世地方経済史料』　1931. この年
★『近世社会経済学説大系』　1935. 3. –
★『近世社会経済叢書』　1926. この年
★『近世商賈尽狂歌合』　1852. この年
★『近世庶民史料所在目録』　1952. 11. –
★『近世先哲叢談』　1880. この年
★『近世叢語』　1828. この年
★『近世村落自治史料集』　1954. この年
★『近世日本国民史』　1918. 12. –
★『近世念仏往生伝』　1806. 1. –
★『近世の日本』　1919. この年
★『近世藩法資料集成』　1942. この年
★『近世風俗見聞集』　1912. この年
★『近世法制史料叢書』　1938. この年
★『近世説美少年録』　1829. この年
★銀銭　683. 4. 15　709. 8. 2　721. 1. 29
★金銭延売買会所　1764. 1. 14
金蔵主
延暦寺衆徒に討たれる　1443. 9. 26
★金相場会所　1743. この年
金属類回収令　1941. 8. 30
★『銀台遺事』　1790. この年
★近代劇協会　1912. 10. 26
★『近代雑記』　1716. この年
★『近代思想』　1912. 10. –
★金田一京助
没　1971. 1. 14
金田一春彦
没　2004. 5. 19
金大中
没　2009. 8. 18
★金大中事件　1973. 8. 8　2007. 10. 24
★『近代日鮮関係の研究』　1940. この年
★『近代日本教育制度史料』　1956. この年
金多遂
人質となる　649. この年
★禁中并公家諸法度　1615. 7. 17
★金日成
没　1994. 7. 8
金原左門
没　2018. 1. 31
★金原明善
没　1923. 1. 14
★『禁秘抄』　1221. 4. –
★金平浄瑠璃　1661. この頃
★金峯山寺　970. 9. 8
★金炳始
没　1898. 9. 16
★金本位制　1878. 5. 27　1897. 3. 29　1917. 9. 12
★欽明天皇
即位　539. 12. 5
重病．新羅追討と任那復興を遺詔
571. 4. 15
没　571. 4. –
『訓蒙窮理図解』　1868. 7. –
★『訓蒙図彙』　1666. この年
★禁門の変　1864. 7. 19
金融監督庁　1997. 6. 16　1998. 6. 22
★金融機関再建整備法　1946. 10. 19
金融機能安定化緊急措置法　1998. 2. 16
金融機能早期健全化緊急措置法
1998. 10. 16
★金融恐慌　1927. 3. 14
★金融緊急措置令　1946. 2. 17
金融再生委員会　1998. 12. 15
金融再生関連法　1998. 10. 12　1998. 10. 16
金融システム改革法　1998. 6. 5
金有成
高麗使として来日　1292. 10. –
金融制度改革関連改正法　1992. 6. 19
金融制度改革法　1993. 4. 1
銀輸出　1538. この頃より

★楠瀬喜多
没　1920. 10. 18
★楠瀬幸彦
没　1927. 10. 13
★楠葉西忍
没　1486. 2. 14
★『葛花』　1780. 11
★『葛原勾当日記』　1827. この年
楠部弥弌
没　1984. 12. 18
楠本憲吉
没　1988. 12. 17
★楠本碩水
没　1916. 12. 23
★楠本端山
没　1883. 3. 18
★楠本正隆
没　1902. 2. 7
★楠山正雄
没　1950. 11. 26
★『久世家文書』　1919. この年
久世光彦
没　2006. 3. 2
★久世広明
没　1785. 1. 24
★久世広周
没　1864. 6. 25
★久世広之
没　1679. 6. 25
★久世通章
没　1939. 4. 14
★『句題和歌』(『大江千里集』)　894. 4. 25
★管玉　前4000. この頃
★九谷焼　1806. この年
★百済楽　683. 1. 18
百済使　367.　513. 6. -　516. 9. -　550. 4. 16　561. この年　577. 11. 1　588. この年　615. 9. -　630. 3. 1　635. 6. 10　638. この年　640. 10. 11　642. 1. 29　643. 4. 21　645. 7. 10　646. 2. 15　651. 6. -　652. 4. -　653. 6. -　654. 7. 24　655. この年　656. この年　660. 9. 5
百済寺　→ひゃくさいじ
百済大寺〔★大安寺〕　642. 9. 3
★百済河成
没　853. 8. 24
★百済王敬福
没　766. 6. 28
★百済王俊哲
没　795. 8. 7
★百済宮　640. 10. -
百済復興　663. 9. 7
百済滅亡　660. 9. 5
★『口遊』　970. 12. 27
★愚中周及
入元　1341. この秋
帰国　1351. 4. -
安芸仏通寺の開山となる　1397. 8. -
没　1409. 8. 25
区町村会法　1880. 4. 8　1884. 5. 7
★朽木昌綱
没　1802. 4. 17
★朽木元綱
没　1632. 8. 29
★久津見蕨村
没　1925. 8. 7
九津見房子
没　1980. 7. 15
久氐
卓淳国を訪ねる　364. この年
★『口伝鈔』　1331. この年
★工藤吉郎兵衛
没　1945. 11. 18
★工藤三助
没　1758. 4. 4
工藤祐貞
蝦夷征討に派遣さる　1326. 3. 29
津軽より鎌倉に帰還　1326. 7. 26
★工藤祐経
暗殺　1193. 5. 28
★工藤他山
没　1889. 2. 27
★工藤鉄三郎
没　1965. 12. 18
★愚堂東寔
没　1661. 10. 1
★工藤平助
没　1800. 12. 10
★工藤茂光
自刃　1180. 8. 24
★グナイスト
没　1895. 7. 22
★国絵図　1605. この年　1702. 12. 19　1839. 1. 16
『国鑑』　1788. 10. 10
★国包
没　1664. この年
★国木田独歩
没　1908. 6. 23
★国定忠次
没　1850. 12. 21
★国沢新九郎
没　1877. 3. 12
★国司信濃
切腹　1864. 11. 11
「国づくり」懇談会　1962. 10. 26
★『国文世々の跡』　1774. この年
★国友重章
没　1909. 7. 16
★『国友鉄炮記』　1633. この年
★国友藤兵衛
没　1840. 12. 3
★国中公麻呂
没　774. 10. 3
国博士任用法　703. 3. 16
★恭仁京　741. 8. 28
★国造　702. 4. 13
★国博士　723. 10. 8　779. 閏5. 27
邦治親王
立太子　1298. 8. 10　→後二条天皇
国弘正雄
没　2014. 11. 25
覓国使　698. 4. 13
★邦良親王
立太子　1318. 3. 9
没　1326. 3. 20
久能山　1616. 4. 17
★久能寺経　1141. この頃
久野収
没　1999. 2. 9
久野健
没　2007. 7. 27
★九戸城　1591. 9. 4
★九戸の乱　1591. 9. 4
★九戸政実
斬刑　1591. この年
久野寧
没　1977. 12. 30
★久原房之助
没　1965. 1. 29
★久原躬弦
没　1919. 11. 21
★『颶風新話』　1857. この年
★久布白落実
没　1972. 10. 23
★口分田　816. 10. 10
久保清
刺殺さる　1960. 3. 28
★久保栄
没　1958. 3. 15
★窪俊満
没　1820. 9. 20
★窪田空穂
没　1967. 4. 12
久保田きぬ子
没　1985. 12. 26
★窪田清音
没　1866. 12. 25
★窪田静太郎
没　1946. 10. 6
★久保田米僊
没　1906. 5. 19
★久保田万太郎
没　1963. 5. 6
★久保太郎右衛門
没　1711. 7. 23
★久保天随
没　1934. 6. 1
★窪所　1333. 9. -
★久保利世
没　1640. 6. 28
久保山愛吉
没　1954. 9. 23
久保亮五
没　1995. 3. 31
★『愚昧記』　1166. この年
熊井啓
没　2007. 5. 23
熊谷一弥
没　1968. 8. 16
★熊谷岱蔵
没　1962. 2. 19
★熊谷直実
出家　1192. 11. 25
没　1208. 9. 14
★熊谷直盛
戦死　1600. 9. 17
★熊谷直好
没　1862. 8. 8
★熊谷元直
没　1605. 7. 2
★熊谷守一
没　1977. 8. 1
久麻伎〔久麻藝〕
朝貢　669. 3. 11　673. 閏6. 8
熊倉一雄
没　2015. 10. 12

け

★慶光院清順
没　1566. 4. 3
★『経国集』　827. 5. 20
★『経国美談』　1883. この年
「経国美談」　1891. 2. 5
『稽古談』〔★海保青陵経済談〕
1813. この冬
★警固田　873. 12. 17
★経済安定３原則　1948. 11. 11
経済安定10原則〔★経済安定九原則〕
1948. 7. 20
経済安定本部令　1946. 8. 12
『経済往来』〔★日本評論〕　1935. 10. -
★経済企画庁　1955. 7. 20
経済恐慌　1889. この年
★経済協力開発機構　1963. 7. 26　1964. 4. 28
経済協力懇談会　1951. 2. 9
★『経済史』　1898. この年
★『経済史研究』　1929. 11. -
経済審議庁〔★経済企画庁〕　1952. 8. 1
★経済団体連合会　1946. 8. 16
経済調査会官制〔★経済調査会〕
1916. 4. 25
★経済同友会　1946. 4. 30
★経済白書　1947. 7. 4　1964. 7. 9
経済復興会議　1947. 2. 6
『経済毎日』　1943. 2. -
★『経済問答秘録』　1841. この年
★『経済要録』　1827. この年
★『経済録』　1729. 3. -
警察法　1947. 12. 17　1954. 6. 8
★警察予備隊　1952. 7. 31
警察予備隊令　1950. 8. 10
★瑩山紹瑾
没　1325. 8. 15
★『鯨志』　1760. この年
★刑事訴訟法　1890. 10. 7　1958. 4. 30
2010. 4. 27　2016. 6. 3　2018. 6. 1
★警視庁　1881. 1. 14
★馨子内親王
中宮となる　1069. 7. 3
没　1093. 9. 4
★芸術座　1913. 7. 8　1919. 1. 5
京城医学専門学校　1916. 4. 1
★桂昌院
没　1705. 6. 22
京城専修学校　1916. 4. 1
★京城帝国大学　1924. 5. 2
★『京城日報』　1906. 9. 1
★『京城万寿禅寺記』　1464. この年
警職法改悪反対国民会議〔★警職法改正問題〕　1958. 10. 13
★景徐周麟
没　1518. 3. 2
★『継塵記』　1287. この年
★京仁鉄道　1899. 5. 15
★慶親王奕劻
没　1916. この年
★『系図綜覧』　1915. この年
『系図備考』　1809. 12. 16
★『傾城浅間嶽』　1698. 1. 22
★『傾城阿波の鳴門』　1768. 6. 1
★『けいせい色三味線』　1701. この年
経世会　1987. 7. 4
★『傾城買四十八手』　1790. この年
★『傾城買二筋道』　1798. この年
★『傾城禁短気』　1711. この年
★『傾城鱐』　1788. この年
『刑政総類』　1824. 1. 14
★『傾城反魂香』　1705. 8. 15
★『経世秘策』　1798. 10. -
★『経世評論』　1888. 12. 7
★『経籍訪古志』　1856. この年
★景川宗隆
没　1500. 3. 1
★慶祚
没　1019. 12. 22
★継体天皇
河内樟葉宮で即位　507. 2. 4
没　531. 2. 7
携帯電話　2007. この年　2009. 1. 30
★契沖
没　1701. 1. 25
★計帳　646. 1. 1
★『慶長見聞集』　1614. この年
★慶長通宝（銅銭）　1606. 12. 8
慶長の役〔★文禄・慶長の役〕
1597. 6. -
圭庭用
明に派遣さる　1376. 4. -
★『啓迪集』　1571. この年　1574. 11. 17
★景轍玄蘇
没　1611. 10. 22
★軽犯罪法　1948. 5. 1
★『芸藩通志』　1825. 8. -
警備隊　1952. 7. 31
★『芸備日日新聞』　1888. 7. 1
『芸備日報』　1888. 7. 1
京浜安保共闘　1971. 2. 17
★京釜鉄道　1903. 12. 28　1905. 1. 1
京釜鉄道合同条約　1898. 9. 8
★『芸文』　1910. 4. 1
軽便鉄道法　1910. 4. 21
★刑法　1880. 7. 17　1907. 4. 24　1947. 10. 26
1958. 4. 30　2007. 5. 23　2010. 4. 27
刑法施行法　1908. 3. 28
★警防団　1939. 1. 25
★『瓊浦雑綴』　1805. 5. -
慶命
没　1038. 9. 7
★刑務所　1922. 10. 14
★啓明会　1919. 8. 4
芸名統制　1940. 3. 28
★『螢蠅抄』　1811. この年
★『渓嵐拾葉集』
1311. この年より貞和４年にかけて
★『桂林遺芳抄』　1515. この年
★経綸学盟　1923. 1. -
★『雞林拾葉』　1819. この年と文政６年
KYB　2018. 10. 16
★外印　720. 5. 21
ケーシー高峰
没　2019. 4. 8
★ケーベル
帝国大学哲学科教師に就任
1893. 6. 10
没　1923. 6. 14
★ケーリ
没　1932. 7. 23
★『下官集』　1241. 8. 2
★『鴃舌或問』　1838. 3. -
★『華厳祖師伝』　1195. この年
★『戯財録』　1801. この年
★月翁周鏡
没　1500. 9. 26
★月海元昭
没　1763. 7. 16
★結核予防会　1939. 5. 22
★『月花余情』　1746. この年
★月感
没　1674. 9. 5
★『撃剣叢談』　1790. 12. -
★月光院
没　1752. 9. 19
★月江正文
没　1463. 1. 22
★『決権実論』
818. この年より弘仁12年の間
★月枝元皓
没　1768. 8. 22
★月舟寿桂
没　1533. 12. 8
★月舟宗胡
没　1696. 1. 10
★月性
没　1858. 5. 11
玦状耳飾　前4000. この頃
★月渚永乗
没　1541. 2. 9
★月僊
没　1809. 1. 12
決戦教育措置　1945. 3. 18
★決戦非常措置要綱　1944. 2. 25　1945. 1. 25
★月庵宗光
没　1389. 3. 23
★傑堂能勝
没　1427. 8. 7
★『月峯海上録』　1613. この年
★血盟団事件　1932. 2. 9
月料田〔★月料〕　881. 11. 25
★月林道皎
出京　1321. 12. 27
帰国　1330. この春
没　1351. 2. 25
★『毛抜』　1742. 1. 16
ケネディ，エドワード
没　2009. 8. 25
★検非違使　816. 2. -
検非違使別当　834. 1. 27
★検非違所　1231. 5. 13
★気比氏治
没　1337. 3. 6
★気比神宮寺　715. この年
★ケプロン
没　1885. 2. 22
★煙山専太郎
没　1954. 3. 21
ケラー
横浜着　1937. 4. 15
県　1869. 7. 17
★顕意
没　1304. 5. 19
★玄慧
没　1350. 3. 2
★玄叡

こ

没　1884. この年
★『広益国産考』　1859. この年
公益事業令　1950. 11. 24
黄華
来日　1978. 10. 22
★公海
没　1695. 10. 16
★航海遠略策　1861. 3. 28　1861. 5. 15
★黄海海戦　1894. 9. 17　1904. 8. 10
★『航海金針』　1853. この年
★航海奨励法　1896. 3. 24
★公害対策基本法　1967. 8. 3
★皇学所　1868. 12. 14
★『皇学叢書』　1927. この年
★光格天皇
践祚　1779. 11. 25
譲位　1817. 3. 22
没　1840. 11. 19
広学竪義〔★竪義〕　968. 6. 4
工学寮〔★工部大学校〕　1871. 8. 14
★甲賀源吾
戦死　1869. 3. 25
★『耕稼春秋』　1707. 3. -
工学校〔★工部大学校〕　1873. 7. 30
★甲賀寺　744. 11. 13
★江華島事件　1875. 9. 20
★皇嘉門院
没　1181. 12. 5　→藤原聖子
★公巌
没　1821. 8. 11
★『江記』　1068. この年
後期旧石器文化　約3万5000年前.
後期高齢者　2008. 4. 1
★公議所　1869. 3. 7
★『公議所日誌』　1869. 3. -
校畿内田使　843. 11. 16
★広義門院
没　1357. 閏7. 22
皇居〔★宮城〕　1868. 10. 13
★『孝経』　757. 4. 4
★公共企業体労働関係法　1948. 12. 20
工業組合法　1931. 4. 2
鉱業抵当法　1905. 3. 13
工業標準化法　1949. 6. 1
鉱業法　1905. 3. 8
工業労働者最低年齢法　1923. 3. 30
★皇極天皇
即位　642. 1. 15
飛鳥板蓋宮で重祚　655. 1. 3　→宝皇女　→斉明天皇
★『孝義録』　1789. 3. -　1801. 11. -
航空機製造事業法　1938. 3. 30
航空機輸入調査特別委員会　1979. 1. 30　1981. 1. 29
★航空法　1952. 7. 15　2015. 9. 11
高句麗楽〔★高麗楽〕　683. 1. 18
高句麗使　570. 4. 2　572. 5. 15　573. 5. 3　574. 5. 5　618. 8. 1　630. 3. 1　642. 2. 6　643. 6. 13　645. 7. 10　646. 2. 15　647. 1. 15　655. この年　656. 8. 8　656. この年　666. 1. 11　666. 10. 26　668. 7. -　671. 1. 9　673. 8. 20　675. 3. -　676. 11. 23　679. 2. 1　680. 5. 13　682. 6. 1
★公慶
没　1705. 7. 12
★皇慶
没　1049. 7. 26
★『江家次第』　1111. 11. 5
★江月宗玩
没　1643. 10. 1
★江家文庫　1153. 4. 15
★公顕
没　1193. 9. 17
★光謙
没　1739. 10. 4
★孝謙天皇
即位　749. 7. 2
譲位　758. 8. 1
重祚　764. 10. 9　→阿倍内親王　→称徳天皇
★黄興
没　1916. 10. 31
皇后宮春秋歌合　1056. 4. 30
高校授業料無償化法　2010. 3. 31
★光孝天皇
受禅　884. 2. 5
即位　884. 2. 23
没　887. 8. 26　887. 8. 26
★『考古学雑誌』　1910. 9. -
考古学会　1895. 4. 28
★『考古画譜』　1882. この年
★郷古潔
没　1961. 4. 28
★『皇国名医伝』　1851. この年
★『好古小録』　1794. 6. -
★『江湖新聞』　1868. 閏4. 3
★『江湖新聞』　1890. 2. 1　1891. 1. 1
★『江湖新報』　1876. 8. -　1880. 11. 15か
★『考古説略』　1879. 6. -
★『好古日録』　1796. この年
★『庚午年籍』　670. 2. -　703. 7. 5　839. 7. 13
★『江湖負暄』　1848. この年
★『好古類纂』　1900. この年
★光厳天皇
践祚　1331. 9. 20
捕えらる　1333. 5. 9
廃さる　1333. 5. 25
和歌の執進を命じらる　1345. 4. 17
帰京　1357. 2. 18
没　1364. 7. 7　→量仁親王
光済
配流　1374. 11. 5
★幸西
没　1247. 4. 14
高斉徳
出羽国に来着　727. 9. 21
★香西元長
敗死　1507. 8. 1
香西元盛
誘殺さる　1526. 7. 12
★高坂虎綱
没　1578. 5. 7
★高坂正顕
没　1969. 12. 9
高坂正尭
没　1996. 5. 15
工作機械製造事業法　1938. 3. 30
★『耕作噺』　1776. 7. -
鉱山監督署　1892. 3. 8
鉱山心得書　1872. 3. 27
★高山寺　1206. 11. -　1547. 閏7. 5
★『高山寺縁起』　1253. 3. -
貢士　1868. 2. 11
講師　795. 8. 13
★『広辞苑』　1955. 5. -
甲子園球場　1924. 8. 1
★公式令　1907. 2. 1
公私経済緊縮委員会　1929. 8. 9
★『孔子家語』　1599. 5. -
『孔子家語句解』　1515. 2. -
★『格子月進図』　1317. この頃
★麴座　1419. この年
★皇室会議　1947. 10. 13
★皇室経済法　1947. 1. 16
皇室財産令〔★皇室財産〕　1910. 12. 24
皇室成年式令　1909. 2. 11
★皇室典範　1889. 2. 11　1947. 1. 16　2017. 6. 16　2017. 12. 13　2018. 3. 9
皇室典範に関する有識者会議　2004. 12. 27　2005. 1. 25　2005. 11. 24
★格子番　1257. 12. 29
★『告志篇』　1833. 3. -
公什
天台座主を罷免　1314. 6. 2
★光州学生事件　1929. 11. 3
豪州航路　1896. 3. 15
公衆電話機　1900. 9. 11
『甲州法度之次第』(26ヵ条本)〔★甲州法度〕　1547. 6. 1
★黄遵憲
没　1905. 2. 23
香淳皇后
没　2000. 6. 16
★『交詢雑誌』　1880. 2. 5
★交詢社　1880. 1. 25
★康正
没　1621. 1. 10
★康尚
清水寺多聞天・持国天を造る　937. 承平年間
★光定
没　858. 8. 10
★『光定戒牒』　823. 4. 14
★興譲館　1776. 1. 20
★孔祥熙
没　1967. 8. 15
★高陞号事件　1894. 7. 25
★興正寺　1233. この春
工場事業場管理令　1938. 5. 4
工場就業時間制限令　1943. 6. 16
工場抵当法　1905. 3. 13
黄昭堂
没　2011. 11. 17
★『工場統計表』　1909. この年以降
公娼廃止〔★廃娼運動〕　1891. 9. 12　1946. 1. 21
★工場払下概則　1880. 11. 5
★工場法　1911. 3. 29　1916. 1. 22　1916. 9. 1　1923. 3. 30　1929. 3. 28
★『坑場法律』　1827. 9. 16
★『好色一代男』　1682. 10. -
★『好色一代女』　1686. 6. -
★『好色五人女』　1686. 2. -
公職資格訴願審査委員会官制　1947. 3. 3

興福寺五重塔　730. 4. 28
興福寺金堂　1188. 1. 29
興福寺西金堂　734. 1. 11
興福寺衆徒　1305. 4. 4
★『興福寺奏状』　1205. 10. -
興福寺東金堂　726. 7. -
興福寺南円堂　813. この年　1188. 1. 29
興福寺北円堂　721. 8. 3
興福寺北円堂弥勒仏像　1212. この年
興福寺梵天像　1202. 3. 10
★降伏文書　1945. 9. 2
★講武所　1854. 12. 2　1856. 4. 13　1866. 11. 19
★工部省　1870. 閏10. 20
★『工部省沿革報告』　1889. 4. -
★工部大学校　1878. 4. 15
★『鉱夫待遇事例』　1908. この年
★洪武帝
倭寇禁止と朝貢を要求　1369. 3. -
琉球三山に休戦を勧告　1383. 1. -
『甲府日日新聞』　1881. 1. 4
★「公武法制応勅十八箇条」　1615. 8. -
★高芙蓉
没　1784. 4. 25
★弘文院　809. 延暦・大同年中
★『広文庫』　1916. この年
★公文式　1886. 2. 26　1907. 2. 1
公文書等の管理に関する法律　2011. 4. 1
公文書の管理に関する法律　2009. 7. 1
『公文通誌』〔★朝野新聞〕　1874. 9. 24
神戸銀行　1936. 12. 12
★『The Kobe Chronicle』〔コウベ=クロニクル〕　1891. 10. -
神戸ゴルフ倶楽部　1903. 5. 24
★神戸事件　1868. 1. 11
★『神戸新聞』　1876. 6. -
★『神戸新聞』　1889. 7. -
★『神戸新聞』　1898. 2. 11
神戸製鋼所　2017. 10. 8　2018. 4. 1
神戸ポートアイランド博覧会　1981. 3. 20
★『神戸又新日報』　1884. 4. 17
★杲宝
没　1362. 7. 7
★高峯顕日
没　1316. 10. 20
★『弘法大師御伝』　1152. この年
★『弘法大師請来目録』　806. 10. 22
★光明皇后
皇子を出産　727. 閏9. 29
皇后となる　729. 8. 10
一切経論を書写せしむ　740. 5. 1
新薬師寺を建立　747. 3. -
行基を戒師として受戒　749. 1. 14
没　760. 6. 7
★『光明真言功徳絵巻』　1398. 2. -
★光明天皇
践祚　1336. 8. 15
没　1380. 6. 24
★『光明天皇宸記』　1380. 6. 24
★『攪眠新誌』　1877. 2. 21
★『好夢十因』　1286. 1. 9
★神鞭知常
没　1905. 6. 21
公明　1994. 11. 5
★誥命　1596. 4. 2　1596. 9. 1
公明新党　1994. 11. 5
公明政治連盟　1962. 1. 17
★孝明天皇
没　1866. 12. 25
★『孝明天皇紀』　1896. 12. -　1967. この年
★公明党　1964. 11. 17　1978. 1. 11　1998. 11. 7
★『紅毛火術録』　1727. この年
★『紅毛雑話』　1787. この年
『紅毛談』　→オランダばなし
★『紅毛天地二図贅説』　1737. この年
★『講孟余話』　1856. この年
★河本大作
没　1953. 8. 25
合薬座　1856. 12. 28
★高野山　1585. 4. 10　→金剛峯寺
★『高野参詣日記』　1524. 4～5月
★高野山金剛三昧院　1223. この年
高野山大塔　1156. 4. 29　1238. 3. 19　1320. 4. 2
★高山岩男
没　1993. 7. 5
神山繁
没　2017. 1. 3
★康有為
没　1927. 3. 21
★向陽社　1881. 2. -
★幸祥光
没　1977. 4. 6
高麗国金海府使　972. 10. 15
高麗国交易使　974. 閏10. 30
高麗国牒　937. 8. 5
高麗国南原府使　972. 9. 23
高麗使　939. 3. 11　1267. 9. -　1269. 9. 17
★『高麗史節要』　1452. この年
★『高麗道記』　1597. この年
★高良大社　1085. 2. 21
高良とみ
没　1993. 1. 17
★甲良宗広
没　1646. 3. 17
高力隆長
改易　1668. 2. 27
★高力忠房
没　1655. 12. 12
★郷里制　717. この年　740. 前年末からこの年前半ころ
公立高等学校に係る授業料の不徴収及び高等学校等就学支援金の支給に関する法律　2010. 3. 31
★『江吏部集』　1012. 7. 16
★康暦の政変　1379. 閏4. 14
★広隆寺　818. 4. 23　1150. 1. 19　1165. 6. 13
★興隆寺　865. 4. 15
★『広隆寺縁起資財帳』　873. この年
★高良斎
没　1846. 9. 13
★『交隣提醒』　1728. この年
高齢者の医療の確保に関する法律　2006. 6. 21　2008. 4. 1
公労協・交運共闘統一スト　1966. 4. 26
講和条件付帯議定書　1902. 6. 14
★『皇和通暦』　1725. この年
康和の荘園整理令　1099. 5. 12
講和問題同志連合会　1905. 7. 19
港湾整備緊急措置法　1961. 3. 31
★孤雲懐奘
没　1280. 8. 24
声なき声の会　1960. 6. 4
★コエリゥ
没　1590. 5. 7
★後円融天皇
没　1393. 4. 26
★ゴーストップ事件　1933. 6. 17
★コーツ
没　1934. 10. 22
コープス
開国を勧告するオランダ国王書翰を呈す　1844. 7. 2
★ゴーブル
没　1898. 5. 1
郡崩れ〔★大村郡崩〕　1657. この年
★郡山城（安芸）　1523. 8. 10　1540. 9. 4
★『湖海新報』　1876. 3. -
★『五海道中細見記』　1858. この年
★『五街道分間延絵図』　1800. 7. -　1806. この年
久我清通
没　1453. 9. 5
★古賀謹一郎
没　1884. 10. 31
★『古学先生詩文集』　1717. この年
★古岳宗亘
没　1548. 6. 24
★古賀穀堂
没　1836. 9. 16
★古河城　1471. 6. 24　1472. 2. -　1554. 11. 7
★五箇条の誓文　1868. 3. 14
★後柏原天皇
即位礼を行う　1521. 3. 22
没　1526. 4. 7
★古賀精里
幕府，儒者に任用　1796. 5. 28
没　1817. 5. 3
五月五日節〔★端午〕　968. 8. 22
五月一日茶話会　1905. 5. 1
古賀侗庵
没　1847. 1. 30
★久我敏通
没　1756. 2. 25
★久我長通
没　1353. 8. 27
★小金井良精
没　1944. 10. 16
★黄金塚古墳　239.
★古賀春江
没　1933. 9. 10
★『古画備考』　1845. この年
★沽価法　986. 3. 29　1072. 8. 10　1249. 10. 8　1342. 7. -
★古賀政男
没　1978. 7. 25
久我通言
没　1543. 2. -
★久我通相
没　1371. 7. 14
★久我通光
没　1248. 1. 18
★古賀峯一
戦死　1944. 3. -
★後亀山天皇
入京　1392. 閏10. 2

★国民同盟　1932. 12. 22
★国民同盟会　1900. 9. 24　1902. 4. 27
★国民年金法　1959. 4. 16
国民の祝日に関する法律（国民の祝日法・祝日法）〔★祝祭日〕　1948. 7. 20　1966. 6. 25　1973. 4. 12　1998. 10. 14　2014. 5. 30　2018. 6. 20
国民の生活が第一　2012. 7. 11
★『国民之友』　1887. 2. 15
国民文化会議　1955. 7. 17
★国民民主党　1950. 4. 28
国民民主党　2018. 5. 7
★黒曜石　約3万年前.　約1万4000年前.
★『極楽願往生歌』　1142. 6. -
極楽寺（陸奥）　857. 6. 3
国立学校設置法　1949. 5. 31
★国立銀行条例　1872. 11. 15　1876. 8. 1　1883. 5. 5
国立銀行成規　1872. 11. 15
★国立近代美術館　1952. 12. 1
★国立劇場　1966. 11. 1
国立公園法〔★国立公園〕　1931. 4. 1
★国立公文書館　1971. 7. 1
★国立国会図書館　1948. 6. 5
★国立西洋美術館　1959. 6. 10
国立大学法人法　2003. 2. 28　2007. 10. 1
国立大独立行政法人化　1999. 9. 20
国立多摩研究所　1954. 4. 27
国立畜産試験場　1916. 4. 6
国立婦人教育館　1977. 5. 20
国立癩研究所　1954. 4. 27
★国立歴史民俗博物館　1981. 4. 14
★黒竜会　1901. 2. 3
★国領五一郎
没　1943. 3. 19
木暮武太夫
没　1967. 7. 10
木暮実千代
没　1990. 6. 13
国連加盟案　1956. 12. 18
国連平和維持活動（PKO）協力法　1991. 9. 19　1992. 6. 15　2001. 12. 7
★古渓宗陳
没　1597. 1. 17
★悟渓宗頓
没　1500. 9. 6
★古月禅材
没　1751. 4. 25
苔縄城　1333. 1. 21
★『古言衣延弁』　1829. この年
★『五元集』　1747. この年
古源邵元
入元　1327. この年
護憲全国記者大会〔★憲政擁護運動〕　1924. 2. 5
護憲デモ〔★憲政擁護運動〕　1924. 2. 17
小検見〔★大検見小検見〕　1713. 4. 23　1719. 8. -
★後光厳天皇
近江へ逃れる　1354. 12. 24
帰京　1355. 3. 28
百首和歌（延文百首）の詠進を命じる　1356. 8. 25
近江へ逃れる　1361. 12. 8
還京　1362. 2. 10
没　1374. 1. 29
★後光明天皇
没　1654. 9. 20
★護国寺　1681. 2. 7　1717. 3. 14
★『古語拾遺』　807. 2. 13
九重親方（千代の富士）
没　2016. 7. 31
九日節〔★重陽〕　950. 9. 26
★後小松天皇
院政を開始　1412. 9. 14
没　1433. 10. 20
★『心の花』　1898. 2. -
★『古今夷曲集』　1666. この年
★『古今算法記』　1671. この年
★『古今鍛冶備考』　1819. この頃
★『古今著聞集』　1254. 10. 17　1435. 10. 13
★古今亭志ん生（初代）
没　1856. 12. 26
★古今亭志ん生（2代）
没　1889. 11. 24
★古今亭志ん生（3代）
没　1918. 5. 10
★古今亭志ん生（4代）
没　1926. 1. 29
★古今亭志ん生（5代）
没　1973. 9. 21
古今亭志ん朝
没　2001. 10. 1
『古今図書集成』　1764. 2. 14
★『古今銘尽』　1611. 3. -
★『古今名物類聚』　1789. この年
★『古今要覧稿』　1842. この年
★後西天皇
没　1685. 2. 22
★古在由重
没　1990. 3. 6
★古在由直
没　1934. 6. 18
古在由秀
没　2018. 2. 5
★小坂鉱山　1884. 8. 19
★小坂順造
没　1960. 10. 16
小坂善太郎
没　2000. 11. 26
★後嵯峨天皇
元服　1242. 1. 20
践祚　1242. 1. 20
『続後撰集』の撰進を命じる　1248. 7. 25
没　1272. 2. 17
★小崎弘道
没　1938. この年
★小作条例期成同盟会　1899. 6. -
★小作制度調査会　1924. 4. 5
小作制度調査会官制　1923. 5. 8
★『小作騒動に関する史料集』　1954. 3. -
小作調査会官制　1926. 5. 25
★小作調停法　1924. 7. 22
★後桜町天皇
践祚　1762. 7. 27
譲位　1770. 11. 24
没　1813. 閏11. 2
★小作料統制令　1939. 12. 6
★『五山詩僧伝』　1912. この年
五山十刹〔★五山〕　1342. 4. 23　1381. 10. 7
★後三条天皇
践祚　1068. 4. 19
即位　1068. 7. 21
譲位　1072. 12. 8
出家　1073. 4. 21
没　1073. 5. 7　→尊仁親王
★『五山堂詩話』　1807. この年
★『後三年合戦絵巻』　1347. この年
★後三年の役　1083. 9. -　1087. 12. 26
★五山版　1342. この頃より
碁師　1662. 10. 13
★護持院　1695. 9. 18　1717. 3. 14
★『古事記』　712. 1. 28
『碁式』　913. 5. 3
『古事記及日本書紀の研究』　1940. 2. 10
★『古事記及び日本書紀の新研究』　1919. この年
★『五色墨』　1731. この年
★『古事記伝』　1790. この年　1798. 6. -
★小式部内侍
没　1025. 11. -
居士号　1831. 4. 18
★腰越状　1185. 5. 24
★『高志路』　1935. 1. 17
越路吹雪
没　1980. 11. 7
★『古史成文』　1811. この年　1818. この年
★後七日の御修法　834. 1. 8
★『古史徴』　1818. この年
★『古史通』　1716. 3. -
★『古史伝』　1825. この年
★高志内親王
没　809. 5. 7
小柴昌俊
ノーベル物理学賞受賞　2002. 10. 8
児島明子
ミスユニバースに決定　1959. 7. 24
★児島惟謙
没　1908. 7. 1
★小島烏水
没　1948. 12. 13
★古島一雄
没　1952. 5. 27
★児島喜久雄
没　1950. 7. 5
小島功
没　2015. 4. 14
★児島善三郎
没　1962. 3. 22
小島直記
没　2008. 9. 14
児島襄
没　2001. 3. 27
★小島文治郎
刑死　1870. 9. 7
★小島法師
没　1374. 4. 28
★小島竜太郎
没　1913. 1. 5
★越水城　1520. 2. 3
★古社寺保存法　1897. 6. 10
五社英雄
没　1992. 8. 30

コシャマインの乱〔★アイヌ（反乱）〕
1457. 5. 14
御朱印騒動　1822. 6. 16
★『後拾遺往生伝』
1133. この年より保延５年の間
★『後拾遺和歌集』　1086. 9. 16
沽酒の禁制　1252. 9. 30
沽酒法　1330. 6. 9
★呉春
没　1811. 7. 17
★呉昌碩
没　1927. 11. 6
五条野丸山古墳　570. この頃前後
★五条頼元
没　1367. 5. 28
五所平之助
没　1981. 5. 1
★後白河天皇
践祚　1155. 7. 24
即位　1155. 10. 26
譲位　1158. 8. 11
出家　1169. 6. 17
東大寺で受戒　1170. 4. 20
延暦寺で受戒　1176. 4. 27
鳥羽殿に幽閉　1179. 11. 20
院政再開　1180. 12. 18
没　1192. 3. 13
★『古事類苑』　1896. この年
★御真影　1891. 11. 17
個人情報の保護に関する法律　2015. 9. 9
湖心碩鼎
五島を発ち入明　1539. 4. 19
帰着　1541. 6. 26
『五臣注文選』　1006. 10. 20
★小杉榲邨
没　1910. 3. 29
★小杉天外
没　1952. 9. 1
★小杉放庵
没　1964. 4. 16
小菅佳子
没　2005. 8. 10
★後崇光院
没　1456. 8. 29　→貞成親王
★後朱雀天皇
受禅　1036. 4. 17
即位　1036. 7. 10
譲位　1045. 1. 16　→敦良親王
没　1045. 1. 18
呉清源
没　2014. 11. 30
★『御成敗式目』　1232. 8. 10
『御成敗式目』（大永版本）　1524. 12. -
『御成敗式目』（享禄版本）　1529. 8. -
御成敗条々　1422. 7. 26
★『御制法』　1670. この年
★戸籍　540. 8. -　645. 8. 5　646. 1. 1　652. 4. -
689. 閏8. 10　855. 6. 25　902. この年
908. この年　938. 12. 26
★小関三英
没　1839. 5. 17
戸籍調査　1872. 1. 29
★戸籍法　1871. 4. 5　1984. 5. 25
★五姓田芳柳
没　1892. 2. 1
★五姓田義松
没　1915. 9. 4
五節〔★五節会〕　1873. 1. 4
★巨勢邑治
帰国　707. 3. 2
没　724. 6. 6
★巨勢男人
没　529. 9. -
★巨勢金岡
御所障子に文人像を描く　888. 9. 15
★巨勢堺麻呂
没　761. 4. 9
★巨勢徳陀古
没　658. 1. 13
★巨勢奈氐麻呂
没　753. 3. 30
★巨勢野足
蔵人頭となる　810. 3. 10
没　816. 12. 14
巨勢比等
配流　672. 8. 25
★巨勢弘高
性空肖像を書写す　1002. 3. 6
★『後撰夷曲集』　1672. この年
★古先印元
入元　1318. この年
没　1374. 1. 24
★『後撰和歌集』　951. 10. 30
『小袖曾我薊色縫』　1859. 2. -
★後醍醐天皇
院政を停止，天皇親政とする
1321. 12. 9
笠置寺へ潜幸　1331. 8. 27
捕えらる　1331. 9. 28
剣璽を光厳天皇に渡す　1331. 10. 6
隠岐国へ配流　1332. 3. 7
隠岐国を脱出　1333. 閏2. 24
名和長年に迎えられる　1333. 閏2. 28
帰京　1333. 6. 5
光明天皇に神器を渡す　1336. 11. 2
神器を奉じて吉野に潜幸
1336. 12. 21
後村上天皇に譲位　1339. 8. 15
没　1339. 8. 16　→尊治親王
『五代史記』　1150. この年
★五大堂（鎌倉）　1235. 6. 29
★五代友厚
没　1885. 9. 25
★『古代文化』　1957. 8. -
小平邦彦
没　1997. 7. 26
小平義雄
逮捕　1946. 8. 20
★『五大力恋緘』　1794. 5. 8
★五大老　1598. 8. 5
★後高倉院
没　1223. 5. 14
★古武弥四郎
没　1968. 5. 30
★小谷三志
没　1841. 9. 17
小谷正雄
没　1993. 6. 6
こだま　1958. 11. 1
★児玉一造
没　1930. 1. 30
★児玉花外
没　1943. 9. 20
児玉清
没　2011. 5. 16
★小玉銀　1820. 6. 28
★児玉源太郎
没　1906. 7. 23
児玉幸多
没　2007. 7. 4
★児玉順蔵
没　1861. 9. 2
★児玉秀雄
没　1947. 4. 7
児玉誉士夫
臨床取調べ　1976. 3. 4
没　1984. 1. 18
★戸長　1872. 4. 9
★呉長慶
没　1884. この年
★小朝拝　1490. 1. 1
胡蝶楽　908. この年
★『国華』　1889. 10. -
国家安全保障会議設置法　2013. 12. 4
国家安全保障局　2014. 1. 7
★国会開設運動　1880. この年
国会開設90周年記念式典　1980. 11. 29
国会開設の意見書　1881. 3. -
国会議院規則　1873. 1～5月
国会議院手続取調　1872. 8. -
国会議員の歳費，旅費及び手当等に関する法律　2010. 8. 11
★国会期成同盟　1880. 3. 17　1880. 11. 10
国会法　1999. 7. 29
「国会論」　1879. 7. 28
「国会ヲ開設スルノ允可ヲ上願スル書」
1880. 4. 17
★『国家学会雑誌』　1887. 3. 15
国家教育社　1890. 5. 30
★『国家金銀銭譜』　1746. この年
★『国家経済会報告』　1890. 11. 12
国家公務員の給与の改定及び臨時特例に関する法律　2012. 2. 29
国家公務員法　1947. 10. 21　1948. 11. 30
国家公務員法改正案　1963. 3. 2
国家公務員倫理法　1999. 8. 9
★国家社会党　1905. 8. 25
★国家総動員法　1938. 4. 1　1941. 3. 3　→国民徴用令
国家総動員法案　1938. 2. 19　1938. 3. 16
国際活映株式会社（国活）　1919. 12. 6
★小塚藤十郎
没　1859. 12. -
★『国歌八論』　1742. この年
『国記』〔★天皇記及国記臣連伴国造百八十部幷公民等本記〕　645. 6. 13
国旗・国歌法　1999. 8. 9
国旗・国家法案　1999. 7. 22
「国教論」　1884. 8. -
★コックス
伏見城で秀忠に謁見　1617. 8. 14
★滑稽本　1835. この頃
国憲按〔★日本国憲按〕　1880. 12. 28
★『国憲編纂起原』　1881. 5. -
★兀庵普寧

帰国　1265. この年
★後土御門天皇
没　1500. 9. 28
★『骨董集』 1813. この年
★『刻白爾天文図解』 1808. この年
小手指原　1352. 閏2. 28
★籠手田安経
没　1582. この年
★小寺清先
没　1827. 閏6. 26
小寺健吉
没　1977. 9. 20
★『古典文庫』 1946. 6. -
★『古典保存会覆製書』 1923. この年
★後藤伊左衛門
没　1915. 1. 10
★後藤一乗
没　1876. 10. 17
★五島慶太
没　1959. 8. 14
★『御当家記年録』 1664. この年
★後藤顕乗
没　1663. 1. 22
★後藤艮山
没　1733. 9. 18
後藤悟（木村庄之助〔28代〕）
没　2010. 4. 1
★後藤守一
没　1960. 7. 30
★古幢周勝
没　1433. 2. 22
★後藤象二郎
没　1897. 8. 4
★後藤恕作
没　1929. この年
★後藤新平
没　1929. 4. 13
★五島純玄
没　1594. 7. 28
★五島清太郎
没　1935. 7. 20
★後藤宗印
没　1627. 11. 24
★『古道大意』 1824. この年
★『御当代記』 1680. 5. -
★伍堂卓雄
没　1956. 4. 7
★後藤太兵衛
没　1673. この年
後藤田正晴
没　2005. 9. 19
★後藤宙外
没　1938. 6. 12
★後藤通乗
没　1721. 12. 27
五島哲
没　2007. 12. 16
★後藤徳乗
没　1631. 10. 13
★後藤縫殿助
米切手改役に任じらる　1782. 8. 24
米切手改役を解かれる　1787. 1. -
古銅吹所　1796. 8. 28
★後藤文夫
没　1980. 5. 13
★小藤文次郎
没　1935. 3. 8
後藤光亨
処刑　1845. 10. 3
五島美代子
没　1978. 4. 15
★後藤基清
捕えらる　1199. 2. 14
斬首　1221. 7. 2
★後藤基次
戦死　1615. 5. 6
★後藤基綱
評定衆から除く　1246. 6. 7
没　1256. 11. 28
★後藤祐乗
没　1512. 5. 7
★後藤梨春
没　1771. 4. 8
★後藤隆之助
没　1984. 8. 21
後藤隆之助事務所　1933. 10. 1
★古東領左衛門
刑死　1864. 7. 20
★五島ルイス
没　1612. 8. 26
琴桜（鎌谷紀雄）
没　2007. 8. 14
古都における歴史的風土の保存に関する特別措置法　1966. 1. 13
★後鳥羽天皇
践祚　1183. 8. 20
即位　1184. 7. 28
譲位　1198. 1. 11
伊勢大神宮神剣を天皇宝剣とする　1210. 12. 5
源頼茂を討つ　1219. 7. 13
西園寺公経父子を幽閉　1221. 5. 14
伊賀光季を討つ　1221. 5. 15
隠岐へ配流　1221. 7. 13
没　1239. 2. 22
水無瀬神の号を追贈　1494. 8. 23
後鳥羽天皇画像（水無瀬神宮所蔵）　1221. 7. 8
★『詞玉緒』 1785. この年
★載仁親王
没　1945. 5. 20
古都保存協力税　1985. 7. 10
子ども手当法　2010. 3. 31
★小中村清矩
没　1895. 10. 11
★後奈良天皇
即位　1536. 2. 26
般若心経を諸国一宮に納む　1540. 6. 17
没　1557. 9. 5
★『後奈良天皇宸記』 1942. この年
★小西篤好
没　1837. 2. 22
★小西重直
没　1948. 7. 21
★小西如庵
没　1626. この年　→内藤如安
小西四郎
没　1996. 2. 5
小西甚一
没　2007. 5. 26
小西誠
自衛隊法違反で逮捕　1969. 11. 1
★小西行長
謝用梓・徐一貫を伴い名護屋に戻る　1593. 5. 15
沈惟敬を伴い釜山を発ち名護屋に向かう　1596. 1. 3
明軍に和平を求む　1598. 3. -
刑死　1600. 10. 1
★後二条天皇
践祚　1301. 1. 21
没　1308. 8. 25　→邦治親王
★『後二条師通記』 1083. この年
★小西来山
没　1716. 10. 3
★小西立佐
没　1592. この年
★五人組　1637. 10. 26　1656. 12. 28
五人組・十人組の制　1597. 3. 7
★近衛篤麿
没　1904. 1. 1
★『近衛篤麿日記』 1968. この年
★近衛家実
没　1242. 12. 27
★近衛家久
没　1737. 8. 17
★近衛家熙
没　1736. 10. 3
★近衛内前
没　1785. 3. 20
★近衛兼経
摂政となる　1247. 1. 19
没　1259. 5. 4
★『近衛家書類』 1919. この年
★近衛前久
没　1612. 5. 8
★近衛3原則　1938. 12. 22
★近衛上奏文　1945. 2. 14
近衛条例　1872. 3. 9
近衛声明（第1次）〔★国民政府対手とせず声明〕 1938. 1. 16
近衛声明（第2次）〔★東亜新秩序〕 1938. 11. 3
近衛声明（第3次）〔★近衛三原則〕 1938. 12. 22
★近衛忠熙
没　1898. 3. 18
★近衛稙家
没　1566. 7. 10
★近衛経忠
没　1352. 8. 13
近衛経平
没　1318. 6. 24
★近衛天皇
受禅　1141. 12. 7
即位　1141. 12. 27
没　1155. 7. 23　→体仁親王
★近衛内閣（第1次） 1937. 6. 4　1939. 1. 4
近衛内閣（第2次） 1940. 7. 22
近衛内閣（第3次） 1941. 7. 16　1941. 10. 16
★近衛信尹
没　1614. 11. 25
★近衛信尋
没　1649. 10. 11

没　1368. 3. 11　→義良親王
小紫
自殺　1679. 11. 3
★小村寿太郎
没　1911. 11. 26
小村・ローゼン会談　1903. 10. 3
★小室重弘
没　1908. 6. 13
★小室信夫
没　1898. 6. 5
★小室信介
『東洋民権百家伝』　1883. 8. -
没　1885. 8. 25
★小室翠雲
没　1945. 3. 30
★『古名録』　1843. この年
米会所　1809. この年
コメ関税化法　1999. 3. 31
★米切手　1783. 10. 28　1784. 11. 14
★ゴメス
没　1599. 12. 17
★ゴメス
刑死　1634. 5. 11
★米騒動　1889. 10. 13　1897. 8. -　1918. 7. 23
1918. 8. 3
コメ輸入関税化　1998. 12. 18
★後桃園天皇
没　1779. 10. 29
小森和子
没　2005. 1. 8
★小森桃塢
没　1843. 3. 23
★『古文書研究』　1968. 6. -
★『古文書時代鑑』　1925. この年
五匁銀〔★明和五匁銀〕　1765. 9. 1
★子安峻
没　1898. 1. 15
小山敬三
没　1987. 2. 7
★小山健三
没　1923. 12. 19
小山五郎
没　2006. 3. 2
★小山松寿
没　1959. 11. 25
★小山正太郎
没　1916. 1. 7
小山田遺跡　2015. 1. 15
★小山益太
没　1924. 7. 1
★小山松吉
没　1948. 3. 27
小山靖憲
没　2005. 5. 14
★後陽成天皇
聚楽第行幸　1588. 4. 14
譲位　1611. 3. 27
没　1617. 8. 26
★『後葉和歌集』　1155. この頃
★五来重
没　1993. 12. 11
★『古来風体抄』（初撰本）　1197. 7. -
★『古来風体抄』（再撰本）　1201. 5. -
五楽舎　1765. 11. -
牛利
率善校尉となる　239. 12. -
銀印青綬を授かる　239. 12. -
★『コリャード懺悔録』　1632. この年
★御霊会　863. 5. 20　1052. 5. 29
★五稜郭　1860. この年　1868. 12. 15
五両判　1837. 7. -
★『五輪九字明秘密釈』　1141. この年
ゴルドン
浦賀に来航して貿易を要求
1818. 5. 3
ゴルバチョフ
来日　1991. 4. 16
★惟明親王
没　1221. 5. 3
★後冷泉天皇
受禅　1045. 1. 16
即位　1045. 4. 8
没　1068. 4. 19　→親仁親王
★コレジョ　1587. 6. 19
★惟喬親王
出家　872. 7. 11
没　897. 2. 20
惟仁親王
皇太子となる　850. 11. 25　→清和天皇
惟宗允亮
没　1009. この頃
★惟康親王
征夷大将軍に補任　1266. 7. 24
親王宣下　1287. 10. 4
帰京　1289. 9. 14
没　1326. 10. 30
コレラ一揆　1879. この年
★ゴロウニン
リコルドに引渡さる　1813. 9. 26
★『ゴロウニン日本幽囚記』　1816. この年
コロムビア・トップ
没　2004. 6. 7
コロムビア・ライト
没　2010. 10. 26
★衣川柵　1062. 9. 5
衣川館　1189. 4. 30
★『権記』　991. この年　1026. この年
坤元録屏風　956. この年
金光教　1859. 10. 21　1867. 2. 22　1868. 9. 24
★『混効験集』　1711. この年
★金剛寺　1360. 3. 17
金剛寺〔★坂田寺〕　606. 5. 5
『金剛寿命陀羅尼経』　838. 10. 13
金剛勝院　1143. 8. 6
『金剛場陀羅尼経』　686. 5. -
金剛心院　1154. 8. 9
★『金剛頂経疏』　851. この年
『金剛般若経』　837. 6. 21
★『金剛般若集験記』　718. この年
金剛峯寺〔★高野山〕　819. 5. 3　835. 2. 30
889. この年
金剛峯寺灌頂院　1084. 3. -
★『金剛峯寺建立修行縁起』　968. この年
★金光房
没　1217. 3. 25
★『金光明最勝王経』〔金光明経〕
676. 11. 20　680. 5. 1　694. 5. 11　696. 12. 1
703. この年　725. 7. 17　728. 12. 28
★『金光明最勝王経音義』　1079. 4. 16
金光明寺〔★国分寺〕　745. 8. 23
金光明四天王護国之寺　741. 2. 14
★金剛輪寺本堂　1288. この年
『金字般若経』　963. 8. 23
★胡飲酒　1100. 6. 15
金鐘寺　745. 8. 23　746. 10. 6
★金春秋
来朝し，人質となる　647. この年
混成酒税法　1896. 3. 28
★勤操
没　827. 5. 8
金胎寺城　1462. 5. 12　1528. 11. 11
金泰廉
拝朝し調を献上　752. 6. 14
誉田城　1500. 9. 16　1506. 1. 26　1532. 6. 15
★権田直助
没　1887. 6. 8
★ゴンチャローフ
没　1891. 9. 27
★『ゴンチャローフ日本渡航記』
1855. この年
金忠元
朝貢　675. 2. -
★健児　738. 5. 3　792. 6. 14
★墾田　746. 5. 9
★墾田永年私財法　743. 5. 27
墾田開発　765. 3. 5　784. 11. 3
★渾天儀　1670. 2. 28
墾田地　749. 7. 13
★『こんてむつすむん地』　1596. この年
近藤昭仁
没　2019. 3. 27
★近藤勇
刑死　1868. 4. 25
★近藤栄蔵
没　1965. 7. 3
近藤啓太郎
没　2002. 2. 1
★近藤憲二
没　1969. 8. 6
★今東光
没　1977. 9. 19
★近藤重蔵〔守重〕
択捉島に「大日本恵土呂府」の標柱
を建てる　1798. 7. -
蝦夷地に再度派遣　1799. 3. 17
択捉島を視察　1802. この年
利尻島を巡視　1807. 8. 2
書物奉行就任　1808. 2. 30
没　1829. 6. 16
★権藤震二
没　1920. 1. 21
★権藤成卿
没　1937. 7. 9
近藤鶴代
没　1970. 8. 9
近藤富枝
没　2016. 7. 24
★近藤虎五郎
没　1922. 7. 17
★『混同秘策』　1823. この年
★近藤真柄
没　1983. 3. 18
★近藤真琴
没　1886. 9. 4
★近藤万太郎

没　1946. 11. 7
★近藤基樹
没　1930. 3. 8
★近藤芳樹
没　1880. 2. 29
近藤芳美
没　2006. 6. 21
近藤義郎
没　2009. 4. 5
★近藤廉平
没　1921. 2. 9
★『今度之公家双紙』　1610. この年
★コンドル
没　1920. 6. 21
『今日新聞』〔★都新聞〕　1889. 2. 1
★厳如
没　1894. 1. 15
★金春安照
没　1621. 8. 21
★今日出海
没　1984. 7. 30
コンピューター2000年問題（Y２K）
2000. 1. 1
★『坤輿図識』　1845. この年
★金蓮寺　1424. 8. 10

さ

済〔★倭の五王〕
宋に朝貢　443.
斎院司　818. 5. 22
★崔益鉉
没　1906. 11. 17
★蔡温
没　1761. 12. 29
★西園寺公一
没　1993. 4. 22
★西園寺公重
没　1367. 9. 3
★西園寺公経
勅勘により籠居　1217. 11. 8
没　1244. 8. 29
★西園寺公衡
没　1315. 9. 25
★西園寺公宗
刑死　1335. 8. 2
★西園寺公望
没　1940. 11. 24
★『西園寺公と政局』　1590. この年
★西園寺実氏
没　1269. 6. 7
★西園寺実兼
没　1322. 9. 10
★西園寺実俊
没　1389. 7. 6
★西園寺実衡
没　1326. 11. 18
★西園寺内閣（第１次）　1906. 1. 7　1908. 7. 4
西園寺内閣（第２次）　1911. 8. 30
雑賀一揆〔★雑賀衆〕　1577. 2. 13　1584. 3. 21
1585. 3. 21　1585. 3. 23　1585. 4. 22
在外公館の名称及び位置並びに在外公館に勤務する外務公務員の給与に関する法律　2019. 3. 30
★『西鶴大矢数』　1681. この年
★『西鶴置土産』　1693. この年
★『西鶴織留』　1694. この年
★『西鶴諸国はなし』　1685. 1. -　1685. この年
在学徴集延期臨時特例　1943. 10. 2
在華日本紡績同業会　1925. 6. 18
『宰我の償』〔★夢ノ代〕　1803. この頃
★『在韓苦心録』　1932. この年
★『西宮記』　982. この頃
★西行
出家　1140. 10. 15
没　1190. 2. 16
★『西行物語絵巻』　1630. 9. -
★西吟
没　1663. 8. 15
★三枝博音
没　1963. 11. 9
再クローン牛　2000. 1. 24
★歳遣船　1443. この年　1512. この年　1547. 2. -
1557. 4. -
西光〔★藤原師光〕
斬首　1177. 6. 1
在郷軍人団〔★帝国在郷軍人会〕
1907. 4. 9
★西郷孤月
没　1912. 8. 31
★最高裁判所　1947. 8. 4
★『西行雑録』　1686. この年
★最高戦争指導会議　1944. 8. 5
★西郷隆盛
僧忍向と入水　1858. 11. 16
自刃　1877. 9. 24
★『西郷隆盛文書』　1923. この年
★西郷従道
没　1902. 7. 18
西郷信綱
没　2008. 9. 25
★西光万吉
没　1970. 3. 20
西国地頭　1230. 11. 7
★『西国立志編』　1870. 10. -　1871. この年
再婚禁止期間　2015. 12. 16　2016. 6. 7
財産税法〔★財産税〕　1946. 11. 12
★西寺　796. この年　990. 2. 2
載車法　865. 9. 15
★『摧邪輪』　1212. 11. 23
★『最須敬重絵詞』　1352. この年
★催鋳銭司　708. 2. 11
★『祭主補任』　1379. この年
★税所敦子
没　1900. 2. 4
★税所篤
没　1910. 6. 21
★最勝会　978. 2. 27
『最勝王経』〔★金光明最勝王経〕
725. 7. 17
最勝王経講会〔★最勝講〕　830. 9. 14
★最勝光院　1226. 6. 4　1301. 2. 17
★最勝寺　1118. 12. 17　1314. 2. 14
★『再昌草』　1536. この年
西城秀樹
没　2018. 5. 16
★西条八十
没　1970. 8. 12
★済深入道親王
没　1701. 12. 2
★済生会　1911. 2. 11
★財政経済３原則　1937. 6. 4
財政構造改革会議　1997. 12. 3
財政構造改革法　1997. 11. 28
財政構造改革法凍結法　1998. 12. 11
★財政法　1947. 3. 31
★細石器（細石刃）文化
約１万4000年前.
★済暹
没　1115. 11. 26
★『再造藩邦志』　1659. この年
★採桑老　1100. 6. 15
★西大寺　765. この年　1502. 5. 7
★『西大寺資財流記帳』　780. 12. 25
西大寺舎利器　1284. 8. 7
財田川事件　1976. 10. 13　1984. 3. 12
★蔡鐸
没　1724. 12. 16
埼玉銀行　1990. 11. 13
さいたま市　2001. 5. 1　2003. 4. 1
★『埼玉史談』　1929. 9. -
★『埼玉新聞』　1873. 1. -
★『埼玉叢書』　1929. この年
埼玉二子山古墳　535. この頃
★『埼玉平民雑誌』　1890. 12. -
★最澄
比叡山に草庵を構える　785. 7. -
比叡山寺を創建　788. この年
遣唐使に同行　804. 7. -
対馬に帰着　805. 6. 8
殿上に悔過読経を行う　805. 8. 9
高雄山寺で灌頂を行う　805. 9. 1
比叡山の戒壇設立を請う　819. 3. 15
没　822. 6. 4
伝教大師の諡号を賜う　866. 7. 14
最低賃金法〔★最低賃金制〕　1959. 4. 15
サイデンステッカー
没　2007. 8. 26
★斎藤宇一郎
没　1926. 5. 10
斎藤栄三郎
没　2000. 7. 9
斎藤英四郎
没　2002. 4. 22
斉藤喜久蔵
没　2003. 9. 8
斎藤喜幸
没　2007. 9. 6
★斎藤宜長
没　1844. 8. 8
★斎藤月岑
没　1878. 3. 6
★『斎藤月岑日記』　1830. この年
★斎藤監物
没　1860. 3. 8
★斎藤小左衛門
没　1633. 8. -
★斎藤実盛
討死　1183. 5. 21
★西東三鬼
没　1962. 4. 1
斎藤茂太
没　2006. 11. 20
★斎藤拙堂

没　1865. 7. 15
★斎藤惣一
没　1960. 7. 5
★斎藤隆夫
没　1949. 10. 7
★斎藤高行
没　1894. 6. 12
斎藤忠
没　2013. 7. 21
★斎藤竜興
敗死　1573. 8. 14
★『斎藤親基日記』　1465. 8. -
★斎藤竹堂
没　1852. 閏2. 11
★斎藤恒三
没　1937. 2. 5
★斎藤道三
敗死　1556. 4. 20
★斎藤徳元
没　1647. 8. 28
★斎藤利三
斬首　1582. 6. 17
★斎藤利行
没　1881. 5. 26
★斎藤内閣　1932. 5. 26　1934. 7. 3
斎藤晴彦
没　2014. 6. 27
★斎藤恒
没　1953. 3. 8
★斎藤秀三郎
没　1929. 11. 9
斉藤仁
没　2015. 1. 20
★斎藤博
没　1939. 2. 26
★斎藤方策
没　1849. 4. 10
★斎藤実
暗殺　1936. 2. 26
斎藤真
没　2008. 1. 16
★斎藤万吉
没　1914. 9. 2
★斎藤妙椿
没　1480. 2. 21
★斎藤茂吉
没　1953. 2. 25
★斎藤基恒
没　1471. 3. 19
★『斎藤基恒日記』　1440. 2. -
★斎藤弥九郎（初代）
没　1871. 10. 24
★斎藤弥九郎（２代）
没　1888. 8. 5
★斎藤義竜
没　1561. 5. 11
斎藤与蔵
中国保安隊に射殺される　1937. 8. 9
★斎藤瀏
没　1953. 7. 5
★斎藤良衛
没　1956. 11. 4
★斎藤緑雨
没　1904. 4. 13
★済南事件　1928. 5. 3
在日朝鮮人の北朝鮮帰還に関する協定　1959. 8. 13
在日朝鮮人連盟〔★在日本朝鮮人連盟〕　1945. 10. 15
在日米軍　1952. 7. 26
★在日本朝鮮人総連合会　1955. 5. 26
サイバーセキュリティー法　2014. 11. 12
★財閥解体　1945. 11. 6　1946. 8. 22　1951. 7. 10
財閥商号使用禁止等に関する政令　1952. 5. 7
★財閥同族支配力排除法　1948. 1. 7
裁判員　2008. 5. 21　2008. 11. 28
裁判員裁判　2010. 11. 16
裁判員の参加する刑事裁判に関する法律　2008. 5. 21　2009. 5. 21
★『裁判至要抄』　1207. 8. 26
裁判所官制　1886. 5. 5
★裁判所構成法　1890. 2. 10
★『采風新聞』　1875. 11. 22
在米日本資産凍結　1941. 7. 25
★『西方寺縁起』　1400. この年
★『済北集』　1346. 7. 24
斉明天皇
百済救援の準備をする　660. 12. 24
朝倉宮で没　661. 7. 24　→皇極天皇　→宝皇女
財物出挙〔★出挙〕　779. 9. 28
★済物浦条約　1882. 8. 30
採山城国岡田銅使　881. 6. 1
★『西遊記』　1795. この年
『西遊雑記』〔★東遊雑記・西遊雑誌〕　1789. この年
★『西遊日記』　1815. この年
『西遊旅譚』　1794. この年
★『才葉抄』　1177. 7. -
ザイラー，トニー
没　2009. 8. 24
★『采覧異言』　1713. 3. -
西琳寺金銅阿弥陀像　659. 1. -
★『西琳寺文永注記』　1271. この年
★サイル
没　1890. 10. 5
★左院　1871. 7. 29
★『左右検非違使式』　875. 4. 27
佐伯有清
没　2005. 7. 19
佐伯院（香積寺）　904. 7. 2
佐伯彰一
没　2016. 1. 1
★佐伯今毛人
遣唐大使に任命さる　775. 6. 19
病によって渡唐せず　777. 6. 1
没　790. 10. 3
★佐伯子麻呂
没　666. この年
佐伯児屋麻呂
殺害　724. 3. 25
佐伯広足
高句麗に派遣　681. 7. 4
★佐伯全成
自殺　757. 7. 4
★佐伯祐三
没　1928. 8. 16
★酒井家次
没　1618. 3. 15
境Ａ遺跡　前3000. この頃
★『堺鑑』　1684. この年
『堺記』　1434. 2. 9
★阪井久良伎
没　1945. 4. 3
★堺事件　1868. 2. 15
★『堺市史』　1931. 3. -
堺城　1399. 12. 21
★酒井田柿右衛門（初代）
没　1629. 6. 19
★酒井田柿右衛門（３代）
没　1672. この年
★酒井田柿右衛門（13代）
没　1982. 7. 3
酒井田柿右衛門（14代）
没　2013. 6. 15
★酒井隆
没　1946. 9. 13
★酒井忠義
没　1873. 2. 5
★酒井忠勝
大老に任じられる　1638. 11. 7
没　1662. 7. 12
★酒井忠清
大老に任じられる　1666. 3. 29
罷免さる　1680. 12. 9
没　1681. 5. 19
★酒井忠邦
没　1879. 3. 25
★酒井忠挙
没　1720. 11. 13
★酒井忠次
没　1596. 10. 28
酒井忠利
没　1627. 11. 14
酒井忠直
閉門　1677. 6. 14
酒井忠進
没　1828. 1. 28
★酒井忠世
大老に任じられる　1636. 3. 12
没　1636. 3. 19
酒井忠能
改易　1681. 12. 10
★堺為子
没　1959. 1. 2
★堺利彦
没　1933. 1. 23
★境野黄洋
没　1933. 11. 11
★堺奉行　1696. 2. 2　1702. 11. 28
★境部石積
筑紫に帰着　667. 11. 9
★境部摩理勢
没　628. 9. -
★酒井抱一
没　1828. 11. 29
★酒井正親
没　1576. 6. 6
堺屋太一
没　2019. 2. 8
酒井雄哉
没　2013. 9. 23
★酒井雄三郎
没　1900. 12. 9

没　1688. 1. 16
真田信政
没　1658. 2. 5
★真田信之
没　1658. 10. 17
★真田昌幸
没　1611. 6. 4
★真田幸貫
没　1852. 6. 17
★真田幸弘
没　1815. 8. 3
★真田幸村
戦死　1615. 5. 7
『讃岐実業新聞』 1914. 11. 23
★『讃岐日報』 1889. 3. 20
★『讃岐日報』 1914. 11. 23
★『讃岐典侍日記』 1108. この頃
★讃岐永直
没　862. 8. –
★『実隆公記』 1474. 1. –　1537. 10. 3
★実仁親王
皇太子となる　1072. 12. 8
没　1085. 11. 8
★誠仁親王
没　1586. 7. 24
実松譲
没　1996. 12. 20
★『実躬卿記』 1283. この年
★真光
没　1333. 5. 8
★人康親王
没　872. 5. 5
佐野周二
没　1978. 12. 21
★佐野常民
没　1902. 12. 7
★佐野経彦
没　1906. 10. 16
★佐野利器
没　1956. 12. 5
★佐野房綱
没　1601. 7. 2
★佐野政言
田沼意知を刺す　1784. 3. 24
切腹　1784. 4. 3
★佐野増蔵
没　1882. 3. 13
★佐野学
没　1953. 3. 9
佐野洋
没　2013. 4. 27
★佐羽吉右衛門
没　1868. 10. 20
鯖田豊之
没　2001. 10. 25
佐原真
没　2002. 7. 10
ザ=ビートルズ　1966. 6. 29
佐比川橋　796. 8. 10
★佐分利貞男
没　1929. 11. 29
差別的不快用語　1981. 5. 25
砂防法　1897. 3. 30
★サボリ
没　1874. 4. 10
★サマーズ
没　1891. 10. 26
★『五月雨抄』 1784. この年
サミュエルソン
没　2009. 12. 13
寒川遺跡　200. この頃
★『寒川入道筆記』 1613. この年
侍所所司〔★侍所〕 1218. 7. 22
侍所別当〔★侍所〕 1180. 11. 17
★鮫島尚信
没　1880. 12. 4
★狭山事件　1964. 3. 11
★狭山池　762. 4. 8
左右大臣　1871. 8. 10
★『査祆余録』 1672. この年
小夜福子
没　1989. 12. 29
★『更級日記』 1060. この頃
サラリーマン新党　1983. 5. 8
★猿楽　1233. 1. –　1470. 3. 26　1581. 3. 29
1647. 6. 9
『申楽縁起』 1468. 3. –
★『申楽談儀』 1430. 11. 11
サルトル
来日　1966. 9. 18
猿橋勝子
没　2007. 9. 29
猿谷要
没　2011. 1. 3
佐脇栄智
没　2006. 2. 2
★沢田吾一
没　1931. 3. 12
★沢田茂
没　1980. 12. 1
★沢田正二郎
没　1929. 3. 4
沢田政広
没　1988. 5. 1
★沢田清兵衛
没　1829. 10. 26
★沢田東江
没　1796. 6. 15
★沢田名垂
没　1845. 4. 30
沢田允茂
没　2006. 4. 14
沢たまき
没　2003. 8. 9
★沢田美喜
没　1980. 5. 12
★沢野忠庵
没　1650. 10. 11
★沢宣嘉
没　1873. 9. 27
★沢辺正修
没　1886. 6. 19
★沢辺琢磨
没　1913. 6. 25
沢村栄治
没　1944. 12. 2
★沢村勝為
没　1655. 7. 14
沢村貞子
没　1996. 8. 16
★沢村宗十郎（初代）
没　1756. 1. 3
★沢村宗十郎（遙波）
没　1748. 閏10. 25
★沢村宗十郎（２代）
没　1770. 8. 30
★沢村宗十郎（３代）
没　1801. 3. 29
★沢村宗十郎（４代）
没　1812. 12. 8
★沢村宗十郎（５代）
没　1853. 11. 4
★沢村宗十郎（７代）
没　1949. 3. 2
★沢村宗十郎（８代）
没　1975. 12. 25
★沢村田之助（２代）
没　1817. 1. 28
★沢村田之助（３代）
没　1878. 7. 7
★沢村田之助（４代）
没　1899. 4. 3
★沢村田之助（５代）
没　1968. 12. 3
★沢柳事件　1913. 7. 12　1914. 1. 14
★沢柳政太郎
没　1927. 12. 24
★沢山保羅
没　1887. 3. 27
★佐原菊塢
没　1831. 8. 29
★早良親王
皇太子となる　781. 4. 4
乙訓寺に幽閉される　785. 9. 28
自殺　785. 10. –
崇道天皇と追称　800. 7. 23
讃〔★倭の五王〕
武帝から叙爵　421.
没　438.
★３・15事件　1928. 3. 15
３・１独立運動〔★３・１運動〕
1919. 3. 1
★『山陰隔日新報』 1883. 6. 28　1885. 11. 6
★『山陰新聞』 1882. 5. 1　1942. 1. 1
★『山陰同盟日本海新聞』 1939. 10. 1　1941. 1. 21
三栄組　1906. 3. 1
三角縁神獣鏡　239.　240.
★『山家集』 1190. 2. 16
★『三貨図彙』 1815. この年
★３月事件　1931. 3. –
★３月闘争　1948. 2. 25
★参議　731. 8. 11　807. 4. 16　810. 6. 28
参議院議員選挙（第１回）　1947. 4. 20
参議院議員選挙法　1947. 2. 24
参議院クラブ　1998. 12. 28
参議院同志会　1960. 1. 30
参議院の会　1983. 7. 12
残菊宴　950. 9. 26
★三橋会所　1809. 2. –　1819. 6. 25
★三経義疏　1247. 10. –
産業組合中央会　1909. 12. 13
産業組合中央金庫法〔★産業組合中央金庫〕 1923. 4. 6
産業組合法　1900. 3. 7
★『産業経済新聞』 1942. 11. 1

三里塚空港粉砕全国総決起集会〔★新東京国際空港問題〕 1969. 9. 28
★『山陵志』 1822. 8. -
★山陵奉行 1863. この年
★『産論』 1765. この年
★三和銀行 1933. 12. 9 2000. 7. 5 →鴻池銀行

し

地悪銭 1559. この年
シアヌーク
没 2012. 10. 15
GHQ〔★連合国最高司令官総司令部〕 1952. 4. 28
★四一半 1244. 10. 13
★椎名悦三郎
没 1979. 9. 30
★椎名道三
没 1858. 5. 5
★椎名麟三
没 1973. 3. 28
★椎本才麿
没 1738. 1. 2
★シーボルト
長崎に着任 1823. 7. 6
長崎に再来航 1859. 7. 6
没 1866. 10. 18
★シーボルト
没 1908. 8. 11
★シーボルト
没 1911. 1. 23
★シーメンス事件 1914. 1. 23 1914. 5. 29
シーレーン防衛 1982. 5. 20
情報公開法 1999. 5. 7
★慈雲妙意
没 1345. 6. 3
JRグループ 1987. 4. 1
Jアラート 2017. 8. 29
★自衛隊 1954. 7. 1
自衛隊イラク派遣 2004. 2. 9
自衛隊イラク派遣実施要項 2003. 12. 18
自衛隊海外派遣 1997. 7. 12
自衛隊機シンガポールに派遣 1998. 5. 18
自衛隊多国籍軍参加 2004. 6. 28
自衛隊日報 2017. 7. 28 2018. 4. 2
自衛隊法 1954. 6. 9 1961. 6. 2 1994. 11. 11 2007. 6. 8 2015. 9. 30 2016. 3. 29
JT 1985. 4. 1
私営田 896. 4. 2
★ジェーンズ
没 1909. 3. 27
★紫衣事件 1629. 7. 25
★『慈恵大師自筆遺告』 972. 5. 3
『慈恵大僧正伝』 1031. 9. 19
シェワルナゼ
没 2014. 7. 7
★『史苑』 1928. 10. -
★『史淵』 1929. 11. -
★慈円
没 1225. 9. 25
慈鎮の諡号を贈らる 1237. 3. 8
★慈延
没 1805. 7. 8
★塩入松三郎
没 1962. 10. 1
塩川正十郎
没 2015. 9. 19
★塩沢昌貞
没 1945. 7. 7
★『塩尻』 1733. 9. 8
塩専売法〔★塩専売制度〕 1905. 1. 1
塩田庄兵衛
没 2009. 3. 20
塩田広重
没 1965. 5. 11
塩月弥栄子
没 2015. 3. 8
★塩野義三郎（初代）
没 1931. 12. 28
★塩野義三郎（２代）
没 1953. 10. 3
★塩野季彦
没 1948. 1. 7
★塩谷温
没 1962. 6. 3
★塩谷大四郎
没 1836. 9. 8
★塩谷宕陰
没 1867. 8. 28
★塩原又策
没 1955. 1. 7
塩焼王
伊豆国三島に配流 742. 10. 17 →氷上塩焼
★塩屋鯯魚
没 658. 11. 11
慈恩院 844. 4. 30 1136. 12. -
★『四恩抄』 1262. 1. 16
糸価安定施設法〔★糸価安定問題〕 1937. 3. 30
★『史海』 1891. 5. -
歯科医師法 1906. 5. 2
★志賀潔
赤痢の病源体（細菌）を発見 1897. 12. 25
没 1957. 1. 25
★『史学』 1921. 11. -
★史学会 1889. 11. 1
『史学会雑誌』 1889. 11. 1 1889. 12. - →史学雑誌
視学官 1886. 2. 27
★『史学研究』 1929. 10. -
★『史学研究法』 1903. この年
★『史学雑誌』 1889. 12. - →史学会雑誌
★『詩学逢原』 1763. 9. -
★『仕懸文庫』 1791. この年
★志賀重昂
没 1927. 4. 6
★『紫家七論』 1703. この年
『四河入海』 1534. 7. 5
★『止戈枢要』 1822. この年
★志賀泰山
没 1934. 2. 5
★『地方一様記』 1695. 2. -
★『地方根元記』 1789. この年
★『地方竹馬集』 1689. この年
★『私可多咄』 1659. この年
★私学校 1874. 6. -
★鹿津部真顔
没 1829. 6. 6
★志賀直哉
没 1971. 10. 21
★『私家農業談』 1789. 2. -
★志賀島 57.
自家用酒税法 1896. 3. 28
★似我与左衛門
没 1580. この年
★志賀義雄
没 1989. 3. 6
紫香楽 742. 8. 11
★紫香楽宮 743. 10. 19 743. 12. 26
★『しがらみ草紙』 1889. 10. -
★『詞花和歌集』 1144. 6. 2 1151. この年
★『史観』 1931. 11. -
士官学校 1867. 6. 10
士官学校事件〔★十一月事件〕 1934. 11. 20
★『史館茗話』 1668. この年
★『史記』 769. 10. 10
★『式逸』 1895. この年
『識鷹秘訣集』 1511. 7. -
★食行身禄
没 1733. 7. 17
「私擬憲法案」 1881. 4. 25
信貴山寺〔★朝護孫子寺〕 922. 延喜年間
信貴山城 1577. 10. 10
直支
日本より送還し，即位（腆支王）させる 405. この年
★式子内親王
没 1201. 1. 25
★磯城嶋金刺宮 540. 7. 14
★『史記抄』 1477. 12. 17
★敷田年治
没 1902. 1. 30
★式亭三馬
没 1822. 閏1. 6
職田〔★職分田〕 729. 11. 7
★『色道大鏡』 1678. この年
★『式内染鑑』 1742. 1. 15
★式年遷宮 690.
★施基皇子
撰善言司となる 689. 6. 2
没 716. 8. 11
式場隆三郎
没 1965. 11. 21
★食封 676. 8. 2 680. 4. - 682. 3. 28 705. 11. 4
事業仕分け 2009. 11. 10 2010. 4. 23 2010. 10. 27
★『私教類聚』 770. この年
史局 1657. 3. -
★志玉
没 1463. 9. 6
時局匡救決議案〔★高橋財政〕 1932. 6. 13
★竺雲等連
没 1471. 1. 7
★竺仙梵僊
来日 1329. 6. -
没 1348. 7. 16
竺芳妙茂

★島津源蔵（初代）
　没　1894. 12. 8
★島津源蔵（２代）
　没　1951. 10. 3
★『島津国史』　1802. 12. -
★島津伊久
　没　1407. 5. 4
★島津貞久
　没　1363. 7. 3
★島津重豪
　没　1833. 1. 15
★『島津世禄記』　1648. この年
★島津貴久
　没　1571. 6. 23
★島津忠国
　没　1470. 1. 20
★島津忠長
　没　1610. 11. 9
★島津忠久
　没　1227. 6. 18
★島津忠寛
　没　1896. 6. 20
★島津忠昌
　自殺　1508. 2. 15
★島津忠良
　没　1568. 12. 13
★島津忠義
　没　1897. 12. 26
★島津綱貴
　没　1704. 9. 19
★島津斉彬
　没　1858. 7. 16
★島津斉興
　没　1859. 9. 12
★島津斉宣
　没　1841. 10. 13
島津立久
　没　1474. 4. 1
★島津久経
　没　1284. 閏4. 21
★島津久治
　没　1872. 1. 4
★島津久通
　没　1674. 12. 30
★島津久光
　没　1887. 12. 6
★島津久芳
　没　1885. 12. 8
★島津光久
　没　1694. 11. 29
島津宗久
　没　1340. 1. 24
★島津以久
　没　1610. 4. 9
★島津元久
　没　1411. 8. 6
★島津師久
　没　1376. 3. 21
★島津保次郎
　没　1945. 9. 18
島津吉貴
　清の国情を幕府に報告　1719. 3. -
★島津義久
　秀吉に降伏　1587. 5. 8
　没　1611. 1. 21
★島津義弘
　朝鮮人陶工らを捕え，薩摩に連行　1597. 8. 15
　巨済島より対馬に向かい，日本軍の撤退完了　1598. 11. 20
　没　1619. 7. 21
★嶋中事件　1961. 2. 1
嶋中鵬二
　没　1997. 4. 3
★嶋中雄作
　没　1949. 1. 17
★島中雄三
　没　1940. 9. 16
★『島根新聞』　1942. 1. 1
★『島根新聞誌』　1873. 3. 12
斯摩宿禰
　卓淳国に派遣さる　366.
★島原の乱　1637. 10. 25　1637. 11. 9　1637. 11. 27　1638. 5. 13
島秀雄
　没　1998. 3. 18
★島村鼎甫
　没　1881. 2. 25
★島村速雄
　没　1923. 1. 8
★島村抱月
　没　1918. 11. 5
★島村光津
　没　1904. この年
★島本仲道
　没　1893. 1. 2
★島義勇
　刑死　1874. 4. 13
★志摩利右衛門
　没　1884. 1. 14
★清水幾太郎
　没　1988. 8. 10
★清水卯三郎
　没　1910. 1. 20
★清水亀蔵
　没　1948. 12. 7
★清水喜助
　没　1881. 8. 9
清水家創始　1758. 12. 2
清水行之助
　没　1981. 6. 22
★清水貞徳
　没　1717. 6. 26
★清水赤城
　没　1848. 5. 10
★清水谷実業
　没　1709. 9. 10
清水谷季家
　処罰　1752. 11. 24
★清水道閑
　没　1648. 6. 20
★清水澄
　没　1947. 9. 25
★清水トンネル　1931. 9. 1
★清水次郎長
　没　1893. 6. 12
★清水浜臣
　没　1824. 8. 17
清水奉行　1696. 2. 22
★清水誠
　没　1899. 2. 8
★清水三男
　没　1947. 1. 27
★清水宗治
　自刃　1582. 6. 4
志水義高
　殺害　1184. 4. 26
★清水里安
　没　1576. 7. 下旬
★清水隆慶
　没　1732. 11. -
★慈猛
　没　1277. 4. 21
★持明院統　1302. 8. 29
★持明院基春
　没　1535. 7. 26
★『斯民』　1906. 4. -
自民党〔★自由民主党〕　1956. 4. 5　1956. 12. 14　1957. 3. 21　1959. 1. 24　1960. 7. 14
「自民党・新自由国民連合」　1983. 12. 26
事務章程　1875. 11. 30　1878. 7. 25
志村正順
　没　2007. 12. 1
『紫明抄』　1294. 5. 6
『紫溟新報』　1888. 10. 9
下稲葉耕吉
　没　2014. 2. 17
★下岡忠治
　没　1925. 11. 22
★下岡蓮杖
　没　1914. 3. 3
『除目叙位官奏格記』　1145. 4. 18
★下国安芸
　没　1881. 6. 4
★下河辺長流
　没　1686. 6. 3
下條正巳
　没　2004. 7. 25
下条康麿
　没　1966. 4. 25
★『霜女覚書』　1648. 2. -
★下瀬雅允
　没　1911. 9. 6
★下曾根金三郎
　没　1874. 6. 5
★下田歌子
　没　1936. 10. 8
下田港　1859. 12. 8
下田条約〔★日米和親条約〕　1854. 5. 25
下田武三
　没　1995. 1. 22
★下田奉行　1616. 5. 8　1842. 12. 24　1844. 5. 24　1854. 3. 24
★霜月騒動　1285. 11. 17　1294. 6. 29
★『下野国誌』　1848. この年
★『下野史談』　1919. 3. -
★『下野新聞』　1884. 3. 7
★下毛野古麻呂
　没　709. 12. 20
★下間仲孝
　没　1616. 5. 15
下鶴大輔

没　2014.6.25
★下斗米秀之進
刑死　1822.8.29
★下鳥富次郎
没　1814.11.28
下中邦彦
没　2002.6.6
★下中弥三郎
没　1961.2.21
下関講和会談　1895.3.20
『下関実業日報』　1905.5.5
★下関償金　1864.9.22　1865.7.15
下関条約〔★日清講和条約〕
1895.4.17
★下橋敬長
没　1924.7.4
下触牛伏遺跡　約3万年前.
下道長人
遣新羅使に任命　779.2.13
★下村治
没　1989.6.29
下村脩
ノーベル賞受賞　2008.12.10
没　2018.10.19
★下村海南
没　1957.12.9
★下村観山
没　1930.5.10
★下村湖人
没　1955.4.20
★下村定
没　1968.3.25
★下村善太郎
没　1893.6.4
★下村彦右衛門
没　1748.4.18
下元勉
没　2000.11.29
★下山事件　1949.7.5
★下山順一郎
没　1912.2.12
霜山精一
没　1975.3.12
指紋押捺制度　1992.5.20　1998.10.8
指紋押捺制度全廃　1999.3.9
指紋押捺制度廃止　1993.1.8
★シモンズ
没　1889.2.19
シャープ　2016.4.2
ジャイアント馬場
没　1999.1.31
シャウプ
没　2000.3.23
★シャウプ勧告　1949.8.26　1950.9.21
シャウプ税制使節団　1949.5.10
謝恩使〔★恩謝使〕　1634.閏7.9　1644.6.25
1649.9.1　1671.7.28　1714.12.2　1752.12.15
1796.12.6　1806.11.23　1832.閏11.4
1850.11.19
★『社会』　1899.1.31
★『社会運動の状況』　1945.この年以降
社会科学研究会　1923.10.-　1923.11.29
社会教育法　1949.6.10　1958.1.8
社会クラブ　1959.10.25
★『社会経済史学』　1931.5.-
★『社会雑誌』　1897.4.17
★社会事業法　1938.4.1
社会市民連合　1977.10.29
『社会主義』　1920.9.-
★社会主義協会　1900.1.28　1904.11.16
社会主義金曜講演会　1907.9.6
★『社会主義研究』　1906.3.-
★『社会主義研究』　1919.4.-
★『社会主義研究』　1924.5.-
★社会主義研究会　1898.10.18　1900.1.28
★『社会主義神髄』　1903.7.-
社会主義同志会　1907.8.31
社会主義婦人講演会（第1回）
1904.1.23
★『社会新聞』　1907.6.2
★社会政策学会　1896.4.26
『社会政策原理』　1938.10.5
★社会政策審議会　1929.7.19
★社会大衆党　1932.7.24　1940.7.6
社会党〔★日本社会党〕　1950.1.19　1951.1.19
1951.10.23　1955.10.13　1957.1.17
1959.9.12　1960.3.23　1978.3.1　1984.2.27
1994.4.26　1996.1.19
車会党規則　1882.12.7
『社会平権論』　1881.この年
★社会民衆党　1926.12.5
社会民主党　1901.5.18　1951.2.10　1996.1.19
★社会民主連合　1978.3.26
★『社会問題研究』　1919.1.-
★社会問題研究会　1897.4.3
★社格　1871.5.14
ジャガタラお春
没　1697.4.-
★『釈迦堂縁起』　1515.この年
射騎田〔★射田〕　757.8.25
★『邪教大意』　1648.この年
★尺　720.5.21
★寂円
没　1299.9.13
★寂厳
没　1771.8.3
★寂済
没　1424.2.3
★『釈氏往来』　1202.8.25
★寂室元光
入元　1320.この年
没　1367.9.1
シャクシャイン〔★アイヌ（反乱）〕
蜂起　1669.6.-
★寂照
宋に向う　1003.8.25
没　1034.この年
積善寺　1012.閏10.17　1089.4.23
★釈宗演
没　1919.11.1
ジャクソン，マイケル
没　2009.6.25
借地借家調停法　1922.4.12
借地借家法　1991.9.30
★借地法・借家法　1921.4.8
★『釈日本紀』
1301.建治元年以降この年の間
★綽如
没　1393.4.24
借物返済の法　1430.11.6
★寂蓮
没　1202.7.20頃
『釈論通玄鈔』　1105.5.-
★『蔗軒日録』　1484.この年
奢侈禁止令　1841.10.25
★『写真鏡図説』　1867.この年
★『沙石集』　1283.8.-
借金党〔★困民党〕　1885.2.2
★『釈家官班記』　1355.この年
★射田　754.10.18
★謝名
没　1611.9.19
★シャノアーヌ
没　1915.1.29
★謝花昇
没　1908.10.29
★『The Japan Advertiser』〔ジャパン=アドバタイザー〕　1890.11.1
★『The Japan Gazette』〔ジャパン=ガゼット〕　1867.9.15
★『The Japan Times』〔ジャパン=タイムズ〕　1865.7.19　1897.3.22
★『The Japan Punch』〔ジャパン=パンチ〕　1862.5月頃
★『The Japan Herald』〔ジャパン=ヘラルド〕　1861.10.21
★『The Japan Mail』〔ジャパン=メイル〕
1869.12.21
★シャビエル
鹿児島に上陸　1549.7.22
平戸に移動　1550.8.-
山口で布教　1550.9.-
入京　1550.12.17
インドに向かう　1551.11.16
★三味線　1569.永禄年中
社民党〔★社会民主党〕　1996.9.28
社民連　1994.5.22
★射礼　968.8.22
★『赦律』　1862.3.-
シャールシュミット
没　1998.8.17
★洒落本　1779.この頃
★シャンド
没　1930.4.12
★上海事変　1932.1.28
★上海停戦協定　1932.5.5
上海紡績　1895.12.3
★シャンボン
没　1948.9.8
★朱印船　1601.10.-　1626.この年
★宗意
没　1148.5.19
★『拾遺往生伝』　1111.この頃
★『拾遺愚草』　1216.この年
★『拾遺古徳伝』　1301.12.-　1323.11.12
『拾遺抄』〔★拾遺和歌集〕　997.この頃
★十一谷義三郎
没　1937.4.2
★『拾遺和歌集』　1005.この頃
『周易抄』　1477.11.27
★周恩来
没　1976.1.8
★集会および政社法　1890.7.25　1893.4.14
★『拾芥記』　1484.この年
★集会条例　1880.4.5　1882.6.3

★自由学園　1921. 4. 15
就学前の子どもに関する教育，保育等の総合的な提供の推進に関する法律　2006. 6. 15
★10月事件　1931. 10. 17
『週刊新潮』　1956. 2. 19
『週刊毎日』　1943. 2. -
★集議院　1869. 8. 14　1870. 5. 28　1871. 8. 20　1873. 6. 25
衆議院議員倶楽部　1940. 12. 20　1941. 9. 2
衆議院議員選挙区画定審議会設置法　2013. 6. 28　2016. 5. 27　2017. 6. 16
★衆議院議員選挙法　1900. 3. 29　1902. 4. 5　1919. 5. 23　1945. 12. 17　1947. 3. 31
衆議院議員選挙法改正案　1912. 2. 24
衆議院議員選挙法改正期成同盟会　1899. 1. 9
衆議院議員総選挙（第１回）　1890. 7. 1
集議院建白規則　1872. 7. 25
『集義外書』　1672. この年
宗教制度調査会　1926. 5. 13
宗教法人法改正案　1995. 11. 10
宗教法人法　1951. 4. 3
宗教法人令　1945. 12. 28
★『拾玉集』　1328. 5. -
★『拾玉得花』　1428. この年
★『秋玉秘抄』　1147. 2. 13
★『集義和書』　1672. この年
従軍慰安婦基金　1995. 4. 7
従軍慰安婦問題　1992. 1. 13　1992. 1. 16　2010. 12. 14　2011. 12. 18　2014. 8. 5　2014. 11. 14　2014. 12. 22　2015. 12. 28　2016. 8. 24　2016. 12. 28　2017. 1. 9　2017. 5. 11　2017. 12. 27　2018. 11. 21　2019. 1. 21　2019. 1. 28　2019. 2. 7
★自由劇場　1909. 2. -
宗源〔★双峯宗源〕
没　1251. この年
★『集古十種』　1800. 1. -
★『集古浪華帖』　1819. 12. -
★周作人
没　1967. この年
宗旨改〔★宗門改〕　1659. 9. -
修史館〔★史料編纂所〕　1877. 1. 26　1886. 1. 9
修史局〔★史料編纂所〕　1875. 4. 14　1877. 1. 18
★『修史始末』　1797. この年
★『自由思想』　1909. 5. 25
十七条憲法開版　1285. 3. -
★十四屋宗伍
没　1552. 4. -
★『柔術大成録』　1749. 2. -
十条製紙　1969. 3. 6
十条断例　821. 1. 5
★『自由新誌』　1882. 5. 1
★『自由新聞』　1882. 6. 25
『自由新報』　1980. 1. 22
★『十善法語』　1775. この年
収租の法　797. 6. 6
集中排除審査委員会　1948. 5. 4
集中排除４原則　1948. 9. 11
首長居館　480. この頃
★自由党　1891. 3. 19
★自由党　1950. 3. 1　1954. 11. 28
自由党　2019. 4. 26
★修道館（岡藩）　1782. この年
自由党結成盟約　1880. 12. 15
自由党憲法調査会　1954. 3. 12
★『自由党史』　1910. 3. 22
自由党大会　1884. 10. 29
★『自由党党報』　1895. 9. 11
周富徳
没　2014. 4. 8
十人組〔★五人組〕　1603. 12. -
★『十念極楽易往集』　1176. この年
★『自由之理』　1872. 2. -
★僦馬の党　899. 9. 19
★『自由平等経綸』　1891. 3. 1
周福
元使として来日　1279. 6. 25
★『聚分韻略』　1306. 2. 25　1539. 3. -
『十便十宜図画冊』　1771. 8. -
★自由法曹団　1921. 8. 20
★宗峯妙超
没　1337. 12. 22
★『衆妙集』　1671. この年
住民基本台帳ネットワークシステム（住基ネット）　2002. 8. 5
自由民権100年全国集会　1981. 11. 21
★自由民主党　1955. 11. 15
住民登録（第１回）　1952. 7. 1
★住民登録法　1951. 6. 8
周棠
朝鮮に物を贈る　1406. 2. -
★宗門改　1681. 2. 29
宗門改帳　1776. 12. 26
★宗門改役　1640. この年
★宗門人別改帳　1671. 10. -
宗門人別帳　1871. 10. 3
★『十問最秘抄』　1383. この年
★修猷館（福岡藩）　1784. 2. -
重要産業５ヵ年計画要綱　1937. 5. 29
★重要産業団体令　1941. 8. 30　1945. 7. 4
重要産業統制団体懇談会　1940. 8. 29
★重要産業統制法　1931. 4. 1　1936. 5. 28
★重要輸出品工業組合法　1925. 3. 30
重要輸出品同業組合法　1897. 4. 12
重要輸出品取締法　1936. 5. 28
十陵五墓〔★近陵・近墓〕　872. 12. 13　884. 12. 20
十陵四墓〔★近陵・近墓〕　858. 12. 9
十陵八墓〔★近陵・近墓〕　930. 12. 9
★『十輪院内府記』　1477. この年
★住蓮
没　1207. 2. 18
自由連合　1994. 12. 21　1995. 1. 9　1995. 12. 25
★宗叡
唐に向う　862. 7. -
帰国　866. この年
没　884. 3. 26
★修円
没　835. 6. 15
★授翁宗弼
没　1380. 3. 28
『竪亥録』　1639. この年
寿岳章子
没　2005. 7. 13
★修学院離宮　1655. この頃より　1659. 4. 14
★寿岳文章
没　1992. 1. 16
★守覚法親王
没　1202. 8. 25
★『授業編』　1783. この年
「粛軍に関する意見書」　1935. 7. 11
祝日法　→国民の祝日に関する法律
★粛親王善耆
没　1922. 2. 17
★綜芸種智院　828. 12. 15
★『授決集』　884. この年
修験道法度　1613. 5. 5
★守護　1185. 11. 29　1211. 6. 26　1222. 4. 26　1223. 1. 23　1231. 5. 13　1234. 5. 1　1245. 5. 3
★『守護国界章』　818. この年
★『守護国家論』　1259. この年
★朱座　1726. 9. 28　1734. 4. -
★『寿斎記』　1611. この年
授産局　1876. 8. 10
★『朱子語類』　1270. この年
姝子内親王
中宮となる　1159. 2. 21　→高松院
★『種々御振舞御書』　1276. 3. -
★朱舜水
来日し帰化　1659. この年
徳川光圀に招請さる　1665. この年
没　1682. 4. 17
守随憲治
没　1983. 2. 7
★守随信義
没　1608. 11. 1
酒精および酒精含有飲料税法　1901. 3. 30
★鋳銭司　699. 12. 20　735. 閏11. 19　782. 4. 11　790. 10. 2　816. 7. 15　940. 11. 7
鋳銭使　818. 3. 7
★修善寺紙　1598. 3. 4
酒造税則〔★酒造税〕　1880. 9. 27
酒造税法　1896. 3. 28　1918. 3. 23
★シュタイシェン
没　1929. 7. 26
★シュタイン
没　1890. 9. 23
★守脱
没　1884. 2. 10
★守澄入道親王
日光山門跡に任じられ江戸へ下向　1647. 11. 8
没　1680. 5. 16
★恤救規則　1874. 12. 8
出国税　2019. 1. 7
★『出定後語』　1745. この年
★『出世景清』　1686. 2. 4
出入国管理及び難民認定法　2018. 12. 14　2019. 4. 1
★出入国管理令　1951. 10. 4
出入国在留管理庁　2019. 4. 1
出版事業令　1943. 2. 18
★出版条例　1869. 5. 13　1883. 6. 29
出版取締令　1673. 5. -　1684. 11. -　1698. 2. -
出版法改正　1934. 5. 2
★授刀衛　759. 12. 2　765. 2. 3
種痘規則〔★種痘〕　1885. 11. 9
受動喫煙対策法　2018. 7. 25
★種痘所　1858. 5. 7　1861. 10. 28
種痘法　1909. 4. 14

没　1944. 11. 11
尚金福
天照大神の祠を那覇に建立
1452. この年
没　1453. 4. 18
★勝虞
没　811. 6. 6
★性空
没　1007. 3. 10
★証空
没　1247. 11. 26
★賞勲局　1890. 9. 20
★将軍後見職　1862. 7. 6
★尚敬
没　1751. 1. 29
★性慶
没　1737. 6. 6
★聖冏
没　1420. 9. 27
★貞慶
没　1213. 2. 3
★常慶
没　1635. 5. 29
★聖恵法親王
没　1137. 2. 11
★昭慶門院
没　1324. 3. 12
★『少外記重憲記』　1144. この年
★勝賢
没　1196. 6. 22
★証賢
没　1345. 6. 2
★聖憲
没　1392. 5. 29
★聖賢
没　1147. 1. 4
尚元
没　1572. 4. 1
★成賢
没　1231. 9. 19
★承玄
還俗の後，配流　1126. 11. 7
★昭憲皇太后
没　1914. 4. 11
証券総合口座　1997. 7. 31
証券取引等監視委員会　1992. 7. 20
証券取引法　1991. 10. 3
浄光
鎌倉大仏堂の事始を行う　1238. 3. 23
★成功　1238. 9. 27
★定豪
没　1238. 9. 24
★浄業
帰国　1228. 2. -
没　1259. 2. 21
★常高院
没　1633. 8. 27
★彰考館　1672. この年
★『松香私志』　1902. 9. 8
★商工省　1925. 3. 31
★称光天皇
初めて禁中で猿楽を催す　1427. 1. 12
没　1428. 7. 20
★肖古王
久氐らを派遣し，七枝刀１口・七子鏡１面などをおくる　372.
★相国寺　1382. 11. 26　1394. 9. 24
★『相国寺供養記』　1392. 8. 28
相国寺七重塔　1399. 9. 15
★『相国寺塔供養記』　1399. 9. 15
★浄厳
没　1702. 6. 27
証金剛院　1101. 3. 29
★『照権実鏡』　817. この年
★招魂社　1879. 6. 4
荘厳浄土寺　1096. 3. 7
★『聖財集』　1299. この年
『匠材集』　1597. 3. 上旬
★上西門院
没　1189. 7. 20　→統子内親王
★盛算
没　1015. 7. -
★『常山紀談』　1739. この年
★『常山文集』　1718. この春
★庄司乙吉
没　1944. 11. 30
★尚歯会　969. 3. 13　1832. この年
★『商事慣例類集』　1883. 7. -
庄司吉之助
没　1985. 4. 30
★正司考祺
没　1857. 12. 6
★『正治初度百首』　1200. 11. 22
★庄司甚右衛門
没　1644. 11. 18
尚思達
琉球王に即位　1444. 10. -
東海林太郎
没　1972. 10. 4
★昌子内親王
憲平親王妃となる　963. 2. 28
皇后となる　967. 9. 4
没　999. 12. 1
章子内親王
中宮となる　1046. 7. 10
皇太后となる　1068. 4. 17
二条院と称す　1074. 6. 16　→二条院
★『正治二度百首』　1200. この冬
★聖守
没　1291. 11. 27
★蔣洲
豊後に到る　1556. 4. -
五島を発つ　1557. 4. -
上州絹一揆〔★上野国小幡藩・高崎藩領他天明元年絹一揆〕　1781. 8. 9
★『浄宗護国篇』　1712. この年
★正宗竜統
没　1498. 1. 23
★『紹述先生文集』　1758. この年
★定舜
没　1244. 3. 5
★貞舜
没　1422. 1. -
★定昭
没　983. 3. 21
★常照
没　1703. 10. 9
静照
入宋　1252. この年
★向象賢
没　1675. 11. 20
★清浄光寺　1325. 1. -
★尚真
種子島忠時に交易を許可　1521. 6. 15
没　1526. 12. 11
★性信
没　1275. 7. 17
★成尋
没　1081. 10. 6
★性信入道親王
没　1085. 9. 27
★貞崇
没　944. 7. 23
★定助郷　1725. 11. -
★城資永
没　1181. この年
尚清
没　1555. 6. 25
★正税　734. 1. 18　739. 6. 17
★荘清次郎
没　1926. 12. 25
正税出挙　739. 5. 30　745. 10. 5　864. 1. 28
「情勢の推移に伴ふ帝国国策要綱」
1941. 7. 2
★正税率分・格率分　832. 12. 17
★『小説神髄』　1885. 9. -
★乗専
没　1357. 6. 5
★城泉太郎
没　1936. この年
★聖聡
没　1440. 7. 18
饒宗頤
没　2018. 2. 6
★正倉院　1693. 5. 16　1836. 6. 20　1884. 5. 6
正倉院御物特別展　1940. 11. 5
章宗祥
没　1962. 10. 1
正蔵率分　952. 9. 11
★『消息往来』　1486. この年以前
★『消息耳底秘抄』　1237. この年
★尚泰
琉球藩主とし華族に列する
1872. 9. 14
没　1901. 8. 19
★尚泰久
没　1460. 6. 5
★『招提千歳伝記』　1701. この年
★上代たの
没　1982. 4. 8
定高仕法　1685. 8. -
★勝田主計
没　1948. 10. 10
正田健次郎
没　1977. 3. 20
★正田貞一郎
没　1961. 11. 9
★荘田平五郎
没　1922. 4. 30
正田美智子
皇太子と結婚　1959. 4. 10
★『樵談治要』　1480. 7. 28
★上智大学　1913. 5. 31
尚忠
没　1444. 10. -

小中学校学習指導要領改訂案
1958.7.31
★正中の変　1324.9.19
『掌中要方』 918.9.17
★『掌中歴』 1124.この頃
★定朝
法橋となる　1022.7.16
没　1057.8.1
★勝長寿院　1256.12.11　1258.6.4　1295.11.5
★正長の土一揆　1428.9.18
★城常太郎
没　1905.7.26
尚貞
琉球進貢船の被害に対する賠償措置に謝す　1673.9.25
★松亭金水
没　1862.12.12
★正徹
没　1459.5.9
★『正徹物語』
1448.この年以降宝徳2年までの間
★昭電疑獄事件　1948.6.23　1948.9.30
1948.12.7
★承天寺（筑前）　1248.10.－
★勝道
没　817.3.1
★常騰
没　815.9.4
★上東門院
没　1074.10.3
上東門第　1016.7.20
★焦土外交　1932.8.25
正徳金銀〔★正徳・享保金銀〕
1714.5.15
★聖徳太子
四天王寺建立を発願　587.7.－
皇太子に立ち，摂政となる
593.4.10
伊予湯岡碑を建てる　596.10.－
斑鳩宮を建てる　601.2.－
没　622.2.22
★「聖徳太子絵伝」 1069.2～5月
★『聖徳太子伝私記』 1245.この頃
★『聖徳太子平氏伝雑勘文』 1314.この年
聖徳太子童形坐像　1069.2.5
称徳天皇
没　770.8.4　→阿倍内親王，孝謙天皇
★正徳長崎新例　1715.1.11
★『浄土五祖絵伝』 1305.6.15
★浄土寺　641.3.15　643.この年　→山田寺
★浄土寺（備後）　1339.6.1
★浄土寺阿弥陀三尊像（播磨）
1194.この頃
★浄土寺浄土堂・薬師堂（播磨）
1192.9.27
浄土思想〔★浄土教〕 1057.この頃
浄土寺重源像　1234.この年
★『浄土伝燈総系譜』 1727.この年
★『浄土法門源流章』 1311.この年
「帖内御文」 1521.この年
★城長茂
討死　1201.2.22
★少納言　808.8.1
★少弐景資
敗死　1285.この年
★少弐貞経
自刃　1336.2.29
★少弐貞頼
没　1404.6.20
少弐資元
自殺　1536.9.4
★少弐資能
没　1281.閏7.13
★少弐資頼
没　1228.8.25
★少弐経資
没　1292.8.2
少弐直資
没　1359.8.16
少弐冬資
没　1375.8.26
★少弐冬尚
没　1559.1.11
★少弐政資
没　1497.4.19
★証入
没　1245.7.7
★証如
畠山義堯を撃退　1532.6.15
石山坊舎に移る　1532.8.24
山科に道場を再興　1536.1.4
没　1554.8.13
★少弐頼尚
規矩高政・糸田貞義を攻めて平定
1334.7.9
菊池武光らと筑後大保原で戦う
1359.8.6
没　1371.12.24
『正忍記』 1681.この年
★尚寧
没　1620.9.19
少年の凶悪犯罪問題化　1998.この年
少年法　2014.4.18
★貞把
没　1574.12.7
★『商売往来』 1694.この年
★肖柏
没　1527.4.4
★尚巴志
没　1439.4.20
正八幡宮（大隅）〔★鹿児島神宮〕
1091.12.13
★勝範
没　1077.1.28
定飛脚問屋　1663.この年
定飛脚問屋株　1782.11.6
定火消役　1658.9.8
消費者庁　2009.9.1
消費者庁及び消費者委員会設置法
2009.6.5
消費者保護基本法　1968.5.30
★消費税　1989.4.1　1994.11.25　1997.4.1
2014.4.1　2014.11.18
消費税法　1991.5.8　2012.8.22　2016.11.28
商標法　1899.3.2
★聖福寺　1195.この年
★浄福寺　896.3.2
★『聖福寺仏殿記』 1368.2.7
★正平一統　1351.11.7　1352.閏2.20
昌平学校　1868.6.29　1869.6.15
昌平黌　1868.6.29
★昌平坂学問所　1717.7.－　1800.3.30
常平司　877.1.27
常平所　867.4.22　909.1.27　931.閏5.11
★常平倉　759.5.9
★『昌平叢書』 1909.この年
常平法　773.3.14
★定遍
没　1185.12.18
★静遍
没　1224.4.20
★商法　1890.4.26　1899.3.9　1938.4.5
1950.5.10　1993.10.1
★聖宝
貞観寺座主となる　890.8.11
没　909.7.6
情報委員会官制〔★内閣情報局〕
1936.7.1
商法および商法施行条例施行期限法
1890.12.27
情報局官制　1940.12.6
消防組規則　1894.2.10
★『正法眼蔵』 1253.8.28
★『正法眼蔵随聞記』 1237.嘉禎年間
情報公開条例　1998.6.19
情報公開法　1999.5.7
★商法講習所　1875.9.－
★商法司　1868.閏4.25
勝北非人騒動〔★美作国天領元文四年一揆〕 1739.3.2
成菩提院　1131.7.8
★『正本製』 1815.この年
★正本屋九右衛門
没　1762.11.17
城米廻船条例〔★城米〕 1673.2.－
城米廻送〔★城米〕 1712.8.－
正米切手〔★米切手〕 1765.8.－
★『勝鬘経』 606.7.－
★『勝鬘経義疏』 611.1.25
称名寺愛染明王像　1297.2.27
「称名寺絵図」 1323.2.24
浄妙寺法華三昧堂　1005.10.19
声明念仏　1012.9.11
★聖武天皇
即位　724.2.4
行基を戒師として受戒　749.1.14
東大寺行幸　749.4.1
譲位　749.7.2
没　756.5.2
仏式による葬儀　756.5.19　→首親王
★承明門院
没　1257.7.5
定免制　1749.5.－
★定免法　1721.閏7.29
★『上毛及上毛人』 1914.4.－
★縄文時代　前1万1000.この頃
庄屋〔★名主・庄屋〕 1872.4.9
★条約改正　1879.11.19　1880.7.6　1894.4.2
1899.7.17
条約改正案　1891.3.24
条約改正案調査委員会　1892.4.5
「条約改正意見書」 1887.8.－
★条約改正会議（第1回） 1886.5.1
★条約改正会議（延期） 1887.7.29

★『条約改正関係大日本外交文書』 1941. この年
条約改正準備委員会官制 1908. 10. 9
★『笑耶論』 1869. この年
『成唯識論』 1088. 3. 26
★『小右記』 1032. この年
★定誉
没 1047. 2. 2
常用漢字 1923. 5. 9
常用漢字表 2010. 11. 30
『松陽新報』 1942. 1. 1
★『将来之日本』 1886. 10. -
『請来目録』 1277. 8. -
正力亨
没 2011. 8. 15
★正力松太郎
没 1969. 10. 9
★『性霊集』 835. 3. 21
★勝林院 1013. この年
★松林伯円（初代）
没 1855. 10. 2
★松林伯円（２代）
没 1905. 2. 8
★生類憐みの令 1687. 1. 28 1709. 1. 20
★浄瑠璃 1615.
★『浄瑠璃大系図』 1842. 10. -
浄瑠璃寺本堂 1047. 7. 18
★青蓮院 1150. 10. - 1468. 7～9月 1785. 8. 6
松隈内閣〔★松方内閣〕 1896. 9. 18
★昭和会 1935. 12. 23
昭和基地〔★南極観測〕 1956. 11. 8
★昭和恐慌 1930. この年
昭和銀行 1927. 10. 29
★昭和研究会 1933. 10. 1
★『昭和財政史』 1954. この年
★『昭和産業史』 1950. 6. -
★承和昌宝 835. 1. 22
昭和新山 1944. 6. 23
昭和製鋼所 1929. 7. 4
★昭和電工 1939. 6. 1
★昭和天皇
没 1989. 1. 7
昭和天皇実録 2014. 8. 21
昭和天皇大葬 1989. 2. 24
★承和の変 842. 7. 17
★『初学記』 727. この年
★『女学世界』 1901. 1. -
★『初学天文指南』 1706. この年
諸学校通則 1886. 4. 10
★『初期日本関係米英両国議会資料』 1962. この年
食育基本法 2005. 6. 17
★『職員録』 1886. 12. 27
★『植学啓原』 1833. 6. - 1834. この年
職業安定法 1947. 11. 30 1963. 7. 8
職業紹介所〔★公共職業安定所〕 1911. 11. 15
★『職原抄』 1340. 2. - 1599. 6. -
★『続古今和歌集』 1265. 12. 26
★『続古今和歌集竟宴和歌』 1266. 3. 12
★『続後拾遺和歌集』 1323. 7. 2 1325. 12. 18 1326. 6. 9
★『続後撰和歌集』 1248. 7. 25 1251. 10. 27
★『続詞花和歌集』 1165. この頃
★『続拾遺和歌集』 1276. 7. 22 1278. 12. 27
★『続千載和歌集』 1318. 10. 30 1320. 8. 4
★『続日本紀』 794. 8. 13 797. 2. 13
★『続日本紀考証』 1870. この年
★『続日本後紀』 855. 2. 17 869. 8. 14
★『職人往来』 1782. 4. -
★『飾馬考』 1857. 9. -
★『職方外紀』 1623. この年
殖民協会 1893. 3. 11
★『殖民協会報告』 1893. 4. -
★『織文図会』 1801. この年
★『続門葉和歌集』 1305. 12. -
食糧管理法〔★食糧管理制度〕 1942. 2. 21 1995. 11. 1
食糧緊急措置令〔★食糧管理制度〕 1946. 2. 17
★食糧メーデー 1946. 5. 19
★『諸家系図纂』 1692. 5. -
★『諸家知譜拙記』 1686. この年
★『女工哀史』 1925. 7. -
「女工と結核」 1913. 10. 25
★「諸国山川掟」 1666. 2. 2
諸国平均安堵法 1333. 7. 23
女子英学塾〔★津田塾大学〕 1900. 9. 14
女子学生連盟 1924. 12. 4
女子高等師範学校 1890. 3. 25
女子師範学校 1874. 3. 13
女子挺身勤労令 1944. 8. 23
★女子挺身隊 1944. 6. 6
★諸士法度 1632. 9. 29 1635. 12. 12 1717. 3. 11
女子美術学校 1901. 4. 1
諸宗寺院法度〔★寺院法度〕 1665. 7. 11
★『諸宗章疏録』 914. この年 1790. この年
諸宗諸本山法度〔★寺院法度〕 1615. 7. 24
諸司要劇料田・番上料田 881. 11. 25
★『諸職往来』 1720. 5. -
★『諸寺略記』 1279. 1. 23
『初心愚草』 1263. 7. 29
★『諸神本懐集』 1324. 1. 12
★徐世昌
没 1939. 6. 6
女性知事 2000. 2. 6 2000. 4. 16 2001. 3. 25
女性天皇容認問題 2004. 11. 30
書籍・絵草紙出版の制 1721. 7. 12
★汝岱
没 1735. 9. 17
恕中中誓
明より帰国 1436. 7. 2
★『職官志』 1811. この年
★職工組合期成同志会 1916. 8. 26
★『職工事情』 1903. この年
職工争奪防止規則 1883. 4. -
★『諸道聴耳世間猿』 1766. 1. -
所得税法 1887. 3. 23 1899. 2. 13 1918. 3. 23
ジョブズ，スティーブ
没 2011. 10. 5
★『庶物類纂』 1719. 9. 11 1734. 3. 21 1738. 5. 30
★舒明天皇
即位 629. 1. 4
百済宮で没 641. 10. 9
没 641. 10. 9
★書物奉行 1633. 12. 20 1727. 2. 18
★『諸門跡譜』 1680. この年
如瑶
明に派遣 1384. この春
汝霖良佐
入明 1368. 2. -
帰国 1376. この春
★ジョンストン報告書 1948. 5. 18
ジョンソン
来日 1950. 6. 18
★ジラード事件 1957. 1. 30
★ジラール
没 1867. 11. 14
★白井織部
獄死 1865. 6. 21
白井浩司
没 2004. 11. 1
白石一郎
没 2004. 9. 20
★白石正一郎
没 1880. 8. 31
★白石直治
没 1919. 2. 17
★白石長忠
没 1862. 7. 3
白石冬美
没 2019. 3. 26
★白石元治郎
没 1945. 12. 24
白猪屯倉 555. 7. 4 574. 10. 9
★白井松次郎
没 1951. 1. 23
★白井光太郎
没 1932. 5. 30
白井義男
日本人初のボクシング世界選手権を獲得 1952. 5. 19
白井隆二
証券取締法違反で逮捕 1998. 3. 4
白岩一揆〔★出羽国寛永十年白岩一揆〕 1633. 10. -
★『白樺』 1910. 4. -
白壁王
皇太子となる 770. 8. 4 →光仁天皇
★白川伊右衛門
没 1807. 5. 25
白河軍団 728. 4. 11
白川静
没 2006. 10. 30
白河千体阿弥陀堂 1159. 2. 22
★白河天皇
受禅 1072. 12. 8
即位 1072. 12. 29
新造六条内裏へ移る 1076. 12. 21
譲位 1086. 11. 26
高野山御幸 1088. 2. 22
出家 1096. 8. 9
没 1129. 7. 7 →貞仁親王
『白河殿七百首』 1265. 7. 7
白川英樹
ノーベル化学賞受賞 2000. 10. 10
★白川雅冬
没 1734. 11. 9
白川由美
没 2016. 6. 14

★白川義則
戦死　1932. 5. 26
白河離宮　1144. 11. 22
★白河鯉洋
没　1919. 12. 25
★新羅楽　683. 1. 18
新羅貢調使　705. 10. 30
新羅使　610. 10. 9　611. 8. -　623. 7. -
638. この年　645. 7. 10　646. 2. 15　647. 1. 15
650. 4. -　651. 6. -　653. 6. -　655. この年
656. この年　669. 9. 11　675. 3. -　676. 11. 3
678. この年　679. 10. 17　680. 11. 24　681. 10. 20
683. 11. 13　685. 11. 27　687. 9. 23　689. 4. 20
692. 11. 8　697. 10. 28　709. 5. 20　714. 11. 11
719. 閏7. 7　723. 8. 8　726. 5. 24　732. 1. 22
732. 5. 21　734. 12. 6　735. 2. 27　738. 1. -
738. 6. 24　743. 4. 25　752. 6. 14　760. 9. 16
764. 7. 19　770. 3. 4　774. 3. 4　779. 2. 13
779. 10. 17　780. 1. 5　885. 6. 20
新羅征討　601. 11. 5　759. 6. 18　762. 11. 16
新羅暦　1048. 5. 2
白洲次郎
没　1985. 11. 28
白洲正子
没　1998. 12. 26
★白瀬矗
南極探検隊，開南丸で東京芝浦を出港　1910. 11. 29
帰国　1910. 11. 29
没　1946. 9. 4
★白鳥庫吉
没　1942. 3. 30
★白鳥事件　1952. 1. 21　1977. 12. 2
★白鳥敏夫
没　1949. 6. 3
★『白縫譚』　1849. この年
★白根専一
没　1898. 6. 14
★白旗一揆　1381. 12. 12　1388. 5. 18
白保竿根田原洞穴遺跡　2017. 5. 19
★白柳秀湖
没　1950. 11. 9
★芝蘭堂　1786. この年　1794. 閏11. 11
私立学校法　1949. 12. 15
私立学校令　1899. 8. 3
★『詩律兆』　1776. この年
★慈隆
没　1872. 11. 24
★『史料』　1806. この年
★自了
没　1644. 10. 18
★『史料纂集』　1967. この年
★『史料綜覧』　1923. この年
★『史料大観』　1898. この年
★『史料大成』　1934. この年
★『史料通信叢誌』　1893. 10. -
史料編纂掛　1895. 4. 1
★史料編纂所　1895. 4. 1　1929. 7. 9
★『史林』　1916. 1. -
★『詞林采葉抄』　1366. 5. -
★シルベイラ
ポルトガル貿易再開を許可さる　1630. 7. 15
白い恋人　2007. 8. 14
★白井城　1479. 1. 18
城嶽貝塚　前300. この頃
城塚登
没　2003. 4. 18
★白鳥省吾
没　1973. 8. 27
城野城　1381. 4. 26
城山三郎
没　2007. 3. 22
★『新愛知』　1888. 7. 5
新安保条約　1960. 1. 19
新安保条約調印全権団　1960. 1. 16
★『新岩手日報』　1938. 1. 1
新院御所条目　1655. 1. 11
★心慧
没　1306. 4. 27
★神叡
没　737. この年
★心越興儔
没　1695. 9. 30
新演伎座　1942. 3. 1
★真雅
没　879. 1. 3
★真改
没　1682. 11. 9
★『塵芥集』　1536. 4. 14
★新海竹太郎
没　1927. 3. 12
★心覚
没　1182. 6. 24
★深覚
没　1043. 9. 14
★『新楽劇論』　1904. 11. -
新学制　1947. 4. 1
★新貨条例　1871. 5. 10
★『新加制式』　1572. 永禄・元亀年中
新型肺炎（SARS）　2003. 4. 3
★真観
没　1341. 6. 2
★『宸翰英華』　1944. 12. -
神官職制〔★神職〕　1871. 5. 14
★神祇官　1871. 8. 8
神祇官後庁　953. 2. 12
★『新紀元』　1905. 11. 10
★『新儀式』　963. この年以降
★神祇省　1871. 8. 8　1872. 3. 14
★『神祇志料』　1871. 6. -
神祇拝礼の詔　607. 2. 9
★『神祇宝典』　1646. 2. -
新旧公債証書発行条例　1873. 3. 25
★真教
相模当麻に住す　1304. 1. -
没　1319. 1. 27
★新協劇団　1934. 9. 12　1940. 8. 19　1946. 1. 19
★『真曲抄』　1296. 2. 3
★『慎機論』　1838. 10. -
新銀（四宝銀）　1712. 9. 23
★信空
没　1228. 9. 9
★真空
没　1268. 7. 8
★神功開宝　765. 9. 8
★神宮皇学館　1882. 4. 30
★『神宮遷宮記』　1930. 3. -
★新宮涼庭
没　1854. 1. 9
★『新群書類従』　1906. この年
★心敬
没　1475. 4. 16
★真芸
没　1485. 11. 2
新警察制度　1948. 3. 7
親玄
東寺寺務となる　1306. 11. 18
★深賢
没　1261. 9. 14
★『人権新説』　1882. 10. -
人権擁護委員法　1949. 5. 31
信弘
高麗に派遣さる　1378. 6. -
★真興
没　1004. 10. 23
★『新興科学の旗のもとに』　1928. 10. 1
★『塵劫記』　1627. この年
★新興教育研究所　1930. 8. 19
新興金融機関保全経済会　1953. 10. 24
★『清光緒朝中日交渉史料』　1932. この年
★新興仏教青年同盟　1930. 4. -
人口問題研究所　1939. 8. 25
★『新巧暦書』　1836. この年
★『新公論』　1904. 2. -
★『新古今和歌集』　1205. 3. 26
★『神国王御書』　1275. この年
★新国劇　1917. 4. 18　1987. 9. 7
★『新国史』　1722. 1. 14
★神護寺　824. 9. 27　1547. 閏7. 5
神護寺愛染明王像　1275. 3. 21
壬午事変〔★壬午の変〕　1882. 7. 23
★『新後拾遺和歌集』　1375. 6. 29　1382. 3. 17
1384. 12. -
★『新後撰和歌集』　1301. 11. 23　1303. 12. 19
★『真言宗所学経律論目録』　823. 10. 1
震災手形善後処理法〔★震災手形〕
1927. 3. 30
震災手形損失補償公債法〔★震災手形〕
1927. 3. 30
★震災予防調査会　1892. 6. 27
★『新猿楽記』　1064. 天喜・康平年間
★新沢千塚古墳　450. この頃
新産業都市建設促進法　1962. 5. 10
★『新字』　682. 3. 13
★人事院規則　1949. 9. 19
★神子栄尊
入宋　1235. この年
帰国　1238. 6. -
没　1272. 12. 28
辰斯王
殺される　392.
新式目　1284. 5. 20
★『新思潮』　1907. 10. -
新紙幣発行　1871. 12. 27　2000. 7. 19　2004. 11. 1
★『新社会』　1915. 9. -
新社会党　1996. 1. 1
★『神社覈録』　1902. この年
★信寂
没　1244. 3. 3
★『神社啓蒙』　1670. 9. -
★『神社私考』　1841. この年
★『新拾遺和歌集』　1363. 2. 29　1364. 4. 20
『心中大鑑』　1704. 5. -
★新自由クラブ　1976. 6. 25　1980. 2. 29　1986. 8. 15

『新編金瓶梅』 1831.1.-
★『新編相模国風土記稿』 1841.この年
★『新編覆醤集』 1676.この年
★『新編武蔵風土記稿』 1826.この年
★神保氏張
没 1592.8.5
『神宝書』 692.9.14
神木動座 1093.8.26
★神保小虎
没 1924.1.18
★新補地頭 1223.6.15 1231.4.21 1232.4.7
★神保綱忠
没 1826.8.22
★進歩党 1896.3.1
進歩党 1987.1.22
★『進歩党党報』 1897.5.1
★新見吉治
没 1974.11.4
★新見正興
没 1869.10.18
新見正信
処罰 1678.11.7
★新見正路
没 1848.6.27
★『人民』 1902.2.1
人民裁判事件 1946.2.8
★人民戦線事件 1937.12.15 1938.2.1
★『臣民の道』 1941.3.31
★神武景気 1955.この年
神武天皇即位紀元 1872.11.15
神武天皇即位日 1873.1.4 1873.3.7
★新村出
没 1967.8.17
新村猛
没 1992.10.31
新燃岳噴火 2011.1.27
★『新聞顕験往生伝』 1712.この年以降か
★新門辰五郎
没 1875.9.19
★新薬師寺准胝観音像 970.この年
『新約聖書』〔★聖書〕 1880.4.19
新山城 1571.8.21
★信瑜
没 1382.8.7
★信友会 1917.4.15
辛酉の徳政 1261.5.11
★心誉
没 1045.8.12
★真誉
没 1137.1.15
★『新葉和歌集』 1381.12.3
新吉原 1657.8.-
神輿動座 1095.10.24
★森羅万象
没 1808.12.4
★親鸞
配流 1207.2.18
没 1262.11.28
★『親鸞聖人正統伝』 1715.この年
★『真理一斑』 1884.10.-
★人力車 1869.この年
★新律綱領 1870.12.20
新律提綱 1870.10.9 1870.12.20
★『人倫訓蒙図彙』 1690.この年
★森林法 1897.4.12
★『人類学雑誌』 1912.この年
★人類学会 1884.11.16
★深励
没 1817.7.8
★『神霊矢口渡』 1770.この年
新労働農民党〔★労農党〕 1928.12.22
★『新論』 1825.3.-

す

★綏遠事件 1936.11.14
★遂翁元盧
没 1789.12.20
すいか 1576.この年
★『垂加草』 1721.この年
★瑞渓周鳳
離京 1467.この年
没 1473.5.8
★『水源抄』 1244.2.17
★出挙 779.11.29 862.3.26 894.2.23 1004.11.20
★推古天皇
飛鳥豊浦宮で即位 592.12.8
没 628.3.6
出挙利率 1226.1.26
★『水左記』 1062.この年
水産資源保護法 1951.12.17
水産社 1881.12.17
水資源開発促進法 1961.11.13
★『隋書』 636.1.-
帥升
後漢安帝に生口160人を献上 107.
★『水城金鑑』 1829.この年
★『水心記』 970.5.18
★「随身庭騎絵巻」 1247.この頃
★『吹塵録』 1887.この年
★瑞泉寺 1327.2.-
★吹田事件 1952.6.24
水田〔★水田跡〕 前250.この頃
★『垂統大記』 1839.この年
★『随筆百花苑』 1979.この年
水豊発電所〔★水豊ダム〕 1941.9.28
推問使 902.9.20
推問追捕使 901.4.-
水利組合法 1908.4.13
スウェーデン=ノルウェーとの修好通商航海条約 1868.9.27
★崇源院
没 1626.9.15
★嵩山居中
没 1345.2.6
★崇親院 859.2.11
★『崇禎暦書』 1634.この年
★崇福寺（近江） 668.1.17 921.11.4 927.10.26 965.3.20 1022.11.2 1057.11.30
★枢密院 1888.4.30
★枢密院弾劾決議案 1927.5.7
★末岡精一
没 1894.1.21
★陶興房
没 1539.4.18
★末川博
没 1977.2.16
★須恵器 400.この頃以後
★陶隆房
晴英（義長）を大内氏家督に迎立 1552.3.1
末次茂朝
配流 1676.4.29
★末次忠助
没 1838.10.29
★末次信正
没 1944.12.29
★末次平蔵
没 1630.5.25
★末永純一郎
没 1913.12.31
★末永雅雄
没 1991.5.7
★陶晴賢
自刃 1555.10.1
★陶弘詮
没 1523.10.24
★末弘厳太郎
没 1951.9.11
★末広鉄腸
没 1896.2.5
★陶弘護
謀殺 1482.5.27
末広恭雄
没 1988.7.14
★末松謙澄
没 1920.10.5
★末松保和
没 1992.4.10
★末吉勘兵衛
没 1607.3.5
★末吉孫左衛門
没 1617.3.26
★須貝快天
没 1929.7.11
菅井きん
没 2018.8.10
★菅井梅関
没 1844.1.12
★菅運吉
没 1877.8.10
★菅江真澄
没 1829.7.19
図画取調掛 1887.10.5
★菅沼曲翠
没 1717.この年
★菅沼定盈
没 1604.7.18
★菅沼貞風
没 1889.7.6
菅浦〔★菅浦荘〕 1397.11.24
★菅野序遊（初代）
没 1823.12.13
★菅野序遊（2代）
没 1841.1.10
★菅野序遊（4代）
没 1919.9.23
★菅野序遊（5代）
没 1961.8.20
★菅野真道
天下徳政を相論 805.12.7
没 814.6.29
菅野久光
没 2006.5.14
★スカルノ

没　1970.6.21
★『菅原伝授手習鑑』　1746.8.21
★菅原在良
没　1122.10.23
★菅原清公
没　842.10.17
★菅原是善
没　880.8.30
★菅原輔正
没　1009.12.24
★菅原為長
没　1246.3.28
★菅原文時
没　981.9.8
★菅原道真
蔵人頭となる　891.2.29
遣唐大使に任命　894.8.21
右大臣となる　899.2.14
大宰権帥に左遷　901.1.25
没　903.2.25
本官に復して贈正二位　923.4.20
北野に祠が建てらる　947.6.9
左大臣正一位を追贈　993.6.26
太政大臣を追贈　993.閏10.20
★菅原岑嗣
没　870.3.30
菅原文太
没　2014.11.28
★スキー　1911.1.12
スキー競技会　1912.1.21
★杉勇
没　1989.11.25
★杉浦国頭
没　1740.6.4
★杉浦重剛
没　1924.2.13
★杉浦乗意
没　1761.7.24
杉浦忠
没　2001.11.11
杉浦日向子
没　2005.7.22
★杉浦真崎
没　1754.2.29
★杉浦正友
没　1662.9.9
杉浦明平
没　2001.3.14
★杉岡能連
没　1738.7.2
杉浦幸雄
没　2004.6.18
★杉生貞則
没　1830.5.6
★杉贋阿弥
没　1917.5.13
★杉木普斎
没　1706.6.21
★杉亨二
没　1917.12.4
鋤先　450.この頃
杉下知子
没　2007.3.29
★杉田玄端
没　1889.7.19
★杉田玄白
刑死体の解剖を見学　1771.3.4
没　1817.4.17
★杉田成卿
没　1859.2.19
★杉田仙十郎
没　1893.1.10
★杉田定一
没　1929.3.23
★杉田久女
没　1946.1.21
★杉田立卿
没　1845.11.2
杉野芳子
没　1978.7.24
杉捷夫
没　1990.12.10
杉原荒太
没　1982.1.20
★杉原荘介
没　1983.9.1
杉原千畝
没　1986.7.13
記念碑消失　2019.1.-
杉原輝雄
没　2011.12.28
★杉孫七郎
没　1920.5.3
★杉道助
没　1964.12.14
★杉村楚人冠
没　1945.10.3
★杉村直記
没　1808.3.3
杉村春子
没　1997.4.4
★杉村濬
没　1906.5.21
★杉村陽太郎
没　1939.3.24
杉本健吉
没　2004.2.10
杉本苑子
没　2017.5.31
★杉本茂十郎
失脚　1819.6.25
杉本良吉
樺太国境からソ連に亡命　1938.1.3
杉森久英
没　1997.1.20
杉山彬〔★杉山書記生殺害事件〕
清国兵に殺害される　1900.6.11
★杉山杉風
没　1732.6.13
★杉山茂丸
没　1935.7.19
★杉山元
自刃　1945.9.12
★杉山平助
没　1946.12.1
★杉山元治郎
没　1964.10.11
★杉山寧
没　1993.10.20
★杉山和一
関東総検校となる　1692.5.9
没　1694.6.26
須玖岡本遺跡〔★須玖遺跡〕
前50.この頃
★宿禰　684.10.1　684.12.2
勝鳥養
遣唐使に随従して帰国　632.8.-
★スクリーバ
没　1905.1.3
★助郷　1872.1.10
★典仁親王
没　1794.7.6
★輔仁親王
没　1119.11.28
★助広（初代）
没　1663.この年
★助広（２代）
没　1682.3.14
★崇光天皇
河内より帰京　1357.2.18
没　1398.1.13
★スコット
没　1922.この年
★双六　689.12.8　754.10.14
★須崎芳三郎
没　1949.4.28
★朱雀院　950.10.15
★朱雀天皇
受禅　930.9.22
即位　930.11.21
譲位　946.4.20
出家　952.3.14
没　952.8.15　→寛明親王
スジャトモコ
没　1989.12.21
★『豆州内浦漁民史料』　1937.この年
★崇峻天皇
暗殺　592.11.3
★調所広郷
没　1848.12.18
★図書寮　1042.1.24
★鈴江言一
没　1945.3.15
★鈴鹿王
没　745.9.4
★鈴鹿甚右衛門
没　1861.8.26
★鈴鹿関　789.7.14
スズキ　2018.8.9　2019.4.12
鈴木章
ノーベル賞受賞　2010.12.10
★鈴木朖
没　1837.6.6
鈴木市蔵
没　2006.1.29
★鈴木梅四郎
没　1940.4.15
★鈴木梅太郎
没　1943.9.20
★鈴木浦八
没　1918.10.30
★鈴木貫太郎
没　1948.4.17
★鈴木貫太郎内閣　1945.4.7　1945.8.15
★鈴木其一

没　1858. 9. 10
★鈴木喜三郎
政友会総裁に就任　1932. 5. 20
没　1940. 6. 24
★鈴木久五郎
没　1943. 8. 16
★鈴木久太夫
没　1891. 4. 9
鈴木敬
没　2007. 10. 18
★鈴木敬三
没　1992. 7. 28
★鈴木券太郎
没　1939. 3. 14
★鈴木鼓村
没　1931. 3. 12
★鈴木三郎助（２代）
没　1931. 3. 29
鈴木三郎助（３代）
没　1973. 6. 19
★鈴木三蔵
没　1915. 6. 25
鈴木成高
没　1988. 3. 7
★鈴木重胤
暗殺　1863. 8. 15
★鈴木重成
没　1653. 10. 15
★鈴木重義
没　1903. 1. 31
★鈴木舎定
没　1884. 1. 1
鈴木俊一
没　2010. 5. 14
鈴木春山
没　1846. 閏5. 10
★鈴木正三
没　1655. 6. 25
★鈴木昌司
没　1895. 4. 30
★鈴木商店　1902. 10. -　1927. 4. 4
鈴木清順
没　2017. 2. 13
★鈴木善幸
没　2004. 7. 19
★鈴木善幸内閣　1980. 7. 17　1981. 11. 30　1982. 11. 26
★鈴木泉三郎
没　1924. 10. 6
★鈴木千里
没　1859. 7. 5
★鈴木荘六
没　1940. 2. 20
★鈴木大拙
没　1966. 7. 12
★薄田兼相
戦死　1615. 5. 6
★薄田泣菫
没　1945. 10. 9
鈴木竹雄
没　1995. 12. 9
★鈴木主税
没　1856. 2. 10
★鈴木忠治
没　1950. 12. 29
★鈴木貞一
没　1989. 7. 17
★鈴木天眼
没　1926. 12. 10
★鈴木藤三郎
没　1913. 9. 4
★鈴木徳次郎
没　1881. 3. 26
★鈴木虎雄
没　1963. 1. 20
鈴木則文
没　2014. 5. 15
鈴木治雄
没　2004. 7. 3
★鈴木春信
没　1770. 6. 15
★鱸半兵衛
没　1856. 8. 30
★鈴木万里（初代）
没　1816. 7. 29
★鈴木万里（２代）
没　1819. 8. 15
鈴木尚
没　2004. 10. 1
鈴木博美
アテネ世界陸上選手権女子マラソンで優勝　1997. 8. 9
鈴木博之
没　2014. 2. 3
★鈴木文治
没　1946. 3. 12
★鈴木文太郎
没　1921. 1. 9
鈴木文弥
没　2013. 1. 20
★鈴木牧之
没　1842. 5. 15
鈴木真砂女
没　2003. 3. 14
鈴木雅次
没　1987. 5. 28
★鈴木馬左也
没　1922. 12. 25
★鈴木雅之
没　1871. 4. 21
★鈴木三重吉
没　1936. 6. 26
★鈴木道彦
没　1819. 9. 6
鈴木宗男
北方４島支援事業などへの関与確認　2002. 3. 4
あっせん収賄容疑で逮捕　2002. 6. 19
懲役２年の実刑判決　2004. 11. 5
★鈴木茂三郎
没　1970. 5. 7
★鈴木主水
自刃　1589. 11. -
鈴木安蔵
没　1983. 8. 7
★『鈴屋集』　1798. この年
鈴谷式土器　200. この頃
スターリン
没　1953. 3. 5
★スターリング
長崎に来航　1854. 閏7. 15
★スタウト
没　1912. 2. 16
★須田官蔵（初代）
没　1826. 5. 15
★須田官蔵（２代）
没　1836. 12. 2
★須田国太郎
没　1961. 12. 16
STAP細胞　2014. 1. 30　2014. 4. 1
★隅田八幡神社蔵倣製人物画像鏡　503.
スティムソン=ドクトリン〔★スチムソン=ドクトリン〕　1932. 1. 7
捨子禁止令　1690. 10. 26
★須藤佐次兵衛
没　1770. 8. 25
★角藤定憲
没　1907. 1. 20
★周藤弥兵衛
没　1752. 12. 18
ストーカー規制法　2013. 7. 3
ストーカー行為等の規制等に関する法律の一部を改正する法律　2013. 7. 3
★スト規制法　1953. 8. 5
スト規制法存続決議案　1956. 12. 8
★崇徳天皇
受禅　1123. 1. 28
即位　1123. 2. 19
元服　1129. 1. 1
譲位　1141. 12. 7
讃岐国に配流　1156. 7. 23
没　1164. 8. 26
崇徳院の諡号を奉らる　1177. 7. 29
ストライク賠償調査団〔★賠償問題〕　1947. 2. 18
★ストレイト
没　1918. 12. 1
★砂川事件　1959. 3. 30　1959. 12. 16
砂川闘争　1955. 5. 8
砂川町　1957. 7. 8
★砂沢遺跡　前250. この頃
★砂田重政
没　1957. 12. 27
★ズニガ
没　1622. 7. 13
スーパー301条　1989. 5. 25
★『スバル』　1909. 1. -
SUBARU　2018. 6. 22
スハルト
没　2008. 1. 27
「すばる」望遠鏡　1999. 1. 28
★スピノラ
斬刑　1622. 8. 5
★周布政之助
萩藩に登用さる　1853. この年
自刃　1864. 9. 25
スペイン風邪
1919. 前年からこの春にかけて
スペイン断交　1624. 3. 24
スペインとの修好通商航海条約
1868. 9. 28
スペースシャトル　1985. 8. 7
スポーツ基本法　2011. 6. 24
スポーツ振興投票（サッカーくじ）法
1998. 5. 12

せ

税帳勘会　937. 5. 5
★生長の家　1930. 3. 1
★正丁　757. 4. 4
★製鉄業奨励法　1917. 7. 25　1926. 3. 31
製鉄所官制　1896. 3. 30
★『西哲夢物語』　1887. 10. -
★『青鞜』　1911. 9. -
性同一性障害者性別特例法　2004. 7. 28
★青銅器　前300. この頃　前200. この頃
★青鞜社　1911. 6. 1
★政党内閣　1898. 6. 30
★成都事件　1936. 8. 24
★『制度通』　1724. 12. -
★制度取調局　1884. 3. 17
★『西南記伝』　1908. この年
★西南戦争　1877. 2. 15　1877. 9. 24
★『正忍記』　1681. この年
青年学校教員養成所令　1935. 4. 1
青年学校令　1935. 4. 1
青年訓練所令　1926. 4. 20
西濃騒動　1766. 1. 19
征隼人持節大将軍　720. 3. 4
★『西藩田租考』　1837. 1. -
★政府開発援助（ODA）　1989. この年
★『税賦参定指南』　1818. この年
西武鉄道　1915. 4. 15　1922. 8. 15　2004. 3. 1　2004. 4. 14　2004. 11. 12
★『税法私考』　1831. この年
税法整理施行　1926. 3. 27
★『性法略』　1871. この年
★『舎密開宗』　1837. 3. -
★舎密局　1868. 7. 1　1870. 5. 26
★『舎密局必携』　1862. この年
★『舎密便覧』　1859. この頃
★清宮秀堅
没　1879. 10. 20
★政務次官　1924. 8. 12
政務部　1891. 8. 12
★聖明王
仏像・経論などを贈る　538. 戊午年
釈迦仏・幡蓋・経論を贈る　552. 10. -
敗死　554. 12. -
★『正名論』　1791. この年
★『政友』　1900. 10. 15
政友会〔★立憲政友会〕　1924. 1. 16　1926. 12. 14　1939. 4. 30
★政友倶楽部　1913. 2. 23　1913. 12. 19
★政友本党　1924. 1. 29　1926. 12. 14
★勢誉
没　1612. 3. 23
★西洋医学所　1861. 10. 28
★『西洋画談』　1799. 8. -
★『西洋学家訳述目録』　1852. この年
★『西洋紀聞』　1715. この年　1794. 6. 10
★『西洋雑記』　1801. 8. -
『西洋雑誌』　1867. 10. -
★『精要算法』　1781. この年
★『西洋事情』　1866. 12. -
★『西洋銭譜』　1787. この年
★『西洋列国史略』　1808. この年
青嵐会　1973. 7. 17
★『政理叢談』　1882. 2. 20
整理統合等特別推進本部　1995. 1. 18
★清涼寺　1222. 2. 23
『清涼疏鈔』　1410. 8. 26
政令諮問委員会　1951. 5. 1
★政令201号　1948. 7. 31
政令201号事件　1953. 4. 8
製煉所　1851. 8. -
★『政論』　1888. 6. 1
★清和天皇
践祚　858. 8. 27
即位　858. 11. 7
元服　864. 1. 1
譲位　876. 11. 29
没　880. 12. 4　→惟仁親王
瀬尾昌琢
幕命で，オランダ人に医療・薬名に関して質問　1686. 2. 28
★『世界』　1946. 1. -
世界遺産　1993. 12. 9　1994. 12. 15　1995. 9. 21　1995. 12. 7　1997. 4. 18　1998. 12. 2　2004. 7. 1
世界湖沼環境会議　1984. 8. 27
世界宗教平和会議日本委員会　1930. 6. 3
『世界新地誌』　1844. この年
世界同時株安　1998. 8. 27
世界都市博覧会　1995. 4. 26
★『世界之日本』　1896. 7. 25
★『世界婦人』　1907. 1. 1
★『世界文化』　1935. 2. 1
『世界文化』グループ　1937. 11. 8
世界平和者日本会議　1954. 4. 1
★『是害房絵巻』　1308. この年
★瀬川菊之丞（初代）
没　1749. 9. 2
★瀬川菊之丞（２代）
没　1773. 閏3. 13
★瀬川菊之丞（３代）
没　1810. 12. 4
★瀬川菊之丞（４代）
没　1812. 11. 29
★瀬川菊之丞（５代）
没　1832. 1. 7
★瀬川菊之丞（６代）
没　1976. 11. 3
★瀬川如皐（初代）
没　1794. 1. 23
★瀬川如皐（２代）
没　1833. 11. 4
★瀬川如皐（３代）
没　1881. 6. 28
★是閑吉満
没　1616. この年
★関　679. 11. -
★関鑑子
没　1973. 5. 1
関晃
没　1996. 4. 20
★石屋真梁
没　1423. 5. 11
★関一政
没　1625. 10. 20
★関ヶ原の戦　1600. 9. 15
関川栄一郎
没　2005. 10. 18
★関喜内
没　1837. 6. 23
★関口氏心
没　1670. 3. 7
★関口黄山
没　1745. 4. 18
★関口隆吉
没　1889. 5. 17
★関口開
没　1884. 4. 12
赤軍派　1969. 11. 5　1977. 9. 28
関敬吾
没　1990. 1. 26
★関沢明清
没　1897. 1. 9
★関沢房清
没　1878. 7. 8
石室善玖
入元　1318. この年
没　1389. 9. 25
★関城　1341. 11. 10　1343. 4. 2　1343. 11. 11
赤色ギャング事件　1932. 10. 6
関所通行女手形の制〔★往来手形〕　1661. 8. 1
★石人　450. この頃　530. この頃
★関信三
没　1880. 4. -
★尺振八
没　1886. 11. 28
積水化学　1960. 3. -
★『赤水図』　1779. この年
★関孝和
没　1708. 10. 24
石炭鉱業合理化事業団　1960. 9. 1
石炭鉱業調査団　1962. 5. 11
★関鉄之介
刑死　1862. 5. 11
★『関寺縁起』　1025. この年
★釈奠　748. 8. 5　1153. 8. 10
釈奠式　860. 12. 8
★関戸五兵衛（信基）
没　1680. この年
★関戸五兵衛（信義）
没　1739. この年
★関戸五兵衛（信詮）
没　1761. この年
★関戸五兵衛（富信）
没　1804. この年
★関戸五兵衛（信房）
没　1830. この年
★関直彦
没　1934. 4. 21
★関根金次郎
没　1946. 3. 22
★関根正二
没　1919. 6. 16
★関根正直
没　1932. 5. 26
★関根矢作
没　1896. 7. 30
関野雄
没　2003. 7. 23
★関野貞
没　1935. 7. 29
★『関の扉』　1784. 11. -
関野克
没　2001. 1. 25
★石馬　450. この頃　530. この頃

★関一
　没　1935. 1. 26
★堰八安高
　没　1609. 4. 14
★瀬木博尚
　没　1939. 1. 22
★石棒　前2500. この頃
関光徳
　没　2008. 6. 6
★関宗祐
　討死　1343. 11. 11
★関谷清景
　没　1896. 1. 9
★関保之助
　没　1945. 5. 25
★関屋貞三郎
　没　1950. 6. 10
関宿城　1565. 3. 2　1574. 11. -
★関矢孫左衛門
　没　1917. 6. 21
★石油危機　1973. 10. 23
石油業法　1934. 3. 28
石油緊急対策要綱　1973. 11. 16
石油需給適正化法　1973. 12. 22
石油専売法　1943. 3. 12
石油備蓄法　1975. 12. 27
関嘉彦
　没　2006. 5. 4
★赤瀾会　1921. 4. 24
★『世間子息気質』　1715. この年
★『世間胸算用』　1692. 1. -
瀬越憲作
　没　1972. 7. 27
★世古恪太郎
　没　1876. 9. 22
★セシーユ
　長崎に来航し，薪水と難破船の救護を要求　1846. 6. 7
　没　1873. 10. 9
★『世事見聞録』　1816. この年
瀬島龍三
　没　2007. 9. 4
世親像　1212. この年
★セスペデス
　没　1611. 11. -
★『世俗諺文』　1007. 8. 17
世田谷新宿　1578. 9. 29
勢多橋　1024. 11. 23
★『切韻』　601. この年
★絶海中津
　入明　1368. 2. -
　帰国　1376. この春
　鹿苑院院主となる　1383. 9. 14・16
　没　1405. 4. 5
★『雪華図説』　1832. この年
摂官〔★按擦使〕　719. 9. 8
★石器　前50. この頃　30. この頃
★雪江宗深
　没　1486. 6. 2
『摂州合邦辻』　1773. 2. -
★雪舟等楊
　入明　1467. この年か
　没　1506. この年
摂政令　1909. 2. 11
★雪村友梅
　入元　1307. この年
　帰国　1329. 5. -
　法雲寺住持となる　1337. 7. 1
　没　1346. 12. 2
絶対防衛線〔★絶対国防圏〕
　1943. 9. 30
★摂津職　793. 3. 9
★『摂津名所図会』　1796. この年
★節度使　732. 8. 17　734. 4. 21　761. 11. 17
　763. 8. 18　764. 7. 17　764. 11. 12
★『摂陽群談』　1701. 6. -
★『節用集』　1590. 1. -　1597. この年
瀬藤象二
　没　1977. 10. 20
瀬戸大橋　1988. 4. 10
瀬名貞雄
　没　1796. 10. 4
★銭小貸会所　1760. 3. -
★銭座　1636. 6. 1　1740. この年
★銭札　1759. 8. 8
★銭屋五兵衛
　牢死　1852. 11. 21
★銭屋宗訥
　没　1590. この年
瀬沼茂樹
　没　1988. 8. 14
ゼネコン汚職　1993. 6. 29　1996. 9. 9
★妹尾義郎
　没　1961. 8. 4
★妹尾三郎平
　獄死　1872. 3. 8
セブン＆アイホールディングス
　2005. 9. 1
★セミナリヨ　1580. この年
★『瀬見小河』　1821. 4. -
★セミョーノフ
　没　1946. この年
★施無畏寺　981. 2. 20
★施薬院　723. この年　730. 4. 17　896. 閏1. 17
　930. 2. 14
★芹沢鴨
　暗殺　1863. 9. 16
★芹沢光治良
　没　1993. 3. 23
芹沢長介
　没　2006. 3. 16
★セルギー
　没　1945. 8. 10
ゼロ金利政策　1999. 3. 3
戦域ミサイル防衛（TMD）　1998. 12. 25
★『前衛』　1922. 1. -
★『前衛』　1928. 1. -
★旃崖奕堂
　没　1879. 8. 24
★仙厓義梵
　没　1837. 10. 7
★全学共闘会議　1968. 5. 27　1968. 6. 15
★宣化天皇
　没　539. 2. 10
銭貨流通　1239. 1. 11
★千観
　没　983. 12. 13
全官公庁労組共同闘争委員会
　1946. 11. 26
★『戦旗』　1928. 5. -
★善議
　没　812. 8. 23
禅暁
　京都で誅される　1220. 4. 15
★宣教使　1869. 7. 8
選挙革正会　1928. 1. 27
選挙干渉弾劾決議案　1892. 5. 14
選挙権年齢引き下げ　2015. 6. 19
　2016. 6. 19
選挙粛正中央連盟〔★選挙粛正問題〕
　1935. 6. 18
選挙制度審議会設置法　1961. 6. 8
選挙法改正全国各市連合会
　1899. 11. 20
★前九年の役　1051. この年　1062. 9. 17
千句連歌会　1571. 2. 5
★善慶
　没　1258. この年
★膳桂之助
　没　1951. 11. 25
★千家尊福
　没　1918. 1. 3
★千家俊信
　没　1831. 5. 7
★千家元麿
　没　1948. 3. 14
★『仙源抄』　1381. この年
★善光寺（信濃）　1179. 3. 24　1246. 3. 14
　1313. 3. 22　1370. 4. 4　1427. 3. 29
善光寺如来　1597. 7. 18　1598. 8. 17
戦後恐慌　1920. 3. 15
戦後強制抑留者に係る問題に関する特別措置法　2010. 6. 16
★『戦国遺文』　1989. 9. -
全国学生軍事教練反対同盟
　1924. 11. 12
全国記者同志会　1913. 1. 17
全国教育研究大会（教研集会）（第1回）
　1951. 11. 10
全国軍事基地反対連絡会議　1955. 6. 23
★千石興太郎
　没　1950. 8. 22
★全国購買組合連合会　1923. 4. 19
全国戸籍表　1878. 8. 24
★仙石左京
　刑死　1835. 12. 9
★全国産業団体連合会（全産連）
　1931. 4. 21
★全国産業別労働組合連合（新産別）
　1949. 12. 10
全国3税廃止大会　1914. 1. 14
撰国史所別当　954. 6. 29
撰国史所　936. 11. 29
全国借家人組合総連盟　1928. 9. 15
全国瞬時警報システム　2017. 8. 29
全国小学校女教員会　1924. 5. 30
全国商業会議所連合会（第1回）
　1892. 9. 25
全国女性議員サミット　1998. 10. 17
★全国水平社　1922. 3. 3　1940. 11. 2
全国青年連合大会　1918. 5. 5
全国全共闘連合　1969. 9. 5
全国戦没者追悼式（第1回）
　1963. 8. 15
全国総合開発計画　1962. 10. 5

そ

★宗義調
自刃　1588. 2. 12
★宗義智
朝鮮と和議交渉を開始　1599. この年
国書を偽作して朝鮮に送る
1606. 11. -
没　1615. 1. 3
★宗義成
オランダ船との通商を許可さる
1639. 7. 25
没　1657. 10. 26
★宗義誠
朝鮮の乱を幕府に報告　1728. 5. 16
★宗義盛
没　1520. 12. 6
★総理府　1949. 5. 31
僧隆
渡来する　602. 閏10. 15
★総力戦研究所　1940. 10. 1
★副島種臣
没　1905. 1. 31
★添田唖蟬坊
没　1944. 2. 8
★添田寿一
没　1929. 7. 4
★ソーパー
没　1937. 2. 5
★曾我蕭白
没　1781. 1. 7
曾我祐成〔★曾我兄弟〕
工藤祐経を討つ　1193. 5. 28
★曾我祐準
没　1935. 11. 30
★曾我近祐
没　1661. 9. 13
曾我時致〔★曾我兄弟〕
工藤祐経を討つ　1193. 5. 28
★蘇我赤兄
有間皇子を謀反の廉で捕える
658. 11. 5
筑紫率となる　669. 1. 9
配流　672. 8. 25
★蘇我石川麻呂
山田寺で自殺　649. 3. 24
自殺　649. 3. 25
★蘇我稲目
没　570. 3. 1
★蘇我入鹿
暗殺　645. 6. 12
★蘇我馬子
仏殿を造る　584. この年
病にかかる　585. 2. 24
善信尼らを百済に派遣　588. この年
没　626. 5. 20
★蘇我蝦夷
大臣に任じる　626. この年
田村皇子を擁立　628. 9. -
自殺　645. 6. 13
★蘇我果安
自殺　672. 7. 2
★蘇我日向
筑築大宰帥に任命　649. 3. -
★蘇我連子
没　664. 5. -
★曾我廼家五郎
没　1948. 11. 1
★曾我古祐
没　1658. 4. 21
曽我町子
没　2006. 5. 7
即位礼　1990. 11. 12
★『続海中舟道考』　1856. この年
★『俗楽旋律考』　1895. この年
『続片聾記』　1737. この年
★『続教訓抄』　1270. この年
★『息距篇』　1860. この年
★『続群書類従』　1822. この年
★『続古事談』　1219. 4. 23
★『続再夢紀事』　1890. この年
★『続史愚抄』　1798. 7. -
『続正法論』　1367. 9. -　1368. 7. 26
続縄文時代　前250. この頃
★『俗神道大意』　1860. この年
★『続々群書類従』　1903. この年
★『続日本高僧伝』　1867. この年
★即非如一
没　1671. 5. 20
『続本朝通鑑』　1670. 6. 12
★『測量集成』　1856. この年以降
★『測量全義』　1631. 8. -
★『測量秘言』　1727. この年
★十河一存
没　1561. 3. 18
そごうグループ　2000. 7. 12
★十河信二
没　1981. 10. 3
★『祖国』　1928. 10. 1
祖国復帰県民総決起大会　1961. 4. 28
組織的犯罪対策３法　1999. 8. 12
組織的な犯罪の処罰及び犯罪収益の規制等に関する法律　2017. 6. 21
★『租税問答』　1872. この年
★『そゝろ物語』　1641. この年
★『帥記』　1065. この年
★卒　1869. 12. 2　1872. 1. 29
★ソテーロ
刑死　1624. 7. 12
『卒塔婆小町』　1384. 5. 19
★曾禰荒助
没　1910. 9. 13
曽根幸明
没　2017. 4. 20
★『曾根崎心中』　1703. 5. 7
★曾根原六蔵
没　1810. 10. 4
★『その妹』　1915. 3. -
「その前夜」　1915. 4. 26
★園田孝吉
没　1923. 9. 1
薗田香融
没　2016. 8. 4
園田高弘
没　2004. 10. 7
園田天光光
没　2015. 1. 29
★園田道閑
没　1667. 12. 16
★薗田守良
没　1840. 6. 18
園部黒田遺跡　200. この前後から
★園部秀雄
没　1963. 9. 29
★蕎麦　839. 7. 21
★『鼠璞十種』　1916. この年
★曾畑式土器　前3500. この頃
祖父江孝男
没　2012. 12. 15
ソフトバンクモバイル　2006. 3. 17
染土城　1381. 6. 22
祖来
懐良親王使者として明に入貢
1371. この年
『徂徠先生答問書』　1727. この年
★ゾルゲ
刑死　1944. 11. 7
★ゾルゲ事件　1941. 10. 15
ソルジェニーツィン
没　2008. 8. 3
ソ連最高会議議員団　1964. 5. 14
ソロビヨフ
没　1998. 9. 29
★ソロモン海戦（第１次）　1942. 8. 8
ソロモン海戦（第２次）　1942. 8. 8
ソロモン海戦（第３次）　1942. 11. 14
★尊意
没　940. 2. 24
尊雲法親王
天台座主となる　1327. 12. 6
天台座主を辞す　1329. 2. 11
還俗して護良と改める　1332. 11. - →護良親王
★存易
没　1614. 9. 14
★尊円入道親王
没　1356. 9. 23
尊海
朝鮮に使す　1538. 7. 1
★存覚
没　1373. 2. 28
★尊観
没　1316. 3. 14
★尊観
没　1400. 10. 24
孫基禎
没　2002. 11. 15
★『尊経閣叢刊』　1926. この年
★尊号事件　1789. 2. -　1792. 11. 12
★『尊号真像銘文』　1258. 6. -
尊号宣下　1789. 11. 12
★『存採叢書』　1880. この年
尊持院　1035. この年
尊秀〔★尊秀王〕
禁裏に乱入，神璽・宝剣を奪う
1443. 9. 23
★尊照
没　1620. 6. 25
尊勝院〔★東大寺〕　961. 3. 4
★『尊攘紀事』　1882. この年
★尊勝寺　1101. 8. 13　1102. 7. 21　1314. 2. 14
★『尊攘堂書類雑記』　1919. この年
★尊助法親王
没　1290. 12. 1
★尊信
没　1283. 7. 13
★尊信

太陽暦〔★暦法〕 1872. 11. 9 1872. 12. 3
★平事件 1949. 6. 30
平朝臣 889. 5. 13
★平敦盛
討死 1184. 2. 7
★平家貞
左衛門尉となる 1134. 閏12. 12
平景隆
没 1274. 10. 15
★平兼盛
没 990. 12. -
平清宗
斬死 1185. 6. 21
★平清盛
従四位下に叙す 1135. 8. 21
正四位下に叙す 1146. 2. 1
安芸守に任ずる 1146. 2. 1
正三位となる 1160. 6. 20
内大臣となる 1166. 11. 11
太政大臣となる 1167. 2. 11
太政大臣を辞任 1167. 5. 17
出家 1168. 2. 11
法皇の幽閉を解く 1180. 12. 18
没 1181. 閏2. 4
★平国香
戦死 935. 2. -
★平惟仲
太宰権帥執務を停止 1004. 6. 8
太宰権帥解任 1004. 12. 28
没 1005. 3. 14
大臣に准ず 1008. 1. 16
★平維衡
淡路に移郷 999. 12. 27
★平維良
没 1022. 4. 13
平貞時
越後国へ配流 969. 11. 8
★平貞文
没 923. 9. 27
★平貞盛
将門を討つ 940. 2. 14
★平滋子
皇太后となる 1168. 3. 20 →建春門院
★平重衡
南都を攻め焼く 1180. 12. 28
捕えらる 1184. 2. 7
斬死 1185. 6. 23
★平重盛
正三位となる 1164. 12. 17
権大納言となる 1170. 4. 21
内大臣となる 1177. 3. 5
没 1179. 7. 29
平季盛
佐渡に配流する 1137. 12. 12
★平資盛
入水 1185. 3. 24
★平高棟
没 867. 5. 19
平忠貞
斬首 1156. 7. 28
★平忠常
投降 1031. 4. 28
没 1031. 6. 6
★平忠常の乱 1028. 6. 21
★平忠度
討死 1184. 2. 7
★平忠正
斬死 1156. 7. 28
★平忠盛
従五位下を授ける 1113. 3. 14
海賊首僧源智らを捕える 1135. 6. 8以前
没 1153. 1. 15
★平親範
没 1220. 9. 28
★平経高
没 1255. 6. -
★平経盛
入水 1185. 3. 24
★平時子
入水 1185. 3. 24
★平時忠
解官 1161. 9. 15
配流 1162. 6. 23
召還 1165. 9. 14
配流 1169. 12. 28
召還 1170. 2. 6
没 1189. 2. 24
平時望
没 938. 3. 25
平徳子
入内 1171. 12. 14
女御となる 1171. 12. 26
中宮となる 1172. 2. 10
建礼門院となる 1181. 11. 25 →建礼門院
平知忠
追捕される 1196. 6. 25
宗知宗
阿比留国信を滅ぼす 1246. この年
★平知盛
入水 1185. 3. 24
★平成輔
刑死 1332. 5. 22
★平信範
配流 1169. 12. 28
召還 1170. 2. 6
没 1187. 2. 12
★平教盛
解官 1161. 9. 15
討死 1185. 3. 24
★平広常
誅殺 1183. 12. 22
★平将門
新皇と称し除目を行う 939. 12. 15
戦死 940. 2. 14
平将門の乱〔★承平・天慶の乱〕 935. 2. -
★平通盛
源義仲に敗れる 1181. 9. 6
討死 1184. 2. 7
★平宗盛
内大臣となる 1182. 10. 3
刑死 1185. 6. 21
★平致頼
隠岐に流す 999. 12. 27
没 1011. 10. 2
★平盛子
没 1179. 6. 17
★平盛俊
討死 1184. 2. 7
★平康頼
捕えらる 1177. 6. 3
鬼界島に配流 1177. 6. -
鬼界島より召還 1178. 7. 3
★平行盛
入水 1185. 3. 24
★平良兼
没 939. 6. -
★平頼綱
自刃 1293. 4. 22
★平頼綱の乱 1293. 4. 22
★平頼盛
没 1186. 6. 2
★内裏 1015. 9. 20
★大陸打通作戦 1944. 1. 24 1944. 4. 17
大陸棚協定 1974. 1. 30
★『内裏式』 821. 1. 30
★大林宗套
没 1568. 1. 27
★『大礼記録』 1919. 3. 31
大礼使官制 1915. 4. 12
★大連 1906. 9. 1
★大連会議 1921. 8. 26 1927. 8. 14
★対露同志会 1903. 8. 9
大和証券 1997. 9. 18
大和ハウス 2019. 4. 12
台湾沖航空戦 1944. 10. 12
★台湾銀行 1899. 7. 5
台湾銀行法 1897. 4. 1
★台湾出兵 1874. 4. 19 1874. 5. 4
台湾征討 1874. 2. 6
★台湾総督府 1897. 10. 21
台湾総督府官制 1919. 8. 20
台湾総督府条例 1895. 8. 6 1896. 3. 31
台湾地籍規則 1898. 7. 17
台湾土地調査規則 1898. 7. 17
★『台湾日日新報』 1898. 5. 1
★タウト
来日 1933. 5. 3
没 1938. 12. 24
★田岡嶺雲
没 1912. 9. 7
★高井几董
没 1789. 10. 23
★高井鴻山
没 1883. 2. 6
★高井実徳
没 1834. 11. -
高石勝男
没 1966. 4. 13
高井有一
没 2016. 10. 26
高井蘭山
没 1838. 12. 23
高丘親王〔★真如〕
皇太子とする 809. 4. 14
皇太子を廃さる 810. 9. 13
唐に向う 862. 7. -
羅越国で没 881. 10. 13
★高丘比良麻呂
没 768. 6. 28
★『高雄口訣』 835. 3. 21
高尾城 1488. 6. 9
高雄城 1547. 閏7. 5

★高尾平兵衛
没　1923. 6. 26
★鷹狩　1717. 5. -
★高木市之助
没　1974. 12. 23
★高木兼寛
没　1920. 4. 13
高木昭作
没　2011. 7. 10
★高木正年
没　1934. 12. 31
★高木仙右衛門
没　1899. 4. 13
★高木惣吉
没　1979. 7. 27
★高木貞治
没　1960. 2. 28
高木東六
没　2006. 8. 25
高木俊朗
没　1998. 6. 25
高木友之助
没　2000. 2. 10
高木文雄
没　2006. 2. 14
★高木壬太郎
没　1921. 1. 27
★高木八尺
没　1984. 4. 28
高久靄厓
没　1843. 4. 8
★高楠順次郎
没　1945. 6. 28
★高倉新一郎
没　1990. 6. 7
高倉健
没　2014. 11. 10
★高倉輝
没　1986. 4. 2
★高倉天皇
受禅　1168. 2. 19
即位　1168. 3. 20
元服　1171. 1. 3
譲位　1180. 2. 21
没　1181. 1. 14　→憲仁親王
★高倉徳太郎
没　1934. 4. 3
★高桑闌更
没　1798. 5. 3
★高碕達之助
没　1964. 2. 24
★高崎正風
没　1912. 2. 28
★『高砂』　1443. この年
★高砂浦五郎（初代）
没　1900. 4. 4
★高砂浦五郎（２代）
没　1914. 7. 4
高砂丸　1949. 6. 27　1953. 3. 23
★高沢忠順
没　1799. この年
★高階栄子
没　1216. この年
★高階貴子
没　996. 10. -
高階隆長
配流　1320. 10. 5
★高階為章
没　1103. 12. 20
★高階為家
没　1106. 11. 17
★高階成忠
陰陽師に藤原道長を呪詛させる　995. 8. 10
没　998. 7. -
★高階業遠
没　1010. 4. 10
★高階泰経
没　1201. 11. 23
★高島嘉右衛門
没　1914. 11. 14
★高島秋帆
武備の強化を進言　1840. 9. -
徳丸原で輸入砲の実射　1841. 5. 9
砲術を教授　1842. 6. 8
投獄　1842. 10. 2
処罰　1846. 7. 25
没　1866. 1. 14
★高島四郎兵衛（茂春）
没　1622. 7. 12
★高島四郎兵衛（茂卿）
没　1673. 8. 8
★高島四郎兵衛（茂定）
没　1673. 10. 3
★高島四郎兵衛（茂村）
没　1691. 10. 1
★高島炭坑　1883. 9. 24
「高島炭坑の惨状」〔★高島炭坑事件〕　1888. 6. 18
★高島鞆之助
没　1916. 1. 11
★高島米峰
没　1949. 10. 25
★多賀城　724. この年　788. 3. 3
多賀城跡　1992. 10. 21
★多賀城碑　762. 12. 1
★高杉晋作
没　1867. 4. 14
★高瀬学山
没　1749. 6. 15
★高瀬清
没　1973. 8. 7
★高瀬真卿
没　1924. 11. 17
高瀬荘太郎
没　1966. 9. 4
タカタ　2017. 6. 26
★高田快清
没　1875. 3. 12
★多賀高忠
没　1486. 8. 17
田方検見規則　1870. 7. -
高田好胤
没　1998. 6. 22
★高田早苗
没　1938. 12. 3
★高田事件　1883. 3. 20
★高田城　1479. 5. 27
★高田慎吾
没　1927. 7. 5
★『高田新聞』　1883. 4. 1
高田根麻呂
乗船の遣唐船，薩摩竹島付近で沈没　653. 7. -
★高田又兵衛
没　1671. 1. 23
★高田実
没　1916. 9. 24
★高田屋嘉兵衛
択捉航路を開設　1799. この年
没　1827. 4. 5
高田薬園　1681. 2. 7
★高田保馬
没　1972. 2. 2
鷹司兼輔
没　1552. 9. 9
★鷹司兼平
没　1294. 8. 8
★鷹司輔平
没　1813. 1. 8
★鷹司輔熙
没　1878. 7. 9
★鷹司殿　1040. 12. 6
★鷹司信尚
没　1621. 11. 19
鷹司信平
松平姓を下賜　1654. 3. 10
★鷹司冬教
没　1337. 1. 26
鷹司政熙
没　1841. 2. 7
★鷹司政通
没　1868. 10. 16
高津正道
没　1974. 1. 9
★高天神城　1574. 5. 12
★高梨利右衛門
没　1688. 12. -
★高野岩三郎
没　1949. 4. 5
高野悦子
没　2013. 2. 9
★高野佐三郎
没　1950. 12. 30
隆の里
没　2011. 11. 7
★高野長英
永牢　1839. 12. 19
逃亡　1845. 3. 27
没　1850. 10. 30
★高野新笠
没　789. 12. 28
貴ノ花（初代）
没　2005. 5. 30
★高野房太郎
没　1904. 3. 12
★高野実
没　1974. 9. 13
★高橋鑑種
没　1579. この年
★『高橋氏文』　789. この年
★高橋景保
天文方任命　1804. 4. -
褒賞さる　1820. 10. 17
捕えらる　1828. 10. 10

没　1829. 2. 16
高橋一三
没　2015. 7. 14
★高橋亀吉
没　1977. 2. 10
高橋圭三
没　2002. 4. 11
高橋健二
没　1998. 3. 2
★高橋健自
没　1929. 10. 19
高橋源助
没　1681. 10. 9
★高橋健三
没　1898. 7. 22
★高橋健三
没　1905. 4. 5
★高橋幸八郎
没　1982. 7. 2
★高橋是清
暗殺　1936. 2. 26
★高橋五郎
没　1935. 9. 7
★高橋三吉
没　1966. 6. 15
★高橋紹運
没　1586. 7. 27
★高橋正作
没　1894. 10. 28
★高橋磧一
没　1985. 8. 6
★高橋新五郎（初代）
没　1816. 閏8. 13
★高橋新五郎（２代）
没　1857. 6. 25
★高橋新五郎（３代）
没　1867. 5. 15
高橋信次
没　1985. 4. 2
高橋誠一郎
没　1982. 2. 9
高橋節郎
没　2007. 4. 19
★高橋箒庵
没　1937. 12. 12
★高橋草坪
没　1835. 2. 3
★高橋多一郎
自刃　1860. 3. 23
★高橋竹之介
没　1909. 11. 7
高橋竹山
没　1998. 2. 5
★高橋泥舟
没　1903. 2. 13
★高橋道八（初代）
没　1804. 4. -
★高橋道八（２代）
没　1855. 5. -
高橋富雄
没　2013. 10. 5
★高橋内閣　1921. 11. 13
高橋笠間
造大安寺司に任命　702. 8. 4
高橋展子
没　1990. 9. 25
★高橋文右衛門
没　1855. 5. 27
高橋正衛
没　1999. 9. 26
高橋正雄
没　1995. 9. 10
★高橋政重
没　1726. 6. 25
高橋昌也
没　2014. 1. 16
★高橋光威
没　1932. 4. 9
★高橋宗恒
没　1706. 12. 24
★高橋宗直
没　1785. 1. 25
★高橋元種
改易　1613. 10. 24
高橋康也
没　2002. 6. 24
★高橋由一
没　1894. 7. 6
高橋義孝
没　1995. 7. 21
★高橋至時
天文方に任命　1795. 11. 14
没　1804. 1. 5
★高橋竜太郎
没　1993. 7. 10
高畑勲
没　2018. 4. 5
★高畠式部
没　1881. 5. 28
高畠通敏
没　2004. 7. 7
★高畠素之
没　1928. 12. 23
高機仲間〔★高機織屋仲間〕
1745. この年
★高浜虚子
没　1959. 4. 8
尊治親王
皇太子となる　1308. 9. 19　→後醍醐天皇
尊仁親王
皇太子となる　1045. 1. 16　→後三条天皇
★幟仁親王
没　1886. 1. 24
★高平小五郎
没　1926. 11. 28
★高平・ルート協定　1908. 11. 30
高天
配流さる　1420. 10. 8
殺さる　1420. 10. 8
★高松院
没　1176. 6. 13　→姝子内親王
★高松城　1582. 5. 7
★高松塚古墳　705. この頃　1972. 3. 21
★高松豊吉
没　1937. 9. 27
高松宮　→宣仁親王
高松宮妃喜久子
没　2004. 12. 18
高松英郎
没　2007. 2. 26
★高松凌雲
没　1916. 10. 12
高円宮憲仁
没　2002. 11. 21
★高見順
没　1965. 8. 17
★鷹見泉石
没　1858. 7. 16
鷹見泉石像　1837. 4. -
★高峰譲吉
アドレナリンの特許取得　1901. 7. 15
タカジアスターゼの特許を取得　1909. 4. 24
没　1922. 7. 22
★高嶺秀夫
没　1910. 2. 22
高峰秀子
没　2010. 12. 28
高峰三枝子
没　1990. 5. 27
高見烽　712. 1. 23
高見原　1488. 11. 15　1494. 10. 5
★高向玄理
留学　608. 9. 11
帰国する　640. 10. 11
国博士に任じる　645. 6. 14
新羅に派遣　646. 9. -
帰国　647. この年
没　654. この年か
高向麻呂
新羅に派遣　684. 4. 20
★高村光雲
没　1934. 10. 10
★高村光太郎
没　1956. 4. 2
★高村象平
没　1989. 5. 11
★高村太平
没　1877. 2. 17
★高村豊周
没　1972. 6. 2
★高群逸枝
没　1964. 6. 7
★多賀谷重経
没　1618. 11. 9
高屋城　1506. 1. 26　1528. 11. 11
★高安月郊
没　1944. 2. 26
★高安城　667. 11. -
高安烽　712. 1. 23
高柳健次郎
テレビジョンの公開実験　1928. 11. 28
没　1990. 7. 23
★高柳賢三
没　1967. 6. 11
★高柳光寿
没　1969. 12. 1
★高山右近
海外に追放　1614. 9. 24
没　1615. 1. 5
★高山甚太郎
没　1914. 10. 23

コシャマインを射殺　1457. 5. 14
没　1494. 5. 20
武田信光
没　1248. 12. 5
★武田信満
没　1417. 2. 6
★武田信義
甲斐国で挙兵　1180. 9. 10
没　1186. 3. 9
武田晴信
宸筆写経を甲斐浅間社に奉納　1550. 4. 20
信濃より撤兵　1555. 閏10. 15　→武田信玄
★武田範之
没　1911. 6. 23
★武田元明
自刃　1582. 7. 19
★武田元信
没　1521. 12. 3
★武田祐吉
没　1958. 3. 29
武田豊
没　2004. 2. 15
★武田麟太郎
没　1946. 3. 31
★武市熊吉
刑死　1874. 7. 9
★武市瑞山
投獄　1863. 9. 21
切腹　1865. 閏5. 11
武智鉄二
没　1988. 7. 26
★高市皇子
伊勢にて大海人皇子に合流　672. 6. 25
太政大臣となる　690. 7. 5
没　696. 7. 10
★高市大寺　673. 12. 17　677. 9. 7
★武富時敏
没　1938. 12. 22
★竹中重門
没　1631. 閏10. 9
★竹中重治
没　1579. 6. 13
★竹中重義
改易　1634. 2. 22
没　1634. 2. 22
★竹内玄同
没　1880. 1. 12
★竹内貞基
没　1863. 5. 28
★竹内式部
捕えらる　1758. 7. 23
追放　1759. 5. 7
流罪　1767. 8. 22
没　1767. 12. 5
★竹内久盛
没　1595. 6. 30
★竹御所
没　1234. 7. 27
★武野紹鷗
没　1555. 閏10. 29
★武野宗瓦
没　1614. 8. 26
★竹俣当綱
没　1793. 4. 5
★竹橋騒動　1878. 8. 23
★武林無想庵
没　1962. 3. 27
武原はん
没　1998. 2. 5
★竹久夢二
没　1934. 9. 1
★威仁親王
没　1913. 7. 10
武富士　2010. 9. 28
武生鳥守
渤海へ出発　772. 2. 29
能登国へ漂着　772. 2. 29
渤海へ再出発　772. 2. 29
帰国　772. 2. 29
★建部綾足
没　1774. 3. 18
★建部賢弘
『暦算全書』の和訳に着手　1726. この頃
没　1739. 7. 20
★建部賢文
没　1590. 9. 21
★武部小四郎
刑死　1877. 5. 3
★建部清庵
没　1782. 3. 8
★建部遯吾
没　1945. 2. 18
★竹前権兵衛
没　1749. 3. 3
★武見太郎
没　1983. 12. 20
武満徹
没　1996. 2. 20
★『竹むきが記』　1349. この年
★竹村茂雄
没　1844. 12. 13
★竹本綾之助
没　1942. 1. 31
★竹本大隅太夫（初代）
没　1864. 11. 13
★竹本大隅太夫（３代）
没　1913. 7. 31
★竹本大隅太夫（４代）
没　1952. この年
★竹本大隅太夫（５代）
没　1980. この年
★竹本義太夫（初代）
没　1714. 9. 10
★竹本義太夫（２代）
没　1744. 7. 25
★竹本摂津大掾
没　1917. 10. 9
★竹本長門太夫（３代）
没　1864. この年
★竹本長門太夫（４代）
没　1890. この年
竹本正男
没　2007. 2. 2
★竹本大和掾
没　1766. 11. 8
★竹山道雄
没　1984. 6. 15
★武谷祐之
没　1894. 2. 1
竹脇無我
没　2011. 8. 21
多湖輝
没　2016. 3. 6
★田子一民
没　1963. 8. 15
★多胡郡　711. 3. 6
★多胡真益
没　1665. 9. 3
タゴール
来日　1916. 5. 29
★太宰治
自殺　1948. 6. 13
★『太宰管内志』　1841. この年
★太宰春台
没　1747. 5. 30
★大宰府　742. 1. 5　745. 6. 5　758. 12. 10
★『大宰府・太宰府天満宮史料』　1954. この年
★田崎草雲
没　1898. 9. 1
田崎広助
没　1984. 1. 28
★田沢義鋪
没　1944. 11. 24
★『多識編』　1630. この年
足高　1738. 3. 21
★足高の制　1723. 6. 18
多治安江
香薬購入のため唐に派遣　874. 6. 17
★多治比県守
帰国する　718. 12. 13
没　737. 6. 23
★多治比池守
没　730. 9. 8
多治比島
右大臣となる　690. 7. 5
没　701. 7. 21
★多治比広成
没　739. 4. 7
多治比三宅麻呂
配流　722. 1. 20
但馬一揆　1581. この年
★田島直之
没　1888. 11. -
★多治見国長
没　1324. 9. 19
★太政官　1880. 3. 3
太政官朝所　1046. 2. 28
太政官院　786. 7. 19
太政官候庁　873. 11. 3
★太政官札　1868. 5. 15
太政官制　1885. 12. 22
★『太政官日誌』　1868. 2. 23
太政官文殿　1226. 8. 26
太政大臣再任　1149. 10. 25
★『太政類典』　1873. この年
★田尻稲次郎
没　1923. 8. 15
田尻宗昭
没　1990. 7. 4
★田代栄助

没　1885. 5. 17
★田代毅軒
没　1841. 2. 9
★田代三喜
没　1544. 4. 15
★田代重栄
没　1687. 3. 14
★田添鉄二
没　1908. 3. 19
★『忠香公記』　1854. 閏7. 25
★多田嘉助
没　1686. 11. 22
★多田鼎
没　1937. 12. 7
多田富雄
没　2010. 4. 21
★忠成王
没　1280. 12. 13
★多田院　970. この年
★多田駿
没　1948. 12. 18
★『忠熙公記』　1820. この年
★多田昌綱
没　1605. 1. 20
多田道太郎
没　2007. 12. 2
★忠吉（初代）
没　1632. 8. 15
★『忠義公史料』　1888. この年以降
★多田義俊
没　1750. 9. 12
多々良浜〔★多々良浜の戦〕　1336. 3. 2
たちあがれ日本　2010. 4. 10
★立川文庫　1911. 10. -
★立作太郎
没　1943. 5. 13
★授刀舎人寮　707. 7. 21
★橘曙覧
没　1868. 8. 28
★橘耕斎
没　1885. 5. 31
★橘孝三郎
没　1974. 3. 30
★立花実山
没　1708. 11. 10
★橘樸
没　1945. 10. 25
★立花忠茂
没　1675. 9. 19
★立花寛治
没　1929. 2. 5
★立花直次
没　1617. 7. 19
★橘南谿
没　1805. 4. 10
★橘在列
出家　944. 10. -
没　953. この頃
★橘氏公
没　847. 12. 19
★橘嘉智子
皇后となる（檀林皇后）　815. 7. 13
没　850. 5. 4
★橘兼仲
流罪　1197. 3. -
★橘清友
没　789. この年
★橘古那可智
没　759. 7. 5
★橘為仲
没　1085. 10. 21
★橘俊綱
没　1094. 7. 14
橘仲遠
日本紀を講じる　965. 8. 13
★橘奈良麻呂
処刑　757. 7. 4
太政大臣正一位を追贈　847. 10. 5
★橘逸勢
遣唐使に同行　804. 7. -
帰国　806. 10. 22
伊豆に流さる　842. 7. 28
没　842. 8. 13
正五位下を追贈　850. 5. 15
★『橘逸勢伝』　1166. この年
★橘広相
没　890. 5. 16
★橘諸兄
大納言となる　737. 9. 28
致仕　756. 2. 2
没　757. 1. 6
★立花北枝
没　1718. 5. 12
★橘三喜
没　1703. 3. 7
★立花宗茂
没　1642. 11. 25
★橘守部
没　1849. 5. 24
橘家円蔵（8代）
没　2015. 10. 7
★立原杏所
没　1840. 5. 20
★立原翠軒
没　1823. 3. 14
★立原道造
没　1939. 3. 29
★太刀山峰右衛門
没　1941. 4. 3
「脱亜論」　1885. 3. 16
★田令　556. 7. 6
★『謫居童問』　1668. この年
★田付景澄
没　1619. 10. 14
★田附政次郎
没　1933. 4. 26
脱籍無産者復籍規則　1870. 9. 4
★竜草廬
没　1792. 2. 2
竜田山　679. 11. -
★『韃靼漂流記』　1646. 8. -
★辰野金吾
没　1919. 3. 25
★辰野隆
没　1964. 2. 28
立間祥介
没　2014. 6. 2
★辰松八郎兵衛
没　1734. 5. 9
★辰丸事件　1908. 2. 5
辰巳屋騒動　1740. 3. 19
★辰巳柳太郎
没　1989. 7. 29
★竜村平蔵
没　1962. 4. 11
★竪穴式石室（石槨）　250. この頃
★伊達亀千代
家督を嗣がせる　1660. 7. 18　→伊達綱村
立川談志
没　2011. 11. 21
★建川美次
没　1945. 9. 9
★伊達邦成
没　1904. 11. 29
★伊達邦直
没　1891. 1. 12
★伊達源一郎
没　1961. 7. 15
★蓼胡蝶
没　1958. 7. 2
★伊達氏洞の乱　1542. 6. 20
★『伊達治家記録』　1703. この年
★伊達重村
没　1796. 4. 23
★伊達騒動　1660. 7. 18
★伊達稙宗
没　1565. 6. 19
★伊達千広
没　1877. 5. 18
楯築遺跡〔★楯築弥生墳丘墓〕　200. この前後から
★伊達綱宗
堀割助役を命ぜらる　1660. 2. 10
逼塞隠居　1660. 7. 18
没　1711. 6. 4
★伊達綱村
没　1719. 6. 20　→伊達亀千代
★伊達輝宗
戦死　1585. 10. 8
伊達直人
匿名の寄付　2010. 12. 25
★『伊達日記』　1584. 10. -
立野紙　1598. 3. 4
★『館林盛衰記』　1707. この年
★伊達晴宗
没　1577. 12. 5
伊達判決〔★砂川事件〕　1959. 3. 30　1959. 12. 16
★伊達秀宗
没　1658. 6. 8
★伊達政宗
没　1405. 9. 14
★伊達政宗
没　1636. 5. 24
伊達宗勝
処罰さる　1671. 4. 3
伊達宗重
斬殺　1671. 3. 27
★伊達宗紀
没　1889. 11. 25
★伊達宗城
没　1892. 12. 20
★『伊達宗城在京日記』　1916. この年
★伊達村候

没　1794. 9. 14
伊達村寿
没　1836. 3. -
★伊達持宗
没　1469. 1. 8
★楯山登
没　1926. この年
★伊達行朝
没　1348. 5. 9
★伊達吉村
没　1751. 12. 24
★帯刀貞代
没　1990. 3. 31
★田所哲太郎
没　1980. 3. 21
★田所輝明
没　1934. 11. 19
★『多度神宮寺伽藍縁起幷資財帳』
788. 11. -
★田中阿歌麿
没　1944. 12. 1
田中彰
没　2011. 11. 9
★田中市兵衛
没　1910. 7. 25
★田中一松
没　1983. 4. 19
★田中王堂
没　1932. 5. 7
★田中大秀
没　1847. 9. 16
★田中角栄
中国訪問　1972. 9. 25
逮捕　1976. 7. 27
保釈　1976. 7. 27
懲役４年・追徴金５億円の実刑判決
1983. 10. 12
脳梗塞により入院　1985. 2. 27
没　1993. 12. 16
★田中角栄内閣（第１次）　1972. 7. 7
田中角栄内閣（第２次）　1972. 12. 22
1973. 11. 25
★田中河内介
刑死　1862. 5. 1
★田中義一
没　1929. 9. 29
★田中義一内閣　1927. 4. 20　1929. 7. 2
★田中絹代
没　1977. 3. 21
★田中丘隅
没　1729. 12. 22
★田中国重
没　1941. 2. 29
★田中源太郎
没　1922. 4. 3
田中耕一
ノーベル化学賞受賞　2002. 10. 8
★田中耕太郎
没　1974. 3. 1
田中聡子
200m背泳世界新記録を樹立
1959. 7. 12
★田中静壱
自刃　1945. 8. 24
★田中治兵衛
没　1728. 11. 27
★田中勝介
ビベロのメキシコ行へ便乗
1610. 6. 13
★田中正造
明治天皇に足尾銅山鉱毒事件を直訴
1901. 12. 10
没　1913. 9. 4
★『田中正造全集』　1977. この年
★田中正平
没　1945. 10. 16
田中二郎
没　1982. 1. 16
★田中親美
没　1975. 11. 24
★田中萃一郎
没　1923. 8. 13
田中澄江
没　2000. 3. 1
田中寿美子
没　1995. 3. 15
★田中清玄
没　1993. 12. 10
田中製作所　1893. 11. 17
★田中善吉
没　1767. この年
★田中惣五郎
没　1961. 9. 4
田中卓
没　2018. 11. 24
田中健夫
没　2009. 10. 12
田中龍夫
没　1998. 3. 30
★田中舘愛橘
没　1952. 5. 21
★田中太郎
没　1932. 6. 5
田中千禾夫
没　1995. 11. 29
★田中智学
没　1939. 11. 17
田中千代
没　1999. 6. 28
★田中長三郎
没　1976. 6. 28
★田中長兵衛（初代）
没　1901. 11. 7
★田中長兵衛（２代）
没　1924. 3. 9
★田中伝左衛門（３代）
没　1801. この年
★田中伝左衛門（４代）
没　1830. この年
★田中伝左衛門（６代）
没　1853. この年
★田中伝左衛門（７代）
没　1860. この年
★田中伝左衛門（９代）
没　1909. 11. 11
★田中伝左衛門（10代）
没　1955. 2. 22
★田中藤六
没　1777. 8. 12
★田中訥言
没　1823. 3. 21
★田中宮　636. 6. -
★田中玄宰
没　1808. 8. 7
★田中久重（初代）
没　1881. 11. 7
★田中久重（２代）
没　1905. 2. 22
★田中宏
没　1933. 1. 27
★田中不二麻呂
没　1909. 2. 1
★田中冬二
没　1980. 4. 9
★田中平八
没　1884. 6. 8
★田中穂積
没　1944. 8. 22
田中正俊
没　2002. 11. 4
田中万逸
没　1963. 12. 5
田中路子
没　1988. 5. 18
★田中美知太郎
没　1985. 12. 18
★田中光顕
没　1939. 3. 28
★田中有美
没　1933. 2. 20
★田中芳男
没　1916. 6. 22
田中好子
没　2011. 4. 21
★田中由真
没　1719. 10. 21
★田中義能
没　1946. 3. 4
★田中義成
没　1919. 11. 4
★田中吉政
没　1609. 2. 18
★田中義麿
没　1972. 7. 1
★田中頼庸
没　1897. 4. 10
★田中隆吉
没　1972. 6. 5
★棚橋絢子
没　1939. 9. 21
★棚橋小虎
没　1973. 2. 20
★棚橋寅五郎
没　1955. 12. 11
★田辺有栄
没　1911. 9. 14
田辺一鶴
没　2009. 12. 22
★田辺五兵衛（初代）
没　1722. この年
★田辺五兵衛（14代）
没　1972. 10. 16
★田辺朔郎
没　1944. 9. 5
田辺昭三

没　2006. 2. 20
★田辺太一
没　1915. 9. 16
★田辺元
没　1962. 4. 29
★田辺治通
没　1950. 1. 30
★田辺尚雄
没　1984. 3. 5
田辺誠
社会党委員長に当選　1991. 7. 23
没　2015. 7. 2
★田辺茂啓
没　1768. 1. 30
★田辺安太郎
没　1930. 1. 26
谷内六郎
没　1981. 1. 23
★谷風梶之助（２代）
没　1795. 1. 9
谷川雁
没　1995. 2. 2
谷川健一
没　2013. 8. 24
★谷川士清
没　1776. 10. 10
★谷川徹三
没　1989. 9. 27
谷川道雄
没　2013. 6. 7
★谷口靄山
没　1899. 12. 30
谷口澄夫
没　2001. 1. 15
★谷口尚真
没　1941. 10. 30
★谷口雅春
没　1985. 6. 17
谷口吉郎
没　1979. 2. 2
谷啓
没　2010. 9. 11
★谷崎潤一郎
没　1965. 7. 30
谷沢永一
没　2011. 3. 8
★谷時中
没　1649. 12. 30
★谷秦山
没　1718. 6. 30
★『谷秦山日記』　1704. 2. 12
★谷宗牧
没　1545. 9. 22
★谷宗養
没　1563. 11. 18
★谷干城
没　1911. 5. 13
★谷文晁
没　1840. 12. 14
★谷正之
没　1962. 10. 26
★谷真潮
没　1797. 10. 18
★谷村計介
戦死　1877. 3. 4
★谷本富
没　1946. 2. 1
谷桃子
没　2015. 4. 26
★谷衛友
没　1627. 12. 23
★谷森善臣
没　1911. 11. 16
★田沼意次
小姓組番頭格となる　1747. 9. 15
大名に列し，評定所への出座を許可　1758. 9. 3
側用人に任じる　1767. 7. 1
罷免　1786. 8. 27
没　1788. 7. 24
★田沼意知
若年寄就任　1783. 11. 1
殺害　1784. 4. 2
多禰島　681. 8. 20　679. 11. 23　→種子島
★種子島　1543. 8. 25　→多禰島
多褹島司　824. 10. 1
★種子島時堯
没　1579. 10. 2
胤仁親王
立太子　1289. 4. 25　→後伏見天皇
★『種蒔く人』　1921. 2. -
★田内衛吉
獄死　1864. 11. 28
★田の調　646. 1. 1
★田能村竹田
没　1835. 8. 29
★田能村直入
没　1907. 1. 21
★頼母木桂吉
没　1940. 2. 19
憑子〔★頼母子〕　1275. 12. -
★煙草　1616. 10. 3　1642. 5. 24
田畑茂二郎
没　2001. 3. 8
田畑忍
没　1994. 3. 14
田端義夫
没　2013. 4. 25
田原城　1547. 9. 5
★田原坂の戦い　1877. 3. 20
★『旅寝論』　1699. この年
田淵節也
没　2008. 6. 26
狂心の渠　656. この年
★田部　574. 10. 9
田部井淳子
エベレスト登頂成功　1975. 5. 16
南極大陸の最高峰に登頂成功　1991. 1. 19
没　2016. 10. 20
★田保橋潔
没　1945. 2. 26
田儛　671. 5. 5
玉置宏
没　2010. 2. 11
★玉楮象谷
没　1869. 2. -
★『玉勝間』　1793. 1月頃　1794. 12. -
★玉川庄右衛門
没　1695. 6. 6
★玉川上水　1653. 2. 11　1654. 6. 20
★玉川千之丞（初代）
没　1671. この頃
★玉木文之進
自刃　1876. 11. 6
★玉木正英
没　1736. 7. 8
★玉城朝薫
没　1734. 1. 26
★玉滝荘　1058. この頃
★『玉たすき』　1811. この年
玉作軍団　728. 4. 11
★玉錦三右衛門
没　1938. 12. 4
玉の海正洋
没　1971. 10. 11
★玉乃世履
没　1886. 8. 8
★『霊能真柱』　1813. この年
★『玉鉾百首』　1787. この年
★玉松操
没　1872. 2. 15
★玉虫左太夫
没　1869. 4. -
★玉虫十蔵
没　1801. 11. -
★田丸稲之衛門
刑死　1865. 2. 4
★田丸節郎
没　1944. 8. 5
★田丸卓郎
没　1932. 9. 22
★田宮嘉右衛門
没　1959. 4. 13
田宮謙次郎
没　2010. 5. 5
★田宮如雲
没　1871. 4. 19
田宮猛雄
没　1963. 7. 11
田宮虎彦
没　1988. 4. 9
田宮博
没　1984. 3. 20
田村秋子
没　1983. 2. 3
★田村顕允
没　1913. 11. 20
★田村栄太郎
没　1969. 11. 29
田村圓澄
没　2013. 7. 10
★田村清顕
没　1586. 10. 9
田村幸策
没　1985. 2. 21
★田村駒治郎
没　1931. 3. 31
田村すゞ子
没　2015. 8. 3
田村騒動〔★信濃国松代藩領宝暦元年一揆〕　1751. 8. 7
★田村泰次郎
没　1983. 11. 2
田村高廣

没　2006. 5. 16
★田村建顕
没　1708. 1. 27
★田村俊子
没　1945. 4. 16
★田村直臣
没　1934. 1. 7
★田村成義
没　1920. 11. 8
田村元
没　2014. 11. 1
★田村又吉
没　1921. 10. -
★田村藍水
幕府に任用さる　1763. 6. 24
没　1776. 3. 23
★『為兼卿和歌抄』
1285. この年より弘安10年の間
★為永春水
著書絶版処分　1842. 10. 16
没　1843. 12. 22
★為平親王
没　1010. 11. 7
★『為房卿記』　1070. この年
★田母野秀顕
没　1883. 11. 29
★『多聞院日記』　1478. この年
田安家創始　1730. 11. 10
★田安宗武
没　1771. 6. 4
★田山花袋
没　1930. 5. 13
田谷力三
没　1988. 3. 30
★太良荘　1334. 8. 21　1356. 10. 23
★樽井藤吉
没　1922. 10. 25
★樽廻船　1672. 寛文年中
樽廻船問屋株　1772. この年
★ダレス
来日　1951. 1. 25
没　1959. 5. 24
★俵国一
没　1958. 7. 30
★田原淳
没　1952. 1. 19
★俵孫一
没　1944. 6. 17
俵萠子
没　2008. 11. 27
★俵物　1764. 3. 11　1831. 2. 27
★俵物一手請方制　1785. 2. 17
團伊玖磨
没　2001. 5. 17
★湛睿
没　1346. 11. 30
団鬼六
没　2011. 5. 6
★湛快
没　1174. この年
★湛海
没　1716. 1. 16
★『譚海』　1795. 5. -
★『丹鶴叢書』　1847. この年　1848. 2. 5
★檀一雄
没　1976. 1. 2
団勝磨
没　1996. 5. 18
★『断家譜』　1809. この年
★段祺瑞
没　1936. 11. -
★湛空
没　1253. 7. 27
塘沽停戦協定〔★塘沽協定〕
1933. 5. 31
★湛慶
没　1256. この年
丹下健三
没　2005. 3. 22
炭鉱離職者臨時措置法　1959. 9. 10
丹後地震〔★奥丹後地方大震災〕
1927. 3. 7
★『丹後史料叢書』　1927. この年
★丹後国　713. 4. 3
★団伊能
没　1973. 2. 9
男子普通選挙実現　1925. 3. 29
弾正原事件　1882. 11. 28
★弾正台　712. 5. 17
★弾正台　1869. 5. 22　1871. 7. 9
★男女雇用機会均等法　1985. 5. 17　1986. 4. 1
1999. 4. 1
★男女の法　645. 8. 5
男身の調の制　646. 8. 14
ダンスホール取締令　1928. 11. 10
★弾誓
没　1613. 5. 25
★『丹青若木集』　1624. この年
★段銭　1371. 11. 2
★湛増
没　1198. 5. 8
★『淡窓詩話』　1883. この年
★炭太祇
没　1771. 8. 9
団体規制法案　1999. 11. 2
★『胆大小心録』　1808. この年
★団体等規正令　1949. 4. 4
★団琢磨
暗殺　1932. 3. 5
★湛澄
没　1712. 2. 29
★『談唐詩選』　1811. この年
団藤重光
没　2012. 6. 25
★『歎徳文』　1366. 5. -
★弾直樹
没　1889. 7. 9
★丹那トンネル　1918. 4. 1　1933. 6. 19
1934. 12. 1
★湛然
没　782. この年
壇の浦　1185. 3. 24
丹波哲郎
没　2006. 9. 24
★丹波雅忠
没　1088. 2. 18
★丹波康頼
没　995. 4. 19
断夫山古墳　535. この頃
★タンマラカ
没　1949. この年
★檀林寺　836. この頃
★『談林十百韻』　1675. この年
団令子
没　2003. 11. 24

ち

千秋実
没　1999. 11. 1
治安維持の為にする罰則に関する件
1923. 9. 7
★治安維持法　1925. 3. 7　1941. 3. 10
1945. 10. 15
治安維持法改正案　1928. 6. 29　1934. 3. 16
治安維持法改正法案　1925. 8. 5
★治安警察法　1900. 3. 10　1907. 2. 12
1922. 4. 20　1926. 4. 9
地域振興券　1998. 11. 10　1999. 1. 29
地域における大学の振興及び若者の雇用機会の創出による若者の修学及び就業の促進に関する法律
2018. 6. 1
地井武男
没　2012. 6. 29
★智蘊
没　1448. 5. 12
★チェンバレン
没　1935. 2. 15
★知恩院　1523. 4. 18
★知恩寺　1523. 4. 18
★『地学正宗』　1851. この年
『智覚普明国師語録』　1388. 8. 13
★親子内親王
没　1877. 9. 2　→和宮
★地下式横穴墓　550. この頃
★近角常観
没　1941. 12. 3
地価税法　1991. 4. 24
地下鉄サリン事件　1995. 3. 20　1995. 3. 22
1998. 5. 26　1999. 9. 30　2002. 6. 26
2007. 7. 20　2008. 2. 15　2018. 7. 6　→オウム真理教
★『親信卿記』　972. この年
親仁親王
皇太子となる　1037. 8. 17　→後冷泉天皇
★近松茂矩
没　1778. 2. 17
★近松秋江
没　1944. 4. 23
★近松徳三
没　1810. 8. 23
★近松半二
没　1783. 2. 4
★近松門左衛門
没　1724. 11. 22
★『智環啓蒙』　1856. この年
地球温暖化対策推進大綱　1998. 6. 19
地球温暖化防止京都会議　1997. 12. 1
★『地球全図略説』　1793. この年
知行制度改革（鳥取藩）　1656. この年
★知空
没　1680. 5. 18
★知空

つ

★『筑紫道記』 1480. この年
★佃十成
没 1634. 3. 2
佃公彦
没 2010. 6. 28
★『菟玖波集』 1356. 3. 25 1357. 閏7. 11
★『筑波問答』 1357. この年より応安5年の間 1373. 延文2年以降この年までに 1388. 6. 13
九十九商会〖★三菱会社〗 1870. 10. 9
★作山古墳 425. この頃
★造山古墳 425. この頃
★津阪東陽
没 1825. 8. 23
★津崎矩子
没 1873. 8. 23
★辻維岳
没 1894. 1. 4
★辻清明
没 1991. 7. 30
辻邦生
没 1999. 7. 29
★辻潤
没 1944. 11. 24
★辻新次
没 1915. 11. 30
★辻善之助
史料編纂所長 1929. 7. 9
没 1955. 10. 13
★辻直四郎
没 1979. 9. 24
★辻番 1629. 6. - 1659. 3. - 1723. 2. 13
津島遺跡 100. この頃
★『津島紀事』 1809. 12. -
津島恵子
没 2012. 8. 1
★辻政信
没 1961. この頃
★津島寿一
没 1967. 2. 7
対馬丸撃沈 1944. 8. 22
津島佑子
没 2016. 2. 18
★都治無外
没 1727. 6. 23
★辻村太郎
没 1983. 7. 15
★辻本満丸
没 1940. 4. 24
★辻蘭室
没 1835. 12. 13
★津田出
没 1905. 6. 2
★津田梅子〖むめ〗
アメリカへ出発 1871. 11. 12
没 1929. 8. 16
★津田玄仙
没 1809. 12. 21
★津田監物
没 1567. 12. 23
★津田三蔵
謀殺未遂罪の無期徒刑と判決 1891. 5. 27
没 1891. 9. 30
★津田塾大学 1900. 9. 14
★津田信吾
没 1948. 4. 18
★津田仙
没 1908. 4. 24
★津田左右吉
没 1961. 12. 4
★津田宗及
没 1591. 4. 20
★津田宗達
没 1566. 8. 2
★津田永忠
没 1707. 2. 5
★津田秀夫
没 1992. 11. 15
★津田兵部
没 1695. この年
蔦文也
没 2001. 4. 28
★津田真道
没 1903. 9. 3
『蔦紅葉宇都谷峠』 1856. 9. -
★蔦屋重三郎
没 1797. 5. 6
★津田米次郎
没 1915. 11. 12
★『土』 1912. この年
★土一揆 1480. 9. 11
土一揆(京都) 1441. 9. 3 1454. 9. 8 1459. 9. 30 1459. 11. 9 1462. 10. 28 1463. 9. 28 1484. 11. 3 1488. 9. 2 1490. 3. 21 1490. 閏8. 14 1495. 10. 20 1504. 9. 11 1520. 1. 12 1546. 10. 5
土一揆(山城) 1454. 6. 11 1457. 10~11月 1465. 11. 11 1478. 12. 7 1480. 11. 19 1496. 12. 1 1509. 2. 19
土一揆(大和) 1429. 1~2月 1432. 9. 11 1432. 9. 24 1451. 10. 14 1454. 12. 3
土一揆(近江) 1447. 7. - 1456. 9. 19
土一揆(丹波) 1429. 2. 5
土一揆(出雲) 1476. 4. 14
★土川平兵衛
没 1843. 4. 15
★土田杏村
没 1934. 4. 25
土田国保
没 1999. 7. 4
★土田直鎮
没 1993. 1. 24
★土田麦僊
没 1936. 6. 10
★土橋八千太
没 1965. 3. 11
土丸城 1379. 1. 22
★土御門定通
没 1247. 9. 28
土御門第 1116. 8. 19
★土御門内裏 1401. 8. 3 1456. 7. 20
★土御門天皇
譲位 1210. 11. 25
配流 1221. 閏10. 10
阿波国に遷流 1223. 5. -
没 1231. 10. 11
土御門殿 1117. 11. 10
★土御門晴雄
没 1869. 10. 6
★土御門泰邦
没 1784. 5. 9
★土御門泰重
没 1661. 8. 19
★土御門泰福
諸国陰陽師主管の朱印状 1683. 9. 25
没 1717. 6. 17
土御門泰栄
処罰 1796. 10. 5
★土屋篤直
没 1776. 5. 20
★土屋数直
没 1679. 4. 2
★土屋邦敬
没 1878. 9. 1
★土屋喬雄
没 1988. 8. 19
★土屋文明
没 1990. 12. 11
★土屋政直
朝鮮御用掛となる 1705. 4. 28
没 1722. 11. 16
★土屋又三郎
没 1719. 1. -
土屋義彦
没 2008. 10. 5
筒井敬介
没 2005. 1. 8
★筒井定次
自害 1615. 3. 5
筒井順永
没 1476. 4. 5
筒井順覚
後南朝方に敗死 1434. 8. 14
★筒井順慶
大和守護に任じる 1576. 5. 3
没 1584. 8. 11
筒井順興
没 1535. 7. 5
筒井城 1565. 11. 18
★筒井政憲
没 1859. 6. 8
★筒井村作兵衛
没 1732. 9. 23
筒城 511. 10. -
★都筑馨六
没 1923. 7. 6
★堤磯右衛門
没 1891. 1. 28
堤清二
没 2013. 11. 25
堤精二
没 2017. 11. 7
★堤康次郎
没 1964. 4. 26
★綱島梁川
没 1907. 9. 14
綱淵謙錠
没 1996. 4. 14
津波対策の推進に関する法律 2011. 6. 24
★『綱光公記』 1446. この年
津波防災の日 2011. 6. 24
★常明親王
没 944. 11. 9

て

★天竜道人
没 1809. 8. 21
電力管理法 1938. 4. 6
電力調整令 1939. 10. 18
★電力連盟 1932. 4. 19
天倫道彝
義満に引見さる 1402. 9. 5
★『篆隷万象名義』 835. 3. 21
電話交換〔★電信電話事業〕
1890. 12. 16

と

★刀伊 1019. 3. 28 1019. 4. 13 1019. 7. 7
★土井ヶ浜遺跡 前250. この頃
土居健郎
没 2009. 7. 5
★土居清良
没 1629. 3. 24
★土居光華
没 1918. 12. 11
砥石城 1550. 9. 1
★土肥春曙
没 1915. 3. 2
土井隆雄
日本人初の宇宙遊泳 1997. 11. 25
土井たか子
社会党委員長に当選 1986. 9. 6
衆議院議長に選出 1993. 8. 6
社民党党首辞任 2003. 11. 13
没 2014. 9. 20
土井辰雄
没 1970. 2. 20
★戸板康二
没 1993. 1. 23
★『独逸学協会雑誌』 1883. 10. 15
★『独逸語学雑誌』 1898. 10. -
ドイツに宣戦布告 1914. 8. 23
土井利厚
没 1822. 7. 7
★土井利勝
大老に任じられる 1638. 11. 7
没 1644. 7. 10
★土井利里
没 1777. 8. 14
★土井利忠
没 1868. 12. 3
★土井利位
没 1848. 7. 2
★土井利意
没 1724. 閏4. 27
刀伊の入寇 1019. 3. 28
★土井晩翠
没 1952. 10. 19
★問丸 1135. 8. 14
★土居通夫
没 1917. 9. 9
★土居通増
没 1336. 10. 11
★『東亜』 1898. 4. -
東亜繊維工業会 1942. 10. 14
★『東亜先覚志士記伝』 1933. この年
★東亜同文会 1898. 11. 2
★東亜同文書院 1900. 5. 1
★『東亜日報』 1920. 4. 1
★道阿弥
没 1413. 5. 9
★『東域伝燈目録』 1094. この年
統一地方選挙（第1回） 1947. 4. 5
★『島隠漁唱』 1496. この年以前
★洞院公賢
没 1360. 4. 6
★洞院公定
没 1399. 6. 15
★洞院実雄
没 1273. 8. 16
★洞院実世
没 1358. 8. 19
★『ドゥーフ日本回想録』 1833. この年
★『道富ハルマ』 1833. 12. -
★道雄
没 851. 6. 8
★『東奥日報』 1888. 12. 6
★踏歌 693. 1. 16 968. 8. 22
★銅戈 前200. この頃
★道契
没 1876. 7. 23
★『東海一漚集』 1375. 1. 8
★『東海暁鐘新聞』 1891. 11. 22
東海銀行 2000. 7. 5
★『東海瓊華集』 1437. 4. 20
★『東海経済新報』 1880. 8. -
★『唐開元礼』 732. この年
★東海寺 1639. 5. 19
★『東海新聞』 1882. 9. 14
★『東海新聞』 1894. 11. 20
★東海道 1194. 11. 8
東海道幹線自動車国道建設法
1960. 7. 25
★「東海道五拾三次」 1833. この年
東海道新幹線 1964. 10. 1
★東海道線 1889. 7. 1
★『東海道中膝栗毛』 1802. この年
★『東海道分間絵図』 1690. この年
★『東海道名所図会』 1797. この年
★『東海道四谷怪談』 1825. 7. -
東海村 1956. 4. 6
燈火管制 1945. 8. 20
燈火管制規則 1938. 4. 4
★『桃華蘂葉』 1480. 4. -
★東巌慧安
没 1277. 11. 3
★『東関紀行』 1242. この年
★統監府 1905. 1. 21
★等熙
没 1462. 6. 11
★東儀鉄笛
没 1925. 2. 4
東急日本橋店閉店 1998. 9. 16
★東京 1868. 7. 17
★道教
没 1236. 5. 26
★道鏡
少僧都となる 763. 9. 4
大臣禅師となる 764. 9. 20
太政大臣禅師となる 765. 閏10. 2
法王とする 766. 10. 20
大臣以下拝賀す 769. 1. 3
造下野国薬師寺別当として追放
770. 8. 21
没 772. 4. -
★『東京曙新聞』 1875. 6. 2 →新聞雑誌
東京医学校 1877. 4. 12
東京英学校 1883. 9. -
東京HIV訴訟 1996. 3. 29
★『東京絵入新聞』 1876. 3. 2
東京英和学校 1883. 9. -
東京駅 1914. 3. -
★道鏡慧端
没 1721. 10. 6
★東京音楽学校 1887. 10. 5
東京外国語大学 1897. 4. 27
東京開市 1868. 11. 19
東京開成学校〔★東京大学〕
1877. 4. 12
東京学士会院〔★日本学士院〕
1879. 1. 15
★『東京学士会院雑誌』 1879. 6. -
★東京瓦斯会社 1885. 8. 28
東京瓦斯局 1885. 8. 28
★『東京仮名書新聞』 1873. 1. -
東京株式取引所〔★株式取引所〕
1878. 6. 1
東京気象台 1875. 6. 1
東京共同銀行 1995. 1. 13
東京銀行〔★横浜正金銀行〕
1995. 3. 28
★『東京経済雑誌』 1879. 1. 29
東京警視庁 1874. 1. 15 1877. 1. 11
★東京劇場 1945. 9. 1
東京工業学校 1881. 5. 26
★東京交通労働組合 1940. 7. 7
★『東京公論』 1889. 1. 3
東京国際女子マラソン（第1回）
1979. 11. 18
『東京さきがけ』 1878. 12. 17
東京左翼劇場〔★左翼劇場〕
1928. 4. 21
東京市会汚職事件〔★東京市疑獄〕
1900. 11. 15
★『東京市史稿』 1911. 12. -
東京市政刷新同盟 1926. 5. 3
★東京市政調査会 1922. 2. 24
東京市築地魚市場 1923. 12. 1
東京市電値上げ反対市民大会〔★東京市電値上げ反対焼打ち事件〕
1906. 3. 11
東京市道路工事疑獄事件 1920. 11. 22
★東京芝浦電気 1939. 7. 1
東京師範学校 1886. 4. 29
東京修身学社 1876. 4. 7
東京女医学校 1900. 12. 5
東京城 1868. 10. 13
東京商科大学〔★一橋大学〕 1920. 4. 1
東京商業会議所〔★商業会議所〕
1891. 1. 12
東京招魂社 1869. 6. 29
東京商船学校 1882. 4. 1
東京松竹楽劇部 1928. 10. 12
東京商法会議所〔★商業会議所〕
1878. 3. 12
東京女学校 1872. 2. -
東京女子医科大学 1900. 12. 5
★東京女子大学 1918. 4. 30
東京書籍 1909. 9. 27

東京職工学校〔★東京工業大学〕 1881.5.26
★東京神学社 1904.11.3
★『東京新誌』 1876.3.-
★『東京新繁昌記』 1874.4.-
★『東京新聞』 1878.12.17
★『東京新聞』 1942.10.1
『東京人類学雑誌』〔★人類学雑誌〕 1912.この年
東京スカイツリー 2012.5.22
東京専門学校〔★早稲田大学〕 1882.10.21
東京相和銀行経営破綻 1999.6.12
★東京大学 1877.4.12
東京大学職制 1881.6.15
東京大学予備門 1886.4.29
東京大空襲 1945.5.25~26
東京大正博覧会 1914.3.20
★『The Tokio Times』〔『トウキョウ=タイムズ』〕 1877.1.6
東京タワー 1958.12.23
東京地下鉄道 1920.8.29
東京地質学会 1893.5.-
東京朝鮮労働同盟会 1922.11.-
東京帝国大学〔★東京大学〕 1897.6.22
東京帝室博物館 1882.3.20
東京ディズニーランド 1983.4.15
東京帝大セツルメント 1923.12.14 1924.6.10 1938.2.3
★東京電燈会社 1886.7.5
東京天文台〔★天文台〕 1888.6.4
東京電力福島第1原子力発電所 2011.3.11
★『東京独立雑誌』 1898.6.10
東京都公安条例 1949.10.20
東京都公害研究所 1968.4.1
東京都公害防止条例 1969.7.2
東京図書館 1897.4.27
東京都制 1943.6.1
★『東京日日新聞』 1872.2.21 1882.1.- 1943.1.1
★東京馬車鉄道 1882.6.25
★東京美術学校 1887.10.5 1898.3.29
『東京平仮名絵入新聞』 1876.3.2
東京フィルハーモニー会 1915.5.23
★『東京風俗志』 1899.10.-
東京府会 1879.3.20
東京府庁舎 1894.7.29
東京物理学講習所 1881.9.11
東京府美術館 1926.5.1
東京法学社 1880.9.12
東京放送局(JOAK) 1925.3.1
東京三菱銀行 2000.4.19
★東京無産党 1929.12.25
東京盲唖学校 1909.4.7
東京盲学校 1909.4.7
東京モノレール 1964.9.17
『東京横浜毎日新聞』 1879.11.18 1882.1.- 1886.5.1
★『東京輿論新誌』 1880.11.6
東京理科大学 1881.9.11
東京聾唖学校 1909.4.7
東京労働講習所 1920.11.5
東京6大学野球リーグ 1925.9.20
東京湾アクアライン 1997.12.18
★登極令 1909.2.11
★『統計集誌』 1880.11.-
★『道家祖看記』 1643.この年
★銅剣 前200.この頃
★道元
渡宋 1223.2.-
帰国 1227.この年
興正寺を開山 1233.この春
没 1253.8.28
★『桃源遺事』 1701.12.-
★桃源瑞仙
没 1489.10.28
★『東湖遺稿』 1877.この年
★道興
没 1501.9.23
★同交会 1926.1.15
統合型リゾート実施法 2018.7.27
★東郷茂徳
没 1950.7.23
★東郷青児
没 1978.4.25
★東郷重位
没 1643.6.27
★道晃入道親王
没 1679.6.18
★東郷平八郎
没 1934.5.30
★『東国紀行』 1545.3.7
★『東金堂細々要記』 1334.この年
東国防人の制 757.閏8.27
★銅座 1701.この年 1738.4.4 1766.6.3
★『東西紀聞』 1863.この年
★『東斎随筆』 1481.4.2
★『東西評林』 1862.この年
唐使 633.1.26 779.10.17
東寺 796.この年 →教王護国寺
★道慈
帰国する 718.12.13
大安寺を改造 729.この年
没 744.10.2
★等持院 1339.7.6
東寺灌頂 1115.10.7
東寺講堂 839.6.15
同志社英学校 1875.11.29
同志社事件 1937.3.16
★同志社大学 1875.11.29
「投資ジャーナル」グループ 1984.8.24
投資信託販売 1997.7.31
★『同時代史』 1949.この年
同時多発テロ 2001.9.11
★『東寺塔供養記』 1086.この年 1334.9.24
統子内親王
皇后となる 1158.2.3 →上西門院
東芝 2015.2.12 2015.7.20 2017.8.10
★『堂島旧記』 1615.この年
堂島米会所 1727.2.-
堂島新地 1688.この年
★『童子問』 1693.この年
★道宗
没 1516.この年
★『藤樹先生遺稿』 1795.この年
★同潤会 1924.5.23
★『唐書』 1150.この年
★道昌
没 875.2.9
★道昭
没 700.3.10
★道昭
没 1355.12.22
★道正庵隆英
没 1248.7.24
★東条一堂
没 1857.7.13
★唐紹儀
没 1938.9.30
★東条琴台
没 1878.9.26
★東照宮(上野) 1627.9.17 →東照社
『東照宮年譜』 1646.4.17
東照社(上野) 1626.11.13 →東照宮
東照社に宮号を付す 1645.11.11
東照大権現 1617.2.21
東条輝雄
没 2012.11.9
★東条内閣 1941.10.18 1943.4.20 1944.7.18
★東条英機
刑死 1948.12.23
鄧小平
来日 1978.10.22
★東条操
没 1966.12.18
東食 1997.12.18
★道助入道親王
没 1249.1.16
銅代物替 1695.8.-
★唐人お吉
没 1890.3.27
★唐人屋敷 1688.7.-
★桃水雲渓
没 1683.9.19
★『桃蘂御集』 1732.この年以降
★統帥権干犯問題 1930.4.25
★『東陲民権史』 1903.7.-
★『東征絵伝』 1298.8.-
統制会社令 1943.10.18
★『当世書生気質』 1885.6.-
★東征大総督 1868.2.9
★道璿
大宰府に来着 736.5.18
律師に任ずる 751.4.22
没 760.閏4.18
★銅銭 683.4.15 709.8.2 721.1.29
★『東遷基業』 1732.この年
★東禅寺事件 1861.5.28 1862.5.29
銅銭通用 1226.8.1
★『東潜夫論』 1844.この年
★東大寺 1181.1.4
★東大寺戒壇院 755.9.-
東大寺供養 1203.11.30
東大寺西院 1031.1.11
東大寺再建供養会 1195.3.12
★『東大寺衆徒参詣伊勢大神宮記』 1186.5.-
東大寺上棟 1190.10.19
東大寺真言院 822.2.11
★東大寺僧形八幡神像 1201.12.27
東大寺大仏 747.9.29 1183.5.18
★『東大寺大仏縁起』 1536.この年
東大寺大仏開眼供養 1185.8.28

★遠山友政
　没　1619.12.19
★『渡海新法』　1804.この年
都会地転入抑制緊急措置令　1946.3.9
★『渡海標的』　1835.この年
十返千鶴子
　没　2006.12.20
富樫成春
　加賀半国守護に補任　1447.5.17
★富樫政親
　近江から帰国　1487.12.-
　自刃　1488.6.9
富樫満成
　足利義嗣通謀発覚　1418.11.24
　高野山に遁世　1418.11.24
　誅殺　1419.2.-
★富樫泰高
　加賀半国守護に補任　1447.5.17
『(校正再刻) とがのぞき規則』〔★科除規則〕　1869.この年
戸川昌子
　没　2016.4.26
戸川安倫
　蝦夷地奉行に任じる　1802.2.23
戸川幸夫
　没　2004.5.1
★時枝誠記
　没　1967.10.27
★『言国卿記』　1474.この年
★土岐定政
　没　1597.3.3
時実新子
　没　2007.3.10
時実利彦
　没　1973.8.3
★土岐氏の乱　1390.閏3.25
★富木常忍
　没　1299.3.20
土器製塩　前1500.この頃　前50.この頃
★土岐善麿
　没　1980.4.15
★『言継卿記』　1527.この年　1579.3.2
★『言経卿記』　1576.この年
土岐成頼
　足利義視を伴い美濃に下向　1477.11.11
時の記念日　1920.6.10
★『時信記』　1130.この年
時野谷滋
　没　2006.5.3
言仁親王
　皇太子となる　1178.12.15　→安徳天皇
★『伽婢子』　1666.この頃
★土岐持頼
　没　1440.5.16
★土岐康政
　没　1418.この年
★土岐康行
　没　1404.10.6
★時山直八
　戦死　1868.5.13
都教組　1958.4.23
★『時慶卿記』　1587.この年
★世良親王
　没　1330.9.18
★斉世親王
　出家　901.2.2
　没　927.9.10
土岐頼有
　殺害　1324.9.19
★土岐頼遠
　斬首　1342.12.1
★土岐頼芸
　没　1582.12.4
★土岐頼益
　没　1414.4.4
★土岐頼康
　没　1387.12.25
★土岐頼行
　没　1684.12.10
土岐頼世
　美濃守護に補任　1390.閏3.-
常盤新平
　没　2013.1.22
★常磐津兼太夫（2代）
　没　1802.6.16
★常磐津兼太夫（3代）
　没　1814.7.27
★常磐津兼太夫（5代）
　没　1861.8.15
★常磐津兼太夫（7代）
　没　1944.8.18
★常磐津小文字太夫（6代）
　没　1872.11.13
★常磐津松尾太夫（3代）
　没　1947.7.13
★常磐津文字太夫（初代）
　常磐津節を創始　1747.この年
　没　1781.2.1
★常磐津文字太夫（2代）
　没　1799.7.8
★常磐津文字太夫（3代）
　没　1819.12.1
★常磐津文字太夫（4代）
　没　1862.8.8
★常磐津文字太夫（5代）
　没　1869.2.29
★常磐津文字太夫（6代）
　没　1930.2.15
★常磐津文字太夫（7代）
　没　1951.5.4
★常磐津文字兵衛（初代）
　没　1905.1.6
★常磐津文字兵衛（2代）
　没　1924.10.29
★常磐津文字兵衛（3代）
　没　1960.8.6
★常磐津林中
　没　1906.5.6
★独庵玄光
　没　1698.2.11
「徳育涵養ノ義ニ付建議」　1890.2.26
毒入り餃子　2008.1.30　2008.7.7頃　2010.3.26
★土偶　前7000.この頃　前2500.この頃
★徳王
　没　1966.この年
★徳翁良高
　没　1709.2.7
徳岡神泉
　没　1972.6.9
★徳川昭武
　没　1910.7.3
★徳川家定
　征夷大将軍・内大臣に就任　1853.10.23
　家祥を家定と改名　1853.11.23
　没　1858.7.6
★徳川家達
　没　1940.6.5
★徳川家重
　比宮と婚儀　1731.12.15
　将軍宣下　1745.11.2
　没　1761.6.12
★徳川家継
　将軍宣下　1713.4.2
　没　1716.4.30
★徳川家綱
　将軍宣下　1651.8.18
　没　1680.5.8
★徳川家斉
　将軍宣下　1787.4.15
　角力を観覧　1791.6.11
　太政大臣に任じられる　1827.3.18
　西丸へ移徙　1837.4.2
　没　1841.閏1.30
★徳川家宣
　将軍養嗣子となる　1704.12.5
　将軍宣下　1709.5.1
　没　1712.10.14
★徳川家治
　本丸へ移徙　1760.5.13
　将軍宣下　1760.9.2
　日光社参　1776.4.17
　豊千代を養嗣子とする　1781.閏5.18
　没　1786.9.8
徳川家正
　没　1963.2.18
★徳川家光
　征夷大将軍に任じられる　1623.7.27
　林羅山の『尚書堯典』を聴く　1633.7.17
　没　1651.4.20
　日光山に葬らる　1651.5.6
　正一位太政大臣・大猷院号を追贈　1651.5.17
★徳川家茂
　慶福を家茂と改名　1858.7.21
　征夷大将軍・内大臣に就任　1858.10.25
　上洛　1863.3.4
　没　1866.7.20
★徳川家康
　遠江に侵入　1568.12.-
　越前へ出陣　1570.4.20
　浜松城に移る　1570.6.-
　岡崎に入る　1579.8.3
　堺より三河国に戻る　1582.6.4
　秀吉勢を尾張国長久手に破る　1584.4.9
　秀吉と和睦　1584.12.12
　大坂城で秀吉と会見　1586.10.27
　駿府城に移る　1586.12.4
　北条氏旧領に移封さる　1590.7.13

な

★内藤清次
　没　1617. 7. 1
内藤重次
　諸国金銀奉行に任じらる
　1627. この年
内藤如安
　明皇帝に謁し，冊封等の和議条件を約す　1594. 12. 14　→小西如庵
★内藤丈草
　没　1704. 2. 24
内藤新宿〔★新宿〕　1772. 4. 9
★内藤忠興
　没　1674. 10. 13
★内藤民治
　没　1965. 7. 15
★内藤耻叟
　没　1903. 6. 7
★内藤虎次郎
　没　1934. 6. 26
★内藤信成
　没　1612. 7. 24
★内藤風虎
　没　1685. 9. 19
★内藤政長
　没　1634. 10. 17
★内藤鳴雪
　没　1926. 2. 20
内藤誉三郎
　没　1986. 3. 16
★内藤魯一
　没　1911. 6. 29
★内藤露沾
　没　1733. 9. 14
ナイフ形石器　約３万5000年前.
★内務省　1873. 11. 10　1947. 12. 31
★『内務省日誌』　1875. 2. -
★『内務省年報』　1875. 7. -
ナイル
　没　1990. 4. 22
★ナウマン
　没　1927. この年
★直江兼続
　没　1619. 12. 19
直江津線　1893. 4. 1
直木孝次郎
　没　2019. 2. 2
★直木三十五
　没　1934. 2. 24
★直木賞（第１回）　1935. 9. -
直木賞（戦後最初）　1949. 8. -
★『直物抄』　1165. この年
★直胤
　没　1857. この年
★尚仁親王
　没　1689. 8. 6
★直仁親王
　帰京　1357. 2. 18
　没　1398. 5. 14
★直仁親王
　没　1753. 6. 2
★『直毘霊』　1771. 10. -
★直良信夫
　没　1985. 11. 2
★長井雅楽
　切腹　1863. 2. 6
★永井荷風
　没　1959. 4. 30
★中井敬所
　没　1909. 9. 30
★中井源左衛門
　没　1805. この年
永井繁
　アメリカへ出発　1871. 11. 12
★中井甃庵
　没　1758. 6. 17
那珂遺跡　前400. この頃
★中井太一郎
　没　1913. この年
★中井猛之進
　没　1952. 12. 6
永井龍男
　没　1990. 10. 12
★中井竹山
　懐徳堂の学主となる　1782. この年
　没　1804. 2. 5
★永井直勝
　没　1625. 12. 29
永井尚長
　内藤忠勝によって刺殺さる
　1680. 6. 26
★永井尚政
　没　1668. 9. 11
★永井尚志
　没　1891. 7. 1
★長井長義
　没　1929. 2. 20
★中井信彦
　没　1990. 11. 27
★中井弘
　没　1894. 10. 10
★中井正一
　没　1952. 5. 17
★中井正清
　没　1619. 1. 21
永井道雄
　没　2000. 3. 17
★長井宗秀
　没　1327. この年
★中居屋重兵衛
　牢死　1861. 8. -
永井弥太郎
　没　2007. 3. 21
永井陽之助
　没　2008. 12. 30
★中井履軒
　没　1817. 2. 15
★永井柳太郎
　没　1944. 12. 4
中内功
　没　2005. 9. 19
★中浦ジュリアン
　刑死　1633. 9. 19
★中江丑吉
　没　1942. 8. 3
★中江兆民
　フランスへ留学　1871. 11. 12
　没　1901. 12. 13
★中江藤樹
　没　1648. 8. 25
★長江荘　1219. 3. 9
中江岷山
　没　1726. 6. 10
★長岡外史
　没　1933. 4. 21
★長岡京　784. 6. 10　784. 11. 11
長尾景虎
　義輝に謁見　1559. 4. 21
　関東管領上杉氏を嗣ぎ政虎と改名
　1561. 閏3. 16　→上杉謙信
★長尾景仲
　没　1463. 8. 26
★長尾景長
　没　1528. 1. 15
★長尾景春
　没　1514. 8. 24
★長岡監物
　没　1859. 12. 17
★中岡慎太郎
　没　1867. 11. 17
★永岡鶴蔵
　没　1914. 2. 10
長岡輝子
　没　2010. 10. 18
『長岡日報』　1907. 4. 1
★長岡半太郎
　没　1950. 12. 11
★永岡久茂
　獄死　1877. 1. 12
★『長興宿禰記』　1475. この年
★仲尾次政隆
　没　1871. 7. 8
中尾城　1550. 6. 9　1550. 11. 19
★長尾為景
　没　1542. この年
長尾晴景
　没　1553. 2. 10
長尾政景
　没　1564. 7. 5
★長尾能景
　討死　1506. 9. 19
★中神琴渓
　没　1833. 8. 4
★中上健次
　没　1992. 8. 12
中川一郎
　没　1983. 1. 9
中川乙由
　没　1739. 8. 18
中川一政
　没　1991. 2. 5
★中川清秀
　戦死　1583. 4. 20
中川敬一郎
　没　2007. 3. 25
★中川小十郎
　没　1944. 10. 7
★中川淳庵
　没　1786. 6. 7
中川昭一
　没　2009. 10. 4
中川志郎
　没　2012. 7. 16
★中川末吉
　没　1959. 4. 9
中川清三郎

御蔵米御用を命ぜらる　1727. 2. -
★中川善之助
没　1975. 3. 20
★中川忠英
没　1830. 9. -
★中川久清
没　1681. 11. 20
★中川秀政
戦死　1593. この年
中河与一
没　1994. 12. 12
★中勘助
没　1965. 5. 3
★長久保赤水
没　1801. 7. 23
★長坂長閑
誅殺　1582. 3. -
★長崎　1616. 8. 8
★長崎英造
没　1953. 4. 29
★『The Nagasaki Express』〔ナガサキ＝エクスプレス〕　1869. 12. 14
★長崎会所　1698. この年
★『長崎紀聞』　1807. この年，或いは翌年
★『長崎警衛記録』　1932. この年
★『長崎古今集覧』　1811. この年
★『長崎志正編』　1760. この年
★『長崎志続編』　1760. この年
『長崎実録大成』〔★長崎誌〕　1760. この年
長崎城（越前）　1480. 7. 11
長崎清国水兵事件〔★清国水兵暴行事件〕　1886. 8. 13
長崎県ストーカー殺人事件　2016. 7. 21
★『長崎先民伝』　1731. この年
★長崎造船所　1887. 6. 7
★長崎代官　1676. 4. -　1739. 3. 15
★長崎高貞
京都へ派遣　1331. 5. 5
斬死　1334. この年
★長崎高資
自刃　1333. 5. 22
★長崎高綱
自刃　1333. 5. 22
★『長崎談叢』　1928. 5. -
長崎銅会所　1766. 6. 3
★長崎奉行　1686. 8. 21　1699. 6. 28　1713. 3. 24　1752. 2. 15
★『長崎聞見録』　1800. この年
長崎貿易　1672. 3. 23
★『長崎土産』　1681. この年　1847. この年
★『長崎名勝図絵』　1829. 文政年間
★長崎養生所　1861. 8. 17
★中里介山
没　1944. 4. 28
★長澤規矩也
没　1980. 11. 21
中沢啓治
没　2012. 12. 19
★長沢道寿
没　1637. 9. 14
★中沢道二
没　1803. 6. 11
★長沢別天
没　1899. 11. 22
★中沢弁次郎
没　1945. 11. 28
★中沢臨川
没　1920. 8. 9
★長沢蘆雪
没　1799. 6. 8
★中支那振興株式会社法　1938. 4. 30
長篠城　1575. 4. 21
★長篠の戦　1575. 5. 21
長島愛生園　1930. 11. 20
中島梓（栗本薫）
没　2009. 5. 26
★中島敦
没　1942. 12. 4
★中島勝義
没　1932. 7. 15
★中島久万吉
「足利尊氏論」問題化により商相辞任　1934. 2. 7
没　1960. 4. 25
★中島健蔵
没　1979. 6. 11
長嶋茂雄
国民栄誉賞受賞　2013. 5. 5
★中島棕隠
没　1855. 6. 28
★永島段右衛門
没　1891. 1. 11
★中島知久平
没　1949. 10. 29
★中島藤衛門
没　1825. 4. 8
★中島信行
没　1899. 3. 26
中島治康
没　1987. 4. 21
★中島広足
没　1864. 1. 21
永島福太郎
没　2008. 8. 19
中島通子
没　2007. 7. 29
中嶋嶺雄
没　2013. 2. 14
★中島三甫右衛門（初代）
没　1762. この年
★中島三甫右衛門（２代）
没　1782. この年
★中島三甫右衛門（３代）
没　1783. この年
★中島三甫右衛門（４代）
没　1822. この年
★中島三甫右衛門（５代）
没　1861. この年
中島洋次郎
政党助成法違反で逮捕　1998. 10. 29
実刑判決　1999. 7. 14
実刑判決　2000. 9. 28
自殺　2001. 1. 6
★中島力造
没　1918. 12. 21
★『中島両以記文』　1675. 4. -
★中条家長
没　1236. 8. 25
★仲小路廉
没　1924. 1. 17
★中甚兵衛
没　1730. 9. 20
永末英一
没　1994. 7. 10
長洲一二
没　1999. 5. 4
★長瀬富郎
没　1911. 10. 26
★中先代の乱　1335. 7. 22
★中曾根内閣（第１次）　1982. 11. 27
中曾根内閣（第２次）　1983. 12. 27　1984. 11. 1　1985. 12. 28
中曾根内閣（第３次）　1986. 7. 22
★中田薫
没　1967. 11. 21
★永田一二
没　1897. 1. 28
★中田重治
没　1939. 9. 24
永田武
没　1991. 6. 3
★永田鉄山
陸軍省軍務局長に就任　1934. 3. 5
斬殺　1935. 8. 12
★永谷義弘
没　1778. 5. 17
中田祝夫
没　2010. 4. 13
永田洋子
逮捕　1972. 2. 17
死刑判決　1982. 6. 18
★永田広志
没　1947. 9. 7
★永田雅一
没　1985. 10. 24
★長田幹彦
没　1964. 5. 6
★永田茂右衛門
没　1659. 5. 22
中田易直
没　2015. 1. 21
中田喜直
没　2000. 4. 30
長津　661. 3. 25
★『中務内侍日記』　1292. 4月以降
★長塚節
没　1915. 2. 8
長津宮〔★磐瀬行宮〕　661. 7. -
★『中津版オランダ辞書』　1810. この年
★中天游
没　1835. 3. 26
長門勇
没　2013. 6. 4
長門裕之
没　2011. 5. 21
★永富独嘯庵
没　1766. 3. 5
★中臣大島
没　693. この年
★中臣意美麻呂
没　711. 閏6. 22
★中臣勝海
殺害　587. 4. 2
★中臣金

斬罪　672. 8. 25
中臣名代
拝朝　736. 8. 23
長瀞質地騒動〔★出羽国天領享保八年質地騒動〕 1723. 2. 7
★中西伊之助
没　1958. 9. 1
★中西牛郎
没　1930. この年
中西啓介
没　2002. 1. 27
中西香爾
没　2019. 3. 28
★中西深斎
没　1803. 3. 22
★中西宗助
没　1733. 8. 19
★中西敬房
没　1781. この年
★中西梅花
没　1898. 9. 3
★長沼賢海
没　1980. 7. 14
★中沼左京
没　1655. 2. 27
長沼ナイキ訴訟　1970. 4. 18　1973. 9. 7
★長沼妙佼
没　1957. 9. 10
★長沼宗政
没　1240. 11. 19
★長沼宗敬
没　1690. 11. 21
★長沼守敬
没　1942. 7. 18
★中根元圭
没　1733. 9. 2
★中根雪江
没　1877. 10. 3
★中根東里
没　1765. 2. 7
★長野朗
没　1975. この年
仲石伴
遣唐大使に任ず　761. 10. 22
★『中院一品記』 1336. この年
★中院親光
没　1377. 4. -
★中院通勝
没　1610. 3. 25
★中院通茂
没　1710. 3. 21
★中院通重
没　1322. 9. 15
★中院通成
没　1286. 12. 23
★中院通秀
没　1494. 6. 22
★中院通冬
没　1363. 閏1. 25
★中院通村
没　1653. 2. 29
★長皇子
没　715. 6. 4
中大兄皇子
皇太子となる　645. 6. 14
有間皇子を訊問　658. 11. 9
称制　661. 7. 24　→天智天皇
★永野修身
没　1947. 1. 5
★中野金次郎
没　1957. 10. 30
長野県教員赤化事件　1933. 2. 4
長野県西部地震　1984. 9. 14
★中野梧一
没　1883. 9. 19
中ノ郷アパート　1926. 8. 6
中野孝次
没　2004. 7. 16
★永野重雄
没　1984. 5. 4
★中野重治
没　1979. 8. 24
★中野二郎三郎
没　1918. 9. 4
長野新幹線　1997. 10. 1
★仲野親王
没　867. 1. 17
★『長野新聞』 1899. 4. 3
★中野正剛
逮捕　1943. 10. 21
自殺　1943. 10. 27
★中野碩翁
没　1842. 5. 12
中野騒動〔★長野県旧中野県管内一揆〕 1870. 12. 19
永野健
没　2008. 5. 12
★中野友礼
没　1965. 12. 10
★長野業政
没　1561. 6. 21
★長野業盛
自刃　1566. 9. 29
『長野日日新聞』 1880. 8. 31
★中野半左衛門
没　1874. 2. 13
★中野武営
没　1918. 10. 8
★永野護
没　1970. 1. 3
★中野好夫
没　1985. 2. 20
★長野義言
刑死　1862. 8. 27
★中橋徳五郎
没　1934. 3. 25
★『長橋局日記』 1858. 9. -
★中浜哲
没　1926. 4. 15
★中浜万次郎
アメリカ捕鯨船に救われる　1841. 6. 4
アメリカ船で琉球に上陸　1851. 1. 3
幕臣に登用　1853. 11. 7
没　1898. 11. 12
★中林梧竹
没　1913. 8. 4
★中林竹洞
没　1853. 3. 20
永原慶二
没　2004. 7. 9
★長原孝太郎
没　1930. 12. 1
中原早苗
没　2012. 5. 15
★中原季時
没　1236. 4. 6
★中原親能
没　1208. 12. 18
★中原中也
没　1937. 10. 22
★中原章房
没　1330. 4. 1
中原政経
捕えらる　1199. 2. 14
★中原師員
没　1251. 6. 22
★中原師茂
没　1378. 7. 7
★中原康富
没　1457. 2. 16
★中部幾次郎
没　1946. 5. 19
中部慶次郎
没　2007. 9. 17
中坊公平
没　2013. 5. 3
★中御門資熙
没　1707. 8. 21
★中御門経之
没　1891. 8. 27
★中御門天皇
没　1737. 4. 11
★中御門宣明
没　1365. 6. 3
★中御門宣胤
没　1525. 11. 17
★中御門宣秀
没　1531. 7. 9
中上川アキ
没　1967. 8. 8
★中上川彦次郎
没　1901. 10. 7
永見大蔵
大名預けとなる　1679. 10. 19
配流　1681. 6. 22
★長道（初代）
没　1685. この年
★那珂通世
没　1908. 3. 2
★永見伝三郎
没　1899. 8. 27
★中牟田倉之助
没　1916. 3. 30
中村哲
没　2003. 8. 10
★中村市右衛門
没　1652. この年
★中村歌右衛門（初代）
没　1791. 10. 29
★中村歌右衛門（２代）
没　1798. 3. 22
★中村歌右衛門（３代）
没　1838. 7. 13
★中村歌右衛門（４代）

没　1852.2.17
★中村歌右衛門（５代）
没　1940.9.12
中村歌右衛門（６代）
没　2001.3.31
中村梅之助
没　2016.1.18
★中村岳陵
没　1969.1.20
★中村一氏
没　1600.7.17
★中村翫右衛門（２代）
没　1919.4.27
★中村翫右衛門（３代）
没　1982.9.21
★中村勘三郎（初代）
江戸に猿若座を建てる　1624.2.15
★中村勘三郎（２代）
没　1674.8.26
★中村勘三郎（12代）
没　1851.10.11
★中村勘三郎（13代）
没　1895.10.29
★中村勘三郎（17代）
没　1988.4.16
中村勘三郎（18代）
没　2012.12.5
★中村鴈治郎（初代）
没　1935.2.1
★中村鴈治郎（２代）
没　1983.4.13
中村翫之助（４代）
没　2005.4.17
★中村義上
没　1939.この年
中村喜四郎
収賄容疑で逮捕　1994.3.11
実刑判決　1997.10.1
懲役実刑判決確定　2003.1.16
★中村吉右衛門（上方系初代）
没　1770.6.17
★中村吉右衛門（東京系初代）
没　1954.9.5
★中村吉治
没　1986.12.10
★中村吉蔵
没　1941.12.24
★中村精男
没　1930.1.3
★中村草田男
没　1983.8.5
★中村啓次郎
没　1937.5.22
★中村憲吉
没　1934.5.5
中村小一郎
樺太巡視を下命　1801.5.-
★中村孝太郎
没　1947.8.29
★中村孝也
没　1970.2.5
★中村是公
没　1927.3.1
中村座〖★猿若座〗　1864.4.22
中村芝翫（７代）
没　2011.10.10
★中村七三郎（初代）
没　1708.この年
★中村七三郎（２代）
没　1774.この年
★中村七三郎（５代）
没　1948.この年
★中村雀右衛門（初代）
没　1871.8.18
★中村雀右衛門（２代）
没　1895.7.20
★中村雀右衛門（３代）
没　1927.11.15
中村雀右衛門（４代）
没　2012.2.23
中村修二
青色半導体レーザーを実用化　1999.1.19
ノーベル賞受賞　2014.12.10
★中村重助（２代）
没　1803.9.20
★中村重助（４代）
没　1841.7.29
★中村十蔵（２代）
没　1788.6.12
★中村十蔵（５代）
没　1832.2.21
中村四郎
没　2005.2.1
中村真一郎
没　1997.12.25
中村震太郎
興安嶺で殺害される　1931.6.27
★中村星湖
没　1974.4.13
★中村清二
没　1960.7.18
★中村善右衛門
没　1880.8.-
★中村宗十郎
没　1889.10.8
★中村大尉事件　1931.6.27
★中村大吉（初代）
没　1823.3.22
★中村大吉（３代）
没　1857.11.11
中村隆英
没　2013.9.26
中村武志
没　1992.12.11
★中村太八郎
没　1935.10.17
★中村彝
没　1924.12.24
中村汀女
没　1988.9.20
★中村惕斎
没　1702.7.26
★中村伝九郎（初代）
没　1713.10.25
★中村伝九郎（２代）
没　1777.11.25
★中村伝次郎（初代）
没　1729.2.28
★中村伝次郎（２代）
没　1781.9.22
★中村時蔵（初代）
没　1919.この年
★中村時蔵（２代）
没　1909.この年
★中村時蔵（３代）
没　1959.7.12
★中村時蔵（４代）
没　1962.1.28
中村俊男
没　1998.12.23
★中村富十郎（初代）
没　1786.8.3
★中村富十郎（２代）
没　1855.2.13
★中村富十郎（３代）
没　1901.2.21
★中村富十郎（４代）
没　1960.10.17
中村富十郎（５代）
没　2011.1.3
中村寅吉
没　2008.2.11
★中村直勝
没　1976.2.23
★中村直三
没　1882.8.13
★中村仲蔵（大阪系初代）
没　1810.この年
★中村仲蔵（大阪系４代）
没　1881.2.13
★中村仲蔵（江戸系初代）
没　1790.4.23
★中村仲蔵（江戸系２代）
没　1796.11.7
★中村仲蔵（江戸系３代）
没　1886.12.24
★中村仲蔵（江戸系４代）
没　1916.1.31
中村伸郎
没　1991.7.5
★中村梅玉（２代）
没　1921.6.8
★中村梅玉（３代）
没　1948.3.18
中村元
没　1999.10.10
中村八大
没　1992.6.10
★中村春二
没　1924.2.21
★中村栄孝
没　1984.1.4
中村紘子
没　2016.7.26
★中村福助（２代）
没　1867.8.-
★中村福助（成駒屋系３代）
没　1888.5.5
★中村福助（成駒屋系５代）
没　1933.8.11
★中村福助（高砂屋系５代）
没　1969.1.1
★中村不折
没　1943.6.6

七尾伶子
没　2006.7.2
七種の若菜　911.1.7
七輿山古墳　535.この頃
七色十三階の冠位　647.この年　648.4.1
★『浪花新聞』　1875.12.14
★『浪華新聞』　1886.8.10
★『難波雀』　1679.3.-
★『浪速叢書』　1926.この年
★『浪華騒擾記事』　1837.4月以降
浪花千栄子
没　1973.12.22
難波吉士木蓮子
新羅に派遣さる　584.2.8
難波吉士磐金
新羅に遣わす　597.11.22
帰国　598.4.-
★難波長柄豊碕宮　645.12.9　651.12.30　652.9.-
★難波宮　660.12.24　686.1.14　744.2.26
★『浪花名所図会』　1919.この年
★名主　1872.4.9
那大津〔★博多〕　661.3.25
名ばかり管理職　2009.3.18
★ナバレテ
没　1617.4.27
★鍋島勝茂
没　1657.3.24
★鍋島直茂
没　1618.6.3
★鍋島直朝
没　1709.11.19
★鍋島直大
没　1921.6.7
鍋島直正
治績を賞さる　1851.12.27
没　1871.1.18
★『鍋島直正公伝』　1920.8.-
★鍋島直彬
没　1915.6.14
鍋島斉直
逼塞　1808.11.10
なべ底不況　1957.この年
★鍋山貞親
没　1979.8.18
★ナホッド
没　1933.この年
『那波列翁伝』　1837.この年
★生江孝之
没　1957.7.31
★生麦事件　1862.8.21
★『浪合記』　1488.この年
★並河誠所
没　1738.3.10
★濤川惣助
没　1910.2.9
★並河天民
没　1718.4.8
★並河成資
没　1937.10.14
★並河靖之
没　1927.5.28
★並木五瓶（初代）
没　1808.2.2
★並木五瓶（2代）
没　1819.7.7
★並木五瓶（3代）
没　1855.10.14
★並木正三（初代）
没　1773.2.17
★並木正三（2代）
没　1807.7.25
★並木宗輔
没　1751.9.7
並木路子
没　2001.4.7
なみはや銀行破綻　1999.8.7
★名村泰蔵
没　1907.9.6
★行方久兵衛
没　1686.この年
★『滑川談』　1791.この年
納谷幸喜　→大鵬
★納屋助左衛門
秀吉に真壺等を進上　1594.7.20
★『寧楽遺文』　1943.この年
楢崎弥之助
没　2012.2.28
奈良女子高等師範学校　1908.4.1
『奈良新聞』　1941.1.1
★奈良専二
没　1892.5.4
★奈良武次
没　1962.12.21
★『奈良日日新聞』　1941.1.1
★楢林宗建
没　1852.10.6
★楢林鎮山
没　1711.3.29
★奈良原繁
没　1918.8.13
★奈良奉行　1676.11.-
奈良本辰也
没　2001.3.22
★奈良屋道汐
没　1630.4.28
★奈良屋茂左衛門
没　1714.6.13
成明親王
皇太弟とする　944.4.22　→村上天皇
成田氏長
没　1595.12.11
成田きん
没　2000.1.23
★成田蒼虬
没　1842.3.13
★成田知巳
社会党書記長に選出　1962.11.27
社会党委員長に選出　1968.9.11
没　1979.3.9
★成富兵庫
没　1634.9.18
体仁親王
皇太子となる　1139.8.17　→近衛天皇
『雷神不動北山桜』　1742.1.16
成島衡山
書物奉行に任命　1795.6.5
★成島筑山
没　1853.11.11
★成島司直
儒者見習に任命　1795.5.16
没　1862.8.13
★成島柳北
没　1884.11.30
★成瀬仁蔵
没　1919.3.4
★成瀬正成
没　1625.1.17
★成瀬正肥
没　1903.2.4
成瀬巳喜男
没　1969.7.2
★鳴滝遺跡　450.この頃
徳仁親王
小和田雅子と結婚　1993.6.9
即位　2019.5.1
★『南留別志』　1762.この年
★那波活所
没　1648.1.3
縄騒動〔★淡路国徳島藩領天明二年一揆〕　1782.5.3
★名和長年
討死　1336.6.30
★名和靖
没　1926.8.30
那波魯堂
没　1789.9.11
★『南海流浪記』　1258.この年
★南化玄興
没　1604.5.20
★『南紀徳川史』　1899.4.-
南極大陸横断　1990.3.3
南極予備観測隊　1956.11.8
南京芋　1576.この年
★南京虐殺事件　1937.12.13
★南京事件　1927.3.24
南京同文書院　1900.5.1
★南宮大湫
没　1778.3.3
★南江宗沅
没　1463.この年
★『難後拾遺』　1086.この頃
南湖西堂
朝鮮に派遣　1514.この年
★南山士雲
没　1335.10.7
★『南山巡狩録』　1809.9.21
★『南山踏雲録』　1863.9.-
★『南史』　659.この年
★『南狩遺文』　1870.閏10.-
南條範夫
没　2004.10.30
★南条文雄
没　1927.11.9
難升米
率善中郎将とする　239.12.-
★南禅寺　1291.この年　1334.1.26　1386.7.10　1393.8.22　1447.4.2
★『南瞻部洲万国掌菓之図』　1710.この年
★『南総里見八犬伝』　1814.9.-
男体城　1387.7.19　1388.5.18
★『難太平記』　1402.2.-
★『南朝五百番歌合』　1375.この年
★「南天竺婆羅門僧正碑」　770.4.21
★『南島雑話』　1850.この年

★『南島志』 1719. この年
★『南島探験』 1894. この年
★難波大助
刑死 1924. 11. 15
★難波宗建
没 1768. 11. 5
★南原繁
没 1974. 5. 19
南蛮寺〔★切支丹寺〕 1576. 7. 21 1587. 6. 19
★南蛮世界図屏風 1611. 9. 20
★『南部叢書』 1927. この年
★南部利直
没 1632. 8. 18
★南部直政
側用人に任命 1688. 11. 12
側用人を病免 1689. 1. 26
没 1699. 3. 16
★南部信直
没 1599. 10. 5
★南部信光
没 1376. 1. 23
南部仏印進駐 1941. 6. 25 1941. 7. 28
★南部政長
没 1360. 8. -
★南部師行
討死 1338. 5. 22
南部陽一郎
ノーベル賞受賞 2008. 12. 10
没 2015. 7. 5
★『南方録』 1690. この年
★『南北朝時代史』 1918. 11. 4
★南北朝正閏問題 1911. 2. 4 1911. 7. 21
★南北朝の合体 1392. 閏10. 5
南北朝分裂 1336. 12. 21
★南浦紹明
入宋 1259. この年
帰国 1267. この年
没 1308. 12. 29
★南洋庁 1922. 3. 31
『南予時事新聞』 1941. 12. 1
★南里有鄰
没 1864. この年
南鐐一朱銀 1829. 6. 24
★南鐐二朱銀 1772. 9. 7 1788. 4. 29 1800. 11. -
南鐐二朱判 1824. 2. -
★『南路志』 1815. この年

に

新潟県中越沖地震 2007. 7. 16
新潟地震 1964. 6. 16
★『新潟新聞』 1877. 4. 7 1941. 8. 1
新潟中越地震 2004. 10. 23
★『新潟日々新聞』 1882. 7. 29
★『新潟日日新聞』 1941. 8. 1
★新潟奉行 1843. 6. 17
『新潟毎日新聞』 1941. 8. 1
★新潟水俣病 1963. 10. - 1965. 6. 12 1971. 9. 29
→阿賀野川の水銀中毒
新潟水俣病２次訴訟 1996. 2. 23
新倉俊一
没 2002. 3. 7
新島淳良
没 2002. 1. 12
★新島襄
没 1890. 1. 23
新関八洲太郎
没 1978. 5. 30
★仁井田陞
没 1966. 6. 22
★新田部親王
没 735. 9. 30
★２・１スト 1947. 1. 18
★『新学』 1765. この年
★『新学異見』 1814. この年
★新美南吉
没 1943. 3. 22
新山城 →しんやまじょう
★ニール
没 1868. この年
★新納忠元
没 1610. 12. 3
★新納中三
没 1889. 12. 10
★新納忠之介
没 1954. 4. 13
★贄正寿
没 1795. 11. 19
★二階堂貞藤
没 1334. 12. 28
二階堂進
没 2000. 2. 3
★二階堂行方
没 1267. 6. 8
二階堂行綱
没 1281. 6. 7
二階堂行光
没 1219. 9. 8
★二階堂行盛
没 1253. 12. 8
★二科会 1914. 10. 1
二月騒動〔★北条教時の乱〕
1272. 2. 11・15
★仁賀保挙誠
没 1624. 2. 14
二官六省の制〔★太政官〕 1869. 7. 8
仁木悦子
没 1986. 11. 23
ニクソン
来日 1953. 11. 15
★日向
没 1314. 9. 3
★尼港事件 1920. 3. 12
★ニコライ
没 1912. 2. 16
★ニコライ堂 1891. 3. 8
ニコライ２世一家 1998. 1. 30
★西周
没 1897. 1. 31
西江雅之
没 2015. 6. 14
★西大路隆共
没 1798. 12. 2
西岡武夫
没 2011. 11. 5
西岡常一
日本建築学会賞 1981. 4. 14
★西岡虎之助
没 1970. 2. 26
★西尾末広
没 1981. 10. 3
★西尾忠尚
没 1760. 3. 10
★西尾寿造
没 1960. 10. 26
★西尾光教
没 1615. 11. 19
★西尾実
没 1979. 4. 16
西ガ谷騒動 1885. この年
★西川伊三郎（初代）
没 1832. この頃
★西川伊三郎（３代）
没 1872. この年
★西川喜洲（初代）
没 1931. 12. 29
★西川鯉三郎（初代）
没 1899. 2. 25
★西川鯉三郎（２代）
没 1983. 7. 31
★西川光二郎
没 1940. 10. 22
★西川春洞
没 1915. 8. 10
★西川正治
没 1952. 1. 5
★西川如見
没 1724. 8. 10
★西川甚五郎（初代）
没 1644. この年
★西川甚五郎（２代）
没 1675. この年
★西川甚五郎（５代）
没 1751. この年
★西川甚五郎（６代）
没 1791. この年
★西川甚五郎（７代）
没 1825. この年
★西川甚五郎（11代）
没 1905. この年
★西川祐信
没 1750. 7. 19
★西川正休
幕府に任用さる 1740. 11. 23
貞享暦の改正を命じらる 1747. 1. 23
改暦のため上京 1750. 2. 3
没 1756. 5. 1
★西川扇蔵（初代）
没 1756. この年
★西川扇蔵（２代）
没 1808. 8. 2
★西川扇蔵（４代）
没 1845. 3. 2
★西河通徹
没 1929. 9. 29
★西川伝右衛門（初代）
没 1709. 2. -
★西川伝右衛門（５代）
没 1825. この年
★西川伝右衛門（８代）
没 1855. この年
★西川伝右衛門（10代）
没 1924. この年
★西川藤吉
没 1909. 6. 22

ぬ

ね

の

★農地改革（第２次） 1946. 6. -
★『農地改革事件記録』 1956. 3. -
★『農地改革顛末概要』 1951. 9. -
農地改革に関する覚書 1945. 12. 9 1948. 2. 4
★農地制度改革同盟 1939. 11. 29
★農地調整法 1938. 4. 2 1946. 10. 21
農地買収（第１回） 1947. 3. 31
★農地法 1952. 7. 15
★濃尾大地震 1891. 10. 28
農民文学懇話会 1938. 11. 7
★『農務顛末』 1888. 6. 30
★農林省 1949. 5. 31
農林省官制 1925. 3. 31
★農林水産省 1978. 7. 5
★ノーマン
没 1941. 6. 19
★ノーマン
没 1957. 4. 4
★野上豊一郎
没 1950. 2. 23
野神牧（大隅） 860. 10. 8
★野上弥生子
没 1985. 3. 30
★乃木希典
自刃 1912. 9. 13
野際陽子
没 2017. 6. 13
★野口雨情
没 1945. 1. 27
★野口援太郎
没 1941. 1. 11
★野口兼資
没 1953. 10. 4
★野口遵
没 1944. 1. 15
★野口英世
没 1928. 5. 21
野口冨士男
没 1993. 11. 22
★野口幽谷
没 1898. 6. 26
★野口幽香
没 1950. 1. 27
★野口米次郎
没 1947. 7. 13
野坂昭如
没 2015. 12. 9
★野坂参三
没 1993. 11. 14
荷前の幣〔★荷前使〕 858. 12. 9
★野崎武左衛門
没 1864. 8. 29
★『野ざらし紀行』 1687. この頃
★野沢吉兵衛（初代）
没 1815. 10. 12
★野沢吉兵衛（２代）
没 1853. 6. -
★野沢吉兵衛（３代）
没 1862. 7. 28
★野沢吉兵衛（４代）
没 1881. 12. 30
★野沢吉兵衛（５代）
没 1911. 2. 22
★野沢吉兵衛（６代）
没 1924. 6. 4
★野沢吉兵衛（７代）
没 1942. 5. 23
★野沢吉兵衛（８代）
没 1950. 9. 20
★野沢吉兵衛（９代）
没 1980. 7. 9
★野沢喜八郎（初代）
没 1728. この頃
★野沢喜八郎（２代）
没 1755. 10. -
★野沢喜八郎（６代）
没 1885. 6. 21
★野沢喜八郎（７代）
没 1922. 1. 3
★野沢喜八郎（８代）
没 1932. 11. 30
★野沢喜八郎（９代）
没 1964. 2. 17
野沢尚
自殺 2004. 6. 28
★野沢凡兆
没 1714. この春
★能勢朝次
没 1955. 2. 25
★能勢直陳
没 1894. この年
★莅戸太華
没 1803. 12. 25
★野田卯太郎
没 1927. 2. 23
★野田醬油争議 1927. 9. 16
野田内閣 2011. 9. 2
野田内閣（第１次改造） 2012. 1. 13
野田内閣（第２次改造） 2012. 6. 4
野田内閣（第３次改造） 2012. 10. 1
★野田律太
没 1948. 3. 16
★『後鑑』 1853. この年
後飛鳥岡本宮 656. この年
★『後十輪院内府記』 1613. この年
★『後法興院政家記』 1466. 1. 1
★『後見草』 1787. この年
★ノックス
没 1912. 4. 25
ノッサ=セニョーラ=ダ=グラッサ号〔★ノッサ=セニョーラ=ダ=グラッサ号事件〕 1609. 12. 12 1612. 3. 21
★野津鎮雄
没 1880. 7. 22
★野津道貫
没 1908. 10. 18
盧泰愚
来日 1990. 5. 24
★能登国 741. 12. 10
能登半島地震 2007. 3. 25
★野中至
富士山頂で気象観測を開始 1895. 10. 1
没 1955. 2. 28
★野中婉
没 1725. 12. 29
★野中金右衛門
没 1846. この年
★野中兼山
没 1663. 12. 15
★野中四郎
没 1936. 2. 29
★野中助継
切腹 1868. 5. 27
野中寺弥勒菩薩像 →やちゅうじ…
野中広務
没 2018. 1. 26
★野々口立圃
没 1669. この年
★野宮定基
没 1711. 6. 29
★野々村仁清
没 1694. この頃
野平祐二
没 2001. 8. 6
★『宣胤卿記』 1480. この年
★信時潔
没 1965. 8. 1
★『信長記』 1604. この年 1622. この年
★『信長公記』
1582. この年以降慶長３年頃の間
★『宣教記』 1575. 1. -
★宣仁親王
没 1987. 2. 3
★野間玄琢
没 1645. 11. 14
野間佐和子
没 2011. 3. 30
★野間三竹
没 1676. 8. 17
★野間清治
没 1938. 10. 16
★野間宏
没 1991. 1. 2
盧武鉉
没 2009. 5. 23
★野村兼太郎
没 1960. 6. 22
★野村吉三郎
没 1964. 5. 8
★野村軍記
没 1834. 10. 20
★野村胡堂
没 1963. 4. 14
野村秋介
自殺 1993. 10. 20
野村証券 1997. 3. 6 2012. 6. 29
★野村宗十郎
没 1925. 4. 23
野村騒動〔★愛媛県宇和郡奥野郷一揆〕 1870. 3. 20
★野村徳七
没 1945. 1. 15
★野村直邦
没 1973. 12. 12
★野村秀雄
没 1964. 6. 20
★野村文夫
没 1891. 10. 27
★野村望東
没 1867. 11. 6
野村ホールディングス 2012. 6. 29
★野村万蔵
没 1978. 5. 6
★野村素介

★『長谷場越前自記』 1603. この年
★長谷場純孝
没 1914. 3. 15
★長谷部言人
没 1969. 12. 3
★長谷部信連
没 1218. 10. 27
★長谷部恕連
没 1873. 11. 17
★馬占山
没 1950. この年
破銭法 984. 11. 28
パソコン遠隔操作事件 2012. 10. 19
2013. 2. 10
★『破提宇子』 1620. 1. 16
★秦逸三
没 1944. 5. 25
★畑英太郎
没 1930. 5. 31
幡枝1号墳 450.
★羽田恭輔
没 1914. 3. 30
★畠山国清
関東執事に任ず 1353. 7. 29
没 1362. この年
★畠山重忠
誅殺 1205. 6. 22
★畠山高国
自刃 1351. 2. 12
★畠山高政
没 1576. 10. 15
★畠山直宗
誅殺 1349. 12. -
★畠山尚順
義英と和睦 1504. 12. 18
没 1522. 7. 17
★畠山政長
跡目を相続 1459. 6. 1
義就の河内嶽山城を攻略 1463. 4. 15
召還 1463. 12. 24
西軍と戦う 1467. 5. 26
自刃 1493. 閏4. 25
★畠山満家
管領に再任 1421. 8. 18
没 1433. 9. 19
★畠山満慶
没 1432. 6. 27
★畠山持国
管領補任 1442. 6. 29
三春を将軍継嗣とする 1443. 7. 23
管領罷免 1445. 3. 24
没 1455. 3. 26
畠山基家
敗死 1499. 1. 30
★畠山基国
紀伊守護に補任 1399. 12. -
没 1406. 1. 17
畠山弥三郎
没 1459. 6. 1
★畠山義純
没 1210. 10. 7
★畠山義綱
没 1593. 12. 21
★畠山義就
高野山に逃れる 1463. 4. 15
吉野に退く 1463. 8. 6
赦さる 1463. 12. 24
東軍と戦う 1467. 5. 26
細川・山名和睦に不参加 1474. 4. 3
細川政元と和睦 1482. 7. 16
没 1490. 12. 12
★畠山義信
没 1894. この年
★畠山義英
尚順と和睦 1504. 12. 18
★畠山義総
加賀一向一揆と戦う 1531. 10. 26
没 1545. 7. 12
★畠山義統
分国に下向 1477. 11. 11
没 1497. 8. 20
★畑黄山
没 1804. 5. 26
★幡崎鼎
没 1842. 7. 2
★秦佐八郎
606号（サルバルサン）を創製
1910. 4. 19
没 1938. 11. 22
★畑俊六
没 1962. 5. 10
★秦瀬兵衛
没 1872. 8. 17
羽田孜
没 2017. 8. 28
秦寺〔★広隆寺〕 623. 7. -
★畑時能
討死 1341. この年
羽田内閣 1994. 4. 28 1994. 6. 25
畑中純
没 2012. 6. 13
★畑中太冲
没 1797. 11. 20
秦野章
没 2002. 11. 6
波多野勤子
没 1978. 9. 15
波多野完治
没 2001. 5. 23
★秦嶋麻呂
没 747. 6. 4
★波多野精一
没 1950. 1. 17
★羽田野敬雄
没 1882. 6. 1
★波多野鶴吉
没 1918. 2. 23
★波多野伝三郎
没 1907. 2. 13
『はたの友』 1938. 11. -
★波多野秀治
没 1579. 6. 2
波多広足
遣新羅大使に任命 703. 9. 22
帰国 704. 8. 3
★羽田八国
没 686. 3. 25
葉煙草専売法 1896. 3. 28 1898. 1. 1
働き方改革を推進するための関係法律の整備に関する法律 2018. 7. 6
★パチェコ
刑死 1626. 閏4. 26
★パチェコ
斬刑 1640. 6. 16
★バチェラー
没 1944. 4. 2
蜂岡寺〔★広隆寺〕 603. 11. 1 616. 7. -
★鉢形城 1512. 6. 17
★8月18日の政変 1863. 8. 18
★八条院
没 1211. 6. 26
★八丈島 1653. 閏6. 18
八条殿 1177. 6. 21
★蜂須賀家政
朝鮮より帰国 1598. 5. -
没 1638. 12. 30
蜂須賀重喜
致仕 1769. 10. 30
★蜂須賀忠英
没 1652. 4. 4
★蜂須賀斉裕
没 1868. 1. 13
★蜂須賀正勝
没 1586. 5. 22
★蜂須賀茂韶
没 1918. 2. 10
★蜂須賀至鎮
没 1620. 2. 26
★『八代集抄』 1682. この年
八八艦隊建造予算 1920. 8. 1
★八浜徳三郎
没 1951. この年
★『八幡宇佐宮御託宣集』 1313. 8. -
八幡大神 749. 11. 19
八幡比売神宮寺 767. 9. 18
★八文字自笑（初代）
没 1745. 11. 11
★八文字自笑（2代）
没 1766. 12. 19
★八文字自笑（3代）
没 1815. 6. 6
八郎潟新農村建設事業団法 1965. 5. 27
八六艦隊編成〔★海軍拡張問題〕
1918. 3. 12
★『八槐記』 1732. 1. -
八角形墳 643. この頃
★バックストン
没 1946. 2. 5
★『伯家部類』 1754. 11. -
白虹事件〔★大阪朝日新聞筆禍事件〕
1918. 9. 28
★八甲田山遭難事件 1902. 1. 23
抜歯〔★歯牙加工〕 前2500. この頃
前1500. この頃
★『八宗綱要』 1268. 1. -
★八省百官 649. 2. - 690. 7. 5
★抜隊得勝
没 1387. 2. 20
★八田達也
没 1916. 6. 4
★八田知紀
没 1873. 9. 2
★服部安休
没 1681. 5. 29
★服部宇之吉

★浜田国太郎
没　1958. 3. 15
★浜田国松
没　1939. 9. 6
★浜田耕作
没　1938. 7. 25
★浜田庄司
没　1978. 1. 5
★浜田彦蔵
没　1897. 12. 12
★浜田広介
没　1973. 11. 17
浜名湖　1498. 8. 25
浜名橋　884. 9. 1
★浜松歌国
没　1827. 2. 19
★浜村蔵六（初代）
没　1794. 11. 4
★浜村蔵六（２代）
没　1819. 7. 18
★浜村蔵六（３代）
没　1843. 8. 18
★浜村蔵六（４代）
没　1895. 2. 24
★浜村蔵六（５代）
没　1909. 11. 25
浜谷浩
没　1999. 3. 6
★葉室定嗣
没　1272. 6. 26
葉室光親
梟首　1221. 7. 12
葉室頼親
配流　1278. 7. 27
★バモー
没　1977. 5. 28
★早川純三郎
没　1930. 1. 25
★早川雪洲
没　1973. 11. 23
★早川千吉郎
没　1922. 11. -
★早川正紀
没　1808. 11. 10
早坂暁
没　2017. 12. 16
早坂茂三
没　2004. 6. 20
林郁夫
無期懲役　1998. 5. 26
林逸郎
没　1965. 2. 5
★林歌子
没　1946. 3. 24
林永喜
法印に任じる　1629. 12. 30
★林桜園
没　1870. 10. 12
★林遠里
没　1906. 1. 30
★林鶴梁
没　1878. 1. 16
★林包明
没　1920. 6. 17
★林鵞峯
没　1680. 5. 5　→林春斎
★林久治郎
没　1964. 7. 23
★林毅陸
没　1950. 12. 17
★林九兵衛
没　1711. 5. 8
林敬三
没　1991. 11. 12
林健太郎
没　2004. 8. 10
★林元美
没　1861. 6. 13
★林権助
没　1939. 6. 27
★林崎文庫　1687. この年
★林子平
禁錮　1792. 5. 16
没　1793. 6. 21
★林述斎
没　1841. 7. 20
林春斎
弘文院の号を授与　1663. 12. 26　→林鵞峯
★林譲治
没　1960. 4. 5
★林銑十郎
没　1943. 2. 4
林髞（木木高太郎）
没　1969. 10. 31
★林田亀太郎
没　1927. 12. 1
★林武
没　1975. 6. 23
林竹二
没　1985. 4. 1
★林董
没　1913. 7. 10
★林達夫
没　1984. 4. 25
林忠四郎
没　2010. 2. 28
★林鶴一
没　1935. 10. 4
林董一
没　2018. 9. 21
★林洞海
没　1895. 2. 2
★林友幸
没　1907. 11. 8
★林内閣　1937. 2. 2
林東人
送渤海客使とする　810. 12. 4
★拝師荘　1313. 12. 7
林光
没　2012. 1. 5
林英夫
没　2007. 2. 5
林信篤
褒賞さる　1686. 9. 18　→林鳳岡
★林博太郎
没　1968. 4. 28
★林広守
没　1896. 4. 5
★林奉行　1695. 9. 23　1697. 10. 19
★林復斎
没　1859. 9. 17
★林房雄
没　1975. 10. 9
★林芙美子
没　1951. 6. 29
★林鳳岡
孔子廟を湯島に移転　1690. 7. 9
蓄髪し，従五位下大学頭となる　1691. 1. 13
没　1732. 6. 1　→林信篤
★林正明
没　1885. 3. 21
林巳奈夫
没　2006. 1. 1
林屋晴三
没　2017. 4. 1
林屋辰三郎
没　1998. 2. 11
★林有造
没　1921. 12. 29
★早矢仕有的
没　1901. 2. 28
林由郎
没　2012. 1. 2
★林頼三郎
没　1958. 5. 7
★林羅山〔信勝〕
二条城で家康に謁見　1605. 7. 21
儒者として任用　1607. 4. -
家光の侍講となる　1624. 4. 11
法印に任じる　1629. 12. 30
学寮用の土地を与えらる　1630. この冬
家綱に『大学』を進講　1656. 12. 12
没　1657. 1. 23
林隆三
没　2014. 6. 4
林玲子
没　2013. 8. 29
林陸朗
没　2017. 2. 17
はやて　2002. 12. 1
★隼人　682. 7. 3
早野巴人
没　1742. 6. 6
はやぶさ　2010. 6. 13
はやぶさ２　2014. 12. 3　2019. 2. 22
早船ちよ
没　2005. 10. 8
★葉山嘉樹
没　1945. 10. 18
★速水御舟
没　1935. 3. 20
★速水堅曹
没　1913. 1. 18
★早速整爾
没　1926. 9. 13
★速水宗達
没　1809. 10. 27
★速水房常
没　1769. 2. 4
速水優
日銀総裁となる　1998. 3. 11
没　2009. 5. 16

★バラー
没　1920. 1. 22
★バラー
没　1920. 11. 15
原阿佐緒
没　1969. 2. 21
★原市之進
没　1867. 8. 14
★原勝郎
没　1924. 1. -
★腹切り問答　1937. 1. 21
★『原敬日記』　1875. この年　1950. この年
原健三郎
没　2004. 11. 6
★原玄琢
没　1718. この年
原在中
没　1837. 11. 15
★原采蘋
没　1859. 10. 1
原島宏治
没　1964. 12. 9
★原石鼎
没　1951. 12. 20
原節子
没　2015. 9. 5
★原善三郎
没　1899. 2. 6
はらたいら
没　2006. 11. 10
★原田甲斐
殺害　1671. 3. 27
★原敬
暗殺　1921. 11. 4
原田勝正
没　2008. 4. 7
★原田熊雄
没　1946. 2. 26
原卓也
没　2004. 10. 26
★原田慶吉
没　1950. 9. 1
★原田三郎右衛門
没　1740. この年
★原田二郎
没　1930. 5. 5
原田大六
没　1985. 5. 27
★原田助
没　1940. 2. 21
★原忠順
没　1894. 10. 28
★原田敏明
没　1983. 1. 17
★原田伴彦
没　1983. 12. 8
★原田豊吉
没　1894. 12. 1
★原田直次郎
没　1899. 12. 26
原田直政
敗死　1576. 5. 3
★原胤昭
没　1942. 2. 23
★ハラタマ
没　1888. 1. 19
原田正純
没　2012. 6. 11
原田康子
没　2009. 10. 20
原田芳雄
没　2011. 7. 19
★原田淑人
没　1974. 11. 23
★原坦山
没　1892. 7. 27
原智恵子
没　2001. 12. 9
★原内閣　1918. 9. 29
★原南陽
没　1820. 8. 15
★原念斎
没　1820. 3. 19
★原城　1638. 2. 28
★『原城紀事』　1846. この年
原文兵衛
没　1999. 9. 7
★原マルチノ
没　1629. 10. 23
原貢
没　2014. 5. 29
原百代
没　1991. 8. 12
★原主水
火刑　1623. 10. 13
★原嘉道
没　1944. 8. 7
★原亮三郎
没　1919. 12. 8
★原六郎
没　1933. 11. 14
パリ講和会議〔★ベルサイユ条約〕
1919. 1. 13
★ハリス
下田に来航　1856. 7. 21
玉泉寺を宿舎とする　1856. 8. 5
江戸登城　1857. 10. 21
没　1878. 2. 25
針摺原　1353. 2. 2
★バリニァーノ
信長に謁見　1581. 2. 23
帰着　1590. 6. 20
秀吉に謁見　1591. 閏1. 8
★パリ万国博覧会　1865. 7. 2　1867. 1. 11
1878. 5. 1
パリ不戦条約〔★不戦条約〕
1928. 8. 27
播磨耐火煉瓦　1950. 4. 1
★『播磨国風土記』　715. この年以前
★ハリマン
没　1909. 9. 9
パリ約定　1864. 5. 17　1864. 7. 24
針生一郎
没　2010. 5. 26
★ハル
没　1955. 7. 23
春王丸
挙兵　1440. 3. 3　→足利春王
はるか　1997. 2. 12
★春木義彰
没　1904. 12. 17
★『春雨物語』　1808. 3. -
★春澄善縄
没　870. 2. 19
★春田永年
没　1800. 5. 29
★バルチック艦隊　1905. 5. 27
★『春告鳥』　1836. この年
★ハルデス
没　1871. 4. 10
★ハル=ノート　1941. 11. 26
バルマセダ
自殺　1891. 1. 7
日馬富士
引退　2017. 11. 29
★『ハルマ和解』　1796. この年
★『春海先生実記』　1739. この年
春山満
没　2014. 2. 23
春山行夫
没　1994. 10. 10
ハレー彗星　1910. 5. 19
★『晴富宿禰記』　1446. この年
★『晴豊公記』　1578. この年
★『晴右公記』　1565. この年
★ハワイ移民　1868. 4. 25
ハワイ渡航条約　1886. 1. 28
ハワイとの修好通商条約　1871. 7. 4
★『布哇報知』　1912. 12. 7
反安保統一行動　1970. 6. 23
『藩鑑』　1853. 12. 26
★『犯科帳』　1666. この年
榛谷重氏
上総本一揆に屈服　1419. 5. 6
殺害　1419. 5. 6
★『藩翰譜』　1702. 3. 19
『藩翰譜続編』　1806. 12. 16　1809. 12. 16
阪急阪神ホテルズ　2013. 10. 22
バンゲ
没　1991. 4. 18
★盤珪永琢
没　1693. 9. 2
★伴蒿蹊
没　1806. 7. 25
「万国公法」　1866. 12. 28
蕃国使客館　815. 3. 2
★『万国新聞紙』　1867. 1. -
万国赤十字条約　1886. 6. 5
★『万国叢話』　1875. 6. -
万国郵便為替約定　1885. 3. 21
万国郵便連合条約　1877. 6. 1
万歳事件〔★三・一運動〕　1919. 3. 1
★『藩債輯録』　1877. この頃
★坂西利八郎
没　1950. 5. 31
★伴貞懿
戦死　1868. 5. 15
★藩札　1707. 10. 13　1730. 6. 4
藩札の初見　1661. この年
★班子女王
没　900. 4. 1
★蛮社の獄　1839. 12. 19
★反射炉　1850. 10. -
判授〔★位階〕　1869. 7. 11
★範俊

ひ

★平瀬作五郎
没　1925. 1. 4
平田暁夫
没　2014. 3. 19
★平田篤胤
没　1843. 閏9. 11
★平田鉄胤
没　1880. 10. -
平田耿二
没　2014. 6. 4
★平田東助
没　1925. 4. 14
★平田安吉
没　1896. 7. 19
★平塚常次郎
没　1974. 4. 4
★平塚らいてう
没　1971. 5. 24
★平手政秀
自害　1553. 閏1. 13
★平戸　1616. 8. 8
平戸商館〔★オランダ商館〕
1609. 8. 22　1623. 11. 13
★平沼騏一郎
没　1952. 8. 22
★平沼専蔵
没　1913. 4. 6
★平沼内閣　1939. 1. 5　1939. 8. 28
★平沼淑郎
没　1938. 8. 14
★平沼亮三
没　1959. 2. 13
★平野金華
没　1732. 7. 23
平野邦雄
没　2014. 9. 20
★平野国臣
生野代官所を占拠　1863. 10. 12
刑死　1864. 7. 20
平野敬一
没　2007. 11. 7
★平野謙
没　1978. 4. 3
平野社神宮寺〔★平野神社〕　1107. 6. -
★平野藤次郎
没　1638. 6. 10
★平野殿荘　1310. この年
★平野富二
没　1892. 12. 3
★平野荘　1169. 12. 23
★平野義太郎
没　1980. 2. 8
★平野力三
没　1981. 12. 17
平野龍一
没　2004. 7. 16
★平林たい子
没　1972. 2. 17
★平林初之輔
没　1931. 6. 15
★平林盈淑
没　1860. 11. 26
平原遺跡　100. この頃
★平福百穂
没　1933. 10. 30
平松時章
没　1828. 9. 19
★平松時厚
没　1911. 8. 22
平松守彦
没　2016. 8. 21
平幹二朗
没　2016. 10. 22
平山郁夫
没　2009. 12. 2
★平山清次
没　1943. 4. 8
★平山周
没　1940. この年
★平山常陳
没　1622. 7. 13
★平山子竜
没　1828. 12. 24
★平山信
没　1945. 6. 2
★平山省斎
没　1890. 5. 23
平山輝男
没　2005. 8. 17
★平山尚住
没　1745. 5. 5
★平山成信
没　1929. 9. 25
平山雄
没　1995. 10. 26
ヒラリー，エドモンド
没　2008. 1. 11
肥料2法　1954. 6. 10
★蛭田玄仙
没　1817. 1. 3
★ビレラ
豊後より上洛　1559. 8. -
布教を許さる　1560. 1. -
寛明親王
皇太子となる　925. 10. 21　→朱雀天皇
広井脩
没　2006. 4. 15
★広岡宇一郎
没　1941. 4. 8
広岡知男
没　2002. 1. 5
★広川弘禅
没　1967. 1. 7
★広川晴軒
没　1884. 1. 14
★広沢真臣
暗殺　1871. 1. 9
広沢虎造
没　1964. 12. 29
広敷伊賀者　1716. 8. 23
広島原爆病院　1956. 9. 11
広島高等師範学校　1902. 3. 28
★広瀬惟然
没　1711. 2. 9
★広瀬久兵衛
没　1871. 9. 29
★広瀬旭荘
没　1863. 8. 17
★広瀬元恭
没　1870. 10. 27
★広瀬宰平
没　1914. 1. 31
★広瀬武夫
戦死　1904. 3. 27
★広瀬淡窓
没　1856. 11. 1
★広瀬豊作
没　1964. 4. 12
★広瀬久忠
没　1974. 5. 22
★広瀬保庵
没　1865. この年
★広瀬政次
没　1952. 9. 8
★広田亀次
没　1896. 10. 3
★広田憲寛
没　1888. 9. 9
★広田弘毅
刑死　1948. 12. 23
『広田社二十九番歌合』〔★広田社歌合〕
1172. 12. 17
★広田内閣　1936. 3. 9
★広津和郎
没　1968. 9. 21
★広津柳浪
没　1928. 10. 15
広中俊雄
没　2014. 2. 24
★広橋兼顕
没　1479. 5. 14
★広橋兼勝
武家伝奏に任じる　1603. 2. 12
没　1622. 12. 18
★広橋兼仲
没　1308. 1. 20
★広橋兼宣
没　1429. 9. 14
広橋伊光
没　1823. 4. 4
★広橋太助
没　1830. この年
広橋胤定
没　1832. 11. 21
★広橋綱光
没　1477. 2. 14
広橋総光
没　1629. 9. 14
広畑遺跡　前1500. この頃
広幡経豊
没　1838. 8. 23
熙仁親王
立太子　1275. 11. 5　→伏見天皇
★博恭王
没　1946. 8. 16
★琵琶湖疏水　1890. 4. 9
枇杷殿　1015. 9. 20　1016. 9. 24　1028. 11. 9
★『備後史談』　1925. 1. -
★閔妃
暗殺　1895. 10. 8
★閔妃殺害事件　1895. 10. 8
★『貧乏物語』　1917. 3. -
貧民研究会　1898. 4. 27

ふ

武〔★倭の五王〕
倭王に立つ　477. 11. –
宋に使を遣わす　478. 5. –
開府儀同三司を自称する　478. 5. –
鎮東大将軍とする　479. この年
征東将軍に進号　502. 4. –
『The Far East』 1870. 5. –
『ファシズム批判』 1938. 10. 5
★ファビウス
没　1888. 3. 24
★豊安
没　840. 9. 13
★ファン=ボイチャウ
没　1940. 10. 29
★分一銭　1454. 10. 29　1480. 12. 2
★分一徳政令　1530. 12. 19
★『フィッセル日本風俗備考』
1833. この年
フィリピン共和国独立宣言
1943. 10. 14
★風外本高
没　1847. 6. 22
★『諷歌新聞』 1868. 4. –
★『風雅和歌集』 1346. 11. 9　1349. 2月頃
★馮玉祥
没　1948. 9. 1
★『風姿花伝』 1400. この年
★「風信帖」 812. この年或いは翌年
ブース
没　1912. 8. 20
ブース
沖縄の米軍用地代一括払い取止めを声明　1958. 7. 30
風俗営業等取締法　1964. 5. 1
風俗営業法　1985. 2. 13
★『風俗文選』 1706. この年
★『風葉和歌集』 1271. 10. –
★『風来六々部集』 1800. この年
★『風流志道軒伝』 1763. 11. –
「風流夢譚」 1960. 11. 30
風流夢譚事件　1961. 2. 1
★武衛市郎左衛門
没　1696. 2. 16
★フェスカ
没　1917. 10. 31
★フェノロサ
東京大学文学部教授に任じる
1878. 8. 10
京阪地方の古社寺歴訪　1884. 6. 25
没　1908. 9. 21
★フェリーペ=デ=ヘスース
刑死　1596. 12. 19
★フェルナンデス
没　1567. 5. 20
フォーク，ピーター
没　2011. 6. 23
フォード
来日　1974. 11. 18
フォス
没　1990. 3. 19
★フォスター
没　1917. 11. 15
★フォルカド
没　1885. 9. 12
★フォンタネージ
工部美術学校教師に招かる
1876. 8. 29
没　1882. 4. 17
不穏文書臨時取締法　1936. 6. 15
★深井英五
没　1945. 10. 21
★深江蘆舟
没　1757. 4. 8
深尾須磨子
没　1974. 3. 31
★深川工作分局　1884. 7. 19
★「富嶽三十六景」 1829. この年　1831. この年
★『舞楽要録』
1194. この年以降正治 2 年の間
深作欣二
没　2003. 1. 12
★深沢勝清
没　1663. 3. 17
★深沢七郎
没　1987. 8. 16
深田久弥
没　1971. 3. 21
★深田康算
没　1928. 11. 12
深田祐介
没　2014. 7. 14
深津篤史
没　2014. 7. 31
★深見有隣
没　1773. 2. 15
★深見玄岱
儒者として任用　1710. 2. 25
没　1722. 8. 8
★深見十左衛門
没　1730. 3. 18
布川事件　2009. 12. 14　2011. 5. 24
★普寛
没　1801. 9. 10
★『普勧坐禅儀』 1233. 7. 15
★不堪佃田　931. 12. 10
★不堪佃田奏　962. 9. 26
不堪佃田損田使　937. 9. 8
不堪風水使　922. 10. 21
★溥儀
執政に就任　1932. 3. 1
皇帝となり帝政を開始　1934. 3. 1
来日　1935. 4. 6
退位　1945. 8. 17
没　1967. 10. 17
武器形青銅器祭祀　200. この頃から
★『武器考証』 1779. この年
★『武器図説』 1798. 12. –
武器等製造法　1953. 8. 1
『普救類方』 1730. 2. 16
武器輸出 3 原則　2011. 12. 27　2014. 4. 1
『武経七書』 1606. 7. –
奉行人伺事規式　1429. 7～8 月
★『富強六略』 1799. 6. –
福井謙一
ノーベル化学賞の受賞決定
1981. 10. 19
没　1998. 1. 9
『福井県郷土叢書』 1954. この年
★福井洞窟　前 1 万. この頃
★福井楓亭
没　1792. 10. 3
★『福音新報』 1891. 3. 20
★不空
没　774. 6. 15
福岡一家殺人事件　2011. 10. 20
★『福岡県史資料』 1932. この年
福岡ソフトバンクホークス
2004. 12. 24
★福岡孝弟
没　1919. 3. 7
★『福岡日日新聞』 1880. 4. 17　1942. 8. 10
福沢一郎
没　1992. 10. 16
★福沢桃介
没　1938. 2. 15
★福沢諭吉
没　1901. 2. 3
『福沢諭吉全集』 1958. この年
★福士幸次郎
没　1946. 10. 10
★福島事件　1882. 12. 1
★『福島自由新聞』 1882. 7. 25
★『福島新聞』 1878. 1. 14
福島第 1 原発　→東京電力福島第 1 原子力発電所
福島第 2 原発放射能漏　2002. 9. 2
福島復興再生特別措置法　2012. 3. 31
★福島正夫
没　1989. 12. 14
★福島正則
改易　1619. 6. 2
自害　1624. 7. 13
★『福島民報』 1892. 8. 1
★『福島民友新聞』 1898. この秋
★福島安正
単騎シベリア横断　1892. 2. 11
没　1919. 2. 19
★福住正兄
没　1892. 5. 20
★服制　719. 12. 5
福田歓一
没　2007. 1. 7
★福田行誡
没　1888. 4. 25
★福田赳夫
首相として靖国神社参拝　1978. 8. 15
没　1995. 7. 5
福田恆存
没　1994. 11. 20
★福田徳三
没　1930. 5. 8
福田豊彦
没　2015. 6. 9
★福田内閣　1976. 12. 24
福田信之
没　1994. 11. 27
★福田英子
没　1927. 5. 2
★福田平八郎
没　1974. 3. 22
★福田雅太郎

没　1932. 6. 1
福田康夫内閣　2007. 9. 26
福田康夫内閣（改造）　2008. 8. 2
★福田理軒
没　1889. 3. 19
★福地源一郎
没　1906. 1. 4
福知山線脱線事故　2005. 4. 25
★『伏敵編』　1891. 11. -
★『福田方』　1363. この頃
★複都制　683. 12. 17
★福留繁
没　1971. 2. 6
★福永十三郎
没　1774. 7. 4
★福羽逸人
没　1921. 5. 19
★福羽美静
没　1907. 8. 14
★福原有信
没　1924. 3. 30
★福原越後
切腹　1864. 11. 12
福原山荘　1170. 9. 20
★福原直高
没　1600. この年
福原別業　1174. 3. 16
★福村周義
没　1877. 8. 16
★福本イズム　1926. 2. -
★福本和夫
没　1983. 11. 16
★福本日南
没　1921. 9. 2
福山敏男
没　1995. 5. 20
『福陵新報』〔★九州日報〕　1898. 5. 10
★『袋草紙』　1157. 8. 9
★『武家義理物語』　1688. この年
★『富家語談』　1151. 1. -
★『武家事紀』　1673. この年
★『武家時代之研究』　1923. 1. -
★『武家七徳』　1845. この年
★武家諸法度　1615. 7. 7　1629. 9. 6　1635. 6. 21　1663. 5. 23　1683. 7. 25　1710. 4. 15　1717. 3. 11　1746. 3. 21　1761. 2. 21　1787. 9. 21　1838. 2. 21　1854. 9. 25　1859. 9. 25
★溥傑
没　1994. 2. 28
★『武家名目抄』　1806. この年
府県会規則　1878. 7. 22
府県官職制　1878. 7. 25
府県施政順序規則　1869. 2. 5
府県職制　1875. 11. 30　1878. 7. 25
★『府県史料』　1874. 11. 10
府県制〔★都道府県制〕　1890. 5. 17　1899. 3. 16　1943. 3. 20
府県税戸数割規則　1921. 10. 11
★『府県制度資料』　1941. この年
★『府県地租改正紀要』　1882. 2. 21
★『府県統計書』　1884. 9. 3以降
府県奉職規則　1871. 11. 27
★『武功雑記』　1696. この年
★『武江年表』　1848. 11. -
★『布告全書』　1872. この年
★『富国存念書』　1836. この年
フゴッペ洞窟〔★フゴッペ洞穴遺跡〕　200. この頃
釜山港居留地借入約書　1877. 1. 30
★『不算得失』　1843. 天保年間末頃
★藤井右門
刑死　1767. 8. 22
★藤井健次郎
没　1952. 1. 11
★藤井真信
没　1935. 1. 31
★藤井甚太郎
没　1958. 7. 9
★葛井親王
没　850. 4. 2
藤井善右衛門
玉川上水拡張・植樹工事の奉行　1670. 5. 25
★藤井高尚
没　1840. 8. 15
★藤井武
没　1930. 7. 14
★藤井竹外
没　1866. 7. 21
藤井徳昭
徳川光圀により手討　1694. 10. -
★藤井斉
没　1932. 2. 5
藤井丙午
没　1980. 12. 14
★藤井方亭
没　1845. 8. 8
★藤井懶斎
没　1709. 7. 12
★藤江監物
没　1731. 8. 26
★藤枝外記
没　1785. 8. 14
★藤岡市助
没　1918. 3. 5
★藤岡謙二郎
没　1985. 4. 14
★藤岡作太郎
没　1910. 2. 3
藤岡琢也
没　2006. 10. 20
★『藤岡屋日記』　1804. この年
藤岡由夫
没　1976. 3. 12
藤尾正行
没　2006. 10. 22
★藤懸静也
没　1958. 8. 5
★藤蔭静樹
没　1966. 1. 2
★藤懸永勝
没　1617. 6. 5
★富士瓦斯紡績争議　1920. 7. 14
『藤谷和歌集』　1328. 7. 17
富士川英郎
没　2003. 2. 10
★富士川游
没　1940. 11. 6
★藤川勇造
没　1935. 6. 15
★藤木敦直
没　1649. 1. 4
『富士紀行』　1432. 9. -
★富士銀行　1999. 1. 28　1999. 8. 20　2000. 9. 29
藤倉修一
没　2008. 1. 11
藤圭子
没　2013. 8. 22
藤子・F・不二雄
没　1996. 9. 23
★藤沢浅二郎
没　1917. 2. 3
★藤沢幾之輔
没　1940. 4. 3
藤沢周平
没　1997. 1. 26
藤沢桓夫
没　1989. 6. 12
★藤沢南岳
没　1920. 1. 31
藤沢秀行
没　2009. 5. 8
藤沢薬品工業　2004. 2. 24
藤沢嵐子
没　2013. 8. 22
★藤沢利喜太郎
没　1933. 12. 23
藤島昭
没　2010. 11. 21
藤島宇内
没　1997. 12. 2
藤島亥治郎
没　2002. 7. 15
★藤島武二
没　1943. 3. 19
富士重工業　1955. 4. 1
★富士製紙　1933. 5. 18
★富士製鉄㈱　1950. 4. 1　1969. 3. 6
★富士田吉治（初代）
没　1771. 3. 29
藤田喬平
没　2004. 9. 18
★藤田組　1893. 12. -
★藤田顕蔵
没　1829. この年
★藤田小四郎
筑波山で蜂起　1864. 3. 27
刑死　1865. 2. 4
藤田小女姫
没　1994. 2. 23
★藤田五郎
没　1952. 12. 8
★藤田貞資
没　1807. 8. 6
藤田省三
没　2003. 5. 28
藤田四郎
社会党を結成　1911. 10. 25
★藤田たき
没　1993. 1. 4
★藤田嗣治
没　1968. 1. 29
藤田田
没　2004. 4. 21
★藤田伝三郎

没　1912. 3. 30
★藤田東湖
圧死　1855. 10. 2
★藤田豊八
没　1929. 7. 15
★富士谷成章
没　1779. 10. 2
★富士谷御杖
没　1823. 12. 16
★藤田尚徳
没　1970. 7. 23
藤田まこと
没　2010. 2. 17
★藤田茂吉
没　1892. 8. 19
藤田元司
没　2006. 2. 9
★藤田元春
没　1958. 4. 13
★藤田幽谷
没　1826. 12. 1
★藤田亮策
没　1960. 12. 12
★『武士道』　1900. この年
★『武士道全書』　1942. この年
★藤浪鑑
没　1934. 11. 18
藤波孝生
リクルート事件で起訴　1989. 5. 22
有罪判決　1997. 3. 24
上告棄却　1999. 10. 21
没　2007. 10. 28
★藤浪与兵衛（初代）
没　1906. 10. 14
★藤浪与兵衛（２代）
没　1921. 2. 15
★藤浪与兵衛（３代）
没　1952. 12. 24
★藤浪与兵衛（４代）
没　1975. 5. 7
★藤ノ木古墳　590. この頃　1985. 9. 25　1988. 6. 2
藤野保
没　2018. 5. 14
★藤野孫一
没　1784. この年
藤林益三
没　2007. 4. 24
★藤林宗源
没　1695. 3. 8
★藤林普山
没　1836. 1. 14
藤原咲平
没　1950. 9. 22
★富士紡績　1896. 2. 26
★藤間勘右衛門（初代）
没　1851. 8. 15
★藤間勘右衛門（２代）
没　1925. 1. 23
★藤間勘右衛門（５代）
没　1987. 3. 28
★藤間勘十郎（２代）
没　1840. 12. 24
★藤間勘十郎（亀三勘十郎）
没　1877. 12. 6
★藤間勘十郎（６代）
没　1935. 3. 10
★藤間勘十郎（７代）
没　1990. 12. 5
藤間勘祖
没　1990. 12. 5
★藤間勘兵衛（初代）
没　1769. 7. 6
★藤間勘兵衛（２代）
没　1785. 3. 13
★藤間勘兵衛（３代）
没　1821. 12. 20
★富士松加賀太夫（５代）
没　1892. 12. 10
★富士松加賀太夫（７代）
没　1930. 10. 4
★富士松加賀太夫（８代）
没　1934. 4. 19
★富士松加賀太夫（９代）
没　1971. 11. 12
★富士松薩摩掾（２代）
没　1939. 10. 25
★富士松薩摩掾（３代）
没　1942. この年
藤間藤子
没　1998. 10. 14
藤間紫
没　2009. 3. 27
伏見康治
没　2008. 5. 8
★伏見城　1594. 3. 7
伏見城代　1619. 8. -
伏見城番　1602. 12. -
★伏見天皇
勅撰集の撰進を命じる　1293. 8. 27
出家　1313. 10. 17
没　1317. 9. 3　→熙仁親王
★伏見奉行　1696. 2. 2　1698. 11. 15
藤村俊二
没　2017. 1. 25
藤村富美男
没　1992. 5. 28
★藤村操
華厳滝に投身自殺　1903. 5. 22
★藤村庸軒
没　1699. 閏9. 17
藤本義一
没　2012. 10. 30
藤本定義
没　1981. 2. 18
★藤本清兵衛（初代）
没　1891. 10. 31
★藤本清兵衛（２代）
没　1949. この年
★藤本善右衛門
没　1822. この年
★藤本善右衛門
没　1890. 6. 18
★藤本荘太郎
没　1902. この年
★藤本鉄石
戦死　1863. 9. 25
★藤森弘庵
没　1862. 10. 8
藤森昭一
没　2016. 6. 25
★藤森成吉
没　1977. 5. 26
不二家　2007. 1. 10
★普寂
没　1781. 10. 14
★藤山愛一郎
没　1985. 2. 22
★藤山一郎
没　1993. 8. 21
★藤山寛美
没　1990. 5. 21
藤山試案　1959. 2. 18
★藤山常一
没　1936. 1. 4
★藤山雷太
没　1938. 12. 19
『武州江戸歌合』　1474. 6. 17
武州村山騒動　1784. 2. 28
武州世直し一揆〔★武蔵国天領・川越藩領他慶応二年一揆〕　1866. 6. 13
★富寿神宝　818. 11. 1
★『不恤緯』　1807. 6. -
★『武術流祖録』　1843. この年
不受不施義　1589. 4. 28
★富春堂
没　1661. この年
★『峯相記』　1348. この年の末頃
★峰定寺　1154. 2. -
★『富士歴覧記』　1499. この年
藤原彰
米国押収資料の返還・公開を要求する会を結成　1973. 4. 2
没　2003. 2. 26
★藤原銀次郎
没　1960. 3. 17
★藤原惺窩
家康に『貞観政要』を講じる　1593. 12. -
没　1619. 9. 12
藤原てい
没　2016. 11. 15
藤原顕実
没　1110. 閏7. 13
藤原顕季
没　1123. 9. 6
★藤原顕輔
没　1155. 5. 7
★藤原顕隆
没　1129. 1. 15
★藤原顕忠
没　965. 4. 24
★藤原顕綱
没　1107. この頃
★藤原顕信
没　1027. 5. 14
★藤原明衡
没　1066. 10. 18
★藤原顕光
没　1021. 5. 25
★藤原顕頼
没　1148. 1. 5
★藤原朝狩
斬死　764. 9. 18
★藤原朝忠
没　966. 12. 2

★藤原敦忠
没　943. 3. 7
★藤原敦光
没　1144. 10. 28
★藤原敦宗
没　1111. 9. 16
★藤原敦基
没　1106. 7. -
★藤原有家
没　1216. 4. 11
★藤原有国
没　1011. 7. 11
★藤原在衡
没　970. 10. 10
★藤原安子
皇后となる　958. 10. 27
没　964. 4. 29
★藤原家隆
没　1237. 4. 9
★藤原家忠
没　1136. 5. 14
★藤原家成
没　1154. 5. 29
★藤原家良
没　1264. 9. 10
藤原育子
中宮となる　1162. 2. 19
★藤原威子
中宮となる　1018. 10. 16
没　1036. 9. 6
★藤原為子
没　1311. この頃
★藤原苡子
没　1103. 1. 25
★藤原胤子
没　896. 6. 30
★藤原魚名
罷免　782. 6. 14
没　783. 7. 25
★藤原氏宗
没　872. 2. 7
★藤原内麻呂
勘解由長官に任命　797. 9. 4
没　812. 10. 6
★藤原宇合
没　737. 8. 5
★藤原小黒麻呂
持節征東大使となる　780. 9. 23
蝦夷より帰京　781. 8. 25
遷都地を視察　793. 1. 15
没　794. 7. 1
★藤原緒嗣
天下徳政を相論　805. 12. 7
没　843. 7. 23
★藤原乙縄
没　781. 6. 6
★藤原乙牟漏
皇后となる　783. 4. 18
没　790. 閏3. 10
★藤原雄友
没　811. 4. 23
★藤原温子
出家　905. 5. 15
没　907. 6. 8
★藤原穏子
皇后となる　923. 4. 26
没　954. 1. 4
★藤原葛野麻呂
遣唐大使に任命　801. 8. 10
遣唐大使として難波を出航　803. 4. 2
風浪により渡海を断念　803. 5. 22
対馬に帰着　805. 6. 8
没　818. 11. 10
★藤原兼家
治部卿に左遷　977. 10. 11
摂政となる　986. 7. 20
関白となる　990. 5. 5
出家　990. 5. 8
没　990. 7. 2
★藤原兼輔
没　933. 2. 18
★藤原兼通
内大臣となる　972. 11. 27
病により関白を辞任　977. 10. 11
没　977. 11. 8
★藤原鎌足
神祇伯を固辞　644. 1. 1
中大兄皇子に接近　644. 1. 1
維摩会を行う　657. この年
律令を撰定す　668. この年
没　669. 10. 15
★藤原寛子
没　1025. 7. 9
★藤原寛子
皇后となる　1051. 2. 13
中宮となる　1068. 4. 17
没　1127. 8. 14
★藤原歓子
皇后となる　1068. 4. 17
没　1102. 8. 17
★藤原吉子
自害　807. 11. 12
★藤原宮子
没　754. 7. 19
★藤原清廉
没　1018. この頃
★藤原清輔
没　1177. 6. 20
★藤原清正
没　958. 7. -
藤原清貫
焼死　930. 6. 26
★藤原清衡
没　1128. 7. 13
★藤原公実
没　1107. 11. 14
★藤原忻子
中宮となる　1156. 10. 27
没　1209. 8. 12
★藤原公季
没　1029. 10. 17
藤原公経
没　1099. 7. 23
★藤原公任
出家　1026. 1. 4
没　1041. 1. 1
★藤原公成
没　1043. 6. 24
★藤原公教
没　1160. 7. 9
★藤原公能
没　1161. 8. 11
★藤原薬子
自殺　810. 9. 12
★藤原邦綱
没　1181. 閏2. 23
★藤原国衡
討死　1189. 8. 10
★藤原蔵下麻呂
没　775. 7. 1
★藤原妍子
中宮となる　1012. 2. 14
皇太后となる　1018. 10. 16
没　1027. 9. 14
★藤原兼子
没　1229. 8. 16
★藤原賢子
中宮となる　1074. 6. 20
没　1084. 9. 22
★藤原嫄子
中宮となる　1037. 3. 1
没　1039. 8. 28
★藤原高子
廃皇太后　896. 9. 22
没　910. 3. 24
★藤原媓子
皇后となる　973. 7. 1
没　979. 6. 3
★藤原惟方
配流　1160. 3. 11
召還　1166. 3. 29
★藤原是公
没　789. 9. 19
★藤原惟成
没　989. 11. -
★藤原伊尹
没　972. 11. 1
★藤原伊周
大宰権帥に左遷　996. 4. 24
召還さる　997. 4. 5
朝議に参与　1005. 11. 13
大臣に准ず　1008. 1. 16
朝参を停止　1009. 2. 20
朝参を許さる　1009. 6. 13
没　1010. 1. 28
★藤原惟憲
没　1033. 3. 26
★藤原伊房
権中納言を解任　1094. 5. 25
没　1096. 9. 16
★藤原伊通
没　1165. 2. 15
★藤原定家
『万葉集』を実朝に送る　1213. 11. 8
没　1241. 8. 20
★藤原定方
没　932. 8. 4
★藤原貞敏
没　867. 10. 4
★藤原定頼
没　1045. 1. 19
★藤原実方
没　998. 12. -
藤原実定
没　1191. 閏12. 16

★藤原実季
没　1091. 12. 24
★藤原実資
没　1046. 1. 18
★藤原実綱
没　1082. 3. 23
★藤原実遠
没　1062. 4. 10
藤原実成
除名さる　1038. 2. 19
★藤原実政
伊豆に流さる　1088. 11. 30
没　1093. 2. 18
★藤原実行
没　1162. 7. 28
★藤原実能
没　1157. 9. 2
★藤原実頼
没　970. 5. 18
★藤原重家
没　1180. 12. 21
藤原重隆
没　1118. 閏9. 1
★藤原怟子
没　985. 7. 18
★藤原順子
没　871. 9. 28
★藤原遵子
入内　978. 4. 10
皇后となる　982. 3. 11
皇太后となる　1000. 2. 25
太皇太后となる　1012. 2. 14
没　1017. 6. 1
★藤原彰子
入内　999. 11. 1
中宮となる　1000. 2. 25
皇太后となる　1012. 2. 14
太皇太后とする　1018. 1. 7
剃髪・受戒　1039. 5. 7　→上東門院
藤原璋子
中宮となる　1118. 1. 26
待賢門院となる　1124. 11. 24
出家　1142. 2. 26　→待賢門院
★藤原季仲
周防国に配流　1105. 12. 29
常陸国に改配流　1106. 2. 17
没　1119. 6. 1
★藤原菅根
没　908. 10. 7
★藤原佐世
没　897. この秋
★藤原資業
出家　1051. 2. 16
没　1070. 9. 24
★藤原資房
没　1057. 1. 24
★藤原佐理
昇殿を許さる　961. 1. 28
没　998. 7. -
★藤原相如
没　995. 5. 29
★藤原純友
従五位下に叙す　940. 2. 3
戦死　941. 6. 20
★藤原生子
没　1068. 8. 21
★藤原娍子
皇后となる　1012. 4. 27
没　1025. 3. 25
★藤原聖子
女御となる　1129. 1. 16
中宮となる　1130. 2. 21
皇太后となる　1141. 12. 27　→皇嘉門院
★藤原関雄
没　853. 2. 14
藤原詮子
入内　978. 8. 17
出家　991. 9. 16　→東三条院
★藤原園人
没　818. 12. 19
★藤原帯子
没　794. 5. 28
藤原泰子
皇后となる　1134. 3. 19
高陽院となる　1139. 7. 28
出家　1141. 5. 5　→高陽院
★藤原隆家
出雲権守に左遷　996. 4. 24
召還さる　997. 4. 5
没　1044. 1. 1
★藤原隆季
没　1185. 1. 11
★藤原高遠
没　1013. 5. -
★藤原乙叡
没　808. 6. 3
★藤原隆信
没　1205. 2. 27
★藤原高房
没　852. 2. 25
★藤原高藤
内大臣となる　900. 1. 28
没　900. 3. 12
★藤原高光
出家　961. 12. 5
没　994. 3. 10
★藤原沢子
没　839. 6. 30
★藤原多子
女御となる　1150. 1. 19
皇后となる　1150. 3. 14
没　1201. 12. 24
★藤原忠実
内覧の宣旨を下す　1099. 8. 28
摂政となる　1107. 7. 19
内覧を復す　1121. 1. 17
忠通を義絶，頼長を氏長者とする　1150. 9. 26
知足院に幽閉　1156. 7. 23
没　1162. 6. 18
★藤原忠平
摂政となる　930. 9. 22
太政大臣となる　936. 8. 19
没　949. 8. 14
★藤原忠衡
誅殺　1189. 6. 26
★藤原忠文
征東大将軍となる　940. 1. 19
征西大将軍となる　941. 5. 19
没　947. 6. 26
★藤原縄麻呂
没　779. 12. 13
★藤原忠通
内覧の宣旨を下す　1121. 1. 22
太政大臣に再任さる　1149. 10. 25
関白となる　1155. 7. 24
没　1164. 2. 19
藤原忠宗
没　1133. 9. 1
★藤原種継
狙撃さる　785. 9. 23
没　785. 9. 24
★藤原田麻呂
没　783. 3. 19
★藤原為家
没　1275. 5. 1
★藤原為隆
没　1130. 9. 8
★藤原為継
没　1265. 5. 20
★藤原為時
園城寺で出家　1016. 4. 29
★藤原為房
没　1115. 4. 2
★藤原為光
没　992. 6. 16
★藤原愛発
処罰さる　842. 7. 23
没　843. 9. 16
藤原千常の乱　968. 12. 18
★藤原継縄
征討大使に任命　780. 3. 28
没　796. 7. 16
藤原綱手
斬刑　740. 11. 1
★藤原恒佐
没　938. 5. 5
★藤原常嗣
節刀を賜う　836. 4. 29
再び節刀を賜う　837. 3. 15
大宰府に向う　837. 3. 19
大宰府に帰着　839. 8. 24
帰京し，節刀を返還　839. 9. 16
没　840. 4. 23
★藤原経光
没　1274. 4. 15
★藤原経宗
配流　1160. 3. 11
召還　1162. 3. 7
没　1189. 2. 28
★藤原呈子
女御となる　1150. 4. 28
中宮となる　1150. 6. 22　→九条院
★藤原定子
入内　990. 1. 25
中宮となる　990. 10. 5
出家　996. 5. 1
皇后となる　1000. 2. 25
没　1000. 12. 16
★藤原時平
左大臣となる　899. 2. 14
没　909. 4. 4
藤原得子
皇后となる　1141. 12. 27

美福門院号を賜う　1149. 8. 3　→美福門院
★藤原俊家
没　1082. 10. 2
★藤原俊成
没　1204. 11. 30
★藤原俊成女
没　1251. この頃
★藤原敏行
没　901. この年
★藤原知家
没　1258. 11. -
★藤原豊成
大宰員外帥に左降　757. 7. 12
没　765. 11. 27
★藤原長方
没　1191. 3. 10
★藤原仲実
没　1118. 3. 26
★藤原永手
没　771. 2. 22
★藤原長能
没　1009. この頃
★藤原仲成
射殺　810. 9. 11
★藤原仲平
書状を呉越王に贈る　940. 7. -
没　945. 9. 5
★藤原仲文
没　992. 2. -
★藤原仲麻呂
大保（右大臣）に任じ，恵美押勝の名を賜う　758. 8. 25　→恵美押勝
★藤原長良
没　856. 7. 3
★藤原並藤
没　853. 5. 13
★藤原成親
召還　1162. 3. 10
備中国に配流　1169. 12. 24
召還　1169. 12. 28
解官　1170. 2. 6
権中納言に還任　1170. 4. 21
備前国に配流　1177. 6. 2
謀殺　1177. 7. 9
藤原成経
鬼界島に配流　1177. 6. -
鬼界島より召還　1178. 7. 3
★藤原済時
没　995. 4. 23
★藤原斉信
没　1035. 3. 23
藤原任子
中宮となる　1190. 4. 26
★藤原信清
没　1216. 3. 14
★藤原信実
没　1265. 12. 15
★藤原信長
没　1094. 9. 3
★藤原信頼
斬死　1159. 12. 27
★藤原範季
没　1205. 5. 10
★藤原教長
配流　1156. 8. 3
召還　1162. 3. 10
藤原教雅
配流　1234. 6. 30
★藤原教通
没　1075. 9. 25
★藤原浜成
没　790. 2. 18
藤原春海
日本紀を講じる　904. 8. 21
★藤原秀郷
将門を討つ　940. 2. 14
平将門の首を進上　940. 4. 25
★藤原秀衡
鎮守府将軍となる　1170. 5. 25
没　1187. 10. 29
★藤原秀康
没　1221. 10. 14
★藤原広嗣
斬刑　740. 11. 1
★藤原広嗣の乱　740. 9. 3
★藤原広業
没　1028. 4. 13
★藤原房前
没　737. 4. 17
★藤原富士麻呂
没　850. 2. 16
★藤原不比等
律令を撰定する　700. 6. 17
厩坂寺を平城京に移す　710. 3. -
没　720. 8. 3
★藤原冬緒
没　890. 5. 23
★藤原冬嗣
蔵人頭となする　810. 3. 10
没　826. 7. 24
太政大臣を追贈　850. 7. 17
★藤原芳子
没　967. 7. 29
藤原政友
禁獄　1169. 12. 24
★藤原真楯
没　766. 3. 12
★藤原真夏
没　830. 11. 10
★藤原麻呂
没　737. 7. 13
★藤原道兼
没　995. 5. 8
★藤原通季
没　1128. 6. 17
★藤原道隆
関白となる　990. 5. 8
摂政となる　990. 5. 26
没　995. 4. 10
★藤原道綱
没　1020. 10. 15
★藤原道綱母
没　995. 5. 2
★藤原通俊
没　1099. 8. 16
★藤原道長
内覧の宣旨を賜う　995. 5. 11
内覧となる　1011. 8. 23
摂政となる　1016. 1. 29
太政大臣を辞す　1018. 2. 9
出家　1019. 3. 21
延暦寺で受戒　1020. 12. 14
病む　1027. 11. 13
没　1027. 12. 4
★藤原道信
没　994. 7. 11
★藤原通憲〔信西〕
出家　1144. 7. 22
斬死　1159. 12. 13
★藤原道雅
没　1054. 7. 20
★藤原光親
斬首　1221. 7. 12
★藤原光俊
没　1276. 6. 9
★藤原光頼
没　1173. 1. 5
★藤原三守
没　840. 7. 7
★藤原宮　694. 12. 6
★藤原武智麻呂
大納言となる　729. 3. 4
没　737. 7. 25
★藤原宗輔
没　1162. 1. 30
藤原宗忠
殺人により拘禁さる　999. 12. 13
佐渡に流す　999. 12. 27
★藤原宗忠
記録荘園券契所上卿とする　1111. 9. 9
没　1141. 4. 20
藤原宗成
配流　807. 11. 13
★藤原宗通
没　1120. 7. 22
★藤原宗行
斬首　1221. 7. 14
★藤原宗能
没　1170. 2. 11
★藤原明子
没　900. 5. 23
★藤原元方
没　953. 3. 21
★藤原基実
関白・氏長者となる　1158. 8. 11
没　1166. 7. 26
★藤原基経
准三宮となる　882. 2. 1
関白となる　887. 11. 21
関白を辞退　887. 11. 21
没　891. 1. 13
★藤原基俊
没　1142. 1. 16
★藤原基衡
没　1157. この年もしくは翌年
★藤原基房
太政大臣となる　1170. 12. 14
関白を止めらる　1179. 11. 15
没　1230. 12. 28
★藤原基通
関白となる　1179. 11. 15
摂政を停止　1183. 11. 21
没　1233. 5. 29

1889. 1. 4
普通選挙期成学生・労働者大会
1919. 2. 15
普通選挙期成関西労働連盟
1919. 12. 15
普通選挙期成大会　1919. 2. 9
★普通選挙期成同盟会　1899. 10. 2
普通選挙市民大会　1919. 2. 9
普通選挙全国同志会　1906. 2. 11
普通選挙同盟会　1897. 7. -　1911. 5. 30
★普通選挙法　1925. 3. 29
普通選挙法案　1902. 2. 12　1911. 3. 11
『仏果圜悟禅師心要』　1341. 10. -
★仏学塾　1874. 10. 5
★物価庁　1946. 8. 12
★物価統制令　1946. 3. 3
物価メーデー（第1回）　1966. 2. 27
★『物価余論』　1838. この年
★仏教伝来　538. 戊午年
★服忌令　1684. 2. 30　1684. 4. -　1686. 4. 22
1688. 5. 10　1693. 12. 21　1735. 3. 24
復金インフレ　1946. 10. 8
復権令　1952. 4. 28　1959. 4. 10
復興局疑獄事件　1924. 8. 20
復興金融金庫法〔★復興金融金庫〕
1946. 10. 8
復興財源確保法　2011. 12. 2
復興庁　2012. 2. 10
復興庁設置法　2011. 12. 16
★『復古記』　1930. この年
★『仏国記』　414. この年
★『仏国暦象編』　1810. この年
★『仏国暦象編斥妄』　1816. この頃
★『仏国暦象弁妄』　1818. この年
★『仏語明要』　1864. この年
★物産会　1757. 7. -
★仏舎利　585. 2. 15　588. この年　593. 1. 15
ブッシュ
来日　1992. 1. 7
★ブッセ
没　1907. 9. 13
★仏像　584. この年
★仏足石　753. 7. 27
『仏頂尊勝陀羅尼』　860. 4. 19
★仏通寺　1397. 8. -
★仏哲
大宰府に来着　736. 5. 18
「仏涅槃図」　1086. 4. 7
仏法興隆の詔　645. 8. 8
★布津村代右衛門
没　1638. この年
★『物類称呼』　1775. この年
★『物類品隲』　1763. 7. -
★プティジャン
没　1884. 10. 7
★『筆の御霊』　1827. この年
★不動穀　866. 12. 8　891. 8. 3　934. 年末
不動産登記法　1899. 2. 24
★『武道伝来記』　1687. この年
★風土記　713. 5. 2　925. 12. 14
★『武徳大成記』　1686. 9. 18
★『武徳編年集成』　1740. この頃
★『武徳律令』　624. 3. 29
文殿雑訴法　1314. 11. 13
★「蒲団」　1907. 9. -
★『船長日記』　1822. この年
★船越伊予
没　1670. 9. 1
船越英二
没　2007. 3. 17
★船田中
没　1979. 4. 12
★『船田乱記』　1495. この年
★船津辰一郎
没　1947. 4. 4
★船津伝次平
没　1898. 6. 15
★道祖王
皇太子となる　756. 5. 2
皇太子を廃さる　757. 3. 29
殺害　757. 7. 4
船戸与一
没　2015. 4. 22
★舟橋聖一
没　1976. 1. 13
★舟橋秀賢
没　1614. 6. 28
船村徹
没　2017. 2. 16
★『不二遺稿』　1424. 2. 3
★船王後墓誌　668. 12. -
船史〔★船氏〕　553. 7. 4
★『傅大納言殿母上集』
1007. この年1月以降寛弘8年6月の間
★部分的核実験停止条約　1963. 8. 14
★『夫木和歌抄』　1310. この頃
富本銭　1999. 1. 19
★踏絵　1629. この頃
★文根麻呂
没　707. 9. 21
文博士　698. 4. 13
プミポン・アドゥンヤデート
没　2016. 10. 13
★『補忘記』　1687. この年
★普門寺　1246. この年
★『武野燭談』　1709. この年
冬柴鉄三
没　2011. 12. 5
★フュレ
没　1900. 1. 15
★ブラウン
没　1880. 6. 19
★ブラウン
没　1886. 1. 1
★プラカード事件　1946. 5. 19
★豊楽院　1063. 3. 22
部落会　1947. 4. 1
★部落解放同盟　1946. 2. 19
部落問題研究全国集会（第1回）
1963. 6. 1
プラザ合意　1985. 9. 22
★ブラジル移民　1908. 4. 28
★『伯剌西爾時報』　1917. 8. 31
★ブラック
没　1880. 6. 11
ブラッドレー
極東情勢検討のため来日　1950. 1. 31
来日　1950. 6. 18
フランキー堺
没　1996. 6. 10
フランク永井
没　2008. 10. 27
★フランシスコ=デ=ヘスース
刑死　1632. 7. 19
仏蘭西学舎　1874. 10. 5
『仏蘭西詞林』　1857. この年
★ブラント
没　1920. この年
振袖火事〔★明暦の江戸大火〕
1657. 1. 18
★プリディ
没　1983. 5. 2
★プリューイン
没　1883. 2. 26
★ブリュネ
没　1911. 8. 12
不良債権　1997. 2. 7　1998. 1. 12　1998. 5. 25
1998. 12. 25
不良債権処理策　1998. 7. 2
武力攻撃事態法　2003. 6. 6
★『振分髪』　1796. 3. -
★ブリンクリ
没　1912. 10. 28
プリンス自動車工業　1966. 4. 20
★『布留』　1384. 5. 19
★古市公威
没　1934. 1. 28
★古市古墳群　380. この頃
★古市澄胤
斬死　1508. 7. 25
★古河勇
没　1899. 1. 15
★古河市兵衛
没　1903. 4. 5
★古川氏清
没　1820. 6. 11
★古川古松軒
没　1807. 11. 10
★古河善兵衛
没　1637. この年
★古河太四郎
没　1907. 12. 26
★古川躬行
没　1883. 5. 6
★古川緑波
没　1961. 1. 16
★古郡孫大夫
没　1664. 5. 22
ふるさと納税　2017. 4. 1　2018. 3. 9
2019. 3. 29
ふるさと納税制度　2008. 4. 30
★古沢滋
没　1911. 12. 24
古島敏雄
没　1995. 8. 29
★古荘嘉門
没　1915. 5. 11
★古田織部
秀忠に点茶式を伝授　1610. 9. -
自刃　1615. 6. 11
★古田俊之助
没　1953. 3. 23
古田紹欽
没　2001. 1. 31
★古田大次郎

へ

ほ

防衛庁調達実施本部（調本）事件
1999. 10. 12
防衛調達庁　1962. 5. 15
防衛費上限　1976. 11. 5
★防衛力整備計画（第１次）　1957. 6. 14
防衛力整備計画（第２次）　1961. 7. 18
防衛力整備計画（第３次）　1966. 11. 29
防衛力整備計画（第４次）　1972. 10. 9
防衛力整備計画（第５次）　1979. 7. 17
貿易外取引管理令　1963. 11. 2
貿易為替自由化促進閣僚会議
1960. 1. 5　1960. 1. 12
貿易規則　1876. 8. 24
貿易章程　1858. 6. 19　1858. 7. 10　1858. 7. 11
1858. 7. 18　1858. 9. 3　1860. 6. 17　1860. 12. 14
1863. 12. 29
『貿易新報』　1906. 12. 3
貿易調整および通商擁護法　1934. 4. 7
防援会　1923. 6. -
法円坂遺跡　450. この頃
法王宮職　767. 3. 20
★鳳凰丸　1854. 5. 4
報恩寺（相模）　1371. 10. 15
★『報恩抄』　1276. 7. 21
烽火　1294. 3. 6
★宝戒寺　1335. 3. 28
法界堂（日野）〔★法界寺〕　1301. 4. 19
★『法学協会雑誌』　1884. 3. -
★防鴨河使　824. 6. 19　861. 3. 13
法科大学院　2003. 11. 21
防葛野河使　824. 6. 19　861. 3. 13
★法岸
没　1815. 12. 5
★『法規分類大全』　1891. この年
★『宝慶記』　1253. 8. 28
★防空法　1937. 4. 5
★宝景
没　1828. 9. 17
★方形周溝墓　前250. この頃　100. この頃
方形墳丘墓　前300. この頃
★宝月圭吾
没　1987. 9. 13
法眼〔★僧位〕　864. 2. 16
★『保建大記』　1716. この年
★『房玄法印記』　1348. この年及び観応２年
★法興院　990. 5. 10　1011. 10. 6　1089. 4. 23
1120. 1. 8
★方広寺（京都）　1597. 7. 18
★方広寺（遠江）　1384. この春
★法興寺〔★飛鳥寺〕　588. この年　596. 11. -
方広寺大仏鐘銘〔★方広寺鐘銘事件〕
1614. 4. 16　1614. 7. 26
方広寺大仏殿　1588. 5. 15　1593. 9. 24　1602. 12. 4
方広寺大仏殿千僧供養　1596. 1. 29
防穀令賠償問題〔★防穀令事件〕
1893. 5. 19
★法金剛院　1139. 3. 22
宝山乾珍
没　1441. 12. 25
★鳳山等膳
没　1590. 5. 21
宝治合戦〔★三浦氏の乱〕　1247. 6. 5
宝字銀〔★宝永金銀〕　1706. 6. 6
★『報四叢談』　1874. 8. -
『奉使日本紀行』　1828. この年
★『宝治百首』　1248. この秋頃
『宝積経要品』　1344. 10. 8
★法住
没　1800. 5. 10
★法住寺　1032. 12. 8
法住寺殿　1161. 4. 13
★彭叔守仙
没　1555. 10. 12
★豊璋
人質として日本に送らる　631. 3. 1
百済に送還　661. 9. -
鬼室福信を謀反の疑いで殺害
663. 6. -
放生　676. 8. 17
★北条氏勝
没　1611. 3. 24
★北条氏邦
没　1597. 8. 8
★北条氏繁
没　1578. 6. 13
★北条氏綱
没　1541. 7. 19
★北条氏照
自刃　1590. 7. 11
★北条氏直
秀吉に降伏　1590. 7. 5
黒田孝高に『吾妻鏡』を贈る
1590. この年
没　1591. 11. 4
★北条氏長
没　1670. 5. 29
★北条氏規
没　1600. 2. 8
★北条氏房
没　1592. 4. 12
★北条氏政
自刃　1590. 7. 11
★北条氏盛
没　1608. 5. 18
★北条氏康
代替り検地を実施
1542. この年から翌年にかけて
没　1571. 10. 3
★北条霞亭
没　1823. 8. 17
★北条兼時
鎮西に派遣　1293. 3. 7
没　1295. 9. 18
★『方丈記』　1212. 3月末
★宝生九郎
没　1917. 3. 9
北条幻庵
没　1589. 11. 1
★『北条幻庵覚書』　1562. 12. 16
宝荘厳院　1132. 10. 7
★北条貞時
出家　1301. 8. 23
没　1311. 10. 26
北条貞房
没　1309. 12. 2
★法成寺　1022. 7. 14　1058. 2. 23　1065. 10. 18
1117. 1. 8
法成寺阿弥陀堂　1026. 3. 20
★北条重時
没　1261. 11. 3
法成寺東北院　1030. 8. 21
法成寺八角堂　1057. 3. 14
★宝生新
没　1944. 6. 10
★北条早雲
没　1519. 8. 15
★北条高時
出家　1326. 3. 13
自刃　1333. 5. 22
★北条団水
没　1711. 1. 8
★北条綱成
没　1587. 5. 6
★北条経時
執権を嗣ぐ　1242. 6. 15
執権を弟時頼に譲る　1246. 3. 23
没　1246. 閏4. 1
北条時敦
没　1320. 5. 24
北条時家
鎮西に派遣　1293. 3. 7
★北条時国
六波羅探題を解任　1284. 6. 22
没　1284. 10. 3
★北条時定
没　1193. 2. 25
★北条時定
没　1290. この年
★北条時輔
誅殺　1272. 2. 15
北条時直
敗れる　1333. 閏2. 11
★北条時房
没　1240. 1. 24
★北条時政
地頭職を辞退　1186. 3. 1
比企能員を謀殺　1203. 9. 2
畠山重忠を討つ　1205. 6. 22
隠退　1205. 閏7. 19
没　1215. 1. 6
★北条時益
討死　1333. 5. 7
北条時光
配流　1284. 8. -
★北条時宗
没　1284. 4. 4
★北条時村
暗殺　1305. 4. 23
★北条時茂
没　1270. 1. 27
★北条時盛
没　1277. 5. 2
★北条時行
挙兵　1335. 7. 22
足利直義を破る　1335. 7. 22
斬首　1353. 5. 20
★北条時頼
三浦泰村・千葉秀胤らを滅ぼす
1247. 6. 5
執権を長時に譲る　1256. 11. 22
出家　1256. 11. 23
円爾を鎌倉に招く　1257. この年
没　1263. 11. 22
★坊城俊実
没　1350. 2. 23

★北陸宮
没　1230. 7. 8
★朴烈
大逆罪容疑で起訴される
1925. 10. 20
死刑宣告　1926. 3. 25
没　1974. 1. 17
★朴烈事件　1925. 10. 20
★『法華経』　606. この年　740. 6. 19
★『法華経義疏』　615. 4. 15
ポケモンGO　2016. 7. 22
★保元の乱　1156. 7. 11
保甲条例　1898. 8. 31
★戊午の密勅　1858. 8. 8
★『保古飛呂比』　1907. この年　1970. この年
菩薩半跏像　621. この頃
ポサドニック号　1861. 2. 3
ポシェット
下田に来航　1856. 10. 11
★星島二郎
没　1980. 1. 3
★星恂太郎
没　1876. 7. 27
母子手帳　1948. 5. 12
★星亨
暗殺　1901. 6. 21
保科善四郎
没　1991. 12. 24
★保科正貞
没　1661. 11. 1
★保科正直
没　1601. 9. 29
★保科正光
没　1631. 10. 7
★保科正之
山形に転封　1636. 7. 21
会津に転封　1643. 7. 4
山崎闇斎を招請　1665. 3. -
隠居　1669. 4. 27
没　1672. 12. 18
★星野勘左衛門
没　1696. 5. 6
星野仙一
没　2018. 1. 4
★星野長太郎
没　1908. 11. 27
星野哲郎
没　2010. 11. 15
★星野輝興
没　1957. 10. 14
★星野直樹
没　1978. 5. 29
★星野恒
没　1917. 9. 10
星野道夫
没　1996. 8. 8
星野芳郎
没　2007. 11. 8
★星野良悦
没　1802. 3. 10
保守党　2000. 4. 1
★戊申倶楽部　1908. 7. 25
★戊申詔書　1908. 10. 13
★戊辰戦争　1868. 1. 3
戊辰戦争終結　1869. 5. 18
「戊辰年五月」銘鉄刀　608.
★保全経済会事件　1953. 10. 24
保善社　1912. 1. 1
細井勝為
蟄居　1757. 8. 27
★細井広沢
百人組の与力とする　1724. 5. 19
没　1735. 12. 23
細井貞雄
没　1823. 9. 2
★細井平洲
没　1801. 6. 29
★細井和喜蔵
没　1925. 8. 18
★細川顕氏
没　1352. 7. 5
★細川氏綱
没　1563. 12. 20
★細川氏春
没　1387. 10. 19
★細川興文
没　1785. 7. 5
★細川興元
没　1619. 3. 18
★『細川家記』　1782. この年
★細川和氏
没　1342. 9. 23
細川賢治
入京　1527. 2. 16
★細川勝益
没　1502. 6. 4
★細川勝元
管領補任　1445. 3. 24
斯波義廉を援ける　1466. 7. 23
西軍と戦う　1467. 5. 26
没　1473. 5. 11
★細川ガラシャ
自殺　1600. 7. 17
★細川嘉六
没　1962. 12. 2
★細川清氏
討死　1362. 7. 24
細川国慶
敗死　1547. 10. 6
★細川重賢
没　1785. 10. 22
細川成春
没　1485. 5. 15
★細川潤次郎
没　1923. 7. 20
★細川澄元
没　1520. 6. 10
★細川澄之
自刃　1507. 8. 1
★細川高国
入道し道永と号する　1525. 4. 14
自刃　1531. 6. 8
★細川忠興
没　1645. 12. 2
★細川忠利
転封　1632. 10. 4
没　1641. 3. 17
細川稙国
家督を嗣ぐ　1525. 4. 14
細川俊之
没　2011. 1. 14
★細川内閣　1993. 8. 9　1994. 4. 25
★細川斉茲
没　1835. 10. -
★『細川日記』　1978. この年
★細川晴元
入京　1536. 9. 24
足利義晴と和睦　1544. 7. 6
没　1563. 3. 1
★細川藤孝
没　1610. 8. 20
細川政賢
没　1511. 8. 24
細川政春
没　1518. 1. 9
★細川政元
山名政豊と和睦　1474. 4. 3
畠山義就と和睦　1482. 7. 16
近江守護に就く　1491. 8. -
近江守護罷免　1492. 12. 14
清晃を擁立す　1493. 4. 22
入京　1495. 8. 26
隠居　1502. 2. 17
丹波に下向　1502. 3. 8
帰京　1502. 4. 25
謀殺　1507. 6. 23
★細川満元
管領に補任　1412. 3. 16
没　1426. 10. 16
細川宗孝
刺殺さる　1747. 8. 15
細川持隆
没　1553. 6. 17
細川持元
没　1429. 7. 14
★細川持之
管領罷免　1442. 6. 29
没　1442. 8. 4
細川護貞
没　2005. 10. 3
★細川護立
没　1970. 11. 18
★細川護久
没　1893. 8. 30
★細川護熙
新党結成を発表　1992. 5. 7
★細川頼春
討死　1352. 閏2. 20
★細川頼元
管領となる　1391. 4. 8
没　1397. 5. 7
★細川頼之
管領となる　1367. 11. 25
没　1392. 3. 2
細川隆一郎
没　2009. 8. 25
細川隆元
没　1994. 12. 19
★『細川両家記』一巻本上巻　1550. 4. -
細谷英二
没　2012. 11. 4
細谷千博
没　2011. 9. 21
★菩提僊那
大宰府に来着　736. 5. 18

★堀秀政
没 1590.5.27
★堀部安兵衛
切腹 1703.2.4
★堀基
没 1912.4.8
堀本律雄
没 2012.1.14
★ボルジェス
刑死 1633.7.12
ポルトガルと断交 1628.5.-
★ホルバート
没 1937.5.-
幌内炭坑 1907.4.28
★本阿弥光悦
鷹峰の地を拝領 1615.この年
没 1637.2.3
★本阿弥光甫
没 1682.7.24
本因坊算砂
没 1623.5.16
★盆踊り 1505.7.18
『梵学津梁』 1804.12.22
本渓湖煤礦有限公司〔★本渓湖煤鉄公司〕 1910.5.22
★本系帳 799.12.29 881.3.26
★『本化別頭仏祖統紀』 1797.この年
★『本源自性院記』 1621.1.-
本郷功次郎
没 2013.2.14
★『本光国師日記』 1610.3.-
★本郷房太郎
没 1931.3.20
★本郷村善九郎
没 1774.12.5
★本圀寺 1501.5.24
『(翻刻)智環啓蒙』 1856.この年
★『梵字形音義』 1098.この年
★梵釈寺 786.1.21
本州製紙 1969.3.6
★梵舜
没 1632.11.18
★『梵舜日記』 1583.この年
★本庄栄治郎
没 1973.11.18
★本庄繁長
没 1613.12.-
★本庄重政
没 1676.2.15
★本庄繁
自刃 1945.11.20
★本庄普一
没 1846.この年
★本庄陸男
没 1939.7.23
★本庄宗資
没 1699.8.16
★本荘宗秀
没 1873.11.20
本庶佑
ノーベル賞受賞 2018.12.10
★『本草綱目啓蒙』 1802.この年
『本草綱目考異』 1765.7.3
『本草綱目和名目録』 1680.この年
★『本草図譜』 1828.12.- 1830.この年
『本草訳言』 1660.この年
★『本草和名』 918.この頃
本多健一
没 2011.2.26
本多顕彰
没 1978.6.30
★本多熊太郎
没 1948.12.18
★本多光太郎
没 1954.2.12
★本多重次
没 1596.7.26
本多重益
改易 1695.3.22
本田茂
ゼネコン汚職に判決 1996.9.9
本田彗星 1947.11.14
★本多精一
没 1920.1.10
★本多静六
没 1952.1.29
★本田宗一郎
没 1991.8.5
★本多忠籌
没 1812.12.15
★本多忠勝
没 1610.10.18
本多忠国
大和川付替工事の助役 1703.10.28
★本多忠次
没 1612.この年
★本多忠次
没 1711.11.20
★本多忠憲
没 1823.5.2
★本多忠晴
没 1715.4.12
本多忠脩
没 1803.1.22
★本多忠政
没 1631.8.10
本多忠良
解任 1716.5.16
★本多利明
没 1820.12.22
★本多利長
改易 1682.2.22
没 1692.12.16
★本多富正
没 1649.8.12
★本多成重
没 1647.6.23
★本多日生
没 1931.3.16
★本多正重
没 1617.7.3
★本多政重
没 1647.6.3
★本多正純
改易 1622.10.1
没 1637.3.10
★本多正永
没 1711.5.19
★本多正信
没 1616.6.7
本田美奈子.　2005.11.6（没）
本田実
新彗星を発見 1947.11.14
★本多康重
没 1611.3.22
★本多康俊
没 1621.2.7
本田靖春
没 2004.12.4
★本多庸一
没 1912.3.26
★『本朝医考』 1663.この年
★『本朝一人一首』 1660.この年
★『本朝桜陰比事』 1689.この年
★『本朝画史』 1693.この年
★『本朝皇胤紹運録』 1426.5.14 1502.6.23
★『本朝高僧伝』 1702.3.-
★『本朝地方春秋』 1821.この年
★『本朝食鑑』 1692.この年
★『本朝新修往生伝』 1151.12.1
★『本朝神仙伝』 1111.11.5
★『本朝水滸伝』 1773.この年
★『本朝世紀』 1150.この冬 1722.5.-
★『本朝世事談綺』 1734.この年
★『本朝通鑑』 1650.この夏 1664.11.1 → 本朝編年録
★『本朝統暦』 1687.この年
★『本朝廿四孝』 1766.1.-
★『本朝二十不孝』 1686.この年
★『本朝武芸小伝』 1714.この年
★『本朝文集』 1686.8.-
『本朝編年録』 1644.10.- 1664.7.28 → 本朝通鑑
★『本朝法華験記』 1043.長久年間
★『本朝無題詩』
1162.この年より長寛2年の間
★『本朝文粋』 1064.康平年間
★『本朝麗藻』 1010.この頃
『本伝集』 816.3.21
★本如
没 1826.12.12
★本能寺 1582.7.3
ボンベイ航路 1893.11.7
★『ポンペ日本滞在見聞記』 1867.この年
★ポンペ=ファン=メールデルフォールト
長崎で人体解剖 1859.8.13
没 1908.10.3
本邦外出身者に対する不当な差別的言動の解消に向けた取組の推進に関する法律 2016.6.3
★『本邦鉱業の趨勢』 1906.この年
★『本邦小作慣行』 1926.12.-
本間一夫
没 2003.8.1
★本間憲一郎
没 1959.9.19
本間俊太郎
収賄容疑で逮捕 1993.9.27
実刑判決 1997.3.21
★本間棗軒
没 1872.2.8
本間長世
没 2012.9.15
★本間百里
没 1854.4.27

★本間雅晴
　没　1946. 4. 3
★本間光丘
　没　1801. 6. 1
本門寺日蓮像　1288. 6. 8
★本理院
　没　1674. 6. 8

ま

★マーティン
　没　1916. 12. 17
★マードック
　没　1921. 10. 30
マードレ=デ=デウス号　1609. 12. 12 →
　ノッサ=セニョーラ=ダ=グラッサ号事件
★マイエット
　没　1920. 1. 9
マイカル　2001. 9. 14
毎月勤労統計　2018. 12. 10　2019. 1. 8
　2019. 1. 18　2019. 1. 22
★『毎月抄』　1219. 7. 2
★『埋麝発香』　1840. この年
『毎朝新報』　1908. 4. -
マイナンバー制度　2015. 10. 5
マイナンバー法　2013. 5. 31　2015. 9. 9
★『毎日新聞』　1886. 5. 1
★『毎日新聞』　1943. 1. 1
★『まいにちひらかなしんぶんし』
　1873. 2. -
マウントゴックス　2014. 2. 28
前尾繁三郎
　没　1981. 7. 23
前川春雄
　没　1989. 9. 22
前川リポート　1986. 4. 7
前嶋信次
　没　1983. 6. 3
★前島密
　没　1919. 4. 27
★前田慧雲
　没　1930. 4. 29
前田恵学
　没　2010. 10. 31
★前田玄以
　没　1602. 5. 7
★前田河広一郎
　没　1957. 12. 4
★前田青邨
　没　1977. 10. 27
★前田孝貞
　没　1707. 8. 19
前田武彦
　没　2011. 8. 5
★前田多門
　没　1962. 6. 4
★前田綱紀
　御三家に準じる　1689. 8. 9
　高山城を破却　1695. 2. 12
　没　1724. 5. 9
★前田利家
　没　1599. 閏3. 3
★前田利定
　没　1944. 10. 2
★前田利孝
　没　1637. 6. 4
★前田利次
　没　1674. 7. 7
★前田利常
　没　1658. 10. 12
★前田利長
　没　1614. 5. 20
★前田利治
　没　1660. 4. 21
★前田利春
　没　1560. 7. 13
★前田利昌
　没　1709. 2. 18
★前田利保
　没　1859. 8. 18
★前田夏蔭
　没　1864. 8. 26
★前田斉泰
　没　1884. 1. 16
前田一
　没　1978. 5. 2
★前田治脩
　没　1810. 1. 7
★前田普羅
　没　1954. 8. 8
★前田正名
　没　1921. 8. 11
★前田正之
　没　1892. 7. 23
前田山英五郎
　没　1971. 8. 17
★前田夕暮
　没　1951. 4. 20
前田陽一
　没　1987. 11. 22
★前田吉徳
　没　1745. 6. 12
前田義徳
　没　1983. 12. 17
★前田慶寧
　没　1874. 5. 18
★前田米蔵
　没　1954. 3. 18
★前田蓮山
　没　1961. 9. 12
★前野良沢
　刑死体の解剖を見学　1771. 3. 4
　没　1803. 10. 17
前畑秀子
　第11回オリンピックで金メダル
　　1936. 8. 1
　没　1995. 2. 24
★前原一誠
　逮捕　1876. 10. 28
　刑死　1876. 12. 3
★勾金橋宮　534. 1. -
勾舎人部　535. 4. 1
勾靫部　535. 4. 1
マカロフ
　戦死　1904. 4. 13
槙有恒
　没　1989. 5. 2
槙枝元文
　没　2010. 12. 4
★牧口常三郎
　没　1944. 11. 18
★牧健二
　没　1989. 7. 24
★牧志朝忠
　没　1862. 7. 19
牧伸二
　没　2013. 4. 29
★牧田環
　没　1943. 7. 6
★牧野英一
　没　1970. 4. 18
★牧野権六郎
　没　1869. 6. 28
★牧野貞喜
　没　1822. 10. 17
★牧野省三
　没　1929. 7. 25
★牧野信一
　没　1936. 3. 24
★牧野信之助
　没　1939. 9. 25
★牧野忠精
　没　1831. 7. 14
★牧野忠成
　没　1654. 12. 16
★牧野親成
　没　1677. 9. 23
★牧野富太郎
　没　1957. 1. 18
★牧野虎次
　没　1964. 2. 1
★牧野成貞
　側用人に任ず　1681. 12. 11
　没　1712. 6. 5
★牧野伸顕
　没　1949. 1. 25
★『牧野伸顕日記』　1921. 3. 13　1990. 7. 10
マキノ雅広
　没　1993. 10. 29
★マキノ光雄
　没　1957. 12. 9
★牧野康成
　没　1599. 3. 8　1609. 12. 12　1657. 12. 30
★牧野康哉
　没　1863. 6. 13
★牧野良三
　没　1961. 6. 1
★牧分徳右衛門
　没　1727. 3. 12
★マキム
　没　1936. 4. 4
★槇村正直
　没　1896. 4. 21
★牧村政治
　没　1593. 7. 10
★真木保臣
　禁錮に処せらる　1852. 5. 17
　自刃　1864. 7. 21
★巻菱湖
　没　1843. 4. 7
★マクシモービッチ
　没　1891. 2. 16
★真葛長造
　没　1860. この年
★マクドナルド

没 1905. 1. 3
★マクドナルド
没 1915. 9. 10
★マクネア
没 1915. 11. 21
枕崎台風 1945. 9. 17
★『枕草子』 1001. この頃
★『枕草子春曙抄』 1674. この年
★馬越恭平
没 1933. 4. 20
★正岡子規
没 1902. 9. 19
★真崎甚三郎
没 1956. 8. 31
★正木段之進
没 1776. 4. 5
★正木時堯
没 1630. 6. 20
★正木時綱
討死 1533. 7. 27
★正木直彦
没 1940. 3. 2
★正木憲時
自刃 1581. 9. -
★正木旲
没 1975. 12. 6
★正清
没 1730. 6. -
正子内親王 →せいし…
昌子内親王 →しょうし…
マザー=テレサ
来日 1981. 4. 22
★『正任記』 1478. 10. 1
★雅成親王
没 1255. 2. 10
★『雅久宿禰記』 1475. この年
★正秀
没 1825. この年
★『正房卿記』 1845. 1. -
★正躬王
没 863. 5. 1
★正宗白鳥
没 1962. 10. 28
★『政基公旅引付』 1501. 3. 28
正良親王
皇太子となる 823. 4. 18 →仁明天皇
★増田長盛
自刃 1615. 5. 27
★増野徳民
没 1877. 5. 20
★馬島清眼
没 1379. 3. 19
★真島利行
没 1962. 8. 19
★真清水蔵六（初代）
没 1877. 6. 16
★真清水蔵六（２代）
没 1936. この年
★増山雪斎
没 1819. 1. 29
★枡改め 1776. 2. 29 1778. 8. 12
増井経夫
没 1995. 6. 17
★『増鏡』 1376. 4. 15
益川敏英
ノーベル賞受賞 2008. 12. 10
★増島蘭園
没 1839. 9. 4
★益田右衛門介
自刃 1864. 11. 11
増田甲子七
没 1985. 12. 21
★益田兼堯
没 1485. 5. 23
★益田元祥
没 1640. 9. 21
★升田幸三
没 1991. 4. 5
★増田五郎右衛門
没 1818. 6. 28
増田四郎
没 1997. 6. 22
★益田孝
没 1938. 12. 28
★益田時貞
討死 1638. 2. 28
★益谷秀次
没 1973. 8. 18
★益田池 823. 1. 20
増田義郎
没 2016. 11. 5
★益田好次
討死 1638. 2. 28
★増穂残口
没 1742. 9. 26
★十寸見河東
没 1725. 7. 20
升味準之輔
没 2010. 8. 13
★十寸見蘭洲
没 1731. 6. 25
★桝本卯平
没 1931. 4. 10
増本量
没 1987. 8. 12
★増山金八（２代）
没 1826. この年
磨製石斧〔★石斧〕 約３万5000年前.
★又七
没 1699. この年
「マダムと女房」 1931. 8. 1
『町方書上』 1828. この年
町春草
没 1995. 11. 13
★町尻説久
没 1783. 4. 25
町田顕
没 2015. 4. 5
★町田経宇
没 1939. 1. 10
★町田忠治
没 1946. 11. 12
★町田久成
没 1897. 9. 15
★町年寄 1656. 1. -
★町名主 1722. 4. -
町名主制 1656. 12. 9
★町野武馬
没 1968. 1. 10
町野康持
没 1257. 10. 26
町村金五
没 1992. 12. 14
町村信孝
没 2015. 6. 1
松井章
没 2015. 6. 9
★松井石根
刑死 1948. 12. 23
★松井慶四郎
没 1946. 6. 4
★松井元泰
没 1743. 3. 16
★松井幸三（２代）
没 1830. 4. 11
★松居松翁
没 1933. 7. 14
★松井須磨子
自殺 1919. 1. 5
★松井直吉
没 1911. 2. 1
★松井儀長
没 1657. 11. 22
松井秀喜
国民栄誉賞受賞 2013. 5. 5
★松井等
没 1937. 5. 12
★松井康直
没 1904. 7. 5
★松井康之
没 1612. 1. 23
松井やより
没 2002. 12. 27
★松井米太郎
没 1946. 10. 16
松内則三
没 1972. 1. 31
★松浦霞沼
没 1728. 9. 1
★松浦検校
没 1822. 11. 21
松浦総三
米国押収資料の返還・公開を要求する会を結成 1973. 4. 2
★松浦武四郎
没 1888. 2. 10
松浦輝夫
エベレスト登頂に成功 1970. 5. 11
★松江重頼
没 1680. 6. 29
★松江宗安
没 1666. 1. -
松尾明美
没 2013. 8. 5
松王丸
斯波家家督廃さる 1461. 9. 2
★松岡明義
没 1890. 6. 22
★松岡映丘
没 1938. 3. 2
★松岡好一
没 1921. 6. 29
★松岡荒村
没 1904. 7. 23
★松岡駒吉

没　2001.11.22
★松村介石
没　1939.11.29
★松村景文
没　1843.4.26
★松村謙三
没　1971.8.21
★松村松年
没　1960.11.7
★松村任三
没　1928.5.4
★松村武雄
没　1969.9.25
松村達雄
没　2005.6.18
★松村友松
没　1880.11.7
★松村文次郎
没　1913.9.23
★松村雄之進
没　1921.2.22
★松村理兵衛
没　1785.4.5
★松室致
没　1931.2.16
★松本一指
没　1660.9.5
★松本学
没　1974.3.27
★松本儀平
没　1867.11.8
★松本奎堂
戦死　1863.9.25
松本健一
没　2014.11.27
★松本健次郎
没　1963.10.17
★松本剛吉
没　1929.3.5
★『松本剛吉政治日誌』　1912.7.31
★松本幸四郎（初代）
没　1730.3.25
★松本幸四郎（４代）
没　1802.6.27
★松本幸四郎（５代）
没　1838.5.10
★松本幸四郎（７代）
没　1949.1.27
★松本幸四郎（８代）
没　1982.1.11
松本サリン事件　1994.6.27　2008.2.15
→オウム真理教事件
★松本治一郎
没　1966.11.22
★松本重治
没　1989.1.10
★松本重太郎
没　1913.6.20
★松本順
没　1907.3.12
★松本烝治
没　1954.10.8
★松本清張
没　1992.8.4
★松本荘一郎
没　1903.3.19
★松本たかし
没　1956.5.11
松本智津夫　→麻原彰晃
★松本長
没　1935.11.29
★松本信広
没　1981.3.8
★松本白華
没　1926.2.5
★松本彦次郎
没　1958.1.14
★松本秀持
没　1797.6.5
松本弘子
没　2003.6.20
★松本楓湖
没　1923.6.22
★松本安親
没　1810.この年
松本楼　1903.6.1
★松森胤保
没　1892.この年
★『松屋会記』　1533.この年
★松屋久重
没　1652.8.24
★松屋久政
没　1598.4.4
★松屋久好
没　1633.7.24
松山恵子
没　2006.5.7
松山事件　1984.7.11
★松山城　1537.7.15　1575.5.22
松山城（武蔵）　1563.2.4
松山善三
没　2016.8.27
★松山高吉
没　1935.1.4
★松山忠二郎
没　1942.8.16
★松浦詮
没　1908.4.13
松浦一族　1339.11.5
★松浦鎮信
没　1614.5.26
★松浦鎮信
オランダ船との通商を許可　1639.7.25
没　1703.10.6
★松浦静山
没　1841.6.29
★松浦隆信
没　1599.閏3.6
★松浦隆信
没　1637.5.24
松浦信正
勘定・長崎奉行兼務　1748.6.20
勘定奉行罷免　1753.2.23
★松浦メンシャ
没　1656.この年
★万里小路充房
没　1626.9.12
万里小路桂哲
流刑　1619.9.18
★万里小路季房
没　1333.5.20
★万里小路時房
没　1457.11.20
★万里小路宣房
勅使として鎌倉に派遣　1324.9.23
没　1348.10.18
★万里小路博房
没　1884.2.22
まど・みちお
没　2014.2.28
★真名井純一
没　1902.7.16
★曲直瀬玄朔
没　1631.12.10
★曲直瀬正盛
没　1594.1.4
★曲直瀬正琳
没　1611.8.9
真夏日最多記録更新　2004.9.20
★間部詮勝
没　1884.11.28
★間部詮房
西丸側衆となる　1705.1.7
解任　1716.5.16
没　1720.7.16
真野毅
没　1986.8.28
★真野時綱
没　1717.11.6
★真野安通
没　1797.7.20
★間引　1767.10.12
★真人　684.10.1
★馬淵嘉平
没　1851.この年
★間宮士信
没　1841.7.13
★間宮信明
没　1714.5.23
★間宮林蔵
樺太を島と確認する　1808.4.-
黒竜江下流のデレンに至る　1809.7.11
没　1844.2.26
護雅夫
没　1996.12.23
★真山青果
没　1948.3.25
真山美保
没　2006.3.12
黛敏郎
没　1997.4.10
黛弘道
没　2010.12.17
★マリアナ沖海戦　1944.6.19
★マリア=ルス号事件　1872.7.1
マリナー号　1849.閏4.-
★丸岡秀子
没　1990.5.25
★丸尾文六
没　1896.5.1
丸木俊
没　2000.1.13
★丸木舟　前4500.

丸木政臣
没　2013. 6. 6
★マルケス
没　1643. 2. 6
★マルケス
刑死　1657. 5. 1
『マルコポーロ』　1995. 1. 30
丸正事件　1961. 5. 31
丸善石油　1933. 11. 8
丸田祐三
没　2015. 2. 17
★圓中文助
没　1923. 9. 1
丸ノ内線　1954. 1. 20
★丸橋忠弥
捕縛さる　1651. 7. 23
刑死　1651. 8. 10
★『団団珍聞』　1877. 3. -
★丸目蔵人
没　1629. 5. 7
丸谷才一
没　2012. 10. 13
★円山応挙
没　1795. 7. 17
★丸山幹治
没　1955. 8. 13
★丸山教　1873. 10. 15　1885. この年
★丸山作楽
没　1899. 8. 19
★丸山定夫
没　1945. 8. 16
丸山静雄
没　2006. 10. 10
★丸山二郎
没　1972. 6. 30
★丸山名政
没　1922. 11. 21
丸山真男
没　1996. 8. 15
★丸山可澄
没　1731. 5. 11
★マレー
没　1905. 3. 6
★マレー沖海戦　1941. 12. 10
★『万安方』　1316. この年
★『万延元年遣米使節史料集成』
1960. この年
満願院　1100. 9. 19
万景峰92号　2003. 1. 28　2003. 5. 29　2003. 8. 25
『万句合』　1757. この年
万句連歌会　1576. 4. 27
★卍元師蛮
没　1710. 2. 12
万石騒動〔★安房国北条藩領正徳元年一揆〕　1711. 11. 7
★満済
三宝院門跡となる　1395. 11. 2
醍醐寺座主となる　1395. 11. 2
没　1435. 6. 13
★『万載狂歌集』　1783. 1. -
★卍山道白
没　1715. 8. 19
★『満洲経済年報』　1933. この年
満洲興業銀行　1936. 12. 7
★満洲国　1932. 3. 1　1932. 6. 14　1932. 9. 15
1945. 8. 17
満洲国協和会〔★協和会〕　1932. 7. 25
★満洲事変　1931. 9. 18
満州事変終結　1933. 5. 31
満洲重工業開発　1937. 12. 27
★『満洲日日新聞』　1907. 11. 3
★『満洲評論』　1931. 8. 15
満洲文芸家協会　1941. 7. 27
★饅頭屋宗二
没　1581. 7. 11
★万寿寺　1364. 6. 15　1434. 2. 14
万寿騒動　1835. 4. 13
★マンスフェルト
没　1912. 10. 17
★『満鮮地理歴史研究報告』　1915. この年
★『万代和歌集』初撰本　1248. この夏頃
★万多親王
没　830. 4. 21
★『満鉄調査月報』　1931. 9. -
★満鉄調査部　1907. 4. 23
マンデラ，ネルソン
没　2013. 12. 5
★万燈会　963. 8. 23　1004. 3. 13
★政所　1185. 4. 27
★万年通宝　760. 3. 16　765. 9. 8
『満文輯韻』　1820. 10. 17
★万宝山事件　1931. 7. 2
★万無
没　1681. 6. 25
「満蒙処理方針要綱」　1932. 3. 12
「満蒙問題解決案」　1931. 10. 2
「満蒙問題解決策案」　1931. 9. 22
★『万葉緯』　1717. この頃
★『万葉考』　1760. 7. -　1768. この年
★『万葉集』　759. この年以降　951. 10. 30　1071. 9. 9
1184. 6. 9　1366. 5. -　1696. 5. -
『万葉集』定家卿本全20巻の写本
1993. 12. 26
★『万葉集古義』　1840. 6. -　1880. この年
★『万葉集註釈』　1269. 4. 2
『万葉集略解』　1805. 10. -
『万葉代匠記』　1688. この頃　1690. この年

み

★三池炭坑　1883. 9. 21
★『三井続燈記』　1483. この年
箕谷２号墳　608.
三浦綾子
没　1999. 10. 12
★三浦謹之助
没　1950. 10. 11
★三浦乾也
没　1889. 10. 7
★三浦梧楼
没　1926. 1. 28
三浦朱門
没　2017. 2. 3
★三浦浄心
没　1644. 3. 12
★三浦新七
没　1947. 8. 14
★三浦胤義
自刃　1221. 6. 15
★三浦環
没　1946. 5. 26
★三浦樗良
没　1780. 11. 16
三浦哲郎
没　2010. 8. 29
★三浦時高
討死　1494. 9. 23
★三浦梅園
没　1789. 3. 14
★三浦周行
没　1931. 9. 6
★三浦正次
没　1641. 10. 27
★三浦光村
没　1247. 6. 5
★三浦命助
牢死　1864. 3. 10
★三浦泰村
没　1247. 6. 5
★三浦義明
討死　1180. 8. 27
★三浦義同
討死　1516. 7. 11
★三浦義澄
没　1200. 1. 23
★三浦義継
没　1159. この年
★三浦義村
公暁を討つ　1219. 1. 27
没　1239. 12. 5
★御影供　910. 3. 21
三重野康
没　2012. 4. 15
三笠宮崇仁
没　2016. 10. 27
★三ヶ島葭子
没　1927. 3. 26
三方王
配流　782. 3. 26
★味方但馬
没　1623. 4. 8
三ヶ月章
没　2010. 11. 14
三日月の葉茶壺　1575. 10. 14
★三上於菟吉
没　1944. 2. 7
★三上参次
没　1939. 6. 7
三上千那
没　1723. 4. 17
★三上次男
没　1987. 6. 6
★三上義夫
没　1950. 12. 31
★『三河記』　1683. 11. 12　1684. 1. 22　1686. 9. 18
★『三河物語』　1626. この年
★『未刊随筆百種』　1927. この年
★御巫清直
没　1894. 7. 4
三鬼彰
没　2000. 6. 22
三木淳夫
証券取締法違反で逮捕　1998. 3. 4
没　2006. 10. 4
★三木清

没　1945. 9. 26
三岸節子
没　1999. 4. 18
★三木城　1578. 2. -　1580. 1. 17
三木たかし
没　2009. 5. 11
★三鬼隆
没　1952. 4. 9
★三木武夫
靖国神社参拝　1975. 8. 15
没　1988. 11. 14
★三木竹二
没　1908. 1. 10
御木徳一
刑事事件で検挙　1936. 9. 28
三木鶏郎
没　1994. 10. 7
★三木内閣　1974. 12. 9　1976. 9. 15
三木のり平
没　1999. 1. 25
★三木パウロ
刑死　1596. 12. 19
★三木武吉
民主化同盟を結成　1952. 10. 24
没　1956. 7. 4
★御木本幸吉
没　1954. 9. 21
三鬼陽之助
没　2002. 10. 5
★三木露風
没　1964. 12. 29
三国連太郎
没　2013. 4. 14
★三雲遺跡　200. この頃
三雲南小路遺跡　前50. この頃
神子柴遺跡　前1万1000. この頃
ミコヤン
来日　1961. 8. 14
★三崎亀之助
没　1906. 3. 16
三崎千恵子
没　2012. 2. 13
★三崎奉行　1696. 2. 22
★『身自鏡』　1617. この年
★三品彰英
没　1971. 12. 19
三島社〔★三島大社〕　1296. 3. 8
★三島中洲
没　1919. 5. 12
★三島徳七
没　1975. 11. 19
★三島通庸
没　1888. 10. 23
★三島弥太郎
没　1919. 3. 7
★三島由紀夫
『宴のあと』で告訴　1961. 3. 15
自決　1970. 11. 25
★三島暦　1508. 4. 29
★水落遺跡　671. 4. 25
水上勉
没　2004. 9. 8
★水城　664. この年
水木しげる
没　2015. 11. 30
★水木辰之助（初代）
没　1745. 9. 23
水車　829. 5. 27
水越与三兵衛
没　1845. この年
★御厨子所　1069. 7. 22
水島の戦　1183. 閏10. 1
★水島卜也
没　1697. 8. 14
水谷静夫
没　2014. 7. 2
★水谷民彦
没　1891. 9. 22
★水谷長三郎
没　1960. 12. 17
★水谷豊文
没　1833. 3. 20
★水谷八重子
没　1979. 10. 1
★水田三喜男
没　1976. 12. 22
★水沼辰夫
没　1965. 4. 15
水の江滝子
没　2009. 11. 16
★水野勝成
没　1651. 3. 15
★水野軍記
没　1824. 12. 22
★水野成夫
没　1972. 5. 4
★水野十郎左衛門
切腹　1664. 3. 27
水野忠韶
没　1828. 5. 26
★水野忠成
没　1834. 2. 28
★水野忠清
没　1647. 5. 28
★水野忠邦
老中罷免　1843. 閏9. 13
老中に再任　1844. 6. 21
減封　1845. 9. 2
蟄居　1845. 9. 2
没　1851. 2. 10
★水野忠重
殺害　1600. 7. 19
★水野忠周
没　1718. 10. 28
★水野忠恒
毛利師就を刃傷，改易　1725. 7. 28
没　1739. 6. 28
★水野忠任
没　1811. 12. 27
★水野忠辰
没　1752. 8. 18
★水野忠友
没　1802. 9. 19
★『水野忠友日記』　1771. この年
★水野忠直
没　1713. 5. 28
★水野忠央
没　1865. 2. 25
★水野忠伸
没　1758. 5. 2
★水野忠誠
没　1866. 9. 14
★水野忠敬
没　1907. 8. 17
★水野忠徳
没　1868. 7. 9
水野忠増
処罰さる　1671. 9. 1
★水野忠職
没　1668. 6. 26
★水野忠之
老中に就任　1717. 9. 27
勝手掛老中に任じる　1722. 5. 15
老中を免職　1730. 6. 12
没　1731. 3. 18
★水野年方
没　1908. 4. 7
★水野寅次郎
没　1909. 6. -
★水野直
没　1929. 4. 30
水野晴郎
没　2008. 6. 10
★水野広徳
没　1945. 10. 18
水野正好
没　2015. 1. 27
★水野元朗
没　1748. 7. 9
水野守信
イエズス会宣教師らを処刑　1626. 閏4. 26
キリシタンの処刑を命じる　1628. 5. -
★『水谷蟠竜記』　1607. この年
水野祐
没　2000. 8. 28
★水野葉舟
没　1947. 2. 2
★水野錬太郎
没　1949. 11. 25
水原茂
没　1982. 3. 26
水原秋桜子
没　1981. 7. 17
みずほ銀行　2013. 9. 27
みずほフィナンシャル　1999. 8. 20
みずほフィナンシャルグループ　2002. 4. 1
みずほホールディングス（MHD）　2000. 9. 29
★三潴謙三
没　1894. 12. 29
★水間沾徳
没　1726. 5. 30
★水町袈裟六
没　1934. 7. 10
★三隅兼連
没　1355. 3. 12
ミズーリ号　1945. 9. 2
未成年者喫煙禁止法　1900. 3. 7
★三瀬周三
没　1877. 10. 19
溝上恵
没　2010. 1. 4

む

め

も

や

没　2006. 7. 25
易田　→えきでん
★易博士　553. 6. －　554. 2. －
薬品会〔★物産会〕　1757. 7. －
★『八雲御抄』　1221. この年以前　1242. 9. 12
八坂塔〔★法観寺〕　1179. 5. 14
★矢崎嵯峨屋
没　1947. 10. 26
★矢沢頼堯
没　1841. 1. 10
★『野史』　1852. この年
★矢嶋楫子
没　1925. 6. 16
屋嶋城　667. 11. －
★屋島の戦　1185. 2. 19
★八代国治
没　1924. 4. 1
矢代静一
没　1998. 1. 11
屋代忠位
改易　1711. 11. 7
★屋代弘賢
没　1841. 閏1. 18
★矢代幸雄
没　1975. 5. 25
★八代六郎
没　1930. 6. 30
★保明親王
皇太子となる　904. 2. 10
元服　916. 10. 22
没　923. 3. 21
★安井英二
没　1982. 1. 9
★安井九兵衛
没　1664. 10. 17
安井謙
没　1986. 3. 10
★安井算知
没　1703. 3. 12
★安井算哲
没　1652. 1. 9
★安井仙知
没　1838. 閏4. 27
★安井曾太郎
没　1955. 12. 14
★安井息軒
没　1876. 9. 23
安井琢磨
没　1995. 12. 17
★安井てつ
没　1945. 12. 2
★安井道頓
戦死　1615. 5. 8
★安井与左衛門
没　1853. 6. 19
安江良介
没　1998. 1. 6
安王丸
挙兵　1440. 3. 3　→足利安王
★安岡雄吉
没　1920. 11. 1
安岡章太郎
没　2013. 1. 26
★安岡正篤
没　1983. 12. 13
安川加寿子
没　1996. 7. 12
★安川敬一郎
没　1934. 11. 30
★安川第五郎
没　1976. 6. 25
★安川雄之助
没　1944. 2. 13
八杉貞利
没　1966. 2. 26
★靖国神社　1879. 6. 4　1891. 11. 5
★『泰重卿記』　1615. この年
★安田銀行　1879. 11. 22　1923. 11. 1
安田講堂占拠　1968. 6. 15
安田信託銀行　1999. 1. 28
★安田善次郎
暗殺　1921. 9. 28
保田隆芳
没　2009. 7. 1
★安田銕之助
没　1949. 3. 19
安田徳太郎
没　1983. 4. 22
★安田成信
没　1769. 7. 10
★安田保善社　1945. 10. 15
安田元久
没　1996. 1. 23
安田安之
死亡　1972. 5. 30
★安田靫彦
没　1978. 4. 29
★安田義定
梟首さる　1194. 8. 19
刑死　1194. 8. 19
★保田與重郎
没　1981. 10. 4
★安親
没　1744. この年
★『康親卿記』　1507. 12. －
安富元家
近江守護代を辞し帰京　1492. 10. 22
★『保名』　1818. 3. 7
★安成貞雄
没　1924. 7. 23
★雍仁親王
没　1953. 1. 4
懐仁親王
皇太子となる　984. 8. 27　→一条天皇
★安松金右衛門
没　1686. 10. 27
安丸良夫
没　2016. 4. 4
★『康道公記』　1413. この年
★安代
没　1728. この年
★矢銭　1568. 10. 1
★『夜船閑話』　1757. この年
『野叟独語』　1807. この年
★八十島祭　850. 9. 8
八十島義之助
没　1998. 5. 9
★矢田挿雲
没　1961. 12. 13
★矢田部公望
日本紀を講じる　936. 12. 8
矢田部某
隋に遣わさる　614. 6. 13
★矢田部良吉
没　1899. 8. 8
野中寺弥勒菩薩像　666. 4. 8
★矢次一夫
没　1983. 3. 22
★八代城　1499. 3. 19
★谷津直秀
没　1947. 10. 2
★八橋検校
没　1685. 6. 12
箭内健次
没　2005. 10. 4
谷内敏美
収賄容疑により逮捕　1998. 1. 26
矢内原勝
没　2003. 11. 27
★矢内原忠雄
辞表提出し東京帝大を退官
1937. 11. 24
没　1961. 12. 25
柳井満
没　2016. 2. 1
★箭内亘
没　1926. 2. 10
柳川一蝶斎（３代）
没　1909. 2. 17
★柳川調興
津軽に配流　1635. 3. 11
没　1684. 10. 1
★柳川調信
朝鮮と和議交渉を開始　1599. この年
没　1605. 9. 29
★柳河春三
没　1870. 2. 20
★柳川春葉
没　1918. 1. 9
★梁川星巌
没　1858. 9. 2
★柳川智永
没　1613. この年
★柳川秀勝
没　1908. 2. 6
★柳川平助
没　1945. 1. 22
柳兼子
没　1984. 6. 1
★柳沢淇園
没　1758. 9. 5
柳沢保明
側用人に任命　1688. 11. 12
老中格となる　1694. 12. 9
荻生徂徠を任用　1696. 8. 22
少将となる　1698. 7. 21　→柳沢吉保
★柳沢保恵
没　1936. 5. 25
★柳沢保申
没　1893. 10. 2
柳沢吉里
大和国郡山へ転封　1724. 3. 11
没　1745. 9. 16
★柳沢吉保
加転封　1704. 12. 21

甲州金の鋳造　1706. 7. 29
隠居　1709. 6. 3
没　1714. 11. 2　→柳沢保明
柳宗理
没　2011. 12. 25
★柳田泉
没　1969. 6. 7
★柳田国男
没　1962. 8. 8
★柳楢悦
没　1891. 1. 15
柳原義達
没　2004. 11. 11
柳原良平
没　2015. 8. 17
柳宗民
没　2006. 2. 21
★柳宗悦
没　1961. 5. 3
★柳本賢治
出家　1530. 5. 10
謀殺　1530. 6. 29
柳家金語楼
没　1972. 10. 22
柳家小さん（５代）
没　2002. 5. 16
★柳原前光
没　1894. 9. 2
★柳原資明
没　1353. 7. 27
柳原隆光
没　1851. 7. 9
柳原忠光
没　1379. 1. 19
★柳原愛子
没　1943. 10. 16
柳原白蓮
没　1967. 2. 22
★柳原紀光
没　1800. 1. 3
やなせたかし
没　2013. 10. 13
★柳瀬正夢
没　1945. 5. 25
★梁田蛻巌
没　1757. 7. 17
★簗田持助
没　1482. 4. 6
★矢野勘三郎
没　1894. 6. 4
矢野絢也
公明党書記長に選出　1967. 2. 13
公明党委員長に選出　1986. 12. 5
★矢野二郎
没　1906. 6. 17
★矢野仁一
没　1970. 1. 2
★矢野恒太
没　1951. 9. 23
★矢野荘　1377. この年　1393. 12. -
★矢野玄道
没　1887. 5. 19
★矢野文雄
没　1931. 6. 18
★矢野道也
没　1946. 6. 23
★矢野元隆
没　1865. 12. 4
八幡製鉄　1950. 4. 1　1969. 3. 6
★八幡製鉄所　1899. 4. 7
ヤパン号　1857. 8. 5
★『夜半楽』　1777. 1. -
★矢吹慶輝
没　1939. 6. 10
★藪孤山
没　1802. 4. 20
薮田貞治郎
没　1977. 7. 20
★藪内紹智
没　1627. 5. 7
★『破レ家ノツヽクリ話』　1828. この年
★矢部定謙
罷免　1841. 12. 21
没　1842. 7. 24
矢部貞治
没　1967. 5. 7
★矢部長克
没　1969. 6. 23
★矢部理左衛門
没　1667. 8. -
★山一証券　1997. 7. 30　1997. 11. 22　2005. 1. 26
山一証券事件〔★山一証券会社救済問題〕
1965. 5. 28
★山入与義
自刃　1422. 閏10. 13
★山内一豊
没　1605. 9. 20
山内一弘
没　2009. 2. 2
山内賢
没　2011. 9. 24
★山内忠豊
没　1669. 8. 5
★山内忠義
没　1664. 11. 24
★山内豊信
没　1872. 6. 21
★山内豊雍
没　1789. 8. 24
★山内豊熙
没　1848. 7. 10
★山内豊範
没　1886. 7. 11
★山内道恒
没　1797. 3. 9
★山内道慶
没　1778. 3. 2
山内溥
没　2013. 9. 19
★山浦玄蕃
没　1653. 12. 2
★山岡景隆
没　1585. 1. 14
★山岡景友
没　1603. 12. 20
★山岡元隣
没　1672. 閏6. 27
★山岡荘八
没　1978. 9. 30
★山岡宗無
没　1595. この年
★山岡鉄舟
没　1888. 7. 19
山岡久乃
没　1999. 2. 15
★山岡浚明
没　1780. 10. 15
山岡万之助
没　1968. 6. 22
★山尾庸三
没　1917. 12. 21
★山鹿素行
赤穂に配流・幽閉　1666. 10. 3
赦免　1675. 6. 24
没　1685. 9. 26
★山県有朋
「帝国国防方針案」を上奏
1906. 10. -
没　1922. 2. 1
★山県伊三郎
没　1927. 9. 24
★山県周南
没　1752. 8. 12
★『山形新聞』　1876. 9. 1
★『山形新報』　1887. 7. 17
★山県太華
没　1866. 8. -
★山県大弐
刑死　1767. 8. 22
★山県内閣（第１次）　1889. 12. 24
山県内閣（第２次）　1898. 11. 8
★山片蟠桃
没　1821. 2. 28
山県昌夫
没　1981. 3. 3
★山県・ロバノフ協定　1896. 6. 9
★山鹿旗之進
没　1954. 4. 1
★山川菊栄
没　1980. 11. 2
★山川健次郎
没　1931. 6. 26
山川捨松
アメリカへ出発　1871. 11. 12
山川智応
没　1956. 6. 2
★山川均
没　1958. 3. 23
★山木兼隆
討死　1180. 8. 17
山岸章
没　2016. 4. 10
★山岸荷葉
没　1945. 3. 10
★山岸徳平
没　1987. 5. 22
★山極勝三郎
癌の人工発生に成功　1916. 3. 18
没　1930. 3. 2
★山際七司
没　1891. 6. 9
山際淳司
没　1995. 5. 29
山口和雄
没　2000. 5. 1

山口華楊
没　1984. 3. 16
山口喜久一郎
没　1981. 5. 6
★山口吉郎兵衛（初代）
没　1867. この年
★山口吉郎兵衛（２代）
没　1871. この年
★山口吉郎兵衛（３代）
没　1887. この年
★山口吉郎兵衛（４代）
没　1951. 10. 2
山口啓二
没　2013. 7. 7
★山口孤剣
没　1920. 9. 2
★山口重政
没　1635. 9. 19
山口シヅエ
没　2012. 4. 3
山口誓子
没　1994. 3. 26
山口青邨
没　1988. 12. 15
★山口雪渓
没　1732. 9. 4
山口仙二
没　2013. 7. 6
★山口素絢
没　1818. 10. 24
★山口素堂
没　1716. 8. 15
山口鉄五郎
蝦夷地調査を命ぜらる　1785. 2. -
山口敏夫
新自由クラブ幹事長に正式決定　1980. 2. 29
★山口尚芳
没　1894. 6. 12
山口信夫
没　2010. 9. 14
山口日記事件　1953. 6. 3
山口瞳
没　1995. 8. 30
★山口蓬春
没　1971. 5. 31
山口昌男
没　2013. 3. 10
★山口素臣
没　1904. 8. 7
山口洋子
没　2014. 9. 6
山口淑子（李香蘭）
没　2014. 9. 7
山口良忠
栄養失調で死亡　1947. 10. 11
★山国兵部
刑死　1865. 2. 4
★山座円次郎
没　1914. 5. 28
★山崎闇斎
没　1682. 9. 16
★山崎巌
没　1968. 6. 26
★山崎覚次郎
没　1945. 6. 28
★山崎楽堂
没　1944. 10. 29
★山崎今朝弥
没　1954. 7. 29
山崎城　1527. 2. 5
★山崎宗鑑
没　1553. 10. -
★山崎猛
没　1957. 3. 15
★山崎達之輔
没　1948. 3. 15
山崎種二
没　1983. 8. 10
★山崎朝雲
没　1954. 6. 4
山崎朋子
没　2018. 10. 31
★山崎知雄
没　1861. 9. 23
山崎豊子
没　2013. 9. 29
★山崎直方
没　1929. 7. 26
★山崎長徳
没　1620. 11. 11
山崎橋　726. この年　927. 4. 10
★山崎夫八郎
没　1845. 10. 17
★山崎弁栄
没　1920. 12. 4
★山崎美成
没　1856. 7. 20
★山路愛山
没　1917. 3. 15
★山路諧孝
没　1861. 5. 30
★山下亀三郎
没　1944. 12. 13
★山下金作（初代）
没　1750. 7. 2
★山下金作（２代）
没　1799. 9. 12
★山下金作（４代）
没　1858. 12. 23
山下敬二郎
没　2011. 1. 5
★山下源太郎
没　1931. 2. 18
山下新太郎
没　1966. 4. 10
★山下太郎
没　1967. 6. 9
★山下千代雄
没　1929. 2. 4
★山下徳治
没　1965. 7. 10
山下俊彦
没　2012. 2. 28
★山下奉文
死刑宣告さる　1945. 12. 7
刑死　1946. 2. 23
山下肇
没　2008. 10. 6
山下春江
没　1985. 3. 19
★『山科家礼記』　1412. この年
山階寺　669. この年　→興福寺
★山科道安
没　1746. この年
★山科言国
没　1503. 2. 28
★山科言継
没　1579. 3. 2
★山科言経
没　1611. 2. 27
★山科言縄
没　1916. 11. 6
山科教高
殺害　1418. 2. 13
★山科教言
没　1410. 12. 15
山科本願寺〔★山科別院〕　1532. 8. 24
★山階芳麿
没　1989. 1. 28
★山路主住
没　1772. 12. 11
山路ふみ子
没　2004. 12. 6
★山路徳風
没　1810. 1. 27
★山背王
没　763. 10. 17
山城新伍
没　2009. 8. 12
山代巴
没　2004. 11. 7
山背画師　604. 9. -
★山背大兄王
自殺　643. 11. -
★山城国　794. 11. 8
★山城国一揆　1485. 12. 11
山背百足
新羅に派遣　676. 10. 10
★『山城名勝志』　1711. この年
★山城屋和助
自殺　1872. 11. 29
山住正己
没　2003. 2. 1
山田昭男
没　2014. 7. 30
★山田顕義
没　1892. 11. 11
山田五十鈴
没　2012. 7. 9
★山田宇右衛門
没　1867. 11. 11
★山田乙三
没　1965. 7. 18
★山高しげり
没　1977. 11. 13
★山田耕筰
没　1965. 12. 29
★山田三良
没　1965. 12. 17
★山田重忠
自刃　1221. 6. 15
★山田治左衛門
没　1673. 9. 16
★山田抄太郎

皇太子となる　773. 1. 2　→桓武天皇
★山辺皇女
殉死　686. 10. 3
★山村王
没　767. 11. 17
山村座　1714. 2. 8
★山村才助
没　1807. 9. 19
山村新治郎
没　1992. 4. 12
山村聡
没　2000. 5. 26
★山村登久
没　1876. 11. 23
★山村友五郎（２代）
没　1895. 12. 21
★山村舞扇斎
没　1844. 11. 29
★山村暮鳥
没　1924. 12. 8
山村美沙
没　1996. 9. 5
★山室軍平
没　1940. 3. 13
山室静
没　2000. 3. 23
★山本五十六
戦死　1943. 4. 18
★山本一清
没　1959. 1. 16
★山本英輔
没　1962. 7. 27
山本岳人
没　1986. 2. 10
★山本覚馬
没　1892. 12. 28
★山本嘉次郎
没　1973. 9. 21
★山本鼎
没　1946. 10. 8
★山本勘助
討死　1561. 9. 10
★山本竟山
没　1934. 1. 24
山本兼一
没　2014. 2. 13
山本健吉
没　1988. 5. 7
★山本懸蔵
没　1939. 3. 10
山本幸一
社会党書記長に選出　1967. 8. 19
★山本権兵衛
没　1933. 12. 8
山本薩夫
没　1983. 8. 11
★山本実彦
没　1952. 7. 1
山本茂実
没　1998. 3. 27
山本七平
没　1991. 12. 10
★山本周五郎
没　1967. 2. 14
★山本春正（初代）
没　1682. この年
★山本春正（２代）
没　1707. この年
★山本春正（５代）
没　1803. この年
★山本春正（６代）
没　1831. この年
★山本条太郎
没　1936. 3. 25
★山本信次郎
没　1942. 2. 28
★山本新太夫
没　1841. この年
★山本宣治
刺殺　1929. 3. 5
★山元荘兵衛
没　1856. 4. 29
★山本滝之助
没　1931. 10. 26
★山本忠興
没　1951. 4. 21
山本正
没　2012. 4. 15
★山本達雄
没　1947. 11. 12
山本達郎
没　2001. 1. 24
★山本常朝
没　1719. 10. 10
★山本悌二郎
没　1937. 12. 14
★山本東次郎（初代）
没　1902. この年
★山本東次郎（２代）
没　1935. この年
★山本東次郎（３代）
没　1964. 7. 26
★山本内閣（第１次）　1913. 2. 20　1914. 3. 24
山本内閣（第２次）　1923. 9. 2
山本直純
没　2002. 6. 18
山本夏彦
没　2002. 10. 23
★山本信哉
没　1944. 12. 18
★山本梅逸
没　1856. 1. 2
★山本秀煌
没　1943. 11. 21
★山本広足
没　1710. 2. 11
★山本芳翠
没　1906. 11. 15
★山本北山
没　1812. 5. 18
★山本安英
没　1993. 10. 20
★山本有三
没　1974. 1. 11
★山本幸彦
没　1913. 5. 23
★山屋他人
没　1940. 9. 10
★山脇和泉（元宜）
没　1659. この年
★山脇東洋
京都で死体を解剖　1754. 閏2. 7
没　1762. 8. 8
★山脇房子
没　1935. 11. 19
★ややこ踊　1582. この年
★弥生時代　前400. この頃
屋良朝苗
没　1997. 2. 14
槍先形尖頭器　約１万6000年前.
『八幡滝本坊蔵帳』　1931. この年
山家公頼
殺害さる　1620. 6. 30
★ヤン=ヨーステン
没　1623. この年

ゆ

★湯浅倉平
没　1940. 2. 24
★湯浅常山
没　1781. 1. 9
★湯浅治郎
没　1932. 6. 7
★湯浅半月
没　1943. 2. 4
★『唯一神道名法要集』　1511. 2. 19
★『唯浄裏書』　1289. この年
★由井正雪
陰謀露見　1651. 7. 23
自殺　1651. 7. 26
★唯信
没　1284. 4. 3
★『唯信鈔』　1221. この年
★『唯信鈔文意』　1250. この年
由比忠之進
焼身自殺　1967. 11. 11
★維範
没　1096. 2. 3
★唯物論研究会　1932. 10. 23　1938. 2. 13
★維摩会　714. 10. -
★『維摩経義疏』　613. 9. 15
★由阿
二条良基に『万葉集』を講じる　1366. 5. -
★友愛会　1912. 8. 1　1917. 4. 6
友愛会磐城連合会　1916. 4. 2
友愛会東京印刷工組合　1917. 10. 15
友愛会婦人部　1916. 6. -
★『友愛新報』　1912. 11. 3
有一館　1884. 8. 10
★ユーイング
没　1935. 1. 7
UFJ銀行　2002. 1. 15
UFJグループ　2000. 7. 5
UFJホールディングス　2004. 7. 14
★宥快
没　1416. 7. 17
★融観
没　1716. 閏2. 12
★祐宜
没　1612. 11. 11
★結城氏朝
没　1441. 4. 16
★結城合戦　1441. 4. 16

よ

★芳沢いろは（２代）
没　1819. 11. 21
★芳沢謙吉
没　1965. 1. 5
★吉沢検校（初代）
没　1842. 3. 19
★吉沢検校（２代）
没　1872. 9. 19
吉沢久子
没　2019. 3. 21
吉沢安幸
収賄容疑により逮捕　1998. 3. 11
★吉沢義則
没　1954. 11. 5
★慶滋保胤
没　1002. 10. 21
★吉住小三郎（初代）
没　1953. 7. 16
★吉住小三郎（４代）
没　1972. 2. 27
吉住慈恭
没　1972. 2. 27
吉田石松
再審請求を開始　1935. 3. 21
★吉田一穂
没　1973. 3. 1
★吉田印西
没　1638. 3. 4
★吉田栄三（初代）
没　1945. 12. 9
★吉田栄三（２代）
没　1974. 10. 30
★吉田大蔵
没　1644. この年
★吉田兼敦
没　1408. 6. 26
★吉田兼雄
没　1787. 8. 16
★吉田兼倶
没　1511. 2. 19
★吉田兼熙
没　1402. 5. 3
★吉田兼見
没　1610. 9. 2
★吉田兼右
朝倉孝景に神道を伝授　1545. 8. 29
没　1573. 1. 10
★吉田兼致
没　1499. 7. 24
★吉田兼敬
没　1731. 12. 17
★吉田冠蔵（初代）
没　1799. この年
★吉田勘兵衛
没　1686. 7. 26
★吉田清成
没　1891. 8. 3
★吉田熊次
没　1964. 7. 15
★吉武高木遺跡　前200. この頃
吉武輝子
没　2012. 4. 17
吉田健一
没　1977. 8. 3
★吉田兼好
没　1350. 4. -
★吉田絃二郎
没　1956. 4. 21
★吉田篁墩
没　1798. 9. 1
吉田沙保里
国民栄誉賞　2012. 11. 4
現役引退　2019. 1. 8
★吉田定房
討幕の動きを密告　1331. 5. 5
没　1338. 1. 23
★吉田三郎兵衛（初代）
没　1747. 3. 17
★吉田重賢
没　1543. 4. 3
★吉田茂
没　1954. 12. 9
★吉田茂
台湾を訪問　1964. 2. 23
大勲位菊花大綬章をうける
1964. 4. 25
没　1967. 10. 20
国葬　1967. 10. 31
吉田社〘★吉田神社〙　1468. 7～９月
★吉田松陰
捕縛　1854. 3. 27
刑死　1859. 10. 27
★吉田精一
没　1984. 6. 9
★吉田雪荷
没　1590. 11. 11
★吉田善吾
没　1966. 11. 14
★吉田宗桂
入明　1539. 4. 19
没　1572. 10. 20
★吉田宗恂
没　1610. 4. 17
吉田正
没　1998. 6. 10
★吉田辰五郎（２代）
没　1844. 5. 27
★吉田辰五郎（３代）
没　1890. この年
★吉田玉造（初代）
没　1905. 1. 12
★吉田玉造（３代）
没　1926. 9. 9
★吉田長淑
没　1824. 8. 10
★吉田経俊
没　1276. 10. 18
★吉田経長
没　1309. 6. 8
★吉田経房
没　1200. 閏2. 11
★吉田東伍
没　1918. 1. 22
★吉田東洋
暗殺　1862. 4. 8
★吉田稔麿
自刃　1864. 6. 5
★吉田富三
没　1973. 4. 27
★吉田内閣（第１次）　1946. 5. 22　1947. 1. 31
1947. 5. 20
吉田内閣（第２次）　1948. 10. 15
吉田内閣（第３次）　1949. 2. 16
吉田内閣（第４次）　1952. 10. 30
吉田内閣（第５次）　1953. 5. 21　1954. 12. 7
★吉田奈良丸（初代）
没　1915. この年
★吉田奈良丸（２代）
没　1967. 1. 20
★吉田奈良丸（３代）
没　1978. 1. 12
吉多牧（大隅）　860. 10. 8
★吉田一
没　1966. 9. 17
★吉田秀雄
没　1963. 1. 27
吉田秀和
没　2012. 5. 22
★吉田秀長
没　1787. 9. 16
★吉田秀升
没　1802. 3. 18
★吉田博
没　1950. 4. 5
★吉田文五郎
没　1962. 2. 21
★吉田文三郎（初代）
操三人遣い始める　1734. 10. 5
没　1760. 1. 19
★吉田文三郎（２代）
没　1790. 12. 4
★吉田文三郎（３代）
没　1829. 1. 7
吉田昌郎
没　2013. 7. 9
吉田光邦
没　1991. 7. 30
★吉田光由
没　1672. 11. 21
吉田満
没　1979. 9. 17
★『義経千本桜』　1747. 11. 16
★吉富簡一
没　1914. 1. 18
吉永祐介
没　2013. 6. 23
★吉野ヶ里遺跡　1989. 3. 2　1992. 5. 13
★芳野金陵
没　1878. 8. 5
★吉野源三郎
没　1981. 5. 23
★吉野作造
没　1933. 3. 18
吉野城　1333. 閏2. 1
★吉野信次
没　1971. 5. 9
★吉野太夫（２代）
没　1643. この年
吉野俊彦
没　2005. 8. 12
★吉野行宮　1365. 8. 17
★吉野宮　656. この年
★吉野水分神社玉依姫像　1251. 10. 16
★『吉野詣記』　1553. 2. 23～3. 14
★吉原重俊

没　1887. 12. 19
★能久親王
没　1895. 10. 28
★好仁親王
没　1638. 6. 3
★栄仁親王
没　1416. 11. 20
善仁親王
皇太子となる　1086. 11. 26　→堀河天皇
★善淵愛成
日本紀講筵を始める　878. 2. 25
★吉益東洞
没　1773. 9. 25
★吉益南涯
没　1813. 6. 13
★吉満義彦
没　1945. 10. 23
良岑宗貞
出家　850. 3. 28　→遍照
★良峯安世
没　830. 7. 6
吉見信頼
敗死　1482. 5. 27
★吉見幸和
没　1761. 4. 26
★吉見義世
没　1296. 11. 20
★善統親王
没　1317. 3. 29
吉村昭
没　2006. 7. 31
★芳村伊三郎（初代）
没　1808. 10. 13
★芳村伊三郎（２代）
没　1820. 11. 29
★芳村伊三郎（３代）
没　1833. 8. 20
★芳村伊三郎（４代）
没　1847. 6. 16
★芳村伊三郎（５代）
没　1882. 11. 24
★芳村伊三郎（６代）
没　1902. この年
★芳村伊三郎（７代）
没　1920. 8. 20
★芳村伊十郎（６代）
没　1953. 10. 3
★芳村伊十郎（７代）
没　1973. 9. 20
吉村公三郎
没　2000. 11. 7
★吉村茂樹
没　1985. 4. 16
★吉村甚兵衛
没　1886. 11. 26
★吉村虎太郎
戦死　1863. 9. 27
★芳村正秉
没　1915. 1. 21
吉村雄輝
没　1998. 1. 29
吉本隆明
没　2012. 3. 16
吉屋信子
没　1973. 7. 11
吉行あぐり
没　2015. 1. 5
吉行淳之介
没　1994. 7. 26
慶頼王
皇太子となる　923. 4. 29
没　925. 6. 19
吉原遊郭〔★吉原〕　1617. 3. -　1657. 8. -
★依田学海
没　1909. 1. 27
★依田貞鎮
没　1764. 3. 17
★依田信蕃
戦死　1583. 2. 23
★依田康国
暗殺　1590. 4. 26
★『輿地誌略』
1870. この年より明治10年にかけて
★四日市ぜんそく　1964. 4. 2　1967. 9. 1
四日市ぜんそく訴訟　1972. 7. 24
四辻公萬
没　1824. 7. 6
★四辻善成
没　1402. 9. 3
★ヨッフェ
没　1927. 11. 17
四宝銀〔★宝永金銀〕　1711. 2. -　1720. 3. 20
四元義隆
没　2004. 6. 28
四家文子
没　1981. 7. 16
淀川長治
没　1998. 11. 11
★淀城　1504. 9. 4　1504. 9. 19　1594. 3. 20　1756. 2. 3
★淀殿
自刃　1615. 5. 8
★四度公文　905. 12. 29　937. 10. 8
★淀屋三郎右衛門（広当）
追放・闕所に処す　1705. 5. -
★淀屋辰五郎
没　1717. この年
★米内内閣　1940. 1. 16　1940. 7. 16
★米内光政
没　1948. 4. 20
与那嶺要
没　2011. 2. 28
★米井源治郎
没　1919. 7. 20
米川正夫
没　1965. 12. 29
米津通政
没　1819. 6. 13
★米窪満亮
没　1951. 1. 16
米倉騒動〔★甲斐国天領寛延三年米倉騒動〕　1750. 7. 19
米倉斉加年
没　2014. 8. 26
★米倉昌尹
没　1699. 7. 12
米沢隆
没　2016. 6. 16
米沢富美子
没　2019. 1. 17
★米田庄太郎
没　1944. 12. 18
米長邦雄
没　2012. 12. 18
米原万里
没　2006. 5. 25
★米村広治
没　1727. 12. 14
★米山梅吉
没　1946. 4. 28
★米山検校
没　1771. 12. 9
米山俊直
没　2006. 3. 9
米山寅太郎
没　2007. 4. 19
★『世のうはさ』　1870. 4. -
★『与話情浮名横櫛』（「切られ与三」）　1853. 3. 14
ヨハネ=パウロ２世
来日　1981. 2. 23
世仁親王
立太子　1268. 8. 25　→後宇多天皇
予防接種法　1964. 4. 16
★『読売新聞』　1874. 11. 2
読売争議（第１次）〔★読売新聞社争議〕　1945. 10. 23
読売争議（第２次）　1946. 7. 12
頼近美津子
没　2009. 5. 17
★依仁親王
没　1922. 6. 27
★職仁親王
没　1769. 10. 20
★『頼政家集』　1178. この頃
夜番　1648. 12. -
★『万朝報』　1892. 11. 1
★万鉄五郎
没　1927. 5. 1
萬屋錦之介
没　1997. 3. 10
★４・16事件　1929. 4. 16

ら

★ラーネッド
没　1943. 3. 19
★礼阿
没　1297. 8. 11
★頼印
東寺二長者になる　1381. 9. -
没　1392. 4. 26
★頼杏坪
没　1834. 7. 23
★頼慶
没　1610. 10. 14
★頼賢
没　1273. 12. 7
★頼玄
没　1584. 8. 17
★頼源
没　1183. 2. 24
★頼豪
没　1084. 5. 4

り

★『吏徴』 1845. この年
★『立花時勢粧』 1688. この年
★『立花大全』 1683. この年
★立憲改進党 1882. 3. 14 1884. 12. 17
★『立憲改進党党報』 1892. 12. 20
★立憲革新党 1894. 5. 3
★立憲国民党 1910. 3. 13 1922. 9. 1
★『立憲自由新聞』 1891. 1. 1
★立憲自由党 1890. 9. 15 1891. 2. 24
「立憲政体に関する意見書」 1873. 11. -
『立憲政体略』 1868. 7. -
★立憲政党 1883. 3. 15
★立憲政友会 1900. 8. 25 1900. 9. 15
★立憲帝政党 1882. 3. 18 1883. 9. 24
★立憲同志会 1913. 2. 7 1913. 12. 23
★『律原発揮』 1692. この年
立憲民主党 2017. 10. 3
★立憲民政党 1927. 6. 1
「立国憲議」 1872. 4. -
★律師 683. 3. 2
★リッジウェー
没 1993. 7. 26
★立志社 1874. 4. 10
★立石寺 860. この年
★『立正安国論』 1260. 7. 16
★リッター
没 1874. 12. 25
立儲令 1909. 2. 11
★リットン
没 1947. 10. 26
★リットン調査団 1932. 2. 29 1932. 10. 2
★率分関 1409. 11. -
率法 846. 8. 17
★『律令格式』 1145. 4. 18
★『律令の研究』 1931. 9. -
律令編纂 681. 2. 25
『律令要略』 1741. この夏
立礼 682. 9. 2
★リデル
没 1932. 2. 3
リニア中央新幹線 2014. 12. 17
リニアモーターカー 1997. 12. 12
李範錫
教科書記述訂正要求の覚書を手交 1982. 8. 3
李鵬
来日 1989. 4. 12
★李奉昌
没 1932. 10. 10
★『狸毛筆奉献表』 812. 6. 7
暦応雑訴法 1340. 5. 14
硫安工業合理化及び硫安輸出調整臨時措置法 1954. 6. 10
★『柳営秘鑑』 1743. この年
★『柳営婦女伝叢』 1917. この年
★『柳営補任』 1858. 8. -
★『立会略則』 1871. 9. -
隆覚
興福寺別当職を停止 1139. 12. 2
★柳下亭種員
没 1858. 8. 21
★隆寛
延暦寺訴によって配流 1227. 7. 6
没 1227. 12. 13
★隆起線文土器 前1万. この頃
琉球アメリカ軍政長官 1949. 10. 1
★『琉球科律』 1786. この年
★『琉球国旧記』 1731. この年
★『琉球国由来記』 1713. この年
琉球使節〔★恩謝使・慶賀使〕 1458. 8. 4
★『琉球史料叢書』 1940. この年
★『琉球神道記』 1608. この年
★『琉球新報』 1893. 9. 15
琉球政府立法院 1958. 1. 8
琉球中央政府 1952. 4. 1
琉球藩〔★琉球〕 1879. 4. 4
琉球立法院選挙（第2回） 1954. 3. 14
琉球臨時中央政府 1951. 4. 1
琉球列島アメリカ民政府に関する指令 1950. 12. 5
★『柳橋新誌』 1859. この年
★隆慶
没 1719. 8. 6
★竜渓性潜
没 1670. 8. 23
龍花関 857. 4. 23
★隆光
大僧正，真言宗僧録となる 1695. 9. 18
没 1724. 6. 7
竜山徳見
入元 1305. この年
帰国 1350. 3. 25
★『柳子新論』 1759. 2. -
★劉少奇
没 1969. 11. 12
★立信
没 1284. 4. 18
★笠信太郎
没 1967. 12. 4
★隆禅
没 1100. 7. 24
竜造寺家兼
没 1546. 3. 10
★竜造寺隆信
討死 1584. 3. 24
★竜造寺政家
没 1607. 10. 2
★隆尊
律師に任令 751. 4. 22
没 760. 4. -
★隆達
没 1611. 11. 25
竜池会〔★日本美術協会〕 1887. 12. 4
★柳亭種彦
没 1842. 7. 19
著書絶版処分 1842. 10. 16
柳亭痴楽（5代）
没 2009. 9. 7
★滝亭鯉丈
没 1841. 6. 10
★劉徳高
唐より筑紫に至る 665. 9. 23
竜脳座 1768. 6. 19 1782. 7. 20
★竜派禅珠
没 1636. 4. 20
★竜熙近
没 1693. 8. 2
劉文冲
来日 1150. この年
★隆平永宝 796. 11. 8
★隆明
没 1104. 9. 14
★『竜鳴抄』 1133. この年
★了庵慧明
没 1411. 3. 27
★了庵桂悟
赤間関を発つも，渡明中止 1510. 1. 11
明の鄞江に着く 1511. 9. -
帰国 1513. この年
没 1514. 9. 15
★竜安寺 1450. 6. 2
★良胤
没 1291. 5. 26
凌雲閣 1890. 11. 13
★『凌雲集』 814. この年
★良恵
没 1148. 4. -
★了翁道覚
没 1707. 5. 22
領海法（12カイリ） 1977. 5. 2
両界曼荼羅図 1156. この年
両界曼荼羅図（伝真言院曼荼羅） 899. この年
★『両替年代記』 1845. この年
★『楞伽寺記』 1351. この年
★良寛
没 1831. 1. 6
良基 1266. 6. 20
★『両儀集説』 1714. この年
★李容九
没 1912. 5. 22
了行
謀反により追捕 1251. 12. 26
配流 1251. 12. 27
★良暁
没 1328. 3. 1
★『両京新記』 722. この年
★良空
没 1297. 7. 8
両宮山古墳 425. この頃
★梁啓超
没 1929. 1. 19
★令外官 770. 9. 3
良賢
捕える 1261. 6. 22
★亮賢
没 1687. 3. 7
★良源
天台座主となる 966. 8. 27
延暦寺楞厳三昧院の検校となる 968. 2. 27
没 985. 1. 3
慈恵大師の諡号を賜う 987. 2. 16
★梁鴻志
没 1946. 11. 9
両国橋 1659. 12. 13
陵戸の制 691. 10. 8
★了実
没 1386. 11. 3
★竜湫周沢
没 1388. 9. 9
★良純入道親王

る

れ

わ

中国・朝鮮・琉球　年号・国王索引

ア

阿莘王(百済)　392－ 404
阿達羅王(新羅)　154－ 183
哀荘王(新羅)　800－ 808
安原王(高句麗)　531－ 544
安臧王(高句麗)　519－ 530

イ

威徳王(百済)　554－ 597
逸聖王(新羅)　134－ 153

エ

永安(呉)　258－ 264
永安(西晋)　304
永安(北魏)　528－ 530
永嘉(後漢)　145
永嘉(西晋)　307－ 313
永楽(明)　1403－1424
永漢(後漢)　189
永熙(西晋)　290
永熙(北魏)　532－ 534
永徽(唐)　650－ 656
永建(後漢)　126－ 132
永元(後漢)　89－ 105
永元(斉)　499－ 501
永光(宋)　465
永康(後漢)　167－ 168
永康(西晋)　300－ 301
永興(後漢)　153－ 155
永興(西晋)　304－ 306
永興(北魏)　409－ 413
永興(北魏)　532
永寿(後漢)　155－ 158
永淳(唐)　682－ 683
永初(後漢)　107－ 113
永初(宋)　420－ 422
永昌(東晋)　322－ 323
永昌(唐)　689
永泰(斉)　498
永泰(唐)　765－ 766
永貞(唐)　805
永定(陳)　557－ 559
永徳(渤海)　809－ 811
永寧(後漢)　120－ 121
永寧(西晋)　301－ 302
永平(後漢)　58－ 75
永平(西晋)　291
永平(北魏)　508－ 512
永明(斉)　483－ 493
永隆(唐)　680－ 681
永暦(明)　1647－1662
永和(後漢)　136－ 141
永和(東晋)　345－ 356
英祖(朝鮮)　1725－1776
栄留王(高句麗)　618－ 641
睿宗(高麗)　1106－1122
睿宗(朝鮮)　1469
嬰陽王(高句麗)　590－ 617
延熹(後漢)　158－ 167
延熙(蜀)　238－ 257
延光(後漢)　122－ 125
延康(後漢)　220
延興(北魏)　471－ 476
延興(斉)　494
延載(周)　694
延昌(北魏)　512－ 515
延平(後漢)　106
延祐(元)　1314－1320
延和(北魏)　432－ 435
延和(唐)　712
炎興(蜀)　263－ 265
燕山君(朝鮮)　1495－1505

オ

応順(後唐)　934
応暦(遼)　951－ 969
温祚王(百済)　前18－ 27

カ

河清(北斉)　562－ 565
嘉禾(呉)　232－ 238
嘉熙(南宋)　1237－1240
嘉慶(清)　1796－1820
嘉靖(明)　1522－1566
嘉泰(南宋)　1201－1204
嘉定(南宋)　1208－1224
嘉平(魏)　249－ 254
嘉祐(宋)　1056－1063
会昌(唐)　841－ 847
会同(契丹)　938－ 947
海迷失(元)　1249－1250
開運(後晋)　944－ 947
開禧(南宋)　1205－1207
開慶(南宋)　1259
開元(唐)　713－ 741
開皇(隋)　581－ 601
開興(金)　1232
開成(唐)　836－ 841
開泰(契丹)　1012－1021
開平(後梁)　907－ 911
開宝(宋)　968－ 976
開耀(唐)　681－ 682
蓋婁王(百済)　128－ 165
蓋鹵王(百済)　455－ 474
赫居世(新羅)　前57－ 3
甘露(魏)　256－ 260
甘露(呉)　265－ 266
咸安(東晋)　371－ 372
咸熙(魏)　264－ 265
咸亨(唐)　670－ 674
咸康(東晋)　335－ 342
咸淳(南宋)　1265－1274
咸通(唐)　860－ 874
咸寧(西晋)　275－ 280
咸平(宋)　998－1003
咸豊(清)　1851－1861
咸雍(契丹・遼)　1065－1074
咸和(東晋)　326－ 334
咸和(渤海)　830－ 856
漢安(後漢)　142－ 144

キ

基臨王(新羅)　298－ 309
熙宗(高麗)　1205－1211
熙寧(宋)　1068－1077
熙平(北魏)　516－ 518
僖康王(新羅)　836－ 837
毅宗(高麗)　1147－1170
熹平(後漢)　172－ 178
祇摩王(新羅)　112－ 133
義熙(東晋)　405－ 418
義慈王(百済)　641－ 660
義寧(隋)　617－ 618
儀鳳(唐)　676－ 679
訖解王(新羅)　310－ 355
久視(周)　700
久爾辛王(百済)　420－ 426
仇首王(百済)　214－ 233
居摂(前漢)　6－ 8
恭譲王(高麗)　1389－1391

恭帝（西魏） 554－556
恭愍王（高麗） 1352－1374
近仇首王（百済） 375－383
近肖古王（百済） 346－374

ケ

契王（百済） 344－345
恵王（百済） 598
恵恭王（新羅） 765－779
恵宗（高麗） 944－945
景哀王（新羅） 924－926
景雲（唐） 710－712
景炎（南宋） 1276－1278
景元（魏） 260－264
景初（魏） 237－239
景宗（高麗） 976－981
景宗（朝鮮） 1721－1724
景泰（明） 1450－1457
景定（南宋） 1260－1264
景徳（宋） 1004－1008
景徳王（新羅） 742－764
景福（唐） 892－893
景福（契丹） 1031－1032
景文王（新羅） 861－874
景平（宋） 423－424
景明（北魏） 500－504
景明王（新羅） 917－923
景祐（宋） 1034－1038
景耀（蜀） 258－262
景竜（唐） 707－710
景和（宋） 465
敬順王（新羅） 927－935
慶元（南宋） 1195－1200
慶暦（宋） 1041－1048
建安（後漢） 196－220
建炎（南宋） 1127－1130
建義（北魏） 528
建元（斉） 479－482
建元（東晋） 343－344
建光（後漢） 121－122
建康（後漢） 144
建興（蜀） 223－237
建興（呉） 252－253
建興（西晋） 313－317
建興（渤海） 818－829
建衡（呉） 269－271
建初（後漢） 76－84
建中（唐） 780－783
建中靖国（宋） 1101
建徳（北周） 572－578
建寧（後漢） 168－172
建武（後漢） 25－56
建武（西晋） 304
建武（東晋） 317－318
建武（斉） 494－498
建武中元（後漢） 56－57
建文（明） 1399－1402
建明（北魏） 530－531
建陽（朝鮮） 1896－1897
建隆（宋） 960－963
建和（後漢） 147－149
乾化（後梁） 911－915
乾元（唐） 758－760
乾亨（遼） 979－982
乾興（宋） 1022
乾統（遼） 1101－1110
乾道（南宋） 1165－1173
乾徳（宋） 963－968
乾寧（唐） 894－898
乾符（唐） 874－879
乾封（唐） 666－668
乾明（北斉） 560
乾祐（後漢） 948－951
乾隆（清） 1736－1795
献宗（高麗） 1095
憲安王（新羅） 857－860
憲康王（新羅） 875－885
憲宗（元） 1251－1259
憲宗（朝鮮） 1835－1849
憲徳王（新羅） 809－825
顕慶（唐） 656－661
顕宗（高麗） 1010－1031
顕宗（朝鮮） 1660－1674
顕徳（後周） 954－960
元嘉（後漢） 151－153
元嘉（宋） 424－453
元熙（東晋） 419－420
元徽（宋） 473－477
元光（金） 1222－1223
元興（呉） 264－265
元興（後漢） 105
元興（東晋） 402－405
元康（西晋） 291－299
元始（前漢） 1－5
元初（後漢） 114－120
元象（東魏） 538－539
元聖王（新羅） 785－798
元宗（高麗） 1260－1274
元貞（元） 1295－1297
元統（元） 1333－1335
元符（宋） 1098－1100
元豊（宋） 1078－1085
元祐（宋） 1086－1094
元和（後漢） 84－87
元和（唐） 806－820

コ

己婁王（百済） 77－127
古爾王（百済） 234－285
故国原王（高句麗） 331－370
故国壌王（高句麗） 384－391
故国川王（高句麗） 179－196
五鳳（呉） 254－256
弘光（明） 1645
弘治（明） 1488－1505
弘道（唐） 683
広開土王（高句麗） 392－412
広順（後周） 951－953
広徳（唐） 763－764
広明（唐） 880－881
光化（唐） 898－901
光海君（朝鮮） 1609－1622
光熙（西晋） 306
光熹（後漢） 189
光啓（唐） 885－888
光緒（清） 1875－1908
光宗（高麗） 950－975
光大（陳） 567－568
光宅（唐） 684
光武（朝鮮） 1897－1907
光和（後漢） 178－184
孝恭王（新羅） 897－911
孝建（宋） 454－456
孝宗（朝鮮） 1650－1659
孝昌（北魏） 525－528
孝昭王（新羅） 692－701
孝成王（新羅） 737－741
孝閔帝（北周） 557
孝明帝（北周） 557－559
更始（前漢） 23－25
洪熙（明） 1425
洪武（明） 1368－1398・1402
皇建（北斉） 560－561
皇興（北魏） 467－471
皇始（北魏） 396－398
皇統（金） 1141－1149
皇祐（宋） 1049－1054
高王（渤海） 698－718
高宗（高麗） 1214－1259
高宗（朝鮮） 1864－1895
康熙（清） 1662－1722
康宗（高麗） 1212－1213
康定（宋） 1040－1041
黄初（魏） 220－226
黄武（呉） 222－229
黄竜（呉） 229－231

興安(北魏)	452－454
興元(唐)	784
興光(北魏)	454－455
興定(金)	1217－1222
興徳王(新羅)	826－835
興寧(東晋)	363－365
興平(後漢)	194－196
興和(東魏)	539－542

サ

沙伴王(百済)	234
載初(唐)	689－690
察度王(琉球)	1350－1395
三斤王(百済)	477－478
山上王(高句麗)	197－226

シ

至元(元)	1264－1294
至元(元)	1335－1340
至順(元)	1330－1333
至正(元)	1341－1368
至大(元)	1308－1311
至治(元)	1321－1323
至道(宋)	995－997
至徳(陳)	583－586
至徳(唐)	756－758
至寧(金)	1213
至和(宋)	1054－1056
始建国(新)	9－13
始光(北魏)	424－428
嗣聖(唐)	684
次大王(高句麗)	146－164
慈悲王(新羅)	458－478
実聖王(新羅)	402－416
朱雀(渤海)	812－817
寿昌(遼)	1095－1101
需理王(新羅)	24－56
儒礼王(新羅)	284－297
収国(金)	1115－1116
重熙(契丹)	1032－1055
重和(宋)	1118－1119
粛宗(高麗)	1096－1105
粛宗(朝鮮)	1675－1720
純祖(朝鮮)	1801－1834
淳化(宋)	990－994
淳熙(南宋)	1174－1189
淳祐(南宋)	1241－1252
順宗(高麗)	1083
順治(清)	1644－1661
初始(前漢)	8
初平(後漢)	190－194
助賁王(新羅)	230－246
小獣林王(高句麗)	371－383
升平(東晋)	357－362
肖古王(百済)	166－213
昇明(宋)	477－479
尚育王(琉球)	1835－1847
尚永王(琉球)	1573－1588
尚益王(琉球)	1710－1712
尚円王(琉球)	1470－1476
尚温王(琉球)	1795－1802
尚金福王(琉球)	1450－1453
尚敬王(琉球)	1713－1751
尚賢王(琉球)	1641－1647
尚元王(琉球)	1556－1572
尚灝王(琉球)	1804－1834
尚思紹王(琉球)	1406－1421
尚思達王(琉球)	1445－1449
尚質王(琉球)	1648－1668
尚真王(琉球)	1477－1526
尚成王(琉球)	1803
尚清王(琉球)	1527－1555
尚宣威王(琉球)	1477
尚泰王(琉球)	1848－1879
尚泰久王(琉球)	1454－1460
尚忠王(琉球)	1440－1444
尚貞王(琉球)	1669－1709
尚徳王(琉球)	1461－1469
尚寧王(琉球)	1589－1620
尚巴志王(琉球)	1422－1439
尚豊王(琉球)	1621－1640
尚穆王(琉球)	1752－1794
承安(金)	1196－1200
承光(北斉)	577
承聖(梁)	552－555
承平(北魏)	452
承明(北魏)	476
炤知王(新羅)	479－499
昭聖王(新羅)	799
昭寧(後漢)	189
祥興(南宋)	1278－1279
章武(蜀)	221－223
章和(後漢)	87－88
紹熙(南宋)	1190－1194
紹興(南宋)	1131－1162
紹聖(宋)	1094－1098
紹泰(梁)	555
紹定(南宋)	1228－1233
紹武(明)	1646
証聖(周)	695
上元(唐)	674－676
上元(唐)	760－762
辰斯王(百済)	385－391
辛昌(高麗)	1389－1391
辛禑(高麗)	1375－1388
神麚(北魏)	428－431
神亀(北魏)	518－520
神功(周)	697
神冊(契丹)	916－922
神瑞(北魏)	414－416
神宗(高麗)	1198－1204
神徳王(新羅)	912－916
神武王(新羅)	839
神文王(新羅)	681－691
神鳳(呉)	252
神竜(唐)	705－707
真興王(新羅)	540－575
真聖王(新羅)	887－896
真智王(新羅)	576－578
真徳王(新羅)	647－653
真平王(新羅)	579－631
新大王(高句麗)	165－178
仁安(渤海)	719－736
仁寿(隋)	602－604
仁祖(朝鮮)	1623－1649
仁宗(高麗)	1123－1146
仁宗(朝鮮)	1545

ス

垂拱(唐)	685－688
崇慶(金)	1212－1213
崇禎(明)	1628－1644
崇徳(清)	1636－1643
崇寧(宋)	1102－1106

セ

世宗(朝鮮)	1419－1450
正元(魏)	254－256
正光(北魏)	520－525
正始(魏)	240－249
正始(北魏)	504－508
正祖(朝鮮)	1777－1800
正大(金)	1224－1232
正統(明)	1436－1449
正徳(明)	1506－1521
正平(北魏)	451－452
正隆(金)	1156－1161
正暦(渤海)	794－808
西川王(高句麗)	270－291
成化(明)	1465－1487
成宗(高麗)	982－997
成宗(朝鮮)	1470－1494
青竜(魏)	233－237
政和(宋)	1111－1118
清泰(後唐)	934－936
清寧(契丹)	1055－1064

靖康(宋)	1126－1127
靖宗(高麗)	1035－1046
聖王(百済)	523－553
聖徳王(新羅)	702－736
聖暦(周)	698－700
赤烏(呉)	238－251
責稽王(百済)	286－297
先天(唐)	712－713
宣政(北周)	578
宣祖(朝鮮)	1568－1608
宣宗(高麗)	1084－1094
宣統(清)	1909－1911
宣徳(明)	1426－1435
宣徳王(新羅)	780－784
宣和(宋)	1119－1125
善徳王(新羅)	632－646

ソ

総章(唐)	668－670

タ

多婁王(百済)	28－76
太安(西晋)	302－304
太安(北魏)	455－459
太延(北魏)	435－440
太熙(西晋)	290
太極(唐)	712
太建(陳)	569－582
太元(呉)	251－252
太元(東晋)	376－396
太康(西晋)	280－289
太康(遼)	1075－1084
太興(東晋)	318－321
太始(渤海)	818
太昌(北魏)	532
太清(梁)	547－549
太祖(契丹)	907－916
太祖(元)	1206－1228
太祖(朝鮮)	1392－1398
太宗(新羅)	654－660
太宗(元)	1229－1241
太宗(朝鮮)	1401－1418
太寧(東晋)	323－326
太寧(北斉)	561－562
太平(呉)	256－258
太平(梁)	556－557
太平(契丹)	1021－1031
太平興国(宋)	976－984
太平真君(北魏)	440－451
太和(魏)	227－233
太和(東晋)	366－371
太和(北魏)	477－499
泰始(西晋)	265－274
泰始(宋)	465－471
泰昌(明)	1620
泰常(北魏)	416－423
泰定(元)	1324－1328
泰予(宋)	472
泰和(金)	1201－1209
大安(遼)	1085－1094
大安(金)	1209－1211
大瑋瑎(渤海)	894－906
大諲譔(渤海)	907－926
大観(宋)	1107－1110
大虔晃(渤海)	857－870
大業(隋)	605－617
大玄錫(渤海)	871－893
大興(渤海)	737－792
大順(唐)	890－892
大象(北周)	579－581
大成(北周)	579
大祖王(高句麗)	53－145
大足(周)	701
大中(唐)	847－860
大中祥符(宋)	1008－1016
大通(梁)	527－529
大定(金)	1161－1189
大統(西魏)	535－552
大同(梁)	535－546
大同(遼)	947
大徳(元)	1297－1307
大武神王(高句麗)	18－43
大宝(梁)	550－551
大明(宋)	457－464
大暦(唐)	766－779
大和(唐)	827－835
脱解王(新羅)	57－79
脱列哥那(称制・元)	1242－1245
端拱(宋)	988－989
端平(南宋)	1234－1236

チ

地皇(新)	20－23
治平(宋)	1064－1067
到和(元)	1328
智証王(新羅)	500－513
中興(斉)	501－502
中興(北魏)	531－532
中興(渤海)	793
中川王(高句麗)	248－269
中宗(朝鮮)	1506－1544
中大通(梁)	529－534
中大同(梁)	546－547
中統(元)	1260－1264
中平(後漢)	184－189
中和(唐)	881－885
忠恵王(高麗)	1331
忠恵王(復位・高麗)	1340－1344
忠粛王(高麗)	1314－1330
忠粛王(復位・高麗)	1332－1339
忠宣王(高麗)	1309－1313
忠定王(高麗)	1349－1351
忠穆王(高麗)	1345－1348
忠烈王(高麗)	1275－1308
長安(周)	701－705
長慶(唐)	821－824
長興(後唐)	930－934
長寿(周)	692－694
長寿王(高句麗)	413－491
調露(唐)	679－680
枕流王(百済)	384

テ

定康王(新羅)	886
定宗(高麗)	946－949
定宗(元)	1246－1248
定宗(朝鮮)	1399－1400
貞観(唐)	627－649
貞元(唐)	785－805
貞元(金)	1153－1156
貞明(後梁)	915－921
貞祐(金)	1213－1217
禎明(陳)	587－589
哲宗(朝鮮)	1850－1863
天安(北魏)	466－467
天嘉(陳)	560－566
天会(金)	1123－1137
天監(梁)	502－519
天紀(呉)	277－280
天禧(宋)	1017－1021
天啓(明)	1621－1627
天慶(遼)	1111－1120
天眷(金)	1138－1141
天顕(契丹)	926－938
天康(陳)	566
天興(北魏)	398－404
天興(金)	1232－1234
天冊(呉)	275
天冊万歳	695
天賛(契丹)	922－926
天賜(北魏)	404－409
天璽(呉)	276
天授(周)	690－692
天授(高麗)	918－943
天順(元)	1328
天順(明)	1457－1464

天正(梁) 551－ 552
天成(梁) 555
天成(後唐) 926－ 930
天聖(宋) 1023－1032
天聡(後金) 1627－1636
天統(北斉) 565－ 569
天徳(金) 1149－1153
天復(唐) 901－ 904
天福(後晋) 936－ 944
天福(後漢) 947－ 948
天平(東魏) 534－ 538
天保(北斉) 550－ 559
天輔(金) 1117－1123
天宝(唐) 742－ 756
天鳳(新) 14－ 19
天命(後金) 1616－1626
天祐(唐) 904－ 907
天暦(元) 1328－1330
天禄(遼) 947－ 951
天和(北周) 566－ 572
沾解王(新羅) 247－ 261
腆支王(百済) 405－ 419

ト

東城王(百済) 479－ 500
東川王(高句麗) 227－ 247
唐隆(唐) 710
統和(契丹) 983－1012
登国(北魏) 386－ 396
同光(後唐) 923－ 926
同治(清) 1862－1874
道光(清) 1821－1850
徳昌(北斉) 576－ 577
徳宗(高麗) 1032－1034
徳祐(南宋) 1275－1276
訥祇王(新羅) 417－ 457

ナ

奈解王(新羅) 196－ 229
奈勿王(新羅) 356－ 401
南解王(新羅) 4－ 23

ニ

如意(周) 692

ネ

寧康(東晋) 373－ 375

ハ

婆娑王(新羅) 80－ 111
廃帝(西魏) 552－ 553
伐休王(新羅) 184－ 195

ヒ

比流王(百済) 304－ 343
毗有王(百済) 427－ 454
美川王(高句麗) 300－ 330
閔哀王(新羅) 838
閔中王(高句麗) 44－ 47

フ

普泰(北魏) 531－ 532
普通(梁) 520－ 527
武王(百済) 600－ 640
武成(北周) 559－ 560
武泰(北魏) 528
武定(東魏) 543－ 550
武徳(唐) 618－ 626
武寧王(百済) 501－ 522
武寧王(琉球) 1396－1405
武平(北斉) 570－ 576
汾西王(百済) 298－ 303
文咨明王(高句麗) 492－ 518
文周王(百済) 475－ 476
文聖王(新羅) 839－ 856
文宗(高麗) 1047－1082
文徳(唐) 888
文武王(新羅) 661－ 680
文明(唐) 684

ヘ

平原王(高句麗) 559－ 589

ホ

保大(遼) 1121－1125
保定(北周) 561－ 565
保寧(遼) 969－ 979
慕本王(高句麗) 48－ 52
宝応(唐) 762－ 763
宝慶(南宋) 1225－1227
宝元(宋) 1038－1040
宝臧王(高句麗) 642－ 668
宝鼎(呉) 266－ 269
宝祐(南宋) 1253－1258
宝暦(唐) 825－ 827
法王(百済) 599
法興王(新羅) 514－ 539
鳳皇(呉) 272－ 275
鳳暦(後梁) 913
烽上王(高句麗) 292－ 299
穆宗(高麗) 998－1009
本初(後漢) 146

マ

万歳通天(周) 696－ 697
万歳登封(周) 695－ 696
万暦(明) 1573－1620

ミ

味鄒王(新羅) 262－ 283

メ

明昌(金) 1190－1196
明宗(高麗) 1171－1197
明宗(朝鮮) 1546－1567
明道(宋) 1032－1033

ヨ

陽嘉(後漢) 132－ 136
陽原王(高句麗) 545－ 558
雍熙(宋) 984－ 988
雍正(清) 1723－1735

リ

竜紀(唐) 889
竜朔(唐) 661－ 663
竜徳(後梁) 921－ 923
隆安(東晋) 397－ 401
隆化(北斉) 576
隆熙(朝鮮) 1907－1910
隆慶(明) 1567－1572
隆興(南宋) 1163－1164
隆昌(斉) 494
隆武(明) 1645
隆和(東晋) 362
麟徳(唐) 664－ 668

ル

瑠璃明王(高句麗) 前19－ 17

ワ

和平(後漢) 150
和平(北魏) 460－ 465

備要

目　　次

1　西暦・和暦対照一覧

西暦	干支	天　皇	和　暦
592	壬子	推　古 12. 8	崇峻 5
593	癸丑		推古
594	甲寅		2
595	乙卯		3
596	丙辰		4
597	丁巳		5
598	戊午		6
599	己未		7
600	庚申		8
601	辛酉		9
602	壬戌		10
603	癸亥		11
604	甲子		12
605	乙丑		13
606	丙寅		14
607	丁卯		15
608	戊辰		16
609	己巳		17
610	庚午		18
611	辛未		19
612	壬申		20
613	癸酉		21
614	甲戌		22
615	乙亥		23
616	丙子		24
617	丁丑		25
618	戊寅		26
619	己卯		27
620	庚辰		28
621	辛巳		29
622	壬午		30
623	癸未		31
624	甲申		32
625	乙酉		33
626	丙戌		34
627	丁亥		35
628	戊子		36
629	己丑	舒　明 1. 4	舒明
630	庚寅		2
631	辛卯		3
632	壬辰		4
633	癸巳		5
634	甲午		6
635	乙未		7
636	丙申		8
637	丁酉		9
638	戊戌		10
639	己亥		11
640	庚子		12
641	辛丑		13

西暦	干支	天　皇	和　暦
642	壬寅	皇　極 1. 15	皇極
643	癸卯		2
644	甲辰		3
645	乙巳	孝　徳 6. 14	大化 6. 19
646	丙午		2
647	丁未		3
648	戊申		4
649	己酉		5
650	庚戌		白雉 2. 15
651	辛亥		2
652	壬子		3
653	癸丑		4
654	甲寅		5
655	乙卯	斉　明 1. 3	斉明
656	丙辰		2
657	丁巳		3
658	戊午		4
659	己未		5
660	庚申		6
661	辛酉	天　智 7. 24 (称制)	7
662	壬戌		天智
663	癸亥		2
664	甲子		3
665	乙丑		4
666	丙寅		5
667	丁卯		6
668	戊辰	1. 3 (即位)	7
669	己巳		8
670	庚午		9
671	辛未		10
672	壬申		天武
673	癸酉	天　武 2. 27	2
674	甲戌		3
675	乙亥		4
676	丙子		5
677	丁丑		6
678	戊寅		7
679	己卯		8
680	庚辰		9
681	辛巳		10
682	壬午		11
683	癸未		12
684	甲申		13
685	乙酉		14

西暦	干支	天　皇	和　暦
686	丙戌	持　統 9. 9 (称制)	朱鳥 7. 20
687	丁亥		持統
688	戊子		2
689	己丑		3
690	庚寅	1. 1 (即位)	4
691	辛卯		5
692	壬辰		6
693	癸巳		7
694	甲午		8
695	乙未		9
696	丙申		10
697	丁酉	文　武 8. 1	文武
698	戊戌		2
699	己亥		3
700	庚子		4
701	辛丑		大宝 3. 21
702	壬寅		2
703	癸卯		3
704	甲辰		慶雲 5. 10
705	乙巳		2
706	丙午		3
707	丁未	元　明 7. 17	4
708	戊申		和銅 1. 11
709	己酉		2
710	庚戌		3
711	辛亥		4
712	壬子		5
713	癸丑		6
714	甲寅		7
715	乙卯	元　正 9. 2	霊亀 9. 2
716	丙辰		2
717	丁巳		養老 11. 17
718	戊午		2
719	己未		3
720	庚申		4
721	辛酉		5
722	壬戌		6
723	癸亥		7
724	甲子	聖　武 2. 4	神亀 2. 4
725	乙丑		2
726	丙寅		3

西暦	干支	天　皇	和　暦
727	丁卯	(聖武)	(神亀)4
728	戊辰		5
729	己巳		天平 *8. 5*
730	庚午		2
731	辛未		3
732	壬申		4
733	癸酉		5
734	甲戌		6
735	乙亥		7
736	丙子		8
737	丁丑		9
738	戊寅		10
739	己卯		11
740	庚辰		12
741	辛巳		13
742	壬午		14
743	癸未		15
744	甲申		16
745	乙酉		17
746	丙戌		18
747	丁亥		19
748	戊子		20
749	己丑	孝　謙 *7. 2*	天平感宝 *4. 14*
			天平勝宝 *7. 2*
750	庚寅		2
751	辛卯		3
752	壬辰		4
753	癸巳		5
754	甲午		6
755	乙未		7
756	丙申		8
757	丁酉		天平宝字 *8. 18*
758	戊戌	淳　仁 *8. 1*	2
759	己亥		3
760	庚子		4
761	辛丑		5
762	壬寅		6
763	癸卯		7
764	甲辰	称　徳 *10. 9*	8
765	乙巳		天平神護 *1. 7*
766	丙午		2
767	丁未		神護景雲 *8. 16*
768	戊申		2
769	己酉		3
770	庚戌	光　仁 *10. 1*	宝亀 *10. 1*
771	辛亥		2

西暦	干支	天　皇	和　暦
772	壬子		3
773	癸丑		4
774	甲寅		5
775	乙卯		6
776	丙辰		7
777	丁巳		8
778	戊午		9
779	己未		10
780	庚申		11
781	辛酉	桓　武 *4. 3*	天応 *1. 1*
782	壬戌		延暦 *8. 19*
783	癸亥		2
784	甲子		3
785	乙丑		4
786	丙寅		5
787	丁卯		6
788	戊辰		7
789	己巳		8
790	庚午		9
791	辛未		10
792	壬申		11
793	癸酉		12
794	甲戌		13
795	乙亥		14
796	丙子		15
797	丁丑		16
798	戊寅		17
799	己卯		18
800	庚辰		19
801	辛巳		20
802	壬午		21
803	癸未		22
804	甲申		23
805	乙酉		24
806	丙戌	平　城 *3. 17*	大同 *5. 18*
807	丁亥		2
808	戊子		3
809	己丑	嵯　峨 *4. 1*	4
810	庚寅		弘仁 *9. 19*
811	辛卯		2
812	壬辰		3
813	癸巳		4
814	甲午		5
815	乙未		6
816	丙申		7
817	丁酉		8
818	戊戌		9
819	己亥		10
820	庚子		11
821	辛丑		12

西暦	干支	天　皇	和　暦
822	壬寅		13
823	癸卯	淳　和 *4. 16*	14
824	甲辰		天長 *1. 5*
825	乙巳		2
826	丙午		3
827	丁未		4
828	戊申		5
829	己酉		6
830	庚戌		7
831	辛亥		8
832	壬子		9
833	癸丑	仁　明 *2. 28*	10
834	甲寅		承和 *1. 3*
835	乙卯		2
836	丙辰		3
837	丁巳		4
838	戊午		5
839	己未		6
840	庚申		7
841	辛酉		8
842	壬戌		9
843	癸亥		10
844	甲子		11
845	乙丑		12
846	丙寅		13
847	丁卯		14
848	戊辰		嘉祥 *6. 13*
849	己巳		2
850	庚午	文　徳 *3. 21*	3
851	辛未		仁寿 *4. 28*
852	壬申		2
853	癸酉		3
854	甲戌		斉衡 *11. 30*
855	乙亥		2
856	丙子		3
857	丁丑		天安 *2. 21*
858	戊寅	清　和 *8. 27*	2
859	己卯		貞観 *4. 15*
860	庚辰		2
861	辛巳		3
862	壬午		4
863	癸未		5
864	甲申		6
865	乙酉		7

西暦	干支	天　皇	和　暦
866	丙戌		8
867	丁亥		9
868	戊子		10
869	己丑		11
870	庚寅		12
871	辛卯		13
872	壬辰		14
873	癸巳		15
874	甲午		16
875	乙未		17
876	丙申	陽　成 *11.29*	18
877	丁酉		元慶 *4.16*
878	戊戌		2
879	己亥		3
880	庚子		4
881	辛丑		5
882	壬寅		6
883	癸卯		7
884	甲辰	光　孝 *2.4*	8
885	乙巳		仁和 *2.21*
886	丙午		2
887	丁未	宇　多 *8.26*	3
888	戊申		4
889	己酉		寛平 *4.27*
890	庚戌		2
891	辛亥		3
892	壬子		4
893	癸丑		5
894	甲寅		6
895	乙卯		7
896	丙辰		8
897	丁巳	醍　醐 *7.3*	9
898	戊午		昌泰 *4.26*
899	己未		2
900	庚申		3
901	辛酉		延喜 *7.15*
902	壬戌		2
903	癸亥		3
904	甲子		4
905	乙丑		5
906	丙寅		6
907	丁卯		7
908	戊辰		8
909	己巳		9
910	庚午		10
911	辛未		11

西暦	干支	天　皇	和　暦
912	壬申		12
913	癸酉		13
914	甲戌		14
915	乙亥		15
916	丙子		16
917	丁丑		17
918	戊寅		18
919	己卯		19
920	庚辰		20
921	辛巳		21
922	壬午		22
923	癸未		延長 *④.11*
924	甲申		2
925	乙酉		3
926	丙戌		4
927	丁亥		5
928	戊子		6
929	己丑		7
930	庚寅	朱　雀 *9.22*	8
931	辛卯		承平 *4.26*
932	壬辰		2
933	癸巳		3
934	甲午		4
935	乙未		5
936	丙申		6
937	丁酉		7
938	戊戌		天慶 *5.22*
939	己亥		2
940	庚子		3
941	辛丑		4
942	壬寅		5
943	癸卯		6
944	甲辰		7
945	乙巳		8
946	丙午	村　上 *4.20*	9
947	丁未		天暦 *4.22*
948	戊申		2
949	己酉		3
950	庚戌		4
951	辛亥		5
952	壬子		6
953	癸丑		7
954	甲寅		8
955	乙卯		9
956	丙辰		10
957	丁巳		天徳 *10.27*
958	戊午		2
959	己未		3

西暦	干支	天　皇	和　暦
960	庚申		4
961	辛酉		応和 *2.16*
962	壬戌		2
963	癸亥		3
964	甲子		康保 *7.10*
965	乙丑		2
966	丙寅		3
967	丁卯	冷　泉 *5.25*	4
968	戊辰		安和 *8.13*
969	己巳	円　融 *8.13*	2
970	庚午		天禄 *3.25*
971	辛未		2
972	壬申		3
973	癸酉		天延 *12.20*
974	甲戌		2
975	乙亥		3
976	丙子		貞元 *7.13*
977	丁丑		2
978	戊寅		天元 *11.29*
979	己卯		2
980	庚辰		3
981	辛巳		4
982	壬午		5
983	癸未		永観 *4.15*
984	甲申	花　山 *8.27*	2
985	乙酉		寛和 *4.27*
986	丙戌	一　条 *6.23*	2
987	丁亥		永延 *4.5*
988	戊子		2
989	己丑		永祚 *8.8*
990	庚寅		正暦 *11.7*
991	辛卯		2
992	壬辰		3
993	癸巳		4
994	甲午		5
995	乙未		長徳 *2.22*
996	丙申		2
997	丁酉		3

1　西暦・和暦対照一覧

西暦	干支	天　皇	和　暦
998	戊戌	(一条)	(長徳)4
999	己亥		長保 1. 13
1000	庚子		2
1001	辛丑		3
1002	壬寅		4
1003	癸卯		5
1004	甲辰		寛弘 7. 20
1005	乙巳		2
1006	丙午		3
1007	丁未		4
1008	戊申		5
1009	己酉		6
1010	庚戌		7
1011	辛亥	三　条 6. 13	8
1012	壬子		長和 12. 25
1013	癸丑		2
1014	甲寅		3
1015	乙卯		4
1016	丙辰	後一条 1. 29	5
1017	丁巳		寛仁 4. 23
1018	戊午		2
1019	己未		3
1020	庚申		4
1021	辛酉		治安 2. 2
1022	壬戌		2
1023	癸亥		3
1024	甲子		万寿 7. 13
1025	乙丑		2
1026	丙寅		3
1027	丁卯		4
1028	戊辰		長元 7. 25
1029	己巳		2
1030	庚午		3
1031	辛未		4
1032	壬申		5
1033	癸酉		6
1034	甲戌		7
1035	乙亥		8
1036	丙子	後朱雀 4. 17	9
1037	丁丑		長暦 4. 21
1038	戊寅		2
1039	己卯		3
1040	庚辰		長久 11. 10

西暦	干支	天　皇	和　暦
1041	辛巳		2
1042	壬午		3
1043	癸未		4
1044	甲申		寛徳 11. 24
1045	乙酉	後冷泉 1. 16	2
1046	丙戌		永承 4. 14
1047	丁亥		2
1048	戊子		3
1049	己丑		4
1050	庚寅		5
1051	辛卯		6
1052	壬辰		7
1053	癸巳		天喜 1. 11
1054	甲午		2
1055	乙未		3
1056	丙申		4
1057	丁酉		5
1058	戊戌		康平 8. 29
1059	己亥		2
1060	庚子		3
1061	辛丑		4
1062	壬寅		5
1063	癸卯		6
1064	甲辰		7
1065	乙巳		治暦 8. 2
1066	丙午		2
1067	丁未		3
1068	戊申	後三条 4. 19	4
1069	己酉		延久 4. 13
1070	庚戌		2
1071	辛亥		3
1072	壬子	白　河 12. 8	4
1073	癸丑		5
1074	甲寅		承保 8. 23
1075	乙卯		2
1076	丙辰		3
1077	丁巳		承暦 11. 17
1078	戊午		2
1079	己未		3
1080	庚申		4
1081	辛酉		永保 2. 10
1082	壬戌		2
1083	癸亥		3

西暦	干支	天　皇	和　暦
1084	甲子		応徳 2. 7
1085	乙丑		2
1086	丙寅	堀　河 11. 26	3
1087	丁卯		寛治 4. 7
1088	戊辰		2
1089	己巳		3
1090	庚午		4
1091	辛未		5
1092	壬申		6
1093	癸酉		7
1094	甲戌		嘉保 12. 15
1095	乙亥		2
1096	丙子		永長 12. 17
1097	丁丑		承徳 11. 21
1098	戊寅		2
1099	己卯		康和 8. 28
1100	庚辰		2
1101	辛巳		3
1102	壬午		4
1103	癸未		5
1104	甲申		長治 2. 10
1105	乙酉		2
1106	丙戌		嘉承 4. 9
1107	丁亥	鳥　羽 7. 19	2
1108	戊子		天仁 8. 3
1109	己丑		2
1110	庚寅		天永 7. 13
1111	辛卯		2
1112	壬辰		3
1113	癸巳		永久 7. 13
1114	甲午		2
1115	乙未		3
1116	丙申		4
1117	丁酉		5
1118	戊戌		元永 4. 3
1119	己亥		2
1120	庚子		保安 4. 10
1121	辛丑		2
1122	壬寅		3

西暦	干支	天　皇	和　暦
1123	癸卯	崇 徳 1.28	4
1124	甲辰		天治 4.3
1125	乙巳		2
1126	丙午		大治 1.22
1127	丁未		2
1128	戊申		3
1129	己酉		4
1130	庚戌		5
1131	辛亥		天承 1.29
1132	壬子		長承 8.11
1133	癸丑		2
1134	甲寅		3
1135	乙卯		保延 4.27
1136	丙辰		2
1137	丁巳		3
1138	戊午		4
1139	己未		5
1140	庚申		6
1141	辛酉	近 衛 12.7	永治 7.10
1142	壬戌		康治 4.28
1143	癸亥		2
1144	甲子		天養 2.23
1145	乙丑		久安 7.22
1146	丙寅		2
1147	丁卯		3
1148	戊辰		4
1149	己巳		5
1150	庚午		6
1151	辛未		仁平 1.26
1152	壬申		2
1153	癸酉		3
1154	甲戌		久寿 10.28
1155	乙亥	後白河 7.24	2
1156	丙子		保元 4.27
1157	丁丑		2
1158	戊寅	二 条 8.11	3
1159	己卯		平治 4.20
1160	庚辰		永暦 1.10
1161	辛巳		応保 9.4
1162	壬午		2
1163	癸未		長寛 3.29
1164	甲申		2
1165	乙酉	六 条 6.25	永万 6.5
1166	丙戌		仁安 8.27
1167	丁亥		2
1168	戊子	高 倉 2.19	3
1169	己丑		嘉応 4.8
1170	庚寅		2
1171	辛卯		承安 4.21
1172	壬辰		2
1173	癸巳		3
1174	甲午		4
1175	乙未		安元 7.28
1176	丙申		2
1177	丁酉		治承 8.4
1178	戊戌		2
1179	己亥		3
1180	庚子	安 徳 2.21	4
1181	辛丑		養和 7.14
1182	壬寅		寿永 5.27
1183	癸卯	後鳥羽 8.20	2
1184	甲辰		元暦 4.16
1185	乙巳		文治 8.14
1186	丙午		2
1187	丁未		3
1188	戊申		4
1189	己酉		5
1190	庚戌		建久 4.11
1191	辛亥		2
1192	壬子		3
1193	癸丑		4
1194	甲寅		5
1195	乙卯		6
1196	丙辰		7
1197	丁巳		8
1198	戊午	土御門 1.11	9
1199	己未		正治 4.27
1200	庚申		2
1201	辛酉		建仁 2.13
1202	壬戌		2
1203	癸亥		3
1204	甲子		元久 2.20
1205	乙丑		2
1206	丙寅		建永 4.27
1207	丁卯		承元 10.25
1208	戊辰		2
1209	己巳		3
1210	庚午	順 徳 11.25	4
1211	辛未		建暦 3.9
1212	壬申		2
1213	癸酉		建保 12.6
1214	甲戌		2
1215	乙亥		3
1216	丙子		4
1217	丁丑		5
1218	戊寅		6
1219	己卯		承久 4.12
1220	庚辰		2
1221	辛巳	仲 恭 4.20 後堀河 7.9	3
1222	壬午		貞応 4.13
1223	癸未		2
1224	甲申		元仁 11.20
1225	乙酉		嘉禄 4.20
1226	丙戌		2
1227	丁亥		安貞 12.10
1228	戊子		2
1229	己丑		寛喜 3.5
1230	庚寅		2
1231	辛卯		3
1232	壬辰	四 条 10.4	貞永 4.2
1233	癸巳		天福 4.15

西暦	干支	天　皇	和　暦
1234	甲午	(四条)	文暦 11.5
1235	乙未		嘉禎 9.19
1236	丙申		2
1237	丁酉		3
1238	戊戌		暦仁 11.23
1239	己亥		延応 2.7
1240	庚子		仁治 7.16
1241	辛丑		2
1242	壬寅	後嵯峨 1.20	3
1243	癸卯		寛元 2.26
1244	甲辰		2
1245	乙巳		3
1246	丙午	後深草 1.29	4
1247	丁未		宝治 2.28
1248	戊申		2
1249	己酉		建長 3.18
1250	庚戌		2
1251	辛亥		3
1252	壬子		4
1253	癸丑		5
1254	甲寅		6
1255	乙卯		7
1256	丙辰		康元 10.5
1257	丁巳		正嘉 3.14
1258	戊午		2
1259	己未	亀　山 11.26	正元 3.26
1260	庚申		文応 4.13
1261	辛酉		弘長 2.20
1262	壬戌		2
1263	癸亥		3
1264	甲子		文永 2.28
1265	乙丑		2
1266	丙寅		3
1267	丁卯		4
1268	戊辰		5
1269	己巳		6
1270	庚午		7
1271	辛未		8
1272	壬申		9

西暦	干支	天　皇	和　暦
1273	癸酉		10
1274	甲戌	後宇多 1.26	11
1275	乙亥		建治 4.25
1276	丙子		2
1277	丁丑		3
1278	戊寅		弘安 2.29
1279	己卯		2
1280	庚辰		3
1281	辛巳		4
1282	壬午		5
1283	癸未		6
1284	甲申		7
1285	乙酉		8
1286	丙戌		9
1287	丁亥	伏　見 10.21	10
1288	戊子		正応 4.28
1289	己丑		2
1290	庚寅		3
1291	辛卯		4
1292	壬辰		5
1293	癸巳		永仁 8.5
1294	甲午		2
1295	乙未		3
1296	丙申		4
1297	丁酉		5
1298	戊戌	後伏見 7.22	6
1299	己亥		正安 4.25
1300	庚子		2
1301	辛丑	後二条 1.21	3
1302	壬寅		乾元 11.21
1303	癸卯		嘉元 8.5
1304	甲辰		2
1305	乙巳		3
1306	丙午		徳治 12.14
1307	丁未		2
1308	戊申	花　園 8.26	延慶 10.9
1309	己酉		2
1310	庚戌		3
1311	辛亥		応長 4.28
1312	壬子		正和 3.20

西暦	干支	天　皇	和　暦
1313	癸丑		2
1314	甲寅		3
1315	乙卯		4
1316	丙辰		5
1317	丁巳		文保 2.3
1318	戊午	後醍醐 2.26	2
1319	己未		元応 4.28
1320	庚申		2
1321	辛酉		元亨 2.23
1322	壬戌		2
1323	癸亥		3
1324	甲子		正中 12.9
1325	乙丑		2
1326	丙寅		嘉暦 4.29
1327	丁卯		2
1328	戊辰		3
1329	己巳		元徳 8.29
1330	庚午		2
1331	辛未	(北)光　厳 9.20	(北)元徳 3 (南)元弘 8.9
1332	壬申		(北)正慶 4.28 (南)元弘 2
1333	癸酉	(後醍醐)	(北)正慶 2 (南)元弘 3
1334	甲戌		建武 1.29
1335	乙亥		2
1336	丙子	(北)光　明 8.15	(北)建武 3 (南)延元 2.29
1337	丁丑		(北)建武 4 (南)延元 2
1338	戊寅		(北)暦応 8.28 (南)延元 3
1339	己卯	(南)後村上 8.15	(北)暦応 2 (南)延元 4
1340	庚辰		(北)暦応 3 (南)興国 4.28
1341	辛巳		(北)暦応 4 (南)興国 2

西暦	干支	天　皇	和　暦
1342	壬午		(北) 康永 *4.27*
			(南) 興国 3
1343	癸未		(北) 康永2
			(南) 興国 4
1344	甲申		(北) 康永 3
			(南) 興国 5
1345	乙酉		(北) 貞和 *10.21*
			(南) 興国 6
1346	丙戌		(北) 貞和 2
			(南) 正平 *12.8*
1347	丁亥		(北) 貞和 3
			(南) 正平 2
1348	戊子	(北) 崇　光 *10.27*	(北) 貞和 4
			(南) 正平 3
1349	己丑		(北) 貞和 5
			(南) 正平 4
1350	庚寅		(北) 観応 *2.27*
			(南) 正平 5
1351	辛卯		(北) 観応 2
			(南) 正平 6
1352	壬辰	(北) 後光厳 *8.17*	(北) 文和 *9.27*
			(南) 正平 7
1353	癸巳		(北) 文和 2
			(南) 正平 8
1354	甲午		(北) 文和 3
			(南) 正平 9
1355	乙未		(北) 文和 4
			(南) 正平10
1356	丙申		(北) 延文 *3.28*
			(南) 正平11
1357	丁酉		(北) 延文 2
			(南) 正平12
1358	戊戌		(北) 延文 3
			(南) 正平13
1359	己亥		(北) 延文 4
			(南) 正平14
1360	庚子		(北) 延文 5
			(南) 正平15
1361	辛丑		(北) 康安 *3.29*
			(南) 正平16
1362	壬寅		(北) 貞治 *9.23*
			(南) 正平17
1363	癸卯		(北) 貞治 2
			(南) 正平18
1364	甲辰		(北) 貞治 3
			(南) 正平19
1365	乙巳		(北) 貞治 4
			(南) 正平20
1366	丙午		(北) 貞治 5
			(南) 正平21
1367	丁未		(南) 正平22
1368	戊申		(北) 応安 *2.18*
		(南) 長　慶	(南) 正平23
1369	己酉		(北) 応安 2
			(南) 正平24
1370	庚戌		(北) 応安 3
			(南) 建徳 *2.5以前*
1371	辛亥	(北) 後円融 *3.23*	(北) 応安 4
			(南) 建徳 2
1372	壬子		(北) 応安 5
			(南) 文中 *4.-*
1373	癸丑		(北) 応安 6
			(南) 文中 2
1374	甲寅		(北) 応安 7
			(南) 文中 3
1375	乙卯		(北) 永和 *2.27*
			(南) 天授 *5.27*
1376	丙辰		(北) 永和 2
			(南) 天授 2
1377	丁巳		(北) 永和 3
			(南) 天授 3
1378	戊午		(北) 永和 4
			(南) 天授 4
1379	己未		(北) 康暦 *3.22*
			(南) 天授 5
1380	庚申		(北) 康暦 2
			(南) 天授 6
1381	辛酉		(北) 永徳 *2.24*
			(南) 弘和 *6.21以前*
1382	壬戌	(北) 後小松 *4.11*	(北) 永徳 2
			(南) 弘和 2
1383	癸亥		(北) 永徳 3
		(南) 後亀山 *10.-以後*	(南) 弘和 3
1384	甲子		(北) 至徳 *2.27*
			(南) 元中 *11.5以前*
1385	乙丑		(北) 至徳 2
			(南) 元中 2
1386	丙寅		(北) 至徳 3
			(南) 元中 3
1387	丁卯		(北) 嘉慶 *8.23*
			(南) 元中 4
1388	戊辰		(北) 嘉慶 2
			(南) 元中 5
1389	己巳		(北) 康応 *2.9*
			(南) 元中 6
1390	庚午		(北) 明徳 *3.26*
			(南) 元中 7
1391	辛未		(北) 明徳 2
			(南) 元中 8
1392	壬申		明徳 3
1393	癸酉		4
1394	甲戌		応永 *7.5*
1395	乙亥		2
1396	丙子		3
1397	丁丑		4
1398	戊寅		5
1399	己卯		6
1400	庚辰		7
1401	辛巳		8
1402	壬午		9
1403	癸未		10
1404	甲申		11
1405	乙酉		12
1406	丙戌		13
1407	丁亥		14
1408	戊子		15
1409	己丑		16
1410	庚寅		17
1411	辛卯		18
1412	壬辰	称光 *8.29*	19
1413	癸巳		20
1414	甲午		21
1415	乙未		22
1416	丙申		23
1417	丁酉		24
1418	戊戌		25
1419	己亥		26
1420	庚子		27
1421	辛丑		28
1422	壬寅		29
1423	癸卯		30
1424	甲辰		31
1425	乙巳		32
1426	丙午		33
1427	丁未		34
1428	戊申	後花園 *7.28*	正長 *4.27*

1　西暦・和暦対照一覧

西暦	干支	天　皇	和　暦
1429	己酉	(後花園)	永享 9.5
1430	庚戌		2
1431	辛亥		3
1432	壬子		4
1433	癸丑		5
1434	甲寅		6
1435	乙卯		7
1436	丙辰		8
1437	丁巳		9
1438	戊午		10
1439	己未		11
1440	庚申		12
1441	辛酉		嘉吉 2.17
1442	壬戌		2
1443	癸亥		3
1444	甲子		文安 2.5
1445	乙丑		2
1446	丙寅		3
1447	丁卯		4
1448	戊辰		5
1449	己巳		宝徳 7.28
1450	庚午		2
1451	辛未		3
1452	壬申		享徳 7.25
1453	癸酉		2
1454	甲戌		3
1455	乙亥		康正 7.25
1456	丙子		2
1457	丁丑		長禄 9.28
1458	戊寅		2
1459	己卯		3
1460	庚辰		寛正 12.21
1461	辛巳		2
1462	壬午		3
1463	癸未		4
1464	甲申	後土御門 7.19	5
1465	乙酉		6
1466	丙戌		文正 2.28
1467	丁亥		応仁 3.5
1468	戊子		2
1469	己丑		文明 4.28
1470	庚寅		2
1471	辛卯		3

西暦	干支	天　皇	和　暦
1472	壬辰		4
1473	癸巳		5
1474	甲午		6
1475	乙未		7
1476	丙申		8
1477	丁酉		9
1478	戊戌		10
1479	己亥		11
1480	庚子		12
1481	辛丑		13
1482	壬寅		14
1483	癸卯		15
1484	甲辰		16
1485	乙巳		17
1486	丙午		18
1487	丁未		長享 7.20
1488	戊申		2
1489	己酉		延徳 8.21
1490	庚戌		2
1491	辛亥		3
1492	壬子		明応 7.19
1493	癸丑		2
1494	甲寅		3
1495	乙卯		4
1496	丙辰		5
1497	丁巳		6
1498	戊午		7
1499	己未		8
1500	庚申	後柏原 10.25	9
1501	辛酉		文亀 2.29
1502	壬戌		2
1503	癸亥		3
1504	甲子		永正 2.30
1505	乙丑		2
1506	丙寅		3
1507	丁卯		4
1508	戊辰		5
1509	己巳		6
1510	庚午		7
1511	辛未		8
1512	壬申		9
1513	癸酉		10
1514	甲戌		11
1515	乙亥		12
1516	丙子		13
1517	丁丑		14
1518	戊寅		15
1519	己卯		16
1520	庚辰		17

西暦	干支	天　皇	和　暦
1521	辛巳		大永 8.23
1522	壬午		2
1523	癸未		3
1524	甲申		4
1525	乙酉		5
1526	丙戌	後奈良 4.29	6
1527	丁亥		7
1528	戊子		享禄 8.20
1529	己丑		2
1530	庚寅		3
1531	辛卯		4
1532	壬辰		天文 7.29
1533	癸巳		2
1534	甲午		3
1535	乙未		4
1536	丙申		5
1537	丁酉		6
1538	戊戌		7
1539	己亥		8
1540	庚子		9
1541	辛丑		10
1542	壬寅		11
1543	癸卯		12
1544	甲辰		13
1545	乙巳		14
1546	丙午		15
1547	丁未		16
1548	戊申		17
1549	己酉		18
1550	庚戌		19
1551	辛亥		20
1552	壬子		21
1553	癸丑		22
1554	甲寅		23
1555	乙卯		弘治 10.23
1556	丙辰		2
1557	丁巳	正親町 10.27	3
1558	戊午		永禄 2.28
1559	己未		2
1560	庚申		3
1561	辛酉		4
1562	壬戌		5
1563	癸亥		6
1564	甲子		7
1565	乙丑		8
1566	丙寅		9
1567	丁卯		10
1568	戊辰		11

西暦	干支	天皇	和暦
1569	己巳		12
1570	庚午		元亀 *4.23*
1571	辛未		2
1572	壬申		3
1573	癸酉		天正 *7.28*
1574	甲戌		2
1575	乙亥		3
1576	丙子		4
1577	丁丑		5
1578	戊寅		6
1579	己卯		7
1580	庚辰		8
1581	辛巳		9
1582	壬午		10
1583	癸未		11
1584	甲申		12
1585	乙酉		13
1586	丙戌	後陽成 *11.7*	14
1587	丁亥		15
1588	戊子		16
1589	己丑		17
1590	庚寅		18
1591	辛卯		19
1592	壬辰		文禄 *12.8*
1593	癸巳		2
1594	甲午		3
1595	乙未		4
1596	丙申		慶長 *10.27*
1597	丁酉		2
1598	戊戌		3
1599	己亥		4
1600	庚子		5
1601	辛丑		6
1602	壬寅		7
1603	癸卯		8
1604	甲辰		9
1605	乙巳		10
1606	丙午		11
1607	丁未		12
1608	戊申		13
1609	己酉		14
1610	庚戌		15
1611	辛亥	後水尾 *3.27*	16
1612	壬子		17
1613	癸丑		18
1614	甲寅		19
1615	乙卯		元和 *7.13*
1616	丙辰		2

西暦	干支	天皇	和暦
1617	丁巳		3
1618	戊午		4
1619	己未		5
1620	庚申		6
1621	辛酉		7
1622	壬戌		8
1623	癸亥		9
1624	甲子		寛永 *2.30*
1625	乙丑		2
1626	丙寅		3
1627	丁卯		4
1628	戊辰		5
1629	己巳	明正 *11.8*	6
1630	庚午		7
1631	辛未		8
1632	壬申		9
1633	癸酉		10
1634	甲戌		11
1635	乙亥		12
1636	丙子		13
1637	丁丑		14
1638	戊寅		15
1639	己卯		16
1640	庚辰		17
1641	辛巳		18
1642	壬午		19
1643	癸未	後光明 *10.3*	20
1644	甲申		正保 *12.16*
1645	乙酉		2
1646	丙戌		3
1647	丁亥		4
1648	戊子		慶安 *2.15*
1649	己丑		2
1650	庚寅		3
1651	辛卯		4
1652	壬辰		承応 *9.18*
1653	癸巳		2
1654	甲午	後西 *11.28*	3
1655	乙未		明暦 *4.13*
1656	丙申		2
1657	丁酉		3
1658	戊戌		万治 *7.23*
1659	己亥		2
1660	庚子		3
1661	辛丑		寛文 *4.25*

西暦	干支	天皇	和暦
1662	壬寅		2
1663	癸卯	霊元 *1.26*	3
1664	甲辰		4
1665	乙巳		5
1666	丙午		6
1667	丁未		7
1668	戊申		8
1669	己酉		9
1670	庚戌		10
1671	辛亥		11
1672	壬子		12
1673	癸丑		延宝 *9.21*
1674	甲寅		2
1675	乙卯		3
1676	丙辰		4
1677	丁巳		5
1678	戊午		6
1679	己未		7
1680	庚申		8
1681	辛酉		天和 *9.29*
1682	壬戌		2
1683	癸亥		3
1684	甲子		貞享 *2.21*
1685	乙丑		2
1686	丙寅		3
1687	丁卯	東山 *3.21*	4
1688	戊辰		元禄 *9.30*
1689	己巳		2
1690	庚午		3
1691	辛未		4
1692	壬申		5
1693	癸酉		6
1694	甲戌		7
1695	乙亥		8
1696	丙子		9
1697	丁丑		10
1698	戊寅		11
1699	己卯		12
1700	庚辰		13
1701	辛巳		14
1702	壬午		15
1703	癸未		16
1704	甲申		宝永 *3.13*
1705	乙酉		2
1706	丙戌		3
1707	丁亥		4
1708	戊子		5

西暦	干支	天　皇	和　暦
1709	己丑	中御門 6.21	(宝永)6
1710	庚寅		7
1711	辛卯		正徳 4.25
1712	壬辰		2
1713	癸巳		3
1714	甲午		4
1715	乙未		5
1716	丙申		享保 6.22
1717	丁酉		2
1718	戊戌		3
1719	己亥		4
1720	庚子		5
1721	辛丑		6
1722	壬寅		7
1723	癸卯		8
1724	甲辰		9
1725	乙巳		10
1726	丙午		11
1727	丁未		12
1728	戊申		13
1729	己酉		14
1730	庚戌		15
1731	辛亥		16
1732	壬子		17
1733	癸丑		18
1734	甲寅		19
1735	乙卯	桜　町 3.21	20
1736	丙辰		元文 4.28
1737	丁巳		2
1738	戊午		3
1739	己未		4
1740	庚申		5
1741	辛酉		寛保 2.27
1742	壬戌		2
1743	癸亥		3
1744	甲子		延享 2.21
1745	乙丑		2
1746	丙寅		3
1747	丁卯	桃　園 5.2	4
1748	戊辰		寛延 7.12
1749	己巳		2
1750	庚午		3
1751	辛未		宝暦 10.27
1752	壬申		2
1753	癸酉		3

西暦	干支	天　皇	和　暦
1754	甲戌		4
1755	乙亥		5
1756	丙子		6
1757	丁丑		7
1758	戊寅		8
1759	己卯		9
1760	庚辰		10
1761	辛巳		11
1762	壬午	後桜町 7.27	12
1763	癸未		13
1764	甲申		明和 6.2
1765	乙酉		2
1766	丙戌		3
1767	丁亥		4
1768	戊子		5
1769	己丑		6
1770	庚寅	後桃園 11.24	7
1771	辛卯		8
1772	壬辰		安永 11.16
1773	癸巳		2
1774	甲午		3
1775	乙未		4
1776	丙申		5
1777	丁酉		6
1778	戊戌		7
1779	己亥	光　格 11.25	8
1780	庚子		9
1781	辛丑		天明 4.2
1782	壬寅		2
1783	癸卯		3
1784	甲辰		4
1785	乙巳		5
1786	丙午		6
1787	丁未		7
1788	戊申		8
1789	己酉		寛政 1.25
1790	庚戌		2
1791	辛亥		3
1792	壬子		4
1793	癸丑		5
1794	甲寅		6
1795	乙卯		7
1796	丙辰		8
1797	丁巳		9
1798	戊午		10
1799	己未		11
1800	庚申		12

西暦	干支	天　皇	和　暦
1801	辛酉		享和 2.5
1802	壬戌		2
1803	癸亥		3
1804	甲子		文化 2.11
1805	乙丑		2
1806	丙寅		3
1807	丁卯		4
1808	戊辰		5
1809	己巳		6
1810	庚午		7
1811	辛未		8
1812	壬申		9
1813	癸酉		10
1814	甲戌		11
1815	乙亥		12
1816	丙子		13
1817	丁丑	仁　孝 3.22	14
1818	戊寅		文政 4.22
1819	己卯		2
1820	庚辰		3
1821	辛巳		4
1822	壬午		5
1823	癸未		6
1824	甲申		7
1825	乙酉		8
1826	丙戌		9
1827	丁亥		10
1828	戊子		11
1829	己丑		12
1830	庚寅		天保 12.10
1831	辛卯		2
1832	壬辰		3
1833	癸巳		4
1834	甲午		5
1835	乙未		6
1836	丙申		7
1837	丁酉		8
1838	戊戌		9
1839	己亥		10
1840	庚子		11
1841	辛丑		12
1842	壬寅		13
1843	癸卯		14
1844	甲辰		弘化 12.2
1845	乙巳		2
1846	丙午	孝　明 2.13	3
1847	丁未		4

西暦	干支	天皇	和暦
1848	戊申		嘉永 2.28
1849	己酉		2
1850	庚戌		3
1851	辛亥		4
1852	壬子		5
1853	癸丑		6
1854	甲寅		安政 11.27
1855	乙卯		2
1856	丙辰		3
1857	丁巳		4
1858	戊午		5
1859	己未		6
1860	庚申		万延 3.18
1861	辛酉		文久 2.19
1862	壬戌		2
1863	癸亥		3
1864	甲子		元治 2.20
1865	乙丑		慶応 4.7
1866	丙寅		2
1867	丁卯	明治 1.9	3
1868	戊辰		明治 9.8
1869	己巳		2
1870	庚午		3
1871	辛未		4
1872	壬申		5
1873	癸酉		6
1874	甲戌		7
1875	乙亥		8
1876	丙子		9
1877	丁丑		10
1878	戊寅		11
1879	己卯		12
1880	庚辰		13
1881	辛巳		14
1882	壬午		15
1883	癸未		16
1884	甲申		17
1885	乙酉		18
1886	丙戌		19
1887	丁亥		20
1888	戊子		21
1889	己丑		22
1890	庚寅		23
1891	辛卯		24
1892	壬辰		25
1893	癸巳		26
1894	甲午		27

西暦	干支	天皇	和暦
1895	乙未		28
1896	丙申		29
1897	丁酉		30
1898	戊戌		31
1899	己亥		32
1900	庚子		33
1901	辛丑		34
1902	壬寅		35
1903	癸卯		36
1904	甲辰		37
1905	乙巳		38
1906	丙午		39
1907	丁未		40
1908	戊申		41
1909	己酉		42
1910	庚戌		43
1911	辛亥		44
1912	壬子	大正 7.30	大正 7.30
1913	癸丑		2
1914	甲寅		3
1915	乙卯		4
1916	丙辰		5
1917	丁巳		6
1918	戊午		7
1919	己未		8
1920	庚申		9
1921	辛酉		10
1922	壬戌		11
1923	癸亥		12
1924	甲子		13
1925	乙丑		14
1926	丙寅	昭和 12.25	昭和 12.25
1927	丁卯		2
1928	戊辰		3
1929	己巳		4
1930	庚午		5
1931	辛未		6
1932	壬申		7
1933	癸酉		8
1934	甲戌		9
1935	乙亥		10
1936	丙子		11
1937	丁丑		12
1938	戊寅		13
1939	己卯		14
1940	庚辰		15
1941	辛巳		16
1942	壬午		17
1943	癸未		18
1944	甲申		19
1945	乙酉		20
1946	丙戌		21
1947	丁亥		22

西暦	干支	天皇	和暦
1948	戊子		23
1949	己丑		24
1950	庚寅		25
1951	辛卯		26
1952	壬辰		27
1953	癸巳		28
1954	甲午		29
1955	乙未		30
1956	丙申		31
1957	丁酉		32
1958	戊戌		33
1959	己亥		34
1960	庚子		35
1961	辛丑		36
1962	壬寅		37
1963	癸卯		38
1964	甲辰		39
1965	乙巳		40
1966	丙午		41
1967	丁未		42
1968	戊申		43
1969	己酉		44
1970	庚戌		45
1971	辛亥		46
1972	壬子		47
1973	癸丑		48
1974	甲寅		49
1975	乙卯		50
1976	丙辰		51
1977	丁巳		52
1978	戊午		53
1979	己未		54
1980	庚申		55
1981	辛酉		56
1982	壬戌		57
1983	癸亥		58
1984	甲子		59
1985	乙丑		60
1986	丙寅		61
1987	丁卯		62
1988	戊辰		63
1989	己巳	上皇 1.7	平成 1.8
1990	庚午		2
1991	辛未		3
1992	壬申		4
1993	癸酉		5
1994	甲戌		6
1995	乙亥		7
1996	丙子		8
1997	丁丑		9
1998	戊寅		10
1999	己卯		11
2000	庚辰		12
2001	辛巳		13

西暦	干支	天皇	和暦
2002	壬午		14
2003	癸未		15
2004	甲申		16
2005	乙酉		17
2006	丙戌		18
2007	丁亥		19
2008	戊子		20
2009	己丑		21
2010	庚寅		22
2011	辛卯		23
2012	壬辰		24
2013	癸巳		25
2014	甲午		26
2015	乙未		27
2016	丙申		28
2017	丁酉		29
2018	戊戌		30
2019	己亥	今上 5.1	令和 5.1
2020	庚子		2
2021	辛丑		3
2022	壬寅		4
2023	癸卯		5
2024	甲辰		6
2025	乙巳		7
2026	丙午		8
2027	丁未		9
2028	戊申		10
2029	己酉		11
2030	庚戌		12
2031	辛亥		13
2032	壬子		14
2033	癸丑		15
2034	甲寅		16
2035	乙卯		17
2036	丙辰		18
2037	丁巳		19
2038	戊午		20
2039	己未		21
2040	庚申		22
2041	辛酉		23
2042	壬戌		24
2043	癸亥		25
2044	甲子		26
2045	乙丑		27
2046	丙寅		28
2047	丁卯		29
2048	戊辰		30
2049	己巳		31
2050	庚午		32
2051	辛未		33
2052	壬申		34
2053	癸酉		35
2054	甲戌		36
2055	乙亥		37

2 方位・時刻表

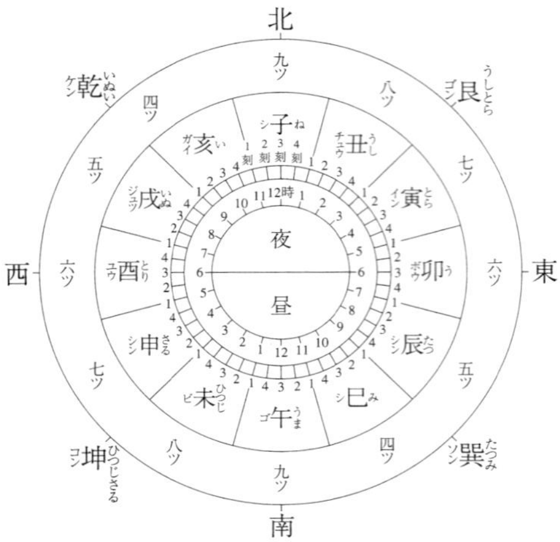

十二辰刻

子	午後11時
丑	午前 1時
寅	3時
卯	5時
辰	7時
巳	9時
午	11時
未	午後 1時
申	3時
酉	5時
戌	7時
亥	9時

大余表（付　干支和名）

0 甲子 きのえね カッシ	1 乙丑 きのとうし イッチュウ	2 丙寅 ひのえとら ヘイイン	3 丁卯 ひのとう テイボウ	4 戊辰 つちのえたつ ボシン	5 己巳 つちのとみ キシ	6 庚午 かのえうま コウゴ	7 辛未 かのとひつじ シンビ	8 壬申 みずのえさる ジンシン	9 癸酉 みずのととり キユウ
10 甲戌 きのえいぬ コウジュツ	11 乙亥 きのとい イツガイ	12 丙子 ひのえね ヘイシ	13 丁丑 ひのとうし テイチュウ	14 戊寅 つちのえとら ボイン	15 己卯 つちのとう キボウ	16 庚辰 かのえたつ コウシン	17 辛巳 かのとみ シンシ	18 壬午 みずのえうま ジンゴ	19 癸未 みずのとひつじ キビ
20 甲申 きのえさる コウシン	21 乙酉 きのととり イツユウ	22 丙戌 ひのえいぬ ヘイジュツ	23 丁亥 ひのとい テイガイ	24 戊子 つちのえね ボシ	25 己丑 つちのとうし キチュウ	26 庚寅 かのえとら コウイン	27 辛卯 かのとう シンボウ	28 壬辰 みずのえたつ ジンシン	29 癸巳 みずのとみ キシ
30 甲午 きのえうま コウゴ	31 乙未 きのとひつじ イツビ	32 丙申 ひのえさる ヘイシン	33 丁酉 ひのととり テイユウ	34 戊戌 つちのえいぬ ボジュツ	35 己亥 つちのとい キガイ	36 庚子 かのえね コウシ	37 辛丑 かのとうし シンチュウ	38 壬寅 みずのえとら ジンイン	39 癸卯 みずのとう キボウ
40 甲辰 きのえたつ コウシン	41 乙巳 きのとみ イッシ	42 丙午 ひのえうま ヘイゴ	43 丁未 ひのとひつじ テイビ	44 戊申 つちのえさる ボシン	45 己酉 つちのととり キユウ	46 庚戌 かのえいぬ コウジュツ	47 辛亥 かのとい シンガイ	48 壬子 みずのえね ジンシ	49 癸丑 みずのとうし キチュウ
50 甲寅 きのえとら コウイン	51 乙卯 きのとう イツボウ	52 丙辰 ひのえたつ ヘイシン	53 丁巳 ひのとみ テイシ	54 戊午 つちのえうま ボゴ	55 己未 つちのとひつじ キビ	56 庚申 かのえさる コウシン	57 辛酉 かのととり シンユウ	58 壬戌 みずのえいぬ ジンジュツ	59 癸亥 みずのとい キガイ

（別に甲子を1とし、以下順次1を加えて、癸亥を60とするに至る干支番号も用いられている）

二十四節気一覧

節気名	節気	太陽暦月日（2020年）	節気名	節気	太陽暦月日（2020年）	節気名	節気	太陽暦月日（2020年）	節気名	節気	太陽暦月日（2020年）
小寒 しょうかん	12月節	1月 6日	清明 せいめい	3月節	4月 4日	小暑 しょうしょ	6月節	7月 7日	寒露 かんろ	9月節	10月 8日
大寒 だいかん	12月中	20日	穀雨 こくう	3月中	19日	大暑 たいしょ	6月中	22日	霜降 そうこう	9月中	23日
立春 りっしゅん	正月節	2月 4日	立夏 りっか	4月節	5月 5日	立秋 りっしゅう	7月節	8月 7日	立冬 りっとう	10月節	11月 7日
雨水 うすい	正月中	19日	小満 しょうまん	4月中	20日	処暑 しょしょ	7月中	23日	小雪 しょうせつ	10月中	22日
啓蟄 けいちつ	2月節	3月 5日	芒種 ぼうしゅ	5月節	6月 5日	白露 はくろ	8月節	9月 7日	大雪 たいせつ	11月節	12月 7日
春分 しゅんぶん	2月中	20日	夏至 げし	5月中	21日	秋分 しゅうぶん	8月中	22日	冬至 とうじ	11月中	21日

3 天皇一覧

諡号・追号	名・別称	父	母	在位	没年	年齢	陵号
神武天皇	神日本磐余彦 始馭天下之天皇	鸕鷀草葺不合尊	玉依姫	神武天皇元.正.1—神武天皇76.3.11	神武天皇76.3.11	127	畝傍山東北陵(奈良県)
綏靖天皇	神渟名川耳	神武天皇	媛蹈鞴五十鈴媛	綏靖天皇元.正.8—綏靖天皇33.5.10	綏靖天皇33.5.10	84	桃花鳥田丘上陵(同)
安寧天皇	磯城津彦玉手看	綏靖天皇	五十鈴依媛	綏靖天皇33.7.3—安寧天皇38.12.6	安寧天皇38.12.6	67	畝傍山西南御陰井上陵(同)
懿徳天皇	大日本彦耜友	安寧天皇	渟名底仲媛	懿徳天皇元.2.4—懿徳天皇34.9.8	懿徳天皇34.9.8	77	畝傍山南繊沙渓上陵(同)
孝昭天皇	観松彦香殖稲	懿徳天皇	天豊津媛	孝昭天皇元.正.9—孝昭天皇83.8.5	孝昭天皇83.8.5	114	掖上博多山上陵(同)
孝安天皇	日本足彦国押人	孝昭天皇	世襲足媛	孝安天皇元.正.7—孝安天皇102.正.9	孝安天皇102.正.9	137	玉手丘上陵(同)
孝霊天皇	大日本根子彦太瓊	孝安天皇	押媛	孝霊天皇元.正.12—孝霊天皇76.2.8	孝霊天皇76.2.8	128	片丘馬坂陵(同)
孝元天皇	大日本根子彦国牽	孝霊天皇	細媛	孝元天皇元.正.14—孝元天皇57.9.2	孝元天皇57.9.2	116	剣池嶋上陵(同)
開化天皇	稚日本根子彦大日日	孝元天皇	鬱色謎	孝元天皇57.11.12—開化天皇60.4.9	開化天皇60.4.9	111	春日率川坂上陵(奈良市)
崇神天皇	御間城入彦五十瓊殖 御肇国天皇	開化天皇	伊香色謎	崇神天皇元.正.13—崇神天皇68.12.5	崇神天皇68.12.5	119	山辺道勾岡上陵(奈良県)
垂仁天皇	活目入彦五十狭茅	崇神天皇	御間城姫	垂仁天皇元.正.2—垂仁天皇99.7.14	垂仁天皇99.7.14	139	菅原伏見東陵(奈良市)
景行天皇	大足彦忍代別	垂仁天皇	日葉酢媛	景行天皇元.7.11—景行天皇60.11.7	景行天皇60.11.7	143	山辺道上陵(奈良県)
成務天皇	稚足彦	景行天皇	八坂入姫	成務天皇元.正.5—成務天皇60.6.11	成務天皇60.6.11	107	狭城盾列池後陵(奈良市)
仲哀天皇	足仲彦	日本武尊	両道入姫	仲哀天皇元.正.11—仲哀天皇9.2.6	仲哀天皇9.2.6		恵我長野西陵(大阪府)
応神天皇	誉田別	仲哀天皇	気長足姫(神功皇后)	応神天皇元.正.1—応神天皇41.2.15	応神天皇41.2.15	111	恵我藻伏岡陵(同)
仁徳天皇	大鷦鷯	応神天皇	仲姫	仁徳天皇元.正.3—仁徳天皇87.正.16	仁徳天皇87.正.16	143	百舌鳥耳原中陵(同)
履中天皇	大兄去来穂別	仁徳天皇	磐之媛	履中天皇元.2.1—履中天皇6.3.15	履中天皇6.3.15		百舌鳥耳原南陵(同)
反正天皇	多遅比瑞歯別	同	同	反正天皇元.正.2—反正天皇5.正.23	反正天皇5.正.23		百舌鳥耳原北陵(同)
允恭天皇	雄朝津間稚子宿禰	同	同	允恭天皇元.12—允恭天皇42.正.14	允恭天皇42.正.14		恵我長野北陵(同)
安康天皇	穴穂	允恭天皇	忍坂大中姫	允恭天皇42.12.14—安康天皇3.8.9	安康天皇3.8.9	56	菅原伏見西陵(奈良市)
雄略天皇	大泊瀬幼武	同	同	安康天皇3.11.13—雄略天皇23.8.7	雄略天皇23.8.7	62	丹比高鷲原陵(大阪府)
清寧天皇	白髪武広国押稚日本根子	雄略天皇	葛城韓媛	清寧天皇元.正.15—清寧天皇5.正.16	清寧天皇5.正.16	41	河内坂門原陵(同)
顕宗天皇	弘計・来目稚子	市辺押磐皇子	蟻臣荑媛	顕宗天皇元.正.1—顕宗天皇3.4.25	顕宗天皇3.4.25	38	傍丘磐坏丘南陵(奈良県)
仁賢天皇	億計・大脚・大為・嶋郎	同	同	仁賢天皇元.正.5—仁賢天皇11.8.8	仁賢天皇11.8.8	50	埴生坂本陵(大阪府)
武烈天皇	小泊瀬稚鷦鷯	仁賢天皇	春日大郎皇女	仁賢天皇11.12—武烈天皇8.12.8	武烈天皇8.12.8	18	傍丘磐坏丘北陵(奈良県)
継体天皇	男大迹・彦太	彦主人王	三国振媛	継体天皇元.2.4—継体天皇25.2.7	継体天皇25.2.7	82	三島藍野陵(大阪府)
安閑天皇	勾大兄 広国押武金日	継体天皇	尾張目子媛	継体天皇25.2.7—安閑天皇2.12.17	安閑天皇2.12.17	70	古市高屋丘陵(同)
宣化天皇	檜隈高田 武小広国押盾	同	同	安閑天皇2.12—宣化天皇4.2.10	宣化天皇4.2.10	73	身狭桃花鳥坂上陵(同)
欽明天皇	天国排開広庭	同	手白香皇女	宣化天皇4.12.5—欽明天皇32.4.15	欽明天皇32.4.15	63	檜隈坂合陵(奈良県)
敏達天皇	訳語田渟中倉太珠敷	欽明天皇	石姫皇女	敏達天皇元.4.3—敏達天皇14.8.15	敏達天皇14.8.15	48	河内磯長中尾陵(大阪府)

3　天皇一覧

諡号・追号	名・別称	父	母	在位	没年	年齢	陵号
用明天皇	大兄 橘豊日	欽明天皇	蘇我堅塩媛	敏達天皇14. 9. 5—用明天皇 2. 4. 9	用明天皇 2. 4. 9	48	河内磯長原陵(大阪府)
崇峻天皇	泊瀬部	同	蘇我小姉君	用明天皇 2. 8. 2—崇峻天皇 5.11. 3	崇峻天皇 5.11. 3		倉梯岡上陵(奈良県)
推古天皇	額田部 豊御食炊屋姫	同	蘇我堅塩媛	崇峻天皇 5.12. 8—推古天皇36. 3. 7 (628)	推古天皇36. 3. 7 (628)	75	磯長山田陵(大阪府)
舒明天皇	田村 息長足日広額	押坂彦人大兄皇子	糠手姫皇女	舒明天皇元. 正. 4—舒明天皇13.10. 9 (629)—(641)	舒明天皇13.10. 9 (641)	49	押坂内陵(奈良県)
皇極天皇	宝 天豊財重日足姫	茅渟王	吉備姫王	皇極天皇元. 正.15—皇極天皇 4. 6.14 (642)—(645)	斉明天皇 7. 7.24 (661)	68	越智崗上陵(同)
孝徳天皇	軽 天万豊日	同	同	皇極天皇 4. 6.14—白雉 5.10.10 (645)—(654)	白雉 5.10.10 (654)	59	大阪磯長陵(大阪府)
斉明天皇	(皇極天皇重祚)			斉明天皇元. 正. 3—斉明天皇 7. 7.24 (655)—(661)			
天智天皇	葛城・中大兄 天命開別	舒明天皇	宝皇女 (皇極天皇)	天智天皇 7. 正. 3—天智天皇10.12. 3 (668)—(671)	天智天皇10.12. 3 (671)	46	山科陵(京都市)
弘文天皇	伊賀・大友	天智天皇	伊賀采女宅子	天智天皇10.12. 5—天武天皇元. 7.23 (671)—(672)	天武天皇元. 7 23 (672)	25	長等山前陵(大津市)
天武天皇	大海人 天渟中原瀛真人	舒明天皇	宝皇女 (皇極天皇)	天武天皇 2. 2.27—朱鳥元. 9. 9 (673)—(686)	朱鳥元. 9. 9 (686)		檜隈大内陵(奈良県)
持統天皇	鸕野讃良 高天原広野姫・大倭根子天之広野日女尊	天智天皇	蘇我遠智娘	持統天皇 4. 正. 1—持統天皇11. 8. 1 (690)—(697)	大宝 2.12.22 (702)	58	同
文武天皇	珂瑠 天之真宗豊祖父天皇・倭根子豊祖父天皇	草壁皇子 (岡宮天皇)	阿閇皇女 (元明天皇)	文武天皇元. 8. 1—慶雲 4. 6.15 (697)—(707)	慶雲 4. 6.15 (707)	25	檜隈安古岡上陵(同)
元明天皇	阿閇 日本根子天津御代豊国成姫天皇	天智天皇	蘇我姪娘	慶雲 4. 7.17 —和銅 8. 9. 2 (707)—(715)	養老 5.12. 7 (721)	61	奈保山東陵(奈良市)
元正天皇	氷高・新家 日本根子高瑞浄足姫天皇	草壁皇子 (岡宮天皇)	阿閇皇女 (元明天皇)	霊亀元. 9. 2 —養老 8. 2. 4 (715)—(724)	天平20. 4.21 (748)	69	奈保山西陵(同)
聖武天皇	首 天璽国押開豊桜彦尊・勝宝感神聖武皇帝	文武天皇	藤原宮子	神亀元. 2. 4 —天平感宝元. 7. 2 (724)—(749)	天平勝宝 8. 5. 2 (756)	56	佐保山南陵(同)
孝謙天皇	阿倍 宝字称徳孝謙皇帝・高野天皇	聖武天皇	藤原安宿媛 (光明皇后)	天平勝宝元. 7. 2—天平宝字 2. 8. 1 (749)—(758)	神護景雲 4. 8. 4 (770)	53	高野陵　(同)
淳仁天皇	大炊 淡路廃帝	舎人親王 (崇道尽敬皇帝)	当麻山背	天平宝字 2. 8. 1—天平宝字 8.10. 9 (758)—(764)	天平神護元.10.23 (765)	33	淡路陵(兵庫県)
称徳天皇	(孝謙天皇重祚)			天平宝字 8.10. 9—神護景雲 4. 8. 4 (764)—(770)			
光仁天皇	白壁 天宗高紹天皇	施基親王 (春日宮天皇)	紀橡姫	宝亀元.10. 1 —天応元. 4. 3 (770)—(781)	天応元.12.23 (781)	73	田原東陵(奈良市)
桓武天皇	山部 日本根子皇統弥照尊・柏原帝	光仁天皇	高野新笠	天応元. 4. 3 —延暦25. 3.17 (781)—(806)	延暦25. 3.17 (806)	70	柏原陵(京都市)
平城天皇	小殿・安殿 日本根子天推国高彦尊・奈良帝	桓武天皇	藤原乙牟漏	延暦25. 3.17 —大同 4. 4. 1 (806)—(809)	天長元. 7. 7 (824)	51	楊梅陵(奈良市)
嵯峨天皇	神野	同	同	大同 4. 4. 1 —弘仁14. 4.16 (809)—(823)	承和 9. 7.15 (842)	57	嵯峨山上陵(京都市)
淳和天皇	大伴 日本根子天高譲弥遠尊・西院帝	同	藤原旅子	弘仁14. 4.16 —天長10. 2.28 (823)—(833)	承和 7. 5. 8 (840)	55	大原野西嶺上陵(同)
仁明天皇	正良 深草帝	嵯峨天皇	橘嘉智子 (檀林皇后)	天長10. 2.28 —嘉祥 3. 3.21 (833)—(850)	嘉祥 3. 3.21 (850)	41	深草陵　(同)

諡号・追号	名・別称	父	母	在位	没年	年齢	陵号
文徳天皇	道康 田邑帝	仁明天皇	藤原順子	嘉祥 3. 3.21 ―天安 2. 8.27 (850) (858)	天安 2. 8.27 (858)	32	田邑陵(京都市)
清和天皇	惟仁 水尾帝	文徳天皇	藤原明子	天安 2. 8.27 ―貞観18.11.29 (858) (876)	元慶 4.12. 4 (880)	31	水尾山陵(同)
陽成天皇	貞明	清和天皇	藤原高子	貞観18.11.29 ―元慶 8. 2 4 (876) (884)	天暦 3. 9.29 (949)	82	神楽岡東陵(同)
光孝天皇	時康 小松帝	仁明天皇	藤原沢子	元慶 8. 2. 4 ―仁和 3. 8.26 (884) (887)	仁和 3. 8.26 (887)	58	後田邑陵(同)
宇多天皇	定省 寛平帝・亭子院	光孝天皇	班子女王	仁和 3. 8.26 ―寛平 9. 7. 3 (887) (897)	承平元. 7.19 (931)	65	大内山陵(同)
醍醐天皇	維城・敦仁 延喜帝	宇多天皇	藤原胤子	寛平 9. 7. 3 ―延長 8. 9.22 (897) (930)	延長 8. 9.29 (930)	46	後山科陵(同)
朱雀天皇	寛明	醍醐天皇	藤原穏子	延長 8. 9.22 ―天慶 9. 4.20 (930) (946)	天暦 6. 8.15 (952)	30	醍醐陵 (同)
村上天皇	成明 天暦帝	同	同	天慶 9. 4.20 ―康保 4. 5.25 (946) (967)	康保 4. 5.25 (967)	42	村上陵 (同)
冷泉天皇	憲平	村上天皇	藤原安子	康保 4. 5.25 ―安和 2. 8.13 (967) (969)	寛弘 8.10.24 (1011)	62	桜本陵 (同)
円融天皇	守平	同	同	安和 2. 8.13 ―永観 2. 8.27 (969) (984)	正暦 2. 2.12 (991)	33	後村上陵(同)
花山天皇	師貞	冷泉天皇	藤原懐子	永観 2. 8.27 ―寛和 2. 6.23 (984) (986)	寛弘 5. 2. 8 (1008)	41	紙屋上陵(同)
一条天皇	懐仁	円融天皇	藤原詮子 (東三条院)	寛和 2. 6.23 ―寛弘 8. 6.13 (986) (1011)	寛弘 8. 6.22 (1011)	32	円融寺北陵(同)
三条天皇	居貞	冷泉天皇	藤原超子	寛弘 8. 6.13 ―長和 5.正.29 (1011) (1016)	寛仁元. 5. 9 (1017)	42	北山陵 (同)
後一条天皇	敦成	一条天皇	藤原彰子 (上東門院)	長和 5.正.29 ―長元 9. 4.17 (1016) (1036)	長元 9. 4.17 (1036)	29	菩提樹院陵(同)
後朱雀天皇	敦良	同	同	長元 9. 4.17 ―寛徳 2.正.16 (1036) (1045)	寛徳 2.正.18 (1045)	37	円乗寺陵(同)
後冷泉天皇	親仁	後朱雀天皇	藤原嬉子	寛徳 2.正.16 ―治暦 4. 4.19 (1045) (1068)	治暦 4. 4.19 (1068)	44	円教寺陵(同)
後三条天皇	尊仁	同	禎子内親王 (陽明門院)	治暦 4. 4.19 ―延久 4.12. 8 (1068) (1072)	延久 5. 5. 7 (1073)	40	円宗寺陵(同)
白河天皇	貞仁 六条帝	後三条天皇	藤原茂子	延久 4.12. 8 ―応徳 3.11.26 (1072) (1086)	大治 4. 7. 7 (1129)	77	成菩提院陵(同)
堀河天皇	善仁	白河天皇	藤原賢子	応徳 3.11.26 ―嘉祥 2. 7.19 (1086) (1107)	嘉祥 2. 7.19 (1107)	29	後円教寺陵(同)
鳥羽天皇	宗仁	堀河天皇	藤原苡子	嘉祥 2. 7.19 ―保安 4.正.28 (1107) (1123)	保元元. 7. 2 (1156)	54	安楽寿院陵(同)
崇徳天皇	顕仁 讃岐院	鳥羽天皇	藤原璋子 (待賢門院)	保安 4.正.28 ―永治元.12. 7 (1123) (1141)	長寛 2. 8.26 (1164)	46	白峯陵(香川県)
近衛天皇	体仁	同	藤原得子 (美福門院)	永治元.12. 7 ―久寿 2. 7.23 (1141) (1155)	久寿 2. 7.23 (1155)	17	安楽寿院南陵(京都市)
後白河天皇	雅仁	同	藤原璋子 (待賢門院)	久寿 2. 7.24 ―保元 3. 8.11 (1155) (1158)	建久 3. 3.13 (1192)	66	法住寺陵(同)
二条天皇	守仁	後白河天皇	藤原懿子	保元 3. 8.11 ―永万元. 6.25 (1158) (1165)	永万元. 7.28 (1165)	23	香隆寺陵(同)
六条天皇	順仁	二条天皇	伊岐氏	永万元. 6.25 ―仁安 3. 2.19 (1165) (1168)	安元 2. 7.17 (1176)	13	清閑寺陵(同)
高倉天皇	憲仁	後白河天皇	平滋子 (建春門院)	仁安 3. 2.19 ―治承 4. 2.21 (1168) (1180)	治承 5.正.14 (1181)	21	後清閑寺陵(同)
安徳天皇	言仁	高倉天皇	平徳子 (建礼門院)	治承 4. 2.21 ―寿永 4. 3.24 (1180) (1185)	寿永 4. 3.24 (1185)	8	阿弥陀寺陵(山口県)
後鳥羽天皇	尊成 隠岐院・顕徳院	同	藤原殖子 (七条院)	寿永 2. 8.20 ―建久 9.正.11 (1183) (1198)	延応元. 2.22 (1239)	60	大原陵(京都市)
土御門天皇	為仁 土佐院・阿波院	後鳥羽天皇	源在子 (承明門院)	建久 9.正.11 ―承元 4.11.25 (1198) (1210)	寛喜 3.10.11 (1231)	37	金原陵(京都府)
順徳天皇	守成 佐渡院	同	藤原重子 (修明門院)	承元 4.11.25 ―承久 3. 4.20 (1210) (1221)	仁治 3. 9.12 (1242)	46	大原陵(京都市)
仲恭天皇	懐成 九条廃帝	順徳天皇	藤原立子 (東一条院)	承久 3. 4.20 ―承久 3. 7. 9 (1221) (1221)	天福 2. 5.20 (1234)	17	九条陵 (同)
後堀河天皇	茂仁	守貞親王 (後高倉院)	藤原陳子 (北白河院)	承久 3. 7. 9 ―貞永元.10. 4 (1221) (1232)	天福 2. 8. 6 (1234)	23	観音寺陵(同)
四条天皇	秀仁	後堀河天皇	藤原竴子 (藻壁門院)	貞永元.10. 4 ―仁治 3.正. 9 (1232) (1242)	仁治 3.正. 9 (1242)	12	月輪陵 (同)

諡号・追号	名・別称	父	母	在位	没年	年齢	陵号
後嵯峨天皇	邦仁	土御門天皇	源通子	仁治 3.正.20 ―寛元 4.正.29 (1242) (1246)	文永 9. 2.17 (1272)	53	嵯峨南陵 (京都市)
後深草天皇	久仁	後嵯峨天皇	藤原姞子 (大宮院)	寛元 4.正.29 ―正元元.11.26 (1246) (1259)	嘉元 2. 7.16 (1304)	62	深草北陵(同)
亀山天皇	恒仁	同	同	正元元.11.26 ―文永11.正.26 (1259) (1274)	嘉元 3. 9.15 (1305)	57	亀山陵 (同)
後宇多天皇	世仁	亀山天皇	藤原佶子 (京極院)	文永11.正.26 ―弘安10.10.21 (1274) (1287)	元亨 4. 6.25 (1324)	58	蓮華峯寺陵 (同)
伏見天皇	熙仁	後深草天皇	藤原愔子 (玄輝門院)	弘安10.10.21 ―永仁 6. 7.22 (1287) (1298)	文保元. 9 3 (1317)	53	深草北陵(同)
後伏見天皇	胤仁	伏見天皇	藤原経子	永仁 6. 7.22 ―正安 3.正.21 (1298) (1301)	建武 3. 4. 6 (1336)	49	同
後二条天皇	邦治	後宇多天皇	源基子 (西華門院)	正安 3.正.21 ―徳治 3. 8.25 (1301) (1308)	徳治 3. 8.25 (1308)	24	北白河陵(同)
花園天皇	富仁	伏見天皇	藤原季子 (顕親門院)	徳治 3. 8.26 ―文保 2. 2.26 (1308) (1318)	貞和 4.11.11 (1348)	52	十楽院上陵 (同)
後醍醐天皇	尊治	後宇多天皇	藤原忠子 (談天門院)	文保 2. 2.26 ―延元 4. 8.15 (1318) (1339)	延元 4. 8.16 (1339)	52	塔尾陵(奈良県)
(北朝) 光厳天皇	量仁	後伏見天皇	藤原寧子 (広義門院)	元弘元. 9.20 ―正慶 2. 5.25 (1331) (1333)	貞治 3. 7. 7 (1364)	52	山国陵(京都府)
(北朝) 光明天皇	豊仁	同	同	建武 3. 8.15 ―貞和 4.10.27 (1336) (1348)	康暦 2. 6.24 (1380)	60	大光明寺陵 (京都市)
(南朝) 後村上天皇	憲良・義良	後醍醐天皇	藤原廉子 (新待賢門院)	延元 4. 8.15 ―正平 23. 3.11 (1339) (1368)	正平23. 3.11 (1368)	41	檜尾陵(大阪府)
(北朝) 崇光天皇	益仁・興仁	光厳天皇	藤原秀子 (陽禄門院)	貞和 4.10.27 ―観応 2.11. 7 (1348) (1351)	応永 5.正.13 (1398)	65	大光明寺陵 (京都市)
(北朝) 後光厳天皇	弥仁	同	同	観応 3. 8.17 ―応安 4. 3.23 (1352) (1371)	応安 7.正.29 (1374)	37	深草北陵(同)
(南朝) 長慶天皇	寛成 慶寿院	後村上天皇	藤原氏 (嘉喜門院)	正平23. 3. ―弘和 3.10以後 (1368) (1383)	応永元. 8. 1 (1394)	52	嵯峨東陵(同)
(北朝) 後円融天皇	緒仁	後光厳天皇	紀仲子 (崇賢門院)	応安 4. 3.23 ―永徳 2. 4.11 (1371) (1382)	明徳 4. 4.26 (1393)	36	深草北陵(同)
(南朝) 後亀山天皇	熙成	後村上天皇	藤原氏 (嘉喜門院)	弘和 3.10以後―元中 9.⑩. 5 (1383) (1392)	応永31. 4.12 (1424)		嵯峨小倉陵 (同)
(北朝) 後小松天皇	幹仁	後円融天皇	藤原厳子 (通陽門院)	永徳 2. 4.11 ―応永19. 8.29 (1382) (1412)	永享 5.10.20 (1433)	57	深草北陵(同)
称光天皇	躬仁・実仁	後小松天皇	藤原資子 (光範門院)	応永19. 8.29 ―正長元. 7.20 (1412) (1428)	正長元. 7.20 (1428)	28	同
後花園天皇	彦仁 後文徳院	伏見宮貞成親王 (後崇光院)	源幸子 (敷政門院)	正長元. 7.28 ―寛正 5. 7.19 (1428) (1464)	文明 2.12.27 (1470)	52	後山国陵 (京都府)
後土御門天皇	成仁	後花園天皇	藤原信子 (嘉楽門院)	寛正 5. 7.19 ―明応 9. 9.28 (1464) (1500)	明応 9. 9.28 (1500)	59	深草北陵 (京都市)
後柏原天皇	勝仁	後土御門天皇	源朝子	明応 9.10.25 ―大永 6. 4. 7 (1500) (1526)	大永 6. 4. 7 (1526)	63	同
後奈良天皇	知仁	後柏原天皇	藤原藤子 (豊楽門院)	大永 6. 4.29 ―弘治 3. 9. 5 (1526) (1557)	弘治 3. 9. 5 (1557)	62	同
正親町天皇	方仁	後奈良天皇	藤原栄子	弘治 3.10.27 ―天正14.11. 7 (1557) (1586)	文禄 2.正. 5 (1593)	77	同
後陽成天皇	和仁・周仁	誠仁親王 (陽光院)	藤原晴子 (新上東門院)	天正14.11. 7 ―慶長16. 3.27 (1586) (1611)	元和 3. 8.26 (1617)	47	同
後水尾天皇	政仁	後陽成天皇	藤原前子 (中和門院)	慶長16. 3.27 ―寛永 6.11. 8 (1611) (1629)	延宝 8. 8.19 (1680)	85	月輪陵 (同)
明正天皇	興子 女一宮	後水尾天皇	源和子 (東福門院)	寛永 6.11. 8 ―寛永20.10. 3 (1629) (1643)	元禄 9.11.10 (1696)	74	同
後光明天皇	紹仁 素鵞宮	同	藤原光子 (壬生院)	寛永20.10. 3 ―承応 3. 9.20 (1643) (1654)	承応 3. 9.20 (1654)	22	同
後西天皇	良仁 秀宮・桃園宮・花町宮	同	藤原隆子 (逢春門院)	承応 3.11.28 ―寛文 3.正.26 (1654) (1663)	貞享 2. 2.22 (1685)	49	同
霊元天皇	識仁 高貴宮	同	藤原国子 (新広義門院)	寛文 3.正.26 ―貞享 4. 3.21 (1663) (1687)	享保17. 8. 6 (1732)	79	同

諡号・追号	名・別称	父	母	在　　位	没　　年	年齢	陵　　号
東山天皇	朝仁 五宮	霊元天皇	藤原宗子 （敬法門院）	貞享 4. 3. 21 —宝永 6. 6. 21 （1687）　　　（1709）	宝永 6. 12. 17 （1709）	35	月輪陵　（同）
中御門天皇	慶仁 長宮	東山天皇	藤原賀子 （新崇賢門院）	宝永 6. 6. 21 —享保20. 3. 21 （1709）　　　（1735）	元文 2. 4. 11 （1737）	37	同
桜町天皇	昭仁 若宮	中御門天皇	藤原尚子 （新中和門院）	享保20. 3. 21 —延享 4. 5. 2 （1735）　　　（1747）	寛延 3. 4. 23 （1750）	31	同
桃園天皇	遐仁 八穂宮・茶地宮	桜町天皇	藤原定子 （開明門院）	延享 4. 5. 2 —宝暦12. 7. 12 （1747）　　　（1762）	宝暦12. 7. 12 （1762）	22	同
後桜町天皇	智子 以茶宮・緋宮	同	藤原舎子 （青綺門院）	宝暦12. 7. 27 —明和 7. 11. 24 （1762）　　　（1770）	文化10. ⑪. 2 （1813）	74	同
後桃園天皇	英仁 二宮	桃園天皇	藤原富子 （恭礼門院）	明和 7. 11. 24 —安永 8. 10. 29 （1770）　　　（1779）	安永 8. 10. 29 （1779）	22	同
光格天皇	師仁・兼仁 祐宮	閑院宮典仁親王 （慶光天皇）	大江磐代	安永 8. 11. 25 —文化14. 3. 22 （1779）　　　（1817）	天保11. 11. 19 （1840）	70	後月輪陵（同）
仁孝天皇	恵仁 寛宮	光格天皇	藤原婧子 （東京極院）	文化14. 3. 22 —弘化 3. 正. 26 （1817）　　　（1846）	弘化 3. 正. 26 （1846）	47	同
孝明天皇	統仁 熙宮	仁孝天皇	藤原雅子 （新待賢門院）	弘化 3. 2. 13 —慶応 2. 12. 25 （1846）　　　（1866）	慶応 2. 12. 25 （1866）	36	後月輪東山陵（同）
明治天皇	睦仁 祐宮	孝明天皇	中山慶子	慶応 3. 正. 9 —明治45. 7. 30 （1867）　　　（1912）	明治45. 7. 29 （1912）	61	伏見桃山陵（同）
大正天皇	嘉仁 明宮	明治天皇	柳原愛子	大正元. 7. 30 —大正15. 12. 25 （1912）　　　（1926）	大正15. 12. 25 （1926）	48	多摩陵（東京都）
昭和天皇	裕仁 迪宮	大正天皇	九条節子 （貞明皇后）	昭和元. 12. 25 —昭和64. 1. 7 （1926）　　　（1989）	昭和64. 1. 7 （1989）	87	武蔵野陵（同）
上　　皇	明仁 継宮	昭和天皇	良子女王 （香淳皇后）	平成元. 1. 7 —平成31. 4. 30 （1989）　　　（2019）			
（今上天皇）	徳仁 浩宮	上　皇	正田美智子 （上皇后）	令和元. 5. 1 — （2019）			

(1) 天皇の諡号・追号・名（諱）の表記は帝国学士院編『帝室制度史』6所載の「御歴代天皇御名諡号追号表」により，別称については適宜選択して掲げた．
(2) 持統天皇以前の記載は，便宜，『古事記』『日本書紀』などによった．
(3) 南北朝期の天皇は践祚の年次に従って配列した．

4　天皇系図

- 神武天皇 — 綏靖天皇 — 安寧天皇 — 懿徳天皇 — 孝昭天皇 — 孝安天皇 — 孝霊天皇
  - 孝元天皇 — 開化天皇
  - 倭迹迹日百襲姫

（開化天皇）
- 崇神天皇
  - 垂仁天皇
    - 景行天皇
      - 日本武尊 — 仲哀天皇 — 応神天皇
      - 成務天皇
    - 倭姫
    - 両道入姫（日本武尊妃 仲哀天皇母）
  - 豊鍬入姫
- 彦坐王 — 山代之大筒木真若王 — 迦邇米雷王 — 気長宿禰王 — 神功皇后（仲哀天皇皇后 応神天皇母）

（応神天皇）
- 仁徳天皇
  - 履中天皇 — 市辺押磐皇子
    - 飯豊青皇女
    - 仁賢天皇 — 手白香皇女（継体天皇皇后 欽明天皇母）
    - 顕宗天皇 — 武烈天皇
  - 反正天皇
  - 允恭天皇
    - 木梨軽皇子（允恭天皇皇太子）
    - 安康天皇
    - 雄略天皇
      - 清寧天皇
      - 春日大郎皇女（仁賢天皇皇后 武烈天皇母）
- 菟道稚郎子皇子（応神天皇皇太子）
- 稚野毛二派王
  - 意富富杼王 — 乎非王 — 彦主人王 — 継体天皇
    - 安閑天皇
    - 宣化天皇 — 石姫皇女（欽明天皇皇后 敏達天皇母）
    - 欽明天皇
  - 忍坂大中姫（允恭天皇皇后 安康・雄略天皇母）
  - 衣通郎姫

（欽明天皇）
- 敏達天皇
  - 押坂彦人大兄皇子
    - 舒明天皇
    - 茅渟王
      - 皇極天皇・斉明天皇（舒明天皇皇后・天智・天武天皇母）
      - 孝徳天皇 — 有間皇子
  - 糠手姫皇女（押坂彦人大兄皇子妃 舒明天皇母）
- 用明天皇 — 厩戸皇子（推古天皇皇太子 聖徳太子） — 山背大兄王
- 推古天皇（敏達天皇皇后）
- 埿部穴穂部皇女（用明天皇皇后 厩戸皇子母）
- 崇峻天皇

（舒明天皇）
- 天智天皇
  - 大田皇女（天武天皇妃 大津皇子母）
  - 持統天皇（天武天皇皇后 草壁皇子母）
  - 弘文天皇
  - 元明天皇（草壁皇子妃 文武・元正天皇母）
  - 新田部皇女（天武天皇妃 舎人親王母）
  - 施基親王（春日宮天皇） — 光仁天皇
    - 桓武天皇
    - 早良親王（桓武天皇皇太子 崇道天皇）
    - 他戸親王（光仁天皇皇太子）
- 天武天皇
  - 高市皇子 — 長屋王
  - 草壁皇子（天武・持統天皇皇太子・岡宮天皇）
    - 元正天皇
    - 文武天皇 — 聖武天皇
      - 孝謙天皇・称徳天皇
      - 皇子某（聖武天皇皇太子）
      - 井上内親王（光仁天皇皇后 他戸親王母）
      - 不破内親王（塩焼王妃）
  - 大津皇子
  - 舎人親王（崇道尽敬皇帝） — 淳仁天皇
  - 新田部親王
    - 塩焼王
    - 道祖王（孝謙天皇皇太子）

- 平城天皇
  - 阿保親王
    - 在原行平
    - 在原業平
  - 高丘親王（嵯峨天皇皇太子　真如）
- 伊予親王
- 葛原親王
  - 平高棟
  - 高見王 — 平高望
- 嵯峨天皇
  - 有智子内親王
  - 仁明天皇
    - 文徳天皇
      - 源能有
      - 清和天皇
        - 陽成天皇
        - 貞純親王 — 源経基
    - 光孝天皇 — 宇多天皇
      - 醍醐天皇
        - 保明親王（醍醐天皇皇太子） — 慶頼王（同）
        - 源高明
        - 朱雀天皇
        - 村上天皇
      - 敦実親王
        - 源雅信
        - 源重信
    - 源多
    - 源光
  - 源信
  - 源常
  - 源融
- 淳和天皇 — 恒貞親王（仁明天皇皇太子）

（村上天皇）
- 冷泉天皇
  - 花山天皇 — 清仁親王 — 延信王 — 康資王（白川伯家祖）
  - 三条天皇
    - 敦明親王（後一条天皇皇太子　小一条院）
    - 禎子内親王（後朱雀天皇皇后　後三条天皇母）
- 円融天皇 — 一条天皇
  - 後一条天皇
  - 後朱雀天皇
    - 後冷泉天皇
    - 後三条天皇
      - 白河天皇 — 堀河天皇 — 鳥羽天皇
        - 崇徳天皇
        - 後白河天皇
        - 近衛天皇
      - 実仁親王（白河天皇皇太子）
      - 輔仁親王 — 源有仁
- 選子内親王
- 具平親王 — 源師房

（後白河天皇）
- 二条天皇 — 六条天皇
- 以仁王
- 式子内親王
- 高倉天皇
  - 安徳天皇
  - 守貞親王（後高倉院） — 後堀河天皇 — 四条天皇
  - 後鳥羽天皇
    - 土御門天皇 — 後嵯峨天皇
    - 順徳天皇 — 仲恭天皇

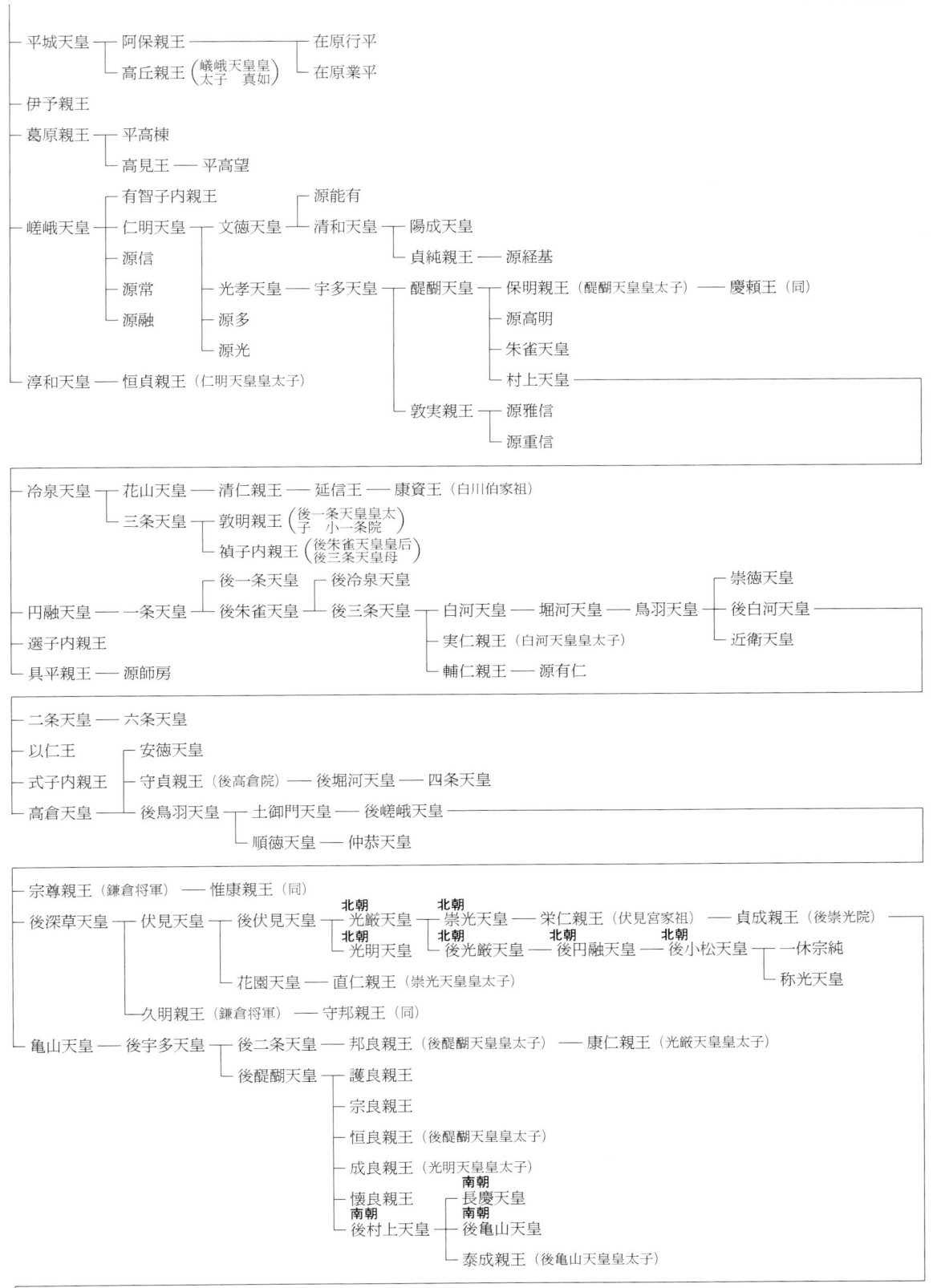

（後嵯峨天皇）
- 宗尊親王（鎌倉将軍） — 惟康親王（同）
- 後深草天皇
  - 伏見天皇
    - 後伏見天皇
      - **北朝** 光厳天皇
        - **北朝** 崇光天皇 — 栄仁親王（伏見宮家祖） — 貞成親王（後崇光院）
        - **北朝** 後光厳天皇 — **北朝** 後円融天皇 — **北朝** 後小松天皇
          - 一休宗純
          - 称光天皇
      - **北朝** 光明天皇
    - 花園天皇 — 直仁親王（崇光天皇皇太子）
  - 久明親王（鎌倉将軍） — 守邦親王（同）
- 亀山天皇 — 後宇多天皇
  - 後二条天皇 — 邦良親王（後醍醐天皇皇太子） — 康仁親王（光厳天皇皇太子）
  - 後醍醐天皇
    - 護良親王
    - 宗良親王
    - 恒良親王（後醍醐天皇皇太子）
    - 成良親王（光明天皇皇太子）
    - 懐良親王
    - **南朝** 後村上天皇
      - **南朝** 長慶天皇
      - **南朝** 後亀山天皇
      - 泰成親王（後亀山天皇皇太子）

4　天皇系図

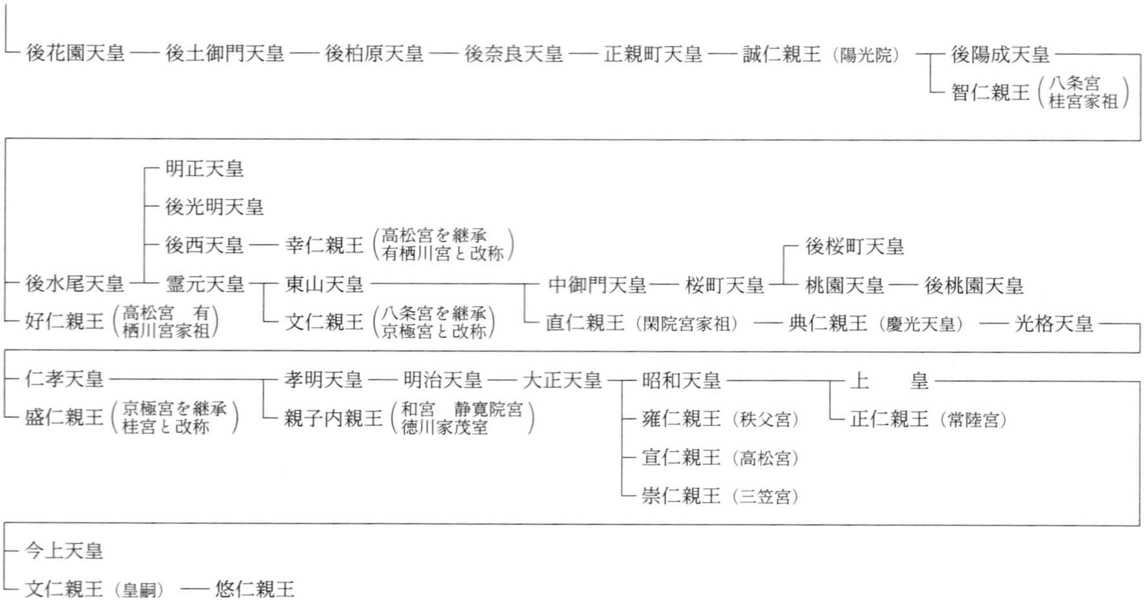

（持統天皇以前の天皇・皇后・皇太子の表記，系譜は『日本書紀』などによる）

5　皇　后　一　覧

天皇(配偶)	皇　　后	立　后　年　月　日	備　　　考	没　　年	年齢
神武天皇	媛蹈鞴五十鈴媛命	神武天皇元.正. 1　皇后宮	綏靖天皇元.正. 8　皇太后		
綏靖天皇	五十鈴依媛命	綏靖天皇 2.正　皇后宮	安寧天皇元.10.11　皇太后		
安寧天皇	渟名底仲媛命	安寧天皇 3.正. 5　皇后宮	懿徳天皇元. 9　皇太后		
懿徳天皇	天豊津媛命	懿徳天皇 2. 2.11　皇后宮	孝昭天皇元. 4. 5　皇太后		
孝昭天皇	世襲足媛	孝昭天皇29.正. 3　皇后宮	孝安天皇元. 8. 1　皇太后		
孝安天皇	押　媛	孝安天皇26. 2.14　皇后宮	孝霊天皇元.正.12　皇太后		
孝霊天皇	細媛命	孝霊天皇 2. 2.11　皇后宮	孝元天皇元.正.14　皇太后		
孝元天皇	鬱色謎命	孝元天皇 7. 2. 2　皇后宮	開化天皇元.正. 4　皇太后		
開化天皇	伊香色謎命	開化天皇 6.正.14　皇后宮	崇神天皇元.正.13　皇太后		
崇神天皇	御間城姫	崇神天皇元. 2.16　皇后宮	垂仁天皇元.11. 2　皇太后		
垂仁天皇	狭穂姫命	垂仁天皇 2. 2. 9　皇后宮		垂仁天皇 5.10	
同	日葉酢媛命	垂仁天皇15. 8. 1　皇后宮		垂仁天皇32. 7. 6	
景行天皇	播磨稲日大郎姫	景行天皇 2. 3. 3　皇后宮		景行天皇52. 5. 4	
同	八坂入姫命	景行天皇52. 7. 7　皇后宮	成務天皇 2.11.10　皇太后		
日本武尊	両道入姫命		仲哀天皇元. 9. 1　皇太后		
仲哀天皇	気長足姫尊 (神功皇后)	仲哀天皇 2.正.11　皇后宮	神功皇后摂政元.10. 2　皇太后	神功皇后摂政 69. 4.17	
応神天皇	仲姫命	応神天皇 2. 4. 3　皇后宮	仁徳天皇元.正. 3　皇太后		
仁徳天皇	磐之媛命	仁徳天皇 2. 3. 8　皇后宮		仁徳天皇35. 6	
同	八田若郎女	仁徳天皇38.正. 6　皇后宮			
履中天皇	幡日之若郎女	履中天皇 6.正. 6　皇后宮			
允恭天皇	忍坂大中姫命	允恭天皇 2. 2.14　皇后宮	允恭天皇42.12.14　皇太后		
安康天皇	中蒂姫命	安康天皇 2.正.17　皇后宮			
雄略天皇	波多毗能若郎女	雄略天皇元. 3. 3　皇后宮			
顕宗天皇	難波小野王	顕宗天皇元.正　皇后宮		仁賢天皇 2. 9	
仁賢天皇	春日大郎女	仁賢天皇元. 2. 2　皇后宮			
武烈天皇	春日郎子	武烈天皇元. 3. 2　皇后宮			
継体天皇	手白髪郎女	継体天皇元. 3. 5　皇后宮	宣化天皇 4.12. 5　皇太后		
安閑天皇	春日山田郎女	安閑天皇元. 3. 6　皇后宮			
宣化天皇	橘之仲比売命	宣化天皇元. 3. 8　皇后宮			
欽明天皇	石比売命	欽明天皇元.正.15　皇后宮	敏達天皇元. 4. 3　皇太后		
敏達天皇	広　姫	敏達天皇 4.正. 9　皇后宮		敏達天皇 4.11	
同	額田部皇女 (推古天皇)	敏達天皇 5. 3.10　皇后宮	崇峻天皇 5.12. 8　即位	推古天皇36. 3. 7 (628)	75
用明天皇	溼部穴穂部皇女	用明天皇元.正. 1　皇后宮		推古天皇29.12.20 (621)	
舒明天皇	宝皇女 (皇極天皇)	舒明天皇 2.正.12　皇后宮 (630)	皇極天皇元.正.15　即位 (642)	斉明天皇 7. 7.24 (661)	68
孝徳天皇	間人皇女	大化元. 7. 2　皇后宮 (645)		天智天皇 4. 2.25 (665)	
天智天皇	倭姫王	天智天皇 7. 2.23　皇后宮 (668)			
天武天皇	鸕野讃良皇女 (持統天皇)	天武天皇 2. 2.27　皇后宮 (673)	持統天皇 4.正. 1　即位 (690)	大宝 2.12.22 (702)	58
文武天皇	藤原宮子	神亀元. 2. 4　大夫人 (724) 神亀元. 3.22　皇太夫人 (724)	(孝謙天皇即位後太皇太后)	天平勝宝 6. 7.19 (754)	
聖武天皇	藤原安宿媛 (藤原光明子)	天平元. 8.10　皇后宮 (729)	(孝謙天皇即位後皇太后)	天平宝字 4. 6. 7 (760)	60
舎人親王	当麻山背	天平宝字 3. 6.16　大夫人 (759)	天平宝字 8.10. 9　配流		
光仁天皇	井上内親王	宝亀元.11. 6　皇后宮 (770)	宝亀 3. 3. 2　廃后 (772) 延暦19. 7.23　復后 (800)	宝亀 6. 4.27 (775)	
同	高野新笠	天応元. 4.15　皇太夫人 (781)		延暦 8.12.28 (789)	

5 皇后一覧

天皇(配偶)	皇　后	立后年月日	備　考	没　年	年齢
桓武天皇	藤原乙牟漏	延暦 2. 4.18 皇后宮 (783)		延暦 9.③.10 (790)	31
嵯峨天皇	橘嘉智子	弘仁 6. 7.13 皇后宮 (815)	弘仁14. 4.23 皇太后 (823) 天長10. 3. 2 太皇太后 (833)	嘉祥 3. 5. 4 (850)	65
淳和天皇	正子内親王	天長 4. 2.27 皇后宮 (827)	天長10. 3. 2 皇太后 (833) 斉衡元. 4.26 太皇太后 (854)	元慶 3. 3.23 (879)	70
仁明天皇	藤原順子	嘉祥 3. 4.17 皇太夫人 (850)	斉衡元. 4.26 皇太后 (854) 貞観 6.正. 7 太皇太后 (864)	貞観13. 9.28 (871)	63
文徳天皇	藤原明子	天安 2.11. 7 皇太夫人 (858)	貞観 6.正. 7 皇太后 (864) 元慶 6.正. 7 太皇太后 (882)	昌泰 3. 5.23 (900)	72
清和天皇	藤原高子	貞観19.正. 3 皇太夫人 (877)	元慶 6.正. 7 皇太后 (882) 寛平 8. 9.22 廃后 (896) 天慶 6. 5.27 復后 (943)	延喜10. 3.24 (910)	69
光孝天皇	班子女王	仁和 3.11.17 皇太夫人 (887)	寛平 9. 7.26 皇太后 (897)	昌泰 3. 4. 1 (900)	68
宇多天皇	藤原温子	寛平 9. 7.26 皇太夫人 (897)		延喜 7. 6. 8 (907)	36
醍醐天皇	藤原穏子	延長元. 4.26 中宮 (923)	承平元.11.28 皇太后 (931) 天慶 9. 4.26 太皇太后 (946)	天暦 8.正. 4 (954)	70
村上天皇	藤原安子	天徳 2.10.27 中宮 (958)		応和 4. 4.29 (964)	38
冷泉天皇	昌子内親王	康保 4. 9. 4 中宮 (967)	天延元. 7. 1 皇太后 (973) 寛和 2. 7. 5 太皇太后 (986)	長保元.12. 1 (999)	50
円融天皇	藤原媓子	天延元. 7. 1 中宮 (973)		天元 2. 6. 3 (979)	33
同	藤原遵子	天元 5. 3.11 中宮 (982) 正暦元.10. 5 皇后宮 (990)	長保 2. 2.25 皇太后 (1000) 長和元. 2.14 太皇太后 (1012)	寛仁元. 6. 1 (1017)	61
同	藤原詮子		寛和 2. 7. 5 皇太后 (986) 正暦 2. 9.16 東三条院 (991)	長保 3.⑫.22 (1001)	40
一条天皇	藤原定子	正暦元.10. 5 中宮 (990) 長保 2. 2.25 皇后宮 (1000)		長保 2.12.16 (1000)	24
同	藤原彰子	長保 2. 2.25 中宮	長和元. 2.14 皇太后 (1012) 寛仁 2.正. 7 太皇太后 (1018) 万寿 3.正.19 上東門院 (1026)	承保元.10. 3 (1074)	87
三条天皇	藤原妍子	長和元. 2.14 中宮 (1012)	寛仁 2.10.16 皇太后 (1018)	万寿 4. 9.14 (1027)	34
同	藤原娍子	長和元. 4.27 皇后宮 (1012)		万寿 2. 3.25 (1025)	54
後一条天皇	藤原威子	寛仁 2.10.16 中宮 (1018)		長元 9. 9. 6 (1036)	38
後朱雀天皇	禎子内親王	長暦元. 2.13 中宮 (1037) 長暦元. 3. 1 皇后宮 (1037)	永承 6. 2.13 皇太后 (1051) 治暦 4. 4.17 太皇太后 (1068) 延久元. 2.17 陽明門院 (1069)	嘉保元.正.16 (1094)	82
同	藤原嫄子	長暦元. 3. 1 中宮 (1037)		長暦 3. 8.28 (1039)	24

天皇(配偶)	皇　后	立　后　年　月　日	備　考	没　年	年齢
後冷泉天皇	章子内親王	永承元. 7.10　中宮 (1046)	治暦 4. 4.17　皇太后 (1068) 延久元. 7. 3　太皇太后 (1069) 承保元. 6.16　二条院 (1074)	長治 2. 9.17 (1105)	80
同	藤原寛子	永承 6. 2.13　皇后宮 (1051) 治暦 4. 4.17　中宮 (1068)	延久元. 7. 3　皇太后 (1069) 承保元. 6.20　太皇太后 (1074)	大治 2. 8.14 (1127)	92
同	藤原歓子	治暦 4. 4.17　皇后宮 (1068)	承保元. 6.20　皇太后 (1074)	康和 4. 8.17 (1102)	82
後三条天皇	馨子内親王	延久元. 7. 3　中宮 (1069) 承保元. 6.20　皇后宮 (1074)		寛治 7. 9. 4 (1093)	65
白河天皇	藤原賢子	承保元. 6.20　中宮 (1074)		応徳元. 9.22 (1084)	28
*	媞子内親王	寛治 5.正.22　中宮 (1091)	寛治 7.正.19　郁芳門院 (1093)	永長元. 8. 7 (1096)	21
堀河天皇	篤子内親王	寛治 7. 2.22　中宮 (1093)		永久 2.10. 1 (1114)	55
*	令子内親王	嘉承 2.12. 1　皇后宮 (1107)	長承 3. 3.19　太皇太后 (1134)	天養元. 4.21 (1144)	67
鳥羽天皇	藤原璋子	元永元.正.26　中宮 (1118)	天治元.11.24　待賢門院 (1124)	久安元. 8.22 (1145)	45
同	藤原泰子	長承 3. 3.19　皇后宮 (1134)	保延 5. 7.28　高陽院 (1139)	久寿 2.12.16 (1155)	61
同	藤原得子	永治元.12.27　皇后宮 (1141)	久安 5. 8. 3　美福門院 (1149)	永暦元.11.23 (1160)	44
崇徳天皇	藤原聖子	大治 5. 2.21　中宮 (1130)	永治元.12.27　皇太后 (1141) 久安 6. 2.27　皇嘉門院 (1150)	養和元.12. 5 (1181)	60
近衛天皇	藤原多子	久安 6. 3.14　皇后宮 (1150)	保元元.10.27　皇太后 (1156) 保元 3. 2. 3　太皇太后 (1158)	建仁元.12.24 (1201)	62
同	藤原呈子	久安 6. 6.22　中宮 (1150) 保元元.10.27　皇后宮 (1156)	保元 3. 2. 3　皇太后 (1158) 仁安 3. 3.14　九条院 (1168)	安元 2. 9.19 (1176)	46
後白河天皇	藤原忻子	保元元.10.27　中宮 (1156) 平治元. 2.21　皇后宮 (1159)	承安 2. 2.10　皇太后 (1172)	承元 3. 8.12 (1209)	76
同	平滋子		仁安 3. 3.20　皇太后 (1168) 嘉応元. 4.12　建春門院 (1169)	安元 2. 7. 8 (1176)	35
*	統子内親王	保元 3. 2. 3　皇后宮 (1158)	保元 4. 2.13　上西門院 (1159)	文治 5. 7.20 (1189)	64
二条天皇	姝子内親王	平治元. 2.21　中宮 (1159)	応保 2. 2. 5　高松院 (1162)	安元 2. 6.13 (1176)	36
同	藤原育子	応保 2. 2.19　中宮 (1162) 承安 2. 2.10　皇后宮 (1172)		承安 3. 8.15 (1173)	28
高倉天皇	平徳子	承安 2. 2.10　中宮 (1172)	養和元.11.25　建礼門院 (1181)	建保元.12.13 (1213)	59
*	亮子内親王	寿永元. 8.14　皇后宮 (1182)	文治 3. 6.28　殷富門院 (1187)	建保 4. 4. 2 (1216)	70
後鳥羽天皇	藤原任子	建久元. 4.26　中宮 (1190)	正治 2. 6.28　宜秋門院 (1200)	暦仁元.12.28 (1238)	66
*	範子内親王	建久 9. 3. 3　皇后宮 (1198)	建永元. 9. 2　坊門院 (1206)	承元 4. 4.12 (1210)	34
土御門天皇	藤原麗子	元久 2. 7.11　中宮 (1205)	承元 4. 3.19　陰明門院 (1210)	寛元元. 9.18 (1243)	59
*	昇子内親王	承元 2. 8. 8　皇后宮 (1208)	承元 3. 4.25　春華門院 (1209)	建暦元.11. 8 (1211)	17

5　皇后一覧

天皇(配偶)	皇　后	立　后　年　月　日	備　　考	没　年	年齢
順徳天皇	藤原立子	建暦元.正.22　中宮 (1211)	貞応元. 3.25　東一条院 (1222)	宝治元.12.21 (1247)	56
*	邦子内親王	承久 3.12. 1　皇后宮 (1221)	元仁元. 8. 4　安嘉門院 (1224)	弘安 6. 9. 4 (1283)	75
後堀河天皇	藤原有子	貞応 2. 2.25　中宮 (1223) 嘉禄 2. 7.29　皇后宮 (1226)	安貞元. 2.20　安喜門院 (1227)	弘安 9. 2. 6 (1286)	80
同	藤原長子	嘉禄 2. 7.29　中宮 (1226)	寛喜元. 4.18　鷹司院 (1229)	建治元. 2.11 (1275)	58
同	藤原竴子	寛喜 2. 2.16　中宮 (1230)	天福元. 4. 3　藻璧門院 (1233)	天福元. 9.18 (1233)	25
*	利子内親王	天福元. 6.20　皇后宮 (1233)	延応元.11.12　式乾門院 (1239)	建長 3.正. 2 (1251)	55
後嵯峨天皇	藤原姞子	仁治 3. 8. 9　中宮 (1242)	宝治 2. 6.18　大宮院 (1248)	正応 5. 9. 9 (1292)	68
*	曦子内親王	宝治 2. 8. 8　皇后宮 (1248)	建長 3. 3.27　仙華門院 (1251)	弘長 2. 8.21 (1262)	39
後深草天皇	藤原公子	正嘉元.正.29　中宮 (1257)	正元元.12.19　東二条院 (1259)	嘉元 2.正.21 (1304)	73
亀山天皇	藤原佶子	弘長元. 2. 8　中宮 (1261) 弘長元. 8.20　皇后宮 (1261)	文永 9. 8. 9　京極院 (1272)	文永 9. 8. 9 (1272)	28
同	藤原嬉子	弘長元. 8.20　中宮 (1261)	文永 5.12. 6　今出河院 (1268)	文保 2. 4.25 (1318)	67
*	姈子内親王	弘安 8. 8.19　皇后宮 (1285)	正応 4. 8.12　遊義門院 (1291) (院号後,後宇多天皇後宮)	徳治 2. 7.24 (1307)	38
伏見天皇	藤原鏱子	正応元. 8.20　中宮 (1288)	永仁 6. 8.21　永福門院 (1298)	康永元. 5. 7 (1342)	72
後二条天皇	藤原忻子	嘉元元. 9.24　中宮 (1303)	延慶 3.12.19　長楽門院 (1310)	正平 7. 2. 1 (1352)	70
*	奨子内親王	元応元. 3.27　皇后宮 (1319)	元応元.11.15　達智門院 (1319)	貞和 4.11. 2 (1348)	63
後醍醐天皇	藤原禧子	元応元. 8. 7　中宮 (1319)	元弘 2. 5.20　礼成門院 (1332) 元弘 3. 7.11　皇太后 (1333) 元弘 3.10.12　後京極院 (1333)	元弘 3.10.12 (1333)	31
同	珣子内親王	元弘 3.12. 7　中宮 (1333)	延元2(建武4).正.16　新室町院 (1337)	延元2(建武4).5.12 (1337)	27
同	藤原廉子		(後村上天皇即位後皇太后か) 正平6(観応2).12.28　新待賢門院 (1351)	正平14(延文4).4.29 (1359)	59
長慶天皇	(中宮某)				
後水尾天皇	源　和　子	寛永元.11.28　中宮 (1624)	寛永 6.11. 9　東福門院 (1629)	延宝 6. 6.15 (1678)	72
霊元天皇	藤原房子	天和 3. 2.14　中宮 (1683)	貞享 4. 3.25　新上西門院 (1687)	正徳 2. 4.14 (1712)	60
東山天皇	幸子女王	宝永 5. 2.27　中宮 (1708)	宝永 7. 3.21　承秋門院 (1710)	享保 5. 2.10 (1720)	41
桜町天皇	藤原舎子		延享 4. 5.27　皇太后 (1747) 寛延 3. 6.26　青綺門院 (1750)	寛政 2.正.29 (1790)	75
桃園天皇	藤原富子		明和 8. 5. 9　皇太后 (1771) 明和 8. 7. 9　恭礼門院 (1771)	寛政 7.11.30 (1795)	53
後桃園天皇	藤原維子		天明元. 3.15　皇太后 (1781) 天明 3.10.12　盛化門院 (1783)	天明 3.10.12 (1783)	25
光格天皇	欣子内親王	寛政 6. 3. 7　中宮 (1794)	文政 3. 3.14　皇太后 (1820) 天保12.㊣.22　新清和院 (1841)	弘化 3. 6.20 (1846)	68

天皇(配偶)	皇　后	立　后　年　月　日	備　　考	没　年	年齢
仁孝天皇	藤原祺子		弘化 4. 3. 14　皇后宮 (1847) 弘化 4. 10. 13　新朔平門院 (1847)	弘化 4. 10. 13 (1847)	37
孝明天皇	九条夙子 (英照皇太后)		明治元. 3. 18　皇太后 (1868)	明治30. 正. 11 (1897)	64
明治天皇	一条美子 (昭憲皇太后)	明治元. 12. 28　皇后宮 (1868)	大正元. 7. 30　皇太后 (1912)	大正 3. 4. 11 (1914)	65
大正天皇	九条節子 (貞明皇后)	大正元. 7. 30　皇后宮 (1912)	昭和元. 12. 25　皇太后 (1926)	昭和26. 5. 17 (1951)	68
昭和天皇	良子女王 (香淳皇后)	昭和元. 12. 25　皇后宮 (1926)	平成元. 正. 7　皇太后 (1989)	平成12. 6. 16 (2000)	97
上　皇	正田美智子	平成元. 正. 7　皇后 (1989)	令和元. 5. 1　上皇后 (2019)		
今上天皇	小和田雅子	令和元. 5. 1　皇后 (2019)			

(1)　中宮の身位は皇后であるが，中宮・皇后宮併立の慣例が存したので，本表の立后年月日の欄では中宮職を付置された皇后は中宮，皇后宮職を付置された皇后を皇后宮とした．

(2)　中宮・皇后宮併立の慣例が成立する以前においても，本表の立后年月日の欄では皇后を皇后宮と記した．

(3)　大夫人・皇太夫人は皇后ではないが中宮職を付置され中宮と称されたので，本表に併載した．

(4)　＊は配偶関係なく立后した皇后である．

(5)　天武皇后以前は，便宜，『古事記』『日本書紀』などによった．

贈　皇　后　一　覧

天皇	贈　皇　后	贈　皇　后　年　月　日	備　　考	死　没	年齢
平城天皇	藤原帯子	大同元. 6. 9 (806)	東宮時代妃	延暦13. 5. 27 (794)	
淳和天皇	高志内親王	弘仁14. 6. 6 (823)	同	大同 4. 5. 7 (809)	21
仁孝天皇	藤原繁子 (新皇嘉門院)	文政 7. 7. 10 (1824)	女御	文政 6. 4. 3 (1823)	26

6　女　院　一　覧

院　号	名	配　偶	所　生	父	院号宣下	宣下時身位	死　没	年齢
東三条院	藤原詮子	円融天皇	一条天皇	藤原兼家	正暦 2. 9.16 (991)	皇太后	長保 3.⑫.22 (1001)	40
上東門院	藤原彰子	一条天皇	後一条・後朱雀天皇	藤原道長	万寿 3.正.19 (1026)	太皇太后	承保元.10. 3 (1074)	87
陽明門院	禎子内親王	後朱雀天皇	後三条天皇	三条天皇	延久元. 2.17 (1069)	太皇太后	嘉保元.正.16 (1094)	82
二条院	章子内親王	後冷泉天皇		後一条天皇	承保元. 6.16 (1074)	太皇太后	長治 2. 9.17 (1105)	80
郁芳門院	媞子内親王		(堀河天皇准母)	白河天皇	寛治 7.正.19 (1093)	皇后(中宮)	永長元. 8. 7 (1096)	21
待賢門院	藤原璋子	鳥羽天皇	崇徳・後白河天皇	藤原公実	天治元.11.24 (1124)	皇后(中宮)	久安元. 8.22 (1145)	45
高陽院	藤原泰子	同		藤原忠実	保延 5. 7.28 (1139)	皇后	久寿 2.12.16 (1155)	61
美福門院	藤原得子	同	近衛天皇	藤原長実	久安 5. 8. 3 (1149)	皇后	永暦元.11.23 (1160)	44
皇嘉門院	藤原聖子	崇徳天皇		藤原忠通	久安 6. 2.27 (1150)	皇太后	養和元.12. 5 (1181)	60
上西門院	統子内親王			鳥羽天皇	平治元. 2.13 (1159)	皇后	文治 5. 7.20 (1189)	64
八条院	暲子内親王		(二条天皇准母)	同	応保元.12.16 (1161)	准三宮	建暦元. 6.26 (1211)	75
高松院	姝子内親王	二条天皇		同	応保 2. 2.5 (1162)	皇后(中宮)	安元 2. 6.13 (1176)	36
九条院	藤原呈子	近衛天皇		藤原伊通	仁安 3. 3.14 (1168)	皇太后	安元 2. 9.19 (1176)	46
建春門院	平滋子	後白河天皇	高倉天皇	平時信	嘉応元. 4.12 (1169)	皇太后	安元 2. 7. 8 (1176)	35
建礼門院	平徳子	高倉天皇	安徳天皇	平清盛	養和元.11.25 (1181)	皇后(中宮)	建保元.12.13 (1213)	59
殷富門院	亮子内親王		(安徳天皇准母)	後白河天皇	文治 3. 6.28 (1187)	皇后	建保 4. 4. 2 (1216)	70
七条院	藤原殖子	高倉天皇	後鳥羽天皇	藤原信隆	建久元. 4.22 (1190)	准三宮	安貞 2. 9.16 (1228)	72
宣陽門院	覲子内親王			後白河天皇	建久 2. 6.26 (1191)	准三宮	建長 4. 6. 8 (1252)	72
宜秋門院	藤原任子	後鳥羽天皇		九条兼実	正治 2. 6.28 (1200)	皇后(中宮)	暦仁元.12.28 (1238)	66
承明門院	源在子	同	土御門天皇	土御門通親	建仁 2.正.15 (1202)	准三宮	正嘉元. 7. 5 (1257)	87
坊門院	範子内親王		(土御門天皇准母)	高倉天皇	建永元. 9. 2 (1206)	皇后	承元 4. 4.12 (1210)	34
修明門院	藤原重子	後鳥羽天皇	順徳天皇	藤原範季	承元元. 6. 7 (1207)	准三宮	文永元. 8.29 (1264)	83
春華門院	昇子内親王			後鳥羽天皇	承元 3. 4.25 (1209)	皇后	建暦元.11. 8 (1211)	17
陰明門院	藤原麗子	土御門天皇		大炊御門頼実	承元 4. 3.19 (1210)	皇后(中宮)	寛元元. 9.18 (1243)	59
嘉陽門院	礼子内親王			後鳥羽天皇	建保 2. 6.10 (1214)	准三宮	文永10. 8. 2 (1273)	74
東一条院	藤原立子	順徳天皇	仲恭天皇	九条良経	貞応元. 3.25 (1222)	皇后(中宮)	宝治元.12.21 (1247)	56
北白河院	藤原陳子	後高倉院	後堀河天皇	持明院基家	貞応元. 7.11 (1222)	准三宮	暦仁元.10. 3 (1238)	66
安嘉門院	邦子内親王		(後堀河天皇准母)	後高倉院	元仁元. 8. 4 (1224)	皇后	弘安 6. 9. 4 (1283)	75
安喜門院	藤原有子	後堀河天皇		三条公房	安貞元. 2.20 (1227)	皇后	弘安 9. 2. 6 (1286)	80
鷹司院	藤原長子	同		近衛家実	寛喜元. 4.18 (1229)	皇后(中宮)	建治元. 2.11 (1275)	58
藻璧門院	藤原竴子	同	四条天皇	九条道家	天福元. 4. 3 (1233)	皇后(中宮)	天福元. 9.18 (1233)	25

院号	名	配偶	所生	父	院号宣下	宣下時身位	死没	年齢
明義門院	諦子内親王			順徳天皇	嘉禎 2.12.21 (1236)	准三宮	寛元元. 3.29 (1243)	27
式乾門院	利子内親王		(四条天皇准母)	後高倉院	延応元.11.12 (1239)	皇后	建長 3.正. 2 (1251)	55
宣仁門院	藤原彦子	四条天皇		九条教実	寛元元. 2. 23 (1243)	准三宮	弘長 2.正. 5 (1262)	36
正親町院	覚子内親王			土御門天皇	寛元元. 6.26 (1243)	准三宮	弘安 8. 8.23 (1285)	73
室町院	暉子内親王			後堀河天皇	寛元元.12.14 (1243)	准三宮	正安 2. 5. 3 (1300)	73
大宮院	藤原姞子	後嵯峨天皇	後深草・亀山天皇	西園寺実氏	宝治 2. 6.18 (1248)	皇后(中宮)	正応 5. 9. 9 (1292)	68
仙華門院	曦子内親王			土御門天皇	建長 3. 3.27 (1251)	皇后	弘長 2. 8.21 (1262)	39
永安門院	穠子内親王			順徳天皇	建長 3.11.13 (1251)	准三宮	弘安 2.11.21 (1279)	64
神仙門院	体子内親王	後嵯峨天皇		後堀河天皇	康元元. 2. 7 (1256)	准三宮	正安 3.12.17 (1301)	71
東二条院	藤原公子	後深草天皇		西園寺実氏	正元元.12.19 (1259)	皇后(中宮)	嘉元 2.正.21 (1304)	73
和徳門院	義子内親王			仲恭天皇	弘長元. 3. 8 (1261)	准三宮	正応 2.12. 7 (1289)	56
月華門院	綜子内親王			後嵯峨天皇	弘長 3. 7.27 (1263)	准三宮	文永 6. 3. 1 (1269)	23
今出河院	藤原嬉子	亀山天皇		西園寺公相	文永 5.12. 6 (1268)	皇后(中宮)	文保 2. 4.25 (1318)	67
京極院	藤原佶子	同	後宇多天皇	洞院実雄	文永 9. 8. 9 (1272)	皇后	文永 9. 8. 9 (1272)	28
新陽明門院	藤原位子	同		近衛基平	建治元. 3.28 (1275)	准三宮	永仁 4.正.22 (1296)	35
延政門院	悦子内親王			後嵯峨天皇	弘安 7. 2.28 (1284)	准三宮	元弘 2. 2.10 (1332)	74
玄輝門院	藤原愔子	後深草天皇	伏見天皇	洞院実雄	正応元.12.16 (1288)	准三宮	元徳元. 8.30 (1329)	84
五条院	懌子内親王	亀山天皇		後嵯峨天皇	正応 2.12.10 (1289)	准三宮	永仁 2.11.25 (1294)	33
遊義門院	姈子内親王	後宇多天皇		後深草天皇	正応 4. 8.12 (1291)	皇后	徳治 2. 7.24 (1307)	38
永陽門院	久子内親王			同	永仁 2. 2. 7 (1294)	准三宮	貞和 2. 4.25 (1346)	75
昭慶門院	憙子内親王			亀山天皇	永仁 4. 8.11 (1296)	准三宮	正中元. 3.12 (1324)	52
永福門院	藤原鏱子	伏見天皇		西園寺実兼	永仁 6. 8.21 (1298)	皇后(中宮)	康永元. 5. 7 (1342)	72
昭訓門院	藤原瑛子	亀山天皇		同	正安 3. 3.19 (1301)	准三宮	建武 3. 6.26 (1336)	65
永嘉門院	瑞子女王	後宇多天皇		宗尊親王	乾元元.正.20 (1302)	准三宮	元徳元. 8.29 (1329)	57
陽徳門院	媖子内親王			後深草天皇	乾元元. 3.15 (1302)	准三宮	正平 7. 8.11 (1352)	65
章義門院	誉子内親王			伏見天皇	徳治 2. 6.22 (1307)	准三宮	建武 3.10.10 (1336)	
西華門院	源基子	後宇多天皇	後二条天皇	堀川具守	延慶元.12. 2 (1308)	准三宮	文和 4. 8.26 (1355)	87
広義門院	藤原寧子	後伏見天皇	光厳・光明天皇	西園寺公衡	延慶 2.正.13 (1309)	准三宮	延文 2.⑦.22 (1357)	66
章善門院	永子内親王			後深草天皇	延慶 2. 2. 3 (1309)	准三宮	暦応元. 3 (1338)	
朔平門院	璹子内親王			伏見天皇	延慶 2. 6.27 (1309)	准三宮	延慶 3.10. 8 (1310)	24
長楽門院	藤原忻子	後二条天皇		徳大寺公孝	延慶 3.12.19 (1310)	皇后(中宮)	文和元. 2. 1 (1352)	70
延明門院	延子内親王			伏見天皇	正和 4. 2.24 (1315)	准三宮		
談天門院	藤原忠子	後宇多天皇	後醍醐天皇	藤原忠継	文保 2. 4.12 (1318)	准三宮	元応元.11.15 (1319)	52

6　女院一覧

院号	名	配偶	所生	父	院号宣下	宣下時身位	死没	年齢
達智門院	奨子内親王			後宇多天皇	元応元.11.15 (1319)	皇后	貞和 4.11. 2 (1348)	63
万秋門院	藤原頊子	後宇多天皇		一条実経	元応 2. 2.26 (1320)	准三宮	暦応元. 3.26 (1338)	71
寿成門院	媄子内親王			後二条天皇	元応 2. 8.23 (1320)	准三宮	貞治元. 5.20 (1362)	61
顕親門院	藤原季子	伏見天皇	花園天皇	洞院実雄	嘉暦元. 2. 7 (1326)	准三宮	建武 3. 2.13 (1336)	72
崇明門院	禖子内親王	邦良親王		後宇多天皇	元弘元.10.25 (1331)	准三宮		
礼成門院 後京極院	藤原禧子	後醍醐天皇		西園寺実兼	元弘 2. 5.20 (1332) 元弘 3.10.12 (1333)	皇后(中宮) 皇太后	元弘 3.10.12 (1333)	31
宣政門院	懽子内親王	光厳天皇		後醍醐天皇	建武 2. 2. 2 (1335)	准三宮		
章徳門院	璜子内親王			後伏見天皇	建武 3. 4. 2 (1336)	准三宮		
新室町院	珣子内親王	後醍醐天皇		同	延元 2.正.16 (1337)	皇后(中宮)	延元 2. 5.12 (1337)	27
徽安門院	寿子内親王	光厳天皇		花園天皇	建武 4. 2. 7 (1337)	准三宮	延文 3. 4. 2 (1358)	41
宣光門院	藤原実子	花園天皇		正親町実明	暦応元. 4.28 (1338)	准三宮	延文 5. 9. 5 (1360)	64
新待賢門院	藤原廉子	後醍醐天皇	後村上天皇	阿野公廉	正平 6.12.28 (1351)	皇太后	正平14. 4.29 (1359)	59
陽禄門院	藤原秀子	光厳天皇	崇光・後光厳天皇	三条公秀	文和元.10.29 (1352)	准三宮	文和元.11.28 (1352)	42
嘉喜門院	(藤原氏)	後村上天皇	長慶・後亀山天皇			(女御)		
新宣陽門院	(一品宮)			後村上天皇		(内親王)		
崇賢門院	紀仲子	後光厳天皇	後円融天皇	紀通清	永徳 3. 4.25 (1383)	准三宮	応永34. 5.20 (1427)	89
通陽門院	藤原厳子	後円融天皇	後小松天皇	三条公忠	応永 3. 7.24 (1396)	准三宮	応永13.12.27 (1406)	55
北山院	藤原康子	(足利義満)	(後小松天皇准母)	日野資康	応永14. 3. 5 (1407)	准三宮	応永26.11.11 (1419)	51
光範門院	藤原資子	後小松天皇	称光天皇	日野西資国	応永32. 7.29 (1425)	准三宮	永享12. 9. 8 (1440)	57
敷政門院	源幸子	後崇光院	後花園天皇	庭田経有	文安 5. 3. 4 (1448)	准三宮	文安 5. 4.13 (1448)	59
嘉楽門院	藤原信子	後花園天皇	後土御門天皇	藤原孝長	文明13. 7.26 (1481)	准三宮	長享 2. 4.28 (1488)	78
豊楽門院	藤原藤子	後柏原天皇	後奈良天皇	勧修寺教秀	天文 4.正.12 (1535)	准三宮	天文 4.正.12 (1535)	72
新上東門院	藤原晴子	陽光院	後陽成天皇	勧修寺晴右	慶長 5.12.29 (1600)	准三宮	元和 6. 2.18 (1620)	68
中和門院	藤原前子	後陽成天皇	後水尾天皇	近衛前久	元和 6. 6. 2 (1620)	准三宮	寛永 7. 7. 3 (1630)	56
東福門院	源和子	後水尾天皇	明正天皇	徳川秀忠	寛永 6.11. 9 (1629)	皇后(中宮)	延宝 6. 6.15 (1678)	72
壬生院	藤原光子	同	後光明天皇	園基任	承応 3. 8.18 (1654)	准三宮	明暦 2. 2.11 (1656)	55
新広義門院	藤原国子	同	霊元天皇	園基音	延宝 5. 7. 5 (1677)	准三宮	延宝 5. 7. 5 (1677)	54
逢春門院	藤原隆子	同	後西天皇	櫛笥隆致	貞享 2. 5.17 (1685)	准三宮	貞享 2. 5.22 (1685)	82
新上西門院	藤原房子	霊元天皇		鷹司教平	貞享 4. 3.25 (1687)	皇后(中宮)	正徳 2. 4.14 (1712)	60
承秋門院	幸子女王	東山天皇		有栖川宮幸仁親王	宝永 7. 3.21 (1710)	皇后(中宮)	享保 5. 2.10 (1720)	41
新崇賢門院	藤原賀子	同	中御門天皇	櫛笥隆賀	宝永 7. 3.26(贈) (1710)	准三宮 (贈)	宝永 6.12.29 (1709)	35
敬法門院	藤原宗子	霊元天皇	東山天皇	松木宗条	正徳元.12.23 (1711)	准三宮	享保17. 8.30 (1732)	76

院　号	名	配　偶	所　生	父	院号宣下	宣下時身位	死　没	年齢
新中和門院	藤原尚子	中御門天皇	桜町天皇	近衛家熙	享保 5.正.20 (1720)	准三宮	享保 5.正.20 (1720)	19
礼成門院	孝子内親王			後光明天皇	享保10. 6.26 (1725)	准三宮	享保10. 6.26 (1725)	76
青綺門院	藤原舎子	桜町天皇	後桜町天皇	二条吉忠	寛延 3. 6.26 (1750)	皇太后	寛政 2.正.29 (1790)	75
開明門院	藤原定子	同	桃園天皇	姉小路実武	宝暦13. 2.10 (1763)	(三位局)	寛政元. 9.22 (1789)	73
恭礼門院	藤原富子	桃園天皇	後桃園天皇	一条兼香	明和 8. 7. 9 (1771)	皇太后	寛政 7.11.30 (1795)	53
盛化門院	藤原維子	後桃園天皇		近衛内前	天明 3.10.12 (1783)	皇太后	天明 3.10.12 (1783)	25
新皇嘉門院	藤原繁子	仁孝天皇		鷹司政熙	文政 6. 4. 6(贈) (1823)	准三宮	文政 6. 4. 3 (1823)	26
新清和院	欣子内親王	光格天皇		後桃園天皇	天保12.㊣.22 (1841)	皇太后	弘化 3. 6.20 (1846)	68
東京極院	藤原婧子	同	仁孝天皇	勧修寺経逸	弘化元. 2.13(贈) (1844)	准三宮(贈)	天保14. 3.21 (1843)	64
新朔平門院	藤原祺子	仁孝天皇		鷹司政熙	弘化 4.10.13 (1847)	皇太后	弘化 4.10.13 (1847)	37
新待賢門院	藤原雅子	同	孝明天皇	正親町実光	嘉永 3. 2.27 (1850)	准三宮	安政 3. 7. 6 (1856)	54

7　摂政・関白一覧

天皇	摂政	在職	関白	在職
推古天皇	厩戸皇子(皇太子)	推古天皇元. 4.10—推古天皇30. 2.22 (593)　(622)		
斉明天皇	中大兄皇子(皇太子)	斉明天皇元. 正. 3—斉明天皇7. 7.24 (655)　(661)		
天武天皇	草壁皇子(皇太子)	天武天皇10. 2.25—朱鳥元. 9. 9 (681)　(686)		
清和天皇	藤原良房(太政大臣)	貞観 8. 8.19—貞観14. 9. 2 (866)　(872)		
陽成天皇	藤原基経(右大臣)	貞観18.11.29—元慶 8. 2. 4 (876)　(884)		
宇多天皇			藤原基経(太政大臣)	仁和 3.11.21—寛平 2.12.14 (887)　(890)
朱雀天皇	藤原忠平(左大臣)	延長 8. 9.22—天慶 4.11. 8 (930)　(941)	藤原忠平(太政大臣)	天慶 4.11. 8—天慶 9. 4.20 (941)　(946)
村上天皇			同　(同)	天慶 9. 5.20—天暦 3. 8.14 (946)　(949)
冷泉天皇			藤原実頼(左大臣)	康保 4. 6.22—安和 2. 8.13 (967)　(969)
円融天皇	藤原実頼(太政大臣)	安和 2. 8.13—天禄元. 5.18 (969)　(970)		
同	藤原伊尹(右大臣)	天禄元. 5.20—天禄 3.10.23 (970)　(972)		
同			藤原兼通(太政大臣)	天延 2. 3.26—貞元 2.10.11 (974)　(977)
同			藤原頼忠(左大臣)	貞元 2.10.11—永観 2. 8.27 (977)　(984)
花山天皇			同　(大政大臣)	永観 2. 8.27—寛和 2. 6.23 (984)　(986)
一条天皇	藤原兼家(右大臣)	寛和 2. 6.23—正暦元. 5. 5 (986)　(990)	藤原兼家(太政大臣)	正暦元. 5. 5—正暦元. 5. 8 (990)　(990)
同			藤原道隆(内大臣)	正暦元. 5. 8—正暦元. 5.26 (990)　(990)
同	藤原道隆(内大臣)	正暦元. 5.26—正暦 4. 4.22 (990)　(993)	同　(前内大臣)	正暦 4. 4.22—長徳元. 4. 3 (993)　(995)
同			藤原道兼(右大臣)	長徳元. 4.27—長徳元. 5. 8 (995)　(995)
後一条天皇	藤原道長(左大臣)	長和 5.正.29—寛仁元. 3.16 (1016)　(1017)		
同	藤原頼通(内大臣)	寛仁元. 3.16—寛仁 3.12.22 (1017)　(1019)	藤原頼通(内大臣)	寛仁 3.12.22—長元 9. 4.17 (1019)　(1036)
後朱雀天皇			同　(左大臣)	長元 9. 4.17—寛徳 2.正.16 (1036)　(1045)
後冷泉天皇			同　(同)	寛徳 2.正.16—治暦 3.12. 5 (1045)　(1067)
同			藤原教通(左大臣)	治暦 4. 4.17—治暦 4. 4.19 (1068)　(1068)
後三条天皇			同　(同)	治暦 4. 4.19—延久 4.12. 8 (1068)　(1072)
白河天皇			同　(前太政大臣)	延久 4.12. 8—承保 2. 9.25 (1072)　(1075)
同			藤原師実(左大臣)	承保 2.10.15—応徳 3.11.26 (1075)　(1086)
堀河天皇	藤原師実(前左大臣)	応徳 3.11.26—寛治 4.12.20 (1086)　(1090)	同　(前太政大臣)	寛治 4.12.20—嘉保元. 3. 9 (1090)　(1094)
同			藤原師通(内大臣)	嘉保元. 3. 9—康和元. 6.28 (1094)　(1099)
同			藤原忠実(右大臣)	長治 2.12.25—嘉承 2. 7.19 (1105)　(1107)
鳥羽天皇	藤原忠実(右大臣)	嘉承 2. 7.19—永久元.12.26 (1107)　(1113)	同　(前太政大臣)	永久元.12.26—保安 2.正.22 (1113)　(1121)

天　皇	摂　　政	在　　職	関　　白	在　　職
鳥羽天皇			藤原忠通(内大臣)	保安 2. 3. 5—保安 4.正.28 (1121)　(1123)
崇徳天皇	藤原忠通(左大臣)	保安 4.正.28—大治 4. 7. 1 (1123)　(1129)	藤原忠通(前太政大臣)	大治 4. 7. 1—永治元.12. 7 (1129)　(1141)
近衛天皇	同　(前太政大臣)	永治元.12. 7—久安 6.12. 9 (1141)　(1150)	同　(同)	久安 6.12. 9—久寿 2. 7.23 (1150)　(1155)
後白河天皇			同　(同)	久寿 2. 7.24—保元 3. 8.11 (1155)　(1158)
同			藤原基実(右大臣)	保元 3. 8.11 (1158)
二条天皇			同　(右大臣)	保元 3. 8.11—永万元. 6.25 (1158)　(1165)
六条天皇	藤原基実(前左大臣)	永万元. 6.25—仁安元. 7.26 (1165)　(1166)		
同	藤原基房(左大臣)	仁安元. 7.27—仁安 3. 2.19 (1166)　(1168)		
高倉天皇	同　(前左大臣)	仁安 3. 2.19—承安 2.12.27 (1168)　(1172)	藤原基房(前太政大臣)	承安 2.12.27—治承 3.11.15 (1172)　(1179)
同			藤原基通(内大臣)	治承 3.11.15—治承 4. 2.21 (1179)　(1180)
安徳天皇	藤原基通(内大臣)	治承 4. 2.21—寿永 2. 8.20 (1180)　(1183)		
後鳥羽天皇	同　(前内大臣)	寿永 2. 8.20—寿永 2.11.21 (1183)　(1183)		
同	藤原師家(内大臣)	寿永 2.11.21—元暦元.正.22 (1183)　(1184)		
同	藤原基通(前内大臣)	元暦元.正.22—文治 2. 3.12 (1184)　(1186)		
同	九条兼実(右大臣)	文治 2. 3.12—建久 2.12.17 (1186)　(1191)	九条兼実(前太政大臣)	建久 2.12.17—建久 7.11.25 (1191)　(1196)
同			藤原基通(前内大臣)	建久 7.11.25—建久 9.正.11 (1196)　(1198)
土御門天皇	藤原基通(前内大臣)	建久 9.正.11—建仁 2.12.25 (1198)　(1202)		
同	九条良経(左大臣)	建仁 2.12.25—建永元. 3. 7 (1202)　(1206)		
同	近衛家実(左大臣)	建永元. 3.10—建永元.12. 8 (1206)　(1206)	近衛家実(左大臣)	建永元.12. 8—承元 4.11.25 (1206)　(1210)
順徳天皇			同　(前左大臣)	承元 4.11.25—承久 3. 4.20 (1210)　(1221)
仲恭天皇	九条道家(左大臣)	承久 3. 4.20—承久 3. 7. 8 (1221)　(1221)		
後堀河天皇	近衛家実(前左大臣)	承久 3. 7. 8—貞応 2.12.14 (1221)　(1223)	近衛家実(前太政大臣)	貞応 2.12.14—安貞 2.12.24 (1223)　(1228)
同			九条道家(前左大臣)	安貞 2.12.24—寛喜 3. 7. 5 (1228)　(1231)
同			九条教実(左大臣)	寛喜 3. 7. 5—貞永元.10. 4 (1231)　(1232)
四条天皇	九条教実(左大臣)	貞永元.10. 4—嘉禎元. 3.28 (1232)　(1235)		
同	九条道家(前左大臣)	嘉禎元. 3.28—嘉禎 3. 3.10 (1235)　(1237)		
同	近衛兼経(左大臣)	嘉禎 3. 3.10—仁治 3.正. 9 (1237)　(1242)		
後嵯峨天皇			近衛兼経(前太政大臣)	仁治 3.正.20—仁治 3. 3.25 (1242)　(1242)
同			二条良実(左大臣)	仁治 3. 3.25—寛元 4.正.28 (1242)　(1246)
同			一条実経(左大臣)	寛元 4.正.28—寛元 4.正.29 (1246)　(1246)
後深草天皇	一条実経(左大臣)	寛元 4.正.29—宝治元.正.19 (1246)　(1247)		
同	近衛兼経(前太政大臣)	宝治元.正.19—建長 4.10. 3 (1247)　(1252)		
同	鷹司兼平(左大臣)	建長 4.10. 3—建長 6.12. 2 (1252)　(1254)	鷹司兼平(前太政大臣)	建長 6.12. 2—正元元.11.26 (1254)　(1259)

7　摂政・関白一覧

天皇	摂政	在職	関白	在職
亀山天皇			鷹司兼平(前太政大臣)	正元元.11.26—弘長元. 4.29 (1259)　(1261)
同			二条良実(前左大臣)	弘長元. 4.29—文永 2.④.18 (1261)　(1265)
同			一条実経(左大臣)	文永 2.④.18—文永 4.12. 9 (1265)　(1267)
同			近衛基平(左大臣)	文永 4.12. 9—文永 5.11.19 (1267)　(1268)
同			鷹司基忠(左大臣)	文永 5.12.10—文永10. 5. 5 (1268)　(1273)
同			九条忠家(前右大臣)	文永10. 5. 5—文永11.正.26 (1273)　(1274)
後宇多天皇	九条忠家(前右大臣)	文永11.正.26—文永11. 6.20 (1274)　(1274)		
同	一条家経(左大臣)	文永11. 6.20—建治元.10.21 (1274)　(1275)		
同	鷹司兼平(前太政大臣)	建治元.10.21—弘安元.12. 7 (1275)　(1278)	鷹司兼平(前太政大臣)	弘安元.12. 7—弘安10. 8.11 (1278)　(1287)
同			二条師忠(左大臣)	弘安10. 8.11—弘安10.10.21 (1287)　(1287)
伏見天皇			同　(同)	弘安10.10.21—正応 2. 4.13 (1287)　(1289)
同			近衛家基(右大臣)	正応 2. 4.13—正応 4. 5.27 (1289)　(1291)
同			九条忠教(左大臣)	正応 4. 5.27—永仁元. 2.25 (1291)　(1293)
同			近衛家基(前右大臣)	永仁元. 2.25—永仁 4. 6.19 (1293)　(1296)
同			鷹司兼忠(左大臣)	永仁 4. 7.24—永仁 6. 7.22 (1296)　(1298)
後伏見天皇	鷹司兼忠(前左大臣)	永仁 6. 7.22—永仁 6.12.20 (1298)　(1298)		
同	二条兼基(左大臣)	永仁 6.12.20—正安 2.12.16 (1298)　(1300)	二条兼基(前太政大臣)	正安 2.12.16—正安 3.正.21 (1300)　(1301)
後二条天皇			同　(同)	正安 3.正.21—嘉元 3. 4.12 (1301)　(1305)
同			九条師教(左大臣)	嘉元 3. 4.12—延慶元. 8.25 (1305)　(1308)
花園天皇	九条師教(前左大臣)	延慶元. 8.26—延慶元.11.10 (1308)　(1308)		
同	鷹司冬平(左大臣)	延慶元.11.10—応長元. 3.15 (1308)　(1311)	鷹司冬平(太政大臣)	応長元. 3.15—正和 2. 7.12 (1311)　(1313)
同			近衛家平(左大臣)	正和 2. 7.12—正和 4. 9.21 (1313)　(1315)
同			鷹司冬平(前太政大臣)	正和 4. 9.22—正和 5. 8.23 (1315)　(1316)
同			二条道平(左大臣)	正和 5. 8.23—文保 2. 2.26 (1316)　(1318)
後醍醐天皇			同　(前左大臣)	文保 2. 2.27—文保 2.12.29 (1318)　(1318)
同			一条内経(内大臣)	文保 2.12.29—元亨 3. 3.29 (1318)　(1323)
同			九条房実(左大臣)	元亨 3. 3.29—正中元.12.27 (1323)　(1324)
同			鷹司冬平(太政大臣)	正中元.12.27—嘉暦 2.正.19 (1324)　(1327)
同			二条道平(前左大臣)	嘉暦 2. 2.12—元徳 2.正.26 (1327)　(1330)
同			近衛経忠(右大臣)	元徳 2.正.26—元徳 2. 8.25 (1330)　(1330)
同			鷹司冬教(左大臣)	元徳 2. 8.25—元弘元. 9.20 (1330)　(1331)
光厳天皇			同　(前左大臣)	元弘元. 9.20—元弘 3. 5.17 (1331)　(1333)
光明天皇			近衛経忠(左大臣)	建武 3. 8.15—建武 4. 4.16 (1336)　(1337)

天皇	摂政	在職	関白	在職
光明天皇			近衛基嗣(前左大臣)	建武 4. 4.16—暦応元. 5.19 (1337)　(1338)
同			一条経通(左大臣)	暦応元. 5.19—康永元.正.26 (1338)　(1342)
同			九条道教(左大臣)	康永元.正.27—康永元.11.12 (1342)　(1342)
同			鷹司師平(右大臣)	康永元.11.18—貞和 2. 2.29 (1342)　(1346)
同			二条良基(右大臣)	貞和 2. 2.29—貞和 4.10.27 (1346)　(1348)
崇光天皇			同　(左大臣)	貞和 4.10.27—観応 2.11. 7 (1348)　(1351)
後村上天皇			二条師基(前左大臣)	正平 6.12.28—？ (1351)
後光厳天皇			二条良基(前左大臣)	文和元. 8.17—延文 3.12.29 (1352)　(1358)
同			九条経教(左大臣)	延文 3.12.29—康安元.11. 9 (1358)　(1361)
同			近衛道嗣(左大臣)	康安元.11. 9—貞治 2. 6.16 (1361)　(1363)
同			二条良基(前左大臣)	貞治 2. 6.27—貞治 6. 8.27 (1363)　(1367)
同			鷹司冬通(左大臣)	貞治 6. 8.27—応安 2.11. 4 (1367)　(1369)
同			二条師良(右大臣)	応安 2.11. 4—応安 4. 3.23 (1369)　(1371)
後円融天皇			同　(左大臣)	応安 4. 3.23—永和元.12.27 (1371)　(1375)
同			九条忠基(左大臣)	永和元.12.27—康暦元. 8.22 (1375)　(1379)
同			二条師嗣(左大臣)	康暦元. 8.25—永徳 2. 4.11 (1379)　(1382)
後小松天皇	二条良基(太政大臣)	永徳 2. 4.11—嘉慶元. 2. 7 (1382)　(1387)		
同	近衛兼嗣(右大臣)	嘉慶元. 2. 7—嘉慶 2. 3.26 (1387)　(1388)		
同	二条良基(前太政大臣)	嘉慶 2. 4. 8—嘉慶 2. 6.12 (1388)　(1388)	二条良基(前太政大臣)	嘉慶 2. 6.12 (1388)
同			二条師嗣(前左大臣)	嘉慶 2. 6.12—応永元.11. 6 (1388)　(1394)
同			一条経嗣(左大臣)	応永元.11. 6—応永 5. 3. 9 (1394)　(1398)
同			二条師嗣(前左大臣)	応永 5. 3. 9—応永 6. 4.17 (1398)　(1399)
同			一条経嗣(前左大臣)	応永 6. 4.19—応永15. 4.20 (1399)　(1408)
同			近衛忠嗣(左大臣)	応永15. 4.20—応永16. 2.21 (1408)　(1409)
同			二条満基(内大臣)	応永16. 3. 4—応永17.12.27 (1409)　(1410)
同			一条経嗣(前左大臣)	応永17.12.30—応永19. 8.29 (1410)　(1412)
称光天皇			同　(同)	応永19. 8.29—応永25.11.17 (1412)　(1418)
同			九条満教(左大臣)	応永25.12. 2—応永31. 4.20 (1418)　(1424)
同			二条持基(左大臣)	応永31. 4.20—正長元. 7.20 (1424)　(1428)
後花園天皇	二条持基(左大臣)	正長元. 7.28—永享 4. 8.13 (1428)　(1432)		
同	一条兼良(左大臣)	永享 4. 8.13—永享 4.10.26 (1432)　(1432)		
同	二条持基(太政大臣)	永享 4.10.26—永享 5. 3.23 (1432)　(1433)	二条持基(前太政大臣)	永享 5. 3.23—文安 2.11. 3 (1433)　(1445)
同			近衛房嗣(左大臣)	文安 2.11.13—文安 4. 6.15 (1445)　(1447)

7 摂政・関白一覧

天皇	摂政	在職	関白	在職
後花園天皇			一条兼良(太政大臣)	文安 4. 6.15—享徳 2. 3.28 (1447) (1453)
同			二条持通(右大臣)	享徳 2. 4.28—享徳 3. 6.30 (1453) (1454)
同			鷹司房平(左大臣)	享徳 3. 7. 1—康正元. 6. 2 (1454) (1455)
同			二条持通(前左大臣)	康正元. 6. 5—長禄 2.12 (1455) (1458)
同			一条教房(左大臣)	長禄 2.12. 5—寛正 4. 4 (1458) (1463)
同			二条持通(前太政大臣)	寛正 4. 4. 3—寛正 5. 7.19 (1463) (1464)
後土御門天皇			同 (同)	寛正 5. 7.19—応仁元. 5. 9 (1464) (1467)
同			一条兼良(前太政大臣)	応仁元. 5. 9—文明 2. 7.19 (1467) (1470)
同			二条政嗣(左大臣)	文明 2. 8.10—文明 8. 5.13 (1470) (1476)
同			九条政基(左大臣)	文明 8. 5.15—文明11. 2.27 (1476) (1479)
同			近衛政家(右大臣)	文明11. 2.30—文明15. 2.24 (1479) (1483)
同			鷹司政平(前左大臣)	文明15. 2.25—長享元. 2. 9 (1483) (1487)
同			九条政忠(前内大臣)	長享元. 2. 9—長享 2. 8.22 (1487) (1488)
同			一条冬良(内大臣)	長享 2. 8.28—明応 2. 3.28 (1488) (1493)
同			近衛尚通(右大臣)	明応 2. 3.28—明応 6. 6. 7 (1493) (1497)
同			二条尚基(右大臣)	明応 6. 6.18—明応 6.10.10 (1497) (1497)
同			一条冬良(前太政大臣)	明応 6.10.23—明応 9. 9.28 (1497) (1500)
後柏原天皇			同 (同)	明応 9.10.25—文亀元. 6.27 (1500) (1501)
同			九条尚経(右大臣)	文亀元. 6.29—永正10.10. 5 (1501) (1513)
同			近衛尚通(前左大臣)	永正10.10. 7—永正11. 8.24 (1513) (1514)
同			鷹司兼輔(右大臣)	永正11. 8.29—永正15. 3.27 (1514) (1518)
同			二条尹房(内大臣)	永正15. 3.30—大永 5. 4. 4 (1518) (1525)
同			近衛稙家(右大臣)	大永 5. 4. 5—大永 6. 4. 7 (1525) (1526)
後奈良天皇			同 (同)	大永 6. 4.29—天文 2. 2. 5 (1526) (1533)
同			九条稙通(内大臣)	天文 2. 2. 5—天文 3.11.21 (1533) (1534)
同			二条尹房(前左大臣)	天文 3.12.14—天文 5.⑩.21 (1534) (1536)
同			近衛稙家(前左大臣)	天文 5.11. 1—天文11. 2.25 (1536) (1542)
同			鷹司忠冬(左大臣)	天文11. 3.26—天文14. 6. 2 (1542) (1545)
同			一条房通(左大臣)	天文14. 6. 2—天文17.12.27 (1545) (1548)
同			二条晴良(左大臣)	天文17.12.27—天文22.正.20 (1548) (1553)
同			一条兼冬(右大臣)	天文22.正.22—天文23. 2. 1 (1553) (1554)
同			近衛前久(右大臣)	天文23. 3. 2—弘治 3. 9. 5 (1554) (1557)
正親町天皇			同 (前左大臣)	弘治 3.10.27—永禄11.11 (1557) (1568)

天皇	摂政	在職	関白	在職
正親町天皇			二条晴良(前左大臣)	永禄11.12.16—天正 6. 4. 4 (1568)　(1578)
同			九条兼孝(前左大臣)	天正 6.12.13—天正 9. 4.29 (1578)　(1581)
同			一条内基(左大臣)	天正 9. 4.29—天正12.12 (1581)　(1584)
同			二条昭実(左大臣)	天正13. 2.12—天正13. 7.11 (1585)　(1585)
同			豊臣秀吉(内大臣)	天正13. 7.11—天正14.11. 7 (1585)　(1586)
後陽成天皇			同　(同)	天正14.11. 7—天正19.12.28 (1586)　(1591)
同			豊臣秀次(内大臣)	天正19.12.28—文禄 4. 7. 8 (1591)　(1595)
同			九条兼孝(左大臣)	慶長 5.12.19—慶長 9.11.10 (1600)　(1604)
同			近衛信尹(左大臣)	慶長10. 7.23—慶長11.11.11 (1605)　(1606)
同			鷹司信房(左大臣)	慶長11.11.11—慶長13.12.26 (1606)　(1608)
同			九条忠栄(右大臣)	慶長13.12.26—慶長16. 3.27 (1608)　(1611)
後水尾天皇			同　(同)	慶長16. 3.27—慶長17. 7.25 (1611)　(1612)
同			鷹司信尚(右大臣)	慶長17. 7.25—元和元. 7.27 (1612)　(1615)
同			二条昭実(前左大臣)	元和元. 7.28—元和 5. 7.14 (1615)　(1619)
同			九条忠栄(前左大臣)	元和 5. 9.14—元和 9.⑧.16 (1619)　(1623)
同			近衛信尋(左大臣)	元和 9.⑧.16—寛永 6. 8. 1 (1623)　(1629)
同			一条昭良(右大臣)	寛永 6. 8.28—寛永 6.11. 8 (1629)　(1629)
明正天皇	一条昭良(左大臣)	寛永 6.11. 8—寛永12. 9.26 (1629)　(1635)		
同	二条康道(左大臣)	寛永12.10.10—寛永20.10. 3 (1635)　(1643)		
後光明天皇	同　(前左大臣)	寛永20.10. 3—正保 4.正. 3 (1643)　(1647)		
同	九条道房(左大臣)	正保 4.正. 5—正保 4.正.10 (1647)　(1647)		
同	一条昭良(前左大臣)	正保 4. 3.28—*正保 4. 7.27 (1647)　(1647)	一条昭良(前左大臣)	*正保 4. 7.27—慶安 4. 9.27 (1647)　(1651)
同			近衛尚嗣(左大臣)	慶安 4.12. 8—承応 2. 7.17 (1651)　(1653)
同			二条光平(左大臣)	承応 2. 9.21—承応 3. 9.20 (1653)　(1654)
後西天皇			同　(同)	承応 3.11.28—寛文 3.正.26 (1654)　(1663)
霊元天皇	二条光平(前左大臣)	寛文 3.正.26—寛文 4. 9.17 (1663)　(1664)		
同	鷹司房輔(左大臣)	寛文 4. 9.27—寛文 8. 3.16 (1664)　(1668)	鷹司房輔(前左大臣)	寛文 8. 3.16—天和 2. 2.18 (1668)　(1682)
同			一条冬経(右大臣)	天和 2. 2.24—貞享 4. 3.21 (1682)　(1687)
東山天皇	一条冬経(前右大臣)	貞享 4. 3.21—元禄 2. 3.27 (1687)　(1689)	同　(前右大臣)	元禄 2. 3.27—元禄 3.正.13 (1689)　(1690)
同			近衛基熙(左大臣)	元禄 3.正.13—元禄16.正.14 (1690)　(1703)
同			鷹司兼熙(左大臣)	元禄16.正.14—宝永 4.11.27 (1703)　(1707)
同			近衛家熙(左大臣)	宝永 4.11.27—宝永 6. 6.21 (1707)　(1709)
中御門天皇	近衛家熙(前左大臣)	宝永 6. 6.21—正徳 2. 8.28 (1709)　(1712)		

7　摂政・関白一覧

天皇	摂政	在職	関白	在職
中御門天皇	九条輔実(左大臣)	正徳 2. 8.28—享保元.11. 1 (1712)　(1716)	九条輔実(前左大臣)	享保元.11. 1—享保 7.正.13 (1716)　(1722)
同			二条綱平(左大臣)	享保 7.正.13—享保11. 6. 1 (1722)　(1726)
同			近衛家久(左大臣)	享保11. 6. 1—享保20. 3.21 (1726)　(1735)
桜町天皇			同　(前太政大臣)	享保20. 3.21—元文元. 8.27 (1735)　(1736)
同			二条吉忠(左大臣)	元文元. 8.27—元文 2. 8. 3 (1736)　(1737)
同			一条兼香(右大臣)	元文 2. 8.29—延享 3.12.15 (1737)　(1746)
同			一条道香(左大臣)	延享 3.12.15—延享 4. 5. 2 (1746)　(1747)
桃園天皇	一条道香(左大臣)	延享 4. 5. 2—宝暦 5. 2.19 (1747)　(1755)	同　(前左大臣)	宝暦 5. 2.19—宝暦 7. 3.16 (1755)　(1757)
同			近衛内前(左大臣)	宝暦 7. 3.16—宝暦12. 7.12 (1757)　(1762)
後桜町天皇	近衛内前(前左大臣)	宝暦12. 7.27—明和 7.11.24 (1762)　(1770)		
後桃園天皇	同　(前太政大臣)	明和 7.11.24—安永元. 8.22 (1770)　(1772)	近衛内前(太政大臣)	安永元. 8.22—安永 7. 2. 8 (1772)　(1778)
同			九条尚実(左大臣)	安永 7. 2. 8—安永 8.10.29 (1778)　(1779)
光格天皇	九条尚実(前左大臣)	安永 8.11.25—天明 5. 2.19 (1779)　(1785)	同　(前太政大臣)	天明 5. 2.19—天明 7. 3. 1 (1785)　(1787)
同			鷹司輔平(左大臣)	天明 7. 3. 1—寛政 3. 8.20 (1787)　(1791)
同			一条輝良(左大臣)	寛政 3. 8.20—寛政 7.10.14 (1791)　(1795)
同			鷹司政熙(左大臣)	寛政 7.11.16—文化11. 9.16 (1795)　(1814)
同			一条忠良(左大臣)	文化11. 9.16—文化14. 3.22 (1814)　(1817)
仁孝天皇			同　(前左大臣)	文化14. 3.22—文政 6. 3.19 (1817)　(1823)
同			鷹司政通(左大臣)	文政 6. 3.19—弘化 3.正.26 (1823)　(1846)
孝明天皇			同　(太政大臣)	弘化 3. 2.13—安政 3. 8. 8 (1846)　(1856)
同			九条尚忠(左大臣)	安政 3. 8. 8—文久 2. 6.23 (1856)　(1862)
同			近衛忠熙(前左大臣)	文久 2. 6.23—文久 3.正.23 (1862)　(1863)
同			鷹司輔熙(前右大臣)	文久 3.正.23—文久 3.12.23 (1863)　(1863)
同			二条斉敬(左大臣)	文久 3.12.23—慶応 2.12.25 (1863)　(1866)
明治天皇	二条斉敬(左大臣)	慶応 3.正. 9—慶応 3.12. 9 (1867)　(1867)		
大正天皇	裕仁親王(皇太子)	大正10.11.25—大正15.12.26 (1921)　(1926)		

(1)『皇室制度史料』摂政1所収の「摂政表」，および同摂政2所収の「関白表」をもとに作成.
(2) ＊印を付した正保4年7月27日は，一条昭良の摂政を停め関白とした詔書の日付で，実際には昭良は翌5年閏正月22日まで摂政の任にあり，同日に日付をさかのぼらせて詔が下された.

8　藤原氏系図

- 鎌足 — 不比等
  - 武智麻呂（南家）
    - 豊成 — 継縄 — 乙叡 — 貞雄 — 保則
    - 仲麻呂（恵美押勝）
    - 乙麻呂 — 是公 — 雄友
    - 巨勢麻呂 ----（十代略）---- 通憲（信西）
  - 房前（北家）
    - 鳥養 — 小黒麻呂 — 葛野麻呂
      - 氏宗
      - 常嗣
    - 永手
    - 真楯 — 内麻呂
      - 真夏 -----（六代略）----- 資業 — 実綱 — 有信 — 実光 — 資長（日野）
      - 冬嗣（→下段へ続く）
    - 清河
    - 魚名
      - 末茂 -----（七代略）----- 顕季
        - 長実 — 得子（美福門院　鳥羽天皇皇后　近衛天皇母）
        - 家保 — 家成 — 隆季（四条）
      - 藤成 — 豊沢 — 村雄 — 秀郷
  - 宇合（式家）
    - 広嗣
    - 良継 — 乙牟漏（桓武天皇皇后　平城・嵯峨天皇母）
    - 清成 — 種継
      - 仲成
      - 薬子（平城天皇尚侍）
    - 百川
      - 緒嗣
      - 旅子（桓武天皇夫人　淳和天皇母）
    - 蔵下麻呂 — 縄主 -----（六代略）----- 明衡
  - 麻呂（京家） — 浜成 — 継彦 — 貞敏
  - 宮子（文武天皇夫人　聖武天皇母）
  - 光明子（安宿媛　聖武天皇皇后　孝謙天皇母）

（冬嗣）
- 長良
  - 基経
  - 高子（清和天皇女御　陽成天皇母）
- 良房
  - 基経
    - 時平
    - 仲平
    - 兼平
    - 忠平
      - 実頼
        - 頼忠
          - 公任
          - 遵子（円融天皇皇后）
        - 斉敏 — 実資
      - 師輔（→下段へ続く）
      - 師尹 — 済時 — 娍子（三条天皇皇后）
    - 温子（宇多天皇女御）
    - 穏子（醍醐天皇中宮　朱雀・村上天皇母）
  - 明子（文徳天皇女御　清和天皇母）
- 良相
- 良門 — 高藤
  - 定方 ----（五代略）---- 為房
    - 為隆 — 光房 — 経房（吉田）
    - 顕隆 — 顕頼 — 光頼（葉室）
  - 胤子（宇多天皇女御　醍醐天皇母）
- 順子（仁明天皇女御　文徳天皇母）

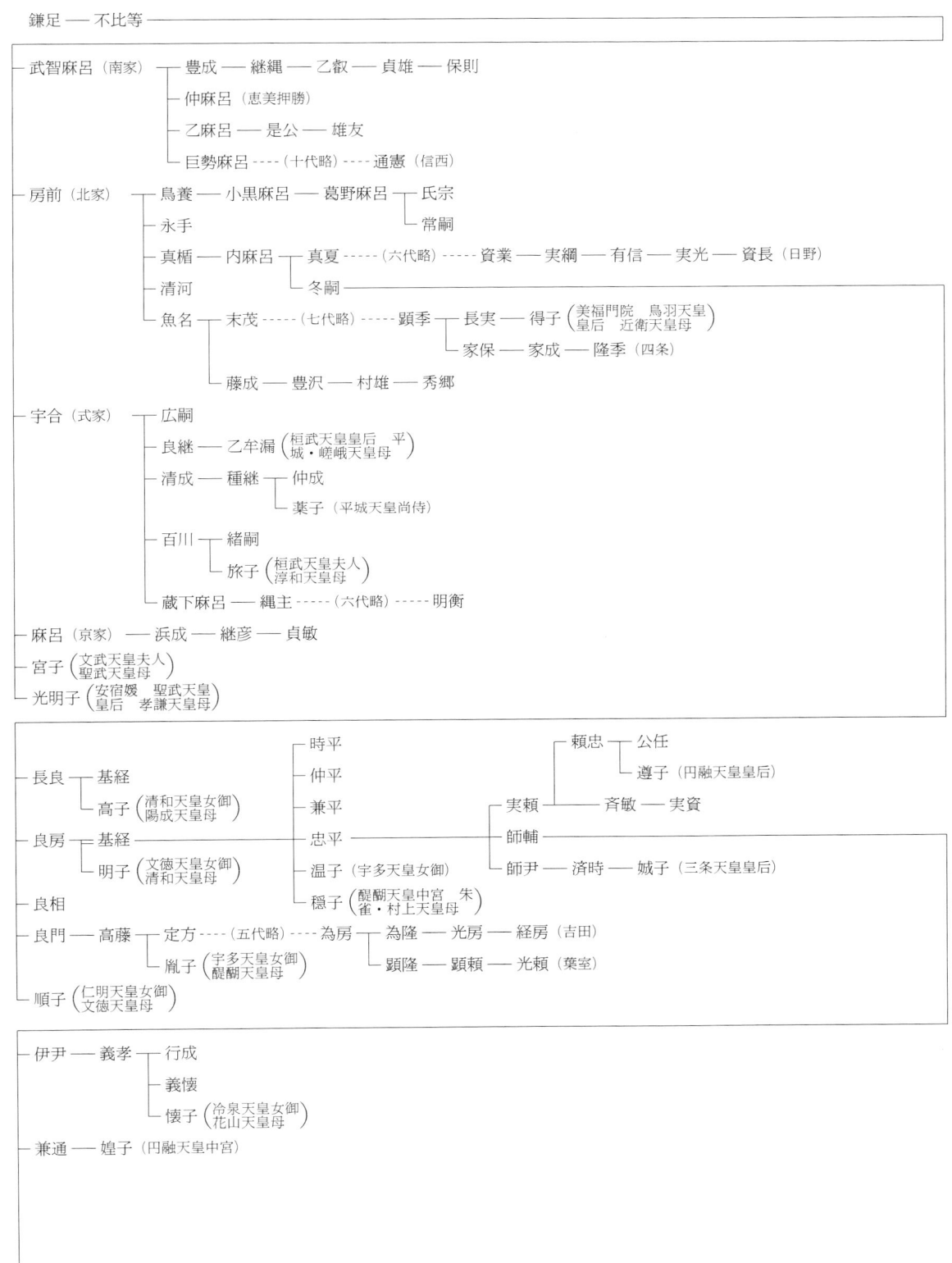

（師輔）
- 伊尹 — 義孝
  - 行成
  - 義懐
  - 懐子（冷泉天皇女御　花山天皇母）
- 兼通 — 媓子（円融天皇中宮）

8　藤原氏系図

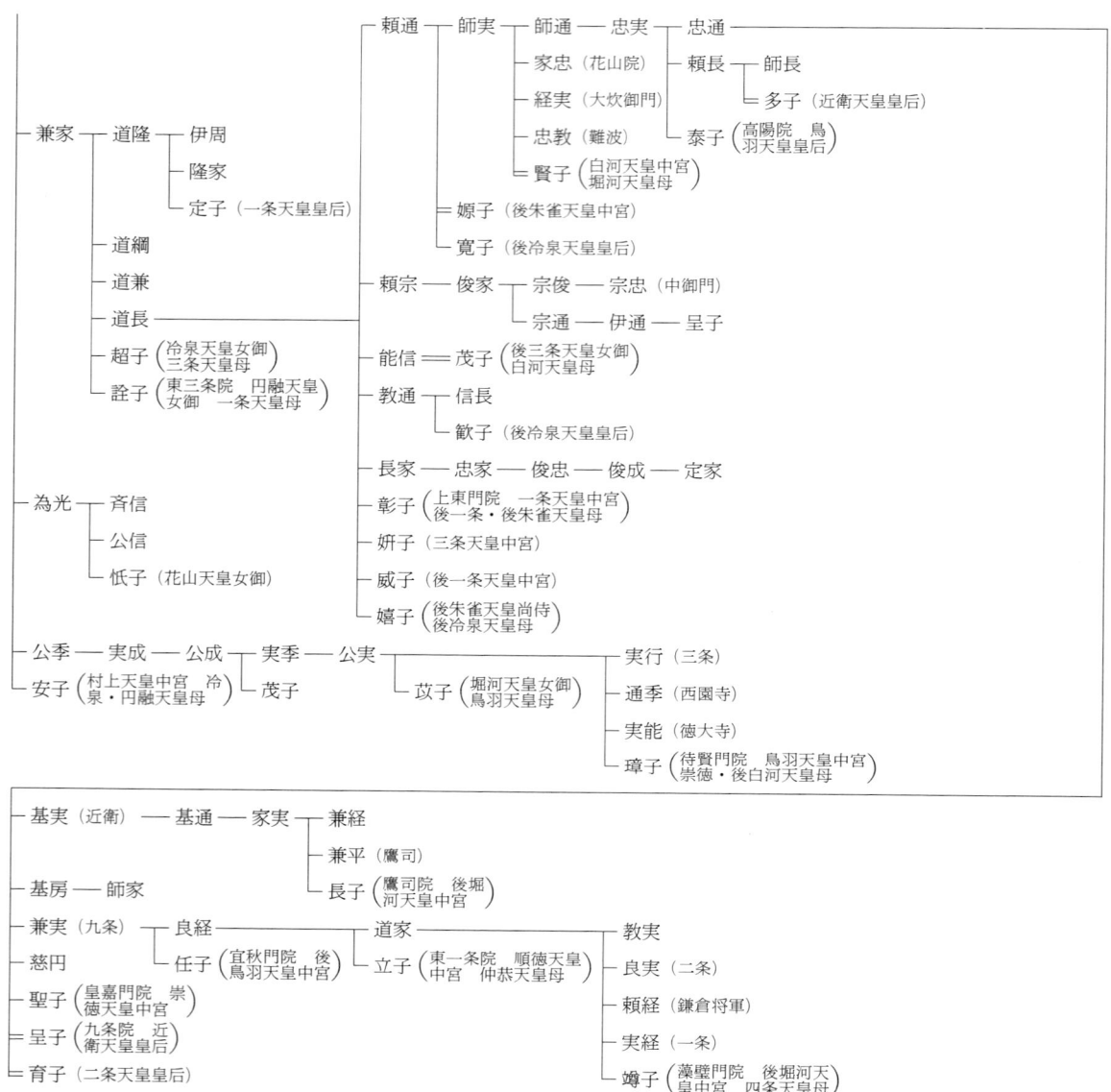

- 兼家
  - 道隆
    - 伊周
    - 隆家
    - 定子（一条天皇皇后）
  - 道綱
  - 道兼
  - 道長
    - 頼通
      - 師実
        - 師通
          - 忠実
            - 忠通
              - 基実（近衛）── 基通 ── 家実
                - 兼経
                - 兼平（鷹司）
                - 長子（鷹司院　後堀河天皇中宮）
              - 基房 ── 師家
              - 兼実（九条）
                - 良経
                  - 道家
                    - 教実
                    - 良実（二条）
                    - 頼経（鎌倉将軍）
                    - 実経（一条）
                    - 竴子（藻壁門院　後堀河天皇中宮　四条天皇母）
                  - 立子（東一条院　順徳天皇中宮　仲恭天皇母）
                - 任子（宜秋門院　後鳥羽天皇中宮）
              - 慈円
              - 聖子（皇嘉門院　崇徳天皇中宮）
              - ＝呈子（九条院　近衛天皇皇后）
              - ＝育子（二条天皇皇后）
            - 頼長
              - 師長
              - ＝多子（近衛天皇皇后）
            - 泰子（高陽院　鳥羽天皇皇后）
        - 家忠（花山院）
        - 経実（大炊御門）
        - 忠教（難波）
        - ＝賢子（白河天皇中宮　堀河天皇母）
      - ＝嫄子（後朱雀天皇中宮）
      - 寛子（後冷泉天皇皇后）
    - 頼宗 ── 俊家
      - 宗俊 ── 宗忠（中御門）
      - 宗通 ── 伊通 ── 呈子
    - 能信 ＝ 茂子（後三条天皇女御　白河天皇母）
    - 教通
      - 信長
      - 歓子（後冷泉天皇皇后）
    - 長家 ── 忠家 ── 俊忠 ── 俊成 ── 定家
    - 彰子（上東門院　一条天皇中宮　後一条・後朱雀天皇母）
    - 妍子（三条天皇中宮）
    - 威子（後一条天皇中宮）
    - 嬉子（後朱雀天皇尚侍　後冷泉天皇母）
  - 超子（冷泉天皇女御　三条天皇母）
  - 詮子（東三条院　円融天皇女御　一条天皇母）
- 為光
  - 斉信
  - 公信
  - 忯子（花山天皇女御）
- 公季 ── 実成 ── 公成
  - 実季 ── 公実
    - 実行（三条）
    - 通季（西園寺）
    - 実能（徳大寺）
    - 璋子（待賢門院　鳥羽天皇中宮　崇徳・後白河天皇母）
    - 苡子（堀河天皇女御　鳥羽天皇母）
  - 茂子
- 安子（村上天皇中宮　冷泉・円融天皇母）

9　古代朝鮮・中国　年号・王朝・皇帝一覧

＊西暦１年から499年までの，朝鮮と主な中国王朝の年号・皇帝名を，
年表に掲出(500年以降)のものと同じ内容で掲げた．

西暦	干支	新羅	高句麗	百済	前漢
1	辛酉	**赫居世** 58	**瑠璃明王** 20	**温祚王** 19	平帝 **元始** 1.1
2	壬戌	59	21	20	2 ⑧
3	癸亥	60	22	21	3
4	甲子	**南解王**	23	22	4
5	乙丑	2	24	23	5 ⑤
6	丙寅	3	25	24	孺子嬰 **居摂** 1.1
7	丁卯	4	26	25	2
8	戊辰	5	27	26	**初始** 11.15 ① **新** 王莽
9	己巳	6	28	27	**始建国** 1.1
10	庚午	7	29	28	2 ⑩
11	辛未	8	30	29	3
12	壬申	9	31	30	4
13	癸酉	10	32	31	5 ⑧
14	甲戌	11	33	32	**天鳳** 1.1
15	乙亥	12	34	33	2
16	丙子	13	35	34	3 ⑤
17	丁丑	14	36	35	4
18	戊寅	15	**大武神王**	36	5
19	己卯	16	2	37	6 ①
20	庚辰	17	3	38	**地皇** 1.1
21	辛巳	18	4	39	2 ⑨
22	壬午	19	5	40	3
23	癸未	20	6	41	**前漢** 淮陽王 **更始** 3.1
24	甲申	**需理王**	7	42	2 ⑤
25	乙酉	2	8	43	**後漢** 光武帝 **建武** 6.22

西暦	干支	新羅	高句麗	百済	後漢
26	丙戌	3	9	44	2
27	丁亥	4	10	45	3 ②
28	戊子	5	11	**多婁王**	4
29	己丑	6	12	2	5 ⑩
30	庚寅	7	13	3	6
31	辛卯	8	14	4	7
32	壬辰	9	15	5	8 ⑥
33	癸巳	10	16	6	9
34	甲午	11	17	7	10
35	乙未	12	18	8	11 ③
36	丙申	13	19	9	12
37	丁酉	14	20	10	13 ⑫
38	戊戌	15	21	11	14
39	己亥	16	22	12	15
40	庚子	17	23	13	16 ⑧
41	辛丑	18	24	14	17
42	壬寅	19	25	15	18
43	癸卯	20	26	16	19 ④
44	甲辰	21	**閔中王**	17	20
45	乙巳	22	2	18	21
46	丙午	23	3	19	22 ①
47	丁未	24	4	20	23
48	戊申	25	**慕本王**	21	24 ⑩
49	己酉	26	2	22	25
50	庚戌	27	3	23	26
51	辛亥	28	4	24	27 ⑥
52	壬子	29	5	25	28
53	癸丑	30	**大祖王**	26	29
54	甲寅	31	2	27	30 ③
55	乙卯	32	3	28	31
56	丙辰	33	4	29	**建武中元** 4.5 ⑫
57	丁巳	**脱解王**	5	30	2 明帝
58	戊午	2	6	31	**永平** 1.1
59	己未	3	7	32	2 ⑨

西暦	干支	新羅	高句麗	百済	後漢
60	庚申	脱解王 4	大祖王 8	多婁王 33	永平 3
61	辛酉	5	9	34	4
62	壬戌	6	10	35	5 ⑤
63	癸亥	7	11	36	6
64	甲子	8	12	37	7
65	乙丑	9	13	38	8 ①
66	丙寅	10	14	39	9
67	丁卯	11	15	40	10 ⑩
68	戊辰	12	16	41	11
69	己巳	13	17	42	12
70	庚午	14	18	43	13 ⑦
71	辛未	15	19	44	14
72	壬申	16	20	45	15
73	癸酉	17	21	46	16 ③
74	甲戌	18	22	47	17
75	乙亥	19	23	48	18 ⑪ 章帝
76	丙子	20	24	49	建初 1.1
77	丁丑	21	25	己婁王	2
78	戊寅	22	26	2	3 ⑧
79	己卯	23	27	3	4
80	庚辰	婆娑王	28	4	5
81	辛巳	2	29	5	6 ⑤
82	壬午	3	30	6	7
83	癸未	4	31	7	8
84	甲申	5	32	8	元和 8.20 ①
85	乙酉	6	33	9	2
86	丙戌	7	34	10	3 ⑩
87	丁亥	8	35	11	章和 7.27
88	戊子	9	36	12	2 和帝
89	己丑	10	37	13	永元 1.1 ⑦
90	庚寅	11	38	14	2
91	辛卯	12	39	15	3
92	壬辰	13	40	16	4 ③
93	癸巳	14	41	17	5
94	甲午	15	42	18	6 ⑪
95	乙未	16	43	19	7

西暦	干支	新羅	高句麗	百済	後漢
96	丙申	17	44	20	8
97	丁酉	18	45	21	9 ⑧
98	戊戌	19	46	22	10
99	己亥	20	47	23	11
100	庚子	21	48	24	12 ⑤
101	辛丑	22	49	25	13
102	壬寅	23	50	26	14
103	癸卯	24	51	27	15 ①
104	甲辰	25	52	28	16
105	乙巳	26	53	29	元興 4.- ⑨ 殤帝
106	丙午	27	54	30	延平 安帝
107	丁未	28	55	31	永初
108	戊申	29	56	32	2 ⑦
109	己酉	30	57	33	3
110	庚戌	31	58	34	4
111	辛亥	32	59	35	5 ④
112	壬子	祇摩王	60	36	6
113	癸丑	2	61	37	7 ⑫
114	甲寅	3	62	38	元初 1.2
115	乙卯	4	63	39	2
116	丙辰	5	64	40	3 ⑧
117	丁巳	6	65	41	4
118	戊午	7	66	42	5
119	己未	8	67	43	6 ⑤
120	庚申	9	68	44	永寧 4.11
121	辛酉	10	69	45	建光 7.1
122	壬戌	11	70	46	延光 3.2 ②
123	癸亥	12	71	47	2
124	甲子	13	72	48	3 ⑩
125	乙丑	14	73	49	4 少帝 順帝
126	丙寅	15	74	50	永建 1.1
127	丁卯	16	75	51	2 ⑥
128	戊辰	17	76	蓋婁王	3

西暦	干支	新羅	高句麗	百済	後漢
129	己巳	18	77	2	4
130	庚午	19	78	3	5 ③
131	辛未	20	79	4	6
132	壬申	21	80	5	陽嘉 3.13
133	癸酉	22	81	6	2
134	甲戌	逸聖王	82	7	3
135	乙亥	2	83	8	4 ⑧
136	丙子	3	84	9	永和 1.15
137	丁丑	4	85	10	2
138	戊寅	5	86	11	3 ④
139	己卯	6	87	12	4
140	庚辰	7	88	13	5
141	辛巳	8	89	14	6 ①
142	壬午	9	90	15	漢安 1.1
143	癸未	10	91	16	2 ⑩
144	甲申	11	92	17	建康 4.15 冲帝
145	乙酉	12	93	18	永嘉 1.1 質帝
146	丙戌	13	次大王	19	本初 1.1 ⑥ 桓帝
147	丁亥	14	2	20	建和 1.1
148	戊子	15	3	21	2
149	己丑	16	4	22	3 ③
150	庚寅	17	5	23	和平 1.1
151	辛卯	18	6	24	元嘉 1.16 ⑫
152	壬辰	19	7	25	2
153	癸巳	20	8	26	永興 5.22
154	甲午	阿達羅王	9	27	2 ⑨
155	乙未	2	10	28	永寿 1.14
156	丙申	3	11	29	2
157	丁酉	4	12	30	3 ⑤
158	戊戌	5	13	31	延熹 6.4
159	己亥	6	14	32	2

西暦	干支	新羅	高句麗	百済	後漢
160	庚子	7	15	33	3 ①
161	辛丑	8	16	34	4
162	壬寅	9	17	35	5 ⑩
163	癸卯	10	18	36	6
164	甲辰	11	19	37	7
165	乙巳	12	新大王	38	8 ⑦
166	丙午	13	2	肖古王	9
167	丁未	14	3	2	永康 6.9
168	戊申	15	4	3	霊帝 建寧 1.21
169	己酉	16	5	4	2
170	庚戌	17	6	5	3 ⑪
171	辛亥	18	7	6	4
172	壬子	19	8	7	熹平 5.16
173	癸丑	20	9	8	2 ⑧
174	甲寅	21	10	9	3
175	乙卯	22	11	10	4
176	丙辰	23	12	11	5 ⑤
177	丁巳	24	13	12	6
178	戊午	25	14	13	光和 3.21
179	己未	26	故国川王	14	2 ①
180	庚申	27	2	15	3
181	辛酉	28	3	16	4 ⑨
182	壬戌	29	4	17	5
183	癸亥	30	5	18	6
184	甲子	伐休王	6	19	中平 12.25 ⑦
185	乙丑	2	7	20	2
186	丙寅	3	8	21	3
187	丁卯	4	9	22	4 ④
188	戊辰	5	10	23	5

西暦	干支	新羅	高句麗	百済	後漢
189	己巳	伐休王 6	故国川王 11	肖古王 24	少帝 光熹 4.13 昭寧 8.28 献帝 永漢 9.1 中平 12.- ⑫
190	庚午	7	12	25	初平
191	辛未	8	13	26	2
192	壬申	9	14	27	3 ⑧
193	癸酉	10	15	28	4
194	甲戌	11	16	29	興平 1.13
195	乙亥	12	17	30	2 ⑤
196	丙子	奈解王	故国川王 18	肖古王 31	建安 1.7
197	丁丑	2	山上王	32	2
198	戊寅	3	2	33	3 ②
199	己卯	4	3	34	4
200	庚辰	5	4	35	5 ⑩
201	辛巳	6	5	36	6
202	壬午	7	6	37	7
203	癸未	8	7	38	8 ⑥
204	甲申	9	8	39	9
205	乙酉	10	9	40	10
206	丙戌	11	10	41	11 ③
207	丁亥	12	11	42	12
208	戊子	13	12	43	13 ⑫
209	己丑	14	13	44	14
210	庚寅	15	14	45	15
211	辛卯	16	15	46	16 ⑧
212	壬辰	17	16	47	17
213	癸巳	18	17	48	18
214	甲午	19	18	仇首王	19 ④
215	乙未	20	19	2	20
216	丙申	21	20	3	21
217	丁酉	22	21	4	22 ①
218	戊戌	23	22	5	23
219	己亥	24	23	6	24 ⑩

西暦	干支	新羅	高句麗	百済	後漢		
220	庚子	25	24	7	延康 3.- 魏 文帝 黄初 1.28	蜀	
221	辛丑	26	25	8	2	昭烈帝 章武 4.6	呉
222	壬寅	27	26	9	3 ⑥	2 ⑥	大帝 黄武 9.- ⑥
223	癸卯	28	27	10	4	後主 建興 5.-	2
224	甲辰	29	28	11	5	2	3
225	乙巳	30	29	12	6 ③	3 ③	4 ④
226	丙午	31	30	13	7 明帝	4	5
227	丁未	32	東川王	14	太和 1.1 ⑫	5 ⑫	6 ⑫
228	戊申	33	2	15	2	6	7
229	己酉	34	3	16	3	7	黄竜 4.13
230	庚戌	助賁王	4	17	4 ⑨	8 ⑨	2 ⑨
231	辛亥	2	5	18	5	9	3
232	壬子	3	6	19	6	10	嘉禾 1.1
233	癸丑	4	7	20	青竜 2.6 ⑤	11 ⑤	2 ⑤
234	甲寅	5	8	沙伴王 古爾王	2	12	3
235	乙卯	6	9	2	3	13	4
236	丙辰	7	10	3	4 ①	14 ①	5 ②
237	丁巳	8	11	4	景初 3.-	15	6
238	戊午	9	12	5	2 ⑪	延熙 1.- ⑪	赤烏 8.- ⑪
239	己未	10	13	6	3 斉王	2	2
240	庚申	11	14	7	正始 1.1	3	3
241	辛酉	12	15	8	2 ⑥	4 ⑦	4 ⑥
242	壬戌	13	16	9	3	5	5
243	癸亥	14	17	10	4	6	6
244	甲子	15	18	11	5 ③	7 ③	7 ③

西暦	干支	新羅	高句麗	百済	魏	蜀	呉
245	乙丑	16	19	12	6	8	8
246	丙寅	17	20	13	7 ⑫	9 ⑪	9 ⑫
247	丁卯	**沾解王**	21	14	8	10	10
248	戊辰	2	**中川王**	15	9	11	11
249	己巳	3	2	16	**嘉平** 4.8 ⑨	12 ⑧	12 ⑧
250	庚午	4	3	17	2	13	13
251	辛未	5	4	18	3	14	**太元** 5.-
252	壬申	6	5	19	4 ⑤	15 ⑤	**神鳳** 2.- 侯官侯 **建興** 4.- ④
253	癸酉	7	6	20	5	16	2
254	甲戌	8	7	21	高貴郷公 **正元** 10.4	17	**五鳳** 1.1
255	乙亥	9	8	22	2 ①	18 ①	2 ①
256	丙子	10	9	23	**甘露** 6.1	19	**太平** 10.3
257	丁丑	11	10	24	2 ⑩	20 ⑨	2 ⑩
258	戊寅	12	11	25	3	**景耀**	景帝 **永安** 10.18
259	己卯	13	12	26	4	2	2
260	庚辰	14	13	27	元帝 **景元** 6.2 ⑦	3 ⑦	3 ⑦
261	辛巳	15	14	28	2	4	4
262	壬午	**味鄒王**	15	29	3	5	5
263	癸未	2	16	30	4 ③	**炎興** ④	6 ③
264	甲申	3	17	31	**咸熙** 5.15	2	帰命侯 **元興** 7.-
265	乙酉	4	18	32	2 **西晋** 武帝 **泰始** 12.17 ⑪		**甘露** 4.- ⑪
266	丙戌	5	19	33	2		**宝鼎** 8.-
267	丁亥	6	20	34	3		2
268	戊子	7	21	35	4 ⑧		3 ⑧
269	己丑	8	22	36	5		**建衡** 10.-
270	庚寅	9	**西川王**	37	6		2

西暦	干支	新羅	高句麗	百済	西晋	呉
271	辛卯	10	2	38	7 ⑤	3 ⑤
272	壬辰	11	3	39	8	**鳳皇** 1.1
273	癸巳	12	4	40	9	2
274	甲午	13	5	41	10 ①	3 ①
275	乙未	14	6	42	**咸寧** 1.1	**天冊** 7.-
276	丙申	15	7	43	2 ⑨	**天璽** ⑩
277	丁酉	16	8	44	3	**天紀** 1.1
278	戊戌	17	9	45	4	2
279	己亥	18	10	46	5 ⑦	3 ⑦
280	庚子	19	11	47	**太康** 4.29	4
281	辛丑	20	12	48	2	
282	壬寅	21	13	49	3 ④	
283	癸卯	22	14	50	4	
284	甲辰	**儒礼王**	15	51	5 ⑫	
285	乙巳	2	16	52	6	
286	丙午	3	17	**責稽王**	7	
287	丁未	4	18	2	8 ⑧	
288	戊申	5	19	3	9	
289	己酉	6	20	4	10	
290	庚戌	7	21	5	**太熙** 1.1 恵帝 **永熙** 4.20 ⑤	
291	辛亥	8	22	6	**永平** 1.1 **元康** 3.9	
292	壬子	9	**烽上王**	7	2	
293	癸丑	10	2	8	3 ②	
294	甲寅	11	3	9	4	
295	乙卯	12	4	10	5 ⑩	
296	丙辰	13	5	11	6	
297	丁巳	14	6	12	7	
298	戊午	**基臨王**	7	**汾西王**	8 ⑥	
299	己未	2	8	2	9	
300	庚申	3	**美川王**	3	**永康** 1.1	
301	辛酉	4	2	4	**永寧** 4.9 ③	

西暦	干支	新羅	高句麗	百済	西晋
302	壬戌	基臨王 5	美川王 3	汾西王 5	太安 12.22
303	癸亥	6	4	6	2 ②
304	甲子	7	5	比流王	永安 1.8 建武 7.25 永安 11.12 永興 12.24
305	乙丑	8	6	2	2
306	丙寅	9	7	3	光熙 6.16 ⑧ 懐帝
307	丁卯	10	8	4	永嘉 1.1
308	戊辰	11	9	5	2
309	己巳	12	10	6	3 ④
310	庚午	訖解王	11	7	4
311	辛未	2	12	8	5
312	壬申	3	13	9	6 ①
313	癸酉	4	14	10	愍帝 建興 4.24
314	甲戌	5	15	11	2 ⑩
315	乙亥	6	16	12	3
316	丙子	7	17	13	4
317	丁丑	8	18	14	東晋 元帝 建武 3.9 ⑦
318	戊寅	9	19	15	太興 3.10
319	己卯	10	20	16	2
320	庚辰	11	21	17	3 ③
321	辛巳	12	22	18	4
322	壬午	13	23	19	永昌 1.1 ⑪ 明帝
323	癸未	14	24	20	太寧 3.1
324	甲申	15	25	21	2
325	乙酉	16	26	22	3 ⑧ 成帝
326	丙戌	17	27	23	咸和 2.27

西暦	干支	新羅	高句麗	百済	東晋
327	丁亥	18	28	24	2
328	戊子	19	29	25	3 ⑤
329	己丑	20	30	26	4
330	庚寅	21	31	27	5
331	辛卯	22	故国原王	28	6 ①
332	壬辰	23	2	29	7
333	癸巳	24	3	30	8 ⑩
334	甲午	25	4	31	9
335	乙未	26	5	32	咸康 1.1
336	丙申	27	6	33	2 ⑦
337	丁酉	28	7	34	3
338	戊戌	29	8	35	4
339	己亥	30	9	36	5 ④
340	庚子	31	10	37	6
341	辛丑	32	11	38	7 ⑫
342	壬寅	33	12	39	8 康帝
343	癸卯	34	13	40	建元 1.-
344	甲辰	35	14	契王	2 ⑧ 穆帝
345	乙巳	36	15	2	永和 1.1
346	丙午	37	16	近肖古王	2
347	丁未	38	17	2	3 ⑤
348	戊申	39	18	3	4
349	己酉	40	19	4	5
350	庚戌	41	20	5	6 ②
351	辛亥	42	21	6	7
352	壬子	43	22	7	8 ⑩
353	癸丑	44	23	8	9
354	甲寅	45	24	9	10
355	乙卯	46	25	10	11 ⑪
356	丙辰	奈勿王	26	11	12
357	丁巳	2	27	12	升平 1.1
358	戊午	3	28	13	2 ③
359	己未	4	29	14	3
360	庚申	5	30	15	4 ⑫
361	辛酉	6	31	16	5 哀帝

西暦	干支	新羅	高句麗	百済	東晋	北魏
362	壬戌	7	32	17	**隆和** 1.20	
363	癸亥	8	33	18	**興寧** ⑧	
364	甲子	9	34	19	2	
365	乙丑	10	35	20	3 海西公	
366	丙寅	11	36	21	**太和** ④	
367	丁卯	12	37	22	2	
368	戊辰	13	38	23	3	
369	己巳	14	39	24	4 ①	
370	庚午	15	40	25	5	
371	辛未	16	小獣林王	26	簡文帝 **咸安** 11.15 ⑩	
372	壬申	17	2	27	2 孝武帝	
373	癸酉	18	3	28	**寧康** 1.1	
374	甲戌	19	4	29	2 ⑦	
375	乙亥	20	5	近仇首王	3	
376	丙子	21	6	2	**太元** 1.3	
377	丁丑	22	7	3	2 ③	
378	戊寅	23	8	4	3	
379	己卯	24	9	5	4 ⑫	
380	庚辰	25	10	6	5	
381	辛巳	26	11	7	6	
382	壬午	27	12	8	7 ⑨	
383	癸未	28	13	9	8	
384	甲申	29	故国壌王	枕流王	9	
385	乙酉	30	2	辰斯王	10 ⑤	
386	丙戌	31	3	2	11	道武帝 **登国** 7.-
387	丁亥	32	4	3	12	2
388	戊子	33	5	4	13 ①	3 ①
389	己丑	34	6	5	14	4
390	庚寅	35	7	6	15 ⑩	5 ⑩
391	辛卯	36	8	7	16	6
392	壬辰	37	広開土王	阿莘王	17	7
393	癸巳	38	2	2	18 ⑦	8 ⑦
394	甲午	39	3	3	19	9
395	乙未	40	4	4	20	10

西暦	干支	新羅	高句麗	百済	東晋	北魏
396	丙申	41	5	5	21 ③ 安帝	**皇始** 7.- ③
397	丁酉	42	6	6	**隆安** 1.1	2
398	戊戌	43	7	7	2 ⑪	**天興** 12.2 ⑪
399	己亥	44	8	8	3	2
400	庚子	45	9	9	4	3
401	辛丑	46	10	10	5 ⑧	4 ⑧
402	壬寅	実聖王	11	11	**元興** 1.1	5
403	癸卯	2	12	12	2	6
404	甲辰	3	13	13	3 ⑤	**天賜** 10.28 ⑤
405	乙巳	4	14	腆支王	**義熙** 1.16	2
406	丙午	5	15	2	2	3
407	丁未	6	16	3	3 ②	4 ②
408	戊申	7	17	4	4	5
409	己酉	8	18	5	5 ⑩	明元帝 **永興** 10.17 ⑩
410	庚戌	9	19	6	6	2
411	辛亥	10	20	7	7	3
412	壬子	11	21	8	8 ⑥	4 ⑥
413	癸丑	12	長寿王	9	9	5
414	甲寅	13	2	10	10	**神瑞** 1.1
415	乙卯	14	3	11	11 ③	2 ③
416	丙辰	15	4	12	12	**泰常** 4.5
417	丁巳	訥祇王	5	13	13 ⑫	2 ⑫
418	戊午	2	6	14	14 恭帝	3
419	己未	3	7	15	**元熙** 1.1	4
420	庚申	4	8	久爾辛王	**宋** 武帝 **永初** 6.14 ⑧	5 ⑧
421	辛酉	5	9	2	2	6
422	壬戌	6	10	3	3 少帝	7
423	癸亥	7	11	4	**景平** 1.1 ④	8 ④ 太武帝

9　古代朝鮮・中国　年号・王朝・皇帝一覧

西暦	干支	新羅	高句麗	百済	宋	北魏
424	甲子	訥祇王 8	長寿王 12	久爾辛王 5	文帝 元嘉 8.9	始光 1.1
425	乙丑	9	13	6	2	2
426	丙寅	10	14	7	3 ①	3 ①
427	丁卯	11	15	毗有王	4	4
428	戊辰	12	16	2	5 ⑩	神䴥 2.- ⑩
429	己巳	13	17	3	6	2
430	庚午	14	18	4	7	3
431	辛未	15	19	5	8 ⑥	4 ⑥
432	壬申	16	20	6	9	延和 1.1
433	癸酉	17	21	7	10	2
434	甲戌	18	22	8	11 ③	3 ③
435	乙亥	19	23	9	12	太延 1.26
436	丙子	20	24	10	13 ⑫	2 ⑫
437	丁丑	21	25	11	14	3
438	戊寅	22	26	12	15	4
439	己卯	23	27	13	16 ⑨	5 ⑨
440	庚辰	24	28	14	17	太平真君 6.21
441	辛巳	25	29	15	18	2
442	壬午	26	30	16	19 ⑤	3 ⑤
443	癸未	27	31	17	20	4
444	甲申	28	32	18	21	5
445	乙酉	29	33	19	22 ⑤	6 ①
446	丙戌	30	34	20	23	7
447	丁亥	31	35	21	24	8 ⑩
448	戊子	32	36	22	25 ②	9
449	己丑	33	37	23	26	10
450	庚寅	34	38	24	27 ⑩	11 ⑦
451	辛卯	35	39	25	28	正平 6.9
452	壬辰	36	40	26	29	南安王 承平 3.- 文成帝 興安 10.3
453	癸巳	37	41	27	30 ⑥ 孝武帝	2 ⑥

西暦	干支	新羅	高句麗	百済	宋	北魏
454	甲午	38	42	28	孝建 1.1	興光 7.6
455	乙未	39	43	蓋鹵王	2	太安 6.2
456	丙申	40	44	2	3 ③	2 ②
457	丁酉	41	45	3	大明 1.1	3
458	戊戌	慈悲王	46	4	2 ⑫	4 ⑩
459	己亥	2	47	5	3	5
460	庚子	3	48	6	4	和平 1.1
461	辛丑	4	49	7	5 ⑨	2 ⑦
462	壬寅	5	50	8	6	3
463	癸卯	6	51	9	7	4
464	甲辰	7	52	10	8 ⑤ 前廃帝	5 ④
465	乙巳	8	53	11	永光 1.1 景和 8.13 明帝 泰始 12.7	6 献文帝
466	丙午	9	54	12	2	天安 1.1
467	丁未	10	55	13	3 ①	皇興 8.29 ①
468	戊申	11	56	14	4	2
469	己酉	12	57	15	5 ⑩	3 ⑨
470	庚戌	13	58	16	6	4
471	辛亥	14	59	17	7	孝文帝 延興 8.20
472	壬子	15	60	18	泰予 1.1 ⑦ 後廃帝	2 ⑥
473	癸丑	16	61	19	元徽 1.1	3
474	甲寅	17	62	20	2	4
475	乙卯	18	63	文周王	3 ③	5 ③
476	丙辰	19	64	2	4	承明 6.14
477	丁巳	20	65	三斤王	順帝 昇明 7.11 ⑫	太和 1.1 ⑪
478	戊午	21	66	2	2	2

西暦	干支	新羅	高句麗	百済	斉	北魏
479	己未	**炤知王**	67	**東城王**	高帝 **建元** 4.23	3
480	庚申	2	68	2	2 ⑨	4 ⑦
481	辛酉	3	69	3	3	5
482	壬戌	4	70	4	4	6
483	癸亥	5	71	5	武帝 **永明** 1.2 ⑤	7 ④
484	甲子	6	72	6	2	8
485	乙丑	7	73	7	3	9
486	丙寅	8	74	8	4 ①	10 ①
487	丁卯	9	75	9	5	11
488	戊辰	10	76	10	6 ⑩	12 ⑨
489	己巳	11	77	11	7	13
490	庚午	12	78	12	8	14
491	辛未	13	79	13	9 ⑦	15 ⑤
492	壬申	14	**文咨明王**	14	10	16
493	癸酉	15	2	15	11 鬱林王	17
494	甲戌	16	3	16	**隆昌** 1.1 海陵王 **延興** 7.25 明帝 **建武** 10.22 ④	18 ②
495	乙亥	17	4	17	2	19
496	丙子	18	5	18	3 ⑫	20 ⑪
497	丁丑	19	6	19	4	21
498	戊寅	20	7	20	**永泰** 4.3 東昏侯	22
499	己卯	21	8	21	**永元** 1.1 ⑧	23 ⑧ 宣武帝

10　冠位・位階対応一覧

（諸臣のみ）

推古11年(603)		大・小徳	大・小仁	大・小礼	大・小信
大化3年(647)	大・小織　大・小繍　大・小紫	大錦	小錦	大青	小青
大化5年(649)	大・小織　大・小繍　大・小紫	大花上・下	小花上・下	大山上・下	小山上・下
天智3年(664)	大・小織　大・小繍　大・小紫	大錦上・中・下	小錦上・中・下	大山上・中・下	小山上・中・下
天武14年(685)	正 大・広壱　大・広弐　大・広参　大・広肆	直 大・広壱　大・広弐	大・広参　大・広肆	勤 大・広壱　大・広弐　大・広参　大・広肆	務 大・広壱　大・広弐　大・広参　大・広肆
大宝元年(701)	正・従一位　正・従二位　正・従三位	正四位上・下　従四位上・下	正五位上・下　従五位上・下	正六位上・下　従六位上・下	正七位上・下　従七位上・下

推古11年(603)	大・小義	大・小智	
大化3年(647)	大黒	小黒	建武
大化5年(649)	大乙上・下	小乙上・下	立身
天智3年(664)	大乙上・中・下	小乙上・中・下	大・小建
天武14年(685)	追 大・広壱　大・広弐　大・広参　大・広肆	進 大・広壱　大・広弐　大・広参　大・広肆	
大宝元年(701)	正八位上・下　従八位上・下	大初位上・下　少初位上・下	

11　官位相当一覧

		官		省		職			寮		
		神祇	太政	中務	式部 治部 民部 兵部 刑部 大蔵 宮内	中宮	左京 右京 大膳 摂津	春宮坊	左大舎人 右大舎人 大学 木工 雅楽 玄蕃 主計 主税 図書 左馬 右馬 左兵庫 右兵庫	内蔵 縫殿 大炊 散位 陰陽 主殿 典薬	正親 内膳 造酒 兵馬 鍛冶 造兵 画工 典鋳 掃部 内薬 東市 西市 官奴 鼓吹 園池 諸陵 贓贖 囚獄
正一位 従一位			太政大臣								
正二位 従二位			左大臣 右大臣								
正三位			大納言								
従三位											
正四位	上			卿				皇太子傅			
	下				卿						
従四位	上		左大弁 右大弁								
	下	伯				大夫		大夫			
正五位	上		左中弁 右中弁	大輔			大夫				
	下		左少弁 右少弁		大輔 大判事						
従五位	上			少輔					頭		
	下	大副	少納言	侍従 大監物	少輔	亮	亮	亮 皇太子学士		頭	
正六位	上	少副	左弁大史 右弁大史	大内記							正 内膳奉膳
	下			大丞	大丞 中判事				助 大学博士		内薬侍医
従六位	上	大祐		少丞 中監物	少丞	大進		大進		助	
	下	少祐			少判事 大蔵大主鎰	少進	大進	少進			
正七位	上		大外記 左弁少史 右弁少史	中内記 大録	大録		少進			内蔵大主鎰	
	下			少監物 大主鈴	判事大属		主醤 主菓餅		大允大学助教	医博士 陰陽博士 天文博士	
従七位	上		少外記						少允 音博士 書博士 算博士	允 陰陽師 暦博士 呪禁博士	
	下			大典鑰	刑部大解部 大蔵少主鎰					医師 漏尅博士 針博士	佑 内膳典膳
正八位	上			少内記 少録 少主鈴	少録 典履 典革					内蔵少主鎰 呪禁師 針師 薬園師 典履	
	下	大史			治部大解部 刑部中解部 判事少属	大属	大属	大属		按摩博士	
従八位	上	少史		少典鑰		少属	少属	少属	大属 雅楽諸師 馬医	按摩師	
	下				刑部少解部 治部少解部				少属 主計算師 主税算師	大属	
大初位	上									少属	大令史 令史 画師
	下										少令史
少初位	上										
	下										

（『養老令』により作成．その後の変遷，および令外官については割愛した）

司			監	署	弾正台	府		大宰府	国				家司
内兵庫　土工 葬儀　釆女 主船　漆部 縫部　織部 隼人　内礼	主水 主油 内掃部 筥陶 内染	主鷹	舎人 主膳 主蔵	主殿 主書 主漿 主工 主兵 主馬		衛門 左衛士 右衛士	左兵衛 右兵衛		大	上	中	下	
								帥					
					尹								
						督		大弐					
					弼								
							督		守				
						佐		少弐		守			一品家令 職事一位家令
					大忠								二品家令
正					少忠		佐	大監	介		守		
	正		正					少監		介			一品家扶 三品家令 職事一位家扶 職事二位家令
		正		首		大尉		大判事				守	
					大疏	少尉		大工 少判事 大典 防人正					二品家扶 四品家令
					巡察		大尉	主神	大掾				
							少尉		少掾	掾			一品家大従 一品文学 三品家扶 職事一位家大従 職事正三位家令
								大宰博士					一品家少従 二品家従 二品文学 四品家扶 職事一位家少従 職事従三位家令
佑					少疏			少典 陰陽師 医師 少工 算師 防人佑 主船 主厨			掾		
	佑		佑			大志 医師							三品家従 三品文学 四品文学 職事二位家従
						少志	大志 医師		大目				四品家従
							少志		少目	目			一品家大書吏 職事一位家大書吏
								判事大令史					一品家少書吏 二品家大書吏 職事一位家少書吏
令史 挑文師								判事少令史 防人令史			目		二品家少書吏
	令史 染師		令史									目	三品家書吏 四品家書吏 職事二位家大書吏 職事二位家少書吏
		令史		令史									職事三位家書吏

12　太政官　官制一覧

〔中　央〕

- 太政官
  - 神祇官
  - 中務省＝中宮職・左右大舎人寮・図書寮・内蔵寮・縫殿寮・陰陽寮・画工司・内薬司・内礼司
  - 式部省＝大学寮・散位寮
  - 治部省＝雅楽寮・玄蕃寮・諸陵司・喪儀司
  - 民部省＝主計寮・主税寮
  - 兵部省＝兵馬司・造兵司・鼓吹司・主船司・主鷹司
  - 刑部省＝贓贖司・囚獄司
  - 大蔵省＝典鋳司・掃部司・漆部司・縫部司・織部司
  - 宮内省＝大膳職・木工寮・大炊寮・主殿寮・典薬寮・正親司・内膳司・造酒司・鍛冶司・官奴司・園池司・土工司・采女司・主水司・主油司・内掃部司・筥陶司・内染司
  - 弾正台
  - 衛門府＝隼人司
  - 左右衛士府
  - 左右兵衛府
  - 左右馬寮
  - 左右兵庫
  - 内兵庫
  - 春宮坊＝舎人監・主膳監・主蔵監・主殿署・主書署・主漿署・主工署・主兵署・主馬署

〔地　方〕

  - 左右京職＝東西市司・坊令＝坊長
  - 摂津職―国司＝郡司＝里長
  - 大宰府―国司＝郡司＝里長
  - 国　　司＝郡司＝里長

（『養老令』による．一線は「因事管隷」といい，事（職務の別）に因って指揮し，＝線は「管隷」といい，常に監督する．）

太政官　内部官制一覧

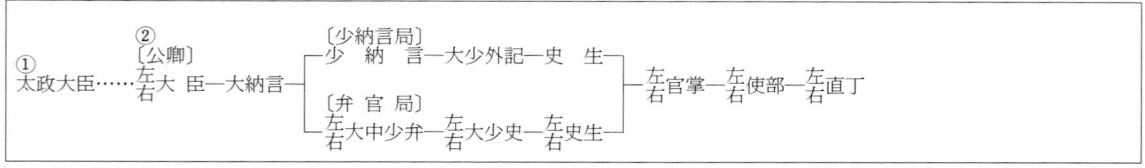

- ①太政大臣……②〔公卿〕左右大臣―大納言
  - 〔少納言局〕少納言―大少外記―史生―左右官掌―左右使部―左右直丁
  - 〔弁官局〕左右大中少弁―左右大少史―左右史生―左右官掌―左右使部―左右直丁

（①太政大臣は常置せず，左右大臣以下を指揮監督しない
②公卿には，のちに内大臣・中納言・参議らが参加する）

13　平城京復元図

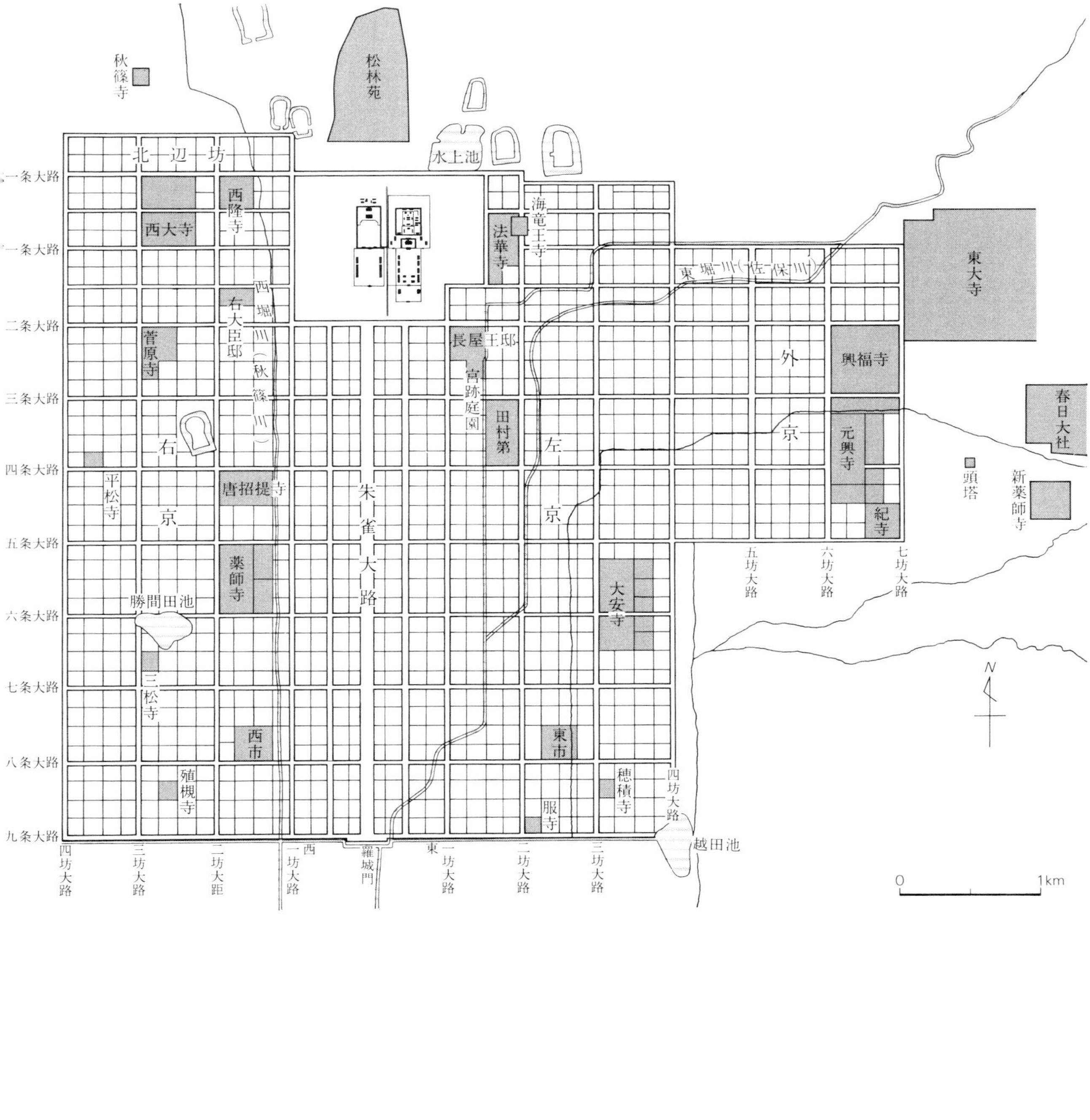
秋篠寺
松林苑
北辺坊
水上池
一条大路
西大寺
西隆寺
海竜王寺
法華寺
一条大路
東大寺
東堀川(佐保川)
西堀川(秋篠川)
右大臣邸
二条大路
菅原寺
長屋王邸
宮跡庭園
外京
興福寺
三条大路
田村第
春日大社
元興寺
右京
左京
四条大路
頭塔
新薬師寺
平松寺
唐招提寺
朱雀大路
紀寺
五条大路
五坊大路
六坊大路
七坊大路
薬師寺
大安寺
勝間田池
六条大路
三松寺
七条大路
N
西市
東市
八条大路
殖槻寺
穂積寺
四坊大路
服寺
九条大路
越田池
四坊大路
三坊大路
二坊大距
西一坊大路
羅城門
東一坊大路
二坊大路
三坊大路
0
1km

14　平安京復元図

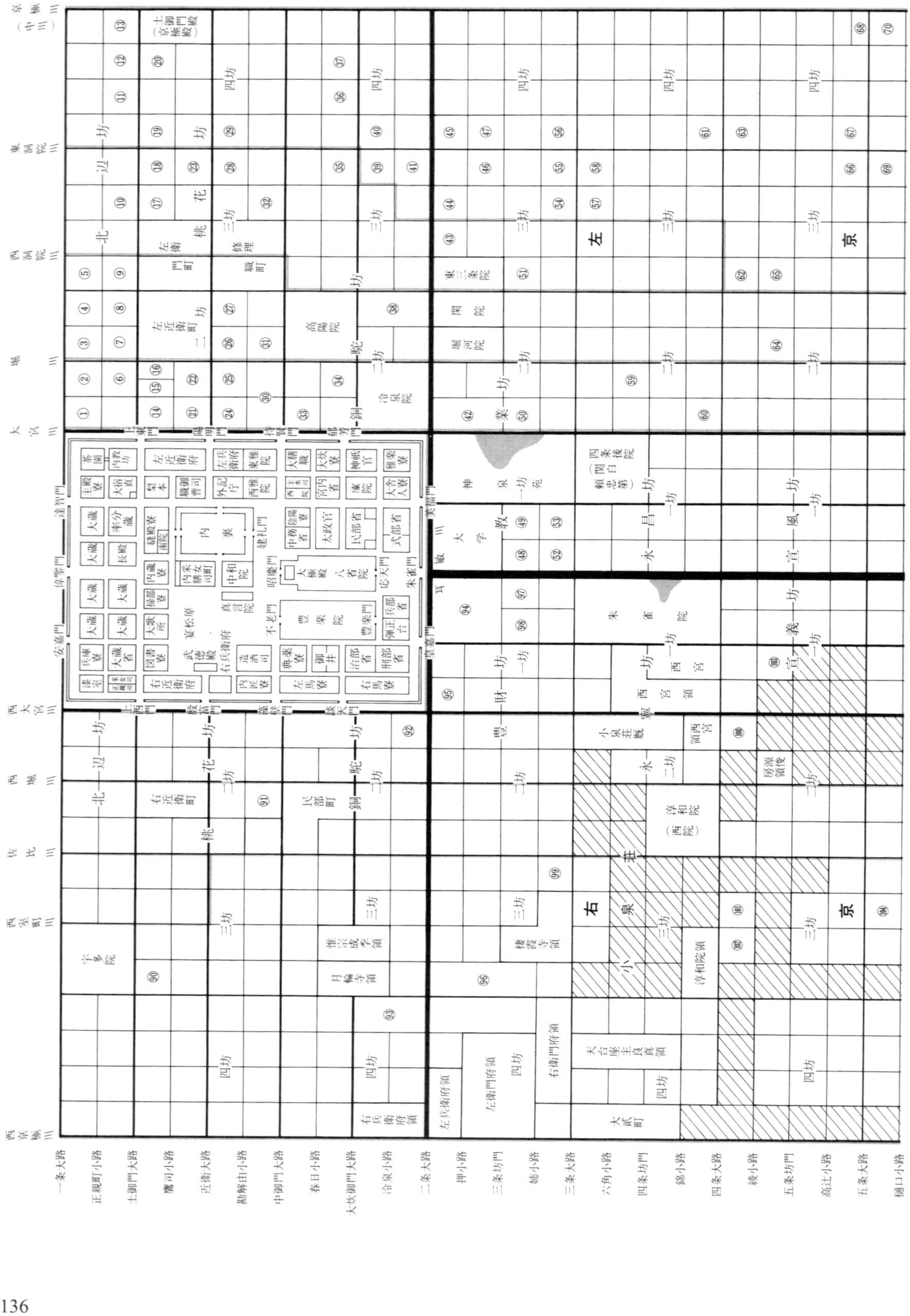

京極川
東洞院川
西洞院川
堀川
大宮川
西大宮川
西堀川
佐比川
西室町川
西京極川
左京
右京
大内裏
朱雀門
神泉苑
朱雀院
一条大路
正親町小路
土御門大路
鷹司小路
近衛大路
勘解由小路
中御門大路
春日小路
大炊御門大路
冷泉小路
二条大路
押小路
三条坊門
姉小路
三条大路
六角小路
四条坊門
錦小路
四条大路
綾小路
五条坊門
高辻小路
五条大路
樋口小路

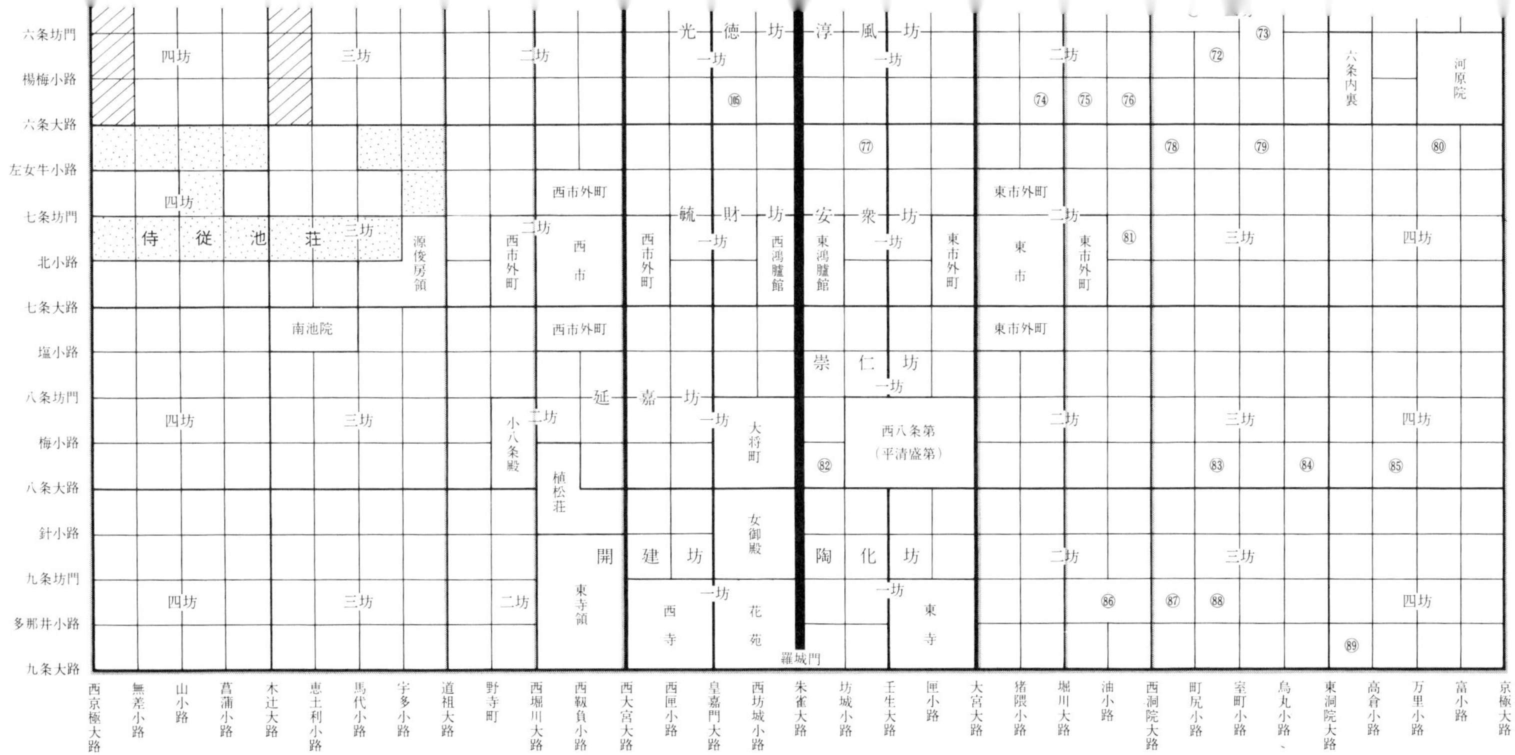

左　京

① 一条院
② 一条院別納
③ 帯刀町
④ 縫殿町
⑤ 正親町
⑥ 内教坊町
⑦ 女官町
⑧ 源信・池辺亭
⑨ 藤原兼家第(土御門第)
⑩ 内膳町
⑪ 村上源氏土御門第
⑫ 具平親王御所
⑬ 清和院・染殿
⑭ 織部町
⑮ 内豎町
⑯ 大舎人町
⑰ 土御門殿(里内裏)
⑱ 采女町
⑲ 高倉殿(藤原頼通)
⑳ 鷹司殿(源倫子)
㉑ 左衛門府
㉒ 検非違使庁(併設)
㉓ 枇杷殿
㉔ 修理職領
㉕ 内蔵町
㉖ 左兵衛町
㉗ 左　獄
㉘ 小一条院(東一条第)
㉙ 花山院
㉚ 外記町
㉛ 太政官厨家
㉜ 菅原院
㉝ 東宮町
㉞ 神祇官町
㉟ 大炊殿(白河・鳥羽御所)
㊱ 藤原頼長第
㊲ 大炊殿(式子内親王)
㊳ 陽成院
㊴ 少将井
㊵ 源有仁第
㊶ 二条第(藤原道長)
㊷ 木工寮
㊸ 鴨　院
㊹ 藤原俊忠第
㊺ 二条東洞院第(小二条殿)
㊻ 三条院(三条天皇・菅原孝標)
㊼ 竹三条宮
㊽ 左京職
㊾ 弘文院
㊿ 御子左第
51 高松第
52 奨学院
53 勧学院
54 三条西第
55 三条東殿
56 高倉宮(以仁王)
57 三条南殿
58 六角堂(頂法寺)
59 南院(是忠親王)
60 藤原基房第
61 東洞院殿(近衛天皇・二条天皇御所)
62 四条宮(皇太后藤原遵子・太皇太后藤原寛子)
63 東五条第(太皇太后藤原順子)
64 藤原宗忠第
65 紅梅殿(菅原道真第)
66 因幡堂
67 藤原顕隆第
68 五条京極第(藤原俊成)
69 五条内裏(藤原邦綱第)
70 崇親院
71 千種殿(村上源氏)
72 池亭・丹後局高階栄子第
73 小六条殿
74 猪熊殿(藤原基通)
75 堀河館(河内源氏)
76 六条殿(後白河法皇)・桂宮(孚子内親王)
77 源経信第
78 源義家第・六条若宮社
79 天の橋立第(大中臣輔親)
80 平資盛第
81 亭子院(宇多上皇)
82 六宮(源経基)第
83 平頼盛第
84 八条院
85 平宗盛第・藤原実行第
86 藤原三守第・綜芸種智院
87 施薬院
88 藤原師輔第
89 藤原兼実第

右　京

90 遷都以前の葛野郡衙跡ヵ
91 右獄(西獄)
92 小野篁第
93 高階為章領
94 穀倉院
95 学館院
96 藤原顕季領
97 右京職
98 西三条第(藤原良相)
99 大江匡房領
100 藤原隆時領
101 藤原季仲(藤原邦恒外孫)堂
102 藤原邦恒堂
103 源俊明領
104 平安時代初期の貴族邸遺構
105 平安時代前期の寝殿造遺構

15　平安京内裏図

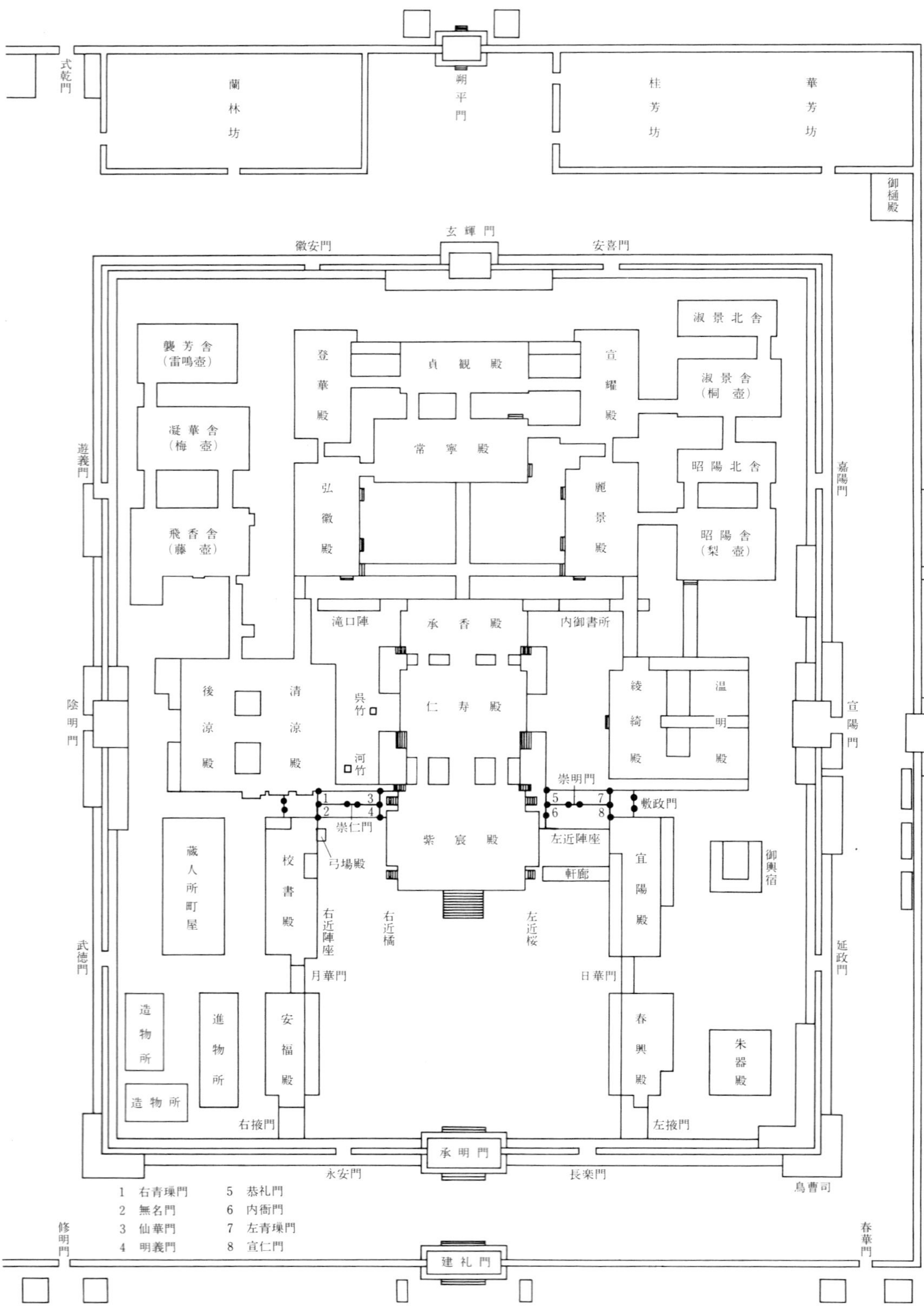

式乾門
蘭林坊
朔平門
桂芳坊
華芳坊
御樋殿
玄輝門
徽安門
安喜門
淑景北舎
襲芳舎
(雷鳴壺)
登華殿
貞観殿
宣耀殿
淑景舎
(桐壺)
凝華舎
(梅壺)
常寧殿
昭陽北舎
遊義門
嘉陽門
弘徽殿
麗景殿
飛香舎
(藤壺)
昭陽舎
(梨壺)
滝口陣
承香殿
内御書所
後涼殿
清涼殿
呉竹
河竹
仁寿殿
綾綺殿
温明殿
陰明門
宣陽門
建春門
崇明門
敷政門
崇仁門
紫宸殿
左近陣座
弓場殿
軒廊
蔵人所町屋
校書殿
宜陽殿
御輿宿
右近陣座
右近橘
左近桜
武徳門
延政門
月華門
日華門
造物所
進物所
安福殿
春興殿
朱器殿
造物所
右掖門
左掖門
承明門
永安門
長楽門
鳥曹司
1　右青瑣門
2　無名門
3　仙華門
4　明義門
5　恭礼門
6　内衛門
7　左青瑣門
8　宣仁門
修明門
春華門
建礼門

16　平安宮清涼殿図

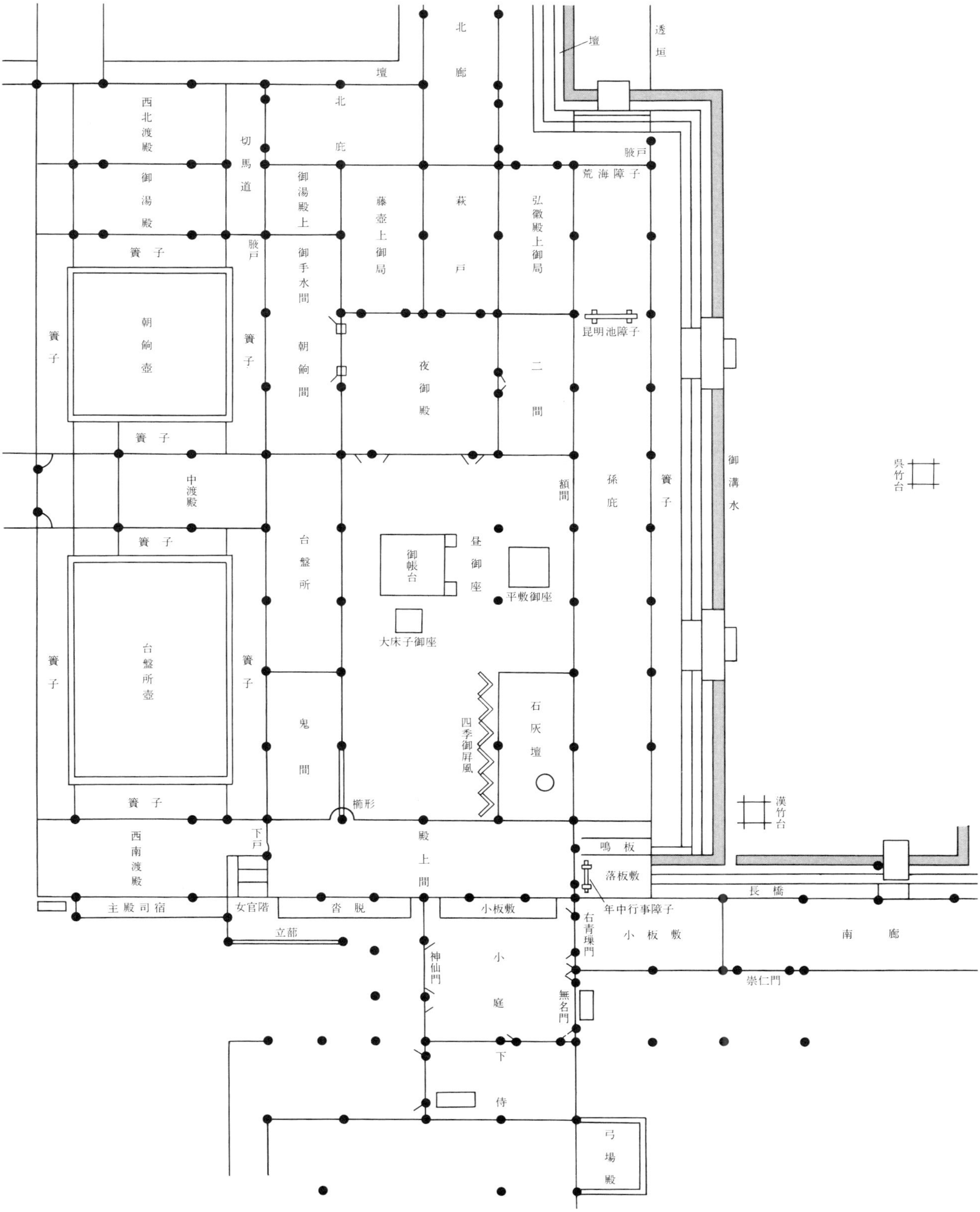

北廊
壇
透垣
壇
西北渡殿
切馬道
北
庇
御湯殿
御湯殿上
藤壺上御局
萩戸
弘徽殿上御局
腋戸
荒海障子
簀子
腋戸
御手水間
朝餉間
朝餉壺
簀子
簀子
夜御殿
二間
昆明池障子
簀子
中渡殿
簀子
額間
孫庇
簀子
御溝水
呉竹台
台盤所
御帳台
昼御座
平敷御座
大床子御座
台盤所壺
簀子
簀子
鬼間
四季御屏風
石灰壇
櫛形
漢竹台
簀子
西南渡殿
下戸
殿上間
鳴板
落板敷
長橋
主殿司宿
女官階
沓脱
小板敷
年中行事障子
立蔀
右青璅門
小板敷
南廊
神仙門
小庭
崇仁門
無名門
下侍
弓場殿

17 五畿七道一覧

	国名	大小	管郡数	遠近	行程
畿内	山城国	上	8	近	
	大和国	大	15	近	1日
	河内国	大	14	近	1日
	和泉国	下	3	近	2日
	摂津国	上	13	近	1日
東海道	伊賀国	下	4	近	上 2日 下 1日
	伊勢国	大	13	近	上 4日 下 2日
	志摩国	下	2	近	上 6日 下 3日
	尾張国	上	8	近	上 7日 下 4日
	三河国	上	8	近	上 11日 下 6日
	遠江国	上	13	中	上 15日 下 8日
	駿河国	上	7	中	上 18日 下 9日
	伊豆国	下	3	中	上 22日 下 11日
	甲斐国	上	4	中	上 25日 下 13日
	相模国	上	8	遠	上 25日 下 13日
	武蔵国	大	21	遠	上 29日 下 15日
	安房国	中	4	遠	上 34日 下 17日
	上総国	大	11	遠	上 30日 下 15日
	下総国	大	11	遠	上 30日 下 15日
	常陸国	大	11	遠	上 30日 下 15日
東山道	近江国	大	12	近	上 1日 下 半日
	美濃国	上	18	近	上 4日 下 2日
	飛騨国	下	3	中	上 14日 下 7日
	信濃国	上	10	中	上 21日 下 10日
	上野国	大	14	遠	上 29日 下 14日
	下野国	上	9	遠	上 34日 下 17日
	陸奥国	大	35	遠	上 50日 下 25日
	出羽国	上	11	遠	上 47日 下 24日 海路52日
北陸道	若狭国	中	3	近	上 3日 下 2日
	越前国	大	6	中	上 7日 下 4日 海路 6日
	加賀国	上	4	中	上 12日 下 6日 海路 8日
	能登国	中	4	中	上 18日 下 9日 海路27日
	越中国	上	4	中	上 17日 下 9日 海路27日
	越後国	上	7	遠	上 34日 下 17日 海路36日
	佐渡国	中	3	遠	上 34日 下 17日 海路49日
山陰道	丹波国	上	6	近	上 1日 下 半日
	丹後国	中	5	近	上 7日 下 4日
	但馬国	上	8	近	上 7日 下 4日
	因幡国	上	7	近	上 12日 下 6日
	伯耆国	上	6	中	上 13日 下 7日
	出雲国	上	10	中	上 15日 下 8日
	石見国	中	6	遠	上 29日 下 15日
	隠岐国	下	4	遠	上 35日 下 18日
山陽道	播磨国	大	12	近	上 5日 下 3日 海路 8日
	美作国	上	7	近	上 7日 下 4日
	備前国	上	8	近	上 8日 下 4日 海路 9日
	備中国	上	9	中	上 9日 下 5日 海路12日
	備後国	上	14	中	上 11日 下 6日 海路15日
	安芸国	上	8	遠	上 14日 下 7日 海路18日
	周防国	上	6	遠	上 19日 下 10日
	長門国	中	5	遠	上 21日 下 11日 海路23日
南海道	紀伊国	上	7	近	上 4日 下 2日 海路 6日
	淡路国	下	2	近	上 4日 下 2日 海路 6日
	阿波国	上	9	中	上 9日 下 5日 海路11日

	国　名	大小	管郡数	遠近	行　程
	讃岐国	上	11	中	上　12日 下　6日 海路12日
	伊予国	上	14	遠	上　16日 下　8日 海路14日
	土佐国	中	7	遠	上　35日 下　18日 海路25日
西海道	大宰府				上　27日 下　14日 海路30日
	筑前国	上	15	遠	(去大宰府) 1日
	筑後国	上	10	遠	1日
	豊前国	上	8	遠	上　2日 下　1日
	豊後国	上	8	遠	上　4日 下　2日
	肥前国	上	11	遠	上　1日半 下　1日
	肥後国	大	14	遠	上　3日 下　1日半
	日向国	中	5	遠	上　12日 下　6日
	大隅国	中	8	遠	上　12日 下　6日
	薩摩国	中	13	遠	上　12日 下　6日
	壱岐島	下	2	遠	海路3日
	対馬島	下	2	遠	海路4日

(『延喜式』民部・主計による)

18　鎌倉幕府将軍一覧

代数	氏　名	父	母	在　職		官　途	没　年	享年
1	源　頼朝	源　義朝	熱田大宮司季範女	建久 3. 7.12—正治元. 正.13 (1192)　(1199)	建久 5.10頼朝征夷大将軍を辞すが，朝廷受理せず	正二位・権大納言・右近衛大将	正治元. 正.13 (1199)	53
2	源　頼家	源　頼朝	北条時政女政子	建仁 2. 7.23—建仁 3. 9. 7 (1202)　(1203)	正治元. 正.26諸国守護を奉行すべき旨の宣旨	従二位・左衛門督	元久元. 7.18 (1204)	23
3	源　実朝	同	同	建仁 3. 9. 7—承久元. 正.27 (1203)　(1219)		正二位・右大臣・左近衛大将	承久元. 正.27 (1219)	28
4	藤原頼経	九条道家	西園寺公経女綸子	嘉禄 2. 正.27—寛元 2. 4.28 (1226)　(1244)	承久元. 7.19鎌倉着 寛元 4. 7.11鎌倉発帰京	正二位・権大納言・右衛門督・検非違使別当	康元元. 8.11 (1256)	39
5	藤原頼嗣	藤原頼経	藤原親能女近子(大宮局)	寛元 2. 4.28—建長 4. 3.21 (1244)　(1252)	建長 4. 4. 3鎌倉発帰京	従三位・左近衛中将	康元元. 9.25 (1256)	18
6	宗尊親王	後嵯峨天皇	平棟基女棟子	建長 4. 4. 1—文永 3. 7. 4 (1252)　(1266)	建長 4. 4. 1鎌倉着 文永 3. 7. 8鎌倉発帰京	一品・中務卿	文永11. 8. 1 (1274)	33
7	惟康親王	宗尊親王	近衛兼経女宰子	文永 3. 7.24—正応 2. 9.14 (1266)　(1289)	正応 2. 9.14京都着	一品・中納言・右近衛大将	嘉暦元.10.30 (1326)	63
8	久明親王	後深草天皇	三条公親女房子	正応 2.10. 9—延慶元. 8. 4 (1289)　(1308)	正応 2.10.25鎌倉着 延慶元. 8. 4京都着	一品・式部卿	嘉暦 3.10.14 (1328)	53
9	守邦親王	久明親王	惟康親王女(中御所)	延慶元. 8.10—元弘 3. 5.21 (1308)　(1333)		二品	元弘 3. 8.16 (1333)	33

19　鎌倉幕府執権一覧

代数	氏　名	通　称	在　職		官　途	死　没	享年	法　号
1	北条時政	北条四郎	建仁 3. 9　—元久 2.⑦.19 (1203)　(1205)	元久 2.⑦.19出家 (1205)	遠江守	建保 3.正. 6 (1215)	78	願成就院，明盛
2	北条義時	江間(小)四郎	元久 2.⑦.20—元仁元. 6.13 (1205)　(1224)	元仁元. 6.13出家 (1224)	相模守，右京権大夫，陸奥守	元仁元. 6.13 (1224)	62	安養寺
3	北条泰時(頼時)	金剛・江間太郎・相模太郎	元仁元. 6.28—仁治 3. 6.15 (1224)　(1242)	仁治 3. 5. 9出家 (1242)	武蔵守，左京権大夫	仁治 3. 6.15 (1242)	60	常楽寺，観阿
4	北条経時	弥四郎・武蔵守	仁治 3. 6.15—寛元 4. 3.23 (1242)　(1246)	寛元 4. 4.19出家 (1246)	左近将監，武蔵守	寛元 4.④. 1 (1246)	23	蓮華寺，安楽
5	北条時頼	戒寿・北条五郎	寛元 4. 3.23—康元元.11.22 (1246)　(1256)	康元元.11.23出家 (1256)	左近将監，相模守	弘長 3.11.22 (1263)	37	最明寺，道崇
6	北条長時		康元元.11.22—文永元. 8.11 (1256)　(1264)	文永元. 7. 3出家 (1264)	武蔵守	文永元. 8.21 (1264)	35	専阿
7	北条政村	陸奥四郎	文永元. 8.11— 同 5. 3. 5 (1264)　(1268)	文永10. 5.18出家 (1273)	相模守，左京権大夫	文永10. 5.27 (1273)	69	覚崇
8	北条時宗	相模太郎・正寿	文永 5. 3. 5—弘安 7. 4. 4 (1268)　(1284)	弘安 7. 4. 4出家 (1284)	左馬権頭，相模守	弘安 7. 4. 4 (1284)	34	法光寺，道杲
9	北条貞時	幸寿	弘安 7. 7. 7—正安 3. 8.22 (1284)　(1301)	正安 3. 8.23出家 (1301)	左馬権頭，相模守	応長元.10.26 (1311)	41	最勝薗寺，崇暁，崇演
10	北条師時	武蔵四郎	正安 3. 8.22—応長元. 9.22 (1301)　(1311)	応長元. 9.22出家 (1311)	左馬権頭，相模守	応長元. 9.22 (1311)	37	道覚
11	北条(大仏)宗宣		応長元.10. 3—正和元. 5.29 (1311)　(1312)	正和元. 5.29出家 (1312)	陸奥守	正和元. 6.12 (1312)	54	順昭
12	北条熙時		正和元. 6. 2— 同 4. 8.12 (1312)　(1315)	正和 4. 8.12出家 (1315)	相模守	正和 4. 8.19 (1315)	37	道常
13	北条基時		正和 4. 8.12— 同 5. 7.10 (1315)　(1316)	正和 4.11.20出家 (1315)	讃岐守，相模守	元弘 3. 5.22 (1333)		普恩寺，信忍
14	北条高時	成寿	正和 5. 7.10—嘉暦元. 3.13 (1316)　(1326)	嘉暦元. 3.13出家 (1326)	左馬権頭，相模守	元弘 3. 5.22 (1333)	31	日輪寺，崇鑑

代数	氏名	通称	在職		官途	死没	享年	法号
15	北条(金沢)貞顕		嘉暦元. 3.16—同 元. 4.24 (1326) (1326)	嘉暦元. 3.26出家 (1326)	修理権大夫	元弘 3. 5.22 (1333)	56	崇顕
16	北条(赤橋)守時		嘉暦元. 4.24—元弘 3. 5.18 (1326) (1333)		武蔵守,相模守	元弘 3. 5.18 (1333)		慈光院,道本

20 六波羅探題一覧

氏名	南北	父	在職	在職中の官途	死没	享年	法号
北条泰時	北	義時	承久 3(1221). 6.16—元仁元(1224). 6.17	武蔵守	仁治 3(1242). 6.15	60	観阿
北条(大仏)時房	南	時政	承久 3(1221). 6.16—嘉禄元(1225). 7	相模守	仁治元(1240). 正.24	66	行念 称念
北条時氏	北	泰時	嘉禄元(1225). 7 —寛喜 2(1230). 3.28	修理権亮	寛喜 2(1230). 6.18	28	禅阿
北条時盛	南	時房	嘉禄元(1225). 7 —仁治 3(1242). 5.12	掃部権助・越後守	建治 3(1277). 5. 2	81	勝円
北条重時	北	義時	寛喜 2(1230). 3.26—宝治元(1247). 7. 3	駿河守・相模守	弘長元(1261). 11. 3	64	観覚
北条(赤橋)長時	北	重時	宝治元(1247). 7.18—康元元(1256). 3.20	左近将監	文永元(1264). 8.21	35	専阿
北条時茂	北	重時	康元元(1256). 4.27—文永 7(1270). 正.27	左近将監・陸奥守	文永 7(1270). 正.27	30	
北条時輔	南	時頼	文永元(1264). 11. 9—文永 9(1272). 2.15	式部丞	文永 9(1272). 2.15	25	
北条(赤橋)義宗	北	長時	文永 8(1271). 11.27—建治 2(1276). 12. 4	左近将監	建治 3(1277). 8.17	25	
北条時国	南	時員	建治 2(1276). 12.13—弘安 7(1284). 6.20	左近将監	弘安 7(1284). 10. 3		親縁
北条時村	北	政村	弘安元(1278). 2.21—弘安10(1287). 8.12	陸奥守・武蔵守	嘉元 3(1305). 4.23	64	
北条兼時	南	宗頼	弘安 7(1284). 12. 2—弘安10(1287). 9.16	修理亮	(次出)		
北条兼時	北		弘安10(1287). 9.16—永仁元(1293). 正.18	修理亮・越後守	永仁 3(1295). 9.19	32	
北条盛房	南	政氏	正応元(1288). 2. 4—永仁 5(1297). 5.16	左近将監・丹波守	永仁 5(1297). 7. 9	56	
北条(赤橋)久時	北	義宗	永仁元(1293). 3.23—永仁 5(1297). 6.18	刑部少輔・越後守	徳治 2(1307). 11.28	36	因憲
北条宗方	北	宗頼	永仁 5(1297). 6.23—正安 2(1300). 11.15	右近将監	嘉元 3(1305). 5. 4	28	
北条(大仏)宗宣	南	宣時	永仁 5(1297). 7.10—乾元元(1302). 正.17	前上野介・陸奥守	正和元(1312). 6.12	54	順昭
北条基時	北	時兼	正安 3(1301). 6. 7—嘉元元(1303). 10.20	左馬助	元弘 3(1333). 5.22		
北条(金沢)貞顕	南	顕時	乾元元(1302). 7.26—延慶 2(1309). 3	中務大輔・越後守	(後出)		
北条時範	北	時茂	嘉元元(1303). 12.14—徳治 2(1307)	遠江守	徳治 2(1307). 8.14		
北条(大仏)貞房	北	宣時	延慶元(1308). 12. 7—延慶 2(1309). 12. 2	前越前守	延慶 2(1309). 12. 2	38	
北条(金沢)貞顕	北	顕時	延慶 3(1310). 2 —正和 3(1314). 10	右馬権頭・武蔵守	元弘 3(1333). 5.22	56	崇顕
北条時敦	南	政長	延慶 3(1310). 2 —正和 4(1315). 6.27	越後守	(次出)		
北条時敦	北		正和 4(1315). 6.27—元応 2(1320). 5.24	越後守	元応 2(1320). 5.24	40	
北条(大仏)維貞	南	宗宣	正和 4(1315). 10 —正中元(1324). 8.17	陸奥守	嘉暦 2(1327). 9. 7	42	慈昭
北条(常葉)範貞	北	時範	元亨元(1321). 11.22—元徳 2(1330). 12.27	左近将監・越後守・駿河守	元弘 3(1333). 5.22		
北条(金沢)貞将	南	貞顕	正中元(1324). 11.16—元徳 2(1330). ⑥.28	前越後守・武蔵守	元弘 3(1333). 5.22		
北条時益	南	時敦	元徳 2(1330). 7.20—元弘 3(1333). 5. 7	左近将監	元弘 3(1333). 5. 7		
北条仲時	北	基時	元徳 2(1330). 12.27—元弘 3(1333). 5. 9	越後守	元弘 3(1333). 5. 9	28	

21　室町幕府将軍一覧

代数	氏　名	父	母	在　職	死　没	享年	院号・法名
1	足利尊氏 (高氏)	足利貞氏	上杉頼重女清子	暦応元. 8.11—延文 3. 4.30 (1338)　(1358)	延文 3. 4.30 (1358)	54	等持院,仁山妙義
2	足利義詮	足利尊氏	北条久時女登子	延文 3.12. 8—貞治 6.12. 7 (1358)　(1367)	貞治 6.12. 7 (1367)	38	宝篋院,瑞山道惟
3	足利義満	足利義詮	紀通清女良子	応安元.12.30—応永元.12.17 (1368)　(1394)	応永15. 5. 6 (1408)	51	鹿苑院,天山道義
4	足利義持	足利義満	藤原慶子	応永元.12.17—応永30. 3.18 (1394)　(1423)	正長元.正.18 (1428)	43	勝定院,顕山道詮
5	足利義量	足利義持	日野資康女栄子	応永30. 3.18—応永32. 2.27 (1423)　(1425)	応永32. 2.27 (1425)	19	長得院,鞏山道基
6	足利義教 (義宣)	足利義満	藤原慶子	永享元. 3.15—嘉吉元. 6.24 (1429)　(1441)	嘉吉元. 6.24 (1441)	48	普広院,善山道恵
7	足利義勝	足利義教	日野重光女重子	嘉吉 2.11. 7—嘉吉 3. 7.21 (1442)　(1443)	嘉吉 3. 7.21 (1443)	10	慶雲院,栄山道春
8	足利義政 (義成)	足利義教	日野重光女重子	宝徳元. 4.29—文明 5.12.19 (1449)　(1473)	延徳 2.正. 7 (1490)	55	慈照院,喜山道慶
9	足利義尚 (義熙)	足利義政	日野重政(政光)女富子	文明 5.12.19—延徳元. 3.26 (1473)　(1489)	延徳元. 3.26 (1489)	25	常徳院,悦山道治
10	足利義稙 (義材・義尹)	足利義教子義視(義政養子)	日野富子妹(妙音院)	延徳 2. 7. 5—明応 2. 6 (1490)　(1493) 永正 5. 7. 1—大永元.12.25 (1508)　(1521)	大永 3. 4. 9 (1523)	58	恵林院,厳山道舜
11	足利義澄 (義遐・義高)	足利義教子政知	武者小路隆光女	明応 3.12.27—永正 5. 4.16 (1494)　(1508)	永正 8. 8.14 (1511)	32	法住院,旭山清晃
12	足利義晴	足利義澄	阿与	大永元.12.25—天文15.12.20 (1521)　(1546)	天文19. 5. 4 (1550)	40	万松院,曄山道照
	足利義維 (義賢・義冬)	足利義澄(義稙養子)			天正元.10. 8 (1573)	65	慶林院,実山道詮
13	足利義輝 (義藤)	足利義晴	近衛尚通女(慶寿院)	天文15.12.20—永禄 8. 5.19 (1546)　(1565)	永禄 8. 5.19 (1565)	30	光源院,融山道円
14	足利義栄 (義親)	足利義維	大内義隆女(恵光院)	永禄11. 2. 8—永禄11. 9 (1568)　(1568)	永禄11.10. 8 (1568)	31	光徳院,玉山
15	足利義昭 (義秋)	足利義晴	近衛尚通女(慶寿院)	永禄11.10.18—天正元. 7 (1568)　(1573)	慶長 2. 8.28 (1597)	61	霊陽院,昌山道休

22　室町幕府管領(執事)一覧

氏　名	父	在　職	官　途	死　没	享年	法　号
高　師直	師重	建武 3(1336)　—貞和 5(1349).⑥.15	武蔵権守, 武蔵守	(後出)		
高　師世	師泰	貞和 5(1349).⑥.20　—貞和 5(1349). 8. ?	越後将監			
高　師直	師重	貞和 5(1349). 8.21見—観応 2(1351). 2.26	武蔵守	観応 2(1351). 2.26		真如寺 道常
仁木頼章	義勝	観応 2(1351).10.21　—延文 3(1358). 5	兵部大輔, 左京大夫	延文 4(1359).10.13	61	常楽寺 玉林道璟, 常楽寺 直心□正, 常楽寺 東白祐晟
細川清氏	和氏	延文 3(1358).10.10　—康安元(1361). 9.23	相模守	貞治元(1362). 7.24		
斯波義将	高経	貞治元(1362). 7.23　—貞治 5(1366). 8. 8	治部大輔	(後出)		
細川頼之	頼春	貞治 6(1367).11.25　—康暦元(1379).④.14	右馬頭, 武蔵守, 相模守	明徳 3(1392). 3. 2	64	永泰院 桂岩常久
斯波義将	高経	康暦元(1379).④.28　—明徳 2(1391). 3.12	左衛門佐, 左兵衛督	(後出)		
細川頼元	頼春	明徳 2(1391). 4. 8　—明徳 4(1393). 6. 5	右京大夫	応永 4(1397). 5. 7	55	妙観院 春林梵栄
斯波義将	高経	明徳 4(1393). 6. 5　—応永 5(1398).④.23	左衛門佐, 右衛門督	(後出)		
畠山基国	義深	応永 5(1398). 6.20　—応永12(1405). 7. 4見	左衛門佐	応永13(1406).正.17	55	長禅寺 春岩徳元
斯波義重	義将	応永12(1405). 7.25　—応永16(1409). 6. 7?	左兵衛督	応永25(1418). 8.18	48	興徳寺 大純道孝
斯波義将	高経	応永16(1409). 6. 7　—応永16(1409). 8.10	左衛門佐, 右衛門督	応永17(1410). 5. 7	61	法苑寺 雪渓道将
斯波義淳	義重	応永16(1409). 8.10　—応永17(1410). 2. 9?	治部大輔	(後出)		
畠山満家	基国	応永17(1410). 6. 9　—応永19(1412). 2.30	尾張守, 右衛門督	(後出)		

氏　名	父	在　職	官　途	死　没	享年	法　号
細川満元	頼元	応永19(1412). 3.16　―応永28(1421). 7.29	右京大夫	応永33(1426).10.16	49	岩栖院 悦道道歓
畠山満家	基国	応永28(1421). 8.18　―永享元(1429). 8.16	左衛門督	永享 5(1433). 9.19	62	真観寺 真源道端
斯波義淳	義重	永享元(1429). 8.24　―永享 4(1432).10.10	左兵衛佐,治部大輔	永享 5(1433).12. 1	37	心照寺 淑良道忠
細川持之	満元	永享 4(1432).10.22　―嘉吉 2(1442). 6.27	右京大夫	嘉吉 2(1442). 8. 4	43	弘源寺 春巒常喜
畠山持国	満家	嘉吉 2(1442). 6.29　―文安 2(1445). 3. 4	尾張守	(後出)		
細川勝元	持之	文安 2(1445). 3.24　―宝徳元(1449). 9. 5	右京大夫,武蔵守	(後出)		
畠山持国	満家	宝徳元(1449).10. 5　―享徳元 (1452).11.16？	左衛門督	康正元(1455). 3.26	58	光孝寺 立源徳本
細川勝元	持之	享徳元(1452).11.16　―寛正 5(1464). 9. 9	右京大夫	(後出)		
畠山政長	持富	寛正 5(1464). 9.23　―応仁元(1467).正. 8	尾張守	(後出)		
斯波義廉	渋川義鏡	応仁元(1467).正. 8　―応仁 2(1468). 7.10	治部大輔,左兵衛佐			
細川勝元	持之	応仁 2(1468). 7.10　―文明 5(1473). 5.11	右京大夫	文明 5(1473). 5.11	44	竜安寺 仁栄宗宝
畠山政長	持富	文明 5(1473).12.19　―文明 5(1473).12.26	左衛門督	(後出)		
同		文明 9(1477).12.25見―文明18(1486). 3.13見	左衛門督	明応 2(1493).④.25	52	勝仙院
細川政元	勝元	文明18(1486). 7.19？―文明18(1486). 7.29	右京大夫	(後出)		
同		長享元 (1487). 8. 9	右京大夫	(後出)		
同		延徳 2(1490). 7. 5　―延徳 2(1490). 7. 6	右京大夫	(後出)		
同		明応 3(1494).12.20	武蔵守	永正 4(1507). 6.23	42	大心院 雲関宗興
細川高国	政元	大永元(1521).11.28　―大永 5(1525). 4.21	右京大夫,武蔵守	(後出)		
細川稙国	高国	大永 5(1525). 4.21　―大永 5(1525).10.23		大永 5(1525).10.23	18	清源院 了然宗廓
細川高国	政元	大永 6(1526). 2.16見		享禄 4(1531). 6. 8	48	三友院 松岳常桓(道永)
(代)六角定頼	高頼	天文15(1546).12.19	弾正少弼	天文21(1552).正. 2	58	江雲寺 光室承亀
細川氏綱	尹賢	天文21(1552). 2.26　―永禄 6(1563).12.20	右京大夫	永禄 6(1563).12.20	48	見桃院 悟峯□勤

23　室町幕府奉行人一覧

氏　名	法　名	通称・官途	所見期間
布施	道乗	彦三郎入道	建武3年(1336)―
明石行連	法準	民部大夫・因幡守・因幡入道	同　―康永3年(1344)
明石		縫殿大夫	同　―暦応2年(1339)
斎藤利泰		四郎左衛門尉・左衛門大夫	同　―観応2年(1351)
皆吉		余四郎	同　―暦応元年(1338)
疋田	妙玄		同　―康永3年(1344)死
大野	栄成	越前房	同　―文和元年(1352)
関	道日	清左衛門入道	建武4年(1337)―康永3年(1344)
安富行長		右近大夫将監・民部大夫	同　―延文3年(1358)
雑賀貞尚	貞阿	民部丞・民部大夫入道	同　―延文元年(1356)
門真	寂意	玄蕃左衛門入道	同　―貞和3年(1347)
中沢	性忍	三郎入道	暦応元年(1338)―　同
酒匂		次郎三郎入道	同　―
和泉兼政		次郎右衛門尉	同　―
雅楽信重		左近将監・民部大夫	同　―康永3年(1344)
飯尾貞兼		左衛門大夫・左衛門大夫入道	同　―文和元年(1352)
津戸	道元	出羽権守入道	同　―観応2年(1351)
斎藤	玄秀	四郎兵衛入道	同　―貞和2年(1346)
(某)		大和判官代	同　―
(某)		雅楽助入道	同　―
飯尾頼連		兵部右衛門尉	同　―
雑賀		中務丞	同　―
後藤行重		対馬民部大夫・対馬守	同　―貞和元年(1345)
和田		次郎左衛門	同　―
和田	浄観		同　―

23 室町幕府奉行人一覧

氏名	法名	通称・官途	所見期間
諏訪	円忠	大進房・法眼	暦応元年(1338)—貞治2年(1363)
布施資連	昌椿	弾正忠・弾正大弼入道	同—永和2年(1376)
雑賀	西義	隼人入道	同—観応元年(1350)
山県国兼		大炊助・大炊助入道	暦応2年(1339)—康永3年(1344)
大野		彦二郎・彦二郎入道	同—貞和5年(1349)
治部		左衛門尉	同—
安威資脩	性威	新左衛門入道	同—応安4年(1371)死
佐藤		次郎左衛門尉	同—康永3年(1344)
治部宗栄	宗悟	兵衛大夫	暦応3年(1340)—観応元年(1350)
粟飯原	慶意	左衛門入道	同—
門真	寂真	弾正忠入道	暦応3年(1340)—貞和3年(1347)
白井宗明		八郎左衛門尉	同—康永3年(1344)
(某)	長阿		同—
飯尾	宏昭	修理進入道	暦応4年(1341)—貞和5年(1349)
大野光尚		弥五郎・弥五郎入道	同—康永3年(1344)
杉原光房			同—文和3年(1354)
粟飯原清胤		刑部右衛門尉・下総守・下総前司	同—文和元年(1352)
富部親信		周防守・周防前司	康永2年(1343)—貞和5年(1349)
依田	元義	中務大夫入道	同—康永3年(1344)
中沢		又四郎	康永3年(1344)—
斎藤		主計四郎兵衛尉・四郎兵衛尉	同—文和3年(1354)
(某)		帯刀中務丞	同—
伊地知重秋		又次郎	同—
薬師寺		彦次郎	同—
(某)	円忍	出雲介入道	同—
飯尾	覚民	右衛門入道	同—
雑賀		大舎人允	同—
志水		左衛門尉	同—
安富		孫三郎	同—
下条祐家		次郎左衛門尉	同—
疋田		三郎左衛門尉	同—
三須倫篤	禅休	雅楽允・雅楽頭	同—応安2年(1369)
斎藤		刑部左衛門入道	同—
飯尾吉連		隼人佐	同—
斎藤	道遵	七郎入道	同—
安富		新三郎・三郎左衛門尉	同—貞和5年(1349)
治部		左衛門四郎入道	同
依田貞行		左衛門尉	同—貞和2年(1346)
斎藤		五郎左衛門尉・三郎左衛門入道	同—貞和5年(1349)
関		左近大夫	同—
松田		七郎	同—
下条		十郎左衛門入道	同—
(某)		筑前孫九郎	同—
飯尾		三郎左衛門尉	同—貞和元年(1345)
島田		越中五郎	同—
和泉		三郎・三郎左衛門尉	同—貞和5年(1349)
津戸		新蔵人	康永3年(1344)—
松田		右近入道	同—
青砥		左衛門尉	同—
佐藤		九郎左衛門尉	同—
梶原景広		三郎左衛門尉・河内守・河内入道	同—観応2年(1351)
和田	行快	四郎入道	同—貞和5年(1349)
(某)		豊前四郎左衛門入道	同— 同
依田時朝	元信	左近将監・左近大夫将監入道	同—康暦元年(1379)
雑賀貞倫		掃部允	同—観応元年(1350)

氏　名	法　名	通称・官途	所見期間
飯尾頼国	道勝	新左衛門尉・大和守・大和入道	康永3年(1344)—康暦元年(1379)
雑賀		太郎兵衛入道	同　—
和田		将監	同　—
(某)	正伝		貞和元年(1345)—
(某)	称阿		同
津戸			貞和2年(1346)—
門真		新左衛門	貞和3年(1347)—
(某)		藤民部入道	同
中沢信綱	定阿	掃部允・掃部大夫入道	貞和4年(1348)—永和4年(1378)死後
後藤		民部丞	同　—
土佐		宮内少輔	貞和5年(1349)—
疋田		能登権守	同　—
飯尾		木工左衛門尉	同　—
飯尾		大蔵左衛門尉	同　—
島田		兵部丞	同　—
三須	道喜(道観)	雅楽左近将監・雅楽左近大夫・雅楽左近入道	同　—康暦2年(1380)
松田貞秀		八郎・八郎左衛門尉・丹後守	同　—明徳3年(1392)
(某)		因幡右近蔵人	同　—
松田		掃部允	同　—
矢野		孫太郎	同　—
斎藤		左衛門四郎入道	同　—
(某)	昌元		観応元年(1350)—
雑賀清秀		壱岐守	同　—
諏訪		信濃守	観応2年(1351)—
白井行胤		弾正忠・弾正忠入道	同　—貞治5年(1366)
依田		右衛門尉・右衛門入道	同　—応安5年(1372)
(某)		下野権守	文和元年(1352)—
斎藤秀基		五郎左衛門尉・筑前守	同　—至徳2年(1385)
津戸		弾正忠	文和2年(1353)—
斎藤	道永		文和3年(1354)—
小田		伊賀守	文和4年(1355)—
(某)基仲			延文元年(1356)—
真下	心蓮		延文2年(1357)—
斎藤基能	玄観	右衛門尉・内右衛門入道	同　—応永5年(1398)
安富	道行	右近大夫入道	延文3年(1358)—
斎藤		帯刀兵衛尉	同　—
松田		八郎右衛門尉	貞治2年(1363)—
斎藤	世茂	三郎兵衛入道	貞治4年(1365)—応安4年(1371)
門真周清		権少外記	同　—至徳元年(1384)死
斎藤基名		左衛門大夫	貞治5年(1366)—
安威		次郎右衛門尉	同　—
斎藤康行		五郎右衛門尉	同　—康暦2年(1380)
雑賀	尚蓮	縫殿允入道	貞治6年(1367)—永和2年(1376)
(某)	道静		同　—
(某)		雅楽大進入道	同　—
飯尾貞行		美濃守・美濃入道	応安元年(1368)—明徳4年(1393)
斎藤基兼		四郎右衛門尉	同　—明徳3年(1392)
矢野	是林	十郎入道	同　—応安7年(1374)
斎藤利員		太郎左衛門尉	同　—
諏訪康嗣		左近将監	同　—康暦2年(1380)
安威		左衛門入道	同　—
松田		中務少輔	応安2年(1369)—
津戸		左近将監	応安3年(1370)—
中沢		次郎右衛門尉	応安4年(1371)—
飯尾	円耀	左近入道	同　—

23　室町幕府奉行人一覧

氏　　名	法　　名	通称・官途	所見期間
安威詮有		新左衛門尉	応安4年(1371)—
斎藤		刑部左衛門入道	同　—
松田		修理進	同　—
杉原		民部大夫入道	同　—応安5年(1372)
(某)	道信		同　—
雑賀		権少外記	応安5年(1372)—
中沢			同　—
飯尾		右近将監	同　—
布施基連		民部丞	同　—永徳2年(1382)
諏訪康朝		神左衛門尉	応安6年(1373)—康暦元年(1379)
依田季貞			永和元年(1375)—
三須		弾正右衛門尉	永和2年(1376)—
斎藤基繁		筑前五郎左衛門尉・筑前守	康暦元年(1379)—応永7年(1400)
松田頼胤		豊前守	同　—康応元年(1389)
雅楽		民部左衛門尉	同　—康暦2年(1380)
松田秀経		主計允・対馬守	同　—嘉慶2年(1388)
飯尾為清	崇輝	四郎左衛門尉・左衛門大夫・加賀守・加賀入道	同　—応永7年(1400)
(某)	禅蘊		康暦2年(1380)—応永元年(1394)
中沢氏綱	行靖	次郎左衛門尉・越前入道	同　—永享3年(1431)
矢野倫幸		長門守	同　—応永8年(1401)
依田		八郎左衛門尉	同　—
(某)基秀			同　—
(某)	円秀		同　—
門真		左衛門尉	同　—永徳元年(1381)
飯尾兼行	浄称	隼人佑・大分入道	永徳元年(1381)—応永21年(1414)死
宗像直基		民部丞	同　—
斎藤		加賀四郎	同　—明徳2年(1391)
飯尾頼兼		大蔵左衛門尉	同　—
治部則栄		四郎左衛門尉・河内守	同　—応永22年(1415)
松田		左衛門大夫	永徳2年(1382)—
飯尾頼秀		左近将監・左近大夫	永徳3年(1383)—明徳元年(1390)
三須季信			至徳元年(1384)—
(某)		右衛門尉	同　—
斎藤		因幡守	同　—
(某)		下野守	同　—
飯尾為永	常健	左衛門大夫・肥前守・肥前入道	同　—応永10年(1403)
雅楽雅経		備中守	至徳2年(1385)—応永3年(1396)
飯尾為久		善左衛門	同　—
松田		三郎右衛門尉	嘉慶元年(1387)—
治部	禅々	左衛門入道	康応元年(1389)—
布施	聖超(聖観)	出羽入道	明徳元年(1390)—
飯尾	常円	加賀入道	明徳2年(1391)—応永19年(1412)
松田		九郎左衛門尉	同　—応永7年(1400)
飯尾貞之	常廉	美濃守・美濃入道	同　—応永22年(1415)
布施			同　—
松田兼秀		美濃守	明徳4年(1393)—応永元年(1394)
(某)貞行		伊賀守	同　—
松田基□			応永元年(1394)—
斎藤秀道			同　—
布施		新左衛門	応永2年(1395)—
松田詮秀		次郎左衛門尉	応永4年(1397)—応永6年(1399)
斎藤基久		五郎兵衛尉	同　—応永5年(1398)
(某)	了阿	前豊前入道	応永5年(1398)—
清		左衛門尉	同　—
斎藤	玄輔	上野入道	応永6年(1399)—応永17年(1410)

氏　名	法　名	通称・官途	所見期間
清	是清	式部入道	応永7年(1400)―
依田秀□		左衛門大夫	同　―応永9年(1402)
飯尾		新左衛門入道	応永9年(1402)―
斎藤	聖信	美濃入道	同　―応永11年(1404)
飯尾為□		左近将監	同　―
清行定		左近将監・式部左衛門大夫	―応永11年(1404)死
清秀定	性治	左衛門尉・和泉守	応永11年(1404)―永享3年(1431)死
飯尾清藤		加賀守	同　―応永30年(1423)死
飯尾清国		新左衛門尉・左衛門大夫	同　―応永24年(1417)
治部光智		四郎	応永13年(1406)―応永15年(1408)
布施	常進	民部入道	応永15年(1408)―応永23年(1416)
諏訪			同　―
松田	善通	対馬入道	応永16年(1409)―応永20年(1413)
飯尾		肥前守	同　―
(某)	常永		応永17年(1410)―
松田満秀	浄冑(常昌)	丹後守・丹後入道	同　―永享7年(1435)
斎藤基春		左衛門大夫	同　―応永18年(1411)
斎藤基喜		加賀守	同　―応永29年(1422)
松田直頼		豊前守	同　―　同
(某)		河内守	応永20年(1413)―応永22年(1415)
飯尾為継		備中守	応永21年(1414)―永享10年(1438)
松田		十郎左衛門尉	応永24年(1417)―
治部宗秀	尊宗	四郎左衛門・越前守・越前入道	応永25年(1418)―宝徳2年(1450)
松田		主計允	同　―応永32年(1425)
飯尾		善右衛門入道	同　―
松田貞清	常守	対馬守・対馬入道	応永29年(1422)―文安2年(1445)
飯尾		新右衛門尉	応永30年(1423)―
飯尾		善左衛門尉	応永30年(1423)―
飯尾為行	真妙	加賀守・加賀入道	同　―宝徳元年(1449)
飯尾為種	永祥	肥前守・肥前入道	応永31年(1424)―長禄2年(1458)死
飯尾		四郎左衛門尉	同　―
飯尾貞連	性通	隼人佑・大和守・大和入道	同　―康正元年(1455)死
松田直胤	常保	豊前守	同　―応永34年(1427)
斎藤基貞	玄忠	四郎右衛門尉・加賀守・加賀入道	応永33年(1426)―宝徳3年(1451)
松田秀藤		八郎左衛門尉・美作守	永享元年(1429)―永享4年(1432)
飯尾		四郎兵衛尉	同　―
飯尾		弥六兵衛	同　―
飯尾為秀		三郎右衛門尉・備中守	同　―享徳元年(1452)死
(某)基宗		中務丞	永享2年(1430)―永享3年(1431)
斎藤基恒(基世)	玄良	民部丞・遠江守・遠江入道	同　―文明3年(1471)死
中沢季綱		次郎左衛門	同　―
飯尾貞元	常恩	左衛門大夫・美濃守・美濃入道	同　―応仁元年(1467)死
斎藤熙基		三郎兵衛尉・左衛門尉・上野介	永享3年(1431)―文安5年(1448)死
松田貞親		左衛門尉	同　―永享4年(1432)
布施貞基	祥順	民部丞・民部大夫・下野守・下野前司	永享4年(1432)―文明7年(1475)死
依田貞朝	亨信	新右衛門尉・信濃入道	同　―康正2年(1456)死
松田氏秀		八郎左衛門尉	同　―嘉吉2年(1442)
清貞俊(貞綱)		四郎左衛門尉・筑後守	永享8年(1436)―宝徳元年(1449)死
治部貞政(貞栄)	正阿	四郎右衛門尉・河内守	同　―　同
松田		九郎左衛門尉	永享10年(1438)―
斎藤基縁		五郎・新左衛門尉	永享12年(1440)―応仁元年(1467)
飯尾為数		肥前彦三郎・三郎左衛門尉・左衛門大夫・下総守・肥前守	同　―応仁元年(1467)死
飯尾清親	浄親	左近大夫・信濃守・信濃入道	同　―文安4年(1447)死
松田貞寛		豊前守	嘉吉2年(1442)―享徳元年(1452)死
雑賀直行		五郎	同　―文安3年(1446)

23 室町幕府奉行人一覧

氏名	法名	通称・官途	所見期間
飯尾		大蔵左衛門尉	嘉吉2年(1442)—
飯尾		六郎左衛門尉	同 —文安元年(1444)
雑賀		兵庫	嘉吉3年(1443)—
(某) 貞直			文安元年(1444)—
治部国通		四郎左衛門尉・河内守	同 —文明六年(1474)死
飯尾之種		与三左衛門・左衛門大夫・肥前守	文安元年(1444)—文明5年(1473)死
清 貞秀	常通	八郎左衛門尉・和泉守・和泉入道	同 —文明15年(1483)死
松田秀興	宗棟	八郎左衛門尉・丹後守・丹後前司・越前入道	同 —文明13年(1481)死
斎藤利世		五郎右衛門尉	文安4年(1447)—
飯尾		孫四郎衛門尉	文安5年(1448)—
布施為基		民部丞・民部大夫	同 —寛正4年(1463)
斎藤基周	玄茂	弥四郎・大蔵丞・大蔵入道・越前入道	宝徳元年(1449)—
依田秀朝		中務丞	同 —
飯尾為久		四郎左衛門尉	同 —
矢野		長門入道	同 —
斎藤		新左衛門尉	同 —
松田貞長		主計允・対馬守	同 —享徳2年(1453)
斎藤種基		四郎右衛門尉・加賀守	同 —文明元年(1469)
飯尾之清		孫右衛門尉・加賀守	同 —寛正2年(1461)死
斎藤親基(基雅)		孫四郎・民部丞・民部大夫	同 —文明元年(1469)
清元定(元俊)		四郎左衛門尉・式部大夫・筑後守	宝徳2年(1450)—明応8年(1499)
飯尾		彦二郎	同 —康正元年(1455)
飯尾		六郎	宝徳3年(1451)—
諏訪忠郷		信濃守	同 —文明5年(1473)
斎藤豊基		上野五郎・五郎兵衛尉・右兵衛尉・上野介	同 —文明15年(1483)死
飯尾為親		善五郎	享徳元年(1452)—延徳3年(1491)
飯尾		筑前入道	同 —
治部国政		四郎右衛門尉	同 —享徳二年(1453)
清		六郎左衛門尉	享徳2年(1453)—康正元年(1455)
斎藤基益		三郎兵衛・左兵衛尉	同 —
松田貞頼(貞康)		豊前九郎・九郎左衛門尉・豊前守	享徳3年(1454)—文明16年(1484)死
飯尾貞有		弥六兵衛尉・兵衛大夫・美濃守	康正元年(1455)—文明15年(1483)死
矢野	宝映	越中入道	同 —康正2年(1456)
矢野種倫	道雄	長門孫太郎・六郎左衛門尉・長門守	同 —文明17年(1485)
雑賀	浄秀		同 —
飯尾元連	宗勝	大和新左衛門尉・大和守・大和入道	同 —明応元年(1492)死
矢野貞倫		長門孫太郎・長門守	康正2年(1456)—延徳2年(1490)
斎藤基尚		彦五郎・新右衛門尉	同 —
斎藤		弥四郎	同 —
飯尾貞行		孫五郎・右近将監	同 —
諏訪貞郷(貞通)		次郎・左近将監・信濃守	同 —明応8年(1499)
雑賀	妙全	飛騨守	長禄元年(1457)—寛正元年(1460)
飯尾為衡(為信)		四郎左衛門尉・加賀守	同 —文明10年(1478)死
飯尾		新兵衛	同 —
飯尾春貞		兵衛大夫・美濃守	長禄2年(1458)—明応7年(1498)
松田		二郎左衛門尉	長禄3年(1459)—文正元年(1466)
飯尾任式(任連)		隼人佑・近江守	同 —文明14年(1482)死
松田		但馬守	同 —
飯尾貞朝	常栄	大蔵左衛門尉・兵衛大夫・美濃守・美濃入道	同 —長享2年(1488)死
清 秀数	真性(性盛)	式部丞・備中守・備中入道	寛正2年(1461)—明応3年(1494)
飯尾		新左衛門尉	同 —寛正4年(1463)
斎藤		新兵尉尉	同 — 同
飯尾		但馬守	寛正3年(1462)—
斎藤基紀		民部丞・民部大夫	寛正4年(1463)—長享2年(1488)
布施清基	暹秀	新右衛門尉・但馬守	同 —文明12年(1480)

氏　　名	法　　名	通　称　・　官　途	所　見　期　間
飯　尾		彦三郎	寛正4年(1463)—
(某)　　持　清			同　　—
飯尾宗清(清房)		孫四郎・左衛門尉・加賀守	同　　—永正5年(1508)罷免
斎　藤		大蔵丞	同　　—
清		四郎	同　　—
飯　尾　為　守		善三郎	同　　—文正元年(1466)
斎　藤		新左衛門尉	同　　—
飯　尾		近江入道	同　　—
飯　尾		四郎左衛門尉	同　　—文正元年(1466)
斎　藤		五郎兵衛	同　　—
飯　尾　為　脩	周　言	左衛門尉・肥前守	寛正6年(1465)—長享元年(1487)
松　田　数　秀		主計允・対馬守	同　　—明応3年(1494)
斎　藤		彦五郎	同　　—
飯　尾　為　佑		弥三郎	—寛正6年(1465)死
布　施　英　基		善十郎・弾正忠・下野守	寛正6年(1465)—文明17年(1485)死
飯　尾　為　修	永　承	三郎左衛門尉	同　　—長享元年(1487)死
飯　尾　種　貞		新四郎・四郎右衛門尉・筑前守	文正元年(1466)—明応7年(1498)
飯　尾　親　行		弥四郎・左近将監	文正元年(1466)—文明12年(1480)
飯　尾		弥九郎	同　　—
(某)　　元　数		下総守	同　　—
松　田		八郎左衛門尉	同　　—
松　田　親　秀		又八郎・八郎右衛門尉	同　　—文明7年(1475)死
松　田　頼　親		豊前守	文明元年(1469)—
飯　尾　為　秋		三郎右衛門尉	文明5年(1473)—文明18年(1486)
治　部　通　種		四郎兵衛尉・兵衛大夫	文明6年(1474)—文亀2年(1502)
飯　尾　清　方		彦六左衛門尉	同　　—文明7年(1475)
諏　訪　長　直		信濃弥次郎・若狭守	同　　—明応3年(1494)出奔
飯　尾　清　秀		彦左衛門尉	同　　—文明7年(1475)
中　沢　之　綱		掃部允・掃部大夫・備前守	同　　—延徳3年(1491)死
清　　貞　枝		八郎左衛門尉	同　　—文明18年(1486)死
松　田　長　秀		八郎左衛門尉・左衛門大夫・丹後守	文明10年(1478)—永正14年(1517)
飯　尾　為　規		与三左衛門尉・左衛門大夫・肥前守	同　　—永正元年(1504)
飯　尾　為　忠		新左衛門尉	文明12年(1480)—文明14年(1482)
(某)　　忠　基			文明13年(1481)—明応2年(1493)
清　　貞　透			文明15年(1483)—
諏　訪　貞　就		神左衛門尉	文明16年(1484)—文明17年(1485)
松　田　数　通		対馬守	同　　—
松　田　頼　亮		九郎左衛門尉・左衛門大夫・豊前守	文明17年(1485)—永正5年(1508)罷免
雑　賀　高　行		民部丞・備前守	同　　—明応3年(1494)
清　　貞　春		修理亮・筑後守	同　　—大永7年(1527)
飯　尾　為　弘		次郎左衛門尉	同　　—
飯　尾　元　清		孫四郎	同　　—
松　田　秀　孝		八郎左衛門尉	同　　—
松　田　秀　続		又八郎	同　　—
斎　藤　基　数	全　久	新右衛門尉	同　　—
依　田　光　朝		中務丞・左近大夫	同　　—
飯　尾　貞　永		右京亮	同　　—
飯尾兼連(元行)	善　久	新右衛門尉・大蔵大夫・大和守	同　　—永正5年(1508)罷免
斎　藤　基　聡	秀　実	中務丞・加賀守	同　　—天文4年(1535)
松　田　英　致		孫三郎・主計允・主計大夫・対馬守	同　　—明応8年(1499)出奔
飯　尾　貞　運		隼人佑・近江守	同　　—明応5年(1496)出奔
飯　尾　為　完		三郎左衛門尉・肥前守	同　　—天文4年(1535)
飯　尾　為　元		彦三郎左衛門尉・肥後守	文明17年(1485)—天文2年(1533)
飯　尾		弥六	同　　—
治　部　貞　兼	宗　安	四郎左衛門尉・河内守	同　　—天文15年(1546)

氏名	法名	通称・官途	所見期間
諏訪貞房		信濃守	文明17年(1485)—明応元年(1492)
清貞数		式部四郎左衛門尉	同—永正4年(1507)
飯尾為頼		次郎左衛門尉・左衛門大夫・下総守	同—文亀3年(1503)
斎藤宗基	行祐	民部丞・民部大夫・遠江守	同—永正5年(1508)罷免
諏訪為弘		次郎左衛門尉	同—
矢野道雄			同—
斎藤基弘		中務丞	文明18年(1486)—
布施貞清		右衛門尉・右衛門大夫	長享元年(1487)—文亀3年(1503)
(某)秀清			同—
飯尾清民			同—
飯尾	永元	肥前入道	延徳2年(1490)—延徳3年(1491)
矢野		長門守	同—
飯尾貞完		三郎右衛門尉	同—
諏訪貞説		左近大夫将監	同—明応7年(1498)
飯尾行房		彦三衛門尉・中務允・中務大夫	同—永正5年(1508)罷免
飯尾為親			延徳3年(1491)—
斎藤基雄		雅楽丞・雅楽大夫	同—明応6年(1497)出奔
(某)貞諸			同—
(某)貞教		左衛門尉	同—
飯尾為輔		加賀四郎	明応3年(1494)—
松田秀和		左京亮・美作守	明応6年(1497)—永正元年(1504)
清秀秋		中務丞	同—大永6年(1526)
松田秀俊(晴秀)	宗祥	八郎左衛門尉・左衛門大夫・丹後守・丹後入道	文亀2年(1502)—天文21年(1552)
飯尾貞遠			同—永正3年(1506)
布施元久		民部丞・民部大夫	文亀3年(1503)—永正16年(1519)
布施長直	信祐	若狭守	永正5年(1508)—永正17年(1520)死
飯尾貞運		近江守	同—享禄3年(1530)
斎藤基雄		美濃守	同—大永7年(1527)
飯尾之秀		下野守	同—大永元年(1521)出奔
斎藤時基		上野介	同—同
諏訪長俊		左衛門尉・左衛門大夫・信濃守	同—天文15年(1546)
斎藤		加賀守	同—
飯尾堯連		弾正忠・大和守	永正5年(1508)—永禄7年(1564)
松田英致		対馬守	同—永正15年(1518)
飯尾		善左衛門	永正7年(1510)—
飯尾貞広		中務大夫・加賀守	永正14年(1517)—永禄6年(1563)
布施元通		下野守	永正15年(1518)—天文11年(1542)
諏訪貞親			同—
諏訪		左近大夫	同—
(某)晴基			永正17年(1520)—
松田頼興		左衛門大夫	大永2年(1522)—大永3年(1523)
松田頼康		豊前守	同—天文14年(1545)
飯尾為隆		左衛門尉	同—大永7年(1527)出奔
松田盛秀		右衛門尉・対馬守	同—天文22年(1553)拘留
松田亮致		右衛門尉・能登守	大永5年(1525)—享禄4年(1531)
飯尾忠房(盛就)		彦左衛門尉・左衛門大夫・中務大夫・対馬守・加賀守	大永6年(1526)—元亀3年(1572)
治部直前(光任)		右衛門尉・兵衛大夫	天文元年(1532)—天文11年(1542)
諏訪忠通		若狭守	天文2年(1533)—天文8年(1539)
飯尾為時(光種)		左衛門尉・肥前守	天文3年(1534)—天文18年(1549)
松田秀以		左衛門尉	天文4年(1535)—天文13年(1544)
諏訪晴長	宗又	神左衛門尉・左近大夫将監・信濃守	同—元亀元年(1570)
中沢光俊	浄永	左衛門尉・掃部助・備前守	同—天文22年(1553)拘留
中沢貞通			同—天文11年(1542)
松田広秀			天文5年(1536)—
松田藤弘		丹後守	天文10年(1541)—天正7年(1579)

氏名	法名	通称・官途	所見期間
松田頼隆		九郎左衛門尉・左衛門大夫・豊前守	天文10年(1541)—天正元年(1573)
治部光栄		又四郎・大蔵丞	天文11年(1542)—天文22年(1553)拘留
松田頼恵(藤頼)		左衛門尉	天文12年(1543)—永禄5年(1562)
松田頼忠		次郎左衛門尉	天文15年(1546)—
諏訪俊郷		孫三郎・神兵衛尉	天文17年(1548)—天正元年(1573)
松田光俊		孫三郎・主計允	同　—天文22年(1553)拘留
(某)晴藤			天文22年(1553)—
治部藤通		三郎左衛門尉	弘治2年(1556)—永禄7年(1564)
松田盛秀		対馬守	永禄元年(1558)—永禄6年(1563)死
中沢光俊		備前守	同　—元亀3年(1572)
治部光栄		大蔵丞	同　—元亀元年(1570)
松田光秀		主計允	同　—永禄7年(1564)
飯尾為忠		与左衛門尉	同　—天正6年(1578)
飯尾貞遙	昭連	右馬助	永禄5年(1562)—天正7年(1579)
(某)貞秀			同　—
中沢		玄蕃允	永禄6年(1563)—
松田		又次郎	同　—
諏訪		神四郎	同　—
布施		弥太郎	同　—
松田頼長		九郎左衛門尉	同　—
松田秀雄		主計大夫	永禄11年(1568)—天正6年(1578)

（付）足利義稙・義澄右筆方奉行人一覧

氏名	法名	通称・官途	所見期間
(某)	慈倫	沙弥	明応3年(1494)—
諏訪長直	信祐	若狭守	同　—永正5年(1508)
飯尾之秀		下野守	同　—　同
斎藤基雄		雅楽大夫・美濃守	明応8年(1499)—　同
飯尾貞運		近江守	文亀元年(1501)—　同
松田英致		主計大夫・対馬守	永正5年(1508)—
松田頼亮		豊前守	永正6年(1509)—永正8年(1511)
斎藤基躬			大永元年(1521)—
斎藤時基		上野介	同　—
飯尾之秀		下野守	同　—
斎藤基雄			同　—

（付）足利義維右筆方奉行人一覧

氏名	法名	通称・官途	所見期間
斎藤誠基			大永6年(1526)—享禄4年(1531)
斎藤基速			同　—天文元年(1532)没落
斎藤		右衛門大夫	大永7年(1527)—
斎藤基躬			同　—
斎藤時基		上野介	同　—
治部直前(光任)		右兵衛尉	享禄元年(1528)—天文元年(1532)出奔
松田光綱			同　—享禄4年(1531)
松田光致			同　—享禄3年(1530)
飯尾為隆		左衛門尉	同　—享禄2年(1529)
松田光郷			享禄3年(1530)—享禄4年(1531)

この表は『日本史総覧』2所収の「室町幕府諸職表」(田沼睦作成)をもとにして，南北朝時代を中心に訂正を加えた．

24　鎌倉公方一覧

氏　名	父	在　職	死　没	享年	法　号
足利義詮	尊氏	建武 2(1335).12　—貞和 5(1349). 9. 9	貞治 6(1367).12. 7	38	宝篋院 瑞山道惟
足利基氏	尊氏	貞和 5(1349).10　—貞治 6(1367). 4.26	貞治 6(1367). 4.26	28	瑞泉寺 玉岩道昕
足利氏満	基氏	貞治 6(1367). 5.29—応永 5(1398).11. 4	応永 5(1398).11. 4	40	永安寺 璧山道全
足利満兼	氏満	応永 5(1398).12　—応永16(1409). 7.22	応永16(1409). 7.22	32	勝光院 泰岳道安
足利持氏	満兼	応永16(1409). 9　—永享11(1439). 2.10	永享11(1439). 2.10	42	長春院 陽山道継
足利成氏	持氏	宝徳元(1449).正　—康正元(1455).正.21	明応 6(1497). 9.30	60	乾亨院 久山昌公
古河公方					
足利成氏	持氏	康正元(1455). 5　—明応 6(1497). 9.30	明応 6(1497). 9.30	60	乾亨院 久山昌公
足利政氏	成氏	明応 6(1497). 9.30—永正 9(1512). 7. 7	享禄 4(1531). 7.18	66	甘棠院 吉山道長
足利高基	政氏	永正 9(1512). 7. 7—天文 4(1535). 6. 8	天文 4(1535). 6. 8		潜光院 高山貴公
足利晴氏	高基	天文 4(1535). 6. 8—天文21(1552).12.12	永禄 3(1560). 5.27		永仙院 系山道統
足利義氏	晴氏	天文21(1552).12.12—天正11(1583).正.21	天正11(1583).正.21		香雲院 長山周善
堀越公方					
足利政知	義政	長禄 2(1458)　—延徳 3(1491). 4. 3	延徳 3(1491). 4. 3	57	勝幢院 九山
足利茶々丸	政知	延徳 3(1491). 4. 3—明応 7(1498). 8	明応 7(1498). 8		成就院 福山広徳
小弓公方					
足利義明	政氏	永正14(1517).10　—天文 7(1538).10. 7	天文 7(1538).10. 7		八正院 空然道哲
稲村公方					
足利満貞	氏満	応永 6(1399)　—	永享11(1439). 2.10		
篠川公方					
足利満直	氏満	応永 6(1399)　—永享12(1440). 6.10	永享12(1440). 6.10		

25　関東管領(執事)一覧

氏　名	在　職	官　途	死　没	享年	法　号
斯波家長	建武 3. 6　—建武 4.12.23 (1336)　(1337)	陸奥守	建武 4.12.23 (1337)		
上杉憲顕(山内)	暦応元. 6　—暦応元.12 (1338)　(1338)		(後出)		
高　師冬	暦応 2. 6　—康永 3.② (1339)　(1344)		(後出)		
上杉憲顕(山内)	暦応 3. 6　—観応 2.12 (1340)　(1351)		(後出)		
高　重茂	康永 3. 6　—貞和 5.12 (1344)　(1349)	大和権守,駿河守			
高　師冬	観応元.正　—観応 2.正.17 (1350)　(1351)	左衛門尉,三河守,播磨守	観応 2.正.17 (1351)		
畠山国清	文和 2. 7　—康安元.11.23 (1353)　(1361)	左近大夫将監,修理権大夫,阿波守	貞治 3 (1364)		道誓
高　師有	貞治元. 4　—貞治 2. 2 (1362)　(1363)	陸奥守			
上杉憲顕(山内)	貞治 2. 3　—貞治 2.12 (1363)　(1263)		(後出)		
上　杉某	貞治 3.10　—貞治 3.12 (1364)　(1364)	左近将監			
上杉憲顕(山内)	貞治 5. 5　—応安元. 9.19 (1366)　(1368)	安房守,民部大輔	応安元. 9.19 (1368)	63	国清寺 桂山道昌
上杉能憲(宅間)	応安元. 9.19—永和 4. 4.17 (1368)　(1378)	修理亮,左衛門尉,兵部少輔	永和 4. 4.17 (1378)	46	報恩寺 敬堂道譓
上杉朝房(犬懸)	応安元. 9.19—応安 3. 8. 4 (1368)　(1370)	左馬助,中務少輔,弾正少弼	明徳 2 (1391)		続宗院 実相道真
上杉憲春(山内)	永和 3. 4.17—康暦元. 3. 8 (1377)　(1379)	左近将監,刑部大輔	康暦元. 3. 8 (1379)		大沢院 高源道珍
上杉憲方(山内)	康暦元. 4.15—永徳 2.正.16 (1379)　(1382)		(後出)		
上杉憲方(山内)	永徳 2. 6.27—明徳 3. 4.22 (1382)　(1392)	右京亮,安房守	応永元.10.24 (1394)	60	明月院 天樹道合
上杉憲孝(山内)	明徳 3. 4.22—応永元.11. 3 (1392)　(1394)	兵庫助			

氏　名	在　　職	官　途	死　没	享年	法　号
上杉朝宗(犬懸)	応永 2. 3. 9—応永12. 9.12 (1395)　(1405)	修理亮,中務少輔,上総介	応永21. 8.25 (1414)	76	徳泉寺 禅助道元
上杉憲定(山内)	応永12.10. 8—応永18.正.16 (1405)　(1411)	右京亮,安房守	応永19.12.18 (1412)	38	光照寺 大全長基
上杉氏憲(犬懸)	応永18. 2. 9—応永22. 5. 2 (1411)　(1415)	右衛門佐	応永24.正.10 (1417)		禅秀
上杉憲基(山内)	応永22. 5.18—応永24. 4.28 (1415)　(1417)		(後出)		
上杉憲基(山内)	応永24. 6.30—応永25.正. 4 (1417)　(1418)	右京亮,安房守	応永25.正. 4 (1418)	27	宗徳院 心元海印
上杉憲実(山内)	応永26. 8　—永享11.10.29 (1419)　(1439)	安房守	文正元.② (1466)	57	雲洞庵 長棟高岩
上杉憲忠(山内)	文安 5.11　—享徳 3.12.27 (1448)　(1454)	右京亮	享徳 3.12.27 (1454)	22	興雲院 長釣道洪
上杉房顕(山内)	康正元　—文正元. 2.12 (1455)　(1466)	兵部少輔	文正元. 2.12 (1466)	32	大光院 清岳清純
上杉顕定(山内)	文正元. 6. 3—永正 7. 6.20 (1466)　(1510)	民部大輔,右馬頭,相模守	永正 7. 6.20 (1510)	57	海竜寺 可諄皓峯
上杉顕実(山内)	永正 7. 6　—永正12 (1510)　(1515)		永正12 (1515)		
上杉憲房(山内)	永正12　—大永 5. 3.25 (1515)　(1525)	兵庫頭	大永 5. 3.25 (1525)	59	竜洞院 大成道憲
上杉憲広(山内)	大永 5. 4　—享禄 4. 9. 2 (1525)　(1531)				春畝院 得月
上杉憲政(山内)	享禄 4. 9. 2—永禄 4.③.16 (1531)　(1561)	兵部少輔	天正 7. 3.17 (1579)	57	臨川寺 立山光建
上杉政虎(山内) (輝虎)	永禄 4.③.16—天正 6. 3.13 (1561)　(1578)	弾正少弼	天正 6. 3.13 (1578)	49	不識院 真光謙信

(1) 氏名欄の( )内は上杉氏の流派を示す. (2) 上杉憲顕までについては，小要博「関東管領補任沿革小考－その(1)」(『法制史論』5)を参照した. (3) 上杉顕実以降については，幕府から任命されたかどうか不明である.

26 院 政 一 覧

院政上皇	院政下の天皇	院政期間	年　数
白　河	堀河・鳥羽・崇徳	応徳 3年(1086)—大治 4年(1129)	43
鳥　羽	崇徳・近衛・後白河	大治 4年(1129)—保元元年(1156)	27
後白河	二条・六条・高倉・安徳	保元 3年(1158)—治承 3年(1179)	21
高　倉	安徳	治承 4年(1180)	10ヵ月
後白河	安徳・後鳥羽	治承 4年(1180)—建久 3年(1192)	11
後鳥羽	土御門・順徳・仲恭	建久 9年(1198)—承久 3年(1221)	23
後高倉	後堀河	承久 3年(1221)—貞応 2年(1223)	2
後堀河	四条	貞永元年(1232)—文暦元年(1234)	2
後嵯峨	後深草・亀山	寛元 4年(1246)—文永 9年(1272)	26
亀　山	後宇多	文永11年(1274)—弘安10年(1287)	14
後深草	伏見	弘安10年(1287)—永仁 6年(1298)	11
伏　見	後伏見	永仁 6年(1298)—正安 3年(1301)	3
後宇多	後二条	正安 3年(1301)—延慶元年(1308)	8
伏　見	花園	延慶元年(1308)—正和 2年(1313)	5
後伏見	花園	正和 2年(1313)—文保 2年(1318)	4
後宇多	後醍醐	文保 2年(1318)—元亨元年(1321)	4
後伏見	光厳	元徳 3年(1331)—正慶 2年(1333)	2
光　厳	光明・崇光	建武 3年(1336)—観応 2年(1351)	15
後光厳	後円融	応安 4年(1371)—応安 7年(1374)	3
後円融	後小松	永徳 2年(1382)—明徳 4年(1393)	11
長　慶	後亀山	元中 2年(1385), 3年ころ	
後小松	称光・後花園	応永19年(1412)—永享 5年(1433)	21
後花園	後土御門	寛正 5年(1464)—文明 2年(1470)	6
後陽成	後水尾	慶長16年(1611)—元和 3年(1617)	6
後水尾	明正・後光明・後西・霊元	寛永 6年(1629)—延宝 8年(1680)	51
霊　元	東山・中御門	貞享 4年(1687)—享保17年(1732)	45
光　格	仁孝	文化14年(1817)—天保11年(1840)	24

27　江戸幕府将軍一覧

代数	氏　名	父	母	在　任		没　年	享年	院　号	葬　地
1	徳 川 家 康	広忠(松平)	水野氏お大 (伝通院)	慶長 8. 2.12—慶長10. 4.16▽ (1603)　(1605)		元和 2. 4.17 (1616)	75	安国院	久能山 日光山
2	徳 川 秀 忠	家康	西郷氏お愛 (宝台院)	慶長10. 4.16—元和 9. 7.27▽ (1605)　(1623)		寛永 9.正.24 (1632)	54	台徳院	増上寺
3	徳 川 家 光	秀忠	浅井氏お江 (崇源院)	元和 9. 7.27—慶安 4. 4.20 (1623)　(1651)		慶安 4. 4.20 (1651)	48	大猷院	日光山
4	徳 川 家 綱	家光	増山氏お楽 (宝樹院)	慶安 4. 8.18—延宝 8. 5. 8 (1651)　(1680)		延宝 8. 5. 8 (1680)	40	厳有院	寛永寺
5	徳 川 綱 吉	同	本庄氏お玉 (桂昌院)	延宝 8. 8.23—宝永 6.正.10 (1680)　(1709)		宝永 6.正.10 (1709)	64	常憲院	同
6	徳 川 家 宣	綱重(甲府)	田中氏おほら (長昌院)	宝永 6. 5. 1—正徳 2.10.14 (1709)　(1712)	宝永6.2.3 称上様	正徳 2.10.14 (1712)	51	文昭院	増上寺
7	徳 川 家 継	家宣	勝田氏おきよ (月光院)	正徳 3. 4. 2—享保元. 4.30 (1713)　(1716)	正徳2.10.14 称上様	享保元. 4.30 (1716)	8	有章院	同
8	徳 川 吉 宗	光貞(紀伊)	巨勢氏おゆり (浄円院)	享保元. 8.13—延享 2. 9.25▽ (1716)　(1745)	享保元.5.2 称上様	宝暦元. 6.20 (1751)	68	有徳院	寛永寺
9	徳 川 家 重	吉宗	大久保おすま (深徳院)	延享 2.11. 2—宝暦10. 5.13▽ (1745)　(1760)	延享2.9.25 称上様	宝暦11. 6.12 (1761)	51	惇信院	増上寺
10	徳 川 家 治	家重	梅渓氏お幸 (至心院)	宝暦10. 9. 2—天明 6. 9. 8 (1760)　(1786)	宝暦10.5.13 称上様	天明 6. 8.25 (1786)	50	浚明院	寛永寺
11	徳 川 家 斉	治済(一橋)	岩本氏おとみ (慈徳院)	天明 7. 4.15—天保 8. 4. 2▽ (1787)　(1837)	天明6.9.9 称上様	天保12.㊣.30 (1841)	69	文恭院	同
12	徳 川 家 慶	家斉	押田氏お楽 (香琳院)	天保 8. 9. 2—嘉永 6. 7.22 (1837)　(1853)		嘉永 6. 6.22 (1853)	61	慎徳院	増上寺
13	徳 川 家 定	家慶	跡部氏おみつ (本寿院)	嘉永 6.11.23—安政 5. 8. 8 (1853)　(1858)	嘉永6.7.23 称上様	安政 5. 7. 6 (1858)	35	温恭院	寛永寺
14	徳 川 家 茂	斉順(紀伊)	松平氏みさ (実成院)	安政 5.12. 1—慶応 2. 8.20 (1858)　(1866)	安政5.8.9 称上様	慶応 2. 7.20 (1866)	21	昭徳院	増上寺
15	徳 川 慶 喜	斉昭(水戸)	有栖川登美宮 吉子(貞芳院)	慶応 2.12. 5—慶応 3.12.12 (1866)　(1867)	慶応2.8.20 称上様	大正 2.11.22 (1913)	77		谷　中

(1) この表は『徳川実紀』『続徳川実紀』,『徳川幕府家譜』(『徳川諸家系譜』1所収)等により作成した.
(2) 母は斎木一馬「徳川将軍生母並びに妻妾考」(日本歴史学会編『歴史と人物』所収)を参照した.
(3) 在職年代は便宜上,将軍宣下より隠退あるいは死没までを記した.隠退した将軍,すなわち大御所と称された者については隠退年月日に▽印を付した.なお,代替りと将軍宣下が一致しているのは3代家光までであり,実質的な意味をもつ代替り日として『徳川実紀』『続徳川実紀』に「この日より上様と称したてまつる」とある日付を右に記した.
(4) 10代家治の没日については諸説があるが,『天明巷説』により8月25日説をとり,また12代家慶は6月22日に,13代家定は7月6日に,14代家茂は7月20日に没したが,在職は家治・家慶・家定・家茂ともに発喪の日までとした.

28　老　中　一　覧

氏　名		称　呼	前　職	補職年月日	転免年月日	後　職	城(領)地	石　高
	酒井忠世	雅楽頭	秀忠公付	天正18.12.28 (1590)	寛永11.⑦.23 (1634)　*	免 *	武蔵・上野・ 近江の内	2万余石
	大久保忠隣	相模守			慶長19.2.2 (1614)	免職,改易	相模小田原	6万5000石
	本多正信	佐渡守			元和2.6.7 (1616)	卒 *	相模等の内	1万石
	本多正純	上野介			元和8 (1622)	免職,改易	下野宇都宮	
	青山忠成	常陸介	関東諸奉行	慶長6.11.5 (1601)	慶長11.正.25 (1606)　*	免職,籠居	相模・近江・上 総・下総の内	1万8000石
	内藤清成	修理亮	関東諸奉行 *	慶長6 (1601)　*	慶長11.正.25 (1606)　*	免職,籠居	相模・常陸・下 総・上総の内	2万1000石
	成瀬正成	隼人正	義直付			義直付家老 *	下総栗原	3万4000石
	安藤直次	帯刀	頼宣付			頼宣付家老 *	武蔵・近江・ 遠江の内	1万3030余石
	青山成重	図書助		慶長13.12.25 (1608)	慶長18.8 (1613)	免職,勘気, 減封	下総の内	1万石
	土井利勝	大炊頭	御徒頭 *	慶長15.8.3 (1610)　*	寛永15.11.7 (1638)	大老	下総佐倉	3万2400余石
	安藤重信	対馬守		慶長16.正.21 (1611)　*	元和7.6.29 (1621)	卒	上野等の内	6600石
	内藤清次	若狭守	奏者番 *	元和2.5.29 (1616)	元和3.7.1 (1617)　*	卒	相模・常陸・上 総・下総の内	2万6000石
	酒井忠利	備後守	大留守居 *	元和2.5.29 (1616)	寛永4.11.14 (1627)	卒	武蔵川越	2万石
	青山忠俊	伯耆守	奏者番	元和5.5.29 (1619)	元和9.10.19 (1623)　*	免職,勘当, 減封　*	相模・近江・ 上総・下総・ 常陸等の内	3万5000石
	井上正就	主計頭	小性組番頭 *	元和8 (1622)　*	寛永5.8.10 (1628)　*	殺害せらる	遠江横須賀	5万2500石
	永井尚政	信濃守	小性組番頭 *	元和8 (1622)　*	寛永10.3.25 (1633)　*	免	常陸・武蔵・近 江・上総の内	1万5000石
	阿部正次	備中守	奏者番 *	元和9 (1623)　*	寛永3.4.6 (1626)　*	大坂城代	武蔵岩槻 *	
	稲葉正勝	丹後守	書院番頭 *	元和9 (1623)	寛永11.正.25 (1634)	卒	常陸柿岡	5000石
	酒井忠勝	讃岐守	奏者番	寛永9.12.3 (1624)	寛永15.11.7 (1638)	大老	武蔵川越	3万石
	内藤忠重	伊賀守	書院番頭 *	元和9 (1623)	承応2.4.23 (1653)	卒	常陸・相模の内	2万石
	青山幸成	大蔵少輔	小性組番頭 *	寛永5.10 (1628)	寛永20.2.16 (1643)	卒	常陸・下総・ 遠江の内	2万6000石
	森川重俊	出羽守			寛永9.正.24 (1632)　*	殉死 *	下総生実	1万石
	堀田正盛	加賀守	小性組番頭 兼若年寄	寛永10.5.5 (1633)	慶安4.4.20 (1651)	殉死	武蔵川越	3万5000石
	松平信綱	伊豆守	小性組番頭 兼若年寄	寛永10.5.5 (1633)　*	寛文2.3.16 (1662)　*	卒	武蔵忍	3万石
	阿部忠秋	豊後守	小性組番頭 兼若年寄	寛永10.5.5 (1633)　*	寛文6.3.29 (1666)　*	免	下野壬生	2万5000石
大老	酒井忠世	雅楽頭		寛永12.5.22 (1635)　*	寛永13.3.19 (1636)　*	卒 *	上野厩橋	12万2500石
	阿部重次	対馬守・ 備中守	若年寄	寛永15.11.7 (1638)	慶安4.4.20 (1651)	殉死	武蔵岩槻	5万9000余石
大老	土井利勝	大炊頭	老中	寛永15.11.7 (1638)	正保元.7.10 (1644)	卒	下総古河	16万2000石
大老	酒井忠勝	讃岐守	老中	寛永15.11.7 (1638)	明暦2.3.19 (1656)　*	辞 *	若狭小浜	11万3500余石
	松平乗寿	和泉守	奏者番 *	寛永19.11.15 (1642)	正保3.正.26 (1646)	卒	上野館林	6万余石
	酒井忠清	雅楽頭		承応2.⑥.5 (1653)　*	寛文6.3.29 (1666)	大老	上野厩橋	10万石

	氏名	称呼	前職	補職年月日	転免年月日	後職	城(領)地	石高
	稲葉正則	美濃守	奏者番	明暦3. 9.28 (1657)	天和元.12. 8 (1681)	辞	相模小田原	8万5000石
	久世広之	大和守	若年寄	寛文3. 8.15 (1663)	延宝7. 6.25 (1679)	卒	上総・相模・武蔵・下総等の内	2万石
	土屋数直	但馬守	若年寄	寛文5.12.23 (1665)	延宝7. 4. 2 (1679)	卒	常陸・武蔵・相模の内	1万5000石
	板倉重矩	内膳正	大坂城定番*	寛文5.12.23 (1665)*	延宝元. 5.29 (1673)	卒	三河中島	2万石
大老	酒井忠清	雅楽頭	老中	寛文6. 3.26 (1666)	延宝8.12. 9 (1680)	辞	上野厩橋	13万石
	阿部正能	播磨守	奏者番	延宝元.12.13 (1673)	延宝4.10. 6 (1676)*	卒	武蔵忍	9万石
	大久保忠朝	加賀守	小性組番頭*	延宝5. 7.25 (1677)*	元禄11. 2.15 (1698)	辞	肥前唐津	8万3000石
	土井利房	能登守	若年寄	延宝7. 7.10 (1679)	天和元. 2.21 (1681)	免	下野・常陸・下総・武蔵の内	4万石
	堀田正俊	備中守・筑前守	若年寄	延宝7. 7.10 (1679)	天和元.12.11 (1681)*	大老	上野安中	4万石
	板倉重通〔道・種〕	石見守・内膳正	寺社奉行	延宝8. 9.21 (1680)	天和元.11.25 (1681)*	免	下野烏山	5万石
	阿部正武	美作守・豊後守	寺社奉行	天和元. 3.26 (1681)	宝永元. 9.17 (1704)	卒	武蔵忍	8万石
	戸田忠昌	越前守・山城守	京都所司代	天和元.11.15 (1681)	元禄12. 9.10 (1699)	卒	畿内の内	4万1000石
大老	堀田正俊	筑前守	老中	天和元.12.11 (1681)*	貞享元. 8.28 (1684)	被害	下総古河	9万石
	松平信之	日向守	詰衆	貞享2. 6.10 (1685)	貞享3. 7.22 (1686)*	卒	大和郡山	8万石
	土屋政直	相模守	京都所司代	貞享4.10.13 (1687)	享保3. 3. 3 (1718)	免	駿河田中	6万5000石
	小笠原長重	佐渡守	京都所司代	元禄10. 4.19 (1697)	宝永7. 5.18 (1710)	辞	武蔵岩槻	5万石
大老	井伊直興・直該	掃部頭		元禄10. 6.13 (1697)	元禄13. 3. 2 (1700)	免,隠居	近江彦根	30万石
	秋元喬朝〔知〕	但馬守	若年寄	元禄12.10. 6 (1699)	正徳4. 8.14 (1714)	卒	甲斐谷村	3万石
	稲葉正通〔往〕	丹後守	大留守居	元禄14.正.11 (1701)	宝永4. 8. 2 (1707)	辞	越後高田	10万2000石
	本多正永	紀伊守・伯耆守	若年寄	宝永元. 9.27 (1704)*	正徳元. 4. 2 (1711)	辞	上野沼田	3万石
	大久保忠増	加賀守	詰衆	宝永2. 9.21 (1705)	正徳3. 7.25 (1713)*	辞	相模小田原	11万3100余石
	井上正峯〔岑〕	大和守・河内守	若年寄	宝永2. 9.21 (1705)	享保7. 5.17 (1722)	卒	常陸笠間	5万石
大老	井伊直興・直該	掃部頭		正徳元. 2.13 (1711)	正徳4. 2.23 (1714)*	辞	近江彦根	30万石
	阿部正喬	飛騨守・豊後守	詰衆	正徳元. 4.11 (1711)	享保2. 9.19 (1717)	免	武蔵忍	10万石
	久世重之	大和守	若年寄	正徳3. 8. 3 (1713)	享保5. 7.27 (1720)	卒	下総関宿	5万石
	松平信庸	紀伊守	京都所司代	正徳4. 9. 6 (1714)	享保元. 3. 5 (1716)	辞	丹波篠山	5万石
	戸田忠真	能登守・山城守	詰衆	正徳4. 9. 6 (1714)	享保14.10.29 (1729)	卒	下野宇都宮	6万7800余石
	水野忠元〔之〕	和泉守	京都所司代	享保2. 9.27 (1717)	享保15. 6.12 (1730)	免	三河岡崎	5万石
	安藤信友	対馬守	大坂城代	享保7. 5.21 (1722)	享保17. 7.25 (1732)	卒	美濃加納	6万5000石
	松平乗邑	左近将監	大坂城代	享保8. 4.21 (1723)	延享2.10. 9 (1745)	免職,差控	山城淀	6万石
	松平忠周	伊賀守	京都所司代	享保9.12.15 (1724)	享保13. 4.30 (1728)*	卒	信濃上田	5万8000石
	大久保為〔常〕春	佐渡守	若年寄	享保13. 5. 7 (1728)	享保13. 9. 9 (1728)*	卒	下野烏山	3万石
	酒井忠音	讃岐守	大坂城代	享保13.10. 7 (1728)	享保20. 5.18 (1735)	卒	若狭小浜	10万3500余石

	氏　名	称　呼	前　職	補職年月日	転免年月日	後　職	城(領)地	石　高
	松平信税〔祝〕	伊豆守	大坂城代	享保15. 7.11 (1730)	延享元. 4.18 (1744)	卒	遠江浜松	7万石
	松平輝貞	右京大夫	溜詰	享保15. 7.21 (1730)	延享 2.12.11 (1745)	辞	上野高崎	7万2000石
	黒田直邦	豊前守	寺社奉行	享保17. 7.29 (1732)	享保20. 3.27 (1735)	卒	上野沼田	3万石
	本多忠良	中務大輔	元側用人	享保19. 6. 6 (1734)	延享 3. 6. 1 (1746)	免	下総古河	5万石
	松平乗賢	能登守	西丸若年寄	享保20. 5.23 (1735)	延享 3. 5. 8 (1746)	卒	美濃岩村	3万石
	土岐頼稔	丹後守	京都所司代	寛保 2. 6. 1 (1742)	延享元. 9.12 (1744)	卒	摂津・河内・播磨の内	3万5000石
	酒井忠恭	雅楽頭	大坂城代	延享元. 5. 1 (1744)	寛延 2.正.15 (1749)	溜詰	上野厩橋	15万石
	西尾忠直〔尚〕	隠岐守	若年寄	延享 2. 9. 1 (1745)	宝暦10. 3.10 (1760)	卒	遠江横須賀	3万石
	堀田正亮	相模守	大坂城代	延享 2.11.13 (1745) *	宝暦11. 2. 8 (1761) *	卒	出羽山形	10万石
	松平武元	右近将監	寺社奉行	延享 3. 5.15 (1746)	安永 8. 7.25 (1779) *	卒	陸奥棚倉	5万4000石
	本多正珍	紀伊守・伯耆守	寺社奉行	延享 3.10.25 (1746)	宝暦 8. 9. 2 (1758) *	免職,差控	駿河田中	4万石
	秋元凉朝	但馬守	西丸若年寄	延享 4. 9. 3 (1747)	明和元. 3.24 (1764)	辞	武蔵川越	6万石
	酒井忠寄	左衛門尉	諸代席	寛延 2. 9.28 (1749)	明和元. 5.26 (1764)	辞	出羽庄内	14万余石
	松平輝高	右京大夫	京都所司代	宝暦 8.10.18 (1758)	天明元. 9.25 (1781) *	卒	上野高崎	7万2000石
	井上利容〔正経〕	河内守	京都所司代	宝暦10.12. 3 (1760)	宝暦13. 3.13 (1763)	辞	遠江浜松	6万石
	松平康福	周防守	大坂城代	宝暦12.12. 9 (1762)	天明 8. 4. 3 (1788)	免	三河岡崎	5万4000余石
	阿部正右	伊予守	京都所司代	明和元. 5. 1 (1764)	明和 6. 7.12 (1769)	卒	備後福山	10万石
	秋元凉朝	但馬守	雁間詰	明和 2.12.22 (1765)	明和 4. 6.28 (1767)	辞	武蔵川越	6万石
	板倉勝清	佐渡守	側用人	明和 4. 7. 1 (1767)	安永 9. 6.28 (1780)	卒	上野安中	3万石
	阿部正允	飛騨守・豊後守	京都所司代	明和 6. 8.18 (1769)	安永 9. 7.24 (1780)	卒	武蔵忍	10万石
	田沼意次	主殿頭	側用人	明和 6. 8.18 (1769)	天明 6. 8.27 (1786)	免職	遠江相良	2万5000石
	久世広明	出雲守・大和守	京都所司代	天明元.⑤.11 (1781)	天明 5.正.24 (1785)	卒	下総関宿	5万8000石
	鳥居忠孝〔意〕	丹波守	若年寄	天明元. 9.18 (1781)	寛政 5. 2.29 (1793)	辞	下野壬生	3万石
	水野忠友	出羽守	側用人	天明元. 9.18 (1781)	天明 8. 3.28 (1788)	免	駿河沼津	2万5000石
	牧野貞長	越中守・備後守	京都所司代	天明 4. 5.11 (1784)	寛政 2. 2. 2 (1790)	辞	常陸笠間	8万石
大老	井伊直幸	掃部頭		天明 4.11.28 (1784)	天明 7. 9.11 (1787)	辞	近江彦根	30万石
	阿部正倫	備中守・伊勢守	奏者番兼寺社奉行	天明 7. 3. 7 (1787)	天明 8. 2.29 (1788)	辞	備後福山	10万石
	松平定信	越中守		天明 7. 6.19 (1787)	寛政 5. 7.23 (1793)	免	陸奥白河	11万石
	松平信明	伊豆守	側用人	天明 8. 4. 4 (1788)	享和 3.12.22 (1803)	卒	三河吉田	7万石
	松平乗完	和泉守	京都所司代	寛政元. 4.11 (1789)	寛政 5. 8.15 (1793)	卒	三河西尾	6万石
	本多忠籌	弾正大弼	側用人	寛政 2. 4.16 (1790)	寛政10.10.26 (1798)	病免	陸奥泉	2万石
	戸田氏教	釆女正	側用人	寛政 2.10.16 (1790)	文化 3. 4.26 (1806)	卒	美濃大垣	10万石
	太田資愛	備中守	雁間詰	寛政 5. 3. 1 (1793)	享和元. 6. 7 (1801)	辞	遠江掛川	5万余石

	氏名	称呼	前職	補職年月日	転免年月日	後職	城(領)地	石高
	安藤信成	対馬守	若年寄	寛政 5. 8.24 (1793)	文化 7. 5.24 (1810)	卒	陸奥磐城平	5万石
	水野忠友	出羽守	雁間詰	寛政 8.11.29 (1796)	享和 2. 9.20 (1802)	卒	駿河沼津	3万石
	牧野忠精	備前守	京都所司代	享和元. 7.11 (1801)	文化13.10.13 (1816)	辞	越後長岡	7万4000石
	土井利厚	大炊頭	京都所司代	享和 2.10.19 (1802)	文政 5. 7. 8 (1822)	卒	下総古河	7万石
	青山忠裕	下野守	京都所司代	文化元.正.23 (1804)	天保 6. 5. 6 (1835)	病免	丹波篠山	5万石
	松平信明	伊豆守	雁間詰	文化 3. 5.25 (1806)	文化14. 8.29 (1817)	卒	三河吉田	7万石
	松平乗保	能登守	大坂城代	文化 7. 6.25 (1810)	文政 9. 7. 8 (1812)	卒	美濃岩村	3万石
	酒井忠進	讃岐守・若狭守	京都所司代	文化12. 4.15 (1815)	文政11.正.28 (1814)	卒	若狭小浜	10万3500石
	阿部正精	備中守	奏者番兼寺社奉行	文化14. 8.25 (1817)	文政 6.10.11 (1809)	卒	備後福山	10万石
	水野忠成	出羽守	西丸側用人	文政元. 8.20 (1818)	天保 5. 2.28 (1834)	卒	駿河沼津	3万石
	大久保忠真	加賀守	京都所司代	文政元. 8. 2 (1818)	天保 8. 3.19 (1837)	卒	相模小田原	11万3000余石
	松平乗寛	和泉守	京都所司代	文政 5. 9. 3 (1822)	天保10.12. 2 (1839)	卒	三河西尾	6万石
	松平輝延	右京大夫	雁間詰,元大坂城代	文政 6.11. 3 (1823)	文政 8. 2.17 (1825)	卒	上野高崎	8万2000石
	植村家長	駿河守	若年寄	文政 8. 4.18 (1825)	文政11.11.12 (1828)	卒	大和高取	2万500石
	松平康任	周防守	京都所司代	文政 9.11.23 (1826)	天保 6. 9.29 (1835)	免	石見浜田	6万400余石
	牧野忠精	備前守	譜代席	文政11. 2. 5 (1828)	天保 2. 4.18 (1831)	隠居	越後長岡	7万4000石
	水野忠邦	越前守	京都所司代	文政11.11.23 (1828)	天保14.⑨.13 (1843)	免職,差控	遠江浜松	6万石
	松平〔本庄〕宗発	伯耆守	京都所司代	天保 2. 5.25 (1831)	天保11. 9.18 (1840)	辞	丹後宮津	7万石
	太田資始	備後守	京都所司代	天保 5. 4.11 (1834)	天保12. 6. 3 (1841)	辞	遠江掛川	5万余石
大老	井伊直亮	掃部頭		天保 6.12.23 (1835)	天保12. 5.13 (1841)	免	近江彦根	30万石
	脇坂安董	中務大輔	奏者番兼寺社奉行	天保 7. 2.16 (1836)	天保12. 2.24 (1841)	卒	播磨竜野	5万1000余石
	松平信順	伊豆守	京都所司代	天保 8. 5.16 (1837)	天保 8. 8. 5 (1837)	辞	三河吉田	7万石
	堀田正篤	備中守	大坂城代	天保 8. 7. 9 (1837)	天保14.⑨. 8 (1843)	溜詰格	下総佐倉	11万石
	土井利位	大炊頭	京都所司代	天保 9. 4.11 (1838)	弘化元.10.12 (1844)	辞	下総古河	8万石
	間部詮勝	下総守	京都所司代	天保11.正.13 (1840)	天保14.⑨.21 (1843)	辞	越前鯖江	5万石
	井上正春	河内守	大坂城代	天保11.11. 3 (1840)	天保14.正.29 (1843)	辞	上野館林	6万石
	真田幸貫	信濃守	譜代席	天保12. 6.13 (1841)	弘化元. 5.13 (1844)	病免	信濃松代	10万石
	阿部正弘	伊勢守	奏者番兼寺社奉行	天保14.⑨.11 (1843)	安政 4. 6.27 (1857)	卒	備後福山	10万石
	牧野忠雅	備前守	京都所司代	天保14.11. 3 (1843)	安政 4. 9.10 (1857)	免	越後長岡	7万4000石
	戸田忠温	日向守・山城守	奏者番兼寺社奉行	天保14.11. 3 (1843)	嘉永 4. 7.26 (1851)	卒	下野宇都宮	7万7850石
	堀 親審	大和守	側用人	天保14.12.22 (1843)	弘化 2. 4.29 (1845)	免	信濃飯田	2万7000石
	水野忠邦	越前守	雁間席	弘化元. 6.21 (1844)	弘化 2. 2.22 (1845)	辞	遠江浜松	7万石
	青山忠良	下野守	大坂城代	弘化元.12.28 (1844)	嘉永元. 9. 3 (1848)	辞	丹波篠山	6万石

	氏　名	称　呼	前　職	補職年月日	転免年月日	後　職	城(領)地	石　高
	松平乗全	和泉守	大坂城代	弘化 2. 2.15 (1845)	安政 2. 8. 4 (1855)	辞	三河西尾	6万石
	松平忠優	伊賀守	大坂城代	嘉永元.10.18 (1848)	安政 2. 8. 4 (1855)	辞	信濃上田	5万3000石
	久世広周	出雲守・大和守	奏者番兼寺社奉行	嘉永元.10.18 (1848)	安政 5.10.27 (1858)	辞	下総関宿	5万8000石
	内藤信親	紀伊守	京都所司代	嘉永 4.12.21 (1851)	文久 2. 5.26 (1862)	免	越後村上	5万石
	堀田正睦	備中守	溜詰	安政 2.10. 9 (1855)	安政 5. 6.23 (1858)	免	下総佐倉	11万石
	脇坂安宅	淡路守・中務大輔	京都所司代	安政 4. 8.11 (1857)	万延元.11.29 (1860)	辞	播磨竜野	5万1000石
	松平忠固	伊賀守	帝鑑間席	安政 4. 9.13 (1857)	安政 5. 6.23 (1858)	免	信濃上田	5万3000石
大老	井伊直弼	掃部頭		安政 5. 4.23 (1858)	万延元. 3.30 (1860)	免	近江彦根	30万石
	太田資始	備後守	隠居	安政 5. 6.23 (1858)	安政 6. 7.23 (1859)	辞	遠江掛川	5万石
	間部詮勝	下総守	雁間詰	安政 5. 6.23 (1858)	安政 6.12.24 (1859)	辞	越前鯖江	5万石
	松平乗全	和泉守	溜詰格	安政 5. 6.23 (1858)	万延元. 4.28 (1860)	病免	三河西尾	6万石
	安藤信正	対馬守	若年寄	万延元. 正.15 (1860)	文久 2. 4.11 (1862)	免	陸奥磐城平	5万石
	久世広周	大和守	雁間詰	万延元.③ 1 (1860)	文久 2. 6. 2 (1862)	免	下総関宿	5万8000石
	本多忠民	美濃守	溜詰格	万延元. 6.25 (1860)	文久 2. 3.15 (1862)	免	三河岡崎	5万石
	松平信義	豊前守	大坂城代	万延元.12.28 (1860)	文久 3. 9. 5 (1863)	辞	丹波亀山	5万石
	水野忠精	和泉守	若年寄	文久 2. 3.15 (1862)	慶応 2. 6.19 (1866)	免職,差控	出羽山形	5万石
	板倉勝静	周防守	奏者番兼寺社奉行	文久 2. 3.15 (1862)	元治元. 6.18 (1864)	免	備中松山	5万石
	脇坂安宅	中務大輔	隠居	文久 2. 5.23 (1862)	文久 2. 9. 6 (1862)	辞	播磨竜野	5万1000石
	小笠原長行	図書頭	若年寄	文久 2. 9.11 (1862)	文久 3. 6. 9 (1863)	免	肥前唐津	6万石
	井上正直	河内守	寺社奉行	文久 2.10. 9 (1862)	元治元. 7.12 (1864)	免	遠江浜松	6万石
	太田資始	備中守	隠居	文久 3. 4.27 (1863)	文久 3. 5.14 (1863)	辞	遠江掛川	5万石
	酒井忠績	雅楽頭	溜詰	文久 3. 6.18 (1863)	元治元. 6.18 (1864)	免	播磨姫路	15万石
	有馬道純	遠江守	若年寄	文久 3. 7. 5 (1863)	元治元. 4.12 (1864)	免	越前丸岡	5万石
	牧野忠恭	備前守	帝鑑間席,元京都所司代	文久 3. 9.13 (1863)	慶応元. 4.19 (1865)	辞	越後長岡	7万4000石
	稲葉正邦	長門守・美濃守・民部大輔	京都所司代	元治元. 4.11 (1864)	慶応元. 4.11 (1865)	辞	山城淀	10万2000石
	阿部正外	越前守・豊後守	雁間詰	元治元. 6.24 (1864)	慶応元.10. 1 (1865)	免職,謹慎	陸奥白河	10万石
	諏訪忠誠	因幡守	帝鑑間席,元若年寄	元治元. 6.29 (1864)	慶応元. 4.19 (1865)	辞	信濃高島	3万余石
	松前崇広	伊豆守	柳間席	元治元. 7. 7 (1864)	慶応元.10. 1 (1865)	免職,謹慎	蝦夷福山	3万石
	松平〔本庄〕宗秀	伯耆守	雁間詰	元治元. 8.18 (1864)	慶応 2. 7.25 (1866)	免職	丹後宮津	7万石
	本多忠民	美濃守	溜詰格	元治元.10.13 (1864)	慶応元.12.19 (1865)	病免	三河岡崎	5万石
大老	酒井忠績	雅楽頭		慶応元. 2. 1 (1865)	慶応元.11.15 (1865)	免,溜詰	播磨姫路	15万石
	松平康直	周防守	奏者番兼寺社奉行	慶応元. 4.12 (1865)	慶応元.10.16 (1865)	免	陸奥棚倉	6万余石
	小笠原長行	壱岐守		慶応元. 9. 4 (1865)	慶応 2.10. 6 (1866)	免職,逼塞	肥前唐津	6万石

氏名	称呼	前職	補職年月日	転免年月日	後職	城(領)地	石高
板倉勝静	阿波守・伊賀守	雁間詰	慶応元.10.22 (1865)	明治元.正.29 (1868)	免,隠居	備中松山	5万石
松平康直	周防守	帝鑑間席	慶応元.11.20 (1865)	明治元. 2. 5 (1868)	免	陸奥棚倉	8万余石
井上正直	河内守	雁間詰	慶応元.11.26 (1865)	慶応 3. 6.17 (1867)	免	遠江浜松	6万石
稲葉正邦	民部大輔・美濃守	雁間詰	慶応 2. 4.13 (1866)	明治元. 2.21 (1868)	免	山城淀	10万2000石
松平乗謨	縫殿頭	若年寄	慶応 2. 6.19 (1866)	明治元. 2. 5 (1868)	免	信濃田野口	1万6000石
水野忠誠	出羽守	帝鑑間詰	慶応 2. 7.13 (1866)	慶応 2.10.28 (1866)	卒	駿河沼津	5万石
小笠原長行	壱岐守		慶応 2.11. 9 (1866)	明治元. 2.10 (1868)	免	肥前唐津	6万石
稲葉正巳	兵部少輔・兵部大輔	若年寄格陸軍奉行	慶応 2.12.16 (1866)	明治元. 2. 3 (1868)	免	安房館山	1万石
松平定昭	式部大輔・伊予守	溜詰	慶応 3. 9.23 (1867)	慶応 3.10.19 (1867)	免	伊予松山	15万石
松平〔大河内〕正質	豊前守	若年寄	慶応 3.12.15 (1867)	明治元. 2. 9 (1868)	免職,差控	上総大多喜	2万石
酒井忠惇	雅楽頭	溜詰	慶応 3.12.30 (1867)	明治元. 2. 5 (1868)	免	播磨姫路	15万石
立花種恭	出雲守	若年寄	明治元. 5.10 (1868)	明治元. 2. 5 (1868)	免	陸奥下手渡	1万石

(1)　以下の表は,『柳営補任』(『大日本近世史料』)をもとにし,『徳川実紀』『続徳川実紀』(『(新訂増補)国史大系』),『寛政重修諸家譜』を照合して作成した.

(2)　『柳営補任』を定本としながらも,『徳川実紀』『続徳川実紀』,『寛政重修諸家譜』と異同があり,後2書の記事が全く同じである場合には,後2書を採用した.ただし後2書がそれぞれ異なる場合は,3書のうち記事が重なる分を重視し,また,3書すべての記事が異なる時は,原則として『柳営補任』の記事を便宜採用した.

(3)　『柳営補任』以外の記事を採ったものには*印を付した.

(4)　氏名欄の〔　〕内の文字は,『大日本近世史料』の傍注と,『実紀』『続実紀』に見られる表記および傍注である.

(5)　城(領)地・石高は,寛政10年までは『諸家譜』により就任時のものを記入した.すなわち就任時に加増された分を含む.以後は内閣文庫蔵『諸侯年表』などによった.

29　若年寄一覧

氏名	称呼	前職	補職年月日	転免年月日	後職	城(領)地	石高
堀田正盛	加賀守	小性組番頭	寛永10. 3.23 (1633) *	寛永10. 5. 5 (1633) *	老中	相模・常陸・上野の内	1万石
松平信綱	伊豆守	小性組番頭	寛永10. 3.23 (1633) *	寛永10. 5. 5 (1633) *	老中	相模・上野等の内	1万5000石
阿部忠秋	豊後守	小性組番頭	寛永10. 3.23 (1633) *	寛永10. 5. 5 (1633) *	老中	武蔵・上野の内	1万5000石
太田資宗	備中守	小性組番頭	寛永10. 3.23 (1633) *	寛永15. 4.24 (1638)	奏者番	上総・下野・相模・遠江の内	5600石
阿部重次	対馬守	小性組番頭	寛永10. 3.23 (1633) *	寛永15.11. 7 (1638)	老中	近江の内	3000余石
三浦正次	志摩守	小性組番頭	寛永10. 3.23 (1633) *	寛永15.12.12 (1638) *	罷免	下総・上総・上野の内	1万石
酒井忠朝	備後守		寛永12.10.29 (1635) *	寛永15.11. 7 (1638) *	罷免		
土井利隆	遠江守		寛永12.10.29 (1635) *	寛永15.11. 7 (1638) *	罷免		
朽木稙綱	民部少輔	書院番頭	寛永12.11.20 (1635) *	慶安 2. 2.19 (1649) *	罷免	近江等の内	4000石
久世広之	大和守	側衆	寛文 2. 2.22 (1662) *	寛文 3. 8.15 (1663)	老中	上総・相模・武蔵の内	2万石
土屋数直	但馬守	側衆	寛文 2. 2.22 (1662) *	寛文 5.12.23 (1665)	老中	常陸・武蔵の内	1万石
土井利房	能登守	奏者番	寛文 3. 8.16 (1663)	延宝 7. 7.10 (1679)	老中	下野・常陸の内	2万石
永井尚庸	伊賀守	奏者番	寛文 5.12.23 (1665) *	寛文10. 2.14 (1670)	京都所司代	河内の内	2万石

氏名	称呼	前職	補職年月日	転免年月日	後職	城(領)地	石高
堀田正俊	備中守	奏者番	寛文10. 2.22 (1670)	延宝 7. 7.10 (1679)	老中	上野安中	2万石
松平信衡〔興〕	因幡守	側衆	延宝 7. 7.10 (1679)	天和 2. 3.19 (1682)	奏者番	武蔵・下総の内	1万2000石
石川乗政	美作守	側衆	延宝 7. 7.10 (1679)	天和 2. 3.22 (1682) *	奏者番	常陸小張	1万石
堀田正央〔英〕	対馬守	傅役	天和元. 9. 6 (1681)	貞享 2. 6.10 (1685)	奏者番	常陸の内	8000石
稲葉正休	石見守	側衆	天和 2. 3.22 (1682)	貞享元. 8.28 (1684)	殺害せらる	美濃等の内	7000石
秋元喬朝〔知〕	摂津守・但馬守	寺社奉行	天和 2.10.16 (1682) *	元禄12.10.16 (1699) *	老中	甲斐谷村	1万8000石
内藤重頼	若狭守・伊賀守・大和守	傅役	貞享元.12.10 (1684)	貞享 2. 9.27 (1685)	大坂城代	上総・常陸・下野の内	1万3000石
松平忠徳〔周〕	伊賀守	詰衆	貞享 2. 6.21 (1685) *	貞享 2. 7.21 (1685)	側用人	丹波亀山	3万8000石
太田資直	備中守・摂津守	奏者番	貞享 2. 8. 9 (1685)	貞享 3.正.21 (1686)	側用人	駿河田中	5万余石
稲垣重定	安芸守	側衆	貞享 2.11. 6 (1685)	元禄 2. 2. 3 (1689) *	御役被召放	上総・武蔵等の内	1万3000石
大久保忠増	安芸守・隠岐守	寺社奉行	貞享 4.12.18 (1687)	元禄元. 8.27 (1688)	辞	下総・常陸の内	1万石
三浦直次〔明敬〕	壱岐守	詰衆	元禄 2. 2. 6 (1689)	元禄 2. 5. 2 (1689)	奏者番	下野壬生	2万石
山口〔内〕直久〔豊明〕	大膳亮	奥詰	元禄 2. 5. 3 (1689)	元禄 2. 5.11 (1689)	免	土佐中村	3万石
松平信孝	安房守	側衆	元禄 2. 5.11 (1689)	元禄 3. 9.29 (1690) *	卒	駿河・上野・武蔵の内	1万石
内藤正〔政〕親	右近大夫・丹波守	奏者番	元禄 3. 7.10 (1690)	元禄 7. 4.23 (1694) *	辞	陸奥泉	2万石
加藤明英	佐渡守・越中守	寺社奉行	元禄 3.11.11 (1690)	正徳元.12.22 (1711)	辞	近江水口	2万石
松平正久	弾正忠	奏者番	元禄 7. 2.19 (1694)	元禄 9. 3.18 (1696)	奏者番仮役	相模甘縄	2万石
米倉昌忠〔尹〕	丹後守	側衆	元禄 9. 3.28 (1696)	元禄12. 7.12 (1699)	卒	武蔵・相模・上野の内	1万石
本多正永	紀伊守・伯耆守	寺社奉行	元禄 9.10. 1 (1696)	宝永元. 9.27 (1704)	老中	下総・丹波の内	1万石
稲垣重富	対馬守	小性	元禄12. 7.28 (1699)	宝永 6. 9.25 (1709)	辞	三河刈谷	2万石
井上正峯〔岑〕	大和守	寺社奉行	元禄12.10. 6 (1699)	宝永 2. 9.21 (1705)	老中	丹波亀山	4万7000石
永井直敬	伊賀守・伊豆守	寺社奉行	宝永元.10. 1 (1704)	正徳元. 6. 3 (1711)	卒	播磨赤穂	3万3000石
久世重之	隠岐守・大和守	寺社奉行	宝永 2. 9.21 (1705)	正徳 3. 8. 3 (1713)	老中	三河吉田	5万石
大久保教寛	長門守	西丸側衆 *	宝永 3.10.15 (1706)	享保 8. 3. 6 (1723)	老免	相模・駿河の内	1万1000石
鳥居忠救〔英〕	伊賀守	寺社奉行	正徳元. 6.27 (1711)	享保元. 3.21 (1716)	卒	近江水口	2万石
水野忠之	大監物	奏者番	正徳元.12.23 (1711) *	正徳 4. 9. 6 (1714)	京都所司代	三河岡崎	5万石
大久保常春	山城守・佐渡守	側衆	正徳 3. 8. 3 (1713)	享保13. 5. 7 (1728)	老中	近江・甲斐・丹波の内	1万石
森川俊胤	出羽守	寺社奉行	正徳 4. 9. 6 (1714)	享保 2.11.16 (1717)	免	下総生実	1万石
石川総茂	近江守	寺社奉行	享保 2. 9.27 (1717)	享保10.11.28 (1725)	側用人	伊勢神戸	1万7000石
松平乗堅〔賢〕	能登守	奏者番	享保 8. 3. 6 (1723)	享保20. 5.23 (1735)	老中	美濃岩村	2万石
水野忠定	壱岐守	大番頭	享保 8. 3. 6 (1723)	寛延元. 6.26 (1748) *	卒	信濃・丹波の内	1万2000石
本多忠統	伊予守	寺社奉行	享保10. 6.11 (1725)	寛延 3.10. 2 (1750)	辞	河内西代	1万石
太田資晴	備中守	寺社奉行	享保13. 5. 7 (1728)	享保19. 9.25 (1734)	大坂城代	陸奥棚倉	5万余石

29　若年寄一覧

氏　名	称　呼	前　職	補職年月日	転免年月日	後　職	城(領)地	石　高
小出英貞	信濃守	寺社奉行	享保17. 3. 1 (1732)	延享元.11.20 (1744)	卒	丹波園部	2万6700余石
西尾忠直〔尚〕	隠岐守	寺社奉行	享保19. 9.25 (1734)	延享 2. 9. 1 (1745)	老中	遠江横須賀	2万5000石
板倉勝清	伊予守・ 佐渡守	寺社奉行	享保20. 6. 5 (1735)	宝暦10. 4. 1 (1760)	側用人	陸奥泉	1万5000石
戸田氏房	右近将監・ 淡路守	奏者番	延享元.11.23 (1744)	宝暦 8. 3.19 (1758)	辞	三河畑村	1万石
堀田正陳	出羽守・ 加賀守	大番頭	延享 2. 7. 1 (1745)	宝暦元. 7.12 (1751)	雁間詰	近江宮川	1万石
加納久通	遠江守	側衆	延享 2. 9. 1 (1745)	寛延元. 8.19 (1748)	卒	伊勢・下総・ 上総の内	1万石
堀　直旧	式部少輔	大番頭	延享 2. 9. 1 (1745)	寛延元. 6.20 (1748) *	卒	越後椎谷	1万石
三浦義次〔理〕	志摩守	奏者番	延享 2.12.21 (1745)	寛延 2. 6.29 (1749)	辞	三河刈谷	2万3000石
秋元凉朝	摂津守・ 但馬守	寺社奉行	延享 4. 6. 1 (1747)	延享 4. 9. 3 (1747)	西丸老中	武蔵川越	6万石
小出英智〔時・持〕	伊勢守・ 信濃守	寺社奉行	寛延元. 7. 1 (1748)	明和 4.10.15 (1767)	卒	丹波園部	2万6700余石
小堀政峯〔岑〕	和泉守	奏者番	寛延元. 7. 1 (1748)	宝暦元. 7.12 (1751)	雁間詰	近江小室	1万630余石
松平忠恒	宮内少輔・ 摂津守	奏者番	寛延元.⑩. 1 (1748)	明和 5.11. 9 (1768)	卒	上野上里見	2万石
酒井忠休	山城守・ 石見守	奏者番	寛延 2. 7. 6 (1749)	宝暦11. 8. 3 (1761)	雁間詰	出羽松山	2万石
大岡忠光	出雲守	側衆	宝暦 4. 3. 1 (1754)	宝暦 6. 5.21 (1756)	側用人	武蔵・相模・ 上総・常陸・ 安房・山城 の内	1万5000石
小堀政峯〔岑〕	和泉守	雁間詰	宝暦 6. 6.11 (1756)	宝暦10.12.12 (1760)	辞	近江小室	1万630余石
本多忠英〔央〕	長門守	寺社奉行	宝暦 8. 3.28 (1758)	宝暦 8. 9.14 (1758)	免職・差控	遠江相良	1万石
水野忠見	壱岐守	奏者番	宝暦 8. 9.28 (1758)	安永 4. 8.19 (1775)	卒	安房北条	1万5000石
鳥居忠孝〔意〕	伊賀守	寺社奉行	宝暦10. 3.22 (1760)	宝暦11. 8. 3 (1761)	免	下野壬生	3万石
酒井忠休	石見守	雁間詰	宝暦11. 8.15 (1761)	天明 7. 4.18 (1787) *	卒	出羽松山	2万石
鳥居忠孝〔意〕	伊賀守・ 丹波守	寺社奉行	宝暦12.12. 9 (1762)	天明元. 9.18 (1781)	西丸老中	下野壬生	3万石
酒井忠香	飛驒守	奏者番	明和 2. 8.21 (1765)	天明 8. 3.19 (1788)	雁間詰	越前鞠山	1万石
加納久堅	遠江守	奏者番	明和 4.10.26 (1767)	天明 6. 8.24 (1786)	卒	伊勢・下総・ 上総の内	1万石
水野忠友	豊後守・ 出羽守	側衆	明和 5.11.15 (1768)	安永 6. 7.21 (1777)	側用人	信濃・三河 の内	1万3000石
松平忠順	伊賀守	奏者番兼寺社 奉行	安永 4. 8.25 (1775) *	天明 3. 2. 8 (1783)	卒	信濃上田	5万3000石
米倉昌晴	丹後守	奏者番	安永 6. 4.21 (1777) *	天明 5.12.20 (1785)	卒	武蔵金沢	1万2000石
太田資愛	備後守・ 備中守	奏者番兼寺社 奉行	天明元.⑤.11 (1781)	寛政元. 4.11 (1789)	京都所司代	遠江掛川	5万余石
井伊直朗	兵部少輔	奏者番	天明元. 9.18 (1781)	文化 9.12.25 (1812)	病免	越後与板	2万石
田沼意知	山城守	奏者番	天明 3.11. 1 (1783)	天明 4. 4. 2 (1784)	卒	遠江相良	4万7000石
安藤信明〔成〕	対馬守	奏者番兼寺社 奉行	天明 4. 4.15 (1784)	寛政 5. 8.24 (1793)	老中	陸奥磐城平	5万石
松平忠福	玄蕃頭	奏者番	天明 5.12.14 (1785) *	天明 8. 4.11 (1788)	辞	上野小幡	2万石
本多忠籌	弾正少弼	帝鑑間席	天明 7. 7.17 (1787)	天明 8. 5.15 (1788)	側用人	陸奥泉	1万5000石
青山幸完	大膳亮	奏者番	天明 8. 3.22 (1788)	寛政 3. 9.18 (1791)	辞	美濃郡上	4万8000石
京極高久	備前守・ 備中守	大番頭	天明 8. 6.18 (1788)	文化 5. 4.20 (1808)	卒	丹後峰山	1万1100余石

氏　　名	称　　呼	前　　職	補職年月日	転免年月日	後　　職	城(領)地	石　　高
堀田正敦	摂津守	大番頭	寛政 2. 6.10 (1790)	天保 3.正.29 (1832)	隠居	近江堅田	1万石
立花種周	出雲守	奏者番兼寺社奉行	寛政 5. 8.25 (1793)	文化 2.11.29 (1805)	免職，差控	筑後三池	1万石
青山忠裕	下野守	奏者番兼寺社奉行	寛政 8.11.29 (1796)	寛政12.10. 1 (1800)	大坂城代	丹波篠山	5万石
松平乗保	能登守	奏者番	寛政10. 7.24 (1798)	文化 3.10.12 (1806)	大坂城代	美濃岩村	3万石
植村家長	駿河守	奏者番兼寺社奉行	寛政12.11. 1 (1800)	文政 8. 4.18 (1825)	西丸老中格	大和高取	2万石
青山幸完	大膳亮	奏者番	文化元. 8.15 (1804)	文政 5.11. 8 (1822)	卒	美濃郡上	4万8000石
小笠原貞温	近江守	奏者番	文化 2.12.22 (1805)	文政 5. 2.23 (1822)	卒	豊前小倉新田	1万石
水野忠成	出羽守	奏者番兼寺社奉行	文化 3.10.12 (1806)	文化 9. 4. 4 (1812)	西丸側用人	駿河沼津	3万石
水野忠韶	壱岐守	奏者番	文化 5.11.20 (1808)	文政11. 5.26 (1828)	卒	安房北条	1万5000石
有馬誉純	左兵衛佐	奏者番兼寺社奉行	文化 9. 4. 4 (1812)	文政 2. 8. 6 (1819)	卒	越前丸岡	5万石
京極高備	周防守・上総介	大番頭	文化 9.12.25 (1812)	文政11.11.22 (1828)	辞	丹後峰山	1万1100余石
内藤信敦	豊前守・紀伊守	奏者番兼寺社奉行	文化14. 7.24 (1817)	文政 5. 9. 3 (1822)	京都所司代	越後村上	5万石
田沼意正	玄蕃頭	大番頭	文政 2. 8. 8 (1819)	文政 8. 4.18 (1825)	西丸側用人	陸奥の内	1万石
森川俊知	紀伊守・内膳正	奏者番	文政 5. 8.15 (1822)	天保 9. 8. 8 (1838)	卒	下総生実	1万石
増山正寧	河内守・弾正少弼	奏者番	文政 5. 9. 3 (1822)	天保13. 6.27 (1842)	辞	伊勢長島	2万石
林　忠英	肥後守	側衆	文政 8. 4.23 (1825)	天保12. 4.16 (1841)	免職，減封，差控	上総貝淵	1万石
本多正意	豊前守・遠江守	奏者番兼寺社奉行	文政 8. 4.28 (1825)	文政12. 5.27 (1829)	卒	駿河田中	4万石
永井尚佐	肥前守	奏者番	文政10.12.20 (1827)	天保10. 4.19 (1839)	卒	美濃加納	3万2000石
堀　親寚	大和守	奏者番兼寺社奉行	文政11.11.25 (1828)	天保12. 7. 1 (1841)	側用人	信濃飯田	2万石
小笠原長貴	相模守	奏者番	文政12. 6. 2 (1829)	天保11. 3. 8 (1840)	卒	越前勝山	2万2777石
本多助賢	豊後守	奏者番	天保 3. 2. 9 (1832)	天保12. 8. 7 (1841)	免	信濃飯山	2万石
大岡忠固	主膳正	奏者番	天保 7. 9. 4 (1836)	嘉永 5. 7. 4 (1852)	卒	武蔵岩槻	2万石
堀田正衡	摂津守	奏者番	天保 7. 9. 4 (1836)	天保14.10.24 (1843)	免	下野佐野	1万6000石
松平忠篤〔恵〕	玄蕃頭	奏者番	天保 9. 8.20 (1838)	安政元.10. 2 (1854)	辞	上野小幡	2万石
水野忠貫〔実〕	壱岐守	奏者番	天保10. 5.30 (1839)	天保12. 3.16 (1841)	卒	上総鶴牧	1万5000石
内藤頼寧	大和守・駿河守	奏者番	天保11. 3.24 (1840)	天保12. 7.12 (1841)	辞	信濃高遠	3万3000石
本多忠徳	越中守	奏者番	天保12. 7.12 (1841)	万延元. 6.28 (1860)	卒	陸奥泉	2万石
遠藤胤統	但馬守	大坂定番	天保12. 8.10 (1841)	文久元. 7.15 (1861)	免	近江三上	1万石
本庄道貫	伊勢守・安芸守	奏者番	天保12. 9.14 (1841)	安政 5. 8.26 (1858)	卒	美濃高富	1万石
酒井忠毗	右京亮	大坂定番	天保14.12.15 (1843)	文久 2. 6.18 (1862)	免	越前鞠山	1万石
鳥居忠挙	丹波守	奏者番	嘉永 4.12. 3 (1851)	安政 4. 8.10 (1857)	卒	下野壬生	3万石
森川俊民	出羽守	奏者番	嘉永 5. 7. 8 (1852)	安政 2. 9.22 (1855)	辞	下総生実	1万石
本郷泰固	丹後守	側衆	安政 4. 8.28 (1857)	安政 5. 7. 6 (1858)	免職，差控		1万石

氏　名	称　呼	前　職	補職年月日	転免年月日	後　職	城(領)地	石　高
牧野康哉	遠江守	奏者番	安政 5. 6.25 (1858)	万延元.12.15 (1860)	免	信濃小諸	1万5000石
稲垣太知	安芸守・長門守	奏者番	安政 5. 6.25 (1858)	万延元. 5.28 (1860)	辞	近江山上	1万3043余石
安藤信睦〔行〕	対馬守	奏者番兼寺社奉行	安政 5. 8. 2 (1858)	万延元. 正.15 (1860)	老中	陸奥磐城平	5万石
堀　之敏	出雲守	奏者番	万延元. 正.15 (1860)	文久 2.12 (1862)	卒	越後椎谷	1万石
諏訪忠誠	因幡守	奏者番	万延元. 6. 1 (1860)	文久元. 8.11 (1861)	辞	信濃高島	3万石
水野忠精	左近将監・和泉守	奏者番兼寺社奉行	万延元.12.15 (1860)	文久 2. 3.15 (1862)	老中	出羽山形	5万石
遠山友詳〔祥〕	信濃守・美濃守	奏者番	文久元. 7.15 (1861)	文久 2.⑧.25 (1862)	免	美濃苗木	1万石
加納久徴	遠江守	奏者番	文久元. 7.15 (1861)	文久 2.⑧.25 (1862)	免	上総一宮	1万3000石
田沼意尊	玄蕃頭	大坂定番	文久元. 9.14 (1861)	慶応 2.10.24 (1866)	免	遠江相良	1万石
稲葉正巳	兵部少輔	講武所奉行	文久 2. 3.15 (1862)	元治元. 9.27 (1864)	辞	安房館山	1万石
平岡道弘	丹波守	側衆	文久 2. 8.24 (1862)				万石
小笠原長行	図書頭	奏者番	文久 2.⑧.19 (1862)	文久 2. 9.11 (1862)	老中格	肥前唐津	6万石
諏訪忠誠	因幡守	寺社奉行	文久 2.11.11 (1862)	元治元. 6.18 (1864)	免	信濃高島	3万石
有馬道純	遠江守	寺社奉行	文久 3. 正.22 (1863)	文久 3. 7. 5 (1863)	老中	越前丸岡	5万石
酒井忠毗	飛驒守	雁間詰	文久 3. 4.28 (1863)	文久 3. 7.28 (1863)	免	越前鞠山	1万石
松平乗謨	兵部少輔・縫殿頭	大番頭	文久 3. 8.26 (1863)	元治元. 6.18 (1864)	免	三河奥殿	1万6000石
立花種恭	出雲守	大番頭	文久 3. 9.10 (1863)	明治元. 正.10 (1868)	老中格	陸奥下手渡	1万石
秋月種樹	右京亮	学問所奉行	文久 3. 9.28 (1863)	元治元. 5.28 (1864)	免	日向高鍋	2万7000石
松平乗謨	縫殿頭	詰並	元治元. 6.29 (1864)	元治元. 9.24 (1864)	辞	信濃田野口	1万6000石
本多忠紀	能登守	奏者番兼寺社奉行	元治元. 7. 6 (1864)	元治元.12.12 (1864)	免	陸奥泉	2万石
土岐頼之	山城守	学問所奉行	元治元. 7. 6 (1864)	慶応元.12.29 (1865)	辞	上野沼田	3万5000石
酒井忠毗	飛驒守	雁間詰	元治元. 7.19 (1864)	慶応元.11.17 (1865)	免	越前鞠山	1万石
遠山友詳	信濃守	柳間詰	元治元.10.13 (1864)	慶応 3. 6.17 (1867)	免	美濃苗木	1万石
増山正修	対馬守	奏者番	慶応元. 4.12 (1865)	慶応 2.10.24 (1866)	免	伊勢長島	2万石
稲葉正巳	兵部少輔	隠居	慶応元.11.19 (1865)	慶応 2.12.16 (1866)	老中格	安房館山	1万石
松平乗謨	縫殿頭	陸軍奉行	慶応元.12. 1 (1865)	慶応 2. 6.15 (1866)	老中格	信濃田野口	1万6000石
京極高富	主膳正	大坂定番	慶応 2. 正. 7 (1866)	明治元. 2.14 (1868)	免	丹後峰山	1万1100余石
保科正益	弾正忠	大坂定番	慶応 2. 5.26 (1866)	慶応 3. 7.11 (1867)	辞	上総飯野	2万石
本多忠紀	能登守	帝鑑間席	慶応 2. 6.22 (1866)	慶応 3. 4.27 (1867)	辞	陸奥泉	2万石
大関増裕	肥後守	海軍奉行	慶応 2. 8. 4 (1866)	明治元. 2 (1868)	卒	下野黒羽	1万8000石
松平〔大河内〕正質	弾正忠・豊前守	奏者番	慶応 2. 8. 8 (1866)	慶応 3.12.15 (1867)	老中格	上総大多喜	2万石
石川総管	若狭守	陸軍奉行並	慶応 3. 正.19 (1867)	明治元. 2.19 (1868)	辞	常陸下館	2万石
永井尚志	主水正・玄蕃頭	大目付	慶応 3. 2.30 (1867)	明治元. 2. 9 (1868)	免		1000石

氏　名	称　呼	前　職	補職年月日	転免年月日	後　職	城(領)地	石　高
浅野氏祐	美作守	陸軍奉行並兼勘定奉行	慶応 3. 4. 7 (1867)				2000石
平山敬忠	図書頭	外国奉行	慶応 3. 4.24 (1867)	明治元. 2. 9 (1868)	免		100俵
川勝広運	美作守・備後守	大目付	慶応 3. 6.17 (1867)				2573石
秋月種樹	右京亮	柳間席	慶応 3. 6.21 (1867)	慶応 3.12.25 (1867)	辞	日向高鍋	2万7000石
永井尚服	肥前守	奏者番兼寺社奉行	慶応 3. 6.24 (1867)	明治元. 2. 6 (1868)	辞	美濃加納	3万2000石
松平近説	左衛門尉	奏者番兼寺社奉行	慶応 3. 7. 5 (1867)	明治元. 2. 6 (1868)	辞	豊後府内	2万1200石
戸田忠全〔至〕	大和守	山陵奉行兼禁裏附頭取	慶応 3. 7. 5 (1867)			下野高徳	1万石
竹中重固	丹後守	陸軍奉行並	慶応 3.10.26 (1867)	明治元. 2. 9 (1868)	免職，差控		5000石
堀　直虎	内蔵頭	柳間席，元大番頭	慶応 3.12. 5 (1867)	明治元. 2 (1868)	卒	信濃須坂	1万50石
塚　原〔昌義〕	但馬守	部屋住，元側衆格外国惣奉行	慶応 3.12 (1867)	明治元. 2. 9 (1868)	免職，差控		
大久保忠寛	越中守	会計総裁	明治元. 2. 8 (1868)				500石
服部常純	筑前守	側衆	明治元. 2.12 (1868)				600石
今川範叙	刑部大輔	高家	明治元. 2.25 (1868)	明治元. 4. 6 (1868)	免		1000石
跡部良弼	遠江守	側衆格留守居	明治元. 2.26 (1868)	明治元. 3. 3 (1868)	免		3137石
河津祐邦	伊豆守	外国事務総裁	明治元. 2.29 (1868)				100俵
向　山〔履〕	隼人正	勘定奉行格外国奉行	明治元. 3. 5 (1868)	明治元. 3.25 (1868)	辞		100俵

30　大坂城代一覧

氏　名	称　呼	前　職	補職年月日	転免年月日	後　職	城(領)地	石　高
内藤信正〔照〕	紀伊守	伏見城代	元和 5 (1619)	寛永 3. 4 (1626)	卒	摂津高槻	5万石
阿部正次	備中守		寛永 3. 4. 6 (1626) *	正保 4.11.14 (1647)	卒	武蔵岩槻	8万6000余石
永井直清	日向守		慶安元 (1648)	慶安元. 9 (1648)		山城神足	2万石
稲垣重綱〔種〕	摂津守	大坂定番	慶安元. 9 (1648)	慶安 2.10.25 (1649)		越後三条	2万3000石
内藤信照	豊前守		慶安 2.10.25 (1649)	承応元 (1652)		陸奥棚倉	5万余石
水野忠職〔胤〕	出羽守		承応元 (1652)	承応 3 (1654)		信濃松本	7万石
内藤忠興	帯刀		承応 3 (1654)	明暦 2 (1656)		陸奥磐城平	7万石
松平光重	丹波守		明暦 2 (1656)	万治元 (1658)		美濃加納	7万石
水野忠職〔胤〕	出羽守		万治元 (1658)	万治 2 (1659)		信濃松本	7万石
内藤忠興	帯刀		万治 2 (1659)	万治 3 (1660)		陸奥磐城平	7万石
松平光重	丹波守		万治 3 (1660)	寛文元 (1661)		美濃加納	7万石
水野忠職〔胤〕	出羽守		寛文元 (1661)	寛文 2 (1662)		信濃松本	7万石
青山宗俊	因幡守	元大番頭	寛文 2. 3.29 (1662)	延宝 6. 6.17 (1678) *	辞	摂津・河内・和泉・遠江・相模・武蔵の内	5万石

氏　名	称　呼	前　職	補職年月日	転免年月日	後　職	城(領)地	石　高
太田資次	摂津守	奏者番兼寺社奉行	延宝 6. 6.19 (1678) *	貞享元. 4. 6 (1684)	卒	摂津・和泉・河内・下総・常陸の内	5万2000余石
水野忠春	右衛門大夫	奏者番	貞享元.12. (1684) *	貞享元.12 (1684) *		三河岡崎	5万石
土屋政直	相模守	奏者番	貞享元. 7.10 (1684)	貞享 2. 9.23 (1685)	所司代	駿河田中	6万5000石
内藤重頼	大和守	若年寄	貞享 2. 9.27 (1685)	貞享 4.10.13 (1687)	所司代	下野・常陸・上総・摂津・河内の内	3万3000石
松平信興	因幡守	奏者番	貞享 4.10.13 (1687)	元禄 3.12.26 (1690) *	所司代	常陸土浦	3万2000石
土岐頼隆〔殷〕	伊予守	奏者番	元禄 4.正.11 (1691)	正徳 2. 2. 2 (1712)	免	出羽上山	3万5000石
内藤弌〔弐〕信	豊前守	御詰	正徳 2. 5.15 (1712) *	享保 3. 8. 2 (1718) *	辞	駿河田中	5万余石
安藤重行〔信友〕	右京亮・対馬守	寺社奉行	享保 3. 8. 4 (1718)	享保 7. 5.21 (1722)	老中	美濃加納	6万5000石
松平乗邑	和泉守・左近将監		享保 7. 6. 1 (1722)	享保 8. 4.21 (1723) *	老中	山城淀	6万石
酒井忠音	修理大夫・讃岐守	寺社奉行	享保 8.正.15 (1723)	享保13.10. 7 (1728) *	老中	若狭小浜	10万3500石
堀田正虎	伊豆守	御詰	享保13.10. 7 (1728)	享保14.正.22 (1729) *	卒	出羽山形	10万石
松平信税〔祝〕	伊豆守	奏者番	享保14. 2. 2 (1729)	享保15. 7.11 (1730)	老中	三河吉田	7万石
土岐頼稔	丹後守	寺社奉行	享保15. 7.11 (1730)	享保19. 6. 6 (1734)	所司代	摂津・河内・播磨・美作の内	3万5000石
稲葉正親	佐渡守	奏者番	享保19. 6. 6 (1734)	享保19. 9.14 (1734)	卒	山城淀	10万石
太田資晴	備中守	若年寄	享保19. 9.25 (1734)	元文 5. 3.24 (1740) *	卒	摂津・河内・近江・美作・備中の内	5万余石
酒井忠知〔恭〕	雅楽頭	御詰	元文 5. 4. 3 (1740)	延享元. 5. 1 (1744)	西丸老中	上野前橋	15万石
堀田正亮	相模守	寺社奉行	延享元. 5. 1 (1744)	延享 2.11.13 (1745)	老中	出羽山形	10万石
阿部正就〔福〕	伊勢守	御詰	延享 2.11.13 (1745)	延享 4.12.20 (1747)	免	備後福山	10万石
酒井忠用	修理大夫・讃岐守	寺社奉行	延享 4.12.23 (1747) *	宝暦 2. 4. 7 (1752)	所司代	若狭小浜	10万3500石
松平輝高	右京亮・右京大夫	寺社奉行	宝暦 2. 4. 7 (1752)	宝暦 6. 5. 7 (1756)	所司代	上野高崎	7万2000石
井上正賢〔経〕	河内守	寺社奉行	宝暦 6. 5. 7 (1756)	宝暦 8.11.28 (1758)	卒	陸奥磐城平	6万石
青山忠朝	因幡守	寺社奉行	宝暦 8.11.28 (1758)	宝暦10. 7.15 (1760)	卒	丹波篠山	5万石
松平康福	周防守	寺社奉行	宝暦10. 8.15 (1760)	宝暦12.12. 9 (1762)	西丸老中	下総古河	5万4000余石
阿部正允	飛騨守	御詰	宝暦12.12. 9 (1762)	明和元. 6.21 (1764)	所司代	武蔵忍	10万石
松平乗祐〔佑〕	和泉守	寺社奉行	明和元. 6.21 (1764)	明和 6. 9. 4 (1769)	卒	三河西尾	6万石
久世広明	出雲守	寺社奉行	明和 6. 9.24 (1769) *	安永 6. 9.15 (1777)	所司代	下総関宿	5万8000石
牧野貞長	越中守	寺社奉行	安永 6. 9.15 (1777)	天明元.⑤.11 (1781)	所司代	常陸笠間	8万石
土岐定経	美濃守	寺社奉行	天明元.⑤.11 (1781) *	天明 2. 8 (1782)	卒	上野沼田	3万石
戸田忠寛	因幡守	寺社奉行	天明 2. 9.10 (1782)	天明 4. 5.11 (1784)	所司代	下野宇都宮	7万7800余石
阿部正殷〔敏〕	能登守	奏者番	天明 4. 5.11 (1784)	天明 7. 4. 2 (1787)	卒	武蔵忍	10万石
堀田正順	相模守	奏者番	天明 7. 4.19 (1787)	寛政 4. 8.14 (1792) *	所司代	下総佐倉	11万石
牧野忠精	備前守	奏者番兼寺社奉行	寛政 4. 8.27 (1792)	寛政10.12. 8 (1798)	所司代	越後長岡	7万4000余石

氏　名	称　呼	前　職	補職年月日	転免年月日	後　職	城(領)地	石　高
松平輝和	右京亮・右京大夫	奏者番兼寺社奉行	寛政10.12. 8 (1798)	寛政12. 9.20 (1800)	卒	上野高崎	8万2000石
青山忠裕	下野守	西丸若年寄	寛政12.10. 1 (1800)	享和 2.10.19 (1802)	所司代	丹波篠山	5万石
稲葉正諶	丹後守	奏者番	享和 2.10.19 (1802)	文化元.正.23 (1804)	所司代	山城淀	10万2000石
阿部正苗〔由〕	播磨守	奏者番兼寺社奉行	文化元.正.23 (1804)	文化 3.10.12 (1806)	所司代	武蔵忍	10万石
松平乗保	能登守	若年寄	文化 3.10.12 (1806)	文化 7. 6.25 (1810)	西丸老中	美濃岩村	3万石
大久保忠真	安芸守・加賀守	奏者番兼寺社奉行	文化 7. 6.25 (1810)	文化12. 4.16 (1815)	所司代	相模小田原	11万3100余石
松平輝延	右京亮・右京大夫	奏者番兼寺社奉行	文化12. 4.29 (1815)	文政 5. 6. 1 (1822)	辞	上野高崎	8万2000石
松平康任	周防守	奏者番兼寺社奉行	文政 5. 7. 8 (1822)	文政 8. 5.15 (1825)	所司代	石見浜田	6万400余石
水野忠邦	左近将監	奏者番兼寺社奉行	文政 8. 5.15 (1825)	文政 9.11.23 (1826)	所司代	遠江浜松	6万石
松平宗発	伯耆守	奏者番兼寺社奉行	文政 9.11.23 (1826)	文政11.11.22 (1828)	所司代	丹後宮津	7万石
太田資好〔始〕	摂津守・備後守	奏者番兼寺社奉行	文政11.11.22 (1828)	天保 2. 5.25 (1831)	所司代	遠江掛川	5万余石
松平信順	伊豆守	奏者番兼寺社奉行	天保 2. 5.25 (1831)	天保 5. 4.11 (1834)	所司代	三河吉田	7万石
土井利位	大炊頭	奏者番兼寺社奉行	天保 5. 4.11 (1834)	天保 8. 5.16 (1837)	所司代	下総古河	8万石
堀田正篤	備中守	奏者番兼寺社奉行	天保 8. 5.16 (1837)	天保 8. 7. 9 (1837)	西丸老中	下総佐倉	11万石
間部詮勝	下総守	奏者番兼寺社奉行	天保 8. 7.20 (1837)	天保 9. 4.11 (1838)	所司代	越前鯖江	5万石
井上正春	河内守	奏者番兼寺社奉行	天保 9. 4.11 (1838)	天保11.11. 3 (1840)	西丸老中	上野館林	6万石
青山忠良	因幡守・下野守	奏者番兼寺社奉行	天保11.11. 3 (1840)	弘化元.12.28 (1844)	老中	丹波篠山	6万石
松平乗全	和泉守	奏者番兼寺社奉行	弘化元.12.28 (1844)	弘化 2. 3.15 (1845)	西丸老中	三河西尾	6万石
松平忠優	伊賀守	奏者番兼寺社奉行	弘化 2. 3.15 (1845)	嘉永元.10.18 (1848)	老中	信濃上田	5万3000石
内藤信親	紀伊守	奏者番兼寺社奉行	嘉永元.10.18 (1848)	嘉永 3. 9. 1 (1850)	所司代	越後村上	5万余石
土屋寅直	采女正	奏者番兼寺社奉行	嘉永 3. 9. 1 (1850)	安政 5.11.26 (1858)	辞	常陸土浦	9万5000石
松平信篤〔信義〕	豊前守	奏者番兼寺社奉行	安政 5.11.26 (1858)	万延元.12.28 (1860)	老中	丹波亀山	5万石
松平宗秀	伯耆守	奏者番兼寺社奉行	万延元.12.28 (1860)	文久 2. 6.30 (1862)	所司代	丹後宮津	7万石
松平信古	伊豆守・刑部大輔	奏者番兼寺社奉行	文久 2. 6.30 (1862)	慶応元. 2 (1865)	溜間詰格	三河吉田	7万石
牧野貞明〔貞直〕	越中守	奏者番兼寺社奉行	元治元.11. 1 (1864)	明治元. 2.20 (1868)	免,雁間詰	常陸笠間	8万石

31　京都所司代一覧

氏　名	称　呼	前　職	補職年月日	転免年月日	後　職	城(領)地	石　高
板倉勝重	四郎左衛門・伊賀守	町奉行	慶長 8. 3.21 (1603)	元和 6 (1620)	隠居		7610余石
板倉重宗	周防守	小性組番頭	元和 6.11.28 (1620)	承応 3.12.26 (1654) *	辞		2万7000余石
牧野親成	佐渡守	側衆	承応 3.11.28 (1654)	寛文 8. 5.23 (1668)	辞	下総関宿	2万7000石
板倉重矩	内膳正	老中	寛文 8. 5.16 (1668) *	寛文10. 2 (1670)		三河中嶋	4万石
永井尚庸	伊賀守	若年寄	寛文10. 2.14 (1670)	延宝 4. 4. 4 (1676) *	辞	山城・摂津・河内の内	3万石

31　京都所司代一覧

氏　　名	称　呼	前　職	補職年月日	転免年月日	後　職	城(領)地	石　高
戸田忠昌	越前守・山城守	寺社奉行	延宝 4. 4. 3 (1676)	天和元. 11. 15 (1681)	老中	相模・下総・武蔵・常陸の内	2万1000石
稲葉正通〔往〕	丹後守	寺社奉行	天和元. 11. 15 (1681)	貞享 3. 9. 3 (1686)	辞	河内・摂津の内	3万石
土屋政直	相模守	大坂城代	貞享 2. 9. 23 (1685) *	貞享 4. 10. 13 (1687)	老中	駿河田中	6万5000石
内藤重頼	大和守	大坂城代	貞享 4. 10. 13 (1687)	元禄 3. 11. 27 (1690)	卒	下野・常陸・上総・摂津・河内の内	3万3000石
松平信興	因幡守	大坂城代	元禄 3. 12. 26 (1690) *	元禄 4. ⑧. 12 (1691)	卒	常陸土浦	3万2000石
小笠原長重	佐渡守	寺社奉行	元禄 4. ⑧. 26 (1691)	元禄15. 4. 19 (1702)	老中	三河吉田	4万石
松平信庸	紀伊守	側用人	元禄10. 4. 19 (1697) *	正徳 4. 9. 6 (1714)	老中	丹波笹山	5万石
水野忠之	和泉守	若年寄	正徳 4. 9. 6 (1714)	享保 2. 9. 27 (1717)	老中	三河岡崎	5万石
松平忠固〔周〕	伊賀守	詰衆	享保 2. 9. 27 (1717)	享保 9. 12. 15 (1724)	老中	信濃上田	5万8000石
牧野英成	因幡守・佐渡守・河内守	寺社奉行	享保 9. 12. 15 (1724)	享保19. 6. 6 (1734)	辞	丹後田辺	3万5000石
土岐頼稔	丹後守	大坂城代	享保19. 6. 6 (1734)	寛保 2. 6. 1 (1742)	老中	摂津・河内・播磨・美作の内	3万5000石
牧野貞道〔通〕	越中守・備後守	寺社奉行	寛保 2. 6. 1 (1742)	寛延 2. 9. 18 (1749)	卒	日向延岡	8万石
松平資訓	豊後守	奏者番	寛延 2. 10. 15 (1749)	宝暦 2. 3. 26 (1752)	卒	遠江浜松	7万石
酒井忠用	修理大夫・讃岐守	大坂城代	宝暦 2. 4. 7 (1752)	宝暦 6. 4. 10 (1756) *	免職	若狭小浜	10万3500余石
松平輝高	右京大夫	大坂城代	宝暦 6. 5. 7 (1756)	宝暦 8. 10. 18 (1758)	老中	上野高崎	7万2000石
井上利容〔正経〕	河内守	大坂城代	宝暦 8. 11. 28 (1758)	宝暦10. 12. 3 (1760)	老中	摂津・河内・播磨・近江の内	6万石
阿部正右	伊予守	寺社奉行	宝暦10. 12. 3 (1760)	明和元. 5. 1 (1764)	西丸老中	備後福山	10万石
阿部正允	飛驒守	大坂城代	明和元. 6. 21 (1764)	明和 6. 8. 18 (1769)	西丸老中	武蔵忍	10万石
土井利里	大炊頭	寺社奉行	明和 6. 8. 18 (1769)	安永 6. 8. 14 (1777)	卒	下総古河	7万石
久世広明	出雲守	大坂城代	安永 6. 9. 15 (1777)	天明元. ⑤. 11 (1781)	老中	下総関宿	5万8000石
牧野貞長	越中守	大坂城代	天明元. ⑤. 11 (1781)	天明 4. 5. 11 (1784)	老中	常陸笠間	8万石
戸田忠寛	因幡守	大坂城代	天明 4. 5. 11 (1784)	天明 7. 12. 16 (1787)	免	下野宇都宮	7万8000余石
松平乗完	和泉守	奏者番	天明 7. 12. 16 (1787)	寛政元. 4. 11 (1789) *	老中	三河西尾	6万石
太田資愛	備中守	若年寄	寛政元. 4. 11 (1789) *	寛政 4. 4. 7 (1792)	免	遠江掛川	5万余石
堀田正順	相模守・大蔵大輔	大坂城代	寛政 4. 8. 27 (1792)	寛政10. 11. 6 (1798)	辞	下総佐倉	11万石
牧野忠精	備前守	大坂城代	寛政10. 12. 8 (1798)	享和元. 7. 11 (1801)	老中	越後長岡	7万4000余石
土井利厚〔和〕	大炊頭	奏者番兼寺社奉行	享和元. 7. 11 (1801)	享和 2. 10. 19 (1802)	老中	下総古河	7万石
青山忠裕	下野守	大坂城代	享和 2. 10. 19 (1802)	文化元. 正. 23 (1804)	老中	丹波篠山	5万石
稲葉正謀	丹後守	大坂城代	文化元. 正. 23 (1804)	文化 3. 8. 24 (1806)	卒	山城淀	10万2000石
阿部正由	播磨守	大坂城代	文化 3. 10. 12 (1806)	文化 5. 11. 22 (1808)	卒	武蔵忍	10万石
酒井忠進	靫負佐・讃岐守	奏者番兼寺社奉行	文化 5. 12. 10 (1808)	文化12. 4. 15 (1815)	老中	若狭小浜	10万3500余石
大久保忠真	加賀守	大坂城代	文化12. 4. 6 (1815)	文政元. 8. 6 (1818)	老中	相模小田原	11万3100余石

氏　名	称　呼	前　職	補職年月日	転免年月日	後　職	城(領)地	石　高
松平乗寛	和泉守	奏者番兼寺社奉行	文政元. 8. 2 (1818)	文政 5. 9. 3 (1822)	老中	三河西尾	6万石
内藤信敦	紀伊守	若年寄	文政 5. 9. 3 (1822)	文政 8. 4. 8 (1825)	卒	越後村上	5万余石
松平康任	周防守	大坂城代	文政 9. 5.15 (1825)	文政 8.11.23 (1826)	老中	石見浜田	6万400余石
水野忠邦	左近将監・越前守	大坂城代	文政 9.11.23 (1826)	文政11.11.22 (1828)	西丸老中	遠江浜松	6万石
松平資始〔本庄宗発〕	伯耆守	大坂城代	文政11.11.22 (1828)	天保 2. 5.25 (1831)	西丸老中	丹後宮津	7万石
太田資始	備後守	大坂城代	天保 2. 5.25 (1831)	天保 5. 4.11 (1834)	西丸老中	遠江掛川	5万余石
松平信順	伊豆守	大坂城代	天保 5. 4.11 (1834)	天保 8. 5.16 (1837)	老中	三河吉田	7万石
土井利位	大炊頭	大坂城代	天保 8. 5.16 (1837)	天保 9. 4.11 (1838)	西丸老中	下総古河	8万石
間部詮勝	下総守	大坂城代	天保 9. 4.11 (1838)	天保11. 正.13 (1840)	西丸老中	越前鯖江	5万石
牧野忠雅	備前守	奏者番兼寺社奉行	天保11. 正.13 (1840)	天保14.11. 3 (1843)	老中	越後長岡	7万4000余石
酒井忠義	若狭守	奏者番兼寺社奉行	天保14.11. 3 (1843)	嘉永 3. 7.28 (1850)	溜詰格	若狭小浜	10万3500余石
内藤信親	紀伊守	大坂城代	嘉永 3. 9. 1 (1850)	嘉永 4.12.21 (1851)	西丸老中	越後村上	5万余石
脇坂安宅	淡路守	奏者番兼寺社奉行	嘉永 4.12.21 (1851)	安政 4. 8.11 (1857)	老中	播磨竜野	5万1000余石
本多忠民	中務大輔・美濃守	奏者番兼寺社奉行	安政 4. 8.11 (1857)	安政 5. 6.26 (1858)	溜詰格	三河岡崎	5万石
酒井忠義	若狭守	溜詰格	安政 5. 6.26 (1858)	文久 2. 6.30 (1862)	免職,帝鑑間席	若狭小浜	10万3500余石
松平〔本庄〕宗秀	伯耆守	大坂城代	文久 2. 6.30 (1862)	文久 2. 8.24 (1862)	溜詰格	丹後宮津	7万石
牧野忠恭	備前守	奏者番兼寺社奉行	文久 2. 8.24 (1862)	文久 3. 6.11 (1863)	辞	越後長岡	7万4000余石
稲葉正邦	長門守	雁之間詰	文久 3. 6.11 (1863)	元治元. 4.11 (1864)	老中	山城淀	10万2000石
松平定敬	越中守	溜詰	元治元. 4.11 (1864)	慶応 3.12. 9 (1867)	辞	伊勢桑名	11万石

32　寺社奉行一覧

氏　名	称　呼	前　職	補職年月日	転免年月日	後　職	城(領)地	石　高
安藤重長	右京亮		寛永12.11. 9 (1635) *	万治元. 9.29 (1658)	辞	上野高崎	6万6600石
松平勝隆	出雲守	奏者番	寛永12.11. 9 (1635) *	万治 2. 3.21 (1659)	辞	上総佐貫	1万500石
堀　利重	東市正	奏者番	寛永12.11. 9 (1635) *	寛永15. 4.24 (1638)	辞	常陸土浦	1万4000石
堀　直之	式部少輔	町奉行	寛永17. 正.23 (1640) *	寛永19. 7.10 (1642)	卒	上総苅谷	9500石
板倉重郷	阿波守		万治元. 7. 4 (1658)	寛文元.12.18 (1661)	卒	下総関宿	5万石
井上正利〔則〕	河内守	奏者番*	万治元. 7. 4 (1658)	寛文 7.12.18 (1667)	辞	常陸笠間	5万石
加々爪直〔真〕澄	甲斐守	大番頭	寛文元.11.11 (1661) *	寛文10.12.11 (1670)	召放・閉門	武蔵高坂	1万石
小笠原長頼〔矩〕	山城守	奏者番*	寛文 6. 7.19 (1666) *	延宝 6. 2. 6 (1678)	辞	三河吉田	4万石
戸田忠能〔昌〕	越前守・伊賀守	奏者番*	寛文11. 正.25 (1671) *	延宝 4. 4. 3 (1676)	京都所司代	肥後富岡	2万1000石
本多忠利	長門守	奏者番*	寛文11. 正.25 (1671) *	延宝 4.12.28 (1676) *	辞	陸奥石川	1万石
太田資次	摂津守	奏者番	延宝 4. 7.26 (1676)	延宝 6. 6.19 (1678)	大坂城代	遠江浜松	3万2000石
板倉重通〔道・種〕	石見守		延宝 5. 6.21 (1677)	延宝 8. 9.21 (1680)	老中	下野烏山	5万石

氏名	称呼	前職	補職年月日	転免年月日	後職	城(領)地	石高
松平重治〔忠勝〕	山城守・修理亮	奏者番 *	延宝 6. 3.22 (1678) *	天和元.11.28 (1681)	辞	上総佐貫	1万5000石
阿部正武	美作守	奏者番 *	延宝 8.⑧.11 (1680) *	天和元. 3.26 (1681)	老中	武蔵忍	8万石
水野忠春	右衛門大夫		天和元. 2.16 (1681)	貞享 2. 5.21 (1685)	召放	三河岡崎	5万石
稲葉正通〔征〕	丹後守		天和元. 4. 9 (1681)	天和元.11.15 (1681)	京都所司代		
秋元喬朝〔知〕	摂津守	奏者番 *	天和元.11.29 (1681)	天和 2.10.16 (1682)	若年寄	甲斐谷村	1万8000石
酒井忠国	大和守	大番頭	天和元.11.29 (1681)	天和 3.正.11 (1683)	卒	安房勝山	1万石
坂本重治	右衛門佐・大内記	大目付	天和 2.10.16 (1682)	貞享 4. 5.14 (1687)	召放・閉門	相模・常陸・下野・上野の内	1万石高
板倉重形	伊予守	大番頭	天和 3. 2. 2 (1683)	貞享元. 7.26 (1684)	辞	上野安中	1万5000石
本多忠向〔当・周〕	伊予守・淡路守	大番頭 *	天和 3. 2. 2 (1683)	貞享 4. 5.14 (1687)	召放・閉門	三河足助	1万石高
大久保忠増	安芸守	奏者番	貞享 2. 7.22 (1685)	貞享 4.12.18 (1687) *	若年寄	下総・常陸の内	1万石高
酒井忠挙	河内守		貞享 4. 3.10 (1687)	元禄 2. 7.21 (1689) *	辞	上野前橋	13万石
戸田忠真	能登守	奏者番 *	貞享 4. 5.18 (1687)	元禄12.⑨.23 (1699) *	免	常陸・下総の内	1万石
米津正盛〔武〕	伊勢守・出羽守	奏者番 *	貞享 4. 5.18 (1687)	元禄元.10. 2 (1688)	召放	武蔵久喜	1万2000石
本多正永	紀伊守	大番頭	元禄元.11.14 (1688)	元禄 9.10. 1 (1696)	若年寄	丹波・下総の内	1万石
加藤明英	佐渡守・越中守		元禄 2. 8. 3 (1689)	元禄 3.10.21 (1690) *	若年寄	近江水口	2万石
小笠原長重	佐渡守	書院番頭 *	元禄 3.12. 3 (1690)	元禄 4.⑧.26 (1691)	京都所司代	三河吉田	4万石
松浦　任〔棟〕	壱岐守	奥詰 *	元禄 4.11.25 (1691)	元禄 7.11. 3 (1694) *	辞	肥前平戸	6万1700石
永井直敬	伊賀守	奏者番	元禄 7.11.15 (1694)	宝永元.10. 1 (1704)	若年寄	下野烏山	3万石
井上正岑	大和守	奏者番 *	元禄 9.10. 1 (1696)	元禄12.10. 6 (1699)	若年寄	美濃郡上	4万7000石
松平重頼〔栄〕	日向守	奏者番 *	元禄 9.10. 1 (1696)	元禄15.⑧.19 (1702) *	辞	豊後木付	3万2000石
阿部正喬	飛騨守	部屋住	元禄12.⑨.28 (1699) *	宝永元.10.29 (1704)	免	武蔵・相模の内	1万石
青山幸督	播磨守	奏者番 *	元禄12.10.13 (1699)	元禄15. 6. 5 (1702)	辞	摂津尼崎	4万8000石
本多忠晴	弾正少弼	大番頭	元禄15. 6.10 (1702) *	正徳 3.⑤. 7 (1713)	辞	三河伊保	1万石
三宅康雄	備前守・備後守	奏者番	宝永元.10. 1 (1704)	宝永 7. 9.21 (1710) *	辞	三河田原	1万2000石
久世重之	出雲守	奏者番	宝永元.10. 9 (1704)	宝永 2. 9.21 (1705)	若年寄	三河吉田	5万石
鳥居忠救〔栄〕	伊賀守		宝永 2. 9.21 (1705)	正徳元. 6.27 (1711)	若年寄	近江水口	2万石
堀　直利	左京亮・丹波守		宝永 2. 9.21 (1705)	宝永 5. 5.26 (1708)	召放・閉門	越後村松	3万石
安藤重行〔信友〕	右京亮	奏者番	宝永 6.11.23 (1709)	正徳 3. 3.12 (1713)	辞	備中松山	6万5000石
森川重興〔俊胤〕	出羽守	御側	宝永 7. 9.21 (1710)	正徳 4. 9. 6 (1714)	若年寄	下総生実	1万石
松平近昭〔禎〕	対馬守・相模守	奏者番	正徳元.12.23 (1711)	享保10. 8.24 (1725) *	卒	豊後府内	2万1200石
土井利忠〔意〕	山城守・伊予守	奏者番	正徳 3. 3.23 (1713)	享保 9.④.11 (1724)	辞	三河西尾	2万3000石
建部正〔政〕宇	内匠頭	伏見奉行	正徳 4. 7.11 (1714)	正徳 5.正.26 (1715)	卒	播磨林田	1万石
石川総茂	近江守	奏者番	正徳 4. 9. 6 (1714)	享保 2. 9.27 (1717)	若年寄	伊勢神戸	1万7000石

氏　名	称呼	前職	補職年月日	転免年月日	後職	城(領)地	石高
井上正長	遠江守	御側	正徳 5. 2.18 (1715)	享保元. 9.晦 (1716)	辞	常陸下妻	1万石
安藤重行	右京亮	奏者番*	享保 2.10. 1 (1717)	享保 3. 8. 4 (1718)	大坂城代	美濃加納	6万5000石
酒井忠音	修理大夫・讃岐守	奏者番	享保 3. 8. 4 (1718)	享保 7.正. 3 (1722)	辞	若狭小浜	10万3500石
牧野英成	因幡守	奏者番*	享保 3. 8. 4 (1718)	享保 9.12.15 (1724)	京都所司代	丹後田辺	3万5000石
黒田直邦	豊前守	元小性	享保 8. 3.25 (1723)	享保17. 7.29 (1732)	西丸老中	常陸下館	2万石
本多忠統	伊予守		享保 9.12.23 (1724)	享保10. 6.11 (1725)	若年寄	河内西代	1万石
小出英貞	信濃守	奏者番	享保10. 6.11 (1725)	享保17. 3. 1 (1732)	西丸若年寄	丹波園部	2万6700石
太田資晴	備中守	奏者番	享保10. 9.11 (1725)	享保13. 5. 7 (1728)	若年寄	陸奥棚倉	5万石
井上正之	河内守	奏者番	享保13. 7. 6 (1728)	元文 2. 9.17 (1737)*	卒	常陸笠間	6万石
土岐頼稔	丹後守	奏者番	享保13. 7. 6 (1728)	享保15. 7.11 (1730)	大坂城代	駿河田中	3万5000石
西尾忠直〔尚〕	隠岐守		享保17. 3.15 (1732)	享保19. 9.25 (1734)	若年寄	遠江横須賀	2万5000石
松平忠曉	玄蕃頭	奏者番	享保17. 8. 7 (1732)	享保19. 5.22 (1734)	辞	陸奥桑折	2万石
仙石政春〔房〕	信濃守	奏者番	享保19. 6. 6 (1734)	享保20. 4.23 (1735)	卒	但馬出石	5万8000石
北条氏直〔朝〕	遠江守	伏見奉行	享保19.10.15 (1734)	享保20. 7.29 (1735)	辞	河内狭山	1万石
牧野貞通	越中守	奏者番	享保20. 5. 2 (1735)	寛保 2. 6. 1 (1742)	京都所司代	日向延岡	8万石
板倉勝清	伊予守	奏者番	享保20. 5. 2 (1735)	享保20. 6. 5 (1735)	若年寄	陸奥泉	1万5000石
松平信岑	紀伊守		享保20. 6.22 (1735)	元文 4. 3. 4 (1739)	辞	丹波篠山	5万石
大岡忠相	越前守	町奉行	元文元. 8.12 (1736)	寛延 4.11. 2 (1751)	辞	武蔵・上総・上野・下野の内	1万石高
本多正珍	紀伊守・伯耆守	奏者番	元文 4. 3.15 (1739)	延享 3.10.25 (1746)*	老中	駿河田中	4万石
山名豊就	因幡守	大番頭	元文 4. 3.15 (1739)	延享 4. 9. 2 (1747)	卒	但馬村岡	1万石高
堀田正亮	相模守	奏者番	寛保 2. 7. 1 (1742)	延享元. 5. 1 (1744)	大坂城代	出羽山形	10万石
松平武元	右近将監・主計頭	奏者番	延享元. 5.15 (1744)	延享 3. 5.15 (1746)	西丸老中	陸奥棚倉	5万4000石
秋元凉朝	摂津守	奏者番	延享 3. 5.28 (1746)	延享 4. 6. 1 (1747)	若年寄	武蔵川越	6万石
小出英智〔持〕	信濃守	奏者番	延享 3.12. 1 (1746)	寛延元. 7. 1 (1748)	若年寄	丹波園部	2万6700石
酒井忠用	修理大夫	奏者番	延享 4. 3.11 (1747) 見習 延享 4. 6. 1 (1747) 本役	延享 4.12.23 (1747)	大坂城代	若狭小浜	10万3500石
松平忠恒	宮内少輔	奏者番	延享 4. 9.11 (1747)	寛延元.⑩. 1 (1748)	若年寄	上野篠塚	2万石
稲葉正甫〔益〕	丹後守	奏者番	延享 4.12.23 (1747)	寛延 3.12.18 (1750)	免	山城淀	10万2000石
青山忠朝	因幡守	奏者番	寛延元. 8. 3 (1748)	宝暦 8.11.28 (1758)	大坂城代	丹波篠山	5万石
酒井忠休	山城守	奏者番	寛延元.⑩. 1 (1748)	寛延 2. 7. 6 (1749)	西丸若年寄	出羽松山	2万石
本多忠英〔央〕	兵庫頭・長門守		寛延 2. 7.23 (1749)	宝暦 8. 3.28 (1758)	西丸若年寄	遠江相良	1万石
松平輝高	因幡守・右京亮	奏者番	宝暦元.正.15 (1751)	宝暦 2. 4. 7 (1752)	大坂城代	上野高崎	7万2000石
鳥居忠孝〔意〕	伊賀守	奏者番	宝暦 2. 4.23 (1752)	宝暦10. 3.22 (1760)	若年寄	下野壬生	3万石
井上正賢〔経〕	河内守	奏者番	宝暦 2. 3.28 (1753)	宝暦 6. 5. 7 (1756)	大坂城代	陸奥平	6万石

32　寺社奉行一覧

氏　名	称　呼	前　職	補職年月日	転免年月日	後　職	城(領)地	石　高
阿部正右	伊予守	奏者番	宝暦 6. 5. 7 (1756)	宝暦10. 12. 3 (1760)	京都所司代	備後福山	10万石
朽木玄綱	土佐守	奏者番	宝暦 8. 4. 7 (1758)	宝暦 9. ⑦. 16 (1759)	辞	丹波福知山	3万2000石
松平康福	周防守	奏者番	宝暦 9. 正. 15 (1759)	宝暦10. 8. 15 (1760)	辞,後大坂城代	下総古河	5万400石
毛利匡平〔政苗〕	讃岐守		宝暦10. ⑦. 28 (1760)	明和元. 2. 5 (1764)	免	長門清末	1万石
小堀政方	土佐守	西丸御側	宝暦10. 10. 23 (1760)	宝暦11. 7. 18 (1761)	辞	伊豆・武蔵・常陸の内	5000石
松平乗祐〔佑〕	和泉守	奏者番	宝暦10. 8. 15 (1760)	明和元. 6. 22 (1764)	大坂城代	出羽山形	6万石
太田資俊	摂津守	奏者番	宝暦10. 12. 3 (1760)	宝暦12. 5. 19 (1762) *	辞	遠江掛川	5万石
酒井忠香	飛驒守	奏者番	宝暦11. 7. 22 (1761) *	明和 2. 8. 21 (1765)	西丸若年寄	越前鞠山	1万石
鳥居忠孝	伊賀守		宝暦12. 5. 24 (1762)	宝暦12. 12. 9 (1762)	若年寄	下野壬生	3万石
土井利里	大炊頭	奏者番	宝暦13. 2. 18 (1763)	明和 6. 8. 18 (1769) *	京都所司代	下総古河	7万石
松平忠順	伊賀守	奏者番	明和元. 2. 15 (1764) *	安永 4. 8. 25 (1775) *	若年寄	信濃上田	5万3000石
土岐定経	美濃守	奏者番	明和元. 6. 21 (1764) *	天明元. ⑤. 11 (1781) *	大坂城代	上野沼田	3万5000石
久世広明	出雲守	奏者番	明和 2. 8. 21 (1765)	明和 6. 9. 24 (1769)	大坂城代	下総関宿	5万8000石
牧野貞長	越中守	奏者番	明和 6. 8. 26 (1769)	安永 6. 9. 15 (1777)	大坂城代	常陸笠間	8万石
土屋篤直	能登守	奏者番	明和 6. 10. 1 (1769)	安永 5. 5. 20 (1776) *	卒	常陸土浦	9万5000石
太田資愛	備後守	奏者番	安永 4. 8. 28 (1775)	天明元. ⑤. 11 (1781)	西丸若年寄	遠江掛川	5万石
戸田忠寛	因幡守	奏者番	安永 5. 6. 5 (1776)	天明 2. 9. 10 (1782)	大坂城代	下野宇都宮	7万7800石
牧野惟成	豊前守	奏者番	安永 6. 9. 15 (1777)	天明 3. 7. 23 (1783) *	卒	丹後田辺	3万5000石
阿部正綸〔倫〕	備中守	奏者番	安永 6. 9. 15 (1777)　見習 安永 8. 4. 23 (1779)　本役	天明 7. 3. 7 (1787)	老中	備後福山	10万石
井上正定	河内守	奏者番	天明元. ⑤. 11 (1781)	天明 6. 3. 20 (1786) *	卒	遠江浜松	6万石
安藤信明〔成〕	対馬守	奏者番	天明元. ⑤. 11 (1781)	天明 4. 4. 15 (1784)	若年寄	陸奥平	5万石
堀田正順	相模守	奏者番	天明 3. 7. 28 (1783)	天明 7. 4. 19 (1787)	大坂城代	下総佐倉	11万石
松平輝和	右京亮・右京大夫	奏者番	天明 4. 4. 26 (1784)	寛政10. 12. 8 (1798)	大坂城代	上野高崎	8万2000石
松平〔本庄〕資永〔承〕	伯耆守	奏者番	天明 4. 4. 26 (1784)	天明 6. ⑩. 2 (1786)	辞	丹後宮津	7万石
土井利和	大炊頭	奏者番	天明 6. 3. 24 (1786)	天明 8. 6. 26 (1788)	辞	下総古河	7万石
松平乗完	和泉守	奏者番	天明 7. 3. 12 (1787)	天明 7. 12. 16 (1787)	京都所司代	三河西尾	6万石
稲葉正諶	丹後守	奏者番	天明 7. 4. 19 (1787)	天明 8. 6. 26 (1788) *	加役免	山城淀	10万2000石
牧野忠精	備前守	奏者番	天明 7. 9. 5 (1787)　見習 天明 7. 12. 23 (1787)　本役	寛政 4. 8. 28 (1792)	大坂城代	越後長岡	7万4000余石
松平信通〔道〕	紀伊守	奏者番	天明 8. 4. 15 (1788)　見習 天明 8. 6. 26 (1788)　本役	寛政 3. 8. 18 (1791)	卒	丹波亀山	5万石
板倉勝政	周防守	奏者番	天明 8. 6. 26 (1788) *	寛政10. 5. 1 (1798)	辞	備中松山	5万石
戸田氏教	采女正	奏者番	寛政元. 11. 24 (1789)	寛政 2. 4. 16 (1790)	側用人	美濃大垣	10万石

氏　名	称　呼	前　職	補職年月日	転免年月日	後　職	城(領)地	石　高
脇坂安董	淡路守・中務大輔	奏者番	寛政 3. 8.28 (1791) *	文化10.⑪.12 (1813) *	免	播磨竜野	5万1000余石
立花種周	出雲守	大番頭	寛政 4. 9.20 (1792)	寛政 5. 8.25 (1793)	若年寄	筑後三池	1万石
青山忠裕	下野守	奏者番	寛政 5. 9.24 (1793)	寛政 8.11.29 (1796)	若年寄	丹波篠山	5万石
土井利和〔厚〕	大炊頭	奏者番	寛政 8.12.24 (1796)	享和元. 7.11 (1801)	京都所司代	下総古河	7万石
松平康貞〔定〕	周防守	奏者番	寛政10. 5.晦 (1798)	享和 3. 7.24 (1803) *	寺社計辞	石見浜田	6万400石
植村家長	駿河守	奏者番	寛政11.正.11 (1799)	寛政12. 2. 1 (1800)	西丸若年寄	大和高取	2万500石
堀田正穀	豊前守	奏者番	寛政12. 2.1 (1800)	文化 3. 5. 2 (1806)	依願寺社辞	近江宮川	1万3000石
阿部正由	播磨守	奏者番	享和元. 7.17 (1801)	文化元.正.23 (1804)	大坂城代	武蔵忍	10万石
青山幸完	大膳亮	奏者番 元若年寄	享和 2.正.20 (1802)	享和 2. 4. 9 (1802)	辞	美濃郡上	4万8000石
松平輝延	右京亮	奏者番	享和 2. 4.28 (1802)	文化12. 4.29 (1815)	大坂城代	上野高崎	8万2000石
水野忠成	出羽守	奏者番	享和 3. 8. 9 (1803) 見習 文化元.正.28 (1804) 本役	文化 3.10.12 (1806)	若年寄	駿河沼津	3万石
大久保忠真	安芸守	奏者番	文化元.正.28 (1804)	文化 7. 6.25 (1810)	大坂城代	相模小田原	11万3129余石
阿部正精	主計頭・備中守	奏者番	文化 3. 5. 6 (1806)	文化 5. 9.10 (1808)	辞	備後福山	10万石
酒井忠進	靭負佐・若狭守	奏者番	文化 5. 9.20 (1808) *	文化 5.12.10 (1808)	京都所司代	若狭小浜	10万3558余石
松平乗寛	和泉守	奏者番	文化 6.正.22 (1809)	文化10. 6. 9 (1813)	辞	三河西尾	6万石
有馬誉純	左兵衛佐	奏者番	文化 7. 6.28 (1810)	文化 9. 4. 4 (1812)	西丸若年寄	越前丸岡	5万石
阿部正精	備中守	奏者番	文化 7. 9.28 (1810)	文化14. 8.25 (1817)	老中	備後福山	10万石
内藤信敦	豊前守	奏者番	文化10. 6.24 (1813)	文化14. 7.24 (1817)	若年寄	越後村上	5万90余石
松平武厚	右近将監	奏者番	文化10.12. 1 (1813)	文政 5. 6.28 (1822)	免	上野館林	6万1000石
青山幸孝	大蔵少輔	奏者番	文化12. 5.28 (1815)	文化12.11.- (1815)	卒	美濃郡上	4万8000石
松平乗寛	和泉守	奏者番	文化12.12.28 (1815)	文政元. 8. 2 (1818)	京都所司代	三河西尾	6万石
松平康任	周防守	奏者番	文化14. 8.24 (1817)	文政 5. 7. 8 (1822)	大坂城代	石見浜田	6万400石
水野忠邦	和泉守・左近将監	奏者番	文化14. 9.10 (1817)	文政 8. 5.15 (1825)	大坂城代	肥前唐津	6万石
松平〔本庄〕宗発	伯耆守	奏者番	文政元. 8.24 (1818)	文政 9.11.23 (1826)	大坂城代	丹後宮津	7万石
本多正意	豊前守	奏者番	文政 5. 7.12 (1822)	文政 8. 4.28 (1825)	若年寄	駿河田中	4万石
太田資治〔始〕	摂津守	奏者番	文政 5. 7.17 (1822)	文政11.11.22 (1828)	大坂城代	遠江掛川	5万37余石
松平信順	伊豆守	奏者番	文政 8. 5. 6 (1825)	天保 2. 5.25 (1831) *	大坂城代	三河吉田	7万石
土井利位	大炊頭	奏者番	文政 8. 5.24 (1825)	文政12.12.16 (1829)	辞	下総古河	8万石
堀　親寚	大和守	奏者番	文政 9.12. 1 (1826)	文政11.10.25 (1828)	若年寄	信濃飯田	2万石
土屋彦直	相模守	奏者番	文政11.11. 1 (1828)	天保 5.12.22 (1834)	辞	常陸土浦	9万5000石
松平〔戸田〕光年〔荘〕	丹波守	奏者番	文政11.12.12 (1828)	天保元.10.25 (1830)	依願加役免	信濃松本	6万石
脇坂安董	中務大輔		文政12.10.24 (1829)	天保 7. 2.16 (1836)	西丸老中格	播磨竜野	5万1089余石
土井利位	大炊頭	奏者番	天保元.11. 8 (1830)	天保 5. 4.11 (1834)	大坂城代	下総古河	8万石

氏　名	称　呼	前　職	補職年月日	転免年月日	後　職	城(領)地	石　高
間部詮勝	下総守	奏者番	天保元.11. 8 (1830)　見習 天保 2. 5.28 (1831)　本役	天保 8. 7.20 (1837)	大坂城代	越前鯖江	5万石
井上正春	河内守	奏者番	天保 5. 4.18 (1834)	天保 9. 4.11 (1838)	大坂城代	陸奥棚倉	6万石
堀田正篤	相模守・ 備中守	奏者番	天保 5. 8. 8 (1834)	天保 8. 5.16 (1837)	大坂城代	下総佐倉	11万石
牧野忠雅	備前守	奏者番	天保 7. 2.26 (1836)	天保11.正.13 (1840)	京都所司代	越後長岡	7万4000石
青山忠良	因幡守	奏者番	天保 8. 5. 6 (1837)	天保11.11. 3 (1840)	大坂城代	丹波篠山	6万石
阿部正瞭	能登守	奏者番	天保 8. 7.20 (1837)	天保 9. 5.- (1838)	卒	陸奥白河	10万石
松平忠優	伊賀守	奏者番	天保 9. 4.14 (1838)	天保14. 2.22 (1843)	思召有,役免	信濃上田	5万3000石
稲葉正守	丹後守	奏者番	天保 9. 6. 1 (1838)	天保13. 4.24 (1842)	役免	山城淀	10万2000石
戸田忠温	因幡守・ 日向守	奏者番	天保11. 2.19 (1840)	天保14.11. 3 (1843)	西丸老中	下野宇都宮	7万7850石
阿部正弘	伊勢守	奏者番	天保11. 5.19 (1840)　見習 天保11.11. 8 (1840)　本役	天保14.⑨.11 (1843)	老中	備後福山	10万石
酒井忠義	若狭守	奏者番	天保13. 5.29 (1842)	天保14.11. 3 (1843)	京都所司代	若狭小浜	10万3558余石
松平乗全	和泉守	奏者番	天保14. 2.24 (1843)	弘化元.12.28 (1844)	大坂城代	三河西尾	6万石
久世広周	大和守・ 出雲守	奏者番	天保14.10. 8 (1843)	嘉永元.10.18 (1848)	西丸老中	下総関宿	5万8000石
青山幸哉	大和守・ 大膳亮	奏者番	天保14.11. 3 (1843)	弘化 3.10.30 (1846)	依願加役免	美濃郡上	4万8000石
内藤信親	紀伊守	奏者番	天保14.11.晦 (1843)	嘉永元.10.18 (1848)	大坂城代	越後村上	5万90余石
松平忠優	伊賀守	奏者番	弘化元.12.18 (1844)	弘化 2. 3.15 (1845)	大坂城代	信濃上田	5万3000石
脇坂安宅	淡路守	奏者番	弘化 2. 5. 9 (1845)	嘉永 4.12.21 (1851)	京都所司代	播磨竜野	5万1089余石
本多忠民	中務大輔	奏者番	弘化 3.12.15 (1846)	安政 4. 8.11 (1857)	京都所司代	三河岡崎	5万石
土屋寅直	釆女正	奏者番	嘉永元.正.23 (1848)　見習 嘉永元.10.18 (1848)　本役	嘉永 3. 9. 1 (1850)	大坂城代	常陸土浦	9万5000石
松平信篤	紀伊守・ 豊前守	奏者番	嘉永元.10.18 (1848)	安政 5.11.26 (1858)	大坂城代	丹波亀山	5万石
太田資功	摂津守	奏者番	嘉永 2・正・28 (1849)　見習 嘉永 3. 9. 1 (1850)　本役	安政 3. 9.18 (1856)	辞	遠江掛川	5万30余石
安藤信睦	長門守・ 対馬守	奏者番	嘉永 4. 6. 9 (1851)　見習 嘉永 4.12.21 (1851)　本役	安政 5. 8. 2 (1858)	若年寄	陸奥平	5万石
松平輝聴	右京亮	奏者番	嘉永 5. 7. 8 (1852)　見習 安政 3. 9.24 (1856)　本役	万延元. 7.- (1860)	卒	上野高崎	8万2000石
板倉勝静	周防守	奏者番	安政 4. 8.11 (1857)	安政 6. 2. 2 (1859)	思召有,役免	備中松山	5万石
松平〔本庄〕宗秀	伯耆守	奏者番	安政 5.10. 9 (1858)	万延元.12.28 (1860)	大坂城代	丹後宮津	7万700余石
水野忠精	左近将監	奏者番	安政 5.11.26 (1858)	万延元.12.15 (1860)	若年寄	出羽山形	5万石
松平信古	伊豆守	奏者番	安政 6. 2.13 (1859)	文久 2. 6.晦 (1862)	大坂城代	三河吉田	7万石
青山幸哉	大膳亮	奏者番	万延元. 7. 8 (1860)	文久元.12.16 (1861)	加役免	美濃郡上	4万8000石

氏　名	称　呼	前　職	補職年月日	転免年月日	後　職	城(領)地	石　高
牧野貞明	越中守	奏者番	万延元.12.28 (1860)	文久 3.11.28 (1863)	役免	常陸笠間	8万石
板倉勝静	周防守	雁間詰	文久元. 2. 1 (1861)	文久 2. 3. 15 (1862)	老中	備中松山	5万石
井上正直	河内守	奏者番	文久元. 3. 8 (1861)	文久 2.10. 9 (1862)	老中	遠江浜松	6万石
牧野忠恭	備前守	奏者番	文久 2. 3.24 (1862)	文久 2. 8.24 (1862)	京都所司代	越後長岡	7万4000余石
有馬道純	左兵衛佐・ 遠江守	奏者番	文久 2. 6.晦 (1862)	文久 3.正.22 (1863)	若年寄	越前丸岡	5万石
諏訪忠誠	因幡守	帝鑑間席 元若年寄	文久 2.10. 9 (1862)	文久 2.11.11 (1862)	若年寄	信濃高島	3万石
松平忠恕	摂津守	帝鑑間席 元奏者番	文久 2.11.11 (1862)	元治元. 6.18 (1864)	役免	上野小幡	2万石
土井利善	大隅守	雁間詰 元奏者番	文久 3.正.12 (1863)	文久 3. 5. 1 (1863)	陸軍奉行	三河刈谷	2万3000石
松前崇広	伊豆守	柳間席	文久 3. 4.28 (1863)	文久 3. 8.13 (1863)	柳間席	蝦夷松前	3万石格
堀　親義	大和守	柳間席 元奏者番	文久 3. 6.24 (1863)	文久 3.10.14 (1863)	辞	信濃飯田	1万7000石
本多忠紀	能登守	帝鑑間席	文久 3.10. 1 (1863)	元治元. 7. 6 (1864)	若年寄	陸奥泉	2万石
水野忠誠	出羽守	帝鑑間席より 奏者番兼帯	文久 3.10.22 (1863)	元治元.11.10 (1864)	思召有,役免	駿河沼津	5万石
酒井忠氏	若狭守	帝鑑間席より 奏者番兼帯	元治元. 2. 7 (1864)	慶応 2. 6.15 (1866)	役免	若狭小浜	10万3550余石
阿部正外	越前守	雁間詰 元町奉行	元治元. 6.22 (1864)	元治元. 6.24 (1864)	老中	陸奥白河	10万石
土屋寅直	采女正	雁間詰より奏 者番兼帯元大 坂城代	元治元. 9.10 (1864)	明治元. 3.- (1868)	辞	常陸土浦	9万5000石
牧野貞明	越中守	雁間詰より奏 者番兼帯	元治元. 9.10 (1864)	元治元.11. 1 (1864)	大坂城代	常陸笠間	8万石
松平近説	左衛門尉	奏者番	元治元.11. 1 (1864)	元治元.12.27 (1864)	辞	豊後府内	2万1200石
松平親良	中務大輔	奏者番	元治元.11.19 (1864)	慶応 2. 6.15 (1866)	役免	豊後杵築	3万2000石
松平康直	周防守	奏者番 元町奉行	慶応元.正.20 (1865)	慶応元. 4.12 (1865)	老中	陸奥棚倉	6万400石
松平乗秩	主水正	奏者番	慶応元. 4.15 (1865)	慶応 2. 5.14 (1866)	辞	三河西尾	6万石
永井尚服	肥前守	講武所奉行よ り奏者番兼帯	慶応 2. 6.15 (1866)	慶応 3. 6.24 (1867)	若年寄	美濃加納	3万2000石
松平近説	左衛門尉	奏者番	慶応 2. 6.15 (1866)	慶応 3. 7. 5 (1867)	若年寄	豊後府内	2万1200石
戸田忠友	土佐守	奏者番	慶応 3. 7.25 (1867)	明治元. 2.16 (1868)	辞	下野宇都宮	7万7850石
内藤正誠	志摩守	奏者番	慶応 3.10.29 (1867)	明治元. 2.25 (1868)	辞	信濃岩村田	1万5000石

33 町奉行一覧

氏　名	称　呼	前　職	補職年月日	所在	転免年月日	後　職	石　高
板倉勝重	四郎左衛門						1000石
彦坂元正〔成〕	小刑部						
青山忠成	常陸						1万8000石
内藤清成	修理		慶長 6 (1601)		慶長11.正.25 (1601)　*		2万1000石
土屋重成	権左衛門	使番	慶長 9 (1604)	南	慶長16. 7 (1611)　*		1550石
島田利政〔正〕	弾正忠	徒頭	慶長18 (1613)	南	寛永19. 9 (1642)　*		2000石

33 町奉行一覧

氏　名	称　呼	前　職	補職年月日	所在	転免年月日	後　職	石　高
加々爪忠〔直〕隆〔澄〕	民部少輔	目付	寛永 8.10. 5 (1631)	北	寛永17. 正. 23 (1640)	大目付	5500石
堀　直之	式部少輔	使番	寛永 8. 9 (1631) *	南	寛永15. 5.16 (1638) *	寺社奉行	5500石
酒井忠知	因幡守	作事奉行	寛永15. 5.16 (1638)	南	寛永16. 5.18 (1639)	改易	1500石
朝倉在重	石見守	使番	寛永16. 7.18 (1639)	北	慶安 3.11. 9 (1650)	卒	2000石
神尾元勝	備前守	長崎奉行	寛永15. 5.16 (1638)	南	寛文元. 3. 8 (1661)	辞	1800石
石谷貞清	左近将監	先手	慶安 4. 6.18 (1651) *	北	万治 2. 正. 28 (1659)	辞	1500石
村越吉勝〔勝吉〕	長門守	勘定頭	万治 2. 2. 9 (1659)	北	寛文 7. ②. 16 (1667) *	辞	1700石
渡辺綱貞〔広綱〕	大隅守	新番頭	寛文元. 4.12 (1661)	南	延宝元. 正. 23 (1673)	大目付	1000石
島田忠政〔利木・守政〕	出雲守	寄合,元長崎奉行	寛文 7. ②. 21 (1667) *	北	天和元. 3.27 (1681)	召放され小普請入,差控	2000石
宮崎重成〔政泰〕	若狭守	京都町奉行	延宝元. 正. 23 (1673)	南	延宝 8. 2.23 (1680)	辞	2500石
松平忠冬	与右衛門・隼人正	新番頭	延宝 8. 2.26 (1680)	南	延宝 8. 8. 8 (1680)	館林家家老	2000石
甲斐庄正親	飛驒守	勘定頭	延宝 8. 8.30 (1680)	南	元禄 3.12.13 (1690)	卒	3000石
北条氏平	安房守	持弓頭 *	天和元. 4. 6 (1681)	北	元禄 6.12.15 (1693) *	留守居	1500石
能勢頼相〔寛〕	出雲守	大坂町奉行	元禄 3.12.23 (1690)	南	元禄10. 4. 3 (1697)	辞	2000石
川口宗恒	摂津守	長崎奉行	元禄 6.12.15 (1693)	北	元禄11.12. 1 (1698)	辞	2700石
松前嘉広	伊豆守	京都町奉行	元禄10. 4.14 (1697)	南	元禄16.11.13 (1703)	大目付	1600石
保田宗郷	越前守	大坂町奉行	元禄11.12. 1 (1698)	北	宝永元. 10. 1 (1704)	留守居	4500石
丹羽長守	遠江守	長崎奉行	元禄15. ⑧. 15 (1702)	中	正徳 4. 正. 26 (1714)	辞	1500石
林　忠詞〔朗・和〕	土佐守・伊豆守	長崎奉行	元禄16.11.15 (1703)	南	宝永 2. 正. 28 (1705)	辞	3000石
松野助義	河内守・壱岐守	大坂町奉行	宝永元. 10. 1 (1704)	北	享保 2. 2. 2 (1717)	老衰辞	1550石
坪内定鑑	能登守	先手	宝永 2. 4.28 (1705)	南	享保 4. 正. 28 (1719)	辞	1100石
中山時春	出雲守	勘定奉行	正徳 4. 正. 28 (1714)	北	享保 8. 6.29 (1723)	老衰辞	1500石
大岡忠桐〔相〕	能登守・越前守	普請奉行	享保 2. 2. 3 (1717)	南	元文元. 8.12 (1736)	寺社奉行	1920石
諏訪頼篤	美濃守	京都町奉行	享保 8. 7.20 (1723)	北	享保16. 9.19 (1731)	田安家家老	1000石
稲生正武	下野守	勘定奉行	享保16. 9.19 (1731)	北	元文 3. 2.15 (1738)	大目付	1500石
松波正春	筑後守	勘定奉行	元文元. 8.12 (1736)	南	元文 4. 9. 1 (1739)	大目付	500石
石河政朝	土佐守	小普請奉行	元文 3. 2.28 (1738)	北	延享元. 6.11 (1744) *	大目付	2700石
水野勝彦	備前守	作事奉行	元文 4. 9. 1 (1739)	南	元文 5.11. 4 (1740)	卒	1000石
島　正祥	長門守	京都町奉行	元文 5.12.28 (1740)	南	延享 3. 6.15 (1746)	卒	1200石
能勢頼一	肥後守	目付	延享元. 6.11 (1744)	北	宝暦 3. 3.28 (1753)	西丸旗奉行 *	600石
馬場谷〔尚〕繁	讃岐守	京都町奉行	延享 3. 7.21 (1746)	南	寛延 3. 正. 26 (1750)	卒	2000石
山田利延	肥後守・伊豆守	作事奉行	寛延 3. 3.11 (1750) *	南	宝暦 3.11.24 (1753)	卒	2500石
依田政次	和泉守・豊前守	作事奉行	宝暦 3. 4. 7 (1753)	北	明和 6. 8.15 (1769)	大目付	500石

氏　名	称　呼	前　職	補職年月日	所在	転免年月日	後　職	石　高
土屋正方	越前守	京都町奉行	宝暦 3.12.24 (1753)	南	明和 5. 5.19 (1768)	卒	700石
牧野成賢	大隅守	勘定奉行 *	明和 5. 5.26 (1768)	南	天明 4. 3.12 (1784)	大目付	2200石
曲淵景漸	甲斐守	大坂町奉行	明和 6. 8.15 (1769)	北	天明 7. 6. 1 (1787)	西丸留守居	1650石
山村良旺	信濃守	勘定奉行	天明 4. 3.12 (1784)	南	寛政元. 9. 7 (1789)	清水家家老	500石
石河政武	土佐守	寄合,元小普請組支配	天明 7. 6.10 (1787)	北	天明 7. 9.16 (1787)	卒	2700石
柳生久通	主膳正	小普請奉行 *	天明 7. 9.27 (1787)	北	天明 8. 9.10 (1788)	勘定奉行上席	600石
初鹿野信興	河内守	浦賀奉行	天明 8. 9.10 (1788)	北	寛政 3.12.20 (1791)	卒	1200石
池田長恵	筑後守	京都町奉行	寛政元. 9. 7 (1789)	南	寛政 7. 6.28 (1795)	大目付	900石
小田切直年	土佐守	大坂町奉行	寛政 4.正.18 (1792)	北	文化 8. 4.20 (1811)	卒	3000石
坂部広吉〔高〕	能登守	大坂町奉行	寛政 7. 6.28 (1795)	南	寛政 8. 9.28 (1796) *	西丸留守居	500石
村上義礼	大学・肥後守	目付	寛政 8. 9.28 (1796) *	南	寛政10.10.27 (1798)	卒	1060石
根岸鎮衛	肥前守	勘定奉行	寛政10.11.11 (1798)	南	文化12.11. 9 (1815)	卒	500石
永田正道	備後守	勘定奉行	文化 8. 4.26 (1811)	北	文政 2. 4.22 (1819)	卒	500石
岩瀬氏記〔紀〕	加賀守・伊予守	勘定奉行	文化12.11.24 (1815)	南	文政 3. 2. 8 (1820)	大目付	1700石
榊原忠之	主計頭	勘定奉行	文政 2.④. 1 (1819)	北	天保 7. 9.20 (1836)	大目付	700石
荒尾成章	但馬守	大坂町奉行	文政 3. 3.17 (1820)	南	文政 4.正.23 (1821)	辞	500石
筒井政憲	和泉守・伊賀守・紀伊守	長崎奉行	文政 4.正.29 (1821)	南	天保12. 4.28 (1841)	西丸留守居	2200石
大草高好	安房守	勘定奉行	天保 7. 9.20 (1836)	北	天保11.正.18 (1840)	卒	3500石
遠山景元	左衛門尉	勘定奉行	天保11. 3.11 (1840)	北	天保14. 2.24 (1843)	大目付	500石
矢部定謙	左近将監・駿河守	小普請組支配	天保12. 4.28 (1841)	南	天保12.12.21 (1841)	思召有役免,差控	500石
鳥居忠輝〔燿〕	甲斐守	目付	天保12.12.28 (1841)	南	弘化元. 9. 6 (1844)	辞	2500石
阿部正蔵	遠江守	大坂町奉行	天保14. 2.24 (1843)	北	天保14.10. 1 (1843)	西丸小性組番頭	3000石
鍋島直孝	内匠・内匠頭	小普請組支配	天保14.10.10 (1843)	北	嘉永元.11. 8 (1848)	大番頭	5000石
跡部良弼	能登守	勘定奉行	弘化元. 9.15 (1844)	南	弘化 2. 3.15 (1845)	小性組番頭	3137余石
遠山景元	左衛門尉	大目付	弘化 2. 3.15 (1845)	南	嘉永 5. 3.24 (1852)	辞	500石
牧野成綱	駿河守	勘定奉行	嘉永元.11. 8 (1848)	北	嘉永 2. 7. 6 (1849)	卒	2500石
井戸覚弘	対馬守	長崎奉行	嘉永 2. 8. 4 (1849)	北	安政 3.11.18 (1856)	大目付	2548石
池田頼方	播磨守	勘定奉行	嘉永 5. 3.30 (1852)	南	安政 4.12.28 (1857)	大目付	3000石
跡部良弼	甲斐守	留守居席大目付	安政 3.11.18 (1856)	北	安政 5. 5.24 (1858)	元清水附支配	3137余石
伊沢正〔政〕義	美作守	大目付	安政 4.12.28 (1857)	南	安政 5.10. 9 (1858)	大目付	3253石
石谷穆清	因幡守	勘定奉行	安政 5. 5.24 (1858)	北	文久 2. 6. 5 (1862)	一橋家家老	2500石
池田頼方	播磨守	留守居次席大目付	安政 5.10. 9 (1858)	南	文久元. 5.26 (1861)	辞	3000石
黒川盛泰	備中守	大目付	文久元. 5.28 (1861)	南	文久 2.⑧.25 (1862)	小性組番頭	1600石

氏　名	称　呼	前　職	補職年月日	所在	転免年月日	後　職	石　高
小笠原長常	長門守	留守居次席勘定奉行	文久 2. 6. 5 (1862)	北	文久 2.10.17 (1862)	書院番頭	3000石
小栗忠順	豊後守	勘定奉行	文久 2.⑧.25 (1862)	南	文久 2.12. 1 (1862)	勘定奉行･歩兵奉行兼帯	2700石
浅野長祚	備前守	寄合肝煎,元小普請奉行	文久 2.10.17 (1862)	北	文久 3. 4.16 (1863)	作事奉行	3500石
井上清直	信濃守	外国奉行	文久 2.12. 1 (1862)	南	文久 3. 8. 1 (1863)	免,差控	200俵
佐々木顕発	信濃守･飛驒守	作事奉行	文久 3. 4.16 (1863)	北	文久 3. 4.23 (1863)	西丸留守居	200俵
阿部正外	越前守	外国奉行	文久 3. 4.23 (1863)	北	元治元. 3. 4 (1864)	免,雁間詰	3000石
佐々木顕発	信濃守	西丸留守居	文久 3. 8. 2 (1863)	南	元治元. 6.29 (1864)	外国奉行	200俵
都築峰暉	駿河守	勘定奉行	元治元. 3.14 (1864)	北	元治元. 7. 6 (1864)	清水附支配	200俵
松平康直	石見守	大目付	元治元. 6.29 (1864)	南	元治元.11.20 (1864)	免,帝鑑間席	5000石
池田頼方	播磨守	書院番頭	元治元. 7. 6 (1864)	北	慶応 2. 6.29 (1866)	免,勤仕並寄合	3000石
有馬則篤	出雲守	勘定奉行	元治元.11.22 (1864)	南	元治元.12.21 (1864)	大目付	3500石
根岸衛奮	肥前守	小性組番頭席勘定奉行	元治元.12.21 (1864)	南	慶応元.11. 2 (1865)	講武所奉行並	1000石
山口直毅	駿河守	大目付･外国奉行兼帯	慶応元.11. 2 (1865)	南	慶応 2. 8. 5 (1866)	歩兵奉行	2501余石
井上清直	信濃守	勘定奉行･関東郡代兼帯	慶応 2. 6.29 (1866)	北	慶応 3.12.28 (1867)	卒	200俵
有馬則篤	阿波守	大目付	慶応 2. 8. 5 (1866)	南	慶応 2.10.24 (1866)	免,勤仕並寄合	3500石
駒井信興	相模守	寄合,元大目付	慶応 2.10.24 (1866)	南	明治元. 正. 5 (1868)	陸軍奉行並	2075石
朝比奈昌広	甲斐守	外国惣奉行並	慶応 3. 7. 4 (1867)		明治元. 正.15 (1868)	勘定奉行	500石
小出　実〔秀実〕	大和守	留守居	慶応 3.12.27 (1867)	北	明治元. 2.16 (1868)	辞	1593余石
黒川盛泰	松蔭･近江守	元大目付	明治元. 正.10 (1868)	南	明治元. 3. 5 (1868)	留守居	1600石
石川〔利政･重敬〕	河内守	外国奉行	明治元. 2.17 (1868)	北	明治元. 5.19 (1868)	免	300俵
松浦〔信寔〕	越中守	目付	明治元. 3. 5 (1868)	南	明治元. 3.10 (1868)	辞	300俵
佐久間〔信義〕		目付	明治元. 3.25 (1868)	南	明治元. 5.19 (1868)	免	800石

34　京都町奉行一覧

氏　名	呼　称	前　職	補職年月日	所在	転免年月日	後　職	石　高
宮崎重成〔政泰〕	若狭守	伏見町奉行 *	寛文 8. 7.13 * (1668)	東	延宝元. 正.23 (1673)	町奉行	1500石
雨宮正種	対馬守	伏見町奉行 *	寛文 8. 7.13 * (1668)	西	寛文11.10.16 (1671)	卒	1200余石
能勢頼宗	日向守	普請奉行	寛文12. 2.13 (1672)	西	延宝 6.11.15 (1678)	卒	4000余石
前田直勝	安芸守	禁裏付	延宝元. 2 .12 * (1673)	東	元禄 5. 3.23 * (1692)	大目付	2200石
井上正貞〔重次〕	志摩守・丹波守	先手	延宝 7. 3. 4 (1679)	西	元禄 2.11.22 * (1689)	卒	4000石
小出守秀〔重〕	淡路守	書院番組頭	元禄 3. 正.11 (1690)	西	元禄 9. 5.27 * (1696)	辞	500石 600俵
松前嘉広	伊豆守	目付	元禄 5. 4.14 (1692)	東	元禄10. 4.14 (1697)	町奉行	1000石 600俵
滝川具章	丹後守・山城守	目付	元禄 9. 正.25 (1696)	西	元禄15.10.25 (1702)	免職，小普請	500石 1000俵
水野勝直	備前守	小性組組頭	元禄 9. 6.11 (1696)	西	元禄12. 9.27 (1699)	辞	1500石

氏名	呼称	前職	補職年月日	所在	転免年月日	後職	石高
安藤次行	駿河守	目付	元禄10. 4.14 (1697)	東	正徳 2.12.26 (1712)	卒	2500石
水谷勝久〔卓〕	信濃守	目付	元禄12. 9.28 (1699)	西	宝永 2. 8. 3 (1705) *	辞	2200石
中根正包	摂津守	書院番組頭	宝永 2. 8. 5 (1705) *	西	正徳 4. 8.15 (1714)	辞	1500石
山口直重	安房守	禁裏付	正徳 3. 2.29 (1712) *	東	享保 6.正.22 (1721) *	免	2000石
諏訪頼篤	美濃守・肥後守	小性組組頭	正徳 4. 8.15 (1714)	西	享保 8. 7.24 (1723)	町奉行	1000石
河野通重	豊前守	佐渡奉行	享保 6. 2.15 (1721)	東	享保 9.12.28 (1724)	卒	1000石
本多忠英	筑後守	小性組組頭	享保 8. 7.28 (1723)	西	元文 2. 3.10 (1737)	旗奉行	900石
小浜久隆	志摩守	佐渡奉行	享保10.正.11 (1725) *	東	享保12. 9. 9 (1727)	卒	700石
長田元隣	越中守	目付	享保12.10.22 (1727)	東	享保17. 2. 1 (1732)	小普請奉行	980石
向井政暉	兵庫・伊賀守	先手	享保17. 5. 7 (1732)	東	元文 4. 7. 2 (1739)	卒	900石
嶋 正祥	長門守	駿府町奉行	元文 2. 3.10 (1737)	西	元文 5.12.28 (1740)	町奉行	1200石
馬場尚繁	讃岐守	先手	元文 4. 7.19 (1739)	東	延享 3. 7.21 (1746) *	町奉行	2000石
三井良恭〔竜〕	下総守	目付	元文 5.12.28 (1740)	西	寛延 2. 7. 6 (1749)	勘定奉行	1200石
永井直之〔尚方〕	丹波守	小普請組支配	延享 3. 7.21 (1746) *	東	宝暦 2.正.11 (1752)	勘定奉行	3030余石
稲垣正武	出羽守	大御所付目付	寛延 2. 7.23 (1749)	西	宝暦 6.10.28 (1756)	普請奉行	600石
土屋正方	越前守	目付	宝暦 2. 2.15 (1752)	東	宝暦 3.12.24 (1753)	町奉行	700石
小林春郷	伊予守・安房守・河内守	先手	宝暦 3.12.24 (1753)	東	明和 3. 9.12 (1766)	普請奉行	400石
松前順広	筑前守	駿府町奉行	宝暦 6.11. 3 (1756) *	西	明和元.⑫.15 (1764)	持頭	1500石
太〔大〕田正清〔房〕	播磨守	目付	明和元.⑫.15 (1764)	西	安永元.10. 8 (1772)	小普請奉行	400石
石河政武	土佐守	目付	明和 3. 9.12 (1766)	東	明和 7.⑥. 3 (1770)	持頭	2700余石
酒井忠高	丹波守	奈良奉行	明和 7.⑥. 3 (1770)	東	安永 3. 3. 6 (1774)	卒	1000俵
長谷川宣雄	備中守	先手加役	安永元.10.15 (1772)	西	安永 2. 7.17 (1773)	卒	400石
山村良旺	信濃守	目付	安永 2. 7.18 (1773)	西	安永 7.⑦.20 (1778)	勘定奉行	500石
赤井忠皛	越前守	先手	安永 3. 3.20 (1774)	東	天明 2.11.25 (1782)	勘定奉行	1400石
土屋正延	伊予守	駿府町奉行	安永 7.⑦.20 (1778)	西	天明 4. 7.26 (1784) *	長崎奉行	1000石
丸毛政良	和泉守	普請奉行	天明 2.11.25 (1782)	東	天明 7. 9.29 (1787)	免職	900石
山崎正祥〔導〕	大隅守	堺奉行	天明 4. 7.26 (1784) *	西	天明 8. 9.10 (1782)	持頭	1000石
池田長恵	筑後守	目付	天明 7.10. 2 (1787)	東	寛政元. 9. 7 (1789)	町奉行	900石
井上利恭	美濃守	目付	天明 8. 9.10 (1782)	西	寛政 3.12. 8 (1791)	作事奉行	500石
菅沼定喜	下野守	目付	寛政元. 9. 7 (1789)	東	寛政 9.10.12 (1797)	勘定奉行	1220余石
三浦正子	伊勢守	奈良奉行	寛政 3.12.23 (1791)	西	寛政11.11.27 (1799)	卒	800石
松下保綱	信濃守	駿府町奉行	寛政 9.11.26 (1797)	東	寛政12. 4. 2 (1800)	免	740余石
曲淵景露	和泉守	禁裏付	寛政11.12.27 (1799)	西	文化 3. 3. 4 (1806)	長崎奉行	300俵
森川俊尹	越前守	日光奉行	寛政12.④. 8 (1800)	東	文化 5.11.26 (1808)	大目付	1000石

34　京都町奉行一覧

氏　名	呼　称	前　職	補職年月日	所在	転免年月日	後　職	石　高
牧野成傑	大和守	駿府町奉行	文化 3. 3. 4 (1806)	西	文化 8. 6. 8 (1811)	作事奉行	2500石
小長谷政良〔長〕	和泉守	普請奉行	文化 5.11.26 (1808)	東	文化 9.12.29 (1812)	勘定奉行	1000石
三橋成方	飛騨守	小普請奉行	文化 8. 6. 8 (1811)	西	文化12. 正.22 (1815)	辞	400石
佐野康〔庸〕貞	肥後守	目付	文化10. 正.28 (1813)	東	文政 2.11. 8 (1819)	普請奉行	700石
松浦忠	伊勢守	堺奉行	文化12. 3. 8 (1815)	西	文政 3. 7.28 (1820)	勘定奉行	1500石
牧義珎〔珍〕	備後守	目付	文政 2.12. 8 (1819)	東	文政 8. 6.15 (1825)	田安家家老	1200石
曾我助弼	豊後守	禁裏付	文政 3. 8.13 (1820)	西	文政 6.11. 8 (1823)	勘定奉行	800石
須田盛照〔昭〕	大隅守	目付	文政 6.11.15 (1823)	西	文政10. 7.24 (1827)	作事奉行	1000石
神尾元孝	備中守	目付	文政 8. 6.17 (1825)	東	文政12. 5. 3 (1829)	作事奉行	1700石
松平定朝	伊勢守	禁裏付	文政10. 8. 9 (1827)	西	天保 6. 5.20 (1835)	小普請奉行	2000石
小田切直照〔熙〕	土佐守	目付	文政12. 5.15 (1829)	東	天保 2. 7.12 (1831)	清水家家老	3500石
深谷盛房	遠江守	目付	天保 2. 8. 8 (1831)	東	天保 7.10.15 (1836)	作事奉行	400俵
佐橋佳富	長門守	目付	天保 6. 6. 8 (1835)	西	天保11. 4. 8 (1840)	勘定奉行	1000石
梶野良材	土佐守	奈良奉行	天保 7.12. 8 (1836)	東	天保 9. 2. 24 (1838)	作事奉行	200俵
石河政平		目付	天保 9. 2. 8 (1838)	東	天保 9. 3.28 (1838)	小普請奉行	2700石
本多紀意〔恵〕	筑前守	目付	天保 9. 4. 9 (1838)	東	天保12. 9.28 (1841)	先手	2000石
柴田康道〔直〕	日向守	山田奉行	天保11. 5.15 (1840)	西	天保13. 8.24 (1842)	西丸留守居	2000石
松平信敏	兵庫頭	佐渡奉行	天保12.10.17 (1841)	東	天保14. 5.30 (1843)	先手	1000石
田村良顕〔顕影〕	伊勢守・伊予守	禁裏付	天保13. 9 (1842)	西	弘化 3.11.29 (1846)	作事奉行	700俵
伊奈斯綏〔忠告〕	遠江守	堺奉行	天保14. 6.28 (1843)	東	嘉永元.12.24 (1848)	小普請奉行	1640石
水野重明	下総守	先手火付盗賊改加役	弘化 3.12.15 (1846)	西	嘉永 5. 2.20 (1852)	卒	2800石
明楽茂正	大隅守	禁裏付	嘉永 2. 正.20 (1849)	東	嘉永 3. 8.24 (1850)	小普請奉行	800石
河野通訓	対馬守	山田奉行	嘉永 3. 9.23 (1850)	東	嘉永 6.11. 9 (1853)	普請奉行	2200石
浅野長祚	中務少輔・和泉守	浦賀奉行	嘉永 5.②.10 (1852)	西	安政 5. 6. 5 (1858)	小普請奉行	3500石
岡部豊常	備後守・土佐守	禁裏付	嘉永 6.12.26 (1853)	東	安政 6. 2.13 (1859)	槍奉行	2000石
小笠原長常	長門守	浦賀奉行	安政 5. 6. 5 (1858)	西	万延元. 9.18 (1860)	大目付	3000石
大久保忠寛	伊勢守	禁裏付	安政 6. 2. 26 (1859)	東	安政 6. 6.24 (1859)	西丸留守居	500石
水野忠全	伊勢守	先手火付盗賊改加役	安政 6. 9.10 (1859)	東	安政 6.11. 4 (1859)	作事奉行	1500石
関行篤	出雲守	作事奉行	安政 6.11. 4 (1859)	東	文久元.11.16 (1861)	留守居並	200俵
原思孝〔清穆〕	伊予守	天璋院用人	万延元. 9.15 (1860)	西	文久 2. 4.22 (1862)	卒	200俵
大久保忠董	土佐守	先手火付盗賊改加役	文久元.11.16 (1861)	東	文久 2.10.17 (1862)	浦賀奉行	350石
滝川具知	播磨守	禁裏付	文久 2. 8 (1862) (文久 2. 7.27)	西	元治元. 9 (1864)	大目付	1200石
永井尚志	主水正		文久 2. 8. 7 (1862)	東	元治元. 2. 9 (1864)	大目付	300俵

氏　名	呼　称	前　職	補職年月日	所在	転免年月日	後　職	石　高
池田長発	修理	火付盗賊改	文久 3. 7.12 (1863)	東	文久 3. .29 (1863) (文久 3. 7.29)	目付	1200石
小栗政寧	下総守	禁裏付	元治元. 2.15 (1864)	東	慶応元.10.16 (1865)	勘定奉行	580石
菊地隆吉	伊予守	勤仕並寄合	元治元. 7. 6 (1864)	東	元治元. 7.19 (1864)	辞	100俵
滝川元以	讃岐守	堺奉行	元治元. 9 (1864)	西	慶応 2.10 (1866)	免，勤仕並寄合	2009余石
長井昌言	筑前守	堺奉行	慶応元.11 (1865)	東	慶応元.12 (1865)	辞	1500石
大久保忠恕	主膳正	寄合	慶応元.12.21 (1865)	東	慶応 3.12. 9 (1867)	陸軍奉行並	500石
遠山資尹	隠岐守	禁裏付	慶応 2.10 (1866)	西	慶応 3. 6 (1867)	免，勤仕並寄合	250石 (或300石)
高力	下総守・主計頭	撤兵頭	慶応 3. 6 (1867)	西	慶応 3.12. 9 (1867)	歩兵奉行	3000石

35　大坂町奉行一覧

氏　名	称　呼	前　職	補職年月日	所在	転免年月日	後　職	石　高
水野信古〔守信〕	河内守	長崎奉行	元和 5. 2. 2 (1619)	東	寛永 9.12.17 (1632) *	大目付	3500石
嶋田直時	越前守		元和 5 (1619)	西	寛永 5.10. 7 (1628) *	堺奉行	
久貝正俊	因幡守	目付	元和 5 (1619) *	東	慶安元.12. 2 (1648)	卒	3000石
曾我古祐	丹波守	長崎奉行仮役	寛永11. 7.29 (1634) *	西	万治元. 3.19 (1658)	辞	2000石
松平重綱〔次・継〕	隼人正	目付	慶安元. 2.16 (1648) *	東	寛文 3. 4.12 (1663)	辞	2500石
曾我近祐	丹波守	先手頭	万治元. 3.19 (1658)	西	寛文元. 9.19 (1661)	卒	2020石
彦坂重治〔紹〕	壱岐守	目付	寛文元.11.11 (1661) *	西	延宝 5. 9.13 (1677)	辞	1900石 300俵
石丸定次	石見守	書院番組頭	寛文 3. 8.25 (1663) *	東	延宝 7. 5.11 (1679)	卒	2240余石
嶋田重頼	越中守	目付	延宝 5. 9.26 (1677)	西	天和元. 6.19 (1681)	免職	500石 300俵
設楽貞政	肥前守	使番	延宝 7. 6.14 (1679)	東	貞享 3. 5. 8 (1686)	免	1700石
藤堂良直	伊予守	目付	天和元. 7. 6 (1681) *	西	元禄元. 4. 9 (1688)	大目付	2000石
小田切直利	土佐守	目付	貞享 3. 7.10 (1686)	東	元禄 5. 3.23 (1692) *	大目付	2630余石 300俵
能勢頼相〔寛〕	出雲守	書院番組頭	元禄元. 5. 3 (1688)	西	元禄 3.12.23 (1690) *	町奉行	2000石
加藤泰貞〔堅〕	大和守	持弓頭	元禄 4.正.11 (1691)	西	元禄 8.11.14 (1695)	免職	2000石
松平忠固〔周〕	玄蕃頭	目付	元禄 5. 4.14 (1692)	東	元禄13.10.26 (1700) *	辞	500石 500俵
永見重直	甲斐守	目付	元禄 9.正.11 (1696)	西	元禄14. 8.18 (1701) *	辞	3050石
保田宗易〔郷〕	美濃守	寄合	元禄 9.正.15 (1696)	東	元禄11.12. 1 (1698)	町奉行	4500石
中山時春	出雲守	目付	元禄12. 4.14 (1699)	東	元禄15.11.28 (1702)	勘定奉行	1000石
太田好寛〔敬〕	和泉守	先弓頭	元禄13.10.28 (1700)	東	正徳元. 4.23 (1711)	辞	2260石
松野助義	河内守・壱岐守	禁裏付	元禄14. 8.18 (1701)	西	宝永元.10. 1 (1704)	町奉行	1550石
大久保忠形〔香〕	大隅守	目付	宝永元.11.15 (1704)	西	宝永 5.12.15 (1708)	勘定奉行	1100石
北条氏英	安房守	小性組組頭	宝永 6. 4. 6 (1709)	西	享保 9. 3. 7 (1724)	大目付	3400石

35 大坂町奉行一覧

氏名	称呼	前職	補職年月日	所在	転免年月日	後職	石高
桑山一慶	甲斐守	堺奉行	正徳元. 5. 1 (1711)	東	正徳 2. 6. 1 (1712)	辞	1200石
鈴木利雄	飛騨守	目付	正徳 2. 6. 1 (1712)	東	享保14. 2.15 (1729)	大目付	1200石
松平勘敬	日向守	大坂船手	享保 9. 3. 7 (1724)	西	元文 3. 2.28 (1738)	普請奉行	3000石
稲垣種信	淡路守	目付	享保14. 2.15 (1729)	東	元文 5. 3.19 (1740) *	免職	2000石
佐々成意	美濃守	先手頭	元文 3. 2.28 (1738)	西	延享元. 9.28 (1744)	持頭	700石
松浦信正	河内守	駿府町奉行	元文 5. 4. 3 (1740)	東	延享 3. 4.28 (1746)	勘定奉行	400石
久松定郷	筑後守	先手頭	延享元. 9.28 (1744)	西	寛延 3. 3.11 (1750) *	作事奉行	1200石
小浜隆品	周防守	先手頭	延享 3. 4.28 (1746)	東	宝暦 4.正.11 (1754)	旗奉行	1000石
中山時庸	遠江守・出雲守	目付	寛延 3. 3.11 (1750)	西	宝暦 5. 7.22 (1755) *	勘定奉行	1500石
細井勝為	安芸守	持頭	宝暦 4.正.11 (1754)	東	宝暦 7. 8.27 (1757) *	免職,小普請	1200余石
桜井政甫	丹後守	日光奉行	宝暦 5. 7.22 (1755) *	西	宝暦 7. 8. 5 (1757)	免職,小普請	700石
岡部元良	対馬守	目付	宝暦 7. 9. 6 (1757)	東	宝暦11.12 (1761)	卒	2000石
興津忠通〔道〕	能登守	浦賀奉行	宝暦 7. 9. 6 (1757)	西	明和 2.11.19 (1765) *	免職,小普請	2030余石
鵜殿長達〔逵〕	出雲守	目付	宝暦12. 2.15 (1762)	東	明和 5. 3.16 (1768)	辞	1300石
曲淵景衡〔漸〕	甲斐守	目付	明和 2.12. 7 (1765)	西	明和 6. 8.15 (1769)	町奉行	1650石
室賀正之	山城守	目付	明和 5. 3.19 (1768)	東	安永 8.正.11 (1779)	作事奉行	1200石
神谷清俊	大和守	小普請組支配	明和 6. 8.15 (1769)	西	安永 4. 2.21 (1775)	持頭	2000石
京極高主〔亶〕	伊予守	日光奉行	安永 4. 3. 1 (1775)	西	天明元. 4.28 (1781)	持頭	2000石
土屋守直	駿河守	先手頭	安永 8.正.15 (1779) *	東	天明 3. 4.29 (1783) *	長崎奉行	1000石
佐野政親	備後守	堺奉行	天明元. 5.26 (1781)	西	天明 7.10. 6 (1787)	免	1100石
小田切直年	土佐守	駿府町奉行	天明 3. 4.19 (1783)	東	寛政 4.正.18 (1792)	町奉行	2930余石
松平貴弘〔強〕	石見守	使番	天明 7.10.12 (1787)	西	寛政 9. 3.14 (1797)	長崎奉行	1200石
坂部広吉〔高〕	能登守	目付	寛政 4.正.18 (1792) *	東	寛政 7. 6.28 (1795) *	町奉行	300俵
山口直清	丹波守	日光奉行	寛政 7. 7.16 (1795)	東	寛政10. 2. 8 (1798)	卒	3000石
成瀬正存〔定〕	因幡守	堺奉行	寛政 9. 4. 4 (1797)	西	享和元. 4. 3 (1801)	長崎奉行	2400石
水野忠道〔通〕	若狭守	日光奉行	寛政10. 3.21 (1798)	東	文化 3. 8.12 (1806)	小普請奉行	1200石
佐久間信近〔孝盛〕	備後守	目付	享和元. 4. 7 (1801)	西	文化 5. 8.24 (1808)	持頭	300俵
平賀貞愛	式部少輔・信濃守	作事奉行	文化 3. 8.12 (1806)	東	文化13. 4.24 (1816)	西丸鎗奉行	400俵
斎藤利道〔道利〕	伯耆守	目付	文化 5. 8.24 (1808)	西	文化10.12.15 (1813)	免職	1700石
水野忠篤	因幡守	駿府町奉行	文化10.12.24 (1813)	西	文化12. 8. 2 (1815)	清水家家老	1600石
荒尾成章	但馬守	普請奉行	文化12. 8.12 (1815)	西	文政 3. 3.17 (1820)	町奉行	300俵
彦坂紹芳	和泉守	目付	文化13. 5. 1 (1816)	東	文政 3.10.17 (1820)	旗奉行	1200石
内藤矩佳	隼人正	目付	文政 3. 4. 1 (1820)	西	文政12. 3.28 (1829)	勘定奉行	500石

氏　名	称　呼	前　職	補職年月日	所在	転免年月日	後　職	石　高
高井実徳	山城守	山田奉行	文政 3.11.15 (1820)	東	天保元.10.27 (1830)	辞	500石
新見正路	伊賀守	目付	文政12. 4.15 (1829)	西	天保 2. 9.10 (1831)	西丸小性組番頭格奥勤	811余石
曾根次孝	日向守	目付	天保元.11. 8 (1830)	東	天保 3. 6.28 (1832)	西丸留守居	2500石
久世広正	伊勢守	堺奉行	天保 2.10 (1831)	西	天保 4. 6.20 (1833)	長崎奉行	3500石
戸塚忠栄	目付	備前守	天保 3. 6.28 (1832)	東	天保 5. 7. 8 (1834)	西丸留守居	1200石
矢部定謙	駿河守	堺奉行	天保 4. 7. 8 (1833)	西	天保 7. 9.20 (1836)	勘定奉行	300俵
大久保忠実	讃岐守	目付	天保 5. 7. 8 (1834)	東	天保 7. 3. 8 (1836)	西丸留守居	1000石
跡部良弼	山城守	堺奉行	天保 7. 4.24 (1836)	東	天保10. 9.10 (1839)	大目付	3137石
堀　利堅〔賢〕	伊賀守	仙洞付	天保 7.11. 8 (1836)	西	天保12. 6.20 (1841)	普請奉行	2500石
徳山秀起	石見守	目付	天保10. 9.10 (1839)	東	天保13. 8. 6 (1842)	先手	2744石
阿部正蔵	遠江守	普請奉行	天保12. 6.24 (1841)	西	天保14. 2.24 (1843)	町奉行	3000石
水野道〔忠〕一	若狭守	堺奉行	天保13. 8 (1842)	東	弘化 4. 9. 3 (1847)	新番頭	1200石
久須美祐明	佐渡守	小普請奉行	天保14. 3. 8 (1843)	西	弘化元.10.24 (1844)	勘定奉行	300俵
永井尚徳	能登守	堺奉行	弘化元.12.27 (1844)	西	嘉永 2.11.28 (1849)	先手	1000石
柴田康直	日向守	堺奉行	弘化 4. 9 (1847)	東	嘉永 4. 5.26 (1851)	辞	2000石
中野長胤〔風〕	石見守	堺奉行	嘉永 2.12 (1849)	西	嘉永 3. 5.11 (1850)	卒	200俵
本多安英	加賀守	目付	嘉永 3. 8.24 (1850)	西	嘉永 5. 4.28 (1852)	勘定奉行	400石
川路聖謨	左衛門尉	奈良奉行	嘉永 4. 6.24 (1851)	東	嘉永 5. 9.10 (1852)	勘定奉行	200俵
石谷穆清	因幡守	堺奉行	嘉永 5. 5.19 (1852)	西	安政元. 5.20 (1854)	普請奉行	2500石
佐々木顕発	信濃守	奈良奉行	嘉永 5.10. 8 (1852)	東	安政 4. 2.24 (1857)	小普請奉行	200俵
川村修就	対馬守	堺奉行	安政元. 5.29 (1854)	西	安政 2. 5. 1 (1855)	長崎奉行	200俵
久須美祐儁	佐渡守	先手火付盗賊改加役	安政 2. 5.22 (1855)	西	文久元.12.15 (1861)	旗奉行	500石
戸田氏栄	伊豆守	勘定奉行次席西丸留守居	安政 4. 2.24 (1857)	東	安政 5. 8.21 (1859)	卒	500石
一色直温	山城守	堺奉行	安政 5. 9.15 (1858)	東	文久元. 正.20 (1861)	勘定奉行	1000石
川村修就	壱岐守	西丸留守居	文久元. 正.23 (1861)	東	文久 3. 5. 6 (1863)	西丸留守居	300俵
鳥居忠善	越前守	外国奉行	文久元.12.15 (1861)	西	文久 3. 5.22 (1863)	堺奉行	1500石
有馬則篤	出雲守	書院番頭	文久 3. 5. 6 (1863)	東	元治元. 5.14 (1864)	勘定奉行	3500石
松平信敏	大隅守	目付	文久 3. 5.22 (1863)	西	慶応 3.正 (1867)	大目付	1200石
堀　利孟	伊賀守	軍艦奉行	元治元. 6.29 (1864)	東	元治元. 7.19 (1864)	辞	2800石
竹内保徳	下野守	勘定奉行	元治元. 8. 5 (1864)	東	元治元. 8.13 (1864)	西丸留守居	500石
古賀謹一郎		留守居番学問所奉行	元治元. 8.13 (1864)	東	元治元. 9. 4 (1864)	辞	200俵
松平乗樸	駿河守	書院番頭	元治元. 9.10 (1864)	東	慶応元. 7.17 (1865)	目付	3000石
井上義斐	主水正・備後守	目付	慶応元. 7 (1865)	東	慶応 2. 4. 8 (1866)	勘定奉行	100俵

氏　名	称　呼	前　職	補職年月日	所在	転免年月日	後　職	石　高
中川忠道	備中守	新番頭	慶応 2. 4. 8 (1866)	東	慶応 2. 5. 7 (1866)	小納戸頭取	1000石
竹内	日向守・大隅守	目付	慶応 2. 6 (1866)	東	慶応 3.12. 2 (1867)	田安家家老	600石
平岡　準	越中守	歩兵頭	慶応 3.正 (1867)	西	慶応 3.正 (1867)	辞	600石
小笠原長功〔広業〕	刑部・伊勢守	寄合	慶応 3.正.29 (1867)	西	明治元. 2.23 (1868)	免、勤仕並寄合	3000石
柴田剛中	日向守	外国奉行	慶応 3. 5.13 (1867)				200俵
松本寿大夫		開成所頭取並	慶応 3.12 (1867)	東	明治元. 2. 4 (1868)	勘定奉行並	30俵
松平信敏	大隅守	大目付	慶応 3.12 (1867)	東	明治元.正.16 (1868)	勘定奉行	1200石
貝塚典直		長崎奉行支配組頭	慶応 3 (1867)	西	明治元. 2.23 (1868)	免,勤仕並寄合	

36　勘定奉行一覧

氏　名	称　呼	前　職	補職年月日	管　掌	転免年月日	後　職	石　高
松平正綱	右衛門大夫	寄合頭					2万2100余石
伊丹康勝	播磨守・順斎	納戸頭			慶安 3. 7.11 (1650) *	辞	1万2000石
伊奈忠治	半十郎				寛永19. 8.16 (1642)	(関東郡代)	7000石
大河内久綱	金兵衛				寛永15.12. 5 (1638)		710余石
曾根吉次	源左衛門	惣勘定頭 *			寛文元.11.19 (1661)		600石
杉浦正友	内蔵允	留守居 *	寛永19 (1642)		慶安 4. 7.22 (1651) *	留守居	6000石
酒井忠吉	和泉守・紀伊守	留守居 *	寛永19. 8.16 (1642) *		慶安 4. 7.22 (1651) *	留守居	7000石
伊丹勝長	蔵人・播磨守	詰並	慶安 3. 7.11 (1650) *		寛文 2. 3.27 (1662) *	卒	1000石
村越吉勝〔勝吉〕	長門守	二丸留守居	慶安 4. 6.18 (1651)		万治 2. 2. 9 (1659)	町奉行	1200石
岡田善〔義〕政	豊前守	美濃国奉行・他	万治 3. 5.30 (1660)		寛文10. 2.13 (1670) *	辞	7200石
妻木頼照〔熊〕		長崎奉行	寛文 2. 4.12 (1662)		寛文10.12.23 (1670) *	辞	3000石
松浦信貞		小性組	寛文 6. 6.13 (1666)		延宝元. 7.30 (1673) *	辞	3000石
杉浦正昭〔綱〕	内蔵允	中川番	寛文 8. 6.10 (1668)		延宝 8.⑧.21 (1680)	留守居	6000石
徳山重政		本所奉行 *	寛文10. 5.16 (1670)		天和元. 3.29 (1681)	免職	3240余石
甲斐庄正親	飛騨守	使番	寛文12. 9. 7 (1672) *		延宝 8. 8.30 (1680)	町奉行	3000石
岡部勝重	駿河守	目付	延宝 3. 5.13 (1675)		延宝 6. 8.16 (1678)	辞	3000石
大岡重清〔清重〕	備前守	目付	延宝 8. 3.25 (1680)		貞享 4. 9.10 (1687)	免職	2700石 300俵
高木守蔵〔養・勝〕	伊勢守	目付	延宝 8.10. 7 (1680)		天和 2.10.16 (1682)	大目付	2000石
彦坂重治	壱岐守	目付	延宝 8.10. 7 (1680)		貞享 4. 9.10 (1687)	免職	1600石
中山信久〔吉勝〕	主馬・隠岐守・遠江守	先手頭	天和 2.11. 6 (1682)		貞享 2. 9.30 (1685) *	辞	2100石
松平忠冬	隼人正	寄合	貞享 2.10. 3 (1685)		貞享 2.12. 7 (1685)	御側格	3000石
仙石政勝	和泉守	新番頭	貞享 2.12.29 (1685) *		貞享 4. 9.10 (1687)	免職	2700石
小菅正武	遠江守	小普請奉行組頭	貞享 4. 9.10 (1687)		元禄元.10. 2 (1688)	卒	2000石

氏　名	称　呼	前　職	補職年月日	管　掌	転免年月日	後　職	石　高
佐野正周	長門守	勘定吟味役	貞享 4. 9.10 (1687)		元禄元. 8.23 (1688)	免職	1900石
松平重良	美濃守	普請奉行	元禄元. 7.27 (1688)	公事	元禄11.12. 6 (1698)	卒	3000石
戸田直武	美作守	小普請 *	元禄元.11.14 (1688)		元禄 2. 4.18 (1689)	免職	1300余石
稲生正照	伊賀守・下野守	作事奉行	元禄 2. 5. 3 (1689)		元禄12. 4. 4 (1699)	辞	1000石
井戸良弘	志摩守・対馬守	先手頭	元禄 7. 2.19 (1694)		元禄15.11.28 (1702)	留守居	3040余石
荻原重秀	近江守	佐渡奉行・勘定吟味役	元禄 9. 4.11 (1696)		正徳 2. 9.11 (1712)	免	2000石
久貝正方	因幡守	持筒頭 *	元禄12.正.11 (1699)	公事	宝永 2.12. 1 (1705)	留守居	5000石
戸川安広	備前守・日向守	西丸留守居	元禄12. 4.14 (1699) *		宝永 5. 2.29 (1708) *	辞	3000石
中山時春	出雲守	大坂町奉行	元禄15.11.28 (1702)		正徳 4.正.28 (1714)	町奉行	1500石
石尾氏信	阿波守	長崎奉行	宝永 2.12. 1 (1705)		宝永 5.11.29 (1708)	卒	2200石
平岩親庸	若狭守	持弓頭 *	宝永 5. 4. 1 (1708)		正徳 3. 3.12 (1713)	辞	1300石
大久保忠形〔香〕	大隅守	大坂町奉行	宝永 5.12.15 (1708)		享保元. 2. 3 (1716) *	免職,小普請	1600石
水野忠順	対馬守・因幡守・讃岐守	普請奉行	正徳 2.10. 3 (1712)		享保 4. 4. 1 (1719)	辞	1600石
水野信房〔守美〕	伯耆守	駿府町奉行	正徳 3. 3.28 (1713)		享保 8. 3.21 (1723)	旗奉行	1400石
伊勢貞数〔勅〕	伊勢守	普請奉行	正徳 4.正.28 (1714)		享保 6. 3.16 (1721)	辞	1030余石
大久保忠位	下野守	普請奉行	享保元. 2.12 (1716)		享保 8.11.15 (1723)	留守居	2360余石
駒木根政方	肥後守	作事奉行	享保 4. 4.13 (1719)		享保17. 5. 7 (1732)	大目付	1700石
筧　正鋪〔重賢〕	播磨守	目付	享保 5. 8.28 (1720)		享保19.11.28 (1734)	辞	1000石
久松定持	豊前守・大和守	作事奉行	享保 8. 3.21 (1723)	勝手	享保14.12.28 (1729)	辞	1200石
稲生正武	下野守	目付	享保 8.11.19 (1723) *		享保16. 9.19 (1731)	町奉行	1500石
松波正春	筑後守	小普請奉行	享保14.12.25 (1729)		元文元. 8.12 (1736)	町奉行	500石
杉岡能連	佐渡守	勘定吟味役	享保16.10. 1 (1731)		元文 3. 7. 2 (1738)	卒	500石
細田時以	丹波守	勘定吟味役	享保16.10. 1 (1731)		元文 2. 9. 1 (1737)	卒	500石
松平政澄〔穀〕	隼人正	佐渡奉行	享保17.⑤. 1 (1732)		享保19.12. 5 (1734)	辞	600石
神谷文〔久〕敬	志摩守	勘定吟味役	享保19.12. 1 (1734)		寛延 2. 6.15 (1748)	卒	500石
石野範種	筑前守	小普請奉行	享保19.12.11 (1734)		元文 2. 6. 1 (1737)	大目付	1100石
河野通喬	豊前守	小普請奉行・船手	元文元. 8.12 (1736)		寛保 2. 8.28 (1742) *	大目付	1000石
神尾春尹〔央〕	若狭守	勘定吟味役	元文 2. 6. 1 (1737)	勝手	宝暦 3. 5. 5 (1753) *	卒	500石
水野忠仲〔伸〕	対馬守	普請奉行	元文 3. 7.23 (1738) *		延享元.12.15 (1744)	大目付	1600石
桜井政英	河内守	一橋家用人	元文 3. 7.23 (1738) *		元文 4.10.15 (1739) *	辞	700石
木下信名	伊賀守	作事奉行	元文 4.10.27 (1739) *		延享 3. 3. 1 (1746)	西丸留守居	1150石
萩原美雅	伯耆守	長崎奉行	寛保 3.正.11 (1743)		延享 2. 4. 4 (1745)	卒	500石
逸見忠栄	出羽守	佐渡奉行	延享元.12.15 (1744)		寛延元.12.27 (1748)	免職,小普請	500石

氏名	称呼	前職	補職年月日	管掌	転免年月日	後職	石高
松浦信正	河内守	大坂町奉行	延享 3. 4.28 (1746)		宝暦 3. 2.23 (1753)	免職,小普請	700石
曲淵英元〔允〕	越前守・豊後守・豊前守	作事奉行	寛延元. 7.21 (1748)	公事	宝暦 7. 6. 1 (1757)	大目付	2050余石
遠藤易純〔続〕	伊勢守	佐渡奉行	寛延 2.正.11 (1749)		宝暦元. 8.11 (1751)	一橋家家老*	500石
三井良恭〔竜〕	下野守・下総守	京都町奉行	寛延 2. 7. 6 (1749)		宝暦元.11.25 (1751)*	卒	1200石
永井直之〔尚方〕	丹波守	京都町奉行	宝暦 2.正.11 (1752)		宝暦 3. 9.19 (1753)	卒	3030余石
一色政流〔沉・沆〕	周防守・安芸守	作事奉行	宝暦 2.12.16 (1752)	勝手	明和 2. 2.15 (1765)	留守居	600石
松平忠隆〔陸・睦〕	帯刀・玄蕃頭	佐渡奉行	宝暦 3. 3. 1 (1753)		宝暦 4. 4.21 (1754)	西丸留守居	750俵
大井満英	伊勢守	小普請奉行	宝暦 3. 6.12 (1753)		宝暦 6. 3. 1 (1756)	大目付	200石 320俵
大橋親儀〔義〕	近江守	長崎奉行	宝暦 4. 4. 9 (1754)	公事	宝暦 8.10 (1758)*	免職	2120余石
中山時庸	遠江守	大坂町奉行	宝暦 5. 7.22 (1755)	勝手	宝暦 7. 8. 5 (1757)	免職,小普請	1500石
細田時俊〔敏〕	丹後守・丹波守	小普請奉行	宝暦 6. 3. 1 (1756)	勝手	宝暦 9. 5.22 (1759)	辞	500石
菅沼定秀	下野守	長崎奉行	宝暦 7. 6. 1 (1757)	公事	宝暦 8.12.21 (1758)	卒	1220余石
稲生正英	下野守・播磨守・下野守	目付	宝暦 8.11.15 (1758)	公事	宝暦10. 7 (1760)	卒	2000石
小幡景利	山城守	小普請奉行	宝暦 8.12.27 (1758)	公事	宝暦11. 9. 7 (1761)	鎗奉行	1500石
石谷清昌	備後守・豊前守・淡路守	佐渡奉行	宝暦 9.10. 4 (1759)	勝手	安永 8. 4.15 (1779)	留守居	500石
坪内定英〔央〕	駿河守	長崎奉行	宝暦10. 6.23 (1760)	公事	宝暦11.11.26 (1761)	卒	1000石
安藤雄〔惟〕要	弾正少弼	作事奉行	宝暦11. 9. 7 (1761)	公事・勝手	天明 2.11. 1 (1782)	大目付	500石
牧野成賢	大隅守	作事奉行	宝暦11.12. 9 (1762)	公事	明和 5. 5.26 (1768)	町奉行	2200石
小野一吉	左大夫・日向守	勘定吟味役	宝暦12. 6. 6 (1763)	勝手	明和 8. 7.12 (1771)	大目付	510石
伊奈忠宥	備前守	勘定吟味役・代官	明和 2. 2.15 (1765)	勝手	明和 6.12. 7 (1769)	辞	3960余石
松平忠冬〔郷〕	対馬守	目付	明和 5. 5.26 (1768)*	公事	安永 2.12. 5 (1773)*	大目付	1000石
川井久敬	越前守	勘定吟味役	明和 8. 2.28 (1771)	公事・勝手	安永 4.10.26 (1775)	卒	530石
太〔大〕田正房	播磨守	小普請奉行	安永 2.12. 5 (1773)	公事	安永 7. 7.16 (1778)	卒	400石
新見正栄	加賀守	作事奉行	安永 4.11. 4 (1775)	勝手	安永 5. 9.25 (1776)	卒	1160余石
桑原成貞〔盛員〕	能登守・伊予守	作事奉行	安永 5. 7. 8 (1776)	公事・勝手・公事	天明 8.11.15 (1788)	大目付	500石 5人扶持
山村良旺	信濃守	京都町奉行	安永 7.⑦.20 (1778)*	公事	天明 4. 3.13 (1784)	町奉行	500石
松本秀持	伊豆守	勘定吟味役	安永 8. 4.15 (1779)	勝手	天明 6.⑩. 5 (1786)*	免職,小普請	500石
赤井忠晶〔畠〕	越前守・豊前守	京都町奉行	天明 2.11.25 (1782)	勝手・公事	天明 6.11.15 (1786)	西丸留守居	1400石
久世広民	丹後守・備中守・下野守・丹後守	長崎奉行	天明 4. 3.12 (1784)	公事・勝手・公事・勝手	寛政 9. 6. 5 (1797)	小性組番頭	3000石
柘植正寔	長門守	作事奉行	天明 6.⑩.21 (1786)	公事	天明 8. 7.25 (1788)	清水家家老	1500石
青山成存	但馬守	普請奉行	天明 6.12. 1 (1786)	公事・勝手・公事	天明 7.11.12 (1787)	田安家家老	1200石
根岸鎮衛	肥前守	佐渡奉行	天明 7. 7. 1 (1787)	勝手・公事	寛政10.11.11 (1798)	町奉行	500石
久保田政邦	佐渡守	佐渡奉行	天明 8. 5.10 (1788)	勝手	寛政 4.②. 8 (1792)*	西丸留守居	500石

氏　名	称　呼	前　職	補職年月日	管　掌	転免年月日	後　職	石　高
柳生久道〔通〕	主膳正	町奉行	天明 8. 9.10 (1788)	勝手	文化14. 2.26 (1817)	留守居	600石
曲淵景漸	甲斐守	小普請組支配	天明 8.11.24 (1788)	公事	寛政 9. 2.12 (1797)	留守居	1650石
佐橋佳如	長門守	日光奉行	寛政 4.②. 8 (1792) *	勝手	寛政 6. 9.16 (1794)	辞	1000石
間宮信好	筑前守	目付	寛政 6. 9.22 (1794)	勝手・公事	寛政 9. 9.10 (1797)	卒	700石
中川忠英	飛驒守	長崎奉行	寛政 9. 2.12 (1797)	勝手	文化 3.正.30 (1806)	大目付	1000石
石川忠房	左近将監	作事奉行	寛政 9. 8.27 (1797)	勝手・公事	文化 3.12.14 (1806)	西丸留守居	500石
菅沼定喜	下野守	京都町奉行	寛政 9.10.12 (1797)	公事	享和 2. 5.27 (1802)	免職	1220余石
松平豊〔貴〕強	石見守	長崎奉行	寛政10.12. 3 (1798)	勝手	寛政11.11.26 (1799)	卒	1200石
小笠原長幸	和泉守・伊勢守	勘定吟味役	寛政12. 9.15 (1800)	勝手	文化 9. 9.29 (1812)	卒	500石
松平信行	淡路守・兵庫頭	小普請奉行	享和 2. 6.21 (1802)	公事	文化 9.11.24 (1812)	西丸旗奉行	1000石
水野忠道〔通〕	若狭守	小普請奉行	文化 3.12.14 (1806)	公事	文化 7.12.14 (1810)	大目付	1200石
肥田頼常	豊後守	作事奉行	文化 7.12.14 (1810)	勝手	文化12. 6.17 (1815)	西丸留守居	500石
永田正道	備後守	広敷用人	文化 7.12.14 (1810)	公事	文化 8. 4.26 (1811)	町奉行	500石
有田貞勝	播磨守	作事奉行	文化 8. 4.26 (1811)	公事	文化 9. 2.17 (1812)	大目付	320石 300俵
曲淵景露	甲斐守	長崎奉行	文化 9. 2.17 (1812)	公事	文化13. 7.24 (1816)	大目付	2000石
小長谷政長〔良〕	和泉守	京都町奉行	文化 9.12.19 (1812)	公事	文化11.10.16 (1814)	卒	1000石
岩瀬氏記〔紀〕	加賀守	作事奉行	文化11.10.28 (1814)	公事	文化12.11.24 (1815)	町奉行	1700石
榊原忠之	主計頭	小普請奉行	文化12. 6.17 (1815)	勝手・公事	文政 2.④. 1 (1819)	町奉行	700石
服部貞勝	備後守・伊賀守	松前奉行	文化13. 5. 4 (1816)	勝手・公事	文政 2. 9.12 (1819)	小普請組支配	1400石
土屋簾〔廉〕直	紀伊守	作事奉行	文化13. 7.24 (1816)	公事	文政 2. 8.24 (1819)	西丸留守居	1000石
古川氏清	和泉守・山城守	広敷用人	文化13. 8. 4 (1816)		文政 3. 6.22 (1820)	卒	500石
村垣定行	淡路守	作事奉行	文政元. 9.30 (1818)	勝手	天保 3. 3.10 (1832)	卒	500石
石川忠房	右〔左〕近将監・主水正	小普請組支配	文政 2. 9. 5 (1819)	公事	文政11. 8.28 (1828)	留守居	500石
遠山景晋	左衛門尉	作事奉行	文政 2. 9.24 (1819)	公事・勝手	文政12. 2. 7 (1829)	辞	500石
松浦忠	伊勢守	京都町奉行	文政 3. 7.28 (1820)	公事	文政 6. 9.28 (1823)	大目付	1500石
曾我助弼	豊後守	京都町奉行	文政 6.11. 8 (1823)	公事	天保 6.12. 9 (1835)	免職	800石
土方勝政	出雲守	西丸留守居	文政11. 9.10 (1828)	公事・勝手	天保 7. 8.10 (1836)	卒	1561石
内藤矩佳	隼人正	大坂町奉行	文政12. 3.28 (1829)	公事・勝手	天保12. 6. 7 (1841)	卒	500石
明楽茂村	飛驒守	留守居番次席勘定吟味役	天保 3. 3.15 (1832)	勝手	天保12.正 (1841)	卒	500石
大草高好	能登守	作事奉行	天保 6.12.22 (1835)	公事	天保 7. 9.20 (1836)	町奉行	3500石
矢部定謙	駿河守	大坂町奉行	天保 7. 9.20 (1836)	勝手	天保 9. 2. 2 (1838)	西丸留守居	500石
神尾元孝	備中守・山城守	作事奉行	天保 7. 9.20 (1836)	公事	天保 8. 7. 8 (1837)	大目付	1700石
深谷盛房	遠江守	作事奉行	天保 8. 7.20 (1837)	公事	天保12. 4.28 (1841)	小普請組支配	500石

36 勘定奉行一覧

氏名	称呼	前職	補職年月日	管掌	転免年月日	後職	石高
遠山景元	左衛門尉	作事奉行	天保 9. 2.12 (1838)	公事	天保11. 3. 2 (1840)	町奉行	500石
佐橋佳富	長門守	京都町奉行	天保11. 4. 8 (1840)	公事	天保13. 2. 7 (1842)	作事奉行	1000石
梶野良材	土佐守	作事奉行	天保11. 9.24 (1840)	勝手	天保14.10. 9 (1843)	免職	500石
田口喜行	加賀守	長崎奉行	天保12. 4.15 (1841)	勝手	天保12. 5.14 (1841)	免職、小普請	500石
土岐頼旨	丹波守	作事奉行	天保12. 5.13 (1841)	公事・勝手	天保13. 4.15 (1842)	書院番頭	3500石
松平政周	豊前守	普請奉行	天保12. 6.10 (1841)	公事	天保12.12.12 (1841)	大目付	600石
跡部良弼	能登守	大目付	天保12.12.12 (1841)	公事	弘化元. 9.15 (1844)	町奉行	3137余石
戸川安清	播磨守	長崎奉行	天保13. 2.17 (1842)	公事・勝手	弘化元. 8.28 (1844)	西丸留守居	500石
岡本成	近江守	留守居番次席勘定吟味役	天保13. 5.24 (1842)	勝手	天保14. 5.10 (1843)	鎗奉行	500石
井上秀栄〔栄信〕	備前守	西丸留守居	天保13. 5.24 (1842)	勝手	天保14.⑨. 6 (1843)	免職	200俵
佐々木一陽	近江守	普請奉行次席目付	天保14. 7.28 (1843)	勝手	天保14.10.10 (1843)	小普請奉行	400俵
鳥居忠耀	甲斐守	町奉行	天保14. 8.13 (1843)	勝手	天保14.10.17 (1843)	町奉行	2500石
石河政平	土佐守・山城守・土佐守	作事奉行	天保14.⑨.20 (1843)	公事・勝手	安政 2. 8. 9 (1855)	田安家家老	2700石
榊原忠義	主計頭	新番頭次席目付	天保14.10.10 (1843)	勝手	弘化元. 8.22 (1844)	免職	700石
中坊広風	駿河守	日光奉行	弘化元. 8.28 (1844)	公事	弘化 2. 3.20 (1845)	甲府勤番支配	4000石
松平近直	四郎・河内守	目付	弘化元. 8.28 (1844)	勝手	安政 4. 7.24 (1857)	田安家家老	2000石
久須美祐明	佐渡守	大坂町奉行	弘化元.10.24 (1844)	公事	嘉永 3. 7. 8 (1850)	西丸旗奉行	500石
牧野成綱	駿河守・大和守・駿河守	堺奉行	弘化 2. 3.20 (1845)	公事	嘉永元.11. 8 (1848)	町奉行	2500石
池田頼方	播磨守	普請奉行	嘉永元.11. 8 (1848)	公事	嘉永 5. 3.30 (1852)	町奉行	3000石
伊奈忠告	遠江守	小普請奉行	嘉永 3. 7. 8 (1850)	公事	嘉永 3.11.26 (1850)	卒	1640石
一色直休	丹後守	長崎奉行	嘉永 3.11.29 (1850)	公事	嘉永 5. 7.10 (1852)	田安家家老	3500石
本多安英	加賀守	大坂町奉行	嘉永 5. 4.28 (1852)	公事	安政 5.11.26 (1858)	卒	500石
川路聖謨	左衛門尉	大坂町奉行	嘉永 5. 9.10 (1852)	公事・勝手	安政 5. 5. 6 (1858)	西丸留守居	500石
田村顕影	伊予守	作事奉行	嘉永 6.10. 8 (1853)	公事	安政 2. 8. 9 (1855)	田安家家老	700俵
水野忠徳	筑後守	長崎奉行	安政元.12.24 (1854)	勝手	安政 4.12. 3 (1857)	田安家家老	500石
石谷穆清	因幡守	普請奉行	安政 2. 8. 9 (1855)	公事	安政 5. 5.24 (1858)	町奉行	2500石
土岐朝昌	豊前守・摂津守・下野守	書院番頭	安政 4. 7.24 (1857)	勝手	安政 6. 3. 9 (1859)	駿府城代	7000石
永井尚志	玄蕃頭	目付	安政 4.12. 3 (1857)	勝手	安政 5. 7. 8 (1858)	外国奉行	300俵
佐々木顕発	信濃守	小普請奉行	安政 5. 5.24 (1858)	公事	安政 6. 2. 2 (1859)	免職	200俵
立田正明	主水正	留守居番次席勘定吟味役	安政 5. 7.11 (1858)	勝手	安政 6. 4.17 (1859)	卒	100俵
大沢秉哲	豊後守	作事奉行	安政 5.11.30 (1858)	公事	安政 6. 9.10 (1859)	一橋家家老	2600石
山口直信	丹波守	西丸留守居	安政 6. 2.13 (1859)	公事	万延元.12.15 (1860)	大目付	3000石
松平近韶	式部少輔	小性組番頭	安政 6. 3. 9 (1859)	勝手	万延元. 9. 7 (1860)	一橋家家老	2500石

氏　名	称　呼	前　職	補職年月日	管　掌	転免年月日	後　職	石　高
水野忠徳	筑後守	外国奉行	安政 6. 4. 8 (1859)	勝手	安政 6.10.28 (1859)	西丸留守居	500石
村垣範忠・範正	淡路守	箱館奉行・外国奉行	安政 6. 4. 8 (1859)	勝手	安政 6.11. 1 (1859)	箱館奉行・外国奉行・神奈川奉行	200俵
塚越元邦	大蔵少輔	勘定吟味役	安政 6. 4.22 (1859)	勝手	文久元. 正.27 (1861)	卒	150俵
松平康正	出雲守	目付	安政 6. 9.10 (1859)	公事・勝手	文久 2. 8.24 (1862)	留守居	3000石
竹田斯綏	豊前守	一橋家家老	安政 6.11.28 (1859)	公事	万延元. 9.15 (1860)	清水付支配	800石
酒井忠行	隠岐守・但馬守	小性組番頭次席外国奉行・神奈川奉行	万延元. 9.15 (1860)	公事	文久 2.10.24 (1862)	大目付	2000石
小笠原長常	長門守	大目付	万延元.12.15 (1860)	勝手	文久 2. 6. 5 (1862)	町奉行	3000石
竹内保徳	下野守	箱館奉行	文久元. 正.20 (1861)	勝手	元治元. 8. 5 (1864)	大坂町奉行	200俵
一色直温	山城守	大坂町奉行	文久元. 正.20 (1861)	公事	文久元.10.15 (1861)	外国奉行	1000石
根岸衛奮	肥前守	外国奉行	文久元.10.15 (1861)	公事	文久 2.12.18 (1862)	小普請組支配	1000石
小栗忠順	豊後守	小性組番頭	文久 2. 6. 5 (1862)	勝手	文久 2.⑧.25 (1862)	町奉行	2700石
川勝広運	縫殿助・丹波守	目付	文久 2. 7. 5 (1862)	勝手	文久 3. 8.14 (1863)	陸軍奉行並	300俵
津田正路	近江守	外国奉行	文久 2.⑧.25 (1862)	勝手	文久 3. 7.15 (1863)	大目付	300石
都筑峯暉	駿河守	先手火付盗賊改加役	文久 2.10.24 (1862)	公事	元治元. 3.14 (1864)	町奉行	200俵
小栗忠順	豊後守	町奉行	文久 2.12. 1 (1862)	勝手	文久 3. 4.23 (1863)	辞	2700石
一色直温	山城守	外国奉行	文久 2.12.18 (1862)	公事	文久 3.12.29 (1863)	一橋家家老	1000石
松平康直	石見守	外国奉行	文久 3. 8.14 (1863)	勝手	元治元. 6.24 (1864)	大目付	5000石
立田正直	主水正	勘定吟味役	文久 3.11. 7 (1863)	勝手	元治元. 8.10 (1864)	卒	200俵
木村勝教	甲斐守	勘定吟味役	文久 3.12.29 (1863)	公事	元治元. 7.13 (1864)	辞	100俵
斎藤三理	摂津守・美作守	大番頭	元治元. 4. 8 (1864)	公事	元治元. 5. 6 (1864)	辞	6000石
有馬則篤	出雲守	大坂町奉行	元治元. 5.14 (1864)	公事	元治元.11.22 (1864)	町奉行	3500石
鈴木重嶺	大之進	勘定吟味役	元治元. 7. 2 (1864)	勝手	元治元. 7.23 (1864)	鐺奉行	100俵
根岸衛奮	肥前守	小性組番頭席大目付	元治元. 7.21 (1864)	公事	元治元.12.21 (1864)	町奉行	1000石
大久保忠寛	越中守	寄合	元治元. 7.21 (1864)	勝手	元治元. 7.25 (1864)	免,勤仕並寄合	500石
松平正之	対馬守	留守居格大目付	元治元. 8. 3 (1864)	勝手	慶応元.10.16 (1865)	免職	3500石
駒井朝温	甲斐守	大目付	元治元. 8.11 (1864)	勝手	元治元.12.18 (1864)	大目付	1800石
小栗忠順	上野介	勤仕並寄合	元治元. 8.13 (1864)	勝手	元治元.12.18 (1864)	軍艦奉行	2700石
井上清直	信濃守	外国奉行	元治元.11.22 (1864)	公事	慶応 2. 9. 2 (1866)	町奉行	200俵
松平康正	備中守	大目付	元治元.12.18 (1864)	勝手	慶応元.10.15 (1865)	免	3000石
土屋正直	豊前守	大目付	元治元.12.21 (1864)	公事	慶応元. 6.27 (1865)	書院番頭	2000石
小栗忠順	上野介	寄合	慶応元. 5. 4 (1865)	勝手	明治元. 正.15 (1868)	免,勤仕並寄合	2700石
小笠原政民	志摩守	大番頭	慶応元. 6.27 (1865)	公事	慶応 2. 6.15 (1866)	大番頭	5000石

36　勘定奉行一覧

氏　名	称　呼	前　職	補職年月日	管　掌	転免年月日	後　職	石　高
小栗政寧	下総守	京都町奉行	慶応元. 10. 16 (1865)	勝手	明治元. 正. 28 (1868)	免,勤仕並寄合	580余石
井上義斐	主水正・備後守	大坂町奉行	慶応元. 10. 16 (1865)	勝手	慶応 2. 12. 23 (1866)	外国奉行	100俵
駒井朝温	甲斐守	講武所奉行並	慶応元. 11. 2 (1865)	勝手	慶応 2. 7. 2 (1866)	大目付	1800石
小笠原広業	摂津守	作事奉行格目付	慶応 2. 5. 10 (1866)	勝手	慶応 2. 10. 24 (1866)	免,勤仕並寄合	500石
都筑峯暉	駿河守・但馬守	勤仕並寄合	慶応 2. 6. 15 (1866)	公事	明治元. 2. 27 (1868)	一橋家家老	200俵
服部常純	左衛門佐・筑前守	長崎奉行	慶応 2. 8. 12 (1866)	勝手	慶応 3. 5 (1867)	海軍奉行並	600石
朝比奈昌広	甲斐守	外国奉行	慶応 2. 8. 26 (1866)	公事	慶応 3. 3. 1 (1867)	外国奉行	500石
浅野氏祐	美作守	外国奉行	慶応 2. 10. 15 (1866)	勝手	慶応 3. 4. 7 (1867)	若年寄並陸軍奉行	2000石
塚原〔昌義〕	但馬守	外国奉行	慶応 2. 10 (1866)	勝手	慶応 3. 6. 29 (1867)	外国惣奉行	300俵
小笠原広業	摂津守	勤仕並寄合	慶応 2. 12. 3 (1866)	公事	慶応 3. 正. 22 (1867)	一橋家家老	500石
星野成美	豊後守	勘定吟味役	慶応 2. 12. 25 (1866)	勝手	慶応 3. 10. 1 (1867)	勘定奉行格禁裏付	100俵
溝口勝如	伊勢守	陸軍奉行並	慶応 3. 正. 16 (1867)	公事	慶応 3. 12. 28 (1867)	田安家家老	2500石
木村勝教	甲斐守・飛驒守	関東郡代	慶応 3. 正. 26 (1867)	在方・在方兼勝手・在方兼公事	明治元. 2. 22 (1868)	辞	100俵
河津祐邦	伊豆守	関東郡代	慶応 3. 正. 26 (1867)	在方	慶応 3. 8. 15 (1867)	長崎奉行	100俵
織田信重	和泉守	目付	慶応 3. 6. 24 (1867)	勝手	明治元. 2. 12 (1868)	大目付	300俵
小出　実〔秀実〕	大和守	外国奉行・箱館奉行	慶応 3. 7. 27 (1867)	勝手	慶応 3. 10. 23 (1867)	留守居	1500石
羽田正見		留守居番格勘定吟味役	慶応 3. 8. 17 (1867)	在方	慶応 3. 11. 5 (1867)	作事奉行	200俵
小野〔広胖〕	内膳正	勘定頭取	慶応 3. 10. 23 (1867)	勝手	明治元. 正. 28 (1868)	免職	100俵
岡田忠養	安房守	作事奉行	慶応 3. 11. 5 (1867)	在方	明治元. 2. 16 (1868)	清水小普請支配	200俵
佐藤清五郎	石見守	奥右筆組頭	慶応 3. 11. 6 (1867)	勝手	明治元. 正. 28 (1868)	免,勤仕並寄合	150俵
星野成美	豊後守	勘定奉行格禁裏付	慶応 3. 12. 9 (1867)	勝手	明治元. 2. 9 (1868)	免,勤仕並寄合	100俵
加藤余十郎	丹後守	広敷用人格評定所留役勘定組頭	明治元. 正. 12 (1868)	在方・公事・公事兼勝手			150俵
朝比奈昌広	甲斐守	外国惣奉行並	明治元. 正. 15 (1868)	勝手	明治元. 正. 28 (1868)	免,勤仕並寄合	500石
菊地〔池〕隆吉	丹後守・伊予守	外国奉行	明治元. 正. 15 (1868)	勝手	明治元. 正. 28 (1868)	免,勤仕並寄合	100俵
松平信敏	大隅守・河内守	大目付次席大坂町奉行	明治元. 正. 16 (1868)	公事	明治元. 2. 9 (1868)	免	1200石
松本寿大夫		大坂町奉行並	明治元. 2. 4 (1868)	勝手	明治元. 3 (1868)	免	30俵
平岡〔準〕	越中守	外国奉行	明治元. 2. 11 (1868)	公事・勝手			300俵
原弥十郎		炮兵頭	明治元. 2. 26 (1868)	公事	明治元. 4. 25 (1868)	作事奉行	
木村嘉〔喜〕毅	兵庫頭	海軍所頭取	明治元. 3. 22 (1868)	勝手			200俵

37 大目付一覧

氏名	称呼	前職	補職年月日	転免年月日	後職	石高
水野守信	河内守	大坂町奉行兼堺奉行	寛永 9.12.17 (1632)	寛永14 (1637)	卒	3500石
柳生宗矩	但馬守	小性	寛永 9.12.17 (1632)	寛永13. 8.14 (1636)	免	6000石
秋山正重	修理亮	目付	寛永 9.12.17 (1632)	寛永17.10. 3 (1640)	卒	4000石
井上政重	筑後守	目付	寛永 9.12.17 (1632)	万治元.⑫. 4 (1658) *	免	4000石
加々爪忠隆〔澄〕	民部少輔	町奉行	寛永17.正.23 (1640) *	寛永18.正.30 (1641) *		9500石
宮城和甫	越前守	目付	寛永19.11. 8 (1642)	明暦元. 2.15 (1655)	卒	4000石
兼松正直	下総守	目付	正保 4. 7. 3 (1647) *	寛文 6. 6.25 (1666)	辞	3500石
北条氏直〔長〕〔正房〕	安房守	新番頭	明暦元. 9.10 (1655)	寛文10. 3. 9 (1670)	卒	700石 400俵
高木久延〔守久〕	伊勢守	禁裏付	万治 2. 7.19 (1659)	延宝 4.10.11 (1676)	免	1800石
黒川正直	丹波守	長崎奉行	寛文 5. 3.23 (1665)	寛文10. 4.21 (1670)	辞	500石 1300俵
大岡忠勝〔種〕	佐渡守	新番頭	寛文10. 5.16 (1670)	天和元. 4.13 (1681)	辞	630石 300俵
渡辺綱貞	大隅守	町奉行	延宝元.正.23 (1673)	天和元. 6.27 (1681)	免職	1000石 1000俵
彦坂重治〔紹〕	壱岐守	寄合	延宝 7. 9.25 (1679)	天和 3. 7. 23 (1683)	留守居	1900石 300俵
内藤直〔正〕方〔俊〕	出羽守	持頭	天和元. 4. 6 (1681)	天和 2. 5.25 (1682)	留守居	2000石
坂本重治	右衛門佐	小性	天和元. 5.12 (1681)	天和 2.10.16 (1682)	寺社奉行	800余石 400俵
林忠隆	信濃守	新番頭	天和 2. 6. 3 (1682)	貞享 3.11.26 (1686)	御側	1000石 500俵
高木守蔵〔勝・養〕	伊勢守	勘定奉行	天和 2.10.16 (1682)	元禄 8. 8. 9 (1695)	免	4500石
秋山正房〔俊〕	修理亮	百人組頭	天和 3. 2. 2 (1683)	貞享 2. 7.23 (1685)	免職	4700石
水野守政	伊豆守	百人組頭	貞享 2.12.29 (1685)	貞享 4. 8.11 (1687)	留守居	5700石
中山真〔直・良〕守	勘解由・丹後〔波〕守	先手加役	貞享 3.12. 3 (1686)	貞享 4. 7. 2 (1687)	卒	4000石
河野通定〔成〕		鎗奉行	貞享 4. 8.11 (1687)	貞享 4.12. 9 (1687)	免職,小普請	2200石
田中友明		持筒頭	貞享 4. 8.11 (1687)	貞享 4.12. 9 (1687)	免職,小普請	910余石 300俵
戸田直武	美作守	作事奉行	貞享 4.12.15 (1687)	元禄元. 6. 4 (1688) *	免職,小普請	1300余石
藤堂良直	伊予守	大坂町奉行	元禄元. 4. 9 (1688)	元禄 5. 3.23 (1692)	留守居	2000石
前田直勝	安芸守	京都町奉行	元禄 5. 3.23 (1692)	元禄12.12.12 (1699)	辞	2200石
小田切直利	土佐守	大坂町奉行	元禄 5. 3.23 (1692)	元禄 7. 4.14 (1694)	小性組番頭	2630余石 300俵
神尾元清	備前守	新番頭	元禄 7. 4.14 (1694)	元禄12. 4. 5 (1699)	辞	1700石
嶋田利由	大和守	桐間番頭	元禄 8. 2. 5 (1695)	元禄 8. 6.10 (1695)	御側	800石 700俵
仙石久尚	伯耆守・丹波守	新番頭	元禄 8. 6.10 (1695)	享保 4.正.11 (1719)	小性組番頭	1000石
安藤重玄	筑後守	鎗奉行	元禄 9.10.15 (1696)	宝永 5. 6.23 (1708)	免職,小普請	1400石
溝口宣就	修理・摂津守	百人組頭	元禄12. 5. 1 (1699)	元禄14.11.28 (1701)	留守居	6000石

37　大目付一覧

氏　名	称　呼	前　職	補職年月日	転免年月日	後　職	石　高
庄田安利	下総守	西丸留守居	元禄12.12.15 (1699)	元禄14. 8.21 (1701)	免職	2600石
近藤用章〔高〕	備中守	長崎奉行	元禄14.12. 1 (1701)	元禄16.11. 6 (1703) *	留守居	3000石
折井正辰	淡路守	西丸留守居	元禄14.12. 1 (1701)	正徳 2. 3.30 (1712)	辞	1200石
松前嘉広	伊豆守	町奉行	元禄16.11.13 (1703)	宝永 2. 2.15 (1705)	留守居	2100石
横田重〔由〕松	筑後守・備中守	百人組頭	宝永 2.正.11 (1705)	享保 9. 2.11 (1724)	辞	4500石
松平乗宗〔邦〕	石見守・安房守	作事奉行	宝永 2. 2.28 (1705)	享保 6. 2. 7 (1721)	辞	1200石
中川成慶	淡路守	寄合	正徳 2. 6. 1 (1712)	享保 2. 2.21 (1717)	留守居	2670余石
内藤正峰	日向守	書院番組頭	享保 2. 2.21 (1717)	享保10. 5. 7 (1725)	辞	2800石
彦坂実矩〔重敬〕	壱岐守	百人組頭	享保 6. 2.15 (1721)	享保12. 5. 5 (1727)	卒	3000石
北条氏英	安房守	大坂町奉行	享保 9. 3. 7 (1724)	享保12. 7.25 (1727)	卒	3400石
松平正常	相模守	小普請組支配	享保10.正.11 (1725)	享保14. 2. 2 (1729)	小性組番頭	2500石
興津忠閭	能登守	甲府勤番支配	享保10. 5.28 (1725)	享保17. 8. 7 (1732)	田安傅	2030余石
上田義隣	周防守	百人組頭	享保12. 5.28 (1727)	享保17. 5.17 (1732)	旗奉行	5000石
有馬純珍	出羽守	甲府勤番支配	享保13.正.11 (1728)	元文 2. 6. 1 (1737)	留守居	3000俵
鈴木重論〔倫〕〔利雄〕	飛騨守	大坂町奉行	享保14. 2.15 (1729)	元文 3. 2. 9 (1738)	辞	1200石
駒木根政方	肥後守	勘定奉行	享保17. 5. 7 (1732)	元文 3.12.15 (1738)	留守居	1700石
三宅康敬	周防守	長崎奉行	享保17. 8. 7 (1732)	元文 4. 9. 1 (1739)	留守居	1000石
石野次照〔資熙・範種〕	筑前守	勘定奉行	元文 2. 6. 1 (1737)	寛保 2. 8.16 (1742)	卒	1100石
稲生正武	下野守	町奉行	元文 3. 2.15 (1738)	延享元.12.10 (1744)	辞	1500石
松前広隆	安芸守	目付	元文 3.12.15 (1738)	元文 5. 5.20 (1740)	卒	1500石
松波正春	筑後守	町奉行	元文 4. 9. 1 (1739)	延享元. 6. 3 (1744)	卒	1000石
朽木尚綱	山城守	小普請組支配	元文 5. 6. 6 (1740)	延享 3. 7. 9 (1746) *	辞	700石
河野通喬	豊前守	勘定奉行	寛保 2. 8.28 (1742)	寛延 2.12. 1 (1749)	留守居	1000石
石河政朝	土佐守	町奉行	延享元. 6.11 (1744)	宝暦 4. 5. 1 (1754)	西丸小性組番頭	2700余石
水野忠伸〔伸〕	対馬守	勘定奉行	延享元.12.15 (1744)	延享 4.12.14 (1747)	辞	1600石
土屋正慶	美濃守	小普請組支配	延享 3. 7.21 (1746) *	延享 4. 9.25 (1747)	辞	1710余石
能勢頼秋〔庸〕	因幡守	甲府勤番支配	延享 4. 9.25 (1747)	宝暦 6. 2.23 (1756)	卒	2000石
神尾〔守邦〕	伊賀守	西丸目付	延享 4.12.23 (1747)	寛延 3.10.18 (1750) *	鎗奉行	700石
伊丹直賢	兵庫頭	一橋家家老	寛延 2.12. 1 (1749)	宝暦 7.10.28 (1757)	留守居	1000石
松下之郷	肥前守	小普請組支配	寛延 3.10.18 (1750)	宝暦 7. 5.12 (1757)	辞	3000石
神尾元籌	備前守	奈良奉行	宝暦 4. 6.11 (1754)	宝暦11.11.10 (1761)	辞	1700石
大井満英	伊勢守	勘定奉行	宝暦 6. 3. 1 (1756)	明和 6.12.26 (1769)	卒	200石 320俵
曲淵英元〔允〕	豊後守	勘定奉行	宝暦 7. 6. 1 (1757)	宝暦 8.10.29 (1758)	免職,小普請	2050余石

氏　名	称　呼	前　職	補職年月日	転免年月日	後　職	石　高
筒井忠雄	内蔵・大和守	小普請組支配	宝暦 7.10.28 (1757)	明和 6. 7.12 (1769)	卒	1500石
池田政論〔倫〕	筑後守	堺奉行	宝暦 8.12. 7 (1758)	安永 4. 8. 5 (1775)	卒	900石
稲垣正武	出羽守	普請奉行	宝暦10. 4. 1 (1760)	明和 8. 7. 4 (1771)	卒	600石
依田政次	豊前守	町奉行	明和 6. 8.15 (1769) *	明和 6.10.20 (1769)	留守居	1100石
正木康恒	志摩守	作事奉行	明和 6.11. 8 (1769)	天明 2.11. 1 (1782)	留守居	700石
萩原忠雄〔雅忠〕	主水正	西丸留守居	明和 7.正.11 (1770)	安永 2.12. 5 (1773)	旗奉行	500石
小野一吉	日向守	勘定奉行	明和 8. 7.12 (1771)	安永 5.12.24 (1776)	旗奉行	510石
松平忠郷	対馬守	勘定奉行	安永 2.12. 5 (1773)	天明 7. 8. 8 (1787)	旗奉行	1000石
大屋正〔昌〕富〔明薫〕	遠江守	田安家家老	安永 4. 8.20 (1775)	天明 8.11.15 (1788)	留守居	650石
新庄直富〔宥〕	能登守	一橋家家老	安永 5.12.24 (1776)	安永 8. 9. 5 (1779)	卒	700石
伊藤照方〔忠勧〕	志摩守・伊勢守	一橋家家老	安永 7. 5. 7 (1778)	安永 9. 9. 26 (1780)	卒	500石
久松定礼〔愷〕	筑前守	普請奉行	安永 9.10. 8 (1780)	天明 6.正.20 (1786)	旗奉行	1200石
安藤惟要	弾正少弼	勘定奉行	天明 2.11. 1 (1782)	天明 3. 2.24 (1783)	旗奉行	800石
河野安副〔嗣〕	信濃守	作事奉行	天明 3. 2.24 (1783)	天明 5. 8.29 (1785) *	卒	650石
牧野成賢	大隅守	町奉行	天明 4. 3.12 (1784) *	寛政 3. 5.11 (1791)	卒	2200石
岩本正利	内膳正	普請奉行	天明 5. 9.10 (1785)	天明 7. 3. 1 (1787)	小性組番頭	500石
山田利寿	肥後守	山田奉行	天明 6. 2.28 (1786)	寛政 3. 5.24 (1791)	小性組番頭	2500石
松浦信程〔桯〕	和泉守・越前守	長崎奉行	天明 7. 3.12 (1787)	寛政12.④.24 (1800)	留守居	1000石
戸川達〔逵〕知〔和〕	山城守	田安家家老	天明 7.11.12 (1787)	天明 8. 6.26 (1788)	小性組番頭	1500石
桑原盛員	伊予守	勘定奉行	天明 8.11.15 (1788)	寛政10. 3. 2 (1798)	西丸留守居	500石 5人扶持
安藤惟徳	越前守・大和守	作事奉行	寛政 3. 5.24 (1791)	享和 3.12. 1 (1803)	旗奉行	800石
三枝守蔵〔歳〕	豊前守	仙洞付	寛政 5. 8. 8 (1793)	寛政 7. 6. 8 (1795)	西丸留守居	1500石
池田長恵	筑後守	町奉行	寛政 7. 6.28 (1795)	寛政12. 3.13 (1800)	卒	900石
井上利泰〔恭〕	美濃守	作事奉行	寛政10. 8.24 (1798)	文政 3.正.25 (1820)	辞	500石
伊藤忠移	河内守	清水勤番支配	寛政12. 4.28 (1800)	文化13. 8. 8 (1816)	旗奉行	500石
神保長光	佐渡守	作事奉行	寛政12. 5. 6 (1800)	文化 5.正.28 (1808)	卒	900石
久田長考	縫殿頭	一橋家家老	享和元. 3.20 (1801)	文化 2.12.27 (1805)	免職,小普請	500俵
中川忠英	飛騨守	勘定奉行	文化 3.正.30 (1806)	文政 5. 6.13 (1822)	留守居	1000石
桑原盛倫	遠江守	一橋家家老	文化 5. 2. 8 (1808)	文化 8.11.14 (1811)	卒	500石
森川俊尹	越前守	京都町奉行	文化 5.11.26 (1808)	文化 7. 5.26 (1810)	卒	1000石
水野忠道〔通〕	若狭守・主殿頭	勘定奉行	文化 7.12.14 (1810)	文政 6. 9.14 (1823)	旗奉行	1200石
有田貞勝	播磨守	勘定奉行	文化 9. 2.17 (1812)	文化13. 7.24 (1816)	留守居	626石
曲淵景露	甲斐守	勘定奉行	文化13. 7.24 (1816)	文政元.11.28 (1818)	一橋家家老	2000石

37 大目付一覧

氏　名	称　呼	前　職	補職年月日	転免年月日	後　職	石　高
石谷清豊	周防守・備後守	田安家家老	文化14.正.11 (1817)	天保 3. 6.24 (1832)	卒	800石
朝比奈昌始〔治〕	河内守	小普請組支配	文政元.12.12 (1818)	文政 8. 8.20 (1825)	西丸留守居	500石
岩瀬氏記〔紀〕	伊予守	町奉行	文政 3. 2. 8 (1820)	文政12. 5. 3 (1829)	旗奉行	1700石
織田信節	信濃守	作事奉行	文政 5. 6.13 (1822)	天保 2.12.24 (1831)	留守居	1200石
松浦　忠	伊勢守	勘定奉行	文政 6. 9.28 (1823)	天保元. 9.29 (1830)	旗奉行	1500石
村上義雄	大和守	田安家家老	文政 8. 8.28 (1825)	天保 8. 7. 8 (1837)	西丸旗奉行	1065石
佐野庸貞	肥後守	作事奉行	文政12. 5. 3 (1829)	天保 6. 4.24 (1835)	西丸鎗奉行	700石
初鹿野信政	河内守・美濃守	普請奉行	天保元.11.11 (1830)	天保13.11.30 (1842)	留守居	1200石
須田盛昭	大隅守	作事奉行	天保 3.正.11 (1832)	天保 9. 4. 4 (1838)	卒	1000石
土屋廉直	讃岐守・紀伊守	小普請組支配	天保 3. 7.18 (1832)	天保12. 5.18 (1841)	留守居	1000石
神尾守富	豊後守	小普請組支配	天保 6. 5. 9 (1835)	天保10. 7.10 (1839)	旗奉行	700石
榊原忠之	主計頭	町奉行	天保 7. 9.20 (1836)	天保 8. 5.16 (1837)	留守居	700石
神尾元孝	山城守・備中守	勘定奉行	天保 8. 7. 8 (1837)	弘化 2.正.27 (1845)	辞	1700石
丹羽長堅	近江守	小普請組支配	天保 9.④.12 (1838)	天保13.正.21 (1842)	辞	1500石
跡部良弼	山城守・信濃守・能登守	大坂町奉行	天保10. 9.10 (1839)	天保12.12. 8 (1841)	勘定奉行	3137余石
岡村直恒	丹後守	小普請組支配	天保12. 5.15 (1841)	天保14.12.20 (1843)	清水家家老	500石
松平政周	豊前守	勘定奉行	天保12.12. 8 (1841)	弘化 2. 5. 9 (1845)	清水家家老	600石
稲生正興	出羽守	日光奉行	天保13.12.28 (1842)	弘化 4. 3.30 (1847)	清水家家老	1500石
遠山景元	左衛門尉	町奉行	天保14. 2.27 (1843)	弘化 2. 3.15 (1845)	町奉行	500石
渡辺輝綱	能登守	留守居次席田安家家老	弘化元. 9. 7 (1844)	弘化元.12.24 (1844)	田安家家老	2100石
深谷盛房	遠江守	小普請組支配	弘化元.12.24 (1844)	安政元. 6.20 (1854)	辞	500石
土岐頼旨	丹波守	書院番頭格浦賀奉行	弘化 2. 3.20 (1845)	弘化 3. 3.28 (1846)	大番頭	3500石
堀　利堅	伊賀守・伊豆守	作事奉行	弘化 2. 5. 9 (1845)	安政 5. 2.30 (1858)	留守居	2800石
酒井忠誨〔晦〕	安房守	甲府勤番支配	弘化 2.12.10 (1845)	弘化 3. 9.24 (1846)	小性組番頭	5000石
柳生久包	播磨守	一橋家家老	弘化 3. 8. 8 (1846)	安政 3. 6.19 (1856)	卒	1100石
池田長溥	筑後守	作事奉行	弘化 3.11.29 (1846)	嘉永 6.11.10 (1853)	卒	1200石
篠山景徳	摂津守	作事奉行	嘉永 5.12.27 (1852)	安政 2. 8.30 (1855)	鎗奉行	500石
井戸弘道	石見守	浦賀奉行	嘉永 6.12.15 (1853)	安政 2. 7.26 (1855)	卒	500石
筒井政憲	肥前守	大目付格西丸留守居	安政元. 7.24 (1854)	安政 4.正.22 (1857)	鎗奉行	2700石
跡部良弼	甲斐守	留守居	安政 2. 8. 9 (1855)	安政 3.11.18 (1856)	町奉行	3137余石
土岐頼旨	丹波守	留守居	安政 2. 8. 9 (1855)	安政 5. 5. 6 (1858)	大番頭	3500石
伊沢政義	美作守	小普請奉行	安政 3. 9.15 (1856)	安政 4.12.28 (1857)	町奉行	3250石
井戸覚弘	対馬守	町奉行	安政 3.11.18 (1856)	安政 5. 4. 7 (1858)	卒	2548石

氏名	称呼	前職	補職年月日	転免年月日	後職	石高
遠山則訓	隼人正	作事奉行	安政 4. 2.24 (1857)	万延元.12.15 (1860)	西丸留守居	800石
田村顕彰〔影〕	伊予守	田安家家老	安政 4. 7.24 (1857)	安政 5. 8. 6 (1858)	田安家家老	700俵
池田頼方	播磨守	留守居次席町奉行	安政 4.12.28 (1857)	安政 5.10. 9 (1858)	町奉行	3000石
山口直信	丹波守	普請奉行	安政 5. 6.21 (1858)	安政 5.10. 9 (1858)	西丸留守居	3000石
平賀勝足	駿河守	普請奉行	安政 5. 8.27 (1858)	文久元. 7.21 (1861)	田安家家老	400俵
久貝正典	因幡守	留守居	安政 5.10. 9 (1858)	万延元. 8.12 (1860)	側用取次	5500石
伊沢政義	美作守	町奉行	安政 5.10. 9 (1858)	文久 3. 9.10 (1863)	留守居	3250石
大沢乗〔秉〕哲	豊後守	一橋家家老	万延元. 9. 7 (1860)	文久 2. 7. 6 (1862)	一橋家家老	2500石
小笠原長常	長門守	京都町奉行	万延元. 9.15 (1860)	万延元.12.15 (1860)	勘定奉行	3000石
山口直信	丹波守	勘定奉行	万延元.12.15 (1860)	文久 2. 6. 5 (1862)	小性組番頭	3000石
駒井朝温	山城守	目付	万延元.12.15 (1860)	文久 2. 8.24 (1862)	小性組番頭	1800石
溝口直清	讃岐守	書院番頭	文久元. 7.28 (1861)	文久 2. 6. 5 (1862)	大番頭	5000石
大久保忠寛	越中守	外国奉行	文久 2. 5. 4 (1862)	文久 2. 7. 3 (1862)	側用取次	500石
岡部長常	駿河守	外国奉行	文久 2. 6.30 (1862)	文久 3. 7.12 (1863)	辞	1300石
浅野氏祐	伊賀守	目付	文久 2. 7.26 (1862)	文久 2.10.17 (1862)	神奈川奉行	2000石
松平正之	備後守・対馬守	作事奉行格目付	文久 2. 8.24 (1862)	文久 3. 8.13 (1863)	田安家家老	2500石
竹本正雅	甲斐守	神奈川奉行	文久 2.10.17 (1862)	文久 3. 7. 1 (1863)	外国奉行	2000石
酒井忠行	但馬守	勘定奉行	文久 2.10.24 (1862)	文久 3. 7.12 (1863)	御側	2000石
大久保忠恕	豊後守	長崎奉行	文久 3. 6.12 (1863)	元治元. 6.17 (1864)	免,勤仕並寄合	5000石
浅野氏祐	伊賀守	勘定奉行格外国奉行・神奈川奉行	文久 3. 7. 5 (1863)	文久 3. 7.28 (1863)	免,勤仕並寄合	2000石
津田正路	近江守	勘定奉行	文久 3. 7.15 (1863)	文久 3. 8. 9 (1863)	卒	300石
松平康正	因幡守	大番頭	文久 3. 8. 7 (1863)	文久 3. 9.28 (1863)	免,帝鑑間席	6000石
渡辺孝綱	肥後守・甲斐守	書院番頭	文久 3. 8. 7 (1863)	元治元. 5. 1 (1864)	一橋家家老	3400石
溝口直清	讃岐守	大番頭	文久 3. 9.10 (1863)	元治元. 5. 26 (1864)	免,勤仕並寄合	5000石
土井利用	備中守	書院番頭	文久 3. 9.22 (1863)	元治元. 5.26 (1864)	免,勤仕並寄合	5000石
神保長興	伯耆守・佐渡守	騎兵奉行	文久 3.11. 8 (1863)	慶応 2.10.24 (1866)	留守居	900石
菊地〔池〕隆吉	伊予守	外国奉行	文久 3.12.30 (1863)	元治元. 6.17 (1864)	免,勤仕並寄合	100俵
永井尚志	主水正	京都町奉行	元治元. 2. 9 (1864)	慶応元. 5. 6 (1865)	辞	1000石
一色直温	山城守	一橋家家老	元治元. 6.22 (1864)	元治元. 7.25 (1864)	書院番頭	1000石
松平康直	石見守	勘定奉行	元治元. 6.24 (1864)	元治元. 6.29 (1864)	町奉行	5300石
根岸衛奮	肥前守	小性組番頭	元治元. 7. 6 (1864)	元治元. 7.21 (1864)	勘定奉行	1000石
松平正之	対馬守	田安家家老	元治元. 7.10 (1864)	元治元. 8. 3 (1864)	勘定奉行	2500石
駒井朝温	山城守・甲斐守	歩兵頭	元治元. 7.21 (1864)	元治元. 8.11 (1864)	勘定奉行	1800石

37 大目付一覧

氏　名	称　呼	前　職	補職年月日	転免年月日	後　職	石　高
大久保忠宣	紀伊守	神奈川奉行	元治元. 8. 3 (1864)	慶応元.10.16 (1865)	免職	6000石
土井利用	出羽守	寄合肝煎	元治元. 8.11 (1864)	元治元.11.19 (1864)	田安家家老	5000石
京極高朗	越前守	騎兵奉行席目付	元治元. 8.11 (1864)	元治元.10.29 (1864)	卒	2000石
田沢政路	対馬守	作事奉行	元治元. 9. 1 (1864)	慶応 2.12. 3 (1866)	作事奉行	250俵
駒井信興	相模守	外国奉行	元治元. 9. 1 (1864)	慶応元.10.16 (1865)	免職	2075石
黒川盛泰	近江守	歩兵奉行・講武所奉行	元治元. 9.28 (1864)	慶応 3. 8.13 (1867)	免,隠居	1600石
土屋正直	豊前守	外国奉行	元治元. 9.28 (1864)	元治元.12.21 (1864)	勘定奉行	2000石
滝川具挙	播磨守	京都町奉行	元治元. 9 (1864)	明治元. 2. 9 (1868)	免職	1200石
戸田氏著	能登守	留守居	元治元.11.19 (1864)	慶応元. 2.22 (1865)	留守居	800石
松平康正	備中守	田安家家老	元治元.11.19 (1864)	元治元.12.18 (1864)	勘定奉行	3000石
駒井朝温	甲斐守	勘定奉行	元治元.12.18 (1864)	慶応元. 2.12 (1865)	免職	1800石
有馬則篤	出雲守	町奉行	元治元.12.21 (1864)	慶応元. 2.13 (1865)	書院番頭	3500石
神保相徳	山城守	大番頭	慶応元. 2.13 (1865)	慶応元. 3. 5 (1865)	辞	6300石
塚原　昌〔昌義〕	但馬守	新番頭格目付	慶応元. 2.22 (1865)	慶応 2.10 (1866)	外国奉行	300俵
土岐頼徳	肥前守	大番頭	慶応元. 5.11 (1865)	慶応元. 6.27 (1865)	大番頭	3500石
神保相徳	山城守・遠江守	陸軍奉行	慶応元. 5.15 (1865)	慶応元.11. 2 (1865)	大番頭	6300石
有馬則篤	阿波守	書院番頭	慶応元. 6.27 (1865)	慶応 2. 8. 5 (1866)	町奉行	3500石
山口直毅	駿河守	外国奉行	慶応元. 9.17 (1865)	慶応元.11. 2 (1865)	町奉行	2500石
永井尚志	主水正	寄合	慶応元.10. 4 (1865)	慶応 3. 2.30 (1867)	若年寄格	1000石
室賀正客〔容〕	伊予守	小性組番頭	慶応元.10.16 (1865)	慶応 2. 6. 23 (1866)	側用取次	5500石
川勝広道〔運〕	美作守	寄合	慶応元.11.26 (1865)	慶応 3. 6.17 (1867)	若年寄並	300俵
木下利義	大内記	外国奉行・軍艦奉行	慶応 2. 5 (1866)	慶応 2.10.24 (1866)	軍艦奉行	300俵
駒井朝温	甲斐守	勘定奉行	慶応 2. 7. 2 (1866)	慶応 2.12. 3 (1866)	海軍奉行並	1800石
戸川忠〔安〕愛	伊豆守	目付	慶応 2. 7.26 (1866)	明治元. 2. 9 (1868)	免,寄合	3000石
堀　利孟	下野守	作事奉行	慶応 2. 7 (1866)	慶応 2.10. 7 (1866)	作事奉行	2800石
松平信敏	大隅守	大坂町奉行	慶応 3.正.16 (1867)	慶応 3.12 (1867)	大坂町奉行	1200石
川村一匡	大和守・信濃守	目付	慶応 3. 6 (1867)	明治元.正.23 (1868)	辞	800石
木下利義	大内記	寄合	慶応 3.10.20 (1867)	明治元. 2.22 (1868)	辞	2000石
駒井信興	相模守	陸軍奉行並	明治元.正.23 (1868)	明治元. 2.19 (1868)	辞	2075石
合原義直	左衛門尉	陸軍奉行並	明治元.正.28 (1868)	明治元. 2.19 (1868)	辞	100俵
堀　錠之助		清水小普請組支配	明治元. 2. 1 (1868)			300俵
織田信重	和泉守	勘定奉行	明治元. 2.12 (1868)			300俵
石野〔則常〕	筑前守	作事奉行	明治元. 2.16 (1868)	明治元. 2.27 (1868)	辞	1100石

氏　名	称　呼	前　職	補職年月日	転免年月日	後　職	石　高
本多邦之輔		勤仕並寄合	明治元．2.26 (1868)	明治元．3.14 (1868)	辞	3200石
亀井茲福		勤仕並寄合	明治元．2.28 (1868)			3000石
河田　煕	相模守	目付	明治元．2.29 (1868)			200俵
梅沢守義〔亮〕		目付	明治元．3．3 (1868)			100俵
妻木頼矩	中務	目付	明治元．3．3 (1868)			3004余石
山岡高歩		精鋭隊頭	明治元．4.25 (1868)			
白戸隆盛		陸軍総裁	明治元．4.28 (1868)			100俵 5人扶持
岩田通徳	織部正	狙撃隊頭	明治元．④．11 (1868)			200俵

38 三 職 一 覧

総　裁

氏名	出身	在任期間
熾仁親王	皇族	慶応 3.12. 9—明治元.④.21 (1867)　(1868)

議　定

氏名	出身	在任期間
嘉彰親王	皇族	慶応 3.12. 9—明治元.④.21 (1867)　(1868)
晃親王	皇族	3.12. 9—　元.④.21
中山忠能	公家	3.12. 9—　元.④.21
正親町三条実愛	公家	3.12. 9—　元.④.21
中御門経之	公家	3.12. 9—　元.④.21
島津忠義	鹿児島	3.12. 9—　元.④.21
徳川慶勝	名古屋	3.12. 9—　元.④.21
浅野長勲	広島	3.12. 9—　元.④.21
松平慶永	福井	3.12. 9—　元.④.21
山内豊信	高知	3.12. 9—　元.④.21
長谷信篤	公家	3.12.20—　元.④.21
岩倉具視	公家	3.12.27—　元.④.21
三条実美	公家	3.12.27—　元.④.21
伊達宗城	宇和島	3.12.28—　元.④.21
嘉言親王	皇族	明治元.正. 9—　元. 2.20 (1868)
徳大寺実則	公家	元.正. 9—　元.④.21
博経親王	皇族	元.正.12—　元.④.21
細川護久	熊本	元.正.12—　元.④.21
万里小路博房	公家	元. 2.19—　元.④.21
熾仁親王	皇族	元. 2.20—　元.④.21
鷹司輔煕	公家	元. 2.20—　元.④.21
近衛忠房	公家	元. 2.20—　元.④.21
鍋島直大	佐賀	元. 2.22—　元.④.21
白川資訓	公家	元. 2.27—　元.④.21
亀井茲監	津和野	元. 2.27—　元.④.21
鍋島直正	佐賀	元. 3. 1—　元.④.21
蜂須賀茂韶	徳島	元. 3. 4—　元.④.21
毛利元徳	萩	元. 3. 9—　元.④.21
東久世通禧	公家	元. 4.14—　元.④.21
池田章政	岡山	元.④. 5—　元.④.21

参　与

氏名	出身	在任期間
大原重徳	公家	慶応 3.12. 9—慶応 3.12.15 (1867)　(1867)
万里小路博房	公家	3.12. 9—明治元. 2.19 (1868)
長谷信篤	公家	3.12. 9—慶応 3.12.20
岩倉具視	公家	3.12. 9—　3.12.27
橋本実梁	公家	3.12. 9—明治元.④.21 (1868)
岩下方平	鹿児島	3.12.12—　元.④.21
西郷隆盛	鹿児島	3.12.12—　元.正.18
大久保利通	鹿児島	3.12.12—　元.④.21
丹羽淳太郎	名古屋	3.12.12—　元.④.21
田中不二麻呂	名古屋	3.12.12—　元.④.21
荒川甚作	名古屋	慶応 3.12.12—明治元. 3. 1
辻将曹	広島	3.12.12—　元.④.21
桜井元憲	広島	3.12.12—　元. 2.—
久保田秀雄	広島	3.12.12—　元. 3. 1
中根雪江	福井	3.12.12—　元.④.21
酒井十之丞	福井	3.12.12—　元. 4. 9
毛受鹿之助	福井	3.12.12—　元. 2. 6
後藤象二郎	高知	3.12.12—　元.④.21
神山郡廉	高知	3.12.12—　元.④.21
福岡孝弟	高知	3.12.12—　元.④.21
正親町公董	公家	3.12.13—　元. 2. 9
烏丸光徳	公家	3.12.13—　元.④.21
戸田忠至	高徳	3.12.14(即日辞任)
溝口孤雲	熊本	3.12.14—　元.④.21
津田信弘	熊本	3.12.14—　元.④.21
田宮如雲	名古屋	3.12.16—　元.④.21
由利公正	福井	3.12.18—　元.④.21
十時摂津	柳川	3.12.19—　元.④.21
西園寺公望	公家	3.12.20—　元.④.21
林左門	名古屋	3.12.23—　元.④.21
東久世通禧	公家	3.12.27—　元. 4.14
徳大寺実則	公家	明治元.正. 3—　元.正. 9 (1868)
久我通久	公家	元.正. 3—　元.④.21
壬生基修	公家	元.正. 3—　元.④.21
四条隆謌	公家	元.正. 3—　元.④.21
広沢真臣	萩	元.正. 3—　元.④.21
井上馨	萩	元.正. 3—　元.④.21
小原忠寛	大垣	元.正. 3—　元.④.21
楫取素彦	萩	元.正.10—　元. 2.20
土倉正彦	岡山	元.正.12—　元.④.21
西四辻公業	公家	元.正.13—　元. 2. 9
長谷信成	公家	元.正.14—　元.④.21
東園基敬	公家	元.正.21—　元.④.21
醍醐忠順	公家	元.正.22—　元.④.21
寺島宗則	鹿児島	元.正.23—　元.④.20
町田久成	鹿児島	元.正.23—　元.④.21
五代友厚	鹿児島	元.正.23—　元.④.21
木村得太郎	熊本	元.正.23—　元.④.21
沢宣嘉	公家	元.正.25—　元.④.21
鷲尾隆聚	公家	元.正.25—　元.④.21
伊藤博文	萩	元.正.25—　元.④.21
木戸孝允	萩	元.正.25—　元.④.21
林通賢	宇和島	元.正.25—　元. 2.14
小松清廉	鹿児島	元.正.28—　元.④.21
吉井友実	鹿児島	元.正.29—　元.④.21
松尾相永	公家	元. 2. 7—　元.④.21
松尾相保	公家	元. 2. 7—　元.④.21
高倉永祜	公家	元. 2. 7—　元.④.21
四条隆平	公家	元. 2. 7—　元.④.21
岩倉具定	公家	元. 2. 7—　元.④.21
柳原前光	公家	元. 2. 7—　元.④.21
土肥謙蔵	鳥取	元. 2.12—　元.④.21

氏名	出身	在任期間
秋月種樹	高鍋	明治元. 2.15－明治元.④.21
三条西季知	公家	元. 2.19－ 元.④.21
正親町実徳	公家	元. 2.20－ 元.④.21
中院通富	公家	元. 2.20－ 元.④.21
大原重徳	公家	元. 2.20－ 元.④.21
堤　哲長	公家	元. 2.20－ 元.④.21
白川資訓	公家	元. 2.20－ 元. 2.27
吉田良義	公家	元. 2.20－ 元.④.21
岩倉具綱	公家	元. 2.20－ 元.④.21
坊城俊章	公家	元. 2.20－ 元.④.21
五条為栄	公家	元. 2.20－ 元.④.21
植松雅言	公家	元. 2.20－ 元.④.21
万里小路通房	公家	元. 2.20－ 元.④.21
石山基正	公家	元. 2.20－ 元.④.21
平松時厚	公家	元. 2.20－ 元. 4.29
愛宕通旭	公家	元. 2.20－ 元.④.21
五辻安仲	公家	元. 2.20－ 元.④.21
亀井茲監	津和野	元. 2.20－ 元. 2.27
中川元績	公家	元. 2.20－ 元.④.21
吉田良栄	公家	元. 2.20－ 元.④.21
鴨脚光長	公家	元. 2.20－ 元.④.21

氏名	出身	在任期間
松室重進	公家	明治元. 2.20－明治元.④.21
青山小三郎	福井	元. 2.20－ 元.④.21
土肥典膳	岡山	元. 2.20－ 元.④.21
井関盛艮	宇和島	元. 2.20－ 元.④.21
平田鉄胤	秋田	元. 2.22－ 元.④.21
毛受鹿之助	福井	元. 3. 1－ 元.④.21
長岡護美	熊本	元. 3. 1－ 元.④.21
荒尾成章	鳥取	元. 3. 4－ 元.④.21
橋本実麗	公家	元. 3. 8－ 元.④.21
副島種臣	佐賀	元. 3.13－ 元.④.21
長谷川景隆	熊本	元. 3.15－ 元.④.21
大隈重信	佐賀	元. 3.17－ 元.④.21
中山忠愛	公家	元. 3.19－ 元.④.21
成瀬正肥	犬山	元. 3.23－ 元.④.21
坊城俊政	公家	元. 3.29－ 元.④.21
横井平四郎	熊本	元. 4.23－ 元.④.21
小河一敏	岡	元. 4.25－ 元.④.21
大木喬任	佐賀	元.④. 4－ 元.④.21
井上石見	鹿児島	元.④. 5－ 元.④.21
橋本家陳	公家	元.④. 5－ 元.④.21
大原重朝	公家	元.④.19－ 元.④.21

39 太政官制一覧

太政官制 1 (1868.④.21－1869. 7. 8)

官職			氏名	在任期間	備考
議政官	上局	議定	三条実美	明治元.④.21－ 2. 5.13 (1868)	公家
			中山忠能	元.④.21－ 2. 5.15	公家
			正親町三条実愛	元.④.21－ 2. 5.15	公家
			中御門経之	元.④.21－ 2. 5.15	公家
			岩倉具視	元.④.21－④.23	公家
				元.④.25－ 2. 7. 8	
			徳大寺実則	元.④.21－ 2. 7. 8	公家
			松平慶永	元.④.21－ 2. 5.15	福井
			蜂須賀茂韶	元.④.21－ 2. 5.15	徳島
			毛利元徳	元.④.21－ 2. 5.15	山口
			鍋島直正	元.④.21－ 2. 6. 4	佐賀
			長岡護美	元. 5.17－元.10.19心得	熊本
			山内豊信	元. 6. 3－ 2. 5.15	高知
			伊達宗城	元. 6. 4仮－ 2. 5.15	宇和島
			池田章政	元. 8.10－元.10.19心得	岡山
				元.12. 9－ 2. 4. 8	
			鷹司輔熙	元. 9.12－ 2. 5.15	公家
			東久世通禧	元. 9.13－ 2. 5.15	公家
			池田慶徳	2. 2. 3－ 2. 5.15	鳥取
			島津忠義	2. 3. 4－?	鹿児島
			浅野長勲	2. 3. 6－ 2. 5.17	広島
			徳川慶勝	2. 3. 6－ 2. 5.17	名古屋
			大原重徳	2. 5. 2－ 2. 5.15	公家
		参与	横井平四郎	元.④.21－ 2.正. 5	熊本
			小松帯刀	元.④.21－ 2. 5.15	鹿児島
			由利公正	元.④.21－ 2. 5.15	福井
			大久保利通	元.④.21－ 2. 7. 8	鹿児島

39 太政官制一覧

官職			氏名	在任期間	備考
(議政官)	(上局)	(参与)	木戸孝允	明治元.④.21－ 2. 7. 8	山口
			後藤象二郎	元.④.21－ 2. 7. 8	高知
			副島種臣	元.④.21－ 2. 7. 8	佐賀
			広沢真臣	元.④.22－ 2. 5.15	山口
			福岡孝弟	元.④.23－ 2. 2.10	高知
			西郷隆盛	元. 5. 7－元.11. 2	鹿児島
			岩下方平	元. 5.20－ 2. 5.15	鹿児島
			大木喬任	元. 7.12－ 2. 5.15	佐賀
			阿野公誠	元. 9. 3－ 2. 5.15	公家
			鍋島直大	元. 9. 3－ 2. 5.15	佐賀
			大隈重信	2.正.10－ 2. 5.15	佐賀
			浅野長勲	2. 2. 3－ 2. 3. 6	広島
			細川護久	2. 3. 2－ 2. 5.17	熊本
			沢宣嘉	2. 3. 5－ 2. 5.15	公家
			神山郡廉	2. 3. 6－ 2. 5.15	高知
			寺島宗則	2. 3.30－ 2. 4.17	鹿児島
			板垣退助	2. 4. 9－ 2. 7. 8	高知
			東久世通禧	2. 5.15－ 2. 7. 8	公家
	下局	議長	大木喬任	元. 5.24－元. 6. 7	佐賀
			坂田莠	元. 5.24－元. 6. 5	高鍋
			秋月種樹	元. 7.23－ 2. 3. 7	高鍋
行政官	輔相		三条実美	元.④.21－ 2. 7. 8	公家
			岩倉具視	元.④.21－元.④.23 元.④.25－ 2.正.17	公家
	弁事		烏丸光徳	元.④.21－元. 5.10	公家
			坊城俊章	元.④.21－元. 6. 2	公家
			勘解由小路資生	元.④.21－元.11.10	公家
			坊城俊政	元.④.21－ 2. 7. 8	公家
			秋月種樹	元.④.21－元.12.14	高鍋
			神山郡廉	元.④.21－ 2. 3. 6	高知
			門脇重綾	元.④.21－ 2. 5.22	鳥取
			田中不二麻呂	元.④.21－ 2. 7. 8	名古屋
			毛受鹿之助	元.④.21－元. 5. 3	福井
			青山小三郎	元.④.21－ 2. 7. 8	福井
			丹羽淳太郎	元.④.24－元.12.10	名古屋
			大原重朝	元. 5.10－ 2. 7. 8	公家
			五辻安仲	元. 5.10－ 2. 7. 8	公家
			阿野公誠	元. 5.18－元. 9. 3	公家
			西四辻公業	元. 7. 8－ 2. 2.18	公家
			大原重実	元. 9.19－ 2. 4.23	公家
			土方久元	元.10.19－ 2. 7. 8	高知
			山中献(信天翁)	元.12.24－ 2. 5.21	三河
			成瀬正肥	2. 2. 7－ 2. 6.28	犬山
			久世通熙	2. 3. 1－ 2. 4. 8	公家
			西本正道	2. 3. 6－ 2. 7. 8	広島
			戸田忠至	2. 4. 8－ 2. 4.14	高徳
			中島錫胤	2. 6. 1－ 2. 7. 8	徳島
神祇官	知事		鷹司輔熙	元.④.21－ 2. 9.12	公家
			近衛忠房	元. 9.12－ 2. 5.15	公家
			中山忠能	2. 5.15－ 2. 7. 8	公家
	副知事		亀井茲監	元.④.21－ 2. 5.15	津和野
			福羽美静	2. 5.15－ 2. 7. 8	津和野
	判事		福羽美静	元. 5.12－ 2. 4.12	津和野

官	職	氏名	在任期間	備考
会計官	知事	万里小路博房	明治元.④.21－元. 8.2	公家
			2. 5.15－ 2. 7. 8	
		中御門経之	元. 8.22－ 2. 5.15	公家
	副知事	大隈重信	2. 3.30－ 2. 7. 8	佐賀
	判事	小原忠寛	元.④.21－元. 5.25	大垣
		池辺永益	元.④.21－ 2. 3. 4	柳川
		北島秀朝	元.10.20－元.10.23	水戸
		江藤新平	元.10.20－ 2. 5.23	佐賀
軍務官	知事	嘉彰親王	元.④.21－ 2. 7. 8	皇族
	副知事	長岡護美	元.④.21－ 2. 5. 7	熊本
		大村益次郎	元.10.24－ 2. 7. 8	山口
		有馬頼咸	2. 2.12－ 2. 5. 7	久留米
	判事	吉井友実	元.④.21－ 2. 5.22	鹿児島
		大村益次郎	元. 5. 7－元.10.24	山口
		十時攝津	元. 5.12－元. 6. 3	柳川
		長谷川景隆	元. 5.12－？	熊本
		桜井直養	元. 6. 3－ 2. 7.－	山口
		海江田信義	元. 8.23－ 2.正.22	鹿児島
		河田景与	2. 2.12－ 2. 7. 8	鳥取
外国官	知事	伊達宗城	元.④.21－ 2. 5.29	宇和島
		沢宣嘉	2. 5.29－ 2. 7. 8	公家
	副知事	東久世通禧	元.④.21－元. 6.17	公家
			元. 9. 8－元.10.17	
		鍋島直大	元. 6.17－元. 9. 3	佐賀
		小松帯刀	元. 9. 3－ 2. 5.15	鹿児島
		大隈重信	元.12.27－ 2. 4.17	佐賀
		寺島宗則	2. 4.17－ 2. 7. 8	鹿児島
	判事	伊藤博文	元. 5. 3－元. 5.23	山口
		井上馨	元. 5. 4－元. 9. 2	山口
		大隈重信	元. 5. 4－元.12.27	佐賀
		野村盛秀	元. 5. 4－ 2. 6.20	鹿児島
		井関盛艮	元. 9.19－ 2. 7. 8	宇和島
		山口尚芳	元.11. 8－ 2. 4.19	佐賀
刑法官	知事	大原重徳	元.④.23－ 2. 4.25	公家
		池田章政	2. 4. 8－ 2. 5.15	岡山
		正親町三条実愛	2. 5.15－ 2. 7. 8	公家
	副知事	池田章政	元. 5.19－ 2. 4. 8	岡山
		間島万二郎	元. 9.23－ 2. 4. 9	名古屋
		神山郡廉	2. 4. 8－ 2. 5.15	高知
		佐佐木高行	2. 5.15－ 2. 7. 8	高知
	判事	土肥謙蔵	元.④.21－ 2.正.25	鳥取
		中島錫胤	元.④.21－ 2. 5. 9	徳島
		立花壱岐	元. 5. 8－？	柳川
		佐佐木高行	元.12.12－ 2. 5.15	高知
		海江田信義	2.正.22－ 2. 7. 8	鹿児島
民部官	知事	蜂須賀茂韶	2. 4. 8－ 2. 5.15	徳島
		松平慶永	2. 5.15－ 2. 7. 8	福井
	副知事	広沢真臣	2. 4. 8－ 2. 7. 8	山口
侍従職	侍読	秋月種樹	元. 6.15－3. 7.13	高鍋
		松平慶永	2. 8.24－ 3. 7.13	福井

39 太政官制一覧

官	職	氏名	在任期間	備考
(侍従職)	(侍読)	大原重徳	明治 2. 9. 4— 3.④.17	公家
	侍講	平田鉄胤	2.正.20— 2. 7.27	秋田
		中沼了三	2.正.20— 2. 3. 9	京都
		福羽美静	2. 4. 9— 2. 5.15	津和野
		玉松操	3. 3.27— 4.正.27	京都
		加藤弘之	3.12. 4— 4. 7.19	幕臣
公議所	議長	秋月種樹	2. 3. 7— 2. 4.19	高鍋
		大原重実	2. 4.23— 2. 7. 9	公家
	副議長	神田孝平	2. 4.19— 2. 7. 8	幕臣

太政官制 2 (1869. 7. 8 —1871. 7.29)

官	職	氏名	在任期間	備考
神祇官	伯	中山忠能	明治 2. 7. 8— 4. 6.25 (1869)	公家
		三条実美	4. 6.27— 4. 8.10	公家
	大副	白川資訓	2. 7. 8— 3.12.26	公家
		近衛忠房	3.12.26— 4. 6.25	公家
		福羽美静	4. 8. 5— 4. 8. 8	津和野
	少副	福羽美静	2. 7. 8— 4. 8. 5	津和野
		梅渓通善	3. 3.30— 4.正.15	公家
太政官	右大臣	三条実美	2. 7. 8— 4. 7.29	公家
	大納言	岩倉具視	2. 7. 8— 4. 7.14	公家
		徳大寺実則	2. 7. 8— 4. 7.14	公家
		鍋島直正	2. 8.16— 3. 8.14	佐賀
		中御門経之	2.11.20— 3.12.12	公家
		正親町三条実愛	3.10.12— 4. 7.14	公家
	参議	前原一誠	2. 7. 8— 2.12. 2	山口
		副島種臣	2. 7. 8— 4. 7.24	佐賀
		大久保利通	2. 7.22— 4. 6.25	鹿児島
		広沢真臣	2. 7.23— 4.正. 9	山口
		佐佐木高行	3. 2. 5— 4. 6.25	高知
		斎藤利行	3. 5.15— 4. 6.25	高知
		木戸孝允	3. 6.10— 4. 6.25	山口
		大隈重信	3. 9. 2— 4. 6.25	佐賀
民部省	卿	松平慶永	2. 7. 8— 2. 8.24	福井
		伊達宗城	2. 9.12— 3. 7.10	宇和島
		大木喬任	4. 7.14— 4. 7.27	佐賀
	大輔	広沢真臣	2. 7. 8— 2. 7.23	山口
		大隈重信	2. 7.22— 3. 7.10	佐賀
		大木喬任	3. 7.10— 4. 6.25	佐賀
			4. 7. 4— 4. 7.14	
		井上馨	4. 7.14— 4. 7.27	山口
	少輔	伊藤博文	2. 8.11— 3. 7.10	山口
		吉井友実	3. 4.18— 3.11.23	鹿児島
		井上馨	4. 6.28— 4. 7.14	山口
大蔵省	卿	松平慶永	2. 8.11— 2. 8.24	福井
		伊達宗城	2. 9.12— 4. 4.27	宇和島
		大久保利通	4. 6.27— 4. 7.29	鹿児島
	大輔	大隈重信	2. 7. 8— 2. 7.22	佐賀
			2. 8.11— 3. 9. 2	

官職		氏名	在任期間	備考
			明治 4. 6.27－ 4. 7.14	
	少輔	伊藤博文	2. 7.18－ 3. 7.10	山口
		吉井友実	3. 4.18－ 3. 7.10	鹿児島
		井上馨	3.11.12－ 4. 6.25	山口
兵部省	卿	嘉彰親王	2. 7. 8－ 2.12.23	皇族
		熾仁親王	3. 4. 2－ 4. 6.25	皇族
	大輔	大村益次郎	2. 7. 8－ 2.11. 5	山口
		前原一誠	2.12. 2－ 3. 9. 2	山口
		山県有朋	4. 7.14－ 5. 2.27	山口
	少輔	久我通久	2.11.3－ 3.12. 5	公家
		山県有朋	3. 8.28－ 4. 7.14	山口
		川村純義	4. 7.15－ 5. 2.27	鹿児島
刑部省	卿	正親町三条実愛	2. 7. 8－ 3.10.12	公家
	大輔	佐佐木高行	2. 7. 8－ 3. 2. 5	高知
		松本暢	2. 7.10－ 2. 8.28	名古屋
		斎藤利行	3. 2. 5－ 3. 5.15	高知
宮内省	卿	万里小路博房	2. 7. 8－ 4. 6.25	公家
	大輔	烏丸光徳	2. 9.10－ 4. 6.25	公家
		万里小路博房	4. 6.27－ 4. 7.29	公家
外務省	卿	沢宣嘉	2. 7. 8－ 4. 7.14	公家
	大輔	寺島宗則	2. 7. 8－ 4. 7.29	鹿児島
工部省	卿	欠員		
	大輔	後藤象二郎	4. 6.28－ 4. 7.29	高知
開拓使	蝦夷開拓督務	鍋島直正	2. 6. 4－ 2. 7.13	佐賀
	長官	鍋島直正	2. 7.13－ 2. 8.16	佐賀
		東久世通禧	2. 8.25－ 4. 7.29	公家
	次官	清水谷公孝	2. 7.23－ 2. 9. 2	公家
		黒田清隆	3. 5. 9－ 4. 7.29	鹿児島
衆議院	上局長官	大原重徳	2. 5.15－ 2. 7. 9	公家
			2. 9. 4－ 3.④.17	
	上局次官	阿野公誠	2. 5.15－ 3. 2. 8	公家
		照幡寛胤	2. 8.14－ 3.正.23	熊本
	下局次官	神田孝平	2. 7. 9－ 2. 8.14	幕臣
		丸山作楽	2. 7. 9－ 2. 8.11	島原

太政官制 3（1871. 7.29～1873. 5. 2）

官職		氏名	在任期間	備考
太政大臣		三条実美	明治 4. 7.29－ 6. 5. 2 (1871)	公家
右大臣		岩倉具視	4.10. 8－ 6. 5. 2	公家
参議		木戸孝允	4. 6.25－ 6. 5. 2	山口
		西郷隆盛	4. 6.25－ 6. 5. 2	鹿児島
		板垣退助	4. 7.14－ 6. 5. 2	高知
		大隈重信	4. 7.14－ 6. 5. 2	佐賀
		後藤象二郎	6. 4.19－ 6. 5. 2	高知
		大木喬任	6. 4.19－ 6. 5. 2	佐賀
		江藤新平	6. 4.19－ 6. 5. 2	佐賀
外務省	卿	岩倉具視	4. 7.14－ 4.10. 8	公家

官職		氏名	在任期間	備考
(外務省)	(卿)	副島種臣	明治 4.11. 4— 6. 5. 2	佐賀
	大輔	寺島宗則	4. 7.29— 5. 4.25	鹿児島
大蔵省	卿	大久保利通	4. 7.29— 6. 5. 2	鹿児島
	大輔	井上馨	4. 7.28— 6. 5. 2	山口
陸軍省	卿	欠員		
	大輔	山県有朋	5. 2.28— 6. 4.18	山口
海軍省	卿	欠員		
	大輔	勝安芳	5. 5.10— 6. 5. 2	幕臣
司法省	卿	江藤新平	5. 4.25— 6. 4.19	佐賀
	大輔	佐佐木高行 宍戸璣 福岡孝弟	4. 7. 9— 6. 4.17 4.11. 4— 5. 5.22 5. 8.13— 6. 5. 2	高知 山口 高知
文部省	卿	大木喬任	4. 7.28— 6. 4.19	佐賀
	大輔	江藤新平 福岡孝弟 宍戸璣	4. 7.18— 4. 8. 4 5. 2.13— 5. 8.13 5.10.25— 6. 5. 2	佐賀 高知 山口
工部省	卿	欠員		
	大輔	後藤象二郎 伊藤博文 山尾庸三	4. 7.29— 4. 9.20 4. 9.20— 6. 5. 2 5.10.27— 6. 5. 2	高知 山口 山口
宮内省	卿	徳大寺実則	4. 9.15— 6. 5. 2	公家
	大輔	万里小路博房	4. 7.29— 6. 5. 2	公家
神祇省	卿	欠員		
	大輔	福羽美静	4. 8. 9— 5. 3.14	津和野
教部省	卿	正親町三条実愛 大木喬任	5. 3.14— 5.10.25 5.10.25— 6. 4.19	公家 佐賀
	大輔	福羽美静 宍戸璣	5. 3.14— 5. 5.24 5. 5.24— 6. 5. 2	津和野 山口
開拓使	長官 次官	東久世通禧 黒田清隆	4. 7.29— 4.10.15 4. 7.29— 6. 5. 2	公家 鹿児島

太政官制 4 (1873. 5. 2 —1885.12.22)

官職	氏名	在任期間	備考
太政大臣	三条実美	明治 6. 5. 2—18.12.22 (1873)	公家
左大臣	島津久光 熾仁親王	7. 4.27— 8.10.27 13. 2.28—18.12.22	鹿児島 皇族
右大臣	岩倉具視	6. 5. 2—16. 7.20	公家
内閣顧問	島津久光 木戸孝允 黒田清隆	6.12.25— 7. 4.27 9. 3.28—10. 5.26 15. 1.11—18.12.22	鹿児島 山口 鹿児島
参議	西郷隆盛 後藤象二郎 板垣退助 木戸孝允	6. 5. 2— 6.10.24 6. 5. 2— 6.10.25 6. 5. 2— 6.10.25 8. 3. 2— 8.10.27 6. 5. 2— 7. 5.13 8. 3. 8— 9. 3.28	鹿児島 高知 高知 山口

官職		氏名	在任期間	備考
		江藤新平	明治 6. 5. 2− 6.10.25	佐賀
		大隈重信	6. 5. 2−14.10.12	佐賀
		大木喬任	6. 5. 2−18.12.22	佐賀
		大久保利通	6.10.12−11. 5.14	鹿児島
		副島種臣	6.10.13− 6.10.25	佐賀
		勝安芳	6.10.25− 8. 4.25	幕臣
		伊藤博文	6.10.25−18.12.22	山口
		寺島宗則	6.10.28−14.10.21	鹿児島
		伊地知正治	7. 8. 2− 8. 6.10	鹿児島
		黒田清隆	7. 8. 2−15. 1.11	鹿児島
		山県有朋	7. 8. 2−18.12.22	山口
		西郷従道	11. 5.24−18.12.22	鹿児島
		川村純義	11. 5.24−18.12.22	鹿児島
		井上馨	11. 7.29−18.12.22	山口
		山田顕義	12. 9.10−18.12.22	山口
		松方正義	14.10.21−18.12.22	鹿児島
		大山巌	14.10.21−18.12.22	鹿児島
		福岡孝弟	14.10.21−18.12.22	高知
		佐佐木高行	14.10.21−18.12.22	高知
内務省	卿	大久保利通	6.11.29−11. 5.14	鹿児島
		木戸孝允	7. 2.14− 7. 4.27(兼)	山口
		伊藤博文	7. 8. 2− 7.11.28(兼)	山口
			11. 5.15−13. 2.28	
		松方正義	13. 2.28−14.10.21	鹿児島
		山田顕義	14.10.21−16.12.12	山口
		山県有朋	16.12.12−18.12.22	山口
	大輔	大山巌	12.10.16−13. 2.28	鹿児島
		前島密	13. 2.28−13. 3.25	幕臣
		土方久元	14. 5. 7−17.12.16	高知
		芳川顕正	18. 6.13−18.12.22	徳島
外務省	卿	副島種臣	6. 5. 2− 6.10.25	佐賀
		寺島宗則	6.10.28−12. 9.10	鹿児島
		井上馨	12. 9.10−18.12.22	山口
	大輔	鮫島尚信	8.11.10−11. 1.12	鹿児島
		森有礼	11. 6.27−12.11. 6	鹿児島
		榎本武揚	12.11. 6−13. 2.28	幕臣
		上野景範	13. 2.28−15. 7. 6	鹿児島
		吉田清成	15. 7. 6−18. 9.26	鹿児島
		青木周蔵	18.12.10−18.12.22	山口
大蔵省	卿	大久保利通	6. 5. 2− 6.10.12	鹿児島
		大隈重信	6.10.25−13. 2.28	佐賀
		佐野常民	13. 2.28−14.10.21	佐賀
		松方正義	14.10.21−18.12.22	鹿児島
	大輔	井上馨	6. 5. 2− 6. 5.14	山口
		松方正義	8.11. 4−13. 2.28	鹿児島
陸軍省	卿	山県有朋	6. 6. 8− 7. 2. 8	山口
			7. 6.30−11.12.24	
		西郷従道	11.12.24−13. 2.28	鹿児島
		大山巌	13. 2.28−18.12.22	鹿児島
	大輔	西郷従道	6. 7. 2− 8. 5.22	鹿児島
		津田出	7. 3.31− 7. 7. 8	和歌山
		鳥居小弥太	9. 1. 8− 9. 3.31	山口

39 太政官制一覧

官職		氏名	在任期間	備考
海軍省	卿	勝安芳	明治6.10.25－8.4.25	幕臣
		川村純義	11.5.24－13.2.28	鹿児島
			14.4.7－18.12.22	
		榎本武揚	13.2.28－14.4.7	幕臣
	大輔	勝安芳	6.5.2－6.10.25	幕臣
		川村純義	7.8.5－11.5.24	鹿児島
		中牟田倉之助	14.6.16－15.10.12	佐賀
		樺山資紀	16.12.12－18.12.22	鹿児島
司法省	卿	大木喬任	6.10.25－13.2.28	佐賀
			14.10.21－16.12.12	
		田中不二麻呂	13.3.12－14.10.21	名古屋
		山田顕義	16.12.12－18.12.22	山口
	大輔	福岡孝弟	6.5.2－6.11.10	高知
		佐佐木高行	7.1.15－7.7.5	高知
		山田顕義	7.7.5－12.9.10	山口
		玉乃世履	12.10.25－14.7.27	山口
		細川潤次郎	14.7.27－16.6.5	高知
		河瀬真孝	16.6.5－17.5.7	山口
		岩村通俊	17.5.7－18.12.22	高知
文部省	卿	木戸孝允	7.1.25－7.5.13	山口
		西郷従道	11.5.24－11.12.24	鹿児島
		寺島宗則	12.9.10－13.2.28	鹿児島
		河野敏鎌	13.2.28－14.4.7	高知
		福岡孝弟	14.4.7－16.12.22	高知
		大木喬任	16.12.22－18.12.22	佐賀
	大輔	宍戸璣	6.5.2－6.9.27	山口
		田中不二麻呂	7.9.27－13.3.12	名古屋
農商務省	卿	河野敏鎌	14.4.7－14.10.20	高知
		西郷従道	14.10.21－17.2.1	鹿児島
	大輔	品川弥二郎	15.6.13－18.9.26	山口
		吉田清成	18.9.26－18.12.22	鹿児島
工部省	卿	伊藤博文	6.10.25－11.5.15	山口
		井上馨	11.7.29－12.9.10	山口
		山田顕義	12.9.10－13.2.28	山口
		山尾庸三	13.2.28－14.10.21	山口
		佐佐木高行	14.10.21－18.12.22	高知
	大輔	伊藤博文	6.5.2－6.10.25	山口
		山尾庸三	6.5.2－13.2.28	山口
		吉井友実	13.6.17－15.1.10	鹿児島
		井上勝	15.7.20－18.12.22	山口
宮内省	卿	徳大寺実則	6.5.2－17.3.21	公家
		伊藤博文	17.3.21－18.12.22	山口
	大輔	万里小路博房	6.5.2－10.8.29	公家
		杉孫七郎	10.12.26－17.4.21	山口
		吉井友実	17.7.8－19.2.5	鹿児島
教部省	卿	欠員		
	大輔	宍戸璣	5.5.24－10.1.11	山口
開拓使	長官	黒田清隆	7.8.2－15.1.11	鹿児島
		西郷従道	15.1.11－15.2.8	鹿児島
	次官	黒田清隆	6.5.2－7.8.2	鹿児島

40 歴代内閣一覧

職名	氏名	出身	備考
第1次伊藤内閣 (1885.12.22—88.4.30)			
総理	伊藤博文	山口	伯爵
外務	井上馨	山口	伯爵
	伊藤博文(臨兼)		
	大隈重信	佐賀	伯爵
内務	山県有朋	山口	伯爵，陸軍中将
大蔵	松方正義	鹿児島	伯爵
陸軍	大山巌	鹿児島	伯爵，陸軍中将
海軍	西郷従道	鹿児島	伯爵，陸軍中将
	大山巌(兼)		
司法	山田顕義(兼)	山口	伯爵，陸軍中将
文部	森有礼	鹿児島	
農商務	谷干城	高知	子爵，陸軍中将
	西郷従道(兼)		
	山県有朋(兼)		
	土方久元	高知	子爵
	黒田清隆	鹿児島	伯爵，陸軍中将
逓信	榎本武揚	幕臣	海軍中将
書記官長	田中光顕	高知	陸軍少将
法制局長官	山尾庸三(兼)	山口	宮中顧問官
	井上毅	熊本	
黒田内閣 (1888.4.30—89.12.24)			
総理	黒田清隆	鹿児島	伯爵，陸軍中将
	三条実美(兼)	公家	内大臣，公爵
外務	大隈重信	佐賀	伯爵
内務	山県有朋	山口	伯爵，陸軍中将
	松方正義(兼)		
大蔵	松方正義	鹿児島	伯爵
隆軍	大山巌	鹿児島	伯爵，陸軍中将
海軍	西郷従道	鹿児島	伯爵，陸軍中将
司法	山田顕義	山口	伯爵，陸軍中将
文部	森有礼	鹿児島	子爵
	大山巌(臨兼)		
	榎本武揚	幕臣	子爵，海軍中将
農商務	榎本武揚(臨兼)		
	井上馨	山口	
逓信	榎本武揚	幕臣	子爵，海軍中将
	後藤象二郎	高知	伯爵
班列	伊藤博文(兼)	山口	枢密院議長，伯爵
書記官長	田中光顕	高知	子爵，陸軍少将
	小牧昌業	鹿児島	
法制局長官	井上毅	熊本	
第1次山県内閣 (1889.12.24—91.5.6)			
総理	山県有朋	山口	伯爵，陸軍中将
外務	青木周蔵	山口	子爵
内務	山県有朋(兼)		
	西郷従道	鹿児島	伯爵，陸軍中将
大蔵	松方正義	鹿児島	伯爵
陸軍	大山巌	鹿児島	伯爵，陸軍中将
海軍	西郷従道	鹿児島	伯爵，陸軍中将
	樺山資紀	鹿児島	子爵，海軍中将
司法	山田顕義	山口	伯爵，陸軍中将
	大木喬任(臨兼)		
文部	榎本武揚	幕臣	子爵，海軍中将
	芳川顕正	徳島	
農商務	岩村通俊	高知	
	陸奥宗光	和歌山	
逓信	後藤象二郎	高知	伯爵
班列	大木喬任	佐賀	伯爵
書記官長	小牧昌業	鹿児島	
	周布公平	山口	
法制局長官	井上毅	熊本	
第1次松方内閣 (1891.5.6—92.8.8)			
総理	松方正義	鹿児島	伯爵，貴族院議員
外務	青木周蔵	山口	子爵，貴族院議員
	榎本武揚	幕臣	子爵，海軍中将
内務	西郷従道	鹿児島	伯爵，陸軍中将
	品川弥二郎	山口	子爵
	副島種臣	佐賀	伯爵
	松方正義(兼)		
	河野敏鎌	高知	
大蔵	松方正義(兼)		
陸軍	大山巌	鹿児島	伯爵，陸軍中将
	高島鞆之助	鹿児島	子爵，陸軍中将
海軍	樺山資紀	鹿児島	子爵，海軍中将
司法	山田顕義	山口	伯爵，陸軍中将，貴族院議員
	田中不二麿	名古屋	子爵
	河野敏鎌(兼)		
文部	芳川顕正	徳島	
	大木喬任	佐賀	伯爵
農商務	陸奥宗光	和歌山	
	河野敏鎌	高知	
	佐野常民	佐賀	子爵
逓信	後藤象二郎	高知	伯爵
班列	大木喬任	佐賀	伯爵
書記官長	周布公平	山口	
	平山成信	東京	
法制局長官	井上毅	熊本	
	尾崎三良	京都	貴族院議員
第2次伊藤内閣 (1892.8.8—96.9.18)			
総理	伊藤博文	山口	伯爵
	井上馨(臨代)		
	黒田清隆(臨代)		
	黒田清隆(臨兼)		
外務	陸奥宗光	和歌山	
	西園寺公望(臨代)		
	西園寺公望(兼)		
内務	井上馨	山口	伯爵
	芳川顕正(臨代)		

職名	氏名	出身	備考
	野村靖	山口	子爵
	芳川顕正(兼)		
	板垣退助	高知	伯爵,自由党
大蔵	渡辺国武	高島	
	松方正義	鹿児島	伯爵,貴族院議員
	渡辺国武(兼)		
陸軍	大山巌	鹿児島	伯爵,陸軍大将
	西郷従道(臨兼)		
	山県有朋(兼)		
	西郷従道(臨代)		
海軍	仁礼景範	鹿児島	子爵,海軍中将
	西郷従道	鹿児島	伯爵,陸軍中将
司法	山県有朋	山口	伯爵,陸軍大将
	伊藤博文(兼)		
	芳川顕正	徳島	
文部	河野敏鎌	高知	
	井上毅	熊本	
	芳川顕正(臨兼)		
	西園寺公望	公家	侯爵,貴族院議員
農商務	後藤象二郎	高知	伯爵
	榎本武揚	幕臣	子爵,海軍中将
逓信	黒田清隆	鹿児島	伯爵,陸軍中将
	渡辺国武	高島	
	白根専一	山口	
拓殖務	高島鞆之助	鹿児島	子爵,陸軍中将
班列	黒田清隆(兼)	鹿児島	伯爵,枢密院議長
書記官長	伊東巳代治	長崎	
法制局長官	尾崎三良	京都	
	末松謙澄	福岡	衆議院議員中央交渉部

第2次松方内閣（1896.9.18—98.1.12）

職名	氏名	出身	備考
総理	松方正義	鹿児島	伯爵,貴族院議員
	黒田清隆(臨代)		
外務	西園寺公望(兼)		
	大隈重信	佐賀	伯爵
	西徳二郎	鹿児島	男爵
内務	板垣退助	高知	伯爵,自由党
	樺山資紀	鹿児島	伯爵,海軍大将
大蔵	松方正義(兼)		
陸軍	大山巌	鹿児島	侯爵,陸軍大将,貴族院議員
	高島鞆之助(兼)		
海軍	西郷従道	鹿児島	侯爵,海軍大将,貴族院議員
司法	芳川顕正	徳島	子爵
	清浦奎吾	熊本	貴族院議員,研究会
文部	西園寺公望	公家	侯爵,貴族院議員
	蜂須賀茂韶	徳島	侯爵,貴族院議員
	浜尾新	兵庫	貴族院議員
農商務	榎本武揚	幕臣	子爵,海軍中将
	大隈重信(兼)		
	山田信道	熊本	男爵
逓信	白根専一	山口	
	野村靖	山口	子爵
拓殖務	高島鞆之助	鹿児島	子爵,陸軍中将
班列	黒田清隆	鹿児島	伯爵,陸軍中将

職名	氏名	出身	備考
書記官長	伊東巳代治	長崎	男爵,貴族院議員
	高橋健三	東京	
	平山成信	東京	貴族院議員
法制局長官	末松謙澄	福岡	男爵
	神鞭知常	京都	
	梅謙次郎(兼)	松江	東京帝国大学教授

第3次伊藤内閣（1898.1.12—6.30）

職名	氏名	出身	備考
総理	伊藤博文	山口	侯爵,貴族院議員
外務	西徳二郎	鹿児島	男爵
内務	芳川顕正	徳島	子爵
大蔵	井上馨	山口	伯爵
陸軍	桂太郎	山口	子爵,陸軍中将
海軍	西郷従道	鹿児島	侯爵,海軍大将,貴族院議員
司法	曾禰荒助	山口	
文部	西園寺公望	公家	侯爵,貴族院議員
	外山正一	幕臣	貴族院議員
農商務	伊東巳代治	長崎	男爵,貴族院議員
	金子堅太郎	福岡	貴族院議員
逓信	末松謙澄	福岡	男爵
書記官長	鮫島武之助	鹿児島	貴族院議員
法制局長官	梅謙次郎(兼)	松江	東京帝国大学法科大学教授

第1次大隈内閣（1898.6.30—11.8）

職名	氏名	出身	備考
総理	大隈重信	佐賀	伯爵,憲政党(旧進歩党)
外務	大隈重信(兼)		
内務	板垣退助	高知	伯爵,憲政党(旧自由党)
大蔵	松田正久	佐賀	衆議院議員,憲政党(旧自由党)
陸軍	桂太郎	山口	子爵,陸軍中将
海軍	西郷従道	鹿児島	侯爵,海軍大将
司法	大東義徹	滋賀	衆議院議員,憲政党(旧進歩党)
文部	尾崎行雄	神奈川	衆議院議員,憲政党(旧進歩党)
	犬養毅	岡山	衆議院議員,憲政党(旧進歩党)
農商務	大石正己	高知	衆議院議員,憲政党(旧進歩党)
逓信	林有造	高知	衆議院議員,憲政党(旧自由党)
書記官長	武富時敏	佐賀	衆議院議員,憲政党(旧進歩党)
法制局長官	神鞭知常	京都	衆議院議員

第2次山県内閣（1898.11.8—1900.10.19）

職名	氏名	出身	備考
総理	山県有朋	山口	侯爵,元帥,陸軍大将,貴族院議員
外務	青木周蔵	山口	子爵
内務	西郷従道	鹿児島	侯爵,元帥,海軍大将,貴族院議員
大蔵	松方正義	鹿児島	伯爵
陸軍	桂太郎	山口	子爵,陸軍大将
海軍	山本権兵衛	鹿児島	海軍中将
司法	清浦奎吾	熊本	貴族院議員,研究会
文部	樺山資紀	鹿児島	伯爵,海軍大将
農商務	曾禰荒助	山口	

職名	氏名	出身	備考
逓信	芳川顕正	徳島	子爵
書記官長	安広伴一郎	福岡	
法制局長官	平田東助	山形	貴族院議員,茶話会
第4次伊藤内閣（1900.10.19—01.6.2）			
総理	伊藤博文	山口	侯爵,貴族院議員,政友会
	西園寺公望(臨代)		
	西園寺公望(臨兼)		
外務	加藤高明	名古屋	
内務	末松謙澄	福岡	男爵,貴族院議員,政友会
大蔵	渡辺国武	高島	子爵,政友会
	西園寺公望(臨兼)		
陸軍	桂太郎	山口	子爵,陸軍大将
	児玉源太郎	山口	男爵,陸軍中将
海軍	山本権兵衛	鹿児島	海軍中将
司法	金子堅太郎	福岡	男爵,貴族院議員,政友会
文部	松田正久	佐賀	衆議院議員,政友会
農商務	林有造	高知	政友会
逓信	星亨	東京	衆議院議員,政友会
	原敬	盛岡	政友会
班列	西園寺公望(兼)	公家	侯爵,貴族院議員,枢密院議員,政友会
書記官長	鮫島武之助	鹿児島	貴族院議員
法制局長官	平田東助	米沢	貴族院議員
	奥田義人	鳥取	
第1次桂内閣（1901.6.2—06.1.7）			
総理	桂太郎	山口	子爵,陸軍大将
外務	曾禰荒助(臨兼)		
	小村寿太郎	宮崎	
	桂太郎(臨兼)		
内務	内海忠勝	山口	男爵
	児玉源太郎	山口	男爵,陸軍中将
	桂太郎(兼)		
	芳川顕正	徳島	子爵,貴族院議員,研究会
	清浦奎吾(兼)		
大蔵	曾禰荒助	山口	貴族院議員,茶話会
陸軍	児玉源太郎	山口	男爵,陸軍中将
	寺内正毅	山口	陸軍中将
海軍	山本権兵衛	鹿児島	海軍中将
司法	清浦奎吾	熊本	貴族院議員,研究会
	波多野敬直	佐賀	
文部	菊池大麓	岡山	貴族院議員
	児玉源太郎(兼)		
	久保田譲	兵庫	貴族院議員,土曜会
	桂太郎(兼)		
農商務	平田東助	山形	貴族院議員,茶話会
	清浦奎吾(兼)		
	清浦奎吾	熊本	貴族院議員,研究会
逓信	芳川顕正	徳島	子爵,貴族院議員,研究会
	曾禰荒助(兼)		
	大浦兼武	鹿児島	貴族院議員,茶話会

職名	氏名	出身	備考
書記官長	柴田家門	山口	
法制局長官	奥田義人	鳥取	
	一木喜徳郎	静岡	貴族院議員,無所属
第1次西園寺内閣（1906.1.7—08.7.14）			
総理	西園寺公望	公家	侯爵,貴族院議員,立憲政友会
外務	加藤高明	愛知	
	西園寺公望(臨兼)		
	林董	幕臣	子爵
内務	原敬	岩手	衆議院議員,立憲政友会
大蔵	阪谷芳郎	岡山	
	松田正久(兼)		
	松田正久	佐賀	衆議院議員,立憲政友会
陸軍	寺内正毅	山口	陸軍中将
海軍	斎藤実	岩手	海軍中将
司法	松田正久	佐賀	衆議院議員,立憲政友会
	千家尊福	島根	男爵,貴族院議員
文部	西園寺公望(臨兼)		
	牧野伸顕	鹿児島	
農商務	松岡康毅	徳島	貴族院議員
逓信	山県伊三郎	山口	
	原敬(兼)		
	堀田正養	秋田	子爵,貴族院議員,研究会
書記官長	石渡敏一	静岡	
	南弘	富山	
法制局長官	一木喜徳郎	静岡	貴族院議員
	岡野敬次郎	群馬	
第2次桂内閣（1908.7.14—11.8.30）			
総理	桂太郎	山口	侯爵,陸軍大将,貴族院議員
外務	寺内正毅(臨兼)		
	小村寿太郎	宮崎	伯爵
内務	平田東助	山形	男爵,貴族院議員,茶話会
大蔵	桂太郎(兼)		
陸軍	寺内正毅	山口	子爵,陸軍大将
海軍	斎藤実	岩手	男爵,海軍中将
司法	岡部長職	大阪	子爵,貴族院議員,研究会
文部	小松原英太郎	岡山	貴族院議員,茶話会
農商務	大浦兼武	鹿児島	男爵,貴族院議員,茶話会
	小松原英太郎(臨兼)		
逓信	後藤新平	岩手	男爵,貴族院議員,茶話会
書記官長	柴田家門	山口	貴族院議員
	柴田家門(兼)		
法制局長官	安広伴一郎	福岡	貴族院議員,茶話会
第2次西園寺内閣（1911.8.30—12.12.21）			
総理	西園寺公望	公家	侯爵,貴族院議員,立憲政友会
外務	内田康哉	熊本	子爵

職名	氏名	出身	備考
	林　董(臨兼)		
内務	原　敬	岩手	衆議院議員,立憲政友会
大蔵	山本達雄	大分	貴族院議員
陸軍	石本新六	兵庫	男爵,陸軍中将
	上原勇作	宮崎	男爵,陸軍中将
海軍	斎藤　実	岩手	男爵,海軍中将
司法	松田正久	佐賀	衆議院議員,立憲政友会
文部	長谷場純孝	鹿児島	衆議院議員,立憲政友会
	牧野伸顕(臨兼)		
農商務	牧野伸顕	鹿児島	男爵
逓信	林　董	幕臣	伯爵
書記官長	南　弘	富山	
法制局長官	安広伴一郎	福岡	貴族院議員
	岡野敬次郎	群馬	貴族院議員

第3次桂内閣（1912.12.21—13.2.20）

職名	氏名	出身	備考
総理	桂　太郎	山口	公爵,陸軍大将,貴族院議員
外務	桂　太郎(兼)		
	加藤高明	愛知	男爵
内務	大浦兼武	鹿児島	子爵,貴族院議員,茶話会
大蔵	若槻礼次郎	島根	貴族院議員,茶話会
陸軍	木越安綱	石川	男爵,陸軍中将
海軍	斎藤　実	岩手	男爵,海軍大将
司法	松室　致	福岡	
文部	柴田家門	山口	貴族院議員,茶話会
農商務	仲小路　廉	山口	貴族院議員,無所属
逓信	後藤新平	岩手	男爵,貴族院議員,茶話会
書記官長	江木　翼	山口	
法制局長官	一木喜徳郎	静岡	貴族院議員,無所属

第1次山本内閣（1913.2.20—14.4.16）

職名	氏名	出身校	備考
総理	山本権兵衛	海軍兵学寮	伯爵,海軍大将
外務	牧野伸顕	開成学校中退	男爵
内務	原　敬	司法省法学校中退	衆議院議員,立憲政友会
大蔵	高橋是清		男爵,貴族院議員,茶話会,立憲政友会
陸軍	木越安綱	陸軍士官学校	男爵,陸軍中将
	楠瀬幸彦	陸軍士官学校	陸軍中将
海軍	斎藤　実	海軍兵学校	男爵,海軍大将
司法	松田正久		衆議院議員,立憲政友会
	奥田義人(臨兼)		
	奥田義人	東京大学	貴族院議員,交友倶楽部,立憲政友会
文部	奥田義人	東京大学	貴族院議員,交友倶楽部,立憲政友会
	大岡育造	司法省法学校	衆議院議員,立憲政友会
農商務	山本達雄	三菱商業学校	貴族院議員,交友倶楽部,立憲政友会
逓信	元田　肇	東京大学	衆議院議員,立憲政友会
書記官長	山之内一次	帝国大学	
法制局長官	岡野敬次郎	帝国大学	貴族院議員,交友倶楽部
	倉富勇三郎	司法省法学校	

第2次大隈内閣（1914.4.16—16.10.9）

職名	氏名	出身校	備考
総理	大隈重信		伯爵
外務	加藤高明	東京大学	男爵
	大隈重信(兼)		
	石井菊次郎	帝国大学	男爵
内務	大隈重信(兼)		
	大浦兼武		子爵,貴族院議員
	一木喜徳郎	帝国大学	貴族院議員
大蔵	若槻礼次郎	帝国大学	貴族院議員,茶話会
	武富時敏		衆議院議員,同志会
陸軍	岡　市之助	陸軍大学校	陸軍中将
	大島健一	陸軍士官学校	陸軍中将
海軍	八代六郎	海軍大学校	海軍中将
	加藤友三郎	海軍兵学校	海軍中将
司法	尾崎行雄	慶応義塾	衆議院議員,中正会
文部	一木喜徳郎	帝国大学	貴族院議員
	高田早苗	東京大学	貴族院議員
	大浦兼武		貴族院議員
	河野広中		衆議院議員,同志会
逓信	武富時敏		衆議院議員,同志会
	箕浦勝人	慶応義塾	衆議院議員,同志会
書記官長	江木　翼	東京帝大	
法制局長官	高橋作衛	帝国大学	

寺内内閣（1916.10.9—18.9.29）

職名	氏名	出身校	備考
総理	寺内正毅		伯爵,元帥,陸軍大将
外務	寺内正毅(臨兼)		
	本野一郎	リヨン大学	子爵
	後藤新平	須賀川医学校	男爵,貴族院議員,茶話会
内務	後藤新平	須賀川医学校	男爵,貴族院議員,茶話会
	水野錬太郎	帝国大学	貴族院議員,交友倶楽部
大蔵	寺内正毅(兼)		
	勝田主計	帝国大学	貴族院議員
陸軍	大島健一	陸軍士官学校	陸軍中将
海軍	加藤友三郎	海軍大学校	海軍大将
司法	松室　致	司法省法学校	
文部	岡田良平	帝国大学	貴族院議員,研究会
農商務	仲小路　廉	開成学校	貴族院議員,無所属
逓信	田　健治郎		男爵,貴族院議員,茶話会

職名	氏名	出身校	備考
書記官長	児玉秀雄	東京帝大	伯爵,貴族院議員,甲寅俱楽部
法制局長官	有松英義	独逸学協会学校	貴族院議員,研究会

原内閣 (1918.9.29—21.11.13)

総理	原敬	司法省法律学校	衆議院議員,立憲政友会
	内田康哉(臨兼)		
外務	内田康哉	帝国大学	子爵
内務	床次竹二郎	帝国大学	衆議院議員,立憲政友会
大蔵	高橋是清		男爵,貴族院議員,茶話会,立憲政友会
陸軍	田中義一	陸軍大学校	陸軍中将
	山梨半造	陸軍大学校	陸軍中将
海軍	加藤友三郎	海軍大学校	男爵,海軍大将
司法	原敬(兼)		
	大木遠吉		伯爵,貴族院議員,研究会
文部	中橋徳五郎	東京大学	衆議院議員,立憲政友会
農商務	山本達雄	三菱商業学校	貴族院議員,交友俱楽部,立憲政友会
逓信	野田卯太郎		衆議院議員,立憲政友会
鉄道	元田肇	東京大学	衆議院議員,立憲政友会
書記官長	高橋光威	慶応義塾	衆議院議員,立憲政友会
法制局長官	横田千之助	東京法学院	衆議院議員,立憲政友会

高橋内閣 (1921.11.13—22.6.12)

総理	高橋是清		子爵,貴族院議員,茶話会,立憲政友会
外務	内田康哉	帝国大学	伯爵
内務	床次竹二郎	帝国大学	衆議院議員,立憲政友会
大蔵	高橋是清(兼)		
陸軍	山梨半造	陸軍大学校	陸軍中将
海軍	加藤友三郎	海軍大学校	男爵,海軍大将
司法	大木遠吉		伯爵,貴族院議員,研究会
文部	中橋徳五郎	東京大学	衆議院議員,立憲政友会
農商務	山本達雄	三菱商業学校	男爵,貴族院議員,交友俱楽部,立憲政友会
逓信	野田卯太郎		衆議院議員,立憲政友会
鉄道	元田肇	東京大学	衆議院議員,立憲政友会
書記官長	高橋光威	慶応義塾	衆議院議員,立憲政友会
	三土忠造	高等師範学校	衆議院議員,立憲政友会
法制局長官	横田千之助	東京法学院	衆議院議員,立憲政友会
	馬場鍈一	東京帝大	

加藤友三郎内閣 (1922.6.12—23.9.2)

総理	加藤友三郎	海軍大学校	男爵,海軍大将
	内田康哉(臨兼)		
外務	内田康哉	帝国大学	伯爵
内務	水野錬太郎	帝国大学	貴族院議員,交友俱楽部
大蔵	市来乙彦	帝国大学	貴族院議員,研究会
陸軍	山梨半造	陸軍大学校	陸軍大将
海軍	加藤友三郎(兼)		
	財部彪	海軍大学校	海軍大将
司法	岡野敬次郎	東京大学	貴族院議員,交友俱楽部
文部	鎌田栄吉	慶応義塾	貴族院議員,交友俱楽部
農商務	荒井賢太郎	帝国大学	貴族院議員,研究会
逓信	前田利定	東京帝大	子爵,貴族院議員,研究会
鉄道	大木遠吉		伯爵,貴族院議員,研究会
書記官長	宮田光雄	東京帝大	衆議院議員,庚申俱楽部
法制局長官	馬場鍈一	東京帝大	

第2次山本内閣 (1923.9.2—24.1.7)

総理	山本権兵衛	海軍兵学寮	伯爵,海軍大将
外務	山本権兵衛(兼)		
	伊集院彦吉	帝国大学	男爵
内務	後藤新平	須賀川医学校	子爵,貴族院議員,茶話会
大蔵	井上準之助	帝国大学	
陸軍	田中義一	陸軍大学校	男爵,陸軍大将
海軍	財部彪	海軍大学校	海軍大将
司法	田健治郎(兼)		
	平沼騏一郎	帝国大学	
文部	犬養毅(兼)		
	岡野敬次郎	帝国大学	貴族院議員,交友俱楽部
農商務	田健治郎		男爵,貴族院議員,茶話会
	岡野敬次郎(兼)		
逓信	犬養毅	慶応義塾中退	衆議院議員,革新俱楽部
鉄道	山之内一次	帝国大学	貴族院議員,交友俱楽部
書記官長	樺山資英	エール大学	
法制局長官	馬場鍈一	東京帝大	
	松本烝治	東京帝大	

清浦内閣 (1924.1.7—6.11)

総理	清浦奎吾		子爵
外務	松井慶四郎	帝国大学	男爵
内務	水野錬太郎	帝国大学	貴族院議員,交友俱楽部
大蔵	勝田主計	帝国大学	貴族院議員,研究会
陸軍	宇垣一成	陸軍大学校	陸軍中将
海軍	村上格一	海軍兵学校	海軍大将
司法	鈴木喜三郎	帝国大学	貴族院議員
文部	江木千之		貴族院議員,茶話会

職　名	氏　　名	出身校	備　　考
農商務	前田利定	東京帝大	子爵,陸軍中尉,貴族院議員,研究会
逓　信	藤村義朗		男爵,貴族院議員,公正会
鉄　道	小松謙次郎	帝国大学	貴族院議員,研究会
書記官長	小橋一太	東京帝大	衆議院議員
法制局長官	松本烝治	東京帝大	
	佐竹三吾	東京帝大	

加藤高明内閣（1924.6.11—26.1.30）

職　名	氏　　名	出身校	備　　考
総　理	加藤高明	東京大学	子爵,貴族院議員,無所属,憲政会
	若槻礼次郎(臨代)		
	若槻礼次郎(臨兼)		
外　務	幣原喜重郎	帝国大学	男爵
内　務	若槻礼次郎	帝国大学	貴族院議員,茶話会,憲政会
大　蔵	浜口雄幸	帝国大学	衆議院議員,憲政会
陸　軍	宇垣一成	陸軍大学校	陸軍中将
海　軍	財部　彪	海軍大学校	海軍大将
司　法	横田千之助	東京法学院	衆議院議員,立憲政友会
	高橋是清(臨兼)		
	小川平吉	帝国大学	衆議院議員,立憲政友会
	江木　翼	東京帝大	貴族院議員,同成会,憲政会
文　部	岡田良平	帝国大学	貴族院議員,無所属
農商務	高橋是清		衆議院議員,立憲政友会
農　林	高橋是清(兼)		
	岡崎邦輔		衆議院議員,立憲政友会
	早速整爾	東京専門学校	衆議院議員,憲政会
商　工	高橋是清		衆議院議員,立憲政友会
	野田卯太郎		衆議院議員,立憲政友会
	片岡直温	高知陶冶学校中退	衆議院議員,憲政会
逓　信	犬養　毅	慶応義塾中退	衆議院議員,革新倶楽部
	安達謙蔵	済々黌	衆議院議員,憲政会
鉄　道	仙石　貢	東京大学	憲政会
書記官長	江木　翼	東京帝大	貴族院議員,同成会,憲政会
	塚本清治	東京帝国大学	
法制局長官	塚本清治	東京帝大	
	山川端夫	東京帝国大学	

第1次若槻内閣（1926.1.30—27.4.20）

職　名	氏　　名	出身校	備　　考
総　理	若槻礼次郎	帝国大学	貴族院議員,茶話会,憲政会
外　務	幣原喜重郎	帝国大学	男爵,貴族院議員
内　務	若槻礼次郎(兼)		
	浜口雄幸	帝国大学	衆議院議員,憲政会
大　蔵	浜口雄幸	帝国大学	衆議院議員,憲政会
	早速整爾	東京専門学校	衆議院議員,憲政会
	片岡直温	高知陶冶学校中退	衆議院議員,憲政会
陸　軍	宇垣一成	陸軍大学校	陸軍大将
海　軍	財部　彪	海軍大学校	海軍大将
司　法	江木　翼	東京帝大	貴族院議員,同成会,憲政会
文　部	岡田良平	帝国大学	貴族院議員,無所属
農　林	早速整爾	東京専門学校	衆議院議員,憲政会
	町田忠治	帝国大学	衆議院議員,憲政会
商　工	片岡直温	高知陶冶学校中退	衆議院議員,憲政会
	藤沢幾之輔	宮城英語学校	衆議院議員,憲政会
逓　信	安達謙蔵	済々黌	衆議院議員,憲政会
鉄　道	仙石　貢	東京大学	貴族院議員,同成会,憲政会
	井上匡四郎	東京帝大	子爵,貴族院議員,研究会
書記官長	塚本清治	東京帝大	貴族院議員,研究会
法制局長官	山川端夫	東京帝大	

田中義一内閣（1927.4.20—29.7.2）

職　名	氏　　名	出身校	備　　考
総　理	田中義一	陸軍大学校	男爵,陸軍大将,貴族院議員,立憲政友会
外　務	田中義一(兼)		
内　務	鈴木喜三郎	帝国大学	貴族院議員,研究会,立憲政友会
	田中義一(兼)		
	望月圭介		衆議院議員,立憲政友会
大　蔵	高橋是清		衆議院議員,立憲政友会
	三土忠造	高等師範学校	衆議院議員,立憲政友会
陸　軍	白川義則	陸軍大学校	陸軍大将
海　軍	岡田啓介	海軍大学校	海軍大将
司　法	原　嘉道	帝国大学	
文　部	三土忠造	高等師範学校	衆議院議員,立憲政友会
	水野錬太郎	帝国大学	貴族院議員,交友倶楽部,立憲政友会
	勝田主計	帝国大学	貴族院議員,研究会
農　林	山本悌二郎	ライプチッヒ大学	衆議院議員,立憲政友会
商　工	中橋徳五郎	東京大学	
逓　信	望月圭介		衆議院議員,立憲政友会
	久原房之助	慶応義塾	衆議院議員,立憲政友会
鉄　道	小川平吉	帝国大学	衆議院議員,立憲政友会
拓　務	田中義一		
書記官長	鳩山一郎	東京帝大	衆議院議員,立憲政友会
法制局長官	前田米蔵	東京法学院	衆議院議員,立憲政友会

職名	氏名	出身校	備考
浜口内閣(1929.7.2—1931.4.14)			
総理	浜口雄幸	帝国大学	衆議院議員,立憲民政党
	幣原喜重郎(臨代)		
外務	幣原喜重郎	帝国大学	男爵,貴族院議員,同和会
内務	安達謙蔵	済々黌	衆議院議員,立憲民政党
大蔵	井上準之助	帝国大学	貴族院議員
陸軍	宇垣一成	陸軍大学校	陸軍大将
海軍	財部彪	海軍大学校	海軍大将
	安保清種	海軍兵学校	男爵,海軍大将
司法	渡辺千冬	東京帝大	子爵,貴族院議員,研究会
文部	小橋一太	東京帝大	衆議院議員,立憲民政党
	田中隆三	帝国大学	衆議院議員,立憲民政党
農林	町田忠治	帝国大学	衆議院議員,立憲民政党
商工	俵孫一	帝国大学	衆議院議員,立憲民政党
逓信	小泉又次郎		衆議院議員,立憲民政党
鉄道	江木翼	東京帝大	貴族院議員,同成会,立憲民政党
拓務	松田源治	日本法律学校	衆議院議員,立憲民政党
班列	阿部信行	陸軍大学校	陸軍中将
書記官長	鈴木富士弥	東京帝大	衆議院議員,立憲民政党
法制局長官	川崎卓吉	東京帝大	貴族院議員,同和会,立憲民政党
第2次若槻内閣(1931.4.14—12.13)			
総理	若槻礼次郎	帝国大学	男爵,貴族院議員,同和会,立憲民政党
外務	幣原喜重郎	帝国大学	男爵,貴族院議員,同和会
内務	安達謙蔵	済々黌	衆議院議員,立憲民政党
大蔵	井上準之助	帝国大学	貴族院議員,同成会,立憲民政党
陸軍	南次郎	陸軍大学校	陸軍大将
海軍	安保清種	海軍兵学校	男爵,海軍大将
司法	渡辺千冬	東京帝大	子爵,貴族院議員,研究会
文部	田中隆三	帝国大学	衆議院議員,立憲民政党
農林	町田忠治	帝国大学	衆議院議員,立憲民政党
商工	桜内幸雄	東京専門学校中退	衆議院議員,立憲民政党
鉄道	江木翼	東京帝大	貴族院議員,同成会,立憲民政党
	原脩次郎	東京法学院	衆議院議員,立憲民政党
拓務	原脩次郎	東京法学院	衆議院議員,立憲民政党
	若槻礼次郎(兼)		
書記官長	川崎卓吉	東京帝大	貴族院議員,同和会,立憲民政党
法制局長官	武内作平	関西法律学校	衆議院議員,立憲民政党
	斎藤隆夫	東京専門学校	衆議院議員,立憲民政党
犬養内閣(1931.12.13—32.5.26)			
総理	犬養毅	慶応義塾中退	衆議院議員,政友会
	高橋是清(臨兼)		
外務	犬養毅(兼)		
	芳沢謙吉	東京帝大	
内務	中橋徳五郎	東京大学	衆議院議員,政友会
	犬養毅(兼)		
	鈴木喜三郎	帝国大学	貴族院議員,研究会,政友会
大蔵	高橋是清		政友会
陸軍	荒木貞夫	陸軍大学校	陸軍中将
海軍	大角岑生	海軍大学校	海軍大将
司法	鈴木喜三郎	帝国大学	貴族院議員,研究会,政友会
	川村竹治	東京帝大	貴族院議員,交友倶楽部
文部	鳩山一郎	東京帝国大学	衆議院議員,政友会
農林	山本悌二郎	ライプチッヒ大学	衆議院議員,政友会
商工	前田米蔵	東京法学院	衆議院議員,政友会
逓信	三土忠造	高等師範学校	衆議院議員,政友会
鉄道	床次竹二郎	帝国大学	衆議院議員,政友会
拓務	秦豊助	帝国大学	衆議院議員,政友会
書記官長	森恪	慶應義塾	衆議院議員,政友会
法制局長官	島田俊雄	東京帝大	衆議院議員,政友会
斎藤内閣(1932.5.26—34.7.8)			
総理	斎藤実	海軍兵学校	子爵,海軍大将
外務	斎藤実(兼)		
	内田康哉(兼)	帝国大学	伯爵,貴族院議員
	広田弘毅	東京帝大	
内務	山本達雄	三菱商学	男爵,貴族院議員,交友倶楽部,立憲民政党
大蔵	高橋是清		子爵,立憲政友会
陸軍	荒木貞夫	陸軍大学校	陸軍中将
	林銑十郎	陸軍大学校	陸軍大将
海軍	岡田啓介	海軍大学校	海軍大将
	大角岑生	海軍大学校	海軍大将
司法	小山松吉	独逸協会学校	
文部	鳩山一郎	東京帝大	衆議院議員,立憲政友会
	斎藤実(兼)		
農林	後藤文夫	東京帝大	男爵,貴族院議員

職名	氏名	出身校	備考
商工	中島久万吉	東京高等商業学校	男爵,貴族院議員,公正会
	松本烝治	東京帝大	貴族院議員
通信	南弘	帝国大学	貴族院議員,交友俱楽部
鉄道	三土忠造	高等師範学校	衆議院議員,立憲政友会
拓務	永井柳太郎	早稲田大学	衆議院議員,立憲民政党
書記官長	柴田善三郎	東京帝大	
	堀切善次郎	東京帝大	
法制局長官	堀切善次郎	東京帝大	
	黒崎定三	東京帝大	
岡田内閣 (1934.7.8—36.3.9)			
総理	岡田啓介	海軍大学校	海軍大将
	後藤文夫(臨代)		
外務	広田弘毅	東京帝大	
内務	後藤文夫	東京帝大	貴族院議員
大蔵	藤井真信	東京帝大	
	高橋是清		
	町田忠治(兼)		
陸軍	林銑十郎	陸軍大学校	陸軍大将
	川島義之	陸軍大学校	陸軍大将
海軍	大角岑生	海軍大学校	海軍大将
司法	小原直	東京帝大	
文部	松田源治	中央大学・日本大学	衆議院議員
	川崎卓吉	東京帝大	貴族院議員
農林	山崎達之輔	京都帝大	衆議院議員
商工	町田忠治	帝国大学	衆議院議員
通信	床次竹二郎	帝国大学	衆議院議員
	岡田啓介(兼)		
	望月圭介		衆議院議員
鉄道	内田信也	東京高等商業学校	
拓務	岡田啓介(兼)		
	児玉秀雄	東京帝大	伯爵,貴族院議員
書記官長	河田烈	東京帝大	
	吉田茂	東京帝大	
	白根竹介	東京帝大	
法制局長官	黒崎定三	東京帝大	貴族院議員
	金森徳次郎	東京帝大	
	大橋八郎	東京帝大	
広田内閣 (1936.3.9—1937.2.2)			
総理	広田弘毅	東京帝大	
外務	広田弘毅(兼)		
	有田八郎	東京帝大	
内務	潮恵之輔	東京帝大	貴族院議員,研究会
大蔵	馬場鍈一	東京帝大	貴族院議員,研究会
陸軍	寺内寿一	陸軍大学校	伯爵,陸軍大将
海軍	永野修身	海軍兵学校	海軍大将
司法	林頼三郎	東京法学院	
文部	潮恵之輔(兼)		
	平生釟三郎	東京商業高等学校	貴族院議員
農林	島田俊雄	東京帝大	衆議院議員,立憲政友会
商工	川崎卓吉	東京帝大	貴族院議員,同和会
	小川郷太郎	東京帝大	衆議院議員,立憲民政党
通信	頼母木桂吉	第一高等中学校	衆議院議員,立憲民政党
鉄道	前田米蔵	東京法学院	衆議院議員,立憲政友会
拓務	永田秀次郎	第三高等学校	貴族院議員,同和会
書記官長	藤沼庄平	東京帝大	貴族院議員,研究会
法制局長官	次田大三郎	東京帝大	貴族院議員,同成会
林内閣 (1937.2.2—6.4)			
総理	林銑十郎	陸軍大学校	陸軍大将
外務	林銑十郎(兼)		
	佐藤尚武	東京高等商業学校	
内務	河原田稼吉	東京帝大	
大蔵	結城豊太郎	東京帝大	
陸軍	中村孝太郎	陸軍大学校	陸軍中将
	杉山元	陸軍大学校	陸軍大将
海軍	米内光政	海軍大学校	海軍中将
司法	塩野季彦	東京帝大	
文部	林銑十郎(兼)		
農林	山崎達之助	京都帝大	衆議院議員
商工	伍堂卓雄	東京帝大	海軍造兵中将
通信	山崎達之助(兼)		
	児玉秀雄	東京帝大	伯爵,貴族院議員,研究会
鉄道	伍堂卓雄(兼)		
拓務	結城豊太郎(兼)		
書記官長	大橋八郎	東京帝大	貴族院議員,研究会
法制局長官	川越丈雄	東京帝大	
第1次近衛内閣 (1937.6.4—39.1.5)			
総理	近衛文麿	京都帝大	公爵,貴族院議員,火曜会
外務	広田弘毅	東京帝大	貴族院議員
	宇垣一成	陸軍大学校	陸軍大将
	近衛文麿(兼)		
	有田八郎	東京帝大	貴族院議員,研究会
内務	馬場鍈一	東京帝大	貴族院議員,研究会
	末次信正	海軍大学校	海軍大将
大蔵	賀屋興宣	東京帝大	
	池田成彬	慶応義塾・ハーバード大学	
陸軍	杉山元	陸軍大学校	陸軍大将

職名	氏名	出身校	備考
	板垣征四郎	陸軍大学校	陸軍中将
海軍	米内光政	海軍大学校	海軍大将
司法	塩野季彦	東京帝大	
文部	安井英二	東京帝大	
	木戸幸一	京都帝大	侯爵,貴族院議員,火曜会
	荒木貞夫	陸軍大学校	男爵,陸軍大将
農林	有馬頼寧	東京帝大	伯爵,貴族院議員,研究会
商工	吉野信次	東京帝大	
	池田成彬(兼)		
逓信	永井柳太郎	早稲田大学	衆議院議員,立憲民政党
鉄道	中島知久平	海軍大学校	海軍機関大尉,衆議院議員,立憲政友会
拓務	大谷尊由	本願寺立文学寮	貴族院議員,研究会
	宇垣一成(兼)		
	近衛文麿(兼)		
	八田嘉明	東京帝大	貴族院議員,研究会
厚生	木戸幸一(兼)		
	木戸幸一	京都帝大	侯爵,貴族院議員,火曜会
書記官長	風見章	早稲田大学	衆議院議員
法制局長官	滝正雄	京都帝大	衆議院議員
	船田中	東京帝大	衆議院議員,立憲政友会
平沼内閣(1939.1.5—8.30)			
総理	平沼騏一郎	帝国大学	男爵
外務	有田八郎	東京帝大	貴族院議員,研究会
内務	木戸幸一	京都帝大	侯爵,貴族院議員,火曜会
大蔵	石渡荘太郎	東京帝大	
陸軍	板垣征四郎	陸軍大学校	陸軍中将
海軍	米内光政	海軍大学校	海軍大将
司法	塩野季彦	東京帝大	
文部	荒木貞夫	陸軍大学校	男爵,陸軍大将
農林	桜内幸雄	東京専門学校中退	衆議院議員,立憲民政党
商工	八田嘉明	東京帝大	貴族院議員,研究会
逓信	塩野季彦(兼)		
	田辺治通	東京帝大	
鉄道	前田米蔵	東京法学院	衆議院議員,立憲政友会
拓務	八田嘉明(兼)		
	小磯国昭	陸軍大学校	陸軍大将
厚生	広瀬久忠	東京帝大	
班列	近衛文麿	京都帝大	公爵,貴族院議員,火曜会
書記官長	田辺治通	東京帝大	
	太田耕造	東京帝大	
法制局長官	黒崎定三	東京帝大	貴族院議員,研究会

職名	氏名	出身校	備考
阿部内閣(1939.8.30—40.1.16)			
総理	阿部信行	陸軍大学校	陸軍大将
外務	阿部信行(兼)		
	野村吉三郎	海軍兵学校	海軍大将
内務	小原直	東京帝大	貴族院議員,同和会
大蔵	青木一男	東京帝大	貴族院議員
陸軍	畑俊六	陸軍大学校	陸軍大将
海軍	吉田善吾	海軍大学校	海軍中将
司法	宮城長五郎	東京帝大	
文部	河原田稼吉	東京帝大	貴族院議員,研究会
農林	伍堂卓雄	東京帝大	海軍造兵中将,貴族院議員,研究会
	酒井忠正	京都帝大	貴族院議員,研究会
商工	伍堂卓雄(兼)		
	伍堂卓雄	東京帝大	海軍造兵中将,貴族院議員,研究会
逓信	永井柳太郎	早稲田大学	衆議院議員,立憲民政党
鉄道	永井柳太郎(兼)		
	永田秀次郎	第三高等学校	貴族院議員,同和会
拓務	金光庸夫		衆議院議員,立憲政友会金光派
厚生	小原直(兼)		
	秋田清	日本法律学校	衆議院議員,第一議員倶楽部
書記官長	遠藤柳作	東京帝大	貴族院議員,研究会
法制局長官	唐沢俊樹	東京帝大	
米内内閣(1940.1.16—7.22)			
総理	米内光政	海軍大学校	海軍大将
外務	有田八郎	東京帝大	貴族院議員,研究会
内務	児玉秀雄	東京帝大	伯爵,貴族院議員,研究会
大蔵	桜内幸雄	東京専門学校中退	衆議院議員,立憲民政党
陸軍	畑俊六	陸軍大学校	陸軍大将
海軍	吉田善吾	海軍大学校	海軍中将
司法	木村尚達	京都帝大	
文部	松浦鎮次郎	東京帝大	
農林	島田俊雄	東京帝大	衆議院議員,立憲政友会
商工	藤原銀次郎	慶応義塾	貴族院議員,研究会
逓信	勝正憲	東京帝大	衆議院議員,立憲民政党
鉄道	松野鶴平	城北学館中退	衆議院議員,立憲政友会
拓務	小磯国昭	陸軍大学校	陸軍大将
厚生	吉田茂	東京帝大	貴族院議員
書記官長	石渡荘太郎	東京帝大	
法制局長官	広瀬久忠	東京帝大	

職　名	氏　　名	出身校	備　　考
第2次近衛内閣（1940.7.22—41.7.18）			
総　理	近衛文麿	京都帝大	公爵，貴族院議員，火曜会
外　務	松岡洋右	オレゴン州立大学	
内　務	安井英二	東京帝大	貴族院議員
	平沼騏一郎	帝国大学	
大　蔵	河田烈	東京帝大	貴族院議員，公正会
陸　軍	東条英機	陸軍大学校	陸軍中将
海　軍	吉田善吾	海軍大学校	海軍中将
	及川古志郎	海軍大学校	海軍大将
司　法	風見章	早稲田大学	衆議院議員
	柳川平助	陸軍大学校	陸軍中将
文　部	橋田邦彦	東京帝大	
農　林	近衛文麿(兼)		
	石黒忠篤	東京帝大	
	井野碩哉	東京帝大	
商　工	小林一三	慶応義塾	
	豊田貞次郎	海軍大学校	海軍大将
逓　信	村田省蔵	高等商業学校	貴族院議員，同和会
鉄　道	村田省蔵(兼)		
	小川郷太郎	東京帝大	衆議院議員
拓　務	松岡洋右(兼)		
	秋田清	日本法律学校	衆議院議員
厚　生	安井英二(兼)		
	金光庸夫		衆議院議員
国　務	平沼騏一郎	帝国大学	
	星野直樹	東京帝大	企画院総裁
	鈴木貞一	陸軍大学校	陸軍中将，企画院総裁
	小倉正恒	東京帝大	貴族院議員，研究会
班　列	星野直樹	東京帝大	企画院総裁
書記官長	富田健治	京都帝大	
法制局長官	村瀬直養	東京帝大	
第3次近衛内閣（1941.7.18—10.18）			
総　理	近衛文麿	京都帝大	公爵，貴族院議員，火曜会
外　務	豊田貞次郎	海軍大学校	海軍大将
内　務	田辺治通	東京帝大	貴族院議員，無所属倶楽部
大　蔵	小倉正恒	東京帝大	貴族院議員，研究会
陸　軍	東条英機	陸軍大学校	陸軍中将
海　軍	及川古志郎	海軍大学校	海軍大将
司　法	近衛文麿(兼)		
	岩村通世	東京帝大	
文　部	橋田邦彦	東京帝大	
農　林	井野碩哉	東京帝大	
商　工	左近司政三	海軍大学校	海軍中将
逓　信	村田省蔵	高等商業学校	貴族院議員，同和会
鉄　道	村田省蔵(兼)		
拓　務	豊田貞次郎(兼)		
厚　生	小泉親彦	東京帝大	陸軍軍医中将
国　務	平沼騏一郎	帝国大学	
	鈴木貞一	陸軍大学校	陸軍中将，企画院総裁
	柳川平助	陸軍大学校	陸軍中将
書記官長	富田健治	京都帝大	
法制局長官	村瀬直養	東京帝大	
東条内閣（1941.10.18—44.7.22）			
総　理	東条英機	陸軍大学校	陸軍大将
外　務	東郷茂徳	東京帝大	
	東条英機(兼)		
	谷正之	東京帝大	
	重光葵	東京帝大	
内　務	東条英機(兼)		
	湯沢三千男	東京帝大	
	安藤紀三郎	陸軍士官学校	陸軍中将
大　蔵	賀屋興宣	東京帝大	貴族院議員，研究会
	石渡荘太郎	東京帝大	貴族院議員，研究会
陸　軍	東条英機(兼)		
海　軍	嶋田繁太郎	海軍大学校	海軍大将
	野村直邦	海軍大学校	海軍大将
司　法	岩村通世	東京帝大	
文　部	橋田邦彦	東京帝大	
	東条英機(兼)		
	岡部長景	東京帝大	子爵，貴族院議員，研究会
農　林	井野碩哉	東京帝大	
	山崎達之輔	京都帝大	衆議院議員，翼賛政治会
商　工	岸信介	東京帝大	
	東条英機(兼)		
逓　信	寺島健	海軍大学校	海軍中将
	八田嘉明(兼)		
鉄　道	寺島健(兼)		
	八田嘉明	東京帝大	貴族院議員，研究会
拓　務	東郷茂徳(兼)		
	井野碩哉(兼)		
厚　生	小泉親彦	東京帝大	陸軍軍医中将
大東亜	青木一男	東京帝大	貴族院議員，研究会
農　商	山崎達之輔	京都帝大	衆議院議員，翼賛政治会
	内田信也	東京高等商業学校	衆議院議員，翼賛政治会
軍　需	東条英機(兼)		
運輸通信	八田嘉明	東京帝大	貴族院議員，研究会
	五島慶太	東京帝大	
国　務	鈴木貞一	陸軍大学校	陸軍中将，企画院総裁

職名	氏名	出身校	備考
	安藤紀三郎	陸軍士官学校	陸軍中将
	青木一男	東京帝大	貴族院議員,研究会
	大麻唯男	東京帝大	衆議院議員,翼賛政治会
	後藤文夫	東京帝大	貴族院議員,無所属倶楽部
	岸信介	東京帝大	衆議院議員,翼賛政治会
	藤原銀次郎	慶応義塾	貴族院議員,研究会
書記官長	星野直樹	東京帝大	貴族院議員,研究会
法制局長官	森山鋭一	東京帝大	
小磯内閣 (1944.7.22—45.4.7)			
総理	小磯国昭	陸軍大学校	陸軍大将
外務	重光葵	東京帝大	
内務	大達茂雄	東京帝大	
大蔵	石渡荘太郎	東京帝大	貴族院議員,研究会
	津島寿一	東京帝大	
陸軍	杉山元	陸軍大学校	陸軍大将
海軍	米内光政	海軍大学校	海軍大将
司法	松阪広政	東京帝大	
文部	二宮治重	陸軍大学校	陸軍中将
	児玉秀雄	東京帝大	伯爵,貴族院議員,研究会
農商務	島田俊雄	東京帝大	衆議院議員,翼賛政治会
軍需	藤原銀次郎	慶応義塾	貴族院議員,研究会
	吉田茂	東京帝大	貴族院議員,無所属倶楽部
運輸通信	前田米蔵	東京法学院	衆議院議員,翼賛政治会
大東亜	重光葵(兼)		
厚生	広瀬久忠	東京帝大	貴族院議員,研究会
	相川勝六	東京帝大	
国務	町田忠治	帝国大学	衆議院議員,翼賛政治会
	緒方竹虎	早稲田大学	
	児玉秀雄	東京帝大	伯爵,貴族院議員,研究会
	広瀬久忠	東京帝大	貴族院議員,研究会
	石渡荘太郎	東京帝大	貴族院議員,研究会
	小林躋造	海軍大学校	海軍大将,貴族院議員
書記官長	三浦一雄(兼)		
	田中武雄	明治大学	
	広瀬久忠(兼)		
	石渡荘太郎(兼)		
法制局長官	三浦一雄	東京帝大	衆議院議員,翼賛政治会
鈴木貫太郎内閣 (1945.4.7—8.17)			
総理	鈴木貫太郎	海軍大学校	男爵,海軍大将
外務	鈴木貫太郎(兼)		
	東郷茂徳	東京帝大	貴族院議員,無所属倶楽部

職名	氏名	出身校	備考
内務	安倍源基	東京帝大	
大蔵	広瀬豊作	東京帝大	
陸軍	阿南惟幾	陸軍大学校	陸軍大将
海軍	米内光政	海軍大学校	海軍大将
司法	松阪広政	東京帝大	
文部	太田耕造	東京帝大	貴族院議員,無所属倶楽部
農商	石黒忠篤	東京帝大	貴族院議員,無所属倶楽部
軍需	豊田貞次郎	海軍大学校	海軍大将
運輸通信	豊田貞次郎(兼)		
	小日山直登	東京帝大	
運輸	小日山直登	東京帝大	
大東亜	鈴木貫太郎(兼)		
	東郷茂徳(兼)		
厚生	岡田忠彦	東京帝大	衆議院議員,大日本政治会
国務	桜井兵五郎	早稲田大学	衆議院議員,大日本政治会
	左近司政三	海軍大学校	海軍中将,貴族院議員,同和会
	下村宏	東京帝大	貴族院議員,研究会
	安井藤治	陸軍大学校	陸軍中将
書記官長	迫水久常	東京帝大	
法制局長官	村瀬直養	東京帝大	貴族院議員,研究会
東久邇宮内閣 (1945.8.17—10.9)			
総理	東久邇宮稔彦王	陸軍大学校	貴族院議員
外務	重光葵	東京帝大	貴族院議員
	吉田茂	東京帝大	
内務	山崎巌	東京帝大	
大蔵	津島寿一	東京帝大	
陸軍	東久邇宮稔彦王(兼)		
	下村定	陸軍大学校	陸軍大将
海軍	米内光政	海軍大学校	海軍大将
司法	岩田宙造	東京帝大	貴族院議員,同和会
文部	松村謙三(兼)		
	前田多門	東京帝大	貴族院議員,同成会
厚生	松村謙三	早稲田大学	衆議院議員,大日本政治会
大東亜	重光葵(兼)		
農商	千石興太郎	札幌農学校	貴族院議員,無所属倶楽部
軍需	中島知久平	海軍機関学校	海軍機関大尉,衆議院議員,大日本政治会
農林	千石興太郎	札幌農学校	貴族院議員,無所属倶楽部
商工	中島知久平	海軍機関学校	海軍機関大尉,衆議院議員,大日本政治会
運輸	小日山直登	東京帝大	
国務	近衛文麿	京都帝大	公爵,貴族院議員,火曜会

職　名	氏　　名	出身校	備　　考
	緒方竹虎	早稲田大学	貴族院議員
	小畑敏四郎	陸軍大学校	陸軍中将
書記官長	緒方竹虎(兼)		
法制局長官	村瀬直養	東京帝大	貴族院議員,研究会
幣原内閣（1945.10.9―46.5.22）			
総理	幣原喜重郎	帝国大学	男爵,貴族院議員,同和会
外務	吉田　茂	東京帝大	
内務	堀切善次郎	東京帝大	貴族院議員,研究会
	三土忠造	高等師範学校	
大蔵	渋沢敬三	東京帝大	子爵,貴族院議員,研究会
陸軍	下村　定	陸軍大学校	陸軍大将
海軍	米内光政	海軍大学校	海軍大将
第一復員	幣原喜重郎(兼)		
第二復員	幣原喜重郎(兼)		
司法	岩田宙造	東京帝大	貴族院議員,同和会
文部	前田多門	東京帝大	貴族院議員
	安倍能成	東京帝大	貴族院議員,同成会
厚生	芦田　均	東京帝大	衆議院議員
農林	松村謙三	早稲田大学	衆議院議員
	副島千八	東京帝大	
商工	小笠原三九郎	東京帝大	衆議院議員
運輸	田中武雄	青山学院高等科	陸軍中尉,衆議院議員
	三土忠造(兼)		
	村上義一	東京帝大	
国務	松本烝治	東京帝大	貴族院議員,無所属倶楽部
	次田大三郎	東京帝大	貴族院議員,同成会
	小林一三	慶応義塾	貴族院議員,無所属倶楽部
	楢橋　渡		
	石黒武重	東京帝大	
書記官長	次田大三郎(兼)		
	楢橋　渡		
	楢橋　渡(兼)		
法制局長官	楢橋　渡		
	石黒武重	東京帝大	
	石黒武重(兼)		
	入江俊郎		
第1次吉田内閣（1946.5.22―47.5.24）			
総理	吉田　茂	東京帝大	貴族院議員,日本自由党
外務	吉田　茂(兼)		
内務	大村清一	京都帝大	
	植原悦二郎	ロンドン大学	衆議院議員,日本自由党
大蔵	石橋湛山	早稲田大学	

職　名	氏　　名	出身校	備　　考
第一復員	吉田　茂(兼)		
第二復員	吉田　茂(兼)		
司法	木村篤太郎	東京帝大	
文部	田中耕太郎	東京帝大	
	高橋誠一郎	慶応義塾	
厚生	河合良成	東京帝大	貴族院議員,同成会
	吉田　茂(臨代)		
農林	和田博雄	東京帝大	
	吉田　茂(兼)		
	木村小左衛門	早稲田大学中退	衆議院議員,日本進歩党
商工	星島二郎	東京帝大	衆議院議員,日本自由党
	石井光次郎	東京高等商業学校	衆議院議員,日本自由党
運輸	平塚常次郎	札幌露清学校	衆議院議員,日本自由党
	増田甲子七	京都帝大	
逓信	一松定吉	明治法律学校	衆議院議員,日本進歩党
国務	〈復員庁総裁〉(新設)		
	幣原喜重郎	帝国大学	男爵,貴族院議員,同和会,日本進歩党
	〈経済安定本部総務長官・物価庁長官〉(新設)		
	膳　桂之助	東京帝大	貴族院議員,研究会
	石橋湛山(兼)		
	高瀬荘太郎	東京高等商業学校	
	〈行政調査部総裁〉(新設)		
	斎藤隆夫	東京専門学校	衆議院議員,日本進歩党
	〈無任所〉		
	幣原喜重郎	帝国大学	男爵,貴族院議員,同和会,日本進歩党
	植原悦二郎	ロンドン大学	衆議院議員,日本自由党
	星島二郎	東京帝大	衆議院議員,日本自由党
	一松定吉	明治法律学校	衆議院議員,日本進歩党
	膳　桂之助	東京帝大	貴族院議員,研究会
	斎藤隆夫	東京専門学校	衆議院議員,日本進歩党
	金森徳次郎	東京帝大	貴族院議員,同成会
	田中万逸	早稲田大学	衆議院議員,日本進歩党
書記官長	林　譲治	京都帝大	衆議院議員,日本自由党
官房長官	林　譲治	京都帝大	衆議院議員,日本自由党
法制局長官	入江俊郎	東京帝大	貴族院議員,同和会
片山内閣（1947.5.24―48.3.10）			
総理	片山　哲		衆議院議員,日本社会党
副総理外務	芦田　均		衆議院議員,民主党
内務	木村小左衛門		衆議院議員,民主党
大蔵	矢野庄太郎		衆議院議員,民主党
	栗栖赳夫		参議院議員,緑風会

職名	氏名	備考
司法	鈴木義男	衆議院議員,日本社会党
法務総裁	鈴木義男	衆議院議員,日本社会党
文部	森戸辰男	衆議院議員,日本社会党
厚生	一松定吉	衆議院議員,民主党
農林	平野力三	衆議院議員,日本社会党
	片山哲(臨代)	
	波多野鼎	参議院議員,日本社会党
商工	水谷長三郎	衆議院議員,日本社会党
運輸	苫米地義三	衆議院議員,民主党
	北村徳太郎	衆議院議員,民主党
逓信	三木武夫	衆議院議員,国民協同党
労働	米窪満亮	衆議院議員,日本社会党
国務	〈経済安定本部総務長官〉	
	和田博雄	参議院議員,緑風会
	〈物価庁長官〉	
	和田博雄(兼)	
	〈復員庁総裁〉	
	笹森順造	衆議院議員,国民協同党
	〈行政調査部総裁〉	
	斎藤隆夫	衆議院議員,民主党
	〈建設院総裁〉	
	木村小左衛門	衆議院議員,民主党
	〈地方財政委員会委員〉	
	竹田儀一	衆議院議員,民主党
	〈賠償庁長官〉	
	笹森順造	衆議院議員,国民協同党
	〈無任所〉	
	笹森順造	衆議院議員,国民協同党
	西尾末広	衆議院議員,日本社会党
	林平馬	衆議院議員,民主党
	米窪満亮	衆議院議員,日本社会党
	竹田儀一	衆議院議員,民主党
官房長官	西尾末広(兼)	
法制局長官	佐藤達夫	

芦田内閣 (1948.3.10—10.15)

職名	氏名	備考
総理	芦田均	衆議院議員,民主党
外務	芦田均(兼)	
法務総裁	鈴木義男	衆議院議員,日本社会党
大蔵	北村徳太郎	衆議院議員,民主党
文部	森戸辰男	衆議院議員,日本社会党
厚生	竹田儀一	衆議院議員,民主党
農林	永江一夫	衆議院議員,日本社会党
商工	水谷長三郎	衆議院議員,日本社会党
運輸	岡田勢一	衆議院議員,国民協同党
逓信	富吉栄二	衆議院議員,日本社会党
労働	加藤勘十	衆議院議員,日本社会党
建設	一松定吉	衆議院議員,民主党
国務	〈経済安定本部総務長官・物価庁長官〉	
	栗栖赳夫	参議院議員,民主党
	〈建設院総裁〉	
	一松定吉	衆議院議員,民主党
	〈無任所〉	
	野溝勝	衆議院議員,日本社会党
	苫米地義三	衆議院議員,民主党
	〈行政管理庁長官・賠償庁長官〉	
	船田享二	衆議院議員,国民協同党
	〈副総理〉	
	西尾末広	衆議院議員,日本社会党
官房長官	苫米地義三(兼)	

第2次吉田内閣 (1948.10.15—49.2.16)

職名	氏名	備考
総理	吉田茂	衆議院議員,民主自由党
法務総裁	殖田俊吉	
外務	吉田茂(兼)	
大蔵	泉山三六	衆議院議員,民主自由党
	大屋晋三(臨代)	
文部	下条康麿	参議院議員,緑風会
厚生	林譲治	衆議院議員,民主自由党
農林	周東英雄	衆議院議員,民主自由党
商工	大屋晋三	参議院議員,民主自由党
運輸	小沢佐重喜	衆議院議員,民主自由党
逓信	降旗徳弥	衆議院議員,民主自由党
労働	増田甲子七	衆議院議員,民主自由党
建設	益谷秀次	衆議院議員,民主自由党
国務	〈経済安定本部総務長官・中央経済調査庁長官・物価庁長官〉	
	泉山三六(兼)	
	周東英雄(臨代)	
	〈行政管理庁長官〉	
	殖田俊吉	
	工藤鉄男	衆議院議員,民主自由党
	〈賠償庁長官〉	
	井上知治	衆議院議員,民主自由党
	〈地方財政委員会委員長〉	
	岩本信行	衆議院議員,民主自由党
	〈無任所〉	
	森幸太郎	衆議院議員,民主自由党
官房長官	佐藤栄作	

第3次吉田内閣 (1949.2.16—52.10.30)

職名	氏名	備考
総理	吉田茂	衆議院議員,民主自由党
	益谷秀次(臨代)	
法務総裁	殖田俊吉	
	大橋武夫	衆議院議員,自由党
	木村篤太郎	
法務	木村篤太郎	
外務	吉田茂(兼)	
	岡崎勝男	衆議院議員,自由党
大蔵	池田勇人	衆議院議員,民主自由党
文部	高瀬荘太郎	参議院議員,緑風会
	天野貞祐	
	岡野清豪	衆議院議員,自由党
厚生	林譲治	衆議院議員,民主自由党
	黒川武雄	参議院議員,自由党
	橋本竜伍	衆議院議員,自由党
	吉武恵市(兼)	
農林	森幸太郎	衆議院議員,民主自由党
	広川弘禅	衆議院議員,自由党

職名	氏名	備考
	根本竜太郎	衆議院議員,自由党
商工	稲垣平太郎	参議院議員,民主党
通産	稲垣平太郎	参議院議員,民主党
	池田勇人(兼)	
	高瀬荘太郎(兼)	
	高瀬荘太郎	参議院議員,緑風会
	横尾竜	参議院議員,自由党
	高橋竜太郎	参議院議員,緑風会
運輸	大屋晋三	参議院議員,民主自由党
	山崎猛	衆議院議員,自由党
	村上義一	参議院議員,緑風会
逓信	小沢佐重喜	衆議院議員,民主自由党
郵政	小沢佐重喜	衆議院議員,民主自由党
	田村文吉	参議院議員,緑風会
	佐藤栄作	衆議院議員,自由党
電気通信	小沢佐重喜(兼)	
	田村文吉(兼)	
	佐藤栄作(兼)	
労働	鈴木正文	衆議院議員,民主自由党
	保利茂	衆議院議員,自由党
	吉武恵市	衆議院議員,自由党
建設	益谷秀次	衆議院議員,民主自由党
	増田甲子七	衆議院議員,自由党
	周東英雄(臨代)	
	野田卯一	参議院議員,自由党
国務	〈経済安定本部総務長官・中央経済調査庁長官・物価庁長官〉(廃止)	
	青木孝義	衆議院議員,民主自由党
	周東英雄	衆議院議員,自由党
	〈経済審議庁長官〉(新設)	
	周東英雄	衆議院議員,自由党
	山崎猛	衆議院議員,自由党
	〈行政管理庁長官〉	
	本多市郎	衆議院議員,民主自由党
	岡野清豪(兼)	
	広川弘禅(兼)	
	橋本竜伍(兼)	
	木村篤太郎(兼)	
	野田卯一(兼)	
	〈賠償庁長官〉(廃止)	
	樋貝詮三	衆議院議員,民主自由党
	山口喜久一郎	衆議院議員,民主自由党
	増田甲子七(兼)	
	周東英雄(兼)	
	岡崎勝男	衆議院議員,自由党
	〈地方財政委員会委員長〉(廃止)	
	木村小左衛門	衆議院議員,民主党
	〈地方自治庁長官〉(新設・廃止)	
	木村小左衛門	衆議院議員,民主党
	本多市郎(兼)	
	岡野清豪	衆議院議員,自由党
	〈自治庁長官〉(新設)	
	岡野清豪	衆議院議員,自由党
	〈北海道開発庁長官〉(新設)	
	増田甲子七(兼)	
	周東英雄(兼)	
	野田卯一(兼)	
	〈保安庁長官〉(新設)	
	吉田茂(事務取扱)	
	〈無任所〉	
	山口喜久一郎	衆議院議員,民主自由党
	樋貝詮三	衆議院議員,民主自由党
	増田甲子七	衆議院議員,民主自由党
	林譲治	衆議院議員,自由党
	益谷秀次	衆議院議員,自由党
	山崎猛	衆議院議員,自由党
	山県勝見	参議院議員,自由党
	大橋武夫	衆議院議員,自由党
	大野木秀次郎	参議院議員,自由党
	岡崎勝男	衆議院議員,自由党
	岡崎勝男	衆議院議員,自由党
	中山寿彦	参議院議員,自由党
官房長官	増田甲子七	衆議院議員,民主自由党
	岡崎勝男	衆議院議員,自由党
	保利茂	衆議院議員,自由党
法制局長官	佐藤達夫	
第4次吉田内閣(1952.10.30—53.5.21)		
総理	吉田茂	衆議院議員,自由党
法務	犬養健	衆議院議員,自由党
外務	岡崎勝男	衆議院議員,自由党
大蔵	向井忠晴	
文部	岡野清豪	衆議院議員,自由党
厚生	山県勝見	参議院議員,自由党
農林	小笠原三九郎	衆議院議員,自由党
	広川弘禅	衆議院議員,自由党
	田子一民	衆議院議員,自由党
通産	池田勇人	衆議院議員,自由党
	小笠原三九郎(兼)	
	小笠原三九郎	衆議院議員,自由党
運輸	石井光次郎	衆議院議員,自由党
郵政	高瀬荘太郎	参議院議員,緑風会
労働	戸塚九一郎	衆議院議員,自由党
建設	佐藤栄作	衆議院議員,自由党
	戸塚九一郎(兼)	
国務	〈行政管理庁長官・自治庁長官〉	
	本多市郎	衆議院議員,自由党
	〈北海道開発庁長官〉	
	佐藤栄作(兼)	
	戸塚九一郎(兼)	
	〈保安庁長官〉	
	木村篤太郎	
	〈経済審議庁長官〉	
	池田勇人(兼)	
	小笠原三九郎(兼)	
	水田三喜男	衆議院議員,自由党
	〈無任所〉	
	緒方竹虎	衆議院議員,自由党

職名	氏名	備考
	大野木秀次郎	参議院議員,自由党
	林屋亀次郎	参議院議員,民主クラブ
官房長官	緒方竹虎(兼)	
	福永健司	衆議院議員,自由党
法制局長官	佐藤達夫	
第5次吉田内閣 (1953.5.21—54.12.10)		
総理	吉田　茂	衆議院議員,自由党
	緒方竹虎(臨代)	
法務	犬養　健	衆議院議員,自由党
	加藤鐐五郎	衆議院議員,自由党
	小原　直	
外務	岡崎勝男	衆議院議員,自由党
大蔵	小笠原三九郎	衆議院議員,自由党
文部	大達茂雄	参議院議員,自由党
厚生	山県勝見	参議院議員,自由党
	草葉隆円	参議院議員,自由党
農林	内田信也	衆議院議員,自由党
	保利　茂	衆議院議員,自由党
通産	岡野清豪	衆議院議員,自由党
	愛知揆一	参議院議員,自由党
運輸	石井光次郎	衆議院議員,自由党
郵政	塚田十一郎	衆議院議員,自由党
労働	小坂善太郎	衆議院議員,自由党
建設	戸塚九一郎	衆議院議員,自由党
	小沢佐重喜	衆議院議員,自由党
国務	〈行政管理庁官・自治庁長官〉	
	塚田十一郎(兼)	
	〈北海道開発庁長官〉	
	戸塚九一郎(兼)	
	大野伴睦	衆議院議員,自由党
	緒方竹虎	衆議院議員,自由党
	〈保安庁長官〉(廃止)	
	木村篤太郎	参議院議員,自由党
	〈防衛庁長官〉(新設)	
	木村篤太郎	参議院議員,自由党
	〈経済審議庁長官〉	
	岡野清豪(兼)	
	愛知揆一(兼)	
	〈国家公安委員会委員長〉(新設)	
	小坂善太郎(兼)	
	小原　直(兼)	
	〈無任所〉	
	安藤正純	衆議院議員,自由党
	緒方竹虎	衆議院議員,自由党
	大野伴睦	衆議院議員,自由党
	大野木秀次郎	参議院議員,自由党
	加藤鐐五郎	衆議院議員,自由党
	福永健司	衆議院議員,自由党
官防長官	福永健司	衆議院議員,自由党
	福永健司(兼)	
法制局長官	佐藤達夫	

職名	氏名	備考
第1次鳩山内閣 (1954.12.10—55.3.19)		
総理	鳩山一郎	衆議院議員,日本民主党
法務	花村四郎	衆議院議員,日本民主党
副総理外務	重光　葵	衆議院議員,日本民主党
大蔵	一万田尚登	
文部	安藤正純	衆議院議員,日本民主党
厚生	鶴見祐輔	参議院議員,日本民主党
農林	河野一郎	衆議院議員,日本民主党
通産	石橋湛山	衆議院議員,日本民主党
運輸	三木武夫	衆議院議員,日本民主党
郵政	武知勇記	衆議院議員,日本民主党
労働	千葉三郎	衆議院議員,日本民主党
建設	竹山祐太郎	衆議院議員,日本民主党
国務	〈国家公安委員会委員長〉	
	大麻唯男	衆議院議員,日本民主党
	〈行政管理庁長官・自治庁長官〉	
	西田隆男	参議院議員,日本民主党
	〈北海道開発庁長官〉	
	三好英之	参議院議員,日本民主党
	〈防衛庁長官〉	
	大村清一	衆議院議員,日本民主党
	〈経済審議庁長官〉	
	高碕達之助	
官房長官	根本竜太郎	衆議院議員,日本民主党
法制局長官	佐藤達夫	
	林　修三	
第2次鳩山内閣 (1955.3.19—11.22)		
総理	鳩山一郎	衆議院議員,日本民主党
法務	花村四郎	衆議院議員,日本民主党
副総理外務	重光　葵	衆議院議員,日本民主党
大蔵	一万田尚登	衆議院議員,日本民主党
文部	松村謙三	衆議院議員,日本民主党
厚生	川崎秀二	衆議院議員,日本民主党
農林	河野一郎	衆議院議員,日本民主党
通産	石橋湛山	衆議院議員,日本民主党
運輸	三木武夫	衆議院議員,日本民主党
郵政	松田竹千代	衆議院議員,日本民主党
労働	西田隆男	参議院議員,日本民主党
建設	竹山祐太郎	衆議院議員,日本民主党
国務	〈国家公安委員会委員長〉	
	大麻唯男	衆議院議員,日本民主党
	〈行政管理庁長官・自治庁長官〉	
	川島正次郎	衆議院議員,日本民主党
	〈北海道開発庁長官〉	
	大久保留次郎	衆議院議員,日本民主党
	〈防衛庁長官〉	
	杉原荒太	参議院議員,日本民主党
	砂田重政	衆議院議員,日本民主党
	〈経済審議庁長官〉(廃止)	
	高碕達之助	衆議院議員,日本民主党
	〈経済企画庁長官〉(新設)	
	高碕達之助	衆議院議員,日本民主党

職　名	氏　　名	備　　考
官房長官	根本竜太郎	衆議院議員,日本民主党
法制局長官	林　修三	
第3次鳩山内閣（1955.11.22―56.12.23）		
総　理	鳩山一郎	衆議院議員,自由民主党
	重光　葵(臨代)	
法　務	牧野良三	衆議院議員,自由民主党
副総理 外務	重光　葵	衆議院議員,自由民主党
大　蔵	一万田尚登	衆議院議員,自由民主党
文　部	清瀬一郎	衆議院議員,自由民主党
厚　生	小林英三	参議院議員,自由民主党
農　林	河野一郎	衆議院議員,自由民主党
通　産	石橋湛山	衆議院議員,自由民主党
運　輸	吉野信次	参議院議員,自由民主党
郵　政	村上　勇	衆議院議員,自由民主党
労　働	倉石忠雄	衆議院議員,自由民主党
建　設	馬場元治	衆議院議員,自由民主党
国　務	〈国家公安委員会委員長〉	
	大麻唯男	衆議院議員,自由民主党
	〈首都圏整備委員会委員長〉(新設)	
	馬場元治(兼)	
	〈行政管理庁長官〉	
	河野一郎(兼)	
	〈北海道開発庁長官〉	
	正力松太郎	衆議院議員,自由民主党
	〈自治庁長官〉	
	太田正孝	衆議院議員,自由民主党
	〈防衛庁長官〉	
	船田　中	衆議院議員,自由民主党
	〈経済企画庁長官〉	
	高碕達之助	衆議院議員,自由民主党
	〈科学技術庁長官〉(新設)	
	正力松太郎(兼)	
官房長官	根本竜太郎	衆議院議員,自由民主党
法制局長官	林　修三	
石橋内閣（1956.12.23―57.2.25）		
総　理	石橋湛山	衆議院議員,自由民主党
	岸　信介(臨兼)	
外　務	岸　信介	衆議院議員,自由民主党
大　蔵	池田勇人	衆議院議員,自由民主党
法　務	中村梅吉	衆議院議員,自由民主党
文　部	灘尾弘吉	衆議院議員,自由民主党
厚　生	神田　博	衆議院議員,自由民主党
農　林	井出一太郎	衆議院議員,自由民主党
通商産業	水田三喜男	衆議院議員,自由民主党
運　輸	宮沢胤勇	衆議院議員,自由民主党
郵　政	石橋湛山(兼)	
	平井太郎	参議院議員,自由民主党
労　働	松浦周太郎	衆議院議員,自由民主党
建　設	南条徳男	衆議院議員,自由民主党
国　務	〈経済企画庁長官・科学技術庁長官・原子力委員長〉	
	宇田耕一	衆議院議員,自由民主党

職　名	氏　　名	備　　考
	〈行政管理庁長官・国家公安委員会委員長〉	
	大久保留次郎	衆議院議員,自由民主党
	〈北海道開発庁長官〉	
	石橋湛山(兼)	
	川村松助	参議院議員,自由民主党
	〈自治庁長官〉	
	田中伊三次	衆議院議員,自由民主党
	〈防衛庁長官〉	
	石橋湛山(兼)	
	小滝　彬	参議院議員,自由民主党
官房長官	石田博英	衆議院議員,自由民主党
法制局長官	林　修三	
第1次岸内閣（1957.2.25―58.6.12）		
総　理	岸　信介	衆議院議員,自由民主党
	石井光次郎(臨代)	
法　務	中村梅吉	衆議院議員,自由民主党 衆議院議員,自由民主党
	唐沢俊樹	
外　務	岸　信介(兼)	
	藤山愛一郎	
大　蔵	池田勇人	衆議院議員,自由民主党
	一万田尚登	衆議院議員,自由民主党
文　部	灘尾弘吉	衆議院議員,自由民主党
	松永　東	衆議院議員,自由民主党
厚　生	神田　博	衆議院議員,自由民主党
	堀木鎌三	参議院議員,自由民主党
農　林	井出一太郎	衆議院議員,自由民主党
	赤城宗徳	衆議院議員,自由民主党
通　産	水田三喜男	衆議院議員,自由民主党
	前尾繁三郎	衆議院議員,自由民主党
運　輸	宮沢胤勇	衆議院議員,自由民主党
	中村三之丞	衆議院議員,自由民主党
郵　政	平井太郎	参議院議員,自由民主党
	田中角栄	衆議院議員,自由民主党
労　働	松浦周太郎	衆議院議員,自由民主党
	石田博英	衆議院議員,自由民主党
建　設	南条徳男	衆議院議員,自由民主党
	根本竜太郎	衆議院議員,自由民主党
国　務	〈副総理〉	
	石井光次郎	衆議院議員,自由民主党
	〈経済企画庁長官〉	
	宇田耕一	衆議院議員,自由民主党
	河野一郎	衆議院議員,自由民主党
	〈自治庁長官〉	
	田中伊三次	衆議院議員,自由民主党
	郡　祐一	参議院議員,自由民主党
	〈行政管理庁長官〉	
	大久保留次郎	衆議院議員,自由民主党
	石井光次郎(兼)	
	〈北海道開発庁長官〉	
	川村松助	参議院議員,自由民主党
	鹿島守之助	参議院議員,自由民主党
	石井光次郎(兼)	
	〈首都圏整備委員会委員長〉	
	南条徳男(兼)	

職名	氏名	備考
	根本竜太郎(兼)	
	〈防衛庁長官〉	
	小滝彬	参議院議員,自由民主党
	津島寿一	参議院議員,自由民主党
	〈国家公安委員会委員長〉	
	大久保留次郎(兼)	
	正力松太郎	衆議院議員,自由民主党
	〈科学技術庁長官〉	
	宇田耕一(兼)	
	正力松太郎(兼)	
官房長官	石田博英	衆議院議員,自由民主党
	愛知揆一	衆議院議員,自由民主党
総務長官	今松治郎	衆議院議員,自由民主党
法制局長官	林修三	

第2次岸内閣（1958.6.12—60.7.19）

職名	氏名	備考
総理	岸信介	衆議院議員,自由民主党
	益谷秀次(臨代)	
法務	愛知揆一	衆議院議員,自由民主党
	井野碩哉	参議院議員,自由民主党
外務	藤山愛一郎	衆議院議員,自由民主党
大蔵	佐藤栄作	衆議院議員,自由民主党
文部	灘尾弘吉	衆議院議員,自由民主党
	橋本竜伍(臨代)	
	橋本竜伍	衆議院議員,自由民主党
	松田竹千代	衆議院議員,自由民主党
厚生	橋本竜伍	衆議院議員,自由民主党
	坂田道太	衆議院議員,自由民主党
	渡辺良夫	衆議院議員,自由民主党
農林	三浦一雄	衆議院議員,自由民主党
	福田赳夫	衆議院議員,自由民主党
通産	高碕達之助	衆議院議員,自由民主党
	池田勇人	衆議院議員,自由民主党
運輸	永野護	参議院議員,自由民主党
	重宗雄三	参議院議員,自由民主党
	楢橋渡	衆議院議員,自由民主党
郵政	寺尾豊	参議院議員,自由民主党
	植竹春彦	参議院議員,自由民主党
労働	倉石忠雄	衆議院議員,自由民主党
	松野頼三	衆議院議員,自由民主党
建設	遠藤三郎	衆議院議員,自由民主党
	村上勇	衆議院議員,自由民主党
自治	石原幹市郎	参議院議員,自由民主党
国務	〈副総理〉	
	益谷秀次	衆議院議員,自由民主党
	〈経済企画庁長官〉	
	三木武夫	衆議院議員,自由民主党
	高碕達之助(事務代理)	
	世耕弘一	衆議院議員,自由民主党
	菅野和太郎	衆議院議員,自由民主党
	〈自治庁長官〉	
	青木正	衆議院議員,自由民主党
	愛知揆一(兼)	
	青木正	衆議院議員,自由民主党
	石原幹市郎	参議院議員,自由民主党
	〈行政管理庁長官〉	
	山口喜久一郎	衆議院議員,自由民主党
	益谷秀次(兼)	
	〈北海道開発庁長官〉	
	山口喜久一郎(兼)	
	村上勇(兼)	
	〈首都圏整備委員会委員長〉	
	遠藤三郎(兼)	
	村上勇(兼)	
	〈防衛庁長官〉	
	左藤義詮	参議院議員,自由民主党
	伊能繁次郎	参議院議員,自由民主党
	赤城宗徳	衆議院議員,自由民主党
	〈国家公安委員会委員長〉	
	青木正(兼)	
	青木正	衆議院議員,自由民主党
	石原幹市郎(兼)	
	〈科学技術庁長官〉	
	三木武夫(兼)	
	高碕達之助(事務代理)	
	高碕達之助(兼)	
	中曾根康弘	衆議院議員,自由民主党
	〈無任所〉	
	池田勇人	衆議院議員,自由民主党
官房長官	赤城宗徳	衆議院議員,自由民主党
	椎名悦三郎	衆議院議員,自由民主党
総務長官	松野頼三	衆議院議員,自由民主党
	福田篤泰	衆議院議員,自由民主党
法制局長官	林修三	

第1次池田内閣（1960.7.19—12.8）

職名	氏名	備考
総理	池田勇人	衆議院議員,自由民主党
法務	小島徹三	衆議院議員,自由民主党
外務	小坂善太郎	衆議院議員,自由民主党
大蔵	水田三喜男	衆議院議員,自由民主党
文部	荒木万寿夫	衆議院議員,自由民主党
厚生	中山マサ	衆議院議員,自由民主党
農林	南条徳男	衆議院議員,自由民主党
通産	石井光次郎	衆議院議員,自由民主党
運輸	南好雄	衆議院議員,自由民主党
郵政	鈴木善幸	衆議院議員,自由民主党
労働	石田博英	衆議院議員,自由民主党
建設	橋本登美三郎	衆議院議員,自由民主党
自治	山崎巌	衆議院議員,自由民主党
	周東英雄	衆議院議員,自由民主党
国務	〈経済企画庁長官〉	
	迫水久常	参議院議員,自由民主党
	〈行政管理庁長官〉	
	高橋進太郎	参議院議員,自由民主党
	〈北海道開発庁長官〉	
	西川甚五郎	参議院議員,自由民主党
	〈首都圏整備委員長〉	
	橋本登美三郎(兼)	
	〈防衛庁長官〉	
	江崎真澄	衆議院議員,自由民主党

職名	氏名	備考
	〈国家公安委員会委員長〉	
	山崎　巌(兼)	
	周東英雄(兼)	
	〈科学技術庁長官・原子力委員長〉	
	荒木万寿夫(兼)	
官房長官	大平正芳	衆議院議員,自由民主党
総務長官	藤枝泉介	衆議院議員,自由民主党
法制局長官	林　修三	衆議院議員,自由民主党
第2次池田内閣（1960.12.8—63.12.9）		
総理	池田勇人	衆議院議員,自由民主党
	周東英雄(臨代)	
	佐藤栄作(臨代)	
	川島正次郎(臨代)	
	河野一郎(臨代)	
法務	植木庚子郎	衆議院議員,自由民主党
	中垣国男	衆議院議員,自由民主党
	賀屋興宣	衆議院議員,自由民主党
外務	小坂善太郎	衆議院議員,自由民主党
	大平正芳	衆議院議員,自由民主党
大蔵	水田三喜男	衆議院議員,自由民主党
	田中角栄	衆議院議員,自由民主党
文部	荒木万寿夫	衆議院議員,自由民主党
	灘尾弘吉	衆議院議員,自由民主党
厚生	古井喜実	衆議院議員,自由民主党
	灘尾弘吉	衆議院議員,自由民主党
	西村英一	衆議院議員,自由民主党
	小林武治	参議院議員,自由民主党
農林	周東英雄	衆議院議員,自由民主党
	河野一郎	衆議院議員,自由民主党
	重政誠之	衆議院議員,自由民主党
	赤城宗徳	衆議院議員,自由民主党
通産	椎名悦三郎	衆議院議員,自由民主党
	佐藤栄作	衆議院議員,自由民主党
	福田　一	衆議院議員,自由民主党
運輸	木暮武太夫	参議院議員,自由民主党
	斎藤　昇	参議院議員,自由民主党
	綾部健太郎	衆議院議員,自由民主党
郵政	小金義照	衆議院議員,自由民主党
	迫水久常	参議院議員,自由民主党
	手島　栄	参議院議員,自由民主党
	小沢久太郎	参議院議員,自由民主党
	古池信三	参議院議員,自由民主党
労働	石田博英	衆議院議員,自由民主党
	福永健司	衆議院議員,自由民主党
	大橋武夫	衆議院議員,自由民主党
建設	中村梅吉	衆議院議員,自由民主党
	河野一郎	衆議院議員,自由民主党
自治	安井　謙	参議院議員,自由民主党
	篠田弘作	衆議院議員,自由民主党
	早川　崇	衆議院議員,自由民主党
国務	〈経済企画庁長官〉	
	迫水久常	参議院議員,自由民主党
	藤山愛一郎	衆議院議員,自由民主党
	池田勇人(兼)	
	宮沢喜一	参議院議員,自由民主党
	〈行政管理庁長官〉	
	小沢佐重喜	衆議院議員,自由民主党
	川島正次郎	衆議院議員,自由民主党
	山村新治郎	衆議院議員,自由民主党
	〈北海道開発庁長官〉	
	小沢佐重喜	衆議院議員,自由民主党
	川島正次郎	
	佐藤栄作	衆議院議員,自由民主党
	〈首都圏整備委員長〉	
	中村梅吉(兼)	
	川島正次郎	
	河野一郎(兼)	
	〈近畿圏整備長官〉(新設)	
	河野一郎(兼)	
	〈防衛庁長官〉	
	西村直己	衆議院議員,自由民主党
	藤枝泉介	衆議院議員,自由民主党
	志賀健次郎	衆議院議員,自由民主党
	福田篤泰	衆議院議員,自由民主党
	〈国家公安委員長〉	
	安井　謙(兼)	
	篠田弘作(兼)	
	早川　崇(兼)	
	〈科学技術庁長官・原子力委員長〉	
	池田正之輔	衆議院議員,自由民主党
	三木武夫	衆議院議員,自由民主党
	近藤鶴代	参議院議員,自由民主党
	佐藤栄作	衆議院議員,自由民主党
官房長官	大平正芳(兼)	
	黒金泰美	衆議院議員,自由民主党
総務長官	藤枝泉介	衆議院議員,自由民主党
	小平久雄	衆議院議員,自由民主党
法制局長官	林　修三	
第3次池田内閣（1963.12.9—64.11.9）		
総理	池田勇人	衆議院議員,自由民主党
法務	賀屋興宣	衆議院議員,自由民主党
	高橋　等	衆議院議員,自由民主党
外務	大平正芳	衆議院議員,自由民主党
	椎名悦三郎	衆議院議員,自由民主党
大蔵	田中角栄	衆議院議員,自由民主党
文部	灘尾弘吉	衆議院議員,自由民主党
	愛知揆一	衆議院議員,自由民主党
厚生	小林武治	参議院議員,自由民主党
	神田　博	衆議院議員,自由民主党
農林	赤城宗徳	衆議院議員,自由民主党
通産	福田　一	衆議院議員,自由民主党
	桜内義雄	衆議院議員,自由民主党
運輸	綾部健太郎	衆議院議員,自由民主党
	松浦周太郎	衆議院議員,自由民主党
郵政	古池信三	参議院議員,自由民主党
	徳安実蔵	衆議院議員,自由民主党
労働	大橋武夫	衆議院議員,自由民主党
	石田博英	衆議院議員,自由民主党

職名	氏名	備考
建設	河野一郎	衆議院議員,自由民主党
	小山長規	衆議院議員,自由民主党
自治	早川　崇	衆議院議員,自由民主党
	赤沢正道	衆議院議員,自由民主党
	吉武恵市	参議院議員,自由民主党
国務	〈経済企画庁長官〉	
	宮沢喜一	参議院議員,自由民主党
	高橋　衛	参議院議員,自由民主党
	〈行政管理庁長官〉	
	山村新治郎	衆議院議員,自由民主党
	増原恵吉	参議院議員,自由民主党
	〈北海道開発庁長官〉	
	佐藤栄作	衆議院議員,自由民主党
	増原恵吉	衆議院議員,自由民主党
	〈首都圏整備委員長・近畿圏整備長官〉	
	河野一郎(兼)	
	小山長規(兼)	
	〈防衛庁長官〉	
	福田篤泰	衆議院議員,自由民主党
	小泉純也	衆議院議員,自由民主党
	〈国家公安委員長〉	
	早川　崇(兼)	
	赤沢正道(兼)	
	吉武恵市(兼)	
	〈科学技術庁長官・原子力委員長〉	
	佐藤栄作	衆議院議員,自由民主党
	愛知揆一(兼)	
	〈オリンピック担当〉	
	佐藤栄作	衆議院議員,自由民主党
	池田勇人(兼)	
	河野一郎	衆議院議員,自由民主党
官房長官	黒金泰美	衆議院議員,自由民主党
	鈴木善幸	衆議院議員,自由民主党
総務長官	野田武夫	衆議院議員,自由民主党
法制局長官	林　修三	

第1次佐藤内閣 (1964.11.9—67.2.17)

職名	氏名	備考
総理	佐藤栄作	衆議院議員,自由民主党
	河野一郎(臨代)	
法務	高橋　等	衆議院議員,自由民主党
	石井光次郎	衆議院議員,自由民主党
	田中伊三次	衆議院議員,自由民主党
外務	椎名悦三郎	衆議院議員,自由民主党
	三木武夫	衆議院議員,自由民主党
大蔵	田中角栄	衆議院議員,自由民主党
	福田赳夫	衆議院議員,自由民主党
	水田三喜男	衆議院議員,自由民主党
文部	愛知揆一	衆議院議員,自由民主党
	中村梅吉	衆議院議員,自由民主党
	有田喜一	衆議院議員,自由民主党
	剣木亨弘	参議院議員,自由民主党
厚生	神田　博	衆議院議員,自由民主党
	鈴木善幸	衆議院議員,自由民主党
	坊　秀男	衆議院議員,自由民主党
農林	赤城宗徳	衆議院議員,自由民主党
	坂田英一	衆議院議員,自由民主党
	松野頼三	衆議院議員,自由民主党
	倉石忠雄	衆議院議員,自由民主党
通産	桜内義雄	衆議院議員,自由民主党
	三木武夫	衆議院議員,自由民主党
	菅野和太郎	衆議院議員,自由民主党
運輸	松浦周太郎	衆議院議員,自由民主党
	中村寅太	衆議院議員,自由民主党
	荒船清十郎	衆議院議員,自由民主党
	藤枝泉介	衆議院議員,自由民主党
	大橋武夫	衆議院議員,自由民主党
郵政	徳安実蔵	衆議院議員,自由民主党
	郡　祐一	参議院議員,自由民主党
	新谷寅三郎	参議院議員,自由民主党
	小林武治	参議院議員,自由民主党
労働	石田博英	衆議院議員,自由民主党
	小平久雄	衆議院議員,自由民主党
	山手満男	衆議院議員,自由民主党
	早川　崇	衆議院議員,自由民主党
建設	小山長規	衆議院議員,自由民主党
	瀬戸山三男	衆議院議員,自由民主党
	橋本登美三郎	衆議院議員,自由民主党
	西村英一	衆議院議員,自由民主党
自治	吉武恵市	参議院議員,自由民主党
	永山忠則	衆議院議員,自由民主党
	塩見俊二	参議院議員,自由民主党
	藤枝泉介	衆議院議員,自由民主党
国務	〈官房長官〉(1966.6.28より国務大臣を充てる)	
	橋本登美三郎	衆議院議員,自由民主党
	愛知揆一	衆議院議員,自由民主党
	福永健司	衆議院議員,自由民主党
	〈総務長官〉(1965.5.19より国務大臣を充てる)	
	臼井荘一	衆議院議員,自由民主党
	安井　謙	参議院議員,自由民主党
	森　清	衆議院議員,自由民主党
	塚原俊郎	衆議院議員,自由民主党
	〈近畿圏整備長官〉	
	小山長規(兼)	
	瀬戸山三男(兼)	
	橋本登美三郎(兼)	
	西村英一(兼)	
	〈中部圏開発整備長官〉(新設)	
	瀬戸山三男(兼)	
	橋本登美三郎(兼)	
	西村英一(兼)	
	〈国家公安委員会委員長〉	
	吉武恵市(兼)	
	永山忠則(兼)	
	塩見俊二(兼)	
	藤枝泉介(兼)	
	〈首都圏整備委員会委員長〉	
	小山長規(兼)	
	瀬戸山三男(兼)	

職名	氏名	備考
	橋本登美三郎(兼)	
	西村英一(兼)	
	〈行政管理庁長官〉	
	増原恵吉	参議院議員,自由民主党
	福田篤泰	衆議院議員,自由民主党
	田中茂穂	参議院議員,自由民主党
	松平勇雄	参議院議員,自由民主党
	〈北海道開発庁長官〉	
	増原恵吉(兼)	
	福田篤泰(兼)	
	前尾繁三郎	衆議院議員,自由民主党
	二階堂進	衆議院議員,自由民主党
	〈防衛庁長官〉	
	小泉純也	衆議院議員,自由民主党
	松野頼三	衆議院議員,自由民主党
	上林山栄吉	衆議院議員,自由民主党
	増田甲子七	衆議院議員,自由民主党
	〈経済企画庁長官〉	
	高橋衛	参議院議員,自由民主党
	藤山愛一郎	衆議院議員,自由民主党
	佐藤栄作(事務取扱)	
	宮沢喜一	
	〈科学技術庁長官〉	
	愛知揆一(兼)	
	上原正吉	参議院議員,自由民主党
	有田喜一(兼)	
	二階堂進(兼)	
	〈無任所〉	
	河野一郎	衆議院議員,自由民主党
法制局長官	高辻正己	
第2次佐藤内閣 (1967.2.17—70.1.14)		
総理	佐藤栄作	衆議院議員,自由民主党
	三木武夫(臨代)	
	増田甲子七(臨代)	
	保利茂(臨代)	
法務	田中伊三次	衆議院議員,自由民主党
	赤間文三	参議院議員,自由民主党
	西郷吉之助	参議院議員,自由民主党
外務	三木武夫	衆議院議員,自由民主党
	佐藤栄作(臨代)	
	愛知揆一	衆議院議員,自由民主党
大蔵	水田三喜男	衆議院議員,自由民主党
	福田赳夫	衆議院議員,自由民主党
文部	剣木亨弘	参議院議員,自由民主党
	灘尾弘吉	衆議院議員,自由民主党
	坂田道太	衆議院議員,自由民主党
厚生	坊秀男	衆議院議員,自由民主党
	園田直	衆議院議員,自由民主党
	斎藤昇	参議院議員,自由民主党
農林	倉石忠雄	衆議院議員,自由民主党
	西村直己	衆議院議員,自由民主党
	長谷川四郎	衆議院議員,自由民主党
通産	菅野和太郎	衆議院議員,自由民主党
	椎名悦三郎	衆議院議員,自由民主党
	大平正芳	衆議院議員,自由民主党
運輸	大橋武夫	衆議院議員,自由民主党

職名	氏名	備考
	中曾根康弘	衆議院議員,自由民主党
	原田憲	衆議院議員,自由民主党
郵政	小林武治	参議院議員,自由民主党
	河本敏夫	衆議院議員,自由民主党
労働	早川崇	衆議院議員,自由民主党
	小川平二	衆議院議員,自由民主党
	原健三郎	衆議院議員,自由民主党
建設	西村英一	衆議院議員,自由民主党
	保利茂	衆議院議員,自由民主党
	坪川信三	衆議院議員,自由民主党
自治	藤枝泉介	衆議院議員,自由民主党
	赤沢正道	衆議院議員,自由民主党
	野田武夫	衆議院議員,自由民主党
国務	〈官房長官〉	
	福永健司	衆議院議員,自由民主党
	木村俊夫	衆議院議員,自由民主党
	保利茂	衆議院議員,自由民主党
	〈総務長官〉	
	塚原俊郎	衆議院議員,自由民主党
	田中竜夫	衆議院議員,自由民主党
	床次徳二	衆議院議員,自由民主党
	〈近畿圏整備長官〉	
	西村英一(兼)	
	坪川信三(兼)	
	〈中部圏開発整備長官〉	
	西村英一(兼)	
	保利茂(兼)	
	坪川信三(兼)	
	〈国家公安委員会委員長〉	
	藤枝泉介(兼)	
	赤沢正道(兼)	
	荒木万寿夫	衆議院議員,自由民主党
	〈首都圏整備委員会委員長〉	
	西村英一(兼)	
	保利茂(兼)	
	坪川信三(兼)	
	〈行政管理庁長官〉	
	松平勇雄	参議院議員,自由民主党
	木村武雄	衆議院議員,自由民主党
	荒木万寿夫(兼)	
	〈北海道開発庁長官〉	
	二階堂進	衆議院議員,自由民主党
	木村武雄(兼)	
	野田武夫(兼)	
	〈防衛庁長官〉	
	増田甲子七	衆議院議員,自由民主党
	有田喜一	衆議院議員,自由民主党
	〈経済企画庁長官〉	
	宮沢喜一	衆議院議員,自由民主党
	菅野和太郎	衆議院議員,自由民主党
	〈科学技術庁長官〉	
	二階堂進(兼)	
	鍋島直紹	参議院議員,自由民主党
	木内四郎	参議院議員,自由民主党
法制局長官	高辻正己	

職名	氏名	備考
第3次佐藤内閣(1970.1.14—72.7.7)		
総理	佐藤栄作	衆議院議員,自由民主党
	保利茂(臨代)	
	前尾繁三郎(臨代)	
法務	小林武治	参議院議員,自由民主党
	秋田大助(兼)	
	植木庚子郎	衆議院議員,自由民主党
	前尾繁三郎	衆議院議員,自由民主党
外務	愛知揆一	衆議院議員,自由民主党
	福田赳夫	衆議院議員,自由民主党
大蔵	福田赳夫	衆議院議員,自由民主党
	水田三喜男	衆議院議員,自由民主党
文部	坂田道太	衆議院議員,自由民主党
	高見三郎	衆議院議員,自由民主党
厚生	内田常雄	衆議院議員,自由民主党
	斎藤昇	参議院議員,自由民主党
農林	倉石忠雄	衆議院議員,自由民主党
	赤城宗徳	衆議院議員,自由民主党
通産	宮沢喜一	衆議院議員,自由民主党
	田中角栄	衆議院議員,自由民主党
運輸	橋本登美三郎	衆議院議員,自由民主党
	丹羽喬四郎	衆議院議員,自由民主党
郵政	井出一太郎	衆議院議員,自由民主党
	広瀬正雄	衆議院議員,自由民主党
労働	野原正勝	衆議院議員,自由民主党
	原健三郎	衆議院議員,自由民主党
	塚原俊郎	衆議院議員,自由民主党
建設	根本竜太郎	衆議院議員,自由民主党
	西村英一	衆議院議員,自由民主党
自治	秋田大助	衆議院議員,自由民主党
	渡海元三郎	衆議院議員,自由民主党
国務	〈官房長官〉	
	保利茂	衆議院議員,自由民主党
	竹下登	衆議院議員,自由民主党
	〈総務長官〉	
	山中貞則	衆議院議員,自由民主党
	〈近畿圏整備長官〉	
	根本竜太郎(兼)	
	西村英一(兼)	
	〈中部圏開発整備長官〉	
	根本竜太郎(兼)	
	西村英一(兼)	
	〈国家公安委員会委員長〉	
	荒木万寿夫	衆議院議員,自由民主党
	中村寅太	衆議院議員,自由民主党
	〈首都圏整備委員会委員長〉	
	根本竜太郎(兼)	
	西村英一(兼)	
	〈行政管理庁長官〉	
	荒木万寿夫(兼)	
	中村寅太(兼)	
	〈北海道開発庁長官〉	
	西田信一	参議院議員,自由民主党
	渡海元三郎(兼)	
	〈防衛庁長官〉	
	中曾根康弘	衆議院議員,自由民主党
	増原恵吉	参議院議員,自由民主党
	西村直己	衆議院議員,自由民主党
	江崎真澄	衆議院議員,自由民主党
	〈経済企画庁長官〉	
	佐藤一郎	参議院議員,自由民主党
	木村俊夫	衆議院議員,自由民主党
	〈科学技術庁長官〉	
	西田信一(兼)	
	平泉渉	参議院議員,自由民主党
	木内四郎	参議院議員,自由民主党
	〈環境庁長官〉(新設)	
	山中貞則(兼)	
	大石武一	衆議院議員,自由民主党
	〈沖縄開発庁長官〉(新設)	
	山中貞則(兼)	
法制局長官	高辻正己	

職名	氏名	備考
第1次田中角栄内閣(1972.7.7—12.22)		
総理	田中角栄	衆議院議員,自由民主党
	三木武夫(臨代)	
法務	郡祐一	参議院議員,自由民主党
外務	大平正芳	衆議院議員,自由民主党
大蔵	植木庚子郎	衆議院議員,自由民主党
文部	稲葉修	衆議院議員,自由民主党
厚生	塩見俊二	参議院議員,自由民主党
農林	足立篤郎	衆議院議員,自由民主党
通産	中曾根康弘	衆議院議員,自由民主党
運輸	佐々木秀世	衆議院議員,自由民主党
郵政	田中角栄(臨代)	
	三池信	衆議院議員,自由民主党
労働	田村元	衆議院議員,自由民主党
建設	木村武雄	衆議院議員,自由民主党
自治	福田一	衆議院議員,自由民主党
国務	〈官房長官〉	
	二階堂進	衆議院議員,自由民主党
	〈総務長官〉	
	本名武	衆議院議員,自由民主党
	〈近畿圏整備長官〉	
	木村武雄(兼)	
	〈中部圏開発整備長官〉	
	木村武雄(兼)	
	〈国家公安委員会委員長〉	
	木村武雄(兼)	
	〈首都圏整備委員会委員長〉	
	木村武雄(兼)	
	〈行政管理庁長官〉	
	浜野清吾	衆議院議員,自由民主党
	〈北海道開発庁長官〉	
	福田一(兼)	
	〈防衛庁長官〉	
	増原恵吉	参議院議員,自由民主党
	〈経済企画庁長官〉	
	田中角栄(事務取扱)	
	有田喜一	衆議院議員,自由民主党
	〈科学技術庁長官〉	
	中曾根康弘(兼)	
	〈環境庁長官〉	

職名	氏名	備考
	小山長規	衆議院議員,自由民主党
	〈沖縄開発庁長官〉	
	本名　武(兼)	
	〈無任所〉	
	三木武夫	衆議院議員,自由民主党
法制局長官	吉国一郎	
第2次田中角栄内閣（1972.12.22—74.12.9）		
総理	田中角栄	衆議院議員,自由民主党
	三木武夫(臨代)	
	保利　茂(臨代)	
法務	田中伊三次	衆議院議員,自由民主党
	中村梅吉	衆議院議員,自由民主党
	浜野清吾	衆議院議員,自由民主党
外務	大平正芳	衆議院議員,自由民主党
	木村俊夫	衆議院議員,自由民主党
大蔵	愛知揆一	衆議院議員,自由民主党
	田中角栄(臨代)	
	福田赳夫	衆議院議員,自由民主党
	大平正芳	衆議院議員,自由民主党
文部	奥野誠亮	衆議院議員,自由民主党
	三原朝雄	衆議院議員,自由民主党
厚生	斎藤邦吉	衆議院議員,自由民主党
	福永健司	衆議院議員,自由民主党
農林	桜内義雄	衆議院議員,自由民主党
	倉石忠雄	衆議院議員,自由民主党
通産	中曾根康弘	衆議院議員,自由民主党
運輸	新谷寅三郎	参議院議員,自由民主党
	徳永正利	参議院議員,自由民主党
	江藤　智	参議院議員,自由民主党
郵政	久野忠治	衆議院議員,自由民主党
	原田　憲	衆議院議員,自由民主党
	鹿島俊雄	参議院議員,自由民主党
労働	加藤常太郎	衆議院議員,自由民主党
	長谷川峻	衆議院議員,自由民主党
	大久保武雄	衆議院議員,自由民主党
建設	金丸　信	衆議院議員,自由民主党
	亀岡高夫	衆議院議員,自由民主党
	小沢辰男	衆議院議員,自由民主党
自治	江崎真澄	衆議院議員,自由民主党
	町村金五	参議院議員,自由民主党
	福田　一	衆議院議員,自由民主党
国務	〈官房長官〉	
	二階堂進	衆議院議員,自由民主党
	竹下　登	衆議院議員,自由民主党
	〈総務長官〉	
	坪川信三	衆議院議員,自由民主党
	小坂徳三郎	衆議院議員,自由民主党
	〈近畿圏整備長官〉	
	金丸　信(兼)	
	亀岡高夫(兼)	
	〈中部圏開発整備長官〉	
	金丸　信(兼)	
	亀岡高夫(兼)	
	〈国家公安委員会委員長〉	
	江崎真澄(兼)	
	町村金五(兼)	
	福田　一(兼)	
	〈首都圏整備委員会委員長〉	
	金丸　信(兼)	
	亀岡高夫(兼)	
	〈行政管理庁長官〉	
	福田赳夫	衆議院議員,自由民主党
	保利　茂	衆議院議員,自由民主党
	細田吉蔵	衆議院議員,自由民主党
	〈北海道開発庁長官〉	
	江崎真澄(兼)	
	町村金五(兼)	
	福田　一(兼)	
	〈防衛庁長官〉	
	増原恵吉	参議院議員,自由民主党
	山中貞則	衆議院議員,自由民主党
	宇野宗佑	衆議院議員,自由民主党
	〈経済企画庁長官〉	
	小坂善太郎	衆議院議員,自由民主党
	内田常雄	衆議院議員,自由民主党
	倉成　正	衆議院議員,自由民主党
	〈科学技術庁長官〉	
	前田佳都男	参議院議員,自由民主党
	森山欽司	衆議院議員,自由民主党
	足立篤郎	衆議院議員,自由民主党
	〈環境庁長官〉	
	三木武夫	衆議院議員,自由民主党
	毛利松平	衆議院議員,自由民主党
	〈沖縄開発庁長官〉	
	坪川信三(兼)	
	小坂徳三郎(兼)	
	〈国土庁長官〉（新設）	
	西村英一	衆議院議員,自由民主党
	丹羽兵助	衆議院議員,自由民主党
	〈無任所〉（1974.6.24国務大臣1名増員）	
	西村英一	衆議院議員,自由民主党
法制局長官	吉国一郎	
三木内閣（1974.12.9—76.12.24）		
総理	三木武夫	衆議院議員,自由民主党
	福田赳夫(臨代)	
法務	稲葉　修	衆議院議員,自由民主党
外務	宮沢喜一	衆議院議員,自由民主党
	小坂善太郎	衆議院議員,自由民主党
大蔵	大平正芳	衆議院議員,自由民主党
文部	永井道雄	
厚生	田中正巳	衆議院議員,自由民主党
	早川　崇	衆議院議員,自由民主党
農林	安倍晋太郎	衆議院議員,自由民主党
	大石武一	衆議院議員,自由民主党
通産	河本敏夫	衆議院議員,自由民主党
運輸	木村睦男	参議院議員,自由民主党
	石田博英	衆議院議員,自由民主党
郵政	村上　勇	衆議院議員,自由民主党
	福田篤泰	衆議院議員,自由民主党
労働	長谷川峻	衆議院議員,自由民主党
	浦野幸男	衆議院議員,自由民主党

職名	氏名	備考
建設	仮谷忠男	衆議院議員,自由民主党
	三木武夫(臨代)	
	竹下登	衆議院議員,自由民主党
	中馬辰猪	衆議院議員,自由民主党
自治	福田一	衆議院議員,自由民主党
	天野公義	衆議院議員,自由民主党
国務	〈官房長官〉	
	井出一太郎	衆議院議員,自由民主党
	〈総務長官〉	
	植木光教	参議院議員,自由民主党
	西村尚治	参議院議員,自由民主党
	〈国家公安委員会委員長〉	
	福田一(兼)	
	天野公義(兼)	
	〈行政管理庁長官〉	
	松沢雄蔵	衆議院議員,自由民主党
	荒船清十郎	衆議院議員,自由民主党
	〈北海道開発庁長官〉	
	福田一(兼)	
	天野公義(兼)	
	〈防衛庁長官〉	
	坂田道太	衆議院議員,自由民主党
	〈副総理・経済企画庁長官〉	
	福田赳夫	衆議院議員,自由民主党
	〈経済企画庁長官〉	
	野田卯一	衆議院議員,自由民主党
	〈科学技術庁長官〉	
	佐々木義武	衆議院議員,自由民主党
	前田正男	衆議院議員,自由民主党
	〈環境庁長官〉	
	小沢辰男	衆議院議員,自由民主党
	丸茂重貞	参議院議員,自由民主党
	〈沖縄開発庁長官〉	
	植木光教(兼)	
	西村尚治(兼)	
	〈国土庁長官〉	
	金丸信	衆議院議員,自由民主党
	天野光晴	衆議院議員,自由民主党
法制局長官	吉国一郎	
	真田秀夫	

福田内閣（1976.12.24—78.12.7）

職名	氏名	備考
総理	福田赳夫	衆議院議員,自由民主党
	西村英一(臨代)	
	福永健司(臨代)	
法務	福田一	衆議院議員,自由民主党
	瀬戸山三男	衆議院議員,自由民主党
外務	鳩山威一郎	参議院議員,自由民主党
	園田直	衆議院議員,自由民主党
大蔵	坊秀男	衆議院議員,自由民主党
	村山達雄	衆議院議員,自由民主党
文部	海部俊樹	衆議院議員,自由民主党
	砂田重民	衆議院議員,自由民主党
厚生	渡辺美智雄	衆議院議員,自由民主党
	小沢辰男	衆議院議員,自由民主党
農林	鈴木善幸	衆議院議員,自由民主党
	中川一郎	衆議院議員,自由民主党
農林水産	中川一郎	衆議院議員,自由民主党
通産	田中竜夫	衆議院議員,自由民主党
	河本敏夫	衆議院議員,自由民主党
運輸	田村元	衆議院議員,自由民主党
	福永健司	衆議院議員,自由民主党
郵政	小宮山重四郎	衆議院議員,自由民主党
	服部安司	衆議院議員,自由民主党
労働	石田博英	衆議院議員,自由民主党
	藤井勝志	衆議院議員,自由民主党
建設	長谷川四郎	衆議院議員,自由民主党
	桜内義雄	衆議院議員,自由民主党
自治	小川平二	衆議院議員,自由民主党
	加藤武徳	参議院議員,自由民主党
国務	〈官房長官〉	
	園田直	衆議院議員,自由民主党
	安倍晋太郎	衆議院議員,自由民主党
	〈総務長官〉	
	藤田正明	参議院議員,自由民主党
	稲村佐近四郎	衆議院議員,自由民主党
	〈国家公安委員会委員長〉	
	小川平二(兼)	
	加藤武徳(兼)	
	〈行政管理庁長官〉	
	西村英一	衆議院議員,自由民主党
	荒船清十郎	衆議院議員,自由民主党
	〈北海道開発庁長官〉	
	小川平二(兼)	
	加藤武徳(兼)	
	〈防衛庁長官〉	
	三原朝雄	衆議院議員,自由民主党
	金丸信	衆議院議員,自由民主党
	〈経済企画庁長官〉	
	倉成正	衆議院議員,自由民主党
	宮沢喜一	衆議院議員,自由民主党
	〈科学技術庁長官〉	
	宇野宗佑	衆議院議員,自由民主党
	熊谷太三郎	参議院議員,自由民主党
	〈環境庁長官〉	
	石原慎太郎	衆議院議員,自由民主党
	山田久就	衆議院議員,自由民主党
	〈沖縄開発庁長官〉	
	藤田正明(兼)	
	稲村佐近四郎(兼)	
	〈国土庁長官〉	
	田沢吉郎	衆議院議員,自由民主党
	桜内義雄(兼)	
	〈無任所〉	
	牛場信彦	
法制局長官	真田秀夫	

第1次大平内閣（1978.12.7—79.11.9）

職名	氏名	備考
総理	大平正芳	衆議院議員,自由民主党
	江崎真澄(臨代)	
法務	古井喜実	衆議院議員,自由民主党
外務	園田直	衆議院議員,自由民主党
大蔵	金子一平	衆議院議員,自由民主党

職名	氏名	備考
文部	内藤誉三郎	参議院議員,自由民主党
厚生	橋本龍太郎	衆議院議員,自由民主党
農林水産	渡辺美智雄	衆議院議員,自由民主党
通産	江崎真澄	衆議院議員,自由民主党
運輸	森山欽司	衆議院議員,自由民主党
郵政	白浜仁吉	衆議院議員,自由民主党
労働	栗原祐幸	衆議院議員,自由民主党
建設	渡海元三郎	衆議院議員,自由民主党
自治	渋谷直蔵	衆議院議員,自由民主党
国務	〈官房長官〉	
	田中六助	衆議院議員,自由民主党
	〈総務長官〉	
	三原朝雄	衆議院議員,自由民主党
	〈国家公安委員会委員長〉	
	渋谷直蔵(兼)	
	〈行政管理庁長官〉	
	金井元彦	参議院議員,自由民主党
	〈北海道開発庁長官〉	
	渋谷直蔵(兼)	
	〈防衛庁長官〉	
	山下元利	衆議院議員,自由民主党
	〈経済企画庁長官〉	
	小坂徳三郎	衆議院議員,自由民主党
	〈科学技術庁長官〉	
	金子岩三	衆議院議員,自由民主党
	〈環境庁長官〉	
	上村千一郎	衆議院議員,自由民主党
	〈沖縄開発庁長官〉	
	三原朝雄(兼)	
	〈国土庁長官〉	
	中野四郎	衆議院議員,自由民主党
法制局長官	真田秀夫	

第2次大平内閣 (1979.11.9—80.7.17)

職名	氏名	備考
総理	大平正芳	衆議院議員,自由民主党
	伊東正義(臨代)	
	倉石忠雄(臨代)	
法務	倉石忠雄	衆議院議員,自由民主党
外務	大来佐武郎	
大蔵	竹下登	衆議院議員,自由民主党
文部	大平正芳(臨代)	
	谷垣専一	衆議院議員,自由民主党
厚生	野呂恭一	衆議院議員,自由民主党
農林水産	武藤嘉文	衆議院議員,自由民主党
通産	佐々木義武	衆議院議員,自由民主党
運輸	地崎宇三郎	衆議院議員,自由民主党
郵政	大西正男	衆議院議員,自由民主党
労働	藤波孝生	衆議院議員,自由民主党
建設	渡辺栄一	衆議院議員,自由民主党
自治	後藤田正晴	衆議院議員,自由民主党
国務	〈官房長官〉	
	伊東正義	衆議院議員,自由民主党
	〈総務長官〉	
	小渕恵三	衆議院議員,自由民主党
	〈国家公安委員会委員長〉	
	後藤田正晴(兼)	
	〈行政管理庁長官〉	
	宇野宗佑	衆議院議員,自由民主党
	〈北海道開発庁長官〉	
	後藤田正晴(兼)	
	〈防衛庁長官〉	
	久保田円次	衆議院議員,自由民主党
	細田吉蔵	衆議院議員,自由民主党
	〈経済企画庁長官〉	
	正示啓次郎	衆議院議員,自由民主党
	〈科学技術庁長官〉	
	長田裕二	参議院議員,自由民主党
	〈環境庁長官〉	
	土屋義彦	参議院議員,自由民主党
	〈沖縄開発庁長官〉	
	小渕恵三(兼)	
	〈国土庁長官〉	
	園田清充	参議院議員,自由民主党
法制局長官	角田礼次郎	

鈴木善幸内閣 (1980.7.17—82.11.27)

職名	氏名	備考
総理	鈴木善幸	衆議院議員,自由民主党
	中曽根康弘(臨代)	
法務	奥野誠亮	衆議院議員,自由民主党
	坂田道太	衆議院議員,自由民主党
外務	伊東正義	衆議院議員,自由民主党
	園田直	衆議院議員,自由民主党
	桜内義雄	衆議院議員,自由民主党
大蔵	渡辺美智雄	衆議院議員,自由民主党
文部	田中竜夫	衆議院議員,自由民主党
	小川平二	衆議院議員,自由民主党
厚生	斎藤邦吉	衆議院議員,自由民主党
	園田直	衆議院議員,自由民主党
	村山達雄	衆議院議員,自由民主党
	森下元晴	衆議院議員,自由民主党
農林水産	亀岡高夫	衆議院議員,自由民主党
	田沢吉郎	衆議院議員,自由民主党
通産	田中六助	衆議院議員,自由民主党
	安倍晋太郎	衆議院議員,自由民主党
運輸	塩川正十郎	衆議院議員,自由民主党
	小坂徳三郎	衆議院議員,自由民主党
郵政	山内一郎	参議院議員,自由民主党
	箕輪登	衆議院議員,自由民主党
労働	藤尾正行	衆議院議員,自由民主党
	初村滝一郎	衆議院議員,自由民主党
建設	斉藤滋与史	衆議院議員,自由民主党
	始関伊平	衆議院議員,自由民主党
自治	石破二朗	参議院議員,自由民主党
	安孫子藤吉	参議院議員,自由民主党
	世耕政隆	参議院議員,自由民主党
国務	〈官房長官〉	
	宮沢喜一	衆議院議員,自由民主党
	〈総務長官〉	
	中山太郎	参議院議員,自由民主党
	田辺国男	衆議院議員,自由民主党
	〈国家公安委員会委員長〉	

職名	氏名	備考
	石破二朗(兼)	
	安孫子藤吉(兼)	
	世耕政隆(兼)	
	〈行政管理庁長官〉	
	中曾根康弘	衆議院議員,自由民主党
	〈北海道開発庁長官〉	
	原健三郎	衆議院議員,自由民主党
	松野幸泰	衆議院議員,自由民主党
	〈防衛庁長官〉	
	大村襄治	衆議院議員,自由民主党
	伊藤宗一郎	衆議院議員,自由民主党
	〈経済企画庁長官〉	
	河本敏夫	衆議院議員,自由民主党
	〈科学技術庁長官〉	
	中川一郎	衆議院議員,自由民主党
	〈環境庁長官〉	
	鯨岡兵輔	衆議院議員,自由民主党
	原文兵衛	参議院議員,自由民主党
	〈沖縄開発庁長官〉	
	中山太郎(兼)	
	田辺国男(兼)	
	〈国土庁長官〉	
	原健三郎(兼)	
	松野幸泰(兼)	
法制局長官	角田礼次郎	

第1次中曾根内閣 (1982.11.27—83.12.27)

職名	氏名	備考
総理	中曾根康弘	衆議院議員,自由民主党
	斎藤邦吉(臨代)	
法務	秦野章	参議院議員,自由民主党
外務	安倍晋太郎	衆議院議員,自由民主党
大蔵	竹下登	衆議院議員,自由民主党
文部	瀬戸山三男	衆議院議員,自由民主党
厚生	林義郎	衆議院議員,自由民主党
農林水産	金子岩三	衆議院議員,自由民主党
通産	山中貞則	衆議院議員,自由民主党
	宇野宗佑	衆議院議員,自由民主党
運輸	長谷川峻	衆議院議員,自由民主党
郵政	檜垣徳太郎	参議院議員,自由民主党
労働	大野明	衆議院議員,自由民主党
建設	内海英男	衆議院議員,自由民主党
自治	山本幸雄	衆議院議員,自由民主党
国務	〈官房長官〉	
	後藤田正晴	衆議院議員,自由民主党
	〈総務長官〉	
	丹羽兵助	衆議院議員,自由民主党
	〈国家公安委員会委員長〉	
	山本幸雄(兼)	
	〈行政管理庁長官〉	
	斎藤邦吉	衆議院議員,自由民主党
	〈北海道開発庁長官〉	
	加藤六月(兼)	
	〈防衛庁長官〉	
	谷川和穂	衆議院議員,自由民主党
	〈経済企画庁長官〉	
	塩崎潤	衆議院議員,自由民主党
	〈科学技術庁長官〉	
	安田隆明	参議院議員,自由民主党
	〈環境庁長官〉	
	梶木又三	参議院議員,自由民主党
	〈沖縄開発庁長官〉	
	丹羽兵助(兼)	
	〈国土庁長官〉	
	加藤六月	衆議院議員,自由民主党
法制局長官	角田礼次郎	
	茂串俊	

第2次中曾根内閣 (1983.12.27—86.7.22)

職名	氏名	備考
総理	中曾根康弘	衆議院議員,自由民主党
	河本敏夫(臨代)	
	安倍晋太郎(臨代)	
	江崎真澄(臨代)	
法務	住栄作	衆議院議員,自由民主党
	嶋崎均	参議院議員,自由民主党
	鈴木省吾	参議院議員,自由民主党
外務	安倍晋太郎	衆議院議員,自由民主党
大蔵	竹下登	衆議院議員,自由民主党
文部	森喜朗	衆議院議員,自由民主党
	松永光	衆議院議員,自由民主党
	海部俊樹	衆議院議員,自由民主党
厚生	渡部恒三	衆議院議員,自由民主党
	増岡博之	衆議院議員,自由民主党
	今井勇	衆議院議員,自由民主党
農林水産	山村新治郎	衆議院議員,自由民主党
	佐藤守良	衆議院議員,自由民主党
	羽田孜	衆議院議員,自由民主党
通産	小此木彦三郎	衆議院議員,自由民主党
	村田敬次郎	衆議院議員,自由民主党
	渡辺美智雄	衆議院議員,自由民主党
運輸	細田吉蔵	衆議院議員,自由民主党
	山下徳夫	衆議院議員,自由民主党
	三塚博	衆議院議員,自由民主党
郵政	奥田敬和	衆議院議員,自由民主党
	左藤恵	衆議院議員,自由民主党
	佐藤文生	衆議院議員,自由民主党
労働	坂本三十次	衆議院議員,自由民主党
	山口敏夫	衆議院議員,新自由クラブ
	林迶	参議院議員,自由民主党
建設	水野清	衆議院議員,自由民主党
	木部佳昭	衆議院議員,自由民主党
	江藤隆美	衆議院議員,自由民主党
自治	田川誠一	衆議院議員,新自由クラブ
	古屋亨	衆議院議員,自由民主党
	小沢一郎	衆議院議員,自由民主党
国務	〈官房長官〉	
	藤波孝生	衆議院議員,自由民主党
	後藤田正晴	衆議院議員,自由民主党
	〈総務長官〉	
	中西一郎	参議院議員,自由民主党
	〈国家公安委員会委員長〉	
	田川誠一(兼)	
	古屋亨(兼)	

職名	氏名	備考
	小沢一郎(兼)	
	〈行政管理庁長官〉	
	後藤田正晴	衆議院議員,自由民主党
	〈総務庁長官〉(新設)	
	後藤田正晴	衆議院議員,自由民主党
	江崎真澄	衆議院議員,自由民主党
	〈北海道開発庁長官〉	
	稲村佐近四郎(兼)	
	河本嘉久蔵(兼)	
	古賀雷四郎	参議院議員,自由民主党
	〈防衛庁長官〉	
	栗原祐幸	衆議院議員,自由民主党
	加藤紘一	衆議院議員,自由民主党
	〈経済企画庁長官〉	
	河本敏夫	衆議院議員,自由民主党
	金子一平	衆議院議員,自由民主党
	平泉渉	衆議院議員,自由民主党
	〈科学技術庁長官〉	
	岩動道行	参議院議員,自由民主党
	竹内黎一	衆議院議員,自由民主党
	河野洋平	衆議院議員,新自由クラブ
	〈環境庁長官〉	
	上田稔	参議院議員,自由民主党
	石本茂	参議院議員,自由民主党
	森美秀	衆議院議員,自由民主党
	〈沖縄開発庁長官〉	
	中西一郎(兼)	
	河本敏夫	衆議院議員,自由民主党
	藤本孝雄	衆議院議員,自由民主党
	古賀雷四郎(兼)	
	〈国土庁長官〉	
	稲村佐近四郎	衆議院議員,自由民主党
	河本嘉久蔵	参議院議員,自由民主党
	山崎平八郎	衆議院議員,自由民主党
法制局長官	茂串俊	

第3次中曽根内閣 (1986.7.22—87.11.6)

職名	氏名	備考
総理	中曽根康弘	衆議院議員,自由民主党
	金丸信(兼)	
法務	遠藤要	参議院議員,自由民主党
外務	倉成正	衆議院議員,自由民主党
大蔵	宮沢喜一	衆議院議員,自由民主党
文部	藤尾正行	衆議院議員,自由民主党
	塩川正十郎	衆議院議員,自由民主党
厚生	斎藤十朗	参議院議員,自由民主党
農林水産	加藤六月	衆議院議員,自由民主党
通産	田村元	衆議院議員,自由民主党
運輸	橋本龍太郎	衆議院議員,自由民主党
郵政	唐沢俊二郎	衆議院議員,自由民主党
労働	平井卓志	参議院議員,自由民主党
建設	天野光晴	衆議院議員,自由民主党
自治	葉梨信行	衆議院議員,自由民主党
国務	〈副総理〉	
	金丸信	衆議院議員,自由民主党
	〈官房長官〉	
	後藤田正晴	衆議院議員,自由民主党
	〈国家公安委員会委員長〉	
	葉梨信行(兼)	
	〈総務庁長官〉	
	玉置和郎	衆議院議員,自由民主党
	山下徳夫	衆議院議員,自由民主党
	〈北海道開発庁長官〉	
	綿貫民輔(兼)	
	〈防衛庁長官〉	
	栗原祐幸	衆議院議員,自由民主党
	〈経済企画庁長官〉	
	近藤鉄雄	衆議院議員,自由民主党
	〈科学技術庁長官〉	
	三ツ林弥太郎	衆議院議員,自由民主党
	〈環境庁長官〉	
	稲村利幸	衆議院議員,自由民主党
	〈沖縄開発庁長官〉	
	綿貫民輔(兼)	
	〈国土庁長官〉	
	綿貫民輔	衆議院議員,自由民主党
法制局長官	味村治	

竹下内閣 (1987.11.6—89.6.3)

職名	氏名	備考
総理	竹下登	衆議院議員,自由民主党
	宮沢喜一(臨代)	
	小渕恵三(臨代)	
	田沢吉郎(臨代)	
法務	林田悠紀夫	参議院議員,自由民主党
	長谷川峻	衆議院議員,自由民主党
	高辻正己	
外務	宇野宗佑	衆議院議員,自由民主党
大蔵	宮沢喜一	衆議院議員,自由民主党
	竹下登(兼)	
	村山達雄	衆議院議員,自由民主党
文部	中島源太郎	衆議院議員,自由民主党
	西岡武夫	衆議院議員,自由民主党
厚生	藤本孝雄	衆議院議員,自由民主党
	小泉純一郎	衆議院議員,自由民主党
農林水産	佐藤隆	衆議院議員,自由民主党
	羽田孜	衆議院議員,自由民主党
通産	田村元	衆議院議員,自由民主党
	三塚博	衆議院議員,自由民主党
運輸	石原慎太郎	衆議院議員,自由民主党
	佐藤信二	衆議院議員,自由民主党
郵政	中山正暉	衆議院議員,自由民主党
	片岡清一	衆議院議員,自由民主党
労働	中村太郎	参議院議員,自由民主党
	丹羽兵助	衆議院議員,自由民主党
建設	越智伊平	衆議院議員,自由民主党
	小此木彦三郎	衆議院議員,自由民主党
自治	梶山静六	衆議院議員,自由民主党
	坂野重信	参議院議員,自由民主党
国務	〈官房長官〉	
	小渕恵三	衆議院議員,自由民主党
	〈国家公安委員会委員長〉	
	梶山静六(兼)	
	坂野重信(兼)	

職　名	氏　　名	備　　考
	〈総務庁長官〉	
	高鳥修	衆議院議員,自由民主党
	金丸三郎	参議院議員,自由民主党
	〈北海道開発庁長官〉	
	粕谷茂	衆議院議員,自由民主党
	坂元親男	参議院議員,自由民主党
	〈防衛庁長官〉	
	瓦力	衆議院議員,自由民主党
	田沢吉郎	衆議院議員,自由民主党
	〈経済企画庁長官〉	
	中尾栄一	衆議院議員,自由民主党
	原田憲	衆議院議員,自由民主党
	愛野興一郎	衆議院議員,自由民主党
	〈科学技術庁長官〉	
	伊藤宗一郎	衆議院議員,自由民主党
	宮崎茂一	衆議院議員,自由民主党
	〈環境庁長官〉	
	堀内俊夫	参議院議員,自由民主党
	青木正久	衆議院議員,自由民主党
	〈沖縄開発庁長官〉	
	粕谷茂(兼)	
	坂元親男(兼)	
	〈国土庁長官〉	
	奥野誠亮	衆議院議員,自由民主党
	内海英男	衆議院議員,自由民主党
法制局長官	味村治	

宇野内閣（1989.6.3—8.10）

職　名	氏　　名	備　　考
総理	宇野宗佑	衆議院議員,自由民主党
	塩川正十郎(臨代)	
法務	谷川和穂	衆議院議員,自由民主党
外務	三塚博	衆議院議員,自由民主党
大蔵	村山達雄	衆議院議員,自由民主党
文部	西岡武夫	衆議院議員,自由民主党
厚生	小泉純一郎	衆議院議員,自由民主党
農林水産	堀之内久男	衆議院議員,自由民主党
通産	梶山静六	衆議院議員,自由民主党
運輸	山村新治郎	衆議院議員,自由民主党
郵政	村岡兼造	衆議院議員,自由民主党
労働	堀内光雄	衆議院議員,自由民主党
建設	野田毅	衆議院議員,自由民主党
自治	坂野重信	参議院議員,自由民主党
国務	〈官房長官〉	
	塩川正十郎	衆議院議員,自由民主党
	〈国家公安委員会委員長〉	
	坂野重信(兼)	
	〈総務庁長官〉	
	池田行彦	衆議院議員,自由民主党
	〈北海道開発庁長官〉	
	井上吉夫	参議院議員,自由民主党
	〈防衛庁長官〉	
	山崎拓	衆議院議員,自由民主党
	〈経済企画庁長官〉	
	越智通雄	衆議院議員,自由民主党
	〈科学技術庁長官〉	
	中村喜四郎	衆議院議員,自由民主党
	〈環境庁長官〉	
	山崎竜男	参議院議員,自由民主党
	〈沖縄開発庁長官〉	
	井上吉夫(兼)	
	〈国土庁長官〉	
	野中英二	衆議院議員,自由民主党
法制局長官	味村治	

第1次海部内閣（1989.8.10—90.2.28）

職　名	氏　　名	備　　考
総理	海部俊樹	衆議院議員,自由民主党
	橋本龍太郎(臨代)	
法務	後藤正夫	参議院議員,自由民主党
外務	中山太郎	衆議院議員,自由民主党
大蔵	橋本龍太郎	衆議院議員,自由民主党
文部	石橋一弥	衆議院議員,自由民主党
厚生	戸井田三郎	衆議院議員,自由民主党
農林水産	鹿野道彦	衆議院議員,自由民主党
通産	松永光	衆議院議員,自由民主党
運輸	江藤隆美	衆議院議員,自由民主党
郵政	大石千八	衆議院議員,自由民主党
労働	福島譲二	衆議院議員,自由民主党
建設	原田昇左右	衆議院議員,自由民主党
自治	渡部恒三	衆議院議員,自由民主党
国務	〈官房長官〉	
	山下徳夫	衆議院議員,自由民主党
	森山真弓	参議院議員,自由民主党
	〈国家公安委員会委員長〉	
	渡部恒三(兼)	
	〈総務庁長官〉	
	水野清	衆議院議員,自由民主党
	〈北海道開発庁長官〉	
	阿部文男	衆議院議員,自由民主党
	〈防衛庁長官〉	
	松本十郎	衆議院議員,自由民主党
	〈経済企画庁長官〉	
	高原須美子	
	〈科学技術庁長官〉	
	斎藤栄三郎	参議院議員,自由民主党
	〈環境庁長官〉	
	森山真弓	参議院議員,自由民主党
	志賀節	衆議院議員,自由民主党
	〈沖縄開発庁長官〉	
	阿部文男(兼)	
	〈国土庁長官〉	
	石井一	衆議院議員,自由民主党
法制局長官	工藤敦夫	

第2次海部内閣（1990.2.28—91.11.5）

職　名	氏　　名	備　　考
総理	海部俊樹	衆議院議員,自由民主党
	橋本龍太郎(臨代)	
	綿貫民輔(臨代)	
	坂本三十次(臨代)	
法務	長谷川信	参議院議員,自由民主党
	梶山静六	衆議院議員,自由民主党
	左藤恵	衆議院議員,自由民主党
外務	中山太郎	衆議院議員,自由民主党

職名	氏名	備考
大蔵	橋本龍太郎	衆議院議員,自由民主党
	海部俊樹(兼)	
文部	保利耕輔	衆議院議員,自由民主党
	井上裕	参議院議員,自由民主党
厚生	津島雄二	衆議院議員,自由民主党
	下条進一郎	参議院議員,自由民主党
農林水産	山本富雄	参議院議員,自由民主党
	近藤元次	衆議院議員,自由民主党
通産	武藤嘉文	衆議院議員,自由民主党
	中尾栄一	衆議院議員,自由民主党
運輸	大野明	衆議院議員,自由民主党
	村岡兼造	衆議院議員,自由民主党
郵政	深谷隆司	衆議院議員,自由民主党
	関谷勝嗣	衆議院議員,自由民主党
労働	塚原俊平	衆議院議員,自由民主党
	小里貞利	衆議院議員,自由民主党
建設	綿貫民輔	衆議院議員,自由民主党
	大塚雄司	衆議院議員,自由民主党
自治	奥田敬和	衆議院議員,自由民主党
	吹田愰	衆議院議員,自由民主党
国務	〈官房長官〉	
	坂本三十次	衆議院議員,自由民主党
	〈国家公安委員会委員長〉	
	奥田敬和(兼)	
	吹田愰(兼)	
	〈総務庁長官〉	
	塩崎潤	衆議院議員,自由民主党
	佐々木満	参議院議員,自由民主党
	〈北海道開発庁長官〉	
	砂田重民	衆議院議員,自由民主党
	木部佳昭	衆議院議員,自由民主党
	谷洋一	衆議院議員,自由民主党
	〈防衛庁長官〉	
	石川要三	衆議院議員,自由民主党
	池田行彦	衆議院議員,自由民主党
	〈経済企画庁長官〉	
	相沢英之	衆議院議員,自由民主党
	越智通雄	衆議院議員,自由民主党
	〈科学技術庁長官〉	
	大島友治	参議院議員,自由民主党
	山東昭子	参議院議員,自由民主党
	〈環境庁長官〉	
	北川石松	衆議院議員,自由民主党
	愛知和男	衆議院議員,自由民主党
	〈沖縄開発庁長官〉	
	砂田重民(兼)	
	木部佳昭(兼)	
	谷洋一(兼)	
	〈国土庁長官〉	
	佐藤守良	衆議院議員,自由民主党
	西田司	衆議院議員,自由民主党
法制局長官	工藤敦夫	

宮沢内閣（1991.11.5—93.8.9）

職名	氏名	備考
総理	宮沢喜一	衆議院議員,自由民主党
	渡辺美智雄(臨代)	
	塩川正十郎(臨代)	
	後藤田正晴(臨代)	
法務	田原隆	衆議院議員,自由民主党
	後藤田正晴	衆議院議員,自由民主党
外務副総理	渡辺美智雄	衆議院議員,自由民主党
大蔵	羽田孜	衆議院議員,自由民主党
	林義郎	衆議院議員,自由民主党
文部	鳩山邦夫	衆議院議員,自由民主党
	森山真弓	参議院議員,自由民主党
厚生	山下徳夫	衆議院議員,自由民主党
	丹羽雄哉	衆議院議員,自由民主党
農林水産	田名部匡省	衆議院議員,自由民主党
通産	渡部恒三	衆議院議員,自由民主党
	森喜朗	衆議院議員,自由民主党
運輸	奥田敬和	衆議院議員,自由民主党
	越智伊平	衆議院議員,自由民主党
郵政	渡辺秀央	衆議院議員,自由民主党
	小泉純一郎	衆議院議員,自由民主党
労働	近藤鉄雄	衆議院議員,自由民主党
	村上正邦	参議院議員,自由民主党
建設	山崎拓	衆議院議員,自由民主党
	中村喜四郎	衆議院議員,自由民主党
自治	塩川正十郎	衆議院議員,自由民主党
	村田敬次郎	衆議院議員,自由民主党
国務	〈官房長官〉	
	加藤紘一	衆議院議員,自由民主党
	河野洋平	衆議院議員,自由民主党
	〈国家公安委員会委員長〉	
	塩川正十郎(兼)	
	村田敬次郎(兼)	
	〈総務庁長官〉	
	岩崎純三	参議院議員,自由民主党
	鹿野道彦	衆議院議員,自由民主党
	〈北海道開発庁長官〉	
	伊江朝雄	参議院議員,自由民主党
	北修二	参議院議員,自由民主党
	〈防衛庁長官〉	
	宮下創平	衆議院議員,自由民主党
	中山利生	衆議院議員,自由民主党
	〈経済企画庁長官〉	
	野田毅	衆議院議員,自由民主党
	船田元	衆議院議員,自由民主党
	〈科学技術庁長官〉	
	谷川寛三	参議院議員,自由民主党
	中島衛	衆議院議員,自由民主党
	〈環境庁長官〉	
	中村正三郎	衆議院議員,自由民主党
	林大幹	衆議院議員,自由民主党
	〈沖縄開発庁長官〉	
	伊江朝雄(兼)	
	北修二(兼)	
	〈国土庁長官〉	
	東家嘉幸	衆議院議員,自由民主党
	井上孝	参議院議員,自由民主党

職名	氏名	備考
法制局長官	工藤敦夫	
	大出峻郎	
細川内閣(1993.8.9—94.4.28)		
総理	細川護熙	衆議院議員,日本新党
	武村正義(臨代)	
	羽田孜(臨代)	
法務	三ケ月章	
外務副総理	羽田孜	衆議院議員,新生党
大蔵	藤井裕久	衆議院議員,新生党
文部	赤松良子	
厚生	大内啓伍	衆議院議員,民社党
農林水産	畑英次郎	衆議院議員,新生党
通産	熊谷弘	衆議院議員,新生党
運輸	伊藤茂	衆議院議員,日本社会党
郵政	神崎武法	衆議院議員,公明党
労働	坂口力	衆議院議員,公明党
建設	五十嵐広三	衆議院議員,日本社会党
自治	佐藤観樹	衆議院議員,日本社会党
国務	〈官房長官〉	
	武村正義	衆議院議員,新党さきがけ
	〈国家公安委員会委員長〉	
	佐藤観樹(兼)	
	〈総務庁長官〉	
	石田幸四郎	衆議院議員,公明党
	〈北海道開発庁長官〉	
	上原康助	衆議院議員,日本社会党
	〈防衛庁長官〉	
	中西啓介	衆議院議員,新生党
	愛知和男	衆議院議員,新生党
	〈経済企画庁長官〉	
	久保田真苗	参議院議員,日本社会党
	〈科学技術庁長官〉	
	江田五月	衆議院議員,社会民主連合
	〈環境庁長官〉	
	広中和歌子	参議院議員,公明党
	〈沖縄開発庁長官〉	
	上原康助(兼)	
	〈国土庁長官〉	
	上原康助(兼)	
	〈無任所〉	
	山花貞夫	衆議院議員,日本社会党
法制局長官	大出峻郎	
羽田内閣(1994.4.28—1994.6.30)		
総理	羽田孜	衆議院議員,新生党
	熊谷弘(臨代)	
法務	永野茂門	参議院議員,新生党
	中井洽	衆議院議員,民社党
外務	柿沢弘治	衆議院議員,自由党
大蔵	藤井裕久	参議院議員,新生党
文部	赤松良子	
厚生	大内啓伍	衆議院議員,民社党
農林水産	加藤六月	衆議院議員,新生党
通産	畑英次郎	衆議院議員,新生党
運輸	二見伸明	衆議院議員,公明党
郵政	日笠勝之	衆議院議員,公明党
労働	鳩山邦夫	衆議院議員,無所属
建設	森本晃司	衆議院議員,公明党
自治	石井一	衆議院議員,新生党
国務	〈官房長官〉	
	熊谷弘	衆議院議員,新生党
	〈国家公安委員会委員長〉	
	石井一(兼)	
	〈総務庁長官〉	
	石田幸四郎	衆議院議員,公明党
	〈北海道開発庁長官〉	
	佐藤守良	衆議院議員,新生党
	〈防衛庁長官〉	
	神田厚	衆議院議員,民社党
	〈経済企画庁長官〉	
	寺沢芳男	参議院議員,日本新党
	〈科学技術庁長官〉	
	近江巳記夫	衆議院議員,公明党
	〈環境庁長官〉	
	浜四津敏子	参議院議員,公明党
	〈沖縄開発庁長官〉	
	佐藤守良(兼)	
	〈国土庁長官〉	
	佐藤恵	衆議院議員,新生党
法制局長官	大出峻郎	
村山内閣(1994.6.30—1996.1.11)		
総理	村山富市	衆議院議員,日本社会党
	橋本龍太郎(臨代)	
法務	前田勲男	参議院議員,自由民主党
	田沢智治	参議院議員,自由民主党
	宮沢弘	参議院議員,自由民主党
外務	河野洋平	衆議院議員,自由民主党
大蔵	武村正義	衆議院議員,新党さきがけ
文部	与謝野馨	衆議院議員,自由民主党
	島村宜伸	衆議院議員,自由民主党
厚生	井出正一	衆議院議員,新党さきがけ
	森井忠良	衆議院議員,日本社会党
農林水産	大河原太一郎	参議院議員,自由民主党
	野呂田芳成	衆議院議員,自由民主党
通産	橋本龍太郎	衆議院議員,自由民主党
運輸	亀井静香	衆議院議員,自由民主党
	平沼赳夫	衆議院議員,自由民主党
郵政	大出俊	衆議院議員,日本社会党
	井上一成	衆議院議員,日本社会党
労働	浜本万三	参議院議員,日本社会党
	青木薪次	参議院議員,日本社会党
建設	野坂浩賢	衆議院議員,日本社会党
	森喜朗	衆議院議員,自由民主党
自治	野中広務	衆議院議員,自由民主党
	深谷隆司	衆議院議員,自由民主党
国務	〈副総理〉	
	河野洋平(兼)	
	橋本龍太郎(兼)	
	〈官房長官〉	

職名	氏名	備考
	五十嵐広三	衆議院議員,日本社会党
	野坂浩賢	衆議院議員,日本社会党
	〈国家公安委員会委員長〉	
	野中広務(兼)	
	深谷隆司(兼)	
	〈総務庁長官〉	
	山口鶴男	衆議院議員,日本社会党
	江藤隆美	衆議院議員,自由民主党
	村山富市(事扱)	
	中山正暉	衆議院議員,自由民主党
	〈北海道開発庁長官〉	
	小里貞利	衆議院議員,自由民主党
	小澤潔(兼)	
	高木正明	衆議院議員,自由民主党
	〈防衛庁長官〉	
	玉沢徳一郎	衆議院議員,自由民主党
	衛藤征士郎	衆議院議員,自由民主党
	〈経済企画庁長官〉	
	高村正彦	衆議院議員,自由民主党
	宮崎勇	
	〈科学技術庁長官〉	
	田中真紀子	衆議院議員,自由民主党
	浦野烋興	衆議院議員,自由民主党
	〈環境庁長官〉	
	桜井新	衆議院議員,自由民主党
	宮下創平	衆議院議員,自由民主党
	大島理森	衆議院議員,自由民主党
	〈沖縄開発庁長官〉	
	小里貞利(兼)	
	小澤潔(兼)	
	高木正明(兼)	
	〈国土庁長官〉	
	小澤潔	衆議院議員,自由民主党
	池端清一	衆議院議員,日本社会党
	〈無任所〉	
	小里貞利	衆議院議員,自由民主党
法制局長官	大出峻郎	

第1次橋本内閣 (1996.1.11-1996.11.7)

職名	氏名	備考
総理	橋本龍太郎	衆議院議員,自由民主党
法務	長尾立子	
外務	池田行彦	衆議院議員,自由民主党
大蔵	久保亘	参議院議員,日本社会党
文部	奥田幹生	衆議院議員,自由民主党
厚生	菅直人	衆議院議員,新党さきがけ
農林水産	大原一三	衆議院議員,自由民主党
通産	塚原俊平	衆議院議員,自由民主党
運輸	亀井善之	衆議院議員,自由民主党
郵政	日野市朗	衆議院議員,日本社会党
労働	永井孝信	衆議院議員,日本社会党
建設	中尾栄一	衆議院議員,自由民主党
自治	倉田寛之	参議院議員,自由民主党
国務	〈副総理〉	
	久保亘(兼)	
	〈官房長官〉	
	梶山静六	衆議院議員,自由民主党

職名	氏名	備考
	〈国家公安委員会委員長〉	
	倉田寛之(兼)	
	〈総務庁長官〉	
	中西績介	衆議院議員,日本社会党
	〈北海道開発庁長官〉	
	岡部三郎	参議院議員,自由民主党
	〈防衛庁長官〉	
	臼井日出男	衆議院議員,自由民主党
	〈経済企画庁長官〉	
	田中秀征	衆議院議員,新党さきがけ
	〈科学技術庁長官〉	
	中川秀直	衆議院議員,自由民主党
	〈環境庁長官〉	
	岩垂寿喜男	衆議院議員,日本社会党
	〈沖縄開発庁長官〉	
	岡部三郎(兼)	
	〈国土庁長官〉	
	鈴木和美	参議院議員,日本社会党
法制局長官	大森政輔	

第2次橋本内閣 (1996.11.7-1998.7.30)

職名	氏名	備考
総理	橋本龍太郎	衆議院議員,自由民主党
法務	松浦功	参議院議員,自由民主党
	下稲葉耕吉	参議院議員,自由民主党
外務	池田行彦	衆議院議員,自由民主党
	小渕恵三	衆議院議員,自由民主党
大蔵	三塚博	衆議院議員,自由民主党
	橋本龍太郎(兼)	
	松永光	衆議院議員,自由民主党
文部	小杉隆	衆議院議員,自由民主党
	町村信孝	衆議院議員,自由民主党
厚生	小泉純一郎	衆議院議員,自由民主党
農林水産	藤本孝雄	衆議院議員,自由民主党
	越智伊平	衆議院議員,自由民主党
	島村宜伸	衆議院議員,自由民主党
通産	佐藤信二	衆議院議員,自由民主党
	堀内光雄	衆議院議員,自由民主党
運輸	古賀誠	衆議院議員,自由民主党
	藤井孝男	衆議院議員,自由民主党
郵政	堀之内久男	衆議院議員,自由民主党
	自見庄三郎	衆議院議員,自由民主党
労働	岡野裕	参議院議員,自由民主党
	伊吹文明	衆議院議員,自由民主党
建設	亀井静香	衆議院議員,自由民主党
	瓦力	衆議院議員,自由民主党
自治	白川勝彦	衆議院議員,自由民主党
	上杉光弘	参議院議員,自由民主党
国務	〈官房長官〉	
	梶山静六	衆議院議員,自由民主党
	村岡兼造	衆議院議員,自由民主党
	〈国家公安委員会委員長〉	
	白川勝彦(兼)	
	上杉光弘(兼)	
	〈総務庁長官〉	
	武藤嘉文	衆議院議員,自由民主党
	佐藤孝行	衆議院議員,自由民主党

職　名	氏　　名	備　　考
	小里貞利	衆議院議員,自由民主党
	〈北海道開発庁長官〉	
	稲垣実男	衆議院議員,自由民主党
	鈴木宗男	衆議院議員,自由民主党
	〈防衛庁長官〉	
	久間章生	衆議院議員,自由民主党
	〈経済企画庁長官〉	
	麻生太郎	衆議院議員,自由民主党
	尾身幸次	衆議院議員,自由民主党
	〈科学技術庁長官〉	
	近岡理一郎	衆議院議員,自由民主党
	谷垣禎一	衆議院議員,自由民主党
	〈環境庁長官〉	
	石井道子	参議院議員,自由民主党
	大木　浩	参議院議員,自由民主党
	〈沖縄開発庁長官〉	
	稲垣実男(兼)	
	鈴木宗男(兼)	
	〈国土庁長官〉	
	伊藤公介	衆議院議員,自由民主党
	亀井久興	衆議院議員,自由民主党
法制局長官	大森政輔	
小渕内閣（1998.7.30-1999.10.5）		
総　理	小渕恵三	衆議院議員,自由民主党
法　務	中村正三郎	衆議院議員,自由民主党
	陣内孝雄	衆議院議員,自由民主党
外　務	高村正彦	衆議院議員,自由民主党
大　蔵	宮沢喜一	衆議院議員,自由民主党
文　部	有馬朗人	参議院議員,自由民主党
厚　生	宮下創平	衆議院議員,自由民主党
農林水産	中川昭一	衆議院議員,自由民主党
通　産	与謝野馨	衆議院議員,自由民主党
運　輸	川崎二郎	衆議院議員,自由民主党
郵　政	野田聖子	衆議院議員,自由民主党
労　働	甘利　明	衆議院議員,自由民主党
建　設	関谷勝嗣	衆議院議員,自由民主党
自　治	西田　司	衆議院議員,自由民主党
	野田　毅	衆議院議員,自由党
国　務	〈官房長官〉	
	野中広務	衆議院議員,自由民主党
	〈国家公安委員会委員長〉	
	西田　司(兼)	
	野田　毅(兼)	
	〈総務庁長官〉	
	太田誠一	衆議院議員,自由民主党
	〈北海道開発庁長官〉	
	井上吉夫	参議院議員,自由民主党
	川崎二郎(兼)	
	〈防衛庁長官〉	
	額賀福志郎	衆議院議員,自由民主党
	野呂田芳成	衆議院議員,自由民主党
	〈経済企画庁長官〉	
	堺屋太一	
	〈科学技術庁長官〉	
	竹山　裕	参議院議員,自由民主党

職　名	氏　　名	備　　考
	有馬朗人(兼)	
	〈環境庁長官〉	
	真鍋賢二	参議院議員,自由民主党
	〈沖縄開発庁長官〉	
	井上吉夫(兼)	
	野中広務(兼)	
	〈国土庁長官〉	
	柳沢伯夫	衆議院議員,自由民主党
	井上吉夫(兼)	
	関谷勝嗣(兼)	
	〈金融再生委員会委員長〉(新設)	
	柳沢伯夫	衆議院議員,自由民主党
法制局長官	大森政輔	
	津野　修	
小渕内閣(改造)（1999.10.5-2000.4.5）		
総　理	小渕恵三	衆議院議員,自由民主党
	青木幹雄(臨代)	
法　務	臼井日出男	衆議院議員,自由民主党
外　務	河野洋平	衆議院議員,自由民主党
大　蔵	宮沢喜一	衆議院議員,自由民主党
文　部	中曽根弘文	参議院議員,自由民主党
厚　生	丹羽雄哉	衆議院議員,自由民主党
農林水産	玉沢徳一郎	衆議院議員,自由民主党
通　産	深谷隆司	衆議院議員,自由民主党
運　輸	二階俊博	衆議院議員,自由民主党
郵　政	八代英太	衆議院議員,自由民主党
労　働	牧野隆守	衆議院議員,自由民主党
建　設	中山正暉	衆議院議員,自由民主党
自　治	保利耕輔	衆議院議員,自由民主党
国　務	〈官房長官〉	
	青木幹雄	参議院議員,自由民主党
	〈国家公安委員会委員長〉	
	保利耕輔(兼)	
	〈総務庁長官〉	
	続　訓弘	参議院議員,公明党
	〈北海道開発庁長官〉	
	二階俊博(兼)	
	〈防衛庁長官〉	
	瓦　力	衆議院議員,自由民主党
	〈経済企画庁長官〉	
	堺屋太一	
	〈科学技術庁長官〉	
	中曽根弘文(兼)	
	〈環境庁長官〉	
	清水嘉与子	参議院議員,自由民主党
	〈沖縄開発庁長官〉	
	青木幹雄(兼)	
	〈国土庁長官〉	
	中山正暉(兼)	
	〈金融再生委員会委員長〉	
	越智通雄	衆議院議員,自由民主党
法制局長官	津野　修	
第1次森内閣（2000.4.5-7.4）		
総　理	森　喜朗	衆議院議員,自由民主党

職名	氏名	備考
法務	臼井日出男	衆議院議員,自由民主党
外務	河野洋平	衆議院議員,自由民主党
大蔵	宮沢喜一	衆議院議員,自由民主党
文部	中曾根弘文	参議院議員,自由民主党
厚生	丹羽雄哉	衆議院議員,自由民主党
農林水産	玉沢徳一郎	衆議院議員,自由民主党
通産	深谷隆司	衆議院議員,自由民主党
運輸	二階俊博	衆議院議員,自由民主党
郵政	八代英太	衆議院議員,自由民主党
労働	牧野隆守	衆議院議員,自由民主党
建設	中山正暉	衆議院議員,自由民主党
自治	保利耕輔	衆議院議員,自由民主党
国務	〈官房長官〉	
	青木幹雄	参議院議員,自由民主党
	〈国家公安委員会委員長〉	
	保利耕輔(兼)	
	〈総務庁長官〉	
	続訓弘	参議院議員,公明党
	〈北海道開発庁長官〉	
	二階俊博(兼)	
	〈防衛庁長官〉	
	瓦力	衆議院議員,自由民主党
	〈経済企画庁長官〉	
	堺屋太一	
	〈科学技術庁長官〉	
	中曾根弘文(兼)	
	〈環境庁長官〉	
	清水嘉与子	参議院議員,自由民主党
	〈沖縄開発庁長官〉	
	青木幹雄(兼)	
	〈国土庁長官〉	
	中山正暉(兼)	
	〈金融再生委員会委員長〉	
	越智通雄	衆議院議員,自由民主党
法制局長官	津野修	

第2次森内閣 (2000.7.4-2001.1.6)

職名	氏名	備考
総理	森喜朗	衆議院議員,自由民主党
法務	保岡興治	衆議院議員,自由民主党
外務	河野洋平	衆議院議員,自由民主党
大蔵	宮沢喜一	衆議院議員,自由民主党
文部	大島理森	衆議院議員,自由民主党
厚生	津島雄二	衆議院議員,自由民主党
農林水産	谷洋一	衆議院議員,自由民主党
通産	平沼赳夫	衆議院議員,自由民主党
運輸	森田一	衆議院議員,自由民主党
郵政	平林鴻三	衆議院議員,自由民主党
労働	吉川芳男	参議院議員,自由民主党
建設	扇千景	参議院議員,保守党
自治	西田司	衆議院議員,自由民主党
国務	〈官房長官〉	
	中川秀直	衆議院議員,自由民主党
	福田康夫	衆議院議員,自由民主党
	〈国家公安委員会委員長〉	
	西田司(兼)	
	〈総務庁長官〉	
	続訓弘	参議院議員,公明党
	〈北海道開発庁長官〉	
	森田一(兼)	
	〈防衛庁長官〉	
	虎島和夫	衆議院議員,自由民主党
	〈経済企画庁長官〉	
	堺屋太一	
	〈科学技術庁長官〉	
	大島理森(兼)	
	〈環境庁長官〉	
	川口順子	
	〈沖縄開発庁長官〉	
	中川秀直(兼)	
	〈国土庁長官〉	
	扇千景(兼)	
	〈金融再生委員会委員長〉	
	久世公堯	参議院議員,自由民主党
	相沢英之	衆議院議員,自由民主党
法制局長官	津野修	

第2次森内閣 中央省庁再編後 (2001.1.6-4.26)

職名	氏名	備考
総理	森喜朗	衆議院議員,自由民主党
総務	片山虎之助	参議院議員,自由民主党
法務	高村正彦	衆議院議員,自由民主党
外務	河野洋平	衆議院議員,自由民主党
財務	宮沢喜一	衆議院議員,自由民主党
文部科学	町村信孝	衆議院議員,自由民主党
厚生労働	坂口力	衆議院議員,公明党
農林水産	谷津義男	衆議院議員,自由民主党
経済産業	平沼赳夫	衆議院議員,自由民主党
国土交通	扇千景	参議院議員,保守党
環境	川口順子	
国務	〈官房長官〉	
	福田康夫	衆議院議員,自由民主党
	〈国家公安委員会委員長・防災担当〉	
	伊吹文明	衆議院議員,自由民主党
	〈防衛庁長官〉	
	斉藤斗志二	衆議院議員,自由民主党
	〈行政改革担当・沖縄及び北方対策担当〉	
	橋本龍太郎	衆議院議員,自由民主党
	〈金融担当〉	
	柳沢伯夫	衆議院議員,自由民主党
	〈経済財政政策担当〉	
	額賀福志郎	衆議院議員,自由民主党
	麻生太郎	衆議院議員,自由民主党
	〈科学技術政策担当〉	
	笹川堯	衆議院議員,自由民主党
法制局長官	津野修	

第1次小泉内閣 (2001.4.26-2003.11.19)

職名	氏名	備考
総理	小泉純一郎	衆議院議員,自由民主党

職名	氏名	備考
総務	片山虎之助	参議院議員,自由民主党
	麻生太郎	衆議院議員,自由民主党
法務	森山真弓	衆議院議員,自由民主党
	野沢太三	参議院議員,自由民主党
外務	田中真紀子	衆議院議員,自由民主党
	小泉純一郎(兼)	
	川口順子	民間
財務	塩川正十郎	衆議院議員,自由民主党
	谷垣禎一	衆議院議員,自由民主党
文部科学	遠山敦子	民間
	河村建夫	衆議院議員,自由民主党
厚生労働	坂口力	衆議院議員,公明党
農林水産	武部勤	衆議院議員,自由民主党
	大島理森	衆議院議員,自由民主党
	亀井善之	衆議院議員,自由民主党
経済産業	平沼赳夫	衆議院議員,自由民主党
	中川昭一	衆議院議員,自由民主党
国土交通	扇千景	参議院議員,保守党
	石原伸晃	衆議院議員,自由民主党
環境	川口順子	
	川口順子(兼)	
	大木浩	衆議院議員,自由民主党
	鈴木俊一	衆議院議員,自由民主党
	小池百合子	衆議院議員,自由民主党
国務	〈官房長官〉	
	福田康夫	衆議院議員,自由民主党
	〈国家公安委員会委員長〉	
	村井仁	衆議院議員,自由民主党
	谷垣禎一	衆議院議員,自由民主党
	小野清子	参議院議員,自由民主党
	〈防衛庁長官〉	
	中谷元	衆議院議員,自由民主党
	石破茂	衆議院議員,自由民主党
	〈行政改革担当・規制改革担当〉	
	石原伸晃	
	金子一義	衆議院議員,自由民主党
	〈金融担当〉	
	柳沢伯夫	衆議院議員,自由民主党
	竹中平蔵(兼)	
	〈経済財政政策担当・IT担当〉	
	竹中平蔵	民間
	〈沖縄及び北方対策担当・科学技術担当〉	
	尾身幸次	衆議院議員,自由民主党
	細田博之	衆議院議員,自由民主党
	茂木敏光	衆議院議員,自由民主党
	〈防災担当〉	
	村井仁(兼)	
	鴻池祥肇	参議院議員,自由民主党
	井上喜一	衆議院議員,保守新党
	〈男女共同参画担当〉	
	福田康夫(兼)	
	〈産業再生機構担当〉	
	谷垣禎一(兼)	
	金子一義(兼)	
	〈食品安全担当〉	
	谷垣禎一(兼)	
	小野清子(兼)	
	〈個人情報保護担当〉	
	細田博之(兼)	
	茂木敏光(兼)	
	〈構造改革特区担当〉	
	鴻池祥肇(兼)	
	金子一義(兼)	
	〈少子化対策担当・青少年育成担当〉	
	小野清子(兼)	
	〈有事法制担当〉	
	井上喜一(兼)	
法制局長官	津野修	
	秋山収	

第2次小泉内閣（2003. 11. 19-2005. 9. 21）

職名	氏名	備考
総理	小泉純一郎	衆議院議員,自由民主党
総務	麻生太郎	衆議院議員,自由民主党
法務	野沢太三	参議院議員,自由民主党
	南野知恵子	参議院議員,自由民主党
外務	川口順子	民間
	町村信孝	衆議院議員,自由民主党
財務	谷垣禎一	衆議院議員,自由民主党
文部科学	河村建夫	衆議院議員,自由民主党
	中山成彬	衆議院議員,自由民主党
厚生労働	坂口力	衆議院議員,公明党
	尾辻秀久	参議院議員,自由民主党
農林水産	亀井善之	衆議院議員,自由民主党
	島村宜伸	衆議院議員,自由民主党
経済産業	中川昭一	衆議院議員,自由民主党
国土交通	石原伸晃	衆議院議員,自由民主党
	北側一雄	衆議院議員,公明党
環境	小池百合子	衆議院議員,自由民主党
国務	〈官房長官〉	
	福田康夫	衆議院議員,自由民主党
	細田博之	衆議院議員,自由民主党
	〈国家公安委員会委員長〉	
	小野清子	参議院議員,自由民主党
	村田吉隆	衆議院議員,自由民主党
	〈防衛庁長官〉	
	石破茂	衆議院議員,自由民主党
	大野功統	衆議院議員,自由民主党
	〈経済財政担当・郵政民営化担当〉	
	竹中平蔵	民間
	〈金融担当〉	
	竹中平蔵(兼)	
	伊藤達也	衆議院議員,自由民主党

職名	氏名	備考
	〈沖縄及び北方対策担当〉	
	茂木敏光(兼)	
	小池百合子(兼)	
	〈IT担当〉	
	竹中平蔵(兼)	
	棚橋泰文	衆議院議員,自由民主党
	〈行政改革担当・規制改革担当・産業再生機構担当・構造改革特区担当〉	
	金子一義	衆議院議員,自由民主党
	村上誠一郎	衆議院議員,自由民主党
	〈防災担当・有事法制担当〉	
	井上喜一	衆議院議員,自由民主党
	村田吉隆(兼)	
	〈青少年育成及び少子化対策担当〉	
	小野清子(兼)	
	南野知恵子(兼)	
	〈食品安全担当〉	
	小野清子(兼)	
	棚橋泰文(兼)	
	〈男女共同参画担当〉	
	福田康夫(兼)	
	細田博之(兼)	
	〈科学技術担当〉	
	茂木敏光	衆議院議員,自由民主党
	棚橋泰文(兼)	
	〈個人情報保護担当〉	
	茂木敏光(兼)	
	〈国民スポーツ担当〉	
	麻生太郎(兼)	
	〈国際博覧会担当〉	
	中川昭一(兼)	
	〈地球環境担当〉	
	小池百合子(兼)	
	〈首都機能移転担当〉	
	北側一雄(兼)	
	〈観光立国担当〉	
	北側一雄(兼)	
	南野智恵子(兼)	
法制局長官	秋山収	
	阪田雅裕	
第2次小泉内閣(改造)(2004.9.27-05.9.21)		
総理	小泉純一郎	衆議院議員,自由民主党
総務	麻生太郎	衆議院議員,自由民主党
法務	南野知恵子	参議院議員,自由民主党
外務	町村信孝	衆議院議員,自由民主党
財務	谷垣禎一	衆議院議員,自由民主党
文部科学	中山成彬	衆議院議員,自由民主党
厚生労働	尾辻秀久	参議院議員,自由民主党
農林水産	島村宜伸	衆議院議員,自由民主党
	(-05.8.8)	
	小泉純一郎(兼)	

職名	氏名	備考
	(05.8.8-8.11)	
	岩永峯一	衆議院議員,自由民主党
	(05.8.11-)	
経済産業	中川昭一	衆議院議員,自由民主党
国土交通	北側一雄	衆議院議員,公明党
環境	小池百合子	衆議院議員,自由民主党
国務	〈官房長官〉	
	細田博之	衆議院議員,自由民主党
	〈国家公安委員会委員長〉	
	村田吉隆	衆議院議員,自由民主党
	〈防衛庁長官〉	
	大野功統	衆議院議員,自由民主党
国務	《内閣府特命担当大臣》	
	〈沖縄及び北方対策担当〉	
	小池百合子(兼)	
	〈金融担当〉	
	伊藤達也	衆議院議員,自由民主党
	〈経済財政政策担当〉	
	竹中平蔵	参議院議員,自由民主党
	〈規制改革担当〉	
	村上誠一郎	衆議院議員,自由民主党
	〈産業再生機構担当〉	
	村上誠一郎(兼)	
	〈科学技術政策担当〉	
	棚橋泰文	衆議院議員,自由民主党
	〈防災担当〉	
	村田吉隆(兼)	
	〈男女共同参画担当〉	
	細田博之(兼)	
	〈青少年育成及び少子化対策担当〉	
	南野知恵子(兼)	
	〈食品安全担当〉	
	棚橋泰文(兼)	
	〈食育担当〉	
	〔05.7.15任命〕	
	棚橋泰文(兼)	
国務	《担当大臣》	
	〈行政改革担当〉	
	村上誠一郎(兼)	
	〈首都機能移転担当〉	
	北側一雄(兼)	
	〈情報通信技術(IT)担当〉	
	棚橋泰文(兼)	
	〈構造改革特区・地域再生担当〉	
	村上誠一郎(兼)	
	〈観光立国担当〉	
	北側一雄(兼)	
	〈有事法制担当〉	
	村田吉隆(兼)	
	〈スポーツ普及振興担当〉	
	麻生太郎(兼)	
	〈郵政民営化担当〉	

職名	氏名	備考
	竹中平蔵(兼)	
法制局長官	阪田雅裕	

第3次小泉内閣（当初）（2005.9.21-10.31）

職名	氏名	備考
総理	小泉純一郎	衆議院議員,自由民主党
総務	麻生太郎	衆議院議員,自由民主党
法務	南野知恵子	参議院議員,自由民主党
外務	町村信孝	衆議院議員,自由民主党
財務	谷垣禎一	衆議院議員,自由民主党
文部科学	中山成彬	衆議院議員,自由民主党
厚生労働	尾辻秀久	参議院議員,自由民主党
農林水産	岩永峯一	衆議院議員,自由民主党
経済産業	中川昭一	衆議院議員,自由民主党
国土交通	北側一雄	衆議院議員,公明党
環境	小池百合子	衆議院議員,自由民主党
国務	〈官房長官〉	
	細田博之	衆議院議員,自由民主党
	〈国家公安委員会委員長〉	
	村田吉隆	衆議院議員,自由民主党
	〈防衛庁長官〉	
	大野功統	衆議院議員,自由民主党
国務	《内閣府特命担当大臣》	
	〈沖縄及び北方対策担当〉	
	小池百合子(兼)	
	〈金融担当〉	
	伊藤達也	衆議院議員,自由民主党
	〈経済財政政策担当〉	
	竹中平蔵	参議院議員,自由民主党
	〈規制改革担当〉	
	村上誠一郎	衆議院議員,自由民主党
	〈産業再生機構担当〉	
	村上誠一郎(兼)	
	〈科学技術政策担当〉	
	棚橋泰文	衆議院議員,自由民主党
	〈防災担当〉	
	村田吉隆(兼)	
	〈男女共同参画担当〉	
	細田博之(兼)	
	〈青少年育成及び少子化対策担当〉	
	南野知恵子(兼)	
	〈食品安全担当〉	
	棚橋泰文(兼)	
	〈食育担当〉	
	棚橋泰文(兼)	
国務	《担当大臣》	
	〈地球環境問題担当〉	
	小池百合子(兼)	
	〈行政改革担当〉	
	村上誠一郎(兼)	
	〈首都機能移転担当〉	
	北側一雄(兼)	
	〈国際博覧会担当〉	
	中川昭一(兼)	
	〈情報通信技術(IT)担当〉	
	棚橋泰文(兼)	
	〈構造改革特区・地域再生担当〉	
	村上誠一郎(兼)	
	〈観光立国担当〉	
	北側一雄(兼)	
	〈有事法制担当〉	
	村田吉隆(兼)	
	〈スポーツ普及振興担当〉	
	麻生太郎(兼)	
	〈郵政民営化担当〉	
	竹中平蔵(兼)	
法制局長官	阪田雅裕	

第3次小泉内閣（改造）（2005.10.31-06.9.26）

職名	氏名	備考
総理	小泉純一郎	衆議院議員,自由民主党
総務	竹中平蔵	参議院議員,自由民主党
法務	杉浦正健	衆議院議員,自由民主党
外務	麻生太郎	衆議院議員,自由民主党
財務	谷垣禎一	衆議院議員,自由民主党
文部科学	小坂憲次	衆議院議員,自由民主党
厚生労働	川崎二郎	衆議院議員,自由民主党
農林水産	中川昭一	衆議院議員,自由民主党
経済産業	二階俊博	衆議院議員,自由民主党
国土交通	北側一雄	衆議院議員,公明党
環境	小池百合子	衆議院議員,自由民主党
国務	〈官房長官〉	
	安倍晋三	衆議院議員,自由民主党
	〈国家公安委員会委員長〉	
	沓掛哲男	参議院議員,自由民主党
	〈防衛庁長官〉	
	額賀福志郎	衆議院議員,自由民主党
国務	《内閣府特命担当大臣》	
	〈沖縄及び北方対策担当〉	
	小池百合子(兼)	
	〈金融担当〉	
	与謝野馨	衆議院議員,自由民主党
	〈経済財政政策担当〉	
	与謝野馨(兼)	
	〈規制改革担当〉	
	中馬弘毅	衆議院議員,自由民主党
	〈科学技術政策担当〉	
	松田岩夫	参議院議員,自由民主党
	〈防災担当〉	
	沓掛哲男(兼)	
	〈食品安全担当〉	
	松田岩夫(兼)	
	〈少子化・男女共同参画担当〉	
	猪口邦子	衆議院議員,自由民主党

職名	氏名	備考
国務	《担当大臣》	
	〈地球環境問題担当〉	
	小池百合子(兼)	
	〈行政改革担当〉	
	中馬弘毅(兼)	
	〈首都機能移転担当〉	
	北側一雄(兼)	
	〈国際博覧会担当〉	
	二階俊博(兼)	
	〈情報通信技術(IT)担当〉	
	松田岩夫	衆議院議員,自由民主党
	〈構造改革特区・地域再生担当〉	
	中馬弘毅(兼)	
	〈観光立国担当〉	
	北側一雄(兼)	
	〈有事法制担当〉	
	沓掛哲男(兼)	
	〈スポーツ普及振興担当〉	
	小坂憲次(兼)	
	〈郵政民営化担当〉	
	竹中平蔵(兼)	
法制局長官	阪田雅裕	
第1次安倍内閣(当初)(2006.9.26-07.8.27)		
総理	安倍晋三	衆議院議員,自由民主党
総務	菅義偉	衆議院議員,自由民主党
法務	長勢甚遠	衆議院議員,自由民主党
外務	麻生太郎	衆議院議員,自由民主党
財務	尾身幸次	衆議院議員,自由民主党
文部科学	伊吹文明	衆議院議員,自由民主党
厚生労働	柳沢伯夫	衆議院議員,自由民主党
農林水産	松岡利勝	衆議院議員,自由民主党
	(-07.5.28)	
	若林正俊(臨時代理)(兼)	
	(07.5.28-6.1)	
	赤城徳彦	衆議院議員,自由民主党
	(07.6.1-8.1)	
	若林正俊(兼)	
	(07.8.1-)	
経済産業	甘利明	衆議院議員,自由民主党
国土交通	冬柴鉄三	衆議院議員,公明党
環境	若林正俊	参議院議員,自由民主党
防衛	〔2007.1.9防衛省設置〕	
	久間章生	衆議院議員,自由民主党
	(-07.7.4)	
	小池百合子	衆議院議員,自由民主党
	(07.7.4-)	
国務	〈官房長官〉	
	塩崎恭久	衆議院議員,自由民主党
	〈国家公安委員会委員長〉	
	溝手顕正	参議院議員,自由民主党

職名	氏名	備考
	〈防衛庁長官〉	
	〔2007.1.9防衛省設置〕	
	久間章生	衆議院議員,自由民主党
	(-07.1.9)	
国務	《内閣府特命担当大臣》	
	〈沖縄及び北方対策担当〉	
	高市早苗	衆議院議員,自由民主党
	〈金融担当〉	
	山本有二	衆議院議員,自由民主党
	〈経済財政政策担当〉	
	大田弘子	民間
	〈規制改革担当〉	
	佐田玄一郎	衆議院議員,自由民主党
	(-06.12.28)	
	渡辺喜美	衆議院議員,自由民主党
	(06.12.28-)	
	〈科学技術政策担当〉	
	高市早苗(兼)	
	〈イノベーション担当〉	
	高市早苗(兼)	
	〈防災担当〉	
	溝手顕正(兼)	
	〈少子化・男女共同参画担当〉	
	高市早苗(兼)	
	〈食品安全担当〉	
	高市早苗(兼)	
	〈地方分権改革担当〉	
	〔2006.12.15任命〕	
	菅義偉(兼)	
国務	《担当大臣》	
	〈地球環境問題〉	
	若林正俊(兼)	
	〈行政改革担当〉	
	佐田玄一郎(兼)	
	(-06.12.28)	
	渡辺喜美(兼)	
	(06.12.28-)	
	〈公務員制度改革担当〉	
	佐田玄一郎(兼)	
	(-06.12.28)	
	渡辺喜美(兼)	
	(06.12.28-)	
	〈観光立国担当〉	
	冬柴鉄三(兼)	
	〈郵政民営化担当〉	
	菅義偉(兼)	
	〈拉致問題担当〉	
	塩崎恭久(兼)	
	〈再チャレンジ担当〉	
	山本有二(兼)	
	〈地域活性化担当〉	
	佐田玄一郎(兼)	
	(-06.12.28)	
	渡辺喜美(兼)	
	(06.12.28-)	

職名	氏名	備考
	〈道州制担当〉	
	佐田玄一郎(兼)	
	(-06. 12. 28)	
	渡辺喜美(兼)	
	(06. 12. 28-)	
	〈海洋政策担当〉	
	〔2007. 7. 20任命〕	
	冬柴鉄三(兼)	
法制局長官	宮崎礼壱	
第1次安倍内閣(改造)(2007. 8. 27-. 9. 26)		
総理	安倍晋三	衆議院議員,自由民主党
総務	増田寛也	民間
法務	鳩山邦夫	衆議院議員,自由民主党
外務	町村信孝	衆議院議員,自由民主党
財務	額賀福志郎	衆議院議員,自由民主党
文部科学	伊吹文明	衆議院議員,自由民主党
厚生労働	舛添要一	参議院議員,自由民主党
農林水産	遠藤武彦	衆議院議員,自由民主党
	(-07. 9. 3)	
	甘利明(臨時代理)(兼)	
	(07. 9. 3-9. 4)	
	若林正俊	参議院議員,自由民主党
	(07. 9. 4-)	
経済産業	甘利明	衆議院議員,自由民主党
国土交通	冬柴鉄三	衆議院議員,公明党
環境	鴨下一郎	衆議院議員,自由民主党
防衛	高村正彦	衆議院議員,自由民主党
国務	〈官房長官〉	
	与謝野馨	衆議院議員,自由民主党
	〈国家公安委員会委員長〉	
	泉信也	参議院議員,自由民主党
国務	《内閣府特命担当大臣》	
	〈沖縄及び北方対策担当〉	
	岸田文雄	衆議院議員,自由民主党
	〈金融担当〉	
	渡辺喜美	衆議院議員,自由民主党
	〈経済財政政策担当〉	
	大田弘子	民間
	〈規制改革担当〉	
	岸田文雄(兼)	
	〈地方分権改革担当〉	
	増田寛也(兼)	
	〈国民生活担当〉	
	岸田文雄(兼)	
	〈再チャレンジ担当〉	
	岸田文雄(兼)	
	〈科学技術政策担当〉	
	岸田文雄(兼)	
	〈防災担当〉	
	泉信也(兼)	

職名	氏名	備考
	〈少子化対策担当〉	
	上川陽子	衆議院議員,自由民主党
	〈男女共同参画担当〉	
	上川陽子(兼)	
	〈食品安全担当〉	
	泉信也(兼)	
国務	《担当大臣》	
	〈地球環境問題〉	
	鴨下一郎(兼)	
	〈行政改革担当〉	
	渡辺喜美(兼)	
	〈公務員制度改革担当〉	
	渡辺喜美(兼)	
	〈観光立国担当〉	
	冬柴鉄三(兼)	
	〈郵政民営化担当〉	
	増田寛也(兼)	
	〈拉致問題担当〉	
	与謝野馨(兼)	
	〈道州制担当〉	
	増田寛也(兼)	
	〈地方・都市格差是正担当〉	
	増田寛也(兼)	
	〈海洋政策担当〉	
	冬柴鉄三(兼)	
法制局長官	宮崎礼壱	
福田康夫内閣(当初)(2007. 9. 26-08. 8. 2)		
総理	福田康夫	衆議院議員,自由民主党
総務	増田寛也	民間
法務	鳩山邦夫	衆議院議員,自由民主党
外務	高村正彦	衆議院議員,自由民主党
財務	額賀福志郎	衆議院議員,自由民主党
文部科学	渡海紀三朗	衆議院議員,自由民主党
厚生労働	舛添要一	参議院議員,自由民主党
農林水産	若林正俊	参議院議員,自由民主党
経済産業	甘利明	衆議院議員,自由民主党
国土交通	冬柴鉄三	衆議院議員,公明党
環境	鴨下一郎	衆議院議員,自由民主党
防衛	石破茂	衆議院議員,自由民主党
国務	〈官房長官〉	
	町村信孝	衆議院議員,自由民主党
	〈国家公安委員会委員長〉	
	泉信也	参議院議員,自由民主党
国務	《内閣府特命担当大臣》	
	〈沖縄及び北方対策担当〉	
	岸田文雄	衆議院議員,自由民主党
	〈金融担当〉	
	渡辺喜美	衆議院議員,自由民主党
	〈経済財政政策担当〉	
	大田弘子	民間
	〈規制改革担当〉	

職　名	氏　　名	備　　考
	岸田文雄(兼)	
	〈地方分権改革担当〉	
	増田寛也(兼)	
	〈国民生活担当〉	
	岸田文雄(兼)	
	〈科学技術政策担当〉	
	岸田文雄(兼)	
	〈防災担当〉	
	泉　信也(兼)	
	〈少子化対策担当〉	
	上川陽子	衆議院議員,自由民主党
	〈男女共同参画担当〉	
	上川陽子(兼)	
	〈食品安全担当〉	
	泉　信也(兼)	
国　務	《担当大臣》	
	〈地球環境問題担当〉	
	鴨下一郎(兼)	
	〈行政改革担当〉	
	渡辺喜美(兼)	
	〈公務員制度改革担当〉	
	渡辺喜美(兼)	
	〈観光立国担当〉	
	冬柴鉄三(兼)	
	〈郵政民営化担当〉	
	増田寛也(兼)	
	〈拉致問題担当〉	
	町村信孝(兼)	
	〈道州制担当〉	
	増田寛也(兼)	
	〈海洋政策担当〉	
	冬柴鉄三(兼)	
	〈地方再生担当〉	
	増田寛也(兼)	
	〈消費者行政担当〉	
	〔2008. 2. 6任命〕	
	岸田文雄(兼)	
	〈公文書管理担当〉	
	〔2008. 2. 29任命〕	
	上川陽子(兼)	
	〈宇宙開発担当〉	
	〔2008. 6. 17任命〕	
	岸田文雄(兼)	
法制局長官	宮崎礼壱	

福田康夫内閣（改造）（2008. 8. 2-9. 24）

職　名	氏　　名	備　　考
総　理	福田康夫	衆議院議員,自由民主党
総　務	増田寛也	民間
法　務	保岡興治	衆議院議員,自由民主党
外　務	高村正彦	衆議院議員,自由民主党
財　務	伊吹文明	衆議院議員,自由民主党
文部科学	鈴木恒夫	衆議院議員,自由民主党
厚生労働	舛添要一	参議院議員,自由民主党
農林水産	太田誠一	衆議院議員,自由民主党
	(-08. 9. 19)	
	町村信孝(臨時代理)(兼)	
	(08. 9. 19-)	
経済産業	二階俊博	衆議院議員,自由民主党
国土交通	谷垣禎一	衆議院議員,自由民主党
環　境	斉藤鉄夫	衆議院議員,公明党
防　衛	林　芳正	参議院議員,自由民主党
国　務	〈官房長官〉	
	町村信孝	衆議院議員,自由民主党
	〈国家公安委員会委員長〉	
	林　幹雄	衆議院議員,自由民主党
国　務	《内閣府特命担当大臣》	
	〈沖縄及び北方対策担当〉	
	林　幹雄(兼)	
	〈金融担当〉	
	茂木敏充	衆議院議員,自由民主党
	〈経済財政政策担当〉	
	与謝野馨	衆議院議員,自由民主党
	〈規制改革担当〉	
	与謝野馨(兼)	
	〈地方分権改革担当〉	
	増田寛也(兼)	
	〈科学技術政策担当〉	
	野田聖子	衆議院議員,自由民主党
	〈防災担当〉	
	林　幹雄(兼)	
	〈少子化対策担当〉	
	中山恭子	参議院議員,自由民主党
	〈男女共同参画担当〉	
	中山恭子(兼)	
	〈食品安全担当〉	
	野田聖子(兼)	
国　務	《担当大臣》	
	〈行政改革担当〉	
	茂木敏充(兼)	
	〈公務員制度改革担当〉	
	茂木敏充(兼)	
	〈観光立国担当〉	
	谷垣禎一(兼)	
	〈郵政民営化担当〉	
	増田寛也(兼)	
	〈拉致問題担当〉	
	中山恭子(兼)	
	〈海洋政策担当〉	
	谷垣禎一(兼)	
	〈道州制担当〉	
	増田寛也(兼)	
	〈地方再生担当〉	
	増田寛也(兼)	
	〈消費者行政担当〉	
	野田聖子(兼)	

職名	氏名	備考
	〈公文書管理担当〉	
	中山恭子(兼)	
	〈宇宙開発担当〉	
	野田聖子(兼)	
法制局長官	宮崎礼壱	
麻生内閣(2008.9.24-09.9.16)		
総理	麻生太郎	衆議院議員,自由民主党
総務	鳩山邦夫	衆議院議員,自由民主党
	(-09.6.12)	
	佐藤勉	衆議院議員,自由民主党
	(09.6.12-)	
法務	森英介	衆議院議員,自由民主党
外務	中曽根弘文	参議院議員,自由民主党
財務	中川昭一	衆議院議員,自由民主党
	(-09.2.17)	
	与謝野馨	
	(09.2.17-)	
文部科学	塩谷立	衆議院議員,自由民主党
厚生労働	舛添要一	参議院議員,自由民主党
農林水産	石破茂	衆議院議員,自由民主党
経済産業	二階俊博	衆議院議員,自由民主党
国土交通	中山成彬	衆議院議員,自由民主党
	(-08.9.28)	
	河村建夫(臨時代理)(兼)	
	(08.9.28-9.29)	
	金子一義	衆議院議員,自由民主党
	(09.9.29-)	
環境	斉藤鉄夫	衆議院議員,公明党
防衛	浜田靖一	衆議院議員,自由民主党
国務	〈官房長官〉	
	河村建夫	衆議院議員,自由民主党
	〈国家公安委員会委員長〉	
	佐藤勉	衆議院議員,自由民主党
	(-09.7.2)	
	林幹雄	衆議院議員,自由民主党
	(09.7.2-)	
国務	《内閣府特命担当大臣》	
	〈沖縄及び北方対策担当〉	
	佐藤勉(兼)	
	(-09.7.2)	
	林幹雄(兼)	
	(09.7.2-)	
	〈金融担当〉	
	中川昭一(兼)	
	(-09.2.17)	
	与謝野馨(兼)	
	(09.2.17-)	
	〈経済財政政策担当〉	
	与謝野馨	衆議院議員,自由民主党
	(-09.2.17)	

職名	氏名	備考
	与謝野馨(兼)	
	(09.2.17-7.2)	
	林芳正	参議院議員,自由民主党
	(09.7.2-)	
	〈規制改革担当〉	
	甘利明	衆議院議員,自由民主党
	〈地方分権改革担当〉	
	鳩山邦夫(兼)	
	(-09.6.12)	
	佐藤勉(兼)	
	(09.6.12-)	
	〈科学技術政策担当〉	
	野田聖子	衆議院議員,自由民主党
	〈防災担当〉	
	佐藤勉(兼)	
	(-09.7.2)	
	林幹雄(兼)	
	(09.7.2-)	
	〈少子化対策担当〉	
	小渕優子	衆議院議員,自由民主党
	〈男女共同参画担当〉	
	小渕優子(兼)	
	〈食品安全担当〉	
	野田聖子(兼)	
	〈消費者担当〉	
	〔2009.9.1任命〕	
	野田聖子(兼)	
国務	《担当大臣》	
	〈行政改革担当〉	
	甘利明(兼)	
	〈公務員制度改革担当〉	
	甘利明(兼)	
	〈拉致問題担当〉	
	河村建夫(兼)	
	〈消費者行政担当〉	
	野田聖子(兼)	
	(-09.9.1)	
法制局長官	宮崎礼壱	
鳩山由紀夫内閣(2009.9.16-10.6.8)		
総理	鳩山由紀夫	衆議院議員,民主党
総務	原口一博	衆議院議員,民主党
法務	千葉景子	参議院議員,民主党
外務	岡田克也	衆議院議員,民主党
財務	藤井裕久	衆議院議員,民主党
	(-10.1.7)	
	菅直人	衆議院議員,民主党
	(10.1.7-)	
文部科学	川端達夫	衆議院議員,民主党
厚生労働	長妻昭	衆議院議員,民主党
農林水産	赤松広隆	衆議院議員,民主党
経済産業	直嶋正行	参議院議員,民主党

職　名	氏　名	備　考
国土交通	前原誠司	衆議院議員,民主党
環　境	小沢鋭仁	衆議院議員,民主党
防　衛	北沢俊美	参議院議員,民主党
国　務	〈官房長官〉	
	平野博文	衆議院議員,民主党
	〈国家公安委員会委員長〉	
	中井　洽	衆議院議員,民主党
国　務	《内閣府特命担当大臣》	
	〈沖縄及び北方対策担当〉	
	前原誠司(兼)	
	〈金融担当〉	
	亀井静香	衆議院議員,国民新党
	〈消費者及び食品安全担当〉	
	福島瑞穂	参議院議員,社会民主党
	(-10.5.28)	
	平野博文 (事務代理)(兼)	
	(10.5.28-)	
	〈経済財政政策担当〉	
	菅　直人(兼)	
	〈地域主権推進担当〉	
	原口一博(兼)	
	〈行政刷新担当〉	
	仙谷由人	衆議院議員,民主党
	(-10.2.10)	
	枝野幸男	衆議院議員,民主党
	(10.2.10-)	
	〈科学技術政策担当〉	
	菅　直人(兼)	
	(-10.1.7)	
	川端達夫(兼)	
	(10.1.7-)	
	〈防災担当〉	
	前原誠司(兼)	
	(-10.1.12)	
	中井　洽(兼)	
	(10.1.12-)	
	〈少子化対策担当〉	
	福島瑞穂(兼)	
	(-10.5.28)	
	平野博文 (事務代理)(兼)	
	(10.5.28-)	
	〈男女共同参画担当〉	
	福島瑞穂(兼)	
	(-10.5.28)	
	平野博文 (事務代理)(兼)	
	(10.5.28-)	
	〈「新しい公共」担当〉	
	〔2010.2.10任命〕	
	仙谷由人	
国　務	《担当大臣》	
	〈公務員制度改革担当〉	
	仙谷由人(兼)	

職　名	氏　名	備　考
	〈拉致問題担当〉	
	中井　洽(兼)	
	〈国家戦略担当〉	
	菅　直人(兼)	
	(-10.1.7)	
	仙谷由人(兼)	
	(10.1.7-)	
	〈年金行政担当〉	
	長妻　昭(兼)	
	〈郵政事業担当〉	
	亀井静香(兼)	
法制局長官	宮崎礼壹	
	(-10.1.15)	
	梶田信一郎	
	(10.1.15-)	
菅内閣（当初）（2010.6.8-9.17）		
総　理	菅　直人	衆議院議員,民主党
総　務	原口一博	衆議院議員,民主党
法　務	千葉景子	参議院議員(-2010.7.25),民主党
外　務	岡田克也	衆議院議員,民主党
財　務	野田佳彦	衆議院議員,民主党
文部科学	川端達夫	衆議院議員,民主党
厚生労働	長妻　昭	衆議院議員,民主党
農林水産	山田正彦	衆議院議員,民主党
経済産業	直嶋正行	参議院議員,民主党
国土交通	前原誠司	衆議院議員,民主党
環　境	小沢鋭仁	衆議院議員,民主党
防　衛	北沢俊美	衆議院議員,民主党
国　務	〈官房長官〉	
	仙谷由人	衆議院議員,民主党
	〈国家公安委員会委員長〉	
	中井　洽	衆議院議員,民主党
国　務	《内閣府特命担当大臣》	
	〈沖縄及び北方対策担当〉	
	前原誠司(兼)	
	〈金融担当〉	
	亀井静香	衆議院議員,国民新党
	(-10.6.11)	
	仙谷由人 (事務代理)(兼)	
	(10.6.11)	
	自見庄三郎	参議院議員,国民新党
	(10.6.11-)	
	〈消費者及び食品安全担当〉	
	荒井　聡	衆議院議員,民主党
	〈経済財政政策担当〉	
	荒井　聡(兼)	
	〈地域主権推進担当〉	
	原口一博(兼)	
	〈「新しい公共」担当〉	
	玄葉光一郎	衆議院議員,民主党

職名	氏名	備考
	〈科学技術政策担当〉	
	川端達夫(兼)	
	〈防災担当〉	
	中井　洽(兼)	
	〈少子化対策担当〉	
	玄葉光一郎(兼)	
	〈男女共同参画担当〉	
	玄葉光一郎(兼)	
	〈行政刷新担当〉	
	村田蓮舫〔蓮舫〕	参議院議員,民主党
国務	《担当大臣》	
	〈公務員制度改革担当〉	
	玄葉光一郎(兼)	
	〈拉致問題担当〉	
	中井　洽(兼)	
	〈国家戦略担当〉	
	荒井　聡(兼)	
	〈年金改革担当〉	
	長妻　昭(兼)	
	〈郵政改革担当〉	
	亀井静香(兼)	
	(-10. 6. 11)	
	自見庄三郎(兼)	
	(10. 6. 11-)	
法制局長官	梶田信一郎	

菅内閣（第1次改造）（2010. 9. 17-11. 1. 4）

職名	氏名	備考
総理	菅　直人	衆議院議員,民主党
総務	片山善博	民間
法務	柳田　稔	参議院議員,民主党
	(-10. 11. 22)	
	仙谷由人(兼)	衆議院議員,民主党
	(10. 11. 22-)	
外務	前原誠司	衆議院議員,民主党
財務	野田佳彦	衆議院議員,民主党
文部科学	高木義明	衆議院議員,民主党
厚生労働	細川律夫	衆議院議員,民主党
農林水産	鹿野道彦	衆議院議員,民主党
経済産業	大畠章宏	衆議院議員,民主党
国土交通	馬淵澄夫	衆議院議員,民主党
環境	松本　龍	衆議院議員,民主党
防衛	北沢俊美	参議院議員,民主党
国務	〈官房長官〉	
	仙谷由人	
	〈国家公安委員会委員長〉	
	岡崎トミ子	参議院議員,民主党
国務	《内閣府特命担当大臣》	
	〈沖縄及び北方対策担当〉	
	馬淵澄夫(兼)	
	〈金融担当〉	
	自見庄三郎	参議院議員,国民新党
	〈消費者及び食品安全担当〉	
	岡崎トミ子(兼)	
	〈経済財政政策担当〉	
	海江田万里	衆議院議員,民主党
	〈地域主権推進担当〉	
	片山善博(兼)	
	〈「新しい公共」担当〉	
	玄葉光一郎	衆議院議員,民主党
	〈科学技術政策担当〉	
	海江田万里(兼)	
	〈防災担当〉	
	松本　龍(兼)	
	〈少子化対策担当〉	
	岡崎トミ子(兼)	
	〈男女共同参画担当〉	
	岡崎トミ子(兼)	
	〈行政刷新担当〉	
	村田蓮舫〔蓮舫〕	参議院議員,民主党
国務	《担当大臣》	
	〈公務員制度改革担当〉	
	村田蓮舫〔蓮舫〕(兼)	
	〈拉致問題担当〉	
	柳田　稔(兼)	
	(-10. 11. 22)	
	仙谷由人(兼)	
	(10. 11. 22-)	
	〈地域活性化担当〉	
	片山善博(兼)	
	〈海洋政策担当〉	
	馬淵澄夫(兼)	
	〈宇宙開発利用担当〉	
	海江田万里(兼)	
	〈国家戦略担当〉	
	玄葉光一郎(兼)	
	〈郵政改革担当〉	
	自見庄三郎(兼)	
法制局長官	梶田信一郎	

菅内閣（第2次改造）（2011. 1. 14-9. 2）

職名	氏名	備考
総理	菅　直人	衆議院議員,民主党
総務	片山善博	民間
法務	江田五月	参議院議員,民主党
外務	前原誠司	衆議院議員,民主党
	(-11. 3. 7)	
	枝野幸男(臨時代理)(兼)	衆議院議員,民主党
	(11. 3. 7-3. 9)	
	松本剛明	衆議院議員,民主党
	(11. 3. 9-)	
財務	野田佳彦	衆議院議員,民主党
文部科学	高木義明	衆議院議員,民主党
厚生労働	細川律夫	衆議院議員,民主党

職名	氏名	備考
農林水産	鹿野道彦	衆議院議員,民主党
経済産業	海江田万里	衆議院議員,民主党
国土交通	大畠章宏	衆議院議員,民主党
環境	松本龍	衆議院議員,民主党
	(-11.6.27)	
	江田五月(兼)	
	(11.6.27-)	
防衛	北沢俊美	参議院議員,民主党
国務	〈官房長官〉	
	枝野幸男	
	〈国家公安委員会委員長〉	
	中野寛成	衆議院議員,民主党
国務	《内閣府特命担当大臣》	
	〈沖縄及び北方対策担当〉	
	枝野幸男(兼)	
	〈金融担当〉	
	自見庄三郎	参議院議員,国民新党
	〈地域主権推進担当〉	
	片山善博(兼)	
	〈消費者及び食品安全担当〉	
	村田蓮舫〔蓮舫〕	参議院議員,民主党
	(-11.6.27)	
	細野豪志	衆議院議員,民主党
	(11.6.27-)	
	〈経済財政政策担当〉	
	与謝野馨	衆議院議員,無所属
	〈地域主権推進担当〉	
	片山善博(兼)	
	〈「新しい公共」担当〉	
	玄葉光一郎	衆議院議員,民主党
	〈科学技術政策担当〉	
	玄葉光一郎(兼)	
	〈少子化対策担当〉	
	与謝野馨(兼)	
	〈男女共同参画担当〉	
	与謝野馨(兼)	
	〈防災担当〉	
	松本龍(兼)	
	(-11.7.5)	
	平野達男	参議院議員,民主党
	(11.7.5-)	
	〈行政刷新担当〉	
	村田蓮舫〔蓮舫〕(兼)	
	(-11.6.27)	
	枝野幸男(兼)	
	(11.6.27-)	
	〈原子力損害賠償支援機構担当〉	
	〔2011.8.10任命〕	
	細野豪志(兼)	
国務	《担当大臣》	
	〈公務員制度改革担当〉	
	中野寛成(兼)	
	〈拉致問題担当〉	
	中野寛成(兼)	
	〈地域活性化担当〉	
	片山善博(兼)	
	〈海洋政策担当〉	
	大畠章宏(兼)	
	〈宇宙開発利用担当〉	
	玄葉光一郎(兼)	
	〈国家戦略担当〉	
	玄葉光一郎(兼)	
	〈社会保障・税一体改革担当〉	
	与謝野馨(兼)	
	〈郵政改革担当〉	
	自見庄三郎(兼)	
	〈節電啓発担当〉	
	〔2011.3.13任命〕	
	村田蓮舫〔蓮舫〕(兼)	
	(-11.6.27)	
	細野豪志(兼)	
	(11.6.27-)	
	〈原子力経済被害担当〉	
	〔2011.4.11任命〕	
	海江田万里(兼)	
	〈東日本大震災復興対策担当〉	
	〔2011.6.27任命〕	
	松本龍(兼)	
	(-11.7.5)	
	平野達男(兼)	
	(11.7.5-)	
	〈原発事故の収束及び再発防止担当〉	
	〔2011.6.27任命〕	
	細野豪志(兼)	
法制局長官	梶田信一郎	

野田内閣(当初)(2011.9.2-12.1.13)

職名	氏名	備考
総理	野田佳彦	衆議院議員,民主党
総務	川端達夫	衆議院議員,民主党
法務	平岡秀夫	衆議院議員,民主党
外務	玄葉光一郎	衆議院議員,民主党
財務	安住淳	衆議院議員,民主党
文部科学	中川正春	衆議院議員,民主党
厚生労働	小宮山洋子	衆議院議員,民主党
農林水産	鹿野道彦	衆議院議員,民主党
経済産業	鉢呂吉雄	衆議院議員,民主党
	(-11.9.11)	
	藤村修(臨時代理)(兼)	衆議院議員,民主党
	(11.9.11-9.12)	
	枝野幸男	衆議院議員,民主党
	(11.9.12-)	

職　名	氏　　名	備　　考
国土交通	前田武志	参議院議員,民主党
環　境	細野豪志	衆議院議員,民主党
防　衛	一川保夫	参議院議員,民主党
国　務	〈官房長官〉	
	藤村　修	
	〈国家公安委員会委員長〉	
	山岡賢次	衆議院議員,民主党
国　務	《内閣府特命担当大臣》	
	〈沖縄及び北方対策担当〉	
	川端達夫(兼)	
	〈金融担当〉	
	自見庄三郎	参議院議員,国民新党
	〈消費者及び食品安全担当〉	
	山岡賢次(兼)	
	〈経済財政政策担当〉	
	古川元久	衆議院議員,民主党
	〈地域主権推進担当〉	
	川端達夫(兼)	
	〈「新しい公共」担当〉	
	村田蓮舫〔蓮舫〕	参議院議員,民主党
	〈科学技術政策担当〉	
	古川元久(兼)	
	〈原子力損害賠償支援機構担当〉	
	細野豪志(兼)	
	(-11.10.3)	
	枝野幸男(兼)	
	(11.10.3-)	
	〈防災担当〉	
	平野達男	参議院議員,民主党
	〈少子化対策担当〉	
	村田蓮舫〔蓮舫〕(兼)	
	〈男女共同参画担当〉	
	村田蓮舫〔蓮舫〕(兼)	
	〈行政刷新担当〉	
	村田蓮舫〔蓮舫〕(兼)	
	〈原子力行政担当〉	
	〔2011.10.3任命〕	
	細野豪志(兼)	
国　務	《担当大臣》	
	〈公務員制度改革担当〉	
	村田蓮舫〔蓮舫〕(兼)	
	〈拉致問題担当〉	
	山岡賢次(兼)	
	〈地域活性化担当〉	
	川端達夫(兼)	
	〈海洋政策担当〉	
	前田武志(兼)	
	〈宇宙開発利用担当〉	
	古川元久(兼)	
	〈国家戦略担当〉	
	古川元久(兼)	
	〈郵政改革担当〉	
	自見庄三郎(兼)	

職　名	氏　　名	備　　考
	〈社会保障・税一体改革担当〉	
	古川元久(兼)	
	〈原子力経済被害担当〉	
	鉢呂吉雄(兼)	
	(-11.9.11)	
	藤村　修(臨時代理)(兼)	
	(11.9.11-9.12)	
	枝野幸男(兼)	
	(11.9.12-)	
	〈原発事故の収束及び再発防止担当〉	
	細野豪志(兼)	
	〈東日本大震災復興対策担当〉	
	平野達男(兼)	
法制局長官	梶田信一郎	
	(-11.12.22)	
	山本庸幸	
	(11.12.22-)	
野田内閣(第1次改造)(2012.1.13-6.4)		
総　理	野田佳彦	衆議院議員,民主党
総　務	川端達夫	衆議院議員,民主党
法　務	小川敏夫	参議院議員,民主党
外　務	玄葉光一郎	衆議院議員,民主党
財　務	安住　淳	衆議院議員,民主党
文部科学	平野博文	衆議院議員,民主党
厚生労働	小宮山洋子	衆議院議員,民主党
農林水産	鹿野道彦	衆議院議員,民主党
経済産業	枝野幸男	衆議院議員,民主党
国土交通	前田武志	参議院議員,民主党
環　境	細野豪志	衆議院議員,民主党
防　衛	田中直紀	参議院議員,民主党
国　務	〈官房長官〉	
	藤村　修	衆議院議員,民主党
	〈復興大臣〉	
	〔2012.2.10設置〕	
	平野達男	参議院議員,民主党
	〈国家公安委員会委員長〉	
	松原　仁	衆議院議員,民主党
国　務	《内閣府特命担当大臣》	
	〈沖縄及び北方対策担当〉	
	川端達夫(兼)	
	〈金融担当〉	
	自見庄三郎	参議院議員,国民新党
	〈消費者及び食品安全担当〉	
	松原　仁(兼)	
	〈経済財政政策担当〉	
	古川元久	衆議院議員,民主党
	〈地域主権推進担当〉	
	川端達夫(兼)	
	〈「新しい公共」担当〉	

職　名	氏　　名	備　　考
	岡田克也	衆議院議員,民主党
	(-12.2.10)	
	中川正春	衆議院議員,民主党
	(12.2.10-)	
	〈科学技術政策担当〉	
	古川元久(兼)	
	〈原子力損害賠償支援機構担当〉	
	枝野幸男(兼)	
	〈防災担当〉	
	平野達男	
	(-12.2.10)	
	中川正春(兼)	
	(12.2.10-)	
	〈少子化対策担当〉	
	岡田克也(兼)	
	(-12.2.10)	
	中川正春(兼)	
	(12.2.10-4.23)	
	小宮山洋子(兼)	
	(12.4.23-)	
	〈男女共同参画担当〉	
	岡田克也(兼)	
	(-12.2.10)	
	中川正春(兼)	
	(12.2.10-)	
	〈行政刷新担当〉	
	岡田克也(兼)	
	〈原子力行政担当〉	
	細野豪志(兼)	
国　務	《担当大臣》	
	〈行財政改革担当〉	
	岡田克也(兼)	
	〈公務員制度改革担当〉	
	岡田克也(兼)	
	(-12.4.16)	
	中川正春(兼)	
	(12.4.16-)	
	〈拉致問題担当〉	
	松原仁(兼)	
	〈地域活性化担当〉	
	川端達夫(兼)	
	〈海洋政策担当〉	
	前田武志(兼)	
	〈宇宙開発利用担当〉	
	古川元久(兼)	
	〈国家戦略担当〉	
	古川元久(兼)	
	〈郵政改革担当〉	
	自見庄三郎(兼)	
	(-12.5.8)	
	〈郵政民営化担当〉	
	〔2012.5.8任命〕	
	自見庄三郎(兼)	

職　名	氏　　名	備　　考
	〈社会保障・税一体改革担当〉	
	岡田克也(兼)	
	〈原子力経済被害担当〉	
	枝野幸男(兼)	
	〈原発事故の収束及び再発防止担当〉	
	細野豪志(兼)	
	〈東日本大震災復興対策担当〉	
	平野達男(兼)	
	(-12.2.10)	
	〈東日本大震災総括担当〉	
	〔2012.2.14任命〕	
	平野達男(兼)	
法制局長官	山本庸幸	
野田内閣(第2次改造)(2012.6.4-10.1)		
総　理	野田佳彦	衆議院議員,民主党
総　務	川端達夫	衆議院議員,民主党
法　務	滝　実	衆議院議員,民主党
外　務	玄葉光一郎	衆議院議員,民主党
財　務	安住　淳	衆議院議員,民主党
文部科学	平野博文	衆議院議員,民主党
厚生労働	小宮山洋子	衆議院議員,民主党
農林水産	郡司　彰	参議院議員,民主党
経済産業	枝野幸男	衆議院議員,民主党
国土交通	羽田雄一郎	参議院議員,民主党
環　境	細野豪志	衆議院議員,民主党
防　衛	森本　敏	民間
国　務	〈官房長官〉	
	藤村　修	衆議院議員,民主党
	〈復興大臣〉	
	平野達男	参議院議員,民主党
	〈国家公安委員会委員長〉	
	松原　仁	衆議院議員,民主党
国　務	《内閣府特命担当大臣》	
	〈沖縄及び北方対策担当〉	
	川端達夫(兼)	
	〈金融担当〉	
	松下忠洋	参議院議員,国民新党
	(-12.9.10)	
	安住　淳 (事務代理)(兼)	
	(12.9.10-)	
	〈消費者及び食品安全担当〉	
	松原　仁(兼)	
	〈経済財政政策担当〉	
	古川元久	衆議院議員,民主党
	〈地域主権推進担当〉	
	川端達夫(兼)	
	〈「新しい公共」担当〉	
	中川正春	衆議院議員,民主党
	〈科学技術政策担当〉	

職名	氏名	備考
	古川元久(兼)	
	〈原子力損害賠償支援機構担当〉	
	枝野幸男(兼)	
	〈防災担当〉	
	中川正春(兼)	
	〈少子化対策担当〉	
	小宮山洋子(兼)	
	〈男女共同参画担当〉	
	中川正春(兼)	
	〈行政刷新担当〉	
	岡田克也	衆議院議員,民主党
	〈宇宙政策担当〉	
	〔2012.7.12任命〕	
	古川元久(兼)	
	〈原子力行政担当〉	
	〔2012.9.19任命〕	
	細野豪志(兼)	
	〈原子力防災担当〉	
	〔2012.9.19任命〕	
	細野豪志(兼)	
国務	《担当大臣》	
	〈行財政改革担当〉	
	岡田克也(兼)	
	〈公務員制度改革担当〉	
	中川正春(兼)	
	〈拉致問題担当〉	
	松原仁(兼)	
	〈地域活性化担当〉	
	川端達夫(兼)	
	〈海洋政策担当〉	
	羽田雄一郎(兼)	
	〈宇宙開発利用担当〉	
	古川元久(兼)	
	(-12.7.12)	
	〈国家戦略担当〉	
	古川元久(兼)	
	〈郵政民営化担当〉	
	松下忠洋(兼)	
	(-12.9.10)	
	野田佳彦(事務代理)(兼)	
	(12.9.10-)	
	〈社会保障・税一体改革担当〉	
	岡田克也(兼)	
	〈原子力経済被害担当〉	
	枝野幸男(兼)	
	〈原発事故の収束及び再発防止担当〉	
	細野豪志(兼)	
	〈東日本大震災総括担当〉	
	平野達男(兼)	
法制局長官	山本庸幸	
野田内閣(第3次改造)(2012.10.1-12.26)		
総理	野田佳彦	衆議院議員,民主党
総務	樽床伸二	衆議院議員,民主党
法務	田中慶秋	衆議院議員,民主党
	(-12.10.23)	
	小平忠正(臨時代理)(兼)	衆議院議員,民主党
	(12.10.23-10.24)	
	滝実	衆議院議員,民主党
	(12.10.24-)	
外務	玄葉光一郎	衆議院議員,民主党
財務	城島正光〔城島光力〕	衆議院議員,民主党
文部科学	田中真紀子	衆議院議員,民主党
厚生労働	三井辨雄	衆議院議員,民主党
農林水産	郡司彰	参議院議員,民主党
経済産業	枝野幸男	衆議院議員,民主党
国土交通	羽田雄一郎	参議院議員,民主党
環境	長浜博行	参議院議員,民主党
防衛	森本敏	民間
国務	〈官房長官〉	
	藤村修	衆議院議員,民主党
	〈復興大臣〉	
	平野達男	
	〈国家公安委員会委員長〉	
	小平忠正	衆議院議員,民主党
国務	《内閣府特命担当大臣》	
	〈沖縄及び北方対策担当〉	
	樽床伸二(兼)	
	〈金融担当〉	
	中塚一宏	衆議院議員,民主党
	〈消費者及び食品安全担当〉	
	小平忠正(兼)	
	〈経済財政政策担当〉	
	前原誠司	衆議院議員,民主党
	〈地域主権推進担当〉	
	樽床伸二(兼)	
	〈「新しい公共」担当〉	
	中塚一宏(兼)	
	〈科学技術政策担当〉	
	前原誠司(兼)	
	〈原子力行政担当〉	
	前原誠司(兼)	
	〈宇宙政策担当〉	
	前原誠司(兼)	
	〈防災担当〉	
	下地幹郎	衆議院議員,国民新党
	〈少子化対策担当〉	
	中塚一宏(兼)	
	〈男女共同参画担当〉	
	中塚一宏(兼)	
	〈行政刷新担当〉	
	岡田克也	衆議院議員,民主党
	〈原子力損害賠償支援機構担当〉	

職名	氏名	備考
	枝野幸男(兼)	
	〈原子力防災担当〉	
	長浜博行(兼)	
国務	《担当大臣》	
	〈郵政民営化担当〉	
	下地幹郎(兼)	
	〈公務員制度改革担当〉	
	岡田克也(兼)	
	〈拉致問題担当〉	
	田中慶秋(兼)	
	(-12.10.23)	
	小平忠正(臨時代理)(兼)	
	(12.10.23-10.24)	
	藤村修(兼)	
	(12.10.24-)	
	〈地域活性化担当〉	
	樽床伸二(兼)	
	〈海洋政策担当〉	
	前原誠司(兼)	
	〈国家戦略担当〉	
	前原誠司(兼)	
	〈原発事故の収束及び再発防止担当〉	
	長浜博行(兼)	
	〈行政改革担当〉	
	岡田克也(兼)	
	〈社会保障・税一体改革担当〉	
	岡田克也(兼)	
	〈東日本大震災総括担当〉	
	平野達男(兼)	
	〈原子力経済被害担当〉	
	枝野幸男(兼)	
法制局長官	山本庸幸	
第2次安倍内閣(当初)(2012.12.26-14.9.3)		
総理	安倍晋三	衆議院議員,自由民主党
総務	新藤義孝	衆議院議員,自由民主党
法務	谷垣禎一	衆議院議員,自由民主党
外務	岸田文雄	衆議院議員,自由民主党
財務	麻生太郎	衆議院議員,自由民主党
文部科学	下村博文	衆議院議員,自由民主党
厚生労働	田村憲久	衆議院議員,自由民主党
農林水産	林芳正	参議院議員,自由民主党
経済産業	茂木敏充	衆議院議員,自由民主党
国土交通	太田昭宏	衆議院議員,公明党
環境	石原伸晃	衆議院議員,自由民主党
防衛	小野寺五典	衆議院議員,自由民主党
国務	〈官房長官〉	
	菅義偉	衆議院議員,自由民主党
	〈復興大臣〉	
	根本匠	衆議院議員,自由民主党
	〈国家公安委員会委員長〉	

職名	氏名	備考
	古屋圭司	衆議院議員,自由民主党
国務	《内閣府特命担当大臣》	
	〈沖縄及び北方対策担当〉	
	山本一太	参議院議員,自由民主党
	〈金融担当〉	
	麻生太郎(兼)	
	〈消費者及び食品安全担当〉	
	三好雅子〔森まさこ〕	参議院議員,自由民主党
	〈経済財政政策担当〉	
	甘利明	衆議院議員,自由民主党
	〈規制改革担当〉	
	稲田朋美	衆議院議員,自由民主党
	〈地方分権改革担当〉	
	新藤義孝(兼)	
	〈科学技術政策担当〉	
	山本一太(兼)	
	〈原子力損害賠償支援機構担当〉	
	茂木敏充(兼)	
	(-14.8.18)	
	〈原子力損害賠償・廃炉等支援機構担当〉	
	〔2014.8.18任命〕	
	茂木敏充(兼)	
	〈宇宙政策担当〉	
	山本一太(兼)	
	〈防災担当〉	
	古屋圭司(兼)	
	〈少子化対策担当〉	
	三好雅子〔森まさこ〕(兼)	
	〈男女共同参画担当〉	
	三好雅子〔森まさこ〕(兼)	
	〈原子力防災担当〉	
	石原伸晃(兼)	
	〈国家戦略特別区域担当〉	
	〔2013.12.13任命〕	
	新藤義孝(兼)	
国務	《担当大臣》	
	〈行政改革担当〉	
	稲田朋美(兼)	
	〈情報通信技術(IT)政策担当〉	
	山本一太(兼)	
	〈拉致問題担当〉	
	古屋圭司(兼)	
	〈公務員制度改革担当〉	
	稲田朋美(兼)	
	(-14.5.30)	
	〈国家公務員制度担当〉	
	〔2014.5.30任命〕	
	稲田朋美(兼)	
	〈再チャレンジ担当〉	
	稲田朋美(兼)	
	〈地域活性化担当〉	

職　名	氏　　名	備　　考
	新藤義孝(兼)	
	〈道州制担当〉	
	新藤義孝(兼)	
	〈海洋政策・領土問題担当〉	
	山本一太(兼)	
	〈社会保障・税一体改革担当〉	
	甘利　明(兼)	
	〈原子力経済被害担当〉	
	茂木敏充(兼)	
	〈教育再生担当〉	
	下村博文(兼)	
	〈経済再生担当〉	
	甘利　明(兼)	
	〈国家安全保障強化担当〉	
	菅　義偉(兼)	
	〈国土強靱化担当〉	
	古屋圭司(兼)	
	〈女性活力・子育て支援担当〉	
	三好雅子〔森　まさこ〕(兼)	
	〈産業競争力担当〉	
	茂木敏充(兼)	
	〈デフレ脱却・円高対策担当〉	
	麻生太郎(兼)	
	〈福島原発事故再生総括担当〉	
	根本　匠(兼)	
	〈クールジャパン戦略担当〉	
	稲田朋美(兼)	
	〈オリンピック・パラリンピック東京大会担当〉	
	〔2013. 9. 13任命〕	
	下村博文(兼)	
	〈水循環政策担当〉	
	〔2014. 5. 20任命〕	
	太田昭宏(兼)	
法制局長官	山本庸幸	
	(-13. 8. 8)	
	小松一郎	
	(13. 8. 8-14. 5. 16)	
	横畠裕介	
第2次安倍内閣（改造）(2014. 9. 3-12. 24)		
総　理	安倍晋三	衆議院議員, 自由民主党
総　務	山本早苗〔高市早苗〕	衆議院議員, 自由民主党
法　務	馬場みどり〔松島みどり〕	衆議院議員, 自由民主党
	(-14. 10. 21)	
	上川陽子	衆議院議員, 自由民主党
	(14. 10. 21-)	
外　務	岸田文雄	衆議院議員, 自由民主党
財　務	麻生太郎	
文部科学	下村博文	衆議院議員, 自由民主党
厚生労働	塩崎恭久	衆議院議員, 自由民主党

職　名	氏　　名	備　　考
農林水産	西川公也	衆議院議員, 自由民主党
経済産業	小渕優子	衆議院議員, 自由民主党
	(-14. 10. 21)	
	宮沢洋一	参議院議員, 自由民主党
	(14. 10. 21-)	
国土交通	太田昭宏	衆議院議員, 公明党
環　境	望月義夫	衆議院議員, 自由民主党
防　衛	江渡聡徳	衆議院議員, 自由民主党
国　務	〈官房長官〉	
	菅　義偉	衆議院議員, 自由民主党
	〈復興大臣〉	
	竹下　亘	衆議院議員, 自由民主党
	〈国家公安委員会委員長〉	
	小川恵理子〔山谷えり子〕	衆議院議員, 自由民主党
国　務	《内閣府特命担当大臣》	
	〈沖縄及び北方対策担当〉	
	山口俊一	衆議院議員, 自由民主党
	〈金融担当〉	
	麻生太郎(兼)	
	〈消費者及び食品安全担当〉	
	有村治子	参議院議員, 自由民主党
	〈経済財政政策担当〉	
	甘利　明	衆議院議員, 自由民主党
	〈規制改革担当〉	
	有村治子(兼)	
	〈国家戦略特別区域担当〉	
	石破　茂	衆議院議員, 自由民主党
	〈科学技術政策担当〉	
	山口俊一(兼)	
	〈原子力損害賠償・廃炉等支援機構担当〉	
	小渕優子(兼)	
	(-14. 10. 21)	
	宮沢洋一(兼)	
	(14. 10. 21-)	
	〈宇宙政策担当〉	
	山口俊一(兼)	
	〈防災担当〉	
	小川恵理子〔山谷えり子〕(兼)	
	〈少子化対策担当〉	
	有村治子(兼)	
	〈男女共同参画担当〉	
	有村治子(兼)	
	〈原子力防災担当〉	
	望月義夫(兼)	
国　務	《担当大臣》	
	〈行政改革担当〉	
	有村治子(兼)	
	〈情報通信技術(IT)政策担当〉	
	山口俊一(兼)	
	〈拉致問題担当〉	

職　名	氏　　名	備　　考
	小川恵理子〔山谷えり子〕(兼)	
	〈再チャレンジ担当〉	
	山口俊一(兼)	
	〈海洋政策・領土問題担当〉	
	小川恵理子〔山谷えり子〕(兼)	
	〈社会保障・税一体改革担当〉	
	甘利　明(兼)	
	〈原子力経済被害担当〉	
	小渕優子(兼) (-14. 10. 21)	
	宮沢洋一(兼) (14. 10. 21-)	
	〈教育再生担当〉	
	下村博文(兼)	
	〈経済再生担当〉	
	甘利　明(兼)	
	〈国土強靱化担当〉	
	小川恵理子〔山谷えり子〕(兼)	
	〈産業競争力担当〉	
	小渕優子(兼) (-14. 10. 21)	
	宮沢洋一(兼) (14. 10. 21-)	
	〈デフレ脱却担当〉	
	麻生太郎(兼)	
	〈福島原発事故再生総括担当〉	
	竹下　亘(兼)	
	〈クールジャパン戦略担当〉	
	山口俊一(兼)	
	〈オリンピック・パラリンピック東京大会担当〉	
	下村博文(兼)	
	〈水循環政策担当〉	
	太田昭宏(兼)	
	〈国家公務員制度担当〉	
	有村治子(兼)	
	〈沖縄基地負担軽減担当〉	
	菅　義偉(兼)	
	〈安全保障法制担当〉	
	江渡聡徳(兼)	
	〈地方創生担当〉	
	石破　茂(兼)	
	〈女性活躍担当〉	
	有村治子(兼)	
法制局長官	横畠裕介	

第3次安倍内閣（当初）(2014. 12. 24-15. 10. 7)

職　名	氏　　名	備　　考
総理	安倍晋三	衆議院議員,自由民主党
総務	山本早苗〔高市早苗〕	衆議院議員,自由民主党
法務	上川陽子	衆議院議員,自由民主党
外務	岸田文雄	衆議院議員,自由民主党
財務	麻生太郎	衆議院議員,自由民主党
文部科学	下村博文	衆議院議員,自由民主党
厚生労働	塩崎恭久	衆議院議員,自由民主党
農林水産	西川公也 (-15. 2. 23)	衆議院議員,自由民主党
	林　芳正 (15. 2. 23-)	参議院議員,自由民主党
経済産業	宮沢洋一	参議院議員,自由民主党
国土交通	太田昭宏	衆議院議員,公明党
環境	望月義夫	衆議院議員,自由民主党
防衛	中谷　元	衆議院議員,自由民主党
国務	〈官房長官〉	
	菅　義偉	衆議院議員,自由民主党
	〈復興大臣〉	
	竹下　亘	衆議院議員,自由民主党
	〈国家公安委員会委員長〉	
	小川恵理子〔山谷えり子〕	参議院議員,自由民主党
国務	《内閣府特命担当大臣》	
	〈沖縄及び北方対策担当〉	
	山口俊一	衆議院議員,自由民主党
	〈金融担当〉	
	麻生太郎(兼)	
	〈消費者及び食品安全担当〉	
	山口俊一(兼)	
	〈経済財政政策担当〉	
	甘利　明	衆議院議員,自由民主党
	〈規制改革担当〉	
	有村治子	参議院議員,自由民主党
	〈国家戦略特別区域担当〉	
	石破　茂	衆議院議員,自由民主党
	〈科学技術政策担当〉	
	山口俊一(兼)	
	〈原子力損害賠償・廃炉等支援機構担当〉	
	宮沢洋一(兼)	
	〈宇宙政策担当〉	
	山口俊一(兼)	
	〈防災担当〉	
	小川恵理子〔山谷えり子〕(兼)	
	〈少子化対策担当〉	
	有村治子(兼)	
	〈男女共同参画担当〉	
	有村治子(兼)	
	〈原子力防災担当〉	
	望月義夫(兼)	
国務	《担当大臣》	
	〈行政改革担当〉	
	有村治子(兼)	
	〈情報通信技術(IT)政策担当〉	
	山口俊一(兼)	

職名	氏名	備考
	〈北朝鮮による拉致問題担当〉	
	小川恵理子〔山谷えり子〕(兼)	
	〈再チャレンジ担当〉	
	山口俊一(兼)	
	〈海洋政策・領土問題担当〉	
	小川恵理子〔山谷えり子〕(兼)	
	〈社会保障・税一体改革担当〉	
	甘利明(兼)	
	〈原子力経済被害担当〉	
	宮沢洋一(兼)	
	〈教育再生担当〉	
	下村博文(兼)	
	〈経済再生担当〉	
	甘利明(兼)	
	〈国土強靱化担当〉	
	小川恵理子〔山谷えり子〕(兼)	
	〈産業競争力担当〉	
	宮沢洋一(兼)	
	〈デフレ脱却担当〉	
	麻生太郎(兼)	
	〈福島原発事故再生総括担当〉	
	竹下亘(兼)	
	〈日本文化国際展開担当〉	
	山口俊一(兼)	
	〈オリンピック・パラリンピック東京大会担当〉	
	下村博文(兼)(-15. 6. 5)	
	〈東京オリンピック・パラリンピック競技大会担当〉	
	〔2015. 6. 25任命〕	
	遠藤利明	衆議院議員,自由民主党
	〈水循環政策担当〉	
	太田昭宏(兼)	
	〈国家公務員制度担当〉	
	有村治子(兼)	
	〈沖縄基地負担軽減担当〉	
	菅義偉(兼)	
	〈安全保障法制担当〉	
	中谷元(兼)	
	〈地方創生担当〉	
	石破茂(兼)	
	〈女性活躍担当〉	
	有村治子(兼)	
法制局長官	横畠裕介	

第3次安倍内閣(第1次改造)(2015. 10. 7-16. 8. 3)

職名	氏名	備考
総理	安倍晋三	衆議院議員,自由民主党
総務	山本早苗〔高市早苗〕	衆議院議員,自由民主党
法務	岩城光英	参議院議員(-16. 7. 15),自由民主党
外務	岸田文雄	衆議院議員,自由民主党
財務	麻生太郎	衆議院議員,自由民主党
文部科学	馳浩	衆議院議員,自由民主党
厚生労働	塩崎恭久	衆議院議員,自由民主党
農林水産	森山裕	衆議院議員,自由民主党
経済産業	林幹雄	衆議院議員,自由民主党
国土交通	石井啓一	衆議院議員,公明党
環境	大塚珠代〔丸川珠代〕	参議院議員,自由民主党
防衛	中谷元	衆議院議員,自由民主党
国務	〈官房長官〉	
	菅義偉	衆議院議員,自由民主党
	〈復興大臣〉	
	高木毅	衆議院議員,自由民主党
	〈国家公安委員会委員長〉	
	河野太郎	衆議院議員,自由民主党
国務	《内閣府特命担当大臣》	
	〈沖縄及び北方対策担当〉	
	島尻安伊子	参議院議員(-16. 7. 15),自由民主党
	〈金融担当〉	
	麻生太郎(兼)	
	〈消費者及び食品安全担当〉	
	河野太郎(兼)	
	〈経済財政政策担当〉	
	甘利明(-16. 1. 28)	衆議院議員,自由民主党
	石原伸晃(16. 1. 28-)	衆議院議員,自由民主党
	〈少子化対策担当〉	
	加藤勝信	衆議院議員,自由民主党
	〈規制改革担当〉	
	河野太郎(兼)	
	〈国家戦略特別区域担当〉	
	石破茂(-16. 3. 31)	衆議院議員,自由民主党
	〈地方創生担当〉	
	〔2016. 4. 1任命〕	
	石破茂	
	〈科学技術政策担当〉	
	島尻安伊子(兼)	
	〈原子力損害賠償・廃炉等支援機構担当〉	
	林幹雄(兼)	
	〈宇宙政策担当〉	
	島尻安伊子(兼)	
	〈防災担当〉	
	河野太郎(兼)	
	〈原子力防災担当〉	
	大塚珠代〔丸川珠代〕(兼)	
	〈男女共同参画担当〉	
	加藤勝信(兼)	
	〈クールジャパン戦略担当〉	

職名	氏名	備考
	〔2016.4.1任命〕	
	島尻安伊子(兼)	
	〈知的財産戦略担当〉	
	〔2016.4.1任命〕	
	島尻安伊子(兼)	
国務	《担当大臣》	
	〈行政改革担当〉	
	河野太郎(兼)	
	〈情報通信技術(IT)政策担当〉	
	島尻安伊子(兼)	
	〈北朝鮮による拉致問題担当〉	
	加藤勝信(兼)	
	〈再チャレンジ担当〉	
	加藤勝信(兼)	
	〈海洋政策・領土問題担当〉	
	島尻安伊子(兼)	
	〈社会保障・税一体改革担当〉	
	甘利明(兼)	
	(-16.1.28)	
	石原伸晃(兼)	
	(16.1.28-)	
	〈原子力経済被害担当〉	
	林幹雄(兼)	
	〈教育再生担当〉	
	馳浩(兼)	
	〈経済再生担当〉	
	甘利明(兼)	
	(-16.1.28)	
	石原伸晃(兼)	
	(16.1.28-)	
	〈国土強靱化担当〉	
	加藤勝信(兼)	
	〈産業競争力担当〉	
	林幹雄(兼)	
	〈デフレ脱却担当〉	
	麻生太郎(兼)	
	〈福島原発事故再生総括担当〉	
	高木毅(兼)	
	〈クールジャパン戦略担当〉	
	島尻安伊子(兼)	
	(-16.3.31)	
	〈東京オリンピック・パラリンピック競技大会担当〉	
	遠藤利明	衆議院議員,自由民主党
	〈水循環政策担当〉	
	石井啓一(兼)	
	〈国家公務員制度担当〉	
	河野太郎(兼)	
	〈沖縄基地負担軽減担当〉	
	菅義偉(兼)	
	〈一億総活躍担当〉	
	加藤勝信(兼)	
	〈地方創生担当〉	
	石破茂(兼)	
	(-16.3.31)	
	〈まち・ひと・しごと創生担当〉	
	〔2016.4.1任命〕	
	石破茂(兼)	
	〈女性活躍担当〉	
	加藤勝信(兼)	
法制局長官	横畠裕介	

第3次安倍内閣(第2次改造)(2016.8.3-17.8.3)

職名	氏名	備考
総理	安倍晋三	衆議院議員,自由民主党
総務	山本早苗〔高市早苗〕	衆議院議員,自由民主党
法務	金田勝年	衆議院議員,自由民主党
外務	岸田文雄	衆議院議員,自由民主党
財務	麻生太郎	衆議院議員,自由民主党
文部科学	松野博一	衆議院議員,自由民主党
厚生労働	塩崎恭久	衆議院議員,自由民主党
農林水産	山本有二	衆議院議員,自由民主党
経済産業	世耕弘成	参議院議員,自由民主党
国土交通	石井啓一	衆議院議員,公明党
環境	山本公一	衆議院議員,自由民主党
防衛	稲田朋美	衆議院議員,自由民主党
	(-17.7.28)	
	岸田文雄	衆議院議員,自由民主党
	(17.7.28-)	
国務	〈官房長官〉	
	菅義偉	衆議院議員,自由民主党
	〈復興大臣〉	
	今村雅弘	衆議院議員,自由民主党
	(-17.4.26)	
	吉野正芳	衆議院議員,自由民主党
	(17.4.26-)	
	〈国家公安委員会委員長〉	
	松本純	衆議院議員,自由民主党
国務	《内閣府特命担当大臣》	
	〈沖縄及び北方対策担当〉	
	鶴保庸介	参議院議員,自由民主党
	〈金融担当〉	
	麻生太郎(兼)	
	〈経済財政政策担当〉	
	石原伸晃	衆議院議員,自由民主党
	〈消費者及び食品安全担当〉	
	松本純(兼)	
	〈規制改革担当〉	
	山本幸三	衆議院議員,自由民主党
	〈地方創生担当〉	
	山本幸三(兼)	
	〈クールジャパン戦略担当〉	
	鶴保庸介(兼)	

職名	氏名	備考
	〈知的財産戦略担当〉	
	鶴保庸介(兼)	
	〈科学技術政策担当〉	
	鶴保庸介(兼)	
	〈原子力損害賠償・廃炉等支援機構担当〉	
	世耕弘成(兼)	
	〈宇宙政策担当〉	
	鶴保庸介(兼)	
	〈防災担当〉	
	松本純(兼)	
	〈少子化対策担当〉	
	加藤勝信	衆議院議員,自由民主党
	〈男女共同参画担当〉	
	加藤勝信(兼)	
	〈原子力防災担当〉	
	山本公一(兼)	
	〈マイナンバー制度担当〉	
	山本早苗〔高市早苗〕(兼)	
	〈海洋政策〉	
	〔2017.4.1任命〕	
	松本純(兼)	
国務	《担当大臣》	
	〈行政改革担当〉	
	山本幸三(兼)	
	〈情報通信技術(IT)政策担当〉	
	鶴保庸介(兼)	
	〈拉致問題担当〉	
	加藤勝信(兼)	
	〈再チャレンジ担当〉	
	加藤勝信(兼)	
	〈海洋政策・領土問題担当〉	
	松本純(兼)	
	(-17.4.1)	
	〈領土問題担当〉	
	〔2017.4.1任命〕	
	松本純(兼)	
	〈社会保障・税一体改革担当〉	
	石原伸晃(兼)	
	〈原子力経済被害担当〉	
	世耕弘成(兼)	
	〈教育再生担当〉	
	松野博一(兼)	
	〈経済再生担当〉	
	石原伸晃(兼)	
	〈国土強靱化担当〉	
	松本純(兼)	
	〈産業競争力担当〉	
	世耕弘成(兼)	
	〈デフレ脱却担当〉	
	麻生太郎(兼)	
	〈福島原発事故再生総括担当〉	

職名	氏名	備考
	今村雅弘(兼)	
	(-17.4.26)	
	吉野正芳(兼)	
	(17.4.26-)	
	〈国家公務員制度担当〉	
	山本幸三(兼)	
	〈東京オリンピック・パラリンピック競技大会担当〉	
	大塚珠代〔丸川珠代〕	参議院議員,自由民主党
	〈水循環政策担当〉	
	石井啓一(兼)	
	〈沖縄基地負担軽減担当〉	
	菅義偉(兼)	
	〈まち・ひと・しごと創生担当〉	
	山本幸三(兼)	
	〈働き方改革担当〉	
	加藤勝信(兼)	
	〈女性活躍担当〉	
	加藤勝信(兼)	
	〈一億総活躍担当〉	
	加藤勝信(兼)	
	〈ロシア経済分野協力担当〉	
	〔2016.9.1任命〕	
	世耕弘成(兼)	
法制局長官	横畠裕介	

第3次安倍内閣(第3次改造)(2017.8.3-11.1)

職名	氏名	備考
総理	安倍晋三	衆議院議員,自由民主党
総務	野田聖子	衆議院議員,自由民主党
法務	上川陽子	衆議院議員,自由民主党
外務	河野太郎	衆議院議員,自由民主党
財務	麻生太郎	衆議院議員,自由民主党
文部科学	林芳正	参議院議員,自由民主党
厚生労働	加藤勝信	衆議院議員,自由民主党
農林水産	斎藤健	衆議院議員,自由民主党
経済産業	世耕弘成	参議院議員,自由民主党
国土交通	石井啓一	衆議院議員,公明党
環境	中川雅治	参議院議員,自由民主党
防衛	小野寺五典	衆議院議員,自由民主党
国務	〈官房長官〉	
	菅義偉	衆議院議員,自由民主党
	〈復興大臣〉	
	吉野正芳	衆議院議員,自由民主党
	〈国家公安委員会委員長〉	
	小此木八郎	衆議院議員,自由民主党
国務	《内閣府特命担当大臣》	
	〈沖縄及び北方対策担当〉	
	江崎鉄磨	衆議院議員,自由民主党
	〈金融担当〉	
	麻生太郎(兼)	

職　名	氏　名	備　考
	〈消費者及び食品安全担当〉	
	江崎鉄磨(兼)	
	〈少子化対策担当〉	
	松山政司	参議院議員,自由民主党
	〈経済財政政策担当〉	
	茂木敏充	衆議院議員,自由民主党
	〈規制改革担当〉	
	梶山弘志	衆議院議員,自由民主党
	〈地方創生担当〉	
	梶山弘志(兼)	
	〈クールジャパン戦略担当〉	
	松山政司(兼)	
	〈知的財産戦略担当〉	
	松山政司(兼)	
	〈科学技術政策担当〉	
	松山政司(兼)	
	〈原子力損害賠償・廃炉等支援機構担当〉	
	世耕弘成(兼)	
	〈宇宙政策担当〉	
	松山政司(兼)	
	〈防災担当〉	
	小此木八郎(兼)	
	〈原子力防災担当〉	
	中川雅治(兼)	
	〈男女共同参画担当〉	
	松山政司(兼)	
	〈海洋政策〉	
	江崎鉄磨(兼)	
	〈マイナンバー制度担当〉	
	野田聖子(兼)	
	〈拉致問題担当〉	
	加藤勝信(兼)	
国　務	《担当大臣》	
	〈行政改革担当〉	
	梶山弘志(兼)	
	〈情報通信技術(IT)政策担当〉	
	松山政司(兼)	
	〈社会保障・税一体改革担当〉	
	茂木敏充(兼)	
	〈原子力経済被害担当〉	
	世耕弘成(兼)	
	〈教育再生担当〉	
	林　芳正(兼)	
	〈経済再生担当〉	
	茂木敏充(兼)	
	〈国土強靱化担当〉	
	小此木八郎(兼)	
	〈産業競争力担当〉	
	世耕弘成(兼)	
	〈デフレ脱却担当〉	
	麻生太郎(兼)	
	〈福島原発事故再生総括担当〉	
	吉野正芳(兼)	

職　名	氏　名	備　考
	〈領土問題担当〉	
	江崎鉄磨(兼)	
	〈国家公務員制度担当〉	
	梶山弘志(兼)	
	〈女性活躍担当〉	
	野田聖子(兼)	
	〈東京オリンピック・パラリンピック競技大会担当〉	
	鈴木俊一	衆議院議員,自由民主党
	〈水循環政策担当〉	
	石井啓一(兼)	
	〈沖縄基地負担軽減担当〉	
	菅　義偉(兼)	
	〈まち・ひと・しごと創生担当〉	
	梶山弘志(兼)	
	〈働き方改革担当〉	
	加藤勝信(兼)	
	〈一億総活躍担当〉	
	松山政司(兼)	
	〈ロシア経済分野協力担当〉	
	世耕弘成(兼)	
	〈人づくり革命担当〉	
	茂木敏充(兼)	
法制局長官	横畠裕介	
第4次安倍内閣（当初）（2017.11.1-18.10.2）		
総　理	安倍晋三	衆議院議員,自由民主党
総　務	野田聖子	衆議院議員,自由民主党
法　務	上川陽子	衆議院議員,自由民主党
外　務	河野太郎	衆議院議員,自由民主党
財　務	麻生太郎	衆議院議員,自由民主党
文部科学	林　芳正	参議院議員,自由民主党
厚生労働	加藤勝信	衆議院議員,自由民主党
農林水産	斎藤　健	衆議院議員,自由民主党
経済産業	世耕弘成	参議院議員,自由民主党
国土交通	石井啓一	衆議院議員,公明党
環　境	中川雅治	参議院議員,自由民主党
防　衛	小野寺五典	衆議院議員,自由民主党
国　務	〈官房長官〉	
	菅　義偉	衆議院議員,自由民主党
	〈復興大臣〉	
	吉野正芳	衆議院議員,自由民主党
	〈国家公安委員会委員長〉	
	小此木八郎	衆議院議員,自由民主党
国　務	《内閣府特命担当大臣》	
	〈沖縄及び北方対策担当〉	
	江崎鉄磨 (-18.2.27)	衆議院議員,自由民主党
	福井　照 (18.2.27-)	衆議院議員,自由民主党
	〈金融担当〉	

職　名	氏　　名	備　　考
国　務	麻 生 太 郎(兼)	
	〈消費者及び食品安全担当〉	
	江 崎 鉄 磨(兼) (-18. 2. 27)	
	福 井 　 照(兼) (18. 2. 27-)	
	〈少子化対策担当〉	
	松 山 政 司	参議院議員,自由民主党
	〈経済財政政策担当〉	
	茂 木 敏 充	衆議院議員,自由民主党
	〈規制改革担当〉	
	梶 山 弘 志	衆議院議員,自由民主党
	〈地方創生担当〉	
	梶 山 弘 志(兼)	
	〈クールジャパン戦略担当〉	
	松 山 政 司(兼)	
	〈知的財産戦略担当〉	
	松 山 政 司(兼)	
	〈科学技術政策担当〉	
	松 山 政 司(兼)	
	〈原子力損害賠償・廃炉等支援機構担当〉	
	世 耕 弘 成(兼)	
	〈宇宙政策担当〉	
	松 山 政 司(兼)	
	〈防災担当〉	
	小此木八郎(兼)	
	〈原子力防災担当〉	
	中 川 雅 治(兼)	
	〈男女共同参画担当〉	
	野 田 聖 子(兼)	
	〈海洋政策担当〉	
	江 崎 鉄 磨(兼) (-18. 2. 27)	
	福 井 　 照(兼) (18. 2. 27-)	
	〈マイナンバー制度担当〉	
	野 田 聖 子(兼)	
	《担当大臣》	
	〈行政改革担当〉	
	梶 山 弘 志(兼)	
	〈情報通信技術(IT)政策担当〉	
	松 山 政 司(兼)	
	〈拉致問題担当〉	
	加 藤 勝 信(兼)	
	〈社会保障・税一体改革担当〉	
	茂 木 敏 充(兼)	
	〈原子力経済被害担当〉	
	世 耕 弘 成(兼)	
	〈教育再生担当〉	
	林 　 芳 正(兼)	
	〈経済再生担当〉	
	茂 木 敏 充(兼)	
	〈国土強靱化担当〉	
	小此木八郎(兼)	
	〈産業競争力担当〉	
	世 耕 弘 成(兼)	
	〈デフレ脱却担当〉	
	麻 生 太 郎(兼)	
	〈福島原発事故再生総括担当〉	
	吉 野 正 芳(兼)	
	〈領土問題担当〉	
	江 崎 鉄 磨(兼) (-18. 2. 27)	
	福 井 　 照(兼) (18. 2. 27-)	
	〈水循環政策担当〉	
	石 井 啓 一(兼)	
	〈国家公務員制度担当〉	
	梶 山 弘 志(兼)	
	〈沖縄基地負担軽減担当〉	
	菅 　 義 偉(兼)	
	〈女性活躍担当〉	
	野 田 聖 子(兼)	
	〈東京オリンピック・パラリンピック競技大会担当〉	
	鈴 木 俊 一	衆議院議員,自由民主党
	〈一億総活躍担当〉	
	松 山 政 司(兼)	
	〈まち・ひと・しごと創生担当〉	
	梶 山 弘 志(兼)	
	〈働き方改革担当〉	
	加 藤 勝 信(兼)	
	〈ロシア経済分野協力担当〉	
	世 耕 弘 成(兼)	
	〈人づくり革命担当〉	
	茂 木 敏 充(兼)	
法制局長官	横 畠 裕 介	

第 4 次安倍内閣（改造）（2018. 10. 2-）

職　名	氏　　名	備　　考
総　理	安 倍 晋 三	衆議院議員,自由民主党
総　務	石 田 真 敏	衆議院議員,自由民主党
法　務	山 下 貴 司	衆議院議員,自由民主党
外　務	河 野 太 郎	衆議院議員,自由民主党
財　務	麻 生 太 郎	衆議院議員,自由民主党
文部科学	柴 山 昌 彦	衆議院議員,自由民主党
厚生労働	根 本 　 匠	衆議院議員,自由民主党
農林水産	吉 川 貴 盛	衆議院議員,自由民主党
経済産業	世 耕 弘 成	参議院議員,自由民主党
国土交通	石 井 啓 一	衆議院議員,公明党
環　境	原 田 義 昭	衆議院議員,自由民主党
防　衛	岩 屋 　 毅	衆議院議員,自由民主党
国　務	〈官房長官〉	
	菅 　 義 偉	衆議院議員,自由民主党

職　名	氏　　名	備　　考
	〈復興大臣〉	
	渡 辺 博 道	衆議院議員，自由民主党
	〈国家公安委員会委員長〉	
	山 本 順 三	参議院議員，自由民主党
国　務	《内閣府特命担当大臣》	
	〈沖縄及び北方対策担当〉	
	宮 腰 光 寛	衆議院議員，自由民主党
	〈金融担当〉	
	麻 生 太 郎(兼)	
	〈消費者及び食品安全担当〉	
	宮 腰 光 寛(兼)	
	〈少子化対策担当〉	
	宮 腰 光 寛(兼)	
	〈経済財政政策担当〉	
	茂 木 敏 充	衆議院議員，自由民主党
	〈規制改革担当〉	
	片山さつき	参議院議員，自由民主党
	〈地方創生担当〉	
	片山さつき(兼)	
	〈クールジャパン戦略担当〉	
	平 井 卓 也	衆議院議員，自由民主党
	〈知的財産戦略担当〉	
	平 井 卓 也(兼)	
	〈科学技術政策担当〉	
	平 井 卓 也(兼)	
	〈原子力損害賠償・廃炉等支援機構担当〉	
	世 耕 弘 成(兼)	
	〈宇宙政策担当〉	
	平 井 卓 也(兼)	
	〈防災担当〉	
	山 本 順 三(兼)	
	〈原子力防災担当〉	
	原 田 義 昭(兼)	
	〈男女共同参画担当〉	
	片山さつき(兼)	
	〈海洋政策担当〉	
	宮 腰 光 寛(兼)	
	〈マイナンバー制度担当〉	
	石 田 真 敏(兼)	
国　務	《担当大臣》	
	〈行政改革担当〉	
	宮 腰 光 寛(兼)	
	〈情報通信技術(IT)政策担当〉	
	平 井 卓 也(兼)	
	〈拉致問題担当〉	
	菅　 義 偉(兼)	
	〈原子力経済被害担当〉	

職　名	氏　　名	備　　考
	世 耕 弘 成(兼)	
	〈教育再生担当〉	
	柴 山 昌 彦(兼)	
	〈経済再生担当〉	
	茂 木 敏 充(兼)	
	〈国土強靱化担当〉	
	山 本 順 三(兼)	
	〈産業競争力担当〉	
	世 耕 弘 成(兼)	
	〈デフレ脱却担当〉	
	麻 生 太 郎(兼)	
	〈福島原発事故再生総括担当〉	
	渡 辺 博 道(兼)	
	〈国家公務員制度担当〉	
	宮 腰 光 寛(兼)	
	〈沖縄基地負担軽減担当〉	
	菅　 義 偉(兼)	
	〈女性活躍担当〉	
	片山さつき(兼)	
	〈東京オリンピック・パラリンピック競技大会担当〉	
	桜 田 義 孝	衆議院議員，自由民主党
	(-19. 4. 11)	
	鈴 木 俊 一	衆議院議員，自由民主党
	(19. 4. 11-)	
	〈一億総活躍担当〉	
	宮 腰 光 寛(兼)	
	〈まち・ひと・しごと創生担当〉	
	片山さつき(兼)	
	〈働き方改革担当〉	
	根 本　 匠(兼)	
	〈ロシア経済分野協力担当〉	
	世 耕 弘 成(兼)	
	〈領土問題担当〉	
	宮 腰 光 寛(兼)	
	〈水循環政策担当〉	
	石 井 啓 一(兼)	
	〈全世代型社会保障改革担当〉	
	茂 木 敏 充(兼)	
	〈国際博覧会担当〉	
	〔2018. 12. 21任命〕	
	世 耕 弘 成(兼)	
法制局長官	横 畠 裕 介	

41 内大臣一覧

氏名	在任期間	備考
三条 実美	1885. 12. 22-1891. 2. 18	公爵
徳大寺 実則	1891. 2. 21-1912. 8. 13	侍従長・侯爵・公爵
桂 太郎	1912. 8. 13-1912. 12. 21	兼侍従長・公爵・陸軍大将
伏見宮貞愛親王	1912. 12. 21-1915. 1. 13	陸軍大将・元帥
大山 巌	1914. 4. 23-1916. 12. 10	公爵・元帥・陸軍大将
松方 正義	1917. 5. 2-1922. 9. 18	侯爵
平田 東助	1922. 9. 18-1925. 3. 30	子爵・伯爵
浜尾 新	1925. 3. 30	枢密院議長・子爵
牧野 伸顕	1925. 3. 30-1935. 12. 26	子爵・伯爵
斎藤 実	1935. 12. 26-1936. 2. 26	子爵・海軍大将
一木 喜徳郎	1936. 3. 6	枢密院議長・男爵
湯浅 倉平	1936. 3. 6-1940. 6. 1	
木戸 幸一	1940. 6. 1-1945. 11. 22	侯爵

42 枢密院議長一覧

氏名	在任期間	前職	後職	備考
伊藤 博文	1888. 4. 30-1889. 10. 30	内閣総理大臣	宮中顧問官	伯爵
大木 喬任	1889. 12. 24-1891. 6. 1	元老院議長兼枢密顧問官	文部大臣	伯爵
伊藤 博文	1891. 6. 1-1892. 8. 8	貴族院議長兼宮中顧問官	内閣総理大臣	伯爵
大木 喬任	1892. 8. 8-1892. 11. 22	文部大臣	(辞任)	伯爵
山県 有朋	1893. 3. 11-1894. 12. 18	司法大臣	監軍	伯爵,陸軍大将
黒田 清隆	1895. 3. 17-1900. 8. 25	逓信大臣	(死去)	伯爵
西園寺 公望	1900. 10. 27-1903. 7. 13		立憲政友会総裁	侯爵
伊藤 博文	1903. 7. 13-1905. 12. 21	立憲政友会総裁	韓国統監	侯爵
山県 有朋	1905. 12. 21-1909. 6. 14	枢密顧問官	枢密顧問官	侯爵,元帥,陸軍大将
伊藤 博文	1909. 6. 14-1909. 10. 26	韓国統監兼枢密顧問官	(死去)	公爵
山県 有朋	1909. 11. 17-1922. 2. 1	枢密顧問官	(死去)	公爵,元帥,陸軍大将
清浦 奎吾	1922. 2. 8-1924. 1. 7	枢密院副議長	内閣総理大臣	子爵
浜尾 新	1924. 1. 13-1925. 9. 25	同	(死去)	子爵
穂積 陳重	1925. 10. 1-1926. 4. 8	同	(死去)	男爵
倉富 勇三郎	1926. 4. 12-1934. 5. 3	同	(辞任)	授男爵
一木 喜徳郎	1934. 5. 3-1936. 3. 13		(辞任)	男爵
平沼 騏一郎	1936. 3. 13.-1939. 1. 5	枢密院副議長	内閣総理大臣	男爵
近衛 文麿	1939. 1. 5-1940. 6. 24	内閣総理大臣	(辞任)	公爵
原 嘉道	1940. 6. 24-1944. 8. 7	枢密院副議長	(死去)	
鈴木 貫太郎	1944. 8. 10-1945. 4. 7	同	内閣総理大臣	男爵,海軍大将
平沼 騏一郎	1945. 4. 9-1945. 12. 3		(逮捕命令)	男爵
鈴木 貫太郎	1945. 12. 15-1946. 6. 13		(辞任)	男爵,海軍大将
清水 澄	1946. 6. 13-1947. 5. 2	枢密院副議長	(廃止)	

43 参謀総長一覧

氏名	就任年月日	職名	備考
山県 有朋	1871. 7. 28	兵部省参謀局長	兵部大輔
山県 有朋	1872. 2. 28	陸軍省参謀局長	陸軍大輔
鳥尾 小弥太	1873. 6. 19	陸軍省第六局長	陸軍少将,陸軍省第二局長,(陸軍少輔,陸軍省第一局長)
山県 有朋	1874. 2. 12	同	陸軍中将,陸軍卿
山県 有朋	1874. 2. 22	陸軍省参謀局長	陸軍中将,陸軍卿
鳥尾 小弥太	1876. 3. 31	同	陸軍中将
山県 有朋	1878. 12. 24	参謀本部長	陸軍中将
山県 有朋	1882. 8. 7	同	御用取扱,陸軍中将
大山 巌	1882. 9. 4	同	陸軍中将,陸軍卿
山県 有朋	1884. 2. 13	同	陸軍中将,内務卿,授伯爵
熾仁 親王	1885. 12. 22	同	陸軍大将,(近衛都督)
熾仁 親王	1888. 5. 14	参軍	陸軍大将

44　軍令部総長一覧

氏名	就任年月日	職名	備考
熾仁親王	1889. 3. 9	参謀総長	陸軍大将
彰仁親王	1895. 1.26	同	陸軍大将
川上操六	1898. 1.20	同	陸軍中将・大将,子爵
大山巌	1899. 5.16	同	元帥,陸軍大将,侯爵
山県有朋	1904. 6.20	同	元帥,陸軍大将,侯爵
児玉源太郎	1906. 4.11	同	陸軍大将,子爵
奥保鞏	1906. 7.30	同	陸軍大将・元帥,男爵・伯爵
長谷川好道	1912. 1.20	同	陸軍大将・元帥,子爵
上原勇作	1915.12.17	同	陸軍大将・元帥,男爵・子爵
河合操	1923. 3.17	同	陸軍大将
鈴木荘六	1926. 3. 2	同	陸軍大将
金谷範三	1930. 2.19	同	陸軍大将
載仁親王	1931.12.23	同	元帥,陸軍大将
杉山元	1940.10. 3	同	陸軍大将・元帥
東条英機	1944. 2.21	同	内閣総理大臣・陸軍大臣・軍需大臣,陸軍大将
梅津美治郎	1944. 7.18	同	陸軍大将

備考欄の職務は就任時の兼任を示し,(　)内は在職途中の兼職を示す.

44　軍令部総長一覧

職名	氏名	就任年月日	備考
軍事部部長	仁礼景範	1884. 2.13	海軍少将,授子爵
参謀本部次長	仁礼景範	1886. 3.16	海軍中将,子爵
海軍参謀本部長	仁礼景範	1888. 5.14	海軍中将,子爵
海軍参謀部長	伊藤雋吉	1889. 3. 8	海軍少将
	有地品之允	1889. 5.17	海軍少将
	井上良馨	1891. 6.17	海軍少将,男爵
	中牟田倉之助	1892.12.12	海軍中将,子爵
海軍軍令部総長	中牟田倉之助	1893. 5.20	海軍中将,子爵
	樺山資紀	1894. 7.17	海軍中将,子爵
	伊東祐亨	1895. 5.11	海軍中将・大将,授子爵

職名	氏名	就任年月日	備考
軍令部総長	東郷平八郎	1905.12.20	海軍大将,授伯爵
	伊集院五郎	1909.12. 1	海軍中将・大将,男爵
	島村速雄	1914. 4.22	海軍中将・大将,授男爵
	山下源太郎	1920.12. 1	海軍大将
	鈴木貫太郎	1925. 4.15	海軍大将
	加藤寛治	1929. 1.22	海軍大将
	谷口尚真	1930. 6.11	海軍大将
	博恭王	1932. 2. 2	海軍大将・元帥
	博恭王	1933.10. 1	元帥,海軍大将
	永野修身	1941. 4. 9	海軍大将・元帥
	嶋田繁太郎	1944. 2.21	海軍大臣,海軍大将
	及川古志郎	1944. 8. 2	海軍大将
	豊田副武	1945. 5.29	海軍大将

45　帝国議会一覧

（会期及び会期延長欄の（　）は当初の予定日数を示す）

回　次	開院式	会期終了日	会　期	会期延長	停　会	内　閣	成立重要法案
（第1回総選挙　1890. 7. 1）							
第1回（通常）	1890.11.29	1891. 3. 7	90日	9日		第1次山県	
第2回（通常）	1891.11.26	1891.12.25（解散）	30日（90日）			第1次松方	
（第2回総選挙　1892. 2.15）							
第3回（特別）	1892. 5 .6	1892. 6.14	40日		7日	第1次松方	民法商法施行延期法案，鉄道敷設法案
第4回（通常）	1892.11.29	1893. 2.28	90日	2日	15日	第2次伊藤	
第5回（通常）	1893.11.28	1893.12.30（解散）	33日（90日）		24日（2回）	同	
（第3回総選挙　1894. 3. 1）							
第6回（特別）	1894. 5.15	1894. 6. 2（解散）	19日（21日）			第2次伊藤	棉糸輸出税免除法案
（第4回総選挙　1894. 9. 1）							
第7回（臨時）	1894.10.18	1894.10.21	4日（7日）			第2次伊藤	
第8回（通常）	1894.12.24	1895. 3.23	90日			同	
第9回（通常）	1895.12.28	1896. 3.28	90日	2日	10日	同	輸入棉花海関税免除法案，河川法案
第10回（通常）	1896.12.25	1897. 3.24	90日			第2次松方	新聞紙条例改正法案
第11回（通常）	1897.12.24	1897.12.25（解散）	2日（90日）			同	
（第5回総選挙　1898. 3.15）							
第12回（特別）	1898. 5.19	1898. 6.10（解散）	21日	2日（7日）	3日	第3次伊藤	保安条例廃止法案
（第6回総選挙　1898. 8.10）							
第13回（通常）	1898.12. 3	1899. 3. 9	90日	7日		第2次山県	地租条例改正案，軍機保護法案
第14回（通常）	1899.11.22	1900. 2.23	90日	4日		同	衆議院議員選挙法改正案，治安警察法案，産業組合法案
第15回（通常）	1900.12.25	1901. 3.24	90日		15日（2回）	第4次伊藤	
第16回（通常）	1901.12.10	1902. 3. 9	90日			第1次桂	
（第7回総選挙　1902. 8.10）							
第17回（通常）	1902.12. 9	1902.12.28（解散）	20日（90日）		12日（2回）	第1次桂	
（第8回総選挙　1903. 3. 1）							
第18回（特別）	1903. 5.12	1903. 6. 4	21日	3日	3日	第1次桂	
第19回（通常）	1903.12.10	1903.12.11（解散）	2日（90日）			同	
（第9回総選挙　1904. 3. 1）							
第20回（臨時）	1904. 3.20	1904. 3.29	10日			第1次桂	煙草専売法案
第21回（通常）	1904.11.30	1905. 2.27	90日			同	
第22回（通常）	1905.12.28	1906. 3.27	90日			同・第1次西園寺	鉄道国有法案
第23回（通常）	1906.12.28	1907. 3.27	90日			第1次西園寺	
第24回（通常）	1907.12.28	1908. 3.26	90日			同	
（第10回総選挙　1908. 5.15）							
第25回（通常）	1908.12.25	1909. 3.24	90日			第2次桂	
第26回（通常）	1909.12.24	1910. 3.23	90日			同	
第27回（通常）	1910.12.23	1911. 3.22	90日			同	工場法案
第28回（通常）	1911.12.27	1912. 3.25	90日			第2次西園寺	
（第11回総選挙　1912. 5.15）							
第29回（臨時）	1912. 8.23	1912. 8.25	3日			第2次西園寺	
第30回（通常）	1912.12.27	1913. 3.26	90日		23日（3回）	第3次桂・第1次山本	
第31回（通常）	1913.12.26	1914. 3.25	90日		3日	第1次山本	
第32回（臨時）	1914. 5. 5	1914. 5. 7	3日			第2次大隈	
第33回（臨時）	1914. 6.22	1914. 6.28	7日			同	

45 帝国議会一覧

回　次	開院式	会期終了日	会　期	会期延長	停　会	内　閣	成立重要法案
第34回(臨時)	1914. 9. 4	1914. 9. 9	3日	3日		第2次大隈	
第35回(通常)	1914.12. 7	1914.12.25 (解散)	19日(90日)			同	
(第12回総選挙　1915. 3.25)							
第36回(特別)	1915. 5.20	1915. 6. 9	21日			第2次大隈	
第37回(通常)	1915.12. 1	1916. 2.28	90日			同	
第38回(通常)	1916.12.27	1917. 1.25 (解散)	30日(90日)			寺内	
(第13回総選挙　1917. 4.20)							
第39回(特別)	1917. 6.23	1917. 7.14	21日	1日		寺内	
第40回(通常)	1917.12.27	1918. 3.26	90日			同	増税及び廃減税諸法案,軍需工業動員法案
第41回(通常)	1918.12.27	1919. 3.26	90日			原	衆議院議員選挙法改正案,道路法案
第42回(通常)	1919.12.26	1920. 2.26 (解散)	63日(90日)			同	
(第14回総選挙　1920. 5.10)							
第43回(特別)	1920. 7. 1	1920. 7.28	28日			原	
第44回(通常)	1920.12.27	1921. 3.26	90日			同	借地法案,借家法案,米穀法案,郡制廃止法案
第45回(通常)	1921.12.26	1922. 3.25	90日			高橋	鉄道敷設法改正案,治安警察法改正案
第46回(通常)	1922.12.27	1923. 3.26	90日			加藤(友)	陪審法案
第47回(臨時)	1923.12.11	1923.12.23	10日	3日		第2次山本	
第48回(通常)	1923.12.27	1924. 1.31 (解散)	36日(90日)			同・清浦	
(第15回総選挙　1924. 5.10)							
第49回(特別)	1924. 6.28	1924. 7.18	21日			第1次加藤(高)	小作調停法案
第50回(通常)	1924.12.26	1925. 3.30	90日	5日(3回)		同	衆議院議員選挙法改正(普通選挙法)案,治安維持法案
第51回(通常)	1925.12.26	1926. 3.25	90日		4日	第2次加藤(高)・第1次若槻	労働争議調停法案
第52回(通常)	1926.12.26	1927. 3.25	90日		3日	第1次若槻	兵役法案
第53回(臨時)	1927. 5. 4	1927. 5. 8	5日			田中(義)	
第54回(通常)	1927.12.26	1928. 1.21 (解散)	27日(90日)			同	
(第16回総選挙　1928. 2.20)							
第55回(特別)	1928. 4.23	1928. 5. 6	14日		6日(2回)	田中(義)	
第56回(通常)	1928.12.26	1929. 3.25	90日			同	
第57回(通常)	1929.12.26	1930. 1.21 (解散)	27日(90日)			浜口	
(第17回総選挙　1930. 2.20)							
第58回(特別)	1930. 4.23	1930. 5.13	21日			浜口	
第59回(通常)	1930.12.26	1931. 3.27	90日	2日		同	重要産業統制法案
第60回(通常)	1931.12.26	1932. 1.21 (解散)	27日(90日)			犬養	
(第18回総選挙　1932. 2.20)							
第61回(臨時)	1932. 3.20	1932. 3.24	5日			犬養	
第62回(臨時)	1932. 6. 1	1932. 6.14	14日			斎藤	
第63回(臨時)	1932. 8.23	1932. 9. 4	8日	5日(3回)		同	
第64回(通常)	1932.12.26	1933. 3.25	90日			同	米穀統制法案
第65回(通常)	1933.12.26	1934. 3.25	90日			同	
第66回(臨時)	1934.11.28	1934.12. 9	7日	5日(2回)		岡田	
第67回(通常)	1934.12.26	1935. 3.25	90日			同	
第68回(通常)	1935.12.26	1936. 1.21 (解散)	27日(90日)			同	
(第19回総選挙　1936. 2.20)							
第69回(特別)	1936. 5. 4	1936. 5.26	21日	2日(2回)		広田	
第70回(通常)	1936.12.26	1937. 3.31 (解散)	90日	6日	13日(3回)	同・林	防空法案

回　次	開院式	会期終了日	会　期	会期延長	停　会	内　閣	成立重要法案
(第20回総選挙　1937. 4.30)							
第71回(特別)	1937. 7.25	1937. 8. 7	14日			第1次近衛	
第72回(臨時)	1937. 9. 4	1937. 9. 8	5日			同	
第73回(通常)	1937.12.26	1938. 3.26	90日	1日		同	国家総動員法案,農地調整法案
第74回(通常)	1938.12.26	1939. 3.25	90日			同・平沼	
第75回(通常)	1939.12.26	1940. 3.26	90日	2日		阿部・米内	
第76回(通常)	1940.12.26	1941. 3.25	90日			第2次近衛	国防保安法案
第77回(臨時)	1941.11.16	1941.11.20	5日			東条	
第78回(臨時)	1941.12.16	1941.12.17	2日			同	
第79回(通常)	1941.12.26	1942. 3.25	90日			同	食糧管理法案
(第21回総選挙　1942. 4.30)							
第80回(臨時)	1942. 5.27	1942. 5.28	2日			東条	
第81回(通常)	1942.12.26	1943. 3.25	90日			同	
第82回(臨時)	1943. 6.16	1943. 6.18	3日			同	
第83回(臨時)	1943.10.26	1943.10.28	3日			同	
第84回(通常)	1943.12.26	1944. 3.24	90日			同	
第85回(臨時)	1944. 9. 7	1944. 9.11	5日			小磯	
第86回(通常)	1944.12.26	1945. 3.25	90日			同	
第87回(臨時)	1945. 6. 9	1945. 6.12	2日	2日(2回)		鈴木(貫)	国民義勇兵役法案
第88回(臨時)	1945. 9. 4	1945. 9. 5	2日			東久邇宮	
第89回(臨時)	1945.11.27	1945.12.18(解散)	18日	4日		幣原	衆議院議員選挙法改正案(婦人参政権),農地調整法改正案,労働組合法案
(第22回総選挙　1946. 4.10)							
第90回(臨時)	1946. 6.20	1946.10.11	40日	74日(4回)		第1次吉田	憲法改正案(日本国憲法案),自作農創設特別措置法案
第91回(臨時)	1946.11.26	1946.12.25	30日			同	
第92回(通常)	1946.12.28	1947. 3.31(解散)	90日	4日		同	内閣法案,財政法案,労働基準法案,教育基本法案,学校教育法案,独占禁止法案

46　国　会　一　覧

回　次	召集日	開会式	会期終了日	会　期	会期延長	会期合計	内　閣
(第1回参議院選挙　1947. 4.20　第23回総選挙　1947. 4.25)							
第1回(特別)	1947. 5.20	1947. 6.23	1947.12. 9	50日	154日(54＋50＋40＋10)	204日	第1次吉田・片山
第2回(通常)	1947.12.10	1948. 1.21	1948. 7. 5	150日	59日(44＋10＋5)	209日	同・芦田
第3回(臨時)	1948.10.11	1948.11. 8	1948.11.30	30日	21日	51日	同・第2次吉田
第4回(通常)	1948.12. 1	1948.12. 2	1948.12.23(解散)	150日		23日	第2次吉田
(第24回総選挙　1949. 1.23)							
第5回(特別)	1949. 2.11	1949. 3.19	1949. 5.31	70日	40日(25＋7＋2＋6)	110日	第2次吉田・第3次吉田
第6回(臨時)	1949.10.25	1949.11. 1	1949.12. 3	30日	10日(7＋3)	40日	第3次吉田
第7回(通常)	1949.12. 4	1949.12.15	1950. 5. 2	150日		150日	同
(第2回参議院選挙　1950. 6. 4)							
第8回(臨時)	1950. 7.12	1950. 7.13	1950. 7.31	20日		20日	第3次吉田
第9回(臨時)	1950.11.21	1950.11.22	1950.12. 9	18日	1日	19日	同
第10回(通常)	1950.12.10	1951. 1.25	1951. 6. 5	150日	28日(20＋5＋3)	178日	同
第11回(臨時)	1951. 8.16	1951. 8.16	1951. 8.18	3日		3日	同
第12回(臨時)	1951.10.10	1951.10.11	1951.11.30	40日	12日(10＋2)	52日	同

回 次	召集日	開会式	会期終了日	会 期	会期延長	会期合計	内 閣
第13回(通常)	1951.12.10	1952. 1.22	1952. 7.31	150日	85日 (30+14+1)	235日	同
第14回(通常)	1952. 8.26		1952. 8.28 (解散)	150日		3日	同
参議院緊急集会	1952. 8.31 (集会日)		1952. 8.31 (集会終了日)	1日 (集会期間)			同
(第25回総選挙 1952.10. 1)							
第15回(特別)	1952.10.24	1952.11. 8	1953. 3.14 (解散)	60日	82日	142日	第3次吉田・第4次吉田
参議院緊急集会	1953. 3.18 (集会日)		1953. 3.20 (集会終了日)	3日 (集会期間)			第4次吉田
(第26回総選挙 1953. 4.19 第3回参議院選挙 1953. 4.24)							
第16回(特別)	1953. 5.18	1953. 6.16	1953. 8.10	75日	10日 (7+3)	85日	第4次吉田・第5次吉田
第17回(臨時)	1953.10.29	1953.10.29	1953.11. 7	7日	3日	10日	第5次吉田
第18回(臨時)	1953.11.30	1953.11.30	1953.12. 8	9日		9日	同
第19回(通常)	1953.12.10	1954. 1.25	1954. 6.15	150日	38日 (14+9+3+2+10)	188日	同
第20回(臨時)	1954.11.30	1954.11.30	1954.12. 9	9日	1日	10日	同
第21回(通常)	1954.12.10	1955. 1.21	1955. 1.24 (解散)	150日		46日	同・第1次鳩山
(第27回総選挙 1955. 2.27)							
第22回(特別)	1955. 3.18	1955. 4.25	1955. 7.30	105日	30日	135日	第1次鳩山・第2次鳩山
第23回(臨時)	1955.11.22	1955.12. 2	1955.12.16	25日		25日	第2次鳩山・第3次鳩山
第24回(通常)	1955.12.20	1956. 1.25	1956. 6. 3	150日	17日	167日	第3次鳩山
(第4回参議院選挙 1956. 7. 8)							
第25回(臨時)	1956.11.12	1956.11.15	1956.12.13	25日	7日	32日	第3次鳩山
第26回(通常)	1956.12.20	1957. 1.30	1957. 5.19	150日	1日	151日	同・石橋・第1次岸
第27回(臨時)	1957.11. 1	1957.11. 1	1957.11.14	12日	2日	14日	第1次岸
第28回(通常)	1957.12.20	1958. 1.25	1958. 4.25 (解散)	150日		127日	同
(第28回総選挙 1958. 5.22)							
第29回(特別)	1958. 6.10	1958. 6.17	1958. 7. 8	25日	4日	29日	同・第2次岸
第30回(臨時)	1958. 9.29	1958. 9.30	1958.12. 7	40日	30日	70日	第2次岸
第31回(通常)	1958.12.10	1959. 1.26	1959. 5. 2	144日		144日	同
(第5回参議院選挙 1959. 6. 2)							
第32回(臨時)	1959. 6.22	1959. 6.25	1959. 7. 3	12日		12日	第2次岸
第33回(臨時)	1959.10.26	1959.10.27	1959.12.27	50日	13日	63日	同
第34回(通常)	1959.12.29	1960. 1.30	1960. 7.15	150日	50日	200日	同
第35回(臨時)	1960. 7.18	1960. 7.18	1960. 7.22	5日		5日	同・第1次池田
第36回(臨時)	1960.10.17	1960.10.18	1960.10.24 (解散)	10日		8日	第1次池田
(第29回総選挙 1960.11.20)							
第37回(特別)	1960.12. 5	1960.12.10	1960.12.22	18日		18日	第1次池田・第2次池田
第38回(通常)	1960.12.26	1961. 1.28	1961. 6. 8	150日	15日	165日	第2次池田
第39回(臨時)	1961. 9.25	1961. 9.27	1961.10.31	37日		37日	同
第40回(通常)	1961.12. 9	1962. 1.17	1962. 5. 7	150日		150日	同
(第6回参議院選挙 1962. 7. 1)							
第41回(臨時)	1962. 8. 4	1962. 8. 8	1962. 9. 2	30日		30日	第2次池田
第42回(臨時)	1962.12. 8	1962.12.10	1962.12.23	12日	4日 (3+1)	16日	同
第43回(通常)	1962.12.24	1963. 1.23	1963. 7. 6	150日	45日	195日	同
第44回(臨時)	1963.10.15	1963.10.17	1963.10.23 (解散)	30日		9日	同
(第30回総選挙 1963.11.21)							
第45回(特別)	1963.12. 4	1963.12.10	1963.12.18	15日		15日	第2次池田・第3次池田
第46回(通常)	1963.12.20	1964. 1.20	1964. 6.26	150日	40日	190日	第3次池田
第47回(臨時)	1964.11. 9	1964.11.20	1964.12.18	40日		40日	同・第1次佐藤
第48回(通常)	1964.12.21	165. 1.21	1965. 6. 1	150日	13日	163日	第1次佐藤

回次	召集日	開会式	会期終了日	会期	会期延長	会期合計	内閣
(第7回参議院選挙 1965. 7. 4)							
第49回(臨時)	1965. 7. 22	1965. 7. 30	1965. 8. 11	21日		21日	第1次佐藤
第50回(臨時)	1965. 10. 5	1965. 10. 11	1965. 12. 13	70日		70日	同
第51回(通常)	1965. 12. 20	1966. 1. 27	1966. 6. 27	150日	40日	190日	同
第52回(臨時)	1966. 7. 11	1966. 7. 12	1966. 7. 30	20日		20日	同
第53回(臨時)	1966. 11. 30	1966. 12. 3	1966. 12. 20	21日		21日	同
第54回(通常)	1966. 12. 27		1966. 12. 27(解散)	150日		1日	同
(第31回総選挙 1967. 1. 29)							
第55回(特別)	1967. 2. 15	1967. 3. 14	1967. 7. 21	136日	21日	157日	第1次佐藤・第2次佐藤
第56回(臨時)	1967. 7. 27	1967. 7. 27	1967. 8. 18	15日	8日	23日	第2次佐藤
第57回(臨時)	1967. 12. 4	1967. 12. 5	1967. 12. 23	20日		20日	同
第58回(臨時)	1967. 12. 27	1968. 1. 27	1968. 6. 3	150日	10日	160日	同
(第8回参議院選挙 1968. 7. 7)							
第59回(臨時)	1968. 8. 1	1968. 8. 3	1968. 8. 10	10日		10日	第2次佐藤
第60回(臨時)	1968. 12. 10	1968. 12. 11	1968. 12. 21	12日		12日	同
第61回(通常)	1968. 12. 27	1969. 1. 27	1969. 8. 5	150日	72日	222日	同
第62回(臨時)	1969. 11. 29	1969. 12. 1	1969. 12. 2(解散)	14日		4日	同
(第32回総選挙 1969. 12. 27)							
第63回(特別)	1970. 1. 14	1970. 2. 14	1970. 5. 13	120日		120日	第2次佐藤・第3次佐藤
第64回(臨時)	1970. 11. 24	1970. 11. 25	1970. 12. 18	25日		25日	第3次佐藤
第65回(通常)	1970. 12. 26	1971. 1. 22	1971. 5. 24	150日		150日	同
(第9回参議院選挙 1971. 6. 27)							
第66回(臨時)	1971. 7. 14	1971. 7. 17	1971. 7. 24	11日		11日	第3次佐藤
第67回(臨時)	1971. 10. 16	1971. 10. 18	1971. 12. 27	70日	3日	73日	同
第68回(通常)	1971. 12. 29	1972. 1. 29	1972. 6. 16	150日	21日	171日	同
第69回(臨時)	1972. 7. 6	1972. 7. 6	1972. 7. 12	7日		7日	同・第1次田中(角)
第70回(臨時)	1972. 10. 27	1972. 10. 28	1972. 11. 13(解散)	21日		18日	第1次田中(角)
(第33回総選挙 1972. 12. 10)							
第71回(特別)	1972. 12. 22	1972. 12. 27	1973. 9. 27	150日	130日(65+65)	280日	第1次田中(角)・第2次田中(角)
第72回(通常)	1973. 12. 1	1974. 1. 21	1974. 6. 3	150日	35日	185日	第2次田中(角)
(第10回参議院選挙 1974. 7. 7)							
第73回(臨時)	1974. 7. 24	1974. 7. 29	1974. 7. 31	8日		8日	第2次田中(角)
第74回(臨時)	1974. 12. 9	1974. 12. 14	1974. 12. 25	17日		17日	同・三木
第75回(通常)	1974. 12. 27	1975. 1. 24	1975. 7. 4	150日	40日	190日	三木
第76回(臨時)	1975. 9. 11	1975. 9. 12	1975. 12. 25	75日	31日(26+5)	106日	同
第77回(通常)	1975. 12. 27	1976. 1. 23	1976. 5. 24	150日		150日	同
第78回(臨時)	1976. 9. 16	1976. 9. 21	1976. 11. 4	50日		50日	同
(第34回総選挙 1976. 12. 5)							
第79回(臨時)	1976. 12. 24	1976. 12. 27	1976. 12. 28	5日		5日	三木・福田
第80回(通常)	1976. 12. 30	1977. 1. 31	1977. 6. 9	150日	12日	162日	福田
(第11回参議院選挙 1977. 7. 10)							
第81回(臨時)	1977. 7. 27	1977. 7. 30	1977. 8. 3	8日		8日	福田
第82回(臨時)	1977. 9. 29	1977. 9. 29	1977. 11. 25	40日	18日	58日	同
第83回(臨時)	1977. 12. 7	1977. 12. 7	1977. 12. 10	4日		4日	同
第84回(通常)	1977. 12. 19	1978. 1. 21	1978. 6. 16	150日	30日	180日	同
第85回(臨時)	1978. 9. 18	1978. 9. 18	1978. 10. 21	34日		34日	同
第86回(臨時)	1978. 12. 6	1978. 12. 6	1978. 12. 12	7日		7日	同・第1次大平
第87回(通常)	1978. 12. 22	1979. 1. 25	1979. 6. 14	150日	25日	175日	第1次大平
第88回(臨時)	1979. 8. 30	1979. 9. 3	1979. 9. 7(解散)	30日		9日	同
(第35回総選挙 1979. 10. 7)							
第89回(特別)	1979. 10. 30	1979. 11. 14	1979. 11. 16	18日		18日	第1次大平・第2次大平

回　次	召集日	開会式	会期終了日	会　期	会期延長	会期合計	内　閣
第90回(臨時)	1979.11.26	1979.11.27	1979.12.11	16日		16日	第2次大平
第91回(通常)	1979.12.21	1980. 1.25	1980. 5.19 (解散)	150日	9日	151日	同
(第36回総選挙・第12回参議院選挙　1980. 6.22)							
第92回(特別)	1980. 7.17	1980. 7.22	1980. 7.26	10日		10日	第2次大平・鈴木(善)
第93回(臨時)	1980. 9.29	1980.10. 3	1980.11.29	50日	12日	62日	鈴木(善)
第94回(通常)	1980.12.22	1981. 1.26	1981. 6. 6	150日	17日	167日	同
第95回(臨時)	1981. 9.24	1981. 9.25	1981.11.28	55日	11日	66日	同
第96回(通常)	1981.12.21	1982. 1.25	1982. 8.21	150日	94日	244日	同
第97回(臨時)	1982.11.26	1982.12. 3	1982.12.25	25日	5日	30日	同・第1次中曾根
第98回(通常)	1982.12.28	1983. 1.24	1983. 5.26	150日		150日	第1次中曾根
(第13回参議院選挙　1983. 6.26)							
第99回(臨時)	1983. 7.18	1983. 7.19	1983. 7.23	6日		6日	第1次中曾根
第100回(臨時)	1983. 9. 8	1983. 9. 8	1983.11.28 (解散)	70日	12日	82日	同
(第37回総選挙　1983.12.18)							
第101回(特別)	1983.12.26	1984. 2. 6	1984. 8. 8	150日	77日	227日	第1次中曾根・第2次中曾根
第102回(通常)	1984.12. 1	1985. 1.25	1985. 6.25	150日	57日	207日	第2次中曾根
第103回(臨時)	1985.10.14	1985.10.14	1985.12.21	62日	7日	69日	同
第104回(通常)	1985.12.24	1986. 1.27	1986. 5.22	150日		150日	同
第105回(臨時)	1986. 6. 2 (冒頭解散)						同
(第38回総選挙・第14回参議院選挙　1986. 7. 6)							
第106回(特別)	1986. 7.22	1986. 7.24	1986. 7.25	4日		4日	第2次中曾根・第3次中曾根
第107回(臨時)	1986. 9.11	1986. 9.11	1986.12.20	80日	21日	101日	第3次中曾根
第108回(通常)	1986.12.29	1987. 1.26	1987. 5.27	150日		150日	同
第109回(臨時)	1987. 7. 6	1987. 7. 6	1987. 9.19	65日	11日	76日	同
第110回(臨時)	1987.11. 6	1987.11. 6	1987.11.11	6日		6日	同・竹下
第111回(臨時)	1987.11.27	1987.11.27	1987.12.12	16日		16日	竹下
第112回(通常)	1987.12.28	1988. 1.25	1988. 5.25	150日		150日	同
第113回(臨時)	1988. 7.19	1988. 7.19	1988.12.28	70日	93日	163日	同
第114回(通常)	1988.12.30	1989. 2.10	1989. 6.22	150日	25日	175日	同・宇野
(第15回参議院選挙　1989. 7.23)							
第115回(臨時)	1989. 8. 7	1989. 8. 8	1989. 8.12	6日		6日	宇野・第1次海部
第116回(臨時)	1989. 9.28	1989. 9.28	1989.12.16	80日		80日	第1次海部
第117回(通常)	1989.12.25	1990. 1.22	1990. 1.24 (解散)	31日		31日	第1次海部
(第39回総選挙　1990. 2.18)							
第118回(特別)	1990. 2.27	1990. 3. 2	1990. 6.26	120日		120日	第1次海部・第2次海部
第119回(臨時)	1990.10.12	1990.10.12	1990.11.10	30日		30日	第2次海部
第120回(通常)	1990.12.10	1991. 1.25	1991. 5. 8	150日		150日	同
第121回(臨時)	1991. 8. 5	1991. 8. 5	1991.10. 4	61日		61日	同
第122回(臨時)	1991.11. 5	1991.11. 8	1991.12.21	36日	11日	47日	同・宮沢
第123回(通常)	1992. 1.24	1992. 1.24	1992. 6.21	150日		150日	宮沢
(第16回参議院選挙　1992. 7.26)							
第124回(臨時)	1992. 8. 7	1992. 8.10	1992. 8.11	5日		5日	宮沢
第125回(臨時)	1992.10.30	1992.10.30	1992.12.10	40日	2日	42日	同
第126回(通常)	1993. 1.22	1993. 1.22	1993. 6.18 (解散)	148日		148日	同
(第40回総選挙　1993. 7.18)							
第127回(特別)	1993. 8. 5	1993. 8.12	1993. 8.28	10日	14日	24日	宮沢・細川
第128回(臨時)	1993. 9.17	1993. 9.21	1994. 1.29	90日	45日	135日	細川
第129回(通常)	1994. 1.31	1994. 2. 8	1994. 6.29	150日		150日	同・羽田
第130回(臨時)	1994. 7.18	1994. 7.18	1994. 7.22	5日		5日	村山
第131回(臨時)	1994. 9.30	1994. 9.30	1994.12. 9	65日	6日	71日	同
第132回(通常)	1995. 1.20	1995. 1.20	1995. 6.18	150日		150日	同

回　次	召集日	開会式	会期終了日	会　期	会期延長	会期合計	内　閣
（第17回参議院選挙　1995. 7. 23）							
第133回（臨時）	1995. 8. 4	1995. 8. 4	1995. 8. 8	5日		5日	村山
第134回（臨時）	1995. 9. 29	1995. 9. 29	1995. 12. 15	46日	32日	78日	同
第135回（臨時）	1996. 1. 11	1996. 1. 11	1996. 1. 13	3日		3日	第1次橋本
第136回（通常）	1996. 1. 22	1996. 1. 22	1996. 6. 19	150日		150日	同
第137回（臨時）	1996. 9. 27（冒頭解散）						同
（第41回総選挙　1996. 10. 20）							
第138回（特別）	1996. 11. 7	1996. 11. 11	1996. 11. 12	6日		6日	第1次橋本・第2次橋本
第139回（臨時）	1996. 11. 29	1996. 11. 29	1996. 12. 18	20日		20日	第2次橋本
第140回（通常）	1997. 1. 20	1997. 1. 20	1997. 6. 18	150日		150日	同
第141回（臨時）	1997. 9. 29	1997. 9. 29	1997. 12. 12	75日		75日	同
第142回（通常）	1998. 1. 12	1998. 1. 12	1998. 6. 18	150日	8日	158日	同
（第18回参議院選挙　1998. 7. 12）							
第143回（臨時）	1998. 7. 30	1998. 8. 7	1998. 10. 16	70日	9日	79日	小渕
第144回（臨時）	1998. 11. 27	1998. 11. 27	1998. 12. 14	18日		18日	同
第145回（通常）	1999. 1. 19	1999. 1. 19	1999. 8. 13	150日	57日	207日	同
第146回（臨時）	1999. 10. 29	1999. 10. 29	1999. 12. 15	48日		48日	同
第147回（通常）	2000. 1. 20	2000. 1. 20	2000. 6. 2（解散）	135日		135日	同・第1次森
（第42回総選挙　2000. 6. 25）							
第148回（特別）	2000. 7. 4	2000. 7. 6	2000. 7. 6	3日		3日	第2次森
第149回（臨時）	2000. 7. 28	2000. 7. 28	2000. 8. 9	13日		13日	同
第150回（臨時）	2000. 9. 21	2000. 9. 21	2000. 12. 1	72日		72日	同
第151回（通常）	2001. 1. 31	2001. 1. 31	2001. 6. 29	150日		150日	同
（第19回参議院選挙　2001. 7. 29）							
第152回（臨時）	2001. 8. 7	2001. 8. 8	2001. 8. 10	4日		4日	第1次小泉
第153回（臨時）	2001. 9. 27	2001. 9. 27	2001. 12. 7	72日		72日	同
第154回（通常）	2002. 1. 21	2002. 1. 21	2002. 7. 31	150日	42日	192日	同
第155回（臨時）	2002. 10. 18	2002. 10. 18	2002. 12. 13	57日		57日	同
第156回（通常）	2003. 1. 20	2003. 1. 20	2003. 7. 28	150日	40日	190日	同
第157回（臨時）	2003. 9. 26	2003. 9. 26	2003. 10. 10（解散）	15日		15日	同
（第43回総選挙　2003. 11. 9）							
第158回（特別）	2003. 11. 19	2003. 11. 21	2003. 11. 27	9日		9日	第1次小泉・第2次小泉
第159回（通常）	2004. 1. 19	2004. 1. 19	2004. 6. 16	150日		150日	第2次小泉
（第20回参議院選挙　2004. 7. 11）							
第160回（臨時）	2004. 7. 30	2004. 7. 30	2004. 8. 6	8日		8日	第2次小泉
第161回（臨時）	2004. 10. 12	2004. 10. 12	2004. 12. 3	53日		53日	同
第162回（通常）	2005. 1. 21	2005. 1. 21	2005. 8. 8（解散）	150日	50日	200日	同
（第44回総選挙　2005. 9. 11）							
第163回（特別）	2005. 9. 21	2005. 9. 26	2005. 11. 1	42日		42日	第3次小泉
第164回（通常）	2006. 1. 20	2006. 1. 20	2006. 6. 18	150日		150日	同
第165回（臨時）	2006. 9. 26	2006. 9. 28	2006. 12. 19	81日	4日	85日	第1次安倍
第166回（通常）	2007. 1. 25	2007. 1. 26	2007. 7. 5	150日	12日	162日	同
（第21回参議院選挙　2007. 7. 29）							
第167回（臨時）	2007. 8. 7	2007. 8. 7	2007. 8. 10	4日		4日	第1次安倍
第168回（臨時）	2007. 9. 10	2007. 9. 10	2008. 1. 15	62日	66日	128日	第1次安倍・福田（康）
第169回（通常）	2008. 1. 18	2008. 1. 18	2008. 6. 21	150日	6日	156日	福田（康）
第170回（臨時）	2008. 9. 24	2008. 9. 29	2008. 12. 25	68日	25日	93日	麻生
第171回（通常）	2009. 1. 5	2009. 1. 5	2009. 7. 21（解散）	150日	48日	198日	同
（第45回総選挙　2009. 8. 30）							
第172回（特別）	2009. 9. 16	2009. 9. 18	2009. 9. 19	4日		4日	鳩山（由）
第173回（特別）	2009. 10. 26	2009. 10. 26	2009. 12. 4	36日	4日	40日	同
第174回（通常）	2010. 1. 18	2010. 1. 18	2010. 6. 16	150日		150日	鳩山（由）・菅

46　国会一覧

回　次	召集日	開会式	会期終了日	会　期	会期延長	会期合計	内　閣
（第22回参議院選挙　2010. 7. 11）							
第175回（臨時）	2010. 7. 30	2010. 7. 30	2010. 8. 6	8日		8日	菅
第176回（臨時）	2010. 10. 1	2010. 10. 1	2010. 12. 3	64日		64日	同
第177回（通常）	2011. 1. 24	2011. 1. 24	2011. 8. 31	150日	70日	220日	菅・野田
第178回（臨時）	2011. 9. 13	2011. 9. 13	2011. 9. 30	4日	14日	18日	野田
第179回（臨時）	2011. 10. 20	2011. 10. 21	2011. 12. 9	51日		51日	同
第180回（通常）	2012. 1. 24	2012. 1. 24	2012. 9. 8	150日	79日	229日	同
第181回（臨時）	2012. 10. 29	2012. 10. 29	2012. 11. 16（解散）	19日		19日	同
（第46回総選挙　2012. 12. 16）							
第182回（特別）	2012. 12. 26	2012. 12. 28	2012. 12. 28	3日		3日	第2次安倍
第183回（通常）	2013. 1. 28	2013. 1. 28	2013. 6. 26	150日		150日	同
（第23回参議院選挙　2013. 7. 21）							
第184回（臨時）	2013. 8. 2	2013. 8. 2	2013. 8. 7	6日		6日	第2次安倍
第185回（臨時）	2013. 10. 15	2013. 10. 15	2013. 12. 8	53日	2日	55日	同
第186回（通常）	2014. 1. 24	2014. 1. 24	2014. 6. 22	150日		150日	同
第187回（臨時）	2014. 9. 29	2014. 9. 29	2014. 11. 21（解散）	54日		54日	同
（第47回総選挙　2014. 12. 14）							
第188回（特別）	2014. 12. 24	2014. 12. 26	2014. 12. 26	3日		3日	第3次安倍
第189回（通常）	2015. 1. 26	2015. 1. 26	2015. 9. 27	150日	95日	245日	同
第190回（通常）	2016. 1. 4	2016. 1. 4	2016. 6. 1	150日		150日	同
（第24回参議院選挙　2016. 7. 10）							
第191回（臨時）	2016. 8. 1	2016. 8. 1	2016. 8. 3	3日		3日	第3次安倍
第192回（臨時）	2016. 9. 26	2016. 9. 26	2016. 12. 17	66日	17日	83日	同
第193回（通常）	2017. 1. 20	2017. 1. 20	2017. 6. 18	150日		150日	同
第194回（臨時）	2017. 9. 28（冒頭解散）						同
（第48回総選挙　2017. 10. 22）							
第195回（特別）	2017. 11. 1	2017. 11. 8	2017. 12. 9	39日		39日	第4次安倍
第196回（通常）	2018. 1. 22	2018. 1. 22	2018. 7. 22	150日	32日	182日	同
第197回（臨時）	2018. 10. 24	2018. 10. 24	2018. 12. 10	48日		48日	同
第198回（通常）	2019. 1. 28	2019. 1. 28	2019. 6. 26	150日		150日	同
（第25回参議院選挙　2019. 7. 21）							

衆議院議長

氏名	党籍	在任期間	帝国議会・国会回次	備考
中島信行	立憲自由党	1890.11.26—1891.12.25	1・2議会	解散
星　亨	自由党	1892. 5. 3—1893.12.13	3-5議会	議員除名
楠本正隆	同盟倶楽部	1893.12.15—1893.12.30	5議会	解散
楠本正隆	立憲革新党	1894. 5.12—1894. 6. 2	6議会	解散
楠本正隆	同	1894.10.15—1896. 6. 8	7-9議会	議員辞職(授爵)
鳩山和夫	進歩党	1896.12.22—1897.12.25	10・11議会	解散
片岡健吉	自由党	1898. 5.16—1898. 6.10	12議会	解散
片岡健吉	憲政党	1898.11. 9—1902.12. 7	13-16議会	議員任期満了
片岡健吉	立憲政友会	1902.12. 7—1902.12.28	17議会	解散
片岡健吉	同	1903. 5. 9—1903.10.31	18議会	死去
河野広中	憲政本党	1903.12. 5—1903.12.11	19議会	解散
松田正久	立憲政友会	1904. 3.18—1906. 1.19	20-22議会	辞任(入閣)
杉田定一	同	1906. 1.23—1908.12.23	22-24議会	議員任期満了
長谷場純孝	同	1908.12.23—1911. 9. 6	25-27議会	辞任(入閣)
大岡育造	同	1911.12.24—1912. 8.21	28議会	議員任期満了
大岡育造	同	1912. 8.21—1914. 3. 6	29-31議会	辞任(入閣)
長谷場純孝	同	1914. 3. 7—1914. 3.15	31議会	死去
奥　繁三郎	同	1914. 3.17—1914.12.25	31-35議会	解散
島田三郎	立憲同志会	1915. 5.17—1917. 1.25	36-38議会	解散
大岡育造	立憲政友会	1917. 6.21—1920. 2.26	39-42議会	解散
奥　繁三郎	同	1920. 6.29—1923. 2.16	43-46議会	辞任
粕谷義三	同	1923. 2.17—1924. 1.31	46-48議会	解散
粕谷義三	同	1924. 6.26—1927. 3.25	49-52議会	辞任(議場混乱引責)
森田　茂	憲政会	1927. 3.26—1928. 1.21	52-54議会	解散
元田　肇	立憲政友会	1928. 4.20—1929. 3.14	55・56議会	辞任
川原茂輔	同	1929. 3.15—1929. 5.19	56議会	死去
堀切善兵衛	同	1929.12.23—1930. 1.21	57議会	解散
藤沢幾之輔	立憲民政党	1930. 4.21—1931. 4.13	58・59議会	辞任(内閣更迭)
中村啓次郎	同	1931.12.23—1932. 1.21	60議会	解散
秋田　清	立憲政友会	1932. 3.18—1934.12.13	61-66議会	辞任
浜田国松	同	1934.12.24—1936. 1.21	67・68議会	解散
富田幸次郎	立憲民政党	1936. 5. 1—1937. 3.31	69・70議会	解散
小山松寿	同	1937. 7.23—1941.12.22	71-78議会	辞任
田子一民	翼賛議員同盟	1941.12.24—1942. 5.25	79議会	議員任期満了
岡田忠彦	翼賛政治会	1942. 5.25—1945. 4. 9	80-86議会	辞任
島田俊雄	大日本政治会	1945. 6. 8—1945.12.18	87-89議会	解散
樋貝詮三	日本自由党	1946. 5.22—1946. 8.23	90議会	辞任
山崎　猛	同	1946. 8.23—1947. 3.31	90-92議会	解散
松岡駒吉	日本社会党	1947. 5.21—1948.12.23	1-4国会	解散
幣原喜重郎	民主自由党	1949. 2.11—1951. 3.10	5-10国会	死去
林　譲治	自由党	1951. 3.13—1952. 8. 1	10-13国会	辞職
大野伴睦	同	1952. 8.26—1952. 8.28	14国会	解散
大野伴睦	同	1952.10.24—1953. 3.14	15国会	解散
堤　康次郎	改進党	1953. 5.18—1954.12.10	16-20国会	辞職
松永　東	日本民主党	1954.12.11—1955. 1.24	21国会	解散
益谷秀次	自由党	1955. 3.18—1958. 4.25	22-28国会	解散
星島二郎	自由民主党	1958. 6.11—1958.12.13	29・30国会	辞職
加藤鐐五郎	同	1958.12.13—1960. 2. 1	31-34国会	辞職
清瀬一郎	同	1960. 2. 1—1960.10.24	34-36国会	解散
清瀬一郎	(無所属)	1960.12. 7—1963.10.23	37-44国会	解散
船田　中	自由民主党	1963.12. 7—1965.12.20	45-50国会	辞職
山口喜久一郎	同	1965.12.20—1966.12. 3	51-53国会	辞職
綾部健太郎	同	1966.12. 3—1966.12.27	53・54国会	解散
石井光次郎	同	1967. 2.15—1969. 7.16	55-61国会	辞職

貴族院議長

氏名	党籍	在任期間	国会回次	備考
松田竹千代	同	1969. 7.16—1969.12. 2	61•62国会	解散
船田中	同	1970. 1.14—1972.11.13	63-70国会	解散
中村梅吉	同	1972.12.22—1973. 5.29	71国会	辞職
前尾繁三郎	同	1973. 5.29—1976.12. 9	71-78国会	議員任期満了
保利茂	同	1976.12.24—1979. 2. 1	79-87国会	辞職
灘尾弘吉	同	1979. 2. 1—1979. 9. 7	87•88国会	解散
灘尾弘吉	同	1979.10.30—1980. 5.19	89-91国会	解散
福田一	同	1980. 7.17—1983.11.28	92-100国会	解散
福永健司	同	1983.12.26—1985. 1.24	101国会	辞職
坂田道太	同	1985. 1.24—1986. 6. 2	102-105国会	解散
原健三郎	同	1986. 7.22—1989. 6. 2	106-114国会	辞職
田村元	同	1989. 6. 2—1990. 1.24	114-117国会	解散
桜内義雄	同	1990. 2.27—1993. 6.18	118-126国会	解散
土井たか子	日本社会党	1993. 8. 6—1996. 9.27	127-137国会	解散
伊藤宗一郎	自由民主党	1996.11. 7—2000. 6.25	138-147国会	解散
綿貫民輔	同	2000. 7. 4—2003.10.10	148-157国会	解散
河野洋平	同	2003.11.19—2009. 7.21	158-171国会	解散
横路孝弘	民主党	2009. 9.16—2012.11.16	172-181国会	解散
伊吹文明	自由民主党	2012.12.26—2014.11.21	182-187国会	解散
町村信孝	同	2014.12.24—2015. 4.21	188•189国会	辞職
大島理森	同	2015. 4.21—	189国会-	

＊前尾繁三郎以降，議長在任時は所属会派を離脱する慣例である．

貴族院議長

氏名	在任期間	備考
伊藤博文	1890.10.24—1891. 7.21	伯爵
蜂須賀茂韶	1891. 7.21—1896.10. 3	侯爵
近衛篤麿	1896.10. 3—1903.12. 4	公爵，三曜会
徳川家達	1903.12. 4—1910.12. 5	公爵
徳川家達	1910.12. 5—1917.12. 5	公爵
徳川家達	1917.12. 5—1924.12. 5	公爵
徳川家達	1924.12. 5—1931.12. 5	公爵
徳川家達	1931.12. 5—1933. 6. 9	公爵，火曜会
近衛文麿	1933. 6. 9—1937. 6. 7	公爵，火曜会
松平頼寿	1937. 6.19—1939. 7. 9	伯爵，研究会
松平頼寿	1939. 7.13—1944. 9.13	伯爵，研究会
徳川圀順	1944.10.11—1946. 6.19	公爵，火曜会
徳川家正	1946. 6.19—1947. 5. 2	公爵，火曜会

参議院議長

氏名	在任期間	備考
松平恒雄	1947. 5.20—1949.11.14	緑風会
佐藤尚武	1949.11.15—1950. 7.12	緑風会
佐藤尚武	1950. 7.12—1953. 5. 2	緑風会
河井弥八	1953. 5.19—1956. 4. 3	緑風会
松野鶴平	1956. 4. 3—1956.11.13	自由民主党
松野鶴平	1956.11.13—1959. 5. 2	自由民主党
松野鶴平	1959. 6.23—1962. 8. 6	自由民主党
重宗雄三	1962. 8. 6—1965. 7.30	自由民主党
重宗雄三	1965. 7.30—1968. 7. 7	自由民主党
重宗雄三	1968. 8. 3—1971. 7.17	自由民主党
河野謙三	1971. 7.17—1974. 7.26	自由民主党
河野謙三	1974. 7.26—1977. 7. 3	
安井謙	1977. 7.28—1980. 7. 7	自由民主党•自由国民会議
徳永正利	1980. 7.17—1983. 7. 9	自由民主党•自由国民会議
木村睦男	1983. 7.18—1986. 7.22	自由民主党•自由国民会議
藤田正明	1986. 7.22—1988. 9.30	自由民主党
土屋義彦	1988. 9.30—1991.10. 4	自由民主党
長田裕二	1991.10. 4—1992. 7. 7	自由民主党
原文兵衛	1992. 8. 7—1995. 6.18	自由民主党
斎藤十朗	1995. 8. 4—2000.10.19	自由民主党，国会混乱により辞職
井上裕	2000.10.19—2002. 4.22	自由民主党，政策秘書の裏金授受問題により辞職
倉田寛之	2002. 4.22—2004. 7.30	自由民主党•保守党
扇千景	2004. 7.30—2007. 7.28	自由民主党
江田五月	2007. 8. 7—2010. 7.25	民主党•新緑風会
西岡武夫	2010. 7.30—2011.11. 5	民主党•新緑風会
平田健二	2011.11.14—2013. 7.28	民主党•新緑風会
山崎正昭	2013. 8. 2—2016. 7.25	各派に属しない議員
伊達忠一	2016. 8. 1—	自由民主党

＊河野謙三以降，議長在任時は所属会派を離脱する慣例である．

政党主要系統図 1（1874～1905年）

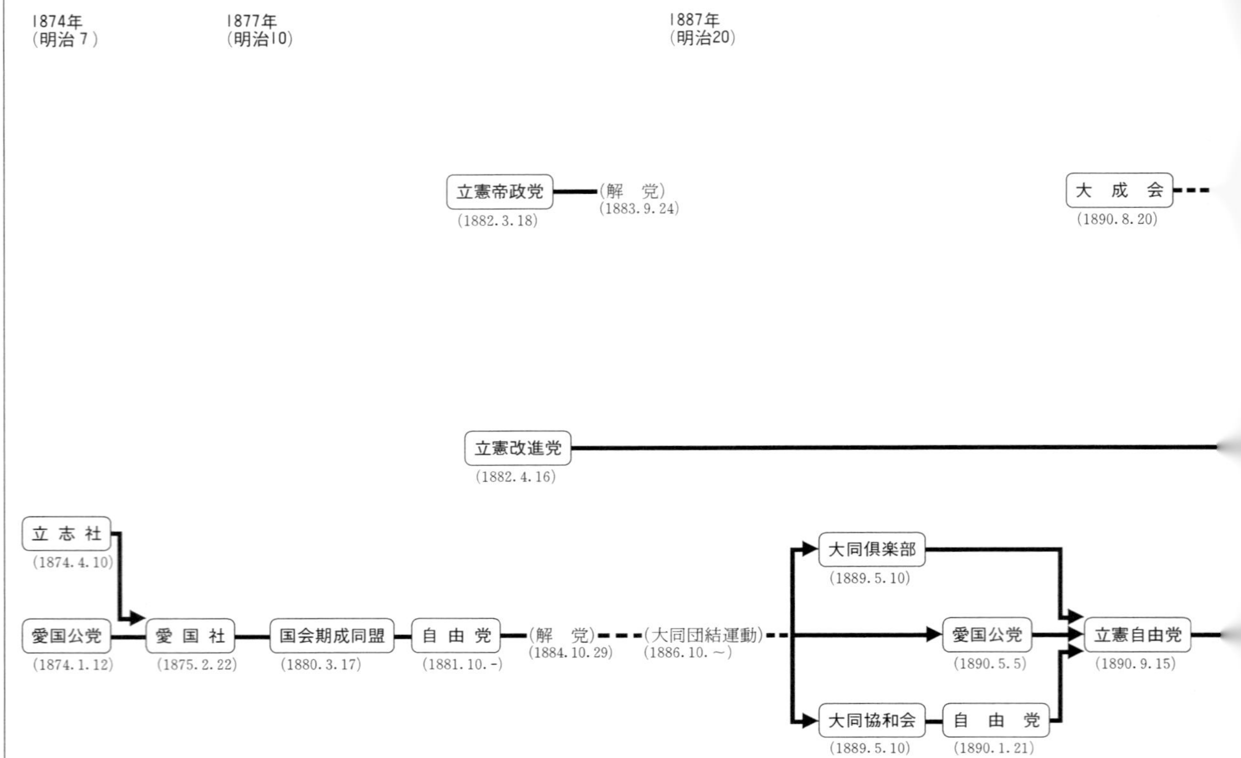

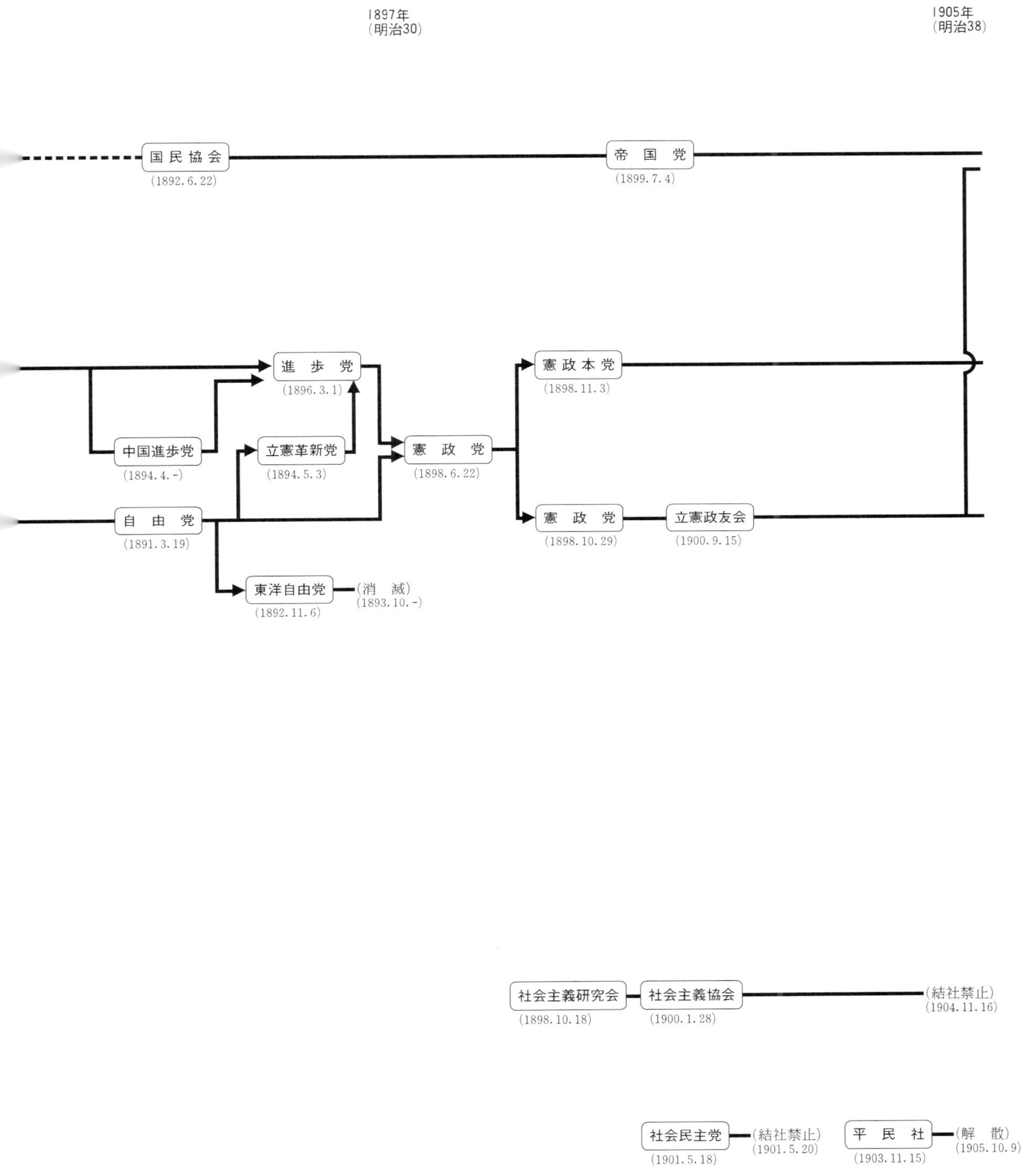
1897年
(明治30)
1905年
(明治38)
国民協会
(1892.6.22)
帝国党
(1899.7.4)
進歩党
(1896.3.1)
中国進歩党
(1894.4.-)
立憲革新党
(1894.5.3)
憲政党
(1898.6.22)
憲政本党
(1898.11.3)
自由党
(1891.3.19)
憲政党
(1898.10.29)
立憲政友会
(1900.9.15)
東洋自由党
(1892.11.6)
(消滅)
(1893.10.-)
社会主義研究会
(1898.10.18)
社会主義協会
(1900.1.28)
(結社禁止)
(1904.11.16)
社会民主党
(1901.5.18)
(結社禁止)
(1901.5.20)
平民社
(1903.11.15)
(解散)
(1905.10.9)

政党主要系統図 2 (1905～1926年)

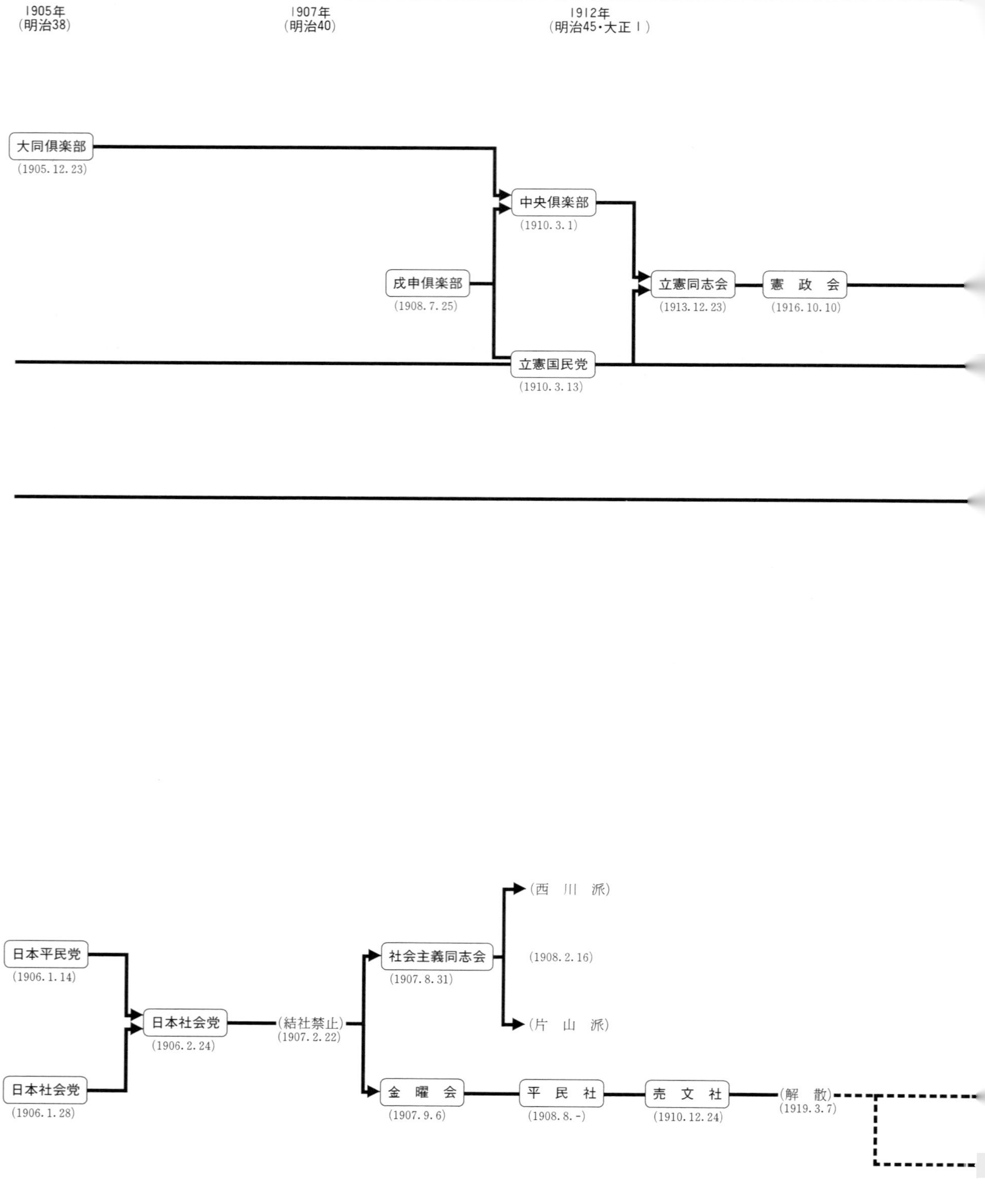

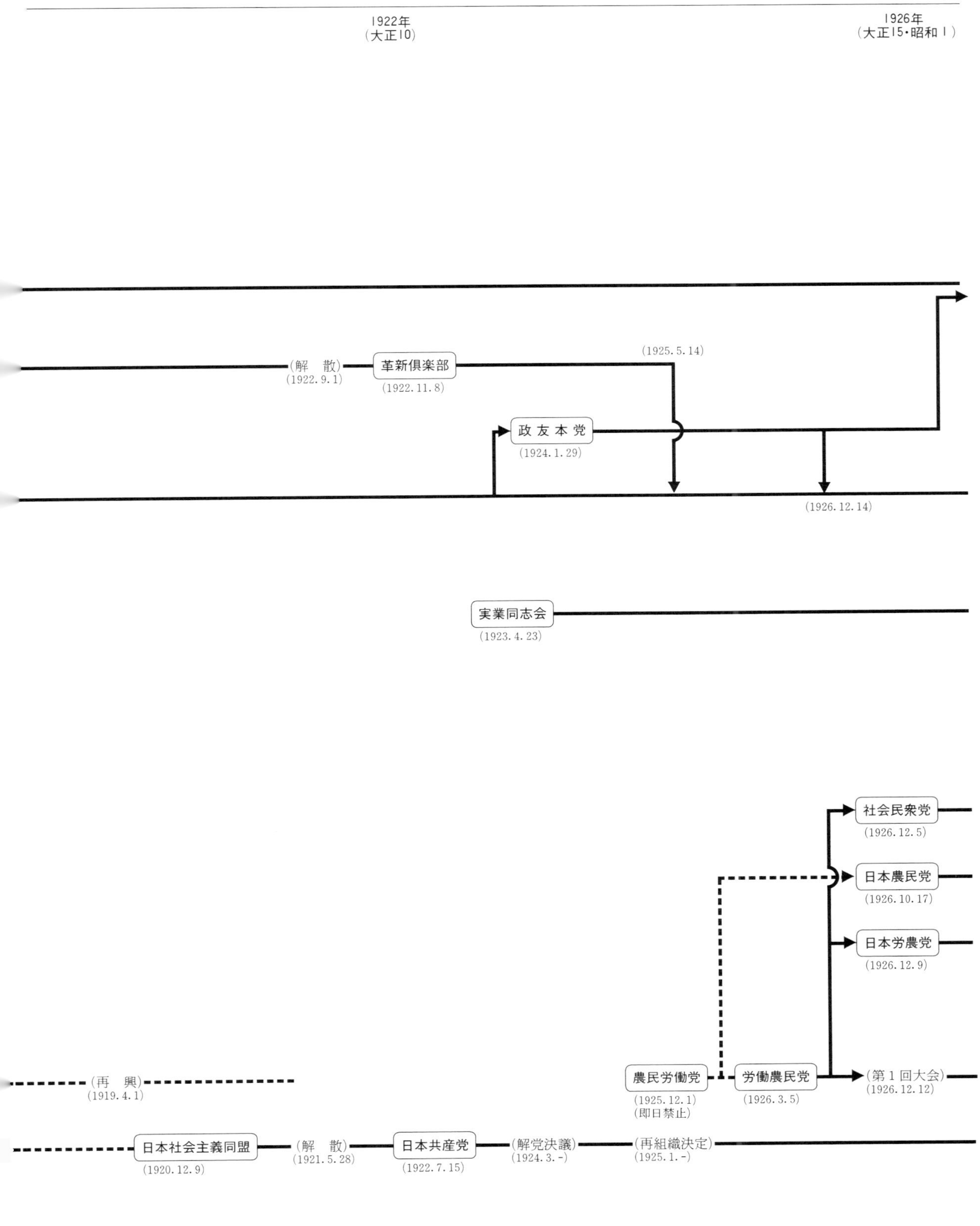

1922年
(大正10)
1926年
(大正15・昭和1)
(解　散)
(1922.9.1)
革新倶楽部
(1922.11.8)
(1925.5.14)
政友本党
(1924.1.29)
(1926.12.14)
実業同志会
(1923.4.23)
社会民衆党
(1926.12.5)
日本農民党
(1926.10.17)
日本労農党
(1926.12.9)
(再　興)
(1919.4.1)
農民労働党
(1925.12.1)
(即日禁止)
労働農民党
(1926.3.5)
(第1回大会)
(1926.12.12)
日本社会主義同盟
(1920.12.9)
(解　散)
(1921.5.28)
日本共産党
(1922.7.15)
(解党決議)
(1924.3.-)
(再組織決定)
(1925.1.-)

政党主要系統図 3（1927～1945年）

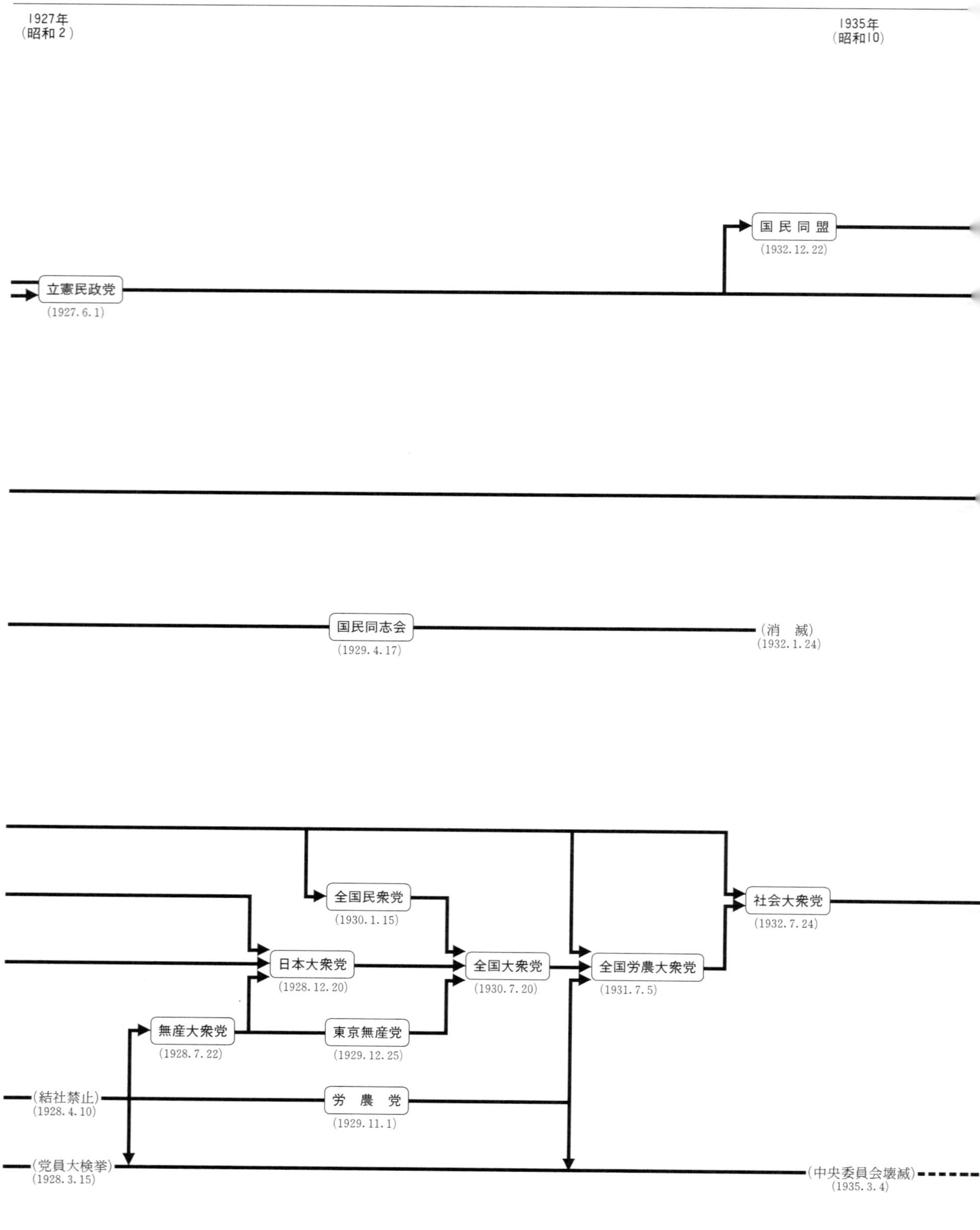
1927年
（昭和２）
1935年
（昭和10）
国民同盟
（1932.12.22）
立憲民政党
（1927.6.1）
国民同志会
（1929.4.17）
（消　滅）
（1932.1.24）
全国民衆党
（1930.1.15）
社会大衆党
（1932.7.24）
日本大衆党
（1928.12.20）
全国大衆党
（1930.7.20）
全国労農大衆党
（1931.7.5）
無産大衆党
（1928.7.22）
東京無産党
（1929.12.25）
（結社禁止）
（1928.4.10）
労　農　党
（1929.11.1）
（党員大検挙）
（1928.3.15）
（中央委員会壊滅）
（1935.3.4）

1945年
(昭和20)

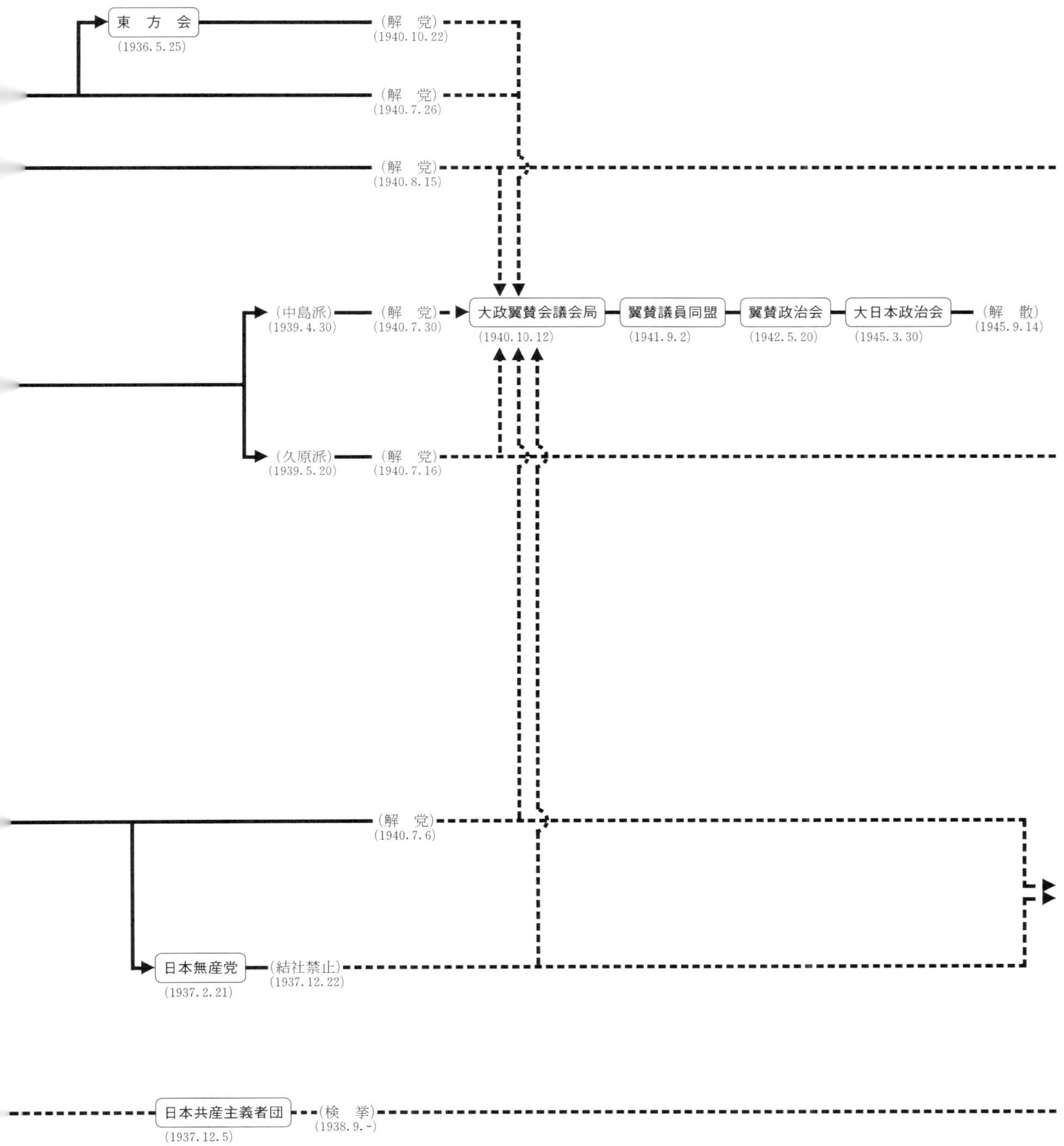
東　方　会
(1936.5.25)
(解　党)
(1940.10.22)
(解　党)
(1940.7.26)
(解　党)
(1940.8.15)
(中島派)
(1939.4.30)
(解　党)
(1940.7.30)
大政翼賛会議会局
(1940.10.12)
翼賛議員同盟
(1941.9.2)
翼賛政治会
(1942.5.20)
大日本政治会
(1945.3.30)
(解　散)
(1945.9.14)
(久原派)
(1939.5.20)
(解　党)
(1940.7.16)
(解　党)
(1940.7.6)
日本無産党
(1937.2.21)
(結社禁止)
(1937.12.22)
日本共産主義者団
(1937.12.5)
(検　挙)
(1938.9.-)

政党主要系統図 4 (1945～1999年)

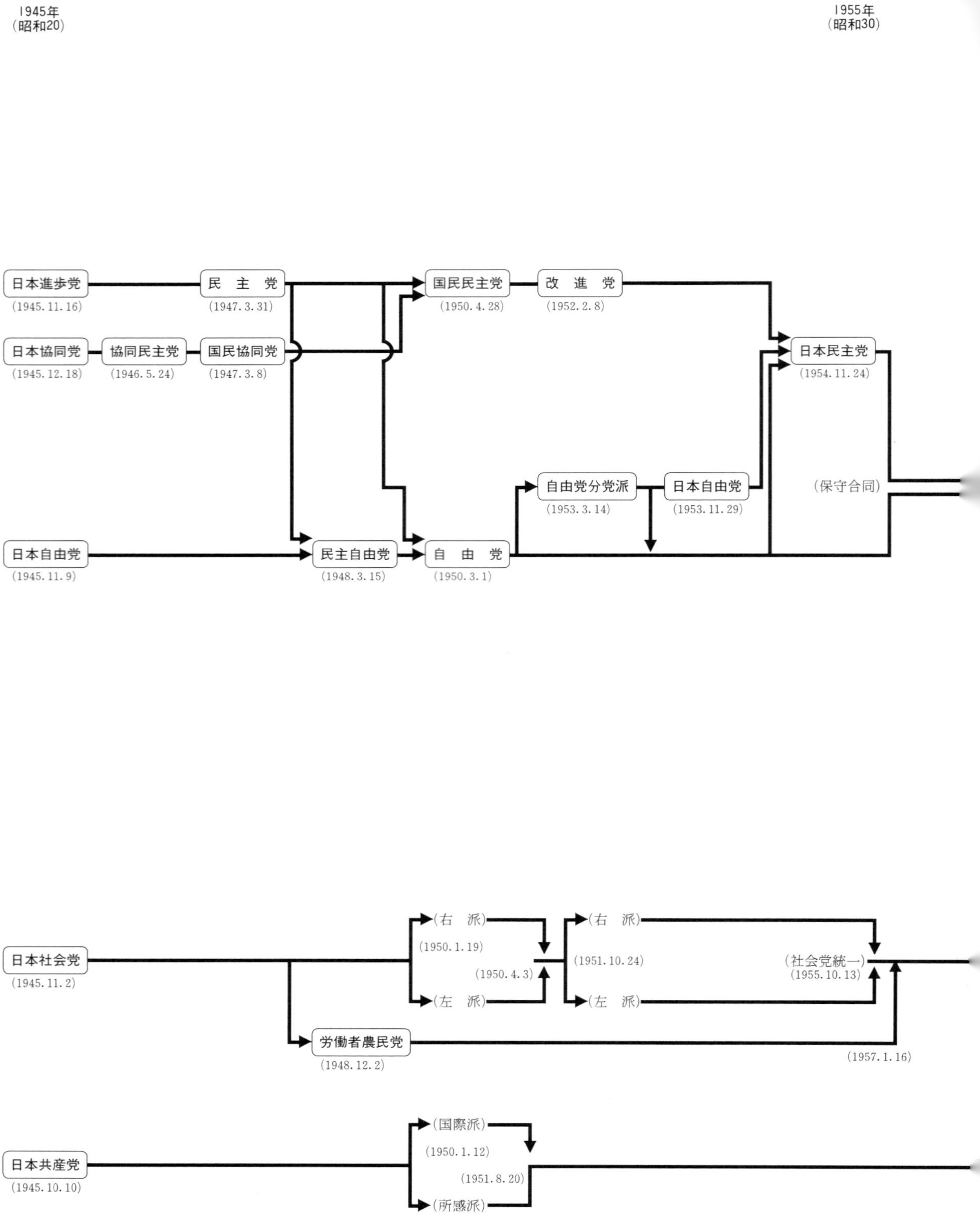
1945年
(昭和20)
1955年
(昭和30)
日本進歩党
(1945.11.16)
民　主　党
(1947.3.31)
国民民主党
(1950.4.28)
改　進　党
(1952.2.8)
日本協同党
(1945.12.18)
協同民主党
(1946.5.24)
国民協同党
(1947.3.8)
日本民主党
(1954.11.24)
自由党分党派
(1953.3.14)
日本自由党
(1953.11.29)
(保守合同)
日本自由党
(1945.11.9)
民主自由党
(1948.3.15)
自　由　党
(1950.3.1)
日本社会党
(1945.11.2)
(右　派)
(1950.1.19)
(1950.4.3)
(左　派)
(右　派)
(1951.10.24)
(左　派)
(社会党統一)
(1955.10.13)
労働者農民党
(1948.12.2)
(1957.1.16)
日本共産党
(1945.10.10)
(国際派)
(1950.1.12)
(1951.8.20)
(所感派)

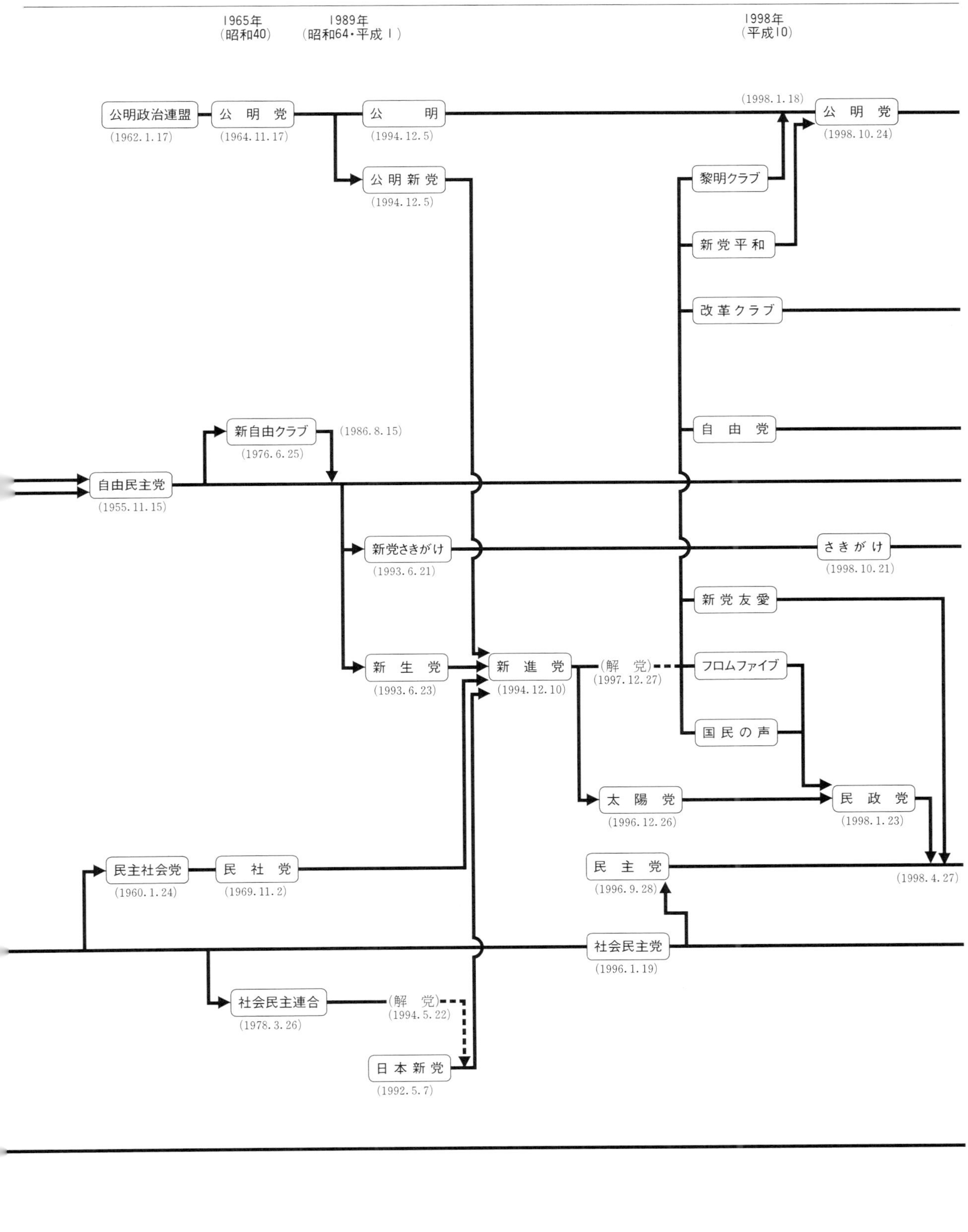
1965年
（昭和40）
1989年
（昭和64・平成１）
1998年
（平成10）
公明政治連盟
（1962.1.17）
公明党
（1964.11.17）
公明
（1994.12.5）
（1998.1.18）
公明党
（1998.10.24）
公明新党
（1994.12.5）
黎明クラブ
新党平和
改革クラブ
新自由クラブ
（1976.6.25）
（1986.8.15）
自由党
自由民主党
（1955.11.15）
新党さきがけ
（1993.6.21）
さきがけ
（1998.10.21）
新党友愛
新生党
（1993.6.23）
新進党
（1994.12.10）
（解党）
（1997.12.27）
フロムファイブ
国民の声
太陽党
（1996.12.26）
民政党
（1998.1.23）
民主社会党
（1960.1.24）
民社党
（1969.11.2）
民主党
（1996.9.28）
（1998.4.27）
社会民主党
（1996.1.19）
社会民主連合
（1978.3.26）
（解党）
（1994.5.22）
日本新党
（1992.5.7）

政党主要系統図5（2000～2014年）

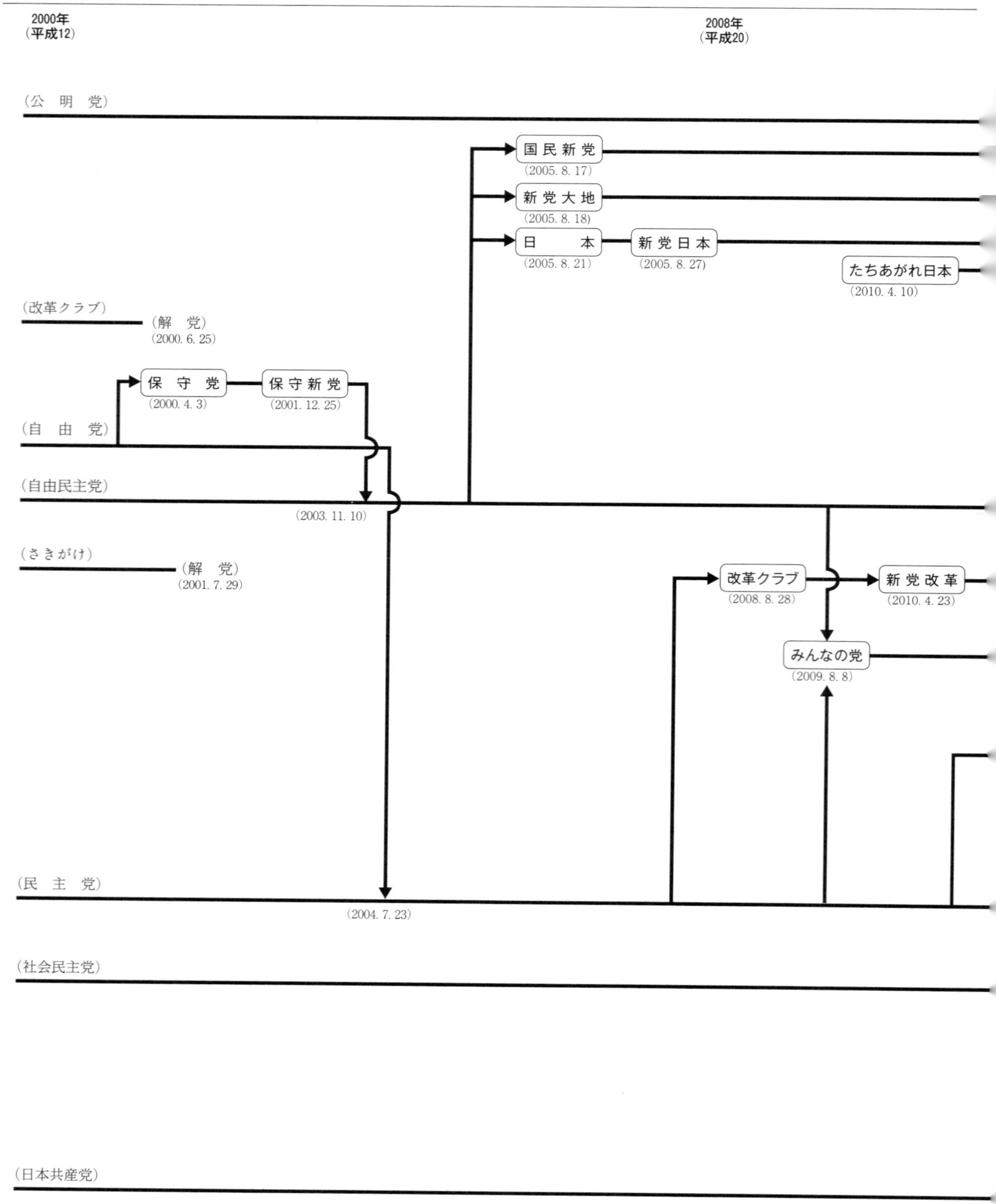
2000年
（平成12）
2008年
（平成20）
（公　明　党）
国民新党
（2005. 8. 17）
新党大地
（2005. 8. 18）
日　　本
（2005. 8. 21）
新党日本
（2005. 8. 27）
たちあがれ日本
（2010. 4. 10）
（改革クラブ）
（解　党）
（2000. 6. 25）
保　守　党
（2000. 4. 3）
保守新党
（2001. 12. 25）
（自　由　党）
（自由民主党）
（2003. 11. 10）
（さきがけ）
（解　党）
（2001. 7. 29）
改革クラブ
（2008. 8. 28）
新党改革
（2010. 4. 23）
みんなの党
（2009. 8. 8）
（民　主　党）
（2004. 7. 23）
（社会民主党）
（日本共産党）

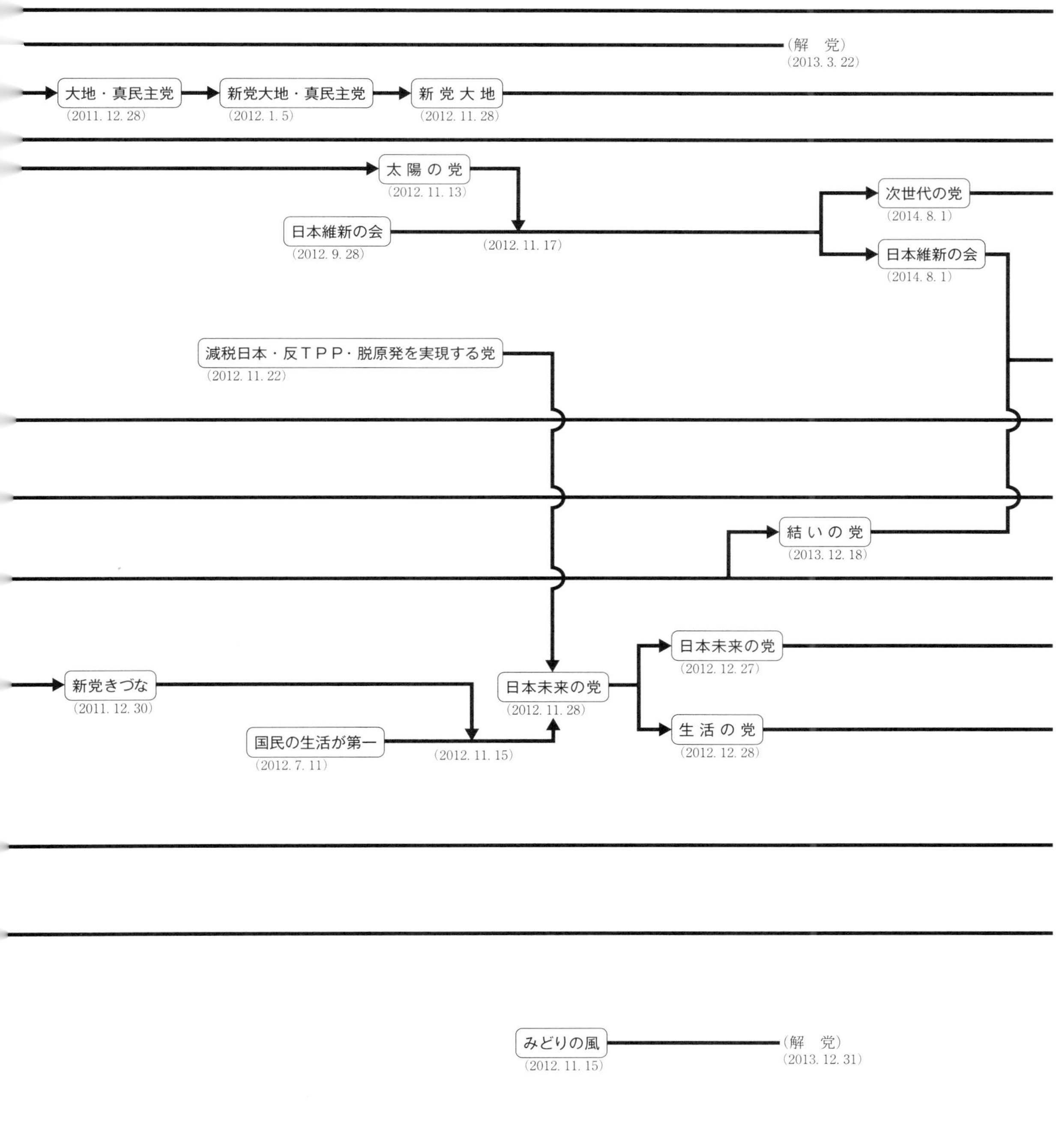
（解　党）
（2013. 3. 22）
大地・真民主党
（2011. 12. 28）
新党大地・真民主党
（2012. 1. 5）
新 党 大 地
（2012. 11. 28）
太 陽 の 党
（2012. 11. 13）
次世代の党
（2014. 8. 1）
日本維新の会
（2012. 9. 28）
（2012. 11. 17）
日本維新の会
（2014. 8. 1）
減税日本・反ＴＰＰ・脱原発を実現する党
（2012. 11. 22）
結 い の 党
（2013. 12. 18）
日本未来の党
（2012. 12. 27）
新党きづな
（2011. 12. 30）
日本未来の党
（2012. 11. 28）
国民の生活が第一
（2012. 7. 11）
（2012. 11. 15）
生 活 の 党
（2012. 12. 28）
みどりの風
（2012. 11. 15）
（解　党）
（2013. 12. 31）

政党主要系統図6（2014年～　　　）

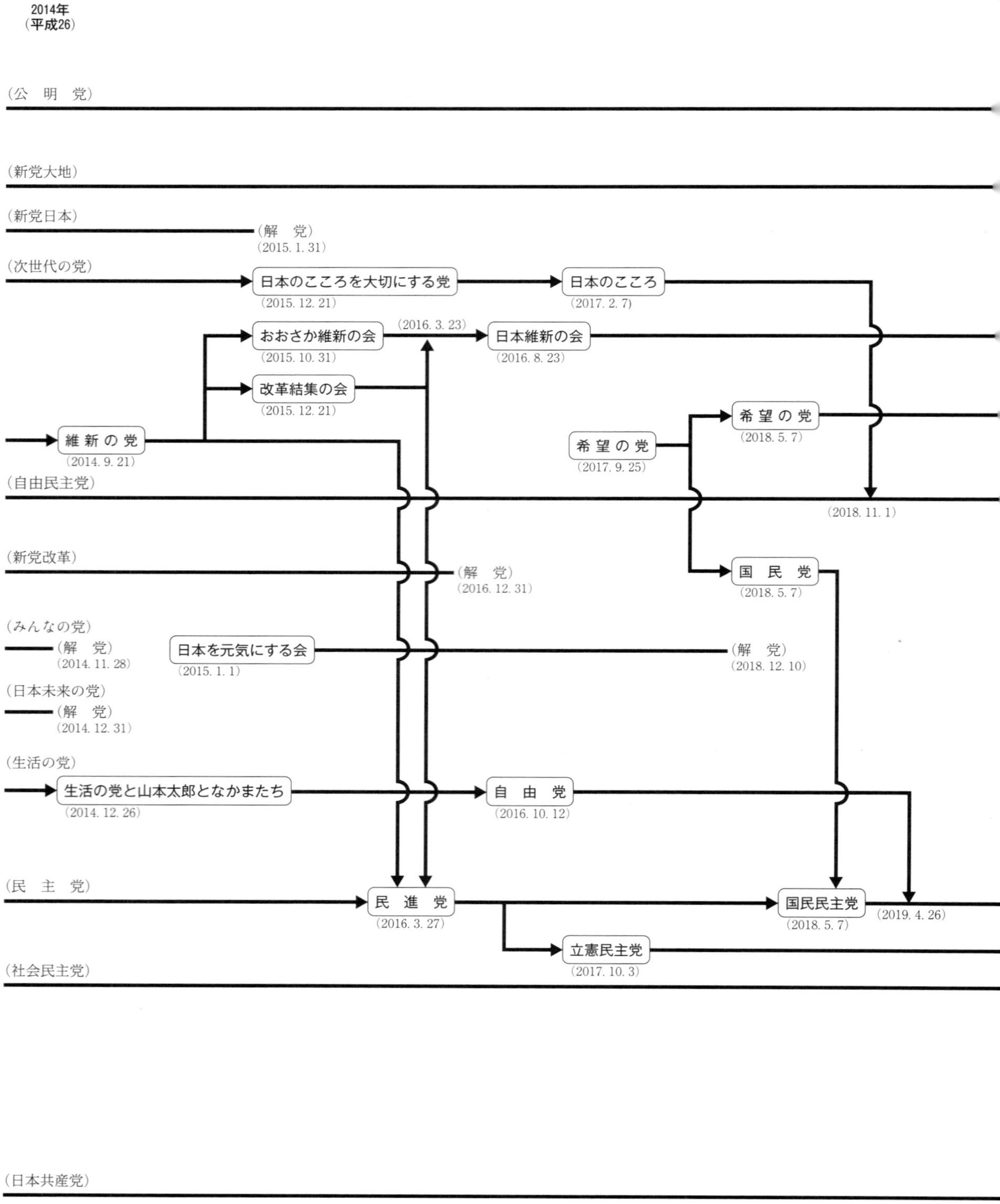
2014年
（平成26）
（公　明　党）
（新党大地）
（新党日本）
（解　党）
（2015. 1. 31）
（次世代の党）
日本のこころを大切にする党
（2015. 12. 21）
日本のこころ
（2017. 2. 7）
おおさか維新の会
（2015. 10. 31）
（2016. 3. 23）
日本維新の会
（2016. 8. 23）
改革結集の会
（2015. 12. 21）
希望の党
（2018. 5. 7）
維新の党
（2014. 9. 21）
希望の党
（2017. 9. 25）
（自由民主党）
（2018. 11. 1）
（新党改革）
（解　党）
（2016. 12. 31）
国民党
（2018. 5. 7）
（みんなの党）
（解　党）
（2014. 11. 28）
日本を元気にする会
（2015. 1. 1）
（解　党）
（2018. 12. 10）
（日本未来の党）
（解　党）
（2014. 12. 31）
（生活の党）
生活の党と山本太郎となかまたち
（2014. 12. 26）
自由党
（2016. 10. 12）
（民　主　党）
民進党
（2016. 3. 27）
国民民主党
（2018. 5. 7）
（2019. 4. 26）
立憲民主党
（2017. 10. 3）
（社会民主党）
（日本共産党）

日本史総合年表 第三版

2001年(平成13) 5月20日　第一版第1刷発行
2019年(令和元) 10月20日　第三版第1刷発行

編　者　加藤友康　瀬野精一郎
　　　　鳥海　靖　丸山雍成

発行者　吉川道郎

発行所　株式会社 吉川弘文館
郵便番号 113-0033
東京都文京区本郷7丁目2番8号
電　話 03-3813-9151(代表)
振替口座 00100-5-244
http://www.yoshikawa-k.co.jp/

ISBN978-4-642-01479-3

本文製版印刷　株式会社 東京印書館
本文用紙　北越製紙株式会社
表紙クロス　株式会社 八光装幀社
製本　誠製本株式会社
製函　株式会社光陽紙器製作所
装幀　山崎 登

年号索引